DEUTSCHER
KLASSIKER
VERLAG

GOTTHOLD EPHRAIM LESSING WERKE UND BRIEFE

in zwölf Bänden

Herausgegeben von Wilfried Barner
zusammen mit Klaus Bohnen, Gunter E. Grimm,
Helmuth Kiesel, Arno Schilson,
Jürgen Stenzel und Conrad Wiedemann

Band 3

GOTTHOLD EPHRAIM LESSING WERKE 1754-1757

Herausgegeben von
Conrad Wiedemann
unter Mitwirkung von
Wilfried Barner
und Jürgen Stenzel

DEUTSCHER
KLASSIKER
VERLAG

Bibliothek deutscher Klassiker
184

© Deutscher Klassiker Verlag
Frankfurt am Main 2003

WERKE
1754-1757

INHALT

Rezensionen und Gedichte aus:
  Berlinische Privilegierte Zeitung 1754 9
Ein VADE MECVM für den Hrn. Sam. Gotth. Lange 105
⟨Übersetzung der Ode des Horaz ad Barinen⟩ 147
Aus: Schrifften. Dritter Teil: Rettungen
  Horaz, Cardanus, Ineptus religiosus, Cochläus .. 149
Theatralische Bibliothek. Erstes Stück
  Abhandlungen von dem weinerlichen oder
  rührenden Lustspiele ⟨Auszüge⟩, Thomson,
  Montiano y Luyando, Sainte Albine, Destouches 259
Entwürfe zu einer Abhandlung »Der Schauspieler« . 320
Vorrede zu: Vermischte Schriften des Hrn.
  Christlob Mylius 330
Vorbericht zu: Zergliederung der Schönheit ⟨. . .⟩
  von Wilhelm Hogarth 350
Rezensionen und Gedichte aus:
  Berlinische Privilegierte Zeitung 1755 357
Miss Sara Sampson.
  Ein bürgerliches Trauerspiel, in fünf Aufzügen .. 431
Tonsine. Ein bürgerliches Trauerspiel
  in fünf Aufzügen ⟨Fragment⟩ 527
Schlußrede zu einem Trauerspiele 529
Aus: Theatralische Bibliothek. Zweites Stück
  Trauerspiele des Seneca 530
Pope ein Metaphysiker! 614
Aus: Theatralische Bibliothek. Drittes Stück
  Dubos, Von den theatralischen Vorstellungen
  der Alten. Vorbericht und Schlußkapitel
  der Übersetzung 651
Briefwechsel über das Trauerspiel mit Mendelssohn
  und Nicolai 662
Über zwei Lustspiele von Otway und Wycherley ... 737

Aus: Franz Hutchesons Sittenlehre der Vernunft
   Anmerkungen und Auszüge aus der Übersetzung   744
Vorrede zu: Des Herrn Jacob Thomson sämtliche
   Trauerspiele 755
Vorbericht zu: Eine ernsthafte Ermunterung an alle
   Christen ⟨...⟩ von William Law 762
Aus: Bibliothek der schönen Wissenschaften
   und der freien Künste 1757 763
Vorrede zu: Hrn. Samuel Richardsons Sittenlehre
   für die Jugend 772
Dramatische Fragmente aus dem Nachlaß 775
Nachlese zu Lessings Gedichten 799

Kommentar 847
Literaturverzeichnis 1537
Register der besprochenen Autoren und Werke 1563
Register der Gedichtüberschriften und -anfänge ... 1569
Inhaltsverzeichnis 1579

REZENSIONEN UND GEDICHTE
AUS:
BERLINISCHE PRIVILEGIERTE ZEITUNG
1754

⟨1. Stück. 1. 1.⟩

⟨DER EINTRITT DES JAHRES 1754. IN BERLIN.⟩

Wem tönt dies kühnre Lied? dies Lied, zu wessen Lobe,
Hört es noch manche späte Welt?
Hier steh' ich, sinne nach, und glüh' und stampf' und
                                              tobe,
Und suche meiner Hymnen Held.

Wer wird es sein? Vielleicht im blut'gen Panzerkleide
Des Krieges fürchterlicher Gott?
Um ihn schallt durch das Feld gedungner Krieger Freude,
Und der Erwürgten laute Tod.

Wie, oder ists vielmehr in fabellosen Zeiten
Ein neuer göttlicher Apoll,
Der, schwer entbehrt, mit schnell zurückberufnen Saiten
Den Himmel wieder füllen soll?

Wo nicht, so werde der der Vorwurf meiner Lieder,
Der sich als Themis Rächer wies,
Und dessen frommes Schwert der gift'gen Zanksucht
                                              Hyder
Nur drei von tausend Köpfen ließ.

Doch ihn, Apoll und Mars, in *Friedrichen* vereinet,
Vereine, mein Gesang, auch du!
Wann einst ein junger Held bei seinem Grabe weinet,
So zähl' ihm seine Taten zu!

Fang an von jenem Tag' – Nein, welch ein neues Feuer
Reißt mich vom niedern Staub' empor?
Auch Könige sind Staub! Seid ihnen treu; dem treuer,
Der sie zum besten Staub' erkor.

Wer wird, voll seines Geists, mir seinen Namen melden?
Sein Nam' ist ihm allein bewußt.
Er ist der Fürsten Fürst, er ist der Held der Helden;
Er füllt die Welt und meine Brust.

5 Er rief sie aus des Nichts nur ihm folgsamen Schlunde;
Er ruft sie noch, daß sie besteht.
Sie bebt, sie wankt, so oft ein Hauch aus seinem Munde
Den Fluch in ihre Sphären weht.

O dreimal Schrecklicher! – – doch voller Quell des Guten,
10 Du bist der Schreckliche nicht gern.
Den weiten Orient zerfleischen deine Ruten;
Uns, Vater, zeigst du sie von fern.

Wie, daß des Undanks Frost die schweren Lippen bindet,
Volk, dem er Heil, wie Flocken, giebt!
15 Ihm dank' es, wann ein Jahr in süßer Ruh verschwindet;
Ihm dank' es, daß dich *Fried'rich* liebt.

⟨4. Stück. 8. 1.⟩
Noch können wir von Königsberg melden, daß die deutsche
Gesellschaft daselbst den 21. Nov. vorigen Jahres ihren Stif-
20 tungstag gefeiert, und bei dieser Gelegenheit der Herr M.
Pantke der erneuerten Gedächtnisfeier der 1741 geschehenen, Schlesischen Erblandeshuldigung eine Ode gewidmet
hat. Sie besteht aus 40 zehnzeiligen dactylischen Strophen,
und ist auf 2 Bogen in 4to gedruckt. Horaz macht seine
25 längsten Oden noch nicht von hundert Zeilen, und es scheinet uns wenigstens ein Pindar dazu zu gehören, das wahre
Odenfeuer länger auszuhalten. Das Lob des Königs ist der
eigentliche Gegenstand des Herrn Pantke. Auf eine andere
Art lobt ein Panegyrist; auf eine andere Art der Dichter.
30 Jener erzehlt und begnügt sich seine Erzehlung mit den
Blumen einer staatsklugen Moral auszuschmücken. Dieser
erzehlt gar nicht; desto häufiger aber bedient er sich der
Anspielungen auf Begebenheiten; er lobt selten gerade her-

aus; er schmeichelt nur im Vorbeigehen; er hält sich nicht sklavisch an seinen Gegenstand; er scheint ihn oft aus den Augen zu verlieren, und hat ihn, ehe man sichs vermutet, wieder vor sich – – – So viel ist gewiß, daß wenige sein werden, welche die Ode des Hn. Pantke nicht mit Vergnügen lesen sollten.

⟨5. Stück. 10. 1.⟩
Die Schicksale der Seelen nach dem Tode. Ein philosophisches Lehrgedicht von Michael Conrad Curtius. Hannover bey Richter. 1754. auf 3 Bogen in 8vo. Herr *Curtius* hat sich schon durch seine Abhandlung von der Metapher, und durch seine Übersetzung der aristotelischen Dichtkunst als einen Mann gezeigt, der die Regeln der schönen und witzigen Denkungsart critisch zu beurteilen fähig ist. Hier aber zeigt er sich als einen solchen, dem es auch nicht schwer fällt, sie auszuüben. Der Vorwurf seiner Muse ist der poetischen Ausschmückungen ungemein fähig. Er ist das rechte Feld der Einbildung, der Mutmaßungen und Phantasie. Wer hier trocken bleibt, wird es überall bleiben. Sein Lehrgedichte bestehet aus drei Büchern, welche zusammen 520 Verse betragen. In dem ersten Buche beweiset er nach den gewöhnlichen Eingängen der Anrufung und des Inhalts, daß die Seele nicht materiell sei, und daß ihre Schöpfung nicht bloß auf Erden und in der Zeit ihr Ziel erreiche. Im Vorbeigehen berührt er die drei bekannten Systeme der Verbindung des Leibes und der Seele, wo wir aber bei Gelegenheit des Leibnitzischen, ein anderes Gleichnis als das von den Uhren gewünscht hätten, weil dieses unmöglich mehr neu, und also auch nicht poetisch schön sein kann. Das zweite Buch lehrt, daß die Seele nach der Trennung von ihrem Leibe, weder in einen Schlaf verfalle, wie *Heyn* behauptet, noch nach den Träumereien des *Pythagoras* durch Körper der Tiere walle, bis sie endlich in einen menschlichen wieder zurück komme; sondern daß sie mit dem völligen Bewußtsein ihres gegenwärtigen und vorigen Zustandes unsterblich bleibe, und vielleicht in einen glücklichern Planeten zu wohnen komme, wo sie die Werke

Gottes tiefer, und also ihn selbst näher werde kennen lernen. Das dritte Buch beschäftiget sich mit den Seelen der Tiere, welche, nach seiner Meinung, eine Erhöhung zu der denkenden Vernunft zu gewarten haben.

Gewiß ist: Gott läßt kein Geschöpf auf niedern Stufen
        ewig stehn:
Erhöhung ist der Zweck der Schöpfung; Gott schuf das
        Tier und wirds erhöhn.
Gott dem der Christen Herz sich weiht, dem sich das
        Knie der Heiden beuget,
Den auch der Tiere Mund erhebt, den sich der Wurm
        anbetend neiget,
Wie herrlich wird dein Lob einst werden, wenn es von so
        viel Lippen klingt,
Und jeder Geist und jede Seele nur dich und deine
        Wunder singt.

Wie man sieht, so hat der Dichter ein ziemlich langes Sylbenmaß erwehlt; und dieses hat zwar die Bequemlichkeit, daß es weniger bindet; zugleich aber auch die Unbequemlichkeit, daß es oft Gelegenheit giebt, die Gedanken allzusehr zu dehnen, die in einem Lehrgedichte nicht gepreßt genug sein können. Kostet in den Voßischen Buchläden hier und in Potsdam 2 Gr.

⟨6. Stück. 12. I.⟩

Das neue Testament zum Wachsthume in der Gnade und der Erkenntniß des Herrn Jesu Christi, nach dem revidirten Grundtexte übersetzt und mit dienlichen Anmerkungen begleitet von D. Johann Albrecht Bengel. Stuttgardt bey Metzler 1753. in 8vo 2 Alph. 18 Bogen.
Die Verdienste, welche man dem Herrn D. Bengel sowohl um den griechischen Grundtext der Bücher des Neuen Bundes, als um die Vulgata unmöglich absprechen kann, müssen für diese seine neue Arbeit sogleich das beste Vorurteil erwecken. So sehr man sonst, vielleicht aus einem übertriebnen Eifer für die Ehre des sel. Luthers, wider alle neue Übersetzungen der Schrift war; so sehr scheint jetzt dieser Eifer abzunehmen, jetzt da es unter unsern Gottesgelehrten

fast zu einer Modebeschäftigung werden will, eine über die andere zu liefern. Unterdessen wollen wir keiner ihren Nutzen absprechen, vielweniger aber der *Benglischen*, welche die Genauigkeit und die beigefügten kurzen Anmerkungen schätzbar machen. Diese haben besonders die Absicht, die Ähnlichkeit mit dem Originale zu ergänzen, und die Übersetzung vornehmlich an denjenigen Stellen zu rechtfertigen, wo sie vielleicht am meisten befremden könnte. In der Vorrede führt der Herr Verfasser neun Regeln an, die er besonders bei dem Übersetzen selbst beobachtet hat, und welche genugsam zeigen, mit was für Vorsicht und Sorgfalt er damit zu Werke gegangen sei. Er scheuet sich übrigens nicht im Vorbeigehen zu bekennen, daß diejenigen, welche das alte Testament vor die Hand nehmen, sehr dünne gesäet, und also desto höher zu schätzen wären. Dieses Geständnis wird bei jedem Rechtschaffnen den Wunsch erwecken, einem so nachteiligen Mangel je eher je lieber abgeholfen zu sehen. Sollte man aber vielleicht nicht glauben, daß das traurige Schicksal des Wertheimischen Übersetzers, welches die Nachwelt noch zeitig genug für allzu hart erkennen wird, manchen fähigen Kopf schon abgeschreckt habe, und noch so lange abschrecken werde, als man gebilligte Vorurteile für Wahrheit halten wird? Kostet in den Voßischen Buchläden 1 Tlr. 12 Gr.

(8. Stück. 17. 1.)
Ein Vade mecum für den Herrn Sam. Gotth. Lange, Pastor in Laublingen, in diesem Taschenformate ausgefertiget von G. E. Lessing. Berlin 1754. auf 4 Bogen in 12mo. Wenn es wahr ist, daß die Werke des Horaz eine Hauptquelle des Geschmacks sind, und daß man nur aus seinen Oden, was Oden sind, lernen kann; wenn es wahr ist, daß man gegen die deutschen Übersetzungen aller Klassischen Schriftsteller überhaupt, nicht scharf genug sein kann, weil sie die vornehmsten Verführer sind, daß sich die Jugend die Originale nur obenhin zu verstehen begnügen läßt; wenn es wahr ist, daß die Fehler solcher Männer, die ohne eine tiefe critische Kenntnis der

alten Dichter, würdige Nachahmer derselben heißen wollen, ansteckender als andrer sind: so wird man hoffentlich die kleine Streitigkeit, die man dem Hrn. Pastor Lange wegen seines verdeutschten Horaz erregt hat, nicht unter die allergeringschätzigsten, sondern wenigstens unter diejenigen Kleinigkeiten rechnen, die nach dem Ausspruche des Horaz ernsthafte Folgen haben; *hae nugae seria ducent.* Herr Lange hätte nichts unglücklichers für sich tun können, als daß er auf die Leßingsche Critik mit so vielem Lärmen geantwortet hat. Wann er sich dieselbe in der Stille zu Nutze gemacht hätte, so würden vielleicht noch manche in den Gedanken geblieben sein, daß die darinne getadelten Stellen die einzigen tadelswürdigen wären. Aus diesen Gedanken aber, werden hoffentlich auch seine geschworensten Freunde durch dieses *Vade mecum* gebracht werden, welches seinen Namen aus der abgeschmackten Langenschen Spötterei über das unschuldige Format der Leßingschen Schriften erhalten hat. Der Verfasser zeigt ihm darinne unwidersprechlich, daß er weder Kenntnis der Sprache noch Critik, weder Altertümer noch Geschichtskunde, weder Wissenschaft der Erde noch des Himmels, kurz, keine einzige von den Eigenschaften besitze, die zu einem Übersetzer des Horaz erfordert werden. Wir würden einige kleine Proben davon anführen, wenn es nicht beinahe zuviel wäre, daß der Herr Pastor seine Beschämung an mehr als einem Orte finden sollte. Kostet in den Voßischen Buchläden hier und in Potsdam 4 Gr.

⟨9. Stück. 19. 1.⟩
Physikalische Belustigungen. Einundzwanzigstes Stück. Berlin bey Chr. Fr. Voß. 1753. Mit diesem Stücke nimmt also der dritte Band glücklich seinen Anfang. Da ihr wahrer Herausgeber, der Herr *Mylius*, jetzt auf seiner bekannten physikalischen Reise begriffen ist, so hat der Herr *Prof. Kästner* es über sich genommen, in einer kurzen Vorrede die Leser zu versichern, daß man sich bemühen werde, diese periodische Schrift in einer ununterbrochenen Fortsetzung, und bei dem Werte zu

erhalten, den sie vom Anfange an gehabt hat. Er giebt zugleich die Versicherung, daß Herr *Mylius* bei dieser Arbeit nicht ganz verschwunden sein, sondern bisweilen Aufsätze, die keine andre Verbindlichkeit zurücke hält, einsenden werde; wie denn schon das gegenwärtige Stück einige dergleichen aufweiset. Es ist darinne enthalten 1) des Herrn *Wallerius* Abhandlung von den Ursachen, welche bei dem Wachstume der Pflanzen bemerkt werden, aus dem Lateinischen mit Anmerkungen übersetzt von D. L. 2) Die natürliche Historie des Tees aus dem Englischen des *Universal Magazin*. 3) Thermometrische Beobachtungen auf und in dem Meere, angestellt von dem Hn. Mylius, bei seiner Überfahrt nach England. 4) Nachricht von einer Ameisenschlacht aus dem *Gentlemans Magazin*. Auch die gedachte Vorrede des Herrn Prof. Kästners ist mehr als eine Vorrede, welches man von einem Manne leicht vermuten kann, von dem man nichts als neue und gründliche Betrachtungen gewohnt ist. Kostet in den Voßischen Buchläden hier und in Potsdam 2 Gr.

⟨10. Stück. 22. 1.⟩

Brandenburg. Allhier taufte noch in dem vorigen Jahre, am 20. November, der verdiente Pastor zu Sanct Paul, Herr M. Friedr. Con. Darnmann, einen zur christlichen Religion übergetretenen Juden, Namens *Schüttenhofer*. Die Predigt, die er bei dieser Gelegenheit hielt, handelte von dem Ernst und der Güte Gottes an Juden und von Heiden herstammenden Christen aus Römer 11, v. 22. und ist nebst hundert von dem Täuflinge beantworteten Fragen auf 6 Bogen in Quart gedruckt. Auf der 20sten Seite kommt eine Anmerkung vor, die den jüngst in Wölfis getauften vorgeblichen Baron von Sinzenheimer angeht, und von welchem der Herr Pastor höchst wahrscheinlich macht, daß er ein Betrüger sei, der sich mit der Taufe zu ernähren sucht. – Wann wird man einmal aufhören, sich aus frommer Einfalt von Nichtswürdigen hintergehen zu lassen, an welchen die eine Religion eben so wenig gewinnt, als die andre verloren hat?

⟨10. Stück. 22. 1.⟩
Halle. Des Hrn. *D. Baumgartens Nachrichten von merckwürdigen Büchern* werden glücklich fortgesetzt, und mit dem 24. Stükke ist nunmehr der vierte Band geschlossen worden. Wir ergreifen diese Gelegenheit um den Lesern dieses vorzügliche Werk, welches bei dem vornehmsten Hülfsmittel der Gelehrsamkeit, bei der Kenntnis der Bücher, ungemeine Dienste leisten kann, anzupreisen. Eine Kleinigkeit würde vielleicht noch zu wünschen sein; diese nemlich: daß der Herr Doctor nicht dann und wann die Recension der merkwürdigen Bücher solchen Leuten auftragen möge, die sie ohne Zweifel das erstemal in die Hände bekommen. Aus diesem Umstande ist vielleicht in gedachtem 24ten Stücke der kleine Fehler herzuleiten, daß von des jüngern Helmontius Naturalphabete als von einem ursprünglich deutschen Buche geredet wird. Man will so gar aus den Worten des Titelkupfers die Ursache angeben, warum es öftrer unter der lateinischen Benennung *Alphabetum naturae*, als unter der deutschen angeführt werde. Die Vermutung ist überflüssig; das Werk selbst ist eigentlich lateinisch geschrieben, und nur mit der deutschen Übersetzung an einem Orte und in einem Jahre an das Licht getreten. Wahrscheinlicher Weise hat Helmontius so viel deutsch nie verstanden, als erfordert wird, ein Buch darinne zu schreiben.

⟨13. Stück. 29. 1.⟩
Das Glück. Eine critisch-satirische Geschichte. Frankfurt und Leipzig. 1754. auf 6 Bogen in 8vo. Dem Titel nach sollte man diese Schrift für ein deutsches Original ansehen, und für den Versuch eines Geistes, der sich in eine Sphäre wagen wollen, welche die feinern Geister unter uns vielleicht aus Furcht, vielleicht aus Verachtung, leer lassen. Doch gleich die ersten Seiten widerlegen diese Vermutung; die Denkungsart ist die leichte Denkungsart eines Franzosen, die Schreibart desgleichen; Moral und Satire ist nach dem Horizonte seines Landes eingerichtet, und wenigstens hätte der Übersetzer die Generalpachter und die Anspielungen auf die Klöster

unterdrücken müssen, wenn er für etwas mehr als für einen Übersetzer hätte wollen angesehen sein. Die Erdichtung ist ungefehr diese: Fortuna, aus Verdruß über die Klagen der Menschen, bittet den Jupiter um die Erlaubnis, auf die Erde herabsteigen zu dürfen; sie erhält sie und tritt mit dem Merkur ihre Reise an. Sie wenden sich beide nach Athen; sie besuchen daselbst Glückliche und Unglückliche, Staatsleute und Philosophen, Priesterinnen der Venus und Nonnen des heiligen Feuers: kurz ihre Neugier führet sie an alle Orte, und an allen Orten finden sie fast nichts als Anlaß zum Unwillen. Sie steigen also wieder in den Himmel, und der Bericht, den das Glück bei dem Jupiter abstattet, ist dieser: »Was für ein verworfnes Geschlecht sind die Menschen! Es reuet mich die Reise unternommen zu haben! Ich habe kaum zwei bis drei Vernünftige gefunden, die mit ihrem Schicksale zufrieden waren. Die meisten sind Toren, welche wünschen, und nicht wissen was sie wünschen; sie machen Entwürfe über Entwürfe, und laufen nach lauter Grillen! Andre sind im Genusse ohne zu genießen, niederträchtig, kriechend, Freunde der Schmeichler, und Feinde derer, die sich unterstehen die Wahrheit zu sagen. Sie alle leben ohne Überlegung; sie sterben, ohne daß sie empfunden, daß sie gelebt haben. – – – Was nützen solche Wesen in der Welt?« Der Verfasser hat hier und da verschiedene wichtige philosophische Wahrheiten, die sich auf das Ganze beziehen, mit einflechten, und richtigere Begriffe von Glück und Unglück, und von dem Bösen, wie es in den Plan der besten Welt gehöre, einstreuen wollen. Allein es mißlingt ihm oft, und er wird schulmäßig, wo er gründlich sein will. Er läßt zum Exempel den Jupiter auf den Bericht der Fortuna so antworten, als ob er bei einen von den neuern Weltweisen in die Schule gegangen sei; und ihn von dem Möglichen, von der Existenz, von der Vollkommenheit ziemlich methodisch sprechen. Kostet in den Voßischen Buchläden hier und in Potsdam 2 Gr.

⟨14. Stück. 31. 1.⟩
Hamburgische Beyträge zu den Werken des Witzes und der Sittenlehre. Drittes Stück. Hamburg 1753. Hiermit schließen die Verfasser ihren ersten Band, dem wir seines innern Werts wegen, noch manche folgende wünschen wollen. Die Liebhaber dramatischer Gedichte werden dieses dritte Stück besonders mit Vergnügen lesen, indem sie nicht allein eine wohlgeratene Übersetzung der Nanine des Herrn von Voltaire, sondern auch ein Vorspiel in Versen, das Glück der Comödie, in welchem sehr viel witzige und feine Züge sind, und ein prosaisches Trauerspiel in einer Handlung darinne finden. Dieses letztere führt den Titel *Emirene*, und ist der Anlage nach aus einer Oper des Abts Metastasio genommen. Es hat so viel Schönheiten, daß es in der Tat der Zelaide des Herrn von Saintfoix entgegen gestellt zu werden verdient. Wenn es unsre deutschen Schauspieler über das Herz bringen können, ihre Zuschauer nicht immer durch Verse und fünf Aufzüge zum Weinen zu bewegen, so versprechen wir ihm sehr vielen Beifall. Von den kleinen Gedichten wollen wir eine Probe anführen.

Bittre Klage.

Mein Mägdchen, Pferd und Weib, die alle sind verloren?
Ach! – – – Doch bedenk ichs recht, wozu der Mensch
                                            geboren?
Wie froh bin ich, daß mir nichts ärgers widerfährt!
Mein Weib war zänkisch, grob und häßlich von Gestalt,
Mein Mägdchen mager und fast alt – – –
Wie tauret mich mein Pferd!

Kostet in den Voßischen Buchläden hier und in Potsdam 6 Gr.

⟨15. Stück. 2. 2.⟩
Berlin. Aus der Birnstielschen Druckerei ist seit der Mitte des vorigen Monats ein sittliches Wochenblatt, unter der Aufschrift *der Vernünftler*, erschienen. Die drei ersten Stücke zeigen uns die Verfasser auf sehr guten Wegen; es sind Leute welche denken, und Beredsamkeit und Dichtkunst damit

verbinden. Das erste Stück schildert gebräuchlicher Maßen den angenommenen Charakter, welcher sich auch gleich in dem zweiten Stücke sehr vorzüglich äußert. Sie wollen ihre Blätter nicht gern in die Classe der gewöhnlichen hebdomadarischen Moralen gesetzt wissen, und beweisen also, daß es gar keine Moral giebt. Wir wünschen ihnen Leser, welche Ernst und Scherz zu unterscheiden wissen. Das dritte Stück enthält eine sehr feurige Ode, und zwei kleine Strafbriefe. Jene hat der Verfasser, welcher sich mit einem N. unterzeichnet, auf seine Genesung gemacht. Statt alles Lobes, wollen wir einige Strophen einrücken, die notwendig gefallen müssen. Das Lob Gottes ist des Dichters Gegenstand.

> Du hörst, ja du erhörst die Bitten
> Des Armen, dessen reinre Sitten
> Der reiche Tor verschmähen kann.
> Du lachst der göttlichen Geberden
> Der Unterkönige der Erden,
> Und liebst den weggeworfnen Mann.
>
> Mein Unfall wird zu sanftern Bürden;
> Scheingüter die mich morden würden,
> Versagst du mir, weil du mich liebst.
> Ein fähig Herz, dir zu gefallen
> Gieb mir! wenn du den Schwelgern allen
> Dummachend Erz zur Strafe giebst etc.

Jedes Stück, welches aus einem Bogen in 8vo besteht, kostet in den Voßischen Buchläden hier und in Potsdam 1 Gr.

⟨17. Stück. 7. 2.⟩
Lettres Beryberiennes suivies d'un Essai sur l'Esprit humain par Beryber. à Berlin chez Chr. Fr. Voss. 1754 in 12mo 16 Bogen. Auch dieses kleine Werk führt den Stempel desjenigen Verfassers, von welchem wir seit einiger Zeit den *kleinen Herodot* und den *beißenden Schmetterling* erhalten haben. Es enthält acht und zwanzig Briefe an der Zahl, deren Inhalt ungemein abwechselnd ist. Bald ist es die Moral, welche den Stoff dazu giebt; bald die Staatskunst; bald die Geschichtskunde; bald die Religion; bald auch die Naturlehre. Unter den historischen

Briefen hat uns der neunte der lesenswürdigste geschienen, welcher eine kurze Nachricht von den Staatsinquisitoren in Venedig giebt, von welchen man in so manchen Büchern so manche wunderbare und wohl fürchterliche Erzehlungen findet. Da sie von einem Manne kömmt, der sich an dem Orte selbst aufhält, und alle erforderliche Einsicht hat, so wird man sie für so viel glaubwürdiger halten können. Von den wenigen Briefen, in welchen sich der Verfasser auch als einen Physiker hat zeigen wollen, wissen wir eigentlich nicht was wir sagen sollen; ob sie im Scherze, oder im Ernste geschrieben sind? Er will uns unter andern aus seiner Erfahrung versichern, daß die Acceleration eines fallenden Körpers, sobald er unter die Horizontallinie komme, rückgängig werde, so daß er in der ersten Minute derselben nicht geschwinder falle, als er in der letzten über derselben gefallen ist, in jener zweiten nicht geschwinder als in dieser letzten ohn einen, und so weiter. Es ist nur Schade, daß er diese Erfahrung so kurz beschreibt, daß sie schwerlich jemand wird nachmachen können. Auf die Briefe folgt ein Versuch über die vernünftige Seele, welcher ohngefehr den dritten Teil des Werks beträgt. Auch hier wird man, wie durchgängig, verschiedene artige Gedanken finden, welche zu weitern Nachdenken Gelegenheit geben; und wann einige auch schon bekannt sein sollten, so wird man sie doch nicht ohne Vergnügen ganz von einer andern Seite vorgestellt finden. Kostet in den Voßischen Buchläden hier und in Potsdam 10 Gr.

⟨18. Stück. 9. 2.⟩
Vie de Grotius avec l'histoire de ses Ouvrages et des Negociations auxquelles il fut employé, par Mr. de Burigny. Edition nouvelle avec de nouvelles Remarques. en II Tomes. à Amsterdam chez Marc. Michel Rey. 1754. in 12mo. 1 Alph. 3 Bogen. Grotius hätte längst einen Geschichtschreiber von dieser Art verdient. Er war keiner von den Gelehrten, deren Lebensbeschreibung nichts als die Historie ihrer Schriften ist; er war so vielen Zufällen und Veränderungen ausgesetzt, daß seine gelehrten Beschäfti-

gungen lange nicht der wichtigste Teil sind. Seine Klugheit, seine Bescheidenheit im Glücke, seine Geduld in Widerwärtigkeiten, seine Liebe zur Tugend, sein Eifer für die Wahrheit und für die Beobachtung seiner Pflichten, seine brennende Begierde, wann es möglich gewesen wäre, alle Christen zu einem Glauben zu versammeln, unterscheiden ihn so vorzüglich von dem größten Teile der Gelehrten, daß sein Leben allen zum Muster dienen kann, die sich den Wissenschaften ergeben haben. Herr *Burigny* hat alle diese Vorzüge in ein sehr helles Licht zu setzen gewußt, und teilt sein ganzes Werk in sechs Bücher. In dem ersten Buche beschreibt er die jüngern Jahre des Grotius, die nie ein Gelehrter glänzender und mit mehrern Ruhm einer frühzeitigen erstaunlichen Gelehrsamkeit zugebracht hat. In dem zweiten Buche wird von den Gomaristen und Arminianern und von dem Anteile, den Grotius bei dieser Streitigkeit nahm, folglich auch von seinem Gefängnisse, und der Art, wie er aus demselben entkam, gehandelt. Das dritte Buch beschreibt seinen Aufenthalt zu Paris und Hamburg, an welchem letztern Orte er so lange blieb, bis ihn Oxenstiern zu sich rief, und als Gesandten an den Französischen Hof schickte. Das vierte und fünfte Buch sind ohne Zweifel die wichtigsten, und werden zur Widerlegung des so gemeinen als ungegründeten Vorurteils dienen, daß die Gelehrten zu öffentlichen Geschäften nicht geschickt wären. Sie beschreiben alles, was er als Gesandter verrichtet hat, und zeigen, daß er sehr viel Anteil an den größten Angelegenheiten gehabt, daß er in verschiedenen sehr glücklich gewesen, daß er den Ministern vortreffliche Ratschläge gegeben, und daß er sich beständig als einen eifrigen, uneigennützigen und vorsichtigen Staatsmann erwiesen habe. Das sechste Buch endlich handelt von seinen übrigen Schriften, deren nicht gelegentlich hat gedacht werden können, wie auch von seinen theologischen Gesinnungen... Bei dieser neuen Ausgabe sind verschiedene Anmerkungen hinzugekommen, welche dieses und jenes in ein größer Licht setzen, und auch dann und wann den Herrn *Burigny*, welcher sich als einen Katholiken vielleicht von dem Eifer für seine Religion manchmal hat verführen lassen, verbessern. Kostet in den Voßischen Buchläden hier und in Potsdam 1 Rtlr. 4 Gr.

⟨19. Stück. 12. 2.⟩

Ueber die falschen Begriffe von der Gottheit. Berlin 1754. in 4to auf einem Bogen. Dieses ist der Titel eines kurzen Lehrgedichts, welches über diejenigen eifert, die sich Gott als einen Tyrannen vorstellen, der nur an Rach und Qual seine Freude habe; die es vergessen, daß er lauter Huld ist, und sich also selbst den besten Trost, von einem Gott regiert zu werden, rauben. Der Dichter sagt hiervon sehr viel schönes, und hat die Vorsicht gebraucht, einigen in den Versen unbestimmtern Ausdrücken in kleinen Anmerkungen den wahren Verstand zu geben. Sein Anfang ist dieser:

In Gott ist lauter Huld! So froh schließt von der Welt
Der Weise, der sich Gott im Weltbau vorgestellt.
Die Wahrheit läßt er sich nicht von dem Aberglauben,
Von keiner Leidenschaft, auch nicht vom Priester rauben.
Er glaubt was er erforscht, und er erforscht entzückt,
Das, was sein Herz gefühlt: wie Gott die Welt beglückt.
Er geht mit Lust den Pfad, der ihn zum Denken führt,
Der ihm den Schöpfer zeigt, und zeigt wie er regieret etc.

So richtig nun dieses und auch das übrige ist, wenn es gehörig verstanden wird, so wenig wollen wir dem Verfasser zutrauen, daß er ganz und gar keine Begriffe von Strafe und Gerechtigkeit bei Gott wolle Statt finden lassen. Sonst würde es leicht sein, ihm in seinem eignen Tone, mit Zurückgebung aller seiner Reime zu antworten:

Ja, Freund, Gott ist die Huld! Aus Huld dacht er die Welt,
Und der Gedank stand da, den noch die Huld erhält.
Lieb ihn, des Guten Quell! Doch laß zu süßen Glauben
Dir nicht von seiner Huld das wahre Wesen rauben.
Ein Gott der nichts als liebt, ein solcher Gott entzückt;
Nur lerne, daß sich auch zur Liebe Strafe schickt;
Daß blöde Nachsicht bloß kein Reich zum Wohl regieret,
Und daß den Ewigen so Recht als Gnade zieret etc.

Kostet in den Voßischen Buchläden hier und in Potsdam
1 Gr.

⟨20. Stück. 14. 2.⟩

Fridrich Carl Casimirs, Freyherrn von Creuz, der Königl. Preußischen Akademie der Wissenschaften Mitglieds, Versuch über die Seele. Erster Theil. Frankfurt und Leipzig, in der Knoch- und Eßlingerischen Buchhandlung. 1753 in 8. Es ist bekannt, daß alle Meinungen von der Seele, so viel widersprechendes man auch von ihr schreiben kann, endlich dahin auslaufen müssen, daß sie entweder etwas zusammengesetztes, oder etwas einfaches sei. Die Verteidiger des letztern hat man Spiritualisten, und die Verfechter des erstern Materialisten zu nennen für gut befunden. Jene behaupten, daß Denken und Bewußtsein durch keine Art von Bewegung, welche doch das einzige ist, wodurch in dem Zusammengesetzten eine Veränderung vorgehen kann, möglich zu machen sei, daß es also notwendig in dem Einfachen, als eine innere Bestimmung desselben, vorgehen müsse. So unwidersprechlich dieses an und vor sich selbst ist, so hat es doch dem Herrn Baron von Creuz geschienen, daß hieraus bloß die Unteilbarkeit der Seele folge, und daß nicht jedes unteilbare Ding auch notwendig ein einfaches sein müsse, sondern daß man ein gewisses Mittelding zwischen dem Einfachen und Zusammengesetzten annehmen, und dieses zu dem Wesen der Seele machen könne. Es ist hier nicht der Ort, die Schlüsse des berühmten Verfassers anzuführen; wir begnügen uns bloß dieses anscheinende Paradoxon genennt zu haben, welches wenigstens die Mühe es überdacht zu haben, belohnen muß. Wir trauen es ohnedem Lesern von Geschmack zu, daß sie den Herrn Baron, welchen sie schon als einen philosophischen Dichter kennen, auch hier als einen dichtenden Philosophen kennen zu lernen, begierig sein werden. Kostet in den Voßischen Buchläden hier und in Potsdam 8 Gr.

⟨21. Stück. 16. 2.⟩

Commentarii Lipsienses litterarii. Tomus primus. Lipsiae sumtibus Jo. Godof. Dyckii. 1753. in 8. Unter diesem Titel haben wir bereits die zwei ersten Stück eines neuen periodischen Werks, wovon sich der Herr D. *Platner* als den Herausgeber in der Vorrede nennt, jedes von acht Bogen, erhalten. Er hat mit seinen Mitarbeitern die Absicht, nicht nur die merkwürdigsten neuesten Bücher durch gründliche Auszüge bekannt zu machen, sondern auch eigne Abhandlungen aus verschiednen Teilen der Gelehrsamkeit einzuschalten, und zum Schlusse die akademischen Neuigkeiten von Leipzig gehörig beizubringen. In Ansehung des erstern sind bisher *Boerneri Isagoge in S. S.*; Mascov *de feudis in J. R. G.*; die lateinische Übersetzung der Anatomie des Winslow, *Crusii Probabilia critica*, Krausens *Compendium logicum*, Clemens *Isagoge in theologiam acroamaticam*, Beckmann *de Expectativis*, Grupens *Observationes*, Röderers *Ars Obstetricia*, und die Ernestische Ausgabe von den Wolken des Aristophans, ausgezogen und beurteilt worden. In Ansehung des zweiten findet man eine Abhandlung des Hrn. Prof. Christs *de gemmis annulorum veterum*, und eine andre des Hn. Herausgebers *pro linguae latinae utilitate in R. P. L.* welche beide in den folgenden Stücken noch fortgesetzt werden sollen. Wenn man diese letztere ein wenig diktatorisch abgefaßt finden sollte, so muß man wissen, daß ein solcher Ton einem jungen Gelehrten, der gut Latein schreibt, sehr wohl ansteht. Auch die Entschuldigungen in der Vorrede, warum man in lateinischer Sprache und nicht vielmehr in deutscher diese *Commentarios* habe abfassen wollen, verraten einen Mann, dessen eigne Verdienste es erfordern, eine so ehrwürdige Sprache aus dem wichtigsten Gesichtspunkte zu betrachten. Wenn man den alten Schriftstellern die schönen Gedanken eben so leicht ablernen könnte, als die schönen Worte, so würde mancher mehr Recht haben, sich auf die Eleganz seines Stils etwas einzubilden. Jedes Stück kostet in den Voßischen Buchläden hier und in Potsdam 4 Gr.

⟨22. Stück. 19. 2.⟩
Abhandlungen zum Behuf der schönen Wissenschaften und der Religion von Carl Ludwig Muzelius, Diener am Worte Gottes bey der Evangelisch reformirten Gemeine zu Prentzlau. Anderer Theil. Stettin und Leipzig bey Kunckel. 1753. in 8vo 10 Bogen. Da wir vor geraumer Zeit des ersten Teiles dieser Abhandlungen mit Ruhm gedacht haben, so müssen wir uns jetzt das Vergnügen machen, unsern Lesern auch den gegenwärtigen zweiten Teil anzupreisen. Den meisten Raum desselben nimmt eine Abhandlung von der Weisheit Gottes bei der Zulassung des Unglaubens und der Irrtümer ein, welche ungemein gründlich und erweckend geschrieben ist. Auf diese folgt die Beantwortung eines Zweifels aus der Lehre vom Seelenschlafe, und den Beschluß macht eine kurze Untersuchung, wie es zugehe, daß einige Vögel, z. E. Lerchen, ihre Nester und Eier, wovon sie sich doch des Futters halber, gar oft weit entfernen müssen, sogleich wieder finden, da doch ein Mensch solches nicht zu tun vermag. . . . Als wir den ersten Teil dieser Abhandlungen gedachter Maßen anführten, brachten wir eine flüchtige Gedanke bei, von welcher es uns ein wenig befremdet, daß sie der Herr Pastor auf der falschen Seite genommen hat. Auf seine Erinnerungen, die er deswegen in der Vorrede macht, müssen wir uns erklären, daß wir von dem Werte des Satzes: *ahme der Natur nach* sehr wohl überzeugt sind, in so ferne man ihn nemlich als den Grund braucht, alle Regeln der schönen Wissenschaften in einem critischen Zusammenhange auf denselben zu bauen; nicht aber, in so ferne man ihn, zum Exempel einem Anfänger in der Dichtkunst, als einen Leitfaden empfehlen will. Alsdann nur, wiederholen wir nochmals, ist er viel zu weit entfernt, als daß er ihn bei allen einzeln Fällen, aus den vorkommenden Schwierigkeiten helfen könne. Übrigens haben wir die Erfindung desselben weder dem Herrn Pastor, noch dem Herrn *Batteux*, dadurch absprechen wollen, wenn wir behauptet, daß schon Aristoteles und Horaz seiner gedacht hätten. Wir haben damit weiter nichts sagen wollen, als dieses, daß es schon die Alten eingesehen, wie die schö-

nen Wissenschaften alle darauf beruhen, ohne ihn deswegen ihren Lehrlingen überall zu einer Richtschnur zu geben, die sie ohne nähere Regeln sehr oft würde verführet haben. Kostet in den Voßischen Buchläden hier und in Potsdam 4 Gr.

⟨24. Stück. 23. 2.⟩
Der Rußische Avanturier, oder sonderbare Begebenheiten des edlen Russen Demetrius Magouskyn genannt. Aus dem Spanischen ins Deutsche übersetzt. Frankf. und Leipzig 1753. in 8vo 1 Alphab. 5 Bogen. Dieser Roman muß sich notwendig von einem ehrlichen Deutschen herschreiben, dem der Ruhm seiner Nation am Herzen liegt. Da er sahe, daß sie auf seinen Witz unmöglich würde stolz tun können, so wollte er ihr wenigstens den Verdruß, sich seiner zu schämen, ersparen, und setzte also diese Hirngeburt auf die Rechnung der Spanier, die mit ihrem Don Quixote ohnedem nicht viel Ehre eingelegt haben. Es wäre zu wünschen, daß alle elende Schriftsteller ihm diesen Kunstgriff nachmachten, damit wir den Ausländern bald eben so viel nichtswürdige Werke vorrücken könnten, als sie uns vorzuwerfen pflegen. In der Sprache des Verfassers von diesen Begebenheiten einen kleinen Begriff zu machen, so sind sie ein Tummelplatz von Veränderungen, auf welchem bald ein Schoßkind des Glückes, bald ein verworfner Sohn und dem Unglücke übergebner Sklave zu sehen ist; sie sind ferner ein Journal das zum unvergeßlichen Andenken ausgestandener fatorum aufgesetzt worden, unter welchen eine dreifache Heirat so etwas wunderbares ist, daß man ihre Seltsamkeit kaum glauben wird. Hierbei will ihr Geschichtschreiber den Leser nichts mehr als dieses gebeten haben, daß er sich entweder spöttischer Tadelsucht enthalte, oder lieber das Werk, als seines Lesens unwürdig, liegen lasse. Wir sind billig, und lassen seine Bitte Statt finden, und sagen weiter nichts, als daß es mit dem *lieben Himmel* anfängt, und mit *Elend beschließen* sich endet. Kostet in den Voßischen Buchläden hier und in Potsdam 8 Gr.

⟨25. Stück. 26. 2.⟩

Die Advocaten, ein Lustspiel. Hamburg 1753. in 8vo 4 Bogen. Nichts kann unbilliger sein, als die Verspottung eines ganzen Standes in der Person eines einzigen, in welcher man die Laster aller Mitglieder zusammenhäuft. Gemeiniglich beschäftigen sich nur mittelmäßige Köpfe damit, die den Gegenstand ihrer Satyre, so zu reden, von der öffentlichen Straße nehmen müssen, und sonst nichts lächerliches zu entdecken wissen, als was der Pöbel schon ausgepfiffen hat. Solchen Schriftstellern haben wir die Geistlichen auf dem Lande, die Ärzte, und andre Stücke zu danken, mit welchen das gegenwärtige, die Advocaten, sehr viel gleiches hat. Es ist eben so giftig, und eben so unregelmäßig: der Verfasser hat eben so wenig die wahren Schranken der Satyre gekannt, und das Comische eben so wenig von dem Possenhaften zu unterscheiden gewußt. Man wird uns nicht zumuten, in unserm Tadel diesesmal bestimmter zu gehen, und die fehlerhaften Stellen näher anzuzeigen, weil mit einzeln kleinen Verbesserungen einem Stücke nicht geholfen wird, das sich nicht anders als mit einem Striche durch alle vier Bogen gut machen läßt. Kostet in den Voßischen Buchläden hier und in Potsdam 2 Gr.

⟨26. Stück. 28. 2.⟩

Neu aufgeschlossenes Cabinet Gottes, worinn absonderlich die wahre Absicht und Beschaffenheit dieser und jener grossen, wie auch der kleinen Welt, aus Gottes heiligem Worte, und besonders erklärter Offenbahrung Johannis unpartheyisch vorgestellt, und dem ungläubigen, irrigen, verkehrten Wesen und gottlosem Leben dieser letzten Zeit entgegen gesetzt wird von einem gerecht und christlichen Haushalter der Wahrheit. Frankf. und Leipzig 1754. in 8vo. 2 Alph. 16 Bogen. Der Verfasser dieses Werks versichert, daß ihn keine lange Weile, kein Fürwitz, keine Seuche zu schreiben, keine blähende Phantasie, kein fanatisches Jucken, keine Gernmeisterei, keine Ruhmbegierde, keine Sektenlust, zum Autor gemacht habe, sondern daß er einzig und allein aus Eifer für die Wahrheit schreibe, um seinem Nächsten mit demjenigen zu dienen, was ihn GOtt in dem Laufe seiner Betrachtungen habe einsehen lassen. Er weiß es sehr zuverläßlich, daß die Welt bei GOtt, gleichsam das letzte im Raufen hat (ein Ausdruck den wir nicht verstehen) und daß allem schriftmäßigen Vermuten nach, der große Sabbat und die ewigtausendjährige Ruhe nahe sei. Er erbarmet sich also aller in den Irrgärten der falschen Weisheit herumirrender, und schließt das göttliche Cabinet auf, woraus er ihnen die Erkenntnis der wahren göttlichen Absicht und Beschaffenheit mit dieser und jener Welt mildiglich mitteilt. Man wird es nunmehr bald merken, daß dieser neue Prometheus ein ehrlicher Chiliaste ist, der in das Innere der Gottesgelahrtheit eben so verräterische Blicke tut, als der Kannegießer des Herrn Barons von Holberg in das Innere der Staatskunst. Sein Buch besteht aus 12 Kapiteln, welche von der Existenz GOttes, vom Ebenbilde, von der Kirche, von dem Prüfungsstande der Welt, von der Gnadenwahl, von dem jüngsten Gerichte, von der neuen Erde und von noch viel andern Dingen handeln, von welchen eine erhitzte Einbildungskraft sehr viel neues, aber auch sehr viel abgeschmacktes sagen kann. Das Titelkupfer stellt einen christmutmaßlichen Prospect des neuen Himmels vor, welcher wenigstens sehr andächtig gezeichnet ist. So viel wir uns erinnern, ist dieses Buch schon im Jahre 1750 zum ersten male gedruckt worden. Kostet in den Voßischen Buchläden hier und in Potsdam 20 Gr.

⟨27. Stück. 2. 3.⟩
Früchte einer Vernunft und Belustigung geweihten Stille; gesammelt von einem ächten Verehrer der Wissenschaften. Breslau verlegts Carl Gottfried Meyer. 1754. In 8vo 8 Bogen. Ein furchtsamer Leser könnte sich leicht unter diesem Titel den Anfang einer neuen Monatschrift vorstellen, wenn wir ihm nicht sogleich sagten, daß man nirgends mit einer etwanigen Fortsetzung gedroht finde. Dieser Umstand giebt den darinne enthaltenen Aufsätzen, welche Teils prosaisch, Teils metrisch sind, einen eignen Wert, und wir dürfen sie nur nennen, um einen jeden selbst urteilen zu lassen, ob er sich viel davon ver-

sprechen könne. Sie sind folgende: 1) Ob die Regel, man solle nicht glauben, daß andre Leute so dächten, als wir, erheblich sei? 2) Poetische Frühlingsgedanken. 3) Ob das Nativitätstellen verwerflich sei? 4) Ein poetisches Sendschreiben. 5) Ob es einem Jünglinge unanständig sei, an den Ehestand zu gedenken? 6) Poetisches Schreiben an die Wahrheit. 7) Ob man die Tugend mehr bei den Gelehrten, als bei dem Pöbel suchen müsse? 8) Poetisches Schreiben an die Musen. 9) Die mit wichtigen Vorteilen verknüpfte Kenntnis der Sprachen. 10) Poetische Gedanken über den Gebrauch der fünf Sinne. 11) Die Niederträchtigkeit der Spötter. 12) Die bestrittene Unwahrheit, daß man ohne zu sündigen, das schöne Geschlecht nicht lieben könne. 13) Das angenehme in einer gewissen Unverschwiegenheit. 14) Ein Gedicht. 15) Ob die Entfernung die Freundschaft edler machen könne? 16) Gedicht über die Schönheit. 17) Die Niederträchtigkeit Niedre zu verachten. Kostet in den Voßischen Buchläden hier und in Potsdam 3 Gr.

⟨29. Stück. 7. 3.⟩

Londen. Herr *Mylius*, welcher, wie bekannt, aus Deutschland übergesendet worden, eine physikalische Reise nach Amerika zu tun, ist zwar noch hier, man hat aber Ursache zu hoffen, daß sein Aufenthalt in dieser Stadt viel dazu beitragen wird, seine Reise desto besser nach dem Wunsche derer, welche Teil daran nehmen, ausschlagen zu lassen. Er ist dabei so wenig müßig, daß er sich bereits durch verschiedne Schriften unter den Englischen Gelehrten bekannt gemacht hat. Außer der *Beschreibung einer neuen Grönländischen Tierpflanze in einem Sendschreiben an den Herrn von Haller,* von welcher auch sogleich eine englische Übersetzung an das Licht gekommen, hat er *A letter to Mr. Richard Glover on occasion of his new Tragedy Boadicia* herausgegeben, und eine deutsche Übersetzung von des Herrn William Hogarths *Analysis of Beauty* besorgt. Seine wirkliche Abreise ist nun nicht mehr weit entfernt, und man wird bald die Nachricht davon melden können. Die Jahrszeit wenigstens hat keinen Einfluß dabei, indem sowohl im Sommer, als im Winter von hier fast täglich Schiffe nach Westindien abgehen.

⟨30. Stück. 9. 3.⟩
Leben des Moliere, aus dem Französischen des Herrn von Voltaire übersetzt, nebst einem Anhange von übersetzten und selbst verfertigten Poesien. Leipzig bey Fr. Lankischens Erben 1754. in 8vo auf 12 Bogen.
Der Herr von Voltaire hat sich niemals zu dieser Lebensbeschreibung verstehen wollen, man findet sie daher auch nur bei einer einzigen Ausgabe seiner Werke von Amsterdam, die er niemals für authentisch erklärt hat. Gleichwohl wollen Kenner seine Art zu denken und zu schreiben darinne finden, mit dem Zusatze, daß es nicht die erste Schrift sei, die er ableugne. Wenigstens wird man auf der 100 Seite dieser Übersetzung einen historischen Umstand aus dem *Vittorio Siri* antreffen, welcher fast mit eben denselben Worten in das Jahrhundert Ludwigs des XIV. gekommen ist; und dieses könnte also eine Vermutung wider ihn mehr sein. Unterdessen mag der Verfasser sein wer er will, so ist sein Aufsatz einer Übersetzung doch sehr wohl wert gewesen, besonders jetzt, da Moliere durch die deutsche Übersetzung auch denen bekannt sein kann, die ihn in seiner Sprache nicht lesen können. Man findet verschiedne kleine Nachrichten darinne, die angenehm sein würden, wann sie auch noch weniger wichtig wären, und wann die Critik der Molierischen Schauspiele nicht von dem Herrn von Voltaire ist, so muß sie doch von einem Manne sein, der nicht weniger Geschmack und Einsicht in die Regeln der Bühne hat, als er. Die angehängten Gedichte gehören dem Hn. Übersetzer, welcher sich hier nicht zum erstenmale als einen geschickten Poeten zeigt. Sie bestehen aus Fabeln, Erzehlungen, Sinnschriften, und einem scherzhaften Heldengedichte, das Quadrille, in fünf Gesängen, welches besonders gefallen wird. Kostet in den Voßischen Buchläden hier und in Potsdam 6 Gr.

⟨32. Stück. 14. 3.⟩
Lettres du Comte de Cataneo à l'illustre Monsieur de Voltaire sur l'edition de ses Ouvrages à Dresde. à Berlin chez Chr. Fr. Voss. 1754. in 12. auf 240 Seiten. Der Herr Graf *Cataneo* in Venedig, hat sich schon durch seinen *wahren Geist der Gesetze*, welchen auch die Engländer einer Übersetzung wert geschätzt haben, so vorteilhaft bekannt gemacht, daß auch nur sein Name die Neugierde erwecken kann, Briefe nicht ungelesen zu lassen, die er an einen von den berühmtesten Schriftstellern unsrer Zeit gerichtet hat. Sie enthalten verschiedne Zweifel, die ihm bei Lesung der Voltairischen Schriften eingefallen sind, und die er mit weniger Bescheidenheit größten Teils starke Einwürfe hätte nennen können. Der erste Brief ist statt der Einleitung, und enthält einige Complimente, wie sie die Fechter zu machen pflegen, ehe sie einander wund zu stoßen anfangen. Der zweite Brief betrifft die Historie, worinne der Herr Graf besonders den Unglauben des Dichters in Ansehung der alten Geschichte untersucht, und sonst einige Widersprüche aufdeckt, die bei einem Verfasser, der überall witzig sein will, nichts seltnes sein können. Der dritte Brief handelt von einigen falschen Begriffen des Herrn von Voltaire in der Metaphysik, so wie der vierte von seinen Irrtümern in der Naturlehre. Diese beiden Briefe müssen auch schon deswegen sehr angenehm zu lesen sein, weil es einen sehr artigen Anblick giebt, wenn zwei Blinde einander mit Steinen werfen. In dem letztern wiederholt der Herr Graf eine Beobachtung, die er wegen der Acceleration der fallenden Körper unter der Horizontallinie will gemacht haben; aber auch hier wird man ihn eben so wenig als in den *Beryberischen Briefen* verstehen. Der fünfte Brief ist der Moral, der sechste der Religion, und der siebende der Poesie bestimmt. Es wundert uns dabei, daß gleich der sechste der kürzeste geworden ist, da er doch der längste hätte werden können, wenn es anders wahr ist, daß bei einem witzigen Kopfe die Religion immer das problematischste ist. Überall wo der Herr Graf Cataneo seinem Gegner Einwürfe macht, wird die neueste Dresdner Ausgabe von seinen Werken ange-

führt, ohne Zweifel weil diese der Herr von Voltaire für echt erkannt, und sich also außer Stand gesetzt hat, seine Gedanken für verändert und verstümmelt anzugeben, welches er wohl sonst zu tun soll gewohnt gewesen. Kostet in den Voßischen Buchläden hier und in Potsdam 6 Gr.

⟨33. Stück. 16. 3.⟩
Annales de l'Empire depuis Charlemagne, par l'Auteur du Siecle de Louis XIV. à Francf. aux depens de la Compagnie 1754. in 8vo 1 Alph. 4 Bogen. Man weiß, daß vor einiger Zeit unter dem Namen des Herrn von Voltaire in Holland ein *Abregé de l'histoire universelle depuis Charlemagne jusqu'à Charlequint* erschien. Nach dem Vorgeben dieses Gelehrten, soll es nichts als ein Teil einer unvollständigen Handschrift von einem größern Werke sein, welches er ehedem unter der Feder gehabt. Es sei bei einem Treffen in Böhmen in die Hände der Husaren gefallen, und er vermutet, daß eben diese Husaren den Druck müßten besorgt haben, weil alles auf das grausamste darinne verstümmelt und verfälscht worden. Damit aber eine solche Mißgeburt nicht auf seiner Rechnung bleibe, so habe er nunmehr selbst Hand angelegt, und es in Ansehung der deutschen Reichsgeschichte so umgearbeitet, daß es anstatt eines Inbegriffs derselben dienen könne, welcher weder trocken noch bis zum Ekel umständlich sei. Nach dieser neuen Einrichtung ist es unter dem Titel *Annales* in Holland in zwei Duodezbänden gedruckt, und auch in Frankfurt bereits nachgedruckt worden. Von diesem Nachdrucke ist das oben angeführte der erste Teil, welcher von Carl dem großen bis auf Ludewig den fünften geht; der zweite Teil enthält die Geschichte von diesem Ludewig bis auf den Tod Carls des sechsten. In der Einrichtung scheint der Herr von Voltaire die Chronologie des Präsidenten *Henault* zum Muster genommen zu haben; die Art des Vortrags aber ist völlig sein eigen; denn niemand weiß so gut als er, die wichtigsten Begebenheiten in ein Epigramma zu bringen, und alles mit einer gewissen Spitze zu sagen, die den zum Geschichtschreiber gewordenen Poeten nicht unverraten

läßt. Das merkwürdigste bei diesem ganzen Werke sind wohl die *Vers tecniques*, in welche der Herr von Voltaire alle Namen der Kaiser und ihre wichtigsten Taten nach einer chronologischen Ordnung gebracht hat; eine Arbeit mit der sich bei uns Berkenmeyer und andre abgegeben haben. Diese Probe giebt Anlaß zu fürchten, daß der Dichter, wenn er noch lange in Deutschland bleiben sollte, zuletzt Chronodisticha machen dürfe, und vielleicht aus keiner andern Absicht, als sich nach dem Geschmacke der Nation zu richten, unter welcher er lebt, so wie er zum Exempel in Frankreich die Henriade, und in England den Brutus und den Tod des Cäsars gemacht hat. Kostet in den Voßischen Buchläden hier und in Potsdam 16 Gr.

⟨36. Stück. 23. 3.⟩
Lankischens Erben in Leipzig haben drucken lassen: *L'Electricité, son origine et ses progrés; Poeme en deux livres par Mr. George Matthias Bose, Prof. Publ. ordin. en physique à Wittenbergue, traduit de l'Allemand par Mr. l'Abbé Joseph Antoine de C***. in 8vo auf sechs Bogen.* Die Verdienste des Herrn Prof. Bosens um die Elektrizität sind zu bekannt, als daß wir viel davon zu sagen nötig haben sollten. Auch sein Gedicht, welches er über diesen neuen physikalischen Gegenstand vor einigen Jahren gemacht hat, kann nicht unbekannt sein; eben so wenig als der Beifall, mit welchem es aufgenommen worden. Wir zweifeln nicht, daß diese französische Übersetzung von Kennern nicht eben diesen Beifall erhalten werde, wenn sie es auch schon etwa merken sollten, daß der Herr Abt Joseph Anton von C*** ein guter ehrlicher Deutscher sein müsse, der sich einige kleine Freiheiten in der Sprache und Prosodie nicht übel nimmt. Es sind verschiedne Anmerkungen zu dieser französischen Übersetzung hinzu gekommen, und auf dem Rande hat man die Seiten der deutschen Ausgabe hinzuzusetzen für gut befunden, vielleicht damit man gleich sehen könne, wo der Übersetzer geblieben ist. Die Zueignungsschrift ist von einem gewissen Langbein an die Gräfin von Rex gerichtet. Kostet in den Voßischen Buchläden hier und in Potsdam 4 Gr.

⟨37. Stück. 26. 3.⟩

Auf die Nachricht, die wir vor kurzem von den gelehrten Beschäftigungen des Hr. *Mylius* in England und der weitern Fortsetzung seiner Reise gegeben haben, müssen wir jetzt eine andre folgen lassen, die seinen Freunden höchst unangenehm, und dem Publico selbst, welches sich noch manches von seinem Fleiße versprach, nicht gleichgültig sein wird. Er ist nemlich am 6ten dieses Monats in London an einer Peripnevmonie gestorben. Es ist nicht gnung zu betauren, daß die Kräfte seines Körpers nicht seinem Eifer und seiner Begierde etwas vorzügliches zu tun, gleich gewesen sind. Sein fester Entschluß sich den Wissenschaften und besonders der Erforschung der Natur aufzuopfern, seine schon erlangte Geschicklichkeit und die unablässige Sorgfalt, sie auf allen Seiten zu erweitern, machen seinen Verlust der gelehrten Welt wichtig, die ihn schon längst aus seinen Schriften als einen eben so schönen als gründlichen Geist gekannt hat. Es ist bereits schon über ein Jahr, daß er seine Physikalische Reise von hier aus antrat, und nur seine Lust, sich nirgends eine Gelegenheit zu Beobachtungen entgehen zu lassen, ist Schuld, daß er nicht weiter damit gekommen ist. Auf Verlangen einiger vornehmen Teilhaber an seiner Reise machte er nicht nur gleich Anfangs auf dem Harze verschiedne Versuche mit dem Thermometer und Barometer, sowohl unter der Erde in den tiefsten Schachten, als hernach auf den Spitzen der höchsten Berge; sondern stellte auch gleiche Versuche bei seiner Überfahrt von Holland nach England, über und unter dem Wasser mit vieler Genauigkeit an. Weil übrigens seine erste Reise auf englische Kolonien in Amerika gehen sollte, so sahe er gar bald in England die unvermeidliche Notwendigkeit sich die englische Sprache, die er schon zum Teil verstand, noch mehr bekannt zu machen, und sonst verschiedne Erkundigungen einzuziehen, die seine Untersuchungen in den dasigen Gegenden erleichtern könnten. Diese und noch andere Ursachen, wozu besonders seine Unbäßlichkeit kam, aus welcher er aber durchaus seinen Gönnern, um sie nicht abzuschrekken, ein Geheimnis machen wollte, nötigten ihn länger in England zu bleiben, als er jemals daselbst zu bleiben geglaubt hatte. Noch vielweniger aber werden weder er noch seine Freunde geglaubt haben, daß England gar der Ort sein sollte, wo die Vorsicht seiner mühsamen irdischen Wißbegierde auf immer stille zu stehen befehlen sollte, um sie in einer bessern Welt zu sättigen.

⟨42. Stück. 6. 4.⟩
Pensées sur la Liberté, tirées d'un Ouvrage manuscrit qui a pour titre: Protestations et Declarations philosophiques sur les principaux objets des connoissances humaines par Mr. de Premontval de l'Academie de Berlin. à Berlin chez Chr. Fr. Voss. 1754. in 8v. 10 Bogen. Diese Gedanken über die Freiheit haben den Inhalt dreier akademischen Vorlesungen ausgemacht. Der Verfasser legt sie hier der Welt vor, um ein größres Werk dadurch anzukündigen, dessen innere Beschaffenheit aus dieser Probe einigermaßen erhellen könne. Sie enthalten Zweifel wider die Freiheit, welche, wenn sie nicht alle neu sind, doch alle auf eine durchaus neue Art vorgetragen werden. Da sie von einem Weltweisen herkommen, der nicht zweifelt, um nur seinen Witz zu zeigen, sondern um die Wahrheit zu ergründen, und sie von allen falschen Beweisen zu reinigen, so verdienen sie um desto größere Aufmerksamkeit. Er erwartet von den Gelehrten entweder ihre Auflösung oder das Bekenntnis ihrer Unauflöslichkeit und der daraus folgenden Notwendigkeit in einer so wichtigen Lehre auf neue und festere Grundsätze zu denken. Von dem Werke selbst, welches er damit ankündiget, soll gegen das Ende dieses Jahres der erste Band erscheinen, und diesem jedes Jahr ein neuer folgen. Alles was dem Verfasser Gelegenheit geben wird, entweder sich wider Irrtümer zu erklären, oder seine Gedanken über die vornehmsten Gegenstände der menschlichen Kenntnisse zu entdecken, es betreffe Geschmack oder Wissenschaften, Philosophie oder Religion, soll einen Platz unter allerlei Gestalten von Abhandlungen darinne finden. Er macht zugleich bekannt, daß man auch dasjenige, was

Anfangs den vierten Teil der Monogamie ausmachen sollen, in verschiedne Aufsätze zerteilt darinne antreffen werde. Die Stücke welche den ersten Band ausmachen sollen, werden in der Vorrede genannt, und wie wir sehen, so sind sie alle, ein einziges ausgenommen, in der Akademie gelesen worden, welches die Begierde nach denselben ungleich vermehren muß. Der Herr von Premontval hat diesen Gedanken auch eine Zuneigungsschrift vorgesetzt, die sich von allen Zueignungsschriften durch die Feinheit der Wendungen unterscheidet, und seinem Geschmacke eben so viel Ehre macht, als die Gedanken selbst seiner philosophischen Scharfsinnigkeit. Kostet in den Voßischen Buchläden hier und in Potsdam 6 Gr.

⟨52. Stück. 30. 4.⟩

Natürlichste und leichteste Anweisung zum Briefstellen so wohl überhaupt als auch in besondern Fällen, nebst Beyspielen von J. G. H. Weber v. N. Frankfurt am Mayn bey R. F. Möller 1754. in 8v. Dieser Briefsteller ist nicht stärker als drei Alphabet und vier Bogen, und hat nicht mehr als vier besondere Titel. Der erste ist der jetzt angeführte, und die übrigen drei wollen wir auch anführen, damit jeder Leser sieht, was er alles darinne finden kann. Er findet also noch dabei II. *eine ausführliche und deutliche Anweisung zur Titulatur, so wohl überhaupt, als auch in eignen und besondern Titeln, nebst einem deutschen und französischen Titularlexiko.* Ferner III. *eine so gründlich als kurzgefaßte Anweisung zur Orthographie nebst einem Anhange grammatikalischer Anmerkungen und einem orthographischen Lexiko.* Und endlich IV. *Ein Wörterbuch, darinne sowohl lateinische und französische, als einige unbekannte deutsche Wörter nicht allein kurz und deutlich erklärt, sondern auch die erstern in reines Hochdeutsch übersetzt und dasselbe zu einem kleinen Zeitungslexiko eingerichtet worden.* Alles dieses zusammen genommen, macht eine vollständige Bibliothek aus, wie sie ein expedierter Schreiber, im Fall der Not, braucht. Wir wollen zu ihrem Lobe nichts weiter hinzutun, als dieses, daß die Anweisung zum Briefschreiben selbst, nichts als ein neuer Abdruck eines alten Werkchens ist, das man mit einigen nach der allerneuesten Manier stylisierten Briefen vermehrt hat. Wer aber der eigentliche Verfasser von dem erstern sei, kann uns der Vorredner nicht sagen, weil zu allem Unglücke die Ratten den Titel davon weggefressen hatten. Kostet in den Voßischen Buchläden hier und in Potsdam 1 Tlr.

⟨53. Stück. 2. 5.⟩

Königsberg. Am dritten des vorigen Monats brachte der Hr. M. *Paul Christian Weiß* eine Streitschrift zu Katheder, in welcher er den *Abraham* als einen Logicum, nach Anleitung der Stelle Hebr. XI. 19., aufführte. Der Patriarch wird daselbst λογισαμενος genennt, und diesem Wörtchen haben wir die gelehrte Arbeit des Hrn. Magisters, welche auf 2½ Bogen gedruckt ist, zu danken. Er untersucht gleich Anfangs was λογος und λογιζομαι heiße, und entdeckt, daß jenes die *Vernunft* und dieses *vernünftig schließen* bedeute. Er zeigt ferner, was die Vernunft sei, und erhärtet, daß sie eine herrliche Gabe Gottes ist, die uns zu vielerlei nützlich und nötig sein könne. Er kömmt alsdenn auf die Vernunftlehre, und teilt sie in die natürliche und künstliche ein. Von der künstlichen gesteht er, daß Abraham nicht viel möge gewußt haben; desto stärker aber müsse er in der natürlichen gewesen sein; denn diese habe ihn einsehen gelehrt, daß wenn ein Gott sei, dieser Gott auch Tote auferwecken könne. Man wende nicht ein, daß Hr. *Weiß* also in dem Worte λογισαμενος nichts weiter finde, als was Luther darinne gefunden hat, welcher es durch *Abraham dachte* giebt; er findet noch dieses darinne, daß er vernünftig gedacht habe, und daß das bekannte Sprichwort bei ihm nicht eingetroffen sei. Eines wundert uns, daß Hr. M. *Weiß* seiner Dissertation, die sich mit *Tantum abest* anfängt, keine *carmina gratulatoria*, hat beifügen lassen? Wir nehmen uns die Freiheit diesen Mangel mit folgenden zu ersetzen:

    O Neid, dies Werk wirst du verschonen müssen!
    Mit *Tantum abest* fängt es an.
    Nur eines fehlt noch daran!
    Mit *parum adest* sollt es schließen.

Ein anders.
Die Logik Abrahams? Wer hätte das gedacht?
Vielleicht daß *Weiß* sich bald an Sarens Physik macht.

⟨56. Stück. 9. 5.⟩

Geschichte des Herrn Carl Grandison; in einer Folge von Briefen entworfen von dem Verfasser der Pamela und Clarissa. Aus dem Englischen übersetzt. I. und IIter Band. Leipzig in der Weidemannischen Handlung 1754. in 8vo. Zusammen 3 Alphb. Dieser Titel enthält alles, was man zur Anpreisung einer neuen Roman sagen kann, die nichts weniger als eine bloße Ergötzung zu ihrer vornehmsten Absicht hat. Ein viel edlerer Zweck ist von je her der Gegenstand des unterrichtenden *Richardson* gewesen, dessen schönem Geiste man es zu danken hat, daß man die schärfste Moral in seinen Schriften mit so viel reizenden Blumen ausgeschmückt findet. Die erste Sammlung seiner erzehlenden Briefe, *Pamela* betitelt, zeigte die Schönheit und das vorzüglich Erhabene der Tugend in einem unschuldigen und unausgeputzten Gemüte, nebst der Belohnung, welche die schützende Vorsicht derselben oft auch in diesem Leben widerfahren läßt. Die zweite Sammlung, deren Aufschrift *Clarissa* heißt, enthält betrübtre Vorfälle. Ein junges Frauenzimmer von höherm Stande und zu größern Hoffnungen berechtigt, wird in eine Mannigfaltigkeit tiefer Unglücksfälle verwückelt, die sie zu einem frühzeitigen Tode führen. Gegenwärtige dritte Sammlung endlich legt der Welt die Abschilderung und die Begebenheiten eines wahrhaftig redlichen Mannes vor, welcher in vielen und mancherlei prüfenden Umständen stets übereinstimmend und wohl handelt, weil alle sein Tun von einem einzigen unveränderlichen Grundsatze regieret wird; es ist ein Mann, der Religion und Tugend hat, Lebhaftigkeit und Feuer besitzt, der vollkommen und angenehm, für sich glücklich ist, und andere glücklich macht. Das ist der Hauptinhalt dieser ersten zwei und der nachfolgenden Bände, der aber durch die verschiedenen Correspondenten, welches meistenteils junge Frauenzimmer von guter Erziehung, und muntrer Gemütsart sind, so mannigfaltig und angenehm gemacht wird, daß der Leser überall fortgerissen wird, und sich für nichts als dem Beschluß fürchtet, den man in tausend andern Romanen schon auf der ersten Seite zu wünschen anfängt. Kostet in den Voßischen Buchläden hier und in Potsdam 1 Rtlr.

⟨57. Stück. 11. 5.⟩
Le Procès sans fin ou l'Histoire de John Bull, publiée sur un Manuscrit trouvé dans le Cabinet du fameux Sire Humfroy Polesworth en l'année 1712. par le Docteur Swift. à Londres chez Nourse. 1754. in Octavo 17 Bogen. Die Geschichte des Johann Bulls ist eine allegorische Critik des eben so langen als blutigen Krieges von 1702, in welchem die mächtigsten Monarchen Europens alle ihre Kräfte erschöpften. Der Verfasser davon ist *Swift*, welcher auch unter uns nunmehr bekannt genug ist. Er stellet den Krieg unter dem Bilde eines großen Processes vor; die Schlachten sind die Klageschriften, und die Siege die Urtel; die Könige werden in Kaufleute verwandelt, die Generals in Procurators und die Soldaten in Häscher und Büttel. Der Stoff des Processes ist eine reiche Erbschaft. Ein großer Herr sahe sich ohne Nachkommenschaft. Er hatte zwei Vettern; der eine hieß Philipp Baboon, und war der Enkel eines reichen Kaufmannes; der andre hieß der Ritter South, und war aus einer guten Familie entsprossen, die aber in Verfall geraten war. Der gute Alte machte ein Testament und setzte den erstern zu seinem Universalerben ein. Der Ritter geriet darüber in Verzweiflung, und fing mit seinem Vetter einen Proceß an, um ihm die Gültigkeit des Testaments streitig zu machen. Er würde aber gar bald haben unterliegen müssen, wenn nicht alle Kaufleute in der Provinz sich seiner angenommen hätten. Die vornehmsten davon waren John Bull, ein Tuchhändler, und Nicolaus Fog, ein Leinwandhändler. Der einzige Lewis Baboon erklärte sich für den Philipp und hielt allen andern Mitbuhlern einzig und allein das Gegengewicht. Der Ausgang dieses Processes war der gewöhnliche Ausgang vieler andern Processe: die Unkosten ruinierten die

Parteien, und endlich mußten sie es zu einem Vergleiche kommen lassen. Man wird hoffentlich bei einer mäßigen Kenntnis der neuern Geschichte diese Anspielung sehr leicht verstehen, welche in dem Werke selbst durch verschiedene Episoden noch um vieles angenehmer gemacht wird. *Swift* war ein kühner Philosoph, der keine Verstellungen brauchte; ein strenger Richter, bei dem kein Ansehen der Person galt, und endlich ein englischer witziger Kopf, welcher oft das Lächerliche übertrieb, um es desto glücklicher zu bestreiten. Aus allen diesem wird man auf den Ton dieser satyrischen Geschichte schließen können, von welcher es uns wundert, daß sie die Franzosen nicht eher in ihre Sprache übersetzt haben. Kostet in den Voßischen Buchläden hier und in Potsdam 12 Gr.

⟨59. Stück. 16. 5.⟩
Beyträge zu den Gedanken des Herrn von Beaumelle nebst einer neuen Uebersetzung dieser Gedanken, nach der siebenten Französischen Auflage. Berlin und Leipzig, verlegts Chr. Fr. Günther, Buchhändler zu Glogau. 1754 in groß Octavo, 1 Alphb. 4 Bogen. Die Gedanken des Herrn von Beaumelle sind, wie bekannt, mit vielem Beifalle aufgenommen worden; ein Glück, welches sich heut zu Tage alle diejenige Schriftsteller versprechen können, die so frei als möglich sind, wenn es ihnen nur nicht an Witze fehlt, ihre Freiheit angenehm zu machen. Bei dem allen aber kann man doch nicht leugnen, daß sie nicht einen Mann verraten sollten, welcher selbst denkt, und mit einer großen Kenntnis der Welt, viel Einsicht in die Geschichte und in die Staatswissenschaft verbindet. Es sind bis auf sieben Auflagen in kurzer Zeit davon ans Licht getreten, und auch eine Deutsche Übersetzung derselben haben wir schon vor einiger Zeit erhalten. Da diese aber, außer ihrer Unvollständigkeit, ungemein schlecht ausfiel, so hat man diese gegenwärtige um so viel weniger für überflüssig anzusehen. Sie ist richtig und zierlich geraten, und, was ihren vornehmsten Wert ausmacht, mit Anmerkungen versehen, die den Lesern nicht anders als sehr angenehm sein können. Beaumelle hat

die meisten seiner Gedanken größtenteils auf verschiedene historische Begebenheiten, so wohl alter als neuer Zeit, gebauet; weder sein Endzweck noch seine Schreibart verstatteten, die von ihm angeführten Geschichten umständlich zu erzehlen; er beruft sich öfters nur mit einem Worte darauf, und das bloße namhaft machen berühmter Männer, muß seinen Sätzen schon zum Beweise dienen. Hieraus wird man auf die Notwendigkeit der Anmerkungen, besonders für Leser, die in den mancherlei Teilen der Geschichte nicht vorzüglich gewiegt sind, leicht schließen können; und wir müssen mit Vergnügen bekennen, daß sie viel dunkles deutlich, viel zweideutiges bestimmt, und viel unrichtiges durch kleine Verbesserungen zuverlässig machen. Kostet in den Voßischen Buchläden hier und in Potsdam 16 Gr.

⟨60. Stück. 18. 5.⟩
Herrn von Burigny Historie der Staatsveränderungen des Kaiserthums zu Constantinopel von Erbauung dieser Stadt bis aufs Jahr 1453, da sich die Türken derselben bemächtiget haben. Aus dem Französischen übersetzt. Erster und zweyter Theil. Hamburg, in der Hertelischen Handlung im Dom 1754, in Octavo. Beyde Theile 2 Alphb 8 Bogen.
Die Geschichte der Morgenländischen Kaiser ist unstreitig eine von den fruchtbarsten an großen und außerordentlichen Veränderungen; sie würde daher auch eine von den lehrreichsten sein, wenn sie nicht, besonders durch die Parteilichkeit der griechischen Geschichtschreiber, sehr zweideutig wäre gemacht worden. Unterdessen verdienet doch die Arbeit eines Schriftstellers, der uns das Glaubwürdigste aus ihnen sammelt und in eine vernünftige Ordnung bringet, allen Dank. Herr Burigny hat sie in zehn Bücher abgeteilet, wovon die ersten neune bloß die weltliche Geschichte in sich fassen, das letzte aber einzig und allein von Kirchensachen handelt. Er hat für gut befunden, alles was die Religion angeht, auf diese Art von den verschiedenen Regierungen abzusondern, damit man mit einem Blicke die vornehmsten Streitigkeiten der constantinopolischen Kirche mit der römischen, den Fortgang der Spaltung und alle

verschiedene Versuche, die man zu beider Vereinigung vorgenommen hat, übersehen könne. Diese zwei ersten Teile der Übersetzung enthalten nur die ersten acht Bücher; das rückständige wird den dritten Teil ausmachen, welcher künftige Michaelismesse herauskommen soll. Man wird demselben einen Nachtrag zum Leben des Kaiser Julians I., den der Herr von Burigny dem Übersetzer im Manuscripte zugesandt hat, und ein vollständiges Register über alle drei Teile beifügen. Was die Übersetzung selbst anbelangt, so läßt sie sich sehr wohl lesen, nur daß es scheint als ob ihr Urheber die eigentümlichen Redensarten der französischen Sprache oft nicht gehörig genug verstanden habe; er übersetzt, zum Exempel, *il parla le premier, er redete der erste* anstatt daß er sagen sollte *zu erst*. Kostet in den Voßischen Buchläden hier und in Potsdam 18 Gr.

⟨61. Stück. 21. 5.⟩
G. E. Leßings Schriften. Dritter und vierter Theil. Berlin bey Chr. Fr. Voß. In 12mo 1 Alphb. 2 Bogen. Wir wollen den Inhalt dieser Teile mit den eignen Worten des Verfassers anführen. »Den dritten Teil, sagt er, habe ich mit einem Mischmasche von Critik und Literatur angefüllt, der sonst einen Autor Deutscher Nation nicht übel zu kleiden pflegte. Es ist Schade, daß ich mit diesem Bändchen, nicht einige zwanzig Jahre vor meiner Geburt, in Lateinischer Sprache habe erscheinen können. Die wenigen Abhandlungen desselben sind alle *Rettungen* überschrieben. Und wen glaubt man wohl, daß ich darinne gerettet habe? Lauter verstorbene Männer, die mir es nicht danken können. Und gegen wen? Fast gegen lauter Lebendige, die mir vielleicht ein sauer Gesicht dafür machen werden.« – – Es sind dieser Rettungen an der Zahl viere 1) Rettungen des Horaz. 2) Rettung des Cardanus. 3) Rettung des *Inepti Religiosi* und seines ungenannten Verfassers. 4) Rettung des Cochläus, aber nur in einer Kleinigkeit. Die bloßen Titel sind für diejenigen lange genug, die sie nicht selbst lesen wollen. – – Der vierte Teil enthält zwei Lustspiele, wovon das eine *der junge Gelehrte*, und das andere *die Juden*,

heißt. Das erste ist schon 1748 in Leipzig auf dem Neuberischen Schauplatze, nicht ohne Beifall, aufgeführet worden. Kostet in den Voßischen Buchläden hier und in Potsdam 16 Gr.

⟨62. Stück. 23. 5.⟩
Le Theatre de Monsieur de Marivaux de l'Academie Françoise; nouvelle Edition. en IV Tomes, à Amsterdam et Leipzig, chez Arkstée et Merkus 1754. In 12mo. Jeder Theil von 18 Bogen. Diese Ausgabe der theatralischen Werke des Hrn. *von Marivaux* ist schon vor einigen Jahren angekündigt worden. Sie ist eigentlich nichts als ein sehr saubrer und correcter Nachdruck der Parisischen, welche aus sieben Bänden besteht, und mehr als noch einmal so viel kostet. Marivaux behauptet unter den neuern schönen Geistern der Franzosen eine sehr vorzügliche Stelle. Es werden es ihm wenige an Witze und Fruchtbarkeit zuvor tun; Romanen, Lustspiele, Moralische Blätter sind mit Haufen aus seiner Feder geflossen, und haben alle eine sehr glänzende Aufnahme genossen. Man lobt an ihm besonders seine Kenntnis des menschlichen Herzens und die Kunst seiner kritischen Schilderungen; man nennt ihn einen zweiten *la Bruyere*, welcher ehedem so vielen Personen die Larve abriß, und ihre Eitelkeit beschämte. Nicht weniger rühmt man an ihm die blühende Schreibart, welche voll kühner Metaphern und unerwarteter Wendungen ist. Allein man tadelt auch an eben derselben die allzu große Kühnheit, und die zu übertriebene Begierde, überall seinen Witz schimmern zu lassen. Hiermit verbindet man noch einen andern Tadel, welcher bei strengen Freunden der Tugend weit wichtiger ist. Er soll das Laster, und besonders die Wollust, oft mit so lebhaften und so feinen Farben schildern, daß sie auf den Leser einen ganz andern Eindruck machen, als sich ein tugendhafter Schriftsteller zu machen, vorsetzen darf; seine Beschreibungen sollen verführen, weil sie all zu natürlich sind. Von allen diesen wird man sich auch schon aus der Lesung seiner Lustspiele überzeugen können, deren Titel wir nur noch anführen wollen, weil sie ohnedem, fast alle,

schon durch Übersetzung bei uns bekannt sind. Der erste Teil bestehet aus vier Stücken: der durch die Liebe artig gewordene Harlequin; die Überraschung der Liebe; die gedoppelte Unbeständigkeit, und den verkleideten Prinzen. Der zweite Teil enthält acht Stücke: der Bauer mit der reichen Erbschaft; das Spiel der Liebe und des Glücks; der Triumph der Liebe; die Probe; die unvermutete Freude; der Streit; das besiegte Vorurteil, und die Aufrichtigen. Die Stücke des dritten Teiles heißen: Hannibal, ein Trauerspiel; die unvermutete Entwicklung; die Insel der Vernunft; die zweite Überraschung der Liebe; die Aussöhnung der Liebesgötter; die unbedachtsamen Eidschwüre und das Vermächtnis. Der vierte Teil endlich schließt in sich: den gebesserten Stutzer; die falschen Vertrauten; die vertraute Mutter; den Irrtum; die glückliche List; die Schule der Mütter, und den Triumph des Plutus. Kostet in der Voßischen Buchhandlung hier und in Potsdam 2 Rtlr. 12 Gr.

⟨64. Stück. 28. 5.⟩
Tagereisen von Großcairo nach dem Berge Sinai und wieder zurück. Aus einer Handschrift des Präfektus der Franciskaner in Egipten übersezt. Mit Anmerkungen über den Ursprung der Hieroglifen und Mythologie der alten Heiden; der Gesellschaft der Alterthümer in London zugeeignet von dem hochwürdigen Robert Clayton, Bischof zu Clogher. Aus der verbesserten englischen Ausgabe übersezt von J. P. Cassel. Mit Kupfern. Hannover bey Försters Erben 1754 in 8vo auf 12 Bogen. Diese Reise ist von einem Vorsteher der Franciskaner in Ägypten, dessen Name aber unbekannt ist, im Jahre 1722 angestellet worden. Pocok hatte derselben in seinen *Reisen durch die Morgenländer* erwehnt, und weil der Bischof Clayton das Original davon in seiner Bibliothek hatte, so hielt er es wegen der vielen besondern und genauen Nachrichten, für wert, von ihm übersetzt und der Gesellschaft der Altertümer in London vorgelegt zu werden. Der Franciskaner giebt besonders eine sehr umständliche Beschreibung von den alten Charaktern, die in der Wüste von Sinai, in einer Gegend, die durch den Namen Gebel el Mokatab, *d. i. der beschriebenen*

Berge bekannt ist, anzutreffen sind. Eine ziemliche Strecke von marmornen Klippen ist damit angefüllt, und man hat hinlängliche Ursache, sie für eine uralte Schrift zu halten, die, wenn sie zu entziffern wäre, ohne Zweifel das wunderbarste Denkmal des Altertums sein würde. Der Bischof hält sie für ein Werk der in der Wüsten herumirrenden Kinder Israel, die zur Nachahmung der steinern Gesetztafeln Gottes, in den damals üblichen, jetzt aber unbekannten Hebräischen Charaktern, vielleicht Nachrichten von der wunderbaren göttlichen Führung, zum ewigen Andenken, in diese harte Felsen eingegraben haben. Diese nun vornehmlich näher zu untersuchen, abzuzeichnen und nach England zu bringen, ermuntert er die Gesellschaft, einen Gelehrten dahin zu schicken, und erbietet sich einen Teil der dazu nötigen Kosten zu tragen. Es ist sehr zu wünschen, daß diese gelehrte Reise zu Stande kommen möge, und es würde kein geringer Ruhm für die neuern Zeiten sein, wenn sie den wahren Sinn dieser alten Charaktere wieder herstellen könnte, die aller Wahrscheinlichkeit nach, sehr viel übereinstimmendes mit den Nachrichten der H. Schrift enthalten müssen. Die dieser Tagreise beigefügten Anmerkungen und Untersuchungen des Bischofs, von der Bildersprache und Götterlehre der alten Heiden, und besonders der Ägypter, sind voller Gelehrsamkeit und scharfsinnigen Mutmaßungen. Die deutsche Übersetzung ist so zierlich, als es das Original und die kritische Materie zulassen wollen, geraten. Kostet in der Voßischen Buchhandlung hier und in Potsdam 6 Gr.

⟨65. Stück. 30. 5.⟩

Zergliederung der Schönheit, die schwankenden Begriffe von dem Geschmacke festzusetzen, geschrieben von Wilhelm Hogarth. Aus dem Englischen übersezt von C. Mylius. London bey And. Linde 1754. in 4to auf 20 Bogen nebst zwey grossen Kupfertafeln. Herr *Hogarth* ist unstreitig einer der größten Maler, welche England jemals gehabt hat. Was ihn besonders berühmt gemacht, ist dieses, daß er in alle seine Gemälde eine Art von satyrischer Moral zu bringen gewußt, die das Herz an dem Vergnügen der Augen Teil zu nehmen, nötiget. Natur, Leben und Reiz, hat man durchgängig darinne bewundert, und diese bei ihm für die Wirkungen eines glücklichen Genies gehalten, bis er in dem gegenwärtigen Werke zeigte, daß auch ein tiefes Nachdenken über die Gegenstände seiner Kunst damit verbunden gewesen. Und diesem Nachdenken eben haben wir eine Menge neuer Ideen zu danken, die in der ganzen Materie von der Schönheit ein Licht anzünden, das man nur von einem Manne erwarten konnte, dem auf der Seite des Gelehrten eben so wenig, als auf der Seite des Künstlers fehlte. Er hat seine Schrift in siebenzehn Hauptstücke abgeteilt. In den ersten sechsen handelt er von den schon bekannten Gründen, von welchen man durchgängig zugesteht, daß sie, wenn sie wohl vermischt werden, allen Arten von Zusammensetzungen, Annehmlichkeit und Schönheit geben. Diese Gründe sind: die Richtigkeit, die Mannigfaltigkeit, die Gleichförmigkeit, die Einfachheit, die Verwicklung und die Größe, welche alle bei Hervorbringung der Schönheit zusammen wirken, indem sie einander gelegentlich verbessern und einschränken. In dem siebenden Hauptstücke wendet er sich zu den Linien, in welche alle Formen eingeschlossen sein müssen, und findet, daß die Wellenförmige Linie die wahre Linie der Schönheit, und die Schlangenlinie die wahre Linie des Reizes sei. Auf der Betrachtung dieser beiden Linien beruht das ganze Hogarthsche System von der Schönheit. Er zeigt nemlich, wie aus ihrer Zusammensetzung alle angenehme Formen entstehen, und wie wunderbar sie besonders in dem Meisterstücke aller sinnlichen Schönheit, in dem menschlichen Körper, angebracht sind. Auch in den übrigen Hauptstücken, wo er von den Verhältnissen, von dem Lichte und Schatten, und von den Farben redet, zeigt er ihren Einfluß, welcher sich besonders in dem 16ten Hauptstücke von der Stellung, am meisten äußert. Man darf nicht glauben, daß bloß Maler und Bildhauer oder Kenner dieser beiden Künste, das Hogarthsche Werk mit Nutzen lesen können. Auch Tanzmeister, Redner und Schauspieler, werden die vortrefflichsten Anmerkungen darinnen finden, und noch mehrere durch kleine Anwendungen selbst daraus ziehen können. Ja so gar Dichter und Tonkünstler, werden, vermöge der Verbindung welche alle Schönen Künste und Wissenschaften untereinander haben, ähnliche Gründe der Schönheit in den Werken des Geistes und der Töne darinne entdecken, und ihren schwankenden Geschmack auf feste und unwandelbare Begriffe zurückbringen lernen. Die zwei darbei befindlichen Kupfertafeln sind von der eignen Hand des Herrn Hogarths, die ihnen mit Fleiß nicht mehr Schönheit gegeben hat, als sie zum Unterrichten nötig haben. Von der Güte der Übersetzung dürfen wir hoffentlich nicht viel Worte machen, da sie sich von einem Manne herschreibt, der selbst mit dem Schönen in der Natur und Kunst bekannt war, und den wir zu beider Ausbreitung viel zu zeitig verloren haben. Sein Aufenthalt in London verschaffte ihm Gelegenheit, den Herrn Hogarth selbst bei der Übersetzung zu Rate zu ziehen, welches er auch so oft getan zu haben versichert, daß man seiner Übersetzung dadurch eine Art von Avthenticität beilegen kann. Kostet in der Voßischen Buchhandlung hier und in Potsdam 5 Rtlr.

⟨68. Stück. 6. 6.⟩
La Philosophie du bon-sens ou Reflexions philosophiques sur l'incertitude des connoissances humaines; à l'usage des Cavaliers et du beau sexe; huitieme edition, corrigée, augmentée de deux Dissertations morales etc. par Mr. le Marquis d'Argens. en II Tomes. à Dresde 1754. chez G. C. Walther. In 8vo. 2 Alphb. 20 Bogen. Dieses ist eine neue Ausgabe eines Buchs, welches man, wie fast alle Schriften des Herrn Marquis *d'Argens*, mit vieler Begierde gelesen hat. Wenn man die vorhergehenden Ausgaben dagegen stellt, so wird man finden, daß diese, in Betrachtung der vielen jetzt dazugekommenen Vermehrungen und Verbesserungen, kaum als Versuche anzusehen sind. Doch hat der Verfasser bei dieser neuen Umarbeitung seinen alten Plan nirgends aus den Augen gelassen, welcher darinne bestand, daß er vornehmlich Leuten vom Stande nützlich sein und

sie an dem pedantischen Stolze der Halbgelehrten rächen möge. In dieser Absicht suchte er überall zu zeigen, daß alle die Männer, die man als Orakel in den Wissenschaften betrachte, nichts als kühne Ignoranten wären, die sich durch ihre Eitelkeit selbst am ersten betrögen, und sich bloß durch Hülfe einiger unverständlichen Worte gegen die Anfälle der gesunden Vernunft und des natürlichen Lichts verteidigten. Ein kühnes Unternehmen, in der Tat; welches aber doch ein merkliches von seinem Sonderbaren dadurch verliert, daß sich der Herr Marquis gleichwohl nichts bessers, als jene Männer, zu sein dünkt. Sein ganzes Werk teilt sich in sieben Betrachtungen. Die erste Betrachtung handelt von der Ungewißheit der Geschichte; die zweite betrifft die Vernunftlehre; und die dritte handelt von den allgemeinen Gründen der Naturlehre. Diese drei machen den ersten Band aus. Die vierte Betrachtung ist der Metaphysik, so wie die fünfte der Sterndeuterei, gewidmet. Aber hat es sich wohl der Mühe verlohnt, diese letztere zu unsern Zeiten zu verschreien? Die sechste Betrachtung handelt von den Annehmlichkeiten der Gesellschaft, und die siebende von dem glücklichen Leben. Diese zwei hat der Verfasser ganz neu hinzugefügt, und man hat sie als den Inbegriff der ganzen Moral anzusehen, welche zur Vollständigkeit seines Werks noch mangelte. Gleichergestalt hat er eine critische Untersuchung der Betrachtungen des Abts von *Olivet* über die Theologie der griechischen Philosophen beigefügt, in welcher er mehr Gelehrsamkeit zeigt, als ihm vielleicht mancher möchte zugetrauet haben. Kostet in den Voßischen Buchläden hier und in Potsdam 1 Rtlr. 16 Gr.

⟨71. Stück. 13. 6.⟩
Der Schwärmer, oder Herumstreifer. Eine Sittenschrift aus dem Englischen. Erster und zweyter Band. Stralsund und Leipzig auf Kosten J. J. Weitbrechts. 1754. In groß 8vo. Jeder Band von 22 Bogen. Diese Wochenschrift ist in England unter dem Titel *the Rambler*, vor einigen Jahren ans Licht getreten. Dieses Wort bedeutet eigentlich einen Landläufer, der nirgends eine bleibende

Stätte hat; hier aber soll ein Schriftsteller darunter verstanden werden, der sich weder an eine gewisse Ordnung, noch an eine gewisse Materie bindet, sondern seinen Betrachtungen freien Lauf läßt, so daß er die Worte des Horaz zu seinem Sinnspruche machen kann:
> *Nullius addictus jurare in verba magistri,*
> *Quo me cumque rapit tempestas deferor hospes.*

Das eigentliche Feld, worinne er herumschweift, ist die Moral; ein Feld, durch welches schon so mancher Autor seine Leser geführet und geschleppet hat. Gleichwohl ist noch genug darinne zu entdecken, wenn man nur das Glükke hat, in die Hände eines Mannes zu fallen, dem es weder an Einsicht noch an Geschmack fehlt, wo nicht immer ein neues Licht auf unsre Seele strahlen zu lassen, und unserm Blicke neue Aussichten zu eröffnen, wenigstens die Stellung und den Anputz gemeiner Gegenstände so abzuändern, daß er ihnen neue Anmut und kräftigere Reize mitteilet. Die letztere Geschicklichkeit besitzet der *Schwärmer* vorzüglich, und er weiß immer über die Gefielde, durch welche der Verstand bereits fortgerückt ist, Blumen zu streuen, welche ihn antreiben können zurückzukehren, und Dinge, bei denen er zu eilfertig vorüber gegangen war, oder die er nur obenhin betrachtet hatte, zum zweitenmale eines Anblicks zu würdigen. Auch in der Einkleidung ist er ungemein reich. Bald ist es eine Allegorie, bald eine Geschichte, bald eine Fabel, bald ein Traum, bald ein Charakter, in die er den Ernst seiner Betrachtungen hüllet, die überall eben so heuter als gründlich sind. Dann und wann wagt er auch einige Streifereien in das Reich des Geschmacks und der Critik, wohin in dem ersten Bande besonders die Abhandlung von dem Schäfergedichte, und in dem zweiten, die Untersuchung der Versification des Miltons gehören. Wir müssen bekennen, daß es ihm nirgends mißlingt, und daß wir uns im voraus auf den dritten und vierten Band freuen, deren Übersetzung auf künftige Michael Messe gewiß folgen soll. Die Arbeit welche die Übersetzer daran gewandt haben, ist sehr glücklich ausgefallen; nur Schade daß sie dann und wann durch ziemliche

Druckfehler verstellet wird. So finden wir z. E. daß auf der 217 Seite des zweiten Bandes eine Anmerkung des Übersetzers mit in den Text gekommen ist, welches manchem vielleicht eine unangenehme Verwirrung machen wird. Kostet in der Voßischen Buchhandlung hier und in Potsdam 1 Rtlr. 18 Gr.

⟨72. Stück. 15. 6.⟩

Anton Baniers, Mitglieds der Akademie der Inschriften und schönen Wissenschaften, Erleuterung der Götterlehre und Fabeln aus der Geschichte, aus dem Französischen übersetzt, in seinen Allegaten berichtiget, und mit Anmerkungen begleitet, von Joh. Adolf Schlegeln. Erster Band. Leipzig bey Joh. Gottfr. Dyck. 1754. In groß 8vo. 2 Alphb. 20 Bogen. Die Erlernung der Mythologie ist auch noch jetzt unentbehrlich. Zwar ist die Notwendigkeit derselben, in Absicht auf die Religion weggefallen, und wir können jetzt der Mühe völlig überhoben sein, sie nach dem Exempel der erstern Kirchenväter deswegen zu studieren, um ernstliche Widerlegungen des heidnischen Aberglaubens daraus herzuholen. Desto fester aber hat sie sich unter den schönen Künsten und Wissenschaften gesetzt, welche kein geringes Hilfsmittel entbehren würden, wenn die Götterlehre und Fabel unbebaut liegen blieben. Ohne sie würde uns die Hälfte der Schönheiten der alten Dichter und Redner unverständliche Rätsel bleiben; und ohne sie würden wir nur halb von den teuern Resten der alten Bildhauerkunst urteilen können. Doch auch außer diesen Vorteilen, welche, wenn sie auch die einzigen wären, schon groß genug sein würden, können auch die wichtigern Wissenschaften Kenntnisse daraus schöpfen, die zu ihrer Erweiterung und Erklärung nicht wenig beitragen. Ohne der Sittenlehre, der Naturkunde und der reinen Gottesgelahrtheit zu gedenken, ist es besonders die Historie, welche sehr wichtige Dienste von ihr erhält. In Beziehung auf diese letzte hat sie besonders *Banier*, wie bekannt, in dem gegenwärtigen Werke erläutert, welches längst, in unsre Sprache übergetragen zu werden, verdient hätte. Doch es ist eben so gut, daß diese Arbeit dem

Herrn Schlegel vorbehalten worden, weil es sehr zweifelhaft ist, ob sie irgend ein andrer mit eben so viel Gelehrsamkeit und Geschmack würde ausgeführt haben. Der erste Teil seiner Übersetzung erscheinet zwar, dem Versprechen nach, um ein halbes Jahr später; allein man wird diesen Aufschub leicht entschuldigen, wenn man die unsägliche Mühe nur ein wenig überlegt, die vornehmlich die Berichtigung der Allegaten in einem solchen Werke gekostet hat. Herr *Schlegel* hat ihm dadurch eine Art der Zuverlässigkeit gegeben, die es für sich selbst bei nahe nicht haben konnte, indem es die Gelehrten fast für nichts weiter, als für einen Zusammenhang wohlgewählter Auszüge aus den dahin gehörigen Schriften der Neuern wollten gelten lassen. Nebst diesen richtigen Allegaten sind von ihm auch Anmerkungen hinzu gekommen, welche seine Urschrift oft widerlegen, öfter erläutern, allezeit aber ergänzen, und seiner Brauchbarkeit einen Grad der Vollkommenheit geben, der ihr ohne dieselben gewiß mangeln würde. Die Leser werden selbst am besten davon urteilen können, und deswegen den übrigen Bänden eben so begierig, als wir, entgegen sehen. Kostet in der Voßischen Buchhandlung hier und in Potsdam 2 Rtlr. 8 Gr.

⟨74. Stück. 20. 6.⟩
Caspar Abels Stifts- Stadt- und Landchronik des jetzigen Fürstenthums Halberstadt, worinne die Geschichte dieses ehemaligen Bischofthums, und der vor Alters unter dessen Kirchensprengel mit gehörigen benachbarten Länder, des Erzstifts Magdeburg, und der Abtey Quedlinburg und Gernrode, wie auch anderer Fürstenthümer und Grafschaften, Hohenstein und Regenstein etc. als nehmlich die ordentliche Folge der Bischöfe, Erzbischöfe und Aebtißinnen, samt einer accuraten Liste aller Stifter und Klöster, Gauen, Graf- und Herrschaften, Städte, Schlösser und Dörfer, deren wichtigsten Begebenheiten in Krieg und Friedenszeiten etc. aus vielen alten und neuen Chroniken und Scribenten, Manuscripten und Diplomaten, mit vieljährigem Fleisse zusammen getragen, und nach der Wahrheit beschrieben worden. Mit Kupfern. Bernburg verlegts Chr. Gottfr. Cörner 1754. In 4to 3 Alphb. 12 Bogen. Die Verdienste des Herrn Prediger Abels um die

Geschichte und Altertümer Deutschlands sind bekannt, und es ist wahrscheinlich, daß sie durch das gegenwärtige neue Werk keinen geringen Zuwachs erhalten werden. Er hat an dieser Halberstädtischen Chronik schon seit funfzig Jahren gearbeitet, und es würde gewiß ein Foliante daraus geworden sein, wenn nicht Herr Gensch, der sie verlegen sollen, keine andre Bücher aber als Folianten zu verlegen pflegte, zu zeitig gestorben wäre. Unterdessen ist ein Quartant doch auch keine Kleinigkeit, besonders wenn er so viel Mühe und Fleiß ihn zusammen zu tragen gekostet hat. Herr *Abel* hat nicht allein die Schriften des Winnigstädts, Sagittarius, Reumanns, Leuckfelds, Spangenbergs, Dressers und andrer, die sich mit der Halberstädtischen Historie beschäftigt, zu Hülfe genommen, sondern auch aus den großen historischen Sammlungen eines Meiboms, eines Maders, eines Leibnitz, eines Eckards, eines Menkens, alles zusammen gesucht, was zur gehörigen Ausdehnung und Bebauung seines Feldes nötig und nützlich war. Da er aber nicht nur für die Gelehrten, sondern auch für die Ungelehrten schreiben wollen, so ist keine bloße diplomatische Stiftshistorie, dergleichen der Herr Hofrat Lenz geliefert hat, daraus entstanden; sondern eine Historie die mit den wichtigsten Begebenheiten, und mit allem angefüllt ist, was so wohl in den bürgerlichen Verfassungen, als in dem Reiche der Natur, an Pest, teurer Zeit, Feuer und Wassersnot, merkwürdiges vorgefallen. Er teilet die ganze Geschichte in drei Bücher, wovon wir nur die Haupttitel anführen wollen, da sie ohnedem keines umständlichern Auszugs fähig ist. Das erste Buch handelt also von dem alten Zustande der zum Stift Halberstadt gehörigen Länder; das zweite von den Bischöfen zu Halberstadt und Erzbischöfen zu Magdeburg bis auf die Vereinigung beider Stifter; und das dritte von den Erzbischöfen und Bischöfen zu Magdeburg und Halberstadt, nach der Vereinigung beider Stifter, bis auf die Verwandlung in weltliche Staaten. Kostet in den Voßischen Buchläden hier und in Potsdam 1 Rtlr. 12 Gr.

⟨75. Stück. 22. 6.⟩
Theophrasts Kennzeichen der Sitten; nebst des Herrn Johann de la Bruyere moralischen Abschilderungen der Sitten dieser Zeit. Aus dem Französischen übersetzt von einem Mitgliede der Königl. Deutschen Gesellschaft zu Königsberg in Preussen. Zwey Theile. Regenspurg und Wien; verlegts E. Fr. Bader 1754. In 8vo. 1 Alphb. 18 Bogen. Bei der erstaunlichen Menge Bücher, die man in den neuern Zeiten aus dem Französischen übersetzt hat, ist es ein wahres Wunder, daß man nicht schon längst dem gegenwärtigen Werke diesen kleinen Dienst erwiesen. Zwanzig andre Schriften, die doch nichts als mittelmäßige Nachahmungen desselben sind, hat man deutsch lesen können, nur das Original hat man in seiner Grundsprache gelassen, und unsre Landsleute lieber zu abgeleiteten Bächen, als zu den Quellen führen wollen. Aber so geht es; gute Bücher verlangen gute Übersetzer, und diese sind unter uns seltner als man denkt. *Bruyere* ist einer von den schwersten Schriftstellern; seine Gedanken sind fein, und eben so fein ist auch der Ausdruck, in den er sie eingekleidet. Diese Feinheit also, und die kleinen Schattierungen die in seinen moralischen Gemälden befindlich sind, verlangen eine sehr saubre Bearbeitung, und der geschickteste Übersetzer sieht sie wohl oft unter seinen Händen verfliegen. Endlich aber haben wir in vergangner Messe auf einmal zwei Übersetzungen der gedachten Charaktere erhalten, welche beide aus Federn, die in dergleichen Dingen geübt sind, geflossen zu sein scheinen. Besonders ist die angeführte so geraten, daß man den Geist des la Bruyere überall erblickt, und daß wir wohl sagen können, er werde sich selbst nicht anders ausgedrückt haben, wenn ihn das Glück, in deutscher Sprache zu schreiben, verurteilt gehabt hätte. Der Herr Übersetzer hat fünf Jahre über seiner Arbeit zugebracht, und auch dieses erweckt schon ein sehr gutes Vorurteil, weil man sonst wohl nichts weniger, als Übersetzungen, mühsam auszufeilen gewohnt ist. Den so genannten Schlüssel hat er wohlbedächtig weggelassen. Dergleichen Dinge sind Nahrungen der Bosheit und Schadenfreude, welche sich am allerwenigsten zu einem Werke, das der

allgemeinen Besserung gewidmet ist, schicken. Kostet in den Voßischen Buchläden hier und in Potsdam 16 Gr.

⟨76. Stück. 25. 6.⟩
Wir haben vor weniger Zeit der *Hogarthschen Zergliederung der Schönheit* etc. gedacht, und sie als ein Werk, das voll neuer Gedanken sei, angepriesen. Wir haben gesagt, daß es ein Lehrgebäude enthalte, welches einzig und allein geschickt ist, die verschiedene Begriffe der Menschen von dem, was gefällt, auf etwas gewisses zu bringen, und das elende Sprichwort, daß man über den Geschmack weder streiten könne noch dürfe, aus dem Munde des Pöbels und der Gelehrten zu verbannen. Es enthält, wie wir berührt haben, keine leeren und unfruchtbaren Betrachtungen, die mit Recht den Namen Grillen verdienen, wenn sie keine praktische Anwendung leiden, sondern der Nutzen desselben erstreckt sich so weit, als sich das Schöne der Formen erstreckt. Alle Künste und Wissenschaften, die sich damit beschäftigen, werden ein neues Licht daraus entlehnen können. Der Philosoph, der Naturalist, der Antiquar, der Redner auf der Kanzel und auf der Bühne, der Maler, der Bildhauer, der Tänzer, haben es fast für ein unentbehrliches Buch zu betrachten. Doch nicht sie allein, sondern auch alle, welche sich mit dem Titel der Kenner begnügen lassen, aber oft von Dingen, wobei es auf die Nachahmung der schönen Natur ankommt, so unbestimmte und widersprechende Urteile fällen, daß sie den Mangel an festen und sichern Begriffen nur allzudeutlich verraten. Ja es fehlt nicht viel, so wird der Nutzen des Hogarthschen Systems auch bis auf das Reich der Mode auszudehnen sein, so daß man auch da, wo man sonst nichts als gelegentlichen Eigensinn wahrnahm, durch Hülfe desselben etwas gewisses wird angeben können. Man wird angemerkt haben, daß die deutsche Übersetzung dieses vortrefflichen Werks, welche Herr *Mylius* in London besorgt hat, sehr teuer sei. Sie beträgt, außer 2 Kupfertafeln, nicht mehr als 22 Bogen in Quart, und kostet gleichwohl nicht weniger als fünf Taler; ein Preis der ohne

Zweifel die allgemeine Brauchbarkeit desselben sehr verhindern muß. In dieser Betrachtung hat sich der Verleger dieser Zeitungen entschlossen, einen neuen verbesserten Abdruck den Liebhabern in die Hände zu liefern, und einen Taler Vorschuß darauf anzunehmen, für welchen er ihnen in sechs Wochen, ohne einigen Nachschuß, eingehändiget werden soll. Die Kupfer werden bereits mit möglichster Sorgfalt gestochen, und man schmeichelt sich, daß man auch sonst mit dem Äußern zufrieden sein werde. Nach Verlauf gedachter sechs Wochen, wird das Werk unter 2 Talern nicht zu bekommen sein. Einen verbesserten Abdruck wird man es deswegen mit Recht nennen können, weil man ihm durch verschiedne kleine Verändrungen im Style, diejenige Deutlichkeit gegeben hat, die ihm an vielen Stellen zu fehlen schien. Auch wird man, als eine kleine Vermehrung, die aus dem Französischen übersetzte Erklärung der Hogarthschen satyrischen Gemälde beifügen. Ein mehreres kann man aus der gedruckten Nachricht ersehen, welche in den Voßischen Buchläden hier und in Potsdam ohne Entgeld ausgegeben wird.

⟨79. Stück 2. 7.⟩
Des Abts von Marigny Geschichte der Araber unter der Regierung der Califen. Aus dem Französischen. Zweyter Theil. Berlin und Potsdam bey Chr. Fr. Voß 1754. In 8vo 1 Alphb. 15 Bogen. Dieser zweite Teil fängt mit dem Hassan, dem fünften Califen an, und geht bis auf den sechs und zwanzigsten Califen, Namens Mamon. Er enthält also die Jahre der Hegire 40-213, welches die Jahre nach Christi Geburt 660-833 sind. Man wird auch in diesem eine Menge wichtiger Begebenheiten finden, deren Einfluß sich nicht allein auf das kleine Arabien, sondern zugleich auf die ganze christliche Welt erstreckte, die dem Verluste, den sie in dem Verfalle des griechischen Kaisertums leiden sollte, immer näher und näher kam. Doch nicht die kriegrischen Vorfälle allein sind es, die diesen Zeitpunkt merkwürdig machen. Einen besondern und ganz eignen Glanz erhält er von den allmähligen Bemühungen seiner letztern Califen, beson-

ders des Harun-al-Raschid und des Mamon, die Wissenschaften in ihren Ländern einzuführen, und ihre Untertanen einer Barbarei zu entreißen, die um so viel härter auf ihnen lag, je mehr sie von den Vorurteilen der Religion gerechtfertigt ward. Der Anfang einer so wichtigen Epoche für den menschlichen Verstand, der sich plötzlich unter ungesitteten kriegrischen Völkern aufzuklären anfing, so daß sie in kurzem eben so viel Gelehrte als Helden aufzuweisen hatten, wird nicht anders als mit vielem Vergnügen können gelesen werden. Es wird ein Schauspiel von einer ganz besondern Art sein, Nachfolger des Mahomets, ohne Unterscheid der Religion, unter Dichtern, Meßkünstlern und Weltweisen leben, um sich so erniedrigen zu sehen, daß sie bei ihren Feinden, mit Versprechung eines ewigen Friedens, um die Überlassung eines Philosophen bitten, und bloß deswegen, weil man ihnen denselben versagt, aufs neue gegen die Christen zu den Waffen greifen. Kostet in den Voßischen Buchläden hier und in Potsdam 12 Gr.

⟨80. Stück 4. 7.⟩
Der mit seiner Donna Charmante herumirrende Ritter Don Felix. Frankfurt und Leipzig 1754. In 8vo. 1. Alphb. 10 Bogen. Wenn dieser Titel nicht schon einen elenden Roman verriete, so dürften wir nur sagen, daß es ohngefehr eine Nachahmung der bekannten *Felsenburg* sein solle. Sie ist, welches wir zugestehen müssen, unendlich elender als das Original; aber eben deswegen, wenn wir uns nicht irren, weit lesbarer. Was wir sagen ist leicht zu begreifen, wenn man nur erwägen will, daß in den Werken des Witzes nichts ekelhafter als das Mittelmäßige ist; und daß hingegen das ganz Schlechte, wenn es einen gewissen Grad der Tiefe erlangt hat, eben deswegen, weil man es sich schwerlich schlechter einbilden kann, eine Art von Belustigung bei sich führt. Man fängt nemlich alsdann an, sich an der Armut des Schriftstellers, an den Martern, die er seiner Einbildungskraft hat antun müssen, an den gestohlnen Blümchen, und an dem Wirrwarre seines Ausdrucks zu ergötzen; man urteilt, wie sehr er selbst seine

Einfälle möge bewundert haben; man ist im Geiste bei ihm, und genießt mit ihm das Vergnügen, durch ganze Alphabete nicht die geringste Spur eines gesunden Verstandes zu finden; und endlich verläßt man ihn mit einem wahren Erstaunen, welches in Satyre und Galle ausbrechen würde, wenn sich nicht die Barmherzigkeit für ihn ins Mittel schlüge. Aus diesen Gründen also wagen wir es, auch Lesern von Geschmack die Donna Charmante anzupreisen; sie kostet ein weniges, und erweckt ganz gewiß Appetit nach etwas bessern. In den Voßischen Buchläden hier und in Potsdam 10 Gr.

⟨80. Stück. 4. 7.⟩
Nachricht von einem neuen Abdrucke der Hogarthschen Zergliederung der Schönheit etc. Wenn irgend ein neues Werk viele Lobsprüche erhalten, und noch mehrere verdient hat, so ist es gewiß des Herrn *Hogarths Analisis of Beauty* (Zergliederung der Schönheit etc.) Die gelehrten Tagebücher und Zeitungen haben seiner schon zu oft gedacht, als daß der Inhalt nicht den meisten schon bekannt sein sollte. Hr. *Hogarth* hatte das Schöne der Formen, als den Gegenstand seiner Kunst auch zum Gegenstande seines philosophischen Nachdenkens gemacht, und war endlich auf ein Lehrgebäude gekommen, welches einzig und allein geschickt ist, die verschiedenen Begriffe der Menschen von dem, was gefällt, auf etwas gewisses zu bringen, und das elende Sprichwort, daß man über den Geschmack weder streiten könne noch dürfe, aus dem Munde des Pöbels und der Gelehrten zu verbannen. Ihm werden wir es also zu verdanken haben, wenn man bei dem Worte *schön*, das man täglich tausend Dingen beilegt, künftig eben so viel denken wird, als man bisher nur empfunden hat. Es enthält aber dieses Werk des Hrn. *Hogarths* keine leeren und unfruchtbaren Betrachtungen, die mit Recht den Namen Grillen verdienen, wenn sie keine praktische Anwendung leiden; sondern der Nutzen desselben erstreckt sich so weit, als sich das Schöne der Formen erstreckt. Alle Künste und Wissenschaften, die sich damit beschäftigen, werden

ein neues Licht daraus entlehnen können. Der Philosoph, der Naturalist, der Antiquar, der Redner auf der Kanzel und auf der Bühne, der Maler, der Bildhauer, der Tänzer, haben es fast für ein unentbehrliches Buch zu betrachten. Doch nicht sie allein, sondern auch alle, welche sich mit dem Titel der Kenner begnügen lassen, aber oft von Dingen, wobei es auf die Nachahmung der schönen Natur ankommt, so unbestimmte und widersprechende Urteile fällen, daß sie den Mangel an festen und sichern Begriffen nur allzudeutlich verraten. Ja es fehlt nicht viel, so wird der Nutzen des Hogarthschen Systems auch bis auf das Reich der Mode auszudehnen sein, so daß man auch da, wo man sonst nichts als gelegentlichen Eigensinn wahrnahm, durch Hülfe desselben etwas gewisses wird angeben können. Man weiß, daß Hr. *Mylius* bei seinem Aufenthalte in England dieses Hogarthsche Werk, unter der Aufsicht des Verfassers, ins Deutsche übersetzt hat. Die Übersetzung ist in London gedruckt, und beträgt, außer den zwei großen Kupfertafeln, nicht mehr als 22 Bogen in Quart. Gleichwohl aber kostet sie weniger nicht als fünf Taler, welches ohne Zweifel ein Preis ist, der die allgemeine Brauchbarkeit derselben sehr verhindert. Was aber nutzt das vortrefflichste Buch, wenn es nicht allen denen in die Hände kommen kann, die es mit Vorteil zu brauchen im Stande sind? Ich habe mich daher entschlossen, diese Myliussische Übersetzung der Welt durch einen neuen verbesserten Abdruck zu überliefern, und mache in dieser Absicht bekannt, daß er in einer Zeit von sechs Wochen wird an das Licht treten können. Die Kupfer werden bereits mit der größten Sorgfalt nachgestochen, und ich schmeichle mir im voraus, daß man sowohl mit diesen, als mit dem Äußerlichen des Drucks zufrieden sein soll. Als eine kleine Vermehrung wird man noch eine aus dem Französischen übersetzte Erklärung der Hogarthschen satyrischen Gemälde beifügen. Zu mehrerer Bekanntmachung des Werks bin ich gesonnen bis zu Ablauf dieser sechs Wochen, einen Taler Vorschuß anzunehmen, für welchen es zu gesetzter Zeit den Herrn Pränumeranten ohne einigen

Nachschuß eingehändiget werden soll. Nach Verlauf dieses Termins, werde ich es unter zwei Taler nicht verlassen können. Die Liebhaber werden sich deswegen an mich selbst hier und in Potsdam, oder an jede Buchhandlung, die ihnen ihres Orts am nächsten ist, zu wenden belieben. Für diejenigen, welche allzuweit entfernt sind, wird man auch in Ansehung des Termins gehörige Nachsicht zu haben nicht unterlassen. Berlin, den 1sten Julius 1754. *Ch. Fr. Voß.*

⟨83. Stück. 11. 7.⟩

Leipzig. Im Lanckischen Verlage allhier wird verkauft: Joh. Gottfr. Ohnef. Richters Ichthyotheologie, oder Vernunft- und Schriftmäßiger Versuch, die Menschen aus Betrachtung der Fische zur Bewunderung, Ehrfurcht und Liebe ihres Schöpfers zu führen. Mit Kupfern, in groß Octav 2 Alphb. 14 Bogen. Wir sehen nunmehr mit Vergnügen, daß sich ein Mann, der lange Zeit Gelegenheit gehabt, zu Rampitz an der Oder, die Fische zu betrachten, einem solchen mühsamen Geschäfte mit so vielem Fleiße unterzogen hat. Es scheinet als wenn die Wassergeschöpfe insgesamt genommen, unter allen unvernünftigen Tieren auf dem Erdboden fast am geschicktesten dazu sind, die überschwänglich großen Eigenschaften GOttes an den Tag zu legen. Der Hr. Pastor Richter hat es auch zur Gnüge gewiesen. Er betrachtet anfänglich, den Ursprung, Namen, das Wesen, nebst den Arten und Eigenschaften der Fische; hernach ihren mannigfaltigen Gebrauch und Nutzen; ferner die göttlichen Absichten bei den Fischen, besonders dasjenige, dessen von ihnen in der Bibel gedacht wird. Alsdenn kömmt er auf die fabelhaften, fremden und wunderbaren Fische; wie Gott aus ihnen zu erkennen, und wie die Pflichten der Menschen daraus herzuleiten sind. Der zweite Teil enthält eine ausführliche Beschreibung von zwölf Oderfischen, die er so wohl prosaisch als poetisch entworfen hat. Weil ihm der Raum mangelte, so hat er noch zwölf andere Fische nur sehr kurz beschreiben müssen. Was das Werk noch besonders schätzbar machet, ist das S. 650-694 vorkommende Verzeichnis aller Fische in Meeren, Seen, Flüssen, Strömen und Teichen der bekannten Weltteile, so viel deren aus der Erfahrung bekannt sind; wo der Hr. Pastor so wohl die lateinischen als deutschen Namen hinzufüget, welches den Lesern, und überhaupt den Liebhabern dieser Dinge, einen guten Vorteil verschaffet. Dem Werke ist durch ein dienliches Register gleichfalls ein Vorzug verschaffet worden. Kostet in den Voßischen Buchläden hier und in Potsdam 20 Gr.

⟨85. Stück. 16. 7.⟩
Hamburgische Beyträge zu den Werken des Witzes und der Sittenlehre. Zweyter Band, erstes Stück. Hamb. Bey Ch. W. Brandt. Wir haben diese periodische Schrift schon zu verschiedenenmalen angepriesen. Auch von diesem Anfange des zweiten Bandes müssen wir sagen, daß er mit schönen und lesenswürdigen Stücken angefüllt ist. Besonders wird es jeder Vernünftige ihren Verfassern danken, daß sie in Ermanglung guter Originalstücke, sich nicht schämen das Beste den Ausländern abzuborgen; nur *Erweitrer* können glauben, daß sie zum übersetzen zu groß sind. Außer verschiedenen Briefen des St. Mard, und einigen Stücken aus den Versuchen des Hr. Hume, wird man eine poetische Übersetzung einer von den Youngischen Nächten, des Rückfalls, finden. Sie hat den sel. Herrn Oeder zum Verfasser, den man allezeit als einen starken Dichter gekannt hat. Das angenehmste in diesem Stücke aber werden ohne Zweifel die kleinen Gedichte des Herrn Gray sein, die gewiß in ihrer Art vollkommen sind. Kostet in den Voßischen Buchläden hier und in Potsdam 6 Gr.

⟨85. Stück. 16. 7.⟩
Gedanken mit einer Uebersetzung des Hymne über die vier Jahrszeiten, aus dem Englischen des Thomsons. Frankfurt und Leipzig, bey J. Ch. Kleyb 1754. In 12mo auf 2 Bogen. Die Art durch einzelne abgesonderte Gedanken ein Schriftsteller zu werden, scheinet leichter zu sein, als sie in der Tat ist. Da sie sich der Mühe der Einkleidung überhebt, so giebt sie uns ein Recht, in dem Wesentlichen dessen, was vorgetragen wird, einen desto

größern Grad der Vollkommenheit zu erwarten. Vornehmlich müssen alle ihre Gedanken neu und nicht gemein sein, weil alte und gemeine Gedanken nur bei dem Ausfüllen, und bei Verfolgung einer Materie erträglich sind. Ja diese neue Gedanken müssen auch mit neuen Wendungen vorgetragen werden, und eine gewisse sinnreiche Kürze haben, um auch dadurch den Namen Gedanken zu verdienen, daß sie dem Leser zu mehr und mehr Gedanken Anlaß geben. – – Was wir hier in allgemeinen Ausdrücken gesagt haben, hätten wir auch in besondern von den angeführten zwei Bogen sagen können, wenn sie unser Lob nicht mehr verdienten als bedürften. Wir wollen eine einzige Stelle daraus anführen, welche aus mehr als einer Ursache von einem Deutschen überdacht zu werden verdienet. »Die meisten, heißt es auf der 24 Seite, sind gewohnt, sich im Urteilen nach andern zu richten, ihnen nachzurühmen und nachzutadeln. Wäre dieses nicht, so hätte man längst unter den Deutschen kühn gesagt: Wolf sei größer als Newton. Newton schrieb eine bessere Optik und Astronomie, als sein Lehrer Kepler. Wolf aber übersah zuerst in einem System alle physische und moralische Wissenschaften. Er schrieb zuerst eine Kosmologie, eine Aerometrie, ein zusammenhangendes Recht der Natur und eine Moral. Hätte Newton in der Metaphysik, wie der Herr von Voltaire sich ausdrückt, den Ball gut genug schlagen können; so würde er über die Offenbarung Johannis nicht närrisch geworden sein. Newton hatte aber in den Wissenschaften nur einen Geschmack. Die Deutschen, die nur allein zu philosophieren gewußt, haben sich zu verwundern Ursache, daß die Engländer sich berechtigt zu sein geglaubt, einer neuen Optik und Astronomie des Newtons den vielbedeutenden Namen der Philosophie desselben zu geben.« – – Kostet in den Voßischen Buchläden hier und in Potsdam 2 Gr.

⟨90. Stück. 27. 7.⟩
Freundschaftliche Briefe von J. S. Patzke. Frankfurt und Leipzig bey Joh. Chr. Kleyb 1754. In 8vo 11 Bogen. Man kennet den Herrn

Patzke schon längst als einen sehr guten Dichter, und weiß, daß ihm muntre, witzige und empfindungsreiche Gedanken nicht schwer fallen. Man kennt ihn aber auch als den glücklichen Übersetzer des Terenz, und kann sich leicht einbilden, daß er diesem Muster die edle Einfalt des Ausdrucks werde abgelernt haben. Sollte es wohl möglich sein, daß er kein schöner Verfasser freundschaftlicher Briefe sein könnte? Da man ihn also auch ohne Beweis dafür würde gehalten haben, so ist man ihm um so viel mehr Dank schuldig, daß er seine Exempel zu einer Anweisung für diejenigen gemacht hat, welche vertraute Briefe schreiben wollen. Er gesteht zwar, daß sie nicht durchgängig von ihm sind; allein, da sie sich wenigstens von seinen Freunden herschreiben, so kann man wegen ihrer Güte hinlänglich gesichert sein. Der Titel zeigt es schon, was für eine Sprache darinne geführt wird; es ist die Sprache der Freundschaft wie man sie unter schönen Geistern von zärtlichen Empfindungen höret. Diejenigen werden zu beklagen sein, denen sie dunkel oder schwärmerisch vorkommen sollte. Schönheiten, die für das Herz bestimmt sind, sind dem, welchem es nicht an der rechten Stelle liegt, freilich unbegreiflich; sie hören aber deswegen nicht auf Schönheiten zu sein. Kostet in den Voßischen Buchläden hier und in Potsdam 5 Gr.

⟨91. Stück. 30. 7.⟩

Mocquerien, aus dem Französischen übersetzt. Neue Auflage. Cölln 1754. In 8vo. 16 Bogen. Unter diesem Titel setzt man uns aufgewärmte Charaktere vor. Es sollen Schilderungen verschiedner lächerlichen oder lasterhaften Gemütsarten sein, die am Ende allezeit mit einem kleinen Gedichte verbrämt sind, wodurch wir in der Ungewißheit gelassen werden, ob die Prose oder die Poesie elender ist. Die Gegenstände der Schilderungen sind trivial; die Seiten, von welchen sie uns gezeigt werden, sind die häßlichsten und nichtswürdigsten, die Züge sind grob, die Farben sind aufgekleckt; kurz alles verrät die Hand eines Stümpers, welcher eher Gurken als Portraits hätte malen sollen. Gleichwohl soll diese Hirngeburt aus dem Französischen übersetzt sein? — — Beinahe aber sollten wir daran zweifeln; denn da die Sitten und Moden, auf welche darinne angespielt wird, fast alle englisch sind, und da sonst verschiedne Wendungen und Ausdrücke vorkommen, welche, auf gut brittisch, mehr nachdrücklich, als ehrbar sind, so kann man, glauben wir, das Original eher für eine englische Mißgeburt halten. Sie besteht aus zwei Teilen; der erste will weibliche und der andere männliche Charaktere malen. Hier ist das Verzeichnis der weiblichen, welches man hoffentlich so finden wird, daß man uns das Verzeichnis der männlichen gerne schenken kann. Man findet also 1. das scheinheilige Frauenzimmer. 2. Das gelehrte Frauenzimmer, oder der Student im langen Rocke. 3. Den weiblichen Satyr. 4. Die verschmitzte Hure. 5. Die Gräfin von Brandtewein. 6. Das eifersüchtige Frauenzimmer. 7. Das spielsüchtige Frauenzimmer. 8. Den weiblichen geheimen Rat. 9. Die geadelte Bauerdirne. 10. Das hochgeborne Frauenzimmer. 11. Die ehrbare Kupplerin, oder des Frauenzimmers liebe Getreue. 12. Die ehrbare Hure. 13. Das allzu lustige Frauenzimmer mit hochgelben Haaren. 14. Das alamodische Frauenzimmer, und endlich 15. die gastfreie Dame. Eine schöne Mandel! Kostet in den Voßischen Buchläden hier und in Potsdam 8 Gr.

⟨93. Stück. 3. 8.⟩
Reponse au supplement du siecle de Louis XIV. à Colmar 1754. In 8vo auf 11 Bogen. Der Streit, welchen der Herr *von Voltaire* mit dem Herrn *la Beaumelle* über einige Unrichtigkeiten in dem Jahrhunderte Ludewigs des 14ten bekommen, ist genugsam unter den Gelehrten, noch mehr aber unter den Petitmaitres der gelehrten Republik bekannt. *La Beaumelle* ließ unter eine frankfurtische Ausgabe des *Jahrhunderts* verschiedene Anmerkungen setzen; auf diese Anmerkungen antwortete *Voltaire* durch ein *Ergänzungsstück* zu seinem Werke, und gegen dieses Ergänzungsstück erwidert der erstre nunmehr durch angeführte Bogen. Es ist nicht wohl möglich etwas daraus anzuführen, es müßte denn ein Einfall oder eine Ungereimt-

heit, oder beides zugleich sein; denn darinne besteht die große Kunst des Verfassers, daß er selten eines ohne das andere sagt. Vor allen Dingen versichert er, daß er nur den allerkleinsten Teil von den obgedachten Anmerkungen verfertiget habe; und wenn dieses ist, so hat er gut fechten; was er nicht verteidigen kann, darf er nur auf den Fortsetzer seiner Arbeit schieben. Es ist nur Schade, daß auch bei dieser Zänkerei der deutsche Name wieder ins Gedränge kömmt. Können sich denn ein Paar französische Witzlinge nicht streiten, ohne es wenigstens ein oder zweimal einfließen zu lassen, daß es den Deutschen an Witz und Geschmack fehle? Werfen wir denn ihnen so oft vor, daß es ihnen nicht selten an gesundem und gesetzten Verstande fehle? Kostet in den Voßischen Buchläden hier und in Potsdam 6 Gr.

⟨97. Stück. 13. 8.⟩

Der neue Abdruck der *Hogarthschen Zergliederung der Schönheit*, ist nunmehr, versprochner Maßen, fertig geworden. Wir finden nicht nötig zum Lobe des Werks selbst nochmals etwas beizubringen; wir wollen nur bemerken, was man bei dieser neuen Ausgabe geleistet hat. Was die Kupfer Anfangs anbelangt, so wird man finden, daß sie so sorgfältig und glücklich nachgestochen worden, als man es nur immer von einer Copie verlangen kann. Der Text selbst ist nicht nur hin und wieder, in Ansehung der Schreibart, verbessert worden, sondern hat auch eine kleine Vermehrung erhalten, welche in den übersetzten Briefen des Herrn Rouquets bestehet, worinne er eine Erklärung über die vornehmsten Kupferstiche des Herrn Hogarths erteilt. Die Liebhaber welche darauf pränumeriert haben, werden es selbst am besten beurteilen können, ob man ihre Hoffnung hinlänglich erfüllt hat. Sie werden ihre Exemplare für die Zurücksendung der Scheine, in den Voßischen Buchläden abfordern lassen, allwo es diejenigen, die sich des Weges der Pränumeration nicht zu bedienen beliebt haben, für 2 Rtlr. bekommen können.

⟨98. Stück. 15. 8.⟩
Die ganze Aesthetik in einer Nuß, oder Neologisches Wörterbuch; als ein sicherer Kunstgrif, in 24 Stunden ein geistvoller Dichter und Redner zu werden, und sich über alle schale und hirnlose Reimer zu schwingen. Alles aus den Accenten der heil. Männer und Barden des jetzigen überreichlich begeisterten Jahrhunderts zusammengetragen, und den größten Wortschöpfern unter denselben aus dunkler Ferne geheiliget von einigen demüthigen Verehrern der sehraffischen Dichtkunst 1754. In 8vo. 1 Alphb. 10 Bogen. Dieser Titel ist hoffentlich lang und närrisch genug, um einen hinlänglichen Begriff von dem Buche selbst zu machen. Wenn man es eine Nachahmung des französischen *Dictionaire Neologique* nennen will, so vergesse man nur nicht, es eine elende Nachahmung zu nennen, so wie man sie von einem geschwornen Gottschedianer erwarten konnte. Wir machen uns Hoffnung, diese Scharteke in dem nächsten Stücke des *Neuesten aus der anmutigen Gelehrsamkeit*, etwan folgender Maßen, angepriesen zu finden: »Endlich einmal ist ein Patriot unter uns aufgestanden, welcher den deutschen Sprachverderbern den Text gelesen, und zu Rettung *meiner* Ehre bewiesen hat, daß alle diejenigen Ochsen sein müssen, welche an Hallern, Bodmern und Klopstocken, einen Geschmack finden. Man kann ihm für seinen rühmlichen Eifer, *meine* Sprachkunst den Dichtern als das einzige anzupreisen, wider welches sie nicht sündigen dürfen, nicht genug danken. Ein grammatikalischer Fehler, und wenn er auch oft nur auf einen Druckfehler hinauslaufen sollte, ist ihm, wie billig, ein Schandfleck, der alle Schönheit des Gedanken vernichtet, von welcher ich längst gesagt habe, daß sie einzig und allein auf die richtigen, fließenden und gewöhnlichen Ausdrücke ankomme, wie ich sie in *meinen* Werken habe, die in jeder Art, ohne Ruhm zu melden, Muster sein können. Mit dem Geiste der Satyre ist unser Verfasser vortrefflich ausgerüstet; er schreibt in Tag hinein, er schimpft, er macht Zoten, welches ich alles denjenigen, Kraft meiner Dictatur, erlaube, die sich meiner gerechten Sache annehmen. Nunmehr habe ich, Gott sei Dank, noch Hoffnung, daß unser *Herrmann* über den *Mes-*

sias, meine Gedichte über *Hallers, Grimms* Tragödien über
Schlegels, Lichtwehrs Fabeln über *Gellerts, meine* Atalanta über
Rosts Schäfergedichte, und alle Geburten meiner getreuen
Schüler, über alle Werke derjenigen, die meinen Namen
nicht anbeten, siegen werden. Ich wünsche dieses herzlich
zur Ehre des gesamten Vaterlandes, und will in guter Hoffnung auch diese Monatschrift mit einigen Artikeln aus
angezognem Buche bereichern.« – – Das mag er tun; wir
wollen weiter davon nichts sagen, als daß es 12 Gr. kostet,
und in den Voßischen Buchläden hier und in Potsdam zu
haben ist.

⟨100. Stück. 20. 8.⟩
Grundriß einer Beschreibung des Kayserthums Marocco, nebst einem
Versuch einer Vergleichung der Maroccaner und der Deutschen; in 21
vertrauten Briefen aus Tetuan, Feß und Mequineß. Frankf. und Leipzig 1754. In 8vo. Es kam zu Ende des vorigen Jahres ein
Wochenblatt in Hamburg heraus, welches den Titel hatte:
eines Deutschen vertraute Briefe aus dem Kaisertum Marocco. Die
Correspondenz ging bis auf das 20 Blatt ziemlich richtig;
nachher aber mußte entweder der Briefsteller das Schreiben,
oder das Publicum das Lesen satt geworden sein, kurz die
vertrauten Nachrichten blieben aus, und der Herausgeber
schob die Schuld noch listig genug auf die Post, welche ihre
Zeit nicht mehr so ordentlich halten wollte. Endlich aber
war man noch listiger, und ließ einen Bogen unter angeführtem Titel darum drucken, um dadurch 21 halbe Bogen zu
einem Buche zu machen. Es läßt sich lesen; außer dem aber
wissen wir nichts zu dessen Anpreisung zu sagen. Viel sittliches wird man darinne nicht antreffen, und wenn es auch
wahr wäre, daß das, was zur Geschichte und Geographie
gehört, von einem Augenzeugen sein sollte, so ist es doch
darum nichts besser, als man es schon in andern Reisebeschreibungen findet. In dem Vorberichte versichert man
uns, daß der Verfasser der Briefe gewisser maßen eine Person sei, wie Herr *Mylius* gewesen ist, welcher auf Kosten
eines Vornehmen nach Marocco gereiset sei, so wie dieser

nach Amerika reisen sollen. Man weiß daß dieser gestorben ist, ehe er dahin gekommen; und wenn jener gleichfalls gestorben wäre, ehe er Marocco gesehen hätte, so wäre der Schade, ohne Zweifel, bei weiten nicht so groß gewesen. Kostet in den Voßischen Buchläden hier und in Potsdam 4 Gr.

⟨101. Stück. 22. 8.⟩
Vermischte Aufsätze zum Nutzen und Vergnügen der menschlichen Gesellschaft von T... Frankfurt und Leipzig 1754. In 8vo. 7 Bogen.
Dieses ist eine neue Sammlung vermischter moralischer Aufsätze, wovon eine Fortsetzung versprochen wird, wenn diese Probe Leser und Beifall finden sollte. Es kommen vier Stücke darinne vor; das erste handelt von den Mitteln zur Zufriedenheit; das zweite ist ein Gespräch vom artigen Wesen; das dritte ist eine Abbildung des Herrn Gutsinns, und das vierte ist ein Lob der Schnupftabaksdosen. Man wird viel artige Gedanken und eine ziemlich muntre Schreibart darinne antreffen. Der Verfasser versichert von sich, daß er keine geringe Liebe zu Tugend besitze, und nach Maßgebung derselben auf eine Vermehrung derjenigen bedacht sei, die mit ihm sich derselben ergeben sollen. Dieses nennt er den Hauptgrund, woraus er seine Bemühungen herleitet, und aus dieser Absicht verspricht er sich Mühe zu geben, die Natur und den Zustand des Menschen genauer zu betrachten, und daraus Folgen zu ziehen, die in ihre Glückseligkeit einen notwendigen Einfluß haben sollen. Wer zweifelt daran, daß ein solcher Vorsatz, wenn er von einem aufgeklärten Verstande und von einem einnehmenden Witze ausgeführt wird, nicht die vortrefflichsten Wirkungen haben könnte? Kostet in den Voßischen Buchläden hier und in Potsdam 2 Gr.

⟨104. Stück. 29. 8.⟩
Berlin. Von der sittlichen Wochenschrift, welche wöchentlich allhier unter dem Titel *der Vernünftler,* aus der Birnstielschen Druckerei erscheinet, ist nunmehr auch der zweite

Band mit dem zwei und dreißigsten Stücke beschlossen worden. Man wird ihrem Verfasser das Lob eines nützlichen Sittenlehrers, welchen der Ernst eben so wohl als die Satyre kleidet, nicht absprechen können. Auch die eingestreuten poetischen Stücke, können nicht anders als aus einer geübten Feder geflossen sein. Feuer und Empfindung sind ihre unterscheidenden Merkmale.

⟨108. Stück. 7. 9.⟩
Amilec ou la Graine d'Hommes qui sert à peupler les Planetes par l'A. d. P. Troisieme Edition, augmentée tres considerablement. à Luneville, aux depens de Chr. Hugene, à l'enseigne de Fontenelle. In 12mo. 15 Bogen. Wie soll man diese französische Neuigkeit nennen? Einen Traum? Eine Reisebeschreibung in andre Welten? Eine Satyre? Einen philosophischen Roman? Sie ist alles zusammen. Der Verfasser oder die Verfasserin, hatte einsmals sieben ganze Stunden über einem Buche, welches von der Erzeugung handelt, nachdenkend zugebracht, und seine Lebensgeister so angestrengt, daß er endlich eingeschlafen war. Er schlief also, und im Traume erschien ihm *Amilek,* der Genius, welcher der Vermehrung des menschlichen Geschlechts vorgesetzt ist. Der gute Geist war mitleidig und entdeckte ihm, daß die Menschen sich auf eben die Art fortpflanzten, als die Bäume, nemlich vermittelst ganz kleiner Samenkörne, die sie unmerklich von sich streueten, und zu deren Aufsammlung ein ganzes Heer Geister bestimmet sei. Er erklärte ihm weitläuftig alle kleine Umstände und nahm ihn endlich mit, ihm die Magazine dieser Samenkörner zu zeigen. Mehr braucht man, sollten wir glauben, nicht zu wissen, um alle die andern Einfälle von selbst dazu denken zu können. Sie scheinen viel zu gedehnt zu sein, als daß sie nicht ekel werden sollten, ob es ihnen schon sonst an Witz und Satyre nicht fehlt. Kostet in den Voßischen Buchläden hier und in Potsdam 10 Gr.

⟨110. Stück. 12. 9.⟩
Leipzig. In der *Lanckischen* Handlung ist herausgekommen: *Begebenheiten des Mylord Kingston von ihm selbst beschrieben. Aus dem Englischen übersetzt. 1755. in klein 8vo. 9 Bogen.* Mylord Kingston eröffnet den Schauplatz seiner Begebenheiten auf eine sehr tragische Weise. Er muß einen ungetreuen Liebhaber der Gräfin Beauchamp im Duell erlegen, ehe er sich auf ihr Herz einige Rechnung machen darf. Allein nachdem er die Tat vollführt, so schwöret die Gräfin ihm statt der Liebe einen ewigen Haß. Sie will ihn nicht sehen, und verweiset ihn auf Lebenslang von sich. Er wird hierauf nach einiger Zeit an eine adeliche Dame verheiratet, deren Gemahl unglücklicher Weise in Zweikampfe umgekommen war. Er lebet mit derselben eine Zeitlang sehr vergnügt bis der Bruder seiner Gemahlin entdeckt, daß Kingston der Mörder des ehemaligen Gemahls seiner Schwester sei. Der Schrecken ist bei der Frau von Hervey (dieses ist der Name des Ermordeten) eben so groß, als er bei dem Kingston ist, der selbst nicht einmal weiß, wen er, in Zweikampf erleget hatte. Denn die Gräfin von Beauchamp hatte es ihm alles Nachforschens ungeachtet geheim gehalten. Die Frau von Hervey verabscheuet also unsern Mylord, und er selbst gerät in so große Verzweiflung, daß er nach Frankreich gehet. Hier wird er bald in neue Begebenheiten verwickelt. Er sieht allenthalben die Torheiten über seine Vernunft siegen, und gerät nicht eher aus dem Labyrinthe seines Schicksals bis er durch einige seltene und unglückliche Zufälle seinem Verstande wiederum die Herrschaft einräumet. Die Begebenheiten enthalten überall eine gute Moral; der Knoten ist aneinander hängend, und die Auflösung unerwartet, und lehrreich. Die schöne Schreibart giebt der Schrift auch im Deutschen einen Vorzug. Kostet in den Voßischen Buchläden hier und in Potsdam 4 Gr.

⟨111. Stück. 14. 9.⟩
Nouvelle et parfaite Methode pour aprendre le François et l'Allemand sans le secours d'un Maitre. Das ist neue und vollkommne Sprach-

kunst die französische und deutsche Sprache ohne Hülfe eines Sprachmeisters zu erlernen, durch Pierre Surleau, à Francf. sur le Meyn chez Jean Fred. Fleischer 1754. In 8vo 2 Alph. 3 Bogen. Dieser Titel verspricht so viel gutes, daß wir uns kaum unterstehen, von der Ausführung etwas schlechtes zu sagen. Eine vollkommene Anweisung zwei Sprachen auf einmal zu lernen, ist mehr als man verlangen und wünschen kann. Ohne Zweifel aber auch mehr, als man finden wird. Man darf nur das Deutsche ansehen, um nicht die beste Meinung davon zu bekommen. Der Verfasser ist in unsrer Literatur so erfahren, daß er den Franzosen, wenn sie schon etwas Deutsch können, die *asiatische Banise* und die *Begebenheiten der Seefahrer,* als gute deutsche Schriften zu lesen anrät. (*Aprés quoi ils pouront prendre un Paragraphe d'un bon Auteur allemand, comme de l'Asiatische Banise, des Begebenheiten der Seefahrer d'Albertus Julius, ou de quelque autre livre.*) Wahrhaftig, er hätte von beiden Extremis keine bessere Muster nennen können. Das eine ist so schwülstig geschrieben, als kriechend das andre. Doch müssen wir auch nicht verschweigen, daß unter den am Ende des Buchs beigefügten Übungen, auch verschiedne Briefe des Herrn *Gellerts,* nebst der Übersetzung des Herrn *Surleau,* vorkommen. Wir würden sagen, daß der Herr Sprachmeister, seinem Namen gemäß, den Herrn *Gellert* vortrefflich gewässert habe; wenn wir nicht besorgen müßten, er möchte böse werden, und dieses einen deutschen Einfall nennen. Kostet in den Voßischen Buchläden hier und in Potsdam 20 Gr.

⟨112. Stück. 17. 9.⟩

Leipzig. Allda sind vor kurzen drei Bogen in Duodez auf Schreibpapier unter dem Titel: *Possen im Taschenformate,* gedruckt worden. Ihr Verfasser, oder wenigstens ein guter Freund von ihm, hat die Vorsicht gehabt, uns folgende Recension davon zuzuschicken. »Wir sind für das *feine* und für das *muntere* in der Satyre viel zu stark eingenommen, als daß wir gegenwärtigen Bogen nicht ihr gebührendes Recht sollten widerfahren lassen. Der Herr Verfasser hat seine

Possen in lauter kleine Kapitel geteilt, in deren jedem er ein gewisses Etwas abhandelt. Als z. E. etwas moralisches, etwas poetisches, etwas historisches, etwas kritisches u. s. w. Die Herren Kunstrichter bekommen hier eben so wohl ihren Teil, als die strengen Philosophen, die jede sonnenklare Wahrheit auf das abstrakteste demonstrieren wollen. Der Verfasser hat dem Frauenzimmer eben so lachend die Wahrheit gesagt, als den finstern Altertumsforschern. Ein Lustspiel von 5 Handlungen ist hier auf 5 Duodezseiten zu sehen. Es hat alle erforderliche Eigenschaften eines Lustspiels, und der Leser wird über dieses eben so gut lachen müssen, als er über eines von 4 Stunden lacht. Die Handlung des gegenwärtigen dauert 6 Stunden. Die Beschreibung von Utopien ist sehr lehrreich, und die verschiednen Arten der Waffen sind voller Witz; kurz diese drei Bogen enthalten so viel, als manche Satyre von drei Alphabeten.« – – Daß wir diese Lobsprüche unverändert mitteilen, kann man aus dem 142 Blatte der *Hallischen Zeitung* erkennen, wo man eben dasselbe Formular, nur mit einem etwas veränderten Anfange, finden wird. Es heißt nemlich daselbst: »es ist bekannt, bei was für Gelegenheit diese Art kleiner Schriften jüngst Mode zu werden angefangen hat.« Man versteht Sie, mein Herr Panegyrist! Und damit Sie auch alle und jede verstehen mögen, so wollen wir es nur gerade heraussagen, daß diese Possen, welche

– – – – – – ipse
Non sani esse hominis, non sanus juret Orestes,

eine Satyre auf das Format und die zufällige Einrichtung der *Leßingschen Schriften*, allem Ansehen nach, sein sollen. Sie kosten drei Groschen; aber auch drei Groschen giebt man nicht für Possen hin. Was war also zu tun, damit sie gleichwohl bekannt würden? Ohne Zweifel hat der Verleger dieser Blätter den besten Einfall gehabt, den man in dieser Absicht nur haben kann. Er hat sie nemlich nachdrucken lassen, und ist entschlossen sie für ihren innerlichen Wert zu verkaufen, d. ist, sie umsonst auszugeben. Sie stehen in den Voßischen Buchläden, hier und in Potsdam den Liebhabern zu Dienste.

⟨114. Stück. 21. 9.⟩
Bibliotheque curieuse historique et critique ou Catalogue raisonné de livres difficiles à trouver par David Clement. Tome cinquieme. à Hannover chez J. G. Schmid 1754. In 4to 2 Alphb. 15 Bogen. Dieser *fünfte* Teil gehet von *Boi–Bzo* und enthält also gleichfalls nur einen mäßigen Teil eines einzigen Buchstabens. Man wird aber auch dafür in diesem kleinen Raume schwerlich etwas vermissen, welches in den Plan des Herrn *Clement* gehöret. Spuren einer erstaunlichen Belesenheit und glückliche critische Entdeckungen, wird man überall antreffen, und besonders wird den Kennern in diesem Teile die genaue und sorgfältige Bemerkung aller Schriften des *Jordanus Brunus*, welche allein auf 7 Bogen einnimmt, nicht anders als angenehm sein. Da der Herr Verfasser sie fast alle selbst bei der Hand gehabt hat, so ist er im Stande gewesen, verschiedene Zweifel zu heben, die besonders *Bruker*, in seiner critischen Geschichte der Philosophie, wider die Ausgaben derselben, und wider verschiedne Lebensumstände dieses berufenen Italiäners gemacht hat. Wir glauben nicht, daß es nötig sein wird, ein Werk weiter anzupreisen, welches einmal in dieser Art von Literatur ohnfehlbar eine der vornehmsten Quellen werden wird. Die Größe zu der es anwachsen muß, kann ein neuer Bewegungsgrund sein, sich dasselbe teilweise anzuschaffen, ehe es noch durch seinen Preis selbst unter die raren Bücher gesetzt zu werden verdienet. Kostet in den Voßischen Buchläden hier und in Potsdam 2 Rtlr. 12 Gr.

⟨115. Stück. 24. 9.⟩
Julius Bernhards von Rohr etc. Physikalische Bibliothek, worinne die vornehmsten Schriften, die zur Naturlehre gehören, angezeigt werden, mit vielen Zusätzen und Verbesserungen herausgegeben von Abr. Gotthelf Kästner, Math. P. P. E. zu Leipzig. Leipzig, bey Joh. Wendlern 1754. In 8vo. 2 Alphb. Diese zweite Auflage ist nach einer hinterlassenen Handschrift des Herrn von Rohr, welcher 1742 in Leipzig gestorben, besorgt worden. Man kann aber mit Recht sagen, daß sie durch die Verbesserungen und Zusätze des Herrn Prof. *Kästners* beinahe ein ganz neues Buch

geworden ist, wenigstens diejenige Glaubwürdigkeit erhalten hat, welche die Rohrschen Schriften vor sich niemals gehabt haben, noch jemals haben werden. Der berühmte Herausgeber gehört unter die seltenste Art von Bücherkennern; unter diejenigen nemlich, welche viel Bücher kennen, weil sie viel Bücher gelesen haben, und die Wissenschaft der Titel für das, was sie ist, für eine Kleinigkeit ansehen, die sie so mit beiher behalten. Der Ruhm übrigens, welchen er sich mit so vielem Rechte noch in einem weitren Umfange der Gelehrsamkeit, als in der bloßen Physik, erworben hat, leistet für die Gründlichkeit seiner Urteile die Gewähr, welche einen jeden in den Stand setzen werden, sogleich die besten Bücher in ihrer Art zu wählen, ohne mit Verlust der Zeit, des Fleißes und der Kosten, durch unglückliche Versuche darauf zu geraten. Die sechzehn Kapitel, in welche diese Bibliothek abgeteilet ist, haben folgende Überschriften: das erste Kapitel handelt von der Naturlehre überhaupt; das zweite, von den ersten Grundteilchen der natürlichen Körper und den Elementen überhaupt; das dritte von dem Weltgebäude; das vierte von dem Himmel; das fünfte von unserer Erdkugel überhaupt, und der Beschaffenheit der Erde insbesondere; das sechste vom Feuer; das siebende von der Luft; das achte vom Aufsteigen der Dünste; das neunte vom Wasser; das zehnte von dem Reiche der Gewächse; das eilfte von dem mineralischen Reiche; das zwölfte von dem Reiche der Tiere; das dreizehnte von dem Menschen; das vierzehnte von den Gesundbrunnen; das funfzehnte von Länderbeschreibungen; und das sechzehnte von Gespenstern. Kostet in den Voßischen Buchläden hier und in Potsdam 18 Gr.

⟨117. Stück. 28. 9.⟩
Philosophisch-moralische und medicinische Betrachtungen über mancherley zur Hoffart und Schönheit hervorgesuchte, schädliche Zwangmittel junger und erwachsener Leute beyderley Geschlechts; nebst dem schädlichen Mißbrauche der Schnürbrüste und Planchette oder so genannten Blankscheite der Frauenzimmer; bey ruhigen Abendstunden wohlmeinend entworfen von Gottlob Oelßnern, Med. Doct. und Stadt-

physico in Ohlau. Breßlau und Leipzig verlegts D. Pithsch 1754. In 8vo. auf 5 Bogen. Es ist kein Zweifel, daß der Herr D. *Gottlieb Oelßner* nicht recht wohl getan habe, indem er seine ruhigen Abendstunden lieber zum Schreiben als zum Schlafen hat anwenden wollen. Er zeigt sich auf allen Seiten als einen ehrlichen Mann, welchem das Wohl seines Nächsten, mehr als einem Medico vielleicht zuträglich ist, am Herzen liegt. Er gehet seine Zwangmittel nach Ordnung der Glieder des menschlichen Leibes, bei beiden Geschlechtern, durch, und macht hier und da gute Anmerkungen, die ihre Richtigkeit haben können, besonders wenn sie den Mißbrauch einer sonst ganz unschuldigen Sache betreffen. Seine Vorrede ist in Versen abgefaßt; seine Einleitung möchte lieber gar alle Schönheit zu einer Einbildung machen; seine eingestreute Gelehrsamkeit ist curieus und seine Schreibart kann ein Muster sein. Von dieser und seiner Poesie wollen wir eine kleine Probe geben. Er spricht zum Exempel: »Es giebt Frauenzimmer, denen die Natur ihre Gütigkeit entzogen, und bei dem Polo Arctico ihres Busens, entweder die Elevation desselben vergessen, oder diesen Lustgranaten in Ansehung ihrer Größe, Figur, Qualität und Bewegung einen ziemlichen Teil ihrer Schönheit und ihres Feuers zurückgehalten hat, und diese bemühen sich dieselben mit aller Gewalt aufzuhelfen.« — — Doch durch lange noch nicht so außerordentliche Mittel, als der Herr Doctor seiner Schreibart aufhilft. Zur Probe seiner Poesie wollen wir die Sinnschrift anführen, die ein lustiger Kopf, wie er sagt, auf das Planchett gemacht. Wir glauben daß der Herr *Oelßner* selbst dieser lustige Kopf ist; wenigstens könnte er es, als ein schöner Geist, der Stoppen einen angenehmen und mit lustigen Einfällen recht gefütterten Poeten nennt, ganz wohl sein. Die Sinnschrift lautet so:

Du artiges Planchet! Wem soll ich dich vergleichen?
Dir muß die beste Uhr an Kunst und Tugend weichen.
Sie weist nur *Eine Zahl*; du zeigest Beiderlei:
Von oben ab, auf *Eins*, von unten auf auf *Zwei*.

So ein lehrreiches Büchelchen kostet in den Voßischen Buchläden hier und in Potsdam nur 2 Gr.

⟨119. Stück. 3. 10.⟩
Geschichte des Fräuleins Elisabeth Thoughtleß, von dem Verfasser der Begebenheiten des Thomas Jones beschrieben. Aus dem Englischen übersetzt. Vier Theile. Leipzig in Gleditschens Handlung 1754. In 8vo. 3 Alphb. Ein Roman des berühmten *Fieldings* wird weder unübersetzt noch ungelesen bleiben. Dieser Schriftsteller scheint an Erfindungen, an Schilderungen und Einfällen unerschöpflich zu sein. Immer in einer Sphäre, und dennoch immer neue zu bleiben, ist nur das Vorrecht eines sehr großen Genies. In der gegenwärtigen Geschichte der Fräulein *Thoughtleß* hat er vornehmlich zeigen wollen, daß nicht so viel Frauenzimmer durch Liebe, als durch Eitelkeit unglücklich werden, und daß die Fehler, deren sich das schöne Geschlecht bisweilen schuldig macht, größten Teils mehr aus Unbedachtsamkeit als aus einer lasterhaften Neigung herrühren. Er bringt daher seine Heldin in solche Umstände, die diese Moral auf die faßlichste Art erläutern, und hat schon in ihrem Namen ihren ganzen Charakter, den er auf allen möglichen Seiten zeiget, ausgedrucket. Er nennt sie nemlich *Thoughtleß*, welches eine *Gedankenlose* bedeutet, und von dem französischen Übersetzer (denn auch die Franzosen sind auf die englischen Romanen jetzt eben so erpicht als wir) durch *l'Etourdie* ist gegeben worden. Wir wollen zur Anpreisung dieses sehr angenehmen Werks weiter nichts hinzutun, als dieses, daß die deutsche Übersetzung mit aller Treue und Beobachtung der Reinigkeit unserer Sprache gemacht ist. Kostet in den Voßischen Buchläden hier und in Potsdam 1 Rtlr.

⟨120. Stück. 5. 10.⟩
Gründliche Bemühungen des vernünftigen Menschen im Reiche der Wahrheit. Den Verehrern der Wahrheit mitgetheilet von Christ. Ernst Simonetti. Zweyter Theil. Frankfurt an der Oder bey Joh. Ch. Kleyb. 1754. In 8vo. 1 Alphb. 16 Bogen. Vor einiger Zeit gab der berühmte Verfasser unter eben diesem Titel eine *Vernunftlehre* heraus; und jetzt ist es eine *Metaphysik* die er uns darunter vorlegt. Ohne Zweifel hat er vor, uns die ganze Philosophie

unter so einer allgemeinen bescheidnen Aufschrift zu liefern, und es kann nicht fehlen, daß die Welt auch nicht diese seine Arbeit, wie alle übrigen mit Dank aufnehmen werde. Er bekennet von sich, daß er in der Weltweisheit dem verewigten *Wolf* ohne Sektiererei folge, und preiset die Vorsicht, daß sie seine Geburtszeit in den Zeitlauf dieses unsterblichen Mannes habe fallen lassen, um von ihm gebildet zu werden. Gleichwohl aber geht er in verschiednen Dingen von ihm ab, wie es einem Gelehrten anständig ist, der seinen Beifall nicht der Person, sondern den Gründen schenket; und wenn er weiter nichts zu suchen gestehet, als durch einen deutlichen und überzeugenden Vortrag der Wahrheit Freunde und Verehrer zu gewinnen, so liegt es ohne Zweifel nur an seiner Bescheidenheit, daß er nicht eben so wohl als andere, die Grenzen der menschlichen Erkenntnis erweitern zu wollen, von sich rühmt. Kostet in den Voßischen Buchläden hier und in Potsdam 16 Gr.

⟨121. Stück. 8. 10.⟩
Geschichte Herrn Carl Grandisons. In Briefen entworfen von dem Verfasser der Pamela und der Clarissa. Aus dem Englischen übersetzt. III. Band. Leipzig in der Weidemannischen Handlung 1754. In 8vo. 1 Alphb. 16 Bogen. Man muß die ersten Teile dieser Geschichte nicht gelesen haben, wenn man auf die Fortsetzung derselben nicht äußerst begierig ist. Und es wird ohne Zweifel ein kleiner Streich sein, den man der Deutschen Neugierde spielt, daß sie jetzt nur einen Teil davon erhält, anstatt auf zwei gehofft zu haben. Das Meisterstück des *Richardson* sollte billig allen andern Büchern dieser Art die Leser entziehen; und wir hoffen auch daß es geschehen werde, wenn anders die in allen ihren Reizungen geschilderte Tugend noch fähig ist, die Menschen für sich einzunehmen. Kostet in den Voßischen Buchläden hier und in Potsdam 14 Gr.

⟨122. Stück. 10. 10.⟩
Seneca, ein Trauerspiel. Frankfurt am Mayn bey Franz Varrentrapp. In 8vo. 7 Bogen. Ein sterbender Philosoph ist kein gemeines

Schauspiel; und das Unternehmen eines deutschen Dichters, ihn auf die Bühne zu bringen, kein gemeines Unternehmen. Gesetzt, daß es auch nicht auf das vollkommenste ausfiele, so wird jener doch immer noch rühren; und dieses doch noch immer lobenswürdig sein. – – Ein schmeichelhafter Haupturteil könnten wir von dem angeführten Originalstücke leicht fällen, aber ein gerechters schwerlich. Der Verfasser ist ein Dichter, dem es an Genie nicht fehlt, dem es aber an Fleiße desto mehr muß gefehlt haben. Und er macht hieraus auch selbst kein Geheimnis, sondern wundert sich vielmehr wie Racine zwei Jahr an seiner Phädra habe arbeiten können, und wie es möglich sei daß ein Gedicht, welches so viel Schweiß und Zeit gekostet, gefallen könne. Wir wundern uns darüber nicht, und würden uns vielmehr wundern, wenn das seine ohne diese mühsame Ausarbeitung gefallen sollte. Man merkt es seinem Plane allzuwohl an, daß er in der Eil gemacht ist, die ihm nicht einmal vergönnt hat, gewisse mechanische Regeln zu beobachten. So kann man zum Exempel, niemals eine Ursache angeben, warum bei ihm die Aufzüge sich schließen; er läßt die Personen aufhören zu reden; sie gehen weg, und wissen selbst nicht weswegen. Zwischen dem vierten und fünften Aufzuge ist so gar nicht einmal ein Unterschied, es müßte denn das Stöckchen sein, welches der Buchdrucker dazwischen gesetzt hat. Seneca spricht nemlich zum Schlusse des vierten Aufzuges:

> Ihr Freunde, welchen ich mein Herz auf ewig schenke,
> Und du erlaube mir, daß ich jetzt einsam denke;
> Pauline, gönne mir, im traurigsten Geschick
> Von der mich fliehnden Ruh den letzten Augenblick.

Und mit diesen einsamen Gedanken des Seneca fängt sogleich der fünfte Aufzug an; so daß, wenn Seneca ja erst weggeht, er nur pro Forma weggehen muß, um sich seine lange Monologe noch vorher hinter der Scene zu überhören. Zum Beweise aber daß es diesem Trauerspiele wirklich nicht an schönen Stellen mangelt, wollen wir aus eben der gedachten Monologe eine anführen, die noch mehrere ihres gleichen hat:

– – – – Es ist ein Gott der Welt,
Ein Wesen, welches selbst dem Himmel Ziele stellt!
Ein ewigs Wesen, das vor unserm Aug verborgen,
Der Weisen stillen Gram, der Toren laute Sorgen,
In gleicher Ruhe sieht, und jeder Freveltat,
Noch eh ihr Tag erschien, den Lohn bestimmet hat;
Das, eh ein Wütrich war, das, eh ich noch entstunde,
Den Grund zu meinem Tod in *Nerons* Lastern funde;
Das was gewesen ist, und sein wird und geschieht,
Mit einem Namen nennt, mit einem Blicke sieht. etc.

Es befinden sich auch bei diesem Trauerspiele noch einige prosaische Gedanken über das Trauerspiel überhaupt, die aber weiter nichts besonders haben, als daß sie das Sinnreiche in der Tragödie, besonders in dem Ausdrucke des Schmerzes, noch artig genug verteidigen. Druck und Papier sind sehr prächtig; welches den Preis zum Teil rechtfertigen wird. Es kostet in den Voßischen Buchläden hier und in Potsdam 10 Gr.

⟨123. Stück. 12. 10.⟩

Kurze Sammlung unterschiedlicher dem Menschen dienlicher Wissenschaften und Kunststücke, so wohl für curieuse Liebhaber, als Künstler und Handwerker zu gebrauchen; worinnen von allerhand Farben, Holz-Lacquiren, heimlichen und verborgnen Schriften, nebst Verfertigung der Dinte dazu, Wartung und Verbesserung der Weine, gold und silbernen Buchstaben, Marmorsteinen, Holz zu verwahren, sympathetischen Pulvern, Spitzen und Flor Zubereitung, gold und silbernen Sachen einen Glanz zu geben, und zu verneuern, nebst noch vielen andern Dingen hinlängliche Nachricht erteilet wird, wobey ein Anhang von Salpeter- und Pulvermachen befindlich. Frankfurt und Leipzig bey Felßeckers Erben 1754. In 8vo. Kaum wird man es sich einbilden, daß auf acht Bogen, aus welchen diese Sammlung besteht, so viele und mancherlei Künste, deren immer sieben und sieben, sollten wir meinen, ihren Mann ernähren könnten, verraten und mitgeteilt sein sollten. Allein wir können versichern, daß der Titel noch lange nicht einmal alles sagt, und daß ein neugieriger Leser nicht weniger als 161 der auserlesensten Geheimnisse darinne finden wird, die sich alle eines dem andern den Vorzug streitig machen. Das Geheimnis, zum Exempel, zu machen, daß die Stiefeln Wasser halten; das Geheimnis Mäuseküchlein zu backen; das Geheimnis Fliegen zu vertreiben; das Geheimnis Flöhe und noch eine andere Art Tierchen zu töten; das Geheimnis eine sehr außerordentliche Pomade zu verfertigen, die zur Schönheit des Angesichts dienlich ist; das Geheimnis sympathetische Pulver zu bereiten; die vortrefflichen Geheimnisse für die Trödelweiber, wie sie alten Sammet, abgetragne und befleckte Zeuge und Bänder wieder aufputzen und erfrischen sollen; diese Geheimnisse, sagen wir, und noch viel mehrere, müßten entweder sehr schlecht entdeckt sein, oder es wird nie einen Menschen reuen, die Recepte dazu für 3 Gr. gekauft zu haben. Mehr kosten sie in den Voßischen Buchläden hier und in Potsdam nicht.

⟨124. Stück. 15. 10.⟩
Gedichte und Reden. Hamburg bey Joh. Carl Bohn 1754. In 8vo. 21 Bogen. Diese Sammlung hat den Herrn *Alardus*, jetzigen geheimen Legationsrat Sr. Hochfürstl. Durchl. des Bischofs von Lübeck, zum Verfasser. Bereits 1747 sind verschiedene Stücke derselben gedruckt worden, und haben den Beifall gefunden, welchen sie verdienen. Sie erscheint mit aller der Pracht, welche wir denjenigen Dichtern wünschen, die alsdenn, wenn sie eine Zierde des Buchladens sind, auch eine Ehre der Nation sein können. Unter den Gedichten des Herrn *Alardus* findet man Hochzeitcarmina, Serenaten, Cantaten, Fabeln, Erzählungen, Lieder, Trauergedichte, und Sinngedichte. Die Reden bestehen aus einer Freimäurerrede, aus einer Strohkranzrede, und aus einer Leichenrede. Von den folgenden Sinnschriften, welche wir zur Probe anführen wollen, können wir versichern, daß wir sie nach Gewissen gewählt haben.

Matz.
Matz stimmt den Herrenhutern bei;
Sonst lebt er stets im Rausch.

Nicht daß er jetzo besser sei;
Er traf nur einen Tausch.

Die ruhige Ehe.

Hans schläft bei Märtens Frau; und Märten tritt ins Haus.
Er siehts und lacht und sagt: das sieht possierlich aus.
Hans ruft ihm gähnend zu: du hast ein braves Weib!
Mich trieb die Neubegierd nach deinem Zeitvertreib.
Nicht wahr? fragt Märten ihn, ists nicht ein braves Weib?

Die gute Ehefrau.

Heut ist Xantippe gut. Sie räumt dem Ehherrn ein,
Auf einen halben Tag sein eigner Herr zu sein.

Der Handwerksneid.

Was doch der Handwerksneid in allen Ländern tut!
Dem Alcibiades war keine Griechin gut.

Zween Ungleiche.

Woher ist der geschickt? und jener ist verkehrt?
Der erste hat Verstand; der andre ist gelehrt.

Zween unbarmherzige Richter.

So bald ein Criticus und Priester Urteil fällt,
So lebt kein Autor hier, kein Christ in jener Welt.
Kostet in den Voßischen Buchläden hier und in Potsdam
1 Rtlr.

⟨125. Stück. 17. 10.⟩
Gotthold Ephraim Leßings Theatralische Bibliothek. Erstes Stück.
Berlin bey Chr. Fried. Voß. In 8vo. 19 Bogen. Man wird sich der
Beiträge zur Historie und Aufnahme des Theaters erinnern,
von welchen vor einigen Jahren vier Stück an das Licht traten.
Gegenwärtige Bibliothek ist eine Fortsetzung jener Beiträge,
nach einem in etwas veränderten und eingeschränkten Plane.
Sie soll nemlich kein Werk ohn Ende und kein bloßer theatralischer Mischmasch werden, sondern wirklich eine kriti-

sche Geschichte des Theaters zu allen Zeiten und bei allen Völkern enthalten, obgleich ohne Ordnung weder nach den einen, noch nach den andern. In diesem ersten Stücke kommen lauter Aufsätze vor, welche die neuern Zeiten angehen, und folgende Aufschriften haben. 1. Abhandlungen von dem weinerlichen oder rührenden Lustspiele. Diese bestehen aus eines französischen Schriftstellers Betrachtungen wider diese neue Art des Komischen, aus des Herrn Prof. *Gellerts* Verteidigung derselben, und aus des Verfassers eignen Gedanken. 2. Leben des Herrn Jacob Thomsons. 3. Auszug aus dem spanischen Trauerspiele *Virginia*, des *Don Augustino de Montiano y Luyando*. 4. Auszug aus dem *Schauspieler* des Herrn *Remond von Sainte Albine*. 5. Leben des Herrn *Nericault Destouches*. 6. Über das Lustspiel die *Juden*, in dem 4ten Teile der Lessingschen Schriften. Kostet in den Voßischen Buchläden hier und in Potsdam 8 Gr.

⟨126. Stück. 19. 10.⟩
Reveries Poetiques sur des sujets differens, par l'Auteur des Epitres diverses. à Amsterdam chez Fr. Changuion 1754. In 8vo. 19 Bogen.
Dieses neue Werk ist als der dritte Teil der *vermischten Briefe über verschiedene Gegenstände* des Herrn von *Barr*, anzusehen. Man weiß, mit was für besonderm Glück sich dieser Deutsche auf den französischen Parnaß gewagt hat; man weiß was für eine Stelle die Franzosen selbst, aus Billigkeit vielmehr, als aus einer eiteln und ruhmsüchtigen Höflichkeit gegen Fremde, ihm auf demselben eingeräumt haben. Wenn es unserm Vaterlande angenehm sein muß, die höhnische Beschuldigung seiner nur allein witzigseinwollenden Nachbarn ohn Umschweif durch ihn widerlegen zu können; so kann es ihm auf der andern Seite nicht anders als unangenehm sein, dieser unnötigen Widerlegung wegen, eine so besondere Zierde unter den Dichtern in seiner Sprache zu entbehren. Gegenwärtige Poetische *Grillen* – – (aber wie viel besser, wird man sagen, klingt *reveries!*) enthalten eine beträchtliche Anzahl kleiner Gedichte, die alle von dem feinsten Geschmacke, und der schönsten Denkungsart zeigen.

Wenn es uns erlaubt ist, zwei kleine Proben anzuführen, so soll die erste eine Sinnschrift sein, welche der Verfasser auf das Edict Sr. Königl. Majestät in Preußen, die Ehescheidung betreffend, gemacht hat, und die andre, gleichfalls eine Sinnschrift auf die Erfindung des Pulvers.

Sur un Edit du Roi de Prusse.
Quand l'Hymen étonné, reçut l'edit royal
Ou la Discorde rompt le lien conjugal,
L'Hymen dit aux Chefs de ses Pretres:
Alexandre, en Soldat, coupa le Noeud Gordien,
Et Frederic, en Sage, a délié le mien.
Quel est le plus grand de ces Maîtres?

Sur l'invention de la Poudre à Canon.
Satan étant honteux, dit-on,
De lacher sa poudre à canon,
Pour mieux peupler son Patrimoine;
Il chargea de ce soin maudit
Un vil Chymiste, un noir Esprit,
Un Sot, un Allemand, un Moine.

Kostet in den Voßischen Buchläden hier und in Potsdam 18 Gr.

⟨128. Stück. 24. 10.⟩
Das Publicum hatte vor einigen Wochen die Gütigkeit ein Paar Bogen Maculatur, unter der Aufschrift, *Possen*, in den Voßischen Buchläden abzuholen; aber doch nicht so häufig, als man wohl wünschen mögen: denn so wohlfeil der Verleger auch diese seine Auflage gemacht hatte, so wäre sie ihm doch wenigstens zur Hälfte auf dem Halse geblieben, wenn er sich nicht kurz und gut entschlossen hätte, noch in jeden Butterkeller ein Dutzend Exemplare zu schicken, um sie den Lesern mit Gewalt aufzudringen. Gleichwohl hat man in Leipzig noch eine dritte Auflage veranstaltet, und was das sonderbarste dabei ist, so verspricht man sich ausdrücklich auf dem Titel davon, *daß man sie loszuwerden hoffe*,

ohne sie gratis auszugeben. Diese Hoffnung kann sich unmöglich auf etwas anders, als auf die dazugekommenen Vermehrungen gründen, welche wir notwendig anzeigen müssen, damit die Liebhaber selbst urteilen können, ob sie wichtig genug sind, um dasjenige noch einmal für 3 Groschen zu kaufen, was sie bereits umsonst bekommen haben. Die erste Vermehrung also ist ein sauberes Stöckchen, welches das Titelblatt zieret. Es stellet einen Satyr vor, der mit einer Keule und einem Schwerde bewaffnet ist, und neben sich, man kann nicht eigentlich erkennen, ob einen Hund, oder eine Katze, oder gar einen Bär stehen hat. Wen dieses Bildchen vorstelle, wollen wir gleich sagen. Der Verfasser der Possen, oder kürzer der Possenreißer, wollte sich Anfangs gar nicht nennen, ohne Zweifel, weil er ganz in der Stille den Beifall der Welt abzuwarten gedachte. Nunmehr aber, da er sieht, daß dieser Beifall so außerordentlich gewesen ist, so ist sein Ehrgeiz auf einmal aufgewacht. Er fängt an aus dem Verborgnen hervorzutreten, und schickt deswegen sein Bildnis voraus, ehe er uns durch seinen Namen überraschen will. Erst war er ein Anonymus; jetzt ist er ein Pseudonymus, denn über das gedachte Stöckchen hat er den Namen *Toelpel* schneiden lassen, von welchem er aber leicht hätte voraus sehen können, daß er ihn gar zu deutlich verraten würde. Die zweite Vermehrung bestehet in einer Erklärung hinter der Titelseite, und welche dieses Inhalts ist, daß der Verfasser mit seinen *Possen* nicht nur einen Narren, d. i. nicht sich nur selbst, sondern noch hundert Narren zugleich, d. i. alle seine Bewunderer, wenn deren anders hundert sein können, habe lächerlich machen wollen. – – Weiter finden wir nichts verändert noch hinzugesetzt, welches sich auch nicht wohl würde haben tun lassen, weil diese sogenannte dritte Auflage bloß aus einem umgedruckten Titelbogen entstanden ist. Sollte man nun also durchaus nicht 3 Gr. dafür bezahlen wollen, so könnte doch wohl noch dazu Rat werden, daß man auch eine vierte Auflage nach dieser dritten, für eben den Preis, als die zweite, machte. Allein diejenigen, welche ein Exemplar davon verlangten, würden die Gütigkeit haben

müssen, vorher darauf zu subscribieren, damit man ganz
gewiß sein könnte, daß sie es auch hernach umsonst nehmen würden. Wer sich mit zwei Exemplaren belästigen will,
soll das zuvorbeschriebene Bildnis des Verfassers nach ver-
größertem Maßstabe gleichfalls in Holz geschnitten, oben-
ein bekommen. Es wird mit dem *wahren* Namen desselben
prangen, welchen wir eben jetzt erfahren haben. Ein sehr
berühmter Name; wahrhaftig! Und der noch berühmter werden soll!

⟨129. Stück. 26. 10.⟩
*Hamburgische Beyträge zu den Werken des Witzes und der Sitten-
lehre. Zweyter Band, zweytes Stück. Hamburg bey Ch. Wilh. Brandt
1754.* Die Verfasser dieser periodischen Schrift bestreben
sich noch immer, die gute Meinung, die man gleich Anfangs
von ihrer Geschicklichkeit gefaßt, zu erhalten, und so wohl
in ihren witzigen als lehrreichen Aufsätzen sich durchgängig
gleich zu bleiben. In diesem Stück kömmt unter den Übersetzungen besonders ein kleiner Roman des Herrn von *St.
Mard* vor, welcher sich, wie alles, was aus der Feder dieses
Schriftstellers geflossen ist, sehr wohl lesen läßt. Als eine
Probe der kleinen Poesien, wollen wir folgende Erzehlung
hersetzen:

Die kluge Vorsicht.
Franz starb, nachdem er zwanzig Jahr
Ein Heuchler, Bösewicht und Mönch gewesen war.
Den dritten Tag nach seinem Sterben
Folgt ihm ein andrer Mönch, der alte Bruder Jost.
Sein Beichtger schrie ihm zu: Herr, sterben Sie getrost.
Zehn Messen helfen schon das Himmelreich erwerben.
Verlangen Sie zugleich, daß Brudern Franz und Sie
Der Tod nicht trennen soll? Ich will es schon verfügen,
Daß Sie in einem Sarg an Franzens Seite liegen.
Nein, schrie der Sterbende; *nein, das gestatt ich nie!*
O trennen Sie uns ja! Ich muß es frei gestehn:
Ließ ich nach meinem Tod ein wahres Wunder sehn;
So spräch der Bösewicht: es sei von ihm geschehn.

Kostet in den Voßischen Buchläden hier und in Potsdam
6 Gr.

⟨129. Stück. 26. 10.⟩
Physikalische Belustigungen. Drey und zwanzigstes Stück. Berlin bey Chr. Fr. Voß. Man wird es hoffentlich nicht ohne Vergnügen bemerken, daß dieses Journal nicht ins Stecken geraten ist, sondern daß es wirklich, obgleich ein wenig langsam, auf eine Art fortgesetzt wird, welche die Leser zufrieden stellen kann. Es sind folgende Aufsätze darinne enthalten: 1. Gedächtnisschrift auf den Herrn Christlob Mylius von seinem Freunde dem Herrn Prof. Kästner. Da Herr *Mylius* der Urheber der Physikalischen Belustigungen ist, so verdienet sein Andenken mit allem Recht darinnen aufbehalten zu werden, und es ist keine gemeine Ehre, daß es durch einen Kästner geschehen ist. *Ea demum vera laus est, quae ab iis proficiscitur, qui ipsi in laude vivunt.* 2. Von einem merkwürdigen Echo bei Goslar, aus einer hinterlassenen Nachricht des Herrn Mylius. 3. Ein Mittel wider die rote Ruhr, nebst Anmerkungen von der Chinarinde. 4. Die Ursache des Glanzes des Seewassers zur Nachtzeit, aus dem *Gentlemans Magazine.* 5. Patriotischer Wunsch wegen der Holzfuhren und der Gastwirte. 6. Wie man sich den Mißwachs des Obstes erträglich machen könne von Dr. G. V. 7. Vom Copäubaume und dem Milchholze aus des P. Labat Reisen. 8. Von den Vögeln, welche man Teufel nennt; eben daher. 9. Eine neue sinnreiche Art Orangeriebäume zu pfropfen. 10. Einige Erfahrungen mit gläsern Röhren. 11. Einige Anmerkungen über den Nachsommer und Nachwinter. Kostet in den Voßischen Buchläden hier und in Potsdam 2 Gr.

⟨131. Stück. 31. 10.⟩
*Das Chantillysche Mägdchen oder die Geschichte eines Parisischen Frauenzimmers in den Briefen des Herrn *** an einen guten Freund; aus dem Französischen übersetzt. Breßlau und Leipzig verlegts Daniel Piethsch 1755. In 8vo. 1 Alphb.* Man behauptet in der Vorrede, daß diese Geschichte aus einem französischen Manuscripte,

welches in seiner Sprache noch nicht gedruckt worden, übersetzt sei. Vielleicht aber ist dieses Manuscript eine Erdichtung, und man hat ein deutsches Original mit einer guten Empfehlung wollen in die Welt bringen. Es mag das eine, oder das andre wahr sein, so ist doch so viel gewiß, daß weder der deutsche noch der französische Witz sich auf diese Geburt viel einbilden darf. Die Heldin ist die Tochter eines Gastwirts in Paris, aus Chantilly gebürtig; aber es ist nicht so wohl ihr Leben, welches man uns beschreibt, als das Leben eines ihres Anbeters, welcher sie nur immer auf der tugendhaften Seite kennt, und sich mit Mühe und Not von ihren Fesseln loswickeln kann. Der Briefsteller ist dieser Liebhaber selbst, und er läßt uns seine Göttin eben so wenig kennen lernen, als er sie selbst gekannt hat. Das wichtigste von ihr zeigt er uns nur immer in der Entfernung; der Leser muß nur raten, aber er wird müde, immer einerlei zu raten. Kurz, er muß viel Geduld haben, wenn er dieses Alphabet durchlesen will. Unterdessen wollen wir ihm ein Mittel, es so weit zu bringen, nicht verbergen. Der weise Setzer hat die Namen der Personen durch das ganze Buch mit lateinischen Buchstaben ausgedrückt. Durch Hülfe dieser Buchstaben also, welche deutlich genug in die Augen fallen, kann man fein alle Moral, die der Verfasser, bis zum Gähnen reichlich, eingestreuet hat, überhüpfen, und sich beständig an den Faden der Geschichte halten, welcher kurz genug ist. Man darf nur Acht geben, wenn eine neue Person dazu kömmt, von dieser ein Paar Worte mit auffangen, und immer fortlesen, so lange man noch ungefehr weiß, was geschieht. Man wird auf diese Art in einer Stunde durch 72 Briefe durch sein, die man sonst in sechs Stunden, und wenn man den Ekel, den sie erwecken können, mit in Betrachtung ziehet, in Jahr und Tag nicht würde durchgelesen haben. Kostet in den Voßischen Buchläden hier und in Potsdam 6 Gr.

⟨133. Stück. 5. 11.⟩

Begebenheiten des Roderich Random. Aus der dritten Englischen Ausgabe übersetzt. Erster Theil. Hamburg bey Chr. Wilh. Brandt 1755.

Es wäre zu viel Nachsicht, wenn man das Vorurteil, welches die englischen Romane für sich haben, auch diesen Begebenheiten wollte zu gute kommen lassen. Ihr Verfasser ist weder ein *Richardson* noch ein *Fielding*; er ist ein Schriftsteller, wie man sie bei den Deutschen und Franzosen in der Menge antrifft. Er gesteht, daß er sich besonders den Herrn *le Sage* zum Muster gewehlt habe, dessen Gil Blas wohl ein Meisterstück des komischen Romans bleiben wird. Aber wie weit ist er unter ihm geblieben! Es müßte sehr wunderbar zugehen, wenn deutsche Leser von Geschmack an den Schulstreichen, an den Bordellhistörchen, an den Balgereien und an den Schiffsabenteuern, eben so viel Wohlgefallen finden sollten, als der englische Pöbel daran muß gefunden haben, der bereits drei Ausgaben davon unter sich geteilet hat. Am Ende dieses Teils findet man den Held in sehr mißlichen Umständen, so daß er den verzweifelten Entschluß faßt, zu sterben. Man darf sich aber nicht bange sein lassen, weil er noch den zweiten Teil geschrieben hat, den man hoffentlich wohl auch bald deutsch zu lesen bekommen wird. Die Übersetzung scheinet ein wenig in Eil gemacht zu sein. Kostet in den Voßischen Buchläden hier und in Potsdam 10 Gr.

⟨134. Stück. 7. 11.⟩
D. John Lelands Abriß der vornehmsten Deistischen Schriften, die in dem vorigen und gegenwärtigen Jahrhunderte in England bekannt geworden sind; nebst Anmerkungen über dieselben und Nachrichten von den gegen sie herausgekommenen Antworten übersetzt von H. G. Schmid, Conrector der Altstädter Schule in Hannover. Hannover 1755 bey Joh. Wilh. Schmid. In 8vo. 1 Alphb. 20 Bogen. Dieses ist weder das einzige noch das erste Werk, in welchem sich *D. Leland* als einen scharfsinnigen und unparteiischen Verteidiger der christlichen Religion gezeigt hat. Schon vorlängst ist er in den Streitigkeiten wider den *Tindal* und *Morgan* rühmlich von den kleinen Fechtern unterschieden worden, die mit in Eil zusammengerafften Waffen blindlings auf alles losgehen, was nicht zu ihrer Fahne geschworen hat. Seine jetzigen Gegner

sind die Deisten unter seinen Landsleuten überhaupt, die er mit einem durchdringenden Auge mustert. Er tut dieses in 15 Briefen, in welchen er, nach der Ordnung der Zeit, alle ihre Stürme auf das Christentum erzehlt, und diejenigen bekannt macht, welche sie mutig abgeschlagen haben. An die Spitze der erstern stellt er den Lord *Herbert von Cherbury*, welcher zwar nicht der erste Deiste, aber doch der erste ist, welcher den Deismus in ein System zu bringen gesucht hat. Er ist noch jetzt unter allen seinen Nachfolgern derjenige, welcher die wenigste Abneigung von der christlichen Religion blicken lassen, und die natürliche Religion in einem Umfange angenommen hat, von welchem nur noch ein sehr kleiner Schritt bis zu der geoffenbarten zu tun ist. Seine Gründe werden in den zwei ersten Briefen untersucht. Nach ihm hat *Hobbes* den nächsten Platz, welcher zwar eigentlich nicht wider das Christentum schrieb, aber doch viel Nachteiliges in Ansehung der Eingebung, der Richtigkeit des Kanons, und andrer Stücke, in seinen Schriften einfließen ließ. Ihm ist der dritte Brief bestimmt. Der vierte Brief betrifft den *Carl Blount* und den *Toland*. Jener ist ein bloßer Nachbeter des *Herberts*, und was er eigentümliches hat, sind Spöttereien; dieser ist mehr ein Spinoziste als ein Deiste, und seine vornehmsten Anfälle gehen auf den Kanon des N. Testaments, welchen er in seinem Amyntor durch die Menge der falschen Evangelien verdächtig machen wollte. Der fünfte Brief enthält Anmerkungen über den Grafen von *Schaftsbury*, welcher vielleicht weniger Anstößiges, besonders in seiner Charakteristik würde vorgetragen haben, wenn er weniger munter und spöttisch hätte sein wollen. Auf ihn folgt in dem sechsten Briefe *Anton Collins*, welcher seine Anfälle besonders gegen die Prophezeiungen des alten Testaments richtete, und bloß den falschen Verstand derselben zum Grunde des Christentums machte. Der siebende Brief ist dem *Woolston* gewidmet, welcher die Wunder des Heilandes angriff, und sie für keine wahre Begebenheiten, sondern bloß für Allegorien wollte gelten lassen. Der achte Brief ist wider den *Tindal* und sein *Christentum so alt als die Schöpfung*. Der neunte Brief streitet wider des *Morgans Moralischen Philosophen*, welcher die Offenbarung zwar anzunehmen vorgiebt, aber keinen Weg übrig läßt, sich von der Wahrheit derselben zu überzeigen. Der zehnte Brief geht wider die anonymische Schrift, *das Christentum nicht gegründet auf Beweis*, und der eilfte wider einige fliegende Blätter unter dem Titel, *die betrachtete Auferstehung*. Der zwölfte und dreizehende Brief beschäftigen sich mit den Schriften des Herrn *Chubbs*, eines Mannes der zwar eigentlich kein Gelehrter war, aber doch sehr viel Witz besaß, den er nicht besser als wider die Religion anwenden zu können glaubte. Der vierzehente Brief macht einige Anmerkungen über die Schrift *die richtig bestimmte Sache des Deismus* und wider die Briefe des *Lord Bolingbrockes*, worauf einige allgemeine Betrachtungen über die Deisten überhaupt folgen, welchen in dem funfzehenten Briefe eine kurze Vorstellung der wahren Gründe des Christentums beigefügt ist. In einem Anhange wird noch eine sehr wunderbare Anekdote von dem Lord *Herbert* und seinem Buche von der Wahrheit ungemein scharfsinnig beurteilet. Die deutsche Übersetzung dieses vortrefflichen Werks ist so wohl geraten, als wenige Übersetzungen aus dem Englischen geraten, die ohne die Vorreden eines berühmten Mannes die elendesten von der Welt sein würden. Kostet in den Voßischen Buchläden hier und in Potsdam 16 Gr.

⟨135. Stück. 9. 11.⟩
Ragout à la Mode oder des Neologischen Wörterbuchs erste Zugabe von mir selbst 1755. In 8vo. 1 ½ Bogen. Wenn das Neologische Wörterbuch, oder, es bei dem abgeschmacktern Titel zu nennen, wenn die Ästhetik in einer Nuß nur den geringsten Schaden angerichtet oder auch nur Leser gefunden hätte, so würden wir nicht ermangeln, dieses *Ragout* als ein vortreffliches Gegengift anzupreisen. Da sie aber in einem Augenblicke erschien und vergessen ward, so befürchten wir fast, daß ein gleiches Schicksal auch ihre Zugabe, unschuldiger Weise, treffen werde. Unterdessen ist es doch recht gut daß man den Narren nach ihrer Narrheit antworte, und ihnen keine

Gegenrede schuldig bleibe, damit sie es auch selbst erfahren, daß sie Narren sind. Das *Ragout* bestehet aus einer Unterredung zwischen einem Schüler und seinem Lehrmeister. Man hat diese katechetische Methode ohne Zweifel wegen der Deutlichkeit gewählt, um es fein einem jeden begreiflich zu machen, daß nicht allein der Verfasser des Wörterbuchs ein seichter Kopf und förmlicher *Pasquillant* sei, sondern auch daß der Herr Prof. *Gottsched* mit mehrerm Rechte als *Bodmer* und *Klopstock* unter die Neologischen Schriftsteller gehöre; es müßte ihm denn etwa dieses zur Entschuldigung dienen, daß er bloß aus kriechender Armut, und gar nicht aus Begierde etwas kühnes und unerwartetes zu sagen, neologisiere. Die Beweise hiervon kann man in der Zugabe selbst nachsehen. Wir wollen uns nicht länger dabei aufhalten, sondern dem Leser nur noch eine Sinnschrift mitteilen, die der Träumer eines gewissen Traumes als das von uns verlangte Recepisse ansehen kann. Man wird sich der vortrefflichen vier Zeilen des Herrn von Hallers erinnern:

Kurzsichtiger! dein Gram hat dein Gesicht vergället,
Du siehst die Dinge schwarz, gebrochen und verstellet:
Mach deinen Raupenstand und deinen Tropfen Zeit,
Den nicht zu deinem Zweck, die nicht zur Ewigkeit.

Weil diese Zeilen den poetischen Maulwürfen von jeher ein mächtiger Anstoß gewesen sind, so machen wir uns ein Vergnügen daraus ihnen eine Parodie darauf mitzuteilen, die wir von guter Hand bekommen haben. Sie ist an den Verfasser des Wörterbuchs gerichtet, und lautet also:

Kurzsichtiger! der Neid hat dein Gesicht vergället,
Du siehest Hallern schwarz, gebrochen und verstellet:
Mach deinen matten Witz, dein wenig Wissen, *Flegel*,
Dies nicht zur Deutlichkeit, den nicht zur Schreibart
                                                                     Regel.

Wenn er, oder diejenigen Herren Gottschedianer, die an dem Wörterbuche Teil haben, das *Flegel* zu hart finden sollten, so mögen sie überlegen, daß man des Reimes wegen vielmal etwas sagen muß, was man außer dem Reime nicht gesagt hätte. Doch man hat es nicht einmal nötig, ihnen diese Entschuldigung zu machen, weil sie weit größere Grobheiten wider andre Leute, als sie sind, ausgestoßen haben. – – Das *Ragout* kostet in den Voßischen Buchläden hier und in Potsdam 2 Gr.

⟨137. Stück. 14. 11.⟩
Richtige Vorstellung der Deistischen Grundsätze in zwey Unterredungen zwischen einem Zweifler und einem Deisten. Aus dem Englischen übersetzt, und mit einem Anhange vermehrt. Leipzig bey Joh. Jacob Weitbrecht 1755. In 8vo. 12 Bogen. Das Original dieses kleinen aber sehr schätzbaren Werks ist zu erst im Jahre 1711 ans Licht getreten, und seit dem sehr oft aufgelegt worden. Es scheinet, daß sein Verfasser, welcher unbekannt geblieben ist, hauptsächlich durch die *Tolandischen* Schriften bewogen worden, die Sache des Christentums auf eine so besondere Art zu verteidigen. Er läßt keinen Christen, sondern einen Zweifler oder vielmehr einen Menschen das Wort wider den Deisten führen, welcher Verstand und Unparteilichkeit genug hat, der christlichen Religion wenigstens durch keine falsche Beschuldigungen zu nahe treten zu lassen, und die Gründe wider dieselbe auf ihren wahren Wert herab zu setzen. Dieser Zweifler findet am Ende, daß der *Deismus* eine Larve sei, unter welcher man bloß die verhaßten Beschuldigungen der Gottesleugnung von sich abzulehnen, oder die christliche Religion desto geschickter zu bestreiten suche. Wem dieses Endurteil zu strenge scheinen sollte, der muß wissen, daß der Verfasser nur die allerhäßlichste Art von Deisten annimmt, diejenigen nemlich, welche zwar einen Gott, aber keine Verbindlichkeit ihm zu gehorchen, noch ein künftiges Leben zugeben. So schwerlich ein *Herbert* diese für wahre Deisten erkennen würde, so gewiß ist es doch, daß sie zu unsern Zeiten unter ihren Namensbrüdern die größte Zahl ausmachen, und auch leider die größten Verführungen anrichten! Auf dieser Horizont also ist das gegenwärtige Gespräch mit Fleiß eingerichtet, und besonders geschickt die Freidenkerei, so wie sie gemeiniglich im Umgange geäußert wird, wo man sie mehr mit Einfällen als tiefsinnigen

Erörterungen verficht, ablaufen zu lassen. – – Der Anhang, welcher dieser Übersetzung beigefügt ist, bestehet aus einigen Briefen, welche den Streit über die Religion betreffen. Statt aller Lobsprüche dürfen wir dem Leser nur entdecken, daß sie, so wie die Übersetzung selbst, aus der Feder des berühmten Verfassers *der Bestimmung des Menschen* geflossen sind. Kostet in den Voßischen Buchläden hier und in Potsdam 4 Gr.

⟨138. Stück. 16. 11.⟩

Idioticon Hamburgense oder Wörterbuch zur Erklärung der eignen in Hamburg gebräuchlichen Niedersächsischen Mundart. Jetzo vielfältig vermehrt und mit Anmerkungen und Zusätzen zweener berühmten Männer nebst einem vierfachen Anhange ausgefertigt von Michael Richey, P. P. Hamburg verlegt von Conr. König 1755. In 8vo. 1 Alphb. 9 Bogen. Die erste Anlage dieses Werks ist bereits vor eilf Jahren ans Licht getreten. Der Nutzen und die Notwendigkeit dieser Art Verzeichnisse kann keinem zweifelhaft vorkommen, der nur einigermaßen einen Begriff von der allgemeinen Wortforschung der deutschen Sprache hat. Es ist eher an kein etymologisches Lexicon derselben zu denken, bevor wir nicht die eignen Wörter aller Provinzen gesammelt, und sie unter einander verglichen haben. Dieses aber würde vielleicht noch zu erhalten sein, wenn sich nur mehrere Gelehrte bemühen wollten, dem Exempel des Herrn Prof. *Richeys* zu folgen. Die Mühe ist erstaunlich, die ihm diese neue Ausfertigung seines Wörterbuchs muß gekostet haben, und verdienet um so viel mehr Dank, je weniger sie bei vielen in die Augen fällt. Außer den Vermehrungen des Wörterbuchs selbst, welche man größten Teils den Beiträgen des Dänischen Justizrats Herrn *Gramms* und des Herrn Legationsrats *Matthesons* mit schuldig ist, sind noch vier Anhänge hinzugekommen. Der erste bestehet in einer Hamburgischen Dialectologie, oder in einer Sammlung allgemeiner Anmerkungen über das eigene der Hamburgisch-niedersächsischen Sprache, welche man als die Regeln dieser Mundart ansehen kann. Der zweite Anhang ist ein Verzeichnis einiger Wörter, die größten Teils nur in Ditmarschen gebräuchlich sind, von dem Hrn. Pastor *Ziegler*. Der dritte ist eine Nachricht von des *Gerhard de Schueren* Wörterbuche, welches er *Theutonista* genannt hat, und als ein *Idioticon Clivense* kann betrachtet werden. Der vierte endlich ist ein Verzeichnis der Ausgaben des Catholicons *Johannis de Balbis*. In der Vorrede führt der Herr Professor alle deutsche *Idiotica* an, die ihm bekannt geworden sind. Es wird auch das wenige dabei nicht vergessen, was Joachim *Fromm* in seiner *Nomenclatura etc.* von den Märkischen *Idiotismis* beigebracht hat, und wir unterschreiben hier mit Vergnügen den Wunsch, daß sich bald ein redlicher Märker finden möge, der das Rückständige dazu nachtrage, wozu unser Verfasser besonders den Hrn. D. *Venzky* aufmuntert. Kostet in den Voßischen Buchläden hier und in Potsdam 1 Rtlr.

⟨139. Stück. 19. 11.⟩
Cours complet de la Langue françoise distribué par Exercices; à l'usage des personnes pour qui cette Langue est étrangere par Mr. Mauvillon. Tome premier et second. à Dresde 1754 chez J. C. Walther. In 8vo. Beyde Theile 3 Alph. Da Hr. *Mauvillon* schon seit vielen Jahren der berühmteste französische Sprachmeister in Leipzig ist, so kann es ohne Zweifel nicht anders sein, als daß er nicht durch eigne Erfahrung das Unzulängliche und Falsche so mancher Sprachlehren sollte eingesehen haben. Er hat sich auch bereits durch seine *Remarques sur les Germanismes* so viel Ansehen erworben, daß man sich mit Grund die Verbesserung desselben von ihm versprechen kann. Auch eine nur flüchtige Durchblätterung des gegenwärtigen Werks wird dieses Vorurteil genugsam rechtfertigen, indem man mit Vergnügen eine Menge der vortrefflichsten Anmerkungen darinnen antrifft, durch die man das Eigentümliche der französischen Sprache erkennen, und sich geläufig machen kann. Der erste Teil ist theoretisch und der andre practisch. Dieser letztere ins besondre ist von einer sehr vortrefflichen Einrichtung. Anstatt der elenden und kindischen Gespräche, anstatt der erbärmlichen kleinen Erzählungen, die man

sonst hinter den Grammairen findet, teilt er erstlich ein klein Verzeichnis derjenigen Wörter mit, welche den Künsten und dem gemeinen Leben eigentümlich zugehören, und zeiget hierauf an eingestreuten Stücken guter Schriftsteller, wie man sie überhaupt mit Nutzen lesen müsse. Als eine sehr nützliche Übung schlägt er auch die Vergleichung der Übersetzungen mit ihren Urschriften vor, und giebt in dem 59ten Abschnitte einige Proben davon. Er beurteilt darinne die deutsche Übersetzung des Herrn *Straubens* von den Briefen einer Marquisin durch den jüngern *Crebillon*, desgleichen die *Steinwehrsche* Übersetzung der Briefe des Herrn von *Fontenelle*, und die unlängst herausgekommene Übersetzung des *Montagne*. Er findet an allen dreien ungemein viel auszusetzen, und zeigt daß sie voll unverantwortlicher Fehler sind. Man wird ihm überhaupt nicht Unrecht geben können, ob man schon auch nicht selten entdecken wird, daß Herr *Mauvillon* sich mehr Deutsch zu verstehen einbilden muß, als er wirklich versteht. Z. E. Wenn er in der Übersetzung des Herrn *Straube le fade Marquis* durch *der abgeschickte Marquis* übersetzt findet, so versichert er, daß er mehr als einen gelehrten Deutschen gefragt habe, was das Wort *abgeschickt* heiße, und daß ihm alle geantwortet hätten, daß es so viel als *envoyé* oder *deputé* heiße. Hierauf nun verdammt er den Hrn. *Straube*, welches er schwerlich würde getan haben, wenn er nur einen halben Deutschen zu Rate gezogen hätte. Es ist hier nemlich ein Druckfehler, und anstatt *abgeschickt* soll es *abgeschmackt* heißen, wie es sogleich einem jeden Leser in die Augen fällt. An einer andern Stelle behauptet Herr *Mauvillon*, daß man *Coquette* nicht durch Buhlerin übersetzen dürfe, weil Buhlerin eine *Maitresse d'un grand*, eine *Concubine* bedeute. Woher muß er dieses haben? Und hat er wohl jemals einen Deutschen sagen hören: der oder jener Große hält sich eine *Buhlerin*? Eine *Beischläferin* sagt man, und das ist ein ganz ander Wort. Es ist falsch, daß die Deutschen mit *Buhlerin* allezeit den Begriff eines häßlichen Lebens verbinden, indem das Zeitwort *buhlen, um etwas buhlen*, oft weiter nichts heißt, als sich um etwas bewerben, und also auch eine

Buhlerin eine Person bedeuten kann, die sich zu gefallen bemüht. Im bösen Verstande sagt man *Buhlschwester*. Den Unterschied dieser drei Wörter muß er sich erklären lassen, ehe er einen gebornen Deutschen darüber tadeln will. Kostet in den Voßischen Buchläden hier und in Potsdam 2 Rtlr.

⟨145. Stück. 3. 12.⟩
Des Abts von Marigny Geschichte der Araber unter der Regierung der Califen. Aus dem Französischen übersetzt. Dritter und letzter Theil. Berlin und Potsdam bey Chr. Fr. Voß 1754. In 8vo 1 Alphb. 21 Bogen.
Wir haben bereits bei den vorhergehenden Teilen von dem nützlichen Gebrauche dieses Werks geredet, und jetzt können wir bei dem Beschlusse desselben nicht anders, als es den Liebhabern einer kurz und lehrreich vorgetragnen Geschichte nochmals anzupreisen. Es ist gewisser Maßen als eine Fortsetzung der alten Geschichte des *Rollins* anzusehen, und völlig mit der Leichtigkeit geschrieben, die die Arbeit dieses Vorgängers so beliebt gemacht hat. Schon in der Vorrede zu dem ersten Teile hat man gezeigt, daß die Vorwürfe, welche der Herr Doctor *Baumgarten* dem *Marigny* gemacht hat, Teils ganz ungegründet, Teils nicht von der Wichtigkeit sind, daß man die Lesung des Buches selbst deswegen unterlassen müßte. Da es übrigens die einzige Compilation von dieser Materie ist, so muß man dem Verfasser wegen seines Fleißes um so vielmehr verbunden sein, je größer die Mühe sein würde, wenn man den Stoff aus hundert Büchern selbst zusammensuchen müßte. Anmerkungen kann mit Hülfe zweier oder dreier Quellen über einen Geschichtschreiber ein jeder machen, aber nicht ein jeder kann eben sowohl ein zusammenhangendes Werk schreiben. – – Dieser dritte Teil fängt von dem 213 Jahre der Hegire an und geht bis auf das 656 derselben, in welchem unter dem *Mostazem* der Regierung der Abbassiden und der Califen überhaupt von den Tartarn ein Ende gemacht ward; denn die sogenannte zweite Herrschaft der Abbassiden, welche kurz darauf in Ägypten errichtet ward, kömmt in keine Betrachtung, indem sie nichts als eine Reihe von Prinzen war, welche weder Land

noch zeitliche Gewalt hatten, sondern einzig und allein als die obersten Priester angesehen wurden. Kostet in den Voßischen Buchläden hier und in Potsdam 16 Gr. Alle drei Teile zusammen kosten 1 Rtlr. 16 Gr.

⟨147. Stück. 7. 12.⟩
Physikalische Belustigungen. Vier und zwanzigstes Stück. Berlin bey Chr. Fr. Voß 1754. Es sind folgende Aufsätze darinne enthalten: 1. Chr. Mylius Beschreibung einer neuen Tierpflanze in einem Schreiben an den Herrn von Haller. 2. Ebendesselben Nachricht von einer sonderbaren Begierde nach Branntwein. 3. Eine Erfahrung vom Zerspringen eines nordhäusischen Alabasters, von eben demselben. 4. Eben desselben Reise auf den Blocksberg. 5. M. E. F. Schmersahls Gedanken von Anlegung einheimischer Manufacturen. 6. Chr. Fr. Lessers zufällige Gedanken über die Schnecken und Muscheln. 7. Eben desselben Beschreibung einiger versteinerten Conchylien. 8. Nachricht, wie die Feigen auf der griechischen Insel Zia durch Fliegen zur Reife gebracht werden, aus des *Tournefort* Reisen. 9. Carl W. Schulzens von einigen im Blut gefundenen widernatürlichen Gewächsen. 10. Herrn Vosmaer Schreiben an den Herrn Prof. Kästner eine holländische Versteinerung betreffend. Der zweite, dritte und vierte Aufsatz ist aus des Herrn *Mylius* hinterlassenen Reisenachrichten genommen, aus welchen man auch noch künftig verschiedene merkwürdige Dinge mitteilen wird. Man kann daraus schließen, wie aufmerksam Herr *Mylius* auf alles gewesen, und wie sehr es zu betauern ist, daß er diese Aufmerksamkeit nicht auch in entlegenen Ländern hat anwenden sollen. Kostet in den Voßischen Buchläden hier und in Potsdam 2 Gr.

⟨148. Stück. 10. 12.⟩
Der Königl. Akademie der Wissenschaften in Paris Anatomische, Chymische und Botanische Abhandlungen; Sechster Theil, welcher die Jahre von 1722 bis 1726 in sich enthält. Aus dem Französischen übersetzt von Wolf Balth. Adolph von Steinwehr, der Königl. Akademie

der Wissenschaften in Berlin Mitgliede. Breslau, verlegts Joh. Jakob Korn 1755. Der schwatzhafteste Panegyrist würde sich erschöpfen, wenn er dieses Werk bei jedem neuen Teile anpreisen wollte; er müßte denn immer einerlei sagen. Man kann also schwerlich etwas anders tun, als das Publicum versichern, daß der Fleiß des Herrn von *Steinwehr* noch immer gleich glücklich ausfällt, und daß man es demjenigen nicht gnug verdanken kann, welcher die Erfahrungen und Einsichten eines *Reaumür*, eines *Petit*, eines *Winslow*, eines *Morand*, eines *Jüssieu*, eines *Senac* und wie sie alle heißen, unter uns eben so bekannt zu machen sucht, als sie es in Frankreich sind. Kostet in den Voßischen Buchläden hier und in Potsdam 1 Rtlr. 8 Gr.

⟨149. Stück. 12. 12.⟩
Versuch einer Geschichte der Oesterreichischen Gelehrten; herausgegeben von Franz Constantin Florian von Khautz. Frankfurt und Leipzig bey Joh. Fried. Jahn 1755. In 8vo 22 Bogen. Es ist nicht zu leugnen, daß die meisten von den Österreichischen Gelehrten unbekannter geblieben sind, als sie es verdienen, und daß man längst einen fleißigen Mann gewünscht hat, welcher sich der Erneuerung ihres Gedächtnisses annehmen möchte. Dieser Wunsch würde größten Teils erfüllt werden, wenn es dem Herrn Verfasser des gegenwärtigen Versuchs gefallen wollte, seine Arbeit fortzusetzen. Er scheinet vollkommen mit der dazugehörigen Belesenheit und erforderlichen Hülfsmitteln versehen zu sein, und die zwölf Lebensbeschreibungen, die er uns diesesmal liefert, beweisen, daß er jene anzubringen und diese zu brauchen weiß. Es sind nicht allein eigentlich sogenannte Österreicher, mit welchen er sich beschäftiget, sondern er hat sie auch in andern Österreichischen Erblanden, in Steyermark, Kärndten, Crain und Tyrol aufgesucht. Den Anfang machen zwei Dichter; der eine aus dem 13ten Jahrhunderte, *Johann Ennenkel*, und der andere aus dem vierzehnten, *Ottokar von Horneck*. Die dritte Stelle hat *Johann von Gmunden*, der erste welcher sich in Deutschland um die Astronomie verdient machte, die er in

Wien öffentlich lehrte. Er starb 1442. Auf diesen folgt *Georg von Peurbach*, gleichfalls einer von den ersten Astronomis in Deutschland. Ferner *Thomas Ebendorfer*, Professor der Gottesgelahrtheit in Wien, welcher 1464 als Hofkapellan Friedrichs des 3ten starb. Den sechsten Platz zieret der Kaiser *Maximilian* der erste; den siebenden bekleidet *Wolfgang Laz*; den achten *Erasmus Oswald Schreckenfuchs*; den neunten *Julius Alexandrinus von Neustain*; den zehnten *Reichard Strein*; den eilften *Johann Stephan Strobelberger*, und den zwölften *Christoph Forstner*, Kanzler zu Mümpelgard, welcher im Jahr 1667 starb. Kostet in den Voßischen Buchläden hier und in Potsdam 16 Gr.

⟨152. Stück. 19. 12.⟩
Mémoires de deux Amis ou les Avantures de Messieurs Barniwal et Rinville par M. Delasolle. IV. Parties. à Amsterdam chez Fr. Changuion 1754. In 8vo. 1 Alphb. Der Verfasser dieses Romans hat sich bereits durch andere bekannt gemacht, nemlich durch die *Memoires de Versorand*, und durch die *Anecdotes de la Cour de Bonhommie*. Sie sind wohl aufgenommen worden; und ist wohl das Publicum gewohnt etwas übel aufzunehmen, was keine andere Absicht, als ihm zu gefallen, hat? Wenn man seinen Geschmack zu schmeicheln weiß, so wird man schwerlich ungelesen bleiben. Verwöhnt freilich darf dieser Geschmack, in Ansehung der erdichteten Geschichte, durch allzuviel *Grandisons* und *Clarissens* nicht werden; oder es ist um die Aufnahme des Herren *Delasolle* auf einmal geschehen. Er läßt sich übrigens selbst die Gerechtigkeit widerfahren, daß er kein *Prevot* und auch kein *Marivaux* sei. Wir bitten also seine etwanigen Leser, daß sie diesem bescheidnen Manne ja keine Ehre aufdringen mögen, die er selbst nicht zu verdienen glaubt, ob er gleich sonst nicht ganz ohne Zärtlichkeit für seine Geburten ist. Er versichert daß einen empfindlichen Leser das gehäufte Unglück des *Barniwals* rühren werde, und daß die meisten dabei vorkommenden Charaktere nicht anders als gefallen könnten. Wir versichern auf *sein Wort* ein gleiches. Kostet in den Voßischen Buchläden hier und in Potsdam 16 Gr.

⟨153. Stück. 21. 12.⟩
Berlin. In der Birnstielischen Buchdruckerei sind die bisherigen moralischen Blätter, unter folgendem Haupttitel beschlossen worden: *Der Vernünftler, eine sittliche Wochenschrift, auf das Jahr 1754, in dreyen Theilen abgefasset von Christian Nicolaus Naumann.* Der Verfasser, der sich und andre, auf eine gefällige Art, zu unterrichten suchete, glaubet seine Absichten erfüllet zu haben, indem er sich durchgängig bestrebete, Erfahrung, Geschmack, Nachdenken und Empfindung, so viel möglich, zu vereinigen. In dem angezeigten Inhalte der abgehandelten Materien hat er die Klugheit, den meisten Critiken, die über seine Arbeit entstehen können, durch seine eigene Beurteilung zuvorzukommen. Er bekennet, daß die beiden letztern Teile mit mehr Fleiß und Lebhaftigkeit abgefasset sind, als der erstere. Da er auf die Art den innern Wert dieser Bogen selbst bestimmete: so überhob er sich der Sorge, in einer entbehrlichen Vorrede, wegen des Beifalls der Leser, durch ein minderanständiges Selbstlob, sich im voraus zu beruhigen. Dem Verleger läßt man das Recht widerfahren, daß er an Schönheit des Drucks und Papiers, so wohl, als an der äußerlichen Zierde der Stöckchen, nicht das geringste hat ermangeln lassen. Kostet in den Voßischen Buchläden hier und in Potsdam 1 Rtlr. 12 Gr.

⟨154. Stück. 24. 12.⟩
Scherzhafte Neujahrswünsche auf das Jahr 1755. Leipzig, bey Joh. Gottl. Imm. Breitkopf. Man wird sich vielleicht noch vom vorigen Jahre her auf diese Leipziger Galanterie besinnen. Es ist eine Spielkarte von vier Dutzend Blättern, auf deren jedem ein Neuerjahrswunsch in Versen stehet; die eine Hälfte für das Frauenzimmer und die andre für Mannspersonen. Hier sind einige Proben davon, welche zugleich zeigen werden, daß es nicht ebendieselben sind, welche man schon gelesen und gebraucht hat.

*

Die Karten, junger Herr, vergeßt die Karten nicht;
Eilt, lasset keine Zeit zerrinnen.

Ich wünsch Euch Glück; denn wie man spricht,
Wer heut gewinnt, der wird das ganze Jahr gewinnen

*

Die Freiheit nehm ich mir, viel Glück
Auf Sie, mein Herr, heut zu trassieren.
Sie werden es doch acceptieren?
Sonst schick ich Ihren Wunsch auch mit Protest zurück.

*

Ihr Musen, steigt von euern Höhen,
Und eilt mir jetzund beizustehen.
Ich tön ein würdig Lied, dergleichen niemals war.
Ich hebe mich auf Dichter Schwingen;
Najaden höret mich jetzt singen:
Ich wünsche dir, mein Freund, ein gutes neues Jahr.

Für ein Frauenzimmer.
Was wünsch ich dir? Schön bist du schon.
Desgleichen bist du reich.
Ich weiß es: einen Grandison,
Sei nur der Byron gleich.

Kostet in den Voßischen Buchläden hier und in Potsdam 9 Gr.

⟨156. Stück. 28. 12.⟩

Histoire moderne des Chinois, des Japonnois, des Indiens, des Persans, des Turcs, des Russiens etc. pour servir de suite à l'Histoire ancienne de M. Rollin. Tome premier et second. à Paris chez Desaint et Saillant 1754. in 12mo. Jeder Teil 20 Bogen. Die historischen Werke des Herrn *Rollin* sind mit so allgemeinem Beifalle aufgenommen worden, daß es kein Wunder ist, wenn man von allen Seiten Fortsetzer derselben auftreten sieht. Wir müssen gestehen, daß der gegenwärtige völlig das Ansehen hat, als ob er einer von den glücklichsten derselben werden würde. Er hat sich folgenden Plan gemacht: Vor allen Dingen, spricht er, will ich mich bemühen, das, was den Ursprung und den Wachstum eines jeden Volks betrifft, aus einander zu wickeln. Ich will die Epoche und die vornehmsten Umstände seines Aufnehmens, die Ordnung seiner Dynastien, seine berühmtesten Regenten, und die merkwürdigsten Veränderungen, die es erlitten hat, anzeigen. Hierauf will ich mit einer Art von Genauigkeit die Lage, den Umfang und die Grenzen seines Reichs, desgleichen die vornehmsten Städte desselben, die Merkwürdigkeiten, die sie enthalten, die Denkmäler der Kunst, und die Hervorbringungen der Natur bemerken. Endlich will ich mich bestreben, das Genie eines jeden Volks, ihre Regierungsart, ihre Künste, ihre gottesdienstlichen Gebräuche, ihre Sitten und ihre Gewohnheiten kennen zu lehren. Dieses, fährt er fort, war ungefehr die Methode, welche der Verfasser der Geschichte aller Zeiten und Völker in den ersten Teilen seines vortrefflichen Werks beobachtete. Es ist nur zu betauern, daß sich *Rollin* manchmal davon entfernet hat, und daß uns z. E. seine Geschichte der Perser, der Macedonier und der Römer, ganz und gar nicht diese Verschiedenheit von Gemälden darstellet. Er ist hier nichts als ein eilfertiger Compilator von Belagerungen, Schlachten, Veränderungen und Kriegen; die lehrreichen Ausschweifungen sind sehr selten, und die Begebenheiten folgen überall nach eben der methodischen und einförmigen Art aufeinander, nach welcher sie in langwierigen Jahrbüchern erzehlt werden. – – Kann man nunmehr wohl noch zweifeln, daß ein Nachahmer, welcher die Fehler seines Musters eben so wohl als die Vollkommenheiten einsieht, nicht etwas vorzügliches liefern sollte? Wenigstens bestätigen die ersten beiden Teile, welche die Geschichte der Chineser und Japanneser enthalten, diese vorteilhafte Vermutung sehr. Er ist überall pragmatisch und hält sich bei den historischen Kleinigkeiten nicht auf, welche das Gedächtnis beschweren, ohne den Verstand zu erleuchten. Dieses macht, daß er sich mit einer Leichtigkeit lesen läßt, die seinem Werke auch auf der Seite des Anmutigen vor manchen schwer geschriebenen Romanen den Vorzug giebt. Wir werden hoffentlich Gelegenheit haben, ein andermal umständlicher davon zu reden, wenn nemlich die deutsche Übersetzung zum Vorscheine kommen wird, welche ein Mann übernommen hat, von dem man sich nicht allein alle Treue, sondern auch sehr nützliche Anmerkungen und Zusätze versprechen kann. Sie wird gegen Ostern in den Voßischen Buchläden zu haben sein, wo man jetzt die ersten Teile des Originals für 1 Rtlr. 12 Gr. bekommen kann.

EIN
VADE MECVM FÜR DEN
HRN. SAM. GOTTH. LANGE

Mein Herr Pastor,

Ich weiß nicht, ob ich es nötig habe, mich viel zu entschuldigen, daß ich mich mit meiner Gegenantwort ohne Umschweif an Sie selbst wende. Zwar sollte ich, nach Maßgebung Ihrer Politik, einem dritten damit beschwerlich fallen; wenigstens demjenigen Unbekannten, dem es gefallen hat, meine Critik über Ihren verdeutschten Horaz in dem Hamburgischen Correspondenten bekannter zu machen. Allein ich bin nun einmal so; was ich den Leuten zu sagen habe, sage ich ihnen unter die Augen, und wann sie auch darüber bersten müßten. Diese Gewohnheit, hat man mich versichert, soll so unrecht nicht sein; ich will sie daher auch jetzt beibehalten.

Um Ihnen, mein Herr Pastor, gleich Anfangs ein vorläufiges Compliment zu machen, muß ich Ihnen gestehen, daß es mir von Herzen leid ist, Ihrer in dem zweiten Teile meiner Schriften erwähnt zu haben. Zu meiner Entschuldigung muß ich Ihnen sagen, was mich dazu bewog. Sie standen, und stehen noch, in dem Rufe eines großen Dichters, und zwar eines solchen, dem es am ersten unter uns gelungen sei, den öden Weg jenes alten Unsterblichen, des Horaz, zu finden, und ihn glücklich genug zu betreten. Da Sie also eine Übersetzung Ihres Urbildes versprochen hatten, so vermutete man mit Recht von Ihnen ein Muster, wie man den ganzen Geist dieses Odendichters in unsre Sprache einweben könne. Man hoffte, Sie würden mit einer recht tiefen critischen Kenntnis seiner Sprache, einen untrüglichen Geschmack, und eine glücklich kühne Stärke des deutschen

Ausdrucks verbinden. Ihre Übersetzung erschien; und ich sage es noch einmal, daß ich sie in der Versicherung, unüberschwängliche Schönheiten zu finden, in die Hand genommen habe. Wie schändlich aber ward ich betrogen! Ich wußte vor Verdruß nicht auf wen ich erzürnter sein sollte, ob auf Sie, oder auf mich: auf Sie, daß Sie meine Erwartung so getäuscht hatten; oder auf mich, daß ich mir so viel von Ihnen versprochen hatte. Ich klagte in mehr als einem Briefe an meine Freunde darüber, und zum Unglücke behielt ich von einem, den ich ausdrücklich deswegen schrieb, die Abschrift. Diese fiel mir bei Herausgebung des zweiten Teils meiner Schriften wieder in die Hände, und nach einer kleinen Überlegung beschloß ich Gebrauch davon zu machen. Noch bis jetzt, dachte ich bei mir selbst, hat niemand das Publicum für diese Mißgeburt gewarnet; man hat sie so gar angepriesen. Wer weiß in wie viel Händen angehender Leser des Horaz sie schon ist; wer weiß wie viele derselben sie schon betrogen hat? Soll Herr *Lange* glauben, daß er eine solche Quelle des Geschmacks mit seinem Kote verunreinigen dürfe, ohne daß andre, welche so gut als er daraus schöpfen wollen, darüber murren? Will niemand mit der Sprache heraus? – – – Und kurz, mein Brief ward gedruckt. Bald darauf ward er in einem öffentlichen Blatte wieder abgedruckt; Sie bekommen ihn da zu lesen; Sie erzürnen sich; Sie wollen darauf antworten; Sie setzen sich und schreiben ein Paar Bogen voll; aber ein Paar Bogen, die so viel erbärmliches Zeug enthalten, daß ich mich wahrhaftig, von Grund des Herzens schäme, auf einen so elenden Gegner gestoßen zu sein.

   Daß Sie dieses sind, will ich Ihnen, mein Herr Pastor, in dem ersten Teile meines Briefes erweisen. Der zweite Teil aber soll Ihnen dartun, daß Sie noch außer Ihrer Unwissenheit, eine sehr nichtswürdige Art zu denken verraten haben, und mit einem Worte, daß Sie ein Verleumder sind. Den ersten Teil will ich wieder in zwei kleine absondern: Anfangs will ich zeigen, daß Sie die von mir getadelten Stellen nicht gerettet haben, und daß sie nicht zu retten sind; zweitens werde ich mir das Vergnügen machen, Ihnen mit einer Anzahl neuer Fehler aufzuwarten. – – Verzeihen Sie mir, daß ich in einem Briefe so ordentlich sein muß!

Ein Glas frisches Brunnenwasser, die Wallung Ihres kochenden Geblüts ein wenig niederzuschlagen, wird Ihnen sehr dienlich sein, ehe wir zur ersten Unterabteilung schreiten. Noch eines Herr Pastor! – – Nun lassen Sie uns anfangen.

1. B. Od. 1.
Sublimi feriam sidera vertice.

Ich habe getadelt, daß *vertex* hier durch *Nacken* ist übersetzt worden. Es ist mit Fleiß geschehen, antworten Sie. So? Und also haben Sie mit Fleiß etwas abgeschmacktes gesagt? Doch lassen Sie uns Ihre Gründe betrachten. Erstlich entschuldigen Sie sich damit: *Dacier* habe auch gewußt, was *vertex* heiße, und habe es gleichwohl durch Stirne übersetzt. – Ist denn aber Stirn und Nacken einerlei? *Dacier* verschönert einigermaßen das Bild; Sie aber verhunzen es. Oder glauben Sie im Ernst, daß man mit dem Nacken in der Höhe an etwas anstoßen kann, ohne ihn vorher gebrochen zu haben? *Dacier* über dieses mußte *Stirne* setzen, und wissen Sie warum? Ja, wenn es nicht schiene, als ob Sie von dem Französischen eben so wenig verstünden, als von dem Lateinischen, so traute ich es Ihnen zu. Lernen Sie also, Herr Pastor, was Ihnen in Laublingen freilich niemand lehren kann; daß die französische Sprache kein eignes Wort hat, der Lateiner *vertex* oder unser *Scheitel* auszudrücken. Wenn sie es ja ausdrücken will, so muß sie sagen: *sommet de la tête*. Wie aber würde dieses geklungen haben, wenn es *Dacier* in einer nachdrücklichen Übersetzung eines Dichters hätte brauchen wollen? Daß meine Anmerkung ihren Grund habe, können Sie schon daraus sehen, weil er nicht einmal in der wörtlichen Übersetzung, die er bei abweichenden Stellen unter den Text zu setzen gewohnt ist, das *sommet de la tête* hat brauchen können, sondern bloß und allein sagen muß: *de ma tête glorieuse je fraperai les astres.* Sind Sie nun in gleichem Falle?

Ist *Nacken* etwa kürzer, oder nachdrücklicher, oder edler als *Scheitel*? – – Lassen Sie uns Ihre zweite Ursache ansehen. Ich habe, sagen Sie, mehr nach dem Verstande, als nach den Worten übersetzt, – – (in der Vorrede sagen Sie gleich das Gegenteil) – – und habe meinem Horaze auf das genauste nachfolgen wollen. Sie setzen sehr witzig hinzu: ich sollte mir ihn nicht als ein Cartesianisches Teufelchen vorstellen, welches im Glase schnell aufwärts fährt, oben anstößt, und die Beine gerade herunter hangen läßt. Wen machen Sie denn damit lächerlich Herr Pastor? Mich nicht. Wenn Horaz nicht sagen will: *Dann werde ich für stolzer Freude auffahren, und mit erhabnem Scheitel an die Sterne stoßen*; was sagt er denn? Wir sprechen in gemeinem Leben: für Freuden mit dem Kopfe wider die Decke springen. Veredeln Sie diesen Ausdruck, so werden Sie den Horazischen haben. Eine proverbialische Hyperbel haben alle Ausleger darinne erkannt, und *Dacier* selbst führt die Stelle des Theocritus:

Ες ουρανον αμμιν αλευμαι

als eine ähnliche an. Hat sich dieser nun auch den Horaz als ein Glasmännchen vorgestellt? Doch Sie finden ganz etwas anders in den streitigen Worten, und sehen hier den Dichter, wie er an dem Sternenhimmel schwebet und herab schauet – – O daß er doch auf Sie herab schauen, und sich wegen seiner Schönheiten mit Ihnen in ein Verständnis einlassen möchte! – – Ich soll mir ihn nicht als ein Cartesianisches Teufelchen einbilden, und Sie, Herr Pastor, – – Sie machen ihn zu einem Diebe am Galgen, oder wenigstens zu einem armen Terminusbilde, welches mit dem Nacken ein Gebälke tragen muß. Ich sage mit Bedacht tragen, weil ich jetzo gleich auf einen Verdacht komme, der nicht unwahrscheinlich ist. Huy, daß Sie denken *feriam* heiße: ich will tragen; weil Sie sich erinnern von *feram* einmal ein gleiches gehört zu haben? Wenn das nicht ist, so können Sie unmöglich anders als im hitzigen Fieber auf den Nacken gekommen sein.

1. B. Od. 2
galeaeque leves

Sie sind ein possierlicher Mann, mein Herr Gegner! Und also glauben Sie es noch nicht, daß *levis*, wenn die erste Sylbe lang ist, allezeit *glatt* oder *blank* heißt? Und also meinen Sie wirklich, daß es bloß auf meinen Befehl so heißen solle? Wahrhaftig Sie sind listig! Die Gebote der Grammatik zu meinen Geboten zu machen, damit Sie ihnen nicht folgen dürfen! Ein Streich, den ich bewundere! Doch, Scherz bei Seite; haben Sie denn niemals gehört, wie *levis* nach der Meinung großer Stylisten eigentlich solle geschrieben werden? Haben Sie nie gehört, daß alle Diphthonge lang sind? Ich vermute, daß in Laublingen ein Schulmeister sein wird, welcher auch ein Wort Latein zu verstehen denkt. Erkundigen Sie sich bei diesem, wenn ich Ihnen raten darf. Sollte er aber eben so unwissend sein, als Sie; so will ich kommen und die Bauern aufhetzen, daß sie ihm Knall und Fall die Schippe geben. Ich weiß auch schon, wen ich ihnen zum neuen Schulmeister vorschlagen will. Mich. Ihr Votum Herr Pastor habe ich schon. Nicht? Alsdann wollen wir wieder gute Freunde werden, und gemeinschaftlich Ihre Übersetzung rechtschaffen durchackern. Vor der Hand aber können Sie, auf meine Gefahr, die *leichten* Helme immer in *blanke* verwandeln: Denn was Ihre Ausflucht anbelangt, von der weiß ich nicht, wie ich bitter genug darüber spotten soll. – Horaz, sagen Sie, kehrt sich zuweilen nicht an das Sylbenmaß, so wenig als an die Schönheit der Wortfügung. – – Kann man sich etwas seltsameres träumen lassen? Horaz muß Schnitzer machen, damit der Herr Pastor in Laublingen keine möge gemacht haben. Doch stille! es steht ein Beweis dabei. In der 19ten Ode des zweiten Buchs, soll Horaz noch einmal die erste Sylbe in *levis* lang gebraucht haben, ob es schon daselbst offenbar leicht heiße:

Disjecta non levi ruina.

– – Allein, wenn ich bitten darf, lassen Sie den Staub weg, den Sie uns in die Augen streuen wollen. Schämen Sie sich nicht, eine fehlerhafte Lesart sich zu Nutze zu machen? Es ist wahr, wie Sie den Vers anführen, würde ich bei nahe nicht wissen, was ich antworten sollte. Zum guten Glücke aber kann ich unsern Lesern sagen, daß die besten Kunstrichter für *levi* hier *leni* lesen, und daß man ihnen notwendig beifallen muß. Ich berufe mich deswegen von Herr *Langen* dem Übersetzer, auf Herr *Langen* den Dichter. Dieser soll mir sagen, ob nicht *non levis ruina ein nicht leichter Fall* für den Horaz ein sehr gemeiner Ausdruck sein würde? Und ob das Beiwort *non lenis ein nicht sanfter* ihm nicht weit anständiger sei? Sie setzen mir die besten Handschriften entgegen. Welche haben Sie denn gesehen, mein Herr Pastor? War keine von denen darunter, von welchen *Lambinus* ausdrücklich sagt, *leni habent aliquot libri manuscripti*? Und wissen Sie denn nicht, daß auch in den allerbesten die Verwechslung des *n* in *u*, und umgekehrt, nicht selten ist? Überlegen Sie dieses, vielleicht sagen Sie endlich auch hier: als ich *recht genau* zu sahe, so fand ich, daß ich Unrecht hatte.

– – – Ich hatte hier die Feder schon abgesetzt, als ich mich besann, daß ich zum Überflusse Ihnen auch Autoritäten entgegen setzen müsse. Bei einem Manne, wie Sie, pflegen diese immer am besten anzuschlagen. Hier haben Sie also einige, die mir nachzusehen die wenigste Mühe gekostet haben. *Lambinus* schreibt *laeves*. *Mancinellus* erklärt dieses Wort durch *splendentes*; *Landinus* durch *politae* und setzt mit ausdrücklichen Worten hinzu: *leve cum prima syllaba correpta sine pondere significat: sin autem prima syllaba producta profertur significat politum*. Beruht dieser Unterschied nun noch bloß auf meinem Befehle? *Hermannus Figulus* umschreibt die streitige Stelle also: *qui horrendo militum concurrentium fremitu et formidabili armorum strepitu ac fulgore delectatur*. Lassen Sie uns noch sehen, wie es *Dacier* übersetzt; er, der so oft Ihr Schild und Schutz sein muß: *qui n'aimés à voir que l'eclat de casques*. In der Anmerkung leitet er *levis* von λειος her und erklärt es durch *polies* und *luisantes*. Habe ich nun noch nicht Recht? O zischt den Starrkopf aus!

1. B. Od. 11.
Vina liques.

Zerlaß den Wein. Ich habe diesen Ausdruck getadelt, und mein Tadel besteht noch. Mein ganzer Fehler ist, daß ich mich zu kurz ausgedrückt, und Sie, mein Herr *Lange,* für scharfsichtiger gehalten habe, als Sie sind. Sie bitten mich die Rute wegzulegen. Vielleicht, weil Sie zum voraus sehen, daß Sie sie hier am meisten verdienen würden. Ihre Antwort beruht auf vier Punkten; und bei allen vieren werde ich sie nötig haben. Man wird es sehen.

1. Sie sagen, *liquare* heiße zerlassen und zerschmelzen; beides aber sei nicht einerlei. Beides aber, sage ich, ist einerlei, weil beides in dem Hauptbegriffe *flüssig machen* liegt. Ein Fehler also! Der andere Fehler ist eine Bosheit, weil Sie wider alle Wahrscheinlichkeit meine Critik so aufgenommen haben, als ob ich verlangte, daß Sie *vinum liquare* durch *den Wein schmelzen* hätten geben sollen. Sie fragen mich, ob es in den Worten des Plinius *alvum liquare* auch *schmelzen* heiße? Ich aber tue die Gegenfrage: heißt es denn *zerlassen?* Die Hauptbedeutung ist *flüssig,* und folglich auch, *klar machen;* wie ich schon gesagt habe.

2. Nun wollen Sie, Herr Pastor, gar Scholiasten anführen, und zwar mit einem so frostigen Scherze, daß ich beinahe das kalte Fieber darüber bekommen hätte. Den ersten Scholiasten nennen Sie: *Acris. Acris?* Die Rute her! Die Rute her! Er heißt *Acron,* kleiner Knabe! Laß doch du die Scholiasten zufrieden. – – Den andern nennen Sie, Herr Pastor, *Landin. Landin?* Da haben wirs! Merkts, ihr Quintaner, indem ich es dem Herrn *Lange* sage, daß man keinen Commentator aus dem 16ten Jahrhunderte einen Scholiasten nennen kann. Es wär eben so abgeschmackt, als wenn ich den *Joachim Lange* zu einem Kirchenvater machen wollte.

3. Ich weiß es, Herr Pastor, daß bei *liquefacere* in dem Wörterbuche zerlassen steht. Es ist aber hier von *liquare* und nicht *liquefacere* die Rede. Doch, wenn Sie es auch bei jenem gefunden haben, so merken Sie sich, daß nur unverständige Anfänger ohne Unterscheid nach dem Wörterbuche über-

setzen. Bei *vertex* hätten Sie dieses tun sollen, und nicht hier; hier wo es, wenn Sie anders deutsch reden wollten, durchaus nicht anging.

4. Gut; *Sanadon* soll Recht haben; *vinum liquare* soll den Wein filtrieren, oder ihn durchsäugen heißen; ob gleich noch etwas mehr dazu gehört. Ich weiß es, daß es dieses heißt, zwar nicht aus dem *Sanadon*, sondern aus dem *Columella* und *Plinius*, von welchem letztern Sie, mein Herr *Lange*, nichts mehr zu wissen scheinen, als was *alvum liquare* heißt. Eine Belesenheit, die einen Apotheckerjungen neidisch machen mag! – – Doch worauf ging denn nun meine Critik? Darauf, daß kein Deutscher bei dem Worte *zerlassen* auf eine Art von Filtriren denken wird, und daß ein jeder, dem ich sage, ich habe den Wein zerlassen, glauben muß, er sei vorher gefroren gewesen. Haben Sie dieses auch gemeint, Herr Pastor? Beinahe wollte ich das *juramentum credulitatis* darauf ablegen! Denn was Sie verdächtig macht ist dieses, daß die Ode, in welcher die streitige Stelle vorkommt, augenscheinlich zur Winterszeit muß sein gemacht worden. Diesen Umstand haben Sie in Gedanken gehabt, und vielleicht geglaubt, daß Italien an Lappland grenzt, wo wohl gar der Brandewein gefrürt. – – In der Geographie sind Sie ohnedem gut bewandert, wie wir unten sehen werden. – – Sie lassen also den Horaz der Leuconoe befehlen, ein Stück aus dem Fasse auszuhauen, und es an dem Feuer wieder flüssig zu machen. So habe ich mir Ihren Irrtum gleich Anfangs vorgestellt, und in der Eil wollte mir keine andre Stelle aus einem Alten, als aus dem Martial, beifallen, die Sie ein wenig aus dem Traume brächte. Was sagen Sie nun? Kann ich die Rute weglegen? Oder werden Sie nicht vielmehr mit Ihrem Dichter beten müssen:

– – – neque
Per nostrum patimur scelus
Iracunda Jovem ponere fulmina.

Zwar, das möchte zu erhaben sein; beten Sie also nur lieber Ihr eignes Versehen.

O wie verfolgt das Glück die Frommen!
Hier bin ich garstig weggekommen.

– – Bei Gelegenheit sagen Sie mir doch, auf welcher Seite Ihrer Horazischen Oden stehen diese Zeilen? Sie machen Ihnen Ehre!

2. B. Od. 1.
Gravesque principum amicitiae.

Was soll ich von Ihnen denken, Herr Pastor? Wenn ich Ihnen zeige, daß Sie der einzige weise Sterbliche sind, der hier unter *graves* etwas anders als *schädlich* verstehen will, was werden Sie alsdenn sagen? Lassen Sie uns von den französischen Übersetzern anfangen; sie sind ohnedem, wie ich nunmehr wohl sehe, Ihr einziger Stecken und Stab gewesen. Ich habe aber deren nicht mehr als zwei bei der Hand; den *Dacier* und den *Batteux*. Jener sagt *vous nous decouvrés le secret des funestes ligues des Princes:* dieser sagt fast mit eben diesen Worten: *les ligues funestes des Grands*. – – Betrachten Sie nunmehr alte und neue Commentatores. *Acron* setzt für *graves, perniciosas aut infidas; Mancinellus* erklärt es durch *noxias*. *Hermannus Figulus* setzt zu dieser Stelle: *puta societatem Crassi, Pompeji et Caesaris; qua orbis imperium occuparunt, afflixerunt atque perdiderunt.* *Chabotius* fügt hinzu: *amicitiae Principum istorum fictae et simulatae erant, ideo et ipsis inter se et pop. Roman. perniciosae fuerunt.* *Rodellius* endlich in seiner für den Dauphin gemachten Umschreibung giebt es durch *perniciosas procerum coitiones* – – Sagen Sie mir, ist es nun noch bloß *Lessingisch*? Sie erweisen einem jungen Critico, wie Sie ihn zu nennen pflegen, allzuviel Ehre, die Erklärungen so verdienstvoller Männer nach ihm zu benennen. Lassen Sie sich noch von ihm sagen, daß *Horaz* hier ohne Zweifel auf einen Ausspruch des jüngern Cato zielet, nach welchem er behauptet: *non ex inimicitiis Caesaris atque Pompeji sed ex ipsorum et Crassi societate amica omnia Reipubl. profecta esse mala* – – Ich bin des Aufschlagens müde; wann Sie aber mehr Zeit dazu haben als ich, so fordre ich Sie hiermit auf, mir denjenigen Ausleger zu nennen, welcher auf Ihrer Seite ist. Ihre Entschuldigung von der Bescheidenheit des Horaz ist eine Grille, weil der Dichter nicht das zweite sondern das erste Triumvirat will verstan-

den wissen. Daß *gravis* eigentlich *schwer* heiße, brauche ich
von Ihnen nicht zu lernen und ich würde es sehr wohl zufrieden gewesen sein, wenn Sie *schwer* gesetzt hätten. Allein
Sie setzen *wichtig* und das ist abgeschmackt. Bei *schweren*
Bündnüssen hätte man wenigstens noch so viel denken kön-
nen, daß sie der Republik schwer gefallen wären; bei Ihrem
Beiworte hingegen, läßt sich ganz und gar nichts denken.
Überhaupt muß Ihnen das *gravis* ein sehr unbekanntes Wort
gewesen sein, weil Sie es an einem andern Orte gleichfalls
falsch übersetzen. Ich meine die zweite Ode des ersten
Buchs, wo Sie *graves Persae* durch *harte Perser* geben. Diese
Übersetzung ist ganz wider den Sprachgebrauch, nach welchem die Perser eher ein *weichliches* als ein *hartes* Volk waren.
In eben dieser Ode sagt Horaz *grave seculum Pyrrhae* welches
Sie ein klein wenig besser durch *der Pyrrha betrübte Zeit* ausdrücken. Was erhellet aber aus angeführten Orten deutlicher
als dieses, daß es dem Dichter etwas sehr gemeines sei, mit
dem Worte *gravis* den Begriff, schädlich, schrecklich, fürchterlich zu verbinden? Ohne Zweifel glauben Sie dem *Dacier*
mehr als mir; hören Sie also was er sagt, und schämen Sie
sich auch hier Ihres Starrkopfs: *il apelle les Perses graves, c'est à*
dire terribles, redoutables, à cause du mal qu'ils avoient fait aux
Romains, comme il a deja apellé le siecle de Pyrrha, grave, par la même
raison. An einem andern Orte sagt eben dieser Ausleger, daß
gravis so viel als *horribilis* wäre; ein Beiwort welches Horaz
den Medern, so wie jenes den Persern giebt.

2. B. Od. 4.
Cujus octavum trepidavit aetas
Claudere lustrum.

Hier weiß ich nicht, wo ich zuerst anfangen soll, Ihnen alle
Ihre Ungereimtheiten vorzuzählen. Sie wollen mir beweisen, daß *trepidare* an mehr als einer Stelle, *zittern* heiße, und
verlangen von mir, ich solle Ihnen die Ausgabe des Cellarius
angeben, in welcher *eilen* stehe. Sagen Sie mir, Herr Pastor,
führen Sie sich hier nicht als einen tückischen Schulknaben
auf? Als einen Schulknaben, daß Sie verlangen, Ihnen aus

dem Cellarius mehr zu beweisen, als darinne stehen kann; als einen tückischen, daß Sie meine Worte verdrehen, als ob ich gesagt hätte, daß *trepidare* überall eilen heiße. Sehen Sie doch meinen Brief nach: wie habe ich geschrieben? *Trepidare*, sind meine Worte, kann *hier* nicht zittern heißen; es heißt nichts als eilen. Verstehen Sie denn nicht, was ich mit dem *hier* sagen will? Ein Quintaner weiß es ja schon, wenn er dieses Wörtchen lateinisch durch *h. l.* ausgedrückt findet, daß eine nicht allzugemeine Bedeutung damit angemerkt werde. Doch was predige ich Ihnen viel vor? Sie müssen mit der Nase darauf gestoßen sein. Nun wohl! Erst will ich Ihnen zeigen, daß *trepidare* gar oft, auch bei andern Schriftstellern eilen heiße; und zum andern, daß es hier nichts anders heiße. Schlagen Sie also bei dem Virgil das neunte Buch der Aeneis nach; wie heißt der 114 Vers?

Ne trepidate meas, Teucri, defendere naves.

Was heißt es nun hier? Eilen. Haben Sie den Julius Cäsar gelesen? haben Sie nicht darinne gefunden, daß dieser *trepidare* und *concursare* mit einander verbindet? Was muß es da heißen? Eilen. Drei Zeugen sind unwidersprechlich. Schlagen Sie also noch in dem Livius nach, so werden Sie, wo ich nicht irre, in dem 23ten Buche finden: *cum in sua quisque ministeria discursu trepidat. Trepidare* kann also *eilen* heißen, und heißt auch nichts anders in der streitigen Stelle des *Horaz*. Alle Ausleger, so viel ich deren bei der Hand habe, sind auf meiner Seite. *Acron* erklärt es durch *festinavit*. *Landinus* durch *properavit*. *Chabotius* setzt hinzu *verbum est celeritatis*. *Lambinus* fügt bei: *usus est verbo ad significandum celerrimum aetatis nostrae cursum aptissimo*. Noch einen kann ich anführen, den *Jodocus Badius*, welcher sich mit dem Scholiasten des Worts *festinavit* bedienet. Wollen Sie einen neuern Zeugen haben, so wird Ihnen vielleicht *Dacier* anstatt aller sein können. Sie scheinen seine Übersetzung nur immer da gebraucht zu haben, wo sie zweifelhaft ist. Hätten Sie doch auch hier nachgesehen, so würden Sie gefunden haben, daß er es vollkommen nach meinem Sinne giebt: *un homme dont l'age s'est haté d'accomplir le huitieme lustre* – – Hier könnte ich abbrechen und meine

Critik wäre erwiesen genug, wenn ich nicht noch auf Ihre
seltsame Entschuldigungen etwas antworten müßte. Ich
hatte gesagt, es müsse deswegen hier eilen heißen, weil man
in dem 40ten Jahre schwerlich schon zittere. Hierauf aber
antworten Sie ganz eifrig: Was? ist das so etwas seltsames,
daß ein Trinker, wie Horaz, der auch nicht keusch lebte, im
40ten Jahre zittert? — — Mit Ihrer Erlaubnis, Herr Pastor, das
ist nicht Ihr Ernst. Oben lachte ich schon über Sie, daß Sie,
sich zu entschuldigen, den Horaz zu einem Dichter machen,
welcher sich weder um das Sylbenmaß, noch um die Wortfügung bekümmert. Was soll ich nun hier tun, hier, wo Sie
ihn, sich zu retten, gar zu einem Trunkenbolde und Hurer
machen, welcher in seinem vierzigsten Jahre die Sünden
seiner Jugend büßen muß? Wann Sie von dem guten Manne
so schlecht denken, so ist es kein Wunder, daß er Sie mit
seinem Geiste verlassen hat. Daß dieses wirklich müsse geschehen sein, zeigen Sie gleich einige Zeilen darauf, indem
Sie auf eine recht kindische Art fragen: Was denn das *eilen*
hier sagen könne? Ob Horaz schneller 40 Jahr alt geworden,
als es von Rechts wegen hätte sein sollen? Ob sein achtes
Lustrum weniger Wochen gehabt, als das siebende? Wahrhafte Fragen eines Mannes, bei dem die gesunde Vernunft
Abschied nehmen will! Sind Sie, Herr Pastor, in der Tat noch
eben der, welcher in seinen Horazischen Oden so vielen
leblosen Dingen Geist und Leben gegeben, so manchem
notwendigen Erfolge Vorsatz und Absicht zugeschrieben,
so manchen Schein für das Wesen genommen, kurz alle
poetische Farben so glücklich angebracht hat? Wie kann Sie
jetzt ein Ausdruck befremden, der wenn er auch uneigent-
lich ist, doch unmöglich gemeiner sein kann? Das Jahr eilt zu
Ende; die Zeit eilt herbei; sind Redensarten, die der gemein-
ste Mann im Munde führt. Aber wohin verfällt man nicht,
wenn man sich, in den Tag hinein, ohne Überlegung verteidigen will! Die Rechthaberei bringt Sie so gar so weit, daß Sie
sich selbst an einem andern Orte eines Fehlers beschuldigen, um Ihren Fehler nur hier gegen mich zu retten. Was ich
tadle muß recht sein, und was ich lobe muß falsch sein. Ich
hatte nemlich Ihre eigene Übersetzung der Stelle:

> Sed vides quanto trepidet tumultu
> Pronus Orion

widerlegt Sie angeführt, wo Sie das *trepidare* schlecht weg durch *eilen* übersetzt haben. Allein Sie wollen lieber das Zittern weggelassen haben, als mir Recht geben. *Pronus trepidat*, sagen Sie, heißt: *er eilt zitternd hinunter. Ich habe das Wort pronus – – (Hier mag ich mich in Acht nehmen, daß ich für Lachen nicht einen Klecks mache) – – durch eilen ausgedrückt, das Zittern habe ich weggelassen, weil ich zu schwach war das schöne Bild vollkommen nachzumalen.* Und also haben Sie in der Tat *pronus* durch eilen ausgedrückt? Ich denke dieses heißt hier zum *Untergange*? Sagen Sie es nicht selbst?

> *Doch siehst du nicht mit was vor Brausen Orion*
> *Zum Untergang eilet.*

Wahrhaftig Sie müssen jetzt Ihre Augen nicht bei sich gehabt haben; oder Ihre Übersetzung hat ein anderer gemacht. Sie wissen ja nicht einmal was die Worte heißen, und wollen das durch *eilen* gegeben haben, was doch wirklich durch zum *Untergange* gegeben ist. – – Ich will nur weiter gehen, weil es lächerlich sein würde, über einen Gegner, der sich im Staube so herum winden muß, zu jauchzen.

2. B. Od. 5.
Nondum munia comparis
Aequare (valet.)

Dieses hatten Sie, mein Herr Pastor, durch: *sie ist noch der Huld des Gatten nicht gewachsen*, übersetzt. Ich tadelte daran, teils daß Sie hier ganz an der unrechten Stelle, allzu edle Worte gebraucht, teils daß Sie den Sinn verfehlt hätten. Auf das erste antworten Sie: Horaz brauche selbst edle Worte, welches auch *Dacier* erkannt habe. Allein verzeihen Sie mir, Horaz braucht nicht *edle* sondern *ehrbare* Worte, und wenn *Dacier* sich erkläret *c'est un mot honête*, so kann nur einer welcher gar kein Französisch kann, wie Sie hinzusetzen: *merks ein edel Wort!* Merks selber: *honête* heißt nicht *edel* sondern *ehrbar*. Ich habe Ihnen nicht verwehren wollen *ehrbare* Worte von Tieren zu brauchen; wohl aber *edle*. Jene haben schon

Chabotius, und andre, in der Stelle des Horaz erkannt, ob dieser gleich hinzu setzt: *non minus esse in his verbis translatis obscoenitatis, quam si res fuisset propriis enunciata, aut rigido pene, aut mutone. etc.* Diese aber finde ich nicht, weil Horaz ein viel zu guter Dichter war, als daß er nicht alle seine Ausdrücke nach der Metapher, in der er war, hätte abmessen sollen. Oder glauben Sie wirklich, daß *munia* und *Huld*, von gleichem Werte sind? Überlegen Sie denn nicht, daß *Huld* ein Wort ist, welches von dem Höhern gegen den Niedrigern, ja gar von GOtt gebraucht wird, das Unbegreifliche in seiner Liebe gegen den Menschen auszudrücken? Doch genug hiervon; lassen Sie uns meinen zweiten Tadel näher betrachten, welcher die Übersetzung selbst angeht. Die ganze Strophe bei dem Horaz ist diese:

>   Nondum subacta ferre jugum valet
> Cervice: nondum munia comparis
>   Aequare, nec tauri ruentis
>   In Venerem tolerare pondus.

Ich würde es ungefehr so ausdrücken: *Noch taugt sie nicht mit gebändigtem Nacken das Joch zu tragen; noch taugt sie nicht die Dienste ihres Nebengespanns zu erwidern, und die Last des zu ihrem Genusse sich auf sie stürzenden Stiers zu erhalten.* Sie aber, der Sie noch den Nachdruck des Sylbenmaßes voraus haben, lassen den Dichter sagen:

> *Sie kann noch nicht mit dem gebeugten Nacken*
> *Das Joch ertragen, sie ist noch*
> *Der Huld des Gatten nicht gewachsen,*
> *Sie trägt noch nicht die Last des brünstigen Stiers.*

Hier nun habe ich getadelt, und tadle noch, daß Sie bei dem zweiten Gliede, *nondum munia comparis aequare valet*, ohne Not und zum Nachteile Ihres Originals von den Worten abgegangen sind. Ich sage zum Nachteile, weil Horaz dadurch ein Schwätzer wird, und einerlei zweimal sagt. Der Huld des Gatten nicht gewachsen sein, und die Last des brünstigen Stiers nicht tragen können, sind hier Tavtologien, die man kaum einem Ovid vergeben würde. Sie fallen aber völlig weg, so wie ich den Sinn des Dichters ausdrücke; ob Sie

gleich ganz ohne Überlegung vorgeben, daß ich alsdann das
zweite Glied zu einer unnötigen Wiederholung des ersten
mache. Da, das Joch noch nicht tragen können, ohne Zweifel weniger ist, als die Dienste des Nebengespanns noch
nicht erwidern können; so steigen bei mir die Ideen, nach
dem Geiste des Horaz, vollkommen schön. Muß man dieses
noch einem Manne deutlich machen, der auf dem Lande in
der Nachbarschaft solcher Gleichnisse lebt? Vergebens stellen Sie mir hier einige Ausleger entgegen, welche unter *munia*
die Beiwohnung verstehen. Diese Männer wollen weiter
nichts sagen, als was es bei Anwendung der ganzen Metapher auf ein unreifes Mägdchen heißen könne. Sie fangen
schon bei *jugum* an, die Einkleidungen wegzunehmen, und
kein ander *jugum* darunter zu verstehen, als das bei dem
Plautus, wo Palinurus fragt: *jamne ea fert jugum?* und worauf
Phädromus antwortet: *pudica est neque dum cubitat cum viris.*
Wann Sie ihnen, Herr Pastor, dort gefolgt sind, warum auch
nicht hier? Warum haben Sie nicht gleich gesagt: *sie kann noch
nicht besprungen werden?* Es würde zu Ihrem: *sie ist der Huld des
Gatten noch nicht gewachsen*, vollkommen gepaßt haben. – –
Doch ich will mich hier nicht länger aufhalten; ich will bloß
noch ein Paar Zeugnisse für mich anführen, und Sie laufen
lassen. *Erasmus* sagt: *Metaphora ducta a juvenca, cui nondum suppetunt vires ut in ducendo aratro pares operis vires sustineat.* *Cruquius*
setzt hinzu: *quae nondum est jugalis, quae non aequo et pari labore
concordiaque cum suo pari, id est marito, jugum et munia molestiasque
tractat familiares.* *Lubinus* erklärt die streitige Stelle: *nondum
munia, onera et labores, una cum compare suo (cum quo jugo juncta
incedit) pari robore ferre et ex aequo praestare valet.* Alle diese
werden es auch gewußt haben, was man unter *munia* verstehen könne, wenn man es nach dem *sensu nupto* nehmen
wolle; sie haben aber gesehen, daß man es hier nicht verstehen müsse, und dieses, Herr Pastor, hätten Sie auch sehen
sollen.

2. B. Od. 12.

> Dum flagrantia detorquet ad oscula
> Cervicem.

Auch hier wollen Sie noch streiten? Ihr *den Hals den heißen Küssen entziehen* soll also nicht das Gegenteil von dem sein, was Horaz sagen will? Ich bitte Sie, betrachten Sie doch die Stelle mit kaltem Blute, wann Sie es fähig sind, noch einmal.

> Dum flagrantia detorquet ad oscula
> Cervicem, aut facili saevitia negat
> Quae poscente magis gaudeat eripi etc.

Finden Sie, der Sie sonst ein Mann von Geschmack sind, denn nicht, daß Horaz hier durch das *aut* einen kleinen Gegensatz macht? *Jetzt,* will er sagen, *dreht sie den Hals schmachtend den heißen Küssen entgegen; jetzt versagt sie das mit verstellter Grausamkeit, was sie sich doch nur allzugern rauben läßt.* — — Doch Sie wollen keine Gründe annehmen; Sie wollen alles nur durch Zeugnisse berühmter Ausleger beigelegt wissen. Auch mit diesen könnte ich Sie überschütten, wenn mich die Mühe des Abschreibens nicht verdrösse. Ich muß Ihnen aber sagen, daß sie alle auf meiner Seite sind, nur die zwei nicht, welche Sie anführen. Und wer sind die? Den einen nennen Sie *Acrisius* und den andern *Porphyr.* Was ist das für ein Mann, *Acrisius?* — — Endlich werde ich Erbarmung mit Ihnen haben müssen, Herr Pastor. Sie wollen abermals *Acron* sagen. Ich hätte Ihr obiges *Acris* gerne für einen Druckfehler gehalten, wann mir nicht diese noch falschere Wiederholung so gelinde zu sein verwehrte. Wissen Sie denn aber, mein lieber Herr Gegner, warum die beiden Scholiasten *Acron* und *Porphyrio* auf Ihrer und nicht auf meiner Seite sind? Deswegen, weil sie, wie es aus der Anmerkung des erstern offenbar erhellt, eine andre Lesart gehabt, und anstatt *detorquet ad oscula, detorquet ab osculis* gefunden haben. Haben Sie denn auch diese Lesart? Sie haben sie nicht, und sind ihr auch nicht gefolgt, weil Sie es sonst in Ihrer Antwort würden erinnert haben. Die Anmerkung die *Dacier* zu dieser Stelle macht ist sehr gründlich; und nur Ihnen scheinet sie nicht hinlänglich. Aber warum denn nicht? Etwa weil sie

Ihnen widerspricht? Oder haben Sie sie nicht verstanden? Das kann sein, ich will also ein Werk der Barmherzigkeit tun und sie Ihnen übersetzen, weil sie ohnedem die beste Rechtfertigung meiner Critik sein wird. »Es läßt sich, sagt er, nichts galanters und nichts besser ausgedrücktes, als diese vier Verse, erdenken. Den ersten aber hat man nicht wohl verstanden, weil die Ausleger geglaubt, Horaz wolle sagen, daß Licinia ihren Mund den Küssen des Mäcenas entziehen wolle; allein sie haben nicht überlegt, daß er, wenn dieses wäre, notwendig hätte sagen müssen *detorquet ab osculo* und nicht, *ad osculum*. Horaz sagt also, daß Mäcen von Liebe gleich stark entflammt sei, Licinia möge nun mit ihrem Munde seinen Küssen begegnen wollen, oder auch auf eine nicht abschreckende Art seiner Liebe widerstehen. *Detorquet cervicem ad oscula* sagt man von einem Mägdchen, das, indem es tut als ob es den Küssen ausweichen wolle, seinen Hals so zu wenden weiß, daß ihr Mund mit dem Munde ihres Geliebten zusammen kömmt. Man wird gestehen, daß diese Erklärung gegenwärtiger Stelle eine ganz andre Wendung giebt.« – – Ich bin hier mit dem *Dacier* vollkommen zufrieden, nur daß er mir ein wenig zu stolz tut, gleich als ob dieser Einfall bloß aus seinem Gehirne gekommen sei, da ihn doch alle gehabt haben, und notwendig haben müssen, welche *ad oscula* lesen. So gar der Paraphrast *Lubinus* sagt: *dum roseam suam cervicem ad oscula tua, ut tibi gratificetur, inclinat et detorquet.*

3. B. Ode 21.

Nun komm ich auf einen Punkt, der Ihnen, Herr Pastor, Gelegenheit gegeben hat, eine wahrhafte Bettelgelehrsamkeit zu verraten. Ich habe in dieser Ode getadelt, daß Sie *prisci Catonis* durch Priscus Cato übersetzt haben. Ich habe dazu gesetzt, daß man sich diese Ungereimtheit kaum einbilden könne, und endlich die Frage beigefügt, welcher von den Catonen Priscus geheißen habe? Erstlich also muß ich Ihnen zeigen, daß Sie Ihrer Rechtfertigung ungeachtet dennoch falsch übersetzt haben, und hernach muß ich selbst meine eigene Frage rechtfertigen. Doch ich will das letztere zuerst tun, weil ich alsdann etwas kürzer sein kann. Welcher von denen *Catonen* hat *Priscus* geheißen? Wider diese Frage führen Sie mir, grundgelehrter Herr Pastor, das Zeugnis des *Dacier,* und des *Mancinelli* an, welche beide sagen, daß der ältere Cato Priscus geheißen habe. Ei! *Dacier* und *Mancinelli! Mancinelli* und *Dacier*! Sind das die Leute, mit welchen man etwas Streitiges aus den Altertümern beweiset? Keine bessern wissen Sie nicht? Wahrhafte Bettelgelehrsamkeit, um es noch einmal zu wiederholen! Wann ich nun behauptete, *Dacier* habe den *Mancinelli* ausgeschrieben, und *Mancinelli* rede ohne Beweis; was würden Sie wohl tun? Sie würden diese Ihre *Fontes* noch einmal zu Rate ziehen; Sie würden sehen, ob sie keine andre *Fontes* anführen. Allein sie führen keine an; was nun zu tun? Das weiß GOtt! Doch, Herr Pastor, ich will Sie in diese Verlegenheit nicht setzen. Was hätte ich davon mit etwas zurückzuhalten, welches im geringsten nicht wider mich ist. Lernen Sie also von mir, was ich weder von dem *Mancinelli* noch dem *Dacier* habe lernen dürfen, daß diese Ihre beiden Helden ohne Zweifel auf eine Stelle des Plutarchs in dem Leben des ältern Cato zielen. Εκαλειτο δε, heißt es auf meiner 336 Seite der Wechelschen Ausgabe, τῳ τριτῳ των ὀνοματων προτερον ὀυ Κατων ἀλλα Πρισκος, ὑϛερον δε τον Κατωνα της δυναμεως ἐπωνυμον ἐσχε. Ρωμαιοι γαρ τον ἐμπειρον Κατωνα ὀνομαζουσιν. Wann es Ihnen, mein lieber Herr Pastor, mit dem Griechischen etwa so gehet, wie mit den algebraischen Aufgaben, die zu verstehen, nach der 4ten Seite Ihres Schreibens, es sehr viel kosten soll, so schlagen Sie die Übersetzung des Herrn Kinds, die 520 Seite des 3ten Teiles auf, wo Sie folgendes finden werden: »im Anfange hieß sein dritter Name *Priscus*, und nicht Cato, welchen man ihm wegen seiner Klugheit beilegte, weil die Römer einen klugen und erfahrnen Mann Cato hießen.« – – Ei, mein Herr Lange! Mache ich Ihnen hier nicht eine entsetzliche Freude! Ich gebe Ihnen den Dolch selbst in die Hand, womit Sie mich ermorden sollen. Nicht? Ehe Sie aber zu stoßen, bitte ich, so sehen Sie die griechische Stelle noch einmal an. Liegen folgende Sätze nicht deutlich darinnen?

Der ältere Cato hat niemals mehr als drei Namen gehabt; er hieß *Priscus* bis er anfieng *Cato* zu heißen: so bald er *Cato* hieß, verlor er den Namen *Priscus*; und nie hat er zusammen *Priscus Cato* geheißen, welches vier Namen ausmachen würde, die er nach dem Zeugnisse Plutarchs nie geführt hat. Wann ich also gefragt habe: welcher von den Catonen Priscus genennet worden; so hat nur Herr Pastor Lange, der seinen Gegner für so unwissend hält, als er selbst ist, glauben können, als ob ich so viel fragen wolle, welcher von den Catonen, ehe er Cato geheißen, den Namen *Priscus* geführt habe? Was würde dieses zu der Stelle des Horaz helfen, wo nicht von einem Manne geredet wird, der zu verschiednen Zeiten, erst *Priscus* und hernach *Cato* geheißen, sondern von einem, welcher beide Namen zugleich, wie Herr Lange will, geführet haben soll? Meine Frage scheinet durch die Auslassung eines einzigen Worts ein wenig unbestimmt geworden zu sein. Ich hätte nemlich, um auch den Verdrehungen keine Blöße zu geben, mich so ausdrücken sollen: Welcher von den Catonen hat denn *Priscus Cato* geheißen? Auf diese Frage nun ist unmöglich anders zu antworten als: *keiner*. *Mancinelli* und *Dacier* selbst unterscheiden die Zeiten, und sagen nicht, daß er *Priscus Cato* zugleich geheißen habe. Sie begehen folglich einen Schnitzer, wann Sie nach Ihrer Art recht witzig sein wollen, und im Tone der alten Weiber sagen: es war einmal ein Mann, der hieß *Priscus*, und bekam den Zunamen *Cato*. Nein, mein altes Mütterchen, das ist falsch; so muß es heißen: es war einmal ein Mann, dessen Zuname *Priscus* durch einen andern Zunamen, *Cato*, verdrungen ward. – – Doch lassen Sie uns weiter gehen. – – Da es also historisch unrichtig ist, daß jemals ein *Priscus Cato* in der Welt gewesen ist, so könnte es, wird man mir einwenden, gleichwohl dem Dichter erlaubt sein, diese zwei Namen zusammen zu bringen. Gut! und das ist der zweite Punkt, auf den ich antworten muß; ich muß nemlich zeigen, daß Horaz hier gar nicht Willens gewesen ist, eine Probe seiner Kenntnis der Catonischen Familiengeschichte zu geben, und daß ein Herr Lange, der dieses glaubt, ihn gelehrter macht, als er sein will. Dieses zu tun will ich, um mir bei Ihnen ein Ansehen zu machen, alte und neue Ausleger anführen, und zugleich die Gründe untersuchen, welche sie etwa mögen bewogen haben, so wie ich zu denken. Überhaupt muß ich Ihnen sagen, daß ich unter mehr als dreißig beträchtlichen Ausgaben keine einzige finde, die das *priscus* mit einem grossen *P.* schreibet, welches doch notwendig sein müßte, wenn ihre Besorger es für einen Zunamen angesehen hätten. Nennen Sie mir doch, Wunders halber, diejenige die in diesem Punkte so etwas besonders hat. Ihr eigner Text, welchem es sonst an dem Besondern, wenigstens in Ansehung der Fehler, nicht mangelt, hat die gemeine Schreibart beibehalten; so daß ich schon entschuldiget genug wäre, wann ich sagte, ich habe Sie beurteilt, so wie ich Sie gefunden. Denn weswegen läßt ein Übersetzer sonst sein Original an die Seite drucken, wenn er es nicht deswegen tut, damit man sehen soll, was für einer Lesart, was für einer Interpunction er gefolgt sei? Geschieht es nur darum, damit das Buch einige Bogen stärker werde? Umsonst sagen Sie: es sei mit Fleiß geschehen, und die Ursache gehöre nicht hieher. Sie gehört hierher, Herr Pastor, und nicht sie, sondern Ihr unzeitiges Siegsgeschrei hätten Sie weglassen sollen – – Lassen Sie sich nun weiter lehren, daß alle Ausleger bei dieser Stelle sich in zwei Klassen abteilen. Die einen verstehen den ältern Cato, den Sittenrichter, darunter; die andern den jüngern, welchen sein Tod berühmter als alles andre gemacht hat. Jene, worunter *Acron, Badius, Glareanus, Lubinus* und wie sie alle heißen, gehören, erklären das *prisci* durch *antiquioris* oder *veteris*, und lassen sich es nicht in den Sinn kommen, das Vorgeben des Plutarchs hierher zu ziehen, ob es ihnen gleich, ohne Zweifel, so wenig unbekannt gewesen ist, als mir. Diese, welche sich besonders darauf berufen, daß man den *Sittenrichter* wohl wegen der aller außerordentlichsten Mäßigung gelobt, nirgends aber wegen des übermäßigen Trunks getadelt finde; da man hingegen von seinem Enkel an mehr als einem Orte lese, daß er ganze Nächte bei dem Weine gesessen und ganze Tage bei dem Brettspiele zugebracht habe: diese, sage ich,

Lambinus, Chabotius etc. verstehen unter *priscus* einen solchen welcher seinen Sitten nach aus der alten Welt ist, und nehmen es für *severus* an. Einer von ihnen, *Landinus*, scheinet so gar eine andre Lesart gehabt und an statt *prisci prisca*, welches alsdenn mit *virtus* zu verbinden wäre, gefunden zu haben. Er setzt hinzu: *prisca virtus, quae talis fuit qualis olim in priscis hominibus esse consuevit*. Ich gestehe, daß mir diese Abweichung ungemein gefallen würde, wann sie nicht offenbar wider das Sylbenmaß wäre. – – Doch was suche ich Ihre Widerlegung so weit? Ihre zwei Wehrmänner, *Mancinellus* und *Dacier* sind Ihnen ja selbst zuwider; und wenn es nicht jedem Leser in die Augen fällt, so kömmt es nur daher, weil Sie ihre Zeugnisse minder vollständig angeführt haben. Ich will diesen kleinen Betrug entdecken. Bei dem *Dacier* hätten Sie nicht bloß einen Teil der Anmerkung, sondern auch die Übersetzung selbst, beifügen sollen. Doch das war Ihnen ungelegen, weil diese ausdrücklich für mich ist. Wann *Dacier* fest geglaubt hat, daß *priscus* den erstern Zunamen des *Cato* bedeute, so sagen Sie mir doch, warum giebt er es gleichwohl durch *la vertu du vieux Caton*? Scheint er dadurch nicht erkannt zu haben, daß seine Anmerkung, so gelehrt sie auch sei, dennoch nicht hierher gehöre? Was vollends den *Mancinelli* anbelangt, so hätten Sie nur noch einen Perioden mehr hinzusetzen dürfen, um sich lächerlich zu machen. Sagt er denn nicht ausdrücklich: *poeta abusus est nomine*, man muß den jüngern *Cato* und nicht den *Sittenrichter* verstehen? Oder meinen Sie etwa, daß der Widerpart des Cäsars auch *Priscus* einmal geheißen habe? Wenn Sie dem *Mancinelli* ein *Factum* glauben, warum auch nicht das andere? – – Doch ich will mich nicht länger bei Zeugnissen der Ausleger aufhalten, sondern will nur noch durch den Parallelismum, die wahre Bedeutung des *priscus* unwidersprechlich bestimmen. Ich finde zwei Stellen bei dem Horaz, von welchen ich mich wundre, daß sie kein einziger von den Auslegern, die ich habe zu Rate ziehen können, angeführt hat. Sie entscheiden alles. Die erste stehet in dem 19 Briefe des ersten Buchs. Horaz versichert gleich Anfangs den Mäcenas, daß keine

Gedichte lange leben könnten, welche von Wassertrinkern geschrieben würden; er macht diese Wahrheit zu einem Ausspruche des *Cratinus* und sagt:

        Prisco si credis, Maecenas docte, Cratino.

Prisco Cratino. Ei, Herr Pastor; Sie sehen, es ist hier auch vom Weintrinken, wie in unsrer streitigen Stelle, die Rede; sollte wohl *Cratinus* auch einmal mit dem Zunamen *Priscus* geheißen haben? Schlagen Sie doch geschwind den *Dacier* oder *Mancinelli* nach! – – Die andre Stelle werden Sie in dem zweiten Briefe des zweiten Buchs finden, wo Horaz unter andern sagt, daß ein Dichter, die alten nachdrücklichen Worte, um stark zu reden, wieder vorsuchen müsse:

    Obscurata diu populo bonus eruet atque
    Proferet in lucem speciosa vocabula rerum
    Quae priscis memorata Catonibus atque Cethegis.

Hier haben Sie nun gar *priscis Catonibus*. Wenn in der Ode *prisci* der Zuname gewesen ist, warum soll er es nicht auch hier sein? Ohne Zweifel haben alle *Catone*, nicht der Sittenrichter allein, Priscus geheißen. Nicht Herr Pastor? Den *Dacier* nachgesehen! hurtig! – – Als den letzten Keil, will ich noch das Zeugnis eines noch lebenden Gelehrten anführen,

        nostrum melioris utroque.

Es ist dieses der Herr Prof. *Gesner*, welcher in der Vorrede zu seinen *scriptoribus rei rusticae* das *priscus* ausdrücklich zu nichts als einem Horazischen Epitheto macht, ob ihm schon die Stelle des Plutarchs bekannt war, und ob er schon in andern alten Schriften gefunden hatte, daß man dieses *Priscus* mit unter die Namen des Cato setze. Er redet nemlich von dem Buche dieses alten Römers über den Ackerbau, und nennt es, so wie wir es jetzt aufzuweisen haben, *congeriem parum digestam oraculorum quae Plinius vocat veri et Prisci Catonis*, und setzt hinzu: *Horatianum illud epitheton tribuunt illi etiam inter nomina libri antiqui*. Dieses aber ohne Zweifel auf keine andre Art, als ihn dadurch von dem jüngern Cato, durch das Beiwort des *Ältern*, zu unterscheiden. – – Was meinen Sie nun? Haben Sie noch richtig übersetzt? Müssen Sie nun nicht gestehen, daß ich mit Grund getadelt habe? Werden Sie noch glauben, daß ich von Ihnen etwas lernen kann? Wenn Sie der Mann wären, so würde ich weiter gehen; ich würde Ihnen über die Stelle des *Plutarchs* selbst, ob sie mir gleich, wie Sie oben gesehen haben, nicht widerspricht, einige Zweifel machen; Zweifel, die mir nicht erst seit gestern und heute beigefallen sind. Doch, wahrhaftig ich will sie hersetzen. Wann ich schon von Ihnen keine Erläuterung zu erwarten habe; so sind doch die Leute eben so rar nicht, welche mehr als ich und Sie kennen. Vielleicht lieset uns einer von diesen, und nimmt des Geschichtschreibers Partei gegen mich, welches mir sehr angenehm sein wird. Sie aber, Herr Pastor, überhüpfen Sie nur

Eine kleine Ausschweifung über obige Stelle des Plutarchs.

Der Griechische Schriftsteller meldet uns in dem angeführten Zeugnisse dreierlei. *Erstlich* daß *Marcus Porcius* der erste aus seiner Familie gewesen sei, welcher den Zunamen *Cato* geführt; *Zweitens*, daß er diesen Zunamen wegen seiner Klugheit bekommen; *Drittens*, daß er vorher den Zunamen *Priscus* geführt habe. – – Nun will ich meine Anmerkungen nach Punkten ordnen.

I. So viel ist gewiß, daß Plutarch der genaueste Geschichtschreiber nicht ist. Seine Fehler, zum Exempel, in der Zeitrechnung sind sehr häufig. Alsdann aber kann man ihm am allerwenigsten trauen, wenn er Umstände anführt, welche eine genauere Kenntnis der Lateinischen Sprache erfordern. Diese, wie bekannt ist, hat er nicht besessen. Er sagt in dem Leben des ältern *Cato* von sich selbst, daß er die Reden des Sittenrichters nicht beurteilen könne, und die Art, wie er die lateinische Sprache erlernt zu haben vorgibt, ist bekannt: aus griechischen Büchern nemlich, welche von der römischen Historie geschrieben. Grundes also genug, ihn allezeit für verdächtig zu halten, so oft er sich in die römische Philologie wagt, die er wenigstens aus keinem griechischen Geschichtschreiber hat lernen können.

II. Daß unser Sittenrichter der erste aus der Porciusischen Familie gewesen sei, welcher *Cato* geheißen habe, muß ich dem Plutarch deswegen glauben, weil man auch andre Zeugnisse dafür hat. Eines zwar von den vornehmsten, wo nicht gar das einzige, ich meine das Zeugnis des *Plinius*, (B. 7. Kap. 27.) ist sehr zweideutig. Er sagt *Cato primus Porciae gentis*. Kann dieses nicht eben sowohl heißen: Cato welcher der erste war, der den Namen Porcius führte; als es nach der gemeinen Auslegung heißen soll: derjenige aus dem Porciusischen Geschlechte, welcher den Namen Cato bekam? Doch es mag das letzte heißen, so kann ich doch wenigstens

III. die Plutarchische Ableitung mit Grunde verdächtig machen. Er sagt Ρωμαιοι τον ἐμπειρον Κατωνα ὀνομαζουσιν. Dieses ist offenbar falsch und er hätte anstatt Κατωνα, notwenig Κατον schreiben sollen; weil das Adjectivum der Lateiner nicht *cato* sondern *catus* heißt. Sein lateinischer Übersetzer *Hermannus Cruserus* scheint diesen Fehler gemerkt zu haben, und giebt deswegen die angeführten Worte: *Romani experientem Catum vocant*. Doch, wird man sagen, ungeachtet dieses Fehlers, kann die Ableitung dennoch richtig sein; das Adjectivum mag *catus* heißen; vielleicht aber ist es in *cato* verwandelt worden, wann es die Römer als einen Zunamen gebraucht haben –

– Allein auch dieses *vielleicht* ist ungegründet. Man sieht es an dem Beispiele des *Aelius Sextus* welcher eben diesen Zunamen bekam; und gleichwohl nicht *Cato* sondern *Catus* genennet ward. Ein Vers, welchen Cicero in dem 1ten Buche seiner Tusculanischen Streitunterredungen anführt, und der ohne Zweifel von dem Ennius ist, soll es beweisen:

> Egregie cordatus homo Catus Aeliu' Sextus.

Das *Catus* kann hier nicht als ein bloßes Beiwort anzusehen sein, weil *cordatus* das Beiwort ist, und die lateinischen Dichter von Häufung der Beiwörter nichts halten. Es muß also ein Zuname sein, und wann es dieser ist, so sage man mir, warum ist er auch nicht hier in *Cato* verwandelt

worden, oder warum hat nur bei dem *Porcius* das *catus*
diese Veränderung erlitten? Wollte man sagen, jenes sei
des Verses wegen geschehen, so würde man wenig sagen;
oder vielmehr man würde gar nichts sagen, weil ich noch
ein weit stärkeres Zeugnis für mich aufbringen kann. Das
Zeugnis nemlich des *Plinius* welcher (7 B. Kap. 31) mit
ausdrücklichen Worten sagt: *praestitere ceteros mortales sapientia, ob id Cati, Corculi apud Romanos cognominati.* Warum sagt
Er, welcher den alten *Cato* bei aller Gelegenheit lobt, *Cati*
und nicht *Catones*, wenn er geglaubt hätte, daß die letzte
Benennung eben diese Abstammung habe?

IV. Ich will noch weiter gehen, und es auch durch einen
historischen Umstand höchst wahrscheinlich machen,
daß er den Zunamen *Cato* nicht seines Verstandes und
seiner Weisheit wegen bekommen habe. Ich berufe mich
deswegen auf das, was *Cicero de senectute* anführt; er berichtet uns nemlich, daß *Cato* erst in seinem Alter den
Zunamen *Sapientis*, des Weisen, erhalten habe. Nun sage
man mir, wenn man hieran nicht zweifeln kann, ist es
wohl wahrscheinlich, daß man ihm aus einer Ursache
zwei Zunamen solle gegeben haben? daß man ihn schon
in seiner Jugend *den Klugen* genennt, erst aber in seinem
Alter für würdig erkannt habe, den Zunamen *der Weise* zu
führen? Denn dieses ist aufs höchste der Unterschied,
welchen man zwischen *catus* und *sapiens* machen kann.
Wenn mir jemand diesen Zweifel heben könnte, so wollte
ich glauben, daß auch die andern zu heben wären. Die
Ausflucht wenigstens, *catus* für *acutus* anzunehmen, so wie
es Varro bei dem *Aelius Sextus* haben will, und zu sagen,
unser *Porcius* sei in seiner Jugend *acutus*. das ist *verschmitzt*,
und in seinem Alter erst *weise* genennt worden, wird sich
hierher nicht schicken, weil das *Verschmitzte* ganz wider
den Charakter des alten Sittenrichters ist, der in seinem
ganzen Leben immer den geraden Weg nahm, und mit der
falschen Klugheit gerne nichts zu tun hatte.

V. Weil nun Plutarch in den obigen Stücken höchst verdächtig ist, so glaube ich nunmehr das Recht zu haben, über das *Priscus* selbst eine Anmerkung zu machen. Da der ältere *Cato* von verschiednen Schriftstellern mehr als einmal *Priscus* genennt wird, teils um dadurch die Strenge seiner Sitten anzuzeigen, welche völlig nach dem Muster der alten Zeiten gewesen waren, teils ihn von dem jüngern *Cato* zu unterscheiden; da vielleicht dieses Beiwort auch in den gemeinen Reden, ihn zu bezeichnen, üblich war, so wie etwa in den ganz neuern Zeiten, einer von den allertapfersten Feldherren beinahe von einem ganzen Lande der *Alte*, mit Zusetzung seines Landes, genennt ward; da, sage ich, diese Verwechselung eines Beiworts in einen Zunamen ungemein leicht ist: so urteile man einmal, ob sie nicht ein Mann, welcher die lateinische Sprache nur halb inne hatte, ein *Plutarch*, gar wohl könne gemacht haben? Ich glaube, meine Vermutung wird noch ein außerordentliches Gewichte mehr bekommen, wann ich zeige, daß ein Römer selbst, und sonst einer von den genauesten Geschichtschreibern, einen gleichen Fehler begangen habe. Ich sage also, daß so gar *Livius* das Wort *priscus* als einen Namen angenommen hat, wo es doch nichts als ein Unterscheidungswort ist; bei dem ersten *Tarquinius* nemlich, welcher bloß deswegen *Priscus* genennet ward, um ihn mit dem *Superbo* gleiches Namens nicht zu verwechseln. Festus bezeiget dieses mit ausdrücklichen Worten, wenn er unter *Priscus* sagt: *Priscus Tarquinius est dictus, quia prius fuit quam superbus Tarquinius.* Man schließe nunmehr von dem Livius auf den Plutarch. Wäre es unmöglich, daß ein Grieche da angestoßen hätte, wo ein Römer selbst anstößt?

Hier, mein Herr Pastor, können Sie wieder anfangen zu lesen. Haben Sie aber ja nichts überhüpft, so sollte es mir leid tun, wann durch diese Ausschweifung etwa Ihre Vermutung lächerlich würde, daß ich deswegen von dem Namen *Priscus* nichts gewußt habe, weil *Bayle* seiner nicht gedenket. Wer weiß zwar, was ich für eine Ausgabe dieses Wörterbuchs besitze. Wo es nur nicht gar eine ist, die ein prophetischer Geist mit den Schnitzern des Laublingschen

Pastors vermehrt hat. – – Doch lassen Sie uns weiter rücken.

3. B. 27. Od.
Uxor invicti Jovis esse nescis.

O Herr Pastor, lehren Sie mich es doch nicht, daß diese Stelle eines doppelten Sinnes fähig ist. Als Sie vor neun Jahren den Horaz auf deutsch zu mißhandeln anfingen, wußte ich es schon, daß es heißen könne: *Du weißt es nicht, daß du die Gattin des Jupiters bist und du weißt dich nicht als die Gattin des Jupiters aufzuführen.* Wenn ich nötig hätte mit übeln Wendungen meine Critik zu rechtfertigen, so dürfte ich nur sagen, daß Ihre Übersetzung von diesem doppelten Sinne keinen, sondern einen dritten ausdrücke.

Du weißts nicht und bist des großen Jupiters Gattin. Kann dieses nicht ohne viele Verdrehung heißen: *Ob du schon des Jupiters Gattin bist, so weißt du dennoch dieses oder jenes nicht.* Doch ich brauche diese Ausflucht nicht; und meinetwegen mögen Sie den ersten Sinn haben ausdrücken wollen. Sie haben doch noch Schulknaben mäßig übersetzt. Denn was tut ein Schulknabe bei solchen Gelegenheiten? Er nimmt den ersten den besten Sinn, ohne sich viel zu bekümmern, welchen er eigentlich nehmen sollte. Er ist zufrieden, es sei nun auf die eine, oder auf die andere Weise, den Wortverstand ausgedrückt zu haben. Dieses nun haben Sie auch getan, *atqui, ergo.* Umsonst sagen Sie mit dem *Dacier*, Ihr Sinn sei dem Zusammenhange gemäßer. Ich sage: nein, und jedermann wird es mit mir sagen, der das, was darauf folgt, überlegen will. Durch was hat Horaz das zweideutige

Uxor invicti Jovis esse nescis;

gewisser bestimmen können, als durch das gleich darauf folgende?

Mitte singultus: bene ferre magnam
Disce Fortunam.

Was ist deutlicher, als daß Horaz sagen will: glaubst du, daß Seufzer und Tränen einer Gattin des Jupiters anstehen? Lerne dich doch in dein Glück finden! Lerne doch zu sein, was

du bist! – – Ich will noch einen Beweis anführen, den sich
ein Herr Lange freilich nicht vermuten wird, der aber nicht
weniger schließend ist. Es ist unwidersprechlich, daß Horaz
in dieser Ode das Idyllion des *Moschus*, Europa, in mehr als
einer Stelle vor Augen gehabt hat. Es ist also auch höchst
wahrscheinlich, daß *Horaz* die Europa in den Umständen
angenommen habe, in welchen sie *Moschus* vorstellt. Nun
weiß sie es bei diesem, daß notwendig ein Gott unter dem sie
tragenden Stiere verborgen sein müße. Sie sagt:

    Πη με φερεις, θεοταυρε; – – –
    – – – – –
    Η ῥα τις ἐσσι θεος; – – – –
    – – – – ἐελπομαι εἰσοραασθαι
    Τονδε κατιθυνοντα πλοον προκελευθον ἐμειο.

Und der Stier spricht ausdrücklich zu ihr:

    Θαρσει παρθενικη – – –
    Λυτος τοι Ζευς ἐμι, και ἐγγυθεν ἐιδομαι ἐιναι
    Ταυρος.

Sollte ihr also Horaz nicht eben diese Wissenschaft gelassen
haben? Notwendig, weil er sie erst alsdenn klagen läßt, nachdem ihr Jupiter, unter einer bessern Gestalt, den Gürtel
gelöset hatte.

    – – Ζευς δε παλιν ἑτερην ἀνελαζετο μορφην,
    Λυσε δε ὁι μιτρην – – –

Wußte sie es aber schon, daß Jupiter ihr Stier gewesen war,
so wäre es wahrhaftig sehr abgeschmackt, wann ihr Cupido
bei dem Horaz mit dem

    Uxor invicti Jovis esse nescis

nicht mehr sagen wollte, als sie schon wußte, und wann
seine Worte keine *consolatio cum reprehensione* wären, wie sich
ein Ausleger darüber ausdrückt.

4. B. Ode 4.

Nehmen Sie mir es doch nicht übel, mein Herr Pastor; mit
dem Vorwande eines Druckfehlers kommen Sie hier nicht
durch. Denn gesetzt auch, es sollte statt *Ziegen*, *Zähne* heißen;
so würde Ihre Übersetzung gleichwohl noch fehlerhaft sein.

Sehen Sie doch die Stelle noch einmal an! Heißt denn *caprea lacte depulsum leonem dente novo peritura vidit, die Ziege sieht den Löwen, und nimmt den Tod von jungen Zähnen wahr*? Es ist hier etwas mehr als wahrnehmen, Herr Pastor. Sie soll selbst der Raub der jungen Zähne sein. Außerdem ist noch dieses zu tadeln, daß Sie *caprea* durch Ziege übersetzen, und es für einerlei mit *capra* halten. Einem wörtlichen Übersetzer, wie Sie sein wollen, muß man nichts schenken!

5. B. Ode 11.

Und endlich, komme ich auf die letzte Stelle, bei welcher ich das wiederholen muß, was ich schon oben angemerkt habe. Sie scheinen dem *Dacier* nur da gefolgt zu sein, wo seine Übersetzung zweifelhaft ist. So geht es einem Manne, dem das Vermögen zu unterscheiden fehlt! Wann doch dieser französische Übersetzer so gut gewesen wäre, und hätte nur ein einziges anderes Exempel angeführt, wo *impar, indigne* heißt. Zwar Herr Pastor, auch alsdenn würden Sie nicht Recht haben: denn ich muß auch hier Ihre Unwissenheit in der französischen Sprache bewundern! Heißt denn *indigne nichtswürdig? Unwürdig* heißt es wohl, und dieses hätte in Ihrer Übersetzung mögen hingehen. *Nichtswürdig* aber ist wahrhaftig zu toll. Oder glauben Sie, daß beides einerlei ist? Gewiß nicht! Sie sind zum Exempel ein *unwürdiger* Übersetzer des Horaz; sind Sie deswegen ein *nichtswürdiger*? Das will ich nicht sagen; ich hoffe aber, daß es die Welt sagen wird. – – *Ohe jam satis est* – –

Ja wirklich genug und allzuviel; ob es schon für einen Mann, wie Sie mein Herr *Lange* sind, noch zu wenig sein wird! Denn niemand ist schwerer zu belehren, als ein alter, hochmütiger Ignorante. Zwar bin ich einigermaßen selbst daran Schuld, daß es mir schwer geworden ist. Warum habe ich Ihnen nicht gleich Anfangs lauter Fehler wie das *ducentia* vorgeworfen? Warum habe ich einige untermengt, auf die man zur äußersten Not noch etwas antworten kann? – – Doch was ich damals nicht getan habe, das will ich jetzt tun. Ich komme nemlich auf meine zweite Unterabteilung, in welcher wir mit einander, wann Sie es erlauben, nur das erste Buch der Oden durchlaufen wollen. Ich sage mit Fleiß nur das erste, weil ich zu mehrern nicht Zeit habe, und noch etwas Wichtigers zu tun weiß, als Ihre Exercitia zu corrigieren. Ich verspreche Ihnen im Voraus, durch das ganze Buch in jeder Ode wenigstens einen Schnitzer zu weisen, welcher unvergeblich sein soll. Alle werden sie mir freilich nicht in der Geschwindigkeit in die Augen fallen; nicht einmal die von der ersten Größe alle. Ich erkläre also, daß es denjenigen die ich übersehen werde, nicht präjudicierlich sein soll; sie sollen Fehler, nach ihrem ganzen Umfange bleiben, so gut als wenn ich sie angemerkt hätte! Zur Sache.

1. B. 1. Ode.

Trabe Cypria heißt nicht *auf Balken aus Cyprien*. Die Insel heißt Cyprus, oder Cypern; *Cyprius, a, um,* ist das Adjectivum davon. Hier macht also der Herr Schulmeister ein Kreuz! Es ist sein Glück, daß sich der Knabe hier nicht mit dem Druckfehler entschuldigen kann, weil Cypern, so wie es eigentlich heißen sollte, wider das Sylbenmaß sein würde.

Am Ende dieser Ode sagen Sie, Hr. Pastor: *Die Flöte beziehen.* Eine schrecklich abgeschmackte Redensart!

2. Ode.

Die Zeilen:
    Vidimus flavum Tiberim, retortis
    Littore Etrusco violenter undis
übersetzen Sie:
    So sahn auch wir die rückgeschmißnen Wellen
    Des gelben Tybers am Etruscischen Ufer etc.
Falsch! Es muß heißen:
    So sahn auch wir die vom Etruscischen Ufer
    Des gelben Tibers rückgeschmißne Wellen.

3. Ode.

Tristes Hyadas würde nicht der *trübe Siebenstern* sondern das trübe Siebengestirn heißen, wann nur Plejades und Hyades nicht zweierlei wären. Ha! ha! ha!

Vada hätten Sie nicht durch *Furten* geben sollen, weil man über Furten nicht mit Nachen zu setzen nötig hat. Sehen Sie nach, was *Dacier* bei diesem Worte angemerkt hat.

4. Ode.

Cytherea Venus geben Sie durch *Zythere*. Wann dieses Wort auch recht gedruckt wäre, so würde es dennoch falsch sein; weil *Cythere* zwar die Insel, aber nicht die Venus die nach dieser Insel genennt wird, heißen kann.

5. Ode.

> Quis multa gracilis te puer in rosa
> Perfusus liquidis urget odoribus,
>   Grato, Pyrrha, sub antro.

Dieses übersetzen Sie so:

> *Was vor ein wohlgestalter Jüngling, o Pyrrha,*
> *Bedient dich im dicken Rosengebüsche*
>   *Von Balsam naß in angenehmer Grotte.*

Wachsen etwa in Laublingen dicke Rosengebüsche in Grotten? Das *in rosa* hätten Sie durch, *auf dem Rosenbette*, geben sollen.

6. Ode.

Die Zeile *cantamus vacui, sive quid urimur* haben Sie ungemein schlecht übersetzt: *von Arbeit befreit, und wenn die Liebe mich reizet.* Erstlich haben Sie den Gegensatz verdorben und das *sive* in *und* verwandelt, welches ohne Zweifel daher entstanden ist, weil Sie, zweitens, die Kraft des Worts *vacuus* nicht eingesehen haben; es heißt hier *vacuus ab amore* nicht aber *a labore*.

7. Ode.

Es ist Ihnen nicht zu vergeben, daß Sie in der 15 Zeile die wahre Stärke des *mobilibus* nicht gewußt, und es durch Ihr elendes *nimmer stille* gegeben haben.

8. Ode.

Aus dieser Ode ist der getadelte *Ölzweig*. Ich kann sie aber deswegen auch hier nicht übergehen, weil ich aus Ihrer

Übersetzung mit Verwunderung gelernet habe, daß schon die alten Römer, vielleicht wie jetzt die sogenannten Schützengilden, nach der Scheibe geschossen haben. Sie sagen:
> *Den ehemals der Scheibenschuß und Wurfspieß erhoben.*

9. Ode.

Hier tadle ich, daß Sie *Diota* durch *Urne* übersetzt haben. Sie müssen eine vortreffliche Kenntnis der alten römischen Maße haben! Merken Sie sich doch, daß *Diota* so viel als *Amphora*, *Urna* aber das *dimidium amphorae* ist.

10. Ode.

Nepos Atlantis — — zusammen ihr Schulknaben um ihn auszuzischen! — — giebt Herr Lange durch: *Du Sohn des Atlantes.* Erstlich *des Atlantes*; es heißt nicht *Atlantes* gen. *Atlantis* sondern *Atlas, antis.* Zweitens *Nepos* heißt nicht *Sohn*, sondern *Enkel*. Merkur war der Maja und des Jupiters Sohn; Maja aber war die Tochter des Atlas.

11. Ode.

Aus dieser kleinen Ode ist das *zerlaß den Wein.* Noch will ich anmerken, daß das *oppositis pumicibus* durch *nahe Felsen* schlecht übersetzt ist.

12. Ode.

> Quem virum, aut heroa, lyra vel acri
> Tibia sumis celebrare Clio?
> Quem deum?

Dieses übersetzen Sie:
> *Sprich Clio, was ists vor ein Mann,*
> *Was vor ein Held, den du jetzt mit der Leier,*
> *Was ists vor ein Gott, den du*
> *Mit scharfer Flöte feierlich willst loben?*

Bestimmen Sie doch nichts, was Horaz hat wollen unbestimmt lassen! Sie stolpern überall, wo Sie auch nur den kleinsten Tritt vor sich tun wollen. Sie ziehen die Flöte auf den Gott, und die Leier auf den Mann, welches gleich das

Gegenteil von dem ist was *Dacier* und andre angemerkt haben. *On remarque*, sagt jener, *que la lire etoit pour les louanges des Dieux, et la flute pour celles des hommes.*

13. Ode.

Seu tibi candidos turparunt humeros immodicae mero rixae: Dieses geben Sie so: *wenn deine Schultern ein schrankenloser Zank mit Weine beflecket.* Ei! wo ist denn Ihr kleiner Schulknabe, den Sie das *Nachdenken* getauft haben, hier gewesen? Er würde Ihnen gewiß gesagt haben, daß man das *mero* nicht zu *turparunt* sondern zu *immodicae* ziehen müsse.

14. Ode.

Carinae würden Sie in der siebenden Zeile nicht durch *Nachen* gegeben haben, wann Sie die wahre Bedeutung dieses Worts gewußt hätten. *Carina* ist der untere Teil des Schiffs; und eben das, was die Griechen τροπις nennen.

15. Ode.

Calami spicula Gnossii übersetzen Sie durch *Gnossus scharfe Pfeile*, zum sichern Beweise, daß Sie weder wissen was *calamus* heißt, noch warum Horaz das Beiwort *Gnossisch* dazu gesetzt hat.

16. Ode.

Die Überschrift dieser Ode ist vollkommen falsch. Sie sagen: *An eine Freundin, die er durch ein Spottgedicht beleidiget hatte.* Sie irren mit der Menge; nicht diese Freundin selbst, sondern ihre Mutter hatte er ehedem durchgezogen, wie es aus der Ode selbst unwidersprechlich erhellet.

Noch finde ich hier zu erinnern, daß man bei *Dindymene*, das e wie Sie getan haben nicht weglassen darf, weil man es alsdenn für ein Masculinum annehmen könnte.

Ferner; wenn Sie sagen: *aus seiner Grotte die er bewohnt*, so haben Sie das lateinische *incola* ganz falsch auf *adytis* gezogen, anstatt daß Sie es auf *mentem sacerdotum* hätten ziehen sollen.

17. Ode.
Die Verstümmlung des *Thyoneus* in *Thyon* ist unerträglich.

18. Ode.
Nullam sacra vite prius severis arborem, *Pflanze eher keinen Baum als den geweihten Weinstock*. *Prius* heißt *eher*, ja: allein hier heißt es noch etwas mehr, weil Horaz nicht bloß sagen will, daß er den Weinstock eher, vor andern Bäumen, der Zeit nach, sondern auch vorzüglich, mit Hintenansetzung andrer Bäume, pflanzen soll. So ein vortrefflicher Boden, ist seine Meinung, muß mit nichts schlechtern besetzt werden, als mit Weinstöcken.

19. Ode.
In der letzten ohne einen Zeile tadle ich das *geschlachtet*. Nur derjenige hat *mactare* so grob übersetzen können, welcher nicht gewußt hat, daß man der Venus nie ein blutiges Opfer habe bringen dürfen. Noch muß ich an dieser Ode aussetzen, daß der Schluß der dritten Strophe, welcher doch so viel sagt, *nec quae nihil attinent*, in der Übersetzung schändlich ausgeblieben ist.

20. Ode.
Hier kommen zwei entsetzliche geographische Schnitzer. Sie sagen *die Keltern um Calenis*, und es muß *Cales* heißen. Sie sagen *der Berg bei Formian* und der Ort heißt gleichwohl *Formiae*. Sie haben sich beidemal durch die Adjectiva *Caleno* und *Formiani* verführen lassen. Einem Manne wie Sie, wird alles zum Anstoße.

21. Ode.
Auch in dieser Ode ist ein eben so abscheulicher Schnitzer, als die vorhergehenden sind. *Natalem Delon Apollinis*, übersetzen Sie, mein vielwissender Herr Lange, durch *Delos die Geburtsstadt des Apollo*. Delos also ist eine Stadt? Das ist das erste, was ich höre.

22. Ode.

Lupus heißt keine *Wölfin*, wie Sie wollen, sondern ein Wolf. Lernen Sie es ein wenig besser, welche Worte ἐπίκοινα sind. Eine Wölfin heißt *lupa*.

23. Ode.

Wann ich doch Ihres sel. Herrn Vaters lateinische Grammatik bei der Hand hätte, so wollte ich Ihnen Seite und Zeile citieren wo Sie es finden könnten, was *sequor* für einen Casum zu sich nimmt. Ich habe Schulmeisters gekannt, die ihren Knaben einen Eselskopf an die Seite malten, wenn sie *sequor* mit dem Dativo construierten. Lassen Sie einmal sehen, was Sie gemacht haben?

> Tandem desine matrem
> Tempestiva sequi viro.

Dieses übersetzen Sie:

> *Laß die Mutter gehen*
> *Nun reif genug dem Mann zu folgen.*

Sie haben also wirklich geglaubt, daß man nicht *sequi matrem*, sondern *sequi viro* zusammen nehmen müsse.

24. Ode.

In dieser Ode ist ein Schnitzer nach Art des *Priscus*; und er kann kein Druckfehler sein, weil er, sowohl über dem Texte als über der Übersetzung stehet. *An den Virgilius Varus*. Was ist das für ein Mann? Sie träumen Herr Pastor; Sie vermengen den, an welchen die Ode gerichtet ist, mit dem, über welchen sie verfertigt worden, und machen aus dieser Vermengung ein abgeschmacktes Ganze. Sie ist an den *Virgil* gerichtet, über den Tod des *Quintilius Varus*.

25. Ode.

Angiportus durch *Gang* übersetzen, heißt gestehen, daß man nicht wisse, was *angiportus* heißt.

26. Ode.

Fons integer heißt kein reiner Quell, sondern ein Quell woraus man noch nicht geschöpft hat.

27. Ode.

Der schärfliche Falernus sagen Sie? Wieder etwas von Ihnen gelernet. *Vinum* ist also *generis masculini*, und es ist falsch wenn man sagt *vinum Falernum*. Sie werden sagen, es sei ein Druckfehler für *Falerner*. Aber warum erklären Sie nicht gleich Ihr ganzes Buch für einen Druckfehler?

28. Ode.

In dieser Ode setzt es mehr wie einen Schnitzer. Erstlich lassen Sie sich wieder durch das Adjectivum *matinum* verführen, ein Ding daraus zu machen welches Matinus heißen soll. Zweitens sagen Sie *Panthus* anstatt, daß Sie sagen sollten Panthous. Wollen Sie es zu einem Druckfehler machen, so wird Ihnen Ihr Sylbenmaß widersprechen. Drittens heißen hier *Fluctus Hesperii* nicht das spanische Meer, wie Sie es übersetzt haben, sondern das italiänische. Behalten Sie doch lieber ein andermal das Hesperische, wenn Sie es nicht ganz gewiß wissen, ob *Hesperia magna* oder ein anderes zu verstehen sei.

29. Ode.

Puer ex aula heißt Ihnen ein Prinz. Mir und andern ehrlichen Leuten heißt es ein Page.

30. Ode.

Sperne in der zweiten Zeile durch *Verachte* geben, heißt die wörtliche Übersetzung bis zu dem Abgeschmackten und Unsinnigen treiben.

31. Ode.

In der zweiten Zeile sagen Sie *ein Dichter* und es muß *der Dichter* heißen. Der Fehler ist größer, als man denken wird.

Novum liquorem geben Sie durch *jungen Saft*, zum Beweise daß Sie es nicht wissen wem der junge Wein, oder die Erstlinge des Weins geopfert wurden. Merken Sie es, niemanden als dem Jupiter, und nicht dem Apollo. Sie hätten bei dem Worte bleiben sollen, welches Sie bei nahe nur immer da tun, wo es falsch ist. *Novus liquor* heißt hier Saft, der bei einer neuen Gelegenheit vergossen wird.

Sie sagen die *Calensche Hippe*, und sollten die *Calesische* sagen; Ein Fehler den ich schon vorher angemerkt habe, und den ich hier noch einmal anmerke, um zu zeigen, daß er aus keiner Übereilung, sondern aus einer wahrhaften Unwissenheit herkommt.

32. Ode.
Sive jactatam religarat udo
Littore navim.

Das *religarat* übersetzen Sie hier durch *befestigen* und hätten es durch *losbinden* geben sollen. Sie sagen also hier gleich das Gegenteil von dem was Horaz sagen will. *Religare* ist hier nach Art des *refigere* der 28. Ode des ersten Buchs, und des *recludere* in der 24. Ode eben desselben Buchs, zu nehmen.

33. Ode.
Auch hier hätten Sie bei dem Worte bleiben und *junior* nicht durch *ein neuer Buhler*, sondern durch *ein jüngrer Buhler* geben sollen. Sie gehen eben so unglücklich davon ab, als unglücklich Sie dabei bleiben.

34. Ode.
Diese ganze Ode haben Sie verhunzt. Da Sie die Erklärung, welche *Dacier* davon gegeben hat, nicht annehmen, sondern die gemeine, so hätten Sie die zweite Strophe ganz anders geben sollen. Ich will mich mit Fleiß näher nicht ausdrükken, sondern Sie Ihrem Schulknaben, dem Nachdenken, überlassen.

35. Ode.
Clavos trabales übersetzen Sie durch *Balken und Nägel*. Sie wissen also die Stärke des *Adjectivi trabalis, e*, nicht, und kön-

nen es jetzt lernen. Wenn die Lateiner etwas recht großes beschreiben wollen, so sagen sie: so groß wie ein Balken. Bei dem Virgil werden Sie daher *telum trabale* finden, welches man nach Ihrer Art zu übersetzen durch Pfeil und Balken geben müßte.

36. Ode.

Breve lilium heißt nicht *kleine Lilie*. Horaz setzt das *breve* dem *vivax* entgegen, daher es denn notwendig die kurze Dauer ihrer Blut anzeigen muß. Auch das *vivax* haben Sie durch das bloße *frisch* sehr schlecht gegeben.

37. Ode.

Velut leporem citus venator in campis nivalis Aemoniae. Dieses übersetzen Sie: *gleich dem schnellen Jäger, der Hasen jaget auf den Feldern des stets beschneiten Hömus.* Wer heißt Ihnen denn, aus der Landschaft Aemonien, oder welches einerlei ist, Thessalien, den Berg *Hömus* zu machen? Und wer heißt Ihnen denn, auf dem Berge Hasen hetzen zu lassen? Der Jäger bricht den Hals; es ist augenscheinlich. Wollen Sie denn mit aller Gewalt lieber

equitem rumpere quam leporem?

38. Ode.

Ende gut alles gut! Ich weiß wahrhaftig bei dieser letzten Ode des ersten Buchs nichts zu erinnern. Sie ist aber auch nur von acht Zeilen. Wann Sie, Herr Pastor, alle so übersetzt hätten, wie diese, so würden Sie noch zur Not ein Schriftsteller sein, *qui culpam vitavit, laudem non meruit.*

Und so weit wären wir. -- Glauben Sie nun bald, daß es mir etwas sehr leichtes sein würde, zwei hundert Fehler in Ihrer Übersetzung aufzubringen, ob ich gleich nirgends diese Zahl versprochen habe? Wenn das erste Buch deren an die funfzig hält, so werden ohne Zweifel die übrigen vier Bücher nicht unfruchtbarer sein. Doch wahrhaftig, ich müßte meiner Zeit sehr feind sein, wenn ich mich weiter mit Ihnen abgeben wollte. Diesesmal habe ich geantwortet, und nimmermehr wieder. Wann Sie sich auch zehnmal aufs neue verteidigen sollten, so werde ich doch weiter nichts tun, als das Urteil der Welt abwarten. Schon fängt es an, sich für mich zu erklären, und ich hoffe die Zeit noch zu erleben, da man sich kaum mehr erinnern wird, daß einmal ein *Lange* den Horaz übersetzt hat. Auch meine Critik wird alsdenn vergessen sein, und eben dieses wünsche ich. Ich sehe sie für nichts weniger, als für etwas an, welches mir Ehre machen könnte. Sie sind der Gegner nicht, an welchem man Kräfte zu zeigen Gelegenheit hat. Ich hätte Sie von Anfange verachten sollen, und es würde auch gewiß geschehen sein, wann mir nicht Ihr Stolz und das Vorurteil welches man für Sie hatte, die Wahrheit abgedrungen hätten. Ich habe Ihnen gezeigt, daß Sie weder Sprache, noch Critik, weder Altertümer, noch Geschichte, weder Kenntnis der Erde noch des Himmels besitzen; kurz daß Sie keine einzige von den Eigenschaften haben, die zu einem Übersetzer des Horaz notwendig erfordert werden. Was kann ich noch mehr tun?

Ja, mein Herr, alles dieses würde eine sehr kleine Schande für Sie sein, wenn ich nicht der Welt auch zugleich entdecken müßte, daß Sie eine sehr niederträchtige Art zu denken haben, und daß Sie, mit einem Worte, ein Verleumder sind. Dieses ist der zweite Teil meines Briefes, welcher der kürzeste aber auch der nachdrücklichste werden wird.

Unser Streit, mein Herr Pastor, war grammatikalisch, das ist, über Kleinigkeiten, die in der Welt nicht kleiner sein können. Ich hätte mir nimmermehr eingebildet, daß ein vernünftiger Mann eine vorgeworfene Unwissenheit in denselben für eine Beschimpfung halten könne; für eine Beschimpfung, die er nicht allein mit einer gleichen, sondern auch noch mit boshaften Lügen rächen müsse. Am allerwenigsten hätte ich mir dieses von einem Prediger vermutet, welcher beßre Begriffe von der wahren Ehre und von der Verbindlichkeit bei allen Streitigkeiten den moralischen Charakter des Gegners aus dem Spiele zu lassen, haben sollte. Ich hatte Ihnen Schulschnitzer vorgeworfen; Sie gaben mir diese Vorwürfe zurück, und damit, glaubte ich, würde es genug sein. Doch nein, es war Ihnen zu wenig, mich zu widerlegen; Sie wollten mich verhaßt, und zu einem Abscheu ehrlicher Leute machen. Was für eine Denkungsart! Aber zugleich was für eine Verblendung, mir eine Beschuldigung aufzubürden, die Sie in Ewigkeit nicht nur nicht erweisen, sondern auch nicht einmal wahrscheinlich machen können!

Ich soll Ihnen zugemutet haben, mir meine Critik mit Gelde abzukaufen. – – Ich? Ihnen? Mit Gelde? – – Doch es würde mein Unglücke sein, und ich würde mich nicht beruhigen können, wenn ich Sie bloß in die Unmöglichkeit setzte, Ihr Vorgeben zu erhärten; und wenn ich mich nicht durch ein gutes Schicksal in den Umständen befände, das Gegenteil unwidersprechlich zu beweisen.

Der dritte, durch den ich das niederträchtige Anerbieten soll getan haben, kann kein andrer sein als eben der Hr. P. N. dessen Sie auf der 21ten Seite gedenken; weil dieses der einzige lebendige Mensch ist, der Sie und mich zugleich von Person kennt, und der einzige, mit dem ich von meiner Critik über Ihren Horaz, ehe sie gedruckt war, gesprochen habe. Nun hören Sie.

Es war im Monat März des 1752. Jahrs als dieser Herr P. N. durch Wittenberg reisete, und mich daselbst der Ehre seines Besuchs würdigte. Ich hatte ihn nie gesehen, und ihn weiter nicht als aus seinen Schriften gekannt. In Ansehung Ihrer aber war es ein Mann, mit welchem Sie schon viele Jahre eine vertraute Freundschaft unterhalten hatten. Als er wieder in Halle war, fanden wir es für gut unsre angefangne Freundschaft in Briefen fortzusetzen. Gleich in meinem ersten, wo ich nicht irre, schrieb ich ihm, daß ich Ihren Horaz gelesen und sehr merkliche Fehler darinne gefunden hätte; ich sei nicht übel Willens die Welt auf einem fliegenden Bogen dafür zu warnen, vorher aber wünschte ich, sein Urteil davon zu wissen. Sehen Sie nun, was er hierauf antwortete – – Es tut mir leid, daß ich freundschaftliche Briefe so mißbrauchen muß. – –

»Öffentlich, sind seine Worte, wollte ich es niemanden

raten, Herrn Langen anzugreifen, der etwa noch – – – – – – – –
– – Indessen kenne ich ihn als einen Mann, der folgt, wenn
man ihm etwas sagt, das ihm begreiflich ist. Diese Fehler,
dächte ich, wären ihm begreiflich zu machen. Sollte es also
nicht angehen, daß man ihn selbst aufmunterte Verleger von
den Bogen zu sein, die Sie wider ihn geschrieben haben?
Nicht in der Absicht daß er dieselben drucken läßt; sondern
daß es in seiner Gewalt stehet, die Verbesserungen derselben
bei einer neuen Auflage oder besonders drucken zu lassen.
Er muß sich aber auch alsdenn gegen den Hrn. Verfasser so
bezeigen, als ein billiger Verleger gegen den Autor. Sie müssen
keinen Schaden haben, sondern ein Honorarium für
gütigen Unterricht – – – –«

Ich wiederhole es noch einmal, dieses schrieb ein Mann,
den ich in meinem Leben ein einzigmal gesprochen hatte,
und der Ihr vertrauter Freund seit langer Zeit war. Ich habe
nicht Lust, mich durch niederträchtige Aufbürdungen Ihnen
gleich zu stellen, sonst würde es mir etwas leichtes sein, die
Beschuldigung umzukehren, und es wahrscheinlich zu machen,
daß Sie selbst hinter diesem guten Freunde gesteckt
hätten. So wahrscheinlich es aber ist, so glaube ich es doch
nicht, weil ich den friedfertigen Charakter dieses ohne Zweifel
freiwilligen Vermittlers kenne. Ich will wünschen, daß er
meine Briefe mag aufgehoben haben; und ob ich mich
schon nicht erinnere was ich ihm eigentlich auf seinen Vorschlag
geantwortet, so weiß ich doch so viel gewiß, daß ich
an kein Geld, an kein Honorarium gedacht habe. Ja, ich will
es nur gestehen; es verdroß mich ein wenig, daß mich der
Hr. P. N. für eine so eigennützige Seele ansehen können.
Gesetzt auch, daß er aus meinen Umständen geschlossen
habe, daß das Geld bei mir nicht im Überflusse sei, so weiß
ich doch wahrhaftig nicht, wie er vermuten können, daß mir
alle Arten Geld zu erlangen, gleichgültig sein würden. Doch
schon diesen Umstand, daß ich ihm meine Critik nicht geschickt
habe, hat er für eine stillschweigende Mißbilligung
seines Antrags annehmen müssen, ob ich sie schon ohne
Verletzung meiner Denkungsart hätte ergreifen können,
weil er ohne mein geringstes Zutun an mich geschah.

Was antworten Sie nun hierauf? Sie werden sich schämen ohne Zweifel. Zwar nein; Verleumder sind über das schämen hinaus.

Sie sind übrigens zu Ihrem eignen Unglücke so boshaft gewesen, weil ich Ihnen heilig versichre, daß ich ohne die jetzt berührte Lügen, Ihrer Antwort wegen gewiß keine Feder würde angesetzt haben. Ich würde es ganz wohl haben leiden können, daß Sie als ein *senex ABC darius*, mich einen jungen frechen Kunstrichter, einen Scioppius, und ich weiß nicht was nennen; daß Sie vorgeben, meine ganze Gelehrsamkeit sei aus dem Bayle; zu meiner Critik über das Jöchersche Gelehrten Lexicon hätte ich keinen Verleger finden können, (ob ich gleich einen so gar zu einer Critik über Sie gefunden habe) und was dergleichen Fratzen mehr sind, bei welchen ich mich unmöglich aufhalten kann. Mein Wissen und Nichtwissen kann ich ganz wohl auf das Spiel setzen lassen; was ich auf der einen Seite verliere, hoffe ich auf der andern wieder zu gewinnen. Allein mein Herz werde ich nie ungerochen antasten lassen, und ich werde Ihren Namen in Zukunft allezeit nennen, so oft ich ein Beispiel eines rachsüchtigen Lügners nötig habe.

Mit dieser Versicherung habe ich die Ehre meinen Brief zu schließen. Ich bin – – doch nein, ich bin nichts. Ich sehe, mein Brief ist zu einer Abhandlung geworden. Streichen Sie also das übergeschriebne *Mein Herr* aus, und nehmen ihn für das auf, was er ist. Ich habe weiter nichts zu tun als ihn in Duodez drucken zu lassen, um ihn dazu zu machen, wofür Sie meine Schriften halten; zu einem *Vade mecum*, das ich Ihnen zu Besserung Ihres Verstandes und Willens recht oft zu lesen rate. Weil endlich ein Gelehrter, wie Sie sind, sich in das rohe Duodez Format nicht wohl finden kann, so soll es mir nicht darauf ankommen, Ihnen eines nach Art der ABC-Bücher binden zu lassen, und mit einer schriftlichen Empfehle zuzuschicken. Ich wünsche guten Gebrauch!

⟨ÜBERSETZUNG DER ODE DES HORAZ AD BARINEN.⟩[1]

Ode 8. Lib. II.

Hätte dich je des verwirkten Meineids Strafe getroffen; würde nur einer deiner Zähne schwarz, nur einer deiner Nägel häßlicher: so wollt ich dir glauben.

Kaum aber hast du das treulose Haupt mit falschen Gelübden verstrickt: so blühst du weit schöner auf, und trittst stolz einher, aller Jünglinge sehnlichstes Augenmerk.

Dir steht es frei, der Mutter beigesetzte Asche, die stillen Gestirne der Nacht, und den ganzen Himmel, und alle unsterblichen Götter zu täuschen.

Venus selbst, wie gesagt, lachet darüber; die guten Nymphen lachen; es lachet der immer brennende Pfeile auf blutigem Wetzstein schleifende, strenge Kupido.

Noch mehr: nur dir reifet die Jugend alle, nur dir wachsen in ihr immer neue Sklaven auf; und noch können die Alten dich, ihre gewissenlose Gebieterin, nicht meiden, so oft sie es auch gedroht.

Dich fürchten die Mütter für ihre Söhne; dich fürchten die geizigen Alten; dich fürchten die armen nur erst verheirateten Mädchen, um deren Männer es geschehen ist, wenn sie einmal deine Spur finden.

---

1. ad Barinen wird die Ode überschrieben. Diese Barine war ohne Zweifel eine Freigelassene, welche das Handwerk einer Buhlerin trieb. Tan. Faber hat diesen Namen in Carine verwandeln wollen, weil Barine weder griechisch noch lateinisch sei; und Dacier billiget diese Veränderung. Konnte aber eine Sklavin, welches Barine gewesen war, nicht leicht aus einem barbarischen Lande, von barbarischen Eltern entsprossen sein?

AUS:
SCHRIFFTEN
DRITTER TEIL

RETTUNGEN

VORREDE.

Ich bin eitel genug, mich des kleinen Beifalls zu rühmen, welchen die zwei ersten Teile meiner Schriften, hier und da, erhalten haben. Ich würde dem Publico ein sehr abgeschmacktes Compliment machen, wann ich ihn ganz und gar nicht verdient zu haben, bekennen wollte. Eine solche Erniedrigung schimpft seine Einsicht, und man sagt ihm eine Grobheit, anstatt eine Höflichkeit zu sagen. Es sei aber auch ferne von mir, seine schonende Nachsicht zu verkennen, und die Aufmunterung, die es einem Schriftsteller widerfahren läßt, welcher zu seinem Vergnügen etwas beizutragen sucht, für ein schuldiges Opfer anzusehen.

Ob mir nun also der erste Schritt schon nicht mißlungen ist; so bin ich doch darum nicht weniger furchtsam, den zweiten zu wagen. Oft lockt man einen nur darum mit Schmeicheleien aus der Scene hervor, um ihn mit einem desto spöttischern Gelächter wieder hineinzutreiben.

Ich nennte es einen zweiten Schritt; aber ich irrte mich: es ist eben sowohl ein erster, als jener. Ein zweiter würde es sein, wenn ich die Bahn nicht verändert hätte. Aber, wie sehr habe ich diese verändert! Anstatt Reime, die sich durch ihre Leichtigkeit und durch einen Witz empfehlen, der deswegen keine Neider erweckt, weil jeder Leser ihn eben so gut als der Poet zu haben glaubt, anstatt solcher Reime bringe ich lange prosaische Aufsätze, die zum Teil noch dazu eine gelehrte Miene machen wollen.

Da ich mir also nicht einmal eben dieselben Leser wieder versprechen kann, wie sollte ich mir eben denselben Beifall versprechen können? Doch er erfolge, oder erfolge nicht; ich will wenigstens auf meiner Seite nichts versäumen, ihn zu erhaschen. Das ist, ich will mich des Rechts der Vorrede bedienen, und mit den höflichsten Wendungen, so nachdrücklich als möglich, zu verstehen geben, von welcher Seite ich gerne wollte, daß man dasjenige, was man nun bald wahrscheinlicher Weise lesen, noch wahrscheinlicherer Weise aber, nicht lesen wird, betrachten möge.

Ich sage also, daß ich den dritten Teil mit einem Mischmasche von Critik und Litteratur angefüllt habe, der sonst einen Autor deutscher Nation nicht übel zu kleiden pflegte. Es ist Schade, daß ich mit diesem Bändchen nicht einige zwanzig Jahr vor meiner Geburt, in lateinischer Sprache, habe erscheinen können! Die wenigen Abhandlungen desselben, sind alle, *Rettungen*, überschrieben. Und wen glaubt man wohl, daß ich darinne gerettet habe? Lauter verstorbne Männer, die mir es nicht danken können. Und gegen wen? Fast gegen lauter Lebendige, die mir vielleicht ein sauer Gesichte dafür machen werden. Wenn das klug ist, so weiß ich nicht, was unbesonnen sein soll. – – Man erlaube mir, daß ich nicht ein Wort mehr hinzu setzen darf.

Ich komme vielmehr so gleich auf den vierten Teil, von dessen Inhalte sich mehr sagen läßt, weil er niemanden, oder welches einerlei ist, weil er alle und jede angeht. Er enthält Lustspiele.

Ich muß es, der Gefahr belacht zu werden ungeachtet, gestehen, daß unter allen Werken des Witzes die Komödie dasjenige ist, an welches ich mich am ersten gewagt habe. Schon in Jahren, da ich nur die Menschen aus Büchern kannte – – beneidenswürdig ist der, der sie niemals näher kennen lernt! – – beschäftigten mich die Nachbildungen von Toren, an deren Dasein mir nichts gelegen war. Theophrast, Plautus und Terenz waren meine Welt, die ich in dem engen Bezirke einer klostermäßigen Schule, mit aller Bequemlichkeit studierte – – Wie gerne wünschte ich mir diese Jahre zurück; die einzigen, in welchen ich glücklich gelebt habe.

Von diesen ersten Versuchen schreibt sich, zum Teil, *der junge Gelehrte* her, den ich, als ich nach Leipzig kam, ernstlicher auszuarbeiten, mir die Mühe gab. Diese Mühe ward mir durch das dasige Theater, welches in sehr blühenden Umständen war, ungemein versüßt. Auch ungemein erleichtert, muß ich sagen, weil ich vor demselben hundert wichtige

Kleinigkeiten lernte, die ein dramatischer Dichter lernen muß, und aus der bloßen Lesung seiner Muster nimmermehr lernen kann.

Ich glaubte etwas zu Stande gebracht zu haben, und zeigte meine Arbeit einem Gelehrten, dessen Unterricht ich in wichtigern Dingen zu genießen das Glück hatte. Wird man sich nicht wundern, als den Kunstrichter eines Lustspiels einen tiefsinnigen Weltweisen und Meßkünstler genennt zu finden? Vielleicht, wenn es ein andrer, als der Hr. Prof. *Kästner* wäre. Er würdigte mich einer Beurteilung, die mein Stück zu einem Meisterstücke würde gemacht haben, wenn ich die Kräfte gehabt hätte, ihr durchgängig zu folgen.

Mit so vielen Verbesserungen unterdessen, als ich nur immer hatte anbringen können, kam mein *junger Gelehrte* in die Hände der Frau *Neuberin*. Auch ihr Urteil verlangte ich; aber anstatt des Urteils erwies sie mir die Ehre, die sie sonst einem angehenden Komödienschreiber nicht leicht zu erweisen pflegte; sie ließ ihn aufführen. Wann nach dem Gelächter der Zuschauer und ihrem Händeklatschen die Güte eines Lustspiels abzumessen ist, so hatte ich hinlängliche Ursache das meinige für keines von den schlechtesten zu halten. Wann es aber ungewiß ist, ob diese Zeichen des Beifalls mehr für den Schauspieler, oder für den Verfasser gehören; wenn es wahr ist, daß der Pöbel ohne Geschmack am lautesten lacht, daß er oft da lacht, wo Kenner weinen möchten: so will ich gerne nichts aus einem Erfolge schließen, aus welchem sich nichts schließen läßt.

Dieses aber glaube ich, daß mein Stück sich auf dem Theater gewiß würde erhalten haben, wenn es nicht mit in den Ruin der Frau *Neuberin* wäre verwickelt worden. Es verschwand mit ihr aus Leipzig, und folglich gleich aus demjenigen Orte, wo es sich, ohne Widerrede, in ganz Deutschland am besten ausnehmen kann.

Ich wollte hierauf mit ihm den Weg des Drucks versuchen. Aber was liegt dem Leser an der Ursache, warum sich dieser bis jetzt verzögert hat? Ich werde beschämt genug sein, wenn er finden sollte, daß ich gleichwohl noch zu zeitig damit hervorrückte.

Das war doch noch einmal eine Wendung, wie sie sich für einen bescheidnen Schriftsteller schickt! Aber man gebe Acht, ob ich nicht gleich wieder alles verderben werde! – – Man nenne mir doch diejenigen Geister, auf welche die komische Muse Deutschlands stolz sein könnte? Was herrscht auf unsern gereinigten Theatern? Ist es nicht lauter ausländischer Witz, der so oft wir ihn bewundern, eine Satyre über den unsrigen macht? Aber wie kommt es, daß nur hier die deutsche Nacheiferung zurückbleibt? Sollte wohl die Art selbst, wie man unsre Bühne hat verbessern wollen, daran Schuld sein? Sollte wohl die Menge von Meisterstücken, die man auf einmal, besonders den Franzosen abborgte, unsre ursprünglichen Dichter niedergeschlagen haben? Man zeigte ihnen auf einmal, so zu reden, alles erschöpft, und setzte sie auf einmal in die Notwendigkeit, nicht bloß etwas gutes, sondern etwas bessers zu machen. Dieser Sprung war ohne Zweifel zu arg; die Herren Kunstrichter konnten ihn wohl befehlen, aber die, die ihn wagen sollten, blieben aus.

Was soll aber diese Anmerkung? Vielleicht meine Leser zu einer gelindern Beurteilung bewegen? – – – Gewiß nicht; sie können es halten wie sie wollen. Sie mögen mich gegen meine Landsleute, oder gegen Ausländer aufwägen; ich habe ihnen nichts vorzuschreiben. Aber das werden sie doch wohl nicht vergessen, wenn die Critik den *jungen Gelehrten* insbesondere angeht, ihn nur immer gegen solche Stücke zu halten, an welchen die Verfasser ihre Kräfte versucht haben?

Ich glaube die Wahl des Gegenstandes hat viel dazu beigetragen, daß ich nicht ganz damit verunglückt bin. Ein *junger Gelehrte*, war die einzige Art von Narren, die mir auch damals schon unmöglich unbekannt sein konnte. Unter diesem Ungeziefer aufgewachsen, war es ein Wunder, daß ich meine ersten satyrischen Waffen wider dasselbe wandte?

Das zweite Lustspiel, welches man in dem vierten Teile finden wird, heißt *die Juden*. Es war das Resultat einer sehr ernsthaften Betrachtung über die schimpfliche Unterdrückung, in welcher ein Volk seufzen muß, das ein Christ, sollte ich meinen, nicht ohne eine Art von Ehrerbietung betrachten kann. Aus ihm, dachte ich, sind ehedem so viel Helden und Propheten aufgestanden, und jetzo zweifelt man, ob ein ehrlicher Mann unter ihm anzutreffen sei? Meine Lust zum Theater war damals so groß, daß sich alles, was mir in den Kopf kam, in eine Komödie verwandelte. Ich bekam also gar bald den Einfall, zu versuchen, was es für eine Wirkung auf der Bühne haben werde, wenn man dem Volke die Tugend da zeigte, wo es sie ganz und gar nicht vermutet. Ich bin begierig mein Urteil zu hören.

    Noch begieriger aber bin ich, zu erfahren, ob diese zwei Proben einige Begierde nach meinen übrigen dramatischen Arbeiten erwecken werden. Ich schließe davon alle diejenigen aus, welche hier und da unglücklicher Weise schon das Licht gesehen haben. Ein bessrer Vorrat, bei welchem ich mehr Kräfte und Einsicht habe anwenden können, erwartet nichts als die Anlegung der letzten Hand. Diese aber wird lediglich von meinen Umständen abhangen. Ein ehrlicher Mann, der nur einigermaßen gelernt hat, sich von dem Äußerlichen nicht unterdrücken zu lassen, kann zwar fast immer aufgelegt sein, etwas ernsthaftes zu arbeiten, besonders wann mehr Anstrengung des Fleißes, als des Genies dazu erfordert wird; aber nicht immer etwas witziges, welches eine gewisse Heiterkeit des Geistes verlangt, die oft in einer ganz andern Gewalt, als in der unsrigen stehet – – Es rufen mir ohnedem fast versäumte wichtigere Wissenschaften zu:

                  Satis est potuisse videri!

RETTUNGEN DES HORAZ

> Quem rodunt omnes – – –
> Horat. Lib. I. Sat. 6.

Diese Rettungen des *Horaz* werden völlig von denen unterschieden sein, die ich vor kurzen gegen einen alten Schulknaben habe übernehmen müssen.

Seine kleine hämische Bosheit hat mich beinahe ein wenig abgeschreckt, und ich werde so bald nicht wieder mit Schriftstellern seines gleichen anbinden. Sie sind das Pasquillmachen gewohnt, so daß es ihnen weit leichter wird, eine Verleumdung aus der Luft zu fangen, als eine Regel aus dem Donat anzuführen. Wer aber will denn gerne verleumdet sein?

Die Gabe sich widersprechen zu lassen, ist wohl überhaupt eine Gabe, die unter den Gelehrten nur die Toten haben. Nun will ich sie eben nicht für so wichtig ausgeben, daß man, um sie zu besitzen, gestorben zu sein wünschen sollte: denn um diesen Preis sind vielleicht auch größere Vollkommenheiten zu teuer. Ich will nur sagen, daß es sehr gut sein würde, wann auch noch lebende Gelehrte, immer im voraus, ein wenig tot zu sein lernen wollten. Endlich müssen sie doch eine Nachwelt zurücklassen, die alles Zufällige von ihrem Ruhme absondert, und die keine Ehrerbietigkeit zurückhalten wird, über ihre Fehler zu lachen. Warum wollen sie also nicht schon jetzt diese Nachwelt ertragen lernen, die sich hier und da in einem ankündiget, dem es gleichviel ist, ob sie ihn für neidisch oder für ungesittet halten?

Ungerecht wird die Nachwelt nie sein. Anfangs zwar pflanzt sie Lob und Tadel fort, wie sie es beköommt; nach und nach aber bringt sie beides auf ihren rechten Punkt. Bei Lebzeiten, und ein halb Jahrhundert nach dem Tode, für einen großen Geist gehalten werden, ist ein schlechter Beweis, daß man es ist; durch alle Jahrhunderte aber hindurch dafür gehalten werden, ist ein unwidersprechlicher. Eben das gilt bei dem Gegenteile. Ein Schriftsteller wird von seinen Zeitgenossen und von dieser ihren Enkeln nicht gelesen; ein Unglück, aber kein Beweis wider seine Güte; nur wann auch der Enkel Enkel nie Lust bekommen, ihn zu lesen, alsdann ist es gewiß, daß er es nie verdient hat, gelesen zu werden.

Auch Tugenden und Laster wird die Nachwelt nicht ewig verkennen. Ich begreife es sehr wohl, daß jene eine Zeitlang beschmitzt und diese aufgeputzt sein können; daß sie es aber immer bleiben sollten, läßt mich die Weisheit nicht glauben, die den Zusammenhang aller Dinge geordnet hat, und von der ich auch in dem, was von dem Eigensinne der Sterblichen abhangt, anbetenswürdige Spuren finde.

Sie erweckt von Zeit zu Zeit Leute, die sich ein Vergnügen daraus machen, den Vorurteilen die Stirne zu bieten, und alles in seiner wahren Gestalt zu zeigen, sollte auch ein vermeinter Heiliger dadurch zum Bösewichte, und ein vermeinter Bösewicht zum Heiligen werden. Ich selbst – – denn auch ich bin in Ansehung derer, die mir vorangegangen, ein Teil der Nachwelt, und wann es auch nur ein Trillionteilchen wäre – – Ich selbst kann mir keine angenehmre Beschäftigung machen, als die Namen berühmter Männer zu mustern, ihr Recht auf die Ewigkeit zu untersuchen, unverdiente Flecken ihnen abzuwischen, die falschen Verkleisterungen ihrer Schwächen aufzulösen, kurz alles das im moralischen Verstande zu tun, was derjenige, dem die Aufsicht über einen Bildersaal anvertrauet ist, physisch verrichtet.

Ein solcher wird gemeiniglich unter der Menge einige Schildereien haben, die er so vorzüglich liebt, daß er nicht gern ein Sonnenstäubchen darauf sitzen läßt. Ich bleibe also in der Vergleichung, und sage, daß auch ich einige große Geister so verehre, daß mit meinem Willen nicht die allergeringste Verleumdung auf ihnen haften soll.

Horaz ist einer von diesen. Und wie sollte er es nicht sein?

Er, der philosophische Dichter, der Witz und Vernunft in ein mehr als schwesterliches Band brachte, und mit der Feinheit eines Hofmanns den ernstlichsten Lehren der Weisheit das geschmeidige Wesen freundschaftlicher Erinnerungen zu geben wußte, und sie entzückenden Harmonien anvertraute, um ihnen den Eingang in das Herz desto unfehlbarer zu machen.

Diese Lobsprüche zwar hat ihm niemand abgestritten, und sie sind es auch nicht, die ich hier wider irgend einen erhärten will. Der Neid würde sich lächerlich machen, wann er entschiedne Verdienste verkleinern wollte; er wendet seine Anfälle, gleich einem schlauen Belagrer, gegen diejenigen Seiten, die er ohne Verteidigung sieht; er giebt dem, dem er den großen Geist nicht abstreiten kann, lasterhafte Sitten, und dem, dem er die Tugend lassen muß, läßt er sie und macht ihn dafür zu einem Blödsinnigen.

Schon längst habe ich es mit dem bittersten Verdrusse bemerkt, daß eben diesen Ränken auch der Nachruhm des Horaz nicht entgangen ist. So viel er auf der Seite des Dichters gewonnen hat, so viel hat er auf der Seite des ehrlichen Mannes verloren. Ja, spricht man, er sang die zärtlichsten und artigsten Lieder, niemand aber war wollüstiger als er; er lobte die Tapferkeit bis zum Entzücken, und war selbst der feigherzigste Flüchtling; er hatte die erhabensten Begriffe von der Gottheit, aber er selbst, war ihr schläfrigster Verehrer.

Es haben sich Gelehrte genug gefunden, die seine Geschichte sorgfältig untersucht, und tausend Kleinigkeiten beigebracht haben, die zum Verständnisse seiner Schriften dienen sollen. Sie haben uns ganze Chronologien davon geliefert; sie haben alle zweifelhafte Lesarten untersucht; nur jene Vorwürfe haben sie ununtersucht gelassen. Und warum denn? Haben sie etwa einen Heiden nicht gar zu verehrungswürdig machen wollen?

Mich wenigstens soll nichts abhalten, den Ungrund dieser Vorwürfe zu zeigen, und einige Anmerkungen darüber zu machen, die so natürlich sind, daß ich mich wundern muß, warum man sie nicht längst gemacht hat.

Ich will bei seiner Wollust anfangen; oder wie sich ein neuer Schriftsteller ausdrückt, der aber der feinste nicht ist; bei seiner stinkenden Geilheit und unmäßigen Unzucht.*
Die Beweise zu dieser Beschuldigung nimmt man, teils aus seinen eignen Schriften, teils aus den Zeugnissen andrer.

Ich will bei den letztern anfangen. Alle Zeugnisse die man wegen der wollüstigen Ausschweifung des Horaz auftreiben kann, fließen aus einer einzigen Quelle, deren Aufrichtigkeit nichts weniger als außer allem Zweifel gesetzt ist. Man hat nemlich auf einer alten Handschrift der Bodlejanischen Bibliothek eine Lebensbeschreibung des Horaz gefunden, die fast alle Kunstrichter dem *Sueton*, wie bekannt, zuschreiben. Wann sie keine andre Bewegungsgründe dazu hätten, als die Gleichheit der Schreibart, so würde ich mir die Freiheit nehmen, an ihrem Vorgeben zu zweifeln. Ich weiß, daß man Schreibarten nachmachen kann; ich weiß, daß es eine wahre Unmöglichkeit ist, alle kleine Eigentümlichkeiten eines Schriftstellers so genau zu kennen, daß man den geringsten Abgang derselben in seinem Nachahmer entdecken sollte; und ich weiß endlich, daß man, um in solchen Vermutungen recht leicht zu fehlen, nichts als wenig Geschmack und recht viel Stolz besitzen darf, welches, wie man sagt, gleich der Fall der meisten Kunstrichter ist. Doch der Scholiast *Porphyrion* führt eine Stelle aus dieser Lebensbeschreibung des Horaz an, und legt sie mit ausdrücklichen Worten dem *Sueton* bei. Dieses nun ist schon etwas mehr, ob gleich auch nicht alles. Die Paar Worte die er daraus anführt, sind gar wohl von der Art, daß sie in zwei verschiednen Lebensbeschreibungen können gestanden haben. Doch ich will meine Zweifelsucht nicht zu weit treiben; *Sueton* mag der Verfasser sein.

Sueton also, der in dieser Lebensbeschreibung hunderterlei beibringt, welches dem Horaz zum Lobe gereicht, läßt, gleichsam als von der Wahrheitsliebe darzu gezwungen, eine

---

* Der Herr Müller in seiner Einleitung zur Kenntnis der lateinischen Schriftsteller, Teil III. Seite 403.

Stelle mit einfließen, die man tausendmal nachgeschrieben, und oft genug mit einer kleinen Kützlung nachgeschrieben hat. Hier ist sie: *Ad res venereas intemperantior traditur. Nam speculato cubiculo scorta dicitur habuisse disposita, ut quocunque respexisset, ibi ei imago coitus referretur.*

Was will man nun mehr? *Sueton* ist doch wohl ein glaubwürdiger Schriftsteller; und Horaz war doch wohl Dichters genug, um so etwas von ihm für ganz wahrscheinlich zu halten?

Man übereile sich nicht, und sei anfangs wenigstens nur so vorsichtig, als es *Sueton* selbst hat sein wollen. Er sagt *traditur, dicitur.* Zwei schöne Wörter, welchen schon mancher ehrlicher Mann den Verlust seines guten Namens zu danken hat! Also ist nur die Rede so gegangen? Also hat man es nur gesagt? Wahrhaftig, mein lieber *Sueton*, so bin ich sehr übel auf dich zu sprechen, daß du solche Nichtswürdigkeiten nachplauderst. In den hundert und mehr Jahren, die du nach ihm gelebt, hat vieles können erdacht werden, welches ein Geschichtschreiber wie du, hätte untersuchen, nicht aber ununtersucht fortpflanzen sollen – –

Es würde ein wenig eckel klingen, wenn ich diese Apostrophe weiter treiben wollte. Ich will also gelassener fortfahren – – In eben dieser Lebensbeschreibung sagt *Sueton*: es gehen unter dem Namen des Horaz Elegien und ein prosaischer Brief herum; allein beide halte ich für falsch. Die Elegien sind gemein, und der Brief ist dunkel, welches doch sein Fehler ganz und gar nicht war. – – Das ist artig! Warum widerspricht denn *Sueton* der Tradition hier, und oben bei dem Spiegelzimmer nicht? Hat es mehr auf sich den Geist eines Schriftstellers zu retten, als seine Sitten? Welches schimpft denn mehr? Nach einer Menge der vollkommensten Gedichte, einige kalte Elegien und einen dunkeln Brief schreiben; oder bei aller Feinheit des Geschmacks ein unmäßiger Wollüstling sein? – – Unmöglich kann ich mir einbilden, daß ein vernünftiger Geschichtschreiber, auf eben derselben Seite, in eben derselben Sache, nemlich in Meldung der Nachreden, welchen sein Held ausgesetzt worden, gleich unvorsichtig, als behutsam sein könne.

Nicht genug! Ich muß weiter gehen, und den Leser bitten, die angeführte Stelle noch einmal zu betrachten: *ad res venereas intemperantior traditur. Nam speculato cubiculo scorta dicitur habuisse disposita, ut quocunque respexisset, ibi ei imago coitus referretur.*

Je mehr ich diese Worte ansehe, je mehr verlieren sie in meinen Augen von ihrer Glaubwürdigkeit. Ich finde sie abgeschmackt; ich finde sie unrömisch; ich finde, daß sie andern Stellen in dieser Lebensbeschreibung offenbar widersprechen.

Ich finde sie abgeschmackt. Man höre doch nur, ob der Geschichtschreiber kann gewußt haben, was er will? *Horaz soll in den venerischen Ergötzungen unmäßig gewesen sein; denn man sagt – –* Auf die Ursache wohl Achtung gegeben! *Man sagt –* Ohne Zweifel, daß er als ein wahrer Gartengott, ohne Wahl, ohne Geschmack auf alles, was weiblichen Geschlechts gewesen, losgestürmet sei? Nein! – *Man sagt, er habe seine Buhlerinnen in einem Spiegelzimmer genossen, um auf allen Seiten, wo er hingesehen, die wollüstige Abbildung seines Glücks anzutreffen –* Weiter nichts? Wo steckt denn die Unmäßigkeit? Ich sehe, die Wahrheit dieses Umstandes vorausgesetzt, nichts darinne, als ein Bestreben, sich die Wollust so reizend zu machen, als möglich. Der Dichter war also keiner von den groben Leuten, denen Brunst und Galanterie eines ist, und die im Finstern mit der Befriedigung eines einzigen Sinnes vorlieb nehmen. Er wollte, so viel möglich, alle sättigen; und ohne einen Wehrmann zu nennen, kann man behaupten, er werde auch nicht den Geruch davon ausgeschlossen haben. Wenigstens hat er diese Reizung gekannt:

> te puer in rosa
> Perfusus liquidis urget odoribus.

Und das Ohr? Ich traue ihm Zärtlichkeit genug zu, daß er auch dieses nicht werde haben leer ausgehen lassen. Sollte die Musik auch nur

> Gratus puellae risus

gewesen sein. Und der Geschmack?

> oscula, quae Venus
> Quinta parte sui nectaris imbuit.

Nektar aber soll der Zunge keine gemeine Kützlung verschafft haben; wenigstens sagt Ibykus bei dem Athenäus, es sei noch neunmal süßer als Honig – – Himmel! was für eine empfindliche Seele war die Seele des Horaz! Sie zog die Wollust durch alle Eingänge in sich. – – Und gleichwohl ist mir das Spiegelzimmer eine Unwahrscheinlichkeit. Sollte denn dem Dichter nie eine Anspielung darauf entwischt sein? Vergebens wird man sich nach dieser bei ihm umsehen. Nein, nein; in den süßen Umarmungen einer Chloe hat man die Sättigung der Augen näher, als daß man sie erst seitwärts in dem Spiegel suchen müßte. Wen das Urbild nicht rühret, wird den der Schatten rühren? – – Ich verstehe eigentlich hiervon nichts; ganz und gar nichts. Aber es muß doch auch hier alles seinen Grund haben; und es wäre ein sehr wunderbares Gesetze, nach welchem die Einbildungskraft wirkte, wenn der Schein mehr Eindruck auf sie machen könnte, als das Wesen – –

Ferner finde ich die angeführten Worte unrömisch. Wer wird mich zum Exempel bereden, daß die Römer *speculatum cubiculum*, für *cubiculum speculis ornatum* gesagt haben? Man mag dem Mittelworte *speculatum* eine aktive oder passive Bedeutung geben, so wird es in dem ersten Falle gar nichts, und in dem andern etwas ganz anders ausdrücken. Schon *speculari* für *in dem Spiegel besehen*, ist das gewöhnlichste nicht, und niemand anders als ein Barbar oder ein Schulknabe kann darauf fallen, den Begriff *mit Spiegeln ausgeziert*, durch *speculatus* zu geben. Doch wenn das auch nicht wäre, so sage man mir doch, was die ganze Redensart heißt: *speculato cubiculo scorta dicitur habuisse disposita*? Ich weiß wohl, was in einem gewissen Studentenliede *scorta deponere* bedeutet, aber was in einem klassischen Schriftsteller *scorta disponere* sagen könne, gesteh ich ganz gerne, nicht zu wissen. Die Worte sind so dunkel, daß man den Sinn nicht anders als erraten kann; welches aber den meisten nicht sauer werden wird, weil ein wenig Bosheit mit unterläuft. Wann man ihn nun aber erraten hat, so versuche man doch, ob er sich wohl mit dem, was Sueton sonst von dem Horaz erzehlt, vergleichen lasse?

Nach dem Berichte dieses Geschichtschreibers war August mit dem Dichter so vertraulich, daß er ihn oft im Scherze *purissimum penem* und *homuncionem lepidissimum* nannte. Der verschämte Herr Pastor Lange giebt das erste Beiwort durch einen *artigen Bruder Lüderlich*; oder vielmehr nach seiner Rechtschreibung *Liederlich*. Ich will hoffen, daß man keine getreuere Übersetzung von mir verlangen wird. Genug für mich, daß *purissimus*, oder wenn man die Lesart ein wenig antiquer haben will, *putissimus*, der *Allerreinste* heißt, und daß der, welcher *ad res venereas intemperantior* ist, unmöglich der Allerreinste sein kann. Eines von beiden muß also nur wahr sein; entweder das *dicitur* des Pöbels, oder das ausdrückliche Urteil des Augusts. Mit welchem will man es halten?

Die Wahl kann nicht schwer fallen; sondern jeder Unparteiischer wird mir vielmehr zugestehen, daß *Sueton* schwerlich etwas so abgeschmacktes, so unrömisches und mit seinen anderweitigen Nachrichten so streitendes, könne geschrieben haben, und daß man vielmehr vollkommen berechtigt sei, die angeführte Stelle für untergeschoben zu halten.

Was das Unrömische darinne zwar anbelangt, so könnte man vielleicht den Vorwand der verstümmelten Lesart wider mich brauchen, und alle Schuld auf die unwissenden Abschreiber schieben. Es ist wahr; und ich selbst kann eine Verbesserung angeben, die so ungezwungen ist, daß man sie ohne Widerrede annehmen wird. Anstatt nemlich: *speculato cubiculo scorta dicitur habuisse disposita* rate ich zu lesen *specula in cubiculo scortans ita dicitur habuisse disposita, ut etc.* Man sieht, daß ich wenigstens sehr aufrichtig bin, und mir kein Bedenken mache, meinen Grund selbst zu entkräften. Doch wer weiß ob ich es tun würde, wenn ich nicht den übrigen Gründen desto mehr zutraute. Ich glaube aber, sie sind von der Beschaffenheit, daß das, was ich noch hinzusetzen will, sie fast unwidersprechlich machen wird.

Ich hatte nicht lange über diese verdächtige Beschuldigung nachgedacht, als ich mich erinnerte, etwas ähnliches bei dem Seneca gelesen zu haben. Dieser ehrliche Philosoph hat nicht gerne eine Gelegenheit versäumt, wo er mit guter Art seine ernsthaften Lehren, mit einem Zuge aus der Geschichte lebhafter machen konnte. In dem ersten Buche seiner natürlichen Fragen handelt er unter andern von den Spiegeln, und nachdem er alles beigebracht, was er als ein Physiker davon zu sagen gewußt, so schließt er endlich mit einer Erzehlung, die ziemlich schmutzig ist. Vielleicht sollte ich mehr sagen, als *ziemlich*; wenigstens bin ich nicht der einzige, der es einem stoischen Weisen verdenkt, sie mit allen spitzigen Schönheiten seines laconischen Witzes ausgekramt zu haben. *Fromondus* setzt schon hinzu: *honestius tacuisses Seneca*; und es giebt Übersetzer, die lieber ihre Urschrift hier verstümmeln, als durch allzugroße Treue ihren Lesern die Röte ins Gesicht treiben wollen. Ich würde eben so behutsam sein, wenn nicht unglücklicher Weise beinahe die ganze Rettung meines Dichters davon abhinge. Der Unschuld zum Nutzen kann man schon den Mund ein wenig weiter auftun. Ich werde bei dem allen noch weit bescheidener als *Seneca* sein, den diejenigen, welche gründlicher unterrichtet sein wollen, in dem sechzehnten Hauptstücke des angeführten Buchs nachlesen können.

»Bei dieser Gelegenheit, sagt er zu seinem Lucil, muß ich dir doch ein Histörchen erzehlen, woraus du erkennen wirst, wie die Geilheit sogar kein Werkzeug zu Anreizung der Wollust verachtet, und wie sinnreich sie ist, ihrem unzüchtigen Feuer Nahrung zu schaffen. Ein gewisser *Hostius* übertraf an Unkeuschheit alles, was man jemals auf der Bühne gesehen und verabscheuet hat. Er war dabei ein reicher Geizhals, ein Sklave von mehr als tausend Sesterzien. Als ihn seine Sklaven umgebracht hatten, achtete der göttliche August ihn nicht für wert, seinen Tod zu rächen, ob er ihn gleich nicht billigte. Er verunreinigte sich nicht allein mit Einem Geschlechte; sondern er war auf das männliche eben so rasend als auf das weibliche. Er ließ sich Spiegel verfertigen, die, wie ich sie in dem vorhergehenden beschrieben habe, die Bilder um vieles vergrößerten, und den Finger an Dicke und Länge einem Arme gleich machten. Diese Spiegel stellte er so, daß wenn er sich selbst von einem seines Geschlechts mißbrauchen ließ, er alle Bewegungen seines Schänders darinne sehen, und sich an der falschen Größe des Gliedes, gleichsam als an einer wahren, vergnügen konnte. Er suchte zwar schon in allen Badstuben die Muster nach dem vergrößerten Maßstabe aus; gleichwohl aber mußte er seine unersättliche Brunst auch noch mit Lügen stillen. Nun sage man mir, ob es wahr ist, daß der Spiegel nur der Reinigkeit wegen erfunden sei?« –

Weiter brauche ich meinen Stoiker nicht zu verdolmetschen. Er moralisiert noch eine ziemliche Ecke ins Feld hinein, und giebt sich alle Mühe die Augen seiner Leser auf diesen Gegenstand recht zu heften. Man sollte schwören, er rede von dem freiwilligen Tode des Cato, so feurig wird er dabei!

Ich will mich vielmehr so gleich zu den Folgerungen wenden, die daraus fließen. Der göttliche Augustus, welcher hier einen unzüchtigen Mann so verabscheuet, daß er auch seinen Tod, an den nichtswürdigsten Kreaturen in den Augen eines Römers, an meuchelmörderischen Sklaven, nicht ahnden will, ist eben der August, dessen Liebling Horaz war. Nun malt man uns den Horaz zwar nicht völlig als einen Hostius; allein das was daran fehlt, ist auch so groß nicht, als daß es in dem Betragen des Augustus einen so merklichen Unterscheid hätte machen können. Unter den *scortis*, die der Dichter vor dem Spiegel soll genossen haben, will man nicht bloß weibliche verstehen, deren Gebrauch die Entbehrlichkeit übernatürlicher Anspornungen ziemlich voraussetzt. Man muß das männliche Geschlecht mit darunter begreifen, wenn das *intemperantior ad res venereas traditur*, nicht, wie ich schon gezeigt habe, eine Ungereimtheit sein soll. Begreift man es aber darunter, so ist Hostius dem Horaz nur noch in kleinen Umständen überlegen; und ihr Hauptverbrechen ist eins. Es ist eins, sage ich; und August muß von sehr wankenden Grundsätzen gewesen sein. Was konnte ihn antreiben, eben dasselbe Laster in dem einen zu verfolgen, und bei dem andern in einen Scherz oder vielmehr gar in eine Art von Lobspruch zu verwandeln? Jenen für *indignum vindicta*, und diesen für *purissimum penem* zu erklären? Man sage nicht, die Vorzüge die Horaz sonst, als ein schöner Geist besessen, könnten den August über diese Abscheulichkeit wegzusehen bewogen haben. August war der Mann nicht, der in Ansehung des Witzes die allzugroben Ausschweifungen zu vergeben gewohnt war. Wenigstens hat er es an einer ähnlichen Person, an dem Ovid, nicht gewiesen.

Was soll ich von einer so klaren Sache viel Worte machen? Ich glaube die critische Vermutung vorbereitet genug zu haben, die ich nunmehr vorbringen will. Man betrachte, daß Hostius unter dem August gelebt; man betrachte, daß der Name *Hostius* Gleichheit genug mit dem Namen *Horatius* hat, um von einem Unwissenden dafür angesehn zu werden; man überlege endlich, daß die Worte des Seneca, die ich schon übersetzt angeführt habe: *specula ita disponebat ut cum virum ipse pateretur, aversus omnes admissarii sui motus in speculo videret*; daß, sage ich, diese Worte von den oben angeführten: *specula in cubiculo, scortans ita dicitur habuisse disposita, ut quocunque respexisset, ibi ei imago coitus referretur* beinahe das Vorbild zu sein scheinen; und wenn man alles dieses genau überlegt hat, so sage man mir, ob ich nicht mit einem ziemlichen Grade von Wahrscheinlichkeit behaupten könnte, daß die streitige Stelle des *Suetons*, das Einschiebsel eines Abschreibers sei? Eines Abschreibers, der vielleicht bei einem andern, als bei dem Seneca gelesen hatte: zu den Zeiten des Augustus habe ein gewisser Hostius – welcher Name ihm ohne Zweifel unbekannter war, als Horatius – – vor den Spiegeln seine unzüchtigen Lüste gestillt: eines Abschreibers, der ein verdienstliches Werk zu tun glaubte, wenn er mit dieser Anekdote die Nachrichten des Suetons vermehrte.

Ich bin hoffentlich der erste, der diese Vermutung vorträgt, ob ich gleich nicht der erste bin, der die Stelle, die sie betrifft, für untergeschoben hält. *Dacier* hat sie in seiner Übersetzung stillschweigend ausgelassen, und stillschweigend also verdammt. *Baxter* läßt sie in seiner Ausgabe gleichfalls weg, und fügt in einer Anmerkung hinzu: *quae hic omittuntur, a nescio quo nebulone infarcta sunt, neque enim solum inhonesta, verum etiam deridicula et* ἀσυστατα *videntur.* Es sollte mir lieb sein, wenn ich das, was *Baxter* hier mit ganz trocknen Worten sagt, richtig erwiesen hätte.

Und zwar sollte es mir schon deswegen lieb sein, weil die zweite Art von Beweisen, die man von der Unkeuschheit des Horaz aus seinen eignen Schriften nimmt, ein großes verlieret, wann sie von der erstern nicht mehr unterstützt wird.

Giebt man es zu, oder giebt man es nicht zu, daß der Dichter die Natur schildert; daß die sinnlichen Gegenstände ihn nicht bloß und allein, ja nicht einmal vorzüglich beschäftigen müssen; daß die Empfindungen, so wie sie die Natur selbst beleben, auch sein Gemälde beleben müssen? Man giebt es zu. Räumt man es ein, oder räumt man es nicht ein, daß die Empfindungen der Wollust unter allen diejenigen sind, welche sich der meisten Herzen bemächtigen, und sich ihrer am leichtesten bemächtigen; daß sie unter sich der mehresten Abänderungen fähig sind, welche alle Wollust, aber alle eine andre Wollust sind; daß der Dichter, so wie er hier seine meiste Stärke zeigen kann, auch hier seinen meisten Ruhm zu erwarten hat? Man räumt es ein. Also räume man auch ein, daß der Dichter Wein und Liebe, Ruhe und Lachen, Schlaf und Tanz besingen, und sie als die vornehmsten Güter dieses Lebens anpreisen darf; oder wenigstens gestehe man zu, daß man dem Dichter, wenn man es ihm untersagen wollte, eines von den schönsten Feldern untersagen würde, wo er die angenehmsten Blumen für das menschliche Herz sammeln könnte. Ich rede von dem menschlichen Herze, so wie es ist, und nicht wie es sein sollte; so wie es ewig bleiben wird, und nicht wie es die strengen Sittenlehrer gern umbilden wollten.

Ich habe für den Horaz schon viel gewonnen, wenn der Dichter von der Liebe singen darf. Allein die Liebe, hat sie nicht jedes Jahrhundert eine andere Gestalt? Man hat angemerkt, daß sie in den barbarischen Zeiten ungemein bescheiden, ehrerbietig, und bis zur Schwärmerei züchtig und beständig gewesen ist; es waren die Zeiten der irrenden Ritter. In den Zeiten hingegen, in welchen sich Witz und Geschmack aus dem Bezirke der Künste und Wissenschaften bis in den Bezirk der Sitten ausgebreitet hatten, war sie immer kühn, flatterhaft, schlüpfrigt, und schweifte wohl gar aus dem Gleise der Natur ein wenig aus. Ist es aber nicht die Pflicht eines Dichters, den Ton seines Jahrhunderts anzunehmen? Sie ist es, und Horaz konnte unmöglich anders von der Liebe reden, als nach der Denkungsart seiner Zeitgenossen. – – Noch mehr also für ihn gewonnen.

Hierzu füge man die Anmerkung, daß alles, woraus ein Dichter seine eigne Angelegenheit macht, weit mehr rührt, als das, was er nur erzehlt. Er muß die Empfindungen, die er erregen will, in sich selbst zu haben scheinen; er muß scheinen aus der Erfahrung und nicht aus der bloßen Einbildungskraft zu sprechen. Diese, durch welche er seinem geschmeidigen Geiste alle mögliche Formen auf kurze Zeit zu geben, und ihn in alle Leidenschaften zu setzen weiß, ist eben das, was seinen Vorzug vor andern Sterblichen ausmacht; allein es ist gleich auch das, wovon sich diejenigen, denen er versagt ist, ganz und gar keinen Begriff machen können. Sie können sich nicht vorstellen, wie ein Dichter zornig sein könne, ohne zu zürnen; wie er von Liebe seufzen könne, ohne sie zu fühlen. Sie, die alle Leidenschaften nur durch Wirklichkeiten in sich erwecken lassen, wissen von dem Geheimnisse nichts, sie durch willkürliche Vorstellungen rege zu machen. Sie gleichen den gemeinen Schiffern, die ihren Lauf nach dem Winde einrichten müssen, wenn der Dichter einem Aeneas gleicht, der die Winde in verschlossenen Schläuchen bei sich führt, und sie nach seinem Laufe einrichten kann. Gleichwohl muß er, ihren Beifall zu haben, sich ihnen gleich stellen. Weil sie nicht eher feurig von der Liebe reden können, als bis sie verliebt sind; so muß er selbst ihnen zu gefallen verliebt sein, wenn er feurig davon reden will. Weil sie nicht wissen, wie sich der Schmerz über den Verlust einer Geliebten ausdrücken würde, ohne ihn gefühlt zu haben; so muß ihm selbst eine Neära untreu geworden sein, wann er die Natur und ihre Ausbrüche bei einer solchen Gelegenheit, schildern will.

Da man aber dieses weiß, oder wenigstens wissen könnte, schämt man sich denn nicht, alles im Ernste auf die Rechnung des Dichters zu schreiben, was er selbst, des künstlichen Blendwerks wegen, darauf geschrieben hat? Muß er denn alle Gläser geleert und alle Mädgens geküßt haben, die er geleert und geküßt zu haben vorgiebt? Die Bosheit herrscht hier wie überall. Man lasse ihn die herrlichsten Sittensprüche, die erhabensten Gedanken, von Gott und Tugend vortragen; man wird sich wohl hüten sein Herz zur Quelle derselben zu machen; alles das Schöne, spricht man, sagt er als Dichter. Aber es entfahre ihm das geringste Anstößige, schnell soll der Mund von dem übergeflossen sein, dessen das Herz voll ist.

Weg also mit allen den unwürdigen Anwendungen, die man von den Gedichten des Horaz auf den moralischen Charakter desselben oft genug gemacht hat! Sie sind die größten Ungerechtigkeiten, die man ihm erweisen kann, und allzu oft wiederholt, werden sie endlich alle seine Nachahmer bewegen, uns die Natur nur auf ihrer störrischen Seite zu weisen, und alle Grazien aus ihren Liedern zu verbannen.

Niemand hat diese verhaßten Anwendungen weiter getrieben, als einige Franzosen. Und in welcher Torheit tragen nicht immer die Franzosen den Preis davon? *De la Chapelle* fand mit seinen Liebsgeschichten des Catulls und Tibulls Nachahmer, so ein elender Schriftsteller er auch war. Doch habe ich es schon vergessen, daß es eben die elendesten Schriftsteller sind, welche die meisten Nachahmer finden? Nicht einer, sondern zwei wahrhafte Beauxesprits, das ist, wahrhafte seichte Köpfe, haben uns *les Amours d'Horace* geliefert. Der eine hat in fünf Briefen an einen Marquis – – denn ein Marquis muß es wenigstens sein, mit dem ein französischer Autor in Briefwechsel steht – – alle weibliche Namen, die in den Gedichten des Horaz vorkommen, in ein Ganzes zu bringen gewußt. Sie sind ihm eine Reihe von willigen Schwestern, die alle der flatterhafte Horaz durchgeschwärmt ist. Schon die Menge derselben hätte ihm das Abgeschmackte seines Unternehmens sichtbar machen können; allein eben dieselbe Menge macht er zu einem Beweise, daß Horaz in der Galanterie ein Held ohn gleichen müsse gewesen sein. Er erzwingt überall aus den Worten des Dichters, welche oft die unschuldigsten von der Welt sind, kleine scandaleuse Umstände, um seinen Erdichtungen eine Art von Zusammenhang zu verschaffen. Horaz, zum Exempel, begleitet die zur See gehende Galathee mit aufrichtigen Wünschen der Freundschaft; der Freundschaft, sag ich, die ihr alle Gefährlichkeiten des tobenden Oceans vorstellt, und sie durch das Exempel der Europa, keine ungewisse Reise anzutreten, ermahnet. Dieses ist der Inhalt der 27ten Ode des dritten Buchs. Das Zärtlichste, was Horaz der Galathee darinne sagt, sind die Zeilen:

> Sis licet felix ubicunque mavis,
> Et memor nostri, Galatea, vivas.

Was kann unschuldiger sein, als diese Zeilen? Sie scheinen aus dem Munde eines Bruders geflossen zu sein, der sich einer geliebten Schwester, die ihn verlassen will, empfiehlt. Doch was nicht darinne liegt, hat der Franzose hineingelegt; er übersetzt die Worte *memor nostri vivas* durch *daignez toujours conserver le souvenir de ma tendresse*, und nunmehr ist es klar, daß Galathee eine Buhlerin des Horaz gewesen ist. Noch nicht genug; zum Trotze aller Ausleger, die zu dieser Ode setzen, »man weiß nicht, wer diese Galathee gewesen ist, noch vielweniger ob sie Horaz geliebt hat« – ihnen zum Trotze, sage ich, weiß er beides. Galathee, sagt er, war ein gutes Weibchen, so wie sie Horaz, der nun bald ausgedient hatte, brauchte. Sie wollte lieber gleich Anfangs die Waffen niederlegen, als sich mit Verteidigung eines Platzes aufhalten, von dem sie vorher sahe, daß er sich doch würde ergeben müssen. Ihre Leidenschaften waren sehr feurig, und die Heftigkeit derselben war in allen ihren Mienen zu lesen. Ihr Mund war von den häufigen Küssen, die sie zu empfangen gewohnt war, wie verwelkt. Alles das machte sie für den Horaz recht bequem; für ihn, der gleichfalls gern so geschwind als möglich zu entern suchte; nur Schade, daß sie sich etwas mehr von ihm versprach, als kalte Versicherungen seiner Treue. Sie ließ es ihm daher auch gar bald merken, daß nichts als Liebe, selten ein Frauenzimmer zur Liebe bewege. Den Verfolgungen dieses abgelebten Liebhabers zu entgehen, und was das vornehmste war, sich für seine Lieder, für die gewöhnlichen Werkzeuge seiner Rache, in Sicherheit zu setzen, beschloß sie, Rom zu verlassen. Sie machte sich fertig zur See zu gehen, um vielleicht auf gut Glück ihren Mann aufzusuchen –

Ist es erlaubt, solche Nichtswürdigkeiten zu erdenken, die auch nicht den allermindesten Grund haben? Doch ich will mich bei diesem Schriftsteller nicht aufhalten. Gegen das Andenken eines großen Dichters so wenig Ehrerbietigkeit haben, daß man sich nicht scheuet, es durch einen unsinnigen Roman zu verdunkeln, ist ein Beweis der aller pöbelhaftesten Art zu denken, und des aller elendesten Geschmacks. Genug, daß jedem, der die Oden gegen einander halten will, die Horaz an einerlei Frauenzimmer, dem Namen nach, geschrieben zu haben scheinet, Widersprüche in die Augen fallen werden, die sogleich das Erdichtete der Gegenstände verraten. Mehr braucht es nicht, aus allen seinen Lydien, Neären, Chloen, Leuconoen, Glyceren, und wie sie alle heißen, Wesen der Einbildung zu machen. Wesen der Einbildung, wofür ich beiläufig auch meine Phyllis und Laura und Corinna erklären will. – – Wird man nicht lachen, daß man mich um meinen Nachruhm so besorgt sieht?

Aber ich will wohl also gar, den Horaz zu einen Priester der Keuschheit machen? Nichts weniger als das. Er mag immer geliebt haben; wenn ich nur so viel für ihn erlange, daß man seine Oden nicht wider ihn brauchen darf, und die Spiele seines Witzes nicht zu Bekenntnissen seines Herzens macht. Ich dringe hierauf besonders deswegen, um ihn von dem widernatürlichen Verbrechen der Wollüstlinge seiner Zeit los zu sprechen, und wenigstens die weichlichen Knaben den *Ligurin* und *Lyciscus* aus der Rolle seiner Buhlerinnen zu streichen.

Um es wahrscheinlich zu machen, daß Horaz nur das erlaubtre Vergnügen genossen habe, erinnre man sich des

Eifers, mit welchem er den Ehebruch bestraft. Man lese
seine sechste Ode des dritten Buchs. Was für eine Strophe!

> Foecunda culpae secula nuptias
> Primum inquinavere, et genus et domus;
> Hoc fonte derivata clades
> In patriam populumque fluxit.

Konnte er die Verletzung des ehelichen Bandes mit schrecklichern Farben abschildern, als daß er sie zur Quelle machte, woraus alles Unglück über die Römer daher geflossen sei? Nicht genug, daß er dieses Laster als Laster verfolgte, er bestrebte sich so gar es lächerlich zu machen, um seine Römer durch das Ungereimte davon abzuhalten, wovon sie die Furcht der Strafe nicht abhalten konnte. Ich berufe mich deswegen auf seine zweite Satyre des ersten Buchs. Auf was dringt er mehr, als auf die Verschonung der Matronen? Er beschreibt ihren Genuß unsicher, mit weniger Reiz verbunden als den Genuß lediger Buhlerinnen, und mit hundert Gefahren umgeben, die man in den Armen einer Freigelassenen nicht zu befürchten habe. – – Sollte also wohl der, welcher für die gesellschaftlichen Gesetze so viel Ehrerbietung hatte, die weit heiligern Gesetze der Natur übertreten haben? Er kannte sie, diese Natur, und wußte, daß sie unsern Begierden gewisse Grenzen gesetzt habe, welche zu kennen eine der ersten Pflichten sei.

> Nonne cupidinibus statuit natura modum? quem
> Quid latura sibi, quid sit dolitura negatum,
> Quaerere plus prodest, et inane abscindere soldo.

Ich kann es zwar nicht verbergen, daß er in eben dieser Satyre von dem Gebrauche der Knaben ziemlich gleichgültig spricht: aber wie? So, daß er zugleich deutlich zeigt, nach seinem Geschmacke sei ihm der gewöhnlichste Weg der liebste. Es ist wahr: er sagt:

> tument tibi quum inguina, num, si
> Ancilla aut verna est praesto puer, impetus in quem
> Continuo fiat, malis tentigine rumpi?

Es ist wahr er setzt sogleich hinzu: *non ego*. Allein er schließt auch in den nachfolgenden Versen seine Begierde offenbar nur auf die erste ein, so daß er durch dieses Bekenntnis weiter nichts sagen will, als daß er *parabilem venerem facilemque* liebe. Er fährt fort:

    Haec ubi supposuit dextro corpus mihi laevum,
      Ilia et Egeria est; do nomen quodlibet illi.

Ich dringe auf das *haec*, und bemerke noch dabei, daß Horaz die Natur so geliebt habe, daß er auch an dieser *Haec* nicht einmal die Schmünke und die hohen Absätze leiden wollen.

                ut neque longa
    Nec magis alba velit, quam det natura, videri.

Nimmermehr wird man mich überreden können, daß einer welcher der Natur in solchen Kleinigkeiten nachgehet, sie in dem allerwichtigsten sollte verkannt haben. Der, welcher von einem Laster, das die Mode gebilliget hat, so wie von einer Mode redet, die man mitmachen kann oder nicht, muß deswegen nicht dieses Laster selbst ausgeübet haben. Er kann es im Herzen verdammen, ohne deswegen wider den Strom schwimmen zu wollen.

   Damit ich mich aber nicht bloß bei allgemeinen Entschuldigungen aufzuhalten scheine, so will ich mich zu einer von den Oden selbst wenden, die seine Knabenliebe, wie man sagt, beweisen. Ich wehle die erste des vierten Buchs. Sie ist an die Venus gerichtet und von dem Dichter in einem Alter von fast funfzig Jahren gesungen worden. Er bittet darinne die Göttin, ihn nicht aufs neue zu bekriegen, sondern sich vielmehr mit allen ihren Reizungen zu dem Maximus zu verfügen, welcher nicht unterlassen werde, ihr einen marmornen Altar zu errichten, und den lieblichsten Weihrauch bei festlichen Tänzen zu ihr aufsteigen zu lassen. Für ihn selbst schicke es sich nun nicht mehr, bei dem freundlichen Kampfe der Becher, die Haare mit Blumen zu durchflechten, und allzuleichtgläubig auf Gegenliebe zu hoffen – Hier bricht der Dichter ab, und fügt durch eine ihm eigne Wendung hinzu:

    Sed cur heu, Ligurine, cur
      Manat rara meas lacryma per genas?
    Cur facunda parum decoro

> Inter verba cadit lingua silentio?
> Nocturnis te ego somniis
>   Jam captum teneo, jam volucrem sequor
> Te per gramina Martii
>   Campi, te per aquas, dure, volubiles.

Was läßt sich zärtlichers gedenken als diese Stelle? Wenn sie doch nur keinen *Ligurin* beträfe! Doch wie, wenn *Ligurin* nichts als ein Gedanke des Dichters wäre? Wie wann es nichts als eine Nachbildung des anakreontischen Bathylls sein sollte? Ich will es entdecken, was mich auf diese Vermutungen bringt. Horaz sagt in der vierzehnten Ode des fünften Buchs:

> Non aliter Samio dicunt arsisse Bathyllo
>   Anacreonta Teium
> Qui persaepe cava testudine flevit amorem
>   Non elaboratum ad pedem.

Unter den Liedern des Anakreons, wie wir sie jetzt haben, werden etwa drei an den Bathyll sein, welche aber alle von einem ganz andern Charakter sind, als daß ihnen das *Flevit* zukommen könnte. Diejenigen müssen also verloren gegangen sein, welche Horaz hier in Gedanken hatte. Fragt man mich aber, was man sich für eine Vorstellung von denselben zu machen habe, so muß ich sagen, daß ich mir sie vollkommen, wie die angeführte Stelle des Horaz von seinem Ligurin, einbilde. Unmöglich kann der Grieche seine Liebe glücklicher daher geweinet haben! Oder vielmehr, unmöglich hätte der Römer sie so glücklich daher geweint, wenn er das Muster seines Lehrers in der Zärtlichkeit nicht vor sich gehabt hätte. Mit einem Worte also: Horaz welcher allen griechischen Liederdichtern die schönsten Blumen abborgte, und sie mit glücklicher Hand auf den römischen Boden zu verpflanzen wußte; Horaz, sage ich, ward von den verliebten Tränen des Anakreons so gerührt, daß er sie zu den seinigen zu machen beschloß. Man kann zwar, wie gesagt, das Lied des Griechen nicht dargegen aufstellen; allein ich frage Kenner, welche die eigentümlichen Bilder des einen und des andern Dichters zu unterscheiden vermögen, ob sie nicht lauter anakreontische in der Stelle des Horaz finden? Ja gewiß; und dieses noch um so viel deutlicher, da man schon in den übrig gebliebenen Liedern des Anakreons ähnliche Züge aufweisen kann. Man erinnere sich unter andern des achten, wo sich der Tejer im Traume sowohl mit schönen Mädchens als Knaben herumjagt. Man erinnere sich ferner des siebenden, wo Amor mit einem hyacinthnen Stabe den Anakreon durch Felder und Gesträuche, durch Täler und Flüsse vor sich her treibt. Lauter gleichende Dichtungen! Und wann Horaz die beiden Zeilen:

     Cur facunda parum decoro
     Inter verba cadit lingua silentio?

nicht auch dem Anakreon zu danken hat; so hat er sie wenigstens der Sappho abgesehen, die schon längst vor ihm das finstre Stillschweigen zu einem verräterischen Merkmale der Liebe gemacht hatte. Man vergleiche sie nur mit der Übersetzung des Catulls:

     – – – nihil est super mi
     Quod loquar amens.
     Lingua sed torpet – – –

Wann nun also diese Nachahmung seine Richtigkeit hat, so habe ich mich weiter auf nichts als auf eine ganz bekannte Anmerkung zu berufen. Auf diese nemlich, daß eine wahre Leidenschaft viel zu unruhig ist, als daß sie uns Zeit lassen sollte, fremde Empfindungen nachzubilden. Wenn man das, was man fühlt, singt, so singt man es allezeit mit ursprünglichen Gedanken und Wendungen. Sind aber diese angenommen, so ist auch gewiß ihr ganzer Grund angenommen. Der Dichter hat alsdenn ruhig in seiner Stube gesessen, er hat die Züge der schönen Natur aus verschiednen Bildern mühsam zusammen gesucht, und ein Ganzes daraus gemacht, wovon er sich selbst, aus einem kleinen Ehrgeize, zum Subjecte annimmt. Ich verrate hier vielleicht ein Geheimnis, wovon die galante Ehre so mancher witzigen Köpfe abhängt; doch ich will es lieber verraten, als zugeben, daß es unverraten schimpfliche Vermutungen veranlasse.

    Aber, wird man vielleicht einwenden, hat denn Horaz

nicht etwas edlers nachbilden können, als die Symptomata eines so häßlichen Lasters? Und verrät denn nicht schon die Nachbildung desselben einen Wohlgefallen daran? Das erste gebe ich zu, das andre aber leugne ich. Er würde etwas edlers in der Liebe nachgebildet haben, wann zu seiner Zeit etwas edlers darinne Mode gewesen wäre. Wäre dieses aber gewesen, und hätte er es nachgebildet, zum Exempel alle Täuschereien der platonischen Liebe, so könnte man doch daraus eben so wenig auf seine Keuschheit schließen, als man jetzt aus dem Gegenteile auf seine Unkeuschheit zu schließen befugt ist.

Wem aber alles dieses noch nicht genug ist, den Horaz von der Knabenliebe loszusprechen, den bitte ich, sich aus der Geschichte des *Augustus* noch folgender Umstände zu erinnern. Ich bitte ihn, an das Gesetz *de adulteriis et pudicitia*, und an das Gesetz *de maritandis ordinibus* zu denken. Wie angelegen ließ es sich dieser Kaiser sein, ihre alte Kraft wieder herzustellen, um allen Ausschweifungen der Unzucht, die in den gesetzlosen Zeiten des bürgerlichen Krieges eingerissen waren, vorzukommen. Das erstre Gesetz, welches *lex Julia* genennet ward, bestrafte die Knabenschänderei weit härter, als sie ein älteres Gesetz, *lex Scantina*, bestraft wissen wollte. Das zweite verbot eben dieses Laster, in so ferne es schnurstracks mit der Vermehrung des menschlichen Geschlechts streitet, auf welche niemals ein Staat aufmerksamer war, als der römische. Man kann es bei dem Sueton (*Hauptstück 34.*) nachlesen, wieviel Mühe es dem August gekostet hat, mit Erneurung besonders des letztern Gesetzes durchzudringen, und wie sorgfältig er alle Schlupflöcher, wodurch man sich der Verbindlichkeit desselben zu entziehen suchte, verstopft hat. Nun muß man, entweder in das Wesen eines Hofmanns, welcher auch seine liebsten Leidenschaften unterdrückt, sobald er dem dadurch zu gefallen hofft, von welchem er alle sein Glück erwartet, nicht tief eingedrungen sein, oder man muß glauben, daß Horaz ein schlechter Hofmann gewesen ist, wenn man ihn für fähig halten will, durch sein eigen Exempel die Verachtung der

liebsten Gesetze seines Kaisers befördert zu haben. Seines
Kaisers, den er selbst, an mehr als einem Orte, dieser heiligen Anstalten wegen lobt:

> Nullis polluitur casta domus stupris:
> Mos et lex maculosum edomuit nefas,
> Laudantur simili prole puerperae:
> Culpam poena premit comes.

Alles dieses, sagt Horaz, sind die Vorteile der Regierung
unsers Augustus! Man versteht ihn aber sehr schlecht, wenn
man das *maculosum nefas* für etwas anders annimmt, als für
das Laster, von welchem hier die Rede ist. Auch diesem
Laster folgte die Strafe auf dem Fuße nach; *culpam poena
premit comes*. Und Horaz sollte es gleichwohl begangen haben? Ich will nicht hoffen, daß man Verleumdungen mit
Verleumdungen beweisen, und den August selbst in gleiche
Verdammnis werde setzen wollen. Es ist wahr, wie Sueton
meldet, so hat man ihm in seinen jüngern Jahren verschiedne schändliche Verbrechen vorgeworfen. *Sex. Pompejus ut
effoeminatum insectatus est; M. Antonius, adoptionem avunculi stupro
meritum etc.* Aber waren nicht Pompejus und Antonius seine
Feinde? Und sagt nicht Sueton selbst bald darauf: *ex quibus
sive criminibus sive maledictis infamiam impudicitiae facillime refutavit, et praesentis et posterae vitae castitate?* Der Ehebruch war das
einzige, wovon ihn auch seine Freunde nicht loszehlen
konnten: sie machten ihn aber, nicht ohne Wahrscheinlichkeit, mehr zu einer Staatslist, als zu einer grenzenlosen
Wollust. *Adulteria quidem exercuisse ne amici quidem negant: excusantes sane, non libidine sed ratione commissa; quo facilius consilia
adversariorum per cujusque mulieres exquireret.* Man weiß, daß ein
neuer August eben diesen Weg ging, den er aber eben nicht
aus der Geschichte brauchte erlernet zu haben.

Ich weiß nicht, ob ich noch eine kahle Ausflucht hier zu
widerlegen nötig habe. Man könnte sagen, Horaz habe sich
der Knabenliebe schuldig gemacht, noch ehe August die
Gesetze darwider erneuert hätte. Doch haben wir nicht
oben ausdrücklich gesehen, daß der Dichter an die funfzig
Jahr alt war, als er sich in den *Ligurin* verliebt stellte? Dieser

Zeitpunkt fällt lange nach dem erstern, und wer weiß welcher gute Geist den Horaz getrieben hat, ihn zu seiner künftigen Entschuldigung, so genau anzumerken. August hatte damals längst die Knabenliebe durch die schärfsten Gesetze aus dem Staate verbannt; aber sie aus den Liedern der Dichter zu verbannen, die sich gerne keinen Gegenstand entziehen lassen, an welchem sie ihren Witz zeigen können, war niemals sein Wille gewesen. Er konnte es allzuwohl wissen, daß in den Versen nur ihr Schatten wäre, welcher dem menschlichen Geschlechte wenig Abbruch tun würde.

Wann ich nunmehr auf alles das zurück sehe, was ich in dem Punkte der Unkeuschheit zur Rettung meines Dichters beigebracht habe; obschon ein wenig unordentlich, wie ich, leider, gewahr werde – – so glaube ich wenigstens so weit gekommen zu sein, daß man aus dem untergeschobenen Zeugnisse nichts, und aus seinen eignen Gedichten noch weniger als nichts, schließen darf. Es bleibet vielmehr bei dem Urteile des Augustus: *purissimus penis*! Das letztere, weil er freilich wohl seinen Teil an den fleischlichen Ergötzungen mochte genossen haben; das erstere aber, weil er durchaus in den Grenzen der Natur geblieben war. – – Doch genug hiervon!

Ich wende mich zu einer zweiten Beschuldigung, welche einen Römer, in so fern er ein Römer ist, fast noch mehr schimpfet, als die erste. Horaz soll ein feigherziger Flüchtling gewesen sein, welcher sich nicht geschämt habe, seine Schande selbst zu gestehen. Man weiß, daß Horaz, als er sich in Athen, seine Studien fortzusetzen befand, unter der Armee des *Brutus* Dienste nahm. Die historischen Umstände davon sind zu bekannt, als daß ich mich dabei aufhalten dürfte. Man weiß, wie unglücklich die Schlacht bei Philippis für den *Brutus* ausfiel. Sie ist es, an welche Horaz in der siebenden Ode des zweiten Buchs seinen Freund, den Pompejus Varus, erinnert:

> Tecum Philippos, et celerem fugam
> Sensi, relicta non bene parmula,
>   Cum fracta Virtus et minaces
>   Turpe solum tetigere mento.

Was für ein Bekenntnis! rufen alle aus, die sich des Schimpfs erinnern, der sowohl bei den Griechen als Römern mit dem Verluste des Schildes verbunden war – – Wir wollen doch sehen, ob sie diese Ausrufung nötig haben?

Ich will nicht darauf dringen, daß ein Soldat, der sein Schild in der Schlacht eingebüßt, gleichwohl vollkommen tapfer könne gewesen sein; daß er es nur eben dadurch könne eingebüßt haben, weil er allzutapfer gewesen ist. Ich will nicht anführen, daß es eine Torheit ist, sich die Flucht durch eine unnötige Last schwer zu machen, wenn man sie ein vor allemal ergreifen muß. Alle diese Entschuldigungen möchten zu allgemein sein, und also nichts entschuldigen; ob ich gleich die erstre auf einen sehr hohen Grad der Wahrscheinlichkeit bringen könnte. Horaz war ein junger Mensch ohne Ahnen und Vermögen, und dennoch gelangte er, gleich Anfangs, zu der Würde eines Tribuns. Ist es also nicht klar, daß Brutus persönliche Eigenschaften in ihm müsse entdeckt haben, welche den Mangel an Ahnen und Vermögen ersetzen? Was konnten dieses aber für Eigenschaften sein, wenn es nicht ein entschiedner Mut und eine vorzügliche Fähigkeit zur Kriegskunst wären? Und rühmt er nicht in eben dieser Ode selbst von sich, daß er noch vor der Schlacht bei Philippis, sein Leben mehr als einmal in die Schanze geschlagen habe?

> O saepe mecum tempus in ultimum
> Deducte – –

Oder will man ihm dieses für eine Prahlerei auslegen, und ihm nirgends als da glauben, wo er seine Schande bekannt zu machen scheinet?

Doch wie gesagt, alle diese Ausflüchte sind mir zu klein. Wäre Horaz auch sonst noch so tapfer gewesen, so würde es ihm dennoch zu wenig Ehren gereichen, wenn ihn gleich bei der wichtigsten Gelegenheit sein Mut verlassen hätte. Bei kleinen Scharmützeln etwas wagen, und in einem ernstlichen Treffen davon fliehen, schickt sich wohl für einen Husaren, aber für keinen Römer. Ich bin folglich mit allen seinen Auslegern sehr schlecht zufrieden, die ihn durch nichts anders zu entschuldigen wissen, als durch die überlegene Macht des Augustus; die das Geständnis seiner Flucht, aufs höchste zu einer feinen Schmeichelei machen, und dabei den Umstand des weggeworfnen Schildes als eine sichre Wahrheit annehmen.

Es kömmt darauf an, ob ich es besser treffen werden. Ich erinnerte mich zur rechten Zeit bei dem Dio Cassius gelesen zu haben, (B. 47.) daß die Sieger nach der verlornen Schlacht bei Philippis die Flüchtigen zwar scharf verfolgten; daß sie aber keinen einzigen weder tödeten, noch gefangen nahmen, sondern sie bloß, so viel als möglich zerstreueten, damit sie sich auf keine Art wieder setzen könnten – Was konnte mir also natürlicher einfallen als der Gedanke, daß Horaz, wenn er wirklich sein Schild weggeworfen hätte, es ganz und gar ohne Ursache müsse weggeworfen haben. Konnte er denn nicht etwa gemächlich genug fliehen? Er brauchte ja so geschwind eben nicht zu sein, da weder Tod noch Gefangenschaft hinter ihm her waren. Mit dieser vorgefaßten Meinung las ich die gleich darauf folgenden Zeilen.

> Sed me per hostes Mercurius celer
> Denso paventem sustulit aëre.

Man darf, glaub ich, der Scharfsinnigste eben nicht sein, in diesen Worten den Dichter zu entdecken, der nichts weniger als ein Geschichtschreiber sein will. Auch darf man der Belesenste nicht sein, um zu wissen, daß Horaz hier den Homer nachgeahmt hat, bei dem es eben nichts seltnes ist, daß ein Gott mitten in der Feldschlacht, einen umringten Helden mit einer dicken Wolke umgiebt, und ihn auf diese Art seinen Feinden entrückt. Wie aber, wann auch die vorhergehenden Zeilen von dieser Art wären? Wie wenn man auch in jenen Spuren einer Nachahmung fände, die den Dichter mehr zu sagen verführt hätte, als er der strengen Wahrheit gemäß hätte sagen sollen? Würde nicht daraus folgen, daß man von dem weggeworfnen Schilde nicht mehr und nicht weniger glauben müsse, als von der Wolke, in die ihn Merkur soll gehüllt haben?

Man erinnere sich also, was uns Herodotus und Strabo

von dem Alcäus, demjenigen lyrischen Dichter melden, welchen Horaz zu seinem vornehmsten Muster gemacht hatte. Dieser Grieche war so wenig ein bloßer Poete, daß er vielmehr die Poesie nur dessentwegen zu lieben schien, weil er durch sie seinen Haß wider die Unterdrücker des Vaterlandes am nachdrücklichsten erklären konnte. Er war der Gegner des Pittacus, der die Oberherrschaft in Mitylene mit Gewalt an sich riß, und den ein Paar Sittensprüche, die noch so ziemlich sind, unter die Zahl der sieben Weisen gesetzt haben. Sein Unglück wollte, daß er nicht allein diesen seinem Feinde in die Hände fiel, sondern auch in einem Treffen, welches die Athenienser wider die von Lesbos gewannen, sein Leben mit der Flucht retten, und seine Waffen im Stiche lassen mußte. Man weiß, daß er diesen Umstand in seinen eignen Gedichten nicht verschwiegen hat, und ihn auch nicht zu verschweigen brauchte, weil er schon zu viel Proben von seiner Tapferkeit gegeben hatte, als daß ihm dieser Zufall hätte nachteilig sein können. Die Athenienser hingen seine Waffen in einem Tempel der Pallas auf, und auch dieses war ein Beweis, daß man sie für keine schlechte Beute müsse angesehen haben – Vollkommen in diesem Falle war nun zwar Horaz nicht; aber was hindert uns gleichwohl zu glauben, daß Pompejus Varus, an welchen er die Ode richtet, und den er *primum suorum sodalium* nennet, genugsam von dem Mute des Horaz könne überzeugt gewesen sein, um das weggeworfne Schild für nichts als für einen poetischen Zug anzusehen? Für einen Zug, der seinem Freunde eine Gleichheit mit demjenigen Griechen geben sollte, mit welchem er so viel Ähnliches als möglich zu haben wünschte.

Kurz, die ganze siebende Ode des zweiten Buchs ist nichts als ein Scherz. Und was ist im Scherze gewöhnlicher, als daß man sich selbst eine ganz andre Gestalt giebt; daß sich der Tapfre als einen Feigen, und der Freigebige als einen Knicker abbildet! In diesen Verstellungen liegt nur allzuoft ein feines Eigenlob, von welchem vielleicht auch Horaz hier nicht frei zu sprechen ist. Vielleicht war er einer von denen, die sich bei Philippis am tapfersten gehalten hatten; vielleicht wußte er seine Taten auf keine feinre und zugleich klügre Art zu erwehnen, als durch das Gegenteil. Ich sage: auf keine klügere Art; weil es ihm nach der Zeit, als einem Lieblinge des Augustus, sehr schlecht angestanden hätte, so gerade hin damit zu prahlen. Ich berufe mich deswegen kühnlich auf die Empfindung aller Dichter, ob sie wohl, wenn sie an des Horaz Stelle gewesen wären, aus einer andern Ursache etwas Schlechtes von sich würden gesagt haben, als um etwas desto rühmlichers darunter verstehen zu lassen?

Was mich noch mehr in der Vermutung bestärkt, daß das weggeworfne Schild eine poetische Verkleinerung seiner selbst sei, ist die zweite Stelle, wo Horaz seines Soldatenstandes gedenkt. Sie befindet sich in dem zweiten Briefe des zweiten Buchs, und also in einer Art von Gedichten, die der Wahrheit historischer Umstände weit fähiger ist, als ein Ode. Was sagt er aber da von seiner Flucht? Nichts als:

>   Unde simul primum me dimisere Philippi
>   Decisis humilem pennis, inopemque paterni
>   Et laris et fundi: paupertas impulit audax
>   Ut versus facerem – –

Kein einziger Ausleger scheint mir auf das Wort *dimisere* gehörig Achtung gegeben zu haben; und auch die Übersetzer übersehen es alle. *Dimittere* ist ein militarisches Wort, und bedeutet eine rühmliche Abdankung. *Exercitum dimittere* wird man unzähligmal bei den klassischen Schriftstellern, besonders den Geschichtschreibern antreffen, wo es überall die Armee auseinander lassen heißt, und zwar mit Erkennung ihrer geleisteten Dienste. Nimmermehr kömmt dieses Wort einem Flüchtigen, geschweige einem, der seine Waffen im Stiche gelassen hat, zu. Beide wurden nach der römischen Kriegszucht gestraft und nicht dimittiert. Da aber Horaz dieses letztre von sich sagt, muß er sich nicht eines weit bessern bewußt gewesen sein, als was er sich im Scherze gegen einen vertrauten Freund Schuld giebt?

Daß verschiedne Sprachforscher die erwähnte Nachahmung des Alcäus gewußt, und gleichwohl nicht die gehörige Folgerung daraus gezogen haben, wundert mich nicht; aber daß *Bayle* sie gewußt und nicht nach seiner Scharfsinnigkeit angewendet hat, das wundert mich. Er sagt unter dem Artikel dieses Griechen: »derjenige unter den lateinischen Poeten, welcher dem Alcäus am ähnlichsten ist, hat so wohl als er, in seinen Gedichten bekannt, daß er sich mit Wegwerfung seiner Waffen, als eines den Flüchtigen ganz unnützen Dinges, mit der Flucht aus der Schlacht gerettet habe. Dem Archilochus begegnete vor dem Alcäus dergleichen Zufall, und er bekannte ihn öffentlich. Horaz würde vielleicht in diesem Stücke nicht so aufrichtig gewesen sein, wenn er nicht diese großen Beispiele vor Augen gehabt hätte.« Diese großen Beispiele, hätte Bayle vielmehr sagen sollen, machten ihn noch mehr als aufrichtig; sie machten ihn zum Selbstverleugner, welchem es nicht genug war seinen griechischen Mustern in der Flucht ähnlich zu sein, wenn er ihnen nicht auch in der schimpflichen Flucht gleichen sollte. Soviel er dadurch bei Unwissenden auf der Seite des tapfern Mannes verlor, so viel, und noch mehr, gewann er auf der Seite eines Freundes der Musen. Wenn er Tribun geblieben wäre, so würde ihn vielleicht das Beispiel des *Epaminondas* zu dem Wunsche bewogen haben, auf seinem Schilde zu sterben; da er aber aus dem Tribun ein Dichter geworden war, so war das Beispiel eines Alcäus für ihn reizender. Es war ihm angenehm, das Volk denken zu lassen, zwei Dichter die einerlei Schicksal gehabt, könnten nicht anders, als auch einerlei Geist haben.

Nichts ist daher abgeschmackter als die Folgerung, welche Herr *Müller* aus dieser Ähnlichkeit ziehen wollen. Hieraus, sagt er, an dem angeführten Orte, sollte man fast das Vorurteil fassen, daß die geistigsten Odendichter eben nicht die tapfersten Soldaten sind. – – Das *fast*, ist ein recht nützliches Wörtchen, wenn man etwas ungereimtes sagen, und zugleich auch nicht sagen will.

Je größer überhaupt der Dichter ist, je weiter wird das, was er von sich selbst mit einfließen läßt, von der strengen

Wahrheit entfernt sein. Nur ein elender Gelegenheitsdichter, giebt in seinen Versen die eigentlichen Umstände an, die ein Zusammenschreiber nötig hat, seinen Charakter einmal daraus zu entwerfen. Der wahre Dichter weiß, daß er alles nach seiner Art verschönern muß, und also auch sich selbst, welches er oft so fein zu tun weiß, daß blöde Augen eine Bekenntnis seiner Fehler sehen, wo der Kenner einen Zug seines schmeichelnden Pinsels wahrnimmt.

Noch weit schwerer, oder vielmehr gar unmöglich ist es, aus seinen Gedichten seine Meinungen zu schließen, sie mögen nun die Religion oder die Weltweisheit betreffen; es müßte denn sein, daß er die einen oder die andern, in eigentlichen Lehrgedichten ausdrücklich hätte entdecken wollen. Die Gegenstände, mit welchen er sich beschäftigt, nötigen ihn die schönsten Gedanken zu ihrer Ausbildung von allen Seiten zu borgen, ohne viel zu untersuchen, welchem Lehrgebäude sie eigen sind. Er wird nicht viel Erhabnes von der Tugend sagen können, ohne ein Stoiker zu scheinen; und nicht viel Rührendes von der Wollust, ohne das Ansehen eines Epikurers zu bekommen.

Der Odendichter besonders pflegt zwar fast immer in der ersten Person zu reden, aber nur selten ist das *ich* sein eigen *ich*. Er muß sich dann und wann in fremde Umstände setzen, oder setzt sich mit Willen hinein, um seinen Witz auch außer der Sphäre seiner Empfindungen zu üben. Man soll den *Rousseau* einsmals gefragt haben, wie es möglich sei, daß er eben sowohl die unzüchtigsten Sinnschriften, als die göttlichsten Psalme machen könne? *Rousseau* soll geantwortet haben: er verfertige jene eben sowohl ohne Ruchlosigkeit, als diese ohne Andacht. Seine Antwort ist vielleicht zu aufrichtig gewesen, obgleich dem Genie eines Dichters vollkommen gemäß.

Wird also nicht schon diese einzige Anmerkung hinlänglich sein, alles was man von der Philosophie des Horaz weiß, zu widerlegen? Und was weiß man denn endlich davon? Dieses, daß er in seinem Alter, als er ein ernsthaftes Geschäfte aus derselben zu machen anfing, auf keines Weltweisen Worte schwur, sondern das Beste nahm wo er es fand; überall aber diejenigen Spitzfindigkeiten, welche keinen Einfluß auf die Sitten haben, unberührt ließ. So malt er sich in dem ersten Briefe seines ersten Buchs, an einem Orte, wo er sich ausdrücklich malen will. Alles, was man außer diesen Zügen hinzusetzet, sind die ungegründesten Folgerungen, die man aus dieser oder jener Ode, ohne Geschmack, gezogen hat.

Wir wollen ein Exempel davon an der bekannten Ode *Parcus Deorum cultor etc.* welches die vier und dreißigste des ersten Buchs ist, sehen. Es ist unbeschreiblich, was man für wunderbare Auslegungen davon gemacht hat. Ich glaube diese Materie nicht besser schließen zu können, als wenn ich meine Gedanken darüber mitteile, die ich dem Urteile derjenigen überlassen will, welche Gelehrsamkeit und Geschmack verbinden. Hier ist die Ode, und zugleich eine Übersetzung in einer so viel als möglich poetischen Prose. Ich glaube dieses wird besser sein, als wenn die Poesie so viel als möglich prosaisch wäre.

> 34. Ode des ersten Buchs.
> Parcus Deorum cultor et infrequens
> Insanientis dum sapientiae
>   Consultus erro, nunc retrorsum
>   Vela dare atque iterare cursus
> Cogor relictos: namque Diespiter
> Igni corusco nubila dividens
>   Plerumque, per purum tonantes
>   Egit equos, volucremque currum:
> Quo bruta tellus et vaga flumina,
> Quo Styx, et invisi horrida Taenari
>   Sedes, Atlanteusque finis
>   Concutitur. Valet ima summis
> Mutare et insignem attenuat Deus
> Obscura promens. Hinc apicem rapax
>   Fortuna cum stridore acuto
>   Sustulit; hic posuisse gaudet.

Übersetzung.

»In unsinnige Weisheit vertieft, irrt ich umher, ein karger, saumseliger Verehrer der Götter. Doch nun, nun spann ich, den verlaßnen Lauf zu erneuren, gezwungen die Segel zurück.

Denn sonst nur gewohnt die Wolken mit blendenden Blitzen zu trennen, trieb der Vater der Tage, durch den heitern Himmel, die donnernden Pferde und den beflügelten Wagen.

Auf ihm erschüttert er der Erde sinnlosen Klumpen, und die schweifenden Ströme; auf ihm den Styx und die niegesehenen Wohnungen im schrecklichen Tänarus, und die Wurzeln des Atlas.

Gott ist es, der das Tiefste ins Höchste zu verwandeln vermag, der den Stolzen erniedrigt, und das, was im Dunkeln ist, hervor zieht. Hier riß mit scharfen Geräusche das räuberische Glück den Wipfel hinweg, und dort gefällt es ihm, ihn anzusetzen.«

*

Es wird nötig sein, ehe ich mich in die Erklärung dieser Ode einlasse, einige grammatikalische Anmerkungen, zur Rettung meiner Übersetzung, beizubringen. Gleich in dem ersten Worte habe ich mir die Freiheit genommen, den Haufen der Ausleger zu verlassen. *Parcus* ist ihnen so viel als *rarus; selten.* Und *infrequens?* Auch *selten.* So verschwendrisch mit den Worten ist Horaz schwerlich gewesen. Zwei Beiwörter, die nur einerlei sagen, sind seine Sache gar nicht. *Dacier* spricht *parcus cultor Deorum* bedeute nicht sowohl einen, welcher die Götter wenig verehrt, als vielmehr einen, der sie ganz und gar nicht verehrt. Wir wollen es annehmen; aber was heißt denn nun *infrequens cultor? Infrequens*, sagt dieser Kunstrichter, ist ein sehr merkwürdiges Wort, dessen Schönheit man nicht genugsam eingesehen hat. Es ist eine Metapher, die von den Soldaten genommen worden, welche sich von ihren Fahnen entfernen. Er beweiset dieses aus dem *Festus*, welcher mit ausdrücklichen Worten sagt: *infrequens appellabatur miles qui abest, abfuitve a signis*. – – Ein klares

Exempel, daß es den Criticis gleichviel ist, ob sie ihren Schriftsteller etwas ungereimtes sagen lassen, oder nicht, wann sie nur ihre Belesenheit auskramen können! Nach dem Sinne des Dacier müßte man also die Worte: *parcus Deorum cultor et infrequens* übersetzen: *ich, der ich die Götter ganz und gar nicht verehrte, und ihren Dienst oft unterließ, bei welchem ich gleichwohl wie der Soldat bei der Fahne hätte verharren sollen.* Der geringste Sylbenhenker würde kein so widersinniges Climax gemacht haben – Aber was hat denn alle diese Leute bewogen, von der natürlichen Bedeutung der Worte abzugehen? Warum soll denn *parcus* hier nicht heißen, was es fast immer heißt? Macht nicht *karger Verehrer der Götter*, einen sehr schönen Sinn, wenn man überlegt, daß ein Heide in Erwehlung schlechter Opfer und in ihrer Seltenheit eine sehr unheilige Kargheit verraten konnte? Das andre Beiwort *infrequens* habe ich durch *saumselig* gegeben; *selten* aber würde vielleicht eben so gut gewesen sein. Der Sinn, den ich ihm beilege, ist dieser, daß es einen anzeiget, welcher sich selten in den Tempeln bei feierlicher Begehung der Festtäge, und öffentlichen Opfern einfand. Wenn man diese beiden Erklärungen annimmt, so wird man hoffentlich einsehen, daß Horaz nichts umsonst gesetzt hat. Herr *Lange* hat *parcus* durch *träge* gegeben; aus was für Ursachen kann unmöglich jemand anders, als er selbst wissen; doch vielleicht auch er selbst nicht einmal.

Bei der zweiten Strophe muß ich dieses erinnern, daß ich von der gewöhnlichen Interpunction, doch nicht ohne Vorgänger, abgegangen bin. Die meisten Ausgaben haben das Komma nach *dividens*; so viel ich mich erinnere, der einzige *Baxter* setzt es nach *plerumque*, und beruft sich deswegen auf den Scholiasten. *Baxter* hat Recht, und wann er sich auch auf keinen Wehrmann berufen könnte. Ich glaube nicht, daß man leichter ein klärer Beispiel finden könne, was für Zweideutigkeiten die lateinische Sprache unterworfen sei, als das gegenwärtige. Horaz kann eben sowohl gesagt haben: *Diespiter igni corusco plerumque nubila dividit* als: *plerumque per purum tonantes egit equos.* Beides aber kann er doch nicht zugleich gesagt haben, und man muß also dasjenige wehlen, welches

den ungezwungensten Verstand giebt. Nun ist es wohl keine
Frage, ob es öftrer bei heiterm Himmel, oder öftrer alsdann
donnert, wenn der Himmel mit Wolken umzogen ist? Soll
also der Dichter nichts ungereimtes gesagt haben, so kann
nur die erstre Auslegung Statt finden, welcher ich in der
Übersetzung gefolgt bin; ob ich gleich ganz gerne gestehe,
daß es sonst der Gebrauch des Horaz nicht ist, die Adverbia
so nachzuschleppen, als er es hier mit dem *plerumque* tut.
Doch lieber ein Paar verkehrte Worte, als einen verkehrten
Sinn! Verschiedne Ausleger scheinen den letztern gemerkt
zu haben, wann sie das *plerumque* zu *per purum egit* zögen, und
suchen sich also durch besondre Wendungen zu helfen. *Lubinus*,
zum Exempel, will bei *plerumque*, *hisce vero diebus* einschieben;
und *Dacier* giebt das *plerumque* durch *souvent*. Aber
seit wenn hat es denn aufgehört, *mehrenteils* zu heißen? Und
seit wenn ist es denn den Paraphrasten erlaubt, ganz neue
Bestimmungen in ihren Text zu flicken, die nicht den geringsten
Grund darinne haben?

In der dritten Strophe habe ich die Übersetzung des Worts
invisi und die Vertauschung der Beiwörter zu rechtfertigen.
Ich weiß wohl, daß den meisten Auslegern *invisus* hier, verhaßt,
scheußlich und dergleichen heißt; ich habe aber deswegen
lieber die allereigentlichste Bedeutung, nach welcher
es so viel als *ungesehen* ist, beibehalten wollen, weil ich glaube,
daß Horaz dadurch der Griechen ἀϊδης habe ausdrücken
wollen. Tänarus war, wie bekannt, ein Vorgebürge in Laconien,
durch welches die Dichter einen Eingang in die Hölle
angelegt hatten. Die Hölle aber hielten Griechen und Römer
für einen τοπον ζοφερον και ἀνηλιον, wie sie bei dem Lucian
περι πενθους beschrieben wird. Daher nun, oder vielmehr
weil sie von keinem sterblichen Auge erblickt wird, ward sie
ἀϊδης genennt; und Horaz war Nachahmers genug, nach
diesem Exempel seine *invisam sedem horridi Taenari* zu machen.
Ich ordne hier die Beiwörter so, wie ich glaube, daß sie
natürlicher Weise zu ordnen sind. Der Dichter hat ihre eigentliche
Ordnung verrückt und *horridam sedem invisi Taenari*
daraus gemacht, welches ohne Zweifel in seinem römischen

Ohre eine bessre Wirkung tat. Mir aber schien der *ungesehene Tänarus* im Deutschen zu verwegen, weil man glauben könnte, als sollte es so viel anzeigen, daß man dieses Vorgebürge niemals zu sehen bekomme. Ich stelle also dieses Beiwort wieder dahin, wo es diese Zweideutigkeit nicht verursacht, und der Stärke des Ausdrucks dabei nichts benimmt. Die Treue eines Übersetzers wird zur Untreue, wann er seine Urschrift dadurch verdunkelt. Man sage nicht, daß alle diese Schwierigkeiten wegfallen, wenn man die gewöhnliche Bedeutung von *invisus* annimmt. Ich weiß es; aber ich weiß auch, daß alsdenn dieses Beiwort mit dem andern *horrida*, eine vielzugroße Gleichheit beköm̃t, als daß ich glauben könnte, derjenige Dichter werde beide so nahe zusammen gebracht haben, welcher die Beiwörter gewiß nicht häuft, wenn nicht jedes dem Leser ein besondres Bild in die Gedanken schildert. *Die grause Höle des scheußlichen Tänars*, sagt wohl ein *Lange*, aber kein Horaz. Es ist eben als wollte man sagen, die hohe Spitze des erhabnen Berges. – – Noch sollte ich mich vielleicht in dieser Strophe, wegen des *atlanteus finis* entschuldigen. Aber will ich denn ein wörtlicher Übersetzer sein?

Nach diesen wenigen Anmerkungen, komme ich auf den Inhalt der Ode selbst. Fast alle Ausleger halten dafür, daß Horaz der Sekte des Epikurs darinne absage, daß er die Regierung der Götter zu erkennen anfange, und ihnen eine bessere Verehrung verspreche. – – Diese Erklärung scheinet dem ersten Anblicke nach ziemlich ungezwungen und richtig. Sie war allgemein angenommen, bis Tanaquill Faber sie in Zweifel zu ziehen anfing. Dacier, welcher mit der Tochter dieses Gelehrten, auch dessen Meinungen geheiratet zu haben schien, trat seinem Schwiegervater bei, und erklärte die Ode für nichts anders, als kindisch und abgeschmackt, wann sie eine ernstliche Widerrufung sein sollte. Er kam auf den Einfall sie zu einer Spötterei über die Stoische Sekte zu machen; welches zu erweisen, er sie folgender Gestalt umschrieb. »Es ist wahr, so lange ich den Lehren einer närrischen Weisheit folgte, habe ich die Götter, nicht so, wie ich wohl sollte, verehret. Ihr aber, ihr Herren Stoiker, dringt mit so starken Gründen in mich, daß ich gezwungen bin, auf andre Art zu leben, und einen neuen Weg zu erwehlen. Was mich in meiner Halsstarrigkeit befestigte, war dieses, daß ich gewiß überzeugt war, der Donner könne nichts als die Wirkung der Ausdünstungen sein, die sich in Wolken zusammen ziehen, und sich unter einander stoßen. Allein nunmehr beweiset ihr mir, daß es oft am heitern Himmel donnert. Hierauf nun habe ich nichts zu antworten, und ich muß mit euch erkennen, daß Gott selbst, den Wagen seines Donners durch den Himmel führt, so oft es ihm gefällt, und die Blitze mit eigner Hand wirft, wohin er will.« – – Bis hierher fließt alles noch ziemlich natürlich; allein von den letzten fünf Versen gestehet *Dacier* selbst, daß sie mit seiner Auslegung schon etwas schwerer zu vereinigen sind. Horaz, sagt er, fängt in diesen letztern Zeilen an, ernstlich zu reden, und entdeckt in wenig Worten, was er von der Vorsehung glaube. »Ich weiß, soll des Dichters Meinung sein, daß Gott diesen erniedrigen und jenen erhöhen kann. Aber ich weiß auch, daß er diese Sorge dem Zufalle und dem Glücke überläßt, welches mit scharfem Geräusche dem Haupte des einen das Diadem entreißt, und das Haupt des andern damit krönet.«

Der stärkste Beweis des Dacier läuft dahin aus, daß unmöglich Horaz eine so nichtige Ursache seiner Bekehrung könne angeführt haben, als der Donner am heitern Himmel in den Augen eines jeden Verständigen sein muß. »Man braucht, sagt er, in der Naturlehre nur sehr schlecht erfahren zu sein, wenn man wissen will, daß kein Donner ohne Wolken sein könne; Horaz muß also notwendig die Stoiker nur damit lächerlich machen wollen, die den Epikurern wegen der Vorsehung weiter nichts als ungefehr dieses entgegen zu setzen wußten: ihr könnt, sagten die Stoiker, die Vorsehung nicht leugnen, wenn ihr auf den Donner und auf seine verschiedene Wirkungen Achtung geben wollt. Wann nun die Epikurer ihnen antworteten, daß der Donner aus natürlichen Ursachen hervorgebracht würde, und man also nichts weniger als eine Vorsehung daraus beweisen könne: so glaubten die Stoiker ihnen nicht besser den Mund zu stopfen, als wenn sie sagten, daß es auch bei heiterm Wetter donnre; zu einer Zeit also, da alle natürliche Ursachen wegfielen, und man deutlich sehen könne, daß der Donner allerdings von den Göttern regiert werden müsse.«

Dieses, wie gesagt, ist der stärkste Grund womit Dacier seine neue Auslegung unterstützt; ich muß aber gestehen, daß mich seine Schwäche nicht wenig befremdet. Ist es nicht gleich anfangs offenbar, daß er, entweder aus Unwissenheit oder aus List, die Stoischen Beweise der Vorsehung ganz kraftlos verstellet? Diese Weltweisen beruften sich zwar auf die natürlichen Begebenheiten, und auf die weise Einrichtung derselben; niemals aber leugneten sie ihre in dem Wesen der Dinge gegründeten Ursachen, sondern hielten es vielmehr für unanständig, sich irgendwo auf die unmittelbare Regierung der Götter zu berufen. Ihre Gedanken von derselben waren die gegründesten und edelsten, die man je, auch in den aufgeklärtesten Zeiten, gehabt hat. Ich berufe mich auf das ganze zweite Buch der natürlichen Fragen des Seneca, wo er die Natur des Donners untersucht. Aus dem 18. Hauptstücke desselben hätte *Dacier* genugsam sehen können, daß die Stoiker auch bei den Donnerschlägen am heitern Himmel die natürlichen Ursachen nicht bei Seite setzten, und das *purus aër* im geringsten nicht alle Donnerwolken ausschließt. *Quare et sereno tonat?* heißt es daselbst; *quia tunc quoque per crassum et siccum aera spiritus prosilit.* Was kann deutlicher sein? Seneca sagt dieses zwar nach den Grundsätzen des Anaximanders; aber er erinnert nichts darwider; er billiget sie also. Eine Stelle aus dem 31. Hauptstücke wird es noch deutlicher machen, in wie fern die Stoiker geglaubt haben, daß in dem Donner etwas göttliches sei: *mira fulminis, si intueri velis, opera sunt, nec quidquam dubii relinquentia, quin divina insit illis et subtilis potentia.* Man gebe wohl Acht, daß er das *divina* durch *subtilis* erklärt, welche Erklärung die Exempel, die er gleich darauf anführt, auch einzig und allein nur zulassen. Der Blitz, fährt er fort, zerschmelzt das Gold in dem Beutel, ohne diesen zu verletzen; desgleichen die Klinge in der Scheide, ob schon diese ganz bleibt. Schöne Wunder einer göttlichen Macht, wenn sie unmittelbare Wirkungen derselben sein sollten! Es ist wahr, die Stoiker glaubten sogar, daß der Donner das Zukünftige vorherverkündige. Aber wie glaubten Sie es? So, daß sie Gott sehr ruhig dabei ließen, und diese Vorherverkündigung bloß aus der Ordnung, wie die Dinge in der Natur auf einander folgen müßten, erklärten. Die Tusker waren es, welche gröbre Begriffe damit verbanden, und glaubten, der Donner rolle nur deswegen, damit er etwas verkündige, nicht aber, daß er etwas verkündige, weil er rolle. Ich muß die Worte des Seneca notwendig selbst einrücken. *Hoc autem*, sagt er in dem 32. Hauptstücke, *inter nos et Tuscos, quibus summa persequendorum fulminum est scientia, interest. Nos putamus quod nubes collisae sunt, ideo fulmina emitti. Ipsi existimant, nubes collidi, ut fulmina emittantur. Nam cum omnia ad Deum referant, in ea sunt opinione, tamquam non quia facta sunt significent; sed quia significatura sunt, fiant: eadem tamen ratione fiunt, sive illis significare propositum est, sive consequens. Quomodo ergo significant, nisi a Deo mittantur? Quomodo aves non in hoc motae, ut nobis occurrerent, dextrum auspicium, sinistrumve fecerunt. Et illas, inquit, Deus movit. Nimis illum otiosum et pusillae rei ministrum facis, si aliis somnia, aliis exta disponit. Ista nihilominus divina ope geruntur – Alia ratione fatorum series explicatur, indicia venturi ubique praemittens, ex quibus nobis quaedam familiaria, quaedam ignota sunt – – Cujus rei ordo est, etiam praedictio est.*

Man überlege diese Stelle genau, und sage, ob es dem Inhalte derselben zufolge möglich sei, daß die Stoiker jemals so abgeschmackt gegen die Epikurer können gestritten haben, als sie *Dacier* streiten läßt. Ist es aber nicht möglich, so muß ja auch die vorgegebene Spötterei des Horaz, und mit ihr die ganze sich darauf gründende Erklärung wegfallen. Es ist nicht nötig, ihr mehr entgegen zu setzen, ob es gleich etwas sehr leichtes sein würde; besonders wenn man die Gründe aus der Verdrehung der letzten fünf Zeilen, und aus der gewaltsamen Hineinpressung des Wörtchens *sed* vor *hinc apicem.* nehmen wollte.

Nach dieser Widerlegung wird man vielleicht glauben, daß ich die alte Auslegung dieser Ode beibehalten wolle. Doch auch diese kann, meinem Urteile nach, nicht statt finden. Die Veränderung der Sekte wäre für den Horaz eine zu wichtige Begebenheit gewesen, als daß er ihrer nicht öfter in seinen Briefen oder Satyren, wo er so unzählich viel Kleinigkeiten von sich einfließen läßt, hätte erwehnen sollen. Aber überall ist ein tiefes Stillschweigen davon. Auch das kann nicht erwiesen werden, daß Horaz gleich Anfangs der stoischen Philosophie solle zugetan gewesen sein, welches doch sein müßte, wann er sie *cursus relictos* nennen wollen. Außer diesen schon bekannten Schwierigkeiten, setze ich noch eine neue hinzu, die aus meiner Anmerkung über die Art, mit welcher die Stoiker von der göttlichen Regierung der natürlichen Dinge philosophierten, hergenommen ist. Wenn es wahr ist, daß nach ihren Grundsätzen der Donner am umzognen Himmel nicht mehr und nicht weniger die Mitwirkung der Götter bewies, als der Donner am heitern Himmel; so kann Horaz den letztern eben so wenig im Ernste als im Scherze als eine Ereignung ansehen, die ihn den Stoikern wieder beizutreten nötige. Das erstere ist wahr, und also auch das letztre. Oder will man etwa vermuten, daß Horaz die stoische Weltweisheit nicht besser werde verstanden haben, als seine Ausleger?

Laßt uns eine bessre Meinung von ihm haben, und ihn wo möglich wider ihre unzeitige Gelehrsamkeit verteidigen! Unzeitig ist sie, daß sie da Sekten sehen, wo keine sind; daß sie Abschwörungen und Spöttereien wahrnehmen, wo nichts als gelegentliche Empfindungen herrschen. Denn mit einem Worte, ich glaube, daß Horaz in dieser Ode weder an die Stoiker noch an die Epikurer gedacht hat, und daß sie nichts ist, als der Ausbruch der Regungen, die er bei einem außerordentlichen am hellen Himmel plötzlich entstandenen Donnerwetter gefühlt hat. Man sage nicht, daß die Furcht für den Donner etwas so kleines sei, daß man sie dem Dichter schwerlich Schuld geben könne. Der natürliche Zufall, wenn er unerwartet kömmt, ist vermögend auch das männlichste Gemüt auf wenig Augenblicke in eine Art von Bestürzung zu setzen. Und was braucht es mehr, als daß Horaz in einer solchen kurzen Bestürzung einige erhabene und rührende Gedanken gehabt hat, um das Andenken derselben in ein Paar Strophen aufzubehalten? Affect und Poesie sind zu nahe verwandt, als daß dieses unbegreiflich sein sollte.

Ich will meine Erklärung nicht Zeile auf Zeile anwenden, weil es eine sehr überflüssige Mühe sein würde. Ich will nur noch eine Vermutung hinzutun, die hier mit allem Rechte eine Stelle verdient. Man erinnere sich, was uns Sueton von dem Augustus in dem 90. Hauptstücke seiner Lebensbeschreibung meldet. *Tonitrua et fulgura paulo infirmius expavescebat, ut semper et ubique pellem vituli marini circumferret, pro remedio: atque ad omnem majoris tempestatis suspicionem in abditum et concameratum locum se reciperet.* Wie gerne stellt sich ein Hofmann in allen Gesinnungen seinem Regenten gleich! Gesetzt also, Horaz habe sich nicht selbst vor dem Donner gefürchtet, kann er nicht diese Schwachheit, dem August zu schmeicheln angenommen haben? Es scheint mir, als ob dieser Umstand auf die Ode ein gewisses Licht werfe, bei welchem man eine Art von Schönheiten entdeckt, die sich besser fühlen als umständlich zergliedern lassen.

Soll ich noch etwas aus dem Leben des Augustus beibringen, woraus vielleicht eine neue Erklärung herzuholen ist? Ich will gleich voraussagen, daß sie ein wenig kühn sein wird; aber wer weiß, ob sie nicht eben das Kühne bei vielen empfehlen wird? Als Augustus, nach dem Tode des Cäsars von Apollonien zurück kam, und eben in die Stadt eintrat, erschien plötzlich am hellen und klaren Himmel ein Zirkel, in Gestalt eines Regenbogens, rings um die Sonne; und gleich darauf schlug der Donner auf das Grabmal der Julia, des Cäsars Tochter. Diese Ereignung ward, wie man sich leicht vorstellen kann, zum größten Vorteile des Augustus ausgelegt. Und wie, wann eben sie es wäre, auf welche Horaz hier zielet? Er war zwar, wenn ich die Zeiten vergleiche, damals nicht in Rom, aber kann auch nicht schon die Erzehlung einen hinlänglichen Eindruck auf ihn gemacht haben? Und dieses vielleicht um so viel eher, je lieber es ihm bei seiner Zurückkunft, nach der Schlacht bei Philippis, sein mußte, eine Art einer göttlichen Antreibung angeben zu können, warum er nunmehr von der Partei der Mörder des Cäsars abstehe. Wollte man diesen Einfall billigen, so müßte man unter den Göttern, die Horaz wenig verehrt zu haben gestehet, den Cäsar und Augustus, welchen er mehr als einmal diesen Namen giebt, verstehen; und die *insanam sapientiam* müßte man für den Anhang des Brutus annehmen, welcher in der Tat zwar ein tugendhafter Mann war, aber auch in gewissen Stücken, besonders wo die Freiheit mit einschlug, die Tugend bis zur Raserei übertrieb. Diese Auslegung, glaube ich, hat ihre Schönheiten, welche sich besonders in den letzten Zeilen ausnehmen, wo der Dichter von der Erniedrigung des Stolzen, und von der Übertragung der höchsten Gewalt redet, die er unter dem Bilde des Wipfels will verstanden wissen.

Ich will nichts mehr hinzu setzen, sondern vielmehr nochmals bekennen, daß ich die erstre plane Erklärung, welche ohne alle Anspielungen ist, dieser andern weit vorziehe. Meine Leser aber mögen es halten wie sie wollen, wenn sie mir nur so viel eingestehen, daß nach der letztern, aus dem *Parcus Deorum cultor et infrequens*, wider die Religion des Horaz gar nichts zu schließen ist, nach der erstern aber nicht mehr, als man aus dem Liede des rechtschaffensten Theologen, in welchem er sich einen armen Sünder nennet, wider dessen Frömmigkeit zu folgern berechtiget ist. Das ist alles was ich verlange.

Ich weiß, daß man noch vieles zur Rettung des Horaz beibringen könnte; ich weiß aber auch, daß man eben nicht alles erschöpfen muß.

RETTUNG DES HIER. CARDANUS.

Leser, welche den *Cardan* kennen, und auch mir zutrauen, daß ich ihn kenne, müssen es schon voraussehen, daß meine Rettung den ganzen *Cardan* nicht angehen werde. Dieses außerordentliche Genie hat alle Nachwelt seinetwegen im Zweifel gelassen. Man muß glauben, daß der größte Verstand mit der größten Torheit sehr wesentlich verbunden ist, oder sein Charakter bleibt ein unauflösliches Rätsel. Zu was hat man ihn nicht gemacht; oder vielmehr zu was hat er sich nicht selbst in einem Werke gemacht, dergleichen ich wollte, daß jeder große Mann mit eben der Aufrichtigkeit schreiben müßte! (*de vita propria*.)

Es wäre ein Wunder, wenn ein so seltner Geist dem Verdachte der Atheisterei entgangen wäre. Hat man oft mehr gebraucht, ihn auf sich zu laden, als selbst zu denken und gebilligten Vorurteilen die Stirne zu bieten? Selten hat man nötig gehabt, in der Tat anstößige Sätze und ein problematisches Leben, wie *Cardan*, damit zu verbinden.

Eine augenscheinliche Verleumdung, die man noch nicht aufhört aus einem Buche in das andre überzutragen, treibt mich an, dieses Verdachts in etwas zu gedenken. Man gründet ihn, wie bekannt, auf drei Stücke. Auf ein Buch, welches er wider die Unsterblichkeit der Seele soll geschrieben haben; auf seine astrologische Unsinnigkeit, dem Heilande die Nativität zu stellen; und endlich auf eine gewisse Stelle in seinem Werke *de subtilitate*.

Von den beiden erstern Gründen werde ich nichts sagen, weil schon andre allzuviel davon gesagt haben. Den ersten widerlegt sogleich das *soll*. Er soll so ein Buch geschrieben haben, welches er zwar nicht drucken lassen, aber doch heimlich seinen Freunden gewiesen. Und wer ist denn der Wehrmann dieses Vorgebens? Kein anderer, als *Martinus del*

Rio. (*Disput. Magic. Tom. I. Lib. II.*) Wenn man es noch glauben will, so muß man diesen Spanier nicht kennen. – – Den zweiten Grund vernichten die eignen Worte des *Cardans*, welche insonderheit der Herr Pastor *Brucker* aus dessen seltnen Werke, über des Ptolemäus vier Bücher *de astrorum judiciis*, angeführt hat. (*Hist. Crit. Phil. Tomi IV. Parte altera p. 76.*)

Ich werde mich, wie gesagt, hierbei nicht aufhalten; ich wende mich vielmehr sogleich zu dem letztern Punkte, weil ich in der Tat hoffe, etwas besonders dabei anzumerken. Man wird es als einen guten Zusatz zu dem Artikel ansehen können, welchen *Bayle*, in seinem critischen Wörterbuche, von diesem Gelehrten gemacht hat.

Es ist billig, daß man die Ankläger des *Cardans* zuerst höret. Es sind deren so viele, daß ich nur einen werde das Wort können führen lassen. Dieses mag ein noch lebender Schriftsteller sein, dessen Buch in seiner Art ein Handbuch der Gelehrten geworden ist; der Herr Pastor *Vogt*; oder vielmehr *de la Monnoye* durch diesen. Er führt, in seinem Verzeichnisse von raren Büchern, die erstre, und noch eine andre Ausgabe des Cardanischen Werks *de subtilitate* an, und was er dabei anmerkt ist folgendes. »Man lieset, sagt er, in diesen ungemein seltnen Ausgaben eine sehr gottlose und ärgerliche Stelle, die man in den nachherigen Abdrücken weggelassen hat. Ich will die ganze Sache mit den Worten des gelehrten *de la Monnoye*, im 4 Th. der Menagianen, S. 305, erzehlen. Noch schlimmer als Pomponaz, sagt dieser, macht es *Cardan*. In dem eilften seiner Bücher *de subtilitate* vergleicht er die vier Hauptreligionen kürzlich unter einander; und nachdem er eine gegen die andre hat streiten lassen, so schließt er, ohne sich für eine zu erklären, mit diesen unbedachtsamen Worten: *igitur his arbitrio victoriae relictis.* Das heißt auf gut deutsch, er wolle es dem Zufalle überlassen, auf welche Seite sich der Sieg wenden werde. Diese Worte veränderte er zwar selbst in der zweiten Ausgabe; dennoch aber ward er drei Jahr darauf von dem Scaliger *Exercit. 258. n. 1.* sehr bitter deswegen bestraft, weil der Sinn derselben sehr schrecklich ist, und die Gleichgültigkeit des Cardans, in Ansehung des Sieges deutlich beweiset, welchen eine von den vier Religionen, es möge nun sein welche es wolle, entweder durch die Stärke der Beweise, oder durch die Gewalt der Waffen, davon tragen könne.«

Aus dieser Anführung erhellet, daß *Scaliger* der erste gewesen ist, dem die Stelle wovon ich rede, zum Anstoße gereicht hat. Man darf aber nicht glauben, daß von ihm bis auf den *de la Monnoye* sie von keinem andern sei gerüget worden. *Marinus Mersennus* ist in seiner Auslegung des ersten Buchs Mosis (S. *1830.*) darwider aufgestanden, und hat sie für nichts schändlichers, als für einen Inbegriff des berüchtigten Buchs von den drei Betriegern gehalten. Aus dem *Mersennus* hat sie hernach besonders *Morhof (Polyh. T. I. Lib. I. c. 8. §. 6.)* Bücherkennern bekannt gemacht, und diese haben sie einander redlich aus einer Hand in die andre geliefert.

Reimann, (*Hist. univers. Atheismi et Atheorum p. 365. et 547.*) die hällischen Verfasser der *Observat. selectarum* (*Tom. X. p. 219.*) *Freytag* (*Analect. litteraria p. 210.*) die Bibliothek des Salthenius (p. *272.*) sagen alle ebendasselbe. Alle nennen die angeführte Stelle *locum impium et scandalosissimum, locum offensionis plenissimum*. Ich muß diesen noch einen Freund von mir beisetzen, nemlich den Herrn Adjunct *Schwarz* in Wittenberg, welcher in seiner ersten Exercitation *in utrumque Samaritanorum Pentateuchum*, gelegentlich eben diese Saite berühret.

Was wird man aber von mir denken, wenn ich kühnlich behaupte, daß alle diese Gelehrte, entweder nur Nachbeter sind, oder, wenn sie mit ihren eignen Augen gesehen haben, nicht haben construieren können. Ich sage: nicht können; denn auch das kann man nicht, woran uns die Vorurteile verhindern.

Ich für mein Teil, habe es dem nur gedachten Herrn Adjunct *Schwarz* zu danken, daß ich nicht in das gemeine Horn mit blasen darf. Bei ihm habe ich die allererste Ausgabe des Cardanschen Werks *de subtilitate* in die Hände bekommen, und sie mit um so viel größrer Begierde durchblättert, da eben dasselbe Exemplar dem *Philipp Melanchthon* zugehöret hatte, von dessen eigner Hand, hier und da, einige kleine Noten zu lesen waren. Es war mir leid, daß ich den nunmehrigen Besitzer desselben von der Richtigkeit meiner Anmerkung nicht überzeugen konnte.

Ich will mich nicht länger verweilen, sie dem Leser vorzulegen; vorher aber nur noch einige Worte von der ersten Ausgabe selbst gedenken. Aus einigen Kleinigkeiten schließe ich, daß sie Herr *Vogt* nicht selbst gesehen hat. Man vergleiche nur folgenden Titel mit dem seinigen: *HIERONYMI CARDANI, Medici Mediolanensis, de subtilitate Libri XXI. ad illustr. principem Ferrandum Gonzagam Mediolanensis Provinciae praefectum.* Nach dieser Aufschrift folgt auf dem Titel selbst, eine kleine Anrede des Druckers an den Leser, in welcher er ihm die Vortrefflichkeit des Buchs anpreiset. Hier ist sie: *Joh. Petrejus Lectori: Habes hoc in libro, candide Lector, plus quam sesquimille, variarum non vulgarium, sed difficilium, occultarum et pulcherrimarum rerum causas, vires et proprietates, ab authore hinc inde experimento observatas: quae non solum propter cognitionem delectabiles, sed etiam ad varios usus, tum privatos tum publicos, multo utiliores quam hactenus plurimorum scripta, quae etsi ex philosophia sint, minoris tamen momenti esse, legens haec et illa, haud mecum dissenties; uti singula in adjecto indice perspicue licet cernere.* Unter diesem kurzen Buchhändlerpanegyrico stehet endlich: *Norimbergae apud Jo. Petreium, jam primo impressum, cum Privilegio Caes. atque Reg. ad Sexennium Ao. MDL.* Das Format ist Folio; die Stärke, 373 Blätter, ohne das Register.

Nunmehr wird man es mir hoffentlich zutrauen, daß ich die streitige Stelle wirklich aus der ersten Originalausgabe anführen werde. – – Aber man erlaube mir, daß ich es nicht lateinisch tun darf. Das Latein des Cardans ist so schlecht, daß der Leser nichts dabei einbüßt, wenn er es auch schon, in eben so schlechtes Deutsch verwandelt sieht. Denn habe ich nicht die Güte des Ausdrucks auch in der Übersetzung beibehalten müssen? Hier ist sie also:

Stelle aus dem XIten Buche des Cardanus de subtilitate.

»Die Menschen sind von je her, an Sprache, Sitten und Gesetzen, eben so sehr unter sich von einander unterschieden gewesen, als die Tiere von ihnen. Bei den Verehrern des Mahomets wird ein Christ, und bei beiden ein Jude nicht höher geschätzt, als der verworfenste Hund: er wird verspottet, verfolgt, geschlagen, geplündert, ermordet, in die Sklaverei gestoßen, durch die gewaltsamsten Schändungen gemißhandelt, und mit den unsaubersten Arbeiten gemartert, so daß er von einem Tiger, dem man die Jungen geraubet, nicht so viel auszustehen haben würde. Der Gesetze aber sind viere; der Götzendiener, der Juden, der Christen und der Mahometaner.

Der Götzendiener zieht sein Gesetz aus vier Gründen vor. Erstlich weil er so oft, in den Kriegen wider die Juden, den Sieg davon getragen habe, bis es ihm endlich gelungen, ihre Gesetze ganz und gar zu vertilgen; es müsse daher dem höchsten Werkmeister und Regenten, die Verehrung eines einzigen Gottes nicht mehr, als die Verehrung vieler Götter gefallen haben. Hernach sagen sie: so wie es sich, wenn das Volk einen obersten Regenten über sich habe, für jeden gezieme, in Privatsachen und besonders in Kleinigkeiten, seine Zuflucht vielmehr zu den Befehlshabern und Hofleuten desselben zu nehmen, als dem Könige selbst, um jeder Ursach Willen, beschwerlich zu fallen: eben so müsse man, da der höchste Gott sich um das, was hier auf Erden vorgeht, und wovon die Angelegenheiten der Privatpersonen den allerkleinsten Teil ausmachen, sehr wenig bekümmert, vielmehr zu den Göttern, die dieser höchste Gott zu seinen Dienern geordnet hat, bei nicht wichtigen Dingen fliehen, als daß man denjenigen selbst, den kein Sterblicher nicht einmal mit den Gedanken erreichen kann, aus jeder nichtswürdiger Ursache, mit Bitten belästige. Endlich behaupten sie, daß durch dieses Gesetz, und durch diese Beispiele, indem sie Hoffnung machten, nach dieser Sterblichkeit göttlich verehrt zu werden, viele wären angetrieben worden, sich durch Tugenden berühmt zu machen, als Herkules, Apollo, Jupiter, Mercurius, Ceres. Was aber die Wunder anbelange, so könnten sie eben sowohl, Exempel der offenbaren Hülfe ihrer Götter und Orakelsprüche anführen, als irgend andre. Auch sei unsre Meinung von Gott und dem Ursprunge der Welt, nicht allein nicht weniger abgeschmackt, sondern auch noch abgeschmackter, als ihre, welches aus dem Streite unter den andern Gesetzen, und aus dem Hasse derselben gegen alle Weltweise, als die Urheber der Wahrheit, erhelle. Diese aber werfen ihnen die Menschenopfer, die Verehrung toter Bildsäulen und die Menge der Götter vor, welche auch von den ihrigen selbst verlacht würden; desgleichen die schändlichen Laster dieser ihrer Götter, die man sich schon an einem Menschen einzubilden schäme, und die undankbare Vergessung des allerhöchsten Schöpfers.

Nachdem diese also, auf besagte Art, widerlegt worden, so steht der Jude wider die Christen auf. Wenn in unserm Gesetze, sagt er, Fabeln enthalten sind, so sind sie alle, auch auf euch gekommen, die ihr unser Gesetz annehmet. Die Einheit Gottes hat niemand so unverfälscht verehret als wir; und von uns stammt diese Wahrheit auch her. Ferner kann sich kein Gesetz so großer Wunder und Zeichen, und kein Volk eines solchen Adels rühmen. Hierauf aber sprechen die übrigen wider dieses Gesetz: alles das, was untergegangen sei, müsse Gott nicht gefallen haben; sie die Juden hätten wider ihre Propheten gewütet; ihr Volk wäre allezeit der ganzen Welt ein Abscheu gewesen, und diejenigen, welche von den Christen und Mahometanern verehret würden, die befehlen ihnen ihr eignes Gesetze anzubeten.

Nachdem auch dieses Gesetz übern Haufen geworfen, so streitet nunmehr der Christ wider den Mahometaner. Dieser Streit ist schärfer und wird auf beiden Teilen mit großen Kräften unterstützet, von welchen das Wohl ganzer Reiche und Länder abhängt. Der Christe stützet sich besonders auf vier Gründe. *Erstlich* auf das Zeugnis der Propheten, welche alles, was sich mit Christo zugetragen, so genau erzählten, daß man glauben sollte, es sei nicht vorher gesagt, sondern nachdem alles schon geschehen, aufgeschrieben worden. Diese aber melden nicht das geringste von dem Mahomet. *Zweitens* auf das Ansehen der Wunderwerke Christi, die von solcher Größe und Beschaffenheit gewesen sind, daß sie mit den Wundern der Mahometaner in keine Vergleichung kommen: wie zum Exempel die Auferweckung der Toten, des Lazarus, des Mägdleins und des Sohnes der Witwe. Die Wunderwerke der Mahometaner hingegen, das Herabfallen der Steine von den schwarzen Vögeln, oder die Verbergung in der Höhle, wie er in seinem Korane lehret, oder dieses, daß er in einer Nacht von Mecca nach Jerusalem wäre geschickt, oder versetzt worden, oder seine Aufnahme in den Himmel, oder seine Zerteilung des Mondes; alle diese können entweder nicht mit Zeugen bestätiget werden, oder sind ganz und gar keine Wunder. Daß Steine von Vögeln herabgeschmissen werden, dieses ist zwar etwas wundersames, und mag es immerhin gewesen sein, aber kein Wunder ist es nicht: daß der Mond zerteilt scheinet, dieses ist weder ein Wunder noch etwas wundersames. Von Mecca nach Jerusalem versetzt werden, oder in den Himmel hinansteigen, dieses wäre zwar ein Wunder, allein die Zeugen mangeln ihm. Der *dritte* Grund wird von den Geboten Christi hergenommen, welche nichts enthalten, was mit der Moral oder mit der natürlichen Philosophie streitet. Was sein Leben anbelangt, darinne kann es ihm niemand gleich tun, und wenn es auch der allerbeste wäre; aber es nachahmen kann ein jeder. Wie? *kann* sag ich? Ja, so viel du dich von seinem Exempel entfernst, so viel Gottlosigkeit nimmst du an. Mahomet hingegen rät Mord und Krieg und den Turm im Paradiese; das Paradies aber beschreibt er so, daß man darinne heirate, von schönen Knaben bedient würde, Fleisch und Äpfel esse, Nektar trinke, auf seidnen Betten liege, und unter dem Schatten der Bäume Edelsteine und seidne Lager besitze. Welcher gesunde Verstand wird dadurch nicht beleidiget? Und wie abgeschmackt ist nicht jenes Vorgeben im Korane, nach welchem Engel und Gott für den Mahomet beten sollen? Desgleichen die Erdichtung, daß Gott von der Erde gen Himmel hinansteige, und daß er selbst bei den Geistern, seinen Dienern, schwöre. Was soll man von der Historie mit dem Kamele, wenn es anders eine Historie, und nicht vielmehr eine Fabel ist, sagen, die wenigstens fünfmal wiederholet wird? Hierzu kommt noch als der letzte Grund für die Christen dieses, daß unser Gesetz von sehr wenigen unerfahrnen und armen Leuten, gegen so viele Kaiser und reiche Priester der Götzen ist geprediget worden, und daß es, da es auch schon von innerlichen Spaltungen geschwächt war, dennoch des ganzen Erdkreises sich bemächtigt hat.

Nun haben aber auch die Mahometaner fünf Beweisgründe für sich. *Erstlich* sagen sie: Die Christen verehrten die Einheit Gottes nicht so lauter, als sie; die Christen gäben ihm einen Sohn, welcher ebenfalls Gott sei. Wann aber, fahren sie fort, mehrere Götter sind, so werden sie auf einander erbittert sein, weil dieses bei einem Reiche etwas unvermeidliches ist, daß es von vielen ohne Eifersucht nicht kann verwaltet werden. Es ist aber auch etwas gottloses, dem erhabensten Gott, dem Schöpfer aller Dinge einen beizugesellen, der ihm gleich sei, da er doch der allerhöchste ist, und ihm einen Sohn zu geben, da er doch keinen braucht, und ewig ist. Über das also, sagen sie, was die Christen ihm beilegen, empören sich die Himmel, und die Erde flieht vor Entsetzen davon. Gott wird daher bei ihnen eingeführt, als ob er sich beklagte; und Christus, als ob er sich entschuldigte; daß er sich dieses nicht selbst, sondern, daß es ihm andre, wider seinen Willen, beigelegt hätten. Der *zweite* Beweisgrund kömmt von dem Mahomet selbst, welcher den Christen zur Last legt, daß sie die Bilder anbeten, und daß sie also Verehrer der Götter, und nicht eines einzigen Gottes zu sein scheinen. Hierauf folgt der *dritte* Beweisgrund, welcher aus dem Erfolge hergenommen ist, indem sie schon so viel Siege erfochten, und schon so viel Provinzen erobert hätten, daß das christliche Gesetz kaum ein Teil des Mahometischen würde zu nennen sein, wann nicht, durch Vorsorge unsers Kaisers, schon zum Teil eine andre Welt, in der christlichen Religion wäre unterrichtet worden. Ist es aber, sagen sie, nun nicht wahrscheinlich, daß Gott denjenigen wohlwolle, welche einen richtigern Glauben haben? Er könnte ja so viele mit der allerkleinsten Hülfe retten, wenn er sich nicht von ihnen abgewandt hätte, und sie freiwillig verderben wollte. Was aber ihr Leben und ihre Sitten anbelangt, so geben diese ihrem Gesetze kein geringes Ansehen, indem auf eine ganz umgekehrte Weise, wir dem Mahomet und sie Christo nachzuahmen scheinen; sie beten, sie fasten, sie bedienen sich einer sehr simpeln, ja der allersimpelsten Tracht, sie enthalten sich des Mordes, der Glücksspiele, des Ehebruchs, und der abscheulichen Lästerungen gegen Gott, von welchen vier Lastern hauptsächlich die Völker der Christenheit, fast ganz und gar überschwemmt sind. Und was sagt man, wenn man die Ehrbarkeit ihrer Weiber, und die Verehrung ihrer Tempel betrachten will? Was endlich die Wunder anbelangt, so behaupten sie, daß wir nur erzählte Wunder haben, sie aber noch bis jetzt gegenwärtige. Einige enthalten sich viele Tage lang des Essens; andre brennen sich mit Feuer, und zerfleischen sich mit Eisen, ohne das geringste Zeichen eines Schmerzes von sich zu geben. Viele können durch den Bauch reden, welche ehedem Engastrimuthi genennt wurden; dieses aber können sie besonders alsdenn, wenn sie gewisse Orgia begehen, und sich im Kreise herumdrehen. So wie es mit diesen drei Punkten seine völlige Richtigkeit hat, indem sie, wie wir oben erinnert haben, natürlicher, obgleich wundersamer Weise zugehen; so ist es hingegen eine bloße Erdichtung, daß bei ihnen auch Kinder von Weibern, ohne Beischlaf, geboren würden. Auch sogar ihre Heiligen haben sie, welche durch wunderbare Hülfleistungen berühmt sind: den Sedichasim zum Siege; den Vanus zum Frieden; den Ascichus zur Wiederversöhnung der Eheleute; den Mirtschinus zur Bewahrung des Viehes; den Chidirelles für die Reisenden, der auf einem bunten Pferde sitzend, ihnen begegnen, und den rechten Weg zeigen soll. Sie heben auch noch die Schuh desjenigen auf, welcher von einem Könige unschuldiger Weise verdammt, und in einen glühenden Ofen geworfen worden, gleichwohl aber, nach Art der drei Männer im Feuerofen, deren die heilige Schrift gedenkt, unversehrt davon gekommen sei. Ganz bekannt ist endlich auch das Wunder des

Mirathbeg, eines türkischen Regenten, welchen die Lateiner Amurath nennen, wodurch er aus einem großen und kriegerischen Könige, ein Priester geworden ist, und sich freiwillig in ein Kloster eingeschlossen hat. –«

So weit gehet der Streit, den *Cardan* die vier Religionen untereinander führen läßt. Noch sind einige Perioden davon übrig, die ich aber noch wenig Augenblicke versparen will, um die Rettung meines Philosophen desto in die Augen fallender zu machen. Man erlaube mir vor allen Dingen einige Anmerkungen über das, was man gelesen hat, zu wagen.

Warum verdammt man eigentlich diese Stelle? Ist die Vergleichung der verschiednen Religionen, an und vor sich selbst, strafbar; oder ist es nur die Art, mit welcher sie *Cardan* unternommen hat?

Das erste, wird man sich wohl nicht in den Sinn kommen lassen, zu behaupten. Was ist nötiger, als sich von seinem Glauben zu überzeugen, und was ist unmöglicher als Überzeugung, ohne vorhergegangene Prüfung? Man sage nicht, daß die Prüfung seiner eignen Religion schon zureiche; daß es nicht nötig sei, die Merkmale der Göttlichkeit, wenn man sie an dieser schon entdeckt habe, auch an andern aufzusuchen. Man bediene sich des Gleichnisses nicht, daß, wenn man einmal den rechten Weg wisse, man sich nicht um die Irrwege zu bekümmern brauche. – – Man lernt nicht diese durch jenen, sondern jenen durch diese kennen. Und benimmt man sich nicht, durch die Anpreisung dieser einseitigen Untersuchung, selbst die Hoffnung, daß die Irrgläubigen aus Erkenntnis unsre Brüder werden können? Wenn man dem Christen befiehlt, nur die Lehren Christi zu untersuchen, so befiehlt man auch dem Mahometaner, sich nur um die Lehre des Mahomets zu bekümmern. Es ist wahr, jener wird darüber nicht in Gefahr kommen, einen bessern Glauben für einen schlechtern fahren zu lassen; allein dieser wird auch die Gelegenheit nicht haben, den schlechtern mit einem bessern zu verwechseln. Doch was rede ich von Gefahr? Der muß ein schwaches Vertrauen auf die ewigen

Wahrheiten des Heilandes setzen, der sich fürchtet, sie mit Lügen gegen einander zu halten. Wahrer als wahr, kann nichts sein; und auch die Verblendung hat da keine Statt, wo ich auf der einen Seite nichts als Unsinn, und auf der andern nichts als Vernunft sehe. Was folgt also daraus? Daß der Christ, bei der Vergleichung der Religionen, nichts verlieren, der Heide, Jude und Türke aber unendlich viel gewinnen kann; daß sie nicht nur, nicht zu untersagen, sondern auch anzupreisen ist.

Cardan muß also in der Art dieser Vergleichung gefehlt haben. Wir wollen sehen. Es kann auf eine gedoppelte Art geschehen sein. Entweder er hat die Gründe der falschen Religionen allzustark, oder die Gründe der wahren allzu schwach vorgestellt.

Hat er wohl das letztere getan? – – Ich verlange unparteiische Leser; und diese sollen es mir sagen, ob einer von allen den unzehlbaren Gottesgelehrten und Weltweisen, welche nach dem *Cardan* die Wahrheit der christlichen Religion erwiesen haben, einen Grund mehr, oder eben dieselben Gründe stärker vorgetragen hat, als er. Weitläuftiger wohl, aber nicht stärker. Man weiß, daß die vornehmsten derselben die historischen sind; und welche Art von ihnen vermißt man hier? Man kann dieser Arten drei annehmen. Historische Gründe, welche aus den Zeiten vor der Menschwerdung des Heilandes hergenommen sind; historische Gründe aus den Zeiten des Heilandes selbst, und endlich historische Gründe, aus den Zeiten die nach ihm gefolget sind. Die ersten sind diejenigen, die uns die Propheten an die Hand geben; die andern sind die, welche auf den Wundern unsers Erlösers beruhen, und die dritten werden aus der Art, wie die christliche Religion ausgebreitet worden, hergeholt. Alle diese hat *Cardan* mit wenig Worten, aber mit sehr nachdrücklichen, berührt. Was kann man von den Vorherverkündigungen der jüdischen Propheten stärkers sagen, als dieses: daß sie in Christo so genau erfüllet worden, daß man sie eher für Erzehlungen, die nach geschehener Sache aufgesetzt worden, als für das, was sie sind, halten sollte? Kann die

Zweideutigkeit derselben mit ausdrücklichern Worten geleugnet werden? Ich will nicht hoffen, daß man mit lieblosen Vermutungen so weit gehen werde, daß man behaupte, *Cardan* habe, eben durch diesen Zusatz, sie verdächtig machen, und ganz von weitem anzeigen wollen, für was man sie eigentlich zu halten habe. So unsinnig kann kein vernünftiger Mann sein, welcher es weiß, daß noch jetzt ein ganzes Volk ihr unverfälschtes Altertum, zu seiner eignen Widerlegung, behauptet – Auch von den Wundern Christi spricht unser Philosoph sehr scharfsinnig, und bemerkt zwei Dinge dabei, deren eines bei den Wundern der falschen Religionen immer mangelt. Er behauptet, daß sie wirkliche Wunder sind, und behauptet, daß sie, als solche, von glaubwürdigen Zeugen bekräftiget worden. Er unterscheidet sie also von den Täuschereien eines gelehrten Betriegers, welcher einem unwissenden Pöbel das Seltene für das Göttliche, und das Künstliche für das Wunderbare verkauft. Er unterscheidet sie auch ferner von den Prahlereien der Schwärmer, die wer weiß was wollen getan haben; nur Schade, daß es niemand gesehen hat. Kann man ihre Glaubwürdigkeit besser, oder kann man sie nur anders beweisen? – Endlich sehe man auch, wie gründlich er von dem Beweise aus der Fortpflanzung der christlichen Religion redet. Er berührt nichts davon, als was wirklich eine schließende Kraft hat; und läßt alles Zweifelhafte weg. Er sagt: sie ward von *armen* Leuten geprediget; man kann sie also aus keinen eigennützigen Absichten angenommen haben: und diese armen Leute waren noch dazu *unwissend*, folglich waren sie denen, die sie bekehrten, am Verstande nicht überlegen, und was sie vermochten, war einer höhern Kraft zuzuschreiben. Er bemerkt den Widerstand der ihnen natürlicher Weise unüberwindlich gewesen wäre; und bemerkt auch etwas, welches ich nur von wenigen bemerkt finde. Dieses nemlich, daß unsre Religion auch alsdann nicht aufgehört hat, sich die Menschen unterwürfig zu machen, da sie von innerlichen Sekten zerrissen und verwirret war. Ein wichtiger Umstand! Ein Umstand, welcher notwendig zeigt, daß in ihr etwas sein müsse, welches unabhänglich von allen Streitigkeiten seine Kraft zu allen Zeiten äußert. Und was kann dieses anders sein, als die immer siegende Wahrheit? *Cardan* läßt bei diesem Beweise nichts weg, als das, was ich wünschte, daß man es immer weggelassen hätte. Das Blut der Märtyrer nemlich, welches ein sehr zweideutiges Ding ist. Er war in ihrer Geschichte, ohne Zweifel, allzuwohl bewandert, als daß er nicht sehr viele unter ihnen bemerken sollte, die eher Toren und Rasende genannt zu werden verdienen, als Blutzeugen. Auch kannte er ohne Zweifel das menschliche Herz zu gut, als daß er nicht wissen sollte, eine geliebte Grille könne es eben so weit bringen, als die Wahrheit in allem ihren Glanze. Kurz, er ist nicht allein ein starker Verfechter des christlichen Glaubens, sondern auch ein vorsichtiger. Zwei Dinge, die nicht immer beisammen sind. – – Man betrachte noch das Übrige! *Cardan* hätte es bei den historischen Gründen können bewenden lassen; denn wer weiß nicht, daß, wann diese nur ihre Richtigkeit haben, man sonst alle Schwierigkeiten unter das Joch des Glaubens zwingen müsse? Allein er ist zu klug, diese Aufopferung der Vernunft, so gerade hin, zu fordern. Er behauptet vielmehr, daß die ganze Lehre Christi nichts enthalte, was mit der Moral und mit der natürlichen Weltweisheit streite, oder mit ihr in keine Einstimmung könne gebracht werden: *nihil continent praecepta Christi a philosophia morali aut naturali absonum*, sind seine eigne Worte. Das ist alles, was man verlangen kann! Man sage nicht, daß er dadurch auf einer andern Seite ausgeschweift sei, und unsrer Religion ihre eigentümlichen Wahrheiten, auf welche die Vernunft, vor sich allein, nicht kommen kann, absprechen wolle. Wenn dieses seine Meinung gewesen wäre, so würde er sich ganz anders ausgedrückt haben; die Lehre Christi, hätte er sagen müssen, enthält nichts anders, als was die Moral und natürliche Philosophie enthält; nicht aber: was sie enthält, harmoniert mit diesen. Zwei ganz verschiedne Sätze! Besonders dringt er auf die Vortrefflichkeit der christlichen Moral, und sagt klar, daß nur Christus das vollkommenste Muster aller Tugenden sei: *illius vitam aequare nemo quamvis optimus, imitari autem quilibet potest. Quid potest? imo quantum ab illius exemplo abscedis, tantum nefarii moris induis.* Man wäge diese Worte, die ich vielleicht in der Übersetzung zu schwach gegeben habe! Aber man sage mir nun endlich auch, ob man mehr Gutes von unsrer Religion sagen könne? Wer mehr Gründe verlangt, verrät, meines Erachtens, Lust, gar keine Statt finden zu lassen; und wer mehrere beibringt, Begierde, lieber viele und schlechte, als wenige und gute zu haben. Mit einem Worte, ich halte diese Stelle des *Cardans* für den gründlichsten Auszug, den man aus allen Verteidigungen der christlichen Religion, die, vor ihm und nach ihm, sind geschrieben worden, machen kann.

Noch ist der zweite Fall zurück. Wann *Cardan* die Gründe für die Wahrheit nicht geschwächt hat, so kann er doch der Lügen Farbe und Leben gegeben, und sich dadurch verdächtig gemacht haben. Auch dieses verdient erwogen zu werden.

Vor allen Dingen frage ich also: ob es erlaubt sei, bei Untersuchung der Wahrheit, sich die Unwissenheit seines Gegners zu Nutze zu machen? Ich weiß wohl, daß man in bürgerlichen Händeln nicht nötig hat, seinem Widersacher Beweise gegen sich an die Hand zu geben, ohne die er seine Sachen sogleich verlieren müßte. Man würde vielmehr denjenigen für einen Rasenden halten, der es täte, wann er nicht gewiß wäre, daß er, alles und jedes, auf das augenscheinlichste widerlegen könne. Aber warum? Weil sein Verlust notwendig mit des andern Gewinne verbunden ist; und weil man von einem Richter weiter nichts fordern kann, als daß er mit seinem Ausspruche auf diejenige Seite tritt, welche das meiste Recht vor sich zu haben *scheinet*. Dieses aber findet sich, bei den Streitigkeiten, welche die Wahrheit zum Vorwurfe haben, nicht. Man streitet zwar um sie; allein es mag sie der eine oder der andre Teil gewinnen, so gewinnt er sie doch nie für sich selbst. Die Partei welche verlieret, verlieret nichts als Irrtümer; und kann alle Augenblicke an dem Siege der andern, Teil nehmen. Die Aufrichtigkeit ist daher das erste, was ich an einem Weltweisen verlange. Er muß mir keinen Satz deswegen verschweigen, weil er mit seinem System weniger überein kömmt, als mit dem System eines andern; und keinen Einwurf deswegen, weil er nicht mit aller Stärke darauf antworten kann. Tut er es aber, so ist es klar, daß er aus der Wahrheit ein eigennütziges Geschäfte macht, und sie in die engen Grenzen seiner Untrüglichkeit einschließen will. – Diese Anmerkung also voraus gesetzt, möchte ich doch wissen, wie man eine ernsthafte Beschuldigung daraus machen könne, wenn ein Philosoph auch die falschen Religionen, und die aller gefährlichsten Sophistereien, in das aller vorteilhafteste Licht setzt, um sich die Widerlegung, nicht sowohl leicht, als gewiß zu machen? Ich möchte doch wissen, was denn nunmehr daraus folgte, wann es auch wahr wäre, daß *Cardan*, den heidnischen, jüdischen und türkischen Glauben, mit so vielen und starken Gründen unterstützt hätte, daß auch die aller feinsten Köpfe von ihren eignen Anhängern nichts mehr hinzu tun könnten? Würden sie deswegen weniger falsch bleiben, oder würde unser Glaube deswegen weniger wahr werden? – – Doch es fehlt so viel, daß *Cardan* dieses getan habe, daß ich ihm vielmehr, zu meinem großen Leidwesen, gleich das Gegenteil Schuld geben muß.

Ich behaupte also, er sei mit keiner einzigen Religion aufrichtig verfahren, als mit der christlichen; die übrigen alle hat er mit den allerschlechtesten Gründen unterstützt, und mit noch schlechtern widerlegt. Man braucht nur ohne Vorurteile zu sein, um hierinne mit mir überein zu kommen. Ich will von der heidnischen nichts, und von der jüdischen nur wenig gedenken. Wider diese läßt er die übrigen drei den Einwurf machen: daß Gott dasjenige nicht könne gefallen haben, was er habe lassen untergehen. Ist sie denn untergegangen die jüdische Religion? Wie wann ihr jetziger Zustand, nichts als eine verlängerte Babylonische Gefangenschaft wäre? Der Arm, der sein Volk damals rettete, ist noch jetzt ungeschwächt. Vielleicht hat der Gott Abrahams, die Schwierigkeit, die Nachkommenschaft dieses Frommen wieder in ihr Erbteil zu führen, nur darum sich so häufen, und nur darum so unübersteiglich werden lassen, um seine Macht und Weisheit in einem desto herrlichern Glanze, zur Beschämung ihrer Unterdrücker, an Tag zu legen. Irre dich nicht, Cardan, würde ihm ohne Zweifel ein rechtgläubiger Israelite geantwortet haben; unser Gott hat uns so wenig verlassen, daß er auch in seinen Strafgerichten, noch unser Schutz und Schirm bleibt. Wann er nicht über uns wachte, würden wir nicht längst von unsern Feinden verschlungen sein? Würden sie uns nicht längst von dem Erdboden vertilgt, und unsern Namen aus dem Buche der Lebendigen ausgelöschet haben? In alle Winkel der Welt zerstreuet, und überall gedrückt, beschimpft und verfolgt, sind wir noch eben die, die wir, vor tausend und viel mehr Jahren, gewesen sind. Erkenne seine Hand, oder nenne uns ein zweites Volk, das dem Elende so unüberwindliche Kräfte entgegen setzt, und bei allen Trübsalen den Gott anbetet, von dem diese Trübsalen kommen; ihn noch nach der Weise ihrer Väter anbetet, die er mit guten überschüttete. Was dieser Gott zu dem Satan sagte, als er seinen Mann, Hiob, auf die Probe stellen wollte: *Siehe da, er sei in deiner Hand, doch schone seines Lebens!* eben das sprach er zu unsern Feinden: *mein Volk sei in eurer Hand, doch schonet seines Lebens!* Da sind die Grenzen eures Tobens; da ist das Ufer, an welchem sich die Wellen eures Stolzes brechen sollen! Bis hierher und nicht weiter! Fahrt nur fort uns zu plagen; machet der Bedrängnissen kein Ende; ihr werdet den Zweck nicht erreichen, den ihr sucht. Er hat ein *schonet* gesprochen; und was er spricht ist wahr. Umsonst werden Bildads und Zophars, aus unserm eignen Geschlechte, aufstehen, und an unsrer guten Sache zweifeln; umsonst werden uns unsre eigne Weiber zurufen: haltet ihr noch fest an eurer Frömmigkeit? Ja, segnet Gott und sterbt! Wir wollen ihm nicht segnen; denn endlich wird er doch in einem Wetter herabfahren, und unser Gefängnis wenden, und uns zweifältig so viel geben, als wir gehabt haben. – – Ich will meinen Israeliten nicht weiter reden lassen; es sei nur eine Probe, wie leicht er die Trugschlüsse des *Cardans* widerlegen könnte. Und eben so leicht würde ihn auch der Mahometaner eintreiben, gegen dessen Glauben er noch ungerechter gewesen ist. *Ungerecht* sollte ich zwar vielleicht nicht sagen; weil Unwissenheit, ohne Zweifel, mehr Schuld daran hat, als der böse Wille. Die Nachrichten, die man zu seinen Zeiten, von dem Mahomet und dessen Lehren hatte, waren sehr unzulänglich, und mit tausend Lügen vermengt, welche die christlichen Polemici desto lieber für Wahrheiten annahmen, je ein leichtres Spiel sie dadurch erhielten. Wir haben nicht eher eine aufrichtige Kenntnis davon erhalten, als durch die Werke eines *Relands* und *Sale*; aus welchen man am meisten erkannt hat, daß Mahomet eben kein so unsinniger Betrieger, und seine Religion eben kein bloßes Gewebe übel an einander hangender Ungereimtheiten und Verfälschungen sei. Aber bei dem allen ist *Cardan* noch nicht entschuldiget: er, der sich um so viel unbekannte Sachen bekümmerte, hätte sich auch hierum erst bekümmern können, ehe er eine Vergleichung wagte, die eine völlige Erkenntnis voraussetzt, wenn sie einem Philosophen nicht unanständig sein soll. Und was würde er wohl haben erwidern können, wann sich ein Muselmann, der eben der gelehrteste nicht zu sein braucht, folgender Gestalt mit ihm eingelassen hätte. »Man sieht es wohl, mein guter Cardan, daß du ein Christ bist, und daß dein Vorsatz nicht sowohl gewesen ist, die Religionen zu vergleichen, als die christliche, so leicht als möglich, triumphieren zu lassen. Gleich Anfangs bin ich schlecht mit dir zufrieden, daß du die Lehren unsers Mahomets in eine Classe setzest, in welche sie gar nicht gehören. Das, was der Heide, der Jude und der Christe seine Religion nennet, ist ein Wirrwar von Sätzen, die eine gesunde Vernunft nie für die ihrigen erkennen wird. Sie berufen sich alle auf höhere Offenbarungen, deren Möglichkeit noch nicht einmal erwiesen ist. Durch diese wollen sie Wahrheiten überkommen haben, die vielleicht in einer andern möglichen Welt, nur nicht in der unsrigen, Wahrheiten sein können. Sie erkennen es selbst, und nennen sie daher Geheimnisse; ein Wort, das seine Widerlegung gleich bei sich führt. Ich will sie dir nicht nennen, sondern ich will nur sagen, daß eben sie es sind, welche die allergröbsten und sinnlichsten Begriffe von allem, was Göttlich ist, erzeugen; daß sie es sind, die nie dem gemeinen Volke erlauben werden, sich seinen Schöpfer auf eine anständige Art zu gedenken; daß sie es sind, welche den Geist zu unfruchtbaren Betrachtungen verführen, und ihm ein Ungeheuer bilden, welches ihr den Glauben nennet. Diesem gebt ihr die Schlüssel des Himmels und der Höllen; und Glücks genug für die Tugend, daß ihr sie mit genauer Not zu einer etwannigen Begleiterin desselben macht! Die Verehrung heiliger Hirngespinster, macht bei euch ohne Gerechtigkeit selig; aber nicht diese ohne jene. Welche Verblendung! Doch dem Propheten selbst ist es nur zum Teil geglückt, euch die Augen zu eröffnen, und ich sollte es unternehmen? Wirf einen Blick auf sein Gesetz! Was findest du darinne, das nicht mit der allerstrengsten Vernunft übereinkomme? Wir glauben einen einigen Gott: wir glauben eine zukünftige Strafe und Belohnung, deren eine uns, nach Maßgebung unserer Taten, gewiß treffen wird. Dieses glauben wir, oder vielmehr, damit ich auch eure entheiligten Worte nicht brauche, davon sind wir überzeugt, und sonst von nichts! Weißt du also, was dir obliegt, wann du wider uns streiten willst? Du mußt die Unzulänglichkeit unsrer Lehrsätze beweisen! Du mußt beweisen, daß der Mensch zu mehr verbunden ist, als Gott zu kennen, und tugendhaft zu sein; oder wenigstens, daß ihm beides die Vernunft nicht lehren kann, die ihm doch eben dazu gegeben ward! Schwatze nicht von Wundern, wann du das Christentum über uns erheben willst. Mahomet hat niemals dergleichen tun wollen; und hat er es denn auch nötig gehabt? Nur der braucht Wunder zu tun, welcher unbegreifliche Dinge zu überreden hat, um das eine Unbegreifliche mit dem andern, wahrscheinlich zu machen. Der aber nicht, welcher nichts als Lehren vorträgt, deren Probierstein ein jeder bei sich führt. Wann einer aufstehet, und sagt: ich bin der Sohn Gottes; so ist es billig, daß man ihm zuruft: tue etwas, was ein solcher nur allein tun könnte! Aber wenn ein andrer sagt: es ist nur ein Gott, und ich bin sein Prophet; das ist, ich bin derjenige, der sich bestimmt zu sein fühlet, seine Einheit gegen euch, die ihr ihn verkennet, zu retten; was sind da für Wunder nötig? Laß dich also das Besondre unsrer Sprache, das Kühne in unsrer Art zu denken, welche den geringsten Satz in blendende Allegorien gern einschließt, nicht verführen, alles nach den Worten anzunehmen, und dasjenige für Wunder zu halten, worüber wir selbst sehr betroffen sein würden, wenn es in der Tat Wunder wären. Wir schenken euch gar gerne diese übernatürlichen – – ich weiß nicht, wie ich sie nennen soll? Wir schenken sie euch, sage ich, und danken es unserm Lehrer, daß er seine gute Sache, nicht dadurch hat verdächtig machen wollen. Auch wirf uns nicht die Gewalt der Waffen vor, bei deren Unterstützung Mahomet predigte. Es ist wahr, er und seine Anhänger haben sehr viel, und Christus und seine Apostel haben gar kein Blut vergossen. Aber glaubst du wohl, daß das, was bei euch eine Grausamkeit gewesen wäre, es bei uns nicht ist? Gieb Acht, es wird auf das vorige hinaus kommen! Wann der, welcher unbegreifliche Dinge vorträgt, die ich höchstens nur deswegen glauben kann, weil ich ihn für einen ehrlichen Mann halte, der mich nicht hintergehen wird; wann der, sage ich, den Glauben mit dem Schwerde erzwingen will, so ist er der verabscheuungswürdigste Tyrann, und ein Ungeheuer, das den Fluch der ganzen Welt verdienet. Wann aber der, welcher die Ehre des Schöpfers rettet, halsstarrige Verruchte findet, die nicht einmal das, wovon die ganze Natur zeuget, die nicht einmal seine Einheit bekennen wollen, und diese von dem Erdboden vertilgt, den sie entheiligen, so ist er kein Tyrann; er ist, – – wann du ihn ja keinen Propheten, der Friede verkündiget, nennen willst, nichts als ein rächendes Werkzeug des Ewigen. Oder glaubst du in der Tat, daß Mahomet und seine Nachfolger ein ander Bekenntnis von den Menschen gefordert haben, als das Bekenntnis solcher Wahrheiten, ohne die sie sich nicht rühmen können, Menschen zu sein. Weißt du was *Abu Obeidach* an die von Jerusalem schrieb, als er diesen heiligen Ort belagerte? »Wir verlangen von euch, zu bezeugen, daß nur ein Gott und Mahomet sein Apostel ist, und daß ein Tag des Gerichts sein wird, da Gott die Toten aus ihren Gräbern erwecken will. Wann ihr dieses Zeugnis ablegt, so ist es uns nicht erlaubt, euer Blut zu vergießen, oder uns an eurem Hab und Gut, oder Kindern zu vergreifen. Wollt ihr dieses ausschlagen, so bewilliget Tribut zu bezahlen, und uns unterwürfig zu sein: sonst will ich Leute wider euch bringen, welchen der Tod süßer ist, als euch der Wein und das Schweinefleisch.« — —* Siehe, diese Aufforderung ergieng an alle! Nun sprich, verdienten die zu leben, welche nicht einmal die Einheit Gottes und die Zukunft des Gerichts bekennen wollen? Stoße dich nicht daran, daß man von ihnen auch verlangte, den Mahomet für einen Gesandten Gottes zu erklären. Diese Clausel mußte beigefügt werden, um zu ersehen, ob sie auch die Einheit Gottes recht eigentlich annehmen wollten; denn auch ihr behauptet sie anzunehmen, aber wir kennen euch! Ich will nicht weiter in dich dringen; aber lachen muß ich noch zuletzt über dich. Du glaubst, daß wir die sinnlichen Vorstellungen des Paradieses, nach den Buchstaben verstehen. Sage mir doch, wenn ich euern Koran recht gelesen habe, versteht ihr die Beschreibung eures himmlischen Jerusalems auch nach den Buchstaben? — —

Doch ich glaube, das heißt lange genug einen andern reden lassen. Ich ergreife das Wort wieder selbst, und sage, daß es mich, bei so gestalten Sachen, nicht wundern würde, wann besonders die Mahometaner den guten *Cardan*, im Fall, daß sie ihn einmal kennen lernten, unter ihre boshaftesten Verläumder rechnen sollten; daß es mich aber sehr wundert, wann die Christen ihn unter die ihrigen rechnen.

Ich habe also noch den letzten Schritt zu tun. — — Je nun, wird man, ohne Zweifel, sagen, so mag denn die Stelle selbst so unschuldig sein, wie sie will; genug daß *Cardan* durch einen gottlosen Schluß sein Innerstes nur allzu unglücklich

---

* *Okley* aus einer geschriebenen arabischen Geschichte des heiligen Landes.

verraten hat. Das *Igitur his arbitrio victoriae relictis*, ist so erschrecklich, daß gewiß keine Wendungen zureichen werden, es zu etwas bessern, als zu einer Geringschätzung alles Göttlichen zu machen.

Da sei Gott vor, daß ich Wendungen brauchen wollte! Die Stelle muß sich selbst retten, oder ich will derjenige sein, welcher am meisten wider sie eifert. Man gehe also einen Augenblick zurück, und sehe wo ich oben auf der 318ten Seite aufhörete. *Und sich freiwillig in ein Kloster eingeschlossen hat;* waren die letzten Worte. Auf diese nun folgen unmittelbar folgende, die ich der größern Glaubwürdigkeit wegen in ihrer Sprache anführen will. *Sed utinam tam facile esset, arma illorum superare, quam haec objecta diluere. Verum res ad arma traducta est, quibus plerumque major pars vincit meliorem.* Doch wollte Gott, heißt dieses, daß man ihre Waffen eben so leicht überwinden könnte, als man diese ihre Einwürfe zunichte machen kann. Allein die Sache ist zu den Waffen gekommen, wo der stärkere Teil meistenteils den bessern überwindet. – – Nunmehr verläßt *Cardan* auf einmal diese Materie, und wendet sich zu den Verschiedenheiten, die man unter den Gegenden der Erde bemerkt. Die Worte aber, die er zu dem Übergange braucht, sind die so oft verdammten Worte: *Igitur his arbitrio victoriae relictis, ad provinciarum discrimina transeamus.*

Wenn ich ein Mann von Ausrufungen wäre, so würde ich mich jetzt ganz und gar darinne erschöpfen. Ich würde mit manchem O und Ach zu verstehen geben, daß auch nicht das allerdeutlichste vor lieblosen Verdrehungen sicher sei. Ich würde den guten *Cardan* bejammern; ich würde allen ehrlichen Gelehrten wünschen, daß sie der liebe Gott ja für Neider behüten möge, die lieber die Regeln der Grammatik nicht kennen, als nicht verleumden wollen.

Doch ich will alles dieses nicht tun, sondern bloß die Stelle in ihrem Zusammenhange noch einmal hersetzen: *Verum res ad arma traducta est, quibus plerumque major pars vincit meliorem. Igitur his arbitrio victoriae relictis, transeamus etc.* O sagen Sie mir doch, meine Herren, *Scaliger, Mersennus, Morhof, de la*

Monnoye, Vogt, Salthenius, Freytag, Schwarz, worauf geht denn *his?* Warum soll es denn auf den Inhalt zweier vorhergehenden Seiten gehen, und warum denn nicht auf *arma?* Warum soll es denn heißen: ich will es auf das gute Glück ankommen lassen, welche von den vier Religionen den Vorzug behaupten wird; und warum denn nicht vielmehr: wir müssen es dem Glücke überlassen, ob die Waffen der Mahometaner, oder die Waffen der Christen die Oberhand, nicht in ihren Lehrsätzen, sondern in den Schlachten, davon tragen werden? Ist denn beides etwa einerlei? Was haben Sie an dem letztern Sinne zu tadeln? Dieses doch wohl nicht, daß Sie Ihre fromme Galle nicht daran auslassen können? Wenn ein andrer an meiner Stelle wäre, der würde die seinige vielleicht an Ihnen auslassen.

Alles dieses ist so klar, daß ich mich wohl hüten will, noch ein Wort hinzu zu setzen. Es würde scheinen, als ob ich mit meinen Lesern selber streiten wollte, die mir ohne Zweifel, gleich bei dem ersten Worte, die ganze Verleumdung eingeräumt haben.

Allein warum hat *Cardan* gleichwohl diese Worte hernach geändert? — — Als wenn man nur alles änderte, was man selbst für unrecht erkennet; als wenn man es nicht auch oft mit dem allerunschuldigsten täte, wenn man sieht, daß Gegner Gift daraus saugen wollen.

Hier würde es vielleicht nicht undienlich sein, zu bestimmen, in welcher Ausgabe diese Veränderung am ersten vorgenommen worden; allein ich muß diese Arbeit demjenigen überlassen, welchem die Mittel dazu nicht fehlen. Ich habe, zu allem Unglücke keine andre Ausgabe bei der Hand, als eine von den jüngsten, wo es nicht gar die allerjüngste ist; nemlich die von 1664. in Basel bei Emanuel König. Und auch von dieser kann ich nicht einmal sagen, nach welcher ältern Ausgabe sie abgedruckt worden; ich vermute aber nach derjenigen, welche Cardan, ohne Zweifel in dem Jahre 1560 zum zweitenmale übersah; weil ich, sowohl die zweite Zuschrift an den Herzog von Suesse, als auch die *Actionem primam in Calumniatorem* dabei finde. Dem sei unterdessen, wie ihm wolle, ich will so viel tun, als ich tun kann, und die Änderungen bemerken, die *Cardan* in dieser ganzen Stelle, nach meiner Ausgabe zu urteilen, gemacht hat.

Man irret sich sehr, wenn man glaubt, daß er nichts als die Worte *Igitur his etc.* ausgestrichen und mit andern, weniger anstößigen, wenn Gott will! ersetzt habe! Ich bemerke sonderlich drei Stellen, welche sich in der Original Ausgabe vorzüglich befinden; und in den verbesserten weggeblieben sind. Die *erste* ist die, welche man im vorhergehenden auf meiner 316 Seite findet, wo anstatt der Worte: *und wie abgeschmackt,* bis *seinen Dienern schwöre, Cardan* folgende zu setzen für gut befunden hat: *Absurda nonne sunt, quod fingant Deum ascendere ad coelum e terris, et quod ipse etiam per Daemones servos suos juret.* Man sieht also, daß er aufrichtig genug gewesen ist, die abgeschmackte Beschuldigung wegzulassen, die er daselbst dem Korane macht, als ob er lehre, Gott und die Engel beteten für den Mahomet. Allein ich wollte, daß er noch aufrichtiger gewesen wäre und auch das übrige weggelassen hätte. Denn was will er damit? Wie kann er dem Korane etwas zur Last legen, wovon die heilige Schrift selbst nicht frei ist? Wird nicht auch in dieser, von dem Herauf und Herabsteigen Gottes unzähligmahl geredet? Und wenn schon nicht darinne gesagt wird, daß Gott bei dem Himmel und bei der Erde schwöre; so schwört er doch bei seiner Seele. Ein Ausdruck der, ohne Zweifel, auch seine Erklärungen nötig hat. Die *zweite* Stelle, ist der ganze erste Beweisgrund der Mahometaner, welcher von der Einheit Gottes, deren Verleugnung sie den Christen Schuld geben, hergenommen ist (Siehe oben S. 316. von *Nun haben aber auch* etc. bis S. 317. *der zweite Beweisgrund kömmt.*) Alles dieses hat er in wenig Worte folgender Gestalt zusammen geschmolzen: *At Mahumetani et ipsi munimenta habent. Primum quod Christiani non eam quam ipsi in Deo simplicitatem colant, et quod Christicolae imagines venerentur, videanturque Deorum non Dei unius cultores.* Die *dritte* Stelle ist endlich die, wo *Cardan* von den Heiligen der Mahometaner redet, und von der ich in meiner Ausgabe nicht die geringste Spur sehe. Sie geht oben

S. 318. von: *Auch so gar Heilige haben sie* bis zu Ende des ganzen Ortes, Seite 318. *eingeschlossen hat.* — — Von diesen drei Veränderungen kann man ohne viel Mühe einen Grund angeben, allein was ich von der vierten, die ich gleich anführen will, sagen soll, weiß ich nicht. Ich finde nemlich, daß er auch diejenige Worte, die zur Rettung seiner guten Gesinnung so vortrefflich sind, nemlich: *Sed utinam tam facile esset, arma illorum superare quam haec objecta diluere. Verum res ad arma traducta est, quibus plerumque major pars vincit meliorem* gänzlich weggelassen hat. Er bricht da ab, wo ich auf der 318ten Seite abgebrochen habe, und setzt anstatt des berüchtigten Überganges nichts als die kahlen Worte: *Sed haec parum philosophos attinent, pro quibus institutus est sermo: ad provinciarum miracula transeamus etc.*

Ich nenne diese Worte hoffentlich mit Recht *kahl*, und wer weiß, ob ich ihnen nicht noch ein härter Beiwort geben sollte. Dem guten Cardan ist es wie hundert andern Gelehrten gegangen, die sich eben so wenig, als er, auf das Verbessern verstanden haben. Setzt er nicht offenbar für etwas anstößiges, noch etwas anstößigers? Was hindert es, sein *haec parum philosophos attinent* zu übersetzen: Was hat sich ein Philosoph um die Religionen zu bekümmern? Was geht ihn das abergläubische Zeug an? Ich weiß wohl, seine Meinung ist so arg nicht, und er will weiter nichts sagen, als: *Dieses geht diejenigen Weltweisen, für die ich hier schreibe, die Naturforscher nemlich, weniger an.* Er meint also nicht die Weltweisen überhaupt, für welche die Religionen allerdings ein sehr würdiger Gegenstand sind. Allein nimmt man denn Gründe an, wenn man verdrehen will?

Ich will nur noch ein Paar Worte von der Ordnung, in welcher die verschiedenen Ausgaben der Bücher *de subtilitate*, auf einander gefolgt sind, beifügen, und alsdann mit einer Anmerkung schließen, die vielleicht von einigen Nutzen sein kann. Die erste Ausgabe ist ohne allem Streit die oben angeführte von 1550. in Nürnberg. Für die zweite hält Herr *Freytag* eine Ausgabe von Basel, ohne Jahrzahl in Folio; für die dritte, die von 1554. gleichfalls in Basel bei Ludovico

Lucio, und für die vierte die von 1560. welche in 8vo an ebendemselben Orte herausgekommen ist. Über diese Folge wird er mir erlauben, einige Anmerkungen zu machen. I. *Cardan* sagt es ausdrücklich selbst, in seiner *Actione prima* auf der 728. S. daß die zweite Ausgabe seines Buchs, 1554, und zwar im Anfange des Jahrs erschienen sei. *De la Monnoye*, welchen Herr *Freytag* tadelt, könnte also doch wohl Recht haben, wenn er behauptet, daß die anstößigen Worte in derselben wären verbessert worden. Doch muß ich auch dieses zu des Herrn *Freytags* Entschuldigung sagen, daß *Cardan* wenn er die Ausgabe von 1554 die zweite nennet, dadurch ohne Zweifel nicht sagen wolle, als ob die erste niemals nachgedruckt worden sei; er nennt sie die zweite, weil alle die vorhergehenden, als von einer einzigen Originalausgabe abgedruckt, nur für eine, in Ansehung des unveränderten Inhalts, anzusehen sind. II. Weil aber doch auf der Baselschen Ausgabe in Folio ohne Jahrzahl, sehr vieler Verbesserungen gedacht wird, weil man auch so gar die *Actio prima* auf dem Titel genennt findet, so irret sich Herr *Freytag* ganz gewaltig, wenn er sie für die zweite halten will. Wie ist das möglich? Hat dieser Bücherkenner vergessen, daß erst 1557. des *Scaligers Exercitationes* herausgekommen sind, und daß also die *Actio prima*, welches eine Antwort darauf sein soll, von noch späterm Dato sein muß? III. Warum aber auch nicht, nach des Herrn *Freytags* Art zu rechnen, die Ausgabe von 1554. die dritte sein kann, ist dieses der Grund, weil *Cardan* selbst, auf der 791. S. der *Actio prima* von einer *prima et secunda Norimbergensi* desgleichen von einer *Lugdunensi* und *Lutetiana* redet. Von der *Lugdunensi* nun weiß ich es gewiß, daß diese 1551. in Octav ans Licht getreten sei, weil sie der Verfasser des in dem Xten Teile der *Observationum Hallensium* befindlichen Aufsatzes *de libris raris* ausdrücklich anführt. Überhaupt vermute ich, daß man aus diesen und vielen andern dabei vorkommenden Schwierigkeiten sich schwerlich jemals werde helfen können, weil die Buchhändler ohne Zweifel auch hier, ein Stückchen nach ihrer Art gespielt, und um einerlei Ausgabe mehr als einen Titel gedruckt haben.

Ich komme endlich auf die Anmerkung mit welcher ich schließen will. Diese Beschuldigung des *Cardans*, welche ich hoffentlich unwidersprechlich zu Schanden gemacht, haben unsre Litteratores aus den Händen der Katholiken; besonders eines hitzigen *Mersennus*. Ich will ihnen raten, daß sie alles, was sie diesen Glaubensgenossen abborgen, vorher wohl untersuchen, ehe sie mit ihnen gemeinschaftliche Sache machen. Diese Herren haben oft besondre Ursachen, dem und jenem Verfasser einen Schandfleck anzuhängen, welche bei uns wegfallen. *Cardanus* zum Exempel läßt die Vielheit der Götter in der streitigen Stelle, auf eben die Art verteidigen, wie sie die Heiligen zu verteidigen pflegen, dergleichen er auch den Mahometanern beilegt. Sollte dieses die Katholiken nicht etwa weit mehr verdrossen haben, als alles das andre? Allein sie waren vielleicht zu klug, um nicht einen andern Vorwand zu suchen. Ich bitte dieses zu überlegen.

RETTUNG DES INEPTI RELIGIOSI, UND SEINES UNGENANNTEN VERFASSERS

Diese ganze Rettung wird wider den Herrn Pastor *Vogt* gerichtet sein; oder vielmehr sie wird diesem Gelehrten Gelegenheit geben, sich eines Umstandes wegen zu erklären, welcher, wenn er ihm erst nach seinem Tode sollte zur Last gelegt werden, seiner Aufrichtigkeit einen ziemlichen Stoß geben könnte. Ich habe für seine Verdienste alle Hochachtung; ja eben diese Hochachtung ist es, welche mich, diesen Schritt zu tun, bewegt.

Zur Sache! Der Herr *Vogt* gedenkt in seinem Verzeichnisse rarer Bücher, in dem Buchstaben I. einer Scharteke, welche, zu Anfange der zweiten Hälfte des vorigen Jahrhunderts, in Lateinischer Sprache, unter folgendem Titel ans Licht gekommen ist: *Ineptus Religiosus ad mores horum temporum descriptus M. I. S. Anno 1652.* In Duodez, auf zwei Bogen. Das Urteil, welches er davon fällt, ist folgendes: »ein höchst seltnes aber böses und gottloses Büchelchen. Dem Exemplare, welches mir der Herr Göring, Superintendent in Minden, aus seiner zahlreichen Bibliothek mitgeteilet hat, war folgendes am Rande beigeschrieben: *Mente cares, si res tibi agitur seria: rursus fronte cares, si sic ludis amice Faber. Haec sunt Erasmi verba, alia occasione prolata, in hunc libellum optime quadrantia.* Sh. die vermischte Hamburgische Bibl. Band III. S. 581. Ich will dasjenige daraus hersetzen, was man in dem 45. Paragrapho lieset, und was den Sinn des Verfassers verrät: *Omnes quaestiones et controversias ab ovo, quod dicitur, semper incipito. Nihil suppone; semper quaeras: an Christus fuerit in rerum natura.*«

Ich habe an diesem Richterspruche zweierlei von Wichtigkeit auszusetzen: *erstlich*, daß Herr *Vogt* seinem Leser von dieser seltnen Schrift einen durchaus falschen Begriff macht; *zweitens*, daß er die daraus angeführte Stelle offenbar verfälscht.

Der erste Punct. Herr *Vogt* macht seinen Lesern einen ganz falschen Begriff davon. Er sagt es sei ein höchst böses und gottloses Büchelchen. Ich aber sage, es sei ein sehr gutes und rechtgläubiges Büchelchen. Wie werde ich diesen Gegensatz am besten beweisen? Nicht besser, glaube ich, als wenn ich es den unparteiischen Leser selbst versuchen lasse, was es für Wirkungen bei ihm haben werde, wenn er es von einem Ende zum andern lesen sollte. Dieses also will ich tun; doch um ihm den Verdruß zu ersparen, sich mit dem ziemlich barbarischen Lateine, in welchem es geschrieben ist, zu plagen, lege ich ihm nichts als einen deutschen Auszug davon vor. Einen Auszug, sage ich, und nicht eine Übersetzung; damit ich in jenem das Gift, wenn anders welches darinnen ist, so nahe zusammen bringen kann, als möglich; und damit dieses auf einem Haufen, seine Kräfte gewiß äußere, wann es anders welche äußern kann.

Ich sage also, daß der *Ineptus Religiosus* eine kleine Schrift ist, die aus einer Zueignungsschrift, aus 53 Paragraphen, aus einem kleinen Gedichte, und endlich aus einer Stelle des Augustinus bestehet. Man betrachte eines nach dem andern. Zuerst die

Zueignungsschrift.

Hier ist das vornehmste davon – – »Mein lieber Freund, du befindest dich jetzo außer deinem Vaterlande, in den am Meere liegenden Ländern Europens; deine größte Begierde geht dahin, daß du, in allen Stücken, einen recht galanten Weltmann, und einen recht großen Geist aus dir machen mögest. Das ist löblich, und ich halte es für meine Schuldigkeit, dich noch mehr dazu aufzumuntern. Ich will dir so gar mit meinem guten Rate an die Hand gehen, und dir dasjenige mitteilen, was ich, nach einer neulichen Untersuchung, für das beste zu sein fand, um ein nicht unwürdiger Gottesgelehrte – – (so will ich unterdessen das Wort *Religiosus* übersetzen.) dieses Jahrhunderts zu werden. Ich weiß gewiß, es wird dir sehr nützlich sein, und du wirst in kurzen sehr viel daraus lernen können, wenn du nur folgsam sein willst. Lebe wohl. *Datum et conceptum in otio febrili.*«

Nach dieser Zueignungsschrift, die nicht viel bessers, als eine – – doch der Leser mag es selbst entscheiden, was sie zu versprechen scheinet? – – Hier folgt die Abhandlung selbst, deren Hauptsätze ich folgender Maßen zusammen ziehe.

§. 1.

Höre mir zu, der du dich von dem Pöbel absondern, zu einer größern Theologischen Weisheit gelangen, und viel in kurzer Zeit lernen willst. Du wirst sehen, daß der Weg zu dem Erhabensten heut zu Tage sehr leicht ist, so daß du dich über die Glückseligkeit deiner Zeiten, und über deine eigne Fähigkeit wundern wirst. Ohne viel Sprachen zu lernen, ohne die Nächte schlaflos hinzubringen, ohne viel Öl und Fleiß zu verlieren, will ich dir das Innerste der Weisheit eröffnen. Laß andre sich quälen, so viel wie sie wollen; sie wollen das gute nicht erkennen etc.

§. 2.

Du also, der du dich berühmt zu machen gedenkest, überrede dich vor allen Dingen, daß du ein ganzer Mann bist, und daß dir nichts fehlt, um von allen, was dir in den Weg kömmt, urteilen zu können. Weg mit der törigten Behutsamkeit. Wer wird seine Meinung andern unterwerfen wollen? Weg mit solcher Sklaverei! Keine Sklaverei ist schimpflicher als die freiwillige etc.

§. 3.

Halte die Gottesgelahrtheit für das allerleichteste Studium – – Glaube, daß nichts weniger Mühe kostet, als das wahre von dem falschen, und das Licht von der Finsternis zu unterscheiden. Ich versichre dir, daß alle Schwierigkeiten in der Einbildung bestehen; und daß nichts schwer ist, als was einem schwer scheinet. Der Löwe entsetzt sich über das Quacken des Frosches, und wann er näher kömmt, zertritt er ihn etc.

§. 4.

Ferner verachte das Ansehen der Alten und der Verstorbenen. Wir sind zwar überall unsern Vorfahren viel schuldig; nur in der Religion sind wir ihnen nichts schuldig etc.

§. 5.

An die Hirten und Lehrer, unter welchen du lebest, kehre dich nicht. In einer so wichtigen Sache, als das Heil deiner Seelen ist, mußt du dich auf niemanden verlassen. Der beste Christ ist der, welcher sein eigner Hirt ist. Die Sorge für deine Seligkeit ist niemanden aufgetragen, und niemand wird für dich zum Teufel fahren. Du kannst dich ja selbst aus Büchern genugsam unterrichten, deren heut zu Tage oft ein Schuster und Schneider mehrere hat, als sonst ein großer Doctor des Kanonischen Rechts. Und was ist jetziger Zeit gemeiner als die Gelehrsamkeit? Was haben die Gelehrten vor gemeinen Handwerksleuten, die oft fertiger mit der Zunge sind als sie, voraus, als den Namen? Vor diesen mochte es wohl wahr sein, daß man die Gelehrsamkeit nur bei den Gelehrten finden konnte; allein jetzt

> redeunt Saturnia regna,
> In quibus Assyrium vulgo nascetur Amomum.

§. 6.

Mit diesen witzigen Köpfen also, welche eigentlich keine Gelehrte sind, rate ich dir fleißig umzugehen. Alle Pastores, Magistros, Doctores, Baccalaureos verachte gegen sie. Diese finstern Leute wollen, daß man nur ihnen alles glauben müsse; sie sind aufgeblasen und in ihre Grillen närrisch verliebt. Wann sich ja noch einige unter ihnen finden, die diese Fehler nicht haben, so sind sie dafür albern, blödsinnig, einfältig und dumm. Überhaupt aber werden sie dich alle mit so viel Sophistereien und schulmäßigen Unterscheidungen plagen, daß du notwendig einen Eckel für sie bekommen mußt. Sie werden dich auf die Grammatiken, auf die Vernunftlehren, auf die Wörterbücher, auf Commentarios, Disputationes, Thomisten und Scotisten verweisen; sie werden dich zu einem ewigen Sklaven der Bücher machen, damit sie dich ja in ihren Ketten behalten, und du nur immer ihre Speichel lecken mußt etc.

§. 7.

Noch einmal also, laß diese düsteren Köpfe, und gieb dich mit niemanden, als mit solchen ab, welchen Wahrheit und Lügen gleichgültige Dinge sind, und die weder die Kunst zu schließen, noch zu disputieren, gelernt haben. Du brauchst eben nicht, um die Theologie zu lernen, deine andern Handtierungen aufzugeben; du kannst alles dabei treiben, was du nur willst; und es ist genug, wenn du nur in müßigen Stunden mit deinen Gesellschaftern ein wenig von der Religion schwatzest. Du kannst alles unter Scherz und Lachen lernen – – Schuster und Schneider sind oft die besten Theologen, weil sie aus Erfahrung reden. Die Stimme des Pöbels, ist die Stimme Gottes. Versuch es nur!

§. 8.

Du wirst aber desto leichter lernen, je mit beredtern du umgehest; dergleichen jetziger Zeit die Engländer und Holländer zu sein pflegen, bei welchen alle Marktplätze von Religion wiederschallen. Ihre Weibleins so gar, sind die geschwätzigsten, die nur zu finden sind, und sie können fertiger von theologischen Dingen plaudern, als mancher langbärtige Professor der Theologie. Doch auch nicht immer mit einem unterrede dich! Bald mit diesem, bald mit jenem, damit du fein vielerlei in den Kopf bekömmst etc.

§. 9.

Nun muß ich dich ferner zur Kühnheit aufmuntern. Das Sprichwort sagt: den Kühnen hilft das Glück; und ich sage dir: den Kühnen hilft die Weisheit. Furchtsame bleiben auf dem bekannten Wege; Zweifelhafte folgen einem Führer; und die den Weg nicht wissen, treten in andrer Fußtapfen. Die Feigheit verrät ein unedles Gemüt. Ein Weiser weiß, daß er etwas weiß; er verehrt sich, und läßt sich von andern verehren. Was fragt er darnach, ob ihn andre frech, verwegen, oder, wie sie sonst wollen, nennen?

§. 10.
Mit dieser Tugend ist die Großmut verwandt, die du auch lernen mußt. Sie ist es, welche dich die Kleinigkeiten der Sprachlehrer, und die Kindereien der Dialektiker verachten lehrt etc.

§. 11.
Mit diesen Eigenschaften ausgerüstet, mußt du dich zu keiner gewissen Sekte bekennen, und auf keines Worte schwören. Auch die Namen der Lutheraner, Papisten und Calvinisten mußt du nicht einmal vertragen. Remonstranten oder Contraremonstranten; was will das sagen? Die Christen müssen unter sich alle Brüder sein. Luther war so gut ein Mensch als andre, und wir fehlen alle mannigfaltig etc.

§. 12.
Wann du aber ja in einer von den Sekten bist auferzogen worden, so verachte doch die andern nicht dabei. Jede hat etwas gutes; suche dir das Beste aus; lerne aus allen etwas, und nicht aus einer alles. Hast du aber Schreiben gelernet, so mache dir selbst ein theologisches System etc.

§. 13.
Hasse also keine Sekte, und glaube, daß, wie der Deutsche sagt, hinter dem Berge auch noch Leute wohnen. Gedenke an das, was Barläus in seinem schönen Epigrammate sagt:

> – – – non unius aevi,
> Non populi unius credimus esse pium,
> Si sapimus diversa, Deo vivamus amici
> Doctaque mens pretio constet ubique suo etc.

§. 14.
Wann du ja hassen willst, so hasse die Katholiken vor allen andern, weil sie die Gewissen binden, uns alle Freiheit im Denken rauben, und nach Art der Alten eine gar zu strenge Kirchenzucht haben; weil sie die Kirche zu einem Gefängnisse, und den Glauben zu einer Marterbank machen. etc.

§. 15.

Nach diesen verachte die Lutheraner oder Ubiquetisten. Diese Herde ist sehr zanksüchtig, sie dünkt sich alleine klug, und hat noch viel von den äußerlichen päpstischen Ceremonien beibehalten. Alle Ceremonien aber, befehl ich dir, zu fliehen. Wozu soll das Kniebeugen, das Kreuzmachen, die Entblößung des Hauptes? Dergleichen Grimassen gehören für die Klopffechter und Tänzer.

§. 16.

Sonst aber halte alle Sekten in gleichem Werte, es mögen nun Arminianer, oder David-Joriten, oder Brownisten sein. *Tros Tyriusve fuat nullo discrimine habeto.* Laß dir es auch niemals in den Sinn kommen, als wenn die päpstliche Religion weniger zu hassen wäre, als die Photinianische oder Mahometanische. Den Sektierer mußt du fliehen, sofern er ein Sektierer ist, nicht aber, insoferne er irret.

§. 17.

An allen Glaubenslehren und Lebenspflichten zweifle in deinem Leben wenigstens einmal. Und wann du es tust; so entziehe dich allem Umgange der Menschen. Begieb dich in die Einsamkeit, welche dich manches lehren wird! Ziehe keine Bücher dabei zu Rate; sondern bloß und allein dich. Wenn der Geist von allzu vielem Lesen abgemattet ist, so kann er von nichts gehörig urteilen etc.

§. 18.

Die Bibel rate ich dir, ohne alle Hülfe zu lesen. Doch brauchst du nicht immer darüber zu liegen; aufs höchste bei garstigem und traurigen Wetter, oder wann du von der Arbeit müde und zu andern Verrichtungen ungeschickt bist. Fliehe alle Ausleger; denn glaube mir, kein einziger ist von Vorurteilen frei.

§. 19.

Alle andre Gebetbücher, oder Gesangbücher kannst du bei der Bibel entbehren. Ich rate dir überhaupt nicht, dich gewisser Formeln bei dem Beten zu bedienen; nicht einmal des Vater Unsers. Das ist eine elende Andacht, die ihr Feuer aus den Büchern holen will! etc.

§. 20.
Die Bibel selbst aber lies mit Sorgfalt und Überlegung; nicht mit jener sinnlosen Ehrfurcht, die man Andacht zu nennen pflegt. Es sind Orte wo selbst Paulus anstößt, und wo Petrus stolpert. Homer schläft ja selbst manchmal ein. Lies die Bibel, nicht anders als du den Livius, Froschmäusler, oder der Gräfin von Bembrok Arkadien liesest. Einiges davon lobst du; einiges übergehst du; von einigem wolltest du, daß es lieber anders, als so heißen möge. Es steckt auch noch vieles in der Bibel, das noch niemand bemerkt oder an den Tag gebracht hat; und das entweder auf deine oder auf eines andern Hand wartet. Viele Stellen sollten ganz anders ausgelegt werden. Bei vielen folgt ein Schöps dem andern, und ein Ausleger dem andern. etc.

§. 21.
Hieraus kannst du leicht schließen, was ich von dem akademischen Disputieren halte. Damit diese Leutchen doch etwas tun mögen, so zanken sie sich über Worte, die weder bei ihnen noch bei andern einen Sinn haben. Ich möchte doch wissen, welcher von den Aposteln ihre Sophistereien *de causa efficiente, formali, informante, assistente etc.* verstehen würde? Von ihren *Haecceitatibus Quidditatibus* und dergleichen Dingern, die sie dem Thomas und Holcoth abborgen, will ich nichts sagen. Wie sehr hat man es vergessen, was der Heil. Ambrosius sagt: *Piscatoribus creditur non Dialecticis. etc.*

§. 22.
Wenn du aber ja mit mir nicht durchgängig einig bist, und ohne Bücher nicht gelehrt zu werden glaubst, so will ich dir wenigstens sagen, was für welche du loben und billigen mußt.

§. 23.
Erst siehe, ob der Verfasser eine gute Schreibart hat. Sie muß Ciceronianisch sein. Dieses Lob haben besonders die Bücher der Arminianer, desgleichen Calvinus und verschiedene im vorigen Jahrhunderte verstorbene Schweizersche Theologen. etc.

§. 24.

Die andre Tugend eines Schriftstellers ist die Bescheidenheit. Er muß mit seinen Gegnern fein säuberlich verfahren. Er muß den Ausspruch des Heilandes beständig in Gedanken gehabt haben: *richtet nicht!*

§. 25.

Die dritte Tugend ist die Versöhnlichkeit, welche die Griechen ἐπιεικειαν nennen. Sie müssen immer bereit sein, sich mit ihren Feinden zu vereinigen, und beständig im Munde führen: so viel an euch ist, haltet mit allen Menschen Friede! Dergleichen Bücher kommen heut zu Tage sehr viele ans Licht, und erhalten hier und da Beifall.

§. 26.

Die vierte Tugend ist die Frostigkeit, welche die Griechen ψυχρολογιαν nennen. Sie müssen nicht dem Leser ans Herz reden, noch alle Seiten mit Ausrufungen und Fragen anfüllen. Sie müssen keine Leidenschaften rege machen, ob man dieses gleich sonst für einen Fehler zu halten pflegt etc.

§. 27.

Fünftens wollte ich wohl raten, daß man auf einen guten Druck, auf weißes Papier und saubere Lettern sehen möge; allein das weiß jeder schon von sich selbst. Ich will also eine andre Regel geben, die wichtiger ist; diese nemlich, man fliehe sorgfältig alle methodische Bücher. Die besten sind diejenigen, welche frei und ohne Zwang geschrieben sind etc.

§. 28.

Endlich, welches ich gleich zuerst hätte erinnern sollen, halte besonders diejenigen für auserlesene Bücher, welche ohne Namen des Verfassers heraus kommen, und auch keinen Ort des Drucks angeben, es müßte denn etwa eine Stadt in Utopien sein. In solchen Büchern wirst du Schätze antreffen, weil sie meistenteils von witzigen und wahrheitliebenden Männern kommen. Die Welt ist sehr undankbar, daß sie dergleichen Schriften verbietet, oder sie nicht frei verkaufen lassen will.

§. 29.

Solche Bücher, wie ich sie dir jetzt beschrieben habe, liebe und lies; alle die übrigen aber, Ausleger, Streitschriften, Compendia etc. brauche

Ad piper et quicquid chartis amicitur ineptis.

§. 30.

Ausdrücklich dir aber diejenigen Bücher zu nennen, welche du lesen mußt, will sich nicht tun lassen; weil ich dazu den Ort, wo du dich aufhältst, und sonst deine Umstände wissen müßte. Unterdessen aber kannst du mit folgenden anfangen: mit *Hugonis Grotii* Büchern von der Wahrheit der Christlichen Religion, mit seinen Auslegungen über das alte und neue Testament; mit *Thomas Browns* Religion des Arztes, (welches Buch *Hugo* besonders wegen seiner reinen Schreibart vielen anzupreisen pflegte) mit des *Marcus Antonius de Dominis Republica Ecclesiastica*; mit des *Paräus Irenico*; mit *Gottfried Hottons Concordia Ecclesiastica*, und was dir etwa sonst für welche in den holländischen Buchläden vorkommen.

§. 31.

Nun will ich noch einige gute Regeln beifügen, die dir durch dein ganzes Leben nützlich sein können etc.

§. 32.

I. Verachte deinen Catechisen, und was du sonst in deiner Jugend gelernet hast. Allen diesen Bettel mußt du mit den Kinderschuhen ablegen. etc.

§. 33.

II. Wage dich gleich an etwas grosses; und das geringste, worüber du streitest, *laß die Vorherbestimmung von Ewigkeit, die allgemeine Gnade, die Notwendigkeit der guten Werke zur Seligkeit, die Art und Weise, wie Christus im Abendmal zugegen ist,* und andre solche Fragen sein. Wann du gleich nichts davon verstehest, das schadet alles nichts.

§. 34.

III. Von denen, die wichtige Ämter bei der Kirche oder im Staate bekleiden, glaube durchgängig, daß sie unwissend und dumm sind; denn es wäre ein Wunder, wenn

Ansehen und Verstand beisammen sein sollten. Wann du findest, daß sie auch nur in einer Kleinigkeit gefehlt haben, so schließe weiter.

§. 35.

IV. Gewöhne dich deine Meinung über alles zu sagen. Weg mit dem Pythagorischen Stilleschweigen. Erst lehre andre, und alsdenn lerne selbst. Überall aber, in Wein- und Bierhäusern, suche die Unterredung auf theologische Dinge zu lenken.

§. 36.

V. Gieb beständig Acht, wo du etwas zu widersprechen findest. Es sei dir deswegen erlaubt, den unwidersprechlichsten Grund des Christentums anzutasten; man bekömmt wenigstens dadurch eine große Meinung von dir etc.

§. 37.

VI. Halte dich zu denjenigen, die von den obersten Geistlichen verachtet, und gedrückt werden. Es werden immer witzige und gelehrte Männer sein, die man wegen ihrer Wahrheitsliebe verfolgt, und aus deren Umgange du vieles lernen kannst.

§. 38.

VII. Auch aus den Reden des aller geringsten Menschen schäme dich nicht etwas zu lernen; und wenn es auch ein alt Weib wäre. etc.

§. 39.

VIII. Wann du mit Männern, die gelehrt sein wollen, von der Religion redest, und sie sagen dir etwas, was dir schwer und dunkel scheinet, so halte es für verdächtig. Alles was schwer ist, erkenne für Possen; und nur das, was du gleich fassen kannst, für Wahrheit.

§. 40.

IX. Der Hauptzweck aller deiner Unterredungen und Handlungen sei, die Sekten zu vereinigen, und Friede und Ruhe in der Kirche herzustellen. Die Theologen selbst sind viel zu eigennützig, halsstarrig und zänkisch, als daß sie sich damit beschäftigen sollten. etc.

§. 41.

X. Bei Streitunterredungen suche beständig auf eine neue Art zu antworten. Mit dem Antworten selbst aber, sei ja recht fertig. Jedes große Genie redet alles aus dem Stegreife. In theologischen Sachen besonders, sind oft die ersten Gedanken besser als die letztern. etc.

§. 42.

XI. Die Streitigkeiten, welche unter den Sekten obwalten, mache so geringe als möglich; denn sie sind es, die der Vereinigung am meisten im Wege stehen. Oft sind es nur Wortstreite, und der ganze Fehler ist der, daß beide Parteien einander nicht verstehen. Überhaupt wird dir hier der Unterschied zwischen Glaubensartikeln, die zur Seligkeit unumgänglich nötig sind, und denen, die es nicht sind, sehr wohl zu Statten kommen.

§. 43.

XII. Wann du von den verschiednen Sekten sprichst, so drücke dich allezeit bescheiden aus. Die Bescheidenheit ist die erste Tugend eines Jüngers der großen und allgemeinen Religion. Mische daher fein oft in deine Reden die Wörter, *wenn, vielleicht, es scheint, ich halte, meistenteils, kaum, ohne Zweifel.* Sage zum Exempel: *wenn irgend ein Glaubensbekenntnis nach allen Vorschriften der Frömmigkeit und Heiligkeit abgefaßt ist, so ist es wohl das Augspurgische; die Photinianer sind des christlichen Namens kaum würdig; die Calvinisten scheinen aus Begierde, die göttliche Gnade groß zu machen, den unbedingten Ratschluß aufgebracht zu haben; dem ehrlichen Hugo Grotius ist hier etwas menschliches zugestoßen*, etc. Aber ganz anders mußt du von denjenigen reden, die mit deinen besondern Meinungen nicht überein kommen wollen.

§. 44.

XIII. Gieb dich bei Streitunterredungen niemals überwunden. Wenn dein Gegner scharfsinniger ist, und dich mit Schlüssen eintreiben will, so halte immer einen Einfall in Bereitschaft, den du diesem Schulfuchse in den Bart werfen kannst. Allenfalls kannst du ihm auch sagen, daß er dich nicht verstehe, und daß er selbst nicht wisse, was er wolle?

§. 45.

XIV. Bei allen Streitfragen fange ganz von vorne an. Setze nichts voraus. – – – (Doch ich will diesen Paragraphen nicht weiter ausziehen; ich werde ihn unten ganz einrükken müssen, weil die von dem Herrn *Vogt* angezogene Stelle daraus genommen ist.)

§. 46.

XV. Rühme dich oft deiner heiligen Betrachtungen, deiner Geduld, deiner Demut, und deiner andern dir verliehenen Gnadengaben. Tue aber, als wenn du hierbei nicht deine, sondern Gottes Ehre suchtest.

§. 47.

XVI. Lebe so, als wenn dich diese Zeiten ganz und gar nichts angingen. Entweder siehe beständig auf das vergangne; oder spare dich bessern Zeiten. Die Berge werden bald etwas gebären, und alsdann wird eine sehr große Veränderung entstehen.

§. 48.

XVII. Was dir in der Nähe ist, verachte. Bücher und Menschen aus deiner Gegend müssen dir eckeln. Nur das ausländische muß dich ergötzen. etc.

§. 49.

XVIII. Wenn du auf diese Art in deiner Religion zugenommen hast, so sinne endlich einmal darauf, wie die ganze Hierarchie der Kirche abgeschafft werden könne. Die Geistlichen kosten der Republik jährlich sehr große Summen; ein Erzbischof verzehrt in einem Monate mehr, als ein andrer Vornehmer in einem Jahre. Von was für einer Last würde der Staat nicht befreit sein, wenn er diese Kosten ersparen könnte?

§. 50.

XIX. Endlich wann du dich in deinen Glaubensartikeln fest gesetzt hast, so fange auch an, dich um den Zustand deiner politischen Obrigkeit zu bekümmern. Lebst du in einer Monarchie, so untersuche, was dein Monarch für Recht habe, über freie Leute zu herrschen? Ob es erlaubt sei, daß einer über alle gebiete? Kannst du auch andre mit dazu aufmuntern, daß sie gleiche Untersuchungen mit dir anstellen, so ist es desto besser etc.

§. 51.

XX. Um aber von deiner Obrigkeit ein richtiges Urteil fällen zu können, wirst du sehr wohl tun, wann du von alle ihren Mängeln und Fehlern Nachricht einzuziehen suchst, welche du am besten durch ihre Mägde, oder andre Botschaftträgerinnen bekommen kannst etc.

§. 52.

Mit diesen und dergleichen Untersuchungen bringe deine Jugend hin; und sei nicht so unsinnig sie bis auf das Alter zu versparen etc.

§. 53.

Hier will ich aufhören, und ein mehreres deiner eignen Klugheit überlassen. Vielleicht erkläre ich mich zu einer andern Zeit weitläuftiger, besonders wann ich erfahren sollte, daß dieses nicht übel aufgenommen worden.«

*

Noch ist es einige Augenblicke zu zeitig, meine Leser zu fragen, was sie wohl gelesen haben? Es ist vorher noch ein kleiner Anhang übrig, den ich ihnen gleichfalls mitteilen muß. Er bestehet, wie schon gesagt, aus einem kurzen Gedichte und aus einer Stelle des Augustinus. Das erstre ist *Manuductio ad Epicureismum* überschrieben und lautet von Wort zu Wort so:

> Vitam quae faciunt suis beatam
> Porcis, haec Epicurus ille tradit:
> Ne spectes hominum Deive mentem;
> Non est qui regat et curet orbem;
> Spem vitae bene rideas futurae,
> Quamvis mens ratioque sana monstrent.
> Te soli tibi finge procreatum,
> Certus cuncta tuo esse nata ventri;
> Silenus placeat nihilque malis.
> Vivas ut tua sus tuusque porcus;
> Et tandem moriare porcus et sus.
> Sic, sic itur ad insulas beatas,

> Aeterno quibus igne carcer ardet,
> Et tales coquit ustulatque porcos.
> Tunc malles, Epicure, non fuisse.
> Sed sero venient eae querelae;
> Et disces aliud fuisse quiddam,
> Quam quod riseris hic inane numen.

Diese Verse sind die besten nicht; und sie würden schwerlich hier stehen, wann ich sie gemacht hätte. — — Endlich folgt auch die Stelle des Kirchenvaters: *Utile est libros a pluribus fieri diverso stylo, non diversa fide, etiam de quaestionibus iisdem, ut ad plurimos res ipsa, quae orthodoxe tractatur, pervenire possit.* — —

Ho! ho! wird man mir nunmehr entgegen rufen, diese Stelle war wohl noch nötig, uns recht mit der Nase darauf zu stoßen, daß der ganze Bettel eine Satyre sei? Die Wendung darinne ist gleichwohl weder neu noch selten! Der Verfasser sagt überall das Gegenteil von dem, was er sagen will; und sagt es oft mit so dürren Worten, daß man sehr dumm sein muß, wenn man seine Meinung nicht fassen will.

Und das urteile ich auch. Ich will denjenigen sehen, der mir das geringste anstößige oder gottlose darinne zeigt; sobald er dasjenige verneinet, was unser Spötter bejahet, und dasjenige bejahet, was er verneinet. Doch auch dieses ist nicht einmal nötig; man nehme alles nach den Worten an; man gehe von dem eigentlichen Verstande derselben, nirgends ab: was ist es nun mehr? Hat nicht ein *Religiosus ineptus* sollen geschildert werden? Was hat man dazu für andre Züge wehlen können?

Um die Ironie überall noch besser einzusehen, darf man sich nur an die Streitigkeiten erinnern, welche besonders um die Mitte des vorigen Jahrhunderts die Lutherische Kirche zerrütteten. Eine der vornehmsten war die Syncretistische, oder diejenige welche die Helmstädter Gottesgelehrten, und besonders der ältere *Calixtus* erregten. Um das Jahr 1652. war sie eben sehr heftig geworden, und sie ist es, gegen die unser Verfasser die meisten und schärfsten Pfeile losdrückt. Man sehe besonders auf den zwei und vierzigsten und drei und vierzigsten Paragraphum, und überhaupt auf alle zurück, wo er von den verschiednen Sekten, von der Bescheidenheit, die man gegen sie brauchen müsse, und von ihrem Unterscheide, der nichts weniger als wesentlich sei, redet.

Auch auf die damaligen Unionsbemühungen, welche mit jener Streitigkeit, eine Art von Verwandschaft haben, zielt er. Ich berufe mich deswegen besonders auf den 25sten Paragraphum, wo er von der Verträglichkeit spricht, und auf den 30sten, wo er fast lauter Bücher anpreiset, die auf die Wiedervereinigung der christlichen Religion dringen. Was er aber daselbst von des *Thomas Browns Religion des Arztes* sagt, ist mir beinahe ein wenig verdächtig. *Quem Hugo ex puritate dictionis multis solitus commendare,* sind seine Worte. Gleichwohl ist das Werk eigentlich englisch geschrieben; und die lateinische Übersetzung, wenn ich mich recht erinnere, ist erst herausgekommen, als *Grotius* schon tot war.

Ferner scheint mir der ganze 21ste Paragraphus, und wo er sonst noch der Scholastischen Philosophie gedenkt, auf die Streitigkeiten zu gehen, welche der Helmstädtsche Superintendent *D. Hoffmann* anspann, der sich durch seinen Haß gegen die Weltweisheit ungemein lächerlich machte.

Desgleichen sticht er die Anwendung der Cartesischen Philosophie in der Gottesgelahrheit offenbar, in dem 17ten Paragrapho, an. *De omnibus articulis fidei, deque omnibus doctrinis morum fac semel in vita dubites.*

Endlich besinne man sich noch auf die Schwärmereien des erleuchteten Schusters von Görlitz, welcher ohne Wissenschaft und Gelehrsamkeit, durch seinen bloßen Unsinn, das Haupt einer Sekte und der Theosoph Deutschlands zu werden, das Glück hatte. Auch auf diesen und seine Anhänger wird sich vieles nicht übel deuten lassen, so daß man, wenn man noch wenig andre Anwendungen auf die Wiedertäufer, und auf die starken Geister damaliger Zeit, macht, wenig in den Wind gesagtes finden wird.

Ich will die Auswicklung aller dieser kleinen Umstände dem Leser selbst überlassen, und mich begnügen, ihn nur mit dem Finger darauf gewiesen zu haben. Er wird durchgängig, nach einer kleinen Überlegung finden, daß wenn eine Satyre in der Welt, orthodox abgefaßt worden; so sei es gewiß diese, welche der Herr Pastor *Vogt* als böse und gottlos ausschreit.

Doch ein jeder hat seine eigene Art zu denken; und es könnte wohl sein, daß dieser Gelehrte vollkommen nach seiner Empfindung geschrieben habe. Es ist nicht allen gegeben, Scherz zu verstehen; besonders wenn er auf etwas fällt, woran unsere Eigenliebe Teil nimmt. Ich würde ihm daher sein bloßes Urteil nicht verdenken, wann er es dabei hätte wollen bewenden lassen. Allein, daß er unsre Beistimmung durch Verfälschungen erzwingen will, das verdenke ich ihm sehr.

Und dieses ist der zweite Punkt, den ich erweisen muß. Man sehe also in dem vorhergehenden die Worte nach, die er aus dem 45 Paragrapho des *Religiosi Inepti* will genommen haben. Es waren folgende: *Omnes Quaestiones et Controversias ab ovo, quod dicitur, semper incipito. Nihil suppone; semper quaeras: an Christus fuerit in rerum natura.* Gesetzt einen Augenblick, diese Anführung hätte ihre vollkommene Richtigkeit; was nun? Die ganze Schrift, wie wir gesehen haben, ist eine Ironie, und also auch diese Zeilen! Als eine solche aber, sind sie die unschuldigsten von der Welt, und ich kann auf keine Weise einsehen, wie sie den bösen Sinn des Verfassers verraten können. Der Herr *Vogt* wird ihm doch nicht Schuld geben wollen, als habe er gezweifelt, ob jemals ein Christus in der Welt gewesen sei? Und bei nahe kann er ihm nichts anders damit Schuld geben.

Wie also, wenn ich ihm mit ausdrücklichen Worten in eben dieser Stelle grade das Gegenteil zeigte? Und nichts ist leichter; denn ich darf sie nur hersetzen, so wie sie eigentlich in dem Originale, das ich vor mir habe, lautet. Es heißt aber daselbst nicht schlecht weg: *nihil suppone*; sondern es heißt: *nihil AB ALIIS PROBATUM AUT DECISUM suppone*. Hier ist der ganze Paragraphus, den ich oben nur mit wenig Sylben angeführt habe:

§. 45.

XIV. Omnes quaestiones et controversias ab ovo, quod dicitur, semper incipito. Nihil ab aliis probatum aut decisum suppone. Semper quaeras: utrum etiam sint angeli seu spiritus? An Christus fuerit in rerum natura? An diluvium Mosaicum fuerit universale et similia. Neque opus est, ut tamdiu expectes, donec necessitate quadam eo perducaris, sed ultro te torque et quam studiosissime labora, ut dubia et disputabilia quaedam habeas. Quaestiones etiam tales amato: unde scire possum veram esse scripturae interpretationem, quam Pastor meus proponit? quo indicio constat Lutheranam religionem congruam esse verbo Dei, quum id Photiniani etiam jactent?

Nun muß ich aber in allem Ernste fragen, warum der Herr Pastor Vogt das *ab aliis probatum aut decisum* an einem Orte weggelassen hat, wo der ganze Verstand davon abhängt? Daß er aber hier davon abhängt, wird niemand leugnen. Es ist zwar wahr, will der ungenannte Verfasser sagen, andre haben es längst ausgemacht und bewiesen, daß es Geister giebt, daß Christus in der Welt gewesen ist; aber gleichwohl, was gehen dich, der du klüger als die ganze Welt mußt sein wollen, was gehen dich, sage ich, andre an? Deine Fragen sind zu Millionenmalen beantwortet worden; doch was schadet das? Du kannst sie schon noch einmal aufwerfen, und dir dadurch das Ansehen eines Geistes geben, der bis auf den Grund der Sachen dringet. – – Wer ist so einfältig, diese Sprache nicht zu verstehen? Und wer sieht nicht, daß die ganze Stärke des Spottes auf dem *ab aliis probatum aut decisum* beruhet? So bald dieses weg ist, so bald scheint alles, besonders wenn es außer dem Zusammenhange genommen wird, wo nicht im vollen Ernste, wenigstens in einer sehr plumpen Ironie gesagt zu sein.

Ich habe schon hin und her auf einige Entschuldigungen für den Hrn. *Vogt* gedacht. Wie gerne wollte ich annehmen, daß er die Schrift niemals selbst gesehen, und daß ihm ein unachtsamer Freund die Stelle daraus mitgeteilt habe; doch hierwider ist sein eignes Bekenntnis. Wie gerne wollte ich ferner vermuten, daß er vielleicht einen andern veränderten Abdruck gebraucht habe, wann ich nur den geringsten Grund hätte, zu glauben, daß ein solcher in der Welt sei?

Wenn es ihm daher gefallen sollte, sich etwa in einer neuen Ausgabe seines Verzeichnisses hierüber zu erklären, so wollte ich wohl wünschen, daß er seine Vermutungen beifügen möge, wer sich etwa unter die Buchstaben M. J. S. könne versteckt haben? Kaum darf ich es wagen, die meinigen vorzulegen, weil ich es ganz gerne gestehe, daß sie auf ziemlich schwachen Gründen ruhen. Anfangs nemlich, da ich die Schrift selbst noch nicht gesehen hatte, gingen meine Gedanken auf den *Johann Steller*, welcher sich durch die Verteidigung des Pilatus berüchtigt gemacht hat. Nach der Zeit aber bin ich auf den *Josua Schwarz* gefallen, welcher zuletzt Schleßwig Hollsteinischer Generalsuperintendent war. Er war in seiner Jugend ziemlich gereiset, und konnte also Ketzer und Schwärmer genung gekannt haben, um Lust zu bekommen, ihre Torheiten nach dem Leben zu schildern. Was dieser Mutmaßung noch das meiste Gewicht geben mußte, wäre der Haß, den er beständig gegen die Syncretisten geäußert hat. Er mußte ihrentwegen so gar sein Vaterland verlassen, welche Verdrüßlichkeit ihm um die Jahre einige sechzig, begegnete. Doch ich sage es noch einmal, diese Wahrscheinlichkeiten sind zu klein, als daß man darauf bauen könnte.

Man wird oben ohne Zweifel bemerkt haben, daß Herr *Vogt* den dritten Teil der Hamburgischen vermischten Bibliothek anführt. Wann man sich die Mühe nehmen will, die Stelle nachzusehen, so wird man finden, daß daselbst Herr *Harenberg* unter den Merkwürdigkeiten seiner Westphälischen Reise, gleichfalls des *inepti Religiosi* gedenkt. Das Exemplar, welches er davon durchlaufen, ist eben dasselbe, welches Herr *Vogt* gebraucht hat. Allein wie verschieden sind die Urteile beider Gelehrten. Herr *Harenberg* trifft viel näher zum Zwecke, und ich bin durchgängig mit ihm einig, nur darinne nicht, daß er vorgiebt, man könne es nicht so leicht erraten, ob der Schriftsteller im Ernste, oder nur Spottweise dem Leser so viel heillose Lehren vorhalte. – – Hat er etwa bei jedem Paragrapho hinzusetzen sollen: aber merkts ihr Leute, daß ich mich nur der Ironie bediene? Das sind schlechte Satyren, über die man es ausdrücklich schreiben muß, daß es Satyren sein sollen.

Es taugt, sollte ich meinen, überhaupt nicht viel, wenn man die gefährlichen Bücher ohne Not vermehret. Es wäre besser, wenn man sie so viel als möglich verringerte; welches dadurch am ersten geschehen kann, wenn man jedes nach seiner Absicht beurteilt, und sich begnügen läßt, ein nichtswürdiges Buch ein nichtswürdiges zu nennen, ohne es zu einem gottlosen zu machen.

Diese Regel der Klugheit scheinen nur die wenigsten unserer Bücherkenner zu beobachten. Da sie gewohnt sind, den Wert ihrer Entdeckungen, nach den Graden der Seltenheit eines Werks abzumessen, so werden sie nur gar zu oft von einer kleinen Ruhmsucht verleitet, diese durch Übertreibungen zu erhöhen, und den Inhalt wenigstens atheistisch zu machen. So ist es zum Exempel mit den Werken des *Bruscambille* ergangen, wider die Herr *Reimann* nach seiner Art auf der 392. Seite der *Historiae universalis Atheism.* sehr fürchterlich declamiert. Herr *Vogt* hat in seinem Verzeichnisse dessen eigne Worte beibehalten, und beiden sind sie *liber aeternis tenebris dignus*. Ich habe eine neuere Ausgabe davon, welche 1668. in Paris in Duodez gedruckt worden. Es ist wahr, man findet nichts als Possen darinne; weiter aber auch nichts, als Possen. *Bruscambille* selbst muß ein Komödiant des vorigen Jahrhunderts gewesen sein, denn fast alle in seinen Werken enthaltene Stücke sind entweder an die Zuschauer, vor oder nach den Schauspielen, gerichtet, oder es sind *Tiraden*, wie man sie auf der französischen Bühne zu nennen pflegt. Herr *Reimann* irrt sich daher sehr, wenn er vermutet, daß *Rabelais* vielleicht der eigentliche Verfasser sei. Die Schreibart ist viel neuer, als die Schreibart dieses französischen Lucians – –

Doch ich muß nur aufhören, ehe mich die Lust zu Ausschweifungen mehr Beispiele vorzulegen, verleitet.

RETTUNG DES COCHLÄUS
ABER NUR IN EINER KLEINIGKEIT.

Ich gestehe es ganz gerne, daß *Cochläus* ein Mann ist, an den ein ehrlicher Lutheraner nicht ohne Abscheu denken kann. Er hat sich gegen unsern Vater der gereinigtern Lehre, nicht als einen wahrheitliebenden Gegner, sondern als einen unsinnigen Lästrer, erwiesen; er hat von 1521 bis 1550 fast kein Jahr verstreichen lassen, ohne eine Schmähschrift wider ihn an Tag zu bringen, welche alle von den römischen Glaubensgenossen als Evangelia aufgenommen wurden; Verfälschungen, Lügen, Schimpfworte, Flüche waren seine einzigen Waffen, welche der Aberglaube heiligte, so ungerecht sie auch waren. Ich habe daher lange Zeit bei mir angestanden, ob er wohl etwas bessres verdiene, als daß man mit Gegenverleumdungen wider ihn verfahre. Man würde ihm, wenn man es auch noch so arg machte, dennoch nicht so viel Unrecht tun können, als er *Luthern* getan hat.

Doch endlich überlegte ich auch auf der andern Seite, daß man dadurch, so gut als er, einen Mangel an Gründen, die keines falschen Zusatzes benötigt sind, verraten würde; daß durch eine ungezwungne Aufrichtigkeit sich sein Ansehen sicherer untergraben ließe, als durch ihm abgelernte Ränke; und kurz, daß man auch dem Teufel nicht zu viel tun müsse. Dieser Überlegung habe ich es also zuzuschreiben, daß ich mich folgendes aufzusetzen habe überwinden können.

Unter den Vorwürfen, welche die Katholiken uns wegen der Reformation zu machen pflegen, ist derjenige keiner von den geringsten, den sie von den vorgeblichen veranlassenden Ursachen hernehmen. Dieses Werk, sagen sie, ward ganz und gar nicht aus einem heiligen Eifer angefangen; der Neid war die Triebfeder. Es verdroß *Luthern*, daß man seinem Orden den Ablaßkram entzogen, und ihn den Dominikanern gegeben hatte.

Es haben verschiedne Gelehrte unsrer Kirche diese Beschuldigung hinlänglich beantwortet. *Hunnius, Seckendorf, Möller* scheinen alles gesagt zu haben, was man darauf sagen kann. Weil sie es aber nur mit wenig Worten getan haben, so hat es der *Herr D. Kraft* vor einiger Zeit für wert gehalten, sich umständlicher darüber einzulassen. Er verteidigte daher, im Jahr 1749, als er sich noch in Göttingen befand, eine Streitschrift *de Luthero contra indulgentiarum nundinationes haud quaquam per invidiam disputante.* Diese Arbeit ward sehr wohl aufgenommen, so gar, daß man auch einige Jahre darauf eine freie Übersetzung, unter dem Titel *die gerettete Ehre des sel. D. Martin Luthers,* davon besorgte. Man kann ihr auch in der Tat, wenn man billig sein will, ihr Lob nicht entziehen; das Hauptwerk was er beweisen wollen, hat er glücklich bewiesen, und nur über einen einzigen Umstand dabei, habe ich meine Anmerkung zu machen. Der *Herr D. Kraft* will nemlich, daß *Cochläus* der aller erste Erfinder obgedachter Verleumdung sei, und daß vor ihm auch *Luthers* allerärgsten Feinde nicht daran gedacht hätten.

Wir wollen seine eigne Worte hören, die ich aus dem 14ten Paragrapho der deutschen Übersetzung nehme. »Wir setzen aber«, heißt es daselbst, »den allgemeinen Grund voraus, welcher allerdings ein großes Gewicht hat, daß alle Schriftsteller, welche zu Luthers Zeiten gelebt, nicht ein Wort von dieser Zunötigung gedacht haben. Es ist nicht einmal nötig, daß wir uns auf die berühmten Männer, welche sich eine allgemeine Hochachtung erworben haben, beziehen, nemlich den *Schleidan, Thuan, Guicciardini*; oder daß wir diejenigen anführen, welche sich noch ziemlich unparteiisch und aufrichtig bewiesen, nemlich den *Jovius, Alphonsus a Castro, Ferron, Surius* etc. als die insgesamt Luthers Aufstand aus andern Quellen herleiten, und von dieser Anschuldigung nichts wissen; sondern wir wollen uns, ohne alles Bedenken, auf die Schriften der giftigsten Feinde Luthers berufen, welche den möglichsten Fleiß angewandt, alles mit vieler Bitterkeit zu sammeln und drucken zu lassen, was ihre Raserei wider ihn Verdächtiges und Lächerliches nur aussinnen können. Es ist dieser Umstand wahrhaftig nicht obenhin anzusehen, daß unter allen diesen Vorfechtern, welche vom Jahr 1517 bis an den Tod Luthers 1546, ihm mündlich und schriftlich einen Rang abzulaufen gesucht, auch nicht einmal in dem ersten Treffen, als von dem Ablaß allein, und von den Ursachen des angefangnen Streits eigentlich die Rede war, nicht ein einziger so unverschämt gewesen, daß er diesen Bewegungsgrund angegeben, und Luthern eines solchen Neides beschuldiget hätte, dergleichen ihm nach der Zeit zur Last gelegt worden. — — *Cochläus* selbst, der unglückliche Erfinder dieser Fabel, hat in den Schriften, die er dem noch lebenden Luther entgegen gesetzt, davon nicht einmal gelallt; sondern ist erst, (§. 4.) nach dessen Tode, in dem *Verzeichnisse der Taten und Schriften Martin Luthers in Sachsen*, damit hervor gerückt etc.«

In dieser Stelle also, welche dem Herrn D. Kraft einer von den allgemeinen Beweisgründen ist, warum die Beschuldigung, daß Luther die Reformation aus Neid angefangen, erdichtet sei; behauptet er mit ausdrücklichen Worten, I. daß *Cochläus*, und folglich ein Mann ohne Treu und Glaube, sie zuerst vorgebracht habe, und daß II. in den Jahren von 1517 bis 1546 von keinem Menschen jemals sei daran gedacht worden.

Doch beides, mit Erlaubnis des Herrn Dokters, ist falsch. Ich kenne ein Zeugnis, welches sich von einem andern, als vom Cochläo, herschreibt, und gleich in den ersten Jahren ist abgelegt worden. Hier ist es: *Habes primam*, sagt mein Schriftsteller, nachdem er den Ursprung der Lutherischen Unruhen erzehlt, *hujus Tragoediae scenam, quam Monachorum odiis debemus. Dum enim Augustinensis invidet Dominicano, et Dominicanus vicissim Augustinensi, atque hi etiam Franciscanis, quid quaeso poterimus praeter gravissima dissidia sperare?*

Wirft diese Stelle, wenn anders die Umstände wahr sind, die ich davon vorgegeben habe, nicht alles, was Herr Kraft in den vorigen behauptet hat, auf einmal über den Haufen? Ich sollte es meinen.

Allein ist es auch ganz gewiß, daß *Cochläus* nicht Urheber davon ist? Ganz gewiß. Ihr Urheber ist *Alphonsus Valdesius*. Ist es auch ganz gewiß, daß sie in den Jahren von 1517 bis 1546. geschrieben worden? Auch dieses ist ganz gewiß. Sie ward den 31. August 1520 geschrieben.

Wer ist denn aber dieser *Alphonsus Valdesius*? – – Ich will ganz gerne glauben, daß ich auch denen, die in der Reformationsgeschichte noch sowohl bewandert sind, einen ganz unbekannten Namen genennt habe. Einen *Johann Valdesius*, der in Neapolis den ersten Samen des Luthertums ausgestreuet hat, werden sie wohl kennen; allein von einem *Alphonsus* dieses Namens, ist überall das tiefste Stillschweigen.

Ich muß daher alles mitteilen, was ich von ihm weiß. – – *Alphonsus Valdesius* war *magnae spei juvenis*, er war ferner ein Sohn *Ferdinandi de Valdes, Rectoris Conchensis*, und hat an den Peter Martyr, nicht *Vermilium*, sondern *Anglerium*, aus Holland und Deutschland verschiedne Briefe geschrieben. – – Das sind sehr dunkle und unzulängliche Nachrichten, wird man sagen; es ist wahr; allein kann ich sie besser geben, als ich sie habe? Ich habe es nicht einmal gewagt, sie deutsch zu übersetzen, aus Furcht, auch nur mit dem allergeringsten Worte von ihrem eigentlichen Verstande abzuweichen.

Meinen Wehrmann aber wird man ohne Zweifel daraus erraten können. Es ist der nur gedachte *Peter Martyr*. Dieser Gelehrte war ein geborner Mayländer aus Anghiera, verließ sein Vaterland, und begab sich nach Spanien, wo er bei dem König Ferdinand sehr ansehnliche Ehrenstellen bekleidete. Seine Schriften sind bekannt, ob sie gleich fast alle unter die seltnen gehören. Besonders werden seine Briefe, wegen der ganz besondern darinne enthaltenen Nachrichten, sehr hoch geschätzt. Sie sind das erstemal im Jahre 1530 zu Complut in Folio gedruckt, und von den *Elzeviren* im Jahr 1670 zu Amsterdam, in eben demselben Formate, nachgedruckt worden; doch hat man nur sehr wenige Exemplare davon abgezogen, so daß sie dieser neuen Auflage ohngeachtet, gleichwohl noch ein sehr rares Buch bleiben. Sie sind in 38

Bücher abgeteilt, und die Briefe, deren Zahl sich auf 813 beläuft, gehen vom Jahre 1488 bis auf 1525.

In dem sechshundert und neun und achtzigsten dieser Briefe nun, desgleichen in dem sieben hundert und zwei und zwanzigsten, teilet *Martyr* zwei Schreiben mit, die er von dem gedachten *Alphonsus Valdesius* erhalten hatte. Beide betreffen das Reformationswerk; der erste ist aus Brüssel den 31. August 1520, und der zweite aus Worms den 15. May 1521. datiert. Aus jenem ist die oben angeführte Stelle, welche alle erforderlichen Eigenschaften hat, das Vorgeben des Hrn. D. *Krafts* zu vernichten. Man kann sie, wenn man mir nicht trauet, auf der 381ten Seite der zweiten angeführten Ausgabe, selbst nachsehen. Ich finde von diesem *Valdesius* noch einen dritten Brief in dem 699ten eingerückt, allein er betrifft ganz etwas anders, die Krönung *Carls* nemlich zum römischen Könige, bei welcher er zu Aachen gegenwärtig gewesen war.

Es verlohnet sich ohne Zweifel der Mühe, daß ich von den erstern Briefen etwas umständlicher rede, besonders da sie so wenig bekannt geworden sind. Ich wüßte nicht einen einzigen Schriftsteller, der sich mit der Reformationsgeschichte abgegeben hätte, und ihrer gedächte. Unterdessen hätten sie es doch nur allzuwohl verdient, weil sie in der Tat mit vieler Unparteilichkeit geschrieben zu sein scheinen. Ich hoffe, daß eine Art von Übersetzung derselben, dem Leser angenehm sein wird, damit er sich um so viel mehr daraus überzeugen könne, ob die von mir angeführte Stelle auch in der Tat dasjenige beweise, was sie beweisen solle. Der Eingang, den Martyr dem ersten Briefe voranschickt, ist folgender: *Peter Martyr A. M. Marchionibus discipulis. Quae in regnis geruntur, vos non latent. Ex his quae ab exteris habemus, legite prodigium horrendum mihi ab Alphonso Valdesio, magnae spei juvene, cujus patrem Ferdinandum de Valdes, Rectorem Conchensem nostis, non minus fideliter quam ornate descriptum, cujus epistola sic habet.* Man sieht, daß diese Worte die Quelle meiner obigen Nachrichten sind. Der Leser mag es selbst untersuchen, was das *Rector Conchensis* sei, ob man einen Statthalter oder einem

Schulrektor in *Conches*, oder was man sonst darunter verstehen solle? Ich bekenne meine Unwissenheit ganz gerne. Was liegt endlich an diesem Umstande? Die Briefe selbst werden deswegen ihren Wert nicht verlieren. Hier sind sie:

DER ERSTE BRIEF
DES ALPHONSUS VALDESIUS AN DEN PETER MARTYR.

»Du verlangest von mir zu wissen, was die jüngst unter den Deutschen entstandene Sekte der Lutheraner für einen Ursprung habe, und wie sie ausgebreitet worden. Ich will dir alles, wo nicht zierlich, doch getreulich überschreiben, wie ich es von glaubwürdigen Personen erfahren habe. Du wirst, ohne Zweifel, gehört haben, daß der Papst Julius II. dem Apostel Petro einen unglaublich prächtigen und großen Tempel bauen zu lassen, angefangen habe. Er hielt es, vermutlich, für unanständig, daß der Oberste der Apostel in einem niedrigen Tempel wohnen solle, besonders da aus allen Teilen der Welt, unzehliche Menschen der Religion wegen, daselbst einträfen. Er würde, nach seiner Großmut, diesen Bau auch gewiß zu Stande gebracht haben, wenn ihn nicht, mitten in dem Laufe, der Tod aus der Zeitlichkeit abgefordert hätte. Leo der Xte folgte ihm auf dem Päpstlichen Stuhle, weil er aber nicht Geld genug hatte, einen solchen Aufwand zu bestreiten, so ließ er durch die ganze christliche Welt denjenigen Ablaß verkündigen, welche zum Baue dieses Tempels einige Beisteuer geben wollten. Er hoffte, daß er auf diese Art eine unsägliche Menge Geldes, besonders unter den Deutschen, welche die Römische Kirche mit einer ganz besondern Hochachtung verehrten, zusammen bringen werde. Doch wie nichts in der Welt so fest und beständig ist, das nicht entweder durch die Gewalt der Zeit, oder durch die Bosheit der Menschen verfallen sollte, so konnten auch diese Ablaßverkündigungen nicht davon ausgenommen bleiben, sondern sie wurden die Ursache, daß Deutschland, welches keiner andern christlichen

Nation an Frömmigkeit etwas nachgab, jetzo von allen und jeden darinne übertroffen wird. Es sprang nemlich in Wittenberg, einer Stadt in Sachsen, als ein gewisser Dominikaner predigte, und dem Volke den Ablaß, woraus er selbst keinen geringen Vorteil zu ziehen trachtete, aufdringen wollte, ein Augustiner Mönch, mit Namen *Martinus Luther* hervor, welcher der Urheber dieser Tragödie ward, und vielleicht aus Neid gegen den Dominikaner, verschiedene Artikel im Druck ausgehen ließ, in welchen er behauptete, daß der Dominikaner mit seinem Ablasse viel weiter gehe, als ihm der Papst erlaubt habe, aber auch erlauben könne. Der Dominikaner, als er diese Artikel gelesen hatte, geriet wider den Augustiner in Wut; die Mönche fingen nunmehr an, Teils mit Scheltworten, Teils mit Gründen, hitzig unter einander zu streiten; einige verteidigten die Predigt, andre die Artikel, bis endlich (weil das Böse niemals Grenzen kennet) der Augustiner den päpstlichen Ablaß ganz und gar zu verspotten wagte, und vorgab, er sei nicht so wohl zum Heile des christlichen Volks, als vielmehr, um den Geiz der Priester zu sättigen erfunden worden. Dieses ist also der erste Auftritt dieser Tragödie, die wir dem Hasse der Mönche zu danken haben. Denn da der Augustiner auf den Dominikaner, der Dominikaner auf den Augustiner, und beide auf die Franciscaner neidisch sind, was kann man sich anders als die allerheftigsten Uneinigkeiten versprechen? Nun kommen wir auf den zweiten Auftritt. Der Herzog von Sachsen, *Friedrich*, hatte gehört, daß aus diesem Ablasse dem Kardinal und Erzbischofe zu Maynz, *Alberto*, seinem Collegen bei Erwehlung römischer Kaiser, mit dem er aber über den Fuß gespannt war, viel Vorteil zufließen werde, so wie er mit dem Papste deswegen eins geworden war. Da nun also der Herzog auf Gelegenheit dachte, dem von Maynz diesen Vorteil zu entrücken, so bediente er sich des Mönchs, der zu allem kühn und unverschämt genug war, und dem päpstlichen Ablasse schon den Krieg angekündiget hatte. Er ließ alles Geld, welches in seinen Ländern aus dem Ablaßkrame war gelöset worden, den Commissaren wegnehmen, und sagte: *er wolle selbst einen eignen Mann nach Rom schicken, welcher dieses Geld zu dem Baue der Heil. Petrikirche überbringen, und zusehen solle, was man für einen Gebrauch von dem übrigen Gelde, das von andern Seiten herbeigeschafft würde, in Rom mache.* Der Papst, dem es zukömmt, die Freiheit der Kirche zu beschützen, und zu verhindern, daß kein weltlicher Fürst sich in dasjenige mische, was der päpstlichen Heiligkeit einzig und allein zustehet, ermahnte den Herzog zu verschiednen malen, Teils durch die höflichsten Briefe, Teils durch besondre Abgeordnete, daß er dem päpstlichen Stuhle diese Beschimpfung nicht antun, sondern das aufgefangne Geld wieder heraus geben möge. Doch da der Herzog sich dessen halsstarrig weigerte, und auf seiner Meinung blieb, so tat ihn der Papst in Bann. Der Augustiner wollte diese Gelegenheit, sich bei dem Herzoge einzuschmeicheln, nicht versäumen, und behauptete mit vieler Frechheit, daß ein so unbilliger Spruch ganz und gar keine Kraft habe, und daß der Papst keinen unschuldiger Weise in den Bann tun könne. Er fing hierauf an sehr viel Heftiges wider den römischen Papst und seine Anhänger auszustoßen, welches alles gedruckt und sehr geschwind in ganz Deutschland ausgebreitet wurde. Zugleich ermahnte er den Herzog von Sachsen, sich durch diese Drohungen von seinem einmal gefaßten Entschlusse nicht abbringen zu lassen. Die Gemüter der Deutschen waren schon längst, durch die mehr als heidnischen Sitten der Römer, aufgebracht worden, und hatten schon heimlich das Joch des römischen Papstes abzuschütteln gesucht. Daher kam es denn, daß sobald Luthers Schriften öffentlich bekannt wurden, sie bei allen einen ganz erstaunlichen Beifall fanden. Die Deutschen frohlockten, schimpften auf die Römischgesinnten, und verlangten, daß ein allgemeines christliches Concilium gehalten werden solle, worinne man Luthers Lehren untersuchen, und eine andre Einrichtung in der Kirche treffen könne. Und wollte Gott, daß dieses geschehen wäre! Doch da der Papst mit aller Gewalt sein Recht behaupten wollte, da er sich für ein allgemeines Concilium furchte, da er, die Wahrheit frei zu sagen, seinen privat Vorteil, welcher vielleicht dabei Gefahr laufen könnte, dem Heile der Christenheit vorzog, da er Luthers Schriften, ohne Untersuchung vertilgen wollte; so schickte er einen Legatum a Latere an den Kaiser Maximilian, welcher es dahin bringen sollte, daß Luthern von dem Kaiser und dem ganzen römischen Reiche ein Stillschweigen auferlegt werde. Es wurden daher in Augspurg Reichsversammlungen angestellt, auf welche Luther von dem Kaiser gefordert wurde. Er erschien also daselbst, fest entschlossen, seine Schriften tapfer zu verteidigen, und mit dem *Cajetanus* (so hieß der Legate) sich in einen Streit darüber einzulassen. Cajetanus sagte, *man müsse den Mönch ganz und gar nicht anhören, der so viel Lästerungen wider den römischen Papst geschrieben hätte*. Allein die Reichsstände erwiderten: *es würde sehr unbillig sein, wenn man ihn unverhört verdammen, oder zwingen wolle, diejenigen Schriften, die er zu verteidigen entschlossen wäre, ohne Überzeugung zu widerrufen. Wenn daher Cajetan*, (der, wie du weißt, in der heil. Schrift selbst nicht unerfahren ist,) *Luthern überzeugen könne, so wären sie und der Kaiser bereit, ihn zu verurteilen*. Da *Cajetan* also sahe, daß er nichts ausrichten werde, wenn er sich nicht mit Luthern näher einlassen wollte; da er es auch wirklich verschiednemal versuchte, und sehr unglücklich damit war; so begab er sich, unverrichteter Sache, wieder fort. *Luther* aber, der mit größern Ehren wegging, als er war vorgelassen worden, triumphierte als ob er völlig den Sieg erfochten hätte. Weil er sich übrigens auf den Schutz des Herzogs von Sachsen verlassen konnte, so trieb ihn seine Hitze immer weiter und weiter, und er hörte nicht auf, beständig neue Lehren, die mit dem apostolischen Glauben streiten, in Druck ausgehen zu lassen. Da also der Papst sahe, daß er es im guten nicht dahin bringen könne, daß man diesen lästernden Mönch zur verdienten Strafe zöge; da er befürchten mußte, daß das Gift, welches schon weit und breit um sich gegriffen hatte, noch mehr Schaden tun, und Luther auch rechtgläubige Männer auf seine Seite ziehen könne, so ließ er eine sehr heftige Bulle wider ihn und seine Anhänger ausgehen, und erklärte sie alle für Irrgläubige und Ketzer. Hierdurch ward

Luther nicht so wohl aufgebracht, als völlig in Raserei gesetzt, und erklärte den Papst selbst (welche Unverschämtheit!) für einen Irrgläubigen und Ketzer. Er gab unter andern ein Buch unter dem Titel *de Captivitate babylonica Ecclesiae* heraus, und es ist unglaublich, mit was für Ränken er darinne die Lehrsätze und Anordnungen der Kirchenversammlungen und Päpste angreift. Er behauptet so gar, daß *Johann Huß* auf dem Concilio zu *Costnitz* unschuldig sei verbrannt worden, und daß er alle seine Artikel, die man verdammt habe, als rechtgläubig verteidigen wolle. Doch auch hieran ließ er sich nicht einmal begnügen, sondern verbrannte noch in Wittenberg alle Bücher des kanonischen Rechts, so viel er deren daselbst auftreiben konnte, weil sie, nach seinem Vorgeben, die christliche Frömmigkeit verdorben hätten, und also bei Seite geschafft werden müßten. Nachdem sich das Gerüchte hiervon durch ganz Deutschland ausgebreitet, sind die Gemüter der Deutschen auf eine so unbeschreibliche Art wider den apostolischen Stuhl erbittert worden, daß wenn der Papst nicht die Klugheit, oder der Kaiser nicht das Glück hat, mit einer allgemeinen Kirchenversammlung, dem Übel abzuhelfen, nur allzusehr zu besorgen steht, dieses Unheil werde noch so weit um sich greifen, daß zuletzt ganz und gar kein Mittel darwider vorhanden sein wird. – – So viel habe ich dir vorjetzt melden wollen. Nimm es geneigt auf, und lebe wohl. Brüssel, den 31 August. 1520.

ZWEITER BRIEF
DES ALPHONSUS VALDESIUS AN DEN PETER MARTYR.

Den Ursprung der Lutherischen Sekte, und ihren Fortgang bis auf den heutigen Tag, habe ich dir aus Brüssel geschrieben. Vernimm nunmehr, was darauf gefolgt ist. Nachdem der Kaiser in diese Stadt Worms, die Churfürsten des römischen Reichs und alle Stände zusammen berufen, hat er vor allen Dingen Luthers Sache vorzunehmen verlangt, damit

durch das Ansehen des ganzen Reichs, der Unsinn dieses
Mannes endlich gebändiget, und andre ihm beizutreten abgehalten würden. Ob er dieses nun schon sehr eifrig getrieben, so hat er doch nichts weiter erlangen können, als daß
Luther, unter kaiserlichem sicherm Geleite nach Worms gerufen und vorher gehört würde, ehe man etwas wider ihn
beschließen wolle. Sie behaupteten alle, daß es unbillig sein
würde, ihn unverhört zu verdammen, und daß es der Würde
und Frömmigkeit des Kaisers zukomme, wenn Luther seine
Irrtümer widerrufe, das übrige, was er sonst, so gelehrt als
christlich, geschrieben habe, zu untersuchen, und Deutschland von den Unterdrückungen und Beschwerden des
päpstlichen Stuhles zu befreien. Da der Kaiser sahe, daß er
nichts weiter erlangen könne, so ließ er *Luthern* unter seinem
sichern Geleite kommen, der sich auch vor ihm und allen
Ständen des Reichs stellte. Er ward gefragt: *ob er sich zu den
Büchern, die hier und da unter seinem Namen herum gingen, bekenne,
und ob er das, was er darinne geschrieben habe, widerrufen wolle, oder
nicht?* Er antwortete: *er bekenne sich zu allen diesen Büchern;*
(deren Titel ihm auf sein Begehren vorgelesen wurden) *und
wolle es weder jetzt noch jemals leugnen, daß er Verfasser davon sei.*
Was aber den zweiten Punkt der an ihn geschehenen Frage
anbelangte, ob er nemlich das was er geschrieben habe widerrufen wolle, so bat er, der Kaiser möge ihm Bedenkzeit
lassen, die ihm auch der Kaiser bis auf den folgenden Tag
verstattete. An diesem nun, wurde *Martinus Lutherus* abermals vor den Kaiser, die Churfürsten und alle Reichsstände
gefordert, und man verlangte von ihm, daß er auf den zweiten Teil der gestrigen Frage antworten solle. Hierauf hielt er
eine lange und weitläufige Rede, Teils in lateinischer, Teils in
deutscher Sprache, und beschloß endlich damit, *daß er nichts,
was in seinen Büchern enthalten sei, widerrufen könne, wenn man ihm
nicht aus der Lehre des Evangelii und aus dem alten oder neuen
Testamente zeigen könne, daß er geirret und gottlose Sachen vorgetragen
habe.* Und als man aufs neue in ihn drang, daß er, alles andre
bei Seite gesetzt, entweder mit Ja oder Nein antworten
möge, *ob er bei den Lehrsätzen und Anordnungen der Kirchenver-*

sammlungen bleiben wolle; so antwortete er: *er wolle nichts widerrufen, und könne auch bei den Lehrsätzen der Kirchenversammlungen nicht bleiben, weil die Kirchenversammlungen sich manchmal selbst widersprochen hätten.* Der Kaiser befahl ihm hierauf abzutreten, und ließ die Versammlung auf diesen Tag auseinander. Den Tag drauf, ließ er die Churfürsten zu sich kommen, und legte ihnen eine von seiner eignen Hand aufgesetzte Schrift vor, in der er ihnen, was nunmehr zu tun sei, erklärte, und sie insgesamt seiner Meinung beizutreten bat, daß man nemlich geschärfte Befehle wider Luthern und die Lutheraner, ergehen, und die Bücher dieses unsinnigen Mannes verbrennen lassen wolle. Die Reichsstände aber, deren einige Luthers Gift eingesogen hatten, andre aber Luthern nicht eher verdammt wissen wollten, als bis die Deutschen erst von den Unterdrückungen und Beschwerden des römischen Hofes befreit wären, lagen dem Kayser mit inständigen Bitten an, *daß man Luthern wenigstens ins geheim ermahnen möge, dasjenige, was er wider die Kirche geschrieben habe, zu widerrufen.* Als ihnen der Kaiser dieses erlaubt, und sie ganzer drei Tage den verstockten Luther, aber umsonst, ermahnt hatten, sahen sie wohl, daß sie nichts ausrichten würden, und unterschrieben also das Kaiserliche Decret. Als dieses geschehen war, wollte der Kaiser gleichwohl nicht wider das Luthern erteilte sichre Geleite handeln, sondern ließ ihn durch ein öffentliches Instrument erinnern, *daß er sich den folgenden Tag sogleich aus der Stadt Worms, und innerhalb zwanzig Tagen in einen sichern Ort begeben solle.* Luther gehorchte, und der Kaiser ließ nunmehr, in seinem, in der Churfürsten, und aller Reichsstände Namen, nicht nur ein sehr scharfes Edikt wider Luthern und seine Anhänger ergehen, sondern ließ auch seine Schriften, so viel man deren hier finden konnte, mit großem Gepränge verbrennen, welches er auch in den übrigen Städten Deutschlands zu tun befahl. Hier hast du also von dieser Tragödie, wie einige wollen, das Ende; so wie ich aber ganz gewiß überzeugt bin, nicht das Ende, sondern den Anfang. Denn ich sehe, daß die Deutschen wider den päpstlichen Stuhl allzu erbittert sind, und glaube nicht, daß die Befehle des Kaisers bei ihnen von großem Nachdrucke sein werden, weil man, auch nach Ergehung derselben, Luthers Bücher hin und wieder frei und ungestraft verkauft. Du kannst daher leicht mutmassen, was vollends in Abwesenheit des Kaisers geschehen wird. Diesem Übel hätte, zum größten Nutzen der Christenheit, ganz leicht können gesteuert werden, wenn der Papst gegen eine allgemeine Kirchenversammlung nicht so abgeneigt wäre, und die öffentliche Wohlfahrt seinen besondern Vorteilen vorzöge. Allein, da er sein Recht auf das hartnäckigste verteidiget, da er nichts anhören, sondern bloß, vielleicht aus einem heiligen Affecte, Luthern verdammt und verbrannt wissen will, so sehe ich zum voraus, daß die ganze christliche Republik zu Grunde gehen wird, wann sich Gott nicht selbst unsrer annimmt. Lebe Wohl. Worms, den 15. Mai 1521.

*

Ich bin so weit entfernt diesen Briefen eine Lobrede zu halten, und mich zu ihrem unbedingten Verteidiger aufzuwerfen, daß ich es vielmehr ganz gerne einräumen werde, wenn man hier und da einige kleine Falschheiten darinne entdecken sollte. Ich habe sie eigentlich aus keiner andern Ursache angeführt und mitgeteilt, als wegen der Stelle, die ich dem Herrn D. *Kraft* daraus entgegen setze, und aus welcher er wenigstens so viel ersehen wird, daß *Cochläus* den unserm Luther vorgeworfnen Neid, nicht, wie man zu reden pflegt, aus den Fingern gesogen habe, sondern dabei ohne Zweifel dem Gerüchte gefolgt sei.

Indem ich aber leugne, daß dieser geschworne Feind des großen Reformators der Erfinder gedachter Beschuldigung sei, so will ich sie doch deswegen für nichts weniger als für wahr halten. Sie hat zu wenig Wahrscheinlichkeit, wenn man sie mit Luthers uneigennützigem und großmütigen Charakter vergleicht. Er, der durch seine Glaubensverbesserung nichts irdisches für sich selbst zu gewinnen suchte, sollte den die Gewinnsucht, oder welches auf eins hinaus kömmt, der Neid über den Gewinn eines andern, dazu angetrieben haben?

Eine Betrachtung aber wird man mir erlauben. – – Ich sehe nicht, was unsre Gegner gewinnen würden, wann es auch wahr wäre, daß *Luthern* der Neid angetrieben habe, und wann auch sonst alles wahr wäre, was sie zur Verkleinerung dieses Helden vorbringen. Wir sind einfältig genug, und lassen uns fast immer mit ihnen in die heftigsten Streitigkeiten darüber ein; wir untersuchen, vertheidigen, widerlegen, und geben uns die undankbarste Mühe; oft sind wir glücklich, und öfters auch nicht, denn das ist unstreitig, daß es leichter ist, tausend Beschuldigungen zu erdenken, als eine einzige so zu Schanden zu machen, daß auch nicht der geringste Verdacht mehr übrig bleibe. Wie wäre es also, wenn man dieses ganze Feld, welches so vielen Kampf zu erhalten kostet, und uns doch nicht das geringste einbringt, endlich aufgäbe? Genug, daß durch die Reformation unendlich viel gutes ist gestiftet worden, welches die Katholiken selbst nicht ganz und gar leugnen; genug, daß wir in dem Genusse ihrer Früchte sitzen; genug, daß wir diese der Vorsehung des Himmels zu danken haben. Was gehen uns allenfalls die Werkzeuge an, die Gott dazu gebraucht hat? Er wehlt überhaupt fast immer nicht die untadelhaftesten, sondern die bequemsten. Mag doch also die Reformation den Neid zur Quelle haben; wollte nur Gott, daß jeder Neid eben so glückliche Folgen hätte! Der Ausgang der Kinder Israel aus Ägypten ward durch einen Todschlag, und man mag sagen was man will, durch einen strafbaren Todschlag veranlaßt; ist er aber deswegen weniger ein Werk Gottes und weniger ein Wunder?

Ich weiß wohl, daß es auch eine Art von Dankbarkeit gegen die Werkzeuge, wodurch unser Glück ist befördert worden, giebt; allein, ich weiß auch, daß diese Dankbarkeit, wenn man sie übertreibt, zu einer Idolatrie wird. Man bleibt mit seiner Erkenntlichkeit an der nächsten Ursach kleben, und geht wenig oder gar nicht auf die erste zurück, die allein die wahre ist. Billig bleibt *Luthers* Andenken bei uns in Segen; allein die Verehrung so weit treiben, daß man auch nicht den geringsten Fehler auf ihn will haften lassen, als ob Gott das, was er durch ihn verrichtet hat, sonst nicht würde durch ihn haben verrichten können, heißt meinem Urteile nach, viel zu ausschweifend sein. Ein neuer Schriftsteller hatte vor einiger Zeit einen witzigen Einfall; er sagte, die Reformation sei in Deutschland ein Werk des Eigennutzes, in England ein Werk der Liebe, und in dem liederreichen Frankreich das Werk eines Gassenhauers gewesen. Man hat sich viel Mühe gegeben, diesen Einfall zu widerlegen; als ob ein Einfall widerlegt werden könnte? Man kann ihn nicht anders widerlegen, als wenn man ihm den Witz nimmt, und das ist hier nicht möglich. Er bleibt witzig, er mag nun wahr oder falsch sein. Allein ihm sein Gift zu nehmen, wenn er anders welches hat, hätte man ihn nur so ausdrücken dürfen: in Deutschland hat die ewige Weisheit, welche alles zu ihrem Zwecke zu lenken weiß, die Reformation durch den Eigennutz, in England durch die Liebe, und in Frankreich durch ein Lied gewirkt. Auf diese Art wäre aus dem Tadel der Menschen, ein Lob des Höchsten geworden! Doch wie schwer gehen die Sterblichen an dieses, wann sie ihr eignes nicht damit verbinden können.

Ich komme auf meine Briefe wieder zurück. Ich glaube, sie verdienen auch schon deswegen einige Achtung, weil sich *Valdesius* über die Fehler des Papsts sehr frei darinne erklärt, und genugsam zeigt, daß er das damalige Verderben der Kirche eingesehen habe. Endlich können sie auch noch diesen zufälligen Nutzen haben, daß sich künftig unsre Theologen ein wenig genauer erkundigen, ehe sie den zuversichtlichen Ausspruch wagen: dieses und jenes hat der und der zuerst ausgeheckt

Noch erinnere ich mich, was der Papst *Leo,* nach dem Berichte des Herrn von Seckendorfs, bei dem Anfange der Reformation soll gesagt haben: *der Bruder Martin hat einen guten Kopf, es ist nur eine Mönchszänkerei.* Liegt in dem Worte *Mönchszänkerei* nicht fast eben die Beschuldigung der Mißgunst, die unter den verschiednen Ordensleuten herrschte; und hätte der Herr D. *Kraft* auch nicht diesen kleinen Ausspruch in Betrachtung ziehen sollen? – – Doch genug hiervon.

THEATRALISCHE BIBLIOTHEK

ERSTES STÜCK

VORREDE.

Man wird sich der *Beiträge zur Historie und Aufnahme des Theaters* erinnern, von welchen im Jahr 1750. vier Stück zum *Vorschein* kamen. Nicht der Mangel der guten Aufnahme, sondern andere Umstände machten ihnen ein zu kurzes Ende. Ich könnte es beweisen, daß Leute von Einsicht und Geschmack öffentlich die Fortsetzung derselben gewünscht haben. Und so viel man auch von dergleichen öffentlichen Wünschen, nach Gelegenheit, ablassen muß, so bleibt doch noch immer so viel davon übrig, als hinlänglich ist, mein gegenwärtiges Unternehmen zu rechtfertigen.

Man sieht leicht, daß ich hiermit diese *Theatralische Bibliothek* als eine Folge gedachter Beiträge ankündigen will. Ich verliere mich, nach dem Sprichworte zu reden, nicht mit meiner Sichel in eine fremde Ernte; sondern mein Recht auf diese Arbeit ist gegründet. Von mir nemlich schrieb sich nicht nur der ganze Plan jener periodischen Schrift her, so wie er in der Vorrede entworfen wird; sondern auch der größte Teil der darin enthaltenen Aufsätze ist aus meiner Feder geflossen. Ja ich kann sagen, daß die fernere Fortsetzung nur dadurch wegfiel, weil ich länger keinen Teil daran nehmen wollte.

Zu diesem Entschlusse brachten mich, Teils verschiedene allzukühne und bittere Beurteilungen, welche einer von meinen Mitarbeitern einrückte; Teils einige kleine Fehler, die von Seiten seiner gemacht wurden, und die notwendig dem Leser von den Verfassern überhaupt einen schlechten Begriff beibringen mußten. Er übersetzte, zum Exempel, die Clitia des Machiavells. Ich konnte mit der Wahl dieses Stücks, in gewisser Absicht, ganz wohl zu frieden sein; allein mit seinem Vorberichte hatte ich Ursache, es ganz und gar nicht zu sein. Er sagte unter andern darinne: »Fragt man mich, warum ich nicht lieber ein gutes als ein mittelmäßiges

Stück gewählt habe? so bitte ich, mir erst ein gutes Stück von dem italiänischen Theater zu nennen.« — — — Diese Bitte machte mich so verwirrt, daß ich mir nunmehr beständig vorstellte, ein jeder der in der welschen Litteratur nur nicht ganz und gar ein Fremdling sei, werde uns zurufen: wenn ihr die Bühnen der übrigen Ausländer nicht besser kennt, als die Bühne der Italiäner, so haben wir uns feine Dinge von euch zu versprechen!

Was war also natürlicher, als daß ich die erste die beste Gelegenheit ergriff, mich von einer Gesellschaft los zu sagen, die gar leicht meinen Entwurf in der Ausführung noch mehr hätte verunstalten können? Ich nahm mir vor, meine Bemühungen für das Theater in der Stille fortzusetzen, und die Zeit zu erwarten, da ich das allein ausführen könnte, von welchem ich wohl sahe, daß es gemeinschaftlich mit andern nicht allzuwohl auszuführen sei.

Ich weiß nicht, ob ich mir schmeicheln darf, diese Zeit jetzt erreicht zu haben. Wenigstens kann ich versichern, daß ich seit dem nicht aufgehöret habe, meinen erstern Vorrat mit allem zu vermehren, was, nach einer kleinen Einschränkung des Plans, zu meiner Absicht dienlich war.

Diese Einschränkung bestand darinne, daß ich den Beiträgen, welche, ihrer ersten Anlage nach, ein Werk ohne Ende scheinen konnten, eine Anzahl mäßiger Bände bestimmte, welche zusammengenommen, nicht bloß einen theatralischen Mischmasch, sondern wirklich eine critische Geschichte des Theaters zu allen Zeiten und bei allen Völkern, obgleich ohne Ordnung weder nach den einen, noch nach den andern, enthielten. Ich setzte mir also vor, nicht alles aufzusuchen, was man von der dramatischen Dichtkunst geschrieben habe, sondern das beste und brauchbarste; nicht alle und jede dramatische Dichter bekannt zu machen, sondern die vorzüglichsten, mit welchen entweder eine jede Nation als mit ihren größten pranget, oder welche wenigstens Genie genug hatten, hier und da glückliche Veränderungen zu machen. Und auch bei diesen wollte ich mich bloß auf diese von ihren Stücken einlassen, welchen sie den größten Teil ihres Ruhms zu danken haben. Mein vornehmstes Augenmerk blieben aber dabei noch immer die Alten, mit welchen ich das noch gewiß zu leisten hoffe, was ich in der Vorrede zu den Beiträgen versprochen habe.

Zweierlei wird man daselbst auch noch versprochen finden, womit ich mich aber jetzt ganz und gar nicht abgeben will. Erstlich werde ich es nicht wagen, die dramatischen Werke meiner noch lebenden Landsleute zu beurteilen. Da ich mich selbst unter sie gemengt habe, so habe ich mich des Rechts, den Kunstrichter über sie zu spielen, verlustig gemacht. Denn entweder sie sind besser, oder sie sind geringer als ich. Jene setzen sich über mein Urteil hinweg; und was diese ihre Leser bitten, das muß ich die meinigen gleichfalls noch bitten:

> . . . date crescendi copiam
> Novarum qui spectandi faciunt copiam
> Sine vitiis . .

Zweitens werde ich keine Nachrichten von dem gegenwärtigen Zustande der verschiedenen Bühnen in Deutschland mitteilen; Teils weil ich für die wenigsten derselben würde stehen können; Teils weil ich unsern Schauspielern nicht gern einige Gelegenheit zur Eifersucht geben will. Sie brauchen, zum Teil, wenigstens eben so viel Ermunterung und Nachsicht, als unsre Schriftsteller.

Was die äußerliche Einrichtung dieser theatralischen Bibliothek anbelangt, so ist weiter dabei nichts zu erinnern, als daß immer zwei Stück einen kleinen Band ausmachen sollen. Der letzte Band, von welchem ich aber noch nicht bestimmen kann, welcher es sein wird, soll eine kurze chronologische Skiagraphie von allem, was in den vorhergehenden Bänden vorgekommen ist, enthalten, und die nötigen Verbindungen hinzutun, damit man die Schicksale der dramatischen Dichtkunst auf einmal übersehen könne. An keine gewisse Zeit werde ich mich dabei nicht binden; wohl aber kann ich versichern, daß mir selbst daran liegt, sobald es sich tun läßt, zu Stande zu kommen.

I.
ABHANDLUNGEN
VON DEM WEINERLICHEN ODER RÜHRENDEN LUSTSPIELE.

Neuerungen machen, kann so wohl der Charakter eines großen Geistes, als eines kleinen sein. Jener verläßt das alte, weil es unzulänglich, oder gar falsch ist; dieser, weil es alt ist. Was bei jenem die Einsicht veranlaßt, veranlaßt bei diesem der Eckel. Das *Genie* will mehr tun, als sein Vorgänger; der *Affe* des Genies nur etwas anders.

Beide lassen sich nicht immer auf den ersten Blick von einander unterscheiden. Bald macht die flatterhafte Liebe zu Veränderungen, daß man aus Gefälligkeit diesen für jenes gelten läßt; und bald die hartnäckige Pedanterei, daß man, voll unwissenden Stolzes, jenes zu diesem erniedriget. Genaue Beurteilung muß mit der lautersten Unparteilichkeit verbunden sein, wenn der aufgeworfene Kunstrichter weder aus wollüstiger Nachsicht, noch aus neidischem Eigendünkel fehlen soll.

Diese allgemeine Betrachtung findet hier ganz natürlich ihren Platz, da ich von den Neuerungen reden will, welche zu unsern Zeiten in der Dramatischen Dichtkunst sind gemacht worden. Weder das Lustspiel, noch das Trauerspiel, ist davon verschont geblieben. Das erstere hat man um einige Staffeln erhöhet, und das andre um einige herabgesetzt. Dort glaubte man, daß die Welt lange genug in dem Lustspiele gelacht und abgeschmackte Laster ausgezischt habe; man kam also auf den Einfall, die Welt endlich einmal auch darinne weinen und an stillen Tugenden ein edles Vergnügen finden zu lassen. Hier hielt man es für unbillig, daß nur Regenten und hohe Standespersonen in uns Schrecken und Mitleiden erwecken sollten; man suchte sich also aus dem

Mittelstande Helden, und schnallte ihnen den tragischen Stiefel an, in dem man sie sonst, nur ihn lächerlich zu machen, gesehen hatte.

Die erste Veränderung brachte dasjenige hervor, was seine Anhänger das *rührende Lustspiel*, und seine Widersacher das *weinerliche* nennen.

Aus der zweiten Veränderung entstand das *bürgerliche Trauerspiel*.

Jene ist von den *Franzosen*, und diese von den *Engländern* gemacht worden. Ich wollte fast sagen, daß sie beide aus dem besondern Naturelle dieser Völker entsprungen zu sein scheinen. Der Franzose ist ein Geschöpf, das immer größer scheinen will, als es ist. Der Engländer ist ein anders, welches alles große zu sich hernieder ziehen will. Dem einen ward es verdrüßlich, sich immer auf der lächerlichen Seite vorgestellt zu sehen; ein heimlicher Ehrgeiz trieb ihn, seines gleichen aus einem edeln Gesichtspunkte zu zeigen. Dem andern war es ärgerlich, gekrönten Häuptern viel voraus zu lassen; er glaubte bei sich zu fühlen, daß gewaltsame Leidenschaften und erhabne Gedanken nicht mehr für sie, als für einen aus seinen Mitteln wären.

Dieses ist vielleicht nur ein leerer Gedanke; aber genug, daß es doch wenigstens ein Gedanke ist. – – Ich will für diesesmal nur die erste Veränderung zu dem Gegenstande meiner Betrachtungen machen, und die Beurteilung der zweiten auf einen andern Ort sparen.

Ich habe schon gesagt, daß man ihr einen doppelten Namen beilegt, welchen ich auch so gar in der Überschrift gebraucht habe, um mich nicht durch die bloße Anwendung des einen, so schlecht weg gegen den Begriff des andern zu erklären. Das *weinerliche Lustspiel* ist die Benennung derjenigen, welche wider diese neue Gattung eingenommen sind. Ich glaube, ob schon nicht hier, sondern anderwärts, das Wort *weinerlich*, um das Französische larmoyant auszudrükken, am ersten gebraucht zu haben. Und ich wüßte es noch jetzt nicht besser zu übersetzen, wenn anders der spöttische Nebenbegriff, den man damit hat verbinden wollen, nicht verloren gehen sollte. Man sieht dieses an der zweiten Benennung, wo ihre Verteidiger ihre Rechnung dabei gefunden haben, ihn gänzlich wegzulassen. Ein *rührendes Lustspiel* läßt uns an ein sehr schönes Werk denken, da ein *weinerliches*, ich weiß nicht was für ein kleines Ungeheuer zu versprechen scheinet.

Aus diesen verschiedenen Benennungen ist genugsam, glaub ich, zu schließen, daß die Sache selbst eine doppelte Seite haben müsse, wo man ihr bald zu viel, und bald zu wenig tun könne. Sie muß eine gute Seite haben, sonst würden sich nicht so viel schöne und scharfsinnige Geister für sie erklären: sie muß aber auch eine schlechte haben, sonst würden sich andre, die eben so schön und scharfsinnig sind, ihr nicht widersetzen.

Wie kann man also wohl sichrer hierbei gehen, als daß man jeden von diesen Teilen höret, um sich alsdann entweder auf den einen, oder auf den andern zu schlagen, oder auch, wenn man lieber will, einen Mittelweg zu wählen, auf welchem sie sich gewissermaßen beide vereinigen lassen? Zum guten Glücke finde ich, so wohl hier als da, zwei Sprecher, an deren Geschicklichkeit es wahrhaftig nicht liegt, wenn sie nicht beide Recht haben.

Der eine ist ein *Franzose*, und der andre ein *Deutscher*. Jener verdammt diese neue Gattung, und dieser verteidiget sie; so wahr ist es, daß die wenigsten Erfindungen, an dem Orte, wo sie gemacht werden, den meisten Schutz und die meiste Unterstützung finden.

Der Franzose ist ein Mitglied der Akademie von Rochelle, dessen Name sich mit den Buchstaben M. D. C. anfängt. Er hat Betrachtungen *über das weinerlich Komische* geschrieben, welche bereits im Jahr 1749. auf fünf Bogen in klein Octav herausgekommen sind. Hier ist der völlige Titel: *Reflexions sur le Comique-larmoyant, par Mr. M. D. C. Trésorier de France & Conseiller au Presidial, de l'Academie de la Rochelle; adressées à M. M. Arcere & Thylorier de la même Academie.*

Der Deutsche ist der Hr. Prof. *Gellert*, welcher im Jahr 1751. bei dem Antritte seiner Professur, durch eine lateinische Abhandlung *pro Comœdia commovente*, zu der feierlichen Antrittsrede einlud. Sie ist in Quart, auf drei Bogen gedruckt.

Die Regel, daß man das, was bereits getan ist, nicht noch einmal tun solle, wenn man nicht gewiß wüßte, daß man es besser tun werde, scheint mir so billig, als bequem. Sie allein würde mich daher entschuldigen, daß ich jetzt gleich beide Aufsätze meinem Leser übersetzt vorlegen will, wenn dieses Verfahren eine Entschuldigung brauchte.

Mit der Abhandlung des Franzosen, die man also zuerst lesen wird, bin ich ein wenig französisch verfahren, und beinahe wäre ich noch französischer damit umgegangen. Sie ist, wie man gesehen hat, an zwei Nebenmitglieder der Akademie zu Rochelle gerichtet; und ich habe es für gut befunden, diese Anrede durchgängig zu verändern. Sie hat verschiedene Noten, die nicht viel sagen wollen; ich habe also die armseligsten weggelassen, und beinahe hätten sie dieses Schicksal alle gehabt. Sie hat ferner eine Einleitung von sechs Seiten, und auch diese habe ich nicht übersetzt, weil ich glaube, daß sie zu vermissen ist. Beinahe hätte ich sogar den Anfang der Abhandlung selbst übergangen, wo uns mit wenigen die ganze Geschichte der Dramatischen Dichtkunst, nach dem Pater *Brumoi*, erzehlt wird. Doch weil der Verfasser versichert, daß er diese Schritte zurück notwendig habe tun müssen, um desto sicher und mit desto mehr Kräften auf seinen eigentlichen Gegenstand losgehen zu können, so habe ich alles gelassen, wie es ist. Seine Schreibart übrigens schmeckt ein wenig nach der *kostbaren* Art, die auch keine Kleinigkeit ohne Wendung sagen will. Ich habe sie größten Teils müssen beibehalten, und man wird mich entschuldigen.

Ohne weitre Vorrede endlich zur Abhandlung selbst zu kommen; hier ist sie!

BETRACHTUNGEN
ÜBER DAS WEINERLICH KOMISCHE,
AUS DEM FRANZÖSISCHEN
DES HERRN M. D. C.⟨HASSIRON⟩
⟨Auszüge aus Lessings Übersetzung⟩

⟨...⟩
Ich will mich vorjetzo bloß auf diejenige neue Gattung des Komischen einschränken, welcher der Abt Desfontaines den Zunamen der *Weinerlichen* gab, und für die man in der Tat schwerlich eine anständigere und gemäßere Benennung finden wird.[1]

Damit man mir aber nicht ein Unding zu bestreiten, Schuld geben könne, so muß ich hier die Maximen eines Apologisten der *Melanide*,[2] dieser mit Recht so berühmten Komödie, von welcher ich noch oft in der Folge zu reden Gelegenheit finden werde, einrücken. »Warum wollte man«, sagt er, »einem Verfasser verwehren, in eben demselben Werke das Feinste, was das Lustspiel hat, mit dem Rührendsten, was das Trauerspiel darbieten kann, zu verbinden. Es tadle diese Vermischung wer da will; ich, für mein Teil, bin sehr wohl damit zufrieden. Die Veränderungen sogar in den Ergötzungen lieben, ist der Geschmack der Natur – – – Man geht von einem Vergnügen zu dem andern über; bald lacht man, und bald weinet man. Diese Gattung von

---

[1] Ich gestehe es, nichts ist lächerlicher, als über Namen zu streiten; es ist aber auch eben so lächerlich, einen bekannten und bestimmten Namen einer Sache beizulegen, der er nicht zukömmt. Der Name einer Komödie kömmt dem weinerlich Komischen nicht besser zu, als der Name eines Epischen Gedichts den Abenteuern des Don Quichott zukömmt. – – Wie soll man also diese neue Gattung bezeichnen? Eine in Gespräche gebrachte pathetische Declamation, die durch eine romanenhafte Verwicklung zusammen gehalten wird etc. Man sehe *Principes pour lire les Poetes* im zweiten Teile.

[2] *Lettres sur Melanide.* Paris, 1741.

Schauspielen, wenn man will, ist neu; allein sie hat den Beifall der Vernunft und der Natur, das Ansehen des schönen Geschlechts und die Zufriedenheit des Publicums für sich.«

Von dieser Art sind die gefährlichen Maximen, gegen die ich mich zu setzen wage; denn man merke wohl, daß ich von einer aufrichtigen Bewunderung des Genies der Verfasser durchdrungen bin, und niemals etwas anders als den Geschmack ihrer Werke, oder vielmehr *das weinerlich Komische überhaupt genommen*, angreife.

⟨...⟩

Es ist wahr, daß alle Geburten des Genies, so zu reden, ihr Tappen haben, bis sie zu ihrer Vollkommenheit gelangt sind; allein, es ist auch eben so gewiß, daß verschiedne von denselben, sie schon erreicht haben, als das epische Gedichte, die Ode, die Beredsamkeit und die Historie. Homer, Pindarus, Demosthenes und Thucydides sind die Lehrmeister des Virgils, des Horaz, des Cicero und des Livius gewesen. Das vereinigte Ansehen dieser großen Männer ist zum Gesetze geworden; und dieses Gesetz haben hernach alle Nationen angenommen, und die Vollkommenheit einzig und allein an die genaue Nachahmung dieser alten Muster gebunden. Wenn es also nun wahr ist, daß das Wesen dieser verschiednen Werke so unveränderlich festgestellet ist, als es nur immer durch die aller verehrungswürdigsten Beispiele festgestellet werden kann; aus was für einer besondern Ursache sollte es denn nur vergönnet sein, das Wesen der Komödie zu ändern, welches durch die allgemeine Billigung nicht minder geheiliget ist.

⟨...⟩

Was hat denn nun jene leichte und hochmütige Auskramung schöner und großer Gesinnungen den Sitten genützt? Was für Wirkungen hat denn jene glänzende Moral auf unsre Herzen und auf unsern Verstand gehabt? Eine unfruchtbare Bewunderung, eine Blendung auf wenige Augenblicke, eine überhingehende Bewegung, welche ganz unfähig ist, uns in uns selbst gehen zu lassen. So viele auf das allerfeinste vorbereitete Sittensprüche, so viel zierlich ausgekramte Vorschriften sind für die Zuschauer völlig in Wind gesagt. Man bewundert *Melaniden*, und betauert sie: allein ihr unaufhörlich kläglicher Ton, und die Erzehlung ihrer romanhaften Zufälle, machen auf uns keinen nützlichen Eindruck, weil sie mit der Stellung, worinne wir uns befinden, ganz und gar keine Gemeinschaft haben. Das Schicksal der *Aufseherin* bewegt und rühret uns, allein ihre ganz besondern Umstände haben mit den unsrigen gar nichts gemein.[1] Wir treffen in uns selbst nichts an, was wir mit den Abenteuern in Vergleichung bringen können, die bloß unter die möglichen Dinge gehören, und also gar nicht für uns gemacht zu sein scheinen. Man wird, wenn man es ja gestehen muß, bei dem Anblicke so sinnreicher Gemälde, ergriffen, durchdrungen, bewegt; allein man fühlet für uns selbst, in diesem Zusammenflusse von Begebenheiten, mit welchen der ordentliche Lauf menschlicher Dinge uns gewiß verschonen wird, weder Reue, noch Scham, noch Furcht.

Ganz anders ist es mit den Schilderungen bewandt, welche der Dichter von den Lastern und von dem Lächerlichen macht; sie finden bei uns allen Statt, und auch der vollkommenste Mensch trägt sowohl in seinem Verstande, als in seinem Herzen beständig den Samen gewisser Ungereimtheiten und gewisser Fehler, welche sich bei Gelegenheit entwickeln. Wir finden uns also in dem Gemälde solcher mit der Menschheit verbundenen Schwachheiten getroffen, und sehen darinne was wir sind, oder wenigstens sein können.

---

[1] Der Stoff einer Komödie muß aus den gewöhnlichen Begebenheiten genommen sein; und ihre Personen müssen, von allen Seiten, mit dem Volke, für das sie gemacht wird, eine Ähnlichkeit haben. Sie hat nicht nötig, diese ihre Personen auf ein Fußgestelle zu erhöhen, weil ihr vornehmster Endzweck eben nicht ist, Bewunderung für sie zu erwecken, damit man sie desto leichter beklagen könne; sie will aufs höchste, durch die verdrüßlichen Zufälle, die ihnen begegnen, uns für sie ein wenig unruhig machen. *Dubos kritische Betrachtungen T. II. S. 225.*

Dieses Bild, welches zu dem unsrigen wird, ist eines von den einnehmendsten Gegenständen, und erleuchtet unsre Seelen mit gewissen Lichtstrahlen, die desto heilsamer sind, je fähiger ihre Ursache, die Furcht vor der Schande und dem Lächerlichen, zu sein pflegt, uns zu heilsamen Entschlüßungen zu bewegen.

⟨...⟩

ihr ⟨der neuartigen Komödien⟩ vornehmster Fehler ist dieser, daß sie die Grenzen gar aufhebt, welche von je her das Tragische von dem Komischen getrennt haben, und uns jene ungeheure Gattung des Tragikomischen zurück bringet, welche man mit so vielem Grunde, nach verschiednen Jahren eines betrieglichen Triumphs, verworfen hat. Ich weiß wohl, die neue Art hat bei weitem nicht so viele und große Ungereimtheiten; die Verschiedenheit ihrer Personen ist nicht so anstößig, und die Bedienten dürfen darinne nicht mit Prinzen zusammen spielen: allein im Grunde ist sie doch eben so fehlerhaft, ob schon auf eine verschiedne Weise. Denn wie die erstre Art die heroischen Personen erniedrigte, indem sie ihnen bloß gemeine Leidenschaften gab, und nur die gewöhnlichen Tugenden aufführte, die zu dem heldenmäßigen der Tragödie lange nicht erhaben genug sind; eben so erhöht die andre die gemeinen Personen zu Gesinnungen, welche Bewunderung erwecken, und malt sie mit Zügen jenes reizenden Mitleids, welches das unterscheidende Eigentum des Trauerspiels ausmachet. Beide sind also dem Wesen, welches man dem komischen Gedichte zugestanden hat, gleich sehr zuwider; beide verdienen also einen gleichen Tadel, und vielleicht auch eine gleiche Verbannung.

⟨...⟩

Es ist also nicht sowohl die Erschöpfung der Charaktere und des Lächerlichen, noch die Begierde nützlicher zu sein, noch die Vorstellung eines größern Vergnügens, welche uns die Gattung des weinerlich Komischen verschafft hat, sondern vielmehr die Schwierigkeit, den Ton des Moliere zu erreichen, oder vielmehr die Begierde unsre Bewunderung durch die glänzenden Reize der Neuigkeit zu überraschen.

Diese Krankheit, welche dem Französischen Genie so eigen ist, erzeugt die Moden in der Litteratur, und steckt mit ihren Sonderlichkeiten sowohl alle Schreibarten, als alle Stände an. Unsre Neugierde will alles durchlaufen; unsre Eitelkeit will alles versuchen; und auch alsdenn, wenn wir der Vernunft nachgeben, scheinen wir nicht sowohl ihrem Reize, als unserm Eigensinn gefolgt zu sein.

Wann diese Betrachtungen wahr sind, so ist es leicht, das Schicksal des weinerlich Komischen vorher zu sagen. Die Mode hat es eingeführt, und mit der Mode wird es vergehen, und in das Land des Tragikomischen verwiesen werden, aus welchem es gekommen ist.

⟨. . .⟩

Hier ist die Schrift des französischen Gegners aus. Ob es nun gleich nicht scheint, daß sie der Hr. Prof. *Gellert* gekannt habe, so ist es dennoch geschehen, daß er auf die meisten ihrer Gründe glücklich geantwortet hat. Weil sie dem Leser noch in frischem Andenken sein müssen, so will ich ihn nicht lange abhalten, sich selbst davon zu überzeugen. Nur habe ich eine kleine Bitte an ihn zu tun. Er mag so gut sein, und es dem Hrn. Prof. *Gellert* nicht zuschreiben, wann er finden sollte, daß er sich diesesmal schlechter ausdrücke, als er sonst von ihm gewohnt ist. Man sagt, daß auch die besten Übersetzer Verhunzer wären.

DES HRN. PROF. *GELLERTS* ABHANDLUNG
FÜR DAS
RÜHRENDE LUSTSPIEL.
⟨Auszüge aus Lessings Übersetzung⟩

Man hat zu unsern Zeiten, besonders in Frankreich, eine Art von Lustspielen versucht, welche nicht allein die Gemüter der Zuschauer zu ergötzen, sondern auch so zu rühren und so anzutreiben vermögend wäre, daß sie ihnen so gar Tränen auspresse. Man hat dergleichen Komödie, zum Scherz und zur Verspottung, in der französischen Sprache, *comedie lar-*

moyante,[1] das ist die *weinerliche* genennt, und von nicht wenigen pflegt sie als eine abgeschmackte Nachäffung des Trauerspiels getadelt zu werden. Ich bin zwar nicht Willens, alle und jede Stücke, welche in diese Klasse können gebracht werden, zu verteidigen; sondern ich will bloß die Art der Einrichtung selbst retten, und wo möglich erweisen, daß die Komödie, mit allem Ruhme, heftiger bewegen könne.

⟨. . .⟩

Es sei also immer die sinnreiche Verspottung der Laster und Ungereimtheiten die vornehmste Verrichtung der Komödie, damit eine mit Nutzen verbundene Fröhlichkeit die Gemüter der Zuschauer einnehme; nur merke man auch zugleich, daß es eine doppelte Gattung des Lächerlichen giebt. Die eine ist die stammhafte und, so zureden, am meisten handgreifliche, weil sie in ein lautes Gelächter ausbricht; die andere ist feiner und bescheidener, weil sie zwar ebenfalls Beifall und Vergnügen erweckt, immer aber nur einen solchen Beifall und ein solches Vergnügen, welches nicht so stark ausbricht, sondern gleichsam in dem Innersten des Herzens verschlossen bleibt. Wann nun die ausgelassene und heftige Freude, welche aus der ersten Gattung entspringt, nicht leicht eine ernsthaftere Gemütsbewegung verstattet; so glaube ich doch, daß jene gesetztere Freude sie verstatten werde. Und wenn ferner die Freude nicht das einzige Vergnügen ist, welches bei den Nachahmungen des gemeinen Lebens empfunden werden kann; so sage man mir doch, worinne dasjenige Lustspiel zu tadeln sei, welches sich einen solchen Inhalt erwählet, durch welchen es, außer der Freude, auch eine Art von Gemütsbewegung hervorbringen kann, welche zwar den Schein der Traurigkeit hat, an und für sich selbst aber ungemein süße ist.

⟨. . .⟩

so scheint es mir gar nicht, daß man zu befürchten habe, die Grenzen beider Gattungen möchten vermengt werden.

---

1 S. die Vorrede des Hrn. v. Voltaire zu seiner Nanine im IX. Teile seiner Werke, Dresdner Ausgabe.

Die Komödie kann ganz wohl zu rühren fähig sein, und gleichwohl von der Tragödie noch weit entfernt bleiben, indem sie weder eben dieselben Leidenschaften rege macht, noch aus eben derselben Absicht, und durch eben dieselben Mittel, als die Tragödie zu tun pflegt. Es wäre freilich unsinnig, wenn sich die Komödie jene großen und schrecklichen Zurüstungen der Tragödie, Mord, Verzweiflung und dergleichen, anmaßen wollte; allein wenn hat sie dieses jemals getan? Sie begnügt sich mit einer gemeinen, obschon seltnen, Begebenheit, und weiß von dem Adel und von der Hoheit der Handlung nichts; sie weiß nichts von den Sitten und Empfindungen großer Helden, welche sich entweder durch ihre erhabne Tugend, oder durch ihre außerordentliche Häßlichkeit ausnehmen; sie weiß nichts von jenem tragischen hohen und prächtigen Ausdrucke.

⟨...⟩

Wenn man keine andre Komödien machen darf, als solche, wie sie *Aristophanes*, *Plautus* und selbst *Terenz* gemacht haben; so glaube ich schwerlich, daß sie den guten Sitten sehr zuträglich sein, und mit der Denkungsart unsrer Zeiten sehr übereinkommen möchten. Sollen wir deswegen ein Schauspiel, welches aus dem gemeinen Leben genommen und so eingerichtet ist, daß es zugleich ergötze und unterrichte, als welches der ganze Endzweck eines dramatischen Stücks ist; sollen wir, sage ich, es deswegen von der Bühne verdammen, weil die Erklärung, welche die Alten von der Komödie gegeben haben, nicht völlig auf dasselbe passen will? Muß es deswegen abgeschmackt und ungeheuer sein? In Dingen, welche empfunden werden, und deren Wert durch die Empfindung beurteilt wird, sollte ich glauben, müsse die Stimme der Natur von größerm Nachdrucke sein, als die Stimme der Regeln.

⟨...⟩

Wir müssen uns nunmehr zu den guten Charakteren selbst wenden, welche hauptsächlich in der Komödie, von welcher wir handeln, angebracht werden, und müssen untersuchen, auf was für Weise Vergnügen und Ergötzung daraus entspringen könne. Die Ursache hiervon ist ohne Zweifel in der Natur der Menschen und in der wunderbaren Kraft der Tugend zu suchen. In unsrer Gewalt wenigstens ist es nicht, ob wir das, was gut, rechtschaffen und löblich ist, billigen wollen oder nicht. Wir werden durch die natürliche Schönheit und den Reiz dieser Dinge dahin gerissen: und auch der allernichtswürdigste Mensch findet, gleichsam wider Willen, an der Betrachtung einer vortrefflichen Gemütsart, Vergnügen, ob er sie gleich weder selbst besitzt, noch sie zu besitzen, sich einige Mühe giebt. Diejenigen also, aus welchen eine große und zugleich gesellschaftliche Tugend hervorleuchtet, pflegen uns, so wie im gemeinen Leben, also auch auf der Bühne wert und angenehm zu sein. Doch dieses würde nur sehr wenig bedeuten wollen, wenn nicht noch andre Dinge dazu kämen. Die Tugend selbst gefällt auf der Bühne, wo sie vorgestellt wird, weit mehr als im gemeinen Leben. Denn da bei Betrachtung und Bewunderung eines rechtschaffnen Mannes, auch oft zugleich der Neid sich mit einmischet, so bleibt er doch bei dem Anblicke des bloßen Bildes der Tugend weg, und anstatt des Neides wird in dem Gemüte eine süße Empfindung des Stolzes und der Selbstliebe erweckt. Denn wenn wir sehen, zu was für einem Grade der Vortrefflichkeit die menschliche Natur erhoben werden könne, so dünken wir uns selbst etwas großes zu sein. Wir gefallen uns also in jenen erdichteten Personen selbst, und die auf die Bühne gebrachte Tugend fesselt uns desto mehr, je leichter die Sitten sind, welche den guten Personen beigelegt werden, und je mehr ihre Güte selbst, welche immer mäßig und sich immer gleich bleibet, nicht so wohl die Frucht von Arbeit und Mühe, als vielmehr ein Geschenke der Natur zu sein scheint. Mit einem Worte, so wie wir bei den lächerlichen Personen der Bühne uns selbst freuen, weil wir ihnen nicht ähnlich scheinen; eben so freuen wir uns über unsere eigne Vortrefflichkeit, wenn wir gute Gemütsarten betrachten, welches bei den heroischen Tugenden, die in der Tragödie vorkommen, sich seltner zu ereignen pflegt, weil sie von unsern gewöhnlichen Umständen allzuentfernt sind. Ich kann mir leicht einbilden, was man hierwieder sagen wird. Man wird nemlich einwerfen, weil die Erdichtung alltäglicher Dinge weder Verlangen, noch Bewunderung erwecken könne, so müßte notwendig die Tugend auf der Bühne größer und glänzender vorgestellet werden, als sie im gemeinen Leben vorkomme; hieraus aber scheine zu folgen, daß dergleichen Sittenschilderungen, weil sie übertrieben worden, nicht sattsam gefallen könnten. Dieses nun wäre freilich zu befürchten, wenn nicht die Kunst dazu käme, welche das, was in einem Charakter Maß und Ziel zu überschreiten scheinet, so geschickt einrichtet, daß das ungewöhnliche wenigstens wahrscheinlich scheinet. 〈...〉

Es finden sich übrigens in uns verschiedne Empfindungen, welche dergleichen Charaktere glaubwürdig machen, und das übertriebne in denselben zu bemerken verhindern. Wir wünschen heimlich, daß die rechtschaffnen Leute so häufig als möglich sein möchten, gesetzt auch, daß uns nicht so wohl der Reiz der Tugend, als die Betrachtung der Nützlichkeit, diesen Wunsch abzwinget; und alles was der menschlichen Natur in einem solchen Bilde rühmliches beigeleget wird, das glauben wir, werde uns selbst beigeleget. Daher kömmt es, daß die guten Charaktere, ob sie gleich noch so vollkommen sind, und alle Beispiele übertreffen, in der Meinung die wir von unsrer eignen Vortrefflichkeit, und von der Nützlichkeit der Tugend haben, ihre Verteidigung finden. Wenn nun also diese Charaktere schon des Vergnügens wegen, welches sie verursachen, billig in dem Lustspiele können gebraucht werden, so hat man noch weit mehr Ursache, sie in Betrachtung ihrer Nützlichkeit anzuwenden. Die Abschilderungen tadelhafter Personen zeigen uns bloß das Ungereimte, das Verkehrte und Schändliche; die Abschilderungen guter Personen aber zeigen uns das Gerechte, das Schöne und Löbliche. Jene schrecken von den Lastern ab; diese feuern zu der Tugend an, und ermuntern die Zuschauer, ihr zu folgen. Und wie es nur etwas geringes ist, wenn man dasjenige, was übel ansteht, kennet, und sich vor

demjenigen hüten lernet, was uns dem allgemeinen Tadel aussetzt; so ist es Gegenteils etwas sehr großes und ersprießliches, wenn man das wahre Schöne erkennt, und gleichsam in einem Bilde sieht, wie man selbst beschaffen sein solle.
⟨...⟩

Diejenigen wenigstens, welche Komödien schreiben wollen, werden nicht übel tun, wenn sie sich unter andern auch darauf befleißigen, daß ihre Stücke eine stärkere Empfindung der Menschlichkeit erregen, welche so gar mit Tränen, den Zeugen der Rührung, begleitet wird. Denn wer wird nicht gerne manchmal auf eine solche Art in Bewegung gesetzt werden wollen; wer wird nicht dann und wann diejenige Wollust, in welcher das ganze Gemüt gleichsam zerfließt, derjenigen vorziehen, welche nur, so zu reden, sich an den äußern Flächen der Seele aufhält? Die Tränen, welche die Komödie auspresset, sind dem sanften Regen gleich, welcher die Saaten nicht allein erquickt, sondern auch fruchtbar macht.

*

Soweit der *Hr. Prof. Gellert*! Ich würde meinen Lesern wenig zutrauen, wenn ich nicht glaubte, daß sie es nunmehr von selbst wissen könnten, auf welche Seite die Waage den Ausschlag tue. Ich will zum Überflusse, alles, was man für und wider gesagt hat, in einige kurze Sätze bringen, die man auf einmal übersehen kann. Ich will sie so einrichten, daß sie, wo möglich, alles Mißverständnis heben, und alle schweifende Begriffe in richtige und genaue verwandeln.

Anfangs muß man über die Erklärung der rührenden oder weinerlichen Komödie einig werden. Will man eine solche darunter verstanden haben, welche hier und da rührende und Tränen auspressende Scenen hat; oder eine solche, welche aus nichts als dergleichen Scenen besteht? Meinet man eine, wo man nicht immer lacht, oder wo man gar nicht lacht? Eine, wo edle Charaktere mit ungereimten verbunden sind, oder eine, wo nichts als edle Charaktere vorkommen?

Wider die erste Gattung, in welcher Lachen und Rührung, Scherz und Ernst abwechseln, ist offenbar nichts einzuwenden. Ich erinnere mich auch nicht, daß man jemals darwider etwas habe einwenden wollen. Vernunft und Beispiele der alten Dichter verteidigen sie. Er, der an Scherz und Einfällen der reichste ist, und Lachen zu erregen nicht selten Witz und Anständigkeit, wie man sagt, bei Seite gesetzt hat, *Plautus* hat die *Gefangenen* gemacht und, was noch mehr ist, dem *Philemon* seinen *Schatz*, unter der Aufschrift *Trinummus* abgeborgt. In beiden Stücken, und auch in andern, kommen Auftritte vor, die einer zärtlichen Seele Tränen kosten müssen. Im *Moliere* selbst, fehlt es an rührenden Stellen nicht, die nur deswegen ihre völlige Wirkung nicht tun können, weil er uns das Lachen allzugewöhnlich macht. Was man von dem schleinigen Übergange der Seele von Freude auf Traurigkeit, und von dem unnatürlichen desselben gesagt hat; betrifft nicht die Sache selbst, sondern die ungeschickte Ausführung. Man sehe das Exempel, welches der Franzose aus dem Schauspiele, *Simson*, anführt. Freilich muß der Dichter gewisse Staffeln, gewisse Schattierungen beobachten, und unsre Empfindungen niemals einen Sprung tun lassen. Von einem Äußersten plötzlich auf das andre gerissen werden, ist ganz etwas anders, als von einem Äußersten allmählig zu dem andern gelangen.

Es muß also die andre Gattung sein, über die man hauptsächlich streitet; diejenige nemlich, worinne man gar nicht lacht, auch nicht einmal lächelt; worinne man durchgängig weich gemacht wird. Und auch hier kann man eine doppelte Frage tun. Man kann fragen, ist ein solches Stück dasjenige, was man von je her unter dem Namen Komödie verstanden hat? Und darauf antwortet Hr. *Gellert* selbst Nein. Ist es aber gleichwohl ein Schauspiel, welches nützlich und für gewisse Denkungsarten angenehm sein kann? Ja; und dieses kann der französische Verfasser selbst nicht gänzlich in Abrede sein.

Worauf kömmt es also nun noch weiter an? Darauf, sollte ich meinen, daß man den Grad der Nützlichkeit des neuen Schauspiels, gegen die Nützlichkeit der alten Komödie bestimmte, und nach Maßgebung dieser Bestimmung entscheide, ob man beiden einerlei Vorzüge einräumen müsse oder nicht? Ich habe schon gesagt, daß man niemals diejenigen Stücke getadelt habe, welche Lachen und Rührung verbinden; ich kann mich dieserwegen unter andern darauf berufen, daß man den *Destouches* niemals mit dem *la Chaussee* in eine Klasse gesetzt hat, und daß die hartnäckigsten Feinde des letztern, niemals dem erstern den Ruhm eines vortrefflichen komischen Dichters abgesprochen haben, so viel edle Charaktere und zärtliche Scenen in seinem Stücke auch vorkommen. Ja, ich getraue mir zu behaupten, daß nur dieses allein wahre Komödien sind, welche so wohl Tugenden als Laster, so wohl Anständigkeit als Ungereimtheit schildern, weil sie eben durch diese Vermischung ihrem Originale, dem menschlichen Leben, am nächsten kommen. Die Klugen und Toren sind in der Welt untermengt, und ob es gleich gewiß ist, daß die erstern von den letztern an der Zahl übertroffen werden, so ist doch eine Gesellschaft von lauter Toren, beinahe eben so unwahrscheinlich, als eine Gesellschaft von lauter Klugen. Diese Erscheinung ahmet das Lustspiel nach, und nur durch die Nachahmung derselben ist es fähig, dem Volke nicht allein das, was es vermeiden muß, auch nicht allein das, was es beobachten muß, sondern beides zugleich in einem Lichte vorzustellen, in welchem das eine das andre erhebt. Man sieht leicht, daß man von diesem wahren und einigen Wege auf eine doppelte Art abweichen kann. Der einen Abweichung hat man schon längst den Namen des *Possenspiels* gegeben, dessen charakteristische Eigenschaft darinne besteht, daß es nichts als Laster und Ungereimtheiten, mit keinen andern als solchen Zügen schildert, welche zum Lachen bewegen, es mag dieses Lachen nun ein nützliches oder ein sinnloses Lachen sein. Edle Gesinnungen, ernsthafte Leidenschaften, Stellungen, wo sich die schöne Natur in ihrer Stärke zeigen kann, bleiben aus demselben ganz und gar weg; und wenn es außerdem auch noch so regelmäßig ist, so wird es doch in den Augen strenger Kunstrichter dadurch noch lange nicht zu einer Komödie. Worinne wird also die andre Abweichung bestehen? Ohnfehlbar darinne, wenn man nichts als Tugenden und anständige Sitten, mit keinen andern als solchen Zügen schildert, welche Bewunderung und Mitleid erwecken, beides mag nun einen Einfluß auf die Bessrung der Zuhörer haben können, oder nicht. Lebhafte Satyre, lächerliche Ausschweifungen, Stellungen, die den Narren in seiner Blöße zeigen, sind gänzlich aus einem solchen Stücke verbannt. Und wie will man ein solches Stück nennen? Jedermann wird mir zurufen: das eben ist die weinerliche Komödie! Noch einmal also mit einem Worte; das *Possenspiel* will nur zum Lachen bewegen; das *weinerliche Lustspiel* will nur rühren; die wahre *Komödie* will beides. Man glaube nicht, daß ich dadurch die beiden erstern in eine Klasse setzen will; es ist noch immer der Unterschied zwischen beiden, der zwischen dem Pöbel und Leuten von Stande ist. Der Pöbel wird ewig der Beschützer der Possenspiele bleiben, und unter Leuten von Stande wird es immer gezwungne Zärtlinge geben, die den Ruhm empfindlicher Seelen auch da zu behaupten suchen, wo andre ehrliche Leute gähnen. Die wahre Komödie allein ist für das Volk, und allein fähig einen allgemeinen Beifall zu erlangen, und folglich auch einen allgemeinen Nutzen zu stiften. Was sie bei dem einen nicht durch die Scham erlangt, das erlangt sie durch die Bewunderung; und wer sich gegen diese verhärtet, dem macht sie jene fühlbar. Hieraus scheinet die Regel des *Contrasts*, oder der *Abstechung*, geflossen zu sein, vermöge welcher man nicht gerne eine Untugend aufführt, ohne ihr Gegenteil mit anzubringen; ob ich gleich gerne zugebe, daß sie auch darinne gegründet ist, daß ohne sie der Dichter seine Charaktere nicht wirksam genug vorstellen könnte.

Dieses nun, sollte ich meinen, bestimme den Nutzen der weinerlichen Komödie genau genug. Er ist nemlich nur die Hälfte von dem Nutzen, den sich die wahre Komödie vorstellet; und auch von dieser Hälfte geht nur allzuoft nicht wenig ab. Ihre Zuschauer wollen ausgesucht sein, und sie werden schwerlich den zwanzigsten Teil der gewöhnlichen Komödiengänger ausmachen. Doch gesetzt sie machten die

Hälfte derselben aus. Die Aufmerksamkeit, mit der sie zuhören, ist, wie es der Herr Prof. *Gellert* selbst an die Hand giebt, doch nur ein Kompliment, welches sie ihrer Eigenliebe machen; eine Nahrung ihres Stolzes. Wie aber hieraus eine Bessrung erfolgen könne, sehe ich nicht ein. Jeder von ihnen glaubt der edlen Gesinnungen, und der großmütigen Taten, die er siehet und höret, desto eher fähig zu sein, je weniger er an das Gegenteil zu denken, und sich mit demselben zu vergleichen Gelegenheit findet. Er bleibt was er ist, und bekömmt von den guten Eigenschaften weiter nichts, als die Einbildung, daß er sie schon besitze.

Wie steht es aber mit dem Namen? Der Name ist etwas sehr willkürliches, und man könnte unserer neuen Gattung gar wohl die Benennung einer Komödie geben, wenn sie ihr auch nicht zukäme. Sie kömmt ihr aber mit völligem Recht zu, weil sie ganz und gar nicht etwas anders als eine Komödie, sonder bloß eine Untergattung der Komödie ist.

Ich wiederhole es aber noch einmal, daß dieses alles nur auf diejenigen Stücke gehet, welche völlig den Stücken des *la Chaussee* ähnlich sind. Ich bin weit entfernt, den Herrn *Gellert* für einen eigentlichen Nachahmer desselben auszugeben. Ich habe beide zu wohl gelesen, als daß ich in den Lustspielen des letztern, nicht noch genug lächerliche Charaktere und satyrische Züge angetroffen haben sollte, welche aus den Lustspielen des erstern ganz und gar verwiesen sind. Die rührenden Scenen sind bei dem Herrn *Gellert* nur die meisten; und ganz und gar nicht die einzigen. Wer weiß aber nicht, daß das mehrere oder wenigere, wohl die verschiedne Gemütsart der Verfasser anzeigt, nicht aber einen wesentlichen Unterscheid ihrer Werke ausmacht?

Mehr braucht es hoffentlich nicht, meine Meinung vor aller Mißdeutung zu sichern.

II.
LEBEN DES HERRN JACOB THOMSON.

Thomson ist auch in Deutschland als ein großer Dichter nicht unbekannt. Seine *Jahrszeiten* sind von denen, welche ihn in seiner Sprache nicht lesen können, in der Übersetzung des Herrn *Brockes* bewundert worden, so viel sie auch von ihrer Schönheit darinne verloren haben. Vor einiger Zeit haben wir auch eine Übersetzung seines *Agamemnons* erhalten, deren ich weiter unten mit mehrern gedenken werde. Es wäre schlecht, wenn beides seine Leser nicht sollte begierig gemacht haben, nähere Umstände von dem Verfasser zu wissen. Man erlaube mir also, daß ich mir schmeicheln darf, ihnen durch die Mitteilung derselben einen Gefallen zu erzeigen.

Es wird nötig sein vor allen Dingen meine Quelle anzuzeigen. Diese sind die *Lebensbeschreibungen der Dichter Großbritanniens und Irrlands*,[1] welche im vorigen Jahre in fünf Duodezbänden zu London herauskamen. Es haben verschiedene daran gearbeitet, der vornehmste Verfasser aber, der auf dem Titel genennt wird, ist Herr *Cibber*, welcher auch die Leben der berühmtesten Schauspieler und Schauspielerinnen Englands heraus gegeben hat.[2] Aus diesem Werke also, welches Lobsprüche genug erhalten hat, will ich dasjenige ziehen, was den Herrn *Thomson* angehet, und zwar vornehmlich von der Seite eines theatralischen Dichters betrachtet.

---

1 The Lives of the Poets of Great Britain and Ireland, by Mr. Cibber and other hands.
2 The Lives and Characters of the most eminent Actors and Actresses of Great Britain, and Ireland, from Shakespear to the present Time etc.

Jacob Thomson war der Sohn eines Geistlichen der Schottischen Kirche, in dem Presbyteriate von *Jedburgh*.

Er ward an eben dem Orte geboren, wo sein Vater Prediger war, und zwar im Anfange des jetzigen Jahrhunderts. Seine erste Erziehung genoß er in einer Privatschule der dasigen Gegend. In seinen ersten Jahren zeigte er so wenig ein besonders Genie, daß ihn vielmehr sein Lehrmeister, und alle die mit seiner Erziehung zu tun hatten, kaum die gewöhnlichsten und schlechtesten Gaben zutrauten.

Als er auf gedachter Schule die lateinische und griechische Sprache lernte, besuchte er oft einen Geistlichen, dessen Kirchspiel mit dem Kirchspiele seines Vaters in eben demselben Presbyteriate lag. Es war dieses der Herr *Rickerton*, ein Mann von so besondern Eigenschaften, daß sehr viel Leute von Einsicht, und Herr *Thomson* selbst, welcher mit ihm umging, erstaunten, so große Verdienste an einem dunkeln Orte auf dem Lande vergraben zu sehen, wo er weder Gelegenheit hatte sich zu zeigen, noch sonst mit Gelehrten umzugehen, außer etwa bei den periodischen Zusammenkünften der Geistlichen.

Ob nun schon der Lehrmeister unsers *Thomsons* seinen Schüler kaum mit einem sehr geringen Verstande begabt zu sein glaubte, so konnte sich doch den Augen des Hrn. *Rickerton* dessen Genie nicht entziehen. Er bemerkte gar bald eine frühzeitige Neigung zur Poesie bei ihm, wie er denn auch nach der Zeit noch verschiedne von den ersten Versuchen, die Hr. *Thomson* in dieser Provinz gemacht hatte, aufhob.

Ohne Zweifel nahm unser junge Dichter, durch den fernern Umgang mit dem Hrn. *Rickerton* sehr zu, welcher ihm die Liebe zu den Wissenschaften einflößte. Und die Einsicht in die natürliche und sittliche Philosophie, welche er hernach in seinen Werken zeigte, hatte er vielleicht nur den Eindrücken dieses Gelehrten zu danken.

So wenig nun aber Hr. *Rickerton* den jungen *Thomson* für einen Menschen ohne alle Gabe hielt, sondern vielmehr ein sehr feines Genie an ihm wahrnahm: so hätte er sich doch, wie er oft selbst gestanden, niemals eingebildet, daß er es so weit bringen und auf eine so erhabne Staffel unter den Dichtern gelangen sollte. Als er daher zuerst *Thomsons Winter* zu sehen bekam, welches in einem Buchladen zu *Edinburgh* geschah, erstaunete er ganz, und ließ, nachdem er die ersten Zeilen desselben, welche nicht erhabener sein könnten, gelesen hatte, das Buch vor Verwundrung und Entzücken aus den Händen fallen.

Nachdem Hr. *Thomson* die gewöhnliche Zeit mit Erlernung der toten Sprachen auf der Schule zugebracht, ward er auf die Universität nach *Edinburg* geschickt, wo er seine Studien enden und sich zu dem geistlichen Amte tüchtig machen sollte. Hier machte er eben so wenig als auf der Schule eine große Figur; seine Mitschüler dachten sehr verächtlich von ihm, und die Lehrer selbst, unter welchen er studierte, hatten keinen bessern Begriff von seiner Fähigkeit, als ihre Untergebenen. Nachdem er endlich die philosophischen Klassen durchgegangen war, ward er als ein Candidat des h. Predigtamts, in das theologische Collegium aufgenommen, in welchem die Studierenden sechs Jahr verziehen müssen, ehe sie ihre Probe ablegen dürfen.

Er war zwei Jahr in diesem theologischen Collegio, dessen Professor damals Hr. *William Hamilton* war, als ihm von diesem eine Rede über die Macht des höchsten Wesens auszuarbeiten, aufgetragen ward. Als es seine Mitschüler erfuhren, hielten sie sich nicht wenig über die schlechte Beurteilungskraft des Professors auf, eine so fruchtbare Materie einem jungen Menschen aufzugeben, von dem man sich ganz und gar nichts versprechen konnte. Doch als Herr *Thomson* seine Rede ablegte, fanden sie Ursache, sich ihre eigene schlechte Beurteilungskraft vorzuwerfen, daß sie einen Menschen verachtet hatten, der dem größten Genie unter ihnen überlegen war. Diese Rede war so erhaben, daß sowohl der Professor als die Studierenden, welche sie halten hörten, darüber erstaunten. Sie war in reimlosen Versen abgefaßt, welches aber Hr. *Hamilton* daran aussetzte, weil es sich zu dieser Materie nicht schicke. Verschiedne von den

Mitgliedern des Collegii, welche ihm den durch diese Rede erlangten Ruhm nicht gönnten, glaubten, er müßte einen gelehrten Diebstahl begangen haben, und gaben sich daher alle Mühe, ihn zu entdecken. Doch ihr Nachforschen war vergebens, und Hr. *Thomson* blieb in dem unverkürzten Besitze seiner Ehre, so lange er sich auf der Universität aufhielt.

Man weiß eigentlich nicht, warum Herr *Thomson* den Vorsatz, in das heilige Predigtamt zu treten fahren ließ. Vielleicht glaubte er, dieser Stand sei zu strenge, als daß er sich mit der Freiheit seiner Neigung vertragen könne; vielleicht fühlte er sich auch selbst und glaubte, daß er sich, in Ansehung seiner Gaben, auf etwas größers Rechnung machen könnte, als ein Presbyterianischer Geistlicher zu werden: denn selten pflegt sich ein großes Genie mit einer dunkeln Lebensart, und mit einer jährlichen Einkunft von sechzig Pfund in dem entfernten Winkel einer schlechten Provinz, zu begnügen, welches doch gewiß das Schicksal des Herrn *Thomson* gewesen wäre, wenn sich seine Absichten nicht über die Sphäre eines Predigers der schottischen Kirche erstreckt hätten.

Nachdem er also alle Gedanken auf den geistlichen Stand aufgegeben hatte, so war er mit mehr Sorgfalt darauf bedacht, sich zu zeigen und sich Gönner zu erwerben, die ihm zu einer vorteilhaften Lebensart behülflich sein könnten. Weil aber der Teil der Welt, wo er sich jetzo befand, ihm ganz und gar keine Hoffnung hierzu machen konnte, so fing er an, sein Augenmerk auf die Hauptstadt zu richten.

Das erste Gedicht des Hrn. *Thomsons*, welches ihm einiges Ansehen bei dem Publico erwarb, war sein *Winter*, dessen schon gedacht worden; doch hatte er auch schon wegen verschiedner andern Stücke, noch ehe er sein Vaterland verließ, den Beifall deren, welchen sie zu Gesichte gekommen waren, erhalten. Er machte eine Paraphrasin über den 104ten Psalmen, welche er seinen Freunden abzuschreiben erlaubte, nachdem sie vorher von dem Hrn. *Rickerton* war gebilliget worden. Diese Paraphrasis kam endlich durch verschiedne Wege in die Hände des Hrn. *Auditor Benson*, welcher seine Verwunderung darüber entdeckte, und zugleich sagte, wenn der Verfasser in London wäre, so würde es ihm schwerlich an einer seiner Verdienste würdigen Aufmunterung mangeln. Diese Anmerkung ward dem Hrn. *Thomson* durch einen Brief mitgeteilt, und machte einen so starken Eindruck bei ihm, daß er seinen Aufenthalt in der Hauptstadt zu nehmen, beschleinigte. Er machte sich alsobald nach *Newcastle*, wo er zu Schiffe ging, und in *Billinsgate* anlandete. Als er angekommen war, ließ er seine unmittelbare Sorge sein, den Herrn *Mallet*, seinen ehemaligen Schulkameraden zu besuchen, welcher jetzo in *Hannover-Square* lebte, und zwar als Hofmeister bei dem Herzoge von *Montrose* und seinem verstorbnen Bruder dem Lord *Graham*. Ehe er aber in *Hannover-Square* anlangte, begegnete ihm ein Zufall, der ein wenig lächerlich ist. Er hatte von einem vornehmen Manne in *Schottland* Empfehlungsschreiben an verschiedne Standespersonen in *London* mitbekommen, die er sehr sorgfältig in sein Schnupftuch eingewickelt hatte. Als er nun durch die Gassen schlenderte, konnte er die Größe, den Reichtum und die verschiednen Gegenstände, die ihm alle Augenblicke in dieser berühmten Hauptstadt vorkamen, nicht genug bewundern. Er blieb oft stehen, und sein Geist war mit diesen Scenen so erfüllt, daß er auf das beschäftigte Gedränge um sich herum wenig Achtung gab. Als er nun endlich den Weg nach *Hannover-Square*, in einer zehnmahl längern Zeit, als er ordentlich nötig gehabt hätte, zurück gelegt hatte, und daselbst ankam, fand er, daß er seine Neugierde habe bezahlen müssen; man hatte ihm nemlich das Schnupftuch aus dem Schupsacke gezogen, in welches die Briefe eingewickelt waren. Dieser Zufall würde einem, der weniger philosophisch gewesen wäre, als Hr. *Thomsom*, sehr empfindlich gewesen sein; doch er lächelte darüber, und brachte hernach oft selbst seine Freunde durch die Erzehlung desselben zum lachen.

Es ist natürlich, daß Hr. *Thomson*, nach seiner Ankunft in die Stadt, verschiednen von seinen Bekannten das Gedichte auf den *Winter* zeigte. Es bestand Anfangs aus abgerissenen Stücken und gelegentlichen Beschreibungen, die er auf des Hrn. *Mallets* Rat hernach in ein Ganzes zusammenbrachte. So vielen Beifall es nun auch etwa fand, so wollte es ihm doch zu keiner hinlänglichen Empfehlung bei seinem Eintritte in die Welt dienen. Er hatte den Verdruß, es verschiednen Buchhändlern vergebens anzubieten, welche die Schönheit desselben ohne Zweifel nicht zu beurteilen vermochten, noch sich eines unbekannten Fremdlings wegen, dessen Name keine Anpreisung sein konnte, in Unkosten setzen wollten. Endlich bot es Hr. *Mallet* dem Hrn. *Millan*, jetzigem Buchhändler in *Charing-croß* an, der es auch ohne Umstände übernahm, und drucken ließ. Eine Zeitlang glaubte Hr. *Millan* sehr schlecht gefahren zu sein; es blieb liegen und nur sehr wenige Exemplare wurden davon verkauft, bis endlich die Vortrefflichkeit desselben durch einen Zufall entdeckt ward. Ein gewisser Herr *Whatley*, ein Mann von einigem Geschmacke in den Wissenschaften, der aber die Bewunderung alles dessen, was ihm gefiel, bis zum Enthusiasmus übertrieb, warf ungefehr die Augen darauf; und weil er verschiednes fand, was ihn vergnügte, so las er es ganz durch und erstaunte nicht wenig, daß ein solches Gedicht eben so unbekannt, als sein Verfasser sei. Er erfuhr von dem Buchhändler die jetzt gedachten Umstände, und in der Entzükkung ging er von einem Kaffehause auf das andre, posaunte die Schönheiten seines Dichters aus, und bot alle Leute von Geschmack auf, eines von den größten Genies, die jemals erschienen wären, aus seiner Dunkelheit zu retten. Dieses Verfahren hatte eine sehr glückliche Wirkung; die ganze Auflage ward in kurzer Zeit verkauft, und alle, die das Gedichte lasen, glaubten den Hrn. *Whatley* keiner Übertreibung beschuldigen zu dürfen, weil sie es selbst so vortrefflich fanden, daß sie sich glücklich schätzten, einem Manne von solchen Verdienste Gerechtigkeit widerfahren zulassen.

Das Gedicht auf den Winter ist ohne Zweifel das am meisten vollendete und zugleich das malerischste von seinen Jahrszeiten. Es ist voll großer und lebhafter Scenen. Die

Schöpfung scheinet in dieser Jahrszeit in Trauer zu sein, und die ganze Natur nimmt eine melancholische Bildung an. Eine so poetische Einbildungskraft, als des *Thomsons* seine war, konnte also keine andre, als die grausesten und schrecklichsten Bilder darbieten, welche die Seele mit einem feierlichen Schauer über die *Dünste, Stürme und Wolken,* die er so schön schildert, erfüllen. Die Beschreibung ist die eigene Gabe des *Thomsons*; wir zittern bei seinem Donner im Sommer; wir frühren bei der Kälte seines Winters; wir werden erquickt, wenn sich die Natur bei ihm erneuert, und der Frühling seinen angenehmen Einfluß empfinden läßt.

Eine kleine Anekdote ist hier mitzunehmen. Sobald der *Winter* gedruckt war, schickte Hr. *Thomson* seinem Landsmanne und Bruder in Apollo, dem Hrn. *Joseph Mitchel* ein Exemplar zum Geschenke. Dieser fand sehr wenig darinne, was nach seinen Gedanken zu billigen wäre, und schickte ihm folgende Zeilen zu:

> Beauties and faults so thick lie scatter'd here,
> Those i could read, if these were not so near.

d. i. Schönheiten und Fehler liegen hier sehr dicke unter einander. Ich könnte jene gelesen haben, wenn diese ihnen nicht so nahe wären. Hr. *Thomson* antwortete hierauf aus dem Stegreife:

> Why all not faults, injurious Mitchell; why
> Appears one beauty to thy blasted eye;
> Damnation worse than thine, if worse can be,
> Is all i ask, and all i want from thee.

d. i. Warum siehest du nicht überall Fehler, ehrenrühriger Mitchell? Warum entdeckt sich deinem verdorbenen Auge auch einige Schönheit? Noch eine ungerechtere Verdammung, wenn es eine ungerechtere giebt, ist alles, was ich von dir verlange, und alles was ich von dir erwarte. Auf die Vorstellung, die ein Freund dem Hrn. *Thomson* tat, daß man den Ausdruck blasted eye *(verdorbenes Auge)* für eine persönliche Anzüglichkeit annehmen könnte, weil Herr *Mitchell* wirklich dieses Unglück hatte, änderte er das Beiwort blasted in blasting. *(verderbend.)*

Weil der *Winter* einen so allgemeinen Beifall fand, so ward Herr *Thomson*, besonders auf das Anraten des Herrn *Mallet* bewogen, auch die andern drei Jahrszeiten auszuarbeiten, mit welchen es ihm eben so wohl glückte. Die, welche davon zuerst ans Licht trat, war der *Herbst*; hierauf folgte der *Frühling* und endlich der *Sommer*.

Von jedem dieser vier Stücke, als ein besonders Gedicht betrachtet, hat man geurteilet, daß es in Ansehung des Plans fehlerhaft sei. Nirgends zeigt sich ein besonderer Zweck; die Teile sind einer den andern nicht untergeordnet; man bemerkt unter ihnen weder Folge noch Verbindung: doch dieses ist vielleicht ein Fehler der von einer so abwechselnden Materie untrennbar war. Genug, daß er sich keiner Unfüglichkeit schuldig gemacht, sondern durchgängig lauter solche Scenen geschildert hat, die jeder Jahrszeit besonders zukommen.

Was den poetischen Ausdruck in den Jahrszeiten anbelangt, so ist dieser dem Herrn *Thomson* gänzlich eigen: er hat eine Menge zusammengesetzter Worte eingeführt, Nennwörter in Zeitwörter verwandelt, und kurz, eine Art einer neuen Sprache geschaffen. Man hat seine Schreibart als sonderbar und steif getadelt, und wenn man dieses auch schon nicht gänzlich leugnen kann, so muß man doch zugestehen, daß sie sich zu den Beschreibungen vortrefflich wohl schikket. Der Gegenstand, den er malet, stehet ganz vor uns, und wir bewundern ihn in allem seinen Lichte; wer wollte aber eine natürliche Seltenheit nicht lieber durch ein Vergrößerungsglas, welches alle kleine Schönheiten desselben zu entdecken fähig ist, betrachten, ob es gleich noch so schlecht gefaßt ist, als durch ein anders, welches zu dieser Absicht nichts taugt, aber sonst mit vielen Zieraten versehen ist? *Thomson* ist in seiner Manier ein wenig steif; aber seine Manier ist neu; und es ist niemals ein vorzügliches Genie aufgestanden, welches nicht seine eigene Weise gehabt hätte. So viel ist wahr, daß sich die Schreibart des Herrn *Thomsons* zu den zärtlichen Leidenschaften nicht allzuwohl schickt, welches man näher einsehen wird, wenn wir ihn bald als einen dramatischen Dichter betrachten werden; eine Sphäre, in welcher er zwar sehr, aber doch nicht so sehr, als in andern Gattungen der Dichtkunst geglänzet hat.

Die Vortrefflichkeit dieser Gedichte hatte unserm Verfasser die Bekanntschaft verschiedner Personen erworben, die teils wegen ihres vornehmen Standes, teils wegen ihrer erhabnen Talente berühmt waren. Unter den letztern befand sich der *Dr. Rundle*, nachheriger Bischof von *Derry*, welchem der Geist der Andacht, der überall in den Jahrszeiten hervorstrahlet, so wohl gefallen hatte, daß er ihn der Freundschaft des verstorbenen Kanzlers *Talbot* empfahl, der ihm die Aufsicht über seinen ältesten Sohn anvertraute, welcher sich eben zu seiner Reise nach Frankreich und Italien fertig machte.

Mit diesem jungen Edelmanne hielt er sich drei Jahr lang in fremden Ländern auf, wo er ohne Zweifel seinen Geist durch die vortrefflichen Denkmäler des Altertums, und durch den Umgang mit gelehrten Ausländern bereicherte. Die Vergleichung die er zwischen dem neuen *Italien* und dem Begriffe anstellte, den er von den alten *Römern* hatte, brachte ihn ohne Zweifel auf den Einfall seine *Freiheit*, in drei Teilen zu schreiben. Der erste Teil enthält die Vergleichung des alten und neuen *Italiens*; der zweite *Griechenland*, und der dritte *Britannien*. Das ganze Werk ist an den ältesten Sohne des Lord *Talbots* gerichtet, welcher im Jahre 1734. auf seinen Reisen starb.

Unter den Gedichten des Herrn *Thomsons* findet sich auch eines zum Andenken des *Isaac Newtons*, von welchem wir nichts mehr sagen wollen, als dieses, daß er durch dieses Stück allein, wenn er auch sonst nichts mehr geschrieben hätte, eine vorzügliche Stelle unter den Dichtern würde verdient haben.

Um das Jahr 1728. schrieb Herr *Thomson* ein Gedicht, welches er *Britannia* nennte. Sein Vorsatz war darinne, die Nation zu Ergreifung der Waffen aufzumuntern, und in den Gemütern des Volks eine edle Neigung anzuflammen, das von den Spaniern erlittene Unrecht zu rächen. Dieses Gedicht ist bei weiten nicht eines von seinen besten.

Auf den Tod seines großmütigen Beförderers des Lord *Talbots*, welchen die ganze Nation mit dem Herrn *Thomson* zugleich aufrichtig betauerte, schrieb er eine Elegie, welche ihrem Verfasser, und dem Andenken des großen Mannes, den er darinne gepriesen hatte, Ehre machte. Er genoß, bei Lebzeiten des Kanzler *Talbots*, eine sehr einträgliche Stelle, die ihm dieser würdige Patriot als eine Belohnung für die Mühe, den Geist seines Sohnes gebildet zu haben, zugeteilt hatte. Nach seinem Tode behielt der Nachfolger desselben diese Stelle dem Hrn. *Thomson* vor, und wartete nur darauf, bis dieser zu ihm kommen, und durch Beobachtungen einiger kleinen Formalitäten, sie in Besitz nehmen würde. Doch dieses versäumte der Dichter durch eine unverantwortliche Nachlässigkeit, so daß zuletzt seine Stelle, die er ohne viele Mühe länger hätte behalten können, einem andern zufiel.

Unter die letzten Werke des Hrn. *Thomsons* gehöret seine *Burg der Trägheit*, (*Castle of Indolence*) ein allegorisches Gedicht von so außerordentlichen Schönheiten, daß man nicht zu weit geht, wenn man behauptet, dieses einzige Stück zeige mehr Genie und poetische Beurteilungskraft, als alle seine andern Werke. Es ist in dem Stile des *Spencers* geschrieben, welchen die Engländer in den allegorischen Gedichten eben so nachahmen, als die Franzosen den Stil des *Marots* in den Erzehlungen und Sinnschriften.

Es ist nunmehr Zeit den Hrn. *Thomson* auf derjenigen Seite zu betrachten, welche mit unsrer Absicht eine nähere Verwandtschaft hat; nemlich auf der Seite eines dramatischen Dichters. Im Jahre 1730, ungefehr in dem sechsten Jahre seines Aufenthalts in London, brachte er seine erste Tragödie, unter dem Titel *Sophonisbe*, auf die Bühne, die sich auf die Karthaginensische Geschichte dieser Prinzessin gründet, welche der bekannte *Nathaneel Lee* gleichfalls in ein Trauerspiel gebracht hat. Dieses Stück ward von dem Publico sehr wohl aufgenommen. Die Mad. *Oldfield* tat sich in dem Character der *Sophonisbe* ungemein hervor, welches Hr. *Thomson* selbst in seiner Vorrede gestehet. »Ehe ich schließe«, sagte er, »muß ich noch bekennen, wie sehr ich denjenigen, welche mein Trauerspiel vorgestellt haben, verbunden bin. Sie haben in der Tat mir mehr als Gerechtigkeit widerfahren lassen. Was ich dem *Masinissa* nur liebenswürdiges und einnehmendes gegeben hätte, alles dieses hat Hr. *Wilk* vollkommen ausgedrückt. Auch die *Mad. Oldfield* hat ihre *Sophonisbe* unverbesserlich gespielt; schöner als es der zärtlichste Eigensinn eines Verfassers verlangen, oder sich einbilden kann. Der Reiz, die Würde und die glückliche Abwechslung aller ihrer Stellungen und Bewegungen hat den durchgängisten Beifall erhalten, und ihn auch mehr als zu wohl verdient.«

Bei der ersten Vorstellung dieses Trauerspiels fiel eine kleine lächerliche Begebenheit vor. Hr. *Thomson* läßt eine von seinen Personen gegen die *Sophonisbe* folgende Zeile sagen:

O Sophonisbe, Sophonisbe O!

Diese Worte waren kaum ausgesprochen, als ein Spötter aus dem Parterre laut schrie:

O Jacob Thomson, Jacob Thomson O!

So ungesittet es nun auch war, die Vorstellung durch einen so lächerlichen Einfall zu unterbrechen, so kann man doch das falsch Pathetische dieser getadelten Zeile nicht leugnen, und ein tragischer Dichter muß es sich zur Warnung dienen lassen, ja wohl auf sich Acht zu haben, daß er nicht schwülstig wird, wenn er erhaben sein will – – Hr. *Thomson* mußte notwendig an dem ersten Tage seines Trauerspiels alle die Bewegungen und Besorgnisse eines jungen Schriftstellers empfinden; er hatte sich daher an einen dunkeln und abgelegenen Ort auf der obersten Gallerie gemacht, wo er die Vorstellung ungehindert abwarten könnte, ohne für den Dichter erkannt zu werden. Doch die Natur war viel zu stark bei ihm, als daß er sich hätte enthalten können, die Rollen den Schauspielern nachzusagen, und manchmal bei sich zu murmeln: »nun muß die Scene kommen; nun muß das geschehen.« Und hierdurch ward er gar bald von einem Manne von Stande, welcher wegen des großen Gedrängs keinen Platz, als auf der Gallerie, hatte finden können, als der Verfasser entdeckt.

Nach einem Zwischenraume von vier Jahren brachte

Thomson seine zweite Tragödie, den *Agamemnon*, zum Vorscheine. Hr. *Pope* gab bei dieser Gelegenheit einen sehr merklichen Beweis seiner großen Gewogenheit gegen den Hrn. *Thomson*; er schrieb seinetwegen zwei Briefe an die Entrepreneurs der Bühne, und beehrte die erste Vorstellung mit seiner Gegenwart. Weil er seit langer Zeit in kein Schauspiel gekommen war, so wurde dieses für ein Zeichen einer ganz besondern Hochachtung aufgenommen. Ob man nun schon an dem Hrn. *Thomson* aussetzte, daß er in diesem Trauerspiele die Handlung allzusehr verkürzt habe; daß verschiedne Teile desselben zu lang, und andre ganz und gar überflüssig wären, weil nicht die Person, sondern der Dichter darinne rede; und obschon die Aufführung selbst erst in dem Monate *April* vor sich ging, so ward sie doch zu verschiednenmalen mit Beifall wiederholt.

Einige Kunstrichter haben angemerkt daß die Charaktere in seinen Tragödien mehr durch Beschreibungen, als durch tätige Leidenschaften ausgedrückt werden; daß sie aber alle einen Überfluß an den seltensten Schönheiten, an Feuer, an tiefen Gedanken, und an edeln Empfindungen haben, und in einem nervenreichen Ausdrucke geschrieben sind. Seine Reden sind oft zu lang, besonders für ein englisches Auditorium, dem sie manchmal ganz übernatürlich gedehnt vorkommen. Es ist überhaupt angenehmer für das Ohr, wenn die Unterredung öftrer gebrochen wird; doch wird die angestrengtre Aufmerksamkeit desselben wohl in keinem Stücke des *Thomsons* besser belohnt, als in dem *Agamemnon*, und besonders in der beweglichen Erzehlung, welche *Melisander* von seiner Aussetzung auf die wüste Insel macht.

– – – Als ich im Schoß der Schatten,
Von Furcht und Argwohn frei, in stillem Schlummer lag,
Brach ein vermummter Schwarm, von des *Aegisthus*
         Bande
Schnell in mein Zimmer ein: vermutlich weil er mich
Für eine Hindernis der Absicht angesehen,
Die ich erraten kann, und die vielleicht *Mycenen*,
Jetzt besser weiß als ich. Man riß mich zu der See.

In meinem Sinn war ich schon die bestimmte Speise
Der Fische, als das Schiff vom Ufer stieß: die Flut,
Die brausend klatschete, entdeckte mir mein Schicksal.
Es schien, der Tod war selbst ein allzumilder Lohn
Für meine Redlichkeit: ein unbewohnter Fels,
An dessen rauhen Fuß die stärkste Brandung zürnte,
War mir bestimmt, daß ich von Freund und Feind entfernt
Und hülflos, alle Pein des Todes fühlen möchte.
Oft muß das Unrecht selbst sein eigner Rächer sein:
Stumm klagt sichs an, und schreit um die verdiente Strafe!
Du öffnest ihm den Mund, unwandelbarer Rat
Der Götter — — Dieser Schwarm setzt mich die nächste
 Nacht
(Die mir noch schrecklich ist) an das betrübte Ufer
Der wildsten Insel: nie hat außer mir ein Mensch
Auf sie den Fuß gesetzt. Allein die Menschenliebe
(Das glaube) ist so tief in unsre Brust gepflanzt
Und unser menschlich Herz ist so mit ihr durchwachsen,
Daß ich im Leben nichts erschrecklichers gehört,
Als den betrübten Schall, da mich ihr Boot verließ.
Ich seufzte ihnen nach! — — Die fürchterlichste Stille
Umschloß mich nun, die bloß das brausende Geräusch
Der nimmer müden Flut mit einem Laut durchbrach.
Bisweilen blies ein Wind durch den betrübten Wald,
Und seufzte fast wie ich. Hier setz ich mich im Schatten,
Mit einem Kummer hin, den ich noch nicht gefühlt,
Und klagte mir den Gram. Die Muse die die Wälder
Bewohnt, und (ich weiß nicht ob fast aus gleichem Triebe
Als wir?) die Menschen sucht, sang über meinem Haupte
Ihr unvergleichlichs Lied; ihr klagend schöner Ton
Betrog mich fast, als ob sie meine Not besänge,
Ich hört ihr traurig zu, und dichtete ein Lied
Zu ihrem Ton, bis daß der Schatten sein Geschenk,
Das er dem ärmsten giebt, den angenehmen Schlummer
Mir gönnete. Sobald das frühe Morgenrot
Der Vögel Dank empfing, so weckte mich ihr Lied;
Das Auge schloß sich auf; vermissend suchte es

>   Den alten Gegenstand, und fand doch nichts als Wellen
>   Darauf der Himmel lag, und hinter mir den Fels
>   Und einen grausen Wald. In einem Augenblick,
>   Indem ich mich vergaß, entzückte mich das Schrecken;
>   Ich schien mir nicht mehr Ich. Doch eben so geschwind
>   War dieser Traum vorbei, mein nagendes Gedächtnis
>   Erneurte meine Not – –

Ich habe mich nicht enthalten können, diese Stelle abzuschreiben; und zwar nach der obgedachten Übersetzung. Sie ist in Göttingen im Jahr 1750 auf 7 Bogen in Octav ans Licht getreten. Ihren Urheber weiß ich nicht zu nennen; zwar könnte ich mit einem *vielleicht* angezogen kommen; doch dieses *vielleicht* könnte sehr leicht falsch sein. Wie man wird gemerkt haben, so ist sie, gleich dem englischen Originale, in reimlosen Versen abgefaßt. Nur bei der Rolle der *Cassandra* ist eine Ausnahme beobachtet worden; als eine Prophetin redet diese in Reimen, um sich von den übrigen Personen zu unterscheiden. Der Einfall ist sehr glücklich; und er würde gewiß die beste Wirkung von der Welt tun, wann wir uns nur Hoffnung machen dürften, diese Übersetzung auf einer deutschen Bühne aufgeführt zu sehen. Sie ist, überhaupt betrachtet, treu, fließend und stark. Ihr Verfasser aber gestehet, daß er die zweite Hand nicht daran habe legen können, sondern daß er den ersten Entwurf dem Drucker ohne Abschrift habe ausliefern müssen. Diesem Umstande also müssen wir notwendig einige kleine Versehen zuschreiben, die ich vielleicht schwerlich würde gemerkt haben, wenn ich nicht ehmals selbst an einer Verdolmetschung dieses Trauerspiels gearbeitet hätte. Zum Exempel; in der ersten Scene des ersten Aufzuges werden die Worte given to the Beasts a Prey, or wilder famine übersetzt: *dich gab ich den Tieren Preis: ihr wilder Hunger hat längst meinen Freund verdauet.* Ich will hier nicht erinnern, daß zwar *Aegisthus* aber nicht *Klytemnestra* den *Melisander* auf die wüste Insel setzen lassen; auch nicht daß der Ausdruck, *der wilde Hunger der Tiere hat ihn schon längst verdaut*, der schönste nicht sei: sondern nur dieses muß ich anmerken, daß wilder famine gar nicht auf Beasts gehet, und daß der Dichter die *Klytemnestra* eigentlich sagen läßt: *entweder die Tiere haben ihn umgebracht, oder er hat verhungern müssen.* Auch gewisse kleine Zusätze würde der Verfasser hoffentlich ausgestrichen, und einige undeutsche, wenigstens nicht allen verständliche Worte mit gewöhnlichern vertauscht haben, wenn ihm eine Übersehung seiner Arbeit wäre vergönnt gewesen. Zum Exempel, am Ende des zweiten Auftritts im ersten Aufzuge, giebt er die Worte: and as a Greeck rejoic'd me sehr gut und poetisch durch: *es schwoll mein treu und griechisch Herz*; allein der Anhang den er dazu macht, *und drohete dem überwundnen Troja*, taugt gar nichts. Der Engländer schildert seine Person, als einen Mann, der sich über die Siege seines Vaterland erfreut, der Übersetzer aber bildet ihn durch den beigefügten Zug als einen Poltron. Denn was kann das für eine Tapferkeit sein, einer überwundnen Stadt zu drohen? – Zur Probe der undeutlichen Worte berufe ich mich auf das Wort *Brandung* in der angeführten Stelle. – – Doch ich bekenne es nochmals, alles dieses sind Kleinigkeiten, die ich vielleicht gar nicht einmal hätte anführen sollen. Wo das meiste glänzt, da ward auch *Horaz* durch wenige Flecken nicht beleidiget. Wollen wir eckeler sein als *Horaz*?

Ich komme wieder zu unserm Dichter selbst. Im Jahr 1736. bot Herr *Thomson* der Bühne ein Trauerspiel an, unter dem Titel *Edward und Eleonora*, dessen Vorstellung aber, aus politischen Ursachen, welche nicht bekannt geworden, untersagt wurde.

Im Jahr 1744 ward sein *Tancred und Sigismunda* aufgeführt; welches Stück glücklicher ausfiel, als alle andre Stücke des *Thomsons*, und noch jetzt gespielet wird. Die Anlage dazu ist von einer Begebenheit in dem bekannten Roman des *Gil Blas* geborgt. Die Fabel ist ungemein anmutig; der Charaktere sind wenige, aber sie werden alle sehr wirksam vorgestellt. Nur den Charakter des *Seffredi* hat man mit Recht als mit sich selbst streutend, als gezwungen und unnatürlich getadelt.

Auf Befehl Sr. Königl. Hoheit des Prinzen von Wallis

verfertigte Herr *Thomson*, gemeinschaftlich mit dem Herrn *Mallet*, die *Maske des Alfred*, welche zweimal in dem Garten Sr. Hoheit zu *Cliffden* aufgeführt ward. Nach dem Tode des Herrn *Thomsons* ward dieses Stück von dem Herrn *Mallet* ganz neu umgearbeitet, und 1751. wieder auf die Bühne gebracht.

Die letzte Tragödie des Herrn Thomsons ist sein *Coriolanus*, welcher erst nach seinem Tode aufgeführt ward. Die dem Verfasser davon zukommenden Einkünfte wurden seinen Schwestern in *Schottland* gegeben, davon eine mit einem Geistlichen daselbst, und die andre mit einem Manne von geringem Stande in *Edinburgh* verheiratet ist. Dieses Trauerspiel, welches unter allen Trauerspielen des Thomsons, ohne Zweifel, das am wenigsten vollkommne ist, ward zuerst dem Herrn *Garrik* angeboten, der es aber anzunehmen nicht für gut befand. Der Prologus war von dem Herrn *George Lyttleton*, verfertiget worden, und von dem Herrn *Quin* wurde er gehalten, welches einen sehr glücklichen Eindruck auf die Zuhörer machte. Herr *Quin* war ein besonder Freund des Herrn *Thomson* gewesen, und als er folgende Zeilen, die an und für sich selbst sehr zärtlich sind, aussprach, stellten sich seiner Einbildungskraft auf einmal alle Annehmlichkeiten des mit ihm lange gepflogenen Umganges dar, und wahrhafte Tränen flossen über seine Wangen.

> He lov'd his friends (forgive this gushing tear:
> Alas! I feel i am no actor here)
> He lov'd his friends with such a warmth of heart,
> So clear of int'rest, so devoid of art,
> Such generous freedom, such unshaken zeal,
> No words can speak it, but our tears may tell.

D. i. Er liebte seine Freunde – – verzeiht den herabrollenden Tränen: Ach! ich fühle es, hier bin ich kein Schauspieler mehr – – Er liebte seine Freunde mit einer solchen Inbrunst des Herzens, so rein von allem Eigennutze, so fern von aller Kunst, mit einer so großmütigen Freiheit, mit einem so standhaften Eifer, daß es mit Worten nicht auszudrücken ist. Unsre Tränen mögen davon sprechen! Die schöne Abbrechung in diesen Worten fiel ungemein glücklich aus. Herr *Quin* übertraf sich selbst, und er schien niemals ein größerer Schauspieler, als in dem Augenblicke, da er von sich gestand, daß er keiner sei. Die Pause, der tiefe Seufzer, den er damit verband, die Einlenkung, und alles das übrige war so voller Rührung, daß es unmöglich ein bloßes Werk der Kunst sein konnte; die Natur mußte dabei das beste tun.

Auch der Epilogus, welcher von dem Herrn *Weffington* mit außerordentlicher Laune gehalten ward, gefiel ungemein. Diese Umstände nun, nebst der Überlegung, daß der Verfasser nunmehr dahin sei, verschafften diesem Trauerspiele eine neunmalige Vorstellung, die es an und vor sich selbst schwerlich würde gefunden haben. Denn, wie gesagt, es ist bei weitem nicht, irgend einem von den *Thomsonschen* Werken, an Güte gleich. Er hatte als ein dramatischer Dichter den Fehler, daß er niemals wußte, wenn er aufhören müsse; er läßt jeden Charakter reden, so lange noch etwas zu sagen ist; die Handlung steht also, während dieser gedehnten Unterredungen, still, und die Geschichte wird matt. Nur sein *Tancred und Sigismunde* muß von diesem allgemeinen Tadel ausgenommen werden; dafür aber sind auch die Charaktere darinne nicht genug unterschieden, welche sich fast durchgängig auf einerlei Art ausdrücken. Kurz, *Thomson* war ein geborner malerischer Dichter, welcher die Bühne nur aus einem Bewegungsgrunde bestieg, der allzubekannt ist, und dem man allzuschwerlich widersteht. Er ist in der Tat der Ältstgeborne des *Spencers*, und er hat es selbst oft bekannt, daß er das beste, was er gemacht habe, der Begeisterung verdanken müsse, in die er schon in seinen jüngsten Jahren durch die Lesung dieses alten Dichters sei gesetzt worden.

Im August 1748 verlor die Welt diese Zierde der poetischen Sphäre durch ein heftiges Fieber, welches ihn im 48ten Jahre seines Alters dahin riß. Vor seinem Tode ward ihm von dem Herrn *George Lyttelton* die einträgliche Stelle eines *Controlleurs von America* verschafft, deren wirklichen Genuß er aber kaum erlebte. Herr *Thomson* ward von allen, die ihn kannten sehr geliebt. Er war von einer offnen und edelen Gemütsart; hing aber dann und wann den gesellschaftlichen Ergötzungen allzu sehr nach; ein Fehler, von welchem selten ein Mann von Genie frei zu sein pfleget. Sein äußerliches Ansehen war nicht sehr einnehmend, es ward aber immer angenehmer und angenehmer, je länger man mit ihm umging. Er hatte ein dankbares Herz, welches für die geringste erhaltene Gefälligkeit erkenntlich zu sein bereit war; er vergaß, der langen Abwesenheit, der neuen Bekanntschaft und des Zuwachses eigner Verdienste ungeachtet, seine alten Wohltäter niemals, welches er bei verschiednen Gelegenheiten gezeigt hat. Es ist eine richtige Anmerkung, daß ein Herz, dem die Dankbarkeit mangelt, überhaupt der allergrößten Niederträchtigkeit fähig ist; wie ihm Gegenteils, wenn diese großmütige Tugend in der Seele vorwirkt, gewiß nicht die andern liebenswürdigen Eigenschaften fehlen werden, welche eine gute Gemütsart ausmachen. Und so war das Herz unsers vortrefflichen Dichters beschaffen, dessen Leben eben so untadelhaft als lehrreich seine Muse war: denn von allen englischen Dichtern ist er derjenige, welcher sich von allem, was unanständig war, am meisten entfernte, welches Zeugnis ihm unter andern auch Herr *Lyttleton* in dem angeführten Prologo erteilt hat.

– His chaste Muse employ'd her heav'n taught lyre
None but the noblest passions to inspire,
Not one immoral, one corrupted thought,
One line, which, dying, he could wish to blot.

d. i. Seine keusche Muse brauchte ihre himmlische Leier zu nichts, als zu Einflößung der edelsten Gesinnungen. Kein einziger unsittlicher, verderbter Gedanke, keine einzige Linie, die er sterbend ausstreichen zu können, hätte wünschen dürfen.

Zum Schlusse muß ich noch erinnern, daß sein Bildnis, welches man vor diesem Stücke findet, nach demjenigen getreulich gestochen ist, welches vor seinen sämtlichen Werken stehet, deren wir hoffentlich noch einmal gedenken werden.

III.
AUSZUG AUS DEM TRAUERSPIELE
VIRGINIA
DES DON AUGUSTINO DE MONTIANO
Y LUYANDO.

Die Schriften der Spanier sind diejenigen, welche unter allen ausländischen Schriften am wenigsten unter uns bekannt werden. Kaum daß man einige ihrer jetztlebenden Gelehrten in Deutschland dem Namen nach kennt, deren nähere Bekanntschaft uns einen ganz andern Begriff von der Spanischen Litteratur machen würde, als man gemeiniglich davon zu haben pflegt. Ich schmeichle mir, daß schon die gegenwärtige Nachricht ihn um ein großes erhöhen wird, und daß meine Leser erfreut sein werden, den größten tragischen Dichter kennen zu lernen, den jetzt Spanien aufweisen und ihn seinen Nachbarn entgegen stellen kann. Es ist dieses *Don Augustino de Montiano y Luyando*, von dessen Lebensumständen ich, ohne weitre Vorrede, einige Nachricht erteilen will, ehe ich von einem der vorzüglichsten seiner Werke einen umständlichen Auszug vorlege.

Don Augustino de Montiano y Luyando ist den ersten März im Jahre 1697 geboren, und also jetzt in einem Alter von 57 Jahren. Sein Vater und seine Mutter stammten aus adlichen Familien in *Biscaya*, und zwar aus den allervornehmsten dieser Provinz. Seine Erziehung war seiner Geburt gemäß. Nachdem er die Humaniora wohl studieret, und die gewöhnlichen Wissenschaften eines jungen Menschen von Stande begriffen hatte, tat er sich als ein geschickter Weltweiser und Rechtsgelehrter vor. Er versteht übrigens die französische und italiänische Sprache, und hat auch einige Kenntnis von der englischen. Er fand, schon in seiner zartesten Jugend, einen besondern Geschmack an der Dichtkunst und den schönen Wissenschaften, so, daß er bereits in seinem zwei und zwanzigsten Jahre, nemlich im Jahre 1719, eine Oper zu Madrid, ohne seinem Namen, unter dem Titel die *Leier des Orpheus*, (*la Lira de Orfeo*) in 8vo drucken ließ, welche zu verschiednen Zeiten zu Palma oder Majorca, der Hauptstadt dieser Insel, gesungen ward. Im Jahr 1724 gab er in eben derselben Stadt eine prosaische und poetische Beschreibung der bei der Krönung *Ludewigs* des I. angestellten Feierlichkeiten, in Quart heraus. Fünf Jahr hernach entwandte man ihm ein kleines Werk in Versen über die Entführung der Dina, der Tochter des Jacobs, da er es eben noch ausbesserte, und stellte es in eben dem 1729. Jahre zu Madrid in Quart ans Licht. Dieses Gedicht ist nachher weit vollkommner in Barcellona in Octav, doch ohne Jahrzahl und ohne Erlaubnis, ans Licht getreten. Es führet den Titel: *El robo de Dina.*

Die Verdienste des *Don Augustino* bewegten den König Philipp den Vten ihn im Jahre 1732. zum Secretär bei den Conferenzen der spanischen und englischen Commissare zu ernennen. Im Jahre 1738. ward er in der Kanzelei der allgemeinen Staatsangelegenheiten gebraucht. Das Jahr darauf trat er in die Königl. spanische Akademie; und als einer von den Stiftern und ältesten Mitgliedern der Königl. Gesellschaft der Geschichte, ward er von der erstern in eben dem Jahre, als sie unter Königl. Schutz genommen ward, zu ihren Director ernennt, welche Stelle ihm 1745. auf Zeitlebens aufgetragen ward. Im Jahre 1746 beehrte ihn Se. Majestät mit der Stelle eines Secretärs bei der Begnadigungs- und Gerichtskammer und dem Staate von Castilien. Auch war er im Jahre 1742. in die Gesellschaften der schönen Wissenschaften zu Barcellona und Sevilien aufgenommen worden.

Außer den angeführten Werken gab er auch im Jahr 1739. zu Madrid eine Vergleichung der Aufführung des Königs von Spanien mit der Aufführung des Königs von England, in Quart heraus: (*El cotejo de la conducta de S. M. con la del Rey Britannico*) desgleichen in eben diesem Jahre *eine Rede an die Königl. Akademie der Geschichte*; und im Jahre 1740 eine *Rede an den König Philipp* den V. im Namen gedachter Akademie, über eine Anmerkung die dieser Monarch gemacht hatte. Beide Reden sind in Octav gedruckt, und befinden sich in dem ersten und zweiten Teile der Schriften dieser Akademie. Ferner hat man von ihm *eine Rede im Namen der Spanischen Akademie an den König,* bei Gelegenheit der Vermählung der Infantin Donna Maria Antoinetta Ferdinanda mit dem Herzoge von Savoyen, in Quart; und eine *Lobschrift auf den Doctor Don Blasio Antonio Nassarra y Ferriz,* die er auf Verlangen der Spanischen Akademie machte, und 1751. zu Madrid in Octav drucken ließ.

Doch das vornehmste von seinen Werken sind unstreitig zwei Tragödien, deren eine 1750. und die andre gegen das Ende des Jahres 1753. gedruckt ward. Die eine führet den Titel *Virginia,* und die andre *Athaulpho.* Beiden ist eine *Abhandlung von den spanischen Tragödien* vorgesetzt, in welchen er besonders gegen den Herrn *du Perron de Castera* beweiset, daß es seiner Nation ganz und gar nicht an regelmäßigen Trauerspielen fehle. Wir werden ein andermal dieser Abhandlung mit mehrern gedenken, oder sie vielmehr ganz mitteilen; vorjetzo aber wollen wir uns an das erste der gedachten Trauerspiele machen, und dem Leser das Urteil überlassen, was für einen Rang unter den tragischen Dichtern er dem Verfasser einräumen will.

Vor allen Dingen muß ich noch eine kleine Erklärung vorweg schicken. Ich habe nicht so glücklich sein können das Spanische Original der *Virginia* zu bekommen, und bin also genötiget gewesen mich der Französischen Übersetzung des Herrn *Hermilly* zu bedienen, die in diesem Jahre in zwei kleinen Octavbänden in Paris an das Licht getreten ist. Der eine Band enthält die erste der angeführten Abhandlungen über die Spanischen Tragödien, und der andre eine abgekürzte Übersetzung der *Virginia;* beiden ist ein historisches Register der in der Abhandlung erwähnten Verfasser zur Hälfte beigefügt, welches eine Arbeit des Herrn *Hermilly* ist. Eben diesem habe ich auch die angeführten Lebensumstände des Spanischen Dichters zu danken, die ihm dieser selbst überschrieben hat. Er hat die *Virginia* deswegen lieber in einen Auszug bringen, als ganz und gar übersetzen wollen, weil die Franzosen keine prosaische Trauerspiele lesen mögen. Ich kann keine ähnliche Ursache für mich geltend machen, sondern muß mich lediglich mit der Notwendigkeit entschuldigen, meinen Lesern eine so angenehme Neuigkeit entweder gar nicht, oder durch die Vermittelung des französischen Übersetzers mitzuteilen. Es ist kein Zweifel, daß dieses nicht noch immer besser sein sollte, als jenes.

Die Geschichte der *Virginia* ist aus dem *Livius* und andern zu bekannt, als daß ich mich hier mit Erzehlung ihrer wahren Umstände aufhalten dürfte. Man sehe, wie sich der Dichter dieselben zu Nutze gemacht hat.

⟨...⟩

⟨Ein Referat des »Auszugs«
findet sich im Kommentar, S. 1096-1099.⟩

IV.
AUS: AUSZUG AUS DEM
SCHAUSPIELER
DES HERRN REMOND VON SAINTE ALBINE.

Ich habe lange Zeit vorgehabt, dieses Werk des Herrn *von Sainte Albine* zu übersetzen. Doch Gründe, die ich am Ende anführen will, haben mich endlich bewogen, die Übersetzung in einen Auszug zu verwandeln. Ich werde mich bemühen, ihn so unterrichtend, als möglich, zu machen.

Unsre Schrift ist schon im Jahr 1747. zu Paris auf zwanzig Bogen in Octav unter folgendem Titel ans Licht getreten: *Le Comedien. Ouvrage divisé en deux Parties; par M. Remond de Sainte Albine*. Ich kann von ihrem Verfasser weiter keine Nachricht geben, als daß er selbst kein Schauspieler ist, sondern ein Gelehrter, der sich auch um andre Dinge bekümmert, welche die meisten, ohne Zweifel, wichtiger nennen werden. Ich schließe dieses aus seinem Aufsatze *sur le Laminage* (vom Blechschlagen) wovon ich bereits die dritte Ausgabe habe angeführt gefunden.

Sein *Schauspieler* ist, wie gleich auf dem Titel gesagt wird, ein Werk, welches aus zwei Teilen besteht. Zu diesen kommt noch eine Vorrede und eine kurze Einleitung.

In der *Vorrede* wundert sich der Verfasser, daß noch niemand in Frankreich darauf gefallen sei, ein eigentliches Buch über die Kunst Tragödien und Komödien vorzustellen, zu verfertigen. Er glaubt, und das mit Recht, seine Nation habe es mehr als irgend eine andre verdient, daß ihr ein philosophischer Kenner ein solches Geschenk mache. – – Was er sonst in der Vorrede sagt, sind Complimente eines Autors, die eines Auszuges nicht wohl fähig sind. Man läßt ihnen nichts, wenn man ihnen die Wendungen nicht lassen will.

Die *Einleitung* fängt mit einer artigen Vergleichung der

Malerei und Schauspielkunst an. Diese erhält den Vorzug. »Umsonst rühmt sich die Malerei, daß sie die Leinewand belebe; es kommen aus ihren Händen nichts als unbelebte Werke. Die dramatische Dichtkunst hingegen, giebt den Wesen, welche sie schafft, Gedanken und Empfindungen, ja sogar, vermittelst des theatralischen Spiels, Sprache und Bewegung. Die Malerei verführt die Augen allein. Die Zauberei der Bühne fesselt die Augen, das Gehör, den Geist und das Herz. Der Maler stellt die Begebenheiten nur vor. Der Schauspieler läßt sie auf gewisse Weise noch einmal geschehen. Seine Kunst ist daher eine von denjenigen, welchen es am meisten zukömmt, uns ein vollständiges Vergnügen zu verschaffen. Bei den übrigen Künsten, welche die Natur nachahmen, muß unsre Einbildungskraft ihrem Unvermögen fast immer nachhelfen. Nur die Kunst des Schauspielers braucht diese Nachhülfe nicht; und wenn ihre Täuscherei unvollkommen ist, so liegt es nicht an ihr, sondern an den Fehlern derjenigen, welche sie ausüben.« – – Hieraus folgert der Verfasser, wie unumgänglich nötig es sei, daß sich diejenigen, die sich damit abgeben wollen, vorher genau prüfen. Sie müssen untersuchen, ob ihnen nicht diejenigen natürlichen Gaben fehlen, ohne welche sie nicht einmal dem allergemeinsten Zuschauer gefallen können. Besitzen sie diese, so kömmt es darauf an, diejenigen Vollkommenheiten zu erlangen, welche ihnen den Beifall der Zuschauer von Geschmack und Einsicht erwerben. »Die Natur muß den Schauspieler entwerfen. Die Kunst muß ihn vollends ausbilden.«

⟨...⟩

»Wollen die tragischen Schauspieler, sagt der Verfasser, uns täuschen; so müssen sie sich selbst täuschen. Sie müssen sich einbilden, daß sie wirklich das sind, was sie vorstellen; eine glückliche Raserei muß sie überreden, daß sie selbst diejenigen sind, die man verrät, die man verfolgt. Dieser Irrtum muß aus ihrer Vorstellung in ihr Herz übergehen, und oft muß ein eingebildetes Unglück ihnen wahrhafte Tränen auspressen. Alsdann sehen wir in ihnen nicht mehr frostige Komödianten, welche uns durch gelernte Töne und Bewegungen für eingebildete Begebenheiten einnehmen wollen. Sie werden zu unumschränkten Gebietern über unsre Seelen; sie werden zu Zaubrern, die das unempfindlichste empfindlich machen können – – Und dieses alles durch die Gewalt der Traurigkeit, welche Leidenschaft eine Art von epidemischer Krankheit zu sein scheinet, deren Ausbreitung eben so schnell als erstaunlich ist. Sie ist von den übrigen Krankheiten darinne unterschieden, daß sie sich durch die Augen und durch das Gehör mitteilet; wir brauchen eine mit Grund wahrhaft betrübte Person nur zu sehen, um uns zugleich mit ihr zu betrüben. Der Anblick der andern Leidenschaften ist so ansteckend nicht. Es kann sich ein Mensch in unsrer Gegenwart dem allerheftigsten Zorne überlassen; wir bleiben gleichwohl in der vollkommensten Ruhe. Ein andrer wird von der lebhaftesten Freude entzückt, wir aber legen unsern Ernst deswegen nicht ab. Nur die Tränen, wenn es auch schon Tränen einer Person sind, die uns gleichgültig ist, haben fast immer das Vorrecht uns zu rühren. Da wir uns zur Mühe und zum Leiden geboren wissen, so lesen wir voll Traurigkeit unsere Bestimmung in dem Schicksale der Unglücklichen, und ihre Zufälle sind für uns ein Spiegel, in welchem wir mit Verdruß das mit unserm Stande verknüpfte Elend betrachten.« – – Dieses bringt den Verfasser auf eine kleine Ausschweifung, welche viel zu artig ist, als daß ich sie hier übergehen sollte. – – »Es ist nicht schwer, spricht er, von unsrer Leichtigkeit uns zu betrüben einen Grund anzugeben. Allein desto schwerer ist es die Natur desjenigen Vergnügens eigentlich zu bestimmen, welches wir, bei Anhörung einer Tragödie, aus dieser Empfindung ziehen. Daß man in der Absicht vor die Bühne geht, diejenigen Eindrükke, welche uns fehlen, daselbst zu borgen, oder uns von denjenigen, die uns mißfallen, zu zerstreuen, darüber wundert man sich gar nicht. Das aber, worüber man erstaunt, ist dieses, daß wir oft durch die Begierde Tränen zu vergießen dahin geführt werden. Unterdessen kann man doch von dieser wunderlichen Neigung verschiedne Ursachen angeben, und die Schwierigkeit dabei ist bloß, die allgemeinste davon zu bestimmen. Wenn ich gesagt habe, daß das Unglück andrer ein Spiegel für uns sei, in welchem wir das Schicksal, zu dem wir verurteilt sind, betrachten, so hätte ich einen Unterschied dabei machen können. Dieser Unterschied kann hier seine Stelle finden, und er wird uns eine von den Quellen desjenigen Vergnügens, dessen Ursprung wir suchen, entdecken. Der Anblick eines fremden Elends ist für uns schmerzlich, wenn es nemlich ein solches Elend ist, dem wir gleichfalls ausgesetzt sind. Er wird aber zu einer Tröstung, wenn wir das Elend nicht zu fürchten haben, dessen Abschilderung er uns vorlegt. Wir bekommen eine Art von Erleichterung, wenn wir sehen, daß man in demjenigen Stande, welchen wir beneiden, oft grausamen Martern ausgesetzt sei, für die uns unsre Mittelmäßigkeit in Sicherheit stellet. Wir ertragen alsdenn unser Übel nicht nur mit weniger Ungeduld, sondern wir wünschen uns auch Glück, daß wir nicht so elend sind, als wir uns zu sein eingebildet haben. Doch daher, daß uns fremde Unglücksfälle, welche größer als die unsrigen sind, unsrer geringen Glücksumstände wegen trösten, würde noch nicht folgen, daß wir in der Betrübnis über diese Unglücksfälle ein Vergnügen finden müßten, wenn unsre Eigenliebe, indem sie ihnen diesen Tribut bezahlt, nicht dabei ihre Rechnung fände. Denn die Helden, welche durch ihr Unglück berühmt sind, sind es zugleich auch durch außerordentliche Eigenschaften. Je mehr uns ihr Schicksal rührt, desto deutlicher zeigen wir, daß wir den Wert ihrer Tugenden kennen, und der Ruhm, daß wir die Größe gehörig zu schätzen wissen, schmeichelt unserm Stolze. Übrigens ist die Empfindlichkeit, wenn sie von der Unterscheidungskraft geleitet wird, schon selbst eine Tugend. Man setzt sich in die Klasse edler Seelen, indem man durchlauchten Unglücklichen das schuldige Mitleiden nicht versaget. Auf der Bühne besonders läßt man sich um so viel leichter für vornehme Personen erweichen, weil man weiß, daß diese Empfindung durch die allzulange Dauer uns nicht überlästig fallen, sondern eine glückliche Veränderung gar bald ihrem Unglücke, und unsrer Betrübnis ein Ende machen werde. Werden wir aber in dieser Erwartung betrogen, und werden diese Helden zu Opfern eines ungerechten und barbarischen Schicksals; so werfen wir uns alsdann zwischen ihnen und ihren Feinden zu Richtern auf. Es scheint uns sogar, wenn wir die Wahl hätten, entweder wie die einen umzukommen, oder wie die andern zu triumphieren, daß wir nicht einen Augenblick in Zweifel stehen würden, und dieses macht uns in unsern Augen desto größer. Vielleicht würde die Untersuchung, welche von diesen Ursachen den meisten Einfluß in das Vergnügen habe, mit dem wir in einem Trauerspiele weinen, ganz und gar vergebens sein. Vielleicht wird jede von denselben nach Beschaffenheit derjenigen Seele auf welche sie wirken, bald die vornehmste, bald die geringste – – –«

⟨. . .⟩

Ein dramatischer Dichter, welcher seine Kunst verstehet, läßt die Zuschauer mit Fleiß nicht merken, wohin er sie führen will. Der Schauspieler muß sich hierinne nach dem Verfasser richten, und muß uns das letzte nicht eher sehen lassen, als bis wir eben darauf kommen sollen. Allein, wie wir das, was uns vorbehalten wird, nicht gern erraten mögen, so mögen wir auch eben so wenig uns gern betriegen lassen. Es ist uns lieb, wenn wir das zu sehen bekommen, was wir nicht erwarteten, allein mißvergnügt sind wir, wenn man uns etwas anders hat erwarten lassen, als das, was wir sehen. Dieses erläutert der Verfasser durch eine Stelle aus der *Phädra*, wo diese den Hippolyt zu einer Liebeserklärung vorbereitet. Das stufenweise Steigen besteht darinne, daß sich die heftige Bewegung immer nach und nach entwickle, welches eben so notwendig als die Vorbereitung ist, weil jeder Eindruck, welcher nicht zunimmt, notwendig abnimmt. Die fernere Folge der angeführten Stelle aus der *Phädra* muß auch dieses erläutern. – – Was aber die Verbindung verschiedner Bewegungen, besonders diejenigen, die einander vernichten, anbelangt, so wird die Stelle aus der *Zaire* zum Muster angeführt, wo *Orosman* bald Wut, bald

Liebe, und bald Verachtung gegen den unschuldigen Gegenstand seines Verdachts äußert. Ich müßte sie ganz hersetzen, wenn ich mehr davon anführen wollte.

⟨. . .⟩

Ich bin überzeugt, daß meine Leser aus diesem Auszuge eine sehr gute Meinung von dem Werke des *Herrn Remond von Sainte Albine* bekommen werden. Und vielleicht werden sie mir es gar verdenken, daß ich sie mit einem bloßen Auszuge abgefertigt habe. Ich muß also meine Gründe entdecken, warum ich von einer förmlichen Übersetzung, die doch schon fast fertig war, abgestanden bin. Ich habe deren zwei. Erstlich glaube ich nicht, daß unsre deutschen Schauspieler viel daraus lernen können; zweitens wollte ich nicht gerne, daß deutsche Zuschauer ihre Art zu beurteilen daraus borgen möchten. Das erste zu beweisen berufe ich mich Teils darauf, daß der Verfasser seine feinsten Anmerkungen zu erläutern sehr oft nur solche französische Stücke anführt, die wir auf unsrer deutschen Bühne nicht kennen; Teils berufe ich mich auf die ganze Einrichtung des Werks. Man sage mir, ist es wohl etwas mehr, als eine schöne Metaphysik von der Kunst des Schauspielers? Glaubt wohl jemand, wenn er auch schon alles, was darinne gesagt wird, inne hat, sich mit völliger Zuversicht des Beifalls auf dem Theater zeigen zu können? Man bilde sich einen Menschen ein, dem es an dem äußerlichen nicht fehlt, einen Menschen, der Witz, Feuer und Empfindung hat, einen Menschen, der alles weiß, was zur Wahrheit der Vorstellung gehört: wird ihn denn deswegen sogleich sein Körper überall zu Diensten sein? Wird er deswegen alles durch äußerliche Merkmale ausdrücken können, was er empfindet und einsieht? Umsonst sagt man: ja, wenn er nur alsdenn Action und Aussprache seiner Person gemäß, natürlich, abwechselnd und reizend einrichtet. Alles dieses sind abgesonderte Begriffe von dem, was er tun soll, aber noch gar keine Vorschriften, wie er es tun soll. Der *Herr Remond von Sainte Albine* setzt in seinem ganzen Werke stillschweigend voraus, daß die äußerlichen Modifikationen des Körpers natürliche Folgen von der innern Beschaffenheit der Seele sind, die sich von selbst ohne Mühe ergeben. Es ist zwar wahr, daß jeder Mensch ungelernt den Zustand seiner Seele durch Kennzeichen, welche in die Sinne fallen, einigermaßen ausdrücken kann, der eine durch dieses, der andre durch jenes. Allein auf dem Theater will man Gesinnungen und Leidenschaften nicht nur einigermaßen ausgedrückt sehen; nicht nur auf die unvollkommene Weise, wie sie ein einzelner Mensch, wenn er sich wirklich in eben denselben Umständen befände, vor sich ausdrücken würde; sondern man will sie auf die allervollkommenste Art ausgedrückt sehen, so wie sie nicht besser und nicht vollständiger ausgedrückt werden können. Dazu aber ist kein ander Mittel, als die besondern Arten, wie sie sich bei dem und bei jenem ausdrücken, kennen zu lernen, und eine allgemeine Art daraus zusammen zu setzen; die um so viel wahrer scheinen muß, da ein jeder etwas von der seinigen darinnen entdeckt. Kurz, ich glaube, der ganze Grundsatz unsers Verfassers ist umzukehren. Ich glaube, wenn der Schauspieler alle äußerliche Kennzeichen und Merkmale, alle Abänderungen des Körpers, von welchen man aus der Erfahrung gelernet hat, daß sie etwas gewisses ausdrücken, nachzumachen weiß, so wird sich seine Seele durch den Eindruck, der durch die Sinne auf sie geschieht, von selbst in den Stand setzen, der seinen Bewegungen, Stellungen und Tönen gemäß ist. Diese nun auf eine gewisse mechanische Art zu erlernen, auf eine Art aber, die sich auf unwandelbare Regeln gründet, an deren Dasein man durchgängig zweifelt, ist die einzige und wahre Art die Schauspielkunst zu studieren. Allein was findet man hiervon in dem ganzen *Schauspieler* unsers Verfassers? Nichts, oder aufs höchste nur solche allgemeine Anmerkungen, welche uns leere Worte für Begriffe, oder ein ich weiß nicht was für Erklärungen geben. Und eben dieses ist auch die Ursache, warum es nicht gut wäre, wenn unser Zuschauer sich nach diesen Anmerkungen zu urteilen gewöhnen wollten. *Feuer, Empfindung, Eingeweide, Wahrheit, Natur, Anmut* würden alle im Munde führen, und kein einziger würde vielleicht wissen, was er dabei denken müsse. Ich hoffe ehestens Gelegenheit zu haben, mich weitläuftiger hierüber zu erklären, wenn ich nemlich dem Publico ein kleines Werk *über die körperliche Beredsamkeit* vorlegen werde, von welchem ich jetzt weiter nichts sagen will, als daß ich mir alle Mühe gegeben habe, die Erlernung derselben eben so sicher, als leicht zu machen.

⟨Ein Referat des »Auszugs«
findet sich im Kommentar S. 1094-1096.⟩

V.
LEBEN DES
HERRN PHILIPP NERICAULT DESTOUCHES.

Der nur vor kurzen erfolgte Tod dieses berühmten komischen Dichters hat die Vorstellung seiner Vollkommenheiten bei mir so lebhaft gemacht, daß ich nicht umhin kann, in dieser Bibliothek seiner unter allen Franzosen am ersten zu gedenken. Vor jetzt will ich nur einige historische Umstände seines Lebens mitteilen, und die nähere Bekanntmachung seiner Werke, deren vornehmste ich mit allem Fleiß zergliedern werde, auf die nächste Fortsetzung versparen.

Philipp Nericault Destouches, Herr von Fortoiseau, von Vofves, von Vives-Eaux, etc. Gouverneur der Stadt und des Schlosses Melun, und eines von den vierzig Gliedern der französischen Akademie, war im Jahr 1680 geboren. In seinem neunzehnten Jahre kam er zu dem Marquis von *Puyzieulx*, damaligen Generallieutenant der französischen Armeen, und Gouverneur von Hünningen, in dessen Diensten und unter dessen Aufsicht er sich ganzer sieben Jahr zu öffentlichen Angelegenheiten geschickt machte. Dieser Herr hatte sich ehedem nicht nur im Felde einen großen Ruhm und das Vertrauen des *Turenne* erworben, sondern war auch königlicher Abgesandter bei den Schweizerischen Cantons gewesen. Er besaß sehr besondere Verdienste, und wußte zwei ganz entgegen gesetzte Eigenschaften, die Klugheit nemlich und das Phlegma eines Staatsmanns mit der Kühnheit und Tätigkeit eines Soldaten zu verbinden. Der junge *Destouches* befand sich noch in dem Hause des Marquis, als er seine erste Komödie ans Licht stellte. Es war dieses der *unverschämte Neugierige* (le Curieux impertinent) in Versen und fünf Aufzügen. Sie hatte Beifall gefunden, und er glaubte verbunden zu sein, sie seinem Wohltäter zuzueignen; ja, wenn er in dieser Zueignungsschrift nicht so wohl die Sprache der Schmeichelei, als der Wahrheit geredet hat, so war er es auch in der Tat. Er und seine Familie hatten ihm den löblichen Ehrgeiz, sich auch in der gelehrten Republik einen Rang zu erwerben, beigebracht; unter ihm hatte er seinen Geist gebildet und sein Herz gebessert, ja von ihm hatte er so gar manche vortreffliche Einsicht in die Kunst, in welcher er sich zu zeigen anfing, erlangt. So viel ist gewiß, daß unser Dichter schon in seinem ersten Stücke eine besondre Kenntnis der großen Welt und der Art, durch welche sich das Lächerliche derselben von den Lächerlichkeiten des Pöbels unterscheidet, zeigte, und überall diejenige Anständigkeit auch bei Schilderung der Laster blicken ließ, die fast nur denen, die unter Leuten von Stande aufgewachsen sind, natürlich zu sein scheinet. Nachdem er das Haus des Marquis von *Puyzieulx* verlassen, ward er nach und nach in verschiedenen Staatsunterhandlungen gebraucht, in welchen er immer glücklich war. Er unterließ dabei nicht, ein vortreffliches Stück nach dem andern dem Theater zu liefern, und widerlegte durch sein Beispiel auf eine sehr nachdrückliche Art das Vorurteil, daß sich ein Dichter zu weiter nichts als zum Dichten schicke, und besonders die geringsten öffentlichen Angelegenheiten zu verwalten unfähig sei. Die Belohnungen seiner Verdienste blieben nicht aus. Im Jahr 1723 machte ihn die französische Akademie zu ihrem Mitgliede, und einige Jahre darauf erhielt er das gedachte Gouvernement von Melun. Er hörte auch in seinem höchsten Alter nicht auf, sich immer neue komische Lorbeerkränze zu flechten, und trieb diese seine gelehrte Beschäftigung mit dem mühsamsten Fleiße. Er arbeitete unter andern ganzer zehn Jahr an dramatischen Commentariis über alle tragische und komische, so wohl alte als neue Dichter, ohne die Spanischen, Englischen und Italiänischen auszunehmen. Er machte über jeden derselben kritische Anmerkungen, und der erste Teil, welcher Versuche über den *Sophokles, Euripides, Aristophanes, Plautus* und *Terenz* enthält, ist bereits vor verschiedenen Jahren fertig gewesen. In dem andern Teile war er auch schon bis auf die beiden *Corneilles* gekommen, und fand den jüngern, jemehr er ihn untersuchte, besonders in Ansehung der Erfindung und Einrichtung seiner Stücke, immer schätzbarer, als man sich ihn gemeiniglich einbildet. Ob der Verfasser dieses Werk noch vor seinem Tode zu Stande gebracht, und ob es das Licht sehen werde, wird die Zeit lehren. Niemand kann über große Meister besser urteilen, als wer selbst ein großer Meister ist, und zugleich die edle Bescheidenheit besitzt, welche den Herrn *Destouches* allezeit liebenswert gemacht hat. Er starb zu Melun, den 5ten Julius dieses Jahres.

Seine dramatischen Stücke sind zu verschiedenen malen zusammen gedruckt worden. Die neuste Ausgabe davon ist ohne Zweifel die, welche ich vor mir habe und zu Haag 1752 in vier Teilen in Duodez gedruckt ist. Der Buchhändler *Benjamin Gibert* hat sie dem Herrn *Destouches* selbst zugeeignet, und bittet ihn in der Zueignung um Verzeihung, daß er ohne seine Erlaubnis alles, was er von seiner Arbeit auftreiben können, zusammen gedruckt, und der Welt mitgeteilt habe. Ich glaube eine Zueignungsschrift ist in solchen Fällen die geringste Genugtuung, die der gewinnsüchtige Buchhändler dem beschämten Verfasser kann widerfahren lassen. Doch ohne mich um die Rechtmäßigkeit dieser Ausgabe viel zu bekümmern, will ich mir vielmehr ihre Vollständigkeit zu Nutze machen, und den Inhalt daraus anzeigen.

Der erste Teil enthält sechs Stück. Das erste ist der *unverschämte Neugierige*, dessen ich schon gedacht habe. Der Prolog, den ihm der Dichter vorgesetzt hat, ist erst lange nach der Zeit dazu gekommen, und ist auf die Feierlichkeit gerichtet, bei welcher er von einer Gesellschaft Freunde auf dem Lande vorgestellet ward. Das zweite Stück ist der *Undankbare* (l'Ingrat) in Versen und fünf Aufzügen. Dieses folgte in der Tat gleich auf das erste, wie denn überhaupt alle folgende Stücke nach der Zeitrechnung geordnet sind. Das dritte Stück ist der *Unentschlüssige* (l'Irresolu) auch in Versen und fünf Aufzügen. Der Verfasser hat es dem *Marquis von Courcillon* zugeeignet, welcher zu eben der Zeit das Gouvernement von Touraine, der Provinz in welcher unser *Destouches* geboren war, erhalten hatte. Das vierte Stück ist der *Verleumder*, (le Medisant) gleichfalls in Versen und fünf Aufzügen. Das fünfte Stück ist nur in einem Aufzuge, in Prosa, und heißt: *Die dreifache Heirat* (le triple Mariage.) Das sechste Stück ist auch nur in einem Aufzuge, aber in Versen, und führt den Titel: *Die schöne Stolze, oder das verwöhnte Kind* (la belle Orgueilleuse ou l'Enfant gaté.)

Der zweite Teil bestehet aus fünf Stücken. Erstlich aus der *unvermuteten Hindernis*, oder *der Hindernis ohne Hindernis*, (l'obstacle imprevu ou l'obstacle sans obstacle) einem Lustspiele in Versen und fünf Aufzügen. Dieses Stück ist dem Herzoge von Orleans, damaligem Regenten von Frankreich zugeeignet. Zweitens aus dem *Verschwender oder der ehrlichen Betriegerin*, (le Dissipateur ou l'honnéte friponne) in Versen und fünf Aufzügen. Drittens aus dem *Ruhmredigen* (le Glorieux) auch in Versen und fünf Aufzügen. Dieses ist ohne Zweifel dasjenige Stück, welches dem Herrn *Destouches* den meisten Beifall erworben hat. Er ist so bescheiden einen großen Teil dieses Beifalls, den Schauspielern zuzuschreiben, welche sich alle mögliche Mühe gegeben hatten, ihren Rollen ein Genüge zu tun. Wie glücklich ist der dramatische Dichter, der sich eines solchen Schicksals rühmen kann, und dem nicht das Herz brechen darf, seine Arbeit durch Eigensinn und Unwissenheit verhunzt zu sehen! Der ältere *Quinault* hatte die Rolle des Licanders darinne gemacht, und sich als der unglückliche Vater des Grafen Tufiere und der Lisette die Hochachtung und die Bewunderung aller Zuschauer erworben. Der Herr *Dufresne* hatte den Ruhmredigen vorgestellt, und seinen Charakter, noch ehe er ein Wort geredet, durch die bloße Art, sich auf der Bühne zu zeigen, auszudrücken gewußt. Solche Leute können auch das schlechteste Stück aufrecht erhalten; doch sollten nur diejenigen Verfasser das Vorrecht haben, sie für ihre Geburten zu finden, die auch die schlechtesten Schauspieler nicht so vorstellen können, daß sie nicht noch immer Schönheiten genug behalten sollten. – Das vierte Stück in diesem Teile sind *die verliebten Philosophen* (les philosophes amoureux) gleichfalls in Versen und fünf Aufzügen; und das sechste Stück ist der *poetische Dorfjunker* (le poete Campagnard). Dieses letztere hat einen besondern Prolog, welcher der *Triumph des Herbstes* (le Triomphe de l'Automne) heißt.

Der dritte Teil begreift ebenfalls fünf Schauspiele, und einige Kleinigkeiten. Das erste Stück ist *das Gespenst mit der Trommel*, (le Tambour nocturne) in Prosa und fünf Aufzügen. Es ist eigentlich nicht von der Erfindung des Herrn *Destouches*, sondern eine Nachahmung eines englischen Stückes des Herrn *Addisons*, welches in seiner Sprache The Drummer heißt, und auch in Deutschland bekannt genug ist. Unser Dichter war in England gewesen, und hatte den Herrn *Addison* persönlich kennen lernen. Er giebt ihm das Zeugnis, daß er unter allen schönen Geistern seiner Nation die wenigste Entfernung für das französische Theater gehabt habe, und mit den regellosen Unanständigkeiten der englischen Bühne gar nicht zufrieden gewesen sei. Er hatte auch seinen *Drummer* in keiner andern Absicht geschrieben, als seinen Landsleuten zu zeigen, daß sich Regeln und Witz, Anständigkeit und Satyre ganz wohl vertragen. Gleichwohl aber behielt sein Stück noch allzuviel Englisches, als daß es ohne Veränderungen auf dem französischen Theater hätte gefallen können. Diese nun machte der Herr *Destouches* mit aller möglichen Geschicklichkeit, und wenn er die stolze Treulosigkeit der englischen Schriftsteller, besonders *Drydens* hätte nachahmen wollen, so hätte er ganz wohl das ganze Schauspiel für sein eigen ausgeben, und in der Vorrede noch dazu auf den englischen Urheber schimpfen können. – – *Der verheiratete Philosoph* (le Philosophe marié) ist das zweite Lustspiel im dritten Teile. Es ist in Versen und fünf Aufzügen. Auch dieses fand ungemeinen Beifall, und sein Verfasser schrieb es dem Minister und Staatssecretair Grafen *von Morville* zu. Das dritte Stück ist eigentlich nichts als eine dramatische Satyre über die unbilligen Urteile, welche einige neidische Kunstrichter über das vorhergehende Stück gefällt hatten. Es ist in Prosa abgefaßt, hat nur einen Aufzug und heißt der *Neidische*. (l'Envieux) Der Kürze ungeachtet ist der Charakter darinne vortrefflich ausgedrückt. – – Das vierte Stück nennt der Verfasser eine *Tragikomödie*. Es führt den Titel: *Der Ehrgeizige und die Unbesonnene*. (l'Ambitieux & l'Indiscrete) Er hat ihm deswegen den Namen eines bloßen Lustspiels nicht geben wollen, weil alle Personen darinnen von einem gewissen Range sind, und er die Scene bei Hofe hat annehmen müssen, wollte er anders seine Helden in die vorteilhaftesten Umstände für die Entwickelung ihrer Charaktere setzen. Es ist ein Prolog bei dem Ehrgeizigen, der die innre Einrichtung des Stücks betrifft, und worinne verschiedene Personen aufgeführt werden, die dafür oder dawider reden. Das fünfte Schauspiel in diesem Teile ist die *abgenutzte Liebe*, (L'Amour usé) ein prosaisches Lustspiel in fünf Aufzügen. Mit diesem Stücke ging es dem Verfasser ein wenig unglücklich. Feinde und unbillige Richter brachten es bei der ersten Vorstellung um allen Beifall. Er beklagt sich deswegen in einem Briefe an den Grafen von L**, welcher dem Lustspiele vorgedruckt ist, sehr empfindlich darüber, und es schmerzte ihm, daß eine fünf und dreißigjährige Bemühung für das Vergnügen des Publici, ihm vor dieser Beschimpfung nicht habe sichern können. – – Außer diesen fünf Stücken findet man noch in dem dritten Teile drei kleine Divertissements, welche aber durchaus nichts sagen wollen, und beinahe ihres Verfassers unwert wären, wenn sie vielleicht nicht in dem Zirkel der Freunde, in welchem sie gespielt worden, gewisse gesellschaftliche Vollkommenheiten gehabt hätten, die für fremde Leser durchaus unmerklich sind.

Der vierte Teil enthält nur drei ganze Stücke. Das erste ist der *Sonderling* (l'Homme singulier) ein Lustspiel in Versen und fünf Aufzügen. Es ist eher gedruckt als aufgeführt worden. Der Verfasser bezeigt eine besondre Liebe für dasselbe und schmeichelt sich selbst, daß man nicht allein das hohe Komische und die lebhafte und männliche Moral, welche seinen übrigen Stücken so viel Beifall erworben, sondern auch einen ziemlich neuen und sehr lehrreichen Charakter, darinnen antreffen werde. Das zweite Stück ist die *Stärke des*

Naturells, (la force du naturell) ebenfalls in Versen und fünf Aufzügen. Man ist mit dem Inhalte dieses Lustspiels nicht zufrieden gewesen, und kann es auch gewissermaßen nicht wohl sein, wie wir ein andermal zeigen wollen. Es ist gleich das Gegenspiel von der *Nanine* des Herrn von *Voltaire*, welcher wenigstens in diesem Stücke ein besserer Kenner der Natur als der alte *Destouches* gewesen ist. Das dritte Stücke endlich heißt le jeune homme à l'epreuve, der *junge Mensch, der die Probe aushält*; es ist in Prosa und in fünf Aufzügen. Wenn auch dieses gleich die Frucht des Alters ist, so ist es doch die Frucht des Alters eines *Destouches*, und würde der Blüte eines andern Schriftstellers Ehre machen. Der übrige Inhalt des vierten Teils bestehet aus den ersten Auftritten verschiedener Lustspiele, die der Verfasser ohne Zweifel noch hat ausarbeiten wollen, ob er sie gleich für nichts, als für bloße Entwürfe ausgiebt, die er für einen jungen Chevalier von B. der sich in der komischen Dichtkunst üben wollen, gemacht habe. Die vornehmsten davon sind Anfangsscenen zu einem Lustspiele, welches der *liebenswürdige Alte* heißen sollen; desgleichen zu einem über den Charakter des *Rachsüchtigen*. Auch ist der Anfang zu einem Lustspiele *Protheus* da, worinne der Dichter einen Betrieger aufführen wollen, der jeden Charakter anzunehmen fähig ist. Wird wohl jemand so kühn sein, und dasjenige auszuführen wagen, was ein solcher Dichter entworfen hat? – – Noch findet man in diesem vierten Teile eine Sammlung von hundert und drei und siebenzig Sinnschriften, und ein poetisches Schreiben an den König über seine Genesung. Nur die Lieder des Hrn. *Destouches*, deren er verschiedene und gewiß sehr artige gemacht hat, vermisse ich in dieser ganzen Sammlung seine Werke. Sie ist übrigens noch mit dem in Kupfer gestochnen Bilde unsers Dichters geziert, von welchem der Verleger versichert, daß er es nicht ohne Mühe erhalten habe. Ich weiß nicht ob es ähnlicher ist als das, welches *Petit* bereits 1740, nach dem Gemälde eines *Largilliere* gestochen hat; so viel weiß ich, daß dieses von bessern Geschmack ist.

VI.
ÜBER DAS LUSTSPIEL DIE JUDEN, IM VIERTEN TEILE DER LESSINGSCHEN SCHRIFTEN.

⟨s. Bd. II dieser Ausgabe, S. 489-497⟩

ENTWÜRFE ZU EINER ABHANDLUNG
»DER SCHAUSPIELER«

DER SCHAUSPIELER:
EIN WERK WORINNE DIE GRUNDSÄTZE DER GANZEN
KÖRPERLICHEN BEREDSAMKEIT ENTWICKELT WERDEN.

Die ganze *körperliche Beredsamkeit* teilt sich in den *Ausdruck*

{

I. Durch die *Bewegungen*.
Oratorische Bewegungen sind alle diejenigen Veränderungen des Körpers oder seiner Teile in Ansehung ihrer Lage und Figur, welche mit gewissen Veränderungen in der Seele harmonisch sein können. Sie sind entweder

Sie heißen überhaupt *Geberden*.

II. Durch die *Töne*.

Bewegungen des *Körpers überhaupt*.
 Diese begreifen

- α. das *Tragen* des Körpers, oder die Modificationen desselben, wenn er in Bewegung ist, oder geht.
- β. die *Stellungen* des Körpers, oder die Modificationen desselben, wenn er in Ruhe ist.

Oder *Bewegungen seiner Glieder*. Diejenigen Teile des Körpers welche der meisten Veränderungen fähig sind, sind

der *Kopf*
- Des *Kopfes* überhaupt.
- Des *Gesichts*. Die Bewegungen des Gesichts heißen Mienen.

Die Füße können zu diesen Gliedern nicht gehören, weil diese zu dem Tragen und den Stellungen zu ziehen sind. Dieses beweise ich daher, weil man zwar eine Bewegung mit der Hand und dem Kopfe machen kann, ohne daß die Lage des Körpers verändert werde; nicht aber die geringste Bewegung des Fußes, ohne daß sie nicht eine Veränderung des ganzen Körpers verursachen sollte.

und die *Hände*. Die Lehre von den Bewegungen der Hände hieß bei den Alten die *Chironomie*. Deutsch vielleicht die Hände Sprache.

Vom *Tragen*. Oder von der Modification des Körpers überhaupt, wenn er sich von einem Orte zum andern bewegt. Diese Lehre teilt sich natürlicher Weise in zwei Capitel.

I. Von der Bewegung der *Füße*. Die Lehre vom *gehen*.

Das *schöne* Gehen kömmt auf die schöne Beugung des Beines, und auf die Gleichheit des Schritts an.

Das *schlechte* Gehen wird durch das Gegenteil beider Stücke verursacht.

II. Von dem *Halten* des *Körpers*. von dem eigentlichen Tragen.

Das *natürliche*, wann der Körper die Luft beständig nach einer Perpendicularlinie in Ansehung der Fläche, auf welcher er bewegt würde, durchschwebt.

Das *verderbte*. Wann diese Linie vorwärts einen spitzen Winkel macht. Ich nenne sie deswegen die verderbte weil man zu faul ist die Last des Körpers aufrecht zu halten.

Das *gekünstelte*. Wann sie vorwärts einen stumpfen Winkel macht. Ich nenne sie die gekünstelte weil man sich Zwang antut, die Last des Körpers, welche vorfallen würde, zurück zu halten.

Von den *Stellungen*. Alles was bei dem Tragen gesagt worden, gilt auch hier, weil eine Stellung nichts als ein festgemachtes Tragen, so zu reden, ist. Ich habe also weiter hier nichts neues zu betrachten, als die Veränderung einer Stellung in die andre, welche zweifach ist. Die Stellung nemlich wird

1. Wann die schöne Beugung wegfällt.
   Das Gehen mit dem steifen und gestreckten Fuße; ist der Gang eines stolzen und ruhmrädigen.

2. Wann beide wegfallen.
   So ist es der Gang eines ungeschliffnen, eines Bauers.

> Aller drei Arten könnten durch die Seiten Bewegungen eine Änderung bekommen, die eine Art von Reiz damit verbindet.

Diese Richtung gehört für das Alter; für das Nachdenken; für die Niedergeschlagenheit.

Oft aber ist sie auch die natürliche; bei dem Erstaunen nemlich, und Erschrecken, wenn man so zu reden alle seine Kräfte auf einmal zusammen rafft.

I. entweder *von der Person*, mit welcher der Schauspieler redet, *ab*. Aus Verachtung, aus Furcht, aus Entsetzen, aus Scham.

II. oder *auf sie zu* geändert. Aus Vertraulichkeit, aus Absicht zu bitten.

Chironomie.

Die Bewegungen der Hände:

I. *überhaupt*, betrachtet als Linien, welche sie in der Luft beschreiben. In dieser Betrachtung sind sie entweder

- *angenehme*, die aus Linien von schöner Krümmung bestehen.
- oder *unangenehme*, die aus Linien von schlechten Krümmungen oder gar keinen bestehen.

II. *insbesondere*, so ferne sie nemlich gewissen Charaktern gemäß einzurichten sind.

- α. für das *Tragische* oder *hohe Comische*. Hier gründet sich das Vergnügen, welches sie verursachen, auf die Bewegungen selbst, und auf die Gleichheit, wie wir sie voraussetzen.
- β. für das Niedrigcomische. Hier gründet sich das Vergnügen wiederum auf die Bewegungen selbst, und auf die Gleichheit, die sie dadurch mit ihren Originalen bekommen.

Anmerkungen.

1) Die Verachtung löset oft die Bewegungen der schönen Linien, in Bewegungen von graden Linien, sehr glücklich auf. Z. E. Es spräche eine Person, die um Gnade gebeten: und *warf* mich ihm zu Fuße.

Die Bewegung der Hand, welche das *warf* begleitet, würde auf diese Art sehr schön sein, doch so daß die

Bewegungen aus *graden* Linien. Diese gehören für alles das was
unter der *schönen* Natur ist, z. E. für das bäurische etc. und
zugleich für heftige Leidenschaften, weil diese den kürzesten
Weg gehen.

Bewegungen aus *unangenehmen krummen* Linien. Diese gehören
für alles das, was über der schönen Natur sein will; für das
affectirte zum Exempel.

NB. Jeder von diesen Charaktern muß erst in der
Ruhe betrachtet werden, und alsdann so, wie er
durch die Affecten abgeändert wird.

1. für die *Stutzer*. Gehören schöne Bewegungen, denen aber die Größe fehlt, und die so viel möglich *malend* sein müssen.
2. für die *Alten*, schlechte und oft unterbrochne Linien, die nach ihren Charaktern eingerichtet sind.
3. für die *Bedienten*. Gehören viel malende Bewegungen in schlechten Linien.

Bewegung geschwinder wird, je näher die Hand dem Ende
dieser kleinen Linie kömmt.

Allein wenn eben dieses *Ulfo* sagt:

Geh, *wirf* dich wenn du willst vor deinem Bruder nieder
so ist die Bewegung der Hand eine bloße schiefe grade Linie
welche die Verachtung und den Stolz womit er dieses spricht
weit besser anzeigt.

Im vorhergehenden habe ich die Bewegung der Hände an und für sich selbst und überhaupt betrachtet. Nunmehr muß ich sie nach ihrer Verbindung betrachten und daher handeln

I. von ihrer *Vorbereitung*. Oder von derjenigen Aufmerksamkeit, die Hand allmählig in denjenigen Punkt zu bringen, von welchem aus eine Haupt-Bewegung erfolgen soll. Wenn zum Exempel Canut sagt: *erniedrige dich nur*. und der Schauspieler höbe die Hand schon so tief, daß er um dieses auszudrücken, sie erst erheben und hernach sinken lassen müßte, so würde dieses tadelhaft sein. Er würde durch seine Bewegung einen Begriff mit einfließen lassen, welcher hieher gar nicht gehört, das *Erheben* nemlich, welches just dem Erniedrigen entgegen ist. Ich verlange also, daß er in dem vorhergehenden Worte: *heiß meine Lastertat ein übereilt Verbrechen*, die Hand schon in eine mäßige Erhöhung gebracht habe, um das folgende: *Erniedrige dich nur*, mit größerm Nachdrucke machen zu können.

II. Von dem *Anhalten* in derselben. Dieses nenne ich, wenn man einige Zeit die Hand in der Lage, in die sie nach gemachter Bewegung gekommen, eine Zeitlang erhält, um sogleich eine andre mit ihr zu verbinden, die dem Verstande nach zu ihr gehört. Z. E. in der Zeile aus dem Canut: Geh *wirf dich*, wenn du willst, vor deinem Bruder *nieder*. gehören die Worte *wirf dich* und *nieder* offenbar zusammen. Also etc.

NB. Man könnte dieses die *Construktion* nennen.

NB. Beide Stücke die *Vorbereitung* und die *Construktion* sind nur in der erhabenen Action nötig, und durch ihre Weglassung oder Übertretung wird die Action komisch.

Hiezu kömmt noch der *Contrast* in den Bewegungen, da der Schauspieler diejenigen Gestus zusammen nimmt, welche einen Gegensatz ausmachen. Einen schönen Contrast machen die Worte zum Exempel:

Erniedrige dich nur, ich will als Sieger sprechen.

Wenn dieser Gegensatz aber auch getrennt würde, so verlange ich doch, daß der Schauspieler darzwischen keinen Gestum machen, sondern diese beide zusammen behalten müsse.

DER SCHAUSPIELER.
EIN WERK, WORIN DIE GRUNDSÄTZE DER GANZEN KÖRPERLICHEN BEREDSAMKEIT ENTWICKELT WERDEN.

Die ganze körperliche Beredsamkeit teilt sich in den Ausdruck
1) durch Bewegungen
    Oratorische Bewegungen sind alle diejenigen Veränderungen des Körpers oder seiner Teile in Ansehung ihrer Lage und Figur, welche mit gewissen Veränderungen in der Seele harmonisch sein können. Heißen überhaupt *Geberden*, und sind entweder
    a) Bewegungen des Körpers überhaupt, dabei kömmt vor
        das *Tragen des Körpers*, oder die Modifikation desselben, wenn er in Bewegung ist, oder geht.
        Die *Stellungen des Körpers*, oder die Modifikation desselben, wenn er in Ruhe ist.
    b) Bewegungen seiner Glieder.
        Des Kopfes überhaupt.
        Des Gesichts. und die Bewegungen des Gesichts heißen Mienen.
        Der Hände. Die Lehre von den Bewegungen der Hände hieß bei den Alten die *Chironomie*. Deutsch vielleicht die Händesprache.
    Die Füße können zu diesen Gliedern nicht gehören, weil diese zu dem Tragen und den Stellungen überhaupt zu ziehen sind. Dieses beweise ich daher, weil man zwar eine Bewegung mit der Hand und dem Kopfe machen kann, ohne daß die Lage des Körpers verändert werde, nicht aber die geringste Bewegung des Fußes, ohne daß sie nicht eine Veränderung des ganzen Körpers verursachen sollte.
2) durch Töne.

EINLEITUNG.
VON DER BEREDSAMKEIT ÜBERHAUPT.

§.

Die Beredsamkeit ist die Kunst einem andern seine Gedanken so mitzuteilen, daß sie einen verlangten Eindruck auf ihn machen.

§.

Man sieht also leicht, daß es dabei auf die Gedanken, und auf die Mitteilung derselben ankomme.

§.

Die Kunst, wie man seine Gedanken dem Eindrucke, den man auf einen andern machen will, gemäß ordnen soll, will ich die *Geistige Beredsamkeit* nennen.

§.

Die Kunst, diese so geordneten Gedanken dem andern so mitzuteilen, daß jener Eindruck befördert wird, will ich *die körperliche Beredsamkeit* nennen.

Von der Beredsamkeit des Körpers.

§.

Und zwar deswegen, weil diese Mitteilung vermittelst des Körpers geschehen muß. Sie kann aber nicht anders vermittelst des Körpers geschehen, als durch gewisse Modificationen desselben, welche in des andern Sinne fallen etc.

§.

Diese Modificationen können entweder in den Sinn des *Gesichts*, oder in den Sinn des *Gehörs* fallen.

§.

Die Modificationes des Körpers, welche in das Gesicht fallen, sind Bewegungen, und Stellungen desselben.

§.

Die Modificat. des Körpers, welche in das Gehör fallen, sind *Töne*.

§.

Die Lehre von den ersten, heißt die Lehre von der *Action*; die Lehre von den andern heißt die Lehre von der *Pronunciation* (Aussprache).

§.

Diese Modificationes des Körpers überhaupt, sind entweder unmittelbar in unsrer Willkür, oder mittelbar.

§.

Die ersteren, weil nichts als das Wollen und ein gesunder Körper dazugehört, können durch eigentliche und hinlängliche Regeln gelehrt werden.

§.

Die andern, welche nicht unmittelbar in unsrer Willkür sind, setzen eine gewisse Beschaffenheit der Seele voraus, auf welche sie von selbst erfolgen, ohne daß wir eigentlich wissen, wie?

§.

AUS:
VERMISCHTE SCHRIFTEN
DES HRN. CHRISTLOB MYLIUS,
GESAMMELT VON
GOTTHOLD EPHRAIM LESSING

VORREDE.

Es würde schwer zu bestimmen sein, ob Herr *Christlob Mylius* sich mehr als einen Kenner der Natur, oder mehr als einen witzigen Kopf bekannt gemacht habe, wenn nicht die letzten Unternehmungen seines Lebens für das erstere den Ausschlag geben müßten. Sein Bestreben war allezeit, diesen gedoppelten Ruhm zu verbinden, den nur diejenigen für widersprechend ansehn, welche die Natur entweder zu plumb oder zu leicht gebildet hat.

Ich war verschiedene Jahre hindurch einer seiner vertrautesten Freunde, und jetzt bin ich sein Herausgeber geworden; zwei Titel, die mir hinlängliche Erlaubnis geben könnten, mich weitläuftig in sein Lob einzulassen, wenn ich mir nicht ein Gewissen machte, denjenigen im Tode zu schmeicheln, welcher mich nie in seinem Leben als einen Schmeichler gefunden hat.

Mit diesem Vorsatze würde ich eine sehr kurze und kahle Vorrede machen müssen, wenn ich nicht, zum Glücke, eine kleine Folge von Briefen in Bereitschaft hätte, durch welche zum Teil diese Sammlung *vermischter Schriften* ist veranlasset worden. Sie sind an einen Freund geschrieben, welcher den Hrn. *Mylius* nur bei dem letzten Geräusche, welches er machte, recht kennen lernte. Ich bestimmte sie zwar nur für zwei Augen; da ich aber niemals gern für zwei Augen etwas zu schreiben pflege, welches nicht allenfalls tausend Augen lesen dürften: so mache ich mir kein Bedenken, sie dem

Leser vorzulegen. Er wird alles darinnen finden, was ihn in den Stand setzen kann, von den folgenden prosaischen und poetischen Aufsätzen, zugleich auch von allen übrigen Schriften des Hrn. *Mylius*, ein richtiges Urteil zu fällen. Sie bedürfen keiner weitern Einleitung.

ERSTER BRIEF.

Vom 20. März 1754.

Ja, mein Herr, die Nachricht ist gegründet; Herr *Mylius* ist zwischen den 6ten und 7ten dieses in London gestorben. Ich nehme Ihr Beileid, welches Sie mir in diesem Falle bezeugen wollen, an. Sie kennen mich zu wohl, als daß Sie mir bei diesem Verluste nicht alle die Empfindlichkeit zutrauen sollten, deren ein zur Freundschaft gemachtes Herz fähig ist. Es macht einen ganz besondern Eindruck auf mich, ihn nunmehr in einer Welt zu wissen, die etwas mehr und etwas anders als die See, von der unsrigen trennt. Die Art, mit welcher ich von ihm Abschied nahm, war eine Beurlaubung auf einige flüchtige Tage, und kein Abschied, so gewiß bildete ich mir ein, ihn wieder zu sehen. Ich spottete über die, welche ihm gar zu gern das Herz schwer gemacht hätten.

 Wohin, wohin treibt dich mit blutgen Sporen,
  Die Wißbegier, dich, ihren Held?
 Du eilst, o Mylius! im Auge feiger Toren,
  Zur künftgen, nicht zur neuen Welt.

So redete ich ihn in einem kleinen Gedichte, noch wenige Tage vor seiner Abreise, an. Aber ach, die Vermutung dieser feigen Toren ist richtiger gewesen, als meine Hoffnung! Und gleichwohl war sie auf die Kenntnis seines Körpers, den ich nie einer merklichen Unbäßlichkeit unterworfen gesehen hatte, und auf das Urteil erfahrner Leute gebauet, welche eben die Reisen getan hatten, die er zu tun willens war, und die darauf schworen, daß er das vollkommne Ansehen eines guten Seefahrers habe. Sagen Sie mir, möchte man nicht die

Lust verlieren, sich auf irgend etwas schmeichelhaftes, das noch nicht gänzlich in unserer Gewalt ist, mehr Rechnung zu machen? Wäre es nicht besser, wenn man auf gut stoisch in den Tag hinein lebte, und das Künftige das für uns sein ließe, was es in der Tat ist; nichts? – – Zwar die Herren, welche ihm den Tod prophezeiten, haben doch nicht recht prophezeit, obgleich dasjenige, was sie prophezeiten, eingetroffen ist. Die See und Amerika war das, wofür er sich fürchten sollte; England war es nicht. Eine Reise nur von etliche tausend Meilen sollte ihm tödlich sein; und ich kann noch immer behaupten, daß sie es ihm nicht würde gewesen sein, wenn er nicht *vorher* gestorben wäre – – So viel ist gewiß, er hat sie nicht tun sollen. Wenn ich von den allweisen Einrichtungen der Vorsehung weniger ehrerbietig zu reden gewohnt wäre, so würde ich keck sagen, daß ein gewisses neidisches Geschick über die deutschen *Genies*, welche ihrem Vaterlande Ehre machen könnten, zu herrschen scheine. Wie viele derselben fallen in ihrer Blüte dahin! Sie sterben reich an Entwürfen, und schwanger mit Gedanken, denen zu ihrer Größe nichts als die Ausführung fehlt. Sollte es aber wohl schwer sein, eine natürliche Ursache hiervon anzugeben? Wahrhaftig sie ist so klar, daß sie nur derjenige nicht sieht, der sie nicht sehen will. Nehmen sie an, mein Herr, daß ein solches Genie in einem gewissen Stande geboren wird, der, ich will nicht sagen, der elendeste, sondern nur zu mittelmäßig ist, als daß er noch zu der sogenannten güldnen Mittelmäßigkeit zu rechnen wäre. Und Sie wissen wohl, die Natur hat einen Wohlgefallen daran, aus eben diesem immer mehr große Geister hervor zu bringen, als aus irgend einem andern. Nun überlegen Sie, was für Schwierigkeiten dieses Genie, in einem Lande als Deutschland, wo fast alle Arten von Ermunterungen unbekannt sind, zu übersteigen habe. Bald wird es von dem Mangel der nötigsten Hülfsmittel zurück gehalten; bald von dem Neide, welcher die Verdienste auch schon in ihrer Wiege verfolgt, unterdrückt; bald in mühsamen und seiner unwürdigen Geschäften entkräftet. Ist es ein Wunder, daß es nach aufgeopferten Jugendkräften dem ersten starken Sturme unterliegt? Ist es ein Wunder, daß Armut, Ärgernis, Kränkung, Verachtung endlich über einen Körper siegen, der ohnedem schon der stärkste nicht ist, weil er kein Körper eines Holzhackers werden sollte? Und glauben Sie mir, mein Herr, in diesem Falle war unser *Mylius*, oder es ist nie einer darinne gewesen. Er ward in einem Dorfe geboren, wo er gar bald mehr lernen wollte, als man ihn daselbst lehren konnte. Er ward von Eltern geboren, deren Vermögen es nicht zuließ, ihn aus einer andern Ursache studieren zu lassen, als daß er einmal, nach der Weise seiner Väter, von einer geschwind erlernten Brodwissenschaft leben könne. Er kam auf eine Schule, die ihn kaum zu dieser Brodwissenschaft vorbereiten konnte. Er kam auf eine Akademie, wo man beinahe nichts so zeitig lernt, als ein Schriftsteller zu werden. Er fiel einem Manne in die Hände, welcher durch Wohltaten manchen jungen Witzling zu seinem Vorfechter zu machen wußte. Er besaß eine natürliche Leichtigkeit zu reimen, und seine Umstände zwangen ihn, sich diese Leichtigkeit mehr zu Nutze zu machen, als es dem Vorsatze ein Dichter zu werden zuträglich ist. Er schrieb, und die grausame Verbindlichkeit, daß er viel schreiben mußte, raubte ihm die Zeit, die er seiner liebsten Wissenschaft, der Kenntnis der Natur, mit besserm Nutzen hätte weihen können. Er verließ endlich die Akademie, und begab sich an einen Ort, wo es ihm mit seiner Gelehrsamkeit beinahe wie denjenigen ging, die von dem, was sie einmal erworben haben, zehren müssen, ohne etwas mehrers dazu verdienen zu können. Nach einiger Zeit ward er zu einem Unternehmen für tüchtig erkannt, von welchem einige Leute sagten, daß man sich nur aus Verzweiflung dazu könne brauchen lassen. Er wollte und sollte reisen; er reisete auch, allein er reisete auf fremder Leute Gnade; und was folgt auf fremder Leute Gnade? Er starb. – – Ja, mein Herr, das ist sein Lebenslauf. Ein Lebenslauf, ohne Zweifel, in welchem das Ende das unglücklichste nicht ist. Und doch behaupte ich, daß er mehr darinne geleistet hat, als tausend andere in seinen Umständen nicht würden geleistet haben. Der Tod hat ihn früh, aber nicht so früh überrascht, daß er keinen Teil seines Namens vor ihm in Sicherheit hätte bringen können. Hiermit tröste ich mich noch; noch mehr aber mit der gewissen Überzeugung, daß er in einer vollkommen philosophischen Gleichgültigkeit wird gestorben sein. Seine Meinungen, die er von dem Zustande der abgeschiedenen Seelen hatte,* haben es nicht anders zulassen können. Es ist wahr, er ward in einem großen Vorhaben gestört, aber nicht so, daß er es ganz und gar hätte aufgeben dürfen. Sein Eifer, die Werke der Allmacht näher kennen zu lernen, trieb ihn aus seinem Vaterlande. Und eben dieser Eifer führt seine entbundene Seele nunmehr von einem Planeten auf den andern, aus einem Weltgebäude in das andre. Er gewinnet im Verlieren, und ist vielleicht eben jetzt beschäftiget mit erleuchteten Augen zu untersuchen, ob *Newton* glücklich geraten, und *Bradley* genau gemessen habe. Eine augenblickliche Veränderung hat ihn vielleicht Männern gleich gemacht, die er hier nicht genug bewundern konnte. Er weiß ohne Zweifel schon mehr, als er jemals auf der Welt habe begreifen können. Alles dieses hat er sich in seinem letzten Augenblicke gewiß zum voraus vorgestellt, und diese Vorstellungen haben ihn beruhiget, oder es sind keine Vorstellungen fähig, einen sterbenden Philosophen zu beruhigen – – Ich will aufhören, Sie mit diesen traurigangenehmen Ideen zu beschäftigen. Ich will aufhören, um mich ihnen desto lebhafter überlassen zu können. Es ist bereits Mitternacht, und die herrschende Stille ladet mich dazu ein. Leben Sie wohl.

---

* Man sehe in diesen vermischten Schriften. S. 146.

ZWEITER BRIEF.

Vom 3. April.

Ich soll Ihnen, mein Herr, einige Nachricht von den Schriften des Hrn. *Mylius,* welche Sie noch nicht kennen, und unter diesen besonders von denen erteilen, in welchen er sich als einen schönen Geist hat zeigen wollen? Mit Vergnügen. Aber erlauben Sie mir, daß ich Sie vorher an eine kleine Anmerkung erinnern darf. Ein gutes Genie ist nicht allezeit ein guter Schriftsteller, und es ist oft eben so unbillig einen Gelehrten nach seinen Schriften zu beurteilen, als einen Vater nach seinen Kindern. Der rechtschaffenste Mann hat oft die nichtswürdigsten, und der klügste die dümmsten; ohne Zweifel, weil dieser nicht die gelegensten Stunden zu ihrer Bildung, und jener nicht den nötigen Fleiß zu ihrer Erziehung angewendet hat. Der geistliche Vater kann oft in eben diesem Falle sein, besonders wenn ihn äußerliche Umstände nötigen, den Gewinst seine Minerva, und die Notwendigkeit seine Begeisterung sein zu lassen. Ein solcher ist alsdann meistenteils gelehrter als seine Bücher, anstatt daß die Bücher derjenigen, welche sie mit aller Muße und mit Anwendung aller Hülfsmittel ausarbeiten können, nicht selten gelehrter als ihre Verfasser zu sein pflegen – – Nun lassen Sie mich anfangen. Aber wo wollen Sie, daß ich anfangen soll? – – Das erste, was unter seinem Namen gedruckt ward, war eine Ode auf die Schauspielkunst, oder vielmehr eine Ode auf die Verdienste des Hrn. Prof. *Gottscheds* um die Schauspielkunst. Ihr Inhalt gab ihr ein Recht auf eine Stelle in den *Belustigungen,* die sie in dem sechsten Bande derselben fand. Ich nenne sie eine Ode, weil sie Herr *Mylius* selbst so nennt, und ein Verfasser ohne Zweifel seine Geburten nennen kann, wie er will. Was halte ich mich dabei auf? Er hat sie nach der Zeit selbst verachtet, und die letzte Strophe ziemlich boshaft parodieren helfen, wie Sie es in dem ersten Teile des *Liebhabers der schönen Wissenschaften* finden können. So geht es fast immer, wenn man Leute von zweideutigen Verdiensten allzusehr erhebt, ehe man sie näher untersucht hat. Man schämt sich endlich, daß man sich bloß gegeben hat, und will allzuspät durch eben so übertriebene Beschimpfungen die Lobsprüche vertilgen, die uns bereits lächerlich gemacht haben. Auf diese Ode folgten seine *Betrachtungen über die Majestät Gottes*, welche aus einer oratorischen Übung entstanden waren, mit der er sich in der vertrauten Rednergesellschaft gezeigt hatte. Er fügte in der Umschmelzung, die natürliche Erklärung des Wunders mit dem Sonnenzeiger Ahas hinzu, welche mehr Aufsehen machte, als sie verdiente. Sie wissen, daß der Herr Inspector *Burg* sich alle Mühe gegeben hat, sie zu widerlegen. Ich, meines Teils, habe sie allezeit bloß wegen der Dreistigkeit des Herrn *Mylius* bewundert. Der Einfall war nicht seine, sondern der Recensent der *Parentschen Untersuchungen* in den *Actis Eruditorum* hatte ihn bereits gehabt. Allein was dieser als einen flüchtigen Gedanken, der keine Billigung verdiene, vorgetragen hatte, das trug unser Schriftsteller, grade weg, als eine Wahrheit vor. Und so ist es auch schon recht! Ernsthafte gesetzte Männer müssen zweifeln; und wir, wir jungen Gelehrten, müssen entscheiden. Wer würde es auch sonst wagen, gebilligten Meinungen die Stirne zu bieten, wenn wir es nicht wären, die wir noch alle unser Feuer beisammen haben? — — Sie finden diese Betrachtungen, mein Herr, in eben dem angeführten Bande der Belustigungen; sie enthalten überhaupt viel gemeine Gedanken, und die Schreibart ist die Schreibart eines Declamators, welcher die Beobachtung der Schulregeln für Ordnung, und das O und das Ach für das schönste Recept zum Feurigen und Pathetischen hält. Fast von eben diesem Schlage sind seine Abhandlung *von der Dauer des menschlichen Lebens*; seine Untersuchung, *ob die Tiere um der Menschen willen geschaffen worden*; und sein Beweis, *daß man die Tiere physiologischer Versuche wegen gar wohl lebendig eröffnen dürfe* — — Aus diesen letztern Aufsatze kann man unter andern sehen, daß Herr *Mylius* die Buchstabenrechnung damals müsse gelernt haben. Er wirft mit a und x um sich, wie einer, der noch nicht lange damit bekannt ist. Das aber hat er mit sehr großen Analysten daselbst gemein, daß es ihm vollkommen gelungen ist, eine Wahrheit, die, in schlechten Worten ausgedrückt, sehr faßlich wäre, durch die allgemeinen Zeichen für die Hälfte seiner Leser zum Rätsel zu machen. Zwar – – als wenn man nur die Leser klug zu machen schriebe! Gnug, wenn man zeigt, daß man selbst klug ist. – – Außer diesen prosaischen Stücken werden Sie auch verschiedene Gedichte in den Belustigungen von ihm finden; besonders einige sapphische Oden, die dieses zärtliche Sylbenmaß sehr wohl beobachten, und viel artige Stellen haben. Das vornehmste aber ist wohl das *Gedicht auf die Bewohner der Kometen*. Ich muß Ihnen sagen, bei was für Gelegenheit es gemacht worden. Der Hr. Prof. *Kästner* hatte kurz vorher sein philosophisches Gedicht über die Kometen in den Belustigungen drucken lassen. Sie haben es doch gelesen? Es ist in der Tat ein Gedicht; und in der Tat philosophisch. Sein Verfasser hat sich längst den nächsten Platz nach *Hallern* erworben, und Reimen und Denken nie getrennt. Ich führe folgende Stelle aus dem Gedächtnisse an:

Was aber würde wohl dort im Komet geboren?
Ein widriges Gemisch von Lappen und von Mohren,
Ein Volk, das unverletzt vom Äußersten der Welt,
Wo Nacht und Kälte wohnt, in lichte Flammen fällt.
Wer ist der dieses glaubt?

Ohne Zweifel brachte diese Frage den Hrn. *Mylius* auf. Er wollte es sein, der es glaubte. Noch mehr, er wollte es sein, der auch andre, es zu glauben, nötigte. Er setzte sich also, und schrieb ein ziemlich lang Gedichte, worinnen er von der Möglichkeit der Bewohner der Kometen, die der Hr. Prof. *Kästner* nicht geleugnet hatte, und ihrer Wahrscheinlichkeit, die aber unter seinen Händen noch ziemlich unwahrscheinlich blieb, handelte.

Der Vorsatz an sich selbst war keines Tadels wert; wie ein Dichter, den Herrn *Mylius* nicht wohl leiden konnte, bei einer ähnlichen Gelegenheit spricht. Nur Schade, daß er seine Einbildungskraft nicht besser dabei anstrengte; nur

Schade, daß er den kurzen und nervenreichen Ausdruck nicht in seiner Gewalt hatte; nur Schade, daß er sich von dem Reime fortreißen ließ, und in sein ganz Gedicht noch lange nicht so viel gute Gedanken brachte, als wir gute Beobachtungen von Kometen haben. Ein Freund hat so gar nicht mehr, als eine einzige schöne Zeile darinne gefunden; diese nämlich:

Was nützt der größte Stern, der ewig müßig geht?

Er glaubte eine feine Anspielung auf die großen einflußlosen Sterne unter den Menschen darinne zu sehen, von der sich noch zweifeln läßt, ob sie unser Poet dabei gedacht hat. Was für einen artigen physikalischen Roman hätte er uns machen können, wenn er den innern Reichtum seiner Materie recht gekannt und ihn gehörig zu brauchen gewußt hätte! Aber war es von ihm damals zu verlangen? War es von dem geschwornen Schüler eines Meisters zu verlangen, der Reimer die Menge, aber auch nichts als Reime gezogen hat? Genug, daß Hr. *Mylius* in den Aufsätzen, die von seiner Feder in den Belustigungen stehen, alles geleistet hat, was ein Gottschedianer leisten kann. Die poetischen sind fließend; und ohne Mittelwörter; und die prosaischen sind gedehnt und rein – – Sie sehen wohl, mein Herr, daß ich mir heute kein Blatt vors Maul nehme. Ich wäre auf guten Wegen; wenn ich nur nicht abbrechen müßte. Leben Sie wohl!

DRITTER BRIEF.

Vom 22. April.

Freilich hat sich Herr *Mylius* auch in wöchentlichen Sittenschriften versucht. – – Sie wissen, mein Herr, wer die ersten Verfasser in dieser Art waren. Männer, denen es weder an Witz, noch an Tiefsinn, noch an Gelehrsamkeit, noch an Kenntnis der Welt fehlte. Engländer, die in der größten Ruhe und mit der besten Bequemlichkeit, auf alles aufmerksam sein konnten, was einen Einfluß auf den Geist und auf die Sitten ihrer Nation hatte. – – Wer aber sind ihre Nachahmer unter uns? Größtenteils junge Witzlinge, die ungefehr der deutschen Sprache gewachsen sind, hier und da etwas gelesen haben, und, was das betrübteste ist, ihre Blätter zu einer Art von Renten machen müssen. – – – Hr. *Mylius* war noch nicht lange in Leipzig, als er mit dem Jahr 1745. seinen *Freigeist* anfing, und ihn durch zwei und funfzig Wochen glücklich fortsetzte. Der Titel versprach viel, und ich glaube nicht, daß man zu unsern Zeiten leicht einen anlockendern finden könnte. Ich weiß es aus dem Munde des Verfassers, daß er sich nie hingesetzt, ein Blatt von demselben zu machen, ohne vorher einige Stücke aus dem *Zuschauer* gelesen zu haben. Diese Art sich vorzubereiten und seinen Geist zu einer edeln Nacheiferung aufzumuntern, war ohne Zweifel sehr lobenswert. Freilich kann sie nur bei denen von einiger Wirkung sein, die schon vor sich Kräfte genug hätten, nichts gemeines zu schreiben. Denn denen, welchen diese Kräfte fehlen, wird sie zu weiter nichts nützen, als die äußerliche Einrichtung zu ertappen. Sie werden uns bald ein Briefchen, bald ein Gespräch, bald eine Erzehlung, bald ein Gedichtchen vorlegen, und in dieser abwechselnden Armut sich ihren Mustern gleich dünken, deren wahre Schönheiten sie nicht einmal einsehen. – – Hr. *Mylius* sahe sie allerdings ein, und man kann nicht leugnen, daß sich nicht ein großer Teil von seinem Freigeiste sehr wohl lesen lasse. Verschiedene kleine Züge, die er seiner Person darinne giebt, sind etwas mehr als bloße Erdichtungen. Was er zum Exempel in dem dreizehnten Blatte von des *Boethius Troste der Weltweisheit* sagt, ist gänzlich nach den Buchstaben zu verstehen. Er hatte von diesem geliebten Buche eine Ausgabe in sehr kleinem Formate, die er eine lange Zeit, *anstatt der geriebnen Wurzeln und Kräuter, welche andre aus Artigkeit in die Nase stopfen*, in einer Schnupftabacksdose bei sich trug. Die Übersetzung, die er an angeführtem Orte daraus mitteilt, macht ihn zum Erfinder einer im Deutschen noch nie gebrauchten Versart, der adonischen nämlich; und es ist seine Schuld ohne Zweifel nicht, wenn er keine Nachahmer darinne gehabt hat. Was übrigens den Inhalt des *Freigeistes* anbelangt, so wird auch der eigensinnigste Splitterrichter nicht das geringste darinne finden, was der christlichen Tugend und Religion zum Schaden gereichen könnte. Gleichwohl aber ward es – – – und dieses muß ich Ihnen zu melden nicht vergessen – – seinem guten Namen einigermaßen nachteilig, ihn geschrieben zu haben. Er behielt von der Zeit an den Titel seines Buchs statt eines Beinamens, und seine Bekannten waren noch lange hernach gewohnt, die Namen *Mylius* und *Freigeist* eben so ordentlich zu verbinden, als man jetzt die Namen *Edelmann* und *Religionsspötter* verbindet. Sie können sich leicht einbilden, daß diese Verbindung bei denen, welche die wahre Ursache davon nicht wußten, oft ein sehr empfindliches Mißverständniß werde verursacht haben. Es ist aber so ungegründet, daß ich es auch nicht mit einem Worte weiter widerlegen will. Ich will Ihnen vielmehr noch etwas von seiner zweiten moralischen Wochenschrift sagen, die er bald nach seiner Ankunft in Berlin heraus gab. Sie hieß der *Wahrsager*. Er kam nicht weiter damit, als bis auf das zwanzigste Stück. Die fernere Fortsetzung ward ihm höheres Orts verboten, und es wäre seiner Ehre zuträglicher gewesen, wenn man ihm gleich den Anfang untersagt hätte. Ich kann Ihnen nicht sagen, wie ungleich er sich darinne sieht! Die Schreibart ist nachlässig, die Moral gemein, die Scherze sind pöbelhaft und die Satyre ist beleidigend. Er schonte niemanden und hatte nichts schlechters zur Absicht, als seine Blätter zur scandalösen Chronicke der Stadt zu machen. Man schrie daher überall wider ihn, bis ihm das Handwerk gelegt ward. Als ein neuer Ankömmling in Berlin hatte er sich ohne Zweifel einen allzu großen Begriff von der hiesigen Freiheit der Presse gemacht. Er hatte gesehen, daß wichtige Wahrheiten hier Scherz verstehen müssen, und glaubte also, daß ihn die Einwohner auch ertragen würden, wenn er auch schon ein wenig massiv wäre. Allein er irrte sich! Die erstern können durch die allergrößte Mißhandlung nichts verlieren; die andern aber können auch durch die allerkleinste alles verlieren, nämlich ihre Ehre. Was also die Obrigkeit dort aus

Sicherheit verstattet, das muß sie hier aus Mitleiden verbieten. – – – Das erste Blatt des Wahrsagers kam Donnerstags heraus. Den Sonntag vorher wußte Hr. *Mylius* noch nicht, wie es heißen sollte. Er lief hundert Namen durch, und konnte keinen finden, der ihm recht gelegen gewesen wäre. Endlich half ihm der geschwinde Witz eines guten Freundes noch aus der Not. *Sie können sich nicht entschließen, wie Sie ihr Blatt nennen wollen?* sagte der Herr von K** zu ihm; *Nennen Sie es den Wahrsager. Die zu dumm waren, Sie als einen Freigeist zu hören, die werden gewiß nicht zu klug sein, Ihnen als einem Wahrsager zu folgen.* Dieser Einfall war gebilliget, ob er gleich ein wenig boshaft war, und in drei Stunden war das erste Stück fertig. Mit eben dieser Geschwindigkeit hat Hr. *Mylius* auch die übrigen ausgearbeitet, und wenn dieser Umstand schon nicht ihren geringen Wert entschuldiget, so verhindert er doch wenigstens zu glauben, daß unser Tachygraphus sie nicht besser habe machen können. – – Ich bin etc.

VIERTER BRIEF.

Vom 6. Mai.

Herr *Mylius* hat drei Lustspiele und ein musikalisches Zwischenspiel geschrieben. Das sind seine theatralischen Lorbeern! Das erste Lustspiel ward 1745. in Hamburg gedruckt und heißt die *Ärzte*. Es ist in Prosa; es hat fünf Aufzüge; es beobachtet die drei Einheiten; es läßt die Bühne vor dem Ende eines Aufzugs niemals leer; es hat keine unwahrscheinliche Monologen. – – Warum darf ich nun nicht gleich darzu setzen: kurz, es ist ein vollkommnes Stück? Warum giebt es gewisse schwer zu vergnügende ekle Kunstrichter, welche eine anständige Dichtung, wahre Sitten, eine männliche Moral, eine feine Satyre, eine lebhafte Unterredung, und ich weiß nicht, was noch sonst mehr, verlangen? Und warum, mein Herr, sind Sie selbst einer von diesen Leuten? Ich hätte Ihnen ein so vortreffliches Quidproquo machen wollen, daß Sie meinen Freund den deutschen *Moliere* nennen sollten. Ein deutscher Moliere! und dieser mein Freund! O wenn es doch wahr wäre! Wenn es doch wahr wäre! – – Hören Sie nur, Hr. *Mylius* mußte seine Ärzte auf Verlangen machen, was Wunder, daß sie ihm gerieten, wie – – wie alles, was man auf Verlangen macht. Kurz vorher waren die *Geistlichen auf dem Lande* zum Vorschein gekommen. Sie kennen dieses Stück; es hatte einen jungen Menschen zum Verfasser, der hier in Berlin noch auf Schulen war, der aber nach der Zeit bessere Ansprüche aus den Ruhm eines guten komischen Dichters der Welt vorlegte, und selbst aus Liebe zur Bühne ein Schauspieler ward, nämlich den verstorbenen Hrn. *Krieger*. In seinen Geistlichen hatte er die Satyre auf eine unbändige Art übertrieben, und ich weiß überhaupt nicht, was ich von der Satyre halten soll, die sich an ganze Stände wagt. Doch Galle, Ungerechtigkeit und Ausschweifung haben nie ein Buch um die Leser gebracht, wohl aber manchem Buche zu Lesern verholfen. Die Welt konnte sich an den Geistlichen nicht satt lesen; sie wurden mehr als einmal gedruckt; ja sie wurden, was die Leser immer um die Hälfte vermehrt, confisciert. So eine vortreffliche Aufnahme stach einem Buchhändler in die Augen. Er versprach sich keinen kleinen Gewinst, wenn man auch andre Stände eine solche Musterung könnte passieren lassen, und trug die Abfertigung der Ärzte dem Hr. *Mylius* auf, der es auch annahm, ob er gleich selbst unter die Söhne des Aesculaps gehörte. Er brachte sonderbares Zeug in sein Lustspiel; eine Jungfer, der man es ansehen kann, daß sie keine Jungfer mehr ist; ein Paar Freier, die sich über eine künftige Frau zur Hälfte vergleichen, und ein Haufen Züge, die vollkommen wohl in eine schlechte englische Komödie passen würden. – – Doch wie steht es um sein zweites Lustspiel? Es heißt der *Unerträgliche* und ist gleichfalls in Prosa und fünf Aufzügen. Es sollte eine persönliche Satyre sein; muß ich Ihnen im Vertrauen sagen. Allein es gelang ihm mit dem Individuo eben so schlecht, als dort mit der Gattung. Denn mit wenigen alles zu sagen, er schilderte seinen Unerträglichen, ich weiß nicht ob so glück-

lich, oder so unglücklich, daß sein ganzes Stück darüber
unerträglich ward. Die Ärzte und den Unerträglichen machte Hr. *Mylius* bald nacheinander; sein drittes Stück aber, von
welchem ich gleich reden will, folgte erst einige Jahre darauf.
Es heißt die *Schäferinsel*; es ist in Versen und hat drei Aufzüge.
Wenn ich doch wüßte, wie ich Ihnen einen deutlichen Begriff davon machen sollte. – – Kennen Sie den Geschmack
der Frau *Neuberin*? Man müßte sehr unbillig sein, wenn man
dieser berühmten Schauspielerin eine vollkommne Kenntnis ihrer Kunst absprechen wollte. Sie hat männliche Einsichten; nur in einem Artikel verrät sie ihr Geschlecht. Sie
tändelt ungemein gerne auf dem Theater. Alle Schauspiele
von ihrer Erfindung sind voller Putz, voller Verkleidung,
voller Festivitäten; wunderbar und schimmernd. – – Vielleicht zwar kannte sie ihre Herren Leipziger, und das war
vielleicht eine List von ihr, was ich für eine Schwachheit an
ihr halte. Doch dem sei, wie ihm wolle; genug, daß nach
diesem Schlage ungefehr die Schäferinsel sein sollte, welche
Hr. *Mylius* auch wirklich auf ihr Anraten ausarbeitete. Er
hätte sie am kürzesten ein pseudopastoralisch-musikali-
sches Lust- und Wunderspiel nennen können. Nachdem er
einmal den Entwurf davon gemacht hatte, kostete ihm die
ganze Ausarbeitung nicht mehr als vier Nächte; und so viele
bringt ein andrer wohl mit Einrichtung einer einzigen Scene
schlaflos zu. So lange er damit beschäftiget war, habe ich
ihn, seiner Geschwindigkeit wegen, mehr als einmal benei-
det; so bald er aber fertig war, und er mir seine Geburt
vorgelesen hatte, war ich wieder der großmütigste Freund,
in dessen Seele sich auch nicht die geringste Spur des Neides
antreffen ließ. – – Noch ein Wort von seinem *Zwischenspiele*.
Es heißt der *Kuß*; es ward componiert, und auf der Neuberischen Bühne in Leipzig aufgeführt. Es fanden sich Leute,
welche es bewunderten, weil eine gewisse Schauspielerin die
Schäferin darinne machte. Der Inhalt war aus der Schäferwelt. – – – Verzeihen Sie, mein Herr, daß mir die Schäferwelt
den Frühling in die Gedanken bringt; verzeihen Sie, daß das
heutige angenehme Wetter mich verleitet, ihn immer ein

wenig zu genießen, und daß ich also, Zeit zu gewinnen, schließe. Ich will lieber den ganzen Spaziergang an niemanden, als an Sie gedenken, als noch ein Wort mehr schreiben; ausgenommen: Leben Sie wohl!

FÜNFTER BRIEF.

Vom 4. Junius.

An Kenntnis der vortrefflichsten Muster fehlte es dem Hrn. *Mylius* gar nicht. Und wie hätte es ihm auch so leicht daran fehlen können, da er das Hülfsmittel der Sprachen vollkommen wohl in seiner Gewalt hatte? Die vornehmsten lebendigen und toten waren ihm geläufig. Von der lateinischen werden Sie mir es ohne Beweis glauben. In Ansehung der griechischen beruf ich mich auf seine Übersetzungen, die er aus dem Aristophanes und Lucian gemacht hat. Diese letztern werden Sie in der *Sammlung auserlesener Schriften* dieses Sophisten, welche im Jahr 1745. bei Breitkopfen gedruckt ist, finden. Der Hr. Prof. *Gottsched* machte eine unverlangte Vorrede dazu, mit der er dem Publico einen schlechten Dienst erwies. Die Besorger wurden darüber ungehalten, und anstatt, daß sie uns den ganzen Lucian deutsch liefern wollten, ließen sie es bei dieser Probe bewenden. Ich würde einen langen und trocknen Brief schreiben müssen, wenn ich Ihnen auch alle seine Übersetzungen aus dem Französischen, Italiänischen und Englischen anführen wollte. Unter den erstern verdienen ohne Zweifel die *Kosmologie des Hrn. von Maupertuis*, und des *Hrn. Clairaut Anfangsgründe der Algebra* die vorzüglichste Stelle. Beide Werke zu übersetzen, ward etwas mehr als die bloße Kenntnis der Sprache erfordert; einer Sprache in der er übrigens seine Briefe am liebsten abzufassen pflegte. Und ich muß es Ihnen nur beiläufig sagen, daß sein Briefwechsel sehr groß war; größer als ihn vielleicht mancher in dem einträglichsten Amte sitzender Gelehrte, aus Furcht vor den Unkosten, übernehmen möchte. Er war nicht bloß in Deutschland eingeschlossen; er erstreckte sich noch viel weiter, und es war allerdings eine Ehre für ihn, daß er die verbindlichsten Antworten von einem Reaumur, Linnäus, Watson, Lyonet etc. aufweisen konnte. – – Aus dem Italiänischen hat Hr. *Mylius* unter andern in den *Beiträgen zur Historie und Aufnahme des Theaters*, die Clitia des Machiavells übersetzt; und aus dem Englischen, Popens Versuch über den Menschen. Durch diese letztere Übersetzung, welche in Prosa ist und in dem zweiten Bande der *hällischen Bemühungen* steht, wollte er die Arbeit des Hrn. Brockes ausstechen. Das Weitschweifende und Wäßrichte seines paraphrastischen Vorgängers hat er zwar leichtlich vermeiden können, allein daß es sonst ohne Fehler auf seiner Seite hätte abgehen sollen, das war so leicht nicht. Ohne Zweifel wußte er damals so viel Englisch noch nicht, und konnte es auch nicht wissen, als er während seines Aufenthalts zu London, in seinem letzten Jahre, durch die Übersetzung von *Hogarths Zergliederung der Schönheit*, zu wissen gezeigt hat. Ja er ist so gar noch selbst, mitten unter den Engländern, ein Schriftsteller in ihrer Sprache geworden. Und zwar ein kritischer Schriftsteller. Er ließ nemlich über ein neues Trauerspiel des Hrn. *Glover* einen Brief drucken, in welchem er sich *Christpraise Myll* nannte. Ohne Zweifel wollte er die englischen Leser durch seinen deutschen Namen nicht abschrecken. Noch habe ich diesen Brief nicht gesehen, und ich kenne ihn nur zum Teil aus dem Monthly Review, wo er ganz kaltsinnig und kurz angezeigt wird. Er hat dem Hrn. Glover die Verabsäumung einiger dramatischen Regeln vorgerückt; und Sie wissen wohl, mein Herr, was die Regeln in England gelten. Der Britte hält sie für eine Sklaverei und sieht diejenigen, welche sich ihnen unterwerfen, mit eben der Verachtung und mit eben dem Mitleid an, mit welchem er alle Völker, die sich eine Ehre daraus machen, Königen zu gehorchen, betrachtet, wenn auch diese Könige schon *Friedriche* sind. Doch ich zweifle, ob Hr. *Mylius* zu einer wichtigern Kritik aufgelegt war; sein Geist war in Gottscheds Schule zu mechanisch geworden, und der un-

glückliche Tadler der ewigen Gedichte eines Hallers konnte
unmöglich mit seinem Geschmacke bei einem Volke bewundert werden, welches uns dieses Dichters wegen zu beneiden Grund hätte. Wie? werden Sie sagen, der unglückliche
Tadler Hallers? Ja, mein Herr, dieses war Hr. *Mylius*; denn er
ist es, aus dessen Feder die Beurteilung des *Hallerischen Gedichts, über den Ursprung des Übels*, in den ersten Stücken der
hällischen Bemühungen, geflossen ist. Ich sage mit Fleiß,
aus seiner Feder und nicht aus seinem Kopfe. Der Hr. Prof.
Gottsched dachte damals für ihn, und mein Freund hat es nach
der Zeit mehr als einmal bereuet, ein so schimpfliches Werkzeug des Neides gewesen zu sein. Doch ich weiß schon, auf
wen die größte Schande fällt; auf den ohne Zweifel, auf
welchen alle seine Schüler ihre Vergehungen bürden, und
ihn, wie den Versöhnungsbock, in die Wüste schicken sollten. – – Aber, bewundern Sie doch mit mir den Hrn. von
Haller! Entweder er hat es gewußt, das ihn Hr. *Mylius* ehedem so schimpflich kritisiert habe; oder er hat es nicht
gewußt. In dem ersten Falle bewundre ich seine Großmut,
die auf keine Rache dieser persönlichen Beleidigung gedacht, sondern sich den Beleidiger vielmehr unendlich zu
verbinden gesucht hat. In dem andern Falle bewundre ich –
– seine Großmut nicht weniger, die sich nicht einmal die
Mühe genommen hat, die Namen seiner spöttischen Tadler
zu wissen – – Leben Sie wohl. Ich bin etc.

SECHSTER BRIEF.

Vom 20. Junius.

O, ich glaube es Ihnen sehr wohl, mein Herr, daß verschiedene in ihrer Gegend, welche an der Myliusischen Reise Teil
gehabt, über den unglücklichen Ausgang derselben verdrüßlich sind, und ihr Geld bereuen. Was haben wir nun davon?
heißt es bei einigen auch hier. Ehre! habe ich denen, die ich
näher kenne, geantwortet. Ehre! – – »Nichts weiter? ver-

setzte man. Wir glaubten, wie vortrefflich wir unsre Naturaliensammlungen würden vermehren können.« – – Ei! und also sahen Sie den Hrn. *Mylius* nicht so wohl für einen Gelehrten, welcher Entdeckungen machen sollte, als für einen Commissionair an, der für sie nach Amerika reisete, um die Lücken ihres Cabinets, so wohlfeil als möglich, zu erfüllen? – – »Nicht viel anders!« – – Nicht viel anders? So nehme ich mir die Freiheit aufrichtig zu gestehen, daß ich Ihnen den vorgegebenen Schaden von Grund des Herzens gönne. Aber wissen Sie wohl, bin ich in meinem Complimente fortgefahren, für was Hr. *Mylius* eigentlich sie, und alle Beförderer seiner Reise angesehen hat? Für Verschwender; für Leute die ihr überflüssiges Vermögen zu sonst nichts bessern anzuwenden wüßten; die nur Geld verschenkten, um es zu verschenken, und – – »Was? hat man mich unterbrochen; uns für Verschwender anzusehen?« – – Wahrhaftig, meine Herren, dafür hat sie Hr. *Mylius* angesehen, noch ehe er die Ehre hatte, Sie zu kennen. Ich habe ihnen hierauf, um sie rechtschaffen zu kränken, eine Stelle aus dem satyrischen Sendschreiben* meines Freundes vorgelesen, in welchem er verschiedne Anschläge erteilet, wie man die Torheiten und Laster der Menschen zum Aufnehmen der Naturlehre nützen könne. Er hat dieses Sendschreiben in die *Ermunterungen* eingerückt, und die Stelle, auf welche ich ziele, ist viel zu sonderbar, als daß mich die Mühe dauern sollte, sie Ihnen, mein Herr, hier abzuschreiben. »Die Verschwender, sagt er, lasse man ihr Geld auf die Besoldung einer Anzahl Reisender wenden, welche die Welt die Länge und Quere durchreisen und durchschiffen, und, *wenn es das Glück will*, allerlei physikalische und zur Naturgeschichte gehörige Entdeckungen machen. Man lasse auf ihre Unkosten Luftschiffe bauen, und den Erfolg auf ein *Geratewohl* ankommen. Die Ausführung solcher Unternehmungen trage man irrenden Rittern, Don Quixoden und Wagehälsen auf, und erwarte mit Vergnügen und Gelassenheit, ob die Naturlehre dadurch

---

* Man sehe diese vermischten Schriften, Seite 280. u. folg.

mit neuen Erfindungen und Lehrsätzen wird bereichert werden. Die Sache mag so übel ausschlagen, als sie will, so werden doch weder die physikalischen Wissenschaften, noch ihre uneigennützige Handlanger einigen Schaden davon haben.« – – Was sagen Sie zu dieser Stelle, mein Herr? Vielleicht, daß sie etwas prophetisches hat. Doch ich bin gewiß überzeugt, daß Hr. *Mylius* ein sehr lobenswürdiger und vorsichtiger Wagehals würde gewesen sein, wenn ihm der Tod vergönnt hätte, seine Geschicklichkeit zu zeigen. Er würde sich nicht begnügt haben, wo er hingekommen wäre, bloß mit den Augen eines Naturforschers zu sehen, und um nichts, als um einen Stein oder um ein Kraut sich Gefahren auszusetzen. Er würde ein allgemeiner Beobachter gewesen sein, und die Kenntnis des Schönsten in der Natur, des Menschen, für keine Kleinigkeit angesehen haben, ob sie gleich in dem gemeinen Plane seiner Reise nicht in Betrachtung gezogen war. – – Doch, erlauben Sie mir, mein Herr, daß ich Ihnen auch endlich einmal von etwas andern schreibe. Die Erinnerung der Geschicklichkeiten meines Freundes ist mir zu peinlich, und ich empfinde seinen Verlust zu lebhaft, wenn ich derselben allzusehr nachhänge. – – – Lassen Sie uns vielmehr etc. – – –

*

Hier gerieten wir in unserm Briefwechsel auf eine andre Materie, welche für den Leser wenig reizendes haben würde und hierher nicht gehöret. Alles, was ich noch für ihn hinzutun muß, ist etwas weniges, was diese Sammlung genauer angeht. Sie bestehet aus lauter Stücken, welche teils in verschiednen Monatsschriften zerstreut, teils auch einzeln gedruckt waren. Alles dessen, was in den vorstehenden Briefen gesagt worden, ungeachtet, glaube ich, daß sehr viele Leser die meisten nicht ohne besonderes Vergnügen lesen werden. Die Poesien insbesondere habe ich überall zusammen gesucht, und hätte zwar mit leichter Mühe noch weit mehrere, bessere aber wohl schwerlich auftreiben können. Mit was für Augen man sie betrachten müsse, habe ich deutlich gnug zu verstehen gegeben, und ich füge nur noch

hinzu, daß die Gedichte des Hrn. *Mylius* ganz anders aussehen würden, wenn sie alle mit dem Gefühle und dem Fleiße gemacht wären, mit welchem er seinen *Abschied aus Europa* gemacht hat. Es schien, als ob er erst um diese Zeit recht anfangen wollte, sein Herz und seinen Witz zu brauchen. — —
Mir ist jetzt weiter nichts zu tun übrig, als den Leser den Inhalt der Sammlung auf einmal übersehen zu lassen, und mich seiner Gunst zu empfehlen.

AUS:
ZERGLIEDERUNG DER SCHÖNHEIT,
DIE SCHWANKENDEN BEGRIFFE
VON DEM GESCHMACK FESTZUSETZEN,
GESCHRIEBEN VON WILHELM HOGARTH.

AUS DEM ENGLISCHEN ÜBERSETZT VON C. MYLIUS.
VERBESSERTER UND VERMEHRTER ABDRUCK.
MIT KÖNIGL. POHLNISCHEN UND
CHURFÜRSTL. SÄCHSISCHEN PRIVILEGIEN.
BERLIN UND POTSDAM,
BEI CHRISTIAN FRIEDERICH VOSS. 1754.

Vorbericht zu diesem neuen Abdrucke.

Die Begierde, das *Hogarthsche* System von der körperlichen Schönheit allen denen unter uns, wo möglich, in die Hände zu liefern, welche in ihren Künsten oder Wissenschaften ein neues Licht daraus borgen können, und durch diese weitere Bekanntmachung desselben, die gute Absicht befördern zu helfen, welche Hr. *Mylius* bei seiner Übersetzung, wahrscheinlicher Weise, für seine Landsleute gehabt hat; diese Begierde, sag ich, ist die vornehmste, ja die einzige Ursache dieses neuen Abdrucks. Der Preis der ersten Ausgabe war ein Preis, welcher die reichere Gegend, wo sie besorgt worden, zu verraten schien, und mit dem Vermögen unsrer Künstler, noch mehr aber unsrer Gelehrten, dasjenige Verhältnis nicht hatte, welches er haben konnte. Man hat ihn daher bei dieser neuen Ausgabe so verringert, daß der Verdacht einer neidischen Gewinnsucht, hoffentlich, von selbst wegfallen wird.

Da die Liebhaber dieses Werk nunmehr wohlfeiler bekommen, so könnte es leicht sein, daß sie es auch schlechter bekämen. Doch man schmeichelt sich gleich des Gegenteils.

Was die Kupfer anbelangt, auf die man, ohne Zweifel, den ersten Blick werfen wird, so muß es der Augenschein lehren, daß sie so glücklich nachgestochen worden, daß, um mich eines Ausdrucks des Hrn. *Hogarths* zu bedienen, die *überschliffene Brille* eines sogenannten Kenners dazu gehört, etwas darinne zu entdecken, was sie, zum Nachteile des Ganzen, weiter unter die Originale setzen könnte, als sie, vermöge der Natur einer Copie, zu setzen sind.

Was ferner die Schrift selbst betrifft, so glaubt man dieser sogar einige Vorzüge gegeben zu haben. Vornehmlich hat man ihr in Ansehung der deutschen Schreibart verschiedene Flecken abgewischt, die zwar für sich klein, aber doch anstößig genug waren. Dem Hrn. *Hogarth* war es nicht zu verdenken, daß er, als ein Maler, die Feder weniger geschickt zu führen wußte, als den Pinsel; daß er sich oft in dem Ausdrucke verwirrte; daß er die Worte, weil er ihre wahre Kraft nicht kannte, unnötig häufte, und die Perioden so unordentlich untereinander laufen ließ, als ordentlich seine Begriffe auf einander folgten. Allein dem Hrn. *Mylius* muß man es beinahe ein wenig verargen, wenn er ein Wort für das andre genommen, oder, durch die allzuofte Wiederholung eben desselben Worts, den Leser wegen des Verstandes in Zweifel gelassen hat, der ihm selbst, in Betrachtung der avthentischen Erklärungen des Verfassers, nicht zweifelhaft sein konnte. Wenn zum Exempel (auf der 57 Seite der Londoner deutschen Ausgabe) Hr. *Hogarth* sagt, das Herz sei in dem Menschen eine Art des ersten Grundes der Bewegung, und Hr. *Mylius* druckt es durch *eine Art des ersten Bewegungsgrundes* aus, so ist dieses ohnstreitig eine kleine Nachläßigkeit, die sich schwerlich mit seinem *übersetzerischen Eigensinne* entschuldigen läßt. Von dieser Art sind die Unrichtigkeiten fast alle, denen ich abzuhelfen gesucht habe, und sie haben es auch sein müssen, indem ich mich ohne Vergleichung der Grundschrift daran zu wagen hatte. Ich setze aber voraus, daß mir diese wenig würde genutzt haben, weil ich an der eigentlichen Treue der Übersetzung zu zweifeln, eben keinen Grund finde.

Außer diesen leichten Veränderungen, durch die gleichwohl die Schreibart nicht schöner hat werden können, wird man zum Schlusse auch eine kleine Vermehrung antreffen. Diese besteht in den übersetzten Briefen des Hrn. *Rouquets*, deren Hr. *Mylius* in seiner Vorrede gedenkt. Sie waren bei der Hand, und ich hoffte, daß sie dem Leser um so viel angenehmer sein würden, je schwerer man sich aus den bloßen Überschriften einen Begriff davon machen kann. Diese Schwierigkeit ist durch die Verdeutschung, welche Hr. *Mylius* von diesen Überschriften gemacht hat, eher vermehrt als vermindert worden. Er übersetzt zum Exempel *Harlot's Progress* durch *Hurenglück*, und hat nicht überlegt, daß dieses ein proverbialischer Ausdruck ist, welcher etwas ganz anders, ja gar das Gegenteil von dem denken läßt, was man in der *Rouquetschen* Erklärung finden wird.

Ich bin nicht in Abrede, daß ein Herausgeber an diesem *Hogarthschen* Werke nicht noch mehr hätte tun können; auch sogar in Ansehung des Inhalts selbst. Allein er hätte mehr Geschicklichkeit besitzen müssen, als ich mir deren zutraue. Ich will mich gleich erklären.

Hr. *Hogarth* zeigt, daß alle körperliche Schönheit in der geschickten und mannichfaltigen Anwendung der *Wellenlinie* liege, und der schwankende Geschmack ist glücklich durch diese Entdeckung auf etwas gewisses eingeschränkt. Ich sage eingeschränkt, aber festgesetzt noch nicht. Man betrachte einmal die Reihe verschiedner Wellenlinien, welche er oben auf der ersten Kupfertafel vorstellig macht. Eine jede derselben hat einen Grad von Schönheit: doch nur eine verdient den Namen der eigentlichen Schönheitslinie; diejenige nemlich welche weder zu wenig, noch zu sehr gebogen ist. Allein welche ist dieses? *Hr. Hogarth* bestimmt sie nicht, und da er sie nicht bestimmt, so ist es gewiß, daß er die Streitigkeiten des Geschmacks nur auf einige Schritte weiter hinaus schiebt, besonders, wenn es auf das *wenigere* oder *mehrere* in der Schönheit ankömmt. Wann es aber unmöglich sein sollte, wie ich es beinahe selbst dafür halte, die eigentliche Mitte anzugeben, in welcher die Linie weder zu platt noch zu gekrümmt ist: so sollte ich doch meinen, daß es wenigstens möglich sei, die äußern Grenzen anzugeben, jenseits welcher sie den Namen der eigentlichen Schönheitslinie verlieren müsse. Doch auch dieses läßt unser Verfasser unausgemacht.

Zwar seine Entschuldigung ist nicht weit herzuholen. Er sahe es vielleicht ein, daß in dieser Untersuchung ohne Hülfe der höhern Mathematik nicht fortzukommen sei, und daß weitläuftige und schwere Berechnungen sein Werk wohl gründlicher, aber nicht brauchbarer machen könnten. Er ließ also seinen Faden, als ein Künstler, da fahren, wo ich wollte, daß ihn ein philosophischer Meßkünstler ergreifen und weiter führen möchte.

Die ganze Sache würde, ohne Zweifel, auf die Berechnung der punctorum flexus contrarii ankommen, doch so, daß man die metaphysischen Gründe der Schönheit niemals dabei aus den Augen lassen müßte. Die Vollkommenheit bestehet in der Übereinstimmung des Mannichfaltigen, und alsdann wenn die Übereinstimmung leicht zu fassen ist, nennen wir die Vollkommenheit Schönheit. Der Berechner müßte also vornehmlich darauf denken, an der eigentlichen Schönheitslinie solche Eigenschaften zu finden, von welchen man sagen könnte, daß sie geschwinder und leichter zu begreifen wären, als die Eigenschaften der übrigen Linien dieser Art. Und nur dieses glaube ich, könnte einen Philosophen in Ansehung der Ursache befriedigen, warum diese Linie eine so angenehme Gewalt über unsre Empfindungen habe.

Vielleicht würde, unter den verstorbnen Gelehrten, der Hr. *Parent*, auf eine vorzügliche Art, zu dieser analytischen Untersuchung geschickt gewesen sein. Ich muß es mit wenigen noch entdecken, warum ich eben auf diesen falle. Ich fand, daß Hr. *Maty* in seinem *Journal Britannique*, und zwar in den Monaten November und December des vorigen Jahres, bei Gelegenheit der Bekanntmachung des *Hogarthschen*

Werks, durch eine kleine Note mit einfließen lassen, es habe schon vor unserm Engländer der Hr. *Parent* ein ähnliches System gehabt. Er beruft sich deswegen auf desselben dritten Teil *physischer und mathematischer Untersuchungen*, wie auch auf das *Jour. des Sav.* vom Jahre 1700. wo eine Abhandlung *über die Natur der körperlichen Schönheit* von ihm eingerückt sei. Ich habe nur die letztre nachzusehen Gelegenheit gehabt, und ich gestehe es, daß ich über die Ähnlichkeit der *Hogarth*schen und *Parent*schen Gedanken beinahe erstaunt bin. Gleich Anfangs beweiset *Parent*, daß die Schönheit nicht in solchen Verhältnissen der Teile bestehen könne, welche auch Hr. *Hogarth*, besonders an dem *Dürer* und *Lamozzo*, verwirft. Er zeigt hierauf, daß sie auch nicht auf die bloße Mannichfaltigkeit der Teile ankomme, ob diese gleich oft gefalle; und eben dieses behauptet auch Hr. *Hogarth*. Doch bis hierher würde diese Übereinstimmung noch nichts sagen wollen, wann sie sich nur nicht bis auf die Hauptsache erstreckte. *Parent* geht weiter und untersucht die Formen, welche keine Schönheit haben, und findet, daß es diejenigen sind, welche aus vielen weit herausragenden oder weit hineinstehenden Winkeln, mit vielen geraden Linien untermischt, zusammengesetzt sind. Die schönen Figuren hingegen, lehrt er, vollkommen wie Hr. *Hogarth*, bestünden aus schönen Krümmungen, die aus sanften Convexitäten, Concavitäten, und Inflexionen erzeugt würden. Was fehlt also hier mehr, als diesen Krümmungen willkürliche Namen zu geben, und ihre Verhältnisse untereinander etwas weitläuftiger zu untersuchen? Doch vielleicht hat Hr. *Parent* auch dieses in seinen Werken getan, die ich nicht habe zu Rate ziehen können, wenigstens läßt mich es der Schluß gedachter Abhandlung vermuten. *Es wäre nunmehr noch übrig*, sagt er, *daß ich die verschiednen krummen Figuren untersuchte, welche mehr oder weniger Schönheit haben, und diejenige davon bestimmte, welche die allermeiste Schönheit hat; endlich auch, daß ich ausmachte, woher die Herrschaft komme, welche diese Arten von Figuren über die Einbildung, nicht allein der Menschen, sondern auch andrer Tiere haben: doch dieses verdient eine besondere Untersuchung, die ich an einen andern Ort verspare.*

Man sieht leicht, daß es eben die Untersuchung sein würde, von der ich oben gewünscht habe, daß man sie noch anstellen möchte, wenn man sie, mir unwissend, nicht schon angestellt hat.

REZENSIONEN UND GEDICHTE
AUS:
BERLINISCHE PRIVILEGIERTE ZEITUNG
1755

⟨1. Stück. 2. 1.⟩

⟨DER EINTRITT DES JAHRES 1755 IN BERLIN.⟩

Wunsch, der du in der Brust geheimer Lieblingssünden
Geheimes Werkzeug bist,
Das oft ein lauter Freund – – wer kann das Herz
                              ergründen? – –
Ein stiller Mörder ist;

Durch Laster, Torheit, Wahn zu sehr, zu sehr entweihet,
Braucht keine Muse dich;
Die feile wär es denn, die um den Pöbel freiet,
Und singt sich lächerlich.

Jüngst als Kalliope den Hain und Aganippen
Um ihren Helden mied,
Und zog auf Sanssouci, erklang von ihren Lippen
Ein *prophezeiend* Lied.

»Noch lange wird dies Land, mit den erfochtnen Staaten,
Im Schoß des Friedens ruhn;
Denn sein Beschützer trägt die Lorbeern großer Taten,
Um größere zu tun.

Er braucht den Sieg als Sieg, macht Kunst und Handel
                                              rege
Und zeichnet jedes Lauf. – –«
Sie schwieg, und plötzlich stieß, zur Linken an dem
                                              Wege,
Ein rascher Adler auf.

Dem segnete sie nach mit heiligem Entzücken
Und aufgehobner Hand,

Bis er, am Ziel des Flugs, vor ihren schärfern Blicken,
Dem Thron des Zevs, verschwand.

REZENSIONEN

⟨1. Stück. 2. 1.⟩
Die Glaubenslehren der Christen, oder die einzige wahre Religion nach ihrem gedoppelten Endzwecke also abgehandelt, daß die Freunde derselben in ihrem Glauben gestärkt und befestiget, die Feinde derselben aber in ihrem Unglauben beschämt und zerstreuet werden, von Peter Hanssen. Rostock und Leipzig, verlegts Johann Christian Koppe 1755. In 4to. 4 Alphb. 5 Bogen. Das stärkste innere Kennzeichen, woran man die einige wahre Religion erkennen kann, ist ohne Zweifel dieses, daß sie eine vollkommene Richtschnur des sittlichen Lebens der Menschen lehren und zugleich einen überzeugenden Unterricht erteilen muß, wie man, in Ansehung der Abweichungen von derselben, Gnade und Vergebung erlangen könne. Da nun aber die christliche Religion die einzige ist, der man diese Eigenschaft zugestehen muß, so wird man auch zugestehen müssen, daß ihre Wahrheit von dieser Seite, über alle Einwürfe hinweg gesetzt sei. Man wird diesen Schluß schwerlich in irgend einem Werke so deutlich und gründlich auseinander gesetzt finden, als in dem gegenwärtigen des Herrn Consistorialrats *Hanssen*, welches man eine christliche Sittenlehre von einer ganz besondern Art nennen kann, indem sie die Wahrheit des Christentums nicht voraus setzt, sondern durch sich selbst zu erweisen sucht. Er hat sie in drei Bücher abgeteilet, deren *erstes* von dem Verhältnis zwischen Gott und den Menschen in dem Stande der Vollkommenheit, das *zweite* von eben diesem Verhältnisse in dem Stande der Unvollkommenheit, so wie das *dritte* in dem Stande der Besserung, oder der Vollkommenheit in Christo, handelt. Man kann sich die vornehmsten Hauptstücke derselben leicht vorstellen, und die Verdienste des Verfassers überheben uns einer weitläuftigen Versicherung, daß sie sämtlich der Wahrheit und Erbauung

gemäß abgefaßt sind. Kostet in den Voßischen Buchläden hier und in Potsdam 1 Rtlr. 12 Gr.

⟨2. Stück. 4. 1.⟩

Les Moeurs et Coutumes des François, dans les premiers tems de la Monarchie par Mr. l'Abbé le Gendre, Chanoine de l'Eglise de Paris, précédés des Moeurs des anciens Germains, traduits du Latin de C. Tacite, et d'une Preface, contenant quelques remarques relatives aux usages anciens ou modernes de ces deux Peuples. à Paris chez Briassons. in 12mo. 20 Bogen. Das Werk des Abts *le Gendre* ist nicht neu, sondern bereits 1721 gedruckt worden. Es enthält viel artige Nachrichten von den Sitten und Gebräuchen, welche unter den Franzosen von Zeit zu Zeit geherrscht haben, und durch welche sie zu derjenigen Artigkeit hinaufgestiegen sind, die jetzt so viele an ihnen bewundern. Diese neue Ausgabe enthält ziemlich entbehrliche Vermehrungen; eine Übersetzung nemlich von des *Tacitus* kleinem Werke *von den Sitten der alten Deutschen*, und eine Vorrede, in welcher diese mit den Sitten der alten Gallier und den neuern Sitten beider Völker verglichen werden. Da die Gallier unwidersprechlich deutschen Ursprungs sind, so hat diese Vergleichung nicht viel Mühe kosten können. Unterdessen ist sie doch in einem Tone abgefaßt, welcher einen Deutschen belustigen kann. Z. E. »*Wir* Franzosen, sagt der Schriftsteller, sind in dem Anfange eines Treffens schrecklich. *Wir* sind gewohnt dem Feinde den Sieg zu entreißen; denn wenn *wir* ihm denselben lange streitig machen sollen, so laufen *wir* Gefahr ihn zu verlieren. Unterdessen haben *wir* doch auch bei manchen Gelegenheiten eben soviel Standhaftigkeit, als Hitze gezeigt. *Wir* haben das feindliche Feuer ruhig ausgehalten; *wir* haben gelassen den günstigen Augenblick zum Angriffe erwartet; *wir* etc.« — — Kurz, das französische *Wir*, läßt in dem Munde eines Schriftstellers, der vielleicht nicht das Herze hat, einen Hund tod zu machen, vortrefflich tapfer. Kostet in den Voßischen Buchläden hier und in Potsdam 16 Gr.

⟨3. Stück. 7. 1.⟩
Versuch eines vernunftmäßigen Beweises von der Göttlichkeit der Religion JEsu aus der Niedrigkeit ihres Stifters, zu Beschämung des Unglaubens und zur Ehre des Gekreuzigten in zweyen Theilen herausgegeben von Christoph August Lobeken, evangelischen Prediger zu Löbitz. Leipzig bey Casp. Fritschens Wittwe 1755. In 8vo. 1 Alphb. 4 Bogen. Es ist kein Zweifel, daß man nicht auf allen Seiten, von welchen sich die christliche Religion betrachten läßt, Merkmale ihrer Göttlichkeit entdecken könne. Diese aufzusuchen und in ihr gehöriges Licht zu stellen, ist eine der würdigsten Beschäftigungen eines Geistlichen, welcher notwendiger Weise kein einziges Mittel, Überzeugung zu wirken, gering schätzen muß. Besonders kann solche Arbeit alsdenn von besondern Nutzen sein, wenn gleich die allerangefochtensten Umstände zu den Quellen der Beweise genommen und also die Waffen der Feinde der Religion gegen sie selbst gekehret werden. Ob dieses der Verfasser gegenwärtigen Versuchs mit der Niedrigkeit JEsu glücklich geleistet habe, werden die Leser am besten beurteilen können. Sein Buch bestehet aus zwei Hauptteilen. In dem ersten wird aus der Niedrigkeit JEsu erwiesen, daß er mit einer falschen Religion weder habe betriegen wollen, noch können. In dem zweiten wird aus eben diesem Grunde dargetan, daß die Religion, welche JEsus gelehret, wirklich eine göttliche und die einzige sei, nach deren Gesetzen wir Gott anständig verehren sollen. Jeder Teil bestehet wieder aus fünf besondern Abschnitten, in welchen alles, dahin gehörige deutlich und überzeugend abgehandelt wird. Kostet in den Voßischen Buchläden hier und in Potsdam 8 Gr.

⟨4. Stück. 9. 1.⟩
Gedicht dem Gedächtnisse des Herrn von Hagedorn gewidmet. Braunschweig, bey Schröders Erben. In 4to. 2½ Bogen. Man wird es bereits aus andern öffentlichen Blättern wissen, daß der Herr *Zachariä* der Verfasser dieses Gedichts ist. Wir wiederholen seinen Namen hier um desto lieber, weil er uns der formellen Lobsprüche überhebt, die das Publicum in Anse-

hung der vorzüglichen Geschicklichkeit dieses Dichters nichts neues lehren würden. Hat man ihn in seinen scherzhaften Epopeen, als in seiner Sphäre bewundert, so wird man ihn auch hier nicht außer derselben finden; so wenig auch die Gabe scherzhafter Einfälle und die Gabe zärtlicher Empfindungen, mit einander gemein zu haben scheinen. Auch in das Lob desjenigen unsterblichen Dichters wollen wir uns nicht einlassen, dessen Tod Herr *Zachariä*, und mit ihm Germanien, beweinet. Er war zugleich der rechtschaffenste und großmütigste Mann, und wenigstens hiervon einen kleinen Beweis einzurücken, können wir uns unmöglich enthalten. Auf der 15 Seite läßt Herr *Zachariä* die Dichtkunst sagen:

> Ihr sahet ihn so oft in dem geheimern Leben,
> Verdiensten ihren Rang, sein Lob der Tugend geben;
> Ihr saht ihn immer groß, und freundschaftlich und frei,
> Der wahren Weisheit Freund und Feind der Heuchelei.
> Mich dünkt, ich höre noch die edle Menschenliebe,
> Die sanft, voll Wohltun spricht; die jeder Großmut Triebe
> Für dich, *o Fuchs*, erregt; und aus der Dürftigkeit
> Mit brittschem Edelmut verkannten Witz befreit.

Zu diesen letzten Zeilen macht der Verfasser folgende Anmerkung: »Herr *Gottlieb Fuchs*, der seit einigen Jahren Prediger in Sachsen ist, und sich unter dem Namen des Bauernsohnes durch verschiedene glückliche Gedichte bekannt gemacht hat; kam ohne Geld und Gönner nach Leipzig, seine Studien daselbst fortzusetzen. Er fiel allda *einem unserer größten Dunse* in die Hände, der durch seine marktschreierische Art, mit seinen Verdiensten um Deutschland zu prahlen, und durch die kleinen niedrigen Mittel jemanden zu seiner Partei zu ziehen, genug bezeichnet ist. Dieser Mann, der wohl eher versucht hatte, mit einem alten Rocke Leute zu bestechen, für ihn zu schreiben, dieser Mann war klein genug, Herr Fuchsen monatlich eine solche Kleinigkeit zu geben, die man sich schämt hier auszudrücken, und die er kaum dem geringsten Bettler hätte geben können. So bald er indessen erfuhr, daß Herr Fuchs in die Bekanntschaft mit einigen andern rechtschaffenen Leuten gekommen war, die er nicht zu seiner Partei zehlen konnte, so war er noch niederträchtiger, und nahm Herr Fuchsen die Kleinigkeit, die er ihm bisher gegeben. Herr Fuchs wurde sogleich von denjenigen mehr als schadlos gehalten, durch die er um dieses erniedrigende Almosen gekommen war. Der seel. Herr von *Hagedorn*, dem diese Geschichte bekannt wurde, brachte durch seine edelmütige Vorsprache bei vielen Standespersonen, Hamburgern, einigen Engelländern, und besonders bei dem *Collegio Carolino* zu Braunschweig eine so ansehnliche Summe zusammen, daß Herr Fuchs künftig vor dem Mangel gesichert, seinen Studien auf eine anständige Art obliegen konnte.« – – Denjenigen Fremdlingen in dem Reiche des Witzes, welche vielleicht fragen sollten: wer ist der große *Duns?* wollen wir nächstens diese Frage beantworten. – – Kostet in den Voßischen Buchläden hier und in Potsdam 3 Gr.

⟨5. Stück. 11. 1.⟩

Antwort auf die Frage: *wer ist der große Duns?*

 Der Mann in – –, welchen *Gott*
Nicht schuf zum Dichter und Kunstrichter,
Der, dümmer als ein Hottentot,
Sagt, er und *S**** wären Dichter;
Der Philip Zesen unsrer Zeit;
Der Büttel der Sprachreinigkeit
In Ober- und in Niedersachsen,
Der alle Worte Lands verweist,
Die nicht auf Deutschem Boden wachsen;
Der große Mann, der stark von Leib
Ein kleines artigs freundlichs Weib
Kalt, wie er denkt und schreibt, umarmt,
Das aber seiner sich erbarmt,
Und gleicher Meinung ist und bleibt,
Und wider ihn nicht denkt, nicht schreibt,

> Weil es den Zank der Ehe scheut,
> Und lieber aus Gefälligkeit
> Sich an des Manns Gedanken bindet;
> Der Mann der unter uns
> Viel große Geister findet,
> Der ist der große Duns!

⟨9. Stück. 21. 1.⟩
Lyrische und andere Gedichte. Neue und um die Helfte vermehrte Auflage. Mit allergnädigsten Freyheiten. Anspach, zu finden bey Jacob Christoph Posch 1755. In 8vo. 12 Bogen. Die erste Ausgabe dieser Gedichte ist bereits vor fünf Jahren erschienen, und von Kennern wohl aufgenommen worden. Man erkannte ihren Verfasser, welches der Herr Regierungssecretär *Utz* in Anspach ist, sogleich für einen wahren Schüler des Horaz, der von dem Feuer seines Musters beseelt werde, und etwas mehr gelernt habe, als ihm hier eine Gedanke und da eine Wendung, nicht sowohl abzuborgen, als abzustehlen. Die Vermehrungen, welche er jetzo hinzugetan, sind so beträchtlich, daß er die Oden in vier Bücher hat abteilen können. Die ersten zwei enthalten die bereits gedruckten Stücke; aber so, wie sie sich der verbessernden Hand eines Verfassers, der aller Welt eher, als sich ein Genüge tun kann, entreißen dürfen. Er hat überall verändert und auch *fast* überall glücklich verändert. Wir sagen *fast*, und hoffen, daß er es denjenigen nicht übel ausdeuten wird, die sich, vielleicht aus einer Art von Prädilection hier und da seiner erstern Gedanken gegen die letztern annehmen. Unter den neuen Oden, welche das dritte und vierte Buch ausmachen, wird man verschiedne von dem erhabensten Inhalte finden, und einen philosophischen Kopf wird die, welche er *Theodicee* überschrieben hat, nicht anders als entzücken können. Sie sind überhaupt alle vortrefflich, obgleich nicht alle von einerlei Fluge. Und auch dieses hat er mit dem Horaz gemein, welcher sich oft in die niedre Sphäre des Scherzes und angenehmer Empfindungen herab läßt, und auch da die geringsten Gegenstände zu veredeln weiß. Nur an den

schmutzigen Bildern hat unser deutscher Horaz eine gleiche Kunst zu zeigen, verweigert. Die Anständigkeit ist das strenge Gesetz, welches seine Muse auch in den Entzückungen des Weines und der Liebe nie verletzet. – – Die übrigen Vermehrungen bestehen in dem *Sieg des Liebesgottes*, welches scherzhafte Heldengedichte man auch bereits kennet, und in einigen poetischen prosaischen Briefen, welche Teils freundschaftlichen, Teils critischen Inhalts sind. Der vierte ist besonders merkwürdig. Kostet in den Voßischen Buchläden hier und in Potsdam 16 Gr.

⟨12. Stück. 28. 1.⟩
Vermischte Werke in verschiednen Arten der Dichtkunst von Johann Jakob Dusch. Jena, bey G. Heinrich Cuno 1754. In groß 8vo. 1 Alphb. 14 Bogen. Das meiste von diesen gesammelten Gedichten kennet die Welt bereits, und Herr *Dusch* genießet nicht erst seit gestern den Ruhm eines schönen Geistes, dem es in mehr als einer Art der Poesie gelungen ist. Er behält fast durchgängig noch den Reim bei, und nur in einigen Oden hat er, voll Zuversicht auf andre wesentliche Schönheiten, ihn aufgegeben. Eine andre Neuerung, die sich einzig von ihm herschreibt, und von der wir nicht wissen, ob sie ihm jemand nachgemacht hat, wird man auch schon an ihm gewohnt sein. Er hat nemlich dem ziemlich einförmigen Sylbenmaße der Alexandriner eine nicht unangenehme Veränderung zu geben geglaubt, wenn er auch in der Mitte des Abschnitts eine Abwechselung von männlichen und weiblichen Füßen brächte; und wir müssen gestehen, daß die Wirkung davon oft sehr glücklich ist. – – Die ganzen Werke bestehen aus sechs Abteilungen. Die *erste* enthält das aus acht Gesängen bestehende Lehrgedicht *die Wissenschaften*; die *zweite* das *Toppe* ein scherzhaft Heldengedichte in sieben Büchern; die *dritte* Moralische Gedichte. Die *vierte* Oden und Elegien; die *fünfte* zwei Schäferspiele, nemlich die *unschuldigen Diebe*, und den *Tausch*; die *sechste* endlich ist ein bloßer Anhang von zwei neuen Oden. Der Raum vergönnt es nicht, von dieser letztern Art ein ganzes Stück herzusetzen, wel-

ches doch geschehen müßte, wenn die Leser ihr Urteil danach einrichten sollten. Eine einzelne Stelle kann sie nur bewegen, das Buch selbst nachzusehen, welches sie schwerlich ohne Vergnügen wieder aus den Händen legen werden. Hier ist eine; der Dichter bekömmt von seinem Schutzgeiste den Befehl:

> Du, singe sanftere Töne, von bessern zärtlichen
> Kriegen,
> Die nicht die Mutter verflucht.
> Bleib dort im friedsamen Tal, das, zu weit menschlichern
> Siegen,
> Die Braut und ihr Jüngling besucht!
> Greif in die mächtige Leier, die, von der Sapho
> gespielet,
> Sanft, wie ein Seufzer, erklang,
> Wenn flüchtig ihr Busen sich hob, und Küsse, nur eben
> gefühlet,
> Die bebende Lippe besang!
> Dann schleicht ein blühendes Mädchen, das sich von
> ihren Gespielen,
> Im Hain hin, tiefer verlor,
> Still zu den Sänger und lauscht, und fühlet sich, und im
> fühlen
> Schwillt sanft ihr Busen empor.
> Dann kommt sie mit glühenden Wangen, belebt von
> Unschuld und Feuer,
> Wenn sie im Schlummer dich sieht,
> Und krönt mit Veilchen und Rosen geschäftig die
> glückliche Leier
> Und küßt dich eilig und flieht.

Kostet in den Voßischen Buchläden hier und in Potsdam 1 Rtlr. 4 Gr.

⟨13. Stück. 30. 1.⟩

Begebenheiten eines sich selbst Unbekannten. Aus dem Englischen übersetzt. Frankfurt und Leipzig 1755. In 8vo. 1. Alphb. 4 Bogen. — —
Wenn doch dieser sich selbst Unbekannte die Gütigkeit ge-

habt hätte, und auch der Welt unbekannt geblieben wäre. – –
Er wird außer dem Hause seiner Eltern, die er gar nicht
kennet, erzogen. Es fehlet ihm in den ersten Jahren an
nichts, und er findet sich so gar, ohne sein Zutun, in ein
ziemlich einträgliches Amt gesetzt. Doch durch eine lüderliche Lebensart, und besonders dadurch, daß er Komödiant
wird, verscherzt er die Liebe seiner unbekannten Versorger.
Er wird sich selbst überlassen, und aus einem Unglücke in
das andere verschlagen. Er schweift bald als ein Bedienter,
bald als sein eigner Herr in London herum, und spielt so
wohl unter der einen, als unter der andern Gestalt den verliebten Ritter. Er lernt seine Schwester kennen, ohne zu
wissen, daß es seine Schwester ist, und hätte sich bald auf gar
keine brüderliche Art in sie verliebt. Doch alles geht noch
gut ab, und seine unbekannte Schwester wird die unvermutete Gelegenheit, daß er von seinem sterbenden Vater, eben
so wohl als sie, erkannt und wieder angenommen wird. – –
Das ist das Gerippe des Romans, um welches der Scribent
einige elende Lumpen aus dem ärgerlichen Leben der englischen Buhlschwestern geworfen hat, um ihm ungefehr
eine Gestalt zu geben. – – Ist es erlaubt, weil *Richardson* und
Fielding ein gutes Vorurteil für die englischen Romane erweckt haben, daß man uns allen Schund aus dieser Sprache
aufzudringen sucht? Kostet in den Voßischen Buchläden
hier und in Potsdam 14 Gr.

⟨16. Stück. 6. 2.⟩
Joh. Balth. Lüderwaldts, Predigers zu Glentorf ohnweit Helmstädt,
ausführliche Untersuchung von der Berufung und Seeligkeit der Heiden. Erster und anderer Theil. Wolfenbüttel, bey Joh. Christoph
Meißnern 1754. In 8vo. 3 Alphb. 11 Bogen. Die zuversichtliche
Entscheidung der Naturalisten, die fromme Grausamkeit
gewisser Orthodoxen, die übertriebne Gelindigkeit anderer,
die eben so wohl Orthodoxen sein wollen, haben die Materie von der Seeligkeit der Heiden für *einen Theologen* ohne
Zweifel zu einer von den verworrensten gemacht. Man muß
es daher dem Herrn Prediger *Lüderwaldt* Dank wissen, daß er

ihr eine so ausführliche Abhandlung gewidmet hat, worinne er sich unter gewissen Einschränkungen für die bejahende Meinung erklärt. Er hat sie in sechs Hauptstücke abgeteilt. In dem *ersten* und *zweiten* handelt er vorläufig von einigen Glaubenslehren, als von dem Verderbnis des Menschen, von der Notwendigkeit des Verdiensts Christi, von der Schwäche der Vernunft und der Wahrheit der Offenbarung etc. um zu zeigen, daß bei ihm keine unlautere Erkenntnis derselben Statt habe, aus welcher vielleicht sein Urteil für die Heiden geflossen sein könnte. In dem *dritten* und *vierten* Hauptstücke entwirft er eine kurze Geschichte der Offenbarung und Berufung, nach den wesentlichsten hierher gehörigen Stücken. Das *fünfte* Hauptstück enthält die Abhandlung selbst, und bestehet aus drei Abschnitten, in deren erstem die Seligkeit der Heiden aus Gründen der Vernunft, der Schrift und Ähnlichkeit des Glaubens, erwiesen, in dem zweiten wider die Einwürfe verteidigt und in dem dritten durch die verschiednen Meinungen alter und neuer Gottesgelehrten erläutert wird. Man kann leicht mutmaßen, daß der Herr Verfasser allezeit eine Seligkeit um Christi Willen verstehe, die er den frommen Heiden hoffen läßt. Das *sechste* Hauptstück endlich beschäftiget sich mit einer Folge aus der vorgetragenen Lehre und erweiset, daß die Zahl der Seligen nicht so geringe sein werde, als man sich wohl aus falschen Begriffen von der Güte und Gerechtigkeit Gottes vorstellt. Kostet in den Voßischen Buchläden hier und in Potsdam 1 Rtlr.

⟨22. Stück. 20. 2.⟩
Briefe. Zweyter Theil. Gotha bey Johann Paul Mevius 1755. In 8vo. 8 Bogen. Der erste Teil dieser Briefe ist bereits zu Anfange des vorigen Jahres herausgekommen. Ihr Verfasser ist der Übersetzer von des Lenglet du Fresnoy Anweisung zur Erlernung der Historie, *Herr Bertram*. Er schreibt an Freunde und Freundinnen. Sein Ausdruck ist rein, aber nicht epistolarisch; seine Gedanken sind nicht schlecht, aber auch nicht besonders; der Inhalt gehört weder unter den ernsthaften noch unter den scherzhaften, denn er trägt ernsthafte Dinge

ziemlich lustig, und scherzhafte Dinge ziemlich ernsthaft vor. Hier und da macht er einige Anmerkungen aus der neuern Literatur. Zum Exempel auf der letztern Seite dieses Teils im 32 Briefe versichert er, daß man in dem zweiten und dritten Teile des *Amilec* beinahe die ganze Holbergische unterirdische Reisebeschreibung finde, ohne ein einzig mal die Urkunde angezeigt zu sehen. Er setzt hinzu: »ist etwa der Witz der Franzosen erschöpft, daß sie sich jetzo des von ihnen so verachteten deutschen Witzes anmaßen?« – – *Holberg* war kein Deutscher; oder ist der deutsche und dänische Witz einerlei? – – Kostet in den Voßischen Buchläden hier und in Potsdam 4 Gr.

⟨23. Stück. 22. 2.⟩
Versuche in der tragischen Dichtkunst, bestehend in vier Trauerspielen, nämlich Zayde, Mariamne, Thusnelde und Zarine. Breslau verl. Carl Gottfr. Meyer 1754. In gr. 8vo. 16 Bogen. Wenn wir sagen, daß der Herr Baron *von Schönaich*, der Scribent des Hermanns, Verfasser von diesen Versuchen ist, so werden wir hoffentlich auf einmal das vollständigste Urteil davon gefällt haben, das man davon fällen kann. Es folgt nicht notwendig, daß ein guter Heldendichter auch ein guter tragischer Dichter sein müsse; aber das folgt notwendig, daß der, welcher schlechte Epopeen schreibt, auch nicht anders als schlechte Trauerspiele schreiben werde. Der Herr Baron hat es der Welt schon gewiesen, daß er so ziemlich die mechanischen Regeln alle beobachten, und, Trotz dieser Beobachtung, dennoch Gedichte, die nichts taugen, machen könne; und wir sind viel zu billig, als daß wir ihm dieses Lob nicht auch hier erteilen sollten. Wir erinnern uns seiner und seines Lehrmeisters allezeit mit Dankbarkeit, so oft wir die Anmerkung eines französischen Kunstrichters, daß etwas ganz anders die Kunst, und etwas ganz anders das Raffinement der Kunst sei, mit Beispielen bestärken wollen. Den Mangel dieses Raffinements könnte man dem Herrn Baron ganz gern vergeben; allein er hat noch einen andern Fehler, den ihm gesittete Leser unmöglich verzeihen können, und von dem wir gar nicht

einsehen, wie er dazu gekommen ist. Er ist ein Cavalier, dem es an Kenntnis der großen Welt und der feinern Sprache, die darinne üblich ist, nicht fehlen sollte: wie kömmt es aber gleichwohl, daß er seine tragischen Personen so kriechend, so pöbelhaft, so ekel sprechen läßt? Seine Prinzessinnen, z. E., haben *Liebsten*, (S. 3) sind *verliebt*, (S. 13) sind *brünstig*, (S. 11) sind *geil* (S. 59). Seine Helden schimpfen einander *Hunde* (S. 10) und *Buben* (S. 43). Wenn sie überlegen, so *kommt* ihnen was *ein* (S. 12) und wenn sie sagen sollen, ich meinte, oder ich glaubte; so sagen sie *ich dachte* (S. 3). Einer spricht zu dem andern *du läugst* (S. 14) und *erbost sich*, (S. 105) wenn er ergrimmen sollte. Ein Gemahl hat eine *Frau*, (S. 42) und wohl noch darzu eine *schwangre Frau*, (S. 126) und eine Gemahlin hat einen *Mann* (S. 66). Die Feldherrn geben dem Feinde *Schlappen* (S. 112). Die Diener sind *geschwind wie der Wind* (S. 58). Die Könige heißen die Königinnen *mein Licht*, (S. 81) *mein Leben* (S. 82). Wer etwas zeigen will, ruft *Schau*! und wer sich verwundern will, schreit *Ei*! etc. Kostet in den Voßischen Buchläden hier und in Potsdam 8 Gr.

⟨24. Stück. 25. 2.⟩

Les heureux Orphelins, Histoire imitée de l'Anglois par Mr. de Crebillon F. IV. Parties à Bruxelles 1755 et se vend à Dresde chez J. C. Walther. In 12mo. 1 Alphb. 12 Bogen. Die englische Urschrift dieses Romans heißt *The Fortunate Foundlings*, und ist in sehr kurzer Zeit dreimal gedruckt worden. Allein dieser geschwinde Abgang ist ein sehr zweideutiger Beweis von seiner Güte, die man weit sichrer daraus schließen wird, daß der jüngere Herr *Crebillon* sich die Mühe genommen hat, ihn umzuarbeiten. Wie viel Veränderungen er bei dieser Umarbeitung müsse erlitten haben, werden auch diejenigen leicht wahrnehmen können, welche ihn in der Grundsprache nicht gelesen haben, wenn sie nur sonst das englische Genie ein wenig kennen. Er hat nicht allein ein vollkommen französisches Ansehen bekommen, sondern er ist auch so glücklich crebillonisiert worden, daß man ohne Mühe entdeckt, er müsse zu der Familie der *Egaremens de l'esprit et du coeur*, der

Briefe der Ninon etc. gehören. Diese FamilienGleichheit bestehet in den sophistisch metaphysischen Zergliederungen der Liebe und aller damit verwandten Leidenschaften, in welchen der jüngere *Crebillon* ein so großer Meister ist, daß man glauben sollte, nur er allein müsse das menschliche Herz von dieser Seite kennen, welches in seinen Schilderungen zu einem weit größern Labyrinthe wird, als es vielleicht in der Tat ist. Die ersten vier Teile dieser *glücklichen Findlinge* enthalten noch sehr wenig, was zu ihrer eigendlichen Geschichte gehört, wozu in dem ersten nur gleichsam der Grund gelegt wird. Die andern drei sind völlig mit einer fremden Geschichte erfüllt, von der man es erwarten muß, ob sie mit dem Ganzen glücklich genug wird verbunden sein. Vor jetzo ist man zufrieden, daß sie den Lesern wichtig und reizend genug scheint, die vornehmsten Helden ohne Mißvergnügen deswegen aus dem Gesichte zu verlieren. Kostet in den Voßischen Buchläden hier und in Potsdam 21 Gr.

⟨25. Stück. 27. 2.⟩
Du Hazard sous l'Empire de la Providence, pour servir de préservatif contre la Doctrine du Fatalisme moderne par Mr. de Prémontval. à Berlin aux depens de J. C. Klüter 1755. In 8vo. 10 Bogen. Der Herr *von Premontval*, dessen Tiefsinnigkeit die Welt nun schon aus mehr als einer Schrift kennet, fängt in der gegenwärtigen an, einen großen Teil derjenigen Zweifel aufzulösen, die er selbst wider die Freiheit vorgetragen hat. Wenn die nachdrückliche Art, mit welcher er sie vortrug, einigen christlichphilosophischen Zärtlingen verdächtig scheinen konnte, so wird eben diese nachdrückliche Art, mit welcher er sie nicht bloß zu verkleistern, sondern aus dem Grunde zu heben sucht, ihr Gewissen mit einem Manne wieder aussöhnen können, dessen lautere Absichten ihm weder eine Stelle unter den Zweiflern noch unter den Fatalisten verdienen. Um zu zeigen, was für einen Einfluß die rechtverstandene Lehre vom Ohngefehr besonders auf die Lehre von der Sittlichkeit unsrer Handlungen haben könne, mußte der Herr *von Premontval* notwendig erst zeigen, daß es ein Ohn-

gefehr gebe. Und dieses tut er in der gegenwärtigen Abhandlung, die jetzt gleichsam nur der Hälfte ihres Titels Genüge tut. Er beweiset die Würklichkeit des Ohngefehrs mit Voraussetzung einer höchst gütigen und höchst weisen Vorsehung, ja er beweiset sie durch diese Voraussetzung selbst, und erhärtet, daß im Grunde alle Philosophen sie zugeben müssen, so sehr sie sich auch entweder bloß wider den Namen, oder gar wider die Idee desselben sträuben. Die Wirkungen dieses Ohngefehrs, besonders nach den Einschränkungen einer ewigen Weisheit, wird er in verschiednen andern Abhandlungen betrachten, welche in seinen schon angezeigten *Protestations et Declarations philosophiques* erscheinen sollen. Da seine schärfsten Angriffe, wie man leicht sehen kann, wider die Leibnitzische Philosophie gehen müssen, so hat er für gut befunden, seine Arbeit allen Weltweisen Deutschlands zuzueignen, deren Eifer um die Ehre eines der größten Geister ihres Vaterlandes, ihm nur allzuwohl bekannt ist. Wir sind gewiß, daß sie diesen seinen vorläufigen Höflichkeiten allen den Wert, der ihnen gebühret, beizulegen, und ihn selbst von denjenigen Gegnern ihres Helden zu unterscheiden wissen werden, welche mehr die Eifersucht, als die Wahrheit dazu gemacht hat. Wenn sie in etwanigen Streitigkeiten die Meinungen des Herrn *von Premontvals* auch nicht annehmen sollten, beiher aber nur von ihm die Kunst, sich in den tiefsinnigsten Materien eben so deutlich als angenehm auszudrücken, lernen könnten; so würde der Nutzen für sie doch schon unendlich groß sein. Kostet in den Voßischen Buchläden hier und in Potsdam 10 Gr.

⟨26. Stück. 1. 3.⟩
Philosophische Gespräche. Berlin bey Chr. Fr. Voß 1755. In 8vo. 7 Bogen. Dieses kleine Werk, welches aus vier Gesprächen über metaphysische Wahrheiten besteht, enthält so viel Neues und Gründliches, daß man leicht sieht, es müsse die Frucht eines Mannes von mehrerm Nachdenken, als Begierde zu schreiben, sein. Vielleicht würde ein andrer so viel Bücher

daraus gemacht haben, als hier Gespräche sind. Wir wollen den Inhalt eines jeden anzeigen. In dem *erstern* wird erwiesen, daß *Leibnitz* nicht der eigendliche Erfinder der vorherbestimmten Harmonie sey; daß *Spinosa* sie achtzehn Jahr vor ihm gelehrt, und daß der erstere dabei weiter nichts getan, als daß er ihr den Namen gegeben, und sie seinem System auf das genaueste einzuverleiben gewußt habe. *Spinosa* leugnet ausdrücklich in seiner Sittenlehre, daß Seele und Körper wechselsweise in einander wirken könnten; er behauptet ferner, daß die Veränderungen des Körpers und ihre Folge auf einander, gar wohl aus seiner bloßen Structur nach den Gesetzen der Bewegung entstehen könnten; und endlich lehrt er, daß die Ordnung und Verknüpfung der Begriffe mit der Ordnung und Verknüpfung der Dinge einerlei sei, oder, welches auf eines herauskömmt, daß alles in der Seele eben so auf einander folge, als es in dem Zusammenhange der Dinge auf einander folgt. Was fehlt diesen Sätzen, die vorherbestimmte Harmonie zu sein, mehr als der Name? Das *zweite* Gespräch macht Anfangs einige Anmerkungen über den jetzigen Verfall der Metaphysik, über das Verdienst der Deutschen um dieselbe, und über das Schicksal des *Spinosa*, welcher bestimmt war, den Übergang von der Cartesianischen bis zur Leibnizischen Weltweisheit, mit seinem Schaden zu erleichtern. Hierauf wird ein sehr kühner, aber wie es uns scheint, auch sehr glücklicher Gedanke vorgetragen, welcher den Gesichtspunkt betrifft, aus welchem man *Spinosens* Lehrgebäude betrachten muß, wenn es mit der Vernunft und Religion bestehen solle. Der Verfasser meint nemlich, man müsse es alsdann nicht auf die außer uns sichtbare, sondern auf diejenige Welt anwenden, welche, mit *Leibnizen* zu reden, vor dem Ratschlusse Gottes, als ein möglicher Zusammenhang verschiedner Dinge in dem göttlichen Verstande existirt hat. Das *dritte* Gespräch enthält Zweifel wider die Leibnizische Auflösung der Schwierigkeit, warum Gott die Welt nicht eher erschaffen habe, und wider die Lehre von der besten Welt. Wir wollen es dem Leser überlassen, sie in der Schrift selbst nachzusehen, und hier nur anmerken, daß sie aus der Leibnizischen Weltweisheit selbst genommen sind, dergleichen wider dieselbe nur sehr selten gemacht werden. Das *vierte* Gespräch endlich gehet größten Teils wider den Herrn *von Premontval*; es untersucht einen Gedanken, durch welchen dieser Weltweise von sich selbst auf den Satz des nicht zu Unterscheidenden gekommen zu sein versichert; es rettet die Leibniziander wegen des ihnen von eben demselben aufgedrungenen Ohngefehrs, nach welchem ihr Gott zu wirken genötiget sein soll; und bestärkt den Unterschied zwischen notwendigen und zufälligen Wahrheiten, welchen gleichfalls der Herr *von Premontval*, in dem Anhange zu seinen Gedanken über die Freiheit, gänzlich aufheben wollen. – – Mehr wollen wir von einigen Bogen nicht sagen, welche Liebhaber der höhern Weltweisheit schwerlich werden ungelesen lassen. Kostet in den Voßischen Buchläden hier und in Potsdam 5 Gr.

⟨28. Stück. 6. 3.⟩
Fables et Contes. à Paris chez Duchesne 1754. in 12mo. 10 Bogen. Aus der Aufschrift dieses Werks wird man es schwerlich schließen können, wie viel Anteil die Ehre des deutschen Witzes daran nimmt. Wir müssen also nur gleich sagen, daß sein Verfasser, welcher sich zwar nicht genennet hat, von dem wir aber wissen, daß es der Herr *Rivery*, Mitglied der Akademie zu Amiens, ist, den größten Teil seiner Fabeln und Erzehlungen einem unserer Dichter schuldig sei, dem noch niemand den Ruhm eines deutschen *la Fontaine* abgesprochen hat. Der Hr. Professor *Gellert* hat schon mehr als einmal den Verdruß gehabt, sich in unglücklichen Übersetzungen verstellet zu sehen; und es muß ihm daher notwendig angenehm sein, endlich in die Hände eines Gelehrten zu fallen, der alle Geschicklichkeit besitzt, ihm ungleich mehr Gerechtigkeit widerfahren zu lassen. Wir wollen damit nicht sagen, daß wir in den freien Übersetzungen des Herrn *Rivery* alle Schönheiten des Originals wiedergefunden hätten; wir müßten von der Unmöglichkeit solcher Übersetzungen gar nichts wissen wenn es uns auch nur eingekommen wäre, sie

darinne zu suchen. Wir haben uns begnügt, deren so viele zu finden, als nötig sind, es den Herren Franzosen wahrscheinlich zu machen, daß von Rechts wegen noch weit mehrere darinne sein müßten, wenn sie die Begierde für überflüssig halten sollten, einen *Gellert* in seiner Sprache lesen zu können. Doch nicht um diesen schönen Geist allein, sondern um die ganze deutsche Nation hat sich Herr *Rivery* verdient gemacht. Er hat nemlich eine Einleitung voran geschickt, in welcher er von unserer Literatur überhaupt Nachricht erteilt. Das, was er davon sagt, zeigt von eben so vieler Einsicht als Billigkeit; und wenn es ihm gelingen sollte, die Beistimmung seiner Landsleute zu erhalten, so werden es die Deutschen wieder vergessen können, daß ein *Bouhours* einmal eine abgeschmackte Frage getan hat. Seine Nachricht ist zwar die vollständigste gar nicht; allein wir müssen auch gestehen, daß wir diese Unvollständigkeit fast eben so gern, als ungern bemerkt haben. Sie wird allenfalls zu einer sehr nützlichen Ergänzung Gelegenheit geben, wenn man etwa in der Vorstellung des Herrn *Rivery* die deutschen Musen für so gar wichtig doch noch nicht ansehen sollte, die Aufmerksamkeit der Ausländer zu verlangen. Er kennet von unsern Neuern, außer dem Herrn *Gellert*, fast niemanden als einen *Günther*, einen *Hagedorn*, einen *Haller*, und einen *Rabner*. Es werden leicht die vornehmsten sein; das ist wahr. Allein die einzigen, die den schönen Wissenschaften bei uns Ehre machen, sind es ohne Zweifel nicht. Wir haben noch *Schlegels*, *Kramers*, *Gleime*, *Klopstocke*, *Kleiste*, *Utze*, *Zachariäs*, *Kästners*, *Bodmers* und *Wielande*, welche alle auch außer ihrem Vaterlande den erhaltnen Ruhm behaupten können.

⟨29. Stück. 8. 3.⟩
Wohlmeinender Unterricht für alle diejenigen, welche Zeitungen lesen, worinnen so wohl von dem nützlichen Gebrauche der gelehrten und politischen Zeitungen, als auch von ihrem Vorzuge, den einige vor andern haben, bescheidentlich gehandelt wird; nebst einem Anhange einiger fremden Wörter, die in den Zeitungen häufig vorkommen. Leipzig bey Chr. Fr. Geßner 1755. In 8vo. 22 Bogen. Wenn dieses Buch,

welches eigentlich zu nichts, als zum Nutzen der Zeitungsleser und zur Aufnahme der Zeitung selbst bestimmt ist, nicht verdienet, in den Zeitungen bekannt gemacht und angepriesen zu werden, so verdient es gewiß kein Buch in der Welt. Unsern Blättern soll man wenigstens den Vorwurf nicht machen, daß sie die Dankbarkeit so weit aus den Augen gesetzt und ein sträfliches Stillschweigen davon beobachtet hätten. Sie sollen vielmehr ihren Lesern melden, daß dieser *wohlmeinender Unterricht* halb ein neues und halb ein neuaufgewärmtes Buch ist, welches aus drei Hauptabteilungen besteht. Die *erste* handelt von den Zeitungen überhaupt, und untersucht in 9 Kapiteln mit einer ziemlich philosophischen Gründlichkeit, was man unter einer Zeitung verstehe, woher die Zeitungen ihren Ursprung haben, was für Sachen in den Zeitungen vorkommen, welcher vorzügliche Wert ihnen beizulegen, wie die Verfasser der Zeitung, besonders der politischen, beschaffen sein sollen, was sie für eine Schreibart und für einen Endzweck haben müssen, und endlich auch was sie für Leser verlangen. Die *zweite* Abteilung handelt von dem Nutzen der Zeitungen, von ihrem Nutzen überhaupt, von ihrem Nutzen an Höfen, von ihrem Nutzen auf Universitäten, von ihrem Nutzen in der Staatskunde, von ihrem Nutzen im geistlichen Stande, von ihrem Nutzen im Kriege, von ihrem Nutzen bei der Kaufmannschaft, von ihrem Nutzen im Hausstande, von ihrem Nutzen auf Reisen, von ihrem Nutzen in Gesellschaften, von ihrem Nutzen in Unglücksfällen. Kurz es ist sonnenklar, daß die Zeitungen das nützlichste Institutum sind, zu welchem die Erfindung der Buchdruckerei jemals Anlaß gegeben hat. Das Publicum kann leicht einsehen, daß man dieses ohne Absicht auf irgend einen Nutzen sagt, denn von dem Nutzen, den ihre Verleger daraus ziehen, steht kein Wort in dem ganzen Werkchen. Die *dritte* Abteilung endlich handelt von der Art, wie man den Nutzen, welchen die Zeitungen bringen, durch eine vernünftige Lesung derselben erhalten soll; aber mit dieser, wie wir frei gestehen müssen, sind wir gar nicht zufrieden. Der Verfasser will die Welt bereden, daß Zeitungsleser gewisse Naturgaben, gewisse Kenntnisse in der Genealogie, in der Wappenkunst, in der Weltbeschreibung, in der Geschichte, und wer weiß noch worinne haben müßten. Allein mit seiner Erlaubnis, das ist grundfalsch. Wer ein wenig Neugierde besitzt und das wenige Geld daran wenden will und kann, ist ein vollkommner Zeitungsleser; welches hiermit zur Nachricht dienet! Am Ende hat der Verfasser eine Nachricht von den in Deutschland bekanntesten Zeitungen beigefügt; allein an dieser Nachricht ist auch vieles auszusetzen. Besonders tadeln wir dieses daran, daß er *unsere* Zeitung nicht gleich obenan gesetzt hat. Wir hätten ihn noch ganz anders loben wollen! Kostet in den Voßischen Buchläden hier und in Potsdam 8 Gr.

⟨36. Stück. 25. 3.⟩
Gedanken von dem vorzüglichen Werth der Epischen Gedichte des Herrn Bodmers von J. G. S. Berlin 1754. In 8vo. 2 Bogen. Dieser kleine Aufsatz betrachtet die Gedichte des Herrn *Bodmers* von einer Seite, von welcher sehr selten Gedichte betrachtet werden, und eben so selten betrachtet werden können, weil ihre Verfasser keine größere Absicht damit gehabt haben, als ihre Kunst zu zeigen. Diese Seite ist diejenige, welche der rechtschaffne Mann weit eher als der Kunstrichter wahrnimmt, und die dem Kunstrichter nur alsdenn nicht unbemerkt entwischt, wenn er, wie der Verfasser dieser Gedanken, gegen das moralisch Schöne eben so fühlbar ist, als gegen das poetische. Die Kunst des Dichters also bei Seite gesetzt, welches hier um so viel leichter hat geschehen können, je entschiedner der Wert derselben bei Kennern bereits ist; wird gezeigt, daß die Bodmerschen Epopeen, nach ihrer Anlage, nach ihrem Inhalte und ihrer Absicht, einen sehr großen Vorzug vor den unsterblichsten Werken des Altertums verdienen. Ihre Absicht erstreckt sich viel weiter, als auf die Besserung der bürgerlichen Tugenden, welches das höchste ist, was man einem *Homer* und *Virgil* beimessen kann. Sie gehen auf die innere Besserung des Menschen, von welcher sein Schicksal jenseit des Lebens abhängt; und die Haupt-

lehre, auf welche der Dichter sich alles beziehen läßt, ist diese, daß die Gottesfurcht, oder die in dem Herzen würkende Religion unser höchstes Gut sei, und daß der Mangel derselben, und die daher entstehenden Laster uns notwendig unglücklich machen. Diesem Augenmerke gemäß wird kaum ein merkwürdiger Umstand des menschlichen Lebens, von dem Eintritte in dasselbe, bis auf den Abschied daraus, zu finden sein, davon man nicht an den Helden dieser Gedichte, die wahre Gemütsverfassung und das allein gute und würdige Betragen, auf die einnehmendste Art, vorgestellet sieht; keine Tugend, die nicht in ihrer vollkommnen Liebenswürdigkeit, und kein Laster, das nicht in seiner wahren Häßlichkeit und unglücklichen Folgen geschildert wird. Wie dieses alles die Bodmerschen Gedichte für eine jede Art von Lesern zu den nützlichsten Schriften machen muß, so findet der Herr S. auch noch eine andere Eigenschaft an ihnen, die sie vornehmlich bequem macht, der Jugend eine historische Kenntnis fast von allem, was der Umfang der Wissenschaften merkwürdiges in sich faßt, auf die beste Weise gelegentlich beizubringen. Denn Herr *Bodmer* scheint auch darinne ein neuer *Homer* zu sein, daß die ganze Wissenschaft seines Weltalters entweder darinne liegt, oder doch nicht undeutlich daraus geschlossen werden kann. etc. Kostet in den Voßischen Buchläden hier und in Potsdam 2 Gr.

⟨37. Stück. 27. 3.⟩
Geschichte des Herrn Carl Grandison, in Briefen entworfen von dem Verfasser der Pamela und Clarissa. Aus dem Englischen übersetzt. V. Band. Leipzig in der Weidemannischen Handlung 1755. In 8vo.
Dieser Band des, ohne Zweifel lehrreichsten Werks in seiner Art, ist ungemein rührend. Die Geschichte desselben betrifft die Wiederherstellung der Gräfin Clementina, die man in den vorigen Bänden hat kennen lernen. Wenn es auch wahr wäre, daß ihr Charakter überhaupt ein wenig unnatürlich sein sollte, so ist er doch in seinen Teilen mit so viel Kunst und Wahrheit geschildert, daß er unter diejenigen Phantasiebilder gehöret, die man den steifen und trocknen Nachschilderun-

gen der Natur mit allem Rechte vorzieht. Der Handel mit
dieser liebenswürdigen Enthusiastin schließt sich dem
Wunsche der Leser für ein anders Frauenzimmer, welches
gleich Anfangs eine so vorzügliche Rolle spielte, daß die Rolle
der Clementine nichts als nur eine zweite sein konnte, vollkommen gemäß. So begierig als man auf diesen Band
gewesen ist, eben so begierig und noch begieriger wird man
auf die beiden rückständigen werden. Kostet in den Voßischen Buchläden hier und in Potsdam 12 Gr.

⟨38. Stück. 29. 3.⟩
*Lieder, Erzählungen, Sinngedichte und ernsthafte Stücke. Leipzig in
Lankischens Handlung 1755. In 8vo. 6 Bogen.* Diese Sammlung
bestehet aus 45 kleinen Poesien, von welchen nur die drei
letztern etwas ernsthaftern Inhalts sind. Die meisten derselben sind sehr artig, nur daß die Versification oft härter ist, als
sie in solchen Spielen des Witzes sein sollte. Zur Probe kann
folgendes dienen.

An den Tod.

Tod, was willst du mit mir machen?
Küssen kann ich wohl und lachen,
Mädchens lieben, und beim Wein
Auch ein *kräftig* Trinklied *schrein.*

Tändelnd um die Schönen springen,
Spröder Mädchen Kuß erzwingen,
Lachen, wenn sie es *getan,*
Das ist alles was ich kann.

Aber sich so hinzulegen
Ohne Arm und Bein zu regen,
Stumm und beide Augen zu:
Tod! das kann ich nicht wie du.

Leichenweibern stille halten,
Niemals atmen, stets erkalten,
Bleicher sehn als dein Gesicht,
Glaub mirs Tod! das kann ich nicht.

Das Spielglück.

Man sagt, wer glücklich spielt, der soll unglücklich frein.
Allein ich wollte doch in beiden glücklich sein;

Denn wenn mir stets im Spiel so gut die Karten fielen,
Wer wehrte mir es denn, um eine Frau zu spielen?

Kostet in den Voßischen Buchläden hier und in Potsdam 4 Gr.

⟨41. Stück. 5. 4.⟩

De secta Elpisticorum variorum opuscula, junctim cum suis edidit, praefatione atque indicibus instruxit necessariis Joannes Christianus Leuschnerus A. M. Scholae Hirschbergensis Prorector. Lipsiae ex officina Langenheimiana 1755. In 4to. 9 Bogen. Die *Elpistiker* sollen eine philosophische Secte gewesen sein, von welcher man durchaus nichts wissen würde, wenn uns das einzige Zeugnis des *Plutarchs* fehlte. Und auch dieses ist von der Art, daß es wenig wahres lehren, aber desto mehr Gelegenheit zum Streiten geben kann. Der Herr D. *Heumann* war der erste, welcher in seinen *Actis Philosophorum* seine Gedanken etwas umständlicher darüber entdeckte, und aus den *Elpistikern* die Christen machte. Der Herr Pastor *Brucker* wehlte eine andre Meinung, und machte *Stoiker* daraus, welches der Herr D *Jöcher* hernach bis auf die *Cyniker* ausdehnte, und die Stoiker nur in so weit Elpistiker genennt wissen wollte, als man sie für Nachfolger der Cyniker halten könne. Die Aufsätze dieser drei Gelehrten nun, hat der Herr Prorector *Leuschner* zu sammeln für gut gefunden, und eine eigne Abhandlung gleiches Inhalts beigefügt, worin er sich für die Heumannische Meinung erklärt. Er giebt sich besonders Mühe, die Einwürfe welche *Brucker* und *Jöcher* darwider gemacht haben, zu heben; allein wir glauben nicht, daß er es überall mit gleichem Glücke getan hat. Auf die Schwierigkeit unter andern, daß die christliche Religion von der Beschaffenheit gar nicht gewesen, daß sie vom *Plutarch* für eine philosophische Secte hätte können gehalten werden, antwortet er sehr obenhin; und gleichwohl kann sie durch einen Umstand auf einen noch weit höhern Grad getrieben werden, der hier vielleicht nicht aus der Acht hätte sollen gelassen werden. Man weiß nemlich, was der jüngre *Plinius*, welcher ein Zeitgenosse des *Plutarchs* war, nach verschiedenen pflichtmäßigen Untersuchungen, von den Christen urteilte. Er macht sie zu einfältigen und abergläubischen Leuten. Ist es also wahrscheinlich, daß *Plutarch*, welcher wie gesagt zu eben den Zeiten lebte, da scharfsichtige Männer nichts als Einfalt und Aberglaube an den Christen finden konnten, daß, sage ich, *Plutarch*, welcher offenbar die Gelegenheit nicht gehabt hatte, sie näher als *Plinius* kennen zu lernen, sie für Philosophen sollte gehalten haben? Und er hätte sie, ohne Zweifel, sehr nahe kennen müssen, wenn er hätte wissen wollen, daß sich alle ihre Lehrsätze auf Glaube und *Hoffnung* gründeten. Der Gedanke überhaupt, die *Elpistiker* deswegen zu Christen zu machen, weil die Christen nach dem Wortverstande *Elpistiker* sein müssen, sieht mehr einer homiletischen Nutzanwendung ähnlich, als einer critischen Wahrscheinlichkeit. Wenn wir, zum Exempel, nur aus einer einzigen Stelle wüßten, daß es *Zetetiker* in der Welt gegeben habe, so wollte ich es nach der Heumannisch-Leuschnerischen Art sehr wahrscheinlich machen, daß diese *Zetetiker* Christen gewesen wären, weil den Christen das *Forschen* anbefohlen wird. Es klingt daher in einer Predigt ganz gut, wenn man sagt, die wahren Christen müssen *Zetetiker*, oder müssen *Elpistiker* sein; aber dieses umdrehen und sagen die *Elpistiker* waren Christen, mag im Grunde wohl eben so gut gesagt sein, als wenn man die *Zetetiker* zu Christen machte, nur daß dieses, wegen der Menge von Zeugnissen, sogleich kann widerlegt werden, und jenes nicht. So wenig wir aber für die Heumannische Meinung sind, eben so wenig sind wir auch für die *Bruckersche* oder *Jöchersche*; denn diese beide Männer haben offenbar nicht untersucht, was für eine Secte die Secte der *Elpistiker* gewesen, sondern nur welche von den alten Secten man die *Elpistische* nennen könnte. Sie haben also beide vorausgesetzt, daß die *Elpistiker* keine besondre Secte gewesen, und daß dieses Wort bloß ein Beiname einer andern Secte sei: und dieses hätten sie ganz gewiß nicht voraussetzen sollen. Denn wenn *Plutarch* die *Stoiker* oder *Cyniker* damit gemeint hätte, warum hätte er denn so bekannten Philosophen einen so unbekannten Namen gegeben? – – Wer waren denn nun aber die *Elpistiker*? — — Wir könnten vielleicht auch eine Mutmaßung vortragen; aber wir wollen lieber gleich sagen: wir wissen es nicht. So viel wisssen wir, daß es *Heumann, Brucker, Jöcher* und *Leuschner* auch nicht gewußt haben. — — Sonst hat der letztere obiger Sammlung auch noch eine andre Untersuchung beigefügt, die aber gar keine Verwandtschaft mit den Elpistikern hat. Sie betrifft das Zeugnis des *Procopius* von den *Tingitanischen* Säulen, und rettet besonders das darinne vorkommende *Navη* wider die Veränderung des Hn. *le Clerc*. — — Kostet in den Voßischen Buchläden hier und in Potsdam 4 Gr.

⟨44. Stück. 12. 4.⟩
Leben des Grotius, nebst der Historie seiner Schriften und der Staatsgeschäfte, welche er geführt hat; durch Herrn von Burigny beschrieben, mit Anmerkungen. Aus dem Französischen übersetzt. Leipzig in Lankischens Handlung 1755. In 8vo. 1 Alphb. 12 Bogen. Das Werk des Herrn von *Burigny* kann denjenigen ganz nützlich sein, welche gern einen so großen Mann, als *Grotius* war, näher kennen möchten, und weder die eignen Schriften desselben, noch andre Quellen zu Rate ziehen können. Eine deutsche Übersetzung würde daher nicht ganz vergebens gewesen sein, wenn sie nur in bessere Hände gefallen wäre; denn so, wie wir sie jetzt lesen, findet man fast auf allen Seiten die gröbsten Spuren, daß ihr Urheber weder Französisch noch Lateinisch, weder eines noch keines, muß verstanden haben. Wer wird es zum Exempel erraten können, was der *Hof der Gerechtigkeit* ist, wenn er nicht mehr Französisch versteht, als der Übersetzer? Und wenn dieser von dem *Grotius* sagt: *er beschäftigte sich dazumal am meisten mit dem Barreau*; so sollte man fast wetten, daß das gute *Barreau* hier für einen Schriftsteller angesehen worden. Ein alter griechischer Dichter der aus *Solis* gebürtig war, wird auf der 30 Seite zu einem französischen Edelmanne gemacht, der *Aratus de Sole* heißt. Auf eben dieser Seite werden *Fragmenta Prognosticorum* übersetzt durch Fragmente *der Weissager*; und man hätte doch wohl wissen sollen, daß *Prognostes* und *Prognosticon* nicht einerlei

wären, wenn man es auch nicht gewußt hätte, was diese Fragmente enthielten. Außer unzählig solchen unverantwortlichen Fehlern, hat der Übersetzer auch sonst Nachlässigkeiten gezeigt, die seine Arbeit fast ganz und gar unbrauchbar machen. Unter andern hat er die Rückweisungen in dem Buche fast immer französisch gelassen, und nicht einmal die Seiten nach seiner Übersetzung verändert. Wenn man also wissen will was *voyés plus haut pag. 25. not. (a)* heißt, so muß man nicht allein Französisch können, sondern man muß auch das französische Original besitzen; das ist, man muß die Übersetzung völlig entbehren können. Kostet in den Voßischen Buchläden hier und in Potsdam 12 Gr.

⟨45. Stück. 15. 4.⟩
Die Geschichte und Briefe des Abelards und der Eloise, in welchen ihr Unglück und die verdrießlichen Folgen ihrer Liebe beschrieben sind, nebst einem Gedichte Eloise an Abelard von Alexander Pope. Aus dem Englischen übersetzt. Berlin und Potsdam bey Chr. Fried. Voß 1755. In 8vo. 17 Bogen. Abälard war einer von den berühmtesten scholastischen Lehrern des zwölften Jahrhunderts. Es fehlt aber nicht viel, daß er nicht jetzt weit bekannter wegen seiner Liebshändel, als wegen seiner Gelehrsamkeit sein sollte. – – So ungewiß ist es, wodurch man seinen Namen am sichersten verewigen kann! Ob sichrer durch Verdienste, oder durch Ausschweifungen? – Die Heldin des *Abälards* hieß *Heloise* und war ein junges Frauenzimmer, das man seiner privat Unterweisung anvertrauet hatte, dem er aber nichts geschwinder und gründlicher lernte als die Liebe. Die Verstümmlung, welche diese unverlangte Anführung dem guten Abälard endlich kostete, war bei ihr nicht kräftig genug, alle die wollüstigen Ideen in ihrer Seele zu verlöschen, die sie mit dem Andenken ihres Lehrmeisters auch noch da verband, als sie, ihrem Stande gemäß, an nichts als den Himmel hätte denken sollen. Aus dem Kloster noch schrieb sie an ihren unbrauchbaren Geliebten Briefe, worinne man eine so erstaunliche Vermischung von Gottseligkeit und Lustbegierde, von heiliger und profaner Zärtlichkeit antrifft, daß

man schwerlich ein lebhafter Gemälde der menschlichen Natur in ihren Widersprüchen irgendwo antreffen wird. Diese Briefe nebst den Antworten des Abälard befinden sich in den Werken des letztern, und sind Anfangs von einer französischen Feder und hernach von einem Engländer so umschrieben worden, daß sie nirgends wider die Anständigkeit unsrer Zeiten verstoßen. Nach der letztern Umschreibung ist gegenwärtige Übersetzung von einem Manne veranstaltet worden, auf dessen Geschicklichkeit und Fleiß man sich auch in wichtigern Proben zu verlassen gelernt hat. Die vorgesetzte Geschichte dient statt einer Einleitung, und ist größten Teils aus den dahin gehörigen Artikeln des Baylischen Wörterbuchs gezogen. Das beigefügte Gedichte vom *Alexander Pope* ist allezeit für ein Meisterstück in seiner Art erkannt worden, und erscheinet hier in einer andern Übersetzung, als in der, in welcher es bereits vor einigen Jahren in einer Monatsschrift erschien. Kostet in den Voßischen Buchläden hier und in Potsdam 6 Gr.

⟨49. Stück. 24. 4.⟩

Versuch in Gedichten. Leipzig bey Johann Wendler 1755. In 8vo. 4 Bogen. Wenn diese Gedichte Versuche sind, so sind es doch gewiß nicht die ersten Versuche eines Verfassers, mit welchen nur derjenige das Publicum zu beschenken das Herz hat, welcher an den Erstlingen seiner Muse alle seine Kräfte verschwendet zu haben, fühlet. Sie bestehen größten Teils aus Oden und Liedern, voller Empfindungen der Freundschaft und Liebe. Der Ausdruck des Dichters ist edel, und seine Bilder sind angenehm. Zur Probe, wie anständig und fein er auch in seinen satyrischen Scherzen sei, wollen wir die ersten Strophen eines Liedes hersetzen, welches wir uns an einem andern Orte bereits gelesen zu haben erinnern. Es heißt *gute Werke:*

>   Trax wird gewarnt, nicht zu verschwenden,
>   Doch er vertut mit vollen Händen,
>   Bis er sich arm vertut.
>   Was hätt ich, fragt er, sparen sollen?

Ich habe nicht mehr sorgen wollen!
Das macht er gut!
  Amynt spricht, eh es Mädchen wagen,
Und ihrem Zwang und Stolz entsagen,
Vergeht mir Zeit und Mut.
Nein, junge Witwen sind mir lieber,
Bei denen ist das schon vorüber.
Das macht er gut.
  Daß unsre Dichter denken lernen
Und weit vom Bathos sich entfernen,
Bringt Stentorn fast in Wut.
Die Nachwelt, schreit er, wird einst lesen,
Daß ich daran nicht schuld gewesen!
Das macht er gut.

Kostet in den Voßischen Buchläden hier und in Potsdam 3 Gr.

⟨50. Stück. 26. 4.⟩
Gotth. Ephr. Leßings Theatralische Bibliothek. Zweytes Stück. Berlin bey Chr. Fried. Voß 1755. In 8vo. 18 Bogen. Die Einrichtung dieses Werks haben wir bei dem ersten Stücke bereits angezeigt. Zu Folge derselben fährt der Verfasser fort, Abhandlungen zu liefern, welche Teils in die Geschichte des Theaters, Teils in die Critik der theatralischen Dichtkunst und der vornehmsten dramatischen Werke alter und neuer Zeit einschlagen. Der erste Aufsatz in diesem zweiten Stücke handelt von den lateinischen Trauerspielen, die man unter dem Namen des *Seneca* kennet, aus welchen vors erste der rasende Herkules und Thyest weitläuftig bekannt gemacht werden. Nach einem kurzen Inhalte des erstern, lieset man einen Auszug, in welchen eine Übersetzung der schönsten Stellen eingeflochten wird. Hierauf folgt eine Beurteilung desselben und eine Vergleichung mit dem rasenden Herkules des *Euripides*; ferner werden einige unbillige Urteile des Pater *Brumoy* von diesem Stücke widerlegt, und die neuern Tragödienschreiber angeführt, welche eben denselben Stoff bearbeitet haben. Endlich wird ein Vorschlag für einen heutigen Dichter hin-

zugefügt, und gezeigt, wie man ein Stück nach dem neuern
Geschmacke daraus machen könne, was man dabei von dem
Euripides und was man von dem Römer beibehalten müsse.
Bei dieser Gelegenheit wird die Moral dieses Trauerspiels
untersucht, so wohl die, welche nach den beiden alten Mustern darin liegt, als auch die, welche in die vorgeschlagene
Nachahmung gebracht werden kann, und ohne Zweifel eine
von den erhabensten sein würde, die sich jemals ein Dichter
auf der Bühne zu lehren unterstanden hat. Beiläufig wird
auch noch ein Versuch über ein Stück des lateinischen Dichters gewagt, in welchem die Namen der redenden Personen
in Unordnung geraten sind. Fast auf gleiche Weise verfährt
der Verfasser mit dem Thyest. Nach einem ähnlichen Auszuge, und einer ähnlichen Beurteilung, wird von andern
alten Trauerspielen dieses Inhalts gehandelt, und aus innern
Gleichheiten wahrscheinlich erwiesen, daß der rasende Herkules und Thyest einen Verfasser haben müssen. Die neuern
Tragödien von der schrecklichsten Rache, die jemals unter
Brüdern verübet worden, werden dabey nicht vergessen,
und besonders wird der Atreus und Thyest des ältern Herrn
Crebillon näher betrachtet, und gezeigt wie unendlich weit er
unter dem Schrecklichen seines lateinischen Musters geblieben sei. Auch die übrigen lateinischen Trauerspiele will der
Verfasser in den folgenden Stücken auf gleiche Art durchgehen, und eine ähnliche Methode auch bei den Mustern der
Griechen beobachten. Der zweite Aufsatz enthält die Geschichte des italiänischen Theaters von dem Herrn *Ludewig*
Riccoboni, welcher eine Nachricht von ihrem Verfasser vorgesetzet worden. Der dritte liefert einen beurteilenden Auszug aus den zwei ersten regelmäßigen Tragödien der
Italiäner, der Sophonisbe des *Trissino* und der Rosemonde
des *Ruccelai*. Der vierte endlich giebt einen gleichen Auszug
aus der Calandra des *Bibiena*, der ersten italiänischen Komödie, welche nach den Regeln der Kunst abgefasset worden.
Kostet in den Voßischen Buchläden hier und in Potsdam
8 Gr.

⟨53. Stück. 3. 5.⟩
G. Ephr. Leßings Schriften, fünfter und sechster Theil. Berlin bey Chr. Fr. Voß 1755. In 12mo. 1 Alphb. 2 Bogen. Der Verfasser hat diese Teile ohne Vorrede in die Welt geschickt. Es wird daher kein Wunder sein, wenn wir in der Geschwindigkeit nicht viel mehr davon werden sagen können, als er selbst hat sagen wollen. Sie enthalten beide Schauspiele; und zwar jeder Teil ein großes Stück in fünf Aufzügen, und ein kleines in einem Aufzuge. Das große Stück im fünften Teile heißt *der Freigeist*. Diesen Charakter auf die Bühne zu bringen, kann so leicht nicht gewesen sein, und es wird auf das Urteil der Kenner ankommen, ob die Schwierigkeiten glücklich genug überwunden worden. Wer nicht zu lachen genug darin findet, mag sich an dem darauf folgenden Nachspiele *der Schatz* erholen. Wir wollen nicht entdecken, was es für eine Bewandtnis mit diesem Schatze habe, damit gewisse Kunstrichter desto zuversichtlicher sagen können, das Komische desselben falle nicht selten in das Possenhafte. Der sechste Teil fängt mit einem bürgerlichen Trauerspiele an, welches *Miß Sara Sampson* heißt. – Ein bürgerliches Trauerspiel! Mein Gott! Findet man in Gottscheds critischer Dichtkunst ein Wort von so einem Dinge? Dieser berühmte Lehrer hat nun länger als zwanzig Jahr seinem lieben Deutschland die drei Einheiten vorgepredigt, und dennoch wagt man es auch hier, die Einheit des Orts recht mit Willen zu übertreten. Was soll daraus werden? – Das kleine Stück, welches den sechsten Teil beschließt, heißt der *Misogyn*. Der Verfasser hätte wohl können sagen *der Weiberfeind*. Denn ist es nicht abgeschmackt seinen Sohn *Theophilus* zu nennen, wenn man ihn *Gottlieb* nennen kann? Kostet in den Voßischen Buchläden hier und in Potsdam 16 Gr.

⟨54. Stück. 6. 5.⟩
Begebenheiten des Roderich Random. Aus der dritten englischen Ausgabe übersetzt. Zweyter Theil. Hamburg bey Chr. Wilhelm Brandt 1755. 1 Alphb. 6 Bogen. Auch dieser Teil ist voller wunderlichen Auftritte aus dem Leben eines Herumschweifers, der ohne

Charakter, ohne Sitten und ohne Absichten vorgestellet wird. Die längste Rolle die er darinne spielt, ist die Rolle eines Stutzers der in dem Glanze geborgter Kleider nach einer Frau ausgeht, und durch sein äußerliches Ansehen eine alte wollüstige Witwe oder eine unbedachtsame Erbin ins Garn zu locken sucht. An Erfindungskraft mag es dem Verfasser nicht gefehlt haben; denn auf einer Seite von ihm kömmt oft mehr Geschichte vor, als bei andern seiner Landsleute auf hundert Seiten. Und doch ist er ihnen deswegen so wenig vorzuziehen, daß man vielmehr sein Buch unter die fast unnützen Bücher in ihrer Art rechnen muß, welche zwar das Gedächtnis mit mannigfaltigen Begebenheiten überhäufen und müßige Leser auf einige Stunden beschäftigen, dem Geiste aber weder zu nützlichen Betrachtungen, noch dem Herze zu guten Entschließungen Gelegenheit geben. Kostet in den Voßischen Buchläden hier und in Potsdam 10 Gr.

⟨55. Stück. 8. 5.⟩
Johann Hübners kurze Fragen aus der neuen und alten Geographie, bis auf gegenwärtige Zeit sorgfältig fortgesetzt, auch mit neuen Zusätzen vermehrt und durchgehends nach dem neuesten Zustand der politischen Welt verbessert, nebst einer nützlichen Einleitung vor die Anfänger und Vorrede von den besten Landcharten. Regenspurg und Wien, im Verlag E. F. Baders 1755. 2 Alphb. 11 Bogen. Dieses unzählichmal aufgelegte geographische Schulbuch erscheint nunmehr in einer andern Gestalt. Man hat nemlich anstatt des Duodezformats, welches durch die ziemliche Dicke unförmlich ward, das Octavformat erwehlt; und dieses ist, ohne Zweifel, die am meisten in die Augen fallende Veränderung, die man damit vorgenommen hat. Wir wollen dadurch aber nicht zu verstehen geben, als ob die übrigen Veränderungen nicht auch merklich genug wären. Sie sind es allerdings, und besonders wird man von vielen Orten eine richtigere Lage bestimmt, und von diesem und jenem Lande eine bessere und anjetzt gebräuchliche Einteilung gemacht finden. So ist, zum Exempel, das Reich Ungarn auf die Art

des *Szazky*, welches die neueste und jetzt allein wahre Art ist, abgeteilet worden. Die Beschreibung von Schweden ist nach *Tunelds* schwedischer Geographie vielfältig verbessert worden; und bei Amerika hat man sich des Brittischen Reichs in Amerika und der Beschreibung der Länder und Völker dieses Weltteils mit Nutzen bedient. Ob aber die Druckfehler sorgfältiger, als bei den vorhergehenden Ausgaben, vermieden worden, werden diejenigen selbst am besten sehen können, die einen fleißigen Gebrauch davon zu machen belieben wollen. Kostet in den Voßischen Buchläden hier und in Potsdam 16 Gr.

⟨58. Stück. 15. 5.⟩
Neuere Geschichte der Chineser, Japaner, Indianer, Persianer, Türken und Russen etc. Als eine Fortsetzung von Rollins älterer Geschichte. Aus dem Französischen übersetzt und mit einigen Anmerkungen versehen. Erster Theil. Berlin bey Chr. Friedr. Voß 1755. In 8vo. 1 Alphb. 8 Bogen. Wir haben bereits, bei Gelegenheit der französischen Urschrift, den Plan dieses Werks angezeigt. Es ist eben derselbe, welchen sich *Rollin* in den erstern Teilen seiner ältern Geschichte gemacht zu haben schien, wo er sich auf eine kleine Anzahl merkwürdiger Begebenheiten einschränkt, und ohne sich bei bloß historischen Umständen aufzuhalten, zu wichtigern Untersuchungen des Wachstums der Künste, der Merkwürdigkeiten der Natur, der vornehmsten Gesetze und Gebräuche etc. fortgehet. Eben so verfährt der Verfasser dieser neuern Geschichte, bei welchem man etwas mehr als eine forteilende Sammlung von Belagerungen, Schlachten, Revolutionen und Kriegen suchen muß. Er setzt erstlich alles, was den Ursprung und das Wachstum jeder Nation betrifft, auseinander. Hierauf zeigt er die Epochen, die merkwürdigsten Umstände ihrer ersten Einrichtung, die Ordnung ihrer Dynastien, und macht die berühmtesten Fürsten derselben bekannt. Er bemerket ferner mit ziemlicher Genauigkeit die Lage, die Größe, die Grenzen jedes Reichs, die vornehmsten Städte derselben, die größten Merkwürdigkeiten und die Denkmale der

Kunst, nebst dem, was die Natur besonders darin hervorbringt. Endlich lehrt er das Genie jedes Volks, seine Regierungsform, seinen Gottesdienst, seine Sitten und Gebräuche kennen. Nach dieser Einrichtung findet man in diesem ersten Teile die Geschichte der Chineser abgehandelt, eines Volks, welches unter allen in neuern Zeiten bekannt gewordnen Völkern ohne Zweifel die meiste Aufmerksamkeit verdienet. Die deutsche Übersetzung hat den Herrn *Zachariä* in Braunschweig zum Verfasser, welcher schon in eignen Werken gezeigt hat, daß er weit mehr als Übersetzen könne. Es wäre überhaupt ein Glück, wenn alle diejenigen das Übersetzen wollten bleiben lassen, welche nichts als Übersetzen können, und wenn sich nur solche Gelehrte von Zeit zu Zeit damit beschäftigen wollten, denen man den Vorwurf nicht machen kann, daß sie nichts bessers anzufangen wüßten. Der Anmerkungen, welche Herr *Zachariä* hinzugetan, sind zwar wenige; man wird sie aber allezeit an dem rechten Orte angebracht finden: eine Geschicklichkeit, welche die wenigsten unserer Notenschreiber besitzen. Kostet in den Voßischen Buchläden hier und in Potsdam 12 Gr.

⟨59. Stück. 17. 5.⟩

Das Leben des Herrn von Haller, von D. Johann Georg Zimmermann, Stadtphysicus in Brugg. Zürich bey Heidegger und Compagnie 1755. In 8vo. 1 Alphb. 7 Bogen. Der Herr von *Haller* gehört unter die glücklichen Gelehrten, welche schon bei ihrem Leben eines ausgebreitetern Ruhms genießen, als nur wenige erst nach ihrem Tode teilhaft werden. Dieses Vorzugs hat er sich unwidersprechlich durch überwiegende Verdienste würdig gemacht, die ihn auch noch bei der spätesten Nachwelt eben so groß erhalten werden, als er jetzt in unparteiischen Augen scheinen muß. Sein Leben beschreiben heißt nicht, einen bloßen Dichter, oder einen bloßen Zergliedrer, oder einen bloßen Kräuterkundigen, sondern einen Mann zum Muster aufstellen,

— — — — — *whose Mind*
Contains a world, and seems for all things fram'd.

Man ist daher dem Herrn D. *Zimmermann* alle Erkenntlichkeit schuldig, daß er uns die nähere Nachrichten nicht vorenthalten wollen, die er, als ein vertrauter Schüler des Herrn von *Haller*, am zuverlässigsten von ihm haben konnte. Alle die, welche überzeugt sind, daß die Ehre des deutschen Namens am meisten auf der Ehre der deutschen Geister beruhe, werden ihn mit Vergnügen lesen, und nur diejenigen werden eine höhnische Miene machen, welchen alle Ehrenbezeigungen unnütz verschwendet zu sein scheinen, die ihnen nicht widerfahren. Ein Auszug aus dieser Lebensbeschreibung würde uns leichter fallen, als er dem Leser vielleicht in der Kürze, welche wir dabei beobachten müßten, angenehm sein würde. Der Herr D. *Zimmermann* ist keiner von den trocknen Biographen, die ihr Augenmerk auf nichts höhers als auf kleine chronologische Umstände richten, und uns einen Gelehrten genugsam bekannt zu machen glauben, wenn sie die Jahre seiner Geburt, seiner Beförderungen, seiner ehelichen Verbindungen und dergleichen angeben. Er folgt seinem Helden nicht nur durch alle die merkwürdigsten Veränderungen seines Lebens, sondern auch durch alle die Wissenschaften, in denen er sich gezeigt, und durch alle die Anstalten, die er zur Aufnahme derselben an mehr als einem Orte gemacht hat. Dabei erhebt er sich zwar über den Ton eines kalten Geschichtschreibers; allein von der Hitze eines schwärmerischen Panegyristen bleibt er doch noch weit genug entfernt, als daß man bei seiner Erzehlung freundschaftliche Verblendungen besorgen dürfte. Kostet in den Voßischen Buchläden hier und in Potsdam auf Druckpapier 16 Gr. und auf Schreibpapier 1 Rtlr.

⟨62. Stück. 24. 5.⟩

La Oille. Melange ou Assemblage de divers mets pour tous les gouts par un vieux Cuisinier Gaulois, à Constantinople l'an de l'ere chret. 1755, de l'Hegire 1233 in 12. 14 Bogen. Ein ziemlich lächerlicher Titel zu einem ganz ernsthaften Buche. Diese Potage nemlich, oder dieser Mischmasch von verschiednen Gerichten, die ein alter Gallischer Koch für jedes Geschmack zugerichtet haben will, bestehet aus vierhundert kurzen moralischen Betrachtungen über verschiedne Gegenstände. Es ist eine Art von Maximenbuche, die aber kein *Rochefoucault* geschrieben hat, sondern ein guter ehrlicher Sprachmeister, welcher in seine Themata doch noch Menschenverstand hat bringen wollen. Aus ein Paar kleinen Proben mag man von dem Reste urteilen, welcher nichts besser und nichts schlechter ist. »*Der Zorn.* Der Zorn kann bei dir wohl auf einige Stunden gleichsam durchziehen, aber eine ganze Nacht muß er sich nicht aufhalten. Ein fortgesetzter Zorn kehret sich in Haß, und aus Haß wird Bosheit. Kein Zorn ist zu entschuldigen, welcher zwei Sonnen gesehen hat. *Sicherheit.* So oft dir das Fleisch seine Lüste vorstellt, so denke an die Gefahr, die dabei ist. Wenn dich die Welt mit eiteln Hoffnungen erfüllt, so erfülle dich selbst mit wirklicher und gegründeter Furcht! Wo du siehest, daß der Teufel gleichsam Essig hinzu tut, da tue du Öl hinzu! Das wahre Geheimnis in Sicherheit zu sein, ist, sich nie in Sicherheit zu sein dünken.« Kostet in den Voßischen Buchläden hier und in Potsdam 12 Gr.

⟨64. Stück. 29. 5.⟩
Edward Grandisons Geschichte in Görlitz. Berlin bey Chr. Fried. Voß 1755. In 8vo. 8 Bogen. Wir wollen es nur gleich sagen, daß diese Schrift etwas ganz anders enthält, als der Titel zu versprechen scheinet. Der Name Grandison wird an eine Geschichte denken lassen, in welcher die Kunst ihre größte Stärke angewandt hat, das menschliche Herz auf allen Seiten zu rühren, um es durch diese Rührungen zu bessern. Wenn nun der Leser so etwas erwartet, wider Vermuten aber eine kleine Geschichte des Geschmacks unter den Deutschen findet, so wird er sich zwar Anfangs getäuscht glauben, allein am Ende wird er diese Täuschung doch ganz gerne zufrieden sein. Wir haben dieses zu vermuten, um so vielmehr Grund, je lebhafter wir überzeugt sind, daß die jetzt herrschenden Streitigkeiten in dem Reiche des deutschen Witzes nirgends so kurz, so deutlich, so bescheiden, als in diesen wenigen Bogen, vorgetragen worden. Die Verfasser

sind dabei in ihrer Unparteilichkeit so weit gegangen, daß sie einem *Gottsched* und einem *Schönaich* weit gehr mehr Einsicht beilegen, weit mehr Gründe in den Mund geben, als sie jemals gezeigt haben, und sie ihre schlechte Sache weit besser verteidigen lassen, als es von ihnen selbst zu erwarten steht. Ein wie viel leichters Spiel würden sie ihren Widerlegungen und ihrer Satyre haben machen können, wenn sie die Einfalt des einen in allem ihren dictatorischen Stolze, und die Possenreisserei des andern in aller ihrer wendischen Grobheit aufgeführet hätten. Doch sie wollten ihre Leser mehr überzeugen, als betäuben; und der Beitritt eines einzigen, den sie durch Gründe erzwingen, wird ihnen angenehmer sein, als das jauchzende Geschrei ganzer Klassen, wo es gutherzige Knaben aus Furcht der Rute bekennen müssen, daß *Gottsched* ein großer Mann und *Schönaich* ein deutscher Virgil sei. Kostet in den Voßischen Buchläden hier und in Potsdam 3 Gr.

⟨71. Stück. 14. 6.⟩
M. Johann George Hagers, Rector zu Chemnitz, kleine Geographie vor die Anfänger. Chemnitz bey Joh. Christoph und Johann David Stössel 1755. In 8vo. 2 Alphb. 6 Bogen. Da die ausführliche Geographie des Herrn *Hagers*, welche vor einigen Jahren in drei Octavbänden herauskam, so vielen Beifall gefunden, daß sie nicht allein in verschiedne öffentliche Schulen eingeführet, sondern auch in nicht langer Zeit mehr als einmal der Presse übergeben worden: so ist zu hoffen, daß auch dieser Auszug seine Gönner finden werde. Er ist für die Anfänger ungleich brauchbarer, als das große Werk, und man darf nicht glauben, daß es eben so gar leicht gewesen ist, ihn zu verfertigen. Eine vieljährige Erfahrung ist ihrem Verfasser dabei zu statten gekommen, durch die er einsehen lernen, was eigentlich jungen Leuten in diesem Studio unumgänglich zu wissen nötig sei, wenn sie in der Folge etwas mehrers darinne tun wollen. Er hat dabei überall seine erste Lehrart gebraucht, und die gleich Anfangs beliebte Einrichtung beibehalten, damit, wenn man einmal in dieser kleinen Geographie einen

tüchtigen Grund gelegt, man hernach durch die größere mit leichter Mühe desto mehr darauf bauen könne. Kostet in den Voßischen Buchläden hier und in Potsdam 16 Gr.

⟨73. Stück. 19. 6.⟩

Sammlung einiger Predigten von Johann Andreas Cramer, Königl. Dän. Hofprediger. Erster Theil. Kopenhagen verlegts Franz Chr. Mumme 1755. In 8vo. 1 Alphb. 8 Bogen. Wem der Verfasser dieser Predigten als einer unserer größten Dichter, wem er als der Übersetzer des *Chrysostomus* bekannt ist, der wird sich gewiß auch einen sehr vorzüglich geistlichen Redner an ihm versprechen. Denn ist es wohl glaublich, daß ein Mann, welcher, dem Zwange des Sylbenmaßes und des Reimes zum Trotze, überall lehrreich, rührend, feurig und erhaben ist, alles dieses zu sein aufhören sollte, wenn er jener Fesseln entbunden ist? Mit diesem Vorurteile, ohne Zweifel, wird man gegenwärtige Sammlung zu lesen anfangen, und sie durchgelesen haben, ohne es falsch zu finden. Sie bestehet aus achtzehen Predigten, die er zu verschiednen Zeiten gehalten, und die uns alle in eben demselben Zustande mitgeteilet werden, wie er sie gehalten hat. Die *erste* handelt von den herrlichen Vorzügen der Gotteshäuser; die *zweite*, von der Dankbarkeit gegen die Gütigkeit Gottes; die *dritte*, von der Vorbereitung zum Tode; die *vierte*, von der eingeschränkten Mitteilung der besondern und nähern Offenbarung Gottes; die *fünfte*, von der Strafbarkeit der Klagen wider Gott; die *sechste*, von der Unempfindlichkeit gegen die Religion; die *siebende*, von dem unschätzbaren Werte des durch Christum uns erworbnen Friedens; die *achte*, von der wahren Glückseligkeit als einer gewissen Folge der tätigen Liebe gegen Jesum; die *neunte*, von der Erhöhung der Gläubigen durch die Erhöhung Jesu; die *zehnte*, von der Schuldigkeit der Menschen, Gott in allen ihren Handlungen zu verherrlichen; die *eilfte*, von der Wundergabe der Apostel, fremde Sprachen zu reden, als einem unumstößlichen Beweise der christlichen Religion; die *zwölfte*, von dem Verhalten der guten Schafe Jesu Christi; die *dreizehnte*, von der Unbegreiflichkeit Gottes; die *vierzehnte*, wider den Menschenhaß; die *funfzehnte*, von dem Unterschiede der gegenwärtigen und der zukünftigen Welt in Absicht auf die Gläubigen; die *sechzehnte*, wider die Selbstrache; die *siebenzehnte*, von der Beständigkeit im Taufbunde; und die *achtzehnte*, über die Gewißheit der Gläubigen von ihrer künftigen Seligkeit. Kostet in den Voßischen Buchläden hier und in Potsdam 16 Gr.

⟨74. Stück. 21. 6.⟩
Vermischte Schriften von Abraham Gotthelf Kästner. Altenburg in der Richterischen Buchhandlung 1755. In 8vo. 18 Bogen. Selten werden sich der Gelehrte und der Philosoph, noch seltner der Philosoph und der Meßkünstler, am aller seltensten der Meßkünstler und der schöne Geist in einer Person beisammen finden. Alle vier Titel aber zu vereinen, kömmt nur dem wahrhaften *Genie* zu, das sich für die menschliche Erkenntnis überhaupt, und nicht bloß für einzle Teile derselben, geschaffen zu sein fühlet. Der Herr Professor *Kästner* – Doch die formellen Lobsprüche sind ekelhaft, und ohne Zweifel haben die meisten unsrer Leser schon längst von selbst die Anmerkung gemacht, daß sich auch noch mehrere, als ihrer vier, in die Verdienste dieses Mannes ganz reichlich teilen könnten. Gegenwärtige vermischte Schriften allein könnten auch dem besten unsrer witzigen Köpfe einen Namen machen, dessen er sich nicht zu schämen hätte, und den er, mehr erschlichen als verdient zu haben, sich nicht vorwerfen dürfte. Mehr wollen wir nicht davon sagen, sondern nur noch überhaupt melden, daß sie aus prosaischen Abhandlungen, aus Lehrgedichten, aus Oden, aus Elegien, aus Fabeln, aus Sinngedichten, aus Parodien, aus lateinischen Gedichten, und aus Briefen bestehen. Daß man sie lesen wird; daß man sie, auch ohne Anpreisung, häufig lesen wird; ist gewiß. Die wenigen Sinngedichte also, die wir daraus hersetzen wollen, sollen mehr zu unserm eignen Vergnügen, als zu einer unnötigen Probe, angeführt sein.

Charakter des Herrn de la Mettrie
nach dem Entwurfe des Herrn von Maupertuis.

Ein gutes Herz, verwirrte Phantasie,
Das heißt auf Deutsch: ein Narr war la Mettrie.
An einen Freimäurer.

Der Brüderschaft Geheimnis zu ergründen,
Plagt dich, *Neran*, mein kühner Vorwitz nicht;
Von einem nur wünscht ich mir Unterricht:
Was ist an dir *Ehrwürdiges* zu finden?

Das Totenopfer an den Herrn Baron von Kroneck nach Neapolis.

Mein *Kroneck*, *Maros* Geist schwebt noch um seine Gruft,
Wenn du dort Lorbeern brichst, so hör auch, was er ruft:
Zu Ehren hat mir sonst ein Martial gelodert,
Von dir, o Deutscher, wird ein *Schönaich* jetzt gefodert.

Eines Sachsen Wunsch auf Carl den XII.

Held, der uns so gepreßt, dein eifriges Bestreben
War: spät im eiteln Hauch der letzten Welt zu leben:
Doch wird mein Wunsch erfüllt (die Rache giebt ihn ein)
So soll einst dein Homer ein zweiter *Schönaich* sein.

Wir müssen erinnern, daß in den zwei letzten Sinnschriften, anstatt des Namens *Schönaich*, welches ein gewisser Poet in der Niederlausitz ist, bloß ein leerer Platz gelassen worden, ihn nach Belieben mit einem von den zweisylbigen Namen unserer Heldendichter zu füllen. Unser Belieben fiel auf genannten Herrn Baron von *Schönaich*, von dessen neuesten Schriften wir nächstens reden wollen. Kostet in den Voßischen Buchläden hier und in Potsdam 12 Gr.

⟨75. Stück. 24. 6.⟩

Le Theatre Bavarois ou Recueil des plus celebres Pieces du Theatre representées à Munic. Tome I. à Augsbourg chez Merz et Maier 1755. In 8vo. Diese *Bayrische Schaubühne* ist nichts als eine Sammlung französischer Komödien und Tragödien, welche eine Gesellschaft Schauspieler in München aufgeführt hat. In diesem ersten Teile kommen zwölf Stück vor, worunter kein einziges ist, welches nicht schon bekannt wäre. Es wäre sehr gut, wenn auch kein einziges darunter wäre, welches nicht bekannt zu sein verdiente. *La Grange Chancel*, *Campistron* und dergleichen Leute, erhalten zu viel Ehre, wenn sie mit einem *Racine* und *Voltaire* in Gesellschaft versetzt werden. Außer dem *Hadrianus* und dem *Amasis* jener beiden Stümper, und der *Athalie* und *Alzire* dieser beiden Meister, kommen darinne vor: *Cenie*, das rührende Lustspiel der Frau von *Graffigny*; *la Coquette fixée*, in drei Aufzügen; *le Comte de Neuilli*, eine heroische Komödie des Herrn von *Boissy*; des *Moliere Comtesse d'Escarpagnas*; *l'Amour secret* des jüngern *Poisson*; *le Babillard*, des Herrn von *Boissy*; ebendesselben Verfassers *Amours anonymes*; und des *Hauteroche* Nachspiel *le Cocher*. Kostet in den Voßischen Buchläden hier und in Potsdam 1 Rtlr. 16 Gr.

⟨76. Stück. 26. 6.⟩
Sittliche Reitzungen der Tugend und des Vergnügens. I Bandes I Theil. Königsberg und Leipzig bey Joh. Fried. Petersen 1755. In 8vo. 14 Bogen.
Man wird es gleich dem Titel ohngefehr ansehen, daß dieses der Anfang einer neuen periodischen Schrift ist, welche durch abwechselnde prosaische und poetische Aufsätze dem Leser so nützlich als angenehm zu machen, sich verschiedne Verfasser verbunden haben. Ein sehr günstiges Vorurteil dafür zu erwecken, dürfen wir nur sagen, daß der Herr Magister *Lindner* die Aufsicht darüber führt. Der Verfasser der *Daphne* hat sich unter den sinnreichen Schriftstellern einen viel zu rühmlichen Platz erworben, als daß man von seinem Geschmacke und seiner Beurteilungskraft die Einrückung solcher Stücke befürchten dürfte, mit welchen sich seine eignen Aufsätze in Gesellschaft zu sein schämen müßten. In diesem ersten Teile nehmen sich vornehmlich Siegfried oder der Herrnhuter, und die Geschichte der Benigne Tavernier aus. Das erste ist ein satyrisches Heldengedicht auf jenen gräflichen Schwärmer, wenn er nicht noch etwas übles ist, als ein Schwärmer. Es kommen hier nur die ersten fünf Gesänge vor, welche ungemein viel artige Stellen und eine Menge ernsthafter und richtiger Gedanken haben, die dem Gedichte mit unsern bisherigen komischen Helden-

gedichten wenig ähnliches lassen. Die Geschichte der Tavernier ist in Briefen abgefaßt, und sehr rührend. Außer diesen, findet man Betrachtungen über die wahre Ehre; eine Beurteilung der Ackermannischen Gesellschaft, welcher in dem, was sie von den Gliedern derselben gutes sagt, diejenigen, die sie zu sehen Gelegenheit gehabt, mit Vergnügen Beifall geben werden; verschiedne Oden und andre Gedichte aus kleinern Gattungen. Von den letztern wollen wir folgendes zur Probe hersetzen:

Der tödliche Kuß.

Mein Schäfer spricht, ich soll ihn küssen,
Jedoch ich müßte töricht sein,
Die Mutter schärfte mir ja ein,
Ich sollte keinen Schäfer küssen,
Sonst würd ich plötzlich sterben müssen.
Zu sterben wäre noch zu früh,
Nein, Schäfer, nein, ich küß dich nie;
Doch aber möcht ich noch wohl wissen,
Wer dir verboten mich zu küssen?

Kostet in den Voßischen Buchläden hier und in Potsdam 6 Gr.

⟨79. Stück. 3. 7.⟩
Die Hofmeisterin, erster Theil. Bernburg bey Christ. Gottf. Cörnern 1755. In 8vo. Dieses ist die Fortsetzung derjenigen Wochenschrift, welche in den Jahren 53 und 54 zu Leipzig unter dem Titel, der *Hofmeister*, erschien, und bis zu drei Bänden anwuchs. Mehr wissen wir nicht von ihm, denn, Gott sei Dank, wir haben ihn nicht gelesen. Er kann gut, er kann sehr gut sein. Wenn er es aber ist, so betauern wir ihn herzlich, daß er sein Lehramt einer alten Plaudertasche abtreten müssen, deren vornehmste Absicht, ohne Zweifel, gewesen ist, sich auf ihre alten Tage die Stelle einer Ausgeberin auf den Gütern des Wendischen Sängers zu erloben. – – Kann man sich es einbilden! Sie wollte, wie sie selber sagt, in ihren Blättern, dem *Hermann* des Baron *Schönaichs* eben dieselben Dienste leisten, die *Addison* ehedem dem *Milton* leistete. »Nicht, als

wenn ich mich, fährt sie fort, mit dem Addison, oder den Hermann mit dem verlornen Paradiese vergliche. Ich muß mich gegen den Zuschauer verstecken; hingegen wird niemand ohne Parteilichkeit, die englische Epopee unsrer deutschen vorziehen.« Hierauf macht sie in dem sechsten, zwölften, zwanzigsten und fünf und vierzigsten Stücke einen Auszug aus dem Hermann, der mit so vielen abgeschmackten und jämmerlichen Lobsprüchen durchflochten ist, daß wir fast gezwungen auf den Einfall geraten sind, der Baron *Schönaich* müsse ihn selbst gemacht haben. Wenn das ist, so hat alles seine Richtigkeit! – – Sollen wir auch von den übrigen Stücken der Hofmeisterin etwas sagen? Wir können es kurz fassen; es ist unglaublich, daß ein Schriftsteller oder eine Schriftstellerin, die auf eine solche Art den Geschmack der Leser verbessern will, auf eine glücklichere die Sitten derselben verbessern werde. Kostet in den Voßischen Buchläden hier und in Potsdam 1 Rtlr.

⟨82. Stück. 10. 7.⟩
Discours sur l'origine et les fondemens de l'inegalité parmi les hommes, par Jean Jaques Rousseau, Citoyen de Geneve. à Amsterdam chez Marc Michel Rey 1755. In 8vo. 1 Alphb. Dieses ist eine ganz neue Schrift desjenigen Gelehrten, welcher Philosoph genug war, den Künsten und Wissenschaften keinen größern Einfluß auf die Sitten der Menschen einzuräumen, als sie wirklich haben, und darüber eine Streitigkeit erregte, die sehr lehrreich hätte werden können, wenn sich in Frankreich nicht fast eben so kleine Geister damit abgegeben hätten, als in Deutschland, wo ein gewisser Schulmeister seine gutherzige Knaben davon declamieren ließ. Man hat es abermals einer Aufgabe der Akademie von Dijon zu danken, daß uns Herr *Rousseau* seine Meinung von dem Ursprung und den Ursachen der Ungleichheit unter den Menschen mitteilet; und wir können keinen kürzern Begriff davon machen, als wenn wir sagen, daß diese Ausführung der erstern, welche der akademischen Krönung vollkommen würdig gewesen war, in mehrern und wesentlichern Stücken, als in der Art des

Vortrages, ähnlich geraten sei. Die jetzt unter den Menschen übliche Ungleichheit scheinet nemlich, an ihm keinen größern Gönner gefunden zu haben, als die Gelehrsamkeit an ihm fand, in so fern sie den Menschen tugendhafter wollte gemacht haben. Er ist noch überall der kühne Weltweise, welcher keine Vorurteile, wenn sie auch noch so allgemein gebilliget wären, ansiehet, sondern graden Weges auf die Wahrheit zugehet, ohne sich um die Scheinwahrheiten, die er ihr bei jedem Tritte aufopfern muß, zu bekümmern. Sein Herz hat dabei an allen seinen speculativischen Betrachtungen Anteil genommen, und er spricht folglich aus einem ganz andern Tone, als ein feiler Sophist zu sprechen pflegt, welchen Eigennutz oder Prahlerei zum Lehrer der Weisheit gemacht haben. Da diese Eigenschaften alles was er schreibt, auch da noch, lesenswürdig machen müssen, wenn man seiner Meinung nicht beitreten kann; so wird es hoffentlich dem deutschen Publico angenehm sein, wenn wir ihm eine Übersetzung dieses neuen Rousseauischen Werks voraus ankündigen. Es ist ein Mann von Einsicht und Geschmack, welcher sie unternommen hat, und wir sind gewiß, daß er beides bei einer Arbeit zeigen wird, bei welcher die meisten nur Kenntnis der Sprachen zu zeigen gewohnt sind. Sie wird in den Voßischen Buchläden an das Licht treten, wo jetzt die französische Urschrift für 22 Gr. zu haben ist.

⟨85. Stück. 17. 7.⟩
Anmerkungen über die Kirchenhistorie von Johann Jortin. Erster Theil. Aus dem Englischen übersetzt von J. P. C. Bremen bey Gerhard Wilh. Rump 1755. In 8vo. 1 Alphb. 5 Bogen. Von diesen Anmerkungen sind in der Grundsprache drei Teile heraus, welche seit 1751 nach und nach an das Licht getreten sind. Die Gelegenheit dazu gaben dem Verfasser einige heilige Reden, die er, der bekannten Boylischen Stiftung gemäß, zur Verteidigung der christlichen Religion gehalten hatte. Eine derselben handelte von den Weissagungen, und eine andre von den Wundern. Da er nun nicht Willens war, sie als Predigten drucken zu lassen, so zog er nur die Materialien

heraus, und schlug alle dabei gemachte critische Anmerkungen dazu, die er auf der Kanzel nicht hatte anbringen können. Ob nun also gleich in diesem ersten Teile die Weissagungen und ihr Nutzen in Absicht auf die christliche Religion, das vornehmste Augenmerk unsers Schriftstellers sein sollen; so darf man es sich doch gar nicht befremden lassen, ihn auf allen Seiten ausschweifen zu sehen. Genug, daß seine Ausschweifungen durchgängig gelehrt, scharfsinnig und neu sind; und wer so ausschweift, verdient ohne Zweifel mehr Lob, als der genaueste Beobachter der Methode, der auch den schönsten Blumen entsagt, wenn er sie einige Schritte außer dem Wege brechen muß. So handelt er, zum Exempel, gleich Anfangs von der Bequemlichkeit der Zeit, in welcher Christus in die Welt gekommen, und bei Gelegenheit der Weissagung Christi von der Zerstörung Jerusalems, kömmt er auf hundert Dinge, auf die ein weniger belesener Mann nicht würde gekommen sein. Er handelt von den Schriften des Josephus; beweiset aus den innerlichen Kennzeichen der Bücher des N. Testaments, daß sie authentisch sind; betrachtet die Weissagungen der heidnischen Welt, und ihre Orakel; redet von den Vorbildern auf Christum, von den drei Secten unter den Juden, von Virgils vierten Hirtenliede, von verschiednen den alten Kirchenvätern untergeschobnen Schriften; verbessert alte Schriftsteller, bald den Juvenal, bald den Herodotus, bald den Eusebius etc. Da dieser Ort aber zu keinen besondern Auszügen geschickt ist, so müssen wir uns begnügen ein so besonders Buch bloß angezeigt zu haben. Liebhaber solcher Untersuchungen werden es gewiß selbst lesen, und dem Übersetzer für seine glückliche Mühe verbunden sein. Kostet in den Voßischen Buchläden hier und in Potsdam 8 Gr.

⟨86. Stück. 19. 7.⟩
Die Schwachheit des menschlichen Herzens bey den Anfällen der Liebe. Frankfurt und Leipzig verlegts G. P. Monath 1755. In 8vo. 17 Bogen. Es scheinet als ob man uns diesen weniger als mit-

telmäßigen Roman als ein deutsches Original aufdringen wolle. Die Vorrede ist in diesem Jahre unterschrieben und auf dem Titel wird keines Übersetzers gedacht. Aber gleichwohl darf man nur wenige Seiten lesen, wenn man die fremde aus den deutschen Worten hervorblickende Grundsprache erkennen will. Die Anlage ist französisch, so wie die Denkungsart und der Ausdruck. Der Held heißt der Ritter von *Belincourt*, und die Taten seiner Ritterschaft lassen sich aus der Aufschrift erraten. So wenig erbaulich sie aber auch immer sind, so versichert man uns doch, daß sie zur Beförderung der Tugend aufgezeichnet worden. – Wenn die Romanenschreiber, welche keine *Richardsons* sind, doch nur immer auf die Tugend Verzicht tun wollten! Kostet in den Voßischen Buchläden hier und in Potsdam 6 Gr.

⟨87. Stück. 22. 7.⟩

Wohlangerichtete und neuerfundene Tugendschule, in welcher so wohl junge Leute, als erwachsene Personen, nicht nur zu ihrer gar wohl erlaubten Gemüths Ergötzung die auf eine anmuthige Art vorgetragnen Historien zu gebrauchen, sondern besonders die beygesetzten sinnreichen Anmerkungen und gründlich daraus gezogene Lehren erbaulich anzuwenden hinlängliche Gelegenheit haben. Mit beygefügten vielen Kupfern. Herausgegeben von Meletaon. Zwey Theile. Breslau bey D. Pietsch Buchh. 1755. in 8vo. Der erste Theil von 18, der zweyte von 20 Bogen. Meletaons Tugendschule ist ein schon längst bekanntes Buch, und diese neue Auflage bezeigt, daß es noch immer seine Liebhaber finden müsse. Vielleicht auch, daß es deren noch mehrere finden würde, wenn man ihm mit einigen Verbesserungen zu Hülfe gekommen wäre, deren es in Ansehung seiner guten Absicht noch so ziemlich wert wäre. Denn so wie es jetzt ist, stehen auf dem Titel zwei Hauptlügen, und die Art, mit welcher die Historien erzählt werden, ist eben so wenig *angenehm*, als die beigesetzten Anmerkungen *sinnreich*, oder die daraus gezogne Lehren *gründlich* sind. Sonst sind die Geschichten selbst eben nicht allzuschlecht gewehlt, und Leute die zum Zeitvertreibe lesen, müssen wohl oft schlechtere zu lesen sich gefallen lassen. Kostet in den Voßischen Buchläden hier und in Potsdam 16 Gr.

⟨91. Stück. 31. 7.⟩
Das Pfandspiel, oder artige und aufgeweckte Geschichten, aus dem Französischen. Frankfurt und Leipzig in der Lankischen Buchhandlung 1755. In 8vo. 22 Bogen. Dieser Roman, oder vielmehr diese Sammlung kleiner Romane, soll von einem Frauenzimmer übersetzt sein. – Es wäre zu wünschen, daß sich dieses Geschlecht überhaupt dergleichen Beschäftigungen anmaßen und das männliche dadurch stillschweigend zu ernsthaftern verweisen wollte. – – Seine Einrichtung kann man ohngefehr aus dem Titel erraten. Es werden einer Gesellschaft in der Provinz die Abende allzulang; man versucht sie durch verschiedne Spiele zu verkürzen, und fällt endlich darauf, die bei der blinden Kuh gegebenen Pfänder durch Erzählungen einlösen zu lassen, deren Begebenheiten die gepfändeten Personen entweder selbst betroffen, oder an welchen sie doch einigen Anteil gehabt. Die Übersetzerin wünscht, daß anstatt der schläfrigen Wettergespräche oder der gedankenlosen Karten, eine ähnliche Zeitverkürzung auch unter uns Mode werden möchte. Wir wünschen es gleichfalls; aber dabei zu wünschen, daß alsdenn auch jede Gesellschaft ihre Erzählungen möge drucken lassen, davor wollen wir uns fein in Acht nehmen. – Es kommen in allen 27 kleine Erzehlungen in diesem Pfandspiele vor, welche an zwei verschiednen Abenden erzehlet worden, und mit deren Lesung man auch eben so viele ziemlich vergnügt zubringen kann. An dem ersten wurden erzehlt 1. die Geschichte der Frau von G. 2. Die Gs. des Malers. 3. Die Gs. des Weihwasserreichers. 4. Die Gs. des Obersten und der Fr. S. V. 5. Die Gs. des Bettlers von Lothringen. 6. Die Gs. der Fräulein v. R. 7. Die Gs. des Essighändlers. 8. Die Gs. der Fräulein von G. und des Grafen von Bl. 9. Die Gs. des gepeitschten Tristans. 10. Die Gs. der Marquisin von Keiton. 11. Die Gs. der falschen Meinung. 12. Die Gs. vom Steine der Weisen. 13. Die Gs. der buhlerischen Witwe. 14. Die Gs. des Hahn-

reis in der Einbildung, und 15. die Gs. der gewinnsüchtigen Frau. An dem andern Abende, 1. die verschwiegne Alte. 2. die Puppe. 3. Die lächerliche Begegnung. 4. Der vornehme Wasserträger. 5. Die Witwe von Mante. 6. Der zauberische Lehrjunge. 7. Wer zu viel unternimmt gelangt selten zum Zweck. 8. Der Vogel der Wahrheit. 9. Die Reise nach Chaudray. 10. Das Rebhuhn. 11. Ein Vorhaben vernichtet das andre. 12. Die ungefähre Befreiung. Kostet in den Voßischen Buchläden hier und in Potsdam 8 Gr.

⟨93. Stück. 5. 8.⟩
Lesenswürdige Geschichte des durchlauchtigen und tapfern Prinzen Celindo oder Tugend und Klugheit als die sichersten und treusten Führer der Unschuld und Redlichkeit. Frankf. und Leipzig 1755. In 8vo. 1 Alphb. 18 Bogen. Dieser Roman ist nun wohl ganz gewiß ein deutsches Original. Der Verfasser, welcher alles auf das wahrscheinlichste machen will, giebt sich für des Prinzen *Celindo* Geheimsecretär aus. Ein vortrefflicher Geheimsecretär, welcher keine Seele mehr zu seinem Vertrauten macht, als das Publicum. – – Der Prinz *Celindo* wird geboren; wird nach *Lockens* Unterricht auferzogen; muß oft mit bloßem Kopfe, und oft in so dünnen Schuhen gehen, daß das Wasser, welches ihn abhärten soll, hereindringen kann; reiset auf die Akademie; wird Volontär in dem Österreichischen Successionskriege; besiehet fremde Länder; läßt sich unter Wegens von allen Leuten, die er kennen lernt, ihre Abenteuer erzehlen; gehet selbst nach welchen aus, und glaubt sie in Ostindien zu finden; er findet sie auch; wird auf der Küste Coromandel zum Sklaven gemacht; muß des Königs von Tanschaur Vieh hüten; wird von einer königl. Prinzessin, Namens Pusci-Putan, die sich in ihn verliebt, befreiet; kömmt wieder nach Europa; kauft sich in Frankreich ein Landhaus, und begiebt sich zur Ruhe. – – Das ist der Inhalt dieser lesenswürdigen Geschichte, welche in den Voßischen Buchläden hier und in Potsdam für 14 Gr. zu haben ist.

⟨94. Stück. 7. 8.⟩
Der erlauchte Bauer oder Lebensgeschichte und Begebenheiten Daniel Moginies etc. enthaltend verschiedne geheime Nachrichten von den letzten Veränderungen in Persien und Indostan und von der Regierung des Thamas Kouli Kan. Vom ihm selbst an seinen Bruder und Erben Franz geschrieben. Aus dem Französischen. Berlin bey Ambr. Haude und Spener 1755. In 8vo. 17 Bogen. Daniel Moginie war aus *Chezales*, einem Dorfe im Canton Bern, gebürtig. Die Begierde sich hervorzutun, von der Einbildung eines uralten Adels unterstützt, trieb ihn aus seinem Vaterlande. Er geriet unter verschiedenen Abenteuern nach Persien, wo ihm die dasigen Unruhen Gelegenheit genug gaben, Klugheit und Tapferkeit zu zeigen. Er zeigte sie auch wirklich mit so vielem Glück, daß er bis zur Würde eines Omrah vom ersten Range stieg. Er starb 1749 im 39 Jahre seines Alters, als Commandant der andern Mogolischen Garde, Oberaufseher über den Kaiserlichen Pallast, und Gouverneur von Palngeab. So klingt die Geschichte, die er in seiner letzten Krankheit, als eine Unterredung mit seinem abwesenden Bruder, selbst soll aufgesetzt haben. Ob sie wahr sei, können wir nicht sagen. Es wird den meisten Lesern auch wenig daran liegen; genug, sie ist wahrscheinlich, und wenn die eingestreuten historischen Nachrichten nur wahr wären, so könnte man die Erdichtung der Hauptfabel schon noch übersehen. Die deutsche Übersetzung scheint überhaupt ganz gut zu sein. Kostet in den Voßischen Buchläden hier und in Potsdam 6 Gr.

⟨95. Stück. 9. 8.⟩
Das Kartenblatt; in zwey Theilen. Aus dem Englischen übersetzt. Leipzig in Gleditschens Buchhandlung 1755. in 8vo. 2 Alphb. Man hat es schon längst gewußt, daß es eine schlechte Genever Uhr sein kann, obgleich *London by etc.* drauf gestochen ist. Aber das scheint man nicht wissen zu wollen, daß die Worte: *aus dem Englischen übersetzt,* wenn sie auch keine Unwahrheit enthalten, in Ansehung der Güte des Werks, noch eine weit geringere Gewährleistung sind. Wir sind die gutherzigen

Deutschen; das ist ganz gewiß. Das Gute der Ausländer gefällt uns; und zur Dankbarkeit lassen wir uns auch das elendeste, was sie haben, gefallen. – – Das *Kartenblatt*! Ganz gewiß ein Titel von der neuesten Erfindung für einen Roman; besonders wenn das Kartenblatt selbst eine so kleine Rolle darinne spielt, daß es zu weiter nichts gebraucht wird, als Handbriefchen zu schreiben, deren Inhalt eben nicht der klügste Bediente eben so gut ausgerichtet hätte. Mit gleichem Rechte könnte dieser Roman das *Glas Wasser* heißen; denn es werden eben so viel Gläser Wasser auf die Ohnmachten darin getrunken, als Briefe auf Kartenblätter geschrieben. – Der Held ist ein gewisser *Archibald Evelyn*, ein junger Herr den seine Eltern reisen lassen, und der auf seinen Reisen unbesonnene Streiche angiebt. Es ist nicht zu leugnen, daß der Verfasser nicht ein Haufen schnurriges Zeug dabei anbringen sollte. Der *Humor* wird auch in den schlechtesten englischen Büchern dieser Art nicht ganz und gar fehlen; eben so wenig, als man eine dergleichen französische Schartecke finden wird, die gänzlich ohne *gout* geschrieben wäre. Allein sollten wir nicht die Scribenten aus beiden Nationen mit Verachtung ansehen, die weiter nichts, als *Humor*, oder weiter nichts als *Gout* haben? Kostet in den Voßischen Buchläden hier und in Potsdam 18 Gr.

⟨96. Stück. 12. 8.⟩

Die Poesie und Germanien. Ein Gedicht. Berlin 1755. In 4to. auf 2½ Bogen. Da die elende Bande jener reimreichen Antipoden des Witzes und der Vernunft an Pasquillen auf alle diejenigen so fruchtbar ist, die ihren Drachen nicht anbeten; so kann es nichts unerwartetes sein, wenn man noch hier und da einen Daniel Küchelchen von Pech und Haaren machen und es ihm in den Rachen werfen sieht, in Hoffnung daß er davon bersten werde. – – Germanien freuet sich über das Glück, welches die Musen in ihrem Reiche machen, die sich mit den Grazien um ihren Thron versammelt haben. Besonders freuet sie sich, die Poesie unter ihren Söhnen in einem Glanze schimmern zu sehen, der die Aufmerksamkeit ihrer

Nachbarn endlich zu erregen mehr als hinlänglich sei. Der Poesie selbst aber scheinen diese Lobsprüche *zu* gütig und *zu* früh erteilt zu sein. Sie klagt über die sklavische Nachahmungssucht der Deutschen; und dieses sind ihre Klagen:

»Kaum fängt ein *Haller* an, groß, stark und schwer zu dichten,
So eilt der Tor sein Lied nach seinem Schwung zu richten;
Ahmt nur die Fehler nach; ist niedrig, dunkel, schwer,
Von harten Worten voll, und von Gedanken leer.
Läßt uns ein muntrer Geist des *Tejers* Laut erklingen,
So fängt halb Deutschland an Geschwätz und Tand zu singen;
Jedwede Presse schwitzt von zu viel Lieb und Wein,
Und für des Heiden Ruhm vergißt man Christ zu sein.
Erzehlt ein *Gellert* uns, und sehn wir mit Vergnügen,
Den ihm nur eignen Scherz um seiner Leier fliegen:
So tändelt jeder Tor, kein Brief und kein Gedicht
Erscheint, daß nicht darin ein falscher Gellert spricht.«
etc.

Noch mehr aber klaget sie über ihn, den man in folgender Beschreibung erkennen wird:

»– – – – – ein blinder Aristarch
Der Reime Patriot, der Prosa Patriarch.
Vergebens zeichnen ihn des strengen Satyrs Schläge,
Er achtet Striemen nicht und bleibt auf seinem Wege;
Und tadelt allezeit, so bald ein großes Lied
Nicht an dem Boden kriecht und seiner Zucht entflieht.«

Hierauf nun wird sie von Germanien getröstet, welche ihre würdigern Söhne gegen die Anhänger ihres Widersachers aufstellet; und folgender Maßen schließt:

»– – – Nur erst nach vielen Jahren
Ward *Miltons* Wert bestimmt; umsonst rast *Lauder* nun.
Will wider *Klopstock* nicht der deutsche *Lauder* ruhn;
So ras' er! Ihn verfolgt durch alle meine Lande
Des strengen Satyrs Spott, und *Lauders* ganze Schande!«

Amen! – – Wir glauben, daß wir von diesem vertrefflichen Gedichte genug angeführt haben, die Leser auf das Ganze begierig zu machen. Der Dichter hat sich nicht nennen wollen; wie aber wenn er sich auf der sechzehnten Seite eben dadurch genennt hätte, daß er sich nicht genennt hat? Kostet in den Voßischen Buchläden hier und in Potsdam 3 Gr. Auf größer Papier 4 Gr.

⟨97. Stück. 14. 8.⟩
Des Marcus Tullius Cicero, Cato der ältere, oder Unterredung vom hohen Alter. Aus dem Lateinischen mit Anmerkungen übersetzt. Berlin und Potsdam bey Chr. Fr. Voß 1755. In 8vo. 6 Bogen. So reich unsere Zeiten an Übersetzungen sind, so sind doch Übersetzungen klassischer Schriftsteller noch immer sehr seltne Erscheinungen. Die Ursache ist klar. Das Französische und Englische haben das Lateinische und Griechische verdrungen; Schulgelehrsamkeit heißt Pedanterei und Schätzung der Alten Unverstand in den Neuern. – Das kleine Werk des *Cicero* von dem hohen Alter ist ein unschätzbares Stück. Der Ton desselben ist ein ganz andrer, als der, welcher in unsern neumodischen moralischen Aufsätzen herrscht. Hier überall Vernünftlei, dort überall Vernunft; hier Flitterwitz, dort Scharfsinn; hier Gegensätze, dort Wahrheiten; hier mit Farben überhäufte Schilderungen aus dem eignen Gehirne, dort practische Anwendungen der wahren Geschichte. Von diesem Unterschiede werden sich auch aus gegenwärtiger Übersetzung diejenigen überzeugen können, welche die Unwissenheit der Grundsprache von der nähern Bekanntschaft mit den großen Geistern des Altertums ausschließet. Sie ist nicht das Werk eines Schülers, welcher den Text ungefehr in der Klasse einigemal hat exponieren hören; sondern eines Mannes, welcher eben so viel kritische Einsicht als Empfindung des Schönen dabei gezeigt hat. Sie ist nicht weniger zierlich als getreu, und erlaubt sich nur da einige Freiheit, wo sie deutlicher sein will, als das Original selbst zu sein scheinet. Dergleichen Stellen wird man bei der Vergleichung verschiedne antreffen, wo die Übersetzung, ohne aus ihren Schranken zu gehen, zugleich die richtigste Umschreibung ist. Z. E. gleich in dem ersten Hauptstücke, wo die Periode:

Sed de caeteris diximus multa etc. die allernachlässigste und dem
Cicero unanständigste Verbindung macht, wenn man sie anders übersetzt, als es unser Verfasser getan hat. Ein Druckfehler ist auf der 28 Seite eingeschlichen, welchen wir auf
Verlangen anzeigen, damit man ihn nicht für etwas anders
als einen Druckfehler halte. Es muß nemlich in der Note
anstatt *senatus, senectus* gelesen, in der letzten Zeile das Wort
so ausgelöscht und nach den Worten *zu Rom* folgendes gesetzt werden: *mit einem diesem ähnlichen und von einem gleichen
Stamme herzuleitenden Worte, senatus genannt.* Kostet in den
Voßischen Buchläden hier und in Potsdam 2 Gr.

⟨98. Stück. 16. 8.⟩
*Sammlung einiger ausgesuchten Stücke der Gesellschaft der freyen
Künste zu Leipzig. Zweyter Theil. Leipzig verlegts Bernh. Chr. Breitkopf 1755. In 8vo. 1 Alphb. 9 Bogen.* Es sind folgende Aufsätze
darinnen enthalten, deren verschiednen, besonders denjenigen, welche die Namen *Hommel, Wernsdorf, Kästner* und *Titius*
etc. an der Stirne führen, kein Unparteiischer ihren Wert
absprechen wird. 1. D. *Hommels* Abhandlung vom Ursprung
des niedern Adels in Deutschland. 2. Die genaue Verwandtschaft der Deutschen Sprache mit der Nordischen von
M. *Wellern.* 3. Sinav und Teuvor, ein russisches Trauerspiel
aus der französischen Übersetzung übersetzt von *Kölnern.*
4. *Laurentii,* Leben Herzogs Philipps zu Cleve. 5. M. *Seyfert*
von der Unbeständigkeit des guten Geschmacks bei den
Völkern. (Dieser Magister weiß es ganz zuverlässig, daß die
Deutschen den guten Geschmack bereits gehabt haben. –
Und wenn? Als der *Gottschedische* noch überall herrschte. Daß
er sich aber auch schon wieder verliere. – Und warum? Weil
der *Gottschedische* nicht mehr überall herrsche.) 6. M. *Pantkens*
Schäferspiel *der beste Vater.* (Die darin redenden Schäfer sind,
die Redlichkeit, die Dankbarkeit, die Zärtlichkeit, die Unschuld, die Munterkeit, der Gehorsam. Warum nicht auch
die heilige Einfalt, der weibliche Reim, der männliche Reim,
der Abschnitt, und der Unsinn?) 7. Des Baron von *Schönaichs*
Versuch über den Gebrauch der Schilde. (Zum richtigen

Verständnis dieser Abhandlung, welche auf eine so lustige als gründliche Art zu erörtern sucht, daß man die Schilde im Kriege wieder einführen solle, damit nicht so manches ehrliches Mutterkind von den Kugeln erschossen werde, muß man folgendes wissen: daß der Verfasser selbst einige Monate Lieutenant unter den Kürassierern gewesen, und also weiß, was im Kriege vorgeht; daß er seinen Abschied genommen, um auf seinem Rittersitze ruhig nachdenken zu können, wie die Gefahr in demselben am besten zu verringern sei; daß er Willens ist, die Kunst sich fest zu machen, zu erfinden, und den Vorschlag von dem wiedereinzuführenden Gebrauche der Schilde der Welt nur *ad interim* getan hat. Wenn sie ihn annimmt, so möchte die Welt so bald keine Verse mehr von dem Verfasser zu lesen bekommen. Man hat als Soldat keine Zeit dazu.) 8. *Wellers* Beweis, daß die Deutschen von den Scythen nicht abstammen. 9. *Reichels* Ode, das Lob der Gottheit. 10. *Gottscheds* Untersuchung woher der Name *jus feudale* komme. 11. *Wernsdorfs* Untersuchung ob Bonifacius das Christentum um Leipzig gepflanzt habe. 12. Ein Leichengedichte. 13. *D. Hoffmanns* Nachricht von der Herrschaft Wiehe. 14. *Reifsteins* Gedanken zur Aufnahme der Zeichenkunst. 15. Über die Eigenliebe. 16. *Gottscheds* Abhandlung von der Peutingerischen Charte. 17. *M. Titius* erneuertes hundertjähriges Andenken der Magdeburgischen Versuche. 18. Verse vom Baron *von Schönaich*. 19. *Engelhardts* deutsche Benennungen der in Kriegssachen vorkommenden Sachen und Ämter. 20. *Reichels* Erweis, daß ein geistlicher Redner in der Schreibart kein Neuling sein solle. 21. Eine Ode von Casparson. 22. *Sonnenkalb* von einigen merkwürdigen Schriften B. Ringwalds. 23. Eines abwesenden Mitgliedes Bemerkung einiger Ursachen, warum das Heldengedicht, Messias, nicht allgemeinen Beifall erhalten hat. (So lautet die Aufschrift; in der Abhandlung selbst aber wird erwiesen, daß der Messias gar keinen Beifall verdiene! Dieses abwesende Mitglied muß ein einsichtsvoller Mann sein.) 24. Eine Fabel. 25. *Gottscheds* Untersuchung ob Deutschland oder Welschland zuerst griechische Schriften habe drucken können. 26. Lob der Zoten von C. Fr. B. (Eine Spottrede hat der Verfasser darüber geschrieben.) 27. *M. Kriegel* von dem nordischen Jubelfeste der Alten. 28. Verhunzung einer Ode des Horaz vom Baron *von Schönaich*. 29. *Kästners* Lebensbeschreibung Herrn Gottlob Mylius. Kostet in den Voßischen Buchläden hier und in Potsdam 18 Gr.

⟨99. Stück. 19. 8.⟩
Stephan Fords, Predigers in London, erbauliche Abhandlung von der Sünde der Verleumdung und des Afterredens zum Drucke befördert durch D. Isaac Watts, und aus dem Engländischen übersetzt von Elias Caspar Reichard, Lehrer an dem Carolino zu Braunschweig. Braunschweig und Hildesheim bey Schröders Erben 1755. In 8vo. 20 Bogen. Wenn ein Spötter sagen wollte, daß dieser Tractat vornehmlich dem Frauenzimmer sehr nützlich sein könne; so würde er vielleicht eben dadurch wider den Inhalt desselben sündigen. Wir wollen also aufrichtiger zu Werke gehen, und ihn allen Menschen, wes Standes, Geschlechts und Alters sie auch sind, mit der gewissen Versichrung anpreisen, daß sie sehr heilig sein müßten, wenn sie durch Hülfe desselben gar keine Ader zum Afterreden bei sich entdecken sollten. Der Verfasser bringt, was er davon zu sagen hat, unter sieben Hauptstücken, wovon die ersten zwei bloß als Einleitungen zu betrachten sind, in welchen er von der Lauterkeit seiner eignen Absichten handelt. In dem *dritten* kömmt er zur Sache selbst, und zeigt, was das eigentlich für eine Sünde sei, die er hier abmale, bestrafe und verdamme. In dem *vierten* erweiset er die Größe und Abscheulichkeit derselben. In dem *fünften* handelt er von den Stufen und Graden der Verleumdung. In dem *sechsten* werden verschiedne Fragen, Zweifel und Einwürfe beantwortet, und in dem *siebenden* endlich kommen Ermahnungen und Anweisungen vor, wodurch die Leser ermuntert und behutsam gemacht werden können, diese Sünde zu vermeiden. Kostet in den Voßischen Buchläden hier und in Potsdam 6 Gr.

⟨100. Stück. 21. 8.⟩

Daß Luther die Lehre vom Seelenschlaf geglaubt habe, in einem Sendschreiben an den ungenannten Herrn Verfasser der Abhandlung vom Schlafe der Seelen nach dem Tode, welche zu Halberstadt herausgekommen, unwidersprechlich erwiesen von R. Frankfurt und Leipzig 1755. In 8vo. 2 Bogen. Es sind diese Blätter eine weitere Ausführung desjenigen, was der Verfasser bereits in dem 31sten Stücke der *Erweiterungen* über diesen Punkt gesagt hat. Er führet eine ziemliche Menge Stellen aus Luthers Schriften an, in welchen allen der Seelenschlaf, den Worten nach, zu liegen scheinet. Die meisten sind aus desselben Auslegung des ersten Buchs Mose genommen, welche für eines von seinen vollkommensten Werken gehalten wird. Was die Gegner auf alle diese Stellen antworten werden, ist leicht zu erraten. Sie werden sagen, daß Luther mit dem Worte Schlaf gar die Begriffe nicht verbinde, welche Herr R. damit verbindet. Wenn Luther sage, daß die Seele nach dem Tode schlafe, so denke er nichts mehr dabei, als was alle Leute denken, wenn sie den Tod des *Schlafes Bruder* nennen. *Schlafen* sei ihm hier nichts mehr als *ruhen*; und daß die Seele nach dem Tode ruhe, leugneten auch die nicht, welche ihr Wachen behaupteten etc. Überhaupt ist mit Luthers Ansehen bei der ganzen Streitigkeit nichts zu gewinnen. Wenn beide Teile für ihre alles entscheidenwollende Orthodoxie ein klein wenig mehr Einsicht in die Psychologie eintauschen wollten; so würden beide Teile auf einmal zum Stillschweigen gebracht sein. Wollen sie aber ja zanken, so werden sie wohl tun, wenn sie wenigstens *bona fide* zanken, ohne auf der einen Seite mit päpstischen Sauerteige, noch auf der andern mit seelenverderblichen Neuerungen um sich zu werfen. Auch Herr R. ist nicht von allen Winkelzügen frei; und wenigstens ist dieses ein sehr starker, wenn er sagt, daß die Lehre vom Seelenwachen mit der Lehre vom Fegefeuer auf einem Grunde beruhe. Wenn er glaubt, daß die Seele im Paradiese sein und dennoch schlafen könne, (S. 13.) so könnte sie ja wohl auch im Fegefeuer sein, und dennoch schlafen. Würde also das Fegefeuer nicht eben so wohl mit dem Seelenschlafe bestehen, als es mit dem Seelenwachen besteht? Man gebe Acht, ob dieses nicht alles auf ein Wortgezänke hinauslaufen muß. Ein recht eigentliches Wortgezänke aber ist es, welches er über den Namen *Psychopannychiten* erregt, den man den Seelenschläfern bisher gegeben hat. Er sagt dieses Wort bedeute eigentlich *Seelenwacher*. Allein mit seiner Erlaubnis; es kann eigentlich keines von beiden bedeuten; denn παννυχιος zeigt nur etwas an, was die ganze Nacht durch geschieht, und sowohl derjenige, welcher die ganze Nacht durch schläft, als der, welcher die ganze Nacht durch wacht, kann παννυχιος genannt werden. Kostet in den Voßischen Buchläden hier und in Potsdam 1 Gr.

⟨101. Stück. 23. 8.⟩

Virginia ein Trauerspiel von Z. S. Patzke. Frankfurt und Leipzig verlegts Joh. Christ. Kleyb 1755. In 8vo. 5 Bogen. Man kann jedes deutsche Trauerspiel von zwei Seiten betrachten; als ein Trauerspiel, und als ein deutsches Trauerspiel. Als dieses kann es oft einen sehr großen relativischen Wert haben, den es als jenes nicht hat. Es ist ganz etwas anders über die *Gottscheds, Schönaichs, Grimms, Kriegers, Quistorps* und *Pietschels* erhaben sein, und ganz etwas anders unter den *Corneillen* einen Rang verdienen. Doch sind zwischen diesen beiden äußersten Grenzen noch Stellen genug, die ein gutes Genie mit Ruhm füllen kann. Man würde unbillig sein, wenn man dem Herrn *Patzke* eine derselben absprechen wollte. Es ist sein erstes dramatisches Stück. Und das erste dramatische Stück von *Corneille*? Oder das erste Trauerspiel von *Racinen*? Hätte man, nach diesem zu urteilen, wohl dem einen, oder dem andern die Höhe zugetrauet, die sie in der Folge wirklich erreichten? – – Kostet in den Voßischen Buchläden hier und in Potsdam 5 Gr.

⟨103. Stück. 28. 8.⟩

Le Pyrrhonisme raisonable. Nouvelle Edition revuë et augmentée avec quelques autres Pieces. à Berlin chez Etienne de Bourdeaux 1755. In 12mo. Auf 284 Seiten. Dieses Werk des Herrn von *Beausobre* besteht aus 169 Paragraphen, in welchen allen auf ein vernünftiges Zweifeln gedrungen, und die Notwendigkeit desselben durch eine Menge Beispiele von der Ungewißheit der menschlichen Erkenntnis erhärtet wird. Diese Beispiele sind größten Teils eigne Einwürfe wider verschiedne Wahrheiten aus dem ganzen Umfange der Weltweisheit, und nicht selten wider Grundwahrheiten, die von allen Schulen einmütig angenommen werden. Es ist keine merkliche Ordnung dabei beobachtet; denn Ordnung würde hier viel zu dogmatisch gelassen haben. Der Ausdruck ist der Sache angemessen, kurz und feurig; aber auch oft epigrammatisch. Wenn man an den meisten Orten den Verfasser bewundern wird, welchem nichts in der neuern Philosophie fremd ist, welcher selbst denkt und in manche Blößen unsrer Systematiker glücklich trifft; so wird man auch diejenigen Stellen, ohne sein Nachteil, bemerken können, wo man ihn allzuwitzig und allzufeurig nach eingebildeten Blößen stoßen siehet. Unter diese Stellen scheinen uns unter andern der 97 und 98 Paragraph zu gehören, und wir glauben gewiß, daß *Leibnitz* den Tadel des Verfassers für einen Lobspruch würde genommen haben. Denn sind nicht alle mathematische Wahrheiten identische Sätze? Und was kann ein *Leibnitz* mehr verlangen, als die metaphysischen Wahrheiten so gewiß zu machen, als die mathematischen? Dergleichen Einwürfe scheinen eher von einem *Misologen* als von einem Zweifler zu kommen. Zwar wer weiß, ob wir jemals andere, als misologische Zweifler gehabt haben? Es giebt *Misologen*, läßt Plato den Socrates irgendwo sagen, so wie es *Misanthropen* giebt. Die Misanthropie und Misologie kommen aus einer Quelle. Denn woher entsteht die Misanthropie? Ein Mensch, der einen andern, ohne genugsame Untersuchung, für aufrichtig und getreu gehalten hat, siehet, daß er es nicht ist. Er wird hintergangen, und abermals hintergangen. Endlich wird er unwillig, daß er sich von denen betrogen findet, die er seine besten Freunde zu sein glaubte. Diese waren falsch, schließt er, also sind alle Menschen falsch. Folglich, da er nur einige hassen sollte, haßt er sie alle. Wie sich nun der *Misanthrop* gegen die Menschen verhält, so verhält sich der *Misolog* gegen die Gründe. Er hat diesen oder jenen mehr getrauet, als er ihnen hätte trauen sollen; er wird es gewahr, und nimmt sich vor, gar keinen mehr zu trauen. Das war nicht wahr; drum ist nichts wahr. – – Die dem Werke beigefügten Stücke sind ein Brief über die Glückseligkeit der Menschen, und die Rede, welche der Verfasser bei seiner Aufnahme in die Königl. Akademie gehalten hat. Beide wird man mit keinem gemeinen Vergnügen lesen. Kostet in den Voßischen Buchläden hier und in Potsdam 10 Gr.

⟨106. Stück. 4. 9.⟩
Ueber die Empfindungen. Berlin bey Chr. Fried. Voß 1755. In 8vo. 14 Bogen. Der Verfasser dieser Schrift ist eben der, welchem wir die philosophischen Gespräche schuldig sind. Sie sind durchgängig mit Beifall aufgenommen worden. Wir wünschten aber sehr, daß man diesen Beifall mehr auf den Inhalt, als auf die Art des Vortrags hätte gründen wollen. Waren denn abstracte Gedanken in einer schönen Einkleidung eine so gar neue Erscheinung unter uns, daß man bei der Anmut der letztern die Gründlichkeit der erstern übersehen durfte? Wären sie in den barbarischsten Ausdrücken einer lateinisch scheinenden Sprache vorgetragen worden, so würde man sie untersucht und bestritten haben. Warum unterblieb beides, da sie deutsch, da sie schön abgefaßt waren? Ist der Deutsche, wenn er ein gründlicher Kopf ist, so gar düster und allen Grazien so gar feind; oder ist der Deutsche, wenn er ein schöner Geist ist, so gar seicht, daß jener nicht will, und dieser nicht kann? Unglück alsdenn für den, der beides zugleich, ein gründlicher Kopf und schöner Geist, ist! Er wird sich teilen müssen, um immer von seinen competenten Richtern gelesen zu werden. Er wird es, wenn er denken will, vergessen müssen, daß er schön schreiben kann; und wenn er schön schreiben will, vergessen müssen, daß er denken kann. – – Diese Betrachtung sollte uns fast bewegen, von der Einkleidung des gegenwärtigen Werks gar nichts zu sagen. Kaum dieses; daß es aus Briefen bestehe, in

welchen überall der einmal angenommene Charakter des Schreibenden behauptet und die ganze Materie so kunstreich verteilet worden, daß man sehr unaufmerksam sein müßte, wenn sich nicht am Ende, ohne das Trockne der Methode empfunden zu haben, ein ganzes System in dem Kopfe zusammen finden sollte. Ein System der Empfindungen aber, wird denjenigen gewiß eine sehr angenehme Neuigkeit sein, welchen es nicht ganz unbekannt ist, wie finster und leer es in diesem Felde der Psychologie, der Bemühungen einiger neuen Schriftsteller ohngeachtet, noch bisher gewesen. Man hat es ohngefehr gewußt, daß alle angenehme und unangenehme Empfindungen aus dunkeln Begriffen entstehen; aber warum sie nur aus diesen entstehen, davon hat man nirgends den Grund angegeben. *Wolf* selbst weiß weiter nichts zu sagen, als dieses: weil sie keine deutliche Begriffe voraussetzen. Man hat es ohngefehr gewußt, daß sich alles Vergnügen auf die Vorstellung einer Vollkommenheit gründe; man hat es ohngefehr gewußt, daß Vollkommenheit die Übereinstimmung des Mannigfaltigen sei: allein man hat diese Übereinstimmung mit der Einheit im Mannigfaltigen verwechselt; man hat Schönheit und Vollkommenheit vermengt, und die Leichtigkeit, womit wir uns das Mannigfaltige in jenem vorstellen, auch bis auf die sinnlichen Lüste ausdehnen wollen. Alles dieses aber setzt unser Verfasser auf das deutlichste auseinander. Er zeigt, daß das Vergnügen, welches aus der Schönheit entspringet, auf der Einschränkung unsrer Seelenkräfte beruhe, und also Gott nicht beigelegt werden könne; daß ihm aber dasjenige, welches aus der Vollkommenheit entstehet, und sich bei uns auf die positive Kraft unsrer Seele gründet, im höchsten Grade zukomme. Von den sinnlichen Lüsten beweiset er, daß sie der Seele eine dunkle Vorstellung von der Vollkommenheit des Körpers gewähren; und da in der organischen Natur alle Begebenheiten, die mit einander verknüpft sind, wechselsweise eine aus der andern entstehen können, so erklärt er daher den Ursprung des angenehmen Affects, und zeiget, wie der Körper durch die sinnliche Lust, den Abgang an Vergnügen ersetze, den er durch die Verdunklung der Begriffe anrichtet. – – Alles dieses ist nur ein kleiner Blick in die neue Theorie unsers Verfassers, welcher zugleich bei aller Gelegenheit seine philosophische Einsicht in diejenigen Künste und Wissenschaften zeigt, die unsre angenehme Empfindungen zum Gegenstande haben; in die Dichtkunst, in die Malrei, in die Musik, in die musikalische Malrei des Farbenclaviers, bis sogar in die noch unerfundenen Harmonien derjenigen Sinne, welchen noch keine besondern Künste vorgesetzet sind. Eines aber müssen wir hauptsächlich nicht vergessen; daß nemlich der Verfasser die Lehre vom Selbstmorde mit eingeflochten, und diese schwierige Materie auf eine Art abgehandelt habe, wie sie gewiß noch nie abgehandelt worden. Er beweiset nicht nur, daß den Gläubigen die Religion, und den Ungläubigen sein eignes System der Zernichtung nach dem Tode von dem Selbstmorde abhalten müsse; sondern beweiset auch, und dieses war ohne Zweifel das wichtigste, daß ihn so gar der Weltweise sich untersagen müsse, welcher den Tod nicht als eine Zernichtung, sondern als einen Übergang in eine andere und vielleicht glücklichere Art von Fortdauer betrachtet. Kostet in den Voßischen Buchläden hier und in Potsdam 8 Gr.

⟨108. Stück. 9. 9.⟩
D. August Bertlings Evangelische Andachten, welche ehemals in öffenlicher Gemeine über die Sonn- und Festevangelia angestellt, nunmehr aber zum allgemeinen Gebrauch dem Druck überlassen worden. Erster Theil. Danzig 1755. In Verlag Joh. Hein. Rüdigers. Man muß es in der Vorrede des Herrn Doctors selbst nachlesen, wie *wunderbar* es die *Vorsehung* geschickt, daß er sich endlich zur Ausgabe dieser Predigten entschlossen. Er will durchaus nicht, daß man sie für *Reden* halten soll, und behauptet so gar, daß *predigen* und *reden* zwei ganz widersprechende Dinge wären. Er weiß es den alten Kirchenlehrern sehr wenig Dank, welche die Beredsamkeit zu erst auf die Kanzel gebracht, und möchte lieber den einfältigen Vortrag der Apostel zu einer Zeit wieder einführen, in welcher es weniger

darauf ankömmt die Religion unter dem gedanklosen Pöbel auszubreiten, als die Wahrheit derselben in dem Verstande denkender Köpfe zu befestigen. – – Der Jahrgang des Herrn Doctor Bertlings geht bis auf den dritten Pfingsttag. Besondere darin ausgeführte Materien sind, z. E. die Lehre von der göttlichen Vorsehung von S. 294–335; die Lehre vom Abendmahle S. 813 und folg.; die Lehre von der Auferstehung Christi S. 875 und folg.; die Lehre vom Glauben S. 847 und folg., und verschiedene andre. Dieser erste Teil beträgt nicht mehr als 6 und ein halb Alphabet. Eine Postille von 13 Alphabet kann nicht anders als viel Erbauliches enthalten! Kostet in den Voßischen Buchläden hier und in Potsdam 1 Rtlr. 20 Gr.

⟨110. Stück. 13. 9.⟩

Anspach. Allhier wird noch jetzt in der Poschischen Buchhandlung ein moralisches Wochenblatt ausgegeben, welches den Titel *der Freund* führt. Schon vorige Ostermesse ist der zweite Band davon fertig geworden, der, so wohl wie der erste, aus sechs und zwanzig Stücken, jedes von einem ganzen Bogen in Octav bestehet. Man muß ihren Verfassern das Recht widerfahren lassen, daß sie sich von allen, welche jetzt in Deutschland eben dieselbe Bahn mit ihnen laufen, sehr vorzüglich unterscheiden. Ihre Moral ist lauter und keine von den abgetroschenen; ihr Witz ist an Einkleidungen reich; ihre Satyre anständig und ihr Ausdruck, in der Prose so wohl als in der Poesie, ungezwungen schön. Ihre edle Denkungsart beurteile man aus folgenden Zeilen, mit welchen sie das zwei und funfzigste Stück schließen.

Du, die der Reimer flieht, die der Pedant entehrt,
Du, Wahrheit! bist allein, die Weise schreiben lehrt,
Ein Mann, der niedrig denkt, schreibt allzeit matt und
                                     schlecht.
Ehrt ihn gleich seine Zeit; die Nachwelt ist gerecht.
O Tugend, lehre mich erst leben, und dann schreiben,
Beim Ernst noch angenehm, beim Scherz noch edel
                                     bleiben.

Nutzt meine Schrift der Welt, nutzt sie dem Vaterland;
Dann sei mein Name gleich der Nachwelt unbekannt.
Dann mag das blöde Volk den Chörilus erhöhen:
Ich will ihn ohne Zorn und ohne Mißgunst sehen.
Nur der verdienet Ruhm, der keinen Ruhm begehrt.
Nicht Wissenschaft, nicht Witz, das Herz macht unsern Wert.

Jeder Teil kostet in den Voßischen Buchläden hier und in Potsdam 1 Rtlr. 2 Gr.

⟨112. Stück. 18. 9.⟩

J. F. W. Jerusalems Beantwortung der Frage, ob die Ehe mit der Schwester Tochter, nach den göttlichen Gesetzen zulässig sey. Mit Anmerkungen erläutert von M. G. Fr. Gühling, Archidiac. zu Chemnitz. Chemnitz in der Stösselschen Buchhandlung 1755. In 8vo. 8 Bogen. Es ist bekannt, daß der Herr Abt *Jerusalem* diese Frage vor einiger Zeit bejahet hat. Die Schrift, welche er darüber abfaßte, handelte mit vieler Gründlichkeit und Ordnung folgende Punkte ab. *Erstlich*: Ob die Lev. XVIII und XX verbotene Ehen gegen das Recht der Natur, oder ein willkürliches Gesetz Gottes sind? *Zweitens*: Wenn dieses Gesetz nur ein willkürliches göttliches Gesetz ist, ob es dann jetzo gegen uns, als Christen, seine völlige Verbindlichkeit noch habe? *Drittens*: Wenn es diese Verbindlichkeit noch hat, ob dieselbe sich dann nur über die ausdrücklich benannte Personen, oder über alle sich ähnliche Grade erstrecke? *Viertens*: Wenn sie sich über die ähnlichen Grade erstreckt, ob die gemeldete Ehe mit der Schwester Tochter unter die ähnlichen Grade wirklich mit gehöre. Und wenn auch dieses nicht ist, ob dann nicht wenigstens der Wohlstand der christlichen Religion dadurch beleidiget werde. Alle diese Stücke waren von dem Herrn Abt in ein Licht gesetzt, in welches man alle dergleichen streitige Punkte gesetzt zu wissen wünschen möchte, weil alsdann gewiß nicht wenig Ehen mit mehr Beruhigung der Gewissen und mit weniger Anstoß vollzogen werden könnten. Dem ohngeachtet hat der Herr Abt den wenigsten Beifall bei den Gliedern seines Standes

erhalten, und auch sein jetziger Herausgeber, der Herr
Archidiaconus *Gühling*, ist aus der Zahl derjenigen, welche
ihn beschuldigen, daß er mehr nachgegeben habe, als ein
treuer Wächter über die göttlichen Gesetze hätte nachgeben
sollen. Dieses nun ist es, was Herr *Gühling* in seinen Anmerkungen zu erhärten sucht, welche jeden Paragraphen der
Jerusalemschen Abhandlung, mit kleinrer Schrift beigefügt
sind, damit man Gründe und Gegengründe desto bequemer
gegen einander aufwägen könne. Wir glauben aber schwerlich daß sich viel Leser für die eine oder für die andre Seite
eher bestimmen möchten, als bis sie von einem äußerlichen
Umstande dazu angetrieben werden, da es noch immer Zeit
genug für sie sein wird, sich bei dieser Streitigkeit, nach
Maßgebung ihres heimlichen Wunsches, auf etwas gewisses
zu setzen. Kostet in den Voßischen Buchläden hier und in
Potsdam 6 Gr.

⟨114. Stück. 23. 9.⟩

Dieses Jahr ist auch der siebende Teil von des Herrn D.
Christoph Aug. Heumanns Erklärung des neuen Testaments fertig
worden. (Hannover in der Försterschen Buchhandlung.
8vo. 1 Alphb. 17 Bogen.) Er enthält die Epistel an die Römer, welche nach der bekannten Art des Herrn Verfassers so
betrachtet und erläutert wird, daß man eine Menge andrer
und auch der besten Ausleger dabei entbehren kann. In
einer vorgeschickten Einleitung zergliedert er den Brief
überhaupt, und antwortet auf einige Fragen, die dabei vorfallen können; z. E. warum Paulus an die Christen zu Rom
nicht einen lateinischen sondern einen griechischen Brief
geschrieben habe? Hierauf nimmt er den Text Vers vor Vers
selbst vor, und bringt hauptsächlich das dabei an, was er zur
Rettung seiner Übersetzung für dienlich hält. Stellen wo er
sich ein wenig gezwungen zu haben scheint, die gute Lutherische Übersetzung gleichsam zu übersteigern, um wenigstens dem Ansehen nach etwas Neues zu sagen, wird
man auch hier nicht vermissen. Wenn, z. E. im 2. Hauptstücke V. 5. Luther die Worte Θησαυριζεις σεαυτῳ ὀργην

durch *du häufest dir selbst den Zorn* übersetzt hat; so glaubt Herr D. *Heumann,* daß das Θησαυριζειν nicht genau genug ausgedruckt worden, und redet, ich weiß nicht von was für einem Schatzes des Zornes Gottes, welcher eben so reichlich über die Gottlosen sich ergieße, als der Segen Gottes über die Frommen. Gleichwohl aber ist es gewiß, daß dieses griechische Zeitwort sehr oft nur schlechterdings *vermehren* heißt, ohne daß allezeit die hier anstößigen Nebenbegriffe, *zurücklegen, aufsummen lassen, bei einem etwas am Brette haben,* welche der *Schatz des Zornes Gottes* erweckt, damit verbunden sind. Doch dergleichen Dinge sind Kleinigkeiten, welche den hohen Wert der Heumannischen Arbeit eigentlich um nichts verringern. Kostet in den Voßischen Buchläden hier und in Potsdam 18 Gr.

⟨115. Stück. 25. 9.⟩

Caspari Friderici Munthe, Professoris gr. l. in Universitate reg. Hafniensi, Observationes Philologicae in sacros novi Testamenti libros, ex Diodoro Siculo collectae, una cum indice vocum Diodorearum, quibus Lexica locupletari et suppleri possunt. Hafniae et Lipsiae, sumtibus Peltii 1755. In 8vo. 1 Alphb. 12 Bogen. Die Arbeit des Raphelius über den Xenophon und Polybius, aus welchen er die Wörter und Redensarten, die mit den Wörtern und Redensarten des N. Testaments übereinkommen, zusammentrug und sie zur richtigern Erklärung der letztern anwandte, ermunterte unsern Verfasser zu einem ähnlichen Fleiße. Er wehlte sich in dieser Absicht den Herodotus; doch hier kam ihm eben dieser Raphelius zuvor. Weil er nun nicht, etwas schon getanes tun wollte, ob er gleich wohl sahe, daß ihm noch eine reiche Nachlese übrig gelassen worden; so machte er sich an den Diodorus Siculus. Dieser Geschichtschreiber, wie bekannt, lebte nicht lange nach den Zeiten der Apostel, so daß seine Schreibart, der Wahrscheinlichkeit nach, von der Schreibart der Apostel weniger unterschieden sein kann, als die Schreibart entfernterer Schriftsteller. Er schreibt übrigens sehr einfältig, und bekümmert sich mehr um den Nutzen, den seine Leser aus der Geschichte ziehen können, als um einen schönen und künstlichen Vortrag, dem er die allerungesuchtesten und gemeinsten Ausdrücke vorzieht. Da nun dieses auch der Charakter der Apostel, als Scribenten betrachtet, ist, so kann man sicher vermuten, daß man zur wörtlichen Erklärung des N. Testaments aus dem Diodorus mehr Hülfsmittel entlehnen könne, als aus jedem andern Griechen. Die Ausführung des Herrn Professor *Munthe* zeigt es auch in der Tat, welches jeder, dem diese Art der Auslegungskunst nicht fremd ist, eingestehen wird. Er gehet die Bücher des N. Testaments und ihre Abschnitte nach der Reihe durch, und bringt überall seine Diodorischen Parallelen an, die fast nie diejenigen gemeinen Worte betreffen, welche kein Scribent vermeiden kann, und die folglich alle mit einander gemein haben. Am Ende hat er noch ein alphabetisches Verzeichnis solcher griechischen Wörter beigefügt, die in den Lexicis, und besonders in des Stephanus seinem, entweder gar übergangen oder wenigstens nicht hinlänglich bestimmt worden. Kostet in den Voßischen Buchläden hier und in Potsdam 18 Gr.

⟨117. Stück. 30. 9.⟩

Sammlung einiger Predigten von Johann Andreas Cramer, Königl. Dän. Hofprediger. Zweyter Theil. Kopenhagen, verlegts Franz Chr. Mumme 1755. In 8vo. 1 Alphb. 11 Bogen. In diesem zweiten Teile kommen achtzehn Predigten vor, welche insgesamt, sowohl wie die Predigten des ersten Teils, eines Mannes wert sind, welcher mit den schönen Wissenschaften eben so bekannt, als mit der Weltweisheit und Theologie ist. Hier ist ihr Inhalt. 1. Von den göttlichen Absichten der verschiednen Austeilung seiner mannichfaltigen Gaben und Kräfte unter den Menschen. 2. Die Auferstehung JEsu Christi, erwiesen aus der Bekehrung des Apostels Pauli. 3. Von dem Unterschiede des Gesetzes und des Evangelii. 4. Von dem Nutzen des Gesetzes. 5. Wider das Laster der Unreinigkeit. 6. Von der Nachahmung der Engel. 7. Von der Treue Gottes. 8. Von dem rechtschaffnen Verhalten des Christen gegen die guten Eigenschaften und Tugenden seines Nächsten. 9. Von dem nötigen Wachstume in der Erkenntnis der Religion. 10. Von der Verbindung der Christen, Gott zu loben. 11. Von der Offenbarung der menschlichen Gedanken und Handlungen am Tage des allgemeinen Gerichts durch Christum. 12. Von der Hoheit des göttlichen Friedens der Gläubigen. 13. Von der Erleuchtung der Welt durch Christum. 14. Von der Enthaltsamkeit der Christen. 15. Von den Leiden JEsu Christi am Ölberge. 16. Von den schrecklichen Folgen des Geizes. 17. Von der Ruchlosigkeit als einer Folge von den Lastern der Großen. 18. Von der Gabe Gottes in öffentlichen allgemeinen Trübsalen. Kostet in den Voßischen Buchläden hier und in Potsdam 16 Gr.

⟨120. Stück. 7. 10.⟩
Der Ehestand, eine Erzehlung, welche eine Menge wichtiger Begebenheiten in sich hält. Aus dem Englischen übersetzt. Erster Theil. Leipzig in der Weidemannischen Handlung 1755. In 8vo. 2 Alphb. Es war in England vor einigen Jahren eine Parlamentsakte publiciert, in welcher die Heiraten derjenigen Personen, die unter ein und zwanzig Jahren sind, und sich ohne Einwilligung ihrer Eltern, Verwandten oder Vormünder ehelich verbinden, für null und nichtig erklärt wurden. Dieses Gesetz sahe die Englische Jugend als eine unüberlegte Kränkung ihrer Freiheit an, und es fanden sich sogleich aus ihren Mitteln Federn, die es zu bestreiten unternahmen; ein Schicksal, welchem wenig Parlementsakten entgehen. Vornehmlich ward gegenwärtiger Roman in dieser Absicht verfertiget, der, wenn man aufrichtig urteilen will, nichts anders als ein übelzusammenhängender Zusammenhang solcher Begebenheiten ist, in welchen allen diejenigen Ehen, die junge Leute, ohne vorhergegangenes Gutbefinden ihrer Eltern stiften, sehr glücklich, und diejenigen, in welche sie sich auf Anraten der Ihrigen einlassen müssen, sehr unglücklich ausschlagen. Dieser Moral also wegen, wenn man anders eine solche Lehre eine Moral nennen kann, hat er den Titel *der Ehestand* bekommen, auf welchem sich noch die ziemlich passenden Zeilen des Ovidius befinden:

> − − − *taedae quoque jure coissent,*
> *Sed vetuere patres: quod non potuere vetare,*
> *Ex aequo captis ardebant mentibus ambo.*

Ohne Zweifel wird man nunmehr fragen: warum man denn aber einen solchen einzig und allein auf den englischen Horizont eingerichteten Roman übersetzt habe? Wahrscheinlicher Weise hat den Übersetzer die lustige Laune verführt, mit welcher der Engländer den komischen Teil seiner Erdichtungen zu erzehlen weiß. Er ist in vielen Stellen ein ziemlich glücklicher Nachahmer des Herrn *Fieldings*; und wenn er bei den rührenden Scenen nur eben so glücklich den Herrn *Richardson* hätte nachahmen können, so würde man seine unrechten politischen Absichten noch eher übersehen können. Er ist voll drolligter Gedanken, voll unerwarteter lächerlicher Gleichnisse; kurz, er ist an allen dem reich, was die Engländer unter ihrem Worte *Humor* begreifen: allein so bald er ernsthaft und edel sein will, so bald wird er seicht und affectirt. Zur Probe seiner possierlichen Schreibart kann folgende Stelle dienen: »Aber wie geschwinde verändert sich doch das Glück! Es ist wie ein Floh, der von einem Orte zum andern hüpft, sich im Blute sättiget und feist wird, und zuletzt unter dem Daum eines Kammermädchens sein Leben einbüßt; es gleich einem Bilze der des Morgens früh aufschießt, und zu Mittage in *Königsarm* verspeiset wird; es ist gleich − − ja gewiß, es ist ein Ding von sehr kleiner Dauer, wie man denn in kurzem ersehen wird etc.« Das Wirtshaus, welches von dem Übersetzer hier *Königsarm* genennt wird, hat im Original ganz gewiß *Kings-arms* geheißen, welches er *zum königl. Wappen* und nicht im Königsarm hätte übersetzen sollen. Kostet in den Voßischen Buchläden hier und in Potsdam 16 Gr.

⟨121. Stück. 9. 10.⟩
Der Schwätzer, eine Sittenschrift aus dem Englischen des Herrn Richard Steele. Erster Band. Leipzig in Lankischens Buchhandlung 1755. In gr. 8vo. 2 Alphb. 3 Bogen. Diese Sittenschrift, wie bekannt, kömmt in der Zeitordnung noch vor dem *Zuschauer*

zu stehen, und wenn sie ihm auch nach dem innerlichen Werte vorzuziehen sein sollte, so hat man es wohl dem *Richard Steele* am wenigsten zu danken. Er bediente sich der Beiträge der sinnreichsten Köpfe seiner Zeit und besonders des Hrn. *Ambrosius Philipps,* so daß der Vorwurf, den man ihm machte, als ob er sich meistenteils nur mit fremden Federn schmücke, so ungegründet eben nicht war. Doch was verschlägt der Welt dieses jetzt? Genug sie hat ein schönes Werk, und es kann ihr gleich viel sein, ob sie es von dem *Richard Steele* selbst, oder nur durch seine Vermittlung erhalten hat. Die gegenwärtige deutsche Übersetzung ist nach der neuesten englischen Ausgabe veranstaltet, die 1749 in vier Duodezbänden unter dem Titel *the Lucubrations of Isaac Bikkerstaff* herausgekommen ist. Man weiß die kleinen Händel, welche den Herrn Steele zur Annehmung des Namens *Bikkerstaf* veranlaßt haben. Zwei von diesen Duodezbänden machen diesen ersten Band aus, und der zweite soll künftige Ostern nachfolgen. Die Übersetzung selbst scheinet von einem Manne gemacht zu sein, der beider Sprachen kundig ist, und ob sie gleich gewisse Schönheiten, wo der Witz entweder in einer unübersetzlichen Anspielung oder in einem eigentümlichen Ausdrucke der englischen Sprache liegt, weniger als das Original hat, so ist es doch augenscheinlich, daß sie weit treuer geraten sei, als die französische Übersetzung des Herrn *la Chapelle,* die nicht weiter als auf die ersten sechzig Stücke geht. Da sie aber dem ohngeachtet durch die hinzugefügten Noten einen besondern Wert erhalten, so muß man dem deutschen Übersetzer verbunden sein, daß er sich dieselben, zur Bequemlichkeit seiner Leser, zugeeignet hat. Kostet in den Voßischen Buchläden hier und in Potsdam 1 Rtlr. 8 Gr.

⟨122. Stück. 11. 10.⟩
Briefe an Freunde. Littera non erubescit. Cic. Danzig bey G. Ch. Schuster. 20 Bogen. In 8vo. Wir haben zwar, seit einiger Zeit, verschiedene gute Muster des epistolarischen Styls erhalten; doch sind derselben noch lange nicht so viele, daß man über

die Vermehrung derselben ungehalten werden dürfte. Die Klagen sind überhaupt töricht, die man über den Anwachs dieser oder jener Art von Schriften führet. Man sage nicht: schon wieder anakreontische Lieder! schon wieder Predigten! Sondern wenn man ja etwas sagen will, so sage man: schon wieder *schlechte* anakreontische Lieder! schon wieder *schlechte* Predigten! Nur das Schlechte wird durch die Menge noch schlechter, und des Guten kann nie zuviel sein. Eben dieses wird auch bei den Briefen gelten, deren wenigstens siebenerlei in dem jetzigen Meßcatalogo zu finden sind. Doch auch alsdenn noch, wenn schon die meisten von ihnen nicht die besten sein sollten, wird man noch Ursache haben, gütig von ihnen zu urteilen. Denn sind sie nicht wenigstens Beweise, daß die Bemühung, gute Briefe zu schreiben, allgemeiner wird? – – Die gegenwärtige *Briefe an Freunde* sind etwas mehr als dergleichen Beweise, und der größte Teil derselben kann als glückliche Muster angepriesen werden, bis wir noch glücklichere bekommen werden. Sie empfehlen sich durch eine reine und simple Schreibart, und durch feine und natürliche Wendungen. Wenn die ungenannten Freunde des Verfassers der Welt durch etwas anders bekannt würden, als dadurch daß sie seine Freunde sind; wenn es Personen wären, von welchen man auch Kleinigkeiten zu wissen begierig ist, so würden die Briefe selbst dabei unendlich gewinnen. Diesen Vorzug haben zum Exempel die Briefe der *Sevigne*, die man ganz gewiß mit ungleich wenigern Vergnügen lesen würde, wenn ihre Correspondenten nicht die feinsten und angesehensten Personen eines blühenden Hofes gewesen wären. Kostet in den Voßischen Buchläden hier und in Potsdam 8 Gr.

⟨123. Stück. 14. 10.⟩
Ankündigung einer Dunciade für die Deutschen. Nebst dem verbesserten Hermann. Sero sapiunt Phryges. Frankfurt und Leipzig 1755. In 8vo. auf 6½ Bogen. Die Welt scheint zu verlangen, daß die Streitigkeiten im Reiche des Witzes nur immer mit den Waffen der lachenden Satyre geführet würden. Wenn sie es aber

mehr als einmal geduldet hat, daß man sich auch der schimpflichen Waffen der Schmähsucht und Possenreißerei dabei bedienen dürfen; so wird sie es hoffentlich nicht übel deuten, wenn sie nunmehr einen Patrioten zu schärfern greifen siehet, die der Ernst eben so weit über die Satyre erhebt, als die Niederträchtigkeit jene unter die Satyre erniedriget hatte. Und aus diesem Grunde versprechen wir der gegenwärtigen Ankündigung einer Dunciade für die Deutschen am Ende, wenn man alle Umstände wird überlegt haben, eine gütigere Aufnahme, als sie einigen zu sehr nachsehenden Weisen, wegen der durchgehends darin herrschenden Strenge, bei dem ersten Anblicke verdient zu haben scheinen möchte. Es ist wahr; »die Erscheinung, wie unser Verfasser sagt, ist unglaublich, daß eine ganze Nation, in deren Schoß die Wissenschaften und die Freiheit zu denken blühen sollten, die fast von allen Seiten mit gesitteten und geistreichen Nationen umgeben ist, die sich eines Leibnitz rühmen kann, – – sich von einem kleinen Haufen Idioten ohne Talente, ohne Einsichten, ohne Geschmack, so sehr hat betriegen lassen können, daß sie den willkürlichen und verdorbenen Geschmack dieser Leute, die in Frankreich oder England nicht einmal unter den *Dunsen* einigen Rang bekommen hätten, blindlings angenommen und zur Regel gemacht; daß sie diese schwachen und unfähigen Köpfe für große Geister, und ihre blöden, unförmlichen, und vernunftlosen Werke für ausgemachte Meisterstücke gehalten, fleißig gelesen, gelobt und nachgeahmet; daß sie diesen Leuten ein Ansehen, eine Dictatur zugestanden, die ihnen Macht gegeben, eine ganze Reihe von Jahren, dem *Senscommun* Hohn zu sprechen, die Jugend zu verführen, und den Geschmack an geistlosen unwitzigen und unnützlichen Schriften, die weder den Verstand aufklären, noch das Herz rühren, noch die Sitten bilden, fast allgemein zu machen.« – – Es ist wahr, diese Erscheinung ist unglaublich; aber wie wenn sie sich auch niemals ereignet hätte? Wie, wenn es nicht wahr wäre, daß *Gottsched* und seine Anhänger jemals in einem so allgemeinen Ansehen gestanden hätten? Wie wenn man dem größern Teile der Nation, welcher ein zeitiges Stillschweigen beobachtet hat, und sich deswegen öffentlich *wider* niemanden erklären wollte, weil er sich noch *für* niemanden erklären konnte, mit solchen allgemeinen Beschuldigungen Unrecht täte? Alles dieses könnte leicht sein; gleichwohl aber bekennen wir ganz gern, daß man auch auf der andern Seite Grund habe, an dem Dasein eines Dinges zu zweifeln, das sich noch durch keine Wirkungen gezeigt hat. Wir wollen also nur wünschen, daß diese Wirkungen nun wenigstens nicht länger ausbleiben mögen; und wenn wir uns in unsern Vermutungen nicht triegen, so werden sie sich vielleicht, über lang oder kurz, an derjenigen zweiten Klasse äußern, von welcher auf der 12ten Seite ziemlich verächtlich gesprochen wird. – – Mehr wollen wir hier von einer Schrift nicht sagen, der es ohnedem an Lesern nicht fehlen wird. Kostet in den Voßischen Buchläden hier und in Potsdam 6 Gr.

MISS
SARA SAMPSON

EIN BÜRGERLICHES TRAUERSPIEL, IN FÜNF AUFZÜGEN.

PERSONEN.

Sir Sampson.
Miß Sara. Dessen Tochter.
Mellefont.
Marwood. Mellefonts alte Liebste.
Arabella. Ein junges Kind, der Marwood Tochter.
Waitwell. Ein alter Diener des Sampson.
Norton. Bedienter des Mellefont.
Betty. Mädchen der Sara.
Hannah. Mädchen der Marwood.
Der Gastwirt und einige Nebenpersonen.

ERSTER AUFZUG.

ERSTER AUFTRITT.

Der Schauplatz ist ein Saal im Gasthofe.
Sir Sampson und Waitwell
treten in Reisekleidern herein.

SAMPSON Hier meine Tochter? – Hier in diesem elenden Wirtshause?

WAITWELL Ohne Zweifel hat Mellefont mit Fleiß das allerelendeste im ganzen Städtchen zu seinem Aufenthalte gewehlt. Böse Leute suchen immer das Dunkle, weil sie böse Leute sind. Aber was hilft es ihnen, wenn sie sich auch vor der ganzen Welt verbergen könnten? Das Gewissen ist doch mehr, als eine ganze uns verklagende Welt. – Ach, Sie weinen schon wieder, schon wieder, Sir! Sir!

SAMPSON Laß mich weinen, alter ehrlicher Diener. Oder verdient sie etwa meine Tränen nicht?

WAITWELL Ach, Sie verdient sie, und wenn es blutige Tränen wären.

SAMPSON Nun so laß mich.

WAITWELL Das beste, schönste, unschuldigste Kind, das unter der Sonnen gelebt hat, das muß so verführt werden! Ach Sarchen! Sarchen! Ich habe sie aufwachsen sehen; hundertmal habe ich sie als ein Kind auf diesen meinen Armen gehabt; auf diesen meinen Armen habe ich ihr Lächeln, ihr Lallen bewundert. Aus jeder kindischen Miene strahlte die Morgenröte eines Verstandes, einer Leutseligkeit, die –

SAMPSON O schweig! Zerfleischt nicht das Gegenwärtige mein Herz schon genug? Willst du die Martern durch die Erinnerung an vergangne Glückseligkeit noch höllischer machen? Ändre deine Sprache, wenn du mir einen Dienst

tun willst. Tadle mich; mache mir aus meiner Zärtlichkeit
ein Verbrechen; vergrößre das Vergehen meiner Tochter;
erfülle mich, wenn du kannst, mit Abscheu gegen sie; ent-
flamme aufs neue meine Rache gegen ihren verfluchten
Verführer; sage, daß Sara nie tugendhaft gewesen, weil sie
es so leicht aufgehört zu sein; sage, daß sie mich nie geliebt,
weil sie mich heimlich verlassen.

WAITWELL Sagte ich das, so würde ich eine Lügen sagen;
eine unverschämte böse Lügen. Sie könnte mir auf dem
Todbette wieder einfallen, und ich alter Bösewicht müßte
in Verzweiflung sterben. – Nein, Sarchen hat ihren Vater
geliebt, und gewiß, gewiß, Sie liebt ihn noch. Wenn Sie nur
davon überzeugt sein wollen, Sir, so sehe ich sie heute
noch wieder in ihren Armen.

SAMPSON Ja, Waitwell, nur davon verlange ich überzeugt zu
sein. Ich kann sie länger nicht entbehren; sie ist die Stütze
meines Alters, und wenn sie nicht den traurigen Rest meines Lebens versüßen hilft, wer soll es denn tun? Wenn sie
mich noch liebt, so ist ihr Fehler vergessen. Es war der
Fehler eines zärtlichen Mädchens, und ihre Flucht war die
Wirkung ihrer Reue. Solche Vergehungen sind besser als
erzwungene Tugenden – Doch ich fühle es, Waitwell, ich
fühle es; wenn diese Vergehungen auch wahre Verbrechen,
wenn es auch vorsätzliche Laster wären: ach! ich würde ihr
doch vergeben. Ich würde doch lieber von einer lasterhaften Tochter, als von keiner, geliebt sein wollen.

WAITWELL Trocknen Sie ihre Tränen ab, lieber Sir! Ich höre
jemanden kommen. Es wird der Wirt sein, uns zu empfangen.

ZWEITER AUFTRITT.

Der Wirt. Sir Sampson. Waitwell.

DER WIRT So früh, meine Herren, so früh? Willkommen!
willkommen Waitwell! Ihr seid ohne Zweifel die Nacht

gefahren? Ist das der Herr von dem du gestern mit mir gesprochen hast?

WAITWELL Ja, er ist es, und ich hoffe, daß du abgeredeter Maßen –

DER WIRT Gnädiger Herr, ich bin ganz zu ihren Diensten. Was liegt mir daran, ob ich es weiß, oder nicht, was Sie für eine Ursache hieher führt, und warum Sie bei mir im Verborgnen sein wollen? Ein Wirt nimmt sein Geld, und läßt seine Gäste machen, was ihnen gut dünkt. Waitwell hat mir zwar gesagt, daß Sie den fremden Herrn, der sich seit einigen Wochen mit seinem jungen Weibchen bei mir aufhält, ein wenig beobachten wollen. Aber ich hoffe, daß sie ihm keinen Verdruß verursachen werden. Sie würden mein Haus in einen üblen Ruf bringen, und gewisse Leute würden sich scheuen, bei mir abzutreten. Unser einer muß von allen Sorten Menschen leben –

SAMPSON Besorget nichts; führt mich nur in das Zimmer, das Waitwell für mich bestellet hat. Ich komme aus rechtschaffenen Absichten hierher –

DER WIRT Ich mag ihre Geheimnisse nicht wissen, gnädiger Herr! Die Neugierde ist mein Fehler gar nicht. Ich hätte es, zum Exempel, längst erfahren können, wer der fremde Herr ist, auf den Sie Acht geben wollen; aber ich mag nicht. So viel habe ich wohl heraus gebracht, daß er mit dem Frauenzimmer muß durchgegangen sein. Das gute Weibchen, oder was sie ist! Sie bleibt den ganzen Tag in ihrer Stube eingeschlossen, und weint.

SAMPSON Und weint?

DER WIRT Ja, und weint – Aber, gnädiger Herr, warum weinen Sie? Das Frauenzimmer muß ihnen sehr nahe gehen. Sie sind doch wohl nicht –

WAITWELL Halte ihn nicht länger auf –

DER WIRT Kommen Sie. Nur eine Wand wird Sie von dem Frauenzimmer trennen, das Ihnen so nahe gehet, und die vielleicht –

WAITWELL Du willst es also mit aller Gewalt wissen, wer –

DER WIRT Nein, Waitwell, ich mag nichts wissen.

WAITWELL Nun so mache und bringe uns an den gehörigen Ort, ehe noch das ganze Haus wache wird.
DER WIRT Wollen Sie mir also folgen, gnädiger Herr?
Geht ab.

DRITTER AUFTRITT.

*Der mittlere Vorhang wird aufgezogen.
Mellefonts Zimmer.
Mellefont und hernach sein Bedienter.*

MELLEFONT *unangekleidet in einem Lehnstuhle:* Wieder eine Nacht, die ich auf der Folter nicht grausamer hätte zubringen können! – Norton! – Ich muß nur machen, daß ich Gesichter zu sehen bekomme. Bliebe ich mit meinen Gedanken länger allein: sie möchten mich zu weit führen. – He, Norton! Er schläft noch. Aber bin ich nicht grausam, daß ich den armen Teufel nicht schlafen lasse? Wie glücklich ist er! – Doch ich will nicht, daß ein Mensch um mich glücklich sei. – Norton!
NORTON *kommend:* Mein Herr –
MELLEFONT Kleide mich an! – O mache mir keine sauere Gesichter! Wenn ich werde länger schlafen können, so erlaube ich dir, daß du auch länger schlafen darfst. Wenn du auch von deiner Schuldigkeit nichts wissen willst, so habe doch wenigstens Mitleiden mit mir.
NORTON Mitleiden, mein Herr? Mitleiden mit Ihnen? Ich weiß besser, wo das Mitleiden hingehört.
MELLEFONT Und wohin denn?
NORTON Ach, lassen Sie sich ankleiden, und fragen Sie mich nichts –
MELLEFONT Henker! So sollen auch deine Verweise mit meinem Gewissen aufwachen? Ich verstehe dich; ich weiß es, wer dein Mitleiden erschöpft. – Doch, ich lasse ihr und mir Gerechtigkeit widerfahren. Schon recht; habe kein Mitleiden mit mir. Verfluche mich in deinem Herzen, aber – verfluche auch dich –

NORTON Auch mich? –

MELLEFONT Ja; weil du einem Elenden dienest, den die Erde nicht tragen sollte, und weil du dich seiner Verbrechen mit teilhaft gemacht hast.

NORTON Ich mich ihrer Verbrechen teilhaftig gemacht? durch was?

MELLEFONT Dadurch, daß du darzu geschwiegen.

NORTON Vortrefflich! in der Hitze ihrer Leidenschaften, würde mir ein Wort den Hals gekostet haben. – Und darzu, als ich Sie kennen lernte, fand ich Sie nicht schon so arg, daß alle Hoffnung zur Beßrung vergebens war? Was für ein Leben habe ich Sie nicht vom Anfange führen sehen! In der nichtswürdigsten Gesellschaft von Spielern und Landstreichern – ich nenne sie, was sie waren und kehre mich an ihre Titel, Ritter und dergleichen, nicht – in solcher Gesellschaft brachten Sie ein Vermögen durch, das Ihnen den Weg zu den größten Ehrenstellen hätte bahnen können. Und ihr strafbarer Umgang mit allen Arten von Weibsbildern, besonders der bösen Marwood –

MELLEFONT Setze mich, setze mich wieder in diese Lebensart; sie war Tugend gegen meine jetzige. Ich vertat mein Vermögen; gut. Die Strafe kömmt nach, und ich werde alles, was der Mangel hartes und erniedrigendes hat, Zeit genug empfinden. Ich besuchte lasterhafte Weibsbilder; laß es sein. Ich ward öfter verführt, als ich verführte, und die ich selbst verführte, wollten verführt sein – Aber – ich hatte noch keine verwahrlosete Tugend auf meiner Seele. Ich hatte noch keine Unschuld in ein unabsehliches Unglück gestürzt. Ich hatte noch keine Sara aus dem Hause eines geliebten Vaters entwendet, und sie gezwungen einem Nichtswürdigen zu folgen, der auf keine Weise mehr sein eigen war. Ich hatte – Wer kömmt schon so früh zu mir?

VIERTER AUFTRITT.

Betty. Mellefont. Norton.

NORTON Es ist Betty!
MELLEFONT Schon auf, Betty? Was macht dein Fräulein?
BETTY Was macht sie? *schluchzend:* Es war schon lange nach Mitternacht, da ich sie endlich bewegte, zur Ruhe zu gehen. Sie schlief einige Augenblicke, aber Gott! Gott! was muß das für ein Schlaf gewesen sein! Plötzlich fuhr sie in die Höh, sprang auf, und fiel mir als eine Unglückliche in die Arme, die von einem Mörder verfolgt wird. Sie zitterte und ein kalter Schweiß floß ihr über das erblaßte Gesichte. Ich wandte alles an, sie zu beruhigen, aber sie hat mir bis an den Morgen nur mit stummen Tränen geantwortet. Endlich hat sie mich einmal über das andere an ihre Türe geschickt, zu hören, ob Sie schon auf wären. Sie will Sie sprechen. Sie allein können sie trösten. Tun Sie es doch, liebster gnädiger Herr, tun Sie es doch. Das Herz muß mir springen, wenn sie sich so zu ängstigen fortfährt.
MELLEFONT Geh Betty, sage ihr, daß ich den Augenblick bei ihr sein wolle –
BETTY Nein, sie will selbst zu Ihnen kommen.
MELLEFONT Nun so sage ihr, daß ich sie erwarte – Ach! –
Betty geht ab.

FÜNFTER AUFTRITT.

Mellefont. Norton.

NORTON Gott, die arme Miß!
MELLEFONT Wessen Gefühl willst du durch deine Ausrufung rege machen? Sieh jetzt wird die erste Träne, die ich seit meiner Kindheit geweinet, die Wange herunterlaufen! –
Eine schlechte Vorbereitung, eine Trostsuchende Betrübte

zu empfangen. Warum sucht sie ihn auch bei mir? – Doch wo soll sie ihn sonst suchen? – Ich muß mich fassen. *indem er sich die Augen abtrocknet:* Wo ist die alte Standhaftigkeit, mit der ich ein schönes Auge konnte weinen sehen? Wo ist die Gabe der Verstellung hin, durch die ich sein und sagen konnte, was ich wollte? – Nun wird Sie kommen, und wird unwiderstehliche Tränen weinen. Verwirrt, beschämt werde ich vor ihr stehen; als ein verurteilter Sünder werde ich vor ihr stehen. Rate mir doch! Was soll ich tun? Was soll ich sagen?

NORTON Sie sollen tun, was sie verlangen wird.

MELLEFONT So werde ich eine neue Grausamkeit an ihr begehen. Mit Unrecht tadelt sie die Verzögerung einer Ceremonie, die jetzt ohne unser äußerstes Verderben in dem Königreiche nicht vollzogen werden kann.

NORTON So machen sie denn, daß sie es verlassen. Warum zaudern wir? Warum vergehet ein Tag, warum vergeht eine Woche nach der andern? Tragen Sie mir es doch auf. Sie sollen morgen sicher eingeschifft sein. Vielleicht, daß ihr der Kummer nicht ganz über das Meer folgt? daß sie einen Teil desselben zurück läßt, und in einem andern Lande –

MELLEFONT Alles das hoffe ich selbst – Stille, sie kömmt. Wie schlägt mir das Herz –

SECHSTER AUFTRITT.

Sara. Mellefont. Norton.

MELLEFONT *indem er ihr entgegen geht:* Sie haben eine unruhige Nacht gehabt, liebste Miß –

SARA Ach, Mellefont, wenn es nichts als eine unruhige Nacht wäre –

MELLEFONT *zum Bedienten:* Verlaß uns.

NORTON *im abgehen:* Ich wollte auch nicht da bleiben, und wenn mir gleich jeder Augenblick mit Golde bezahlt würde –

SIEBENDER AUFTRITT.

Sara. Mellefont.

MELLEFONT Sie sind schwach, liebste Miß. Sie müssen sich setzen.
SARA *sie setzt sich:* Ich beunruhige Sie sehr früh; und werden sie mir es vergeben, daß ich meine Klagen wieder mit dem Morgen anfange?
MELLEFONT Teureste Miß, Sie wollen sagen, daß Sie mir es nicht vergeben können, weil schon wieder ein Morgen erschienen ist, ohne daß ich ihren Klagen ein Ende gemacht habe.
SARA Was sollte ich Ihnen nicht vergeben? Sie wissen, was ich Ihnen bereits vergeben habe. Aber die neunte Woche, Mellefont, die neunte Woche fängt heute an, und dieses elende Haus sieht mich noch immer auf eben dem Fuße, als den ersten Tag.
MELLEFONT So zweifeln Sie an meiner Liebe?
SARA Ich, an ihrer Liebe zweifeln? Nein, ich fühle mein Unglück zu sehr, zu sehr, als das ich mir selbst diese letzte einzige Versüßung desselben rauben sollte.
MELLEFONT Wie kann also meine Miß über die Verschiebung einer Ceremonie unruhig sein? –
SARA Ach Mellefont, warum muß ich einen andern Begriff von dieser Ceremonie haben? – Geben Sie doch immer der weiblichen Denkungsart etwas nach. Ich stelle mir vor, daß eine nähere Einwilligung des Himmels darinne liegt. Umsonst habe ich es nur wieder erst den gestrigen langen Abend versucht, ihre Begriffe anzunehmen, und die Zweifel aus meiner Brust zu verbannen die Sie, jetzt nicht das erstemal, für Früchte meines Mißtrauens angesehen haben. Ich stritt mit mir selbst; ich war sinnreich genug, meinen Verstand zu betäuben; aber mein Herz und ein inneres Gefühl warfen auf einmal das mühsame Gebäude von Schlüssen übern Haufen. Mitten aus dem Schlafe weckten

mich strafende Stimmen, mit welchen sich meine Phantasie, mich zu quälen, verband. Was für Bilder, was für schreckliche Bilder schwärmten um mich herum! Ich wollte sie gern für Träume halten –

MELLEFONT Wie? Meine vernünftige Sara sollte sie für etwas mehr halten? Träume, liebste Miß, Träume! – Wie unglücklich ist der Mensch! Fand sein Schöpfer in dem Reiche der Wirklichkeiten nicht Qualen für ihn genug? Mußte er, sie zu vermehren, auch ein noch weiteres Reich von Einbildungen in ihm schaffen?

SARA Klagen Sie den Himmel nicht an! Er hat die Einbildungen in unsere Gewalt gelassen. Sie richten sich nach unsern Taten, und wenn diese unsern Pflichten und der Tugend gemäß sind, so dienen die sie begleitenden Einbildungen zur Vermehrung unserer Ruhe und unsres Vergnügens. Eine einzige Handlung, Mellefont, ein einziger Segen, der von einem Friedensboten im Namen der ewigen Güte auf uns gelegt wird, kann meine zerrüttete Phantasie wieder heilen. Stehen Sie noch an, mir zu Liebe dasjenige einige Tage eher zu tun, was Sie doch einmal tun werden? Erbarmen Sie sich meiner, und überlegen Sie, daß wenn Sie mich auch dadurch nur von Qualen der Einbildung befreien, diese eingebildete Qualen doch Qualen, und für die, die sie empfindet, wirkliche Qualen sind. – Ach könnte ich Ihnen nur halb so lebhaft die Schrecken meiner vorigen Nacht erzehlen, als ich sie gefühlt habe! – Von Weinen und Klagen, meinen einzigen Beschäftigungen, ermüdet, sank ich mit halb geschlossenen Augenlidern auf dem Bette zurück. Die Natur wollte sich einen Augenblick erholen, neue Tränen zu sammeln. Aber noch schlief ich nicht ganz, als ich mich auf einmal an dem schroffsten Teile des schrecklichsten Felsen sahe. Sie gingen vor mir her, und ich folgte Ihnen mit schwankenden ängstlichen Schritten, die dann und wann ein Blick stärkte, welchen Sie auf mich zurückwarfen. Schnell hörte ich hinter mir ein freundliches Rufen, welches mir stille zu stehen befahl. Es war der Ton meines Vaters – Ich Elende! kann ich denn nichts von ihm vergessen? Ach! Wo ihm sein Gedächtnis eben so grausame Dienste leistet; wo er auch mich nicht vergessen kann! – Doch er hat mich vergessen. Trost! grausamer Trost für seine Sara! – Hören Sie nur, Mellefont; indem ich mich nach dieser bekannten Stimme umsehen wollte, gleitete mein Fuß; ich wankte und sollte eben in den Abgrund herab stürzen, als ich mich, noch zur rechten Zeit, von einer mir ähnlichen Person zurückgehalten fühlte. Schon wollte ich ihr den feurigsten Dank abstatten, als sie einen Dolch aus dem Busen zog. Ich rettete dich, schrie sie, um dich zu verderben. Sie holte mit der bewaffneten Hand aus – und ach, ich erwachte mit dem Stiche. Wachend fühlte ich noch alles, was ein tödlicher Stich schmerzhaftes haben kann; ohne das zu empfinden, was er angenehmes haben muß, das Ende der Pein in dem Ende des Lebens hoffen zu dürfen.

MELLEFONT Ach liebste Sara, ich verspreche Ihnen das Ende ihrer Pein, ohne dem Ende ihres Lebens, welches gewiß auch das Ende des meinigen sein würde. Vergessen Sie das schreckliche Gewebe eines sinnlosen Traumes –

SARA Die Kraft es vergessen zu können, erwarte ich von Ihnen. Es sei Liebe oder Verführung, es sei Glück oder Unglück, das mich Ihnen in die Arme geworfen hat; ich bin in meinem Herzen die ihrige, und werde es ewig sein. Aber noch bin ich es nicht vor den Augen jenes Richters, der die geringsten Übertretungen seiner Ordnung, zu strafen gedrohet hat –

MELLEFONT So falle denn alle Strafe auf mich allein –

SARA Was kann auf Sie fallen, das mich nicht treffen sollte? – Legen Sie aber mein dringendes Anhalten nicht falsch aus. Ein anderes Frauenzimmer, das durch einen gleichen Fehltritt sich ihrer Ehre verlustig gemacht hätte, würde vielleicht durch ein gesetzmäßiges Band nichts als einen Teil derselben wieder zu erlangen suchen. Ich, Mellefont, denke darauf nicht, weil ich in der Welt weiter von keiner Ehre wissen will, als von der Ehre, Sie zu lieben. Ich will mit Ihnen, nicht um der Welt Willen, ich will mit Ihnen um meiner selbst Willen verbunden sein. Und wenn ich es bin, so will ich gern die Schmach auf mich nehmen, als ob ich es nicht wäre. Sie sollen mich, wenn Sie nicht wollen, für ihre Gattin nicht erklären dürfen; Sie sollen mich erklären können, für was Sie wollen. Ich will ihren Namen nicht führen; Sie sollen unsre Verbindung so geheim halten, als Sie es für gut befinden; und ich will derselben ewig unwert sein, wenn ich mir in den Sinn kommen lasse, einen andern Vorteil, als die Beruhigung meines Gewissens daraus zu ziehen.

MELLEFONT Halten Sie ein, Miß, oder ich muß vor ihren Augen des Todes sein. Wie elend bin ich, daß ich nicht das Herz habe, Sie noch elender zu machen! – Bedenken Sie, daß Sie sich meiner Führung überlassen haben; bedenken Sie, daß ich schuldig bin, für uns weiter hinaus zu sehen, und das ich jetzt gegen ihre Klagen taub sein muß, wenn ich sie nicht, in der ganzen Folge ihres Lebens, noch schmerzhaftere Klagen will führen hören. Haben Sie es denn vergessen, was ich Ihnen zu meiner Rechtfertigung schon oft vorgestellt?

SARA Ich habe es nicht vergessen, Mellefont. Sie wollen vorher ein gewisses Vermächtnis retten. – Sie wollen vorher zeitliche Güter retten, und mich vielleicht ewige darüber verscherzen lassen.

MELLEFONT Ach, Sara, wenn Ihnen alle zeitlichen Güter so gewiß wären, als ihrer Tugend die ewigen sind –

SARA Meiner Tugend? Nennen Sie mir doch dieses Wort nicht! – Sonst klang es mir süße, aber jetzt schallt mir ein schrecklicher Donner darinne!

MELLEFONT Wie? Muß der, welcher tugendhaft sein soll, keinen Fehler begangen haben? Hat ein einziger so unselige Wirkungen, daß er eine ganze Reihe unsträflicher Jahre vernichten kann? So ist kein Mensch tugendhaft; so ist die Tugend ein Gespenst, das in der Luft zerfließet, wenn man es am festesten umarmt zu haben glaubt; so hat kein weises Wesen unsre Pflichten nach unsern Kräften abgemessen; so ist die Lust uns strafen zu können der erste Zweck unsers Daseins; so ist – Ich erschrecke vor allen den gräßlichen Folgerungen, in welche Sie ihre Kleinmut verwikkeln muß! Nein, Miß, Sie sind noch die tugendhafte Sara, die Sie vor meiner unglücklichen Bekanntschaft waren. Wenn Sie sich selbst mit so grausamen Augen ansehen, mit was für Augen müssen Sie mich betrachten!

SARA Mit den Augen der Liebe, Mellefont –

MELLEFONT So bitte ich Sie denn um dieser Liebe, um dieser großmütigen, alle meine Unwürdigkeit übersehenden Liebe Willen, zu ihren Füßen bitte ich Sie: beruhigen Sie sich. Haben Sie nur noch einige Tage Geduld –

SARA Einige Tage! Wie ist ein Tag schon so lang!

MELLEFONT Verwünschtes Vermächtnis! Verdammter Unsinn eines sterbenden Vetters, der mir sein Vermögen nur mit der Bedingung lassen wollte, einer Anverwandtin die Hand zu geben, die mich eben so sehr haßt, als ich sie! Euch, unmenschliche Tyrannen, unsrer freien Neigungen, euch werde alle das Unglück, alle die Sünde zugerechnet, zu welchen uns euer Zwang bringet! – Und wenn ich ihrer nur entübriget sein könnte, dieser schimpflichen Erbschaft! So lange mein väterliches Vermögen zu meiner Unterhaltung hinreichte, habe ich sie allezeit verschmähet, und sie nicht einmal gewürdiget, mich darüber zu erklären. Aber jetzt, jetzt, da ich alle Schätze der Welt nur darum besitzen möchte, um sie zu den Füßen meiner Sara legen zu können, jetzt, da ich wenigstens darauf denken muß, sie ihrem Stande gemäß in der Welt erscheinen zu lassen, jetzt muß ich meine Zuflucht dahin nehmen.

SARA Mit der es Ihnen zuletzt doch wohl noch fehl schlägt.

MELLEFONT Sie vermuten immer das schlimmste. – Nein; das Frauenzimmer ist nicht ungeneigt, eine Art von Vergleich einzugehen. Das Vermögen soll geteilt werden; und da sie es nicht ganz mit mir genießen kann, so ist sie es zufrieden, daß ich mit der Hälfte meine Freiheit von ihr erkaufen darf. Ich erwarte alle Stunden die letzten Nachrichten in dieser Sache, deren Verzögerung allein unsern hiesigen Aufenthalt so langwierig gemacht hat. So bald ich sie bekommen habe, wollen wir keinen Augenblick länger hier verweilen. Wir wollen sogleich, liebste Miß, nach Frankreich übergehen, wo Sie neue Freunde finden sollen, die sich jetzt schon auf das Vergnügen, Sie zu sehen und Sie zu lieben, freuen. Und diese neuen Freunde sollen die Zeugen unsrer Verbindung sein –

SARA Sollen die Zeugen unsrer Verbindung sein? – Grausamer! So soll diese Verbindung nicht in meinem Vaterlande geschehen? So soll ich mein Vaterland als eine Verbrecherin verlassen? Und als eine solche, glauben Sie, würde ich Mut genug haben, mich der See zu vertrauen? Dessen Herz muß ruhiger oder muß ruchloser sein, als meines, welcher nur einen Augenblick, zwischen ihm und dem Verderben, mit Gleichgültigkeit nichts als ein schwankendes Brett sehen kann. In jeder Welle, die an unser Schiff schlüge, würde mir der Tod entgegen rauschen; jeder Wind würde mir von den väterlichen Küsten Verwünschungen nachbrausen, und der kleinste Sturm würde mich, ein Blutgerichte über mein Haupt zu sein, dünken. – Nein, Mellefont, so ein Barbar können Sie gegen mich nicht sein. Wenn ich noch das Ende ihres Vergleichs erlebe, so muß es Ihnen auf einen Tag nicht ankommen, den wir hier länger zubringen. Es muß dieses der Tag sein, an dem Sie mich die Martern aller hier verweinten Tage vergessen lehren. Es muß dieses der heilige Tag sein – Ach! welcher wird es denn endlich sein?

MELLEFONT Aber überlegen Sie denn nicht, Miß, daß unserer Verbindung hier diejenige Feier fehlen würde, die wir ihr zu geben schuldig sind?

SARA Eine heilige Handlung wird durch das Feierliche nicht kräftiger.

MELLEFONT Allein –

SARA Ich erstaune. Sie wollen doch wohl nicht auf einem so nichtigen Vorwande bestehen? O Mellefont, Mellefont. Wenn ich mir es nicht zum unverbrüchlichsten Gesetze gemacht hätte, niemals an der Aufrichtigkeit ihrer Liebe zu zweifeln, so würde mir dieser Umstand – Doch schon zu viel; es möchte scheinen, als hätte ich eben jetzt daran gezweifelt.

MELLEFONT Der erste Augenblick ihres Zweifels müsse der letzte meines Lebens sein! Ach, Sara, womit habe ich es verdient, daß Sie mir auch nur die Möglichkeit desselben voraus sehen lassen? Es ist wahr, die Geständnisse, die ich Ihnen von meinen ehmaligen Ausschweifungen abzulegen, kein Bedenken getragen habe, können mir keine Ehre machen; aber Vertrauen sollten sie mir doch erwecken. Eine buhlerische Marwood führte mich in ihren Stricken, weil ich das für sie empfand, was so oft für Liebe gehalten wird, und es doch so selten ist. Ich würde noch ihre schimpflichen Fesseln tragen, hätte sich nicht der Himmel meiner erbarmt, der vielleicht mein Herz nicht für ganz unwürdig erkannte, von bessern Flammen zu brennen. Sie, liebste Sara, sehen, und alle Marwoods vergessen, war eins. Aber wie teuer kam es Ihnen zu stehen, mich aus solchen Händen zu erhalten! Ich war mit dem Laster zu vertraut geworden, und Sie kannten es zu wenig –

SARA Lassen Sie uns nicht mehr daran gedenken –

ACHTER AUFTRITT.

Norton. Mellefont. Sara.

MELLEFONT Was willst du?

NORTON Ich stand jetzt vor dem Hause, als mir ein Bedienter diesen Brief in die Hand gab. Die Aufschrift ist an Sie, mein Herr.

MELLEFONT An mich? Wer weiß hier meinen Namen? – *indem er den Brief betrachtet:* Himmel!

SARA Sie erschrecken?

MELLEFONT Aber ohne Ursache, Miß; wie ich nun wohl sehe. Ich irrte mich in der Hand.

SARA Möchte doch der Inhalt Ihnen so angenehm sein, als Sie es wünschen können.

MELLEFONT Ich vermute, daß er sehr gleichgültig sein wird.
SARA Man braucht sich weniger Zwang anzutun, wenn man allein ist. Erlauben Sie, daß ich mich wieder in mein Zimmer begebe.
MELLEFONT Sie machen sich also wohl Gedanken?
SARA Ich mache mir keine, Mellefont.
MELLEFONT *indem er sie bis an die Scene begleitet:* Ich werde den Augenblick bei Ihnen sein, liebste Miß.

NEUNTER AUFTRITT.

Mellefont. Norton.

MELLEFONT *der den Brief noch ansieht:* Gerechter Gott!
NORTON Weh Ihnen, wenn er nichts, als gerecht ist!
MELLEFONT Kann es möglich sein? Ich sehe diese verruchte Hand wieder, und erstarre nicht für Schrecken? Ist sies? Ist sie es nicht? Was zweifle ich noch? Sie ists! Ach, Freund, ein Brief von der Marwood! Welche Furie, welcher Satan hat ihr meinen Aufenthalt verraten? Was will sie noch von mir? – Geh, mache so gleich Anstalt, daß wir von hier wegkommen. – Doch verzieh! Vielleicht ist es nicht nötig; vielleicht haben meine verächtlichen Abschiedsbriefe die Marwood nur aufgebracht, mir mit gleicher Verachtung zu begegnen. Hier! Erbrich den Brief; lies ihn. Ich zittere, es selbst zu tun.
NORTON *er liest:* »Es wird so gut sein, als ob ich Ihnen den längsten Brief geschrieben hätte, Mellefont, wenn Sie den Namen, den Sie am Ende der Seite finden werden, nur einer kleinen Betrachtung würdigen wollen –«
MELLEFONT Verflucht sei ihr Name! Daß ich ihn nie gehört hätte! Daß er aus dem Buche der Lebendigen vertilgt werde!
NORTON *liest weiter:* »Die Mühe Sie auszuforschen, hat mir die Liebe, welche mir forschen half, versüßt.«
MELLEFONT Die Liebe? Frevlerin! Du entheiligest Namen, die nur der Tugend geweihet sind!

NORTON *fährt fort:* »Sie hat noch mehr getan; –«
MELLEFONT Ich bebe –
NORTON »Sie hat mich Ihnen nachgebracht –«
MELLEFONT Verräter, was liest du? *er reißt ihm den Brief aus der Hand und liest selbst:* »Sie hat mich Ihnen – nachgebracht. – Ich bin hier; und es stehet bei Ihnen, – ob Sie meinen Besuch erwarten, – oder mir mit dem ihrigen – zuvorkommen wollen. Marwood.« – Was für ein Donnerschlag! Sie ist hier? – Wo ist sie? Diese Frechheit soll sie mit dem Leben büßen.
NORTON Mit dem Leben? es wird ihr einen Blick kosten, und Sie liegen wieder zu ihren Füßen. Bedenken Sie was Sie tun! Sie müssen Sie nicht sprechen, oder das Unglück ihrer armen Miß ist vollkommen.
MELLEFONT Ich Unglücklicher! – Nein ich muß sie sprechen. Sie würde mich bis in das Zimmer der Sara suchen, und alle ihre Wut gegen diese Unschuldige auslassen.
NORTON Aber, mein Herr –
MELLEFONT Sage nichts! – Laß sehen, *indem er in den Brief sieht:* ob sie ihre Wohnung angezeigt hat. Hier ist sie. Komm, führe mich.

Sie gehen ab.
Ende des ersten Aufzugs.

ZWEITER AUFZUG.

ERSTER AUFTRITT.

Der Schauplatz stellt das Zimmer der Marwood vor,
in einem andern Gasthofe.
Marwood im Neglischee. Hannah.

MARWOOD Belford hat den Brief doch richtig eingehändiget, Hannah?
HANNAH Richtig.
MARWOOD Ihm selbst?

HANNAH Seinem Bedienten.

MARWOOD Kaum kann ich es erwarten, was er für Wirkungen haben wird. – Scheine ich dir nicht ein wenig unruhig, Hannah? Ich bin es auch. – Der Verräter! Doch gemach! Zornig muß ich durchaus nicht werden. Nachsicht, Liebe, Bitten, sind die einzigen Waffen, die ich wider ihn brauchen darf, wo ich anders seine schwache Seite recht kenne.

HANNAH Wenn er sich aber dagegen verhärten sollte? –

MARWOOD Wenn er sich dagegen verhärten sollte? So werde ich nicht zürnen – ich werde rasen. Ich fühle es, Hannah; und wollte es lieber schon jetzt.

HANNAH Fassen Sie sich ja. Er kann vielleicht den Augenblick kommen.

MARWOOD Wo er nur gar kömmt! Wo er sich nur nicht entschlossen hat, mich festen Fußes bei sich zu erwarten! – Aber weißt du, Hannah, worauf ich noch meine meiste Hoffnung gründe, den Ungetreuen von dem neuen Gegenstande seiner Liebe abzuziehen? Auf unsere Bella.

HANNAH Das ist wahr; sie ist sein kleiner Abgott: und der Einfall, sie mit zu nehmen, hätte nicht glücklicher sein können.

MARWOOD Wenn sein Herz auch gegen die Sprache einer alten Liebe taub ist; so wird ihm doch die Sprache des Bluts vernehmlich sein. Er riß das Kind vor einiger Zeit aus meinen Armen, unter dem Vorwande, ihm eine Art von Auferziehung geben zu lassen, die es bei mir nicht haben könne. Ich habe es von der Dame, die es unter ihrer Aufsicht hatte, jetzt nicht anders als durch List wieder bekommen können; er hatte auf mehr als ein Jahr vorausbezahlt, und noch den Tag vor seiner Flucht ausdrücklich befohlen, eine gewisse Marwood, die vielleicht kommen und sich für die Mutter des Kindes ausgeben würde, durchaus nicht vorzulassen. Aus diesem Befehl erkenne ich den Unterscheid, den er zwischen uns beiden macht. Arabellen sieht er als einen kostbaren Teil seiner selbst an, und mich als eine Elende, die ihn mit allen ihren Reizen, bis zum Überdrusse, gesättigt hat.

HANNAH Welcher Undank!

MARWOOD Ach Hannah, nichts zieht den Undank so unausbleiblich nach sich, als Gefälligkeiten, für die kein Dank zu groß wäre. Warum habe ich sie ihm erzeiget, diese unseligen Gefälligkeiten? Hätte ich es nicht voraus sehen sollen, daß sie ihren Wert nicht immer bei ihm behalten könnten? Daß ihr Wert auf der Schwierigkeit des Genusses beruhe, und daß er mit derjenigen Anmut verschwinden müsse, welche die Hand der Zeit unmerklich, aber gewiß aus unsern Gesichtern verlöscht?

HANNAH O, Madam, von dieser gefährlichen Hand haben Sie noch lange nichts zu befürchten. Ich finde, daß ihre Schönheit den Punct ihrer prächtigsten Blüte, so wenig überschritten hat, daß sie vielmehr erst darauf losgeht, und Ihnen alle Tage neue Herzen fesseln würde, wenn Sie ihr nur Vollmacht dazu geben wollten.

MARWOOD Schweig, Hannah! Du schmeichelst mir bei einer Gelegenheit, die mir alle Schmeichelei verdächtig macht. Es ist Unsinn von neuen Eroberungen zu sprechen, wenn man nicht einmal Kräfte genug hat, sich im Besitze der schon gemachten zu erhalten.

ZWEITER AUFTRITT.

Ein Bedienter. Marwood. Hannah.

DER BEDIENTE Madame, man will die Ehre haben, mit Ihnen zu sprechen.

MARWOOD Wer?

DER BEDIENTE Ich vermute, daß es eben der Herr ist, an welchen der vorige Brief überschrieben war. Wenigstens ist der Bediente bei ihm, der mir ihn abgenommen hat.

MARWOOD Mellefont! – Geschwind, führe ihn herauf! *der Bediente geht ab* Ach Hannah, nun ist er da! Wie soll ich ihn empfangen? Was soll ich sagen? Welche Miene soll ich annehmen? Ist diese ruhig genug? Sieh doch!

HANNAH Nichts weniger als ruhig.
MARWOOD Aber diese?
HANNAH Geben Sie ihr noch mehr Anmut.
MARWOOD So meinst du?
HANNAH Zu traurig!
MARWOOD Sollte mir dieses Lächeln lassen?
HANNAH Vollkommen! Aber nur freier – Er kömmt.

DRITTER AUFTRITT.

Mellefont. Marwood. Hannah.

MELLEFONT *der mit einer wilden Stellung herein tritt:* Ha! Marwood –
MARWOOD *die ihm mit offnen Armen lächelnd entgegen rennt:* Ach Mellefont –
MELLEFONT *bei Seite:* Die Mörderin, was für ein Blick!
MARWOOD Ich muß Sie umarmen, treuloser lieber Flüchtling! – Teilen Sie doch meine Freude! – Warum entreißen Sie sich meinen Liebkosungen?
MELLEFONT Marwood, ich vermutete, daß Sie mich anders empfangen würden.
MARWOOD Warum anders? Mit mehr Liebe vielleicht? Mit mehr Endzücken? Ach ich Unglückliche, daß ich weniger ausdrücken kann, als ich fühle! Mein Herz bebet vor Freuden, Sie wieder zu sehn, Sie wieder an meine Brust zu drücken. Sehen Sie es, Mellefont, sehen Sie es, daß auch die Freude ihre Tränen hat? Hie rollen Sie, diese Kinder der süßesten Wollust! – Aber ach, verlorne Tränen! seine Hand trocknet euch nicht ab.
MELLEFONT Marwood, die Zeit ist vorbei da mich solche Reden bezaubert hätten. Sie müssen jetzt in einem andern Tone mit mir sprechen. Ich komme her, ihre letzten Vorwürfe anzuhören, und darauf zu antworten.
MARWOOD Vorwürfe? Was hätte ich Ihnen für Vorwürfe zu machen, Mellefont? Keine.

MELLEFONT So hätten Sie, sollte ich meinen, ihren Weg ersparen können.

MARWOOD Liebste wunderliche Seele, warum wollen Sie mich denn nun mit Gewalt zwingen, einer Kleinigkeit zu gedenken, die ich Ihnen in eben dem Augenblicke vergab, in welchem ich sie erfuhr? Eine kurze Untreue, die mir ihre Galanterie aber nicht ihr Herz spielt, verdient diese Vorwürfe? Kommen Sie, lassen Sie uns darüber scherzen.

MELLEFONT Sie irren sich; mein Herz hat mehr Anteil daran, als es jemals an allen unsern Liebeshändeln gehabt hat, auf die ich jetzt nicht ohne Abscheu zurück sehen kann.

MARWOOD Ihr Herz, Mellefont, ist ein gutes Närrchen. Es läßt sich alles bereden, was ihrer Einbildung, ihm zu bereden einfällt. Glauben Sie mir doch, ich kenne es besser, als Sie. Wenn es nicht das beste, das getreuste Herz wäre, würde ich mir wohl so viel Mühe geben, es zu behalten!

MELLEFONT Zu behalten? Sie haben es niemals besessen, sage ich Ihnen.

MARWOOD Und ich sage Ihnen; ich besitze es im Grunde noch.

MELLEFONT Marwood, wenn ich wüßte, daß Sie auch nur noch eine Faser davon besäßen, so wollte ich es mir selbst, hier vor ihren Augen, aus meinem Leibe reißen.

MARWOOD Sie würden sehen, daß Sie meines zugleich herausrissen. Und dann, dann würden diese herausgerissenen Herzen endlich zu der Vereinigung gelangen, die sie so oft auf unsern Lippen gesucht haben.

MELLEFONT *bei Seite:* Was für eine Schlange! Hier wird das beste sein zu fliehen – Sagen Sie mir es nur kurz, Marwood, warum Sie mir nachgekommen sind? Was Sie noch von mir verlangen? Aber sagen Sie nur es ohne dieses Lächeln, ohne diesen Blick, aus welchem mich eine ganze Hölle von Verführung schreckt.

MARWOOD *vertraulich:* Höre nur mein lieber Mellefont; ich merke wohl, wie es jetzt mit dir steht. Deine Begierden und dein Geschmack sind jetzt deine Tyrannen. Laß es gut sein; man muß sie austoben lassen. Sich ihnen widersetzen, ist

Torheit. Sie werden am sichersten eingeschläfert, und endlich gar überwunden, wenn man ihnen freies Feld läßt. Sie reiben sich selbst auf. Kannst du mir noch sagen, kleiner Flattergeist, daß ich jemals eifersüchtig gewesen wäre, wenn stärkere Reize, als die meinigen, dich mir auf eine Zeitlang abspenstig machten? Ich gönnte dir ja allezeit diese Veränderung, bei der ich immer mehr gewann, als verlor. Du kehrtest mit neuem Feuer, mit neuer Inbrunst in meine Arme zurück, in die ich dich nur als in leichte Bande, und nie als in schwere Fesseln schloß. Bin ich nicht oft selbst deine Vertraute gewesen, wenn du mir auch schon nichts zu vertrauen hattest, als die Gunstbezeigungen, die du mir entwandtest, um sie gegen andre zu verschwenden? Warum glaubst du denn, daß ich jetzt einen Eigensinn gegen dich zu zeigen anfangen würde, zu welchem ich nun eben berechtiget zu sein aufhöre, oder – vielleicht schon aufgehört habe? wenn deine Hitze gegen das schöne Landmädchen noch nicht verraucht ist, wenn du noch in der ersten Stärke deiner Liebe gegen sie bist, wenn du ihren Genuß noch nicht entbehren kannst; wer hindert dich denn, ihr so lange ergeben zu sein, als du es für gut befindest? Mußt du deswegen so unbesonnene Anschläge machen, und mit ihr aus dem Reiche fliehen wollen?

MELLEFONT Marwood, Sie reden vollkommen ihren Charakter gemäß, dessen Häßlichkeit ich nie so gekannt habe, als seit dem ich, in dem Umgange mit einer tugendhaften Freundin, die Liebe von der Wollust unterscheiden gelernt.

MARWOOD Ei sieh doch! deine neue Gebieterin ist also wohl gar ein Mädchen von schönen sittlichen Empfindungen? Ihr Mannspersonen müßt doch selbst nicht wissen, was ihr wollt. Bald sind es die schlüpfrigsten Reden, die buhlerischsten Scherze, die euch an uns gefallen; und bald entzücken wir euch, wenn wir nichts als Tugend reden, und alle sieben Weise auf unsrer Zunge zu haben scheinen. Das schlimmste aber ist, daß ihr das eine so wohl als das andre überdrüssig werdet. Wir mögen närrisch oder vernünftig, weltlich oder geistlich gesinnet sein, wir verlieren unsre

Mühe, euch beständig zu machen, einmal wie das andre. Du wirst an deine schöne Heilige die Reihe Zeit genug kommen lassen. Soll ich wohl einen kleinen Überschlag machen? Jetzo bist du im heftigsten Paroxysmo mit ihr, und diesem gebe ich noch zwei, aufs längste, drei Tage. Hierauf wird eine ziemlich geruhige Liebe folgen; der gebe ich acht Tage. Die andern acht Tage wirst du nur gelegentlich an diese Liebe denken. Die dritten wirst du dich daran erinnern lassen; und wann du dieses Erinnern satt bist, so wirst du dich zu der äußersten Gleichgültigkeit so schnell gebracht sehen, daß ich kaum in die vierten acht Tage auf diese letzten Veränderungen rechnen darf – Das wäre nun ohngefehr ein Monat. Und diesen Monat, Mellefont, will ich dir noch mit dem größten Vergnügen nachsehen; nur wirst du erlauben, daß ich dich nicht aus dem Gesichte verlieren darf.

MELLEFONT Vergebens, Marwood, suchen Sie alle Waffen hervor, mit welchen Sie sich erinnern, gegen mich sonst glücklich gewesen zu sein. Ein tugendhafter Entschluß sichert mich gegen ihre Zärtlichkeit und gegen ihren Witz. Gleichwohl will ich mich beiden nicht länger aussetzen. Ich gehe, und habe Ihnen weiter nichts mehr zu sagen, als daß Sie mich in wenig Tagen auf eine Art sollen gebunden wissen, die Ihnen alle Hoffnung auf meine Rückkehr in ihre lasterhafte Sklaverei vernichten wird. Meine Rechtfertigungen werden Sie genugsam aus dem Briefe ersehen haben, den ich Ihnen vor meiner Abreise zustellen lassen.

MARWOOD Gut, daß Sie dieses Briefes gedenken. Sagen Sie mir, von wem hatten Sie ihn schreiben lassen?

MELLEFONT Hatte ich ihn nicht selbst geschrieben?

MARWOOD Unmöglich! Den Anfang desselben, in welchen Sie mir, ich weiß nicht was für Summen vorrechneten, die Sie mit mir wollen verschwendet haben, mußte ein Gastwirt, so wie den übrigen theologischen Rest ein Quäcker geschrieben haben. Dem ohngeachtet will ich Ihnen jetzt ernstlich darauf antworten. Was den vornehmsten Punct anbelangt, so wissen Sie wohl, daß alle die Geschenke, welche Sie mir gemacht haben, noch da sind. Ich habe ihre Bankozettel, ihre Juwelen, nie als mein Eigentum angesehen, und jetzt alles mit gebracht, um es wieder in diejenigen Hände zu liefern, die mir es anvertrauet hatten.

MELLEFONT Behalten Sie alles, Marwood.

MARWOOD Ich will nichts davon behalten. Was hätte ich ohne ihre Person für ein Recht darauf? Wenn Sie mich auch nicht mehr lieben, so müssen Sie mir doch die Gerechtigkeit widerfahren lassen, und mich für keine von den feilen Buhlerinnen halten, denen es gleich viel ist von wessen Beute sie sich bereichern. Kommen Sie nur, Mellefont, Sie sollen den Augenblick wieder so reich sein, als Sie vielleicht ohne meine Bekanntschaft geblieben wären; und vielleicht auch nicht.

MELLEFONT Welcher Geist, der mein Verderben geschworen hat, redet jetzt aus Ihnen? Eine wollüstige Marwood denkt so edel nicht.

MARWOOD Nennen Sie das edel? Ich nenne es weiter nichts, als billig. Nein, mein Herr, nein; ich verlange nicht, daß Sie mir diese Wiedererstattung als etwas besonders anrechnen sollen. Sie kostet mir nichts, und auch den geringsten Dank, den Sie mir dafür sagen wollten, würde ich für eine Beschimpfung halten, weil er doch keinen andern Sinn als diesen haben könnte: »Marwood ich hielt euch für eine niederträchtige Betriegerin; ich bedanke mich, daß ihr es wenigstens gegen mich nicht sein wollt.«

MELLEFONT Genug, Madame, genug! Ich fliehe, weil mich mein Unstern in einen Streit von Großmut zu verwickeln drohet, in welchem ich am ungernsten unterliegen möchte.

MARWOOD Fliehen Sie nur; aber nehmen Sie auch alles mit, was ihr Andenken bei mir erneuern könnte. Arm, verachtet, ohne Ehre und ohne Freunde, will ich es alsdann noch einmal wagen, ihr Erbarmen rege zu machen. Ich will Ihnen in der unglücklichen Marwood nichts als eine Elende zeigen, die Geschlecht, Ansehen, Tugend und Gewissen für Sie aufgeopfert hat. Ich will Sie an den ersten Tag erinnern, da Sie mich sahen und liebten; an den ersten Tag, da auch ich Sie sahe und liebte; an das erste stammelnde, schamhafte Bekenntnis, das Sie mir zu meinen Füßen von ihrer Liebe ablegten; an die erste Versicherung von Gegenliebe, die Sie mir auspreßten; an die zärtlichen Blicke, an die feurigen Umarmungen, die darauf folgten; an das beredte Stillschweigen, wenn wir mit beschäftigten Sinnen einer des andern geheimste Regungen errieten und in den schmachtenden Augen die verborgensten Gedanken der Seele lasen; an das zitternde Erwarten der nahenden Wollust; an die Trunkenheit ihrer Freuden; an das süße Erstarren nach der Fülle des Genusses, in welchen sich die ermatteten Geister zu neuen Entzückungen erholten. An alles dieses will ich Sie erinnern, und dann ihre Knie umfassen, und nicht aufhören um das einzige Geschenk zu bitten, das Sie mir nicht versagen können, und ich ohne zu erröten annehmen darf, – um den Tod von ihren Händen.

MELLEFONT Grausame! noch wollte ich selbst mein Leben für Sie hingeben. Fordern Sie es; fordern Sie es; nur auf meine Liebe machen Sie weiter keinen Anspruch. Ich muß Sie verlassen, Marwood, oder mich zu einem Abscheu der ganzen Natur machen. Ich bin schon strafbar, daß ich nur hier stehe, und Sie anhöre. Leben Sie wohl; leben Sie wohl.

MARWOOD *die ihn zurück hält:* Sie müssen mich verlassen? Und was wollen Sie denn, das aus mir werde? So wie ich jetzt bin, bin ich ihr Geschöpf; tun Sie also was einem Schöpfer zukömmt; er darf die Hand von seinem Werke nicht eher abziehn, als bis er es gänzlich vernichten will. – Ach, Hannah, ich sehe wohl, meine Bitten allein sind zu schwach. Geh bringe meinen Vorsprecher her, der mir vielleicht jetzt auf einmal mehr wiedergeben wird, als er von mir erhalten hat.

Hannah geht ab.

MELLEFONT Was für einen Vorsprecher, Marwood?

MARWOOD Ach, einen Vorsprecher, dessen Sie mich nur allzugern beraubet hätten. Die Natur wird seine Klagen auf einen kürzerm Wege zu ihren Herzen bringen –

MELLEFONT Ich erschrecke. Sie werden doch nicht –

VIERTER AUFTRITT.

Arabella. Hannah. Mellefont. Marwood.

MELLEFONT Was seh ich? Sie ist es! — Marwood, wie haben Sie sich unterstehen können —

MARWOOD Soll ich umsonst Mutter sein? — Komm, meine Bella, komm; sieh hier deinen Beschützer wieder, deinen Freund, deinen — ach! das Herz mag es euch sagen, was er noch mehr, als dein Beschützer, als dein Freund sein kann.

MELLEFONT *mit abgewandtem Gesichte:* Gott! wie wird es mir hier ergehen?

ARABELLA *indem sie ihm furchtsam näher tritt:* Ach, mein Herr! Sind Sie es? Sind Sie unser Mellefont? — Nein doch, Madame, er ist es nicht. — Würde er mich nicht ansehen, wenn er es wäre? Würde er mich nicht in seine Arme schließen? Er hat es ja sonst getan. Ich unglückliches Kind! Womit hätte ich ihn denn erzürnt, diesen Mann, diesen liebsten Mann, der mir erlaubte, mich seine Tochter zu nennen?

MARWOOD Sie schweigen, Mellefont? Sie gönnen der Unschuldigen keinen Blick.

MELLEFONT Ach! —

ARABELLA Er seufzet ja, Madame. Was fehlt ihm? Können wir ihm nicht helfen? Ich nicht? Sie auch nicht? So lassen Sie uns doch mit ihm seufzen. — Ach, nun sieht er mich an! — Nein er sieht wieder weg! Er sieht gen Himmel! Was wünscht er? Was bittet er vom Himmel? Möchte er ihm doch alles gewähren, wenn er mir auch alles dafür versagte!

MARWOOD Geh, mein Kind, geh; fall ihm zu Füßen. Er will uns verlassen; er will uns auf ewig verlassen.

ARABELLA *die vor ihm niederfällt:* Hier liege ich schon. Sie uns verlassen? Sie uns auf ewig verlassen? War es nicht schon eine kleine Ewigkeit, die wir Sie jetzt vermißt haben? Wir sollen Sie wieder vermissen? Sie haben ja so oft gesagt, daß sie uns liebten. Verläßt man denn die, die man liebt: So muß ich Sie wohl nicht lieben, denn ich wünschte Sie nie zu verlassen. Nie; und will Sie auch nie verlassen.

MARWOOD Ich will dir bitten helfen, mein Kind; hilf nur auch mir – Nun, Mellefont, sehen Sie auch mich zu ihren Füßen –

MELLEFONT *hält sie zurück, indem sie sich niederwerfen will:* Marwood, gefährliche Marwood – Und auch du, meine liebste Bella, *hebt sie auf:* auch du bist wider deinen Mellefont!

ARABELLA Ich wider Sie?

MARWOOD Was beschließen Sie, Mellefont?

MELLEFONT Was ich nicht sollte, Marwood; was ich nicht sollte.

MARWOOD *die ihn umarmt:* Ach, ich weiß es ja, daß die Redlichkeit ihres Herzens allezeit über den Eigensinn ihrer Begierden gesiegt hat.

MELLEFONT Bestürmen Sie mich nicht weiter. Ich bin es schon, was sie mich haben wollen; ein Meineidiger, ein Verführer, ein Räuber, ein Mörder.

MARWOOD Jetzt werden Sie es einige Tage in ihrer Einbildung sein, und hernach werden Sie erkennen, daß ich Sie abgehalten habe, es wirklich zu werden. Machen Sie nur, und kehren Sie wieder mit uns zurück.

ARABELLA *schmeichelnd:* Oh ja, tun Sie dieses.

MELLEFONT Mit euch zurückkehren? Kann ich denn?

MARWOOD Nichts ist leichter, wenn Sie nur wollen.

MELLEFONT Und meine Miß –

MARWOOD Und ihre Miß mag sehen, wo sie bleibt –

MELLEFONT Ha, barbarische Marwood, diese Rede ließ mich bis auf den Grund ihres Herzens sehen. – Und ich Verruchter gehe doch nicht wieder in mich?

MARWOOD Wenn sie bis auf den Grund meines Herzens gesehen hätten, so würden Sie entdeckt haben, daß es mehr wahres Erbarmen gegen ihre Miß fühlt, als Sie selbst. Ich sage, wahres Erbarmen; denn das ihre ist ein eigennütziges, weichherziges Erbarmen. Sie haben überhaupt diesen Liebeshandel viel zu weit getrieben. Daß Sie, als ein Mann, der bei einem langen Umgange mit unserm Geschlechte, in der Kunst zu verführen ausgelernet hatte, gegen ein so junges Frauenzimmer sich ihrer Überlegenheit an Verstellung und

Erfahrung zu Nutze machten und nicht eher ruheten, als bis Sie ihren Zweck erreichten; das möchte noch hingehen; Sie können sich mit der Heftigkeit ihrer Leidenschaft entschuldigen. Allein, daß Sie einem alten Vater sein einziges Kind raubten, daß Sie einem rechtschaffnen Greise die wenigen Schritte zu seinem Grabe noch so schwer und bitter machten, daß Sie ihrer Lust wegen die stärksten Banden der Natur trennten; das, Mellefont, das können Sie nicht verantworten. Machen Sie also ihren Fehler wieder gut, so weit es möglich ist, ihn gut zu machen. Geben Sie dem weinenden Alter seine Stütze wieder und schicken Sie eine leichtgläubige Tochter in ihr Haus zurück, das Sie deswegen, weil Sie es beschimpft haben, nicht auch öde machen müssen.

MELLEFONT Das fehlte noch, daß Sie auch mein Gewissen wider mich zu Hülfe riefen! Aber gesetzt, es wäre billig, was Sie sagen; müßte ich nicht eine eiserne Stirn haben, wenn ich es der unglücklichen Miß selbst vorschlagen sollte?

MARWOOD Nunmehr will ich es Ihnen gestehen, daß ich schon im voraus bedacht gewesen bin, Ihnen diese Verwirrung zu ersparen. So bald ich Ihren Aufenthalt erfuhr, habe ich auch dem alten Sampson unter der Hand Nachricht davon geben lassen. Er ist für Freuden darüber ganz außer sich gewesen, und hat sich sogleich auf den Weg machen wollen. Ich wundre mich, daß er noch nicht hier ist.

MELLEFONT Was sagen Sie?

MARWOOD Erwarten sie nur ruhig seine Ankunft; und lassen sich gegen die Miß nichts merken. Ich will Sie selbst jetzt nicht länger aufhalten. Gehen Sie wieder zu ihr; sie möchte Verdacht bekommen. Doch versprech ich mir, Sie heute noch einmal zu sehen.

MELLEFONT O Marwood, mit was für Gesinnungen kam ich zu Ihnen, und mit welchen muß ich Sie verlassen! – Einen Kuß meine liebe Bella –

ARABELLA Der war für Sie; aber nun einen für mich. Kommen Sie nur ja bald wieder; ich bitte.

Mellefont geht ab.

FÜNFTER AUFTRITT.

Marwood. Arabella. Hannah.

MARWOOD *nachdem sie tief Atem geholt:* Sieg, Hannah! aber ein saurer Sieg! — Gieb mir einen Stuhl; ich fühle mich ganz abgemattet — *sie setzt sich:* Eben war es die höchste Zeit, als er sich ergab; noch einen Augenblick hätt er anstehen dürfen, so würde ich ihm eine ganz andre Marwood gezeigt haben.

HANNAH Ach, Madame, was sind Sie für eine Frau! Den möchte ich doch sehn, der Ihnen widerstehen könnte.

MARWOOD Er hat mir schon zu lange widerstanden. Und gewiß, gewiß ich will es ihm nicht vergeben, daß ich ihm fast zu Fuße gefallen wäre.

ARABELLA Oh nein, Sie müssen ihm alles vergeben. Er ist ja so gut, so gut —

MARWOOD Schweig, kleine Närrin!

HANNAH Auf welcher Seite wußten Sie ihn nicht zu fassen! Aber nichts, glaube ich, rührte ihn mehr, als die Uneigennützigkeit, mit welcher sie sich erboten, alle von ihm erhaltenen Geschenke zurück zu geben.

MARWOOD Ich glaube es auch. Ha! Ha! Ha *verächtlich.*

HANNAH Warum lachen Sie, Madame? Wenn es nicht ihr Ernst war, so wagten Sie in der Tat sehr viel. Gesetzt, er hätte Sie bei ihrem Worte gefaßt?

MARWOOD O geh; man muß wissen, wen man vor sich hat.

HANNAH Nun das gesteh ich! Aber auch Sie, meine schöne Bella, haben ihre Sache vortrefflich gemacht; vortrefflich!

ARABELLA Warum das? Konnte ich sie denn anders machen? Ich hatte ihn ja so lange nicht gesehen. Sie sind doch nicht böse, Madame, daß ich ihn so lieb habe? Ich habe Sie so lieb, wie ihn; eben so lieb.

MARWOOD Schon gut; das mal will ich dir verzeihen, daß du mich nicht lieber hast, als ihn.

ARABELLA Das mal? *schluchsend*

MARWOOD Du weinst ja wohl gar? Warum denn?
ARABELLA Ach nein, ich weine nicht, werden Sie nur nicht ungehalten. Ich will Sie ja gern alle beide so lieb, so lieb haben, daß ich unmöglich, weder Sie noch ihn, lieber haben kann.
MARWOOD Je nun ja.
ARABELLA Ich bin recht unglücklich –
MARWOOD Sei doch nur stille – Aber was ist das?

SECHSTER AUFTRITT.

Mellefont. Marwood. Arabella. Hannah.

MARWOOD Warum kommen Sie schon wieder, Mellefont? *sie steht auf*
MELLEFONT *hitzig:* Weil ich mehr nicht, als einige Augenblicke nötig hatte, wieder zu mir selbst zu kommen.
MARWOOD Nun?
MELLEFONT Ich war betäubt, Marwood, aber nicht bewegt. Sie haben alle ihre Mühe verloren; eine andre Luft, als diese ansteckende Luft ihres Zimmers, gab mir Mut und Kräfte wieder, meinen Fuß aus dieser gefährlichen Schlinge noch zeitig genug zu ziehen. Waren mir Nichtswürdigem die Ränke einer Marwood noch nicht bekannt genug?
MARWOOD *hastig:* Was ist das wieder für eine Sprache?
MELLEFONT Die Sprache der Wahrheit und des Unwillens.
MARWOOD Nur gemach, Mellefont, oder auch ich werde diese Sprache sprechen.
MELLEFONT Ich komme nur zurück, Sie keinen Augenblick länger in einem Irrtume von mir stecken zu lassen, der mich, selbst in ihren Augen, verächtlich machen muß.
ARABELLA *furchtsam:* Ach Hannah –
MELLEFONT Sehen sie mich nur so wütend an, als Sie wollen. Je wütender, je besser. War es möglich, daß ich zwischen einer Marwood und einer Sara nur einen Augenblick unentschließig bleiben konnte? Und daß ich mich fast für die erstere entschlossen hätte?

ARABELLA Ach Mellefont –

MELLEFONT Zittern Sie nicht, Bella. Auch für Sie bin ich mit zurück gekommen. Geben Sie mir die Hand, und folgen Sie mir nur getrost.

MARWOOD *die beide zurückhält:* Wem soll sie folgen, Verräter?

MELLEFONT Ihrem Vater.

MARWOOD Geh, Elender; und lerne erst ihre Mutter kennen.

MELLEFONT Ich kenne sie. Sie ist die Schande ihres Geschlechts –

MARWOOD Führe sie weg, Hannah!

MELLEFONT Bleiben Sie, Bella. *indem er sie zurück halten will.*

MARWOOD Nur keine Gewalt, Mellefont, oder –

Hannah und Arabella gehen ab.

SIEBENDER AUFTRITT.

Mellefont. Marwood.

MARWOOD Nun sind wir allein. Nun sagen Sie es noch einmal, ob Sie fest entschlossen sind, mich einer jungen Närrin aufzuopfern?

MELLEFONT *bitter:* Aufzuopfern? Sie machen, daß ich mich hier erinnere, daß den alten Göttern auch sehr unreine Tiere geopfert wurden.

MARWOOD *spöttisch:* Drücken Sie sich ohne so gelehrte Anspielungen aus.

MELLEFONT So sage ich Ihnen, daß ich fest entschlossen bin, nie wieder ohne die schrecklichsten Verwünschungen an Sie zu denken. Wer sind Sie? Und wer ist Sara? Sie sind eine wollüstige, eigennützige, schändliche Buhlerin, die sich jetzo kaum mehr muß erinnern können, einmal unschuldig gewesen zu sein. Ich habe mir mit Ihnen nichts vorzuwerfen, als daß ich dasjenige genossen, was Sie ohne mich vielleicht der ganzen Welt hätten genießen lassen. Sie haben mich gesucht, nicht ich Sie; und wenn ich nunmehr weiß, wer Marwood ist, so kömmt mir die Kenntnis teuer genug zu stehen. Sie kostet mich mein Vermögen, meine Ehre, mein Glück –

MARWOOD Und so wollte ich, daß sie Ihnen auch ihre Seligkeit kosten müßte! Ungeheuer! Ist der Teufel ärger als du, der schwache Menschen zu Verbrechen reizet, und sie dieser Verbrechen wegen, die sein Werk sind, hernach selbst anklagt? Was geht dich meine Unschuld an, wenn und wie ich sie verloren habe? Habe ich dir meine Tugend nicht Preis geben können, so habe ich doch meinen guten Namen für dich in die Schanze geschlagen. Jene ist nichts kostbarer als dieser. Was sage ich kostbarer? Sie ist ohne ihm ein albernes Hirngespinst, das weder ruhig noch glücklich macht. Er allein giebt ihr noch einigen Wert, und kann vollkommen ohne sie bestehen. Möchte ich doch sein, wer ich wollte, ehe ich dich, Scheusal, kennen lernte; genug, daß ich in den Augen der Welt für ein Frauenzimmer ohne Tadel galt. Durch dich nur hat sie es erfahren, daß ich es nicht sei; durch meine Bereitwilligkeit bloß, dein Herz, wie ich damals glaubte, ohne deine Hand anzunehmen.

MELLEFONT Eben diese Bereitwilligkeit verdammt dich, Niederträchtige.

MARWOOD Erinnerst du dich aber, welchen nichtswürdigen Kunstgriffen du sie zu verdanken hattest? Ward ich nicht von dir beredt, daß du dich in keine öffentliche Verbindung einlassen könntest, ohne eine Erbschaft verlustig zu werden, deren Genuß du mit niemanden, als mit mir teilen wolltest? Ist es nun Zeit ihrer zu entsagen? und ihrer für eine andre, als für mich zu entsagen?

MELLEFONT Es ist eine wahre Wollust für mich, Ihnen melden zu können, daß diese Schwierigkeit nunmehr bald wird gehoben sein. Begnügen Sie sich also nur, mich um mein väterliches Erbteil gebracht zu haben, und lassen mich, ein weit geringers mit einer würdigern Gattin genießen.

MARWOOD Ha! Nun seh ichs, was dich eigentlich so trotzig macht. Wohl, ich will kein Wort mehr verlieren. Es sei darum! Rechne darauf, daß ich alles anwenden will dich zu vergessen. Und das erste, was ich in dieser Absicht tun werde, soll dieses sein – Du wirst mich verstehen! Zittre für deine Bella! Ihr Leben soll das Andenken meiner verachteten Liebe auf die Nachwelt nicht bringen; meine Grausamkeit soll dieses Andenken verewigen. Sieh in mir eine neue Medea!

MELLEFONT *erschrocken:* Marwood –

MARWOOD Oder wenn du noch eine grausamere Mutter weißt, so sieh sie gedoppelt in mir! Gift und Dolch sollen mich rächen. Doch nein, Gift und Dolch sind zu barmherzige Werkzeuge! Sie würden dein und mein Kind zu bald töten. Ich will es nicht gestorben; ich will es sterben sehen! Durch langsame Martern will ich in seinem Gesichte jeden ähnlichen Zug, den es von dir hat sich verstellen, verzerren und verschwinden sehen. Ich will mit begieriger Hand Glied von Glied, Ader von Ader, Nerve von Nerve lösen, und das kleinste derselben auch da noch nicht aufhören zu schneiden und zu brennen, wenn es schon nichts mehr sein wird, als ein empfindungsloses Aas. Ich, ich werde wenigstens dabei empfinden, wie süße die Rache sei!

MELLEFONT Sie rasen, Marwood –

MARWOOD Eben erinnern Sie mich, daß ich doch noch nicht gegen den rechten rase. Der Vater muß voran! Er muß schon in jener Welt sein, wenn der Geist seiner Tochter unter tausend Seufzern gemach ihm nachziehet. – *sie geht mit einem Dolche, den sie aus dem Busen reißt, auf ihn los:* Drum stirb Verräter!

MELLEFONT *der ihr in den Arm fällt, und den Dolch entreißt:* Unsinniges Weibsbild! Was hindert mich nun, den Stahl wider dich zu kehren? Doch lebe, und deine Strafe müsse einer ehrlosen Hand aufgehoben sein!

MARWOOD *mit gerungenen Händen:* Himmel, was habe ich getan? Mellefont –

MELLEFONT Deine Reue soll mich nicht hintergehen! Ich weiß es doch wohl, was dich reuet; nicht daß du den Stoß tun wollen, sondern daß du ihn nicht tun können.

MARWOOD Geben Sie mir ihn wieder, den verirrten Stahl; geben Sie mir ihn wieder; und Sie sollen es gleich sehen, für wen er geschliffen ward. Für diese Brust allein, die schon längst einem Herze zu enge ist, das eher dem Leben als ihrer Liebe entsagen will.
MELLEFONT Hannah! –
MARWOOD Was wollen Sie tun, Mellefont?

ACHTER AUFTRITT.

Hannah. erschrocken. Marwood. Mellefont.

MELLEFONT Hast du es gehört, Hannah, welche Furie deine Gebieterin ist? Wisse, daß ich Arabellen von deinen Händen fordern werde.
HANNAH Ach Madame, wie sind Sie außer sich!
MELLEFONT Ich will das unschuldige Kind bald in völlige Sicherheit bringen. Die Gerechtigkeit wird einer so grausamen Mutter die mördrischen Hände schon zu binden wissen.
er will gehen.
MARWOOD Wohin, Mellefont? Ist es zu verwundern, daß die Heftigkeit meines Schmerzes mich des Verstandes nicht mächtig ließ? Wer bringt mich zu so unnatürlichen Ausschweifungen? Sind Sie es nicht selbst? Wo kann Bella sicherer sein, als bei mir? Mein Mund tobet wider sie, und mein Herz bleibt doch immer Mutter. Ach, Mellefont, vergessen Sie meine Raserei, und denken, zu ihrer Entschuldigung, nur an die Ursache derselben.
MELLEFONT Es ist nur ein Mittel, welches mich bewegen kann, sie zu vergessen.
MARWOOD Welches?
MELLEFONT Wenn Sie den Augenblick nach London zurückkehren. Arabellen will ich in einer andern Begleitung wieder dahin bringen lassen. Sie müssen durchaus ferner mit ihr nichts zu tun haben.

MARWOOD Gut, ich lasse mir alles gefallen; aber eine einzige Bitte gewähren Sie mir noch. Lassen Sie mich ihre Sara wenigstens einmal sehen.

MELLEFONT Und wozu?

MARWOOD Um in ihren Blicken mein ganzes künftiges Schicksal zu lesen. Ich will selbst urteilen, ob sie einer Untreue, wie Sie an mir begehen, würdig ist; und ob ich Hoffnung haben kann, wenigstens einmal einen Anteil an ihrer Liebe wieder zu bekommen.

MELLEFONT Nichtige Hoffnung!

MARWOOD Wer ist so grausam, daß er einer Elenden auch nicht einmal die Hoffnung gönnen wollte? Ich will mich ihr nicht als Marwood, sondern als eine Anverwandte von Ihnen zeigen. Melden Sie mich bei ihr als eine solche; Sie sollen bei meinem Besuche zugegen sein, und, ich verspreche Ihnen bei allem was heilig ist, ihr nicht das geringste anstößige zu sagen. Schlagen Sie mir meine Bitte nicht ab; denn sonst möchte ich vielleicht alles anwenden, in meiner wahren Gestalt vor ihr zu erscheinen.

MELLEFONT Diese Bitte, Marwood, *nach dem er einen Augenblick nachgedacht:* – könnte ich Ihnen gewähren. Wollen Sie aber auch alsdann gewiß diesen Ort verlassen?

MARWOOD Gewiß; ja ich verspreche Ihnen noch mehr; ich will Ihnen, wo nur noch einige Möglichkeit ist, von dem Überfalle ihres Vaters befreien.

MELLEFONT Dieses haben Sie nicht nötig. Ich hoffe, daß er auch mich in die Verzeihung mit einschließen wird, die er seiner Tochter widerfahren läßt. Will er aber dieser nicht verzeihen; so werde ich auch wissen, wie ich ihm begegnen soll – Ich gehe, Sie bei meiner Miß zu melden. Nur halten Sie Wort, Marwood!

geht ab.

MARWOOD Ach Hannah! daß unsere Kräfte nicht so groß sind als unsere Wut! Komm; hilf mich ankleiden. Ich gebe mein Vorhaben noch nicht auf. Wenn ich ihn nur erst sicher gemacht habe. Komm!

Ende des zweiten Aufzugs.

DRITTER AUFZUG.

ERSTER AUFTRITT.

Ein Saal im erstern Gasthofe.
Sir Sampson. Waitwell.

SAMPSON Hier, Waitwell, bringe ihr diesen Brief. Es ist der Brief eines zärtlichen Vaters, der sich über nichts, als über ihre Abwesenheit beklaget. Sage ihr, daß ich dich darmit vorweg geschickt, und daß ich nur noch ihre Antwort erwarten wolle, ehe ich selbst käme, sie wieder in meine Arme zu schließen.

WAITWELL Ich glaube, Sie tun recht wohl, daß Sie ihre Zusammenkunft auf diese Art vorbereiten.

SAMPSON Ich werde ihrer Gesinnungen dadurch gewiß, und mache ihr Gelegenheit, alles was ihr die Reue klägliches und errötendes eingeben könnte, schon ausgeschüttet zu haben, ehe sie mündlich mit mir spricht. Es wird ihr in einem Briefe weniger Verwirrung, und mir vielleicht weniger Tränen kosten.

WAITWELL Darf ich aber fragen, Sir, was Sie in Ansehung Mellefonts beschlossen haben?

SAMPSON Ach, Waitwell, wenn ich ihn von dem Geliebten meiner Tochter trennen könnte, so würde ich etwas sehr hartes wider ihn beschließen. Aber da dieses nicht angeht, so siehst du wohl, daß er gegen meinen Unwillen gesichert ist. Ich habe selbst den größten Fehler bei diesem Unglükke begangen. Ohne mich würde Sara diesen gefährlichen Menschen nicht haben kennen lernen. Ich verstattete ihm, wegen einer Verbindlichkeit, die ich gegen ihn zu haben glaubte, einen allzufreien Zutritt in meinem Hause. Es war natürlich, daß ihm die dankbare Aufmerksamkeit, die ich für ihn bezeigte, auch die Achtung meiner Tochter zuziehen mußte. Und es war eben so natürlich, daß sich ein Mensch von seiner Denkungsart durch diese Achtung verleiten ließ, sie zu etwas höhern zu treiben. Er hatte Geschicklichkeit genug gehabt, sie in Liebe zu verwandeln, ehe ich noch das geringste merkte, und ehe ich noch Zeit hatte, mich nach seiner übrigen Lebensart zu erkundigen. Das Unglück war geschehen, und ich hätte wohl getan, wenn ich ihnen nur gleich alles vergeben hätte. Ich wollte unerbittlich gegen ihn sein, und überlegte nicht, daß ich es gegen ihn nicht allein sein könnte. Wenn ich meine zu späte Strenge erspart hätte, so würde ich wenigstens ihre Flucht verhindert haben. – Da bin ich nun, Waitwell! Ich muß sie selbst zurückholen, und mich noch glücklich schätzen, wenn ich aus dem Verführer nur meinen Sohn machen kann. Denn wer weiß, ob er seine Marwoods und seine übrigen Creaturen eines Mädchens wegen wird aufgeben wollen, das seinen Begierden nichts mehr zu verlangen übrig gelassen hat, und die fesselnden Künste einer Buhlerin so wenig versteht?

WAITWELL Nun, Sir, das ist wohl nicht möglich, daß ein Mensch so gar böse sein könnte –

SAMPSON Der Zweifel, guter Waitwell, macht deiner Tugend Ehre. Aber warum ist es gleichwohl wahr, daß sich die Grenzen der menschlichen Bosheit noch viel weiter erstrecken? – Geh nur jetzt und tue was ich dir gesagt habe. Gieb auf alle ihre Mienen Acht, wenn sie meinen Brief lesen wird. In der kurzen Entfernung von der Tugend, kann sie die Verstellung noch nicht gelernt haben, zu deren Larven nur das eingewurzelte Laster seine Zuflucht nimmt. Du wirst ihre ganze Seele in ihrem Gesichte lesen. Laß dir ja keinen Zug entgehen, der etwa eine Gleichgültigkeit gegen mich, eine Verschmähung ihres Vaters, anzeigen könnte. Denn wenn du diese unglückliche Entdeckung machen solltest, und wenn sie mich nicht mehr liebt, so hoffe ich, daß ich mich endlich werde überwinden können, sie ihrem Schicksale zu überlassen. Ich hoffe es, Waitwell – Ach wenn nur hier kein Herz schlüge, daß dieser Hoffnung widerspricht.

Sie gehen beide auf verschiedenen Seiten ab.

ZWEITER AUFTRITT.

Das Zimmer der Sara.
Miß Sara. Mellefont.

MELLEFONT Ich habe Unrecht getan, liebste Miß, daß ich Sie wegen des vorigen Briefes in einer kleinen Unruhe ließ.
SARA Nein doch, Mellefont; ich bin deswegen ganz und gar nicht unruhig gewesen. Könnten Sie mich denn nicht lieben, wenn Sie noch Geheimnisse vor mir hätten?
MELLEFONT Sie glauben also doch, daß es ein Geheimnis gewesen sei?
SARA Aber keines, das mich angeht. Und das muß mir genug sein.
MELLEFONT Sie sind allzugefällig. Doch erlauben Sie mir, daß ich ihnen dieses Geheimnis gleichwohl entdecke. Es waren einige Zeilen von einer Anverwandtin, die meinen hiesigen Aufenthalt erfahren hat. Sie geht auf ihrer Reise nach London hier durch, und will mich sprechen. Sie hat zugleich um die Ehre ersucht, Ihnen ihre Aufwartung machen zu dürfen.
SARA Es wird mir allezeit angenehm sein, Mellefont, die würdigen Personen ihrer Familie kennen zu lernen. Aber, überlegen Sie es selbst, ob ich schon, ohne zu erröten, einer derselben unter die Augen sehen darf.
MELLEFONT Ohne zu erröten? Und worüber? Darüber, daß Sie mich lieben? Es ist wahr, Miß, Sie hätten ihre Liebe einem Edlern, einem Reichern schenken können. Sie müssen sich schämen, daß Sie ihr Herz nur um ein Herz haben geben wollen, und daß Sie bei diesem Tausche ihr Glück so weit aus den Augen gesetzt.
SARA Sie werden es selbst wissen, wie falsch Sie meine Worte erklären.
MELLEFONT Erlauben Sie, Miß; wenn ich sie falsch erkläre, so können sie gar keine Bedeutung haben.
SARA Wie heißt ihre Anverwandte?

MELLEFONT Es ist – Lady Solmes. Sie werden den Namen von mir schon gehört haben.

SARA Ich kann mich nicht erinnern.

MELLEFONT Darf ich bitten, daß Sie ihren Besuch annehmen wollen?

SARA Bitten, Mellefont? Sie können mir es ja befehlen.

MELLEFONT Was für ein Wort! – Nein, Miß, Sie soll das Glücke nicht haben, Sie zu sehen. Sie wird es betauren; aber sie muß es sich gefallen lassen. Miß Sara hat ihre Ursachen, die ich auch, ohne sie zu wissen, verehre.

SARA Mein Gott, wie schnell sind Sie, Mellefont. Ich werde die Lady erwarten; und mich der Ehre ihres Besuchs, so viel möglich, würdig zu erzeigen suchen. Sind Sie zufrieden?

MELLEFONT Ach, Miß, lassen Sie mich meinen Ehrgeiz gestehen. Ich möchte gern gegen die ganze Welt mit Ihnen prahlen. Und wenn ich auf den Besitz einer solchen Person nicht eitel wäre, so würde ich mir selbst vorwerfen, daß ich den Wert derselben nicht zu schätzen wüßte. Ich gehe und bringe die Lady sogleich zu Ihnen.

gehet ab.

SARA *allein:* Wenn es nur keine von den stolzen Weibern ist, die voll von ihrer Tugend, über alle Schwachheiten erhaben zu sein glauben. Sie machen uns mit einem einzigen verächtlichen Blicke den Proceß, und ein zweideutiges Achselzucken ist das ganze Mitleiden, das wir ihnen zu verdienen scheinen.

DRITTER AUFTRITT.

Waitwell. Sara.

BETTY *zwischen der Scene:* Nur hier herein, wenn er selbst mit ihr sprechen muß.

SARA *die sich umsieht:* Wer muß selbst mit mir sprechen? – Wen seh ich? Ist es möglich? Waitwell, dich?

WAITWELL Was für ein glücklicher Mann bin ich, daß ich endlich unsere Miß Sara wieder sehe!

SARA Gott, was bringst du! Ich höre es schon, ich höre es schon, du bringest mir die Nachricht von dem Tode meines Vaters! Er ist hin, der vortrefflichste Mann, der beste Vater! Er ist hin, und ich, ich bin die Elende, die seinen Tod beschleiniget hat.

WAITWELL Ach, Miß –

SARA Sage mir, geschwind sage mir, daß die letzten Augenblicke seines Lebens ihm durch mein Andenken nicht schwerer wurden; daß er mich vergessen hatte; daß er eben so ruhig starb, als er sich sonst in meinen Armen zu sterben versprach; daß er sich meiner auch nicht einmal in seinem letzten Gebete erinnerte –

WAITWELL Hören sie doch auf, sich mit so falschen Vorstellungen zu plagen! Er lebt ja noch, ihr Vater; er lebt ja noch, der rechtschaffne Sir Sampson.

SARA Lebt er noch? Ist es wahr, lebt er noch? O daß er noch lange leben, und glücklich leben möge! O daß ihm Gott die Hälfte meiner Jahre zulegen wolle! Die Hälfte? – Ich Undankbare, wenn ich ihm nicht mit allen, so viel mir deren bestimmt sind, auch nur einige Augenblicke zu erkaufen bereit bin! Aber nun sage mir wenigstens, Waitwell, daß es ihm nicht hart fällt, ohne mich zu leben; daß es ihm leicht geworden ist, eine Tochter aufzugeben, die ihre Tugend so leicht aufgeben können; daß ihm meine Flucht erzürnet, aber nicht gekränkt habe; daß er mich verwünsche, aber nicht betaure.

WAITWELL Ach, Sir Sampson ist noch immer der zärtliche Vater, so wie sein Sarchen noch immer die zärtliche Tochter ist, die sie beide gewesen sind.

SARA Was sagst du? Du bist ein Bote des Unglücks, des schrecklichsten Unglücks unter allen, die mir meine feindselige Einbildung jemals vorgestellet hat! Er ist noch der zärtliche Vater? So liebt er mich ja noch? So muß er mich ja beklagen? Nein, nein, das tut er nicht; das kann er nicht tun! Siehst du denn nicht, wie unendlich jeder Seufzer, den er um mich verlöre, meine Verbrechen vergrößern würde? Müßte mir nicht die Gerechtigkeit des Himmels jede seiner Tränen, die ich ihm auspreßte, so anrechnen, als ob ich bei jeder derselben mein Laster und meinen Undank wiederholte? Ich erstarre über diesen Gedanken. Tränen koste ich ihm? Tränen? Und es sind andre Tränen, als Tränen der Freude? – Widersprich mir doch, Waitwell! Aufs höchste hat er einige leichte Regungen des Bluts für mich gefühlt; einige von den geschwind überhin gehenden Regungen, welche die kleinste Anstrengung der Vernunft besänftiget. Zu Tränen hat er es nicht kommen lassen. Nicht wahr, Waitwell, zu Tränen hat er es nicht kommen lassen?

WAITWELL *indem er sich die Augen wischt:* Nein, Miß, darzu hat er es nicht kommen lassen –

SARA Ach, dein Mund sagt nein; und deine eigenen Tränen sagen ja.

WAITWELL Nehmen Sie diesen Brief. Miß; er ist von ihm selbst.

SARA Von wem? Von meinem Vater? An mich?

WAITWELL Ja, nehmen Sie ihn nur; Sie werden mehr daraus sehen können, als ich zu sagen vermag. Er hätte einem andern, als mir dieses Geschäfte auftragen sollen. Ich versprach mir Freude davon; aber Sie verwandeln mir diese Freude in Betrübnis –

SARA Gieb nur, ehrlicher Waitwell – Doch nein, ich will ihn nicht eher nehmen, als bis du mir sagst, was ohngefehr darin enthalten ist.

WAITWELL Was kann darin enthalten sein? Liebe und Vergebung.

SARA Liebe? Vergebung?

WAITWELL Und vielleicht ein aufrichtiges Betauren, daß er die Rechte der väterlichen Gewalt gegen ein Kind brauchen wollen, für welches nur die Vorrechte der väterlichen Huld sind.

SARA So behalte nur, deinen grausamen Brief!

WAITWELL Grausamen? fürchten Sie nichts; Sie erhalten völlige Freiheit über ihr Herz und ihre Hand.

SARA Und das ist es eben was ich fürchte. Einen Vater, wie ihn, zu betrüben; darzu habe ich noch den Mut gehabt. Allein ihn durch eben diese Betrübnis, ihn durch seine Liebe, der ich entsagt, dahin gebracht zu sehen, daß er sich alles gefallen läßt, wozu mich eine unglückliche Leidenschaft verleitet, das Waitwell, das würde ich nicht ausstehen. Wenn sein Brief alles enthielte, was ein aufgebrachter Vater, in solchem Falle heftiges und hartes, vorbringen kann, so würde ich ihn zwar mit Schauer lesen, aber ich würde ihn doch lesen können. Ich würde gegen seinen Zorn noch einen Schatten von Verteidigung aufzubringen wissen, um ihn durch diese Verteidigung, wo möglich, noch zorniger zu machen. Meine Beruhigung wäre alsdann diese, daß bei einem gewaltsamen Zorne kein wehmütiger Gram Raum haben könne, und daß sich jener endlich glücklich in eine bittere Verachtung gegen mich verwandeln werde. Wen man aber verachtet, um den bekümmert man sich nicht mehr. Mein Vater wäre wieder ruhig, und ich dürfte mir nicht vorwerfen, ihm auf immer unglücklich gemacht zu haben.

WAITWELL Ach Miß, Sie werden sich diesen Vorwurf noch weniger machen dürfen, wenn Sie jetzt seine Liebe wieder ergreifen, die ja alles vergessen will.

SARA Du irrst dich, Waitwell. Sein sehnliches Verlangen nach mir, verführt ihn vielleicht, zu allen ja zu sagen? Kaum aber würde dieses Verlangen ein wenig beruhiget sein, so würde er sich, seiner Schwäche wegen, vor sich selbst schämen. Ein finstrer Unwille würde sich seiner bemeistern, und er würde mich nie ansehen können, ohne mich heimlich anzuklagen, wie viel ich ihm abzutrotzen, mich unterstanden habe. Ja, wenn es in meinem Vermögen stünde, ihm bei der äußersten Gewalt, die er sich meinetwegen antut, das bitterste zu ersparen; wenn in dem Augenblicke, da er mir alles erlauben wollte, ich ihm alles aufopfern könnte: so wäre es ganz etwas anders. Ich wollte den Brief mit Vergnügen von deinen Händen nehmen, die Stärke der väterlichen Liebe darinne bewundern, und ohne sie zu mißbrauchen, mich als eine reuende und gehorsame Tochter zu seinen Füßen werfen. Aber kann ich das? Ich würde es tun müssen, was er mir erlaubte, ohne mich daran zu kehren, wie teuer ihm diese Erlaubnis zu stehen komme. Und wenn ich dann am vergnügtesten darüber sein wollte, würde es mir plötzlich einfallen, daß er mein Vergnügen äußerlich nur zu teilen scheine, und in sich vielleicht seufze; kurz, daß er mich mit Entsagung seiner eignen Glückseligkeit glücklich gemacht habe – Und es auf diese Art zu sein wünschen, trauest du mir das wohl zu, Waitwell? –

WAITWELL Gewiß ich weiß nicht, was ich hierauf antworten soll –

SARA Es ist nichts darauf zu antworten. Bringe deinen Brief also nur wieder zurück. Wenn mein Vater durch mich unglücklich sein muß; so will ich selbst auch unglücklich bleiben. Ganz allein ohne ihm unglücklich zu sein, das ist es, was ich jetzt stündlich von dem Himmel bitte; glücklich aber ohne ihm ganz allein zu sein, davon will ich durchaus nichts wissen.

WAITWELL *etwas bei Seite:* Ich glaube wahrhaftig, ich werde das gute Kind hintergehen müssen, damit es den Brief doch nur lieset.

SARA Was sprichst du da vor dich?

WAITWELL Ich sage mir selbst, daß ich einen sehr ungeschickten Einfall gehabt hätte, Sie, Miß, zur Lesung des Briefes desto geschwinder zu vermögen.

SARA Wie so?

WAITWELL Ich konnte so weit nicht denken. Sie überlegen freilich alles genauer, als es unser einer kann. Ich wollte Sie nicht erschrecken; der Brief ist vielleicht nur allzuhart; und wenn ich gesagt habe, daß nichts als Liebe und Vergebung darin enthalten sei, so hätte ich sagen sollen, daß ich nichts als dieses darin enthalten zu sein wünschte.

SARA Ist das wahr? – Nun so gieb mir ihn her. Ich will ihn lesen. Wenn man den Zorn eines Vaters unglücklicher Weise verdient hat, so muß man wenigstens gegen diesen väterlichen Zorn so viel Achtung haben, daß er ihn nach allen Gefallen gegen uns auslassen kann. Ihn zu vereiteln suchen, heißt Beleidigungen mit Geringschätzigkeit häufen. Ich werde ihn nach aller seiner Stärke empfinden. Du siehst, ich zittre schon – Aber ich soll auch zittern; und ich will lieber zittern, als weinen – *sie erbricht den Brief:* Nun ist er erbrochen! Ich bebe – Aber was seh ich? *sie lieset:* »Einzige geliebteste Tochter!« – Ha, du alter Betrieger! Ist das die Anrede eines zornigen Vaters? Geh, weiter werde ich nicht lesen –

WAITWELL Ach, Miß, verzeihen Sie doch einem alten Knechte. Ja gewiß, ich glaube es ist in meinem Leben das erstemal, daß ich mit Vorsatz betrogen habe. Wer einmal betriegt, Miß, und aus einer so guten Absicht betrieget, der ist ja deswegen noch kein alter Betrieger. Das geht mir nahe, Miß. Ich weiß wohl, die gute Absicht entschuldigt nicht immer; aber was konnte ich denn tun? Einem so guten Vater seinen Brief ungelesen wieder zu bringen? Das kann ich nimmermehr. Eher will ich gehen, so weit mich meine alten Beine tragen, und ihm nie wieder vor die Augen kommen.

SARA Wie? Auch du willst ihn verlassen?

WAITWELL Werde ich denn nicht müssen, wenn Sie den Brief nicht lesen? Lesen Sie ihn doch immer. Lassen Sie doch immer den ersten vorsätzlichen Betrug, den ich mir vorzuwerfen habe, nicht ohne gute Wirkung bleiben. Sie werden ihn desto eher vergessen, und ich werde mir ihn desto eher vergeben können. Ich bin ein gemeiner einfältiger Mann, der Ihnen ihre Ursachen, warum sie den Brief nicht lesen können, oder wollen, freilich so muß gelten lassen. Ob sie wahr sind, weiß ich nicht; aber so recht natürlich scheinen sie mir wenigstens nicht. Ich dächte nun so, Miß; ein Vater, dächte ich, ist doch immer ein Vater; und ein Kind kann wohl einmal fehlen, es bleibt deswegen doch ein gutes Kind. Wenn der Vater den Fehler verzeiht, so kann ja das Kind sich wohl wieder so aufführen, daß er auch gar nicht mehr daran denken darf. Und wer erinnert sich denn gern an etwas, wovon er lieber wünscht, es wäre gar nicht geschehen? Es ist, Miß, als ob Sie nur immer an ihren Fehler dächten, und glaubten, es wäre genug, wenn Sie den in ihrer Einbildung vergrößerten, und sich selbst mit solchen vergrößerten Vorstellungen marterten. Aber ich sollte meinen, Sie müßten auch daran denken, wie Sie das, was geschehen ist, wieder gut machten. Und wie wollen Sie es denn wieder gut machen, wenn Sie sich selbst alle Gelegenheit dazu benehmen? Kann es Ihnen denn sauer werden, den andern Schritt zu tun, wenn so ein lieber Vater, schon den ersten getan hat?

SARA Was für Schwerter gehen aus deinem einfältigen Munde in mein Herz! – Eben das kann ich nicht aushalten, daß er den ersten Schritt tun muß. Und was willst du denn? Tut er denn nur den ersten Schritt? Er muß sie alle tun; ich kann ihm keinen entgegen tun. So weit ich mich von ihm entfernet, so weit muß er sich zu mir herab lassen. Wenn er mir vergiebt, so muß er mein ganzes Verbrechen vergeben, und sich noch darzu gefallen lassen, die Folgen desselben vor seinen Augen fortdauren zu sehen. Ist das von einem Vater zu verlangen?

WAITWELL Ich weiß nicht, Miß, ob ich dieses so recht verstehe. Aber mich deucht, Sie wollen sagen, er müsse Ihnen gar zu viel vergeben, und weil ihm das nicht anders, als sehr sauer werden könne, so machten Sie sich ein Gewissen, seine Vergebung anzunehmen. Wenn Sie das meinen, so sagen Sie mir doch, ist denn nicht das Vergeben für ein gutes Herz ein Vergnügen? Ich bin in meinem Leben so glücklich nicht gewesen, daß ich dieses Vergnügen oft empfunden hätte. Aber der wenigenmale, die ich es empfunden habe, erinnere ich mich noch immer gern. Ich fühlte so etwas sanftes, so etwas beruhigendes, so etwas himmlisches dabei, daß ich mich nicht entbrechen konnte, an die große unüberschwengliche Seligkeit Gottes zu denken, dessen ganze Erhaltungen der elenden Menschen ein immerwährendes Vergeben ist. Ich wünschte mir, alle Augenblicke verzeihen zu können, und schämte mich, daß

ich nur solche Kleinigkeiten zu verzeihen hatte. Rechte schmerzhafte Beleidigungen, rechte tödliche Kränkungen zu vergeben, sagte ich zu mir selbst, muß eine Wollust sein, in der die ganze Seele zerfließt. – Und nun, Miß, wollen Sie denn so eine große Wollust ihrem Vater nicht gönnen?
SARA Ach! – Rede weiter, Waitwell, rede weiter!
WAITWELL Ich weiß wohl, es giebt eine Art von Leuten, die nichts ungerner, als Vergebung annehmen, und zwar, weil sie keine zu erzeigen gelernt haben. Es sind stolze unbiegsame Leute, die durchaus nicht gestehen wollen, daß sie unrecht getan. Aber von der Art, Miß, sind Sie nicht. Sie haben das liebreichste und zärtlichste Herz, das die beste ihres Geschlechts nur haben kann. Ihren Fehler erkennen Sie auch. Woran liegt es denn nun also noch? – Doch verzeihen Sie mir nur, Miß, ich bin ein alter Plauderer, und hätte es gleich merken sollen, daß ihr Weigern nur eine rühmliche Besorgnis, nur eine tugendhafte Schüchternheit sei. Leute, die eine große Wohltat gleich, ohne Bedenken, annehmen können, sind der Wohltat selten würdig. Die sie am meisten verdienen, haben auch immer das meiste Mißtrauen gegen sich selbst. Doch muß das Mißtrauen nicht über sein Ziel getrieben werden –
SARA Lieber alter Vater, ich glaube du hast mich überredet.
WAITWELL Ach Gott, wenn ich so glücklich gewesen bin, so muß mir ein guter Geist haben reden helfen. Aber nein, Miß, meine Reden haben dabei nichts getan, als daß sie Ihnen Zeit gelassen, selbst nachzudenken, und sich von einer so fröhlichen Bestürzung zu erholen. – Nicht wahr, nun werden Sie den Brief lesen? O lesen Sie ihn doch gleich!
SARA Ich will es tun, Waitwell – Welche Bisse, welche Schmerzen werde ich fühlen –
WAITWELL Schmerzen, Miß, aber angenehme Schmerzen.
SARA Sei still! *sie fängt an vor sich zu lesen.*
WAITWELL *bei Seite:* O wenn er sie selbst sehen sollte!
SARA *nachdem sie einige Augenblicke gelesen:* Ach Waitwell, was für ein Vater! Er nennt meine Flucht eine Abwesenheit.

Wie viel sträflicher wird sie durch dieses gelinde Wort! *sie lieset weiter und unterbricht sich wieder:* Höre doch! Er schmeichelt sich, ich würde ihn noch lieben. Er schmeichelt sich! *lieset und unterbricht sich:* Er bittet mich – Er bittet mich? Ein Vater seine Tochter? Seine strafbare Tochter? Und was bittet er mich denn? – *lieset vor sich:* Er bittet mich, seine übereilte Strenge zu vergessen, und ihn mit meiner Entfernung nicht länger zu strafen. Übereilte Strenge! – Zu strafen! – *lieset wieder und unterbricht sich:* Noch mehr! Nun dankt er mir gar, und dankt mir, daß ich ihm Gelegenheit gegeben, den ganzen Umfang der väterlichen Liebe kennen zu lernen. Unselige Gelegenheit! Wenn er doch nur auch sagte, daß sie ihm zugleich den ganzen Umfang des kindlichen Ungehorsams habe kennen lernen! *sie lieset wieder:* Nein, er sagt es nicht! Er gedenkt meines Verbrechens nicht mit einem Buchstaben. *Sie fährt weiter fort vor sich zu lesen:* Er will kommen, und seine Kinder selbst zurückholen. Seine Kinder, Waitwell! Das geht über alles! – Habe ich auch recht gelesen? *sie lieset wieder vor sich:* – Ich möchte vergehen! Er sagt, derjenige verdiene nur allzuwohl sein Sohn zu sein, ohne welchem er keine Tochter haben könne. – O hätte er sie nie gehabt, diese unglückliche Tochter! – Geh, Waitwell, laß mich allein. Er verlangt eine Antwort, und ich will sie sogleich machen. Frage in einer Stunde wieder nach. Ich danke dir unterdessen für deine Mühe. Du bist ein rechtschaffner Mann. Es sind wenig Diener die Freunde ihrer Herren!

WAITWELL Beschämen sie mich nicht, Miß. Wenn alle Herren Sir Sampsons wären, so müßten die Diener Unmenschen sein, wenn sie nicht ihr Leben für sie lassen wollten. *geht ab.*

VIERTER AUFTRITT.

Sara.

sie setzt sich zum schreiben nieder: Wenn man mir es vor Jahr und Tag gesagt hätte, daß ich auf einen solchen Brief würde antworten müssen! und unter solchen Umständen! – Ja, die Feder habe ich in der Hand. – Weiß ich aber auch schon, was ich schreiben soll? Was ich denke; was ich empfinde. – Und was denkt man denn, wenn sich in einem Augenblicke tausend Gedanken durchkreuzen? Und was empfindet man denn, wenn das Herz, vor lauter empfinden, in einer tiefen Betäubung liegt? – Ich muß doch schreiben – Ich führe ja die Feder nicht das erstemal. Nachdem sie mir schon so manche kleine Dienste der Höflichkeit und Freundschaft abstatten helfen; sollte mir ihre Hülfe wohl bei dem wichtigsten Dienste entstehen? *sie denkt ein wenig nach, und schreibt darauf einige Zeilen:* Das soll der Anfang sein? Ein sehr frostiger Anfang. Und werde ich denn bei seiner Liebe anfangen wollen? Ich muß bei meinem Verbrechen anfangen. *sie streicht aus und schreibt anders:* Daß ich mich ja nicht zu oben hin davon ausdrücke! – Das schämen kann überall an seiner rechten Stelle sein, nur bei dem Bekenntnisse unsrer Fehler nicht. Ich darf mich nicht fürchten, in Übertreibungen zu geraten, wenn ich auch schon die gräßlichsten Züge anwende. – Ach, warum muß ich nun gestört werden?

FÜNFTER AUFTRITT.

Mellefont. Marwood. Sara.

MELLEFONT Liebste Miß, ich habe die Ehre, Ihnen Lady Solmes vorzustellen, welche eine von denen Personen in meiner Familie ist, welchen ich mich am meisten verpflichtet erkenne.

MARWOOD Ich muß um Vergebung bitten, Miß Sampson, daß ich so frei bin, mich mit meinen eignen Augen von dem Glücke eines Vetters zu überzeugen, dem ich das vollkommenste Frauenzimmer wünschen würde, wenn mich nicht gleich der erste Anblick überzeugt hätte, daß er es in Ihnen bereits gefunden habe.

SARA Sie erzeigen mir allzuviel Ehre, Lady. Eine Schmeichelei wie diese würde mich zu allen Zeiten beschämt haben; jetzt aber, sollte ich sie fast für einen versteckten Vorwurf annehmen, wenn ich Lady Solmes nicht für viel zu großmütig hielte, ihre Überlegenheit an Tugend und Klugheit eine Unglückliche fühlen zu lassen.

MARWOOD *kalt:* Ich würde untröstlich sein, Miß, wenn Sie mir andre als die freundschaftlichsten Gesinnungen zutrauten. – *bei Seite:* Sie ist schön!

MELLEFONT Und wäre es denn auch möglich, Lady, gegen so viel Schönheit, gegen so viel Bescheidenheit gleichgültig zu bleiben? Man sagt zwar, daß einem reizenden Frauenzimmer selten von einem andern Gerechtigkeit erwiesen werde; allein dieses ist auf der einen Seite nur von denen, die auf ihre Vorzüge allzueitel sind, und auf der andern nur von solchen zu verstehen, welche sich selbst keiner Vorzüge bewußt sind. Wie weit sind Sie beide von diesem Falle entfernt! – *zur Marwood welche in Gedanken steht:* Ist es nicht wahr, Lady, daß meine Liebe nichts weniger als parteiisch gewesen ist? Ist es nicht wahr, daß ich Ihnen zum Lobe meiner Miß viel, aber noch lange nicht so viel gesagt habe, als sie selbst finden? – Aber warum so in Gedanken? – *sachte zu ihr:* Sie vergessen, wer Sie sein wollen.

MARWOOD Darf ich es sagen? – Die Bewunderung ihrer liebsten Miß, führte mich auf die Betrachtung ihres Schicksals. Es gieng mir nahe, daß sie die Früchte ihrer Liebe nicht in ihrem Vaterlande genießen soll. Ich erinnerte mich, daß sie einen Vater, und wie man mir gesagt hat, einen sehr zärtlichen Vater verlassen müßte, um die ihrige sein zu können; und ich konnte mich nicht enthalten, ihre Aussöhnung mit ihm zu wünschen.

SARA Ach, Lady, wie sehr bin ich Ihnen für diesen Wunsch verbunden. Er verdient es, daß ich meine ganze Freude mit Ihnen teile. Sie können es noch nicht wissen, Mellefont, daß er erfüllt wurde, ehe Lady die Liebe für uns hatte, ihn zu tun.
MELLEFONT Wie verstehen Sie dieses, Miß?
MARWOOD *bei Seite:* Was will das sagen?
SARA Eben jetzt habe ich einen Brief von meinem Vater erhalten. Waitwell brachte mir ihn. Ach, Mellefont, welcher Brief!
MELLEFONT Geschwind reißen Sie mich aus meiner Ungewißheit. Was habe ich zu fürchten? Was habe ich zu hoffen? Ist er noch der Vater, den wir flohen? Und wenn er es noch ist, wird Sara die Tochter sein, die mich zärtlich genug liebt, um ihn noch weiter zu fliehen? Ach, hätte ich Ihnen gefolgt, liebste Miß, so wären wir jetzt durch ein Band verknüpft, das man aus eigensinnigen Absichten zu trennen unterlassen müßte? In diesem Augenblicke empfinde ich alle das Unglück, das unser entdeckter Aufenthalt für mich nachziehen kann. – Er wird kommen und Sie aus meinen Armen reißen. – Wie hasse ich den Nichtswürdigen, der uns ihm verraten hat? *mit einem zornigen Blicke gegen die Marwood.*
SARA Liebster Mellefont, wie schmeichelhaft ist diese ihre Unruhe für mich! Und wie glücklich sind wir beide, daß sie vergebens ist! Lesen Sie hier seinen Brief. – *gegen die Marwood, indem Mellefont den Brief vor sich lieset:* Lady, er wird über die Liebe meines Vaters erstaunen. Meines Vaters? Ach, er ist nun auch der seinige.
MARWOOD *betroffen:* Ist es möglich?
SARA Ja wohl, Lady, haben Sie Ursache, diese Veränderung zu bewundern. Er vergibt uns alles; wir werden uns nun vor seinen Augen lieben; er erlaubt es uns; er befiehlt es uns. – Wie hat diese Gütigkeit meine ganze Seele durchdrungen! – Nun, Mellefont, *der ihr den Brief wieder giebt:* Sie schweigen? O nein, diese Träne, die sich aus ihrem Auge schleicht, sagt weit mehr, als ihr Mund ausdrücken könnte.

MARWOOD *bei Seite:* Wie sehr habe ich mir selbst geschadet! Ich Unvorsichtige!

SARA O lassen Sie mich diese Träne von ihrer Wange küssen!

MELLEFONT Ach Miß, warum haben wir so einen göttlichen Mann betrüben müssen? Ja wohl einen göttlichen Mann? denn was ist göttlicher als vergeben? – Hätten wir uns diesen glücklichen Ausgang nur als möglich vorstellen können? gewiß, so wollten wir ihn jetzt so gewaltsamen Mitteln nicht zu verdanken haben; wir wollten ihn allein unsern Bitten zu verdanken haben. Welche Glückseligkeit wartet auf mich! Wie schmerzlich wird mir aber auch die eigne Überzeugung sein, daß ich dieser Glückseligkeit so unwert bin!

MARWOOD *bei Seite:* Und das muß ich mit anhören!

SARA Wie vollkommen rechtfertigen Sie durch solche Gesinnungen meine Liebe gegen Sie.

MARWOOD *bei Seite:* Was für Zwang muß ich mir antun!

SARA Auch Sie, vortreffliche Lady, müssen den Brief meines Vaters lesen. Sie scheinen allzuviel Anteil an unserem Schicksale zu nehmen, als daß Ihnen sein Inhalt gleichgültig sein könnte.

MARWOOD Mir gleichgültig, Miß? *sie nimmt den Brief*

SARA Aber, Lady, Sie scheinen noch immer sehr nachdenkend, sehr traurig –

MARWOOD Nachdenkend, Miß, aber nicht traurig.

MELLEFONT *bei Seite:* Himmel, wo sie sich verrät!

SARA Und warum denn?

MARWOOD Ich zittere für Sie beide. Könnte diese unvermutete Güte ihres Vaters nicht eine Verstellung sein? eine List?

SARA Gewiß nicht, Lady, gewiß nicht. Lesen Sie nur, und Sie werden es selbst gestehen. Die Verstellung bleibt immer kalt, und eine so zärtliche Sprache ist in ihrem Vermögen nicht. *Marwood lieset vor sich:* Werden Sie nicht argwöhnisch, Mellefont, ich bitte Sie. Ich stehe Ihnen dafür, daß mein Vater sich zu keiner List herablassen kann. Er sagt nichts, was er nicht denkt, und Falschheit ist ihm ein unbekanntes Laster.

MELLEFONT O davon bin ich vollkommen überzeugt, liebste Miß. – Man muß der Lady den Verdacht vergeben, weil sie den Mann noch nicht kennt, den er trifft.
SARA *indem ihr Marwood den Brief zurücke giebt:* Was seh ich, Lady? Sie haben sich entfärbt? Sie zittern? Was fehlt Ihnen?
MELLEFONT *bei Seite:* In welcher Angst bin ich! Warum habe ich sie auch hergebracht.
MARWOOD Es ist nichts, Miß, als ein kleiner Schwindel, welcher vorüber gehn wird. Die Nachtluft muß mir auf der Reise nicht bekommen sein.
MELLEFONT Sie erschrecken mich, Lady – Ist es Ihnen nicht gefällig frische Luft zu schöpfen? Man erholt sich in einem verschloßnen Zimmer nicht so leicht.
MARWOOD Wann Sie meinen, so reichen Sie mir ihren Arm.
SARA Ich werde Sie begleiten, Lady.
MARWOOD Ich verbitte diese Höflichkeit, Miß. Meine Schwachheit wird ohne Folgen sein.
SARA So hoffe ich denn Lady bald wieder zu sehen.
MARWOOD Wenn Sie erlauben, Miß – *Mellefont führt sie ab.*
SARA *allein:* Die arme Lady! – Sie scheinet die freundschaftlichste Person zwar nicht zu sein; aber mürrisch und stolz scheinet sie doch auch nicht. – Ich bin wieder allein. Kann ich die wenigen Augenblicke, die ich es vielleicht sein werde, zu etwas bessern als zur Vollendung meiner Antwort anwenden? *Sie will sich niedersetzen zu schreiben.*

SECHSTER AUFTRITT.

Betty. Sara.

BETTY Das war ja wohl ein sehr kurzer Besuch.
SARA Ja, Betty. Es ist Lady Solmes; eine Anverwandte meines Mellefont. Es wandelte ihr gähling eine kleine Schwachheit an. Wo ist sie jetzt?
BETTY Mellefont hat sie bis an die Türe begleitet.
SARA So ist sie ja wohl wieder fort?

BETTY Ich vermute es, – Aber je mehr ich Sie ansehe, Miß – Sie müssen mir meine Freiheit verzeihen – je mehr finde ich Sie verändert. Es ist etwas ruhiges, etwas zufriednes in ihren Blicken. Lady muß ein sehr angenehmer Besuch, oder der alte Mann ein sehr angenehmer Bote gewesen sein.

SARA Das letzte, Betty, das letzte. Er kam von meinem Vater. Was für einen zärtlichen Brief will ich dich lesen lassen! Dein gutes Herz hat so oft mit mir geweint, nun soll es sich auch mit mir freuen. Ich werde wieder glücklich sein, und dich für deine guten Dienste belohnen können.

BETTY Was habe ich Ihnen in kurzen neun Wochen für Dienste leisten können?

SARA Du hättest mir ihrer in meinem ganzen andern Leben nicht mehrere leisten können; als in diesen neun Wochen. – Sie sind vorüber! – Komm nur jetzt Betty; weil Mellefont vielleicht wieder allein ist, so muß ich ihn noch sprechen. Ich bekomme eben den Einfall, daß es sehr gut sein würde, wenn er zugleich mit mir an meinen Vater schriebe, dem seine Danksagung schwerlich unerwartet sein durfte. Komm!

Sie gehen ab.

SIEBENDER AUFTRITT.

Der Saal.
Sir Sampson. Waitwell.

SIR SAMPSON Was für Balsam, Waitwell, hast du mir durch deine Erzehlung in mein verwundetes Herz gegossen! Ich lebe wieder neu auf; und ihre herannahende Rückkehr scheint mich eben so weit zu meiner Jugend wieder zurück zu bringen, als mich ihre Flucht näher zu dem Grabe gebracht hatte. Sie liebt mich noch! Was will ich mehr? – Geh ja bald wieder zu ihr, Waitwell. Ich kann den Augenblick nicht erwarten, da ich sie aufs neue in diese Arme schließen soll, die ich so sehnlich gegen den Tod ausgestreckt hatte. Wie erwünscht wäre er mir in den Augenblicken meines Kummers gewesen! Und wie fürchterlich wird er mir in meinem neuen Glücke sein! Ein Alter ist ohne Zweifel zu tadeln, wenn er die Bande, die ihn noch mit der Welt verbinden, so fest wieder zuziehet. Die endliche Trennung wird desto schmerzlicher – Doch der Gott, der sich jetzt so gnädig gegen mich erzeigt, wird mir auch diese überstehen helfen. Sollte er mir wohl eine Wohltat erweisen, um sie mir zuletzt zu meinem Verderben gereichen zu lassen? Sollte er mir eine Tochter wiedergeben, damit ich über seine Abforderung aus diesem Leben murren müsse? Nein, nein; er schenkt mir sie wieder, um in der letzten Stunde nur um mich selbst besorgt sein zu dürfen. Dank sei dir, ewige Güte! wie schwach ist der Dank eines sterblichen Mundes! Doch bald, bald werde ich, in einer ihr geweihten Ewigkeit, würdiger danken können.

WAITWELL Wie herzlich vergnügt es mich, Sir, Sie vor meinem Ende wieder zufrieden zu wissen! Glauben Sie mir es nur, ich habe fast so viel bei ihrem Jammer ausgestanden, als Sie selbst. Fast so viel; gar so viel nicht: denn der Schmerz eines Vaters mag wohl bei solchen Gelegenheiten unaussprechlich sein.

SAMPSON Betrachte dich von nun an, mein guter Waitwell, nicht mehr als mein Diener. Du hast es schon längst um mich verdient, ein anständiger Alter zu genießen. Ich will dir es auch schaffen, und du sollst es nicht schlechter haben, als ich es noch in der Welt haben werde. Ich will allen Unterschied zwischen uns aufheben; in jener Welt, weißt du wohl, ist er ohnedem aufgehoben – Nur dasmal sei noch der alte Diener, auf den ich mich nie umsonst verlassen habe. Geh, und gieb Acht, daß du mir ihre Antwort sogleich bringen kannst, als sie fertig ist.

WAITWELL Ich gehe, Sir. Aber so ein Gang ist kein Dienst, den ich Ihnen tue. Er ist eine Belohnung, die sie mir für meine Dienste gönnen. Ja gewiß, das ist er.

Sie gehen auf verschiedenen Seiten ab
Ende des dritten Aufzugs.

VIERTER AUFZUG.

ERSTER AUFTRITT.

Mellefonts Zimmer.
Mellefont. Sara.

MELLEFONT Ja, liebste Miß, ja; das will ich tun; das muß ich tun.

SARA Wie vergnügt machen Sie mich!

MELLEFONT Ich bin es allein, der das ganze Verbrechen auf sich nehmen muß. Ich allein, bin schuldig; ich allein muß um Vergebung bitten.

SARA Nein, Mellefont, nehmen Sie mir den größern Anteil, den ich an unserm Vergehen habe, nicht. Er ist mir teuer, so strafbar er auch ist; denn er muß Sie überzeugt haben, daß ich meinen Mellefont über alles in der Welt liebe. – Aber ist es denn gewiß wahr, daß ich nunmehr diese Liebe mit der Liebe gegen meinen Vater verbinden darf? Oder befinde ich mich in einem angenehmen Traume? Wie fürchte ich mich, ihn zu verlieren, und in meinem alten Jammer zu erwachen! – Doch nein, ich bin nicht bloß in einem Traume, ich bin wirklich glücklicher, als ich jemals zu werden hoffen durfte; glücklicher, als es vielleicht dieses kurze Leben zuläßt. Vielleicht erscheint mir dieser Strahl von Glückseligkeit nur darum von ferne, und scheinet mir nur darum schmeichelhaft näher zu kommen, damit er auf einmal wieder in die dickste Finsternis zerfließe, und mich auf einmal in einer Nacht lasse, deren Schrecklichkeit mir durch diese kurze Erleuchtung erst recht fühlbar geworden. – Was für Ahndungen quälen mich! – Sind es wirklich Ahndungen, Mellefont, oder sind es gewöhnliche Empfindungen, die von der Erwartung eines unverdienten Glücks, und von der Furcht es zu verlieren, unzertrennlich sind? – Wie schlägt mir das Herz, und wie unordentlich schlägt es! Wie stark jetzt, wie geschwind! – Und nun, wie matt, wie bänglich, wie zitternd! – Jetzt eilt es wieder, als ob es die letztern Schläge wären, die es gern recht schnell hintereinander tun wollte. – Armes Herz!

MELLEFONT Die Wallungen des Geblüts, welche nichts anders als plötzliche Überraschungen verursachen können, werden sich legen, Miß, und das Herz wird seine Verrichtungen ruhiger fortsetzen. Keiner seiner Schläge zielet auf das Zukünftige, und wir sind zu tadeln, – verzeihen Sie, liebste Sara, – wenn wir des Bluts mechanische Drückungen zu fürchterlichen Propheten machen. – Deswegen aber will ich nichts unterlassen, was Sie selbst zur Besänftigung dieses kleinen innerlichen Sturms für dienlich halten. Ich will sogleich schreiben, und Sir Sampson, hoffe ich, soll mit den Beteurungen meiner Reue, mit den Ausdrückungen meines gerührten Herzens, und mit den Angelobungen des zärtlichen Gehorsams zufrieden sein.

SARA Sir Sampson? Ach Mellefont, fangen Sie doch nun an, sich an einen weit zärtlichern Namen zu gewöhnen. Mein Vater; ihr Vater, Mellefont –

MELLEFONT Nun ja, Miß, unser gütiger, unser bester Vater – Ich mußte sehr jung aufhören, diesen süßen Namen zu nennen; sehr jung mußte ich den eben so süßen Namen, Mutter, verlernen –

SARA Sie haben ihn verlernt, und mir – mir ward es so gut nicht, ihn nur einmal sprechen zu können. Mein Leben war ihr Tod. – Gott! Ich ward eine Muttermörderin wider mein Verschulden. Und wie viel fehlte – wie wenig, wie nichts fehlte – so wäre ich auch eine Vatermörderin geworden! Aber nicht ohn mein Verschulden; eine vorsätzliche Vatermörderin! – Und wer weiß, ob ich es nicht schon bin? Die Jahre, die Tage, die Augenblicke, die er geschwinder zu seinem Ziele kömmt, als er ohne die Betrübnis, die ich ihm verursacht, gekommen wäre – diese hab ich ihm, – ich habe sie ihm geraubt. Wenn ihn sein Schicksal auch noch so alt und Lebenssatt sterben läßt, so wird mein Gewissen doch nichts gegen den Vorwurf sichern können, daß er ohne mich vielleicht noch später gestorben wäre. Trauriger Vor-

wurf, den ich mir ohne Zweifel nicht machen dürfte, wenn
eine zärtliche Mutter die Führerin meiner Jugend gewesen
wäre! Ihre Lehren, ihr Exempel würden mein Herz — So
zärtlich blicken Sie mich an, Mellefont? Sie haben Recht;
eine Mutter würde mich vielleicht mit lauter Liebe tyrannisiert haben, und ich würde Mellefonts nicht sein. Warum
wünsche ich mir denn also das, was mir das weisere Schicksal nur aus Güte versagte? Seine Fügungen sind immer die
besten. Lassen Sie uns nur das recht brauchen, was es uns
schenkt; einen Vater, der mich noch nie nach einer Mutter
seufzen lassen; ein Vater, der auch Sie ungenossene Eltern
will vergessen lehren. Welche schmeichelhafte Vorstellung!
Ich verliebe mich selbst darein und vergesse es fast, daß in
dem Innersten sich noch etwas regt, das ihm keinen Glauben beimessen will. – Was ist es, dieses rebellische Etwas?
MELLEFONT Dieses Etwas, liebste Sara, wie Sie schon selbst
gesagt haben, ist eine natürliche furchtsame Schwierigkeit,
sich in ein großes Glück zu finden. – Ach, ihr Herz machte
weniger Bedenken, sich unglücklich zu glauben, als es jetzt,
zu seiner eigenen Pein, macht, sich für glücklich zu halten!
– Aber wie dem, der in einer schnellen Kreisbewegung
drehend geworden, auch da noch, wenn er schon wieder
stille sitzt, die äußern Gegenstände mit ihm herum zu gehen
scheinen; so wird auch das Herz, das zu heftig erschüttert
worden, nicht auf einmal wieder ruhig. Es bleibet eine
zitternde Bebung oft noch lange zurück, die wir ihrer eigenen Abschwächung überlassen müssen.
SARA Ich glaube es, Mellefont; ich glaube es; weil Sie es
sagen; weil ich es wünsche. – Aber lassen Sie uns einer den
andern nicht länger aufhalten. Ich will gehen, und meinen
Brief vollenden. Ich darf doch auch den ihrigen lesen,
wenn ich Ihnen den meinigen werde gezeigt haben?
MELLEFONT Jedes Wort soll ihrer Beurteilung unterworfen
sein; nur das nicht, was ich zu ihrer Rettung sagen muß;
denn ich weiß es, Sie halten sich nicht für so unschuldig als
Sie sind. *indem er die Sara bis an die Scene begleitet.*

ZWEITER AUFTRITT.

Mellefont.

nachdem er einigemal tiefsinnig auf und nieder gegangen: Was für ein Rätsel bin ich mir selbst! Wofür soll ich mich halten? Für einen Toren? Oder für einen Bösewicht? Oder für beides? – Herz, was für ein Schalk bist du! – Ich liebe den Engel, so ein Teufel ich auch sein mag. – Ich liebe ihn? Ja, gewiß, gewiß ich liebe ihn. Ich weiß, ich wollte tausend Leben für sie aufopfern, für sie, die mir ihre Tugend aufgeopfert hat! Ich wollte es; jetzt gleich ohne Anstand wollte ich es – Und doch, doch – Ich erschrecke, mir es selbst zu sagen – Und doch – Wie soll ich es begreifen? – Und doch fürchte ich mich für den Augenblick, der sie auf ewig vor dem Angesichte der Welt zu der meinigen machen wird. – Er ist nun nicht zu vermeiden; denn der Vater ist versöhnt. Auch weit hinaus werde ich ihn nicht schieben können. Die Verzögerung desselben hat mir schon schmerzhafte Vorwürfe genug zugezogen. So schmerzhaft sie aber waren, so waren sie mir doch erträglicher, als der melancholische Gedanke, auf Zeit Lebens gefesselt zu sein. – Aber bin ich es denn nicht schon? – Ich bin es freilich, und bin es mit Vergnügen. – Freilich bin ich schon ihr Gefangener – Was will ich also? – Das! – Jetzt bin ich ein Gefangener, den man auf sein Wort frei herum gehen läßt – Das schmeichelt! Warum kann es dabei nicht sein Bewenden haben? Warum muß ich eingeschmiedet werden, und auch so gar den elenden Schatten der Freiheit entbehren? – Eingeschmiedet? Nichts anders! – Sara Sampson meine Geliebte! Wie viel Seligkeiten liegen in diesen Worten! – Sara Sampson meine Ehegattin! – Die Hälfte dieser Seligkeiten ist verschwunden! Und die andre Hälfte – wird verschwinden. – Ich Ungeheuer! – Und bei diesen Gesinnungen soll ich an ihren Vater schreiben? – Doch es sind keine Gesinnungen; Es sind Einbildungen!

Vermaledeite Einbildungen, die mir durch ein zügelloses Leben so natürlich geworden! Ich will ihrer los werden, oder – nicht leben.

DRITTER AUFTRITT.

Norton. Mellefont.

MELLEFONT Du störst mich, Norton –
NORTON Verzeihen Sie also, mein Herr – *indem er wieder zurück gehen will.*
MELLEFONT Nein, nein, bleib da. Es ist eben so gut, daß du mich störst. Was willst du?
NORTON Ich habe von Betty eine sehr freudige Neuigkeit gehört, und ich komme Ihnen dazu Glück zu wünschen –
MELLEFONT Zur Versöhnung des Vaters doch wohl? Ich danke dir.
NORTON Der Himmel will Sie also noch glücklich machen –
MELLEFONT Wenn er es will – du siehst, Norton, ich lasse mir Gerechtigkeit widerfahren – so will er mir es meinetwegen gewiß nicht.
NORTON Nein, wenn Sie dieses erkennen, so will er es auch ihretwegen.
MELLEFONT Meiner Sara wegen, einzig und allein meiner Sara wegen. Wollte seine schon gerüstete Rache eine ganze sündige Stadt weniger Gerechten wegen verschonen; so kann er ja wohl auch einen Verbrecher dulden, wenn eine ihm gefällige Seele an dem Schicksale desselben Anteil nimmt.
NORTON Sie sprechen sehr ernsthaft und rührend. Aber drückt sich die Freude nicht etwas anders aus?
MELLEFONT Die Freude, Norton? Sie ist nun für mich dahin.
NORTON Darf ich frei reden? *indem er ihn scharf ansieht.*
MELLEFONT Du darfst.
NORTON Der Vorwurf, den ich an dem heutigen Morgen

von Ihnen hören mußte, daß ich mich ihrer Verbrechen teilhaft gemacht, weil ich dazu geschwiegen, mag mich bei Ihnen entschuldigen, wenn ich von nun an seltner schweige.
MELLEFONT Nur vergiß nicht, wer du bist.
NORTON Ich will es nicht vergessen, daß ich ein Bedienter bin. Ein Bedienter, der auch etwas bessers sein könnte, wenn er, leider, darnach gelebt hätte. Ich bin ihr Bedienter, ja; aber nicht auf den Fuß, daß ich mich gern mit Ihnen möchte verdammen lassen.
MELLEFONT Mit mir! Und warum sagst du das jetzt?
NORTON Weil ich nicht wenig erstaune, Sie anders zu finden, als ich mir vorstellte –
MELLEFONT Willst du mich nicht wissen lassen, was du dir vorstelltest?
NORTON Sie in lauter Entzückung zu finden.
MELLEFONT Nur der Pöbel wird gleich außer sich gebracht, wenn ihn das Glück einmal anlächelt.
NORTON Vielleicht, weil der Pöbel noch sein Gefühl hat, das bei Vornehmern durch tausend unnatürliche Verstellungen verderbt und geschwächt wird. – Allein in ihrem Gesichte ist noch etwas anders als Mäßigung zu lesen. – Kaltsinn, Unentschlossenheit, Widerwille –
MELLEFONT Und wenn auch? Hast du es vergessen, wer noch außer der Sara hier ist? Die Gegenwart der Marwood –
NORTON Könnte Sie wohl besorgt, aber nicht niedergeschlagen machen. – Sie beunruhiget etwas anders. Und ich will mich gern geirret haben, wenn Sie es nicht lieber gesehen hätten, der Vater wäre noch nicht versöhnt. Die Aussicht in einen Stand, der sich so wenig zu ihrer Denkungsart schickt –
MELLEFONT Norton, Norton, du mußt ein erschrecklicher, Bösewicht entweder gewesen sein, oder noch sein, daß du mich so erraten kannst. Weil du es getroffen hast, so will ich es nicht leugnen. Es ist wahr; so gewiß es ist, daß ich meine Sara ewig lieben werde; so wenig will es mir ein, daß ich sie

ewig lieben soll – Soll! – Aber besorge nichts, ich will über diese närrische Grille siegen. Oder meinst du nicht, daß es eine Grille ist? Wer heißt mich, die Ehe als einen Zwang ansehen? Ich wünsche es mir ja nicht, freier zu sein, als sie mich lassen wird.

NORTON Diese Betrachtungen sind sehr gut. Aber Marwood, Marwood wird ihren alten Vorurteilen zu Hülfe kommen, und ich fürchte, ich fürchte –

MELLEFONT Was nie geschehen wird. Du sollst sie noch heute nach London zurückreisen sehen. Da ich dir meine geheimste – Narrheit will ich es nur unterdessen nennen – gestanden habe, so darf ich dir auch nicht verbergen, daß ich die Marwood in solche Furcht gejagt habe, daß sie sich durchaus nach meinem geringsten Winke bequemen muß.

NORTON Sie sagen mir etwas unglaubliches.

MELLEFONT Sieh, dieses Mördereisen riß ich ihr aus der Hand, *er zeigt ihm den Dolch, den er der Marwood genommen:* als sie mir in der schrecklichsten Wut das Herz damit durchstoßen wollte. Glaubst du es nun bald, daß ich ihr festen Obstand gehalten habe? Anfangs zwar fehlte es nicht viel, sie hätte mir ihre Schlinge wieder um den Hals geworfen. Die Verräterin hat Arabellen bei sich.

NORTON Arabellen?

MELLEFONT Ich habe es noch nicht untersuchen können, durch welche List sie das Kind wieder in ihre Hände bekommen. Genug der Erfolg fiel für sie nicht so aus, als sie es ohne Zweifel gehofft hatte.

NORTON Erlauben Sie, daß ich mich über ihre Standhaftigkeit freuen und ihre Besserung schon für halb geborgen halten darf. Allein – da Sie mich doch alles wollen wissen lassen – was hat sie unter dem Namen der Lady Solmes hier gesollt?

MELLEFONT Sie wollte ihre Nebenbuhlerin mit aller Gewalt sehen. Ich willigte in ihr Verlangen, Teils aus Nachsicht, Teils aus Übereilung, Teils aus Begierde, sich durch den Anblick der besten ihres Geschlechts zu demütigen. – Du schüttelst den Kopf, Norton? –

NORTON Das hätte ich nicht gewagt.

MELLEFONT Gewagt? Eigentlich wagte ich nichts mehr dabei, als ich im Falle der Weigerung gewagt hätte. Sie würde als Marwood vorzukommen gesucht haben; und das schlimmste, was bei ihrem unbekannten Besuche zu besorgen steht, ist nichts schlimmres.

NORTON Danken Sie dem Himmel, daß er so ruhig abgelaufen.

MELLEFONT Er ist noch nicht ganz vorbei, Norton. Es stieß ihr eine kleine Unbäßlichkeit zu, daß sie sich, ohne Abschied zu nehmen, wegbegeben mußte. Sie will wiederkommen. – Mag sie doch. Die Wespe, die den Stachel verloren hat, *indem er auf den Dolch weiset, den er wieder in den Busen steckt:* kann doch weiter nichts als summen. Aber auch das Summen soll ihr teuer werden, wenn sie zu überlästig damit wird. – Hör ich nicht jemand kommen? Verlaß mich, wenn Sie es ist. – Sie ist es. Geh!

Norton geht ab.

VIERTER AUFTRITT.

Mellefont. Marwood.

MARWOOD Sie sehen mich ohne Zweifel sehr ungern wiederkommen.

MELLEFONT Ich sehe es sehr gern, Marwood, daß ihre Unbäßlichkeit ohne Folgen gewesen ist. Sie befinden sich doch besser?

MARWOOD So, so!

MELLEFONT Sie haben also nicht wohl getan, sich wieder hieher zu bemühen.

MARWOOD Ich danke Ihnen, Mellefont, wenn Sie dieses aus Vorsorge für mich sagen. Und ich nehme es Ihnen nicht übel, wenn Sie etwas anders damit meinen.

MELLEFONT Es ist mir angenehm, Sie so ruhig zu sehen.

MARWOOD Der Sturm ist vorüber. Vergessen Sie ihn, bitte ich nochmals.

MELLEFONT Vergessen Sie nur ihr Versprechen nicht, Marwood, und ich will gern alles vergessen. – Aber, wenn ich wüßte, daß Sie es für keine Beleidigung annehmen wollten, so möchte ich wohl fragen –

MARWOOD Fragen Sie nur, Mellefont. Sie können mich nicht mehr beleidigen. – Was wollten Sie fragen?

MELLEFONT Wie Ihnen meine Miß gefallen habe?

MARWOOD Die Frage ist natürlich. Meine Antwort wird so natürlich nicht scheinen, aber sie ist gleichwohl nicht weniger wahr. – Sie hat mir sehr wohl gefallen.

MELLEFONT Diese Unparteilichkeit entzückt mich. Aber wär es auch möglich, daß der, welcher die Reize einer Marwood zu schätzen wußte, eine schlechte Wahl treffen könnte?

MARWOOD Mit dieser Schmeichelei, Mellefont, wenn es anders eine ist, hätten Sie mich verschonen sollen. Sie will sich mit meinem Vorsatze, Sie zu vergessen, nicht vertragen.

MELLEFONT Sie wollen doch nicht, daß ich Ihnen diesen Vorsatz durch Grobheiten erleichtern soll? Lassen Sie unsere Trennung nicht von der gemeinen Art sein. Lassen Sie uns mit einander brechen, wie Leute von Vernunft, die der Notwendigkeit weichen. Ohne Bitterkeit, ohne Groll und mit Beibehaltung eines Grades von Hochachtung, die sich zu unsrer ehmaligen Vertraulichkeit schickt.

MARWOOD Ehmaligen Vertraulichkeit? – Ich will nicht daran erinnert sein. Nichts mehr davon! Was geschehen muß, muß geschehen, und es kömmt wenig auf die Art an, mit welcher es geschicht. – Aber ein Wort noch von Arabellen. Sie wollen mir sie nicht lassen?

MELLEFONT Nein, Marwood.

MARWOOD Es ist grausam, da Sie ihr Vater nicht bleiben können, daß Sie ihr auch die Mutter nehmen wollen.

MELLEFONT Ich kann ihr Vater bleiben; und will es auch bleiben.

MARWOOD So beweisen sie es gleich jetzt.

MELLEFONT Wie?

MARWOOD Erlauben Sie, daß Arabella die Reichtümer, welche ich von Ihnen in Verwahrung habe, als ihr Vaterteil besitzen darf. Was ihr Mutterteil anbelangt, so wollte ich wohl wünschen, daß ich ihr ein bessres lassen könnte, als die Schande von mir geboren zu sein.

MELLEFONT Reden Sie nicht so. – Ich will für Arabellen sorgen, ohne ihre Mutter wegen eines anständigen Auskommens in Verlegenheit zu setzen. Wenn sie mich vergessen will, so muß sie damit anfangen, daß sie etwas von mir zu besitzen vergißt. Ich habe Verbindlichkeit gegen sie, und werde es nie aus der Acht lassen, daß sie mein wahres Glück, obschon wider ihren Willen, befördert hat. Ja, Marwood, ich danke Ihnen in allem Ernste, daß Sie unsern Aufenthalt einem Vater verrieten, den bloß die Unwissenheit desselben verhinderte, uns nicht eher wieder anzunehmen.

MARWOOD Martern Sie mich nicht mit einem Danke, den ich niemals habe verdienen wollen. Sir Sampson ist ein zu guter alter Narre; er muß anders denken, als ich an seiner Stelle würde gedacht haben. Ich hätte der Tochter vergeben, und ihrem Verführer hätte ich –

MELLEFONT Marwood –

MARWOOD Es ist wahr; Sie sind es selbst. Ich schweige. – Werde ich der Miß mein Abschiedscompliment bald machen dürfen?

MELLEFONT Miß Sara würde es Ihnen nicht übel nehmen können, wenn Sie auch wegreiseten, ohne sie wieder zu sprechen.

MARWOOD Mellefont, ich spiele meine Rolle nicht gerne halb, und ich will, auch unter keinem fremden Namen, für ein Frauenzimmer ohne Lebensart gehalten werden.

MELLEFONT Wenn Ihnen ihre eigne Ruhe lieb ist, so sollten Sie sich selbst hüten, eine Person nochmals zu sehen, die gewisse Vorstellungen bei Ihnen rege machen muß –

MARWOOD *spöttisch lächelnd:* Sie haben eine bessere Meinung von sich selbst, als von mir. Wenn Sie es aber auch glaubten, daß ich ihrentwegen untröstlich sein müßte, so sollten

Sie es doch wenigstens ganz in der Stille glauben. – Miß Sara soll gewisse Vorstellungen bei mir rege machen? Gewisse? O ja – aber keine gewisser als diese, daß das beste Mädchen oft den nichtswürdigsten Mann lieben kann.

MELLEFONT Allerliebst, Marwood, allerliebst! Nun sind Sie gleich in der Verfassung, in der ich Sie längst gerne gewünscht hätte, ob es mir gleich, wie ich schon gesagt, fast lieber gewesen wäre, wann wir einige gemeinschaftliche Hochachtung für einander hätten behalten können. Doch vielleicht findet sich diese noch, wenn nur das gährende Herz erst ausgebrauset hat. – Erlauben Sie, daß ich Sie einige Augenblicke allein lasse. Ich will Miß Sampson zu Ihnen holen.

FÜNFTER AUFTRITT.

Marwood.

indem sie um sich herum sieht: Bin ich allein? – Kann ich unbemerkt einmal Atem schöpfen, und die Muskeln des Gesichts in die ihnen jetzt natürliche Lage fahren lassen? – Ich muß geschwind einmal in allen Mienen die wahre Marwood sein, um den Zwang der Verstellung wieder aushalten zu können. – Wie hasse ich dich, niedrige Verstellung! Nicht, weil ich die Aufrichtigkeit liebe, sondern weil du die armseligste Zuflucht der ohnmächtigen Rachsucht bist. Gewiß würde ich mich zu dir nicht herablassen, wenn mir ein Tyrann seine Gewalt, oder der Himmel seinen Blitz anvertrauen wollte. – Doch wann du mich nur zu meinem Zwecke bringst! – Der Anfang verspricht es; und Mellefont scheinet noch sicherer werden zu wollen. Wenn mir meine List gelingt, daß ich mit seiner Sara allein sprechen kann; so – Ja, so ist es doch noch sehr ungewiß, ob es mir etwas helfen wird. Die Wahrheiten von dem Mellefont werden ihr vielleicht nichts neues sein; die Verleumdungen wird sie vielleicht nicht glauben; und die Drohungen vielleicht verachten. Aber doch soll sie Wahrheit, Verleumdung und Drohungen von mir hören. Es wäre schlecht, wenn sie in ihrem Gemüte ganz und gar keinen Stachel zurück ließen. – Still! Sie kommen. Ich bin nun nicht mehr Marwood; ich bin eine nichtswürdige Verstoßene, die durch kleine Kunstgriffe die Schande von sich abzuwehren sucht; ein getretner Wurm, der sich krümmet und dem, der ihn getreten hat, wenigstens die Ferse gern verwunden möchte.

SECHSTER AUFTRITT.

Sara. Mellefont. Marwood.

SARA Ich freue mich, Lady, daß meine Unruhe vergebens gewesen ist –
MARWOOD Ich danke Ihnen, Miß. Der Zufall war zu klein, als daß er Sie hätte beunruhigen sollen.
MELLEFONT Lady will sich Ihnen empfehlen, liebste Sara.
SARA So eilig, Lady?
MARWOOD Ich kann es für die, denen an meiner Gegenwart in London gelegen ist, nicht genug sein.
SARA Sie werden doch heute nicht wieder aufbrechen?
MARWOOD Morgen mit dem frühsten.
MELLEFONT Morgen mit dem frühsten, Lady? Ich glaubte, noch heute.
SARA Unsere Bekanntschaft, Lady, fängt sich sehr im Vorbeigehn an. Ich schmeichle mir in Zukunft eines nähern Umgangs mit Ihnen gewürdiget zu werden.
MARWOOD Ich bitte um ihre Freundschaft, Miß.
MELLEFONT Ich stehe Ihnen dafür, liebste Sara, daß diese Bitte der Lady aufrichtig ist; ob ich Ihnen gleich voraussagen muß, daß Sie einander ohne Zweifel lange nicht wiedersehen werden. Lady, wird sich mit uns sehr selten an einem Orte aufhalten können –
MARWOOD *bei Seite:* Wie fein!

SARA Mellefont, das heißt mir eine sehr angenehme Hoffnung rauben.

MARWOOD Ich werde am meisten dabei verlieren, glückliche Miß.

MELLEFONT Aber in der Tat, Lady, wollen Sie erst morgen früh wieder fort?

MARWOOD Vielleicht auch eher. *bei Seite:* Es will noch niemand kommen!

MELLEFONT Auch wir wollen uns nicht lange mehr hier aufhalten. Nicht wahr, liebste Miß, es wird gut sein, wenn wir unserer Antwort ungesäumt nachfolgen? Sir Sampson kann unsre Eilfertigkeit nicht übel nehmen.

SIEBENDER AUFTRITT.

Betty. Mellefont. Sara. Marwood.

MELLEFONT Was willst du, Betty?

BETTY Man verlangt Sie unverzüglich zu sprechen.

MARWOOD *bei Seite:* Ha! Nun kömmt es drauf an –

MELLEFONT Mich? unverzüglich? Ich werde gleich kommen – Lady, ist es Ihnen gefällig, ihren Besuch abzukürzen?

SARA Warum das, Mellefont? – Lady wird so gütig sein, und bis zu ihrer Zurückkunft warten.

MARWOOD Verzeihen Sie, Miß; ich kenne meinen Vetter Mellefont, und will mich lieber mit ihm wegbegeben.

BETTY Der Fremde, mein Herr – Er will Sie nur auf ein Wort sprechen. Er sagt, er habe keinen Augenblick zu versäumen –

MELLEFONT Geh nur; ich will gleich bei ihm sein – Ich vermute, Miß, daß es eine endliche Nachricht von dem Vergleiche sein wird, dessen ich gegen Sie gedacht habe.

Betty geht ab.

MARWOOD *bei Seite:* Gute Vermutung!

MELLEFONT Aber doch, Lady –

MARWOOD Wenn Sie es denn befehlen – Miß, so muß ich mich Ihnen –

SARA Nein doch, Mellefont: Sie werden mir ja das Vergnügen nicht mißgönnen, Lady Solmes so lange unterhalten zu dürfen?
MELLEFONT Sie wollen es, Miß –
SARA Halten Sie sich nicht auf, liebster Mellefont, und kommen Sie nur bald wieder. Aber mit einem freudigern Gesichte, will ich wünschen! Sie vermuten ohne Zweifel eine unangenehme Nachricht. Lassen Sie sich nichts anfechten; ich bin begieriger, zu sehen, ob Sie allen Falls auf eine gute Art mich einer Erbschaft vorziehen können, als ich begierig bin, Sie in dem Besitze derselben zu wissen –
MELLEFONT Ich gehorche. *warnend:* Lady, ich bin ganz gewiß den Augenblick wieder hier.
geht ab.
MARWOOD *bei Seite:* Glücklich!

ACHTER AUFTRITT.

Sara. Marwood.

SARA Mein guter Mellefont sagt seine Höflichkeit manchmal mit einem ganz falschen Tone. Finden Sie es nicht auch, Lady? –
MARWOOD Ohne Zweifel bin ich seiner Art schon allzugewohnt? als daß ich so etwas bemerken könnte.
SARA Wollen sich Lady nicht setzen?
MARWOOD Wenn Sie befehlen Miß – *bei Seite, indem sie sich setzen:* Ich muß diesen Augenblick nicht ungebraucht vorbeistreichen lassen.
SARA Sagen Sie mir, Lady, werde ich nicht das glücklichste Frauenzimmer, mit meinem Mellefont werden?
MARWOOD Wenn sich Mellefont in sein Glück zu finden weiß, so wird ihn Miß Sara zu der beneidenswürdigsten Mannsperson machen. Aber –
SARA Ein Aber und eine so nachdenkliche Pause, Lady –
MARWOOD Ich bin offenherzig, Miß –

SARA Und dadurch unendlich schätzbarer –

MARWOOD Offenherzig – nicht selten bis zur Unbedachtsamkeit. Mein Aber ist der Beweis davon. Ein sehr unbedächtiges Aber!

SARA Ich glaube nicht, daß mich Lady durch diese Ausweichung noch unruhiger machen wollen. Es mag wohl eine grausame Barmherzigkeit sein, ein Übel, das man zeigen könnte, nur argwohnen zu lassen.

MARWOOD Nicht doch, Miß; Sie denken bei meinem Aber viel zu viel. Mellefont ist mein Anverwandter –

SARA Desto wichtiger wird die geringste Einwendung, die Sie wider ihn zu machen haben.

MARWOOD Aber wenn Mellefont auch mein Bruder wäre, so muß ich Ihnen doch sagen, daß ich mich ohne Bedenken einer Person meines Geschlechts gegen ihn annehmen würde, wenn ich bemerkte, daß er nicht rechtschaffen genug an ihr handle. Wir Frauenzimmer sollten billig jede Beleidigung, die einer einzigen von uns erwiesen wird, zu Beleidigungen des ganzen Geschlechts und zu einer allgemeinen Sache machen, an der auch die Schwester und Mutter des Schuldigen, Anteil zu nehmen, sich nicht bedenken müßten.

SARA Diese Anmerkung –

MARWOOD Ist schon dann und wann in zweifelhaften Fällen meine Richtschnur gewesen.

SARA Und verspricht mir – Ich zittere –

MARWOOD Nein, Miß; wenn Sie zittern wollen – Lassen Sie uns von etwas anders sprechen –

SARA Grausame Lady!

MARWOOD Es tut mir leid, daß ich verkannt werde. Ich wenigstens, wenn ich mich in Gedanken an Miß Sampsons Stelle setze, würde jede nähere Nachricht, die man mir von demjenigen geben wollte, mit dessen Schicksale ich das meinige auf ewig zu verbinden bereit wäre, als eine Wohltat ansehen.

SARA Was wollen Sie, Lady? Kenne ich meinen Mellefont nicht schon? Glauben Sie mir, ich kenne ihn, wie meine eigne Seele. Ich weiß, daß er mich liebt –

MARWOOD Und andre –
SARA Geliebt hat. Auch das weiß ich. Hat er mich lieben sollen, ehe er von mir etwas wußte? Kann ich die einzige zu sein verlangen, die für ihn Reize genug gehabt hat? Muß ich mir es nicht selbst gestehen, daß ich mich, ihm zu gefallen, bestrebt habe? Ist er nicht liebenswürdig genug, daß er bei mehrern dieses Bestreben hat erwecken müssen? Und ist es nicht natürlich, wenn mancher dieses Bestreben gelungen ist?
MARWOOD Sie verteidigen ihn mit eben der Hitze und fast mit eben den Gründen, mit welchen ich ihn schon oft verteidigt habe. Es ist kein Verbrechen, geliebt haben; noch viel weniger ist es eines, geliebet worden sein. Aber die Flatterhaftigkeit ist ein Verbrechen.
SARA Nicht immer; denn oft, glaube ich, wird sie durch die Gegenstände der Liebe entschuldiget, die es immer zu bleiben, selten verdienen.
MARWOOD Miß Sampsons Sittenlehre scheinet nicht die strengste zu sein.
SARA Es ist wahr; die, nach der ich diejenigen zu richten pflege, welche es selbst gestehen, daß sie auf Irrwegen gegangen sind, ist die strengste nicht. Sie muß es auch nicht sein. Denn hier kömmt es nicht darauf an, die Schranken zu bestimmen, die uns die Tugend bei der Liebe setzt; sondern bloß darauf, die menschliche Schwachheit zu entschuldigen, wenn sie in diesen Schranken nicht geblieben ist, und die daraus entstehenden Folgen nach den Regeln der Klugheit zu beurteilen. Wenn zum Exempel, ein Mellefont eine Marwood liebt, und sie endlich verläßt; so ist dieses Verlassen, in Vergleichung mit der Liebe selbst, etwas sehr gutes. Es wäre ein Unglück, wenn er eine Lasterhafte deswegen, weil er sie einmal geliebt hat, ewig lieben müßte.
MARWOOD Aber, Miß, kennen Sie denn diese Marwood, welche Sie so getrost eine Lasterhafte nennen?
SARA Ich kenne sie aus der Beschreibung des Mellefont.
MARWOOD Des Mellefont? Ist es Ihnen denn nie beigefal-

len, daß Mellefont in seiner eignen Sache nichts anders, als ein sehr ungültiger Zeuge sein könne?

SARA — Nun merke ich es erst, Lady, daß Sie mich auf die Probe stellen wollen. Mellefont wird lächeln wenn Sie es ihm wieder sagen werden, wie ernsthaft ich mich seiner angenommen.

MARWOOD Verzeihen Sie, Miß; von dieser Unterredung muß Mellefont nichts wieder erfahren. Sie denken zu edel, als daß Sie, zum Danke für eine wohlgemeinte Warnung, eine Anverwandte mit ihm entzweien wollten, die sich nur deswegen wider ihn erklärt, weil sie sein unwürdiges Verfahren gegen mehr als eine der liebenswürdigsten Personen unsers Geschlechts, so ansieht, als ob sie selbst darunter gelitten hätte.

SARA Ich will niemand entzweien, Lady; und ich wünschte, daß es andre eben so wenig wollten.

MARWOOD Soll ich Ihnen die Geschichte der Marwood in wenig Worten erzehlen?

SARA Ich weiß nicht — Aber doch ja, Lady; nur mit dem Beding, daß sie davon aufhören, so bald Mellefont zurück kömmt. Er möchte denken, ich hätte mich aus eignem Triebe darnach erkundiget; und ich wollte nicht gern, daß er mir eine ihm so nachteilige Neubegierde zutrauen könnte.

MARWOOD Ich würde Miß Sampson um gleiche Vorsicht gebeten haben, wenn sie mir nicht zuvorgekommen wäre. Er muß es auch nicht argwohnen können, daß Marwood unser Gespräch gewesen ist; und Sie werden so behutsam sein, ihre Maßregeln ganz in der Stille darnach zu nehmen. — Hören Sie nunmehr! — Marwood ist aus einem guten Geschlechte. Sie war eine junge Witwe, als sie Mellefont bei einer ihrer Freundinnen kennen lernte. Man sagt, es habe ihr weder an Schönheit noch an derjenigen Anmut gemangelt, ohne welche die Schönheit tot sein würde. Ihr guter Name war ohne Flecken. Ein einziges fehlte ihr — Vermögen! Alles was sie besessen hatte, — und es sollen ansehnliche Reichtümer gewesen sein, — hatte sie für die

Befreiung eines Mannes aufgeopfert, dem sie nichts in der Welt vorenthalten zu dürfen glaubte, nachdem sie ihm einmal ihr Herz und ihre Hand schenken wollen.
SARA Wahrlich ein edler Zug, Lady, von dem ich wollte, daß er in einem bessern Gemälde prangen könne!
MARWOOD Des Mangels an Vermögen ungeachtet, ward sie von Personen gesucht, die nichts eifriger wünschten, als sie glücklich zu machen. Unter diesen reichen und vornehmen Anbetern trat Mellefont auf. Sein Antrag war ernstlich, und der Überfluß, in welchen er die Marwood zu setzen versprach, war das geringste, worauf er sich stützte. Er hatte es bei der ersten Unterredung weg, daß er mit keiner Eigennützigen zu tun habe, sondern mit einem Frauenzimmer, voll des zärtlichsten Gefühls, welches eine Hütte einem Palast würde vorgezogen haben, wenn sie in jener mit einer geliebten, und in diesem mit einer gleichgültigen Person hätte leben sollen.
SARA Wieder ein Zug, den ich der Marwood nicht gönne. Schmeicheln Sie ihr ja nicht mehr, Lady, oder ich möchte sie am Ende betauren müssen.
MARWOOD Mellefont war eben im Begriff, sich auf die feierlichste Art mit ihr zu verbinden, als er Nachricht von dem Tode eines Vetters bekam, welcher ihm sein ganzes Vermögen mit der Bedingung hinterließ, eine weitläufige Anverwandtin zu heiraten. Hatte Marwood seinetwegen reichere Verbindungen ausgeschlagen, so wollte er ihr nunmehr an Großmut nichts nachgeben. Er war Willens, ihr von dieser Erbschaft eher nichts zu sagen, als bis er sich derselben durch sie würde verlustig gemacht haben. – Nicht wahr, Miß, das war groß gedacht?
SARA O Lady, wer weiß es besser als ich, daß Mellefont das edelste Herz besitzt?
MARWOOD Was aber tat Marwood? Sie erfuhr es unter der Hand, noch spät an einem Abende, wozu sich Mellefont ihretwegen entschlossen hätte. Mellefont kam des Morgens, sie zu besuchen, und Marwood war fort.
SARA Wohin? Warum?

MARWOOD Er fand nichts als einen Brief von ihr, worinne sie ihm entdeckte, daß er sich keine Rechnung machen dürfe, sie jemals wieder zu sehen. Sie leugne es zwar nicht, daß sie ihn liebe; aber eben deswegen könne sie sich nicht überwinden, die Ursache einer Tat zu sein, die er notwendig einmal bereuen müsse. Sie erlasse ihn seines Versprechens, und ersuche ihn, ohne weiteres Bedenken, durch die Vollziehung der in dem Testamente vorgeschriebnen Verbindung, in den Besitz eines Vermögens zu treten, welches ein Mann von Ehre zu etwas wichtigern brauchen könne, als einem Frauenzimmer eine unüberlegte Schmeichelei damit zu machen.

SARA Aber Lady, warum leihen Sie der Marwood so vortreffliche Gesinnungen? Lady Solmes kann derselben wohl fähig sein, aber nicht Marwood. Gewiß Marwood nicht.

MARWOOD Es ist nicht zu verwundern, Miß, daß Sie wider sie eingenommen sind. – Mellefont wollte über den Entschluß der Marwood von Sinnen kommen. Er schickte überall Leute aus, sie wieder aufzusuchen; und endlich fand er sie.

SARA Weil sie sich finden lassen wollte, ohne Zweifel.

MARWOOD Keine bittern Glossen, Miß! Sie geziemen einem Frauenzimmer von einer sonst so sanften Denkungsart nicht. – Er fand sie, sag ich, und fand sie unbeweglich. Sie wollte seine Hand durchaus nicht annehmen, und alles, was er von ihr erhalten konnte war dieses, daß sie nach London zurückzukommen versprach. Sie wurden eins, ihre Vermählung so lange auszusetzen, bis die Anverwandte, des langen Verzögerns überdrüssig, einen Vergleich vorzuschlagen gezwungen sei. Unterdessen konnte sich Marwood nicht wohl der täglichen Besuche des Mellefont entbrechen, die eine lange Zeit nichts als ehrfurchtsvolle Besuche eines Liebhabers waren, den man in die Grenzen der Freundschaft zurückgewiesen hat. Aber wie unmöglich ist es, daß ein hitziges Temperament diese engen Grenzen nicht überschreiten sollte! Mellefont besitzt alles, was uns eine Mannsperson gefährlich machen kann.

Niemand kann hiervon überzeugter sein als Miß Sampson selbst.

SARA Ach!

MARWOOD Sie seufzen? Auch Marwood hat über ihre Schwachheit mehr als einmal geseufzet und seufzet noch.

SARA Genug, Lady, genug; diese Wendung, sollte ich meinen, war mehr als eine bittere Glosse, die Sie mir zu untersagen beliebten.

MARWOOD Ihre Absicht war nicht, zu beleidigen, sondern bloß die unglückliche Marwood Ihnen in einem Lichte zu zeigen, in welchem Sie am richtigsten von ihr urteilen könnten. – Kurz, die Liebe gab dem Mellefont die Rechte eines Gemahls, und Mellefont hielt es länger nicht für nötig, sie durch die Gesetze gültig machen zu lassen. Wie glücklich wäre Marwood, wenn sie, Mellefont und der Himmel, nur allein von ihrer Schande wüßten? Wie glücklich, wenn nicht eine jammernde Tochter dasjenige der ganzen Welt entdeckte, was sie vor sich selbst verbergen zu können wünschte!

SARA Was sagen Sie, Lady? Eine Tochter –

MARWOOD Ja, Miß, eine unglückliche Tochter verlieret durch die Darzwischenkunft der Sara Sampson alle Hoffnung ihre Eltern jemals ohne Abscheu nennen zu können.

SARA Schreckliche Nachricht! Und dieses hat mir Mellefont verschwiegen? – Darf ich es auch glauben, Lady?

MARWOOD Sie dürfen es sicher glauben, Miß, daß Ihnen Mellefont vielleicht noch mehr verschwiegen hat.

SARA Noch mehr? Was könnte er mir noch mehr verschwiegen haben?

MARWOOD Dieses, daß er die Marwood noch liebt.

SARA Sie töten mich, Lady!

MARWOOD Es ist unglaublich, daß sich eine Liebe, welche länger als zehn Jahr gedauert hat, so geschwind verlieren könne. Sie kann zwar eine kurze Verfinsterung leiden, weiter aber auch nichts als eine kurze Verfinsterung, aus welcher sie hernach mit neuem Glanze wieder hervor bricht. Ich könnte Ihnen eine Miß Oklaff, eine Miß Dorcas, eine Miß Moor und mehrere nennen, welche eine nach der andern der Marwood einen Mann abspenstig zu machen drohten, von welchem sie sich am Ende auf das grausamste hintergangen sahen. Er hat einen gewissen Punct, über welchen er sich nicht bringen läßt, und sobald er diesen scharf in das Gesicht beköm̄t, springt er ab. Gesetzt aber, Miß, Sie wären die einzige Glückliche, bei welcher sich alle Umstände wider ihn erklärten; gesetzt Sie brächten ihn dahin, daß er seinen nunmehr zur Natur gewordenen Abscheu gegen ein förmliches Joch überwinden müßte: glauben Sie wohl dadurch seines Herzens versichert zu sein?

SARA Ich Unglückliche! Was muß ich hören!

MARWOOD Nichts weniger! Alsdenn würde er eben am allerersten in die Arme derjenigen zurückeilen, die auf seine Freiheit so eifersüchtig nicht gewesen. Sie würden seine Gemahlin heißen, und jene würde es sein.

SARA Martern Sie mich nicht länger mit so schrecklichen Vorstellungen! Raten Sie mir vielmehr, Lady, ich bitte Sie raten Sie mir, was ich tun soll. Sie müssen ihn kennen. Sie müssen es wissen, durch was es noch etwa möglich ist, ihm ein Band angenehm zu machen, ohne welches auch die aufrichtigste Liebe eine unheilige Leidenschaft bleibet.

MARWOOD Daß man einen Vogel fangen können, Miß, das weiß ich wohl. Aber daß man ihm seinen Käfig angenehmer, als das freie Feld machen könne, das weiß ich nicht. Mein Rat wäre also, ihn lieber nicht zu fangen, und sich den Verdruß über die vergebene Mühe zu ersparen. Begnügen Sie sich, Miß, an dem Vergnügen, ihn sehr nahe an ihrer Schlinge gesehn zu haben, und weil Sie voraussehn können, daß er die Schlinge ganz gewiß zerreißen werde, wenn Sie ihn vollends hinein lockten, so schonen Sie ihre Schlinge und locken ihn nicht herein.

SARA Ich weiß nicht ob ich dieses tändelnde Gleichnis recht verstehe, Lady –

MARWOOD Wenn Sie verdrießlich darüber geworden sind, so haben Sie es verstanden – Mit einem Worte, ihr eigner

Vorteil so wohl, als der Vorteil einer andern, die Klugheit so wohl als die Billigkeit, können und sollen Miß Sampson bewegen, ihre Ansprüche auf einen Mann aufzugeben, auf den Marwood die ersten und stärksten hat. Noch stehen Sie, Miß, mit ihm so, daß Sie, ich will nicht sagen mit vieler Ehre, aber doch ohne öffentliche Schande von ihm ablassen können. Eine kurze Verschwindung mit einem Liebhaber ist zwar ein Fleck; aber doch ein Fleck, den die Zeit ausbleichet. In einigen Jahren ist alles vergessen, und es finden sich für eine reiche Erbin noch immer Mannspersonen, die es so genau nicht nehmen. Wenn Marwood in diesen Umständen wäre, und sie brauchte, weder für ihre im Abzuge begriffene Reize einen Gemahl, noch für ihre hülflose Tochter, einen Vater, so weiß ich gewiß Marwood würde gegen Miß Sampson großmütiger handeln, als Miß Sampson gegen die Marwood zu handeln, schimpfliche Schwierigkeiten macht.

SARA *indem sie unwillig aufsteht:* Das gehet zu weit! Ist dieses die Sprache einer Anverwandtin des Mellefont? – Wie unwürdig verrät man Sie, Mellefont! – Nun merke ich es, Lady, warum er Sie so ungern bei mir allein lassen wollte. Er mag es schon wissen, wie viel man von ihrer Zunge zu fürchten habe. Eine giftige Zunge! – Ich rede dreust! denn Lady haben lange genug unanständig geredet. Wodurch hat Marwood sich eine solche Vorsprecherin erwerben können, die alle ihre Erfindungskraft aufbietet, mir einen blendenden Roman von ihr aufzudringen, und alle Ränke anwendet, mich gegen die Redlichkeit eines Mannes argwöhnisch zu machen, der ein Mensch, aber kein Ungeheuer ist? Ward es mir nur deswegen gesagt, daß sich Marwood einer Tochter von ihm rühme, ward mir nur deswegen diese und jene betrogene Miß genannt, damit man mir am Ende auf die empfindlichste Art zu verstehen geben könne, ich würde wohl tun, wenn ich mich selbst einer verhärteten Buhlerin nachsetzte.

MARWOOD Nur nicht so hitzig, mein junges Frauenzimmer. Eine verhärtete Buhlerin? – Sie brauchen, wahrscheinlicher Weise, Worte, deren Kraft Sie nicht überleget haben.

SARA Erscheint sie nicht als eine solche, selbst in der Schilderung der Lady Solmes? – Gut, Lady, Sie sind ihre Freundin, ihre vertrauteste Freundin vielleicht. Ich sage dieses nicht als einen Vorwurf; denn es kann leicht in der Welt nicht wohl möglich sein, nur lauter tugendhafte Freunde zu haben. Allein wie komme ich darzu, dieser ihrer Freundschaft wegen, so tief herabgestoßen zu werden? Wenn ich der Marwood Erfahrung gehabt hätte, so würde ich den Fehltritt gewiß nicht getan haben, der mich mit ihr in eine so erniedrigende Parallel setzt. Hätte ich ihn aber doch getan, so würde ich wenigstens nicht zehn Jahr darin verharrt sein. Es ist ganz etwas anders, aus Unwissenheit auf das Laster treffen, und ganz etwas anders, es kennen und dem ohngeachtet mit ihm vertraulich werden. Ach, Lady, wenn Sie es wüßten, was für Reue, was für Gewissensbisse, was für Angst mich mein Irrtum gekostet! Mein Irrtum, sag ich; denn warum soll ich länger so grausam gegen mich sein, und ihn als ein Verbrechen betrachten? Der Himmel selbst hört auf, ihn als ein solches anzusehen; er nimmt die Strafe von mir, und schenkt mir einen Vater wieder – Ich erschrecke, Lady; wie verändern sich auf einmal die Züge ihres Gesichts? Sie glühen; aus dem starren Auge schreckt Wut, und des Mundes knirschende Bewegung – Ach, wo ich Sie erzürnt habe, Lady; so bitte ich um Verzeihung. Ich bin eine empfindliche Närrin; was Sie gesagt haben, war ohne Zweifel so böse nicht gemeint. Vergessen Sie meine Übereilung. Wodurch kann ich Sie besänftigen? Wodurch kann auch ich mir eine Freundin an Ihnen erwerben, so wie sie Marwood an Ihnen gefunden hat? Lassen Sie mich, Lady, lassen Sie mich fußfällig darum bitten – *indem sie nieder fällt:* Um ihre Freundschaft, Lady – Und wo ich diese nicht erhalten kann, um die Gerechtigkeit wenigstens, mich und Marwood nicht in einen Rang zu setzen.

MARWOOD *die einige Schritte stolz zurück tritt und die Sara liegen läßt:* Diese Stellung der Sara Sampson ist für Marwood viel zu reizend, als daß sie nur unerkannt darüber frohlocken sollte – Erkennen Sie, Miß, in mir die Marwood, mit der sie nicht verglichen zu werden, die Marwood selbst fußfällig bitten.

SARA *die voller Erschrecken aufspringt und sich zitternd zurückzieht:* Sie, Marwood? – Ha! Nun erkenn ich sie – nun erkenn ich sie, die mördrische Retterin, deren Dolche mich ein warnender Traum Preis gab. Sie ist es! Fliehe unglückliche Sara! Retten Sie mich, Mellefont; retten Sie ihre Geliebte! Und du, süße Stimme meines geliebten Vaters, erschalle! Wo schallt sie? Wo soll ich auf sie zueilen? – Hier? – Da? – Hülfe, Mellefont! Hülfe, Betty! – Jetzt dringt sie mit tötender Faust auf mich ein! Hülfe!
eilt ab.

NEUNTER AUFTRITT.

Marwood.

Was will die Schwärmerin? – O daß sie wahr redte, und ich mit tötender Faust auf sie eindränge! Bis hieher hätte ich den Stahl sparen sollen, ich Törichte! Welche Wollust, eine Nebenbuhlerin in der freiwilligen Erniedrigung zu unsern Füßen durchbohren zu können! – Was nun? – Ich bin entdeckt. Mellefont kann den Augenblick hier sein. Soll ich ihn fliehen? Soll ich ihn erwarten? Ich will ihn erwarten, aber nicht müßig. Vielleicht, daß ihn die glückliche List meines Bedienten noch lange genug aufhält? – Ich sehe, ich werde gefürchtet. Warum folge ich ihr also nicht? Warum versuche ich nicht noch das letzte, das ich wider sie brauchen kann? Drohungen sind armselige Waffen, doch die Verzweiflung verschmäht keine, so armselig sie sind. Ein schreckhaftes Mädchen, das betäubt und mit zerrütteten Sinnen schon vor meinen Namen flieht, kann leicht fürchterliche Worte für fürchterliche Taten halten. Aber Mellefont? – Mellefont wird ihr wieder Mut machen, und sie über meine Drohungen spotten lehren. Er wird? Vielleicht wird er auch nicht. Es wäre wenig in der Welt unternommen worden, wenn man nur immer auf den Ausgang gesehen hätte. Und bin ich auf den unglücklichsten nicht schon vorbereitet? – Der Dolch war für andre, das Gift ist für mich! – Das Gift für mich! Schon längst mit mir herumgetragen, wartet es hier, dem Herze bereits nahe, auf den traurigen Dienst; hier, wo ich in bessern Zeiten, die geschriebenen Schmeicheleien der Anbeter verbarg; für uns ein eben so gewisses, aber nur langsameres Gift. – Wenn es doch nur bestimmt wäre, in meinen Adern nicht allein zu toben! Wenn es doch einem Ungetreuen – Was halte ich mich mit Wünschen auf! – Fort! Ich muß weder mich, noch sie zu sich selbst kommen lassen. Der will sich nichts wagen, der sich mit kaltem Blute wagen will.

gehet ab.
Ende des vierten Aufzugs.

FÜNFTER AUFZUG.

ERSTER AUFTRITT.

Das Zimmer der Sara.

SARA *schwach in einem Lehnstuhle:* Betty.
BETTY Fühlen Sie nicht, Miß, daß Ihnen ein wenig besser wird?
SARA Besser, Betty? – Wenn nur Mellefont wieder kommen wollte. Du hast doch nach ihn ausgeschickt?
BETTY Norton und der Wirt suchen ihn.
SARA Norton ist ein guter Mensch, aber er ist hastig. Ich will durchaus nicht, daß er seinem Herrn meinetwegen Grobheiten sagen soll. Wie er es selbst erzählte, so ist Mellefont ja an allen unschuldig. – Nicht wahr, Betty du hältst ihn auch für unschuldig? – Sie kömmt ihm nach; was kann er dafür? Sie tobt, sie raset, sie will ihn ermorden. Siehst du, Betty? dieser Gefahr habe ich ihn ausgesetzt. Wer sonst als

ich? – Und endlich will die böse Marwood mich sehen, oder nicht eher nach London zurückkehren. Konnte er ihr diese Kleinigkeit abschlagen? Bin ich doch auch oft begierig gewesen, die Marwood zu sehen. Mellefont weiß wohl, daß wir neugierige Geschöpfe sind. Und wenn ich nicht selbst darauf gedrungen hätte, daß sie bis zu seiner Zurückkunft bei mir verziehen sollte, so würde er sie wieder mit weggenommen haben. Ich würde sie unter einem falschen Namen gesehen haben, ohne zu wissen, daß ich sie gesehen hätte. Und vielleicht würde mir dieser kleine Betrug einmal angenehm gewesen sein. Kurz, alle Schuld ist mein. – Je nun, ich bin erschrocken; weiter bin ich ja nichts! Die kleine Ohnmacht wollte nicht viel sagen. Du weißt wohl, Betty, ich bin dazu geneigt.

BETTY Aber in so tiefer hatte ich Miß noch nie gesehen.

SARA Sage es mir nur nicht. Ich werde dir gutherzigem Mädchen freilich zu schaffen gemacht haben.

BETTY Marwood selbst, schien durch die Gefahr, in der sie sich befanden, gerühret zu sein. So stark ich ihr auch anlag, daß sie sich nur fortbegeben möchte, so wollte sie doch das Zimmer nicht eher verlassen, als bis Sie die Augen ein wenig wieder aufschlugen, und ich Ihnen die Arzenei einflößen konnte.

SARA Ich muß es wohl gar für ein Glück halten, daß ich in Ohnmacht gefallen bin. Denn wer weiß, was ich noch von ihr hätte hören müssen. Umsonst mochte sie mir gewiß nicht in mein Zimmer gefolgt sein. Du glaubst nicht, wie außer mir ich war. Auf einmal fiel mir der schreckliche Traum von voriger Nacht ein, und ich flohe als eine Unsinnige, die nicht weiß warum und wohin sie flieht. – Aber Mellefont kömmt noch nicht. – Ach! –

BETTY Was für ein Ach, Miß? Was für Zuckungen –

SARA Gott, was für eine Empfindung war dieses –

BETTY Was stößt Ihnen wieder zu?

SARA Nichts, Betty. – Ein Stich, nicht ein Stich, tausend feurige Stiche in einem. – Sei nur ruhig; es ist vorbei.

ZWEITER AUFTRITT.

Norton. Sara. Betty.

NORTON Mellefont wird den Augenblick hier sein.

SARA Nun das ist gut, Norton. Aber wo hast du ihn noch gefunden?

NORTON Ein Unbekannter hat ihn bis vor das Tor mit sich gelockt, wo ein Herr auf ihn warte, der in Sachen von der größten Wichtigkeit mit ihm sprechen müsse. Nach langen Herumführen hat sich der Betrieger ihn von der Seite geschlichen. Es ist sein Unglück, wo er sich ertappen läßt; so wütend ist Mellefont.

SARA Hast du ihm gesagt, was vorgegangen?

NORTON Alles.

SARA Aber mit einer Art —

NORTON Ich habe auf die Art nicht denken können. Genug er weiß es, was für Angst Ihnen seine Unvorsichtigkeit wieder verursacht hat.

SARA Nicht doch, Norton; ich habe mir sie selbst verursacht. —

NORTON Warum soll Mellefont niemals Unrecht haben? — Kommen Sie nur, mein Herr, die Liebe hat Sie bereits entschuldiget.

DRITTER AUFTRITT.

Mellefont. Norton. Sara. Betty.

MELLEFONT Ach, Miß, wenn auch diese ihre Liebe nicht wäre —

SARA So wäre ich von uns beiden gewiß die Unglücklichste. Ist Ihnen in ihrer Abwesenheit nur nichts verdrießlichers zugestoßen, als mir, so bin ich vergnügt.

MELLEFONT So gütig empfangen zu werden, habe ich nicht verdient.

SARA Verzeihen Sie es meiner Schwachheit, daß ich Sie nicht zärtlicher empfangen kann. Bloß ihrer Zufriedenheit wegen wünschte ich, mich weniger krank zu fühlen.

MELLEFONT Ha, Marwood, diese Verräterei war noch übrig! Der Nichtswürdige, der mich mit der geheimnisvollsten Miene aus einer Straße in die andre, aus einem Winkel in den andern führte, war gewiß nichts anders als ein abgeschickter von ihr. Sehen Sie, liebste Miß, diese List wandte sie an, mich von Ihnen zu entfernen. Eine plumpe List, ohne Zweifel; aber eben weil sie plump war, war ich weit davon entfernet, sie dafür zu halten. Umsonst muß sie so treulos nicht gewesen sein! Geschwind, Norton, geh in ihre Wohnung; laß sie nicht aus den Augen, und halte sie so lange auf, bis ich nachkomme.

SARA Wozu dieses, Mellefont? Ich bitte für Marwood.

MELLEFONT Geh!

Norton geht ab.

VIERTER AUFTRITT.

Sara. Mellefont. Betty.

SARA Lassen Sie doch einen abgematteten Feind, der den letzten fruchtlosen Sturm gewagt hat, ruhig abziehen. Ich würde ohne Marwood vieles nicht wissen –

MELLEFONT Vieles? Was ist das viele?

SARA Was sie mir selbst nicht gesagt hätten, Mellefont. – Sie werden stutzig? – Nun wohl ich will es wieder vergessen, weil Sie doch nicht wollen, daß ich es wissen soll.

MELLEFONT Ich will nicht hoffen, daß Sie etwas zu meinem Nachteile glauben werden, was keinen andern Grund hat, als die Eifersucht einer aufgebrachten Verleumderin.

SARA Auf ein andermal hiervon! – Warum aber lassen Sie es nicht das erste sein, mir von der Gefahr zu sagen, in der sich ihr kostbares Leben befunden hat? Ich, Mellefont, ich würde den Stahl geschliffen haben, mit dem Sie Marwood durchstoßen hätte –

MELLEFONT Diese Gefahr war so groß nicht. Marwood war von einer blinden Wut umgetrieben, und ich war bei kaltem Blute. Ihr Angriff also mußte mißlingen – Wenn ihr ein andrer auf der Miß Sara gute Meinung von ihrem Mellefont nur nicht besser gelungen ist? Fast muß ich es fürchten – Nein, liebste Miß, verschweigen sie mir es nicht länger, was Sie von ihr wollen erfahren haben.

SARA Nun wohl. – Wenn ich noch den geringsten Zweifel an ihrer Liebe gehabt hätte, Mellefont, so würde mir ihn die tobende Marwood benommen haben. Sie muß es gewiß wissen, daß sie durch mich um das Kostbarste gekommen sei; denn ein ungewisser Verlust würde sie bedächtiger haben gehen lassen.

MELLEFONT Bald werde ich also auf ihre blutdürstige Eifersucht, auf ihre ungestüme Frechheit, auf ihre treulose List einigen Wert legen müssen! – Aber, Miß, Sie wollen mir wieder ausweichen, und mir dasjenige nicht entdecken –

SARA Ich will es, und was ich sagte war schon ein näherer Schritt dazu. Daß mich Mellefont also liebt, ist unwidersprechlich gewiß. Wenn ich nur nicht entdeckt hätte, daß seiner Liebe ein gewisses Vertrauen fehlte, welches mir eben so schmeichelhaft sein würde, als die Liebe selbst. Kurz, liebster Mellefont – Warum muß mir eine plötzliche Beklemmung das Reden so schwer machen? Ich werde es schon sagen müssen, ohne viel die behutsamste Wendung zu suchen, mit der ich es Ihnen sagen sollte. – Marwood erwähnte eines Pfandes, und der schwatzhafte Norton – Vergeben Sie es ihm nur – nannte mir einen Namen, einen Namen, Mellefont, welcher eine andre Zärtlichkeit bei Ihnen rege machen muß, als Sie gegen mich empfinden –

MELLEFONT Ist es möglich? Hat die Unverschämte ihre eigne Schande bekannt? – Ach, Miß, haben Sie Mitleiden mit meiner Verwirrung. – Da Sie schon alles wissen, warum wollen Sie es auch noch aus meinem Munde wissen? Sie soll nie vor ihre Augen kommen die kleine Unglückliche, der man nichts vorwerfen kann, als ihre Mutter.

SARA Sie lieben sie also doch? –

MELLEFONT Zu sehr, Miß, zu sehr, als daß ich es leugnen sollte.

SARA Wohl Mellefont. – Wie sehr liebe ich Sie, auch um dieser Liebe willen. Sie würden mich empfindlich beleidiget haben, wenn Sie die Sympathie ihres Bluts, aus mir nachteiligen Bedenklichkeiten, verleugnet hätten. Schon haben Sie mich dadurch beleidiget, daß Sie mir drohen, sie nicht vor meine Augen kommen zu lassen. Nein, Mellefont; es muß eine von den Versprechungen sein, die Sie mir vor den Augen des Höchsten angeloben, daß Sie Arabellen nicht von sich lassen wollen. Sie läuft Gefahr, in den Händen ihrer Mutter, ihres Vaters unwürdig zu werden. Brauchen Sie ihre Rechte über beide und lassen mich an die Stelle der Marwood treten. Gönnen Sie mir das Glück, mir eine Freundin zu erziehen, die Ihnen ihr Leben zu danken hat; einen Mellefont meines Geschlechts. Glückliche Tage, wenn mein Vater, wenn Sie, wenn Arabella, meine kindliche Ehrfurcht, meine vertrauliche Liebe, meine sorgsame Freundschaft um die Wette beschäftigen werden! Glückliche Tage! Aber ach! – sie sind noch fern in der Zukunft. – Doch vielleicht weiß auch die Zukunft nichts von ihnen, und sie sind bloß in meiner Begierde noch Glück! – Empfindungen, Mellefont, nie gefühlte Empfindungen wenden meine Augen in eine andre Aussicht! Eine dunkle Aussicht in ehrfurchtsvolle Schatten! – Wie wird mir? – *indem sie die Hand vors Gesicht hält.*

MELLEFONT Welcher plötzliche Übergang von Bewunderung zum Schrecken! – Eile doch Betty! Schaffe doch Hülfe! – Was fehlt Ihnen, großmütige Miß! Himmlische Seele! Warum verbirgt mir diese neidische Hand *indem er sie weg nimmt:* so holde Blicke? – Ach es sind Mienen, die den grausamsten Schmerz, aber ungern, verraten! – Und doch ist die Hand neidisch, die mir diese Mienen verbergen will. Soll ich ihre Schmerzen nicht mit fühlen, Miß? Ich Unglücklicher, daß ich sie nur mit fühlen kann? – Daß ich sie nicht allein fühlen soll? – So eile doch Betty –

BETTY Wohin soll ich eilen? –

MELLEFONT Du siehst und fragst? – nach Hülfe!

SARA Bleib nur! – Es geht vorüber. Ich will Sie nicht wieder erschrecken, Mellefont.

MELLEFONT Betty, was ist ihr geschehen? – Das sind nicht bloße Folgen einer Ohnmacht.

FÜNFTER AUFTRITT.

Norton. Mellefont. Sara. Betty.

MELLEFONT Du kömmst schon wieder Norton? Recht gut! Du wirst hier nötiger sein.

NORTON Marwood ist fort –

MELLEFONT Und meine Flüche eilen ihr nach! – Sie ist fort? – Wohin? – Unglück und Tod, und wo möglich, die ganze Hölle möge sich auf ihrem Wege finden! Verzehrend Feuer donnre der Himmel auf sie herab, und unter ihr breche die Erde ein, der weiblichen Ungeheuer größtes zu verschlingen! –

NORTON So bald sie in ihre Wohnung zurück gekommen, hat sie sich mit Arabellen und ihrem Mädchen in den Wagen geworfen, und die Pferde mit verhängtem Zügel davon eilen lassen. Dieser versiegelte Zettel ist von ihr an Sie zurück geblieben.

MELLEFONT *indem er den Zettel nimmt:* Er ist an mich. – Soll ich ihn lesen, Miß?

SARA Wenn Sie ruhiger sein werden, Mellefont.

MELLEFONT Ruhiger? Kann ich es werden, ehe ich mich an Marwood gerächet, und Sie, teuerste Miß, außer Gefahr weiß?

SARA Lassen Sie mich nichts von Rache hören. Die Rache ist nicht unser! – Sie erbrechen ihn doch? – Ach, Mellefont, warum sind wir zu gewissen Tugenden bei einem gesunden und seine Kräfte fühlenden Körper weniger, als bei einem siechen und abgematteten aufgelegt? Wie sauer werden Ihnen Gelassenheit und Sanftmut, und wie unnatürlich scheint mir des Affects ungeduldige Hitze! – Behalten Sie den Inhalt nur vor sich.

MELLEFONT Was ist es für ein Geist, der mich Ihnen ungehorsam zu sein zwinget? Ich erbrach ihn wider Willen, – wider Willen muß ich ihn lesen.

SARA *indem Mellefont vor sich lieset:* Wie schlau weiß sich der Mensch zu trennen und aus seinen Leidenschaften ein von sich unterschiedenes Wesen zu machen, dem er alles zur Last legen könne, was er bei kaltem Blute selbst nicht billiget – Mein Salz, Betty! Ich besorge einen neuen Schreck, und werde es nötig haben. – Siehst du, was der unglückliche Zettel für einen Eindruck auf ihn macht! – Mellefont! – Sie geraten außer sich! – Mellefont! – Gott! er erstarrt! – Hier, Betty! Reiche ihm das Salz! – Er hat es nötiger, als ich.

MELLEFONT *der die Betty damit zurückstößt:* Nicht näher Unglückliche! – Deine Arzeneien sind Gift! –

SARA Was sagen Sie! – Besinnen Sie sich! Sie verkennen sie!

BETTY Ich bin Betty, nehmen Sie doch.

MELLEFONT Wünsche dir, Elende, daß du es nicht wärest! – Eile! Fliehe! ehe du, in Ermanglung des schuldigern, das schuldige Opfer meiner Wut wirst!

SARA Was für Reden! – Mellefont liebster Mellefont –

MELLEFONT Das letzte liebster Mellefont aus diesem göttlichen Munde, und denn ewig nicht mehr! – Zu ihren Füßen, Sara – *indem er sich niederwirft:* – Aber was will ich zu ihren Füßen? *und wieder aufspringt:* Entdecken? Ich Ihnen entdecken? – Ja, ich will Ihnen entdecken, Miß, daß Sie mich hassen werden, daß Sie mich hassen müssen. – Sie sollen den Inhalt nicht erfahren; nein von mir nicht! – Aber Sie werden ihn erfahren – Sie werden – Was steht ihr noch hier, müßig und angeheftet? Lauf Norton, bringe alle Ärzte zusammen! Suche Hülfe, Betty! Laß die Hülfe so wirksam sein als deinen Irrtum! – Nein! bleibt hier! ich gehe selbst. –

SARA Wohin, Mellefont? Nach was für Hülfe? Von welchem Irrtume reden Sie?

MELLEFONT Göttliche Hülfe, Sara, oder unmenschliche Rache! – Sie sind verloren – Daß die Welt mit uns verloren wäre! –

SECHSTER AUFTRITT.

Sara. Norton. Betty.

SARA Er ist weg? – Ich bin verlassen? Was will er damit? Verstehest du ihn Norton? – Ich bin krank, sehr krank; aber setze das äußerste, daß ich sterben müsse; bin ich darum verloren? Und was will er denn mit dir, arme Betty? – Du ringst die Hände? Betrübe dich nicht; du hast ihn gewiß nicht beleidiget; er wird sich wieder besinnen. – Hätte er mir doch gefolgt, und den Zettel nicht gelesen! Er konnte es ja wohl denken, daß er das letzte Gift der Marwood enthalten müsse.

BETTY Welche schreckliche Vermutung! – Nein; es kann nicht sein; ich glaube es nicht –

NORTON *welcher nach der Scene zugegangen:* Der alte Bediente ihres Vaters, Miß Sara.

SARA Laß ihn herein kommen, Norton –

SIEBENDER AUFTRITT.

Waitwell. Sara. Betty. Norton.

SARA Es wird dich nach meiner Antwort verlangen, guter Waitwell. Sie ist fertig, bis auf einige Zeilen. – Aber warum so bestürzt? Man hat es dir gewiß gesagt, daß ich krank bin.

WAITWELL Und noch mehr!

SARA Gefährlich krank? – Ich schließe es mehr aus der ungestümen Angst des Mellefont, als daß ich es fühle – Wenn du mit dem unvollendeten Briefe der unglücklichen Sara an den unglücklichen Vater abreisen müßtest, Waitwell? – Laß uns das beste hoffen! Willst du wohl bis morgen warten? Vielleicht finde ich einige gute Augenblicke, dich abzufertigen. Jetzo möchte ich es nicht im Stande sein. Diese Hand hängt wie tot an der betäubten Seite. – Wenn der ganze

Körper so leicht dahin stirbt, wie diese Glieder – Du bist ein alter Mann, Waitwell, und kannst von deinem letzten Auftritte nicht weit mehr entfernt sein. Glaube mir, wenn das, was ich empfinde, Annäherungen des Todes sind, – so sind die Annäherungen des Todes so bitter nicht, – Ach! – Kehre dich nicht an dieses Ach! Ohne alle unangenehmer Empfindung kann es freilich nicht abgehen. Unempfindlich konnte der Mensch nicht sein; unleidlich muß er nicht sein – Aber, Betty, warum hörst du noch nicht auf, dich so untröstlich zu bezeigen?

BETTY Erlauben Sie mir, Miß, erlauben Sie mir, daß ich mich aus ihren Augen entfernen darf.

SARA Geh nur; ich weiß wohl, es ist nicht eines jeden Sache, um Sterbende zu sein. Waitwell soll bei mir bleiben. Auch du Norton, wirst mir einen Gefallen erweisen, wenn du dich nach deinen Herrn umsiehst. Ich sehne mich nach seiner Gegenwart.

BETTY *im abgehn:* Ach, Norton, ich nahm die Arzenei aus den Händen der Marwood.

ACHTER AUFTRITT.

Waitwell. Sara.

SARA Waitwell, wenn du mir die Liebe erzeigen und bei mir bleiben willst, so laß mich kein so wehmütiges Gesichte sehen. Du verstummst? – Sprich doch! Und wenn ich bitten darf, sprich von meinem Vater. Wiederhole mir alles, was du mir vor einigen Stunden tröstliches sagtest. Wiederhole mir, daß mein Vater versöhnt ist, und mir vergeben hat. Wiederhole es mir und füge hinzu, daß der ewige himmlische Vater nicht grausamer sein könne. – Nicht wahr, ich kann hierauf sterben? Wenn ich vor deiner Ankunft in diese Umstände gekommen wäre, wie würde es mit mir ausgesehen haben! Ich würde verzweifelt sein, Waitwell. Mit dem Haß desjenigen beladen aus der Welt zu gehen, der wider seine Natur handelt, wenn er uns hassen muß – Was für ein Gedanke! Sage ihm, daß ich in den lebhaftesten Empfindungen der Reue, Dankbarkeit und Liebe gestorben sei. Sage ihm – Ach, daß ich es ihm nicht selbst sagen soll, wie voll mein Herz von seinen Wohltaten ist. Das Leben war derselben geringste! Wie sehr wünschte ich, den schmachtenden Rest zu seinen Füßen aufgeben zu können!

WAITWELL Wünschen Sie wirklich, Miß, ihn zu sehen?

SARA Endlich sprichst du, um an meinem sehnlichsten Verlangen, an meinem letzten Verlangen zu zweifeln.

WAITWELL Wo soll ich die Worte finden, die ich schon so lange suche? Eine plötzliche Freude ist so gefährlich, als ein plötzlicher Schreck. Ich fürchte mich nur vor dem allzugewaltsamen Eindrucke, den sein unvermuteter Anblick auf einen so zärtlichen Geist machen möchte.

SARA Wie meinst du das? Wessen unvermuteter Anblick –

WAITWELL Der gewünschte, Miß! – Fassen Sie sich!

NEUNTER AUFTRITT.

Sir Sampson. Sara. Waitwell.

SAMPSON Du bleibst mir viel zu lange, Waitwell. Ich muß sie sehen.

SARA Wessen Stimme –

SAMPSON Ach, meine Tochter!

SARA Ach, mein Vater! – Hilf mir auf, Waitwell, hilf mir auf, daß ich mich zu seinen Füßen werfen kann. *Sie will aufstehen, und fällt aus Schwachheit in den Lehnstuhl zurück:* Er ist es doch? Oder ist eine erquickende Erscheinung, vom Himmel gesandt, gleich jenem Engel, der den Starken zu stärken kam? – Segne mich, wer du auch seist, ein Bote des Höchsten, in der Gestalt meines Vaters, oder selbst mein Vater!

SAMPSON Gott segne dich, meine Tochter! – Bleib ruhig.

indem sie es nochmals versuchen will vor ihm niederzufallen: Ein andermal, bei mehrern Kräften, will ich dich nicht ungern, mein zitterndes Knie umfassen sehen.

SARA Jetzt, mein Vater, oder niemals. Bald werde ich nicht mehr sein! Zu glücklich, wenn ich noch einige Augenblicke gewinne, Ihnen die Empfindungen meines Herzens zu entdecken. Doch nicht Augenblicke, lange Tage, ein nochmaliges Leben würde erfordert, alles zu sagen, was eine schuldige, eine reuende, eine gestrafte Tochter, einem beleidigten, einem großmütigen, einem zärtlichen Vater sagen kann. Mein Fehler, ihre Vergebung –

SAMPSON Mache dir aus einer Schwachheit keinen Vorwurf, und mir aus einer Schuldigkeit kein Verdienst. Wenn du mich an mein Vergeben erinnerst, so erinnerst du mich auch daran, daß ich damit gezaudert habe. Warum vergab ich dir nicht gleich? Warum setzte ich dich in die Notwendigkeit, mich zu fliehen? Und noch heute, da ich dir schon vergeben hatte, was zwang mich, erst eine Antwort von dir zu erwarten? Jetzt könnte ich dich schon einen Tag wieder genossen haben, wenn ich sogleich deinen Umarmungen zugeeilt wäre. Ein heimlicher Unwille mußte in einer der verborgensten Falten des betrognen Herzens zurückgeblieben sein, daß ich vorher deiner fortdauernden Liebe gewiß sein wollte, ehe ich dir die meinige wieder schenkte. Soll ein Vater so eigennützig handeln? Sollen wir nur die lieben, die uns lieben? Tadle mich, liebste Sara, tadle mich; ich sahe mehr auf meine Freude an dir, als auf dich selbst. – Und wenn ich sie verlieren sollte, diese Freude? – Aber wer sagt es denn, daß ich sie verlieren soll? Du wirst leben? du wirst noch lange leben! Entschlage doch aller schwarzen Gedanken. Mellefont macht die Gefahr größer als sie ist. Er brachte das ganze Haus in Aufruhr, und eilte selbst Ärzte aufzusuchen, die er in diesem armseligen Flecken vielleicht nicht finden wird. Ich sahe seine stürmische Angst, seine hoffnungslose Betrübnis, ohne von ihm gesehen zu werden. Nun weiß ich es, daß er dich aufrichtig liebet; nun gönne ich dich ihm. Hier will ich ihn erwarten,

und deine Hand in seine Hand legen. Was ich sonst nur
gedrungen getan hätte, tue ich nun gerne, da ich seh, wie
teuer du ihm bist. – Ist es wahr, daß es Marwood selbst
gewesen ist, die dir dieses Schrecken verursacht hat? So
viel habe ich aus den Klagen deiner Betty verstehen können, und mehr nicht. – Doch was forsche ich nach den
Ursachen deiner Unpäßlichkeit, da ich nur auf die Mittel,
ihr abzuhelfen, bedacht sein sollte. Ich sehe du wirst von
Augenblick zu Augenblick schwächer, ich seh es und bleibe hülflos stehen. Was soll ich tun, Waitwell? Wohin soll ich
laufen? Was soll ich daran wenden? Mein Vermögen? Mein
Leben! Sage doch!
SARA Bester Vater, alle Hülfe würde vergebens sein. Auch
die unschätzbarste würde vergebens sein, die Sie mit ihrem
Leben für mich erkaufen wollten.

ZEHNTER AUFTRITT.

Mellefont. Sara. Sir Sampson. Waitwell.

MELLEFONT Ich wag es, den Fuß wieder in dieses Zimmer
zu setzen? Lebt sie noch?
SARA Treten sie näher, Mellefont.
MELLEFONT Ich sollte ihr Angesicht wieder sehen? Nein,
Miß; ich komme ohne Trost, ohne Hülfe zurück. Die Verzweiflung allein bringt mich zurück – Aber wen seh ich?
Sie, Sir? Unglücklicher Vater! Sie sind zu einer schrecklichen Scene gekommen. Warum kamen Sie nicht eher? Sie
kommen zu spät, ihre Tochter zu retten! Aber – nur getrost!
– sich gerächet zu sehen, dazu sollen Sie nicht zu spät
gekommen sein.
SAMPSON Erinnern Sie sich, Mellefont, in diesem Augenblicke nicht, daß wir Feinde gewesen sind! Wir sind es nicht
mehr, und wollen es nie wieder werden. Erhalten Sie mir
nur eine Tochter, und Sie sollen sich selbst eine Gattin
erhalten haben.

MELLEFONT Machen Sie mich zu Gott, und wiederholen Sie dann ihre Forderung. – Ich habe Ihnen, Miß, schon zu viel Unglück zugezogen, als daß ich mich bedenken dürfte, Ihnen auch das letzte anzukündigen: Sie müssen sterben. Und wissen Sie, durch wessen Hand Sie sterben?

SARA Ich will es nicht wissen, und es ist mir schon zu viel, daß ich es argwohnen kann.

MELLEFONT Sie müssen es wissen, denn wer könnte mir dafür stehen, daß Sie nicht falsch argwohnten? Diß schreibet Marwood. *er lieset:* »Wenn Sie diesen Zettel lesen werden, Mellefont, wird ihre Untreue in dem Anlasse derselben schon bestraft sein. Ich hatte mich ihr entdeckt, und vor Schrecken war sie in Ohnmacht gefallen. Betty gab sich alle Mühe, sie wieder zu sich selbst zu bringen. Ich ward gewahr, daß sie ein Cordialpulver bei Seite legte, und hatte den glücklichen Einfall, es mit einem Giftpulver zu vertauschen. Ich stellte mich gerührt und dienstfertig und machte es selbst zurechte. Ich sah es ihr geben, und gieng triumphierend fort. Rache und Wut haben mich zu einer Mörderin gemacht; ich will aber keine von den gemeinen Mörderinnen sein, die sich ihrer Tat nicht zu rühmen wagen. Ich bin auf dem Wege nach Dover; Sie können mich verfolgen, und meine eigne Hand wider mich zeugen lassen. Komme ich unverfolgt in den Hafen, so will ich Arabellen unverletzt zurücklassen. Bis dahin aber werde ich sie als einen Geisel betrachten. Marwood.« – Nun wissen Sie alles, Miß. Hier, Sir, verwahren Sie dieses Papier. Sie müssen die Mörderin zur Strafe ziehen lassen, und dazu ist es ihnen unentbehrlich. – Wie erstarrt er da steht!

SARA Geben Sie mir dieses Papier, Mellefont. Ich will mich mit meinen Augen überzeugen. *er giebt es ihr, und sie sieht es einen Augenblick an:* Werde ich so viel Kräfte noch haben? *sie zerreißt es.*

MELLEFONT Was machen Sie, Miß!

SARA Marwood wird ihrem Schicksale nicht entgehen; aber weder Sie, noch mein Vater sollen ihre Ankläger werden. Ich sterbe, und vergebe es der Hand, durch die mich Gott heimsucht. – Ach mein Vater, welcher finstere Schmerz hat sich ihrer bemächtiget? – Noch liebe ich Sie, Mellefont, und wenn Sie lieben ein Verbrechen ist, wie schuldig werde ich in jener Welt erscheinen! – Wenn ich hoffen dürfte, liebster Vater, daß Sie einen Sohn, anstatt einer Tochter, annehmen wollten! Und auch eine Tochter wird Ihnen mit ihm nicht fehlen, wenn sie Arabellen dafür erkennen wollen. Sie müssen Sie zurückholen, Mellefont; und die Mutter mag entfliehen. – Da mich mein Vater liebt, warum soll es mir nicht erlaubt sein, mit seiner Liebe, als mit einem Erbteile umzugehen! Ich vermache diese väterliche Liebe Ihnen und Arabellen. Reden Sie dann und wann mit ihr von einer Freundin, aus deren Beispiele sie gegen alle Liebe auf ihrer Hut zu sein lerne. – Den letzten Segen, mein Vater! – Wer wollte die Fügungen des Höchsten zu richten wagen? – Tröste deinen Herrn, Waitwell. Doch auch du stehst in einem trostlosen Kummer vergraben, der du in mir weder Geliebte noch Tochter verlierest? –

SAMPSON Wir sollten dir Mut einsprechen und dein sterbendes Auge spricht ihn uns ein. Nicht mehr meine irdische Tochter, schon halb ein Engel, was vermag der Segen eines wimmernden Vaters auf einen Geist, auf welchen alle Segen des Himmels herabströmen? Laß mir einen Strahl des Lichtes, welches dich über alles menschliche so weit erhebt. Oder bitte Gott, den Gott, der nichts so gewiß als die Bitten eines frommen Sterbenden erhört, bitte ihn, daß dieser Tag auch der letzte meines Lebens sei.

SARA Die bewährte Tugend muß Gott der Welt lange zum Beispiele lassen, und nur die schwache Tugend, die allzu vielen Prüfungen vielleicht unterliegen würde, hebt er plötzlich aus den gefährlichen Schranken – Wem fließen diese Tränen, mein Vater? Sie fallen als feurige Tropfen auf mein Herz; und doch – doch sind sie mir minder schrecklich, als die stumme Verzweiflung. Entreißen Sie sich ihr, Mellefont! – Mein Auge bricht – Dies war der letzte Seufzer! – Noch denke ich an Betty, und verstehe nun ihr ängstliches Händeringen. Das arme Mädchen! Daß ihr ja niemand eine Unvorsichtigkeit vorwerfe, die durch ihr Herz ohne Falsch, und also auch ohne Argwohn der Falschheit, entschuldiget wird. – Der Augenblick ist da! Mellefont – mein Vater –

MELLEFONT Sie stirbt! – Ach, diese kalte Hand noch einmal zu küssen, *indem er zu ihren Füßen fällt:* – Nein, ich will es nicht wagen, sie zu berühren. Eine gemeine Sage schreckt mich, daß der Körper eines Erschlagenen durch die Berührung seines Mörders zu bluten anfange. Und wer ist ihr Mörder? Bin ich es nicht mehr, als Marwood? *steht auf:* – Nun ist sie tot, Sir! nun hört sie uns nicht mehr; nun verfluchen Sie mich! Lassen Sie ihren Schmerz in verdiente Verwünschungen aus! Es müsse keine mein Haupt verfehlen, und die gräßlichste derselben müsse gedoppelt erfüllt werden! Was schweigen Sie noch? Sie ist tot; sie ist gewiß tot! Nun bin ich wieder nichts als Mellefont! Ich bin nicht mehr der Geliebte einer zärtlichen Tochter, die sie in ihm zu schonen Ursach hätten. – Was ist das? Ich will nicht, daß Sie einen barmherzigen Blick auf mich werfen sollen! Das ist ihre Tochter! Ich bin ihr Verführer! Denken Sie nach Sir! – Wie soll ich ihre Wut besser reizen? Diese blühende Schönheit, über die Sie allein ein Recht hatten, ward wider ihren Willen mein Raub! Meinetwegen vergaß sich diese unerfahrne Tugend! Meinetwegen riß sie sich aus den Armen eines geliebten Vaters! Meinetwegen mußte sie sterben! – Sie machen mich mit ihrer Langmut ungeduldig, Sir! Lassen Sie mich es hören, daß Sie Vater sind.

SAMPSON Ich bin Vater, Mellefont, und bin es zu sehr, als daß ich den letzten Willen meiner Tochter nicht verehren sollte. – Laß dich umarmen, mein Sohn, den ich teurer nicht erkaufen konnte!

MELLEFONT Nicht so, Sir! Diese Heilige befahl mehr, als die menschliche Natur vermag! Sie können mein Vater nicht sein. – Gehen Sie, Sir, *indem er den Dolch aus dem Busen zieht:* dieses ist der Dolch, den Marwood heute auf mich zuckte. Zu meinem Unglücke mußte ich sie entwaffnen. Wenn ich als das schuldige Opfer ihrer Eifersucht gefallen wäre, so lebte Sara noch. Sie hätten ihre Tochter noch, und hätten Sie ohne Mellefont. Es stehet bei mir nicht, das Geschehene ungeschehen zu machen; aber mich wegen des Geschehenen zu strafen – das steht bei mir! *er ersticht sich, und fällt auf dem Stuhle der Sara nieder.*

SAMPSON Halte ihn, Waitwell! – Was für ein neuer Streich auf mein gebeugtes Haupt! – O wenn das dritte hier erkaltende Herz das meine wäre!

MELLEFONT *sterbend:* Ich fühl es – daß ich nicht fehl gestoßen habe! – Wollen Sie mich nun ihren Sohn nennen, Sir, und mir als diesem die Hand drücken, so sterb ich zufrieden. *Sampson umarmt ihn:* Sie haben von einer Arabella gehört, für die die sterbende Sara Sie bat. Ich würde auch für Sie bitten – aber sie ist der Marwood Kind sowohl, als meines. – Was für fremde Empfindungen ergreifen mich! – Gnade, o Schöpfer, Gnade! –

SAMPSON Wenn fremde Bitten jetzt kräftig sind, Waitwell, so laßt uns ihm diese Gnade erbitten helfen! Er stirbt! Ach, er war unglücklicher als lasterhaft. –

ELFTER AUFTRITT.

Norton. Die Vorigen.

NORTON Ärzte, Sir. –

SAMPSON Wenn Sie Wunder tun können, so laß sie herein kommen! – Laß mich nicht länger, Waitwell, bei diesem tötenden Anblicke verweilen. Ein Grab soll beide umschließen. Komm, schleunige Anstalt zu machen, und dann laß uns auf Arabellen denken. Sie sei, wer sie sei; sie ist ein Vermächtnis meiner Tochter! *Sie gehen ab, und das Theater fällt zu.*

Ende des bürgerlichen Trauerspiels.

TONSINE

EIN BÜRGERLICHES TRAUERSPIEL
IN 5 AUFZÜGEN
⟨Fragment⟩

Tonsine. Die Japanerin.
Marquis von *Basadonna.*
Marquisin von *Basadonna.*
Fonseca der Freund des Marquis.
Ambrosia des Marquis Tochter.
Die Fürstin von *Bambora* der Marquisin Mutter; eine abergläubische grausame Frau, welche die Marquisin verfolgt.

Act. I.

Sc. I.
In des *Fonseca* Wohnung

Ein Diener des Fonseca, meldet diesem ganz früh einen Fremden, welcher ihn in geheim zu sprechen verlange.

Sc. II.
Fonseca. Der Fremde.

Dieser, nachdem er sich zu erkennen gegeben, ist der Marquis von Basadonna. Er erzehlt ihm seine Geschichte; u. die Ursachen, warum er erst in geheim bei ihm abtreten wolle. Mitten unter der Erzehlung schickt Fonseca, auf Verlangen seines Freundes nach dem Hafen, die Gefährtin des Marquis abholen zu lassen; die Tonsine nemlich.

Sc. III.

Tonsine u. ihre Sklavin Samma. erscheinen. Fonseca bewundert sie, u. macht ihr, wegen ihrer Großmut unendliche Caressen. Er ersucht sie, so lange in seinem Hause zu bleiben, als sein Freund wisse woran er sei? Und zwar in diesem Zimmer, bis man bequemere für sie zurecht gemacht. Er geht mit dem Marquis fort.

Sc. IV.
Tonsine und *Samma*

Tonsine wiederholt ihre Geschichte u. freuet sich endlich in Europa zu sein. Die gütige Aufnahme des Freundes ihres Marquis scheint ihr eine glückliche Vorbedeutung zu sein. Endlich erscheint der Haushofmeister beiden bequeme Zimmer anzuweisen. Sie gehen ab.

NB. Tonsine muß beiläufig ihre endlichen Entschliessungen zu erkennen geben. Samma muß ihr Angst machen, daß sie sich in einem fremden Lande in der Gewalt der Christen befinde etc. Doch Tonsine sagt, daß sie nach ihren Lehrsätzen zu sterben wisse.

Actus II.

SCHLUSSREDE ZU EINEM TRAUERSPIELE

GEHALTEN VON MADAM SCHUCH.
1754.

Euch, die Geschmack und Ernst und was nur Weise rührt,
Die Tugend und ihr Lohn, ins Trauerspiel geführt,
Euch macht Melpomene durch künstliches Betrügen
Beklemmtes Herz zur Lust und Mitleid zum Vergnügen.
Ihr fühlt es, was ein Held, der mit dem Schicksal ficht,
Und mit Affekten kämpft, in schweren Worten spricht;
Ihr folgt ihm durch den Kampf, mit gleich geteilten Trieben
Zu hassen, wenn er haßt, und wenn er liebt, zu lieben.
Ihr hofft, ihr tobt mit ihm; ihr teilt sein Weh und Wohl
Und kurz ihr habt das Herz, wie man es haben soll.
  Schämt euch der Wehmut nicht, die feucht im Auge schimmert,
Gönnt ihr, ach! gönnet ihr den Ausbruch! Unbekümmert,
Ob Wesen oder Schein, ob Wahrheit oder Trug,
Den Panzer um das Herz mit süßer Macht zerschlug.
Die Gottheit des Geschmacks zählt jedes Kenners Zähre,
Und hebt sie teuer auf, zu sein und unsrer Ehre.
Zu unsrer Ehre? – Ja, als Teil an unserm Lohn,
Durch der Geberden Reiz, durch Mienen, Tracht und Ton,
Und durch die ganze Kunst ruhmvoller Heuchlergaben,
Der Tadelsucht zum Trotz! sie euch erpreßt zu haben.

AUS:
THEATRALISCHE BIBLIOTHEK

ZWEITES STÜCK.

VII.
VON DEN LATEINISCHEN TRAUERSPIELEN WELCHE UNTER DEM NAMEN DES SENECA BEKANNT SIND.

Die einzigen Überreste, woraus man die tragische Bühne der Römer einigermaßen beurteilen kann, sind diejenigen zehn Trauerspiele, welche unter dem Namen des *Seneca* gelesen werden.

Da ich jetzt vorhabe, sie meinen Lesern bekannter zu machen, so sollte ich vielleicht verschiedene historischkritische Anmerkungen und Nachrichten voraus schicken, die ihnen die Meinungen der Gelehrten von den wahren Verfassern dieser Trauerspiele, von ihrem Alter, von ihrem innern Werte etc. erklärten. Doch weil sich hiervon schwerlich urteilen läßt, wenn man die Stücke nicht schon selbst gelesen hat, so will ich in dieser meiner Abhandlung eben der Ordnung folgen, die jeder wahrscheinlicher Weise beobachten würde, der sich selbst von diesen Dingen unterrichten wollte. Ich will alle zehn Trauerspiele nach der Reihe durchgehen, und Auszüge davon mitteilen, in welchen man die Einrichtung und die vornehmsten Schönheiten derselben erkennen kann. Ich schmeichle mir, daß diese Auszüge desto angenehmer sein werden, je größer die Schwierigkeiten sind, mit welchen die Lesung der Stücke selbst verbunden ist.

Es sind, wie schon gesagt, deren zehne, welche folgende Überschriften führen. *I. der rasende Herkules. II. Thyest. III.*

Thebais. IV. Hippolytus. V. Oedipus. VI. Troas. VII. Medea. VIII. Agamemnon. IX. Herkules auf Oeta. X. Octavia. Ich will mich sogleich zu dem ersten Stücke wenden.

I.
Der rasende Herkules.

Inhalt.
Herkules hatte sich mit der *Megara,* der Tochter des *Creons,* Königs von Theben vermählt. Seine Taten und besonders seine Reise in die Hölle nötigten ihn, lange Zeit von seinem Reiche und seiner Familie abwesend zu sein. Während seiner Abwesenheit empörte sich ein gewisser *Lycus,* ließ den *Creon* mit seinen Söhnen ermorden und bemächtigte sich des Thebanischen Scepters. Um seinen Thron zu befestigen, hielt er es vor gut, sich mit der zurückgelassenen Gemahlin des *Herkules* zu verbinden. Doch indem er am heftigsten darauf dringt, kömmt *Herkules* aus der Hölle zurück, und tötet den tyrannischen *Lycus* mit allen seinen Anhängern. *Juno,* die unversöhnliche Feindin des *Herkules,* wird durch das beständige Glück dieses Helden erbittert, und stürzt ihn durch Hülfe der Furien, in eine schreckliche Raserei; deren traurige Folgen der eigentliche Stoff dieses Trauerspiels sind. Außer dem Chore kommen nicht mehr als sechs Personen darinne vor: *Juno, Megara, Lycus, Amphitryo, Herkules, Theseus.*

Auszug.
Juno eröffnet die Scene. *Herkules* ist in den zwei ersten Acten zwar noch nicht gegenwärtig. Als *Juno* aber weiß sie doch schon, daß er gewiß erscheinen werde, und schon bereits siegend die Hölle verlassen habe. Man muß sich erinnern, daß *Herkules* ein Sohn des Jupiters war, den er mit der *Alcmene* erzeugt hatte. Sie tobt also in diesem ersten Auftritte wider die Untreue ihres Gemahls überhaupt, und wider diese Frucht derselben insbesondere. Endlich faßt sie wider den *Herkules* den allergrausamsten Anschlag. – – Wir wollen sehen, wie dieses der Dichter ungefähr ausgeführt hat.

Sie sagt gleich Anfangs, daß sie, die Schwester des Donnergotts – – denn nur dieser Name bleibe ihr noch übrig – – die ätherischen Wohnungen, und den von ihr immer abgeneigten Jupiter verlassen habe. »Ich muß auf der Erde wandeln, um den Kebsweibern Platz zu machen. Diese haben den Himmel besetzt! Dort glänzt von dem erhabensten Teile des eisreichen Pols *Callisto* in der Bärin, und regieret argolische Flotten. Da, wo in verlängerten Tagen der laue Frühling herab fließt, schimmert der schwimmende Träger Europens. Hier bilden des Atlas schweifende Töchter das den Schiffern und der See furchtbare Gestirn; dort schreckt mit drohendem Schwerd *Orion* die Götter. Hier hat der güldne *Perseus* seine Sterne; dort *Castor* und *Pollux* etc. Und damit ja kein Teil des Himmels unentehrt bleibe, so muß er auch noch den Kranz des Cnoßischen Mädchens tragen. Doch was klage ich über alte Beleidigungen? Wie oft haben mich nicht des einzigen gräßlichen Thebens ruchlose Dirnen zur Stiefmutter gemacht! Ersteige nur den Himmel, *Alcmene*; bemächtige dich nur siegend meines Sitzes; und du, ihr Sohn, um dessen Geburt die Welt einen Tag einbüßte und der langsame Phöbus später aus dem Eoischen Meere aufstieg, nimm die versprochnen Gestirne nur ein! Ich will meinen Haß nicht fahren lassen; mein rasender Schmerz, mein tobender Zorn soll mich zu ewigen Kriegen reizen – – Aber, zu was für Kriegen? Was die feindselige Erde nur scheußliches hervorbringt; was Meer und Luft nur schreckliches, gräßliches, wildes und ungeheures tragen, alles das ist von ihm gebändigt und besiegt. Das Ungemach stärkt ihn; er nützet meinen Zorn; er verkehret meinen Haß in sein Lob, und je härtere Dinge ich ihm auflege, je mehr beweiset er seinen Vater!« – – Die Göttin berührt hierauf die Taten des *Herkules* näher, der als ein Gott schon in der ganzen Welt verehrt werde, und der ihre Befehle leichter vollziehe, als sie dieselben erdenke. Die Erde sei ihm nicht weit genug gewesen; er habe die Pforten der Hölle erbrochen, den Weg aus dem Reiche der Schatten zurück gefunden, und schleppe, über sie triumphierend, mit stolzer Faust den Höllenhund durch die Städte Griechenlands zur Schau. »Der Tag, fährt sie fort, erblaßte, die Sonne zitterte, als sie den Cerberus erblickte; mich selbst überfiel ein Schauer, da ich das überwältigte dreiköpfigte Ungeheuer sahe, und ich erschrak über meinen Befehl.« – – Sie fürchtet, Herkules werde sich auch des obern Reichs bemächtigen, da er das unterirdische überwunden habe; er werde seinem Vater den Scepter entreißen, und nicht, wie *Bacchus*, auf langsamen Wegen sich zu den Sternen erheben; er werde auf den Trümmern der Welt sie ersteigen und über den öden Himmel gebieten wollen. – »Wüte nur also fort, mein Zorn; wüte fort! Unterdrücke ihn mit seinem großen Anschlage; falle ihn an, Juno, zerfleische ihn mit deinen eignen Händen. Warum überträgst du andern deinen Haß? – – Welche Feinde kannst du ihm erwecken, die er nicht überwunden habe? Du suchst einen, der ihm gewachsen sei? Nur er selbst ist sich gewachsen. So bekriege er sich dann also selbst! Herbei ihr Eumeniden! Herbei aus dem tiefsten Abgrunde des Tartarus! Schüttelt das flammende Haar; schlagt ihm mit wütenden Händen vergiftete Wunden! – – Nun, Stolzer, kannst du nach den himmlischen Wohnungen trachten! – – Umsonst glaubst du dem Styx entflohen zu sein! Hier, hier will ich dir die wahre Hölle zeigen! Schon rufe ich die Zwietracht aus ihrer finstern Höhle, noch jenseits dem Reiche der Verdammten, hervor! Was du noch schreckliches da gelassen hast, soll erscheinen. Das lichtscheue Verbrechen, die wilde Ruchlosigkeit, die ihr eigen Blut leckt, und die irre stets wider sich selbst bewaffnete Raserei; diese, diese sollen erscheinen und Rächer meines Schmerzes sein! Fanget dann also an, ihr Dienerinnen des Pluto! Schwinget die lodernden Fackeln! Strafet des Styx kühnen Verächter! Erschüttert seine Brust und laßt sie ein heftiger Feuer durchrasen, als in den Höhlen des Aetna tobet! – – Ach, daß Herkules rasen möge, muß ich vorher erst selbst rasen. Und warum rase ich nicht schon?« – – Auf diese Art beschließt Juno, daß ihr Feind immerhin aus der Hölle unverletzt und mit unverringerten Kräften zurückkommen möge; sie wolle ihn seine Kinder gesund wieder finden lassen, aber in einer plötzlichen Unsinnigkeit solle er ihr Mörder werden. »Ich will ihn selbst die Pfeile von der gewissen Senne schnellen helfen; ich will selbst die Waffen des Rasenden lenken, und endlich einmal selbst dem kämpfenden Herkules beistehen. Mag ihn doch nach dieser Tat sein Vater in den Himmel aufnehmen« – Mit diesem Vorsatze begiebt sich Juno fort, weil sie den Tag anbrechen sieht.

Diesen Anbruch des Tages beschreibt der darauf folgende Chor. Er beschreibt ihn nach den Veränderungen, die an dem Himmel vorgehen, und nach den verschiedenen Beschäftigungen der Menschen, welche nun wieder ihren Anfang nehmen. »Wie wenige, fügt er hinzu, beglückt die sichere Ruhe! Wie wenige sind der Flüchtigkeit des Lebens eingedenk, und nützen die nie wieder zurückkehrende Zeit. Lebt, weil es noch das Schicksal erlaubt, vergnügt! Das rollende Jahr eilt mit schnellen Tagen dahin, und die unerbittlichen Schwestern spinnen fort, ohne den Faden wieder aufzuwinden.« – – Er tadelt hierauf diejenigen, welche gleichwohl freiwillig ihrem Schicksale entgegen eilen, und wie Herkules das trübe Reich der Schatten nicht bald genug erblicken können. Er verlangt die Ehre, die diese treibt, nicht, sondern wünscht sich, in einer verborgenen Hütte ruhig zu leben, wo das Glück auf einem zwar niedrigen aber sichern Orte fest stehe, wenn die kühne Tugend hoch herab stürzet. – – Hier sieht er die traurige *Megara*, mit zerstreuten Haaren näher kommen, welcher der alte *Amphitryo*, der Halbvater des Herkules, langsam nachfolgt. Er macht ihnen also Platz und Megara eröffnet den

Zweiten Aufzug.

Sie bittet den Jupiter, ihren und ihres Gemahls Mühseligkeiten endlich einmal ein Ende zu machen. Sie klagt, daß noch nie ein Tag sie mit Ruhe beglückt habe; daß immer das Ende des einen Übels der Übergang zu dem andern sei; daß dem Herkules nicht ein Augenblick Ruhe gelassen werde; daß ihn *Juno* seit der zartesten Kindheit verfolge, und ihn Ungeheuer zu überwinden genötiget habe, noch ehe er fähig gewesen sei, sie zu kennen. Sie fängt hierauf von den zwei Schlangen an, die er schon in der Wiege, so fest sie ihn auch umschlungen hatten, mit lächelnden Blicke zerquetschte, und berührt alle seine übrigen Taten mit kurzen malerischen Zügen, bis auf die schimpfliche Arbeit im Stall des *Augias*. »Aber, fährt sie fort, was hilft ihn alles dieses? Er muß der Welt, die er verteidigte, entbehren. Und schon hat es die Erde empfunden, daß der Urheber ihres Friedens nicht zugegen sei! Das glückliche Laster heißt Tugend; die Bösen herrschen über die Guten; Gewalt geht vor Recht und die Gesetze verstummen vor Furcht.« – – Zum Beweise führt sie die Grausamkeiten des *Lycus* an, welcher ihren Vater den *Creon* und ihre Brüder, dessen Söhne, ermordet und sich des Thebanischen Reichs bemächtiget habe. Sie bedauret, daß diese berühmte Stadt, aus welcher so viel Götter entsprossen, deren Mauern *Amphion* mit mächtigen Melodien aufgeführt, und in welche selbst der Vater der Götter sich so oft herab gelassen habe, jetzt einem nichtswürdigen Verbannten gehorchen müsse. »Der, welcher zu Wasser und Land die Laster verfolgt, und tyrannische Scepter mit gerechter Faust zerbrochen hat, muß selbst abwesend dienen, und das Joch tragen, wovon er andre befreiet. Dem Herkules gehöret Theben und Lycus hat es inne. Doch lange wird er es nicht mehr inne haben. Plötzlich wird der Held an das Tageslicht wieder hervor dringen; er wird den Weg zurück entweder finden, oder sich machen. – – Erscheine denn, o Gemahl, und komm als Sieger zu deinem besiegten Hause zurück! Entreiße dich der Nacht, und wann alle Rückgänge verschlossen sind, so spalte die Erde, so wie du einst das Gebirge spaltetest, und dahin den Ossa und dorthin den Olympus warfst und mitten durch den Thessalischen Strom einen neuen Weg führtest. Spalte sie; treibe was in ewigen Finsternissen begraben war, zitternde Scharen des Lichts entwöhnter Schatten, vor dir her, und so stelle dich deinen Eltern, deinen Kindern, deinem Vaterlande wieder dar! Keine andre Beute davon bringen, als die man dir befohlen hat, ist deiner unwürdig!« – – Doch hier besinnt sich *Megara*, daß diese Reden für ihre

Umstände zu großsprechrisch sind; und wendet sich lieber zu den Göttern, welchen sie Opfer und heilige Feste verspricht, wenn sie ihr den Gemahl bald wieder schenken wollen. »Hält dich aber, fügt sie hinzu, eine höhere Macht zurück; wohl, so folgen wir! Entweder schütze uns durch deine Zurückkunft alle, oder ziehe uns alle nach dir! – – Ja, nachziehen wirst du uns dir; denn uns Gebeugte vermag auch kein Gott aufzurichten.«

Hier unterbricht sie der alte *Amphitryo*. »Hoffe ein besseres, spricht er, und laß den Mut nicht sinken. Er wird gewiß auch aus dieser Mühseligkeit, wie aus allen, größer hervorgehen!«

MEG. Was die Elenden gern wollen, das glauben sie leicht.

AMPHIT. Oder vielmehr, was sie allzusehr fürchten, dem vermeinen sie auf keine Weise entgehen zu können.

MEG. Aber jetzt, da er in die Tiefe versenkt und begraben ist, da die ganze Welt auf ihm liegt, welchen Weg kann er zu den Lebendigen zurückfinden?

AMPH. Eben den, welchen er durch den brennenden Erdstrich, und durch das trockne Meer stürmender Sandwogen fand etc.

MEG. Nur selten verschonet das unbillige Glück die größten Tugenden. Niemand kann sich lange so häufigen Gefahren sicher bloß stellen. Wen das Verderben so oft vorbei gegangen ist, den trifft es endlich einmal.

Hier bricht *Megara* ab, weil sie den wütenden *Lycus* mit drohendem Gesicht, und mit Schritten, die seine Gemütsart verraten, einhertreten sieht. Er redet die ersten zwanzig Zeilen mit sich selbst, und schildert sich als einen wahren Tyrannen. Er ist stolz darauf, daß er sein Reich nicht durch Erbschaft besitze, daß er keine edeln Vorfahren, kein durch erhabne Titel berühmtes Geschlecht aufweisen könne. Er trotzt auf seine eigene Tapferkeit, und findet, daß seine fernere Sicherheit nur auf dem Schwerde beruhe. »Nur dieses, sagt er, kann bei dem schützen, was man wider Willen der Untertanen besitzt« – – Unterdessen will er doch auch nicht unterlassen, einen Staatsgriff anzuwenden. Er bildet sich nemlich ein, daß er sein neu erobertes Reich durch nichts mehr befestigen könne, als wenn er sich mit der *Megara* vermählte. Er kann sich nicht vorstellen, daß sie seinen Antrag verachten werde: sollte sie es aber tun, so hat er bereits den festen Entschluß gefaßt, das ganze Herkulische Haus auszurotten. Er fragt nichts darnach, was das Volk von so einer Tat urteilen werde; er hält es für eines von den vornehmsten Stücken der Regierungskunst, gegen die Nachreden des Pöbels gleichgültig zu sein. In dieser Gesinnung will er sogleich den Versuch machen, und geht auf die *Megara* los, die sich schon im voraus von seinen Vorhaben nichts gutes verspricht. Seine Anrede ist nicht schlecht; er macht ihr eine kleine Schmeichelei wegen ihrer edeln Abkunft, und bittet sie, ihn ruhig anzuhören. Er stellt ihr hierauf vor, wie übel es um die Welt stehen würde, wenn Sterbliche einander ewig hassen wollten. »Dem Sieger und dem Besiegten liegt daran, daß der Friede endlich wieder hergestellet werde. Komm also und teile das Reich mit mir; laß uns in ein enges Bündnis treten, und empfange meine Rechte, als das Pfand der Treue.« – – *Megara* sieht ihn mit zornigen Blicke an. »Ich, spricht sie, sollte deine Rechte annehmen, an welcher das Blut meines Vaters, und meiner Brüder klebt? Eher soll man die Sonne im Ost untergehen, und im West aufgehen sehen; eher sollen Wasser und Feuer ihre alte Feindschaft in Friede verwandeln etc. Du hast mir Vater, Reich, Brüder und Götter geraubt. Was blieb mir noch übrig? Eins blieb mir noch übrig, welches mir lieber als Vater, Reich, Brüder und Götter ist: das Recht dich zu hassen. Ach! warum muß auch das Volk dieses mit mir gemein haben. – – Doch herrsche nur, Aufgeblasener; verrate nur deinen Übermut! Gott ist Rächer und seine Rache folgt hinter dem Rücken der Stolzen.« Sie stellt ihm hierauf vor, was für ein strenges Schicksal fast alle Thebanische Regenten betroffen habe. Agave und Ino, Oedipus und seine Söhne, Niobe und Cadmus sind ihre schrecklichen Beispiele. »Sieh, fährt sie fort, diese warten deiner! Herrsche wie du willst, wenn ich dich nur endlich in eben das Elend, das von unserm Reiche so unzertrennlich ist, verwickelt sehe.« – – *Lycus* wird über diese Reden unwillig, und giebt ihr auf eine höhnische Art zu verstehen, daß er König sei, und sie gehorchen müsse. »Lerne, sagt er, von deinem Gemahl, wie unterwürfig man Königen sein müsse.« Er zielet hiemit auf die Befehle des Eurystheus, die sich Herkules zu vollziehen bequemte. »Doch, spricht er weiter, ob ich schon die Gewalt in meinen Händen habe, so will ich mich doch so weit herablassen, meine Sache gegen dich zu rechtfertigen.« Er bemüht sich hierauf, den Tod ihres Vaters und ihrer Brüder von sich abzuwälzen. »Sie sind im Streite umgekommen. Die Waffen wissen von keiner Mäßigung; und die Wut des gezückten Schwerdes kennet kein Schonen. Es ist wahr, dein Vater stritt für sein Reich, und mich trieben sträfliche Begierden. Doch jetzt kömmt es nicht auf die Ursache, sondern auf den Ausgang des Krieges an. Laß uns daher an das geschehene nicht länger denken. Wenn der Sieger die Waffen ablegt, so geziemet es sich, daß auch der Besiegte den Haß ablege. Ich verlange nicht, daß du mich mit gebogenem Knie verehren sollst. Es gefällt mir vielmehr, daß du deinen Unfall mit starken Mute zu tragen weißt. Und da du die Gemahlin eines Königs zu sein verdienest, so sei es denn an meiner Seite.« *Megara* gerät über diesen Antrag außer sich. »Ich deine Gemahlin? Nun empfinde ich es erst, daß ich eine Gefangene bin – – Nein, Alcides, keine Gewalt soll meine Treue überwinden; als die Deinige will ich sterben.«

LYCUS. Wie? ein Gemahl, der in der Tiefe der Hölle vergraben ist, macht dich so kühn?

MEGARA. Er stieg in die Hölle herab, um den Himmel zu ersteigen.

LYCUS. Die ganze unendliche Last der Erde liegt nun auf ihm.

MEGARA. Kann eine Last für den zu schwer sein, der den Himmel getragen hat?

LYCUS. Aber du wirst gezwungen werden.

MEGARA. Wer gezwungen werden kann, weiß nicht zu sterben.

LYCUS. Kann ich dir ein königlicher Geschenk anbieten, als meine Hand?

MEGARA. Ja; deinen oder meinen Tod.

LYCUS. Nun wohl; du sollst sterben.

MEGARA. So werde ich denn meinem Gemahl entgegen gehen.

LYCUS. So ziehst du meinem Throne einen Knecht vor?

MEGARA. Wie viel Könige hat dieser Knecht dem Tode geliefert!

LYCUS. Warum dient er denn aber einem Könige?

MEGARA. Was wäre Tapferkeit ohne harte Dienste?

LYCUS. Wilden Tieren und Ungeheuern vorgeworfen werden, nennst du Tapferkeit?

MEGARA. Das eben muß die Tapferkeit überwinden, wofür sich alle entsetzen.

Diese kurzen Gegenreden, welche gewiß nicht ohne ihre Schönheiten sind, werden noch einige Zeilen fortgesetzt, bis *Lycus* zuletzt auch die Abkunft des *Herkules* antastet, und den alten *Amphitryo* also nötiget, das Wort zu ergreifen. »Mir, spricht er, kömmt es zu, ihm seinen wahren Vater nicht streitig machen zu lassen.« Er führt hierauf seine erstaunlichen Taten an, durch die er den Frieden in der ganzen Welt hergestellet, und die Götter selbst verteidiget habe. »Zeigen diese nicht deutlich genug, daß Jupiter sein Vater sei, oder muß man vielmehr dem Hasse der *Juno* glauben?« »Was lästerst du den Jupiter, erwidert *Lycus*? Das sterbliche Geschlecht ist keiner Verbindung mit dem Himmel fähig.« – – Er sucht hierauf alles hervor, was die göttliche Herkunft des *Herkules* verdächtig machen könne. Er nennt ihn einen Knecht, einen Elenden, der ein unstätes und flüchtiges Leben führe, und alle Augenblicke der Wut der wilden Tiere Preis gegeben werde. Doch *Amphitryo* setzt diesen Beschuldigungen das Exempel des Apollo entgegen, der ein Hirte gewesen sei, der auf einer herumirrenden Insel sogar geboren worden, und mit dem ersten Drachen gekämpft habe. Er fügt hierzu noch das Beispiel des *Bacchus*, und zeigt auch an diesem, wie teuer das Vorrecht, als ein Gott geboren werden, zu stehen komme.

LYCUS. Wer elend ist, ist ein Mensch.
AMPH. Wer tapfer ist, ist nicht elend.

Lycus will ihm auch diesen Ruhm zu Schanden machen, und erwähnt mit einer sehr spöttischen Art seines Abenteuers mit der *Omphale*, bei welcher *Herkules* die Rolle eines Helden in die Rolle eines Weichlings verwandelte. Doch auch hier beruft sich *Amphitryo* auf den *Bacchus*, welcher sich nicht geschämt habe, das Haar zierlich fliegen zu lassen, den leichten Thyrsus mit spielender Hand zu schwenken, und im sanften Gange den güldnen Schweif des herabfallenden Kleides hinter sich her zu ziehen. Nach vielen und schweren Taten, fügt er hinzu, ist es der Tapferkeit ganz wohl erlaubt, sich zu erholen. – –

LYCUS. Dieses beweiset das Haus des *Thespius,* und die nach Art des Viehes durch ihn befruchtete Herde von Mädchen. Dieses hatte ihm keine *Juno*, kein *Eurystheus* befohlen; es waren seine eigne Taten.

Auf diese höhnische Anmerkung erwidert *Amphitryo*, daß *Herkules* auch noch andre Taten ungeheißen verrichtet habe. Er gedenkt des *Eryx*, des *Antäus*, des *Busiris*, des *Geryon*. »Und auch du, *Lycus*, wirst noch unter die Zahl dieser Ermordeten kommen, die doch durch keine Schändung sein Ehebette zu beflecken gesucht.«

LYCUS. Was dem Jupiter erlaubt ist, ist auch dem Könige vergönnt. Jupiter bekam von dir eine Gemahlin; von dir soll auch der König eine bekommen etc. – – Hier treibt *Lycus* seine Ruchlosigkeit auf das höchste. Er wirft dem guten Alten seine gefällige Nachsicht gegen den Jupiter vor, und will, daß sich *Megara* nur ein Exempel an der *Alcmene* nehmen solle. Er droht sogar Gewalt zu brauchen, und sagt, was ich keinem tragischen Dichter jetziger Zeit zu sagen raten wollte: *vel ex coacta nobilem partum feram.* Hierüber gerät Megara in eine Art von Wut, und erklärt sich, daß sie in diesem Falle die Zahl der *Danaiden* voll machen wolle. Sie zielet hier auf die *Hypermnestra*, welches die einzige von den funfzig Schwestern war, die in der blutigen Hochzeitnacht ihres Mannes schonte. Auf diese Erklärung ändert *Lycus* die Sprache. »Weil du denn also unsre Verbindung so hartnäckig ausschlägst, so erfahre es, was ein König vermag. Umfasse nur den Altar; kein Gott soll dich mir entreißen; und wenn auch Alcides selbst triumphierend aus der Tiefe zurückkehrte.« – – Er befiehlt hierauf, daß man den Altar und den Tempel mit Holz umlegen solle. Er will das ganze Geschlecht des Herkules in seinem Schutzorte, aus welchem er es nicht mit Gewalt reißen durfte, verbrennen. *Amphitryo* bittet von ihm weiter nichts als die Gnade, daß er zuerst sterben dürfe. »Sterben? spricht *Lycus*. Wer alle zum Sterben verdammt, ist kein Tyrann. Die Strafen müssen verschieden sein. Es sterbe der Glückliche; der Elende lebe.« Mit diesen Worten geht *Lycus* ab, um dem *Neptunus* noch vorher ein Opfer zu bringen. *Amphitryo* weiß weiter nichts zu tun, als die Götter wider diesen Wütrich anzurufen. »Doch was flehe ich umsonst die Götter an. Höre mich, Sohn, wo du auch bist! – Welch plötzliches Erschüttern? Der Tempel wankt; der Boden brillet! Welcher Donner schallt aus der Tiefe hervor – – Wir sind erhört! – – Ich höre, ich höre sie, des *Herkules* nahende Tritte.«

Hier läßt der Dichter den Chorus einfallen. Der Gesang desselben ist eine Apostrophe an das Glück, welches seine Wohltaten so ungleich austeile und den *Eurystheus* in leichter Ruhe herrschen lasse, während der Zeit, da *Herkules* mit Ungeheuern kämpfen müsse. Hierauf wird die Anrede an diesen Held selbst gerichtet. Er wird ermuntert, siegend aus der Hölle hervor zu gehen, und nichts geringers zu tun, als die Banden des Schicksals zu zerreißen. Das Exempel des Orpheus, welcher durch die Gewalt seiner Saiten, Eurydicen von den unerbittlichen Richter, obschon unter einer allzustrengen Bedingung, erhalten, wird ziemlich weitläufig berührt, und endlich wird geschlossen, daß ein Sieg, der über das Reich der Schatten durch Gesänge erhalten worden, auch wohl durch Gewalt zu erhalten sei.

Dritter Aufzug.

Die erwünschte Erscheinung des *Herkules* erfolgt nunmehr. Er eröffnet den dritten Aufzug, welcher von dem zweiten durch nichts als durch den vorigen Chor unterschieden wird. *Megara* und *Amphitryo* sind nicht von der Bühne gekommen.

Herkules redet die Sonne an, und bittet sie um Verzeihung, daß er den Cerberus ans Licht gebracht habe. Er wendet sich hierauf an den *Jupiter*, an den *Neptun* und an alle andere Götter, die von oben auf das Irrdische herabsehen. Dem Jupiter giebt er den Rat, wenn er dieses Ungeheuer nicht sehen wolle, sich unterdessen den Blitz vor die Augen zu halten: *visus fulmine opposito tege*; dem Neptun, auf den Grund des Meeres herabzufahren, und den übrigen, das Gesicht wegzuwenden. »Der Anblick dieses Scheusals, fährt er fort, ist nur für zwei; für den, der es hervorgezogen, und für die, die es hervorzuziehen befohlen.« Dieser, der *Juno* nemlich, spricht er hierauf förmlich Hohn. Er rühmt sich das Chaos der ewigen Nacht, und was noch ärger als Nacht sei, der Finsternis schreckliche Götter, und das Schicksal überwunden zu haben. Er fordert sie, wo möglich, zu noch härtern Befehlen auf, und wundert sich, daß sie seine Hände so lange müßig lasse. – – Doch in dem Augenblicke wird er die Anstalten gewahr, die *Lycus* in dem vorigen Aufzuge machen lassen. Er sieht den Tempel mit bewaffneter Mannschaft umsetzt, und da er noch darüber erstaunt, wird er von dem *Amphitryo* angeredet.

Dieser zweifelt noch vor Freuden, ob es auch der wahre Herkules, oder nur der Schatten desselben sei. Doch endlich erkennt er ihn. *Herkules* fragt sogleich, was diese traurige Tracht seines Vaters und seiner Gemahlin, und der schmutzige Aufzug seiner Kinder bedeute. »Welch Unglück drückt das Haus?« *Amphitryo* antwortet auf diese Frage in wenig Worten, daß *Creon* ermordet sei, daß *Lycus* herrsche, und daß dieser Tyrann Kinder, Vater und Gemahlin hinrichten wolle.

HERKULES. Undankbare Erde! So ist niemand dem Herkulischen Hause zu Hülfe gekommen? So konnte die von mir verteidigte Welt solch Unrecht mit ansehen? Doch was verliere ich die Zeit mit Klagen? Es sterbe der Feind!

Hier fällt ihm *Theseus*, den er aus der Hölle mit zurück gebracht, und der mit ihm zugleich auf der Bühne erschienen, ins Wort. »Diesen Fleck sollte deine Tapferkeit tragen? *Lycus* sollte ein würdiger Feind *Alcidens* sein? Nein; ich muß sein verhaßtes Blut vergießen.«

Doch *Herkules* hält den *Theseus* zurück, entreißt sich den Umarmungen seines Vaters und seiner Gemahlin, und eilet zur Rache. »Es bringe *Lycus* dem Pluto die Nachricht, daß ich angekommen sei« – – So sagt er und geht ab. *Theseus* wendet sich hierauf gegen den *Amphitryo*, und ermuntert ihn, sein Gesicht aufzuheutern, und die herabfallenden Tränen zurück zu halten. »Wenn ich, sagt er, den Herkules kenne, so wird er gewiß an dem *Lycus* des ermordeten *Creons* wegen Rache üben. Er wird? Nein er übt sie schon. Doch auch dieses ist für ihn zu langsam: er hat sie bereits geübt.« – – Hierauf wünscht der alte *Amphitryo*, daß es Gott also gefallen möge, und wendet auf einmal die Aufmerksamkeit der Zuhörer auf eine andere Seite. Er verlangt nemlich von dem Gefährten seines unüberwindlichen Sohnes nähere Umstände von dem unterirdischen Reiche und dem gebändigten Cerberus zu wissen. *Theseus* weigert sich Anfangs; endlich aber, nachdem er die vornehmsten Gottheiten um Erlaubnis gebeten, fängt er eine lange und prächtige Beschreibung an, welche an einem jeden andern Orte Bewunderung verdienen würde. Das letzte Stück derselben besonders, welches den Kampf des Herkules mit dem höllischen Ungeheuer schildert, ist von einer außerordentlichen Stärke. Die ganze deutsche Sprache, – – wenigstens so wie ich derselben mächtig bin, – – ist zu schwach und zu arm, die meisterhaften Züge des Römers mit eben der kühnen und glücklichen Kürze auszudrücken. Das starrende Wasser des Styx, der darüber hangende fürchterliche Fels, der alte scheußliche Fuhrmann schrecken in den traurigsten Farben – – Charon war eben an dem diesseitigen Ufer mit dem leeren Nachen angelangt; als sich *Herkules* durch die Schar wartender Schatten drängte, und zuerst hinüber gesetzt zu werden begehrte. »Wohin Verwegener? schrie der gräßliche Charon. Hemme die eilenden Schritte!« Doch nichts konnte den Alcides aufhalten; er bändigte den alten Schiffer mit dem ihm entrissenen Ruder, und stieg ein. Der Nachen, der Völkern nicht zu enge, sank unter der Last des einzigen tiefer herab, und schöpfte überladen mit schwankendem Rande letheische Flut – – Endlich näherten sie sich den Wohnungen des geizigen Pluto, die der Stygische Hund bewacht. Die Gestalt dieses dreiköpfigten Wächters ist die gräßlichste, und der Gestalt gleicht seine Wut. Fähig auch den leisen Schritt wandelnder Schatten zu hören, horcht er mit gespitzten Ohren auf das Geräusche nahender Füße. Er blieb ungewiß in seiner Höhle sitzen, als der Sohn des Donnergottes vor ihm stand; und beide furchten sich. Doch jetzt erhebt er ein brüllendes Bellen, die Schlangen umzischen das dreifache Haupt, die stillen Wohnungen ertönen und auch die seligen Schatten entsetzen sich. *Herkules* löset unerschrocken den cleonäischen Raub von der linken Schulter, und schützt sich hinter dem noch schreckenden Rachen des Löwen. Er schwingt mit siegender Hand die Keule, und Schlag auf Schlag trifft das endlich ermüdende Ungeheuer. Es läßt ein Haupt nach dem andern sinken, und räumet seinem Überwinder den Eingang. Die unterirdischen Gottheiten entsetzen sich, und lassen den Cerberus abfolgen, und auch mich, spricht Theseus, schenkte Pluto dem bittenden Alciden. Dieser sträuchelt des Ungeheuers gebändigte Nacken und fesselt sie mit diamantenen Ketten. Es vergaß, daß es der Wächter der Höllen sei, ließ furchtsam die Ohren sinken, und folgte dem Bändiger demütig nach. Doch als es an den Ausgang des Tänarus kam, und der Glanz des ihm unbekannten Lichts die Augen traf, sträubte es sich, faßte neue Kräfte, schüttelte wütend die tönenden Ketten, und fast hätte es den Sieger zurück geschleppt. Doch hier nahm Herkules die Fäuste des Theseus zu Hülfe, und so rissen beide den vergebens rasenden Cerberus auf die Welt heraus. Noch einen Zug setzt der Dichter zu diesem Bilde, der gewiß wenige seines gleichen hat. Er sagt nemlich, der Höllenhund habe die Köpfe in den Schatten des Herkules verborgen, um das Tageslicht so wenig als möglich in die verschlossenen Augen zu lassen:

– – – Sub Herculea caput Abscondit umbra.

Die nahende Schar des über die Zurückkunft des Herkules frohlockenden Volkes macht der Beschreibung ein Ende. Mit viel mattern Beschreibungen und ziemlich kalten Sittensprüchen ist der Chorus angefüllt. Sie betreffen das unterirrdische Reich und die traurige Notwendigkeit, daß alle und jede einmal dahin absteigen müssen. »Niemand, heißt es, kömmt dahin zu spät, von wannen er, wenn er einmal dahin gekommen ist, nicht wieder zurück kann. – Schone doch, o Tod, der Menschen, die dir ohne dem zueilen. – – Die erste Stunde, die uns das Leben schenkte, hat es auch wieder genommen« etc. Und andere dergleichen Blümchen mehr.

Vierter Aufzug.

Es ist geschehen. *Herkules* hat den *Lycus* mit allen seinen Anhängern ermordet, und macht sich nunmehr gefaßt, den Göttern ein Opfer zu bringen. Er ruft sie insgesamt dazu an, und nur die Kinder der Juno schließt er davon aus. Er will ganze Herden schlachten, und ganze Ernten von Weihrauch anzünden. Amphitryo der noch das Blut an den Händen seines Sohnes kleben sieht, erinnert ihn, sie vorher zu reinigen; doch Herkules antwortet: »ich wünschte, selbst das Blut des verhaßten Hauptes den Göttern opfern zu können. Kein angenehmeres Naß würde je den Altar benetzt haben; denn dem Jupiter kann kein fetteres Opfer geschlachtet werden, als ein ungerechter König.« – Hierauf will er selbst das Opfergebet anfangen, ein Gebet, das, wie er sagt, des Jupiters und seiner würdig sei. Er fängt auch wirklich an, und bittet nichts geringeres, als daß der Himmel und die Erde auf ihrer Stelle bleiben, und die ewigen Gestirne ihren Lauf ungestört fortsetzen mögen; daß ein anhaltender Friede die Völker nähre, daß kein Sturm das Meer beunruhige, daß kein erzürnter Blitz aus der Hand des Jupiters schieße, daß kein ausgetretener Fluß die Felder überschwemme, und daß nirgends ein wilder Tyrann regiere etc. Schon dieses Gebet ist unsinnig genug, um der Anfang zu einer förmlichen Raserei zu sein. Diese äußert sich nunmehr auch auf einmal. »Doch wie? Welche Finsternisse umhüllen den Mittag? Warum schießt Phöbus so trübe Blicke, ohne von einer Wolke verdunkelt zu sein? Wer treibet den Tag zu seiner Dämmerung zurück? Welche unbekannte Nacht breitet ihr schwarzes Gefieder aus? Woher diese zu frühen Sterne, die den Pol erfüllen? Seht, dort durchglänzet das erste der von mir gebändigten Ungeheuer, der Löwe, ein weites Gefilde! Er glühet vor Zorn, und drohet tödliche Bisse. Er speiet aus dem offenen Rachen Feuer, und schüttelt die rötliche Mähne. Jetzt wird er ein Gestirn herab reißen; jetzt wird er des harten Herbstes und des frostigen Winters breite Zeichen überspringen, den Stier im Felde des Frühlings anfallen, und seinen Nacken zermalmen.« – – *Amphitryo* erstaunet über diesen plötzlichen Wahnwitz, doch *Herkules* fährt fort. Er kömmt auf seine Taten, und will sich mit Gewalt den Eingang in den Himmel eröffnen. Er drohet, wenn Jupiter geschehen lasse, daß ihm Juno noch länger zuwider sei, den Saturn zu befreien, die Riesen zu neuen Kriegen aufzufrischen und sie selbst anzuführen. Diese Kriege glaubt er bereits mit allen ihren schrecklichen Verwüstungen zu sehen, bis er endlich seine eigne Kinder, die mit der *Megara* bei den Opfer gegenwärtig sein sollten, gewahr wird, und sie für die Kinder des *Lycus* ansieht. Dieser Wahn bringt seine Wut aufs höchste. Er spannt seinen Bogen und durchschießt das eine, und das andere, welches seine Knie mit den kleinen Händen umfaßt, und mit erbärmlicher Stimme bittet, ergreift er mit gewaltiger Faust, schwenkt es in der Luft herum, und zerschmettert es gegen den Boden. Indem er das dritte verfolgt, welches seine Zuflucht zu seiner Mutter nimmt, sieht er diese für die *Juno* an. Erst richtet er das Kind hin, und alsdann seine Gemahlin. – – Alles dieses, wird man sagen, müsse einen sehr gräßlichen und blutigen Anblick machen. Allein der Dichter hat, durch Hülfe der römischen Bühne, deren Bauart von den unsrigen ganz unterschieden war, ein vortreffliches Spiel hier angebracht. Indem nemlich Herkules seine Kinder und seine Gemahlin verfolgt, und von Zeit zu Zeit den Zuschauern aus dem Gesichte kömmt, so gehen alle die Ermordungen hinter der Scene vor, wo sie nur von den übrigen Personen auf der Bühne können gesehen werden. Von dem *Amphitryo* vornehmlich, welcher alles was er sieht in eben dem Augenblicke sagt, und die Zuschauer also eben so lebhaft davon unterrichtet, als ob sie es selbst gesehen hätten. Zum Exempel, wenn *Herkules* dem dritten Kinde nachgeht, so schreit Megara: »Wohin, Unsinniger? Du vergießest dein eigen Blut.« Mit diesen Worten eilt sie beiden nach, daß sie also bereits hinter der Scene ist, wenn Amphitryo folgende Erzehlung macht: »das zitternde Kind stirbt vor dem feurigen Blicke des Vaters, noch ehe es verwundet worden. Die Furcht hat ihm das Leben genommen. Und nun, nun schwenkt er die tödliche Keule auf seine Gemahlin. Sie ist zermalmt, und nirgends sieht man den Kopf des zerstümmelten Körpers.« – – *Amphitryo* gerät hierüber außer sich, er verwünscht sein Alter, das ihn zu diesem Unglücke gespart; er will nicht länger leben, sondern eilt den Pfeilen und der Keule des unsinnigen Mörders entgegen. Doch *Theseus* hält ihn zurück, und beschwört ihn, dem *Herkules* das letzte und größte Verbrechen zu ersparen. Dieser kömmt unterdessen allmählig wieder zu sich, und *Amphitryo* erstaunt ihn in einen tiefen Schlaf fallen zu sehen. Er zweifelt zwar Anfangs, ob es nicht ein tödlicher Schlaf sei, und ob ihn nicht eben die Wut, welche die Seinigen umgebracht, hingerafft habe; doch das starke Atemholen überzeugt ihn von dem Gegenteile. Er findet es also für gut, ihn ruhen zu lassen; nur läßt er vorher von den Dienern die Pfeile wegnehmen, damit er sie nicht in einer neuen Raserei brauchen könne.

　Der nunmehr einhertretende Chor, wie man leicht erraten kann, beklaget die dem *Herkules* zugestoßene Unsinnigkeit. Er flehet die Götter an, ihn davon zu befreien, und wendet sich besonders an den Schlaf, den er zur Unzeit allzu poetisch apostrophiert. »Besänftige die rasenden Aufwallungen seines Gemüts; und gieb dem Helden Frömmigkeit und Tugend wieder. Wo nicht, so laß ihn fortrasen, und in steter Unsinnigkeit dahin leben. In ihr allein beruhet jetzt seine Unschuld. Reinen Händen kommen diejenigen am nächsten, die ihr Verbrechen nicht kennen.« – – Er beschreibt nunmehr, wie verzweifelnd sich *Herkules* anstellen werde, wenn er wieder zu sich selbst kommen, und sein Unglück erfahren sollte. Und zuletzt beweinet er noch den zufrühzeitigen Tod der Kinder.

Fünfter Aufzug.
Herkules erwacht, und *Amphitryo* und *Theseus* stehen schweigend von ferne. »Wo bin ich? In welchem Lande? Unter welchem Himmelsstriche? etc. Welche Luft schöpfe ich? Ich bin doch wenigstens aus der Hölle wieder zurück? Aber, welche blutige Leichname sehe ich hier gestreckt? Welche höllischen Schattenbilder schweben mir noch vor den Augen? Ich schäme mich, es zu sagen: ich zittere. Ich weiß nicht, welcher schreckliche Unfall mir ahndet. Wo ist mein Vater? Wo meine Gemahlin, die auf die kleine Herde ihrer mutigen Kinder so stolz ist? Warum vermisse ich an meiner Linken die Beute des überwundenen Löwens? – – Wo sind meine Pfeile? Wo der Bogen? Ich lebe, und man hat mir meine Waffen abnehmen können? Wer hat diesen Raub davon getragen? Wer hat auch den schlafenden Herkules nicht gescheuet? Ich muß ihn doch sehen, meinen Sieger; ich muß ihn doch sehen. Stelle dich, Sieger, den zu zeugen, der Vater den Himmel nochmals verlassen, und dem zu gefallen die Nacht länger, als mir, stille gestanden – – Was sehe ich? Meine Kinder? ermordet? Meine Gemahlin tot? Welcher zweite *Lycus* hat sich des Reichs bemächtiget? Herkules ist wieder gekommen, und doch erkühnt man sich zu Theben solcher Verbrechen? Herbei Boeotier, Phryger etc. Zeiget mir den Urheber dieser gräßlichen Morde! – – So breche denn mein Zorn auf meine Feinde los! Alle sind meine Feinde, die mir meinen Feind nicht zeigen. – – Du verbirgest dich, Alcidens Sieger? Erscheine etc. Laß uns ohne Anstand

kämpfen. Hier stehe ich frei und bloß; auf! greife mich mit meinen eigenen Waffen an. – – Doch warum entziehet sich Theseus, warum entzieht sich der Vater meinen Blicken? Warum verbergen sie ihr Antlitz? Hemmet dies Winseln! Saget, wer hat meine Söhne ermordet? Vater, warum schweigst du? Rede Theseus; aber rede so, wie ichs vom Theseus gewohnt bin. Schweigt ihr noch? Noch wendet ihr voll Scham euer Gesichte weg? Noch fallen verstohlne Tränen herab? – – Wessen hat man sich bei solchem Unglücke zu schämen? Ist es *Eurystheus*; ist es das feindliche Heer des ermordeten *Lycus*, von dem diese Niederlage kömmt? Ich bitte dich, Vater, bei allen meinen ruhmvollen Taten bitte ich dich, sage, wer ist der Mörder meines Geschlechts? Als wessen Beute habe ich untergelegen?«

AMPH. Laß uns dies Unglück mit Stillschweigen übergehen.

HERKULES. Und ich sollte ungerochen sein?

AMPH. Schon oft ist die Rache schädlich gewesen.

HERKULES. Wer war je träge genug dergleichen Unglück zu erdulden?

AMPH. Der, welcher noch größer Unglück zu fürchten hatte.

HERKULES. Kann wohl ein größeres Unglück zu fürchten sein, als dieses?

AMPH. Was du davon weißt, ach! was für ein kleiner Teil ist es.

HERKULES. Erbarme dich, Vater. Flehend strecke ich meine Hände gegen dich aus. – – Indem Herkules dieses tut, wird er gewahr, daß seine eigenen Hände voller Blut sind. Er wird gewahr, daß es seine eigenen Pfeile sind, an welchen das Blut der Kinder klebt. In der Gewißheit, daß niemand, als er selbst, seinen Bogen habe spannen können, ist er genötiget sich selbst für den Mörder zu erkennen. »Wie? Vater, Freund, so bin ich es selbst der dieses Verbrechen begangen hat? Ach! sie schweigen; ich bin es.« *Amphitryo* will ihn trösten, und schiebt alle Schuld auf die *Juno*. Doch umsonst; er gerät in eine so wütende Verzweiflung, daß es scheint, die Raserei habe ihn nicht sowohl verlassen, als nur ihre Richtung verändert und sich gegen ihn selbst gewendet. Er bittet seinen wahren Vater, den Jupiter, daß er ihn vergessen, und zornig von dem gestirnten Pole auf ihn donnern möge. Er will an des Prometheus Statt an den leeren Caucasus gefesselt, oder zwischen den Symplegaden zerschmettert sein. Er will Wälder zusammen häufen, und sich, befleckt von sträflichen Blute, in den brennenden Holzstoß stürzen. Er will den Herkules der Hölle wieder zurück geben. Diese soll ihn, wo möglich, an einem Orte, welcher noch jenseits dem Erebus liege, verbergen; an einem Orte, der ihm und dem Cerberus unbekannt sei. – – Er beklagt, daß sein Gesicht zu verhärtet sei, und keine Tränen kenne, welche um den Tod seiner Kinder nicht reichlich genug fließen könnten. Er will sein Schwerd, seine Pfeile, seinen Bogen zerbrechen; er will seine Keile, er will seine Hände, die sie geführt haben, verbrennen. – – Hier wagt es *Theseus*, ihm zuzureden.

THES. Wer hat dem Irrtume jemals den Namen des Verbrechens gegeben?

HERK. Oft ist ein zu großer Irrtum anstatt des Verbrechens gewesen.

THES. Hier ist Herkules nötig. Ertrage diese Last von Übeln!

HERKULES. Noch habe ich in der Raserei nicht alle Scham verloren, daß ich meinen abscheulichen Anblick nicht vor allen Völkern verbergen sollte, die ihn ohnedem fliehen müßten. Meine Waffen, Theseus, meine Waffen, die man mir so schimpflich genommen hat, verlange ich wieder. Rase ich nicht mehr; so gieb mir sie zurück. Rase ich aber noch, so entferne dich, Vater. Ich will schon einen Weg zum Tode finden.

Amphitryo fängt nunmehr an, den *Herkules* auf das zärtlichste zu bitten. Er beschwört ihn bei allen den Verbindungen, die zwischen ihnen beiden obwalteten; es sei nun, daß er ihn als seinen Vater, oder als seinen Pfleger betrachte. Er stellt ihm vor, daß er die einzige Stütze seines Hauses sei;

daß er ihn noch nie genossen habe, sondern immer in der äußersten Furcht seinetwegen habe leben müssen.

HERKULES. Und warum sollte ich noch länger leben? Habe ich nicht alles verloren? Sinnen, Waffen, Ruhm, Gemahlin, Kinder, meine Raserei selbst, habe ich verloren. Es ist kein Rat für meine befleckte Seele. Mit dem Tode muß ich mein Verbrechen büßen.

THESEUS. Du wirst deinen Vater ums Leben bringen.

HERK. Damit ich es nicht etwa tue, eben deswegen will ich sterben.

THES. In Gegenwart des Vaters?

HERK. Solchen Gräul anzusehen, habe ich ihn schon gelehrt.

AMPH. Siehe doch vielmehr auf deine andern rühmlichen Taten zurück, und verzeihe dir selbst diese einzige Schuld.

HERK. Der sollte sich etwas verzeihen, der niemanden verziehen hat? Was ich löbliches getan habe, tat ich auf Befehl. Dieses einzige tat ich von mir selbst – –

Kurz, er dringt mit aller Gewalt darauf, daß man ihm seine Waffen wieder zurück geben solle. Umsonst verbindet *Theseus* seine Bitten mit den Bitten des Vaters, und erinnert ihn, daß es dem *Herkules* unanständig sei, irgend einem Unglücke unterzuliegen. Er aber antwortet: »Ich habe meine Verbrechen nicht freiwillig, sondern gezwungen getan. Jenes würde man glauben, wenn ich leben bliebe; dieses kann nur mein Tod bekräftigen.« – – Der Dichter hat dieses in wenig Worten auszudrücken gewußt: *Si vivo, feci scelera; si morior, tuli.* – *Herkules* fährt also fort, sich als ein Ungeheuer anzusehen, von welchem er die Welt reinigen müsse. Er droht, wenn ihm die Waffen nicht wieder gegeben würden, die Wälder des Pindus und die dem Bacchus geheiligten Haine auszurotten, und sich mit ihnen zu verbrennen; oder auch die Häuser mit ihren Einwohnern, die Tempeln mit ihren Göttern auf sich zu reißen, und sich unter dem Schutte der ganzen Stadt zu begraben. Sollte aber auch diese Last ihm zu leicht sein, sollten sieben Tore noch nicht schwer genug auf ihm liegen: so soll die halbe Welt auf sein Haupt stürzen, und ihn in dem Mittelpuncte der Erde erdrücken. – – Diese Hartnäckigkeit des *Herkules* bringt endlich den alten *Amphitryo* gleichfalls zur Verzweiflung, und die Stellungen werden numehr ungemein rührend. Es ist nur zu bedauern, daß der Text hier eine sehr merkliche Verwirrung der Personen gelitten hat. Bald wird der einen etwas in den Mund gelegt, was wahrscheinlicher Weise die andre sagen soll; bald hat man aus zwei Reden eine, und bald aus einer zwei Reden gemacht. Was man noch zuverläßiges daraus erkennen kann, ist dieses, daß *Amphitryo* selbst sich einen von den Pfeilen an die Brust setzt, und sich zu durchstechen drohet, wenn *Herkules* seinen Schluß nicht ändern wolle. »Entweder, spricht er, du lebst, oder du wirst auch an mir zum Mörder. Schon schwebt meine durch Unglück und Alter geschwächte Seele auf den äußersten Lippen. Wer überlegt es so lange, ob er seinem Vater das Leben schenken wolle? Jetzt drücke ich, des Verzögerns satt, das tödliche Eisen durch die Brust. Hier, hier wird des vernünftigen *Herkules* Verbrechen liegen.« Und hiermit gelingt es dem *Amphitryo* den *Herkules* so zu erweichen, daß er sich zu leben, und diesen Sieg über sich selbst zu seinen übrigen Siegen hinzu zu tun, entschließt. Er ist nun weiter auf nichts bedacht, als Theben zu verlassen. »Doch wohin soll ich fliehen? Wo werde ich mich verbergen? Welcher Tanais, welcher Nil, welche gewaltige Tigris, welcher wilde Rhein wird meine Rechte abwaschen können? Und wenn auch der ganze Ocean über meine Hände dahin strömte, so würden doch noch die gräßlichen Morde daran kleben.« – – Er ersucht hierauf den *Theseus* ihn in dieser Not nicht zu verlassen, einen Ort, wo er verborgen sein könnte, für ihn auszusuchen, oder, wo möglich, ihn in das unterirdische Reich wieder zurück zu bringen. »Da, da will ich mich verborgen halten. Doch auch da bin ich bekannt.« – – *Theseus* schlägt ihm sein eigen Land, Athen, zum Zufluchtsorte vor, und zwar deswegen, weil es das Land sei, wo Mars selbst wegen Ermordung seines Sohnes, losgesprochen worden. »Dieses Land, welches die Unschuld der Götter richtet; dieses Land, Alcides, rufet dich.«

Und so schließt der *rasende Herkules*. Ohne Zweifel erwartet man nun eine kurze

Beurteilung desselben.

Überhaupt werde ich mich hoffentlich auf die Empfindung der Leser zum Vorteile meines Dichters berufen können. Starke Schilderungen von Leidenschaften können unsre Leidenschaften unmöglich ganz ruhig lassen. Und diese wollen wir vornehmlich in den Trauerspielen erregt wissen. Hat man den Zorn der *Juno*, die Drohungen des *Lycus*, den edlen Stolz der *Megara*, den kühnen Übermut des *Herkules*, das Unglück einer blinden Raserei, die Verzweiflung eines Reuenden, die Bitten eines Vaters gefühlt, so kann der Dichter gewiß sein, daß man ihm seine Fehler willig vergeben wird. Und was sind es denn endlich auch für Fehler? Er ist mit den poetischen Farben allzuverschwenderisch gewesen; er ist oft in seiner Zeichnung zu kühn; er treibt die Größe hier und da bis zur Schwulst; und die Natur scheinet bei ihm allzuviel von der Kunst zu haben. Lauter Fehler, in die ein schlechtes Genie niemals fallen wird! Und wie klein werden sie, wenn man sie nach dem Stoffe des Trauerspiels beurteilet, welcher, wie man gesehen hat, gänzlich aus der Fabel entlehnt ist. Die Taten des *Herkules* sind für uns unsinnige Erdichtungen, und bei den Heiden waren sie Glaubensartikel. Sie überfiel ein heiliger Schauer, wenn sie hörten, daß er Gebirge zerrissen, daß er die Hölle gestürmt, daß er den Himmel getragen: und wir wollen uns kaum des Lachens dabei enthalten können. Allein, ist es billig einen Dichter anders, als nach den Umständen seiner Zeit zu beurteilen? Ist es billig, daß wir das, was seine Zeitverwandten in dem Munde des Herkules für schreckliche Drohungen hielten, für unsinnige Großsprechereien halten, und sie als solche, mit samt dem Dichter, auspfeifen wollen? Ich will auf diesen Umstand nicht weiter dringen, weil man schon zu oft darauf gedrungen hat. Daß unser Verfasser sonst die Regeln der Bühne gekannt, und sich ihnen mit vieler Klugheit zu unterwerfen gewußt habe, ist nicht zu leugnen. Er hat die

Einheit der Zeit genau beobachtet. Die Handlung fängt kurz vor Tage an, und endet sich noch vor einbrechendem Abend. Daß dem also sei, beweiset die Stelle der *Juno* im ersten Aufzuge. Z. 124.

                    clarescit dies
Ortuque Titan lucidus croceo subit.
und die Stelle im vierten Aufzuge: Z. 939.
     Sed quid hoc? medium diem Cinxere tenebrae.
Wenn es also da noch Mittag ist, so bleibt für den Schlaf des Herkules Zeit genug übrig, daß er noch vor Abend aufwachen kann. Auch die Einheit des Orts wird man nicht unterbrochen finden. Die Scene ist bei dem Altare, welcher dem Jupiter vor dem Pallaste des Herkules aufgebauet war. Zu diesem nehmen *Amphitryo* und *Megara* nebst ihren Kindern mit Anbruch des Tages ihre Zuflucht. An diesem wollte sie *Lycus* verbrennen lassen, weil er sie nicht mit Gewalt davon wegreißen durfte. Bei diesem findet sie Herkules, als er plötzlich erscheinet. Auf diesem will er den Göttern ein Dankopfer anzünden etc. Endlich ist auch die Einheit der Handlung ohne Tadel. Die Ermordung des *Lycus* ist eine bloße Episode, welche mit vieler Kunst in das Ganze eingewebt worden. Sie ist nicht die Haupthandlung, sondern bloß die Gelegenheit zu derselben. – – Dieser Umstand führt mich auf eine

Vergleichung mit des Euripides rasendem Herkules.

Der Ἡρακλης μαινομενος ist das achtzehnte unter den übrig gebliebenen Trauerspielen des Griechen. Daß sich der Römer dasselbe zum Muster vorgestellet habe, ist nicht zu leugnen. Allein er hat nicht als ein Sklave, sondern als ein Kopf, welcher selbst denkt, nachgeahmt, und verschiedne Fehler, welche in dem Vorbilde sind, glücklich verbessert. Ich kann mich hier in keinen weitläuftigen Auszug des griechischen Stücks einlassen, so viel aber muß ich anmerken, daß Euripides die Handlung offenbar verdoppelt hat. Bei ihm eröffnet *Amphitryo* das Stück, welcher die Zuhörer von den nötigsten historischen Umständen unterrichtet. *Megara*

kömmt dazu, und beide beklagen ihr Unglück. *Lycus* eröffnet ihnen ihr Todesurteil, mit den bittersten Verspottungen des *Herkules*. *Megara* und *Amphitryo* ergeben sich in ihr Schicksal, und bitten nur noch um eine kurze Frist, unter dem Vorwande, den Kindern ihre Totenkleider anzulegen. Als dieses geschehen, und sie vor dem Altar auf die Hinrichtung warten, erscheinet *Herkules*, welcher unerkannt in die Stadt gekommen war. Er erfährt das Unglück, welches seinem Hause drohe, und ermordet den *Lycus*. Was erwartet man nunmehr noch weiter? Nichts, ohne Zweifel. Doch ehe man sichs versieht erscheinen mitten in dem dritten Aufzuge Iris und eine Furie. Die Furie soll dem *Herkules* auf Befehl der *Juno* den Verstand verrücken; die Furie weigert sich, doch endlich muß sie wider ihren Willen gehorchen. Hierauf werden im vierten Aufzuge die Wirkungen der Raserei des Herkules nur erzehlt, und in dem fünften kömmt *Theseus* dazu, welcher seinen Freund, der sich aus Verzweiflung durchaus das Leben nehmen will, wieder zurechte bringt. –
– Nun sehe man, wie geschickt der römische Dichter durch eine kleine Veränderung ein zusammenhangendes Stück daraus gemacht hat, in welchem die Neubegierde keinen solchen gefährlichen Ruhepunkt findet, sondern bis ans Ende in einem Feuer erhalten wird. Er fängt nemlich mit dem grausamen Entschlusse der *Juno* an, und bereitet dadurch alles vor, was er in der Folge den Zuschauern zeigen will. Es ist wahr, daß er den Ausgang dadurch ein wenig zu sehr verrät; doch verrät ihn *Euripides* in dem dritten Aufzuge nicht gleichfalls? – – Einen andern Kunstgriff des lateinischen Dichters habe ich bereits angemerkt; die Art nemlich, wie er die Grausamkeiten des *Herkules* zugleich zeigt, und auch nicht zeigt. *Euripides* läßt sie bloß erzehlen, und unterrichtet den Zuschauer nicht einmal so lebhaft davon, als er ihn von dem Tode des *Lycus* unterrichtet, dessen Geschrei, da er außer der Bühne ermordet wird, man doch wenigstens vernimmt. Wie viel besser läßt der Römer bloß den Tod des *Lycus* erzehlen, und spart seine Theaterspiele auf den Tod derjenigen, für die er uns vornehmlich einnehmen will. –

Dieses aber, was ich jetzt gesagt habe, muß man nicht so auslegen, als ob ich dem *Euripides* auch in andern Stücken eben so wenig, als in diesen mechanischen Einrichtungen, den Vorzug zugestehen wollte. Er hat eigentümliche Schönheiten, welche Seneca, oder wer sonst sein Nachahmer ist, nur selten gekannt zu haben scheinet. Der Affect drückt sich bei ihm allezeit in der Sprache der Natur aus; er übertreibt nichts, und weiß nicht was es heißt, den Mangel der Empfindung mit Witz ersetzen. Aber glücklich sind die, welche ihn noch so ersetzen können! Sie entgehen doch wenigstens der Gefahr, platt, eckel und wäßrigt zu werden.

Unbilliges Urteil des Pater Brumoy.

Ich glaube, es wird hier noch meine Pflicht sein, einige unbillige Urteile des Pater Brumoy zu widerlegen. Man kennt das Verdienst dieses Jesuiten um die Bühne der Griechen. Er hat überall, wo es möglich gewesen, seinen Auszügen aus den griechischen Trauerspielen, Auszüge aus den ähnlichen römischen Tragödien beigefügt. Man kann also leicht glauben, daß er auch unsern *rasenden Herkules*, bei Gelegenheit des Euripidischen, nicht werde vergessen haben. Ich habe nichts darwider, daß er diesen weit vorzieht; allein daß er jenen durch nichtswürdige Einfälle lächerlich zu machen sucht, wo er es nicht ist, dieses kann ich unmöglich so hingehen lassen. Ich muß einige Proben anführen, um zu zeigen, wie lächerlich der Jesuit selbst ist. Man wird sich der Stelle erinnern, die ich oben auf der 24 Seite, aus dem dritten Aufzuge angeführt habe:

– – – – si novi Herculem

Lycus Creonti debitas pœnas dabit.

Lentum est, dabit; dat: hoc quoque est lentum; dedit.

Theseus will dem *Amphitryo* damit Trost zusprechen. Ich habe schon so viel Zutrauen zu meinem Geschmacke, daß ich mich nicht zu gestehen schäme, diese Zeilen allezeit für sehr schön gehalten zu haben. Mußte ich also nicht erstaunt sein, als ich folgendes Urteil des *Brumoy* las. »Das *ich sterbe, ich bin tod, ich bin begraben*, des Geizigen bei dem Moliere (Aufz. 4.

Auft. 7.) ist ohne Zweifel aus dieser Quelle entsprungen. Allein dieses sagt ein Narr, welchen der Dichter in einer lächerlichen Unsinnigkeit seinem Charakter gemäß sprechen läßt; und *Theseus* hätte sich, wo nicht als ein König, doch wenigstens als ein vernünftiger Mann ausdrücken sollen.« – – Wenn es auch wahr wäre, daß *Moliere* bei Gelegenheit dieser Stelle auf seinen Einfall geraten sei, so würde dieses doch nichts mehr beweisen, als so viel, daß kein ernsthafter Gedanke, keine Wendung so schön sei, die sich nicht ziemlich lustig parodieren lasse. Hieraus aber zu schließen, daß die Parodie, und die parodierte Stelle gleich ungereimt sein müßten, ist eine sehr kindische Übereilung. Das Ungereimte in der Stelle des *Moliere* liegt eigentlich nicht in dem Klimax selbst, sondern darinne, daß er einen Narren von sich etwas sagen läßt, welches gleich dadurch, daß er es noch von sich sagen kann, widerlegt wird: nicht darinne, daß der Tod so geschwind auf das Sterben, und das Begräbnis so geschwind auf den Tod folgt; sondern darinne, daß er einen Menschen vorgeben läßt, dieses alles wiederfahre ihm bei lebendigem Leibe. Was hat denn nun also die Rede des *Theseus*, außer dem dreifachen Steigen, hiermit für Gleichheit? Oder ist sie an und vor sich selbst abgeschmackt? Hätte doch der Pater dieses gezeigt; hätte er doch auch beiläufig gezeigt, wie es der Dichter schöner ausdrücken sollen, daß *Herkules* den *Lycus* ganz gewiß, und ganz gewiß unverzüglich strafen werde. – – Mit eben so wenig Grunde tadelt *Brumoy* diejenigen Stellen, in welchen Herkules raset. »Herkules, sagt er, bildet sich ein den himmlischen Löwen, den er in dem Nemeäischen Walde überwunden, zu sehen, wie er eben bereit ist, die Zeichen des Herbstes und des Winters zu überspringen, um den Stier zu zerreißen, welcher ein Zeichen des Frühlings ist. Das ist wahrhaftig eine gelehrte Raserei!« – – Wie artig der Jesuit spottet. Aber warum ist sie denn gelehrt? Ohne Zweifel darum, weil ein Jesuiterschüler nicht ganz und gar ein Ignorante sein muß, wenn er wissen will, daß *Herkules* einen Löwen umgebracht habe. Aber was für eine Gelehrsamkeit braucht denn *Herkules*, dieses von sich selbst zu wissen? Oder steckt etwa die Gelehrsamkeit in der Kenntnis der Zeichen des Tierkreises? Wenn das ist, so werden ziemlich alle Bauern gelehrt sein. – – Ich muß noch einen Tadel dieses französischen Kunstrichters anführen, welcher entweder sehr viel leichtsinnige Übereilung, oder sehr viel Bosheit verrät. In dem fünften Aufzuge, wie man gesehen hat, kömmt Herkules wieder zu sich selbst, und gerät in die äußerste Verzweiflung, als er erfährt, was er in seiner Raserei begangen. Man könnte sagen, er werde aufs neue rasend; so schreckliche Dinge erbittet er über sich selbst. »Allein, sagt *Brumoy*, seiner Gewohnheit gemäß, mengt er auch lächerliches Zeug darunter. Er will seine Keule, seine Pfeile, und selbst die Hände der *Juno*, die sie so unglücklich geführt haben, verbrennen.« – – Nun sehe man, ob es wahr ist, daß ihn der Dichter dieses sagen läßt. Die Stelle ist diese:

>   Tibi tela frangam nostra, tibi nostros puer
>   Rumpemus arcus, ac tuis stipes gravis
>   Ardebit umbris: ipsa Lernæis frequens
>   Pharetra telis in tuos ibit rogos.
>   Dent arma pœnas: vos quoque infaustas meis
>   Cremabo telis, ô *novercales manus*.

Er redet die ermordeten Kinder, eines nach den andern an, und will zu dessen Genugtuung die Pfeile, zu dessen den Bogen, zu dessen Keule und Köcher zerbrechen und verbrennen. »Auch euch, spricht er, auch euch, unselige stiefmütterliche Hände, will ich mit meinen Pfeilen verbrennen.« – – Wer heißt denn nun hier den Jesuiten, unter novercales manus die Hände der Juno verstehen? Warum können es denn nicht die eignen Hände des *Herkules* sein? Ja freilich wäre alsdann die Stelle nicht mehr lächerlich! Aufs höchste liegt in dem Worte novercales bloß eine Anspielung auf die Juno, und er nennt feine Hände bloß darum stiefmütterlich, weil sie nicht minder grausam gegen seine Kinder gewesen waren, als die Juno gegen ihn zu sein pflegte. – – Ich will mich nicht länger hierbei aufhalten.

Von neuern Trauerspielen auf den rasenden Herkules.

Es fehlt an neuern Dichtern nicht, welche gleichfalls diesen Stoff bearbeitet haben. Bei den Franzosen führen eine Menge Tragödien den Titel *Herkules*; ich kann es aber jetzt nur von zweien mit Gewißheit sagen, daß sie den *rasenden Herkules* angehen. Die mehresten werden ohne Zweifel den *sterbenden Herkules* aufstellen. *Roland Brisset* ist der erste, von welchem ich einen *Hercule furieux* anzugeben weiß. Sein Theater ist zu *Tours* 1589. in 4to gedruckt, und enthält außer genanntem Stücke, noch folgende: *Baptiste*; *Agamemnon*; *Octavie*; und *Thieste*. Der zweite Franzose ist *Nicolas L'Heritier Nouvellon*, welcher 1638. ein Trauerspiel unter der Aufschrift: *Amphitrion ou Hercule furieux*, verfertigte. Ich habe jetzt weder des einen noch des andern Arbeit bei der Hand, und kann also nicht urteilen, wie sie zu Werke gegangen sind; ob sie mehr den *Euripides* oder den *Seneca* nachgeahmt, oder ob sie gar nur einen von beiden übersetzt haben. Auf dem italiänischen Theater finde ich einen *Ercole furioso* vom *Lodovico Dolce*; allein von diesem weiß ich es zuverlässig, daß es bloß eine poetische Übersetzung des *Seneca* ist. *Dolce* hat noch sieben Trauerspiele unsers lateinischen Dichters übersetzt, die ich an ihrem Orte anführen will.

Da ich also nicht eigentlich sagen kann, mit wie viel Glück man in den neuern Zeiten den *rasenden Herkules* auf die Bühne gebracht habe: so will ich wenigstens meine Gedanken entdecken, wie er am besten darauf zu bringen sei.

Vorschlag für einen heutigen Dichter.

So viel ist augenscheinlich, daß aus dem Stücke des *Seneca*, mit kleinen Veränderungen, eine vollkommene Oper zu machen sei. Die Maschinen finden ihren natürlichen Platz darinne, und wenn die bloße Erscheinung der *Juno* für die Verzierung des Theaters zu einfach wäre, so konnte man die Erscheinungen aus dem Euripides borgen. Dieser nemlich, wie ich schon angemerkt habe, führt anstatt der *Juno* selbst, die *Iris*, ihre Botschafterin, und eine *Furie* auf. Zwei Gegenstände, an welchen Maschinenmeister und Maler ihre Kunst hinlänglich zeigen könnten. Auch der Tonkünstler würde sich nicht beschweren dürfen, daß man seine Kunst durch eine verhaßte Monotonie der Leidenschaften einschränkte. Sie sind durchgängig in dem stärksten Spiele. Das Zornige, das Klagende, das Stolze, das Erfreute, das Rasende, das Zärtliche, das Gesetzte, das Freundschaftliche, wechselt unaufhörlich ab, und oft treffen sie so glücklich zusammen, daß sie der schönsten Abstechungen unter einander fähig sind. Auch die Erfindung des Balletmeisters würde sich hier nicht auf dem Trockenen befinden, auf welchen man in einem Schauspiele, das so vorzüglich zum Vergnügen des Gesichts und des Gehörs bestimmt ist, billig auch mit sehen muß. Doch da die Oper mehr in das musikalische, als in das poetische Fach gehöret, so will ich mich nicht weiter damit einlassen. Ich will vielmehr meine Absicht auf ein regelmäßiges Stück richten. Die mechanische Einrichtung desselben würde man gänzlich dem *Seneca* absehen können. Nur mit der *Juno*, welche bei ihm ziemlich das Ansehen eines Prologen hat, müßte man eine Änderung treffen. Unsere neuere tragische Bühne will die Gottheiten nicht mehr leiden. Man hat sie in die allegorischen Stücke verwiesen, und das mit Recht. Was also zu tun? Ich wollte raten die persönliche Erscheinung der *Juno* in einen göttlichen Traum eines Priesters zu verwandeln. Er müßte selbst kommen, und es dem Herkulischen Hause erzehlen, was er in seiner Entzückung gesehen, und welche schreckliche Drohungen er gehöret. Diese Drohungen aber müßten in allgemeinen Ausdrücken abgefaßt sein; sie müßten etwas orakelmäßiges haben, damit sie den Ausgang so wenig, als möglich verrieten, und den *Amphitryo* und die *Megara* nicht verhinderten, den *Herkules* bei seiner Zurückkunft mit aller Zärtlichkeit zu empfangen. In Ansehung der Sitten, wollte ich, daß sich der neuere Dichter den Euripides zum Muster vorstellte; doch mit Beibehaltung des Senecaschen *Lycus*. Dieser ist bei den Griechen viel gröber und grausamer geschildert. Er sagt es gerade heraus, daß er die ganze Familie des *Herkules* umbringen müsse, wenn er sicher herrschen wolle, und tut der

Megara den Vorschlag nicht, den ihn der Römer tun läßt. Dahingegen sind in dem Griechischen der *Herkules* weit menschlicher, die *Megara* weit zärtlicher, und *Theseus* weit freundschaftlicher gebildet. Das Abenteuerliche des erstern ist da ungemein versteckt, und aller seiner Taten wird nur mit ganz kurzen Zügen in einer Entfernung gedacht, in welcher ihre Unglaublichkeit nicht so sehr in die Augen fällt. Die prächtige Beschreibung des Kampfes mit dem Cerberus müßte, als eine unnötige Zierrat, wegbleiben. Der Römer hatte noch einigen Grund sie zu wagen, ob er gleich freilich besser getan hätte, wenn er hier der vorsichtigen Anständigkeit seines Musters gefolgt wäre. Seine Stärke war im Schildern, und welcher Dichter läßt sich nicht gerne von der Begierde, seine Stärke zu zeigen, dahin reißen? Was die Person des *Theseus* anbelangt, so würde man auch bei dieser besser der Einrichtung des lateinischen als des griechischen Dichters folgen. Jener bringt ihn gleich mit dem *Herkules* auf die Bühne; dieser aber läßt ihn erst in dem fünften Aufzuge darzu kommen, wo er recht vom Himmel fällt. Wenn der neure Dichter übrigens eine Vermehrung der Personen vorzunehmen für nötig befände, so würde er, vielleicht nicht ohne Glück eines von den Kindern des *Herkules*, welche seine beiden Vorgänger nur stumm aufführen, mündig machen können. Er müßte den Charakter desselben aus Zärtlichkeit und Unschuld zusammen setzen, um unser Mitleiden desto schmerzlicher zu machen, wenn wir es von den blinden Händen seines geliebten Vaters sterben sehen. Doch würde es wohl unsre Bühne zulassen, in Ansehung der Ermordung selbst, das Kunststücke des Römers anzubringen? In seinem ganzen Umfange möchte sie es wohl schwerlich zu lassen, doch wollte ich auch nicht, daß man dem Zuschauer deswegen diesen ganzen schrecklichen Anblick zu entziehen suchte. Wenigstens müßte den *Herkules* auf der Bühne die Raserei befallen; voller Bestürzung müßten Gemahlin und Kinder furchtsam von ihm fliehen, er ihnen nacheilen, und sie außer dem Gesichte des Zuschauers töten. Dieses würde das Mittel zwischen dem, was der römische und was der griechische Dichter geschehen lassen, sein. *Amphitryo* könnte alsdann den folgenden Aufzug mit der traurigsten und lebhaftesten Beschreibung anfangen; er könnte sich mit dem *Theseus* beratschlagen, wie sie sich gegen den schlafenden *Herkules* verhalten sollten, und während der Beratschlagung könnte der erwachte *Herkules* dazu kommen, und die Rolle, die ihn der Römer spielen läßt, ausführen. – – Doch, wird man nunmehr fragen, ist denn überhaupt ein Held, den eine hassende Gottheit, in einer plötzlichen Raserei, Grausamkeiten begehen läßt, ein würdiges Schauspiel? Ist es lehrreich, oder enthält es nicht vielmehr eben so abscheuliche und die Menschen zur Verzweiflung bringende Grundsätze als der *Oedip*? Dieser ist zu den schrecklichsten Verbrechen bestimmt, und kann ihnen, aller angewandten Mühe ungeachtet, nicht entgehen. Jener tut alles mögliche, ein tugendhafter und der Welt nützlicher Mann zu sein, und wird mitten unter diesen Bestrebungen, durch die Eifersucht einer obern Macht, der Elendeste. Soll dies das Schicksal derer sein, die auf dem sauren Wege zu der Ewigkeit wandeln? Eine schöne Ermunterung für die, welche als neue *Alciden* die Laster überwinden, und die Ungeheuer ausrotten wollen; – – Diesen Einwurf wegzuschaffen, muß ich notwendig

Die Moral des rasenden Herkules

untersuchen; so wohl die, welche jetzt darinne liegt, als die, welche darein gelegt werden kann. Eigentlich halte ich es eben für keine Notwendigkeit, daß aus der Fabel eines Trauerspiels eine gute Lehre fließen müsse, wenn uns nur einzelne Stellen von nützlichen Wahrheiten unterrichten. Allein so viel wird doch wenigstens notwendig sein, daß man auch keine böse Lehre daraus folgern könne. Und diese, – – ich mag es so ungern gestehen, als ich will – – liegt allerdings in dem *rasenden Herkules*. Es liegt, sage ich, eine böse Lehre darinne, oder eine abgeschmackte. Entweder die Lehre, daß Tugenden und Heldentaten eine erzürnte Gottheit so wenig versöhnen, daß sie vielmehr dieselbe noch heftiger aufbringen: oder die Lehre, daß man sich hüten müsse, von dem *Jupiter* aus verstohlener Ehe erzeugt zu werden, wenn man allen den grausamen Verfolgungen der Juno entgehen wolle. Bei dem *Euripides* zwar, dessen Fabel gleichwohl von dem Wesentlichen der lateinischen Fabel um nichts unterschieden ist, will der Pater *Brumoy* eine ganz andere Moral entdeckt haben. Weil bei dem Griechen *Herkules*, der durch die Freundschaft des *Theseus* gerühret worden, das ganze Stück mit den Worten schließet: »Unglücklich ist der, welcher Güter oder Ehre einem wahren Freunde vorziehet;« so setzt der Jesuit hinzu: »Dieser Gedanke ist, wie mich dünkt, die Moral dieses Trauerspiels, weil alles darinnen auf die Entwicklung des *Theseus* abzuzielen scheinet.« – – Doch es ist offenbar, daß *Brumoy* den letzten Sittenspruch für die Hauptlehre genommen hat. Wenn seine Meinung wahr wäre, so hätte *Euripides* wahrhaftig den Wert eines wahren Freundes durch keine weniger passende Fabel, als durch diese, erläutern können. Die ganzen vier ersten Aufzüge würden in dieser Absicht umsonst geschrieben sein. Alles, was man also zur Entschuldigung dieser beiden alten Muster anführen kann, ist dieses, daß sie es für ganz unnötig gehalten haben, an die Moral des Ganzen zu denken, und daß sie ihre Tragödien nicht so gemacht haben, wie sie uns eine sogenannte *critische Dichtkunst* zu machen lehret. Erst eine Wahrheit sich vorzustellen, und hernach eine Begebenheit dazu zu suchen, oder zu erdichten, war die Art ihres Verfahrens gar nicht. Sie wußten, daß bei jeder Begebenheit unzählige Wahrheiten anzubringen wären, und überließen es dem Strome ihrer Gedanken, welche sich besonders darinne ausnehmen würde. Da sie übrigens in gewissen Fällen ziemlich genau bei der hergebrachten Geschichte zu bleiben gezwungen waren, so mußte es ihnen entweder gleichgültig sein, ob die moralische Folge aus der Begebenheit selbst gut oder böse sei, oder sie mußten überhaupt von der Aufführung gewisser Begebenheiten abstehen. Allein kann ein neuer Dichter eben diese Entschuldigung haben? Und ist seine Freiheit eben so eingeschränkt? Gewiß nicht; er kann ändern was er will, und es liegt nur an ihm, wenn das Ganze bei ihm nicht eben so lehrreich ist, als die besondern Teile. – – Nun kömmt es darauf an, was er in dieser Absicht mit dem *rasenden Herkules* tun müßte. Ohne Zweifel würde es auf eine feinere Bearbeitung dieses Charakters selbst ankommen. Seine Raserei müßte eine *natürliche* Folge aus demselben werden. *Juno* müßte sich daran nur erfreuen, nicht aber sie selbst bewirken. Und dieses ist leicht: denn was ist näher verbunden als Tapferkeit und Übermut, als Übermut und Wahnwitz. Man schildre also den *Herkules* als einen Helden voll Mut und Tapferkeit; man lasse ihn die größten Taten glücklich ausgeführt haben; man lasse ihn noch größere sich vorsetzen. Allein sein allzugroßes Vertrauen auf eigene Kräfte bringe ihn zu einer stolzen Verachtung der Götter. Man lasse ihn nach und nach sich in seine eigne Anschläge verwickeln; man gebe ihm einen Schmeichler zu, der durch übertriebene Lobsprüche das ohnedem geringe Gefühl seiner Menschheit unterdrückt. Wenn der Dichter alle diese Staffeln glücklich hinan zu gehen weiß, so bin ich gewiß, der Zuschauer wird endlich geneigt sein, die völlige Raserei des Herkules als einen ganz natürlichen Erfolg anzusehen. Ich habe schon angemerkt, daß das Gebet, welches ihm der Römer in den Mund giebt, eine sehr feine Vorbereitung ist; und wenn man auch das Gebet wieder vorbereitet, so wird sich eines aus dem andern ungezwungen ergeben. – – Welche schreckliche Lection würde dieses für unsre wilden Helden; für unsre aufgeblasenen Sieger sein!

Ehe ich dieses Trauerspiel ganz verlasse, will ich vorher noch einen

Versuch über das in Unordnung gebrachte Stück des lateinischen Dichters,

dessen ich auf der 37ten Seite gedacht habe, wagen. Er gehet von der 1295sten Zeile bis zu der 1315ten. Ich ordne die Personen darinne folgender Gestalt.

1295. *Am.* Redde arma. *Her.* Vox est digna genitore Herculis.

Am. Hoc en peremptus spiculo cecidit puer:
Hoc Juno telum manibus emisit tuis:
Hoc nunc ego utar. *Th.* Ecce, jam miserum metu
Cor palpitat, corpusque sollicitum ferit.
1300. *Am.* Aptata arundo est: ecce jam facies scelus
Volens, sciensque. Pande quid fieri jubes?
Her. Nihil rogamus, noster in tuto est dolor.
Am. Natum potes servare tu solus mihi,
Eripere nec tu: maximum evasi metum.
1305. Miserum haud potes me facere, felicem potes.
Sic statue quidquid statuis, ut causam tuam
Famamque in arcto stare & ancipiti scias.
Aut vivis aut occidis. Hanc animam levem
Fessamque senio, nec minus quassam malis
1310. In ore primo teneo. Tam tarde patri
Vitam dat aliquis? Non feram ulterius moram,
Letale ferro pectus impresso induam.
Hic, hic jacebit Herculis sani scelus.
Her. Jam parce, genitor etc.

Herkules will kurz vor dieser Stelle, wie man gesehen hat, durchaus sterben. Er verlangt seine Waffen mit Ungestimm zurück. Die gemeinsten Ausgaben lassen daher ihn selbst *redde arma* sagen und legen das folgende *Vox est etc.* dem *Amphitryo* in dem Mund. Doch wenn man diesen letztern Worten weder eine abgeschmackte noch eine zu weit hergeholte Erklärung geben will, so muß sie kein andrer als *Herkules* sagen, zu Bezeigung nemlich seiner Zufriedenheit über das *redde Arma* seines Vaters. *Gronov* hat dieses durch Hülfe seiner Handschriften sehr wohl eingesehen, nur daß er das *redde* in *reddo* verwandelt. Er glaubt nemlich, daß *Amphitryo* hier wirklich dem *Herkules* seine Waffen wiedergebe, und dieser Irrtum hat gemacht, daß er alles das andere unrecht, obgleich scharfsinnig genug erklärt hat. Ich schmeichle mir den rechten Punct getroffen zu haben. Da nemlich *Amphitryo* sieht, daß *Herkules* unbeweglich ist, so sagt er endlich voller Unwillen zu einem von den Dienern: *redde arma*. Daß er dieses zu einem Diener sagen könne, beweise ich aus einer vorhergehenden Stelle, in welcher er dem schlafenden *Herkules* die Pfeile wegnehmen läßt:

Removete *famuli* tela, ne repetat furens.

Wer das Theater ein wenig versteht, wird nunmehr gleich einsehen, daß die Zweideutigkeit des *redde arma* ein vortreffliches Spiel ausmache. *Herkules* glaubt, der Bediente werde ihm die Waffen wiedergeben und sagt daher sich und dem *Amphitryo* die Schmeichelei: *vox est digna genitore Herculis*. Allein der Bediente hat den Befehl entweder genauer verstanden und giebt den Pfeil dem *Amphitryo*, oder indem der Bediente dem *Herkules* den Pfeil geben will, reißt ihn *Amphitryo* denselben weg, und setzt ihn mit den Worten an seine eigne Brust: *Hoc en peremptus spiculo etc.* »Dieser Pfeil war es, durch den dein Sohn fiel; dieser war es, den Juno selbst durch deine Hände abschoß: dieser soll es sein, den ich nun gegen mich selbst brauchen will.« Die folgenden Worte *ecce jam miserum* bis *sollicitum ferit*, kann weder *Herkules* noch *Amphitryo* sagen. Sie müssen dem *Theseus* zugehören, und ich nehme sie so an, daß sie den erbärmlichen Anblick des sich zu erstechen drohenden Alten schildern, und den *Herkules* zur Barmherzigkeit bewegen sollen. Doch weil dieser schweigt, so fährt der Vater fort: *aptata arundo est etc.* »Der Pfeil ist angesetzt. Siehe, dieses Verbrechen wirst du mit Wissen und Willen begehen. Sprich; was soll ich tun?« »Ich schreibe dir nichts vor, antwortet ihm *Herkules*. Mein Schmerz ist gesichert.« Alles das übrige lasse ich nunmehr den *Amphitryo* sagen. Das *Eripere nec tu* ist eine Verbesserung welche *Gronov* aus seiner Handschrift vorgebracht hat, und ohne Widerrede angenommen zu werden verdient. Da *Amphitryo* fast entschlossen ist, sich zu durchstechen, wenn *Herkules* bei dem Vorsatze zu sterben, bleiben sollte, da er sich auf keine Weise von ihm will trennen lassen: so kann man leicht einsehen, was er mit folgenden Worten sagen will: »Den Sohn mir erhalten, das kannst du allein: aber mir ihn rauben, kannst du nicht. Der größten Furcht bin ich entledigt. Elend kannst du mich nicht machen; glücklich machen kannst du mich« etc. D. i. da ich einmal beschlossen habe dir zu folgen, so kannst du dich mir zwar erhalten, aber nicht rauben. Du kannst mich glücklich machen, wenn du leben bleibst; aber nicht elend, wenn du stirbst, weil du ohne mich nicht sterben sollst – – Die folgenden Zeilen passen in dem Munde des *Amphitryo* eben so wohl. Sollte aber seine Rede ein wenig zu lang scheinen, so könnte man sie durchschneiden, und die Worte *Tam tarde patri vitam dat aliquis?* den *Theseus* sagen lassen. Auf diese nun müßte *Amphitryo* weiter fortfahren: *non feram ulterius moram etc.* bis endlich *Herkules jam parce genitor*, saget. Das *jam*, welches in eben dieser Zeile nochmals wiederholt wird, zeigt gnugsam wider *Gronoven*, daß *Amphitryo* sich nicht erst in den gleich vorhergehenden zwei Zeilen zu erstechen gedroht, sondern daß er es gleich von Anfange dieser Stelle getan, und daß man also ihm und nicht dem *Herkules* das *hoc nunc ego utar*, und das *aptata arundo est* müsse sagen lassen. Leser von Geschmack werden mir gewiß recht geben, wenn sie sich die Mühe nehmen wollen, auch in den übrigen Stücken meine Ordnung der Personen mit der seinigen zu vergleichen. Andere Kunstrichter haben noch weniger zum Ziele getroffen. – – Ich komme zu dem zweiten Trauerspiele.

II.
Thyest.

Inhalt.

Atreus und *Thyest*, die Söhne des *Pelops*, regierten beide zu Argos, ein Jahr um das andre. *Thyest* verliebte sich in die Gemahlin seines Bruders, in die *Aerope*, und entwendete durch deren Hülfe den güldnen Widder, mit dessen Besitze das Schicksal des Reichs verknüpft war. Er flohe davon, und entging auf einige Zeit der Rache des *Atreus*. Doch dieser dachte unaufhörlich auf die Vollziehung derselben, und hielt endlich eine verstellte Versöhnung für das sicherste Mittel. Seine eignen Kinder mußten den *Thyest* bereden, daß er sicher zurückkommen könne, weil sein Bruder alle Feind-

schaft bei Seite gelegt habe. Er kam. *Atreus* empfing ihn mit
aller Freundlichkeit, deren die Bosheit fähig ist, wenn sie
eine leichtgläubige Beute in ihr Netz lockt. Allein wie unmenschlich
waren die Folgen. *Atreus* ermordete die Kinder
seines Bruders am Altare; und machte seinen Bruder ein
Mahl daraus, über welches die Welt nicht aufhören wird, sich
zu entsetzen – – Mehr braucht man hoffentlich, zur Einleitung
in das Stück selbst, nicht zu wissen.

Auszug.

Die Bühnen eröffnen der Schatten des *Tantalus* und die Furie
Megära. *Tantalus* war der Großvater des *Atreus* und des *Thyest*.
Man kennet seine Verbrechen, und seine Strafe in der Hölle.
Jetzt bringt ihn *Megära* auf die Oberwelt. Er erstaunt und
glaubt, daß man eine Veränderung der Qualen mit ihm vornehmen
wolle. Doch *Megära* entdeckt ihm gar bald, daß er
seine Familie mit Wut und Haß anstecken und zu den grausamsten
Verbrechen geneigt machen solle. »In diesen werde
um den Vorzug gekämpft, und wechselsweise zücke man
den Dolch. Der Zorn kenne weder Maß noch Scham, und
blinde Raserei reize die Gemüter. Die Wut der Eltern daure
fort, und anhaltende Bosheit pflanze sich von einem Enkel
auf den andern. Ohne jemandem Zeit zu gönnen, sein Verbrechen
zu hassen, fehle es nie an einem neuen, und nie sei
eines allein in einem allein. Es wachse, indem es gestraft
wird. Den übermütigen Brüdern entfalle der Scepter, und
ein zweifelhaftes Glück scheine sich ihrer im Elende anzunehmen.
Es wanke betriegrisch zwischen ihnen, und mache
jetzt aus dem Mächtigen den Unglücklichen, und jetzt aus
dem Unglücklichen den Mächtigen. Ein beständiger Wechsel
treibe ihr Reich umher. Abscheulicher Laster wegen
mögen sie vertrieben werden, und in eben so abscheuliche
Laster mögen sie wieder fallen, wenn sie Gott in ihr Vaterland
zurück bringt. Allen müssen sie so verhaßt sein, als sich
selbst. Nichts halte sich ihr Zorn vor unerlaubt. Der Bruder
fürchte den Bruder, den Sohn der Vater, und den Vater der
Sohn. Böse sollen die Kinder umkommen, und noch böser

erzeugt werden. Die feindselige Gattin laure auf ihren Mann. Man führe den Krieg über das Meer; vergossnes Blut überschwemme die Länder, und die siegende Wollust triumphire über mächtige Führer der Völker. Unzucht sei in dem gottlosen Hause das geringste etc.« Alle diese Verwünschungen, und noch mehrere, sind prophetisch und beziehen sich weit auf das zukünftige hinaus; auf das, zum Exempel, was sich mit der *Clytemnästra*, mit dem *Orest*, mit dem *Agamemnon* und *Menelaus* und andern Verwandten des Pelopejischen Hauses zutragen sollte. Endlich kömmt *Megära* auf die nähern Gräuel mit mehrer Deutlichkeit, und verkündiget dem *Tantalus* das grausame Mahl, vor welchem sich die Sonne zurück ziehen werde. »An diesem sollst du deinen Hunger stillen. Vor deinen Augen soll der mit Blut gemischte Wein getrunken werden. Endlich habe ich die Speisen gefunden, die du selbst fliehen wirst.« – – Auf diese schrecklichen Worte, will der Schatten davon eilen, und alle seine höllischen Strafen scheinen ihm dagegen geringe. Doch die Furie zwingt ihn, mit Streit und Mordlust vorher das Haus und die Gemüter der Könige zu erfüllen. Umsonst wendet er ein, es sei zwar billig, daß er Strafe leide, aber nicht, daß er andern zur Strafe diene. Umsonst beklagt er sich, daß er gleichsam, als ein giftiger Dampf aus der geborstenen Erde geschickt werde, welcher Pest und Seuchen unter die Völker bringen müsse. Umsonst will er es wagen, nochmals schwatzhaft zu sein, und seine Enkel vor allen Verbrechen vielmehr zu warnen. Doch die Furie droht und vermehrt in dem Schatten das innere Gefühl seiner Qualen so heftig, daß er ihr in den Pallast folgen muß, wo er überall Raserei und Blutdurst verbreitet. – – Man muß sich einbilden, daß dieses sogleich geschieht, sobald er über die Schwelle getreten. Der Pallast empfindet es, daß er von einem unseligen Geiste berührt wird, und zittert. Die Furie ruft ihm zu, daß es genug sei, und befiehlt ihm, in die unterirdischen Höhlen zu seinen Martern zurückzukehren, weil die Erde ihn nicht länger tragen wolle, und die ganze Natur sich über seine Gegenwart entsetze. Sie beschreibt dieses Entsetzen in ein Dutzend schönen Versen, die sie hier hätte ersparen können, und macht dem *Chore* Platz. Der Inhalt seines Gesanges ist eine Bitte an die Götter, alle Verbrechen von dem königlichen Hause abzuhalten, und nicht zuzugeben, daß auf einen bösen Großvater ein schlimmrer Enkel folge. Er sagt, es sei bereits genug gesündiget worden; und führt dieses zu beweisen, die Geschichte des *Myrtilus* und die blutige Mahlzeit an, welche *Tantalus* den Göttern vorgesetzt. Von der Strafe des letztern macht er ein sehr künstliches Gemälde, welches aber den Leser kalt läßt, und beschließt es so abgebrochen, daß einige Kunstrichter zu glauben bewogen worden, es müsse das eigentliche Ende hier fehlen.

Zweiter Aufzug.

Auch dieser Aufzug besteht nur aus einer einzigen Scene, zwischen dem *Atreus* und einem *Vertrauten*. *Atreus* ist gleich Anfangs gegen sich selbst unwillig, daß er noch bis jetzt, wegen den schimpflichen Beleidigungen seines Bruders, ungerochen sei. Er tadelt sich, daß er nicht schon längst alles in Blut und Flammen gesetzt. Wie gern hätte er sich wollen unter dem einstürzenden Pallaste begraben lassen, wenn er nur zugleich auch den Bruder zerschmettert hätte. »Auf *Atreus*, beginne etwas, was keine Nachwelt billige, aber auch keine verschweige. Auf! erkühne dich einer blutigen gräßlichen Schandtat; einer Schandtat, auf die mein Bruder neidisch werde; die er selbst begangen zu haben wünschen möchte. Du kannst seine Verbrechen nicht rächen, ohne sie zu übertreffen. Doch durch welche Abscheulichkeit werde ich ihm überlegen sein können? Auch in seinem Elende ruhet er nicht. Das Unglück macht ihn eben so hartnäckig, als übermütig ihn das Glück macht. Ich kenne seinen ungelehrigen Geist. Biegen läßt er sich nicht, aber brechen läßt er sich. Ehe er sich also wieder erholt, ehe er neue Kräfte sammelt, muß ich ihn angreifen: denn bleib ich ruhig, so greift er mich an. Ich komme durch ihn um, oder er muß durch mich umkommen. Das Verbrechen ist mitten zwischen uns, gleich einem Preise, aufgestellt, welcher dem gehört, der es zuerst unternimmt.«

DER VERTRAUTE. So kann dich das widrige Urteil des Volks nicht schrecken?

ATREUS. Das ist eben das beste an einem Reiche, daß das Volk die Taten seines Beherrschers eben sowohl dulden als loben muß.

DER VERTRAUTE. Die, welche man aus Furcht loben muß, eben die haßt man auch aus Furcht. Der aber, welcher nach dem Ruhme einer wahren Liebe strebt, will sich lieber von den Herzen, als von den Stimmen loben lassen.

ATREUS. Ein wahres Lob kann auch oft einem geringen Manne zu Teile werden; aber ein falsches nur dem Mächtigen. Die Untertanen müssen wohl wollen, was sie nicht wollen.

DER VERTRAUTE. Wenn der König, was recht ist, will, so wird sein Wille gern aller Wille sein.

ATREUS. Derjenige König ist nur halb König, welcher nur das, was recht ist, wollen darf.

DER VERTRAUTE. Wo weder Scham, noch Liebe zum Recht, weder Frömmigkeit noch Treue und Glaube ist, da ruhet das Reich auf schwachem Grunde.

ATREUS. Scham, Liebe zum Recht, Frömmigkeit, Treu und Glaube sind kleine Tugenden für Bürger. Ein König tue, was ihm nützt.

DER VERTRAUTE. Auch einem bösen Bruder zu schaden, mußt du für Unrecht halten.

ATREUS. Alles ist gegen *ihn* billig, was gegen einen Bruder unbillig ist. Denn welcher Verbrechen hat er sich enthalten? Von welcher Schandtat ist er abgestanden? Durch Schändung hat er mir die Gemahlin, und durch List das Reich entrissen. – – Mit diesem letztern zielet *Atreus* auf die schon erwehnte Raubung des goldnen Widders, mit dessen Besitze das Reich verbunden war. Es gehen verschiedene Zeilen auf die Beschreibung desselben, bis er endlich wieder schließt: »Meine Gemahlin ist verführt; die Sicherheit des Reichs ist untergraben; das Haus ist beschimpft; das Blut ist ungewiß worden. Und nichts ist gewiß, als daß mein Bruder mein Feind ist.« »Du zitterst?« – – fährt er zu dem Vertrauten fort.

– –»Sieh auf den *Tantalus* und *Pelops*. Dieser ihren Beispielen zu folgen, werden meine Hände aufgeboten. Sprich, wie soll ich das verhaßte Haupt verderben?«

DER VERTRAUTE. Ein tödlicher Stahl vergieße sein feindseliges Blut.

ATREUS. Du redest von dem Ende der Strafe, und ich will von der Strafe selbst hören. Ein sanftmütiger Tyrann mag umbringen lassen. In meinem Reiche wird der Tod als eine Gnade erlangt.

DER VERTRAUTE. So ist alle Frömmigkeit bei dir hin?

ATREUS. Fort, Frömmigkeit! wenn du anders jemals in unserm Hause gewesen bist. Das wütende Heer der Furien, die zwistliebende *Erynnis*, und sie, die in beiden Händen schreckliche Fackeln schüttelt, *Megära*, ziehe dafür ein. Ich brenne vor Wut, und dürste nach unerhörten unglaublichen Verbrechen – – Der *Vertraute* fragt ihn, worinne diese Verbrechen bestehen sollen, und ob er sich des Schwerds oder des Feuers zu seiner Rache bedienen werde. Doch beides ist ihm zu geringe; *Thyest* selbst soll das Werkzeug seiner Rache sein. Er entdeckt hierauf sein unmenschliches Vorhaben, und ermuntert sich von Zeit zu Zeit selbst, den Mut darüber nicht sinken zu lassen, sondern es, so gräßlich es auch sei, unerschrocken auszuführen. Auf den Einwurf, welchen ihm der Vertraute macht, daß es sehr schwer halten werde, seinen Bruder in das Netz zu locken, antwortet er, daß er ihn schon durch das anzukörnen wissen werde, was ihm wichtig genug scheine, sich der äußersten Gefahr deswegen auszusetzen. Nemlich durch die Hoffnung zu regieren. »Voll von dieser Hoffnung, wird er dem Blitze des drohenden Jupiters entgegen zu eilen kein Bedenken tragen. Voll von dieser Hoffnung, wird er, was er für das größte Übel hält, selbst den Bruder zu sehen, nicht anstehen.« – – Und diese Hoffnung will er ihm durch seine eignen Söhne machen lassen, durch den *Agamemnon* und *Menelaus* nemlich, die er mit der *Aerope* noch vor ihrer Untreue erzeugt hatte. Der Vertraute rät ihm, andre Mittelspersonen darzu zu erwehlen, damit die Kinder nicht einmal das an dem Vater tun möchten, was er sie jetzt an dem Vetter zu tun lehre. Doch *Atreus* ist von der Ruchlosigkeit seines Bluts schon so überzeugt, daß er zur Antwort giebt: »Wenn sie auch niemand die Wege des Betrugs und der Verbrechen lehret, so wird sie doch das Reich dieselben lehren. Du fürchtest, sie möchten böse werden? Sie werden böse geboren.« – – Der *Vertraute* macht ihm noch eine Einwendung, und giebt ihm zu überlegen, ob er sich auch wohl auf die Verschwiegenheit so junger Leute verlassen dürfe? »Oder, spricht er, willst du sie etwa selbst hintergehen, und ihnen deine wahre Absicht nicht entdecken? Ja, antwortet *Atreus*; sie sollen keinen Anteil an meinem Verbrechen haben. Und was ist es auch nötig, daß ich sie zu Mitschuldigen machen will?« – – Doch den Augenblick besinnt er sich, daß dieses für ihn zu gut gedacht sei. Er schilt sich selbst feig, und vermutet, daß wenn er seiner Kinder hierinne schonen wolle, er auch seines Bruders schonen werde. *Agamemnon* und *Menelaus* sollen es wissen, wozu er sie brauche, und eben daran will er es zugleich erkennen, ob sie auch wirklich seine Kinder sind. »Wenn sie ihn nicht verfolgen, wenn sie ihn nicht hassen wollen; wenn sie ihn Vetter nennen: so ist er ihr Vater.« – – Er will eben fortgehen, als er sich gleichwohl noch plötzlich anders besinnet. »Ein schüchtern Gesicht, sagt er, pflegt manches zu entdecken, und große Anschläge verraten sich wider Willen. Nein; sie sollen es nicht wissen, zu welcher Tat sie die Werkzeuge werden. Und du – – (*zum Vertrauten*) halte unser Vorhaben geheim!« – – Dieser versichert, daß er sowohl aus Furcht, als aus Treue verschwiegen sein werde, und geht mit dem *Atreus* ab.

Der *Chor*, welcher zu diesem Aufzuge gehöret, nimmt von der Herrschsucht der zwei Brüder Gelegenheit, eine Menge Sittensprüche über den falschen Ehrgeiz anzubringen, und mehr spitzig als gründlich zu bestimmen, worinne das wahre Königreich bestehe. »Ihr wißt es nicht, die ihr nach Schlössern geizet! Nicht der Reichtum, nicht der Glanz des Tyrischen Purpurs, nicht das strahlende Diadem macht den König. Nur der ist König, welcher alle Furcht abgelegt, und alles Böse aus der wilden Brust vertrieben hat. Nur der, welchen nicht der ohnmächtige Ehrgeiz, welchen nicht die immer wankende Gunst des Pöbels bewegt. – – Nur der, welcher von seiner sichern Höhe alles weit unter sich sieht. Nur der, welcher seinem Schicksale willig entgegen eilt, und ohne zu klagen stirbt. – – Es ersteige, wer da will, die schlüpfrige Spitze des Hofes; mich soll die süße Ruhe sättigen, und verborgen will ich in sanfter Stille dahin leben. Allen Quiriten unbekannt, sollen meine Jahre sachte vorüber fließen. Und wenn meine Tage ohne Geräusche verschwunden sind, will ich Lebens satt und ohne Titel erblassen. Auf den wartet ein harter Tod, der, wenn er sterben muß, allen viel zu bekannt ist, sich selbst aber nicht kennet.«

Dritter Aufzug.
Diesen eröffnet *Thyest* mit seinen Söhnen, und unter diesen führt *Plisthenes* das Wort. Sie langen auf die betriegerische Einladung des *Atreus*, an. *Thyest* erfreuet sich Anfangs, daß er endlich seine Vaterstadt, und die Götter seiner Väter, wenn anders, setzt er hinzu, Götter sind, wieder siehet. »Bald, spricht er, wird mir nun das Volk aus *Argos* fröhlig entgegen kommen. Doch auch *Atreus* wird mit kommen. O fliehe *Thyest*, und suche die dunkeln Wälder wieder, wo du unter dem Wilde ein ihm ähnliches Leben führtest. Laß dich nicht den falschen Glanz des Reiches blenden. Wenn du auf das siehest, was dir angeboten wird, so siehe auch auf den, der dir es anbietet. Unter den härtesten Beschwerlichkeiten bin ich bisher mutig und fröhlich gewesen. Doch nun falle ich in marternde Furcht zurück; der Geist ist in banger Erwartung, und möchte den Körper nur allzugern zurück bewegen. Jeder Schritt stockt, den ich tun will.« – – *Plisthenes* erstaunt über die Unentschlossenheit seines Vaters, doch *Thyest* fährt fort: »Warum stehe ich noch an? Warum quäle ich mich noch über einen so leichten Entschluß? Da ich niemanden trauen darf, soll ich meinem Bruder, soll ich der Hoffnung zu regieren trauen? Was fürchte ich schon überwundene, von mir

schon gebändigte Übel? Warum fliehe ich Trübsalen, in die ich mich bereits geschickt? Ich will, ich will elend sein. Zurück also, *Thyest*, zurück, und rette dich, da es dir noch vergönnt ist.«

PLISTHENES. Was bewegt dich, o Vater, deinen Schritt von der nun wieder erblickten väterlichen Burg zurück zu wenden? Warum willst du dich selbst so großen angebotenen Gütern entziehen? Dein Bruder hat seinen Zorn abgelegt, und wird aufs neue dein Bruder. Er giebt dir deinen Anteil an dem Reiche zurück, sammelt die Glieder des zerrütteten Hauses, und setzt dich wieder in den Besitz deiner selbst.

THYEST. Du willst die Ursache der Furcht wissen, die ich selbst nicht weiß. Ich sehe nichts, wovor ich mich fürchten sollte, und fürchte mich dennoch. Ich will gern gehen, aber die Knie sinken unter mir zusammen, und ich werde mit Gewalt von dem Orte zurück getrieben, zu dem ich doch will. – –

PLISTH. O schlage alles nieder, was dein Gemüt so unentschlüssig macht, und betrachte, was für Belohnungen deiner warten. Du kannst regieren, Vater – –

THYEST. Unter beständiger Furcht des Todes.

PLISTH. Du sollst die höchste Gewalt erlangen. – –

THYEST. Die höchste Gewalt ist die, nichts zu begehren.

PLISTH. Du kannst nun deinen Kindern ein Reich lassen.

THYEST. Kein Reich fasset zwei Regenten.

PLISTH. Wer will wohl elend sein, wenn er glücklich sein kann?

THYEST. Glaube mir; das Große gefällt nur durch die falschen Namen, die wir ihm beilegen. Mit Unrecht fürchtet man ein geringes und hartes Schicksal. So lange ich auf der Spitze der Ehren stand, habe ich nicht einen Augenblick zu zittern aufgehört, und mich selbst für mein eignes Schwerd an meinen Lenden gefürchtet. O welch ein Glück ist es, niemanden im Wege zu stehen, und auf dem Boden hingestreckt, sichre Speisen zu genießen! Kein Verbrechen schleicht sich in schlechte Hütten, wo man sich an einem geringen Tische sorglos sättigen kann. Das Gift wird aus Golde getrunken; und ich weiß es aus der Erfahrung, wie weit das schlechte Glück dem guten vorzuziehen ist. – – Hier verirrt sich Thyest in eine poetische Beschreibung der ausschweifenden Pracht und Üppigkeit der Großen. Sie ist schön und paßt sehr wohl auf die damaligen Zeiten der Römer; aber auch deswegen verliert sie in dem Munde des *Thyest* sehr vieles von ihrer Schönheit. Endlich schließt er mit den Worten: »Es ist ein Reich über alle Reiche, das Reich entbehren zu können.«

PLISTH. Man muß das Reich nicht ausschlagen, wenn es Gott giebt.

THYEST. Noch weniger muß man darnach trachten.

PLISTH. Dein Bruder bittet dich ja, zu regieren.

THYEST. Er bittet und das ist schrecklich. Hier muß eine List verborgen liegen.

PLISTH. Die brüderliche Liebe kann ja wohl das Herz, woraus sie vertrieben worden, wieder einnehmen, und neue Kräfte, anstatt der verlornen, sammeln.

THYEST. Wie? *Atreus* sollte seinen Bruder lieben? – – Eher wird die Nacht die Erde erleuchten; eher wird das Feuer mit dem Wasser, der Tod mit dem Leben, der Wind mit der See Bündnis und Friede schließen.

PLISTH. Vor welchem Betruge fürchtest du dich denn aber?

THYEST. Vor allem! Und was kann ich meiner Furcht für Grenzen setzen, da seine Macht so groß ist, als sein Haß?

PLISTH. Was kann er gegen dich vermögen?

THYEST. Für mich fürchte ich auch nichts, sondern ihr allein, meine Kinder, macht, daß ich den *Atreus* fürchte.

PLISTH. Aber du bist schon gefangen, und fürchtest dich, gefangen zu werden? Mitten in der Not ist es zu spät, sich dafür zu hüten.

THYEST. So kommt denn. Nur dieses einzige will ich, euer Vater, noch beteuern: Ich folge euch, nicht ihr mir.

PLISTH. Gott wird unsere gute Absicht gnädig ansehen. Setze den zweifelhaften Fuß nur weiter.

Hier kommt *Atreus* darzu und macht durch seine Erscheinung die zweite Scene dieses Aufzuges. In den ersten Zeilen, welche er in der Entfernung vor sich sagt, freut er sich, daß er seinen Bruder nunmehr im Netze habe; und zwar ganz, mit allen seinen drei Söhnen. Der zweite dieser Söhne hieß *Tantalus*, wie wir weiter unten hören werden; der Name des dritten aber kömmt in dem Stücke nicht vor. »Kaum, sagt *Atreus*, daß ich mich mäßigen, und die ausbrechende Wut zurücke halten kann. So wie ein Spierhund, der an dem langen Leitbande das Wild ausspärt, und mit gebückter Schnauze die Wege beschnaubert. So lange er noch durch den schwachen Geruch sich weit von dem Eber merkt, ist er folgsam, und durchirret schweigend die Spur. Doch kaum fühlt er sich der Beute näher, so stemmt er sich, kämpfet mit dem unbändigen Nacken, und ruft winselnd seinen säumenden Führer, bis er sich ihm entreißt. Wenn der Zorn Blut wittert, wer kann ihn verbergen? Und doch muß ich ihn verbergen.« – – In dem Munde des Dichters würde dieses Gleichnis sehr schön sein, aber in dem Munde der Person selbst, welche diese schwer zu zähmende Wut fühlet, ist es ohne Zweifel zu gesucht und zu unnatürlich. – Je näher *Atreus* seinem Bruder kömmt; desto mehr verändert er seine Rede. Jetzt, da er ungefehr von ihm gehört werden kann, beklagt er ihn schon, und erstaunt über seinen armseligen Aufzug. »Ich will mein Wort halten, fährt er fort. Und wo ist er denn, mein Bruder?« – – Hier geht er endlich auf ihn los: »Umarme mich, sehnlichst gewünschter Bruder! Aller Zorn sei nunmehr zwischen uns vorbei. An diesem Tage feire man den Sieg des Bluts und der Liebe. Weg mit allem Hasse aus unsern Gemütern.«

THYEST. Ach, *Atreus*, ich könnte alles rechtfertigen, wenn du dich jetzt nicht so erzeigtest! Ja, Bruder, ich gestehe es; ich gestehe es, ich habe alles verbrochen, dessen du mich schuldig gehalten. Deine heutige Liebe macht meine Sache zur schlimmsten Sache. Der muß ganz schuldig sein, den ein so guter Bruder hat für schuldig halten können. Zu den Tränen muß ich nunmehr meine Zuflucht nehmen. Siehe mich hier zu deinen Füßen! Laß diese Hände, die noch keines Knie umfaßt haben, die deinigen umfassen. Laß uns allen Zorn bei Seite legen; laß uns allen Unwillen aus den Gemütern verbannen. Empfange diese Unschuldigen als die Unterpfänder meiner Treue.

ATREUS. Verlaß diese erniedrigende Stellung, und umarme mich, mein Bruder. Und auch ihr, ihr Stützen unsers Alters, edeln Jünglinge laßt euch an meine Brust drücken. Lege das schmutzige Kleid ab; verschone meine Augen mit einem solchen Anblicke; laß dir einen Schmuck reichen, der dem meinen gleich ist; und tritt freudig in den Besitz deines Anteils an dem brüderlichen Reiche. Ich will mich des größern Lobes erfreuen, meinen Bruder unverletzt der väterlichen Würde wieder hergestellt zu haben. Ein Reich besitzen, ist Zufall; ein Reich schenken, ist Tugend.

THYEST. Möchten dir doch, Bruder, diese deine Wohltaten die Götter würdig vergelten. Meine Armseligkeit schlägt es aus, die königliche Binde anzunehmen, und die unglückliche Hand scheuet sich vor dem Scepter. Erlaube mir, daß ich mitten unter dem Volke verborgen leben darf.

ATREUS. Unser Reich leidet zwei Regenten.

THYEST. Was du hast, soll mir so gut sein, als ob ich es selbst hätte.

ATREUS. Wer wollte die freiwillig zufließenden Güter des Glücks verschmähen?

THYEST. Der, welcher es erfahren hat, wie schnell sie wieder dahin sind.

ATREUS. So willst du deinen Bruder die unschätzbarste Ehre nicht erlangen lassen?

THYEST. Deine Ehre hat bereits die erhabenste Staffel erreicht, und nun ist es nur noch um meine zu tun. Ja, ich habe es fest beschlossen, das Reich auszuschlagen.

ATREUS. Wenn du deinen Anteil nicht wieder nimmst, so will ich meinen verlassen.

THYEST. Wohl ich nehme ihn. Ich will den Namen der mir aufgelegten Herrschaft führen; dir aber allein sollen Gesetze und Waffen mit mir dienen.

ATREUS. So laß dir denn um die ehrwürdige Stirne das Diadem binden. Ich will gehen, und den Göttern die versprochnen Opfer bringen.

Hiermit gehen beide Teile ab, und der zu diesem Aufzuge gehörende Chor erhebt die brüderliche Liebe des *Atreus*, dem man kaum einen Funken derselben hätte zutrauen sollen. Er vergleicht diese nach langen Verfolgungen wieder hergestellte Freundschaft, einer angenehmen Meerstille, welche auf einen schrecklichen Sturm folgt. Er macht dabei Schilderungen über Schilderungen, welche keinen andern Fehler haben, als daß sie die Aufmerksamkeit des Zuschauers zerstreuen. Vielleicht zwar, daß sie diesen Fehler nicht geäußert haben, wenn die Alten anders die Kunst, etwas so zierlich herzusingen, daß man kein Wort davon erraten kann, eben so gut verstanden haben, als wir Neuern sie verstehen. – – Der Schluß dieses Chors sind abermals einige moralische Anwendungen über das veränderliche Glück, besonders der Großen. »O ihr, welchen der Herrscher über Erd und Meer, das große Recht des Lebens und des Todes anvertrauet hat, entsaget den stolzen aufgeblasenen Geberden. Was der Geringere von euch fürchtet, eben das drohet euch ein größerer Herr. Jedes Reich stehet unter einem noch mächtigern Reiche. Oft sahe einen, den der anbrechende Tag im Glanze fand, der untergehende im Staube. Niemand traue dem ihn anlachenden Glücke; niemand verzweifle, wenn es ihm den Rücken zukehret. *Clotho* mischt gutes und böses, und treibt unaufhörlich das Rad des Schicksals um etc.

Vierter Aufzug.

In dem Zwischenraum dieses und des vorhergehenden Aufzuges, muß man sich vorstellen, daß *Atreus* seine Grausamkeiten begangen habe. Sie waren zu schrecklich, als daß sie der Dichter, der sich der Regel des Horaz ohne Zweifel erinnerte:

> Nec pueros coram populo Medea trucidet:
> *Aut humana palam coquat exta nefarius Atreus.*

dem Zuschauer hätte zeigen sollen. Er läßt sie also bloß erzehlen; und giebt sich, diese Erzehlung mit dem Ganzen auf eine kunstmäßige Art zu verbinden, so wenig Mühe, daß er weiter nichts tut, als einen Mann, den er *Nuncius* nennt, herauskommen und dem *Chore* von dem, was er gesehen hat, Nachricht geben läßt. Der Chor wird also hier zu einer spielenden Person, welches in den alten Trauerspielen nichts ungewöhnliches ist. Gemeiniglich führte alsdann der *Coryphäus* das Wort, der entweder mit dem ganzen Chore, oder nur mit einem Teile desselben zurück blieb, nachdem es die Umstände erforderten. Wir werden unten sehen, warum man annehmen müsse, daß er hier nur mit einem Teile zurück geblieben sei. Seine Reden sind sehr kurz, und geben bloß dem *Erzehler* Gelegenheit, so umständlich, als es nötig ist, zu sein. Dieser nun tritt voller Schrecken und Entsetzen hervor, und wünscht von einem Wirbelwinde durch die Lüfte gerissen und eine in finstre Wolke gehüllet zu werden, damit er dem Anblicke eines so gräßlichen Verbrechens entkommen möge. »O Haus, dessen sich selbst *Pelops* und *Tantalus* schämen müssen.«

DER CHOR. Was bringst du neues?

DER ERZEHLER. Wo bin ich? Ist dieses das Land, in welchem *Argos*, *Corinth* und das durch die frommen Brüder berühmte *Sparta* liegt? Oder bin ich an dem Ister unter den wilden Alanen? Oder bin ich unter dem ewigen Schnee des rauen Hircaniens? Oder unter den schweifenden Scythen? Was ist es für eine Gegend, die zur Mitschuldigen so abscheulicher Verbrechen gemacht wird?

DER CHOR. Welcher Verbrechen? Entdecke doch – –

DER ERZEHLER. Noch staunet meine ganze Seele, noch ist der vor Furcht starrende Körper seiner Glieder nicht mächtig. Noch schwebt das Bild der gräßlichen Tat vor meinen Augen etc.

DER CHOR. Du marterst uns durch die Ungewißheit noch mehr. Sage, wovor du dich entsetzest, und nenne den Urheber. Einer von den Brüdern muß es sein, aber welcher? Rede doch – – Nunmehr wäre es ohne Zweifel billig, daß der

Erzehler sogleich zur Sache käme, und diese geschwind in wenig kurzen und affectvollen Worten entdeckte, ehe er sich mit Beschreibung kleiner Umstände, die vielleicht ganz und gar unnötig sind, beschäftige. Allein was glaubt man wohl, daß er vorher tut? Er beschreibet in mehr als vierzig Zeilen vor allen Dingen den heiligen Hain, hinter der mitternächtlichen Seite des Pelopeischen Pallasts, in welchem *Atreus* die blutigen Opfer geschlacht hatte, ohne dieser mit einer Sylbe zu gedenken. Er sagt uns, aus was für Bäumen dieser Wald bestehe, zu welchen Handlungen ihn die Nachkommen des *Tantalus* geweihet; mit was für gelobten Geschenken und Denkmälern er ausgezieret und behangen sei. Er meldet, daß es darinne umgehe, und malt fast jede Art von Erscheinungen, die den Tag sowohl als die Nacht darinne schrecklich machten. – – Ich begreife nicht, was der Dichter hierbei muß gedacht haben; noch vielweniger begreife ich, wie sich die Zuschauer eine solche Verzögerung können gefallen lassen. Eine kleine Vorbereitung, wenn etwas sehr wichtiges zu erzehlen ist, wird gar wohl erlaubt; sie reizt die Zuhörer, ihre Aufmerksamkeit auf das, was folgen soll, gefaßt zu halten. Allein sie muß diese Aufmerksamkeit nicht vorweg ermüden; sie muß das, was in einer Zeile eine sehr gute Wirkung tun würde, nicht in vierzig ausdehnen. – – Doch damit ich auch meinen Tadel nicht zu weit ausdehne, so will ich das Gemälde des Hains an seinen Ort gestellt sein lassen, und mit dem Dichter wieder weiter gehen. »Als nun, läßt er den Erzehler fortfahren, der rasende *Atreus* in Begleitung der Kinder seines Bruders in den Hain gekommen war, wurden die Altäre sogleich geschmückt. Aber nun, wo werde ich Worte finden? – Die Hände werden den edlen Jünglingen auf den Rücken gebunden, und um ihre Stirne wird die traurige Opferbinde geschlagen. Da fehlt kein Weihrauch, kein geheiligter Wein; das Opfer wird mit Salzmehl bestreuet, ehe es das Schlachtmesser berühren darf. Alle Ordnung wird beibehalten, damit ja eine solche Lastertat nicht anders als auf die beste Weise geschehe.«

DER CHOR. Und wessen Hand führte das Eisen?

DER ERZEHLER. Er selbst ist Priester; er selbst hält das blutige Gebet, und läßt aus schrecklichem Munde das Sterbelied tönen. Er selbst stehet am Altare, befühlt die dem Tode Geweihten, legt sie zurechte, und ergreift den Stahl. Er selbst giebt Acht, und kein einziger Opfergebrauch wird übergangen. Der Hain erzittert; der ganze Pallast schwankt auf dem durchschütterten Boden, und drohet bald hier bald dahin zu stürzen. Oben zur Linken schießt ein Stern durch den Himmel, und ein schwarzer Schweif bemerkt seine Bahn. Der in das Feuer gespritzte Wein wird Blut; dreimal entfällt dem Haupte das Diadem; die Bildsäulen weinen, und ein jeder wird von diesen Vorbedeutungen gerührt. Nur *Atreus* allein bleibt unbeweglich und sich selbst gleich, und hört nicht auf die drohenden Götter zu schrecken. Länger will er nicht verweilen, er springt wieder zu dem Altare, und schielet mit grimmigen Blicken um sich. So irret ein hungriges Tiegertier in den Gangetischen Wäldern zwischen zwei jungen Stieren. Es ist auf den einen Raub so begierig, wie auf den andern, und nur ungewiß, welchen es zuerst zerreißen solle. Jetzt bleckt es den Rachen auf diesen; jetzt bleckt es ihn auf jenen zurück, und hält seinen Hunger in Zweifel. Nicht anders betrachtet der ruchlose *Atreus* die Schlachtopfer seines verfluchten Zornes, und steht bei sich an, welches er zuerst, und welches er hernach abtun wolle. Es wäre gleichviel, aber doch steht er bei sich an, und freuet sich, über seine verruchte Tat zu künsteln.

DER CHOR. Aber gegen wen braucht er endlich den Stahl zuerst?

DER ERZEHLER. Das erste Opfer – – damit man, ohne Zweifel, die kindliche Ehrfurcht nicht vermissen möge – – wird dem Großvater geweihet. *Tantalus* ist dieses erste Opfer.

DER CHOR. Mit welchem Mute, mit welchem Gesichte duldete der Jüngling den Tod?

DER ERZEHLER. Unbesorgt für sich selbst stand er da, und verschwendete keine Bitte vergebens. Aber der Wütrich stieß und drückte so lange nach, bis sich der Stahl in der

Wunde verlor, und die Hand an die Gurgel traf. Da er das Eisen zurückzog, stand der Leichnam; und als er lange gezweifelt hatte, ob er auf diese oder auf jene Seite fallen sollte, fiel er endlich auf den Vetter. Voller Wut riß dieser hierauf den *Plisthenes* zum Altare, und schickte ihn dem Bruder nach. Er hieb ihm den Hals ab; der Rumpf fiel vor sich nieder, und der Kopf rollte mit einem unverständlichen kläglichen Murmeln auf den Boden hin.

DER CHOR. Nachdem er diesen doppelten Mord vollbracht, was tat er alsdann? Schonte er des Knabens? Oder häufte er Verbrechen auf Verbrechen?

DER ERZEHLER. So wie ein Löwe in Armenischen Wäldern mit siegender Wut unter den Rindern tobet, und mit blutigem Rachen, auch nach gestilltem Hunger, seinen Grimm nicht ableget; sondern noch hier einen Stier und noch da einen anfällt, bis er mit müden Zähnen endlich auch den Kälbern drohet: eben so wütet *Atreus* und schwellet vor Zorn. Er hält das vom doppelten Morde blutige Eisen, vergißt was für ein schwaches Kind er zu durchstoßen habe, und holt weit von dem Körper aus.* Der Stahl drang in der

---

* Die Worte heißen in dem Originale:
Ferrumque gemina cæde perfusum tenens,
Oblitus in quem rueret, infesta manu
Exegit ultra corpus – – –

Alle Ausleger übergehen diese Stelle, und gleichwohl zweifle ich, ob sie von allen gehörig ist verstanden worden. Das *exigere corpus* ist mir ungemein verdächtig. Ich weiß wohl, was bei dem Virgil *exigere ensem per corpus* heißt; allein ob schlechtweg *exigere corpus* eben dieses heißen könne, daran zweifle ich, und glaube nicht, daß man bei irgend einem Schriftsteller ein ähnliches Exempel finden werde. Ich erkühne mich daher, eine kleine Veränderung zu machen, und anstatt *infesta manu* zu lesen *infestam manum*; so daß *ultra*, welches man vorher adverbialiter nehmen mußte, nunmehr zur Präposition wird, die zu *corpus* gehöret. Was aber *manum exigere* heiße, und daß es gar wohl *ausholen* heißen könne, wird man leicht einsehen. Vielleicht könnte auch die Bedeutung, da *exigere versuchen, probieren* heißt, hier zu Statten kommen.

Brust ein, und fuhr durch den Rücken heraus. Das Kind fiel, löschte mit seinem Blute das Feuer auf dem Altar, und starb an der zwiefachen Wunde.

DER CHOR. Abscheuliche Lastertat!

DER ERZEHLER. Ihr entsetzet euch? Wenn er hier inne gehalten hätte; so wäre er noch fromm.

DER CHOR. Was kann noch verruchters in der Natur gefunden werden?

DER ERZEHLER. Ihr glaubt, es sei das Ende seines Verbrechens? Es ist nur eine Staffel desselben.

DER CHOR. Aber was hat er weiter tun können? Er hat vielleicht die Leichname den wilden Tieren zu zerreißen vorgeworfen, und ihnen den Holzstoß versagt.

DER ERZEHLER. Wäre es doch nichts als das! – – – Nunmehr folgt eine sehr gräßliche Beschreibung, die aber so eckel ist, daß ich meine Lesern damit verschonen will. Man sieht darinne, wie *Atreus* die toten Körper in Stücken zerhackt; wie er einen Teil derselben an die Spieße gesteckt, und den andern in Kessel geworfen, um jene zu braten und diese zu kochen; wie das Feuer diesen grausamen Dienst verweigert, und wie traurig der fette Rauch davon in die Höhe gestiegen. Der *Erzehler* fügt endlich hinzu, daß *Thyest* in der Trunkenheit wirklich von diesen abscheulichen Gerichten gegessen; daß ihm oft die Bissen in dem Schlunde stecken geblieben; daß sich die Sonne, obgleich zu spät, darüber zurück gezogen; daß *Thyest* sein Unglück zwar noch nicht kenne, daß es ihm aber schwerlich lange verborgen bleiben werde.

Mehr hat der *Erzehler* nicht zu sagen. Er geht also wieder fort und die vorhin abgegangene Hälfte des Chors tritt herein, ihren Gesang anzustimmen. Er enthält lauter Verwunderung und Entsetzen über das Zurückfliehen der Sonne. Sie wissen gar nicht, welcher Ursache sie dasselbe zuschreiben sollen, und vermuten nichts geringers, als daß die Riesen einen neuen Sturm auf den Himmel müßten gewagt haben, oder daß gar der Untergang der Welt nahe sei. Hieraus also, daß sie nicht wissen, daß die Sonne aus Abscheu

über die Verbrechen des *Atreus* zurückgeflohen, ist es klar, daß sie bei der vorhergehenden Unterredung nicht können gegenwärtig gewesen sein. Da aber doch allerdings der Chor eine unterredende Person dabei ist, so muß man entweder einen doppelten Chor annehmen, oder, wie ich getan habe, ihn teilen. Es ist erstaunend, daß die Kunstrichter solcher Schwierigkeiten durchaus nicht mit einem Worte gedenken, und alles getan zu haben glauben, wenn sie hier ein Wörtchen und da einen Umstand, mit Auskramung aller ihrer Gelehrsamkeit, erklären – – Vielleicht könnte man auch sagen, daß der einzige *Coryphäus* nur mit dem *Erzehler* gesprochen, und daß außer ihm der ganze Chor abgegangen seie. Vielleicht könnte man sich dieserwegen unter andern darauf berufen, daß der *Erzehler* selbst ihn als eine einzelne Person betrachtet und in der einfachen Zahl mit ihm spricht; als Zeile 746.
 – – – Sceleris hunc finem putas?
Kurz vorher redet er ihn zwar in der vielfachen Zahl an, wenn er ihn in der 744. Zeile fragt: *exhorruistis*? Allein dieses *exhorruistis* wäre sehr leicht in *exhorruisti* zu verwandeln, welches ohnedem der Gleichförmigkeit wegen höchst nötig ist. – – Von dem Chore selbst will ich nicht viel sagen, weil er fast aus nichts, als aus poetischen Blümchen bestehet, die der befürchtete Untergang der Welt, wie man leicht vermuten kann, reichlich genug darbietet. Unter andern geht der Dichter den ganzen Tierkreis durch, und betauert gleichsam ein jedes Zeichen, das nunmehr herabstürzen und in das alte Chaos zurück fallen würde. Zum Schlusse kömmt er wieder auf einige moralische Sprüche. »So sind wir denn, nach einer unzehligen Menge von Sterblichen, die, welche man für würdig erkannt hat, von den Trümmern der Welt zerschmettert zu werden? So sind wir es, die auf die letzten Zeiten verspart wurden? Ach, wie hart ist unser Schicksal; es sei nun, daß wir die Sonne verloren, oder sie vertrieben haben! Doch, weg ihr Klagen! weg Furcht! Der ist auf das Leben zu begierig, der nicht einmal sterben will, wenn die Welt mit ihm untergeht.«

Fünfter Aufzug.

Die grausame Mahlzeit ist vorbei. *Atreus* kann seine ruchlose Freude länger nicht mäßigen, sondern kömmt heraus, sich seinen abscheulichen Frohlockungen zu überlassen. Diese sind der vornehmste Inhalt des ersten Auftritts in diesem Aufzuge. Aber doch ist er noch nicht zufrieden; er will den *Thyest,* zum Schlusse der Mahlzeit, auch noch das Blut seiner Kinder zu trinken geben. Er befiehlt daher seinen Dienern, die Tore des Pallasts zu eröffnen, und man sieht in der Entfernung den *Thyest* am Tische liegen. *Atreus* hatte bei Zermetzlung der Kinder, ihre Köpfe zurücke gelegt, um sie dem Vater, bei Eröffnung seines Unglücks, zu zeigen. Er freuet sich schon im voraus über die Entfärbung des Gesichts, mit welcher sie *Thyest* erblicken werde. »Das, spricht er, muß ich mit ansehen. Ich muß es mit anhören, welche Worte sein Schmerz zuerst ausstoßen wird. Ich muß dabei sein, wenn er starr und für Entsetzen wie entseelt da stehen wird. Das ist die Frucht meiner Tat! Ich mag ihm nicht sowohl elend sehn, als elend werden sehn.« – – Er wird mit Vergnügen gewahr, daß *Thyest* schon fast trunken sei, und hofft daher, daß ihm seine List mit dem Blute, welches er unter alten Wein von einer starken Farbe mischen wolle, desto eher gelingen werde. – – »Ein solches Mahl muß mit einem solchen Trunke beschlossen werden. Er, der lieber mein Blut getrunken hätte, soll das Blut der Seinen trinken. Hört, schon stimmt er festliche Gesänge an, und ist seines Verstandes kaum mehr mächtig.«

Hier nun kömmt *Thyest* langsam hervor, und sein Gesang ist eine Ermunterung seiner selbst, alle traurige Vorstellungen fahren zu lassen. »Heitere deine Blicke zur gegenwärtigen Freude auf, und verjage den alten *Thyest* aus deinem Gemüte! Aber so sind die Elenden! Sie trauen dem Glücke nie, wenn es sie gleich wieder anlacht, und freuen sich mit Widerwillen. Welcher ohne Ursache erregter Schmerz verbeut mir diesen festlichen Tag zu feiern, und befiehlt mir, zu weinen? Was ist es, das mir mein Haupt mit frischen Blumen zu kränzen nicht erlauben will? Es will nicht; es will nicht! –

Unerwartete Tränen rollen die Wangen herab, und mitten unter meine Worte mischen sich Seufzer – – Ach, der sein Unglück ahndende Geist verkündiget mit diesen Zeichen ein nahes Leiden! – – Doch mit was für traurigen Erwartungen quälst du dich, Unsinniger? Überlaß dich deinem Bruder voll leichtgläubiger Liebe! Es sei nun was es sei, so fürchtest du dich entweder ohne Grund, oder zu spät. Gern wollt ich Unglücklicher mich nicht fürchten, aber mein Innerstes bebet vor Schrecken. Schnell strömet aus den Augen eine Flut von Zehren, und strömet ohne Ursache. Ist es Schmerz, oder ist es Furcht? Oder hat auch eine heftige Freude ihre Tränen?«

Nunmehr redet ihn *Atreus* an: »Laß uns, Bruder, unsere Freude verbinden, diesen glücklichen Tag würdig zu begehen. Heute wird mein Thron befestiget; heute wird ein Friede gestiftet, wie er unserer brüderlichen Treue geziemet.«

THYEST. Die reiche Tafel hat mich genung gesättiget; ich glühe vom Weine. Aber wie unendlich könnte meine Freude vermehret werden, wenn ich mich mit den Meinigen freuen dürfte.

ATREUS. Glaube, daß sie so gut verwahrt sind, als ob du sie in deinen Armen hieltest. Sie sind hier, und werden hier bleiben. Von deinen Kindern soll dir nichts verloren gehen. Ich will dich ihre Gesichter, die du so sehnlich verlangst, sehen lassen; ich will sie dich alle genießen lassen. Deine Begierde soll gesättiget werden; fürchte nichts. Sie liegen noch jetzt, mit meinen Kindern zugleich, an dem frohen Tische; aber man soll sie gleich herholen. Nimm nur unterdessen diesen unsern Geschlechtsbecher, mit Bacchus Gaben erfüllet, aus meiner Hand – *Thyest* vermutet bei diesen zweideutigen Reden, noch nichts arges. Er greift mit Danksagung nach dem Becher, ihn vor dem Angesichte der väterlichen Götter auf eine ewige Liebe auszuleeren, und ist eben in der Stellung, ihn an den Mund zu führen; als seine fürchterliche Ahndungen zunehmen. »Was ist das? die Hand will nicht gehorchen? die Schwere des Bechers wächst und ziehet die Rechte mit nieder? Ich bringe ihn dem Munde näher, und vergieße zitternd den Wein, ohne die betrogenen Lippen zu netzen. Sieh! selbst der Tisch springt von dem erschütterten Boden in die Höh! Kaum leuchtet das Feuer! Die schwere öde Luft erstarret schrecklich zwischen Tag und Nacht! Das krachende Gewölbe des Himmels drohet zu stürzen! Schwarze Schatten verdicken die Finsternis, und die Nacht verbirgt sich in Nacht! Alles Gestirne flieht! Es drohe, was uns auch drohe; nur daß es meinen Bruder, nur daß es meine Kinder verschone! Auf mein unwürdiges Haupt allein breche das Wetter los. Ach, jetzt, jetzt gieb mir meine Kinder wieder.«

ATREUS. Ich will sie dir geben, und kein Tag soll sie dir jemals wieder rauben. – – Hier muß man sich vorstellen, daß *Atreus* einen Wink giebt, und die zurück gelegten Häupter und Hände der Kinder herbei bringen läßt, unterdessen daß *Thyest* in dem vorigen Tone fortfährt: »Welch ein Aufruhr durchwühlet mein Eingeweide? Was zittert in meinem Innern? Ich fühle eine ungeduldige Last, und aus meiner Brust steigen Seufzer auf, die nicht meine sind. Kommt doch, meine Söhne! Euer unglücklicher Vater ruft euch. Kommt doch! Euer Anblick wird diesen Schmerz verjagen. Hörte ich sie nicht? Wo sprachen sie?« – – Nunmehr sind ihre traurigen Überbleibsel hier, und *Atreus* siehet sich an seinem erwünschten Augenblicke.

ATREUS. Halte deine väterlichen Umarmungen bereit! Hier sind sie! (*indem er sie ihm zeigt,*) Erkennst du deine Söhne?

THYEST. Ich erkenne den Bruder! Erde! und so eine Schandtat konntest du auf dir dulden? – – Dieses ist der Anfang von den gräßlichsten Verwünschungen seines Bruders und seiner selbst. Das *ich erkenne den Bruder* ist ohne Zweifel ein Meisterzug, der alles auf einmal denken läßt, was *Thyest* hier kann empfunden haben. Er scheinet zwar etwas von einer spitzigen Gegenrede an sich zu haben, aber gleichwohl muß seine Würkung in dem Munde des Schauspielers vortrefflich gewesen sein, wenn er das dazu gehörige star-

rende Erstaunen mit gnug Bitterkeit und Abscheu hat
ausdrucken können. – – Es fehlt so viel, daß *Atreus* von den
Verwünschungen seines Bruders sollte gerührt werden, daß
er ihn vielmehr auf die spöttischste Art unterbricht:

ATREUS. Nimm sie doch lieber hin, die so lange begehrten Kinder. Dein Bruder verwehrt es dir nicht länger. Genieße sie; küsse sie; teile unter alle drei die Zeichen deiner Liebe.

THYEST. War das der Bund? War das die Aussöhnung? Ist das die brüderliche Treue? So legst du deinen Haß ab? Ich kann dich nun nicht bitten, mir meine Kinder unverletzt zu lassen; aber das muß ich dich bitten, ein Bruder den Bruder, was du mir, deinem Verbrechen, deinem Hasse unbeschadet, verstatten kannst. Erlaube mir, ihnen die letzte Pflicht zu erweisen. Gieb mir ihre Körper wieder, und du sollst sie sogleich auf dem Scheiterhaufen brennen sehen. Ich bitte dich um nichts, was ich besitze, sondern um etwas, was ich verlieren will.

ATREUS. Was von deinen Söhnen übrig ist, sollst du haben; was von ihnen nicht mehr übrig ist, das hast du schon.

THYEST. Hast du sie den Vögeln zur Speise hinwerfen lassen? Oder werden sie zum Fraße für wilde Tiere gespart?

ATREUS. Du selbst hast deine Söhne in ruchlosen Gerichten genossen.

THYEST. Das war es, wovor sich die Götter entsetzten! Das trieb den Tag in sein östliches Tor zurück! In welche Klagen soll ich Elender ausbrechen? Welche Worte soll mein Schmerz wählen? Hier seh ich sie, die abgehauene Köpfe und die vom zerschmetterten Arme getrennten Hände! Das war es, was dem hungrigen Vater nicht herab wollte! Wie wälzet sich das Eingeweide in mir! Der verschlossene Greuel tobet und suchet einen Ausgang. Gib mir, Bruder, das von meinem Blute schon trunkene Schwerd, um mit dem Eisen meinen Kindern den Weg zu öffnen. Man versagt mir das Schwerd? So mag denn die hohle Brust von traurigen Schlägen ertönen. Halt ein, Unglücklicher! Verschone die Schatten. Wer hat dergleichen Abscheulichkeit gesehen? Welcher

Henioche auf den rauhen Felsen des unwirtbaren Caucasus? Welcher *Procrustes*, das Schrecken der attischen Gegenden? Ich Vater drücke die Söhne, und die Söhne den Vater. So kanntest du denn bei deinem Verbrechen keine Maß?

ATREUS. Maß muß man in den Verbrechen halten, wenn man sie begehet, nicht aber wenn man sie rächet. Auch das ist mir noch zu geringe. Aus den Wunden selbst hätte ich das warme Blut in deinen Mund sollen fließen lassen, damit es aus ihren lebendigen Leibern in deinen gekommen wäre. Mein Zorn hat mich hintergangen. Ich war zu schnell; ich tat nichts, als daß ich sie mit dem Stahle am Altare niederstieß, und die Hausgötter mit diesem ihnen gelobten Opfer versöhnete. Ich trennte die Glieder von den toten Körpern und hieb sie in kleine Stücken. Diese warf ich in siedende Kessel, und jene ließ ich am langsamen Feuer braten. Ich hörte sie an dem Spieße zischen; ich wartete mit eigener Hand das Feuer. Alles dieses hätte ihr Vater weit besser tun können. Meine Rache ist falsch ausgeschlagen. Er hat mit ruchlosem Munde seine Kinder zermalmt; aber er wußte es nicht; aber sie wußten es nicht. – – *Thyest* hebt hierauf neue Verwünschungen an, und alles was er von dem Beherrscher des Himmels bittet, ist dieses, daß er ihn mit dem Feuer seines Blitzes verzehren möge. Auf diese einzige Art könne seinen Kindern der letzte Dienst, sie zu verbrennen, erwiesen werden. Oder wenn keine Gottheit die Ruchlosen zerschmettern wolle, so wünscht er, daß wenigstens die Sonne niemals wieder zurückkehren, sondern eine ewige Nacht diese unmenschlichen Verbrechen bedecken möge.

ATREUS. Nun preise ich meine Hände! Nun habe ich die Palme errungen! Meine Laster wären umsonst, wenn es dich nicht so schmerzte. Nun dünket mich, werden mir Kinder geboren. Nun dünket mich, dem keuschen Ehebette die verletzte Treue wiedergegeben zu haben.

THYEST. Was hatten aber die Kinder verbrochen?

ATREUS. Daß sie deine Kinder waren.

THYEST. Dem Vater seine Söhne – –

ATREUS. Ja, und was mich freuet, seine gewissen Söhne.

THYEST. Euch ruf ich an, ihr Schutzgötter der Frommen — —

ATREUS. Warum nicht lieber die Schutzgötter der Ehen?

THYEST. Wer vergilt Verbrechen mit Verbrechen?

ATREUS. Ich weiß, worüber du klagst. Es schmerzt dich, daß ich dir mit dem Verbrechen zuvorgekommen bin. Nicht das geht dir nahe, daß du diese gräßliche Mahlzeit genossen, sondern daß du sie nicht zubereitet. Du hattest im Sinne, deinen unwissenden Bruder gleiche Gerichte vorzusetzen, und mit Hülfe der Mutter, meine Kinder eines ähnlichen Todes sterben zu lassen; wenn du sie nur nicht für deine gehalten hättest.

THYEST. Die Götter werden Rächer sein; und diesen übergeben dich meine Wünsche zur Strafe.

ATREUS. Und dich zu strafen, will ich deinen Kindern überlassen.

Beurteilung des Thyest.

So schließt sich dieses schreckliche Trauerspiel, dessen bloßer Inhalt, wenn er auch noch so trocken erzehlt wird, schon Entsetzen erwecken muß. Die Fabel ist einfach, und ohne alle Episoden, von welchen die alten tragischen Dichter überhaupt keine Freunde waren. Sie führten den Faden ihrer Handlung gerade aus, und verließen sich auf ihre Kunst, ohne viele Verwicklung, fünf Acte mit nichts zu füllen, als was notwendig zu ihrem Zwecke gehörte.

Atreus will sich an seinem Bruder rächen; er macht einen Anschlag; der Anschlag gelingt, und *Atreus* rächet sich. Das ist es alle; aber bleibt deswegen irgendwo unsere Aufmerksamkeit müßig? Es ist wahr, der Alte macht wenig Scene; allein wer hat es uns denn befohlen, derselben in jedem Aufzuge so eine Menge zu machen? Wir strengen das Gedächtnis unserer Zuhörer oft auf eine übermäßige Art an; wir häufen Verwirrung auf Verwirrung, Erzehlung auf Erzehlung, und vergessen es, so zu reden mit Fleiß, daß man nicht viel denken muß, wenn man viel empfinden soll. Wenn der Verstand arbeitet, so ruhet das Herz; und wenn sich das

Herz zu zeigen hat, so muß der Verstand ruhen können. – –
Die Rache des *Atreus* ist so unmenschlich, daß der Dichter
eine Art von Vorbereitung nötig befunden hat, sie glaubwürdig genug zu machen. Aus diesem Gesichtspuncte muß
man den ganzen ersten Aufzug betrachten, in welchem er
den Schatten des *Tantalus* und die Furie nur deswegen einführt, damit *Atreus* von etwas mehr, als von der Wut und
Rachsucht seines Herzens, getrieben zu werden scheine.
Ein Teil der Hölle und das Schicksal des Pelopeischen Hauses muß ihn zu den Verbrechen gleichsam zwingen, die alle
Natur auf eine so gewaltige Art überschreiten. Zu der Handlung selbst trägt dieser Aufzug sonst gar nichts bei, und das
Trauerspiel würde eben so vollständig sein, wenn es auch
erst bei dem zweiten Aufzuge seinen Anfang nähme. Ich
werde weiter unten noch eine andere Anmerkung hierüber
machen – – Die Einheit des Orts hat der Dichter glücklich
beobachtet. Er läßt alles vor dem königlichen Pallaste vor
sich gehen, und nur in dem letzten Aufzuge wird dieser Ort
gleichsam erweitert, indem sich der Pallast selbst öffnet, und
den *Thyest* an der Tafel zeiget. Es muß dieses ein ganz anderer Anblick gewesen sein, als wenn ein jetziger Dichter in
gleichen Fällen den hintern Vorhang muß aufziehen lassen.
Nur wollte ich, daß der Römer bei dieser prächtigen Aussicht in einen stark erleuchteten Speisesaal des Pallasts, ein
wenig mehr Kunst angebracht hätte. *Atreus* ist draußen vor
dem Pallaste, und giebt selbst den Befehl ihn zu öffnen:
(Z. 901.)

> turba famularis fores.
> Templi relaxa; festa patefiat domus.

Warum befiehlt er aber dieses? Der Zuschauer wegen, ohne
Zweifel, und wenn keine Zuschauer da wären, so würde er
vielleicht ohne diese weite Eröffnung zu seinem Bruder hinein gegangen sein. Ich würde es viel lieber sehen, wenn der
Pallast gleich vom Anfange des Aufzuges geöffnet wäre;
Atreus könnte in der Entfernung doch wohl noch sagen, was
er wollte, ohne von dem *Thyest* gehört zu werden. So gut sich
dieses bei der letzten Hälfte seiner Rede tun ließ, eben so gut

hätte es auch bei der ersten geschehen können. – – Es wäre gut, wenn ich bei der Einheit der Zeit, weiter nichts als nur eben so eine Kleinigkeit zu erinnern hätte. Allein hier wird man mit dem Dichter weniger zufrieden sein können. Er setzt den Anfang seines Stücks noch vor den Anbruch des Tages, und mußte notwendig einen Teil der Nacht zu Hülfe nehmen, weil er Geister wollte erscheinen lassen, und diese, nach der Meinung der Helden, am Tage nicht erscheinen durften. Die letzten Worte, welche die Furie zu den Schatten des *Tantalus* sagt, zeigen es deutlich genug:

> En ipse Titan dubitat, an jubeat sequi,
> Cogatque habenis ire periturum diem.

Die Sonne also geht eben auf, als die Geister von der Bühne verschwinden, und die Beratschlagungen des *Atreus* in dem zweiten Aufzuge fallen am frühesten Morgen vor. Alles dieses hat seine Richtigkeit. Aber nunmehr kömmt ein Punct, bei welchem es mehr wird zu bedenken geben. Am Ende des zweiten Aufzuges beschließt *Atreus* seine Söhne, den *Menelaus* und *Agamemnon*, an den *Thyest* abzuschicken; und zu Anfange des dritten Aufzuges erscheinet *Thyest* bereits mit seinen Söhnen. Was muß also in dem Zwischenraume vorgefallen sein? *Atreus* hat seinen Söhnen das Geschäfte aufgetragen; sie haben es über sich genommen; sie haben den *Thyest* aufgesucht; sie haben ihn gefunden; sie haben ihn überredet; er macht sich auf den Weg; er ist da. Und wie viel Zeit kann man auf dieses alles rechnen? Wir wollen es gleich sehen. Im vierten Aufzuge, nachdem *Atreus* den *Thyest* empfangen, nachdem er ihm alle Schmeicheleien einer verstellten Aussöhnung gemacht, nachdem er ihm den königlichen Purpur umlegen lassen, nachdem er sein grausames Opfer vollzogen, nachdem er das unmenschliche Mahl zubereitet, nach allem diesen, sage ich, ist es, wenn die Sonne vor Entsetzen zurücke flieht, eben Mittag. Der Dichter giebt diesen Zeitpunct in der 777ten Zeile:

> O Phœbe patiens, fugeris retro licet,
> *Medioque* ruptum merseris *cœlo* diem etc.

und in der 792ten

> – – quo vertis iter
> Medioque diem perdis Olympo?

selbst an. Ist es nun aber da Mittag, so muß *Thyest* noch einige Stunden vor Mittage angekommen sein. Einige Stunden nach SonnenAufgang ward er geholt; und nun urteile man selbst, wie viel Stunden zu obigem Zwischenraume übrig bleiben. Die natürlichste Entschuldigung, die einem hiebei einfallen kann, ist diese, daß man sagte, *Thyest* müsse sich ganz in der Nähe aufgehalten haben; aber auch mit dieser Nähe wird nicht alles gehoben sein. Und wie nahe ist er denn würklich gewesen? Ich finde in dem ganzen Stücke zwei Stellen, aus welchen sich dieser Umstand einigermaßen bestimmen läßt. Die erste sind die Worte des *Atreus*, Z. 297.

> – – relictis exul hospitiis vagus
> Regno ut miserias mutet etc.

Wenn hier *hospitia* einen Aufenthalt in ganz fremden Ländern, und *exul* einen, der sich außer seinem Vaterlande aufhält, bedeuten soll, so wird die vorgebrachte Schwierigkeit nicht verringert, sondern unendlich vergrößert. Nicht *Argos* allein; der ganze *Peloponnesus* gehörte dem *Atreus*, und hatte dem *Thyest* gehört, so lange er mit seinem Bruder zugleich regierte. Soll sich dieser also außerhalb demselben befunden haben, so konnte er nicht in einigen Stunden, sondern kaum in einigen Tagen herbei geschafft werden. Doch die andere Stelle (Z. 412. u. f.) wird zeigen, daß man die erste in einem engern Verstande nehmen müsse. *Thyest* sagt zu sich selbst:

> – – – repete sylvestres fugas,
> Saltusque densos potius, & mixtam feris,
> Similemque vitam. – –

Er hielt sich also nur in Wäldern verborgen, die freilich nicht allzuweit, aber auch nicht allzunahe sein durften. Und in diesen mögen ihn die Söhne des *Atreus* gesucht und auch sogleich gefunden haben, so unwahrscheinlich es auch ist, daß sich ein Mann, der sich einmal verbergen muß, nicht besser verbergen werde. Dennoch wird man schwerlich die schleunige Ankunft desselben so leicht begreifen können, als man sie, ohne anstößig zu sein, begreifen sollte. Ich will mich hierbei nicht länger aufhalten, sondern nur noch ein Wort von den Charakteren sagen. – – Sie sind ohne Zweifel so vollkommen ausgedrückt, daß man wegen keines einzigen in Ungewißheit bleiben kann. Die Abstechungen, in welche übrigens der Dichter die beiden Brüder gesetzt hat, ist unvergleichlich. In dem *Atreus* sieht man einen Unmenschen, der auf nichts als Rache denkt, und in dem *Thyest* eines von den rechtschaffenen Herzen, die sich durch den geringsten Anschein von Güte hintergehen lassen, auch wenn ihnen die Vernunft noch so viel Ursachen, nicht allzuleichtgläubig zu sein, darbietet. Was für zärtliche und edele Gedanken äußert er, da er sich auf einmal bloß deswegen für schuldig erkennet, weil sein Bruder sich jetzt so gütig gegen ihm erzeige. Und was für eine besorgte Liebe für diesen ruchlosen Bruder verrät die einzige Wendung, da er eben sein Unglück erfahren soll, welches durch die ganze Natur ein schreckliches Entsetzen verbreitet, und noch sagt:

– – quicquid est, fratri precor
Gnatisque parcat; omnis in vile hoc caput
Abeat procella – –

Aber nun möchte ich wissen, warum der Dichter diesen vortrefflichen Charakter durch einen Zug hat schänden müssen, der den *Thyest* zu nichts geringern, als zu einen Gottesleugner macht?

– – & patrios deos
(Si sunt tamen dii) cerno – –

Dieses sind fast seine ersten Worte, und ich gestehe es ganz gern, daß, als ich sie zuerst las, ich mir einen sehr abscheulichen *Thyest* versprach.

Von andern alten Trauerspielen dieses Inhalts.

Das Altertum hat mehr als eine Tragödie von der abscheulichen Rache des *Atreus* gehabt, ob gleich nicht mehr als diese einzige auf uns gekommen ist. Unter den Griechen hatten *Agathon*, *Nikomachus* von Athen, *Theognis*, (nicht aber der Sittendichter,) *Kleophon*, und andere diesen Stoff bearbeitet; vornehmlich aber *Euripides*, welchen ich zuerst hätte nennen sollen. Wenn uns das Stück dieses Meisters übrig geblieben wäre, so würden wir vielleicht sehen, daß ihm der Römer verschiedenes abgeborgt habe. Doch auch in seiner eigenen Sprache hat es ihm hier nicht an Mustern, wenigstens nicht an Vorgängern gefehlet, deren vielleicht jeder einen von den Griechen nachgeahmet hatte. *Nonius* und *Festus* führen einen Thyest des *Ennius* an; *Fulgentius*, einen Thyest des *Pacuvius*; *Censorinus* einen Thyest des *Junius Gracchus*; und *Quintilian* einen von dem *L. Varius*. Wenn man dem *Donat* und *Servius* glauben darf, so ist der eigentliche Verfasser dieses letztern *Virgil* gewesen. Er soll mit der Frau des *L. Varius* ein wenig vertraut gelebt, und ihr sein Stück gegeben haben. Von der Frau habe es der Mann bekommen, und dieser habe es alsdann unter seinem eigenen Namen öffentlich abgelesen. *Virgil* selbst soll auf diese Begebenheit mit folgenden Zeilen in seinen Hirtengedichten zielen:

 Quem mea carminibus meruisset fistula caprum.

Wenn aber die Begebenheit eben so ungewiß ist, als die Anspielung, so kann man sie ganz sicher unter diejenigen Märchen rechnen, welche der Neid so gar gern auf die Rechnung großer Geister schreibet. – – Doch nicht diejenigen Stücke allein, welche den Namen *Thyest* führen, gehören hieher, sondern auch diejenigen, welche man unter der Benennung *Atreus* angezogen findet, und vielleicht auch wohl die, welche die *Pelopiden* überschrieben waren. Unter dem erstern Titel hat unter andern *L. Attius* ein Trauerspiel verfertiget, dessen *Nonius* und *Priscian* gedenken. Aus den wenigen Zeilen, die sie daraus anführen, kann man nicht undeutlich schließen, daß es mit unserm *Thyest* viel Gleichheit gehabt haben müsse. Über eine Stelle aber daraus kann ich nicht unterlassen, hier eine Anmerkung zu machen. Sie kömmt bei dem *Nonius* unter dem Worte *vesci* vor, und ist diese:

 Ne cum Tyranno quisquam epulandi gratia
 Accumbat mensam, aut eandem vescatur dapem.

Ich weiß nicht, ob ich der einzige sein werde, dem es ein

wenig wunderbar vorgekommen, daß *Thyest* bei einem öffentlichen Mahle ganz allein von den abscheulichen Gerichten habe essen können. Haben andere mit ihm zu Tische gelegen, und sie sind ihm nur allein vorgesetzt worden, so hat er ja natürlicher Weise müssen Verdacht fassen. Hat ihm aber niemand an der Tafel Gesellschaft geleistet, wie es in unserm obigen Stücke zu sein scheinet, wo nicht einmal *Atreus* mit ihm speiset, so hat ja diese Absonderung notwendig auch Gedanken erregen müssen. Diese Schwierigkeit also hatte der alte *Attius* vielleicht, wer weiß durch welchen glücklichen Einfall, gehoben. Wenigstens sind die angeführten Worte ein ausdrücklicher Befehl, daß sich niemand mit dem *Thyest* zu Tische legen, noch mit ihm von eben denselben Gerichten essen solle. Eine Ursache dieses Befehls wird er ohne Zweifel auch angeführet haben, und zwar eine solche, die allem Argwohne wegen der wahren Ursache vorzubeugen fähig war. Denn ohne diese wäre der bloße Befehl noch weit schlimmer, als das völlige Stillschweigen über den bedenklichen Umstand gewesen; wie ein jeder auch ohne mein Erinnern leicht einsehen wird.

Wahrscheinlicher Beweis, daß der rasende Herkules und der Thyest einen Verfasser haben.

Es ist hier noch nicht der Ort, zu zeigen, wem eigentlich das eine und das andere dieser zwei Trauerspiele von alten Schriftstellern beigelegt worden. Ich will tun als ob man gar keine Zeugnisse hätte, und bloß aus ihren innern Kennzeichen so viel zu schließen suchen, als in der Folge nötig sein wird, ein jedes von den zehn Stücken kenntlich genug zu machen, um es mit Einsicht diesem oder jenem beilegen zu können. Drei Stücke sind es, welche im *Thyest* eben denselben Verfasser verraten, den man im *rasenden Herkules* hat kennen lernen; die Schreibart, die Kunst, die Fehler. Die Schreibart ist in beiden Stücken gleich kurz, gleich stark, gleich kühn, gleich gesucht. Es herrscht durchaus einerlei tragischer Pomp darinne; einerlei Wohlklang und einerlei Art der Fügung. Alles dieses läßt sich ohne Mühe entdecken, und will man diese Untersuchung ins Kleine treiben, so wird man auch gar leicht gewisse Worte antreffen, die dem Verfasser so eigentümlich sind, daß man sie schwerlich anderwärts wiederholt finden kann, ohne sich zu überreden, daß sie wohl das einemal wie das andere aus eben derselben Feder könnten geflossen sein. Ich will eine einzige Probe von solchen Worten anführen. Man halte den 1193ten Vers des *Herkules*:

Quid hoc? manus refugit: hic *errat* scelus.

gegen den 473ten des *Thyest*:

Rogat? timendum est: *errat* hic aliquis dolus.

Findet man nicht in beiden Stellen ein sehr gewöhnliches Wort in einer sehr ungewöhnlichen Bedeutung gebraucht? *Errare* ist hier beidesmal so viel als *subesse*, und ich wenigstens kann mich nicht erinnern, es bei irgend einem andern Schriftsteller in eben diesem Verstande gelesen zu haben. Jedoch ich will dergleichen grammatische Anmerkungen denjenigen überlassen, welchen sie eigentlich zugehören, und mich zu dem zweiten Puncte wenden. Überhaupt zwar wird man die Anmerkung schon oben mit mir gemacht haben, daß sich in der Oekonomie des *Thyest* weniger Kunst zeigt, als in dem *rasenden Herkules*; gleichwohl aber ist in beiden ein gewisser Kunstgriff angebracht, an welchem man die Hand ihres Meisters erkennet. Ich finde diesen Kunstgriff in dem ersten Aufzuge sowohl des einen, als des andern, und hier ist es, wo ich die oben versprochene Anmerkung darüber beibringen will. Die *Juno*, welche in dem *Herkules* die Bühne eröffnet, hat ungemein viel ähnliches mit dem *Tantalus* und der *Megära*, welche es im *Thyest* tun. Beide sind als eine Art von Prologen anzusehen; ich sage als eine Art, um sie von den gewöhnlichen Prologen bei den Alten zu unterscheiden, die zu nichts als zur Erklärung des Inhalts bestimmt waren, und mehr den Mangel der Kunst, als die Kunst verraten. Der römische Dichter hatte seine Stücke so eingerichtet, daß sie aus sich selbst sattsam verständlich waren, und jener einleitenden Vorerinnerungen gar wohl entbehren konnten; wie es denn offenbar ist, daß das eine wie das andre auch ohne die ersten Aufzüge ganz sein würde. Nur gewisse Wahrscheinlichkeiten würden beiden ohne dieselben fehlen, die ihnen zwei verschiedene Schriftsteller wohl schwerlich auf eine und eben dieselbe Art möchten gegeben haben. In dem *Herkules* würde, wie wir schon gesehen, ohne die vorläufige Einführung der *Juno* die Einheit der Handlung gelitten haben; und im *Thyest*, ohne die Vorbereitung der Furie, die innere Wahrscheinlichkeit der Handlung, so sehr auch die Wahrheit derselben durch die Geschichte außer allem Zweifel gesetzt sein konnte. Diese Gleichheit nun, die ersten Aufzüge zu etwas mehr als zu bloßen trocknen historischen Einleitungen, welches sie in den meisten alten Trauerspielen sind, zu machen, und durch sie einem etwanigen Tadel zuvorzukommen, beweiset, sollte ich meinen, so ziemlich einerlei Denkungsart, die sich in besondern Vergleichungen noch deutlicher zeigen muß. Zum Exempel, in Schilderung der Charaktern ist der Verfasser des *Herkules* vollkommen der Verfasser des *Thyest*. Man erinnere sich aus jenem des *Lycus* und aus diesem des *Atreus*. Es sind nicht nur beides Tyrannen, sondern auch beides Tyrannen von einerlei Grundsätzen, welches sie schwerlich sein würden, wenn es nicht die wiederholten Einfälle eben desselben Dichters wären. *Lycus* sagt:

> Qui morte cunctos luere supplicium jubet
> Nescit Tyrannus esse. Diversa irroga,
> Miserum veta perire, felicem jube.

Und *Atreus* sagt:

> De fine pœnæ loqueris, ego pœnam volo.
> Perimat tyrannus lenis: in regno meo
> Mors impetratur.

Diese Gedanken könnten, ohne Zweifel, einander nicht gleicher sein, und nur der Verfasser selbst kann das Recht haben, sich auf eine solche Art auszuschreiben. Ein Nachahmer aber läßt sich hier, auch um deswillen, nicht vermuten, weil außerdem weder der Dichter des *Herkules* noch der Dichter des *Thyest*, als zwei verschiedene Dichter betrachtet, an Sinnsprüchen und schönen Gedanken so arm sind, daß

einer dem andern ein solches Blümchen hätte stehlen dürfen
– – Der dritte Punct, in welchem ich beide Stücke sehr
ähnlich finde, sind ihre Fehler. Als einen der größten hat
man die häufigen Beschreibungen bereits angemerkt. Man
vergleiche aber nur die Beschreibung des unterirdischen
Reichs und der Taten des Herkules, in dem dritten Aufzuge
dieses Trauerspiels, etwas umständlicher mit der Beschreibung
des geheiligten Hains, im vierten Aufzuge des Thyest,
so wird man ohne Schwierigkeit in beiden Schildereien eben
denselben Pinsel, eben dieselben Farben entdecken. Beide
übrigens stehen auch vollkommen, die eine so wohl als die
andre, ganz an der unrechten Stelle, und die Begierde zu
malen muß bei dem Dichter außerordentlich groß gewesen
sein, daß er sie wenigstens nicht bis zur gelegenen Zeit hat
mäßigen können. Ein andrer Fehler in unsern zwei Trauerspielen,
ist die öftere Auskramung einer zimlich gesuchten
geographischen und astronomischen Gelehrsamkeit. An
einem Orte in dem Herkules habe ich den Dichter zwar
dieserwegen gegen den *P. Brumoy* verteidiget; (*siehe oben S. 46.
47.*) allein man muß nicht glauben, daß ich das, was einmal
sehr wohl zu entschuldigen war, auch an allen andern Orten
gut heißen wolle. Ich brauche dieses hier nicht weitläuftiger
auszuführen, weil ich mich, in einer so deutlichen Sache,
sicher auf die Unterscheidungskraft der Leser verlassen
kann, und weil es überhaupt hier bloß auf die Gleichheit der
Stellen, nicht aber auf ihren innern Wert ankömmt. Man
halte also folgende aus dem *Herkules*:

> Quis Tanais, aut quis Nilus, aut quis Persica
> Violentis unda Tigris, aut Rhenus ferox
> Tagusve Ibera turbidus gaza fluens
> Abluere dextram poterit?

gegen folgendes aus dem *Thyest*:

> Quænam ista regio est, Argos & Sparte pios
> Sortita fratres? & maris gemini premens
> Fauces Corinthus? an feris Ister fugam
> Præbens Alanis? an sub æterna nive
> Hyrcana tellus? an vagi passim Scythæ?

besonders aber den Chor des vierten Aufzuges im *Thyest* gegen den Anfang des *Herkules*; und man wird sich hoffentlich, alle angeführte Umstände zusammen genommen, kein Bedenken machen, beide Trauerspiele einem Verfasser zuzuschreiben.

Von neuern Trauerspielen, welche die Aufschrift Thyest führen.
Auf dem italiänischen Theater stößt uns hier abermal *Lud. Dolce* auf, welcher den lateinischen *Thyest* nach seiner Art in Versen übersetzt hat. *Delrio* sagt von ihm: *italice tragœdiam Thyestem non ineleganter Ludovicus Dulcis composuit*; und scheint also die Arbeit des Italiäners mehr für etwas ihm eignes, als für eine Übersetzung zu halten. Als eine solche mag sie auch wohl sehr untreu geraten sein, indem ihm, wie *Brumoy* anmerkt, so gar das oben gerühmte *agnosco fratrem* entwischt ist; dessen Nachdruck er entweder nicht eingesehen, oder in seine Sprache nicht überzutragen gewußt hat. – – Von der französischen Bühne haben wir schon bei Gelegenheit des Herkules, auch den Thyest des *Roland Brisset* angeführt; er ist mit Chören, und wird also schwerlich etwas anders sein, als eine schlechte Übersetzung, wie sie es zu seiner Zeit alle waren. Außer diesem hat auch ein gewisser *Montleon* 1633 einen *Thyest* drucken lassen. Desgleichen will man von einem *Thyest* des *Pousset de Montauban* wissen, der sich aber nicht in der Sammlung seiner Schauspiele (von 1654 in 12mo) befindet. Man kennt diesen *Montauban* als einen Freund des *Racine*, des *Despreaux* und *Chapelle*, und behauptet so gar, daß er mit an des erstern Lustspiele *les Plaideurs* arbeiten helfen. Doch alle diese drei französischen Schriftsteller haben des Ruhms verfehlt, den ein neuer Dichter aus ihrem Volke in diesen Schranken erwerben sollte. Ich würde mir daher einen großen Fehler der Unterlassung vorzuwerfen haben, wenn ich nicht

Von dem Atreus und Thyest des ältern Hrn. von Crebillon
etwas umständlicher handelte. Dieser schöne Geist, welcher, so zu reden, mit dem Hr. von *Fontenelle* um die Wette

lebt, kann, wenn er will, auf den 29ten December dieses Jahres, sein theatralisches Jubiläum feiern. An diesem Tage nemlich, vor funfzig Jahren, ward sein erstes Trauerspiel in Paris zum erstenmale aufgeführt. Es war dieses sein *Idomeneus*, mit welchem er Beifall genug erhielt, um sich aufmuntern zu lassen, der Tragödie, die damals in einer Art von Entkräftung ganz darnieder lag, in seiner Person einen neuen würdigen Dichter zu verschaffen. Die unnachahmlichen Werke des *Corneille* und des *Racine* brachten alle, welche eben diese Bahn durchlaufen wollen, zur Bewunderung nicht minder, als zur Verzweiflung. Sie waren unfähig diesen großen Meistern zu folgen, und gaben sich also nur mit den kleinen Teilen dieser Dichtungsart ab. Einige mehr schimmernde als natürliche Stellungen, einige ziemlich wohl ausgedrückte Verse, machten den ganzen Wert ihrer Gedichte aus. Übrigens war weder glückliche Wahl des Stoffs, noch kunstreiche Einrichtung darinnen zu spüren; die Charaktere waren entweder falsch, oder verfehlt; die Versification war hart und prosaisch. Das ist der wahre Abriß der Stücke, welche eine Mademoiselle *Barbier*, ein *la Grange-Chancel*, ein *Belin*, ein *Pellegrin*, ein *Nadal*, und andere von diesem Schlage, lieferten. Unter diesen war also *Crebillon* gleich Anfangs eine sehr wichtige Erscheinung, und man muß es ihm zugestehen, daß er die Erwartung, die man von ihm hatte, nicht täuschte. Man will sogar behaupten, daß er sich auf dem neuen Wege, welchen er erwehlte, kühnlich zwischen den *Corneille* und *Racine* zu setzen gewußt habe. Es ist mein Vorsatz nicht, diesen Lobspruch hier zu untersuchen, wo ich mich allein mit seinem *Atreus* und *Thyest* beschäftigen will. Diesem Trauerspiele hat er zum Teil dasjenige Beiwort zu danken, durch welches ihn seine Landsleute vorzüglich zu charakterisieren pflegen. So wie ihnen *Corneille* der *große*, *Racine* der *zärtliche*, *Voltaire* der *prächtige* heißt: so heißt ihnen *Crebillon* der *schreckliche*. Wer sollte also nicht vermuten, daß er ein sehr starker und kühner Copiste des lateinischen *Thyest* sein werde? Unter seiner Nation wenigstens mangelt es an Schriftstellern nicht, (z. E. der Verfasser des *Dictionaire por-*

tatif des Theatres,) welche mit ausdrücklichen Worten sagen: *Ce cruel sujet, traité par Seneque, n'a pas été adouci par Mr. de Crebillon.* Wie sehr sich diese Herren aber betriegen, werden wir bald sehen. Es ist wahrscheinlich genug, daß sie das lateinische Original gar nicht mögen gelesen haben; aber auch alsdenn hätten sie nicht nötig gehabt, die Wahrheit so weit zu verfehlen, wenn sie nur bei dem eignen Geständnisse des Hrn. *Crebillon* geblieben wären. Er ist mit dem ganzen Stoffe auf eine sehr eigenmächtige Art umgegangen, und hat so viel Veränderungen damit vorgenommen, daß ich sie notwendig vorher anzeigen muß, ehe man einen kleinen Auszug aus seinem Stücke wird verstehen können. Die Zeit der Handlung setzt er zwanzig Jahr nach dem Verbrechen des *Thyest,* welcher die *Aerope* seinem Bruder, vor dem Altare weg, muß geraubt haben. Er nimmt an, *Atreus* habe zwar seine entwandte Gemahlin durch Gewalt wieder bekommen, und sei entschlossen gewesen, sie dem ohngeachtet seiner Liebe zu würdigen. Allein diese habe sich mit dem *Thyest* schon zu weit eingelassen gehabt und einen Sohn zur Welt gebracht, den sich jener nicht zueignen können. Der erzürnte *Atreus* habe ihr darauf Gift beibringen lassen, und es selbst aus einem ihrer Briefe ersehen, daß *Thyest* der Vater ihres Sohnes sei, welchen der Dichter, nach Maßgebung der Geschichte, *Plisthenes* nennet. Gleichwohl habe *Atreus* diesen Prinz als sein eignes Kind auferziehen lassen, in dem festen Vorsatze, ihn künftig zu dem Werkzeuge seiner Rache zu machen. *Thyest* sei unterdessen nach *Athen* geflohen, wo er Schutz gefunden und eine andre Gemahlin genommen habe, mit welcher er eine Tochter, Namens *Theodamia,* gezeugt. *Atreus,* der nunmehr geglaubet, daß *Plisthenes,* als ein Jüngling von zwanzig Jahren, der sich in verschiedenen Feldzügen schon rühmlich hervor getan, reif genug sei, der Mörder seines Vaters zu werden, habe mit dem Könige von *Athen* heimliche Unterhandlung gepflogen, und das Versprechen von ihm erhalten, daß er seinen Bruder ausgeliefert bekommen solle, nur müsse er selbst vor *Athen* kommen, und mit Gewalt darauf zu dringen scheinen. *Atreus* geht also sogleich mit einer Flotte von *Argos* aus, die er den Lauf auf die Insel *Euböa* nehmen läßt, damit *Thyest* nicht zu zeitig von seinem Vorhaben Nachricht bekommen, und sich aus dem Staube machen möge. Von *Euböa* aus will er alsdenn plötzlich wieder zurücksegeln und vor Athen sein, ehe es sich jemand versehen könne. Doch dieser Vorsicht ungeachtet, erfährt *Thyest* das ihm drohende Unglück; flüchtet nebst seiner Tochter auf einem Schiffe aus *Athen* fort, und will sich während der Abwesenheit seines Bruders, wieder in *Argos* fest setzen, um den *Atreus* durch diese Diversion wenigstens zu nötigen, von der Belagerung *Athens* abzustehen. Allein das Unglück verfolgt ihn, und wirft ihn durch Sturm zu eben der Zeit gegen die Insel *Euboea*, als *Atreus* wegen widrigen Windes mit seiner Flotte noch vor derselben liegen muß. Hier wird er und *Theodamie* von dem *Plisthenes* selbst, unerkannter Weise, aus dem Wasser gerettet; und nun müßte man die französische Tragödie ganz und gar nicht kennen, wenn man etwas anders vermuten könnte, als daß sich der Bruder in seine Stiefschwester werde verliebt haben. Richtig! Unter diesen Umständen fängt das *Trauerspiel* an, welches, Dank sei unter andern dem Schiffbruche, nunmehr zu *Chalcis*, einer Stadt in *Euboea* vorgehen kann, da man doch ganz gewiß vermuten sollte, es werde entweder in *Argos*, oder doch in *Mycen* vorgehen. Von dieser Erzehlung, sieht man also wohl, stimmt das allerwenigste mit der Geschichte überein. Doch da man dem tragischen Dichter nie ein Verbrechen daraus gemacht hat, diese zu verändern; so würde es mir sehr übel stehen, wenn ich den Herrn *Crebillon* deswegen tadeln wollte. Aber einer andern Kleinigkeit wegen könnte ich ihn vielleicht mit mehrerm Rechte tadeln; deswegen nemlich, daß er die geographische Wahrscheinlichkeit hin und wieder gar merklich verletzt habe. Denn man darf nur die Charte von Griechenland vor sich nehmen, so wird man sich gar bald wundern, was *Thyest*, der von *Athen* nach *Argos* schiffen wollte, in dem *Euripus* zu suchen gehabt? und wie ihn ein Sturm bis nach *Chalcis* habe verschlagen können? Man kann wohl die Geschichte ändern; aber die Erdbeschreibung muß man ungeändert lassen. Zwar wie hat Herr *Crebillon* wohl vermuten können, daß ein ängstlicher Deutscher seine Werke so genau betrachten werde? Kein Wort also mehr davon. Man wirft denen, die sich an solche Schwierigkeiten stoßen, nur allzuoft vor, daß sie unfähig wären, wesentlichere Schönheiten zu empfinden. Diesen Vorwurf möchte ich nicht gern zu verdienen scheinen. Ich komme auf den Auszug des Stückes selbst:

Erster Aufzug. Atreus giebt Befehl, daß sich die Flotte fertig halten solle, wieder unter Segel zu gehen. Er bleibt hierauf mit seinem Vertrauten, dem *Euristhenes*, allein, und entdeckt ihm sein Vorhaben; daß *Plisthenes* sein Sohn nicht sei, sondern daß er ihn nur deswegen so lange dafür ausgegeben, um sich an den *Thyest*, durch die eigne Frucht seiner lasterhaften Liebe, rächen zu können. Diese Scene ist zum Teil eine Nachahmung des zweiten Acts des lateinischen Dichters. In der folgenden erscheint *Plisthenes*, welchen sein vermeinter Vater vor sich kommen lassen, um einen Eid von ihm zu nehmen, daß er ihn nach Gefallen an seinem Feinde rächen wollen. *Plisthenes* ist so unvorsichtig, diesen Eid zu tun, ehe er es noch weiß, wer der Feind des *Atreus* sei. Er hört endlich, daß es *Thyest* sei, auf welchen diese ganze Zurüstung ziele; er erschrickt und will sein Wort wieder zurück nehmen. Er verspricht zwar, allenfalls der Sieger seines Vetters zu sein; aber nicht sein Henker. Doch *Atreus* hält ihm bei seinem Eide, und geht ab. *Plisthenes* beklagt sich gegen seinen Vertrauten den *Thessander*, und tröstet sich einzig damit, daß er vor *Athen* schon den Tod wolle zu finden wissen. Endlich erkläret er ihm auch seine Liebe gegen die unglückliche Unbekannte, die er nebst ihrem Vater aus den Wellen errettet habe. Sie ist es selbst die diesen Auftritt unterbricht. *Theodamia* kömmt mit ihrer Vertrauten der *Lonide*, und bittet den Prinzen um ein Schiff für ihren Vater, weil sie gehört habe, daß die Flotte noch heut von *Euboea* abstoßen solle. Der Prinz betauert, daß er für sich nichts tun dürfe, und verweiset sie an den *Atreus*, von dem sie die Erfüllung ihres Wunsches um so viel eher erwarten könne, da er sie schon

bereits den ersten Tag sehr gnädig empfangen, und ihr allen
Beistand versprochen habe. Er spricht ihr hierauf von seiner
Liebe, und will verzweifeln, weil er sie vielleicht nie wieder
werde zu sehen bekommen. Er erkundiget sich nach ihrem
Vaterlande, nach der Ursache ihrer Reise, und fragt sehr
galant, ob ihre Reize nur das einzige sein sollten, was er von
ihr kennen dürfe? *Theodamie* giebt ihm eine kurze Antwort; er
sieht, daß sie ihm ein Geheimnis daraus machen wolle; verspricht aber dennoch bei seinem Vater für sie zu sprechen,
so nachteilig es auch seiner Liebe sein möge. Er geht ab und
läßt die beiden Frauenzimmer allein. In dieser Scene nun
erfährt es der Zuhörer wer *Theodamie* und ihr Vater sind, und
erfährt auch zugleich, daß die erstere gegen die Liebe des
Plisthenes nicht eben unempfindlich sei. Sie bittet die Götter,
den *Thyest* vor dem *Atreus* zu verbergen, und hält es schon
für Unglück genug, daß die Tochter des *Thyest* den Sohn des
Atreus liebe, für welchen sie ihren Prinz nicht anders als noch
halten kann. Sie begiebt sich weg, ihrem Vater von der Wirkung ihrer getanen Bitte, Nachricht zu geben. *Zweiter Aufzug.*
Thyest und *Theodamie* eröffnen ihn. Der Vater dringt in seine
Tochter, daß sie bei dem *Atreus* um ein Schiff bitten soll, und
alle ihre Einwendungen von der Gefahr, die dabei zu besorgen sei, sind umsonst. Er will auf dem Schiffe, wenn er es
bekommen sollte, nach *Athen* wieder zurück gehen, damit
ihn die feindliche Flotte nicht verhindere, diesem seinen
einzigen Zufluchtsorte mit Rat und Hülfe beizuspringen. Er
sieht seinen Bruder kommen und entfernt sich. Ehe *Atreus*
noch die *Theodamie* anredet, meldet ihm *Alcimedon*, einer von
den Officieren der Flotte, daß ein von Athen kommendes
Schiff die Nachricht mitgebracht, daß sich *Thyest* schon seit
einem Monate nicht mehr daselbst aufhalte. Er will den
Patron des Schiffes selbst sprechen, und nachdem er Befehl
gegeben, ihn herbei zu bringen, fragt er die *Theodamie*, was
ihr Begehren sei? Sie trägt ihre Bitte vor, und antwortet ihm
auf verschiedene Fragen, die er ihr wegen ihres Unglücks,
wegen ihrer Reise, wegen ihres Vaters vorlegt. Endlich erinnert er sich, daß er diesen letztern noch nicht gesehen, und

will wissen, warum er sich vor ihm verborgen halte? Die Tochter entschuldiget ihn, mit seinen kränklichen Umständen; doch dieser Entschuldigung ohngeachtet schickt er einen von seiner Wache ab, und will den unglücklichen Fremdling mit aller Gewalt sehen. Die Wache bringt ihn. Er tut eben die Frage an ihn, die er an seine Tochter getan hatte; bekömmt aber ganz widersprechende Antworten darauf. Endlich erkennt er den *Thyest* an der Stimme, und noch mehr, wie er sagt, an den plötzlichen Aufwallungen seines Zornes. *Thyest* verleugnet sich nicht lange, und *Atreus* will ihn sogleich durch seine Trabanten ermorden lassen, als er sich noch besinnt, daß er dem *Plisthenes* diesen Mord vorbehalten müßte. *Plisthenes* erscheint; erfährt, daß der Vater seiner Geliebten *Thyest* sei, und nimmt sich desselben mit solchem Nachdrucke an, daß *Atreus* genötigt ist, seinen Zorn zu verbergen, und sich versöhnt zu stellen. Auf diese erfreuliche Veränderung gehen alle ab; im Abgehen aber giebt *Atreus* dem *Euristhenes* noch Befehl, diejenigen von den Soldaten bei Seite zu bringen, welche dem *Plisthenes* etwa am meisten ergeben sein könnten, und sich selbst an diesem Orte wieder bald bei ihm einzufinden. *Dritter Aufzug*. *Atreus* freuet sich, daß er den *Thyest* nunmehr in seiner Gewalt habe. Er hat es gemerkt, daß *Plisthenes* die *Theodamie* liebe, und ist entschlossen beide dieser Liebe zu überlassen, von der er es fast nur allein wußte, wie lasterhaft sie sei. Ja diese lasterhafte Liebe soll ihm so gar das Mittel werden, wodurch er den *Plisthenes* desto eher zur Ermordung des *Thyest* zu bringen denkt. Er hatte ihn durch den *Euristhenes* vor sich fordern lassen; er führt ihm seinen getanen Eid zu Gemüte und läßt ihm die Wahl, ob er den *Thyest* sogleich selbst ermorden oder seine Geliebte vor seinen Augen sterben sehen wolle. Vergebens beruft sich der Prinz auf die geschehene Aussöhnung, und will lieber selbst sterben, als das Werkzeug einer so unmenschlichen Tat sein: *Atreus* sieht den *Thyest* kommen, wiederholt seinen drohenden Befehl nochmals, und läßt ihn mit ihm allein. Dieser dankt dem *Plisthenes* für seine ihm erwiesene Freundschaft, und versichert ihn einer

Liebe, die seiner väterlichen Liebe gegen seine Tochter gleich komme. *Plisthenes* tut desgleichen, und gesteht, gegen den *Thyest* eine Zuneigung zu fühlen, die sein Herz mit ganz unbekannten Regungen erfülle. Er giebt ihm von weiten alle das Unglück zu verstehen, das über seinem Haupte hänge, und giebt ihm eben den Rat zu fliehen, als *Atreus* wieder herein tritt. Er sagt ihm mit wenig Worten, daß er seinen Ungehorsam schon zu bestrafen wissen wolle, und schickt ihn fort. *Thyest* erstaunt über diese Drohungen, wird aber auf eine gebieterische Art von seinem Bruder erinnert, daß er sich deswegen zufrieden stellen solle, weil sie nichts beträfen, was ihn angehen könne. Sobald *Atreus* allein ist, läßt er seinen Verdruß über die verzögerte Rache aus, und entschließt sich, den *Thyest* zwar leben zu lassen, aber ihn sonst auf eine weit schrecklichere Art zu strafen. *Vierter Aufzug.* *Plisthenes* erscheint, mit seinem Vertrauten, voller Wut, nachdem er alle Anstalten zu einer plötzlichen Flucht nehmen lassen. Er kann weder den *Thyest* noch die *Theodamie* finden, und ist besonders wegen der letztern in der grausamsten Unruhe, als er sie zitternd und weinend auf sich zu kommen sieht. Sie sagt ihm, daß sie wegen ihres Vaters in den äußersten Sorgen sei, welcher wie rasend in dem Pallaste herum irre, und dem *Atreus* den Dolch in das Herz stoßen wolle, weil er gewiß glaube, daß der Tyrann sowohl seinen als des *Plisthenes* Tod geschworen habe. Der Prinz will ihn aufsuchen, aber *Thyest* erscheinet selbst, und erfreut sich, daß seine Furcht vergebens gewesen, in der er den *Plisthenes* schon für ermordet gehalten. Dieser dringt mit aller Gewalt in ihn, sich sogleich auf die Flucht zu machen, und will ihm seinen Vertrauten mitgeben, welcher ihn bis in den Hafen bringen solle. Doch *Thyest* hält es für seiner Ehre unanständig, sich zu retten, und denjenigen, dem er diese Rettung würde zu danken haben, der größten Gefahr seinetwegen ausgesetzt zu wissen. Während diesem großmütigen Weigern kömmt *Atreus* dazu. Er sieht ihre Bestürzung, und nimmt von derselben Gelegenheit, auf einmal sich als eine ganz veränderte Person zu zeigen. Er sagt, der Himmel habe sein Herz verändert, und alle Rache daraus vertilget; und damit er seinen Bruder von der Aufrichtigkeit dieses Bekenntnisses überzeugen möge, entdeckt er, wer *Plisthenes* sei, und zu was für einer grausamen Tat er ihn bestimmt gehabt habe. Die Erkennung ist rührend, und *Plisthenes* sieht mit Entsetzen auf die Laster zurück, in die ihn sein grausames Schicksal beinahe gestürzt hätte. Fast wäre er ein Vatermörder und ein Blutschänder geworden! Doch *Atreus* will dieses, daß er den *Thyest* seinen Sohn wiederschenkt, nicht die einzige Versicherung seiner völligen Aussöhnung sein lassen; sondern erbietet sich auch, mit seinem Bruder aus dem väterlichen Becher zu trinken, welcher für die Söhne des *Tantalus* eben das sei, was den Göttern der Schwur bei dem Styx zu sein pflege. *Thyest* nimmt dieses Erbieten an, und es gehen alle mit einem Scheine von Zufriedenheit ab; nur *Plisthenes* behält Verdacht, und giebt seinem Vertrauten Befehl, die Schiffe im Hafen noch immer in Bereitschaft zu halten. *Fünfter Aufzug.* Auch zu Anfange dieses Aufzuges kämpfet er noch mit schrecklichen Ahndungen. *Thessander* will ihn beruhigen, und rät ihm, nicht zu entfliehen, weil diese Flucht den *Atreus* aufs neue aufbringen möchte, welcher sich jetzt gegen den *Thyest* ganz ausnehmend freundschaftlich bezeige, und ein prächtiges Fest ihm zu Ehren anstellen lasse. Doch dem ohngeachtet hört *Plisthenes* nicht auf, zu fürchten, und schickt den *Thessander* fort, die *Theodamie* abzuholen, und sich mit ihr nach den Hafen zu begeben. Er selbst will den *Thyest* in gleicher Absicht aufsuchen, und eben fortgehen, als *Atreus* mit seiner Wache herein tritt, und ihm aus der vorgesetzten Flucht, die er erfahren habe, ein Verbrechen macht, unter dessen Vorwande er ihm zum Tode verdammt. *Plisthenes* entschuldiget sich nur wenig, und ist bloß für seinen Vater und seine Schwester besorgt, von welchen er versichert, daß sie keinen Anteil an seiner Veranstaltung zur Flucht gehabt hätten. Er bittet für sie; doch der Tyrann läßt ihn von der Wache fortschleppen, um ihn in der schmerzlichsten Ungewißheit von dem Schicksale dieser geliebten Person hinrichten zu lassen. Nunmehr froh-

locket *Atreus* vor sich selbst, und kitzelt sich im voraus mit
der Rache, die er durch das Blut des Sohnes gegen den Vater
ausüben wolle. Beinahe erschrickt er zwar selbst, über seinen grausamen Anschlag; doch er erinnert sich gar bald
wieder, daß er *Atreus* sei, und den *Thyest*, wenn er ihn strafen
wolle, nicht anders als auf eine unerhörte Art strafen müsse.
Der unglückliche Bruder erscheint mit einem Gesichte, auf
welchem sich Furcht und Traurigkeit zeigen. Er bittet, um
wieder ruhig zu werden, daß man seine Kinder zu ihm lasse,
und *Atreus* hält ihn so lange mit zweideutigen Tröstungen
auf, bis der väterliche Becher herbei gebracht wird. *Thyest*
ergreift ihn, und will ihn an den Mund bringen, als er das
Blut darinne gewahr wird. Er erschrickt; seine Tochter
kommt dazu und meldet den Tod ihres Bruders; er merkt,
daß es das Blut seines Sohnes sei, und bricht gegen den
Atreus in Vorwürfe und Verwünschungen aus. Er verlangt
nicht länger zu leben; doch eben darum, weil ihm das Leben
nunmehr zur Last sei, will es ihm der Tyrann lassen. Doch
Thyest verschmähet diese grausame Gnade, und ersticht sich
selbst. Sterbend beruhiget er noch seine Tochter, und läßt sie
auf die Rache des Himmels hoffen. *Atreus* geht mit seiner
Bosheit zufrieden ab, und das Stück schließt – – – Ich habe
diesen trocknen Auszug nicht in der Absicht vorgelegt, den
Wert des Dichters daraus zu bestimmen; ich würde sonst
eben so törigt sein, als derjenige, welcher nach einem Skelet
die völlige Schönheit beurteilen wollte, welche der ganze
Körper könne gehabt haben. Wie man aber doch aus dem
Skelet wenigstens auf etwas schließen kann, nemlich auf den
regelmäßigen Bau der Glieder; so wird auch mein Auszug
wenigstens darzu nützen können, daß man ohngefehr die
Art und Weise sieht, mit welcher ein neuer Dichter einen so
alten und von den Sitten unsrer Zeit so abweichenden Stoff,
habe bearbeiten können. Nach meinem Urteile kann man
dem Hrn. *Crebillon* wohl weiter nichts vorwerfen, als daß
er seinen *Atreus* und *Thyest* ein wenig gar zu neumodisch
gemacht; daß er die Haupthandlung mit einer unnötigen Episode, und zwar mit einer verliebten Episode, ge-

schwächt, und das Ganze durch die Einführung so vieler Vertrauten, welches immer nichts anders als sehr frostige Personen sind, die bloß die Monologen müssen vermeiden helfen, matt gemacht habe. Wie weit er aber überhaupt unter dem Schrecklichen des lateinischen Dichters geblieben sei, wird man schon von sich selbst abgenommen haben. Er hat die stärksten Züge in seinem Muster unberührt gelassen, und außer dem so gelinderten Hauptinhalte, kaum hier und da einige glänzende Gedanken von demselben erborgt. Doch auch diese hat er oft ziemlich gewässert, und die Stärke gar nicht gezeigt, mit welcher der ältere *Corneille* die schönsten und prächtigsten Gedanken der römischen Trauerspiele in seine überzutragen wußte. Einigemal ist es ihm so ziemlich gelungen; besonders bei dem *agnosco fratrem*, welches er durch folgende Zeile ausgedrückt hat:

A. Meconnois-tu ce sang? *Th*. Je reconnois mon frere.

Auch noch eine Stelle hat er sehr wohl anzuwenden gewußt, und zwar eine solche, welche manchem Ausleger des alten Dichters selbst nicht recht verständlich gewesen ist. Ich meine die 1052te Zeile:

> Sceleri modus debetur, ubi facias scelus,
> Non ubi reponas – –

welche er sehr kurz und schön so übersetzt hat:

> Il faut un terme au crime, & non à la vengeance.

Ich will zum Schlusse noch das mitteilen, was Herr *Crebillon* selbst von diesem seinem Stücke sagt. Es ist ein Teil der Vorrede, in welchem man verschiedene hieher gehörige Gedanken finden wird. »Fast ein jeder, sagt er, hat sich wider den Inhalt dieses Trauerspiels empört. Ich kann weiter nichts darauf antworten, als dieses, daß ich nicht der Erfinder davon bin. Ich sehe wohl, daß ich Unrecht getan habe, mir die Tragödie allzusehr als eine schreckliche Handlung vorzustellen, die den Zuschauern unter rührenden Bildern müsse gezeigt werden, und die sie zum Mitleiden und Schrecken bewegen solle, doch ohne Züge, welche den Wohlstand und die Zärtlichkeit beleidigen könnten. Es kömmt also nur darauf an, ob ich diesen so nötigen Wohlstand beobachtet habe. Ich glaube mich dessen schmeicheln zu dürfen. Ich habe nichts vergessen, was meinen Stoff lindern und unsern Sitten gemäß einrichten könne. Um den *Atreus* unter keiner unangenehmen Gestalt zu zeigen, lasse ich die *Aerope* von dem Altare selbst entführt werden, und setze diesen Prinz, (wenn ich hier diese Vergleichung brauchen darf,) gerade in eben den Fall des bezauberten Bechers bei dem *la Fontaine*.

L'etoit-il? ne l'etoit-il point?

Ich habe durchaus die Fabel verändert, um seine Rache weniger schrecklich zu machen, und mein *Atreus* ist bei weiten nicht so grausam, als der *Atreus* des Seneca. Ich habe mich begnügt, für den *Thyest* alle den Greuel des von seinem Bruder ihm bestimmten Bechers, fürchten zu lassen, und er bringt nicht einmal seine Lippen daran. Ich gestehe es zwar, daß mir diese Scene selbst schrecklich schien. Es überfiel mich ein Schauder; aber nichts destoweniger glaubte ich, daß sie sich in ein Trauerspiel sehr wohl schicke. Ich sehe nicht, warum man sie mehr davon ausschließen solle, als die Scene in der *Rodogune*, wo *Cleopatra*, nachdem sie einen von ihren Söhnen schon ermordet, den andern vor den Augen der Zuschauer vergiften will. So unwillig man auch gegen die Grausamkeit des *Atreus* gewesen, so glaube ich doch nicht, daß man ein vollkommener Bild auf die tragische Scene bringen könne, als das Bild von der Stellung des unglücklichen *Thyest*, welcher sich ohne Hülfe der Wut des barbarischsten unter allen Menschen ausgesetzt sieht. Ob man sich nun aber schon von seinen Tränen und seinem Jammer erweichen ließ; so blieb man mir dennoch deswegen aufsätzig. Man hatte die Güte, mir alle Abscheulichkeit der Erfindung zu lassen, und rechnete mir alle die Lastertaten des *Atreus* an. An einigen Orten betrachtet man mich auch noch als einen fürchterlichen Menschen, bei welchem man nicht recht sicher sei; gleich als ob alles, was der Witz erdenket, seine Quelle in dem Herzen haben müsse. Eine schöne Lection für die Schriftsteller, welche sie nicht nachdrücklich genug wird lehren können, mit wie vieler Behutsamkeit sie vor dem Publico erscheinen müssen. Ein artiges Frauenzimmer, welches sich in Gesellschaft mit ehrbaren Scheinspröden befindet, darf sich lange nicht mit so vieler Sorgfalt beobachten. Und endlich hätte ich mir es nimmermehr vorgestellt, daß in einem Lande, in welchem es so viel gemißhandelte Ehemänner giebt, *Atreus* so wenig Verteidiger finden sollte. Was die doppelte Aussöhnung, die man mir vorwirft, anbelangt, so erkläre ich gleich voraus, daß ich mich in diesem Puncte niemals für schuldig erkennen werde. *Atreus* erziehet den *Plisthenes*, um einmal den *Thyest* durch die Hände seines eigenen Sohnes umbringen zu lassen; er erschleicht von diesem jungen Prinzen einen Eid, welcher aber gleichwohl bei Erblickung des *Thyest* nicht gehorchet. *Atreus* kann also zu nichts andern seine Zuflucht nehmen, als zur Verstellung; er erdichtet ein Mitleiden, welches er nicht fähig ist, zu empfinden; er bedient sich hierauf der allergewaltsamsten Mittel, den *Plisthenes* zur Vollziehung seines Eides zu vermögen, von welcher dieser aber durchaus nichts wissen will. *Atreus*, welcher sich an dem *Thyest* auf eine seiner würdige Art rächen will, muß also notwendig zu einer zweiten Versöhnung schreiten. Ich getraue mir zu sagen, daß dieser grausame Prinz alle Geschicklichkeit anwendet, die ein Betrieger nur immer anwenden kann. Es ist unmöglich, daß *Thyest* dieser Falle entgehen sollte, wenn er auch schon selbst ein eben so großer Betrieger wäre, als sein Bruder. Man darf das Stück nur ohne Vorurteil lesen, so wird man finden, daß ich nicht Unrecht habe. Je betriegerischer aber *Atreus* ist, desto besser habe ich seinen Charakter ausgedrückt; weil Verräterei und Verstellung fast immer von der Grausamkeit unzertrennlich sind etc.«

Von den übrigen lateinischen Trauerspielen in den folgenden Stücken.

POPE EIN METAPHYSIKER!

Vorbericht.

Man würde es nur vergebens leugnen wollen, daß gegenwärtige Abhandlung durch die neuliche Aufgabe der Königl. Preußischen Akademie der Wissenschaften, veranlaßt worden; und daher hat man auch diese Veranlassung selbst nirgends zu verstecken gesucht. Allein wenn der Leser deswegen an eine Schöne denken wollte, die sich aus Verdruß dem Publico Preis giebt, weil sie den Bräutigam, um welchen sie mit ihren Gespielinnen getanzt, nicht erhalten; so würde er ganz gewiß an eine falsche Vergleichung denken. Die Akademischen Richter werden es am besten wissen, daß ihnen diese Schrift keine Mühe gemacht hat. Es fanden sich Umstände welche die Einschickung derselben verhinderten, die aber ihrer Bekanntmachung durch den Druck nicht zuwider sind. Nur einen von diesen Umständen zu nennen – – Sie hat *zwei* Verfasser, und hätte daher unter keinem andern Sinnspruche erscheinen können, als unter diesem:

Compulerant – – greges Corydon et Thyrsis in unum.

Gesetzt nun, sie wäre gekrönt worden! Was für Streitigkeit würde unter den Urhebern entstanden sein! Und diese wollten gerne keine unter sich haben.

Aufgabe.

Die Akademie verlangt eine Untersuchung des *Popischen* Systems, welches in dem Satze *alles ist gut* enthalten ist. Und zwar so, daß man

Erstlich den wahren Sinn dieses Satzes, der Hypothes seines Urhebers gemäß, bestimme.

Zweitens ihn mit dem System des Optimismus, oder der Wahl des Besten, genau vergleiche, und

Drittens die Gründe anführe, warum dieses Popische System entweder zu behaupten oder zu verwerfen sei.

Die Akademie verlangt eine Untersuchung des *Popischen Systems*, welches in dem Satze: *alles ist gut*, enthalten ist.

Ich bitte um Verzeihung, wenn ich gleich Anfangs gestehen muß, daß mir die Art, mit welcher diese Aufgabe ausgedrückt worden, nicht die beste zu sein scheinet. Da *Thales, Plato, Chrysippus, Leibnitz* und *Spinosa*, und unzählig andere, einmütig bekennen: *es sei alles gut*; so müssen in diesen Worten entweder alle Systemata, oder es muß keines darin enthalten sein. Sie sind der Schluß, welchen jeder aus seinem besondern Lehrgebäude gezogen hat, und der vielleicht noch aus hundert andern wird gezogen werden. Sie sind das Bekenntnis derer, welche ohne Lehrgebäude philosophiert haben. Wollte man sie zu einem Kanon machen, nach welchem alle dahin einschlagende Fragen zu entscheiden wären; so würde mehr Bequemlichkeit als Verstand dabei sein. *GOtt hat es so haben wollen, und weil er es so hat haben wollen, muß es gut sein*: ist wahrhaftig eine sehr leichte Antwort, mit welcher man nie auf dem Trocknen bleibt. Man wird damit abgewiesen, aber nicht erleuchtet. Sie ist das beträchtlichste Stück der Weltweisheit der Faulen; denn was ist fauler, als sich bei einer jeden Naturbegebenheit auf den Willen GOttes zu berufen, ohne zu überlegen, ob der vorhabende Fall auch ein Gegenstand des göttlichen Willens habe sein können?

Wenn ich also glauben könnte, der Concipient der Akademischen Aufgabe habe schlechterdings in den Worten *Alles ist gut* ein System zu finden verlangt; so würde ich billig fragen, ob er auch das Wort System in der strengen Bedeutung nehme, die es eigentlich haben soll? Allein er kann mit Recht begehren, daß man sich mehr an seinen Sinn, als an seine Worte halte. Besonders alsdenn, wenn der wahre Sinn, der falschen Worte ungeachtet durchstrahlet, wie es hier in den nähern Bestimmungen des Satzes hinlänglich geschiehet.

Diesem zu folge stelle ich mir also vor, die Akademie verlange eine Untersuchung desjenigen Systems, welches *Pope* erfunden oder angenommen habe, um die Wahrheit: *daß alles gut sei*, dadurch zu erhärten, oder daraus herzuleiten, oder wie man sonst sagen will. Nur muß man nicht sagen, daß das System in diesen Worten *liegen* solle. Es liegt nicht eigentlicher darinne, als die Prämissen in einer Conclusion liegen, deren zu eben derselben eine unendliche Menge sein können.

Vielleicht wird man es mir verdenken, daß ich mich bei dieser Kleinigkeit aufgehalten habe. — — Zur Sache also! *Eine Untersuchung des Popischen Systems* — —

Ich habe nicht darüber nachdenken können, ohne mich vorher mit einem ziemlichen Erstaunen gefragt zu haben: wer ist *Pope*? — — — Ein Dichter — — — Ein Dichter? Was macht Saul unter den Propheten? Was macht ein Dichter unter den Metaphysikern?

Doch ein Dichter braucht nicht alle Zeit ein Dichter zu sein. Ich sehe keinen Widerspruch, daß er nicht auch ein Philosoph sein könne. Ebenderselbe, welcher in dem Frühlinge seines Lebens unter Liebesgöttern und Grazien, unter Musen und Faunen, mit dem Thyrsus in der Hand, herumgeschwärmt; eben derselbe kann sich ja leicht in dem reifen Herbste seiner Jahre, in den philosophischen Mantel einhüllen, und jugendlichen Scherz mit männlichem Ernst abwechseln lassen. Diese Veränderung ist der Art, wie sich die Kräfte unserer Seelen entwickeln, gemäß genug.

Doch eine andere Frage machte diese Ausflucht zu nichte. — — Wenn? Wo hat *Pope* den Metaphysiker gespielt, den ich ihm nicht zutraue? — — Eben, als er seine Stärke in der Dichtkunst am meisten zeigte. In einem Gedichte. In einem Gedichte also, und zwar in einem Gedichte, das diesen Namen nach aller Strenge verdient, hat er ein System aufgeführt, welches eine ganze Akademie der Untersuchung wert erkennet? So sind also bei ihm der Poet und der strenge

Philosoph – – strenger aber als der systematische kann keiner sein – – nicht zwei mit einander abwechselnde Gestalten, sondern er ist beides zugleich; er ist das eine, indem er das andere ist?

Dieses wollte mir schwer ein – – Gleichwohl suchte ich mich auf alle Art davon zu überzeugen. Und endlich behielten folgende Gedanken Platz, die ich eine

VORLÄUFIGE UNTERSUCHUNG,
Ob ein Dichter, als ein Dichter, ein System haben könne?
nennen will.

Hier hätte ich vielleicht Gelegenheit eine Erklärung des Worts *System* voraus zu schicken. Doch ich bleibe bei der Bescheidenheit, die ich schon oben verraten habe. Es ist so ungeziemend, als unnötig, einer Versammlung von Philosophen, das ist, einer Versammlung systematischer Köpfe zu sagen, was ein System sei?

Kaum daß es sich schickte, ihr zu sagen, was ein Gedicht sei; wenn dieses Wort nicht auf so verschiedene Art erklärt worden wäre, und ich nicht zeigen müßte, welche ich zu meiner Untersuchung für die bequemste hielte.

Ein Gedicht ist eine vollkommene sinnliche Rede. Man weiß, wie vieles die Worte *vollkommen* und *sinnlich* in sich fassen, und wie sehr diese Erklärung allen andern vorgezogen zu werden verdienet, wenn man von der Natur der Poesie weniger seicht urteilen will.

Ein *System* also und eine *sinnliche* Rede – Noch fällt der Widerspruch dieser zwei Dinge nicht deutlich genug in die Augen. Ich werde mich auf den besondern Fall einschließen müssen, auf welchen es eben hier ankömmt; und für das System überhaupt, ein metaphysisches setzen.

Ein System metaphysischer Wahrheiten also, und eine sinnliche Rede; beides in einem – – Ob diese wohl einander aufreiben?

Was muß der Metaphysiker vor allen Dingen tun? – – Er

muß die Worte, die er brauchen will, erklären; er muß sie nie in einem andern Verstande, als in dem erklärten anwenden; er muß sie mit keinen, dem Scheine nach gleichgültigen, verwechseln.

Welches von diesen beobachtet der Dichter? Keines. Schon der Wohlklang ist ihm eine hinlängliche Ursache, einen Ausdruck für den andern zu wählen, und die Abwechslung synonymischer Worte ist ihm eine Schönheit.

Man füge hierzu den Gebrauch der Figuren – Und worin bestehet das Wesen derselben? – – Darin, daß sie nie bei der strengen Wahrheit bleiben; daß sie bald zu viel, und bald zu wenig sagen – – Nur einem Metaphysiker, von der Gattung eines *Böhmens*, kann man sie verzeihen.

Und die Ordnung des Metaphysikers? – – Er geht, in beständigen Schlüssen, immer von dem leichtern, zu dem schwerern fort; er nimmt sich nichts vorweg; er holet nichts nach. Wenn man die Wahrheiten auf eine sinnliche Art auseinander könnte wachsen sehen: so würde ihr Wachstum eben dieselben Staffeln beobachten, die er uns in der Überzeugung von derselben hinauf gehen läßt.

Allein Ordnung! Was hat der Dichter damit zu tun? Und noch dazu eine so sclavische Ordnung. Nichts ist der Begeisterung eines wahren Dichters mehr zuwider.

Man würde mich schwerlich diese kaum berührten Gedanken weiter ausführen lassen, ohne mir die Erfahrung entgegen zu setzen. Allein auch die Erfahrung ist auf meiner Seite. Sollte man mich also fragen, ob ich den *Lucrez* kenne; ob ich wisse, daß seine Poesie das System des Epikurs enthalte? Sollte man mir andere seines gleichen anführen; so würde ich ganz zuversichtlich antworten: *Lucrez* und seines gleichen, sind Versmacher, aber keine Dichter. Ich leugne nicht, daß man ein System in ein Sylbenmaß, oder auch in Reime bringen könne; sondern ich leugne daß dieses in ein Sylbenmaß oder in Reime gebrachte System ein Gedicht sein werde. – – Man erinnere sich nur, was ich unter einem Gedichte verstehe; und was alles in dem Begriffe einer sinnlichen Rede liegt. Er wird schwerlich in seinem ganzen

Umfange auf die Poesie irgend eines Dichters eigentlicher anzuwenden sein, als auf die Popische.

Der Philosoph, welcher auf den Parnaß hinaufsteiget, und der Dichter, welcher sich in die Täler der ernsthaften und ruhigen Weisheit hinabbegeben will, treffen einander gleich auf dem halben Wege, wo sie, so zu reden, ihre Kleidung verwechseln, und wieder zurückgehen. Jeder bringt des andern Gestalt in seine Wohnungen mit sich; weiter aber auch nichts, als die Gestalt. Der Dichter ist ein philosophischer Dichter, und der Weltweise ein poetischer Weltweise geworden. Allein ein philosophischer Dichter ist darum noch kein Philosoph, und ein poetischer Weltweise ist darum noch kein Poet.

Aber so sind die Engländer. Ihre großen Geister sollen immer die größten, und ihre seltnen Köpfe sollen immer Wunder sein. Es schien ihnen nicht Ruhms gnug, *Popen* den vortrefflichsten philosophischen Dichter zu nennen. Sie wollen, daß er ein eben so großer Philosoph als Poet sei. Das ist: sie wollen das Unmögliche, oder sie wollen *Popen* als Poet um ein großes erniedrigen. Doch das letztere wollen sie gewiß nicht; sie wollen also das erstere.

Bisher habe ich gezeigt – – wenigstens zeigen wollen – – daß ein Dichter, als Dichter, kein System machen *könne*. Nunmehr will ich zeigen, daß er auch keines machen *will*; gesetzt auch, er könnte; gesetzt auch, meine Schwierigkeiten involvierten keine Unmöglichkeit, und sein Genie gebe ihm Mittel an die Hand, sie glücklich zu übersteigen.

Ich will mich gleich an *Popen* selbst halten. Sein Gedicht sollte kein unfruchtbarer Zusammenhang von Wahrheiten sein. Er nennt es selbst ein moralisches Gedicht, in welchem er die Wege Gottes in Ansehung der Menschen rechtfertigen wolle. Er suchte mehr einen lebhaften Eindruck, als eine tiefsinnige Überzeugung – – Was mußte er wohl also in dieser Absicht tun? Er mußte, ohne Zweifel, alle dahin einschlagende Wahrheiten in ihrem schönsten und stärksten Lichte seinen Lesern darstellen.

Nun überlege man, daß in einem System nicht alle Teile

von gleicher Deutlichkeit sein können. Einige Wahrheiten desselben ergeben sich so gleich aus dem Grundsatze; andere sind mit gehäuften Schlüssen daraus herzuleiten. Doch diese letzten können in einem andern System die deutlichsten sein, in welchem jene erstern vielleicht die dunkelsten sind.

Der Philosoph macht sich aus dieser kleinen Unbequemlichkeit der Systeme nichts. Die Wahrheit, die er durch einen Schluß erlanget, ist ihm darum nicht mehr Wahrheit, als die, zu welcher er nicht anders als durch zwanzig Schlüsse gelangen kann; wenn diese zwanzig Schlüsse nur untrüglich sind. Genug, daß er alles in einen Zusammenhang gebracht hat; genug daß er diesen Zusammenhang mit einem Blicke, als ein Ganzes zu übersehen vermag, ohne sich bei den feinen Verbindungen desselben aufzuhalten.

Allein ganz anders denkt der Dichter. Alles was er sagt, soll gleich starken Eindruck machen; alle seine Wahrheiten sollen gleich überzeugend rühren. Und dieses zu können, hat er kein ander Mittel, als diese Wahrheit nach diesem System, und jene nach einem andern auszudrücken. – – Er spricht mit dem Epikur, wo er die Wollust erheben will, und mit der Stoa, wo er die Tugend preisen soll. Die Wollust würde in den Versen eines Seneka, wenn er überall genau bei seinen Grundsätzen bleiben wollte, einen sehr traurigen Aufzug machen; eben so gewiß, als die Tugend, in den Liedern eines sich immer gleichen Epikurers, ziemlich das Ansehen einer Metze haben würde.

Jedoch ich will den Einwendungen Platz geben, die man hierwider machen könnte. Ich will mir es gefallen lassen; *Pope* mag eine Ausnahme sein. Er mag *Geschicklichkeit* und *Willen* genug besessen haben, in seinem Gedichte, wo nicht ein System völlig zu entwerfen, wenigstens mit den Fingern auf ein gewisses zu zeigen. Er mag sich nur auf diejenigen Wahrheiten eingeschränkt haben, die sich nach diesem System sinnlich vortragen lassen. Er mag die übrigen um so viel eher übergangen sein, da es ohnedem die Pflicht eines Dichters nicht ist, alles zu erschöpfen.

Wohl! Es muß sich ausweisen; und es wird sich nicht besser ausweisen können, als wenn ich mich genau an die von der Akademie vorgeschriebenen Puncte halte. Diesen gemäß wird meine Abhandlung aus drei Abschnitten bestehen, welchen ich zuletzt einige historisch critische Anmerkungen beifügen will.

ERSTER ABSCHNITT.
Sammlung derjenigen Sätze, in welchen das Popische System liegen müßte.

Man darf diese Sätze fast nirgends anders als in dem ganzen *ersten* Briefe, und in dem *vierten*, hin und wieder, suchen.

Ich habe keinen einzigen übergangen, der nur in etwas eine systematische Miene machte, und ich zweifele ob man außer folgenden *Dreizehn* noch einen antreffen wird, welcher in dieser Absicht in Betrachtung gezogen zu werden verdiente.

Die Ordnung nach welcher ich sie hersetzen will, ist nicht die Ordnung, welcher *Pope* in dem Vortrage gefolget ist. Sondern es ist die, welcher *Pope* im Denken muß gefolget sein; wenn er anders einer gefolgt ist.

Erster Satz.
Von allen möglichen Systemen muß Gott das beste geschaffen haben.

Dieser Satz gehört *Popen* nicht eigentümlich zu; vielmehr zeigen seine Worte deutlich genug, daß er ihn als ausgemacht annimmt, und von einem andern entlehnet.
1. B. Z. 43. 44.
*Of Systems possible, if 'tis confest,
That Wisdom infinite must form the best etc.*
Das ist: *wenn man zugestehen muß, daß eine unendliche Weisheit aus allen möglichsten Systemen das beste erschaffen müsse.* Wenn kann hier keine Ungewißheit anzeigen; sondern, weil er seine übrigen Sätze aus dieser Bedingung folgert, so muß es hier eben das sein, als wenn er gesagt hätte: *da man notwendig gestehen muß etc.*

Zweiter Satz.
In diesem besten System, muß alles zusammenhangen, wenn nicht alles in einander fallen soll.

1. B. Z. 45.
Where all must fall, or all coherent be.

In dem gemeinen Exemplare, welches ich vor mir habe, heißt die letzte Hälfte dieser Zeile: *or not coherent be.* Ich vermute nicht ohne Grund, daß es an statt *not, all* heißen müsse. Gesetzt aber *Pope* habe wirklich *not* geschrieben, so kann doch auch alsdenn kein anderer Sinn darinne liegen, als der, welchen ich in dem Satze ausgedrückt habe. – – Es kömmt hier nur noch darauf an, was *Pope* unter dem Zusammenhange in der Welt verstehe. Er erklärt sich zwar nicht ausdrücklich darüber; verschiedene Stellen aber zeigen, daß er diejenige Einrichtung darunter verstehe, nach welcher alle Grade der Vollkommenheit in der Welt besetzt wären, ohne daß irgendwo eine Lücke anzutreffen sei. Er setzt daher zu den angeführten Worten hinzu (Z. 46.) *and all that rises, rise in due degree.* d. h. mit dem vorhergehenden zusammen genommen: *Es muß alles in einander fallen, oder alles zusammenhangen, und was sich erhebt, muß sich in dem gebührenden Grade erheben.* Folglich findet er den Zusammenhang darin, daß sich alles stufenweis in der Welt erhebe. Und ferner sagt er: (Z. 233.) wenn einige Wesen vollkommen werden sollen; so müssen entweder die niedrigern Wesen an ihre Stelle rükken, oder es muß in der *vollen* Schöpfung eine Lücke bleiben, da alsdenn die ganze Leiter zerrüttet werden müßte, so bald nur eine einzige Stufe zerbrochen wird. *Each System in gradation roll:* (Z. 239.) *Ein jedes System gehet stufenweise fort*; sagt überhaupt eben dieses. Und eben diese allmählige Degradation nennt er die große Kette, welche sich von dem Unendlichen bis auf den Menschen, und von dem Menschen bis auf das Nichts erstrecke. (1. Brief. Z. 232. 236.) Folgende Zeilen aus dem vierten Briefe machen des Dichters Meinung vielleicht noch deutlicher. (Zeile 47. und folgende.)

> *Order is Heav'n's great Law; and this confest,*
> *Some are and must be, mightier than the rest,*
> *More rich, more wise etc.*

Er nimmt also diese Einrichtung, nach welcher alle Grade der Vollkommenheit verschieden sind, für die Ordnung an. Auch aus den folgenden Sätzen wird man es sehn, daß er mit dem Zusammenhange in der Welt keinen andern Begriff verknüpfe, als den wir eben auseinander gesetzt haben.

Dritter Satz.
In der Kette von Leben und Empfindung müssen irgendwo solche Wesen, wie die Menschen sind, anzutreffen sein.
1. B. Z. 47. 48.
> *– in the scale of life and sense, 'tis plain*
> *There must be, some where, such a rank as Man.*

Dieser Satz folgt unmittelbar aus dem vorhergehenden. Denn sollen in der besten Welt alle Grade der Vollkommenheit ihre Wirklichkeit erlangen; so muß auch der Rang, der für den Menschen gehört, nicht leer bleiben. Der Mensch hat also weder in der besten Welt ausbleiben, noch vollkommener geschaffen werden können. In beiden Fällen würde ein Grad der Vollkommenheit nicht wirklich geworden, und daher kein Zusammenhang in der besten Welt gewesen sein. Man bedenke nunmehr wie wenig *Popens* Schluß bindet, wenn wir den Zusammenhang in der Welt anders erklärten, als es in dem vorigen Satze geschehen ist.

> *Of Systems possible, if 'tis confest,*
> *That Wisdom infinite must form the best,*
> *Where all etc. – –*
> *Then in the scale of life and sense, 'tis plain*
> *There must be, some where, such a rank as Man.*

Aus keiner andern *Ursache*, sagt *Pope*, mußte ein solcher Rang, ein solcher Grad der Vollkommenheit, als der Mensch bekleidet, wirklich werden, als, weil in der besten Welt alles in einander fallen oder zusammenhangen, und in einem gehörigen Grade sich erheben muß; das heißt, weil kein Rang unbesetzt bleiben darf.

Besser hat *Pope* vermutlich dem Einwurfe begegnen zu können, nicht geglaubt; warum so ein Wesen, wie der Mensch, erschaffen worden, oder warum er nicht vollkommener erschaffen worden? Auf das letztere noch näher zu antworten nimmt er (Brief 1. Zeile 251. und folgende) die Unveränderlichkeit der Wesen aller Dinge zu Hülfe, und sagt, daß dieses Verlangen eben so lächerlich sei als jenes, wenn der Fuß die Hand, die Hand der Kopf, und der Kopf mit seinen Sinnen nicht bloß das Werkzeug des Geistes zu sein begehrten. In dem vierten Briefe (Zeile 160.) drücket er sich hierüber noch stärker aus, wo er behauptet: die Frage, warum der Mensch nicht vollkommen erschaffen worden, wollte mit veränderten Worten nichts anders sagen, als dieses, warum der Mensch nicht ein Gott, und die Erde nicht ein Himmel sei?

Vierter Satz.

Die Glückseligkeit eines jeden Geschöpfs bestehet in einem Zustande, der nach seinem Wesen abgemessen ist.

1. Brief. Zeile 175.

'All in exact proportion of the state.

und in der 71ten Zeile eben desselben Briefes sagt er von dem Menschen insbesondere:

His being measur'd to his state and place.

Folglich, sagt *Pope*, kömmt es nur hauptsächlich darauf an, daß man beweise, der Mensch sei wirklich in der Welt in einen Zustand gesetzt worden, welcher sich für sein Wesen und seinen Grad der Vollkommenheit schickt:

1. Brief. 49. 50. Zeile.

And all the question (wrangle e're so long)
Is only this, if God has plac'd him wrong?

Fünfter Satz.

Der Mensch ist so vollkommen als er sein soll.

1. Brief. Zeile 70.

Man's as perfect as he ought.

Das heißt: der Zustand des Menschen ist wirklich nach seinem Wesen abgemessen, und daher ist der Mensch vollkommen. Daß aber jenes sei, erhelle klar, wenn man den Zustand, darin der Mensch lebe, selbst betrachte; welches er in den folgenden Zeilen tut.

Sechster Satz.
GOtt wirkt nach allgemeinen, und nicht nach besondern Gesetzen; und in besondern Fällen handelt er nicht wider seine allgemeine Gesetze um eines Lieblings Willen.
4. B. Z. 33. 34.
– – *the universal cause*
Acts not by partial but by general laws.
und Z. 119. ebd. B.
Think we like some weak Prince th' eternal Cause
Prone for his Fav'rites to reverse his Laws?

Diesen Gedanken führt der Dichter in dem Folgenden weiter aus, und erläutert ihn durch Beispiele. Er scheint aber damit das System des *Malebranche* angenommen zu haben, der nur die allgemeinen Gesetze zum Gegenstande des göttlichen Willens macht, und so den Urheber der Welt zu rechtfertigen glaubt, wenn gleich aus diesen allgemeinen Gesetzen Unvollkommenheiten erfolgten.

Die Schüler dieses Weltweisen behaupten folglich, Gott habe seiner Weisheit gemäß handeln und daher die Welt durch allgemeine Gesetze regieren müssen. In besondern Fällen könnte die Anwendung dieser allgemeinen Gesetze wohl so etwas hervorbringen, das an und für sich selbst entweder völlig unnütze oder gar schädlich, und daher den göttlichen Absichten eigentlich zuwider sei: allein es sei genug, daß die allgemeinen Gesetze von erheblichem Nutzen wären, und daß die Übel, welche in wenigen besondern Fällen daraus entstehen, nicht ohne einen besondern Ratschluß hätten gehoben werden können. Sie führen zum Exempel an: die allgemeinen mechanischen Gesetze, nach welchen der Regen zu gewissen Zeiten herunter falle, hätten einen unaussprechlichen Nutzen. Allein wie oft befeuchte der Regen nicht einen unfruchtbaren Stein, wo er wirklich keinen Nutzen schaffe; und wie oft richte er nicht Überschwemmungen an, wo er gar schädlich wäre? Ihrer Meinung also nach, können dergleichen Unvollkommenheiten auch in der besten Welt entstehen, weil keine allgemeine Gesetze möglich sind, die den göttlichen Absichten in allen besondern

Fällen genug täten. Oder, fragen sie, sollte Gott eines Lieblings Willen – – der wißbegierige Weltweise sei, zum Exempel, dieser Liebling – – die allgemeinen Gesetze brechen, nach welchen ein Aetna Feuer speien muß?
4. B. Z. 121. 122.
Shall burning Aetna, if a sage requires,
Forget to thunder, and recall her fires?

Siebender Satz.
Kein Übel kömmt von Gott.
Das ist: das Übel, welches in der Welt erfolgt, ist niemals der Gegenstand des göttlichen Willens gewesen.
4. B. Z. 110.
God sends not ill.
Pope hat dieses aus dem Vorhergehenden ohngefehr so geschlossen. Wenn das Übel nur in besondern Fällen entsteht, und eine Folge aus den allgemeinen Gesetzen ist; Gott aber nur diese allgemeine Gesetze, als allgemeine Gesetze, für gut befunden, und zum Gegenstande seines Willens gemacht hat: so kann man nicht sagen, daß er das Übel eigentlich gewollt habe, welches aus ihnen fließt, und ohne welches sie keine allgemeine Gesetze gewesen wären. Unser Dichter sucht diese Entschuldigung um ein großes kräftiger zu machen, wenn er sagt, daß noch dazu dieses aus den allgemeinen Gesetzen folgende Übel sehr selten sei. Er hat hiermit vielleicht nur so viel sagen wollen, daß Gott solche allgemeine Gesetze gewählt habe, aus welchen in besondern Fällen die wenigsten Übel entstünden. Allein er drückt sich auf eine sehr sonderbare Art aus; er sagt: (1. B. Z. 143.) *th' exceptions are few*, und an einem andern Orte *Nature lets it fall*, das Übel nemlich. Ich werde diesen Punct in meinem dritten Abschnitte berühren müssen.

Achter Satz.
In der Welt kann nicht die mindeste Veränderung vorgehen, welche nicht eine Zerrüttung in allen Weltgebäuden, aus welchen das Ganze besteht, nach sich ziehen sollte.

1. Br. Z. 233.–236.
– – *On superior pow'rs*
Were we to press, inferior might on ours:
Or in the full creation leave a Void,
Where, one step broken, the great scale's destroy'd.
und Z. 239–242.
And if each System in gradation roll
Alike essential to th' amazing whole;
The least confusion but in one, not all
That system only, but the whole must fall.

Neunter Satz.

Das natürliche und moralische Böse sind Folgen aus den allgemeinen Gesetzen, die Gott öfters zum Besten des Ganzen gelenkt, öfters auch lieber zugelassen hat, als daß er durch einen besondern Willen seinem allgemeinen hätte zuwider handeln sollen.

1. Br. Z. 145. 146.
If the great end be human happiness,
Then Nature deviats, and can man do less?
4. Br. Z. 112. 113.
Or partial ill is universal good
– – – – or Nature lets it fall.
1. Br. Z. 161. 162.
– all subsists by elemental strife
And Passions are the Elements of life.

Zehnter Satz.

Es ist nicht alles um des Menschen Willen geschaffen worden, sondern der Mensch selbst ist vielleicht um eines andern Dinges Willen da.

1. Br. Z. 57.
– man, who here seems principal alone,
Perhaps acts second to some sphere unknown.
3. Br. Z. 24.
Made beast in aid of man, and man of beast.

Eilfter Satz.

Die Unwissenheit unsers zukünftigen Zustandes ist uns zu unserm Besten gegeben worden.

Wer würde ohne sie, sagt der Dichter, sein Leben hier ertragen können? (1. Br. Z. 76.)
Und ebd. Z. 81.
Oh blindness of the future! kindly giv'n
That each etc.
Anstatt der Kenntnis des Zukünftigen aber, sagt *Pope*, hat uns der Himmel die Hoffnung geschenkt, welche allein vermögend ist, uns unsre letzten Augenblicke zu versüßen.

Zwölfter Satz.
Der Mensch kann sich, ohne sein Nachteil, keine schärfern Sinne wünschen.
Die Stelle, worin er dieses beweiset, ist zu lang, sie hier abzuschreiben. Sie stehet in dem ersten Briefe, und geht von der 185ten Zeile bis zu der 198ten. Dieser Satz aber, und die zwei vorhergehenden, sind eigentlich nähere Beweise des fünften Satzes, und sollen dartun, daß dem Menschen wirklich solche Gaben und Fähigkeiten zu Teil worden, als sich für seinen Stand am besten schicken. Die Frage wäre also beantwortet, auf welche es, nach *Popens* Meinung, in dieser Streitigkeit hauptsächlich ankömmt:
if God has placed him (man) wrong?

Dreizehnter Satz.
Die Leidenschaften des Menschen, die nichts als verschiedene Abänderungen der Eigenliebe sind, ohne welche die Vernunft unwirksam bleiben würde, sind ihm zum Besten gegeben worden.
2. B. Z. 83.
Modes of self-love the Passions we may call.
Ebend. Z. 44.
Self-love to urge, and Reason to restrain.
und 1. Br. Z. 162.
Passions are the Elements of life.
Pope gesteht zwar, daß unzählig viel Schwachheiten und Fehler aus den Leidenschaften entstehen; allein auch diese gründen sich auf ein allgemeines Gesetz, welches dieses ist: daß sie alle von einem wirklichen, oder einem anscheinen-

den Gute in Bewegung gesetzt werden sollen. Gott aber habe (nach dem 9ten Satze) alle Übel zulassen müssen, die aus den allgemeinen Gesetzen erfolgten, weil er sonst die allgemeinen Gesetze durch einen besondern Ratschluß hätte aufheben müssen.

2. Br. Z. 84.
'Tis real good, or seeming, moves them all.

Schlußsatz.

Aus allen diesen Sätzen nun zusammen glaubt *Pope* den Schluß ziehen zu können, *daß alles gut sei*; *que tout ce qui est, est bien*. Ich drücke hier seinen Sinn in der Sprache seiner Übersetzer aus. Allein ist es wohl gut, sich auf diese zu verlassen? Wie wenn *Pope* nicht gesagt hätte, daß alles *gut*, sondern nur, daß alles *recht* sei? Wollte man wohl *recht* und *gut* für einerlei nehmen? Hier sind seine Worte: (1. Br. Z. 286.)

– *Whatever is, is right.*

Man wird hoffentlich einem Dichter, wie *Pope* ist, die Schande nicht antun, und sagen, daß er durch den Reim gezwungen worden, *right* hier anstatt irgend eines andern Worts zu setzen. Wenigstens war er in dem vierten Briefe (Z. 382.) wo er diesen Ausspruch wiederholt, des Reimzwanges überhoben, und es muß mit ernstlichem Bedacht geschehen sein, daß er nicht *good* oder *well* gesagt hat. Und warum hat er es wohl nicht gesagt? Weil es offenbar mit seinen übrigen Gedanken würde gestritten haben. Da er selbst zugesteht, daß *die Natur manche Übel fallen lasse*; so konnte er wohl sagen, daß dem ohngeachtet alles *recht* sei, aber unmöglich, daß alles *gut* sei. *Recht* ist alles, weil alles, und das Übel selbst, in der Allgemeinheit der Gesetze, die der Gegenstand des göttlichen Willens waren, gegründet ist. *Gut* aber würde nur alsdenn alles sein, wenn diese allgemeinen Gesetze allezeit mit den göttlichen Absichten übereinstimmten. Zwar gestehe ich gern, daß auch das französische *bien*, weniger sagt als *bon*, ja daß es fast etwas anders sagt; desgleichen auch, daß das deutsche *gut*, wenn es *adverbialiter* und nicht *substantive* gebraucht wird, oft etwas ausdrückt, was eigentlich nur *recht* ist. Allein es ist die Frage, ob man an diesen feinen Unterschied stets gedacht hat, so oft man das Popische: *es ist alles gut*, oder *tout ce qui est, est bien* gehöret?

Ich habe hier weiter nichts zu erinnern. – – Will man so gut sein, und die vorgetragnen Sätze für ein System gelten lassen, so kann ich es unterdessen recht wohl zufrieden sein. Ich will wünschen, daß es sich in dem Verstande des Lesers wenigstens so lange aufrecht erhalten möge, bis ich es in dem dritten Abschnitte, zum Teil mit den eignen Waffen seines Urhebers, selbst niederreißen kann. Ich würde mich der Gefahr, ein so schwankendes Gebäude nur einen Augenblick vor sich stehen zu lassen, nicht aussetzen, wenn ich mich nicht notwendig zu dem zweiten von der Akademie vorgeschriebenen Punkte vorher wenden müßte.

ZWEITER ABSCHNITT.
Vergleichung obiger Sätze mit den Leibnitzischen Lehren.

Wenn ich der Akademie andre Absichten zuschreiben könnte, als man einer Gesellschaft, die zum Aufnehmen der Wissenschaften bestimmt ist, zuschreiben kann; so würde ich fragen: ob man durch diese befohlene Vergleichung mehr die Popischen Sätze für philosophisch, oder mehr die Leibnitzischen Sätze für poetisch habe erklären wollen?

Doch, wie gesagt, ich kann meine Frage sparen, und mich immer zu der Vergleichung selbst wenden. Aufs höchste möchte eine gar zu übertriebene Meinung von dem, mehr als menschlichem, Geiste des Engländers zum Grunde liegen.

Ich will in meiner Vergleichung die Ordnung der obigen Sätze beibehalten, doch ohne sie alle zu berühren. Verschiedne stehen nur der Verbindung wegen da; und verschiedne sind allzuspeciell, und mehr moralisch als metaphysisch. Beide Arten werde ich füglich übergehen können, und die Vergleichung wird dennoch vollständig sein.

Erster Satz.

Gott muß von allen möglichen Systemen das beste erschaffen haben. Dieses sagt *Pope*, und auch *Leibnitz* hat sich an mehr als einem Orte vollkommen so ausgedrückt. Was jeder besonders dabei gedacht hat, muß aus dem Übrigen erhellen. *Warburton* aber hat völlig Unrecht, wenn er diesen Satz, unabhängig von den andern Sätzen, nicht sowohl für *Leibnitzisch* als für *Platonisch* erkennen will. Ich werde es weiter unten zeigen. Hier will ich nur noch erinnern, daß der Concipient der akademischen Frage anstatt des Satzes: *alles ist gut*, notwendig diesen und keinen andern hätte wählen müssen, wenn er mit einigem Grunde sagen wollen, daß ein System darin liegen könne, welches vielleicht nicht das Leibnitzische, aber doch etwa ein ähnliches wäre.

Zweiter Satz.

In dem besten System muß alles zusammenhangen. Was *Pope* unter diesem Zusammenhange verstehe, hat man gesehen. Diejenige Beschaffenheit der Welt nemlich, nach welcher alle Grade der Vollkommenheit von Nichts bis zur Gottheit mit Wesen angefüllt wären.

Leibnitz hingegen setzt diesen Zusammenhang darin, daß alles in der Welt, eines aus dem andern, verständlich erkläret werden kann. Er siehet die Welt als eine Menge zufälliger Dinge an, die Teils neben einander existieren, Teils auf einander folgen. Diese verschiednen Dinge würden zusammen kein Ganzes ausmachen, wenn sie nicht alle, wie die Räder der Maschine, mit einander vereiniget wären: das heißt, wenn sich nicht aus jedem Dinge deutlich erklären ließe, warum alle übrigen so, und nicht anders neben ihm sind; und aus jedem vorhergehenden Zustande eines Dinges, warum dieser oder jener darauf folgen wird. Dieses muß ein unendlicher Verstand völlig daraus begreifen können, und der mindeste Teil der Welt muß ihm ein Spiegel sein, in welchem er alle übrigen Teile, die neben demselben sind, so wie alle Zustände, in welchen die Welt war, oder je sein wird, sehen kann.

Nirgends aber hat *Leibnitz* gesagt, daß alle Grade der Vollkommenheit in der besten Welt besetzt sein müßten. Ich glaube auch nicht, daß er es hätte sagen können. Denn wenn er gleich mit *Popen* sagen dürfte: *die Schöpfung ist voll*; so müßte er dennoch einen ganz andern Sinn mit diesen Worten verknüpfen, als *Pope* damit verknüpft hat. Mit *Leibnitzen* zu reden, ist die Schöpfung in der besten Welt deswegen allenthalben voll, weil allenthalben eines in dem andern gegründet ist, und daher der Raum oder die Ordnung der neben einander existierenden Dinge nirgends unterbrochen wird. Auf gleiche Art ist sie auch der Zeit nach *voll*, weil die Zustände, die in derselben auf einander folgen, niemals aufhören, wie Wirkungen und Ursachen in einander gegründet zu sein. Etwas ganz anders aber versteht *Pope* unter seiner *full creation*, wie sich aus der Verbindung seiner Worte schließen läßt.

1. Br. Z. 235.
– – – *On superior pow'rs*
Were we to press, inferior might on ours:
Or in the full creation leave a Void.

Die Schöpfung nemlich ist ihm nur deswegen *voll*, weil alle Grade darin besetzt sind.

Und dieses ist ein Beweis mehr, daß zwei verschiedne Schriftsteller deswegen noch nicht einerlei Meinung sind, weil sie sich an gewissen Stellen mit einerlei Worten ausdrücken. *Pope* hatte einen ganz andern Begriff von *leer* und *voll* in Ansehung der Schöpfung, als *Leibnitz*; und daher konnten sie beide sagen: *the creation is full*, ohne weiter etwas unter sich gemein zu haben, als die bloßen Worte.

Dritter Satz.

Aus dem Vorhergehenden schließt *Pope* a priori, daß notwendig der Mensch in der Welt angetroffen werden müsse, weil sonst die ihm gehörige Stelle unter den Wesen leer sein würde.

Leibnitz hingegen beweiset das notwendige Dasein des Menschen a posteriori, und schließt, weil wirklich Menschen vorhanden sind, so müssen solche Wesen zur besten Welt gehört haben.

Sechster Satz.

Pope, wie man gesehen hat, scheinet mit dem *P. Malebranche* in diesem Satze einerlei Meinung gehabt zu haben. Er behauptet nemlich, Gott könne in der Welt bloß deswegen böses geschehen lassen, weil er seinen allgemeinen Willen nicht durch besondre Ratschlüsse aufheben wolle. Notwendig müßten also in der Welt Mängel anzutreffen sein, die Gott, der besten Welt unbeschadet, hätte vermeiden können, wenn er seinen allgemeinen Willen in einigen Fällen durch einen besondern Ratschluß hätte aufheben wollen. Man darf nur folgende Stelle ansehen, um zu erkennen, daß dieses wirklich *Popens* Meinung gewesen sei.

4. Br. Z. 112.
*Or partial ill is universal good
— — or Nature lets it fall.*

Dieses *oder oder* zeigt genugsam, daß das Übel in dem zweiten Falle zu der Vollkommenheit der Welt nichts beitrage, sondern daß es die Natur, oder die allgemeinen Gesetze fallen lassen.

Allein was behauptet *Leibnitz* von allem diesen? – *Leibnitz* behauptet, der allgemeine Ratschluß Gottes entstehe aus allen besondern Ratschlüssen zusammen genommen, und Gott könne, ohne der besten Welt zum Nachteile, kein Übel durch einen besondern Ratschluß aufheben. Denn nach ihm hanget das System der Absichten mit dem System der wirkenden Ursachen so genau zusammen, daß man dieses als eine Folge aus dem erstern ansehen kann. Man kann also nicht sagen, daß aus den allgemeinen Gesetzen der Natur, das ist, aus dem System der wirkenden Ursachen etwas erfolge, das mit den göttlichen Absichten nicht übereinstimmt; denn bloß aus der besten Verknüpfung der besondern Absichten, sind die allgemein wirkenden Ursachen und das allerweiseste Ganze entstanden. (Man sehe hievon die Theodicee §. 204. 205. 206.)

Und hieraus nun erhellet, daß *Pope* und *Leibnitz* nicht einmal in dem Begriffe der besten Welt einig sein können. *Leibnitz* sagt: wo verschiedene Regeln der Vollkommenheit zusammengesetzt werden sollen, ein Ganzes auszumachen; da müssen notwendig einige derselben wider einander stoßen, und durch dieses Zusammenstoßen müssen entweder Widersprüche entstehen, oder von der einen Seite Ausnahmen erfolgen. Die beste Welt ist also nach ihm diejenige, in welcher die wenigsten Ausnahmen, und diese wenigen Ausnahmen noch darzu von den am wenigsten wichtigen Regeln geschehen. Daher nun entstehen zwar die moralischen und natürlichen Unvollkommenheiten, über die wir uns in der Welt beschweren; allein sie entstehen vermöge einer höhern Ordnung, die diese Ausnahmen unvermeidlich gemacht hat. Hätte Gott ein Übel in der Welt weniger entstehen lassen, so würde er einer höhern Ordnung, einer wichtigern Regel der Vollkommenheit zuwider gehandelt haben, von deren Seite doch durchaus keine Ausnahme geschehen sollte.

Pope hingegen und *Malebranche* räumen es ein, daß Gott, der besten Welt unbeschadet, einige Übel daraus hätte weglassen können, ohne etwas merkliches in derselben zu verändern. Allein dem ohngeachtet habe er die Allgemeinheit der Gesetze, aus welcher diese Übel fließen, lieber gewollt, und wolle sie auch noch lieber, ohne diesen seinen Entschluß jemals, um eines Lieblings willen, zu ändern.

Achter Satz.

Ferner, wie wir gesehen haben, behauptet *Pope*, die mindeste Veränderung in der Welt erstrecke sich auf die ganze Natur, weil ein jedes Wesen, das zu einer größern Vollkommenheit gelange, eine Lücke hinter sich lassen müsse, und diese Lücke müsse entweder leer bleiben, welches den ganzen Zusammenhang aufheben würde, oder die untern Wesen müßten heran rücken, welches durch die ganze Schöpfung nichts anders, als eine Zerrüttung verursachen könne.

Leibnitz weiß von keiner solchen Lücke, wie sie *Pope* annimmt, weil er keine allmählige Degradation der Wesen behauptet. Eine Lücke in der Natur kann, nach seiner Meinung, nirgend anders werden, als wo die Wesen in einander gegründet zu sein aufhören; denn da wird die Ordnung unterbrochen, oder welches eben so viel ist, der Raum bleibt leer. Dennoch aber behauptet *Leibnitz* in einem weit strengern Verstande als *Pope*, daß die mindeste Veränderung in der Welt einen Einfluß in das Ganze habe, und zwar weil ein jedes Wesen ein Spiegel aller übrigen Wesen, und ein jeder Zustand der Inbegriff aller Zustände ist. Wenn also der kleinste Teil der Schöpfung anders, oder in einen andern Zustand versetzt wird, so muß sich diese Veränderung durch alle Wesen zeigen; eben wie in einer Uhr alles, sowohl dem Raume, als der Zeit nach, anders wird, sobald das mindeste von einem Rädchen abgefeilet wird.

Neunter Satz.
Die Unvollkommenheiten in der Welt erfolgen, nach *Popens* System, *entweder* zum Besten des Ganzen (worunter man zugleich die Verhütung einer größern Unvollkommenheit mit begreift) *oder* weil keine allgemeinen Gesetze den göttlichen Absichten in allen besondern Fällen haben genug tun können.

Nach *Leibnitzens* Meinung hingegen müssen notwendig alle Unvollkommenheiten in der Welt zur Vollkommenheit des Ganzen dienen, oder es würde sonst ganz gewiß ihr Außenbleiben aus den allgemeinen Gesetzen erfolgt sein. Er behauptet, Gott habe die allgemeinen Gesetze nicht willkürlich, sondern so angenommen, wie sie aus der weisen Verbindung seiner besondern Absichten, oder der einfachen Regeln der Vollkommenheit, entstehen müssen. Wo eine Unvollkommenheit ist, da muß eine Ausnahme unvermeidlich gewesen sein. Keine Ausnahme aber kann Statt finden, als wo die einfachen Regeln der Vollkommenheit miteinander streiten; und jede Ausnahme muß daher vermöge einer höhern Ordnung geschehen sein, das ist, sie muß zur Vollkommenheit des Ganzen dienen.

– – Wird es wohl nötig sein, noch mehrere Unterschiede zwischen den Popischen Sätzen und Leibnitzischen Lehren anzuführen? Ich glaube nicht. Und was sollten es für mehrere Unterschiede sein? In den besondern moralischen Sätzen, weiß man wohl, kommen alle Weltweisen überein, so verschieden auch ihre Grundsätze sind. Der übereinklingende Ausdruck der erstern muß uns nie verleiten, auch die letztern für einerlei zu halten; denn sonst würde es sehr leicht sein, jeden andern, der irgend einmal über die Einrichtung der Welt vernünfteln wollen, eben so wohl als *Popen*, zum *Leibnitzianer* zu machen.

Verdient nun aber *Pope* diese Benennung durchaus nicht, so wird auch notwendig die Prüfung seiner Sätze etwas ganz anders, als eine Bestreitung des Leibnitzischen Systems von der besten Welt sein. Die *Gottschede* sagen, sie werde daher auch etwas ganz anders sein, als die Akademie gewünscht habe, daß sie werden möchte. Doch was geht es mich an, was die *Gottschede* sagen; ich werde sie dem ohngeachtet unternehmen.

DRITTER ABSCHNITT.
Prüfung der Popischen Sätze.

Ich habe oben gesagt, *Pope*, als ein wahrer Dichter, müsse mehr darauf bedacht gewesen sein, das sinnlich Schöne aus allen Systemen zusammen zu suchen, und sein Gedicht damit auszuschmücken, als sich selbst ein eignes System zu machen, oder sich an ein schon gemachtes einzig und allein zu halten. Und daß er jenes wirklich getan habe, bezeugen die unzähligen Stellen in seinen Briefen, die sich mit seinen obigen Sätzen auf keinerlei Weise verbinden lassen, und deren einige sogar ihnen schnurstracks zuwider laufen.

Ich will diese Stellen bemerken, indem ich die Sätze selbst nach der Strenge der Vernunft prüfe.

Zweiter Satz.

Durch welche Gründe kann *Pope* beweisen, daß die Kette der Dinge in der besten Welt nach einer allmähligen Degradation der Vollkommenheit geordnet sein müsse? Man werfe die Augen auf die vor uns sichtbare Welt! Ist *Popens* Satz gegründet; so kann unsre Welt unmöglich die beste sein. In ihr sind die Dinge nach der Ordnung der Wirkungen und Ursachen, keines Weges aber nach einer allmähligen Degradation neben einander. Weise und Toren, Tiere und Bäume, Insecten und Steine sind in der Welt wunderbar durch einander gemischt, und man müßte die Glieder aus den entlegensten Teilen der Welt zusammen klauben, wenn man eine solche Kette bilden wollte, die allmählig vom Nichts bis zur Gottheit reicht. Dasjenige also, was *Pope* den Zusammenhang nennt, findet in unsrer Welt nicht Statt, und dennoch ist sie die beste, dennoch kann in ihr keine Lücke angetroffen werden. Warum dieses? Wird man hier nicht augenscheinlich auf das Leibnitzische System geleitet, daß nemlich, vermöge der göttlichen Weisheit, alle Wesen in der besten Welt in einander gegründet, das heißt, nach der Reihe der Wirkungen und Ursachen neben einander geordnet sein müssen?

Dritter Satz.

Und nun fällt der Schluß von dieser eingebildeten Kette der Dinge auf die unvermeidliche Existenz eines solchen Ranges, als der Mensch bekleidet, von sich selbst weg. Denn was war es nötig, zu Erfüllung der Reihe von Leben und Empfindung, diesen Rang wirklich werden zu lassen, da doch ohnedem die Glieder derselben in dem unendlichen Raume zerstreut liegen, und nimmermehr in der allmähligen Degradation neben einander stehen?

Sechster Satz.

Hier kömmt es, wo sich *Pope* selbst widerspricht! – Nach seiner Meinung, wie wir oben dargetan haben, müssen aus den allgemeinen Gesetzen manche besondre Begebenheiten erfolgen, die zur Vollkommenheit des Ganzen nichts beitragen, und nur deswegen zugelassen werden, weil Gott, eines Lieblings halber, seinen allgemeinen Willen nicht ändert.

> *Or partial ill is universal good,*
> *Or change admits, or Nature lets it fall.*

So sagt er in dem vierten Briefe. Nur manche Übel also, die in der Welt zugelassen worden, sind nach ihm allgemein gut; manche aber, die eben so wohl zugelassen worden, sind es nicht. Sind sie es aber, nach seinem eigenen Bekenntnisse, nicht, wie hat er am Ende des ersten Briefes gleichwohl so zuversichtlich sagen können:

> *All discord, harmony not understood:*
> *All partial evil, universal good?*

Wie verträgt sich dieses entscheidende *all*, mit dem obigen *or, or*? Kann man sich einen handgreiflichern Widerspruch einbilden?

Doch wir wollen weiter untersuchen, wie er sich gegen das System, welches ich für ihn habe aufrichten wollen, verhält. Man sehe einmal nach, was er zu der angezogenen Stelle aus dem ersten Briefe

> *– – the first almighty Cause*
> *Acts not by partial, but by gen'ral Laws*

unmittelbar hinzu setzt:

> *Th' Exceptions few.*

Der Ausnahmen sind wenig? Was sind das für Ausnahmen? Warum hat denn Gott auch von diesen allgemeinen Regeln, die ihm allenthalben zur Richtschnur gedient, Ausnahmen gemacht? Eines Lieblings wegen hat er sie nicht gemacht; (S. den 4. Brief Z. 119.) auch zur Vermeidung einer Unvollkommenheit nicht; denn sonst hätte er nicht die geringste Unvollkommenheit zulassen sollen. Er hat *nur wenige* Ausnahmen gemacht? Warum nur wenige? – Gar keine, oder soviel als nötig waren.

Man könnte sagen: *Pope* verstehe unter dem Worte *Exceptions* solche Begebenheiten, die nicht mit den göttlichen Absichten übereinstimmen, und dennoch aus den allgemeinen Gesetzen fließen. Dieser giebt es wenige in der Welt; denn Gott hat solche allgemeine Gesetze erwehlt, die in den meisten besondern Fällen mit seinen Absichten übereinstimmen. – Gut! Aber alsdann müßte sich das Wort *Excep-*

tions nicht auf *general laws* beziehen. Von Seiten der allgemeinen Gesetze hat Gott nicht die geringsten Ausnahmen gemacht, sondern alle Ausnahmen betreffen die Übereinstimmung der allgemeinen Gesetze mit den göttlichen Absichten. Nun übersehe man des Dichters Worte:

> *— — the first almighty Cause*
> *Acts not by partial, but by general Laws;*
> *Th' Exceptions few etc.*

Bezieht sich hier das Wort *Exceptions* irgend auf etwas anders, als auf *general Laws*? O! Ich will lieber zugeben, *Pope* habe sich in einem einzigen Gedichte hundertmal metaphysisch widersprochen, als daß ihm ein schlecht verbundner und verstümmelter Vers entwischt wäre, wie dieser sein würde, wenn sich *th' Exceptions few* nicht auf die allgemeinen Gesetze, von welchen er gleich vorher spricht, sondern auf die göttlichen Absichten beziehen sollten, deren er hier gar nicht gedenkt. Nein! Ganz gewiß hat er sich hier wiederum alle Übel als Ausnahmen aus den allgemeinen Gesetzen eingebildet, und folglich das Malebranchische System unvermutet verworfen, das er sonst durchgehends angenommen haben muß, wenn er irgend eines angenommen hat.

Achter Satz.

Was *Pope* in diesem Satze behauptet, daß nemlich keine Veränderung in der Welt vorgehen könne, ohne daß sich die Wirkung davon in dem Ganzen äußerte, kann aus andern Gründen hinlänglich dargetan werden, als aus den seinigen, welche hier ganz und gar nichts beweisen. *Wenn wir*, sagt er, *die obern Kräfte verdringen wollen, so müssen die untern an unsre Stelle rücken, oder es bleibt eine Lücke in der vollen Schöpfung.* Ist es noch nötig, diesen Schluß zu widerlegen, nachdem man gesehen, daß in der Welt nicht alles so stufenweise hinaufsteigt, wie *Pope* annimmt, sondern daß vollkommne und unvollkommne Wesen, ohne diese eingebildete Ordnung, durch einander vermengt sind? Eben so wenig werde ich die zweite Stelle zu widerlegen nötig haben, die oben zur Bestätigung dieses achten Satzes angeführt worden. *Pope* bezieht sich immer auf seine allmähliche Degradation, die nur in seiner poetischen Welt die Wirklichkeit erlangt, in unsrer aber gar nicht Statt gefunden hat.

Neunter Satz.

In diesem Satze sind oben zwei Ursachen des Übels in der Welt, nach *Popens* Meinung, angeführt worden; eine dritte Ursache aber, die der Dichter gleichfalls angiebt, habe ich weggelassen, weil ich sie nicht begreifen konnte. Hier ist die Stelle aus dem vierten Briefe ganz:

Or partial ill is universal good
Or change admits, or Nature lets it fall.

Die Worte *Nature lets it fall* habe ich so erklärt, als ob sie eben das sagten, was der Dichter mit den Worten *Nature deviates* sagen will. Diese nemlich, wenn sie einen verständlichen Sinn haben sollen, können nichts anders bedeuten als, daß die Natur, vermöge der allgemeinen Gesetze, die ihr Gott vorgeschrieben, manches hervorbringe, was den göttlichen Absichten zuwider sei, und nur deswegen von ihr zugelassen werde, weil er seinen allgemeinen Entschluß nicht ändern wolle.

If the great end be human happiness,
Then Nature deviats, and can Man do less?

D. i. Wenn die Glückseligkeit des Menschen der große Zweck ist, und die Natur abweicht etc. Eben diesen Gedanken nun, glaub ich, hat *Pope* durch *Nature lets it fall, die Natur läßt es fallen,* ausdrücken wollen. Die Natur bringt manche Übel als Folgen aus den allgemeinen mechanischen Gesetzen hervor, ohne daß die göttliche Absicht eigentlich darauf gerichtet gewesen.

Allein was für einen Sinn verknüpfen wir mit den Worten *Or change admits, oder die Abwechslung läßt es zu?* Kann nach *Popens* System – – wenn man es noch ein System nennen will – – etwas anders die göttliche Weisheit entschuldigen, daß sie Böses in der Welt zugelassen, als die Vollkommenheit des Ganzen, welches den besondern Teilen vorzuziehen gewesen, oder die Allgemeinheit der Gesetze, die Gott nicht hat stören wollen? Was für eine dritte Entschuldigung soll uns die Abwechslung oder die Veränderung darbieten?

Ich denke hierbei nichts; und ich möchte um so viel lieber wissen, was diejenigen dabei denken, die sich dem ohngeachtet ein Popisches System nicht wollen ausreden lassen. Vielleicht sagen sie, eben diese letztere Stelle beweise, daß ich das wahre System des Dichters verfehlt habe, und daß es ein ganz anders sei, aus welchem man sie erklären müsse. Welches aber soll es sein? Wenigstens muß es ein ganz neues sein, das noch in keines Menschen Gedanken gekommen; indem allen andern bekannten Systemen von dieser Materie, hier und da in den Briefen, eben so wohl widersprochen wird.

Zum Beweise berufe ich mich auf eine Stelle, die in dem ersten Briefe anzutreffen ist, und die eben so wenig mit unserm vorgegebenen Popischen Systeme, als mit irgend einem andern bestehen kann. Es ist folgende:

Z. 259 und folgende.
All are but parts of one stupendous whole,
Whose body Nature is, and God the soul;
That, chang'd thro' all, and yet in all the same
− − − − − −

Lives thro' all life, extends thro' all extent,
Spreads undivided − − −
− − − −

He fills, he bounds, connects, and equals all.

D. i. *Alle Dinge sind Teile eines erstaunlichen Ganzen, wovon die Natur der Körper und Gott die Seele ist. Er ist in allen Dingen verändert, und doch allenthalben eben derselbe* − − *Er lebt in allem was lebt; er dehnt sich aus durch alle Ausdehnung und verbreitet sich, ohne sich zu zerteilen* − − *Er erfüllt, umschränkt und verknüpft alles, und macht alles gleich.* Ich bin weit davon entfernt, *Popen* hier gottlose Meinungen aufbürden zu wollen. Ich nehme vielmehr alles willig an, was *Warburton* zu dessen Verteidigung wider den Herrn *Crousaz* gesagt hat, welcher behaupten wollen, der Dichter habe diese Stelle aus des *Spinosa* irrigem Lehrgebäude entlehnt. Durchgehends kann sie unmöglich mit Spinosens Lehren bestehen. Die Worte

Whose body Nature is, and God the soul,

Wovon die Natur der Körper und Gott die Seele ist, würde *Spinosa* nimmermehr haben sagen können; denn der Ausdruck, Seele und Körper, scheinet doch wenigstens anzudeuten, daß Gott und die Natur zwei verschiedne Wesen sind. Wie wenig war dieses die Meinung des *Spinosa*! Es hat aber andre irrige Weltweisen gegeben, die Gott wirklich für die Seele der Natur gehalten haben, und die vom Spinosismo eben so weit abstehen, als von der Wahrheit. Sollte ihnen also *Pope* diese seltnen Redensarten abgeborgt haben, wie steht es um die Worte *Extends thro' all extent, Er dehnt sich aus durch alle Ausdehnung?* Wird diese Lehre einem andern als *Spinosen* zugehören? Wer hat sonst die Ausdehnung der Natur für eine Eigenschaft Gottes gehalten, als dieser berufene Irrgläubige? Jedoch, wie gesagt, es stehet nicht zu glauben, daß *Pope* eben in diesen Briefen ein gefährliches System habe auskramen wollen. Er hat vielmehr – – und dieses ist es, was ich bereits oben, gleichsam *a priori,* aus dem, was ein Dichter in solchen Fällen tun muß, erwiesen habe, – – bloß die schönsten und sinnlichsten Ausdrücke von jedem System geborgt, ohne sich um ihre Richtigkeit zu bekümmern. Und daher hat er auch kein Bedenken getragen, die Allgegenwart Gottes, Teils in der Sprache der Spinosisten, Teils in der Sprache derjenigen, die Gott für die Seele der Welt halten, auszudrücken, weil sie in den gemeinen rechtgläubigen Ausdrükken all zu idealisch und all zu weit von dem Sinnlichen entfernt ist. Eben so wie sich *Thomson,* in seiner Hymne über die vier Jahrszeiten, nicht gescheuet hat, zu sagen: *these as the changes – – are but the varied God.* Ein sehr kühner Ausdruck, den aber kein vernünftiger Kunstrichter tadeln kann.

Hätte sich *Pope* ein eignes System abstrahiert gehabt, so würde er ganz gewiß, um es in dem überzeugendsten Zusammenhange vorzutragen, aller Vorrechte eines Dichters dabei entsagt haben. Da er dieses aber nicht getan hat, so ist es ein Beweis, daß er nicht anders damit zu Werke gegangen, als ich mir vorstelle, daß es die meisten Dichter tun. Er hat diesen und jenen Schriftsteller über seine Materie vorher gelesen, und, ohne sie nach eignen Grundsätzen zu untersuchen, von jedem dasjenige behalten, von welchem er geglaubt, daß es sich am besten in wohlklingende Verse zusammenreimen lasse. Ich glaube ihm so gar, in Ansehung seiner Quellen, auf die Spur gekommen zu sein, wobei ich einige andre historisch critische Anmerkungen gemacht habe, welchen ich folgenden Anhang widme.

ANHANG.

Warburton, wie bekannt, unternahm die Verteidigung unsers Dichters wider die Beschuldigungen des *Crousaz*. Die Briefe, die er in dieser Absicht schrieb, erhielten *Popens* vollkommensten Beifall. *Sie haben mir*, sagt dieser in einem Briefe an seinen Retter, *allzuviel Gerechtigkeit widerfahren lassen; so seltsam dieses auch klingen mag. Sie haben mein System so deutlich gemacht, als ich es hätte machen sollen, und nicht gekonnt habe* – – Man sehe die ganze Stelle unten in der Note,[1] aus welcher ich nur noch die Worte anführe: *Sie verstehen mich vollkommen so wohl, als ich mich selbst verstehe; allein Sie drücken mich besser aus, als ich mich habe ausdrücken können.*

Was sagt nun denn aber dieser Mann, welcher die Meinung des Dichters, nach des Dichters eignem Geständnisse, so vollkommen eingesehen hat, von dem Systeme seines Helden? Er sagt: *Pope* sei durchaus nicht dem Hrn. von *Leibnitz*, sondern dem *Plato* gefolgt, wenn er behauptet, Gott habe von allen möglichen Welten die beste wirklich werden lassen.

---

1 *I can only say, you do him (Crousaz) too much honour and me too much right, so odd as the expression seems, for you have made my system as clear, as i ought to have done, and could not. It is indeed the same system as mine, but illustrated with a ray of your own, as they say our natural body is the same still when it is glorified. I am sure i like it better, than i did before, and so will every man else. I know i meant just what you explain, but i did not explain my own meaning so well as you. You understand me as well, as i do myself, but you express me better, than i could express myself.* In einem Briefe an Warburton vom 11 April 1739.

Plato also wäre die erste Quelle unsers Dichters! – Wir wollen sehen. – Doch *Plato* war auch eine Quelle für *Leibnitzen*. Und *Pope* könnte also doch wohl noch ein Leibnitzianer sein, indem er ein Platoniker ist. Hierauf aber sagt *Warburton* »nein! denn *Pope* hat die Platonische Lehren in der gehörigen Einschränkung angenommen, die *Leibnitz* auf eine gewaltsame Art ausgedehnt. *Plato* sagte: *Gott hat die beste Welt erwehlt.* Der Herr von Leibnitz aber: *Gott hat nicht anders können, als die beste wehlen.*«

Der Unterschied zwischen diesen zwei Sätzen soll in dem Vermögen liegen, unter zwei gleich ähnlichen und guten Dingen, eines dem andern vorzuziehen; und dieses Vermögen habe *Plato* Gott gelassen; *Leibnitz* aber ihm gänzlich genommen. Ich will hier nicht beweisen, was man schon unzähligmal bewiesen hat, daß dieses Vermögen eine leere Grille sei. Ich will nicht anführen, daß sie auch *Plato* dafür müsse erkannt haben, weil er bei jeder freien Wahl Bewegungsgründe zugesteht; wie *Leibnitz* bereits angemerkt hat. (Theodicee 1 Abth. §. 45.) Ich will nicht darauf dringen, daß folglich der Unterschied selbst wegfalle; sondern ich will ihn schlechter Dings so annehmen, wie ihn *Warburton* angegeben hat.

Plato mag also gelehrt haben: Gott habe die Welt gewehlt, ob er gleich eine andre vielleicht eben so gute Welt hätte wehlen können; und *Leibnitz* mag gesetzt haben: Gott habe nicht anders können als die beste wehlen. Was sagt denn *Pope*? Drückt er sich auf die erste oder auf die andre Art aus? Man lese doch:

Of systems possible, if 'tis confest
That Wisdom infinite must form the best etc.

»Wenn es ausgemacht ist, daß die unendliche Weisheit von allen möglichen Systemen das beste wehlen *muß etc.*« – – Daß sie *muß?* Wie ist es möglich, daß *Warburton* diesen Ausdruck übersehen hat? Heißt dieses mit dem *Plato* reden, wenn *Plato* anders, wie *Warburton* will, eine ohne alle Bewegungsgründe wirkende Freiheit in Gott angenommen hat?

Genug von dem *Plato*, den *Pope* folglich gleich bei dem

ersten Schritte verlassen zu haben selbst glauben mußte! Ich komme zu der zweiten Quelle, die *Warburton* dem Dichter giebt; und diese ist der Lord *Schaftsbury,* von welchem er sagt, daß er den Platonischen Satz angenommen, und in ein deutlicher Licht gesetzt habe. In wie weit dieses geschehen sei, und welches das verbesserte System dieses Lords sei, will die Akademie jetzt nicht wissen. Ich will also hier nur so viel anführen, daß *Pope* den *Schaftsbury* zwar offenbar gelesen und gebraucht habe, daß er ihn aber ungleich besser würde gebraucht haben, wenn er ihn gehörig verstanden hätte.

Daß er ihn wirklich gebraucht habe, könnte ich aus mehr als einer Stelle der *Rhapsody* des *Schaftsbury* beweisen, welche *Pope* seinen Briefen eingeschaltet hat, ohne fast von dem Seinigen etwas mehr, als das Sylbenmaß und die Reime hinzu zu tun. Statt aller aber, will ich nur diese einzige anführen. *Schaftsbury* läßt den *Philocles* dem *Palemon,* welcher das physikalische Übel zwar entschuldigen will, gegen das moralische aber unversehnlich ist, antworten: *The very Storms and Tempests had their Beauty in your account, those alone excepted, which arose in human Breast.* »*Selbst die Stürme und Ungewitter haben, Ihrem Bedünken nach, ihre Schönheit, nur diejenigen nicht, die in der menschlichen Brust aufsteigen.*« Ist dieses nicht eben das, was *Pope* sagt:

> *If Plagues or earthquakes break not heav'n's design.*
> *Why then a Borgia or a Catiline?*

Doch *Pope* muß den *Schaftsbury* nicht verstanden haben, oder er würde ihn ganz anders gebraucht haben. Dieser freie Weltweise war in die Materie weit tiefer eingedrungen, und drückte sich weit vorsichtiger aus, als der immer wankende Dichter. Hätte ihm *Pope* gefolgt, so würden seine Gedanken einem System ungleich ähnlicher sehen; er würde der Wahrheit und *Leibnitzen* ungleich näher gekommen sein. *Schaftsbury* zum Exempel, sagt: *Man hat auf vielerlei Art zeigen wollen, warum die Natur irre, und wie sie mit so vielem Unvermögen und Fehlern von einer Hand kömmt, die nicht irren kann. Aber ich leugne, daß sie irrt etc. Pope* hingegen behauptet: die Natur weicht ab. –

Ferner sagt unser Lord: *die Natur ist in ihren Wirkungen sich immer gleich; sie wirkt nie auf eine verkehrte oder irrige Weise; nie Kraftlos oder nachlässig; sondern sie wird nur durch eine höhere Nebenbuhlerin und durch die stärkere Kraft einer andern Natur überwältiget.*[2] *Leibnitz* selbst würde den Streit der Regeln einer zusammengesetzten Vollkommenheit nicht besser haben ausdrücken können. Aber was weiß *Pope* hievon, der dem *Schaftesbury* gleichwohl soll gefolgt sein? Auch sagt dieser: *Vielmehr bewundern wir eben wegen dieser Ordnung der untern und obern Wesen die Schönheit der Welt, die auf sich einander entgegenstehende Dinge gegründet ist, weil aus solchen mannigfaltigen und widerwärtigen Grundursachen eine allgemeine Zusammenstimmung entspringt.*[3] Die Worte *mannigfaltige* und *widerwärtige Grundursachen* bedeuten hier abermals die Regeln der Ordnung, die oft neben einander nicht bestehen können; und hätte *Pope* davon einen Begriff gehabt, so würde er sich weniger auf die Seite des *Malebranche* geneigt haben. Desgleichen von der Ordnung hat *Schaftesbury* einen vollkommen richtigen Begriff, den *Pope*, wie wir gesehen, nicht hatte. Er nennt sie *a Coherence or Sympathizing of Things*; und unmittelbar darauf *a Consent and Correspondence in all*. Dieser Zusammenhang, dieses Sympathisieren, diese Übereinstimmung ist ganz etwas anders als des Dichters eingebildete Staffelordnung, welche man höchstens nur für poetisch schön erkennen kann.

Überhaupt muß ich gestehen, daß mir *Schaftesbury* sehr oft so glücklich mit *Leibnitzen* übereinzustimmen scheinet, daß ich mich wundre, warum man nicht längst beider Weltweis-

---

2 *Much is alledg'd in answer, to shew why Nature errs, and how she came thus impotent and erring from an unerring hand. But i deny she errs — — Nature still working as before, and not perversly or erroneously; not faintly or with feeble Endeavours; but o'erpower'd by a superior Rival, and by another Nature's justly conquering Force. Rhapsody Part. 2. Sect. 3.*

3 *'Tis on the contrary, from this Order of inferiour and superiour Things that we admire the World's Beauty, founded thus on Contrarietys: whilst from such various and disagreeing Principles a Universal Concord is established.* Eben daselbst.

heit mit einander verglichen. Ich wundre mich sogar, warum nicht selbst die *Akademie* lieber das System des *Schaftesbury*, als das System des *Pope* zu untersuchen und gegen das Leibnitzische zu halten, aufgegeben. Sie würde alsdenn doch wenigstens Weltweisen gegen Weltweisen, und Gründlichkeit gegen Gründlichkeit gestellt haben, anstatt daß sie den Dichter mit dem Philosophen, und das Sinnliche mit dem Abstracten in ein ungleiches Gefechte verwickelt hat. Ja auch für die, würde bei dem *Schaftesbury* mehr zu gewinnen gewesen sein, als bei dem *Pope*, welche *Leibnitzen* gern, vermittelst irgend einer Parallel mit einem andern berühmten Manne, erniedrigen möchten. Das Werk des *Schaftesbury The Moralists, a Philosophical Rhapsody* war bereits im Jahr 1709. herausgekommen; des *Leibnitz Theodicee* hingegen trat erst gegen das Ende des Jahrs 1710. an das Licht. Aus diesem Umstande, sollte ich meinen, wäre etwas zu machen gewesen. Ein Philosoph, ein englischer Philosoph, welcher Dinge gedacht hat, die *Leibnitz* erst ein ganzes Jahr nachher gedacht zu haben zeiget, sollte dieser von dem letztern nicht ein wenig sein geplündert worden? Ich bitte die *Akademie* es überlegen zu lassen!

Und also hat *Pope* auch aus dem *Schaftesbury* die wenigsten seiner metaphysischen Larven[4] entlehnt. Wo mag er sie wohl sonst her haben? Wo mag er besonders die her haben, die eine Leibnitzische Miene machen? Ich verstehe diejenigen Sätze, die mit den Worten *mögliche Systeme* und dergleichen ausgedrückt sind. Die Anweisung *Warburtons* verläßt mich hier; ich glaube aber gleichwohl etwas entdeckt zu haben.

Man erinnere sich desjenigen Buches *de Origine mali*, über welches *Leibnitz* Anmerkungen gemacht hat, die man gleich hinter seiner Theodicee findet. Er urteilet davon, der Verfasser desselben stimme, in der einen Hälfte der Materie, von dem Übel überhaupt, und dem physikalischen Übel insbesondre, sehr wohl mit ihm überein, und gehe nur in der andern Hälfte, vom moralischen Übel, von ihm ab. Es war

---

4 Eine beiläufige Erklärung der Vignette unsers Titels!

dieser Verfasser der Hr. *W. King*, nachheriger Erzbischof von Dublin. Er war ein Engländer, und sein Werk war schon im Jahr 1702. herausgekommen.

Aus diesem nun behaupte ich, hat sich unser Dichter ungemein bereichert; und zwar so, daß er nicht selten, ganze Stellen aus dem Lateinischen übersetzt, und sie bloß mit poetischen Blümchen durchwirkt hat. Ich will bloß die vornehmsten derselben zum Beweise hersetzen, und die Vergleichung den Lesern, welche beider Sprachen mächtig sind, selbst überlassen.

1.

King. cap. III. p. m. Ed. Brem. 56.
Credendum vero est, praesens mundi Systema optimum fuisse, quod fieri potuit, habito respectu ad Dei mentem in eo fabricando.

Pope. Ep. I. v. 43. 44.
Of systems possible, if 'tis confest,
That Wisdom infinite must form the best.

2.

King. p. m. 58.
Oportet igitur multos perfectionum gradus, forte infinitos, dari in opificiis divinis.

Pope. Ep. I. v. 46. 47.
Where all must fall or not coherent be
And all that rises, rise in due degree etc.

3.

King. p. m. 72.
Opus erat in systemate mundi globo materiae solidae, qualis est terra, et eam quasi rotae vicem habere credimus in magno hoc avtomato.

Pope. Ep. I. v. 56. etc.
So man, who here seems principal alone,
Perhaps acts second to some sphere unknown,
Touches some wheel, or verges to some gole.
'Tis but a part we see and not the whole.

4.

King. p. m. 89.
— Quaedam ejusmodi facienda erant, cum locus his in opificio Dei restabat, factis tot aliis, quot conveniebat. At optes alium tibi locum et

sortem cessisse; fortasse. Sed si tu alterius locum occupasses, ille alter aut alius aliquis in tui locum sufficiendus erat, qui similiter providentiae divinae ingratus, locum illum quem jam occupasti, optaret. Scias igitur necessarium fuisse, ut aut sis, quod es, aut nullus. Occupatis enim ab aliis omni alio loco et statu, quem systema aut natura rerum ferebat, aut is, quem habeas, a te implendus, aut exulare te a rerum natura necesse est. An expectes enim, dejecto alio a statu suo, te ejus loco suffectum iri? id est, ut aliorum injuria munificentiam peculiarem et exsortem tibi Deus exhiberet. Suspicienda ergo est divina bonitas, non culpanda, qua ut sis, quod es, factum est. Nec alius nec melior fieri potuisti sine aliorum aut totius damno.

Den ganzen Inhalt dieser Worte wird man in dem ersten Briefe des *Pope* wieder finden; besonders gegen die 157te und 233te Zeile. Die Stellen selbst sind zu lang, sie ganz herzusetzen; und zum Teil sind sie auch bereits oben angeführt worden, wo von dem Popischen Begriffe der Ordnung, und der notwendigen Stelle, die der Mensch in der Reihe der Dinge erhalten müssen, die Rede war.

Was kann man nun zu so offenbaren Beweisen, daß *Pope* den metaphysischen Teil seiner Materie mehr zusammen geborgt, als gedacht habe, sagen? Und was wird man vollends sagen, wenn ich sogar zeige, daß er sich selbst nichts besser bewußt zu sein scheinet? – Man höre also, was er in einem Briefe an seinen Freund den *D. Swift* schreibt. *Pope* hatte seinen Versuch über den Menschen, ohne seinem Namen drucken lassen, und er kam *Swiften* in die Hände, ehe ihm *Pope* davon Nachricht geben konnte. *Swift* las das Werk, allein er erkannte seinen Freund darin nicht. Hierüber nun wundert sich *Pope* und schreibt: *ich sollte meinen, ob Sie mich gleich in dem ersten dieser Versuche aus dem Gesichte verloren, daß Sie mich doch in dem zweiten würden erkannt haben*[5]. Heißt dieses nicht ungefehr: ob Sie mir gleich die metaphysische Tiefsinnigkeit, die aus dem ersten Briefe hervor zu leuchten scheinet, nicht zutrauen dürfen; so hätten Sie doch wohl in den

---

5 *I fancy, tho' you lost sight of me in the first of those Essays, you saw me in the second.*

übrigen Briefen, wo die Materie leichter und des poetischen Putzes fähiger wird, meine Art zu denken erkennen sollen? – – *Swift* gesteht es in seiner Antwort auch in der Tat, daß er *Popen* für keinen so großen Philosophen gehalten habe, eben so wenig als sich *Pope* selbst dafür hielt. Denn würde er wohl sonst, gleich nach obiger Stelle, geschrieben haben: *Nur um eines bitte ich Sie; lachen Sie über meine Ernsthaftigkeit nicht, sondern erlauben Sie mir, den philosophischen Bart so lange zu tragen, bis ich ihn selbst ausrupfe, und ein Gespötte daraus mache*[6]. Das will viel sagen! Wie sehr sollte er sich also wundern, wenn er erfahren könnte, daß gleichwohl eine berühmte *Akademie* diesen falschen Bart für wert erkannt habe, ernsthafte Untersuchungen darüber anzustellen.

---

6 *I have only one piece of mercy to beg of you; do not laugh at my gravity, but permit to me, to wear the beard of a Philosopher till i pull it off and make a jest of it myself.* In einem Briefe an den *D. Swift*, welcher in dem 9ten Teile der Popischen Werke, der Knoptonschen Ausgabe von 1752. auf der 254 Seite stehet.

AUS:
THEATRALISCHE BIBLIOTHEK

DRITTES STÜCK

XI.
DES ABTS DU BOS AUSSCHWEIFUNG
VON DEN
THEATRALISCHEN VORSTELLUNGEN DER ALTEN.

Vorbericht.

»Der Abt *du Bos* war einer von den Vierzigern, und beständiger Sekretär der französischen Akademie. Der Herr *von Voltaire* hat ihn mit unter die Schriftsteller gezehlet, welche das Jahrhundert Ludewigs des XIV. erleuchtet haben. Er hat sich der Welt als ein Geschichtschreiber und als ein Kunstrichter gezeigt. Als jener in seiner *Histoire de la ligue de Cambrai*, welcher der Herr *von Voltaire* das Lob zugestehet, daß sie ein Muster in ihrer Art sei. Als dieser, in seinen *critischen Betrachtungen über die Dichtkunst und Malerei*, (Reflexions critiques sur la Poesie & sur la Peinture) von welchen ich hier etwas mehrers melden muß. Ich kann es jetzt nicht gleich wissen, in welchem Jahre sie zu erst ans Licht traten. Ich habe bloß die fünfte Ausgabe vor mir, welche von 1746 ist. Es ist die letzte, meines Wissens, und auf dem Titel wird gesagt, daß sie von dem Verfasser selbst durchgesehen, verbessert und vermehrt worden. Sie ist in Paris in groß Duodez gedruckt, und bestehet aus drei Teilen, deren stärkster ein Alphabet hat. Der Inhalt, wie ihn der Verfasser selbst entwirft, ist kurz dieser. In dem *ersten* Teile erklärt er, worin die Schönheit eines Gemäldes und die Schönheit eines Gedichts vornehmlich bestehe; was für Vorzüge so wohl das eine, als das andere, durch die Beobachtungen der Regeln erlange, und endlich was für Beistand sowohl die Werke der Dichtkunst, als die Malerei, von andern Künsten erborgen können, um sich mit desto größern Vorteile zu zeigen. In dem *zweiten* Teile handelt er von den Teils natürlichen, Teils erworbenen Eigenschaften, welche sowohl große Maler, als große Dichter, haben müssen, und forscht den Ursachen nach, warum einige Jahrhunderte so viele, und einige fast gar keine berühmte Künstler gesehen haben. Hierauf untersucht er, auf welche Weise die Künstler zu ihrem Ruhme gelangen; an welchen Kennzeichen man es voraussehen könne, ob der Ruhm, in welchem sie zu ihren Zeiten stehen, ein wahrer Ruhm sei, oder ob sie nur ein flüchtiges Aufsehen machen; und endlich aus welchen Merkmalen man es zuverlässig schließen dürfe, daß der Name eines von seinen Zeitgenossen gerühmten Dichters oder Malers, immer mehr und mehr wachsen, und in den folgenden Zeiten noch größer sein werde, als er selbst zu seiner Zeit gewesen ist. In dem *dritten* Teile endlich trägt unser Abt verschiedene Entdeckungen vor, die er in Ansehung der theatralischen Vorstellungen der Alten gemacht zu haben glaubet. In den ersten Ausgaben seines Werks, war diese Materie dem ersten Teile mit eingeschaltet. Weil sie aber doch nichts anders als eine Ausschweifung war, durch die man die Hauptsache allzulange aus den Augen verlor, so folgte er dem Rate einiger Freunde, und machte einen besondern Teil daraus. Dieser besondre Teil nun, oder diese Ausschweifung ist es, welche ich hier meiner theatralischen Bibliothek einverleiben will. Ich werde aber dabei für diesesmal nichts, als die Pflichten eines getreuen Übersetzers beobachten; und meine Gedanken über verschiedene besondere Meinungen des Verfassers auf eine andere Gelegenheit versparen.«

⟨Schlußkapitel der Übersetzung⟩

Achtzehnter Abschnitt.

*Betrachtungen über die Vorteile und Unbequemlichkeiten,
welche bei der componierten Declamation der Alten gewesen.*

Zwei Gründe bewegen mich zu glauben, daß bei dem Gebrauche, von welchem hier die Rede ist, mehr Vorteil als Unbequemlichkeit gewesen, und daß den Römern die Erfahrung Anlaß gegeben, die componierte Declamation der willkürlichen vorzuziehen. Erstlich verhinderte der Gebrauch der Alten, daß die Schauspieler den Versen, die sie recitierten, keinen falschen Sinn geben konnten, welches auch sonst bei denen nicht unterbleibt, die noch die mehrste Einsicht haben. Zweitens gab ein geschickter Componist der Declamation den Schauspielern Ausdrücke und Schönheiten an die Hand, die sie nicht immer vor sich selbst zu erfinden fähig waren. Sie waren nicht alle so *gelehrt* als Roscius. Dieses ist das Beiwort welches ihm Horaz giebt.

Man weiß mit welchem Beifalle die Chanmesle die Rolle der Phädra recitierte, die Racine sie Vers vor Vers declamieren gelehrt hatte. Despreaux sogar hielt es für wert, davon zu sprechen, und unsre Scene hat noch einige Überbleibsel von dieser Declamation behalten, welche man hätte aufschreiben können, wenn man die erforderlichen Charaktere dazu gehabt hätte. Ein sicherer Beweis, daß das Gute sich in allen Werken, von welchen man durch das Gefühl urteilen kann, empfinden läßt, und daß man es nicht vergißt, ob man sich gleich nicht vorgenommen hat, es zu behalten.

Überhaupt würde eine Tragödie, deren Declamation in Noten geschrieben wäre, eben das Verdienst haben, welches eine Oper hat. Auch mittelmäßige Schauspieler würden sie erträglich auffführen können. Sie würden kaum den zehnten Teil der Fehler machen können, die sie wirklich machen, es sei nun in Verfehlung des rechten Tons und folglich auch der zu den Versen, welche sie recitieren, erforderlichen Action, oder auch in der unzeitigen Anwendung des Pathetischen an Stellen, für die es sich gar nicht schickt. So etwas geschieht auf den neuern Bühnen täglich, wo die Komödianten, deren viele auch nicht einmal ihre Profession studiert haben, die Declamation einer Rolle, in welcher sie öfters viele Verse nicht verstehen, nach Gutdünken componieren.

Zweitens, wenn auch ein jeder Komödiant vor sich selbst betrachtet, die Declamation einer Tragödie eben so wohl componieren könnte, als irgend ein besondrer Meister in dieser Kunst, so würde gleichwohl noch ein Stück, welches von einem allein componieret worden, weit besser ausgeführt sein, als eine Declamation, wo ein jeder Schauspieler seine Rolle nach seinem eignen Kopfe recitiert. Diese willkürliche Declamation würde den Roscius öfters ziemlich aus dem Takte gebracht haben. Wie viel eher muß sie nicht unsre Schauspieler irre machen, welchen es niemals in den Sinn gekommen ist, die Verschiedenheit, die Intervallen, und, wenn ich mich so ausdrücken darf, die Sympathie der Töne zu studieren, und also auch nicht wissen, wie sie sich aus der Verwirrung ziehen sollen, in die sie die üble Zusammenstimmung der andern Schauspieler setzet. Es ist aber eben so leicht verschiedne Rollen, welche eine um die andere recitiert werden sollen, zu concertieren, wenn man die Declamation des ganzen Stücks zu Papiere gebracht, als schwer es ist, sie übereinstimmend zu machen, wenn man sie nicht zu Papiere gebracht hat.

Daher sehen wir auch, daß unsere Komödianten, die meistenteils keinen andern Wegweiser als den Naturtrieb und den Schlendrian haben, nicht wissen, wie sie sich helfen sollen, wenn ein Schauspieler, der mit ihnen zugleich recitiert, in einem Tone schließt, der ihnen nicht erlaubt, in demjenigen Tone wieder anzufangen, auf welchen sie sich, Teils aus Fertigkeit, Teils aus Überlegung gefaßt gemacht hatten. Daher kömmt es, daß sie einander so oft vorwerfen, in dem unrechten Tone recitiert, und besonders ihre Rede falsch beschlossen zu haben, so daß der andre, welcher gleich nach ihnen reden sollen, wegen seines Tones in Verlegenheit gesetzt worden. Diese Unbequemlichkeiten fielen bei einer in Noten geschriebenen Declamation weg, oder konnten sich wenigstens nicht anders ereignen, als in den Opern, wenn nemlich der eine ganz und gar falsch singt; das ist, wenn der Fehler an dem Künstler, nicht aber an der Kunst liegt, die ihm, so viel ihr möglich gewesen war, vorgebauet hatte.

Die Zuschauer und Schauspieler sind heut zu Tage um so viel mehr zu beklagen, da die Zuschauer die Fehler der Schauspieler nicht weniger bemerken, als ob die Kunst der Declamation noch eben sowohl vorhanden wäre, wie sie zu den Zeiten des Quintilians war, und die Schauspieler sich dieser Kunst, die verloren gegangen ist, doch nicht bedienen können.

Es sind alle Künste nichts anders als nach gewissen Grundsätzen eingerichtete Methoden; und wenn man diese Grundsätze untersucht, so findet man, daß sie nichts als Folgerungen sind, die man aus verschiednen Beobachtungen über die Wirkungen der Natur gezogen hat. Die Natur aber wirkt, nach den ihr vorgeschriebenen Regeln, allezeit auf einerlei Art. Bei allem also, was uns in die Sinne fällt, verursachen die Wirkungen der Natur in uns immer einerlei angenehme oder unangenehme Empfindungen, wir mögen nun auf die Art und Weise, wie dieses geschieht, Acht haben oder nicht; wir mögen auf die ersten Ursachen dieser Wirkungen zurück gehen, oder uns mit dem bloßen Genusse begnügen; wir mögen die Kunst die Wirkungen der natürlichen Ursachen nach gewissen Regeln anzuwenden, in eine Methode gebracht haben, oder bloß dem Naturtriebe bei Anwendung dieser Ursachen folgen.

Wir merken also die Fehler, in welche unsre Komödianten fallen, gar wohl, ob wir gleich die Kunst nicht verstehen, welche sie vermeiden lehrt. Man wird sogar aus einer Stelle des Cicero sehen, daß auch unter denjenigen, welche zu seiner Zeit einen Schauspieler auspfiffen, sobald er den Takt verfehlte, nur sehr wenige gewesen, welche die Kunst verstanden, und es genau sagen können, worin der Fehler eigentlich begangen worden. Die meisten merkten ihn bloß vermittelst des Gefühls. Wie wenige giebt es unter einer Versammlung von Zuschauern, welche die Musik aus dem Grunde verstehen? Und gleichwohl läßt die ganze Versammlung ihren Tadel erschallen, so oft ein Schauspieler den Takt verfehlt, und eine Sylbe entweder zu sehr verlängert, oder zu sehr verkürzt. (*) *Quotus quisque est qui teneat artem numerorum ac modorum? At in his si paululum modo offensum est, ut aut contractione brevius fieret, aut productione longius, theatra tota reclamant.*

Allein, wird man sagen, wir haben verschiedne Komödianten, die sehr viel Einsicht in ihrer Kunst besitzen, und die, wenn sie die Declamation ihrer Rollen selbst componieren, in Ansehung ihrer natürlichen Gaben, Schönheiten und Annehmlichkeiten hinein bringen können, welche ein andrer nicht hinein bringen könnte. Zweitens, wird man hinzufügen, muß eine componierte Declamation den Schauspielern, die ihr genau folgen sollen, alle ihr Feuer und allen ihren Enthusiasmus nehmen. Ihr Spiel wird nicht mehr natürlich sein, und wird wenigstens kalt werden. Der alte Gebrauch setzte den vortrefflichen Komödianten mit dem mittelmäßigen auf eine Staffel.

Ich antworte auf den ersten Einwurf. Es ist zwar wahr, daß durch diesen Gebrauch einige Schönheiten in einer Rolle, die ein vortrefflicher Schauspieler declamiert, verloren gehen. Wenn, zum Exempel, die Schauspielerin, welche die Person der Pauline im Polieuct spielt, einer von einem andern in Noten gebrachten Declamation folgen müßte, so würde sie dieser Zwang verhindern, verschiedne Schönheiten in ihre Rolle zu bringen, die sie sonst hinein bringen könnte. Allein eben diese Schauspielerin, um bei diesem Exempel zu bleiben, würde dafür die ganze Rolle der Pauline gleich gut spielen, wenn diese Rolle componiert und in Noten gebracht wäre. Und wie viel würde man nicht auf einer andern Seite dabei gewinnen, wenn alle Rollen des Polieuct componiert wären? Man bedenke nur, wie die zweiten Rollen von den Schauspielern, die nach ihrem Gutdünken recitieren, declamiert werden. Und kurz, sobald man zugiebt, daß beständig auf allen Theatern mehr mittelmäßige als vortreffliche Schauspieler sein werden, so muß man auch eingestehen, daß der Verlust, von welchem der Einwurf redet, sich gegen die ihn überwiegenden Vorteile, aufs höchste, wie eins zu zehne verhalten würde.

Der zweite Einwurf war; der Zwang bei Beobachtung einer componierten Declamation, müßte den Schauspielern allen ihren Enthusiasmus nehmen und folglich den Schauspieler, welcher Genie habe, mit dem auf eine Staffel setzen, welcher keines habe. Auf diesen Einwurf antworte ich, daß es mit dieser in Noten geschriebnen Declamation eben so sein würde, wie es mit der Musik in unsern Opern ist. Auch der genauste und einsichtvollste Componist der Declamation ließ den guten Schauspielern noch immer Gelegenheit, ihre Gaben an den Tag zu bringen, und es nicht nur in den Geberden sondern auch in der Aussprache zu zeigen, wie weit sie über die mittelmäßigen Schauspieler erhaben wären. Es ist unmöglich alle Accente, alle Teilchen, alle Wendungen, alle Verlierungen, alle Stöße, alle Vorschläge der Stimme, und mit einem Worte, wenn ich mich so ausdrücken darf, den Geist der Declamation in Noten zu bringen, an welcher die Veränderung der Töne gleichsam nur der Körper ist. In der Musik selbst kann man nicht alles durch Noten ausdrükken, was man, dem Gesange seinen wahren Ausdruck, seine Stärke und alle die Anmut, deren er fähig ist, zu geben, tun muß. Man kann es nicht durch Noten ausdrücken, wie geschwind eigentlich das Tempo des Takts sein soll, obgleich dieses Tempo die Seele der Musik ist. Auch das, was die Tonkünstler, und besonders die italiänischen Tonkünstler, mit gewöhnlichen Buchstaben über die Composition schreiben, um anzuzeigen, ob das Tempo entweder lebhaft oder langsam sein solle, kann es nur unvollkommen anzeigen. Bis hieher, wie ich schon gesagt habe, hat das wahre Tempo einer Composition bloß durch die Tradition, so zu reden, fortgepflanzt werden können, denn die Instrumente, durch die man, vermittelst der Uhrmacherkunst, das wahre Tempo, welches die Componisten ihren Stücken und Gesängen gegeben, nach der strengsten Genauigkeit aufbehalten wollen, sind bis hieher noch nicht sehr gebraucht worden.

Der mittelmäßige Schauspieler also, welcher die Rolle des Atys, oder des Roland singet, singt sie nicht so, wie sie ein guter Schauspieler singt, obgleich alle beide eben dieselben Noten anstimmen, und beide dem Takte des Lulli folgen. Der gute Schauspieler, welcher das, was er singt, fühlt, beschleuniget bald zu gelegner Zeit eine Note, bald verlängert er sie, und leihet der einen so viel, als er von der andern borgt; bald läßt er seine Stimme fort gehen, bald hält er sie an, und läßt sie auf gewissen Stellen wie ruhen; kurz, er tut verschiednes, seinem Gesange mehr Ausdruck und mehr Anmut zu geben, was ein mittelmäßiger Schauspieler gar nicht, oder doch zur ungelegnen Zeit tut. Ein jeder Schauspieler ergänzt das, was durch Noten nicht hat können ausgedruckt werden, und ergänzt es nach dem Maße seiner Fähigkeit.

Alle, die die Opern des Lulli, welche das Vergnügen der Nation geworden sind, noch bei Lebszeiten des Lulli, haben aufführen sehen, als er folgsame Schauspieler dasjenige noch mündlich lehren konnte, was sich durch Noten nicht ausdrücken läßt, versichern, daß sie einen Ausdruck darin bemerkt, welchen sie jetzt fast nicht mehr darin fänden. Wir erkennen wohl den Gesang des Lulli, sagen sie, allein wir finden sehr oft den Geist nicht mehr, welcher diesen Gesang belebte. Die Recitative scheinen uns ohne Leben und die Tanzstücke lassen uns fast ruhig. Zum Beweis ihres Vorgebens führen diese Personen an, daß jetzt die Vorstellung einer Lullischen Oper länger daure, als sie gedauret habe, wenn er sie selbst aufführen lassen, ob sie gleich nicht einmal so lange dauern sollte, weil man gewisse Violinenstücke, welche Lulli zweimal spielen ließ, nicht mehr wiederholt. Es kömmt dieses, nach der Meinung dieser Personen, denn ich selbst stehe hier für nichts, daher, weil man den Rythmus des Lulli nicht mehr beobachtet, welchen die Sänger entweder aus Unvermögen oder aus Übermut ändern.

Es ist also klar, daß die Noten der Opern nicht alles lehren, und daß sie noch vieles zu tun übrig lassen, was der Schauspieler, nach dem er die Geschicklichkeit hat, entweder gut oder schlecht tun kann. Wie viel weniger werden die Componisten der Declamation die eignen Gaben der guten Schauspieler ganz unbrauchbar gemacht haben.

Endlich machte auch nicht der Zwang, sich nach einer in Noten geschriebnen Declamation zu richten, aus den Schauspielern des Altertums frostige Schauspieler, welche die Zuschauer zu rühren unvermögend gewesen wären. Denn da, vors erste, die Schauspieler, welche in den Opern recitieren, gleichwohl während ihrem Recitieren selbst gerührt sein können, da sie des Zwangs ohngeachtet, mit welchem sie sich nach den Noten und dem Takte richten müssen, nicht kalt bleiben, sondern mit einer leichten natürlichen Action declamieren können; so verhinderte auch der Zwang, in welchem sich die alten Schauspieler durch Beobachtung der componierten Declamation befanden, diese Schauspieler ganz und gar nicht, sich an die Stelle der Person, welche sie vorstellten, zu setzen. Dieses ist genug. Zweitens wissen wir, (und dieses allein könnte den Einwurf, welchen ich beantworte, zu nichte machen,) sehr zuverlässig, daß die alten Schauspieler, ob sie schon an eine componierte Declamation gebunden waren, dennoch eben so stark bewegt wurden, als unsre Schauspieler bei ihrer willkürlichen Declamation bewegt werden. Quintilian sagt, er habe nicht selten Komödianten mit tränenden Augen von der Bühne kommen sehen, wo sie rührende Scenen vorgestellet hatten. Sie waren also selbst gerührt, und konnte also auch, so gut als unsre Schauspieler, zum weinen bewegen.*
Vidi ego sæpe Histriones atque Comœdos, cum ex aliquo graviore actu personam deposuissent, frontes adhuc egredi. Und welchen Unterschied machten die Alten nicht übrigens unter ihren Schauspielern? Diese Einwürfe wider den Gebrauch die Declamation zu componieren und in Noten zu schreiben, würden

---

* *Quint. Instit. lib. IX. cap. 3.*

vielleicht sehr wichtig geschienen haben, ehe man von den Opern etwas wußte; allein der glückliche Fortgang dieses Schauspiels, wo der Acteur, wie wir schon gesagt haben, an der Note und an den Takt gebunden ist, macht diesen Einwurf nichtig. Unsre Erfahrung kann in einem Augenblicke eine Menge Schwierigkeiten zerstreuen, welche sich durch bloße Betrachtungen schwerlich aufklären liessen. Es ist so gar gefährlich sich vor der Erfahrung in Betrachtungen und Vernünfteleien einzulassen. Man muß manche Überlegungen anstellen ehe man sagen kann, ob ein Gedanke, der bloße Möglichkeiten betrifft, vernünftig sei, anstatt daß uns die Erfahrung den Augenblick zurechte weiset. Und kurz, warum würden wohl die Alten, welche das Gute der willkürlichen Declamation eben sowohl kannten, als wir, sich nach der Erfahrung für die in Noten gebrachte Declamation erklärt haben?

Allein die meisten von dieser Profession, wird man mir noch einwerfen, sind, sogleich auf die erste Erklärung, wider den Gebrauch, die Declamation zu componieren, und in Noten zu schreiben. Hierauf will ich vors erste antworten, daß mir verschiedne glaubwürdige Personen versichert haben, Moliere selbst habe, bloß nach der eignen Anleitung seines Genies, und ohne, allem Ansehen nach, das geringste von dem zu wissen, was bisher von der Musik der Alten gesagt worden, etwas getan, das dem, was die Alten getan, sehr ähnlich gewesen; er habe sich nemlich gewisse Noten ausgedacht gehabt, womit er die Töne bemerkt, die er in gewissen Rollen halten müsse, die er allezeit auf einerlei Art recitiert. Ich habe auch sagen hören, daß Beaubourg und einige andre Schauspieler von unserm Theater ein gleiches getan hätten. Zweitens darf man sich über dieses Urteil der Leute von Profession nicht wundern. Der menschliche Geist hasset natürlicher Weise allen Zwang, welchen ihm alle die Methoden auflegen, die ihn nach gewissen Regeln zu wirken nötigen wollen. Man lege zum Exempel die Kriegszucht barbarischen Völkern, vor, welche nichts davon wissen. Die Gesetze derselben, werden sie sogleich einwerfen, müssen dem Mute notwendig alle die Hitze benehmen, durch die er siegt. Und gleichwohl weiß man es sehr wohl, daß die Kriegszucht die Tapferkeit durch die Regeln selbst unterstützt, welchen sie sie unterwirft. Deswegen also, weil Leute, die beständig declamiert haben, ohne irgend eine Regel, als den Naturtrieb und den Schlendrian, zu kennen, den Gebrauch der Alten in der ersten Bewegung mißbilligen, folgt es noch gar nicht, daß er wirklich zu mißbilligen sei. Es folgt nicht einmal daraus, daß sie ihn beständig mißbilligen müßten, wenn sie sich nur einmal die Mühe geben wollten, seine Unbequemlichkeiten und seine Vorteile zu überlegen, und sie gegen einander abzurechnen. Vielleicht werden sie es sogar bedauern, daß es keine solche Kunst gegeben, da sie noch jung gewesen, welches die Zeit ist, da man am leichtesten nach einer gewissen Methode wirken könnte.

Die Aufmerksamkeit sich nach gewissen Regeln zu richten, die man von Jugend auf gelernt hat, hört gar bald auf, ein Zwang zu sein. Es scheint als würden die Regeln, die man nunmehr studieret hat, in uns ein Teil des natürlichen Lichts. Quintilian antwortet denen, welche behaupteten, daß ein Redner der nur seiner Hitze und seinem Enthusiasmus im Declamieren folge, müsse weit stärker rühren, als derjenige Redner, der seine Action und seine Geberden nach vorher überlegten Regeln einrichte; daß dieses alle Arten von Studieren verdammen heiße, und daß die Bearbeitung allezeit auch das glücklichste Naturell verschönere.* *Sunt tamen qui rudem illam & qualem impetus cujusque animi tulit actionem, judicent fortiorem, sed non alii fere quam qui etiam in dicendo curam solent improbare & quidquid studio paratur. Nostro labori dent veniam, qui nihil credimus esse perfectum, nisi ubi natura juvetur.*

---

* *Quint. Inst. lib. II. cap. 3.*

BRIEFWECHSEL
ÜBER DAS TRAUERSPIEL
ZWISCHEN LESSING, MENDELSSOHN
UND NICOLAI

⟨73.⟩ VON MOSES MENDELSSOHN

⟨Berlin, Ende Oktober 1755.⟩

Wertester Freund!
Unsere Correspondenz mag hiemit angehen. Ich will Ihnen alles aufschreiben, was ich Ihnen in acht Morgen von 7 bis 9 Uhr hätte vorschwatzen können. Es versteht sich, daß ich auf keinen Übergang zu künsteln nötig habe. Die Übergänge werden unser einem nicht so leicht als den Lessings.

»When by means of these senses, some objects must appear beautiful, graceful, honourable, or venerable, and others mean and shameful, should it happen that in any object, there appeared a mixture of these opposite forms or qualities, there would appear also another sense of the *ridiculous* – – – Things too of a quite different nature from any human action may occasion *laughter* by exhibiting *at once* some venerable appearance along with some thing mean and despicable.«

Hutcheson short Introd. to moral
Philosoph., B. 1 ch. 1 §. 14.

Wollen Sie noch zweifeln, daß Ihre Erklärungsart, woher das Lachen komme, richtig sei?

⟨...⟩

⟨83.⟩ VON MOSES MENDELSSOHN
                    Berlin, den 26. Dec. 1755.
Liebster Lessing!
⟨...⟩
Was ich jetzt mache, fragen Sie? Liebster Lessing! Nicht das Geringste. Ich arbeite nur daran, daß ich mich künftigen Sommer ein wenig von meinen Geschäften soll losreißen können. Das, glaube ich, wird genug getan sein.

Was halten Sie dafür? kann uns die Großmut Tränen auspressen, wenn sich kein Mitleiden in das Spiel mischt? Z. E. die Stelle »soyons amis, Cinna« u. s. w. rühret uns ungemein, weil uns die Großmut des Augustus so unerwartet überrascht. Haben Sie aber bemerkt, daß diese Worte den Zuschauern Tränen gekostet haben? Beweisen Sie mir ja nichts aus einer Stelle in Plautus Gefangenen, da der Alte sagt: die Großmut dieser Leute preßt mir Tränen aus. Ich glaube, dort läuft etwas Mitleiden mit unter.

⟨...⟩

⟨93.⟩ AN FRIEDRICH NICOLAI
                    Embden, d. 20. Julius 1756.
Liebster Nicolai,
⟨...⟩ Ich habe eine Menge unordentlicher Gedanken über das bürgerliche Trauerspiel aufgesetzt, die Sie vielleicht zu der bewußten Abhandlung brauchen können, wenn Sie sie vorher noch ein wenig durchgedacht haben. Ich will sie Ihnen schicken; aber ich wünschte, daß Ihnen auch Herr Moses seine Gedanken darüber sagen möchte. Sprechen Sie ihn oft? Wenn ich erfahre, daß zwei so liebe Freunde, die ich in Berlin gelassen habe, auch unter sich Freunde sind, und zwar genaue Freunde: so werde ich erfahren, was ich zu Beider Bestem wünsche. Leben Sie wohl, liebster Nicolai; und lieben Sie mich ferner. Ich bin

                    ganz der Ihrige, *Lessing.*

⟨97.⟩ VON FRIEDRICH NICOLAI

Berlin, d. 31. August 1756.

Liebster Freund,

⟨...⟩ Ihre Gedanken über das bürgerliche Trauerspiel erwarte ich mit Begierde. Ich wünschte nur, daß Sie meine Abhandlung über das Trauerspiel, die nun schon unter der Presse ist, vor dem Abdrucke hätten durchsehen können. Herr Moses, (der aber gewiß zu nachsehend ist), hat zwar seinen Beifall darüber bezeugt; aber ich selbst bin damit nicht zufrieden. Ob ich gleich ein Vierteljahr damit zugebracht habe, so habe ich doch nicht Zeit gehabt, gewisse Gegenstände genug durchzudenken, und deswegen die Lehre vom bürgerlichen Trauerspiele ganz weggelassen, weil sie mir wichtig genug schien, eine besondere Abhandlung zu verdienen. Nichts hätte mir dazu erwünschter kommen können, als Ihre Anmerkungen.

Ich will Ihnen indes einen Begriff von meinen Sätzen machen. Erstlich müssen Sie wissen, daß weil die Abhandlung hauptsächlich für die geschrieben ist, welche Trauerspiele zum Preise einsenden wollen, ich alle allgemeinen Sätze, worüber jedermann eins ist, voraus gesetzt habe; denn es war mir zu ekelhaft, alle hundertmal wiederholten Sätze noch einmal zu wiederholen. Ich habe nur die Lehre vom Trauerspiel von einer neuen Seite betrachten wollen, und also gedacht nichts in die Abhandlung zu bringen, als was gewissermaßen neu ist. Hauptsächlich habe ich den Satz zu widerlegen gesucht, den man dem Aristoteles so oft nachgesprochen hat, es sei der Zweck des Trauerspiels die Leidenschaften zu reinigen oder die Sitten zu bilden. Er ist, wo nicht falsch, doch wenigstens nicht allgemein, und Schuld daran, daß viele deutsche Trauerspiele so schlecht sind. Ich setze also den Zweck des Trauerspiels in die Erregung der Leidenschaften, und sage: das beste Trauerspiel ist das, welches die Leidenschaften am heftigsten erregt, nicht das, welches geschickt ist, die Leidenschaften zu reinigen. Auf diesen Zweck suche ich alle Eigenschaften des

Trauerspiels zu vereinigen. Das vornehmste Stück ist und bleibt die Handlung, weil dieselbe zu der Erregung der Leidenschaften am meisten beiträgt. Die wesentlichen Eigenschaften der Handlung sind die Größe, die Fortdauer, die Einfalt. Die tragische Größe einer Handlung bestehet nicht darin, daß sie von großen oder vornehmen Personen vollbracht wird, sondern darin, daß sie geschickt ist, heftige Leidenschaften zu erregen. Die Fortdauer einer Handlung bestehet darin, daß sie nie durch eine andere Handlung unterbrochen werde; und die Simplicität, daß sie nicht durch Incidenthandlungen so verwickelt werde, daß es Mühe kostet, ihre Anlage einzusehen. Hat sie diese beiden letzteren Eigenschaften, so hat sie zugleich die Eigenschaft, welche die Kunstrichter schon längst unter dem Namen der Einheit anbefohlen haben. Die Einheit der Handlung ist durchaus notwendig; ohne sie können wohl Teile, aber niemals das Ganze schön sein. Die Einheiten der Zeit und des Orts dürfen nicht so strenge beobachtet werden, und es ist am besten, Zeit und Ort nicht allzu genau zu bestimmen. Die Trauerspiele lassen sich nach den Leidenschaften, die sie erregen wollen, einteilen: 1) in Trauerspiele, welche Schrecken und Mitleiden zu erregen suchen. Diese nenne ich rührende Trauerspiele, und hieher gehören alle bürgerlichen Trauerspiele, ferner alle die, in welchen bürgerliches Interesse herrschet, als Merope, Medea etc. 2) Trauerspiele, welche durch Hülfe des Schreckens und Mitleidens Bewunderung erregen, nenne ich heroische; als Brutus, Cato. 3) Trauerspiele, worin die Erregung des Schreckens und Mitleidens mit der Bewunderung vergesellschaftet ist, sind vermischte Trauerspiele, als der Graf v. Essex etc. 4) Trauerspiele, welche ohne Hülfe des Schreckens und Mitleidens Bewunderung erregen sollen, sind nicht practicabel, weil der Held im Unglücke die größte Bewunderung, aber auch zugleich Mitleiden erregt. Der Canut könnte ein mißratenes Beispiel von dieser Gattung sein. Aus den Eigenschaften der Handlung, leite ich die Art des Plans her. Die Exposition muß natürlich sein. Die Fortsetzung der Handlung enthält die Mittel zu dem Zwecke oder der Auflösung. So bald wir anfangen zu zweifeln, was die Mittel für Zwecke haben, so ist der Knoten geschürzt; so bald wir den Zweck zu vermuten anfangen, fängt auch die Auflösung an; so bald der Zweck völlig gewiß ist, so ist auch die Auflösung vollkommen, die Glücksänderung mag sein, wo sie will. Der Dichter überhaupt ahmet die Natur nach, aber nur in so fern sie sinnlich ist; also ahmet der tragische Dichter die Natur nach, aber nur in so fern sie Leidenschaften erregt. Wenn also der Dichter einen Gegenstand auf zweierlei Art vorstellen kann, wovon die eine natürlicher ist, die andere aber mehr Leidenschaften erregt, so hat die letzte den Vorzug. Z. E. Die Vertrauten sind natürlich, aber kalt; also muß man caeteris paribus lieber einen Monologen machen, der zwar nicht so natürlich ist, aber leidenschaftlicher sein kann. Das Tragische in den Charakteren liegt wieder darin, daß sie heftige Leidenschaften erregen, nicht daß sie die Sitten bessern. Die tragischen Charaktere sind, ein tugendhafter Mann, welcher durch einen Fehler, den er begeht, unglücklich wird, und ein Bösewicht, der auch unglücklich wird, aber der durch ein falsches System von Sittenlehre uns gewisser Maßen für sich einnimmt (ein Satz von Hrn. Moses). So ist Canut, ein Beispiel eines guten Königs, aber kein tragischer Held, eben darum, weil er keinen Fehler begeht. Ulfo hingegen, seiner Gottlosigkeit ungeachtet, nimmt uns durch sein falsches System von Ehre so ein, daß er uns auf gewisse Weise heroisch scheinet; eben darum ist er tragisch. Der Fehler in einem Charakter ist nichts Böses, sondern eine Handlung oder Neigung, welche eben dadurch, daß sie für den Helden unglücklich ausschlägt, ein Fehler wird; so ist z. E. in des Sophocles Oedipus der Fehler des Oedipus nicht der Mord des Lajus, welcher außer der Handlung ist, sondern die Neugier, aus welcher die Auflösung fließt. Eben so hätte auch Schlegel Canuts Gütigkeit selbst zu dem Fehler machen können, wodurch sein Trauerspiel ein ganz anderes Ansehen bekommen haben würde. Nemlich die Gütigkeit Canuts, daß er dem Ulfo bei seiner Versöhnung ein Heer anzuführen

giebt, müßte (wie schon die Anlage dazu da ist) die Folge
haben, daß Ulfo den Canut ermordete, und Canut dem Ulfo
auch noch im Sterben vergäbe etc. Was den Ausdruck betrifft, so wird voraus gesetzt, daß der Dichter edel denke;
aber er muß sich auch edel, sinnlich und schön ausdrücken.
Die Fehler des Ausdrucks werden mit leichter Mühe an der
Gottschedischen Übersetzung der Alzire gezeigt. Dies sind
ungefähr meine Gedanken. Ich habe sie etwas verwirrt vorgetragen, so wie die Abhandlung selbst nicht allzu ordentlich ist.

⟨...⟩

⟨102.⟩ VON FRIEDRICH NICOLAI

(Nach Leipzig)
Berlin, d. 3. Novemb. 1756.

Liebster Lessing,
Herr Moses hat Ihnen geschrieben, daß ich auch an Sie
schreiben würde. Ich habe es mir vorgenommen, und von
Tag zu Tag aufgeschoben; endlich setze ich mich Nachts um
12 Uhr wirklich hin, um es zu tun. Schon vor ungefähr vierzehn Tagen würde es geschehen sein; aber ich erhielt eben
Nachricht, daß Schuch Ihre Miß Sara spielte, und Brückner
den Mellefont machte. Ich ging gleich fort in die Comödie;
denn ich hatte schon zweimal, da Ihr Trauerspiel aufgeführt
wurde, nicht hinein gehen wollen, weil der elende Mergner
den Mellefont machte, ein Mensch, dessen Action mir unerträglich ist.

Ihr Trauerspiel ward im allgemeinen ziemlich gut aufgeführt; nemlich, so wie die Truppe nun ist. Stenzel machte den
Sir Sampson, Brückner den Mellefont, Hensel den Norton,
Stephanie den Waitwell, die Mad. Henseln die Sara, die Mad.
Frizen Betty, die Jungfer Beckinn (erschrecken Sie nicht?)
die Milwood, ihre Mutter die Hannah, Köhler den Wirt.

Ehe ich Ihnen genauer von der Aufführung Nachricht
gebe, muß ich Ihnen sagen, daß ich ungemein gerührt worden bin, daß ich bis an den Anfang des fünften Aufzugs

öfters geweint habe, daß ich aber am Ende desselben, und bei der ganzen Scene mit der Sarah, vor starker Rührung nicht habe weinen können; das ist mir noch bei keinem Trauerspiele begegnet, und streitet gewisser Maßen wider mein eignes System von der Rührung in den Trauerspielen. Meine Rührung und meine kritischen Anmerkungen, so wohl über Ihr Stück, als über die Schauspieler, machten in meinem Kopfe ein wunderliches Gemisch unter einander. Es sind mir bei vielen Stellen Zweifel eingefallen. Sie betreffen zwar überall nur Kleinigkeiten; wenn ich sie aber noch auswendig wüßte, oder sonst aufgesetzt hätte, so möchte ich sie Ihnen doch wohl schreiben. Vielleicht geschiehet es, wenn Sie mir Ihre Anmerkungen über das bürgerliche Trauerspiel zuschicken, und ich es vielleicht wage, meine Gedanken darüber zu entwerfen.

⟨. . .⟩

⟨103.⟩ AN FRIEDRICH NICOLAI

im Nov. 1756.

Liebster Freund!

⟨. . .⟩ Ich danke Ihnen aufrichtig für den kurzen Auszug aus Ihrer Abhandlung *über das Trauerspiel*. Er ist mir auf mancherlei Weise sehr angenehm gewesen, und unter andern auch deswegen, weil er mir Gelegenheit giebt zu widersprechen. Überlegen Sie ja alles wohl, was ich darauf sagen werde; denn es könnte leicht sein, daß ich nicht alles wohl überlegt hätte – Ich will umwenden, um das freie Feld vor mir zu haben!

Vorläufiges Compliment! Da die Absicht, warum ich gewisse Wahrheiten abhandele, die Art, wie ich sie abhandeln soll, bestimmen muß, und da jene es nicht allezeit erfordert, auf die allerersten Begriffe zurück zu gehen; so würde ich gar nichts wider Ihren Aufsatz zu erinnern haben, wenn ich Sie nicht für einen Kopf hielte, der mehr als eine Absicht dabei hätte verbinden können.

Es kann sein, daß wir dem Grundsatze: *Das Trauerspiel soll bessern,* manches elende aber gutgemeinte Stück schuldig sind; es kann sein, sage ich, denn diese Ihre Anmerkung klingt ein wenig zu sinnreich, als daß ich sie gleich für wahr halten sollte. Aber das erkenne ich für wahr, daß kein Grundsatz, wenn man sich ihn recht geläufig gemacht hat, bessere Trauerspiele kann hervorbringen helfen, als der: *Die Tragödie soll Leidenschaften erregen.*

Nehmen Sie einen Augenblick an, daß der erste Grundsatz eben so wahr als der andere sei, so kann man doch noch hinlängliche Ursachen angeben, warum jener bei der Ausübung mehr schlimme, und dieser mehr gute Folgen haben müsse. Jener hat nicht deswegen schlimme Folgen, weil er ein *falscher* Grundsatz ist, sondern deswegen, weil er entfernter ist, als dieser, weil er bloß den Endzweck angiebt, und dieser die Mittel. Wenn ich die Mittel habe, so habe ich den Endzweck, aber nicht umgekehrt. Sie müssen also stärkere Gründe haben, warum Sie hier vom Aristoteles abgehen, und ich wünschte, daß Sie mir einiges Licht davon gegeben hätten; denn dieser Verabsäumung schreiben Sie es nunmehr zu, daß Sie hier meine Gedanken lesen müssen, wie ich glaube, daß man die Lehre des alten Philosophen verstehen solle, und wie ich mir vorstelle, daß das Trauerspiel durch Erzeugung der Leidenschaften bessern kann.

Das meiste wird darauf ankommen: was das Trauerspiel für Leidenschaften erregt. In seinen Personen kann es alle möglichen Leidenschaften wirken lassen, die sich zu der Würde des Stoffes schicken. Aber werden auch zugleich alle diese Leidenschaften in den Zuschauern rege? Wird er freudig? wird er verliebt? wird er zornig? wird er rachsüchtig? Ich frage nicht, ob ihn der Poet so weit bringt, daß er diese Leidenschaften in der spielenden Person billiget, sondern ob er ihn so weit bringt, daß er diese Leidenschaften selbst *fühlt,* und nicht bloß fühlt, ein andrer fühle sie?

Kurz, ich finde keine einzige Leidenschaft, die das Trauerspiel in dem Zuschauer rege macht, als das Mitleiden. Sie werden sagen: erweckt es nicht auch Schrecken? erweckt es nicht auch Bewunderung? Schrecken und Bewunderung sind keine Leidenschaften, nach meinem Verstande. Was denn? Wenn Sie es in Ihrer Abschilderung getroffen haben, was Schrecken ist, »eris mihi magnus Apollo«, und wenn Sie es getroffen haben, was Bewunderung ist, »Phyllida solus habeto«.

Setzen Sie sich hier auf Ihre Richterstühle, meine Herren, Nikolai und Moses. Ich will es sagen, was ich mir unter beiden vorstelle.

Das Schrecken in *der Tragödie* ist weiter nichts als die plötzliche Überraschung des Mitleides, ich mag den Gegenstand meines Mitleids kennen oder nicht. Z. E. endlich bricht der Priester damit heraus: *Du Oedip bist der Mörder des Lajus!* Ich erschrecke, denn auf einmal sehe ich den rechtschaffnen Oedip unglücklich; mein Mitleid wird auf einmal rege. Ein ander Exempel: es erscheinet ein Geist; ich erschrecke: der Gedanke, daß er nicht erscheinen würde, wenn er nicht zu des einen oder zu des andern Unglück erschiene, die dunkle Vorstellung dieses Unglücks, ob ich den gleich noch nicht kenne, den es treffen soll, überraschen mein Mitleid, und dieses überraschte Mitleid heißt Schrecken. Belehren Sie mich eines Bessern, wenn ich Unrecht habe.

Nun zur Bewunderung! Die Bewunderung? *O in der Tragödie*, um mich ein wenig orakelmäßig auszudrucken, ist das entbehrlich gewordene Mitleiden. Der Held ist unglücklich, aber er ist über sein Unglück so weit erhaben, er ist selbst so stolz darauf, daß es auch in meinen Gedanken die schreckliche Seite zu verlieren anfängt, daß ich ihn mehr beneiden, als bedauern möchte.

Die Staffeln sind also diese: Schrecken, Mitleid, Bewunderung. Die Leiter aber heißt: Mitleid; und Schrecken und Bewunderung sind nichts als die ersten Sprossen, der Anfang und das Ende des Mitleids. Z. E. Ich höre auf einmal, nun ist Cato so gut als des Cäsars. *Schrecken!* Ich werde hernach mit der verehrungswürdigen Person des erstern, und auch nachher mit seinem Unglücke bekannt. *Das Schrecken zerteilet sich in Mitleid.* Nun aber hör' ich ihn sagen: *Die Welt, die Cäsarn dient, ist meiner nicht mehr wert. Die Bewunderung setzt dem Mitleiden Schranken.* Das Schrecken braucht der Dichter zur Ankündigung des Mitleids, und Bewunderung gleichsam zum Ruhepunkte desselben. Der Weg zum Mitleid wird dem Zuhörer zu lang, wenn ihn nicht gleich der erste Schreck aufmerksam macht, und das Mitleiden nützt sich ab, wenn es sich nicht in der Bewunderung erholen kann. Wenn es also wahr ist, daß die ganze Kunst des tragischen Dichters auf die sichere Erregung und Dauer des einzigen Mitleidens geht, so sage ich nunmehr, die Bestimmung der Tragödie ist diese: sie soll *unsre Fähigkeit, Mitleid zu fühlen,* erweitern. Sie soll uns nicht bloß lehren, gegen diesen oder jenen Unglücklichen Mitleid zu fühlen, sondern sie soll uns so weit fühlbar machen, daß uns der Unglückliche zu allen Zeiten, und unter allen Gestalten, rühren und für sich einnehmen muß. Und nun berufe ich mich auf einen Satz, den Ihnen Herr Moses vorläufig demonstrieren mag, wenn Sie, Ihrem eignen Gefühl zum Trotz, daran zweifeln wollen. *Der mitleidigste Mensch ist der beste Mensch,* zu allen gesellschaftlichen Tugenden, zu allen Arten der Großmut der aufgelegteste. Wer uns also mitleidig macht, macht uns besser und tugendhafter, und das Trauerspiel, das jenes tut, tut auch dieses, oder – es tut jenes, um dieses tun zu können. Bitten Sie es dem Aristoteles ab, oder widerlegen Sie mich.

Auf gleiche Weise verfahre ich mit der Komödie. Sie soll uns zur Fertigkeit verhelfen, alle Arten des Lächerlichen leicht wahrzunehmen. Wer diese Fertigkeit besitzt, wird in seinem Betragen alle Arten des Lächerlichen zu vermeiden suchen, und eben dadurch der wohlgezogenste und gesittetste Mensch werden. Und so ist auch die Nützlichkeit der Komödie gerettet.

Beider Nutzen, des Trauerspiels sowohl als des Lustspiels, ist von dem Vergnügen unzertrennlich; denn die ganze Hälfte des Mitleids und des Lachens ist Vergnügen, und es ist ein großer Vorteil für den dramatischen Dichter, daß er weder nützlich, noch angenehm, eines ohne das andere sein kann.

Ich bin jetzt von diesen meinen Grillen so eingenommen, daß ich, wenn ich eine dramatische Dichtkunst schreiben sollte, weitläuftige Abhandlungen vom Mitleid und Lachen voranschicken würde. Ich würde beides sogar mit einander vergleichen, ich würde zeigen, daß das Weinen eben so aus einer Vermischung der Traurigkeit und Freude, als das Lachen aus einer Vermischung der Lust und Unlust entstehe: ich würde weisen, wie man das Lachen in Weinen verwandeln kann, wo man auf der einen Seite Lust zur Freude, und auf der andern Unlust zur Traurigkeit, in beständiger Vermischung anwachsen läßt; ich würde – Sie glauben nicht, was ich alles würde.

Ich will Ihnen nur noch einige Proben geben, wie leicht und glücklich aus meinem Grundsatze, nicht nur die vornehmste bekannte Regel, sondern auch eine Menge neuer Regeln fließe, an deren Statt man sich mit dem bloßen Gefühle zu begnügen pflegt.

Das Trauerspiel soll so viel Mitleid erwecken, als es nur immer kann; folglich müssen alle Personen, die man unglücklich werden läßt, gute Eigenschaften haben, folglich muß die beste Person auch die unglücklichste sein, und Verdienst und Unglück in beständigem Verhältnisse bleiben. Das ist, der Dichter muß keinen von allem Guten entblößten Bösewicht aufführen. Der Held oder die beste Person muß nicht, gleich einem Gotte, seine Tugenden ruhig und ungekränkt übersehen. Ein Fehler des Canuts, zu dessen Bemerkung Sie auf einem andern Wege gelanget sind. Merken Sie aber wohl, daß ich hier nicht von dem Ausgange rede, denn das stelle ich in des Dichters Gutbefinden, ob er lieber die Tugend durch einen glücklichen Ausgang krönen, oder durch einen unglücklichen uns noch interessanter machen will. Ich verlange nur, daß die Personen, die mich am meisten für sich einnehmen, *während der Dauer des Stücks*, die unglücklichsten sein sollen. Zu dieser Dauer aber gehöret nicht der Ausgang.

Das Schrecken, habe ich gesagt, ist das überraschte Mitleiden; ich will hier noch ein Wort hinzusetzen: das überraschte *und unentwickelte* Mitleiden; folglich wozu die Überraschung, wenn es nicht entwickelt wird? Ein Trauerspiel voller Schrecken, ohne Mitleid, ist ein Wetterleuchten ohne Donner. So viel Blitze, so viel Schläge, wenn uns der Blitz nicht so gleichgültig werden soll, daß wir ihm mit einem kindischen Vergnügen entgegen gaffen. Die Bewunderung, habe ich mich ausgedrückt, ist das entbehrlich gewordene Mitleid. Da aber das Mitleid das Hauptwerk ist, so muß es folglich so selten als möglich entbehrlich werden; der Dichter muß seinen Held nicht zu sehr, nicht zu anhaltend der bloßen Bewunderung aussetzen, und Cato als ein Stoiker ist mir ein schlechter tragischer Held. Der bewunderte Held ist der Vorwurf der Epopee; der *bedauerte* des Trauerspiels. Können Sie sich einer einzigen Stelle erinnern, wo der Held des Homers, des Virgils, des Tasso, des Klopstocks, Mitleiden erweckt? oder eines einzigen alten Trauerspiels, wo der Held mehr bewundert als bedauert wird? Hieraus können Sie nun auch schließen, was ich von Ihrer Einteilung der Trauerspiele halte. Sie fällt mit Ihrer Erlaubnis ganz weg. Ich habe nicht Lust noch einen dritten Bogen anzulegen, sonst wollte ich mich noch über einige andere Punkte erklären. Ich verspare es bis auf einen nächsten Brief, welcher zugleich die Beantwortung Ihres zweiten enthalten soll.

⟨...⟩

N. S. Wenn Sie über meine Zweifel freundlich antworten wollen, so schicken Sie mir diesen Brief wieder mit zurück; denn es könnte leicht kommen, daß ich über acht Tage nicht mehr wüßte, was ich heute geschrieben habe.

⟨104.⟩ AN MOSES MENDELSSOHN

                      den 13. Nov. 1756.

Liebster Freund!

⟨...⟩ ich bitte Sie, das, was ich an Hrn. Nicolai geschrieben habe, zu überdenken, zu prüfen, zu verbessern. Erfüllen Sie nun meine Bitte, so ist es eben das, als ob ich es selbst nochmals überdacht, geprüft und verbessert hätte. Ihre bessern Gedanken sind weiter nichts als meine zweiten Gedanken. So bald Sie also, unter andern, meinen Begriff vom Weinen falsch finden werden, so bald werde ich ihn auch verwerfen, und ihn für weiter nichts halten, als für eine gewaltsame Ausdehnung meines Begriffs vom Lachen. Jetzo halte ich ihn noch für wahr; denn ich denke so: alle Betrübnis, welche von Tränen begleitet wird, ist eine Betrübnis über ein verlornes Gut; kein anderer Schmerz, keine andre unangenehme Empfindung wird von Tränen begleitet. Nun findet sich bei dem verlornen Gute nicht allein die Idee des Verlusts, sondern auch die Idee des Guts, und beide, diese angenehme mit jener unangenehmen, sind unzertrennlich verknüpft. Wie, wenn diese Verknüpfung überall Statt hätte, wo das Weinen vorkommt? Bei den Tränen des Mitleids ist es offenbar. Bei den Tränen der Freude trifft es auch ein: denn man weint nur da vor Freude, wenn man vorhero elend gewesen, und sich nun auf einmal beglückt sieht; niemals aber, wenn man vorher nicht elend gewesen. Die einzigen sogenannten Bußtränen machen mir zu schaffen, aber ich sorge sehr, die Erinnerung der Annehmlichkeit der Sünde, die man jetzt erst für strafbar zu erkennen anfängt, hat ihren guten Teil daran; es müßte denn sein, daß die Bußtränen nichts anders als eine Art von Freudentränen wären, da man sein Elend, den Weg des Lasters gewandelt zu sein, und seine Glückseligkeit, den Weg der Tugend wieder anzutreten, zugleich empfände.

Ich bitte Sie nur noch, auf die bewunderswürdige Harmonie Acht zu haben, die ich nach meiner Erklärung des Weinens, hier zwischen den respondierenden Veränderungen des Körpers und der Seele zu sehen glaube. Man kann lachen, daß die Tränen in die Augen treten; das körperliche Weinen ist also gleichsam der höchste Grad des körperlichen Lachens. Und was braucht es bei dem Lachen in der Seele mehr, wenn es zum Weinen werden soll, als daß die Lust und Unlust, aus deren Vermischung das Lachen entsteht, beide zum höchsten Grade anwachsen, und eben so vermischt bleiben. Z. E. der Kopf eines Kindes in einer großen Staatsperücke ist ein lächerlicher Gegenstand; und

der große Staatsmann, der kindisch geworden ist, ein beweinenswürdiger.
⟨...⟩

⟨105.⟩ VON MOSES MENDELSSOHN

Berlin, den 23. Nov. 1756.
Liebster Freund!
⟨...⟩ Ich bitte mir indessen vorläufig einige Erläuterung über Ihre Gedanken von der Bewunderung aus. Wenn Sie hierin den rechten Punkt verfehlt hätten, so verspreche ich mir, Ihr ganzes System niederreißen zu können.

Wenn wir an einem Menschen gute Eigenschaften gewahr werden, die unsre Meinung, die wir von ihm oder von der ganzen menschlichen Natur gehabt haben, übertreffen, so geraten wir in einen angenehmen Affekt, den wir Bewunderung nennen. Da nun eine jede Bewunderung ungemein gute Eigenschaften zum Grunde hat, so muß dieser Affekt schon an und für sich selbst, und ohne in Absicht des Mitleidens, dessen die bewunderte Person entbehren kann, in dem Gemüte des Zuschauers ein Vergnügen zuwege bringen. Ja es muß sogar der Wunsch in ihm entstehen, dem bewunderten Held, wo es möglich ist, nachzueifern; denn die Begierde zur Nacheiferung ist von der anschauenden Erkenntnis einer guten Eigenschaft unzertrennlich, und ich werde nicht nötig haben, Ihnen die Erfahrung anzuführen, daß diese Begierde öfters die vortrefflichste Wirkung gehabt hat.

Ich gestehe es, daß die Bewunderung öfters das Mitleiden mildert, oder, wenn Sie wollen, auf eine Zeitlang gänzlich aufhebt, das wir vorhin der leidenden Tugend aufgeopfert hatten. Allein sie tut dieses nicht immer, und wenn sie es tut, so ist es bloß eine zufällige Wirkung, die unmöglich ihren ganzen Wert erschöpfen kann, weil sie ihr mit dem völligen Tode des Helden gemein ist. Die tote Zayre fordert eben so wenig unser Mitleiden, als der sterbende Gusmann, und dennoch ist es etwas mehr als ein gedämpftes Mitleiden, das uns in dem vortrefflichen Betragen dieses Letztern dahin reißt, und, wo ich nicht irre, in jeder menschlichen Brust den Wunsch erzeugt, eben so erhabner Gesinnung fähig zu sein. Wenn Mithridates in den bedrängtesten Umständen, darin er sich befindet, noch mit einem Anschlage auf Rom schwanger geht, und seinen Söhnen den Plan dazu so vortrefflich aus einander setzt, daß wir sogar die Möglichkeit der Ausführung einsehen; so erregt er unstreitig Bewunderung. Hat aber Mithridates mißliches Schicksal im Kriege wider die Römer uns je zum Mitleid bewogen? Würde es nicht ein unvergeblicher Fehler des Dichters sein, wenn er ein Mitleiden dämpfen wollte, das gleichsam außer der Scene vorgegangen und in die Verwickelung kaum den allerentferntesten Einfluß hat? Bitten Sie also die Bewunderung, diese Mutter der Tugend, um Verzeihung, daß Sie von ihrem Werte so nachteilig gedacht haben. Sie ist nicht bloß ein Ruhepunkt des Mitleidens, der nur deswegen da ist, um dem von neuem aufsteigenden Mitleiden wieder Platz zu machen; nein! die sinnliche Empfindung des Mitleidens macht einer höhern Empfindung Platz, und ihr sanfter Schimmer verschwindet, wenn der Glanz der Bewunderung unser Gemüt durchdringt. Die Bewunderer der Alten mögen zusehen, wie sie es entschuldigen wollen, daß die größten Dichter Griechenlands nie bewunderswürdige Charaktere auf die Bühne gebracht haben. So viel mir von ihren Trauerspielen bekannt ist, weiß ich mich nicht einen einzigen Zug eines Charakters zu erinnern, der von Seiten seiner Moralität unsere Bewunderung verdienen sollte. Ihre Bildhauer haben sich diesen würdigen Affekt besser zu Nutze gemacht. Sie haben die Leidenschaften fast durchgehends von einem gewissen Heroismus begleiten lassen, dadurch sie ihre Charaktere etwas über die Natur erheben, und die Kenner gestehen, daß ihre Bildsäulen von dieser Seite fast unnachahmlich sind.

Ich will mein langweiliges Geschwätz hier abbrechen. Meine Gedanken vom Schrecken und vom Weinen kann ich Ihnen nicht eher eröffnen, bis ich mich mit unserm Hrn.

Nicolai darüber besprochen habe. Es scheint mir immer, als wenn eine jede Illusion vom Schrecken, auch ohne Beihülfe des Mitleidens, angenehm sein müsse. Ein Beispiel davon sei die vom Aristoteles angeführte gemalte Schlange, oder vielmehr die von Ihnen selbst angeführte Erscheinung eines Geistes auf der Schaubühne. Die Art und Weise, wie Sie dieses Schrecken auf ein Mitleiden reducieren wollen, ist allzu spitzfindig, als daß sie natürlich sein könnte. Über alles dieses wollen wir uns weitläufiger heraus lassen, wenn wir erst unsere Gedanken von der Wirkung der theatralischen Illusion, und von dem Streite derselben mit der deutlichen Erkenntnis, in Ordnung gebracht haben. Dieses soll geschehen, so bald der Krieg die Handlung so sehr zu Grunde gerichtet haben wird, daß sowohl Herr Nicolai als ich einige Stunden zur Speculation übrig haben werden. Ich lasse jetzt meine Gedanken von der Wahrscheinlichkeit abschreiben, um sie Ihnen zu überschicken. Sie werden mir verzeihen, daß ich die Geduld unsers Hrn. Nicolai nicht gehabt habe, die besten Gedanken daraus in einen Auszug zusammen zu ziehen, um Sie der Mühe zu überheben, alles durchzulesen. Es gehört auch eine besondere Gabe dazu, dasjenige kurz vorzubringen, was man weitläufig gedacht hat.

Ich habe noch einen Vorwurf von mir abzulehnen, den Sie mir in dem Schreiben durch Hrn. Joseph zu machen belieben. Sie beschuldigen mich einer seichten Gefälligkeit für das herrschende System, und glauben, ich hätte mir vorgenommen, den Hrn. von Leibnitz von seiner schwachen Seite nachzuahmen. Ich erkenne in diesem Vorwurfe Ihre Freundschaft, und gestehe es, daß ich nichts Erhebliches zu meiner Entschuldigung vorzubringen habe. Ich bitte aber diese für Sie nicht geschriebene Stellen zu übergehen und mich von den übrigen Ihr Urteil wissen zu lassen. Leben Sie wohl, mein teuerster Lessing, und wachen Sie beständig auf alle Schritte

Ihres wahren Freundes *Moses*.

⟨107.⟩ AN MOSES MENDELSSOHN

Leipzig, den 28. Nov. 1756.

Liebster Freund!

⟨...⟩

Es kömmt mir sehr gelegen, was Sie von der Bewunderung sagen; und in meinem Briefe an unsern Freund habe ich diesen Affekt nicht sowohl überhaupt erklären, als anzeigen wollen, was für Wirkung er in dem Trauerspiele hervorbringe; eine Wirkung, die Sie selbst nicht ganz in Abrede sind.

Wir geraten in Bewunderung, sagen Sie, wenn wir an einem Menschen gute Eigenschaften gewahr werden, die unsre Meinung, die wir von ihm oder von der ganzen menschlichen Natur gehabt haben, übertreffen. In dieser Erklärung finde ich zweierlei Dinge, die zweierlei Namen verdienen, und in unserer Sprache auch wirklich haben. Wenn ich an einem gute Eigenschaften gewahr werde, die meine Meinung *von ihm* übertreffen; so heißt das nicht, ich *bewundere* ihn, sondern ich *verwundere* mich über ihn. Bewundern Sie den sterbenden Gusmann? Ich nicht, ich verwundere mich bloß, daß aus einem christlichen Barbaren so geschwind ein Mensch geworden ist, ja ich verwundere mich so sehr, daß ich mich nicht enthalten kann, den Dichter ein wenig zu tadeln. Die Veränderung ist zu jäh, und nach dem Charakter des Gusmann durch nichts wahrscheinlich zu machen, als durch eine übernatürliche Wirkung der Religion. Voltaire muß es selbst gemerkt haben:

Sieh hier den Unterschied der Götter, die wir ehren,
Die deinen konnten dich nur Wut und Rache lehren.

Bis diesen Augenblick habe ich den Gusmann gehaßt: ich freue mich fast, daß ihn der Wilde erstochen hat; er erstach ein Ungeheuer, das eine Welt verwüstete, wo sollte das Mitleiden herkommen? Nunmehr aber höre ich, er vergiebt; er tut die erste und letzte gute Tat, die ich nicht von ihm erwartet hätte; das Mitleid erscheint an der Hand der Verwunderung, das ist, es entsteht durch die endlich und plötzlich entdeckte gute Eigenschaft. Ich sage mit Fleiß: plötzlich, um eine Erfahrung daraus zu erklären, die ich wirklich gehabt habe, ehe die Speculation noch daran Teil nehmen konnte. Ich bin, als ich diese Scene zum erstenmal las, über die Vergebung des Gusmann *erschrocken*. Denn den Augenblick fühlte ich mich in der Stelle des *Zamor*. Ich fühlte seine Beschämung, seine schmerzliche Erniedrigung, ich fühlte es, was es einem Geiste, wie dem seinigen, kosten müsse, zu sagen: *ich schäme mich der Rache!* Zum Tode, dem kleinern Übel, war er vorbereitet; zur Vergebung, dem größern, nicht.

Also, wenn ein Bösewicht oder jede andere Person eine gute Eigenschaft zeigt, die ich in ihm nicht vermutet hätte, so entsteht keine Bewunderung, sondern eine Verwunderung, welche so wenig etwas Angenehmes ist, daß sie vielmehr weiter nichts, als ein Fehler des Dichters genannt zu werden verdient, weil in keinem Charakter mehr sein muß, als man sich Anfangs darin zu finden verspricht. Wenn der Geizige auf einmal freigebig, der Ruhmredige auf einmal bescheiden wird; so *verwundert* man sich, bewundern aber kann man ihn nicht.

Wenn nun dieser Unterschied keine falsche Spitzfindigkeit ist, so wird die Bewunderung allein da Statt finden, wo wir so glänzende Eigenschaften entdecken, daß wir sie der ganzen menschlichen Natur nicht zugetraut hätten. Um dieses näher einzusehen, glaube ich, werden folgende Punkte etwas beitragen können.

Was sind dieses für glänzende Eigenschaften, die wir bewundern? Sind es besondere Eigenschaften, oder sind es nur die höchsten Grade guter Eigenschaften? Sind es die höchsten Grade aller guter Eigenschaften, oder nur einiger derselben?

Das Wort Bewunderung wird von dem größten Bewunderer, dem Pöbel, so oft gebraucht, daß ich es kaum wagen will, aus dem Sprachgebrauche etwas zu entscheiden. Seine, des Pöbels Fähigkeiten sind so gering, seine Tugenden so mäßig, daß er beide nur in einem leidlichen Grade entdecken darf, wenn er bewundern soll. Was über seine enge Sphäre ist, glaubt er über die Sphäre der ganzen menschlichen Natur zu sein.

Lassen Sie uns also nur diejenigen Fälle untersuchen, wo die bessern Menschen, Menschen von Empfindung und Einsicht, bewundern. Untersuchen Sie Ihr eigen Herz, liebster Freund! Bewundern Sie die Gütigkeit des Augustus, die Keuschheit des Hippolyts, die kindliche Liebe der Chimene? Sind diese und andere solche Eigenschaften über den Begriff, den Sie von der menschlichen Natur haben? Oder zeigt nicht vielmehr die Nacheiferung selbst, die sie in Ihnen erwecken, daß sie noch innerhalb diesem Begriffe sind?

Was für Eigenschaften bewundern Sie denn nun? Sie bewundern einen Cato, einen Essex – mit einem Worte, nichts als Beispiele einer unerschütterten Festigkeit, einer unerbittlichen Standhaftigkeit, eines nicht zu erschreckenden Muts, einer heroischen Verachtung der Gefahr und des Todes; und alle diese Beispiele bewundern Sie um so viel mehr, je besser Sie sind, je fühlbarer Ihr Herz, je zärtlicher Ihre Empfindung ist. Sie haben einen zu richtigen Begriff von der menschlichen Natur, als daß Sie nicht alle unempfindliche Helden für schöne Ungeheuer, für mehr als Menschen, aber gar nicht für gute Menschen halten sollten. Sie bewundern sie also mit Recht; aber eben deswegen, weil Sie sie bewundern, werden Sie ihnen nicht nacheifern. Mir wenigstens ist es niemals in den Sinn gekommen, einem Cato oder Essex an Halsstarrigkeit gleich zu werden, so sehr ich sie auch wegen dieser Halsstarrigkeit bewundere, die ich ganz und gar verachten und verdammen würde, wenn es nicht eine Halsstarrigkeit der Tugend zu sein schiene.

Ich werde also der Bewunderung nichts abbitten, sondern ich verlange, daß Sie es der Tugend abbitten sollen, sie zu einer Tochter der Bewunderung gemacht zu haben. Es ist wahr, sie ist sehr oft die Tochter der Nacheiferung, und die Nacheiferung ist eine natürliche Folge der anschauenden Erkenntnis einer guten Eigenschaft. Aber muß es eine bewundernswürdige Eigenschaft sein? Nichts weniger. Es muß eine gute Eigenschaft sein, deren ich den Menschen überhaupt, und also auch mich, fähig halte. Und diese Eigenschaften schließe ich so wenig aus dem Trauerspiele aus, daß vielmehr, nach meiner Meinung, gar kein Trauerspiel ohne sie besteht, weil man ohne sie kein Mitleid erregen kann. Ich will nur diejenigen großen Eigenschaften ausgeschlossen haben, die wir unter dem allgemeinen Namen des Heroismus begreifen können, weil jede derselben mit Unempfindlichkeit verbunden ist, und Unempfindlichkeit in dem Gegenstande des Mitleids, mein Mitleiden schwächt.

Lassen Sie uns hier bei den Alten in die Schule gehen. Was können wir nach der Natur für bessere Lehrer wählen? Um das Mitleid desto gewisser zu erwecken, ward Oedipus und Alceste von allem Heroismus entkleidet. Jener klagt weibisch, und diese jammert mehr als weibisch; sie wollten sie lieber zu empfindlich, als unempfindlich machen: sie ließen sie lieber zu viel Klagen ausschütten, zu viel Tränen vergießen, als gar keine.

Sie sagen, das benähme der Bewunderung ihren Wert nicht, daß sie das Mitleiden schwäche oder gar aufhebe, weil sie dieses mit dem Tode des Helden gemein habe. Sie irren hier aus zu großer Scharfsinnigkeit. Unter 1000 Menschen wird nur ein Weltweiser sein, welcher den Tod nicht für das größte Übel, und das Totsein nicht für eine Fortdauer dieses Übels hält! Das Mitleiden hört also mit dem Tode noch nicht auf; gesetzt aber, es hörte auf, so würde dieser Umstand weiter nichts, als die Ursache der Regel sein, warum sich mit dem Tode des Helden auch das Stück schließen müsse. Kann sich aber das Stück mit der Bewunderung schließen? Wenn ich aber gesagt habe, der tragische Dichter müsse die Bewunderung so wenig sein Hauptwerk sein lassen, daß er sie vielmehr nur zu Ruhepunkten des Mitleids machen müsse; so habe ich dieses damit sagen wollen, er solle seinem Helden nur so viel Standhaftigkeit geben, daß er nicht auf eine unanständige Art unter seinem Unglück erliege. Empfinden muß er ihn sein Unglück lassen; er muß es ihn recht fühlen lassen; denn sonst können wir es nicht fühlen. Und nur dann und wann muß er ihn lassen einen effort tun, der auf wenige Augenblicke eine dem Schicksal gewachsene Seele zu zeigen scheint, welche große Seele den Augenblick darauf wieder ein Raub ihrer schmerzlichen Empfindungen werden muß.

Was Sie von dem Mithridat des Racine sagen, ist, glaub' ich, eher für mich, als für Sie. Eben die edelmütige Scene, wo er seinen Söhnen den Anschlag, vor Rom zu gehen, entdeckt, ist Ursache, daß wir mit ihm wegen seines gehabten mißlichen Schicksals in dem Kriege wider die Römer kein Mitleiden haben können. Ich sehe ihn schon triumphierend in Rom einziehen, und vergesse darüber alle seine unglücklichen Schlachten. Und was ist denn diese Scene bei dem Racine mehr, als eine schöne Flickscene? Sie bewundern den Mithridat, diese Bewunderung ist ein angenehmer Affekt; sie kann bei einem Carl dem XII. Nacheiferung erwekken, aber wird es dadurch unwahr, daß sie sich besser in ein Heldengedicht als in ein Trauerspiel schicke?

Doch ich will aufhören zu schwatzen, und es endlich bedenken, daß ich an einen *Wortsparer* schreibe. Ich will, was ich wider die Bewunderung bisher, schlecht oder gut, gesagt habe, nicht gesagt haben; ich will alles wahr sein lassen, was Sie von ihr sagen. Sie ist dennoch aus dem Trauerspiel zu verbannen.

Denn – Doch ich will erst eine Erläuterung aus dem Ursprunge des Trauerspiels voranschicken. Die alten Trauerspiele sind aus dem Homer, ihrem Inhalte nach, genommen, und diese Gattung der Gedichte selbst, ist aus der Absingung seiner Epopeen entsprungen. Homer und nach ihm die Rhapsodisten wählten gewisse Stücke daraus, die sie bei feierlichen Gelegenheiten, vielleicht auch vor den Türen ums Brod, abzusingen pflegten. Sie mußten die Erfahrung gar bald machen, was für Stücke von dem Volke am liebsten gehört wurden. Heldentaten hört man nur einmal mit sonderlichem Vergnügen; ihre Neuigkeit rührt am meisten. Aber tragische Begebenheiten rühren, so oft man sie hört. Diese also wurden, vorzüglich vor andern Begebenheiten bei dem Homer, ausgesucht, und Anfangs, so wie sie erzählungsweise bei dem Dichter stehen, gesungen, bis man darauf fiel, sie dialogisch abzuteilen, und das daraus entstand; was wir jetzt Tragödie nennen. Hätten denn nun die Alten nicht eben sowohl aus den Heldentaten ein dialogisches Ganze machen können? Freilich, und sie würden es gewiß getan haben, wenn sie nicht die Bewunderung für eine weit ungeschicktere Lehrerin des Volks als das Mitleiden gehalten hätten.

Und das ist ein Punkt, den Sie selbst am besten beweisen können. Die Bewunderung in dem allgemeinen Verstande, in welchem es nichts ist, als das sonderliche Wohlgefallen an einer seltnen Vollkommenheit, bessert vermittelst der Nacheiferung, und die Nacheiferung setzt eine deutliche Erkenntnis der Vollkommenheit, welcher ich nacheifern will, voraus. Wie viele haben diese Erkenntnis? Und wo diese nicht ist, bleibt die Bewunderung nicht unfruchtbar? Das Mitleiden hingegen bessert unmittelbar; bessert, ohne daß wir selbst etwas dazu beitragen dürfen; bessert den Mann von Verstande sowohl als den Dummkopf.

Hiermit schließ' ich. Sie sind mein Freund; ich will meine Gedanken von Ihnen geprüft, nicht gelobt haben. Ich sehe Ihren fernern Einwürfen mit dem Vergnügen entgegen, mit welchem man der Belehrung entgegen sehen muß. Jetzt habe ich mich, in Ansehung des Briefschreibens, in Atem gesetzt; Sie wissen, was Sie zu tun haben, wenn ich darin bleiben soll. Leben Sie wohl, und lassen Sie unsre Freundschaft ewig sein!

Lessing.

⟨108.⟩ AN FRIEDRICH NICOLAI

Leipzig, d. 29. Novemb. 1756.

Liebster Freund,
⟨...⟩

Ich komme zur rückständigen Beantwortung Ihrer Briefe. Ich wollte lieber, daß Sie mein Stück, als die Aufführung meines Stücks, so weitläuftig beurteilt hätten. Sie würden mir dadurch das Gute, das Sie davon sagen, glaublicher gemacht haben. Ich kann mich aber doch nicht enthalten, über Ihr Lob eine Anmerkung zu machen. Sie sagen, Sie hätten bis zum fünften Aufzuge öfters Tränen vergossen; am Ende aber hätten Sie vor starker Rührung nicht weinen können: eine Sache, die Ihnen noch nicht begegnet sei, und gewisser Maßen mit ihrem System von der Rührung streite. – Es mag einmal in diesem Complimente, was noch in keinem Complimente gewesen ist, jedes Wort wahr sein – wissen Sie, was mein Gegencompliment ist? Wer Geier heißt Ihnen ein falsches System haben! Oder vielmehr: wer Geier heißt Ihrem Verstande sich ein System nach seiner Grille machen, ohne Ihre Empfindung zu Rate zu ziehen? Diese hat, Ihnen unbewußt, das richtigste System, das man nur haben kann; denn sie hat meines. Ich berufe mich auf meinen letzten Brief an Hrn. Moses. Das Mitleiden giebt keine Tränen mehr, wenn die schmerzhaften Empfindungen in ihm die Oberhand gewinnen. Ich unterscheide drei Grade des Mitleids, deren mittelster das weinende Mitleid ist, und die vielleicht mit den drei Worten zu unterscheiden wären, *Rührung, Tränen, Beklemmung*. *Rührung* ist, wenn ich weder die Vollkommenheiten, noch das Unglück des Gegenstandes deutlich denke, sondern von beiden nur einen dunkeln Begriff habe; so rührt mich z. E. der Anblick jedes Bettlers. *Tränen* erweckt er nur dann in mir, wenn er mich mit seinen guten Eigenschaften so wohl, als mit seinen Unfällen bekannter macht, und zwar mit beiden *zugleich*, welches das wahre Kunststück ist, Tränen zu erregen. Denn macht er mich erst mit seinen guten Eigenschaften und hernach mit seinen Unfällen, oder erst mit diesen und hernach mit jenen bekannt, so wird zwar die Rührung stärker, aber zu Tränen kömmt sie nicht. Z. E. Ich frage den Bettler nach seinen Umständen, und er antwortet: ich bin seit drei Jahren amtlos, ich habe Frau und Kinder; sie sind Teils krank, Teils noch zu klein, sich selbst zu versorgen; ich selbst bin nur vor einigen Tagen vom Krankenbette aufgestanden. – Das ist sein Unglück! – Aber wer sind Sie denn? frage ich weiter. –

Ich bin der und der, von dessen Geschicklichkeit in diesen oder jenen Verrichtungen Sie vielleicht gehört haben; ich bekleidete mein Amt mit möglichster Treue; ich könnte es alle Tage wieder antreten, wenn ich lieber die Creatur eines Ministers, als ein ehrlicher Mann sein wollte etc. Das sind seine Vollkommenheiten! Bei einer solchen Erzählung aber kann niemand *weinen*. Sondern wenn der Unglückliche meine Tränen haben will, muß er beide Stücke verbinden; er muß sagen: ich bin vom Amte gesetzt, weil ich zu ehrlich war, und mich dadurch bei dem Minister verhaßt machte; ich hungere, und mit mir hungert eine kranke liebenswürdige Frau; und mit uns hungern sonst hoffnungsvolle, jetzt in der Armut vermodernde Kinder; und wir werden gewiß noch lange hungern müssen. Doch ich will lieber hungern, als niederträchtig sein; auch meine Frau und Kinder wollen lieber hungern, und ihr Brot lieber unmittelbar von Gott, das ist, aus der Hand eines barmherzigen Mannes, nehmen, als ihren Vater und Ehemann lasterhaft wissen etc. – (Ich weiß nicht, ob Sie mich verstehen. Sie müssen meinem Vortrage mit Ihrem eignen Nachdenken zu Hülfe kommen.) Einer solchen Erzählung habe ich immer Tränen in Bereitschaft. Unglück und Verdienst sind hier im Gleichgewicht. Aber lassen Sie uns das Gewicht in der einen oder andern Schale vermehren, und zusehen, was nunmehr entsteht. Lassen Sie uns zuerst in die Schale der Vollkommenheit eine Zulage werfen. Der Unglückliche mag fortfahren: aber wenn ich und meine kranke Frau uns nur erst wieder erholt haben, so soll es schon anders werden. Wir wollen von der Arbeit unsrer Hände leben; wir schämen uns keiner. Alle Arten, sein Brot zu verdienen, sind einem ehrlichen Mann gleich anständig; Holz spalten, oder am Ruder des Staates sitzen. Es kömmt seinem Gewissen nicht darauf an, wie viel er nützt, sondern wie viel er nützen wollte. – Nur hören meine Tränen auf; die Bewundrung erstickt sie. Und kaum, daß ich es noch fühle, daß die Bewundrung aus dem Mitleiden entsprungen. – Lassen Sie uns eben den Versuch mit der andern Waagschale anstellen. Der ehrliche Bettler erfährt, daß es wirklich einerlei Wunder, einerlei übernatürliche Seltenheit ist, von der Barmherzigkeit der Menschen, oder unmittelbar aus der Hand Gottes gespeist zu werden. Er wird überall schimpflich abgewiesen; unterdessen nimmt sein Mangel zu, und mit ihm seine Verwirrung. Endlich gerät er in Wut; er ermordet seine Frau, seine Kinder und sich. – Weinen Sie noch? – Hier erstickt der Schmerz die Tränen, aber nicht das Mitleid, wie es die Bewundrung tut. Es ist –

Ich verzweifelter Schwätzer! Nicht ein Wort mehr. Ist Ihre Recension vom Devil to pay schon gedruckt? Ich habe eine sehr merkwürdige Entdeckung in Ansehung dieses Stücks gemacht; wovon in meinem nächsten.

Leben Sie wohl, liebster Freund!

Lessing.

⟨...⟩

⟨109.⟩ VON MOSES MENDELSSOHN

⟨Berlin, erste Hälfte Dezember 1756.⟩

Liebster Freund!
Schreiben Sie immer, wenn ich bitten darf, Ihre langen Briefe an Hrn. Nicolai. Er hat das Glück, daß Sie ihm immer die besten Briefe schreiben. In Wahrheit, der kurze Brief an Nicolai enthält bessere Gedanken, als der lange, der mir zu Teil geworden. Ich schicken Ihnen Ihren Brief mit, weil ich ihn stückweise widerlegen will, aber ich beschwöre Sie, mir ihn wieder zuzustellen. Er soll mir zur Demütigung dienen; denn er beweiset, welch ein kleiner Gegner ich sein müsse, daß man sich mit so schlechten Waffen wider mich verteidigen zu können glaubt! Zur Sache!

Ich glaube, die jetzigen politischen Begebenheiten haben Sie veranlaßt, *Bewunderung* mit *Verwunderung* zu vertauschen. Eine unvermutete Begebenheit, deren Ursache ich nicht ergründen kann, setzt mich in *Verwunderung*. So verwundere ich mich über den Donner, über die Elektrizität, über die Handlungen eines Menschen, die in seinem moralischen Charakter nicht gegründet zu sein scheinen, und endlich über Sie, wenn *Sie* mir eine so fehlerhafte Distinktion einbilden wollen. Ich bewundere hingegen einen Menschen, an welchem ich eine gute Eigenschaft gewahr werde, die ich ihm nicht zugetrauet habe, die aber dennoch in seinem sittlichen Charakter gegründet ist. *Staleno* (ein Exempel, das Ihnen bekannt sein würde, wenn Sie Ihre eigenen Schriften fleißig gelesen hätten) verwunderte sich Anfangs über seinen Freund *Philto*, daß er eine Schelmerei hat begehen können, die mit seinem Charakter gar nicht überein kömmt. Allein eben der *Staleno bewunderte* die Gesinnung seines Freundes, als er ihn auf eine sehr vorteilhafte Art von seiner Unschuld überzeugte, und *verwunderte* sich gewissermaßen über sich selbst, daß er so nachteilige Gedanken hat von seinem Freunde hegen können.

Ist die Religion anders nicht fähig, eine so plötzliche Veränderung zu verursachen, als Voltaire in dem Gemüte des Gusmann vorgehen läßt; so erregt die schnellste Besserung dieses Christen *Verwunderung*, und der Dichter ist, wie Sie selbst bemerken, zu tadeln, daß er zwei so widersinnige Charaktere in der Person des Gusmann vereiniget hat. Wäre es aber der Religion nicht unmöglich, einen Menschen plötzlich zu bekehren, (und dieses ist nach der herrschenden Meinung wenigstens poetisch wahrscheinlich) so erregt der Charakter des Gusmann Bewunderung, weil die Besserung, die wir ihm nicht zugetrauet haben, dennoch in seinem Charakter gegründet ist. Ja Ihre eigene Empfindung hätte Sie überzeugen können, daß das Letztere sein müsse; denn wenn die Besserung des Gusmann schlechterdings seinem Charakter widerspräche, so hätte sie in Ihnen wohl Unwillen über den fehlerhaften Dichter, aber nicht Schrecken, aber keine sympathetische Beschämung mit dem betroffenen Zamor erregen können. Diese Anmerkung gebe ich Ihnen zu bedenken.

Überhaupt, eine jede Handlung, die sich mit dem bekannten Charakter der handelnden Person nicht reimen läßt, setzt uns in Verwunderung, und ist in dramatischen Stücken ein Fehler des Dichters, außer wenn sich die *Verwunderung* zuletzt in *Bewunderung* auflöst, d. i. wenn wir in der Entwikkelung solche Umstände erfahren, die die Handlung wirklich wahrscheinlich machen. Ich halte diese Art von Knoten für die vortrefflichste, in welcher die Handlungen einer sonst tugendhaften Person mit ihrem Charakter zu streiten scheinen, zuletzt aber alle aus einer Quelle zu fließen, befunden werden. Die Angehörigen der Clarissa müssen, wie von einem Donner gerührt, dastehen, als ihre Verwunderung über die widersprechende Aufführung ihres Clärchens plötzlich in eine *Bewunderung* ihrer siegenden Unschuld aufgelöst ward.

Ich komme zu meiner Definition von der Bewunderung zurück. Wenn eine vorzüglich tugendhafte Person (Cato) so handelt, daß er gleichsam die menschliche Natur übertrifft, oder wenn ein zweideutiger Charakter so handelt, daß er uns von seinen Gesinnungen eine bessere Meinung beibringt, so entstehet *Bewunderung*. Jetzt will ich mein eigen Herz untersuchen. *Bewundere ich die Gütigkeit des Augustus?* Ja! und zwar mit Cinna und dem römischen Volke, weil sie dem herrschsüchtigen Kaiser keine solche Sanftmut zugetrauet haben. *Die Keuschheit des Hippolytus?* Nein! *Die kindliche Liebe der Chimene?* Ja! in so weit ich keinem Frauenzimmer eine solche heroische Gewalt über ihre Leidenschaft zugetrauet hätte. – Bisher verträgt sich mein Herz noch ziemlich mit meinem Verstande. Allein ich bewundere auch einen Cato, einen Essex etc. wegen ihrer ungemeinen heroischen Tugenden, und dennoch ist es mir niemals in den Sinn gekommen, ihnen hierin nachzueifern. Wie gehet dieses zu, da doch eine Eigenschaft, die ich bewundere, notwendig nachahmungswürdig scheinen muß? Hier ist der Knoten, den Sie gefunden, aber nicht aufgelöst haben. Ich will mich bemühen, es für Sie zu tun.

Alle unsere Urteile gründen sich entweder auf einen deutlichen Vernunftschluß, oder auf eine undeutliche Erkenntnis, welche man in Sachen, die die Wahrheit angehen, *Einsicht*, in Sachen aber, die die Schönheit betreffen, *Geschmack* zu nennen pflegt. Jener stützt sich auf eine symbolische Erkenntnis, auf die Wirkungen der obern Seelenkräfte; diese hingegen auf eine intuitive Erkenntnis, auf die Wirkung der untern Seelenkräfte. Es ist Ihnen bekannt, daß öfters der Geschmack oder die Einsicht (Bonsens) mit der symbolischen Erkenntnis streiten könne, ja, daß die erstere öfters einen größern Einfluß in unsern Willen hat, als die letztere. (Ich bin auf einige ganz neue Gedanken von dem Streite der untern und obern Seelenkräfte gekommen, die ich Ihnen ehestens zur Beurteilung vorlegen werde.) Die theatralische Sittlichkeit gehört nicht vor den Richterstuhl der symbolischen Erkenntnis. Wenn der Dichter, *durch seine vollkommen sinnliche Rede*, unsre intuitive Erkenntnis von der Würde und Unwürde seiner Charaktere überzeugen kann, so hat er unsern Beifall. Wir verdunkeln gern die deutlichen Vernunftschlüsse, die sich unsrer Illusion widersetzen; so wie wir uns vermittelst der Illusion in ein ander Klima, in andre Umstände, und unter andre Menschen versetzen, um die Stärke der Nachahmung recht nachdrücklich zu fühlen. (Ich kann mich hierein nicht weiter einlassen, so lange Herr Nicolai noch nicht Zeit hat, die versprochenen Gedanken von der theatralischen Illusion mit mir zu entwickeln.) Weg also mit der deutlichen Überzeugung von der Nichtigkeit eines halsstarrigen Heldenmuts! Sie kann weder die Bewunderung noch den augenblicklichen Vorsatz der Nacheiferung stören, wenn der Dichter unsre untern Seelenkräfte hat einzunehmen gewußt. Aber sie kann verhindern, daß dieser augenblickliche Wunsch nie zur Wirklichkeit gedeihet, weil nach geendigter Illusion die Vernunft wieder das Steuer ergreift. Bei einem Menschen hingegen, der nicht Vorrat von deutlicher Erkenntnis genug hat, der Illusion die Stange zu halten, wird der Wunsch zur Nacheiferung anhaltend sein, und sogar in Taten ausbrechen. Ein Beispiel sei Carl der XII., und jener Engländer, der sich, nachdem er den Cato hat aufführen sehen, ermordete, da man alsdenn folgenden Spruch bei ihm fand: »What Cato does and Addison approves cannot be wrong.« – Jetzt erklären sich eine Menge von Erscheinungen gleichsam von selbst. Werden Sie mich nun noch wohl fragen können, ob ich glaube, daß die Bewunderung uns mehr zur Nacheiferung antreiben kann, als die bloße Betrachtung guter Eigenschaften? Können Sie nunmehr noch zweifeln, daß die anschauende Erkenntnis der Vollkommenheit durch die Bewunderung sinnlicher wird, weil sie uns unvermutet überrascht oder weil wir die anscheinende Vollkommenheit in einem solchen Grade antreffen, daß sie gleichsam über Natur und Schicksal siegt, und den unerschrockenen Held zeigt, wo wir den gebeugten unter seiner Last seufzenden Menschen erwarteten? – Also kann uns die Bewunderung auch solche Handlungen als nachahmungswürdig anpreisen, die wir mit der Vernunft für untugendhaft erkennen? hör' ich Sie fragen. – Allerdings! und dieses ist eine von den Ursachen, die Hrn. Nicolai bewog zu behaupten, der Endzweck des Trauerspiels sei nicht eigentlich, die Sitten zu bessern.

Jedoch müssen Sie nicht denken, Ihr Mitleiden habe hierin einen Vorzug vor meiner Bewunderung. Auch das Mitleiden kann uns zu Untugenden bringen, wenn es nicht von der Vernunft regiert wird, von der kalten symbolischen Vernunft, die man gänzlich von dem Theater verbannen muß, wenn man gefallen will.

Ich gehe mit Ihnen in die Schule der alten Dichter, allein wenn wir sie verlassen, so kommen Sie mit mir in die Schule der alten Bildhauer. Ich habe ihre Kunststücke nicht gesehen, aber Winkelmann, (in seiner vortrefflichen Abhandlung von der Nachahmung der Werke der Griechen) dem ich einen feinen Geschmack zutraue, sagt: ihre Bildhauer hätten ihre Götter und Helden niemals von einer ausgelassenen Leidenschaft dahin reißen lassen. Man fände bei ihnen allezeit *die Natur in Ruhe* (wie er es nennt) und die Leidenschaften von einer gewissen Gemütsruhe begleitet, dadurch die schmerzliche Empfindung des Mitleidens gleichsam mit einem Firnisse von Bewunderung und Ehrfurcht überzogen wird. Er führt den Laokoon z. E. an, den Virgil poetisch entworfen, und ein griechischer Künstler in Marmor gehauen hat. Jener drückt den Schmerz vortrefflich aus, dieser hingegen läßt ihn den Schmerz gewissermaßen besiegen, und übertrifft den Dichter um desto mehr, je mehr das bloße mitleidige Gefühl, einem mit Bewunderung und Ehrfurcht untermengten Mitleiden nachzusetzen ist.

Ich habe gesagt, wenn die Bewunderung sonst nichts als ein Ruhepunkt des Mitleidens wäre, so würde es diese Wirkung mit dem Tode des bedauerten Helden gemein haben; und Sie glauben, ich habe geirrt, weil der größte Haufe das Totsein für eine Fortdauer des Übels hält. – Ich kann Ihnen auch dieses nicht gelten lassen. Warum bedauern wir die tote Zayre und bedauern nicht die sterbende Sara, oder den sterbenden Alten im Mahomet? Irgend weil sie *über ihr Unglück durch ihre großen Gesinnungen* siegen? Allein sie werden sterben? Unmöglich kann der gemeine Mann, oder unsere sinnliche Empfindung glauben, derjenige Tod – Jedoch hierin möchten Sie Recht haben.

Warum haben Sie aber meinen Entwurf nicht beantwortet? Wie kann uns in der Scene des Racine eine Bewunderung gefallen, die ein Mitleiden dämpfen soll, das wir gar nicht gefühlt haben? Sie sagen, es sei ein Flickscene des Racine? Wohl! aber sie ist doch schön; also ist die Bewunderung schön, auch wo sie kein Mitleiden zu stillen hat.

Ihr letzter Beweis, von dem Ursprunge des Trauerspiels hergenommen, gefällt mir einigermaßen. Ich zweifle aber, ob Sie bewundernswürdige Charaktere (ich meine solche, wie Cato, Grandison, Brutus u. s. w.) im Homer finden werden. Im Ringen bestunden damals ihre heroischen und Bewunderung erregenden Verdienste. *Achilles* ist am Ende des Spiels nichts als ein tapferer Schläger, und *Agamemnon* hat weiter kein Verdienst, als daß er ein König der Könige ist. Die Griechen scheinen zu Homers Zeiten von ihren Königen gedacht zu haben, ungefähr wie jetzt die Franzosen von den ihrigen denken. Ulysses ist ein listiger Feldherr, und Calchas ein mittelmäßiger Priester, der lange so viel Bewunderung nicht erregen kann, als Ihr Theophanes. (Ich habe Ihren Theophanes vergessen. Dieser erregt bei dem Freigeist Bewunderung, ob er gleich weiß, daß seine guten

Eigenschaften nicht die ganze menschliche Natur übertreffen.) Ich will durch diese Anmerkung keineswegs den Homer herunter setzen, und glaube vielmehr, daß ihn keiner von den Dichtern im Ganzen erreicht hat, die nachher gekommen sind, aber von der Seite der großen und Bewunderung erregenden Charaktere, dünkt mich, haben ihn viele übertroffen.

Ich habe noch eine kleine Anmerkung hinzuzutun. Sie behaupten, der Dichter müsse seinen Helden notwendig das Unglück empfinden lassen, wenn wir gerührt werden sollen, und nennen die Bewunderung bei dieser Gelegenheit abermals *den Ruhepunkt des Mitleidens*. Das Letztere bedarf keiner weitern Widerlegung. Das Erstere hingegen gebe ich zu, aber aus einem ganz andern Grunde. Der Dichter muß uns sinnlich überzeugen, daß sein Held die Gefahr kennt, über welche ihn seine Unerschrockenheit hinweg setzt. Durch eine bloße Erzählung der bedrängten Umstände, in welchen sich sein Held befindet, wird die Nachahmung nicht sinnlich genug. Wenn wir aber schon zum voraus für den Held besorgt sind, wenn der Dichter die Geschicklichkeit besessen, uns auf andere Weise sinnlich zu überführen, daß der Held sein Unglück vorher sieht, daß alle Anwesende für ihn in Angst sind, weil sie die größte Gefahr vor Augen sehen; alsdenn kann er ihn im völligen Triumphe über das drohende Schicksal erscheinen lassen. In der Geschichte des Grandison wird der Held von dem nichtswürdigen Hargrave herausgefordert. Alle Angehörigen des Grandison können sich vor Schmerz kaum fassen, und zittern für sein unschätzbares Leben. Wie erstaunet man aber, als Grandison selbst mit seiner gewöhnlichen Munterkeit erscheint, und den größten Verdruß, der ihm hatte begegnen können, mit mehr als gleichgültigen Augen ansiehet! Er fühlet nichts, aber desto mehr fühlen Byron, Charlotte etc. und der Leser wird von einer freudigen Bewunderung eingenommen, die gewiß den heißesten Wunsch der Nacheiferung in ihm zurück läßt.

So viel zu Widerlegung Ihrer Begriffe von der Bewunderung! Hingegen sind Ihre Gedanken vom Weinen unverbesserlich, und einige Kleinigkeiten, die ich dabei zu bemerken finde, verspare ich aufs Künftige.

⟨...⟩

N. S. Schicken Sie mir ja Ihren Brief wieder mit, wenn ich Ihnen künftig trauen soll.

Nennen Sie mich noch einen *Wortsparer*?

⟨110.⟩ AN MOSES MENDELSSOHN
                    Leipzig, den 18. Dec. 1756.
Liebster Freund!
Sie haben Recht; ich habe in meinem Briefe an Sie ziemlich in den Tag hinein geschwatzt. Heben Sie ihn nur immer auf; aber nicht zu Ihrer, sondern zu meiner Demütigung. Er bleibe bei Ihnen ein dauerhafter Beweis, was für albernes Zeug ich schreiben kann, wenn ich, wie ich mich auszudrükken beliebt habe, *meine Gedanken unter der Feder reif werden lasse.* Lassen Sie mich jetzt versuchen, ob sie durch Ihre Einwürfe und Erinnerungen reifer geworden. Ich lösche die ganze Tafel aus, und will mich über die Materie von der Bewunderung noch gar nicht erklärt haben. Von vorne!

Ich hatte in dem ersten Briefe an Hrn. Nicolai von dieser Materie geschrieben: die Bewunderung müsse in dem Trauerspiele nichts sein, als der Ruhepunkt des Mitleidens. Haben Sie mich auch recht verstanden? Herr Nicolai machte zu seiner zweiten Gattung der Trauerspiele diejenige, wo man durch Hülfe des Schreckens und des Mitleidens Bewunderung erregen wolle. In dieser Gattung also wird die Bewunderung zum Hauptwerke, das ist, das Unglück, das den Helden trifft, soll uns nicht sowohl rühren, als dem Helden Gelegenheit geben, seine außerordentlichen Vollkommenheiten zu zeigen, deren intuitive Erkenntnis in uns den angenehmen Affekt erwecke, welchen Sie *Bewunderung* nennen.

Ein solches Trauerspiel nun, sage ich, würde ein dialogisches Heldengedicht sein, und kein Trauerspiel. Der *bewun-*

derte Held, habe ich mich gegen Hrn. Nicolai ausgedrückt, ist der Stoff des Heldengedichts. Da Sie mir doch also wohl zutrauen werden, daß ich ein Heldengedicht (ein Gedicht voller Bewunderung) für ein schönes Gedicht halte; so kann ich nicht einsehen, wie Sie mir Schuld geben können, daß ich der Bewunderung alles Schöne, alles Angenehme rauben wolle. Sie ist ein angenehmer Affekt, gut; aber kann ihr dieses die vornehmste Stelle in einem Trauerspiele verdienen? Das Trauerspiel (sagt Aristoteles, Hauptstück 14) soll uns nicht jede Art des Vergnügens ohne Unterschied gewähren, sondern nur allein das Vergnügen, welches ihm eigentümlich zukömmt.

Warum wollen wir die Arten der Gedichte ohne Not verwirren, und die Grenzen der einen in die andern laufen lassen? So wie in dem Heldengedichte die Bewunderung das Hauptwerk ist, alle andere Affekten, das Mitleiden besonders, ihr untergeordnet sind: so sei auch in dem Trauerspiele das Mitleiden das Hauptwerk, und jeder andere Affekt, die Bewunderung besonders, sei ihm nur untergeordnet, das ist, diene zu nichts, als das Mitleiden erregen zu helfen. Der Heldendichter läßt seinen Helden unglücklich sein, um seine Vollkommenheiten ins Licht zu setzen. Der Tragödienschreiber setzt seines Helden Vollkommenheiten ins Licht, um uns sein Unglück desto schmerzlicher zu machen.

Ein großes Mitleiden kann nicht ohne große Vollkommenheiten in dem Gegenstande des Mitleids sein, und große Vollkommenheiten, sinnlich ausgedrückt, nicht ohne Bewunderung. Aber diese großen Vollkommenheiten sollen in dem Trauerspiele nie ohne große Unglücksfälle sein, sollen mit diesen allezeit genau verbunden sein, und sollen also nicht Bewunderung allein, sondern Bewunderung und Schmerz, das ist, Mitleiden erwecken. Und das ist meine Meinung. Die Bewunderung findet also in dem Trauerspiele nicht als ein besonderer Affekt Statt, sondern bloß als die eine Hälfte des Mitleids. Und in dieser Betrachtung habe ich auch Recht gehabt, sie nicht als einen besondern Affekt, sondern nur nach ihrem Verhältnisse gegen das Mitleiden zu erklären.

Und in diesem Verhältnisse, sage ich noch, *soll sie der Ruhepunkt des Mitleidens sein*, nemlich da, wo sie *für sich* allein wirken soll. Da Sie aber zum zweitenmal auf dem Exempel des Mithridats bestehen, so muß ich glauben, Sie haben meine Worte so verstanden, als wollte ich mit diesem Ruhepunkte sagen, sie soll das Mitleiden stillen helfen. Aber das will ich damit gar nicht sagen, sondern gleich das Gegenteil. Hören Sie nur!

Wir können nicht lange in einem starken Affekte bleiben; also können wir auch ein starkes Mitleiden nicht lange aushalten; es schwächt sich selbst ab. Auch mittelmäßige Dichter haben dieses gemerkt, und das starke Mitleiden bis zuletzt verspart. Aber ich hasse die französischen Trauerspiele, welche mir nicht eher, als am Ende des fünften Aufzugs, einige Tränen auspressen. Der wahre Dichter verteilt das Mitleiden durch sein ganzes Trauerspiel; er bringt überall Stellen an, wo er die Vollkommenheiten und Unglücksfälle seines Helden in einer rührenden Verbindung zeigt, das ist, Tränen erweckt. Weil aber das ganze Stück kein beständiger Zusammenhang solcher Stellen sein kann, so untermischt er sie mit Stellen, die von den Vollkommenheiten seines Helden allein handeln, und in diesen Stellen hat die Bewunderung, als Bewunderung, Statt. Was sind aber diese Stellen anders, als gleichsam Ruhepunkte, wo sich der Zuschauer zu neuem Mitleiden erholen soll? Gestillt soll das vorige Mitleiden nicht dadurch werden, das ist mir niemals in die Gedanken gekommen, und würde meinem System schnurstracks zuwider sein.

Da nun aber diese Stellen (ich will sie die *leeren Scenen* nennen, ob sie gleich nicht immer ganze Scenen sein dürfen, weil die Bewunderung, oder die Ausmalung der außerordentlichen Vollkommenheiten des Helden, der einzige Kunstgriff ist, *die leeren Scenen*, wo die Aktion stille steht, erträglich zu machen) da, sage ich, diese *leeren Scenen* nichts als Vorbereitungen zum künftigen Mitleiden sein sollen, so müssen sie keine solchen Vollkommenheiten betreffen, die das Mitleiden zernichten. Ich will ein Exempel geben, dessen Lächerliches Sie mir aber verzeihen müssen. Gesetzt, ich sagte zu jemand: heute ist der Tag, da *Titus* seinen alten Vater, auf einem Seile, welches von der höchsten Spitze des Turms bis über den Fluß ausgespannt ist, in einem Schubkarren von oben herab führen soll. Wenn ich nun, dieser gefährlichen Handlung wegen, Mitleiden für den *Titus* erwecken wollte, was muß ich tun? Ich müßte die guten Eigenschaften des *Titus* und seines Vaters aus einander setzen, und sie beide zu Personen machen, die es um so viel weniger verdienen, daß sie sich einer solchen Gefahr unterziehen müssen, je würdiger sie sind. Aber nicht wahr, dem Mitleiden ist der Weg zu dem Herzen meines Zuhörers auf einmal abgeschnitten, so bald ich ihm sage, Titus ist ein Seiltänzer, der diesen Versuch schon mehr als einmal gemacht hat? Und gleichwohl habe ich doch weiter nichts als eine Vollkommenheit des Titus den Zuhörern bekannt gemacht. Ja, aber es war eine Vollkommenheit, welche die Gefahr unendlich verringerte, und dem Mitleiden also die Nahrung nahm. Der Seiltänzer wird nunmehr bewundert, aber nicht bedauert.

Was macht aber derjenige Dichter aus seinem Helden anders, als einen Seiltänzer, der, wenn er ihn will sterben lassen, das ist, wenn er uns am meisten durch seine Unfälle rühren will, ihn eine Menge der schönsten Gasconaden, von seiner Verachtung des Todes, von seiner Gleichgültigkeit gegen das Leben herschwatzen läßt? In eben dem Verhältnisse, in welchem die Bewunderung auf der einen Seite zunimmt, nimmt das Mitleiden auf der andern ab. Aus diesem Grunde halte ich den Polyeukt des Corneille für tadelhaft; ob er gleich wegen ganz anderer Schönheiten niemals aufhören wird zu gefallen. Polyeukt strebt ein Märtyrer zu werden; er sehnt sich nach Tod und Martern; er betrachtet sie als den ersten Schritt in ein überschwenglich seliges Leben; ich bewundere den frommen Enthusiasten, aber ich müßte befürchten, seinen Geist in dem Schoße der ewigen Glückseligkeit zu erzürnen, wenn ich Mitleid mit ihm haben wollte.

Genug hiervon; Sie können mich hinlänglich verstehen, um mich zu widerlegen, wenn ich es verdiene. Aber die Feder läuft einmal, und ich will mich nunmehr über die Verschiedenheit zwischen den Wirkungen der Bewunderung und den Wirkungen des Mitleids erklären. Aus der Bewunderung entspringt der Vorsatz der Nacheiferung; aber, wie Sie selbst sagen, dieser Vorsatz ist nur *augenblicklich*. Wenn er zur Wirklichkeit kommen soll, muß ihn entweder die darauf folgende deutliche Erkenntnis dazu bringen, oder der Affekt der Bewunderung muß so stark fortdauern, daß der Vorsatz zur Tätigkeit kommt, ehe die Vernunft das Steuer wieder ergreifen kann. Das ist doch Ihre Meinung? – Nun sage ich: in dem ersten Falle ist die Wirkung nicht der Bewunderung, sondern der deutlichen Erkenntnis zuzuschreiben; und zu dem andern Falle werden nichts geringeres *als Fantasten* erfordert. Denn Fantasten sind doch wohl nichts anders, als Leute, bei welchen die untern Seelenkräfte über die obern triumphieren? Daran liegt nichts, werden Sie vielleicht sagen, dieser Fantasten sind sehr viele in der Welt, und es ist gut, wenn auch Fantasten tugendhafte Taten tun. Wohl; so muß es denn eine von den ersten Pflichten des Dichters sein, daß er nur für wirklich tugendhafte Handlungen Bewunderung erweckt. Denn wäre es ihm erlaubt, auch untugendhaften Handlungen den Firnis der Bewunderung zu geben, so hätte *Plato* Recht, daß er sie aus seiner Republik verbannt wissen wollen. Herr Nicolai hätte also nicht schließen sollen: weil der Wein nicht selten blutige Gezänke erzeugt, so ist es falsch, daß er des Menschen Herz erfreuen soll; oder weil die Poesie oft schlechte Handlungen als nachahmungswürdig anpreiset, so kann ihr Endzweck nicht sein, die Sitten zu bessern.

Ich gehe noch weiter, und gebe Ihnen zu überlegen, ob die tugendhafte Tat, die ein Mensch aus bloßer Nacheiferung, ohne deutliche Erkenntnis, tut, wirklich eine tugendhafte Tat ist, und ihm als eine solche zugerechnet werden kann? Ferner dringe ich darauf: die Bewunderung einer schönen Handlung kann nur zur Nacheiferung eben derselben Handlung, unter eben denselben Umständen, und nicht zu allen schönen Handlungen antreiben; sie bessert, wenn sie ja bessert, nur durch besondere Fälle, und also auch nur in besondern Fällen. Man bewundert z. E. den Gusmann, der seinem Mörder vergiebt. Kann mich diese Bewunderung, ohne Zuziehung der deutlichen Erkenntnis, antreiben, allen meinen Widersachern zu vergeben? Oder treibt sie mich nur, demjenigen Todfeinde zu vergeben, den ich mir selbst durch meine Mißhandlungen dazu gemacht habe? Ich glaube, nur das Letztere.

Wie unendlich besser und sicherer sind die Wirkungen meines Mitleidens! Das Trauerspiel soll das Mitleiden nur überhaupt *üben*, und nicht uns in diesem oder jenem Falle zum Mitleiden bestimmen. Gesetzt auch, daß mich der Dichter gegen einen unwürdigen Gegenstand mitleidig macht, nemlich vermittelst falscher Vollkommenheiten, durch die er meine *Einsicht* verführt, um mein *Herz* zu gewinnen. Daran ist nichts gelegen, wenn nur mein Mitleiden rege wird, und sich gleichsam gewöhnt, immer leichter und leichter rege zu werden. Ich lasse mich zum Mitleiden im Trauerspiele bewegen, um eine Fertigkeit im Mitleiden zu bekommen; findet aber das bei der Bewunderung Statt? Kann man sagen: ich will gern in der Tragödie bewundern, um eine Fertigkeit im Bewundern zu bekommen? Ich glaube, der ist der größte Geck, der die größte Fertigkeit im Bewundern hat; so wie ohne Zweifel derjenige der beste Mensch ist, der die größte Fertigkeit im Mitleiden hat.

Doch bin ich nicht etwa wieder auf meine alten Sprünge gekommen? Schreie ich die Bewunderung durch das, was ich bisher gesagt habe, nicht für ganz und gar unnütz aus, ob ich ihr gleich das ganze Heldengedicht zu ihrem Tummelplatze einräume? Fast sollte es so scheinen; ich will es also immer wagen, Ihnen einen Einfall zu vertrauen, der zwar ziemlich seltsam klingt, weil er aber niemand Geringers als mich und den Homer rettet, Ihrer Untersuchung vielleicht nicht unwürdig ist.

Es giebt gewisse körperliche Fähigkeiten, gewisse Grade

der körperlichen Kräfte, die wir nicht in unsrer willkürlichen Gewalt haben, ob sie gleich wirklich in dem Körper vorhanden sind. Ein Rasender, zum Exempel, ist ungleich stärker, als er bei gesundem Verstande war; auch die Furcht, der Zorn, die Verzweiflung und andre Affekten mehr, erwecken in uns einen größern Grad der Stärke, der uns nicht eher zu Gebote steht, als bis wir uns in diesen oder jenen Affekt gesetzt haben.

Meine zweite vorläufige Anmerkung ist diese. Alle körperliche Geschicklichkeiten werden durch Hülfe der Bewunderung gelernt; wenigstens das *Feine* von allen körperlichen Geschicklichkeiten. Nehmen Sie einen Luftspringer. Von den wenigsten Sprüngen kann er seinen Schülern den eigentlichen Mechanismus zeigen; er kann oft weiter nichts sagen, als: sieh nur, sieh nur, wie ich es mache! das ist, bewundere mich nur recht, und versuch es alsdann, so wird es von selbst gehen; und je vollkommener der Meister den Sprung vormacht, je mehr er die Bewunderung seines Schülers durch diese seine Vollkommenheit reizt, desto leichter wird diesem die Nachahmung werden.

Heraus also mit meinem Einfalle! Wie, wenn Homer mit Bedacht nur körperliche Vollkommenheiten bewundernswürdig geschildert hätte? Er kann leicht ein eben so guter Philosoph gewesen sein, als ich. Er kann leicht, wie ich, geglaubt haben, daß die Bewunderung unsre Körper wohl tapfer und gewandt, aber nicht unsre Seelen tugendhaft machen könne. *Achilles*, sagen Sie, ist bei dem Homer nichts als ein tapfrer Schläger; es mag sein. Er ist aber doch ein bewundernswürdiger Schläger, der bei einem andern den Vorsatz der Nacheiferung erzeugen kann. Und so oft sich dieser andere in ähnlichen Umständen mit dem *Achilles* befindet, wird ihm auch das Exempel dieses Helden wieder beifallen, wird sich auch seine gehabte Bewunderung erneuern, und diese Bewunderung wird ihn stärker und geschickter machen, als er ohne sie gewesen wäre. Gesetzt aber, Homer hätte den Achilles zu einem bewundernswürdigen Muster der Großmut gemacht. So oft sich nun ein Mensch von feuriger Einbildungskraft in ähnlichen Umständen mit ihm sähe, könnte er sich zwar gleichfalls seiner gehabten Bewunderung erinnern, und zu Folge dieser Bewunderung gleich großmütig handeln; aber würde er deswegen großmütig sein? Die Großmut muß eine beständige Eigenschaft der Seele sein; und ihr nicht bloß ruckweise entfahren.

Ich bin es überzeugt, daß meine Worte oft meinem Sinne Schaden tun, daß ich mich nicht selten zu unbestimmt oder zu nachlässig ausdrücke. Versuchen Sie es also, liebster Freund, sich durch Ihr eigen Nachdenken in den Geist meines Systems zu versetzen. Und vielleicht finden Sie es weit besser, als ich es vorstellen kann.

In Vergleichung meiner, sollen Sie doch noch immer ein *Wortsparer* bleiben; denn ich habe mir fest vorgenommen, auch diesen zweiten Bogen noch voll zu schmieren. Ich wollte Anfangs aus dem Folgenden einen besondern Brief an Hrn. Nicolai machen; aber ich will seine Schulden mit Fleiß nicht häufen. Lesen Sie doch das 13te Hauptstück der Aristotelischen Dichtkunst. Der Philosoph sagt daselbst: der Held eines Trauerspiels müsse ein Mittelcharakter sein; er müsse nicht allzu lasterhaft und auch nicht allzu tugendhaft sein; wäre er allzu lasterhaft, und verdiente sein Unglück durch seine Verbrechen, so könnten wir kein Mitleiden mit ihm haben; wäre er aber allzu tugendhaft, und er würde dennoch unglücklich, so verwandle sich das Mitleiden in Entsetzen und Abscheu.

Ich möchte wissen, wie Herr Nicolai diese Regel mit den bewundernswürdigen Eigenschaften seines Helden zusammen reimen könne – – Doch das ist es nicht, was ich jetzt schreiben will.

Ich bin hier selbst wider *Aristoteles*, welcher mir überall eine falsche Erklärung des Mitleids zum Grunde gelegt zu haben scheint. Und wenn ich die Wahrheit weniger verfehle, so habe ich es allein *Ihrem* bessern Begriffe vom Mitleiden zu danken. Ist es wahr, daß das Unglück eines allzu tugendhaften Menschen Entsetzen und Abscheu erweckt? Wenn es wahr ist, so müssen Entsetzen und Abscheu der höchste

Grad des Mitleids sein, welches sie doch nicht sind. Das Mitleiden, das in eben dem Verhältnisse wächst, in welchem Vollkommenheit und Unglück wachsen, hört auf, mir angenehm zu sein, und wird desto unangenehmer, je größer auf der einen Seite die Vollkommenheit, und auf der andern das Unglück ist.

Unterdessen ist es doch auch wahr, daß an dem Helden eine gewisse ἁμαρτια, ein gewisser Fehler sein muß, durch welchen er sein Unglück über sich gebracht hat. Aber warum diese ἁμαρτια, wie sie Aristoteles nennt? Etwa, weil er ohne sie vollkommen sein würde, und das Unglück eines vollkommenen Menschen Abscheu erweckt? Gewiß nicht. Ich glaube, die einzige richtige Ursache gefunden zu haben; sie ist diese: weil ohne den Fehler, der das Unglück über ihn zieht, sein Charakter und sein Unglück kein *Ganzes* ausmachen würden, weil das eine nicht in dem andern gegründet wäre, und wir jedes von diesen zwei Stücken besonders denken würden. Ein Exempel wird mich verständlicher machen. *Canut* sei ein Muster der vollkommensten Güte. Soll er nur Mitleid erregen, so muß ich durch den Fehler, daß er seine Güte nicht durch die Klugheit regieren läßt, und den Ulfo, dem er nur verzeihen sollte, mit gefährlichen Wohltaten überhäuft, ein großes Unglück über ihn ziehn; Ulfo muß ihn gefangen nehmen und ermorden. Mitleiden im höchsten Grade! Aber gesetzt, ich ließe den *Canut* nicht durch seine gemißbrauchte Güte umkommen; ich ließ ihn plötzlich durch den Donner erschlagen, oder durch den einstürzenden Pallast zerschmettert werden? Entsetzen und Abscheu ohne Mitleid! Warum? Weil nicht der geringste Zusammenhang zwischen seiner Güte und dem Donner, oder dem einstürzenden Pallast, zwischen seiner Vollkommenheit und seinem Unglücke ist. Es sind beides zwei verschiedene Dinge, die nicht eine einzige gemeinschaftliche Wirkung, dergleichen das Mitleid ist, hervorbringen können, sondern, deren jedes für sich selbst wirkt. – Ein ander Exempel! Gedenken Sie an den alten Vetter, im *Kaufmann von London*; wenn ihn *Barnwell* ersticht, entsetzen sich die Zuschauer, ohne mitleidig zu sein, weil der gute Charakter des Alten gar nichts enthält, was den Grund zu diesem Unglück abgeben könnte. Sobald man ihn aber für seinen Mörder und Vetter noch zu Gott beten hört, verwandelt sich das Entsetzen in ein recht entzückendes Mitleiden, und zwar ganz natürlich, weil diese großmütige Tat aus seinem Unglücke fließet und ihren Grund in demselben hat.

Und nun bin ich es endlich müde, mehr zu schreiben, nachdem Sie es ohne Zweifel schon längst müde gewesen sind, mehr zu lesen. Ihre Abhandlung von der Wahrscheinlichkeit habe ich mit recht großem Vergnügen gelesen; wenn ich sie noch ein paarmal werde gelesen haben, hoffe ich, Sie so weit zu verstehen, daß ich Sie um einige Erläuterungen fragen kann. Wenn es sich von solchen Dingen so gut schwatzen ließe, wie von der Tragödie! Ihre Gedanken von dem Streite der untern und obern Seelenkräfte lassen Sie ja mit das erste sein, was Sie mir schreiben. Ich empfehle Ihnen dazu meine Weitläuftigkeit, die sich wirklich eben so gut zum Vortrage wahrer, als zur Auskramung vielleicht falscher Sätze schickt.

Bitten Sie doch den Hrn. Nicolai in meinem Namen, mir mit ehestem denjenigen Teil von Cibbers Lebensbeschreibung der englischen Dichter zu schicken, in welchem *Drydens* Leben steht. Ich brauche ihn.

Leben Sie wohl, liebster Freund, und werden Sie nicht müde, mich zu bessern, so werden Sie auch nicht müde werden, mich zu lieben.

Lessing.

N. S. Damit dieser Brief ja alle Eigenschaften eines unausstehlichen Briefs habe, so will ich ihn auch noch mit einem P. S. versehen.

Sie haben sich schon zweimal auf die griechischen Bildhauer berufen, von welchen Sie glauben, daß sie ihre Kunst besser verstanden hätten, als die griechischen Dichter. Lesen Sie den Schluß des 16ten Hauptstücks der Aristotelischen Dichtkunst, und sagen Sie mir alsdenn, ob den Alten die Regel von der Verschönerung der Leidenschaften unbekannt gewesen sei.

Der Held ist in der Epopee unglücklich, und ist auch in der Tragödie unglücklich. Aber auf die Art, wie er es in der einen ist, darf er es nie in der andern sein. Ich kann mich nicht erinnern, daß ich die Verschiedenheit dieser Arten irgendwo gehörig bestimmt gefunden hätte. Das Unglück des Helden in der Epopee muß keine Folge aus dem Charakter desselben sein, weil es sonst, nach meiner obigen Anmerkung, Mitleiden erregen würde; sondern es muß ein Unglück des Verhängnisses und Zufalls sein, an welchem seine guten oder bösen Eigenschaften keinen Teil haben. »Fato profugus«, sagt *Virgil* von seinem *Aeneas.* Bei der Tragödie ist es das Gegenteil, und aus dem Oedip z. E. wird nimmermehr ein Heldengedicht werden, und wer eins daraus machen wollte, würde am Ende weiter nichts als ein Trauerspiel in Büchern gemacht haben. Denn es wäre elend, wenn diese beiden Dichtungsarten keinen wesentlichern Unterschied, als den beständigen oder durch die Erzählung des Dichters unterbrochenen Dialog, oder als Aufzüge und Bücher haben sollten.

Wenn Sie Ihre Gedanken von der Illusion mit dem Hrn. Nicolai aufs Reine bringen werden, so vergessen Sie ja nicht, daß die ganze Lehre von der Illusion eigentlich den dramatischen Dichter nichts angeht, und die Vorstellung seines Stücks das Werk einer andern Kunst, als der Dichtkunst, ist. Das Trauerspiel muß auch ohne Vorstellung und Akteurs seine völlige Stärke behalten; und diese bei dem Leser zu äußern, braucht sie nicht mehr Illusion als jede andre Geschichte. Sehen Sie deswegen den Aristoteles noch gegen das Ende des 6ten und den Anfang des 14ten Hauptstücks nach.

Nun bin ich ganz fertig. Leben Sie wohl!

⟨111.⟩ VON FRIEDRICH NICOLAI

Berlin, d. 27. Decemb. 1756.

Liebster Freund,

Ich habe die Briefe, die Sie an Herrn Moses, und Herr Moses die Briefe, die Sie an mich geschrieben haben, richtig erhalten. Denn so wollen Sie es doch, daß wir einander alles vorlesen, was Sie schreiben. Wir haben auch beide alles mit gleichem Fleiße und mit gleichem Vergnügen gelesen. Der einzige Unterschied ist nur, daß Herr Moses fleißiger und weitläuftiger und philosophischer antwortet als ich; aber dieser einzige Unterschied beruhet nicht bei mir. Mein ganzes Leben seit ungefähr anderthalb Monaten, ist wie eine englische Komödie, voller Verwirrung ohne Plan, voller närrischer Scenen, über welche die Zuschauer lachen, und nur die spielenden Personen sich ärgern; ein Incidentpunct folgt dem andern, und man kann keine Auflösung absehen. Und ich? ich tue, was ein Dichter tut, der seine Komödie so unter einander verwirrt hat, daß er nicht weiß, wie er seinen Knoten auflösen soll; das ist, ich ärgere mich von ganzer Seele, stampfe mit dem Fuß auf den Boden, und schelte so viel ich kann, weil ich nichts Besseres zu tun weiß. ⟨...⟩

Mich dünkt aber, so viel ich noch nachdenken konnte, daß wir beide recht haben, weil wir, wenn ich nicht irre, in der Hauptsache eins sind. Sie fragen z. E. in Ihrem letzten Briefe an Hr. Moses, wie ich den Satz des Aristoteles, daß der Held einen Mittelcharakter haben müsse, mit meinem System zusammen reimen wolle. Mich dünkt, recht gut; wenigstens habe ich diesen Satz in meiner Abhandlung ausdrücklich behauptet, und ihn mit noch mehr Gründen als Aristoteles bewiesen. Aber eben darum wünschte ich, daß Sie meine Abhandlung gelesen hätten; und hauptsächlich darum, weil ich ungemein gern wollte, daß Sie sie lesen sollten, ärgert es mich rechtschaffen, daß sie noch nicht abgedruckt ist. ⟨...⟩

⟨113.⟩ VON MOSES MENDELSSOHN (UND FRIEDRICH
   NICOLAI)
⟨Berlin, Januar 1757.⟩
Liebster Lessing!
⟨...⟩ Ich sage, wir hätten den Streit erst angefangen, da Sie ihn vielleicht schon geendigt zu haben glauben. Jedoch metaphysische Streitigkeiten sind nicht so bald entschieden. An logischen Fechterstreichen darf es uns niemals fehlen.

Damit Sie aber nicht glauben, Sie hätten durch Ihren langen Brief gar nichts ausgerichtet; so muß ich Ihnen gleich voran sagen, daß ich ⟨in⟩ den meisten Stücken völlig Ihrer Meinung bin. Warum nicht in allen? fragen Sie. Geduld! Ich will Ihre Gedanken Stückweise untersuchen. Gleich im Eingange weisen Sie den beiden tragischen Leidenschaften, der Bewunderung und dem Mitleiden, verschiedene Provinzen an, und wollen, daß jene in dem Gebiete des Heldengedichts, dieses aber auf der Schaubühne herrschen soll. Bei dieser Gelegenheit fragen Sie: *Warum wollen wir die Arten der Gedichte ohne Not verwirren, und die Grenzen der einen in die andre laufen lassen?* Hier haben Sie ein Vorurteil zur Schutzwehr genommen, das ich Sie selbst so oft habe bestreiten hören. Worauf gründet sich diese eingebildete Grenzscheidung? In Ansehung der Werke der Natur hat man in dem letzten Jahrhundert ausgemacht, daß sie von ihrer Meisterin in keine besondern und getrennten Klassen eingeteilt sind. Warum wollen wir die Kunst nicht auch hierin eine Nachahmerin der Natur werden lassen? Hat der Sprachgebrauch, die Autorität der Alten, die Einteilung der Künste in ihre besondern Arten, und tausend andre Vorurteile, nur solche dramatische Stücke mit dem Namen *Trauerspiel* belegt, die vornehmlich Mitleiden erregen: so können sich die Sprachlehrer an diese Vorschrift halten. Aber die Vernunft redet anders; sie zählet eine jede große und würdige Begebenheit zu den Gegenständen des Trauerspiels, wenn *sie nur durch die lebendige Vorstellung eines größern Grades der Nachahmung fähig ist.* (Siehe beikommende Gedanken von der ästhetischen Illusion.) Schließen Sie also keine einzige Leidenschaft vom Theater aus. So bald die nachgeahmte Leidenschaft uns anschauend von der Vortrefflichkeit der Nachahmung überzeugen kann, so verdient sie auf der Bühne aufgeführt zu werden. Auch der Haß und der Abscheu können, trotz dem Aristoteles und allen seinen Anhängern, auf der Schaubühne gefallen, weil es genug ist, wenn die nachgeahmte Leidenschaft überzeugen kann, daß die Nachahmung dem Urbilde ähnlich sei. (Ich bitte beikommende Gedanken vorher zu lesen, bevor Sie diese Stelle verurteilen.)

Wir wollen indessen etwas näher zusammen kommen. Ich räume Ihnen ein, daß das Mitleiden uns leichter intuitive illudieren kann, als die Bewunderung. Ich meine, es ist leichter, uns durch ein nachgeahmtes Mitleiden zu überführen, daß die Nachahmung dem Urbilde ähnlich sei, als solches durch die Bewunderung zu bewerkstelligen. Gestehen Sie mir aber auch, daß sich die Kunst alsdann in ihrem vollen Glanze zeigt, wenn sie sich wagt, die feinsten Züge der Natur nachzuahmen, eine große Seele in ihrem hellsten Lichte vorzustellen, wenn sie einen Helden abbildet, der sich unter der Last der Drangsale mutig aufrichtet, sein Haupt bis in die Wolken erhebt, und die Donner unerschrocken um seine Füße brüllen hört, die wir aus einer ästhetischen Illusion mit der größten Angst sich um ihn haben zusammen ziehen sehen. Der Weg ist schwer, sehr schwer, und nur große Geister können sich Hoffnung machen, ihn mit Erfolg zu betreten! Ich gestehe es; wenn aber hat mein Lessing für Wege gesorgt, darin mittelmäßige Geister fortkommen sollen?

Sie sagen, auf der Schaubühne müsse allezeit Schmerz und Bewunderung vermischt sein, und diese Vermischung nennen Sie Mitleid. Was soll denn aus dem Cinna nach dieser Meinung werden? Kommen Sie mir ja nicht wieder mit Ihrem gekünstelten Mitleiden mit dem Cinna, daß er sich muß verzeihen lassen, oder mit dem August, daß ihm nicht erlaubt ist, sich zu rächen. Unsere Empfindungen denken so spitzfindig nicht.

Entschuldigen Sie Ihren Ausdruck, *die Bewunderung sei der Ruhepunkt des Mitleidens,* nur nicht. Freilich die Auseinandersetzung der Vollkommenheiten, die den Helden zieren, oder vielmehr die Bekanntmachung seines Charakters kann nicht selten eine Nebenscene ausfüllen, einen Ruhepunkt des Mitleidens abgeben. Dieses ist aber nicht die *Bewunderung,* sondern die Hochachtung, ein niederer Grad der Bewunderung, die uns eine Zeitlang unterhält, so wie wir öfters in der Komödie, um nicht immer zu lachen, rührende Stellen mit hinein bringen. Wo aber die Bewunderung der Hauptaffekt sein soll, da muß sie in einem Cato, in einem Brutus, in einem Grandison, und warum sage ich nicht, in einem Theophanes etwas mehr als solche subalterne Bedienungen haben. Es ist überhaupt das Schicksal aller theatralischen Leidenschaften, daß sie fast gar nicht mehr zu erkennen sind, wenn sie als Begleiterinnen anderer Leidenschaften erscheinen. Die Liebe z. B. ist eine rasende und entsetzliche Leidenschaft, wo sie, wie im Hippolytus, den ersten Rang einnimmt; wie kindisch und lächerlich ist sie aber in tausend französischen Stücken, wo sie nur einige Nebenscenen ausfüllt! Ich will den Polyeukt nicht entschuldigen; wo Sie ihn aber mit dem Kerl vergleichen, der vom Turme hinunter purzeln soll, so glaube ich, der Springer hat das tertium comparationis verloren. Der Held muß das moralische Gute ungleich höher schätzen als das physische Gute. Wenn Schmerz, Ketten, Sklaverei und Tod mit einer Pflicht streiten, so muß er nicht anstehen, allen diesen Übeln entgegen zu eilen, um seine Unschuld unbefleckt zu erhalten. Dieser innerliche Sieg, den seine göttliche Seele über den Körper davon trägt, entzückt uns, und setzt uns in einen Affekt, dem keine sinnliche Wollust an Annehmlichkeiten beikömmt. Die bloße Bewunderung der körperlichen Geschicklichkeit, die Sie Ihrem Schubkarrenführer noch lassen, ist ohne Affekt, ohne jenes innerliche Gefühl und Wärme der Eingeweide, (wenn ich mich so ausdrücken darf) mit welcher wir die Großmut eines Orestes und Pylades z. E. bewundern. (Im Vorbeigehn erinnere ich, daß dieses vielleicht die einzigen Charaktere der Alten sind, die eine wahre Bewunderung erregen.) Ich schweige von einer gewissen Situation in einem chinesischen Trauerspiele, die Sie selbst jederzeit zu bewundern pflegten. Ein alter Mann wird auf Befehl des Tyrannen von seinem Freunde jämmerlich geprügelt, von eben dem Freunde, dem zum Besten er ein gewisses Geheimnis nicht offenbaren will. Er siehet mit halbzornigen Blicken auf denjenigen zurück, der die Befehle des Tyrannen auf seinem Rücken vollziehet. Jetzt wird er seinen Mund öffnen und durch ein einziges Wort sich von den entsetzlichen Schmerzen befreien. Doch nein! Er erblickt seinen Freund, erinnert sich seiner Pflicht, und der grausamen Gewalt, die seinen Freund nötigt, sein Henker zu werden. Sein Zorn verwandelt sich in Wehmut, er seufzet und bleibt seiner Pflicht getreu. Hier ist Großmut, hier ist Standhaftigkeit, hier ist innerlicher Kampf, und der herrlichste Sieg, den Sterbliche jemals erfochten!

Wenn die Vernunft die Nacheiferung billiget, die durch die Bewunderung in uns erzeugt wird; so wollen Sie die Wirkung nicht der Bewunderung, sondern der deutlichen Erkenntnis zuschreiben. Ich habe aber in beikommenden Blättern bewiesen, daß die intuitive Erkenntnis die Quantität der Motive vermehren müsse, wenn der tugendhafte Vorsatz zur Wirklichkeit kommen soll, und nichts vermehret, meines Erachtens, diese Quantität so sehr, als die Bewunderung.

Wenn Herr Nicolai behauptet,* die Poesie könne zur Besserung der Sitten nichts beitragen, so hat er offenbar Unrecht, und ich beweise das Gegenteil hiervon in beikommenden Blättern. Wenn er aber behauptet, die Besserung der Sitten könne nicht der Hauptendzweck des Trauerspiels sein, weil die Nachahmung immer noch vollkommen sein kann, wenn auch die zum Grunde liegende Sittlichkeit nicht völlig mit der Vernunft übereinstimmt: so glaube ich, daß

---

* Wenn – aber merken Sie es sich, mein lieber Lessing, daß ich dieses nicht behaupte. *Nicolai.*

ihm die eifrigsten Verfechter der Poesie beipflichten müssen. Die ästhetische Illusion ist wirklich im Stande, die obern Seelenkräfte auf eine Zeitlang zum Schweigen zu bringen, wie ich solches in meinen Gedanken von der Illusion ziemlich deutlich mache. Daß aber selbst die Fertigkeit zu *bemitleiden* (erlauben Sie mir dieses schweizerische Wort) nicht immer gute Wirkung tut, erhellet aus meinen Gedanken von der sittlichen Empfindlichkeit, die ohne Hülfe der Urteilskraft unser Gefühl nur zärtlicher macht, und uns antreibt, sowohl wahren als scheinbaren Gütern mit größerer Begierde nachzujagen. Ihre Gedanken von den körperlichen Geschicklichkeiten, und von der Bewunderung, die sie erregen, gefallen mir ungemein, und Sie beschämen mich, wenn Sie über das Unvermögen, Ihre Gedanken richtig auszudrücken, klagen. Was kann ich Ihnen hierauf antworten, ohne Ihnen ein Gegenkompliment zu machen?

Erheben Sie nur nicht die Bewunderung der körperlichen Geschicklichkeiten auf Kosten der Seele! Sie irren ungemein, wenn Sie glauben, die Großmut in bestimmten einzelnen Fällen errege bloß den Wunsch, in ähnlichen Fällen großmütig zu handeln. Aus meinen Gedanken *von der Herrschaft über die Neigungen* werden Sie ersehen, wie zuträglich es der Tugend sei, wenn die allgemeinen abstrakten Begriffe auf einzelne Fälle reduciert werden. Diese Reduktion kann durch die Erfahrung, durch Beispiele oder auch durch Erdichtung geschehen. Unsere symbolische Erkenntnis wird allemal in eine anschauende verwandelt, die Gewalt der Motive wird belebt, und ihre Quantität wird größer, als die Quantität der sinnlichen Lust, die sich ihnen widersetzt.

Sie sehen, ich beziehe mich sehr oft auf beikommende Blätter, und es versteht sich, daß ich vor allen Dingen Ihr Urteil über die Gedanken, die darin enthalten sind, erwarte. Ich habe sie ohne Ordnung und Zusammenhang, fast so wie ich sie gehabt habe, zu Papier gebracht. Sagen Sie mir, ob etwas daraus zu machen sei?

Ihre Gedanken über das 13te Hauptstück der aristotelischen Dichtkunst, und insbesondere über die Regel, daß der

Held des Trauerspiels nicht vollkommen tugendhaft sein müsse, sind unverbesserlich. Sie tragen das untrügliche Kennzeichen der Wahrheit an sich, daß man beim Durchlesen über sich selbst böse wird, weil man sie verfehlt hat. Für das Kompliment, das Sie mir dabei machen, danke ich.

Ich komme zu Ihrer Nachschrift. Sie heißen mir das 15te Hauptstück der aristotelischen Dichtkunst (das 15te soll es doch wohl sein? denn Sie haben das 16te gesetzt) nachlesen, darin der Dichter einige Regeln von der Verschönerung der Leidenschaften geben soll. Ich verstehe, wie Sie wissen, kein Griechisch. Ich muß also glauben, was Curtius sagt. Dieser versichert, die Ausleger könnten mit dieser Stelle nicht fertig werden. Wie sie Corneille und Dacier nimmt, sagt sie gerade das Gegenteil von demjenigen, was Sie darin suchen. Die Curtiussche Übersetzung verträgt sich noch so ziemlich mit Ihrer Auslegung. Aber wie wenig hat Curtius selbst die Stelle verstanden, die er doch so gut übersetzt hat! Er sagt in seinen Anmerkungen, Homer habe dadurch den Jachzorn des Achilles verschönert, daß er ihm andere löbliche Eigenschaften beigelegt hat. Ist dieses Aristoteles Meinung gewesen, so hat er die beste Art, die Leidenschaften durch sich selbst zu verschönern, verfehlt; von welcher ich in meinen vorigen Briefen genug geschwatzt habe. Jedoch lieber mag ihn Curtius nicht verstanden haben.

Was ich für einen Begriff mit dem Worte Illusion verknüpfe, werden Sie aus beikommenden Blättern ersehen. Im 14ten Hauptstück vom Aristoteles finde ich nichts, das meinen Lehrsätzen widerspricht: die prächtigen Verzierungen gehören freilich nicht für das Trauerspiel; sie sind für die Oper und für tausend andere Ergötzlichkeiten, daran unsere Seele keinen Teil hat; und wenn ich dem Worte *Illusion* nicht den Verstand gegeben, den es nach dem Sprachgebrauch haben sollte, so streichen Sie es immer durch, und setzen ein anderes Zeichen dafür hin.

Leben Sie wohl, liebster Freund! und werden Sie nicht müde, mich zu bessern, so werden Sie auch nicht müde werden, mich zu lieben. Dieses sind Ihre eigenen Worte, und ich zweifle, ob Sie so viel dabei gedacht haben, als ich, wenn ich Sie versichere, daß ich Sie liebe.

Moses.

N. S. Zählen Sie beikommende Blätter mit; so habe ich immer noch einige Seiten voraus.
⟨...⟩

⟨115.⟩ AN MOSES MENDELSSOHN
Leipzig, den 2. Febr. 1757.
Liebster Freund!
Ich glaube es eben so wenig, als Sie, daß wir bis jetzt in unserm Streite viel weiter, als über die ersten Grenzen gekommen sind. Haben Sie aber auch wirklich so viel Lust, als ich, sich tiefer hinein zu wagen, und dieses unbekannte Land zu entdecken, wenn wir uns auch hundertmal vorher verirren sollten? Doch warum zweifle ich daran? Wenn Sie es auch nicht aus Neigung täten, so würden Sie es aus Gefälligkeit für mich tun. – –

Ihre Gedanken von der Herrschaft über die Neigungen, von der Gewohnheit, von der anschauenden Erkenntnis sind vortrefflich, Sie haben mich so überzeugt, daß ich mir auch nicht einmal einen *logischen Fechterstreich* dawider übrig gelassen finde. Warum kann ich von Ihren Gedanken über die Illusion nicht eben das sagen! Hören Sie meine Zweifel dagegen; aber machen Sie sich gefaßt, eine Menge gemeiner Dinge vorher zu lesen, ehe ich darauf kommen kann. Über das Wort werde ich Ihnen keine Schwierigkeiten machen.

Darin sind wir doch wohl einig, liebster Freund, daß alle Leidenschaften entweder heftige Begierden oder heftige Verabscheuungen sind? Auch darin: daß wir uns bei jeder heftigen Begierde oder Verabscheuung, eines größern Grads unsrer Realität bewußt sind, und daß dieses Bewußtsein nicht anders als angenehm sein kann? Folglich sind alle Leidenschaften, auch die allerunangenehmsten, als Leidenschaften angenehm. Ihnen darf ich es aber nicht erst sagen:

daß die Lust, die mit der stärkern Bestimmung unsrer Kraft verbunden ist, von der Unlust, die wir über die Gegenstände haben, worauf die Bestimmung unsrer Kraft geht, so unendlich kann überwogen werden, daß wir uns ihrer gar nicht mehr bewußt sind.

Alles, was ich hieraus folgere, wird aus der Anwendung auf das aristotelische Exempel von der gemalten Schlange am deutlichsten erhellen. *Wenn wir eine gemalte Schlange plötzlich erblicken, so gefällt sie uns desto besser, je heftiger wir darüber erschrocken sind.*

Dieses erkläre ich so: Ich erschrecke über die so wohlgetroffne Schlange, weil ich sie für eine wirkliche halte. Der Grad dieses Schreckens, als eine unangenehme Leidenschaft, oder vielmehr der Grad der Unlust, die ich über diesen schrecklichen Gegenstand empfinde, sei 10; so kann ich den Grad der Lust, die mit der Empfindung der Leidenschaft verbunden ist, 1 nennen, oder 10, wenn jener zu 100 wüchse. Indem ich also 10 empfinde, kann ich nicht 1 empfinden, das ist, so lange als ich die Schlange für eine wirkliche halte, kann ich keine Lust darüber empfinden. Nun werde ich aber auf einmal gewahr, daß es keine wirkliche Schlange, daß es ein bloßes Bild ist: was geschieht? Die Unlust über den schrecklichen Gegenstand = 10 fällt weg, und es bleibt nichts übrig, als die Lust, die mit der Leidenschaft, als einer bloßen stärkern Bestimmung unsrer Kraft, verbunden ist; 1 bleibt übrig, das ich nunmehr empfinde, und in dem Grade 8 oder 10 empfinden kann, wenn jener Grad, anstatt 10, 80 oder 100 gewesen ist.

Wozu brauchen wir nun hier die Illusion? Lassen Sie mich meine Erklärung auch an einem entgegengesetzten Exempel versuchen, um ihre Richtigkeit desto ungezweifelter darzulegen. – – Dort in der Entfernung werde ich das schönste, holdseligste Frauenzimmer gewahr, das mir mit der Hand auf eine geheimnisvolle Art zu winken scheint. Ich gerate in Affekt, Verlangen, Liebe, Bewunderung, wie Sie ihn nennen wollen. Hier kömmt also die Lust über den Gegenstand = 10 mit der angenehmen Empfindung des Affekts = 1 zusammen, und die Wirkung von beiden ist = 11. Nun gehe ich darauf los. Himmel! Es ist nichts als ein Gemälde, eine Bildsäule! Nach Ihrer Erklärung, liebster Freund, sollte nunmehr das Vergnügen desto größer sein, weil mich der Affekt von der Vollkommenheit der Nachahmung intuitiv überzeugt hat. Aber das ist wider alle Erfahrung; ich werde vielmehr verdrießlich; und warum werde ich verdrießlich? Die Lust über den vollkommnen Gegenstand fällt weg, und die angenehme Empfindung des Affekts bleibt allein übrig. Ich komme auf Ihre 2te Folge b). *Daher gefallen uns alle unangenehmen Affekte in der Nachahmung. Der Musikus kann uns zornig* etc. Hierwider sage ich: Die unangenehmen Affekten in der Nachahmung gefallen deswegen, weil sie in uns ähnliche Affekten erwecken, die auf keinen gewissen Gegenstand gehen. Der Musikus macht mich betrübt; und diese Betrübnis ist mir angenehm, weil ich diese Betrübnis bloß als Affekt empfinde, und jeder Affekt angenehm ist. Denn setzen Sie den Fall, daß ich während dieser musikalischen Betrübnis wirklich an etwas Betrübtes denke, so fällt das Angenehme gewiß weg.

Ein Exempel aus der Körperwelt! Es ist bekannt, daß, wenn man zwei Saiten eine gleiche Spannung giebt, und die eine durch die Berührung ertönen läßt, die andere mit ertönt, ohne berührt zu sein. Lassen Sie uns den Saiten Empfindung geben, so können wir annehmen, daß ihnen zwar eine jede *Bebung*, aber nicht eine jede *Berührung* angenehm sein mag, sondern nur diejenige Berührung, die eine gewisse Bebung in ihnen hervorbringt. Die erste Saite also, die durch die Berührung erbebt, kann eine schmerzliche Empfindung haben; da die andre, der ähnlichen Erbebung ungeachtet, eine angenehme Empfindung hat, weil sie nicht (wenigstens nicht so unmittelbar) berührt worden. Also auch in dem Trauerspiele. Die spielende Person gerät in einen unangenehmen Affekt, und ich mit ihr. Aber warum ist dieser Affekt bei mir angenehm? Weil ich nicht die spielende Person selbst bin, auf welche die unangenehme Idee unmittelbar wirkt, weil ich den Affekt nur als Affekt empfinde, ohne einen gewissen unangenehmen Gegenstand dabei zu denken.

Dergleichen *zweite* Affekten aber, die bei Erblickung solcher Affekten an andern, in mir entstehen, verdienen kaum den Namen der Affekten; daher ich denn in einem von meinen ersten Briefen schon gesagt habe, daß die Tragödie eigentlich keinen Affekt bei uns rege mache, als das *Mitleiden*. Denn diesen Affekt empfinden nicht die spielenden Personen, und wir empfinden ihn nicht bloß, weil sie ihn empfinden, sondern er entsteht in uns ursprünglich aus der Wirkung der Gegenstände auf uns; es ist kein *zweiter* mitgeteilter Affekt etc.

Ich hatte mir vorgenommen, diesem Brief eine ungewöhnliche Länge zu geben, allein ich bin seit einigen Tagen so unpaß, daß es mir unmöglich fällt, meine Gedanken beisammen zu behalten. Ich muß also hier abbrechen, und erst von Ihnen erfahren, ob Sie ungefähr sehen, wo ich hinaus will; oder ob ich nichts als verwirrtes Zeug in diesen Brief geschrieben habe, welches bei meiner außerordentlichen Beklemmung der Brust (so muß ich meine Krankheit unterdessen nennen, weil ich noch keinen Arzt um den griechischen Namen gefragt habe) gar leicht möglich gewesen ist.
⟨...⟩

Leben Sie beide wohl; sobald ich besser bin, werde ich Hrn. Nicolai einen langen Brief über verschiedene Punkte in seiner Abhandlung schreiben, die mir, ohne auf meine *eigentümlichen Grillen* zu sehen, außerordentlich gefallen hat.

Ihren Aufsatz von der Herrschaft über die Neigungen erhalten Sie hier nach Verlangen zurück. Ich habe ihn abschreiben lassen.

Leben Sie nochmals wohl; ich bin Zeitlebens
                         der Ihrige *Lessing*.

⟨118.⟩ VON MOSES MENDELSSOHN
                    Berlin, den 2. März 1757.
Ich habe auf Ihren letzten Brief noch nicht geantwortet. Wissen Sie aber, warum? Ich muß erst wissen, was Sie von Ihrem sehr schönen Grundsatze für Gebrauch machen wollen. Sie haben vollkommen Recht. Das Vermögen, Vollkom-

menheiten zu lieben, und Unvollkommenheiten zu verabscheuen, ist eine Realität, und also eine Vollkommenheit. Die Ausübung derselben muß uns also notwendig Vergnügen gewähren. Schade, daß mir diese feine Betrachtung unbekannt war, als ich meine Briefe über die Empfindungen geschrieben. Du Bos und ich haben viel von der Annehmlichkeit der nachgeahmten Vollkommenheiten geschwatzt, ohne den rechten Punkt getroffen zu haben. Wollen Sie aber aus diesem Satze irgend Folgen ziehen? Versprechen Sie sich einigen Nutzen davon in unsrer Streitsache? Dieses muß ich wissen, und zwar bald, damit wir näher zum Zwecke schreiten können. Wir führen Kriege, lieber Lessing, die ohne Ihren Schaden für mich sehr vorteilhaft sind. Wir wollen sehen, ob die streitenden Mächte so viel reellen Nutzen von ihrem kostbaren Kriege haben werden.

⟨...⟩

⟨122.⟩ AN FRIEDRICH NICOLAI

Leipzig, d. 2. April 1757.
Mein lieber Nicolai,
⟨...⟩
Ich will auch jetzt anfangen, mein Versprechen zu halten, und Ihnen einige fernere Anmerkungen über Ihre Abhandlung von dem Trauerspiele mitteilen. Ich werde alles schreiben, was mir in die Gedanken kömmt, gesetzt auch, daß vieles falsch, und alles sehr trocken wäre.

Zu S. 18.
wo Sie die aristotelische Erklärung des Trauerspiels anführen.
Furcht und *Mitleiden.* Können Sie mir nicht sagen, warum so wohl *Dacier* als *Curtius,* Schrecken und Furcht für gleich bedeutende Worte nehmen? Warum Sie das aristotelische φοβος, welches der Grieche *durchgängig* braucht, bald durch das eine, bald durch das andre übersetzen? Es sind doch wohl zwei verschiedne Dinge, Furcht und Schrecken? Und wie, wenn sich das ganze Schrecken, wovon man nach den falsch verstandenen aristotelischen Begriffen bisher so viel

geschwatzt, auf weiter nichts, als auf diese schwankende Übersetzung gründete? Lesen Sie, bitte ich, das zweite und achte Hauptstück des zweiten Buchs der aristotelischen Rhetorik: denn das muß ich Ihnen beiläufig sagen, ich kann mir nicht einbilden, daß einer, der dieses zweite Buch und die ganze aristotelische Sittenlehre an den Nicomachus nicht gelesen hat, die Dichtkunst dieses Weltweisen verstehen könne. Aristoteles erklärt das Wort φοβος, welches Herr Curtius am öftersten *Schrecken*, Dacier aber bald *terreur*, bald *crainte* übersetzt, durch die Unlust über ein bevorstehendes Übel, und sagt, alles dasjenige erwecke in uns Furcht, was, wenn wir es an andern sehen, Mitleiden erwecke, und alles dasjenige erwecke Mitleiden, was, wenn es uns selbst bevorstehe, Furcht erwecken müsse. Dem zu Folge kann also die Furcht, nach der Meinung des Aristoteles, keine unmittelbare Wirkung des Trauerspiels sein, sondern sie muß weiter nichts als eine *reflectierte Idee* sein. Aristoteles würde bloß gesagt haben: *das Trauerspiel soll unsre Leidenschaften durch das Mitleiden reinigen*, wenn er nicht zugleich auch das Mittel hätte angeben wollen, wie diese Reinigung durch das Mitleiden möglich werde; und dieserwegen setzte er noch die *Furcht* hinzu, welche er für dieses Mittel hielt. Jenes hat seine Richtigkeit; dieses aber ist falsch. Das Mitleiden reiniget unsre Leidenschaften, aber nicht vermittelst der Furcht, auf welchen Einfall den Aristoteles sein falscher Begriff von dem Mitleiden gebracht hat. Hiervon können Sie sich mit Herrn Moses weiter unterreden; denn in diesem Puncte, so viel ich weiß, sind wir einig. Nun behalten Sie, durch die ganze Dichtkunst des Aristoteles, überall wo Sie *Schrecken* finden, diese Erklärung der *Furcht* in Gedanken, (denn Furcht muß es überall heißen, und nicht Schrecken,) und sagen mir alsdann, was Sie von der Lehre des Aristoteles dünkt.

Zu S. 19.

Daß Sie die Gedanken des *du Bos* so schlechterdings angenommen haben, damit bin ich nicht so recht zufrieden. Hiervon aber werde ich an unsern Moses weitläuftiger schreiben. Wenn das, was *du Bos* sagt, kein leeres Gewäsche sein soll, so muß es ein wenig philosophischer ausgedrückt werden.

Zu S. 21. 22. 23.

Was ich hier von der Nachahmung, und den nachgeahmten Leidenschaften, wie Sie sie nennen wollen, sagen könnte, muß ich gleichfalls auf ein andermal versparen. Ich sage jetzt nur so viel: Ist die Nachahmung nur dann erst zu ihrer Vollkommenheit gelangt, wenn man sie für die Sache selbst zu nehmen verleitet wird; so kann z. E. von den nachgeahmten Leidenschaften nichts wahr sein, was nicht auch von den wirklichen Leidenschaften gilt. Das Vergnügen über die Nachahmung, als Nachahmung, ist eigentlich das Vergnügen über die Geschicklichkeit des Künstlers, welches nicht anders, als aus angestellten Vergleichungen, entstehen kann; es ist daher weit später, als das Vergnügen, welches aus der Nachahmung, in so fern ich sie für die Sache selbst nehme, entsteht, und kann keinen Einfluß in dieses haben. Doch, wie gesagt, davon ein andermal. Ich hätte fast Lust, auch dieses Wenige wieder auszustreichen.

Zu S. 21.

Sie hätten einen ältern anführen können, als den *Brumoy*, welcher den Nutzen des Trauerspiels in die nähere Bekanntschaft mit dem Unglücke und dem Unglücklichen, und in den für uns daraus fließenden Trost, gesetzt hat. *Stobäus* hat uns eine sehr schöne Stelle von dem Comödienschreiber *Timocles* aufbehalten, aus welcher ich die letzten Verse, nach der lateinischen Übersetzung, hersetzen will.

>   Primum Tragoedi quanta commoda adferant,
>   Perpende sodes: si quis est pauperculus
>   Majore pressum si videbit Telephum
>   Mendicitate, lenius suam feret
>   Mendicitatem: insanus estne quispiam?
>   Furiosum is Alcmaeona proponit sibi.
>   Captus quis oculis? aspicit caecum Oedipum.
>   Gnatus obiit? Niobe dabit solatium.
>   Claudus aliquisne est? is Philoctetem aspicit.
>   Miser aliquis senex? tuetur Oeneum etc.

Ich will Ihnen gern alle meine Anmerkungen mitteilen; und also habe ich Ihnen auch diese sehr unbedeutende mitteilen müssen.

Zu S. 25.

Daß die Verbesserung der Leidenschaften nicht ohne Sitten und Charaktere geschehen könne, das sagen Sie, mein lieber Nicolai, ohne allen Beweis. Ich will Ihnen aber den Beweis des Gegenteils geben. Daß die Tragödie ohne Charakter und Sitten Mitleiden erwecken könne; das geben Sie selber zu. Kann sie aber Mitleiden erregen, so kann sie auch, nach meiner obigen Erklärung, Furcht erwecken; und aus der Furcht ist die Entschließung des Zuschauers, sich vor den Ausschweifungen derjenigen Leidenschaft, die den bemitleideten Helden ins Unglück gestürzt hat, zu hüten, eine ganz natürliche und notwendige Folge. Sie werden zwar einwenden: wenn Leidenschaften einen Helden ins Unglück stürzen, so müsse dieser Held auch einen Charakter haben. Aber das ist, mit Ihrer Erlaubnis, falsch; die Leidenschaften sind nicht hinlänglich, einen Charakter zu machen: denn sonst müßten alle Menschen ihren Charakter haben, weil alle Menschen ihre Leidenschaften haben.

Zu S. 26.

Sie sagen nicht allzu richtig, daß der Charakter des Oedipus, in dem Trauerspiele dieses Namens von Sophocles, der einzige sei. Auch *Creon* hat einen Charakter, und zwar einen sehr edeln. Den Fehler des Oedipus suche ich auch nicht in seiner Heftigkeit und Neugierde, sondern ich habe hierin meine eigenen Gedanken, die ich Ihnen ein andermal melden kann, wenn Sie mich wieder daran erinnern wollen.

⟨...⟩

⟨127.⟩ VON MOSES MENDELSSOHN

Liebster Freund!

Wenn Sie wüßten, daß wir 8 Feiertage gehabt, in welchen man, wie Sie wissen, zu nichts anders Lust hat, als verdrießlich zu sein; wenn Sie wüßten, daß ich nach diesen unnützen Tagen wiederum 14 Tage krank gelegen habe; so würden Sie sich nicht über mein Stillschweigen beschweren. Indessen

bin ich doch nicht ganz müßig gewesen. Ich habe alle die Punkte aufgesetzt, darüber wir uns bereits verglichen, und auch diejenigen, da noch sub judice lis est. Diesen Aufsatz hat Hr. Nicolai zu sich genommen; er will einige Zusätze dabei machen, und ich wünschte, daß Sie das versprochene Buch noch so lange da behielten, bis Sie dieses Projekt zu einer Kapitulation gelesen. Wenigstens wird es zu nähern Erklärungen Anlaß geben, und zugleich verhindern, daß wir nicht unser Augenmerk aus dem Gesichte verlieren, wie sonst bei dergleichen Streitigkeiten gewöhnlich ist.
⟨...⟩

⟨130.⟩ VON FRIEDRICH NICOLAI
                        Berlin, d. 14. Mai 1757.
Liebster Freund,
Alle Posttage haben wir, das heißt Herr Moses und ich, auf Aushängebogen von der Bibliothek, und auf lange Briefe von Ihnen gewartet; alle Tage haben wir nichts erhalten. Ich muß endlich das Stillschweigen brechen; und da wir bisher in Ihrer Schuld gewesen sind, so wollen wir uns nun auf einmal los machen, damit wir nun von Ihnen wieder etwas hoffen können. Geben Sie Acht, was Sie alles bekommen. I. hat Herr Moses eine Art von Capitulation aufgesetzt, um die Puncte zu bestimmen, über die wir in unserm Streite einig oder nicht einig sind. II. habe ich Ihre Anmerkungen über meine Abhandlung beantwortet, und erwarte nun, daß Sie Ihre Anmerkungen fortsetzen sollen. III. schicke ich Ihnen Ihre Briefe, die Sie zu unserm Streite brauchen können, wieder. IV. sende ich Ihnen einige Gedanken von Herrn Moses über die Künste, die Nachahmung und das Naive, welche ungemein viel Neues enthalten; und Stoff zu einer Abhandlung in der Bibliothek abgeben sollen. Nun sehen Sie nur zu, daß Sie uns auf dies alles eine baldige lange Antwort schicken.

    Ich umarme Sie, liebster Freund, und bin
                              der Ihrige, *Nicolai.*

⟨Erste Beilage.⟩

Streitige.	Ausgemachte Punkte.
	§. 1. Diejenigen Leidenschaften, die in der Natur unangenehm sind, gefallen uns in der Nachahmung.
	a) Das Vermögen, zu den Vollkommenheiten eine Zuneigung zu haben, und Unvollkommenheiten zu fliehen, ist eine Realität. Daher führt die Ausübung dieses Vermögens ein Vergnügen mit sich, das aber in der Natur comparative kleiner ist, als das Mißvergnügen, das aus der Betrachtung des Gegenstandes entspringt. In der Nachahmung hingegen, da der unvollkommne Gegenstand abwesend ist, muß die Lust die Oberhand gewinnen, und den geringen Grad der Unlust verdunkeln.
	b) Zu dieser Verdunkelung trägt die Nachahmung selbst, wenn sie vollkommen ist, nicht wenig bei, weil sie die Quantität der sinnlichen Lust vermehrt.
	Moses.
c) Das Vergnügen aus der Nachahmung ist kein ein-	

Streitige.	*Ausgemachte Punkte.*
faches, sondern ein zusammengesetztes Vergnügen. Denn nicht nur die Geschicklichkeit des Künstlers; sondern auch die Vortrefflichkeit der Nachahmung selbst kann uns anschauend vergnügen. Sonst würden uns öfters groteske Gestalten besser gefallen, als die Nachahmung der Natur, wenn sich in jenen der Witz des Künstlers mehr gezeigt hat. Es braucht nichts mehr als Reflexion, um diese Ähnlichkeit zu bemerken, denn sie fällt Kennern beim ersten Anblick in die Augen.	
	ad a) Ich habe diesen Satz S. 20 meiner Abhandlung vom Trauerspiele behauptet, obgleich nicht so philosophisch genau ausgedrückt. Hier hat es Herr Moses für mich getan. S. 23. wende ich diesen Satz auf das Trauerspiel an, und mache ihn zur stärksten Grundsäule meines Systems: ich rede zwar daselbst vielleicht wieder nicht ganz philosophisch genau; Sie werden aber finden, daß mei-

| *Streitige.* | *Ausgemachte Punkte.* |

ne Sinnlichkeit und Ihre philosophische Strengigkeit ungemein wohl mit einander übereinstimmen.

Nikolai.

NB. Herr Nikolai muß nicht alle Briefe gelesen haben, sonst würde er mir nicht zuschreiben, was Sie gesagt haben.

§. 2. Daher solche unangenehme Leidenschaften, deren Ausübung selbst für keine Realität gehalten wird, gänzlich von der Schaubühne wegbleiben, oder als häßlich abgebildet werden müssen. Als z. E. *Neid* etc. und alle Affekten, die in einer Unlust über eines Andern Vollkommenheiten bestehen.

§. 3. Die anschauende Betrachtung unsers Unglücks gebieret Unlust.

a) Ist das Übel gegenwärtig, so wird die Empfindung desselben, nachdem es größer oder kleiner ist, Unlust, Mißvergnügen, Traurigkeit, Betrübnis u. s. w. genannt.

b) Ist es bevorstehend und mit Wahrscheinlichkeit zu vermuten, so erregt es Furcht.

Streitige.	Ausgemachte Punkte.
	c) Ist es groß und unvermeidlich, so entsteht Verzweiflung.
	d) Kömmt es unvermutet und plötzlich, so entsteht Schrecken, und wenn das Übel groß ist, Entsetzen.
	§. 4. Die anschauende Betrachtung eines Andern Unglücks gebieret eine Unlust, die wir Mitleiden betiteln.
a) Da nun auch das Unglück, das einen Andern trifft, so wohl der Zeit als der Quantität nach verschieden sein kann; so siehet man leicht, daß uns Worte fehlen, alle Modifikationen des Mitleidens mit besondern Namen zu belegen. Es giebt eine mitleidige Furcht, eine mitleidige Verzweiflung, ein mitleidiges Schrecken, ja sogar einen mitleidigen Zorn u. s. w. (wenn man mir dieses Beiwort erlauben will); so wie es bei der Vorstellung unsrer eignen Unvollkommenheit, Traurigkeit, Furcht, Schrecken u. s. w. giebt. Das Mitleiden begreift als das nomen generis alle Modifikationen der Unlust in	

Streitige.	*Ausgemachte Punkte.*
sich, die wir über eines andern Unlust empfinden. Man hat sich aber mit diesem allgemeinen Namen begnügt, und die besondre Abänderung dieses Affekts entweder nicht bemerkt, oder man hat sich mit den Namen beholfen, die der Modifikation der Unlust über unser eignes Unglück gegeben worden sind.	
	b) Wahr ists, die bemitleidete Person wird von uns geliebt. Wir nehmen also Teil an ihrem Schicksale, und empfinden bei jedem Vorfalle etwas ähnliches von demjenigen, was sie selbst empfindet. Es wäre aber dennoch zu wünschen, daß man Erscheinungen in unsrer Seele, die von verschiedenen Ursachen herrühren, verschiedentlich charakterisiert hätte. Dieses unphilosophische Willkürliche in den Sprachen macht den Weltweisen am meisten zu schaffen. Ich denke itzt schon eine halbe Stunde, nicht ohne Verdruß, auf ein allgemeines Wort für die Unlust, die

Streitige.	*Ausgemachte Punkte.*
	wir über unser eigen Unglück empfinden, um es dem Mitleiden entgegen zu setzen, »sed sudo multum frustraque laboro«.
c) Werden Sie nicht bald um Ihren Aristoteles verlegen sein? Wie unphilosophisch setzt er, wie Sie uns in seinem Namen berichten, das Mitleiden der Furcht entgegen! Das Wort φοβος, sagen Sie, erklärt Aristoteles durch *die Unlust über ein bevorstehendes Übel,* (also Furcht) und setzt hinzu: *alles dasjenige erregt in uns Furcht, was, wenn wir es an andern sehen, Mitleiden erwecket, und alles dasjenige erwecket Mitleiden* etc. Wo φοβος in dieser zweiten Stelle nicht eine jede Unlust bedeutet, die wir über unser eignes Unglück empfinden, und also das Wort ist, das ich im Deutschen suche; so begreife ich gar nicht, warum er Mitleiden und Furcht einander entgegen gesetzt habe. Empfinden wir keine Unlust, wenn unserm Freunde ein Übel bevorsteht? Ist diese Unlust nicht Furcht? Wir	

Streitige.

fürchten also nicht bloß für uns, sondern auch für diejenigen, die unser Mitleiden verdienen. Ja, wir zürnen, erschrecken, verzweifeln, hoffen für eine Person, wenn uns der Dichter für sie einzunehmen weiß. — — Pectus inaniter angit, Irritat, mulcet, falsis terroribus implet Ut magus.

Ausgemachte Punkte.

d) Diese »falsi terrores«, die der Dichter in uns erregt, entstehen keinesweges aus der Beziehung auf uns selbst, weil wir befürchten, einst in gleiche Umstände zu geraten, wie Sie in Ihren Briefen deutlich genug bewiesen, sondern es sind Schrecken, die uns überfallen, wenn die bemitleidete Person plötzlich in Gefahr kömmt. Es sind besondere Modifikationen des Mitleidens, denen man keinen besondern Namen gegeben.

e) Sie sehen also, daß die unbestimmten Ausdrücke des Aristoteles an diesem Mißverständnisse Schuld gewesen. Kein Wunder, daß Dacier, Boileau und Curtius bald »crainte«,

Streitige.	*Ausgemachte Punkte.*

bald »terreur« gesetzt haben; denn beide Affekten können so wohl unser eignes Unglück als das Unglück eines Andern zum Grunde haben, und also nicht weniger Modifikationen des Mitleidens, als der Unlust über unser eigenes Unglück sein.

§. 5. Man läßt also gelten, Aristoteles habe sagen wollen: *das Mitleiden reiniget die Leidenschaften durch die Furcht*, und ist auch darin einig, daß Aristoteles Unrecht habe. Sie behaupten, ohne die Erlaubnis des Stagiriten:

§. 6. Das Mitleiden reinige die Leidenschaften ohne Hülfe der Furcht, bloß dadurch, daß es den Menschen geselliger macht, indem er das Unglück seines Nebenmenschen wie sein eignes fühlt. Allein eine Leidenschaft reinigen heißt, die heftige Begierde, die damit verknüpft ist, von Scheingütern ablenken, und ihr das Überflüssige benehmen, das mit dem Gesetz der Natur streitet. Dieses tut das Mitleiden nicht, son-

Streitige.

Ausgemachte Punkte.

dern wir erlangen durch die öftere Übung eine Fertigkeit, das Interesse unsers Nebenmenschen zu beherzigen, und mit seinem Unglücke Mitleiden zu haben. Diesen Vorzug muß auch* Herr Nikolai dem Mitleiden eingestehen. Allein er ist von der *Reinigung* der Leidenschaften sehr weit entfernt, und zwar um so viel mehr, da das Mitleiden selbst wiederum von der Vernunft regiert werden muß.

* Ja, dies gestehe ich dem Mitleiden nicht allein zu, sondern ich mache es auch zu der einzigen Wirkung, die die Leidenschaften im Trauerspiel haben können, und die das Trauerspiel auf uns haben kann, S. 29.; philosophischer zu reden, es kann unsere sittliche Empfindlichkeit vermehren; aber unser Freund hat in seinen Gedanken von der anschauenden Erkenntnis §. 10. a) gewiesen, daß dies zur *Reinigung* nicht hinlänglich ist.
Nikolai.

§. 7. Vermöge (§. 1.) desjenigen Grundsatzes, den wir Ihnen zu danken haben, werden wir die Absicht des Trauerspiels etwas genauer bestimmen können. Ich nenne das Vermögen der Seele, vermittelst der anschauenden Erkenntnis Laster zu

Streitige.	*Ausgemachte Punkte.*
	verabscheuen, die Tugend zu lieben, und über die physikalischen Unvollkommenheiten, die mit der Tugend in einem Subjekt verknüpft sind, Unlust zu empfinden, *den moralischen Geschmack.* Die Absicht des Trauerspiels wird also sein: *diesen moralischen Geschmack durch eine schöne lebendige Nachahmung zu üben.* Durch das Beiwort *schön* verstehe ich eine einzige, vollständige und große Handlung; durch *lebendig* aber, daß sie dramatisch eingerichtet und vorgestellt zu werden geschickt sein soll. Wie leicht sich diese Definition auf den Grundsatz unsers lieben Nikolai reducieren läßt, werde ich nicht nötig haben zu erklären. Ja, nichts als Affekten sind vermögend, diesen moralischen Geschmack zu üben. Das Trauerspiel muß also Affekten erregen, aber nicht *reinigen.*
	§. 8. Aus den obigen Definitionen erhellet, daß sowohl Bewunderung als Mitleiden den morali-

Streitige.

§. 9. Das Mitleiden rührt unser Herz, die Bewunderung erhebt unsre Seele. Jenes lehrt uns fühlen, diese erhaben denken. Jenes läßt uns unsern unglücklichen Freund bedauern, diese mit der Gefahr unsers Lebens ihm zu Hülfe eilen. Aber all diese Wirkungen sind bloß die zwote Absicht des Trauerspiels.

Ausgemachte Punkte.
schen Geschmack beschäftigen können, und ich wünsche mit dem Hrn. Nikolai, daß man künftig statt *Schrecken* und *Mitleiden*, Bewunderung und Mitleiden setzen möchte, weil das Schrecken bloß eine besondre Modifikation des Mitleidens ist.

§. 10. Ich würde also einem Dichter anraten, er solle sowohl Mitleiden als Bewunderung in seinem Trauerspiele zu erregen suchen. Fragt er aber, welcher von diesen beiden Affekten darin *herrschen* soll? so würde ich für meinen Teil dem Mitleiden freilich keinen Vorzug einräumen. Die Be-

Streitige.	Ausgemachte Punkte.
	wunderung ohne Mitleiden ist jederzeit kalt, wie Nikolai solches von dem Canut angemerkt hat.

§. 11. Streichen Sie in der oben angeführten Definition das Wörtlein *lebendig* aus; so haben Sie die Absicht des Heldengedichtes. Ich bedarf es einem Lessing nicht zu sagen, daß ein Heldengedicht in ein Trauerspiel verwandeln weit mehr ist, als es in Dialogen abteilen, und ich weiß nicht, wie Sie mir dieses in einem Ihrer Briefe haben Schuld geben können. Das Trauerspiel muß fähig sein, durch die Vorstellung die Nachahmung schöner, und die Affekten lebhafter zu machen.

§. 12. Nehmen Sie, statt des moralischen Geschmacks, nach unsrer Erklärung, *die Fähigkeit, Anderer Handlungen zu beurteilen, insofern sie Lob oder Tadel verdienen*; so haben wir die Absicht der Komödie. Der Tadel wird öfters, wenn wir für die Person nicht sonderlich eingenommen sind, vom Lachen begleitet; daher

Streitige.	Ausgemachte Punkte.
	sucht man in der Komödie sonderlich das Lachen zu befördern, und bedient sich sogar öfters des Burlesken, (das keine sittliche Absurdität zum Grunde hat) um uns in die Disposition zum Lachen zu setzen.

⟨Zweite Beilage.⟩
Erste Anmerkung zu S. 18.

Ich weiß nicht, warum die Übersetzer des Aristoteles das Wort φοβος so unbestimmt übersetzt haben; auch kann ich nicht bestimmen, wie es eigentlich müsse übersetzet werden. Wollen Sie dieses von mir wissen, so müssen Sie künftigen Winter anfragen, wenn ich mich mit Moses wieder ins Griechische hinein werfen werde.

Ich will es Ihnen aufrichtig gestehen, daß ich bei meiner Abhandlung die alten und neuern Kunstrichter nicht sonderlich zu Rate gezogen habe. Ich suchte aus meinen Empfindungen gewisse allgemeine Maximen zu abstrahieren, und aus diesen eine Art von System zu machen; so ist meine Abhandlung entstanden. Es kann also wohl sein, daß ich den Aristoteles nicht verstanden habe. Sie sagen, um seine Dichtkunst zu verstehen, müsse man seine Redekunst und seine Sittenlehre an den Nikomachus gelesen haben. Wissen Sie was? Ich habe seitdem angefangen, sie nebst dem Original in einer verwünscht dunkeln lateinischen und in einer sehr deutlichen französischen Übersetzung zu lesen, und ich finde wieder, daß, um des Aristoteles Redekunst und Sittenlehre an den Nikomachus zu verstehen, noch mehr nötig ist, als seine Dichtkunst gelesen zu haben: zu verstehen nemlich so, wie Sie sie verstehen; – denn sonst verstehe ich sie auch wohl ein wenig: aber wenn ich über die Gegenstände mehr nachdenke, so stoße ich an.

Herr Moses hat Ihnen in den beikommenden Capitulationspuncten, wie ich glaube, bewiesen, daß die Lehre des Aristoteles von Furcht und Mitleiden falsch ist. Gesetzt aber auch, sie wäre wahr, was würde sie Ihnen wider mich helfen? Sie werden allemal nicht mehr beweisen, als was ich selbst zugegeben habe: daß das Trauerspiel, mit Hrn. Moses Worten zu reden, *unsere sittliche Empfindlichkeit vermehren könne;* oder, mit Ihren eigenen Worten (in einem vorigen Briefe) *unsere Fähigkeit Mitleiden zu fühlen, erweitern könne.* Sie werden finden, daß ich S. 29. dieses selbst behauptet habe. Noch mehr, ich gebe zu, daß die Vermehrung der sittlichen Empfindlichkeit ein Schritt zu der Reinigung der Leidenschaften sein könne. Aber ist denn dieser Schritt der ganze Weg? Unstreitig nicht; und wenn auch bloß durch das Vermehren der sittlichen Empfindlichkeit, die Leidenschaften gereinigt werden könnten – wie folgt denn daraus, daß die Reinigung die Absicht des Trauerspiels sein soll? Wäre sie die Absicht, so ließe der Dichter sich entschuldigen, wenn er die Absicht auch durch andere Mittel zu erreichen suchte; und Sie wissen, daß es Mittel zur Reinigung der Leidenschaften giebt, die ganz und gar nicht tragisch sind. Gleichwohl ist es gewiß, daß wenn der Dichter seine Absicht erlangen kann, so sind die Mittel caeteris paribus gleichgültig. Weil nun viel unschickliche Folgen entstehen, wenn man die Reinigung zur Absicht des Trauerspiels machen will, so habe ich sie ganz aus der Erklärung weggelassen, und mich an das gehalten, worauf der Dichter zunächst zu sehen hat, nemlich auf die *Erregung.*

Zu S. 19. 21. 22. 23.

Ich habe mit Ihrer Erlaubnis die Gedanken des du Bos nicht *schlechterdings* angenommen; ich sage vielmehr: sein Satz könne mit *gehöriger Einschränkung* der Grund alles Vergnügens sein, das wir aus den schönen Wissenschaften schöpfen; nur sei *du Bos* mit den Folgen, die er daraus gezogen, zu *freigebig* gewesen. Aber ich habe den Satz auch nicht näher bestimmt, denn dazu war der Ort nicht. Es ist wahr, ich habe mich so wenig philosophisch genau ausgedrückt, als du Bos; aber der

Unterschied ist: du Bos schloß falsch, und ich denke immer noch, ich habe richtig geschlossen. Inzwischen hat nun Herr Moses für mich bestimmt geredet. Sehen Sie nur:

Herr Moses.

Das Vermögen zu den Vollkommenheiten eine Zuneigung zu haben, und Unvollkommenheiten zu fliehen, ist eine Realität. Daher führt die Ausübung dieses Vermögens ein Vergnügen mit sich, das aber in der Natur comparative kleiner ist, als das Mißvergnügen, das aus der Betrachtung des Gegenstandes entspringt.

Ich.

Selbst alsdann noch, wenn uns die Heftigkeit der Leidenschaften unangenehme Empfindungen verursachet, hat die *Bewegung* (was ist diese Bewegung anders, als das Vermögen, Vollkommenheiten zu lieben etc.?) die sie mit sich führet, noch Annehmlichkeiten für uns, – Es ist die Stärke der Bewegung, die wir lieben, auch der schmerzlichen Empfindungen ungeachtet, die wider das Angenehme der Leidenschaften streiten, und in Kurzem obsiegen.

Der Schluß ist gleichfalls einerlei.

Herr Moses.

In der Nachahmung hingegen, da der unvollkommene Gegenstand abwesend ist, muß die Lust die Oberhand gewinnen, und den geringen Grad der Unlust verdunkeln.

Ich.

Eine Leidenschaft also, welche diese Folgen nicht hinterläßt, muß gänzlich angenehm sein. Von dieser Art sind die Nachahmungen der Leidenschaften, welche das Trauerspiel hervor bringt etc.

Noch eins. Ich habe nicht allzu genau gesagt: der Schmerz, den das Trauerspiel erregt, sei scheinbar. Ich will zugeben, daß er nicht scheinbar, sondern wirklich sei; aber er verschwindet, so bald wir empfinden, daß der bemitleidete Gegenstand nur eine Nachahmung ist, und wird um so viel mehr gelindert, da wir das Vergnügen über die Geschicklichkeit des Künstlers empfinden. Doch hindert diese Enttäuschung die Rührung nicht; denn nur die obern Kräfte sind überzeugt, und die Rührung beschäftiget die untern Kräfte. Nun ist es gewiß, daß wenn die sittliche Empfindlichkeit zur wirklichen Beförderung der Tugend angewendet werden soll, die obern Kräfte, insbesondere die Urteilskraft mitwirken muß. Weil aber die obern Kräfte von der Existenz des vorgestellten Gegenstandes nicht überzeugt sind; so können sie den Ausschlag nicht geben. Die Herrschaft bleibt den untern Kräften allein, und daraus entstehen Früchte der sittlichen Empfindlichkeit, das heißt *schöne Gedanken*, welche aber, weil die obern Kräfte nicht den Ausschlag geben, wenigstens durch das Trauerspiel nicht zur *Ausübung* kommen. S. 23.

S. 21. Auch für Ihre Anmerkung aus dem Stobäus bin ich Ihnen verbunden. Es ist immer ein Trost für einen, der den Aristoteles nicht recht verstehet, daß ihn so gar die alten Comödienschreiber auch schon nicht recht verstanden haben.

Zu S. 25. Ich sage freilich ohne Beweis, daß die Verbesserung der Sitten ohne Charaktere nicht geschehen könne; aber durch meine Art von den Charakteren zu handeln, wird dieser Satz genug erläutert. Ich sage S. 49.: es können sich in einer Person so verschiedene Denkungsarten vereinigen, daß sie auf eine so besondere Weise handelt, als ein anderer *ihres gleichen, in gleichen Umständen* nicht würde gehandelt haben; und dann hat diese Person einen Charakter. Ist nun ein Trauerspiel ohne Charakter, so fließet die Verwickelung aus den Umständen, in welchen sich die handelnden Personen befinden, und ist *nicht in ihrer Gemütsbeschaffenheit* begründet; haben aber die vornehmsten handelnden Personen Charaktere, so müssen die Handlungen aus denselben fließen. – Nun schließe ich so: begegnet dem Helden ein Unglück, woran er gar nicht Schuld ist, und das gar nicht aus seiner Gemütsbeschaffenheit fließt (z. E. Hecuba, welche alle ihre Kinder verliert); so kann mich solches zwar sehr rühren, aber es kann mir dadurch gar nicht in die Gedanken kommen, eine Leidenschaft zu verbessern. Wenn aber das Unglück aus der Gemütsbeschaffenheit des Helden, aus einem

Fehler in seinem Charakter entstehet (ich habe gezeigt, daß dieser Fehler kein Laster sein darf); so könnte ich mir wohl beifallen lassen, den Fehler zu vermeiden, um dem Unglücke zu entgehen. Ob es wirklich zur Vermeidung des Fehlers kommt, ist eine andere Frage; genug, es folgt hieraus: daß die Verbesserung der Sitten ohne Charaktere nicht geschehen kann, weil die Handlungen, welche nicht aus der Gemütsbeschaffenheit des Helden fließen, uns zu keiner Verabscheuung bewegen können. Ihr Beweis des Gegenteils beweist mit Ihrer Erlaubnis nichts mehr, als daß Handlungen, welche, ohne aus dem Charakter des Helden zu fließen, ihn ins Unglück bringen, uns empfindlich machen können. Sie schließen falsch: Können diese Handlungen Mitleiden erregen, so können sie auch Furcht erregen; weil Aristoteles eben so falsch schließet. Daß aber Aristoteles falsch schließe, hat Herr Moses auf seinem Foliobogen bewiesen. Können Sie auch wohl in Ernste glauben, daß, weil Hecuba *Mitleid* erweckt, die Zuschauer *fürchten* können, ihre Stadt verbrannt zu sehen, in die Sclaverei geführt zu werden und ihre Kinder zu verlieren? Ich behaupte noch: nicht wenn der Held Leidenschaften hat, sondern wenn er eine Leidenschaft hat, die ihn ins Unglück, oder, noch genauer zu reden, wenn er in seiner Leidenschaft einen Fehler begehet, der ihn ins Unglück stürzet, so muß er einen Charakter haben. Denn dieser Fehler ist eben die besondere Falte seines Herzens, welche ihn von Andern unterscheidet, und seinen Charakter ausmacht.

Zu S. 26. Sie erklären das Wort *Charakter* anders als ich; denn nach meiner Erklärung können Sie dem Creon keinen geben. Was tut er wohl anders, als was einer *seines gleichen in gleichen Umständen* auch tun würde? Welcher Prinz wird nicht seine Unschuld zu verteidigen suchen, wenn er fälschlich angeklagt wird? Ich habe mit Moses lange nachgedacht, was wohl der Fehler des Oedipus sein möchte, wenn es die Heftigkeit und Neugier nicht ist. Endlich sind wir eins geworden, daß der Fehler sehr klein sein müsse, zu dem der Scharfsinn eines Lessings erfodert wird, um ihn zu entdecken.

⟨ÜBER ZWEI LUSTSPIELE VON OTWAY UND WYCHERLEY⟩

Den 25. September 1756.

THE SOLDIERS FORTUNE BY OTWAY.

Surely 'tis impossible to think too well of him, for he has wit enough to call his good nature in question, and good nature enough, to make his wit suspected.

Er hat so viel Witz, daß man an seinem guten Herzen zweifeln sollte; und ein so gutes Herz, daß man ihm wenig oder keinen Witz zutrauen sollte.

Zeige weder deinen Witz, noch dein gutes Herz in ihrer völligen Stärke. Zeigst du zu viel Witz, so wird man dir kein gutes Herz zutrauen; zeigst du ein zu gutes Herz, so wird man an deinem Witze zweifeln.

*

I am afraid your Ladyship then is one of those dangerous Creatures they call She-wits, who are always so mightily taken with admiring themselves, that nothing else is worth their notice.

Eine Witzlingin; (She-wit) vielleicht, daß dieses ein Charakter wäre, welcher sich auf dem Theater nicht übel ausnehmen sollte, und auf einer ganz andern Seite geschildert werden könnte, als daß er mit den gelehrten Weibern des Moliere zu vermengen wäre.

*

I'll have three whores a day, to keep Love out of my head.

Du liebst, und deine Liebe ist ernsthaft. Aber deine Umstände erlauben es nicht, einer ernsthaften Liebe nachzuhängen. Nun wohl suche dich ihrer zu entschlagen. Vermeide, flieh den dich bezaubernden Gegenstand. Du fliehst ihn umsonst? Sein Bild verfolgt dich überall? So versuch etwas anders; versenke dich in Geschäfte; besetze jeden Augenblick mit ernsthaften Arbeiten. Auch das ist vergebens? Nun wohl, so wage das letzte; suche Hülfe bei den lustigen Schwestern des Mitleids, die du genießen kannst, ohne sie zu lieben. Laß auf einen wollüstigen Genuß den andern folgen. Aber wie? Deine Göttin hat sich deiner so bemächtiget, daß es dich ein Verbrechen dünkt, in den Armen einer andern die Entzückungen zu genießen, die du so gern in den ihrigen genießen möchtest? Wirklich? Je nun so heirate sie; allen es verwehrenden Umständen zum Trotze heirate sie; oder mache dich gefaßt, das nächste Jahr im Tollhause zu sein.

Vortreffliche Moral, Schwachheiten durch Laster vermeiden lehren.

*

His father was as obscure, as his Mother publick; every body knew her, and no body could guess at him.

*

In dem zweiten Acte läßt der Dichter verschiedne Personen stumm über das Theater gehen, die ganz und gar keine Verbindung mit dem Stücke haben, bloß in der Absicht, durch den Mund des Beaugard und Courtine einige starke Charaktere zu schildern. Wenn es der Ort des Stücks erlaubt, z. E. wenn der Ort eine Straße ist, und sich die andern Umstände dazu schicken, so wollte ich es einem Dichter gern erlauben, eher zu diesem Kunstgriff seine Zuflucht zu nehmen, als eine oder mehr leere Scenen zu machen.

*

Prahlereien zweier Eisenfresser im 4. Act.

Ah, *Bloody Bones!* Ah, when thou and I commanded that party at the siege of Philipsbourgh! where in the face of the Army we took the impenetrable Half-Moon.

BLOOD. Half-Moon, Sir! by your favour 't was a whole Moon.

FOURBIN. Brother thou art in the right; 't was a full Moon, and such a Moon, Sir —

*

Die Helden in diesem Stücke sind zwei abgedankte Officiere, und das Glück, das der Dichter sie machen läßt, besteht darinn, daß der eine einen alten Ehekrieppel zum Hahnrei macht, und der andre eine ziemlich gute Heirat tut. Jenes ist die Haupthandlung; dieses die Episode. In den drei ersten Acten hat der Dichter die Männerschule des Moliere ziemlich geplündert. Die Frau schickt ihrem Liebhaber durch ihren eignen Mann Geschenke und Briefe, so als ob sie ihr von ihrem Liebhaber wären geschickt worden, und sie sie ihm bloß, mit Bezeigung ihres Hasses, wieder einhändigen lassen wollte. Nur daß man bei dem Moliere über diese List lachen, und bei dem Otway sich darüber ärgern muß; weil jener sie einem unverheirateten ungebundenen Frauenzimmer beilegt, und dieser sie eine Frau, die durch die heiligsten Bande gebunden ist, ausüben läßt. Was dort ein vergeblicher Betrug ist, wird hier zum Laster. Wenn die Engländer überall ihre französischen Originale so encherieren; so bringt es ihnen wenig Ehre. Auch der letzte Zug, da der Liebhaber bei dem Moliere für tot geprügelt gehalten wird, ist von dem Engländer auf eine ungeheure Art übertrieben worden. Der eifersüchtige Ehemann will ihn durch Meuchelmörder aus dem Wege räumen lassen. *Sir Jolly Jumble* kartet das Ding so, daß sich des Liebhabers eigner Bediente verstellter Weise dazu will brauchen lassen. Dieser, nebst einem Gehülfen, werden also mit dem Ehemanne des Handels einig. Es heißt, sie haben ihren Mord verrichtet, und den toten Körper in des Sir *Davy Dunce* (so heißt der Ehemann) Haus getragen. Hier muß der Liebhaber den Toten spielen. *Dunce* ist in tausend Ängsten darüber. *Jumble* giebt den Rat, den Ermordeten in ein warmes Bette, neben die Frau zu legen; welche versuchen soll, ob noch etwas Leben in ihm ist. Dieses läßt *Dunce* geschehen, und noch andre Dinge mehr, bis er seine Hahnreischaft gewahr wird, indem er auf eine boshafte Weise, den Mord auf *Jumble* schieben will.

Der Charakter des Sir *Jolly Jumble* ist originell. Ein alter Bock, der selbst nicht mehr sündigen kann, aber sich ein Vergnügen daraus macht, Ehebruch und Hurerei zu befördern. Und nur mit Heiratsstiftungen, will er durchaus nichts zu tun haben. Siehe die Stelle im 4 Act. p. 30.

BEAUGARD. Look you, Sir Jolly, all things consider'd, it may make a shift to come to a Marriage in time.

SIR JOLLY. I'll have nothing to do in it; I won't be seen in the business of Matrimony; make me a Match-maker? A filthy Marriage-Broker! Sir I scorn, I know better things: look you, Friend; to carry her a Letter from you or so, upon good Terms, though it be in a Church I'll deliver it; or when the business is come to an issue, if I may bring you handsomely together, and so forth, I'll serve thee with all my Soul, and thank thee into the bargain; thank thee heartily, dear Rogue; I will you little Cock-Sparrow, faith and troth I will; but no Matrimony, Friend, I'll have nothing to do with Matrimony; 'tis a damn'd invention, worse than a Monopoly, and a destroyer of Civil Correspondence.

Die Scene im 4 Act, wo die beiden verstellten Meuchelmörder mit dem *Dunce* den Handel schließen, ist abscheulich; und ihre mördrischen Prahlereien sind so eckel als gottlos. Der eine stellt sich sogar vor Blutgier rasend, und sagt in dieser Raserei Dinge, die man ohne Schauer unmöglich hören kann. Sie hatten für den Mord 200 Pfund und ihn rechtschaffen auszuprügeln 100 Pfund gefordert. Darauf sagt

DUNCE: What, one hundred pounds! Sure the Devil's in you, or you would not be so unconscionable.

BLOODY-BONES. The Devil? where? where is the Devil? Shew me; I'll tell thee Beelzebub, thou hast broke thy Convenant, didst thou not prommise me eternal Plenty, when I resign'd my Soul to thy allurements?

SIR DAVY DUNCE. Ah Lord!

BLOOD. Touch me not yet; I've yet ten thousand Murders to act before I am thine: with all those sins I'll come with full damnation to thy Caverns of endless Pain, and howl with thee for ever.

Dieses Lustspiel ist gedruckt zu London 1695 in 4° (acted by His Majesties Servants at the Theatre Royal, the third

Edition). Auf dem Titel stehen die Verse, (aus dem Martial, wo ich mich recht erinnre)

> Quem recitas meus est, o Fidentine, libellus;
> Sed male cum recitas incipit esse tuus.

Ohne Zweifel, daß Otway mit der Vorstellung nicht allzuwohl zufrieden gewesen.

THE COUNTRY-WIFE, A COMEDY
BY WYCHERLEY.

1. Mr. Horner. Ein Hurenhengst mit einem Worte; der aber von einem Quacksalber aussprengen läßt, daß er durch eine unglückliche Cur undüchtig gemacht worden; bloß in der Absicht, die Ehemänner desto sichrer, und die Frauenzimmer wegen des zu besorgenden Verlusts ihres guten Namens desto unbesorgter zu machen. Der Quacksalber der diese feinre Absicht nicht gleich einsieht, sagt: and you will be as odious to the handsome young Women, as –

HORNER. As the smal Pox – Well –

QUACK. And to the married Women of this end of the Town, as –

HORNER. As the great ones; nay, as their own Husbands.

QUACK. And to the City Dames as Annis-seed Robin of filthy and contemptible Memory; and they will frighten their Children with your name, especially their femals.

2. Sir Jasper Fidget.
3. My Lady Fidget.
4. Mrs. Dainty Fidget.

Sir Jasper hat die ausgesprengte Nachricht vernommen; er kommt also mit seiner Frau und Schwester zu *Hornern*, sich näher davon zu unterrichten, und weil er in dem angenommenen Abscheu des *Horners* gegen das Frauenzimmer, und besonders jetzt gegen seine Frau und Schwester, die Bestätigung zu finden glaubt; so trägt er kein Bedenken sie beide dem *Horner* anzuvertrauen, und ihm so den Zugang in sein Haus, und alle mögliche Vertraulichkeit darin, anzubieten.

5. Mr. Harcourt.
6. Mr. Dorilant.

Freunde des *Horners*, die ihn gleichfalls auf die ausgesprengte Nachricht besuchen; und denen er glauben macht, daß es ihm recht angenehm sei, auf diese Weise von dem weiblichen Geschlecht und der Liebe geschieden zu sein.

HOR. Well, a Pox on love and wenching. Women serve but to keep a Man from better Company; though I can't enjoy them, I shall you the more; good fellowship and friendship, are lasting, rational and manly pleasures.

HAR. For all that give me some of those pleasures, you call effeminate too, they help to relish one another.

HOR. They disturb one another.

HAR. No, Mistresses are like Books; if you pore upon them too much, they doze you, and make you unfit for Company; but if us'd discreetly, you are the fitter for conversation by them.

DOR. A Mistress shou'd be like a little Country Retreat near the Town, not to dwell in constantly, but only for a night and away; to taste the Town the better, when a Man returns.

HOR. I tell you, 'tis as hard to be a good Fellow, a good Friend, and a Lover of Women, as 'tis to be a good Fellow, a good Friend, and a Lover of Money etc.

7. Mr. Sparkish. Ein leichtgläubiger Narr, der mit aller Gewalt den witzigen Kopf spielen will; und besonders den *Harcourt* für seinen guten Freund hält, welcher ihn doch beständig zum besten hat. Er besucht den *Horner* gleichfalls wegen des ausgesprengten Gerichts, und will ihn auf seine Art deswegen schrauben.

8. Mr. Pinchwife. Dieser ist nun der, welcher sich auf dem Lande eine Frau ausgesucht hat, aus Furcht, eine aus der Stadt möchte ihn zum Hahnrei machen. Er ist den Tag vorher mit seiner Frau in die Stadt gekommen, wegen eines Processes und wegen der Verheiratung seiner Schwester. Er war auch mit seiner Frau, des Tages vorher, schon in der Komödie gewesen; und so sehr er sich daselbst auch mit ihr verborgen gehalten hatte, so hatte ihn *Horner* doch bemerkt;

worüber *Pinchwife* schon halb rasend wird, weil er weiß, was *Horner* für ein Zeisig ist, und die ausgesprengte Nachricht von seiner Unfähigkeit noch nicht gehört hat.

*

Methinks wit is more necessary than beauty; and I think no young Woman ugly that has it; and no handsome Woman agreeable without it.

*

PIN. 'Tis my maxim, he's a Fool that marries, but he's a greater that does not marry a Fool; what is Wit in a Wife good for, but to make a Man a Cuckold?

HOR. Yes, to keep it from his knowledge.

9. Mrs. Margery Pinchwife, dieses nun ist die Person, von welcher das Stück die Benennung führt. Einfältig, ohne Erziehung, ohne Welt; und die ihren Mann nur liebt, weil sie bis jetzt noch keinen gesehn hat, den sie lieber lieben möchte.

10. Mrs. Alithea. Die Schwester des *Pinchwife*, welche mit *Sparkishen* versprochen ist. Ein Frauenzimmer von freier Erziehung, und gleichwohl von tugendhaftern Gesinnungen als *Mrs. Margery*, welche ihren Mann in aller Einfalt zum Hahnrei macht. Sie hatte sich das erstemal, da sie in der Komödie gewesen war, schon in die Schauspieler verliebt. Sie will deswegen wieder hingehen, und da ihr der Mann die Gefahr vorstellt, und ihr entdeckt, daß sich schon das erstemal ein Narr *(Horner)* in sie verliebt habe, so wird sie noch neugieriger, und will mit aller Gewalt wissen, wer es sei, ob er artig sei und dergleichen.

MRS. PINCH. Well, but pray Bud, let's go to a Play to night.

MR. PIN. 'Tis just done, she comes from it; but why are you so eager to see a Play?

MRS. PIN. Faith, Dear, not that I care one pin for their talk there; but I like to look upon the Player-men, and wou'd see, if I cou'd, the Gallant you say loves me; that's all dear Bud.

Da endlich *Mrs. Pinchwife* darauf besteht, daß sie wenigstens ausgehn will, so entschließt sich der Mann, sie als Mannsperson zu verkleiden, und sie für ihren Bruder auszugeben.

AUS:
FRANZ HUTCHESONS
SITTENLEHRE DER VERNUNFT,

AUS DEM ENGLISCHEN ÜBERSETZT.

⟨Anmerkung des Übersetzers, Bd. 1, S. 372⟩

Man sehe den *Aristoteles* im letzten Abschnitte des dritten Buchs seiner Sittenlehre; und den *Antonin* im zehnten Abschnitt des zweiten Buchs seiner Betrachtungen über sich selbst. Wir wollen den Lesern diese letztere Stelle, nach *Hofmanns deutscher Übersetzung,* mitteilen: Wenn *Theophrast* eine Vergleichung zwischen den Sünden anstellt, giebt er den Ausschlag als ein weiser Mann, indem er sagt: daß die Sünden, die aus der Lust entstehen, größer sind, als die, so aus dem Zorn herkommen. Denn der Zornige scheint, seiner Vernunft, wider Willen, und mit einem heimlichen Verdruß, entgegen zu handeln; da hingegen der, so den Lüsten nachhängt, und von der Wollust sich überwinden läßt, weit unmäßiger und weibischer in seinen Fehlern wird. Dahero gesteht er mit Recht, und der Weisheit zu Ehren, daß eine Sünde, mit Lust begangen, größer und strafbarer sei, als die, so mit Schmerzen oder Traurigkeit vergesellschaftet ist. Gewiß, ein Zorniger giebt zu verstehen, daß er beleidigt worden, und daß der erlittene Schmerz ihm die Gemütsbewegung abzwingt. Hingegen neigt sich der Wollüstige, von freien Stücken, zur Ungerechtigkeit, um seine Begierden zu vergnügen.

⟨Anmerkung des Übersetzers, Bd. 2, S. 714⟩

Durch äußerliche Rechte scheint der Verfasser solche zu verstehn, die nicht in der Natur gegründet, aber durch eine lange Gewohnheit dazu geworden sind; oder durch gewisse Formeln, die nach der einmal eingeführten Gewohnheit, ein Recht gründen können, ihre Stärke erhalten. Der Üb.

⟨Auszüge aus Lessings Übersetzung⟩

Von den feinern Empfindungskräften

⟨...⟩ ⟨S. 65-67⟩
III. Eine andere wichtige Bestimmung oder Empfindung der Seele kann die sympathetische genennet werden, die von allen äußerlichen Sinnen unterschieden ist, und vermöge welcher unsere Herzen mit denjenigen, deren Zustand uns bekannt ist, zugleich fühlen. Wenn wir den Schmerz, die Traurigkeit und das Elend, welches andre empfinden, sehen oder wissen, und unsre Gedanken darauf richten: so fühlen wir ein starkes Mitleiden und ein Bestreben, ihnen beizustehen, so lange keine entgegengesetzte Leidenschaft uns zurückhält. Und dieses* geschieht ohne alle Absicht auf den Vorteil, der uns aus diesem Beistand zuwachsen könnte, oder auf den Verlust, den wir befürchten müßten, wenn dieses Leiden fortdaurte. Wir sehen, daß dieser Trieb bei Kindern heftig wirkt, bei welchen man doch die wenigsten Absichten auf einen Vorteil vermuten kann. Zuweilen äußert dieselbe sich mit so vieler Heftigkeit, daß er auch bei Leuten, die eben nicht die weichherzigsten sind, wenn sie grausamen Hinrichtungen zusehen, Ohnmachten veranlaßt. Dieser Trieb ist von keiner kürzern Dauer, als unser Leben.

---

* Man sehe den zweiten Abschnitt, der Untersuchung über die Tugend.

Wir haben auch eine Neigung, an der Freude anderer Teil zu nehmen, wenn keine vorhergegangene Nacheiferung, keine eingebildete Hinderung unsers Vorteils, und kein Vorurteil derselben entgegen sind. Wir haben diese Sympathie selbst mit den unvernünftigen Tieren gemein, und eben daher kommt es, daß uns die Beschreibungen, welche die Dichter von ihrer Freude machen, so sehr gefallen. Aber gleichwie unsre eigennützigen Neigungen, welche das Übel zurücktreiben, dergleichen Furcht, Zorn und Rache sind, insgemein die Seele stärker bewegen, als diejenigen, durch welche wir unser Bestes zu erreichen gedenken: also wirkt das Mitleiden stärker auf uns, als der Trieb, uns mit andern zu freuen. Und dieses ist eine sehr weise Einrichtung, weil die Befreiung vom Schmerz notwendig vor dem Genuß des Guten vorherzugehen scheint. Die heftigern Bewegungen der Seele sind dahero auf dasjenige gerichtet, was am notwendigsten ist. Diese Sympathie scheint sich in allen unsern Neigungen und Leidenschaften zu äußern. Sie scheinen sich alle andern mitzuteilen. Wir sind nicht nur traurig mit den Betrübten, wir freuen uns nicht nur mit den Glücklichen, sondern auch die Verwunderung, oder das Erstaunen, welches sich an jemanden äußert, erregt eine ähnliche Bewegung der Seele in allen, die ihn sehen. Wenn wir wahrnehmen, daß andere sich fürchten: so fürchten wir uns mit ihnen; ehe wir noch die Ursachen davon wissen. Ein Gelächter bewegt uns zum Lachen, Liebe gebiert in uns Liebe, und die andächtigen Regungen, welche wir in andern entdecken, sind für uns Einladungen zur Andacht. Man sieht leicht, was für einen unmittelbaren Einfluß diese Sympathie auf die große Bestimmung der Seele hat, die allgemeine Glückseligkeit zu befördern.

⟨...⟩

⟨S. 71–73⟩

V. Durch eine höhere Kraft der Empfindung, als alle bisher erwähnte sind, liegt für die Menschen in den Handlungen die große Quelle ihrer Glückseligkeit zubereitet, nämlich durch diejenige, vermittelst welcher sie moralische Begriffe von Handlungen und Charactern erhalten. Niemals ist, außer den Idioten, eine Art von Menschen gewesen, welche alle Handlungen für gleichgültig angesehen hätten. Sie finden alle den moralischen Unterschied der Handlungen, ohne Absicht auf den Vorteil oder Nachteil, den sie davon zu gewarten haben. Da dieses moralische Gefühl von großer Wichtigkeit ist: so soll in einem folgenden Abschnitt weitläuftiger davon gehandelt werden. Gegenwärtig mag es genug sein, das anzumerken, was wir alle fühlen, nämlich, daß gewisse edle Neigungen und die daraus fließenden Handlungen, wenn wir uns ihrer selbst bewußt sind, die angenehmsten Empfindungen des Beifalls und einer innerlichen Zufriedenheit in uns hervorbringen; und daß, wenn wir diese Neigungen und Handlungen an andern bemerken, wir nicht nur ein inniges Gefühl des Beifalls und eine Empfindung ihrer Vortrefflichkeit in uns wahrnehmen, sondern auch eine daher entstehende Gewogenheit und einen Eifer für ihre Glückseligkeit empfinden. Wenn wir uns der entgegengesetzten Neigungen und Handlungen selbst bewußt sind: so fühlen wir die Verweise unsers Gewissens, und ein Mißfallen an uns selbst; wenn wir sie an andern bemerken: so mißbilligen wir ihre Gemütsbeschaffenheit, und halten sie für niederträchtig und hassenswürdig.

Die Neigungen, welche diesen moralischen Beifall erregen, sind entweder alle unmittelbar auf das gemeine Beste gerichtet, oder sie stehen, mit diesen gemeinnützigen Gesinnungen, in einer natürlichen Verbindung. Diejenigen aber, welche das moralische Gefühl mißbilligt und verwirft, sind entweder so bösartig, daß sie darauf gerichtet sind, andre in Unglück zu stürzen; oder sie haben den eigenen Vorteil so sehr zur Absicht, daß sie ungütige Gesinnungen verraten, oder doch die gemeinnützigen Neigungen den Grad der Höhe nicht erreichen lassen, der zur Beförderung des gemeinen Besten erfordert, und von Menschen ordentlicher Weise erwartet wird.

Dieses moralische Urteil ist nicht nur wohlerzogenen und

nachdenkenden Personen eigen. In den rauhesten Menschen entdeckt man Spuren davon; und junge Gemüter, die am wenigsten, an den verschiedenen Einfluß der Handlungen auf sich selbst oder auf andre, denken, und ihren eigenen künftigen Vorteil wenig zu Herzen nehmen, finden gemeiniglich an allem, was *moralisch* ist, den meisten Gefallen. Daher kommt es, daß die Kinder, sobald sie die verschiedenen Benennungen der Neigungen und Gemütsarten wissen, so sehr begierig sind, solche Geschichten erzählen zu hören, welche den moralischen Character der Menschen und ihre Glücksumstände vor Augen stellen. Daher entsteht die Freude über den Wohlstand des Gütigen, des Redlichen und des Gerechten; und der Unwillen über das Glück des Grausamen und des Verräters. Von dieser Kraft werden wir im Verfolg ausführlich handeln.

⟨...⟩

⟨S. 84-86⟩

In dem Menschen liegt, wie in den Tieren, eine besondere starke Zuneigung gegen seine Nachkommenschaft, und eine zärtliche Sorgfalt, sie zu erhalten und glücklich zu machen. Diese Zuneigung dauert bei den Menschen so lange als das Leben, und als die Eltern ihren Abkömmlingen Gutes tun können. Sie erstreckt sich, unvermindert, bis auf Enkel und Urenkel. Bei den Tieren trifft man dieselbe nur zu der Zeit an, da die Jungen Beistand nötig haben; wo dieser nicht mehr nötig ist, wird auch jene nicht mehr wahrgenommen. Sie dauert so lange, bis die Jungen sich selbst erhalten können, und alsdenn hört sie völlig auf. Diese ganze Einrichtung ist ein überzeugender Beweis von der Weisheit des Urhebers der Natur. Eine ähnliche, aber schwächere Zuneigung begleitet die Bande des Bluts unter den Seitenverwandten. Diese zärtliche Neigungen sind die Quellen von mehr als der Hälfte der Bemühungen und Sorgen der Menschen; und wenn einige Kräfte da sind: so ermuntern sie die Seele zu Fleiß und Arbeit, und zu großen und anständigen Unternehmungen. Durch ihre Vermittelung wird das Herz einer jeden zärtlichen liebreichen und geselligen Neigung fähiger gemacht.

XI. Man kann dem Menschen schwerlich einen natürlichen Trieb zur Gesellschaft mit seinen Nebenmenschen streitig machen. Es ist dieses ein unmittelbarer Trieb, welchen wir bei vielen Arten von Tieren ebenfalls wahrnehmen. Wir können die Geselligkeit nicht ganz den Bedürfnissen zuschreiben. Die andern Grundtriebe der Menschen, ihre Neugier, ihre Neigung, das, was ihnen begegnet, einander mitzuteilen, ihr Trieb zur Tätigkeit, ihr Gefühl der Ehre, ihr Mitleiden, ihre Wohlgewogenheit, ihr Trieb zur Freude, und das moralische Gefühl würden in der Einsamkeit entweder gar nicht, oder doch nur wenig angewendet werden können, und aus dieser Ursache vereinigen sich die Menschen, ohne daß ein Zwang, oder eine Betrachtung ihrer Bedürfnisse, der unmittelbare und letzte Bewegungsgrund dazu sein sollte. Die Bande des Bluts würden eben diese Wirkung haben, und wahrscheinlicher Weise haben dieselben viele Menschen, welche sich ihren Mangel in der Einsamkeit vorgestellet, zuerst veranlaßt, daß sie sich, mit dem Vorsatz, einander beizustehen, und sich zu verteidigen, vereinigt haben. Nachdem diese Vereinigung geschehen war: so gewann die vorzügliche Redlichkeit, Klugheit oder Herzhaftigkeit einiger unter ihnen, die vorzügliche Achtung und das Vertrauen aller übrigen. Es entstanden Streitigkeiten. Sie sahen bald ein, daß die Entscheidung derselben durch Gewalt, von üblen Folgen sei. Sie bemerkten, wie viel Gefahr es bringe, wenn bei den Beratschlagungen über die Verbesserung ihres Zustands oder über die gemeinschaftliche Verteidigung, die Stimmen geteilt wären, ob sie gleich alle sich nur einen Endzweck vorgesetzt hätten. Diejenigen, für welche sie die meiste Achtung hatten, wurden zu *Schiedsrichtern* in ihren Streitigkeiten, und zu *Vorstehern* der ganzen Gesellschaft, in Angelegenheiten, die den gemeinen Vorteil betrafen, erwählet. Diese gaben nach ihrer Einsicht, Gesetze, und machten Einrichtungen zum Besten des gemeinen Wesen. Die übrigen empfanden die Annehmlichkeiten einer guten Ordnung, der Sicherheit, der Gesetze, und hatten Ehrfurcht gegen die Gesellschaft, gegen ihre Vorsteher und die eingeführte Verfassung. Die feinern Geister fühlten patriotische Gesinnungen, und die Liebe des Vaterlands in der Brust; und alle wurden, durch die Bande der Verwandschaft, durch gemeinschaftliche Geschäfte, und durch den Genuß der Beschützung ihrer selbst und ihrer Güter, zur Liebe der Gesellschaft und zum Eifer für die Vorteile derselben angetrieben.

⟨...⟩

Von dem moralischen Gefühl und dessen Gegenständen.

⟨S. 117-124⟩
IV. Es liegt also, wie ein jeder, bei einer stillen Achtsamkeit und Betrachtung, wahrnehmen muß, in uns eine natürliche und unmittelbare Bestimmung, gewisse Neigungen und die daraus fließenden Handlungen zu billigen; oder ein natürliches Gefühl der unmittelbaren Vortrefflichkeit derselben, welche zu keiner andern Eigenschaft, die wir durch unsre übrigen Empfindungen, oder durch Schlüsse erkennen, gerechnet werden kann. Wenn wir diese Bestimmung ein *Gefühl* oder einen *angebornen Trieb* nennen: so nehmen wir nicht an, daß dieselbe unter die niedre Art von Empfindungen gehöre, welche von den Gliedmaßen des Körpers abhängen, und welche auch den Tieren gemein sind. Sie kann eben sowohl, als die Kräfte, zu urteilen und zu schließen, in der Seele ihren beständigen Sitz haben. Und es ist unwidersprechlich, daß die *Vernunft* nur eine solche Kraft sei, welche, als eine Gehülfin der letzten Bestimmungen unsers Verstandes und Willens, angesehen werden muß. Der letzte Endzweck wird durch eine Empfindung, oder durch eine Bestimmung des Willens festgesetzet. Wir werden durch einige Empfindungen glücklich, und die Liebe unserer selbst bestimmt uns dazu, ohne vorhergegangene Schlüsse. Die Vernunft kann uns nur die Mittel anwenden

oder zween Endzwecke vergleichen lehren, welche schon vorher, durch einige andere unmittelbare Kräfte, bestimmet sind.

In beseelten Geschöpfen andrer Art findet sich ein angeborner Trieb zu den Handlungen, die ihnen eigen sind, und sie empfinden die größte Lust in der Befriedigung desselben, wenn sie auch mit Arbeit und Schmerz verknüpft ist. Können wir annehmen, daß die Menschen von solchen ursprünglichen Trieben leer sind? Da die Tiere, über die Natur und die Handlungen anderer, eben so wenig, als über ihre eigenen, nachzusinnen scheinen: so können sie bloß die gegenwärtige Lust, welche die Befriedigung ihrer Triebe begleitet, empfinden. Aber in den Menschen, welche ihre eigenen Neigungen und Handlungen, zu Gegenständen ihrer Betrachtung machen können, läßt uns die Analogie der Natur erwarten, daß sie dieselben eben sowohl, als andre Gegenstände, empfinden und daran Vergnügen haben müssen. Wir scheinen für jede unsrer Kräfte ein ihr angemessenes Gefühl, einen urteilenden Geschmack zu haben, welcher den Gebrauch, für den jede Kraft bestimmt ist, der handelnden Person empfiehlt, und sie veranlaßt, diesen Gebrauch an andern zu billigen und hochzuschätzen. Wir bemerken dieses bei den Kräften, zu reden, nachzuahmen, nach einem Plan und mit Kunst zu arbeiten, uns zu bewegen, zu denken; hier ist ein Gefühl, welches die wahre und eigentliche Anwendung dieser Kräfte wahrnimmt, und empfiehlt. Es würde ein Übelstand in der Einrichtung unsrer Natur sein, wenn wir für Kräfte und Handlungen von noch größerer Wichtigkeit kein solches Gefühl hätten; wenn Geschöpfe, deren jedes von Natur, in Absicht auf seine Nebengeschöpfe, einander sehr entgegengesetzter Neigungen und daraus fließender Handlungen fähig ist, deren jedes mit ihnen in beständiger Gemeinschaft sein muß, und wegen seiner Erhaltung von ihnen abhängt; wenn diese Geschöpfe keinen unmittelbaren Wohlgefallen an solchen Neigungen und Handlungen empfänden, welche der Vorteil des ganzen Systems notwendig macht. Soll ein unmittelbares Gefühl den wahren Gebrauch der untern Kräfte empfehlen; und wollen wir dem ungeachtet keine natürliche Empfindung für den Gebrauch der obern Kräfte annehmen?

V. Das moralische Gefühl ist eben sowohl, als einige andere unserer unmittelbaren empfindenden Kräfte einer Ausbildung und Verbesserung fähig, ohne daß wir eine Beziehung auf eine höhere Kraft der Vernunft, welcher ihre Empfindungen zugeschrieben werden müßten, voraussetzen dürfen. Wir hatten ehemals an einfachen, kunstlosen und gemeinen Melodien Vergnügen. Wir giengen in der Musik weiter, und fanden feinere und vermischtere Compositionen. Wir finden darinnen ein größeres Vergnügen, und fangen an das zu verachten, was uns vormals gefiel. Von den Regungen des Mitleidens durchdrungen, stellt ein Richter manche Verbrecher auf freien Fuß. Wir billigen sein weiches empfindliches Herz. Aber wir finden, daß Gewalt und Beleidigungen überhand nehmen; der Genügsame, der Gerechte, der Arbeitsame wird gedrückt und beunruhigt, und ist unsicher. Eine Betrachtung von größerm Umfange, die Betrachtung des öffentlichen Vorteils, lehrt uns, daß gewisse Arten von Mitleiden von schlimmern und unglücklichern Folgen sind, als eine strenge Vollziehung der Gerechtigkeit. Das Mitleiden, an sich selbst, entstellt niemals; aber eine Neigung von einem weitern Umfange, die Liebe gegen die Gesellschaft, der Eifer, die allgemeine Glückseligkeit zu befördern, ist von einem höhern Adel, und der Mangel dieser Triebe entstellt einen Character. Dieses allein beweiset, was wir gegenwärtig behaupten, daß es nämlich unter den verschiedenen gebilligten Neigungen viele Grade giebt; immer sind einige vortrefflicher, als andre. Wir bringen also die Unregelmäßigkeiten, welche in diesem *moralischen Gefühl* vorkommen, eben so in Ordnung, wie wir unsre Vernunft selbst verbessern. Gleichwie wir einen übeln Geschmack in der Harmonie, durch die Gewöhnung des Ohrs an feinere Zusammenstimmungen; in der Schönheit, durch die Darstellung feinerer Werke, welche ein höheres Vergnügen bringen, ändern und verbessern können: also machen wir unser *mo-*

ralisches Gefühl vollkommener, wenn wir unsrer Seele größere Systemen, und Neigungen, von weiterm Umfange, gegen dieselben, vorstellen. Auf diese Art werden dem moralischen Gefühl seine Gegenstände zugebracht, welchen es auch alsdenn Beifall erteilen wird, wenn diese Neigungen der Wirkung eingeschränkterer Neigungen, die, an sich selbst betrachtet, wirklich gut und rühmlich sind, entgegen sein sollten. Hier ist keine Beziehung auf eine höhere Kraft der Empfindung, oder auf die Vernunft nötig.

Irret nicht auch selbst unsre Vernunft oftmals, wenn sie aus einer unvollkommenen und parteiischen Gewißheit übereilte Folgerungen zieht? Muß hier eine höhere Kraft sein, unsre Vernunft auf den rechten Weg zu weisen? Nein; wenn wir uns die Gründe von beiden Seiten, vermittelst einer anhaltenden Aufmerksamkeit und der vorsichtigsten Anwendung der Kraft zu schließen, vollkommen deutlich vorstellen: so wird unser übereiltes Urteil verbessert. Eben so ist es mit den moralischen Empfindungen beschaffen.

VI. Dieses moralische Gefühl hat, vermöge seiner Natur, die Bestimmung, alle unsre Kräfte in Ordnung und in Schranken zu erhalten. Dieser Würde, dieser gebietenden Natur werden wir uns sobald unmittelbar bewußt, als wir uns des Gefühls selbst bewußt werden. Man kann von unmittelbaren Empfindungen, keine andern Beweise führen, als daß wir uns auf unsere Herzen berufen.*

Dieses Gefühl läßt uns nicht glauben, daß das moralische Gute, so es uns empfiehlt, von den Vorteilen, die uns andere Sinne anpreisen, bloß dem Grade nach unterschieden und übrigens von gleicher Art sei, so, daß es uns erlauben sollte, geringere moralische Übel, welche immer Übel bleiben werden, in der Absicht auszuüben, um dadurch einige große Vorteile anderer Art zu erlangen; oder dasjenige, was wir, in

---

* Bonum hoc de quo agimus, est illud quidem plurimi aestimandum, sed ea aestimatio genere valet, non magnitudine. – Alia est aestimatio virtutis, quae genere, non crescendo valet.
Cicero de Fin. L. III. c. 10.

dem gegenwärtigem Falle, für unsre Pflicht, oder für moralisch gut achten, in der Absicht zu unterlassen, damit wir große Übel einer andern Art abwenden mögen. Sondern gleichwie wir den Unterschied der Arten unmittelbar wahrnehmen, gleichwie wir unmittelbar empfinden, daß die Vergnügungen, welche aus der Dichtkunst, der Malerei und den Wissenschaften entstehen, über das Vergnügen, welches der feinste Geschmack der Zunge verschafft, weit erhaben sind: also fühlen wir auch die unmittelbare Überzeugung, daß das moralische Gute von einer höhern Art und Würde sei, als alles übrige Gute, welches wir durch andre sinnliche Kräfte empfinden.

Bei allen andern angenehmen Empfindungen wird uns unser Zustand desto weniger gefallen, je mehr wir geringere Vergnügungen andern, die größer sind, aufopfern müssen: und unsre Empfindung des größern wird, so bald die erste flüchtige Freude über die glückliche Erlangung desselben vorbei ist, durch alle Opfer, die wir ihm gemacht haben, nicht um das mindeste vermehret; ja in dem Urteil der Zuschauer wird, in dieser Betrachtung, das größere Vergnügen, oder wenigstens unser Zustand, für desto geringer angesehen, und unser Verhalten um desto weniger gebilliget. Wenn wir also Ruhe, Gesundheit, oder Vergnügen, dem Reichtum, dem Ansehn, oder auch den schönen Künsten aufopfern: so gewinnen diese Vergnügungen dadurch keine Würde; und das Verhalten hat für andere keine mehrere Reizungen. Aber bei dem moralischen Guten wird die sittliche Vortrefflichkeit durch die Größe des Opfers, welches ihr notwendig gemacht werden mußte, erhöhet. Sie wird von der handelnden Person selbst mehr gebilligt, von den Zuschauern mehr bewundert, und um so viel mehr zur Nachahmung erwählet. Dieses Gefühl macht nicht nur das Herz mit sich selbst zufrieden, wenn es ein jedes anderes Vergnügen dem moralischen Guten aufgeopfert hat; sondern es empfindet auch die höchste mit Beifall verknüpfte innere Freude über ihre Fähigkeit, so zu handeln. Dieses zeigt deutlich genug, daß dieses moralische Gefühl bestimmt ist, über alle andere Kräfte zu gebieten.

DES HERRN JACOB THOMSON SÄMTLICHE TRAUERSPIELE

I. Sophonisbe. III. Eduard und Eleonora.
II. Agamemnon. IV. Tancred und Sigismunda.
V. Coriolan.

AUS DEM ENGLISCHEN ÜBERSETZT.
MIT EINER VORREDE VON GOTTHOLD EPHRAIM LESSING.

Vorrede.

Das Vergnügen, diese Übersetzung der *Thomsonschen* Trauerspiele der Welt, als Vorredner, anpreisen zu können, habe ich dem gütigen Zutrauen eines Freundes zu danken.

Es wäre zu früh, wenn ich mich schon selbst ausschreiben wollte, und bei dieser Gelegenheit, anderwärts* zusammengetragne Nachrichten, von dem Leben und den Werken dieses englischen Dichters, nochmals an den Mann zu bringen suchte. Es wäre aber auch wider die Klugheit eines eben nicht zu reichen Schriftstellers, wenn ich mir hier eine Materie wegnehmen, oder wenigstens verstümmeln wollte, die ich, nach aller möglichen Ausdehnung, zu einer Fortsetzung jener Nachrichten bestimmt habe.

Man erwarte hier also keine kritische Zergliederung irgend eines von diesen Meisterstücken, an die ich den Leser, selbst zu kommen, nicht lange aufhalten will. Nur das außerordentliche Vergnügen, mit welchem ich sie gelesen habe, und noch oft lesen werde, will und kann ich nicht verschweigen. Mäßigung genug, wenn es mich nicht schwatzhaft macht!

Auch die, unter den deutschen Kennern der echten

---

* In dem Isten Stücke der theatralischen Biblioth.

Dichtkunst, welche unsern *Thomson* in seiner Sprache nicht verstehen, wissen es schon aus der *wohlgemeinten* Übersetzung des sel. *Brockes*, daß kein Weltalter in keinem Lande, einen mehr malerischen Dichter aufzuweisen habe, als ihn. Die ganze sichtbare Natur ist sein Gemälde, in welchem man alle heutere, fröhliche, ernste und schreckliche Scenen des veränderlichen Jahres, eine aus der andern entstehen, und in die andre zerfließen sieht.

Nun ist aber das wahre poetische Genie sich überall ähnlich. Ein Sturm ist ihm ein Sturm; er mag in der großen, oder in der kleinen Welt entstehen; es mag ihn dort das aufgehabene Gleichgewicht der Luft, oder hier die gestörte Harmonie der Leidenschaften verursachen. Vermittelst einerlei scharfen Aufmerksamkeit, vermittelst einerlei feurigen Einbildungskraft, wird der Dichter, der diesen Namen verdient, dort ein stilles Tal, und hier die ruhige Sanftmut; dort eine nach Regen lechzende Saat, und hier die wartende Hoffnung; dort die auf reiner Wasserfläche jetzt sich spiegelnde, jetzt durch neidische Wolken verdunkelte Sonne, und hier die sympathetische Liebe und den mißgünstigen Haß; dort die Schatten der Mitternacht, und hier die zitternde Furcht; dort die schwindelnde Höhe über schreckliche Meerstrudel herhangender Felsen, und hier die blinde sich herabstürzende Verzweiflung, allemal gleich wahr und gleich glücklich schildern.

Dieses Vorurteil hatte ich für den tragischen *Thomson*, noch ehe ich ihn kannte. Jetzt aber ist es kein bloßes Vorurteil mehr; sondern ich rede nach Empfindung, wenn ich ihn, auch in dieser Sphäre, für einen von den größten Geistern halte. Denn wodurch sonst sind diese, was sie sind, als durch die Kenntnis des menschlichen Herzens, und durch die magische Kunst, jede Leidenschaft vor unsern Augen entstehen, wachsen und ausbrechen zu lassen? Dieses ist die Kunst, dieses ist die Kenntnis, die *Thomson* in möglichster Vollkommenheit besitzt, und die kein *Aristoteles*, kein *Corneille* lehrt, ob sie gleich dem *Corneille* selbst nicht fehlte. Alle ihre übrigen Regeln können, aufs höchste, nichts als ein schulmäßiges Gewäsche hervorbringen. Die Handlung ist heroisch, sie ist einfach, sie ist ganz, sie streitet weder mit der Einheit der Zeit, noch mit der Einheit des Orts; jede der Personen hat ihren besondern Charakter; jede spricht ihrem besondern Charakter gemäß; es mangelt weder an der Nützlichkeit der Moral, noch an dem Wohlklange des Ausdrucks. Aber du, der du diese Wunder geleistet, darfst du dich nunmehr rühmen ein Trauerspiel gemacht zu haben? Ja; aber nicht anders, als sich der, der eine menschliche Bildsäule gemacht hat, rühmen kann, einen Menschen gemacht zu haben. Seine Bildsäule ist ein Mensch, und es fehlt ihr nur eine Kleinigkeit; die Seele.

Ich will bei diesem Gleichnisse bleiben, um meine wahre Meinung von den Regeln zu erklären. So wie ich unendlich lieber den allerungestaltetsten Menschen, mit krummen Beinen, mit Buckeln hinten und vorne, *erschaffen*, als die schönste Bildsäule eines *Praxiteles* gemacht haben wollte: so wollte ich auch unendlich lieber der Urheber des *Kaufmanns von London*, als des *sterbenden Cato* sein, gesetzt auch, daß dieser alle die mechanischen Richtigkeiten hat, derenwegen man ihn zum Muster für die Deutschen hat machen wollen. Denn warum? Bei einer einzigen Vorstellung des erstern sind, auch von den Unempfindlichsten, mehr Tränen vergossen worden, als bei allen möglichen Vorstellungen des andern, auch von den Empfindlichsten, nicht können vergossen werden. Und nur diese Tränen des Mitleids, und der sich fühlenden Menschlichkeit, sind die Absicht des Trauerspiels, oder es kann gar keine haben.

Hiermit aber will ich den Nutzen der Regeln nicht ganz leugnen. Denn wenn es wahr ist, daß auf ihnen die richtigen Verhältnisse der Teile beruhen, daß das Ganze durch sie Ordnung und Symmetrie bekömmt; wie es denn wahr ist; sollte ich wohl lieber mein menschliches Ungeheuer, als einen *lebendigen* Herkules, das Muster männlicher Schönheit, erschaffen haben wollen?

Ich sage einen lebendigen *Herkules*, und nicht einen lebendigen *Adonis*. Denn wie die gedoppelte Anmerkung ihre Richtigkeit hat, daß Körper von einer allzuweichlichen Schönheit selten viel innere Kräfte besitzen, und daß hingegen Körper, die an diesen einen Überfluß haben, in ihrer äußern Proportion etwas gelitten zu haben scheinen: so wollte ich lieber die nicht zu regelmäßigen *Horazier* des *Peter Corneille*, als das regelmäßigste Stück seines Bruders, gemacht haben. Dieser machte lauter *Adonis*, lauter Stücke, die den schönsten regelmäßigsten Plan haben; jener aber vernachlässigte den Plan zwar auch nicht, allein er wagte es ohne Bedenken, ihn bei Gelegenheit wesentlichern Vollkommenheiten aufzuopfern. Seine Werke sind schöne *Herkules*, die oft viel zu schmächtige Beine, einen viel zu kleinen Kopf haben, als es das Verhältnis mit der breiten Brust erforderte.

   Ich weiß, was man hier denken wird: »Er will einen Engländer anpreisen, drum muß er wohl von den Regeln weniger vorteilhaft sprechen.« Man irrt sich vor diesesmal. *Thomson* ist so regelmäßig, als stark; und wem dieses unter uns etwas neues zu hören ist, der mag es einer bekannten antibrittischen Partei von Kunstrichtern danken, die uns nur allzugern bereden möchte, daß es, unter allen englischen Tragödienschreibern, der einzige *Addison* einmal, regelmäßig zu sein, versucht, bei seiner Nation aber keinen Beifall damit gefunden habe.

   Und gleichwohl ist es gewiß, daß auch *Thomson* nicht allein, wie ich es nennen möchte, *französisch*, sondern *griechisch* regelmäßig ist. Ich will nur vornehmlich zwei von seinen Stücken nennen. Seine *Sophonisbe* ist von einer Simplicität, mit der sich selten, oder nie, ein französischer Dichter begnügt hat. Man sehe die *Sophonisbe* des *Mairet* und des großen *Corneille*. Mit welcher Menge von Episoden, deren keine in der Geschichte einigen Grund hat, haben sie ihre Handlung überladen! Der einzige *Trissino*, dessen *Sophonisbe*, als in Italien, nach langen barbarischen Jahrhunderten, die Wissenschaften wieder aufgingen, das erste Trauerspiel war, ist mit dem Engländer in diesem Punkte, welchen er den Griechen, den einzigen Mustern damals, abgelernt hatte, zu vergleichen.

Und was soll ich von seinem *Eduard und Eleonora* sagen? Dieses ganze Stück ist nichts als eine Nachahmung der *Alceste* des *Euripides*; aber eine Nachahmung, die mehr als das schönste ursprüngliche Stück irgend eines Verfassers bewundert zu werden verdient. Ich kann es noch nicht begreifen, durch welchen glücklichen Zufall, *Thomson* in der neuern Geschichte die einzige Begebenheit finden mußte, die mit jener griechischen Fabel, einer ähnlichen Bearbeitung fähig war, ohne das geringste von ihrer Unglaublichkeit zu haben. Ich weiß zwar, daß man an ihrer historischen Wahrheit zweifelt, doch dieses tut zur Sache nichts; genug daß sie unter den wirklichen Begebenheiten Statt finden könnte, welches sich von der, die den Stoff der griechischen Tragödie ausmacht, nicht sagen läßt. Es ist unmöglich, daß *Racine*, welcher die *Alceste* des *Euripides* gleichfalls modernisieren wollen, glücklicher, als *Thomson*, damit hätte sein können.

Doch genug von dem Dichter selbst. Ich komme auf die gegenwärtige Übersetzung, von welcher ich nur dieses zu sagen weiß. Sie hat verschiedne Urheber, die aber über die beste Art zu übersetzen, sich sehr wohl verglichen zu haben scheinen. Wenn sie sich über die beste Art der Rechtschreibung eben so wohl verglichen gehabt hätten, so würde ich den Leser, im Namen des Verlegers, nicht ersuchen dürfen, den kleinen Übelstand zu entschuldigen, eine gedoppelte Art derselben in einem Bande gebraucht zu sehen.

Eines wollte ich, daß sie bei ihrer Übersetzung nicht weggelassen hätten; nemlich die zu jedem Stücke gehörigen Prologen und Epilogen. Sie sind zwar nicht alle vom *Thomson* selbst; sie enthalten aber alle sehr viel artiges, und die Epilogen, die von ihm selbst sind, eifern größten Teils wider den gewöhnlichen burlesken Ton der englischen Epilogen bei Trauerspielen.

Den einzigen Prologen des *Coriolans*, desjenigen Stücks, welches erst nach dem Tode des Verfassers gespielt ward, kann ich mich nicht enthalten hier ganz zu übersetzen. Er schildert den moralischen Charakter des Dichters, welchen näher zu kennen, dem Leser nicht gleichgültig sein kann. Er hat den Herrn *Lyttleton* zum Verfasser, und der Schauspieler, welcher ihn hersagte, war Herr *Quin*. Dieses ist er:

»Ich komme nicht hierher, eure Billigkeit in Beurteilung eines Werks anzuflehen, dessen Verfasser, leider, nicht mehr ist. Er bedarf keines Vorsprechers; ihr werdet von selbst die gütigen Sachwalter des Verstorbnen sein. Seine Liebe war auf keine Partei, auf keine Sekte eingeschränkt; sie erstreckte sich über das ganze menschliche Geschlecht. Er liebte seine Freunde – verzeiht der herabrollenden Träne. Ach! ich fühle es; hier bin ich kein Schauspieler – Er liebte seine Freunde mit einer solchen Inbrunst des Herzens, so rein von allem Eigennutze, so fern von aller Kunst, mit einer so großmütigen Freiheit, mit einem so standhaften Eifer, daß es mit Worten nicht auszudrücken ist. Unsre Tränen mögen davon sprechen. O unverfälschte Wahrheit, o unbefleckte Treue, o männlich reizende und edel einfältige Sitten, o teilnehmende Liebe an der Wohlfahrt des Nächsten, wo werdet ihr eine andre Brust, wie die seinige, finden? So war der Mensch – den Dichter kennt ihr nur allzuwohl. Oft hat er eure Herzen mit süßem Weh erfüllt, oft habt ihr ihn, in diesem vollen Hause, mit verdientem Beifalle, die reinsten Gesetze der schönen Tugend predigen hören. Denn seine keusche Muse brauchte ihre himmlische Leier zu nichts, als zu Einflößung der edelsten Gesinnungen. Kein einziger unsittlicher, verderbter Gedanke, keine einzige Linie, die er sterbend, ausstreichen zu können, hätte wünschen dürfen! O möchte eure günstige Beurteilung diesen Abend noch einen andern Lorbeer hinzutun, sein Grab damit zu schmücken! Jetzt, über Lob und Tadel erhaben, vernimmt er die schwache Stimme des menschlichen Ruhms nicht mehr; wenn ihr aber denen, die er auf Erden am meisten liebte, denen, welchen seine fromme Vorsorge nunmehr entzogen ist, mit welchen seine freigebige Hand und sein gutwilliges Herz, das wenige, was ihm das Glück zukommen ließ, teilte, wenn ihr diesen Freunden durch eure Gütigkeit dasjenige verschafft, was sie nicht mehr von ihm empfangen können, so wird auch noch jetzt, in jenen seligen Wohnungen, seine unsterbliche Seele Vergnügen über diese Großmut empfinden.«

Die letzten Zeilen zu verstehen, muß man sich aus dem Leben des Dichters erinnern, daß die von der Vorstellung ihm zukommenden Einkünfte seinen Schwestern in Schottland gegeben wurden.

EINE ERNSTHAFTE ERMUNTERUNG AN ALLE CHRISTEN ZU EINEM FROMMEN UND HEILIGEN LEBEN

VON WILLIAM LAW. A. M.
AUS DEM ENGLISCHEN ÜBERSETZT.

Vorbericht.

Von dem Verfasser dieses Werks weiß der Übersetzer desselben weiter nichts, als daß er ein Prediger in Irland irgendwo gewesen, und sich auch noch durch andre Schriften bekannt gemacht hat. Er hat von der *christlichen Vollkommenheit*, *Anmerkungen* über die bekannte *Fabel von den Bienen*, von der *Unzulässigkeit der Schaubühne* geschrieben, und sich auch sonst in den *Tolandschen* und andern Streitigkeiten bekannt gemacht.

Die gegenwärtige *Ermunterung* hat er zu London 1729, ohne Vorrede, ans Licht gestellet. Man will sie also auch im Deutschen mit einem Stücke unvermehrt lassen, welches der Verfasser für unnötig erkannt hat. Jeder Leser mag es nach seinen eignen Empfindungen bestimmen, was sie für einen Rang unter den geistlichen Büchern verdienet. Sie weitläuftig anpreisen, würde eben das sagen, als ob man an seiner andächtigen Aufmerksamkeit im voraus zweifeln wollte.

AUS:
BIBLIOTHEK
DER SCHÖNEN WISSENSCHAFTEN
UND DER FREIEN KÜNSTE.
⟨1757⟩

⟨Ersten Bandes zweites Stück⟩
Die *Nicolaische* Buchhandlung hat des Hrn. *Nericault Destouches* und *Franz Regnards* sämtliche theatralische Werke, jene in vier Teilen, und diese in zwei Teilen, deutsch geliefert. Ob gleich die Werke des Geistes am besten in der Sprache gelesen werden, in der sie geschrieben sind, so haben doch Übersetzungen, bei denen, welche entweder der Sprache der Urkunde nicht mächtig sind, oder sich durch die Kostbarkeit ausländischer Ausgaben abschrecken lassen, immer ihren Wert. Die Übersetzungen fremder dramatischer Stükke, sollten wenigstens den Nutzen haben, eine gewisse Gattung von *Originalstücken* von unserer Bühne zu vertreiben, in welchen man nach den Regeln jähnen muß, und die wohl noch dazu ihre erträgliche Stellen eben den Ausländern zu danken haben, denen sich ihre unwissende Verfasser gern gleich setzen möchten. Sollten gegenwärtige Übersetzungen auch nur Gelegenheit geben, einige Meisterstücke von *Destouches*, welche bei uns noch beinahe ganz unbekannt sind, z. B. den verheirateten Philosophen und *den jungen Menschen, der die Probe aushält*, nebst *Regnards Menechmen* und *Spieler* auf unsere Schauplätze zu bringen, so würden sowohl der Übersetzer als der Verleger viel Dank verdienen.

⟨Ersten Bandes zweites Stück⟩
Eben da wir dieses schreiben, erhalten wir einige Blätter, die Herr *Utz* selbst zu seiner Verteidigung drucken lassen. Sie führen den Titel: *Schreiben des Verfassers der lyrischen Gedichte an*

einen Freund. Der Verfasser wagt es in diesem poetischen Schreiben an den Herrn G** einen abermaligen Traum zu erzählen, der an sich ganz simpel ist, aber sehr wichtige und wohlgesagte Wahrheiten enthält. Er erkennt es, daß er durch seinen ersten Traum in ein Wespennest gestört habe, und ist nur froh, daß Wespen keine Löwen sind,

Sonst würde längst sein blutiges Gebein
In Staub zermalmt, wo nicht verschlungen sein.

Noch aber, den bessern Musen sei Dank! lebt er
– – und träumt', und sah die Pierinnen,
Den Phöbus auch: ihm folgten die Göttinnen,
Auf einen Berg, der schatticht sich erhob:
Calliope sang unsers Helden Lob,
Sie sang entzückt, ihr kriegrisch Auge brannte;
Ein Jüngling kam, den Phöbus kaum erkannte.
Er ging zum Gott mit wildem Ungestüm,
Nicht mehr als Freund; und redete vor ihm!

Wie lang verderbt, mit liederlichen Scherzen,
Dein Dichtervolk, die Sitten und die Herzen?
Verruchter Schwarm von Sardanapals Art!
Auch der trank Wein und salbte seinen Bart.
O Schande! Soll von unerlaubten Dingen,
Von Lieb und Wein der Deutsche jauchzend singen?
Der schnöde Witz, der strafbar süße Ton
Gefällt im Gleim und im Anakreon?
Ist Hagedorn in aller Schönen Händen?
Und alter Staub soll Epopeen schänden,
Die lehrreich sind? O Tugend, fleuch betränt,
Von einem Volk, das ach! beim Noah gähnt!

So klagte der Jüngling, seufzte, schimpfte, drohte; Apollo aber schwieg und wäre fortgegangen, wenn nicht Erato dem höhnischen Kläger geantwortet hätte:

Welch schwacher Geist, hört ich die Muse sagen,
Will vom Parnaß die Gratien verjagen?
Ist niemand weis, als wer nur immer weint,
Ein finstrer Kopf, dem Schwermut Tugend scheint?

Männer von den ungescholtensten Sitten, fährt sie fort, haben wie der Tejer gesungen, ohne deswegen wie der Tejer zu leben. Die Menge erbärmlicher Lieder von Lieb und Wein, die Deutschland jetzt hat, sind nicht sowohl böse, als schlecht, und verdienen daher mehr des Kenners Spott, als des Zeloten Fluch. Warum sollte sich der Weise alle sinnliche Lust versagen? Warum sollte er nicht ein Mädchen artig finden, den edlen Wein trinken, und trinkend in fröhliche Lieder ausbrechen dürfen? Wenn er sonst Gott in seinem Amte dient und unbefleckt lebt, so ist seine Wollust mehr Tugend, als des Schwärmers fromme Milzsucht. Von einem leichten Scherze, von einem schalkhaften Bilde, auf ein verruchtes Herz schließen, ist die grausamste Unbilligkeit; besonders wenn der Dichter nicht immer in lydisch weichen Tönen singt, sondern eben so oft Mäßigung und Unschuld, Geduld und Zufriedenheit, als Chloen und den Wein erhebt. – Die Muse macht von den Gedichten, in welchen man nur Scherz zu finden glaubt, und wider Vermuten versteckten Ernst antrifft, ein vortreffliches Bild:

> Der Jüngling geht in diesen Myrtensträuchen,
> Dem Dichter nach, der Freude nachzuschleichen:
> Er sucht nur Lust, und höret überall
> Der Weisheit Ruf, nicht bloß die Nachtigall:
> So wandelt itzt, wenn in dem lauen Lenzen,
> Arkadiens beblümte Fluren glänzen,
> Ein junger Hirt mit seiner Schäferin
> Und Arm in Arm, durch Auen fröhlich hin.
> Das muntre Paar scherzt, lacht und will nur küssen!
> Wenn plötzlich sich vor seinen leichten Füßen,
> Im schönsten Tal, ein marmorn Grab erhebt,
> Der Daphne Grab, die gestern noch gelebt.
> Der Schäfer starrt, tiefsinnig steht die Schöne;
> Ihr helles Aug umwölket eine Träne;
> Sie seufzt gerührt: ist uns der Tod so nah?
> Der Jugend selbst? Und in Arkadia?

Die Muse rückt dem Jünglinge weiter vor, daß er, und die *Seinigen,* nur lehren wolle, und nicht zu gefallen wisse.

> Ihr suchet Lob und lobet, die euch loben;

Auf andre wird die Geisel aufgehoben.
Man liest euch nicht! ihr werdet bös und sagt,
Daß niemand mehr nach guten Sitten fragt.
Doch Gellert wird gelesen und verehrt,
Obgleich sein Lied die reinste Tugend lehrt.
Die Jugend lernt sein reizend Lehrgedicht.
Ihr lehret auch; doch reizend lehrt ihr nicht.
Hierauf sucht ihm Erato ein Vorurteil zu benehmen, das bei vielen gutherzigen Gemütern zur Wahrheit geworden ist.
Der Stoff allein macht keine Meisterstücke:
Der Bildung Kunst vergnüget kluge Blicke.
Wär jeder groß, der uns die Tugend preist,
So wär Hannß Sachs der Deutschen größter Geist.
Ein Jupiter ist prächtig anzuschauen,
Den Phidias in Marmor ausgehauen:
Der Donnergott, noch schrecklich auch im Stein,
Nimmt jedes Herz mit heilgem Schauer ein.
Doch zweifle nicht, daß, außer unter Wenden,
Ein Liebesgott, von eines Mirons Händen,
Den Kennern auch, und mehr gefallen kann,
Als Jupiter von Meister Zimmermann.
    Hier konnte sich der Jüngling nicht mehr halten:
Die stolze Stirn umwölkte Grimm und Falten:
Er stund und schwur dem heidnischen Parnaß,
Den Musen selbst, auf ewig seinen Haß.
Er gieng erzürnt: ich sah ihm nach und lachte,
So dreist und laut, daß ich vom Schlaf erwachte.

Dieses ist der Traum, und nun macht Herr *Utz* eine kurze Anwendung auf sich. »Wenn ein Dichter, sagt er, in einer Anmerkung, an seinem poetischen Charakter angegriffen wird: so kann er schweigen, und der Welt das Urteil überlassen, ob seine Verse gut oder schlecht sind. Wenn hingegen sein moralischer Charakter angegriffen wird; so muß er sich verteidigen. Kann er gleichgültig bleiben, wenn ein parteiischer Haß die entferntesten Gelegenheiten, seine Sitten verdächtig zu machen, herbeizieht; die verehrungswürdigsten Gottesgelehrten, wenn es möglich wäre, zu Werkzeugen seiner Rachbegierde zu machen, und sich unter der Decke der Religion zu verbergen sucht? Ein fanatischer Eifer ist ansteckend. Weil die Deutschen seit einigen Jahren in der Liebe zur scherzenden Dichtkunst ausgeschweift haben, sollen sie nun in dem Hasse wider dieselbe ausschweifen. Eine ruhige Weisheit lehret auch hier den anständigen Mittelweg finden, den die blinde Leidenschaft allezeit verfehlt.« – Wir wollen noch eine andere Anmerkung hersetzen, in welcher Herr *Utz* beweiset, daß der heilige Wieland selbst zuweilen schalkhaft schildert. »In den Briefen von Verstorbenen an hinterlaßne Freunde S. 21 malet die selige Lucinda ihre noch lebende Freundin Narcissa also:

Jetzo sitzet Narcissa, von blumichten Büschen verborgen,
Auf der Bank von Violen, und ohne den Zaubergürtel,
Schön wie Armida, von tausend Amoretten umgeben:
Wollusttrunken, den Arm um ihren weißen Nacken umschlingend,
Klebt Jocasto an ihren schwellenden Lippen: die Büsche
Rauschen von lüsternen Seufzern umher, die schwimmenden Augen
Sehn nur Entzückung um sich. –

Ein Gemälde, welches mit einer Scene zwischen Lesbien und Selimor, im dritten Buche des Siegs des Liebesgottes, viel Ähnlichkeit hat.« – In den letzten Zeilen leget Herr *Utz* sein nochmaliges Bekenntnis von der Poesie derjenigen Herren ab, die er durch sein Urteil so sehr wider sich erbittert hat.

Die schreiben schön, die gleich den Alten schreiben:
Sollt ihr Geschmack nicht unser Vorbild bleiben?
Wer ihn verläßt, verläßt auch die Natur,
Verläßt mit ihm der wahren Weisheit Spur.
Wie traurig ists, daß Deutsche dich verlassen,
Und, o Natur, der Regeln Herrschaft hassen.
Schmink ist ihr Reiz, ihr Witz ist Künstelei:
Sie fallen ab, ich bleibe dir getreu.
Ich schwör es dir bei Hagedorns Altären!

Er ist entrückt zu glänzend höhern Sphären:
Doch Deutschland brennt, auf ewigem Altar,
Dem Weihrauch an, der Deutschlands Zierde war.
Auf seinem Pfad soll meine Muse wandeln,
Und sollte mich der gröbste Spott mißhandeln!
Ich schweige nun und flieh aus einem Streit,
Wo Torheit schmäht und falscher Eifer schreit.
Kann ein Mann, der den billigen Teil des Publicums völlig auf seiner Seite hat, einen bessern Entschluß fassen?

⟨Ersten Bandes zweites Stück⟩
Im Lager bei Prag. Unter dem Artikel von Berlin haben wir, auf der vorhergehenden 404 Seite, zwei Siegeslieder eines preußischen Officiers angeführt; und unter diesem wollen wir dem Leser zwei ähnliche aber weit bessere Gesänge mitteilen, die einen gemeinen Soldaten zum Verfasser haben. Der erste, welcher uns nur geschrieben zu Händen gekommen, ist bei Eröffnung des diesjährigen Feldzuges, von ihm gesungen worden, und heißt ein *Schlachtgesang.* Der zweite ist ein *Siegeslied* nach der Schlacht bei Prag (den 6ten Mai 1757) und man hat ihn auf einem Bogen in Quart abgedruckt, dessen Titel den oben vorgesetzten Ort angiebt. Sie könnten beide weder poetischer noch kriegrischer sein; voll der erhabensten Gedanken, in dem einfältigsten Ausdrucke. In der gewissen Überzeugung, daß sie gefallen müssen, und daß sich unsre auswärtige Leser nicht an Dinge stoßen werden, die der Verfasser als ein Mann sagt, der die Gerechtigkeit der Waffen seines Königes *voraussetzen muß,* rücken wir sie hiermit ganz ein:

I. *Schlachtgesang.*

Auf, Brüder, *Friedrich* unser Held,
Der Feind von fauler Frist,
Ruft uns nun wieder in das Feld,
Wo Ruhm zu holen ist.
Was soll, o Tolpatsch und Pandur,
Was soll die träge Rast?
Auf und erfahre, daß du nur

Den Tod verspätet hast.
   Aus deinem Schedel trinken wir
Bald deinen süßen Wein
Du Ungar! Unser Feldpanier
Soll solche Flasche sein.
   Dein starkes Heer ist unser Spott,
Ist unser Waffenspiel;
Denn was kann wider unsern Gott
Th*** und B*?
   Was helfen Waffen und Geschütz
Im ungerechten Krieg?
Gott donnerte bei Lobesitz,
Und unser war der Sieg.
   Und böt uns in der achten Schlacht
Franzos und Russe Trutz,
So lachten wir doch ihrer Macht,
Denn Gott ist unser Schutz.

       II. *Siegeslied.*
   Victoria, mit uns ist Gott,
Der stolze Feind liegt da!
Er liegt, gerecht ist unser Gott,
Er liegt, Victoria!
   Zwar unser Vater ist nicht mehr,
Jedoch er starb ein Held,
Und sieht nun unser Siegesheer,
Vom hohen Sternenzelt.
   Er ging voran der edle Greis,
Voll Gott und Vaterland!
Sein alter Kopf war kaum so weiß,
Als tapfer seine Hand.
   Mit muntrer jugendlicher Kraft
Ergriff sie eine Fahn,
Und hielt sie hoch an ihrem Schaft,
Daß wir sie alle sahn.
   Und sagte: *Kinder, Berg hinan,*
Auf Schanzen und Geschütz!

Wir folgten alle, Mann vor Mann,
Geschwinder, wie der Blitz.
  Ach, aber unser Vater fiel,
Die Fahne fiel auf ihn.
O, welch glorreiches Lebensziel,
Glückseliger *Schwerin*!
  Vielleicht hat *Friedrich* dich beweint,
Indem er uns gebot;
Wir aber stürzten in den Feind,
Zu rächen deinen Tod.
  Du, *Heinrich*, warest ein Soldat,
Du fochtest königlich!
Wir sahen alle, Tat vor Tat,
Du junger Löw auf dich!
  Der Pommer und der Märker stritt,
Mit rechtem Christenmut.
Sein Schwerd ward rot, auf jeden Schritt
Floß schwarz Pandurenblut.
  Aus sieben Schanzen jagten wir
Die Mützen von dem Bär;
Da, *Friedrich*, ging dein Grenadier
Auf Leichen hoch einher!
  Dacht in dem mörderischen Kampf,
Gott, Vaterland und *dich*;
Erblickte schwarz von Rauch und Dampf,
Dich, seinen *Friederich*;
  Und zitterte, ward feuerrot
Im kriegrischen Gesicht;
(Er zitterte vor deinem Tod,
Vor seinem aber nicht.)
  Verachtete die Kugelsaat,
Der Stücke Donnerton,
Stritt wütender, tat Heldentat,
Bis deine Feinde flohn.
  Nun dankt er Gott für seine Macht
Und singt: Victoria!
Und alles Blut aus dieser Schlacht

Fließt nach Th***
  Und weigert sie auf diesen Tag
Den Frieden vorzuziehn;
So stürme, Friedrich, erst ihr Prag,
Und dann führ uns nach Wien!

HRN. SAMUEL RICHARDSONS
Verfassers der Pamela, der Clarissa und des Grandisons

SITTENLEHRE FÜR DIE JUGEND

*in den auserlesensten Aesopischen Fabeln
mit dienlichen Betrachtungen zur Beförderung der Religion
und der allgemeinen Menschenliebe vorgestellet*

Vorrede des Übersetzers.

Aesopus, die wahren oder fabelhaften Umstände seines Lebens, die Einrichtung und Nützlichkeit seiner Fabeln, die lange Reihe seiner Nachahmer etc. würden für einen Vorredner, der ein Vergnügen daran fände, die allerbekanntesten Dinge zu sagen, ein sehr ergiebiges Thema sein. In der Hoffnung aber, daß niemand hier suchen werde, was man überall finden kann, glauben wir dem Leser bloß anzeigen zu dürfen, wie der berühmte Name eines *Richardson* für ein Buch komme, das gänzlich dem Gebrauche und dem Unterrichte der Kinder bestimmt ist.

Roger Lestrange ist bei den Engländern der berühmteste Compilator Aesopischer Fabeln. Er hat deren einen ganzen Folianten herausgegeben, fünfhundert an der Zahl; und in der Folge, auf Anhalten des Verlegers, noch einen zweiten Band hinzugefügt. Seine Schreibart wird von seinen Landsleuten für eine der reinsten und meisterhaftesten gehalten; und seine Weise zu erzehlen für leicht, munter und voller Laune. Auch in dem Hauptwerke läßt man ihm die Gerechtigkeit widerfahren, daß seine Anwendungen und Sittenlehren passend, nicht abgedroschen, nachdrücklich und gemeinnützig sind.

Doch fanden sich Leute – und wo findet ein guter Schriftsteller dergleichen Leute nicht? – welche einen bessern Geschmack zu haben glaubten, weil sie einen andern hatten, als das zufriedne Publicum. Ein gewisser *S. Croxal*, um seinen eignen Geburten Platz zu schaffen, bekam den liebreichen Einfall, die Fabeln des *Lestrange*, weil sie nicht so grade zu für elend ausgeben wollte, als gefährlich zu verschreien. Ihr Verfasser, versicherte er, habe sich nicht als ein rechtschaffner Britte, sondern als ein Feind der Freiheit, und ein gedungner Sachwalter des Pabsttums und der uneingeschränkten Gewalt in diesem Werke erwiesen, welches doch für eine freigeborne Jugend geschrieben sein sollte.

Diesem Vorwurfe nun, ob er gleich der gegründeste nicht ist, sind wir die gegenwärtige Arbeit des Herrn *Richardsons* schuldig. Er wollte ihm, mit der gewissenhaftesten Genauigkeit, abhelfen, und daher teils diejenigen Fabeln, welchen *Lestrange*, nicht ohne Gewaltsamkeit, eine politische Deutung gegeben, auf allgemeinere Lehren wieder zurück bringen, teils diejenigen, welche keine andre, als politische Anwendung litten, mit aller möglichen Lauterkeit der Absichten bearbeiten.

So weit ging des Herrn *Richardsons* erstes Vorhaben. Bei der Ausführung aber fand er, daß es nicht undienlich sei, sich weitere Grenzen zu setzen. Er ließ einen guten Teil weg, alles nemlich, was mehr ein lächerliches Märchen, als eine lehrreiche Fabel war; er gab vielen, auch von den *nicht politischen*, einen bessern Sinn; er verkürzte; er änderte; er setzte hinzu; kurz, aus der Adoption, ward eine eigne Geburt.

Und hiervon wird sich auch ein deutscher Leser überzeugen können, wenn er sich erinnern will, daß ein großer Teil der Fabeln des *Lestrange*, bereits vor vielen Jahren, in unsre Sprache übersetzt worden. Man stelle die Vergleichung an, und sie wird gewiß zum Vorteile der gegenwärtigen ausfallen.

Wer wird sich auch einkommen lassen, etwas für mittelmäßig zu halten, wobei der unsterbliche Verfasser der *Pamela*, der *Clarissa*, des *Grandisons* die Hand angelegt? Denn wer kann es besser wissen, was zur Bildung der Herzen, zur

Einflößung der Menschenliebe, zur Beförderung jeder Tugend, das zuträglichste ist, als er? Oder wer kann es besser wissen, als er, wie viel die Wahrheit über menschliche Gemüter vermag, wenn sie sich, die bezaubernden Reize einer gefälligen Erdichtung zu borgen, herabläßt?

Es ist durchaus unnötig, sich in eine weitläuftigere Anpreisung einzulassen. Noch weniger wollen wir einen *Bellegarde*, dessen Fabeln jetzt am meisten in den Händen der Kinder sind, mit einem *Richardson* zu vergleichen wagen; denn der Engländer würde sich, nach der Art der alten römischen Tribune, mit Recht beschweren können, *se in ordinem cogi*.

Man hat bei der Übersetzung nichts weggelassen, als das Leben des *Aesopus*. In Ansehung des Äußerlichen aber, hat sie vor dem englischen Originale, so wohl was die Kupfer als den Druck anbelangt, einen großen Vorzug bekommen. Einem Buche für Kinder, haben die Verleger geglaubt, müsse nichts fehlen, was Kinder reizen könne. *Leipzig*, den 17 März 1757.

DRAMATISCHE FRAGMENTE AUS DEM NACHLASS

⟨VERMUTLICH AUS DEN JAHREN
1754-1757⟩

DAS BEFREITE ROM.

ERSTER ACT.

1. Auft. Forum.
Brutus.

Allein. Er entdeckt in kurzen Worten seine Verstellung, die ihm zur Last zu werden anfängt.

2ter Auftritt.

Zwei Römer kommen dazu, die sich von der Tyrannei des Tarquinius unterreden. Sie werden den Brutus gewahr, kehren sich aber nicht an ihn, weil sie ihn für einen Unsinnigen halten. Sie erwähnen der letzten Freveltat des Tarquinius an der Lucretia.

3ter Auftritt.

Lucretia erscheinet, von einer Menge Pöbel begleitet, und zwei Sklavinnen. Sie ist wütend, erzehlt dem Volke ihre Schande. Ersticht sich vor den Augen desselben, und wirft den Dolch unter das Volk, mit dem Ausruf: meinem Rächer! Wird sterbend abgeführt.

4ter Auftritt.

Brutus ergreift den Dolch; da sich keiner ihn aufzuheben wagen will. Die Menge lacht, daß er in seine Hände gefallen; betauert aber das Schicksal der Lucretia.

ZWEITER ACT.

Erster Auft.

Brutus zweideutige und prägnante Spöttereien über den Dolch, und die Tat die damit verübet worden; gegen verschiedne aus dem Volke.

2ter Auftritt.

Es kommen die Lictores das Volk auseinander gehn zu heißen. Das Volk treibt sie weg.

3ter Auftritt.

Brutus fährt mit seinen bedeutenden Possen fort.

4ter Auftritt.

Tarquinius mit Lictoren erscheint selbst. Der Pöbel fliehet aus einander, und läßt den Brutus auf dem Platze allein. Der König triumphiert über diese Furcht. Er läßt sich mit dem Brutus ein, und er hört ihn als einen Narrn an. Der Pöbel steht von ferne. Brutus ersticht ihn; und geht rasend ab. Tarquinius wird sterbend abgeführt.

DRITTER ACT.

Erste Scene.

Collatinus erscheint; und redet an das Volk von seinen Ansprüchen auf den erledigten Thron.

2. Scene.

Eine andre Menge kömmt hereingestürzt und rufet: Freiheit! Brutus!

COLLATINUS. Wie lange soll dieser Rasende noch die Stadt verwirren!

BRUTUS. Hört mich, ihr Römer; ich bin kein Rasender, kein Wahnwitziger.

Er declamiert wider die Könige, und Collatinus muß sich entfernen.

3te Scene.

Publicola erscheint, den man als den Gemahl der Lucretia annehmen muß. Brutus trägt ihm die Regierung auf; nicht als König, sondern als Berater des Volks. Er erklärt, daß er sie nicht selbst annehmen könne, weil ihn seine Verstellung dazu untüchtig gemacht.

4. Scene.

Die tanzenden Salier kommen herein. Und einer prophezeit die künftigen Schicksale Roms; womit das Stück schließt.

DIE CLAUSEL IM TESTAMENTE.

Araspe. Ein reicher Banquier.
Lelio, sein Sohn.
Camilla, seine Tochter und Frau des *Philibert.*
Juliane. Tochter des verstorbenen Pancraz, Consorten des Araspe.
Panurg. Stiefbruder des verstorbenen Pancraz.
Joachim. Sohn des Panurgs.
Lisette.
Pasquin. Bedienter des Panurgs, und ehemaliger Bedienter des Araspe.
Ein Notarius.
Man sehe die XII Komödie des Goldoni im 3ten Teile,* *l'Erede fortunata.*

ACTUS PRIMUS.

Sc. 1.
Lisette. Pasquin.

Sc. 2.
Araspe. Panurg *und* Joachim.
Sie zanken über das eröffnete Testament.

Sc. 3.
Araspe. Lelio.
Siehe beim Goldoni die 2te Scene im 1. Act.

---

* nemlich nach der 4ten Venetianischen Ausgabe, deren Titel ist: *Le Comedie del Dottore Carlo Goldoni Avvocato Veneto fra gli Arcadi Polisseno Fejego. Quarta Edizione. Venezia 1753 per Giuseppe Bettinelli.*

Sc. 4.
Lelio.
Siehe die dritte Scene im 1. Act.

Sc. 5.
Pasquin. Lelio.
Siehe die 4te Scene im 1. Act.

Sc. 6.
Pasquin. Lisette.
Siehe die 5te Scene im 1. Act.

ACTUS SECUNDUS.

Sc. pr.
Juliane. Lisette.
Juliane hat den Lelio gesprochen, welchen ihr der Vater zu nehmen geraten. Siehe die XI, XII und XVI Scene im ersten Act.

Sc. II.
Juliane. Philibert.
Siehe die 17 Scene im ersten Act.

Sc. III.
Juliane. Philibert. Camilla.
Siehe die 18 Scene im ersten Act.

Sc. IV.
Philibert. Camilla.
Siehe die 19 Scene im ersten Act.

Sc. V.
Camilla *und hernach* Araspe.
Siehe die 20 Scene im ersten Act.

Sc. VI.
Siehe die 21 Scene im ersten Act.

ACTUS TERTIUS.

Sc. pr.
Juliane.
Siehe die erste Scene des 2ten Acts.

Sc. II.
Araspe. Juliane.
Siehe die zweite Scene im zweiten Act.

Sc. III.
Araspe.
Siehe die 3te Scene im zweiten Act.

Sc. IV.
Araspe. Lelio.
Siehe die 4te Scene im zweiten Act.

Sc. V.
Araspe *und hernach* Camilla.
Camilla ist noch immer eifersüchtig, und will Genugtuung haben. Araspe spricht sie zufrieden, und geht ab.

Sc. VI.
Camilla *und hernach der dumme* Joachim.
Joachim macht ihr tausend Schmeicheleien, um sie auf seine Seite zu ziehen.

Sc. VII.
Philibert *und* die Vorigen.
Philibert ertappt den Joachim über den Schmeicheleien, und nimmt sie auf der schlimmen Seite. Er jagt ihn fort, und spielt den eifersüchtigen mit seiner Frau, und will ihr des-

wegen die Schlüssel zu ihrem Geschmeide und Putz verschließen. Siehe die 19 Scene im zweiten Act.

ACTUS QUARTUS.

Sc. pr.
Camilla.
Sie beklagt sich, daß ihr Philibert wirklich allen Putz verschlossen.

Sc. II.
Camilla. Philibert.
Siehe die sechste Scene im dritten Acte.

Sc. III.
Philibert.
Siehe die letzte Rede in der 6ten Scene des dritten Acts.

Sc. IV.
Pasquin *und* Philibert.
Philibert freut sich, den Pasquin wieder in ihrem Hause zu wissen. Und Pasquin bezeigt seinen Verdruß wider den Panurg, aus dessen Diensten er sich sehne. Philibert geht ab, und Pasquin macht sich auf den Betrug gefaßt, zu dem ihn Araspe braucht.

Sc. V.
Pasquin. Panurg.
Siehe die 9te Scene des dritten Acts.

Sc. VI.
Panurg.
Siehe die letzte Rede in der 9 Scene des dritten Acts.

ACTUS QUINTUS.

Sc. pr.
Araspe *und* Panurg.
Panurg hat bereits alles zum Vergleiche richtig gemacht.

Sc. II.
Araspe. Panurg. Joachim.
Joachim will die Juliane durchaus, und will sich nicht mit den zehntausend Talern Abstand begnügen.

Sc. III.
Lelio. Juliane *und* die Vorigen.

Sc. IV.
Der Notarius *und* die Vorigen.
Siehe die vierzehnte Scene im 3ten Act.

Sc. V.
Joachim geht mit dem Gelde ab; und der Notarius gleichfalls.

Sc. VI.
Juliane. Lelio. Araspe. Panurg.
Siehe gleichfalls die 14 Scene im 3. Act.

Sc. VII.
Die Vorigen. Pasquin. Lisette.
Siehe die zweite 14 Scene im 3ten Act. p. 334. Panurg geht mit Schimpf und Verdruß ab, nachdem sich Pasquin bei ihm beurlaubt.

DIE GLÜCKLICHE ERBIN.

EIN LUSTSPIEL IN FÜNF AUFZÜGEN.
Nach *l'Erede fortunata* des Goldoni.

Personen.

Araspe. Ein reicher Banquier.
Lelio. Sein Sohn.
Camilla. Seine Tochter und Frau des
Philibert.
Juliane. Tochter des verstorbenen Pancraz, Consorten des Araspe.
Panurg. Bruder des verstorbenen Pancraz.
Joachim. Ein junger Anverwandte des Panurgs.
Lisette.
Pasquin. Bedienter des Panurgs, und ehemaliger Bedienter des Pancraz.
Ein Notarius.

ERSTER AUFZUG.

Erster Auftritt.

Pasquin. Lisette.

PASQUIN. Das Frühstück war verzehrt! Der Magen ist versöhnt. Und nun, Lisette, laß uns auch der Liebe das schuldige Morgenopfer bringen. *will sie umarmen.*
LISETTE. Herr Pasquin – *indem sie ihn zurückstößt.*
PASQUIN. Mademoisell! – Sei keine Närrin. Sind wir nicht allein? Das ganze Haus ist in dem großen Zimmer auf einen Klump versammelt, und niemand wird uns stören.

Sie eröffnen das Testament. Das Testament, Lisette! Woran denkt man zugleich, wenn man an ein Testament denkt? An den Tod. Und wenn man an den Tod denkt, woran denkt man da zugleich? An die Liebe. Ja wahrhaftig an die Liebe. Wäre die Liebe nicht, so wäre dem Tode längst das Handwerk gelegt; die Welt wäre ausgestorben, und der Tod selbst hätte müssen den Weg alles Fleisches wandern. Dem Testamente also zu Folge, und auf jungen Zuwachs für den Tod, erlaube, meine liebe Lisette, daß ich dich nach Jahr und Tag wieder einmal umarme.

LISETTE. *die ihn abermals zurückstößt:* Man sollte schwören, der Mosjeu kenne mich sehr genau.

PASQUIN. Es schwöre wer Lust hat! Wenn er einen falschen Eid tut, so nehm ichs auf mich – Aber sieh doch: Mosjeu? Und erst, Herr? Steigt das, oder fällt das? – Jungfer Lisette, Sie wird mich böse machen. Du sollst mich weder Mosjeu noch Herr nennen; du sollst mich deinen lieben Pasquin nennen. Hörst du Lisette?

LISETTE. Bei jedem Worte, das ich höre, ist mir, als ob ich vom Himmel fiele. Ei, mein lieber Pasquin? Und gestern habe ich Ihn in meinem Leben das erstemal gesehn. Denn ich will doch nicht hoffen, daß Er ein gewisser Pasquin ist, der vor langen langen Zeiten einmal bei dem verstorbnen Herrn Pancraz in Diensten war? Wenn Er das wäre, gewiß, ich kratzte Ihm die Augen aus.

PASQUIN. *bei Seite:* Was mach ich nun? Soll ichs sein, oder soll ichs nicht sein?

LISETTE. *bei Seite:* Ich will ihn doch wenigstens ein Bißchen zappeln lassen. – Der Schurke von einem Pasquin. –

PASQUIN. Gemach!

LISETTE. Der Galgenstrick –

PASQUIN. Behüte!

LISETTE. Ja wag Er es einmal, und nehm Er sich seiner an.

PASQUIN. Nein, gewiß das wag ich nicht: Meine Augen sind mir zu lieb. Aber so viel muß ich sagen: die Pasquine sind, so lange die Welt steht, ehrliche brave Leute gewesen. Selbst die Poeten wissen davon zu erzählen. Man schlage die Komödien nach! Was für ansehnliche Rollen lassen sie uns nicht darin spielen! Wir sind allezeit treu, verschlagen, hurtig, und die allerergebensten Liebhaber der Lisetten. Würden uns aber wohl diese strengen Beobachter der Wahrheit, die Poeten – die Dichter! würden sie uns wohl in ihren unsterblichen Werken, die zwar freilich in dieser Zeitlichkeit oft ausgepfiffen werden, – würden sie uns wohl, sag ich, so vorteilhaft schildern, wenn sie uns im gemeinen Leben nicht so gefunden hätten? Dahingegen haben die Lisetten bei ihnen ein weit geringer Lob. Jung zwar und hübsch lassen sie diese Tierchen immer sein.

LISETTE. Diese Tierchen, Herr Schlingel?

PASQUIN. Nicht so wütend, Jungfer; sonst muß ich sagen diese Tiere! – Störe Sie mich nicht! – Jung und hübsch, sag ich, malen die Dichter die Lisetten zwar alle; auch dabei verschmitzt, schnipsch und plauderhaft. Aber daß sie auch allezeit buhlerisch, unbeständig und treulos sind, das – das hat den Teufel gesehen! *in einem affektierten tragischen Tone:* O Himmel! Furcht und Eifersucht zerfleischen mein gequältes Herz. Wo auch meine Lisette eine Lisette nach dem gemeinem Schlage ist, wo auch sie ihren Prinz Pasquin vergessen, wo auch sie ihrem flatterhaften Herzen den Ziegel schießen lassen –

LISETTE. *verwundernd:* Nu?

PASQUIN. *noch tragisch:* Ich vergeh! Nur erst der zwölfte Monden drohet zu verfließen, seit dem mich ein neidisches Schicksal ihren Augen entrissen. Erst der zwölfte Monden, und ach ihr Götter! wie gleichgültig hat sie mich aufgenommen. Die Grausame tut, als ob sie mich gar nicht kenne. Warum tut sie so, die Grausame? Euch ihr verschwiegnen Wände, euch muß es noch bewußt sein, welche Zärtlichkeit uns ehedem verband. Ach, dieses Andenken benimmt mir die Sprache – Ich kann nicht mehr! Ist kein Lehnstuhl da, in welchen ich mich werfen könnte?

LISETTE. *bei Seite:* Der Spitzbube, wo er mich erst zum Lachen bringt, so ist es um meine Verstellung getan.

PASQUIN. *noch tragisch:* Man denke nur! Heiraten wollte ich sie sogar; heiraten! Auf den nächsten Sonntag waren die Ceremonien schon festgesetzt. Aber ach, was für ein Sonnabend ging vor diesem Sonntage vorher! Schrecklicher Sonnabend! Mein Herr jagte mich zum Teufel. Ich mußte diesen Pallast verlassen; Knall und Fall mußte ich ihn verlassen, so, daß ich auch nicht einmal von meiner Braut Abschied nehmen konnte. Mich schauert, wenn ich daran gedenke! Der böse tyrannische Pancraz! Daß er jetzt in seinem Grabe ein ganzes Jahr eher verfaulen müßte. Ich floh auf das Land zu seinem Bruder, dem Herrn Panurg, welcher mich in meinem Elende aufnahm. Doch wo flieht ein Elender hin, daß ihm nicht sein Elend nachfolge? Gerechten Götter, ich kam aus dem Regen unter die Traufe! Eben konnte ich es nicht länger aushalten, als wir die Nachricht von dem Tode des Pancraz bekamen. Freudige Nachricht! Freudig war sie für meinen Herrn; freudig für mich. Er beschloß sogleich sich anher zu begeben, und ich, ich beschloß ihm zu folgen. Ihn trieb die Hoffnung, sich, oder wenigstens den Vetter Jochen, in dem Testamente seines Bruders bedacht zu finden. Mich hingegen trieb ein weit edlerer Eigennutz; der Eigennutz meiner Liebe; die Begierde, mich wieder in die Arme meiner zurückgelassenen Braut zu werfen. Und nun, da ich hier bin, da ich –

LISETTE. Ha! – *Sie will in Lachen ausbrechen, um es aber noch zu verbergen, wendet sie das Gesicht vom Pasquin, und hält das Schnupftuch vor.*

PASQUIN. War das ein Seufzer, Grausame? Daß er es gewesen wäre! Aber warum wendest du dein Gesicht weg? – O wenn hinter diesem schneeweißem Tuche ein weinendes Auge verborgen wäre, und deine unverdiente Strenge gegen mich endlich in Tränen zerflösse! – Sieh mich zu deinen Füßen, du Tygerherz! *er fällt nieder:* Du siehst mich zum letztenmale, wo nicht ein gnädiger Blick –

LISETTE. *die sich des Lachens nicht länger enthalten kann:* Hör auf, oder ich muß ersticken. Ha! he! Ha! he!

PASQUIN. *indem er wieder aufsteht:* O pfui! Man hörts doch gleich, daß die Lisetten keine tragische Personen sind.

LISETTE. Höre, Pasquin; ich hätte wohl Ursache dich verzweifeln zu lassen. Doch deine Reue, und deine Versichrung, daß du nur meinetwegen mit hieher gekommen bist – Was ist das für ein Lärm? Horch doch! Dein Herr, wie er schreit! Ganz gewiß ist das Testament eröffnet, und der Inhalt ist nicht nach seinem Kopfe gewesen. Komm hier weg, ich will dich anderwärts von der völligen Wiederangedeihung meiner Gnade versichern. *gehen ab.*

Zweiter Auftritt.

Araspe. Panurg. Joachim.

PANURG. *erhitzt:* Schon gut, schon gut. Es ist noch eine Gerechtigkeit in der Welt. Es ist noch eine, sag ich, es ist noch eine, ob man sie gleich ziemlich suchen muß. Und das ist mein Glück, und das ist auch dein Glück, Jochen!
JOCHEN. *weinerlich und dumm:* Auch mein Glück!
PANURG. Du armer Jochen!
JOACHIM. Armer Jochen!
PANURG. Siehst du, daß dein seliger Onkel ein Schurke war!
JOACHIM. Ein Schurke war!
ARASPE. Aber, Herr Panurg –
PANURG. Aber, Herr Araspe, reden Sie nicht, oder – Was ich gesagt habe, sage ich noch einmal. Mein Bruder hat als ein Narr gelebt, und ist als ein Narr gestorben! Sie sind ein Betrieger, ein Falsarius, und der Notar, der das Testament gemacht hat, verdient den Galgen. Da haben Sies! lassen Sie Feder und Papier bringen, ich wills Ihnen schriftlich geben.
ARASPE. Der Zorn ist eine Raserei, und einem Rasenden muß man alles zu sagen vergönnen.
PANURG. Einem Rasenden? Was? Ist es nicht genug, daß Sie mich, und diesen armen Jungen, bestohlen, beraubt, geplündert haben? Müssen Sie mir noch Injurien sagen? Ich, ein Rasender? Schon gut! Du hasts gehört, Jochen, du hasts gehört!

JOACHIM. Ja, Herr Vetter, ja, ich habs gehört, und ich weiß das Sprüchelchen auch auf Lateinisch: *ira furor brevis est.*

PANURG. Ach schweig; du bist ein Schöps! – Ich will alles, was ich gesagt habe, Stück vor Stück beweisen. *Pro primo*, mein Bruder hat als ein Narr gelebt. Er handelte mit Ihnen in Compagnie, und hätte sein Commercium allein führen können; er hielt Sie für seinen Freund, und traute Ihnen in allen Stücken blindlings; er traute Ihnen sogar mehr, als seinen nächsten Blutsfreunden. Narrheit an Narrheit! *Pro secundo*, mein Bruder – oder damit ich den Nichtswürdigen nicht mehr meinen Bruder nenne – Pancraz ist als ein Narr gestorben. Ich sage nicht, er ist in einer Narrheit gestorben; das wäre zu wenig; denn in einer Narrheit stirbt mancher kluge Mann. Sondern ich sage: alles war Narrheit, was er vor seinem Tode und in Absicht auf seinen Tod tat. Er machte ein Testament, und hätte keines zu machen gebraucht. Das müssen alle Menschen erkennen; nur die Juristen ausgenommen, die von solchen Narrheiten leben. Denn wozu ein Testament, da er eine einzige leibliche Tochter hinterläßt, die notwendig seine Erbin sein muß? Wollen Sie sagen, wegen der Vormundschaft? Vormund, von Gott und Rechts wegen, wäre ich gewesen, als der nächste Anverwandte. Und wäre ich Vormund geworden, so hätte ich schon darauf sehen wollen, daß auch Vetter Jochen, dem er bei Lebzeiten immer viel versprach, und wenig hielt, sein Glück dabei gemacht hätte. Die Tochter hätte ihn müssen heiraten.

JOACHIM. Wird sie mich nun nicht heiraten, Herr Vetter? Sie muß mich heiraten; sie muß. Denn wenn ich gewußt hätte, daß sie mich nicht heiraten wollte, so hätte ich mich fein mit Pachters Liesen nicht gezankt.

PANURG. Sei stille, Jochen! – Aber wenn er nun auch ein Testament mit aller Gewalt hätte machen wollen, muß er denn ein so wahnwitziges machen? Ein so unsinniges, als nimmermehr einer, der im Tollhause an der Kette stirbt, hätte machen können?

ARASPE. Ich wundre mich über meine Geduld, Sie anzuhö-

ren. Sie wird gewiß ausreißen, wenn Sie Ihre unvernünftige Hitze –
PANURG. Meine Hitze? Es wäre Ihr Unglück, wenn ich erst hitzig würde. Man kann nicht bei kälterm Blute seyn, als ich bin. Ich sage alles mit dem ruhigsten Gemüte. Ja, ja! So närrisch ist im Tollhause keiner gestorben, als mein Bruder gestorben ist. Man denke nur! Seine Tochter soll seine Universalerbin nicht anders, als unter der Bedingung sein, daß sie den Herrn Araspe heiratet. Und das ist der Herr Araspe! Der armselige Ehekriepel hier, der schon selbst erwachsene und verheiratete Kinder hat, der ehster Tage Großvater werden wird, den soll ein frisches Mädchen von zwanzig Jahren heiraten, wenn sie nicht will so gut, als enterbt, sein.
ARASPE. Warten Sie doch nur, bis sie es tut. Wissen Sie denn schon Julianens Gesinnungen? Sie sollten über diese harte Last, die ihr ihr Vater aufgelegt hat, eher freudig als verdrüßlich sein. Denn was sagt das Testament weiter? »Im Fall aber meine Tochter einen andern heiraten wollte, will ich zu meinem Universalerben meinen Bruder, den Herrn Panurg, und meinen Vetter Joachim erklärt haben, welche meiner Tochter von meiner ganzen Verlassenschaft, nicht mehr als zehn tausend Taler zur Aussteuer abzugeben gehalten sein sollen.« – So heißt es im Testamente! Sollte man nun nicht vielmehr glauben, der Testator habe mir nur deswegen seine Tochter zur Frau bestimmt, damit er Ihnen auf eine gute Art sein ganzes Vermögen zuwenden könne? Ohne Zweifel, daß er den Ungehorsam seiner Tochter für schon gewiß gehalten hat. –
PANURG. Ei, großen Dank! Sie wird nicht ungehorsam sein; ich weiß gewiß, sie wird nicht. Denn heut zu Tage sind die Mädchen bei weitem nicht mehr so delicat, als wir sie in den alten Romanen finden. Ein alter Mann mit Gelde, und ein junger Mann ohne Geld, das sind jetzt gar nicht mehr Dinge, unter welchen ihnen die Wahl schwer fiele. Sie nehmen, wenn es sein muß, jenen ohne Bedenken, im festen Vorsatze, ihn auch ohne Bedenken zum Hahnrei zu machen. Da haben Sie Ihr Prognosticon, Araspe! Schade, daß

ich nicht das Werkzeug dazu sein soll! Ha! ha! ha! - Aber ich bin wohl nicht klug, daß ich darüber lache. Das Glück wäre für Sie noch viel zu groß, wenn Sie von einem Mädchen, wie Juliana ist, zum Hahnrei gemacht würden. So weit muß es nicht kommen! Es muß gewiß so weit nicht kommen! Das Testament kann nicht anders als für null und nichtig erklärt werden; und zwar eben deswegen, weil es so unsinnig ist; denn seine Unsinnigkeit ist ein Beweis, daß der Testator nicht bei Verstande gewesen. Ein Mensch aber, der nicht bei Verstande ist, kann nicht testieren. Wissen Sie das noch nicht? Er kann nicht testieren. Und *ex hoc capite* will ich klagen. Aber gesetzt -

JOACHIM. *Posito sed non concesso,* sagt der Lateiner.

PANURG. Halt dus Maul, wenn ich rede! - Aber gesetzt - Sie sehen, Araspe, ich rede mit vieler Überlegung - Gesetzt, sag ich, ich käme damit nicht fort, daß mein Bruder bei dem Testieren seines Verstandes nicht mächtig gewesen; gesetzt, das Gegenteil würde erwiesen, wie sichs gehört: je nun, desto schlimmer für Sie! Ein unsinniges Testament ist da; der Testator ist nicht unsinnig gewesen, er kann das unsinnige Testament also auch nicht gemacht haben. Was folgt nun hieraus? Es muß untergeschoben sein. Und von wem muß es untergeschoben sein? Von dem, der den meisten Vorteil dabei haben würde; von Ihnen.

ARASPE. Sie reden mit vieler Überlegung!

PANURG. Und zugleich mit Einsicht. O ich bin durch die Schulen durch. Ich weiß es aus der Erfahrung, wie dergleichen Sachen laufen können. Und wissen Sie, was ein Falsarius für Strafe zu erwarten hat? Sie werden sich noch zu gratulieren haben, wenn Sie den Galgen abkaufen können. Der Notarius aber, der sich dazu hat brauchen lassen, der muß dran glauben. Da ist keine Gnade! Er muß hängen; und ich seh ihn, ich sehe ihn schon hängen.

ARASPE. *lächelnd:* Der arme Mann!

PANURG. Sie lachen noch? Nun hab ich genug. An dem Rande seines Verderbens zu lachen -

JOACHIM. *Per risum multum -*

PANURG. *Tum!* Wo du noch einmal reden wirst, Junge – Hören Sie, Araspe, damit ich zeige, daß ich Menschenliebe habe, und daß ich einmal Ihr guter Freund gewesen bin; entsagen Sie sich im guten aller Ansprüche auf die Verlassenschaft meines Bruders. Wenn Sie das wollen, so wollen wir den ganzen Plunder begraben; ich will nichts aufrühren, sondern zufrieden sein, daß Juliane die einzige Erbin *quasi ab intestato* bleibe, nur mit der Bedingung, daß sie Vetter Jochen heiratet.
JOACHIM. Mich, Herr Araspe, mich! O ja, tun Sie es doch!
PANURG. Erklären Sie sich bald; wollen Sie, oder wollen Sie nicht?
ARASPE. Aber was kann das werden? Der arme Notar hängt ja doch einmal am Galgen.
PANURG. Sie spotten, glaub ich, gar?
JOACHIM. Herr Araspe, ich bitte, ich bitte –
PANURG. Du bittest, Schurke? Und er sollte uns bitten, daß wir seine Streiche nur noch vertuschen möchten? Esel von einem Jungen! Willst du denn nie klug werden? Ich rüffle doch an dir, und rüffle – Komm fort! Wissen Sie, Herr Bräutigam, Herr Erbe, auch Herr Vormund zugleich, wo ich nun spornstreichs hingehe? Zum Advocaten! Zum Advocaten!
ARASPE. So werde ich wohl immer das Geld, mich vom Galgen los zu kaufen, bereit halten müssen?
PANURG. Ja; Herr Bräutigam, Herr Erbe, Herr Vormund zugleich – Wirst du dich drollen, Junge? *Geht ab, indem er Jochen voranstößt*:

Dritter Auftritt.

Araspe.

Es ist mir lieb, daß ich mich bei den Grobheiten dieses Mannes noch so habe mäßigen können. – Es muß ihn freilich schmerzen, und das Testament wird mehrern wunderbar vorkommen, die die Denkungsart meines Freundes nicht gekannt haben. Für seinen guten Namen, und für den Credit unsrer gemeinschaftlichen Handlung, war er alles aufzuopfern fähig. Er wußte der Trennung unsrer Güter, die er für gefährlich ansahe, auf keine andre Weise vorzubauen, als wenn er –

Vierter Auftritt.

Araspe. Lelio in tiefen Gedanken.

ARASPE. Sieh da, mein Sohn! – Was sagst du, Lelio, zu dem Glücke deines Vaters? Der rechtschaffene Pancraz! Es würde mit mir, und also auch mit dir, nicht zum besten ausgesehen haben, wenn ich mich mit Julianen hätte abfinden müssen. Es ist nicht alles Gold, was glänzet. Wir haben einen großen Credit, wir haben große Kapitale; aber wir haben auch große Schulden! Wie gut ist es, daß nunmehr alles in seiner Ordnung bleibt, und unsre Handlung, unter ihrem alten Namen, mit gleichem Nachdrucke fortgeführet werden kann! – Aber was ist das? Warum sprichst du nicht? – Du siehst gen Himmel? Du seufzest? Gönnest du mir mein Glück nicht? Oder befürchtest du, ich möchte in einer neuen Ehe weniger auf deine Versorgung bedacht sein? Fürchte nichts, mein Sohn. Du weißt, wie sehr ich dich liebe; ich denke weniger an mich selbst, als an dich, und wenn ich zu einer zweiten Verbindung schreite, so tu ich es, weil ich muß, und mehr um deine Umstände zu verbessern, als etwa einer mir nunmehr unanständigen Neigung zu willfahren. Suche dir ein Frauenzimmer, das dir gefällt; hier hast du meine Einwilligung im Voraus. Du sollst, so bald du willst, dein eigner Herr sein. Mein Eidam, das Stutzerchen, soll mir aus dem Hause, samt meiner närrischen eifersüchtigen Tochter. Ist dir auch deine Stiefmutter Juliane lästig, so will ich mich mit ihr aufs Land begeben, und dich allein hier lassen. Was willst du mehr? Kann dein Vater mehr für dich tun? Drum sei auch wieder heiter und fröhlich, mein Sohn. Erwidre die Liebe deines Vaters mit Liebe. Mein Blut wollte ich für dich vergießen.

LELIO. Liebster Vater, Sie lieben mich mehr, als ich verdiene, überhäufen mich mit Wohltaten über Wohltaten. Ich erkenne es mit kindlichstem Dank. Befehlen Sie über mich ganz: aber ein innerlicher Kummer drückt mich nieder, und ich kann nicht so heiter sein als Sie verlangen.

ARASPE. Woher kommt das aber? Du bist ja nicht melancholischen Temperaments; bist ja sonst vergnügt und lustig gewesen. Wie du immer spaßtest und mich aufheitertest! Und nun auf einmal ein ganz anderer Mensch!

LELIO. *vor sich:* Ich muß schon einen Vorwand ersinnen, um ihn zu beruhigen. Ich will es Ihnen sagen, liebster Vater, der Tod des alten Pancraz geht mir nahe, will mir gar nicht aus dem Sinn, bringt mich auf die Betrachtung des kurzen menschlichen Lebens, der Notwendigkeit zu sterben, und der Ungewißheit unsers Endes.

ARASPE. Lieber Sohn, was zu viel ist, ist zu viel und ist vom Übel. An den Tod denken ist gut. Aber so an den Tod denken ist nicht gut. Wer soviel Furcht vor dem Tod hat, beweiset, daß er das Leben zu sehr liebt. Bestrebe dich gut zu leben, wenn du gut sterben willst. Weg mit der Melancholie! tu deine Schuldigkeit und mache dir erlaubtes Vergnügen. Folge deinem Vater und nicht deiner Leidenschaft. Ich muß ja eher sterben, wie du; denn ich bin älter wie du, aber nicht deswegen traurig. Ich lebe als ein ehrlicher Mann, um als ein zufriedner Mann sterben zu können. – Denke diesem nach, mein Sohn! Muntre dich auf und laß mich, wenn ich dich bald wiedersehe, ein fröhliches Gesicht erblicken. *umarmt ihn und geht ab.*

Fünfter Auftritt.

LELIO. *der ihm mit Verwirrung nachsieht:* Armer, betrogener Vater! Dein Feind, dein Nebenbuhler ist es, den du so zärtlich umarmt hast. Aber wie? Werde ich so ruchlos sein und Julianen mehr lieben, als den, dem ich das Leben zu danken habe? Nein, ich muß sie unterdrücken, diese Liebe, so unschuldig sie auch sonst war. Mein hartes Geschick macht sie mir von nun an zu einem Verbrechen. – – Aber wie teuer wird es mir werden, alle meine Glückseligkeit auf einmal so aufzugeben? – Was hilft es? ich muß. Oder will ich lieber eine unschuldige Tochter ihrer väterlichen Verlassenschaft berauben, und meinen Vater von dem Gipfel seiner Hoffnung herabstürzen? Nein, gewiß, das will ich nicht – So sei sie denn meine Mutter, die meine Gattin nicht sein kann. – Verhaßter Wechsel! –

Sechster Auftritt.

Pasquin. Lelio.

PASQUIN. Das geht gut! Man fängt schon wieder an, mich als einen Bedienten vom Hause anzusehen. Nun, Herr Panurg, werden wir am längsten beisammen gewesen sein! – Aber da ist er ja, an den ich meine Commission auszurichten habe! – Herr Lelio –

LELIO. *ohne daß er den Pasquin gewahr wird:* Ich bin der unglücklichste Mensch unter der Sonne. – –

PASQUIN. Herr Lelio.

LELIO. Nimmermehr hätte ich es geglaubt –

PASQUIN. Herr Lelio.

LELIO. Geh zum Henker.

PASQUIN. *indem er gehen will:* Zum Henker? Ich geh, ich geh.

LELIO. Was wolltest denn du bei mir?

PASQUIN. Ich hatte Ihnen was von Mademoiselle Julianen zu sagen; aber ich gehe schon.

LELIO. Nein, warte. Was hast du mir zu sagen?

PASQUIN. Ich geh zum Henker.

LELIO. Rede, oder – *er droht ihm mit dem Stocke.*

PASQUIN. Bemühen Sie sich nicht, ich will reden. Mamsell Juliane sagte, sie müßte Sie notwendig sprechen.

LELIO. Juliane? Wo?

PASQUIN. Auf ihrem Zimmer.

LELIO. Ich werde gleich zu ihr gehen. – Aber nein, sage ihr, daß ich jetzt nicht kann.

PASQUIN. Gut, mein Herr. *und will abgehen.*
LELIO. Halt! – Es ist doch besser, daß ich selbst gehe. *und will gehen.*
PASQUIN. Ja, besser ist es.
LELIO. Aber was kann ich ihr sagen? Nein Pasquin, sage ihr, du hättest mich nicht gefunden.
PASQUIN. *indem er geht:* Das will ich sagen.
LELIO. Bleib, bleib – Entdeckt sie, daß es nicht wahr ist, so grämt sie sich. Ich will selbst gehen.
PASQUIN. Recht wohl!
LELIO. Aber in der Bestürzung, in der ich bin – Geh, sage ihr, ich würde nachkommen.
PASQUIN. Nichts anders. *und will gehn.*
LELIO. Nein, bleib, es ist meine Schuldigkeit, daß ich selbst gehe. *ab.*

Siebenter Auftritt.

Lisette. Pasquin.

PASQUIN. O der närrische Herr!
LISETTE. Pasquin.
PASQUIN. Die possierlichste Haut von der Welt.
LISETTE. Pasquin, Pasquin!
PASQUIN. Nu was giebts?
LISETTE. Madam Camille fragt nach dir.
PASQUIN. *macht Lelion nach:* Ich komme schon – aber nein. Tu mir den Gefallen und geh für mich.
LISETTE. Was soll ich ihr denn sagen.
PASQUIN. Es wird doch besser sein, daß ich selbst gehe.
LISETTE. O freilich wirds besser sein.
PASQUIN. Geh und sage ihr, du hättest mich nicht gefunden.
LISETTE. Warum denn diese Lüge?
PASQUIN. Erfährt sie aber, daß es nicht wahr ist – Ich werde gehn.
LISETTE. Nur hurtig.
PASQUIN. Geh du nur.

LISETTE. Sie hat aber nach dir und nicht nach mir gefragt.
PASQUIN. Freilich, wenn sie mich will, will sie dich nicht – –
Ich komme schon – – nein, ich gehe nicht – O Gott! –
Bleib, – bleib – ich gehe schon. *ab*.

NACHLESE ZU LESSINGS GEDICHTEN

2. EBENDIESELBEN (SINNGEDICHTE AN DEN LESER)

Wir möchten gern dem Kritikus gefallen:
Nur nicht dem Kritikus vor allen.
Warum? Dem Kritikus vor allen
Wird auch kein Sinngedicht gefallen.

3. AUF DEN NEUERN TEIL DIESER SINNGEDICHTE

Ins zweimal neunte Jahr, mit stummer Ungeduld,
Bewahrt', auf Besserung, sie mein verschwiegnes Pult.
Was sie nun besser sind, das läßt sich leicht ermessen:
Mein Pult bewahrte sie; ich hatte sie vergessen.

4. DER STACHELREIM

Erast, der gern so neu als eigentümlich spricht,
Nennt einen Stachelreim sein leidig Sinngedicht.
Die Reime hör' ich wohl; den Stachel fühl' ich nicht.

5. NIKANDER

Nikandern glückte jüngst ein trefflich Epigramm,
So fein, so scharf, als je von Kästnern eines kam.
Nun schwitzt er Tag und Nacht, ein zweites auszuhecken.
Vergebens; was er macht, verdirbt.
So sticht ein Bienchen uns, und läßt den Stachel stecken,
Und martert sich, und stirbt.

7. MERKUR UND AMOR

Merkur und Amor zogen
Auf Abenteuer durch das Land.
Einst wünscht sich jener Pfeil und Bogen;
Und giebt für Amors Pfeil und Bogen
Ihm seinen vollen Beutel Pfand.

Mit so vertauschten Waffen zogen,
Und ziehn noch, beide durch das Land.
Wenn jener Wucher sucht mit Pfeil und Bogen,
Entzündet dieser Herzen durch das Pfand.

DIE TAUBE SCHWÄTZERIN

Ich
Stax, eine taube Frau zu nehmen;
O Stax, das nenn' ich dumm!
Stax
Ja wohl, ja wohl, ich muß mich schämen.
Doch sieh, ich hielt sie auch für stumm!

10. AUF LUCINDEN

Sie hat viel Welt, die muntere Lucinde.
Durch nichts wird sie mehr rot gemacht.
Zweideutigkeit und Schmutz und Schand' und Sünde,
Sprecht was ihr wollt: sie winkt euch zu, und lacht.
Erröte wenigstens, Lucinde,
Daß nichts dich mehr erröten macht!

12. POMPILS LANDGUT

Auf diesem Gute läßt Pompil
Nun seine sechste Frau begraben.
Wem trug jemals ein Gut so viel?
Wer möchte so ein Gut nicht haben?

13. WIDERRUF DES VORIGEN

Ich möchte so ein Gut nicht haben.
Denn sollt' ich auch die sechste drauf begraben:
Könnt' ich doch leicht – nicht wahr, Pompil? –
Sechs gute Tage nur erlebet haben.

16. AUF DAS JUNGFERNSTIFT ZU * *

Denkt, wie gesund die Luft, wie rein
Sie um dies Jungfernstift muß sein!
Seit Menschen sich besinnen,
Starb keine Jungfer drinnen.

17. AN DEN DOCTER SP.

Dein Söhnchen läßt dich nie den Namen Vater hören,
Herr Docter ruft es dich. Ich dankte dieser Ehren!
Die Mutter wollt' es wohl so früh nicht lügen lehren?

18. AUF DEN MNEMON

Ist Mnemon nicht ein seltner Mann!
Wie weit er sich zurück erinnern kann!
Bis an die ersten Kinderpossen:

Wie viel er Vögel abgeschossen,
Wie manches Mädchen er begossen;
Bis an das Gängelband, bis an die Ammenbrust,
Ist, was er litt und tat, ihm alles noch bewußt.
Zwar alles glaub' ich nicht; ich glaub' indessen,
Die Zeit ist ihm noch unvergessen,
Als seine Mutter Dorilis
Noch nicht nach seinem Vater hieß.

21. AUF DORINDEN

Ist nicht Dorinde von Gesicht
Ein Engel? – Ohne Zweifel. –
Allein ihr plumper Fuß? – Der hindert nicht.
Sie ist ein Engel von Gesicht,
Von Huf ein Teufel.

22. AN DAS BILD DER GERECHTIGKEIT,
IN DEM HAUSE EINES WUCHERERS, NEBST DER ANTWORT

Gerechtigkeit! wie kömmst du hier zu stehen?
Hat dich dein Hausherr schon gesehen?
»Wie meinst du, Fremder, diese Frage?
Er sieht und übersieht mich alle Tage.«

23. AUF EINEN ADELICHEN DUMMKOPF

Das nenn' ich einen Edelmann!
Sein Ur-Ur-Ur-Ur-Älterahn
War älter Einen Tag, als unser aller Ahn.

24. AN EINE WÜRDIGE PRIVATPERSON

Giebt einst der Leichenstein von dem, was du gewesen,
Dem Enkel, der dich schätzt, so viel er braucht, zu lesen,
So sei die Summe dies: »Er lebte schlecht und recht,
Ohn' Amt und Gnadengeld, und niemands Herr noch
                                  Knecht.«

26. AUF FRAU TRIX

Frau Trix besucht sehr oft den jungen Doktor Klette.
Argwohnet nichts! Ihr Mann liegt wirklich krank zu Bette.

27. AUF LUKRINS GRAB

Welch tötender Gestank hier, wo Lukrin begraben,
Der unbarmherz'ge Filz! – Ich glaube gar, sie haben
Des Wuchrers Seele mit begraben.

28. IM NAMEN EINES GEWISSEN POETEN, DEM DER KÖNIG VON PREUSSEN EINE GOLDENE DOSE SCHENKTE

   Die goldne Dose, – denkt nur! denkt! –
   Die König *Friedrich* mir geschenkt,
   Die war – was das bedeuten muß? –
   Statt voll Dukaten, voll Helleborus.

31. DIE FLUCHT

»Ich flieh, um öfter noch zu streiten!«
Rief Fix, der Kern von tapfern Leuten.
Das hieß: (so übersetz' ich ihn)
Ich flieh, um öfter noch zu fliehn.

32. DIE WOHLTATEN

Wär' auch ein böser Mensch gleich einer lecken Bütte,
Die keine Wohltat hält: dem ungeachtet schütte –
Sind beides, Bütt' und Mensch nicht allzu morsch und alt, –
Nur deine Wohltat ein. Wie leicht verquillt ein Spalt!

AN DEN THRAX

Ich dich beneiden, Thrax? – – Erspar, ererb, erwirb,
Hab alles! – – Brauche nichts, laß alles hier und stirb!

HINZ UND KUNZ

Hinz. Was doch die Großen alles essen!
      Gar Vogelnester; eins zehn Taler wert.

Kunz. Was Nester! Hab' ich nicht gehört,
      Daß manche Land und Leute fressen?

Hinz. Kann sein! kann sein, Gevattersmann!
      Bei Nestern fiengen die denn an.

AUF EINE LANGE NASE

O aller Nasen Nas'! ich wollte schwören,
Das Ohr kann sie nicht niesen hören.

36. AUF STIPSEN

Stips ist, trotz einem Edelmann,
Ein Dummkopf und ein braver Degen;
Borgt, wie ein frecher Edelmann;
Zahlt, wie ein Edelmann, mit Schlägen;
Verprasset sein und anderer Vermögen,
Wie ein geborner Edelmann:
Und doch – wer kann dergleichen Torheit fassen? –
Will Stips sich noch erst adeln lassen.

AUF DEN SANCTULUS

Dem Alter nah, und schwach an Kräften,
Entschlägt sich Sanctulus der Welt,
Und allen weltlichen Geschäften,
Von denen keins ihm mehr gefällt.
Die kleine trübe Neige Leben
Ist er in seinem Gott gemeint,
Der geistlichen Beschauung zu ergeben;
Ist weder Vater mehr, noch Bürger mehr, noch Freund.
Zwar sagt man, daß ein treuer Knecht,
Des Abends durch die Seitentüre
So dies und jenes zu ihm führe.
Doch, böse Welt, wie ungerecht!
Ihm so was übel auszulegen!
Auch das geschieht bloß der Beschauung wegen.

39. AN DEN SALOMON

Hochweiser Salomon! dein Spruch,
»Daß unter tausenden kein gutes Weib zu finden«,
Gehört – gerad' heraus – zu deinen Zungensünden;
Und jeder Fluch ist minder Fluch,
Als dieser schöne Sittenspruch.
Wer sie bei tausenden will auf die Probe nehmen,
Wie du getan, hochweiser Mann!
Muß sich bei tausenden der Probe freilich schämen,
Wird drüber wild, und lästert dann.

40. AUF EBENDENSELBEN

Daß, unter tausenden, ein weiser Mann
Kein gutes Weibchen finden kann:
Das wundert mich recht sehr.
Doch wundert mich noch mehr,
Daß, unter tausenden, ein weiser Mann
Nicht Eine gut sich machen kann.

41. DAS BÖSE WEIB

Ein einzig böses Weib lebt höchstens in der Welt:
Nur schlimm, daß jeder seins für dieses einz'ge hält.

42. AN DEN AEMIL

Mit Unrecht klagest du, treuherziger Aemil,
Daß man so selten nur auf deine Worte bauen,
Mit Gleichem Gleiches dir gar nicht vergelten will:
Wer allen alles traut, dem kann man wenig trauen.

43. TRUX AN DEN SABIN

Ich hasse dich, Sabin; doch weiß ich nicht weswegen:
Genug, ich hasse dich. Am Grund' ist nichts gelegen.

44. ANTWORT DES SABIN

Haß' mich, so viel du willst! doch wüßt' ich gern, weswegen:
Denn nicht an deinem Haß, am Grund' ist mir gelegen.

45. AN EINEN LÜGNER

Du magst so oft, so fein, als dir nur möglich, lügen:
Mich sollst du dennoch nicht betriegen.
Ein einzigmal nur hast du mich betrogen:
Das kam daher, du hattest nicht gelogen.

46. AUF TRILL UND TROLL

Ob Trill mehr, oder Troll mehr zu beneiden ist,
Trill, der Dorindens Bild, Troll, der Dorinden küßt:
Das möcht' ich wohl entschieden wissen, –
Da beide sie gemalt nur küssen.

47. ENTSCHEIDUNG DES VORIGEN

Ich denke, Trill ist noch am besten dran:
Weil ihn das Bild nicht wieder küssen kann.

49. AUF ALANDERN

Alander, hör' ich, ist auf mich gewaltig wild;
Er spöttelt, lästert, lügt und schilt.
Kennt mich der gute Mann? – Er kennt mich nicht, ich
wette.
Doch was? als ob nicht auch sein Bruder an der Kette
Auf die am heftigsten, die er nicht kennet, billt.

50. AUF EINEN BRAND ZU **

Ein Hurenhaus geriet um Mitternacht in Brand.
   Schnell sprang, zum löschen oder retten,
   Ein Dutzend Mönche von den Betten.
Wo waren die? Sie waren – – bei der Hand.
Ein Hurenhaus geriet in Brand.

51. AN EINEN

Du schmähst mich hinterrücks? das soll mich wenig
kränken.
Du lobst mich ins Gesicht? das will ich dir gedenken!

52. GRABSCHRIFT DES NITULUS

Hier modert Nitulus, jungfräuliches Gesichts,
   Der durch den Tod gewann: er wurde Staub aus Nichts.

53. AUF DEN KODYLL

Der kindische Kodyll wird keiner Steigrung satt,
   Läßt keinen Krämer laufen,

Kauft alles, was er sieht: um alles, was er hat,
Bald wieder zu verkaufen.

54. AN DEN POMPIL

Ich halte Spielen zwar für keine Sünde:
Doch spiel' ich eher nicht, Pompil,
Als bis ich keinen finde,
Der mir umsonst Gesellschaft leisten will.

55. AUF DEN TOD EINES AFFEN

Hier liegt er nun, der kleine, liebe Pavian,
Der uns so manches nachgetan!
Ich wette, was er itzt getan,
Tun wir ihm alle nach, dem lieben Pavian.

56. GRABSCHRIFT AUF EBENDENSELBEN

Hier faulet Mimulus, ein Affe.
Und leider! leider! welch ein Affe!
So zahm, als in der Welt kein Affe;
So rein, als in der Welt kein Affe;
So keusch, als in der Welt kein Affe;
So ernst, als in der Welt kein Affe;
So ohne Falsch. O welch ein Affe!
Damit ichs kurz zusammen raffe:
Ein ganz originaler Affe.

57. AUF DIE PHASIS

Von weitem schon gefiel mir Phasis sehr:
Nun ich sie in der Nähe

Von Zeit zu Zeiten sehe,
Gefällt sie mir – auch nicht von weitem mehr.

58. AUF NICKEL FEIN

In Jahresfrist, verschwur sich Nickel Fein,
Ein reicher, reicher Mann zu sein.
Auch wär' es, traun! nach seinem Schwur gegangen,
Hätt' man ihn nicht *vor* Jahresfrist gehangen.

AUF EINE LIEBHABERIN DES TRAUERSPIELS

Ich höre, Stax, dein ernstes liebes Kind,
Will sich des Lachens ganz entwöhnen,
Und kommt in Schauplatz nur, wenn süße Tränen,
Da zu vergießen sind. –
Fehlt ihm es schon an schönen Zähnen?

AUF EIN SCHLACHTSTÜCK VON HUGTENBURG

Furchtbare Täuscherei! Bramarbas stand vor ihr,
Ward blaß, und zitterte, und fiel, und rief: *Quartier!*

61. AUF DEN HABLADOR

Habladors Mund, Utin, ist dir ein Mund zum küssen?
Wie er spricht, spricht dir niemand nicht? –
Wie sollte so ein Mann auch nicht zu sprechen wissen?
Er tut ja nichts, als daß er spricht.

AUF DEN MISON

Ich warf dem Mison vor, daß ihn so viele hassen.
Je nun! wen lieb' ich denn? sprach Mison ganz gelassen.

63. DER REICHE FREIER

Ein Bettler gieng auf Freiersfüßen,
Und sprach zu einer Magd, die er nach Wunsche fand:
Nimm mich! Sie fragt: worauf? »Auf diese dürre Hand:
Die soll uns wohl ernähren müssen!«
Die Magd besann sich kurz, und gab ihm ihre Hand.

64. AUF DEN RUFINUS

Rufinus endet nichts, er fängt nur alles an.
Ob alles? Lesbia, sprich doch! du kennst den Mann.

HÄNSCHEN SCHLAU

»Es ist doch wunderbar bestellt,«
sprach Hänschen Schlau zu Vetter Fritzen,
»daß nur die Reichen in der Welt
das meiste Geld besitzen!«

67. GRABSCHRIFT EINES UNGLÜCKLICHEN,
WELCHER ZULETZT IN EINEM SCHIFFBRUCHE UMKAM

Hier warfen mich die Wellen an das Land.
Hier grub mich tot, mit frommer Hand,
Ein Fischer in den leichten Sand.

Dein Mitleid, Leser, ist bei mir nicht angewandt!
Im Sturme scheitern und ersaufen,
Hieß mir Unglücklichen, mit Sturm in Hafen laufen.

68. AN EINEN SCHLECHTEN MALER

Ich saß dir lang' und oft: warum denn, Meister Steffen?
Ich glaube fast, mich nicht von ungefähr zu treffen.

70. AUF EBENDIESELBE ⟨BILDSÄULE DES AMOR⟩

So lieb euch, Kinder, Ruh und Glück:
Zurück von ihm, dem Schalke! weit zurück! –
(Ich hätte viel für diesen Rat gegeben!)
Er stellt sich so nur ohne Leben.

71. AUF EBENDIESELBE

Kommt diesem Amor nicht zu nah,
Und stört ihn nicht in seinem Staunen!
Noch steht er so, in Einem süßen Staunen,
Seit er Philinden sah.

72. AUF EBENDIESELBE

Die Unschuld naht sich ihm, und bebt:
Sie fühlt, sie fühlt es, daß er lebt.

73. AUF EBENDIESELBE

O Chloe, halte deinen Blick
Von diesem Schalke ja zurück!

Gesetzt, er wär' auch ohne Leben:
Was er nicht hat, das kann dein Blick ihm geben.

76. ENTSCHULDIGUNG
WEGEN UNTERLASSENEN BESUCHS

So wahr ich lebe, Freund, ich wollte ganze Tage
Und ganze Nächte bei dir sein:
Um mich mit dir die ganzen Tage,
Die ganzen Nächte zu erfreun.
Doch tausend Schritte sinds, die unsre Wohnung trennen;
Und hundert wohl noch oben drein.
Und wollt' ich sie auch gern, die tausend Schritte, rennen,
Und jene hundert oben drein:
So weiß ich doch, daß ich am Ende
Des langen Wegs, dich zwanzigmal nicht fände.
Denn öfters bist du nicht zu Hause,
Und manchmal bist du's nicht für mich:
Wenn nach dem langen Zirkelschmause
Der kleinste Gast dir hinderlich.
Ich wollte, wie gesagt, gern tausend Schritte rennen,
Dich, liebster Freund, dich sehn zu können:
Doch, allzu weiter Freund, dich nicht zu sehn,
Verdreußt michs, Einen nur zu gehen.

DER WIDERRUF

Zum Henker! fluchte Stolt zu Velten;
Mußt du mich einen Lügner schelten?
Zum Henker! fluchte Velt zu Stolten;
Ich einen Lügner dich gescholten?
Das leugst du, Stolt, in deinen Hals;
Das leugst du, als ein Schelm, und als –
Ha, das hieß Gott dich sprechen, Velten!
Denn Lügner laß ich mich nicht schelten.

80. DIE BLAUE HAND

Ein Richter war, der sah nicht wohl:
Ein Färber kömmt, der schwören soll.
Der Färber hebt die blaue Hand;
Da ruft der Richter: Unverstand!
Wer schwört im Handschuh? Handschuh aus!
Nein! ruft der Färber, Brill' heraus!

82. DAS MÄDCHEN

Zum Mädchen wünscht' ich mir – und wollt' es, ha! recht lieben –
Ein junges, nettes, tolles Ding,
Leicht zu erfreun, schwer zu betrüben,
Am Wuchse schlank, im Gange flink,
Von Aug' ein Falk,
Von Mien' ein Schalk;
Das fleißig, fleißig liest:
Weil alles, was es liest,
Sein einzig Buch – der Spiegel ist;
Das immer gaukelt, immer spricht,
Und spricht und spricht von tausend Sachen,
Versteht es gleich das Zehnte nicht
Von allen diesen tausend Sachen:
Genug, es spricht mit Lachen,
Und kann sehr reizend lachen.

Solch Mädchen wünscht' ich mir! – Du, Freund, magst deine Zeit
Nur immerhin bei schöner Sittsamkeit,
Nicht ohne seraphin'sche Tränen,
Bei Tugend und Verstand vergähnen.
Solch einen Engel
Ohn' alle Mängel

Zum Mädchen haben:
Das hieß' ein Mädchen haben? –
Heißt eingesegnet sein, und Weib und Hausstand haben.

83. AUF DEN FELL

Als Fell, der Geiferer, auf dumpfes Heu sich streckte,
Stach ihn ein Skorpion. Was meint ihr, daß geschah!
Fell starb am Stich? – Ei ja doch, ja!
Der Skorpion verreckte.

85. AN EINEN GEIZIGEN VATER

Verlangt dein Kind ein Freier,
Der wenig nach der Mitgift fragt;
So denke, was das Sprichwort sagt:
Sehr wohlfeil ist sehr teuer.

86. AUF DEN KAUZ

Wer sagt, daß Meister Kauz Satiren auf mich schreibt?
Wer nennt geschrieben das, was ungelesen bleibt?

87. AUF DEN LUPAN

Des beißigen Lupans Befinden wollt ihr wissen?
Der beißige Lupan hat jüngst ins Gras gebissen.

88. AN DEN LESER

Du dem kein Epigramm gefällt,
Es sei denn lang und reich und schwer:

Wo sahst du, daß man einen Speer,
Statt eines Pfeils vom Bogen schnellt?

89. AN DEN HERRN VON DAMPF

Dein Diener, Herr von Dampf, ruft: Platz da! vor dir her.
Wenn ich an deiner Stelle wär',
Den Diener wollt' ich besser brauchen:
Du kannst dir freien Weg ja durch Gedränge – hauchen.

90. AN EBENDENSELBEN

Dem hast du nur die Hand, und dem den Kuß beschieden.
Ich, gnädger Herr von Dampf! bin mit der Hand zufrieden.

92. AN DEN WESP

Nur Neues liebest du? nur Neues willst du machen?
Du bist, mein guter Wesp, sehr neu in allen Sachen.

93. AN DEN TRILL

Bald willst du, Trill, und bald willst du dich nicht beweiben:
Bald dünkt dichs gut, bald nicht, ein Hagestolz zu bleiben.
Ich soll dir raten? Wohl! Tu, was dein Vater tat:
Bleib frei; heirate nicht! – Da hast du meinen Rat.

94. AN EBENDENSELBEN

Du nennest meinen Rat ein schales Sinngedicht?
Trill, einen andern Rat bekömmst du wahrlich nicht.
Zum Hängen und zum Freien
Muß niemand Rat verleihen.

95. AN DIE FUSKA

Sei nicht mit deinem roten Haar
So äußerst, Fuska, unzufrieden!
Ward dir nicht schönes braunes Haar,
So ward dir braune Haut beschieden.

96. AUF DEN TOD DES D. MEAD

Als *Mead* am Styx erschien, rief Pluto voller Schrecken:
Weh mir! nun kömmt er gar, die Toten zu erwecken.

99. AUF DEN SEXTUS

Die, der Ein Auge fehlt, die will sich Sextus wählen?
Ein Auge fehlet ihr, ihm müssen beide fehlen.

100. KUNZ UND HINZ

Kunz. Hinz, weißt du, wer das Pulver hat erfunden?
     Der leid'ge böse Geist.
Hinz. Wer hat dir, Kunz, das aufgebunden?
     Ein Pfaffe wars, der Berthold heißt.
Kunz. Sei drum! so ward mir doch nichts aufgebunden.
     Denn sieh! Pfaff' oder böser Geist
     Ist Maus wie Mutter, wie mans heißt.

104. AUF DIE HÜTTE DES IRUS

Vorbei verwegner Dieb! denn unter diesem Dache,
In jedem Winkel hier, hält Armut treue Wache.

106. DAS SCHLIMMSTE TIER

»Wie heißt das schlimmste Tier mit Namen?«
So fragt' ein König einen weisen Mann.
Der Weise sprach: von wilden heißts Tyrann,
Und Schmeichler von den zahmen.

107. AUF DIE MAGDALIS

Die alte reiche Magdalis
Wünscht mich zum Manne, wie ich höre.
Reich wäre sie genug, das ist gewiß;
Allein so alt! – Ja, wenn sie älter wäre!

109. KLIMPS

Der alte fromme Klimps, bei jedem Bissen Brot,
Den er genoß, sprach: *Segne Gott!*
Den schönen Spruch nicht halb zu lassen, sprach
Und stirb! sein frommes Weib mit Hiobs Weib' ihm nach.

DER SPIELSÜCHTIGE DEUTSCHE

So äußerst war, nach Tacitus Bericht,
Der alte Deutsch' aufs Spiel erpicht,
Daß, wenn er ins Verlieren kam,
Er endlich keine Anstand nahm,
Den letzten Schatz von allen Schätzen,
Sich selber auf das Spiel zu setzen.
Wie unbegreiflich rasch! wie wild! –
Ob dieses noch von Deutschen gilt?
Vom Deutschen Manne schwerlich. Doch
Vom Deutschen Weibe gilt es noch.

111. DAS PFERD FRIEDRICH WILHELMS
AUF DER BRÜCKE ZU BERLIN

Ihr bleibet vor Verwundrung stehn,
Und zweifelt doch an meinem Leben?
Laßt meinen Reiter mir die Ferse geben:
So sollt ihr sehn!

112. AUF DIE FEIGE MUMMA

Wie kömmts, daß Mumma vor Gespenstern flieht,
Sie, die doch täglich eins im Spiegel sieht?

116. THEMIS ÜBER IHR BILDNIS
IN DEM HAUSE EINES RICHTERS

Womit, o Zevs, hab' ich den Schimpf verschuldet,
Daß man mein Bild in diesem Hause duldet?

120. AN ZWEI LIEBENSWÜRDIGE SCHWESTERN

Reiz, Jugend, Unschuld, Freud' und Scherz
Gewinnen Euch ein jedes Herz;
Und kurz: Ihr brauchet Eures gleichen,
Den Grazien, in nichts, als an der Zahl, zu weichen.

121. AN DEN SILIUS

Mein Urteil, Silius, von deiner Überschrift,
Dies Urteil soll nichts gelten,
Weil es die Reime nur betrifft?
Was kann man sonst als Reim' an einem Reimer schelten?

122. AUF DEN D. KLYSTILL

Klystill, der Arzt – (der Mörder sollt' ich sagen –)
Will niemands frühern Tod mehr auf der Seele tragen,
Und giebt, aus frommer Reu, sich zum Husaren an;
Um das nie mehr zu tun, was er so oft getan.

123. AUF MUFFELN

Freund Muffel schwört bei Gott und Ehre,
Ich kost' ihn schon so manche Zähre. –
Nun? frommer Mann, wenn das auch wäre;
Was kostet dich denn deine Zähre?

AN EIN PAAR ARME WAISEN

O holde Kinder, daß Ihr Waisen seid,
Das ist mir herzlich, herzlich leid.
Auch bin ich euch zu dienen gern erbötig,
Mit Gut und Blut: euch die ihr ohne Streit,
Das beste Blut des besten Blutes seid.
Nur, Kinder, daß ihr *arme* Waisen seid,
Das sei euch selber ja nicht leid! –
Ihr habt ja keines Vormunds nötig.

125. AN DEN VAX

Du lobest Tote nur? Vax, deines Lobes wegen
Hab' ich blutwenig Lust, mich bald ins Grab zu legen.

126. AUF DEN CYTHARIST

Jahr aus, Jahr ein reimt Cytharist
Zweihundert Vers' in Einem Tage;
Doch drucken läßt er nichts. Entscheidet mir die Frage,
Ob er mehr klug, mehr unklug ist.

127. DER BESTE WURF
An ein Paar Brettspieler

Zwei Vierer wünschest du, und du verlangst zwei Einer:
Der beste Wurf im Brett bleibt darum dennoch – keiner.

128. AUF DEN MALER KLECKS

Mich malte Simon Klecks so treu, so meisterlich,
Daß aller Welt, so gut als mir, das Bildnis glich.

130. AUF DEN URSIN

Ursin ist ärgerlich, und geht mir auf die Haut,
Daß ich ihm jüngst mein Buch, den Phädon,
                              weggenommen;
Gelesen hab' er ihn, allein noch nicht verdaut.
Ja, ja! zu Stande wär' er bald damit gekommen:
Sein Windspiel, oder er, hat ihn schon brav gekaut.

131. AUF DEN VEIT

Veit ist ein witz'ger Kopf, und zählet sechzig? – Mein!
Er hat noch lange hin, ein kluger Kopf zu sein.

133. AUF DEN PFRIEM

Pfriem ist nicht bloß mein Freund; er ist mein andres Ich.
Dies sagt er nicht allein, dies zeigt er meisterlich.
Er steckt in seinen Sack ein Geld, das mir gehöret,
Und tut mit Dingen groß, die ihn mein Brief gelehret.

AVAR

Avar stirbt, und vermacht dem Spittel all das Seine,
Damit sein Erbe nicht verstellte Tränen weine.

SEUFZER IN MEINER KRANKHEIT

Hier lieg ich schwach und siech;
Und ach, die alte *Sophilette*
Weicht keinen Schritt von meinem Bette!
O daß der Himmel mich
Von beiden Übeln bald errette!

136. AUF DEN LAAR

Daß Laar nur müßig geh, wie kann man dieses sagen?
Hat er nicht schwer genug an seinem Wanst zu tragen?

DER WILLE

Der Mann. Nein, liebe Frau, das geht nicht an:
　　　　　Ich muß hier Meinen Willen haben.
Die Frau. Und ich muß Meinen haben, lieber Mann.
Der Mann. Unmöglich!
Die Frau. 　　Was? Nicht meinen Willen haben?

> Gut! Sieh, so sollst du mich in Monatsfrist
> begraben.
Der Mann. Den Willen kannst du haben.

138. GRABSCHRIFT DER TOCHTER EINES FREUNDES,
DIE VOR DER TAUFE STARB

Hier lieget, die Beate heißen sollte,
Und lieber sein, als heißen wollte.

139. AUF DEN MARIUS

Dem Marius ward prophezeiet,
Sein Ende sei ihm nah.
Nun lebet er drauf los; verschwelgt, verspielt, verstreuet:
Sein End' ist wirklich da!

140. AUF DEN EINÄUGIGEN SPIELER PFIFF

Indem der Spieler Pfiff – erzürnte Götter! –
Durch einen schlimmen Wurf ein Auge jüngst verlor:
»Brav, Kamerade!« rief ein Spötter;
»Du giebst uns jedem nun Ein Auge vor.«

141. AN EINEN AUTOR

Mit so bescheiden stolzem Wesen
Trägst du dein neustes Buch – welch ein Geschenk! – mir an.
Doch, wenn ichs nehme, grundgelehrter Mann,
Mit Gunst: muß ich es dann auch lesen?

142. AUF DEN LEY

Der gute Mann, den Ley bei Seite dort gezogen!
Was Ley ihm sagt, das ist erlogen.
Wie weiß ich das? – Ich hör' ihn freilich nicht:
Allein ich seh doch, daß er spricht.

143. DIE SINNGEDICHTE ÜBER SICH SELBST

Weiß uns der Leser auch für unsre Kürze Dank?
Wohl kaum. Denn Kürze ward durch Vielheit leider! lang.

144. ABSCHIED AN DEN LESER

Wenn du von allem dem, was diese Blätter füllt,
Mein Leser, nichts des Dankes wert gefunden:
So sei mir wenigstens für das verbunden,
Was ich zurück behielt.

AUF RABENERS TOD,
als nach welchem erst seine übrigen Schriften
an das Licht kommen sollten

Der Steuerrat tritt ab, dem Satyr Platz zu machen;
Es weine, wer da will; ich, spitze mich auf Lachen.

UNTER DAS BILDNIS DES KÖNIGS VON PREUSSEN

Wer kennt ihn nicht?
Die hohe Miene spricht
Den Denkenden. Der Denkende allein
Kann Philosoph, kann Held, kann beides sein.

DOPPELTER NUTZEN EINER FRAU

Zweimal taugt eine Frau – für die mich Gott bewahre! –
Einmal im Hochzeitbett, und einmal auf der Bahre.

NUTZEN EINES FERNEN GARTEN

A. Was nutzt dir nun dein ferner Garten? He?
B. Daß ich dich dort nicht seh!

DER BLINDE

Niemanden kann ich sehn, auch mich sieht niemand an:
Wie viele Blinde seh' ich armer, blinder Mann.

KUNZ UND HINZ

Gevatter Hinz, rief Kunz, was trinken wir?
Zuerst Wein oder Bier?
Gevatter, sagte Hinz, Gevatter, folge mir
Erst Wein, und dann – kein Bier.

AUF EINEN SECHSZIGJÄHRIGEN

Wer sechsig Jahr gelebt, und noch
Des Lebens sich nicht kann begeben,
Dem wünsch ich – wünscht ers selber doch –
Bis zu der Kinder Spott zu leben.

DER ARME

Sollt einen Armen wohl des Todes Furcht entfärben?
Der Arme lebet nicht: so kann er auch nicht sterben.

AN DEN DÜMM

Wie? Eselsohren, Dümm, hätt' ich dir beigelegt?
Gewiß nicht! Ohren nur, so wie sie Midas trägt.

DIE GROSSE WELT

Die Waage gleicht der großen Welt
Das Leichte steigt, das Schwere fällt.

IN EIN STAMMBUCH, 1779

Wer Freunde sucht, ist sie zu finden wert:
Wer keinen hat, hat keinen noch begehrt.

ALS DES HERZOG FERDINANDS DURCHL. DIE ROLLE DES AGAMEMNON, DES ERSTEN FELDHERRN DER GRIECHEN, SPIELTEN

I.
Vorstellen und auch sein,
Kann Ferdinand allein.

II.
Stax spricht: Er spiel' ihn schlecht!
Auch das wär' recht;
Denn seine eigne Rollen
Muß man nicht spielen wollen.

III.
Mit Gunst!
Als Ekhof so den Agamemnon spielte,
Das, das war Kunst.
Daß aber Ferdinand sich selber spielte,
Hm! was für Kunst!

⟨AUF EBENDENSELBEN⟩

Damit er Mut zu spielen schöpfe,
Versamlet Er
Rund um sich her
Der Kammerdiener leere Köpfe;
Da stehen sie, die armen Tröpfe,
So wie Melanchtons Töpfe.

IN EIN STAMMBUCH EINES SCHAUSPIELERS

Kunst und Natur
Sei auf der Bühne Eines nur;
Wenn Kunst sich in Natur verwandelt,
Denn hat Natur mit Kunst gehandelt.
    Gotthold Ephraim Lessing

IN EIN STAMMBUCH, DESSEN BESITZER VERSICHERTE,
DASS SEIN FREUND OHNE MÄNGEL, UND SEIN MÄDCHEN
EIN ENGEL SEI.
1778.

Trau keinem Freunde sonder Mängel,
Und lieb' ein Mädchen, keinen Engel.

⟨WARUM ICH WIEDER EPIGRAMME MACHE⟩
1779.

Daß ich mit Epigrammen wieder spiele,
Ich armer Willebald,
Das macht, wie ich an mehrerm fühle,
Das macht: ich werde alt.

IN EIN STAMMBUCH

Ein Kirchhof ist,
Mein frommer Christ,
Dies Büchelein,
Wo bald kann sein
Dein Leichenstein
Ein Kreuzelein!

ÜBER DAS BILDNIS EINES FREUNDES

Der mir gefällt,
Gefiel er minder gleich der Welt.

IN EIN STAMMBUCH,
in welchem die bereits Verstorbenen mit einem †
bezeichnet waren.
1779.

Hier will ich liegen! denn hier bekomm' ich doch,
Wenn keinen Leichenstein, ein Kreuzchen noch.

SITTENSPRUCH
1779

Man würze, wie man will, mit Widerspruch die Rede:
Wird Würze nur nicht Kost, und Widerspruch nicht Fehde.

AUF DIE KATZE DES PETRARCHA
Nach dem Lateinischen des Antonio Querci; in den
Inscriptionibus agri Pataviani

Warum der Dichter Hadrian
Die Katzen so besonders leiden kann?
Das läßt sich leicht ermessen!
Daß seine Verse nicht die Mäuse fressen.

SITTENSPRUCH

Bav selbst hat manchen guten Schauer:
Wär' Eselstrab auch nur von Dauer.

GRABSCHRIFT EINES DEUTSCHEN AUF VOLTAIR

Hier liegt – wenn man euch glauben wollte,
Ihr frommen Herr'n, – der längst hier liegen sollte.
Der liebe Gott verzieh aus Gnade
Ihm seine Henriade
Und seine Trauerspiele
Und seiner Verschen viele!
Denn, was er sonst ans Licht gebracht,
Das hat er ziemlich gut gemacht.

⟨AN SAAL⟩

An Dir, mein *Saal*, als Freund und Richter,
Lob ich Geschmack und Redlichkeit
Bekennst Du von mir ungescheut
Ich sei ein beßrer Freund als Dichter!
Gotth. Ephr. Leßing.
Dresden den 17 März *1756.*

AN HERRN SCHRÖDER

Daß Beifall dich nicht stolz, nicht Tadel furchtsam mache!
Des Künstlers Schätzung ist nicht jedes Fühlers Sache!
Denn auch den Blinden *brennt* das Licht,
Und wer dich *fühlte*, Freund, *verstand* dich darum nicht.

———

Gotth. Ephr. Lessing.
Hamburg den 20 Octobr 1780.

⟨AUF JOHANN VON DÖRING⟩

Am Körper klein, am Geiste noch viel kleiner,
Schämst du des Salzes dich, drum schämt das Salz sich deiner.

⟨GRABSCHRIFT AUF EINEN GEHENKTEN⟩

Hier ruht er, wenn der Winde nicht weht!

⟨GRABSCHRIFT AUF KLEIST⟩

O Kleist! dein Denkmal dieser Stein? –
Du wirst des Steines Denkmal sein.

⟨UNVOLLENDETER ENTWURF EINES SINNGEDICHTS⟩

Auf heut zu mir zu Gaste dich zu bieten,
Und du, Procill, du kömmst. In Zukunft will
Ich mich für so ein gut Gedächtnis hüten.

⟨IN JOHANN GOTTLIEB BURCKHARDTS STAMMBUCH⟩

Des Geists der Wahrheit rühmt sich bald
Die Kirche jedes Ortes;
Und alles zwingende Gewalt
Wird Kraft des wahren Wortes.
     G. E. Lessing.

⟨ÜBERSETZUNG EINES LATEINISCHEN EPIGRAMMS
VON SAMUEL WERENFELS⟩

Von Gott gemacht ist dieses Buch,
Daß jeder seine Lehr' drin' such'
Und so gemacht, daß jedermann,
Auch seine Lehr' drin finden kann.

⟨IN JOHANN LUDWIG GRIMMS STAMMBUCH⟩

Wes Herz wär nicht ein Schalk? Freund, trau dem
        Schmeichler nicht,
Der, durch dein Lob, nur Hohn der deutschen Sitte spricht!

Das Herz hat seinen Wunsch; die Weisheit ihre Lehren,
Worunter die: Sein Herz mit Mißtraun nur zu hören.
                    Gotthold Ephraim Lessing.
Braunschweig den 30. Aug. 1771

⟨AUF BODMERS NOAH UND NAUMANNS NIMROD⟩

Virgil hats längst gesagt, dem niemand widerspricht:
Wer Bodmers Noah liebt, haßt Naumanns Nimrod nicht.

KÜSSEN UND TRINKEN

Mägdgen, laß mich dich doch küssen!
Zaudre nicht, sonst wirst du müssen.
    Hurtig! hurtig schenkt mir ein!
    Auf das Küssen schmeckt der Wein!

Dieser Wein hat Geist und Feuer.
Mägdgen tu doch etwas freier.
    Gönn mir vorigen Genuß:
    Auf das Trinken schmeckt ein Kuß!

AUF SICH SELBST

Ich habe nicht stets Lust zu lesen,
Ich habe nicht stets Lust zu schreiben,
Ich habe nicht stets Lust zu denken,
Kurz um, nicht immer zu studieren.

Doch hab ich allzeit Lust zu scherzen,
Doch hab ich allzeit Lust zu lieben,
Doch hab ich allzeit Lust zu trinken;
Kurz, allezeit vergnügt zu leben.

Verdenkt ihr mirs, ihr sauern Alten?
Ihr habt ja allzeit Lust zu geizen!
Ihr habt ja allzeit Lust zu lehren;
Ihr habt ja allzeit Lust zu tadeln.

Was ihr tut, ist des Alters Folge.
Was ich tu, will die Jugend haben.
Ich gönn euch eure Lust von Herzen.
Wollt ihr mir nicht die meine gönnen?

DER NEUE WELT-BAU

Der Wein, der Wein macht nicht nur froh,
Er macht auch zum Astronomo.
Ihr kennt doch wohl den großen Geist,
Nach dem der wahre Weltbau heißt?
Von diesen hab ich einst gelesen,
Daß er beim Weine gleich gewesen,
Als er der Sonne Stillestand,
Die alte neue Wahrheit, fand.

Der Wein, der Wein macht nicht nur froh,
Er macht auch zum Astronomo.
Hört, hört, ihr Sternenfahrer, hört,
Was mir der Wein, der Wein gelehrt!
So kann der Wein den Witz verstärken!
Wir laufen selbst, ohn es zu merken,
Von Osten täglich gegen West!
Die Sonne ruht. Die Welt steht fest!

AN AMOR

Amor, soll mich dein Besuch
Einst erfreuen – –
O so lege dein Gefieder

Und die ganze Gottheit nieder.
Diese möchte mich erschrecken,
Jenes möchte Furcht erwecken,
Furcht, nach flatterhaften Küssen,
Meine Phillis einzubüßen.
Komm auch ohne Pfeil und Bogen,
Ohne Fackel angezogen ...
Stelle dich, mir lieb zu sein,
Als ein junger Satyr ein.

LIED. AUS DEM SPANISCHEN

Gestern liebt' ich,
Heute leid' ich,
Morgen sterb' ich:
Dennoch denk' ich
Heut' und morgen
Gern an gestern.

HELDENLIED DER SPARTANER
In drei Chören

Alle.
Streitbare Männer

Chor der Alten.
Waren wir!

Alle.
Streitbare Männer

Chor der Männer.
Sind wir!

Alle.
Streitbare Männer

Chor der Jünglinge.
Werden wir!

Alle.
Streitbare Männer

Chor der Alten.
Waren wir!

Chöre der Männer und Jünglinge.
Waret ihr!

Chor der Alten.
Das leugne, wer darf!

Alle.
Streitbare Männer

Chor der Männer.
Sind wir!

Chöre der Alten und Jünglinge.
Seid ihr!

Chor der Männer.
Versuch uns, wer darf!

Alle.
Streitbare Männer

Chor der Jünglinge.
Werden wir!

Chöre der Alten und Männer.
Werdet ihr!

Chor der Jünglinge.
Noch tapferer, als ihr!

⟨TRINKLIED⟩

Trinket Brüder, laß uns trinken
Bis wir berauscht zu Boden sinken;
Doch bittet Gott den Herren,
Daß Könige nicht trinken.

Denn da sie unberauscht
Die halbe Welt zerstören,
Was würden sie nicht tun,
Wenn sie betrunken wären?

⟨AN MÄCEN⟩

Du, durch den einst Horaz lebte, dem Leben ohne Ruhe, ohne Bequemlichkeit, ohne Wein, ohne den Genuß einer Geliebten, kein Leben gewesen wäre; du der du jetzt durch den Horaz lebst; denn ohne Ruhm in dem Gedächtnisse der Nachwelt leben, ist schlimmer als ihr gar unbekannt zu sein;
   Du, o Mäcen, hast uns deinen Namen hinterlassen, den die Reichen und Mächtigen an sich reißen, und die hungrigen Scribenten verschenken; aber hast du uns auch von dir etwas mehr als den Namen gelassen?
   Wer ists in unsern eisern Tagen, hier in einem Lande, dessen Einwohner von innen noch immer die alten Barbaren sind, wer ist es der einen Funken von deiner Menschenliebe, von deinem tugendhaften Ehrgeize, die Lieblinge der Musen zu schützen, in sich häge?
   Wie habe ich mich nicht nach einem nur schwachen Ab-

drucke von dir umgesehen? Mit den Augen eines Bedürftigen umgesehen! Was für scharfsichtige Augen!

Endlich bin ich des Suchens müde geworden, und will über deine Aftercopien ein bitteres Lachen ausschütten.

Dort, der Regent, ernährt eine Menge schöner Geister, und braucht sie des Abends, wenn er sich von den Sorgen des Staats durch Schwänke erholen will, zu seinen lustigen Räten. Wieviel fehlt ihm, ein Mäcen zu sein!

Nimmermehr werde ich mich fehig fühlen, eine so niedrige Rolle zu spielen; und wenn auch Ordensbänder zu gewinnen stünden.

Ein König mag immerhin über mich herrschen; er sei mächtiger, aber besser dünke er sich nicht. Er kann mir keine so starken Gnadengelder geben, daß ich sie für wert halten sollte, Niederträchtigkeiten darum zu begehen.

Corner der Wollüstling hat sich in meine Lieder verliebt. Er hält mich für seines gleichen. Er sucht meine Gesellschaft. Ich könnte täglich bei ihm schmausen, mich mit ihm umsonst betrinken, und umsonst auch die teuerste Dirne umfangen; wenn ich nur mein Leben nicht achtete; und ihn als einen zweiten Anakreon preisen wollte. Ein Anakreon, daß es den Himmel erbarme! welcher das Podagra und die Gicht hat, und noch eine andre Krankheit von der man zweifelt ob sie Columbus aus Amerika gebracht hat.

ORPHEUS

Orpheus, wie man erzehlt, stieg seine Frau zu suchen in die Hölle herab. Und wo anders, als in der Hölle, hätte Orpheus auch seine Frau suchen sollen?

Man sagt, er sei singend herab gestiegen. Ich zweifle im geringsten nicht daran; denn so lange er Witwer war, konnte er wohl vergnügt sein und singen.

Berge, Flüsse, und Steine folgten seinen Harmonien nach; und wenn er auch noch so schlecht gesungen hätte, so wären sie ihm doch nachgefolgt.

Als er ankam und seine Absicht entdeckte, hörten alle Martern auf. Und was könnten für einen so dummen Ehemann wohl noch für Martern übrig sein?

Endlich bewog seine Stimme das taube Reich der Schatten; ob es gleich mehr eine Züchtigung als eine Belohnung war, daß man ihm seine Frau wiedergab.

DIE BRILLE

Dem alten Freiherrn von *Chrysant*
Wagts Amor einen Streich zu spielen.
Für einen Hagestolz bekannt,
Fing, um die sechzig er sich wieder an zu fühlen.

Es flatterte, von Alt und Jung begafft,
Mit Reizen ganz besondrer Kraft,
Ein Bürgermädchen in der Nachbarschaft.
Das Bürgermädchen hieß *Finette*.
Finette ward des Freiherrn Siegerin.
Ihr Bild stand mit ihm auf, und ging mit ihm zu Bette.
Da dacht in seinem Sinn
Der Freiherr: Und warum denn nur ihr Bild?
Ihr Bild, das zwar den Kopf, doch nicht die Arme füllt?
Sie selbst steh mit mir auf, und geh mit mir zu Bette!
Sie werde meine Frau! Es schelte wer da schilt;
Genädge Tant und Nicht' und Schwägerin!
Finett' ist meine Frau, und – ihre Dienerin.«
Schon so gewiß? Man wird es hören.
Der Freiherr kömmt, sich zu erklären,
Ergreift das Mädchen bei der Hand,
Tut, wie ein Freiherr, ganz bekannt,
Und spricht: Ich, Freiherr von *Chrysant*,
Ich habe Sie, mein Kind, zu meiner Frau ersehn,
Sie wird sich hoffentlich nicht selbst im Lichte stehn.
Ich habe Guts die Hüll und Fülle.
Und hierauf las er ihr, durch eine große Brille,

Von einem großen Zettel ab,
Wie viel ihm Gott an Gütern gab;
Wie reich er sie beschenken wolle;
Welch großen Witwenschatz sie einmal haben solle.
Dies alles las der reiche Mann
Ihr von dem Zettel ab, und guckte durch die Brille
Bei jedem Punkte, sie begierig an.
Nun, Kind, was ist Ihr Wille?
Mit diesen Worten schwieg der Freiherr stille,
Und nahm mit diesen Worten seine Brille –
(Denn, dacht er, wird das Mädchen nun,
So wie ein kluges Mädchen tun;
Wird mich und sich ihr schnelles Ja beglücken;
Werd ich den ersten Kuß auf ihre Lippen drücken;
So könnt' ich, im Entzücken,
Die teure Brille leicht zerknicken!)
Die teure Brille wohlbedächtig ab.

Finette, der dies Zeit, sich zu bedenken gab,
Bedachte sich, und sprach nach reiflichem Bedenken:
Sie sprechen, gnädger Herr, vom Freien und vom Schenken;
Ach, gnädger Herr, das alles wär sehr schön!
Ich würd in Samt und Seide gehn;
Was gehn? Ich würde nicht mehr gehn;
Ich würde stolz mit sechsen fahren;
Mir würden ganze Scharen
Von Dienern zu Gebote stehn.
Ach, wie gesagt, das alles wär sehr schön!
Wenn ich, – – wenn ich – –
            »Ein *Wenn?* Ich will doch sehn,
(Hier sahe man den alten Herrn sich blähn)
Was für ein *Wenn* mir kann im Wege stehn!«

Wenn ich nur nicht verschworen hätte – –
»Verschworen? Was? Finette,
Verschworen nicht zu frein?
O Grille,« rief der Freiherr, »Grille!«

Und griff nach seiner Brille,
Und nahm das Mädchen durch die Brille
Nochmals in Augenschein,
Und rief beständig: Grille! Grille!
5 Verschworen nicht zu frein!

Behüte! sprach Finette,
Verschworen nur, mir keinen Mann zu frein,
Der so, wie Eure Gnaden pflegt,
Die Augen in der Tasche trägt!

10 NIX BODENSTROHM

Nix Bodenstrohm, ein Schiffer nahm –
War es in Hamburg oder Amsterdam,
Daran ist wenig oder nichts gelegen –
Ein junges Weib.
15   Das ist auch sehr verwegen,
Freund, (sprach ein Kaufherr, den zum Hochzeitschmause
Der Schiffer bat) du bist so lang und oft vom Hause;
Dein Weibgen bleibt indes allein;
Und dennoch, – willst du mit Gewalt denn Hahnrei sein?
20 Indes daß du zur See dein Leben wagst,
Indes daß du zu Surinam, am Amazonenflusse,
Dich bei den Hottentotten, Cannibalen plagst;
Indes wird sie – –
    Mit euerm schönen Schlusse!
25 Versetzte Nix. Indes! Indes! Ei nun!
Das nehmliche wird euer Weibgen tun –
Denn, Herr, was brauchts dazu für Zeit? –
Indes ihr auf der Börse seid.

DIE TEILUNG

An seiner Braut, Fräulein Christinchens, Seite
saß Junker Bogislav Dietrich Karl Ferdinand
von – sein Geschlecht bleibt ungenannt –
und tat, wie alle seine Landesleute,
die Pommern, ganz abscheulich witzig und galant.

Was schwatzte nicht für zuckersüße Schmeicheleien
der Junker seinem Fräulein vor!
Was raunte nicht für kühne Schelmereien
er ihr vertraut in's Ohr?
Mund, Aug' und Nas' und Brust und Hände,
ein jedes Glied macht ihn entzückt,
bis er, entzückt auch über Hüft' und Lende,
den plumpen Arm um Hüft' und Lende drückt.
Das Fräulein war geschnürt (vielleicht zum ersten Male)
»Ha!« schrie der Junker; »wie geschlank!
Ha, welch ein Leib! verdammt, daß ich nicht male!
als käm' er von der Drechselbank!
so dünn! – Was braucht es viel zu sprechen?
Ich wette gleich – was wetten wir? wie viel?
Ich will ihn von einander brechen!
Mit den zwei Fingern will ich ihn zerbrechen,
wie einen Pfeifenstiel!«

»Wie?« rief das Fräulein; »wie? zerbrechen?
zerbrechen« (rief sie nochmal), mich?
Sie könnten sich an meinem Latze stechen.
Ich bitte, Sie verschonen sich.«

»Bei'm Element! so will ich's wagen«,
schrie Junker Bogislav, »wohlan!«
und hatte schon die Hände kreuzweis angeschlagen,
und packte schon heroisch an;
als schnell ein: »Bruder! Bruder, halt!«,
vom Ofen her aus einem Winkel schallt.

In diesem Winkel saß, vergessen, nicht verloren,
des Bräut'gams jüngster Bruder, Fritz.
Fritz saß mit offnem Aug' und Ohren,
ein Kind voll Mutterwitz.

5 »Halt!«, schrie er, »Bruder! Auf ein Wort!«
und zog den Bruder mit sich fort:
»zerbrichst du sie, die schöne Docke,
so nimm die Oberhälfte Dir!
Die Hälfte mit dem Unterrocke,
10 die, lieber Bruder, schenke mir!«

DER ÜBER UNS

Hans Steffen stieg bei Dämmerung (und kaum
konnt' er vor Näschigkeit die Dämmerung erwarten)
in seines Edelmannes Garten
15 und plünderte den besten Äpfelbaum.

Johann und Hanne konnten kaum
vor Liebesglut die Dämmerung erwarten,
und schlichen sich in eben diesen Garten,
von ungefähr an eben diesen Äpfelbaum.

20 Hans Steffen, der im Winkel oben saß
und fleißig brach und aß,
ward mäuschenstill, vor Wartung böser Dinge,
daß seine Näscherei ihm diesmal schlecht gelinge.
Doch bald vernahm er unten Dinge,
25 worüber er der Furcht vergaß
und immer sachte weiter aß.

Johann warf Hannen in das Gras.
»O pfui:« rief Hanne; »welcher Spaß!
Nicht doch, Johann! – Ei was?
30 O, schäme dich! – Ein andermal – o laß –

O, schäme dich! – Hier ist es naß.« – –
»Naß, oder nicht; was schadet das?
Es ist ja reines Gras.« –

Wie dies Gespräche weiter lief,
das weiß ich nicht. Wer braucht's zu wissen?
Sie stunden wieder auf und Hanne seufzte tief:
»So, schöner Herr! heißt das bloß küssen?
Das Männerherz! Kein einz'ger hat Gewissen!
Sie könnten es uns so versüßen!
Wie grausam aber müssen
wir armen Mädchen öfters dafür büßen!
Wenn nun auch mir ein Unglück widerfährt –
ein Kind – ich zittre – wer ernährt
mir dann das Kind? Kannst du es mir ernähren?«
»Ich?« sprach Johann; »die Zeit mag's lehren.
Doch wird's auch nicht von mir ernährt,
der über uns wird's schon ernähren,
dem über uns vertrau!«

Dem über uns! Dies hörte Steffen.
Was, dacht' er, will das Pack mich äffen?
Der über ihnen? Ei, wie schlau!
»Nein!« schrie er: »laßt Euch andre Hoffnung laben!
Der über Euch ist nicht so toll!
Wenn ich ein Bankbein nähren soll:
so will ich es auch selbst gedrechselt haben!«

Wer hier erschrak und aus dem Garten rann,
das waren Hanne und Johann.
Doch gaben bei dem Edelmann
sie auch den Äpfeldieb wohl an?
Ich glaube nicht, daß sie's getan.

ZWEI ODENENTWÜRFE AUS BRIEFEN
1757

⟨AN GLEIM⟩

Umsonst rüstet Kalliope den Geist ihres Lieblings zu hohen Liedern; zu Liedern von Gefahren und Tod und heldenmütigem Schweiße.

Umsonst; wenn das Geschick dem Lieblinge den Held versagt, und beide in verschiednen Jahrhunderten, oder verununeinigten Ländern geboren werden.

Mit Dir, Gleim, ward es so nicht! Die fehlt weder die Gabe den Helden zu singen, noch der Held. Der Held ist Dein König!

Zwar sang deine frohe Jugend, bekränzt vom rosenwangigen Bacchus, nur von feindlichen Mädchen, nur vom streitbaren Kelchglas.

Doch bist Du auch nicht fremd im Lager, nicht fremd vor den feindlichen Wällen und unter brausenden Rossen.

Was hält Dich noch? Singe ihn, Deinen König! Deinen tapfern, doch menschlichen; Deinen schlauen, doch edeldenkenden Friedrich!

Singe ihn, an der Spitze seines Heeres; an der Spitze ihm ähnlicher Helden; so weit Helden den Göttern ähnlich sein können.

Singe ihn, im Dampfe der Schlacht; wo er, gleich der Sonne unter den Wolken, seinen Glanz, aber nicht seinen Einfluß verlieret.

Sing ihn, im Kranze des Siegs; tiefsinnig auf dem Schlachtfelde, mit tränendem Auge unter den Leichnamen seiner verewigten Gefährten.

Du weißt, wie Du ihn am besten singen sollst. Ich will unterdes mit Aesopischer Schüchternheit, ein Freund der Tiere, stillere Weisheit lehren. − −

Ein Märchen vom blutigen Tyger, der, als der sorglose Hirt mit Chloris und dem Echo scherzte, die arme Herde würgte und zerstreute

Unglücklicher Hirte! Wenn wirst du die zerstreuten Lämmer wieder um Dich versammeln? Wie rufen sie so ängstlich im Dornengehecke nach Dir!

ODE
AUF DEN TOD DES MARSCHALLS VON SCHWERIN
AN DEN H. VON KLEIST

Zu früh wär es, viel zu früh, wenn schon jetzt den güldnen Faden deines Lebens zu trennen, der blutige Mars, oder die donnernde Bellona, der freundlich saumseligen Klotho vorgriff!

Der nur falle so jung, der in eine traurige, öde Wüste hinaussieht, in künftige Tage, leer an Freundschaft und Tugend, leer an großen Entwürfen zur Unsterblichkeit:

Nicht Du, o Kleist; der Du so manchen noch froh und glücklich zu machen wünschest – – Zwar schon solche Wünsche sind nicht die kleinsten edler Taten – –

Nicht Du, dem die vertrauliche Muse ins Stille winkt – – Wie zürnt sie auf mich, die Eifersüchtige, daß ich die waffenlosen Stunden Deiner Erholung mit ihr teile!

Dir zu gefallen, hatte sie dem Lenze seinen schönsten Schmuck von Blumen und Perlen des Taues entlehnet; gleich der listigen Juno den Gürtel der Venus.

Und nun lockt sie Dich mit neuen Bestechungen. Sieh! In ihrer Rechte blitzt das tragische Scepter; die Linke bedeckt das weinende Auge, und hinter dem festlichen Schritte wallt der königliche Purper.

Wo bin ich? Welche Bezaubrung! – – Letzte Zierde des ausgearteten Roms! – Dein Schüler; Dein Mörder! – Wie stirbt der Weise so ruhig! so gern! – Ein williger Tod macht den Weisen zum Helden, und den Helden zum Weisen.

Wie still ist die fromme Versammlung! – Dort rollen die

Kinder des Mitleids die schönen Wangen herab; hier wischt sie die männliche Hand aus dem weggewandten Auge.

Weinet, ihr Zärtlichen! Die Weisheit sieht die Menschen gern weinen! – – Aber nun rauscht der Vorhang herab! Klatschendes Lob betäubt mich, und überall murmelt die Bewunderung: Seneka und Kleist!

Und dann erst, o Kleist, wenn Dich auch diese Lorbeern, mit der weißen Feder, nur uns Dichtern sichtbar durchflochten, wenn beide Deinen Scheitel beschatten – – Wenn die liebsten Deiner Freunde nicht mehr sind – –

Ich weiß es, keiner von Ihnen wird Dich gern überleben – – Wenn Dein Gleim nicht mehr ist – – Außer noch in den Händen des lehrbegierigen Knaben, und in dem Busen des spröden Mädchens, das mit seinem Liede zu Winkel eilet –

Wenn der redliche Sulzer ohne Körper nun denkt – – Hier nur noch der Vertraute eines künftigen Grüblers, begieriger die Lust nach Regeln zu meistern, als sie zu schmecken.

Wenn unser lächelnder Rammler sich tot kritisieret – – Wenn der harmonische Krause nun nicht mehr, weder die Zwiste der Töne, noch des Eigennutzes schlichtet – –

Wenn auch ich nicht mehr bin – Ich, Deiner Freunde spätester, der ich, mit dieser Welt weit besser zufrieden, als sie mit mir, noch lange sehr lange zu leben denke – –

Dann erst, o Kleist, dann erst geschehe mit Dir, was mit uns allen geschah! Dann stirbst du; aber eines edlern Todes; für Deinen König, für Dein Vaterland, und wie Schwerin!

O des beneidenswürdigen Helden! – – Als die Menschheit in den Kriegern stutzte, ergriff er mit gewaltiger Hand das Panier. – – Folgt mir! rief er, und ihm folgten die Preussen.

Und alle folgten ihm zum Ziele des Siegs! Ihn aber trieb allzuviel Mut bis jenseit der Grenzen des Sieges, zum Tode! Er fiel, und da floß das breite Panier zum leichten Grabmal über ihn her.

So stürzte der entsäulte Pallast, ein schreckliches Monument von Ruinen, und zerschmetterten Feinden, über dich, Simson, zusammen! So ward dein Tod der herrlichste deiner Siege!

KOMMENTAR

LESSING 1754-1757
BERLIN UND LEIPZIG

Am 17. Januar 1754 erschien Lessings berüchtigtes *Vade mecum*, eine hochgelehrte Schmähschrift, mit der er einen streberhaften Insider der frühempfindsamen Literatursellschaft, den Landpfarrer und Horaz-Übersetzer Samuel Gotthold Lange, der Lächerlichkeit preisgab. Das Datum des Erscheinens wissen wir aus einer anonymen Selbstanzeige Lessings in der ›Berlinischen Privilegierten Zeitung‹. Fünf Tage später wurde er fünfundzwanzig Jahre alt und hätte, nunmehr endgültig der Jugend entwachsen, wohl gerne gewußt, wie es beruflich mit ihm weitergehen sollte. Nach allerhand kleinen Affairen (Voltaire, Jöcher; s. Bd. II dieser Ausgabe) und der Zeitbombe des *Vade mecums* war die Antwort freilich leicht erratbar: nicht sonderlich gut. Mochte er im intimen Kreis zu den Freundschaftsbegabungen seiner Zeit gehören, in der deutschen Öffentlichkeit war er fortan gefürchtet wie Voltaire in der europäischen, was ohne das ökonomische Geschick des letzteren allerdings eine zweifelhafte Auszeichnung blieb. So schrieb er im Oktober 1754 an Michaelis: »Ich suche hier keine Beförderung; und ich lebe bloß hier, weil ich an keinem andern großen Ort leben kann.« Im großen Berlin verdiente Lessing seinen bescheidenen Lebensunterhalt auch 1754 weiterhin als Redakteur der BPZ, wo er die Sparte ›Von Gelehrten Sachen‹, eine moderne Rezensionsbeilage für schöngeistige und wissenschaftliche Bücher, betreute und selbst wöchentlich ca. zwei Besprechungen beisteuerte. Das war Tretmühlen-Arbeit, die er nur deswegen so lange (bis zum Oktober 1757, also fast vier Jahre) durchstand, weil ihm das kritische Umpflügen von Büchermassen offensichtlich nicht mißfiel, weil ihm der junge Verlagschef und Zeitungsherausgeber Christian Friedrich Voß (geb. 1722) gewogen war, weil er sich herausnehmen konnte, sein kritisches Geschäft mit ziemlicher Lässigkeit zu betreiben, und weil sein Arbeitstempo ihm stets noch etwas Zeit für seine gelehrten und literarischen Privatinteressen sicherte. Dabei war die Zeitungskritik nicht die einzige Fron, die er sich aufgebürdet hatte. Man darf getrost davon ausgehen, daß Lessing in den Jahren 1753-56, vergleichbar dem linsenschleifenden Spinoza und dem notenkopierenden Rousseau, pro Tag mehrere Seiten aus (mehreren) fremden Sprachen übersetzte, wobei sicherlich auch hier so etwas wie ein ursprüngliches Bedürfnis im Spiel war. Nimmt man hinzu, daß auch die Geselligkeit mit Gleichstrebenden nicht zu kurz kam, dann teilte sich Lessings damaliger Berliner Tageslauf in Redaktionsarbeit, Übersetzerei, Bibliothek, Caféhaus-Disput und schriftstellerische Einsamkeit auf, nicht eingerechnet Theaterbesuch, Korrespondenz und (vermutlich) nächtliche Lektüre.

Irgendwann in der zweiten Hälfte des Jahres 1753 muß Lessing erkannt haben, daß das Ensemble von Bohemien-Existenz und journalistischer Arbeitsfron seine schöpferischen Kräfte zu absorbieren drohte. Tatsächlich lassen die in Bd. II dieser Ausgabe versammelten Texte der Jahre 1751-53 erkennen, daß er dabei war, sich trotz immensen Arbeitsaufwands im kritischen Tagesgeschäft zu verzetteln. Was not tat, war also Selbstprüfung und Neuformierung, wobei freilich eine Absage an die Tageskritik völlig außer Betracht lag. Bekanntlich war Lessing nach Berlin gekommen, um sich im journalistischen Metier, das hier besonders florierte, einen Namen zu machen. Das war keine persönliche Marotte, sondern eine generationsspezifische Option ersten Ranges, und Lessing hat ziemlich alles getan, um ihr zu entsprechen. Der ›Geist der Kritik‹, den man der Aufklärung zuspricht, war der Geist der kritischen Zeitschrift, und nur dieser ermöglichte, was Ernst Cassirer zu den »wesentlichen und unvergänglichen Ruhmestiteln der Epoche« gezählt hat, daß sie nämlich »in einer Vollkommenheit, wie kaum jemals zuvor, das Kritische mit dem Produktiven verbunden, und das eine unmittelbar in das andere übergeführt und umgesetzt hat« (*Die Philosophie der Aufklärung*, S. 373). Nichts anderes erstrebte Lessing, auch wenn die Sache seit einiger Zeit aus dem Lot zu laufen schien. Hatte er doch sogar seine frühen Erfolge als Lustspielautor und anakreontischer Lyriker sukzessive hinter seinen journalistischen und gelehrten Ehrgeiz zurückgedrängt. Anfang 1754 lagen sie jedenfalls schon geraume Zeit zurück und konnten den Eindruck einer ausgestandenen Jugendepisode erwecken. Doch das ist nur sehr bedingt richtig. Fest stand lediglich, daß er nicht zur Verlachkomödie, ja nicht einmal zur rührenden Komödie zurückwollte und, mehr noch, daß er sein lyrisches Soll an tändelnder Sinnlichkeit für abgegolten hielt. Zwei Sackgassen-Befunde also, die indes unterschiedlich ausschlugen. Während die Lyrikfrage bekanntlich (und nicht ohne ironische Seitenblicke auf mancherlei patriotische und pathetische Neuerungen) mit dem Abbruch aller weiteren Bemühungen endete, war der Theaterfrage nur eine regenerative Pause geschenkt, die sich schon bald auszahlen sollte.

Die Neuformierung von 1753/54 begann aber nicht mit der Wiederbelebung des Theaters, sondern mit einer publizistischen Provokation. So muß man den Entschluß des 24-jährigen wohl nennen, sich der schöngeistigen Welt mit einer sechsbändigen Ausgabe seiner gesammelten Werke zu präsentieren – als gemachten Autor gewissermaßen. Zwar waren die Bände nur Bändchen und die Titelwahl *Schriften* ein Bekenntnis zur Beiläufigkeit, doch realiter handelte es sich um die Summe dessen, was der Selbst-Editor für die Essenz seines früheren und gegenwärtigen Schaffens hielt. Möglich, daß ihm der Wunsch, sich seines Schriftstellertums zu versichern, nur halb bewußt war, möglich auch, daß zusätzliche Motive im Spiel waren. Unübersehbar ist allerdings, daß die Textzusammenstellung eine Werkeinheit behauptet, die so nicht bestand. Den frühen Liedern, Oden, Fabeln (I, 1753) folgen die aktuellen *Briefe* (II, 1753), den nicht minder aktuellen *Rettungen* (III, 1754) vier Komödien der Debütantenjahre (IV/V, 1754/55), ganz zu schweigen vom Schlußband

(VI, 1755), in dem das Modernitätsfanal *Miß Sara Sampson* von 1755 mit einer konventionellen Typenkomödie von 1748 zusammengespannt ist. Vertraut man einer selbstkritischen Passage in den *Briefen*, in der Lessing einen Lehrgedichtsversuch seiner Frühzeit als historisch obsolet verworfen hatte, dann muß man annehmen, daß er den in die *Schriften* aufgenommenen Texten durchaus Qualität, Dauer und innere Kontinuität zuerkannte, selbst wo sie noch das Siegel des längst widerrufenen Gottsched-Einflusses trugen. Wie also läßt sich seine Selbstrepräsentation angemessen verstehen? Will man nicht eine insgeheim gewollte Kontrastwirkung oder gar Selbsthistorisierung unterstellen, dann bietet sich am ehesten noch ein Begriff wie »work in progress« an. Um das zu realisieren, hat sich Lessing, sonst ein Meister des publizistischen Schnellschusses, auffällig viel Zeit genommen. Hat er doch in die Dokumentation des Alten stets neue Texte ›hineingeschrieben‹ und so das Erscheinen der Bände über anderthalb Jahre gedehnt.

Den nächsten Revisionsschritt tat Lessing, als er um die Jahreswende 1753/54 mit dem bereits genannten *Vade mecum für Hrn. Samuel Gotthold Lange* den Mustertext für die großen Personal-Polemiken der späteren Jahre schuf. Die Inszenierung des langen, sich steigernden Sprachzorns gehörte fortan zu seinem genuinen Ausdrucksprofil. Natürlich kann man diesen ersten Rachefeldzug, der aus einem ziemlich kleinkarierten Anlaß erwuchs, als emotional überrüstet empfinden und sich fragen, ob es Lessing nicht ebenso gegangen sein muß. Doch solche Bedenken werden ziemlich nebensächlich, wenn man sich klarmacht, daß im gleichen Zuge auch das exemplarische Umkehrmodell der persönlichen Polemik, nämlich die historische ›Rettung‹ entstand. Die fünf klassischen *Rettungen*, die Lessing bis zur Ostermesse 1754 zum Abschluß brachte, recherchieren im Grunde in gleicher Sache, der Autoritätsanmaßung, plädieren aber in entgegengesetzter Richtung. Nicht die Überführung des Täters ist ausschlaggebend, sondern die Rehabilitation des Opfers. Die Begründung dieser Wechselverpflichtung leitete Lessing im übrigen nicht aus der formalen Rechtslogik ab, sondern aus einem quasi biologischen Kalkül. ›Gerettet‹ werden muß nicht der im Leben stehende Aufklärer, der das hochgemute Risiko des ›sapere aude‹ und, falls notwendig, des ›contradicere aude‹ eingegangen ist. Gerettet werden muß vielmehr der tote Aufklärer, der sich gegen den Fortbestand des geschichtlichen Fehlurteils nicht mehr wehren kann. Natürlich sind Herausforderung und Rehabilitation damals längst etablierte Attitüden des moralischen Rationalismus. Ihre erfolgreiche Handhabung konnte man bei Voltaire und Bayle studieren. Bei Lessing wurden sie Anfang 1754 allerdings kulturanthropologisch ausgemessen und einem entelechischen Gattungssystem zugeordnet: als agonal organisierte Gegenrede die eine, als Exemplum der delegitimierenden Geschichtsbetrachtung die andere.

Die schriftstellerische Neuformierung von 1754 wäre vermutlich nur eine halbe geblieben, wenn sich nicht der Zufall eingemischt hätte. Am 6./7. März starb in London unerwartet Christlob Mylius, Lessings Intimus der ersten Berliner Jahre, dem er Gutes und Schlechtes verdankte, aus der Rückschau wohl vor allem Schlechtes, dafür aber zunehmend Klarheit über sich selbst. Von Mylius hatte Lessing das Tageshandwerk des Aufklärers, den kritischen Journalismus, gelernt, also Grundlegendes, allerdings auch dessen Tendenz zu Routine und wohlfeilem Witz. Mit Mylius zusammen hatte er 1749 sein erstes Welttheater-Projekt, die periodischen ›Beiträge zur Historie und Aufnahme des Theaters‹ begonnen, um es bald darauf, enttäuscht über die flache Schreibe des Kompagnons, wieder aufzugeben. An Mylius, dem journalistischen Krawallierer und Hochstapler, konnte Lessing hautnah erfahren, welche Gefahren das umworbene neue Medium in sich barg, war der Freund doch auf dem besten Wege, sich jener aufklärerischen Underdog-Mentalität auszuliefern, die Robert Darnton für die französischen Verhältnisse beschrieben hat (*Literaten im Untergrund*, München und Wien 1985). So jedenfalls – und nur deshalb ist hier die Rede davon – sah es Lessing im Vorwort zu

Mylius' *Vermischten Schriften*, mit denen er dem Freund noch im Todesjahr (Herbst 1754) ein viele Leser befremdendes Denkmal setzte. In der Tat mußte Lessings dortige Strategie verwirren. Gab er doch, scheinbar pietätsvergessen, Mylius als Schriftsteller preis, um ihn als Opfer der deutschen Verhältnisse zu retten. Was machen die Deutschen mit ihren Hochbegabten? Sie entmutigen und ruinieren sie! Das war nicht die erste Analyse dieser Art, so wie Goethes und Hölderlins Pendants vierzig Jahre später nicht die letzten waren – aber es war die erste wichtige und zweifellos ein Akt der Selbstrettung.

Als solche war sie bedeutsam genug, obwohl der Tod Mylius' zwei vermutlich noch wichtigere Konsequenzen für Lessing hatte. Die erste ist seine Rückkehr zur publizistischen Theaterarbeit. Der Entschluß, das Konzept der gescheiterten ›Beiträge‹ von 1749/50 unter anderem Namen wieder aufleben zu lassen, muß bald nach der Todesnachricht gefallen sein. Jedenfalls erschien bereits zur Herbstmesse 1754 der erste, 310 Seiten starke und ausschließlich von Lessing verfaßte Band der ›Theatralischen Bibliothek‹, der, nach erprobter Manier, Materialien zum europäischen Theater, mit oder ohne kritischem Kommentar, an den Leser brachte und wohl hauptsächlich aus liegengebliebenen oder im stillen fortgeführten Arbeiten gespeist war. Auch hier macht die Vorrede kein Hehl daraus, wieviel Hemmnis in dieser Sache von Mylius ausgegangen war und – so können wir hinzufügen – wieviel Befreiung von seinem freitodähnlichen Abgang. Ob die dreieinhalbjährige Unterbrechung des Vorhabens wirklich so wenig bedeutete, wie Lessing glauben machen wollte, sei dahingestellt. Manches, wie etwa der zögerliche Fortgang und das baldige Einschleusen ungenannter Beiträger, spricht dafür, daß für eine echte Aktualisierung seine Kräfte denn doch nicht ausreichten. Aber so oder so, Lessing war wieder in seinem ureigenen Element und konnte z. B. sein längst fälliges Urteil über das rührende Lustspiel (I, 1754) nachtragen, durch welches wiederum der Weg für das *Sara*-Experiment frei wurde. Ähnlichen konzeptuellen Gewinn hat er zweifellos auch aus der *Seneca*-Abhandlung (II, 1755) und den Beiträgen zur Schauspielkunst und zur Pantomime (I, 1754 und III, 1755) gezogen.

Das bedeutsamste Ereignis des so bewegten Frühjahrs 1754 steht noch aus. Es betrifft die Ausfüllung der personellen Leerstelle, die Mylius' Tod hinterlassen hatte, so prekär diese Beziehung auch vorher schon gewesen sein mag. Lessings, zumal des jungen Lessings soziale Ambitionen sind eine Art ›black box‹ – wir wissen wenig darüber. Daß ihm die französische Welt des königlichen Philosophen und seiner prominenten Favoriten, also Sanssouci und die Akademie, so gleichgültig gewesen wäre, wie Fachleute gelegentlich behaupten, ist nicht erwiesen. Er hat sie vermutlich zunehmend gehaßt, aber nicht verachtet wie die journalistische Welt des Mylius, der er selbst so lange verbunden war. Mit Sicherheit läßt sich eigentlich nur sagen, daß er unfähig war, sich irgendwem anzudienen. Selbst im Nahbereich der Freundschaft, der ihm so notwendig war, begegnet man ihm kaum je als Werbendem. Daß er anstattdessen, wie vielfach belegt, scheinbar kühl die Freundschaftswerbungen anderer hinnahm, ohne sich dabei freilich den Vorwurf der Arroganz einzuhandeln, deutet einerseits auf das Selbstschutzbedürfnis des genialen Menschen hin, sagen wir: auf eine spröde oder gar stolze Schüchternheit, andererseits auf die Konsequenzen daraus: daß er den Dialograum der Geselligkeit zwar brauchte und nutzte und dafür stets reichlich gab, aber auch stets auf Flucht bedacht war, wo er die Inertia der Vertraulichkeit im Anzug sah. In den Dingen des Lebens war Lessing ein Spieler, kein Stratege oder gar Profiteur. Im Frühjahr 1754 nun, im Moment einer unerwarteten Freiheit, setzte er spontan und risikobereit auf die Freundschaft eines Juden namens Moses Mendelssohn, der in der Gelehrtenrepublik gänzlich unbekannt war. Spontan – das meint die Gewißheit des Gefühls, risikobereit – das meint die Ungewißheit der Folgen. Idealiter bedeutete Lessings Experiment im Grunde nur das aufklärerisch Selbstverständliche: eine Toleranzpraxis ohne Wenn und Aber. Darin war er für seine Freunde erkennbar. Realiter dürfte er sich jedoch mancherlei Spekulation ausgesetzt haben. War er auf ›misfits‹, auf Stiefkinder des Schicksals fixiert (nach dem unglücklichen Hazardeur Mylius den buckligen Juden Moses)? Wollte er den aktuellen Kritikern seines *Juden*-Lustspiels von 1749 (das erst 1753 im Druck erschienen war) etwas beweisen? Wollte er seine sozialen Mißerfolge durch soziale Extravaganz kaschieren? Wollte er der geschlossenen Aufklärungsgesellschaft des Königs selbstbewußt eine offene Aufklärungsgesellschaft der Stadtbürger entgegenstellen? Keines dieser Motive mag gänzlich unbeteiligt gewesen sein, doch der Kairos dieser Begegnung lag anderswo, nämlich im vorbild- und vorbehaltlosen Zusammentreffen zweier wirklich autonomer Geister, einer schlechthinnigen Freiheitsdemonstration, hinter der, auf kurze Zeit, ein Wust von Bedrängnissen zerstob. Es herrschte, um im Ton der Zeit zu reden, eine gewisse ›Zärtlichkeit‹ in dieser Freundschaft, aber keinerlei Erwählungs- und Exklusivitätsanspruch, was sich auch darin niederschlug, daß im Herbst 1754 ein Dritter, der Buchhändler Christoph Friedrich Nicolai, wie Mendelssohn auch er ein gelehrter Autodidakt, dazuoptiert wurde. Daß er den beiden anderen, mit denen er das Faible für England teilte, intellektuell nicht ganz das Wasser reichen konnte, hätte, falls es nötig gewesen wäre, leicht durch den Altersunterschied kaschiert werden können. Aber es war nicht nötig. Der zweiundzwanzigjährige Nicolai (die beiden anderen waren 25) brachte offensichtlich Persönlichkeit genug mit, um in der freien Diskursgemeinschaft des Dreigespanns bestehen zu können. Was aus den dreien später geworden ist, bedarf hier keiner Erwähnung. Eher schon, daß sie es ohne diese Erfahrung nicht geworden wären. Genauso wie die in der deutschen Geschichte singuläre Berliner Salonfreiheit der 90er Jahre ohne die Unabhängigkeitszelle von 1754 nicht denkbar ist.

Der »Sechste Brief« der Mylius-Vorrede, der letzte, endet mit dem Stoßzeufzer: »Doch, erlauben Sie mir, mein Herr, daß ich Ihnen auch endlich einmal von etwas andern schreibe.« Der Brief ist »vom 20. Junius« datiert, und ein ungeduldiger Chronist mag nicht falsch liegen, wenn er dieses Datum zum Schlußpunkt der Lessingschen Selbsttherapie erklärt. Jedenfalls darf man sicher sein, daß in den berühmten Morgen-Gesprächen, zu denen sich Lessing und Mendelssohn im Sommer 1754 offensichtlich schon regelmäßig trafen, längst neue Dinge verhandelt wurden, über deren thematische Reichweite wir allerdings wenig wissen. Zunächst dürfte es wohl um beider Verhältnis zu Leibniz und Shaftesbury gegangen sein, aber sehr bald auch schon um Baumgartens Revision der Wolffschen Vermögenspsychologie und deren Folgen für die Dichtung, vielleicht auch um Dubos' Kunstlehre und die ›Moral-sense‹-Lehre der Briten, eine Diskussion mithin, aus der in den folgenden Monaten Mendelssohns *Philosophische Briefe* und wenig später seine *Briefe über die Empfindungen* hervorgingen, beide vermutlich mit Lessings Hilfe zu Druck gebracht. Lessing selbst schrieb zur gleichen Zeit wahrscheinlich seine Abhandlung über das rührende Lustspiel zu Ende, um sich gleich danach in die noch umfänglichere Abhandlung über Senecas Theater der Grausamkeit zu stürzen, so als drängte es ihn, den allzu versöhnlichen Wellenschlag der Empfindsamkeit mit einer ganz anderen kulturgeschichtlichen Wetterlage zu konfrontieren. Einiges spricht dafür, daß sich damals seine Anthropologie der Mitleidsbedürftigkeit herauszuschälen begann. Ein drittes, ganz anderes Thema lieferte die Berliner Akademie. Im Juni stellte sie die Preisfrage, wie das optimistische »System« zu beurteilen sei, das sich hinter Alexander Popes berühmten Diktum »whatever is, is right« verberge. Lessing und Mendelssohn, die, wie viele andere, davon ausgingen, daß es sich dabei um eine verdeckte Aufforderung zur Leibniz-Kritik handle, nahmen die Gelegenheit wahr, ihrer jungen Freundschaft mit einem eigenwilligen Gemeinschaftsessay ein Denkmal zu setzen. So entstand Lessings einzige Kollektivpublikation, *Pope ein Metaphysiker!*, für die Mendelssohn die schulphilosphische Beweisführung übernahm, Lessing die gattungskritische Thesenbildung, die freilich so polemisch ausfiel, daß sich, obwohl man termingerecht (1. Januar 1755) fertig war, eine Einsendung erübrigte. Lessings These, die auf eine Belehrung der akademischen Fragesteller hinauslief, lautete: Dichter (wie Pope) seien Tagträumer und Effekthascher, gelegentlich auch mit philosophischen Ambitionen, aber nie und nimmer ernstzunehmende Systemdenker. Die Frage sei also grundfalsch gestellt, was auf analytischem Weg zu bestätigen Mendelssohn denn auch nicht anstand. Die Botschaft des Essays, die im Sinne Baumgartens auf Goethes »Wer das Dichten will verstehen, muß ins Land der Dichtung gehen« vorausweist, hatte Lessing im übrigen schon in den *Rettungen des Horaz* vorexpliziert.

Im Februar 1755 zog sich Lessing selbst ins Land der Dichtung, genauer: in die Einsamkeit eines Potsdamer Gartenhauses zurück, um nach langer Unterbrechung wieder ein Drama zu vollenden. Das Ergebnis, *Miß Sara Sampson. Ein bürgerliches Trauerspiel*, läutete das englische Zeitalter in der deutschen Literatur des 18. Jahrhunderts ein, auch wenn das Stück selbst aufgrund seines aus Gefühlsausdruck und Gefühlsräsonnement riskant synthetisierten Dialogs nur ein Triumph auf Zeit blieb, ein originelles historisches Vorspiel zur Shakespeare-Rezeption der Stürmer und Dränger und der Romantiker. Allerdings ist die Forschung dieser zeitgenössischen Einschätzung (und vielleicht auch der Lessings selbst) nicht gefolgt. Das Stück gilt heute als ein besonders ergiebiger Schlüsseltext der empfindsamen Wende des 18. Jahrhunderts. Lessing, der am 9. Juli 1755 mit Ramler zur Uraufführung nach Frankfurt an der Oder reiste, hat, wie so oft, jeden Selbstkommentar dazu verweigert. Sogar in der großen Briefdiskussion über das neue Genre (s. u.) gelang es ihm, für *Sara* eine Art Hausverbot zu erwirken. Werkstattberichte à la Brecht und Rückblicke à la Goethe waren nicht Lessings Sache.

Die Tränen und Beifallsstürme von Frankfurt und anderswo änderten nichts an Lessings beruflicher Misere. In der Kulturpolitik des preußischen Hofes gab es keinen Platz für junge Genies wie ihn oder Winckelmann (der im selben Jahr nach Rom entfloh). Lessings Mitteilung an den Vater: »Man hat es mir seit einiger Zeit sehr nahe gelegt, nach Moscau zu gehen, wo ⟨...⟩ eine neue Universität angelegt wird« (11. April 1755), ist zwar noch vor der *Sara*-Premiere geschrieben, fand aber ihr Pendant in Sulzers Angebot, ihm eine Hofmeisterstelle bei einem Schweizer Bildungsreisenden zu vermitteln. Als wäre er nicht sowieso schon restlos ausgelastet, reagierte Lessing auf derlei mit neuen, scheinbar munteren, in Wirklichkeit wohl eher grimmigen Publikationsplänen. *Der Blinde*, *Meine Brieftasche*, *Verschiedenes von verschiedenen Verfassern verschiedenen Inhalts* oder gar *Das Beste aus schlechten Büchern*, so hießen (laut Karl Lessing) die Zeitschriftentitel, die er mit Mendelssohn plante und natürlich nicht umsetzte. Anstatt dessen setzte er sich Mitte Oktober 1755, ohne die Freunde zu benachrichtigen, aus Berlin ab, um sich brieflich aus Leipzig zurückzumelden. Die Biographen rätseln bis heute, was ihn in seine alte Universitätsstadt zurücktrieb, ob die Selbstüberforderung in Berlin, das ausgebliebene Avancement, die zu enge Umarmung durch Mendelssohn und Nicolai oder aber, wie schon sein Bruder vermutete, die Enttäuschung über die Berliner Theaterszene und die zu Recht höhere Erwartung an die von Leipzig. Ganz sicher waren es keine konkreten Berufsaussichten. Die ersten Leipziger Monate gehörten tatsächlich ganz dem Theater. Zunächst erneuerte Lessing die Freundschaft zu seinem einstigen Studienkollegen Christian Felix Weiße, einem nicht ganz erfolglosen, aber eher mittelmäßigen Lustspielautor alten Stils, der ihn bestenfalls daran erinnern konnte, daß er sich in der Stadt Gellerts und Gottscheds, der verblassenden Größen von einst, befand. Gellert hat er mehrfach besucht, um einen selbstgefälligen Bonhomme in ihm zu erkennen. Mit Gottsched, dem angeschlagenen, aber immer noch thronenden »Baal«, verhielt es sich anders. Bis kurz vor der Abreise aus Berlin hatte Lessing keine Invektive aus Leipzig unbeantwortet gelassen. Jetzt, in der Höhle des Löwen, wählte er eine sensiblere Taktik, indem er der

Phantomgröße des Schuldramatikers das wahre Theater-Genie eines Carlo Goldoni entgegensetzte. Mit dem Goldoni-Studium, das ihm die Leipziger Muße ermöglichte, wollte Lessing, nach dem Trauerspiel-Experiment der *Miß Sara Sampson*, offensichtlich auch sein Lustspielkonzept erneuern. Daß daraus dann nichts wurde, lag wohl weniger an den Störmanövern eines Verlegers als an der mitgebrachten Laissez-faire-Stimmung, in der kaum etwas zum Ende gedieh, auch nicht der Versuch eines *Faust*-Dramas aus dem Geist des Elisabethanischen Theaters.

Wie sollte es auch, so könnte man hinzufügen, angesichts des bevorstehenden Antritts einer drei- oder gar vierjährigen Bildungsreise, zu der Lessing – nun doch – bereit war, glaubte er doch eine Gelegenheit gefunden zu haben, die ihm alle persönliche Freiheit ließ und auch finanziell günstig zu sein schien. Doch auch dieses Projekt scheiterte. Zwar ging die Reise am 10. Mai 1756 glücklich los und führte einigermaßen glücklich (aber wirklich nur ›einigermaßen‹, wie Karl Lessing andeutet) bis Amsterdam, doch dann mußte man überhastet umkehren, weil die preußische Armee Leipzig besetzt hatte und der ungebildete Financier der Reise, ein gewisser Winkler, um sein Vermögen fürchtete. Sicher wäre Lessing gern wenigstens bis London gelangt, doch wer die beiden erhaltenen Reisebriefe liest, mag in Zweifel geraten über das Maß seiner Enttäuschung. Kein Satz, der von Reiselust oder gar Reiseerfahrung spräche, dafür die Mitteilung, daß er an einer Abhandlung über das bürgerliche Trauerspiel arbeite und sich um den Fortgang des brieflichen Gedankenaustauschs mit den Berliner Freunden sorge. Es ist Sitte geworden, die unstete Lebensart Lessings, die zunächst einmal der baren Existenznot entsprang, als ungestilltes Reise- und Sehbedürfnis zu deuten. Doch dafür gibt es wenig Anhaltspunkte. Lessings anthropologischer Blick gründete auf dem »Rede, damit ich dich sehe!«, nicht auf den »glücklichen Augen« des Lynkeus. Dementsprechend suchte er den Diskussionszirkel, das Theater und die Bibliothek, nicht aber die Platane am Iliss oder die Mauern des Vatikan. Der singuläre Stadtprospekt von Amsterdam bleibt ja nicht nur im Reisebrief unerwähnt, er taucht auch in der Gesamtniederschrift des Werks nicht mehr auf.

Gleich nach der Rückkehr (Ende September 1756) warf sich Lessing denn auch auf die schon avisierte Fern-Kontroverse mit den Berlinern, die als ›Briefwechsel über das Trauerspiel‹ in die Literaturgeschichte eingegangen ist und als an Spontaneität kaum zu übertreffendes Beispiel kollektiver Theoriebildung in der Tat den Ehrentitel »Streitkultur« verdient. Nicht daß man sich am Ende auf eine gemeinsame Kompromißformel geeinigt hätte. Im Gegenteil. So wenig Lessing von seiner Idee abrückte, das Trauerspiel müsse die Mitleidsbedürftigkeit des Menschen abbilden und die Mitleidsfähigkeit des Menschen kultivieren, so wenig gab Mendelssohn sein Plädoyer für die Bewunderung und Nicolai das für die Affektmaximierung auf. Worauf es ankam, war etwas anderes: nämlich die wechselseitige Abforderung eines Höchstmaßes an Begründungs- und Falsifikationsmöglichkeiten. Daß dieses kritische Potenzierungsverfahren nur durch Abbruch, um nicht zu sagen: durch Erschöpfung, enden konnte, liegt auf der Hand. Ab März 1757 wurden die Briefintervalle merklich größer, und Anfang Mai gaben die beiden Berliner mit einer Art Ergebnisprotokoll der Sache wenigstens eine formale Abrundung.

Daß Lessing in diesen Monaten einen zweiten engen Freundschaftsbund einging, dürfte nicht ohne Einfluß auf das Abflauen des Briefwechsels gewesen sein. Die neuen Freunde waren Ewald Christian von Kleist, der stets unglücklich-empfindsame preußische Dichter-Offizier, den der Krieg nach Leipzig verschlagen hatte, und Johann Wilhelm Ludwig Gleim, der stets heiter-empfindsame Poet und Halberstädter Domherr, der nur aus Anlaß in Leipzig auftauchte. Die ältere Biographik hat dieses zweite Triumvirat mit besonderer Liebe behandelt und sich gelegentlich dazu verstiegen, es über das erste zu erheben. Sicher waren Lessings Gefühle für die beiden aufrichtig und, was Kleist betrifft, von einer tief gegründeten Zuneigung bestimmt. Das Paradoxe jedoch ist, daß die Freundschaft im Zeichen eines preußischen Patriotismus stand, den Lessing für sich selbst ausdrücklich ablehnte. Gegenüber Gleim schlug sich das à la longue in einer nachsichtigen Ironie nieder, die sich nicht davon abbringen ließ, dessen unausgegorene *Preußische Kriegslieder* als interessanten Versuch im Volkston zu würdigen. Gegenüber Kleists Melancholie, seiner Zerrissenheit zwischen Offiziers- und Dichterethos, zwischen äußerem und innerem Auftrag, war Ironie freilich nicht am Platze. Für ein paar Monate herrschte zwischen Lessing und ihm der Gleichklang zweier gefährdeter Naturen, die sich lieben, aber nicht helfen konnten. Kleist versuchte vergeblich, eine geeignete Anstellung für den Freund zu finden, Lessing hatte die absurde Idee, dem zu Todesphantasien neigenden Freund ein *Seneca*-Drama abzuverlangen. Erst später, als er die Double-bind-Situation Tellheims nach Kleists innerem Konflikt modellierte, wußte er es besser.

Ansonsten sind die Leipziger Jahre 1756/57 von mancherlei Honorar- und Gelegenheitsarbeiten begleitet. Da die festen Redakteurseinkünfte wegfielen, mußten die Übersetzungen weitergehen, wobei offensichtlich Lessings England-Kompetenz besonders gefragt war. Noch während des Trauerspiel-Briefwechsels entstand die Übersetzung von Hutchesons *Sittenlehre der Vernunft*, mit der sich zweifellos ein hohes Eigeninteresse verband. Allerdings begann er gleichzeitig, angeblich seiner frommen Schwester zuliebe, auch die Übertragung eines englischen Erbauungsbuchs, das ihn nur mäßig interessiert haben kann. Tatsächlich stahl er sich, als ein Familientreffen in Dresden zu einer mehrwöchigen Reise Anlaß gab (Februar/März 1757), aus der Sache davon, so daß ein anderer sie zu Ende führen mußte. Statt dessen lieferte er die Vorrede zu einer Ausgabe der Trauerspiele von James Thomson. Den Schluß dieser englischen Reihe machten zwei Übersetzungen, die gewichtigere Anlässe hatten: zunächst die Kinderfabeln von Richardson, mit denen sich Lessing auf die Rückkehr zur eigenen Fabelarbeit einstimmte; schließlich ein *Virginia*-Drama von Henry Samuel Crisp, das er freilich nach ein paar Szenen zur Seite legte, um sich selbst an einer ›bürgerlichen‹ Virginia zu versuchen. Die Frist von drei Wochen, die er sich dafür setzte, verstrich allerdings ungenutzt. Am 21. Januar 1758 konnte er Nicolai immerhin den Titel seines Trauerspiels mitteilen: *Emilia Galotti*.

Weshalb der Entwurf dann wieder in der Schublade verschwand, und das für vierzehn Jahre, ist eine ungelöste Frage. Gut ging es Lessing damals nicht. In Leipziger Bürgerkreisen hielt man ihn wegen seines Umgangs für einen Preußenfreund und Kriegsbefürworter, und im eigenen Freundeskreis, Gleim an der Spitze, war man enttäuscht, daß er anstatt der erbetenen preußischen Helden-Oden entschiedene Antikriegs-Oden anbot. Im April hatte ihm der vertragsbrüchige Winkler die freie Wohnung aufgekündigt, im Mai entschloß Lessing sich zu einem Entschädigungsprozeß gegen ihn, bis zu dessen halbwegs glücklichem Abschluß sieben Jahre vergehen sollten. Zu den Geldproblemen kamen Gesundheitsprobleme, was Mendelssohn veranlaßte, spontan 60 Taler nach Leipzig zu überweisen, was indes nicht reichte, um die Rückkehr nach Berlin zu bewerkstelligen. Das gelang erst im Mai 1758.

ZU ANORDNUNG UND TEXTGESTALTUNG

Der vorliegende Band III bildet insofern ein Ensemble mit den Bänden I und II, als sich die Vielteiligkeit des literarischen Jugendwerks, die dort sichtbar wurde, in ihm fortsetzt und sogar noch einmal steigert. Nun ist, wie Barner (*Lessing zwischen Bürgerlichkeit und Gelehrtheit*) gezeigt hat, der simultane Rollenwechsel zwischen Dichtung, Gelehrsamkeit und Journalismus kein Spezifikum des jungen Lessing. Viele europäische Aufklärer haben ihr schriftstellerisches Selbstverständnis so definiert und dementsprechend mit den gleichen Schwierigkeiten gerungen, vermutlich auch mit den gleichen Initiationsproblemen. Die Verstandeskultur der ›Aufklärung‹ ist nun einmal ein Amalgam kritischer Schreibweisen, das seiner Auflösung im gleichen Maß widerstrebt, wie es ohne Formierung und Differenzierung nicht auskommt. Für dieses Problem der Profilgenese in einer nicht mehr klar hierarchisierten medialen Vielfalt ist Lessings Jugendwerk und besonders die Schaffensphase zwischen 1754 und 1757 zweifellos eine Art Lehrstück.

Das im vorliegenden Band dokumentierte Werk des 24- bis 27-jährigen Autors umfaßt nicht weniger als neun verschiedene Gattungen und Textarten, wobei die wichtige Form des kritischen Essays als Einheit genommen ist. Wollte man diese in eine polemische, historische und gelehrte oder gar in eine journalgebundene und freie Variante unterteilen, was nicht leicht, aber durchaus vertretbar wäre, dann wären es sogar elf oder dreizehn. Es ist das besondere Verdienst dieser Ausgabe, daß sie, im Gegensatz zu allen bisherigen Ausgaben, diese synchrone und arbiträre Vielfalt des Schaffensprozesses erstmals durch ein chronologisches Darstellungsprinzip deutlich macht und damit einen neuen, werkgenetisch quasi authentischen Lessing präsentiert. Trotzdem kommt auch die chronologische Darstellung nicht ohne Kautelen für den Benutzer aus. Auf die wichtigste, nämlich die wachsende Diskrepanz zwischen Publikationszeit und Entstehung gewisser Werke, hat bereits Jürgen Stenzel in Bd. II, S. 732-735, hingewiesen. Tatsächlich häufen sich auch in Bd. III die Texte, deren Publikationszeitpunkt relativ wenig über den Zeitpunkt ihrer Entstehung aussagt.

Dies gilt u. a. für so wichtige Schriften wie das *Vade mecum*, die *Rettungen* und die meisten Beiträge für die ›Theatralische Bibliothek‹. So ist es durchaus möglich, daß etwa die *Rettungen* bereits in der Wittenberger Zeit, also in der ersten Hälfte des Jahres 1752, so gut wie fertig vorlagen. Ebenso könnte der philologisch-kritische Teil des *Vade mecums* ganz dem Jahr 1752 angehören, und im Fall des großen *Seneca*-Traktats könnte eine solche Spurensuche sogar auf das Jahr 1750 zurückführen. Natürlich gibt es viele aktuelle Terminarbeiten wie die Rezensionen oder manche Übersetzungen, von denen wir wissen, daß sie für den Tag und quasi unter den Augen des Setzers entstanden sind. Doch daneben, so muß man sich vorstellen, arbeitet Lessing ständig an einem aktualitätsunabhängigen Vorrat kritischer Texte, einem Pool fertiger und unfertiger Studien, die als Bausteine zur imaginären Enzyklopädie eines ständig zu revidierenden Wissens verstanden sein wollen und zur Einfügung in Teilarchive bereitstehen. Als Bayle-Bewunderer hat er sicher oft von einem eigenen *Dictionnaire critique* geträumt und sich glücklicherweise mit einer ›Theatralischen Bibliothek‹ zufriedengeben müssen. Aus dem quasi-zeitlosen Basistext kann allerdings jederzeit ein hochaktueller Antwort-, Widerspruchs- oder Kampftext hervortreten, der dem Wahrheitsgeist des Lexikons zwar verpflichtet bleibt, aber einer anderen, nämlich strategisch-spontanen Stillage bedarf. Ein wenig anders verhält es sich mit den dichterischen Texten. Hier geht die Bewegung sichtbarlich von den plan- und übertragbaren Formen (z. B. den Jugendkomödien und anakreontischen Gedichten) zu den schöpferischen Solitären (wie *Sara*, *Minna* oder *Emilia*), die ihren eigenen genetischen Zeitpunkt haben und deshalb unwiederholbar bleiben. So gesehen gibt es einen doppelten Zeitcode in Lessings Werk – den eines steten aufklärerischen Fortschritts und den eines spontanen und schöpferischen Eingreifens. In den Werken der Jahre 1754-57 scheint dieser Doppelcode, der im übrigen auch vom Wandel des Genie-Begriffs hervorgetrieben wird, erstmals voll sichtbar geworden.

Als zuletzt fertiggestellter Band der Ausgabe enthält dieser als Supplement eine ›Nachlese zu Lessings Gedichten‹ (S. 801-845), die der Herausgeber der Bände I und II, Jürgen Stenzel, beigesteuert hat. Über die Herkunft dieser wohl überwiegend vor 1754 entstandenen Epigramme, Lieder und Oden gibt der Kommentar Auskunft.

Die Textwiedergabe entspricht den Grundsätzen, wie sie in Bd. I dieser Ausgabe, S. 966-971, sorgfältig detailliert worden sind. Der weitaus größte Teil der Texte geht auf den von Lessing autorisierten Erstdruck bzw. auf eine der Druckvarianten des Erstdrucks zurück. Für den kleinen Teil der nur handschriftlich überlieferten Texte wurde in der Regel der erste postume Druck zugrunde gelegt, weil die Manuskripte entweder verloren oder aber nur mit unverhältnismäßigem Aufwand erreichbar sind (z. B. Krakau). Schwerer wiegt wohl, daß für einen besonders umfangreichen Textteil, nämlich die Rezensionen, eine Überprüfung am Erstdruck nicht vorgenommen werden konnte, weil die Jahrgänge 1754 und 1755 der ›Berlinischen Privilegirten Zeitung‹ nicht mehr aufzufinden waren. Die Textgestalt der Rezensionen folgt deshalb, von einigen notwendigen Emendationen abgesehen, unverändert der bei Lachmann/Muncker. Wie riskant dies war, sei dahingestellt. Alles in allem darf nämlich gesagt werden, daß, wo die Überprüfung von LM am Erstdruck möglich war (also in den meisten Fällen), sich die kritischen Alt-Editoren als sehr zuverlässig erwiesen haben. Ein schwerwiegender Lesefehler konnte jedenfalls, vielleicht aus mangelnder Fortüne, nicht nachgewiesen werden. Wirklich gravierend war das Fehlen der BPZ-Jahrgänge allerdings im Hinblick auf die den Spezialisten so sehr ans Herz gewachsene Zuschreibungsfrage. Wer dieses fast 150 Jahre alte Spiel erfolgreich weiterspielen will, kann im Grunde auf den ursprünglichen Zeitungskontext nicht verzichten. Der einschlägige Ehrgeiz des Bandherausgebers hielt sich dementsprechend in Grenzen.

Nicht jeder Editor ist ein geborener. Auch wenn man davon ausgeht, daß es den alleinverantworteten kritischen Text plus Kommentar nicht gibt, dürfte dieser Band besonders von Hilfe aus zweiter und dritter Hand abhängig gewesen sein. Zu danken ist vor allen den Kollegen Wilfried Barner und Jürgen Stenzel, die in der Schlußphase die Zeit und die Hilfsbereitschaft aufbrachten, dem Bandherausgeber mit der Übernahme in sich geschlossener Einzelkommentare beizuspringen. Ihre Anteile sind in der Titelei und im Inhaltsverzeichnis ausgewiesen. Aber auch die eigenen Kommentare wären ohne die Hand- und Spanndienste hochbegabter junger Mitarbeiter nicht möglich gewesen. Zu unterschiedlichen Zeiten haben mitgearbeitet: Julia Böhme, Jan Engbers, David Promies und Ivan d'Aprile, die, mit Ausnahme von Jan Engbers, ihr so erworbenes Spezialwissen kaum nutzen konnten. Der Dank an sie verbindet sich mit dem an Karl S. Guthke, der die Freiheit besaß, zunächst noch unausgewertetes Quellenmaterial (inzwischen: *Kartenhaus*-Aufsatz) zur Verfügung zu stellen, und Wolfgang Kaußen, den mehr als nachsichtigen Editionsmeister des Verlags.

REZENSIONEN UND GEDICHTE
AUS: BERLINISCHE PRIVILEGIERTE ZEITUNG
1754

ÜBERBLICK UND ZUSCHREIBUNGSFRAGEN

Die Rezensionen der Jahre 1754 und 1755 für die ›Berlinische Privilegirte Zeitung‹ sind unter den gleichen äußeren Bedingungen entstanden wie die der Jahre 1751 bis 1753. Lessing führte die Redaktion der Rubrik »Von gelehrten Sachen«, die er am 18. 12. 1751 von Mylius übernommen hatte, beharrlich weiter, und zwar ohne größere Unterbrechungen, falls man nicht die sechs- oder siebenwöchige Klausur im nahen Potsdam, die er sich für die Ausarbeitung der *Miß Sara Sampson* verordnet hatte, dafür halten will. Erst am 18. 10. 1755, als er Berlin über Leipzig in Richtung Holland verließ, gab er sein Amt an einen Nachfolger, vermutlich Christian Gottfried Lieberkühn, weiter. Bis dahin schrieb er wöchentlich bis zu drei Rezensionen. Was die inneren Bedingungen betrifft, so mochte sich einiges geändert haben. Im Laufe des Jahres 1754 hatte er wichtige neue Freunde gewonnen, nämlich Moses Mendelssohn, den angehenden Philosophen, und Friedrich Nicolai, den angehenden Buchhändler, ohne sie, wie es scheint, in das Tagesgeschäft der BPZ-Rezensiererei eingespannt zu haben. Mit beiden plante und schrieb er andere gemeinsame Werke, wobei die englische Literatur eine bevorzugte Rolle spielte. Aber auch das war nicht sein Hauptwerk. Lessings Herzblut floß in dieser Zeit in die Begründung eines modernen bürgerlichen Rührtheaters ein, die mit einer Abhandlung über das ›weinerliche oder rührende Lustspiel‹ begann und mit dem Trauerspiel-Briefwechsel endete, begleitet von den weitausgreifenden Recherchen der *Theatralischen Bibliothek*.

und dem Streitbarkeitstraining der *Rettungen* und des *Vade mecum*. Innerhalb dieser gedrängten und unruhigen Schaffensdramaturgie kann die Rezensionsarbeit für die BPZ nicht mehr als ein lästiger und wahrscheinlich oft verwünschter Pflichtteil gewesen sein – in Gang gehalten durch die bare Notdurft, durch die habituelle Neugierde eines Büchernarren und die wiederkehrende Gelegenheit, sich an Gottsched und seinen Zeloten mit geringem Aufwand reiben zu können. Nicht daß er die Sache in den Jahren 1754 und 1755 nachlässiger betrieben hätte als in der Anfangszeit, aber sie entwickelte – ganz unlessingisch – mit währender Dauer keinen wirklichen Mehrwert, weder inhaltlich noch strukturell. Sie blieb, was sie war, ein routiniertes Alltags- und Termingeschäft, gelegentlich ernstgenommen, gelegentlich mit satirischer Lust betrieben, aber nicht selten auch hingehudelt.

Dies gilt es zu bedenken, wenn das leidige Thema der Verfasserschaft zur Debatte steht. Daß unter den 152 in diesen Band aufgenommenen BPZ-Rezensionen auch Fehlfarben enthalten sind, darf als sicher gelten. Die Texte sind nach wie vor ungezeichnet, und keinem der findigen Rechercheure, weder Muncker, noch Consentius, Wagner, Guthke und Stenzel, ist es bislang gelungen, auch nur halbwegs zuverlässige Zuschreibungskriterien zu entwickeln. Was der Herausgeber der Bände I und II dieser Ausgabe an Erinnerungen und Argumenten zu dieser Frage aufgeboten hat (vgl. Bd. I, S. 1290-93; Bd. II, S. 736-39), bleibt auch für unsere Texte gültig und muß hier nicht wiederholt werden. Trotzdem sei einiges Ergänzende hinzugefügt.

Kurzbesprechungen gelehrter Bücher in der Tagespresse kamen um 1750 in Schwang, zuerst wahrscheinlich im berüchtigten Kommerz-Journalismus der Londoner ›Grub-Street‹. Dort betrieb zur gleichen Zeit der mittellose Oliver Goldsmith das gleiche Geschäft wie der mittellose Lessing: er schrieb wahllos und zahllos Rezensionen für Zeitungsverleger, die zugleich Verlagsbuchhändler waren. Auch diese Rezensionen widersetzen sich hartnäckig einer gesicherten

Zuschreibung, obwohl Goldsmith (wie Lessing) auf anderem Feld als stilbildender Autor gilt. Dasselbe wiederholt sich 1784/85 mit dem Lessing-Nachfolger bei der BPZ, Karl Philipp Moritz. Auch seine Rezensionen sind in der Regel nicht sicher zuweisbar. So liegt der Schluß nahe, daß die Übernahme der gelehrten Rezension durch die Tagespresse generell mit einem verminderten Aufwand, nicht nur des Umfangs, sondern auch des Stils und der kritischen Sorgfalt, verbunden war. Und dies nicht, weil andere Autoren als in den schöngeistigen und gelehrten Journalen am Werk gewesen wären, sondern weil Terminfron, nivellierte Leserschaft und buntscheckige Titelauswahl offensichtlich einen anderen Rezensionstypus hervortrieben. Kein moderner Feuilletonist schreibt drei und mehr Buchbesprechungen pro Woche, schon gar nicht als Nebenarbeit. Und keiner eignet sich mehr die universelle Kompetenz zu, die damals noch zum Bild des Gelehrten gehörte. Und falls die Texte nicht gar in der Druckerei selbst geschrieben wurden (wie für Erasmus von Rotterdam überliefert), dann dürfte es auch keine Überarbeitungen und Korrekturen durch den Autor gegeben haben. Man muß wohl davon ausgehen, daß die gelehrten Tagesredakteure nicht nur die meisten der von ihnen vorgestellten Titel selbst besprochen haben, sondern auch, daß sie diese nur selten genau und häufig nicht zu Ende gelesen haben. Ich neige deshalb dazu, die von Guthke (*Kartenhaus*) reichlich nachgewiesenen Vorwort-Ausbeutungen (und ebenso die wiederkehrenden Inhaltsverzeichnis-Rezensionen) Lessing nicht ab-, sondern gerade zuzusprechen. Denn hätte er die entsprechenden Titel an interessiertere und zuständigere Autoren delegiert, wären die Besprechungen wohl anders ausgefallen. Daß Autoren vom Range Goldsmith's und Lessings sich mit mediokren Titeln nicht ernsthaft auseinanderzusetzen bereit waren, wer wollte es ihnen verdenken.

Sieht man von Rezensionen ab, für die die Verfasserschaft durch direkte oder indirekte Hinweise gesichert ist, so bleiben genügend andere, in denen werkbiographische oder (eben doch) stilistische Merkmale eine begründete Zuweisung ermöglichen. Ich habe mich deshalb nicht gescheut, in meinen diesbezüglichen Anmerkungen immer wieder intuitiv zu votieren. Auf Beistand durch die oben genannten Rechercheure konnte ich mich nur in Ausnahmefällen berufen, weil ihr skrupelhafter Durchforstungsfleiß in der Regel erschöpft ist, bevor sie zu den späten Jahrgängen 1754 und 1755 vordringen. (Eine gewisse Ausnahme bildet Guthke, *Kartenhaus*.) Für die Aufnahme der notorisch unklärbaren Fälle müssen der Verdacht oder eben nur die redaktionelle Verantwortung Lessings als hinreichender Dokumentationsgrund genügen. Durch seine Hand gegangen sind die Bücher auf jeden Fall. Nur in den zweifelhaftesten Fällen habe ich das *-Zeichen angebracht.

TEXTGRUNDLAGE

Da auch für die BPZ-Jahrgänge von 1754 und 1755 kein Originalexemplar aufgefunden werden konnte, folgt der Text der Wiedergabe von Muncker in LM. Über deren Zuverlässigkeit hat der Herausgeber von Bd. II dieser Ausgabe alles Nötige gesagt (vgl. II, S. 739).

DIE REZENSIONEN

Auch nach ihrem Titel- und Themenspektrum unterscheiden sich die Jahrgänge 1754 und 1755 nicht wesentlich von den Jahrgängen 1751 und 1753. Lessing rezensiert nach wie vor einen (vermutlich) repräsentativen Querschnitt der gelehrten und schöngeistigen Neuerscheinungen des In- und gelegentlich auch des Auslands, und zwar ohne eindeutige Bevorzugung bestimmter Wissensgebiete und offensichtlich auch ohne Vorauswahl nach Qualität und Sachrelevanz. So steht neben einer Abhandlung über die Elektrizität unvermittelt eine über das Freiheitsproblem, neben dem deutschsprachigen Buch das französischsprachige und sogar das lateinischsprachige, neben dem anspruchsvollen Sujet das marginale und neben dem wenigen Guten das viele Mäßige und Schlechte. Inwieweit dieses Mischkonzept mit der Interessensüberlagerung von Tageszeitung, Verlagsbuchhändlerei und Gelehrtenethos zu tun haben könnte, hat zuletzt der Herausgeber des Bandes II dieser Ausgabe diskutiert (S. 740 ff.). Daran können wir anschließen. Tatsächlich gehören auch 1754 und 1755 so gut wie alle rezensierten Titel zum Verkaufsangebot der »Voßischen Buchläden« in Berlin und Potsdam und tragen einen einschlägigen Werbevermerk nebst Ladenpreisangabe. So liegt der Verdacht nahe, daß Lessings Programm durch das Sortiment diktiert war, obwohl, nach der ökonomischen Logik eines mittelständischen Betriebs, ebenso plausibel wäre, daß der gelehrte Redakteur das Sortiment mitgeprägt hat. Doch dies alles sind müßige Gedanken angesichts der uneingeschränkten Freiheit des rezensorischen Urteils. Offensichtlich stand Lessing jederzeit (d. h. rund vier Jahre lang) frei, die Bücher, die sein Verleger verkaufen wollte, zu verreißen, ja lächerlich zu machen, und er hat sich darin keine Zurückhaltung auferlegt. Das legt den Schluß nahe, daß es für Verleger und Redakteur ein gemeinsames Interesse gab, das über den Werbeeffekt hinausging. Vermutlich handelte es sich um ein standes- und bildungspolitisches, mithin: ein aufklärerisches Interesse.

Das Ressort »Von gelehrten Sachen« in die Tagespresse aufzunehmen, war zwar keine Erfindung der BPZ (vermutlich kam die Sache aus England über Hamburg nach Berlin), aber es war zweifellos eine Neuerung, eine Art Experiment, und seine Einführung kann nur die reversive Absicht gehabt haben, den normalen Zeitungsleser mit der kritischen Welt der Gelehrsamkeit und den kritischen Gelehrten mit der Informationsbörse der modernen Tageszeitung zu konfrontieren. Wie bedeutsam für Voss, den Verleger, diese Zusammenführung zweier gänzlich heterogener Informationsbereiche war, zeigt die Umbenennung des Blattes in ›Berlinische privilegirte Staats- *und gelehrte* Zeitung‹ im März 1751. Trotzdem wissen wir so gut wie nichts über die tiefere Absicht und das mögliche Risiko dieser Neuerung. Der naheliegende Gedanke, daß wir es hier mit den tastenden Anfängen des Feuilletons zu tun haben, ist sicher nicht unberechtigt, allerdings muß man sich klarmachen, daß das neue Ressort zu dem ursprünglichen und eigentlichen in einem flagranten Widerspruch stand. Denn während die ›Staats-Zeitung‹, also die politische Berichterstattung, im spätabsolutistischen Staat immer noch der Kritik entzogen war, demonstrierte die ›gelehrte Zeitung‹, also das freie Räsonnement des Rezensionsteils, den Geist der aufklärerischen Kritik quasi pur. Das konnte für den Versuch ihrer publizistischen Koppelung nicht ohne Bedeutung sein.

Voraussetzung für das Experiment war zweifellos die Trennung der Sphären. Tatsächlich beschränkt sich die kritische Freiheit des Rezensionsteils konsequent auf Theologie, Moral, Naturwissenschaft und Ästhetik. Das Feld der Politik bleibt unberührt, falls man davon absieht, daß es gelegentlich in den Werken der Geschichtsschreibung bedacht werden muß. Doch nicht darin liegt die subversive Absicht des Unternehmens, sondern in der Konfrontation zweier sich ausschließender Denkweisen. Lessings Redaktionsauftrag zielte denn auch nicht auf Feuilletonisierung, d. h. auf Kulturberichterstattung in unterhaltsamer Form, sondern auf die Abbildung der gelehrten Praxis im verjüngten Maßstab. Ist man dieser Zwei-Welten-These zu folgen bereit, dann läßt sich auch besser verstehen, warum Lessing in der Sache (also etwa in der Titelwahl) so wenig Rücksicht auf den dilettantischen Leser nahm. Schwer zu glauben jedenfalls, daß er primär dessen inhaltlichen Interessenshorizont bedienen wollte. Wichtiger war wohl die Absicht, das gelehrte Metier, das sonst im ›entre nous‹ der Fachjournale gefangen war, öffentlich zu zeigen: seinen Gegenstand, seine Vernunftnormen, seine freie Streitbarkeit. Daß Lessing zur gleichen Zeit die Emanzipation durch Herzens- und Sinnesbildung vorantrieb, wird in den BPZ-Rezensionen nicht spürbar. Hier, in der Tagespresse, spielt es ausschließlich die Gelehrtenrolle. Wie sehr, zeigt sein Mißtrauen gegen den Roman, den er zwar nicht ignoriert, aber doch zur gelehrten Subkultur schlägt.

»Dieser Roman«, heißt es 1755 über ein geselliges Erzählwerk aus Frankreich, »soll von einem Frauenzimmer übersetzt sein. – Es wäre zu wünschen, daß sich dieses Geschlecht überhaupt dergleichen Beschäftigungen anmaßen und das männliche dadurch stillschweigend zu ernsthafteren verweisen wollte.« (S. 405 dieses Bandes) Für einen sechsundzwanzigjährigen Freigeist klänge dies reichlich chauvinistisch, riefe es uns nicht in Erinnerung, daß Frauen zum »ernsthaften« Metier des Gelehrtentums das Entree der akademischen Bildung fehlte, der Satz also durchaus emanzipatorisch gemeint ist. ›Gelehrte Sachen‹, so können wir daraus folgern, mögen zwar als ›Belustigungen des Geistes und des Witzes‹ gelten, sind aber an das Männerprivileg der Wissenschaftlichkeit gebunden. Innerhalb dieser herrscht unteilbare Autorität der kritischen Vernunft, die das Richtige vom Falschen, das Fortschrittliche vom Stagnierenden und die männlich ernste Belustigung von der weiblich trivialen zu unterscheiden vermag.

Zu Lessings Gelehrtengestus gehört, wie schon gesagt, der Anspruch einer Universalkompetenz. Das ist um so erstaunlicher, als er schon früh, in seiner ersten Jugendkomödie, gegen derlei Front gemacht hat. In den BPZ-Rezensionen ist jedenfalls von mangelnder Zuständigkeit nicht die Rede, und so bespricht er mit derselben Selbstverständlichkeit hochspezialisierte theologische und philosophische Traktate, Gelehrtenbiographien und Geschichtswerke, Moralistik und Naturwissenschaft, Lexika und Reisebeschreibungen, Theaterstücke, Poesie und Romane. Auffällig ist dabei, daß er im Lob sehr viel zurückhaltender ist als im Tadel. Überschwenglich wird er im Grunde nie, selbst wenn bedeutende Arbeiten von Rousseau, Voltaire, Hogarth, Richardson oder Mendelssohn zur Debatte stehen. Wo er Format spürt, reagiert er mit mit größerem Ernst, mit konzentrierterem Referat, bestenfalls mit anerkennenden Aperçus. Geschlossene Interessensblöcke lassen sich, von einer Ausnahme abgesehen, kaum ausmachen. Daß er sich die Schriften der französischen académiciens um Friedrich II. (Voltaire, d'Argens, Prémontval) und ihrer Gefolgschaft (Cattaneo, Beaumelle) nicht entgehen läßt, ist eher ein Berliner Szenen-Problem und erst dadurch bemerkenswert, wie personenbezogen und (fast) ressentimentlos er mit ihnen umgeht. Vom intellektuellen Lagerbewußtsein der städtischen Literaten ist jedenfalls wenig zu bemerken. Wer sensibel liest, wird bestenfalls in der zweiten Mendelssohn-Rezension so etwas wie einen adressierten Widerspruch bemerken. Dabei war Lessing durchaus vom Geltungsgefälle zwischen höfisch-akademischem und bürgerlichem Lager betroffen (vgl. Bd. II dieser Ausgabe, S. 727). Doch selbst wenn man zugesteht, daß Autoren aus dem engeren Freundeskreis moderater angefaßt werden als andere, wird man parteiliche Solidaritäten daraus nicht ableiten können. Zumindest als Rezensent hat Lessing die Berliner Intellektuellenszene nicht polarisiert. Von dieser lokalen Zurückhaltung ist freilich nichts mehr übrig, wenn erneut die Polemik gegen Gottsched und Schönaich aufflammt. Zwischen dem 15. 8. 1754 und dem 14. 10. 1755 sind es nicht weniger als elf Stücke, die mit der Anmaßung der ihrerseits alles andere als friedfertigen Leipziger Kunstrichter abrechnen. Sieht man von der latenten Mißgunst gegen die Romanschreiber (auch die berühmten) ab, so bleibt dies die einzige kontinuierliche Strategie des Rezensenten. Andere seiner gelehrten Interessen blitzen nur vereinzelt durch. Abhandlungen über die englischen Deisten oder die Denkweise der Elpistiker, Hogarths Schönheitslehre oder Mendelssohns Geschmackstheorie erfahren in der Tat eine ganz andere Aufmerksamkeit als modische Moralschriften oder bloße Lehrbücher.

ZEUGNISSE ZUR WIRKUNG

1754/55 ist Lessings BPZ-Rezensiererei kein Novum mehr, als welches es von Dritten kommentiert werden müßte. Trotzdem gibt es ein paar Äußerungen, die seine Lebensumstände als Lohnschreiber erhellen können.

Nr. 1
Aus: Karl Wilhelm Ramler an Johann Wilhelm Ludwig Gleim, 14. 1. 1754 (Text nach Daunicht, Nr. 76):

Herrn Leßing kenne ich weiter nicht, als daß ich einsmals im Buchladen einen jungen lebhaften, witzigen Mann sprach, der von allen Frantzösischen Anecdoten die ersten Nachrichten hatte, und der mir nachmals Leßing genannt wurde. Er ist Voßens Zeitungsschreiber, dem ich oft gesagt habe, wie gern ich mit ihm bekannt seyn möchte. Ich hätte es längst seyn können, wenn ich sehr eiferig gewesen wäre und Voßens Laden fleißiger besucht hätte. ⟨. . .⟩ Ich habe mich zwar oft nach einem ami bel-esprit umgesehen und an Leßing hätte ich vielleicht einen gefunden, aber er muß es ja wißen, wie gern ich ihn kennen will, warum kommt er mir, der ich das Privilegium habe mich finden zu laßen, warum kommt er mir nicht zuvor. ⟨. . .⟩ Er freut sich allenthalben heimliche Autorstreiche (soll heißen: Streiche auf Autors) auszutheilen.

Nr. 2
André Pierre le Guay de Prémontval an Johann David Michaelis, 4. 4. 1754 (Text nach Daunicht, Nr. 87):

⟨. . .⟩ on a dissuadé la plûpart de nos libraires, de se mêler de ce, qui me concerne ⟨. . .⟩ Lessing n'a eu l'assurance, de me placer avantageusement dans la sienne ‹gazette›, que depuis, qu'il n'est plus ici. (⟨...⟩ man hat den meisten unserer Buchhändler nahegelegt, sich nicht um meine Angelegenheiten zu kümmern ⟨...⟩ Lessing hat sich erst getraut, mich vorteilhaft in seiner ⟨Zeitung⟩ zu besprechen, als er nicht mehr hier war).

Nr. 3
Johann Gottfried Reichel an Johann Christoph Gottsched, 9. 7. 1754 (Text nach Daunicht, Nr. 89):

Dero Wort ist mir allemal Befehl, und ich will, wenn Sie es verlangen, eine Vorrede von sechs Bogen schreiben. An Stoff mangelt es nicht, wenn man H. Lessingen züchtigen will. Dieser freche und unverschämte Jüngling muß von einer Geißel gezüchtigt werden, die mehr als die meinige vermag. Verachtung ist zwar die beste Strafe für einen Burschen von Lessings Art, aber der Knabe wird zu stolz. Seine Schriften sind Zeugnisse für seine Blöße, seine Grobheit und Eigenliebe. Dennoch werden sie bewundert, gepriesen und gelesen.

Nr. 4
Gelehrte Nachrichten (Rostock), 13. 11. 1754 (Text nach Daunicht, Nr. 90):

Diese Possen ⟨»Possen«, 112. Stück⟩ haben einen anderen Possen erzeuget. Sie wurden zuerst sauber in Leipzig abgedruckt, und kamen nach Berlin. Ein gewisser Schriftsteller ⟨Lessing⟩ wollte damit seine Poßen treiben, und ließ sie wiederum auf Mackulatur-Papier abdrucken, auch auf den Titel setzen, daß sie gratis abgegeben würden, wie auch würcklich geschehen. Man veranstaltete demohngeachtet in Leipzig einen dritten saubern Abdruck, und ließ auf den Titel setzen, daß man denselben auch, ohne ihn gratis wegzugeben, abzusetzen sich getraue.

Nr. 5
Prémontval an Michaelis, 9. 12. 1754 (Text nach Daunicht, Nr. 94):

Je ne vois plus Mr. Lessing. Je me suis lassé, de rendre visite sur visite à un jeune homme, que ne daignoit pas mettre les pieds chez moi, trop bon politique, pour faire politesse a un philosophe aussi mal en crédit, et aussi peu consideré, que j'ai l'honeur de l'être de nos Illustres. Je m'imagine, qu'il vire à l'Académie; ce ne seroit pas faire sa cour, de paroitre lié avec moi. (Ich sehe Herrn Lessing nicht mehr. Ich habe es satt, Besuch auf Besuch bei einem jungen Mann zu machen, der nicht geruht, einen Fuß zu mir zu setzen, ein wenig zu berechnend, um die Höflichkeit gegen einen Philosophen zu wahren, so wenig geschätzt dieser auch sein mag, und auch wenig eingedenk, daß ich die Ehre habe, zu unseren Illustren ‹Akademiemitgliedern› zu gehören. Ich bilde mir ein, daß er auf die Akademie spekuliert, und es wird nicht sein Vorteil sein, wenn er mit mir befreundet scheint.)

Nr. 6
Johann Samuel Patzke an Christoph Friedrich Nicolai, 17. 3. 1755 (Text nach Daunicht, Nr. 104):

Haben Sie die Ästhetik im Nüßchen gelesen, auch die Erläuterungen der Ästhetik in der Nuß? 〈...〉 Wird Herr Leßing auf die Schmähschrift antworten oder nicht? 〈...〉
    Da ich in Berlin bey Ihnen war, sagten Sie mir, daß ich den Leßing verbinden würde, wenn ich ihm den Fuchsmundi verschaffte. Ich habe dieses Buch wirklich aufgetrieben, und wenn es damals Ihr Ernst gewesen ist, so kann ich izt dem Leßing ein Geschenk damit machen.

Nr. 7
Ramler an Gleim, 9. 2. 1755 (Text nach Daunicht, Nr. 108):

Herr Leßing ist noch in Leipzig. Wird ihn Gottsched da nicht confisciren?

Nr. 8
Christian Fürchtegott Gellert an Johann Andreas Cramer, 11. 8. 1755 (Text nach LM 7, S. VI):

Der dritte Band Deiner Predigten soll die ersten beyden übertreffen? Da wirst Du viel zu thun haben. ⟨...⟩ Lessing hat in Berlin den ersten, so viel ich mich besinne, oder die Psalmen, (wenigstens hat er von beyden zugleich geredt,) am beredtsten und wahrhaftesten recensirt. Er lobte Dich meisterlich, und er hat eher das Privilegium dazu, als andre.

STELLENKOMMENTAR

⟨BPZ 1. Stück. Dienstag, den 1. 1.⟩ ⟨Der Eintritt des Jahres 1754. in Berlin⟩. – LM 1, S. 146 f.

Lessings Autorschaft sicher. Das Gedicht ist in einer 1771/72 von Lessing vermutlich selbst redigierten Form wiederabgedruckt in: *Vermischte Schriften. Zweiter Teil* (später: *Sämmtliche Schriften*, Berlin 1784). Die Varianten sind vermerkt unter: 1784.

11,2 *Der Eintritt ⟨...⟩ Berlin]* In der BPZ ohne Überschrift. Das Verfassen eines Neujahrsgedichts gehörte zu den Pflichten des Feuilleton-Redakteurs.
11,3 *Wem tönt ⟨...⟩]* Das Gedicht ist eine freie Kontrafaktur der Horazischen Ode I,12. Anklänge an andere Horaz-, evtl. auch Pindargedichte sind wahrscheinlich. Horaz stellt sich in der Ode I,12 die Frage, auf wessen Lob er seine dichterische Begeisterung richten soll. Dann spielt er eine längere Reihe von Göttern und Römerhelden durch, um am Schluß Augustus als den durch Jupiter zum römischen Herrscher Berufenen zu begrüßen.

11,9 *Krieges ⟨...⟩ Gott]* Mars. Anspielung auf Friedrichs II. Erfolge im ersten und zweiten Schlesischen Krieg. Der dritte stand vor der Tür.

11,10 *schallt]* 1784: tönt.

11,10 *gedungner Krieger]* Die spätabsolutistischen Heere, und das preuß. insbesondere, waren bekanntlich Berufsheere und halbe Fremdenlegionen.

11,11 *laute]* 1784: lauter.

11,12 *fabellosen Zeiten]* Hier im Sinn von: mythenlosen. Vermutlich Anspielung auf Fontenelles berühmten Essay *De l'origine des fables* (Über den Ursprung der Mythen, 1724, aber früher entstanden), die maßgebliche Mythenkritik der Frühaufklärung.

11,13 *neuer ⟨...⟩ Apoll]* Anspielung auf Friedrichs II. philosophische und künstlerische Ambitionen.

11,14 *schwer entbehrt]* Friedrichs Vater und Vorgänger Friedrich Wilhelm I. war notorisch kunst- und wissenschaftsfeindlich.

11,16 *Vorwurf ⟨...⟩ Lieder]* König Friedrich II.

11,17 *Themis Rächer]* Themis war die griech. Göttin der ›gerechten Ordnung‹. Die Schlesischen Kriege wurden von preuß. Seite mit legalistischen Ansprüchen geführt.

11,19 f. *Hyder⟨...⟩ ließ]* Griech. Hydra, vielköpfiges Wasserungeheuer, von Herkules besiegt. Mit den drei verbliebenen Köpfen sind vermutlich Österreich, Rußland und Sachsen gemeint.

11,25 *Nein – welch]* 1784: Doch, welch.

11,27 *dem treuer]* Nämlich: Gott.

11,28 *zum besten Staub]* 1784: zu besserm Staub.

12,2 *Sein Nam' ⟨...⟩ bewußt]* Christliche Auslegung des alttestamentarischen Gottesworts »Ich bin, der ich bin« (2. Mose 3,14), wonach Gott sich bzw. seinen Namen ›selbst denkt‹. Vgl. Hendrik Birus, »*Ich bin der ich bin*«. *Über die Echos eines Namens*, in: *Juden in der deutschen Literatur. Ein deutsch-israelisches Symposion*, hg. v. S. Moses und A. Schöne, Frankfurt a. M. 1986, S. 25-53.

12,3 *der Fürsten ⟨...⟩ Helden]* Biblische Attribute Gottes.

12,11 *Den weiten ⟨...⟩ Ruten]* Möglicherweise Anspielung auf die damaligen englisch-französischen Auseinandersetzungen in Vorderindien.
12,13 *schweren]* 1784: trägen.
12,15 *wann]* 1784: wenn.

⟨4. Stück, Dienstag, den 8. Januar 1754⟩ Hinweis auf eine Ode zum Gedächtnis der Schlesischen Erblandeshuldigung von M.⟨agister⟩ Pantke, ⟨Königsberg 1753⟩. – LM 5, S. 374.

Die Anklänge an den Oden-Streit mit Lange (vgl. S. 105-146 dieses Bandes), der gerade seinen Höhepunkt erreicht hat, machen die Verfasserschaft Lessings mehr als wahrscheinlich.

12,21 *Pantke]* Adam Bernhard Pantke (gest. 1774), Pastor im schles. Brieg, Dichter und Übersetzer, Mitglied der ›Deutschen Gesellschaft‹ Gottscheds, der ›Königlich teutschen Gesellschaft‹ zu Königsberg und der ›Gesellschaft der freien Künste‹ zu Leipzig, gehörte 1741, beim Einmarsch Friedrichs II. in Schlesien, zu den Parteigängern des preuß. Königs.
12,21 *erneuerten Gedächtnisfeier]* Anspielung auf ein früheres Festgedicht Pantkes *Gedächtnisfeier Friedrich des Großen*, Königsberg 1743.
12,22 *Schlesischen Erblandeshuldigung]* Friedrich II. begründete seinen Anspruch auf Schlesien u. a. mit alten Familienverträgen und Erbverbrüderungen zwischen den Kurfürsten von Brandenburg und den adligen Häusern Schlesiens.
12,27 *Odenfeuer]* Der feierlich-erhabene Typus der Ode, der in den vierziger Jahren des 18. Jhs. in Deutschland reüssiert, wird häufig mit der Feuer-Metapher umschrieben. Gottsched: »Die Loboden müssen in der pathetischen und feurigen ⟨...⟩ Schreibart gemacht werden.« (*Critische Dichtkunst*, 4. Aufl. 1751, S. 429.) Auch Lessings Gegner Lange spricht vom »Feuer« des Horaz (*Horatius Flaccus Oden fünf Bücher*, 1752, Vorrede).

12,28-29 *Auf eine andere ⟨...⟩ Dichter]* Vgl. Lange, ebd.: »Horatz war ein Dichter, er dachte folglich anders als der Redner.«

12,29 *Panegyrist]* Lobredner.

12,31 *Blumen]* Hier: Zitate, markante Textstellen.

⟨5. Stück, Donnerstag, den 10. Januar 1754⟩ Michael Conrad Curtius, *Die Schicksale der Seelen nach dem Tode,* Hannover 1754. – LM 5, S. 374f.

Für Lessings Verfasserschaft, die bislang nicht bestritten worden ist, sprechen weniger der indifferente und trockene Stil, als Thema, Gattung und Autor des Gedichts.

13,10f. *Abhandlung]* Abhandlung von den Gleichnissen und Metaphern, Wismar 1750.

13,11 *seine Übersetzung]* Aristoteles Dichtkunst ins Deutsche übersetzt, mit Anmerkungen und besondern Abhandlungen versehen, Hannover 1753. Vgl. die Rezension im Jahrgang 1753 der BPZ (Bd. II dieser Ausgabe, S. 532). Für Lessings anhaltende Beschäftigung mit der Poetik des Aristoteles waren Übersetzung und Kommentar des Philologen Curtius (1724-1802) von großer Wichtigkeit. Die teils zustimmende, teils polemische Auseinandersetzung mit ihnen reicht bis zur *Hamburgischen Dramaturgie* (vgl. Bd. VI dieser Ausgabe, S. 881-906).

13,13 *schönen und witzigen Denkungsart]* Schulphilosophisch gefärbte Eindeutschung des Begriffs ›bel esprit‹.

13,16 *Vorwurf seiner Muse]* Gegenstand seines dichterischen Bemühens.

13,21f. *gewöhnlichen ⟨...⟩ Inhalts]* Nach klassischem Vorbild beginnt der Autor sein Lehrgedicht mit der Anrufung einer höheren Instanz, hier: der Wahrheit (»O Wahrheit, deren erstes Licht sich durch der Gottheit Hauch entflammet«) sowie einer kurzen Inhaltsankündigung (»Was für ein Schicksal unserm Geist die ernste Ewigkeit bereitet«).

13,24 f. *drei bekannten Systeme*] Die drei Systeme der Leib-Geist-Verbindung sind das ›Systema influxus physici‹ (System des körperlichen Einflusses – Aristoteles), das ›Systema causarum occasionalium‹ (System der Gelegenheitsursachen – Descartes, Malebranche) und das ›Systema harmoniae praestabilitae‹ (System der prästabilierten Harmonie – Leibniz). Die Diskussion der drei konkurrierenden Modelle spielt bei Leibniz und Wolff eine nicht unbeträchtliche Rolle. Mendelssohn hat sie in seiner Hume-Kritik weitergeführt (*Von der Wahrscheinlichkeit*, 1756). Vgl. Mendelssohns Brief an Lessing vom 19. 11. 1755 (Bd. XI/1 dieser Ausgabe, S. 70 f. und S. 749 ff.).

13,31 *Heyn*] Johann Heyn (1709-1746), Prediger, *Sendschreiben an den Herrn O. Baumgarten, worin Isaac Wolfs Meinungen vom Schlaf der abgeschiedenen Seelen bescheiden geprüft sind*, Frankfurt 1746.

13,31 f. *Träumereien des Pythagoras*] Ein Spottgedicht des Xenophanes schreibt Pythagoras die Erfindung der Seelenwanderungslehre zu.

14,2 f. *Seelen der Tiere*] Die Frage der Tierseele und ihrer Bildsamkeit wird bereits im 17. Jh. diskutiert (Descartes, Gassendi) und bleibt weit ins 18. Jh. hinein aktuell.

⟨6. Stück, Sonnabend, den 12. Januar 1754⟩ D.⟨oktor⟩ Johann Albrecht Bengel, *Das Neue Testament* ⟨...⟩ *übersetzt und mit dienlichen Anmerkungen begleitet*, Stuttgart 1753. – LM 5, S. 376 f.

Verfasserschaft Lessings, aufgrund späterer Bezugnahmen (s. u.), sehr wahrscheinlich.

14,29 *Die Verdienste*] Bengels einflußreicher Kommentar *Gnomon Novi Testamenti* (1742) und seine Übersetzung des NT stehen am Anfang einer streng wissenschaftlichen Bibelübersetzung.

14,30 f. *Bücher des Neuen Bundes*] Neues Testament.

14,31 *Vulgata]* Die für das Mittelalter verbindliche lat. Bibelübersetzung des Hieronymus (begonnen 383).

15,1 *Modebeschäftigung]* Vor Bengel war eine Reihe dürftiger Interlinearübersetzungen entstanden: das NT von Caspar Ernst Triller, Amsterdam 1703; Johann Heinrich Reitz, Offenbach 1703; Johann Jacob Junckherroth, Offenbach 1732; oder sehr freie Übersetzungen wie die von Zinzendorf, Ebersdorf 1727, und Johann Lorenz Schmidt, Wertheim 1735.

15,18 f. *traurige Schicksal]* Schmidts (s. o.) Übersetzung der fünf Bücher Moses *Die göttlichen Schriften vor den Zeiten des Messie Jesus frei übersetzt* (sog. Wertheimische Bibel) wurde wegen ihres rationalistischen Geistes heftig kritisiert und der Verf. in Wertheim und Ansbach inhaftiert. Lessing hat Schmidt später als möglichen Verfasser der *Fragmente eines Ungenannten* wiederholt ins Spiel gebracht, um von Reimarus abzulenken (*Von Duldung der Deisten; 9. Anti-Goeze*). Vgl. Bd. VIII dieser Ausgabe, S. 116, und Bd. IX, S. 404.

⟨8. Stück, Donnerstag, den 17. Januar 1754⟩ ⟨Gotthold Ephraim Lessing,⟩ *Ein Vade mecum für den Herrn Samuel Gotthold Lange*, Berlin 1754. – LM 5, S. 377.

Selbstrezension (vgl. S. 105 dieses Bandes). Die Verfasserschaft Lessings ist unanzweifelbar.

15,28-16,2 *Wenn ⟨...⟩ andrer sind]* Die rhetorische Eingangspassage spielt mit Argumenten, die Lange selbst in der »Vorrede« seiner Horaz-Übersetzung so oder sinngemäß gebraucht.

16,3 *kleine Streitigkeit]* Zu Bedeutung und Verlauf der Auseinandersetzung, die Lange seinen nicht unbeträchtlichen Dichterruhm kostete, vgl. den *Vade mecum*-Kommentar in diesem Bd., S. 956-964.

16,4 *verdeutschten Horaz]* Samuel Gotthold Lange, *Des Quintus Horatius Flaccus Oden fünf Bücher und von der Dichtkunst ein Buch poetisch übersetzt*, Halle 1752.

16,7 *hae nugae seria ducent]* Diese Lappalien werden ernste Folgen haben (Horaz, *Von der Dichtkunst*, v. 451).

16,16 *Langenschen Spötterei]* Lange hatte in seiner Antwort auf Lessings erste Kritik (*Briefe*, 1753; vgl. Bd. II dieser Ausgabe, S. 705-709) diesen lächerlich zu machen versucht, indem er ihn, in Anspielung auf das Taschenbuch-Format seiner ersten Werkausgabe, als einen Kunstrichter bezeichnete, »der seine Einsichten aus den Wörterbüchern holet und zum ersten Male seine gesamten Werke in Duodez herausgibet, um sie durch das Format zu einem Vademecum zu machen« (*Schreiben an den Verfasser der gelehrten Artikel in dem Hamburger Correspondenten*, Halle 1753). – Lat. Vade mecum, eigtl. »Geh mit mir«.

⟨9. Stück, Sonnabend, den 19. Januar 1754⟩ ⟨Abraham Gotthelf Kästner (Hg.),⟩ ›Physikalische Belustigungen. Einundzwanzigstes Stück‹, Berlin 1753. – LM 5, 378.

Da Mylius, der Freund Lessings, bis 1753 Herausgeber der Zeitschrift war und der ebenfalls befreundete Kästner als neuer Herausgeber vorgestellt wird, liegt eine Verfasserschaft Lessings nahe.

16,32 f. *physikalischen Reise]* Mylius begab sich Anfang 1753 auf eine naturwissenschaftliche Forschungsreise nach Amerika, starb aber schon während eines sich hinauszögernden Aufenthalts in London (6. 3. 1754). Vgl. S. 1113 f. dieses Bandes, auch 29. und 37. Stück der Rezensionen von 1754.

16,33 *Prof. Kästner]* Abraham Gotthelf Kästner (1719-1800), Prof. der Mathematik in Leipzig, ab 1756 in Göttingen, bekannter Gelehrter und vielseitiger Schriftsteller, Lessings Mentor in der Leipziger Studienzeit.

17,7 *Wallerius]* Johann Gottschalk Waller; seine Abhandlung entstand 1751 in Uppsala.

17,9 *D. L.]* Nicht nachgewiesen.

17,10 *Historie des Tees]* Die Abhandlung erschien 1747 im ›Universal Magazine of Knowledge and Pleasure‹ (Universal-Magazin des Wissens und der Unterhaltung), London.

17,11 *Thermometrische]* Wärmemessungen betreffend.

17,13 *Nachricht]* Engl. Abhandlung von 1753, von Mylius übersetzt.

⟨10. Stück, Dienstag, den 22. Januar 1754⟩ Friedrich Conrad Darnmann, Predigt über eine Judentaufe. – LM 5, S. 378 f.

Redaktionelle Anzeige. Vom Thema her für Lessing interessant. Muncker (LM 22, S.156) vermutet, daß die Nachricht aus Brandenburg eingesandt war und Lessing ihr nur den Schlußsatz hinzufügte.

17,30 f. *Baron von Sinzenheimer]* Nicht nachgewiesen.

⟨10. Stück, Dienstag, den 22. Januar 1754⟩ Siegmund Jacob Baumgarten, Nachrichten von merkwürdigen Büchern. 24. Stück, Halle 1754. – LM 5, S. 379.

Redaktionelle Anzeige. Der Herausgeber-Seufzer über das Finden geeigneter Rezensenten legt die Verfasserschaft Lessings nahe.

18,2 *Baumgartens]* Siegmund Jacob Baumgarten (1706-1757), Bruder des Philosophen und Ästhetikers Alexander Gottlieb Baumgarten und Prof. der Theologie und Historie in Halle.

18,14 f. *Helmontius Naturalphabete]* Franciscus Mercurius van Helmont, *Alphabeti vere naturalis hebraici brevissima delineatio*, Sulzbach 1667. Die dt. Übersetzung *Kurtzer Entwurff des eigentlichen Natur-Alphabets der heiligen Sprache* erschien mit gleichem Ort und Jahr. Das Titelkupfer der dt. Ausgabe enthält die Aufschrift: »Alphabeta Naturae 1667« (Alphabet der Natur).

18,23 *so viel deutsch]* Helmont war geborener Niederländer.

⟨13. Stück, Dienstag, den 29. Januar 1754⟩ ⟨Anonymus,⟩ *Das Glück. Eine critisch-satirische Geschichte*, Frankfurt und Leipzig 1754. – LM 5, S. 379 f.

Gravierende Einwände gegen eine Verfasserschaft Lessings erheben sich nicht.

19,8 *Priesterinnen der Venus]* Prostituierte.
19,8 f. *Nonnen des heiligen Feuers]* Vestalinnen, die als jungfräuliche Priesterinnen das Tempelfeuer hüteten.
19,27 *Plan der besten Welt]* Axiom der Leibnizschen *Theodizee*.

⟨14. Stück, Donnerstag, den 31. Januar 1754⟩ ⟨Johann Dieterich Leyding u. a., Hg.,⟩ ›Hamburgische Beiträge zu den Werken des Witzes und der Sittenlehre. Drittes Stück‹, Hamburg 1753. – LM 5, S. 380 f.

Auch das Erste und Zweite Stück der 1753 begründeten Zeitschrift sind in der BPZ (vgl. Bd. II dieser Ausgabe, S. 507 f. und S. 545 f.) nach fast identischer Anlage rezensiert: selektives, aber kritisches Inhaltsreferat, Bevorzugung der literarischen Beiträge, abschließend je eine poetische Textprobe. Auffällig ist die durchgängig hohe Wertschätzung. Die Verfasserschaft Lessings wahrscheinlich.

20,8 *Nanine]* Voltaires Verskomödie in drei Akten *Nanine, ou l'homme sans préjugé* (Nanine oder der Mann ohne Vorurteil) erschien 1749.
20,9 f. *das Glück der Comödie]* Nicht gefunden.
20,12 *Emirene]* Nicht nachgewiesen. Pietro Metastasio (1698-1782), von dem die Vorlage stammen soll, war der erfolgreichste Opernlibrettist des 18. Jhs.

20,14f. *Zelaide*] Germain-François Poullain de Saint-Foix' einaktige Prosatragödie heißt richtig *Zéloide*.

20,21 *Bittre Klage*] Autor ist der Hamburger Lyriker und Epigrammatiker Johann Dietrich Leyding, einer der Herausgeber der ›Beiträge‹ (neben Johanne Charlotte Unzer).

⟨15. Stück, Sonnabend, den 2. Februar 1754⟩ ⟨Christian Nicolaus Naumann,⟩ *Der Vernünftler*, Berlin 1754. – LM 5, S. 381.

Redaktionelle Anzeige. Für Lessings Verfasserschaft spricht sowohl der Ton als auch die Tatsache, daß der Autor der Schrift (s.u.) zu seinem engeren Freundeskreis gehörte.

20,33 *sittliches Wochenblatt*] Sog. Moralische Wochenschrift.

20,35 *die Verfasser*] Nach Wolfgang Martens (*Die Botschaft der Tugend*, S. 131) hatte *Der Vernünftler* nur einen Verfasser: Christian Nicolaus Naumann (1720-1797). Christoph Friedrich Nicolai über dessen Verhältnis zu Lessing: »Naumann der Bauzner ⟨...⟩ war von Jugend auf Lessings guter Bekannter und Freund gewesen ⟨...⟩. Er hielt sich in Berlin damals einige Jahre auf, und schrieb verschiedene Wochenblätter, unter andern eins in mehreren Bänden, der Vernünftler betitelt, nebst andern Schriften. Er lebte sehr kümmerlich, war aber immer zufrieden. Ich erinnere mich noch mit Vergnügen sehr angenehmer Stunden mit Naumann und Prof. Kies dem Astronomen, einem sehr lebhaften und witzigen Manne, auf einer sehr kleinen Stube, die Lessing auf dem Nicolai-Kirchhofe in Berlin damals bewohnte.« (Text nach Daunicht, Nr. 101.)

21,2 *angenommenen Charakter*] Zum auktorialen Rollenspiel der sog. Moralischen Wochenschreiber vgl. Martens, *Die Botschaft der Tugend*, S. 33 ff.

21,4f. *hebdomadarischen Moralen*] Eine Art Fachchinesisch: lat. hebdomada »die Woche«; »Moralen« sind Moralische Schriften.

21,9 *N.]* Naumann.
21,24 *Dummachend Erz]* Geld.

⟨17. Stück, Donnerstag, den 7. Februar 1754⟩ ⟨Giovanni Cattaneo,⟩ *Lettres Beryberiennes suivies d'un Essai sur l'Esprit humain par Beryber,* Berlin 1754. – LM 5, S. 382 f.

Lessings Verfasserschaft wahrscheinlich.

21,28 f. *Lettres ⟨...⟩ Beryber]* Beryberische Briefe, nebst einem Versuch über den menschlichen Geist von Beryber.
21,30 *desjenigen Verfassers]* Giovanni Cattaneo (um 1691 - 1761), ital. Graf (?), der unter Friedrich Wilhelm I. als preuß. Agent in Venedig angeworben wurde. Philosophischer Verteidiger der kath. Tradition. Pseudonym: Beryber.
21,31 *kleinen Herodot]* Der kleine Herodotus, oder das Begräbnis der Ameisen, hg. v. Chr. Fr. Helwing, Lemgo 1754 (franz. Ausgabe Berlin 1753).
21,32 *beißenden Schmetterling]* Vgl. die Rezension im 142. Stück, 1753 (Bd. II dieser Ausgabe, S. 555 f.).
22,12 *Acceleration]* Beschleunigung.

⟨18. Stück, Sonnabend, den 9. Februar 1754⟩ Jean Levesque de Burigny, *Vie de Grotius ⟨...⟩ Tome premier,* Amsterdam 1754. – LM 5, S. 383 f.

Sog. Vorwort-Rezension. Guthke, *Kartenhaus,* S. 30 ff., weist nach, daß sie so gut wie ganz aus der »Préface« und dem »Avis de l'éditeur« abgeschrieben ist. In der späteren Besprechung der dt. Übersetzung von 1755 (44. Stück, 1755), die stilistisch durchaus auf Lessing verweist, gibt der Rezensent allerdings zu erkennen, daß er im Besitz der franz. Originalausgabe sei. Verfasserschaft also einigermaßen sicher.

22,29-32 *Vie ⟨. . .⟩ Rey]* Leben des Grotius, nebst der Geschichte seiner Schriften und der Staatsgeschäfte, die er geführt hat, von Herrn von Burigny. Neue Ausgabe mit neuen Anmerkungen. 2 Bde., Amsterdam bei Marc. Michel Rey.

22,29 *Vie de Grotius]* Vgl. die Rezension einer dt. Übersetzung auf S. 384 f. dieses Bandes.

22,30 *de Burigny]* Jean Lévesque de Burigny (1692-1785), franz. Historiker und Biograph (u. a. von Erasmus und Bossuet).

22,32 *Grotius]* Hugo Grotius, berühmter niederl. Rechtsgelehrter (1583-1645), Vater des Völkerrechts: *De iure belli et pacis* (Vom Recht des Krieges und des Friedens).

22,33 *Er war keiner]* Grotius war in Religionsstreitigkeiten verwickelt und wurde zu lebenslangem Kerker verurteilt. Abenteuerliche Flucht nach Paris, wo er sein Hauptwerk veröffentlichte. Wanderleben, u. a. zwei Jahre in Hamburg.

23,15 *Gomaristen und Arminianern]* Die Gomaristen, nach Franz Gomarus aus Brügge, Prof. in Leiden, benannt, Anhänger der absoluten Prädestinationslehre Calvins, setzten die Verurteilung der Arminianer, benannt nach Jakob Arminius (eig. Harmensen, ebenfalls Prof. in Leiden), auf der Synode von Dordrecht durch. Daraus folgte die Enthauptung Oldenbarneveldts und die Einkerkerung des Grotius, der von seiner Frau in einer Bücherkiste befreit wurde.

23,20 *Oxenstiern]* Axel Gustafsson Graf Oxenstierna (1583-1654), schwed. Reichskanzler seit 1612.

⟨19. Stück, Dienstag, den 12. Februar 1754⟩ ⟨Anonymus,⟩ *Über die falschen Begriffe von der Gottheit*, Berlin 1754. – LM 5, S. 384 f.

Die witzig-belehrende Kontrafaktur der zitierten Textpassage macht eine Verfasserschaft Lessings wahrscheinlich.

24,15 *So froh]* Anklänge an Alexander Popes Lehrgedicht *An Essay on Man* (Versuch über den Menschen, 1733) und seinen berühmten Satz: »Alles, was ist, ist recht.«

24,35 *blöde]* Scheu, schüchtern, schwach, hier: weichlich (Grimms DWb 2, Sp. 138 ff.).

*⟨20. Stück, Donnerstag, den 14. Februar 1754⟩ Friedrich Carl Casimir Freiherr von Creuz, *Versuch über die Seele. Erster Teil*, Frankfurt und Leipzig 1753. – LM 5, S. 385 f.

Sog. Vorwort-Rezension. Guthke, *Kartenhaus*, S. 30, schreibt dazu: »mit Ausnahme der inhaltslosen Schlußformel ist es eine größtenteils wörtliche, in keiner Weise durch Eigenes veränderte Übernahme des Textes von S. 13 f. des Buches ⟨...⟩ – dabei wird hier eine nicht uninteressante anthropologische Fragestellung thematisiert, die man gern in einer Darstellung von Lessings Menschenbild fruchtbar machen möchte, wenn die Kenntnis des Texthintergrunds nicht einen Strich durch die Rechnung machte.«

25,25 *die Schlüsse]* Creuz entwickelt in seinem *Versuch* eine Auffassung, die der herrschenden Wolffschen Schulphilosophie durchaus eigentümlich gegenübersteht. Er verwirft die Annahme, daß die Seele eine einfache Substanz sei, ohne zu behaupten, daß sie eine zusammengesetzte wäre. Sie soll ein Mittelding zwischen beiden, ein ›einfachähnliches‹ Wesen sein und aus Teilen bestehen, die wohl außer einander, aber nicht ohne einander existieren können. Ferner lehrte er die Präexistenz der Seele, wie auch ihre Unsterblichkeit. – Möglicherweise hat sich der Rezensent geweigert, sich mit dieser Extravaganz auseinanderzusetzen.

⟨21. Stück, Sonnabend, den 16. Februar 1754⟩ ⟨Friedrich Platner, Hg.,⟩ *Commentarii Lipsienses litterarii. Tomus primus* (Leipziger literarische Kommentare. Erster Band), Leipzig 1753. – LM 5, S. 386f.

Die Rez. verbindet ein Inhaltsreferat mit Stilurteilen. Eine Verfasserschaft Lessings ist denkbar.

26,5 *D. Platner]* Der Herausgeber ist wahrscheinlich Friedrich Platner, seit 1752 außerordentlicher Prof. der Rechte in Leipzig.

26,12 f. *Boerneri Isagoge]* Christian Friedrich Boerner, *Isagoge brevis ad Scripturam Sacram* (Kurze Einleitung in die Heilige Schrift), Leipzig 1753.

26,13 *Mascov de feudis]* Johann Jacob Mascov, *De Jure feud.⟨ale⟩ in Imp.⟨erio⟩ Rom.⟨ano⟩-Germ.⟨ano⟩* (Vom Lehnsrecht im Römisch-Deutschen Reich), Leipzig 1753.

26,14 *Anatomie des Winslow]* Jacob B. Winslow, *Exposition Anatomique de la Structure du Corps humain,* Paris 1731 (dt. Ausgabe Berlin 1733); lat. *Expositio Anatomica structurae corporis humanae* (Anatomische Gestalt des menschlichen Körperbaus), 4 Bde., Frankfurt und Leipzig 1753.

26,14 f. *Crusii Probabilia critica]* Christian Crusius, Kritische Mutmaßungen, Leipzig 1753.

26,15 *Krausens Compendium]* Wahrscheinlich: Karl Christian Krause, *Compendium Logices ⟨. . .⟩* (Lehrbuch der Logik), Leipzig 1754.

26,15 *Clemens Isagoge]* Benjamin Gottlieb Clemens, *Isagoge critico-dogmatica in Theologiam acroamaticam* (Kritisch-dogmatische Einführung in den theologischen Vortrag), Leipzig 1753.

26,16 *Beckmann de Expectativis]* Bernhard Ludwig Beckmann, *Dissertatio de expectativis* (Abhandlung vom Voraussehbaren), Leipzig 1753.

26,16 f. *Grupens Observationes]* Christian Ulrich Grupen, *Observationes* (Beobachtungen), Hannover 1753.

26,17 *Röderers Ars]* Johann Georg Roederer, *Elementa artis obstetriciae* ⟨...⟩ (Anfangsgründe der Geburtshilfe), Göttingen 1753.

26,17 f. *Ernestische Ausgabe]* Johann August Ernesti, *Aristophanis Nubes cum scholiis antiquis et praefat.⟨ione⟩* (Die »Wolken« des Aristophanes, mit antiken Kommentaren und einem Vorwort), Leipzig 1754.

26,20 *Christs de gemmis]* Johann Friedrich Christ, Von den Gemmen an alten Ringen. Christ (1700-1776), seit 1739 Prof. der Dichtkunst in Leipzig, war der erste deutsche Altphilologe, der neben den schriftlichen auch die bildlichen Denkmäler des Altertums behandelte. Wichtiges Werk: *Dissertatio super signis in quibus manus agnosci antiquae in gemmis passint* (Abhandlung über die Kennzeichen der antiken Herkunft von Gemmen). – Im Gemmen-Streit mit Klotz (1768) hat sich Lessing auch auf seinen Leipziger Lehrer Christ bezogen. Vgl. *Briefe, antiquarischen Inhalts* (Bd. V/2 dieser Ausgabe, S. 353-582, hier bes. S. 442-448).

26,21 *pro linguae latinae]* Friedrich Platner, *Pro linguae latinae utilitate in R⟨e⟩ P⟨ublica⟩ L⟨itteraria⟩* (Vom Nutzen der lateinischen Sprache in der Gelehrtenrepublik).

⟨22. Stück, Dienstag, den 19. Februar 1754⟩ Carl Ludwig Muzelius, *Abhandlungen zum Behuf der schönen Wissenschaften und der Religion. Anderer Teil*, Stettin und Leipzig 1753. – LM 5, S. 387 f.

Fortsetzungsrezension. Die des »Ersten Teils« erschien im 14. Stück 1753 der BPZ (Bd. II dieser Ausgabe, S. 485 f.) und stammt offensichtlich von Lessings Hand. Für die vorliegende möchte man diesen Schluß nicht ziehen, obwohl der Verf. an die frühere Kritik anknüpft und alles tut, die Identität des Rezensenten zu suggerieren. Die stilistischen und argumentativen Differenzen sind allerdings eklatant (vgl. Budde in PO Erl., S. 407). Denkbar ist allerdings auch, daß Lessing den hölzernen Stil des Verfassers parodiert.

27,6 f. *mit Ruhm]* Fraglos ironisch gemeint.

27,12 *erweckend]* Anregend; möglicherweise auch im Sinn pietistischer »Erweckungs«-Frömmigkeit.

27,13 f. *vom Seelenschlafe]* Das Thema wird auch in der Rezension von Curtius, *Die Schicksale der Seelen nach dem Tode* (S. 13 f. dieses Bandes) diskutiert.

27,22 *seine Erinnerungen]* Zur Kritik am »Ersten Teil« nimmt Muzelius auf S. 176 f. Stellung: »Nur einer von Bücherrichtern urtheilt in den Rostischberl.(iner) Zeitungen, von meinem ersten Theile, daß ich mich oder den Herrn Batteux für den Erfinder des Lehrsatzes, für den Redner: ›Ahme der Natur nach,‹ ausgegeben habe; er führt mich auf den Horaz und den Aristoteles, da ich doch selbst an vielen Orten meiner ersten Abhandlung, Stellen aus den Alten und Neuern angeführt habe, in welchen die Natur zur Nachahmung empfohlen wird. Ich habe nur angeführt, daß entweder Herr Batteux oder ich diesen Satz, insonderheit bey dem Unterrichte zur Dichtkunst und der Beredsamkeit angebracht und empfohlen haben.«

27,34 *Batteux]* Charles Batteux (1713-1780) lehrt in seinem *Traité sur les Beaux Arts réduits à un même principe*, 1746 (Abhandlung über die schönen Künste, zurückgeführt auf einen einzigen Grundsatz) die Nachahmung der schönen Natur als künstlerisches Grundgesetz. Die beiden deutschen Erstübersetzungen des Buchs (von Philipp Ernst Bertram, Gotha 1751, und Johann Adolph Schlegel, Leipzig 1752) werden von Lessing in ›Das Neueste aus dem Reich des Witzes‹, Juni 1751, erwähnt, wobei er die Schlegelsche vorzieht (vgl. Bd. II dieser Ausgabe, S. 126).

⟨24. Stück, Sonnabend, den 23. Februar 1754⟩ ⟨Anonymus,⟩ *Der Rußische Avanturier*, Frankfurt und Leipzig 1753. – LM 5, S. 388.

Lessing als Verfasser denkbar, obwohl die abfällige Bemerkung über den *Don Quixote* dagegen spricht. Lessing war ein ausgezeichneter Kenner des Romans und hat gern aus ihm, aber auch aus anderen Werken des Cervantes zitiert. Bereits 1751 versichert er ihn »eines ewigen Namens« (›Critische Nachrichten aus dem Reiche der Gelehrsamkeit‹, 7. Stück, vgl. Bd. II dieser Ausgabe, S. 12).

28,20 *uns vorzuwerfen pflegen]* Vermutlich denkt der Rezensent an Autoren wie Eléazar Mauvillon, der 1740 den Deutschen einen gänzlichen Mangel an geistreichen Werken vorgeworfen hatte.
28,22 *Tummelplatz von Veränderungen]* Wörtliches Zitat aus dem »Vorwort«.
28,23 *Schoßkind des Glückes]* Wörtliches Zitat, ebd.
28,25 f. *Journal ⟨. . .⟩ fatorum]* Annähernd wörtliches Zitat, ebd.
28,33 f. *lieben Himmel]* Beginn des »Vorworts«: »Was wird mehr geliebet, als der Himmel?«

⟨25. Stück, Dienstag, den 26. Februar 1754⟩ ⟨Anonymus,⟩ *Die Advocaten, ein Lustspiel,* Hamburg 1753. – LM 5, S. 388 f.

Sowohl nach Stil wie Geist auf Lessing verweisend. Die Abrechnung mit dem satirischen Typenlustspiel, die auch ein gutes Stück Selbstkritik enthält, entspricht seiner damaligen, in der *Theatralischen Bibliothek* diskutierten Auffassung einer erneuerten Komödie. Anonymus: wohl Bünemann.

29,2 *Die Advocaten]* Budde, PO Erl. S. 407, schreibt das Stück fälschlicherweise Johann Christian Krüger zu. Die Verfasserschaft ist bis heute ungeklärt.
29,6 *mittelmäßige Köpfe]* Der Rezensent spielt hier mit der klassizistischen Regel von der sozialen Mittelmäßigkeit des Komödienprotagonisten.
29,10 *Die Geistlichen auf dem Lande]* Lustspiel von Johann Christian Krüger (1722-1750), einem Mitglied der Schönemannschen Truppe. Erstdruck 1743.

29,10 f. *die Ärzte]* Lustspiel von Lessings engem, aber oft kritisch beurteiltem Freund Christlob Mylius (1722-1754), der eine Woche nach Erscheinen der Rezension in London verstarb. Erstdruck 1745. Lessing hat in seiner »Vorrede« zur Werkausgabe des Freundes (*Vermischte Schriften des Hrn. Christlob Mylius,* Berlin 1754) nicht nur die Kritik an dem Stück, sondern auch den Vergleich mit Krügers *Geistlichen* wiederholt: »Hören Sie nur, Hr. *Mylius* mußte seine Ärzte auf Verlangen machen, was Wunder, daß sie ihm gerieten, wie – – wie alles, was man auf Verlangen macht. Kurz vorher waren die *Geistlichen auf dem Lande* zum Vorschein gekommen.« (Vgl. S. 342 dieses Bandes.)

29,12 f. *so giftig ⟨...⟩ so unregelmäßig]* Die Verfehlung des Maßes und der Regelhaftigkeit deutet auf das Verfehlen Gottschedscher Vorschriften. Vgl. *Versuch einer Critischen Dichtkunst,* 4. Aufl., Leipzig 1751, Kap. »Von Komödien oder Lustspielen«.

29,14 f. *das Comische ⟨...⟩ dem Possenhaften]* Über den Widerspruch von Satire und Posse vgl. Gottsched an gleicher Stelle.

⟨26. Stück, Donnerstag, den 28. Februar 1754⟩ *Neu aufgeschlossenes Cabinet Gottes,* Frankfurt und Leipzig 1754. – LM 5, S. 389 f.

Vorworts- und Inhaltsverzeichnis-Rezension. Eine Verfasserschaft Lessings wäre, aus stilistischen Erwägungen, trotzdem vertretbar. Andererseits scheint das Eingeständnis, eine von Lessing anderwärts gebrauchte Metapher nicht zu verstehen (s. u. Anm. 30,3), dagegenzusprechen.

29,24 *Cabinet]* Vieldeutiges Modewort der Zeit. Hier: Geheimes Arbeitszimmer (evtl. auch Schreibtisch) Gottes, worin er seinen Weltenplan aufbewahrt.

29,33 *Gernmeisterei]* Von ›Gernmeister‹: »einer, der gern Meister wäre«. Vgl. Grimms DWb 5, Sp. 3729.

30,3 *im Raufen]* Im Original: »in der Raufen«. – Die Raufe, gelegentlich auch: der Raufen. Ein aus Leiterelementen gebauter Futterbehälter, aus dem das Vieh das Heu ›rupft‹. Grimms DWb 14, Sp. 257 f. Lessing hat den Begriff an anderen Stellen durchaus geläufig und sinnrichtig benutzt (vgl. Bd. IX dieser Ausgabe, S. 45), so daß die Beteuerung »ein Ausdruck den wir nicht verstehen« gegen seine Verfasserschaft zu sprechen scheint. Es ist allerdings möglich, daß sich die Beteuerung nicht auf das Wort »Raufe(n)« bezieht, sondern auf die reichlich dunkle Formulierung, daß »die Welt bei Gott, gleichsam das letzte im Raufen« habe.

30,5 *der große Sabbat]* Vgl. 3. Mose 16,31 und Joh. 19,31. Hier offensichtlich Metapher für den Tag des Jüngsten Gerichts, vgl. Offb. 6,17 »Denn es ist komen der grosse tag seines zorns / vnd wer kan bestehen?«

30,5 f. *ewigtausendjährige Ruhe]* Weissagung von einer tausendjährigen Herrschaft Christi vor dem Jüngsten Gericht (Millennium), während der der Drachen (Satan) gefesselt im Abgrund verwahrt und den Menschen Ruhe vergönnt ist. Vgl. Offb. 20,2-6.

30,11 *neue Prometheus]* Heros, der den Menschen das göttliche Licht bringt.

30,11 f. *Chiliaste]* Von griech. chilias »tausend«; Anhänger der Lehre vom Tausendjährigen Reich, Apokalyptiker.

30,13 f. *Kannegießer des ⟨...⟩ Holberg]* Der dän. Dichter norweg. Herkunft Ludwig (Freiherr von) Holberg (1684-1754) gab mit seiner ersten, sehr erfolgreichen Komödie *Der politische Kannegießer* (1722) dem Typus des Biertischpolitikers seinen in Deutschland bis heute geläufigen Namen.

30,21 *christmutmaßlichen]* Christlicher Spekulationslust entsprechend.

⟨27. Stück, Sonnabend, den 2. März 1754⟩ ⟨Anonymus,⟩ *Früchte einer Vernunft und Belustigung geweihten Stille*, Breslau 1754. – LM 5, S. 390 f.

Die witzige Verurteilung des Buchs würde man gerne Lessing zuschreiben, doch bleibt sie ein mageres Indiz. Ansonsten bloßer Abdruck des Inhaltsverzeichnisses.

31,4 *Nativitätsstellen]* Horoskopstellen.

⟨29. Stück, Donnerstag, den 7. März 1754⟩ Londen. ⟨Meldung von Mylius' literarischen Arbeiten in London⟩. – LM 5, S. 391.

Lessings Verfasserschaft nicht verifizierbar, aber naheliegend. Es ist zu vermuten, daß dem Bericht der letzte Brief von Mylius zugrunde liegt. Er starb am 6./7. März in London.

31,21 *übergesendet]* Hinübergeschickt.
31,21 *physikalische Reise]* Mylius reiste im Auftrag und auf Kosten einer privaten naturwissenschaftlichen Gesellschaft unter der Federführung Albrecht von Hallers, um Forschungen zu treiben und Naturalien zu sammeln. Er enttäuschte jedoch seine Geldgeber durch endlose Reiseunterbrechungen in Deutschland und England (sechs Monate in London) und hatte bei seinem Tode am 6./7. 3. 1754 tatsächlich den Reiseetat aufgebraucht. Von daher erklärt sich der apologetische Ton des Berichts.
31,28 *Beschreibung]* London 1753.
31,31 *A letter]* Crisp Myll, *A letter to Mr. Richard Glover, on occasion of his tragedy of Boadicia* (Brief an Herrn Richard Glover, aus Anlaß seiner Tragödie von Boadicia), London 1754. Glovers Verstragödie (richtig: *Boadicea*) erschien 1753. – Das anglisierte Pseudonym »Crisp Myll« verifiziert Lessing in

seiner »Vorrede« der *Vermischten Schriften* mit »Christpraise Myll«: Christlob Mylius. Vgl. S. 345 dieses Bandes.

31,32 f. *deutsche Übersetzung]* William Hogarth, *Zergliederung der Schönheit, die schwankenden Begriffe vom Geschmack festzusetzen*, London und Hannover 1754.

⟨30. Stück, Sonnabend, den 9. März 1754⟩ ⟨Voltaire,⟩ *Leben des Moliere*, Leipzig 1754. – LM 5, S. 391 f.

Eine Verfasserschaft Lessings liegt, angesichts seiner bewundernden Intimfeindschaft zu dem Franzosen, nahe. Auch die gute Textkenntnis des *Siècle de Louis XIV.* weist auf ihn.

32,10 *niemals für authentisch]* Voltaires *Vie de Molière, avec des jugemens sur les ouvrages* (Leben des Molière, nebst Urteilen über seine Werke) erschien, nachdem sie zunächst für eine Molière-Ausgabe als Vorwort konzipiert und von der Zensur (Fontenelle) verboten worden war, 1739 anonym in Paris.

32,14 f. *Vittorio Siri]* Ital. Historiker (1608-1685), unter Mazarin königlicher Hofhistoriograph. Auf S. 100 der Übersetzung heißt es: »Vittorio Siri erzählet uns, daß man selbst bey der Geburt Ludewig des XIV. in der Nebenkammer, wo die Königin niederkommen sollte, einen Sterndeuter gehalten habe.«

32,16 *Jahrhundert Ludwigs des XIV.]* Die erste vollständige Ausgabe des berühmten Buchs erschien 1751 in Berlin. Der zweiundzwanzigjährige Lessing war in diesem Zusammenhang in den Verdacht geraten, das Manuskript entwendet zu haben, was ihm den Bruch mit Voltaire und die Ungnade des Königs einbrachte.

32,20 *Moliere ⟨. . .⟩ Übersetzung]* J.⟨ean⟩ B.⟨aptiste⟩ P.⟨oquelin⟩ de Molière, *Sämmtliche Lustspiele nach einer sorgfältigen Übersetzung*, Hamburg 1752. Übersetzer: Friedrich Samuel Bierling.

32,28 *Hn. Übersetzer]* Nicht ermittelt. Dem Rezensenten war seine Person offensichtlich bekannt.

⟨32. Stück, Donnerstag, den 14. März 1754⟩ *Lettres du Comte de Cataneo à l'illustre Monsieur de Voltaire sur l'edition de ses Ouvrages à Dresde* (Briefe des Grafen Cattaneo an den berühmten Herrn von Voltaire über seine Dresdner Werk-Ausgabe), Berlin 1754. – LM 5, S. 392 f.

Kritisch kommentierte Auflistung des Inhalts. Gleichwohl verweist der Stil ziemlich eindeutig auf Lessing. Sowohl das Argument von den Fechterstreichen (S. 33,15) wie das von der intellektuellen Attraktivität der Religionskritik (S. 33,34 f.) gehört in sein sprachliches Individualregister.

33,4 *Cataneo*] Zur Person vgl. Anm. 21,30.
33,5 *wahren Geist der Gesetze*] Unter den vielen Antworten auf Montesquieus Hauptwerk *De l'esprit des lois* (Vom Geist der Gesetze), 1748, gehörte die von Giovanni Cattaneo zu den frühesten: *La source, la force et le véritable esprit des lois* (Der Ursprung, die Macht und der wahre Geist der Gesetze), 1752.
33,27 *Beobachtung*] Vgl. die Rezension der *Lettres Beryberiennes*, S. 21 f. dieses Bandes.
33,37 *Dresdner Ausgabe*] *Oeuvres de Mr. De Voltaire / Nouvelle Edition* (Werke des Herrn von Voltaire, Neue Ausgabe), Dresden 1748-50.

⟨33. Stück, Sonnabend, den 16. März 1754⟩ ⟨Voltaire,⟩ *Annales de l'Empire depuis Charlemagne, par l'Auteur du Siecle de Louis XIV.* (Reichsannalen seit Karl dem Großen, vom Verfasser des Jahrhunderts Ludwigs XIV.), Frankfurt 1754. – LM 5, S. 393 f.

Die Verfasserschaft Lessings darf als sicher gelten.

34,10 *Abregé*] Abriß der Universalgeschichte von Karl dem Großen bis zu Karl V., unautorisiert erschienen in Den

Haag 1753. Voltaire hatte 1739 eine Abschrift an Friedrich nach Berlin geschickt, der sie 1745 nach der Niederlage von Sohr mit seinem Gepäck verlor. Von dort kam sie auf dunklen Wegen an den niederl. Raubdrucker Neaulme, um dessen Bestrafung sich Voltaire später vergeblich bemühte.

34,19 *Mißgeburt]* Die *Annales,* die auf Anregung der Herzogin von Sachsen-Gotha entstanden, sind in der Tat mehr als eine Überarbeitung des *Abrégé* von 1739.

34,25 *in Holland]* Der zweibändige Erstdruck der *Annales* von 1753 erschien nicht in Holland, sondern in Basel (gedruckt bei Schoepflin in Colmar). Die rezensierte Ausgabe von 1754 ist also ein erster Nachdruck.

34,31 f. *Henault]* Charles-Jean-François Henault (1685-1770), franz. Historiker und Parlamentspräsident. Sein *Nouvel Abrégé chronologique de l'Histoire de France* (Neuer chronologischer Abriß der französischen Geschichte), Paris 1744, war eines der Vorbilder für die Voltaireschen *Annales.*

34,34 *Epigramma]* Konzentriert argumentierendes, meist geistreiches Kurzgedicht von wenigen Verszeilen.

35,2 *vers tecniques]* Meist: *techniques.* Franz. Begriff für Verse, die als Gedächtnisstütze (Mnemotechnik) dienen. Einschlägige Werke haben u. a. Philippe Labbé (1651) und Claude Buffier (1715) hinterlassen.

35,5 *Berkenmeyer]* Paul Ludwig Berckenmeyer, *Poetische Anleitung zur Universalhistorie, samt deren Erleuterung, wodurch der Jugend ⟨...⟩ diese Wissenschaft gar leicht kann beygebracht werden,* 6. Aufl., Hamburg 1728.

35,7 *Chronodisticha]* Zweizeilige Epigramme, in denen durch Großschreibung lat. Zahlenbuchstaben (V, X, M etc.) auf ein Datum angespielt wird.

35,11 *Henriade]* Die Erstfassung des Heldenepos auf Heinrich IV. erschien 1723 unter dem Titel *La Ligue, ou Henri le Grand* (Die Liga oder Heinrich der Große) mit dem fingierten Druckort Genf. Seit der Fassung London 1728 heißt das Epos *La Henriade.* Vgl. auch S. 829,19 dieses Bandes.

35,11 f. *Brutus ⟨...⟩ Tod des Cäsars]* Die beiden Stücke, 1729 und 1731 fertiggestellt, behandeln das Verhältnis von

Republik und Monarchie und sind, auch stilistisch, durch den engl. Aufenthalt Voltaires (1726-1728) geprägt.

⟨36. Stück, Sonnabend, den 23. März 1754⟩ Georg Matthias Bose, *L'Electricité, son origine et ses progrés* (Die Elektrizität, ihr Ursprung und ihre fortschreitende Erkenntnis), Leipzig ⟨1754⟩. – LM 5, S. 394 f.

Verfasserschaft Lessings ist, aus stilistischen Gründen, vertretbar.

35,19 *Prof. Bosens]* Georg Mathias Bose (1710-1761) war seit 1738 Prof. für Physik in Wittenberg. 1752 wurde er von der theologischen Fakultät gemaßregelt, weil er sich anerkennend über die Gelehrsamkeit des Papstes geäußert hatte. Vgl. Lessings Briefe vom 9. 6. 1752 an Samuel Nicolai und vom 29. 5. 1753 an seinen Vater, dem er Boses Verteidigungsschrift übersandte (Bd. XI/1 dieser Ausgabe, S. 38 f. und 50 ff.), sowie Bd. II, S. 398.
35,21 *sein Gedicht] Die Elektrizität nach ihrer Entdeckung und Fortgang mit poetischer Feder entworfen*, 1744.
35,27 f. *Joseph Anton von C***]* Offensichtlich Pseudonym; der Übersetzer war, nach Budde, Bose selbst.
35,35 *Langbein]* Nicht ermittelt.

⟨37. Stück, Dienstag, den 26. März 1754⟩ ⟨Zum Tode von Christlob Mylius in London⟩. – LM 5, S. 395 f.

Redaktionelle Nachricht. Für Zweifel an Lessings Verfasserschaft gibt es keine Gründe.

36,2 *Nachricht]* Vgl. S. 31 f. dieses Bandes.
36,9 *Peripnevmonie]* Lungenentzündung.
36,17 *schönen als gründlichen Geist]* Formelhafte Bezeichnung seiner dichterischen und gelehrten Doppelbegabung.

36,22 *vornehmen Teilhaber*] Gemeint sind die privaten Geld- und Auftraggeber der Forschungsreise (darunter Haller, Sulzer, von Münchhausen).
36,24 *Versuche*] Zur Publikation der Wassertemperaturmessungen vgl. S. 17 dieses Bandes.
37,5 *Vorsicht*] Göttliche Vorsehung.

⟨42. Stück, Sonnabend, den 6. April 1754⟩ de Prémontval, *Pensées sur la Liberté*, Berlin 1754. — LM 5, S. 396f.

Typische Vorwort-Rezension; im wesentlichen wird das »Avertissement« (Vorrede) des Autors ausgeschrieben. Stilistische Hinweise auf Lessing sind nicht auszumachen. — Eine frühere Prémontval-Rezension (seines *Monogamie*-Buchs, s.u.) dürfte allerdings Lessing zuzuschreiben sein.

37,9-11 *Pensée ⟨...⟩ humaines*] Gedanken über die Freiheit, gezogen aus einem handschriftlichen Werk mit dem Titel: Einsprüche und Erklärungen zu den Hauptfragen des menschlichen Wissens.
37,11 *de Premontval*] Pseudonym, eigentl. André-Pierre Le Guay (1716-1764), franz. Privatgelehrter, seit 1752 Mitglied der Königlichen Akademie der Wissenschaften in Berlin. — Freundschaftliches Verhältnis zu Lessing. Vgl. Brief an Michaelis vom 10. 2. 1754 (Bd. XI/1 dieser Ausgabe, S. 57).
38,1 *Monogamie*] Vgl. Rezensionen im 67. und 78. Stück 1753 (Bd. II dieser Ausgabe, S. 508f. und 514f.).

⟨52. Stück, Dienstag, den 30. April 1754⟩ J. G. H. Weber v. N., *Natürlichste und leichteste Anweisung zum Briefstellen*, Frankfurt am Main 1754. — LM 5, S. 397.

Typus: verweigerte Rezension. Stilistisch auf Lessing verweisend.

38,18 *drei Alphabet]* In der Druckersprache bezeichnet ein »Alphabet« 23 Bogen. Im Oktavformat hat ein Bogen 16 Seiten. Vgl. Bd. II dieser Ausgabe, S. 740.

38,33 *expedierter]* Expedieren = abfertigen; hier: wohlgerüsteter.

39,2 *eigentliche Verfasser]* Nicht ermittelt.

⟨53. Stück, Donnerstag, den 2. Mai 1754⟩ Paul Christian Weiß, ⟨Lateinische Dissertation über Abraham als Logiker⟩, Königsberg 1754. – LM 5, S. 398 f.

Redaktionelle Anzeige. Verfasserschaft Lessings wahrscheinlich.

39,11 *Hebr. XI. 19.]* »Vnd dachte ⟨Abraham⟩ / Gott kan auch wol von den Todten erwecken / Daher er auch jn zum Furbilde wider nam.«

39,12 λογισαμενος] ›logisamenos‹; Luthers Übersetzung: er dachte.

39,15 λογος] ›logos‹: Rede, Wort, Vernunft.

39,15 λογιζομαι] ›logizomai‹: ich berechne, überlege.

39,20 *natürliche und künstliche]* Hier vermutlich: praktische und theoretische.

39,28 f. *bekannte Sprichwort]* Der Mensch denkt, Gott lenkt (?).

39,30 f. *Tantum abest]* »Soviel fehlt.«

39,31 *carmina gratulatoria]* Glückwunschgedichte.

39,37 *parum adest]* »Zu wenig ist da(rin).«

40,3 *Sarens Physik]* Sara: (eine) Ehefrau Abrahams; Physik hier mit der Nebenbedeutung »Körperlichkeit«.

⟨56. Stück, Donnerstag, den 9. Mai 1754⟩ ⟨Samuel Richardson⟩, *Geschichte des Herrn Carl Grandison; in einer Folge von Briefen entworfen*, I. und II. Band, Leipzig 1754. – LM 5, S. 398 f.

Sog. Vorwort-Rezension. Guthke, *Kartenhaus*, S. 50: »wörtlich, mit allenfalls minimalen, niemals sinnentfremdenden, rein sprachlichen Änderungen, aus der im Ersten Band enthaltenen Vorrede übernommen.«

40,5 *Geschichte*] Richtiger Titel: *Geschichte Herrn Carl Grandison.*

40,12 *Richardson*] Samuel Richardson (1689-1761), gelernter Buchdrucker, der erst als Fünfzigjähriger literarisch tätig wurde. Seine Briefromane *Pamela, Or virtue Rewarded* (Pamela oder die belohnte Tugend), 2 Bde., 1740/41, *Clarissa, the History of a Young Lady* (Clarissa, die Geschichte einer jungen Dame), 7 Bde., 1747/48, und *The History of Charles Grandison* (Die Geschichte von Charles Grandison), 7 Bde., 1753/54, waren moraldidaktisch konzipiert und begründeten die Tradition des sentimentalen, psychologischen Romans in Europa.

40,14 f. *reizenden Blumen*] Gefälligen Formulierungen, Lesefrüchten.

40,19 *Vorsicht*] Göttliche Vorsehung.

40,28 *prüfenden Umständen*] Situationen der Bewährung.

*⟨57. Stück, Sonnabend, den 11. Mai 1754⟩ ⟨John Arbuthnot,⟩ *Le Procès sans fin ou l'Histoire de John Bull*, London 1754. – LM 5, S. 399 f.

Vorwort-Rezension. Trockene, sprachlich eher ungefüge Nacherzählung des Inhalts, nebst einigen wertenden Äußerungen zur Person des (verkannten) Autors. Guthke, *Kartenhaus*, S. 51: »sicherlich gehört er ⟨der Text⟩ in keiner Weise in eine Lessing-Ausgabe«.

41,8-10 *Le Procès ⟨...⟩ 1754]* »Der Prozeß ohne Ende oder die Geschichte des John Bull, veröffentlicht nach einem 1712 im Studierzimmer des berühmten Sir Humfroy Polesworth aufgefundenen Manuskript, durch Doktor Swift. London bei Nourse.«

41,12 *Krieges von 1702]* Der Spanische Erbfolgekrieg (1702-1713/14).

41,14 *Swift]* Die Verfasserangabe ist ein Irrtum, der sich durch alle bisherigen Kommentare fortsetzt. Der wirkliche Verfasser ist John Arbuthnot (1667-1735), dessen einzeln publizierte John Bull-Pamphlete von 1712 durch Alexander Pope und Jonathan Swift in revidierter Form und unter dem Gesamttitel *The History of John Bull* (Die Geschichte des John Bull) 1727 in die *Miscellanies* aufgenommen wurden. Die franz. Übersetzung von 1754 enthält nur das berühmte erste Pamphlet, dessen Titel mit den Worten beginnt: »Law is a Bottomless Pit« (Das Recht ist ein Abgrund ohne Boden).

41,17 *Urtel]* Urteile.

41,19 *Procurators]* (Franz.) »Staatsanwälte«.

41,23 *Ritter South]* Im Original: Lord Strutt.

*⟨59. Stück, Donnerstag, den 16. Mai 1754⟩ ⟨Anonymus,⟩ *Beiträge zu den Gedanken des Herrn von Beaumelle nebst einer neuen Übersetzung dieser Gedanken*, Berlin und Leipzig 1754. – LM 5, S. 400 f.

Der umständliche Text (Beaumelle war kein unbeschriebenes Blatt) läßt eine Verfasserschaft Lessings fraglich erscheinen. Anonymus: wohl Karl Friedrich Benekendorf.

42,19 *Gedanken]* Mes Pensées ou Qu'en dira-t-on? (Meine Gedanken oder: Was wird man darüber sagen?), Kopenhagen 1751.

42,20 *Beaumelle]* Laurent Angliviel de La Beaumelle (1727-1773), franz. Schöngeist und Historiker, Parteigänger Montesquieus und Feind Voltaires, wechselte zwischen

1751 und 1753 unstet zwischen Kopenhagen und Berlin. Erwarb sich durch literarische und erotische Skandale einen zweifelhaften Ruf und saß in der zweiten Hälfte des Jahres 1753 zweimal in der Bastille ein.

42,30 *Deutsche Übersetzung]* Nicht nachgewiesen.
43,10 *gewiegt]* Unterrichtet.

⟨60. Stück, Sonnabend, den 18. Mai⟩ Jean Levesque de Burigny, *Historie der Staatsveränderungen des Kaisertums zu Constantinopel. Erster und zweiter Teil*, Hamburg 1754. – LM 5, S. 401 f.

Abgesehen von der Übersetzungs-Kritik am Schluß eine typische Vorwort-Rezension. Eine Zuschreibung an Lessing ist allerdings denkbar.

43,29 *Herr Burigny]* Vgl. Anm. 22,30.
44,4 *rückständige]* Noch ausstehende.

⟨61. Stück, Dienstag, den 21. Mai 1754⟩ G. E. Lessings *Schriften. Dritter und Vierter Teil*, Berlin ⟨1754⟩. – LM 5, S. 402 f.

Selbstanzeige Lessings. Wie schon im Fall des »Ersten und zweiten Teils« von 1753 (vgl. Bd. II dieser Ausgabe, S. 552) weitgehend auf den Inhalt ausgerichtet.

44,19 *eignen Worten]* Vgl. »Vorrede«, S. 153-157 dieses Bandes.
44,25 f. *Rettungen]* Vgl. S. 151-258 dieses Bandes.
44,32 *Inepti Religiosi]* Eines untauglichen Glaubensmannes.
44,36 *der junge Gelehrte]* Siehe Bd. I dieser Ausgabe, S. 139 ff.
44,36 *die Juden]* Siehe Bd. I dieser Ausgabe, S. 447 ff.
45,1 f. *Neuberischen Schauplatze]* Theater der berühmten Prinzipalin Friederike Karoline Neuberin (1697-1760) in

Leipzig. Die Neuberin brachte Lessings erste Komödie *Der junge Gelehrte* zur Aufführung.

*⟨62. Stück, Donnerstag, den 23. Mai 1754⟩ *Le Theatre de Monsieur de Marivaux* ⟨...⟩ *nouvelle Edition, en IV Tomes*, Amsterdam et Leipzig 1754. – LM 5, S. 403 f.

Hölzerne und unpersönliche Charakterisierung des berühmten Autors. Ansonsten Aufzählung der aufgenommenen Stücke nach ihrer Reihenfolge in den vier Bänden. Verfasserschaft Lessings fraglich.

45,6-8 *Le Theatre* ⟨...⟩ *1754]* »Das Theater des Herrn von Marivaux, Mitglieds der Französischen Akademie, neue Ausgabe in vier Bänden, Amsterdam und Leipzig bei Arkstée und Merkus 1754.«

45,11 f. *der Parisischen]* Pariser Ausgabe: *Œuvres de théatre* (Theatralische Werke), 1740 bei Prault père in fünf Bänden; der Roman *Le paysan parvenue* (Der emporgekommene Bauer) erschien 1748 beim gleichen Verlag in zwei Bänden.

45,16 f. *mit Haufen]* Zuhauf.

45,21 *la Bruyere]* Jean de La Bruyère (1645-1696), Advokat und Prinzenerzieher, verband in seinen *Les Caractères de Théophraste* (Die Charaktere des Theophrast), Paris 1688, die Übersetzung des antiken Autors mit eigenen sozialkritischen Portraits und Reflexionen, die ein lebendiges Bild der Pariser Gesellschaft seiner Zeit entwerfen.

45,23 *blühende Schreibart]* Die vom Rezensenten charakterisierte Schreibart war zeitgenössisch als ›Marivaudage‹ bekannt.

45,35 *deren Titel]* Von den aufgezählten Titeln hat Lessing in seinen Werken viele genannt, in der *Hamburgischen Dramaturgie* einige besprochen: *Die falschen Vertraulichkeiten* (18. Stück), *Der Bauer mit der Erbschaft* (28. Stück), *Der unvermutete Ausgang* (73. Stück). Vgl. Bd. VI dieser Ausgabe. – In seiner Studienzeit hatte Lessing eine Übersetzung des *Annibal* angefangen; vgl. Bd. I dieser Ausgabe, S. 625 ff.

46,1 *Übersetzung bei uns]* Johann Christian Krüger, *Sammlung einiger Lustspiele aus dem Französischen des Herrn von Marivaux übersetzt*, 2 Bde., Hannover 1747 und 1749.

*⟨64. Stück, Dienstag, den 28. Mai 1754⟩ Robert Clayton, *Tagereisen von Großcairo nach dem Berge Sinai und wieder zurück. Aus einer Handschrift des Präfektus der Franciskaner in Egipten übersezt*, Hannover 1754. – LM 5, S. 404 f.

Vorwort-Rezension. Nicht durchgehend wörtlich, aber durchgehend sinngemäß aus den Vorreden des Übersetzers und des Autors zusammengeschrieben. Vgl. Guthke, *Kartenhaus*, S. 53. Verfasserschaft Lessings umstritten.

46,28 *Pocok]* Richard Pococke's *Beschreibung des Morgenlandes und einiger anderer Länder*, 3 Teile, Erlangen 1754. Engl. Original: Richard Pococke, *A Description of the East and some other countries*, 2 vols., London 1743-45.

46,29 *Bischof Clayton]* Robert Clayton (1695-1758), irisch-anglik. Bischof. Originaltitel: *A Journey from Grand Cairo to Mount Sinai, and back again*, 1753. Gewidmet der ›Society of the Antiquaries‹, gegründet 1572, deren Mitglied Clayton seit 1752 war. Er erbot sich, 500 Pfund zu den Kosten einer Expedition beizusteuern, doch die Gesellschaft unternahm nichts.

46,35 *Charaktern]* Hier: Schrift, Schriftzeichen, Buchstabe, nach der altgriech. Bedeutung des Wortes als Einprägung, eingeprägtes Kennzeichen oder Schriftsymbol. In diesem Sinne bis heute im Engl. gebräuchlich; im Dt. mindestens bis ins 18. Jh. Vgl. Zedler, Bd. 5 (1733), Sp. 200.

46,36-47,1 *beschriebenen Berge]* S. 51 f.: »so bald wir von den Gebürgen Faran abgereiset waren, gingen wir verschiedene andere ⟨Hügel⟩ eine Stunde lang nach einander vorbei, die mit alten unbekannten Charaktern beschrieben, und in den harten Marmorfelsen so hoch eingegraben waren, daß es an einigen Orten 12 oder 14 Fuß von der Erde war; und obgleich wir in unserer Gesellschaft Männer hatten, welche die Arabische, Griechische, Hebreische, Syrische, Coptische, Lateinische, Armenische, Türkische, Englische, Illyrische, Deutsche, und Böhmische Sprachen verstunden, so war doch keiner, der einige Wissenschaft von diesen Charakteren hatte«.

⟨65. Stück, Donnerstag, den 30. Mai 1754⟩ William Hogarth, *Zergliederung der Schönheit, die schwankenden Begriffe von dem Geschmacke festzusetzen* ⟨...⟩. *Aus dem Englischen übersetzt von C. Mylius*, London 1754. – LM 5, S. 405 f.

Lessing hat die Übersetzung seines Freundes selbst angeregt und, da der Londoner Druck sehr teuer war, einen billigeren Nachdruck in Berlin veranlaßt, für den er einen »Vorbericht« verfaßte (vgl. S. 350 dieses Bandes). Die Rezension und die nachfolgenden Reklame-Anzeigen (76. und 97. Stück des Jahrgangs) stammen zweifellos aus seiner Feder.

47,33 *Herr Hogarth]* William Hogarth (1698-1764), engl. Zeichner, Maler, Kupferstecher und Buchillustrator, bekannt vor allem durch seine moralsatirischen Kupferstichzyklen. – Der Originaltitel seiner Abhandlung lautet: *The Analysis of Beauty. Written with a view of fixing the fluctuating Ideas of Taste*, London 1753.

48,4 *glücklichen Genies]* Naturbegabung, intuitive Kraft – im Gegensatz zum »zergliedernden« Vermögen des Verstandes.

48,25 *des Reizes]* Im *Laokoon* (Erster Teil, XXI) übernimmt Lessing den Begriff »Reiz«, um eine bestimmte Art dichterischer Schönheit zu bezeichnen. »Reiz« ist ihm bewegte, transitorische Schönheit, deren Darstellung der Dichtung angemessen sei, während sie der den Moment festhaltenden Malerei leicht zur Grimasse gerinne. Vgl. Bd. V/2 dieser Ausgabe, S. 155.

49,8 f. *zwei ⟨...⟩ Kupfertafeln]* Es handelt sich um »Der Statuenhof« und »Der Tanz«.

48,15 f. *verloren haben]* Der Übersetzer, Lessings Freund Christlob Mylius, war am 6./7. März in London gestorben.

⟨68. Stück, Donnerstag, den 6. Junius 1754⟩ Marquis d'Argens, *La Philosophie du bon-sens ou Reflexions philosophiques sur l'incertitude des connoissances humaines*, Dresden 1754. – LM 5, S. 407 f.

Die Rezension, ihrem Typus nach in der BPZ regelmäßig wiederkehrend, verbindet eine kritisch-generelle Beurteilung des Autors mit einem (hier vorsichtig »raisonnierten«) Inhaltsverzeichnis. Eine Verfasserschaft Lessings ist denkbar.

49,23-26 *La Philosophie* ⟨...⟩ *1754]* »Die Philosophie des gesunden Menschenverstandes oder philosophische Reflexionen über die Unsicherheit menschlicher Erkenntnis; zum Gebrauch des Kavaliers und des schönen Geschlechts; achte Ausgabe, korrigiert, ergänzt um zwei moralische Abhandlungen etc. durch den Herrn Marquis d'Argens. In zwei Bänden, Dresden 1754.«
49,28 *neue Ausgabe]* Erstausgabe: London (à la Haye) 1737.
49,29 *d'Argens]* Jean-Baptiste de Boyer, Marquis d'Argens (Deckname Demetrius), 1701-1771, Philosoph und literarischer Schöngeist, 1744 von Friedrich II. zum Direktor der Philosophischen Klasse der Berliner Akademie der Wissenschaften ernannt.
49,33 *kaum]* Vermutlich im Sinn von: bestenfalls.
49,34 *seinen alten Plan]* Die Opposition von Schulgelehrsamkeit und natürlicher Vernunft stellt einen fundamentalen Streitpunkt der frühen Neuzeit dar und reicht von Montaigne bis Kant. Bei d'Argens verbindet sich damit die Opposition von Standesbildung und reiner, »pedantischer« Gelehrsamkeit. Überraschend ist allenfalls (aber durchaus auf den Verfasser des *Jungen Gelehrten* verweisend), daß der

Rezensent das scheinbar paradoxe Argument von der Halbgelehrsamkeit der sog. Pedanten unkommentiert aufnimmt.

50,7 *gesunden Vernunft]* Der Begriff des »bon-sens«, der von vielen Autoren mit »sens commun« (»common sense«) oder »bon goût« (»taste«) gleichgesetzt, von anderen scharf davon abgegrenzt wird, kommt in Deutschland in der Regel als »gesunder Menschenverstand«, seltener als »gesunde Vernunft« oder als »Gemeinsinn« vor.

50,18 *verschreien]* Schmähen, verwerfen.

50,25 *Abts von Olivet]* Joseph Theodulier d'Olivet (1682-1768), franz. Philologe und Schriftsteller, Übersetzer des Cicero.

⟨71. Stück, Donnerstag, den 13. Junius 1754⟩ ⟨Samuel Johnson⟩, *Der Schwärmer, oder Herumstreifer. Erster und zweiter Band*, Stralsund und Leipzig 1754. – LM 5, S. 408 f.

Verfasserschaft Lessings wahrscheinlich, obwohl er der Gattung der ›Moralischen Wochenschriften‹ später nicht sonderlich wohlgesonnen war (vgl. seine Auseinandersetzung mit dem ›Nordischen Aufseher‹ in den *Briefen, die neueste Literatur betreffend*, 49.-51. und 104. Stück – Bd. IV dieser Ausgabe, S. 602 und 718). Das nicht unpassende, aber ein wenig hergeholt wirkende Horaz-Zitat könnte auf die intensive Beschäftigung mit dem Dichter anläßlich des gerade ausgefochtenen Lange-Streits zurückgehen.

50,34 *the Rambler]* Späte, aber berühmte ›Moralische Wochenschrift‹ in der Tradition des ›Tatler‹ und ›Spectator‹ von Steele und Addison. Sie erschien vom 20. 3. 1750 bis 17. 3. 1752 in 208 Stücken, also, abweichend von der Norm, zweimal pro Woche. Erscheinungsort: London. Herausgeber: Dr. Samuel Johnson (1709-1784), engl. satirischer Schriftsteller, Journalist, Philologe, Biograph (von James Boswell), Herausgeber Shakespeares und eines Wörterbuchs der engl. Sprache.

51,6 f. *Nullius ⟨...⟩ hospes]* Horaz, *Epistulae* (Briefe) I 1,14 f.: »keinem Meister verpflichtet, auf seine Worte zu schwören, treibe ich, wohin der Sturm mich trägt, nur als flüchtiger Gast« (nach Färber II, S. 135, übers. v. Wilhelm Schöne).
51,16 *Anputz]* Ausgestaltung.
51,27 *heuter]* Heiter.
51,35 *Michael Messe]* Herbst-Termin der Leipziger Buchmesse (29. September).

⟨72. Stück, Sonnabend, den 15. Junius 1854⟩ Antoine Banier, *Erläuterung der Götterlehre und Fabeln aus der Geschichte. Erster Band*, Leipzig 1754. – LM 5, S. 409 f.

Sog. Vorwort-Rezension. Der Text ist im wesentlichen aus der »Vorrede« des Übersetzers zusammengeschustert, »selbst die lobenden Hinweise ⟨auf den Übersetzer⟩ sind nicht unbedingt Meinung des Rezensenten, da Schlegel in der Vorrede sein Licht nicht unter den Scheffel stellt« (Guthke, *Kartenhaus*, S. 53). Trotzdem spricht alles dafür, daß die Rezension von Lessing selbst stammt, hat sie doch eine persönliche Vorgeschichte. Anfang 1753 erschien eine gedruckte Vorankündigung des Schlegelschen Übersetzungsprojekts, worauf Lessing am 23. 1. 1753 dem Schulpfortaer Professor brieflich mitteilte, daß er selbst seit anderthalb Jahren an einer Übersetzung desselben Werks arbeite und Teile davon schon bei seinem Verleger Voß in Satz gegeben habe (vgl. Bd. XI/1 dieser Ausgabe, S. 48 f.). Obwohl der Brief weidlich erpresserisch formuliert ist und auf die Entmutigung des Konkurrenten spekuliert, hat Lessing dessen Vorankündigung sieben Wochen später in der BPZ besprochen (Bd. II dieser Ausgabe, S. 491 f.). Von der eigenen Übersetzung ist danach nicht mehr die Rede. Zeugnisse von ihr sind nicht erhalten.

52,8 *Baniers]* Antoine Banier (1673-1741), franz. Altertumswissenschaftler, seit 1713 Mitglied der Akademie der Schönen Wissenschaften in Paris. Originaltitel: *La Mythologie et les Fables expliquées par l'histoire* (Die Mythologie und die Fabeln, historisch erklärt), 3 Bde., Paris 1738-40. Eine erste Fassung *Explication historique des fables* (Historische Erklärung der Fabeln) entstand 1711.

52,11 *Schlegeln]* Johann Adolf Schlegel (1721-1793), Theologe, Schriftsteller, Übersetzer; Vater von August Wilhelm und Friedrich Schlegel, Bruder von Johann Elias Schlegel, Mitredakteur der ›Bremischen Beiträge‹, Übersetzer von Batteux' *Les Beaux-Arts réduits à un même principe* (Einschränkung der schönen Künste auf einen einzigen Grundsatz), 1751.

52,17 *erstern]* Vermutlich Druckfehler für »ersten«.

53,7 f. *Allegaten]* Angeführte Schriftstellen, Zitate.

53,19 *den übrigen Bänden]* Bd. II erschien 1756, III 1764, IV 1765, V 1766 (Bd. III von J. M. Schroeckh korrigiert, Bd. IV und V von diesem übersetzt).

⟨74. Stück, Donnertag, den 20. Junius 1754⟩ Caspar Abel, *Stifts- Stadt- und Landchronik des jetzigen Fürstentums Halberstadt*, Bernburg 1754. – LM 5, S. 410 f.

Die Rezension ist teils wörtlich, teils sinngemäß der »Vorrede« des Autors verpflichtet (Guthke, *Kartenhaus*, S. 53: »mit Ausnahme des ersten Satzes«). Der wohlwollend-ironische Unterton deutet allerdings auf Lessing.

53,33 *Diplomaten]* Hier: Urkunden; von griech./lat. diploma, plur. diplomata (eigtl. »Zwiegefaltetes«).

53,36 *Prediger Abels]* Caspar Abel (1676-1763), Prediger, Historiker, Übersetzer. Verfaßte eine *Preußische und Brandenburgische Reichs- und Staatshistorie* (1710), eine *Preußische und Brandenburgische Staatsgeographie* (1711) und *Deutsche und Sächsische Altertümer* (1729-32). Übersetzer von Ovid und Boileau.

54,5 *Foliante]* Ausgabe in Folio-Format (einmal gefalteter Bogen; mit dem heutigen DIN-A 4-Format vergleichbar).

54,6 *Gensch]* Christian Gensch, Halberstädter Buchhändler und Verleger.

54,8 *Quartant]* Ausgabe im Quart-Format (zweimal gefalteter Bogen).

54,11 f. *Winnigstädts ⟨...⟩ Dressers]* Namen von Regionalhistorikern, alle in der »Vorrede« genannt.

54,15 f. *Meiboms ⟨...⟩ Menkens]* Namen von Reichs- und Universalhistorikern; aus der »Vorrede«.

54,23 f. *bürgerlichen Verfassungen]* Rechtsordnungen von Gemeinwesen.

54,24 f. *teurer Zeit]* Zeiten der Teuerung.

54,28 *Auszugs]* Inhaltsreferats.

54,32 *Stifter]* Mundartlich für: Stifte; die bischöflichen Territorien der beiden Städte.

⟨BPZ 75. Stück, Sonnabend, den 22. Junius 1754⟩ *Theophrasts Kennzeichen der Sitten; nebst des Herrn Johann de la Bruyere moralischen Abschilderungen der Sitten dieser Zeit.* ⟨...⟩ *Zwei Teile*, Regenspurg und Wien 1754. – LM 5, S. 412 f.

Der Stil der Rezension spricht für Lessing.

55,2 f. *Theophrasts ⟨...⟩ Zeit]* Der angegebene Titel ist unvollständig. Zu ergänzen nach *Bruyere:* »Mitglieds der französischen Akademie«. – Der franz. Originaltitel lautet: *Les Caractères de Theophraste, traduits du Grec, avec les Caractères ou les Moeurs de ce Siècle*, Paris 1688.

55,13 *Grundsprache]* Ursprüngliche Sprache, Originalsprache.

55,16 *Bruyere]* Vgl. Anm. 45,21.

55,20 *Gemälden]* Charakterskizzen.

55,24 *zwei Übersetzungen]* Die zweite: *Die Caractere Theophrasts und die La Bruyeres*, Nürnberg 1754.

55,31 *fünf Jahre]* Die Zeitangabe stammt aus der »Vorrede« des Übersetzers.

55,35 *Schlüssel]* Noch zu Lebzeiten des Autors wurden mehrere Versuche unternommen, seine Charakterskizzen auf zeitgenössische Personen zu beziehen. La Bruyère hat diese Entschlüsselungsversuche nicht gebilligt.

⟨BPZ 76. Stück, Dienstag, den 25. Junius 1754⟩ Hinweis auf den Nachdruck der Mylius'schen Hogarth-Übersetzung. – LM 5, S. 413 f.

Reklame-Anzeige Lessings, die die Rezension der Londoner Originalausgabe im 65. Stück dieses Jahrgangs teilweise wiederholt, teilweise ergänzt. Lessing hat die Neuausgabe revidiert (»kleine Verändrungen«) und mit einem Vorwort versehen. (Vgl. S. 350 dieses Bandes.)

56,9 *etwas gewisses]* Auf eine feste Grundlage.
56,14 *Grillen]* Launen, wunderliche Einfälle.
56,19 *Naturalist]* Naturforscher.
56,24 f. *Dingen ⟨...⟩ ankommt]* Belange der Kunst; Anspielung auf die Grundthese von Batteux' berühmter *Abhandlung von den schönen Künsten, zurückgeführt auf ein einziges Prinzip* (Paris 1746).
57,2 *In dieser Betrachtung]* In Anbetracht dessen.
57,6 *ohne einigen Nachschuß]* Ohne jede Nachzahlung.
57,16 *übersetzte Erklärung]* Vgl. Anm. 66,27.

⟨BPZ 79. Stück, Dienstag, den 2. Julius 1754⟩ ⟨François Augier de⟩ Marigny, *Geschichte der Araber unter der Regierung des Califen. Aus dem Französischen. Zweiter Teil*, Berlin und Potsdam 1754. – LM 5, S. 414 f.

Selbstrezension eines Buches, das Lessing etwa zur Hälfte selbst übersetzt hat. Vgl. Selbstanzeige und Selbstrezension des von Lessing in Gänze übersetzten »Ersten Teils« (s. Bd. II dieser Ausgabe, S. 487 und 506).

57,22 *Marigny]* Franz. Historiker (gest. 1762). Originaltitel: *Histoire des Arabes sous le Gouvernement des Califes*, 1750.

57,27 *Hegire]* Von arab. Higra »die Auswanderung« (auch: Hedschra). Flucht des Mohammed von Mekka nach Medina im Jahre 622; Beginn der islamischen Zeitrechnung.

58,10-17 *Es wird ⟨...⟩ greifen.]* Der Satz wird allenfalls verständlich, wenn man das Komma nach »leben« tilgt.

58,12 *Meßkünstlern]* Naturwissenschaftler, Mathematiker, Astronomen. Übersetzung des griech. Terminus »Geometer«.

58,13 *Weltweisen]* In der deutschen Frühaufklärung der gängige Begriff für »Philosoph«.

58,15 *Überlassung eines Philosophen]* Der gemeinte Vorfall findet sich im Buch auf S. 556-561. Der die Wissenschaften fördernde und selbst Mathematik betreibende 26. Kalif Mamon bittet sich vom griech. Kaiser Michael den Mathematiker Leo aus, einen aus Thessalonich nach Konstantinopel vertriebenen Bischof. Der Kaiser antwortet mit Ausflüchten, worauf der Kalif im Jahr 828 zu einem Feldzug gegen die Griechen aufbricht.

⟨BPZ 80. Stück, Donnertag, den 4. Julius 1754⟩ ⟨Anonymus,⟩
Der mit seiner Donna Charmante herumirrende Ritter Don Felix,
Frankfurt und Leipzig 1754. – LM 5, S. 415 f.

Angesichts der Tatsache, daß es sich offenbar um einen ziemlich unsäglichen Trivialroman handelt, nimmt sich der Rezensent die Freiheit, anstelle einer Besprechung eine rezeptionsästhetische Abhandlung en miniature einzurücken. Die Zuschreibung an Lessing scheint voll gerechtfertigt.

58,24 *bekannten Felsenburg]* »Insel Felsenburg« war der schnell eingebürgerte Name für Johann Gottfried Schnabels Erfolgsroman *Wunderliche Fata einiger Seefahrer, absonderlich Alberti Julii, eines gebornen Sachsen, entworfen von Eberhard Julio, dem Druck übergeben von Gisander*, Nordhausen 1731-43. Der Titel des rezensierten Romans erinnert an einen anderen Roman Schnabels: *Der im Irrgarten der Liebe herumtaumelnde Kavalier* (1738). Beide stehen in der sprichwörtlichen Erzähltradition der Geschichten vom »irrenden Ritter«.

58,28 *Werken des Witzes]* Hier: Werken der Einbildungskraft.

58,35 *gestohlnen Blümchen]* Geliehenen Motiven und Stilfiguren.

59,2 *Alphabete]* Vgl. Anm. 38,18.

⟨BPZ 80. Stück, Donnerstag, den 4. Julius 1754⟩ Nachricht von einem neuen Abdrucke der Hogarthschen Zergliederung der Schönheit. – LM 5, S. 416 f.

Fortsetzung und über große Passagen hin wörtliche Wiederholung der Reklame-Anzeige im 76. Stück des Jahrgangs (S. 56 f. dieses Bandes). Im 90. Stück (Sonnabend, den 27. Julius) ein drittes Mal wiederholt. Die Unterschrift des Verlegers, Chr.⟨istian⟩ Fr.⟨iedrich⟩ Voß, kann nicht darüber hinwegtäuschen, daß der Text nur von Lessing stammen kann.

59,17 *Tagebücher]* Hier wohl eher als Übersetzung des Begriffs »Journal« zu verstehen.

60,21 *Brauchbarkeit]* Hier im Sinn von Verfügbarkeit, Verbreitung.

60,33 *übersetzte Erklärung]* Eine Schrift von André Rouquet, vgl. Anm. 66,27.

61,2 *verlassen]* Zum Kauf überlassen, abgeben.

*⟨BPZ 83. Stück, Donnerstag, den 11. Julius 1754⟩ Joh.⟨ann⟩ Gottfr.⟨ied⟩ Ohnef.⟨alsch⟩ Richter, *Ichthyotheologie, oder Vernunft- und Schriftmäßiger Versuch die Menschen aus Betrachtung der Fische zur Bewunderung, Ehrfurcht und Liebe ihres Schöpfers zu führen.* Mit Kupfern, Leipzig 1754. – LM 5, S. 417 f.

Die Rezension gehört zu denen, die in der BPZ mit einem Sternchen (*) gezeichnet sind und von Consentius (S. 67 ff.) für Verlagsanzeigen gehalten werden. Deshalb von PO nicht aufgenommen. Tatsächlich ist der Tenor naiv lobend und gibt ansonsten nur ein kommentiertes Inhaltsverzeichnis. Lessings Verfasserschaft sehr fraglich.

61,11 *Ichthyotheologie*] Fischtheologie, von griech. ichthys »der Fisch«. Das Buch und sein Gegenstand sind ein spätes Beispiel der sog. physikotheologischen Literatur, die Mitte des 17. Jhs. in England ihren Anfang nahm (W. Charleton) und Mitte des 18. Jhs. langsam ausklang, ohne je ganz zu verschwinden. Die Physikotheologen versuchten, von der empirischen Wahrnehmung einer ordnungshaften und zweckmäßigen Natur auf Wirklichkeit und Wesen Gottes zu schließen. Bedeutendster deutscher Vertreter ist Barthold Hinrich Brockes mit seiner neunbändigen Gedichtsammlung *Irdisches Vergnügen in Gott* (1721-48).

61,15 f. *ein Mann ⟨. . .⟩ zu Rampitz*] Der Verfasser (gest. 1765) war protest. Landpfarrer.

⟨BPZ 85. Stück, Dienstag den 16. Julius 1754⟩ ⟨Johann Dieterich Leyding u. a. (Hg.),⟩ ›Hamburgische Beiträge zu den Werken des Witzes und der Sittenlehre. Zweiter Band, erstes Stück‹, Hamburg ⟨1754⟩. – LM 5, S. 418 f.

Fortsetzungsrezension (vgl. Bd. II dieser Ausgabe, S. 507 und 544, sowie S. 20 und 86 f. dieses Bandes). Kommentierte Inhaltshinweise. Verfasserschaft Lessings wahrscheinlich.

62,17 *Erweitrer]* Anspielung auf die Zeitschrift ›Neue Erweiterungen der Erkenntnis und des Vergnügens‹, die grundsätzlich keine Übersetzungen aufnahm. Vgl. die Rezension in Bd. II dieser Ausgabe, S. 503, wo Lessing sich über diesen Grundsatz lustig macht: »Und in der Tat, kann sich der, welcher nur ein wenig eifrig für die Ehre seiner Nation ist, wohl erniedrigen ein Übersetzer zu werden, wenn er selbst ein Original werden kann?«

62,19 *St. Mard]* Toussaint Rémond de Saint-Mard (1682-1757), franz. Schriftsteller, Verfasser von *Lettres philosophiques* (Philosophischen Briefen).

62,20 *Hr. Hume]* David Hume (1711-1776), engl. Philosoph. Seine einflußreichen *Essays, Moral and Political* (Moralische und politische Versuche) erschienen 1741.

62,21 *Youngischen Nächten]* Edward Young, *The Complaint, or Night Thoughts on Life, Death and Immortality* (Klage oder Nachtgedanken über Leben, Tod und Unsterblichkeit) in 9 Teilen erschienen 1742-45.

62,22 *sel. Herrn Oeder]* Georg Wilhelm Oeder (1721-1751), Pädagoge.

62,25 *Herrn Gray]* Thomas Gray (1716-1771), engl. Dichter. Berühmt durch seine *Elegy Written in a Country Church Yard* (Elegie, geschrieben auf einem ländlichen Friedhof), 1750.

⟨BPZ 85. Stück, Dienstag, den 16. Julius 1754⟩ ⟨Johann Joachim Ewald,⟩ *Gedanken mit einer Übersetzung der Hymne über die vier Jahrszeiten, aus dem Englischen des Thomsons*, Frankfurt und Leipzig 1754. – LM 5, S. 419 f.

Eigenwillige, gattungskritische Rezension, die auf Inhaltliches nur durch ein längeres Zitat verweist. Mit großer Sicherheit von Lessing.

62,29 *Gedanken]* Verfasser ist Johann Joachim Ewald (geb. 1727), ein Freund Winckelmanns, Friedrich Nicolais und Ewald Christian von Kleists. Offizier in Frankfurt a. d. O. Er bereiste England und Italien, trat zum Katholizismus über und ist vermutlich auf einer Nordafrika-Reise verschollen (nach 1762).

62,30 *Thomsons]* James Thomson (1700-1748), engl. Dichter. Sein berühmter Blankvers-Zyklus in vier Teilen *The Seasons* (Die Jahreszeiten) enstand 1726-28 (endgültige Fassung 1746). Die erste dt. Übersetzung stammt von Barthold Hinrich Brockes (1745).

63,2 *gemein]* Allgemein, populär, wohlbekannt.

63,18 *Wolff]* Der führende dt. Aufklärungsphilosoph Christian Wolff (1679-1754).

63,22 *Aerometrie]* Wissenschaft der Luftmessung. Wolff: *Der Anfangsgründe der mathematischen Wissenschaften anderer Teil, welche die Artillerie, Fortification, Mechanik, Hydrostatik, Aerometrie und Hydraulik in sich enthält* (1710).

63,26 *närrisch geworden]* Anspielung auf die theologischen Schriften des späten Newton, besonders: *Observations upon the Prophesies of Daniel and the Apocalypse of St. John* (Beobachtungen zu den Prophezeiungen Daniel und zur Apokalypse), 1733.

63,27 *nur einen Geschmack]* Nur ein Interesse.

⟨BPZ 90. Stück, Sonnabend, den 27. Julius 1754⟩ J.⟨ohann⟩ S.⟨amuel⟩ Patzke, *Freundschaftliche Briefe*, Frankfurt und Leipzig 1754. – LM 5, S. 420.

Schon wegen des Interesses am Thema: Freundschaft, »Zärtlichkeit«, Sprache des Herzens, dürfte Lessing als Verfasser feststehen.

64,1 *Patzke]* Johann Samuel Patzke (1727-1787), protestantischer Geistlicher, veröffentlichte 1752-54 drei Bände mit Liedern und Erzählungen. – Das hohe Lob Lessings für den heute Unbekannten scheint ernst gemeint, jedenfalls zu diesem Zeitpunkt. Eine spätere briefliche Äußerung an

Gleim klingt eher sarkastisch: »Wenn man Sie fragt, ob Ihnen Gresset, Piron, Marivaux, Bernis, du Boccage gefielen, so werfen Sie fein verächtlich den Kopf zurück, und tuen, statt aller Antwort, die Gegenfrage, ob man in Frankreich unsere Schönaichs, unsre Löwens, unsre Patzkens, unsere Unzerinnen auswendig wisse?« (Brief vom 21. 10. 1757, Bd. XI/1 dieser Ausgabe, S. 253.)

64,4 *Übersetzer des Terenz]* Terentius' Lustspiele mit den wichtigsten Anmerkungen der Frau Dacier und eigenen Anmerkungen, Halle 1753.

64,7 *schöner]* Schöngeistiger.

64,16 f. *Sprache ⟨...⟩ höret]* »Freundschaftliche«, »vertraute«, »zärtliche« Briefe zu schreiben, war in Deutschland spätestens seit Gellerts *Briefe⟨n⟩, nebst einer praktischen Abhandlung von dem guten Geschmacke in Briefen* (1751) Mode.

⟨BPZ 91. Stück, Dienstag, den 30. Julius 1754⟩ ⟨Anonymus,⟩
Mocquerien, aus dem Französischen übersetzt, Cölln 1754. – LM 5,
S. 420 f.

Verfasserschaft Lessings wahrscheinlich. Anonyma: wohl Adelgunde Concordie Salomon.

64,25 *Mocquerien]* Spöttereien.

64,26 f. *aufgewärmte Charaktere]* Charakterkritik in einer veralteten Manier.

64,32 *trivial]* Hier: vereinfacht, vergröbert, primitiv.

65,7 *englische Mißgeburt]* Wohl Übersetzung von Edward Ward, *The Modern World Disrobed, or Both Sexes Stripped of their Pretended Virtue* (Die entkleidete moderne Welt oder die beiden Geschlechter bar ihrer angemaßten Tugenden), 1708.

65,14 *verschmitzte]* Schlaue, verschlagene (Grimms DWb 25, Sp. 1126 f.).

65,21 *alamodische]* Von franz. à la mode »nach der Mode«; im 17. Jh. entstandenes Schlagwort für den dt. Hang, franz. Kleidung, Redeweise und Höflichkeit nachzuäffen.

65,22 *Mandel]* Stückzahl von fünfzehn.

⟨BPZ 93. Stück, Sonnabend, den 3. August 1754⟩ ⟨La Beaumelle,⟩ *Reponse au supplement du siecle de Louis XIV* (Antwort auf die Ergänzung zum Jahrhundert Ludwigs XIX.), Colmar 1754. – LM 5, S. 421 f.

Die Rezension setzt das überwiegend skeptische Urteil und den antifranz. Tenor der vier vorangegangenen La Beaumelle-Kritiken fort (vgl. Bd. II dieser Ausgabe, S. 462, 513 und 542, sowie S. 42 f. in diesem Bd.). An Lessings Autorschaft dürfte kein Zweifel bestehen.

65,27 *la Beaumelle*] Zur Person vgl. Anm. 42,20.
65,27 f. *Jahrhunderte Ludewigs*] Voltaire, *Le Siècle de Louis XIV* (Das Jahrhundert Ludwigs XIV.), Berlin 1751.
65,29 *Petitmaiters*] Stutzer (eigentlich: Kleinmeister).
65,31 *frankfurtische Ausgabe*] Beaumelle hatte nach seiner Flucht aus Berlin und Gotha offensichtlich aus Geldnot einen Raubdruck von Voltaires *Siècle* nach einer unautorisierten Fassung veranstaltet und ihn auch noch mit kritischen Anmerkungen und Korrekturen versehen. Voltaire verfaßte daraufhin ein *Supplément*, in dem er vor diesem Druck warnte. La Beaumelle reagierte darauf mit seiner »Antwort auf das Supplement«.

⟨BPZ 97. Stück, Dienstag, den 13. August 1754⟩ ⟨Neuerliche Reklame-Anzeige des Nachdrucks der Myliusschen Hogarth-Übersetzung⟩. – LM 5, S. 422.

Naheliegenderweise von Lessing.

66,21 *Kupfer*] Kupferstiche, Illustrationen.
66,27 *Briefen ⟨. . .⟩ Rouquets*] André Rouquet (1703-1759), franz. Emaillenmaler. Seine *Lettres de Monsieur *** à un de ses amis à Paris, pour lui expliquer les estampes de M. Hogarth* (Briefe des Herrn *** an einen seiner Freunde in Paris, um ihm die

Kupferstiche des Herrn Hogarth zu erklären) erschienen 1746 in London.

66,34 *Pränumeration]* Vorausbezahlung.

⟨BPZ 98. Stück, Donnerstag, den 15. August 1754⟩ ⟨Christoph Otto Freiherr von Schönaich,⟩ *Die ganze Ästhetik in einer Nuß, oder Neologisches Wörterbuch*, o. O. 1754. – LM 5, S. 422 ff.

Von Rainer Baasner wurde die Zuschreibung an Kästner erwogen (vgl. R. B., *Abraham Gotthelf Kästner*, Tübingen 1991, S. 612). Die Verfasserschaft Lessings dürfte allerdings sehr viel näher liegen. Die Rezension eröffnet eine Reihe weiterer Kampf-Rezensionen gegen Schönaich (S. 72 f., 84-86, 371 f. dieses Bandes).

67,2 *in einer Nuß]* Sprichwörtlich von lat. in nuce, auf den Kern bzw. den kleinsten Umfang gebracht.

67,2 *Neologisches Wörterbuch]* Nach dem Buch *Dictionnaire neologique* (1726) des Abbé Desfontaines. Die »Neologen« oder »Neologisten« des 18. Jahrhunderts vertraten das poetische und wissenschaftliche Recht auf Wort-Neubildungen, um der Sterilität der Konvention zu entgehen. Schönaich bezieht den Begriff allerdings auf die kühnen Metaphern und die grammatikalische Dunkelheit der in Mode gekommenen Dichtung der Erhabenheit.

67,5 *Accenten]* Adelung, *Grammatisch-kritisches Wörterbuch*, Bd. 1 (1793), S. 142 f.: »Bey einigen der neuern Dichter oft so viel, als die Stimme, Worte, Töne, wo es eine unnöthige Nachahmung des Franz.⟨ösischen⟩ ›Accent‹ ist, welches gleiche Bedeutung hat. Alsdann aber wird es nur im Plural gebraucht.«

67,5 *heil. Männer und Barden]* Die Vertreter der neuen erhabenen, heiligen oder seraphischen Dichtung, wie sie sich vor allem um Bodmer und Klopstock (s. u.) gruppierten.

67,8 *sehraffischen]* Anzüglicher Neologismus aus »seraphisch«. Die ›Seraphim‹ als höchster Engelschor verharren in ständiger begeisterter Anbetung Gottes. Mit »seraphisch« wurde vor allem der erhabene Stil Klopstocks bezeichnet.

67,14 *geschwornen Gottschedianer*] Christoph Otto Freiherr von Schönaich (1725-1809), zunächst Offizier, dann Dichter und Privatgelehrter. Lieblings- und Musterschüler Gottscheds, der sein Epos *Hermann oder das befreite Deutschland* (1752), für das er ihn zum Dichter krönen ließ, gegen Klopstocks *Messias* aufzubauen versuchte. Radikalster Mitkämpfer in Gottscheds endlosen Literaturstreitigkeiten. Bevorzugtes Spott-Objekt der Gottsched-Gegner.

67,15 f. *Scharteke*] Minderwertiges, veraltetes Buch, Schmöker.

67,16 f. *Neuesten* ⟨...⟩ *Gelehrsamkeit*] Gottscheds Zeitschrift ›Das Neueste aus der anmuthigen Gelehrsamkeit‹, erschienen 1751-62, in der ausschließlich er und seine Parteigänger publizierten.

67,18-68,8 *Endlich* ⟨...⟩ *bereichern*] Lessing läßt hier, in Analogie zum Verfahren Schönaichs, der in seiner Satire Vertreter der Gegenseite sprechen läßt, Gottsched selbst als fiktiven Rezensenten auftreten (vgl. »meine Sprachkunst«, womit nur Gottscheds *Grundlegung einer Deutschen Sprachkunst* von 1748 gemeint sein kann).

67,37 *Herrmann*] Schönaichs Versepos *Hermann oder das befreite Deutschland*. Der Druck von 1753 enthält eine Vorrede Gottscheds.

67,37-68,1 *Messias*] Klopstocks berühmtes Hexameter-Epos (1748-73).

68,1 *Hallers*] Albrecht von Haller (1708-1777), Schweizer Arzt, Naturforscher und Dichter. Von 1736-1753 Prof. in Göttingen. Hallers poetisches Frühwerk gilt als Beginn einer aufklärerisch-philosophischen Lyrik im dt. Sprachraum. Von nachhaltiger Wirkung war sein von Vergil und Lukrez beeinflußtes Lehrgedicht *Die Alpen* (im *Versuch Schweizerischer Gedichten*, 1732 u. ö.), in dem die Natur Anlaß zu kulturkritischen Reflexionen gibt. In seinen späteren Staatsromanen entwarf er Grundmodelle staatlicher Ordnung.

68,1 *Grimms Tragödien*] Friedrich Melchior Baron von Grimm (1723-1807), ab 1749 als Freund der ›Enzyklopädisten‹ und berühmter internationaler Korrespondent in Paris lebend, schrieb u. a. ein Trauerspiel *Banise*, das im vierten Teil von Gottscheds *Deutscher Schaubühne* (Leipzig 1743) erschien.

68,2 *Schlegels*] Johann Elias Schlegel (1719-1749), Dramatiker. Mitschüler Klopstocks in Schulpforta, danach Jura-Studium in Leipzig, wo er Mitarbeiter Gottscheds an dessen *Deutscher Schaubühne* wurde. Seit 1743 Gesandtschaftssekretär in Kopenhagen. Dort Abwendung von Gottsched und seinem regelmäßigen Theater und Hinwendung zu Shakespeare. Wichtigstes Stück: *Canut* (1746).

68,2 *Lichtwehrs Fabeln*] Magnus Gottfried Lichtwehr (auch: Lichtwer) (1719-1783), Studium in Leipzig und Wittenberg, juristische Laufbahn: *Vier Bücher äsopischer Fabeln* (1748). Auch er gehörte ursprünglich dem Gottsched-Kreis an.

68,2 *Gellerts*] Christian Fürchtegott Gellert (1715-1769), *Fabeln und Erzählungen* (1746-1748).

68,2 *Atalanta*] Gottscheds Schäferspiel *Atalanta, oder die erzwungene Sprödigkeit* erschien 1741 im dritten Teil seiner *Deutschen Schaubühne*.

68,3 *Rosts Schäfergedichte*] Johann Christoph Rost (1717-1765), *Schäfer-Erzählungen* (1742). Als Leipziger Student der Jurisprudenz zunächst Anhänger Gottscheds, dann aber sehr bald Gegner. Er verspottete seinen Lehrer in den Satiren *Das Vorspiel* (1743) und *Der Teufel an den Kunstrichter der Leipziger Schaubühne* (1753).

68,8 *angezognem*] Zitiertem, angeführtem.

⟨BPZ 100. Stück, Dienstag, den 20. August 1754⟩ ⟨Anonymus,⟩ *Grundriß einer Beschreibung des Kaisertums Marocco* ⟨...⟩ *in 21 vertrauten Briefen*, Frankfurt und Leipzig 1754. – LM 5, S. 424.

Die genüßliche Aufdeckung der journalistischen Freiheiten beim Zustandekommen des Buchs und die scharfe Zurückweisung des Mylius-Vergleichs lassen eine Zuschreibung an Lessing gerechtfertigt erscheinen.

68,17 *Wochenblatt in Hamburg]* Nicht ermittelt.
68,20 *Briefsteller]* Briefschreiber; Analogiebildung zu Schriftsteller. Die bevorzugte Verwendung des Wortes meint allerdings ein Lehrbuch des Briefeschreibens.
68,28 f. *sittliches]* Meint hier möglicherweise: die (Landes-)Sitten betreffend.
68,35 *Mylius]* Zum Vergleich mit Mylius und seiner Amerikareise vgl. S. 1113 f. dieses Bandes.

⟨BPZ 101. Stück, Donnerstag, den 22. August 1754⟩ ⟨Karl Friedrich Tröltsch,⟩ *Vermischte Aufsätze zum Nutzen und Vergnügen der menschlichen Gesellschaft von T...*, Frankfurt und Leipzig 1754. – LM 5, S. 424 f.

Die Rezension gibt ein Inhaltsverzeichnis und eine wohlwollende Beurteilung des Verfassers. Ähnlich klingen zwei frühere Tröltsch-Rezensionen (vgl. Bd. II dieser Ausgabe, S. 517 und 533). Lessing als Verfasser denkbar.

69,15 *Gutsinns]* Wohlmeinende Gesinnung. – Die Gepflogenheit, charaktertypische Namen zu geben, verweist auf den Geist der ›Moralischen Wochenschriften‹, die ihrerseits an die antike Komödie anknüpften.
69,18 *Der Verfasser]* Karl Friedrich Tröltsch (1729-1804), Jurist und Erzähler.

⟨BPZ 104. Stück, Donnerstag, den 29. August 1754⟩ ⟨Christian Nicolaus Naumann,⟩ *Der Vernünftler. Zweiter Band*, Berlin 1754. – LM 5, S. 425.

Fortsetzung der redaktionellen Anzeige dieser ›Moralischen Wochenschrift‹. Vgl. S. 20 f. dieses Bandes.

⟨BPZ 108. Stück, Sonnabend, den 7. September 1754⟩ ⟨Charles-François Tiphaigne de la Roche⟩ *Amilec ou la Graine d'Hommes qui sert à peupler les Planetes par l'A. d. P.*, Luneville ⟨1754⟩. – LM 5, S. 425 f.

Zuschreibung an Lessing vertretbar.

70,9 f. *Amilec* ⟨. . .⟩ *l'A. d. P.*] Amilec oder der Same des Menschen, der dazu dient, die Planeten zu bevölkern. – Die vom Rezensenten genannte Ausgabe wurde nicht ermittelt, dafür eine mit demselben Erscheinungsjahr, aber abweichendem Titel: *Amilec, ou la Graine d'Hommes. Par Monsieur Tiphaigne, Médicin de la Faculté de Caen.* M.DCC.LIV. Die Angabe »Dritte, beträchtlich vermehrte Auflage« in der vom Rezensenten benutzten Ausgabe läßt an ein Erfolgsbuch denken, die abweichenden Autoreninitialen sind allerdings verwirrend.

70,17 *Erzeugung*] Zeugung.
70,30 *gedehnt*] Ausführlich, ausgewalzt.
70,31 *ekel*] Widerwillen erregend.

*⟨BPZ 110. Stück, Donnerstag, den 12. September 1754⟩ ⟨Anonymus,⟩ *Begebenheiten des Mylord Kingston von ihm selbst beschrieben. Aus dem Englischen übersetzt*, Leipzig 1755 (!). – LM 5, S. 426 f.

Die Anzeige mit dem Ortshinweis »Leipzig« ist in der BPZ mit dem Sternchen versehen, das Consentius als Zeichen für redaktionsfremde Verlagsanzeigen versteht. Tatsächlich wird nur ein Inhaltsreferat in der Art eines Klappentextes gegeben. Auch stilistisch ist Lessing auszuschließen. Der Abdruck erfolgt hier zum Zweck einer Gegenprobe.

71,2-4 *Leipzig ⟨...⟩ 1755]* Falls das Erscheinungsjahr nicht vordatiert ist, müßte es sich um einen Druckfehler der Redaktion handeln. Die von uns ermittelte Ausgabe hat die Bezeichnung: »Zweyte Auflage. Leipzig ⟨...⟩ 1755.« – Der Übersetzer behauptet im übrigen in der »Vorrede«, das Buch habe den Beifall Gellerts (»des Verfassers der Geschichte einer schwedischen Gräfin«) gefunden.

⟨BPZ 111. Stück, Sonnabend, den 14. September 1754⟩ Pierre Surleau, *Nouvelle et parfaite Methode pour aprendre le François et l'Allemand sans secours d'un Maitre. Das ist neue und vollkommene Sprachkunst*, Frankfurt am Main 1754. – LM 5, S. 427.

Verfasserschaft Lessings wahrscheinlich.

72,12 *asiatische Banise]* Heinrich Anselm von Zigler und Kliphausen, *Die asiatische Banise oder das blutig- doch mutige Pegu*, Leipzig 1689. Heroisch-historischer Roman des Spätbarock.
72,12 *Begebenheiten der Seefahrer]* Vgl. Anm. 58,24.
72,13-16 *Aprés ⟨...⟩ livre]* »Danach können sie sich einen Abschnitt aus einem guten deutschen Autor vornehmen, wie aus *der asiatischen Banise*, oder aus den *Begebenheiten der Seefahrer* des Albertus Julius, oder aus irgendeinem anderen Buch.«
72,18 *schwülstig ⟨...⟩ kriechend]* Sowohl der schwülstige wie der kriechende Stil wird von der frühaufklärerischen Literaturtheorie abgelehnt. Die Kritik am »Schwulst« (von lat. tumor) des Spätbarock trug vor allem Gottsched vor, die am »kriechenden« oder »niederträchtigen« Stil wurde bei den »erhabenen« Dichtern Mode.
72,24 *gewässert]* Wortspiel mit dem Namen des Verfassers (Surleau: auf dem Wasser).

⟨BPZ 112. Stück, Dienstag, den 17. September 1754⟩ ⟨Anonymus,⟩ *Possen im Taschenformate*, Leipzig 1754. – LM 5, S. 428 f.

Die Anzeige mit der Ortsangabe »Leipzig« gibt Auskunft über Druck und Nachdruck der kleinen satirischen Schrift in Leipzig und in Berlin und zitiert in toto eine lobende Besprechung aus Halle. Die Taktik der Offenlegung eines anonymen Angriffs auf ihn selbst weist auf Lessing als Verfasser der Anzeige. – Von Consentius angezweifelt.

72,29 *drei Bogen in Duodez]* Normalerweise 72 Seiten.

72,30 *Possen im Taschenformate]* Sinngemäß: Scherze bzw. Unsinn im Kleinformat (d. i. Duodez). Neudruck der Schrift in: Otto Denike, *Lessing und die Possen 1754*, Heidelberg 1923.

72,31 *Verfasser]* Nicht sicher ermittelt; Lessings Formulierung läßt vermuten, daß er Schönaich dafür hielt. Denike (s. o.) kommt nach weitläufigen Recherchen zu dem Urteil, es müßte Johann Daniel Titius, der Herausgeber der ›Neuen Erweiterungen der Erkenntnis und des Vergnügens‹ (Leipzig 1753 ff.), gewesen sein.

73,16 *drei Alphabeten]* In diesem Fall: 1656 Seiten.

73,18 *Hallischen Zeitung]* Nicht ermittelt.

73,19 *Formular]* Abschätzig für: Text.

73,23 *Panegyrist]* (Griech.) Lobredner.

73,26 f. *ipse ⟨...⟩ Orestes]* Persius, *Satiren* III, v. 117 f.: »⟨was⟩ selbst der verwirrte Orest für das Werk eines Narren hält«.

73,28 *Satyre auf das Format]* Die *Possen* sind zweifellos eine Antwort auf Lessings scharfe kritische Gangart (aber nicht nur auf die seine) und machen sich dabei Langes Spott auf das Duodez-Format (also Taschenformat, Vademecum) der Lessingschen *Schriften* zu eigen (vgl. S. 146 dieses Bandes).

73,32 f. *Verleger dieser Blätter]* Christian Friedrich Voß, der auch die BPZ druckte.

⟨BPZ 114. Stück, Sonnabend, den 21. September 1754⟩ David Clement, *Bibliotheque curieuse et critique ou Catalogue raisonné de livres difficiles à trouver* ⟨...⟩ *Tome cinquieme*, Hannover 1754. – LM 5, S. 429.

Von Wagner und Muncker Lessing, von Consentius (›Vossische Zeitung‹, S. 61 f.) Kästner zugeschrieben. Tatsächlich scheint der Stil, wie auch schon in der Besprechung des »Vierten Bandes« (vgl. Bd. II dieser Ausgabe, S. 527), allzu spröde und holprig für Lessing. Andererseits hat Lessing in dieser Zeit das Clementsche Monumentalwerk offensichtlich häufig benutzt und vor allem in den *Jöcher*-Kritiken zitiert (vgl. Bd. II dieser Ausgabe, S. 433-457).

74,2 f. *Bibliotheque* ⟨...⟩ *cinquieme]* »Merkwürdige und kritische Bibliothek oder kommentierter Katalog schwer aufzufindender Bücher ⟨...⟩ Fünfter Band.«
74,8 *Herrn Clement]* David Clement (1701-1760), franz. Prediger in Braunschweig und Hannover. Das genannte Werk erschien 1750-60 und blieb unvollständig.
74,12 *Jordanus Brunus]* Giordano Bruno (1548-1600), Naturphilosoph und früher Kopernikaner, 1600 in Rom als Ketzer verbrannt. Die Publikationsgeschichte seiner Werke ist kompliziert.
74,16 *Bruker]* Johann Jakob Brucker (1696-1770), *Historia critica philosophiae a mundi incunabilis ad nostra usque aetatem deducta* (Kritische Geschichte der Philosophie, vom Anbeginn der Welt bis auf unser Zeitalter fortgeführt), 6 Bde., 1742-67. Lessing rezensierte 1751 in der BPZ Bruckers *Erste Anfangsgründe der philosophischen Geschichte* (vgl. Bd. II dieser Ausgabe, S. 123).

BPZ 115. Stück, Dienstag, den 24. September 1754⟩ Julius Bernhard von Rohr, *Physikalische Bibliothek*, Leipzig 1754. – LM 5, S. 429 f.

Eine »Nicht«-Rezension, die eine Eloge auf den Herausgeber und Kommentator des Werks, Abraham Gotthelf Kästner, mit einem Inhaltsverzeichnis kombiniert. Die Freundschaft zu Kästner und der Stich gegen den Polyhistorismus legen trotzdem eine Zuschreibung an Lessing nahe.

74,33 *von Rohr]* Gelehrter (1688-1742), bekannt vor allem durch seine Schriften zum Ceremonialwesen. Die erste Ausgabe der *Physikalischen Bibliothek* erschien 1724.
74,36 *Prof. Kästners]* Vgl. Anm. 16,33.
75,6 f. *Wissenschaft der Titel]* Kritische Anspielung auf den zu Ende gehenden sog. Polyhistorismus, dessen Verhältnis zum Wissen primär ein systematisch-bibliographisches war.
75,9 *weitren Umfange]* Kästner war u. a. auch als kritischer Journalist und Epigrammatiker bekannt.
75,18 *ersten Grundteilchen]* Atome.

⟨BPZ 117. Stück, Sonnabend, den 28. September 1754⟩ Gottlob Ölßner, *Philosophisch-moralische und medicinische Betrachtungen*, Breslau und Leipzig 1754. – LM 5, S. 430 f.

Lessing ist ziemlich sicher der Verfasser.

75,34 f. *Planchette oder ⟨...⟩ Blankscheite]* Franz. Brettchen, hier: die Stäbchen aus Fischbein oder Metall, die in das Mieder oder die »Schnürbrust« eingezogen wurden, um die Brust zu stützen. Aus Planchette dt. Lehnsbildung Blankscheit (Grimms DWb 2, Sp. 66).
76, 2 f. *Gottlieb Oelßner]* Im Titel: Gottlob. Arzt in Schlesien; nichts Näheres ermittelt.
76,7 *Medico]* Dativ von lat. medicus, Arzt.

76,15 *curieus]* Hier: geschmäcklerisch, prätentiös. Zum begrifflichen Umkreis der »galanten« Lebenslehre gehörig (ca. 1680-1730).
76,19 *Polo Arctico]* Nordpol (lat. Ablativ).
76,19 f. *Elevation]* Von lat. elevatio, Erhebung.
76,20 *Lustgranaten]* Metaphorisches Spiel mit der Doppelbedeutung des Wortes Granaten: Geschoß und roter Edelstein.
76,26 f. *Sinnschrift]* Epigramm.
76,30 *Stoppen]* Daniel Stoppe (1697-1747), Schulmann, Verfasser platter, moralisierender Reimereien: *Neue Fabeln und Moralische Gedichte, der deutschen Jugend zum erbaulichen Zeitvertreib aufgesetzt*, 1738-40. Vgl. auch Bd. I dieser Ausgabe, S. 688, dort: »Stoppisch«.

*⟨BPZ 119. Stück, Donnerstag, den 3. October 1754⟩ ⟨Eliza Haywood,⟩ *Die Geschichte des Fräuleins Elisabeth Thoughtleß, von dem Verfasser der Begebenheiten des Thomas Jones*, Leipzig 1754. – LM 5, S. 431 f.

Verfasserschaft Lessings fraglich.

77,3 *Begebenheiten des Thomas Jones]* The History of Tom Jones, a Foundling (Geschichte von Tom Jones, einem Findling), London 1749, Roman von Henry Fielding (1707-1754).
77,5 *Fieldings]* Die vom Übersetzer angedeutete und vom Rezensenten verifizierte Verfasserschaft Henry Fieldings ist falsch. Die wahre Autorin dieses engl. Erfolgsromans ist Eliza Haywood (1693-1756), die seit den rufschädigenden Angriffen Alexander Popes auf ihre Skandalchroniken (*Dunciad*, 1728) anonym publizierte. So auch diesen späten Roman, der eher in der Nachfolge Richardsons als Fieldings steht.
77,21 *französischen Übersetzer]* Nicht ermittelt. Möglicherweise wurde der Roman aus der franz. Version übersetzt (wie viele engl. Schriften im 18. Jh.).
77,23 *l'Etourdie]* Die Unbesonnene, der Wildfang.

⟨BPZ 120. Stück, Sonnabend, den 5. October 1754⟩ Christian Ernst Simonetti, *Gründliche Bemühungen des vernünftigen Menschen im Reiche der Wahrheit ⟨...⟩ Zweiter Teil*, Frankfurt an der Oder 1754. – LM 5, S. 432 f.

Sog. Vorwort-Rezension; Teile sind wörtlich aus der Widmungsvorrede des Autors übernommen. Die wenigen kritischen Zusätze schließen allerdings ausdrücklich und dem Tenor nach an die früheren Simonetti-Rezensionen in der BPZ an, die mit großer Sicherheit von Lessing selbst stammen (vgl. Bd. II dieser Ausgabe, S. 61 und 481).

77,33 f. *der berühmte Verfasser]* Simonetti (1700-1782), Prediger und Prof. der Theologie in Göttingen, später Frankfurt a. d. Oder; als Philosoph und Publizist der Schule Christian Wolffs verpflichtet. Der behauptete Ruhm des Autors ist zeitgenössisch wie historisch unbestätigt.
77,36 *ganze Philosophie]* Vgl. die Rezension des »Ersten Teils«: »daß er unter diesem Titel einen ganzen philosophischen Cursum schreiben wolle« (Bd. II dieser Ausgabe, S. 482).

⟨BPZ 121. Stück, Dienstag, den 8. October 1754⟩ ⟨Samuel Richardson,⟩ *Geschichte Herrn Carl Grandisons ⟨...⟩ Dritter Band*, Leipzig 1754. – LM 5, S. 433.

Vgl. die rühmende Rezension des ersten und zweiten Bandes (S. 40 f. dieses Bandes).

78,19 *Grandisons]* Der Buchtitel hat die Schreibung: *Grandison*.
78,28 *Büchern dieser Art]* Lessings Vorbehalte gegen die Gattung des Romans erhellen aus vielen seiner Kritiken.

⟨BPZ 122. Stück, Donnerstag, den 10. October 1754⟩ ⟨Friedrich Casimir Karl Freiherr von Creuz⟩ *Seneca. Ein Trauerspiel*, Frankfurt am Main 1754 (korrigierter Titel). — LM 5, S. 433 ff.

Lessings Verfasserschaft steht außer Zweifel.

79,6 f. *Originalstücke]* Die Forderung nach mehr »originaler« Produktion in der dt. Literatur setzt lange vor dem Sturm und Drang ein, wobei sich die Bedeutung von »Originalität« im langwierigen Ablösungsprozeß vom althumanistischen Imitatio-Begriff ständig wandelt. Bei Gottsched und später Lessing meint sie die (relative) Unabhängigkeit von Vorbildern hinsichtlich des poetischen Tons, der moralischen Auslegung des Themas und der kulturellen Wahrscheinlichkeitsnormen.

79,8 *Verfasser]* Creuz (auch: Creutz), vgl. Anm. 25,25 dieses Bandes. *Seneca* ist der einzige dramatische Versuch des ansonsten sehr fruchtbaren politischen Autors.

79,11 *zwei Jahr]* Die »Vorrede« des Autors enthält ein Bekenntnis zur Schnell- und »Nebenstunden«-Schreiberei. »Ich habe weder Zeit noch Gedult, meine geringen Aufsäze oft und aufmerksam zu übersehen, und was im Anfang verdorben ist, wird mit der Länge der Zeit nicht gut. ⟨. . .⟩ Wen ein Beruf, wie mich, in den Stand sezt, dem gemeinen Wesen in einem Tag nüzlichere Dienste zu leisten, als ein Dichter, der zwey traurige Jahre auf ein Trauerspiel verschwendet: der wird wahrhaftig mit Gleichgültigkeit anhören können, wenn man ihm unter den tragischen Dichtern keinen Rang eingestehen will.« Creuz war hoher hessischer Regierungsbeamter.

79,18 *mechanische Regeln]* Hier: formale, gattungsspezifische Rücksichten.

79,23 *Stöckchen]* Vignette (von: Druckstock).

79,33 *Monologe]* Die weibliche Form des Wortes ist im 18. Jh. verbreitet; bei Lessing durchgängig.

80,1-10 *Es ist 〈...〉 sieht]* Bekenntnis zum leibniz-wolffschen Vorsehungsglauben.

80,12 *prosaische Gedanken]* Prosaabhandlung im Anhang des Drucks: *Einige Gedanken von dem Trauerspiel.*

80,13 f. *das Sinnreiche]* Die gelehrte oder witzige Anspielung (im Sinne der barocken Dichtung).

〈BPZ 123. Stück, Sonnabend, den 12. October 1754〉 〈Anonymus,〉 *Kurze Sammlung unterschiedlicher dem Menschen dienlicher Wissenschaften und Kunststücke*, Frankfurt und Leipzig 1754. – LM 5, S. 435.

Der Stil der Rezension spricht für Lessing.

80,21 *curieuse]* Wißbegierige.
80,25 *zu verwahren]* Vor Witterungseinflüssen zu schützen.
80,25 f. *sympathetischen]* Geheimnisvoll wirkenden.
80,26 *Flor]* Sehr feines Gewebe, z. B. Trauerflor.
81,11 *Zeuge]* Stoffe, Textilien.

〈BPZ 124. Stück, Dienstag, den 15. October 1754〉 〈Matthias Andreas Alardus,〉 *Gedichte und Reden*, Hamburg 1754. – LM 5, S. 436 f.

Die kritische Strategie, das geistliche Amt des Autors mit seiner Prachtausgabe bzw. seinen frivolen und derben Sujets unkommentiert zu konfrontieren, könnte eine Zuschreibung an Lessing begründen.

81,19 *Alardus]* Matthias Andreas Alard von Canthier, Lebensdaten nicht ermittelt.
81,20 *Sr. Hochfürstl. Durchl.]* Seiner Hochfürstlichen Durchlaucht.
81,22 *derselben]* Gemeint ist: der Sammlung.

81,27-29 *Hochzeitcarmina 〈...〉 Sinngedichte]* Bevorzugte Gattungen der sog. Galanten Poesie (1680-1730), deren Autoren im übrigen häufig Juristen waren (wie vermutlich auch Alardus).

81,30 *Strohkranzrede]* Brautrede am zweiten Tag der Hochzeitsfeier, die den Verlust der Jungfernschaft scherzhaft feiern soll. Ansonsten wurde der Strohkranz als Schandzeichen für Hurerei verliehen (vgl. Grimms DWb 19, Sp. 1668 ff.).

81,34 *Matz]* Koseform von Matthäus. Früh schon Bezeichnung für einen törichten, derben, obszönen Menschen (analog zu Metze). vgl. Grimms DWb 12, Sp. 1768.

81,35 *Herrenhutern]* Nach dem Ort Herrnhut in Sachsen, einem von Zinzendorf gegründeten Zentrum des deutschen Pietismus (Brüdergemeine).

82,4 *Märten]* Volkstümliche Form von Martin, mit einem lebenslustigen Beiklang (»Sankt Märten loben«), weil St. Martin der Tag der Festschmäuse war. S. Grimms DWb 12, Sp. 1677.

82,10 *Xantippe]* Griech. Xanthippe, Ehefrau des Sokrates, Inbegriff der zänkischen Frau.

82,14 *Alcibiades]* Griech. Alkibiades, athen. Politiker und Feldherr der nachperikleischen Zeit. Bekannt für seine zahllosen Liebesaffairen. U. a. hatte er ein Verhältnis mit der Frau des spartanischen Königs Agis.

82,16 *ist verkehrt]* Richtig: »so verkehrt«. Insgesamt finden sich in den sechs zitierten Epigrammen neun (unbedeutende) Abweichungen vom Originaltext.

〈BPZ 125. Stück, Donnerstag, den 17. October 1754〉 Gotthold Ephraim Lessing, *Theatralische Bibliothek. Erstes Stück*, Berlin 1754. – LM 5, S. 437.

Selbstanzeige und Inhaltsverzeichnis des neuen Lessingschen Theater-Periodikums. Vgl. S. 259 dieses Bandes.

82,26 *Beiträge* ⟨...⟩ *Theaters*] Erste Theater-Zeitschrift Lessings, die er 1750 gemeinsam mit Christlob Mylius herausgab. Vgl. Bd. I dieser Ausgabe, S. 725 ff.

⟨BPZ 126. Stück, Sonnabend, den 19. October 1754⟩ ⟨Georg Ludwig Freiherr von Bar,⟩ *Reveries Poetiques sur des sujets differens, par l'Auteur des Epitres diverses*, Amsterdam 1754. – LM 5, S. 437 f.

Lessing, sonst eher überempfindlich in der Frage deutscher Frankreich-Orientierung, hat dem ausschließlich französisch schreibenden Autor aus Westfalen schon 1751 seine Hochachtung bekundet (vgl. Bd. II dieser Ausgabe, Anm. 91,30 und 181,13). An Lessings Verfasserschaft ist nicht zu zweifeln.

83,18 f. *Reveries* ⟨...⟩ *diverses*] »Poetische Träumereien über verschiedene Gegenstände, vom Verfasser der Vermischten Briefe.«

83,18 f. *Epitres diverses*] Vollständiger Titel: *Epîtres diverses sur des sujets différens* (Vermischte Briefe über unterschiedliche Gegenstände). Sie erschienen 1740-45. Lessing zitiert daraus in einer BPZ-Rezension vom 22. 6. 1751 (Bd. II dieser Ausgabe, S. 118).

83,21 *Herrn von Barr*] Richtig: von Bar (1702-1767), westf. Gelehrter und Dichter. Lessing hat ihn in den »Collectaneen« charakterisiert (vgl. Nr. 172, Bd. 10 dieser Ausgabe, S. 554).

83,24 *Billigkeit*] Unparteilichkeit, in Anerkennung der Verdienste.

83,27 f. *höhnische Beschuldigung*] Anspielung auf die lange und traumatisch nachwirkende Äußerung des franz. Jesuiten Père Dominique Bouhours (1628-1702) in seinen *Entretiens d'Ariste et d'Eugène* (Unterhaltungen zwischen Arist und Eugen), 1671, daß wahrer »Esprit« außerhalb Frankreichs nur zufällig zu finden sei, am seltensten bei den »Deutschen und Moskowitern«.

83,33 *Poetische Grillen*] Lessings Übersetzungsvorschlag wurde von dem späteren Übersetzer der *Rêveries Poètiques*, Christian Gottfried Lieberkühn (1756), übernommen. – Grillen: wunderliche Einfälle, Hirngespinste.

83,36 *zeigen*] Zeugen. Häufig bei Lessing.

84,2 *Sinnschrift*] Epigrammatisches Gedicht.

84,6-12 *Sur un edit ⟨...⟩ Maîtres?*] »Auf ein Edikt des preußischen Königs. Als Hymen mit Erstaunen das königliche Edikt erhielt, wonach die Zwietracht das eheliche Band trennt, sprach er zu seinen Oberpriestern: Alexander, als Soldat, durchschlug den Gordischen Knoten, und Friedrich, als Weiser, hat den meinen gelöst. Wer ist der größte dieser Meister?« – Das Gedicht spielt auf Friedrichs des Großen Ehescheidungsedikt vom 27. 9. 1751 an: »Gleichwie unsre höchste Intention ist, daß Eheleute, unter welchen inimicitiae capitales und notoriae ⟨schwere und öffentlich bekannte Zwietracht⟩ herrschen, und aus deren Ehen nichts wie Unheil und einen oder des andern Theils Verderben zu besorgen, die Scheidung, wenn sie solche suchen, nicht schwer gemacht, sondern wenn solche Feindschaft gehörig erwiesen wird, das Band der Ehe sofort unter ihnen, ohne vorher auf separationem a thoro et mensa ⟨auf Trennung von Bett und Tisch⟩ zu erkennen, gänzlich aufgehoben werden solle.«

84,7 *Hymen*] Griech.: Gott der Eheleute.

84,13-19 *Sur l'invention ⟨...⟩ Moine*] »Auf die Erfindung des Schießpulvers. Satan, so wird erzählt, schämte sich, das Schießpulver einzuführen, um sein Erbteil besser zu bevölkern; diesen verwünschten Dienst überließ er einem gemeinen Schwarzkünstler, einem finstern Geist, einem Dummkopf, einem Deutschen, einem Mönch.« – Anspielung auf den deutschen Mönch Berthold der Schwarze (bzw. Schwarz), der angeblich das Schießpulver erfunden hat. In der patriotischen Literatur gern als dt. Ruhmestat gepriesen.

⟨BPZ 128. Stück, Donnerstag, den 24. October 1754⟩ ⟨Anonymus,⟩ *Possen ⟨im Taschenformate⟩*, Verbesserte Auflage, Leipzig 1754. – LM 5, S. 438 ff.

Ankündigung einer Neuauflage der *Possen* in Leipzig und Fortsetzung der polemischen Kritik im 112. Stück dieses Jahrgangs. Vgl. S. 72 f. in diesem Bd. An Lessings Verfasserschaft ist nicht zu zweifeln.

84,24 *Maculatur]* Fehlerhafte oder schadhaft gewordene Bogen beim Drucken; Abfall.
84,26 *so wohlfeil]* Die Vossische Buchhandlung hatte die *Possen* nachgedruckt und gratis verteilt.
84,32 *dritte Auflage]* Sofern man den nicht autorisierten Nachdruck mitzählt.
85,7 *Stöckchen]* S. Anm. 79,23.
85,32 *umgedruckten]* Neu und anders gedruckt.
86,1 *subscribieren]* Vorbestellen.
86,8 *berühmter Name]* Nochmaliger verdeckter Hinweis auf Schönaich. Vgl. Anm. 67,14.

⟨BPZ 129. Stück, Sonnabend, den 26. October⟩ ⟨Johann Dieterich Leyding u. a. (Hg),⟩ ›Hamburgische Beiträge zu den Werken des Witzes und der Sittenlehre. Zweiter Band, zweites Stück‹, Hamburg 1754. – LM 5, S. 440.

Fünfte Fortsetzungsrezension der Zeitschrift (vgl. Bd. II dieser Ausgabe, S. 507 und 545; S. 20 und 62 in diesem Bd). Der Aufbau ist von Anfang an gleichbleibend: Lob der Zeitschrift, kritische Anmerkungen zu den auffälligen Beiträgen, am Schluß ein Gedichtbeispiel. Zuschreibung an Lessing scheint erlaubt.

86,16 *witzigen als lehrreichen]* Schöngeistigen wie gelehrten.
86,18 f. *St. Mard]* Toussaint Rémond de Saint-Mard

(1682-1757), franz. Schriftsteller. Titel des Romans bzw. der Erzählung nicht nachgewiesen.

⟨BPZ 129. Stück, Sonnabend, den 26. October 1754⟩ ⟨Abraham Gotthelf Kästner (Hg.),⟩ *Physikalische Belustigungen. Drei und zwanzigstes Stück*, Berlin ⟨1754⟩. – LM 5, S. 441.

Fortsetzungs- und Inhaltsverzeichnisrezension. Vgl. Bd. II dieser Ausgabe, S. 16; S. 16 f. in diesem Bd.

87,8 *fortgesetzt]* Durch den neuen Herausgeber Kästner (nach Mylius' Tod).
87,15 f. *Ea ⟨...⟩ vivunt]* »Das Lob ist um so wahrer, das von denen gespendet wird, die selbst in löblichem Ansehen stehen.«
87,18 *rote Ruhr]* Auch: blutige Ruhr. Schwere Darmerkrankung.
87,23 *Dr. G. V.]* Nicht ermittelt. Möglicherweise Dr. Georg Venzky, Pädagoge in Gommern.
87,24 *P. Labat]* Père Jean-Baptiste Labat (1663-1738), franz. Missionar: *Voyage aux isles francaises de l'Amerique* (Reise zu den französischen Inseln von Amerika), 1724.

*⟨BPZ 131. Stück, Donnerstag, den 31. October 1754⟩ ⟨Anonymus,⟩ *Das Chantillysche Mägdchen oder die Geschichte eines Parisischen Frauenzimmers ⟨...⟩ aus dem Französischen übersetzt*, Breslau und Leipzig 1755. – LM 5, S. 441 f.

Verfasserschaft Lessings eher fraglich.

87,34 *1 Alphb.]* Ein Alphabet = 23 Bogen à 16 Seiten.
88,10 *ihres Anbeters]* Vermutlich Satzfehler für: ihrer Anbeter.
88,12 *Briefsteller]* Hier: Briefschreiber.
88,26 *darf]* Braucht.

⟨BPZ 133. Stück, Dienstag, den 5. November 1754⟩ ⟨Tobias George Smollett,⟩ *Begebenheiten des Roderich Random. Aus der dritten Englischen Ausgabe übersetzt. Erster Teil*, Hamburg 1755. – LM 5, S. 442 f.

Verfasserschaft Lessings wahrscheinlich. Vgl. die Rezension des »Zweiten Teils« (S. 389 f. dieses Bandes).

88,35 *Begebenheiten]* The Adventures of Roderick Random, London 1748.

89,3 *Ihr Verfasser]* Tobias Smollett (1721-1771) begründete mit Fielding und Sterne den so einflußreichen humoristischen Roman des 18. Jhs. in England.

89,6 *le Sage]* Alain-René Lesage (1668-1747): *Histoire de Gil Blas de Santillane* (Geschichte des Gil Blas von Santillane), 4 Teile, Paris 1715, 1724 und 1735. – Smollett bekennt in der »Vorrede des Verfassers«, daß er sich an diesem Roman zwar orientiert, ihn aber auch an den Geschmack seiner Zeit und seines Landes angepaßt habe.

89,20 *Die Übersetzung]* Von Johann Georg Büsch (1728-1800), Kameralist und Mathematiker in Hamburg, Verfasser einer Reimarus-Biographie. – Die Rezension unterschlägt, daß der Übersetzer seinerseits die moralischen Bedenklichkeiten der engl. Vorlage gemildert hat. Vgl. »Vorrede des Übersetzers«, dort auch die Hinweise auf die engl. Auflagen des Buchs und auf die Unterschiede engl. und dt. Moralvorstellungen.

⟨BPZ 134. Stück, Donnerstag, den 7. November 1754⟩ John Leland, *Abriß der vornehmsten Deistischen Schriften, die in dem vorigen und gegenwärtigen Jahrhunderte in England bekannt geworden sind* ⟨...⟩ *übersetzt von H. G. Schmid*, Hannover 1755. – LM 5, S. 443 f.

Das relativ ausführliche und kritisch pointierte Inhaltsreferat verrät ein starkes persönliches Interesse des Rezensenten, der hier einer maßgeblichen Quelle für die Problemgeschichte von Deismus und »natürlicher Religion« begegnet. An der Verfasserschaft Lessings ist kaum zu zweifeln.

89,24 *John Leland]* Presbyterianischer Geistlicher (1691-1766), gemäßigter Kritiker des Deismus. Originaltitel: *A view of the principal deistical writers that have appeared in England in the past and present century*, 1754.

89,33 *Streitigkeiten]* Der radikal antikirchliche Deismus des Juristen Matthew Tindal (1654-1733) wurde von der engl. Hochkirche von Beginn an heftig attackiert. 1706 ließ das Unterhaus seine Schrift *The Rights of the Christian Church* (Die Rechte der christlichen Kirche) verbrennen. Seine Abhandlung *Christianity as old as the Creation, or the Gospel a Republication of the Religion of Nature* (Das Christentum so alt wie die Schöpfung, oder: das Evangelium als erneuertes Zeugnis der natürlichen Religion), 1730, galt als die »Bibel des Deismus«. – Ähnliche Anfeindungen erfuhr Thomas Morgan (1680-1743), zunächst Prediger, dann Arzt, dessen Hauptwerk *The moral Philosopher, in a dialogue between Philalethes, a Christian Deist, and Theophanes, a Christian Jew* (Der moralische Philosoph, in einem Dialog zwischen Philalethes, einem christlichen Deisten, und Theophanes, einem christlichen Juden) zwischen 1737 und 1741 erschien (der vierte und letzte Teil unter dem Titel *Physico Theology*).

90,1 *Deisten]* Vertreter einer frühaufklärerischen Schöpfungs- und Naturreligiosität, die Gott als den Urgrund der Welt anerkennt, aber sein Eingreifen in den Weltlauf, sei es durch Wunder oder einen vermittelnden Erlöser, leugnet. Eng verwandt mit ihr ist die sog. Physikotheologie und die Idee der ›natürlichen Religion‹.

90,3 *nach der Ordnung der Zeit]* Chronologisch.

90,6 *Herbert von Cherbury]* Edward Lord Herbert of Cerbury (1581-1648), engl. Politiker und Religionsphilosoph, der die christliche Offenbarung der Prüfung durch die Vernunft unterworfen wissen wollte. Begründer des engl. Deismus. Hauptwerk: *De veritate, prout distinguitur a revelatione* (Von der Wahrheit und ihrer Unterscheidung von der Offenbarung), 1624.

90,14 *Hobbes]* Thomas Hobbes (1588-1679), engl. Rechts- und Staatsdenker.

90,17 *Eingebung]* Inspiration, Offenbarung.

90,17 *des Kanons]* Der kanonischen, d. h. von der Kirche anerkannten biblischen Bücher.

90,19-91,13 *Carl Blount ⟨...⟩ Bolingbrockes]* Der folgende Abschnitt benennt die wichtigsten engl. Deisten: Charles Blount (1654-1747), der in seiner 1698 verbotenen Philostrat-Übersetzung Jesus mit dem antiken Wundertäter und Betrüger Appolonius von Tyana verglichen hatte; John Toland (1670-1722), rationalistischer Bibelkritiker mit spinozistischem Einschlag, *Amyntor*, 1699; Anthony Ashley Cooper, Third Earl of Shaftesbury (1671-1713), *Characteristics of Men, Manners, Opinions, Times* (Schilderungen von Menschen, Sitten, Meinungen, Zeiten), 1711, Vertreter einer moralischen Naturveranlagung des Menschen, unabhängig vom religiösen Bekenntnis; Anthony Collins (1657-1729), nach dessen *Discourse of freethinking, occasioned by the rise and growth of a sect called freethinkers* (Abhandlung vom freien Denken, veranlaßt durch Auftreten und Wachstum einer Sekte namens Freidenker, 1713) die Deisten auch Freidenker genannt wurden; Thomas Woolston (1670-1733), der für seine *Discourses on the Miracles of Our Saviour* (Abhandlungen über die Wundertaten unseres Erlösers, 1727-29) vor Gericht kam und im Gefängnis starb; Thomas Chubb (1690-1747), von Beruf Handschuhmacher und Kerzenzieher, schrieb *The true Gospel of Jesus Christ* (Das wahre Evangelium von Jesus Christus); Henry Saint John Viscount Bolingbroke (1678-1751), der die niederen Volksschichten auf die Religion, die oberen auf das Vorrecht freien Denkens verpflichtete: *Letters on the Study and Use of History* (Briefe über das Studium und den Gebrauch der Historie), 1735.

90,21 f. *Spinoziste]* Anhänger des cartesianisch geprägten Baruch (Benedictus) de Spinoza (1631-1677), der Gotteserkenntnis als Naturerkenntnis definierte (deus sive natura). Hauptwerk: *Ethica*, 1677.

90,22 *Anfälle]* Angriffe.

91,3 *überzeigen]* Überzeugen.

91,19 *Übersetzung]* Der Übersetzer, Heinrich Gottlieb Schmid, war Konrektor der Altstädter Schule in Hannover.

⟨BPZ 135. Stück, Sonnabend, den 9. November 1754⟩ ⟨Anonymus,⟩ *Ragout à la Mode oder des Neologischen Wörterbuchs erste Zugabe von mir selbst*, o. O. 1755. – LM 5, S. 445 f.

Neuerliche Kampf-Rezension gegen den Gottschedianer Schönaich und gegen Gottsched selbst. Rainer Baasner nennt in einem Werkverzeichnis Kästner als Rezensenten (vgl. R. B., *Abraham Gotthelf Kästner*, Tübingen 1991, S. 612). Die Zuschreibung an Lessing scheint allerdings zwingender. – Als Verfasser der rezensierten Schrift wurden Georg Friedrich Meier und B. J. Zink vermutet.

91,27 f. *Neologische Wörterbuch]* Schönaichs *Die ganze Ästhetik in einer Nuß oder Neologisches Wörterbuch* (1754), von Lessing rezensiert (S. 67 f. dieses Bandes).

92,4 *katechetische Methode]* Von griech.-lat. Katechese »Entgegentönen«; religiöse Unterweisung in Frage und Antwort. Die anonyme Schrift ist als Examensgespräch in einer Klippschule aufgezogen.

92,7 *Pasquillant]* Verfasser einer Schmähschrift.

92,9 *Neologischen Schriftsteller]* Schriftsteller, die zu sprachlichen Neubildungen neigen. Vgl. Anm. 67,2.

92,11 *aus kriechender Armut]* Hier als Stilkriterium gemeint: aus Unfähigkeit, sich über eine niedrige Redeweise zu erheben. »Kriechend« ist zugleich eine Anspielung auf die im Auftrag Gottscheds von Johann Joachim Schwabe übersetzte Satire des Alexander Pope: *Anti-Longin, Oder die Kunst, in der Poesie zu kriechen*, Leipzig 1734 (vgl. Bd. I dieser Ausgabe, Anm. 704,27).

92,15 *Sinnschrift]* Epigramm, geistreiches Kurzgedicht.

92,16 *Träumer eines gewissen Traumes]* In einem Brief an

Gottsched vom 22. 10. 1754 berichtet Schönaich, er habe in einem »Traum« Lessing Wahrheiten gesagt, die ihm noch nicht gesagt worden seien, er habe den Bericht davon an Lessing selbst geschickt und ihn um ein Recipisse in seiner Zeitung gebeten.

92,17 *Recepisse]* Empfangsbestätigung, Aufnahme.

92,19-22 *Kurzsichtiger* ⟨...⟩ *Ewigkeit]* Aus Albrecht von Hallers Antwortgedicht (1738) auf Bodmers poetische Entgegnung (1738) auf seine *Elegie über das Absterben der Marianne* (1736).

92,21 *Raupenstand]* Gemeint ist wohl der irdisch-träge Zustand der Raupe im Kontrast zur ätherisch-lebensvollen Existenz des Schmetterlings (Symbol der Seele).

⟨BPZ 137. Stück, Donnerstag, den 14. November 1754⟩
⟨Francis Gastrel,⟩ *Richtige Vorstellung der Deistischen Grundsätze* ⟨...⟩ *Aus dem Englischen übersetzt,* Leipzig 1755. – LM 5, S. 446 f.

Weitere Rezension zum aktuellen Deismus-Streit. Interesse und Kompetenz des Rezensenten lassen an der Verfasserschaft Lessings kaum Zweifel zu.

93,6 *Richtige Vorstellung* ⟨...⟩*]* Originaltitel: *The Principles of Deism Truly Represented,* 1708.

93,12 *Verfasser]* Francis Gastrel (gest. 1725), Bischof von Chester.

93,13 *Tolandischen Schriften]* Vgl. Anm. 90,19-91,13.

93,21 *Deismus]* Vgl. Anm. 90,1.

93,29 *Herbert]* Vgl. Anm. 90,19-91,13.

93,33 *dieser]* Vermutlich Setzfehler für: diesen

93,35 *Freidenkerei]* Vgl. Anm. 90,19-91,13 (Collins).

94,6 *Verfassers der Bestimmung des Menschen]* Johann Joachim Spalding (1714-1804), neologischer Geistlicher und Aufklärer in Berlin: *Betrachtung über die Bestimmung des Menschen,* 1748.

⟨BPZ 138. Stück, Sonnabend, den 16. November 1754⟩ Michael Richey, *Idioticon Hamburgense*, Hamburg 1755. – LM 5, S. 447 f.

Verfasserschaft Lessings dürfte gesichert sein. Möglicherweise Keimzelle seiner eigenen Wörterbucharbeit in der Wolfenbütteler Zeit.

94,15 f. *vor eilf Jahren]* *Idioticon Hamburgense sive Glossarium vocum Saxonicarum quae populari nostro dialecto, Hamburgi maxime, frequentatur* (Hamburgisches Wörterbuch oder Verzeichnis der sächsischen Wörter, die in unserer Mundart verbreitet sind), Hamburg 1743.
94,20 *etymologisches]* Die Lehre von der ›wahren‹ und ursprünglichen Bedeutung der Wörter betreffend.
94,25 *Prof. Richeys]* Michael Richey (1678-1761), Prof. für Geschichte und Griechisch in Hamburg, Dichter.
94,30 *Herrn Gramms]* Johannes Gram bzw. Joannes Grammius (1685-1748), dän. Philologe und Hofhistoriograph. Nach Auskunft des Vorworts ein weltberühmter »Polyhistor«.
94,31 *Matthesons]* Johann Mattheson (1681-1764), Komponist, Jurist, Philologe in Hamburg. Herausgeber der ersten dt. Musikzeitschrift ›Critica Musica‹ (Kritische Musik), 1722-25. Gelegenheitsarbeiten zur Hamburger Mundart.
95,2 *Ziegler]* Heinrich Friedrich Ziegler (1697-1778), Prediger in Heide (Dithmarschen).
95,3 *de Schueren]* Gert van der Schueren, Kanzler in Kleve und Verfasser eines Wörterbuchs *Theutonista*, 1477.
95,5 *Idioticon Clivense]* Klevisches Wörterbuch.
95,6 f. *de Balbis]* Giovanni Balbi (gest. 1298), genues. Philologe, Verfasser eines 1460 gedruckten Wörterbuchs *Catholicon* (Allgemeines Wörterbuch).
95,9 *Fromm]* Joachim Fromme (1640-1690), Pastor in Brandenburg, Verfasser einer *Nomenclatura rerum, quae Brandenburgi sunt, visibilium et memorabilium* (Sachwörterbuch zur Gegenwart und Geschichte Brandenburgs), 1679.

95,14 *D. Venzky]* Dr. Georg Venzky (1704-1757), brandenburg. Pädagoge (vgl. Anm. 87,23).

⟨BPZ 139. Stück, Dienstag, den 19. November 1754⟩ Eléazar Mauvillon, *Cours complet de la Langue francoise ⟨. . .⟩ Tome premier et second*, Dresden 1754. – LM 5, S. 448 f.

Die Anmerkungen des Rezensenten zum Wort »Buhlerin« kehren in Lessings ›Vorarbeiten zu einem deutschen Wörterbuch‹ wieder. Die Zuschreibung scheint zwingend.

95,17 f. *Cours ⟨. . .⟩ étrangere]* »Vollständiger Lehrgang der franz. Sprache, in Übungsabschnitte unterteilt, für Personen, denen Französisch eine Fremdsprache ist«.

95,18 *Mauvillon]* Französischlehrer und Schriftsteller in Leipzig und Braunschweig (1712-1779); Verfasser einer umstrittenen Deutschland-Kritik: *Lettres françaises et germaniques* (Französische und deutsche Briefe), 1740. Vgl. Bd. II dieser Ausgabe, S. 1109.

95,25 *Remarques sur les Germanismes]* Bemerkungen über die Germanismen.

96,1 *Grammairen]* Grammatiken, Sprachlehren.

96,9 *Straubens]* Gottlob Benjamin Straube, Übersetzer der *Briefe der Marquisin von M**** von Crebillon (dem Jüngeren), 1742.

96,11 *Steinwehrsche Übersetzung]* Wolf Balthasar Adolf von Steinwehr (1704-1771), Prof. der Geschichte in Frankfurt a. d. Oder, Mitglied der Akademie der Wissenschaften zu Berlin (seit 1738).

96,12 f. *Übersetzung des Montagne]* Montaigne-Übersetzung von Johann Daniel Titius, Berlin 1753. Vgl. Lessings Rezension in Bd. II dieser Ausgabe, S. 501 und 1091 f.

96,22 f. *envoyé oder deputé]* Abgesandt oder abgeordnet.

⟨BPZ 145. Stück, Dienstag, den 3. December 1754⟩ ⟨François Augier de⟩ Marigny, *Geschichte der Araber unter der Regierung der Califen* ⟨...⟩ *Dritter und letzter Teil*, Berlin und Potsdam 1754. – LM 5, S. 450 f.

Lessing übersetzte den ersten und Teile des zweiten Bandes. Vgl. Bd. II dieser Ausgabe, S. 487 (Ankündigung), S. 579 (Vorrede Lessings) und S. 506 f. (Rezension des ersten Bandes), sowie S. 57 f. (Rezension des zweiten Bandes) in diesem Band.

97,15 *alten Geschichte des Rollins]* Charles Rollin, *Histoire Romaine* (Römische Geschichte), 1738-48. Von Lessing übersetzt. Vgl. S. 653-669 und S. 1283-1289 in Bd. I dieser Ausgabe.
97,19 *Doctor Baumgarten]* Vgl. Bd. II dieser Ausgabe, S. 581 ff.
97,30 *Hegire]* Vgl. Anm. 57,27 dieses Bandes.

⟨BPZ 147. Stück, Sonnabend, den 7. December 1754⟩ ⟨Abraham Gotthelf Kästner (Hg.),⟩ *Physikalische Belustigungen. Vier und zwanzigstes Stück*, Berlin 1754. – LM 5, S. 451.

Fortsetzungsrezension. Vgl. S. 16 f. und 87 dieses Bandes.

98,8 *Mylius]* Zu Christlob Mylius vgl. S. 330 ff. und S. 1111 ff. dieses Bandes.
98,8 *Tierpflanze]* Es handelt sich um eine Seepflanze.
98,13 *Schmersahls]* Elias Friedrich Schmersahl (1719-1774), protestantischer Theologe.
98,15 *Lessers]* Friedrich Christian Lesser (1692-1754), Pastor und Naturforscher, Verfasser mehrerer physikotheologischer Schriften, u. a. einer *Testaceo-Theologica, oder Gründlicher Beweis des Daseyns und der vollkommensten Eigenschaften eines göttlichen Wesens, aus natürlicher und geistlicher Betrachtung der Schnek-*

ken und Muscheln, Leipzig 1744. Mitglied der Akademie der Wissenschaften zu Berlin (seit 1744).

98,17 *Conchylien]* (Griech./lat.) Schaltiere (Austern, Muscheln, Schnecken).

98,19 *des Tournefort Reisen]* Joseph Pitton de Tournefort (1656-1708) bereiste von 1700 bis 1702 die Levante. Die »Nachricht« entspricht dem 8. Brief seiner *Relation d'un Voyage du Levant* (Bericht von einer Reise durch die Levante), 2 Bde., Paris 1717.

98,19 *Schulzens]* Nicht ermittelt.

98,21 *Vosmaer]* Arnaut Vosmaer (gest. 1799), niederl. Gelehrter.

*⟨BPZ 148. Stück, Dienstag, den 10. December 1754⟩ *Der Königl.⟨ichen⟩ Akademie der Wissenschaften in Paris Anatomische, Chymische und Botanische Abhandlungen; Sechster Teil*, Breslau 1755. – LM 5, S. 451 f.

Von Muncker aufgenommen und nachträglich (LM 22, S. 156) wieder verworfen, da im ursprünglichen Text mit dem Sternchen (*) versehen, das Consentius als Kennzeichen für Verlagsanzeigen deutet.

99,2 *Panegyrist]* Lobredner.

99,6 *von Steinwehr]* Vgl. Anm. 96,11 dieses Bandes.

99,9 f. *Reaumür ⟨...⟩ Senac]* Führende franz. Naturforscher der Zeit: René-Antoine de Réaumur (1683-1757), Physiker; François-Pourfour du Petit (1664-1741), Arzt; Jakob Benignus Winslow (1669-1760), dän. Anatom, lebte in Paris und schrieb franz.; Sauveur-François Morand (1697-1773), Arzt; Antoine de Jussieu (1686-1758), Botaniker; Jean-Baptiste Sénac (1693-1770), Arzt.

⟨BPZ 149. Stück, Donnerstag, den 12. December 1754⟩
Franz Constantin Florian von Khautz, *Versuch einer Geschichte der Österreichischen Gelehrten*, Frankfurt und Leipzig 1755. — LM 5, S. 452 f.

Inhaltsreferat nebst kritischer Einleitung. Verfasserschaft Lessings denkbar.

99,29 *sogenannte Österreicher]* Nach Zedler, Bd. 25 (1740), Sp. 774, wurden die heutigen westlichen Landesteile wie die Steyermark, Salzburg etc. damals nicht unter dem Namen Österreich begriffen.

99,33-100,10 *Ennenkel ⟨...⟩ Forstner]* Johann Ennenkel (Jans Enikel), österr. Reimchronist, Mitte des 13. Jhs.; Ottokar von Horneck, ›Österreichische Reimchronik‹, um 1300; Johannes von Gmunden (gest. 1442), Astronom und Mathematiker; Georg von Peurbach (1423-1461), Astronom und Mathematiker, Vorläufer des Kopernikus; Thomas Ebendorfer (gest. 1464), Theologe in Wien; Kaiser Maximilian I. (1459-1519), humanistischer Mäzen und Mitverfasser des Versepos *Theuerdank*; Wolfgang Lazius (1514-1565), Arzt und Historiker; Erasmus Oswald Schreckenfuchs (1511-1579), Astronom und Philologe; Julius Alexandrinus von Neustain (1506-1590), kaiserlicher Leibarzt; Richard Strein von Schwartzenau (1538-1600), kaiserlicher Hofmarschall; Johann Stephan Strobelberger, Arzt, 1. Hälfte des 17. Jhs.; Christoph von Forstner (1598-1667), Kanzler in Mömpelgard und Tacitus-Kommentator.

⟨BPZ 152. Stück, Donnerstag, den 19. December 1754⟩
⟨Henri-François⟩ De La Solle, *Mémoires de deux Amis ou les Aventures de⟨s⟩ Messieurs Barnival et Rinville. IV. Parties* (Erinnerungen zweier Freunde oder die Abenteuer der Herren Barniwal und Rinville. In vier Teilen), Amsterdam 1754. –
LM 5, S. 453.

Für Lessings Verfasserschaft sprechen stilistische Details, vor allem aber sein typisches, meist ironisch gedämpftes Mißtrauen gegen die Romangattung.

 100,15 *Delasolle]* Henri-François De La Solle, franz. Romanautor (gest. 1761).
 100,16-19 *Der Verfasser ⟨...⟩ aufgenommen worden]* Beide Romantitel (*Erinnerungen des Versorand*, 1750; *Anekdoten vom Gerichtshof der Einfalt*, o. J.) nebst der Meldung ihres Publikumerfolgs stammen aus der »Preface« des Autors.
 100,25 *Grandisons und Clarissens]* Anspielung auf Romane Samuel Richardsons, die als Klassiker der Epoche galten.
 100,28 *Prevot und ⟨...⟩ Marivaux]* Preface: »Je ne m'attens pas d'être placé dans les siécles futurs à coté des Prevôt & des Marivaux, noms célèbres par lesquels on désignera peut-être notre siècle« (Ich erwarte nicht, in kommenden Jahrhunderten an der Seite der Prévost und Marivaux genannt zu werden, berühmten Namen, durch die man vielleicht einmal unsere Epoche charakterisieren wird). De La Solle beruft sich, anders als der Rezensent, auf einen franz. Gegenkanon: Antoine-François Prévost d'Exiles, genannt Abbé Prévost (1697-1763), *Geschichte des Chevalier des Grieux und der Manon Lescaut*, 1731, und: Pierre Carlet de Chamblain de Marivaux (1688-1763), *Das Leben der Marianne oder Die Abenteuer der Gräfin ****, 1731-42.

⟨BPZ 153. Stück, Sonnabend, den 21. December 1754⟩ ⟨Christian Nicolaus Naumann⟩, *Der Vernünftler, eine sittliche Wochenschrift, auf das Jahr 1754*, ⟨Berlin 1754⟩. – LM 5, S. 453 f.

Fortsetzungsrezension. Vgl. S. 20 f. und 69 f. dieses Bandes. Zuschreibung an Lessing begründet.

101,21 *Stöckchen]* S. Anm. 79,23.

⟨BPZ 154. Stück, Dienstag, den 24. December 1754⟩ ⟨Anonymus,⟩ *Scherzhafte Neujahrswünsche auf das Jahr 1755*, Leipzig o. J. – LM 5, S. 454 f.

Zuschreibung an den Redakteur, also Lessing, begründet.

101,26 f. *vom vorigen Jahre]* Hinweis auf eine gleichartige Publikation zum Jahreswechsel 1753/54. Vgl. Bd. II dieser Ausgabe, S. 563.
102,5 *trassieren]* Von franz. tracer »eine Linie ziehen, zuschreiben«. Hier wohl in der Bedeutung: einen Wechsel auf jemanden ziehen.
102,13 *Najaden]* (Griech.) Quell- und Wassernymphen.
102,18 f. *Grandison ⟨. . .⟩ Byron]* Sir Charles Grandison ist der musterhaft gute und edle Held des gleichnamigen Romans von Samuel Richardson (vgl. S. 40 f., 78 und 380 f., auch S. 394 f. dieses Bandes), Harriet Byron seine tugendhafte und geduldige Geliebte.

⟨BPZ 156. Stück, Sonnabend, den 28. December 1754⟩ ⟨François Marie de Marsy,⟩ *Histoire moderne des Chinois, des Japonnois, des Indiens, des Turcs, des Russiens etc.* ⟨...⟩ *Tome premier et second*, Paris 1754. – LM 5, S. 455 f.

Sog. Vorwort-Rezension (vgl. Guthke, *Kartenhaus*, S. 28 f.). Daß gerade das Urteil über Rollins *Römische Historie*, die Lessing bekanntlich übersetzt hat (vgl. Bd. I dieser Ausgabe, S. 651 ff.), wörtliche Übersetzung aus dem Vorwort des Autors ist, scheint die Zuschreibung an Lessing zu erschüttern. Allerdings zeigt sich in der Kritik des zweiten Teils der intime Rollin-Kenner. Verfasserschaft Lessings wohl gesichert. Vgl. auch die Rezension der Übersetzung (S. 391 f. dieses Bandes).

102,23-25 *Histoire* ⟨...⟩ *second*] »Neuere Geschichte der Chinesen, Japaner, Türken, Russen etc., als Weiterführung der älteren Geschichte des Herrn Rollin. Erster und zweiter Band«.

102,30 *der gegenwärtige*] François Marie de Marsy (1714-1763), ursprünglich Jesuit, dann Schriftsteller und Historiker in Paris.

102,35-103,1 *Aufnehmens*] Fortschreitens, Gestaltwerdens. Übersetzung von franz. »Établissement«.

103,8 f. *Genie eines jeden Volks*] Im Original: »Genie de chaque Peuple«. Modebegriff des 18. Jhs. für die soziokulturelle Eigenart von Völkern und Nationen. Konkurrierend: esprit de peuple, génie de nation, esprit de nation (Volksgeist, Nationalgenie, Nationalgeist).

103,29 *pragmatisch*] Auf das Sichtbarmachen von Ursache und Wirkung bedacht.

103,30 f. *Gedächtnis* ⟨...⟩ *erleuchten*] In seiner Übersetzung der *Kleineren historischen Schriften* Voltaires rühmt Lessing dessen Maxime, Kleinigkeiten zu vermeiden, »die das Gedächtnis füllen wollen, ohne den Geist zu erleuchten« (Bd. II dieser Ausgabe, S. 311,27).

103,36 *deutsche Übersetzung]* Von Just Friedrich Wilhelm Zachariä (vgl. Anm. 363,34 dieses Bandes).

VADE MECUM

ENTSTEHUNG

Gottsched, an dem Lessing seine polemische Begabung entdeckt und bislang trainiert hatte, war bekanntlich ein geliehenes Streitobjekt. Den Krieg gegen den Leipziger hatten andere erklärt, Lessing hat ihn bestenfalls beendet. Sicherlich, 1753/54 war dieser Wortkrieg noch voll im Gange, nicht zuletzt dank der schneidigen Töne aus Berlin, aber realiter war er längst entschieden und deswegen eher ein Spiel- als Bewährungsfeld für ein polemisches Jung-Genie, das zu sich selbst strebte. Lessings Bewunderung dürfte damals dem in Berlin weilenden Voltaire gegolten haben, auch wenn die Fäden, die er zu ihm hingespannt hatte, kläglich zerrissen waren. Voltaires riskantes Einzelkämpfertum schreckte bekanntlich auch in Berlin vor keiner Instanz zurück: nicht vor dem Wegelagerer Beaumelle, nicht vor dem Akademiepräsidenten Maupertuis und nicht einmal vor dem König. So hoch konnte Lessing nicht ansetzen, aber auf indirekte Weise war all das (Gelehrtendünkel, Akademie und Hof) schon im Spiel, als er 1752-54 den Streit um die Horaz-Übersetzung des Samuel Gotthold Lange, eines ehrgeizigen Landpfarrers, vom Zaun brach und unerbittlich zu Ende führte. Damit begann – noch mitten im Gottsched-Zeter – die Reihe seiner großen, leidenschaftlichen Gelehrten-Duelle, die bis heute einen wesentlichen Teil seines Ruhms begründen.

Natürlich fehlte es ihm noch an Routine. Nie wieder hat er anderthalb Jahre gebraucht, um seinen Gegner zu stellen, und nie wieder fiel der Anlaß so bescheiden aus. In der Tat waren die mäßigen Lateinkenntnisse eines Lyrikers kein großes Sujet für einen jungen, heiligen Zorn, auch wenn dieser im Grunde etwas anderes meinte als die Grammatik. Dieses

›andere‹ mußte freilich manifest werden, möglichst als persönliche Rancune, die denn auch à la longue und unter Nachhilfe des Angreifers nicht ausblieb. Wie später Klotz und Goeze, so tappte auch Lange in die ihm gestellte Moral-Falle. Am Ende des Streits hatte Lessing jedenfalls seinen Gegner im Griff und seinen polemischen Rhythmus gefunden.

Die umständliche Vorgeschichte des *VADE MECUM*, die ganz in die Jahre 1752 und vor allem 1753 fällt, ist mit der gebotenen Sorgfalt in Bd. II dieser Ausgabe referiert worden (S. 1141-1143). Darauf sei der Benutzer verwiesen. Zu ergänzen bleibt allerdings die Datierung der Niederschrift. Falls man Lessings Auskunft trauen darf, hat er Langes Entgegnung auf seine erste Attacke (24. *Brief*) erst kurz vor dem 27. 12. 1753 zu Gesicht bekommen. Da er an diesem 27. 12. bereits das *VADE MECUM* ankündigte (s. Bd. II dieser Ausgabe, S. 562) und am 17. 1. 1754 melden konnte, daß sein Büchlein in den Berliner Buchläden auslege (s. S. 14 dieses Bandes), muß die Ausarbeitung in den Tagen zwischen Weihnachten 1753 und dem Jahresbeginn 1754 erfolgt sein. Selbst wenn man in Rechnung stellt, daß Teile des Buchs schon vorformuliert waren, nimmt sich das Tempo, das Autor (eine gute Woche) und Verleger (rund 14 Tage) vorlegten, wie eine Parodie auf das digitale Zeitalter aus.

Mit dem *VADE MECUM* erreichte der Streit seinen Höhepunkt, wenn auch noch nicht seinen Abschluß. Zur leichteren Orientierung seien die wichtigsten Dokumente an dieser Stelle noch einmal zusammengestellt (in ihrer chronologischen Reihenfolge):

Samuel Gotthold Lange, *Horatzische Oden nebst Georg Friedrich Meiers Vorrede von dem Wert der Reime*, Halle 1747.
Ders. (Übers.), *Des Quintus Horatius Flaccus Oden fünf Bücher und von der Dichtkunst ein Buch*, Halle 1752 (Reprint 1971).
Brief Lessings an Gottlob Samuel Nicolai vom 9. 6. 1752 (Bd. XI/1 dieser Ausgabe, S. 38 f.).
Brief Nicolais an Lessing vom Juni 1752 (ebd., S. 40 f.).

Brief Lessings an Nicolai vom Juni oder Juli 1752 (ebd., S. 41).

Lessing, *Briefe* (hier: 24. Brief, mit dem abschließenden Datumsvermerk »1752«), in: *Schriften. Zweiter Teil*, Berlin 1753 (Bd. II dieser Ausgabe, S. 705-709).

Nachdruck von Lessings 24. *Brief* im ›Hamburgischen unpartheyischen Correspondenten‹ vom 10. und 13. 11. 1753.

Lange, *Schreiben an den Verfasser der gelehrten Artikel in dem Hamburgischen Correspondenten wegen der im 178 und 179sten Stück eingedruckten Beurteilung der Übersetzung des Horaz*, Halle 1753 (abschließend datiert: Laublingen, 20. 11. 1753). Abgedruckt in: PO Erl., S. 557-570.

Anzeige des Langeschen *Schreibens* im 202. Stück des ›Hamburgischen unpartheyischen Correspondenten‹ vom 22. 12. 1753.

Lessings Voranknüpfung des *VADE MECUM* in der ›Berlinischen Privilegirten Zeitung‹ vom 27. 12. 1753 (Bd. II dieser Ausgabe, S. 562). Mit vollem Namen gezeichnet.

Lessings anonyme Selbstanzeige des *VADE MECUM* in der BPZ vom 17. 1. 1754 (S. 15 f. dieses Bandes).

Lessing, *Ein VADE MECUM für den H⟨er⟩rn Sam.⟨uel⟩ Gotth.⟨old⟩ Lange Pastor in Laublingen in diesem Taschenformate ausgefertiget*, Berlin 1754.

Lange, *Schreiben an Herrn Pr.⟨ofessor⟩ N.⟨icolai⟩ zu Fr.⟨ankfurt/Oder⟩, welches die Streitigkeit mit dem Herrn Lessing wegen der Übersetzung des Horaz betrifft*, Halle 1754 (abschließend datiert: Laublingen, 28. 2. 1754). Abgedruckt in: PO Erl., S. 570-583.

Lange, *An den Herausgeber des Hamburgischen Correspondenten* (Nr. 73, 7. 5. 1754). Abgedruckt in: PO Erl., S. 589-590.

Nicolai, *Antwortschreiben an Herrn Pastor Lange in Laublingen, bei Gelegenheit der Streitigkeit des Herrn Pastors mit Herrn Magister Lessing wegen der Übersetzung des Horaz*, Frankfurt und Leipzig 1754 (datiert: 13. 5. 1754). Abgedruckt in: PO Erl., S. 583-589.

Samuel Gotthold Lange (1711-1781) war ein Gegner, dem es an literarischem und gelehrtem Ansehen nicht fehlte, auch wenn es, was für den Streit nicht ohne Belang ist, spät und mühsam errungen war. Wie Karl Philipp Moritz hatte Lange eine drückende pietistische Jugend mit Glaubensanfechtungen und gesundheitlichen Krisen erlitten, aus denen er sich 26-jährig in ein ländliches Pfarramt in der Nähe seines Geburtsorts Halle rettete. Dort konnte er endlich seiner dichterischen Begabung leben. Aber erst als der übermächtige Vater tot war, gelang es ihm, sich für ein paar Jahre als poetischer Neuerer und begabter Agent des Zeitgeistes zu profilieren. Das begann 1745 mit der Gedichtsammlung *Thyrsis und Damons freundschaftliche Lieder*, einer bukolisch gestimmten Gemeinschaftsarbeit mit Immanuel Jacob Pyra (1715-1744), die das Glück hatte, von Bodmer herausgegeben und von den Anakreontikern um Gleim zur Inkunabel ihres empfindsamen Freundschaftskults erkoren zu werden. Wenig später folgten *Horatzische Oden* (1747), ein neuerliches Stilexperiment, das sich am Erhabenheitsbegriff der Schweizer orientierte und Lange den üblichen Titel eines »deutschen Horaz« einbrachte. Die Horaz-Übersetzung von 1752 (*Des Quintus Horatius Flaccus Oden fünf Bücher und von der Dichtkunst ein Buch poetisch übersetzt*), die Lessing so in Rage brachte, dürfte er als Krönung dieses Weges empfunden haben. Jedenfalls widmete er sie, abweichend von seinem Vorbild Horaz, bei dem die Maecenas-Widmung ja vor der Augustus-Huldigung steht, keinem Geringeren als dem preußischen König, der ihm dafür ein persönliches Dankschreiben zukommen ließ. Bereits ein Jahr vorher war Lange durch die Protektion des Berliner Horaz-Übersetzers und Brieffreundes Generalmajor Christoph Ludwig von Stille als Auswärtiges Mitglied in die Königliche Akademie der Wissenschaften aufgenommen worden.

Für den siebzehn Jahre jüngeren Lessing war dieser Lebensplan, in dem geliehene Autorität eine so wichtige Rolle spielte, zweifellos ein Schreckbild. Und das um so mehr, als es manche Gemeinsamkeit zwischen ihm und Lange gab.

Gemeinsam war ihnen nicht nur die Herkunft aus gelehrten Pfarrhäusern nebst einschlägigem Dissidenzbedürfnis, sondern auch der Habitus der Streitbarkeit, den beide wiederum an ihren kontroverstheologisch gesinnten Vätern zu schulen Gelegenheit hatten. Langes radikalpietistischer Vater Joachim, Theologieprofessor und mehrfacher Rektor seiner Universität, konnte sich immerhin rühmen, die Vertreibung des Philosophen Christian Wolff aus Halle bewirkt zu haben. Solche Erfolge waren dem Sohn nicht beschieden, aber auch von ihm ist bekannt, daß er gegen Kritiker seiner *Freundschaftlichen Lieder* so heftig loszog, daß Gleim ihn mäßigen mußte (vgl. *Horatzische Oden*, Nachwort Jolles). Daß sein Waffengang mit Lessing, just im Augenblick der größten Selbstbestätigung, zu seinem Absturz führen sollte, konnte er sich wohl ebensowenig vorstellen wie später Klotz und Goeze.

Inwieweit sich Lessing bewußt war, daß er in seinem Gegner das gescheiterte Selbstbild einer nur prätendierten Emanzipation strafte, kann nicht mehr geklärt werden. Sicher ist, daß er in Langes Selbststilisierung die unheilige Mischung aus Beflissenheit und Anmaßung erkannte, – also einerseits das Buhlen um den König, den Vater, den einflußreichen Freund und Gönner, die akademische Beglaubigung und einen höchsten literarischen Schutzheiligen, andererseits aber die für einen protestantischen Pastor höchst unangemessenen Attitüden des »Odi profanum vulgus« (Hinweg, unheiliger Pöbel) und der Berufung auf das Expertentum:

> Diese Kenner sind es, deren Beurtheilung mich unterweisen wird. Ich bitte um keine Gnade. Ich will einen gegründeten Tadel mit Dank annehmen, nur bitte ich, mich mit algemeinen Ausdrücken zu verschonen. Ich erwarte Gründe.
>
> (*Horatzische Oden*, Voreinnerung des Verfassers.)

Falls das für Lessing noch nicht Aufforderung genug war, konnte er sich an Langes Überhöhung der Schweizer Kunstrichter (Bodmer und Breitinger) halten:

> Ihr stoßet drohend mit feindselgem Fuß,
> Vom Pöbel auferbaute Ehrenmähler
> Der leichten Dichter, ohne Schonen, um.
> Mit flüchtgen Schwingen überholt ihr furchtbar
> Den, der sich schon den Sternen nahe dünket,
> Und schleudert ihn mit schwerem Fall herab.
> (*Horatzische Oden*, S. 151.)

Nicht minder stimulierend mag für Lessing der Satz gewesen sein: »Mir ist es um die Aufnahme ⟨d. h. Zunahme⟩ der Wissenschaften, und nicht um einen prahlerischen Selbstruhm zu thun«, oder die Behauptung, er habe mehr als 20 Horaz-Kommentare zum Vergleich herangezogen (*Oden fünf Bücher*, Vorrede), die Lessing mit der Berufung auf 30 konterte. Was sich dem philologischen Feldgeschrei entzog, wie z. B. die Schlußzeilen einer Friedrichs-Ode:

> »Und hörst Du meinen Gesang, so lacht in heiterster Höh,
>   Mein Geist, des niedern Reimer Schwarms.«
> (*Horatzische Oden*, S. 3.)

mochte in noch tiefere Schichten gedrungen sein. Möglicherweise hat Lessing deshalb die Übersetzung der Horaz-Stelle, auf die sich Langes unterwürfige Selbsterhöhung bezieht (*Carmina* I 1,35 f.), so gnadenlos gegeißelt.

STRUKTUR

Lessings *VADE MECUM* gehört, wie die meisten seiner Polemiken, einer Mischgattung aus gelehrtem Traktat und persönlicher Invektive an, wie sie in der säkularen Gelehrtenrepublik seit je gebräuchlich war. Verband sie doch den Geist der rationalen Prüfung mit der Lust am geistigen Ehrenhandel und umging damit einerseits die krude Direktheit des reinen Pamphlets, andererseits die akademische Sterilität der reinen Disputation. Kein Wunder, daß sie unter den antiautoritären Aufklärern noch einmal voll aufblühte (vgl. Barner, *Autorität und Anmaßung*) und darüber hinaus, den polemischen Grundzug der Epoche bedienend (vgl. Kondylis, *Die Aufklärung im Rahmen des neuzeitlichen Rationalismus*), auch in andere kritische Schreibweisen ausstrahlte. Der junge Lessing war ihr – Bayle, Fontenelle, Voltaire u. a. vor Augen – von allem Anfang an zugetan und wußte, als er sie 1753/54 mit der selbstbewußten Attitüde des humanistischen Philologen zelebrierte, mit ihrem Doppelcharakter ironisch zu spielen. »Ich sehe«, ruft er im *VADE MECUM* dem Gegner zu, »mein Brief ist zu einer Abhandlung geworden. Streichen Sie also das übergeschriebene *Mein Herr* aus, und nehmen sie ihn für das auf, was er ist.« (S. 146 dieser Ausgabe) Tatsächlich suggeriert der Aufwand an Wissen und Wissenskritik, als könnte der philologische Part auch ohne den der polemischen Anrede bestehen. Doch das ist eine Täuschung. Denken wir uns den Ad-hominem-Part weg, der noch in die entlegenste Sach-Quisquilie das Pathos der Wahrheitssuche und des moralischen Appells an die Aufrichtigkeit hineinträgt, dann hätte der Text unweigerlich seinen Reiz verloren.

Es gibt zahlreiche Versuche, die Eigenart der Lessingschen Polemik zu charakterisieren. Nicht alle sind so empiriefundiert wie der von Hugh Barr Nisbet (*Polemik und Erkenntnistheorie*), der fünf konstante Wesenszüge unterscheidet – nämlich a) daß die Heftigkeit Lessings im Verlauf der Kontroverse nicht etwa ab- sondern zunimmt, und zwar nicht nur dem Streitgegenstand, sondern auch dem Kontrahenten gegenüber; b) daß Lessing stets solche Gegner wählt, denen er autoritative Anmaßung unterstellen und schließlich auch nachweisen kann; c) daß Lessings Polemiken von der Transformation eigener Widersprüche geprägt sind, also gewissermaßen einen kathartischen oder selbsttherapeutischen Zug haben, weswegen sie periodisch erneuert werden; d) daß Lessing seine Polemiken durch ihren theatralischen Unterhaltungswert rechtfertige, der ihm selbst wie der Leserschaft zugute komme; e) daß Lessings Polemik sich zunehmend von den Formalismen der gelehrten disputatio entfernt, um sie schließlich nur noch parodistisch zu verwenden.

All diese Eigenarten, vielleicht mit Ausnahme der letzten, sind im *VADE MECUM* bereits deutlich ausgebildet. Allerdings bleibt, wenn das Indiz der bewußten Theatralisierung richtig sein sollte (und das ist es wohl), eine Frage offen. Es ist die Frage nach dem Grad der Ernsthaftigkeit des jeweiligen polemischen Anlaufs. Machen wir uns klar: Lessings Polemiken rechtfertigen sich mit dem Versprechen, einen Betrug aufzudecken und einen Betrüger dem öffentlichen Urteil zu überstellen. Dies ist nicht nur deshalb von Belang, weil die Art des Betruges: irgend etwas auf der Skala zwischen gelehrter Hochstapelei und institutionellem Autoritätsmißbrauch, vor dem positiven Recht in der Regel nicht einklagbar war und somit dem Lockeschen »law of opinion« zufiel, sondern auch, weil ebendies, von einem gewichtigen Unterscheidungspunkt abgesehen, das Selbstverständnis der alten Typen- und Verlachkomödie beschrieb, von der Lessing längst abgerückt war. Die Personalpolemik also als Ersatz der abgewählten Typenkomödie? Zumindest im Falle Lessings dürfte das zutreffen und sogar ein Licht auf den theatralischen Mitnahmeeffekt werfen. Der entscheidende Qualitätssprung bleibt dann die Personalisierung. Im Gegensatz zur Typen-Satire stellt sie ja den Gegner direkt und macht den Fall damit konkret. Geht man mit Panajotis Kondylis davon aus, daß Aufklärung ein essentiell kämpferischer Idealismus ist, dessen Mittel sich längst nicht in Erziehungsmodellen erschöpfen, dann sind Lessings periodische Versuche des Direktangriffs nur konsequent. »Der Anwendungsversuch findet im Kampf und durch kämpfende Personen statt, und der Kampf hat die eigene Logik, der sich die Logik der Texte oder der vorgefaßten Überzeugungen unterwerfen muß, wenn sie überhaupt im Spiel bleiben will. ⟨...⟩ Ohne die Interpretation einer Idee in einer konkreten Lage bzw. ohne den kämpferischen Interpreten gibt es keine Wirkung von Ideen« (Kondylis, *Die Aufklärung*, S. 32).

Lessings Angriff auf Lange galt dessen borniertem Selbstüberhebung. Zu diesem Zweck mußte er sich auf Langes

Wirkungsfeld, die klassische Philologie und die literarische Interpretation, begeben. Man kann nicht sagen, daß ihm das schwergefallen wäre. Aber erst die philologische Demontage ließ den Charaktermangel sichtbar werden, den Lessing treffen wollte. Daß dieses Spiel, in dem es keine Erfolgsgarantie gab, meistens gelang, spricht für Lessings psychologisches Gespür. Allerdings beschränkte sich sein Polemikbedürfnis nicht auf routinierte oder listige Hauptdarsteller wie Gottsched, Lange, Klotz und Goeze, die niederzuringen zweifellos ein begründetes, ja hohes Anliegen war. In vielen anderen Fällen, etwa den ungezählten polemischen Rezensionen, bleibt es dagegen beim Anschein des spielerischen Selbstzwecks. Lessings hypermoralischer Selbstkommentar, daß die kleine Anmaßung der Wahrheit nicht weniger Abbruch tue als die große (vgl. Barner, *Autorität und Anmaßung*, S. 17), läßt sich jedenfalls nur schwer mit seinem theatralen Bekenntnis zum verführbaren und mitleidsbedürftigen Menschen vermitteln. Seine eigene polemische Verführbarkeit hat er bekanntlich mit seiner »lieben Irascibilität« (s. Bd. IX dieser Ausgabe, S. 692), also quasi genetisch, gerechtfertigt, was den Eindruck, daß die Motive seiner polemischen Artikulationen von der bloßen Ungeduld über das Spiel- und Trainingsbedürfnis bis zur existentiellen Notwehr und Selbstrettung reichen, durchaus zu bestätigen geeignet ist. Für den großen und unbestechlichen Anwalt der Toleranz ist das ein nicht unsympathischer, jedenfalls aber überraschender Befund. Es fällt auf, daß er über die so heikle Frage ihrer Grenzen und damit ihren Schutz stets (?) intuitiv entschieden hat.

DOKUMENTE ZUR WIRKUNG

Nr. 1
Rezension des *VADE MECUM* in: ›Göttingische Anzeigen von Gelehrten Sachen‹, 2. 3. 1754 (zit. nach Braun 1, S. 21). – Der erste Teil dieser Rezension, der Langes *Schreiben* ge-

widmet ist, findet sich in Bd. II dieser Ausgabe, S. 1277 f. abgedruckt.

Berlin.

⟨...⟩ Gegen diese Schrift ⟨Langes *Schreiben*⟩ hat Hr. Leßing auf 96 Seiten herausgegeben ein *Vade mecum* ⟨...⟩. Diese nachdrückliche, aber nicht ungesittete Satyre, die voller Gelehrsamkeit und ohne Kunst ist, wird bleiben, wenn man von der vorigen Schrift nichts mehr weiß. Wer Latein verstehet, wird gar nicht zweifeln können, auf wessen Seite das Recht sey. Die eintzige etwas unentschiedene Streitigkeit über den Ausdruck *priscus Cato*, beleuchtet Hr. Leßing mit einer Gelehrsamkeit, welche auch denen angenehm und brauchbar ist, die den Horatz verstehen, und macht die Langesche Erklärung unwahrscheinlich. In einer angenehmen Ausschweifung sucht er zu behaupten, daß Plutarch (den zwar Hr. Lange nicht anführet, als der nur neuere gelesen zu haben scheint, ohne die Quellen zu kennen) sich geirret habe, wenn er vorgiebt, daß Cato zuerst *Priscus* geheissen. Er meint, Plutarch habe das Beywort, *priscus*, das einen Mann von dem alten Schrot und Korn bedeutet, nach seiner bekannten Unkunde der Lateinischen Sprache vor einen Nahmen angesehen, weil es so oft von dem Cato vorkomme. Daß er Hr. Langen auf seines sel. Vaters Grammatik verweiset, und viele andere Stellen, sind zwar sehr empfindlich, allein sie behalten doch immer einen gewissen lachenden Anstand, der sie angenehm macht, wenn man auch wünschte, daß sie verschonender wären. Die zuletzt angeführte Langische Beschuldigung scheint er vollkommen zu widerlegen. Nach den angeführten Worten eines Briefes, den ein vertrauter Freund des Hrn. Langens an ihn geschrieben hat, thut ihm dieser Freund den Vorschlag, die Censur über den Langischen Horatz an Hr. Langen vor das ordentliche *honorarium*, so ihm der Verleger gebe, zu überlassen. Es wird sich zeigen, ob der Freund des Hrn. Langen, der von beyden streitenden Partheyen (vielleicht mit Veränderung eines Buchstabens) P. N. genannt wird, die Richtigkeit dieses

Briefes durch sein Stillschweigen erkennen, oder ihr widersprechen wird.

Nr. 2
Rezension des *VADE MECUM* in: ›Jenaische Gelehrte Zeitungen‹, 20. 3. 1754 (zit. nach Braun 1, S. 22 f.):

Berlin.
Von daher haben wir unmittelbar folgende Schrift vor wenigen Tagen erst erhalten, die wir bis ietzt noch in unsern hiesigen Buchläden vermissen. *Ein VADE MECUM* ⟨. . .⟩. Es ist dieses in eben dem Format abgedruckt, in welchem wir die beliebten Schriften des Hrn. *Lessings* erhalten, und deren wir bereits S. 686. unsrer g. Z. vom vorigen Jahre Meldung gethan haben. Aus diesem erhellet zugleich sattsam, daß wir die glückliche Muse und den gelehrten Witz des *Hrn. Leßings* zu schätzen wissen; und die Hochachtung, die wir diesem widmen, ist auch ietzo noch so groß wie damals. Daß wir aber seinen dermaligen Gegner, den *Hrn. Langen*, als einen glücklichen Horazischen Dichter hochachten, mögen wir auch nicht bergen; und wir haben ihn in dieser Hochachtung selbst zum Vorgänger. Wir sind so freymüthig zu sagen, daß dies die Ursache war, warum wir in der Anzeige der *Leßingischen Schriften*, die wir mit ungeheucheltem und fast zärtlichen Beyfall aufgenommen, des Angriffs nicht Meldung thaten, der den *Hrn. Langen* betroffen hatte; ia wir glaubten durch Verschweigung desselben, dem verdienten Ruhme des *Hrn. Leßings* nichts zu entziehn. Die Vertaidigung des *Hrn. P. Langens* wider denselben kam uns bald darauf in die Hände, und es schien uns solche vieles vor sich zu haben, daß wir nach unserer Unpartheylichkeit, mit der wir den *Hrn. Leßing* sein verdientes Lob zuerkannt, gewissermaßen glaubten, als dürften die Anfälle und Vorwürfe des *Hrn. Lessings* eben nicht die stärksten und gegründetsten seyn; ia es that uns fast wehe, den *Hr. Lange* einer Beschimpfung ausgesetzt zu sehn, die uns desto grösser schien, da sie von

einem so geschickten Dichter als *Hr. Leßing* ist, ihm zugefügt werden sollte. An Zeit fehlt es uns, die Verantwortung des *Hrn. Lange* so zu prüfen, wie es der *Hr. Leßing*, in dieser neuen Schrift, zu thun genöthigt war. Darum konnte ihre Beurtheilung in unsern Anzeigen fast nicht anders ausfallen, als sie ausgefallen ist. Jetzt da wir das Vergnügen erhalten, das uns auch die kritische Gelehrsamkeit des *Hrn Lessings* in den Schriften eines Horazes gewährt, die neuen GegenEinwendungen desselben zu lesen: so können wir nichts anders, als auch dieser die Gerechtigkeit in unserm Urteil wiederfahren lassen, nach welchem wir allerdings die Prüfungen desselben ietzo für weit gegründeter und wichtiger ansehen und halten, als es bey der ersten kurzen Anzeige der begangenen Fehler möglich war. Wir nehmen indessen keinen weitern Theil an dem ganzen Streite, den beide gelehrte Gegner mit einander ausmachen mögen, als in so weit die Gegeneinanderhaltung der zwischen ihnen gewechselten Schriften ein Urtheil davon zu fällen erlaubt. Da wir beide Dichter ungemein hoch schätzen, beide auch der hiesigen *teutschen Gesellschaft*, als Mitglieder, wahrhaftig Ehre machen: so können wir unsern aufrichtigen Wunsch fast nicht bergen, daß doch dies gesellschaftliche Band, das auch dieselben mit einander verbindet, wenn auch der Streit noch fortgesezt werden sollte, mehr zu einer gelehrten Unterredung, welche Freundschaft und Liebe beseelen und keine Verbitterung vorstellen darf, als zu gehässigen Anreden und beschimpfenden Vorwürfen, sie auffordern möchte! Unendlich grösser würde das Vergnügen gewesen seyn, das uns die so witzige als in der That mit einer gesunden Kritik abgefaßte ietzt angezeigte Schrift des *Hrn. Leßings*, beym Durchlesen geschenkt hat, wenn wir eine in solchen hätten vermissen sollen. Es hat derselbe inzwischen die Gegengründe des *Hrn. Langens* auf die ihm vorgeworfenen Fehler im Uebersetzen des *Horazes* nicht nur beantwortet, sondern ihm auch in ieder Ode des ersten Buchs seines übersetzten Dichters noch mehr dergleichen Stellen nachgewiesen, die eine Verbesserung nöthig haben. Die Nachricht, daß *Hr.*

Leßing seine Anmerkungen dem *Herrn Pastor Langen* zum Verkauf angebothen haben soll, hat er hinlänglich entkräftet: und es scheinet fast, daß der uns unbekannte Freund von beiden, so gut seine Absicht ohne Zweifel gewesen ist, nicht die besten Mittel gewählt habe, seinen beiden Freunden nützlich zu seyn.

Nr. 3
Rezension in: ›Staats- und Gelehrte Zeitung des Hamburgischen unpartheyischen Correspondenten‹, 7. und 8. 5. 1754 (zit. nach Braun 1, S. 25-28):

Hamburg. Im 178sten und 179sten Stück dieser Zeitung vom vorigen Jahre theilten wir unsern Lesern die Leßingische Beurtheilung des verdeutschten Horaz mit. Herr Pastor Lange ließ dawider zwey Bogen in 8. herausgehen, unter dem Titel eines *Schreiben an den Verfasser der gelehrten Artikel in dem Hamburgischen Correspondenten.* Herr *Leßing* erwiederte ihm durch ein *Vade mecum* für den Hn. *Sam. Gotth. Lange,* welches im Anfange des itzigen Jahres zu Berlin auf 4 Bogen in 12 gedruckt ist. Diesen Schulstreit zu verewigen, wäre nun mehr das Wort wieder an Hn. Lange. Er hat sich aber begnüget, uns einen Brief zustellen zu lassen, den wir auf sein Verlangen und zu seiner Beruhigung hier wörtlich einrükken:
Mein Herr!
»Mein Gegner, Herr Leßing, hat mir geantwortet, und seinen Tadel, den ich widerleget habe, zu vertheidigen gesucht. Er hat, seiner Meinung nach, in meiner Uebersetzung des Horatz grobe Schulschnitzer gefunden. Er will durchaus Recht haben. Damit er nun den Leser verblende, so verändert er nicht nur die Streitfrage, und nimmt seine Zuflucht zu andern Lesearten und zu den verschiedenen Meynungen der Ausleger, sondern wendet auch alles an, was zur gelehrten Chicane gehöret; ja, um mich lächerlich zu machen, leihet er mir auch einige von seinen eigenen Gedanken, und

widerleget sie. Doch er läßt es dabey bewenden. Er sucht neue Fehler auf, und wo ihm Gründe fehlen, ersetzt er solche mit Schimpfwörtern. Er will überall mit Gewalt ein witziger Kopf seyn, und mit der Geissel der Satyre um sich schlagen. Da er aber statt derselben auf eine seit 50 und mehr Jahren ungebrauchte Art alle Gesetze des Wohlstandes verletzet, so ist nunmehr mein Streit mit ihm aus. Ich würde zu wenig Vertrauen in jeden vernünftigen Leser setzen, wenn ich mich rechtfertigen wollte. Es kann mich nichts besser vertheidigen, als des Gegners *Vademecum*. Selbst die mir schuld gegebene Verläumdung wird durch die von ihm angeführte Stelle eines Briefes des Herrn P. N. gerechtfertiget; und wenn ich die Briefe, so mir Freunde schreiben, drucken lassen wollte, würde jeder sehen, ob ich meinen Gegner verleumdet. Genug, Herr P. N. hat mir deutlich geschrieben, mein Gegner würde seine Schrift, die er zum Drucke bereit hätte, mir nicht zusenden, wenn ich sie ihm nicht als einem Verleger bezahlen wollte. Meine critischen Anmerkungen über den Horaz sollen das, was sich der Mühe verlohnet, berühren; auch werde ich gegen den gelehrten, vernünftigen und höflichen Gegner, den ich in den neuen Erweiterungen des Erkenntnisses und des Vergnügens bekommen, mich in eben diesem Journal mit dem ehesten über verschiedene Stücke näher erklären. Im übrigen wünsche ich, daß des Hn Leßings *Vade mecum* in jedermanns Hände seyn möchte; und ich ersuche Sie, mein Herr, diesen Brief drucken zu lassen, damit ich dadurch Gelegenheit bekomme, öffentlich einen jeden zu ersuchen, des Hn. Gegners Gegenantwort zulesen. Wenn denn die vernünftige Welt lachen wird, so erlaube ich meinem Gegner gern, zu seinem Troste zu gedenken, sie lache über mich. Dieses kleine *Vade mecum* ist im gewissen Verstande ein vollkommenes Werkgen *ex horrido speciosum*, oder aus Häßlichkeit schön. Ich verharre,

    Mein Herr,
     Dero
      ergebener
      Lange.

Wir lassen dem Hn. Pastor *Lange* alle seine Verdienste, und kein Unpartheyischer wird dem Hrn. *Leßing* die Ehre einer gründlichen Wissenschaft und eines feinen Witzes streitig machen, wenn er ihn nach seinen in zween Theilen herausgegebenen Schriften beurtheilet. Nur bedauern wir, beyde Gegner in einem Gezänke verwickelt zu sehen, wobey sie das Didicisse fideliter Artes aus den Augen setzen. Herr Lange hat in seinem zu Halle gedruckten Schreiben sich wegen vieler angeschuldigter Fehler gut vertheidigt, und andere zu seinem Ruhme freywillig eingestanden. Er hätte aber sehr wohl gethan, bloß bey der Sache zu bleiben, ohne persönliche Bitterkeit einzumengen, und ohne auf das freundschaftliche Urtheil der Rostockischen Gelehrten Nachrichten eitel zu seyn, wodurch er den Horaz *fast unverbesserlich verdeutscht* haben soll. Herr Leßing ist in seinem *Vade mecum* ganz unerkennbar. Er übertrifft seinen Gegner an unbeschreiblicher Unbescheidenheit, und steiget auf die niedrichsten Schimpfworte hinab. Wir können nicht anders glauben, als daß er in einer ganz übereilten Hitze geschrieben hat. Er bemüht sich, zuvörderst seine alten Critiken zu rechtfertigen, und geht hiernächst das erste Buch der Horazischen Oden durch, worinn er bey jeder dem Herrn Lange einen unvergeblichen Schnitzer weisen will. Es ist unsere Sache nicht, alle Stellen anzuführen, vielweniger darüber unsere Gedanken zu eröffnen. Wir erinnern uns nur bey flüchtiger Durchlesung einen vermeinten Schnitzer bemerkt zu haben, der sehr gröblich scheint, und gleichwohl sich sehr leicht retten läßt. Auf der 83sten Seite bey Gelegenheit der 23sten Ode des ersten Buchs sagt Hr. Leßing mit dem gewöhnlichen Glimpfe: »Wann ich doch ihres seligen Hrn. Vaters lateinische Grammatik bey der Hand hätte, so wollte ich ihnen Seite und Zeile citiren, wo sie es finden könnten, was sequor für einen casum zu sich nimmt. Ich habe Schulmeister gekannt, die ihren Knaben einen Eselskopf an die Seite mahlten, wenn sie sequor mit dem Dativo construirten. Lassen sie einmal sehen, was sie gemacht haben?

>   Tandem desine matrem
>   Tempestiva sequi viro.
> Dieses übersetzen sie:
>   Laß die Mutter gehen
>   Nun reif genug, dem Mann zu folgen.
> Sie haben also wirklich geglaubet, daß man nicht sequi matrem, sondern sequi viro zusammen nehmen müsse.«
>   Hätte Hr. Leßing nicht bloß zur Schmälerung des Hrn. Lange jeden Schatten eines Fehlers erhascht, sondern nach der Billigkeit seines Gegners Parthey auf einige Augenblicke nehmen wollen; so würde er bald gefunden haben, daß Hr. Lange die Worte: Tandem desine matrem sequi übersetzt habe: *Laß die Mutter gehen*, und daß dieser Ausdruck, wenn er gleich platt und unpoetisch ist, so viel sagt, als: *Höre auf der Mutter zu folgen*. Eben so leicht würde es ihm gewesen seyn, zu bemerken, daß die Worte: Tempestiva viro durch das Deutsche: *Nun reif genug, dem Mann zu folgen*, paraphrasirt sind, und der Redensart gleich gelten: *Die du mannbar bist*. Genung hiervon! Wir wünschen, daß Hr. Leßing nicht fernerhin seine Größe auf eine schimpfliche Verkleinerung anderer gründen, sondern seinen erworbenen Ruhm dadurch erweitern möge, daß er fortfahre, der Welt nützliche und angenehme Werke zu geben. Alsdenn werden Freunde des guten Geschmacks seine Schriften mit Vergnügen zu ihrem *Vade mecum* machen.

Nr. 4
Brief Johann Georg Sulzers an Johann Jakob Bodmer, vermutlich Mai 1754 (zit. nach Daunicht, S. 66):

Ein hiesiger junger Dichter, Lessing, hat den armen Langen wegen seiner ungeschickten Uebersetzung des Horaz, und der noch ungeschicktern Vertheidigung derselben, elend herumgeholt. Er hat auch zwei Bändchen seiner Schriften drucken lassen, die ich Ihnen mit der Meßgelegenheit schikken werde. Sie werden dann selbst beurtheilen, wie viel oder wenig von diesem angehenden Dichter zu hoffen ist. Er ist Zeitungsschreiber bei einem hiesigen Buchführer.

Nr. 5
Aus: *Pr⟨ofessor⟩ N⟨icolais⟩ zu Fr⟨ankfurt⟩ Antwortsschreiben an Herrn Pastor Lange in Laublingen, bei Gelegenheit der Streitigkeit des Herrn Pastors mit Herrn Magister Lessing wegen der Übersetzung des Horaz,* Frankfurt und Leipzig 1754. – Der (öffentliche) Brief trägt das Datum 13. 5. 1754 (zit. nach PO Erl., S. 585-588):

⟨...⟩
  Zuerst muß ich Ihnen Ihren Gegner als einen Mann vorstellen, der Sie in vielen Stücken hochschätzt. Sie kennen ihn von dieser Seite wahrscheinlicherweise noch nicht. Ich hoffe, daß ich zur Vereinigung der Gemüter etwas beitragen werde (und wie glücklich wollte ich mich schätzen, wenn dieses geschehen könnte), wenn ich Ihnen melde, daß Herr Magister Lessing eine Schrift schon fertig hat, die ohngefähr diesen Titel führt: *Hieroglyphice poetarum* (Über die Sinnbilder der Dichter). Sie ist aus besondern Ursachen, die der Herr Verfasser nicht verhindern konnte, bis itzt nicht gedruckt worden. Ich hoffe, daß es aus dieser guten Absicht mit Erlaubnis des Herrn Magisters geschehen wird, wenn ich Ihnen melde, daß er mir selbst zu der Zeit, da der Streit am heftigsten war, gesagt hat, daß er Ihre Horazische Oden am meisten als Exempel angeführt hat, weil er sie so schön gefunden, die Kunst der Dichter durch Sinnbilder zu rühren, ungemein zu erläutern. Wenn er Sie also als Übersetzer tadelt, so hält er Sie doch, wenn Sie selbst denken, vor einen schönen Geist. Er sagt dadurch, daß Sie gut denken, wenn Sie ein Original bleiben, und sich verschlimmern, wenn Sie sich erniedrigen, eine Kopie zu werden. Hat man nicht jederzeit die Originalgeister am höchsten geschätzt? Er spricht Ihnen kleinere Vollkommenheiten ab, und deswegen leugnet er noch nicht die größern.
  ⟨...⟩

Sie schreiben dem Herrn Magister Lessing einen Vorschlag zu, der in seinem Munde zumindest geizig gewesen wäre. Aber da ich die Mittelsperson war, so konnte ich wohl einen Vorschlag zum gütlichen Vergleich in der Stille tun, da er freilich auch eine ganz andere Gestalt gewinnt, wenn man denselben mit veränderten Umständen öffentlich sagt. Sie sind aber deswegen kein Lästerer. Jedermann sieht, daß ich, ohne ruhmrätig zu sein, nicht sagen konnte: Herr Magister Lessing wird Sie nicht öffentlich angreifen. Ich bin der Urheber des Vorschlags. Ich meldete Ihnen die Sache, ohne daß es nötig war, weitläuftig zu sein. Ob Sie gleich nicht den von einem Teil angenommenen Vorschlag guthießen, so war es genug, daß das Versprechen, so von einer Seite da war, wäre erfüllt worden. Ich hätte meine Hauptansicht erreicht und, um Freunde zu vereinigen, keine Kosten gescheut. Herr Magister Lessing weiß, daß ich ihm nie etwas von der Änderung meines Antrags geschrieben habe, und also blieb es bei mir fest beschlossen, die Stelle des Verlegers zu vertreten, wenn ich nur den Druck verhindern konnte, von welchem ich die betrübten Folgen voraussahe, die itzt leider eingetroffen sind. Hier will ich lieber zugeben, daß ich in einem freundschaftlichen Schreiben an Ew. Hochwohlehrwürden, von welchem ich nie vermuten konnte, daß es auch nur auszugsweise gedruckt werden würde, mich, da mich keine Gefahr auf einige Weise zur Behutsamkeit anriet, nicht genau genung ausgedrückt habe, als daß ich zugeben sollte, Sie wären ein Lästerer, oder Herr Magister Lessing hätte Sie wie ein Bretteur bedroht.

⟨...⟩

Zeigen Sie beiderseits, geliebte Freunde, der Welt ein Exempel der Großmut, das wir so selten haben! Verbinden Sie sich beide, uns den Horaz im Deutschen in aller Vollkommenheit, die man erwarten kann, zu liefern. ⟨...⟩ Bleiben Sie verschiedner Meinung, lassen Sie dieselben gesondert drukken! Die Nachwelt wird mit Bewunderung auf Sie sehen. ⟨...⟩ Sein Sie so großmütig, Hochgeehrter Herr Pastor, und da Sie diesen Brief zuerst lesen, bieten Sie dem Herrn Magister Lessing dazu die Hand! Ich weiß, Sie tun es, um ein gutes Werk zu stiften, das durch vereinigte Kräfte vollkommner wird als durch eines einigen. Nehmen Sie mich in Ihre Gesellschaft, wenn ich es verdiene, da ich Sie zuerst darum bitte! Ich weiß, Sie werden sich beide lieben, wann Sie sich beide erst von der guten Seite genauer kennen.

Nr. 6
Rezension in: ›Göttingische Anzeigen von Gelehrten Sachen‹, 3. 6. 1854 (zit. nach Braun 1, S. 29-32):

Halle.
Wir haben des Streites gedacht, in den Hr. Magister Leßing und Herr Pastor Lange wegen der Uebersetzung gerathen sind, die der letztre von dem Horatz gemacht hat. Unsere Leser werden sich erinnern, daß Herr Lange seinen Gegner beschuldigte, er habe ihm seine Critik gegen Geld angeboten, damit sie Hr. Lange unterdrücken könnte; und daß hingegen Hr. Lessing sich auf einen Brief des Herrn Pr. N. berief, in welchem dieser Freund des Hrn. Pastor Langen ihm das honorarium, so er von einem Verleger erhalten könnte, anbietet oder anzubieten scheint, wenn er die Critik Hrn. Langen überliesse, um seinen Horatz selbst darnach auszubessern. Dieser Hr. Pr. N., der nunmehr seinen Brief an Hrn. Leßing vor ächt erkennet, ist der Hr. Professor *Nicolai* zu Frankfurt an der Oder. Folgende Schriften, welche beyde streitende Theile von dem Verdacht dieses unrühmlichen Antrages lossprechen, müssen billig von uns angezeiget werden.

Die erste ist, *M. S. G. Langens Schreiben an Hrn. Pr. N. zu Fr. welches die Streitigkeit mit dem Hrn. Leßing wegen der Uebersetzung des Horaz betrift.* (2 1/2 Bogen in Octav.) Was die Hauptsache anbetrift, die Hrn. Langen nöthigte, an den Hrn. Pr. Nicolai öffentlich zu schreiben, so meldet er, Hr. Nicolai habe ihm zuerst (im Jahre 1752) von Hrn. Leßings Vorsatz, ihn anzugreifen, Nachricht gegeben, mit dem Zusatz, er, Hr. N.

wolle dieses so viel als möglich hintertreiben. Hr. Lange habe ihm davor gedankt, und sich erklärt, allen gegründeten Erinnerungen Platz zu lassen, daher es gut seyn würde, wenn Hr. Leßing ihm dieselben schriftlich zuschicken wollte. Hr. Nicolai, habe erwidert: er habe Hrn. Langens Gedancken seinem Widersacher, den er noch nicht nennen wolle, geschrieben, allein er hätte einmahl seine Schrift zum Druck bestimmt, und er würde sich nicht dazu verstehen, ihm die Handschrift zu senden, wenn er ihm nicht so viel davor geben wollte, als ein Verleger geben würde.

Diesen Umstand klärt des Hrn. *Pr. N. zu Fr. Antwortschreiben an Hrn Pastor Lange* (1 Bogen) deutlicher und zu beider Theile Vergnügen auf. Er meldet, der an beide Theile geschehene Antrag rühre blos von ihm her, indem er gern den Streit, dessen Heftigkeit er vorher gesehen habe, und jetzt bedaure, verhüten wollen: Hr. Leßing habe an den Vorschlag nie gedacht, der in seinem Munde wenigstens geitzig lassen würde: und er, Hr. N., sey allenfalls entschlossen gewesen, gleichsahm selbst Verleger zu werden, und Hrn. Leßing vor seine Mühe zu befriedigen, wenn Hr. Lange es nicht thun wollte.

In beiden Schreiben kommen noch sonst einige zu diesem Streit gehörige Sachen vor. Hr. Lange wünscht, daß alle Leser das *Vade mecum* des Hrn. Leßings haben möchten, weil er meint dessen ungesittete Schreib-Art werde Hrn. Leßing verdächtig machen, und ihn entschuldigen. So heftig dünckt ihm die Schreibart seines Widersachers zu seyn, die freylich nicht von den sanftesten ist. Indessen ist wohl Hr. Lange zum wenigsten nicht gelinder als sein Gegentheil: z. E. S. 6. schreibt der Hr. Pastor Lange, Hr. Leßing ergreiffe bald die Pritsche des Harlequins, bald einen groben Baurenprügel: das witzige in seinem *Vade mecum* sey ex horrido speciosum, auf teutsch verteufelt schön: S. 7. Er theile mit solcher Zuversicht Schläge aus, als wenn er Profos auf dem Parnaß wäre: S. 16. Er habe dergleichen Einwurf schon zum voraus von einem vermuthet, der kein sanum sinciput hätte, u. s. f. Die Hitze nimmt ihn dergestalt ein, daß er S. 20. meint, Hr.

Leßing kenne blos die Schalen und Worte, nicht den Kern bey Horatii Poesie: er könne sie als ein Schulbuch lesen, aber nicht als Wercke eines Dichters: weil er nehmlich an seiner Uebersetzung nicht so wohl poetische Fehler, als den unrichtig gefasseten Sinn des Lateinischen Dichters tadelte: denn würde er hingegen Hrn. Leßings Angriff wichtiger schätzen, wenn er mehr ästhetisch als philologisch wäre. S. 22. will er die Uebersetzung
>   desine matrem
>   Tempestiva sequi viro
durch
> *Laß die Mutter gehen,*
> *Nun reif genug dem Mann zu folgen.*

vertheidigen. Er leugnet, daß er construirt habe, sequi viro: sondern er sagt, die Worte, desine matrem sequi, habe er kurtz und gut übersetzt, *laß die Mutter gehen*, und *tempestiva viro* recht wörtlich gegeben, *nun reif genug dem Mann zu folgen*. Das recht wörtliche finden wir hier nicht, doch wollen wir unsern Lesern in ihrem Urtheil nicht vorgreifen, ob es ein blosser Zufall sey, daß in dem einen Vers das Wort *folgen* aus paraphrastischer Freiheit ausgelassen, und dem unmittelbar folgenden aus gleicher Freyheit eingeschaltet ist.

Hr. Pr. Nicolai erinnert ihn gar freundschaftlich, seinen Gegner, der sich auch in der Art und Heftigkeit des Widerspruchs übereilt haben möchte, nicht blos von der verhaßten Seite anzusehen, und wünscht, daß er sich mit ihm zu einer neuen Uebersetzung des Horatii vereinigen möchte. Wenn ihm aber Hr. Lange die Schuld der so tadelhaften Uebersetzung der Worte, *pocula Lethaeos ducentia somnos*, gern auf denjenigen schieben zu wollen scheint, der die Correctur besorget hat, d. i. auf Hrn. Pr. Nicolai selbst, so erinnert er ihn, daß er bey der Correctur weder Pflicht noch Erlaubniß gehabt habe, das deutsche mit dem lateinischen zu vergleichen, und es nach diesem zu ändern.

STELLENKOMMENTAR

105,2 *VADE MECUM]* (Lat.) »Geh mit mir!« Im 18. Jh. gebräuchlicher Name für Lehrbücher kleinen Formats, die man leicht mit sich führen konnte, also ›Taschenbücher‹. Lange hatte sich in seiner Entgegnung (fortan zitiert als *Schreiben*) auf den 24. *Brief* abfällig über das »Duodez- oder Taschenbuchsformat« von Lessings *Schriften* geäußert.

105,8 *Ihrer Politik]* Lange hatte sein *Schreiben* nicht an Lessing, sondern an den Redakteur des ›Hamburgischen Correspondenten‹ gerichtet. Ebenso verfuhr er mit seiner späteren Entgegnung auf das *VADE MECUM* (offener Brief an Prof. Nicolai).

105,9 *Unbekannten]* Damit will Lessing offensichtlich andeuten, daß der Nachdruck seines 24. *Briefs* im ›Hamburgischen Correspondenten‹ ohne sein Wissen erfolgte.

105,19 *zweiten Teile]* Im Zweiten Teil seiner *Schriften* (Herbst 1753) erschien Lessings 24. *Brief*, seine erste Kritik an Lange.

105,22 *großen Dichters]* S. unter »Entstehungsgeschichte«.

105,24 *öden Weg]* Anspielung auf Langes Ode *Die Kunstrichter*: »Indessen rührt der von Horaz betretne, / Nun öde, leichte Pfad an seinen Fuß.« (*Horatzische Oden*, 1747, S. 152.)

106,2 f. *unüberschwängliche Schönheiten]* Daß die sinnliche Form eines Kunstwerks sich in Einzelschönheiten auflösen läßt, gehört zu den essentiellen Vorstellungen der aufklärerischen Regelästhetik. – »Unüberschwänglich« spielt auf die Diskrepanz zwischen Langes Erhabenheitsideal und Horazens ›philosophischem Feinsinn‹ und ›entzückender Harmonie‹ an, die Lessing dem Römer in den *Rettungen* zuspricht (vgl. S. 160 dieses Bandes).

106,15 *für diese]* Vor dieser.

106,19 *solche Quelle des Geschmacks]* Genauer in der Selbstanzeige vom 17. 1. 1754: dort konstatiert Lessing, »daß die Werke des Horaz eine Hauptquelle des Geschmacks sind, und daß man nur aus seinen Oden, was Oden sind, lernen kann« (S. 15 dieses Bandes).

106,23 *öffentlichen Blatte]* Im ›Hamburgischen Correspondenten‹ vom 10. und 13. 11. 1753.

106,26 *ein Paar Bogen]* Langes Entgegnungsschreiben, Halle 1753.

107,5 *niederzuschlagen]* Im Sinn von ›mäßigen, dämpfen‹, z. B. ein Fieber niederschlagen, ein niederschlagendes Pulver (Grimms DWb 13, Sp. 790).

107,9 *1. B. Od. 1.]* »1. Bd., 1. Ode« der Horazischen *Carmina.* – Für Text und Übersetzung der Oden wurde herangezogen: Horaz, *Sämtliche Werke.* Lateinisch und deutsch, Oden und Epoden, hg. v. Hans Färber, München 1960 (fortan zitiert als: Färber).

107,10 *Sublimi ⟨. . .⟩ vertice]* »O, dann trag ich das Haupt bis zu den Sternen hoch!« (Färber, S. 9.)

107,15 *Dacier]* André Dacier (1654-1722), franz. Philologe, Übersetzer, Literaturtheoretiker, Kommentator. Das angesprochene Werk ist vermutlich nicht seine zehnbändige kommentierte Übersetzung des Horazischen Gesamtwerks (Paris 1681-89), sondern seine gemeinsam mit Noël Etienne Sanadon revidierte Übersetzung von 1735, auf die sich Lange in seiner *Vorrede* bezieht.

107,28 *sommet de la tête]* Wörtl.: »Gipfel, höchster Punkt des Kopfes«, Scheitel.

107,30 *nachdrücklichen]* Wirkungsvollen, kraftvollen.

107,35 f. *de ma tête ⟨. . .⟩ astres]* »Mit meinem ruhmreichen Haupt werde ich an die Sterne stoßen.«

108,4 f. *Vorrede ⟨. . .⟩ Gegenteil]* »Meine Uebersetzung ist der Bemühung eines getreuen Mahlers zu vergleichen, der das Urbild, so gut er kann, nachzeichnet, und nicht die Freyheit hat, den geringsten Strich zu ändern.« (*Oden*, Vorrede.)

108,7 *Cartesianisches Teufelchen]* Auch: Kartesianischer Taucher. Luftgefüllte Figur, die in einem Wassergefäß schwimmt und bei Druck auf den Deckel auf und ab steigt. Das Experiment wurde 1648 erstmals beschrieben und (wohl fälschlich) Descartes zuerkannt.

108,15 f. *proverbialische Hyperbel]* Sprichworthafte Übertreibung. – Ob Lessing damit das antike Mythologem meint, wonach die Götter auch Sterbliche für ihre Verdienste unter die Sterne versetzen, bleibt unklar. Einigermaßen sicher scheint, daß Lange daran gedacht hat. »Das Bild, so Horaz hier malet, stellet mir diesen Dichter vor, wie er oben an dem Sternhimmel schwebet und herabschauet.« (PO Erl., S. 559.)

108,18 *Ες ⟨. . .⟩ αλευμαι]* »Bis zum Himmel will ich euch springen.« (Theokrit, *Gedichte*, Nr. 5: *Geißhirt und Schäfer*, ed. F. P. Fritz, München 1970, S. 53.)

108,22 *an dem ⟨. . .⟩ schauet]* Wörtliches Zitat aus Langes *Schreiben* (PO Erl., S. 559).

108,28 *Terminusbilde]* ›Terminus‹ ist eigentlich ein römischer Grenzstein. Lessing meint hier den dazugehörigen Gott, den er sich in der Funktion einer Karyatide (Gebälkträgerin) oder eines Atlas (Globusträger) vorstellt.

108,31 *feriam]* (Lat.) »Ich werde stoßen«. Dagegen lat. feram »ich werde tragen«.

109,2 *galeaeque leves]* (Lat.) »und die blanken Helme« (*Carmina* I 2,38). – »Levis« mit kurzer erster Silbe heißt »leicht«, mit langer erster Silbe hingegen »blank«.

109,9 *dürfen]* Hier im Sinne von: müssen.

109,17 f. *die Schippe geben]* Fortjagen.

109,34 *Disjecta ⟨. . .⟩ ruina]* Wörtlich: »Zertrümmert durch einen nicht leichten Einsturz (Fall)«.

110,4 *levi]* Die heute gültige Lesart ist »leni« (sanft, gelinde, mild).

110,12 *Lambinus]* Denis Lambin (1516-1572), Verfasser eines Horaz-Kommentars (1561). – Die Titel der zahlreich genannten Horaz-Kommentare finden sich in PO Erl., S. 590 ff.

110,13 *leni ⟨. . .⟩ manuscripti]* Einige Handschriften haben »leni«.

110,19 *zum Überflusse]* Überflüssigerweise.

110,23 *laeves]* Neulat. Schreibweise für »leves« (langes ›e‹).

110,23 *Mancinellus]* Antonio Mancinelli (1452-1506), ital. Philologe und Horaz-Kommentator (1492).

110,24 *splendentes]* »Schimmernde«.

110,24 *Landinus]* Cristofero Landino (1424-1504), Horaz-Kommentator (1482).

110,24 *politae]* »Geglättete, polierte«.

110,25-27 *leve ⟨...⟩ politum]* »Leve« mit kurzer erster Silbe bedeutet »ohne Gewicht«, wird die erste Silbe jedoch gedehnt, bedeutet es »geglättet«.

110,28 *Hermannus Figulus]* D. i. Hermann Ulner (gest. 1566), dt. Horaz-Kommentator (1546).

110,29 f. *qui ⟨...⟩ delectatur]* »Der sich am schrecklichen Getöse der zusammenlaufenden Soldaten und dem fürchterlichen Lärm und Blitzen der Waffen erfreut«.

110,31 *Dacier]* Vgl. Anm. 107,15.

110,32 *qui ⟨...⟩ casques]* »Der nur das Blitzen der Helme zu sehen liebt«.

110,33 λειος] »Glatt, poliert«.

110,34 *polies und luisantes]* »Glatte und glänzende«.

111,2 *Vina liques]* Färber, S. 25, gibt: »Kläre den Wein«. Dazu die Anmerkung: »Der Wein wurde mit Metallsieb (colum) oder Seihtuch (saccus) vor dem Gebrauche geklärt« (S. 276).

111,18 *Plinius]* Plinius der Ältere (23/24-79 n. Chr.), röm. Schriftsteller, Verfasser einer umfangreichen *Historia naturalis* (Naturgeschichte, 37 Bde.), in der er enzyklopädisch das Wissen seiner Zeit sammelte.

111,18 *alvum liquare]* Lat. alvus »Bauch, Unterleib«, auch »Darmkanal«; lat. liquare »flüssig machen«; sinngemäß wohl: den Stuhlgang anregen.

111,22 *Scholiasten]* Antike und mittelalterliche Verfasser von sog. Scholien, d. h. Erklärungen zu klassischen Texten, in der Regel als Randnotizen (Marginalien).

111,24 *kalte Fieber]* Medizinischer Fachausdruck, febris algida, der ein Fieber bezeichnet, das mit Kälte und Schüttelfrost einhergeht.

111,26 *Acron]* Korrekt ist Acro. »Helenius Acro. Lat. Grammatiker, wahrscheinlich z. Z. des Marcus Aurelius, sicher vor Porphyrio, dem Horazerklärer, Vf. von Komm. zu Horaz« (*Der Kleine Pauly* 2, S. 992).

111,27 *Landin*] S. Anm. 110,24. – Landino gehört allerdings nicht ins 16., sondern ins 15. Jh.

111,31 *Joachim Lange*] Vater des Gotthold Samuel Lange, bekannter Theologieprofessor in Halle.

111,33 *liquefacere*] Flüssig machen.

112,4 *Sanadon*] Noël-Etienne Sanadon (1676-1733), franz. Philologe, Horaz-Kommentare (1727/28), gemeinsame Horaz-Ausgabe mit seinem Schwiegervater André Dacier (1735).

112,5 *durchsäugen*] Seihen.

112,7 *Columella*] Lucius Junius Moderatus Columella (1. Jh. n. Chr.), röm. Schriftsteller. Lessing bezieht sich auf sein Hauptwerk *De re rustica* (Von der Landwirtschaft), wo sich in Buch IX 15,12 »vinum liquatur« (der Wein wird gefiltert) findet.

112,16 *juramentum credulitatis*] Eid auf Treu und Glauben.

112,24 *Leuconoe*] Die Ode ist an Leukonoe, eine Geliebte des Dichters, gerichtet.

112,28 *Martial*] Marcus Valerius Martialis (um 40 bis 103/04 n. Chr.), bekanntester Epigramm-Dichter der Antike. Lessing hatte ihn im 24. *Brief* zur Klärung von ›vina liquare‹ zitiert (s. Bd. II dieser Ausgabe, S. 707).

112,32-34 *neque ⟨...⟩ fulmina*] Carmina I 3,38-40: »Einzig will es nur unsere Schuld, / Wenn der zürnende Gott strafende Blitze zuckt.« (Färber, S. 15.)

112,37 f. *O wie ⟨...⟩ weggekommen*] PO, Rilla und Göpfert schreiben diesen Spottvers fälschlich Lessing zu. Es ist jedoch Lange, der ihn in seinem *Schreiben* Lessing in den Mund legt (PO Erl., S. 568). Dieser gibt ihn nur zurück (»Ihr eignes Versehen«). Woher er stammt, ist ungeklärt. In Langes Oden-Übersetzung steht er jedenfalls nicht.

113,5 *Gravesque ⟨...⟩ amicitiae*] Bei Färber (S. 66): »gravisque Principum amicitias« (die unheilvolle Freundschaft der Fürsten). Gemeint sind Caesar und Pompeius.

113,11 *Stecken und Stab*] Zitat aus Luthers Übersetzung des 23. Psalms (*Der gute Hirte*).

113,13 *Batteux*] Charles Batteux (1730-1780), einflußreicher franz. Ästhetiker. Seine Horaz-Übersetzung erschien 1750.

113,13 f. *vous ⟨...⟩ Princes]* »Sie enthüllen uns das Geheimnis der verhängnisvollen Bündnisse der Fürsten« (aus André Daciers Horaz-Übersetzung).

113,15 *le ligues funestes des Grands]* »Die verhängnisvollen Bündnisse der Großen« (aus Batteux' Horaz-Übersetzung).

113,16 f. *perniciosas aut infidias]* »Schädlichen oder treulosen«.

113,17 *noxias]* »Schädlichen«.

113,18-20 *puta ⟨...⟩ perdiderunt]* »Zum Beispiel das Bündnis zwischen Crassus, Pompeius und Caesar, durch das sie zur Herrschaft über die Welt gelangten, ihr Schaden zufügten und sie zugrunde richteten« (Rilla).

113,20 *Chabotius]* Pierre Gautier Chabot (1516-1605), franz. Philologe. Sein Horaz-Kommentar erschien 1582.

113,20-22 *amicitiae ⟨...⟩ fuerunt]* »Die Freundschaften jener Großen waren erdichtet und geheuchelt, daher waren sie sowohl für sie selbst untereinander als auch für das römische Volk verhängnisvoll« (Rilla).

113,22 *Rodellius]* Pierre de Rodelle; seine dem Kronprinzen (Dauphin) gewidmete und deshalb gereinigte Horaz-Ausgabe erschien 1683.

113,23 *perniciosas ⟨...⟩ coitiones]* »Die schädlichen Verbindungen der Aristokraten«.

113,28 f. *jüngern Cato]* Cato von Utica (95-46 v. Chr.), röm. Politiker. Als überzeugter Republikaner nahm er sich nach Caesars Sieg bei Thapsos das Leben.

113,29-31 *non ⟨...⟩ mala]* »Nicht aus Feindschaft zwischen Caesar und Pompeius, sondern aus den freundschaftlichen Beziehungen zwischen ihnen und Crassus ist für den römischen Staat alles Übel entstanden.« Der Satz, in Plutarchs Lebensbeschreibung des Caesar (Kap. 13) überliefert, kann, aber muß nicht als Ausspruch Catos verstanden werden.

113,35 *Grille]* Hirngespinst, Einbildung, bizarrer Einfall. Vgl. Grimms DWb 9, Sp. 320 f.

113,36 *nicht das erste ⟨...⟩ Triumvirat]* Erstes Triumvirat zwischen Pompeius, Caesar und Crassus Ende 60 v. Chr.; zweites Triumvirat zwischen Lepidus, Antonius und Octavian Oktober 43 v. Chr. – Lange bezog die Ode tatsächlich auf das zweite Triumvirat (vgl. PO Erl., S. 561).

114,11 *graves Persae]* »Gravis« kann auch »schlimm, furchtbar« heißen. Vgl. Färber: »die trotzgen Perser« (S. 9).

114,21-24 *il apelle ⟨...⟩ raison]* »Er nennt die Perser ›graves‹, d. h. schrecklich, fürchterlich, wegen des Schadens, welchen sie den Römern zugefügt hatten, wie er schon aus dem gleichen Grund die Zeit der Pyrrha ›grave‹ genannt hat« (Rilla).

114,25 *horribilis]* Schaudervoll, entsetzlich.

114,28 f. *Cujus ⟨...⟩ lustrum]* »Dessen Alter sich beeilt hat, das achte Lustrum ⟨das 40. Jahr⟩ zu beschließen.« (Carmina II 4,23-24).

114,33 *Cellarius]* Christoph Cellarius (1638-1707); sein lat. Wörterbuch *Antibarbarus, seu de latinitate mediae et infimae aetatis liber* (Antibarbarus, oder Wörterbuch des Mittel- und Neulateins) erschien 1695.

115,8 *h. l.]* Lat. hoc loco »an dieser Stelle«.

115,16 *Ne ⟨...⟩ naves]* »Eilt nicht, Teukrer, meine Schiffe zu verteidigen.«

115,17 *Julius Cäsar]* Bezug auf *De bello gallico* (Vom gallischen Krieg), Buch V, Kap. 33.

115,19 *concursare]* Hin- und herrennen, umherlaufen.

115,22 f. *cum ⟨...⟩ trepidat]* »Während jeder für sich auf seinen Posten eilt.« Vgl. Livius, *Ab urbe condita* (Vom Ursprung der Stadt an) XXIII 16,12.

115,26 *festinavit]* Eilte.

115,27 *properavit]* Eilte.

115,27 *verbum est celeritatis]* »Das Wort bezeichnet Schnelligkeit.«

115,28 f. *usus ⟨...⟩ aptissimo]* »Das Wort wird gebraucht, um treffend den so schnellen Ablauf unserer Lebenszeit zu bezeichnen.«

115,29 f. *Jodocus Badius]* Jodocus Badius Ascensius (1462-

1535), niederl. Philologe. Sein Horaz-Kommentar erschien 1511.

115,36 f. *un ⟨...⟩ lustre]* »Ein Mensch, dessen Alter sich beeilt hat, das achte Lustrum zu vollenden«.

116,21 *Lustrum]* Jahrfünft.

116,28 *poetische Farben]* Die Übertragung des Farben-Begriffs auf die Literatur begegnet schon in der antiken Rhetorik als »colores rhetorici«. Mit den rhetorischen oder poetischen »Farben« sind die stilistischen Figuren und Effekte gemeint.

117,1 f. *Sed ⟨...⟩ Orion]* »Doch schon sinkt mit Hast, wie du siehst, Orion, / Brausend ⟨...⟩« (*Carmina* III 27,17 f., nach Färber, S. 167).

117,7 *für Lachen]* Vor Lachen.

117,23 f. *Nondum ⟨...⟩ (valet)]* »Noch nicht vermag sie so wie ihr Mitgespann / Zu ziehen« (*Carmina* II 5,2 f., nach Färber, S. 75).

117,32 *c'est un mot honête]* »Das ist ein ehrbares Wort«. In der Tat sind die Modebegriffe ›honnête‹ und ›honnêteté‹ im 17. und 18. Jh. primär Moralbegriffe und meinen Wohlanständigkeit, Ehrlichkeit, Aufrichtigkeit. Christian Reuter z. B. übersetzt »L'honnête femme« mit »Die ehrliche Frau«.

118,2-4 *non ⟨...⟩ mutone. etc.]* »In diesen übertragenen Wörtern wird das Obszöne nicht geringer, als wenn man es beim Namen nennt, wie fester Schwanz oder festes Glied etc.«

118,7 *munia]* Leistungen, Amtspflichten, Berufsgeschäfte.

119,5 *steigen ⟨...⟩ Ideen]* Etwa: »Steigern sich bei mir die Vorstellungen«.

119,13 *jugum]* Joch.

119,15 *jamne ea fert jugum?]* »Trägt sie schon das Joch?« (Plautus, *Curculio*, v. 50).

119,16 *pudica ⟨...⟩ viris]* »Sie ist keusch und schläft noch nicht mit Männern.« (Ebd., v. 57.)

119,23 *Erasmus]* Desiderius Erasmus von Rotterdam (1467-1536). Sein Horaz-Kommentar erschien 1544.

119,23 f. *Metaphora ⟨...⟩ sustineat]* »Die Metapher ist von der Jungkuh hergeleitet, die noch nicht die Stärke hat, um beim Pflügen die nötigen Kräfte aufzubringen.«

119,24 *Cruquius]* Jacob Cruquius (de Cruque), gest. 1621. Horaz-Kommentar 1578.

119,25-27 *quae ⟨...⟩ familiares]* »Die noch nicht fürs Joch geeignet ist, die nicht mit gleicher Anstrengung und in Eintracht mit ihrem Gefährten, nämlich ihrem Gatten, die häuslichen Pflichten und Beschwernisse trägt.«

119,27 *Lubinus]* Eilhard Lubin (1565-1621), Horaz-Kommentar 1612.

119,27-29 *nondum ⟨...⟩ valet]* »Noch vermag sie nicht die Pflichten, Lasten und Strapazen mit dem, der mit ihr unter dem Joch geht, mit gleicher Kraft zu tragen und in gleicher Weise zu bewältigen.«

119,31 *sensu nupto]* Im Sinne der Ehe.

120,25 *Acron]* S. Anm. 111,26.

120,29 *Porphyrio]* Pomponius Porphyrio, Horaz-Kommentator des 2./3. Jhs. n. Chr.

120,32 *detorquet ⟨...⟩ osculis]* »Windet sich den Küssen entgegen, entwindet sich den Küssen«.

121,24 *Paraphrast]* Von ›Paraphrase‹: erweiternde und erläuternde Umschreibung eines Ausdrucks.

121,24 f. *dum ⟨...⟩ detorquet]* »Während sie ihren rosigen Hals deinen Küssen, um dir zu willfahren, entgegenneigt und zuwendet«.

121,26 *3. B. Ode 21.]* Die strittige Stelle findet sich v. 11/12: »Narratur et prisci Catonis / Saepe mero caluisse virtus.« (Selbst die Tugend des alten Cato, erzählt man sich, habe sich beim Trunke oft erhitzt.)

122,12 *Fontes]* Quellen.

122,20 *Plutarchs]* Plutarchos von Chaironeia (um 46-120 n. Chr.), griech. Biograph, Historiker, Philosoph. Berühmt durch seine *Parallelbiographien*, in denen große Griechen und Römer in Vergleichspaaren gegenübergestellt sind (19 Doppel-, 4 Einzelbiographien). Gegenstück zur Biographie des Marcus Cato (»Priscus«) ist die des Griechen Aristeides.

122,21 f. *Wechselschen Ausgabe*] Nach PO handelt es sich um *Plutarchi, quae extant omnia* ⟨...⟩ *Frcf. Andr. Wecheli heredes 1599* (Plutarchs ⟨Biographien⟩, in vollständiger Überlieferung ⟨...⟩ Frankfurt a. M. bei Andreas Wechels Erben 1599).

122,21-24 Εκαλειτο ⟨...⟩ ονομαζουσιν] Übersetzung folgt im Text (S. 122,30-32).

122,28 *Übersetzung* ⟨...⟩ *Kinds*] *Plutarch's Lebensbeschreibungen der berühmtesten Griechen und Römer, aus dem Griechischen übersetzt und mit Anmerkungen versehen von J.⟨ohann⟩ C.⟨hristoph⟩ Kind*, 8 Teile, Leipzig 1746-54. – Kind (1718-1793) war Jurist und Stadtrichter in Leipzig.

123,2 *Priscus*] Uralt, altertümlich, altehrwürdig; aber auch: nach alter Art, streng, einfach.

123,2 *Cato*] Von lat. catus gewandt, gescheit, schlau.

123,27 *Zuname*] Beiname.

124,11 *in Ansehung*] Hinsichtlich.

124,27 *Glareanus*] Henricus Loritus Glareanus (1488-1563), Humanist aus Glarus. Horaz-Kommentar 1523.

124,28 *antiquioris oder veteris*] »Älteren oder Alten«.

125,3 *severus*] Streng, ernst, hart.

125,4 *prisca*] Hier: alt, nach alter Art.

125,6 f. *prisca* ⟨...⟩ *consuevit*] »Alte Tugend, die wie bei den Menschen der alten Zeit (evtl. des Goldenen Zeitalters) beschaffen war.«

125,20 *la vertu* ⟨...⟩ *Caton*] »Die Tugend des alten Cato«.

125,23 *einen Perioden*] Lat. periodus aus griech. periodos: Umlauf, Satz- und Sinneinheit der Rede. Bis ins 18. Jh. Maskulinum. P. »heisset in der Sprachkunde ein Stück der Rede, welches einen vollkommenen Sinn enthält, und mit einem Punct geschlossen wird« (Zedler, Bd. 27, Sp. 433).

125,25 *poeta* ⟨...⟩ *nomine*] »Der Dichter hat den Namen nicht richtig gebraucht.«

125,31 *Parallelismum*] Lat. Akkusativ. Hier: Stellenvergleich beim selben Autor.

125,36 *19 Briefe* ⟨...⟩ *Buchs*] Horaz, *Epistulae* (Briefe) I 19 (*An Maecenas*).

126,3 *Cratinos*] Kratinos (5. Jh. v. Chr.), Vertreter der alten griech. Komödie. Von seinem Werk (28 Titel) sind 450 Fragmente überliefert. Brachte sich selbst als Dichter und Trinker auf die Bühne.

126,4 *Prisco ⟨...⟩ Cratino]* »Wenn du, gelehrter Maecenas, dem alten Kratinos glaubst« (Horaz, *Epistulae* I 19; nach Färber).

126,13-15 *Obscurata ⟨...⟩ Cethegis]* »Vergrabene Schätze, die dem Volke lange fremd waren, wird er geschickt hervorziehen, wird anschauliche Worte zum Lichte fördern, die vorzeiten einem Cato oder Cethegus geläufig waren« (Horaz, *Epistulae* II 2; nach Färber). – Die entscheidende Stelle lautet wörtlich: »von den alten Catonen und Cethegen«.

126,22 *nostrum ⟨...⟩ utroque]* »Besser als jeder von uns beiden«.

126,23 *Gesner]* Johann Matthias Gesner (1691-1761), Pädagoge, Polyhistor, klassischer Philologe. Seine *Scriptores rei rusticae veteres Latini* (Antike lat. Autoren über das Landleben) erschienen 1735.

126,29 *über den Ackerbau]* Marcus Portius Cato (»Cato der Ältere«), 234-149 v. Chr., verfaßte ein Werk *De agricultura* (Über den Landbau), das auch unter dem Titel *De re rustica* (Vom Landleben) bekannt ist.

126,30-33 *congeriem ⟨...⟩ antiqui]* »Eine wenig geordnete Kompilation der Orakelsprüche, wie Plinius sagt, des wahren und alten Cato«. Und: »Die alten Handschriften geben ihm auch jenes Horazische Beiwort neben anderen Namen« (Gesner, s. Anm. 126,23, S. 20 ff.).

127,13 *Ausschweifung]* Exkurs, Abschweifung.

127,13 *obige Stelle]* Vgl. S. 122,30-32 dieses Bandes.

128,6 f. *Cato ⟨...⟩ gentis]* »Cato, der erste der Familie der Porcier«. Vgl. Plinius, *Naturalis historia* (Naturgeschichte) VII 27.

128,14 f. *Ρωμαιοι ⟨...⟩ ονομαζουσιν]* »Die Römer nennen einen erfahrenen Menschen Katon.«

128,18 *Cruserus]* Hermann Crüser (1510-1575), Humanist, Arzt und Rechtsgelehrter. Plutarch-Übersetzung 1564.

128,20 *Romani ⟨...⟩ vocant]* »Die Römer nennen einen erfahrenen Menschen catus.«

128,26 *Aelius Sextus]* Aelius Sextus Paetus Catus (2. Jh. v. Chr.), Schöngeist, berühmter Jurist und Schriftsteller.

128,30 *Ennius]* Ennius Quintus (239-169 v. Chr.), röm. Dichter. Das Zitat findet sich in seinem Hauptwerk *Annales* (Jahrbücher), Fragment 331.

128,32 *Egregie ⟨...⟩ Sextus]* »Der besonders verständige Mann Catus Aelius Sextus« (Cicero, *Tusculanae disputationes* [Tusculanische Unterredungen], 1. Buch, 18. Kap.).

129,7 f. *praestitere ⟨...⟩ cognominati]* »Sie übertrafen die übrigen Sterblichen an Weisheit, deshalb wurden sie von den Römern Cati ⟨Kluge⟩ und Corculi ⟨Verständige⟩ genannt.« (Plinius, *Naturgeschichte* VII 31).

129,16 *de senectute]* Ciceros Abhandlung *Über das Alter.* – Die angesprochene Textstelle findet sich allerdings nicht dort, sondern in Ciceros Abhandlung *Laelius oder Über die Freundschaft* II 6.

129,18 *Sapientis]* Des Weisen.

129,28 *acutus]* Scharfsinnig, geistreich, witzig; aber auch: abgefeimt.

129,29 *Varro]* Marcus Terentius Varro (116-27 v. Chr.), röm. Gelehrter und Dichter. Lessing bezieht sich auf seine Abhandlung über die lat. Grammatik *De lingua latina* (Über die lateinische Sprache) VII 46.

129,30 *verschmitzt]* Schlau, verschlagen, hintersinnig.

130,10 *der Alte]* Gemeint ist der Alte Dessauer, d. i. Leopold I., Fürst von Anhalt-Dessau (1676-1747).

130,19 *Livius]* Titus Livius (59 v. Chr. - 17 n. Chr.), röm. Geschichtsschreiber. Seine ausgreifende Römische Geschichte *Ab urbe condita* (Von der Gründung der Stadt an) gilt als glänzend geschrieben, aber nicht sonderlich zuverlässig.

130,22 *Tarquinius]* Tarquinius Priscus (der ältere T.), nach der Überlieferung der 5. König Roms. Lebte von 616 bis 578 v. Chr.

130,23 *Superbo]* Lucius Tarquinius Superbus, der verbrecherische Sohn des Tarquinius Priscus, der der Überlieferung nach von 534 bis 509 regierte.

130,24 *Festus]* Sextus Pomponius Festus, Grammatiker

des 2. Jhs. n. Chr. – Lessing bezieht sich auf sein mehrbändiges lateinisches Glossar, das im Wesentlichen eine Kurzform des verlorenen Wörterbuchs *De verborum significatu* (Über die Bedeutung der Wörter) des Verrius Flaccus darstellt.

130,25 f. *Priscus ⟨. . .⟩ Tarquinius]* »Tarquinius Priscus wird so genannt, weil er vor dem Tarquinius Superbus lebte.«

130,34 *Bayle]* Pierre Bayle (1647-1706), franz. Aufklärungsphilosoph, berühmt durch sein *Dictionnaire historique et critique* (Historisches und kritisches Wörterbuch) von 1697, in dem er das historische Wissen der Zeit auf seine Quellentreue und Vorurteilsstruktur hin prüfte. Von großem Einfluß auf Lessing. – Lange im *Schreiben*: »Weil Bayle von diesem Namen ⟨Cato Priscus⟩ nichts gedenkt, so hat Herr Lessing, dessen Belesenheit sich nur auf den Bayle zu erstrecken scheint, diesen kritischen Fehler begangen.« (PO Erl., S. 564.)

130,37 *prophetischer Geist]* Anspielung auf Gottscheds kommentierte Übersetzung des Bayleschen Wörterbuchs, Leipzig 1741-44.

131,4 *Uxor ⟨. . .⟩ nescis]* »Du weißt nicht, daß du die Gattin des unbesiegten Jupiter bist.«

131,24 f. *atqui, ergo]* »Aber doch, also«.

131,32 f. *Mitte ⟨. . .⟩ Fortunam]* »Laß das Schluchzen, lern, wie man trägt mit Würde / Ein so großes Glück.« (Färber, S. 171.)

132,3 *schließend]* Schlüssig.

132,4 *Idyllion]* Eigtl. Eidyllion (kleines Bild, von griech. eidos »Bild«). Daraus »Idylle«. Schilderung unschuldig-beschaulicher Daseinsform, meist im schäferlichen Milieu. Das von Lessing so bezeichnete Gedicht *Europa* ist allerdings kein Idyllion, sondern eher das, was man seit dem 19. Jh. ein ›Epyllion‹, ein Klein-Epos, nennt.

132,4 *Moschus, Europa]* Moschos von Syrakus, griech. Dichter des 2. Jhs. v. Chr., dessen Klein-Epos *Europa* den Raub der Europa durch Zeus zum Thema hat. Daneben bukolische Gedichte.

132,10-14-130,7-11 *Πη* ⟨...⟩ *εμειο*] »Wohin trägst du mich, göttlicher Stier? ⟨– –⟩ Bist du etwa ein Gott? ⟨– –⟩ Ich hoffe den zu sehen, der die Meerfahrt, die vor mir liegt, lenkt.« (*Europa*, v. 135, 140, 150 f.; nach Rilla.)

132,16-18 *Θαρσει* ⟨...⟩ *Ταυρος*] »Sei mutig, Jungfrau, ⟨– –⟩ Zeus selbst bin ich, wenn es auch scheint, ich sei ein Stier.« (v. 154-156; nach Rilla.)

132,23 f. *Ζηυς* ⟨...⟩ *μιτρην*] »Zeus aber nahm wieder seine Gestalt an und löste ihr den Gürtel.« (v. 163 f.; nach Rilla.)

132,30 *consolatio cum reprehensione*] »Trost und Zurechtweisung in einem«.

132,32 *4. B. Ode 4.*] 4. Buch, 4. Ode. Die anvisierte Strophe nebst Langes inkriminierter Übersetzung sind im 24. *Brief* abgedruckt (s. Bd. II dieser Ausgabe, S. 708).

133,1-3 *caprea* ⟨...⟩ *vidit*] Wörtl.: »das Reh nimmt den der Muttermilch entwöhnten Löwen und damit den eignen Tod durch einen jungen Reißzahn wahr«. Langes Wiedergabe von »dente novo« durch »junge Ziegen« mag tatsächlich ein Druckfehler gewesen sein (*Schreiben*, S. 565). Die einleuchtende, aber Lessing nicht befriedigende Korrektur Langes lautete »junge Zähne«.

133,6 *caprea*] Wildziege, Reh. – Die Ziege als Haustier heißt lat. »capra«.

133,9 *5. B. Ode 11.*] *Buch der Epoden*, Nr. 11. Die Zeilen, um die es geht, lauten:

Desinet imparibus
    Certare summotus pudor.

Übers.: »Fort mit der Scham, denn ich geb' den Kampf, der ungleich, endlich auf!« (Nach Färber, S. 247.) Lange hatte »imparibus« mit »nichtswürdige« übersetzt und sich dabei auf Dacier berufen.

133,16 *impar, indigne*] (Lat.) Ungleich, (franz.) unwürdig.

133,26 *Ohe jam satis est*] »Oh, es ist schon genug.« (Martial, *Epigramme* IV 89.)

134,4 *Exercitia*] Übungsaufgaben.

134,10 *präjudicierlich*] Der Sache vorgreifend.

134,14 *Trabe Cypria*] Wörtlich: »auf cyprischem Balken«.

Metonymisch gemeint ist wohl: cyprisches Schiff (Kiel, Schiffsplanke).

134,33 *Tristes Hyadas]* »Traurige Hyaden«. Eine Sterngruppe im Sternbild des Stiers, auch ›Regengestirn‹ genannt. Die Hyaden sollen um ihren toten Bruder Hyas trauern.

135,1 *Vada]* Lat. vadum, Plural vada »Untiefe, Furt«, aber auch »Gewässer, Meer, Flußbett«.

135,5 *Cytherea Venus]* Kytherische (zyprische) Venus. Einer der Beinamen der Aphrodite bzw. Venus.

135,21 *cantamus ⟨...⟩ urimur]* »Wir singen liebebefreit oder in Lieb entbrannt« (nach Färber, S. 19).

135,30 *mobilibus]* Die Phrase heißt: »mobilibus rivis« (»mit beweglichen, flinken, eiligen Bächen«).

135,33 *Ölzweig]* Vgl. 24. *Brief* (Bd. II dieser Ausgabe, S. 706).

136,4 *Scheibenschuß]* Lessing verfälscht hier den Text. Lange übersetzt: »Den ehmals der Scheiben Schuß und Wurfspieß erhoben« und meint mit ›der Scheiben Schuß‹, in der Tat reichlich unglücklich, den Diskuswurf.

136,9 *dimidium amphorae]* Eine halbe Amphore (antikes Weinmaß).

136,13 *gen.]* Abkürzung von Genitivus, zweiter Fall.

136,19 *oppositis pumicibus]* Etwa: widerstehendes Geklüft.

137,2 f. *On ⟨...⟩ hommes]* »Es ist anzumerken, daß die Leier für das Lob der Götter und die Flöte für das der Menschen bestimmt war.«

137,5 *Seu ⟨...⟩ rixae]* Wörtl.: »ob dir vom Wein entfesselte Handgreiflichkeiten die weißen Schultern entstellen«.

137,14 *Carina]* Lat. carina, eigtl. »Nußschale«, bedeutet »Schiffskiel«, aber metonymisch auch »Schiff, Fahrzeug«.

137,17 *Calami spicula Gnossii]* »Die Spitzen des Gnossischen Pfeils«. Die Kreter und ihre größte Stadt Knossos waren für ihre Bogenschützen berühmt. – Lat. calamus heißt eigtl. »Rohr, Schilf«, aber auch »Schreibrohr, Rohrpfeil«.

137,23 *An ⟨...⟩ hatte]* Das Gedicht heißt bei Lange: »Ad amicam quam iambis laeserat«. Bei Färber heißt es »Widerruf«. Ob Langes Titel »vollkommen falsch« ist, wie Lessing behauptet, sei dahingestellt. Das Schmählied auf die abwesende Mutter beleidigt hier ja vor allem die Tochter.

137,31 *adytis]* Dativ Plural von lat. adytum »Heiligtum, Tempelinnenraum, Grabkammer«.

137,32 *mentem sacerdotum]* Den Geist der Priester.

138,2 *Thyoneus]* Beiname des Dionysos, nach seiner Mutter Thyone (Semele).

138,4 f. *Nullam ⟨. . .⟩ Weinstock]* Färber, S. 39, übersetzt wie Lange: »baue mir nicht ander Gewächs ⟨. . .⟩, eh nicht heiligen Weins Rebe im Schutz alten Gemäuers glüht.« Ähnlich Alkaios, Fragm. 97D: »Keinen andern Baum pflanze zuvor, ehe der Wein verpflanzt« (Geibel).

138,13 *letzten ohne einen]* Vorletzten. – Bei Horaz steht das Wort in der letzten Gedichtzeile.

138,14 *mactare]* Schlachten, allerdings nur im Rahmen des religiösen Opfers. Andere Bedeutungen: ehrenvoll beschenken, den Gott durch ein Opfer ehren, ein Opfertier weihen.

138,18 *nec ⟨. . .⟩ attinent]* »Noch was für nichts mir gilt« (Rilla).

138,22 *Cales]* Südital. Stadt, für ihren Weinbau bekannt.

138,23 f. *Formiae]* Stadt in Latium, an der Via Appia. Bekannt durch Weinbau.

138,31 *Delos]* Delos ist eine kleine Insel in den Kykladen (Ägäis); Geburtsort Apollos.

139,3 επικοινα] Zweigeschlechtige.

139,6 f. *Vaters ⟨. . .⟩ Grammatik]* Joachim Langes lat. Grammatik erschien 1707 in Halle. Zu Lebzeiten des Sohnes erfuhr sie 26 Auflagen und mehrere Übersetzungen.

139,8 *sequor]* Ich folge (mit Akkusativ).

139,16 f. *Laß ⟨. . .⟩ folgen]* Färber, S. 45, übersetzt: »Lauf doch, männlicher Liebe reif, nicht länger der Mutter nach!«

139,30 *Angiportus]* Üblicher ist angiportum »enge Seitengasse, Gäßchen«, eigtl. »Durchgang«.

140,2 *integer]* Die Grundbedeutung ist in der Tat »unversehrt, unberührt«, aber »rein« ist möglich. Bei Färber: »lauter« (S. 49).

140,5 *schärfliche Falernus]* Es müßte »Falernum« heißen, da lat. vinum ein Neutrum ist. Bei Färber: »herber Falerner« (S. 49).

140,13 *Matinus*] Berg und Vorgebirge in Apulien. Lessing irrt: es handelt sich tatsächlich um ein »Ding«.

140,14 f. *Panthous*] Auch Panthoos. Einer der Geronten (Mitglieder des Ältestenrats) am skaiischen Tor in Troja (*Ilias* III 146). Lessing irrt: Die lat. Form »Panthus« ist gebräuchlich und u. a. in Vergils *Aeneis* belegt.

140,17 *Fluctus Hesperii*] Mit »Hesperien« (das Land im Westen, Abendland) war aus griech. Sicht Italien, aus röm. Sicht Spanien gemeint. Auch der Garten der Hesperiden wird gern bei den Säulen des Herkules (Gibraltar) lokalisiert. Langes ›spanische‹ Version ist zwar nicht zwingend, aber durchaus plausibel.

140,20 *Hesperia magna*] Italien; Spanien wurde ›Hesperia ultima‹ (äußerstes H.) genannt.

140,22 *puer ex aula*] Knabe vom Hof, Edelknabe, Page.

140,25 *Sperne*] Lat. spernere bedeutet »zurückstoßen, entfernen«, aber auch »verachten, verschmähen«.

140,29 f. *ein Dichter ⟨...⟩ der Dichter*] Der Unterschied scheint unerheblich für das Verständnis des Gedichts.

140,31 *jungen Saft*] Lessing irrt; »junger Wein« wäre hier richtiger (vgl. Horaz, *Werke*, ed. Simon, 1990, S. 317: »Am Altar wurde ein Trankopfer dargebracht, für das man gewöhnlich frischen Wein nahm«).

141,6 *Calensche*] Cales ist ein Weinort in Kampanien. Das Adjektiv muß lat. ›calenus‹, dt. ›calesisch‹ heißen.

141,7 *schon vorher*] Gemeint ist der Kommentar zur 20. Ode.

141,16 *Religare*] Anbinden, befestigen. Die Bedeutung ›losbinden‹ ist sehr selten bezeugt. Vgl. Färber, S. 57: »Wenn am Strand, am nassen, das sturmgepeitschte Schiff er gebunden«.

141,17 *refigere*] Losmachen, abreißen.

141,18 *recludere*] Aufschließen, eröffnen.

141,28 *mit Fleiß ⟨...⟩ nicht*] Lessing hat die »verhunzte« Ode wenig später selbst übersetzt (in Prosa) und eingehend interpretiert. Vgl. *Rettungen des Horaz* (S. 188 dieses Bandes).

141,26 *Dacier]* Daciers Deutung referiert Lessing ebendort (S. 189-194 dieses Bandes).

141,32 *clavos trabales]* Akkusativ Plural von clavus trabalis »Balkennagel«. Lange stümpert daraus »Balken und Nägel«. Lessings Beobachtung, daß »trabalis« (balkenartig, balkenstark) im Lat. als Kraftwort dient, ist zweifellos richtig. Färber gibt richtig: »mächtige Nägel« (S. 61). Ebenso ist Vergils »telum trabalis« (*Aeneis* XII 294) richtig mit »gewaltiges Geschoß« zu übersetzen.

141,33 *Adjectivi trabalis]* Des Adjektivs trabalis.

142,7 *Breve lilium]* Färber gibt, im Sinne Lessings: »schnell welkende Lilien«.

142,8 *vivax]* Langlebig, sich lange frisch erhaltend, lebhaft.

142,9 *Blut]* Altertümliche Form von »Blüte« (mhdt. bluot); bei Lessing nur an dieser Stelle.

142,16 *Berg Hömus]* Griech. Haimos, lat. Haemus oder Hoemus: Gebirgslandschaft Nordthrakiens.

142,20 *equitem ⟨...⟩ leporem?]* »Den Reiter statt des Hasen umbringen«.

142,26 *qui culpam ⟨...⟩ meruit]* »Der Fehler vermied, Lob nicht verdiente«.

142,28 *zwei hundert Fehler]* Anspielung auf den die Kritik auslösenden Fehler der »zweihundert Becher« (s. 24. *Brief*, Bd. II dieser Ausgabe, S. 705). Vgl. auch Lessings ersten Brief an Nicolai: »Solcher kindischen Vergehungen habe ich mehr als zweihundert angemerkt« (Bd. XI/1 dieser Ausgabe, S. 39). Lange hat diesen Brief oder jedenfalls seinen Inhalt gekannt: »es ist schon lange, daß er mich mit der Entdeckung einiger hundert Schulschnitzer durch die dritte Hand bedrohet hat.« (PO Erl., S. 567.)

143,12 *Ihr Stolz ⟨...⟩ Vorurteil]* Lessing mochte dabei an gewisse Passagen in Langes *Schreiben* gedacht haben, z. B.: »Wie stark haben die ihre Unwissenheit verraten, die, sobald sie die Lessingsche Kritik in ihren Zeitungen erblickten, mich verloren gaben; ich bedaure sie von Herzen« (PO Erl., S. 569). – Einläßlicheres zu diesem Punkt unter »Entstehung«.

143,14 f. *Altertümer]* Humanistischer Fachausdruck für das kulturgeschichtliche Wissen über die Antike (antiquitates).

144,16 *Hr. P. N.]* Herr Professor Nicolai.

144,17 *21ten Seite]* Des *Schreibens* (Originaldruck, Halle 1753). Vgl. PO Erl., S. 567 f.

144,29 *Freundschaft in Briefen]* Nur unvollständig erhalten.

144,33 *dafür]* Davor.

145,1 f. *— — — — — —]* Zu ergänzen: »Hoffnung haben könnte, im Preußischen sein Glück zu finden. Herr Lange kann viel bei Hofe durch gewisse Mittel ausrichten.« (Bd. XI/1 dieser Ausgabe, S. 40.)

145,27 *an kein Honorarium gedacht]* Nicolais Vermittlerrolle scheint zwielichtig. Obwohl der Vorschlag des Manuskriptverkaufs von ihm kam und Lessing nicht darauf reagierte, könnte er Lange die Sache als Forderung Lessings nahegebracht haben. Jedenfalls stellt es Lange in seinem öffentlichen Rechtfertigungsbrief an Nicolai vom 18. 2. 1754 vermittels eines indirekten Zitats aus Nicolais Vermittlungsbrief so dar: »Allein er ⟨Lessing⟩ hätte einmal seine Schrift zum Druck bestimmt, und er würde sich nicht dazu verstehen, mir die Handschrift zu senden, wenn ich ihm nicht so viel davor geben wollte, als ein Verleger tun möchte. Aus diesem Ausdruck konnte ich nach aller Logik nicht anders schließen, als daß mein Gegner selbst diesen Vorschlag getan haben müsse« (PO Erl., S. 572).

146,8 *senex ABCdarius]* Alter ABC-Schütze (lat. senex »Greis«).

146,9 *Scioppius]* Caspar Scioppius, eigentlich Kaspar Schoppe (1576-1649), bedeutender Philologe, der allerdings in seinen theologischen Streitschriften einen polemischen Ton pflegte, der seinen Namen sprichwörtlich für Gelehrtenzank werden ließ. – Lange hatte Lessing im *Schreiben* einen »bittern Scioppius« genannt (PO Erl., S. 559).

146,11 *Bayle]* Vgl. Anm. 130,34.

146,11 f. *Critik* ⟨...⟩ *Lexicon]* Gemeint ist: Christian Gottlieb Jöcher, *Allgemeines Gelehrten-Lexikon*, 1750-51, zu dessen Mängeln Lessing umfängliches Material zu sammeln begonnen hatte (vgl. Bd. II dieser Ausgabe, S. 433-457 und S. 709 f.). Dazu Lange im *Schreiben*: »Es ist sein Glück, daß er zu seinen Kritiken keinen Verleger hat finden können. Denn da er so schlechten Verstand und Wissenschaften in dem Auszuge (welchen er in Briefe an sich selbst verwandelt hat) an den Tag leget, was vor Unsinn hätten seine ausführliche Schriften gegen den Herrn D.⟨oktor⟩ Jöcher und mich hervorgebracht! Doch er hat es seinen Briefen nach noch nicht verredet, ausführlicher den Herrn D. Jöcher zu seinem Moreri [franz. Lexikograph] zu machen, um dessen Bayle zu sein.« (PO Erl., S. 568.)

146,19 *ungerochen]* Ungerächt.

⟨ÜBERSETZUNG DER ODE
DES HORAZ AD BARINEN⟩

Erstveröffentlichung durch Friedrich Nicolai in: *Sämmtliche Schriften*, 27. Teil, Berlin 1794, S. 52. Der Übersetzungsentwurf steht dort im Anhang zum Briefwechsel Lessings mit Karl Wilhelm Ramler, wozu Nicolai anmerkt, Lessing habe das Blatt »einst Ramlern gegeben«. Das kann sich auf die vermutliche Entstehungszeit 1753-55 beziehen, aber ebenso auf das Jahr 1771, in dem Ramler die Zusammenstellung der Oden für die *Vermischten Schriften* betreute. Ramler galt nicht nur als der zuständigste Horaz-Übersetzer seiner Generation, er war auch bekannt für seine Manie, fremde Gedichte und Gedichtübersetzungen zu ›perfektionieren‹. Eingriffe von seiner Seite sind also nicht auszuschließen. Lessing hat sich vor allem im Frühjahr 1754 (*Vade mecum*, *Rettungen des Horaz*) mit der Horazischen Lyrik befaßt. Eine in der Art sehr ähnliche Prosa-Übertragung von Carmina I 34 findet sich in der Horaz-Rettung (s. S. 187 f. dieses Bandes). Lessing versuchte in beiden Fällen, eine möglichst wort- und sinngetreue Prosa-Version zu erstellen. Ob er an eine Versifizierung dachte, ist ungewiß. – LM 1, S. 153 f.

147,3 *Ode* ⟨...⟩ *II.*] Ode Nr. 8 des zweiten Buchs (Horaz, *Carmina* II 8). Der nicht-horazische, aber naheliegende Titel *Ad Barinen* (*An Barine*) stammt vermutlich aus der Horaz-Philologie, doch ist unklar, ob ihn Lessing, Ramler oder gar Nicolai gewählt hat. Einigermaßen sicher scheint, daß vom Titelgeber auch die erste Anmerkung dazu stammt, die im übrigen nicht sonderlich lessingisch klingt. In der modernen Ausgabe von Färber (*Sämtliche Werke*, Bd. I) lautet der Titel *Barine*.

147,4 *verwirkten*] Im Sinne von: überführten, erwiesenen.

147,5 f. *einer* ⟨...⟩ *häßlicher*] Daß Lügner schwarze Zähne oder fleckige Fingernägel bekommen, scheint Teil des röm. Omina-Aberglaubens gewesen zu sein (von Lessing vermutlich nicht erkannt).

147,8 *verstrickt*] Schiefes Bild. Dem Sinn nach müßte es »belastet« heißen.

147,10-12 *Mutter* ⟨...⟩ *Götter*] Vier Instanzen, bei denen man herkömmlicherweise schwört.

147,16 *reifet*] Mißverständlich. Färber übersetzt: »Dir fällt immer neu die Jugend als Gefolge zu« (*Sämtliche Werke*, S. 81).

147,A1 *Tan. Faber* ⟨...⟩ *Dacier*] Tanaquil Faber (Tanneguy Le Fèvre, 1615-1672) und André Dacier (1651-1722) waren berühmte Horaz-Kommentatoren.

RETTUNGEN

TEXTGRUNDLAGE

Erstdruck: *G. E. Leßings Schriften. Dritter Teil*, Berlin 1754. Das Bändchen, von dem nach Muncker (LM 5, S. 266) drei Druckvarianten (1754 a/b/c) existieren, wurde, gemeinsam mit dem ›Vierten Teil‹, zur Ostermesse ausgeliefert. Ein erneuter Druck erschien erst wieder 1784, also posthum, im dritten Teil der von Karl Gotthelf Lessing herausgegebenen *Vermischten Schriften*. In ihn sind, nach Auskunft des Bruders, einige Korrekturen von Lessings Hand eingegangen. Revision des von uns wiedergegebenen Erstdrucks nach 1754 a.

ENTSTEHUNG UND STRUKTUR

Schriftliche Äußerungen zu Anlaß und Entstehung der vier 1754 gedruckten *Rettungen* sind nicht überliefert. Allerdings enthält die bereits 1753 gedruckte Lemnius-Rettung (vgl. Bd. II dieser Ausgabe, S. 678) ein Abschlußdatum, 1752, und einen Hinweis auf die Beschäftigung mit Cochlaeus. Daraus haben Danzel/Guhrauer (*Gotthold Ephraim Lessing*, Bd. 1, S. 226) und Erich Schmidt (*Lessing*, Bd. 1, S. 230) gefolgert, daß auch die ausdrücklich so benannten vier *Rettungen* von 1754 bereits 1752, also während des zweiten Wittenberger Aufenthalts, entstanden sein müßten. Allenfalls Teile der Ausarbeitung seien später anzusetzen. Gegen diesen Vorschlag ist wenig einzuwenden. In den Wittenberger Studien- und Examensmonaten (Ende Dezember 1751 - November 1752) gestattete sich Lessing zum letzten Mal vor dem Wolfenbütteler Exil den Luxus der reinen Gelehrtenexistenz, von dem er in seinem rastlosen Leben so oft geträumt hat. Entzückt von den alten Bibliotheksbeständen, unbehelligt durch sonstige Ablenkungen und angetrieben von seiner Bayle-Bewunderung scheint er in der Lutherstadt ein knappes Jahr lang nichts als Bücher gewälzt zu haben. Jedenfalls suggeriert es so ein Briefkommentar Nicolais aus dem Jahr 1794: »Als er im Jahre 1752. von Berlin nach Wittenberg ging, hatte er dort keine bestimmte, und so gut als gar keine Beschäftigung. Daher war er fast beständig auf der Universitätsbibliothek, und rühmte sich, es sey kein Buch auf derselben, das er nicht in Händen gehabt habe. Sein Scharfsinn brachte ihn dann auf manche Untersuchungen.« (Zit. nach Daunicht, Nr. 64.) Daß ihn der Wittenbergische *genius loci* nicht nur auf die unvermeidliche Gelehrtengeschichte, sondern auch auf die Reformations- und Religionsgeschichte lenkte, ist kein abwegiger Gedanke. Und so mögen in dieser Zeit neben der Huarte-Übersetzung, der Jöcher-Kritik und der Verteidigung des Simon Lemnius auch die religiösen *Rettungen* des Cardanus, des Inepti religiosi und des Cochlaeus entstanden oder jedenfalls grundgelegt worden sein. Nimmt man hinzu, daß Samuel Gotthold Langes Horaz-Übersetzung, erschienen im Frühjahr 1752, bereits am 9. 6. 1752 den gelehrten Zorn Lessings auf sich gezogen hatte (Brief an Nicolai, s. Bd. XI/1 dieser Ausgabe, Nr. 34), dann wurzeln wohl auch die *Rettungen des Horaz* im Lesesaal der Wittenberger Bibliothek.

Im vorveröffentlichten Lemnius-Traktat (s. o.), der sich von den vier späteren *Rettungen* formal nicht unterscheidet, werden die Begriffe ›Rettung‹ und ›retten‹ erst ganz am Schluß und ohne Bezug auf das eigene Tun gebraucht. Für dieses setzt Lessing ›Verteidigung‹ und ›verteidigen‹ ein. Der neue Kollektivtitel kann erst zwischen Januar und März 1754 entstanden sein, als Lessing letzte Hand an das dritte Bändchen seiner *Schriften* legte. Jetzt werden nämlich nicht nur seine vier gelehrten Einsprüche als »Rettungen« deklariert, sondern nachträglich auch das Mitte Januar erschienene *VADE MECUM*, in dem von derlei noch nicht die Rede war. Dies alles wäre nicht sonderlich interessant, wenn es nicht anzeigte, daß beim Autor ein vertieftes Nachdenken über den Charakter seiner apologetischen Versuche begonnen hatte. In der Tat kommt in der Namensgebung und in der »Vorrede« erstmals Grundsätzliches zur Sprache. Daß keine Gattungstheorie daraus wurde, sondern bestenfalls die Skizzierung einer besonderen Schreibweise, hat seine guten Gründe. Literarische ›Rettungen‹ sind *per se* keine literarische Gattung, auch wenn es manchem so scheint, als hätte sie Lessing dazu gemacht. Der Begriff verbindet sich jedenfalls mit keiner definierten Form oder Institution, wie dies für die gerichtliche Verteidigungsrede gilt, der die ›Rettung‹ so nahe verwandt ist, wenn auch nur über den gemeinsamen Argumentationsmodus des Verteidigens, Widerlegens, Rehabilitierens. Losgelöst vom institutionellen Rahmen ist dieser Modus jedoch frei verfügbar. Er kann auf jede Gattung und jeden Konfliktbereich übertragen werden, vorausgesetzt, daß der apologetische Notfall erklärt ist: der Anspruch eines Menschen bzw. einer Sache, Beistand gegen Vorurteil, Böswilligkeit oder Irrtum zu erhalten. Der Gedanke der Pflichtverteidigung gewissermaßen, nur verschoben aus der Sphäre des positiven Rechts in die des »law of opinion« (Locke), also der öffentlichen Meinung, in der die Form des Beistandes nicht geregelt ist.

Damit hat sich die Gattungsfrage freilich nicht schon erledigt. Denn Rettungsbedürfnis und ›Rettung‹ sind nicht einfach deckungsgleich. Was das erstere betrifft, so kann man getrost sagen, daß es, nicht anders als das Polemikbedürfnis, vom Anfang an zu Lessings literarischem Habitus gehört und sich in ganz unterschiedlichen Formen äußert. Theaterstücke wie *Die Juden* und *Der Freigeist*, beide 1749, wird man ebenso dazu zählen müssen wie die Vorreden zur Huarte- und Marigny-Übersetzung (Bd. II dieser Ausgabe, S. 418-422 bzw. 579-586), den *Accajoli*-Artikel aus der Jöcher-Kritik (ebd., S. 451-454) und das Essay-Fragment *Gedanken über die Herrnhuter* (Bd. I, S. 935-945). Und so geht es auch nach 1754 weiter. Albert M. Reh (*Die Rettung der Menschlichkeit*) hat dies zum Anlaß genommen, den Rettungsgestus als psychologisierende Konstante im Werk Lessings zu beschreiben und seine Bedeutung vor allem für die Dramenproduktion aufzuzeigen. Rehs Beweisführung ist durchaus schlüssig, weshalb es wenig sinnvoll wäre, sich an der Ausdünnung des Begriffs zu stoßen. Sinnvoll scheint eher, Rehs These zu verlängern. Geht man nämlich davon aus, daß Lessing den polemischen Grundzug der Epoche, wie ihn Panajotis Kondylis (*Die Aufklärung im Rahmen des neuzeitlichen Rationalismus*) herausgearbeitet hat, in besonders avancierter Weise repräsentiert, dann fügt sich auch sein nicht minder avancierter Rettungswille in eine spezifische Dialektik der Aufklärung ein. Danach wären die Anklage der institutionellen Machtanmaßung und die Verteidigung der individuellen Selbstschöpfung nur zwei Seiten desselben Vorhabens: der Rehabilitation des Menschen als Sinnenwesens.

Die bekannte Formel von der Aufklärung als Vernunfttribunal setzt, wenn sie nicht abstrakt bleiben soll, eine ständige Aktualisierung der Idee in konkreten oder fingierten ›Fällen‹ voraus, genauer: in wechselnden Prozeß-Szenarien, in denen Täter und Opfer sich immer neu aneinander konturieren. Unter der Herrschaft der optimistischen Vernunftmoral war dies ein unzweideutiges Geschäft: das Tätermilieu stand fest, und Tugendhelden wie Sokrates oder Pamela mußten nicht gerechtfertigt, sondern nur inszeniert werden. Dies änderte sich mit der Ausrufung des Wunschbilds vom »ganzen Menschen«. Jetzt drängten Helden ins Bild, die ihre moralische Würde aus der Annahme ihrer individuellen Natur gewannen und den wahren Menschen als Widerspruchswesen repräsentierten. Bezeichnenderweise kamen sie nicht aus der bürgerlichen Normalität, sondern aus der unangepaßten Welt der Genies, Sonderlinge und Naiven. Daß diese Trift vom idealen zum widersprüchlichen, vom unbeirrten zum irrenden Helden tief ins kulturelle Bewußtsein eingriff und auf ein hohes Widerstandspotential traf, liegt auf der Hand, zumal sie nur Symptom eines komplexeren Umbruchs war und die Aufklärer selbst im Widerstreit sah. Ging es wirklich an, daß der prinzipienschwache Mensch der authentische und der prinzipienstarke der verbildete sein sollte, und wenn ja, wie paßte dies in den Überzeugungshorizont des Philisters, des Hypermoralisten und des höfischen Rollenspielers? Etwa als Zugeständnis des Vernunftoptimismus an die alte Erbsündenlehre? Noch war ja Rousseaus Programm nicht durchgedrungen und die anthropologische Wiedergewinnung einer natürlichen Psychosomatik ein offenes Projekt. Erkennbar war allerdings, daß der neue Außenseiter-Held, indem er sein individuelles Psychogramm zur Schau stellte, nicht mehr um Bewunderung warb, wohl aber um Sympathie, identifikatorisches Verstehen und Inschutznahme. Als Agent (Retter) wahren Menschseins war er selbst auf Absolution (Rettung) angewiesen. Tatsächlich war die Stunde der Außenseiter auch die Stunde der ›Rettungen‹. Man muß nicht gleich den Paradefall aufklärerischer ›Rettung‹, Voltaires fulminanten Einsatz für das Prozeßopfer Calas, einen religiösen Außenseiter, ins Feld führen, um das zu erweisen. Auch bei Fielding und Sterne, bei Prevost und Diderot, bei Wieland, Lichtenberg, Lenz u. v. a. gehört der rettende Gestus zur literarischen und mentalen Grundausstattung, sogar ausgeprägter als der polemische, der sich offenbar durch eine andere Form der Katharsis, den exzessiven Tränenfluß, ersetzen ließ. Die Kodierung dieser Neuerungen fiel mehr oder minder genau in Lessings literarische Jugend. Der wahrhaft menschliche Mensch, so lautete die Botschaft, ist ein perfektibles Mängelwesen, über das sich nur die blinde Anmaßung erheben kann. Als treffendes Zeugnis dieses Wandels mag Lessings Eingeständnis in der Lemnius-Rettung gelten, es sei ihm »recht lieb«, einen charakterlichen Mangel am fast übermenschlichen Luther entdeckt zu haben. »Die Spuren der Menschheit, die ich an ihm finde, sind mir so kostbar, als die blendendste seiner Vollkommenheiten.« (Bd. II dieser Ausgabe, S. 65.)

Im Gesamtprospekt der anthropologischen Wende von 1750 nimmt sich das Teilelement der Lessingschen *Rettungen* fast ein wenig befremdlich aus. Zugegeben, dem Instrument des Gelehrtenstreits, mit dem Lessing arbeitete, kam als Schule der aufklärererischen Kritik erhebliche historische Bedeutung zu. Aber war es wirklich geeignet, in den Dienst der neuen Botschaft zu treten und eine hinreichende Öffentlichkeit zu erreichen? Was das letztere betrifft, so wird man Lessing zugestehen müssen, daß er sich wenigstens partiell um Abbau der Exklusivität bemüht hat. Nicht, daß er das polyhistorische Wissen, in das er hineingewachsen war, verleugnet hätte. Im Gegenteil. Das eitle Vergnügen, seine Gegner auf deren eigenem Feld übertrumpfen zu können, hat er in jedem der Traktate reichlich genossen. Aber er hat nicht nur gelehrt, sondern auch unterhaltsam, witzig, aggressiv, ja mit kriminalistischem Elan geschrieben, wie es auch ungelehrten Lesern gefallen konnte. Doch das war nicht mehr als ein Nebeneffekt. In ihrem Kern sind die *Rettungen* exemplarische Abrechnungen mit der Unseriosität, Mißgunst und Lebensfeindschaft der gelehrten Kritik, also Kritik der Kritik, und damit primär an die Gelehrtenschaft selbst gerichtet. Die Form, die Lessing dafür einsetzte, ist der Revisionsprozeß, und die Strafsache, die er anhängig macht, die Verleumdung. Das Urteil schließlich, um die Analogie abzurunden, ergeht nach einem fiktiven Ehrenkodex, nämlich dem der Gelehrtenmoral. Die *Rettungen* setzen also, anders als das öffentliche Theater, in einem gesellschaftlich exemten Milieu an, einem Milieu freilich, aus dem zwei Generationen vorher der Kampf gegen Unmündigkeit und Machtanmaßung hervorgegangen war und dem sich der Verfasser nachdrücklich selbst zurechnete. So gesehen waren sie, ungeachtet der philologischen Mikro-Kriminalistik, die uns heute ein wenig befremdlich vorkommt, echte Basiskritik. Im übrigen entspricht die Reihe der Verleumdungsopfer, die sich Lessing ausgewählt hat, ziemlich genau den oben beschriebenen Kriterien. Alle vier (mit Simon Lemnius fünf) sind, ob prominent oder nicht, eigenwillige Köpfe, die sich herausgenommen haben, einen eigenen Weg zu gehen und dabei ihrem charakterlichen ›daimon‹ zu folgen. Auffallend ist, daß es sich durchwegs um geschichtliche Figuren, also Tote, handelt, die ›gerettet‹ werden (auch Calas und Reimarus gehören dazu). »Und wen glaubt man wohl, daß ich ⟨...⟩ gerettet habe? Lauter verstorbne Männer, die es mir nicht danken können. Und gegen wen? Fast gegen lauter Lebendige, die mir vielleicht ein saures Gesichte dafür machen werden« (S. 154 in diesem Band). Dafür lassen sich mehrere Gründe denken. Zweifellos bot die lange historische Kontinuität eines Verleumdungstextes dem kritischen Philologen besondere Entfaltungsmöglichkeiten. Man wird nicht behaupten können, daß Lessing sie nicht genutzt hätte. Ebenso dürfte ihm gefallen haben, seine Stimme für solche Beschuldigte zu erheben, die selbst keine mehr hatten. Und schließlich entging er auf diese Weise der Gefahr, durch lebende Klienten nachträglich widerlegt zu werden. Allerdings hat er es so eingerichtet, daß jeder Fall von der Fortschreibung der Verleumdung durch einen lebenden Zeitgenossen ausgeht. Lessings *Rettungen* handeln also nicht nur vom verschütteten Leben, sondern auch, wie schon gesagt, vom Verrat der Intellektuellen, den er, wie gewohnt, unnachsichtig verfolgt. Dem voraus liegt die Einsicht, daß Aufklärung immer wieder und vordringlich als Selbstkritik zu beginnen hat.

Lessing hat den gelehrten Verleumdungsprozeß natürlich nicht erfunden – so wenig im übrigen wie seine unmittelbaren Vorbilder, mit denen gemeinsam er allerdings dessen Erneuerung betrieben hat. Wer waren diese Vorbilder? Sicherlich hat Lessing den antiken Rechtsbegriff der ›vindicatio‹ oder ›vindiciae‹ gekannt, der im übrigen auch in der Kontroverstheologie geläufig war und dem im Deutschen eine Bedeutungsskala zwischen Rechtsanspruch und Rettung entspricht. Das wäre ziemlich genau, was auch Lessing meinte. Allerdings fällt auf, daß er Gottfried Arnolds berühmte *Unparteiische Kirchen- und Ketzerhistorie* von 1699, die, wie er 1770 beiläufig anmerkte, den Tick habe, »sich *aller* Ketzer anzunehmen« (s. Bd. VII dieser Ausgabe, S. 18), völlig außer Betracht ließ. Offensichtlich hatte er kein Interesse an Verallgemeinerungen. Dafür ist ihm der Begriff in philologischer Verwendung bei seinem Leipziger Lehrer Johann Friedrich Christ begegnet, einem hochgebildeten, aber kauzigen Philologen und Antiquar, der manche seiner Vorlieben an Lessing weitergegeben hat, darunter eben auch die Marotte, ›Rettungen‹ zu verfassen. Christ, der teils lateinisch, teils deutsch schrieb, wollte nach eigenem Bekunden »die Verteidigung ausgezeichneter Männer übernehmen, die wider Verdienst durch Neid und Leichtgläubigkeit kleiner Geister in ihrem Ruhm gefährdet seien« (zit. nach Erich Schmidt, *Lessing*, Bd. 1, S. 46). Daß es ihm an Mut nicht fehlte, bezeugen die Beispiele, die er wählte: Machiavell, Cardanus, Agrippa von Nettesheim, Hutten – eine Galerie der Unruhestifter. Ob es Christ war, der Lessings Cardan-Bewunderung auslöste, ist nicht nachweisbar, aber höchst wahrscheinlich. In seiner eigenen Cardan-›Rettung‹ hat er ihn freilich nicht genannt.

Christ war allerdings nur die Vermittlungsinstanz zum Gründervater der aufklärerischen Kritik und Erneuerer des philologischen ›vindiciae‹-Verfahrens, Pierre Bayle (1647-1706). Der Leipziger machte aus seiner Bayle-Verehrung kein Hehl und richtete seine einschlägigen Traktate völlig nach den Personal-Artikeln des berühmten *Dictionnaire historique et critique* (1697, von Gottsched 1741-1744 als *Historisches und Critisches Wörterbuch* übersetzt) aus, die einen kurzen biographischen Text mit einer Sturzflut von quellen- und rezeptionskritischen Anmerkungen überzogen, die ihrerseits wiederum in kritische Exkurse über philosophische und theologische Theorien und Kontroversen übergehen konnten. Für Bayle war die gelehrte Überlieferung von zahllosen Fehlern und Irrtümern kontaminiert, deren Prüfung und Aufdeckung notwendig in die Kritik unbefragter dogmatischer, moralischer und psychologischer Traditionen münden mußte. Auf diese Weise war jeder Artikel eine eigenständige historische Revisionsverhandlung und zugleich aktuelles erkenntniskritisches Beispiel.

Lessings Bayle-Orientierung war seit der Jöcher-Kritik von 1753 (vgl. Bd. II dieser Ausgabe, S. 436-455 und 709 f.)

so publik, daß sein Gegner Lange ihn verdächtigen konnte, sein ganzes Wissen aus dem *Dictionnaire* zu haben (vgl. PO Erl., S. 561). Das war natürlich Unsinn, hatte aber insofern etwas Richtiges, als Lessing zu diesem Zeitpunkt Wert darauf legte, als Bayle-Nachfolger erkannt zu werden. An solchen Genealogien hat er sich in seiner Jugend ja immer wieder zu formieren versucht, etwa als ein neuer Molière, neuer Aristoteles, neuer Goldoni etc., was letztlich dazu diente, seine geistige Hypermotorik durch prominente Flucht- und Ruhepunkte außerhalb des Zeitgeistes in Schach zu halten. Mit Überantwortung und Selbstpreisgabe hatte das nie etwas zu tun. Das gilt auch für die Bayle-Orientierung, obwohl Lessing sich hier vielleicht am weitesten entäußert hat. Immerhin war das Baylesche Kritik-Paradigma einer endlosen Prüfung und Verbesserung der Wissensüberlieferung, das die aufklärerische Passion für die Anmerkung der Anmerkung der Anmerkung begründete, die perfekte materielle Entsprechung für seinen energetischen Wahrheitsbegriff. Ebenso konnte er in Bayles bloßstellender Härte eine Rechtfertigung seiner eigenen Streitveranlagung finden. Trotzdem ist er auch in den *Rettungen* seine eigenen Wege gegangen. Zunächst darin, daß er seine Wissenskritik nicht dem Kleindruck-Ghetto der gelehrten Anmerkungen anvertraute, sondern in den Lauftext integrierte, was – zumindest symbolisch – die Baylesche Trennung von Philologie und Leben aufhob und dem Plädoyer narrative Gefälligkeit, dem Indizienbeweis eine Spannungskurve verschaffte. Damit sind die *Rettungen*, wie schon gesagt, auch Offerten an den Laien. Er konnte sich, obwohl ihn der Gelehrten-Kehraus eigentlich nicht betraf, durchaus im Text wiederfinden. Schwer denkbar jedenfalls, daß ihm die Freiheit zum Ich und das Recht auf Notwehr, die Lessing für seine Schutzbefohlenen einklagte, nichts bedeutet hätten. Und woher sonst als aus dem sozialen Alltag stammte das ethische Regulativ der psychologischen Einfühlung und menschlichen Nachsicht, das Lessing über sein Philologenhandwerk gestellt hatte? Unter dem gelehrten »Ungeziefer«, das er angeblich so gut kannte (S. 156 dieses Bandes), schien es ihm jedenfalls nicht zu Hause. Eine Rettung der Zunft, wenn man sie denn wollte, setzte deshalb eine anthropologische Besinnung und einen anderen Fragenkatalog voraus. Wahrscheinlich hat Horaz als Dichter die Wahrheit gebeugt, aber was, wenn nicht die Lust am Beschädigen der Größe, rechtfertigte die Vorannahme der unlauteren Absicht? Zweifellos war Lemnius, verglichen mit seinem Gegner Luther, ein mittelmäßiger Kopf, aber warum sollte er deshalb, wenn dieser ihn ungerecht und maßlos verdächtigte, sein Recht auf Notwehr verwirkt haben? Sicherlich hielt der leichtsinnige Cardano wenig von religiöser und politischer Korrektheit, aber gab das schon seinen Interpreten freie Hand? Lassen wir offen, wie weitgehend solche Fragen längst vorgedacht waren, beispielsweise in der Anthropologie eines Alexander Pope und seiner berühmten Maxime: »The proper study of Mankind is Man« (Das eigentliche Studium der Menschheit ist der Mensch, *Versuch über den Menschen*, 1733, Beginn des 2. Briefs). Was Lessing jedenfalls hinzufügen konnte, war die paradoxe Einsicht, daß gerade der studierte Teil der Menschheit zu diesem Studium nicht sonderlich taugt, obwohl seine Mittel ihm alle Vorteile gewähren. Lessings *Rettungen* begnügen sich jedenfalls nicht mit dem moralischen Appell. Sie zeigen auch, wie mit vorurteilslosem philologischen Scharfsinn die Mittel zum Ziele führen.

RETTUNGEN DES HORAZ

Erich Schmidts Urteil, daß die Horaz-Rettungen aufgrund ihres zukunftsweisenden Gedankengehalts das »bedeutendste Prosadenkmal der ersten Periode Lessings« (*Lessing*, Bd. 1, S. 232) seien, hat sich durch die Rezeptionsgeschichte nicht bestätigt. Der Traktat hat überraschend wenig Interpreten gefunden; selbst unter den *Rettungen* steht er hinter dem trockneren Cardan-Artikel zurück. Die Gründe dieser

Zurückhaltung sind unklar. Die angebliche Prüderie der älteren Germanistik kann es heute nicht mehr sein. Vielleicht also die Scheu vor dem Altsprachlichen, vielleicht die Verschlungenheit der Argumentation, vielleicht nur der Zufall. Dabei hat sich Lessing in den Horaz-Rettungen halsbrecherisch weit vorgewagt und zugleich, wie von Schmidt angedeutet, der Anstrengung des Gedankens nichts nachgesehen. Der Text gehört zweifellos zu den historischen Glanzstücken der poetischen Hermeneutik.

Lessing hat versucht, seinen Lieblingslyriker Horaz von drei geläufigen Verdächten reinzuwaschen: von dem der Lüsternheit und Unzucht, von dem der soldatischen Feigheit und von dem der Gottlosigkeit. Als Quelle des ersteren fungiert eine (Pseudo-)Suetonische Horaz-Biographie, als Quelle der beiden letzteren einschlägige Horazische Gedichte. Den sensationellen Einschlag bekam die Abhandlung durch die Doppelstrategie, mit der der junge ›Retter‹ die frivole Geschichte vom Spiegelkabinett des Horaz behandelte, einer kunstvollen Vorrichtung, in der der Dichter seine Liebeslüste in unendlicher visueller Vervielfältigung genossen haben soll. Lessings erster Kommentar ist ein »Na, und?«. Gesetzt, die Geschichte sei wahr, was beweise sie anderes, als daß Horaz alle seine Sinne kultivieren wollte, wie es einem Dichter anstehe, der ein Meister der sinnlichen Sprache gewesen sei. »Himmel! Was für eine empfindliche Seele war die Seele des Horaz! Sie zog die Wollust durch alle Eingänge in sich.« Erst nach dieser Düpierung der ewig Lüsternen, zu denen auch der Landpfarrer und jüngste Horazübersetzer Lange gehörte, der dem vierzigjährigen Römer in der Tat eine beginnende Lebemann-Debilität unterstellt hatte, erst danach beginnt Lessing mit einer furiosen Analyse und Demontage des Überlieferungstextes. Nichts an der inkriminierten Passage bleibt dabei unangefochten, nicht der Wortlaut, nicht die Verfasserfrage, nicht die historischen Lesarten und erst recht nicht die biographische Wahrscheinlichkeit. Dazu treten kulturhistorische Recherchen über die römischen Lebensgewohnheiten, über das persönliche Verhältnis von Dichter und Kaiser (Augustus) und über die zeitgenössische Ehe-Gesetzgebung. Entscheidend aber wird die These einer historiographischen Motivwanderung, die plausibel macht, daß der gleichlautende Bericht über einen gewissen Hostius später irrtümlich (oder auch nicht) auf den so namensverwandten Horatius übertragen wurde. Den ebenfalls anhängigen Verdacht der Päderastie nimmt Lessing zum Anlaß, die kultur- und epochenspezifischen Diversitäten, denen jeder Dichter als Zeitgenosse unterworfen sei, mit der zeitlosen Freiheit der poetischen Einbildungskraft zu verrechnen. Zwar habe jede Epoche und jedes Land andere Liebesvorstellungen, die auch in die jeweilige Poesie eingingen, aber nicht alles, was Dichter über Liebe schrieben, sei erlebte Wirklichkeit, vermutlich sogar das wenigste davon, so daß es höchst problematisch sei, von einem poetischen Text linear auf dessen Autor zu schließen, zumal auch noch der Individualcharakter (Angeber, Ironiker, Geheimniskrämer) dazwischenstehe.

Ganz ins Feld der Intertextualität gerät die Rettung vor dem Feigheitsmakel. In der Tat habe Horaz in einem Gedicht bekannt, sich auf der Flucht seines Schildes entledigt zu haben. Eine zwiespältige Sache, denn nach kulturellen Maßstäben sei sie schändlich, nach praktischen Maßstäben klug gewesen. Doch ging es Horaz, einem jungen und erfolgreichen Karriereoffizier, wirklich um diesen Zwiespalt soldatischer Moral? Lessing entscheidet sich erneut anders und erneut literaturbezogen. Als griechisch gebildeter Römer, der damals zudem in Athen lebte, kannte Horaz natürlich die gleichlautenden Eingeständnisse des Archilochos und des Alkaios, die beide für Horaz Vorbilder ersten Ranges waren. Was biographisch aller Wahrscheinlichkeit entbehrte, bekam so für Lessing literarische Plausibilität, nämlich als Hommage an die Lehrmeister und als selbstironische Zitation, von denen die letztere eine ästhetische Modefeinheit der Zeit oder des Kreises gewesen sein könnte. Als besonderen Reiz empfindet Lessing, daß Bayle die beiden Referenztexte zwar gekannt, aber nicht die hinreichenden Schlußfolgerungen aus ihnen gezogen hätte.

Beim dritten Anlauf (zum Atheismusvorwurf) richtet Lessing seine Interpretensibilität zunächst auf das Übersetzungsproblem. In so heiklen Fragen wie der der religiösen Gewohnheiten hoher Geister käme es mehr denn je auf die semantische Nuance an, weshalb er eine eigene Übersetzung des einschlägigen Gedichts beigibt. Vom komparatistischen Standpunkt aus, den er dabei, vor allem in der Auseinandersetzung mit Dacier, gewinnt, kann Lessing dann wagen, die opinio communis der Interpreten zu bestreiten. Wobei er nicht darauf verzichtet, seiner Lösung zwei (gewagte) Varianten an die Seite zu stellen. Der Prozeß der Wahrheitsfindung bleibt offen.

Die *Rettungen des Horaz* sind ein Plädoyer für die Freiheit des Dichters. Sie sind aber auch eine kühne Recherche über die individuellen und kollektiven Anteile des dichterischen Schaffens und über die Freiheitsräume, die dieses Beziehungsnetz gewährt. Am Ende erweist sich für Lessing Poesie so gut als ein Gespräch wie die Kritik, die er betreibt.

STELLENKOMMENTAR

153,3 *zwei ersten Teile]* Der erste Teil der *Schriften* enthält Lyrik, der zweite literaturkritische und philologische Abhandlungen (*Briefe*).

153,4 f. *abgeschmacktes]* Abgenutztes, unaufrichtiges.

153,16 *aus der Scene]* Aus den Kulissen.

153,18 *nennte]* Als Ausnahmeform kommt die unumgelautete, rein schwache Flexion (›nennete‹) von nennen im 18. Jh. durchaus noch vor – vor allem als poetische Variante. Vgl. Grimms DWb 13, Sp. 599.

153,20 *die Bahn]* Die Fortbewegungsart, hier: die literarische Gattung.

154,7 f. *einige ⟨...⟩ Sprache]* Anspielung ungeklärt. – Die Zeitangabe führt in die Jahre nach 1700, in denen Pierre

Bayles *Dictionnaire historique et critique* (Historisches und kritisches Wörterbuch, 1697) Aufsehen erregte und der Typus der gelehrten Zeitschrift, meist noch in lat. Sprache, sich in Deutschland einbürgerte.

154,10 *Rettungen]* Vgl. Abschnitt »Entstehung und Struktur«, S. 999 ff. dieses Bandes.

154,20 *Lustspiele]* Der vierte Teil der *Schriften* enthält die Lustspiele *Der junge Gelehrte* und *Die Juden*, die bereits 1747/ 48 bzw. 1749 entstanden sind. S. Bd. I dieser Ausgabe, S. 139-237 und 1051-1077 bzw. S. 449-488 und 1151-1163.

154,22 *Werken des Witzes]* Werken der Einbildungskraft, Literatur.

154,24 f. *Menschen ⟨...⟩ kannte]* Vgl. den berühmten Brief an die Mutter vom 20. 1. 1749: »Ich komme jung von Schulen, in der gewissen Überzeugung, daß mein ganzes Glück in den Büchern bestehe. ⟨...⟩ Stets bei den Büchern, nur mit mir selbst beschäftigt, dachte ich eben so selten an die übrigen Menschen, als vielleicht an Gott.« (Bd. XI/1 dieser Ausgabe, S. 15.)

154,27 f. *Theophrast ⟨...⟩ Terenz]* Klassische Schulautoren. Der Grieche Theophrastos (4. Jh. v. Chr.) schrieb ein bekanntes Werk über menschliche Charaktertypen, das die antiken Lustspielautoren beeinflußte. Titus Maccius Plautus (um 250 - 184 v. Chr.) und Publius Terentius Afer (183/ 193-159 v. Chr.) waren die bekanntesten röm. Komödiendichter.

154,29 *klostermäßigen Schule]* Die sächs. Fürstenschule St. Afra in Meißen, die Lessing von 1741-46 besuchte.

155,8 *Weltweisen und Meßkünstler]* Philosophen und Mathematiker. »Meßkünstler« ist eigentlich die Übersetzung von ›Geometer‹.

155,9 f. *Prof. Kästner]* Abraham Gotthelf Kästner (1719-1800), Prof. der Mathematik und Naturwissenschaft in Leipzig, schöngeistiger Schriftsteller, Lehrer und später Freund Lessings.

155,15 *Frau Neuberin]* Friederike Karoline Neuber (1697-1760), berühmte Theaterprinzipalin der Gottsched-Zeit in Leipzig. Sie führte 1748 Lessings *Der junge Gelehrte* auf.

155,30 *Ruin ⟨...⟩ Neuberin]* Die Neubersche Truppe löste sich 1750 auf.

155,31 f. *demjenigen Orte]* Anspielung auf Leipzig als Ort einer hohlen schöngeistigen Gelehrsamkeit: Spitze gegen Gottsched.

156,6 *gereinigten Theatern]* Gottscheds Reformtheater nach den klassizistischen Regeln der Franzosen.

156,13 *ursprünglichen Dichter]* Autochthone Dichter. Anspielung auf die eigene Forderung nach einem Theater, das den deutschen Verhältnissen und Eigenarten entspringt.

156,13 f. *Man ⟨...⟩ erschöpft]* Dem Sinn nach: Man konfrontierte sie gewissermaßen schlagartig mit einem Theatermodell, dessen Möglichkeiten bereits ausgereizt waren.

156,30 *unmöglich unbekannt]* Vgl. Anm. 154,24 f.

157,13 f. *unglücklicher Weise ⟨...⟩ haben]* Gemeint ist zweifellos ein Teil der frühen Komödien.

157,14 *bessrer Vorrat]* Möglicherweise Anspielung auf *Der Freigeist*, der im fünften Teil der *Schriften* erschien. Vielleicht auch auf das *Henzi*-Fragment.

157,27 *Satis ⟨...⟩ videri!]* »Es genügt, sein Können angedeutet zu haben.« Vergil, 6. Ekloge, v. 24.

158,2 f. *Quem ⟨...⟩ Sat.6]* »Den alle bekritteln«, Horaz, *Satiren* I 6,46.

158,4 *Diese Rettungen]* Im Gegensatz zu denen des *VADE MECUM*, wo Lessing Horaz gegen dessen Übersetzer Samuel Gotthold Lange in Schutz nahm.

158,5 f. *alten Schulknaben]* Im *VADE MECUM* hatte Lessing seinen Gegner als »Schulknaben« (s. S. 114 dieses Bandes) und »senex ABCdarius« (altgewordenen ABC-Schützen) verspottet (S. 146).

158,7 *kleine ⟨...⟩ Bosheit]* Lange hatte Lessing der literarischen Käuflichkeit geziehen.

158,9 f. *Pasquillmachen]* Verfassen von Schmähschriften. – Das Wort ›Pasquill‹ geht auf den ital. Namen ›Pasquino‹ zurück, den die Römer einer im 16. Jh. aufgefundenen Statue beilegten (angeblich nach einem scharfzüngigen Schneider, Schuster oder Schulmeister, der in der Nachbarschaft wohnte). An diese Statue pflegte man Spottschriften zu heften, die später den Gattungsnamen ›pasquillo‹ (Verkleinerungsform von pasquino) erhielten.

158,12 *Donat*] Aelius Donatus, röm. Grammatiker und Philologe (4. Jh. n. Chr.). Nach seinen Grammatiken *ars minor* und *ars major* (kleine und große Anleitung), die den Lateinunterricht des Mittelalters beherrschten, wurden lat. Elementargrammatiken bis ins 18. Jh. generell ›Donat‹ genannt.

159,11 *beschmitzt*] Beschmutzt, befleckt, besudelt. – Vermutlich abweichende Perfektform von ›beschmeißen‹. Später in ›beschmutzt‹ aufgegangen (Grimms DWb 1, Sp. 1585).

159,11 *aufgeputzt*] Aufgebessert, geschönt.

159,12 f. *Weisheit* ⟨...⟩ *hat*] Göttliche Vorsehung.

159,25 *Recht auf die Ewigkeit*] Recht auf zeitlosen Ruhm.

159,26 *Flecken*] Makel (lat. macula »Fleck, Schandfleck, Fehler«).

159,29 *Bildersaal*] Lehnsübersetzung von griech. pinakothéke, lat. pinacotheca, Bildersammlung, Gemäldesaal.

159,29 f. *physisch verrichtet*] Körperlich verrichtet. Gemeint ist: Restauration.

159,32 *Schildereien*] Bilder. – Von dem niederl. Wort schilderij »Gemälde, bildliche Darstellung«.

160,1 *Witz*] In der Kunsttheorie des 18. Jhs. die Fähigkeit, geistreich zu formulieren. Dt. Entsprechung zu franz. esprit, engl. wit.

160,3 *Feinheit eines Hofmanns*] Freie und diskrete Lebensart des Höflings im Sinne von Baldassare Castigliones *Il libro del Cortegiano* (Das Buch des Hofmannes, 1528). Horaz war ein Vertrauter des Augustus.

160,4 f. *Erinnerungen*] Hier: Ermahnungen.

160,5 f. *entzückenden Harmonien*] Harmonischer Ausdruck (Gottsched: »Wohlklang«) galt in der Aufklärungsästhetik als Voraussetzung poetischer Schönheit. Schon 1751 erwähnt Lessing die »kunstreiche Harmonie des Flaccus« (vgl. Bd. I dieser Ausgabe, S. 94).

160,12 *Anfälle*] Angriffe.

160,16 *Blödsinnigen*] Im heutigen Sinn gemeint. – Blöde, Blödigkeit bezeichnet im 18. Jh. ansonsten das Schüchterne, Befangene, Furchtsame eines Menschen. Vgl. Grimms DWb 2, Sp. 138-142.

160,21 f. *zärtlichsten und artigsten*] Stilideale der anakreontisch-empfindsamen Dichtung im 18. Jh. »Zärtlich« im Sinne gefühlshafter Zugewandtheit, »artig« im Sinne des Anmutig-Manierlichen.

160,30 *Chronologien*] Wahrscheinlich: historisch-kritische Untersuchungen zur Textüberlieferung.

160,31 *zweifelhafte Lesarten*] Textstellen, deren Echtheit nicht gesichert ist.

160,35 *Ungrund*] Unbegründetheit.

161,10 f. *Bodlejanischen Bibliothek*] Sir Thomas Bodley (1545-1613), engl. Diplomat und Gelehrter, Begründer der Bibliotheca Bodleiana (1598) in Oxford.

161,11 f. *Lebensbeschreibung ⟨...⟩ Sueton*] Die maßgebliche Sueton-Ausgabe von August Reifferscheid, Leipzig 1860, verzeichnet unter den Handschriften zur ›vita Horatii‹ (Leben des Horaz) keine aus Oxford. Giorgio Brugnoli, *Studi Suetoniani* (Sueton-Studien), Lecce 1968, S. 81, nennt ein einschlägiges Manuskript *Oxoniensis Bodleianus Canonicianus Lat. class. 151*, allerdings unter der Rubrik *De grammaticis* (Über Grammatiker).

161,12 *Sueton*] Gaius Suetonius Tranquillus (geb. um 70 n. Chr.), röm. Biograph. Erhaltene Werke: *De vita Caesarum* (Über das Leben der Kaiser) und *De viris illustribus* (Über berühmte Männer), sowie die Einzelviten von Terenz, Vergil, Horaz und Lukan.

161,19 *Abgang*] Mangel, Fehlen.

161,23 f. *Porphyrion*] Pomponius Porphyrio, lat. Horaz-Kommentator des 2./3. Jhs. n. Chr. Ob ihn Lessing mit dem griech. Plotin-Schüler Porphyrios zusammenwirft, ist unklar.

161 Anm. *Herr Müller*] Gottfried Ephraim Müller (1712-1752), sächs. Land- und Militärgeistlicher. Seine *Historisch-critische Einleitung zu nöthiger Kenntniß und nützlichen Gebrauche*

der alten lateinischen Schriftsteller (3 Teile) erschien 1747 in Dresden.

162,2 *Kützlung]* Lüsternheit.

162,3-5 *Ad ⟨...⟩ referretur]* Lessings Übersetzung auf der folgenden Seite. – Färber emendiert den Text wie folgt: »nam specula to(to) cubiculo scorta(tor) dicitur habuisse disposita« und übersetzt die gesamte Stelle: »Übrigens soll Horaz von ziemlich zügelloser Sinnlichkeit gewesen sein. So erzählt man, er habe als erfahrener Erotiker in seinem Schlafzimmer überall Spiegel aufgestellt, so daß ihm von allen Seiten das Bild des Beischlafs in die Augen fiel.« (S. 266f.)

162,12 *traditur, dicitur]* Es wird überliefert, es wird behauptet.

162,21 *eckel]* Eigtl. »ekelhaft, eklig«. Das Wort hat bei Lessing viele Nuancen. Hier etwa: anmaßend, mißverständlich.

162,21 f. *Apostrophe]* (Griech.) Abwendung. Als rhetorische Figur bedeutet Apostrophe die Wegwendung vom Publikum durch die Anrede einer (evtl. abwesenden) Person.

162,23-27 *es ⟨...⟩ war]* »venerunt in manus meas et elegi sub titulo eius et epistola prosa oratione quasi commendantis se Maecenati, sed utraque falsa puto; nam elegi volgares, epistula etiam obscura, quo vitio minime tenebatur.« (Nach Färber, S. 266.)

163,9 f. *offenbar widersprechen]* Auch Reifferscheid (Anm. 161,11 f.), S. 389, hält die Stelle für ein nachträgliches Einschiebsel (»interpolatio«).

163,15 *Gartengott]* Gemeint ist die Figur des Priapos: ein »itiphallischer Gott der animalischen und vegetabilischen Fruchtbarkeit ⟨...⟩ Die ländlichen Bilder wurden mit Mennig bestrichen ⟨...⟩ , besonders der Phallos«, welcher das »eigentliche Charakteristikum« dieser Bilder ist (*Paulys Realencyclopädie*, Bd. 22/2, Sp. 1914-1923).

163,27 *Wehrmann]* Gewährsmann.

163,30 f. *te ⟨...⟩ odoribus]* »ein Knabe, der dich, auf Rosen hingegossen und nach Essenzen duftend, bedrängt« (Horaz, *Carmina* I 5; nach Färber).

163,35 *Gratus puellae risus]* »Das liebliche Lachen des Mädchens« (*Carmina* I 9).

163,37 f. *oscula ⟨...⟩ imbuit]* »Die Küsse, in die Venus ein Fünftel ihres Nektars träufelte« (*Carmina* I 13).

164,2 *Ibykus bei dem Athenäus]* Ibykos, griech. Lyriker des 6. Jhs. v. Chr., galt vor allem als Dichter des Eros. – Athenaios von Naukratis schrieb um 200 n. Chr. eine umfängliche gelehrte Kompilation in Form eines fortgesetzten Tischgesprächs (*Deipnosophistai*) zwischen Geistesgrößen der Vergangenheit und der Gegenwart.

164,9 *süßen ⟨...⟩ Chloe]* Chloe ist ein in den Gedichten des Horaz wiederholt genannter Name für eine Geliebte. Eine ›süße Umarmung‹ wird dort allerdings nicht beschrieben. Möglicherweise spielt Lessing hier auf die unter den Anakreontikern beliebten Hirtengeschichten von *Daphnis und Chloe* an, wo Daphnis sagt: »Was macht mir nur Chloes Kuß zu schaffen? Ihre Lippen sind zarter als Rosenblätter und ihr Mund süßer als Honig, aber ihr Kuß schmerzt mehr als ein Bienenstachel.« (*Longos. Hirtengeschichten von Daphnis und Chloe*, griech. u. dt. v. Otto Schönberger, Berlin 1960, S. 57.)

164,19f. *speculatum ⟨...⟩ ornatum]* »Verspiegeltes Schlafzimmer« für »ein mit Spiegeln geschmücktes Schlafzimmer«.

164,30 *scorta deponere]* »Dirnen hinlegen«.

164,31 *scorta disponere]* »Dirnen anordnen«.

165,1 f. *August]* Augustus (63 v. Chr. - 14 n. Chr.), erster röm. Kaiser; Freund und Förderer der Literatur; Horaz gehörte zu seinem intimen Freundeskreis.

165,3 *purissimum ⟨...⟩ lepidissimum]* »Den reinsten Schwanz« und »den anmutigsten Homunkulus«.

165,4-6 *Lange ⟨...⟩ Liederlich]* Anspielung auf Gotthold Samuel Langes Übersetzung der *Oden* des Horaz (1752), die auch die Suetonische *Vita Horatii* enthält. Vgl. Lessings *VADE MECUM* (S. 959 dieses Bandes).

165,9 *putissimus]* Lauterster, glänzendster.

165,27 f. *specula ⟨...⟩ etc.]* »Beim Huren soll er Spiegel in seinem Schlafgemach so angeordnet haben, daß usw.«

166,4 *seiner natürlichen Fragen]* Lucius Annaeus Seneca

(4 v. Chr. – 65 n. Chr.), röm. Politiker, stoischer Philosoph, Dichter. Im ersten Buch seiner *Naturales quaestiones* (Naturwissenschaftliche Fragen) befaßt er sich mit physikalischen Problemen.

166,10 *spitzigen* ⟨...⟩ *Witzes]* Senecas Stil ist geprägt von Antithesen, scharfsinnigen Pointen und aphoristischen Verkürzungen.

166,11 *Fromondus]* Libertus Fromondus (1587-1653), Professor der Philosophie und Theologie in Antwerpen und Löwen. Von ihm stammen die Kommentare zu den *Naturales quaestiones* in der dritten Auflage der Seneca-Ausgabe von Justus Lipsius (1632).

166,11 f. *honestius* ⟨...⟩ *Seneca]* »Es wäre ehrenhafter gewesen, wenn du geschwiegen hättest, Seneca«.

166,29 *Sesterzien]* Lat. sestertius, röm. Münze.

167,14 *freiwilligen* ⟨...⟩ *Cato]* Durch seinen Freitod nach dem Sieg seines Gegners Caesar bei Thapsos wurde Cato der Jüngere zur dauernden Symbolfigur republikanischen Freiheitsgeistes. Cato-Dramen waren besonders in der Generation vor Lessing beliebt (Addison, Deschamps, Feind, Gottsched, Metastasio u. a.).

168,1 *indignum vindicta]* »Der Rache unwürdig«.

168,5 f. *in* ⟨...⟩ *Witzes]* In Fragen des Esprits, in Geschmacksfragen.

168,8 *Ovid]* Anspielung auf dessen Verbannung nach Tomi am Schwarzen Meer. Anlaß dafür war nicht seine erotische Dichtung (die lange zurücklag), sondern wahrscheinlich die Mitwisserschaft um einen Sittenskandal in der kaiserlichen Familie.

168,34 *Dacier]* André Dacier (1651-1722), vgl. Anm. 107,15.

168,36 *Baxter]* William Baxter (1650-1723), engl. Gelehrter und Pädagoge, Horaz-Ausgabe 1701.

168,37-169,2 *quae* ⟨...⟩ *videntur]* »Was hier ausgelassen wird, ist von irgendeinem Wirrkopf eingeschmuggelt worden, denn es ist offensichtlich nicht nur unanständig, sondern auch läppisch und ohne rechten Zusammenhang« (nach Karl S. Guthke, G 3, S. 783).

169,18 *mehresten Abändrungen*] Häufigsten Varianten.

169,37-170,1 *irrenden Ritter*] Die »Romane der irrenden Ritter« sind ein fester Begriff in der Romankritik der Frühaufklärung. Johann Jacob Breitinger versteht darunter die Erzählungen von Amadis, Lancelot u. a. (*Critische Dichtkunst*, Bd. 1, Zürich 1740, S. 133).

170,26 *gemeinen*] Gewöhnlichen.

170,27 *wenn*] Während.

170,28 f. *Aeneas ⟨...⟩ führt*] Dieses Motiv findet sich nicht in Vergils *Aeneis*, sondern in Homers *Odyssee*. Dort, im 10. Gesang, berichtet Odysseus, wie ihm der Inselkönig Aiolos beim Abschied einen Windvorrat mitgegeben hätte, der fest in einem Schlauch aus Stierhaut verschlossen war.

170,36 *Neära*] Name der treulosen Geliebten in der 15. Epode des Horaz (dt. Titel: Treubruch). In der griech. Mythologie ist Neaira eine der Töchter des Nereus, also eine Nereide.

171,14 *Anwendungen*] Hier: Rückschlüssen.

171,20 *Grazien*] Die drei Grazien (griech. Charites) sind Personifikationen der Anmut und Schönheit. Hier metaphorisch eingesetzt.

171,23 *De la Chapelle*] Jean de Lachapelle (1655-1723), franz. Dramatiker und Romancier. Seine Dichter-Viten *Les Amours de Catulle* und *Les Amours de Tibulle* sind Vorformen des historischen Romans.

171,28 *Nicht einer ⟨...⟩ Beauxesprits*] Das »zwei« bezieht sich offensichtlich auf die Briefpartner: Autor und Marquis. – Beauxesprits, Plural von franz. bel esprit »Schöngeist«.

171,29 *les Amours d'Horace*] Die Liebesgeschichten des Horaz. – Es handelt sich um einen anonym und mit fingiertem Druckort 1728 erschienenen Roman des franz. Gelehrten Pierre-Joseph de la Pimpie Solignac (1687-1773).

172,14 f. *Sis ⟨...⟩ vivas*] »Lebe glücklich denn, wo dein Herz dich hinzieht! / Und vergiß nicht ganz, Galatea, unser!« (Nach Färber, S. 167.) – Einen Bezug zum griech. Galateia-Mythos verrät das Gedicht nicht, dafür wird der Mythos von der Entführung der Europa durch den in einen Stier verwandelten Zeus breit ausgemalt.

172, 20 f. *daignez* ⟨...⟩ *tendresse]* »Mögest du immer die Erinnerung an meine Zärtlichkeit bewahren«.

173,4 f. *sich für* ⟨...⟩ *Werkzeuge]* Sich vor seinen Liedern, vor den gewöhnlichen Werkzeugen.

173,16 f. *gegen* ⟨...⟩ *halten]* Miteinander vergleichen, in Zusammenhang bringen.

173,17 *einerlei]* Ein und dasselbe.

173,23 f. *meine Phyllis* ⟨...⟩ *Corinna]* Mädchennamen (neben vielen anderen) aus Lessings eigenen anakreontischen Jugendgedichten. Vgl. Bd. II dieser Ausgabe, S. 363-391, 607-616.

173,30 *Spiele seines Witzes]* Hier: Spiele seiner Phantasie.

173,34 *Ligurin und Lyciscus]* Knabennamen in Horaz' Gedichten. Ligurinus: *Carmina* IV 1 und 10; Lyciscus: *Epodon Liber* (Buch der Epoden), Nr. 11.

174,3-6 *Foecunda* ⟨...⟩ *fluxit]* »An Sünden reich hat unsere Zeit zuerst / Den Ehebund und Haus und Geschlecht befleckt: / Aus diesem Urquell floß des Unheils / Strom auf das Land und das Volk der Römer.« (Nach Färber, S. 129.)

174,15 *Matronen]* Lat. matrona. Bezeichnet die freigeborene verheiratete Römerin, im Sinn einer rechtsfähigen Standesperson und ›Hausherrin‹.

174,18 f. *Freigelassenen]* Die Freilassung von Sklaven geschah in der röm. Gesellschaft durch einen Rechtsakt. Die Freigelassenen hatten (beschränkte) Bürgerrechte und bildeten eine Art Mittelstand. Die »ledigen Buhlerinnen«, von denen hier die Rede ist, gehörten wohl an dessen unteren Rand.

174,21 *weit* ⟨...⟩ *Natur]* Lessings Auffassung von der »lex naturae« (Naturrecht) ist schwerlich auf antike Quellen, etwa die Naturrechtslehre Ciceros und der Stoiker, gegründet. Horaz selbst spricht nicht von den ›Gesetzen der Natur‹.

174,25-27 *Nonne* ⟨...⟩ *soldo]* »Ist es nicht nützlicher zu fragen, welches Maß Natur der Sinnenlust gesetzt hat, auf was sie ohne Not, auf was sie nur mit Schmerz verzichtet, und so den leeren Wahn vom wahren Kern zu scheiden?« (Nach Färber, *Satiren* I 2.)

174,33-35 *tument ⟨...⟩ rumpi]* »Alle deine Sinne sind in Aufruhr, und ein Dirnchen, ein junger Sklave ist zur Hand, die dir sogleich zu Willen sind; magst du dann lieber bersten vor ungestillter Gier?« (Ebd.)

174,36 *non ego]* »Nicht ich.«

175,2 *parabilem ⟨...⟩ facilemque]* »Bequeme und leichte Liebe«.

175,4 f. *Haec ⟨...⟩ illi]* »Wenn ich nun zu ihrer Rechten liege und sie sich von der andern Seite zärtlich an mich schmiegt, dann ist sie meine Ilia, meine Egeria; die schönsten Namen geb ich ihr.« (Nach Färber, *Satiren* I 2.)

175,6 *haec]* Diese; gemeint ist die vorher beschriebene Dirne.

175,9 f. *ut ⟨...⟩ videri]* »So eine, die nicht größer und nicht weißer scheinen will, als die Natur sie schuf.« (Ebd.)

175,25 *bekriegen]* Sinngemäß: eine neue Liebesleidenschaft aufzwingen. Lessing nimmt hier den antiken Topos vom Liebeskrieg auf.

175,26 *Maximus]* Gemeint ist Paullus Fabius Maximus, ehemaliger Konsul und Gemahl der Marcia, einer Angehörigen des Kaiserhauses.

175,35-176,5 *Sed ⟨...⟩ volubiles]* »Doch o weh, Ligurin, was ist's, / Daß die Zähre sich mir über die Wange stiehlt? / Daß die Zunge, beredt voreinst, / Jetzt inmitten des Worts feige mir stille steht? / Ach, im Traume der Nacht umschlingt / Jetzt mein Arm dich und ich folge dir, wenn du fliehst, / Durch das grünende Marsfeld hin, / Durch den rollenden Strom, grausamer Knabe, dir.« (Nach Färber, S. 181.)

176,9 *des anakreontischen Bathylls]* Anakreon von Teos, griech. Lyriker des 6. Jhs. v. Chr., steht in der klassischen Tradition für den unbefangenen Preis der Lebenslust. – In den als authentisch geltenden Gedichten und Gedichtfragmenten des Anakreon kommt ein Knabe Bathyllos nicht vor, wohl aber in den sog. Anakreonteen (die die Zeit Lessings allerdings noch für Dichtungen Anakreons hielt). Sicher ist, daß Bathyllos auch schon in der Antike als Lieblingsknabe des Anakreon galt.

176,13-16 *Non aliter ⟨...⟩ pedem]* »So war, sagt man, entbrannt für den samischen Knaben Bathyllos/ Anakreon von Teos einst, / Der zu der hallenden Leier so oft die Schmerzen der Liebe/ In ungefeilten Rhythmen sang.« (14. Epode, nach Färber, S. 251.)

176,17 *Liedern ⟨...⟩ haben]* Für die humanistische Welt wurde die anakreontische Überlieferung durch die berühmte Ausgabe von Henricus Stephanus (1554) erschlossen. Lessing besaß (nach Herbert Zeman, *Die deutsche anakreontische Dichtung*, Stuttgart 1972, S. 230) die lat. Ausgabe von Cornelius de Pauw (1732).

176,19 *Flevit]* Er hat geweint bzw. geklagt.

176,29-31 *allen ⟨...⟩ abborgte]* »Die schönsten Blumen«: die gelungensten poetischen Wendungen, Figuren und Bilder. Horaz gilt für Ulrich von Wilamowitz-Moellendorf als »der am meisten griechische Dichter« Roms (vgl. *Horaz und die griech. Dichter*, Berlin 1913, S. 322). »Die Nachahmung der classischen Lyrik erschien ihm als ein Wagnis und als etwas ganz neues« (S. 322). Seine wichtigsten Vorbilder waren Anakreon, Sappho und Alkaios, mit denen er allerdings auch zu wetteifern bedacht war.

176,35 *nicht dargegen aufstellen]* Weil eine einschlägige Überlieferung fehlt.

177,4 f. *des achten]* Von Mörike als 53. Gedicht unter dem Titel *Ein Traum* übersetzt: »Und mir war, als wenn ich scherzend / Mich mit jungen Mädchen jagte. / Leichthin schwebt' ich auf den Zehen; / Sieh, da kamen Knaben«.

177,5 *der Tejer]* Für: Anakreon, der aus Teos stammte.

177,7 *des siebenden]* Bei Mörike das 42. unter dem Titel *Die Probe*: »Mit einem Lilienstengel / gar grausam schlug mich Eros, / Und zwang mich, ihm zu folgen. / Durch wilde Ströme ging es, / Durch Wälder und durch Klüfte.«

177,7 *hyacinthnen]* Die Hyazinthe ist ein Liliengewächs.

177,11 f. *Cur ⟨...⟩ silentio?]* »Was ist's ⟨...⟩, / Daß die Zunge, beredt voreinst, / Jetzt inmitten des Worts feige mir stille steht?« (Nach Färber, S. 181.)

177,14 *Sappho]* Größte Dichterin der Antike, schrieb und

wirkte (als Erzieherin junger Mädchen) um 600 v. Chr. auf Lesbos. Überliefert sind außer zwei vollständigen Gedichten nur Fragmente. Die von Lessing gemeinte Stelle stammt aus dem 2. Fragment: »Wenn ich dich erblicke, geschieht's mit einmal, / Daß ich verstumme. / Denn bewegungslos liegt die Zunge« (*Sappho*, ed. Max Treu, 1963, S. 25).

177,17 *Catulls]* Gaius Valerius Catull (etwa 87 - 54 v. Chr.), röm. Lyriker und bedeutender Vorgänger des Horaz als Liebesdichter. Führte das Leben eines Bohémiens.

177,18-20 *nihil 〈...〉 torpet]* »〈...〉 so vermag ich / Nichts mehr zu sagen. / Meine Zunge ist wie gelähmt« (Catull, *Gedichte*, ed. Rudolf Helm, 1963, Nr. 51,7-9).

177,27 f. *angenommen]* Hier: fingiert, aber auch: übernommen.

177,32 *kleinen]* Sowohl im Sinn von ›bescheiden‹ wie von ›kleinlich‹ lesbar.

177,33 f. *Geheimnis]* Nämlich, daß Poesie häufig auf Versatzstücke und Zitate zurückgreift.

178,1 *Symptomata]* Symptome. Hier: Eigenheiten.

178,14 *Geschichte des Augustus]* Suetons Kaiserbiographie *Vita Augusti* (Das Leben des Augustus).

178,15 *de 〈...〉 pudicitia]* Über Ehebruch und Keuschheit.

178,16 *de 〈...〉 ordinibus]* Über die Förderung der Ehe in den bürgerlichen Ständen.

178,22 *lex Scantina]* Richtig: lex Scantinia, die Päderastie mit Geldstrafen belegte, während die lex Iulia auch die Möglichkeit der Verbannung vorsah.

178,24 f. *Vermehrung 〈...〉 Geschlechts]* Die Ehegesetze sanktionierten Ehe- und Kinderlosigkeit und privilegierten die Eltern von mindestens drei (bei Freigelassenen vier) Kindern.

179,4-7 *Nullis 〈...〉 comes]* »Buhlerwesen befleckt nirgend das keusche Haus, / Sitte hält und Gesetz schmutzige Gier im Zaum, / Müttern dienen als Zier Kinder, dem Vater gleich, / Strafe folgt auf dem Fuß der Schuld.« (*Carmina* IV 5; nach Färber, S. 193.)

179,10 *maculosum nefas]* Schmutziges Laster. Wie aus der

179,18-20 *Sex. Pompejus ⟨...⟩ meritum etc.]* »Sextus Pompejus schalt ihn einen weichlichen Weibskerl. Marcus Antonius warf ihm vor, er habe sich die Adoption seines Oheims durch Hingabe seiner Unschuld verdient« (Sueton, *Cäsarenleben*, ed. Max Heinemann, 1957, S. 128). – Pompeius Sextus (73-35 v. Chr.) war ein militärischer Widersacher zunächst Caesars, dann des Augustus. Marcus Antonius (82-30 v. Chr.) war sein großer und unglücklicher politischer Gegenspieler.

179,21-23 *ex quibus ⟨...⟩ castitate]* »Von diesen, soll man sagen, Anschuldigungen oder boshaften Verleumdungen hat er den schimpflichen Vorwurf der widernatürlichen Unzucht durch die Reinheit seines damaligen und späteren Lebens am leichtesten widerlegt« (ebd., S. 131).

179,24 *loszehlen]* Lossprechen.

179,27-29 *Adulteria ⟨...⟩ exquireret]* »Seine Liebschaften mit verheirateten Frauen stellen selbst seine Freunde nicht in Abrede; allerdings fügen sie zur Entschuldigung hinzu, hier sei nicht Wollust, sondern kluge Politik als Motiv im Spiele gewesen, um so leichter die Anschläge seiner Gegner durch ihre Frauen auszukundschaften.« (Ebd., S. 129.)

179,29 f. *ein neuer August]* August der Starke (1670-1733), Kurfürst von Sachsen und König von Polen, der für seine Mätressenwirtschaft bekannt war.

179,32 *kahle]* Erbärmliche, dürftige, schlechte.

179,36 f. *funfzig Jahr alt]* Dieses Alter gibt Horaz selbst im Ligurinus-Gedicht (»circa lustra decem«, etwa zehn Jahrfünfte) an.

180,27 *Man weiß]* Zu Horaz' autobiographischen Angaben vgl. *Briefe* II 2; *Satiren* I 6.

180,28 *in Athen]* Horaz war um das Jahr 44 v. Chr. in Athen, danach (44-42) diente er unter Brutus, dem Caesarmörder, als republikanischer Militärtribun bis zur verlorenen Schlacht bei Philippi, aus der er sich durch Flucht rettete.

180,33 f. *Pompejus Varus]* Jugendfreund von Horaz, der nach der Schlacht von Philippi auf der Gegenseite des Augustus weiterkämpfte und erst nach der Amnestie von 29 v. Chr. nach Rom zurückkehrte.

180,35-38 *Tecum ⟨...⟩ mento]* »Du hast Philippis Tag und die rasche Flucht / Mit mir erlebt, der ruhmlos den Schild verlor, / Als Mannesmut zerbrach und unsre / Helden so tapfer den Boden küßten.« (Nach Färber, S. 79.)

181,15 *ohne ⟨...⟩ Vermögen]* Der Vater des Horaz war ein Freigelassener. Die öffentlichen Sklaven, die sich ausgezeichnet hatten, wurde bei ihrer Freilassung ›Horatii‹ (Horazier) genannt – nach dem röm. Stadtbezirk Tribus Horatia (vgl. Walter Wili, *Horaz*, Basel 1965, S. 11). – Über die Armut seines Vaters äußert sich Horaz in *Satiren* I 6.

181,16 *Würde eines Tribuns]* Als »Militärtribun im Heere des Brutus ⟨...⟩ hatte er in wechselndem Kommando mit andern eine Legion unter sich und bekleidete annähernd den Rang eines Obersten.« (Wili, s. Anm. 181,15, S. 28.) Wili schließt aus diesem kometenhaften Aufstieg eines zweiundzwanzigjährigen Nobody, daß Horaz vorher in der römischen Gesellschaft von Athen als außerordentlicher Kopf aufgefallen sein muß.

181,25 f. *O saepe ⟨...⟩ Deducte]* »O, der du oftmal Todesgefahr geteilt / Mit mir« (nach Färber, S. 77).

182,7 *Dio Cassius]* Dio Cassius, genannt Cocceianus (ca. 150 - 235 n. Chr.), röm. Historiker aus Bythinien, verfaßte (in griech. Sprache) eine Gesamtgeschichte Roms in 80 Büchern. Das Buch 47 befaßt sich mit der Schlacht bei Philippi. Die von Lessing erinnerte (?) Stelle lautet: »Die Fliehenden wurden von den Siegern nach allen Seiten hin verfolgt. Diese tödteten nicht und nahmen auch nicht gefangen, sondern wachten nur überall die Nacht über, daß sie sich nicht mehr vereinigen konnten.« (*Cassius Dio's Römische Geschichte*, ed. Leonhard Tafel, Stuttgart 1838, 2. Abt., S. 814.)

182,20 f. *Sed ⟨...⟩ aëre]* »Doch mich, der furchtsam zagte, mich trug Merkur / Rasch durch den Feind in dichtes Gewölk gehüllt« (nach Färber, S. 79).

182,28 *mit ⟨...⟩ umgiebt]* Vgl. *Ilias* 20, v. 441-444: »Doch Achilleus / Stürzte begierig heran, allein ihn zu töten verlangend, / Schrecklich brüllend, doch schnell entrückte den Gegner Apollon / Mühelos, weil er ein Gott, und barg ihn in dichtem Gewölke.« (*Ilias*, Übers. Johann Heinrich Voss, Berlin und Darmstadt 1956, S. 361.) – Lessing greift das Motiv erneut im Kap. XII des *Laokoon* wieder auf (vgl. Band V/2 dieser Ausgabe, S. 106 f.).

182,37 *Herodotus]* Herodotos von Halikarnass (ca. 484 - 430 v. Chr.), bedeutender griech. Historiker, ›Vater der Geschichtsschreibung‹. Über Alkaios berichtet er in Buch V, Kap. 95 seiner *Historien*.

182,37 *Strabo]* Strabon von Amaseia (ca. 64 v. Chr. - 19 n. Chr.), griech. Geograph und Historiker. Über Alkaios berichtet er in *Geographika* XIII 617, über Pittakos XIII 600.

183,1 *Alcäus]* Alkaios (aus Lesbos), griech. Lyriker des frühen 6. Jhs. v. Chr., war zeitlebens in die Adelskämpfe seiner Heimat verstrickt und legte davon auch in seiner Dichtung Zeugnis ab. Lessings Ausführungen über Alkaios sind z. T. wörtlich aus Pierre Bayles Wörterbuch (in der Gottschedschen Übersetzung) übernommen. »Er wollte Proben von seiner Herzhaftigkeit, im Kriege, geben, und er war darinnen nicht ganz und gar glücklich; denn er mußte sein Leben mit der Flucht und der Wegwerfung seiner Waffen erhalten ⟨...⟩: allein er fand bey dieser Widerwärtigkeit einen sehr süßen Trost, da die Ueberwinder seine Waffen in dem Tempel der Minerva zu Sigäa aufhängen ließen; welches sie nicht mit solchem Vorzuge gethan haben würden, wenn sie dieselben nicht für ein sehr rühmliches Denkmaal ihres Sieges gehalten hätten. ⟨...⟩ Derjenige unter den lateinischen Poeten, welcher dem Alcäus am ähnlichsten ist, hat so wohl, als er, in seinen Gedichten bekannt, daß er sich mit Wegwerfung seiner Waffen, als eines des Flüchtigen ganz unnützen Dinges, mit der Flucht aus der Schlacht gerettet habe.« (*Historisches und Critisches Wörterbuch*, Erster Teil, Leipzig 1741, S. 136 f.)

183,7 *Pittacus]* Pittakos (gest. um 570 v. Chr.) wurde um

620 zum Tyrannen von Mytilene auf Lesbos berufen. Wegen seiner gesetzgeberischen Leistungen wurde er zu den Sieben Weisen gezählt. Bayle: »denn er ⟨Alkaios⟩ gerieth mit denjenigen in Streit, welche die Freyheit seines Vaterlandes unterdrücken wollten, insonderheit mit dem Pittacus ⟨...⟩: welcher dennoch die Oberherrschaft mit Gewalt an sich riß, ungeachtet er einer von den sieben Weisen Griechenlands war« (ebd., S. 137).

183,24 *primum suorum sodalium*] Richtig: »meorum prime sodalium« (erster meiner bzw. seiner Kampfgenossen, *Carmina* II 7).

183,27 *poetischen Zug*] Hier im Sinn von: poetische Freiheit.

184,19-22 *Unde ⟨...⟩ facerem*] »Den Abschied gab mir der Tag von Philippi. Gestutzt waren die Schwingen, gebeugt der Sinn, verloren das väterliche Haus und Grundstück: da hat Armut mir den Wagemut gegeben und den Trieb zum Dichten.« (*Briefe* II 2,49-52, nach Färber, S. 219.)

185,5-14 *derjenige ⟨...⟩ hätte*] Vgl. Pierre Bayle, *Wörterbuch* (s. Anm. 130,34), Bd. 1, Art. »Alcäus«.

185,22 f. *Epaminondas*] Bedeutender thebanischer Politiker und Feldherr, der 362 v. Chr. in der Schlacht bei Mantineia gegen die Spartaner fiel.

185,30 *Herr Müller*] Vgl. Anm. 161 Anm.

186,6 *blöde Augen*] Trübe, befangene Augen.

186,17-20 *Er wird ⟨...⟩ bekommen*] Fast gleichlautend in der Abhandlung *Pope, ein Metaphysiker!*, die wenig später in Zusammenarbeit mit Mendelssohn entstand: »Er ⟨der Dichter⟩ spricht mit dem Epikur, wo er die Wollust erheben will, und mit der Stoa, wo er die Tugend preisen soll.« (Vgl. S. 620 dieses Bandes.)

186,26 *Rousseau*] Gemeint ist: Jean-Baptiste Rousseau (1670-1741), berühmter franz. Lyriker an der Wende vom 17. zum 18. Jh., Vertreter der Antike-Partei in der ›Querelle‹.

186,31 *Genie*] Vgl. Anm. 262,35.

187,4 *ersten ⟨...⟩ Buchs*] »Frage auch nicht nach dem Führer meines Weges, nach dem Hause meiner Zuflucht: keinem Meister verpflichtet, auf seine Worte zu schwören, treibe ich, wohin der Sturm mich trägt, nur als flüchtiger Gast. Jetzt neige ich zur Betätigung und tauche in das flutende Leben der Umwelt, – der wahren Tugend ein Wächter und gestrenger Hüter. Jetzt unversehens ein Rückfall zu Aristippischen Lehren: ich suche mir die Güter der Welt dienstbar zu machen, nicht mich der Welt.« (*Briefe* I 1,13-19; nach Färber.)

187,12 *wunderbare Auslegungen*] PO Erl., S. 602 stellen, neben den gängigen Kommentaren, folgende Spezialarbeiten unter Verdacht: Johann Hermann Benner, *De poenitentia Horatii Philosophica, ab insolito tonitru provocata* (Über die philosophische Buße des Horaz, ausgelöst durch einen ungewohnten Donner), Gießen 1734; Johann Philipp Beykert, *Dissertationes duae ⟨...⟩ Horatium in oda 34. Lib. I. ab Epicureismo conversum sistentes* (Zwei Abhandlungen über den vom Epikureertum bekehrten Horaz nach Ode I 34), Straßburg 1748.

188,24 *Parcus*] Sparsam, karg, genügsam.

188,28 *Dacier*] Zur Person vgl. Anm. 107,15. – Lessing referiert aus seiner ersten Horaz-Ausgabe: *Les oeuvres d'Horace trad. en franc. avec des notes et des remarques critiques* (Die Werke des Horaz, ins Franz. übersetzt und mit Anmerkungen und kritischen Kommentaren versehen), Paris 1681ff.

188,36 *Festus*] Sextus Pompeius Festus, röm. Grammatiker und Altertumsforscher des 2. Jhs. n. Chr., Verfasser eines Auszugs aus dem riesigen Glossar und Altertümer-Lexikon des Verrius Flaccus *De verborum significatu* (Von der Bedeutung der Wörter) aus augusteischer Zeit. – André Dacier war Herausgeber einer Festus/Flaccus-Ausgabe.

188,36 f. *infrequens ⟨...⟩ signis*] »›Infrequens‹ wird der Soldat genannt, der dem Dienst fernbleibt oder ferngeblieben ist«. – ›Signum‹ bedeutet eigentlich Feldzeichen, Banner, Fahne.

189,8 *Climax*] Von griech. Klimax »Treppe, Steigerung«. Im Lat. und im modernen Deutsch weiblichen Geschlechts.

189,22 *Lange ⟨...⟩ träge*] In Langes Übersetzung heißt die

erste Zeile der Ode: »Ich träg' und seltner Knecht der Götter«. Warum Lessing zwischen Langes »träg« und seinem eigenen »saumselig« einen so gravierenden Unterschied sieht, ist unerfindlich.

189,28 f. *der einzige Baxter]* PO Erl., S. 602, merken an, nicht Baxter, sondern Bentley und Bang seien Lessing in der Komma-Korrektur vorangegangen. In einer deutschen Ausgabe von Bentleys ›Horaz‹ (Leipzig 1764) findet sich in der Tat eine ausführliche Kritik der Stelle im Sinne Lessings (wenn auch ohne Berufung auf den Scholiasten). Allerdings setzt eine spätere deutsche Baxter-Ausgabe (Nürnberg 1800) das Komma ebenso wie Bentley und Lessing (und im übrigen auch die moderne Ausgabe von Färber).

189,31 *Wehrmann]* Gewährsmann.

189,34-36 *Diespiter 〈...〉 equos]* »Der Vater der Tage hat meist mit zuckendem Feuer die Wolken geteilt« als »er hat meist die donnernden Rosse durch den klaren Himmel gelenkt«.

190,12 f. *Lubinus 〈...〉 diebus]* Eilhardus Lubinus (Eilert Lübben), 1565-1621, Prof. der Dichtkunst und Theologie in Rostock, schrieb zwei Horaz-Kommentare (1599 und 1612). Sein Einschub nach »plerumque« heißt: »in diesen Tagen aber«.

190,14 *souvent]* (Franz.) Oft.

190,16 *Paraphrasten]* S. Anm. 121,24.

190,20 *invisi]* Genitiv von lat. invisus »ungesehen, unsichtbar, verhaßt«.

190,25 αιδης] (Griech.) Ungesehen.

190,29 τοπον ζοφερον και ανηλιον] »Ein dunkler Platz, wo die Sonne nie scheint«.

190,29 f. *bei 〈...〉 περι πενθους]* Lukianos von Samosata, 2. Jh. v. Chr., griech. Satiriker. Der genannte Titel: »Über die Trauer«.

190,33 *invisam 〈...〉 Taenari]* Unsichtbare Wohnung des schrecklichen Taenarus.

190,36 *horridam 〈...〉 Taenari]* Den schrecklichen Ort des ungesehenen Taenarus.

191,7 *Treue eines Übersetzers]* Zedler vermerkt zum Stichwort »Übersetzung« (Bd. 48, S. 752): »Bemühe man sich nicht sowohl alle Worte, als vielmehr den rechten Sinn, und die völlige Meynung eines jeden Satzes, den man übersetzt, wohl auszudrücken. Denn obgleich die Wörter den Verstand bey sich führen, und man die Gedancken der Scribenten daraus nehmen muß; so lassen sie sich doch in einer andern Sprache so genau nicht geben, daß man ihnen Fuß vor Fuß folgen könnte.«

191,19 *atlanteus finis]* Wörtlich: atlantisches Ende. Gemeint ist das Atlasgebirge als Ende der Welt. Dazu gehörte der Mythos vom halbgöttlichen Giganten Atlas, den den Himmel auf seinen Schultern trägt.

191,20 f. *Aber ⟨...⟩ sein?]* Anspielung auf seinen Prügelknaben Lange, der in der Vorrede zu seiner Oden-Übersetzung (1752) unterstellt, daß er »als ein blosser Uebersetzer, der getreu ist«, nicht die Freiheit habe, »den geringsten Strich zu ändern«.

191,28 *Tanaquill Faber]* Tanneguy Le Fèvre (1615-1672), franz. Humanist, kommentierte Horaz-Ausgabe 1671.

191,29 *Dacier]* Vgl. Anm. 107,15. Die folgenden Zitate entstammen der großen Horaz-Edition Daciers von 1689 ff.

191,34 *Stoische Sekte]* Bis ins 18. Jh. wurden, dem röm. Sprachgebrauch folgend, die philosophischen Schulen der Antike als ›Sekten‹ bezeichnet. Nach Zedler, Bd. 36, S. 937, gibt es vier Sekten, die »in der Welt einen grossen Lermen gemacht, nemlich die Platonische oder Academische, die Stoische, die Aristotelische, die Epicurische, da die Cynische und Sceptische mit unterlaufen«.

192,22 *Diadem]* Stirnschmuck; griech. diadema »Binde«.

193,11 *beruften]* ›Rufen, berufen‹ wird bis ins 18. Jh. sowohl in starker wie schwacher Flexion gebraucht; neben Lessing auch von Gellert, Klopstock, Goethe, Voss (Grimms DWb 14, Sp. 1398 f.).

193,15 *unanständig]* Hier: unpassend, ungehörig.

193,19 *zweite Buch ⟨...⟩ Seneca]* Lucius Annaeus Seneca der Jüngere (um 4 v. Chr. - 65 n. Chr.), röm. Philosoph,

Politiker, Redner und Dichter, Haupt der stoischen Schule in Rom. Im 2. Buch seines Spätwerks *Naturales quaestiones* (Naturkundliche Fragen) behandelt Seneca u. a. Entstehung und Bedeutung des Blitzes und Donners.

193,24 *purus aër]* Klarer (heiterer) Himmel.

193,25 f. *Quare ⟨...⟩ prosilit]* »Warum donnert es auch aus heiterem Himmel? ⟨...⟩ Weil auch da der Geist durch die zusammengeballte und trockene Luft hervorspringt.«

193,28 *Anaximanders]* Anaximander von Milet (ca. 610-545 v. Chr.), griech. Naturphilosoph, der als erster an einer rationalen Kosmogonie arbeitete. Im genannten 18. Hauptstück diskutiert Seneca seine Ansichten zur Entstehung von Blitz, Donner und Wetterleuchten.

193,32 f. *mira ⟨...⟩ potentia]* »Die Wirkungen des Blitzes sind, wenn du darauf achten willst, wunderbar und lassen keinen Zweifel übrig, daß eine göttliche und sinnreiche Kraft in ihnen wirke.«

194,6 *sehr ruhig dabei ließen]* Wohl im Sinn von: unberührt, distanziert.

194,8 *Tusker]* Etrusker (die für ihre religiöse Blitzdeutung bekannt waren).

194,12-26 *Hoc autem ⟨...⟩ praedictio est]* »Dies aber ⟨...⟩ unterscheidet uns von den Etruskern, die eine sehr genaue Kenntnis vom Ablauf des Blitzes haben. Wir glauben, daß Blitze entstehen, weil die Wolken sich aneinander reiben. Sie aber meinen, daß die Wolken sich aneinander reiben, damit Blitze entstehen. Denn da sie alles auf Gott zurückführen, sind sie der Überzeugung, daß die Blitze nicht etwas voraussagen, weil sie erfolgt sind, sondern daß sie entstehen, damit sie etwas voraussagen. Sie entstehen aber doch auf die gleiche Weise, ob die Vorbedeutung ihr Zweck oder ihre Folge ist. ›Wie können sie denn eine Vorbedeutung haben, wenn sie nicht von Gott gesandt werden?‹ ›Ebenso wie die Vögel, die nicht an uns vorbeifliegen, um uns eine günstige oder ungünstige Voraussage zu machen.‹ ›Auch sie läßt Gott so fliegen‹, antwortet ⟨der Etrusker⟩. Damit macht man jenen allzu beschäftigt und zum Diener einer unbedeutenden

Sache, wenn er dem einen die Träume, dem andern die Eingeweide ⟨der Opfertiere⟩ ordnet. Nichtsdestoweniger ist dies alles auf eine göttliche Kraft zurückzuführen. – Der Lauf des Schicksals, das überall uns teils vertraute, teils unbekannte Anzeichen für das Kommende vorausschickt, läßt sich auf andere Weise erklären. – – Bei Dingen, die eine bestimmte Ordnung haben, ist auch eine Voraussage möglich.« (Übers. nach Guthke, in: G 3, S. 786.)

194,36 f. *sed ⟨...⟩ apicem]* »Aber« vor »hier den Wipfel«.

195,3 f. *nicht statt finden]* Im Sinn von: nicht begründet geschehen.

195,4 *Veränderung der Sekte]* Wechsel des philosophischen Lagers.

195,11 *cursus relictos]* Aufgegebene Ansichten (Wege).

195,17 *umzognen]* Bezogenen, bewölkten.

195,20 *Ereignung]* Geschehen.

195,26 *unzeitige]* Unangebrachte, voreilige.

195,35 *für den]* Vor dem.

196,5 f. *Affect und Poesie]* Vgl. Gottsched, *Critische Dichtkunst*, 4. Aufl. 1751, S. 428: »Die Materien, die in Oden vorkommen können, sind fast unzählig: obgleich im Anfange die Lieder nur zum Ausdrucke der Affecten gebraucht worden sind.« Gottsched unterscheidet wie Lessing auch zwischen fingierten und authentischen Leidenschaften im Gedicht, wobei die letzteren durch den Arbeitsprozeß stets schon gefiltert sind.

196,13-16 *Tonitrua ⟨...⟩ reciperet]* »Blitze und Donner fürchtete er auf übertriebene Weise, so daß er immer und überall das Fell eines Seehundes als Gegenmittel mit sich führte und sich, sobald er ein stärkeres Gewitter kommen sah, in einen tiefen, gewölbten Raum zurückzog.«

197,4 *Antreibung]* Antrieb, Eingebung.

197,9 f. *insanem sapientiam]* Unsinnige Weisheit.

197,10 *Anhang]* Hier wohl: Parteinahme für.

197,12 f. *wo ⟨...⟩ einschlug]* Was die Frage der Freiheit betraf.

197,20 *plane]* Einfache, leicht verständliche.

⟨DIE DREI ›KLEINEREN‹ RETTUNGEN:
CARDANUS, INEPTUS RELIGIOSUS,
COCHLAEUS⟩

TEXTGRUNDLAGE

Es gilt das oben S. 999-1011 generell für die *Rettungen* Gesagte.

ENTSTEHUNG UND STRUKTUR

Während die intensive Horaz-Lektüre bis in die Fürstenschulzeit in St. Afra zurückreicht, verweisen die drei anschließenden Texte in Lessings zweite Wittenberger Zeit (vom Jahresende 1751 bis November 1752). In diese Periode, in der er mit dem Bruder Theophilus zusammen lebt und studiert und die einem Universitätsabschluß dient, fallen auch ausgedehnte christentums- und kirchengeschichtliche Studien. Deren Verankerung im Elternhaus ist evident. Kritik der Kirchengeschichtsschreibung bildet schon ein Element der Fragment gebliebenen *Gedanken über die Herrnhuter* von 1750 (Bd. I dieser Ausgabe, S. 935-949; vgl. zur Kirchenkritik auch Schilson, *Geschichte*, S. 53-57). Dem Lessingschen Verständnis von ›Rettung‹ entsprechend, stehen historische Personen, die schon der Titel jeweils nennt, im Zentrum des Interesses. Es handelt sich um Objekte des Lessingschen hingegebenen Bibliotheksstudiums, wie wir es nicht nur aus Breslau und Wolfenbüttel kennen. Gleich im Fall des Cardanus nennt Lessing im Text selbst den Wittenberger Mittelsmann, »den Herrn Adjunct Schwarz« (S. 200,23), den Bibliothekar und »Freund«, der ihn auf bestimmte Stellen gewiesen habe. Die reichliche Zitierung zum Teil sehr spezieller Handbücher, Traktate und Nachschlagwerke auch in den beiden anderen Schriften deutet unverkennbar auf die exzellenten Bestände der Wittenberger Universitätsbibliothek.

Rettung des Hier. Cardanus

Zur Beschäftigung mit dem italienischen Naturphilosophen, Mathematiker und Mediziner Hieronymus Cardanus oder Geronimo Cardano aus Pavia (1501-76) führen unterschiedliche Linien. Das Thema ›Atheismus‹, mit dem – neben ganz anderem – Cardanus seit dem 16. Jahrhundert assoziiert wurde, spielte im Hause Lessing offenbar eine wichtige Rolle. *Der Freigeist* (1749), mit seiner Nähe zum Typus ›free thinker‹, ›Deist‹, ›Atheist‹ stellt eine der frühen Spiegelungen dieses Interesses dar (vgl. den hier aussagekräftigen Brief an den Vater von 28. 4. 1749; Bd. XI/1 dieser Ausgabe, S. 24 f.). Die beiden ›Quellenautoren‹, die dann während der Leipziger und der zweiten Wittenberger Studienzeit speziell auf Cardanus hinführten, wurden offenbar der Leipziger Lehrer Johann Friedrich Christ, dessen *Noctes Academicae* (1727) eine ›Rettung‹ des Cardanus enthalten (neben solchen Machiavellis und Agrippas), und das von Lessing vielbenutzte *Dictionnaire historique et critique* von Pierre Bayle (1697), das auch in Gottscheds Übersetzung vorlag (1741-44). Helmut Göbel hat den Komplex – nicht nur – der Quellen und Anregungen in seinem Aufsatz *Lessing und Cardano* (1980) umfassend untersucht.

›Atheisterei‹ war jedoch nur das eine (von Christ und vor allem von Bayle) kritisch aufgenommene Stichwort. Über Cardans Lebenswandel waren skandalhafte Erzählungen im Umlauf (angeblich brutale Traktierung seines Sohnes, unordentliche Eheverhältnisse u. a.); Lessing schiebt diese Sphäre rasch beiseite (S. 198) und scheint sich mit Cardans Autobiographie (*De vita propria*; S. 198,12) zunächst nicht näher befaßt zu haben. Auch Cardans Äußerungen gegen die Unsterblichkeit der Seele, obwohl theologisch schon gewichtiger, nennt er nur im Vorübergehen. Das thematische Feld, auf das er sich in seiner *Rettung* weitgehend konzentriert, eine Stelle, die auch noch – wie gerufen – ein »Herr Pastor« (Johann Vogt) als »eine sehr gottlose und ärgerliche

Stelle« qualifiziert hat (S. 199,23 f.), findet sich in Cardans Schrift über den »Scharfsinn«, *De subtilitate*. Der erwähnte Wittenberger Bibliothekar Schwarz ist hier offenbar ein früher Gesprächspartner gewesen.

Der ›Scharfsinn‹ Cardans richtet sich hier auf eine ausführlichere Unterscheidung zwischen mohammedanischen, christlichen und jüdischen Gesetzen. Damit ist freilich ein brisantes Thema angeschlagen, das schon in Lessings frühem Denken über den bloßen ›Religionsvergleich‹ hinausführt zur ›Toleranz‹-Diskussion, in einer Linie, die schließlich bis zum *Nathan* reicht (zur Problematik, die hier nicht entfaltet werden kann, auf neuerem Stand Arno Schilson in Bd. IX dieser Ausgabe, S. 1136-1151). Für Lessings frühe ›religionsvergleichende‹ Neigungen ist, neben dem Lustspiel *Die Juden* (1749), wiederholt auf seine Beschäftigung mit der Geschichte der Araber, mit »Mahomet« und dem »mahometanischen« Glauben anläßlich seiner (Teil-) Übersetzungen von Marignys *Geschichte der Araber* hingewiesen worden (zentriert um die Jahre 1752/53; Auszüge: Bd. II dieser Ausgabe, S. 579-592, mit umfangreichen Dokumenten und Kommentaren S. 1162-1174).

Rettung des Inepti Religiosi, und seines ungenannten Verfassers

Die *Rettung des Inepti Religiosi, und seines ungenannten Verfassers* ist mit der Cardanus-Schrift auch ›äußerlich‹ dadurch verbunden, daß hier gleich in der ersten Zeile (S. 224,3) der bereits erwähnte Herr »Pastor Vogt« anvisiert ist, sogar als der, »wider« den die »ganze Rettung« gerichtet sei. Zwar ist den beiden ›Rettungen‹ die im weitesten Sinne theologische Thematik gemeinsam, aber hier geht es genauer um nachreformatorische Kirchen- und Konfessionengeschichte: also einen Gegenstand, der für Lessing auf Wittenberger Boden von eigenem Reiz gewesen sein mag. Daß hier zugleich der Versuch gewagt werden konnte, den Anonymus (»M. J. S.«) zu entschlüsseln, betraf ein ganz anderes, aber typisch Lessingsches Beschäftigungsfeld, auf dem sich der eingefleischte Philologe und ›criticus‹ wiederholt versucht hat.

Mit den vielen »Sekten« und Konfessionen in Deutschland, in Holland, in England und in der Schweiz, mit den verschiedenen ›Unions‹-Bemühungen und mit den Tendenzen zur ›Religionsmengerei‹ spricht der rätselhafte, bisweilen satirische, bald sarkastische Text des Ungenannten (von 1652) für Lessing Phänomene von überdauernder Aktualität an. Vom Thema der Sezession, der Spaltung, der ambivalent gesehenen »Schwärmer« führt manche Linie hinüber zur unvollendeten *Herrnhuter*-Schrift von 1750 (Bd. I dieser Ausgabe, S. 935-945), die ja auch ›rettende‹ Züge trägt. Den Druck von *Ineptus Religiosus ad mores horum temporum descriptus* dürfte Lessing in der Wittenberger Bibliothek vorgefunden haben, der Hinweis auf die Schrift kam vielleicht in der Tat – und zufällig – aus dem Vogtschen Katalog.

Während die Cardanus-Schrift zwar auch mehrere umfangreichere Zitate bringt, aber einen genaueren Diskussionszusammenhang herstellt, besteht die *Rettung des Inepti Religiosi* weit überwiegend aus Übersetzung des lateinischen Textes, mit gelegentlichen Kürzungen und Einschüben. Der Versuch der Identifikation am Schluß (S. 242) bleibt zögerlich und ohne Weiterungen. Auf manche Details, etwa aus dem erwähnten Schrifttum aus England und Holland, scheint sich Lessing bei der Arbeit nicht des näheren eingelassen zu haben. Am Schluß bricht sein Text im Grunde ab. Von seiner Entstehung her ist er eher ein Entwurf, ein Versuch, der den Verfasser vermutlich unbefriedigt gelassen hat. Immerhin, es war ein rätselhaft-provokativer ›Fund‹.

Rettung des Cochläus aber nur in einer Kleinigkeit

Die *Rettung des Cochläus aber nur in einer Kleinigkeit* führt noch unmittelbarer als die Schrift über den Anonymus auf Wittenberger Boden. Auf Cochlaeus, einen der auch bei der

Nachwelt prominenten katholischen Luther-Gegner (1479-1552, seit 1528 in hohen geistlichen Stellen), hat Luther von Wittenberg aus zunächst noch geantwortet. Dann wird der Streit für die Sicht der Öffentlichkeit einseitig. Aber zu Lessings Zeit genießt Cochlaeus immer noch den Ruf eines der größten Luther-Hasser. Ihn ausgerechnet von Wittenberg aus ›retten‹ zu wollen und dies dazu noch im Titel anzukündigen, ist typisch Lessingsche Provokation – auch mit dem spielerischen Zusatz »aber nur in einer Kleinigkeit«.

Es wird nicht ganz klar, wie Lessing auf die beiden hier im Zentrum stehenden Briefe gestoßen ist: natürlich im Rahmen seiner kirchengeschichtlichen, reformationsgeschichtlichen Studien (»Reformationsgeschichte« erscheint fast schon als ein ›Fach‹, S. 247,7 f. u. ö.), aber zugleich durch den Zufall einer aktuellen Publikation. Im Jahre 1749 hatte der evangelische Geistliche Friedrich Wilhelm Kraft aus Krautheim bei Weimar (1712-58) in Göttingen eine »Streitschrift« verteidigt, die Lessing recht bald (S. 245,10) auch nennt: *Dissertatio de Luthero contra indulgentiarum nundinationes haudaquaquam per invidiam disputante* (Über Luther, der gegen das Schachern um Ablaß keineswegs aus Neid stritt). Mit »Neid« ist derjenige zwischen den Augustinermönchen (zu denen Luther gehörte) und den Dominikanern gemeint. Es geht also um unterstellte niedere Motive für den Ursprung der Reformation: »der Neid war die Triebfeder« (S. 244,31 f.). Der Vorwurf war in der »Reformationsgeschichte« schon wiederholt zurückgewiesen worden.

Ob nun Lessing bei seinen Wittenberger Studien wieder auf das Thema stieß (er nennt gleich zu Anfang mehrere Standardwerke) oder durch die aktuelle Streitschrift von Kraft darauf aufmerksam wurde – oder beides –, ist nicht mehr entscheidbar. Es geht Lessing auch nicht nur um den Vorwurf selbst, sondern um Krafts Behauptung, »daß *Cochläus* der aller erste Erfinder obgedachter Verleumdung sei, und daß vor ihm auch *Luthers* allerärgsten Feinde nicht daran gedacht hätten« (S. 245,19-21). Das also ist die im Titel genannte »Kleinigkeit«. Bei seinen Studien ist nun Lessing auf zwei publizierte lateinische Briefe der Jahre 1520 und 1521 gestoßen, in denen der »Neid«-Vorwurf schon früher belegt ist (zu den Details s. »Stellenkommentar«). Cochläus war also nicht der erste.

Aber natürlich bleibt Lessing bei dieser Feststellung nicht stehen, sondern er taucht mit Übersetzung und Kommentierung der beiden Briefe in die vor- und frühreformatorischen Geschehnisse ein: Ablaßhandel, Luthers Predigten und Schriften dagegen, die Reaktionen des Papstes und des Kaisers, der Wormser Reichstag, Luthers Flucht usf. Mag eine »Kleinigkeit« als ›Aufhänger‹ dienen – Lessings reformationsgeschichtliches Engagement läßt etwas anderes daraus werden (s. zu »Struktur und Gehalt«).

Die Wittenberger Ursprünge und Veranlassungen, so verschiedenartig sie sein mögen, sie bringen um 1751/52, zusammen mit der Rettung des *Lemnius* einen kirchengeschichtlichen, theologiekritischen Impuls zum Vorschein, der Lessings ›Tätigsein‹ bis zum Fragmentenstreit und zum *Nathan* mit prägen wird.

STELLENKOMMENTAR

198,1 *Rettung*] Zum Begriff vgl. Jürgen Stenzel in Bd. II dieser Ausgabe, S. 1281 f., sowie oben S. 999-1011.

198,1 *Hier. Cardanus*] Siehe »Entstehung und Struktur«.

198,4 *ganzen*] Den Mathematiker, Philosophen/Theologen und Mediziner, namentlich auch seine seit dem 16. Jh. umstrittene Vita.

198,12 *de vita propria*] Original: *De propria vita* (Über das eigene Leben), Autobiographie des Cardanus, posthum 1643 erschienen.

198,23 *wider die Unsterblichkeit der Seele*] Seine angebliche Schrift *De immortalitate animorum* (Über die Unsterblichkeit der Geister); andere Angabe: *De animi immortalitate* (1541).

198,24 f. *dem Heilande die Nativität zu stellen*] Die Konstellation der Gestirne für den Tag der Geburt Jesu zu bestimmen (als Vorausdeutung auf sein Schicksal).

198,26 *de subtilitate*] Die in dieser *Rettung* wiederholt herangezogene Schrift (Über den Scharfsinn) 1550, s. »Entstehung und Struktur«.

198,32 *Wehrmann*] Gewährsmann.

198,32-199,1 *Martinus del Rio*] Martino Antonio Delrio (1551-1608), span. Jesuit; Theologe und Philologe in den span. Niederlanden; hier: *Disquisitionum magicarum libri VI* (Untersuchungen über die Zauberei, 6 Bücher), 1593.

199,4 *der Herr Pastor Brucker*] Vgl. Bd. II dieser Ausgabe, S. 123,6 (mit Anm.), auch Bd. V/1 dieser Ausgabe, S. 406-422 (*Über die Elpistiker*; dort wiederholte Auseinandersetzung mit dem frühen ›Philosophiehistoriker‹).

199,5 f. *des Ptolemäus vier Bücher de astrorum judiciis*] Claudius Ptolemaeus/Ptolemaios (2. Jh. n. Chr.), griech. Naturforscher; hier: *De astrorum judiciis* (Über Sterndeutung).

199,12 *Bayle*] Zu Bayles – von Gottsched übersetztem – *Dictionnaire* vgl. Bd. II dieser Ausgabe, Anm. 437,14 und oben Anm. 130,34. Auf den Cardanus-Artikel spielt Lessing möglicherweise mit der einleitenden Formulierung »der Größte Verstand mit der größten Torheit sehr wesentlich verbunden« an (Seneca-Zitat bei Bayle).

199,18 *der Herr Pastor Vogt*] Johann Vogt (1695-1764), evang. Geistlicher und Bibliophile; hier: *Catalogus historico-criticus librorum rariorum* (Historisch-kritisches Verzeichnis seltenerer Bücher), 1732. *Die Rettung des Inepti Religiosi* wird gleich zu Anfang als »wider den Herrn Pastor Vogt gerichtet« bezeichnet (s. S. 224,3 f.).

199,26 *de la Monnoye*] Bernard de la Monnoye (1641-1728), franz. Schriftsteller, Mitglied der Académie Française; hier: Ausgabe von *Menagiana* (1693), nachgelassenen Schriften von Gilles Ménage (1613-92), einem umstrittenen – preziösen – franz. Dichter und spekulativen Grammatiker. Die *Menagiana* enthalten zahlreiche Anekdoten.

199,27 *Pomponaz*] Pietro Pomponazzi / Petrus Pomponatius (1462-1524), ital. Philosoph; hier: *De immortalitate animae* (Über die Unsterblichkeit der Seele), 1516, zum gleichen Thema wie Cardanus.

199,29 *kürzlich*] Hier: kurzgefaßt, knapp.

199,32 *igitur* ⟨...⟩ *relictis*] »Also bleiben sie der Entscheidung durch den Sieg überlassen«.

199,36 *Scaliger Exercit.*] Julius Caesar Scaliger (1484-1558), ital.-franz. Humanist, Arzt und Philologe; hier: *Exotericarum exercitationum liber quintus de subtilitate, ad Hieron. Cardanum* (Leicht faßliche Studien über den Scharfsinn, 5. Buch, an Hieron. Cardanus), 1557 (Paris; wiederaufgelegt Hannover 1634).

200,10 *Marinus Mersennus*] Marin Mersenne (1588-1648), franz. Mathematiker, Physiker, Theologe (Minoritenpater); hier: *Quaestiones in Genesim* (Untersuchungen zur *Genesis*), 1623.

200,12 f. *des berüchtigten Buchs von den drei Betriegern*] *De tribus impostoribus* (Über die drei Betrüger), anonym mit fingierter Jahreszahl 1598, wahrscheinlich erst in den 1680er Jahren entstanden: Moses, Jesus und Mohammed (Mahomet), als Stifter von drei Offenbarungsreligionen, werden aus der Sicht einer ›natürlichen‹ und ›rationalen‹ Religion kritisch betrachtet. Die Schrift hat vor allem im Zusammenhang von *Nathan dem Weisen* Beachtung gefunden (vgl. den Aufsatz von Nisbet und die Monographie von Niewöhner, s. Lit.-verz.).

200,14 *Morhof*] Daniel Georg Morhof (1639-91), Prof. der Poesie in Kiel; hier: *Polyhistor literarius, philosophicus et practicus* (Vielwisser auf den Gebieten der Literatur, der Philosophie und der praktischen Fächer), zuerst 1688 (viele Auflagen; umfassendes Compendium zur Literaturgeschichte).

200,17 *Reimann*] Jakob Friedrich Reimmann (1668-1743), Theologe, Vielgelehrter; hier: *Historia universalis atheismi et atheorum* (Umfassende Geschichte des Atheismus und der Atheisten), 1725.

200,18 *die hällischen Verfasser*] (Anonym:) *Observationes selectae Halenses ad rem literariam spectantes* (Ausgewählte Hallische Beobachtungen zur Literatur) o. J. ⟨1700 ff.⟩.

200,19 *Freytag*] Friedrich Gotthilf Freytag (1723-76), Jurist und Philologe; hier: *Analecta Litteraria de libris rarioribus*

(Auswählendes Verzeichnis seltenerer Bücher), 1750; vgl. Bd. II dieser Ausgabe, S. 63 (mit Anm.).

200,21 f. *locum ⟨. . .⟩ plenissimum]* »Eine gottlose und höchst anstößige Stelle, eine Stelle voll Widerwärtigkeit«.

200,23 *den Herrn Adjunct Schwarz]* Friedrich Immanuel Schwarz (1728-86), Bibliothekar in Wittenberg (wo Lessing ihn 1751 kennenlernte), später Prof. der Theologie in Leipzig; hier: *Exercitationes historico-criticae in utrumque Samaritanum Pentateuchum* (Historisch-kritische Studie zu den beiden Pentateuch-Fassungen der Samariter).

200,37 *Philipp Melanchthon]* Philipp Melanchthon (1497-1560), Humanist, als Reformator Hauptmitarbeiter Luthers, Theologe, Philologe, Bildungsreformer.

201,02 *Noten]* Notizen.

201,9-12 *HIERONYMI ⟨. . .⟩ praefectum]* »Des Hieronymus Cardanus, Arztes in Mailand, einundzwanzig Bücher über den Scharfsinn, für den erlauchten Fürsten Ferdinand Gonzaga, Präfekt der mailändischen Provinz«.

201,14-22 *Joh. Petrejus Lectori ⟨. . .⟩ cernere.]* »Johannes Petrejus an den Leser: Du hast in diesem Buch, geneigter Leser, zu mehr als eintausendfünfhundert verschiedenartigen und ungewöhnlichen, vielmehr schwierigen, versteckten und wunderschönen Dingen die Ursachen, Kräfte und Eigenheiten vor dir, vom Verfasser da und dort im Experiment beobachtet; sie sind nicht nur um der Erkenntnis willen vergnüglich, sondern auch zu unterschiedlichem Gebrauch, sowohl dem privaten wie dem öffentlichen, um vieles nützlicher als die meisten Schriften bisher. Auch wenn sie aus dem Bereich der Philosophie stammen, wirst du, beides vergleichend, mir zustimmen, daß sie gleichwohl von geringerem Wert sind. So ist es im einzelnen aus dem beigefügten Verzeichnis klar zu ersehen.«

201,23 *Buchhändlerpanegyrico]* Lobrede, Anpreisungsrede des Buchhändlers.

201,23-25 *Norimbergae ⟨. . .⟩ Ao. MDL.]* »Zu Nürnberg bei Johannes Petrejus, jetzt erstmalig gedruckt, mit Kaiserlichem und Königlichem Schutzrecht für sechs Jahre, im Jahr 1550.«

201,30 *schlecht]* Schlicht, einfach.

202,15 *Werkmeister]* Nach dem Muster von griech. demiurgos »Handwerker«, »Schöpfer«, Gott.

202,34 f. *Herkules ⟨...⟩ Ceres]* Halbgötter und Götter der griech. und röm. Mythologie; griech.: Herakles, Apollon, Zeus, Hermes, Demeter.

203,5 *Weltweise]* Philosophen.

203,6 *Diese aber]* Die frühchristlichen Kritiker des griech. und röm. Polytheismus.

203,37 *Wunderwerke Christi]* Die Beispiele entstammen den Evangelien des Neuen Testaments.

204,5 *Wunderwerke der Mahometaner]* Beispiele aus dem Koran. Stellen-Hinweise bei G 7, S. 733.

204,20 f. *nichts ⟨...⟩ streitet.]* Der Wortlaut ist wichtig für die spätere Argumentation (unten S. 208,15 ff.).

204,24 *Wie? kann]* Spätere Korrektur (Druck 1784): *Was? können*

204,32 f. *im Korane]* Nachweise wieder bei G 7, S. 733.

205,1 *Fabel]* Hier: Erfindung, Mythos (auch: Märchen).

205,3-5 *unser Gesetz ⟨...⟩ gepredigt worden]* Über die Frühzeit und die Christenverfolgungen vgl. Lessings um 1763/4 (in Breslau) entstandene, unvollendete Schrift *Von der Art und Weise der Fortpflanzung und Ausbreitung der christlichen Religion:* Bd. V/1 dieser Ausgabe, S. 426-445.

205,11 *ebenfalls Gott]* In der monotheistischen Kritik: bereits Ansatz zum Polytheismus.

205,35 *wahrscheinlich]* Zentrale Kategorie des Argumentierens vom Standpunkt einer ›natürlichen Religion‹ aus.

205,18 f. *Engastrimuthi]* Griech. *engastrimythoi*: Bauchredner (Plural).

206,20 *Orgia]* (Griech.) Feste zu Ehren des Dionysos/Bacchus, auf rauschende Feste überhaupt erweitert.

206,25 *ohne Beischlaf]* Sogenannte Jungfrauengeburt (Parthenogenese).

206,26 *ihre Heiligen]* Vom Christentum auf den Islam übertragen. Zu den – überwiegend unklaren – Quellen wieder G 7, S. 733.

207,1 f. *Mirathbeg ⟨...⟩ Amurath]* Ungeklärt.

207,6 *Perioden]* Hier: Sätze.

207,8 *meines Philosophen]* Ausdruck des persönlichen Engagements.

207,19 *Prüfung]* Zentralbegriff der Lessingschen kritischen Schriften.

207,34 *fahren zu lassen]* Durchgehen zu lassen.

208,15 f. *unparteiische Leser]* Unvoreingenommene Leser. Die nachfolgenden grundsätzlicheren Überlegungen deuten partiell auf die 1770er Jahre (u. a. Goeze-Streit, *Nathan*) voraus.

209,15 *eines gelehrten Betriegers]* Besonders deutliche Bezugnahme auf die S. 312,9 genannte Schrift.

209,16 f. *das Künstliche]* Hier: das Kunstvolle.

209,18 *Schwärmer]* Von Lessing ambivalent verwendeter Begriff (Bewegungen der ›Abweichung‹, mitunter notwendig, aber auch problematisch), hier wohl vor allem mystische Tendenzen bezeichnend.

209,22 f. *der Fortpflanzung der christlichen Religion]* Vgl. die in Anm. 316,29-31 genannte Schrift.

209,35 f. *innerlichen Sekten]* Näheres in der vorgenannten Schrift.

210,24 f. *nihil ⟨...⟩ absonum]* »Die Lehre Christi enthält nichts, was mit der moralischen oder natürlichen Philosophie *nicht übereinstimmt.*«

210,37-211,2 *illius ⟨...⟩ induis.]* »Seinem Leben gleichkommen kann niemand, und auch nicht der beste; ihm nachfolgen aber kann jeder. Was kann er? Ja, soviel du von seinem Vorbild abweichst, soviel an gottlosem Verhalten nimmst du an.«

211,13 *ist ⟨...⟩ zurück]* Bleibt.

211,20 f. *in bürgerlichen Händeln]* Im Gegensatz zu religiösen, theologischen Fragen: bei sozialen Auseinandersetzungen (etwa vor Gericht).

211,32 *Vorwurfe]* Gegenstand.

211,37 *Weltweisen]* Vgl. Anm. 203,5.

212,15 *türkischen]* Hier: islamischen, mohammedanischen (im 16. Jh. waren die Türken die ›nächsten‹ Repräsentanten).

212,32 *die jüdische Religion*] Der hier beginnende Abschnitt ist eine der frühen, ›engagierten‹ Auseinandersetzungen mit der Geschichte und der gegenwärtigen, bedrängten Existenz des Judentums; vgl. das 1749 entstandene Stück *Die Juden* in Bd. I dieser Ausgabe, S. 447-488, sowie *Über das Lustspiel Die Juden*, S. 489-497, und die zugehörigen Kommentare. Luthers Traktat von der ›babylonischen Gefangenschaft‹ der Kirche in der Cardanus-Schrift: oben S. 316,23 f.

213,12 *überall gedrückt, beschimpft und verfolgt*] Zentraler Punkt im Interesse des jungen Lessing am Schicksal der Juden.

213,19 *Hiob*] Die nachfolgende Stelle: Hiob 2,6.

213,28 *Bildads und Zophars*] Bildad und Zophar, zwei der drei (neben Eliphas) in Hiob 2,11 erwähnten Freunde Hiobs.

213,32 *Wir wollen*] Die folgenden Zeilen nach Hiob 38,1; 1. Mose 30,3; Hiob 42,10.

213,35 *meinen Israeliten*] Ein repräsentativer Jude, so wie in *Die Juden* der edle Reisende am Schluß vom »Gott meiner Väter« und von »meinen Brüdern« spricht (Bd. I dieser Ausgabe, S. 486).

214,1 *eintreiben*] Hier: umzingeln, bedrängen.

214,5 *zu seinen Zeiten*] Zur Zeit des Cardanus.

214,7 *Polemici*] (Griech.-lat.) Angreifer, Polemiker.

214,10 *eines Relands*] Adrian Reland (1676-1718), Prof. der orientalischen Sprachen in Utrecht; hier: *De religione Mohammedica, libri duo* (Über die mohammedanische Religion, zwei Bücher), 1705.

214,11 *Sale*] George Sale (um 1679-1736), engl. Orientalist; hier: *The Koran, transl. into English with explanatory notes* ⟨. . .⟩ (Der Koran, ins Englische übersetzt, mit erklärenden Anmerkungen ⟨. . .⟩), 1734.

214,20 f. *ein Muselmann*] Die folgende wörtliche Rede ist fiktiv wie die des »Israeliten«.

215,25 *verbunden*] Verpflichtet.

215,31 *zu überreden]* Plausibel zu machen.

216,23 *Schwerde]* So im Erstdruck (Schluss-d eher hart ausgesprochen).

216,36 *Abu Obeidach]* Arab. Grammatiker und Historiograph (um 800 n. Chr.).

217,A *Ockley]* Simon Ockley (1678-1720), Prof. für Arab. in Cambridge; sein Hauptwerk: *Geschichte der Sarazenen,* dt. 1746 (engl. 1708-18). Quellenangabe nicht ganz geklärt.

218,1 *Igitur ⟨...⟩ relictis]* Vgl. S. 199,32.

218,9 *Und sich ⟨...⟩ eingeschlossen hat]* Vgl. S. 207,3 f.

218,12-14 *Sed utinam ⟨...⟩ meliorem.]* Eine recht freie Übersetzung gibt Lessing anschließend selbst.

218,23 f. *ad ⟨...⟩ transeamus.]* Fortsetzung des Zitats von S. 199,32 bzw. 218,1 bzw. 218,36: »Laßt uns weiterziehen«.

218,37-219,1 *Scaliger ⟨...⟩ Schwarz]* Alle Namen sind in der Schrift bereits genannt (und im Kommentar erklärt).

219,31 *die von 1664. ⟨...⟩ König.]* Lessing nennt seine Ausgabe (von *De subtilitate*) hier recht spät.

219,36 *Herzog von Suesse]* Gonzalo Fernandez de Cordoba, Herzog von Cordoba und Sessa (gest. 1578), Statthalter von Mailand.

220,12-14 *Absurda ⟨...⟩ juret.]* »Ist es nicht unsinnig, daß sie sich vorstellen, Gott sei von der Erde zum Himmel aufgestiegen, und daß er selbst sogar durch Dämonen seine Knechte einschwört.«

220,29 f. *Siehe ⟨...⟩ kömmt.]* Oben S. 205,8-25.

220,32-35 *At Mahumetani ⟨...⟩ cultores.]* »Doch die Mohammedaner haben auch selbst Schutzbehauptungen. Zunächst daß die Christusverehrer Bildwerke anbeten und als Verehrer von mehreren Göttern und nicht nur eines Gottes erscheinen.«

220,37-221,2 *Sie geht ⟨...⟩ eingeschlossen hat.]* Oben S. 206,26-207,4.

221,7-9 *Sed ⟨...⟩ meliorem]* »Aber wenn es doch nur so leicht wäre, ihre Waffen zu bezwingen, wie ihre Vorwürfe zu entkräften. Indessen ist die Angelegenheit den Waffen anvertraut worden, mit deren Hilfe zunächst die größere Partei über die bessere siegt.«

221,12-14 *Sed ⟨...⟩ transeamus etc.]* »Aber das geht zu wenig die Philosophen an, für die das Gespräch gedacht ist; wechseln wir also zu den Wunderwerken der Provinzen über usw.«.

221,34f. *die oben angeführte]* Oben S. 201,14-26.

222,24 *Dato]* Dativ (in humanistischer Manier flektiert) von »Datum« (hier: Jahreszahl).

222,27-29 *prima ⟨...⟩ Lutetiana]* »Ersten und zweiten Nürnberger«, einer von »Lyon« und von »Paris«.

222,31 *Observationum Hallensium]* Vgl. Anm. 200,18.

223,4 *Litteratores]* Von Lessing häufiger verwendet (lat.): Schriftsteller, Philologen.

224,3 *den Herrn Pastor Vogt]* Vgl. Anm. 199,18.

224,11f. *seinem Verzeichnisse rarer Bücher]* Wie vorige Anm.

224,12 *Scharteke]* Wohl von lat. charta »Papyrusblatt, Schriftstück«: wertloses Buch.

224,15f. *Ineptus ⟨...⟩ descriptus]* »Ein unwürdiger Geistlicher, gemäß den Sitten seiner Zeit beschrieben«.

224,16 *M. I. S.]* Zur Auflösung der Initialen vgl. »Entstehung« und Lessings Versuch S. 242.

224,16 *Duodez]* Von lat. duodecim, »zwölf«: Buchformat, ein Zwölftel eines Druckbogens.

224,19 *Herr Göring ⟨...⟩ Minden]* Näheres nicht ermittelt.

224,21-23 *Mente ⟨...⟩ quadrantia.]* »Dir fehlt es an Verstand, wenn du die Sache als ernsthaft behandelst; dir fehlt es an Würde, wenn du solche Scherze treibst, Freund Faber. Das sind Worte des Erasmus ⟨nicht ermittelt⟩, bei anderer Gelegenheit vorgebracht, aber bestens auf dieses Büchelchen passend«.

224,24 *vermischte Hamburgische Bibl.]* ›Hamburgische vermischte Bibliothek‹, Bd. 3, Hamburg 1745.

224,26-28 *Omnes ⟨...⟩ natura.]* »Alle Fragen und Kontroversen beginne immer, wie man sagt, ganz von vorne. Setze nichts voraus, frage immer, ob Christus überhaupt in der Welt gewesen ist«.

225,6 *den unparteiischen Leser]* Gleiche Konzeption wie in der Cardanus-Schrift, vgl. Anm. 208,15f.

225,26 *galanten]* Lessing verwendet hier einen seit Ende des 17. Jhs. verbreiteten Modebegriff (Gegensatz etwa zum ›Pedanten‹).

225,33 *Gottesgelehrte]* Lessing schränkt lat. religiosus »gottesfürchtig, fromm« auf den Theologen hin ein.

225,37 *Datum ⟨...⟩ febrili.]* »Abgefaßt und ausgedacht im Fieber-Müßiggang«.

226,13 *Öl]* Lampen-Öl bei der nächtlichen Arbeit.

227,10 *des Kanonischen Rechts]* Vom Kanon der biblischen Bücher abgeleitet: kirchliches Recht.

227,17 f. *redeunt ⟨...⟩ Amomum.]* »Es kehrt die Herrschaft Saturns zurück, unter der der assyrische Balsam überall wachsen wird« (Vergil, 4. Ekloge, v. 23; die 4. Ekloge wurde christlich als Ankündigung der Geburt Christi gedeutet).

227,32 f. *Thomisten und Scotisten]* Anhänger der Lehren des Thomas von Aquin und des Duns Scotus, zweier (sich bekämpfender) Hauptrichtungen der Scholastik.

228,4 f. *die Kunst zu schließen]* Terminologisch: Logik bzw. Syllogistik.

229,4 *Sprachlehrer]* Vor allem Grammatiker (des Lat.).

229,10 f. *Remonstranten oder Contraremonstranten]* Gruppe, die sich von der reformierten Kirche der Niederlande durch eine Bekenntnisschrift von 1610 (»Remonstratie«) abtrennte und der streng calvinistischen Prädestinationslehre eine freiere Auffassung (auch Vorrang der Bibel vor den Bekenntnissen) gegenüberstellte; führender Kopf war der Leidener Theologe Jakob Arminius (daher auch: ›Arminianer‹). Gegen sie opponierten die Kontraremonstranten (Dordrechter Synode von 1619).

229,24 *Barläus]* Gaspard von Barläus/Barlaeus (1584-1648), belg. Dichter und Arzt, auch Remonstrant.

229,26-29 *non unius ⟨...⟩ ubique suo]* »Wir glauben, daß es nicht Sache eines Zeitalters oder eines Volkes ist, fromm zu sein – wenn wir Unterschiedliches wissen; laßt uns vor Gott leben, Freunde, und ein gelehrter Geist möge überall geschätzt sein.«

230,2 *Ubiquetisten]* Von lat. ubique »überall«: Vertreter des

Dogmas von der Allgegenwart des Leibes Christi (wichtig für die sog. ›Realpräsenz‹ in der lutherischen Abendmahlslehre, entscheidende Differenz gegenüber den ›Reformierten‹).

230,8 *Klopffechter]* Im 18. Jh. (und bei Lessing) noch verbreitet: Gladiatoren, umherziehende Fechtlehrer (zu betrügerischen Landstreichern gerechnet); Grimms DWb 11, Sp. 1229 f.

230,11 *David-Joriten]* Anhänger des niederländ. Wiedertäufers David Joris (1501-1556).

230,11 *Brownisten]* Anhänger des engl. Theologen Robert Browne (1549-1630), der für die Unabhängigkeit der einzelnen Kongregationen von der anglikanischen Kirche kämpfte.

230,12 *Tros ⟨. . .⟩ habeto.]* »Ob er nun aus Troja oder auch Tyros ⟨Karthago⟩ stammt, das soll keinen Unterschied machen.«

230,14 *die Photinianische]* Nach dem Bischof Photinus von Sirmium genannte Sekte, die in ihrer unitarischen Lehre von den Beschlüssen des Konzils von Nicäa abwich (Photinus wurde 351 als Bischof abgesetzt).

231,4 f. *anstößt ⟨. . .⟩ stolpert]* Terminologische Anspielung auf den neutestamentlichen ›Stolperstein‹ (griech. *skandalon*).

231,5 *Homer]* Bezugnahme auf das sprichwörtliche ›Schläfchen Homers‹, d. h. gelegentliche Schwächen auch bei diesem Großen (Horaz, *Ars poetica*, v. 359).

231,6 *Livius]* Vgl. Bd. VIII dieser Ausgabe, Anm. 269,15.

231,6 f. *Froschmäusler]* Georg Rollenhagens (1542-1609) satirisches Tierepos *Froschmeuseler* (1595), worin u. a. Konfessionspolemik der Zeit karikiert wird.

231,7 *der Gräfin von Bembrok Arkadien]* Philipp Sidney (1554-1586), engl. Poet: *Countesse of Pembroke's Arcadia* (postum 1590); dt. Übersetzung 1638.

231,14 *Schöps]* Schafskopf.

231,21 f. *de causa ⟨. . .⟩ assistente etc.]* »Über die bewirkende, die formale, die gestaltende, die unterstützende usw. Ursache« (Begriff der besonders auf Thomas von Aquin, zum Teil mit antikem Denkmuster, zurückgehenden Philosophie).

231,22 *Haecceitatibus Quidditatibus*] »Diesheiten, Washeiten« (ebenfalls scholastische Begriffe).

231,23 f. *Holcoth*] Robert Holkot (gest. 1349), Dominikaner, Anhänger des Philosophen William of Occam.

231,25 *der Heil. Ambrosius*] Ambrosius (um 340 - 397), lat. Kirchenlehrer, seit 397 Bischof von Mailand.

231,25 f. *Piscatoribus ⟨...⟩ Dialecticis etc.*] »Fischern glaubt man, nicht Dialektikern usw.«.

231,34 *Ciceronianisch*] Sauberes, elegantes Latein wie das Ciceros.

231,35 *Arminianer*] Vgl. Anm. 229,10 f.

231,35 *Calvinus*] Jean Calvin (1509-64), Genfer Reformator.

231,36 f. *Schweizerische Theologen*] ›Reformierte‹ Theologen wie Wilhelm Farel, Theodor von Beza, Ulrich (Huldrych) Zwingli u. a.

232,5 *richtet nicht*] Nach Matth. 7,1.

232,7 *Versöhnlichkeit*] So Luthers Übersetzung des nachfolgend genannten griech. Begriffs (auch »Nachsicht«, »Milde«).

232,14 *Frostigkeit*] Das griech. Wort bedeutet auch »frostiges Geschwätz«, »Bombast« (also den Leser kalt lassend).

232,33 *Utopien*] Nach dem 1516 erschienenen Roman *Utopia* des engl. Staatsmanns und Humanisten Thomas Morus/More (1478-1535).

233,5 *Ad piper ⟨...⟩ ineptis.*] »Zu Pfeffer und was immer in Makulatur eingewickelt wird« (Horaz, *Epistulae* II 1,270).

233,11 *Hugonis Grotii*] Vgl. Bd. II dieser Ausgabe, Anm. 153,9.

233,13 *Thomas Browns*] Vgl. Anm. 230,11; hier: *Religio medici* (1642).

233,15 f. *Marcus ⟨...⟩ Ecclesiastica*] Marc-Antonio de Dominis (1566-1624), Erzbischof von Spalato; hier: *De republica ecclesiastica libri X* (Über den Kirchenstaat, 10 Bücher), 1617-20.

233,16f. *des Paräus Irenico]* David Paraeus (1548-1622), schles. Theologe, reformiert; hier: *Irenicum* (Friedensschrift).

233,17 *Gottfried ⟨...⟩ Ecclesiastica]* Gottfried Hotto (17. Jh., genauere Daten nicht ermittelt), niederländ. Prediger; hier: *De christiana inter Europaeos Evangelicos concordia* (Über die christliche Eintracht unter den Evangelischen in Europa), 1647.

233,24 *Catechisen]* So der Erstdruck; LM: Catechism ⟨also: den Katechismus⟩.

234,6 *mit dem Pythagorischen Stilleschweigen]* Die Anhänger des griech. Philosophen Pythagoras (um 530 - um 497/96 v. Chr.) unterlagen, was ihre Lehre betraf, einem Schweigegebot gegenüber Dritten.

235,4 *fertig]* Hier: rasch, leicht.

235,24 *das Augspurgische]* Die Bekenntnisschrift von Melanchthon, Luther und anderen, die 1530 auf dem Augsburger Reichstag dem Kaiser unterbreitet wurde (*Confessio Augustana*, Augsburger Bekenntnis), wiederholt Anlaß zu Auseinandersetzungen zwischen ›Lutheranern‹ und ›Reformierten‹.

235,24 *Photinianer]* Vgl. Anm. 230,14.

235,35 *Schulfuchse]* Pedant.

236,3 *diesen Paragraphen]* Vgl. schon S. 344,23-25 und dann S. 349,22-24 und S. 350,6 ff.

236,5 *Herrn Vogt]* Vgl. Anm. 199,18.

237,24 *Manuductio ad Epicureismum]* Bezugnahme auf Luthers *Sarcasmus in Epicurum* (Spott auf Epikur) vom Jahre 1543, überliefert in den *Tischreden* (Weimarer Ausgabe, Bd. 5, 1919, S. 358 f.). Der Text, von dessen Autorschaft Lessing anscheinend nichts weiß, wird recht frei zitiert und nimmt Epikurs sprichwörtliche materialistische ›Lust‹-Lehre auf: »Was seinen Schweinen und ihm ein glückliches Leben verschafft, lehrt jener Epikur folgendermaßen: Kümmere dich nicht um den Geist der Menschen oder Gottes; es gibt keinen, der den Erdkreis lenkt und verwaltet; lache ruhig über die Hoffnung auf ein künftiges Leben, auch wenn Verstand und gesunde Vernunft darauf hindeuten. Bilde dir ein, daß du allein für dich selbst geschaffen bist, mit der Gewißheit, daß alles nur für deinen Bauch da ist; der Silen sage dir zu und ganz und gar nicht den Bösartigen. Lebe wie deine Sau und wie dein Schwein; endlich magst du dann auch sterben als Schwein und Sau. So geht es zu den Inseln der Seligen für die, denen im ewigen Feuer der Kerker glüht und solche Schweine kocht und verbrennt. Dann wolltest du, Epikur, lieber nicht gewesen sein. Aber zu spät erst wird dieser Jammer kommen; und du wirst erkennen, daß es etwas anderes gegeben hat, als was du hier wie eine wesenlose Gottheit verlacht hast.«

238,9 *des Kirchenvaters*] Aurelius Augustinus (354-430), lat. Kirchenlehrer. Die Stelle wurde nicht ermittelt.

238,9-11 *Utile 〈...〉 possit.*] »Es ist nützlich, daß Bücher in unterschiedlichem Stil entstehen, nicht aus verschiedenartigem Glauben, auch über dieselben Streitfragen, damit die Sache selbst, die in rechtem Glauben abgehandelt wird, auch zu möglichst vielen gelangt.«

238,14 *eine Satyre*] Ältere Schreibung von ›Satire‹, wobei – wie schon antik – die (etymologisch unzutreffende) Verknüpfung mit Satyr, Satyrspiel usw. mitschwingt.

238,28 *Ironie*] Satire und Ironie, als Formen uneigentlichen Redens, werden hier nahe aneinandergerückt.

238,29 f. *um die Mitte des vorigen Jahrhunderts*] Des 17. Jhs.

238,31 *die Syncretistische*] Von griech. *synkretismos* »Vermischung« (unterschiedlicher philosophischer oder religiöser Lehren, hier auch Konfessionen).

238,33 *der ältere Calixtus*] Georg Calixtus (1568-1656), Prof. der Theologie an der Universität Helmstedt, verfocht die Idee einer Wiedervereinigung der christlichen Konfessionen (von den Gegnern als ›Synkretist‹ und heimlicher Katholik verfolgt).

239,4 *die damaligen Unionsbemühungen*] Zum Teil unter dem Eindruck des Dreißigjährigen Kriegs. Über Jahrzehnte bemühte sich beispielsweise auch Leibniz um eine »Union« (kath. und protest. Kirchen zunächst in Deutschland und Frankreich).

239,10 *Thomas Browns ⟨...⟩ des Arztes]* Vgl. Anm. 230,11.

239,11 f. *Quem ⟨...⟩ commendare.]* Lessings Übersetzung: oben S. 342,24 f.

239,19 *D. Hoffmann]* Daniel Hoffmann (1538-1623), Superintendent in Helmstedt, kämpfte gegen die zu seiner Zeit starke aristotelische Philosophie, wollte Philosophie überhaupt aus der orthodoxen Theologie ausschließen.

239,21 f. *der Cartesischen Philosophie]* Das nachfolgende Zitat spielt auf den für ihn entscheidenden Punkt an: den Stellenwert des Zweifelns in der Philosophie Descartes'.

239,26 *des erleuchteten Schusters von Görlitz]* Jakob Böhme (vgl. Bd. IV dieser Ausgabe, Anm. 609,11), von Lessing wiederholt unter die – nicht ungefährlichen – »Schwärmer« gerechnet.

239,28 *Theosoph]* (Griech.) »Gottesweiser«, einer, der sich in mystischer Schau Gott unmittelbar zu nähern versucht.

239,34 *Auswicklung]* Hier: Entfaltung.

240,6 *Empfindung]* Bemerkenswerter Anklang an eine um die Mitte des 18. Jhs. in Deutschland erst sich herausbildende Denk- und Sprachtendenz.

240,13 *erweisen]* Hier: verdeutlichen.

240,16-18 *Omnes ⟨...⟩ natura.]* Vgl. unten S. 241,2 ff. (mit dem sich anschließenden Wortlaut); hier: gekürztes Zitat.

241,2-11 *Omnes ⟨...⟩ jactent?]* »Alle Probleme und Streitfragen packe immer, wie man sagt, vom Anfang ⟨wörtlich: vom Ei⟩ an. Setze nichts als von anderen überprüft und entschieden voraus. Frage immer: Gibt es auch Engel oder Geister? Ist Christus wirklich in der Welt gewesen? War die Sintflut allumfassend und gleichartig? Es ist nicht nötig, so lange zu warten, bis du mit einer Art Notwendigkeit dorthin geleitet wirst, aber quäle dich weiter ab und bemühe dich so eifrig wie möglich, Gegenstände des Zweifelns und des Streitens in der Hand zu haben. Schätze auch Streitfragen wie solche: woher kann ich wissen, daß die Schriftauslegung wahr ist, die mein Pfarrer vorträgt? Aufgrund welches Beweises ist es ausgemacht, daß der lutherische Glaube mit Gottes Wort übereinstimmt, wobei doch auch die Photinianer fest darauf bestehen?«

241,14 *Verstand]* Hier: Sinn.

242,4 *M. J. S.]* Siehe zu »Entstehung und Quellen«.

242,9 *Johann Steller]* Biographisch nicht näher identifiziert; gegen seine Schrift *Pilatus defensus* (Verteidigter Pilatus) veranlaßte Christian Thomasius 1676 eine Gegenschrift (so PO Erl., S. 860).

242,11 *Josua Schwarz]* Josua Schwarz (1632-1709), Prof. der Theologie in Lund; hier möglicherweise einschlägig: *Decades quinque epistolarum de syncretismo hodierno damnabili et noxio* (Fünf Dekaden Sendbriefe über den heutigen verdammenswerten und schädlichen Synkretismus); vgl. G 7, S. 741. Lessings weitere Bemerkungen zu ihm zeugen von etwas näherer Beschäftigung (als bei Schwarz).

242,26 f. *Herr Harenberg]* Johann Christoph Harenberg (1696-1774), Prof. am Braunschweiger Carolinum, auch Pfarrer in Südniedersachsen. Zur Bezugnahme auf seine Schrift über seine Westfalenreise G 7, S. 741.

243,17 *Bruscambille]* Nach Lessings zutreffender Angabe franz. Schauspieler, Mitglied der Truppe des berühmten ›Hôtel de Bourgogne‹ in Paris, kam 1606 dorthin; hier: *Les fantasies de Bruscambille, contenant plusieurs discours, paradoxes, haranges et prologes facétieux* (Die Phantasien des Bruscambille, bestehend aus mehreren Abhandlungen, Paradoxien, Reden und witzigen Prologen), 1612. Lessing beschäftigte sich in den 1750er Jahren intensiv mit dem Theater europ. Nachbarländer, besonders Frankreichs, Englands, Italiens. Vgl. im übrigen G 7, S. 741 ff. Eine andere Sammlung Bruscambilles nennt PO Erl., S. 860.

243,17 *Herr Reimann]* Vgl. Anm. 200,17.

243,28 *Tiraden]* Franz. tirade »Redeschwall, Großsprechereien« (Terminus auch der Theaterkritik).

243,30 *Rabelais]* François Rabelais (1494-1553), franz. Dichter, Romanautor (humanistisch, satirisch orientiert).

243,32 *Lucians]* Lukianos (um 120 n. Chr. - 180 n. Chr.), griech. Schriftsteller, Philosoph, Satiriker.

244,1 *des Cochläus]* Siehe »Entstehung und Strukturen«.

244,4 *nicht ohne Abscheu]* Cochläus galt zu Lessings Zeiten längst als einer der schärfsten Kritiker und Verleumder Luthers.

244,29 f. *den vorgeblichen veranlassenden Ursachen]* Lessing nennt die Richtung seiner Fragestellung.

244,31 f. *der Neid war die Triebfeder]* Zentrale These des Cochläus, die das Folgende bestimmt.

244,32-245,1 *seinem Orden]* Dem Augustinerorden, während der Ablaßprediger Johann Tetzel Dominikaner war.

245,4 *Hunnius]* Aegidius Hunnius (1550-1603), Prof. der Theologie in Marburg.

245,4 *Seckendorf]* Veit Ludwig von Seckendorf (1626-1692), einflußreicher Gelehrter, Historiker und Staatsmann (in gothaischen Diensten, dann in denen des Herzogs Moritz von Sachsen-Zeitz); hier: *Commentarius historicus et apologeticus de lutheranismo* (Historischer und verteidigender Kommentar zum Luthertum), 1688, Hauptquelle der evang. Reformationsgeschichtsschreibung.

245,5 *Möller]* Johann Gottlieb Möller (1670-1700), Prof. der griech. Sprache in Rostock, auch Theologe; hier: *Lutherus Lutheranus ante Lutheranismum* (Lutherischer Luther vor dem Luthertum).

245,7 *Herr D. Kraft]* Vgl. »Entstehung und Quellen«.

245,9 f. *eine Streitschrift ⟨...⟩ disputante.]* Vgl. »Entstehung und Struktur«.

245,12 f. *eine freie Übersetzung]* Nicht ermittelt.

245,30 *Schleidan]* Johann Sleidan/Sleidanus (1506-1556), Jurist, Diplomat, Historiker; hier: *De statu religionis et rei publicae Carolo V. Imperatore commentarii* (Abriß der religiösen und staatlichen Verfassung unter Kaiser Karl V.), 1555; neben Seckendorf Standardwerk zur Geschichte der Reformation.

245,30 *Thuan]* Jacques Auguste de Thou/Thuanus (1553-1617), franz. Historiker und Staatsmann; hier: *Historia mei temporis* (Geschichte meiner Zeit), 1604 und öfter. Vgl. auch Bd. IV dieser Ausgabe, S. 625,11 mit Anm.

245,30 *Guicciardini]* Francesco Guicciardini (1483-1540), ital. Historiker und Politiker; hier: *Storia d'Italia* (Geschichte Italiens), 1561-64 (20 Bde.).

245,32 *Jovius]* Paolo Giovio (1483-1552), ital. Historiker und Humanist; hier: *Historiarum sui temporis libri XLV* (Geschichten seiner Zeit, 45 Bücher), 1550-52.

245,32 f. *Alphonsus a Castro]* Alfonso de Castro (1495-1558), span. Franziskaner, Prediger, Beichtvater Karls V.; hier: *Adversus haereses* (Gegen die Ketzer), 1539 und öfter.

245,33 *Ferron]* Arnold/us Ferron/us (gest. 1563), franz. Jurist, Historiker, Politiker.

245,33 *Surius]* Lorenz Surius (1522-78) aus Lübeck, Kirchenhistoriker.

246,5 *1517]* Jahr des Thesenanschlags an der Wittenberger Schloßkirche.

246,13 *Fabel]* Hier: Märchen.

246,16 *Verzeichnisse ⟨...⟩ in Sachsen]* Cochläus: *Commentaria de actis et scriptis Martini Lutheri,* 1549.

246,29 f. *mein Schriftsteller]* Cochläus.

246,29-34 *Habes ⟨...⟩ sperare?]* Lessings Übersetzung: S. 359,5-9.

247,2 *Alphonsus Valdesius]* Alfonso Valdez (um 1500-1532), span. Humanist, Sekretär Karls V. (staatsphilosophische Schriften).

247,9 *Johann Valdesius]* Juan Valdes (um 1500-1541), Zwillingsbruder des Alfonso V.; im von Spanien beherrschten Neapel im Dienste des Kardinals Gonzaga. Verfolgte Tendenzen einer spiritualistischen Mystik, insofern auch häretische Ziele, aber »Luthertum« im genaueren Sinne hat er nicht vertreten.

247,15 *magnae ⟨...⟩ juvenis]* »Ein vielversprechender junger Mann«.

247,16 *Ferdinandi ⟨...⟩ Conchensis]* Ferdinando de Valdez, Vater von Alfonso und Juan, Statthalter im kastil. Cuenca.

247,17 *Peter Martyr]* Pietro Martire d'Anphiera / Petrus Martyr Anglerius (1457-1526), ital. Diplomat und Geschichtsschreiber, zeitweise am span. Hof; weitreichende Korrespondenz, Berichte über Entdeckungen neuer Länder.

247,17 *nicht Vermilium]* Nicht Peter Martyr Vermigli (Vermilius) aus Florenz, der spätere reformierte Theologe.

247,24 *Wehrmann]* Vgl. Anm. 198,32.

247,28 *König Ferdinand]* Bezieht sich auf die Zeit am Madrider Hof.

247,32 f. *Complut]* »Complutum«, lat. Name für Alcalá de Henares, dessen berühmte Universität 1836 zusammen mit der Bibliothek nach Madrid verlegt wurde.

247,33 *den Elzeviren]* Die berühmte Buchdrucker- und Buchhändlerfamilie in Leiden und Amsterdam.

248,7 f. *den 31. August 1520]* Hierzu PO Erl., S. 861.

248,15 *die Krönung Carls]* Karls V. am 23. 10. 1520.

248,21 f. *Reformationsgeschichte]* Der hier wiederholt begegnende Begriff gilt für Lessing als eingeführt.

248,30 *Peter]* Lachmann ändert – dem lat. Kontext entsprechend – in »Petrus«, doch kann Lessing (1754) durchaus an der Identität mit der bisherigen Schreibung gelegen haben (die Originalausgabe der Briefe hat nur »P. M.«).

248,30-34 *Peter Martyr ⟨...⟩ sic habet.]* »Peter Martyr A. M. an die Marchionischen Schüler. Was in Königreichen geschieht, bleibt euch nicht verborgen. Dem, was wir an Nachrichten von auswärts haben, entnimmt der entsetzlichen Vorhersage, die Alfonso Valdez, ein vielversprechender junger Mann, dessen Vater Ferdinand Valdez, Statthalter in Cuenca, ihr kennt, nicht weniger zuverlässig als kunstvoll beschrieben hat; mit dessen Brief verhält es sich so.«

249,10 *zierlich]* Bezieht sich auf das vorausgehende »ornate«.

249,12 *Julius II.]* Die Jahre seines Papsttums: 1503-13.

249,14 *Tempel]* Gemeint ist der Neubau des Petersdoms.

249,21 *Leo der Xte]* 1513-21 Papst.

250,3 f. *ein gewisser Dominikaner]* Vgl. Anm. 244,32-245,1. Johannes Tetzel oder Tezel (um 1465 - 1519) wurde der bekannteste Ablaßprediger, veranlaßte schließlich auch Luthers Thesenanschlag.

250,7 *Tragödie]* Der im folgenden mehrfach auftauchende Begriff begegnet schon in dem Cochläus-Zitat S. 355,21.

250,27 *Friedrich]* Friedrich von Sachsen (1486-1525).

250,28 *Alberto]* Albrecht von Brandenburg (1514-1545).

Beide waren Kurfürsten und wählten in dieser Eigenschaft Karl V. im Jahre 1519 zum Kaiser. »Alberto« (1754) ist offenbar statt »Albrecht« gesetzt (schon korrigiert durch LM).

250,29 f. *über den Fuß gespannt war]* Auf gespanntem Fuß lebte.

251,20 f. *alles gedruckt und sehr geschwind ⟨...⟩ ausgebreitet]* Aufgrund der erst wenige Jahrzehnte alten neuen Buchdrucktechnik.

251,31 f. *ein allgemeines christliches Concilium]* Ein die gesamte Kirche umfassendes.

252,3 f. *einen Legatum a Latere]* Einen Gesandten des Laterans (des Papstpalastes außerhalb des Vatikans).

252,4 *den Kaiser Maximilian]* Maximilian I. (1493-1519); auf ihn folgte Karl V.

252,10 *Cajetanus]* Cajetan (1469-1534), General des Dominikanerordens, vom Papst als Gesandter auf den Augsburger Reichstag (1518) geschickt.

252,26 *übrigens]* Im übrigen.

253,4 f. *de Captivitate babylonica Ecclesiae]* »Über die babylonische Gefangenschaft der Kirche«, Luthers lat. Abhandlung von 1520; vgl. in der Cardanus-Schrift die Anspielung auf die »verlängerte Babylonische Gefangenschaft« für das jüd. Volk oben S. 324,1 f.

253,8 *Johann Huß]* Johannes Hus oder Huß (um 1369 - 1415), tschech. Priester und Prager Prof., wurde 1411 exkommuniziert und auf dem Konstanzer Konzil 1415 verbrannt (»Costnitz« ist eine tschech. Form für »Konstanz«).

253,26 *31 August 1520.]* Vgl. schon oben S. 355,33. Luther verbrannte die Bannbulle erst am 20. 12. 1520, so daß als richtige Datierung der 31. 12. 1520 angenommen wird (vgl. PO Erl., S. 861).

253,32 *in diese Stadt Worms]* »Diese« wegen der Angabe S. 254,5. Bezieht sich auf den Reichstag zu Worms 1521. Luther weigerte sich dort am 17. April, »seine Irrtümer« zu widerrufen.

255,3 *Kirchenversammlungen]* Konzilien.

255,15 f. *Unterdrückungen ⟨...⟩ befreit]* Jenseits der Dogmenfragen wird hier die römische ›Unterdrückung‹ kurz erkennbar.

255,25 *Instrument*] Im 18. Jh. auch noch: Dokument, Erklärung.

257,24 f. *Ausgang* ⟨. . .⟩ *Ägypten*] 2. Mose 12.

257,32 *Idolatrie*] (Griech.) »Götzenverehrung«.

258,31 *des Herrn von Seckendorfs*] Vgl. Anm. 245,4.

258,33 *Mönchszänkerei*] Wiedergabe von lat. »invidias monachales«, vgl. Erl., S. 861; G 7, S. 745.

AUS: THEATRALISCHE BIBLIOTHEK.
ERSTES STÜCK
1754

TEXTGRUNDLAGE

Unser Text folgt dem Originaldruck: *Gotth. Ephr. Leßings Theatralische Bibliothek.* ⟨Allegorisches Titelkupfer⟩ *Erstes* ⟨*bis Drittes*⟩ *Stück. Berlin, bei Christian Friederich Voß, 1754 und 1755*. Ein weiterer Druck ist zu Lebzeiten Lessings nicht erschienen. Der postume Teilabdruck in den von Karl Lessing herausgegebenen *Sämmtlichen Werken*, Bd. 23, 1794, ist textkritisch ohne Belang (vgl. Muncker, LM 6, S. V). – Das *Vierte Stück*, das erst 1758 erschien, wurde in Bd. IV dieser Aufgabe (S. 130-287) aufgenommen. – LM 6, S. 3-248.

Wie schon bei den ›Beiträgen zur Historie und Aufnahme des Theaters‹, dem Vorgängerunternehmen von 1750, gibt es auch auch in der ›Bibliothek‹ Unklarheiten hinsichtlich der Verfasserschaft und Originalität einzelner Beiträge, obwohl zunächst alles darauf hindeutet, als sei hier nur *ein* Verfasser am Werke, nämlich Lessing. Dem ist jedoch nicht so (s. u.). Ein weiteres Problem ergibt sich aus der Tatsache, daß ein beträchtlicher Textanteil der ›Bibliothek‹ aus Übersetzungen und »Auszügen« (= übersetzten oder eigenen Inhaltsreferaten) besteht. Nur zwei Werkausgaben haben deshalb bislang den Gesamttext abgedruckt: Hempel (Bd. XI/1, 1875) und Boxberger (Bd. V, 1886). LM (6, 1890) verzichtet auf die meisten Übersetzungen, druckt aber die jeweiligen Vorreden und ggf. Anmerkungen ab. Über die Textauswahl dieses Bandes s. »Überblick«.

ÜBERBLICK

Nach Auskunft der *Vorrede* führt die ›Bibliothek‹ das Konzept der ›Beiträge‹ (s. Bd. I dieser Ausgabe, S. 725-733) weiter, allerdings mit einigen Veränderungen. Versprochen wird eine Konzentration auf die besten und einflußreichsten ausländischen Autoren, sei es auf dem Gebiet des Dramas oder der theatralischen Theorie. Den Schwerpunkt soll weiterhin das antike Theater bilden. Aufgegeben werden hingegen die Korrespondentenberichte aus dem in- und ausländischen Theaterleben. Ebenso sollen Kritiken lebender deutscher Dramenautoren und aktueller Inszenierungen unterbleiben. An die beiden letzteren Punkte hat sich Lessing gehalten. Ob er hingegen seinem Plan, den »Mischmasch« der ›Beiträge‹ in eine unsystematische europäische Theatergeschichte zu überführen, auch nur annähernd gerecht geworden ist, wird noch zu prüfen sein.

Die ›Theatralische Bibliothek‹ enthält folgende Beiträge:
     Erstes Stück. 1754
  Vorrede und Inhaltsverzeichnis (unpag., 12 S.)
I. Abhandlungen von dem weinerlichen oder rührenden Lustspiele, S. 1-85 ⟨darin zwei Übersetzungen: Betrachtungen über das weinerlich Komische, aus dem Französischen des Herrn M.⟨artin⟩ D.⟨e⟩ C.⟨hassiron⟩, S. 7-47, und: Des Hrn. Prof. Gellerts Abhandlung für das rührende Lustspiel, S. 47-78⟩.
II. Leben des Herrn Jacob Thomson, S. 86-116.
III. Auszug aus dem Trauerspiele *Virginia* des Don Augustino de Montiano y Luyando, S. 117-208.
IV. Auszug aus dem *Schauspieler* des Herrn Remond von Sainte Albine, S. 209-266.
V. Leben des Herrn Philipp Nericault Destouches, S. 267-278.
VI. Über das Lustspiel *die Juden*, im vierten Teile der Leßingschen Schriften, S. 279-291.

Zweites Stück. 1754 (recte: 1755)
VII. Von den lateinischen Trauerspielen welche unter dem Namen *des Seneca* bekannt sind, S. 3-134.
VIII. Des Hrn. Ludewig Riccoboni *Geschichte der italiänischen Schaubühne*, S. 135-214 (nicht von Lessing).
IX. Auszug aus der *Sophonisba* des Trißino und der *Rosemonda* des Ruccelai, S. 215-240 (nicht von Lessing).
X. Auszug aus der *Calandra* des Kardinal Bernardo da Bibiena, S. 241-284 (nicht von Lessing).

Drittes Stück. 1755

XI. Des Abts du Bos *Ausschweifung von den theatralischen Vorstellungen der Alten*, S. 5-311.
Detailliertes Inhaltsverzeichnis der *Ausschweifung* (unpag., 4 S.).

Viertes Stück. 1758

Abgedruckt in Bd. 4 dieser Ausgabe, S. 130-287.

Nicht aufgenommene Beiträge:

Nr. VI: Der Text, eine Antwort Lessings auf eine Kritik von Johann David Michaelis an seinem Drama *Die Juden*, wurde, da er mehr oder minder das Kriterium eines Wirkungszeugnisses erfüllt, in Bd. I dieser Ausgabe übernommen, wo er dem Abdruck des Dramas unmittelbar folgt (S. 489-497 und 1163-1166).

Nr. VIII, IX und X: Die Übersetzungen stammen nicht von Lessing, sondern von dem Göttinger Historiker und Übersetzer Johann Tobias Köhler (1720-1768). Der Nachweis wurde 1924 von Max Freiherr von Waldberg (*Zu Lessings »Theatralischer Bibliothek«*) geführt und ist für Nr. VIII (Riccoboni-Übersetzung, einschließlich der »Nachricht von dem Verfasser«) unabweisbar, für Nr. IX und X so gut wie unabweisbar. Lessing hat Köhler, der ein glänzender Stilist war, weder in der ›Bibliothek‹ noch an anderer Stelle seines Werks erwähnt. Die Aufnahme seiner Beiträge könnte der Anlaß für die verspätete Auslieferung des »Zweiten Stücks« (Frühjahrsmesse 1755) gewesen sein.

Teilweise aufgenommene Beiträge:

Nr. I: Der Lessingsche Abhandlungstext ist vollständig abgedruckt, der Text der beiden Übersetzungen (Chassiron, Gellert) nur in markanten Auszügen. Dem Kommentar sind allerdings ausführliche Inhaltsreferate der beiden Traktate beigegeben (S. 1074-1076). Die vollständigen Übersetzungstexte finden sich in allen größeren Werkausgaben.

Nr. III: Der Lessingsche Eigenanteil ist vollständig abgedruckt, der umfängliche »Auszug«, der eine Übersetzung aus dem Französischen darstellt, wird im Kommentar als Inhaltsreferat gegeben (S. 1091 f.).

Nr. IV: Der Anfangs- und Schlußkommentar Lessings ist vollständig abgedruckt, der Lessingsche »Auszug« nur in wenigen markanten Passagen. Konzentriertes Inhaltsreferat im Kommentarteil (S. 1096-1099).

Nr. XI: Der *Vorbericht* Lessings ist vollständig abgedruckt, seine Übersetzung des umfänglichen Traktats nur in wenigen markanten Passagen. Inhaltsreferat im Kommentarteil (S. 1369-1373).

Vollständig aufgenommene Beiträge:

Die Beiträge II, V und VII sind vollständig abgedruckt, obwohl auch sie größere Anteile an Übersetzung (II, V) oder ›Auszug‹ (VII) enthalten.

ENTSTEHUNG, STRUKTUR

Über die Beweggründe, das 1750 abgebrochene Theater-Journal 1754 unter neuem Namen fortzuführen, geben lediglich die Andeutungen in Lessings *Vorrede* Auskunft. Sie lassen erkennen, daß er a) die ›Beiträge‹ als unabgeschlossenes Projekt ansah, daß er b) in der Zwischenzeit einschlägig weitergearbeitet hatte und daß er c) durch den Weggang und plötzlichen Tod seines einstigen Mitstreiters Mylius (März 1754) sich von persönlichen Rücksichten befreit fühlte. Nach Lessing wäre denn auch der Dissens mit Mylius entscheidend für den Abbruch der ›Beiträge‹ gewesen, und nicht etwa Zweifel am »Mischmasch« des ursprünglichen Konzepts. Immerhin will er es jetzt anders machen. Ein weiterer, wenig beachteter Anlaß könnte im Wandel der Berliner Theaterszene gelegen haben. Mehr als vier Jahre lang hatte es in Berlin kein festes deutschsprachiges Theater gegeben. 1749, als Lessing mit Mylius gerade die ›Beiträge‹ vorbereitete, verließ Johann Friedrich Schönemann, der u. a. den *Jungen Gelehrten* inszeniert hatte, endgültig Berlin. Ein Jahr später gingen auch die ›Beiträge‹ wieder ein. Im Sommer 1754 kam der Erzkomödiant Franz Schuch in die Stadt und erwarb, als ihm sein boulevardnahes Mischrepertoire ein volles Haus bescherte, das General-Privileg. Im Herbst 1754 eröffnete Lessing seine ›Bibliothek‹ mit einer großen Abhandlung zur Lustspieltheorie und schrieb wenig später seine *Miß Sara Sampson*. Wie Lessing zu Schuch stand, ist nicht überliefert. Möglicherweise verachtete er ihn, möglicherweise aber lernte er durch ihn das Wesen des Harlekins verstehen. Immerhin verfaßte er einen Dramenepilog für ihn (vgl. S. 529 dieses Bandes). Seine *Sara* vertraute er allerdings nicht Schuch an, sondern dessen Konkurrenten Konrad Ernst Ackermann, der sich jedoch mit seinem Bildungstheater gegen Schuch in Berlin nicht durchsetzen konnte und weiterzog (vgl. S. 1207). Das war im Sommer 1755. Im Herbst unterbrach Lessing, den diese Entwicklung enttäuscht haben dürfte, die Arbeit an den ›Beiträgen‹ und flüchtete, kurz bevor auch Schuch seine *Sara* inszenierte, nach Leipzig, wo er sicher sein konnte, ein deutsches Theater von einigem Niveau vorzufinden.

Werkgeschichtlich gesehen ist die ›Theatralische Bibliothek‹ für Lessing zwar eine erprobte, aber vermutlich schon überholte Form. Ein vergleichbares Unternehmen, das – nach Gottschedischem Muster – Kritik und Wissensimport im Geist der Polyhistorie miteinander verband, hat er danach nicht mehr begonnen. Ob er, wie Julius Petersen annahm (PO 12, S. 23-31), die Sache schon mit schwindender Überzeugung betrieb oder ganz einfach seine Kräfte überschätzt hatte, mag hier offen bleiben. Sicher ist, daß er die ›Bibliothek‹ mit Verve begann und die Balance von ›Text und Kritik‹ so lange wie möglich zu halten versuchte. Das »Erste Stück« präsentiert immerhin einen großen gattungskritischen Traktat, eine aktuelle Polemik und das kritische Referat einer prominenten Schrift zur Schauspielkunst, ergänzt durch die Übersetzungen zweier Dichterbiographien und eines interessanten Dramen-Auszugs. Das konnte als anregende Mischung gelten (vgl. Wirkungszeugnis Nr. 3), zumal das Versprechen auf weitere Originalbeiträge über Destouches und über die »körperliche Beredsamkeit« mitlief. Doch daraus wurde nichts. Zwar enthält auch das »Zweite Stück« noch einmal einen bedeutenden Beitrag, nämlich den Beginn einer kritischen (aber ebenfalls nicht fortgeführten) Gesamtanalyse der Dramen Senecas, doch mußte der Rest des Bandes mit Übersetzungen von fremder Hand ausgefüllt werden. Das »Dritte Stück« bietet dann nur noch eine Buchübersetzung altertumswissenschaftlichen Inhalts – verdienstvoll im Sinn der ›Bibliothek‹, aber problematisch im Sinn des Journals.

Ein »Mischmasch« ist die ›Bibliothek‹, trotz des Zwangs zur Improvisation, sicher nicht geworden, auch wenn die normativen und thematischen Leitvorstellungen sich nicht gerade aufdrängen. Das liegt am heuristischen Prinzip, mit dem Lessing den Horizont eines neuen Theaters jenseits des französischen Klassizismus ansteuert. Anders als in der Moral ergibt sich in der Ausdruckswelt des Theaters das national und epochal Angemessene für ihn nicht auf dem Wege der rationalen Ableitung, sondern aus dem empirisch-kritischen Vergleich der historisch gewachsenen Vielfalt. Wer sich der eigenen Theaterkultur versichern will, muß mit der der anderen vertraut sein, allerdings nicht mehr, wie Gottsched, in normativer, sondern generativer und kontrastiver Absicht. Suche – so lautet die neue Maxime – überall und möglichst weitab vom Wege, betrachte das Theater als Kosmos, fühle dich in fremdes Genie ein und eigne dir zu, was deinem Ausdrucksbedürfnis hilfreich zu sein verspricht!

Diesem Prinzip verdankt sich das Interesse für Senecas grausame Sujets, für den englischen Klassizismus Thomsons, für die philosophische ›Mimik‹ Saint-Albines, für die Antikenrezeption eines unbekannten Spaniers und schließlich noch (1758) für Drydens Repräsentationstheater. Nichts davon ist ihm wirklich nah, aber alles denkwürdig. Trotzdem scheint die Zeit für diese Form der Basis- und Bildungsarbeit, die mit der Fron des Übersetzens einhergeht, vorüber. Die polyhistorischen Theaterkompendien eines Brumoy (Theater der Griechen), Gottsched (Bibliographie des deutschen Theaters), Riccoboni (Theater der Italiener), Destouches (europäisches Theater) oder Cibber (Dramatiker- und Schauspielerbiographien), mit denen Lessing ein Jahrfünft lang gelebt hat, haben im beginnenden Zeitalter der ästhetischen Anthropologie unversehens den Geruch der Pedanterie angenommen. Lessing hat die alten Exzerpt- und Übersetzungsmappen mit Hilfe der ›Bibliothek‹ zwar geleert, aber hinter der Vielzahl der Fremdtexte verbirgt sich, daß er mit seinen aktuellen Themen im Grunde abwesend ist. Weder die mehrfach versprochene Trauerspielabhandlung noch die eigene ›Schauspielkunst‹ oder gar die Auseinandersetzung mit Goldoni ist in die Zeitschrift gelangt.

WIRKUNGSZEUGNISSE ZUM »ERSTEN STÜCK«

Nr. 1
Anonyme Selbstanzeige Lessings in: ›Berlinische Privilegierte Zeitung‹, 125. Stück vom 17. 10. 1754. Abgedruckt S. 82 f. dieses Bandes.

Nr. 2
Anonyme Rezension in: ›Jenaische Gelehrte Zeitungen‹ vom 30. 10. 1754 (zit. nach Braun 1, S. 42 f.):

Wir machen hier ein so angenehmes als nüzliches Werk bekannt, durch das sich der beliebte Hr. Verfasser auch um das teutsche Theater noch weiter ungemein verdient machen kann. Wir ersehen aus der Vorrede, daß durch die Bemühungen, Anstalten und eignen Arbeiten eben desselben die mit Beyfall aufgenommenen *Beyträge zur Historie und Aufnahme des Theaters im Jahr 1750.* zu Stande und *vier* Stüke davon zum Vorschein gekommen sind; auch zugleich finden wir hier die Ursachen entdeckt, warum diese Beyträge so bald aufgehört haben. Es ist der Hr. L. selbst Ursach an dem Ende derselben; indem er sich davon loßgesagt; so wie andere, die von gelehrten Sammlungen Urheber und Mitarbeiter sind, oft sich gezwungen sehen abzutreten, wenn die Stüke der übrigen Verfasser ungleich ausfallen, und die Absicht der Sammler nicht erreichen. (Es folgen Kurzreferat der *Vorrede* und Inhaltsverzeichnis.) Wir bezeugen übrigens in Ansehung dieser theatralischen Bibliothek unsern unpartheyischen Beyfall; und wünschen deren eifrige Fortsetzung.

Nr. 3
Anonyme Rezension in: ›Göttingische Anzeigen von Gelehrten Sachen‹ vom 7. 12. 1754 (zit. nach Braun 1, S. 43-47):

Der Herr Mag. Leßing hat vergangene Meße den Anfang gemacht, im Voßischen Verlage eine *theatralische Bibliothek* heraus zu geben, die in gewisser Maßen eine Fortsetzung der Beyträge des Theaters ist, welche er vor 4 Jahren anfing, aber bald wider aufgab, weil er einen Mitarbeiter zu unvorsichtig und zu bitter im Beurtheilen fand. Das erste Stück, davon wir ausführlicher reden wollen, damit der Leser sich von den künftigen einen vollständigern Begriff machen könne, liefert sechserley auf 291. Octav-Seiten: 1) *Abhandlungen von dem weinerlichen* oder *rührenden Lust-Spiele*. Es ist eine deutsche Uebersetzung deßen, was ein Frantzose unter dem Titel *Reflexions sur le Comique larmoyant, par M. D. C.* wider die Art der Lust-Spiele, und der Herr Prof. Gellert *de Comoedia commo-*

vente vor sie geschrieben hat. Herr L. füget endlich sein eigenes Urtheil bey, so dahin gehet: die wahre Comödie, welche beydes, rühren, und zum Lachen bewegen wolle, sey gleichsahm zwischen dem Poßen-Spiel, so nur Gelächter erwecken, und der weinerlichen Comödie, die nichts als rühren will, in der Mitte: doch sey deshalb die weinerliche Comödie mit dem Poßenspiel eben so wenig in eine Claße zu setzen, als Leute von Stande mit dem Pöbel. Sie werde aber wenigere Zuhörer erhalten, und auch wenigern Nutzen stiften, als die wahre Comödie. Dis Urtheil treffe nicht eigentlich die beliebten Stücke ihres Vertheidigers, des Herrn Gellerts; in denen noch genug lächerliche Charactere der Lasterhaften, und satyrische Züge befindlich, und die rührenden Auftritte nicht die eintzigen, sondern nur die meisten sind. 2) Das *Leben Jakob Thomsons.* Das Leben dieses großen und tugendhaften Dichters, deßen Geist in der Kindheit und Jugend seinen Lehrern so verborgen blieb, daß auch der eintzige, der ihn etwas kannte, die erste Probe seiner männlichen Dicht-Kunst nach Lesung einiger Zeilen vor großem Erstaunen aus den Händen fallen ließ, ist sehr merckwürdig und unterhaltend, allein eben deswegen muß es in Herrn L. Buche selbst gelesen werden, und leidet hier keinen Auszug, in welchem die Kürtze es durch Weglassung der rührendsten Umstände trocken machen würde. Nur wollen wir ein Paar Proben von den Urtheilen des Herrn L. anführen, weil ihn einige, die vielleicht an ihren Gedichten nichts getadelt, sondern alles gelobet haben wollten, für allzutadelsüchtig ansehen: da doch ohnstreitig nicht ein eintziges Muster der menschlichen Dicht-Kunst gantz untadelich ist, und nicht einmal der Werth eines Gedichtes nach der Reinigkeit von kleinen Fehlern, sondern nach seiner rührenden Schönheit zu schätzen ist. Thomson ist den Deutschen in zwei poetischen Uebersetzungen bekannt. Brocks verdeutschte seine Jahrs-Zeiten, die nach Herrn L. Urtheil viel von ihrer Schönheit in der Uebersetzung verlohren haben, und doch noch bewundert werden: hier zu Göttingen kam 1750. im Van den Hoekischen Verlage seine Tragoedie, Agamemnon, heraus, die Herr L. etwas genauer critisirt. Er war dazu im Stande, weil er selbst eine Uebersetzung davon vorgehabt hatte: dis machte, wie er meldet, daß er Fehler bemerckte, die einem andern unkenntlich geblieben wären; allein eben dis würde auch, wenn Herr L. je tadelsüchtig wäre, ihn hier noch mehr dazu gemacht haben. Wir finden ihn gar nicht so. Ueberhaupt sagt er, sey die Uebersetzung treu, fließend und starck: doch findet er ein und andermahl ein undeutliches Wort, unrichtige Uebersetzung, und einige kleine Zusätze, die bey einer zweiten Durchsicht wegbleiben sollten. Die Critiquen sind gegründet, außer daß der eine Tadel nicht zwar gehoben, wol aber verkleinert wird, wenn man den griechischen Wächter, so das Zeichen der Eroberung Trojä bemercken sollte, nicht eben zu einem Helden machen will. Herr L. ist indessen so billig, diese Fehler dem in der Vorrede gemeldeten Umstande zuzuschreiben, daß der erste Entwurf dieser Uebersetzung, und zwar Bogenweise, in die Druckerey gefodert worden: und er meint, da Horaz durch wenige Flecken nicht beleidiget sey, wo das meiste gläntzte, so wären diese Kleinigkeiten kaum anzuführen gewesen. Den Einfall billigt er sehr, daß, da die übrigen Personen, so wie im Grund-Text das gantze Gedichte, in reimlosen Versen redet, Caßandra als eine Prophetin sich allein durch gereimte Verse unterscheidet: er glaubt, auf dem Theater würde dieses die beste Wirckung von der Welt thun. Wir können nicht unterlaßen zu melden, daß dieser gantze Einfall eigentlich von dem Verleger, nehmlich dem seel. Van den Hoek herrühre, welcher erst blos reimlose Verse verlangte, und nachher, da er einen Theil der Uebersetzung mit poetischer Begeisterung durchgelesen, vor die Caßandra den Reim sich ausbat: welches noch dem Geschmack dieses Buchführers Ehre bringt. Die Critiken über Thomsons englische Stücke hat er größestentheils mit dem englischen Lebenslauf gemein, den er als die Quelle seiner Erzehlungen annimmt: daher wir die nicht anführen. 3) einen *Auszug aus dem Trauerspiele Virginia* des *Don Augustino de Montiano y Luyando*. Der Verfaßer lebt noch, und bekleidet in

Spanien ansehnliche Bedienungen. Diese Tragödie hat er im Jahr 1750. geschrieben. Den Auszug hat zwar Herr L. nur aus einer frantzösischen Uebersetzung machen können, welche Hermilly in diesem Jahre in zwey kleinen Octav-Bänden zu Paris an das Licht gestellet hat; er bringet aber dennoch dem Leser von den theatralischen Wercken der Spanier einen ungemein viel vortheilhaftern Begriff bey, als die meisten sich zum voraus davon machen möchten. Hierauf folget 4) *ein Auszug aus dem Schauspieler des Herrn Remond von Seinte Albine.* Dieses vor 7. Jahren Frantzösisch herausgekommene Buch ist ein System der Kunst, Trauer- und Lust-Spiele vorzustellen, welchem es nicht an solchen Gedanken und philosophischen Betrachtungen über das Entstehen einiger Leidenschaften und des Vergnügens, mangelt, welche selbst denen angenehm und nützlich seyn werden, die gegen das Theater gleichgültig sind. Herr L. nennet es gegen das Ende sehr richtig, eine schöne Metaphysic von der Kunst eines Schauspielers: wir würden es die Aesthetik darin betitelt haben, wenn wir jenen Nahmen nicht vor uns gefunden hätten. 5) *Leben des Herrn Philip Nericault Destouches.* Wir mercken nur daraus den in einem 74jährigen Alter am 5ten Julius dieses Jahrs erfolgten Tod eines so großen, und auch in wichtigen Geschäfften gebrauchten comischen Dichters an, welchen wir noch nicht angezeiget hatten, wie auch, daß er über die alten und neuen Lust- und Trauer-Spiel-Dichter Commentarios hinterläßt, darin er ihre Wercke beurtheilt. Er hat die Letzten 10. Jahre daran gearbeitet, und ist gewiß bis auf die beiden Corneilles gekommen: ob er aber das Werck gantz zu Stande gebracht, weiß Herr L. nicht. 6) *Ueber das Lust-Spiel, die Juden.* ⟨Der folgende Teil der Rezension ist abgedruckt in Bd. I dieser Ausgabe, S.1251 f.⟩

Hr. Leßing bestimmt nicht, wie viele Theile noch von dieser Bibliothek folgen werden, er verspricht aber, so viel ihm möglich zu eilen: und da nicht zu zweifeln ist, daß sie dem ersten Stück gleich seyn werden, so wird es an Liebhabern nicht fehlen.

STELLENKOMMENTAR ZUR »VORREDE«

261,2 f. *Beiträge ⟨...⟩ Theaters*] Von Lessing und seinem Vetter Christlob Mylius 1750 anonym herausgegebenes Periodikum, das als erste deutsche Theaterzeitschrift gelten darf. Nach Programm und Zusammensetzung nicht wesentlich unterschieden von der ›Theatralischen Bibliothek‹. Vgl. Auswahltexte und Kommentar in Bd. I dieser Ausgabe, S. 725-934 und 1330-1415.

261,5 *andere Umstände*] Der von Lessing im folgenden erinnerte Konflikt mit seinem Mitherausgeber Mylius muß nicht der einzige »Umstand« gewesen sein. Vermutlich waren ihm selbst Zweifel an der Erfüllbarkeit des von ihm entworfenen Programms gekommen.

261,6-8 *Leute ⟨...⟩ gewünscht haben*] Vgl. die Wirkungszeugnisse in Bd. I dieser Ausgabe, S. 1336-1345.

261,21 *wegfiel*] Ausfiel, unterblieb.

261,24 *allzukühne ⟨...⟩ Beurteilungen*] Das von Lessing zitierte Beispiel steht nicht allein; z. B. über Gellert: »⟨...⟩ wiewohl es mir nicht schwer fallen würde, zu beweisen, daß der Charakter der Redlichkeit und Zärtlichkeit in einigen bekannten Stücken eines glücklichen deutschen Nachahmers des Herrn de la Chaussee, eben deswegen so sehr gefällt, weil er übertrieben ist.« (*Untersuchung, ob man in Lustspielen die Charaktere übertreiben solle?*, ›Beiträge‹, 2. Stück, S. 268.) Oder: »Ich sage es noch einmal, wer nicht in dem molierischen Geschmack Komödien schreibt, den kann man, nach Befinden, vielleicht wohl einen guten dramatischen Dichter, aber nimmermehr einen guten Lustspieldichter, nennen.« (Ebd., S. 272.)

261,29 *Clitia*] *Clizia* (1525), Komödie des Niccolò Machiavelli (1469-1527) nach Plautus' *Casina*.

262,4 *welschen*] Ursprünglich »romanisch, italienisch, französisch, ⟨...⟩ vom 16. jahrh. an tritt die bedeutung ›italienisch‹ in den vordergrund« (Grimms DWb 13, Sp. 1328).

262,17 f. *diese Zeit ⟨...⟩ haben*] Die Äußerung hat einen

Beigeschmack: Mylius, der einstige Mitherausgeber, war am 7. 3. 1754 in London gestorben.

262,23 *ersten Anlage]* Vgl. Vorrede der ›Beiträge‹ von 1750 (Bd. I dieser Ausgabe, S. 725-733).

262,32 *Dichter]* Verbessert aus ursprünglich »Dichtern«.

262,35 *Genie genug hatten]* Vgl. Jochen Schmidt, *Geschichte des Genie-Gedankens I,* S. 69 f.: »In der Wendung ›Genie . . . haben‹ ist noch die restringierte Auffassung zu greifen, die ›Genie‹ als Gabe und Talent versteht – noch nicht als Wesensform des Ausnahmemenschen, der Genie *ist*⟨. . .⟩. Dem entspricht im Französischen die Opposition von ›avoir du génie‹ und ›être un génie‹« (»Genie haben« und »ein Genie sein«).

263,2 *die Alten]* Die antiken Autoren.

263,4 *Vorrede* ⟨. . .⟩ *versprochen]* Lessing meint vermutlich seinen damaligen Satz: »Was wir alsdann von den Regeln sammeln, wollen wir in der Beurteilung der neusten theatralischen Stücke anzuwenden versuchen« (s. Bd. I dieser Ausgabe, S. 727).

263,15-17 *date* ⟨. . .⟩ *vitiis]* »Gebt denen, die euch neue, untadelige Stücke bieten, die Gelegenheit zu wachsen« (Terenz, *Heautontimoroumenos* [Der Selbstquäler], v. 28-30).

263,27 *zwei Stück* ⟨. . .⟩ *Band]* Daran hat sich Lessing nicht gehalten.

263,30 *Skiagraphie]* Griech. Schattenmalerei, Schattenriß. Wenig gebräuchlicher Begriff aus der bildenden Kunst (nicht bei Grimm und Zedler). Hier: Kontrastierende Zusammenschau.

263,32 *Schicksale]* Hier im Sinn von: Entwicklungen.

263,36 *zu Stande]* Zu einem Ergebnis, einem Abschluß.

I. ABHANDLUNGEN VON DEM WEINERLICHEN ODER RÜHRENDEN LUSTSPIELE

VORBEMERKUNG

Der Leitaufsatz des »Ersten Stücks« läßt sich als Lessings »Wort zur Komödie«, oder besser noch: zum Komödienstreit, verstehen, was nicht bedeutet, daß es sein letztes dazu gewesen wäre. Doch 1754 war die Sezession der Rührkomödie von der Lachkomödie in ganz Europa so manifest geworden, daß ein ehrgeiziger Theaterjournalist gar nicht anders konnte, als sich einzumischen. Um so mehr, wenn es sich dabei, wie im Falle Lessings, um einen Komödienautor handelte, der sich selbst in beiden Formen erfolgreich versucht hatte. Die Abhandlung präsentiert sich als eine der für Lessing so typischen Streit-Inszenierungen. Ähnlich wie im bald folgenden ›Briefwechsel über das Trauerspiel‹, wo Lessing sich geschickt zwischen das modernistische Affektionsmodell Nicolais und das traditionalistische Bewunderungskonzept Mendelssohns stellt (vgl. S. 662-736 dieses Bandes), konstruiert er auch hier eine Dreier-Konstellation, indem er einen Apologeten des Alten und einen Apologeten des Neuen zu Wort kommen läßt und sich selbst als kritischen Vermittler aufbietet. Zugleich erweitert er die intendierte Theater-›Bibliothek‹ um zwei markante Texte in deutscher Übersetzung: Chassirons *Betrachtungen über das Weinerlich-Komische* und Gellerts *Abhandlung für das rührende Lustspiel*.

Die von Lessing gewählte Spielanordnung nimmt das vermittelnde Urteil im Grunde schon voraus. Allerdings hat Lessing selten einen Schiedsspruch so magistral formuliert: »das *Possenspiel* will nur zum Lachen bewegen; das *weinerliche Lustspiel* will nur rühren; die wahre *Komödie* will beides.« (S. 280) Das ist nicht nur die Entscheidung gegen de la Chaussée und für Plautus, Destouches und Gellert, es ist auch die Entscheidung für das natürliche (entelechische)

Gattungssystem und das ›bürgerliche Trauerspiel‹, dem das Gattungswidrige der reinen Rührkomödie fehlt, weil die Tragödie immer schon und essentiell auf Erschütterung ausgelegt ist. Damit hat sich Lessing nur wenig von der Auffassung entfernt, die er 1750 im Plautus-Traktat vertrat. Dort schrieb er: »Es ist, als wenn sich unsere Zeiten verschworen hätten, das Wesen ⟨!⟩ der Schauspiele umzukehren. Man macht Trauerspiele zum Lachen, und Lustspiele zum Weinen.« (Bd. I dieser Ausgabe, S. 771.) Das war, jedenfalls im Hinblick auf die Tragödie, ein wenig übertrieben, ließ sich allerdings als Zitat aus einer französischen Zeitschrift (»Tragédie pour rire, ou Comédie pour pleurer«, *Bigarure* 1749, s. PO 12, S. 58) beziehungsvoll einsetzen. Es ist wohl richtig, daß die Sympathie Lessings eher Gellert als Chassiron gehört. Doch das liegt nicht an ihren Thesen, sondern daran, daß der Franzose zu sehr an Gottsched erinnert, während der Deutsche mit seiner klugen Rezeptionspsychologie schon als ästhetischer Anthropologe spricht. Mit Gellerts Rechtfertigung der reinen Rührkomödie und seinem Festhalten an der Ständeklausel konnte Lessing trotzdem nicht zufrieden sein. Mit der ersteren freundete er sich erst an, als Diderot mit seiner ›ernsten Komödie‹ auf den Plan trat (vgl. Bd. V/1 dieser Ausgabe, S. 11-230, und Bd. VI, S. 599-627), der er gleichwohl mit seiner *Minna von Barnhelm* nicht dienstbar wurde (eher schon mit dem *Nathan*). Mit der letzteren, der Ständeklausel, hatte er im Geiste schon längst gebrochen. Der Kampfplatz, auf dem sie besiegt werden mußte, war für ihn allerdings nicht das Lust-, sondern das Trauerspiel. Sein Angriff erfolgte bekanntlich ein paar Monate später mit *Miß Sara Sampson*.

INHALTSREFERATE
DER BEIDEN ÜBERSETZTEN TRAKTATE

Chassiron, »Betrachtungen über das Weinerlich-Komische«
(franz. 1749)

Chassiron geht davon aus, daß sich die klassische, d. h. regelhafte Form der Komödie in der griechischen und römischen Antike herausgebildet und im Frankreich Ludwigs XIV. vervollkommnet habe. Dabei habe sie zwei Stufen der Verfeinerung durchlaufen: in der Antike von der militanten Personalsatire des Aristophanes zum heiter-belehrenden Spiel mit dem moralisch Lächerlichen bei Menander und Terenz; in der französischen Moderne vom undisziplinierten Possenspiel zur geistvollen Moralkritik des Alltagslebens. Molière habe den europäischen Kulturnationen nicht nur das Optimum der klassischen Form geschenkt (vernünftige Ökonomie der Handlung, sinnvolle theatralische Effekte, elaborierte Charaktere, Kontrastfunktion der Nebenfiguren), sondern auch – durch die Umorientierung auf die »Laster des Herzens« – den »Gegenstand des hohen Komischen«, den die Antike und die moderne Frühzeit nicht kannten.

Der innovatorische Spielraum dieses Modells besteht für Chassiron in der Anpassung der Charakterkritik an den sozialen Wandel. Hingegen gelten ihm formale Neuerungen wie die realitätsferne Opernkomödie oder das witzige Konversationsstück als bloße Moden. Wirklich beunruhigend erscheint ihm allerdings die Bereitschaft, die Komödie dem Mitleid und dem Tränenfluß auszuliefern. Dies zeitige zwar wirksame Effekte, verstoße aber gegen den Schiedsspruch der Tradition und damit das Wesen der Gattung. Eigneten sich doch die genuinen Mittel der Komödie nur dazu, die Zerrbilder der Unvernunft, nicht aber, die Nöte des Edelmuts zu vergegenwärtigen. Auch seien diese Nöte in der Regel so ›romanhaft‹ begründet, daß sie uns innerlich fremd blieben, während wir in den Bildern der menschlichen Torheit stets unsere eigene Torheit und eigene Gefährdung wiederfänden.

Ursache der Unnatur in der weinerlichen Komödie sei letztlich die Grenzüberschreitung zur Tragödie hin. Damit sei jene »ungeheure Gattung des Tragikomischen« zurückgekehrt, die im 17. Jh. schon einmal Schiffbruch erlitten habe. Jede Gattung der Kunst sei nun einmal auf bestimmte Wirkungen festgelegt, und das Mitleid gehöre wesenhaft zur Tragödie. Wer es auf die Komödie übertrage, zerstöre deren ursprüngliche Affektenvielfalt und mit dieser ihre soziale Breite. Schließlich sei auch die Behauptung, daß die lächerlichen Charaktere verbraucht seien, unsinnig, weil jede Zeit neue Formen der Lächerlichkeit hervorbringe. Aus all dem ergebe sich der Verdacht, daß sich die Mode des Weinerlich-Komischen der Furcht verdanke, die Meisterschaft Molières nicht mehr erreichen zu können. Als hybride, in sich widersprüchliche Gattung werde sie so schnell verschwinden, wie sie aufgetaucht sei.

Gellert, »Abhandlung für die rührende Komödie« (lat. 1751)

Absicht des Traktats sei, den in Frankreich hervorgetretenen Typus der sog. Weinerlichen Komödie gegen seine Kritiker zu verteidigen. Zunächst sei zu erinnern, daß die Gattung immer schon neben lächerlichen auch ernsthafte Aspekte gehabt und daß es neben dem derben Lächerlichen immer schon ein feineres und quasi vergeistigtes Lächerliche gegeben habe. Daran sei anzuknüpfen, wenn man sich gedrängt fühle, dem Preis der Tugend größeres Gewicht zuzusprechen als der Verspottung des Lasters.

Der bekannte Vorwurf, daß durch das rührende Lustspiel der Gattungsunterschied zwischen Komödie und Tragödie aufgehoben werde, sei völlig unberechtigt, denn nichts liege ihr ferner, als sich tragischer Stoffe und Wirkungen zu bedienen. Ihre Liebesverwicklungen seien gänzlich unheroisch und ihr Anspruch an das Mitleid bestenfalls keimhaft. Die pathetische Liebe des Trauerspiels bleibe nie privat, die zärtliche und schickliche Liebe des rührenden Lustspiels immer. Ebensowenig widersprächen rührende Lustspiele dem Wesen der Gattung. Das beweise schon der Publikumserfolg eines Destouches, de la Chaussée, Marivaux, Voltaire und Fagan. Aber auch die Konvention der Regeln verbiete nicht, das Lächerliche (die »satyrische Pflicht«) durch rührende Szenen zu ergänzen oder zu beschließen.

Anders verhalte es sich mit Stücken, die *ausschließlich* von Edelmut und guter Lebensart bestimmt seien. Sie könnten nur dann als Komödien gelten, wenn man die herkömmlichen Gattungskriterien entschieden erweitere. Doch warum sollten die von antiken Meistern abgeleiteten Regeln maßgeblicher sein als die Macht neuer Denkungsweisen? Dagegen spreche sowohl die Geschichte als die Natur des Menschen. Denn es bereite nachweislich Vergnügen, mit tugendhaften Helden Freundschaft zu schließen, mit ihnen zu bangen oder glücklich zu sein. Ja mehr noch: wir gefielen uns nun einmal unwillkürlich selbst in solchen Personen, auch wenn wir weit von ihrer Tugend entfernt seien. Wie wir uns an Lächerlichkeiten erfreuen, weil wir uns davon nicht betroffen fühlten, so freuten wir uns über edle Charaktere, weil wir ihnen zu gleichen hofften. Dies aber ermögliche eher die Alltagssphäre der Komödie als die gesellschaftliche Exklusivität der Tragödie. Selbst die Überzeichnung der Tugend nähmen wir willig hin, schließe sie uns doch in ein um so schmeichelhafteres Menschenbild ein.

So gesehen, sei das rührende Lustspiel nicht weniger vergnüglich und nützlich als das lächerliche, dabei aber tiefgründiger. Errege es doch nicht nur »eine stärkere Empfindung der Menschlichkeit«, sondern auch die Wollust der empfindsamen Selbstentäußerung, die wir von Zeit zu Zeit brauchen. Im übrigen sei das rührende Lustspiel weit davon entfernt, das lachende ersetzen zu wollen. Als dessen Komplement sei es aber geduldet und geschätzt.

STELLENKOMMENTAR

264,9 *Eckel]* Gängige Schreibung bei Lessing für ›Ekel‹. Hier: Überdruß am Gewohnten.

264,9 f. *Affe des Genies]* Nachahmer des Genies, Pseudogenie.

264,17 *aufgeworfene]* Selbsternannte.

264,27 *abgeschmackte]* Schal gewordene, abgestandene.

264,27 *ausgezischt]* Das Zischen (explodere, exsibilare) als Mißfallensäußerung war vor allem aus dem alten römischen Theater bekannt (Gegenteil von applaudere, in die Hände klatschen).

265,1 f. *tragischen Stiefel]* Ironische Anspielung auf die Fußbekleidung in der antiken, vor allem römischen Tragödie, den Kothurn, der in der klassischen Zeit noch ein weicher, niedriger Schuh war und erst später zum ›Fußgestell‹ wurde, das den stelzenden Gang der Schauspieler verursachte.

265,5 *rührende Lustspiel]* Die Möglichkeit einer tugendhaften und damit rührenden Komödie wurde bereits 1592 von dem ital. Dramenautor Sforza Oddi erörtert. Zugleich entstand der Typus eines tragikomischen Lustspiels, dessen Entwicklungslinie bis zu Molière (*Tartuffe, Der Menschenfeind*) reichte (vgl. Anm. 268,11-13). Zu einem theoretischen Neuansatz im Zeichen der beginnenden Gefühlskultur kam es dann wieder um 1730 in Frankreich (Nivelle de la Chaussée, Luigi Riccoboni, Fontenelle, Fréron, Grimm), wobei die Schriften der drei letzteren zwischen 1751 und 1754 erschienen, also unmittelbar vor Lessings Abhandlung. Die Gegner der neuen Modeform gaben ihr den Namen ›comédie larmoyante‹. Daraus die dt. Lehnübersetzung ›weinerlich‹. Zur theoretischen Genealogie der Rührkomödie vgl. Martino, *Geschichte der dramatischen Theorien*, Kap. »Die Theorie der *Comédie larmoyante*«, S. 375-392.

265,7 f. *bürgerliche Trauerspiel]* Zum Begriff und seiner Entstehung vgl. Anm. 431,3 in diesem Band, sowie Martino,

s. o., Kap. »Die Theorie des bürgerlichen Dramas«, S. 392-436.

265,9 *Franzosen ⟨...⟩ Engländern]* Als Begründer der rührenden Komödie galten in Europa die Franzosen Marivaux, Destouches, de La Chaussée (obwohl die englische ›sentimental comedy‹ voranging), als Begründer des bürgerlichen Trauerspiels der Engländer George Lillo (*Der Kaufmann von London*, 1731).

265,25 f. *Beurteilung ⟨...⟩ sparen]* Von einer separaten Abhandlung über das bürgerliche Trauerspiel hat Lessing in den folgenden Jahren wiederholt gesprochen, ohne daß sie zustande gekommen wäre. Die vorhandenen Aufzeichnungen gingen wohl weitgehend in den Briefwechsel mit Mendelssohn und Nicolai ein (vgl. S. 662-736 dieses Bandes).

265,33 *anderwärts]* Gemeint ist vermutlich Lessings Rezension der *Cenie* von Françoise de Grafigny in der BPZ vom 24. 5. 1753: »Cenie ist ein Meisterstück in dem Geschmacke der weinerlichen Lustspiele.« (Bd. II dieser Ausgabe, S. 503.)

266,11 *schöne ⟨...⟩ Geister]* Die Doppelindikation verweist auf die Kombination von ›bel esprit‹ und möglicherweise ›esprit subtil, critique‹: also ›kritische Schöngeister‹.

266,28 *Akademie von Rochelle]* Die ›Académie de Belles Lettres‹ (A. der schönen Künste) von La Rochelle wurde 1734 gegründet.

266,32-35 *Reflexions ⟨...⟩ Academie] Betrachtungen über das Komisch-Weinerliche, von Herrn M.⟨artin⟩ D.⟨e⟩ C.⟨hassiron⟩, Schatzmeister von Frankreich und Präsidialrat der Akademie von La Rochelle; gewidmet den Herren Arcere und Thylorier von derselben Akademie.* ⟨Paris 1749.⟩ – Pierre Mathieu Martin de Chassiron (1704-1767), Parteigänger der klassischen Tradition, wurde vor allem durch die *Betrachtungen* bekannt.

266,36 *Gellert]* Christian Fürchtegott Gellert (1715-1769), wie Lessing sächs. Pfarrerssohn, Zögling der Fürstenschule Meißen und abtrünniger Theologiestudent in Leipzig, seit 1751 Leipziger Prof. für Poesie und Rhetorik, später auch der Moralphilosophie. Erfolgreich als Fabeldichter, Begründer der rührenden Komödie und des empfindsamen Romans in Deutschland. Geistliche Lieder und Erbauungsprosa.

267,1 *pro Comoedia commovente]* Pro comoedia commovente commentatio orationi aditiali D. IX. Iul. MDCCLI H. IX. in avdit. philos. habendae praemissa a Christiano Fürchtegott Gellerto P. P. extrao. Lipsiae ex officina Langenhemiana (Abhandlung für das rührende Lustspiel, der Antrittsvorlesung am 14. Juli 1751, um 9 Uhr im philosophischen Auditorium, vorausgeschickt von Johann Fürchtegott Gellert, außerordentlichem Professor der Poesie. Leipzig, aus der Langenheimischen Druckerei).

267,11 *ein wenig französisch]* Großzügig, leger.

267,16 *Noten]* Anmerkungen, Fußnoten.

267,23 *nach dem ⟨...⟩ Brumoi]* Gemeint ist das damals berühmte Werk *Le théâtre des Grecs* (Das Theater der Griechen, 1731) des geistlichen Gelehrten Pierre Brumoy.

267,28 f. *kostbaren Art]* Gemeint ist der Stil der ›préciosité‹, eine gezierte Salon-Sprache, die in der Mitte des 17. Jhs. Mode war.

268,8 f. *Abt Desfontaines]* Pierre-François Guydot Desfontaines (1685-1745), franz. Gelehrter, Jesuit; beschäftigte sich in seinen *Observations sur les écrits modernes* (Betrachtungen über die moderne Literatur) mehrfach mit der neuen Gattung. Seine Urheberschaft des Begriffs ist allerdings bislang nicht nachgewiesen.

268,12 *ein Unding zu bestreiten]* Eine bloß eingebildete Sache (Original: chimères) zu bekämpfen.

268,14 *Apologisten der Melanide]* Verteidiger der *Mélanide*. Gemeint ist die anonym erschienene Schrift *Lettre sur Mélanide et sur le jugement qui en a été porté* (Brief über *Mélanide* und das über sie gefällte Urteil, 1741), die auf einen ebenfalls anonymen Verriß antwortete. Das rührende Lustspiel *Mélanide* (1741) stammt von Nivelle de La Chaussée und gilt als (sein) erstes, das keinerlei komödiantische Elemente mehr aufweist. Wendepunkt zum »Rührdrama«. Desfontaines hielt es für sein schönstes Werk.

268,A1 *Principes ⟨...⟩ Poetes]* Korrekt: Edme Mallet, *Principes pour la lecture des poëtes* (Grundsätze für das Lesen von Dichtung, 1745).

269,12 *Geburten]* Hervorbringungen.

269,13 *Tappen]* Im franz. Original: »tâtonnemens« (»Herumtasten, -tappen«; im Plural mit der Bedeutung: tastende Versuche).

269,31 f. *Auskramung]* Im franz. Original: »l'étalage« (»die Zurschaustellung«).

270,5 *Zufälle]* Original: »désastres« (»Unglücksfälle, Debakel«).

270,6 *Stellung]* Original: »position«. Die bessere Übersetzung wäre: »Lage«.

270,7 *Aufseherin] La Gouvernante*, Lustspiel von de La Chaussée (1747), in Deutschland damals als *Die Hofmeisterin* gespielt.

270,14 *so sinnreicher Gemälde]* Original: »tableaux si ingénieux« (im Sinne von: so weit hergeholter Szenarien).

270,19 *Schilderungen]* Original: »portraits«.

270,A1 *Fußgestelle]* Kothurn (s. Anm. 265,1 f.).

270,A1 *Dubos ⟨...⟩ Betrachtungen]* Jean-Baptiste Dubos, *Réflexions critiques sur la poésie et la peinture*, Paris 1719.

271,11-13 *zurück ⟨...⟩ hat]* Anspielung auf die erste große Diskussion über die Tragikkomödie im 16. und 17. Jahrhundert, die sich an Guarinis *Pastor fido* (Der getreue Schäfer, 1590) entzündete. An der französischen Diskussion waren u. a. Robert Garnier, Jean de Rotrou und George de Scudéry beteiligt.

271,31 *Erschöpfung]* Im Sinne von: Verbrauchtsein.

273,14 *stammhafte]* Lat. Original: »robustum«. Das lat. Wort meint zunächst »eichen«, dann auch »stämmig, stark, kraftvoll gewachsen«. Hier im Sinne von »ursprüngliche, erprobte«.

273,25 f. *Nachahmungen ⟨...⟩ Lebens]* Sinngemäß: künstlerische Darstellung des Alltagslebens.

273,31 *ungemein süße]* Das Urteil faßt die emotionalistischen Auffassungen der Epoche zusammen: Dubos' Theorem des *plaisir pur* (»reine Unterhaltung«), die Empfindungslehre Baumgartens und das englische *joy of grief*-Axiom (»Wonne der Wehmut«).

273,A1 *Nanine*] Im Vorwort seiner Komödie *Nanine* (1749), deren Stoff im übrigen aus Richardsons Roman *Pamela* entlehnt war, ging Voltaire auf Chassiron ein: »Dieser scharfsinnige Akademieangehörige tadelt besonders die romanhaften und unnatürlichen Intrigen jenes Komödientyps, in dem man die Zuschauer zu Tränen rührt und den man spöttisch ›weinerliche Komödie‹ nennt.« (Nach: Voltaire, *Théâtre*, Berlin o. J., S. 529 f.)

273,A1 *Dresdner Ausgabe*] 1748-50 erschien in Dresden eine autorisierte Voltaire-Ausgabe in neun Bänden: *Œuvres* (Werke), sog. ›Werkausgabe Walther‹.

274,8 *wenn*] Wann.

274,9 *gemeinen*] Durchschnittlichen.

274,13 f. *außerordentliche Häßlichkeit*] Lat. Original: »summa ⟨...⟩ turpitudine«. Lat. turpitudo bedeutet auch »Schändlichkeit«.

274,18 *Aristophanes ⟨...⟩ Terenz*] Die drei größten Lustspielautoren der griech. und röm. Antike.

275,32 *Personen der Bühne*] Verbessert aus sinnwidrigem »Personen, der«.

277,23 *zum Überflusse*] Im Sinn von: desungeachtet.

277,26 f. *schweifende Begriffe*] Vage Begriffe (lat. vagare »umherschweifen«).

277,28 *Erklärung*] Hier im Sinn von: Definition.

278,5 f. *Plautus ⟨...⟩ Gefangenen*] Vgl. Lessings große Abhandlung über *Die Gefangnen* (*Captivi*) des Plautus in den ›Beiträgen‹ von 1750 (s. Bd. I dieser Ausgabe, S. 736-878).

278,7 *Philemon ⟨...⟩ Trinummus*] Philemon (der Ältere), ca. 365/60 - 264/63 v. Chr., griech. Dramatiker, Vertreter der sog. Neuen Komödie. Plautus bearbeitete drei Komödien von ihm, darunter den *Thesauros* (Der Schatz) unter dem Titel *Trinummus* (Dreigroschenstück).

278,12 *allzugewöhnlich macht*] Quasi dauernd abfordert.

278,13 *schleinigen*] Schleunigen.

278,16 f. *Exempel ⟨...⟩ Simson]* Gemeint ist Chassirons Kritik an Jean-Antoine Romagnesis Komödie *Samson*: »In dem ungeheuren Lustspiele *Samson*, reißt dieser von einem muthigen Eifer erfüllte Held, nachdem er das höchste Wesen angerufen, die Thore des Gefängnisses ein, und trägt sie auf seinen Schultern fort. Den Augenblick darauf erscheint Harlequin und bringt einen Kalekutschhahn und schüttelt sich in komischen Possen aus, die eben so kriechend sind, als die Empfindungen des Helden edel und großmüthig zu seyn geschienen hatten.« (LM 6, S. 16; Stelle in diesem Band nicht abgedruckt.)

278,18 *Staffeln]* Stufen. Hier im Sinn von: Übergänge.

279,5 f. *Destouches ⟨...⟩ gesetzt hat]* Vgl. Steinmetz, *Komödie der Aufklärung*, S. 146: »La Chaussée verfolgte in seinen Stükken (im Gegensatz zu Destouches) konsequent den Weg zu einer Komödie ohne Komik.«

279,25 *einigen]* Einzigen.

279,32 *Stellungen]* Szenen, Situationen.

280,5 f. *Ausschweifungen]* Hier wohl: Übertreibungen.

280,17 *gezwungne]* Unnatürliche, affektierte.

II. LEBEN DES HERRN JACOB THOMSON

TEXTGRUNDLAGE

Der Text entstammt dem Ersten Stück (1754) der ›Theatralischen Bibliothek‹ und trägt dort die Nr. II. – LM 6, S. 53-70.

ENTSTEHUNG UND QUELLEN

Auf die theoretischen Erörterungen in den *Abhandlungen von dem weinerlichen oder rührenden Lustspiele* (Chassiron/Gellert) folgt ein Gegenstand aus dem Bereich des englischen Theaters, hier zunächst eine Biographie (so wie dann unter Nr. V. die des Franzosen Destouches). In England und auch auf dem Kontinent ist der 1700 in Ednam/Roxburghshire als Theologensohn geborene schottische Dichter James (nicht Jacob) Thomson in erster Linie durch sein Großepos *The Seasons* (1730; 4000 Verse) bekannt, das 1745 in Brockes' deutscher Übersetzung erschien. Lessing erwähnt den *Frühling* bald in den ›Literaturbriefen‹ (5. Brief; Bd. IV dieser Ausgabe, S. 465). Das früheste uns erkennbare Interesse an Thomson gilt dem Trauerspiel *Agamemnon* (1738), von dem es hieß, daß es Kritik an den Verhältnissen am Hof Georgs übe. Um 1751 versucht sich Lessing an einer eigenen Übersetzung sowohl des *Agamemnon* als auch der Tragödie *Tancred and Sigismunda* (1745): vgl. Bd. II dieser Ausgabe, S. 331-355 mit eingehender Kommentierung der Umstände S. 955-963. Lessing reagiert zugleich auf eine 1750 in Göttingen anonym erschienene (wohl von Johann David Michaelis stammende) Übersetzung, mit dem Ziel der »Überbietung« (a. a. O., S. 955).

Für die ›Theatralische Bibliothek‹ dürfte ihn nicht nur die ›englische‹ (also nicht französische) Linie gereizt haben, sondern auch die ›kritische‹ Tendenz und: daß die Trauerspiele immer noch im Schatten der *Jahreszeiten* stehen. Den in diesem Fall biographischen Zugang, den er mit einem Großteil der europäischen Theaterschriftstellerei (auf schon antiken Mustern basierend) teilt, verfolgt er noch bis zum *Sophokles*. Seine von ihm selbst benannte Hauptquelle ist der englische Schauspieler und Dichter Theophilus Cibber (1703-1758) mit seinem fünfbändigen Werk (an dem auch andere mitgearbeitet haben): *The Lives of the Poets of Great-Britain and Ireland* (Die Biographien der Dichter Großbritanniens und Irlands), London 1753. Hieraus schöpft er auch für die Darstellung Drydens im 4. Stück der ›Theatralischen Bibliothek‹ (1758); Näheres dazu in Bd. IV dieser Ausgabe, S. 880. Der Thomson-Artikel findet sich bei Cibber im 5. Band, S. 190-219 (es folgt, S. 219-252, der Artikel über Alexander Pope!). Laut PO Erl., Bd. 22, S. 501 stammt die

Thomson-Biographie von R. Shiels und ist »auch in *Monthly Review*, IX (1757) gedruckt worden«. Im folgenden wird, Lessings eigener Praxis entsprechend, jeweils nur von ›Cibber‹ die Rede sein.

STRUKTUR UND GEHALT

Es fügt sich in das an die ›Beyträge‹ von 1749/50 anknüpfende Programm der ›Theatralischen Bibliothek‹, daß auf die kritisch-theoretischen Erörterungen zur aktuellen Gattung des ›weinerlichen Lustspiels‹ (mit französischem Schwerpunkt) nun der Hinweis auf einen wenige Jahre zuvor erst verstorbenen englischen Theaterautor von auffälliger »Wirkung« folgt. In Inhalt und Aufbau stützt sich Lessing sehr weitgehend auf seine Quelle Cibber, freilich mit etwas Vor-Erfahrung auf dem Feld von Thomsons Trauerspiel-Englisch, aus dem er um 1751 einige Partien übersetzt hatte. Auf eine vergleichsweise ausführliche Darstellung der schottischen Jugend und der ersten Universitätsstudien (S. 283,1-285,28) folgt das literarische Debüt in London mit *Winter* (S. 285,29-288,35), wobei Persönlichkeit und Einfluß der wichtigsten Lehrer und Mentoren besonders gewürdigt werden. Mit »malerisch« (S. 287,36) wird das zentrale ästhetische Etikett auch der anderen *Jahreszeiten*-Gedichte benannt. Charakteristisch für Cibbers Verfahren ist, daß in die chronographisch vorgeführten Entwicklungsstufen früh kritische, auch einschränkende Bewertungen eingefügt werden, wobei auf schon bestehende Urteile zurückgegriffen wird (so S. 289,19 f.: die »Schreibart ⟨...⟩ sonderbar und steif«). Die Karrierelinie wird jedoch festgehalten, der Verkehr in vornehmen Kreisen, die Förderung sogar durch den Kanzler Talbot, schließlich die mehrjährige Reise mit dessen Sohn durch Italien und Griechenland (S. 290,12-23), die Thomsons Nationalgefühl und Naturbeschreibung tief geprägt hat. Mit einer etwas steifen ›Umbruchs‹-Geste (S. 291,23-26) die biographische Chronologie-Linie verlassend, wird in der zweiten Hälfte der »dramatische Dichter« vorgestellt, also der, für den sich Lessing in erster Linie im Hinblick auf die deutsche Bühne interessierte. Cibber folgt der Chronologie, von *Sophonisbe* (*Sophonisba*, 1729) über den *Agamemnon* (1738) bis zum *Coriolanus* (1749) und kommt in der Einzelpräsentation Lessings eigenen Absichten insofern sehr entgegen, als er dabei viel vom Theaterleben, von Schauspielern, Aufführungen und insgesamt von der Aufnahme bei Kennern und beim Publikum spricht, dabei auch (wie im ersten Teil: S. 288,12) eine »kleine Anekdote« oder gar eine »kleine lächerliche Begebenheit« (S. 292,11 aus Anlaß der *Sophonisbe*) nicht meidet. Lessing nimmt diesen durchgängigen Zug gerne auf und gibt ihm besonderes Gewicht in der Partie, die sich an das *Agamemnon*-Zitat aus der Göttinger Übersetzung von 1750 (S. 293,30-295,7) anschließt. Daß die »Prophetin« Cassandra nicht in »reimlosen Versen«, sondern in »Reimen« redet, kommentiert er so: »Der Einfall ist sehr glücklich; und er würde gewiß die beste Wirkung von der Welt tun, wann wir uns nur Hoffnung machen dürften, diese Übersetzung auf einer deutschen Bühne aufgeführt zu sehen« (S. 295,18-21).

In dieser längsten ›Original‹-Partie Lessings innerhalb der Thomson-Schrift (S. 295,8-296,27) wird nicht nur sein Hauptziel am explizitesten benannt. Er stürzt sich auch sogleich in Übersetzungs-Einzelkritik (S. 295,29-296,16), mit Erinnerung an seine eigenen Versuche bei Thomson (S. 295,28 f.) – obwohl er im ganzen die Übersetzung lobt und nur von »Kleinigkeiten« spricht. Der abschweifende Hinweis auf den übersetzten *Horaz* (S. 296,20) deutet zugleich an, daß auch dieses publizierte *Leben des Herrn Jacob Thomson* Teil seiner ›Literaturpolitik‹ um die Mitte der 1750er Jahre ist.

Den Schlußteil der Schrift mit einer eigentümlich ›tränenreichen‹ Wendung verdankt Lessing ganz Cibber. *Coriolanus* wird erst nach Thomsons Tod aufgeführt, mit einem Prolog von George Lyttleton. Und diesen sehr persönlich gehaltenen Prolog sprach ein mit Thomson besonders eng befreundeter Schauspieler. Und die Zeilen, die vom Autor und seinen Freunden »sehr zärtlich« handelten, veranlaßten, daß »wahrhafte Tränen ⟨...⟩ über seine Wangen« flossen (S. 295,23 f.). 1754, in der Nähe zur *Seneca*-Abhandlung (mit »zärtlichen« Zügen sogar bei Hercules) und zu *Miß Sara Sampson*. So gibt dieser Bericht Lessing einen Anlaß zur Demonstration, was an »Rührung« und »Natur« (S. 296,5 f.) auf dem englischen Theater möglich war (die Vorrede zu Thomsons *Trauerspielen* 1756 enthält ein genaues Pendant: unten S. 760 f.).

Mit einer warmen Charakteristik der »offenen und edlen Gemütsart« Thomsons (S. 296,36 f.) läßt Cibber seinen Artikel schließen, mit dem Lob für sein »dankbares Herz«. Es ist auffällig, wie Lessing das Wiedereinsetzen seiner eigenen ›Stimme‹ markiert (S. 297,10 f.). Fast überdeutlich würdigt er das dankbare Herz »unseres vortrefflichen Dichters«, der unter allen englischen Autoren das ›Unanständige‹ am meisten von sich ferngehalten habe. Lessing wirbt mit dieser Schrift nicht nur für die moralische Aufwertung des neueren englischen Theaters, sondern – ähnlich wie bei seinem ›Mitleids‹-Begriff in diesen Jahren – für die anthropologische Verankerung des echten Trauerspiels.

STELLENKOMMENTAR

Da der weitaus größte Teil des Textes reine Übersetzung aus dem Englischen (Cibbers resp. Shiels) darstellt, wird nur sehr auswählend kommentiert; dies gilt insbesondere für die zahlreichen Ortsnamen und Eigennamen (im letzteren Fall auch die bekannten wie Pope).

282,3 *Thomson*] Vgl. »Entstehung und Quellen«.
282,4 *Jahrszeiten*] Barthold Hinrich Brockes (1680-1747), dt. Lyriker und Epiker: *Aus dem Englischen übersetzte Jahres-Zeiten des Herrn Thomson*. Hamburg 1745.
282,8 *wir auch*] Vgl. »Entstehung und Quellen«.

282,9 *weiter unten]* S. 293.

282, 15 *meine Quelle]* Hierzu und zum Folgenden vgl. »Entstehung und Quellen«.

283,3-288-35 *Er ward ⟨...⟩ (verderbend.)]* Übersetzung aus dem Engl.

283,3 *geboren]* Am 11. 9. 1700.

283,9 *schlechtesten]* Einfachsten.

283,13 f. *Herr Rickerton]* Richtig: Robert Riccaltoun, engl. Geistlicher (Lebensdaten nicht ermittelt).

284,2 *Staffel]* Stufe.

284,3 *Winter]* Das Gedicht *Winter* erschien im März 1726.

284,20 f. *verziehen]* Verbleiben, sich aufhalten.

284,30 *seine Rede]* Eine poetische Paraphrase des 119. Psalms.

285,2 f. *einen gelehrten Diebstahl]* Ein Plagiat.

285,28 *auf die Hauptstadt]* Er kam Ende Februar 1725 nach London.

286,10 *angekommen]* Vgl. Anm. 285,28.

286,13 *Hofmeister]* Privat-Lehrer, -Erzieher in vornehmen Familien.

287,6 *in die Welt]* In die große Welt.

287,25 *einem Kaffeehause]* Kaffeehäuser gab es, als ›Modernität‹, in London seit der Mitte des 18. Jhs.

287,36 *das malerischste]* Genau die Eigenschaft, die Lessing während der 1750er Jahre wiederholt an einzelnen Gedichten bzw. Poeten (auch Thomson) tadelte und im *Laokoon* (1766) schließlich generell ablehnte.

287,37 *voll großer und lebhafter Scenen]* Hierzu und zum Folgenden vgl. die Vorrede zu den *Trauerspielen* des Thomson (1756), unten S. 755-761.

288,36 *Weil ⟨...⟩* bis 289,4 *⟨...⟩ der Sommer]* Wieder Einfügung Lessings.

289,3 *zuerst]* Korrektur nach PO, Erl., S. 501: Reihenfolge *Sommer* (1727), *Frühling* (1728), *Herbst* (1730).

290,18 *Freiheit]* Zugleich Anspielung auf die Gedichtsammlung *Liberty* (1735/36).

290,31 *Britannia]* Ein weiteres Gedicht, *Rule Britannia*, wurde zur zweiten brit. Nationalhymne.

291,15 *Castle*] Erschien 1748.

291,19 *des Spencers*] Edmund Spenser (um 1557-1599), engl. Dichter; nach ihm benannte man eine beliebte Strophenart.

291,21 *des Marots*] Clément Marot (1487-1544), franz. Lyriker, Muster eines lyrisch-eleganten Stils.

291,30 *Nathanael Lee*] 1657-1693, engl. Theaterautor in der Nachfolge Shakespeares.

292,22 f. *schwülstig*] Lessing wählt hier die Vokabel, die von den Gottschedianern vor allem für die Kritik spätbarocker Stilformen verwendet wurde.

293,5 *Entrepreneurs*] (Franz.) »Unternehmer«, Theaterbetreiber.

293,14 *dem Monate April*] Erste Aufführung des *Agamemnon* am 6. 4. 1738.

293,28 *beweglichen*] Bewegenden, anrührenden.

293,30-295,7 *Als ich ⟨...⟩ meine Not*] Aus Szene III 1 des *Agamemnon* nach der Göttinger Übersetzung (s. »Entstehung und Quellen«), die Lessing hier zitiert.

295,8 *Ich*] Lessing.

295,15 *reimlosen Versen*] Es sind, der Struktur nach, dem Alexandriner verwandte Verse (mit Mittelzäsur). Da jedoch Lessing stets auch an Bühnenverse denkt, handelt es sich um einen problematischen ›Übergang‹.

295,20 f. *auf einer deutschen Bühne*] Ihr dient vorrangig die ›Theatralische Bibliothek‹.

295,26 *einige kleine Versehen*] Sowie der Ausschnitt vorgestellt ist, setzt Lessingsche Übersetzungskritik ein.

296,14 *Poltron*] Ital. poltrone »Faulenzer«.

296,20 *auch Horaz*] Zugleich Anspielung auf Lessings Auseinandersetzung mit dem Horaz-Eindeutscher Lange.

296,26 f. *untersagt wurde.*] Ende des Lessingschen Einschubs.

296,28 *Tancred und Sigismunda*] Eine kurze Übersetzungsprobe hat Lessing um 1751 angefertigt (vgl. »Entstehung und Quellen« und Bd. II dieser Ausgabe, S. 354 f.).

296,31 f. *des Gil Blas*] Vgl. Bd. II dieser Ausgabe, S. 960.

297,2 *die Maske]* Gattungsbezeichnung des allegorischen Hofstücks, ›Maskenspiel‹.

297,7 f. *Coriolanus]* Das Shakespeare-Stück gleichen Titels verdeckt mitunter, daß das Sujet aus Plutarch stammt und bis ins 20. Jh. hinein variiert wurde.

297,15 *Herrn Garrik]* David Garrick (1716 oder 1717-1779), der berühmte engl. Schauspieler, der eine Shakespeare-Renaissance mitbeförderte.

297,23 f. *wahrhafte Tränen]* Aussagekräftige Ansatzstelle für Lessings Begeisterung, wie sie dann in der *Vorrede* zu den Thomson-Trauerspielen ausbricht (unten S. 757 ff.). Dem postum vorgetragenen Prolog zum *Coriolan* widmet sich Lessing in der *Vorrede* mit besonderer Hingabe.

298,22 f. *ein geborner malerischer Dichter]* Vgl. Anm. 287,36.

298,26 *des Spencers]* Schreibvariante (vgl. S. 291,19), kein Druckfehler.

299,10 *Es ist ⟨...⟩]* Von hier an bis zum Schluß wieder Lessingscher Text.

299,30 *sein Bildnis]* Auf dem Titelbild des 1. Stücks der ›Theatralischen Bibliothek‹ war Thomsons Porträt abgebildet.

299,33 *noch einmal]* Eingelöst durch die *Vorrede* unten S. 755-761.

III. AUSZUG AUS DEM TRAUERSPIELE »VIRGINIA« DES DON AUGUSTINO DE MONTIANO Y LUYANDO

VORBEMERKUNG

Die Beachtung, die der Montiano-Auszug in der Lessing-Philologie gefunden hat, ist ausschließlich thematisch begründet. Er gilt zu Recht als wichtige Station in der Entstehungsgeschichte der *Emilia Galotti*. Hingegen ist der nationalphilologische Aspekt, von dem Lessing im Vortext spricht, kaum mehr von Interesse. Ein solches Interesse bestand zweifellos bei d'Hermilly, dem französischen Verfasser der Montiano-Abhandlung, aus der Lessing den umfänglichen ›Auszug‹ nahm. War doch der Spanier in Theorie und Praxis damit beschäftigt, seinen Landsleuten das klassizistische ABC des französischen Theaters aufzudringen, was dann auch zu einer verspäteten Blüte des Genres in Spanien führte. Lessing dürfte das genau registriert, aber nicht sonderlich goutiert haben. Die Tatsache, daß er seinen Lesern ein Drama vorstellte, dessen Originaltext er gar nicht kannte, spricht wohl dafür, daß auch er vor allem am Sujet interessiert war, was wiederum den Schluß nahelegt, daß sein Faible für den römischen Virginia-Stoff zu diesem Zeitpunkt schon bestand. Möglich, daß es bereits im Kontext des gescheiterten *Henzi*-Projekts (1749/50) Gestalt gewonnen hatte. Zur *idée fixe* wurde es freilich erst mit der Montiano-d'Hermilly-Übersetzung von 1754. Ein Jahr später rezensierte Lessing in der BPZ die *Virginia*-Tragödie von Johann Samuel Patzke durchaus wohlwollend (23. 8. 1755, s. S. 415 dieses Bandes). Auch das undatierte Übersetzungsfragment der *Virginia* des Engländers Henry Samuel Crisp (s. Bd. VII dieser Ausgabe, S. 856 f.), das lange als eigener Entwurf galt, dürfte aus dieser Zeit stammen. 1757/58 folgten dann die brieflichen Vorankündigungen einer »bürgerlichen Virginia« unter dem Titel *Emilia Galotti* (vgl. dazu die ausführliche Entstehungsgeschichte in Bd. VII, S. 829-832 und S. 837-843). Mit Lessings Absage an die politischen Aspekte des Gegenstandes änderte sich im übrigen auch seine Einstellung zu Montiano. Im 68. Stück der *Hamburgischen Dramaturgie* gesteht er ein, daß ihm die französische Manier des Stückes gründlich mißfalle. »Ich bekenne sehr gern, daß ich bei weitem nicht mehr so vorteilhaft davon denke, als ich wohl ehedem muß gedacht haben« (s. Bd. VI dieser Ausgabe, S. 525). Im Sinne einer »produktiven Rezeption« (Barner) hat das Stück des Spaniers jedoch deutliche Spuren in *Emilia Galotti* hinterlassen.

INHALTSREFERAT DES »VIRGINIA«-AUSZUGS

Der *erste* Akt entfaltet, weitgehend in Anlehnung an Livius (s. Bd. VII dieser Ausgabe, S. 849-856), die Situation, Gefühlslage und Strategie des plebejischen Virginius-Clans angesichts der einseitigen Leidenschaft des despotischen Decemvirs Appius zu Virginia, der schönen Tochter des Virginius und Verlobten des ehemaligen Volkstribuns Icilius. Alle Szenen des Aktes sind Beratungsszenen, mit Ausnahme eines Monologs der Virginia, in dem sie die Ahnung ausspricht, zum Opfer für die Freiheit Roms bestimmt zu sein, was ihr als flammender Patriotin allerdings keine Angst einflößt: »nicht meine heroischen Gesinnungen machen mich unglücklich. Das, was man an mir als Schönheit erhebet ⟨...⟩ ist die wahre Quelle meiner Not. Dieses nur ist die Ursache meines Verdrusses« (I 2).

Der *zweite* Akt gehört zunächst der aristokratischen Hofkamarilla um den Machthaber Appius, dann der plebejischen Gegenkamarilla um den unbedachten Icilius. Appius bekennt in einem Monolog, daß es seinem Machtwillen unerträglich sei, von einer Frau abgewiesen zu werden. Der Monolog des Icilius hingegen läßt offen, was diesem mehr bedeutet: die Liebe zu Virginia oder seine patriotische Mission. In ihrer Herrsch- bzw. Ehrsucht sind sich Appius und Icilius verwandt, wenn auch der letztere auf wesentlich skrupelhaftere Weise.

Dritter Akt: Das Maximum politischer Gewissenlosigkeit vertritt Claudius, der als Vertrauter des Appius zunächst auf die Anfechtbarkeit der Virginia setzt und seinen Herrn zu einem persönlichen Gespräch mit ihr drängt. Doch Appius scheitert sowohl mit seinen Liebesbekenntnissen wie mit seinen Erpressungsversuchen auf demütigende Weise. Im Gegenzug demütigt er Icilius. In dieser Zuspitzung fordert Virginia ihren Verlobten, den sie bisher zu mäßigen versucht hat, zur offenen Revolte auf. »Sie ist nicht mehr die zärtliche Liebhaberin, die für das Leben ihres Liebhabers und ihr eigenes fürchtet. Sie ist nunmehr ein wütendes Weibsbild, welches nach nichts als Rache dürstet. Keine Gefahr ist fähig, sie zu schrecken« (III 7).

Vierter Akt: Appius hat inzwischen eine Intrige ersonnen, die sein Faktotum Claudius zur Ausführung bringt. Nach einem Wankelmut-Monolog tritt er mit der Unterstellung auf, Virginia sei in Wirklichkeit die Tochter einer seiner Sklavinnen und deshalb sein rechtmäßiger Besitz. Die bei ihrer Festnahme ausbrechenden Tumulte beruhigt der heuchlerisch hinzutretende Appius dadurch, daß er den Streit der Rechtsentscheidung durch den Decemvir, also sich selbst, zuweist. Bis dahin solle Virginia im Gewahrsam des Claudius bleiben. Weder die Proteste ihres Onkels, noch Virginias Versuch, die wahren Absichten des Appius publik zu machen, können dies verhindern. Erst dem furchtlosen Eingreifen des Icilius ist zu danken, daß Virginia bis zum Prozeß frei bleibt. Der Opportunismus zweier verbündeter Senatoren hinterläßt allerdings ungute Gefühle.

Der *fünfte Akt* gehört dem Virginius, der, anfänglich von seiner Tochter als ehrversessen, hitzig, »außerordentlich argwöhnisch und zugleich unbeweglich« (I 1) charakterisiert, nun doch in die Stadt geholt worden ist. Als angesehener plebejischer Offizier kommt er aus dem Heerlager, um der politischen Welt mit tiefer Skepsis, Resignation und Verachtung zu begegnen. Als er nach großem Wortgefecht mit Appius im Prozeß unterliegt, ersticht er seine Tochter um ihrer, seiner und der altrömischen Ehre willen mit einem Fleischermesser. »Es ist geschehen, Barbar ⟨...⟩. Ich habe für meine Ehre nichts mehr zu befürchten.« Dann wendet er sich an die Römer: »Die erniedrigte Vernunft verlangt den Tod des Tyrannen. Das Blut einer unglücklichen Römerin verlangt ihn« (V 5). Das Stück endet mit einem Bericht vom Tod des Appius und der Versicherung, man werde in Rom Virginia als einen »großen Gegenstand« (V 7) verewigen.

STELLENKOMMENTAR

300,7 f. *am wenigsten ⟨...⟩ werden]* Über seine Bemühungen um die span. Sprache und Literatur und die Absicht, Cervantes zu übersetzen, berichtet Lessing im Brief an den Vater vom 2. 11. 1750. Aus demselben Jahr ist auch der Beginn einer Calderon-Übersetzung bezeugt. Wirklich zustande kam die Übertragung eines Bestsellers aus dem 16. Jh.: Juan Huarte, *Die Prüfung der Köpfe zu den Wissenschaften*, 1752 (vgl. Bd. I dieser Ausgabe, S. 1278 f., und Bd. II, S. 1014 f.).

300,14 f. *größten tragischen Dichter]* Montiano gilt heute als ein Autor zweiten Ranges. Allerdings bemühte er sich als einer der ersten, das klassizistische franz. Drama in Spanien einzuführen.

300,17-19 *Lebensumständen ⟨...⟩ will]* Die folgende Biographie ist aus Hermilly (vgl. Anm. 302,29).

300,26 *Humaniora]* Eigtl. ›studia humaniora‹, die näher auf die Bildung des Menschen bezogenen Studien. Seit dem 16. Jh. Bezeichnung für das Studium der antiken Sprachen und Literaturen.

300,27 f. *Wissenschaften ⟨...⟩ Stande]* Das klassische Studienfach des Adels war im 18. Jh. die Jurisprudenz. Dazu kamen Geschichte, Rhetorik, Genealogie u. a.

301,5 *Palma oder Majorca]* Die Insel ist Mallorca, ihre Hauptstadt Palma.

301,9 f. *entwandte]* Entwendete (mit oder gegen seinen Willen).

301,16 *El robo de Dina]* Der Raub der Dina.

301,21 *gebraucht]* Angestellt, beamtet.

301,31 *Sevilien]* Sevilla.

301,33 *Aufführung]* Lehnübersetzung von franz. conduite »erhalten, Betragen«, hier wohl: »Hofzeremoniell«.

302,15 *Athaulpho]* Richtig: Ataulpho.

302,15 f. *Abhandlung ⟨...⟩ Tragödien] Discursos sobre las tragedias españolas*, 1750.

302,17 *Perron de Castera*] Autor eines dreibändigen Werks über das Theater Lope de Vegas: *Extraits de plusieurs Pièces du Théâtre Espagnol, avec des Réflexions*, 1738 (Auszüge verschiedener Stücke des spanischen Theaters, nebst Betrachtungen).

302,28 f. *Übersetzung ⟨...⟩ Hermilly*] ›Übersetzung‹ ist irreführend. Es handelt sich um einen der damals beliebten ›Auszüge‹ mit zahlreichen längeren Zitationen. Titel des Werks: *Dissertation sur les tragédies espagnoles, traduites de l'Espagnol de Don Augustin de Montiano y Luyando, Directeur perpétuel de l'Académie Royale Espagnole, pour le Roi d'Espagne ⟨...⟩ Par M.⟨onsieur⟩ d'Hermilly* (Abhandlung über die spanischen Tragödien, übersetzt aus dem Spanischen des Don Augustino de Montiano y Luyando, Ständigem Direktor der Königlich Spanischen Akademie, für den König von Spanien), 2 Bde., Paris 1754. Der erste Band enthält Montianos *Abhandlung* sowie seine Biographie, der zweite den Dramenauszug: *Exposition de Virginie Tragédie; Avec la Traduction de plusieurs endroits de cette Pièce* (Auszug aus der Tragödie *Virginia*; mit der Übersetzung unterschiedlicher Stellen dieses Stückes).

303,3 f. *weil ⟨...⟩ mögen*] Hier irrt Lessing. Montianos *Virginia* ist ein Versdrama, und zwar im ›verso suelto‹ (freier, loser Vers), der nach Montianos Meinung dem englischen Blankvers ähnelt (vgl. Vail, *Lessing and Montiano*, S. 237).

303,10 *Livius*] Die von Titus Livius überlieferte Geschichte der Virginia ist abgedruckt in Bd. VII dieser Ausgabe, S. 849-856.

IV. AUSZUG AUS DEM »SCHAUSPIELER« DES HERRN REMOND VON SAINTE ALBINE

ENTSTEHUNG UND STRUKTUR

Eine Übersetzung von Sainte Albines *Le Comédien. Ouvrage divisé en deux Parties* (Der Schauspieler. Unterteilt in zwei

Abschnitte, Paris 1747) hatte Lessing, wie eine Fußnote in der Plautus-Abhandlung (Bd. I dieser Ausgabe, S. 825) vermuten läßt, offensichtlich schon für die ›Beiträge zur Historie und Aufnahme des Theaters‹, also 1750, geplant. Dort hätte der Traktat ein kritisches Gegenstück zur Übersetzung von Francesco Riccobonis *L'Art du Théâtre* (Schauspielkunst) abgegeben (Bd. I, S. 884-934), aber auch zur Plautus-Kritik (Bd. I, S. 821-878) und zur *Abhandlung von den Pantomimen der Alten* (Bd. I, S. 711-721). Lessing hatte sich damals, zwanzigjährig, entschieden auf die Seite einer natürlichen Ausdruckskunst geschlagen und nahm deshalb die Selbstkritik der Franzosen an ihrer formalisierten Spieltradition besonders aufmerksam wahr.

Daß die *Comédien*-Übersetzung, von der Lessing im *Auszug* von 1754 sagt, daß sie ihn beschäftigt hätte und fast fertig gewesen sei, zunächst in der Schublade blieb, lag wahrscheinlich am unvorhergesehenen Abbruch der ›Beiträge‹, vielleicht aber auch daran, daß Gottsched, anläßlich eines kürzeren Auszugs der Schrift im ›Neuen Büchersaal‹ von 1748, eine baldige Gesamtübersetzung angekündigt hatte, die dann freilich ausblieb. Doch auch vier Jahre später hatte die Abhandlung kaum an Aktualität verloren. Im Gegenteil. Hatte doch in der Zwischenzeit das junge Schauspieler-Genie Conrad Ekhof Lessings Anregungen von 1750 aufgenommen und in Schwerin eine »Akademie der Schönemannischen Gesellschaft« gegründet, in der man sich ein gutes Jahr lang um die Aneignung einer modernen, d. h. realistischen Bühnenkunst bemühte. »Die Schauspielkunst ist: durch Kunst die Natur nachahmen, und ihr so nahe kommen, daß Wahrscheinlichkeiten für Wahrheiten angenommen werden müssen, oder geschehene Dinge so natürlich wieder vorstellen, als wenn sie jetzt erst geschehen« (Vortrag Ekhofs vom 2. 6. 1753, zit. nach: *Conrad Ekhof*, ed. Hugo Fettig, S. 144). Wir wissen nicht, wieviel von diesem Projekt zu Lessing gedrungen ist. Sicher eine ganze Menge. Vor allem Ekhofs Absicht, »die Grammatik der Schauspielkunst ⟨zu⟩ studieren« (30. 6. 1753, ebd.,

S. 149), um so das Intuitive der Begabung regelhaft zu umbauen, müßte ihn elektrisiert haben, lief es doch in seiner Kritik an Sainte Albine und wenig später in seinem eigenen *Schauspieler*-Entwurf (S. 320-329 dieses Bandes) ebenfalls auf eine Grammatik der ›natürlichen‹ Zeichen hinaus. Daß er den Pragmatikern Riccoboni und Ekhof näherstand als dem reinen Theoretiker Sainte Albine, hinderte ihn nicht, dessen Schrift als Neueinstieg in den Problemkomplex zu benutzen.

Die nachgeholte Publikation von 1754 ist vermutlich eine Collage aus alten Übersetzungsfragmenten und neuer Regestierung, wobei Lessings Argument, er habe eine reine Übersetzung nicht mehr für opportun gehalten, nicht ganz unglaubhaft klingt. War er doch inzwischen überzeugt, daß Saint-Albines geistreiche Thesen im Kern falsch, weil ›nur gedacht‹ seien. Über die evidenten Anregungen und Gemeinsamkeiten ist er, wie so oft, stillschweigend hinweggegangen. Die für ihn interessanten Aspekte des Traktats liegen klar zutage und sind in unseren Textauszügen so gut wie möglich dokumentiert. Es handelt sich um Sainte Albines semiotischen Vergleich der Malerei und des Schauspiels, um seine Ideen zur nachvollziehenden und steigernden Affektdarstellung und um seine Begründung der Vorrangstellung, die den traurigen Empfindungen (tristesse) im theatralen Erleben seit je zukomme.

INHALTSREFERAT DES »AUSZUGS«

Sainte Albines Abhandlung ist in eine Einleitung und zwei systematische Teile gegliedert. Der erste Teil behandelt die natürlichen Voraussetzungen des Schauspielerberufs, der zweite die dazu erforderlichen Kenntnisse. Die Trennung ist allerdings nur bedingt gelungen. Ziel ist die Grundlegung eines ›natürlichen‹ Illusionstheaters.

Einleitung: Unter den nachahmenden Künsten nehme das Drama deswegen eine besondere Stellung ein, weil es sich einer doppelten Mimesis bediene, der des Dichters und der des theatralischen Spiels. Was der Schauspieler dabei zu leisten vermöge, nämlich einen Text täuschend zum Leben zu erwecken, sei so faszinierend, daß es sich lohne, über die Voraussetzungen dieser Leistung nachzudenken.

Erster Teil: Drei natürliche Gaben seien für den Schauspielerberuf unerläßlich, nämlich kreative Intelligenz, Empfindung und ›Feuer‹. Das intellektualistische Element habe deshalb Vorrang, weil Theater die Arbeit des Dichters nicht dienend umsetze, sondern autonom »fortsetze«. Der Schauspieler gebe dem Text einen persönlichen Mehrwert, sei quasi »selbst Verfasser«. Zur Intelligenz (esprit) müßten allerdings Empfindung und Feuer treten, wobei erstere das Vermögen der emotionalen Autosuggestion, letzteres die Kraft der lebendigen Unmittelbarkeit bezeichne. Identifikatorische Einfühlung und individuelle Behauptung stehen also in einem komplementären Verhältnis. Neben diesen Grundtugenden, ohne die auch der Darsteller von Nebenrollen nicht auskomme, seien allerdings auch relative Qualitäten vonnöten. So müsse der Schauspieler zwar gewandt und wandlungsfähig sein, nicht aber notwendigerweise körperlich schön. Dies verbiete schon die Rollentypologie, die unterschiedliche Körper- und Charakterdispositionen erfordere. So werden in der Komödie ›muntere‹ Charaktere gebraucht, in der Tragödie hingegen hochherzige und begeisterungsfähige, deren Spiel an die Nieren (franz. entrails »Eingeweide«) gehe. Dies gelinge nur durch Rollenidentifikation bis zum echten Tränenfluß. Das moderne Publikum wolle vor allem die »Gewalt der Traurigkeit« erfahren, um ihr eigenes Leid darin zu spiegeln. Das sei eine »wunderliche Neigung«, die sich aber psychologisch erklären lasse. Denn in der Teilnahme am höheren Leid höherer Personen fühlten wir uns selbst veredelt und getröstet, was keine geringe Lust bereite. Neben der Darstellung von Seelengröße sei besonders die von Liebe und Zärtlichkeit auf eine persönliche Veranlagung angewiesen, weil Prätention hier am wenigsten hingenommen werde. Zur natürlichen Ausstattung gehörten auch Stimme, Charakter und Alter, die den Schauspieler zum komischen oder tragischen Fach qualifizierten.

Zweiter Teil: Die Routine des Schauspielers in ›Aktion‹ und ›Rezitation‹ sei weitgehend vom Wahrscheinlichkeitsgebot des Illusionstheaters geprägt. Ein guter Schauspieler müsse lernen, die verborgenen Feinheiten des Textes durch Mimik und Gestik auszudrücken. In der Mimik sei dabei natürliche Spontaneität angebracht, während in der Gestik das Standesverhalten und die Erziehung mitbedacht werden müßten. In der Rezitation seien die Bedingungen ähnlich gemischt. Nicht nur daß jede Stimmlage von Natur anders sei, auch deren Modulationen müßten sich aus subjektivem Empfinden ergeben, wenn anders sie nicht unwahr wirken sollten. Hingegen müsse man lernen, gewissen Gattungseigenarten gerecht zu werden, z. B. der Prosasprache in der Komödie und der Verssprache in der Tragödie. Auch die Sorge für ein angemessenes Kostüm und Bühnenbild gehöre hierher. Ein besonderer Prüfstein für die natürliche Wirkung sei die Modellierung der Leidenschaften. Da starke Seelenbewegungen sich in der Regel langsam aufbauten, müsse der Schauspieler die Kunst einer unmerklichen Steigerung beherrschen, die den Zuschauer mitziehe, aber auch überrasche. Ähnlich verhalte es sich mit den satirischen Übertreibungen in der Komödie. Sie seien durchaus erlaubt, ja notwendig, müßten aber sorgfältig vorbereitet werden und die Verhältnismäßigkeit wahren. Andere Punkte, in denen der Schauspieler seine Routine beweisen könne, seien die gestische Bereicherung des Textsinns, das Überspielen von Dialogschwächen und die Kontinuität des stummen Spiels. In der Tragödie müsse er in der Lage sein, die Erregung zu dosieren, einerseits, um das Publikum nicht emotional zu überfordern, andererseits, um die Selbstkontrolle erhabener Charaktere zu demonstrieren. In der Komödie wiederum sei es seinem Können überlassen, die Lächerlichkeit der Figuren durch psychische Fehlleistungen oder parodistische Kontraste zu steigern, wobei allerdings nichts gezwungen wirken dürfe. Da viele Zuschauer ein Stück mehrfach sähen, sei eine gewisse Improvisation durchaus wünschenswert, was sich allerdings bei einer individuellen Anverwandlung der Rolle von selbst ergebe.

Zum Schluß schränkt Sainte Albine das Natürlichkeitsgebot insofern wieder ein, als er die Natürlichkeit stets mit einer gewissen »Anmut des Vortrags und der Action« verschwistert wissen will. Erst damit verdiene der Schauspieler unsere ganze Achtung.

STELLENKOMMENTAR

304,5 f. *Herrn ⟨...⟩ Albine]* Pierre Rémond de Sainte Albine (1699-1778), franz. Gelehrter, Anthropologe, Naturwissenschaftler.

304,8 *Auszug]* Mischung aus Referat und Zitaten.

304,10 f. *zwanzig ⟨...⟩ Octav]* Ca. 320 Seiten.

304,11-13 *Le Comedien ⟨...⟩ Albine] Der Schauspieler. Abhandlung in zwei Teilen, von Herrn Rémond von Sainte Albine* (Reprint Genf 1971).

304,14 *kein Schauspieler]* Der Hinweis bezieht sich zweifellos auf Francesco Riccoboni, dessen von Lessing besonders geschätzte *Schauspielkunst* von der eigenen Bühnenerfahrung geprägt war.

304,31 *Wendungen]* Formulierungen.

305,7 *Zauberei]* Original: »Les prestiges« (»Ansehen, besondere Eigenschaften«).

305,16 *Täuscherei]* Original: »illusion«.

305,23 *allergemeinsten]* Durchschnittlichsten, anspruchslosesten.

305,35 *in ihr Herz übergehen]* Sainte Albines Gebot der Selbstidentifikation geht zweifellos auf die berühmte Horaz-Formel »Si vis me flere, dolendum est primus ipsi tibi« (»Willst du mich zu Tränen nötigen, so mußt du selbst zuvor das Leid empfinden«, *Dichtkunst,* v. 102 f., ed. Färber, S. 237). Vgl. dazu: Stenzel, *›Si vis me flere‹.*

306,7 *epidemischer Krankheit]* Der Vergleich des Mittrauerns und Mitleidens mit einer ansteckenden Krankheit taucht schon bei den neustoischen Kritikern des Mitleids auf. »Dann es ist fürwar eine Kranckheit / vnnd ist der fast selbst elend / der nichts mehr thun kann / als das er sich eines erbarmet« (Justus Lipsius, *Von der Bestendigkeit*, ed. Forster, Stuttgart 1965, S. 34; lat. Erstdruck 1589).

306,22 *Zufälle*] Unglücksfälle.

306,31 *vor die Bühne*] Ins Theater.

307,15 *für die*] Vor denen.

307,19 *daher*] Daraus.

308,28 *Phädra*] *Phèdre et Hippolyte*, Tragödie von Jean Racine, 1677. Hier: II 5.

308,35 *diejenigen*] Vermutlich Verschreibung für: derjenigen.

308,37 *Zaire*] Richtig: *Zaire*, Tragödie von Voltaire, 1732.

309,20 *Metaphysik*] Hier im Sinne von: Abstraktion, wirklichkeitsferne Argumentation.

309,24 *bilde sich ⟨...⟩ ein*] Stelle sich ⟨...⟩ vor.

309,27 *der Vorstellung*] Gemeint ist: des theatralischen Ausdrucks.

309,29 *Merkmale*] Zeichen, Reaktionen.

309,30 *Umsonst*] Vergeblich, unberechtigterweise.

309,33 *abgesonderte*] Abgeleitete, abstrakte.

310,3 *Kennzeichen*] Eigentümliche Reaktionen.

310,9 *vor sich*] Für sich.

310,26 *auf unwandelbare Regeln*] Zu Lessings Auffassung von der Regelhaftigkeit der theatralischen Gebärdensprache vgl. seine Entwürfe zu einer eigenen Schrift *Der Schauspieler* (S. 320-329 dieses Bandes, sowie Kommentar).

311,2 f. *ein kleines Werk*] Davon sind nur die obengenannten Entwürfe überliefert.

V. LEBEN DES HERRN PHILIPP NÉRICAULT DESTOUCHES

TEXTGRUNDLAGE

Der Abdruck folgt dem Erstdruck im Ersten Stück (1754) der ›Theatralischen Bibliothek‹. Innerhalb des Ersten Stücks trägt die Abhandlung die Nr. V. – LM 6, S. 153-159.

ENTSTEHUNG UND QUELLEN

Entsprechend der Zielsetzung der ›Theatralischen Bibliothek‹ (›Alte‹ und ›Neuere‹, ›Vernachlässigte‹, Zugewinn für die Bühne der Gegenwart) verfolgt dieser Beitrag vor allem ›aktuelle‹ Interessen. Philippe Néricault Destouches, 1680 in Tours geboren, gehört in der frühen Phase von Lessings Beschäftigung mit dem Theater zu den erfolgreichsten zeitgenössischen Lustspielautoren Frankreichs. In Deutschland setzt sich unter anderem die Gottschedin für ihn ein, so durch Übersetzungen von *Le dissipateur* (1736; dt. *Der Verschwender*, 1742) und *Le glorieux* (1732; dt. *Der Ruhmredige*, 1745). Es ist französische Typenkomödie, charakterbezogen, aber mit englischen Einflüssen vor allem in der Lehrhaftigkeit, zugleich mit lebhaften, realistischen Details arbeitend. Lessing, der seit der Zeit um 1750 die aktuelle französischsprachige und englischsprachige Produktion auch als Rezensent sorgfältig beobachtet (vgl. Bd. I und II dieser Ausgabe), nimmt Destouches zweifellos früh wahr, rezensiert ihn aber nicht. Die kritische Bemühung um das ›ernste‹, ›weinerliche‹ oder auch ›rührende‹ Lustspiel (Chassiron, Gellert u. a.) dürfte auch sein Interesse für Destouches geweckt haben. Nicht zuletzt ist Destouches einer der auch politisch-sozial etablierten Theaterautoren, der Erfolg hat, Kritik hervorruft, jedenfalls ›wirkt‹. Mit ansehnlichen militärisch-diplomatischen Aufgaben betraut, ein ›offiziöser‹ Franzose also, kommt er nicht nur 1717 schon als Begleiter des Abtes Dubois nach England und wird in London französischer Gesandter. Enge literarische Kontakte besonders mit Addison beeinflussen auch sein Schreiben. Destouches interessiert – partiell ähnlich wie später Diderot – als ein Franzose, der die Starre der Regelkonformität nach Art eines Voltaire erkannt und schon durchbrochen hat.

Am 4. 7. 1754 stirbt Destouches im Schloss Fortoiseau bei Villiers-en-Bière, in der Region Seine-et-Marne, deren Gouverneur er selbst einst war. Sich ihm jetzt zu widmen, nachdem unter anderem das Leben des Jacob Thomson und ein Auszug aus einem spanischen Trauerspiel (*Virginia*) im Ersten Stück der ›Theatralischen Bibliothek‹ schon gewürdigt worden war, konnte naheliegen. Lessing hat nach eigener Angabe (S. 314) eine umfangreiche Neuausgabe der *Oeuvres* zur Verfügung, noch 1752 erschienen, in der durch zahlreiche Abhandlungen, Briefe, Vorreden usw. auch ein intensiver Eindruck von der Resonanz des Destouches, auch von Kritiken über ihn vermittelt wird. Das Göttinger Exemplar einer Nouvelle Édition (Amsterdam und Leipzig 1755) enthält zu einzelnen Briefen auch die Antworten. Weitere Quellen präzise zu identifizieren, gibt der Text kaum her; das eine oder andere wird Lessing (sein Handwerkszeug vermitteln Bd. I und II dieser Ausgabe) nachgeschlagen haben.

STRUKTUR UND GEHALT

Der Titel *Leben* scheint auf das gleiche Verfahren wie bei Jacob Thomson hinzuweisen. Aber in biographische Details, wie sie Lessing für Thomson bei seinem Auskunftgeber Cibber fand, begibt er sich für Destouches nicht. Im übrigen bemüht sich Lessing durchaus, einen Eindruck von der politisch-literarischen Karriere des Destouches zu geben, doch entsteht eine andere Struktur, mit deutlicher Zweiteilung. Etwa ein Drittel des Ganzen (S. 312,4-314,11) gilt der Würdigung der Persönlichkeit und des historischen Profils dieses »berühmten komischen Dichters« (S. 312,4 f.). Mehr als zwei Drittel (S. 312,12-316,36) geben einen Überblick über die vier Teile der Werkausgabe, wobei die »Stükke« oder auch »Schauspiele« das Hauptinteresse bilden und mit Titel, Handlung und vor allem dem »Character« des Helden kurz vorgestellt werden. Hier wird zugleich eine Brücke zu den frühen Rezensionen mit ihren ›referierenden‹ Teilen erkennbar. An diesem ersten »Franzosen«, den Lessing in seiner ›Bibliothek‹ würdigt, beeindruckt ihn vorzugsweise etwas, das partiell an Ewald Christian von Kleist (oder den Adressaten der ›Literaturbriefe‹) erinnern mag: daß er nicht nur ›staatsmännisch‹ und als »Soldat« (S. 312,27) bewährt sei, sondern als Poet »das hohe Komische und die lebhafte und männliche Moral« (S. 317,33 f.) zu verknüpfen verstehe. Schon das erste Stück, *Le Curieux impertinent*, verrate »eine besondre Kenntnis der großen Welt« und eine Komik, die sich »von den Lächerlichkeiten des Pöbels« unterscheide (S. 313,9-12).

In Lessings ›literaturpolitischen‹ Bestrebungen der 1750er Jahre bietet ihm Destouches nicht nur eine neue Variante des ›gehobenen‹, ›welthaften‹ Lustspiels, das Resonanz findet. An Destouches reizt auch – und hier spannt sich ein Bogen von der Programmvorrede des Oktobers 1749 bis zum 17. ›Literaturbrief‹ –, daß er sich in einen produktiven Austausch mit dem »englischen Schauspiel« eingelassen hat: insbesondere mit Addison, der seinerseits »mit den regellosen Unanständigkeiten der englischen Bühne gar nicht zufrieden« gewesen sei (S. 316,17 f.). Mit den »Werken« des Destouches, so kündigt Lessing zu Beginn an, wolle er sich in einer Fortsetzung »näher« befassen. Dazu ist es, wie so oft, nicht mehr gekommen. Aber in der *Hamburgischen Dramaturgie* wird gleich im 9. Stück (29. 5. 1767), aus Anlaß von Lessings *Der Schatz* (nach Plautus), Destouches-Kenntnis wieder erkennbar (Bd. VI dieser Ausgabe, S. 231). Und unter dem 23. 10. 1767 (51. Stück), aus Anlaß des Stücks *Der verheiratete Philosoph*, hat er endlich Gelegenheit, mit Hilfe ausführlicher – deutscher – Zitate Destouches ›näher‹ zu kommen. Freilich schiebt sich ganz der Versuch in den Vordergrund, den Einfluß eines ähnlichen Campistron-Stücks möglichst geringzuhalten (Bd. VI, S. 433-438). Den Destouches aber benutzt er inzwischen in einer »prächtigen Ausgabe«, die der Sohn (1757) herausgebracht hat.

STELLENKOMMENTAR

Die von Lessing selbst schon zweisprachig gegebenen Werktitel werden hier nicht wiederholt.

312,4 *nur vor kurzen*] Am 4. 7. 1754 in Fortoiseau/Seine-et-Marne. Vgl. auch »Entstehung und Quellen«.

312,4 *berühmten*] Hervorstechend: seit 1723 Mitglied der Académie Française.

312,12-14 *Philipp ⟨...⟩ Melun*] Zusammenfassung seiner Ehrenstellungen am Lebensende; Herkunft aus gehobenen Verhältnissen.

312,16 f. *Puyzieulx*] Louis-Philoxène Brulart, Marquis de Puisieux (1702-1771), franz. Diplomat, 1747-51 Außenminister.

312,22 *Turenne*] Henri de Latour d'Auvergne, Vicomte de Turenne (1611-1675), aus Sedan; Marschall von Frankreich.

312,26 *Phlegma*] (Griech.) »Brand«, entsprechend den Temperamententypen des Hippokrates, hier: Ruhe, Festigkeit.

312,29 *seine erste Komödie*] Im Jahre 1710.

312,32 *verbunden*] Verpflichtet.

313,4 *in der gelehrten Republik*] Europäische, humanistische Idee von der ›res publica literaria‹, Lessing von früh an vertraut; vgl. *Der junge Gelehrte* II 4 u. ö. (Bd. I dieser Ausgabe, S. 178 mit Anm.).

313,20 f. *durch sein Beispiel ⟨...⟩ das Vorurteil*] Dieser Akt des ›Widerlegens‹: ein Grundmotiv des Lessingschen Frühwerks.

313,27 *Gouvernement von Melun]* Eine der einflußreichsten Stellungen (Melun: heute Hauptstadt des Départements Seine-et-Marne).

313,29 f. *seine gelehrte Beschäftigung]* Das Schreiben anspruchsvoller Lustspiele wird also als die Tätigkeit eines ›Gelehrten‹ gewürdigt (er bleibt damit in seiner ›Republik‹).

313,31 *dramatischen Commentariis]* Abhandlungen über Dramen und Dramatiker.

313,33 f. *ohne [...] auszunehmen]* Wichtige Erweiterung, ganz dem Programm Lessings (und des Mylius) in den frühen ›Beyträgen zur Historie und Aufnahme des Theaters‹ entsprechend: »Vorrede« vom Oktober 1749: Bd. I dieser Ausgabe, S. 725-733.

314,1 *die beiden Corneilles]* Also Pierre und sein jüngerer Bruder Thomas. Vgl. Bd. VI dieser Ausgabe, Anm. 291,21.

314,11 *dieses Jahres]* Nochmaliger Hinweis auf die ›Aktualität‹ des Gegenstandes.

314,13 *Die neuste Ausgabe]* »Von dieser unrechtmäßigen Ausgabe ‹...› erschien ein erweiterter Neudruck in 10 kleineren Bänden 1754 bei Gibert; er trägt ebenfalls die Widmung an Destouches« (PO Erl., S. 505 f.).

314,15 f. *Benjamin Gibert]* Buchhändler und Nachdrucker im Haag (Mitte des 18. Jhs.).

314,25 *den Inhalt daraus anzeigen]* Grund, den Kommentar im folgenden strikt auswählend zu gestalten.

314,36 f. *Marquis von Courcillon]* Als Gouverneur der Touraine einer der ›Hochgestellten‹ im militärisch-diplomatischen Umfeld von Destouches.

315,12 f. *dem Herzoge von Orleans]* Wie vorige Anm.

315,22 *Wie glücklich]* Hier und im folgenden wird erkennbar, daß sich Lessing aus den Nachrichten eine Art ›Idealfall‹ eines anerkannten Theaterdichters (in Frankreich!) konstruiert.

315,25 *Der ältere Quinault]* Jean-Baptiste-Maurice Quinault (1687-1745), erfolgreicher Schauspieler (bes. Lustspielrollen), seit 1712 an der Comédie Française. Der ›ältere‹ Quinault wird unterschieden vom ›jüngeren‹ Abraham-Alexis Quinault-Dufresne (1693-1767).

315,37 *die verliebten Philosophen]* In Hamburg begegnet Lessing später im Programm *Der verheiratete Philosoph* von Destouches (Bd. VI dieser Ausgabe, S. 242).

316,11 *des Herrn Addisons]* Vgl. Bd. VI dieser Ausgabe, Anm. 258,21. Destouches begleitete den Abt Dubois 1717 nach England, bis 1723 war er dann franz. Gesandter in London. Das gab Gelegenheit zu intensiverem Kontakt auch mit Addison.

316,33 f. *von Morville]* Charles-Jean-Baptiste Fleuriau, Comte de Morville (1686-1732), franz. Minister; auch Kunstliebhaber.

317,10 *Prolog]* Nach schon antiker Übung werden im Prolog programmatische Fragen der Intention, der ästhetischen Beurteilung und der Auseinandersetzung mit Kritik behandelt.

317,21 *des Publici]* Des Publikums (nach humanistischer Übung ist das lat. Substantiv flektiert).

317,23 f. *drei kleine Divertissements]* Es sind laut PO Erl., S. 506: *Le mariage de Ragonde et de Colin ou La vieillée de village* (Die Hochzeit von Ragonde und Colin oder Die Dorfgreisin); *Les festes de l'Inconnu* (Die Feste des Unbekannten); *La feste de la Nymphe Lutèce* (Das Fest der Nymphe Lutetia).

318,5 *Nanine]* Voltaires Drama *Nanine* (1749).

318,27 *Sinnschriften]* Von Lessing für die Gattungsbezeichnung ›Epigramm‹ verwendet, neben anderen wie ›Sinngedicht‹ (dies in Anlehnung an Friedrich von Logau; Bd. IV dieser Ausgabe, S. 288-293).

318,34 *Petit]* Gilles-Edme Petit (um 1694-1760), Pariser Kupferstecher.

318,35 *Largilliere]* Nicolas de Largillière (1656-1746), Pariser Maler.

ENTWÜRFE ZU EINER ABHANDLUNG
»DER SCHAUSPIELER«

TEXTGRUNDLAGE

Die Entwürfe sind handschriftlich auf vier Querfolio-Blättern im Besitz der Universitätsbibliothek Breslau/Wrocław erhalten (vgl. Milde, *Gesamtverzeichnis*, S. 252), ein Teil davon (hier: S. 318f. und S. 325) in doppelter, d. h. tabellarischer und prosaischer Version. Erster Druck im *Theatralischen Nachlaß*, 2. Teil, 1786, S. 207-222, und zwar mit einer zusätzlichen Passage, die in der Handschrift fehlt (hier: S. 324,1-S. 325,2). Ein Faksimile der ersten Seite der Handschrift findet sich in der Titelei von PO 12. – Unser Text folgt LM 14, S. 180-189.

ENTSTEHUNG UND STRUKTUR

Zu den eigenen Abhandlungen, die in der *Theatralischen Bibliothek* angekündigt, aber nicht abgeschlossen wurden, gehört auch *Der Schauspieler*. »Ich hoffe ehestens Gelegenheit zu haben«, heißt es am Schluß des Sainte-Albine-*Auszugs* (S. 309 dieses Bandes), »mich weitläuftiger darüber ⟨i.e. die Schauspielkunst⟩ zu erklären, wenn ich nemlich dem Publico ein kleines Werk *über die körperliche Beredsamkeit* vorlegen werde, von welchem ich jetzt weiter nichts sagen will, als daß ich mir alle Mühe gegeben habe, die Erlernung derselben eben so sicher, als leicht zu machen.« Geht man von Lessings Tempuswahl (»gegeben habe«) aus, dann bleibt eigentlich nur der Schluß, daß die Entwürfe für einen eigenen (Gegen)-*Schauspieler* als spontane Aufzeichnungen während der Arbeit an Sainte Albines *Schauspieler* entstanden sind, also im Frühjahr 1754. Ob er daran weitergeschrieben hat, ist unklar, weil unbelegt. Mit Sicherheit hat er weiter darüber gesprochen. Stellt doch Nicolai, den Lessing erst Ende 1754 kennengelernt hat, seine erneute Ankündigung der Schrift (*Briefe über den itzigen Zustand der schönen Wissenschaften in Deutschland. Eilfter Brief*, 1755, S. 126 f.) in einen Wissenszusammenhang, der über den *Auszug* hinausgeht.

»Unsere meisten Schauspieler haben ihre Kunst bloß aus der Erfahrung gelernet, und sind in den Gründen derselben ganz unwissend. Die Sorglosigkeit und die Unwissenheit der Zuhörer bestärkt sie in ihrer Mittelmäßigkeit. Das Volk zu Athen, das eine unrichtige Geberde des Schauspielers bemerken konnte, muste von ihnen mehr fodern, und erwarten, als wir, die wir klatschen, wann der Schauspieler im Trauerspiele unbändig schreiet, und sich vor die Brust schläget, oder im Lustspiele Pickelhäringspossen macht. Wir haben vortrefliche Schauspieler, die meisten sind es aber vielleicht durch eine Art von Instinkt, und wann die Gründe ihrer Kunst bekannter wären, und die Schauspieler selbst sie höher schäzten, so würden es mehrere sein. Es ist zu vermuthen, daß dieselbe durch ein Werk, von der *körperlichen Beredsamkeit*, das Hr. Leßing verspricht, in ein sehr schönes Licht werden gesezzet werden.«

Einiges spricht dafür, daß der geplante Traktat zunächst der Praxis, nämlich *Miß Sara Sampson* (Frühjahr 1755), weichen mußte. Lessings sprunghaftes Wechseln zwischen gleichzeitigen Projekten, aber auch zwischen Theorie und Praxis ist bekannt, und die spontan eingeschobene *Sara* wirkt tatsächlich in mancher Hinsicht wie der Probierstein für die noch ungeklärten mimischen Probleme (vgl. Košenina, *Anthropologie und Schauspielkunst*). Trotzdem ging das damals Gedachte (und vielleicht Aufgezeichnete) nicht verloren. Dreizehn Jahre später trat es, bereichert um die Ergebnisse der Diderot-Studien, im 1.-25. Stück der *Hamburgischen Dramaturgie* wieder ans Licht.

So eng der Entstehungszeitraum der »Entwürfe« ist, so

weit der Werkzusammenhang, in dem sie stehen. Das Fundament wurde bereits in den ›Beiträgen‹ von 1750 gelegt, vor allem durch die Übersetzung der *Schauspielkunst* des jüngeren Riccoboni, durch die große Plautus-Abhandlung, durch die Myliusschen Aufsätze *Versuch eines Beweises, daß die Schauspielkunst eine freye Kunst sey* und *Untersuchung, ob man in Lustspielen die Charaktere übertreiben solle?* und schließlich durch den ungedruckten und etwas undurchsichtigen Entwurf *Von den Pantomimen der Alten.* Der letztere, der auf die Dubos-Übersetzung in der ›Theatralischen Bibliothek‹ vorausweist (S. 651-661 dieses Bandes), ist vor allem deshalb von Belang, weil Lessing in ihm mit einem eindrucksvollen Apparat antiker Quellen auffährt, was keinen Zweifel daran läßt, daß sich auch der *Schauspieler*-Entwurf essentiell aus der antiken Theorie, genauer: der antiken Rhetorik nährt. Und woran sonst sollte er sich orientieren? Geht es ihm doch darum, die Beliebigkeit der kurrenten Einfühlungs- und Identifikationstheorien in den Status der Regelsicherheit zurückzuführen, ohne damit das neue Epochenideal des natürlichen Ausdrucks zu dementieren. Als Riccoboni-Schüler und Sainte Albine-Kritiker ist ihm klar, daß die Zufälligkeit der individuellen Gebärdensprache – man denkt dabei unwillkürlich an Goethes ›Hydra der Empirie‹ – einer Filterung auf ihre natürliche Symptomatik hin bedarf, um den besonderen Gesetzen der Theaterpraxis zu genügen. Der Schauspieler muß Menschenbeobachter sein, aber nicht, um das Beobachtete zu reproduzieren, sondern um einen allgemeinen Code des Affektiven daraus zu abstrahieren, in dem sich jeder Zuschauer wiedererkennen kann. Grundlage dieses Lernprozesses – eine »gewisse mechanische Art«, die sich aber »auf unwandelbare Regeln gründet« (S. 310 dieses Bandes) – ist die *actio*-Lehre der Rhetorik, sein Ziel das »Charakteristische«, dessen Bestimmung die Kunstdiskussionen bis zum Jahrhundertende prägen wird.

Der systematische Impetus, durch den sich Lessing hier

(wie so oft) als einen *Ancien* in moderner Absicht ausweist, verleiht den »Entwürfen« eine spröde Grundsätzlichkeit, die von der heuristischen Dynamik seines damaligen Denkens (vgl. den Kommentar zum ›Briefwechsel über das Trauerspiel‹ in diesem Band) nur wenig verrät. Dadurch wird freilich überdeckt, wie sehr Lessing um eine Synthese von »formalen, inhaltlichen, charakteristischen und empfindungsbedingten Faktoren« (Jeschke, *Noverre, Lessing, Engel*, S. 98) in der theatralischen Praxis ringt.

STELLENKOMMENTAR

Für die tabellarischen Teile werden die Lemmata, je nach der Kolumne, in der sie erscheinen, mit »li.« und »re.« gekennzeichnet.

320,2 *Der Schauspieler*] Der Titel ist zweifellos in widerlegender Absicht auf Sainte Albines *Le Comédien* gemünzt.

320,13 f. li. *körperliche Beredsamkeit*] Übersetzung von lat. eloquentia corporis.

320,7 re. *Oratorische Bewegungen*] Die kalkulierten Gesten des Rhetors, die seinen wirklichen Empfindungen entsprechen können, aber nicht müssen.

320,16 re. *Durch die Töne*] Was der lakonische Begriff, der im Entwurf nicht weiterbehandelt wird, bedeutet, wird erst auf S. 328,31 f. deutlich: nämlich die »Modific.(ationen) des Körpers, die in das Gehör fallen«, also die rhetorische ›pronuntiatio‹.

321,17 li. *Füße*] Lessing spricht auch dort von »Füßen«, wo nur die Beine gemeint sein können.

321,1 re. *das Tragen*] Eigtl. sich tragen, im Sinn von ›sich halten, sich aufrecht halten‹, ein Wortgebrauch, den Grimms DWb 21, Sp. 1108, vor allem für das 18. Jh. nachweist. In der Schauspiellehre wohl abgeleitet von franz. comportement, tenue »Haltung«, auch: »Betragen«.

321 re. *Chironomie*] Griech. cheironomia, etwa »Handzei-

chenkunde«, vor allem auf die Musik (Chorleiter) und die Tanzkunst bezogen.

321,22 re. *Hände Sprache]* Julius Petersen weist auf eine 1750 in Kassel erschienene *Abhandlung von der Händesprache* hin (PO Erl., S. 516).

322,3 f. re. *Gleichheit des Schritts]* Natürliches Gleichmaß des Schritts.

322,11-16 re. *wann der Körper ⟨...⟩ durchschwebt]* Wenn sich der Körper aufrecht in seinem Schwerpunkt bewegt. Der Pendelvergleich (»Perpendicularlinie«) ist nicht nachvollziehbar. Das Wort ›Schwerpunkt‹ (centrum gravitatis) war Lessing vermutlich noch nicht bekannt. Nachweise in Grimms DWb 15, Sp. 2575, ab dem letzten Drittel des 18. Jhs.

322,21 f. re. *zu faul ⟨...⟩ zu halten]* Der Schwerkraft nachgeben.

322,27-29 re. *Zwang ⟨...⟩ halten]* Der Schwerkraft sichtbar widerstreben.

322,33 re. *festgemachtes Tragen]* Erstarrte, eingehaltene Bewegung.

323,2 *gestreckten Fuße]* Gestrecktes Bein.

323,3 *ruhmrädigen]* Ruhmredigen, Prahlers. Die von Lessing gebrauchte Form erinnert noch an die mhd. Wurzel ruomreitec (»sich Ruhm bereitend«), auch: »ruhmrätig, ruhmretig«. Vgl. Grimms DWb 14, Sp. 1453 f.

324,1-3 re. *Linien von schöner Krümmung]* Die Wendung verweist auf William Hogarth' *The Analysis of Beauty*, 1753, die Mylius kurz vor seinem Tode ins Deutsche übersetzt und Lessing im Frühjahr 1754 unter dem Titel *Zergliederung der Schönheit* herausgegeben hatte (s. S. 350-355 dieses Bandes). Hogarth versucht, den künstlerischen Schönheitsbegriff zu objektivieren, indem er ihn auf eine dreidimensionale Schlangenlinie zurückführt, die er in zwei großformatigen Kupferstichen (*Der Statuenhof, Der Tanz*) exemplifiziert. Lessings *Schauspieler* ist sowohl von seinem Regelbewußtsein wie von seiner Ablehnung des radikalen Sensualismus beeinflußt.

324,9 f. re. *das Tragische oder hohe Comische]* Lessing, der hier bemerkenswerterweise Tragödie und rührende Komödie in eins setzt, geht offensichtlich für das hohe Genre von einer stilisierten Gestik aus (»wie wir sie voraussetzen«).

324,19 f. re. *das Niedrigcomische]* Hier, im Burlesken, hat sich das Händespiel offensichtlich an der Alltagserfahrung zu orientieren.

324,31 unten *und warf 〈...〉 Fuße]* Erfundenes Zitat.

325,2 *unter der schönen Natur]* Unwillkürliche Handbewegungen der Derbheit und der Heftigkeit.

325,6 *über der schönen Natur]* Willkürliche, prätentiöse Handbewegungen.

325,8 *NB.]* Abkürzung für lat. nota bene »wohlgemerkt«.

325,13 *malend]* Unklar. Vielleicht: spielerisch, pantomimisch, anzüglich.

325,14 *schlechte]* Einfache, schlichte.

325,22 *Geh 〈...〉 nieder]* Zitat aus Johann Elias Schlegels Trauerspiel *Canut* (1747) I 1. Ulfo ist der aufrührerische Gegenspieler des Helden. Auch die weiteren Zitate stammen aus diesem Stück.

326,27 f. *Beide 〈...〉 nötig]* D. h., in der stilisierten Gestik. Vgl. Anm. 324,9 f. re.

326,32 *Gestus]* Gesten (lat. Plural).

328,8 f. *Gedanken 〈...〉 Mitteilung]* Wolfgang Bender, der für Lessings rhetorische Modellierung der Schauspielkunst die starken Einflüsse Dubos' aufgezeigt hat (»*Eloquentia corporis*«, S. 48 f.), sieht hier die klassische Unterscheidung von »res« und »verba« ausgesprochen. Im Hinblick auf die folgenden Paragraphen sollte es wohl genauer »argumentatio« und »pronuntiatio/actio« heißen.

329,2-12 *Diese Modificationen 〈...〉 wissen, wie?]* Die letzten drei Paragraphen bringen mit ihrer Indikation einer willkürlich-unwillkürlichen Zeichenmischung, d. h. einem Ensemble aus Lernbarem und Intuitivem, die Essenz des Lessingschen Ansatzes zum Ausdruck.

AUS: VERMISCHTE SCHRIFTEN DES HRN. CHRISTLOB MYLIUS, GESAMMELT VON GOTTHOLD EPHRAIM LESSING

TEXTGRUNDLAGE

Erster und einziger Druck zu Lessings Lebzeiten: *Vermischte Schriften des Hrn. Christlob Mylius, gesammelt von Gotthold Ephraim Leßing. Berlin, bei Ambr.(osius) Haude und Joh.(ann) Carl Spener. 1745* (Reprint: Frankfurt a. M. 1971). Ein Manuskript der Lessingschen »Vorrede« ist nicht überliefert. – LM 6, S. 392-408.

ENTSTEHUNG

In der Nacht vom 6. zum 7. 3. 1754 starb in London unerwartet der einunddreißigjährige Christlob Mylius, stadtbekannter (Skandal-)Journalist aus Berlin, aber auch Dichter, Naturforscher und engster Weggenosse Lessings in dessen ersten Berliner Jahren. London sollte für Mylius nur die Durchgangsstation einer Forschungsreise nach Nordamerika sein, deren Finanzmittel, wie sich später herausstellte, allerdings zum Zeitpunkt seines Todes schon aufgebraucht waren. Wann Lessing die Unglücksnachricht erhielt, ist nicht bekannt, doch dürfte es schwerlich nach dem 15. 3. gewesen sein, eher wohl früher. Das würde einigermaßen zu dem Datum vom 20. 3. passen, mit dem Lessing einen nachrufartigen Briefessay einleitete, der später als »Vorrede« in die *Vermischten Schriften des Hrn. Christlob Mylius* einging. Falls dieses Datum nicht fingiert ist, war die In-memoriam-Aktion für Mylius am 20. 3. also voll im Gang. Hingegen scheint der Plan einer Schriften-Auswahl damals noch nicht existiert zu haben. In der Todesnachricht, die Lessing am 26. 3. in die ›Berlinische Privilegierte Zeitung‹ einrückte (S. 36 f. dieses Bandes), fehlt jedenfalls ein Hinweis darauf, was der in Fragen der Eigenwerbung höchst versierte Lessing andernfalls schwerlich unterlassen hätte. Hinsichtlich des BPZ-Artikels vom 26. 3. gibt es indes noch eine andere Auffälligkeit: nämlich sein viel zu spätes Erscheinen. Der Fall war immerhin eine Berliner Sensation und Lessing normalerweise ein sehr prompter Redakteur. Hier muß von einer Unregularität ausgegangen werden.

Nimmt man diese kargen Daten zusammen, dann darf man sich die Entstehungsgeschichte der *Vermischten Schriften* wie folgt vorstellen: Lessing erfährt vom Tod des Freundes und macht sich an einen einläßlicheren Artikel für die BPZ, der sich jedoch zu einem kritischen Charakter- und Autorenporträt auswächst, also für die BPZ nicht taugt. Darauf schaltet er die verspätete Anzeige. In der Folgezeit sichtet er das Werk des Verstorbenen und setzt die Arbeit an seinem Essay bis zum 20. 6. in Etappen fort (Briefe 2-6). Dabei entsteht irgendwann der Plan einer Werkauswahl (vgl. Lessings Hinweis auf S. 330,24-26 dieses Bandes), möglicherweise mit dem Nebengedanken, die wachsende Gereiztheit, in die er sich hineinschreibt, durch authentisches Material zu rechtfertigen.

So oder nicht viel anders müßte es gewesen sein. Wer von der »Vorrede« ausgeht, kommt an der Einsicht nicht vorbei, daß Lessing mit den *Vermischten Schriften* ein literarisches Schaffen dokumentierte, von dem er nicht viel hielt. Das dürfte ihm nicht leichtgefallen sein. Letztlich hat er den Widerspruch auf seine Art gelöst. Er hat seine Unbestechlichkeit gewahrt und trotzdem seine Dankespflicht gegen den Freund erfüllt. Hatte Mylius den Jüngeren doch in die Kunst der Journal-Macherei eingeführt und ihm die Tugenden der Schnelligkeit und des Angriffs vorgelebt. Dazu trat die journalistische Pflicht, die ungewöhnliche Persönlichkeit, die Mylius nun einmal war, zu würdigen. Denn mochte er auch nichts Bedeutendes hinterlassen haben, so hatte er doch sein Publikum gefunden und auf unverwechselbare Weise am Geist der Zeit mitgewoben. Im übrigen ist Lessings Kampf gegen die posthume Verflüchtigung des Außenseitertums nicht auf den Fall Mylius beschränkt geblieben. 1776, vier Jahre nach dem Freitod Karl Wilhelm Jerusalems, gab er – zweifellos in antiwertherischer Absicht – dessen *Philosophische Aufsätze* heraus (s. Bd. VIII dieser Ausgabe, S. 135-170) und 1774-78, sechs Jahre nach dem Tod des Hermann Samuel Reimarus, dessen *Schutzschrift für die vernünftigen Verehrer Gottes* unter dem bekannteren Decknamen der *Fragmente eines Ungenannten* (s. Bd. VIII dieser Ausgabe, S. 175-311). Man geht deshalb nicht fehl, wenn man die genannten Editionen als eine Variante der Lessingschen *Rettungen* versteht.

Was das Mylius-Buch aus dieser Reihe heraushebt, ist sein privater und emotionaler Überschuß. Lessings »Vorrede« zeugt (vgl. Abschnitt »Struktur«) nicht nur von einer langen und nur durch Zufall beendeten Beziehungskrise, sie läßt sich auch auf die Analyse einer problematischen, ja unglücklichen Persönlichkeitsentwicklung ein. Wer war dieser Problematische? Christlob Mylius, 1722 als sächsischer Pastorensohn geboren, also sieben Jahre älter als Lessing und mit diesem sogar um die Ecke verwandt, war vielfältig begabt, darunter allerdings auch mit dem Hang zur Provokation. Die öffentlichen Ärgernisse, die er in Leipzig und Berlin vom Zaun brach, wurden der Zahl nach nur von den neun Zeitschriften übertroffen, die er teils parallel, teils nacheinander gründete, betrieb und wieder abwirtschaftete. Nach seinem Kamenzer Schulabgang, den er mit der Düpierung der städtischen Honoratioren (darunter Lessings Vater) zu beleben wußte, begann er 1742 in Leipzig ein medizinisches und naturwissenschaftliches Studium bei dem nur drei Jahre älteren *shooting star* der Universität, Abraham Gotthelf Kästner, und profilierte sich zugleich im Gottsched-Lager, zunächst als Zuträger, später als Sezessionist. In der Leipziger Zeit gab er nicht weniger als fünf Zeitschriften heraus, die erste bereits 1743, also im zweiten Studienjahr. Im Herbst

1748 ging er als Redakteur der ›Vossischen Zeitung‹ nach Berlin, wo ein Jahr später die journalistische Liaison mit dem aus Leipzig nachgekommenen Lessing begann. Wie immer diese Symbiose zwischen Routinier und Genie funktionierte, sie war, angesichts der epochalen Bedeutung des Zeitschriftenwesens, für den jungen Lessing eine unersetzliche Erfahrung, für die er manche Kalamitäten in Kauf nahm. Riskierte er dabei doch den Bruch mit dem Elternhaus, den Verdacht der Mittäterschaft an Mylius' Skandaljournalismus und den Verlust seiner Reputation als Theaterkenner durch Mylius' eklatante Fehlurteile in der gemeinsamen Fachzeitschrift. Irgendwann war denn auch der Dankbarkeitsbonus aufgebraucht. Wäre da nicht Mylius' Reputation als Naturforscher gewesen, die Lessing ihm herzlich, wenn auch ein wenig ungläubig gönnte, die Verbindung hätte sich zweifellos schon vor der Abreise des Freundes nach Amerika gelöst. Als Mylius unerwartet in London starb, schloß Lessing die Akten des Falls, indem er dem Freund ein (merk-)würdiges Denkmal setzte.

STRUKTUR

Die *Vermischten Schriften* sind, wie der damals nicht ungebräuchliche Titel verrät, eine Art Werk-Querschnitt. Auf rund 600 Seiten hat Lessing versucht, das Beste aus Mylius' weitläufiger Produktion zusammenzubringen und zugleich die Gattungen und Themen, in denen er sich versucht hatte, angemessen zu repräsentieren. Auf diese Weise sind zwei gleich große Teilsammlungen für Prosa und Poesie entstanden, von denen die erstere, *Prosaische Aufsätze*, vornehmlich dem (in Lessings Augen zweifellos interessanteren) Naturforscher gilt, die letztere, *Poesien*, dem wenig geschätzten Lyriker und Dramatiker. Heutige Leser dürften zu einer ähnlichen Einschätzung kommen, sofern sie sich die Zeit nehmen, eine urteilsrelevante Textmenge zu prüfen.

Aufsehen erregte das Buch allerdings nicht durch die Myliusschen Texte, sondern durch die Lessingsche »Vorrede«, die von Beginn an kein Hehl daraus machte, daß sie sich nicht an die Konvention halten würde. Damit war vor allem die Pietätspflicht gemeint. Galt doch im überkommenen Genre der Leichabdankungen und gelehrten Nachrufe, zu dem die »Vorrede« unweigerlich gehört, das altehrwürdige Gebot, daß über Tote nichts als Gutes zu sagen sei. Daran hat sich Lessing nicht gehalten, weder als Aufklärer noch als gewesener Freund. Als Aufklärer, der sich herausnahm, gegen die rhetorische ›Verstellung‹ selbst im Totengedenken zu revoltieren, mag er entschuldbar gewesen sein, als Freund, der Vertrauliches preisgab, kaum. Ging es an, dem Freund noch über das Grab hin seine Mittelmäßigkeit zu attestieren? War es gerecht, das Scheitern in London als Schlußpunkt einer halb tragischen, halb komischen Selbsttäuschung erscheinen zu lassen? Und was veranlaßte Lessing, Mylius' frühe Gottsched-Gefolgschaft so zu geißeln und sogar seine jugendliche Versündigung am großen Haller, die bislang anonym geblieben war, nachträglich aufzudecken? Nichts davon mochte falsch sein, aber mußte es gerade in einer Gedenkschrift zur Sprache kommen? Nicht nur die Zeitgenossen, auch die meisten Biographen und Interpreten blieben in diesem Punkt befangen, so daß die »Vorrede« bis heute im Geruch steht, zwar unabhängig und mutig, aber nicht frei von persönlicher Ranküne zu sein.

Da eine einläßliche Analyse der »Vorrede« bislang nicht existiert, sei auf die Indizien aufmerksam gemacht, die dem Abrechnungs- und Preisgabevorwurf entgegenstehen. Zutreffend ist, daß in Lessings Argumentation der Gestus der Abrechnung eine wichtige Rolle spielt, wenn auch im ständigen Wechsel mit dem der Verteidigung. Aber ist der erstere wirklich auf Mylius gemünzt? Man muß sich klarmachen, daß der Tod des Forschungsreisenden von skandalösen Umständen begleitet war. Mylius hatte seine Investoren schlicht betrogen, indem er seinen Aufbruch so glamourös inszenierte, daß der mehrfach aufgebesserte Etat seiner Weltreise bereits in London verbraucht war. Albrecht von Haller schrieb dazu: »Anstatt aus London sofort nach Amerika abzugehen, forderte er wieder Geld und erhielt nach verschiedenen in Hannover und anderswo gehobenen Summen von mir den 9. October noch 200 Thaler, so daß er nunmehr über 1500 Thaler anstatt der ersten fürs Jahr 1753 versprochenen tausend empfangen hatte. Aber er ließ die Zeit verstreichen, und dies beträchtliche Geld zerging ihm wie Schnee. Schon in Holland hatte er einen zweiten Zeichner angenommen, den er aus Mitleiden den Klauen eines Seelenverkäufers entriß. Dabei war Hr. Mylius entweder nicht gewohnt, das Geld mit derjenigen Sparsamkeit zu schonen, die seine Schranken erforderten, oder ältere Schulden beraubten ihn des nach Amerika bestimmten Vorrathes, oder eine *unzeitige* Liebe, wie andere Freunde wissen wollen, entzog ihn dem Nachdenken über seine wahre Bestimmung ... Er forderte noch 150 Pfund Sterling, wann er nach Amerika gehen sollte, verlangte von der königlichen Kammer in Hannover einen Vorschuß von 1000 Thalern, die ihm der gütigste Minister nicht anders als abschlagen konnte und gerieth indessen täglich in tiefere Schulden. Gerne würde ich über diese unglückliche Geschichte einen Vorhang ziehen, aber es ist kein anderer Weg übrig, die Beförderer des Werkes von der Ursache des üblen Ausgangs desselben zu belehren, als die Wahrheit, und vieles verschweige ich noch in Liebe, was zur Aufklärung dienen könnte.« (Zit. nach Danzel/Guhrauer, *Gotthold Ephraim Lessing*, Bd. 1, S. 262.)

Lessing hat die Skandalgeschichte, die, als sein Buch erschien, längst in aller Munde war, weder rekapituliert, noch Mylius für sie verantwortlich gemacht. Anstatt dessen hat er die Geschädigten verhöhnt, indem er ihnen vorhielt, einen freien Forschergeist zum bloßen »Commißionär« ihrer Sammlerinteressen degradiert zu haben, noch dazu in Unkenntnis der Tatsache, daß Mylius seine Meinung dazu längst veröffentlicht hatte. Und dieselbe Strategie, nämlich vermeintliche Charakterschwäche als Reaktion eines Gekränkten zu verifizieren, wiederholt sich, wenn Lessing den schriftstellerischen Werdegang des Freundes zum exemplarischen Fall erhebt. Mylius habe besonders schmerzhaft das »neidische Geschick« an sich erfahren, das in Deutschland allen mittellosen Genies drohe. Durch ihre Armut in frühe Abhängigkeiten gezwungen, verlören sie ihren jugendlichen Idealismus, würden also dienstbar oder unbedenklich. Mylius habe beide Stufen durchlaufen. Von der eitlen Autorität eines Gottsched eingefangen und mißbraucht, habe er sich ins Abenteuer des freien Journalismus gerettet und seine Begabung an ein Übermaß an Vergeblichkeiten und ein paar zufällige Lichtblicke ausgegeben. Es ist wahr, Lessing weiß wenig Schmeichelhaftes über Mylius und seine literarische Karriere zu sagen, doch dafür macht er unmißverständlich klar, daß er von keinem Versager, sondern von einem Opfer spricht. Für Lessing ist es allein der Mangel an Unabhängigkeit, der Mylius zum Lohnschreiber und Boulevardier gemacht, seine wissenschaftliche Bestimmung blockiert und schließlich sein Ende als Hochstapler provoziert hat. »(. . .) er reisete auf fremder Leute Gnade; und was folgt auf fremder Leute Gnade? Er starb.«

Was Lessing in seiner ›rettenden‹ Argumentation unterschlägt, ist die Faszination, die die journalistische Freiheit auf seine Generation ausgeübt hat. Der Grund dafür liegt zweifellos in der eigenen Betroffenheit. Auch er konnte bekanntlich vom Zeitschriftenmachen nicht lassen, was wiederum bedeutet, daß der Essay über Mylius zugleich eine Auseinandersetzung mit den eigenen Gefährdungen ist. Nicht zufällig hat Lessing an Mylius speziell die Schnellschreiberei, die Angriffslust und das Dichten nach Mustern mißbilligt, also durchwegs Versuchungen, denen er selbst ausgesetzt war. So ist wohl Danzel/Guhrauer (s. o., S. 264) zuzustimmen, wenn sie in der Mylius-Schrift ein privates Revirement erkennen, das sich sehr schnell auch praktisch bestätigte. Während das Mylius-Kapitel endete, traten Mendelssohn und Nicolai und damit ein neuer geistiger und journalistischer Anspruch in Lessings Leben.

Im Gegensatz zu manchen anderen Lessingschen Briefsequenzen (z. B. den Lemnius-Briefen) sind die sechs Briefe der Mylius-»Vorrede«, die der Datierung nach über einen Zeitraum von drei Monaten (20. 3. - 20. 6. 1754) entstanden, relativ selbständige Reflexionseinheiten. Brief 1 widmet sich der Misere der deutschen Geistes-Elite, Brief 2 der falschen Rhetorik der Gottsched-Schule, 3 den Anfechtungen der journalistischen Lohnschreiberei, 4 dem Hang des Freundes zum Kolportage-Theater, 5 seiner Sprachkompetenz, seiner Übersetzerfron und seiner Haller-Affäre und schließlich 6 dem trivialen Hintergrund seiner Forschungsreise. Im Grunde handelt es sich um sechs kritische Miniaturen über die direkte und indirekte Verweigerung geistiger Freiheit. Die darin eingebettete ›Rettung‹ eines massiv Betroffenen entspricht ziemlich genau der Argumentationsstruktur, die Lessing in seiner ersten ›Rettung‹, den *Gedanken über die Herrnhuter* (1750), angewandt hat. Der Autor »wendet sich ⟨...⟩ kritisch an die Mehrheitsgesellschaft, indem er an ihr menschliches Gefühl für möglicherweise ›irrende Brüder‹, nicht an ihre Geborgenheit im nichtirrenden System appelliert.« (Briegleb, *Lessings Anfänge*, S. 203.)

REZEPTIONSZEUGNISSE

Nr. 1
Abraham Gotthelf Kästner an Lessing, Oktober oder November 1754 (zit. nach Bd. XI/1 dieser Ausgabe, S. 60 f.):

Mein Herr! Das ist wahr, die Briefe, welche Sie der Sammlung von unsers Freundes Mylius Schriften vorgesetzt haben, sind ein Muster für einen unparteiischen Herausgeber. Wenn ein Herausgeber ihres und meines Horazens mit demselben so verfahren wäre, so hätte er sich gewiß ein paar *Rettungen* zugezogen.

Vermuten Sie nicht, daß mein Brief eine für M. werden soll: Ich bin in den meisten Stücken mit Ihnen einstimmig; ich habe unserm Freund bei seinen Lebzeiten oft gewünschet, daß er weniger schreiben möchte, und jetzo wünschte ich einiges, das er geschrieben hat, unter andern die *Schäferinsel*, die unmöglich gefallen kann, wenn man sie mit Bänder und Zindel sieht, lieber vergessen als getadelt zu sehen. Vielleicht hat es nicht bei Ihnen gestanden, M.⟨ein⟩ H.⟨err⟩, was zum zweitenmale sollte gedruckt werden, da es schon einmal zuviel gedruckt war: Doch etliche Schriften, als die vom Zustande der abgeschiedenen Seelen, die Oden, wo der Dichter spricht, und der Kenner der Natur schildert, werden allemal ihres Verfassers Andenken erhalten, wie Günthers Andenken erhalten wird, der uns sehr viel größer erscheinen würde, wenn die Sammlung seiner Gedichte sehr viel kleiner wäre. Man kann wirklich diese Ähnlichkeit des Dichters, der nur ein Dichter war, und des Naturforschers, der ein Dichter hätte werden können, noch weiter treiben; man kann von dem letzten sagen, was der erste von sich sagt: daß ...... *Zeit und Glück nicht wollte, daß seine Dichterkunst zur Reife kommen sollte*. Dieses bringet mich auf eine von Ihren Betrachtungen, die mir sehr traurig wäre, wenn ich patriotischer gesinnt wäre, auf das peinliche Geschicke, das die deutschen Genies niederdrückt. Die Betrachtung ist mir nicht neu, ich habe sie noch in meinen Studentenjahren von demjenigen meiner Lehrer gehört, von dem ich die meisten Wahrheiten gehört habe; von dem seel. Prof. Hausen. Diejenigen sagte er, wären sehr lächerlich, die beständig von Ausbreitung der Wahrheit und des Verstandes in der Welt redeten, da man aus allem, was vorginge, sähe, daß diese Ausbreitung gar keine von den Hauptabsichten der Welt sei.

Nr. 2
⟨Anonymus,⟩ Rezension aus: Göttingische Anzeigen von Gelehrten Sachen, 25. 1. 1755 (zit. nach Braun 1, S. 48 f.):

Berlin. Der Herr M.⟨agister⟩ Leßing hat seinem verstorbenen Freunde, Herrn Mylius, die Ehre angethan, einige kleine Schriften von ihm zu sammeln, und unter der Aufschrift, *vermischte Schriften des Herrn Christlob Mylius, gesammlet von Gott-*

holt Ephraim Leßing, 1754. auf 600 Octav-Seiten, nebst einer Vorrede von 48 Seiten in Spenerischem Verlag heraus zu geben. Es sind 17 prosaische Ausarbeitungen, von gemischtem Inhalt, und 37 Poesien: von denen wir wegen der Menge das Verzeichniß nicht hieher setzen können, und weil sie schon vorhin einzeln herausgekommen, und nur jetzt von Herrn L. gesammlet sind, keine Auszüge mittheilen. Die Vorrede ist beynahe das merkwürdigste, in welcher Herr L. in einigen dem Druck übergebenen Briefen vom 22. April bis 20. Jun.⟨ius⟩ diese Schriften, ja des Herrn Mylii Character selbst beurtheilet, und zu seinem Lebenslauf gute Materialien sammlet. Das Urtheil ist strenge und gar nicht wie man es von der gewöhnlichen Partheylichkeit eines Freundes und Herausgebers erwarten könnte. Er findet gemeiniglich, daß Herr M. sich in seinen Gedichten und witzigen Schriften der Mittelmäßigkeit, die den Leser gleichgültig läßt, nicht genug entzogen habe, und tadelt billig an ihm, daß er zu viel und zu geschwind geschrieben habe, dabey er ihn aber bedauret, daß ihn die Noth so früh gezwungen habe, ein Schriftsteller von Profeßion zu werden, und ihn doch gehindert, den dazu nöthigen Schatz einzusammlen. Er giebt einem berühmten Manne, den einige sehr erheben, und andere sehr herunter setzen, ein Theil der Schuld, daß Herrn Mylii natürliche Gaben nicht besser ausgearbeitet sind. Gegen die Beschuldigung, als sey er ein Freygeist und Verächter der Religion gewesen, vertheidigt er ihn, und meldet woher der Verdacht entstanden ist. Ueber die unglückliche Reise macht er den Contribuenten etwas leichtere Gedancken, und entschuldiget Herrn M. mehr, als er vielleicht einige Monath später gethan haben, oder jetzt thun würde, nachdem die Rechnungen des ihm gezahlten Geldes bekannt gemacht sind, mit dem die erwünschte Reise hätte können beschleuniget werden. Er meldet sonst, daß Herr M. der Verfasser der schimpflichen Critik des Hallerischen Gedichts über den Ursprung des Uebels gewesen sey, doch so daß er eines andern Gedancken habe ausdrücken müssen. Ungeachtet dessen, was wir aus Herrn L. Munde von der Mittelmäßigkeit dieser Arbeiten des Herrn M. mit Beystimmung wiederhohlt haben, können wir doch sehr vielen Lesern unser Wort geben, daß sie ihnen gefallen werden. So sehr Herr L. ohne Vorurtheil und Gunst von den Schriften seines Freundes, dessen aufrichtiger Freund er gleichfalls gewesen ist und bleibet, urtheilet, so waren sie doch nicht unwürdig gesammlet zu werden: und ob wir gleich nie Herrn M. vor einen vorzüglichen Dichter gehalten haben, so haben wir doch einiges in dieser Sammlung nicht eben mit Entzücken aber doch auch nicht ungern gelesen: und wenn Herr M. gleich mittelmäßig ist, so leuchtet doch eine Natur hervor, die sich über das mittelmäßige hätte schwingen können; und auch dieser Anblick vergnüget.

Nr. 3
⟨Anonymus,⟩ Rezension aus: Staats- und Gelehrte Zeitung des Hamburgischen unpartheyischen Correspondenten, 31. 5. und 3. 6. 1755 (zit. nach Braun 1, S. 55-59):

Berlin. Haude und Spener haben verlegt: »Vermischten Schriften des Herrn *Christlob Mylius*, gesammlet von *Gotthold Ephraim Lessing.*« 1754. In groß 8. 1 Alphabeth, 15 Bogen, ohne die Vorrede von 3 Bogen. Wir haben das Vergnügen, unsern Lesern hierdurch eine Schrift bekannt zu machen, die in ihrer Art vortreflich, und alles Lobes würdig ist, was gelehrte, wohlgeschriebene, witzige, sinnreiche und ergetzende Schriften verdienen. Es ist unnütz, mehr zu ihrem Ruhme zu sagen. Der Verfasser und der Herausgeber sind schon allein Lobeserhebungen für sie, und die Leser, welche keinen von beyden kennen, sind weder Kenner der Naturlehre und der Weltweisheit, noch der schönen Wissenschaften, und die einzigen, die diese Schrift weder lesen, noch sich ihres Ruhmes annehmen dürfen. Die Vorrede des Hr. *Leßings* ist ein Meisterstück. Sie besteht aus einigen Briefen, die uns den Charakter und die Schriften des für die Ehre Deutschlands zu früh verstorbenen Herrn *Mylius* näher kennen lehren. Wie meisterhaft ist nicht diese kurze Lebensbeschreibung des Herrn *Mylius* im ersten Brief abgefaßt! Und wer kann es uns verdenken, daß wir sie ganz hier hersetzen? ⟨Folgt Lessing-Zitat, S. 333,7-334,3 dieses Bandes.⟩ Im zweyten Briefe beurtheilt Herr *Leßing* die ersten gelehrten Aufsätze des Herrn *Mylius*, und er beurtheilt sie mit einer Freymüthigkeit, die weit von dem Wahne der Herausgeber fremder Schriften entfernet ist, daß sie durchaus alles loben müßten, vielleicht, weil sie den Hochmuth haben, zu glauben, daß das, was sie herausgeben, gewissermaßen ihre eigene Arbeit werde. Herr Leßing redet von der *Ode auf die Schauspielkunst*, oder, wie er sagt, vielmehr von der Ode auf die Verdienste des Herrn Professor *Gottscheds* um die Schauspielkunst; von den *Betrachtungen über die Majestät Gottes*; von der Abhandlung *von der Dauer des menschlichen Lebens*; von der Untersuchung, *ob die Thiere um der Menschen willen geschaffen worden*: von dem Beweise, *daß man die Thiere physiologischer Versuche wegen lebendig öffnen dürfe*, und von dem Gedichte *von den Bewohnern der Kometen*, nicht anders, als wie Herr *Mylius* selbst bey reiferer Erkenntniß davon geurtheilt haben wird, wenigstens so, wie er alsdann gewiß damit zufrieden gewesen seyn würde. Es sind insgesammt Erstlinge von unterschiedenem Werthe, aber von keiner hinlänglichen Vollkommenheit, um einen Namen wahrhaftig groß zu machen.

⟨Der Rest der Rezension enthält im wesentlichen Inhaltsreferat und ein weiteres Zitat aus der »Vorrede«, s. S. 348,30-349,5 dieses Bandes.⟩

Nr. 4
⟨Christoph Otto Freiherr von Schönaich, Hg.,⟩ ⟨Sinngedicht auf Lessings »Vorrede« zu Mylius' Schriften⟩, aus: ⟨Schönaich, Hg.,⟩ *Ein Mischmasch von allerlei ernsthaften und lustigen Possen*, 1756, S. 15 (zit. nach Waniek, *Gottsched und die deutsche Literatur seiner Zeit*, S. 609):

Was wünsch ich meinem Feinde doch?
Nichts wünsch ich ihm als eines noch:

Du, der Du mir so manche Tück erwiesen,
Sei einst von Gnißels ⟨d. i. Lessings⟩ Kiel als Mylius
gepriesen.

Nr. 5
⟨Christian Heinrich Schmid,⟩ *Chronologie des deutschen Theaters*, o. O. 1775, S. 177 (zit. nach Daunicht, Nr. 92):

G. E. Lessing gab zu Berlin die vermischten Schriften des (zu London im Gefängniß) verstorbenen Mylius heraus, worinnen er von allen dramatischen Schriften dieses Verfassers nichts als die *Schäferinsel* aufbehalten hat.

STELLENKOMMENTAR

330,8 *Kenner der Natur]* Mylius schrieb sich 1742 in Leipzig für Medizin ein, verlegte sich jedoch auf ein naturwissenschaftlich-schöngeistiges Doppelstudium bei Abraham Gotthelf Kästner (Mathematik, Astronomie, Naturlehre) und Johann Christoph Gottsched (Rhetorik, Poesie), neben Gellert den beiden Berühmtheiten der Universität. Die Verbindung von Naturwissenschaft und Literatur, wie sie Mylius praktizierte, war im 18. Jh. nicht ungewöhnlich. Sie reichte von den zeitgenössischen Vorbildern Buffon, Kästner und Haller über Voltaire und Lichtenberg bis zu Goethe und Novalis. Kästner blieb Mylius' lebenslanger Mentor und verfaßte nach dessen Tod eine *Lebensbeschreibung des Herrn Christlob Mylius* (Leipzig o. J.).

330,9 *witzigen Kopf]* Variante zu franz. bel esprit »Schöngeist«. – In den schöngeistigen Zeitschriften, in denen Mylius schon als Student publizierte, waren naturwissenschaftliche Themen im übrigen reich vertreten. Dieselbe Doppelgleisigkeit verfolgten seine eigenen Zeitschriften.

330,10 *letzten Unternehmungen]* Gemeint sind Planung und Antritt seiner Forschungsreise nach Nordamerika (vgl. Anm. 333,31 f.).

330,26 *einen Freund]* Einen solchen Freund haben die Lessingkommentatoren nicht ausmachen können. Es handelt sich ziemlich sicher um eine der damals im gelehrten und journalistischen Metier üblichen Brieffiktionen.

330,27 *letzten Geräusche]* Wahrscheinlich Lehnübersetzung von lat. rumor »dumpfes Geräusch, Gerede, Gerücht«. Damit könnten die nicht ganz seriösen Umstände seiner Abreise nach Amerika gemeint sein, aber auch seine Einmischung in den Skandal um Voltaires *Diatribe du Docteur Akakia* (Schmähschrift auf Dr. Akakia, 1752). Nachdem Friedrich der Große das Pamphlet gegen seinen Akademiepräsidenten Maupertuis hatte verbieten und verbrennen lassen, lieferte Mylius eine deutsche Übersetzung nach und verbreitete handschriftlich ein Bänkelsängerlied auf die Verbrennung (nicht erhalten). Gleich danach verschwand er aus Berlin.

331,9 *zwischen ⟨...⟩ 7ten]* Mylius starb in der Nacht zwischen dem 6. und 7. 3. 1754 in London, vermutlich an einer Lungenentzündung.

331,16 *die See]* Gemeint ist der Atlantik zwischen Europa und Amerika.

331,21-24 *Wohin ⟨...⟩ Welt]* Ob der Vierzeiler, der auf Mylius' Gedicht *Abschied von Europa* (vgl. Anm. 349,3) antwortet und nur an dieser Stelle überliefert ist, ursprünglich Teil eines größeren Gedichts war, ist nicht mehr überprüfbar. Bei Muncker (LM 1, S. 127) trägt der Vierzeiler die nachträglich hinzugefügte Überschrift *Aus einem Abschiedsgedicht an Mylius 1753*.

331,23 *feiger Toren]* Lediglich von Kästner ist bekannt, daß er Mylius vor den physischen Anstrengungen der Reise warnte und ihm in Deutschland zu bleiben riet (*Lebensbeschreibung*, S. 158). Es ist allerdings unwahrscheinlich, daß Lessing ihn zu den »feigen Toren« rechnete.

331,33-332,5 *Sagen ⟨...⟩ nichts]* Die etwas umständliche Argumentation besagt wohl: Das Wagnis des Neuen verträgt sich nicht mit Sicherheitsbedürfnissen.

332,8 *wofür]* Wovor.

332,9 *England ⟨...⟩ nicht]* Mylius kam über England nicht hinaus.

332,18 *Wie viele ⟨...⟩ Blüte dahin?]* Lessing könnte an folgende Autoren gedacht haben: Johann Christian Günther (1695-1723), Johann Elias Schlegel (1719-1749), Johann Christian Krüger (1722-1750), Immanuel Jakob Pyra (1725-1744).

332,23-333,5 *Nehmen ⟨...⟩ sollte?]* Die Analyse der miserablen Aufstiegsbedingungen für literarische Hochbegabungen in Deutschland wurde nach Lessing zu einem kulturkritischen Topos des 18. Jahrhunderts – gipfelnd in Goethes Essay *Literarischer Sansculottismus* (1795) und Hölderlins Strafrede auf Deutschland am Schluß des *Hyperion* (1799).

332,27 *güldnen Mittelmäßigkeit]* Nach lat. aurea mediocritas, die Horaz in *Carmina* II 10 als den Zustand preist, der sowohl den Schmutz der Armut wie die Mißgunst des Hofes ausschließt.

333,15 *Schriftsteller zu werden]* Leipzig war, als Mylius und Lessing dort studierten, das Zentrum der literarischen Aufklärung in Deutschland.

333,16 *einem Manne]* Gemeint ist Gottsched, der seinen Schülern strengste persönliche und poetologische Loyalität abverlangte.

333,21 f. *grausame Verbindlichkeit]* Nämlich: für den Lebensunterhalt schreiben zu müssen. Aus diesem Grund hatte Mylius wohl auch sein Studium abgebrochen, um freier Journalist zu werden.

333,25 *an einen Ort]* Berlin, wo es zwar keine Universität, aber mancherlei Bildungsanregungen gab.

333,31 f. *wollte und sollte reisen]* Mylius wollte zunächst in den Dienst der holländisch-ostindischen Gesellschaft treten. Dann allerdings entwickelten die Berliner Gelehrten Johann Georg Sulzer und Leonhard Euler den Plan einer deutschen Forschungsreise nach Ostindien und boten Mylius dafür auf. Als wissenschaftlichen Koordinator des Unternehmens gewann man Albrecht von Haller, dessen

Ansehen groß genug war, eine Gruppe von privaten Geldgebern zusammenzubringen. Über Ziel und Zweck der auf drei Jahre angesetzten Reise gab Mylius in seiner Zeitschrift ›Physikalische Belustigungen‹ Auskunft: *Nachricht von des Herausgebers vorhabenden Reise nach America* (Bd. 2, S. 708-729). Dort heißt es: »Die Absicht dieser Reise soll seyn, alle Beobachtungen zu diesen entfernten Ländern anzustellen, welche ein Philosoph und Naturforscher über die Natur des Landes und der Einwohner, besonders über die Naturgeschichte desselben, anstellen kann, auch Naturalien aus allen drei Reichen der Natur, als Erzte, Versteinerungen, Erden, Vögel, vierfüßige Thiere, Insecten, Fische, Muscheln, Schnecken, besonders aber Pflanzen und Samen aller dortigen Pflanzen, zu sammeln und sie denen, welche die Kosten dieser Reise tragen, nach eines jeden Absicht und Geschmack, mitzutheilen.« (S. 710 f.)

334,5 *Gleichgültigkeit*] Im Sinn von ›Gleichmut‹.

334,6 f. *Seine Meinungen 〈...〉 hatte*] Gemeint ist der in den *Vermischten Schriften*, S. 127-147, abgedruckte Aufsatz *Einige Gedanken von dem Zustande der abgeschiedenen Seelen* (zuerst in ›Belustigungen des Verstandes und des Witzes‹, Bd. 8, Januar 1745, S. 63-82), in welchem sich Mylius seinen Tod als Entrückung unter die großen Astronomen vorstellt, mit denen er dann »in dem ungeheuren Raume der Fixsterne und Planeten herum reisen« und eine vollkommene Erkenntnis des Weltgebäudes genießen dürfe. Lessings Erinnerung an den phantastischen Jugend-Aufsatz des Freundes bewegt sich unverkennbar zwischen Rührung und Ironie.

334,16 *Newton*] Sir Isaac Newton (1642-1727), engl. Physiker und Astronom, Entdecker des Gravitationsgesetzes. Mylius nennt ihn in dem genannten Aufsatz »meinen Newton«.

334,16 *Bradley*] James Bradley (1693-1762), engl. Astronom, Entdeckungen auf dem Gebiet der Lichtabweichung (durch Erdbewegung) und der Lichtgeschwindigkeit. 1751 versuchte er den Abstand zwischen Sonne und Mond zu bestimmen.

335,8 *gutes Genie]* Hohe Begabung, origineller Geist.

335,15 *geistliche]* Geistige.

335,17 *Gewinst seine Minerva]* Analog zur griech. Göttin Athene ist Minerva die röm. Göttin der Weisheit und Kunstfertigkeit. Gemeint ist: Gelderwerb als treibende dichterische Kraft.

335,25 *Ode ⟨...⟩ Schauspielkunst]* Das Gedicht *Das Lob der Schauspiele* erschien 1743 in den damals noch gottschednahen ›Belustigungen des Verstandes und des Witzes‹ und endete mit einer Lobhudelei auf Gottsched:

> Du, o der deutschen Dichtkunst Lehrer,
> Der Einsicht und der Kunst Vermehrer,
> Der alten Weisheit Ebenbild. u.s.w.

Die parodistische Version erschien vier Jahre später anonym im ersten Band von Christian Nikolaus Naumanns Zeitschrift ›Der Liebhaber der schönen Wissenschaften‹:

> Du, o der deutschen Reimkunst Lehrer!
> Der Bändgenschreiberey Vermehrer,
> Des alten Bavus Ebenbild, u. s. w.

336,7 *Betrachtungen ⟨...⟩ Gottes]* Mylius' popularphilosophischer Aufsatz *Betrachtungen über die Majestät Gottes, insofern sie sich durch fleißige Anschauung und Erforschung der Natur offenbaret* (in den *Vermischten Schriften* S. 3-42) erschien ebenfalls 1743 in den ›Belustigungen‹.

336,9 *vertrauten Rednergesellschaft]* Gottsched leitete verschiedene Redegesellschaften, in denen deutsche Beredsamkeit theoretisch und praktisch trainiert wurde. Die »Vertraute Redegesellschaft« übernahm er von seinem berühmten Kollegen Johann Burchard Mencke und teilte sie in eine ›nachmittägliche‹ Klasse für die älteren Mitglieder und eine ›vormittägliche‹ für die jüngeren. In der letzteren fand Mylius einen ansehnlichen Teil der deutschen Nachwuchsbegabungen versammelt.

336,10 f. *Wunders ⟨...⟩ Ahas]* Gemeint ist das Wunder vom zurückweichenden Zeiger der Sonnenuhr aus Jes. 38,8, das Mylius optisch erklärt: als Auswirkung eines sich vor die Sonne schiebenden Dunstwölkchens, das die Lichtstrahlen bricht und damit den Schatten verschiebt.

336,12 f. *Inspector Burg]* Johann Friedrich Burg (1689-1766), preuß. Oberkonsistorialrat, wandte sich in den ›Belustigungen‹ gegen Mylius und seine natürliche Erklärung.

336,16 *Recensent ⟨...⟩ Untersuchungen]* Antoine Parent (1666-1716), franz. Mathematiker. Seine *Recherches de Mathematique et de Physique* (Mathematische und physikalische Untersuchungen), Paris 1705, wurde 1711 in den *Actorum eruditorum, quae Lipsiae publicantur, supplementa* (Nachträge zu den in Leipzig erscheinenden Gelehrtenanzeigen), Bd. 6, S. 22-29, besprochen. Dabei geht der anonyme Rezensent auch kurz auf das o. g. Problem ein. Mylius' Abhängigkeit ist unverkennbar, allerdings beruft er selbst sich nur auf Antoine Parent.

336,25 f. *Betrachtungen ⟨...⟩ Bande]* Die Artikel von Mylius und Burg finden sich in Bd. 6 der ›Belustigungen‹.

336,27 *gemeine Gedanken]* Allgemeine, gängige Gedanken.

336,28 *Schreibart eines Declamators]* Für Lessing widerspricht der deklamatorische Stil, wie er in Leipzig gelehrt wurde, der natürlichen Leidenschaft eines jungen Gelehrten, der er kurz vorher das Wort geredet hat.

336,31-35 *Abhandlung ⟨...⟩ dürfe]* Alle in den ›Belustigungen‹ erschienen.

336,36 *Buchstabenrechnung]* Algebra.

337,2 *Analysten]* Von franz. analyste »Analytiker, Zergliederer«; hier wohl »Mathematiker«.

337,10 *sapphische Oden]* Nach Sappho (um 600 v. Chr. auf Lesbos) heißt eine vierzeilige Strophenform, die aus drei elfsilbigen Versen und einem fünfsilbigen Adoneus als Abschluß besteht. Ihr gelegentliches Auftauchen in der Odenproduktion des 18. Jhs. geht wohl auf Horaz zurück.

337,10-12 *zärtliche ⟨...⟩ artige]* ›Zärtlich‹ und ›artig‹ waren »Idealbegriffe der deutschen anakreontischen Dichtung« (Zeman, *Die deutsche anakreontische Dichtung*, S. 69), wobei ›zärtlich‹ einen Bedeutungswandel von ›sinnlich, erotisch‹ zu ›empfindsam‹ erfährt.

337,12 f. *Gedicht ⟨...⟩ Kometen]* Richtig: *Lehrgedicht von den Bewohnern der Kometen* (zuerst 1744; in den *Vermischten Schriften*,

S. 349-362). Kästner hatte im selben Jahr ein *Philosophisches Gedichte von den Kometen* veröffentlicht und dort die Frage ihrer Bewohnbarkeit skeptisch beurteilt (s. Lessings Zitat daraus).

337,19 *Hallern]* Albrecht von Haller (1708-1777), berühmter Göttinger Prof. für Anatomie, Medizin, Botanik und Chirurgie. Wurde auch als Dichter gefeiert.

337,35 *ein Dichter]* Nicht ermittelt.

338,1 *nervenreichen]* Kraftvollen.

338,5 *ein Freund]* Nicht ermittelt; möglicherweise meint Lessing sich selbst.

338,12 *physikalischen Roman]* Was Lessing, der offensichtlich dem rhetorischen Lehrgedicht prinzipiell mißtraut (vgl. *Pope ein Metaphysiker!*, S. 614-650 in diesem Band), mit diesem Begriff meint, ist nur zu vermuten; sicher nicht die Art von ›Science-fiction‹, die Mylius liefert, eher wohl eine spekulative Abhandlung über die Kultursemiotik des Kometen-Phänomens.

338,16 *Meisters]* Gottsched.

338,21 *ohne Mittelwörter]* Ohne Partizipien. – In seiner *Critischen Dichtkunst* zählt Gottsched unter die »Barbarismi, die kein Mensch versteht«, auch die Mittelwörter, »die gleichfalls von einigen geschwornen Participianern, sehr unverschämt gebraucht werden« (4. Auflage, 1751, S. 312).

338,27 f. *wöchentlichen Sittenschriften]* Die Modeerscheinung der sog. Moralischen Wochenschriften, in denen bürgerliche Wertvorstellungen vermittelt und diskutiert wurden.

338,31-339,1 *Engländer ⟨...⟩ hatte]* Seit den Anfängen der Gattung bei den Engländern Addison und Steele gibt es den Topos, daß der ›Wochenschreiber‹ ein welterfahrener, ökonomisch unabhängiger und in sicherem Beobachtungsabstand zur Gesellschaft situierter Mensch sein solle.

339,5 *Art von Renten]* Quelle eines regelmäßigen Einkommens.

339,7 *zwei und funfzig]* Die ›Moralischen Wochenschriften‹ erschienen in der Regel ein oder zwei Jahre lang, hatten also

52 oder 104 Nummern (die nachträglich meist in Buchform erschienen).

339,9 *einen anlockenden*] Der Begriff des ›Freigeists‹, der am Anfang des Jahrhunderts in England aufkam (Anthony Collins, *Discourse of Free-thinking*, 1713) und zunächst einen vorurteilsfreien und selbständigen Kopf meinte, war um die Mitte des Jhs. mit dem Verdacht des deistischen, materialistischen und atheistischen Denkens behaftet.

339,12 *Zuschauer*] Gemeint ist der ›Spectator‹ von Steele und Addison, die zweite Moralische Wochenschrift in England (London 1711/12/14). Sie wurde mehrfach ins Deutsche übersetzt, zuerst 1719-21.

339,16 *vor sich*] Für sich.

339,18 f. *äußerliche Einrichtung*] Aufbau und Schreibart.

339,28 *Boethius ⟨...⟩ Weltweisheit*] Die im Gefängnis verfaßte Dialogschrift *Consolatio philosophiae* (Trost der Philosophie) des röm. Philosophen und Wissenschaftlers Anicius Manlius Severus Boethius (ca. 480-524 n. Chr.).

339,36 *adonischen*] Der adonische Vers (Adoneus) besteht aus einem Daktylus und einem Trochaeus. Er kommt als Abschluß griech. Totenklagen um Adonis vor (Name).

340,2 *Splitterrichter*] Kleinkarierter Tadler.

340,10 *Edelmann*] Johann Christian Edelmann (1698-1767), Theologe und Philosoph, verrufen als Polemiker und deistischer Kritiker der orthodoxen Theologie, z. B. in seiner Schrift: *Moses mit aufgedecktem Angesicht* (1740).

340,18 f. *Wahrsager*] Erschien 1749 in Berlin in zwanzig Stücken (Abbruch durch die Zensur, die speziell wegen dieser Myliusschen Zeitschrift verschärft wurde).

340,26 *schlechters*] Einfacheres, schlichteres.

340,27 *scandalösen Chronicke*] Nach franz. chronique scandaleuse.

340,31 f. *wichtige ⟨...⟩ müssen*] Anspielung auf die Berliner Toleranz in religiösen Dingen unter Friedrich II. (die Lessing im übrigen mit der nachfolgenden Argumentation verteidigt).

341,8 *Herr von K***] Nicht ermittelt. Denkbar wäre die

Lesart »von Kamenz«, womit erneut Lessing selbst gemeint wäre.

341,16 *Tachygraphus]* Eigentlich griech. tachygraphos »Schnellschreiber«.

341,23 *Ärzte]* Berufssatiren wie Mylius' *Die Ärzte. Ein Lustspiel in fünf Aufzügen* waren eine Modeerscheinung. Das Stück entstand im Auftrag eines Buchhändlers.

341,23-26 *Es ist ⟨...⟩ Monologen]* Gottschedische Vorschriften für eine ›regelmäßige‹ Komödie.

341,28 *ekle]* Rechthaberische, verdrossene, eigenwillige.

341,29 *anständige]* Schickliche, dezente.

341,33 *Quidproquo]* (Lat.) »Was für was«, Vertauschung einer Sache mit einer anderen.

342,2 *deutscher Moliere]* Anspielung darauf, daß Mylius als Lustspieldichter neben Holberg vor allem Molière ausbeutete. Den Wunsch, ein »deutscher Molière« zu werden, äußerte im selben Jahr 1749 Lessing selbst (Brief an den Vater vom 28. 4.; s. Bd. XI/1 dieser Ausgabe, S. 24).

342,6 f. *die Geistlichen auf dem Lande]* Lustspiel von Johann Christian Krüger (1723-1750), erster Druck 1743, entstanden wahrscheinlich in der Schulzeit des Autors. Krüger war gebürtiger Berliner, Schüler des Grauen Klosters, Theologiestudent in Halle und Frankfurt/Oder, seit 1742 Schauspieler und Bühnenautor in der Schönemannschen Truppe, Übersetzer von Marivaux und Destouches. Lessing attestierte ihm in der *Hamburgischen Dramaturgie* ein »Talent zum Niedrig-Komischen« (83. Stück, s. Bd. VI dieser Ausgabe, S. 597).

342,21 *confisciert]* Der massive Protest der Geistlichkeit sorgte dafür, daß das Stück gleich nach Erscheinen verboten wurde. Es ist offenbar nie aufgeführt worden.

342,26 *Söhne des Aesculap]* Ärzte; Aesculap war der griech. Gott der Heilkunde.

342,29 f. *sich ⟨...⟩ vergleichen]* Sich ein heiratswilliges Mädchen teilen (wollen).

342,30 f. *eine ⟨...⟩ Komödie]* Das engl. Theater, speziell das Lustspiel, galt als freizügig und populär.

342,32 *der Unerträgliche]* Druck: Hamburg 1746.

342,34 *persönliche Satyre]* Satire auf einen Individualcharakter.

343,5 *die Schäferinsel] Die Schäferinsel. Lustspiel in drey Aufzügen*, Wiener Schaubühne 1749, Bd. 1. Von Lessing in die *Vermischten Schriften* aufgenommen (S. 472-570).

343,8 *Frau Neuberin]* Friederike Karoline Neuber (1697-176), seit 1727 Theaterprinzipalin in Leipzig, wo sie mit Gottsched an der Reinigung und Hebung des dt. Theaters arbeitete. Später Gegnerin Gottscheds.

343,11 *einem Artikel]* Einem Punkt, einer Hinsicht.

343,20 *pseudopastoralisch]* Unecht-schäferlich.

343,23 *nicht mehr als vier Nächte]* Der Vorwurf der Hudelei klingt schon in Lessings Rezension aus dem Erscheinungsjahr an: »Der Verfasser hat es, auf Verlangen, einem geschickten Komödianten der Wienerischen Schaubühne gegeben, und es, in dieser Gestalt, niemals zum Drucke bestimmt. Wäre es mit seinem Vorwissen gedruckt worden, so würde es vielleicht ein ganz anderes Ansehen bekommen haben. Da es das erste Deutsche Originallustspiel in Versen ist, so hätte er gewünscht, Gelegenheit zu haben, es vollkommener zu machen.« (BPZ, 61. Stück, 22. 5. 1749. – LM 4, S. 37 f.)

343,31 *der Kuß] Der Kuß oder das ganz neu musikalische Schäferspiel, So in einer Comödie aufgeführt.* 1748. Frankfurth und Leipzig.

343,33 *gewisse Schauspielerin]* Gemeint ist, laut Consentius (*Allgemeine deutsche Bibliographie*, Artikel »Mylius«, Bd. 52, S. 790), die damals 18jährige Christiane Friederike Lorenz, auf die Lessing selbst ein Auge gehabt haben soll. Da sie 1748 nach Wien ging, könnte sie die Übermittlerin des Manuskripts gewesen sein.

344,15 *Sammlung auserlesener Schriften] Lucians von Samosata auserlesene Schriften von moralischem, satirischem und critischem Inhalt, durch verschiedene Federn verdeutscht und mit einer Vorrede, vom Werthe und Nutzen der Uebersetzungen ans Licht gestellt, von Joh.⟨ann⟩ Christoph Gottsched*, Leipzig 1745. Gottsched plante eine Gesamtübersetzung des Lukian als Kollektivarbeit mit seinen Schülern. Am zustandegekommenen Auswahlband waren u. a. Johann Adolf Schlegel und Johann Andreas Cramer beteiligt. Mylius übersetzte neun Stücke.

344,17 f. *unverlangte Vorrede]* Gottsched selbst behauptet in seiner Vorrede, die Mitübersetzer hätten ihn gedrängt, ihr Werk »mit einer Vorrede in die Welt zu begleiten« (Johann Christoph Gottsched, *Ausgewählte Werke*, Bd. 10/1, S. 275).

344,19 f. *ungehalten]* Die Weigerung der Mitarbeiter, die Übersetzung fortzuführen, lag wohl eher an Gottscheds Bedingung, die gelieferten Texte frei revidieren zu dürfen.

344,25 *Kosmologie]* Pierre Louis Moreau de Maupertuis, *Versuch einer Cosmologie*, Berlin 1751 (*Essai de Cosmologie*, o. O. 1750).

344,26 f. *Hrn. ⟨...⟩ Algebra]* Berlin 1752 (*Élémens d'algèbre*, Paris 1746).

345,1 *in Deutschland eingeschlossen]* Auf Deutschland beschränkt.

345,4 *Réaumur ⟨...⟩ Lyonet]* René-Antoine Ferchault de Réaumur (1683-1757), franz. Physiker, bekannt durch seine 1730 entwickelte Thermometer-Skala; Carl von Linné (Linnaeus), 1707-1778, schwed. Naturforscher. Bekannt durch seine Grundlegung der biologischen Systematik; Sir William Watson (1715-1787), engl. Physiker und Biologe; Pierre Lyonnet (1707-1789), niederl. Biologe und Insektenkundler.

345,6 *Beiträgen ⟨...⟩ Theaters]* Erste dt. Theaterzeitschrift, hg. v. Lessing und Mylius, Stuttgart 1750, 4 Bde. (s. Bd. I dieser Ausgabe, S. 723-934).

345,7 *Clitia]* Niccoló Machiavelli (1469-1527), *La Clizia*, Prosakomödie in fünf Akten, 1525 uraufgeführt. Mylius' Übersetzung steht im 3. Stück der ›Beiträge‹.

345,8 *Versuch über den Menschen]* Alexander Popes (1688-1744) berühmtes Lehrgedicht *An Essay on Man* erschien 1733/34. Mylius' dt. Übersetzung, die nicht die erste war, erschien abschnittsweise in den von ihm und Johann Andreas Cramer herausgegebenen ›Bemühungen zur Beförderung der Critik und des guten Geschmackes‹ (13.-16. Stück, Halle 1745-47).

345,10 f. *Hrn. Brockes]* Barthold Hinrich Brockes (1680-1747), bekannt durch seine monumentale Gedichtsammlung *Irdisches Vergnügen in Gott* (1721-1748), war der erste deutsche Übersetzer: *Versuch vom Menschen des Herrn Alexander Pope, nebst verschiedenen anderen Übersetzungen und einigen eigenen Gedichten*, Hamburg 1740.

345,12 *paraphrastischen]* Zur Umschreibung (Paraphrase) neigend.

345,18 *Hogarths ⟨...⟩ Schönheit]* William Hogarth, *The Analysis of Beauty*, London 1753. Zu den Publikationsumständen der Mylius'schen Übersetzung (London 1754, Berlin 1754) und Lessings Verdiensten um den Berliner Nachdruck vgl. S. 47 f., 56 f., 59-61, 350-355 dieses Bandes.

345,22 *Hrn. Glover]* Richard Glover (1712-1785), engl. Dichter. Mylius sah sein Trauerspiel *Boadicea* am 7. 12. 1753 am Drury-Lane-Theater und veröffentlichte unter anglisiertem Namen eine Besprechung in engl. Sprache dazu: *A letter to Mr. Richard Glover on occasion of his tragedy of Boadicia. By Crisp. Mills* (Brief an Herrn R. Glover anläßlich seines Trauerspiels Boadicia, London 1754). Nach Danzel (*Gotthold Ephraim Lessing*, Bd. 1, S. 261) hat Lessing doppelt unrecht: Nach Auskunft des Reisetagebuchs habe Mylius sich nicht Christpraise, sondern nur Christl. Mill genannt; auch habe er sein deutsches Manuskript ins Englische übersetzen lassen.

345,26 f. *Monthly Review]* Monatliche Rundschau. Das von Ralph Griffith edierte Literaturjournal veröffentlichte im Januarheft 1754 eine kurze Replik auf den ›Brief‹: »The author applauds mr. Glover, for the regularity of his piece, but censures him for omitting to introduce into it a plot or intrigue; without which he thinks a set of connected dialogues can never be a play.« (Der Verfasser lobt Herrn Glover für die Regelhaftigkeit seines Stücks, tadelt ihn aber für das Fehlen einer durchgeführten Handlung oder Intrige, ohne die, wie er glaubt, eine Reihe von verbundenen Dialogen nie zu einem Theaterstück werden kann.) – Zit. nach PO Erl., S. 333.

345,30 *Regeln ⟨...⟩ gelten]* Vgl. S. 1209 f. dieses Bandes, sowie Nr. 17 der *Briefe, die neueste Literatur betreffend* (Bd. IV dieser Ausgabe, S. 500).

345,35 *Friedriche*] Gemeint ist: einer wie Friedrich der Große.

345,37-346,1 *unglückliche ⟨...⟩ Hallers*] Auf Mylius' überheblichen Verriß des hochgepriesenen Haller-Gedichts *Über den Ursprung des Übels* im ersten Stück der ›Hällischen Bemühungen‹ (1743) antwortete Immanuel Jakob Pyra mit dem *Erweis, daß die Gottschedianische Sekte den Geschmack verderbe* und initiierte damit die heiße Phase des Literaturstreits um Gottsched.

346,1 *ewigen Gedichte*] Unvergänglichen Gedichte.

346,15 *Versöhnungsbock*] Anspielung auf den alttestamentarischen Brauch, einen Sündenbock zu schlachten oder in die Wüste zu schicken (3. Mose 16,10), um den durch die Sünden seines Volks beleidigten Gott zu versöhnen.

346,20 *keine Rache*] Haller wurde später zum wissenschaftlichen Briefpartner und Förderer seines Kritikers.

346,28-31 *verschiedene ⟨...⟩ bereuen*] Gemeint sind die Mitglieder der privaten Finanzierungsgruppe.

347,5 *Commissionair*] Geschäftsführer, Dienstleister.

347,19 f. *satyrischen Sendschreiben*] *Sendschreiben an den Herrn von Z**, worinnen einige Vorschläge zum Aufnehmen der Naturlehre enthalten sind*, erschienen in Mylius' Zeitschrift ›Ermunterungen zum Vergnügen des Gemüths‹ (1. Stück, Nr. 2, Hamburg 1747). Nach Trillmich, *Christlob Mylius,* S. 66, ist das erste Stück bereits im Herbst 1746 ausgeliefert worden.

347,21 *Anschläge erteilet*] Pläne, Vorhaben unterbreitet.

348,13 *allgemeiner Beobachter*] Lessings implizite Ermahnung, die naturwissenschaftliche Beobachtung nicht von der Anthropologie zu trennen, weist auf einen Konflikt der zweiten Hälfte des 18. Jahrhunderts voraus.

349,3 *Abschied aus Europa*] Das Gedicht entstand bereits 1752 und wurde in Mylius' Zeitschrift ›Physikalische Belustigungen‹ (20. Stück, 3. Kap., 1752) gedruckt.

349,7 *übersehen zu lassen*] Übersicht gewähren (durch das folgende Inhaltsverzeichnis).

AUS: ZERGLIEDERUNG DER SCHÖNHEIT,
DIE SCHWANKENDEN BEGRIFFE
VON DEM GESCHMACK FESTZUSETZEN,
GESCHRIEBEN VON WILHELM HOGARTH
VORBERICHT ZU DIESEM ABDRUCKE

TEXTGRUNDLAGE

Erstdruck in: *Zergliederung der Schönheit, die schwankenden Begriffe von dem Geschmack festzusetzen, geschrieben von Wilhelm Hogarth. Aus dem Englischen übersetzt von C.⟨hristlob⟩ Mylius. Verbesserter und vermehrter Abdruck. Mit Königl. Pohlnischen und Churfürstl. Sächsischen Privilegien. Berlin und Potsdam, bey Christian Friedrich Voss. 1754.* Das Buch war eine von Lessing veranlaßte, fast (s. u.) raubdruckartige Zweitausgabe. Die erste Ausgabe erschien, unter gleichem Titel, in: »LONDON. Bey Andreas Linde, I.⟨hrer⟩ K.⟨öniglichen⟩ H.⟨ohheit⟩ der verwittweten Prinzessin von Wallis, Buchhändler, und in Hannover bey J. W. Schmidt. 1754.« Übersetzung nach: William Hogarth, *The Analysis of Beauty. Written with a view of fixing the fluctuating Ideas of Taste* (Untersuchung der Schönheit, geschrieben mit dem Ziel, eine einheitliche Idee des Geschmacks zu formulieren), London 1753. Lessing unterzog den Übersetzungstext einer Revision und fügte dem Buch eine von ihm selbst aus dem Französischen übersetzte Hogarth-Abhandlung (S. 93-111) sowie den hier abgedruckten *Vorbericht zu diesem neuen Abdrucke* (Bl. 5/6) hinzu. Das Buch wurde zur Frühjahrsmesse 1754 angekündigt, aber erst im August ausgeliefert. – LM 5, S. 368-372.

ENTSTEHUNG

Die Entstehungsgeschichte der Berliner Ausgabe ist im wesentlichen durch die fünf Rezensionen und Anzeigen dokumentiert, die Lessing zwischen dem 30. 5. und 13. 8. 1754 in die ›Berlinische Privilegierte Zeitung‹ einstellte. Am 30. 5. besprach er zunächst die London-Hannoversche Ausgabe, die kurz vorher in Deutschland erschienen sein muß. Die ungewöhnlich sorgfältige und positive Art, in der dies geschah, war zweifellos echtem Sachinteresse geschuldet, aber wohl auch der Freundespflicht gegenüber dem Übersetzer Christlob Mylius, der Lessings journalistische Lehrjahre in Berlin begleitet hatte und am 6./7. 3. 1754 in London, einunddreißigjährig, gestorben war. Erwähnenswert auch, daß Lessing gerade in diesen Wochen mit einer Werkauswahl und einer ausführlichen Charakterstudie des toten Weggenossen beschäftigt war (vgl. S. 330-349 dieses Bandes). Auch die nächste BPZ-Anzeige (25. 6.) beginnt als enthusiasmierte Rezension, endet allerdings mit der Ankündigung und Subskriptionsausschreibung einer neuen und verbesserten Ausgabe, die das überteuerte Londoner Produkt durch ein wohlfeiles ersetzen wolle. Das Buch sei bereits in der Herstellung, ein Prospekt liege in den Vossischen Buchläden aus. Am 4. 7. erschien eine weitere, von Voß unterzeichnete, aber von Lessing stammende Anzeige, die am 27. 7. wiederholt wurde. Am 13. 8. schließlich heißt es, der »neue Abdruck« sei »nunmehr, versprochener Maßen, fertig geworden« (S. 65 dieses Bandes). All das: ein halbseriöses Nachdruckprojekt, ein Preiskampf, eine nervöse Werbung, könnte auch von heute stammen, wenn man davon absieht, daß das anspruchsvolle Unternehmen (Neusatz, Illustrationen, Textrevision, Übersetzungsanhang, Vorwort) gut zwei Monate bis zum Abschluß benötigte. Lessings Korrekturen und Übersetzungsarbeit dürften demnach im Juni, sein *Vorbericht* wahrscheinlich im Juli 1754 entstanden sein.

Die Tatsache, daß Hogarth-Erwähnungen in Lessings

späterem Werk Mangelware sind (Bd. XI/1 dieser Ausgabe, S. 268; Bd. V/2, S. 163 f.; Bd. VI, S. 203), besagt nicht allzuviel über das Maß der Tiefenwirkung. Aufschlußreich in bezug auf den *Vorbericht* scheint allerdings die letztbezeichnete Erwähnung im 4. Stück der *Hamburgischen Dramaturgie*, wo Lessing darauf besteht, daß in der schauspielerischen Körpersprache die Hogarthsche Wellenlinie zu wirklich nichts anderem als zur gymnastischen Vorbereitung tauge. »Weg also mit diesem unbedeutenden Portebras ⟨Armhaltung⟩, vornehmlich bei moralischen Stellen weg mit ihm! Reiz am unrechten Orte, ist Affektation und Grimasse; und eben derselbe Reiz, zu oft hinter einander wiederholt, wird kalt und endlich ekel.« Diese Mechanismus-Kritik kommt nicht von ungefähr. Im Sinn eines ununterdrückbaren Mißbehagens prägt sie nämlich schon den reichlich arabesken Argumentationsgang des *Vorberichts* von 1754, der – gegen alle Vorwort-Logik – nur noch wenig von der begeisterten Erwartungshaltung der ersten Rezension erkennen läßt. Der mäkelnde Ton gegen die Myliussche Übersetzung, mit dem Lessing beginnt, bleibt jedenfalls auch der Sache selbst nicht erspart, und zwar ganz offensichtlich deshalb, weil ihm der Hiat zwischen außen und innen, zwischen der harmonischen Mechanik der Wellenlinie und dem moralischen Gehalt der Gebärden und Handlungen von diesem Ansatz her unüberbrückbar scheint. Nicht zufällig, so deutet er wenig später an, habe ja auch Antoine Parent, der Vorgänger Hogarths, an dieser Stelle seine Überlegungen abgebrochen. All das, einschließlich des vielleicht ironischen Verweises auf die Hilfe der Mathematik, bedeutet jedoch nicht, daß er die Hogarthsche Axiomatik nicht ernstgenommen hätte. Mit Sicherheit hat er sie damals mit Mendelssohn durchgesprochen, der freilich zu keinem wesentlich anderen Ergebnis kam:

»Man kennt in Deutschland nunmehr die Wellenlinie die unser *Hogarth* für die Mahler, als die ächte Schönheitslinie festgesetzt hat. Und den *Reitz*? Vielleicht würde man ihn nicht unrecht durch eine *wirkliche* oder *nachgeahmte Schönheit in der Bewegung* erklären. Ein Beyspiel der erstern sind die Minen und Geberden der Menschen, der letztern hingegen, die flammigten oder mit Hogarthen zu reden, die Schlangenlinien, die allezeit eine Bewegung nachzuahmen scheinen. Könnte man also nicht eine Vermischung von melodischen Farben in eine von diesen Linien dahin wallen lassen? Könnte man nicht, um dem Auge desto mehr zu gefallen, verschiedene Arten von wellenförmigen und flammigten Linien miteinander verbinden?

Dieses ist ein flüchtiger Gedanke, den ich selbst nicht ins Werk zu richten weiß, und vielleicht ist es auch eine Unmöglichkeit ihn jemals auszuführen. In diesem Fall mag er mit jenen öconomischen Vorschlägen in gleichem Paare gehen, die eben so wenig auszuführen sind, und dennoch so manches gelehrte Blat anfüllen.» (*Briefe über die Empfindungen*, JA 1, S. 87 f.) Bekanntlich hat Schiller diesen Faden aufgenommen.

STELLENKOMMENTAR

350,13 *das Hogarthsche System]* Hogarth selbst nennt seine Untersuchung nur einmal »this system of variety in forms and actions« (*Analysis of Beauty*, London 1753, S. 138: dieses System der Formen- und Handlungsvielfalt). Mylius übersetzte die Stelle mit »Lehrgebäude« (*Zergliederung*, S. 80). Möglicherweise war Lessing von der später genannten Note im ›Journal Brittanique‹ (vgl. Anm. 353,35) beeinflußt, wo ebenfalls von »Système« die Rede ist. In seinen mehrmaligen BPZ-Anzeigen des Buches (s. o.) spricht er einmal von »System«, ein anderes Mal von »Lehrgebäude«.

350,13 f. *körperliche Schönheit]* Hier wohl im Sinn von: gegenständliche Schönheit.

350,18 f. *wahrscheinlicher Weise]* Wohl eine Anzüglichkeit. Mylius, der in London in akuter Geldnot war, hat sicher primär aus ökonomischen Gründen übersetzt. Er selbst beruft sich in seiner Übersetzer-Vorrede auf das »Verlangen des Verlegers«.

350,21-28 *Der Preis ⟨...⟩ wegfallen wird]* Die in London und Hannover erschienene erste Ausgabe kostete fünf, der Nachdruck bei Voss nur einen Reichstaler.

350,30-351,1 *schlechter]* In primitiverer Ausstattung.

351,3 *die Kupfer]* Das Buch enthielt zwei Kupferstich-Tafeln.

351,6 f. *überschliffene Brille]* Anläßlich eines Räsonnements über betrügerische Kunsthändler sagt Hogarth im 11. Kapitel: »Ja, ich glaube, es giebt einige, welche noch einen starken Handel mit solchen Originalen treiben, welche durch die Länge der Zeit so verwischt und verstümmelt sind, daß es, ohne eine überschliffene Kennerbrille unmöglich seyn würde, zu sehen, ob sie jemals gut oder schlecht gewesen.« (*Zergliederung*, S. 51.) Im engl. Text heißt es: »⟨...⟩ a pair of double-ground connoisseur-spectacles« (eine doppelt geschliffene Brille, *Analysis*, S. 92).

351,14 *Flecken]* Makel, Ungeschicklichkeiten.

351,26 *avthentischen ⟨...⟩ Verfassers]* Mylius behauptet in seiner »Vorrede«, er habe seine Übersetzung mit Hogarth persönlich durchgesprochen. Sein Reisetagebuch vermerkt vier Treffen mit dem Maler vom 8. 11. bis 7. 12. 1753 (*Bernoullis Archiv* VIII, S. 114-130).

351,30 f. *eine Art ⟨...⟩ Bewegungsgrundes]* Lessing verbessert in: »eine Art des ersten Grundes der Bewegung« (S. 40). Bei Hogarth heißt es: »⟨...⟩ kind of first mover« (S. 74). Vermutlich fand Lessing die Nähe zu dem philosophischen Terminus von Gott als dem »ersten Beweggrund« anstößig.

351,35 f. *ohne ⟨...⟩ Grundschrift]* Das engl. Original lag Lessing bei seiner Überarbeitung offensichtlich nicht vor.

352,1 *eigentlichen Treue]* Das Mißtrauen Lessings galt also nicht der sachlichen Richtigkeit, sondern nur dem Stil.

352,6 *Briefen ⟨...⟩ Rouquets]* Jean Rouquet (1702-1758), franz. Maler und Kunstschriftsteller. Hier sind seine *Lettres de M*** à un de ses amis pour lui expliquer les estampes d'Hogarth* (Briefe des M*** an einen seiner Freunde, ihm die Kupferstiche Hogarths zu erklären, London, Paris 1746) gemeint, in denen drei berühmte Stich-Serien von Hogarth beschrieben und erläutert werden. Bei Mylius sind Rouquets ›Briefe‹ nur erwähnt, Lessing hat sie übersetzt und beigefügt.

352,9 f. *bloßen Überschriften]* Mylius hatte in seinen *Vorbericht* ein von Hogarth erstelltes Verzeichnis der erwerbbaren Kupferstiche aufgenommen und den engl. Titeln jeweils eine deutsche Übersetzung beigegeben. Hingegen hat er die Serien, die in Rouquets Erläuterungen als Briefüberschriften erscheinen, gar nicht genannt.

352,13 f. *Harlot's Progress]* Der erste Zyklus aus der Reihe der sog. *Modern Moral Subjects* (Sujets der gegenwärtigen Moral, 1731). »Progress« steht hier figural für Leben, Lebenslauf, Entwicklung, Fortgang. Lessing hat sich zeitgemäß, aber weniger witzig, für *Begebenheiten einer Buhlschwester* entschieden.

352,15 *proverbialischer]* Eigtl.: »sprichwörtlich«; hier eher: »ordinär«.

352,24 *Wellenlinie]* Bei Hogarth steht neben der flächigen ›Wellenlinie‹ die vermutlich noch wichtigere räumliche ›Schlangenlinie‹.

352,33 f. *bestimmt sie nicht]* Lessing irrt hier. Von den sieben Wellenlinien der Abb. 49 der ersten Tafel, auf die sich Lessing bezieht, wird eine von Hogarth konkret zur eigentlichen Schönheitslinie bestimmt: »Obgleich alle Arten von Wellenlinien, wenn sie gehörig angebracht werden, Zierde geben, so ist doch, wenn man es genau nimmt, nur eine gewisse Linie die Linie der Schönheit zu nennen, welche in der Reihe derselben Nummer 4 ist. Denn die Linien 5, 6, 7 werden, weil sie sich in ihrer Krümmung allzu sehr zusammen beugen, stark und unansehnlich groß, und hingegen 3, 2, 1 werden, weil sie gerade werden, schlecht und unansehnlich« (S. 24).

353,11 *weitläuftige ⟨...⟩ Berechnungen]* Lessings Unterstellung, Hogarth sei bei der intuitiven Bestimmung des idealen Mittelwerts einer Krümmung gescheitert, weil dafür letztlich die Mathematik zuständig sei, widerspricht im Grunde der erkenntnistheoretischen Definition von Schönheit, wie sie die Baumgarten-Schule vertrat. »Die Schönheit beruhet, nach dem Ausspruche aller Weltweisen in der undeutlichen ⟨!⟩ Vorstellung einer Vollkommenheit« (Moses Mendelssohn, *Briefe über die Empfindungen*, 1755, JA 1, S. 48). Dies gelte auch für den »Meßkünstler«: »Der tiefsinnige Mathematiker, der die verborgenste Warheiten ergrübelt, bessert seine Seele. Allein die Sinne nehmen an der Freude keinen Antheil, so lange er von Warheit zu Warheit mühsam fortschreitet. ⟨...⟩ Wenn er aber die Kette der Schlüsse, die er durchgearbeitet, auf einmal überdenkt, wenn er überschlägt, wie die Warheiten in der besten Ordnung Glied an Glied geheftet sind, wie eine aus allen und alle aus einer fliessen; welche Fülle der sinnlichen Lust muß sich alsdenn aus seinem Gehirne auf den gantzen Körper ergiessen! Seine Vorstellung wird alsdenn aufhören deutlich zu seyn; er kann unmöglich die ganze Kette auf einmal in völliger Lauterkeit übersehen. Allein die erstaunliche Mannigfaltigkeit, die sich in der schönsten Ordnung ausnimmt, bewegt alle Fasern seines Gehirns in einer holdseligen Eintracht. Sie macht das Spiel aller Nerven rege: der Mathematiker schwimmt in Wollust.« (Ebd., S. 91.)

353,14 *philosophischer Meßkünstler*] Da »Meßkunst« der im 18. Jh. übliche deutsche Begriff für Geometrie ist (Grimms DWb 6, Sp. 2137), können hier nur die Philosophen des ›mos geometricus‹ (der geometrischen Methode), also Descartes, Hobbes, Spinoza und Leibniz gemeint sein. Mit Sicherheit hat Lessing auch seinen Leipziger Lehrer Abraham Gotthelf Kästner im Sinn, der sich als Naturwissenschaftler zwischen Mathematik und Literatur bewegte. Vgl. Martin Dyck, *Lessing and Mathematics*, in: LYb 9 (1977) S. 96-117.

353,17 *punctorum flexus contrarii*] Der Punkte der Gegenbiegung; Zedler 6, Sp. 1243: »Der Punct einer krummen Linie, wo ⟨eine⟩ Wendung geschiehet, wird punctum flexus contrarii, der Wendungs-punct genennet. ⟨...⟩ Die Differential-Rechnung des von Leibnitz giebt ein vortreffliches Mittel an die Hand, die puncta flexus contrarii zu bestimmen.«

353,20 *Übereinstimmung des Mannichfaltigen]* Der Begriff der ›Vollkommenheit‹, den Lessing hier schulphilosophisch erläutert, hat nichts oder wenig mit Hogarths »zusammengesetzter Mannigfaltigkeit« (S. 3) in Form und Bewegung zu tun. Lessings Gewährsleute sind Christian Wolff und Mendelssohn. »Wolff in seinen Gedanken von Gott, der Welt und der Seele des Menschen p. 65 meynet, daß die Zusammenstimmung des mannigfaltigen die Vollkommenheit der Dinge ausmachet« (Zedler 50, Sp. 492). Mendelssohn unter Berufung auf Aristoteles: »Der weise Stagirit eignet einer jeden Schönheit bestimmte Grentzen der Grösse zu, und behauptet, daß sie diesen Namen nicht mehr verdient, wenn sie die Grentzen entweder überschreitet, oder nicht erreicht. ⟨...⟩ Die Einbildungskraft kann eine jede Schönheit zwischen die gehörigen Grentzen gleichsam einschränken indem sie die Theile des Gegenstandes so lange erweitert, oder zusammenziehet, bis wir die erforderliche Mannigfaltigkeit auf einmal fassen können.« (*Briefe über die Empfindsamkeit*, JA 1, S. 51.)

353,32 *Hr. Parent]* Antoine Parent, franz. Mathematiker. Vgl. Anm. 336,16.

353,35 *Hr. Maty]* Matthew Maty (1718-1776), engl. Arzt, Schriftsteller, Bibliothekar am Britischen Museum. Hg. des ›Journal Britannique‹ (1750-1755), das in Den Haag erschien und herausragende engl. Publikationen in franz. Sprache vorstellte. In Bd. 12 (1753) findet sich eine Besprechung der *Analysis of Beauty* mit einer Fußnote zu Parent: »Mr. Parent avoit dit à peu prés la même chose (Recherches des Phys. etc. Tom. III) dans une addition à son Mémoire sur la Nature de la Beauté Corporelle (Journ. des Sav., Nov. 1700). Si Mr. Hogarth avoit connu ce Mémoire, il auroit trouvé une Commencement de Système peu different du sien.« – »Herr Parent hat fast das Gleiche gesagt (Phys. Untersuchungen etc., Bd. 3), und zwar als Nachtrag zu seiner *Denkschrift über die Natur der Schönheit* (Journal der Gelehrten, Nov. 1700). Wenn Herr Hogarth diese Denkschrift gekannt hätte, hätte er dort einen Systemansatz gefunden, der dem seinen mehr oder minder entspricht.«

354,12 *Dürer*] Albrecht Dürer (1471-1528), dt. Maler, Stecher, Kunstschriftsteller. Hogarth bezieht sich auf sein kunsttheoretisches Hauptwerk *Vier Bücher von der menschlichen Proportion* (1728), in dem ideale Körpermaße nach dem Goldenen Schnitt konstruiert werden.

354,12 *Lamozzo*] Giovanni-Paolo Lomazzo (die falsche Lesart bereits bei Hogarth), 1538-1600, ital. Maler, nach seiner Erblindung Kunstschriftsteller. Hogarth bezieht sich auf seinen *Trattato della Pittura* (Abhandlung von der Malerei), Mailand 1584, in dem es ebenfalls um natürliche und künstliche Proportionen geht. Beide, Dürer und Lomazzo, werden von Hogarth als »Naturverbesserer« (»nature-menders«, S. 76) kritisiert.

354,24 f. *Convexitäten* 〈...〉 *Inflexionen*] Außenkrümmungen, Innenkrümmungen, Krümmungswechsel.

REZENSIONEN UND GEDICHTE AUS: BERLINISCHE PRIVILEGIERTE ZEITUNG 1755

TEXTGRUNDLAGE, ENTSTEHUNG

Für die Rezensionen des Jahrgangs 1755 gilt, was über die des Jahrgangs 1754 gesagt wurde; vgl. S. 868-875 dieses Bandes. – LM 5, S. 1-63 und LM 1, S. 148 (Neujahrsgedicht).

⟨BPZ 1. Stück, Donnerstag, den 2. Januarius 1755⟩ ⟨Der Eintritt des Jahres 1755 in Berlin⟩. – LM 1, S. 148.

359,2 *Der Eintritt ⟨...⟩ Berlin]* Titel von Lachmann. In der BPZ ohne Überschrift.

359,5 *Daß]* Korrigiert aus: Das

359,12 *Kalliope]* Griech. Muse der epischen Dichtung.

359,12 *Aganippen]* Griech. Aganippe, Musenquelle am Fuß des Dichterbergs Helikon.

359,13 *Um ihren]* Wegen ihres.

359,14 *Sanssouci]* (Franz.) »Ohne Sorgen«, Lustschloß Friedrichs II. bei Potsdam.

359,16 *erfochtnen Staaten]* Nach dem zweiten Schlesischen Krieg waren Schlesien und die Grafschaft Glatz an Preußen gefallen.

359,23 *zur Linken]* Nach röm. Aberglauben ist die linke Seite die glücksbringende.

359,25 *Adler]* Heiliger Vogel des Zeus.

360,1 f. *Bis er ⟨...⟩ verschwand]* Die Aufnahme in den Olymp, wie sie gewissen Helden (Halbgöttern) widerfuhr, ist das Zeichen der Vergöttlichung.

*⟨BPZ 1. Stück, Donnerstag, den 2. Januarius 1755⟩ Peter Hanssen, *Die Glaubenslehre der Christen, oder die einzige wahre Religion nach ihrem doppelten Endzweck ⟨...⟩ abgehandelt*, Rostock und Leipzig 1755. – LM 7, S. 1 f.

Typische Vorwort-Rezension, teilweise wörtliche Übernahme, ansonsten Paraphrase mit wörtlichen Anklängen. Vgl. Guthke, *Kartenhaus*, S. 35. Auch von der religiösen Auffassung her kaum mit Lessing vereinbar.

361,7 *Hanssen*] Der Verfasser (1686-1760) war Konsistorialrat und Superintendent in Plön.
361,9 *einige*] Einzige.

⟨BPZ 2. Stück, Sonnabend, den 4. Januarius 1755⟩ Abbé ⟨Louis⟩ Le Gendre, *Les Moeurs et Coutume des Francois, dans les premiers tems de la Monarchie ⟨...⟩ précédés des Moeurs des anciens Germains, traduits du Latin de C. Tacite, et d'une Preface, contenant quelques remarques relatives aux usages anciens ou modernes de ces deux Peuples*, Paris o. J. – LM 7, S. 2.

Stil und Argumentation verweisen auf Lessing.

362,4-8 *Les Moeurs ⟨...⟩ Peuples*] »Die Sitten und Gebräuche der Franzosen in den ersten Zeiten der Monarchie, von dem Herrn Abbé le Gendre, Domherrn von Paris. Vorangestellt die Sitten der alten Germanen, aus dem Latein des C.⟨ornelius⟩ Tacitus übersetzt, nebst einem Vorwort mit Anmerkungen zu den früheren und heutigen Sitten der beiden Völker.«
362,9 *Abts le Gendre*] Louis Le Gendre (1655-1733), Geistlicher und Historiker aus Rouen.
362,16 *Tacitus kleinem Werke*] Die sog. Germania des röm. Geschichtsschreibers Tacitus (56-120 n. Chr.), eigentlich *De origine et situ Germanorum* (Über den Ursprung und Wohnsitz

der Germanen), entstand vermutlich 98 n. Chr. und wurde, nach ihrer Wiederentdeckung in der Renaissance, zur wichtigsten Quelle für die neuzeitlichen Selbst- und Fremdbilder des deutschen Nationalcharakters. Auch der Wiederherausgeber des Werkes von Le Gendre benutzt die *Germania* zum aktuellen Nationenvergleich.

362,20 *deutschen Ursprungs]* Der alte Mythos von der germanischen Herkunft der Gallier war um 1750 durchaus nicht unumstritten; aktuell war allerdings immer noch die Kontroverse (vor allem zwischen Boulainvilliers und Dubos) über die angeblich fränkisch-germanische Herkunft der Oberschicht und galloromanische Herkunft der Unterschicht. Die Äußerung bezieht sich vermutlich auf Montesquieus *De l'esprit des lois* (Vom Geist der Gesetze), 1748, wo die alten Germanen wiederholt als »unsere Väter« bezeichnet werden (von Voltaire schneidend zurückgewiesen). Vgl. Léon Poliakov, *Der arische Mythos*, Wien 1977, Kap. 2 »Frankreich. Der Streit der zwei Rassen«.

⟨BPZ 3. Stück, Dienstag, den 7. Januarius 1755⟩ Christoph August Lobeken, *Versuch eines vernunftmäßigen Beweises von der Göttlichkeit der Religion Jesu*, Leipzig 1755. – LM 7, S. 3.

Stil und Argumentation verweisen auf Lessing.

363,22 *betriegen wollen]* Zweifellos Anspielung auf das Skandalon des Buches *De imposturis religionum* (Von den Betrügereien der Religionen), bekannter unter dem Titel *De tribus impostoribus* (Von den drei Betrügern), erschienen ca. 1688. Der Neuherausgeber (Winfried Schröder, Stuttgart–Bad Cannstatt 1999) hat das anonym erschienene Buch Johann Joachim Müller (1661-1733) zugeschrieben.

363,26 *anständig]* Im Sinn von: angemessen.

⟨BPZ 4. Stück, Donnerstag, den 9. Januarius 1755⟩ ⟨Justus Friedrich Wilhelm Zachariä,⟩ *Gedicht dem Gedächtnisse des Herrn von Hagedorn gewidmet*, Braunschweig o. J.

Der Rezensent interessiert sich weniger für den Hagedorn-Nachruf als für die darin enthaltenen Schmähungen Gottscheds. Die Zuschreibung an Lessing ist zwingend.

363,34 *Zachariä*] Zachariä (1726-1777) war zunächst Gottsched-Anhänger, gehörte dann aber zu den sog. Bremer Beiträgern, die seit 1744 in ihrer Sezessionszeitschrift ›Neue Beyträge zum Vergnügen des Verstandes und Witzes‹ ihre Emanzipation von Gottsched betrieben. Als Prof. der Dichtkunst am Braunschweiger Collegium Carolinum (seit 1761) zählte Zachariä zu Lessings späterem Freundeskreis.

364,2 f. *scherzhaften Epopeen*] Zachariä wurde durch seine komischen Heldengedichte nach engl. Vorbild bekannt, die 1754 in einer ersten Sammelausgabe erschienen.

364,7 *unsterblichen Dichters*] Friedrich von Hagedorn (1708-1754) galt durch seine anakreontischen Gedichte und versifizierten Fabeln in der Manier La Fontaines als wegweisend in seiner Zeit. Verbindungen zum Leipziger Freundeskreis der ›Bremer Beiträger‹. Das Gedicht Zachariäs entstand anläßlich seines Todes am 28. 10. 1754.

364,14 *geheimern*] Hier: privaten.

364,23 *Gottlieb Fuchs*] Theologe (1720-1799), galt in seiner Leipziger Studienzeit als dichterische Begabung. Zunächst Parteigänger Gottscheds, der ihn finanziell förderte, später auf der Seite seiner Gegner.

364,27 f. *einem unserer größten Dunse*] Nach englisch dunce »Dummkopf«. Die Eindeutschung des Worts geht auf Alexander Popes komisches Heldengedicht *The Dunciad in Four Books* (Die Dunciade in vier Büchern), 1728-43, und deren Übersetzung durch Johann Jakob Bodmer, Zürich 1747, zurück. Popes Grotesk-Satire, aus dem Geist des Dubliner ›Scriblerus Club‹ hervorgegangen, enthält eine massive Abrechnung mit dem Geist der ›Grub Street‹ als Inbegriff einer dummen, leeren und den nationalen Geschmack verderbenden Literatur. In den späteren Fassungen werden die Gegner mit vollem Namen genannt. – Hier, bei Wieland und Lessing, ist Gottsched allein gemeint. Vgl. das von Lessing im folgenden »5. Stück« eingerückte Gedicht und seine Rezension von Wielands *Ankündigung einer Dunciade für die Deutschen* im 123. Stück des Jahrgangs (S. 428).

365,10 *Collegio Carolino]* »Karlsschule«, bekanntes Gymnasium, begründet (1745) und geleitet von Johann Friedrich Wilhelm Jerusalem (1709-1789), Abt zu Braunschweig und Vater des durch seinen Wetzlarer Freitod (1772) als Werther-›Vorbild‹ bekannt gewordenen Karl Wilhelm Jerusalem. Lessing, der den Vater als aufklärerischen Theologen schätzte, war mit dem Sohn in der frühesten Wolfenbütteler Zeit eng befreundet und gab, im Sinn einer ›Rettung‹, 1776 dessen *Philosophische Aufsätze* heraus. Vgl. Bd. VIII dieser Ausgabe, S. 135-170 und 875-885.

⟨BPZ 5. Stück, Sonnabend, den 11. Januarius 1755⟩ ⟨Gotthold Ephraim Lessing,⟩ *Antwort auf die Frage: wer ist der große Duns?* – LM 7, S. 5.

Eingerücktes Gedicht, das sich auf die vorangehende Rezension bezieht.

365,20 *— —]* Leipzig.
365,23 *S***]* Schönaich.
365,24 *Philip Zesen]* Der dt. Barockdichter Philipp (Filip) von Zesen (1619-1664), Begründer der »Teutschgesinnten Genossenschaft« in Hamburg, war als eigenwilliger Orthograph und Sprachreiniger verrufen. Er wollte selbst Wörter wie Fenster (Tagleuchter) und Kloster (Jungfernzwinger) eindeutschen.
365,30 *freundlichs Weib]* Gottscheds erste Ehefrau Luise Adelgunde Victorie, geb. Kulmus (1713-1762), eine begabte Dramatikerin und Übersetzerin.

⟨BPZ 9. Stück, Dienstag, den 21. Januarius 1755⟩ ⟨Johann Peter Uz,⟩ *Lyrische und andere Gedichte*, Anspach 1755. – LM 7, S. 5 f.

Die Verfasserschaft Lessings dürfte unzweifelhaft sein, um so mehr als zwischen den Zeilen seine Auseinandersetzung mit dem Horaz-Übersetzer Samuel Gotthold Lange durchscheint.

366,10 *erste Ausgabe*] Berlin 1749. Vgl. Lessings Anzeige im Jahrgang 1749 der BPZ (Bd. I dieser Ausgabe, S. 694 f.).

366,13 *Utz*] Richtig: Uz (1720-1796), Justizbeamter in Ansbach und Nürnberg, anakreontischer Dichter, Übersetzer von Anakreon (gemeinsam mit Johann Nikolaus Götz) und Horaz.

366,14-17 *wahren Schüler ⟨...⟩ abzustehlen*] Der »wahre« Horaz-Adept Uz wird hier offensichtlich stillschweigend gegen den »falschen« Samuel Gotthold Lange ausgespielt.

366,16 *eine Gedanke*] Lessing gebraucht ›Gedanke‹ sowohl mit männlichem wie weiblichem Geschlecht.

366,26 *Prädilection*] (Lat.-franz.) Vorliebe.

366,29 *erhabensten Inhalte*] Neben den Themen der Anakreontik (Wein, Liebe, Geselligkeit) hat Uz mit zunehmendem Alter das philosophische Lehrgedicht gepflegt.

366,30 f. *Theodicee*] Rechtfertigung Gottes gegen den Vorwurf, daß er, als Schöpfer der besten aller möglichen Welten, das Böse in dieser zugelassen habe. Grundlegende Schrift von Leibniz: *Essais de Théodicée sur la Bonté de Dieu, la Liberté de l'Homme et l'Origine du Mal* (in Leibniz' eigener Übersetzung: *Versuch einer Theodicaea oder Gottrechts-Lehre von der Güthigkeit Gottes, Freyheit des Menschen und Ursprung des Bösen*), 1710. Uz schreibt in seinem Gedicht (S. 157-164 der rezensierten Ausgabe):

Ich will die Spötter niederschlagen,
Die vor dem Unverstand, o Schöpfer! Dich verklagen:
Die Welt verkündige der höhern Weisheit Ruhm!
Es öffnet Leibnitz mir des Schicksals Heiligthum.

366,33 *einerlei Fluge*] Gleichem Höhenflug. – Die Ode fordert herkömmlicherweise vom Dichter das erhabene Thema und den stilistischen Höhenflug. Über seine eigenen Oden-Versuche schrieb Lessing in der Vorrede zum ersten und zweiten Teil seiner *Schriften* (1753): »ich kenne die Muster in dieser Art ⟨gemeint: Pindar und Horaz⟩ gar zu gut, als daß ich nicht einsehen sollte, wie tief mein Flug unter dem ihrigen ist.« (Vgl. Bd. II dieser Ausgabe, S. 603.)

367,1 *schmutzigen Bildern*] Horaz unterliegt seit je der Doppelbewertung als moralisch-begeisterter und als unzüchtiger Dichter. Letztere beruht auf schon aus der Antike tradierten Gerüchten über seine Lebensführung (vgl. Lessings *Rettungen des Horaz*, S. 158-197 dieses Bandes), sowie auf anstößigen Stellen in seinen Gedichten (z. B. *Carmina* IV 1).

367,5 *Sieg des Liebesgottes*] Separat erschienen unter dem Titel *Sieg des Liebesgottes. Eine Nachahmung des Popischen Lockenraubes*, Stralsund, Greifswald und Leipzig 1753. Vgl. die Rezension Lessings im Jahrgang 1753 der BPZ (Bd. II dieser Ausgabe, S. 483 f.).

367,8 *der vierte*] Der Brief handelt von den literarischen Auseinandersetzungen der Zeit und wendet sich gegen die Verabsolutierung Miltons. Im 7. ›Literaturbrief‹ (Bd. IV dieser Ausgabe, S. 469) hat Lessing diesen Brief gegen die unfairen Angriffe Wielands in Schutz genommen.

⟨BPZ 12. Stück, Dienstag, den 28. Januarius 1755⟩ Johann Jakob Dusch, *Vermischte Werke in verschiedenen Arten der Dichtkunst*, Jena 1754. – LM 7, S. 6 f.

Zuschreibung an Lessing möglich, aber nicht zwingend.

367,15 *Herr Dusch*] Dichter und Übersetzer (1725-1787), Prof. der engl. und dt. Sprache, Philosophie und Mathematik; königl. dän. Justizrat. Vgl. Lessings Urteil über ihn im 2., 41. und 77. ›Literaturbrief‹ (Bd. IV dieser Ausgabe, S. 457 ff., 561 ff. und 683 ff.).

367,17 f. *Er behält 〈...〉 noch den Reim bei*] In den 40er Jahren des 18. Jhs. setzte in Deutschland eine breite Bewegung gegen die Reimpoesie ein, die dem Formprinzip angeblich zu viel, dem Gedanken zu wenig Kredit einräume. Den praktischen Anfang machten Pyra und Lange mit ihrer fast völlig reimlosen Gedichtsammlung *Thyrsis und Damons freundschaftliche Lieder* (1745). Es folgten die Anakreontiker mit Gleim und Uz an der Spitze, sowie wenig später Klopstock mit seinem reimlosen Hexameter-Epos *Der Messias*. – Einen prominenten Theoretiker fand die Antireim-Bewegung in dem Philosophen und Baumgarten-Schüler Meier, in: *Samuel Gotthold Langens Horatzische Oden nebst Georg Friedrich Meiers Vorrede vom Werthe der Reime*, Halle 1747.

367,31 *Toppe*] Eindeutschung von franz. toupet »falsches Haarteil«. Vgl. Grimms DWb 21, Sp. 872.

368,7 *Du, singe 〈...〉*] Das Gedichtzitat weist, wie häufig in den Rezensionen zu beobachten, mehrere (unbedeutende) Abweichungen vom Originaldruck auf.

〈BPZ 13. Stück, Donnerstag, den 30. Januarius 1755〉 〈Anonymus,〉 *Begebenheiten eines sich selbst Unbekannten. Aus dem Englischen übersetzt*, Frankfurt und Leipzig 1755. – LM 7, S. 8.

Lustlos geschrieben, aber im Tenor der Kritik auf Lessing verweisend.

369,20 *Buhlschwestern*] Dirnen.

369,23 *Schund*] Urspr.: Abfall bei der Beseitigung der Tierkadaver (Schinden), nämlich das von den Tierhäuten abgeschabte Fleisch; dann generell für Unrat und wertloses Zeug. Die metaphorische Übertragung auf wertlose Literatur scheint hier erstmals belegt. Vgl. Grimms DWb 15, Sp. 2001.

⟨BPZ 16. Stück, Donnerstag, den 6. Februarius 1755⟩
Joh.⟨ann⟩ Balth.⟨asar⟩ Lüderwaldt, *Ausführliche Untersuchung von der Berufung und Seeligkeit der Heiden*, Wolfenbüttel 1754. – LM 7, S. 8 f.

Inhaltsverzeichnis-Rezension. Für eine Zuschreibung an Lessing spricht der Gegenstand und die Formulierung der Eingangspassage.

369,31 *Naturalisten*] Ursprünglich Bezeichnung für die naturforschenden Gelehrten. Seit dem späten 17. Jh. werden die Vertreter des theologischen ›Naturalismus‹ so genannt, einer Glaubensrichtung, die das Verhältnis des Menschen zu Gott aus der Schöpfung und ihrer Vernunft ableitet, nicht hingegen aus der biblischen Offenbarung. Nähe zum Deismus und zur Physikotheologie. Später eingehend in den Begriff der ›natürlichen Religion‹.

369,34 *Seeligkeit der Heiden*] Die biblische Frage nach der Heilserwartung der Heiden (Heiden-Heiland, Missionsauftrag) konkretisierte sich in der Frühaufklärung zur Annahme, daß die Ethik bestimmter nichtchristlicher Religionen der der christlichen vergleichbar oder sogar überlegen sei.

369,36 *Lüderwaldt*] Brandenburgischer Theologe und Superintendent (1722-1796).

370,11 f. *Berufung*] Hier nicht im Sinn einer kirchlichen Amtseinsetzung, sondern einer individuellen Gnadenwahl zur Gotteserkenntnis.

⟨BPZ 22. Stück, Donnerstag, den 20. Februarius 1755⟩ ⟨Philipp Ernst Bertram,⟩ *Briefe. Zweiter Teil*, Gotha 1755. – LM 7, S. 9 f.

Lessing als Verfasser möglich, nicht zwingend.

370,28 *Zweiter Teil*] Im Original: Zweeter. Der erste Teil Gotha 1753, der dritte 1755.

370,30 *Ihr Verfasser*] Bertram (1726-1777) war zunächst Hofmeister in Weimar, dann Prof. der Jurisprudenz in Halle. Übersetzte 1751 Charles Batteux' berühmtes Werk *Les Beaux-Arts réduits à un même principe* (Die schönen Künste aus einem Grund hergeleitet), franz. 1746, und 1752-1754 Nicolas Lenglet-Dufresnoys *Méthode pour étudier l'histoire* (Methode des Geschichtsstudiums), franz. 1714.

370,33 f. *rein, aber nicht epistolarisch*] Schwer zu deuten. Im damals modernen Sinn würde es heißen: rein, aber nicht persönlich-privat; im konventionellen Sinn: rein, aber nicht formalistisch.

371,5 *Amilec*] Tiphaigne de la Roche, *Amilec ou la Graine d'Hommes* (A. oder der Same der Menschen), 1754. Vgl. Lessings Rezension S. 70 dieses Bandes.

371,5 f. *Holbergische ⟨...⟩ Reisebeschreibung*] Ludvig Holberg, *Nicolai Klimii iter subterraneum novam telluris theoriam ac historiam quintae monachiae adhuc nobis incognitae* (Nicolai Klims Unterirdische Reise worinnen eine ganz neue Erdbeschreibung wie auch eine umständliche Nachricht von der fünften Monarchie, die uns bishero ganz und gar unbekannt gewesen, enthalten ist), Kopenhagen und Leipzig 1741. – Utopisch-satirischer Staatsroman in der Nachfolge von Swifts *Gullivers Reisen*, dessen Kritik auf den dän. König und die pietistische Bigotterie einflußreicher Kopenhagener Kreise zielte.

371,9-11 *Holberg ⟨...⟩ einerlei?*] Der Rezensent wehrt sich mit seiner staatlichen und kulturellen Trennung der Länder offensichtlich gegen Spekulationen über die Kultureinheit Deutschlands und Skandinaviens, wie sie im Zuge eines neuen ethnologischen Denkens gerade Mode wurden (und im übrigen auch die Schweiz und England in ihr Kalkül einbezogen). – Holberg war 1754 gestorben.

⟨BPZ 23. Stück, Sonnabend, den 22. Februarius 1755⟩
⟨Christoph Otto Freiherr von Schönaich,⟩ *Versuche in der tragischen Dichtkunst, bestehend aus vier Trauerspielen*, Breslau 1754. – LM 7, S. 10f.

Lessings Kampf gegen die literarische Interessengemeinschaft Gottsched-Schönaich setzt sich in der Rezension ungemindert fort. Die Zuschreibung an ihn ist zwingend.

371,17 *von Schönaich]* Zur Person vgl. Anm. 67,14 in diesem Band.

371,17 *Scribent des Hermanns]* Schönaichs Heldenepos in gereimten trochäischen Tetrametern *Hermann, oder das befreyte Deutschland, ein Heldengedicht. Mit einer Vorrede ans Licht gestellet von Joh.⟨ann⟩ Chr.⟨istoph⟩ Gottscheden*, Leipzig 1751. – Das Erscheinen des hölzern-klassizistischen Epos unter Gottscheds Triumphgeschrei war für die von Bodmer angeführte Gegenpartei (u.a. Wieland, Gleim, Mylius, Lessing) Anlaß, den alten Streit zwischen Leipziger und Züricher Kunstauffassung neu aufflackern zu lassen. Lessing hat sich an der Verhöhnung der Schönaichschen ›Hermanniade‹ nur mit einem Epigramm *Auf den Heldendichter des Hermanns* beteiligt (Bd. II dieser Ausgabe, S. 477). Darin wünscht er sich von dem vermeintlichen Meisterdichter ein Trauerspiel über das Phaeton-Motiv. (Phaeton stürzt bekanntlich mit dem geliehenen Sonnenwagen ab.)

371,25 *die mechanischen Regeln]* Gemeint ist die präskriptive ›Regelmäßigkeit‹ im Sinne Gottscheds, die ihre idealen Gattungskonzepte aus den kanonischen Mustern vor allem der antiken Dichtung ableitet.

371,28 *billig]* Gerecht.

371,29 *seines Lehrmeisters]* Gottscheds.

371,30f. *Anmerkung eines französischen Kunstrichters]* Vermutlich Anspielung auf Jean-Baptiste Dubos, der das eigentlich Spezifische der Kunst in der Erregung von Emotionen und nicht mehr in der Regelkonformität erkannt wissen wollte. Z. B.: »Nun interessiert uns ein Gedicht mehr oder weniger, nachdem die Poesie des Styles mehr oder weniger reizend ist. Dieses ist die Ursache, warum man rührende Gedichte allzeit regelmäßigen Gedichten vorzieht.« (*Réflexions critiques sur la poésie et la peinture*, 1719.) Zitat nach der dt. Übersetzung von G. B. Funck: *Kritische Betrachtungen über die Poesie und Mahlerey*, 3 Bde., Kopenhagen 1760/61, hier: Bd. 1, S. 275.

372,4 f. *so kriechend, so pöbelhaft, so ekel]* Lessing fordert hier von Schönaich die aristokratischen Stilnormen des franz. und Gottschedischen Klassizismus ein (bienséance, Anstand, Dezenz), die dieser offensichtlich nicht mehr zu erfüllen in der Lage ist.

372,15 *Schlappen]* Niederlagen.

⟨BPZ 24. Stück, Dienstag, den 25. Februarius 1755⟩ ⟨Claude-Prosper Jolyot⟩ de Crebillon F.⟨ils,⟩ *Les heureux Orphelins, Histoire imitée de l'Anglois*, Brüssel 1755. – LM 7, S. 11 f.

Die Rezension scheint typisch für Lessings skeptische Einstellung zum Roman. Seine Verfasserschaft ist wahrscheinlich.

372,21 *Les heureux ⟨...⟩ l'Anglois]* »Die glücklichen Waisenkinder, eine Geschichte nach englischem Vorbild.«

372,24 *The Fortunate Foundlings]* Guthke (in: G 1, S. 732) vermutet als Verfasserin Eliza Haywood (1744).

372,32 *das englische Genie]* Im Sinn von: kulturnationaler Eigenart. Innerhalb der Nationalgeistdiskussion des 18. Jhs. hatte der Kulturgegensatz zwischen England und Frankreich paradigmatische Bedeutung. Länder wie Italien, Deutschland, Spanien, die Niederlande oder die Schweiz bilden in diesem Zusammenhang eine sekundäre und komplementäre Reihe. Obwohl Lessing der kulturethnologischen Vergleichsmanie seiner Zeit mit Skepsis gegenüberstand, ist auch sein Denken nicht unbeträchtlich von den neuen Klischeebildungen geprägt. In einer späteren Romanrezension (S. 408 dieses Bandes) generalisiert er gleichsam nach nationalen Manieren: »Der ›Humor‹ wird auch in den schlechtesten englischen Büchern dieser Art nicht ganz und gar fehlen; eben so wenig, als man eine dergleichen französische Scharteke finden wird, die gänzlich ohne ›gout‹ geschrieben wäre. Allein sollten wir nicht die Scribenten aus beiden Nationen mit Verachtung ansehen, die weiter nichts, als ›Humor‹, oder weiter nichts als ›Gout‹ haben?«

372,35 *crebillonisiert*] Crebillon der Jüngere (1707-1777) betrieb mit Hilfe einer subtilen analytischen Psychologie die Kritik der Selbstgefälligkeit und Genußsucht der franz. Aristokratie seiner Zeit.

372,36 *Egaremens*] »Die Irrwege des Herzens und des Verstandes oder die Memoiren des Herrn von Meilcour«, Roman von Crebillon Fils (1736-1738).

373,1 *Briefe der Ninon*] Anne (genannt Ninon) de Lenclos (1620-1705) führte einen der einflußreichsten Salons im Paris des 17. Jhs. Die ihr zugeschriebenen Memoiren und zahlreichen Briefe sind in der Regel nicht authentisch. So auch die *Lettres de Ninon de Lenclos au Marquis de Sévigné* (Briefe der Ninon de Lenclos an den Marquis von Sévigné), 1750. Die dt. Übersetzung von 1751 hat Lessing in der BPZ rezensiert (Bd. II dieser Ausgabe, S. 84).

373,2 *sophistisch metaphysischen Zergliederungen*] Als ›Zergliederung‹ einer Sache in ihre Einzelteile (und anschließende Rekonstruktion) definierte sich das verstandeskritische Denken der (Früh)Aufklärung; mit sophistisch und metaphysisch ist zweifellos ein dialektischer und spekulativer Überschuß gemeint. – Lessing begab sich allerdings ein paar Wochen später mit seiner *Miß Sara Sampson* auf ein ähnliches Terrain.

⟨BPZ 25. Stück, Donnerstag, den 27. Februarius 1755⟩ ⟨André-Pierre Le Guay⟩ de Prémontval, *Du Hazard sous l'Empire de la Providence, pour servir contre la Doctrine du Fatalisme moderne* (Über den Zufall unter der Herrschaft der Vorsehung, als Vorbeugung gegen die moderne Lehre vom Fatalismus), Berlin 1755. – LM 7, S. 12 f.

Verfasserschaft Lessings unterliegt keinen Zweifeln.

373,22 *Prémontval]* Zur Person s. Anm. 37,11 dieses Bandes.

373,25 *wider die Freiheit]* Prémontvals Schrift *Pensées sur la Liberté* (Gedanken über die Freiheit), 1750. Lessing rezensierte die Ausgabe von 1754 in der BPZ (S. 37 f. dieses Bandes). Zu Mendelssohns Auseinandersetzung mit Prémontvals *Gedanken* vgl. die folgende Rezension.

373,34 *Lehre vom Ohngefehr]* Ungefähr; im 18. Jh. philosophisches Synonym für ›Zufall‹. Adelung: »dasjenige unbekannte Wesen, von welchem nach der Philosophie des großen Haufens die zufälligen Begebenheiten, d. i. die deren Ursachen uns unbekannt sind, abhängen sollen, und welches auch wohl der blinde Zufall, das Schicksal genannt wird« (*Grammatisch-kritisches Wörterbuch der hochdeutschen Mundart*, Leipzig 1774-86).

374,12 *Protestations ⟨...⟩ philosophiques] Vues philosophiques, ou protestations et déclarations sur les principaux objets de connaissances humaines*, 1757 (Philosophische Ansichten, oder Einsprüche und Erklärungen zu den Hauptfragen menschlicher Erkenntnis).

374,14 *Leibnitzische Philosophie]* Leibniz hatte die Existenz des reinen Zufalls bestritten. In den *Betrachtungen über das von Herrn Hobbes veröffentlichte englische Werk über Freiheit, Notwendigkeit und Zufall* (Anhang zur *Theodicee*, 1710) heißt es: »Er ⟨Hobbes⟩ zeigt sehr gut, daß es nicht aus reinem Zufall Geschehendes gibt, oder daß vielmehr der Zufall nur unsere Unwissenheit über die Wirkung erzeugenden Ursachen bezeichnet, und daß es zum Zustandekommen eines jeden Effektes aller dem Geschehen voraufgehenden zureichenden Bedingungen bedarf, von denen augenscheinlich keine fehlen darf, wenn das Ereignis erfolgen soll, weil es Bedingungen sind; und daß das Ereignis erfolgen muß, wenn sie sich alle zusammenfinden, weil es zureichende Bedingungen sind. Das kommt auf jenen Satz hinaus, den ich so oft eingeschärft habe, daß alles aus zureichenden Gründen geschieht, aus deren Erkenntnis wir, wenn wir sie besäßen, gleichzeitig erkennen würden, warum die Sache eingetreten und warum sie nicht anders ausgelaufen ist.« (Gottfried Wilhelm Leibniz, *Die Theodizee*, dt. Übersetzung, Hamburg 1968, S. 427 f.)

⟨BPZ 26. Stück, Sonnabend, den 1. März 1755⟩ ⟨Moses Mendelssohn,⟩ *Philosophische Gespräche*, Berlin 1755. – LM 7, S. 13 f.

Verfasserschaft Lessings steht außer Frage.

374,31 *Philosophische Gespräche*] Das »kleine Werk«, Mendelssohns erste deutsche Publikation, ist zweifellos aus den Diskussionen hervorgegangen, die Lessing und er seit ihrem Kennenlernen im Jahr 1754 regelmäßig führten. Als literarisches Vorbild dienten ihm die unsystematischen Dialog-Traktate von Shaftesbury, die er ebenfalls durch die Vermittlung Lessings kennengelernt hatte. Ob das Manuskript, das Mendelssohn dem Freund zur Prüfung übergeben hatte, von Lessing tatsächlich – wie von Joseph Mendelssohn später berichtet – ganz ohne dessen Wissen publiziert worden ist, sei dahingestellt. Alexander Altmann (*Moses Mendelssohn. A Biographical Study*, London 1973, S. 38) geht davon aus, daß der Verfasser zumindest Korrektur gelesen hat, um so mehr, als von einer stilistischen Überarbeitung Lessings auszugehen ist.

375,3 f. *vorherbestimmten Harmonie*] Nach Leibnizens

Theorie von der »prästabilierten Harmonie« (1695) besteht eine genaue Korrelation zwischen den Tätigkeiten der Seele und den Bewegungen des Körpers, allerdings nicht willentlich oder ursächlich, sondern nach dem Prinzip zweier voneinander unabhängiger Uhren, deren Gleichlauf von Gott als dem höchsten Uhrmacher eingestellt worden ist.

375,7 f. *Spinosa ⟨...⟩ in seiner Sittenlehre]* Baruch (Benedictus) de Spinoza (1632-1677), *Ethica ordine geometrico demonstrata* (Ethik, nach der geometrischen Methode dargestellt), 1677, dt. erstmals 1744.

375,17 f. *Was fehlt ⟨...⟩ als der Name?]* Lessing hat diese entschiedene Zustimmung später zurückgenommen oder zumindest relativiert. Brief vom 17. 4. 1763 an Mendelssohn: »Ich muß Ihnen gestehen, daß ich mit Ihrem ersten Gespräche ⟨s. o.⟩ seit einiger Zeit nicht mehr so recht zufrieden bin. Ich glaube, Sie waren damals, als Sie es schrieben, auch ein kleiner Sophist, und ich muß mich wundern, daß sich noch niemand Leibnitzens gegen Sie angenommen hat.« (Bd. XI/1 dieser Ausgabe, S. 385.)

375,23 f. *mit seinem Schaden]* Spinoza wurde im Alter von 24 Jahren wegen seiner religiösen Dissidenz aus der jüdischen Gemeinschaft ausgestoßen und bald darauf mit dem ›Cherem‹ (dem großen Bann) belegt. Von da an verdiente er seinen Lebensunterhalt mit dem Schleifen von Linsen.

376,4 *wider ⟨...⟩ Premontval]* Vgl. Lessings Rezensionen S. 37 f. und 373 f. dieses Bandes.

376,6 *Satz des nicht zu Unterscheidenden]* Leibnizens ›principium identitatis indiscernibilium‹ findet sich u. a. im Briefwechsel mit Clarke (4. und 5. Brief) erklärt. Vgl. *Die philosophischen Schriften*, ed. C. J. Gerhardt, Bd. 7, Berlin 1890.

376,10 f. *notwendigen und zufälligen Wahrheiten]* Nach Leibniz gibt es zufällige oder tatsächliche Wahrheiten, die nur durch Induktion erfaßt werden und deshalb stets nur eine relative Allgemeinheit gewinnen können. Diese tatsächlichen Wahrheiten (verités de faits) unterscheiden sich grundsätzlich von den notwendigen und ewigen Vernunftwahrheiten (verités de raison).

⟨BPZ 28. Stück, Donnerstag, den 6. März 1755⟩ ⟨Claude-François-Felix Boulenger de Rivery,⟩ *Fables et Contes* (Fabeln und Erzählungen), Paris 1754. – LM 7, S. 14 f.

Gegen eine Zuschreibung an Lessing erheben sich keine ernsthaften Widersprüche.

376,19 *Aufschrift]* Eigentlich Inschrift, Epigramm. Hier vermutlich: Titel.

376,20 *Witzes]* Einfallskraft.

376,23 *Rivery]* Franz. Schriftsteller (1725-1758), verfaßte u. a. eine *Apologie de l'Esprit des Lois, ou Réponse aux observations de M*** de L*** P**** (Verteidigung des Geists der Gesetze, oder Antwort auf die Beobachtungen des M.⟨onsieur⟩ de L. P.), Amsterdam 1751, und eine Verskomödie in einem Akt *Momus philosophe* (Momus als Philosoph), Amsterdam 1750.

376,27 *Gellert]* Christian Fürchtegott Gellert (1715-1769), *Fabeln und Erzählungen*, 3 Teile, Leipzig 1746-54. Gellert orientierte sich nach Stil und Belehrungsabsicht an den berühmten Fabeln des La Fontaine (1668-1678) und hatte damit in Deutschland einen ähnlich großen Erfolg.

377,13 *Bouhours]* Zu seiner Person und Frage vgl. Anm. 83,27 f.

377,23 *Günther ⟨...⟩ Rabner]* Vier wichtige Vertreter der zwischen 1695 und 1714 geborenen Dichtergeneration in Deutschland (es fehlt z. B. Gottsched). – *Rabner* richtig: Rabener.

377,26-28 *Schlegels ⟨...⟩ Wielande]* Mit Ausnahme von Johann Jakob Bodmer Vertreter der Lessing-Generation, also der nach 1720 Geborenen.

⟨BPZ 29. Stück, Sonnabend, den 8. März 1755⟩ ⟨Anonymus,⟩ *Wohlmeinender Unterricht für alle diejenigen, welche Zeitungen lesen*, Leipzig 1755. – LM 7, S. 16 f.

Die Formulierung »unsere Zeitung« legt die Zuschreibung an Lessing als Ressort-Redakteur nahe.

378,9 f. *halb ein neuaufgewärmtes*] In der »Vorrede« heißt es: »Den ersten Entwurf, dem man bei dieser Arbeit gefolget ist, hat man aus einem Buche genommen, das vor mehr als dreißig Jahren gedruckt gewesen. Allein, man hat dem Verfasser desselben nur die ersten Begriffe und die Ordnung zu danken, nach welcher der gegenwärtige Unterricht aufgesetzet worden.«

379,1 f. *Genealogie*] Geschlechter-, Familien- und Stammbaumkunde.

379,10 f. *unsere Zeitung nicht ⟨...⟩ obenan*] Lessing bezieht sich offensichtlich mit doppeltem Mißbehagen auf folgende Passage: »Berlin hat zweierlei Zeitungen. Eines sind die Haude- und Spenerschen, und die anderen die Vossischen. Wer die vielen Beförderungen am Berliner Hofe, und unter den preußischen Armeen vom größten bis zum geringsten wissen will, der muß den ersten Artikel allemal fleißig durchlesen.« (S. 265.)

⟨BPZ 36. Stück, Dienstag, den 25. März 1755⟩ J.⟨ohann⟩ G.⟨eorg⟩ S.⟨ulzer⟩, *Gedanken von dem vorzüglichen Wert der Epischen Gedichte des Herrn Bodmer*, Berlin 1754. – LM 7, S. 17 f.

Die subtile Mischung aus Hochachtung und Ironie scheint auf Lessing zu weisen.

379,17 *Bodmers*] Johann Jakob Bodmer (1698-1783), Zürcher Literaturtheoretiker und Schriftsteller, berühmt und einflußreich durch seine Fehde mit Gottsched. Großer Verehrer Miltons, dessen *Paradise Lost* er übersetzte (1732), und des jungen Klopstock, von dessen ersten *Messias*-Gesängen er sich zu einer Reihe eigener Hexameter-Epen anregen ließ. Sie waren, von zwei Ausnahmen abgesehen, biblischen Inhalts und erschienen zwischen 1751 und 1755 (*Jacob und Joseph,* 1751; *Jacob und Rachel,* 1752; *Der Noah,* 1752; *Joseph und Zulika,* 1753; *Dina und Sichem,* 1753; *Die Syndflut,* 1753; *Die gefallene Zylla,* 1755). Bodmers eigenartige Epenauffassung löste eine heftige Diskussion um die formalen Lizenzen des Versepos aus, an der Sulzer, wie der Rezensent erstaunt anmerkt, gerade nicht teilnimmt. Vgl. Dieter Martin, *Das deutsche Versepos im 18. Jahrhundert. Studien und kommentierte Gattungsbibliographie,* Berlin 1993.

379,24 *der Verfasser*] Johann Georg Sulzer (1720-1779), der als gebürtiger Schweizer bei Bodmer und Breitinger in Zürich studiert hatte, wurde 1747 Prof. der Mathematik am Joachimsthalschen Gymnasium in Berlin, drei Jahre später Mitglied der dortigen königlichen Akademie der Wissenschaften. Berühmt wurde er durch seine *Allgemeine Theorie der schönen Künste* (1771-74). – Lessing hat in den Berliner Jahren, zum Ärger Sulzers, Abstand zu ihm gehalten.

379,26 *Die Kunst ⟨...⟩ bei Seite gesetzt*] Sulzer schreibt: »Meiner Ansicht nach ist nichts so groß, als was die Religion und Rechtschaffenheit des Herzens unter den Menschen befördert, und ich bin sehr zuversichtlich, daß mich niemand hierin eines Irrthums überführen wird. Ich finde aber die erwähnten Gedichte zur Ausbreitung dieses *Grossen* so ausnehmend bequäm, daß ich nicht länger davon stillschweigen kann; ⟨...⟩ Ich verlange aber hiemit gar nicht den Kunstrichtern in ihr Amt zu fallen. Denen überlasse ich es, die Gedichte meines fürtrefflichen Sängers kunstmäßig zu beurtheilen. Ich sehe den Noah, den Jacob und andere Helden meines Dichters nicht als theatralische Personen an, die in abgemessnen Füssen und wollautenden Worten sprechen, oder mich zur Bewunderung ihrer Kunst zwingen. Sie sind mir Prediger der Gottesfurcht und Rechtschaffenheit, erhabene Muster aller Tugenden, Exempel der Menschen. Ich nehme mich also nicht der Poesie, sondern der Menschlichkeit an, die hiebey intressiert ist.« (S. 5 f.)

379,34 *Homer und Vergil*] Sulzer schreibt: »Homer und Vergil haben offenbar keine höhere Absicht gehabt, als die bürgerlichen Sitten zu bessern, die politischen Tugenden auszubreiten, Künste und Wissenschaften beliebt zu machen. ⟨...⟩ Mit einem Wort alles zu sagen, ihre Moral ist eine bürgerliche Moral, die auf die äusserliche Ruhe und Wohlfahrt eines Staates abzielt. Von einer höhern Moral und Religion, deren Würkung sich auf die innere Besserung des Menschen und auf sein Schicksal jenseits des Lebens erstreckt, findet man kaum wenige Spuhren, bey diesen Dichtern.« (S. 13 f.)

380,11 *die nicht*] Von LM berichtigt aus: die man nicht

380,21 *die ganze Wissenschaft*] Sulzer: »Indessen gestehe ich doch, daß Bodmer mir auch seiner Wissenschaft halber zur Bewunderung geworden ist. Es scheinet ihm von dem, was der ganze Umfang der Wissenschaften merkwürdiges in sich faßt, nichts entgangen zu seyn. Bald zeiget er sich als einen scharfsinnigen Naturforscher, dem die neusten Entdeckungen nicht nur bekannt, sondern gleichsam eigen sind; bald als einen erfahrnen Sternkündiger; bald als einen tiefsinnigen Messer, oder einen verständigen Baumeister; bald aber als einen erhabenen Weltweisen. Wer seine Gedichte mit Nachdenken ließt, dem wird der Kern der heutigen Wissenschaft, als im Vorbeygang bekannt.« (S. 28 f.)

⟨BPZ 37. Stück, Donnerstag, den 27. März 1755⟩ ⟨Samuel Richardson,⟩ *Geschichte des Herrn Carl Grandison, V. Band*, Leipzig 1755. – LM 7, S. 18 f.

Fortsetzungsrezension, vgl. S. 40 f. und 78 dieses Bandes.

380,31 *Wiederherstellung*] Heilung.
381,3 *ein anders Frauenzimmer*] Die von Grandison geliebte Harriet Byron.
381,8 *rückständigen*] Ausstehenden.

⟨BPZ 38. Stück, Sonnabend, den 29. März 1755⟩ ⟨Christian Gottfried Lieberkühn,⟩ *Lieder, Erzählungen, Sinngedichte und ernsthafte Stücke*, Leipzig 1755. – LM 7, S. 19 f.

Verfasserschaft Lessings, auf Grund der Kürze, schwer erweisbar. Lessing hat sich allerdings Lieberkühns wenig später wiederholt kritisch angenommen (vgl. Anm. 768,12 in diesem Bd. und Bd. IV dieser Ausgabe, S. 94 ff.).

381,12 *Diese Sammlung*] Verfasser ist der preuß. Feldprediger Christian Gottfried Lieberkühn, ein Regimentskamerad und Protegé Ewald Christian von Kleists.
381,16 *des Witzes*] Der Einfallskraft.

⟨BPZ 41. Stück, Sonnabend, den 5. April 1755⟩ Johann Christian Leuschner, *De secta Elpisticorum variorum opuscula, junctim cum suis edidit, praefatione atque indicibus instruxit necessariis* (Kleine Schriften über die Schule verschiedener Elpistiker, gemeinsam mit eigenen herausgegeben und mit einem Vorwort und notwendigen Registern versehen), Leipzig 1755. – LM 7, S. 20 ff.

Die Zuschreibung an Lessing ist zwingend. Die ihrem Umfang nach aus der Reihe fallende Rezension ist Ausgangspunkt und Vorarbeit für eine spätere, unvollendet gebliebene Abhandlung, nämlich die Nachlaßstücke *Über die Elpistiker* (Bd. V/1 dieser Ausgabe, S. 406 ff.).

382,9 *Elpistiker*] Von griech. elpis, Hoffnung, elpistikoi, die Hoffnungs-Leute, Anhänger der Hoffnung. Gemeint ist die Hoffnung auf ein Leben nach dem Tode.
382,12 *Plutarchs*] Plutarchos (ca. 46 - 125 n. Chr.), griech. Philosoph und Historiker. Die ominöse Textstelle findet sich in den *Symposiaka* (Tischgespräche), 668 D, und lautet: »Wie nun die sogenannten Elpistischen Philosophen de-

monstrieren, daß das Hoffen dasjenige ist, was das Leben am stärksten zusammenhält, indem sie behaupten, das Leben sei bei Abwesenheit der erfreuenden Hoffnung unerträglich«.

382,14-19 *Heumann ⟨...⟩ Brucker ⟨...⟩ Jöcher]* Verfasser der drei Elpistiker-Abhandlungen, die Leuschner in seiner Publikation abdruckt. – Christoph August Heumann (1681-1763), Prof. für Theologie und Literaturgeschichte an der Universität Göttingen, Hg. der *Acta philosophorum, d. i. Gründliche Nachrichten aus der Historia philosophica nebst beigefügten Urtheilen von denen dahin gehörigen alten und neuen Büchern* (1715-26). – Johann Jakob Brucker (1696-1770), Theologe und Philosoph, erster dt. Philosophiehistoriker von Rang: *Historia critica philosophiae* (1742-44). – Christian Gottlieb Jöcher (1694-1758), Prof. der Philosophie und Geschichte, später Bibliothekar in Leipzig. Hauptwerk: *Allgemeines Gelehrten-Lexikon*, 4 Bde., Leipzig 1750/51 (von Lessing kritisiert, s. Bd. II dieser Ausgabe, S. 433 ff.).

382,22 *Leuschner]* Christian Gottlieb L. (1719-1792), protest. Theologe, Rektor des Magdalenen-Gymnasiums in Breslau.

382,27 *zu heben]* Aufzuheben, zu entkräften.

382,35 *jüngre Plinius]* Gaius Plinius Caecilius Secundus (62 - ca. 114 n. Chr.), röm. Anwalt und Staatsbeamter, hinterließ eine Sammlung von über 120 kulturhistorisch interessanten Briefen, darunter einen Briefwechsel mit Kaiser Trajan, in dem er ein Urteil über die Christen fällt: »Nihil aliud inveni quam superstitionem pravam et immodicam« (Ich habe nichts anderes vorgefunden als verschrobenen und übertriebenen Aberglauben).

383,13 f. *homiletischen Nutzanwendung]* Nutzanwendung für die Predigt.

383,16 *Zetetiker]* Von griech. zetesis »Suchen, Nachforschen«; Wahrheitssucher, auch: Skeptiker.

383,35 *Stoiker]* Anhänger der Schule der Stoa (begründet um 300 v. Chr.), welche die sittliche Selbstbehauptung des Menschen durch Affektenkontrolle und innerliche Unangefochtenheit gegenüber dem Weltgeschehen lehrte.

382,35 *Cyniker]* Anhänger der von Antisthenes um 400 v. Chr. gegründeten kynischen Schule. Als höchste Tugend und einzige Voraussetzung für das irdische Glück lehrten sie Bedürfnislosigkeit. Politisch und religiös tendierten sie zur Anarchie.

384,8 *Procopius]* Prokop von Caesarea (ca. 500 - 562 n. Chr.), christlicher Geschichtsschreiber unter Kaiser Justinian. Lessing rezensierte in der BPZ eine Übersetzung seiner *Geheimen Geschichte* (Bd. II dieser Ausgabe, S. 509).

384,8 *Tingitanischen Säulen]* Nach der Hafenstadt Tingis (Tanger) am Westeingang der Straße von Gibraltar.

384,9 Ναυη] (Griech.) Schiff (naus).

384,10 *le Clerc]* Jean le Clerc (1657-1736), reformierter Theologe aus Genf, berühmter Philologe und Prof. der hebr. Sprache, Philosophie und Geschichte in Amsterdam.

⟨BPZ 44. Stück, Sonnabend, den 12. April 1755⟩ ⟨Jean Levesque⟩ de Burigny, *Leben des Grotius, nebst der Historie seiner Schriften und Staatsgeschäfte*, Leipzig 1755. – LM 7, S. 22 f.

Im Gegensatz zur Besprechung der französischen Originalausgabe (s. S. 22-24 dieses Bandes), die sich in Zitaten aus dem Vorwort erschöpft und Lessing nur unter Vorbehalt zugesprochen werden kann, ist die der Übersetzung unverkennbar von seiner Hand. Die Schlußbemerkung des Rezensenten, daß er das franz. Original besitze, legt allerdings nahe, daß er auch dieses besprochen hat.

384,26 f. *Hof der Gerechtigkeit]* Im franz. Original ist von »Cour de Justice« (S. 5) die Rede, also einem höheren Gerichtshof.

384,29 *mit dem Barreau]* Die Kritik ist vermutlich ungerechtfertigt, denn in der Folge des Textes ist von Anwaltsgeschäften die Rede. Franz. barreau »Anwaltsstand«, Anwaltskammer.

384,33 *Aratus de Sole]* Lessing stößt sich an der lat.-franz.

Schreibweise des Namens, der korrekt Aratos aus Soloi heißen müßte. Ansonsten gibt der Text korrekt Auskunft über die griechische Herkunft und ungefähre Lebenszeit des Autors.

384,35 *Fragmente der Weissager*] Richtig: Fragmente der Wetterzeichen (Titel einer Aratos-Übersetzung von Cicero). Griech. prognostikon »Vorzeichen, Wetterzeichen«; prognostes »Zeichenleser«.

385,8 *voyés plus haut pag. 25. not. (a)*] Siehe oben, Seite 25, Anmerkung (a).

⟨BPZ 45. Stück. Dienstag, den 15. April 1755⟩ *Die Geschichte und Briefe des Abelards und der Eloise* ⟨...⟩ *Aus dem Englischen übersetzt*, Berlin und Potsdam 1755. – LM 7, S. 23 f.

Eine Reihe von Indizien (Stil, Thema, Wissen, Selbstreferenz) deuten auf sichere Verfasserschaft Lessings.

385,18 *Abälard*] Petrus Abaelardus (1079-1142), berühmter scholastischer Philosoph. Wegen seines Liebesverhältnisses mit seiner Schülerin Héloise ließ ihn deren Onkel entmannen. Abälard wurde daraufhin Mönch in Saint-Denis. Von dort Briefwechsel mit der ebenfalls in ein Kloster eingetretenen Héloise.

386,4 *in den Werken*] *Opera* (Werke), hg. v. F. d'Amboise, Paris 1616. Darin: *Epistolae* (Briefe).

386,8 *von einem Manne*] Johann Georg Müchler (1724-1819), aufklärerischer Theologe, Lehrer am ›Grauen Kloster‹, ab 1759 Prof. in Stargard. Gab mehrere moralische Zeitschriften heraus (u. a. *Chamäleon, Beschäftigung des Geistes und des Herzens*) und gründete Anfang 1755 das ›Gelehrte Kaffeehaus‹ in Berlin, das zu einer wichtigen bürgerlichen Kulturinstitution der Stadt wurde. Dort freundschaftlicher Umgang mit Lessing, Nicolai und Mendelssohn. Drei Jahre nach Mendelssohns Tod gab er dessen früheste Schriften heraus.

386,12 f. *Baylischen Wörterbuchs*] Pierre Bayle (1647-1706), *Dictionnaire historique et critique*, 1697. Wegbereitendes Werk der europäischen Aufklärung. Lessing benutzte es vermutlich in der Gottschedschen Übersetzung: *Herrn Peter Baylens historisches und kritisches Wörterbuch*, Leipzig 1741-44.

386,13 f. *Gedichte ⟨...⟩ Pope*] Gemeint ist Alexander Popes Briefgedicht *Héloise an den Abelard*.

386,17 *Monatsschrift*] Nicht nachgewiesen. Allerdings hat Lessing ⟨?⟩ in den ›Critischen Nachrichten‹ vom 15. 10. 1751 (LM 4, S. 262) eine franz. Übersetzung des Popeschen Gedichts einläßlich kritisiert. Das Original, dessen Anfangsverse er in Englisch zitiert und selbst übersetzt, nennt er ein »Meisterstück«.

⟨BPZ 49. Stück. Dienstag, den 24. April 1755⟩ ⟨Karl Wilhelm Müller,⟩ *Versuch in Gedichten*, Leipzig 1755 – LM 7, S. 24.

Routinierte Minimalrezension. Zuschreibung an Lessing (gerade deshalb) plausibel.

386,22 *eines Verfassers*] Karl Wilhelm Müller (1728-1801), Bürgermeister von Leipzig, Herausgeber der ›Britischen Bibliothek‹. Müller gehörte zum weiteren Kreis der ›Bremer Beiträger‹.

386,31 *andern Orte*] Nicht nachgewiesen.

387,10 *Bathos*] Große Tiefe, lächerlicher Abstieg vom Pathetisch-Erhabenen zum Gewöhnlichen. In diesem Sinn von Alexander Pope durch seine Schrift *Peri bathos or the art of sinking in poetry* (Über das Bathos oder die Kunst, in der Poesie herunterzukommen), 1727, ins Engl. eingeführt. Parodie auf die Schrift vom Erhabenen des Pseudo-Longin (vgl. Bd. I dieser Ausgabe, Anm. 704,27).

387,11 *Stentorn*] In Homers *Ilias* ist Stentor ein Grieche, der die Stimmkraft von fünfzig Männern hat.

⟨BPZ 50. Stück, den 26. April 1755⟩ Gotth.⟨old⟩ Ephr.⟨aim⟩ Lessing, *Theatralische Bibliothek. Zweites Stück*. Berlin 1755. – LM 7, S. 24 ff.

Selbstanzeige Lessings. Wie die vorangegangene Anzeige des ersten Stücks (S. 82 f. dieses Bandes) vornehmlich Inhaltsreferat.

387,21 *Abhandlungen*] Nur der ausführlich referierte *Seneca*-Beitrag stammt von Lessing. Vgl. Abdruck S. 530-613 und Kommentar S. 1298-1335 dieses Bandes. Zur Verfasserschaft der übrigen Beiträge s. S. 1061.

⟨BPZ 53. Stück. Sonnabend, den 3. Mai 1755⟩ G.⟨otthold⟩ Ephr.⟨aim⟩ Lessing, *Schriften, fünfter und sechster Teil*, Berlin 1755. – LM 7, S. 26 f.

Selbstanzeige, wie die vorangegangenen Anzeigen von Teil 1/2 (Bd. II dieser Ausgabe, S. 552) und Teil 3/4 (S. 44 f. dieses Bandes) inhaltlich referierend.

389,20 *Miß Sara Sampson*] Das Stück ist als einzige Erstpublikation des fünften und sechsten Teils in diesen Band aufgenommen (S. 431-526).
389,21 f. *Findet ⟨...⟩ Dinge?*] Ja, man findet! In der vierten Auflage seiner *Critischen Dichtkunst* von 1751 schlug Gottsched vor, die in Mode gekommenen ernsten oder weinerlichen Komödien, die er gattungstypologisch für widersinnig hielt, lieber »bürgerliche, oder adeliche Trauerspiele« zu nennen (S. 644).
389,25 *Einheit ⟨...⟩ übertreten*] Lessing hat in *Miß Sara Sampson* die drei Einheiten im Grunde eingehalten. Lediglich die Einheit des Orts ist ein wenig freier interpretiert (zwei Gasthäuser innerhalb eines Orts). Lessing parodiert hier die besonders strenge Auslegung Gottscheds.

⟨BPZ 54. Stück. Dienstag, den 6. Mai 1755⟩ ⟨Tobias Smollett,⟩ *Begebenheiten des Roderich Random* ⟨. . .⟩ *Zweiter Teil*, Hamburg 1755. – LM 7, S. 27.

Fortsetzungsrezension. Vgl. die des »Ersten Teils« S. 88 f. dieses Bandes.

390,8 *mehr Geschichte]* Die Kritik des leeren Handlungsüberschusses bei Smollett klingt an eine Kritik von Corneilles *Rodogune* im 32. Stück der *Hamburgischen Dramaturgie* an: »Alles dieses, seine Erfindungen und die historischen Materialien, knetet er dann in einen fein langen, fein schwer zu fassenden Roman zusammen ⟨. . .⟩ so wie es das liebe Glück will.« (Bd. VI dieser Ausgabe, S. 340.)

⟨BPZ 55. Stück. Donnerstag, den 8. Mai 1755⟩ *Johann Hübners kurze Fragen aus der neuen und alten Geographie*, Regensburg und Wien 1755. – LM 7, S. 27 f.

Verfasserschaft Lessings ungewiß.

390,19 *Johann Hübners]* Der Verfasser (1668-1731) war Pädagoge und Lehrbuchautor in Merseburg. Sein Buch ist ein tausendseitiges Pauk-Kompendium für den Schulgebrauch, in erster Auflage Leipzig 1731 erschienen.

391,1 *Szazky]* J. Tomka Szazky, *Introductio in orbis hodierni geographiam* (Einführung in die Geographie der heutigen Welt), Posen 1748. Der Verfasser war Pädagoge in Preßburg.

391,3 *Tunelds]* Erik Tuneld (1709-1788), schwed. Geograph und Historiker, *Allgemeine physicalisch-, historisch- und moralische Geographie des Königreichs Schweden*, Hamburg und Leipzig 1749.

391,4 f. *Brittischen Reichs]* John Oldmixon, *Das Britische Reich in Amerika*, Lemgo 1744. Engl. Ausgabe: *The British Empire in America*, 1708. Übersetzer: Theodor Arnold.

⟨BPZ 58. Stück. Donnerstag, den 15. Mai⟩ ⟨Francois Marie de Marsy,⟩ *Neuere Geschichte der Chineser, Japaner, Jndianer, Persianer, Türken und Russen.* ⟨. . .⟩ *Aus dem Französischen. Erster Teil.* Berlin 1755. — LM 7, S. 28 f.

Vgl. die Rezension der franz. Originalausgabe (S. 102-104 dieses Bandes). Verfasserschaft Lessings gesichert.

391,29 f. *Ursprung und das Wachstum]* Giovanni Battista Vico bot in seiner 1725 erschienenen *Scienza nuova* (Neue Wissenschaft) erstmals eine durchdachte Theorie vom zyklischen Ablauf der Volkskulturen. Lessing selbst, der Vico allerdings nicht kannte, schrieb 1751 in einer Rezension über Rousseaus zweiten Diskurs: »Alles hat in der Welt seinen gewissen Zeitpunkt. Ein Staat wächst, bis er diesen erreicht hat; und so lange er wächst, wachsen auch Künste und Wissenschaften mit ihm. Stürzt er also, so stürzt er nicht deswegen, weil ihn diese untergraben, sondern weil nichts auf der Welt eines immerwährenden Wachstums fähig ist, und weil er eben nunmehr den Gipfel erreicht hatte, von welchen er mit einer ungleich größern Geschwindigkeit wieder abnehmen soll, als er gestiegen war.« (Bd. II dieser Ausgabe, S. 72 f.)

392,2 *Genie jedes Volks]* Modebegriff der Zeit (génie de peuple, esprit de peuple, génie de nation, esprit de nation, national spirit etc.), der in England und Frankreich schon um 1700 aufkam, in Deutschland aber erst seit dem Erscheinen von Montesquieus *De l'esprit des lois* (Vom Geist der Gesetze) von 1748 rezipiert wurde. Er besagt, daß die vielen kulturellen Einzelunterschiede zwischen den Völkern sich je zum Spezifikum eines Nationalgeistes oder Nationalgenies verdichten, wonach sich auch die Verfassung eines Landes (so vor allem Montesquieu) richten sollte. Vgl. Lessings Rezension von Labordes *L'esprit des Nations* (Der Geist der Nationen) von 1752 (Bd. II dieser Ausgabe, S. 474 ff.).

392,8 *Zachariä]* Vgl. Anm. 363,34 und 364,2 f.

392,19 *Notenschreiber]* Verfasser gelehrter Anmerkungen.

⟨BPZ 59. Stück. Sonnabend, den 17. Mai 1755⟩ Johann Georg Zimmermann, *Das Leben des Herrn von Haller*, Zürich 1755. – LM 7, S. 29 f.

Angesichts seines intensiven und lang anhaltenden Interesses für Haller ist die Verfasserschaft Lessings mehr als wahrscheinlich.

392,24 *Haller]* Albrecht von Haller, vgl. Anm. 68,1.

392,35 f. *whose Mind ⟨...⟩ fram'd]* »dessen Geist eine Welt enthält und alle Dinge zu umfassen scheint« – Motto der Zimmermannschen Biographie.

393,1 *D. Zimmermann]* Dr. Johann Georg Zimmermann (1728-1795), Schweizer Arzt und Popularphilosoph, von Haller gefördert. Später königlicher Leibarzt in Norddeutschland. Wichtige Werke: *Vom Nationalstolze* (1758, 4. Auflage 1768), *Über die Einsamkeit* (1756-84, zuletzt in vier Bänden). Prominenter Korrespondent, im Alter zunehmend reaktionär, frömmlerisch und Lobhudler Friedrich des Großen.

393,5 f. *Ehre des deutschen Namens]* Im 18. Jh. war es noch verbreitet, die Schweizer zu den Deutschen zu zählen. Im übrigen weist Lessings Impetus, die Kulturnation über die Staatsnation zu stellen, auf eine im letzten Drittel des Jahrhunderts weit um sich greifende Tendenz voraus.

393,22 *Aufnahme]* Das Wort wird von Lessing häufig im Sinn von Verbesserung, Förderung, Zur-Blüte-Bringen verwendet.

393,25 *Panegyristen]* Lobredner.

⟨BPZ 62. Stück. Sonnabend, den 24. Mai 1755⟩ ⟨Anonym⟩
La Oille, 1755. – LM 7, S. 30 f.

Die Verfasserschaft Lessings ist denkbar (für mehr keine Anhaltspunkte).

393,31-33 *La Oille* ⟨...⟩ *1233]* »Der Eintopf. Mischung oder Zusammenstellung verschiedener Gerichte für jeden Geschmack durch einen alten gallischen Koch, zu Konstantinopel im Jahr 1755 des christlichen Zeitalters, im Jahr 1233 nach der Hedschra«.
393,34 *Potage]* (Franz.) Suppe.
393,36 *jedes Geschmack]* Neutrum-Form in Grimms DWb, aber nicht bei Lessing nachgewiesen. Vermutlich genitivischer Gebrauch von »jedes« im Sinn von »jedermanns«.
394,3 *Rochefoucault]* La Rochefoucauld (1613-1680), hoher Adeliger und wichtiger Vertreter der franz. »Moralistik«. Sein Hauptwerk *Réflexions ou sentences et maximes morales* (Reflexionen oder moralische Sentenzen und Maximen) von 1665 beruht auf einer pessimistischen Grundeinstellung, wonach die Eigenliebe die Triebfeder aller menschlichen Handlungen und auch die Tugenden nur maskierte Erscheinungsformen des Egoismus sind.

⟨BPZ 64. Stück. Donnerstag, den 19. Mai 1755⟩ ⟨Johann Jacob Bodmer und Christoph Martin Wieland,⟩ *Edward Grandisons Geschichte in Görlitz*, Berlin 1755. – LM 7, S. 31 f.

Lessings Verfasserschaft scheint zwingend (s. u.).

394,24 *Der Name Grandison]* Der Titel der Schrift nimmt Bezug auf den berühmten Briefroman *The History of Sir Charles Grandison. In a Series of Letters* (Die Geschichte von Sir Richard Grandison. In einer Reihe von Briefen) von Samuel Richardson, erschienen 1753/54. Lessing hat die beiden

Bände der dt. Übersetzung von 1754/55 rezensiert. Vgl. S. 40 f., 78 und 380 f. dieses Bandes.

394,29 *kleine Geschichte ⟨...⟩ Deutschen]* Edward Grandison, der ›Sohn‹ Carl Grandisons, trifft in Görlitz zufälligerweise auf Gottsched, v. Schönaich und einen Freund Bodmers. Letzterer berichtet in Briefen von ihren Unterredungen über die deutsche Poesie, wobei Grandison die Rolle des Schiedsrichters zugewiesen ist, die er natürlich im Sinne der Schweizer ausfüllt.

394,36 *Die Verfasser]* Vor allem Bodmer; Wieland steuerte nur den letzten Brief bei. – Wieland hatte am 21. 1. 1755 anläßlich der Übersendung des Romanmanuskripts an Gleim geschrieben: »Ich ⟨...⟩ finde, daß es vielleicht nicht übel wäre, wenn Sie ⟨...⟩ diese Schriften dem Herrn Lessing in Berlin übergäben, welcher, wie mich dünkt, eben kein Feind der guten Sache ist, oder doch eben so leicht für sie könnte in Bewegung gebracht werden. Er scheint ein rüstiger Mann zu sein, und es sollte ihm wohl nicht viel zu schaffen machen, eine Partie anzunehmen, bei der er seinen Vorteil finden, und seinen Witz am besten anwenden könnte; denn er hat alle Qualitäten zu einem Champion.« Es ist anzunehmen, daß Lessing dieses Koalitionsangebot erreicht hat, denn wenig später sorgte er für den Druck von Wielands *Ankündigung einer Dunciade für die Deutschen* bei Voss. Die Drucklegung des Romans (ebenfalls bei Voss) scheint allerdings Ramler vermittelt zu haben.

395,2 *Gottsched ⟨...⟩ Schönaich]* Vgl. Anm. 423,12.

395,8 f. *Possenreisserei]* Lessing hielt Schönaich für den Verfasser der anonymen Schrift *Possen im Taschenformate*. Vgl. Anm. 428,3.

395,9 *wendische Grobheit]* Nach den »Wenden«, einer slawischen Volksgruppe in Sachsen und Preußen, vor allem in der Lausitz. Schönaich stammte (wie Lessing) aus der Lausitz.

395,15 *deutscher Vergil]* Anspielung auf Schönaichs Heldenepos *Hermann*, vgl. Anm. 371,17.

*⟨BPZ 71. Stück. Sonnabend, den 14. Junius 1755⟩ Johann George Hager, *Kleine Geographie vor die Anfänger*, Chemnitz 1755. – LM 7, S. 32.

Lessings Verfasserschaft fraglich.

395,22 *Herrn Hagers]* Johann George Hager (1709-1777), Geograph und Philologe, war Rektor in Chemnitz. Seine *Ausführliche Geographie* in drei Bänden erschien 1746/47.
395,25 *Presse]* Druckerpresse.

⟨BPZ 73. Stück. Donnertag, den 19. Junius 1755⟩ Johann Andreas Cramer, *Sammlung einiger Predigten. Erster Teil*, Kopenhagen 1755. – LM 7, S. 32 f.

Fast reine Inhaltsverzeichnis-Rezension. Lessings intensive Auseinandersetzung mit dem Autor und einige Bemerkungen im einleitenden Teil machen seine Verfasserschaft trotzdem plausibel.

396,7 *der Verfasser]* Johann Andreas Cramer (1723-1788), zunächst Gottsched-Anhänger, dann Mitarbeiter der ›Bremer Beyträge‹, wurde 1754 auf Empfehlung Klopstocks dt. Hofprediger in Kopenhagen, später dort auch Prof. der Theologie. Seinen Ruhm begründete er durch die Übersetzung der Predigten und kleinen Schriften des Kirchenvaters Johann Chrisostomus (10 Bde., 1748-51) und durch seine eigenen Predigten. Cramers Poesie, stilistisch zwischen seinen Freunden Klopstock und Gellert schwankend, fand nach mancherlei Einzelpublikationen eine Gesamtausgabe in den *Sämmtlichen Gedichten* von 1782-91. Lessing beurteilte sie von den *Briefen, die neueste Literatur betreffend* (Bd. IV dieser Ausgabe, S. 712 ff.) an kritisch.
396,14 f. *Fesseln entbunden]* Gemeint ist der Prosastil der Predigten.

397,4 *Selbstrache]* Selbstjustiz, unter Hintanstellung der obrigkeitlichen Ahndung.

⟨BPZ 74. Stück. Sonnabend, den 21. Junius 1755⟩ Abraham Gotthelf Kästner, *Vermischte Schriften*, Altenburg 1755. – LM 7, S. 33.

Die Rezension verrät das freundschaftliche Verhältnis zum Verfasser; mit Sicherheit Lessing zuzuweisen.

397,9 *Kästner]* Zur Person vgl. Anm. 16,33.
397,12 *Meßkünstler]* Mathematiker, Geometer, Naturwissenschaftler.
397,15 *Genie]* Der Geniebegriff des jungen Lessing versucht zwischen der regelgebundenen Literaturauffassung und einer freieren, wie sie damals aus England kommt, zu vermitteln. Er ist vor allem auf Vielseitigkeit und Versatilität des Denkens gegründet. »Gott giebt uns die Seele, aber das *Genie* müssen wir durch Erziehung bekommen. Ein Knabe, ⟨...⟩ den man angewöhnet, alles, was er täglich zu seinem kleinen Wissen hinzulernt, mit dem, was er gestern bereits wußte, in der Geschwindigkeit zu vergleichen, und Acht zu haben, ob er durch diese Vergleichung nicht von selbst auf Dinge kömmt, die ihm noch nicht gesagt worden; den man beständig aus einer Scienz in die andere hinüber sehen läßt; den man lehret, sich eben so leicht von dem Besondern zu dem Allgemeinen zu erheben, als von dem Allgemeinen zu dem Besondern sich wieder herab zu lassen: Der Knabe wird ein Genie *werden*, oder man kann nichts in der Welt *werden*.« (*Abhandlungen über die Fabel*, 1759, s. Bd. IV dieser Ausgabe, S. 408.)

398,1 *la Mettrie]* Julien Offray de La Mettrie (1709-1751), radikalmaterialistischer Philosoph, seit 1747 Mitglied der Akademie der Wissenschaften zu Berlin, wo er schon nach kurzer Zeit an einer Lebensmittelvergiftung starb.

398,2 *Maupertuis]* Jean Louis Moreau de Maupertuis

(1698-1759), Physiker und Mathematiker, 1745 von Friedrich dem Großen an die Akademie zu Berlin berufen, 1746 zu deren Präsidenten ernannt. Er holte La Mettrie nach, von dem er sich allerdings nach dem Erscheinen von dessen *Discours sur le bonheur* (Über das Glück), 1750, distanzierte.

398,8 *einem]* Von LM aus »deinem« verbessert.

398,10 *Kroneck]* Johann Friedrich Reichsfreiherr von Cronegk (1731-1758), Jurist und Dramenautor. 1752 unternahm er eine Italienreise.

398,11 *Maros Geist]* Vergils Geist. Publius Vergilius Maro starb 19. v. Chr. in Brundisium, sein Grab in Neapel erhielt die (angeblich von ihm selbst stammende Inschrift): »Mantua me genuit, Calabri rapuere, tenet nunc Parthenope; cecini pacua, rura, duces.« (Mantua gab mir das Leben, Kalabrien raubte es, Neapel birgt mich; ich besang Weiden, Felder und Helden.)

398,13 *Martial]* Marcus Valerius Martialis (um 40 - 103/4 n. Chr.), der bedeutendste röm. Epigrammatiker.

398,14 *Schönaich]* Zur Person s. Anm. 67,14.

398,15 *Carl den XII.]* Schwed. König (1682-1718), im 2. Nordischen Krieg Gegner der Koalition Dänemark – Rußland – Polen – Sachsen. Erklärte 1702 August den Starken von Sachsen als polnischen König für abgesetzt. Gegenstand der Heldenverehrung. Voltaire widmete ihm 1731 seine erste historische Schrift.

⟨BPZ 75. Stück. Dienstag, den 24. Junius 1755⟩ *Le Theatre Bavarois ou Recueil des plus celebres Pieces du Theatre representées à Munic*, Augsburg 1755. – LM 7, S. 35.

Inhaltsverzeichnis-Rezension. Außer dem wieder einmal besonders aktuellen Theaterinteresse (›Theatralische Bibliothek‹) kaum Indizien für Lessings Verfasserschaft.

398,29 f. *Le Theatre ⟨...⟩ 1755]* Bayer. Theater oder Sammlung der berühmtesten in München aufgeführten Theaterstücke.

399,1-11 *La Grange ⟨...⟩ Hauteroche]* Joseph de Chancel de Lagrange (1676-1758) und Jean Gilbert de Campistron (1656-1723), beliebte franz. Dramatiker in der Zeit zwischen Racine und Crébillon. – Francoise d'Issembourg-d'Apponcourt de Graffigny (1695-1758), Schriftstellerin und Dramatikerin, bekannt vor allem durch ihre *Lettres péruviennes* (Peruanische Briefe) von 1747. Ihr Stück *Cénie* wurde 1753 von der Gottschedin übersetzt; vgl. Lessings Rezension (Bd. II dieser Ausgabe, S. 503) und seine Aufführungsanalyse im 20. Stück der *Hamburgischen Dramaturgie* (Bd. VI, S. 279 ff.). – Philippe Poisson (1682-1743), Louis de Boissy (1694-1758) und Noel le Breton, Sieur de Hauteroche (1617-1707) waren zweitklassige Lustspielautoren.

399,7 *La Coquette fixée]* Die überführte Gefallsüchtige.

399,9 *l'Amour secret]* Die geheime Liebschaft.

⟨BPZ 76. Stück. Donnerstag, den 26. Junius 1755⟩ ⟨Johann Gotthelf Lindner,⟩ ›Sittliche Reizungen der Tugend und des Vergnügens. I. Bandes I. Teil‹, Königsberg und Leipzig 1755. – LM 7, S.35 f.

Lessing als Verfasser denkbar.

399,23 *Lindner]* (1729-1776), seit 1755 Rektor der Domschule in Riga, später Prof. der Dichtkunst in Königsberg. Verkehrte mit Hamann, Hippel und Kant.

399,24 *Daphne]* Von Lindner herausgegebene Moralische Wochenschrift, Königsberg 1749/50.

399,32 *gräflicher Schwärmer]* Nikolaus Ludwig Graf von Zinzendorf (1700-1760), der Gründer der Herrnhuter Brüdergemeine.

400,1 f. *Geschichte der Tavernier]* Nicht nachgewiesen.

⟨BPZ 79. Stück. Donnerstag, den 3. Julius 1755⟩ ⟨Anonymus,⟩ *Die Hofmeisterin, erster Teil,* o. O., 1755. – LM 7, S. 36 f.

Die polemischen Äußerungen über Schönaich und Gottsched weisen auf Lessing als Verfasser.

400,26 *der Hofmeister*] Die Zeitschrift, deren Titel dem engl. ›Guardian‹ nachgebildet ist, erschien 1751-53 in Leipzig.

400,33 *Wendischen Sängers*] Schönaich.

400,36 *Addison ⟨. . .⟩ Milton*] Joseph Addison hatte Milton 1711 in seinem ›Spectator‹ zu neuem Ansehen verholfen.

⟨BPZ 82. Stück. Donnerstag, den 10. Julius 1755⟩ Jean Jacques Rousseau, *Discours sur l'origine et les fondemens de l'inégalité parmi les hommes,* Amsterdam 1755. – LM 7, S. 37 f.

Verfasserschaft Lessings gesichert.

401,19-21 *Discours ⟨. . .⟩ 1755.*] Abhandlung vom Ursprung und den Ursachen der Ungleichheit unter den Menschen, von J. J. R., Bürger von Genf. Amsterdam bei M. M. R. 1755.

401,30 *Aufgabe*] Preisausschreiben.

402,19 *Mann von Einsicht*] Es handelt sich um Lessings Freund Moses Mendelssohn, dessen Übersetzung nebst kritischem Kommentar noch im Herbst 1755 fertig wurde und Anfang 1756 in Berlin anonym erschien: *Johann Jacob Rousseau Bürgers zu Genf Abhandlung von dem Ursprunge der Ungleichheit unter den Menschen und worauf sie sich gründe: ins Deutsche übersetzt mit einem Schreiben an den Magister Lessing und einem Briefe Voltaires an den Verfasser vermehret.*

⟨BPZ 85. Stück. Donnerstag, den 17. Julius 1755⟩ Johann Jortin, *Anmerkungen über die Kirchenhistorie. Erster Teil. Aus dem Englischen übersetzt von J. P. C.,* Bremen 1755. – LM 7, S. 38 f.

Lessings Verfasserschaft zumindest unsicher.

402,26 *Jortin*] John Jortin (1698-1770), als Sohn eines hugenottischen Flüchtlings in London geboren, anglikanischer Geistlicher: *Remarks on Ecclesiastical History* (Bemerkungen zur Kirchengeschichte), 3 Bände, 1751-54.
402,27 *J. P. C.*] J. Philipp Cassel (1707-83), Prof. der Beredsamkeit in Bremen.
402,29 *Grundsprache*] Originalsprache.
402,32 *Boylischen Stiftung*] Der engl. Naturforscher Richard Boyle (1627-91) hatte in seinem Testament 50 Pfund jährlich für acht Predigten bestimmt, in denen die christliche Religion gegen Atheisten und Deisten verteidigt werden sollte.
403,8 *Ausschweifungen*] Abschweifungen.
403,13 *Bequemlichkeit*] In der älteren Bedeutung von: Umstände, Einrichtung.
403,18 *Josephus*] Flavius Josephus (37/38-100 n. Chr.), jüd. Historiker. Hinterließ mit seinen *Jüdischen Altertümern* eines der wichtigsten Quellenwerke der Antike.
403,23 *Hirtenliede*] Vergils vierte Ekloge aus den *Bucolica* (Hirtengedichten) kündet von der Geburt eines heilbringenden Knaben, durch die die Not der Zeit in ein neues Goldenes Zeitalter verkehrt werde.
403,25 *Juvenal*] Decimus Junius Juvenalis, größter röm. Satiriker, Lebensdaten unbekannt. Die Mehrzahl seiner Werke ist zwischen 110 und 127 n. Chr. entstanden.
403,25 *Herodotus*] Griech. Historiker (etwa 490-425 v. Chr.). Wurde für seine *Historien* schon in der Antike als »Vater der Geschichtsschreibung« gefeiert.
403,26 *Eusebius*] Griech. Bischof und Kirchenhistoriker (um 260-340 n. Chr.). Wegen seines bahnbrechenden Hauptwerkes auch »Vater der Kirchengeschichte« genannt.

⟨BPZ 86. Stück. Sonnabend, den 19. Julius 1755⟩ ⟨Christoph Gottlieb Richter⟩ *Die Schwachheit des menschlichen Herzens bei den Anfällen der Liebe*, Frankfurt und Leipzig 1755. – LM 7, S. 39 f.

Zuschreibung an Lessing durchaus plausibel.

403,36 *man]* Der Verfasser war Jurist und journalistischer Vielschreiber aus Nürnberg mit üblem Leumund.
404,5 f. *Grundsprache]* Originalsprache.
404,9 *Aufschrift]* Titel.
404,11 *Tugend]* Im Vorwort heißt es: »Nichts destoweniger darf ich auch aus der Tugend selbsten dieses Buch empfehlen. Sie hat den Verdruß in unseren Tagen, daß man sie nicht eher erkennt, als wenn sie mit dem Laster umgeben ist.«

⟨BPZ 87. Stück. Dienstag, den 22. Julius 1755⟩ Meletaon, *Wohlangerichtete und neuerfundene Tugendschule.* ⟨...⟩ *Zwei Teile*, Breslau 1755. – LM 7, S. 40.

Zuschreibung an Lessing plausibel.

404,22 *Meletaon]* Der Verfasser des Buches, das zuerst 1739 erschien, ist Johann Leonhard Rost aus Nürnberg (1688-1727), Astronom und Autor mehrerer heroisch-galanter Romane.

⟨BPZ 91. Stück. Donnerstag, den 31. Julius 1755⟩ ⟨Anonymus,⟩ *Das Pfandspiel, oder artige und aufgeweckte Geschichten, aus dem Französischen*, Frankfurt und Leipzig 1755. – LM 7, S. 40 f.

Verfasserschaft Lessings durchaus denkbar. Zur Hälfte Inhaltsverzeichnis.

405,20 *Karten]* Kartenspiele.

⟨BPZ 93. Stück. Dienstag, den 5. August 1755⟩ ⟨Anonymus,⟩ *Lesenswürdige Geschichte des durchlauchtigen und tapfern Prinzen Celindo*, Frankfurt und Leipzig 1755. – LM 7, S. 41 f.

Verfasserschaft Lessings durchaus denkbar.

406,15 *deutsches Original]* Vgl. etwa die Beschreibung der duodez-staatlichen Herkunft des Helden: Dieser »wurde in Hilania, der Haupt- und Residenz-Stadt seines über dasiges Fürstenthum regierenden Durchlauchtigen Herrn Vaters gebohren«.

406,20 *nach Lockens Unterricht]* John Locke, *Some Thoughts Concerning Education* (Einige Gedanken über Erziehung), 1693. Dort wird, durchaus vor-rousseauisch, für eine natürliche und abhärtende Kindererziehung plädiert.

406,21 *dünnen Schuhen]* Wörtlich aus Lockes Abhärtungsempfehlungen: »to have his shoes so thin that they might leak and let in water« (ihm so dünne Schuhe zu geben, daß das Wasser eindringen kann).

406,23 *Volontär]* Freiwilliger.

⟨BPZ 94. Stück. Donnerstag, den 7. August 1755⟩ ⟨Anonymus,⟩ *Der erlauchte Bauer oder Lebensgeschichte und Begebenheiten Daniel Moginies etc. Aus dem Französischen*, Berlin 1755. – LM 7, S. 42 f.

Verfasserschaft Lessings durchaus denkbar. Anonymus: wohl Jean Henri Maubert de Gouvest.

407,14 *Omrah]* »Omras, oder Omhras, werden die größten und vornehmsten Herren und Minister an des Moguls Hofe genennet.« (Zedler, Bd. 25, 1740, Sp. 1444.)

⟨BPZ 95. Stück. Sonnabend, den 9. August 1755⟩ ⟨Anonymus,⟩ *Das Kartenblatt; in zwei Teilen. Aus dem Englischen übersetzt*, Leipzig 1755. − LM 7, S. 43 f.

Verfasserschaft Lessings durchaus denkbar. Anonymus: wohl John Shebbeare.

407,31 *Genever]* Genfer.
408,16 *Humor]* Das Stilphänomen des englischen »humour«, im Sinn einer literarischen Nationaleigenart gedeutet, hat Lessing zuerst in der engl. Komödie, dann im Roman Fieldings kennengelernt. Vgl. Anm. 372,32.
408,19 *gout]* Geschmack.

⟨BPZ 96. Stück. Dienstag, den 12. August 1755⟩ ⟨Justus Friedrich Wilhelm Zachariä,⟩ *Die Poesie und Germanien. Ein Gedicht*, Berlin 1755. − LM 7, S. 44 f.

Rezension einer weiteren Kampfschrift gegen Gottsched. Mit Sicherheit Lessing zuzuweisen.

408,26 *elende Bande]* Die Gottsched-Fraktion.
408,26 f. *Antipoden ⟨...⟩ Vernunft]* Wörtliches Zitat aus der rezensierten Schrift.
408,27 *Pasquillen]* Schmähschriften, meist in persönlicher Absicht.
408,30 *Daniel]* In den alttestamentarischen Apokryphen des Daniel-Buchs wird geschildert, wie Daniel einen als Gott verehrten Drachen mit besagter Methode tötet.
409,5 *Haller]* Vgl. Anm. 68,1.
409,10 *Tejers Laut]* Klang bzw. Stil Anakreons. Anakreon stammte aus der Stadt Teos in Ionien.
409,15 *Gellert]* Christian Fürchtegott Gellert (1716-1769), Prof. der Philosophie in Leipzig, einflußreicher moralisch-empfindsamer Dichter. Hier ist er offensichtlich als Fabel-Autor angesprochen.

409,22 *Aristarch]* Aristarchos von Samothrake (ca. 215 - 143 v. Chr.), Leiter der Bibliothek in Alexandria, Begründer der philologischen Forschung.

409,27 *Nicht ⟨...⟩ kriecht]* »Kriechen« war um 1750 der negative Kontrastbegriff zur »erhabenen« Schreibweise. Vgl. Anm. 92,11.

409,32 *Lauder]* Der engl. Philologieprofessor William Lauder (gest. 1771) versuchte zwischen 1747 und 1750 in mehreren Schriften, John Milton als Plagiator großen Stils zu überführen. Gottsched machte die Behauptungen Lauders in einer Artikelserie dem dt. Publikum bekannt und setzte sie gegen seine neopathetischen Widersacher (Bodmer, Klopstock) und deren Milton-Verehrung ein (vgl. Bd. II dieser Ausgabe, S. 559 f.).

409,33 *der deutsche Lauder]* Gottsched.

410,1 *Der Dichter]* Justus Friedrich Wilhelm Zachariä (1726-1777). Vgl. Anm. 363,34 und 364,2 f.

410,3 *sich nicht genennt hat]* Auf S. 16 listet der anonyme Verfasser die Fraktion der Anti-Gottschedianer auf und nennt neben Uz, Gleim, Kleist und Lessing auch die sog. ›Bremer Beiträger‹, unter denen allerdings Zachariä fehlt.

*⟨BPZ 97. Stück. Donnerstag, den 14. August 1755⟩ *Des Marcus Tullius Cicero, Cato der ältere, oder Unterredung vom hohen Alter. Aus dem Lateinischen*, Berlin und Potsdam 1755. – LM 7, S. 45 f.

Von Petersen bezweifelt. In der Tat weist der stilistische Befund eher von Lessing weg.

410,15 *kleine Werk]* Cato maior de senectute (Cato der Ältere: Vom Alter).

410,28 *exponiren]* Auslegen, deuten.

411,1 *Sed ⟨...⟩ multa]* Richtig: »Sed de ceteris et diximus multa et saepe dicemus: hunc librum ad te de senectute misimus.« (Doch von den übrigen Themen der Philosophie habe ich schon viel gesprochen und werde noch oft über sie reden; mit der vorliegenden Schrift jedoch sende ich dir ein Buch über das Alter.) *De senectute* I 3.

411,2 *unanständigste]* Unangemessenste.

411,6 *Note]* Anmerkung.

411,7 *anstatt ⟨...⟩ senectus]* Anstatt Senat, Alter.

*⟨BPZ 98. Stück. Sonnabend, den 16. August 1755⟩ ⟨Johann Christoph Gottsched, Hg.,⟩ *Sammlung einiger ausgesuchten Stücke der Gesellschaft der freien Künste zu Leipzig. Zweiter Teil*, Leipzig 1755. – LM 7, S. 46 ff.

Inhaltsverzeichnis-Rezension. Die bissigen antigottschedianischen Kommentare sprechen für Lessing als Verfasser, die Verwechslung des Vornamens von Mylius (die allerdings auch Druckerversehen sein kann) sowie gewisse stilistische Indizien dagegen. – Unsicher.

411,13 *Gesellschaft]* Die ›Gesellschaft der freien Künste‹ wurde von Gottsched 1752 gegründet, um im Kampf gegen die neue Dichtergeneration ein letztes Mal alle seine Getreuen zu sammeln. Das damit verbundene Periodikum erschien nur dreimal (1754, 1755, 1756).

411,17 *Hommel ⟨...⟩ Titius]* Der gesonderte Hinweis auf die wenigen ernstzunehmenden Beiträger legt den Schluß nahe, daß der Rezensent mit seiner ungewöhnlich langen Namensliste quasi auf das letzte Aufgebot der Gottschedianer in Deutschland aufmerksam machen wollte.

411,19 *Hommels]* Carl Ferdinand Hommel (1722-81), Prof. der Jurisprudenz in Leipzig, schrieb 1742 die komische Prosaepopöe *Das Meisterspiel im Lomber*.

411,22 *Wellern]* Johann Gottfried Weller (1712-81), Philologe und Superintendent in Zwickau.

411,22 *Sinav und Teuvor]* Richtig: *Sinav und Truvor*. Autor: Soumarokoff. Der Übersetzer, Christian Gottlieb Köllner aus Weißenfels, gab 1757 die 10. Auflage von Gottscheds

Drama *Sterbender Cato* heraus und ging im selben Jahr als Prof. an die neugegründete Moskauer Universität.

411,24 *Laurentii]* Johann Gottlieb Laurentius (1706-65), Kriegsassessor in Gotha.

411,24 *Seyfert]* George Christoph Seyfert, aus Augsburg gebürtiger Theologe. Publizierte 1755 *Von der Unbeständigkeit des guten Geschmacks bei den Völkern.*

411,30 *Pantkens]* S. Anm. 12,2.

411,35 *Schönaichs]* S. Anm. 67,14.

412,16 *Reichels]* Johann Gottfried Reichel (gest. 1778) schrieb als einer der schärfsten Polemiker im Gottschedschen Lager 1754 ein satirisches Epos *Bodmerias*, in dem er die Verschweizerung der deutschen Literatur geißelte und auch Lessing als »Brodsänger« und »schwärmenden Zeitungsschreiber« verhöhnte. – 1757 als Prof. der Geschichte nach Moskau.

412,18 *Wernsdorfs]* Ernst Friedrich Wernsdorf (1718-82), Rektor in Danzig, Prof. der Theologie in Wittenberg. Schrieb einen *Schattenriß der großen Verdienste J. C. Gottscheds,* Kassel 1749.

412,20 *D. Hoffmanns]* Johann Friedrich Hoffmann, Dr. iur. und Bürgermeister zu Sangershausen.

412,21 *Reifsteins]* Johann Friedrich Reifstein, Pagenhofmeister in Hessen-Kassel; entwarf das Siegel der »Gesellschaft der freien Künste«.

412,23 *Peutingerischen Charte]* Historische Landkarte der weströmischen Militärstraßen, ursprünglich im Besitz des Humanisten Konrad Peutinger (der sie von Conrad Celtis hatte).

412,23 *Titius]* Johann Daniel Tietz (1729-1796), Mathematiker in Leipzig und Wittenberg, Montaigne-Übersetzer, Journalherausgeber. Lessing rezensierte 1753 mehrere seiner Schriften (s. Bd. II dieser Ausgabe, S. 501, 503, 536 und 554). Möglicherweise Verfasser der *Possen im Taschenformate* (vgl. Anm. 72,31).

412,25 *Engelhardts]* Regner Engelhardt (1717-1777), Kriegsassessor in Hessen-Kassel.

412,29 *Casparson*] Johann Wilhelm Christian Gustav Casparson (1729-1802), Hofmeister, später Prof. am Collegium Carolinum in Kassel. Schrieb 1770 einen satirischen Rückblick auf den Leipzig-Zürcher Literaturkrieg.

412,29 *Sonnenkalb*] Friedrich Wilhelm Sonnenkalb, Lebensdaten nicht nachgewiesen.

413,1 *C. Fr. B.*] Nicht nachgewiesen.

413,3 *Kriegel*] Christian August Kriegel (1733-1803), Lehrer an der Leipziger Thomasschule.

413,4 f. *Kästner*] S. Anm. 16,33.

413,5 *Gottlob Mylius*] Richtig: Christlob Mylius. Zur Person vgl. S. 1115 f. dieses Bandes.

*⟨BPZ 99. Stück. Dienstag, den 19. August 1755⟩ *Stephan Fords, Predigers in London, erbauliche Abhandlung von der Sünde der Verleumdung und des Afterredens*, Braunschweig und Hildesheim 1755. – LM 7, S. 48.

Inhaltsverzeichnis-Rezension. Zuschreibung an Lessing fällt schwer.

413,8 *Fords*] Stephen Ford (gest. 1694), Geistlicher in Oxford und Dissenter.

413,9 *Afterredens*] Üble Nachreden.

413,10 *D. Isaac Watts*] Dr. I. Watt (1674-1748), geistlicher Schriftsteller und Dichter aus Southampton.

413,11 *Carolino*] Collegium Carolinum, fürstliche Gelehrtenschule in Braunschweig.

⟨BPZ 100. Stück. Donnerstag, den 21. August 1755⟩ ⟨Monogrammist⟩ R., *Daß Luther die Lehre vom Seelenschlaf geglaubt habe*, Frankfurt und Leipzig 1755. – LM 7, S. 49 f.

Mit großer Wahrscheinlichkeit von Lessing.

414,2 *ungenannten Herrn]* Nicht nachgewiesen.

414,8 *Erweiterungen]* Vgl. Lessings Rezension (Bd. II dieser Ausgabe, S. 503).

414,10 *Seelenschlaf]* Ein Zustand dunkler Empfindungen, in dem sich die vom Leib getrennte Seele zwischen Tod und Auferstehung befindet.

414,19 *Schlafes Bruder]* »Somnis est imago mortis« (Der Schlaf ist ein Bild des Todes), Cicero, *Gespräche in Tusculum* I 3.

414,24 *Orthodoxie]* Die altprotestantische Orthodoxie ist vor allem geprägt durch die Kanonisierung der Reformatoren und ihrer Theologie. Luther ist ihr der Prophet Gottes für alle Zeit, dem zu widersprechen undenkbar ist.

414,28 *bona fide]* Guten Glaubens.

414,29 *päpstischem Sauerteige]* »Jesus aber sprach zu ihnen: Seht zu und hütet euch vor dem Sauerteig der Pharisäer und Sadduzäer« (Matth. 16,6).

415,4 *Psychopannychiten]* »Ketzer, wo da sagen, daß die Seele nach dem Tode bis auf die allgemeine Auferstehung an einem unsichtbaren Ort, der zwischen Himmel und Erde sey, aufbehalten würden, und steckten sie in einem so festen Schlaff, daß sie nicht wüßten, ob ihnen weh oder wohl wäre.« (Zedler, Bd. 29, Sp. 1090.)

⟨BPZ 101. Stück. Sonnabend, den 23. August 1755⟩
J.⟨ohann⟩ S.⟨amuel⟩ Patzke, *Virginia ein Trauerspiel*, Frankfurt und Leipzig 1755. – LM 7, S. 50.

Mit Sicherheit Lessing zuzuschreiben, der sich seit 1754 (vgl. *Theatralische Bibliothek*) für das Virginia-Thema interessiert.

415,14 *Patzke]* Zur Person s. Anm. 64,1.

415,20 *Gottscheds ⟨...⟩ Pietschels]* Die sechs genannten Autoren sind dt. Dramatiker der Gottsched-Schule, die in der erklärten Absicht, dt. »Original-Dramen« zu schreiben, sich am franz. Klassizismus orientierten. Mit Ausnahme

Schönaichs sind alle in Gottscheds *Deutscher Schaubühne* vertreten.

415,23 *gutes Genie]* Vgl. Anm. 48,4 und bes. 397,15.

⟨BPZ 103. Stück. Donnerstag, den 28. August 1755⟩ ⟨Louis de Beausobre,⟩ *Le Pyrrhonisme raisonable*, Berlin 1755. – LM 7, S. 50f.

Keine Indizien gegen Lessing als Verfasser.

415,33 f. *Le Pyrrhonisme* ⟨...⟩ *1755]* Der vernünftige Pyrrhonismus. Neue, revidierte und um einige Stücke vermehrte Ausgabe, Berlin bei Étienne de Bourdeaux 1755.

415,33 *Pyrrhonisme]* Pyrrhonismus, nach dem griech. Philosophen Pyrrhon aus Elis (ca. 365 - 275 v. Chr.), bezeichnet eine in Frankreich durch Montaigne, Charron und Bayle erneuerte und abgewandelte radikalskeptische Denkrichtung der Antike. In Deutschland ohne prominente Vertreter.

415,33 *Nouvelle Edition]* Die erste Ausgabe erschien unter dem Titel *Le Pyrrhonisme du Sage* (Der Pyrrhonismus des Weisen) in Berlin (Paris) 1754.

415,35 *Beausobre]* Louis de Beausobre (1730-1783), Sohn eines in Berlin ansässigen hugenottischen Geistlichen, Mitglied der Akademie der Wissenschaften, Berater König Friedrichs II.

416,10 *gelassen]* Lessing benutzt »lassen« häufig im Sinn von »wirken«, »aussehen«.

416,11 *epigrammatisch]* Kurz und scharfsinnig.

416,25 *Misologen]* Verächter der Vernunft.

416,27-37 *Es giebt* ⟨...⟩ *alle]* Sinngemäßes, teilweise wörtliches Zitat aus Plato, *Phaidon* 89d, e.

416,28 f. *Misanthropen]* Menschenfeinde.

⟨BPZ 106. Stück. Donnerstag, den 4. September 1755⟩ ⟨Moses Mendelssohn,⟩ *Über die Empfindungen*, Berlin 1755. – LM 7, S. 52 f.

Mit Sicherheit von Lessing.

417,13 *Verfasser]* Lessings wichtigster Freund und philosophischer Gesprächspartner seit 1754.
417,14 *philosophischen Gespräche]* Philosophische Gespräche, Berlin 1755. Vgl. Lessings Rezension S. 374-376.
417,23 f. *Warum unterblieb beides?]* Lessings Klage über offensichtlich ausgebliebene Reaktionen unterschlägt die Rezension von Johann David Michaelis in den ›Göttingischen Gelehrten Anzeigen‹ vom 29. 5. 1755, der man im übrigen die genannten Vorwürfe nicht machen kann.
418,1 *angenommene Charakter]* Nämlich schön *und* gründlich zu schreiben.
418,10 *einiger ⟨...⟩ ohngeachtet]* Gemeint sind zweifellos Christian Wolff, Alexander Gottlieb Baumgarten und Georg Friedrich Meier.
418,12 f. *dunklen Begriffen]* Die Erkenntnistheorie von Leibniz-Wolff, die lange Zeit in Deutschland vorherrschend war, geht von zwei entgegengesetzten Vorstellungsvermögen aus: einem rationalen (klaren, unterscheidenden) und einem sinnlichen (dunklen, verworrenen). Sie sind, zumindest bis Baumgarten, hierarchisch als obere und untere Beurteilungskraft unterschieden. »Unsere Erkenntniß ist entweder deutlich, oder sinnlich, das ist verworren und dunckel«. (Georg Friedrich Meier, *Abbildung eines Kunstrichters*, Halle 1745, S. 14).
418,14-16 *Wolf ⟨...⟩ voraussetzen]* »§ 198. Einige Gedanken sind so beschaffen, daß wir gar wohl wissen, was wir denken, und sie von andern unterscheiden können. Alsdenn sagen wir, sie sind klar. – § 199. Hingegen wenn wir selbst nicht recht wissen, was wir daraus machen sollen, was wir gedencken; so sind unsere Gedancken dunckel. – § 201.

Also entstehet die Klarheit aus der Bemerckung des Unterscheides im mannigfaltigen; die Dunckelheit aber aus dem Mangel dieser Bemerckung.« (Christian Wolff, *Vernünfftige Gedancken von Gott, der Welt und der Seele des Menschen, auch allen Dingen überhaupt*, 11. Auflage, Halle 1751.)

418,17 f. *Vergnügen 〈...〉 Vollkommenheit*] »§ 404. Indem wir die Vollkommenheit anschauen, entstehet bey uns die Lust, daß demnach die Lust nichts anderes ist, als ein Anschauen der Vollkommenheit« (Wolff, ebd.)

418,19 *Übereinstimmung des Mannigfaltigen*] »§ 152. Die Zusammenstimmung des mannigfaltigen machet die Vollkommenheit der Dinge aus. 〈...〉 Der Wandel des Menschen bestehet aus vielen Handlungen: wenn diese alle mit einander zusammenstimmen, dergestalt, daß sie endlich alle insgesamt in einer allgemeinen Absicht gegründet sind; so ist der Wandel des Menschen vollkommen.« (Wolff, ebd.)

418,37 *Abgang*] Einbuße, Minderung.

419,11 f. *Lehre vom Selbstmorde*] Selbstmord war bis ins 18. Jh. ein christlich tabuisiertes Thema. Für die Aufklärer wurde es Gegenstand öffentlicher Kritik (Montesquieu, Hume u. a.). Christian Wolff widmete ihm mehrere Paragraphen in den *Vernünfftigen Gedancken von der Menschen Thun und Lassen* (4. Auflage 1733) und kam zur Auffassung, daß Selbstmord niemals gerechtfertigt sei. Denn die Möglichkeit eines Lebens, das nur aus Jammer bestehe, sei nie gegeben, »weil der Mensch durch Gedult und andere Mittel sein Gemüthe kann zufrieden stellen« (§ 441). Einem grausamen Tod entgehen zu wollen, sei ebenfalls nicht statthaft, da ein Verbrecher »verbunden ist den Tod willig auszustehen«, und ein zu Unrecht Verfolgter beachten müsse, »daß Standhafftigkeit in Verfolgungen eine Tugend ist, darnach wir streben sollen.« (§ 442.)

⟨BPZ 108. Stück. Dienstag, den 9. September 1755⟩ August Bertling, *Evangelische Andachten. Erster Teil*, Danzig 1755. – LM 7, S. 54.

Vorreden- und Inhaltsverzeichnis-Rezension. Die durchgängigen Ironiesignale weisen auf Lessing als Verfasser.

419,28 *Herrn Doctors]* Ernst August Bertling (1721-1769) war Prof. für Theologie in Helmstedt.
419,35 *einfältigen Vortrag]* Der Verfasser versteht sein Predigtamt offensichtlich im Sinne Luthers, der die Kanzelrede aus der Umklammerung der Rhetorik lösen wollte.
420,3 f. *Jahrgang ⟨...⟩ Pfingsttag]* Der Band enthält die Predigten eines halben Kirchenjahres.
420,5 *z. E.]* Zum Exempel.
420,10 *Postille]* Bibelauslegendes Erbauungsbuch.
420,10 f. *13 Alphabet]* Lessing rechnet den Umfang beider Teile, also des ganzen Kirchenjahres, hoch und kommt, Oktav-Format vorausgesetzt, auf 4784 Seiten (bei Quart-Format die Hälfte).

*⟨BPZ 110. Stück. Sonnabend, den 13. September 1755⟩ ⟨Anzeige einer in Ansbach verlegten Moralischen Wochenschrift von Johann Friedrich von Cronegk (Hg.),⟩ *Der Freund*, ⟨2. Band, 1755⟩. – LM 7, S. 54 f.

Vermutlich vom Verleger eingesandte Anzeige (vgl. Consentius, S. 92 f.). Von Lessing evtl. mit der Gedichtprobe versehen.

420,17 *der Freund]* Erschienen sind drei Bände: Anspach 1754-1756.
420,20 *Verfassern]* Neben Cronegk (Anm. 398,10) u. a. Johann Peter Uz (1720-1796), der bekannte Ansbacher Anakreontiker (Anm. 366,13).

421,3 *Chörilus]* Choirilos, Epiker aus Iasos in Karien (5. Jh. v. Chr.), einer der schmeichlerischen Hofdichter des Makedonenkönigs Archelaos, galt im Altertum als Inbegriff des schlechten Dichters.

⟨BPZ 112. Stück. Donnerstag, den 18. September 1755⟩
J.⟨ohann⟩ F.⟨riedrich⟩ W.⟨ilhelm⟩ Jerusalem, *Beantwortung der Frage, ob die Ehe mit der Schwester Tochter, nach den göttlichen Gesetzen zulässig sei*, Chemnitz 1755. – LM 7, S. 55 f.

Obwohl es sich um einen gelehrten Streit handelt, scheint die Verfasserschaft Lessings nicht gesichert.

421,11 *Jerusalems]* Einflußreicher Theologe (1709-1789), nach Aufenthalten in Holland und England Abt und Konsistorialpräsident in Braunschweig, Gründer des Collegium Carolinum. Vertreter eines aufgeklärten Protestantismus. Vgl. auch Anm. 365,10.

421,13 *M. G. Fr. Gühling]* Magister Johann (!) Friedrich Gühling (1702-1772), seit 1752 Superintendent in Chemnitz.

421,18 *Lev.* ⟨...⟩ *XX]* Das 3. Buch Mose (Leviticus), Kap. 18: »Verbot geschlechtlicher Verirrungen«, Kap. 20: »Strafbestimmungen für schwere Sünden«. Obwohl 3. Mose 20,6 den Umgang mit Blutsverwandten generell verbietet, ist in beiden Kapiteln der Fall »Schwester Tochter« nicht spezifiziert.

421,19 f. *Recht* ⟨...⟩ *Gottes]* Für Hugo Grotius fließt das Naturrecht aus einer natürlich-vernünftigen Soziabilität des Menschen. Das Naturrecht würde auch gelten, wenn kein Gott wäre oder er sich nicht um die Menschen kümmerte. Thomasius und Wolff haben die deutsche Naturrechtslehre in abschließende Form gebracht und sie als vernünftige Selbstordnung des Menschen mit dem Ziel seiner Vervollkommnung aufgefaßt.

421,29 *Wohlstand]* Gute Sitte, Wohlfahrt.

421,36 *Gliedern seines Standes]* Mitgeistlichen.

⟨BPZ 114. Stück. Dienstag, den 23. September 1755⟩ Christoph Aug.⟨ust⟩ Heumann, *Erklärung des neuen Testaments*, Siebenter Teil, Hannover 1755. – LM 7, S. 56 f.

Die Bezugnahme auf die Rezension des »Dritten Teils« (s. Bd. II dieser Ausgabe, S. 257 f.) und die geübte philologische Kritik machen die Verfasserschaft Lessings wahrscheinlich.

422,21 f. *Epistel an die Römer]* Römer-Brief des Paulus. Meistkommentierte Schrift des NT.
422,24 *besten Ausleger]* Der berühmteste war Martin Luther.
422,27 *z. E.]* Zum Exempel.

⟨BPZ 115. Stück. Donnerstag, den 25. September 1755⟩ Caspar Friedrich Munthe, *Observationes Philologicae in sacros novi Testamenti libros,* Kopenhagen und Leipzig 1755. – LM 7, S. 57 f.

Das Interesse am philologischen Problem spricht für Lessing als Verfasser, der Stil eher gegen ihn.

423,16-20 *Caspari ⟨...⟩ 1755]* Caspar Friedrich Munthes, Professors der griech. Sprache an der Universität zu Kopenhagen, Philologische Beobachtungen zu den heiligen Büchern des Neuen Testaments, aus dem Diodorus Siculus gesammelt, nebst einem Index der Diodorus-Zitate zur Bereicherung und Ergänzung der Wörterbücher. Kopenhagen und Leipzig, auf Kosten des Peltius, 1755.
423,16 *Munthe]* Norweg. Altphilologe (1704-63), Prof. für Griech. an der Universität Kopenhagen.
423,20 *Raphelius]* Georg Raphelius (1673-1740), Theologe und Superintendent in Lüneburg, veröffentlichte vergleichende Sprachstudien zum NT anhand der Schriften von Xenophon (1709), Polybios (1715) und Herodot (1731).

423,30 *Diodorus Siculus*] Griech. Geschichtsschreiber aus Sizilien, der zwischen 60 und 30 v. Chr. eine Weltgeschichte in vierzig Büchern schrieb.

424,16 *Stephanus*] Henricus Stephanus (Henri Étienne, 1528-1598), berühmter franz. Humanist, *Thesaurus linguae Graecae*, 1572.

⟨BPZ 117. Stück. Dienstag, den 30. September 1755⟩ Johann Andreas Cramer, *Sammlung einiger Predigten*, Zweiter Teil, Kopenhagen 1755. – LM 7, S. 58 f.

Bloßes Inhaltsverzeichnis (ähnlich schon die Besprechung des »Ersten Teils«, S. 396 f. dieses Bandes). Lessing hat später behauptet, er habe Cramers Predigten nie gelesen (105. ›Literaturbrief‹, s. Bd. IV dieser Ausgabe, S. 723). Eben dies bringen die beiden »Rezensionen« zum Ausdruck. Lessings Verfasserschaft also eher plausibel als fraglich.

424,27 *Weltweisheit*] Philosophie.
425,2 *Verbindung*] Verbindlichkeit.
425,10 *Gabe Gottes*] Im Sinn von: Beistand.

⟨BPZ 120. Stück. Dienstag, den 7. October 1755⟩ ⟨Anonymus,⟩ *Der Ehestand, eine Erzählung, Aus dem Englischen. Erster Teil*, Leipzig 1755. – LM 7, S.59 f.

Keine Indizien gegen Lessings Verfasserschaft.

426,1-3 *taedae ⟨...⟩ ambo*] »Dann wuchs die Liebe und hätte zu rechter Ehe geführt: die Väter verwehrten's. Doch was sie nicht wehren konnten: es brannten die beiden in gleicher und heftiger Liebe.« (Ovid, *Metamorphosen* IV 60 ff., übers. v. Erich Rösch.)
426,7 *lustige Laune*] Zu Laune bzw. humour als engl. Stileigenart s. Anm. 372,32.

426,10 *Fieldings]* S. Anm. 408,16.
426,12 *Richardson]* S. Anm. 399,4 f.

⟨BPZ 121. Stück. Donnerstag, den 9. October 1755⟩ Richard Steele, *Der Schwätzer, eine Sittenschrift aus dem Englischen. Erster Band*, Leipzig 1755. – LM 7, S. 60 f.

Keine Indizien gegen eine Verfasserschaft Lessings.

426,33 *Der Schwätzer]* Engl. *The Tatler* (1709-1711), erste sog. Moralische Wochenschrift von Steele und Addison, grundlegend für die Formierung der international so erfolgreichen Gattung.
426,36 *Der Zuschauer]* Engl. *The Spectator* (1711/12), zweite Wochenschrift der beiden Autoren, wurde zum klassischen Muster der Gattung.
427,3 *Richard Steele]* Aus Dublin gebürtiger Essayist, Dramatiker und Politiker (1672-1729), schrieb unter mehreren Pseudonymen.
427,4 *sinnreichsten Köpfe]* Der Vorwurf ist nicht sonderlich gerechtfertigt. Steele schrieb unter dem Pseudonym Isaac Bickerstaff 188 der insgesamt 271 Nummern. Etwa 40 stammen von Joseph Addison.
427,5 *Ambrosius Philipps]* Ambrose Philipp (1675-1749), engl. Dichter, dessen *Epistle to the Earl of Dorset* (Brief an den Earl von Dorset) von Steele im *Tatler* Nr. 12 publiziert und hoch gelobt wurde. Ansonsten ist er als Beiträger nicht sonderlich markant.
427,11 *deutsche Übersetzung]* Stammt vermutlich von Johann Daniel Tietz (Titius), s. Anm. 412,23.
427,13 f. *the Lucubrations* ⟨...⟩ *Bickerstaff]* Die (nächtlichen) Gedanken des Isaac Bickerstaff.
427,14 *kleinen Händel]* Jonathan Swift hatte Ende 1707 unter dem Pseudonym Isaac Bickerstaff ein satirisches Prognostikon auf das Jahr 1708 verfaßt, in welchem er den Tod eines gewissen John Partridge voraussagte, eines geschäfts-

tüchtigen Astrologen und Wahrsagers. In einem weiteren Pamphlet bestätigte und beschrieb er den angeblich eingetretenen Tod und ließ sogar eine *Elegy on the Death of Mr. Partridge* (Elegie auf den Tod von Herrn Partridge) folgen. Partridge antwortete mit einer Anzeigenkampagne, die in ganz England belacht wurde. Steele erhielt von Swift die Erlaubnis, das mittlerweile berühmt gewordene Pseudonym für den *Tatler* zu verwenden.

427,25 *la Chapelle*] Armand Boisbelleau la Chapelle, ›Le Babillard‹ de Steele (›Der Plauderer‹ von Steele), 2 Bde., Amsterdam 1734/35.

⟨BPZ 122. Stück. Sonnabend, den 11. October 1755⟩ ⟨Friedrich German Lüdke,⟩ *Briefe an Freunde*, Danzig o. J. — LM 7, S. 61 f.

Die allgemeinen Betrachtungen über literarische Moden und der kritische Doppelsinn des Lobes sprechen für Lessing als Verfasser.

427,33 *Littera ⟨...⟩ Cic.*] »Der Buchstabe errötet nicht.« — Das Zitat ist freilich falsch oder bewußt abgewandelt. Richtig heißt es: »Epistula enim non erubescit« (Ein Brief errötet ja nicht), Cicero, *Ad Familiares* (Briefe an Vertraute) V 13,1. In der abgewandelten Form bedeutet das Zitat: Papier ist geduldig.

427,35 *epistolarischen Stils*] Vgl. Anm. 370,33 f.

428,10 *Meßcatalogo*] Die Kataloge der Buchmessen in Leipzig und Frankfurt kamen jeweils im Frühjahr und Herbst heraus.

428,21 *Verfassers*] Friedrich German Lüdke (1730-1792) war Prediger in Berlin. Lessing dürfte ihn gekannt haben.

428,26 *Sevigné*] Marie de Rabutin-Chantal, Marquise de Sévigné (1626-1696), *Briefe*, postum gesammelt (zuerst 1725, vollständig 1818). Inhaltlich kommentieren ihre Briefe (überwiegend an ihre Tochter) die höfischen und kulturellen

Ereignisse der Epoche, stilistisch gelten sie als vollendete Beispiele der zeitgenössischen Ideale des Esprit und der Dezenz. – Lessings Hinweis spielt auf die Trennung von Hof und bürgerlicher Intelligenz in Deutschland an.

⟨BPZ 123. Stück. Dienstag, den 14. October 1755⟩ ⟨Christoph Martin Wieland,⟩ *Ankündigung einer Dunciade für die Deutschen*, Frankfurt und Leipzig 1755. – LM 7, S. 62 f.

Die Verfasserschaft Lessings ist gesichert.

428,32 *Dunciade*] Alexander Popes (1688-1744) satirisches Versepos *The Dunciad*, vgl. Anm. 364,27 f.

429,4 *Patrioten*] Das Wort bezeichnet um 1755 im allgemeinen jemanden, der sich gesellschaftlich verantwortlich fühlt.

429,14 *Verfasser*] Christoph Martin Wieland (1733-1813), der damals in Zürich, also in der Nähe der Gottsched-Gegner Bodmer und Breitinger, lebte. Gottsched hielt Lessing für den Verfasser und schrieb am 11. 12. 1755 an Ramler, er wolle ihn dafür verklagen. Wieland hat sich im Alter von seinem Pamphlet distanziert. – Das Manuskript kam über Gleim an Lessing, der es bei Voss drucken ließ.

429,18 *Idioten*] Ungebildeter, Laie, Stümper. Die heutige Bedeutung kam ebenfalls im 18. Jh. auf, als in England »idiot« zum juristischen Terminus für einen Schwachsinnigen avancierte.

429,29 f. *Sens-commun*] Gemeinsinn, gesunder Menschenverstand.

430,1 *zeitiges*] Frühzeitiges.

430,11 *triegen*] Betrügen.

430,12 f. *zweiten Klasse*] In diese setzt Wieland die Nachahmer der Franzosen, die leichtgewichtigen Anakreontiker und aufklärerischen Witzlinge und darüber hinaus alle, die die religiöse Gefühlssprache Klopstocks und der Zürcher nicht verstehen.

MISS SARA SAMPSON

TEXTGRUNDLAGE

Miß Sara Sampson ist in zwei gedruckten Fassungen, aber ohne Handschrift und handschriftliche Materialien überliefert. Der hier wiedergegebene Erstdruck erschien zur Ostermesse 1755 in *G. E. Leßings Schrifften Sechster Theil. Berlin bey C. F. Voß*, S. 1-216. Von diesem sechsten Teil existieren zwei Drucksätze, die bei LM als a und c (analog zu den jeweils drei Drucksätzen a, b, c der Teile 1-4) bezeichnet sind und sich durch eine geringfügige Zahl von Druckfehlerverbesserungen unterscheiden, z. B. »Saia« zu »Sara« S. 195,1. Als Vorlage unseres Textes diente ein Drucksatz c, der auch der ersten Separatausgabe des Stückes von 1757 (ohne Verfasser-, Verleger- und Ortsangabe) zugrunde lag. Offensichtliche oder durch die Revision von 1772 verifizierte Druckfehler wurden im edierten Text stillschweigend verbessert.

Die revidierte Ausgabe ›letzter Hand‹ erschien zur Ostermesse 1772 in *Trauerspiele von Gotthold Ephraim Lessing. Miß Sara Sampson. Philotas. Emilia Galotti. Berlin, bey Christian Friedrich Voß*, S. 1-182. Gleichzeitig wurde von Voß eine druckidentische Separatausgabe auf den Markt gebracht. Die Änderungen gegenüber dem Erstdruck betreffen fast ausschließlich Zeichensetzung, Wortstellung und Rechtschreibung und sind im Grunde marginal. Lessing sandte die Korrektur am 1. 12. 1771 an seinen Verleger ab, zu einem Zeitpunkt also, da er ganz auf die Arbeit an *Emilia Galotti* konzentriert und dankbar für die (schlampigen) Korrekturdienste seines Bruders Karl im fernen Berlin war. Im übrigen scheint Lessing sein Stück damals schon historisch gesehen zu haben. Dachte er 1757 noch an eine gründliche Überarbeitung (vgl. Rezeptionszeugnis Nr. 15), so hielt er sie 1767, mit Berufung auf ein Voltairesches Diktum, für ein vergebliches, weil zerstörerisches Unterfangen (vgl. Nr. 28). Der Text von 1772 ist also nicht nur wesensmäßig, sondern auch formal im Grunde der von 1755. Markante Änderungen sind die Tilgung des Epithetons »bürgerliches« im Titel des Stücks (es heißt jetzt nur noch: »Ein Trauerspiel«), sowie die durchgehende Korrektur von »Sir Sampson« in »Sir William«.

Als ›Ausgabe letzter Hand‹ ist der Druck von 1772 zum Standardtext der zahllosen Lessing-Ausgaben geworden. Der Urtext wurde bisher nur zweimal neugedruckt: von Fritz Brüggemann (1934) und von Karl Eibl (1971), vom ersteren in modernisierter, vom letzteren in authentischer Schreibung. In unserer Wiedergabe sind die textlichen Abweichungen des Drucks von 1772 nur dann in den Stellenkommentar aufgenommen worden, wenn sie den Sinn oder den syntaktischen Duktus spürbar verändern. Unberücksichtigt geblieben sind die bloß orthographischen Varianten, nicht hingegen die Druckfehlerverbesserungen.

ENTSTEHUNG UND DOKUMENTE ZUR ENTSTEHUNG

Anfang 1755 verließ Lessing Berlin, um für sechs oder sieben Wochen in einem Potsdamer Gartenhaus (möglicherweise dem ehemaligen Domizil Voltaires) Ruhe und Konzentration für eine größere Arbeit zu suchen. Das ist ihm zweifellos gelungen. Denn das Ergebnis dieser Klausur, das offensichtlich druckfertige Manuskript von *Miß Sara Sampson*, lag schon einen Monat nach seiner Rückkehr in Buchform vor und wurde am 5. 5. 1755 in einer anonymen Selbstrezension den Lesern der ›Berlinischen Privilegirten Zeitung‹ angezeigt. Eine ›Schnellschuß‹-Aktion also.

Wie lang Lessing wirklich an seinem Stück gearbeitet hat, ist nicht mehr zu ermitteln. Weder wissen wir, ob er mit Vorarbeiten (und wenn ja, mit welchen) nach Potsdam fuhr, noch kennen wir die genauen Eckdaten seines dortigen Aufenthalts. Ungewiß schließlich auch, was ihn veranlaßt hat, den Schleier des Geheimnisses über sein Unternehmen zu ziehen. So hat er sich im Berliner Bekanntenkreis nicht ab- und zurückgemeldet, in Potsdam selbst jegliche Kontakte vermieden und im einzigen überlieferten Brief von dort (18. 2. 1755 an Moses Mendelssohn, s. Bd. XI/1 dieser Ausgabe, Nr. 67) kein Wort über seine Arbeit verlautet. Trotzdem scheint Mendelssohn zu den wenigen Eingeweihten, vielleicht dem einzigen neben Lessings Verleger und Urlaubgeber Voß, gehört zu haben. Auch von Mendelssohn ist ein Brief nach Potsdam überkommen (17. 2. 1755, s. Bd. XI/1 dieser Ausgabe, Nr. 66), ein Brief, der, ohne konkret Bezug zu nehmen, von wissender Teilnahme überquillt: nur keine Störung, nur keine Ablenkung, es sei denn, ein kurzer Besuch wäre erwünscht. Dieser Brief wäre nicht sonderlich von Belang, würde er nicht eine kuriose Reminiszenz stützen, die im Jahr 1792 aufgezeichnet wurde:

Nr. 1
Friedrich Wilhelm Basilius von Ramdohr: *Reise nach Dännemark, 1. Theil*, Hannover 1792, S. 12 f. (zit. nach Daunicht, Nr. 113):

»Ich erinnere mich hier einer anekdote, die mir von Leßing erzählt ist, und die, wenn sie wahr seyn sollte, den geringen werth anzeigen würde, den dieser große kritiker der würkung seiner stücke auf den großen haufen beilegte.

Lessing war mit Mendelssohn bey der vorstellung eines der französischen weinerlichen dramen zugegen. Der letzte zerfloß in thränen. Am ende des stücks fragte er seinen freund, was er dazu sagte? Das es keine Kunst ist, alte weiber zum heulen zu bringen, versetzte Leßing. Das ist leicht gesagt, aber nicht leicht gethan, antwortete Mendelssohn. Was gilt die wette, sagte Leßing, in sechs wochen bringe ich ihnen ein solches stück.

Sie giengen die wette ein, und am folgenden morgen war

Leßing aus Berlin verschwunden. Er war nach Potsdam gereiset, hatte sich in eine dachstube eingemiethet, und kam nicht davon herunter. Nach verlauf von sechs wochen erschien er wieder bei seinem freunde, und Miß Sara Sampson war vollendet.«

Ramdohrs Wett-Anekdote gewinnt weiter an Glaubwürdigkeit, wenn man sie mit einer einschlägigen Selbstverpflichtung Lessings aus dem Jahr 1754 verrechnet. Hatte dieser sich doch anläßlich seiner Übersetzungen der Lustspieltraktate von Chassiron und Gellert (im ersten Stück der ›Theatralischen Bibliothek‹) vorbehalten, seiner »Beurteilung« des rührenden Lustspiels andernorts eine ebensolche des »bürgerlichen Trauerspiels« folgen zu lassen (vgl. S. 265 dieses Bandes). Möglich, daß das gemeinsame Theatererlebnis den Ausschlag dafür gab, daß Lessing sein Theorievorhaben spontan durch das theatralische Experiment ersetzte. Die theoretische Auseinandersetzung folgte dann bekanntlich nach. Inwiefern diese korrigierte Abfolge seiner Gewohnheit entsprach, wird noch zu erörtern sein.

Auch die Dauer des Potsdamer Inkognitos läßt sich aus den Briefzeugnissen einigermaßen aufklären. So schreibt Mendelssohn im obengenannten Brief, er müsse nun schon drei Wochen ohne den Freund aushalten. Rechnet man vom Briefdatum (17. 2.) zurück, so kommt man auf den 27. 1. als (ungefähren) Abreisetermin. Ähnlich liefern Briefe von Ramler und Kleist (s. u.) einen terminus ante quem für die Rückkehr (20. 3.), sowie einen relativ vertrauenswürdigen Hinweis auf die Dauer der Lessingschen Absenz (sieben Wochen). Danach wäre *Miß Sara Sampson* (cum grano salis) zwischen dem 27. 1. und dem 17. 3. 1755 entstanden.⟩

Nr. 2
Brief von Karl Wilhelm Ramler an Johann Wilhelm Ludwig Gleim, Berlin 20. 3. 1755 (zit. nach Daunicht, Nr. 116):

»Jetzt ist Herr Leßing wieder hier und läßt Sie grüßen. Was er in Potsdam, wo er gewesen, gemacht hat, will ich morgen erfahren. Heute habe ich nichts herausgekriegt. Ich glaube er hat einen neuen Band zu seinen kleinen Schrifften hinzugeschrieben.«

Nr. 3
Brief von Johann Wilhelm Ludwig Gleim an Karl Wilhelm Ramler, Halberstadt, 28. 3. 1755 (zit. nach Daunicht, Nr. 117):

»Herr von Kleist hat Herrn Leßings Auffenthalt zu Potsdam mit keinem Wort erwähnt. Er muß also wohl incognito da gewesen seyn.«

Nr. 4
Brief von Ewald Christian von Kleist an Johann Wilhelm Ludwig Gleim, Potsdam, 2. 4. 1755 (zit. nach Daunicht, Nr. 115):

»Herr Lessing ist 7 Wochen in Potsdam gewesen; allein weder Herr Ewald noch ich haben ihn gesehen. Er soll hier verschlossen eine Komödie gemacht haben. Er hätte vielleicht eine bessere gemacht, wenn er sich nicht verschlossen hätte; denn es giebt auch hier Narren zu belachen wie allenthalben. Mich deucht aber, wenn ich ein Poet wäre, ich machte hier nicht Komödien und Satiren, sondern lauter Lobgedichte.«

Nr. 5
Christoph Friedrich Nicolai (Hg.), *Gotthold Ephraim Lessings sämmtliche Schriften. Sieben und zwanzigster Theil*, Berlin 1794, S. 96 (zit. nach Daunicht, Nr. 114):

»Kleist ⟨war⟩ empfindlich darüber, daß Lessing ihn nicht besuchte, als er im Febr. 1755, um seine Miß Sara Sampson zu endigen, sich mehrere Wochen in Potsdam aufhielt. ⟨...⟩ Kleist bezeugte noch im Januar 1756, als er Krankheitshalber in Berlin war, gegen mich seine Empfindlichkeit über Lessing, den ich damit vertheidigte, daß er, um ungestört zu arbeiten, niemand hätte sprechen wollen und können.«

AUFFÜHRUNG

Im Frühjahr 1755, vermutlich im April oder Mai, lernte Lessing den Theaterprinzipal Konrad Ernst Ackermann kennen, der in Berlin mit seiner Truppe festen Fuß zu fassen suchte, aber nach einigen Aufführungen resignierte. Für das, was er zu bieten hatte, klassizistisches Regeldrama und englische Rührstücke, fehlte es in Berlin offensichtlich an Publikum. Nicht daß die Stadt eine theatralische Wüste gewesen wäre. Es gab eine glanzvolle Oper, für die der König Unsummen ausgab, und es gab eine ebenfalls subventionierte, durchaus anspruchsvolle französische Sprechbühne. Dahinter, auf dem Feld der deutschsprachigen Bedürfnisse, herrschte eher der Geist des Boulevards. Jedenfalls entschieden sich die Berliner 1755 nicht für das Bildungstheater Ackermanns (und damit auch Lessings), sondern für die vielseitige Truppe eines gewissen Franz Schuch, der als Hanswurst zu brillieren wußte und höhere Ansprüche nur dann bediente, wenn der Erfolg gewährleistet war. Ob Ackermann bei seinem mißglückten Berliner Zwischenspiel Lillos *Kaufmann von London* und/oder Moores *Spieler*, zwei Klassiker des frühen ›bürgerlichen Trauerspiels‹ also, die nachweislich zu seinem Repertoire gehörten, aufführte, ist nicht gesichert. Sicher ist jedoch, daß Lessing ihm oder seinem begabten Dramaturgen Johann Christian Ast seine *Miss Sara Sampson* anvertraute – zweifellos in der Hoffnung auf eine Berliner Inszenierung. Doch da Ackermann am 7. 6. 1755 die Stadt verließ, erlebte das Stück am 10. 7. 1755 im

Exerzierhaus der Garnisons- und Universitätsstadt Frankfurt an der Oder seine Premiere. Ein Theaterzettel ist nicht überliefert, die Besetzung der Rollen unbekannt, und was die Qualität der Aufführung betrifft, so lassen die spärlichen Kommentare (s. Dokumente Nr. 4 und 5) lediglich den Schluß zu, daß sie hinreichend war, das Publikum zu begeistern. Lessing selbst, der aus Berlin angereist war und möglicherweise bei den Proben mitgeholfen hat, hat sich nicht dazu geäußert. Und erst recht nicht über die Eloge, die Madame Ackermann in einem Bühnen-Epilog an ihn richtete.

Daß das Stück in den zwölf Jahren zwischen 1755 und 1767 (Erscheinungsjahr der *Minna von Barnhelm*) neben der Lesekarriere auch eine bemerkenswerte Theaterkarriere erlebte, verdankte es vor allem der Ackermannschen Truppe, die, ruhelos wandernd, nicht weniger als vierzehn weit verstreute Städte damit bespielte: nach Frankfurt an der Oder noch im selben Jahr Königsberg, dann Danzig, Halle, Frankfurt am Main, Bern, Aarau, Straßburg, Basel, Mainz, Göttingen, Braunschweig, Hamburg und Bremen. Für die Präsenz des Stückes in Berlin, Magdeburg und Breslau sorgte seit 1756 die Schuchsche Truppe. Insgesamt hat Ursula Schulz (s. Lit.-verz.) für den genannten Zeitraum 64 Aufführungen nachgewiesen, wovon allein 14 auf Hamburg und 11 auf Berlin fallen. Andere Lessingdramen traten daneben nur sporadisch in Erscheinung. Lediglich der *Freigeist* (22 Aufführungen) kann einigermaßen mithalten. Der Bruch kam Mitte 1767 mit dem Sensationserfolg der *Minna*. Zwar hörten die *Sara*-Aufführungen nicht auf – ja, mit 2-8 Nachweisen pro Jahr blieben sie sogar konstant. Doch die Relationen hatten sich von Grund auf geändert. Aufführungsfrequenzen von vierzig pro Jahr, wie sie für *Minna* belegt sind (wenig später auch für *Emilia Galotti*), zeugen von einer neuen Qualität des deutschsprachigen Theaters und lassen *Sara* als bloßes Vorspiel erscheinen.

QUELLEN, STOFF, STRUKTUR

Im Gegensatz zur italienischen Einkleidung der *Emilia Galotti* und der orientalischen des *Nathan* entspringt die englische der *Sara* einer sehr viel grundsätzlicheren Option des Autors. Daß er sich, durch Elternhaus und Schule sprachlich gerüstet, schon früh in die englische Theaterliteratur einlas, besagt noch wenig. Sehr viel mehr jedoch, daß ihm vermutlich an dieser Erfahrung nicht nur die mentale Differenz zwischen den vielen europäischen Theaterwelten, sondern auch die zwischen geschlossenen und offenen Systemen aufging. Französische Regelstarre und englische Regellosigkeit waren ihm von da an die Grenzwerte, zwischen denen sich sein Bemühen um die Emanzipation des eigenen, des deutschen Theaters ausspannte. 1749, also gerade zwanzigjährig, resümierte er seine frühen, von Montesquieu und Voltaire infizierten Einsichten wie folgt: »Wir glauben ‹. . .›, daß aus keiner Sache das Naturell eines Volkes besser zu bestimmen sei, als aus seiner dramatischen Poesie.« Um wenig später hinzuzufügen: »Das ist gewiß, wollte der Deutsche in der dramatischen Poesie seinem eigenen Naturell folgen, so würde unsere Schaubühne mehr der englischen als französischen gleichen.« (Bd. I dieser Ausgabe, S. 729.) Diese Richtungsangabe sollte lange gültig bleiben.

Erstaunlicherweise blieb in Lessings breitangelegter Theaterpublizistik dieser Jahre, welche die europäische Schaubühne unermüdlich nach »Mustern« (ebd., S. 728) durchforstete, gerade England weitgehend ausgespart. Zwar gab es eine Ausnahme: den Trauerspieldichter James Thomson (s. Bd. II dieser Ausgabe, S. 331-355, sowie S. 282-299 und 755-761 dieses Bandes), doch betraf sie ausgerechnet einen ›Klassizisten‹, also einen quasi unenglischen Engländer, der für die ausgerufene Wahlverwandtschaft schwerlich einstehen konnte. War die englische Affaire ins Stocken geraten? Oder hatte ihr Lessing eine Sonderrolle zugedacht? Zieht man in Betracht, daß aus der ›Blackbox‹ des England-

Projekts am Ende keine neue komparatistische Theorie, sondern das neue Drama selbst hervortrat, dann kann es sich nur um das letztere handeln. Aus der Rückschau ergibt sich jedenfalls, daß Lessing in den der *Sara* vorangehenden Jahren ein intensives Studium des englischen Tugend-Diskurses und seiner spezifischen Mittelstandspsychologie getrieben haben muß, wobei zur extensiven Dramenlektüre (für die sich über 70 Titel nachweisen lassen) am Schluß auch die Romanlektüre kam. Ob dies zunächst nur im Hinblick auf eine besondere nationale Literatur-Koine oder schon auf eine zu beerbende *bürgerliche* Anthropologie geschah, ist schwer zu entscheiden. Jedenfalls hat er keine Mühe gescheut, aus der fremden Zeichenwelt so viel wie möglich in sein eigenes Stück zu übertragen. Zweifellos existierten zu diesem Zweck beträchtliche Exzerpt-Vorräte nach dem Muster der erhaltenen Otway/Wycherley-Auszüge (s. S. 737 f. dieses Bandes), die, wären sie nicht verloren, das Stück immer schon als eine Art Pastiche ausgewiesen hätten.

Die Lessing-Philologie verdankt einen Gutteil dieses Wissens einem Außenseiter, dem Mediziner Paul Albrecht, der Lessing als monströsen Plagiator überführen wollte und dafür in einem unvollendeten Monumentalwerk 1277 stolz gezählte Einzel-Nachweise sammelte (*Leßings Plagiate*, 1888-91). Daß ihm dabei *Miß Sara Sampson* mit nicht weniger als 392 Strafanzeigen zum Lieblingstext wurde, liegt sicher nicht allein an seiner Borniertheit. Nicht wenige seiner Nachweise, von denen einige in den Stellenkommentar übernommen wurden, sind stichhaltig, und der fragwürdige Rest scheint aus intertextualistischer Sicht nicht belanglos. Allerdings haben die psychopathischen Züge Albrechts den kritischen Umgang mit seiner Fleißarbeit lange (und eigentlich bis heute) behindert. Als erster unternahm 1926 Paul P. Kies eine Revision und deckte dabei die Hauptquellen für Lessings Handlungsführung auf. Am ergiebigsten erwies sich eine Restaurations-Komödie aus dem Jahr 1688, Thomas Shadwell's *The Squire of Alsatia* (Der Junker aus dem Elsaß), die in der Tat alle wichtigen Motive und Charaktertypen des Lessingschen Stücks bereithält, wenn auch in Form eines komplizierten Doppel-Plots und natürlich ohne tragischen Schluß. Lessing hat seine selbstbewußten Eingriffe (Vereinheitlichung der Handlung und Genre-Wechsel) später gerechtfertigt: »wir lieben einen einfältigen Plan, der sich auf einmal übersehen läßt. So wie die Engländer die französischen Stücke mit Episoden erst vollpfropfen müssen, wenn sie auf ihrer Bühne gefallen sollen; so müßten wir die englischen Stücke von ihren Episoden erst entladen, wenn wir unsere Bühne glücklich damit bereichern wollten.« (Bd. VI dieser Ausgabe, S. 244 f.) In ähnliche Richtung weist ein von Karl Lessing überliefertes Diktum: »Mein Bruder behauptete, man könne aus allem eine Komödie oder Tragödie machen, indem es mehr auf die Bearbeitung des Stoffs als auf den Stoff selbst ankäme« *(Theatralischer Nachlaß I, XV)*. – Evidente Anregungen hat Lessing ferner aus zwei bürgerlichen Trauerspielen jüngeren Datums gezogen: aus *Caelia: or, the Perjur'd Lover* (Caelia oder der meineidige Liebhaber, 1733) von Charles Johnson, nach welchem die drei Eingangsszenen sowie die Brief-Episode gestaltet sind, und *The Perjur'd Husband* (Der meineidige Ehemann, 1700) von Susannah Centlivre, wo sich die Motive der inkognito auftretenden Mätresse und der sich selbst überlassenen Rivalinnen fanden. Nicht wenige Text- und Motivelemente übernahm Lessing schließlich aus den Romanen Richardsons, vor allem aus *Clarissa* (dt. 1748-51). Hingegen hat George Lillo's berühmtes Stück *The London Merchant* (Der Kaufmann von London, 1730), obwohl oft als Vorbild genannt, nichts zur *Sara*-Handlung beigetragen. Ob auch französische Rührstücke (die ja ihrerseits englisch beeinflußt waren) zu Lessings Quellenfundus gehörten, ist, trotz Albrechts Anzeigen, nicht sicher. Um so sicherer ist dafür der Einfluß der *Medea*-Dramen von Euripides und Seneca (vgl. Überblickskommentar).

Miß Sara Sampson galt den deutschen Zeitgenossen als veritabler Theatercoup. Den Angriff auf die klassizistische Regeltragödie durch einen Deutschen hatte man offensichtlich nicht erwartet. Tatsächlich wollte Lessing, wie die geheimnisvolle Entstehungsgeschichte und die Selbstrezension vom 3. 5. 1755 (s. S. 389 dieses Bandes) erkennen lassen, das Publikum überraschen. Daß es gelang, sagt einiges über den Erwartungshorizont aus, den er so erfolgreich durchbrach. Machen wir uns klar: Überraschend an dem Stück waren nicht die ›Sprache des Herzens‹, die Heiligung der privaten Moral und die Entdeckung der familialen Erotik. Wer wollte, war dem allen schon auf dem Experimentierfeld der ernsten Komödie oder in den ersten deutschen Inszenierungen englischer Trauerspiele begegnet. Überraschend war zweifellos anderes. Zunächst sicher der Mut eines jungen deutschen Komödienschreibers, die englische Eigenwilligkeit einer ›domestic tragedy‹ erstmals für den Kontinent zu reklamieren. In der Tat ist es einigermaßen erstaunlich, daß George Lillo's Neuerung von 1730 ein volles Vierteljahrhundert lang keinen einzigen Nachahmer in Frankreich, Italien, Holland oder eben Deutschland fand. Die Gründe für dieses Tabu sind einigermaßen diffus. Sicher ist, daß die seit Voltaire und Montesquieu florierende Hochschätzung für die englische Verfassung, die englische Aufklärungsphilosophie und den englischen Roman sich nicht auf das englische Theater erstreckte. Es galt als heftig, populistisch, anzüglich, regel- und theoriefern. Mochten die kontinentalen Aufklärer mit ihren politischen Verhältnissen noch so sehr hadern, mit der Ausweisung des Fürsten, der Regelhaftigkeit und der hohen Verssprache aus der Tragödie tat man sich schwer. Daran änderte auch Lessings einzelgängerischer Gegenschlag nur wenig. Selbst in Deutschland blieb ja – was unter Germanisten lange Zeit in Vergessenheit geraten war – das ›bürgerliche Trauerspiel‹ nicht mehr als eine bedeutsame Episode vor klassizistischem Hintergrund, bis dieser nach rund 25 Jahren wieder zum Vordergrund wurde (vgl. Mönch, *Abschrecken oder Mitleiden*; Rochow, *Das bürgerliche Trauerspiel*).

Auch der junge Provokateur Lessing war bei seinem Ausspielen der englischen Karte nicht frei von Skrupeln und

Vorbehalten. Von den Kompromissen, die er einging, läßt sich das Festhalten an der Handlungseinheit noch am leichtesten erklären. Die Gesellschaft, für die er schrieb, war nun einmal keine englische. Was er für sein bürgerliches Thesen-Theater übernehmen konnte, war das Verführungs- und Meineidsmotiv, sowie die Musterfamilie aus dem englischen Gentry-Milieu, nicht jedoch die bürgerliche Lebensbreite des englischen Abbildungstheaters, für die sich in Deutschland kein soziales Pendant fand. Mehr zu denken gibt, daß er seiner sündengefallenen Heldin keinen Hauch von (englischer) Sinnlichkeit, geschweige denn Sexualität gönnte (was er später an Emilia Galotti korrigierte). Liebe bedeutet für Sara eher amor dei und amor fati, jedenfalls kein sinnliches Begehren. Die Liebesbeteuerungen gegenüber Mellefont, der sie mit falschen Eheversprechungen täuscht, bleiben rätselhaft. Falls Lessing mit dieser Überbietung des klassizistischen Dezenzgebots sein Experiment retten wollte, was im übrigen gelungen zu sein scheint, dann konnte als Adressat nur das theologische Lager gemeint sein. Tatsächlich muß die Heldin das ihr Verweigerte durch moraltheologische Selbstüberforderung kompensieren und ihren Gewissenskonflikt wie für ein protestantisches Konsistorium aufbereiten.

Trotzdem blieb Provozierendes genug. Da war der marginale, aber allenthalben bemerkte Aufstand gegen die Einheit des Ortes (II 1), da war die Kühnheit, Tod und Freitod auf offener Szene zu zeigen, und da war schließlich die Entgrenzung und Hysterisierung der privaten Gefühle, die zu beurteilen es noch gar keine Kriterien gab. Natürlich erregte auch der Titel eines *bürgerlichen Trauerspiels* Aufsehen, wenn auch nur als deutsche Erst-Adaptation.

Für die Emanzipation der deutschen Literatur vom französischen Über-Ich war diese Adaptation zweifellos ein entscheidender Schritt. Es wäre indes falsch, die Überantwortung an ein neues Fremdes in ihr zu sehen. Denn obwohl Lessing ein fremdes Gattungsschema und ein ganzes Arsenal fremder Theatersemantik verarbeitete, trat schließlich ein Werk höchst eigener ›Erfindung‹ zutage. So hat er es, als ihm die Kritik seine Richardson-Anleihen vorwarf, später selbst formuliert: »Was soll dieses eigentlich sagen? Der Stoff scheint aus englischen Romanen genommen zu sein? Einem die Erfindung von etwas abzustreiten« (s. S. 1253 dieser Ausgabe). Die Zeit hat Lessing recht gegeben. Es ist die Eigenwilligkeit des Stücks, die, vom kritischen Horizont der Entstehungszeit nicht erreichbar und von der Folgezeit nicht abgefragt, ihm eine höchst merkwürdige Rezeptionsgeschichte bescherte. Im gleichen Maße nämlich, in dem es aufgrund seines Gefühlsüberschwangs und seiner rigiden Moral als Theaterstück unspielbar, ja lächerlich wurde, gewann es sein literarhistorisches Interesse zurück und gehört heute zu den Lieblingsobjekten der interpretierenden Zunft. Tatsächlich hat die seit vierzig Jahren florierende *Sara*-Philologie zahlreiche neue und teils unerwartete Deutungsmöglichkeiten freigelegt – mit der Konsequenz, daß inzwischen nicht mehr Klopstocks *Messias* als der Basistext für die empfindsame Wende der deutschen Aufklärung gilt, sondern Lessings ›englisches‹ Trauerspiel.

An die allgemeinen Gattungsmerkmale der ›domestic tragedy‹ zu rühren, hat Lessing tunlichst vermieden. Akteure aus dem Kleinadel nebst Dienerschaft, ein familiärer Moralkonflikt, Prosadialog, Selbstanalyse, Verführungsmotiv und Geschlechterkampf: all das entsprach mehr oder minder dem englischen Vorbild. Um so eigenwilliger hat er den Freiraum gefüllt, der sich jenseits dieser Symptomatik auftat. Erst seit wenigen Jahren wissen wir zuverlässig, daß Lessings *Sara* innerhalb der Typologie des bürgerlichen Trauerspiels einen Sonderfall darstellt. Folgt doch der mainstream der Gattungsbeispiele zwischen 1730 und 1800 einer Abschreckungs-Dramaturgie, die über die lasterhaft gewordenen Bürger die gerechte Strafe verhängt. »Das bürgerliche Trauerspiel ist weniger die Ausdrucksform des Bürgertums als vielmehr Appell an das Bürgertum – artikuliert von Bürgern, ein Instrument, mit dem sich nicht Bürger gegen Adelige behaupten, sondern Bürger Bürger erziehen wollten.« (Mönch, *Abschrecken oder Mitleiden*, S. 350.) Nicht daß die Mitleids-Dramaturgie, die Lessing selbstbewußt dagegenstellte, kein Erziehungskonzept gewesen wäre – im Gegenteil. Doch ging es in ihr nicht um eine Schule der Gerechtigkeit, sondern um eine Schule der mitmenschlichen Sensibilität. Lessings Stück hält über seine scheiternden Protagonisten nicht Gericht, sondern läßt sie im Angesicht des plötzlichen Verhängnisses zu Einsicht, Solidarität und menschlicher Würde finden. Über dem Schlußtableau aus Toten und Zurückbleibenden liegt dementsprechend auch keine (gesühnte) Schuld, sondern eher eine christlich gewendete Hamartia als bußfertige Einsicht in die eigene Unzulänglichkeit. Sara und ihre Leidensgenossen sind so in der Tat keine Tragödienhelden im herkömmlichen Sinn, schon gar keine stoischen. Sie sind Unglückliche, die das Publikum an die Notwendigkeit wahrer, d. h. unbedingter und spontaner Nächstenliebe gemahnen.

Falls der Tragikbegriff auf *Miß Sara Sampson* überhaupt anwendbar ist, resultiert er aus der Selbsttäuschung des zivilisierten (oder christlichen) Menschen über seine Soziabilität, sein Mitleidsvermögen – was freilich voraussetzt, daß der wesenhaft gebrechliche Mensch auf mitmenschliche Nachsicht hin angelegt ist. Einige Interpreten haben hier das Nachwirken der lutherischen Erbsündenlehre vermutet, ein anderer hat neuerdings darauf hingewiesen, daß die Ausnahmestellung des Mitleids bei Lessing dem Lutherischen Grundsatz von der Sündhaftigkeit *aller* menschlichen Willensregungen widerspricht (Engbers, *Der ›Moral-Sense‹ bei Gellert, Lessing und Wieland*, S. 93). Lessing selbst beschränkt sich darauf, die »innere Mischung des Guten und Bösen in dem Menschen«, und offensichtlich in jedem Menschen, vorauszusetzen (s. Band IV dieser Ausgabe, S. 646). Entsprechend dieser Prämisse sind die Akteure seines Trauerspiels durchwegs als ›gemischte‹ Charaktere angelegt, was ihnen selbst auf ungenaue Art durchaus bewußt ist, allerdings im gefühlsanalytischen Räsonnement, das sie wie unter Zwang führen, quasi schon zur Therapie ansteht. Dies alles läßt die Exposition der rührenden Komödie erkennen, wozu im übrigen auch gehört, daß bis zur Mitte des Stücks jedes Mitglied der Sara-Familie den Tränentest der wahren Empfindsamkeit bestanden hat. Wäre da nicht Saras früher Todestraum, es gäbe wenig Veranlassung, Lessings Charakterdispositionen besonders kritisch zu prüfen.

Sir William ist zwar gekommen, seiner Tochter zu vergeben, denkt dabei aber an seine Altenpflege. Mellefont ist zwar aufrichtig zu Sara hingezogen, sieht aber in der (versprochenen) Ehe eine Demütigung seiner Männlichkeit. Sara selbst ist sogar doppelt verblendet. Zwar bereut sie ihren Fehltritt und die damit verbundene Kränkung des Vaters von ganzem Herzen, doch ist sie in ihre Schuldgefühle so verliebt, daß sie darüber egomanische Züge entwickelt. Eben diese moralische Selbstgewißheit verführt sie dazu, sich über ihre Schicksalsgenossin Marwood unchristlich zu erheben. Der letzteren, Marwood, hat Lessing im Grunde den kompliziertesten Charakter zugeteilt. Zunächst hat sie gute, sogar moralische Gründe, das zweifelhafte Liebesversteck zu stören. Ihre Ansprüche an Mellefont sind älter und durch die Sorge um ihre unmündige Tochter legitimiert. Als Opfer der männlichen Doppelmoral weiß sie, was Sara zu gewärtigen hat, so daß ihre Absicht, dieser unerkannt die Wahrheit über Mellefonts Charakter zu sagen, durchaus als weibliche Solidarität verstanden werden kann. Ihren Wechsel zwischen Frauenrechtlerin und Megäre hat Lessing im übrigen sorgfältig begründet. Zunächst wird ihr zugestanden, daß sie in Mellefonts frivoler Welt Mißtrauen und Verstellung gelernt hat. Sodann geht sie durch die dreifache Demütigung der Untreue Mellefonts, seiner maßlosen Beschimpfung und Saras törichter Selbstüberhebung. Schließlich ist sie mit einem Temperament ausgestattet, das Lessing unter dem Namen einer ›(geliebten) Irrascibilität‹ sich selbst zugesprochen und für seine persönlichen Überreaktionen (gegen Lange, Klotz, Goeze) verantwortlich gemacht hat. Gründe genug also, Marwoods Untat in die Höhe des Medea-Mythos zu rücken, obwohl sie, anders als die Barbarin, nicht ihr Kind, sondern ihre Beleidigerin tötet. Als Verbrecherin aus verlorener Ehre ist Marwood zweifellos die gewagteste Charakterstudie, die das Theater der Zeit kennt, und deshalb vom Verfasser bewußt dem Identifikationsvermögen des Publikums entzogen. Zugleich deckt sie durch ihr getriebenes Handeln die Antriebs- und Handlungsschwäche der anderen auf, die die ihnen zugemessene Zeit an narzißtische Selbstbespiegelungen verschwenden, als mißtrauten sie dem Glück, das ihnen winkt. Selbst die Dienerfiguren sind, anders als in Lessings Komödien, einschlägig gehemmt. Zwar haben sie als nur mittelbar am Konflikt Beteiligte die moralisch reinsten Westen und klarsten Einsichten, doch sind auch sie nicht in der Lage, die Handlungslethargie ihrer problematischen Vorgesetzten eingreifend zu durchbrechen. Lediglich Hannah bewährt sich als selbständige Sekundantin ihrer Herrin Marwood.

So gesehen hat das Stück eine dilemmatische Doppelstruktur. Als ›Trauerspiel‹ kann es sich mit der menschlichen Größe begnügen, die seine Akteure in ihrem nur halb verschuldeten Unglück gewinnen. Sara findet im Angesicht des Todes zu einer echten Christlichkeit, Sir William bekennt sich zur Sorgepflicht für Arabella, Waitwell kann zum Freund avancieren, der er als Diener schon war, und Mellefont annulliert mit seiner Selbstbestrafung die Welt der höfischen Amoral, aus der er gekommen ist. Als tragisches Geschehen jedoch lebt das Stück von der wilden Tatkraft der Außenseiterin Marwood, die denn auch als einzige unerlöst bleibt. Obwohl auf Mitmenschlichkeit angewiesen, hat sie zu gehen wie sie gekommen ist, als quasi geliehene Intrigantin. Genuines Symptom dieses Dilemmas sind die nicht unbeträchtlichen Dialoganteile, in denen die Empfindsamen um Analyse und Aufklärung ihrer Gefühlsregungen ringen. Aus der philosophischen Kompetenz, mit der sie das tun, wurde gefolgert, *Miß Sara Sampson* sei im Sinn einer »autothematischen Dichtung« nicht mehr und nicht weniger als das Vorspiel des ›Briefwechsels‹, mithin ein eigenständiges Stück Theoriebildung (Schenkel, *Lessings Poetik des Mit-*

leids im bürgerlichen Trauerspiel ›Miß Sara Sampson‹). Ob es sich dabei wirklich um mehr als nur die Bausteine einer Theorie handelt, sei dahingestellt. Das zeitgenössische Publikum erkannte in den einschlägigen Passagen wohl weniger ein neues Theaterkonzept als eine neue Anthropologie. Dem mitfühlenden Menschen mochte es schon anderswo begegnet sein, etwa bei Gellert, nicht aber dem, der seine Moral, seine Empfindungen, die Unbotmäßigkeiten seines Herzens so selbstbestimmt und virtuos in Worte zu fassen vermochte. Es spricht einiges dafür, daß die spontane Wirkung, die von dieser Schule der Gefühlsemanzipation ausging, auch den schnellen Geltungsverlust des Stückes beförderte. Mit Sicherheit hat sie seine subversiven Aspekte verdeckt, die heute erst entdeckt werden.

DOKUMENTE ZUR ZEITGENÖSSISCHEN REZEPTION

Nr. 1
Selbstrezension Lessings in der ›Berlinischen Privilegirten Zeitung‹ vom 5. 5. 1755:

⟨Abgedruckt auf S. 389 dieses Bandes.⟩

Nr. 2
Rezension in den ›Göttingischen Anzeigen von Gelehrten Sachen‹ vom 2. 6. 1755, vermutlich von Johann David Michaelis (zit. nach Braun 1, S. 59 f.):

Der sechste Theil der Leßingischen Schriften, von 288 Seiten, hat folgenden Inhalt. 1) Mis Sara Sampson, ein bürgerliches Trauer-Spiel. Wir haben nicht leicht so etwas rührendes gelesen, als dieses Trauer-Spiel, so uns mit Schauder und Vergnügen erfüllet hat. Die Sittenlehre, daß der, so selbst Ursache hat Vergebung zu wünschen, vergeben soll, ist unvermerckt eingebracht, und in einem sehr starcken Licht, da, wo man sie nicht erwartete, vorgestellet. Wenn man die letzten Augenblicke der Sara Sampson, in welchen sie am edelmüthigsten vergiebt, in dieser glücklichen Erdichtung lieset, so kann man wol nicht unterlassen, sich dessen wieder zu erinnern, was sie vorhin von der ihr widerfahrenen Vergebung geredet hat: und dieses muß einem nothwendig ihre fast gar zu edle Hinderung der Rache ihres Todes wahrscheinlich machen. Man wird beynahe versucht, zu wünschen, daß Herr L. diesen Zusammenhang der ihr widerfahrnen und von ihr ertheilten Vergebung deutlicher in ihre Reden geflochten hätte: allein er macht desto mehr Eindruck und ist angenehmer, weil er bey dem Leser selbst entstehet, und ihm von dem Dichter nicht vorgesagt wird. Sollte Hr. Leßing nicht hier einen Haupt-Gedancken aus dem Buche geborget und ihn nur umgekleidet haben, aus dem sich die philosophische Sittenlehre so sehr bereichert hat?

Nr. 3
Anonyme Rezension aus der ›Staats- und Gelehrten Zeitung des Hamburgischen unpartheyischen Correspondenten‹ vom 17. 6. 1755 (zit. nach Braun 1, S. 60 f.):

Berlin. Bey Vossen ist der fünfte und sechste Theil von G. E. Leßings Schriften auf 1 Alph.(abet) in 12. herausgekommen. Sie enthalten nichts als 4 Schauspiele: 〈...〉 3) Miß Sara Sampson, ein bürgerliches Trauerspiel in fünf Aufzügen. Der Personen wegen sollte es ein *adeliches* heißen. Wenn eine unglückliche Liebe rühren kann, und diese Macht hat ja wol auch die Liebe einer Schäferinn; so wird Miß Sara rühren, ob sie gleich keine Prinzeßinn ist. Ihr Liebster hat sie entführt; eine vormalige Buhlerinn desselben bringet ihr Gift bey, und er ersticht sich . . . . Ihr Vater kam, beyde als seine Kinder wieder zu sich zu holen. Wenn das Stück aufgeführt wird, so wird man wol die Vorstellenden unterrichten müssen, einige Englische Namen gehörig auszusprechen. . . . . Der Fehler würde zwar eben so gar groß nicht seyn, denn hat doch in einer verdeutschten Iphigenia dieser Name ein anderes Sylbenmaaß, als im Griechischen und Lateinischen.

Nr. 4
Brief von Johann David Grillo an Christian Otto von Schönaich, Frankfurt an der Oder, 13. 7. 1755 (zit. nach Daunicht, Nr. 125):

⟨. . .⟩ ich habe die Ehre, Euer Hochwohlgeb. zu berichten, daß Dero ohnlängst besungener Held Gnissel ⟨= Spottname der Gottschedianer für Lessing⟩ den 9. dieses hier angekommen, um ein von ihm verfertigtes und zu Anfang des sechsten Theiles seiner Schriften befindliches bürgerliches Trauerspiel, Miß Sara Sampson genannt, welches die sich jetzo hier schon seit 3 Wochen aufhaltende Ackermannsche Gesellschaft zum erstenmahle den 10. hujus, besage hier beygelegter Zettel, hier aufgeführt hat, mit anzusehen und sich öffentlich mit ausklatschen zu lassen. Nach geendigtem Trauer-Spiel, welches sehr wol soll executirt worden seyn und von 4 bis 10 Uhr Abends gedauert hat, hat Madam Ackermann denen Herren Zuschauern, wie gewöhnlich, gedancket, und den Verfertiger des Trauerspiels (von dem sie zu verstehen gegeben hat, daß er selbst zugegen sey) gar sehr gelobet. Ja man sagt, Herr Gnissel sey Vormittags selbst bey der Probe gewesen und habe den acteurs zu rechte geholfen. Es haben zwar die Meinigen das Trauerspiel nicht mit angesehen, doch haben meine jetzige Tischbursche dies alles bey Tische referiret. Und habe ich jetzo manches Plaisir, weil unter denselben einer und der andere etwas, die meisten aber gar nicht *lessingisch* sind. . . . Wie lange sich Herr Gnissel hier aufhalten wird, und ob er sein Trauerspiel vor seiner Abreise erst noch einmahl wird aufführen sehen wollen, solches wird die Zeit lehren.

Nr. 5
Brief von Karl Wilhelm Ramler an Johann Wilhelm Ludwig Gleim, Berlin, 25. 7. 1755 (zit. nach Daunicht, Nr. 127):

Herr Leßing hat seine Tragödie in Frankfurt spielen sehen und die Zuschauer haben drey und eine halbe Stunde zugehört, stille gesessen wie Statüen, und geweint. Künftig wird er in reimfreyen Jamben dichten.

Nr. 6
Brief von Franz von der Osten an Theodor Arnold Müller, Frankfurt an der Oder, 11. 8. 1755 (zit. nach Daunicht, Nr. 126):

Es sind hier vier Wochen eine Bande Comödianten gewesen. Sie werden das Stück vom M.⟨agister⟩ Lessing – Miß Sara Sampson wohl kennen. Dieses höchst traurige und mit zwei Mordthaten verbundene Trauerspiel haben sie aufgeführt. Der Magister ist selber drin gewesen. Wie es ausgewesen ist, so tritt Einer auf und sagt, man solle die Schönheiten dieses unvergleichlichen Stückes nicht ihnen zuschreiben, sondern dem schönen und künstlichen Geschmacke des Herrn Verfassers, und hielt ihm da eine Lobrede. Ist es nicht eine honnette Prostitution, in einer öffentlichen Versammlung Einem seine laudes [= Lobeserhebungen] ins Gesicht zu sagen?

Nr. 7
Brief Meta Klopstocks an Elisabeth Schmidt vom 7. 11. 1755 (zit. nach Dvoretzky, S. 1):

Du schienst neulich Lessing nicht zu kennen. Schike ja geschwinde hin u⟨nd⟩ laß seine theatralischen Stücke holen u⟨nd⟩ liß *Miß Sara Sampson*, das übrige brauchst du nicht zu lesen.

Nr. 8
Brief Meta Klopstocks an ihre Schwestern vom 19. 10. 1756 (zit. nach Dvoretzky, S. 1):

Ihr seyd sehr glücklich unsre erste deutsche Comödie gesehn zu haben. Ich kann mir vorstellen, wie das Stück rühren muß. Wie ist denn das zugegangen, daß Madle [= Mademoiselle] Schönemann nicht Sara gemacht? Die Starken [= Starke, berühmte Schauspielerin] ist zu dieser Rolle vortreflich, so unausstehlich sie in einigen andern ist. Die neue Actrice muß viel Genie haben, daß sie *itzt schon* Marwood spielen kann. Mein Seegen über Hamburg! Es kriegt viel Geschmack, Barnwell [= Lillo, *Der Kaufmann von London*] u⟨nd⟩ Sara Samps⟨on⟩ so oft hintereinander zu spielen!

Nr. 9
Brief von Christoph Friedrich Nicolai an Lessing, Berlin, 3. 11. 1756 (abgedruckt auf S. 667 f. dieses Bandes):

⟨Bericht von der Berliner *Sara*-Aufführung 1756 durch die Truppe von Franz Schuch und Analyse des eigenen Erlebens.⟩

Nr. 10
Theaterzettel einer Aufführung der Ackermannschen Truppe in Frankfurt am Main am 4. 5. 1757 (zit. nach Richel, S. 43 f.):

Von diesem Trauerspiele kann man mit Wahrheit sagen, dass es das einzige in seiner Art ist, welches der deutschen Schaubühne zur Zierde gereichen muss. Der Verfasser hat es nach dem Geschmack der Engländer eingerichtet, aber weiter nichts, als die Namen von ihnen geborgt. Die Charaktere sind darinnen so prächtig geschildert, dass dieses Trauerspiel selbst auf der englischen Schaubühne für ein Musterstück könnte gehalten werden. Es weicht wenig von den Regeln der Zeit ab, und die Einheit des Orts ist, wo nicht ganz, doch wahrscheinlich, beobachtet. Die Personen stehen in der vollkommensten Verbindung miteinander, so sehr sie auch gegen einander abstechen, und ihre Handlungen und Unglücksfälle werden bey den Zuschauern alle mögliche Leidenschaften rege machen. Es würde zu weitläufig seyn, den ganzen Inhalt dieses schönen Trauerspiels hieher zu setzen. Wer es gelesen hat, und wem die Verdienste des Herrn Verfassers für die Schaubühne bekannt seyn, derselbe wird die Vorstellung mit eben so vielem Vergnügen ansehen, als ein Vergnügen für uns ist, die Bühne mit einem so fürtreflichen Muster deutscher Dichtkunst bereichert zu sehen. Wir werden uns bemühen, die Personen so vorzustellen, dass wir Beyfall damit zu verdienen glauben.

NB. Da die heutige Piece sehr lang, so wird mit einem gantz neuen Pantomimischen Ballet der Beschluß gemacht werden.

Der Schauplatz ist auf dem Rossmarckt und wird mit dem Schlage 6 Uhr geöffnet, die Person zahlet auf den Logen 1 Gulden, auf dem Parterre 30 Kreutzer, auf dem zweiten Platz 16 Kreutzer und auf dem dritten 8 Kreutzer.

NB. Die Billets sind bey dem Directeur im goldenen Brunnen täglich bis um 2 Uhr Nachmittags zu haben.

Nr. 11
Aus Moses Mendelssohns Artikel *Betrachtungen über die Quellen und die Verbindungen der schönen Künste und Wissenschaften*, in: Bibliothek der schönen Wissenschaften und der freyen Künste, hg. v. Friedrich Nicolai und Moses Mendelssohn, Bd. 1, 2. Stück, Leipzig 1757, S. 260 (zit. nach Braun 1, S. 68):

Es giebt Stellen, die den geschicktesten Schauspieler zur Verzweiflung bringen können, und dies sind ohnstreitig Fehler, die von den Dichtern aus Mangel genugsamer

Kenntniß der Declamation begangen werden. Kenner wollen einige dergleichen Stellen in dem vortrefflichen Trauerspiele *Miß Sara Sampson* bemerkt haben.

Nr. 12
Brief Lessings an Mendelssohn, Leipzig, 9. 8. 1757 (zit. nach Bd. XI/1 dieser Ausgabe, Nr. 145):

In Ihrer Abhandlung von den Quellen und Verbindungen der schönen Künste etc. haben Sie beiläufig meiner gedacht; und ich muß Ihnen für Ihre freundschaftliche Anmerkung Dank sagen. Da ich Ihnen aber etwas näher verwandt bin, als das Publikum, so glaube ich auch auf eine nähere Erklärung Recht zu haben. Welches sind die Stellen, die Sie für indeclamabel halten? Ich frage nicht, um mich mit Ihnen in einen Streit darüber einzulassen; ich frage bloß, um künftig aufmerksamer sein zu können.

Nr. 13
Brief Mendelssohns an Lessing, Berlin, 11. 8. 1757 (zit. nach Bd. XI/1 dieser Ausgabe, Nr. 146):

Ich habe mich noch wegen einer Anmerkung über Ihre *Miß Sara* zu rechtfertigen. ⟨...⟩ Welches aber sind die Stellen, welche indeklamabel sein sollen? Es sind die, in welchen ich Sie als Weltweisen am meisten bewundere; solche, die mir für die Schaubühne allzuphilosophisch scheinen. Wenn die Philosophie sich in ihrer ganzen Stärke zeigt; so will sie mit einer gewissen Monotonie ausgesprochen werden, die sich auf dem Theater nicht gut ausnehmen kann. Ja, die vortrefflichsten Gedanken entwischen dem Zuhörer unvermerkt, die den Leser am meisten vergnügt haben. Überhaupt, glaube ich, giebt es gewisse Grenzen in der Philosophie, die das Gemeine von dem Höhern unterscheiden, und die von dem tragischen Dichter nicht überschritten werden müssen. Ich kann mich jetzt nicht deutlich über diesen Punkt erklären. Ich werde aber die Stellen in Ihrem Trauerspiele aufsuchen, die ich eigentlich meine, und alsdenn werde ich mich selbst besser verstehen, und also besser erklären können.

Nr. 14
Nicolai an Lessing, Berlin, 23. 8. 1757 (zit. nach Bd. XI/1 dieser Ausgabe, Nr. 151):

Sie sind mit Herrn Moses Erklärung von der Declamation der Miß Sarah zufrieden, und Herr Moses nicht; – denn er schickt Ihnen hierbei eine *nähere*, oder, wenn ich Regenspurgisch reden sollte, eine *schließliche* Erklärung. Ich weiß nicht recht, ob ich bei allen Stellen ganz mit ihm eins bin, denn ich habe nicht alles durchsehen können; aber in Absicht auf die langen Perioden stimme ich ihm gewiß bei. Entschuldigen Sie sich mit dem *Lesen* der Trauerspiele, so ist unser Streit aus; denn wir reden von *Declamation*. Ich weiß aber nicht, liebster Lessing, ob es vorteilhaft sei, Trauerspiele anders als zur Declamation bequem zu machen, wenn man den Vorsatz hat, dem Theater aufzuhelfen. Treibt man dieses weiter, so kommen endlich Schauspiele, welche gar nicht gemacht sind, um gespielt zu werden, dergleichen z. E. der Tod Adams ist.

⟨Die von Mendelssohn dem Brief Nicolais beigelegte »Erklärung« (und Stellen-Liste?) ist nicht überliefert.⟩

Nr. 15
Lessing an Mendelssohn, Leipzig, 14. 9. 1757 (zit. nach Bd. XI/1 dieser Ausgabe, Nr. 157):

Aus Ihrer Kritik der indeklamablen Stellen in meiner *Sara* ist eine Lobrede geworden. Ihre Freundschaft läßt Sie mehr Schönes darin entdecken, als ich hineinzubringen im Stande gewesen bin. Gleichwohl kann ich mich nicht enthalten,

Ihren Anmerkungen einige andre entgegen zu setzen. Der Autor wird jederzeit das letzte Wort behalten wollen. – Der Grundsatz ist richtig: der dramatische Dichter muß dem Schauspieler Gelegenheit geben, seine Kunst zu zeigen. Allein das philosophische Erhabne ist, meines Erachtens, am wenigsten dazu geschickt; denn eben so wenig Aufwand, als der Dichter, es auszudrücken, an Worten gemacht hat, muß der Schauspieler, es vorzustellen, an Geberden und Tönen machen. Wer das »qu'il mourut« (»daß er gestorben wäre«, aus Corneille, *Horace*) am gleichgültigsten, am meisten ohne Kunst ausspricht, hat es am besten ausgesprochen. Es ist zwar auch Kunst, die Kunst zu verstecken, sie zu rechter Zeit aus den Augen zu setzen; aber von dieser Kunst, glaube ich, ist hier nicht die Rede. Ich berufe mich, statt des besten Beweises, auf den Unterschied, der unter den Geberden des Schauspielers ist. Einen Teil der Geberden hat der Schauspieler jederzeit in seiner Gewalt; er kann sie machen, wenn er will; es sind dieses die Veränderungen derjenigen Glieder, zu deren verschiednen Modifikationen der bloße Wille hinreichend ist. Allein zu einem großen Teil anderer, und zwar gleich zu denjenigen, aus welchen man den wahren Schauspieler am sichersten erkennt, wird mehr als sein Wille erfordert; eine gewisse Verfassung des Geistes nämlich, auf welche diese oder jene Veränderung des Körpers von selbst, ohne sein Zutun, erfolgt. Wer ihm also diese Verfassung am meisten erleichtert, der befördert ihm sein Spiel am meisten. Und wodurch wird diese erleichtert? Wenn man den ganzen Affekt, in welchem der Akteur erscheinen soll, in wenig Worte faßt? Gewiß nicht! Sondern je mehr sie ihn zergliedern, je verschiedener die Seiten sind, auf welchen sie ihn zeigen, desto unmerklicher gerät der Schauspieler selbst darein. Ich will die Rede der Marwood auf der 74. Seite ⟨S. 464 dieses Bandes⟩ zum Exempel nehmen. – Wenn ich von einer Schauspielerin hier nichts mehr verlangte, als daß sie mit der Stimme so lange stiege, als es möglich, so würde ich vielleicht mit den Worten: *verstellen, verzerren und verschwinden,* schon aufgehört haben. Aber da ich in ihrem Gesichte gern gewisse feine Züge der Wut erwecken möchte, die in ihrem freien Willen nicht stehen, so gehe ich weiter, und suche ihre Einbildungskraft durch mehr sinnliche Bilder zu erhitzen, als freilich zu dem bloßen Ausdrucke meiner Gedanken nicht nötig wären. Sie sehen also, wenn diese Stelle tadelhaft ist, daß sie es vielmehr dadurch geworden, weil ich zu viel, als weil ich zu wenig für die Schauspieler gearbeitet. Und das würde ich bei mehrern Stellen vielleicht antworten können. Z. E. S. 111. *Geschwind reißen Sie mich aus meiner Ungewißheit* ⟨S. 481 dieses Bandes⟩. Es ist wahr, Mellefont würde hier geschwinder nach dem Briefe haben greifen können, wenn ich ihn nicht so viel sagen ließe. Aber ich raube ihm hier mit Fleiß einen gemeinen *Gestum*, und lasse ihn schwatzhafter werden, als er bei seiner Ungeduld sein sollte, bloß um ihm Gelegenheit zu geben, diese Ungeduld in einem feinern Spiel auszudrücken. Die Schnelligkeit, mit der er alle diese Fragen ausstößt, ohne auf eine Antwort zu warten; die unwillkürlichen Züge der Furcht, die er in seinem Gesichte entstehen zu lassen Zeit gewinnt, sind, sollte ich meinen, mehr wert, als alle die Eilfertigkeit, mit der er den Brief der Sara aus den Händen nehmen, ihn aufschlagen und lesen würde. Ich wiederhole es also nochmals, diese Stellen sind so wenig untheatralisch, daß sie vielmehr tadelhaft geworden sind, weil ich sie allzutheatralisch zu machen gesucht habe.

Haben Sie aber, mein lieber Moses, hier nicht ganz Recht, so haben Sie es doch in Ansehung der schändlichen Perioden, S. 123. 124. 154. 158., die so holpricht sind, daß die beste Zunge dabei anstoßen muß. Sobald meine Schriften wieder gedruckt werden, will ich sie gewiß verbessern.

Nr. 16
Aus: Friedrich Nicolai, *Abhandlung vom Trauerspiele*, in: ›Bibliothek der schönen Wissenschaften und der freyen Künste‹, hg. v. Friedrich Nicolai und Moses Mendelssohn, Leipzig 1757, Bd. 1, 1. Stück, S. 57 f.:

⟨...⟩ Wir können hier die vortrefflichen Anmerkungen, die der sel. Hr. P.⟨rofessor⟩ Schlegel in der Vorrede zu seinen theatralischen Werken gemacht hat, anpreisen, und wir können den Dichtern rathen, noch mehr seinen Beyspielen als seinen Regeln zu folgen, denn er war in der tragischen Sprache ein Meister, und außer ihm und Hrn. Leßing (in der *Miß Sara Sampson*) hat leider, so viel wir wissen, kein einziger unter den deutschen Trauerspieldichtern und Uebersetzern eine Sprache gehabt, die des Ausdrucks würdig wäre.

Nr. 17
Aus einer anonymen Rezension von Friedrich Nicolais anonymer Schrift *Briefe über den itzigen Zustand der schönen Wissenschaften in Deutschland*, Berlin 1755, in: ›Bibliothek der schönen Wissenschaften und der freyen Künste‹, hg. v. Friedrich Nicolai und Moses Mendelssohn, Bd. 1, 1. Stück, Leipzig 1757, S. 116 f. (zit. nach Braun 1, S. 66 f.). – Nach Bernhard Fabian und Marie-Luise Spieckermann stammt die Rezension von Nicolai selbst; s. Friedrich Nicolai, *Gesammelte Werke*, Bd. 1,1, Hildesheim 1997, Vorspann, S. 24:

⟨...⟩ Der eilfte Brief handelt von der deutschen Schaubühne. ⟨...⟩ In Absicht auf die Trauerspiele heißt es: »von Originalstücken haben wir außer einigen Trauerspielen von *Behrmann* und *Schlegel* nichts leidliches aufzuweisen.« Uns wundert, daß der Hr. V.⟨erfasser⟩ die Trauerspiele von Behrmann für leidlich hält. Wäre Hrn. Leßings *Miß Sarah Sampson* dazumal heraus gewesen, als dieser Brief geschrieben worden, so würde sie, wie wir hoffen, einen Platz *über* die leidlichen bekommen haben.

Nr. 18
Aus: Johann Jakob Dusch, Zwei Briefe, aus: *Vermischte kritische und satyrische Schriften nebst einigen Oden auf gegenwärtige Zeiten*, Altona 1758, S. 46-100 (zit. nach Braun 1, S. 69-86). –

Duschs Rezension – die umfänglichste und interessanteste, die Lessings Stück erhalten hat – gibt vor, aus einem Brief an den anonymen Verfasser der *Briefe über den itzigen Zustand der schönen Wissenschaften in Deutschland* von 1755 (vgl. Nr. 17) und dessen (d. h. Nicolais) Gegenbrief zu bestehen. In Wirklichkeit stammen beide von Dusch, der die Rezension benutzt, um zugleich Nicolais Berliner Literaturpolitik zu parodieren. Der erste Brief enthält einen Verriß, der zweite eine Rettung. Aus Platzgründen werden hier nur zwei kurze Ausschnitte abgedruckt. Ein fast vollständiger Abdruck findet sich, außer bei Braun, auch in: Karl Eibl, *Gotthold Ephraim Lessing. Miß Sara Sampson*, S. 217-242.

⟨Aus dem ersten Brief:⟩

⟨. . .⟩ Ich wollte ihnen also zeigen, daß die Handlung kaltsinnig, langsam, ohne Bewegung gerade fortgehe; ich wollte zeigen, daß in dem ersten Aufzuge wenig oder nichts geschieht, und war bis zum dritten Auftritt gekommen. Die beyden ersten Auftritte waren ganz müßig. Und was geschieht in diesem Auftritte? Eben so wenig: wo vielleicht das nicht recht viel ist, daß wir die vorigen Nachrichten noch einmal hören, und vielleicht noch ein bischen mehr von dem Charakter des *Mellefont* erfahren. Denn was war der Innhalt der ersten Auftritte? Dieser, in dem Wirthshause, wo wir den *Sir Sampson* antrafen, war seine Tochter, die ein Verführer ihm geraubt hatte; im zweyten (richtig wohl: im dritten) Eben das; nur sagt es uns der Verführer, *Mellefont* selbst; nur erfahren wir noch den Umstand, daß *Sara*, die Geraubte, tugendhaft war, wenn wir dieses aus dem Bekenntniß des Vaters, und aus dem Lobe des *Waitwell* noch etwa nicht gewußt hätten. In dem vierten kommen wir noch keinen Schritt aus der Stelle: man meldet uns nur, daß *Sara* – schlecht geschlafen habe; und daß wir sie – bald zu sehen bekommen. In dem fünften hoffen wir noch auf sie, und hören nichts mehr, als wie *Mellefont* sie empfangen wird. Im Vorbeygehen sagen sie mir doch, was sollen die weitschweifigen Ceremonien zwischen zwoen Personen, die sich so genau kannten? *Sara* läßt sich melden! In ihrem unruhigen, untröstbaren Zustande hat sie noch Zeit genug, sich melden zu lassen. Welch eine Langsamkeit! Wäre nicht zehnmal mehr Handlung und Affect in die Action gekommen, und würde sie nicht der Natur ihrer Angst und Unruhe gemäß gehandelt haben, wenn sie ungemeldet gekommen wäre? Und *Mellefont* scheint sich noch zu bedenken, ob er ihren Besuch annehmen will? *Mellefont*, den man anderswo so zärtlich machen will, antwortet kaltsinnig: Sag ihr, daß ich den Augenblick bey ihr seyn wolle: und da geantwortet wird, sie wolle selbst zu ihm kommen, versetzt er: eiskalt, eiskalt! Nun so sag ihr, daß ich sie erwarte – – und seufzet. Vermuthlich über seine eigene Kaltsinnigkeit. Wie, mein Herr! ist das die Sprache der Liebe? Da er hörte, daß seine Geliebte sich nicht wohl befand, daß sie sehnlich ihn zu sehen wünschete, da kann er noch einen Augenblick warten, da hat er noch Zeit, den Boten erst wieder voraus schicken zu wollen, *und den Augenblick* nachzufolgen? Was für ein Phlegma, mein Herr! Ohne ein Wort zu reden, wäre ein *Lovelace* zu seiner Geliebten geflogen, so bald er die Nachricht erhalten, daß sie sich nicht wohl befände! Aber *Mellefont* geht nicht vom Flecke; er hat etwas anders zu thun; er weinet: und ich möchte über sein Phlegma und über seine Grobheit bersten! Nun habe ich also schon fünf Auftritte angehört, und weis noch nicht, was ich denken, noch für wen ich mich interessiren soll. Aber Geduld! *Sara* kommt. Was hat denn der Diener *Norton* noch da verlohren? Warum gieng er nicht gleich? – damit wir noch einen zwar kurzen, aber eiskalten Auftritt mehr haben möchten. Einen Auftritt, worinn weiter nichts geschieht, als daß *Mellefont* die *Sara* also anredet: Sie haben eine unruhige Nacht gehabt, liebste *Miß*! – und hernach seinem Diener befiehlt fortzugehen. Dieser rechtfertigt auf eine Art seinen Abtritt, indem er gehet, die den Zuschauer, wenn es ihm auch sonst nicht eingefallen wäre, recht deutlich sagt, daß er schon am Ende der fünften Scene hätte gehen sollen, und daß er nur deswegen da blieb, eine Lücke zwischen den Scenen auszufüllen. Mit der siebenden Scene hebt eigentlich die Handlung erst an; oder wenigstens

sollte sie die zwote seyn: denn alles, was die sechs ersten sagen, konnte in einer einzigen kurzen Szene füglich gesagt werden. Dieses, mein Herr, heiße ich eine kalte, langsame, gedehnte Handlung, die unmöglich intereßiren kann. ⟨...⟩
⟨Aus dem Gegenbrief:⟩
⟨...⟩ Ich sage ihnen also, daß ich sehr schöne Auftritte, mächtige Stellen und Meisterzüge in der *Miß Sara Sampson* finde. Ich glaube zwar nicht, daß sie dieses läugnen werden; aber sie verschweigen es. Ich will also in ihrem Namen reden. Ich versichere sie, mein Herr, wenn es auf den Beweis von Schönheiten ankömmt, wenn von dem Lobe die Rede ist, das ein Schriftsteller verdienet hat, so bin ich der erste, der redet. Diese Arbeit ist angenehm und leicht; man darf dergleichen Stellen nur zu fühlen geben, so hat man bewiesen.

Waren sie es nicht, der von den kurzen mächtigen Ausdrücken und Antworten der tragischen Personen mit mir redete, die auf einmal ihr ganzes Herz öffnen, auf einmal ihren ganzen Charakter entdecken; oder die einen unerwarteten schrecklichen Zufall so kurz ausdrücken, wie die Natur in dergleichen Fällen redet? ⟨...⟩ Folgende Stellen müssen sie hieher rechnen, und für vortrefflich halten; sie mögen es wollen oder nicht. *Mellefont*, der die unschuldige *Sara* von der empfindlichsten Seite beleidiget hatte, von der Seite der Ehre und Tugend, wird von derselben gebethen, daß er die Ceremonie der Heyrath beschleunigen möchte. Aus Liebe zu ihm glaubt sie, nicht ihn, sondern sich selbst am meisten schuldig an ihrem Unglück, und erröthet, den Namen Tugend nennen zu hören. *Mellefont* sucht sie zu bereden, daß ein Fehler keine Tugend zerstöre, und setzt hinzu: Wenn sie sich selbst mit so grausamen Augen ansehen, mit was für Augen müssen sie mich ansehen?

Sara: Mit den Augen der Liebe.

Gestehen sie, mein Herr, daß diese Antwort in ihrer Art alles das Starke hat, was die andern in einer andern haben. Das Herz, die Liebe, die verdachtslose Unschuld redet darinn: und dennoch, ob gleich diese Antwort die Liebe der *Miß* so nachdrücklich und stark zeiget, daß ich in gleichen Umständen, wenn ich ein Liebhaber wäre, alles lange Geschwätz meiner Geliebten verbitten, und eine solche Antwort zu hören wünschen wollte: dennoch, sage ich, faßt sie einen Tadel in sich, der nicht sanftmüthiger ausgedrückt werden könnte, und der zugleich die Vergebung, und seine stärkste Entschuldigung, Liebe, bey sich führte.

Wollen Sie mehr Exempel? Was frage ich, ob sie wollen? Sie sollen mehr! – Den Augenblick, da ich noch einige aufsuche, die hieher gehören, und die ich mit der Bleyfeder gezeichnet hatte, finde ich eine, die nicht hieher, sondern zur ersten Gattung des Heftigen gehöret. Ich will sie vorerst mitnehmen, wenn etwan die Zeichen bey den andern mir nicht treu geblieben seyn sollten. Sie werden sie im andern Aufzug in der sechsten Scene finden. *Marwood* zeigt sich in diesem Auftritt dem *Mellefont* in ihrer wahren gestalt. *Mellefont* will seine und ihre Tochter mit sich nehmen. *Marwood* fragt:

Wem soll sie folgen, Verräther?
Mellefont. Ihrem Vater!
Marwood. Geh, Elender! Und lerne erst ihre Mutter kennen!
Mellefont. Ich kenne sie. Sie ist die Schande ihres Geschlechts.

Sehen sie da, drey, statt einer, und alle drey so, wie sie seyn können.

Noch eine, mein Herr, schlagen sie die 192ste Seite (S. 517 dieses Bandes) auf, sie gehört gleichfalls zum Heftigen. *Marwood* hatte sich der Zeit zu nutze gemacht, da *Miß Sara*, aus Schrecken sie zu erkennen, in Ohnmacht fiel. Man wollte der *Miß* Stärkungen reichen: *Marwood* vertauschte das Glas mit einem Giftglase, das sie bey sich führte. *Sara* nimmt also Gift statt der Arzney. Niemand wußte es, *Marwood* entdeckte es selbst durch einen Brief, den sie zurück ließ, da sie sich selbst davon machte. Dieser Brief wird dem *Mellefont* in der Gegenwart der *Sara* gereicht. Er lieset, er erstarret. *Sara* befiehlt ihrem Mädchen, ihm ihr Arzneyglas zu reichen – Er kann sich in diesem Augenblicke nicht fassen; er stößt sie zurück.

Nicht näher, Unglückliche – Deine Arzneyen sind Gift!

Außer der Natur, die hier getroffen ist, außer dem kurzen Nachdrücklichen, hat diese Antwort noch dieses, daß sie den Knoten auf die stärkste Art, die man am wenigsten erwartete, löset, und in wenigen Worten dem Zuschauer alles Schreckliche auf einmal zu fühlen giebt. Läugnen sie mir dieses, wenn sie könnnen.

Ueberhaupt, mein Herr, ist diese Erfindung, daß *Marwood* Gift mit Arzney umtauschet, ein Meisterzug. Die Entwickelung hätte aus der Handlung nicht natürlicher hervorfallen können, und so schön er angelegt ist, so schön ist er ausgeführt. Auch dies müssen sie mir nicht läugnen!

Lassen sie mich nun noch meine angefangene Dissertation vollenden. Die ⟨...⟩ Gattung der kurzen nachdrücklichen Antworten scheinet mir aus einem edlen Stolze, aus einer heldenmäßigen Zuversicht auf sich selbst herzufließen, und ist durchaus pathetisch. Sie kann auch zugleich heftig seyn, aber die heftigen Leidenschaften sind nicht ihre eigentliche Quelle, sondern der heldenmüthige Stolz, wenn ich ihn so nennen darf. ⟨...⟩ solche erhabene Stellen bekommen von der Kürze, dem Feuer, und der Stärke der Gedanken mehr Licht. Wer sie nicht im Augenblicke ganz deutlich einsiehet, der hat die Hoffnung verlohren, daß man sie ihm deutlich machen werde. Wie in einer Nacht ein schneller Blitz auf eine Minute eine finstere Gegend ganz helle macht, so erleuchten diese Ausdrücke in dem Augenblicke den, der sie höret oder lieset. Wer nichts gesehen hat, indem es blitzte, für den ist der Schauplatz wieder dunkel; wer da nicht empfunden hat, der kann es niemals nachher ganz fassen.

Nr. 19
Anonym ⟨Daniel Heinrich Thomas und Johann Ehrenfried Jacob Dahlmann⟩, *Vermischte kritische Briefe*, Rostock 1758 (zit. nach Eibl, S. 189-201):

Siebenzehnter Brief.

Ja! mein Herr, ich bin volkommen mit Ihnen einig. Die Sara Sampson, welche sich in dem sechsten Theile der Leßingischen Schriften befindet, ist ein fürtrefliches bürgerliches Trauerspiel. Die Charaktere, in deren schönen und lebhaften Schilderung ein grosses Kunststück des theatralischen Dichters bestehet, sind eben so unnachahmlich gemahlet, als sie sich durchgängig gleich bleiben. Wie unschuldig, wie zärtlich, wie liebenswürdig erscheinet nicht die eines begangenen Fehltrits wegen reuige Sara! wie einnehmend, wie ihrem Zustande stäts angemessen sind nicht ihre Reden! Gewiß! Herr Leßing hat hierin sein starkes Genie so sehr gewiesen, als er es immer worin hätte thun können. – Was soll ich von dem Sir Sampson sagen? Seine Reden verrathen einen Kummer, einen nagenden Kummer, der in dem Herzen verborgen wüthet, und einen geheimen oft unterdrükten Trieb hat, durch den Tod sich loßzubrechen. Wie bedrängt, wie zärtlich, wie ein liebenswürdiger Vater ist er nicht! Mellefont, Marwood, Waitwell, Hanna, Betty sind so bezeichnet, daß sie in den Herzen der Zuschauer Mitleiden und Schrekken erregen müssen. Und wer wird nicht die unschuldigen Reden der liebenswürdigen Arabella bewundern?

Sie sehen also, mein Herr, daß wir hierin gleicher Meynung sind: verzeihen Sie mir aber, daß ich es darin nicht seyn kann, wenn Sie behaupten, daß dieses Trauerspiel seiner Unregelmäßigkeiten wegen vieles von seiner eigenartigen Schönheit verlöhre.

Es ist wahr; H.⟨err⟩ L.⟨essing⟩ hat die Einheit des Ortes mehr verändert, als er sie beybehalten hat, da der Schauplatz bald ein Saal im Gasthofe, welchen Sir Sampson einnimt, bald ein Saal des Mellefonts, bald ein Zimmer der Sara, bald ein Saal des Mellefonts, ia bald ein Saal der Marwood in einem andern Gasthofe ist (!); allein wird dieses noch bey allen den Schönheiten, welche der Dichter durch die Hinteransezzung der Regeln seinem Werke mitgetheilet hat, da er sein Genie von dem Joche der theatralischen Regeln befreyete, und hierdurch die grössesten Leidenschaften, die heftigsten Bewegungen, die anziehendsten und rührendsten Scenen vorstellen konnte, noch in Betrachtung zu ziehen seyn? oder hat man Ursache zu wünschen, daß H. L. eine einzige, die geringste von allen Schönheiten, welche in diesem unverbesserlichen Trauerspiele enthalten sind, allen Regeln aufgeopfert hätte? ich glaube nicht: und mir scheinet diese Anmerkung sehr richtig zu seyn, welche in dem englischen Zuschauer gelesen zu haben mich erinnere: daß man mehr Urtheilskraft brauchet, von den Regeln der Kunst abzugehen, als ihnen nachzuleben; als in den Schriften eines seichten Kopfes, welcher dieselben nicht allein kennet, sondern auch aufs genaueste beobachtet. Dieses ist unstreitig. Das Genie allein muß sich würksam bezeigen. ⟨...⟩

Wer wird den Schakespeare nicht einen Meister in der theatralischen Poesie nennen, ob er gleich sich nicht allemahl an die Regeln der Schaubühne gebunden hat? es ist nicht zu läugnen, in seinen Trauerspielen ist öfters wider die Vorschriften des Aristoteles und anderer grossen Männer verfahren worden. Der Bau, die Symmetrie und Ordnung des Ganzen ist durch die unproportionirten Theile nicht selten in seinen Schauspielen verlohren gegangen. Allein wie feurig, wie groß, wie erhaben ist er nicht in der Kunst, welche dem Corneille eigenthümlich war, vor den Augen der Zuschauer die Leidenschaften entstehen, wachsen und ausbrechen zu lassen. Corneille selbst wich alsdann von den Regeln ab, wenn er höhere Schönheiten hiedurch zu erreichen dachte. ⟨...⟩

Es ist zwar der gesunden Vernunft gemäß, daß man sich der theatr. Vorschriften als eines Leitfadens, der uns auf den rechten Weg führt, bediene: ich gebe es auch zu, daß ein Dichter die Regeln der tragischen und komischen Poesie wohl inne haben müsse, und daß er ohne diese Kenntniß weder von theatralischen Stükken geschikt urtheilen, noch auch selbst was gutes ausarbeiten könne. Die Poetik des Aristoteles, das Schreiben des Horaz an die Pisonen, die Abhandlungen eines Corneille und Aubignac von der

Schaubühne enthalten so viele fürtrefliche Anweisungen in sich, welche durch die grossen Muster eines Aeschyles, Euripides, Sophocles, Aristophanes, Plautus und Terenz bewäret sind, daß es ein Stolz, eine Unwissenheit, eine unverzeihbare grobe Unwissenheit seyn würde, wenn ein Dichter dieselben nicht nur ⟨nicht?⟩ kennete, sondern auch bis auf ihre Quellen, die aus der Natur entspringen, untersuchet hätte. Allein, ich sehe nicht, warum ein Dichter sein Genie, diesen über Nachsinnen und Wiz erhabenen Trieb, diesen höchsten Grad der Empfindlichkeit des Herzens den Regeln unterwerfen, und höhere Vollkommenheiten fahren lassen solle, um von diesen nicht abzuweichen. Machet etwa die sorgfältigste Beobachtung der theatralischen Regeln ein Schauspiel volkommen? welche glükliche Aussichten für die deutsche Schaubühne, wenn dieses sich also verhielte; viele Trauerspiele, welche man der Vergessenheit längst übergeben hat, oder welche man um den gothischen Geschmak zu belachen noch lieset, würden Meisterstükke seyn; und den unsterblichen Arbeiten eines Corneille und Racine an die Seite gesezzet werden. ⟨...⟩

Besuche ich die Schaubühne, um die theatralischen Regeln kennen zu lernen? Thorheit! ich will bey der Vorstellung eines Lustspieles die ungereimten Neigungen und niedrigen Gesinnungen der Menschen auf eine satyrische Art lächerlich; und die Tugend, die guten Sitten, die Vernunft liebenswürdig und in einem hohen Glanze gezeiget sehen: ich will bey der Vorstellung eines Trauerspiels mein Herz zum Mitleiden und zur Traurigkeit bey dem Unglükke meiner Nebenmenschen gewöhnen. Die grossen Handlungen, die ich erblikke, sollen mich zu einer rühmlichen Nacheiferung anreizen, sie sollen mir grosse, erhabene Gedanken einflössen, welche durch keine niedrige Vorstellung beflekket sind. Man lieset die Trauerspiele eines Schlegels, den Agamemnon eines Thomson, die Athalia eines Racine, und bewundert sie. Warum? weil die Einheit der Handlung, des Ortes, der Zeit, kurz alle drey Einheiten, diese Gottheit so vieler theatralischen Dichter in Deutschland, in denselben beobachtet sind? Weil die Handlungen eine natürliche Folge aufeinander haben? Weil die Theile mit der Geschiklichkeit eines Uhrmachers, der die Theile seiner Uhr so aneinander sezzet, daß sie gehen kann, dem Ganzen beygefüget sind? Nein! weil sie sich mit den mannigfaltigen Leidenschaften unsers Herzen beschäftiget, und das getreu und richtig ausgedrükket haben, was sie selbst empfanden, und was alle Menschen empfinden, oder doch empfinden sollten; weil die Handlung groß, neu, wunderbar, anziehend und in stäter Bewegung ist; weil uns ihre Gemählde entzükken, ihre Gesinnungen erheben, ihre Entwikkelungen überraschen und in eine süsse Unordnung sezzen; weil ihre Charaktere, welche sie uns vorstellen, groß sind, ihre Bilder uns rühren, unser Herz beklemmen, ein Gefühl in uns erregen, welches der Menschheit Ehre machet, und uns wollüstige Thränen auspressen. Große Vollkommenheiten!

Die Regeln werden ein Schauspiel erträglich machen; aber ihm bey weitem nicht den hohen Grad des Schönen, die gleichsam geistige Feinheit mittheilen, welche ein Corneille, Racine, Crebillon bey den Franzosen; Shakespeare, Thomson, dieser fürtreflich mahlerische Dichter, und der erhabene Addison bey den Engländern; Schlegel und Herr Leßing in seiner Sara Sampson bey uns Deutschen in ihre Trauerspiele eingeflochten, und sie hiedurch bewundernswürdig gemacht haben. Es ist so schwer diesen Grad der Schönheit zu benennen, als es leicht ist denselben zu empfinden. ⟨...⟩

Wer einmal das Schöne, das Erhabene, das Naive an einer Sache kennet, wird getrost seiner Empfindung trauen können, ohne besorget zu sein, ob er sich woran verstossen habe. Ja, die Empfindung selbst, und das reife Urtheil eines fähigen Verstandes, wird ihn leicht, die Fehler an einer Sache einsehen, und zugleich hiedurch sie vermeiden lehren. Schönheiten, welche man durch eine sklavische Beobachtung der theatralischen Regeln allein zu machen denkt, werden sehr geringe Schönheiten seyn, wenn sie nicht mit einer feurigen Einbildungskraft, zärtlichen Empfindungen und gutem Geschmakke verbunden sind. Diese sind die verstekten Maschinen, welche durch ihre geheime Würkung das Schauspiel beleben: welche das Lustspiel comisch und die Tragödie tragisch machen. Ohne diese grosse Gaben ist auch die genaueste Beobachtung der theatralischen Regeln, an allem was schön ist, fruchtlos. ⟨...⟩

Gesetzt aber Herr Leßing hätte hiedurch ⟨d. h. die Mißachtung der strengen Regel⟩ sein Trauerspiel etwas verunzieret; so würde dieses doch ein Flek seyn, welcher durch das erhabene Schöne in diesem Stükke ungemein erhellet ist. Ein jeder Auftrit zeuget von dem großen Geiste des Dichters. Ich will nur unter vielen den siebenden in der ersten Handlung anführen, und ich bin versichert, daß Sie, m. H., es mir zugestehen werden, daß hierin so viele erhabene Gedanken, so viel anziehendes und rührendes enthalten ist, als nur in irgend einem Trauerspiele seyn kann. Die ganze lezte Handlung ist so schön, als sie in der Tat künstlich ist. Und ich halte es für eine besondere Schönheit, daß der Dichter die beyden leidenden Personen in diesem Trauerspiele auf dem Schauplazze sterben läst. Ich weis zwar wohl, daß Corneille, Racine und andere grosse Dichter dieses zu vermeiden versucht haben, da sie ihre Helden hinter den Scenen umkommen liessen: allein ich weis auch, daß sie zu weilen weit rührender hätten seyn können, wenn sie hierin nicht so pünktlich gewesen wären; der Brittannicus des Racine, welcher nach dem eingenommenen Gifte die Bühne nicht wieder betrit, hätte meinem Bedünken nach, durch die öffentliche Vorstellung erst recht lebhaft werden können. Eben so seine Iphigenie ⟨...⟩

So wie ich vorher behauptet habe, daß es gewisse Fälle giebet, wo die Todesfälle durchaus hinter den Scenen vorkommen müssen; so kan ich auch mit gleichem Rechte sagen, daß in einigen Trauerspielen die sterbenden Personen nothwendig öffentlich vorgestellet werden müssen. Die Sara Sampson gehöret zu den leztern. Der Zuschauer ist durch das Unglük der Heldin zu sehr gerührt, und durch die Kunst des Dichters (wie wenige Dichter verstehen doch diese Kunst, und wenn sie auch dieselbe verstehen, suchen sie doch nicht dieselbe in ihren Schauspielen anzubringen!) an ihrem Schiksahle so sehr intereßiret, daß er mißvergnügt werden würde, wenn er nicht alle ihre Handlungen, und den lezten feyerlichen Augenblik, wo sie sich in ihrer rechten Grösse zeiget, heranrükken und gegenwärtig sähe. Vielleicht ist diese Anmerkung um so viel gegründeter, weil ich Sie versichern kann, daß ich, wie ich zum erstenmahl dieses unnachahmliche Trauerspiel laß, mich mit der größten Bewegung nach dem lezten Augenblikke sehnete, wo die fürtrefliche Sara die hoheste Bewunderung verdienet. Wie groß zeiget sie sich nicht, wie sie schon halb in den Armen des Todes ist! Und wie groß ist der Dichter, welcher ein so erhabenes Meisterstük zu machen, fähig ist, nicht durch dieselbe! Mich deucht, daß H. L. auf keine bessere und stärkere Art das Herz der Zuschauer hätte in Bewegung sezzen können, als da er die sterbende Sara ihren von Schmerz stummen Vater noch ihren im Tode geliebten Mellefont, und mit ihm die unschuldige Arabella empfehlen läßt. Solche Erfindungen eines fruchtbaren Geistes müssen rühren, und durch solche muß der Endzwek eines Trauerspiels erreichet werden, oder es wirds keine thun können. Der Charakter des Sir Sampson ist auch unvergleichlich geschildert. Der Kummer, welcher ihn drükket, machet ihn überaus ehrwürdig. Er ist mir vorgekommen, wie ein Mann, der sich durch die widrigen Schikkungen des Himmels nicht aus iener Fassung sezzen läßt, welche dem Christen so nothwendig und geziemend ist. Es ist gewiß, daß H. L. die Anmerkung, welche Seneka, dieser erhabene Weltweise, an einem Orte machet, der mir izzo nicht beifallen will, nämlich: daß eine Betrübniß mit einem gewissen heimlichen Vergnügen vermischt ist, wenn man einen redlichen Mann mit dem Unglükke kämpfen siehet, bey dem Charaktere dieses Alten auf eine fürtrefliche Art angewendet ist.

Eine Person, deren Vergehen kleiner war, wie ihre Reue darüber, eine Person, deren Vergehen Anlaß gab, die Grösse ihres Herzens und ihrer Seele zu erkennen, in dem lezten entscheidenden Punkte des Lebens zu sehen, war eine Sache; die der größte Dichter, wenn sie hinter den Scenen vorgieng, durch keine Erzählung den Zuschauern lebhaft genug machen konnte; und gesezt, er hätte es thun können: wer sollte es erzählet haben? Sir Sampson? – das lies ein so heftiger Schmerz nicht zu: Betty? – die war beschäftiget ihrer Miß Hülfe zu verschaffen. Wie hätte man also den Ausgang dieses Trauerspieles erfahren können, wenn der Dichter seine Heldin nicht vor den Augen hätte umkommen lassen?

Eben dieses läßt sich von dem Mellefont sagen. Nur muß ich noch erinnern, daß eine Ohnmacht oder sonst etwas den Charakter des Mellefonts ungemein würde geschwächet haben. Sein Herz und die Reue würden nur sehr wenig sein Herz zu beklemmen scheinen, wenn er es nicht durch eine grausame That, welches der Selbstmord ist, bewiesen.

Wie aber? werden Sie fragen, hat denn dieses Trauerspiel gar keinen Fehler? – Keinen; meiner Meynung nach; und wenn noch etwas wäre, was man ihm vorwerfen könnte; so wäre es – – – Doch nein! es ist vielleicht eine Kleinigkeit, welche zu klein ist, als daß ich Ihre Geduld noch länger ermüden sollte. Ich bin etc.

Nr. 20
Tagebucheintrag Johann Caspar Lavaters vom 7. 4. 1763 über ein Gespräch mit Moses Mendelssohn in Berlin (zit. nach Richel, S. 46):

Wir redeten ⟨...⟩ von Lessings Gabe zum Komischen und Tragischen. Seine »Miss Sara« sei eine tragische Farce: er habe nicht genugsame Kenntnisse des Theaters, und welche Sprache den Ausdruck der Leidenschaften auf demselben behalte.

Nr. 21
Brief von Christian Adolf Klotz an Johann Valentin Briegleb (29. 12. 1763), abgedruckt in: ›Berlinisches litterarisches Wochenblatt‹, 1777, Bd. 1, S. 9 f. (zit. nach Eibl, S. 242-245):

Mein werthester Freund!

Das Lob, welches Sie der Miß Sara Sampson beigelegt, bewog mich dieses Stück noch einmal zu lesen. Es ist wahr, die Tragödie ist vortreflich: sie reißt uns dahin, und ich wenigstens schäme mich nicht zu sagen, daß sie mir Thränen abgezwungen hat. Wo ich nicht irre, wird unsere Betrübniß vornehmlich dadurch vermehrt, daß die *Marwood* ungestraft ihre Bosheit ausführt. Denn wenn entweder diese sich auch erstochen hätte (ein weniger großer Geist, als *Leßing* würde den Plan so gemacht haben) oder von dem *Mellefont* wäre entleibet worden, so würde unser Mitleiden eine gewisse Satisfaction bekommen: unser Affekt würde nicht so stark: die ganze Geschichte nicht so rührend, kurz die Tragödie nicht so schön seyn. Nein! daß uns der *Sara* Schicksaal recht rühren und zum weinen zwingen mußte, darzu war es nöthig, daß *Marwood* ungestraft und triumphirend diese Bosheit ausführen konnte. Kurz des *Sophokles Oedipus* hat eine Gespielin gefunden, (wie sich Herr *Butschony* ausdruckt) an der *Sara* gefunden, oder wollen Sie recht aufrichtig hören, die *Miß Sara Sampson* gehört unter die Arbeiten, welche dem menschlichen Geschlechte Ehre machen.

Allein einige Anmerkungen will ich Ihnen mitteilen. Sie sind nicht gelehrt, ich habe sie bei einem Glase Wein gemacht: sie beruhen bloß auf meinem Gefühl. Wie verschieden müßen diese Anmerkungen von den Noten eines *Sterlejus* und *Barnesius* über den *Aeschylus* und *Euripides* seyn! Doch jene waren gewiß nicht beim Weine gemacht. Aber diese Herren endigen sich auf das dreimal heilige *ius*.

S. 30 ⟨S. 445 dieses Bandes⟩. »Dessen Herz muß ruhiger oder muß ruchloser sein, als meines, welcher immer einen Augenblick zwischen ihm und dem Verderben mit Gleichgültigkeit nichts als ein schwankendes Bret sehen kann.«

Welch eine böse Periode für mich! Sie brachte mich aus der Begeisterung, in welche mich das vorhergehende gesetzt hatte. Sie that noch mehr, sie brachte mich aus der Ernsthaftigkeit. Ich erinnerte mich, daß ich eine Tragödie lese, daß Herr *Leßing* sie gemacht, daß er die Stelle eines griechischen Dichters nachgeahmet, welche alle Kommentators zu Horazens: illi robur et aes triplex etc. ⟨dreifach umgeben Holz und Erz dem die Brust⟩ angeführt haben. Für mich wäre es besser, unwissend zu seyn. Gelehrsamkeit unterbrach mein Gefühl und meine sanften Empfindungen: ich brauchte einige Minuten Zeit, mich wieder in die vorige Situation zu setzen. Doch hat denn *Leßing* für Criticos geschrieben? Nein! *Klotz* sollte sie nicht lesen, oder wenigstens beim Lesen unwissend seyn.

S. 75 ⟨S. 464 dieses Bandes⟩. Hier will die *Marwood* den *Mellefont* erstechen: er entreißt ihr den Dolch! was thut sie? – sie schweigt – sie erblaßt und ist betäubt – nein sie perorirt. Diese geschwinde Abwechselung einer von der heftigsten Leidenschaft ergriffnen Person scheinet mir unwahrscheinlich.

S. 93 ⟨S. 472 dieses Bandes⟩. Sagt der Diener *Waitwell*: »Und vielleicht ein aufrichtiges Bedauern, daß er die Rechte der väterlichen Gewalt gegen ein Kind brauchen wollen, für welches nur die Vorrechte der väterlichen Huld sind.« Sollte man nicht schwören *Waitwell* hätte bei dem Herrn *** das Jus naturae gehört? Ein Gedanke, den ich überdenken muß, den mir der Zuhörer, auch der gelehrte Zuhörer, nicht sogleich versteht, ist mir in einem Stück ärgerlich, wo mein Herz, nicht mein Verstand beschäftiget seyn will. Ich schwöre, da das Stück in Hannover aufgeführt worden, keiner hat sogleich dies verstanden, selbst die *** nicht. Und diese schöne *Antithese Vor* und *Recht*! Ueberhaupt redet *Waitwell* oft nicht als ein Diener, sondern als ein Philosoph. Lesen Sie S. 102. und 103. 193 ⟨S. 476 f., 517 dieses Bandes⟩. Ich will 100 Louis d'or wetten, Herr *** philosophirt nicht so gut und so wahr. Und dieser ist doch Professor. Der arme *Waitwell* aber hatte nie die Logik in Tabellen gebracht.

S. 176 ⟨S. 510 dieses Bandes⟩. »Hier, wo ich in bessern Zeiten die geschriebenen Schmeicheleien der Anbeter verbarg; für uns ein eben so gewisses aber nur langsames Gift.« Um Vergebung ein Wortspiel! und wieder um Vergebung, eine kindische Stelle! Es redet hier *Marwood*, da sie das Giftpulver hervornimmt – in der größten Hitze – in einer Art von Raserei – in der größten Wuth redet sie Sentenzen. –

S. 193 ⟨S. 517 dieses Bandes⟩. »Laß die Hülfe so wirksam seyn, als deinen Irrthum.« Ist dunkel, unnatürlich, spitzfündig.

S. 212 ⟨S. 525 dieses Bandes⟩. »Nein, ich will es nicht wagen, sie ⟨die Hand⟩ zu berühren. Eine gemeine Sage schreckt mich, daß der Körper eines Erschlagenen durch die Berührung seines Mörders zu bluten anfange.« Ach! Pedante! der verzweifelnde *Mellefont*, der sich in wenigen Minuten erstach, wird noch gelehrt. – Und der scholastische Ton: Eine gemeine Sage – Was fehlte noch, als hochzuehrende Anwesende.

Noch eins! hätte *Leßing* nicht einen sehr rührenden Auftritt machen können, wenn er der Sara von ihrem Vater den *Seegen* hätte geben lassen? Sie will es S. 200 ⟨S. 524 dieses Bandes⟩ selbst: und ich glaube, hier hätte man ein lautes Geheul auf dem Theater erregen können, wenn der alte graue *Sampson* seine zitternde Hand auf die Stirne seiner Tochter gelegt, und sie *geseegnet* hätte. Meinen Sie nicht?

Und noch eins! Nun darf ich dieses Stück nicht wieder lesen. Es würde für *mich* keine Schönheit mehr haben. Denn ich habe es als *Kritikus* gelesen. Man muß es aber bloß als Mensch lesen. Die damals gehabten Kritiken würden mir wieder lebhaft werden, und mein Herz verhärten. – – Mein Freund wie viel ließe sich über diesen Punkt schreiben! wie viel Regeln ließen sich da abstrahiren! Ich bin etc.

Nr. 22
Aus: Christian Adolf Klotz, *Epistolae Homericae* (Homerische Briefe), Breslau 1764 (ins Dt. übersetzter Text nach Schmidt, *Lessing*, Bd. 1, S. 263):

Ich bin mit denjenigen deutschen Dichtern nicht einverstanden, die Kinder überhaupt vom Theater verbannen und sich damit meiner Meinung nach das schönste Werkzeug die Zuschauer zu rühren selbst rauben. Von mir kann ich versichern, daß ich, als neulich allhier Lessings Drama von Saras Flucht und Tod aufgeführt wurde, alles mit sehr aufgeregtem Gemüth anschaute; aber nach Arabellas Auftreten, als ich das naivste Mädchen ihre Liebe zu Vater Mellefont mit Worten, Blicken, Gesten so ganz ihrem Alter gemäß aussprechen sah, stürzten die Thränen aus meinen Augen. Doch ich finde kaum einen Ausdruck für ein Menschenkind, das in meiner Nachbarschaft immer eine Lache aufschlug – unglaublich! – auch dann, als Sara ihren Vater und alle mit weinender Stimme um Hilfe anfleht und kalter Schauer durch meine Gebeine lief. Ich erinnere mich, daß er beim Fortgang sagte, das Stück misfalle ihm, es errege zu traurige Empfindungen ⟨. . .⟩.

Nr. 23
Auszug aus einer anonymen Rezension *Miß Sara Sampson, tragédie bourgeoise de M. Lessing* im ›Journal étranger‹ (Neudruck Genf 1968), Décembre 1761. Die Zuschreibung der Rezension an Diderot, durch eine Formulierung Lessings ausgelöst (s. S. 1252), ist ungesichert. Teilabdruck des franz. Textes, ohne die Inhaltsangabe und die übersetzten Passagen, bei Danzel/Guhrauer, S. 467-470 (Übersetzung nach Eibl, S. 245-248):

Miss Sara Sampson, bürgerliches Trauerspiel von Herrn Lessing.
 Dieser Titel kündigt nichts Heroisches an, und tatsächlich zählt der Vorwurf dieses Stückes nicht zu jenen Ereignissen, welches die Augen des ganzen Erdkreises auf sich ziehen, uns selbst also nur von ferne angehen. Die Namen von Königen und Helden erwecken Ehrfurcht auf dem Theater, aber alles, was Ehrfurcht erweckt, erweckt nicht unsere Anteilnahme. Umgekehrt ist es wahr, daß der hohe Stand der

Personen zum Pathetischen beiträgt. Der bettelnde Belisar wird weit mehr unser Mitleiden erregen als ein Mann aus dem Pöbel; doch im Allgemeinen gilt: je näher uns die Personen stehen, desto stärker bewegt uns ihr Schicksal.

Es liegt in der Natur des Menschen, daß er sich nur von dem ergreifen läßt, was Seinesgleichen zustößt: Nun gleichen die Könige uns nur in ihren natürlichen Empfindungen und in jener Mischung aus Gut und Böse, die alle Stände zu einem einzigen vereint, nämlich dem des Menschen. Wenn also doch die Verächter des bürgerlichen Trauerspiels daran dächten, daß auch an noch so heroischen Gegenständen es nur die gemeinen Leidenschaften sind, die uns heftig bewegen! Nicht weil Iphigenie die Tochter des Agamemnon und Klytämnestra die Tochter des Tyndaros ist, bewegen uns ihre Schicksale; sie bewegen uns, weil die eine die Tochter und die andere die Mutter ist. So steht es mit allem, was das heroische Theater an Schrecklichem und Rührendem bietet.

Das Bürgerliche Trauerspiel gehört also zum wahrhaft pathetischen Schauspiel: was es über uns hinaushebt, entfernt es und schwächt es dadurch.

Die Griechen, die in der Tragödie nur ein politisches Schauspiel sahen, ließen nur berühmte Personen und öffentliche Vorfälle zu. Die Neueren haben ein moralisches Schauspiel daraus gemacht, und nichts schickt sich zu dem Zweck, den sie sich vorgesetzt haben, besser, als vertraute Charaktere und häusliche Begebenheiten.

Man wird uns Autoritäten entgegenhalten; aber 1. gibt es wenige, die dem großen Corneille die Waage halten. »Die Tragödie – sagt er – soll Mitleid und Furcht erwecken. Wenn es nun aber zutrifft, daß diese letztere Empfindung nur in uns erweckt wird, wenn wir Unseresgleichen leiden sehen und wenn deren Unfälle uns ähnliche befürchten lassen; ist es dann nicht auch wahr, daß diese Empfindung viel stärker erweckt werden könnte, wenn wir Unfälle sehen, die Personen unseres eigenen Standes zustoßen, denen wir ganz und gar ähnlich sind, etc.« 2. »Wenn Aristoteles selbst die Eigenschaften prüft, die für den Tragödien-Helden notwendig sind – fährt derselbe Dichter fort – geht er überhaupt nicht auf dessen Geburt ein, sondern er hält sich nur an dessen Schicksale und Sitten; er fordert einen Menschen, der nicht ganz böse und nicht ganz gut sei; er fordert, daß er von einem seiner Nächsten verfolgt werde; er fordert, daß er in Todesgefahr gerate durch eine Hand, die verpflichtet ist, ihn zu beschützen: und ich sehe nicht – sagt Corneille – daß dies nur einem Prinzen zustoßen kann.«

Und das ist genau die Rechtfertigung für das Stück, von dem wir nun einen Auszug geben werden ⟨...⟩.

⟨Zur Scene III 3⟩ Diese Empfindung ist voller Zartheit und Wahrheit, aber indem der Dichter sie übertrieben hat, hat er sie geschwächt. Saras Weigerung, ihres Vaters Brief zu lesen, veranlaßt Waitwell dazu, einen Winkelzug zu gebrauchen, der die Szene noch verlängert und abkühlt. Die ersten Bewegungen ihrer Seele sollen die Verwirrung, die Furcht, die Bezichtigung der Undankbarkeit und die lebhafteste Rührung sein; aber diese Bewegungen müssen schnell sein, und die Ungeduld, die von seiner Hand geschriebene Verzeihung zu lesen und die Züge dieser geliebten Hand zu küssen und mit Tränen zu benetzen, muß Sara den Augenblick danach überwältigen.

⟨...⟩

Im übrigen kann man Herrn Lessing das wahre Genie zur dramatischen Poesie nicht abstreiten, die Gabe nämlich, in die innersten Empfindungen der Menschennatur einzudringen und sie mit viel Feuer, Wahrheit und Kraft auszudrükken. Wir wünschen in seinem Stück nur mehr Genauigkeit und rascheres Fortschreiten im Dialog, weniger lange und deshalb lebendigere Szenen, mit einem Wort: Ein gerafftes Gefüge von Intrige und Handlung, vor allem aber weniger Nachlässigkeit in der Art, die Ereignisse vorzubereiten und einzuführen. Wir können zum Beispiel einem Manne von Genie nicht verzeihen, daß er der Marwood als Grund dafür, daß sie Sara vorgestellt werden will, die Neugierde gibt, ob sie würdig sei, Mellefont an sich zu binden. Es ist außerhalb aller Wahrscheinlichkeit, daß er diesen Vorwand für das wirkliche Motiv einer Frau hält, die er so gut kennen soll; und es ist offenkundig, daß es in der Situation, in der sie sich befindet, nicht eitle Neugier ist, was sie beschäftigt: anstatt daß der Dichter ihr ein überaus natürliches, ernsthaftes, beeindruckendes Motiv, ihre Rivalin zu sehen, gegeben hätte. Marwood hat eine Tochter von Mellefont, dieser will sie ihr nehmen und in seiner Nähe erziehen: Hätte doch Marwood ihr Einverständnis und den Wunsch vorgeschützt, ihre Tochter ihrer Rivalin anzuempfehlen, ohne sich ihr zu erkennen zu geben, – als ob ihr Motiv die menschliche Bewegung für das Kind wäre, für das sie bisher gesorgt hatte! Es wäre wahrscheinlich, wenn Mellefont sich hier der Schwäche einer Mutter fügte und – getäuscht durch diese List – dem Treffen zustimmte, vorausgesetzt freilich, Marwood hätte ihre Raserei vor Mellefont verborgen, wie in der ersten Szene; denn sobald die ihm gedroht hat, sich an ihrer eigenen Tochter zu rächen, und sobald sie den Dolch gegen ihn erhoben hat, darf er sie nur noch verachten und fürchten; es gibt überhaupt keinen Grund mehr, der es ihm erlauben könnte, sie allein im Zwiegespräch mit Sara zu lassen.

Möglicherweise muß die Kunst sich bei den Deutschen noch entwickeln; aber das Genie hat dort den Weg der Natur eingeschlagen, und man braucht sie nicht zu sehr zu ermuntern, ihm zu folgen. Die Wahrheit, auch wenn sie nachlässig dargestellt ist, wird immer vielmehr interessieren als der ausgefeilteste Kunstgriff.

Nr. 24
Aus: ›Allgemeine deutsche Bibliothek‹, hg. v. Friedrich Nicolai, Berlin und Stettin 1765, Bd. 1, 2. Stück, S. 308 (zit. nach Braun 1, S. 163):

Auszug eines Schreibens aus Paris.
Insgemein stehen itzt die deutschen Dichter bey den Franzosen in gutem Ruf. Herr d'Anthelmy, Professor à l'Ecole

militaire, hat neulich eine Uebersetzung von Lessings Fabeln, sammt den Abhandlungen herausgegeben. Eben derselbe Uebersetzer verspricht auch den Franzosen den Meßias. Herrn Leßings *Miß Sara Sampson* ist am Ende des Jahres 1764 zu St. Germain, bei dem Herzoge von Noailles, vor dem Herzoge von Choiseul, und den vornehmsten Herren und Damen vom Hofe mit dem größten Beyfalle aufgeführet worden. Herr Trüdame von Montigny hatte darin einige kleine Veränderungen gemacht; allein Herr Diderot wird das Stück ganz herausgeben, und zwar mit dem engländischen *Spieler* und dem *Kaufmann zu Londen*. Vermuthlich wird er auch Anmerkungen, über die Natur der drey Stücke hinzu thun.

Nr. 25
Aus: ›Neue Critische Nachrichten‹, Greifswald, 18. 7. 1767 (zit. nach Braun 1, S. 185):

Den 13. Julii führte eine Gesellschaft einiger auf hiesiger Akademie studirender Herren das fürtrefliche Trauerspiel des Hn. *Leßings*, Miß Sara Sampson, mit allgemeinem Beyfall und bey vieler Rührung einer Menge Zuschauer, hieselbst öffentlich auf.

Nr. 26
Aus: Christian Heinrich Schmid, *Theorie der Poesie nach den neuesten Grundsätzen und Nachricht von den besten Dichtern*, Leipzig 1767, S. 492 f.:

Leßing.

Eben lege ich die *Sara* weg. Aber ich hätte sie jetzt nicht noch einmal lesen sollen, um sie desto feuriger loben zu können. Stumme Thränen sind der edelste Beifall, den sich der Poet vom Parterre wünschen kann. Aber wie soll eine Feder Empfindung ausdrücken, die kaum die trockene

Wahrheit zeichnen kann? – – Wer ist ein Mensch und zerschmelzt nicht bey der leidenden Unschuld; bey der Unmenschlichkeit der Marwood, bey dem Unglück des zärtlichen Vaters, bey der Redlichkeit der Waitwells, bey der Naivität der Arabella? Was braucht man hier die Schönheiten des Plans, der Situationen, der Character des Dialogs, die sich alle hier vereinigen, ein so entzückendes Ganze zu machen, zu zergliedern? Das ist die gröste Kunst des Trauerspiels Dichters, wenn er durch Hülfe der grösten Kunst den Zuschauer dahin reißt, daß er die Kunst vergißt, daß er von seinem Stücke nicht anders, als mit Leidenschaften reden kann. – Was würden nicht, sagt Moses Mendelsohn, nach dem er vorher die Starkinn ⟨Starke; berühmte Schauspielerin⟩ gerühmt, solche Schauspieler leisten, wenn sie Dichter hätten, die so groß in der theatralischen Dichtkunst wären, als sie in der Schauspielkunst sind. Jedermann weiß, was die Starkinn in der Sara leistet. Sie spielt nicht die Sara, sie ist es.

Nr. 27
Aus: Gotthold Ephraim Lessing, *Hamburgische Dramaturgie*, 13. Stück, 12. 6. 1767 (zit. nach Bd. VI dieser Ausgabe, S. 249 f.):

Den eilften Abend (Mittewochs, den 6ten Mai,) ward Miß Sara Sampson aufgeführt.

Man kann von der Kunst nichts mehr verlangen, als was Madame Henseln in der Rolle der Sara leistet, und das Stück ward überhaupt sehr gut gespielet. Es ist ein wenig zu lang, und man verkürzt es daher auf den meisten Theatern. Ob der Verfasser mit allen diesen Verkürzungen so recht zufrieden ist, daran zweifle ich fast. Man weiß ja, wie die Autores sind; wenn man ihnen auch nur einen Niednagel nehmen will, so schreien sie gleich: Ihr kommt mir ans Leben! Freilich ist der übermäßigen Länge eines Stücks, durch das bloße Weglassen, nur übel abgeholfen, und ich begreife nicht, wie man eine Scene verkürzen kann, ohne die ganze Folge des

Dialogs zu ändern. Aber wenn dem Verfasser die fremden Verkürzungen nicht anstehen; so mache er selbst welche, falls es ihm der Mühe wert dünket, und er nicht von denjenigen ist, die Kinder in die Welt setzen, und auf ewig die Hand von ihnen abziehen.

Madame Henseln starb ungemein anständig; in der malerischsten Stellung; und besonders hat mich ein Zug außerordentlich überrascht. Es ist eine Bemerkung an Sterbenden, daß sie mit ihren Fingern an ihren Kleidern oder Betten zu rupfen anfangen. Diese Bemerkung machte sie sich auf die glücklichste Art zu Nutze; in dem Augenblicke, da die Seele von ihr wich, äußerte sich auf einmal, aber nur in den Fingern des erstarrten Armes, ein gelinder Spasmus; sie kniff den Rock, der um ein weniges erhoben ward und gleich wieder sank: das letzte Aufflattern eines verlöschenden Lichts; der jüngste Strahl einer untergehenden Sonne.

Wer diese Feinheit in meiner Beschreibung nicht schön findet, der schiebe die Schuld auf meine Beschreibung: aber er sehe sie einmal.

Nr. 28
Aus: Gotthold Ephraim Lessing, *Hamburgische Dramaturgie*, 14. Stück, 16. 6. 1767 (zit. nach Bd. VI dieser Ausgabe, S. 250-252):

Das bürgerliche Trauerspiel hat an dem französischen Kunstrichter, welcher die Sara seiner Nation bekannt gemacht hat (Fußnote: Journal Etranger, Decembre 1761), einen sehr gründlichen Verteidiger gefunden. Die Franzosen billigen sonst selten etwas, wovon sie kein Muster unter sich selbst haben.

Die Namen von Fürsten und Helden können einem Stück Pomp und Majestät geben; aber zur Rührung tragen sie nichts bei. Das Unglück derjenigen, deren Umstände den unsrigen am nächsten kommen, muß natürlicherweise am tiefsten in unsere Seele dringen; und wenn wir mit Königen

Mitleid haben, so haben wir es mit ihnen als mit Menschen, und nicht als mit Königen. Macht ihr Stand schon öfters ihre Unfälle wichtiger, so macht er sie darum nicht interessanter. Immerhin mögen ganze Völker darein verwickelt werden; unsere Sympathie erfordert einen einzeln Gegenstand, und ein Staat ist ein viel zu abstrakter Begriff für unsere Empfindungen.

»Man tut dem menschlichen Herze Unrecht«, sagt auch Marmontel, »man verkennet die Natur, wenn man glaubt, daß sie Titel bedürfe, uns zu bewegen und zu rühren. Die geheiligten Namen des Freundes, des Vaters, des Geliebten, des Gatten, des Sohnes, der Mutter, des Menschen überhaupt: diese sind pathetischer als alles; diese behaupten ihre Rechte immer und ewig. Was liegt daran, welches der Rang, der Geschlechtsname, die Geburt des Unglücklichen ist, den seine Gefälligkeit gegen unwürdige Freunde, und das verführerische Beispiel ins Spiel verstricket, der seinen Wohlstand und seine Ehre darüber zu Grunde gerichtet, und nun im Gefängnisse seufzet, von Scham und Reue zerrissen? Wenn man fraget, wer er ist; so antworte ich: er war ein ehrlicher Mann, und zu seiner Marter ist er Gemahl und Vater; seine Gattin, die er liebt und von der er geliebt wird, schmachtet in der äußersten Bedürfnis, und kann ihren Kindern, welche Brot verlangen, nichts als Tränen geben. Man zeige mir in der Geschichte der Helden eine rührendere, moralischere, mit einem Worte, tragischere Situation! Und wenn sich endlich dieser Unglückliche vergiftet; wenn er, nachdem er sich vergiftet, erfährt, daß der Himmel ihn noch retten wollen: was fehlet diesem schmerzlichen und fürchterlichen Augenblicke, wo sich zu den Schrecknissen des Todes marternde Vorstellungen, wie glücklich er habe leben können, gesellen; was fehlt ihm, frage ich, um der Tragödie würdig zu sein? Das Wunderbare, wird man antworten. Wie? findet sich denn nicht dieses Wunderbare genugsam in dem plötzlichen Übergange von der Ehre zur Schande, von der Unschuld zum Verbrechen, von der süßesten Ruhe zur Verzweiflung; kurz, in dem äußersten Unglücke, in das eine bloße Schwachheit gestürzet?«

Man lasse aber diese Betrachtungen den Franzosen, von ihren Diderots und Marmontels, noch so eingeschärft werden: es scheint doch nicht, daß das bürgerliche Trauerspiel darum bei ihnen besonders in Schwang kommen werde. Die Nation ist zu eitel, ist in Titel und andere äußerliche Vorzüge zu verliebt; bis auf den gemeinsten Mann, will alles mit Vornehmern umgehen; und die Gesellschaft mit seines gleichen, ist so viel als schlechte Gesellschaft. Zwar ein glückliches Genie vermag viel über sein Volk; die Natur hat nirgends ihre Rechte aufgegeben, und sie erwartet vielleicht auch dort nur den Dichter, der sie in aller ihrer Wahrheit und Stärke zu zeigen verstehet. Der Versuch, den ein Ungenannter in einem Stücke gemacht hat, welches er das Gemälde der Dürftigkeit nennet, hat schon große Schönheiten, und bis die Franzosen daran Geschmack gewinnen, hätten wir es für unser Theater adoptieren sollen.

Was der erstgedachte Kunstrichter an der deutschen Sara aussetzet, ist zum Teil nicht ohne Grund. Ich glaube aber doch, der Verfasser wird lieber seine Fehler behalten, als sich der vielleicht unglücklichen Mühe einer gänzlichen Umarbeitung unterziehen wollen. Er erinnert sich, was Voltaire bei einer ähnlichen Gelegenheit sagte: »man kann nicht immer alles ausführen, was uns unsere Freunde raten. Es giebt auch notwendige Fehler. Einen Bucklichten, den man von seinem Buckel heilen wollte, müßte man das Leben nehmen. Mein Kind ist bucklicht; aber es befindet sich sonst ganz gut.«

Nr. 29
Aus: Gotthold Ephraim Lessing: Nachgelassener Entwurf für die *Hamburgische Dramaturgie*, vermutlich vom 20. 7. 1767 (zit. nach Bd. VI dieser Ausgabe, S. 697; ebd., S. 1073, die franz. Originalfassung des Bielefeld-Zitats):

Den – ward Miß Sara Sampson wiederholt.
 Auch der H.⟨err⟩ Baron von Bielefeld hat in der neuen

Ausgabe seines Progrès des Allemands etc. ⟨Fußnote: à Leide. 1767. 8. T. II. p. 343⟩ dieses Stück durch einen umständlichen Auszug den Ausländern bekannt machen wollen. Der Verfasser muß ihm für diese Ehre verbunden sein; aber sollte er nicht eines und das andre gegen das Urteil des H. Barons einzuwenden haben?

»Sara Sampson«, sagt H. v. Bielefeld, »ist zwar ein ursprünglich deutsches Stück; gleichwohl scheint der Stoff aus englischen Romanen genommen oder nachgeahmt zu sein, und der Geist, so wie der Geschmack dieser Nation, darin zu herrschen.«

Was soll dieses eigentlich sagen? Der Stoff scheint aus englischen Romanen genommen zu sein? Einem die Erfindung von etwas abzustreiten, ist dazu ein »es scheint« genug? Welches ist der englische Roman ⟨?⟩

Nr. 30
Aus: ›Allgemeine deutsche Bibliothek‹, hg. v. Friedrich Nicolai, Berlin und Stettin 1771, Bd. 15, 2. Stück, S. 627 (zit. nach Braun 1, S. 349):

Leßings Miß Sara Sampson ist von Hrn. Mag. *Zwergius* ins Dänische übersetzt worden.

Nr. 31
Anonyme Rezension von *Trauerspiele von Gotth. Ephraim Lessing*, Berlin 1772, in: ›Berlinische Priviligirte Zeitung‹, 25. 4. 1772 (zit. nach Braun 1, S. 378 f.):

⟨In dieser Sammlung befinden sich die Trauerspiele Miß Sara Sampson, Philotas, und Emilia Galotti.⟩

Wider das erste hat man so viel ungereimtes Zeug gesagt; Kunstrichter haben bewisen, daß der V.⟨erfasser⟩ alles was darin noch gut sey, aus Romanen, und Gott weiß, woher geplündert habe; selbst Schauspieler haben es in regelmäßige Tragödie klügeln wollen. Dies laß man, hörte man, und vergaß es; das Trauerspiel aber selbst gefiel, je mehr es gespielt wurde. Zehn Jahre darauf beurteilt der V. dieses Stück in seiner Dramaturgie, mit einem Gleichnisse, von einem gesunden aber etwas ungestalteten Menschen. Wenn er sich damit nicht geschmeichelt hat, so hat er doch wenigstens alles dergleichen schöngeisterisches Geschwätz beantwortet.

Nr. 32
Ueber die Kochische Schauspielergesellschaft. Aus Berlin an einen Freund, hg. v. Christian August Bertram, Berlin und Leipzig 1772, S. 15-19 (zit. nach Braun 1, S. 385-388):

Das lange Schmachten der Berliner nach augenscheinlichen Beweisen von der Geschicklichkeit der ihnen immer so sehr gepriesenen *Kochischen* Gesellschaft, worüber sie ihren wandelbaren Geschmack nach dem verdienstvollen *Döbbelin* nebst seiner Truppe sobald vergessen hatten, ward den 10ten Juni gestillet. An diesem Tage eröfnete Hr. Koch seine Bühne, nach einer von seiner Gattinn mit dem feierlichsten Anstande gehaltenen und vom Hrn. *Ramler* verfertigten Antrittsrede, mit *Miß Sara Sampson*, einem bürgerlichen Trauerspiele in 5 Aufzügen vom Hrn. Leßing. 〈...〉

Da uns Hr. *Koch* vermuthlich zum erstenmal ein lange nicht gesehenes gutes bürgerliches Trauerspiel geben wollte: so konnte er gewiß kein besseres wählen, als die *Sara*, die einer öftern Aufführung gewiß würdig ist. Möchte doch ihr Verfasser, dieser so grosse Günstling Melpomenes und Thaliens, durch die einmüthige Stimme des ganzen Deutschlands sich bewegen lassen, aus seinen Alterthümern, worinn er sich jetzt vergraben hat, wieder hervorzukommen, und sich wieder auf das dramatische Fach legen, das er so lange versäumet hat! – Mit dem Stücke mußten die Schauspieler so verfahren seyn, wie es ehemals *Ackermann* damit gemacht hatte, – sie mußten es sehr verkürzt haben. Doch mit Gewißheit kann ich meine Meinung nicht behaupten, weil ich den Theil der *Leßingischen* Schriften, worinn dieses Stück befindlich, nicht zur Hand hatte, und ich mich jetzt nicht mehr auf die Auslassungen besinnen kann. Nun zu der Vorstellung. –

Die Rollen in diesen Stücke waren nicht durchgängig gut besetzt, und dieses verursachte, daß es nicht vollkommen schön vorgestellet wurde. Vom Hrn. *Schmelz*, als *Sir Sampson*, und Vater der *Miß*, hätte ich mehr vermuthet. Ein Vater, der seine Tochter, die aus Furcht mit ihrem Liebhaber entflohen, weil er in ihre Verbindung nicht einwilligen wollen, zu verzeihen, sich mit ihr und dem *Mellefont* zu versöhnen, und beide mit einander zu verbinden kommt; sie aber schon mit dem Tode ringend findet, und alsdann von ihrem eigenen Liebhaber erfährt, daß sie durch List seiner alten Geliebten, anstatt eines niederschlagenden, ein Giftpulver genommen; sie endlich sterben, und ihren Liebhaber sich erstechen sieht: sollte der nicht Kummer, Affect, Hitze, ja sogar Verzweifelung zeigen? Aber Herr *Schmelz* thut nichts als weinen.

Madam *Starckinn* [Starke], als *Miß Sara*, schien ihrer Jahre wegen, in der Rolle einer feurigen, unschuldigen und affectvollen Liebhaberin, nicht an ihrer rechten Stelle zu seyn. Ich kann nicht leugnen, hier hätte ich mir wohl die Döbbelinin zu sehen gewünscht. Hr. *Brückner* spielte den *Mellefont* vortreflich, nur gegen seine *Sara* war er fast immer zu stürmisch; es schien eher, als wenn er ein Frauenzimmer von der Klasse *Marwoud*, als diese liebenswürdige Miß vor sich hätte. Mad. *Kochin* machte die *Marwoud* als eine Meisterin. Ihr öfters heftiges Schlagen mit der Hand auf den Busen, wäre etwan das Einzige, was man an ihr rügen könnte. In der Rolle der *Bella* war die junge *Witthöftin* ganz unvergleichlich. Den rechtschaffenen alten *Waitwell* agierte Hr. *Schubert* sehr natürlich. Hr. *Herlitz*, als *Norton*, und Madem. *Schickin* die Aeltere, als *Betty* leidlich, aber Mad. *Steinbrecherin*, als Hannah, schlecht; es war bey ihr gar keine Action, und es müssen ihr viele Zähne fehlen, denn sie redte sehr unangenehm und undeutlich.

Nr. 33
Anonyme Rezension aus: ›Neue Zeitungen von Gelehrten Sachen‹, Leipzig, 1. 10. 1772 (zit. nach Braun 1, S. 414 f.):

Voß hat verlegt: Trauerspiele von *G. E. Lessing*, und Emilia Galotti, ein Trauerspiel. Seitdem uns Hr. Leßing in der Dramaturgie die Ursachen entwikelt hatte, warum die meisten Trauerspiele der Neuern ihre Absicht verfehlten; seitdem er unsern Trauerspieldichtern Natur, Studium des Herzens, und Schakspear empfohlen, wünschte man diese Lehren vorzüglich von ihm selbst, durch ein vollkommenes Beyspiel erläutert zu sehen. Und wie wird man wohl die wahren aus der Natur entlehnten Regeln, von der Simplicität des Plans, von der Kunst der Exposition, von den Eigenschaften tragischer Charaktere, von den ächten Gesinnungen, von den Zaubereyen des Dialogs, beßer erläutern können, als aus Emilia Galotti. Die Orsina und den Odoardo haben wir am meisten bewundert. Und der Hofton des Prinzen! und Marinelli! da ließe über jede Zeile sich commentiren. Doch in Absicht der tragischen Wirkung auf der Bühne, glauben wir noch immer, daß *Miß Sara* den Preis behält. ⟨...⟩ *Miß Sara Sampson* hat schon so oft, und so unzählige Herzen erweicht; *Philotas* mehr Bewunderung erregt, jene mehr durch Empfindungen, dieser mehr durch Gedanken entzükt. *Galotti* thut beydes.

Nr. 34
Brief Johann Martin Millers an Johann Heinrich Voß, Leipzig, 20. 2. 1775 (zit. nach Daunicht, Nr. 581):

Lessing ist seit dem Donnerstag hier, und geht morgen wieder ab. Ich wollte ihm aber nicht Cour machen. Heut sah ich ihn in der Comoedie ⟨...⟩ Heute wurde Sara, das an sich schon mittelmässige und langweilige Stück gar langweilig und schlecht aufgeführt. Ich hätte wirklich noch die Sara für besser gehalten, aber auf dem Theater ennuyirt und beleidigt sie erschreklich. Lessing lief selber bald wieder weg.

Nr. 35
Aus: *Theaterkalender auf das Jahr 1776*, hg. v. Heinrich August Ottokar Reichard, Gotha 1775 (zit. nach Daunicht, Nr. 582):

Als H.⟨err⟩ Leßing vorigen Winter sich zwey Tage in Leipzig aufhielt, befand sich just die Ilgnerische Schauspielergesellschaft daselbst. Der Principal glaubte H. Leßing ein Kompliment zu machen, und führte seine Sara Sampson auf. Ein Leipziger Gelehrter fragte H. Leßing: »ob er nicht der Vorstellung beywohnen wollte?« – »Behüte der Himmel!« sagte Lessing. – »Warum nicht, fragte der andere, es ist doch Ihr Kind, freilich werden Sie es ein wenig zerlumpt finden; aber was schadet das? – man sieht sein Kind auch zerlumpt gerne!« »Das wohl, sagte Leßing, aber, Herr, wenn ichs nun am Galgen finde?«

Nr. 36
Johann Friedrich Schink, *Dramaturgische Fragmente*, Bd. 4, Graz 1782, S. 1095 f. (zit. nach Richel, S. 49 f.):

Miß Sara Samson allein war die erste wahre Tragödie im ächten Sinn des Aristoteles; Furcht und Mitleid erregend; voll des Geistes wahrer Karakteristik; war die erste teutsche Tragödie, in der auf unserer Büne Warheit zu Warheit, und Menschheit zu Menschheit sprach.

Alles, was man sonst vergebens in den damaligen teutschen Tragödien suchte, fand man zum erstenmal in Miß Sara Samson. Hier sahe Teutschland zum erstenmal in der Tragödie eines Eingebornen das Buch der Leidenschaft aufgeschlagen; sahe zum erstenmal Darstellung nach dem Leben; fand zum erstenmal Unterricht für Kopf und Herz; fülte zum erstenmal Geist der Filosofie, Studium der menschlichen Seele und ihrer mannigfaltigen Bewegungen; fand sich zum erstenmal in der wirklichen Welt, und nicht mehr unter Helden über unsere Menschenkenntnis hinaus.

Mag nun diese Miß Sara Samson immer alle die Feler eines Debüts eines jungen Autors, der noch dazu eine in seinem Vaterlande ganz unbetretne Ban brach, haben; mag nun auch Miß Sara Samson hin und wieder in einem zu deklamatorischen Ton geschrieben sein; mag doch auch in dieser Miß Sara Samson die Leidenschaft nicht überall in ihrem wahren Ton reden, der Dichter zuweilen zu sehr hervorschimmern, und im Strom der Leidenschaften seine Helden zuweilen zu viel filosofieren und wizzeln lassen; mag doch auch die Heldin dieser Tragödie ein wenig zu viel winseln, und Waitwell mit seinem moralischen Geschwäz ein wenig lästig werden. Troz allen diesen Felern, die die Kunstrichter mit Recht oder Unrecht an diesem Stük aussezzen können, bleibt Miß Sara Samson, des einzigen Karakters der Marwood wegen, ein Meisterstük, das den Namen seines Urhebers auf alle Zeiten unsterblich erhalten wird; ein Karakter, der den meisterhaftesten Karakteren der englischen Dichter an die Seite gesezt werden kann; ein Karakter, dem wenige unserer besten neuern Tragödien etwas änliches entgegen stellen können.

Nr. 37
Aus: ›Litteratur- und Theaterzeitung‹, hg. v. Christian August von Bertram, Berlin 1783, Nr. 584 (zit. nach Daunicht, Nr. 584):

Lessing sah in Leipzig seine Miß Sara Sampson von der Ilgnerschen Gesellschaft spielen; seine Freunde hatten ihn in das Haus geführt, ohne ihm zu sagen, was gespielt werde; nach einiger Zeit fragte er: »was für einen Quark spielt man denn da? das ist ja gar kein Deutsch.«

Nr. 38
Aus: August Wilhelm Iffland, *Meine theatralische Laufbahn*, Leipzig 1798 (Text nach Richel, S. 51 f.):

Einst kam mein ehrwürdiger Vater aus einer Vorstellung der »Miß Sara Sampson« nach Hause. Er war ganz erweicht von den Leiden der Sara, er sprach viel von der Reue des Mellefont und von dem Grame des alten Vaters Sampson. Es ist lehrreich anzusehen, sprach er, wie die Tochter in das Unglück gerät, und Kinder können da einsehen, was ein armer Vater durch ihren Leichtsinn leidet. Ich will alle meine Kinder hinschicken, wenn dieses Schauspiel wiederholt wird.

Dies geschah bald darauf, und wir wurden hingeschickt.

Ganz anders war meine Freude auf diesen Tag als vorher, wie ich nach dem Ballhofe geschickt wurde.

Mein Vater hatte gesagt, die Sache sei *lehrreich*, wir könnten dabei lernen. Ich hatte ihn von der Geschichte gerührt gesehen. Auf dem Zettel stand: »ein Trauerspiel«! Es war also von Würde, Trauer, Unterricht die Rede. Und alle diese Dinge waren auf dem Schlosse des Königs ⟨in Hannover⟩ zu sehen! Die ganze Sache war also vornehm, feierlich, gebilligt von dem Könige und meinem Vater zu betrachten. Mein Vater selbst gab mir den Komödienzettel und erklärte mir die Personen. Er gab mir Lehren, wie ich mich im Schauspielhause zu betragen hätte. Ich sollte still, sittsam, ruhig sein, nicht umhergaffen, die Augen nach dem richten, was auf dem Theater vorginge, wohl achthaben, was dort für nützliche Dinge gesagt würden. Dies alles gelobte ich ernsthaft und aufrichtig. ⟨...⟩

Miß Sara Sampson!

Ich bin in Tränen zerflossen in dieser Vorstellung. Das Gute, das Edle wurde so warm und herzlich gegeben – die Tugend erschien so ehrwürdig! Die Leiden der Menschen kannte ich bis dahin nur aus Hübners biblischen Geschichten oder von armen Leuten, welche Almosen empfingen: von einer solchen Leidensgeschichte, von einer solchen Sprache hatte ich keinen Begriff. Eckhof als Mellefont, die Hensel als Sara, die Bäck als Marwood! Solch eine wahre, hinreißende Schilderung, diese Allmacht des Gefühls, welche jedes Gefühl erregte und führte, wohin es wollte – das reizte, erhob und überwältigte meine Seele. Ich war ganz aufgeregt – der Vorhang sank herab – ich konnte nicht aufstehen, ich weinte laut, wollte nicht von der Stelle, sprach zu Hause davon mit fremden Zungen und war niemand unangenehm, den mein Feuer umfaßte. Ich mußte meinem Vater alles erzählen, er erzählte mir selbst davon, und seine Seele, sein väterliches Herz, das so weich zu empfinden wußte, wurde noch einmal in den Augenblick der Vorstellung selbst versetzt.

Von diesem Augenblick an ward mir der Schauplatz eine Schule der Weisheit, der schönen Empfindungen.

Nr. 39
Aus: August Wilhelm Schlegel, *Vorlesungen über dramatische Kunst und Literatur*, Heidelberg 1809 (zit. nach A. W. S., *Kritische Schriften und Briefe*, hg. v. Edgar Lohner, Bd. 6, Stuttgart 1967, S. 272 f.):

Lessing hat zwar durch seine früheren dramatischen Arbeiten der Zeit ebenfalls den schuldigen Tribut abgetragen. Seine jugendlichen Lustspiele sind ziemlich unbedeutend; sie verkünden noch nicht den ausgezeichneten Kopf, der in so vielen Fächern Epoche machen sollte. Er hat verschiedene Trauerspiele nach den französischen Regeln entworfen, auch einzelne Szenen in Alexandrinern ausgeführt, aber keines zustande gebracht: es scheint, er hatte keine Leichtigkeit für eine so gebundene Versifikation. Noch seine »Miß Sara Sampson« ist ein weinerliches, schleppendes Trauerspiel, wobei er unverkennbar besonders den »Kaufmann von London« als Muster vor Augen gehabt hat. Im Jahre 1767 gab ihm seine Verbindung mit einer Schauspielergesellschaft in Hamburg und eine dramatische Wochenschrift, die er unternahm, nähere Veranlassung, sich auf Kritik des Theaters einzulassen. Er übte sie witzig und scharfsinnig aus, seine dreiste und in Beziehung auf die damals allgemein geltende Meinung gewagten Angriffe waren besonders siegreich gegen die uns nur aufgedrungne Herrschaft des französischen Geschmacks im tragischen Fach. Er brachte es dahin, daß bald nach Bekanntmachung der »Dramaturgie« die Übersetzungen französischer Trauerspiele und die deutschen in gleichem Zuschnitt von der Bühne verschwanden. Er sprach zuerst mit Nachdruck von Shakespeare und bereitete dessen Erscheinung vor. Allein sein Glaube an den Aristoteles neben dem Einflusse, den Diderots Schriften auf ihn gehabt, brachte eine seltsame Mischung in seiner Theorie der dramatischen Kunst hervor. Er verkannte die Rechte der poetischen Nachahmung und wollte im Dialog wie in allem eine bare Kopie der Natur, als ob diese in der schönen Kunst zulässig oder auch nur möglich wäre. Gegen den Alexandriner hatte er recht, aber er wollte alle Versifikation abgestellt wissen, es gelang ihm nur allzu gut damit, und er ist schuld daran, daß unsre Schauspieler in der Erlernung und im Vortrage der Verse so unglaublich zurückgekommen sind und sich noch immer nicht daran gewöhnen können. Er ist dadurch mittelbar auch schuld an den platten Natürlichkeiten unsrer dramatischen Schriftsteller, welche der allgemeine Gebrauch der Versifikation etwas mehr würde im Zaum gehalten haben.

STELLENKOMMENTAR

431,3 *bürgerliches Trauerspiel]* 1772: Trauerspiel. – Lessings Stück ist zwar das erste, das in Deutschland mit dieser Gattungsbezeichnung firmiert, doch der Begriff war dem Verfasser bereits 1749, also sechs Jahre früher, bekannt. In der gemeinsam mit Christlob Mylius herausgegebenen Zeitschrift ›Beiträge zur Historie und Aufnahme des Theaters‹ zitieren die beiden Herausgeber ein franz. Urteil über Voltaires rührende Komödie *Nanine* in dt. Übersetzung: »und überhaupt ist die Materie mehr zu einem bürgerlichen Trauerspiele als zu einer guten Tragikomödie geschickt« (PO 12, S. 73). Den Begriff »tragédie bourgeoise« konnte der zitierte Kritiker der Zeitschrift ›La Bigarure‹ (Die bunte Mischung) im übrigen auch in Voltaires Vorwort zur *Nanine* finden. Als frühester Nachweis gilt eine Briefstelle von Michel Linant aus dem Jahr 1733, die auch schon die Richtung des neuen Genres andeutet: eine traurige Geschichte (conte bleu), die sich jenseits des Stolzes von Prinzessinnen und der leidenschaftlichen Tiraden von Königen abspielt (zit. bei: Guthke, *Das deutsche bürgerliche Trauerspiel*, S. 4). – Gottlob Benjamin Pfeils Abhandlung *Vom bürgerlichen Trauerspiele*, die 1755 in der von Johann Daniel Tietz herausgegebenen Zeitschrift ›Neue Erweiterungen der Erkenntnis und des Vergnügens‹ erschien, kannte Lessing bei Abfassung der *Miß Sara Sampson* aller Wahrscheinlichkeit nach noch nicht.

432,1 *Personen]* Lessing entlehnt alle Personennamen des Stückes aus engl. Dramen und Romanen. Die damit verbundenen Charaktere übernimmt er in der Regel nicht.

432,2 *Sir Sampson]* 1772: Sir William Sampson (durchgängig korrigiert, meist in: Sir William). – Name nach Sir Sampson Legend aus William Congreves Komödie *Love for Love* (Liebe um Liebe, 1695). Bei Congreve ist Sampson ein Vorname, während Lessing ihn als Familiennamen gebraucht. Da nach dem Sir-Titel jedoch üblicherweise der Vorname folgt, was Lessing 1755 offensichtlich noch nicht bekannt ist, ändert er in der überarbeiteten Fassung von 1772 den Namen in Sir William. Brief an seinen Bruder Karl (1. 12. 1771): »Eine Veränderung habe ich mit dem Namen des Vaters machen müssen. Die Engländer brauchen das *Sir* nie, als vor dem Taufnamen. Er kann also nicht schlechtweg *Sir Sampson* heißen; sondern muß in der Anzeige der Personen, und in dem Stücke selbst, wo er vorkommt, *Sir William Sampson*, verkürzt *Sir William*, heißen.« Denselben Fehler wie Lessing macht im übrigen auch Christian Felix Weiße in *Freundschaft auf der Probe*: »Sir Blandford«.

432,3 *Miß Sara]* Der Name Sara kommt in der engl. Literatur des 18. Jhs. öfters vor. Lessing dürfte ihn aus Samuel Richardsons Roman *Pamela* (1740) oder William Congreves Komödie *The Mourning Bride* (Die trauernde Braut, 1697) entlehnt haben. Für eine Anspielung auf die biblische Sara, Halbschwester und Frau Abrahams und Stammesmutter des

Volkes Israel, gibt es keine Anzeichen. – Engl. Miss, Kurzform von Mistress, ist damals noch eine Standesbezeichnung und kommt unverheirateten Frauen aus der Aristokratie zu.

432,4 *Mellefont]* Aus Congreves Komödie *The Double-Dealer* (Der Unaufrichtige, 1693). Sprechender Name: der Honigfreund (fond of mel). Zweifellos war auch der Anklang ans Franz. beabsichtigt. Einen Vergleich zwischen Liebhaber und Biene (die von Blüte zu Blüte fliegt) konnte Lessing in Richardsons *Clarissa* von 1747/48 finden (III 57).

432,5 *Marwood]* Aus Congreves *The Way of the World* (Der Lauf der Welt, 1700). Sprechender Name: aus ›to mar‹ (schädigen, ruinieren) und ›would‹, die Schadenbringende. Inhaltliches Vorbild ist Mrs. Termagant aus Thomas Shadwells *The Squire of Alsatia* (Der Junker aus dem Elsaß, 1688): »Dramatis Personae: ⟨...⟩ Mrs. Termagant. A Neglected Mistress of Belfond Junior, by whom he has had a Child: A furious, malicious, and revengeful Woman; perpetually plaguing him, and crossing him in all his Designs; pursuing him continually with her Malice, even to the attempting of his Life.« (Personen des Dramas: ⟨...⟩ Mrs. Termagant. Eine abgelegte Mätresse des jungen Belfond, von der er ein Kind hat: eine wilde, gehässige und rachsüchtige Frau; sie belästigt ihn ständig, durchkreuzt alle seine Pläne, verfolgt ihn fortwährend mit ihrer Bosheit, bis hin zum Mordanschlag.)

432,5 *alte Liebste]* 1772: alte Geliebte

432,6 *Arabella]* Aus Richardsons Roman *Clarissa*.

432,7 *Waitwell]* Aus Congreves *The Way of the World*. Sprechender Name: Der gute, zuverlässige Diener (waiter).

432,8-10 *Norton ⟨...⟩ Betty ⟨...⟩ Hannah]* Alle drei aus Richardsons *Clarissa*.

433,3 *Saal im Gasthofe]* Typisches Bühnenbild des zeitgenössischen Lustspiels, nicht des Trauerspiels. Als halböffentlicher Durchgangsort geeignet, wechselnde Personenkonstellationen ohne Wechsel des Bühnenbildes plausibel zu machen. Ein Topos des ›armen Theaters‹ (etwa im Gegensatz zur Oper).

433,6 f. *elenden Wirtshause]* Über die Armseligkeit des Schauplatzes (Landgasthaus) beklagen sich Sir William, Waitwell und Sara wiederholt (S. 433,8-11; 440,16-18). Johann Jakob Dusch, der heftigste unter den zeitgenössischen Kritikern des Stücks (vgl. Dokumente, Nr. 18), hat als erster die Herkunft des Motivs aus Richardsons Roman *Clarissa* behauptet und einen wesentlichen Teil seiner Kritik darauf aufgebaut. Die Parallelstellen aus *Clarissa* sind bei Albrecht, S. 1904-1907, zusammengestellt:

»My lodging in the intermediate way, at a wretched Alehouse« (Meine zwischenzeitliche Unterkunft in einer elenden Schenke).

»Thou wilt find me at a little Alehouse; they call it an Inn: The White Hart; most terribly wounded (but by the weather only) the Sign: – In a sorry village« (Du wirst mich in einer kleinen Schenke finden, die sich Gasthof Zum weißen Hirsch nennt; das Schild ist (wenn auch nur vom Wetter) übel zugerichtet. Das Ganze in einem erbärmlichen Dorf).

»Description of the poor inn he puts up in disguise« (Beschreibung des armseligen Gasthauses, in dem er inkognito absteigt).

»Pray, my dear, be so kind, as to make enquiry by some safe hand, after the disguises Mr. Lovelace assumes at the Inn he puts up at the poor village« (Bitte, Liebste, sei so nett und erkundige dich an zuverlässiger Stelle, welche Verkleidungen Mr. Lovelace wählt, wenn er das ärmliche Dorfgasthaus besucht).

»The fruits of my enquiry after your abominable wretch's behaviour and baseness at the paltry Alehouse, which he calls an Inn, prepare to hear.« (Höre nun, was ich herausgefunden habe über das Benehmen und die Niederträchtigkeit deines widerlichen Kerls in der armseligen Bierschenke, die er einen Gasthof zu nennen geruht.)

(*Clarissa*, Briefe I 31; I 34; II 18; II 25.)

433,10 *Böse ⟨...⟩ Dunkle]* Sprichwörtliche Redeweise: »Die Bösen scheuen das Licht (wie der Teufel das Kreuz).«

433,14 *Sie weinen]* Erste Belegstelle für die dominante Gefühlsattitüde des Stücks: das lustvolle Demonstrieren und Konstatieren der Tränenfähigkeit. Fast alle Protagonisten haben an dieser Fähigkeit teil. Eine Zusammenstellung der wichtigsten weiteren Belege findet sich bei Barner, ›*Zu viel Thränen – nur Keime von Thränen*‹. Von der Taktik, die Bühne selbst zu einer ›Schule des empfindsamen Weinens‹ zu machen und die dramatische Handlung in einen Tränenstrom zu tauchen, ist Lessing schon wenig später wieder abgerückt. Im ›Briefwechsel über das Trauerspiel‹ (s. S. 662-736 dieses Bandes) geht es ihm im Grunde nur noch um die Rührung des Publikums.

433,21 *unter der Sonnen*] Biblische Redewendung (häufig im AT).

433,22 f. *sie* ⟨...⟩ *sie*] 1772: dich ⟨...⟩ dich

433,25 *kindischen*] Kindlichen.

433,27 *die –*] 1772: einer –

433,29 *die Martern*] 1772: meine Martern

434,1 *Zärtlichkeit*] Modewort der frühen Empfindsamkeit: sensible Liebe. Engl. tenderness (vgl. Anm. 434,24-26).

434,14 *ihren*] 1772: Ihren (die Kleinschreibung der ihr- und sie-Anreden ist 1772 durchgängig in Großschreibung verwandelt).

434,24-26 *ich würde* ⟨...⟩ *wollen*] Vgl. Richardsons *Clarissa*, Brief VII 7, Mrs. Harlowe an Mrs. Norton: »you know a Mother's tenderness for a child of her heart would make her chuse, notwithstanding all that Child's faults, rather than lose her for ever!« (glaub mir, die Zärtlichkeit einer Mutter für ihr geliebtes Kind würde, ungeachtet aller Fehler dieses Kinds, für dieses entscheiden, bevor sie es für immer verloren gäbe!)

435,3 f. *abgeredeter Maßen*] Vereinbarungsgemäß.

435,17 *Besorget nichts*] Habt keine Sorge. Die Anrede in der 2. Person des Plurals (›Ihr‹) gilt dem sozial Geringeren. Lessing gibt genaue Abschattierungen: Waitwell und der Wirt sprechen sich mit Du an, beide Sir William mit Sie, Sir William seinen Diener Waitwell mit Du. – Vgl. auch das spätere Spiel der zornigen Marwood mit Anrede-Nuancen.

435,24-27 *So viel ⟨...⟩ weint]* Vgl. Richardson, *Clarissa*, Brief V 8, wo Lovelace den Wirt eines Landgasthofs, bei dem sich Clarissa eingemietet hat, wie folgt zitiert: »I believe Love is in the case: She is always in tears, and does not much care for company.« (Ich glaube, es geht um Liebe: sie weint ständig und will möglichst allein sein.)

436,6 *Der mittlere Vorhang]* Die Bühne des Sprechtheaters bestand seit den barocken Wandertruppen aus einer Vorder- und einer Hinterbühne, die durch einen Mittelvorhang getrennt waren. Damit konnten ohne sonderlichen Umbauaufwand unterschiedliche inszenatorische Effekte erzielt werden. Vgl. Maurer-Schmoock, *Deutsches Theater*, S. 23-26.

436,7 *Mellefonts Zimmer]* Mit der Einführung nicht nur eines Szenenwechsels, sondern auch einer ganz neuen Figurenkonstellation innerhalb des ersten Akts verstößt Lessing, vermutlich bewußt, gegen eine Regel der klassizistischen Tragödie. Gottsched: »Schlüßlich muß ich erinnern, daß die Auftritte der Scenen in einer Handlung ⟨Akt⟩ allezeit mit einander verbunden seyn müssen: damit die Bühne nicht eher ganz ledig werde, bis ein ganzer Aufzug aus ist. Es muß also aus der vorigen Scene immer eine Person da bleiben, wenn eine neue kömmt, oder eine abgeht: damit der ganze Aufzug einen Zusammenhang habe« (*Versuch einer Critischen Dichtkunst*, 4. Aufl. 1751, S. 629).

436,9-17 *Wieder ⟨...⟩ Norton!]* Die Konfiguration ›Schlafloser Herr – müder Diener‹ begegnet häufig im frühaufklärerischen Lustspiel (mehrere Belege bei Albrecht, S. 1943 ff.).

436,21 f. *Wenn du auch]* 1772: Wenn du

436,22 f. *so habe doch]* 1772: so habe

436,23 *Mitleiden mit mir]* Erste Nennung des Zentralbegriffs des Dramas, obwohl auch schon die vorangehenden Dialoge zwischen Sir William und Waitwell um die Belange des Mitleids kreisen. Das wird sich auch im weiteren Verlauf des Stücks nicht ändern. Lessing an Mendelssohn (18. 12. 1756): »ich hasse die französischen Trauerspiele, welche mir nicht eher, als am Ende des fünften Aufzugs, einige Tränen auspressen. Der wahre Dichter verteilt das Mitleiden durch sein ganzes Trauerspiel; er bringt überall Stellen an, wo er die Vollkommenheiten und Unglücksfälle seines Helden in einer rührenden Verbindung zeigt, das ist, Tränen erweckt.« (Vgl. S. 695 dieses Bandes.) – Daß im übrigen der ungebildete Diener Norton als Bewertungsinstanz über echtes und unechtes Mitleid auftritt, soll wohl deutlich machen, daß Mitleid eine angeborene, also bildungsunabhängige, ja durch Bildung eher gefährdete Empfindung ist. Lessing an Nicolai (28. 11. 1756): »Das Mitleiden hingegen bessert unmittelbar; bessert, ohne daß wir dazu etwas beitragen dürfen; bessert den Mann von Verstande sowohl als den Dummkopf.« (Vgl. S. 683 dieses Bandes.)

436,29 *Verweise*] Vorwürfe.

436,32 *Schon*] 1772: Ganz

437,12 *nicht vom Anfange führen*] 1772: nicht, von dem ersten Augenblicke an, führen

437,17 *Ehrenstellen*] Hohe öffentliche oder höfische Ämter.

437,21 *gegen meine jetzige*] 1772: in Vergleich meiner itzigen

437,23 f. *Zeit genug*] Noch lange genug.

438,5-13 *Es war schon lange ⟨...⟩ geantwortet*] Ähnliche Passagen der nächtlichen Gewissensqual bei Richardson. Z. B. *Clarissa*, Brief II 39, Clarissa an Miss Howe: »I went to bed at about half an hour after Two. I told the quarters till Five; after which I dropt asleep, and awaked not till past Six, and then in great terror, from a dream ⟨...⟩ I awoke in a cold sweat, trembling, and in agonies.« (Ich ging ungefähr eine halbe Stunde nach Zwei zu Bett. Ich zählte die Viertelstunden bis Fünf; danach fiel ich in Schlaf und erwachte erst nach Sechs, und zwar tief erschreckt durch einen Traum ⟨...⟩ Ich erwachte in kaltem Schweiß, zitternd und in Todesangst.) Nach Albrecht, S. 1955.

438,17 *springen*] Zerspringen.

438,27 f. *Wessen Gefühl ⟨...⟩ rege machen*] Theoriehaltige Sätze wie dieser, in denen die immanente Logik des Dialogs verlassen und bis in die Wortwahl die Theoriediskussion des

›Briefwechsels‹ über das Trauerspiel‹ (z. B. S. 669 dieses Bandes) vorweggenommen wird, sind typisch für das Drama (vgl. Anm. 515,27 f.).

438,28 f. *Sieh jetzt wird ⟨...⟩ herunterlaufen]* 1772: Sieh, da läuft ⟨...⟩ herunter. – Vgl. Voltaires *Zaïre* (1732) V 8: »Orosmane: Voilà les premiers pleurs qui coulent de mes yeux.« (Sieh, da laufen die ersten Tränen aus meinen Augen.)

439,3 *alte Standhaftigkeit]* Der Begriff verweist, über den biographischen Sprecherbezug hinaus, auf das neustoizistische Tugendideal der ›constantia‹ in der höfischen Gesellschaft des europäischen Absolutismus und die ihm zuzuordnende Tragödienform. Schlüsselwerk: Justus Lipsius, *De Constantia*, 1584, dt. Übersetzung 1599. Lessing hat die Gefühlsfeindlichkeit des politischen Heroismus programmatisch bekämpft, u. a. im ›Briefwechsel‹ (z. B. S. 680 dieses Bandes).

439,5 *Gabe der Verstellung]* Derselbe persönliche und historische Doppelbezug gilt für den hier gebrauchten Verstellungs-Begriff, der als politische – und das heißt immer auch: höfische – Kunst der ›simulatio‹ (Verstellung) und ›dissimulatio‹ (Verheimlichung) ebenfalls durch Lipsius prominent wurde. Vgl. *Politicorum libri sex*, 1589 (Sechs Bücher von der Politik, dt. Übersetzung 1599). Ferner: Geitner, *Die Sprache der Verstellung*.

439,13 f. *Ceremonie]* Gemeint ist die Eheschließung.

439,14 *jetzt]* 1772: itzt ⟨durchgängig!⟩

439,14 f. *Verderben ⟨...⟩ kann]* Möglicherweise Anspielung auf das ominöse Testament von Mellefonts Vetter (vgl. S. 444,13-19), eher aber wohl auf die Gefahr, bei der Trauung als Entführer entlarvt zu werden.

440,13 f. *neunte Woche ⟨...⟩ an]* Vgl. Charles Johnson, *Caelia* (1733) I 1: »Bellamy: How long is it since Wronglove stole her from her Father's House? – Since she disappear'd? – Meanwell: This very Day, two Months« (Wie lang ist's her, daß sie Wronglove aus ihres Vaters Haus entführte? Seit sie verschwand? – Heute auf den Tag zwei Monate).

440,15 *auf eben dem Fuße]* In derselben Lage.

441,4 *für Träume]* Zur Dramaturgie der Träume im modernen Theater hat sich Lessing kurz vorher in seiner *Seneca*-Schrift geäußert. Träume hätten die Stelle einzunehmen, die in der antiken Tragödie der eingreifenden Gottheit vorbehalten war. »Unsere neuere tragische Bühne will die Gottheiten nicht mehr leiden. Man hat sie in die allegorischen Stücke verwiesen, und das mit Recht. Was also tun? Ich wollte raten die persönliche Erscheinung der Juno (in dem Stück *Der rasende Herkules*) in einen göttlichen Traum eines Priesters zu verwandeln. Er müßte selbst kommen, und es dem Herkulischen Hause erzählen, was er in seiner Entzückung gesehen, und welche schreckliche Drohungen er gehöret. Diese Drohungen aber müßten in allgemeinen Ausdrücken abgefaßt sein; sie müßten etwas orakelmäßiges haben, damit sie den Ausgang so wenig, als möglich verrieten« (S. 560 dieses Bandes).

441,6-10 *Wie unglücklich ⟨...⟩ schaffen?]* Ähnlich bei Richardson, *Pamela* II, S. 387: »Oh! What a poor thing is human Life in its best Enjoyments! subjected to imaginary Evils, when it has no real ones to disturb it.« (Oh, wie arm ist das Menschenleben noch in seinem höchsten Glück! Heimgesucht von eingebildeten Übeln, wenn es keine wirklichen gibt, die es quälen.) Nach Albrecht, S. 1971.

441,19 *Stehen Sie noch an]* Zögern Sie noch.

441,28 *auf dem Bette]* 1772: auf das Bett

441,32-442,8 *schrecklichsten Felsen ⟨...⟩ fühlte]* Ähnlich bei Susanna Centlivre, *A bold Stroke for a Wife* (Ein kühner Schachzug für eine Frau) V 1: »I will tell thee. About four days ago, I saw a vision – this very maiden, but in vain attire, standing on a precipice; and heard a voice, which called me by my name and bade me put forth my hand and save her from the pit.« (Laß dir erzählen. Etwa vor vier Tagen hatte ich eine Vision – eben dieses Mädchen, allerdings eitel gekleidet, stand auf einer Felsklippe, und ich hörte eine Stimme, die meinen Namen nannte und mich bat, ihr die Hand zu reichen und sie vor dem Abgrund zu retten.) Nach Albrecht, S. 1973.

442,2 *mich*] Verbessert aus Druckfehler »mit«. – 1772: mich.

442,10 *aus dem Busen*] Aus dem Kleide bzw. dem Ausschnitt des Kleides.

442,12 *mit dem Stiche*] Im Augenblick des Stichs.

442,18 *ohne dem Ende*] ›Ohne‹ wird im 18. Jh. noch mit dem Genitiv, Dativ und Akkusativ gebraucht (Grimms DWb 13, Sp. 1214). Restform bis heute: ohnedem (bei Lessing häufig).

442,26 f. *Übertretungen* ⟨...⟩ *gedrohet hat*] Vgl. 2. Mose. 23,20 f.: »Sihe / Jch sende einen Engel fur dir her ⟨...⟩ hüte dich fur seinem Angesicht / vnd gehorche seiner stimme / vnd erbittere jn nicht / Denn er wird ewer vbertreten nicht vergeben / vnd mein Name ist in jm.«

442,30 *Anhalten*] Fordern.

443,4 *dürfen*] Müssen.

443,21-24 *Sie wollen* ⟨...⟩ *lassen*] Vgl. 2. Kor. 4,18: »Denn was sichtbar ist / das ist zeitlich / Was aber vnsichtbar ist / das ist ewig.«

443,27 *mir doch*] 1772: mir

443,29 *schrecklicher Donner*] Vgl. Hiob 37,2: »höret doch / wie sein donner zürnet«.

444,19 f. *ihrer nur entübriget sein könnte*] Auf sie nur verzichten könnte.

445,10-19 *Und als* ⟨...⟩ *dünken*] Anklänge an Jona 1: die Flucht des Propheten vor dem Auftrag Gottes und sein Schicksal im Seesturm. Aber auch an Richardson, *Clarissa* VIII 50, wo Lovelace auf See (Überfahrt nach Frankreich!) sich der Worte des Horaz erinnert: »Doch, wo der Fuß des Herrn, / Da schreitet mit ihm Schrecken und Furcht zugleich, / Die schwarze Sorge steigt an Bord mit, / Schwingt sich mit ihm auf des Rosses Rücken.« (*Carmina* III 1,37-39; zit. nach Horaz, *Sämtliche Werke* I, S. 111.)

446,24 *jetzt*] 1772: eben

446,28 *Himmel!*] Details der folgenden Brief-Szene sind vorgeprägt in Congreves *The Way of the World* IV 1: »Lady Wishfort: ⟨...⟩ but you may see by the Superscription it is like a Woman's hand. – Foible (to him): By Heaven! Mrs. Marwood's, I know it, – my heart akes« usf. (Lady Wishfort: ⟨...⟩ aber man kann an der Anschrift sehen, daß es eine Frauenhandschrift ist. Foible [zu sich]: Himmel! Die von Mrs. Marwood, ich kenne sie, – mein Herz krampft sich zusammen). Nach Albrecht, S. 2023.

446,31 *Hand]* Handschrift.

447,7 *Scene]* Begrenzung der Szene, Seitenkulisse.

447,16 *Furie]* Rachegeist im antiken Mythos.

447,19 *verzieh]* Warte; halt ein.

447,22 *Erbrich]* Öffne.

447,29 *Buche der Lebendigen]* Vgl. Psalm 69,29: »Tilge sie aus dem Buch der Lebendigen / Das sie mit den Gerechten nicht angeschrieben werden.«

447,29 f. *werde]* 1772: würde

448,24 *Zweiter Aufzug]* Der zweite Akt entspricht nach Albrecht und Kies, *The Sources*, im großen und ganzen Euripides' *Medea* (v. 760-955). Und zwar II 1-2 den dortigen Versen 760-807 und II 3-8 den Versen 842-955. Darüber hinaus sieht Kies Entsprechungen zwischen dem Dialog Mellefont – Marwood und dem Dialog Bassibo – Aurelia in Susanna Centlivres *The Perjur'd Husband* (Der meineidige Ehemann).

448,27 *andern Gasthofe]* Der Hinweis, daß der Gasthof ein ›anderer‹ sei, signalisiert, wie von fast allen Interpreten erkannt wurde, den Bruch mit der klassizistischen Regel von der Einheit des Ortes. Der Szenenwechsel zwischen zwei Gasthöfen eines kleinen Ortes ist allerdings eine läßliche Abweichung und weit entfernt von den Lizenzen anderer Einheiten-Verächter, z. B. Shakespeares. Doch gerade das scheint Absicht. Offensichtlich ironisiert Lessing mit seinem Minimalverstoß die borniert These Gottscheds, daß jeder Ortswechsel im Drama gegen das Wahrscheinlichkeitsempfinden des Zuschauers verstoße, weil dieser ja auch während des ganzen Stückes »auf einer Stelle sitze« (*Critische Dichtkunst*, S. 615). Lessing jedenfalls hat in seiner Selbstrezension in der BPZ auf seinen ›Regelbruch‹ nachdrücklich hingewiesen: »Mein Gott! Findet man in Gottscheds critischer Dichtkunst ein Wort von so einem Dinge ⟨nämlich einem ›bürgerlichen Trauerspiel‹⟩? Dieser berühmte Lehrer hat nun länger als zwanzig Jahr seinem lieben Deutschland die drei Einheiten vorgeprediget, und dennoch wagt man es auch hier, die Einheit des Orts recht mit Willen zu übertreten. Was soll daraus werden?« (s. S. 389 dieses Bandes).

448,28 *Neglischee*] Franz. negligé »leichter Morgenumhang«.

448,29 *Belford*] Der Name ›Belfort‹ in Richardsons *Clarissa*, ›Belfond‹ in Shadwells *The Squire of Alsatia*.

449,2 f. *Wirkungen*] 1772: Wirkung

449,5 f. *Nachsicht, Liebe, Bitten*] Vgl. Euripides, *Medea*, v. 773-775: »Eine Dienerin bringt mir den Gatten herbei,/ Ich will ihn beschwören mit schmeichelndem Wort, / Als wär ich nun ganz eines Bessern belehrt« (Euripides, *Alkestis, Medeia, Hippolytos.* Übersetzt von Ernst Buschor. Hg. von Gustav Adolf Seeck, München 1972, S. 139).

449,18 *Bella*] Auch Richardson gebraucht in *Clarissa* für Arabella Harlowe die Koseform ›Bella‹.

449,26 *Auferziehung*] 1772: Erziehung

450,6 *bei ihm*] Verbessert aus Druckfehler »bei ihn«. – 1772: bei ihm. – Für Lessing ungewöhnlicher Akkusativgebrauch von ›bei‹; evtl. mitteldt. umgangssprachlich, aber wahrscheinlich doch Setzfehler.

450,28 *überschrieben*] Adressiert.

450,32-451,7 *Welche Miene ⟨...⟩ freier*] Parallelen zu den »Zurüstungen« (Eibl, *Miß Sara Sampson*, S. 123) der Marwood finden sich in Lillos *The Merchant of London* (Der Kaufmann von London), Shadwells *The Squire of Alsatia*, Congreves *Old Batchelor* (Der alte Hagestolz) und *The Way of the World* (Der Lauf der Dinge), sowie Richardsons *Clarissa*. Nach Albrecht, S. 2053-2057.

451,4 *So meinst du?*] 1772: Etwa so?

451,6 *lassen*] Stehen, anstehen.

451,21 *Endzücken*] Normalerweise schreibt Lessing ›Entzücken‹. Möglicherweise Druckfehler.

451,22-24 *Mein Herz ⟨...⟩ zu drücken*] 1772: ⟨Getilgt⟩

451,28-33 *Marwood ⟨...⟩ Keine.*] Vgl. Euripides, *Medea*, s. Anm. 449,5 f., v. 866-873: »Jason: Mich rief die Feindin, ich komme als Freund / Und nie rufst du vergeblich; so sag dein Begehr! – Medea: Ach, Jason, verzeih, was die Wütende sprach / Und denk an viel Liebes, das zwischen uns war! / Ich hielt mit mir Rat und schalt mich dann selbst: / Warum rast nur mein Herz gegen gütigen Freund«.

452,4 *denn nun*] 1772: nun

452,13 f. *ihm zu bereden*] Ihm einzureden.

452,21-23 *Marwood ⟨...⟩ Leibe reißen*] Vgl. Lovelace in Richardson, *Clarissa*, I 36: »yet will I tear out my heart from This bosom (if possible with my own hands) were it to scruple to give up ist ardors to a woman capable to such a preference.« (Ich wollte mir, wenn möglich eigenhändig, mein Herz aus dieser Brust reißen, wenn es Bedenken hätte, sein Feuer für eine Frau aufzugeben, die zu solch einer Wahl fähig ist.) Nach Albrecht, S. 2071.

452,22 *eine Faser*] 1772: einen Faser

452,35 *dir*] Wenn Marwood die »verzeihende Vertraute« (Eibl, *Miß Sara Sampson*, S. 124) spielt, wechselt sie zum intimen ›Du‹, das sie wenig später wieder aufgibt.

453,3 *noch sagen*] 1772: nachsagen

453,18 f. *in der ersten Stärke*] 1772: in dem ersten Fieber

453,31 f. *buhlerischsten*] 1772: buhlerhaftesten

453,34 *sieben Weise*] Die ›Sieben Weisen‹ sind im griech. Kulturbewußtsein eine Gruppe von Staatsmännern, Gesetzgebern und Philosophen der vorklassischen Zeit (7. und 6. Jh. v. Chr.), die den Inbegriff der Lebensweisheit repräsentieren.

454,2 *Zeit genug*] Früh genug.

454,4 *jetzo*] 1772: nun eben

454,4 *Paroxysmo*] Lat. Ablativform von griech. paroxysmos »heftiger Fieberanfall«. – Lessing unterstellt hier, wie der richtige Fall-Gebrauch vermuten läßt, der Marwood offensichtlich gymnasiale Bildung.

454,7 *Die andern*] Die zweiten.

454,9 *bist*] 1772: hast

454,19 *glücklich*] Erfolgreich.

454,20 *Witz*] Hier: Intelligenz, Einfallsreichtum.

454,34 *Quäcker*] Engl. quaker (Zitterer), eine den Dissenters zugehörige Sekte, die im 17. Jh. von George Fox gegründet wurde. Sie selbst nannten sich ›friends‹, ›Gesellschaft der Freunde‹. Marwood spielt wohl auf ihren Hang zu ekstatisch gestammelten Eingebungen an.

455,2 *Bankozettel*] Schecks, Geldanweisungen.

455,6 *nichts davon behalten*] Vgl. Euripides, *Medeia*, s. Anm. 449,5 f., v. 616-618: »Medea: Deine Freunde können nicht meine sein / Und spare dein Gold: Nie empfängt meine Hand / Die Gabe des Feinds, die der Fluch verfolgt.«

455,9 f. *feile Buhlerinnen*] Käufliche Liebhaberinnen, Dirnen.

455,21 *kostet mir*] 1772: kostet mich

455,24-26 *»Marwood ⟨...⟩ wollt.«*] Ähnlich Olivia in Richardsons *The History of Sir Charles Grandison* (Die Geschichte des Sir Charles Grandison) V 42, die dem Grandison folgende Dankesworte für ihr Abschiedsgeschenk nahelegt: »Write only these words with your own hand – ›Olivia, I accept yours present, and thank you for it‹« (Schreib nur diese Worte mit eigener Hand: Olivia, ich nehme dein Geschenk an und danke dir dafür). Nach Albrecht, S. 2087.

455,24 *euch*] Marwood wählt das herabsetzende ›euch‹, um die unterstellte Beleidigung noch zu steigern.

455,33-456,12 *Ich will ⟨...⟩ erholten*] Erotische Vergegenwärtigungen in atemloser, paratraktischer Aufzählung finden sich in mehreren englischen Referenztexten, z. B. in Congreves *The Way of the World*, IV: »Lady Wishfort: ⟨...⟩ the hours that he has dy'd away at my Feet, the Tears that he has shed, the Oaths that he has sworn, the Palpitations that he has felt, the Trances, and the Tremblings, the Ardors and the Ecstacies, the Kneeling and the Riseings, the Heartheavings, and the hand-Gripings, the Pangs and the Pathetick Regards of his protesting Eyes! Oh no memory can Register« (Lady Wishfort: ⟨...⟩ die Stunden, in denen er

hinstarb zu meinen Füßen, die Tränen, die er vergoß, die
Eide, die er schwor, das Herzklopfen, das er fühlte, die
Entzückungen und das Beben, die Gluten und die Ekstasen,
die Kniefälle und die Erhebungen, die Herzensseufzer und
die Händedrucke, die Qualen und die rührenden Blicke seiner beteuernden Augen! Oh, keine Erinnerung kann das
ausdrücken). Nach Albrecht, S. 2089-2091.

456,34 *Vorsprecher*] Fürsprecher.

457,2 *Arabella*] Albrecht (S. 2100 ff.) weist nach, daß der
mitleidheischende Auftritt unmündiger Kinder in der empfindsamen Literatur verbreitet ist. Lessings Hauptquelle war
vermutlich Richardsons *Pamela* (III 42), die im übrigen auch
Lessings Freund Christian Felix Weiße in seinem Lustspiel
Amalia genutzt hat. – In der Charakterisierung der Arabella
scheint Lessing (vgl. Barner, *Produktive Rezeption*, S. 43) seinen eigenen Vorschlägen für eine moderne Bearbeitung des
Senecaschen *Hercules furens* gefolgt zu sein: »Wenn der neuere Dichter übrigens eine Vermehrung der Personen vorzunehmen für nötig fände, so würde er, vielleicht nicht ohne
Glück, eines von den Kindern des Herkules, welche seine
beiden Vorgänger nur stumm aufführen, mündig machen
können. Er müßte den Charakter desselben aus Zärtlichkeit
und Unschuld zusammensetzen« (s. S. 561 dieses Bandes).

457,7 *euch*] 1772: ihm

457,27 f. *Geh ⟨...⟩ verlassen*] Vgl. Euripides, *Medeia*, s.
Anm. 449,5 f., v. 894-899: »Medea: Heraus, ihr Kinder, heraus und begrüßt / Und herzt euren Vater und bittet mit mir, /
Daß der Mutter Grollen er schleunigst vergißt! / Der Bund
ist besiegelt, der Zorn verraucht! / Laßt die Hand nicht los!«

458,4 *indem*] Als.

458,14 f. *Ich bin ⟨...⟩ wollen*] 1772: Ich bin schon, was sie
aus mir machen wollen

459,7 f. *Banden*] Bande; evtl. Druckfehler.

459,16 *billig*] Gerecht, vertretbar.

459,17 *eiserne Stirn*] Biblische Sprache. Vgl. Jes. 48,4:
»Denn ich weis / das du hart bist / vnd dein Nack / ist ein
eisern Ader / vnd deine Stirn ist eherne.«

459,24 *für Freuden*] Vor Freude.

460,6 f. *anstehen dürfen*] Zu zögern brauchen.

461,33 *unentschließig*] Unentschlossen. Grimms DWb 24, Sp. 472, weist die Form »unentschlüssig« bei Lessing, Goethe und Rückert nach.

462,32 *der ganzen Welt*] 1772: die ganze Welt

463,4 *Ihnen auch ihre*] 1772: dir auch deine

463,5-8 *Teufel ⟨...⟩ selbst anklagt*] Das Argument vom Teufel, der Sünden anklagt, zu denen er selbst verführt hat, ist im engl. Empfindsamkeitsdiskurs offensichtlich verbreitet. Albrecht, S. 2137, nennt drei Beispiele: Mitchell (richtig: A. Hill), Lillo und Richardson.

463,11 *in die Schanze geschlagen*] Aufs Spiel gesetzt. Von franz. chance (Glück), mittellat. cadentia (Fallen der Würfel).

463,12 f. *ohne ihm*] Der Gebrauch von ›ohne‹ mit dem Dativ wiederholt sich im Stück, vgl. Anm. 9,45. Aber schon im folgenden Satz: »ohne sie« (Akkusativgebrauch). – 1772: ohne ihn.

463,15 *Möchte*] 1772: Mochte

463,25-29 *Ward ⟨...⟩ wolltest*] Da Mellefont mit diesem Argument auch Sara hinhält, wird die ihr gegenüber beteuerte Aufrichtigkeit zweifelhaft.

463,31 *eine wahre Wollust für mich*] 1772: eine wahre Wollust

464,6 *soll ⟨...⟩ verewigen*] 1772: soll es thun

464,6 f. *eine neue Medea*] Medea ist in der griech. Mythologie eine barbarische Prinzessin aus Kolchis, die als Nichte der Kirke über Zauberkräfte verfügt. Sie erschlägt einen ihrer Brüder, um mit dem griechischen Abenteurer Jason nach Korinth fliehen zu können. Dort allerdings wird sie von ihrem Mann um einer anderen Frau willen schmählich verlassen, worauf sie in maßloser Rachsucht zunächst ihre Konkurrentin und deren Vater vergiftet und dann auch ihre und Jasons gemeinsame Kinder tötet. – Die 431 v. Chr. aufgeführte Tragödie des Euripides behandelt nur Teile des Medea-Mythos. Senecas Neubearbeitung (Mitte des 1. Jhs. n. Chr.) weicht nur in wenigen Motiven von Euripides ab.

Lessing hat fast gleichzeitig mit der *Sara* eine Seneca-Abhandlung und eine Teilübersetzung seiner Dramen verfaßt. Vgl. S. 530-613 dieses Bandes. – Marwoods Ausruf: »Sieh in mir eine neue Medea!« variiert das bei Seneca in vergleichbarer Situation gesprochene »Medea nunc sum« (Nun bin ich wieder ich selbst, Medea!). Albrecht (S. 2139 f.) weist Adaptationen des Ausspruchs bei Roxas y Zorilla und Corneille nach. In Richardsons *Grandison* (IV 26) findet sich: »she appears to me as a Medaea« (sie erscheint mir wie eine Medea). – Zu Lessings Seneca-Rezeption vor allem Wilfried Barner, *Produktive Rezeption*.

464,13 f. *Ich will ⟨...⟩ sterben sehen]* Vgl. Seneca, *Thyestes* (*Sämtliche Tragödien*. Lateinisch und deutsch. Übersetzt und erläutert von Theodor Thomann, Bd. II, Zürich 1969, S. 166, v. 907): »Atreus: miserum videre nolo, sed dum fit miser.« Lessing übersetzt: »Ich mag ihn nicht sowohl elend sehn als elend werden sehen.« (S. 586 dieses Bandes.)

464,17 *Glied von Glied]* In Shadwells *The Squire of Alsatia* (II 1) droht Mrs. Termagant: »I'll pull it ⟨ihrem Kind⟩ Limb from Limb e're thou shalt have it« (»Ich reiße ihm Glied von Glied, ehe du es kriegst«).

464,23 *Eben ⟨...⟩ noch nicht]* 1772: Du erinnerst mich, daß ich nicht

464,26 *gemach ihm nachziehet]* 1772: ihm nachzieht

464,31 f. *einer ehrlosen ⟨...⟩ sein]* Lies: Der Hand des Scharfrichters vorbehalten sein

465,1 *Stahl]* 1772: Stal

465,11 f. *Wisse ⟨...⟩ fordern werde]* Biblische Ausdrucksweise nach 1. Mose 43,9: »von meinen henden soltu jn ⟨den Knaben⟩ foddern«.

465,24 *bleibt doch immer Mutter]* 1772: bleibt doch immer das Herz einer Mutter

466,2 f. *Lassen ⟨...⟩ sehen]* Auch Medea bittet bei Euripides in vergleichbarer Lage um einen Tag Aufschub: »Laß im Land mich verweilen den einzigen Tag« (v. 340).

466,13 *als eine Anverwandte]* Auch Clarissa wird von der ehemaligen Geliebten des Lovelace unter falschem Namen besucht (II 30, nach Albrecht, S. 2179-2189).

466,24 f. *Ihnen* ⟨. . .⟩ *befreien*] ›Befreien‹ mit Dativ-Objekt ist in Grimms DWb nicht nachgewiesen. – 1772: Sie ⟨. . .⟩ befreien

466,35 *noch nicht*] 1772: nicht

467,3 *erstern Gasthofe*] Vgl. Anm. 448,27.

467,14 *mache*] Gebe.

467,22 f. *etwas sehr hartes*] Bezüglich Mellefonts urteilt Sir William nach dem alten Tugend-Laster-Schema, das er im Hinblick auf seine Tochter schon aufgegeben hat.

467,25-468,4 *Ich habe* ⟨. . .⟩ *erkundigen*] Die Kennenlerngeschichte von Sara und Mellefont hat ihre Analogie in der von Caelia und Wronglove in Johnsons *Caelia* (I 1). Dort wird sie von dem Diener Meanwell erzählt.

467,27 *Menschen*] 1772: Mann

468,4 *übrigen*] Sonstigen.

468,25 *In der* ⟨. . .⟩ *Tugend*] In der kurzen Zeit seit ihrem Sündenfall.

468,27 *Larven*] Masken.

469,8 *wenn Sie noch*] 1772: wenn Sie gleich noch

470,1 *Lady Solmes*] Der Name Solmes stammt aus Richardson, *Clarissa* (I 15).

470,28 *Dritter Auftritt*] Als Vorbild für diese Szene bietet sich Johnsons *Caelia* (III 1) an. Auch dort bringt ein Diener (Meanwell), vom Zimmermädchen angekündigt, der von Wronglove entführten, allerdings auch schon wieder verlassenen Caelia einen Versöhnungsbrief des Vaters und liest ihn selbst vor. Caelia muß, anders als Sara, verkraften, daß ihre Mutter über dem familiären Desaster gestorben ist. Lessing ersetzt dieses Motiv durch Saras Vermutung, ihr Vater könnte gestorben sein (vgl. Albrecht, S. 2220). – Brown, *Seneca and »Sara«*, deutet die Briefszene darüber hinaus als »modern adaptation« der abschließenden Verzweiflungsszene aus Senecas *Hercules furens* (Der rasende Herkules), wogegen sich Barner, *Produktive Rezeption*, mit einigem Recht, verwahrt. Browns These gewinnt nur dann Plausibilität, wenn man die beiden Szenen im Sinn einer antiken und einer modernen Hysterie-Studie vergleicht.

470,30 *zwischen der Scene]* Zwischen den Kulissen; aus den Kulissen heraus.

470,31 *ihr]* Verbessert aus sinnwidrigem »mir«. – 1772: ihr.

471,7 *beschleiniget]* 1772: beschleunigt

473,9 *Schauer]* 1772: Schauder

473,19 *ihm]* Für Lessing unüblicher Dativgebrauch. Vermutlich Setzfehler.

474,1 *reuende]* Bereuende.

474,7 *in sich]* 1772: in sich selbst

475,8 *Betrieger]* Betrüger. ›Betriegen‹, mit der gelegentlichen Flexionsform ›betreugt‹, ist noch gängige Lautung im 18. Jh.

475,31 f. *so recht natürlich]* Der unverbildeten, scheinbar einfältigen Moral Waitwells kommt es zu, an der Natürlichkeit der Gefühlsrabulistik Saras zu zweifeln.

475,34 *fehlen]* Einen Fehltritt begehen.

476,12 f. *Was für Schwerter ⟨...⟩ Herz]* Bibelsprache. Vgl. Offb. 9,15 »Vnd aus seinem Munde gieng ein scharff schwert«.

476,23 *mich deucht]* Mich dünkt; es kommt mir vor. Dünken gehört zu den ›irregulären‹ Verben mit wechselnden Flektionsformen (dünkt/deucht) und Wechsel zwischen Dativ- und Akkusativbezug (mir/mich).

476,27-33 *das Vergeben ⟨...⟩ etwas himmlisches]* Der Ausspruch »Vergeben ist göttlich« (als Ergänzung des Sprichworts »Irren ist menschlich«) stammt von Alexander Pope, *Essay on Criticism* (Versuch über die Kritik) II 325.

476,33 *mich nicht entbrechen konnte]* Mich nicht enthalten konnte.

477,8 *ungerner]* Im Gegensatz zu ›gern‹ waren die Steigerungsformen von ›ungern‹ im 18. Jh. akzeptiert; s. Grimms DWb 24, Sp. 821.

477,13 *erkennen]* 1772: bekennen

478,6 *vor sich]* Für sich.

479,3 *setzet sich zum schreiben]* Die Briefschreibeszene erinnert an die Szenen II 4 und 5 in Voltaires *Nanine* (1749):

»Nanine (seule): Allons, il faut écrire / Il faut ... par où commencer, et que dire?/ Quelle surprise! Écrivons promptement, / Avant d'oser prendre un engagement. (elle se met à écrire) ⟨...⟩ (écrivant toujours) ⟨...⟩ (écrivant) A chaque mot mon embarras redouble;/ Toute ma lettre est pleine de mon trouble.« – »Wohlan, ich muß schreiben, ich muß ... aber wo beginnen und was sagen? Wie befremdlich! Ich will schnell schreiben, bevor ich mich auf etwas einlasse. (Sie setzt sich zum Schreiben) ⟨...⟩ (immer schreibend) ⟨...⟩ (schreibend) Bei jedem Wort verdoppelt sich meine Bedrängnis; mein ganzer Brief ist voll meiner Verwirrung.« Ähnliche Szenen bei Richardson, dessen *Pamela*-Roman im übrigen Voltaires *Nanine* zugrunde liegt. Vgl. *Hamburgische Dramaturgie*, 21. Stück: »Kurz, die Geschichte der Nanine ist die Geschichte der Pamela.« (Bd. VI dieser Ausgabe, S. 287.) Im selben Zusammenhang macht Lessing im übrigen wichtige Anmerkungen zum Problem der literarischen Adaptation älterer Texte.

479,15 *entstehen]* Hier: in der ungebräuchlich gewordenen Bedeutung von ›mangeln‹. Vgl. Grimms DWb 3, Sp. 634.

479,20-24 *Das schämen ⟨...⟩ anwende]* Schwer verständliche Argumentation. Die Annahme einer Textverderbnis scheint allerdings durch die unveränderte Übernahme in die Neufassung 1772 widerlegt. Deutungsvorschlag: Beim Eingeständnis von Fehlern (Beichte) darf es keine Kompromisse geben. Die Dinge müssen so drastisch benannt werden, wie sie sind bzw. wie sie empfunden werden. Ästhetische Dezenz (Scham, Angst vor Übertreibung) ist dabei nicht am Platze. – So gesehen, hätten wir es, vermutlich vor dem Hintergrund des Seneca-Studiums, mit einem verdeckten Plädoyer gegen die klassizistische ›bienséance‹ (Wohlanständigkeit) zu tun.

479,26 *Fünfter Auftritt]* Parallelen zu dieser Szene bei Richardson, *Pamela* IV 30 und *Clarissa* VI 44 (nach Albrecht, S. 2268 ff.).

480,2 *eignen]* Verbessert aus Druckfehler »eignem«. – 1772: eignen

480,3 *Vetters*] Verbessert aus Druckfehler »Vaters«. 1772: Vetters

481,11-13 *Geschwind 〈...〉 flohen*] Anhand dieser Textstelle verteidigte Lessing gegenüber Mendelssohn (Brief vom 14. 9. 1757, Bd. XI/1 dieser Ausgabe, S. 251) die Vorteile einer gebärdenhaltigen Sprache im Drama: Zwar hätte es genügt, Mellefont stumm nach dem Brief greifen zu lassen. Theatralisch besser sei es jedoch, wenn er durch eine Reihe unwillkürlich hervorgestoßener Fragen gezwungen würde, seinen inneren Zustand (Furcht) auszudrücken. »Ich wiederhole es also nochmals, diese Stellen sind so wenig untheatralisch, daß sie vielmehr tadelhaft geworden sind, weil ich sie allzutheatralisch zu machen gesucht habe.«

481,17 f. *trennen*] 1772: trennen wohl

481,20 *nachziehen*] 1772: nach sich ziehen

482,6 *denn 〈...〉 vergeben*] Vgl. Anm. 476,27-33. – Mellefonts Echo auf die christlich-empfindsame Moral der Gegenseite (Sampson-Familie).

482,26 *wo*] Wenn bzw. was, wenn.

482,32 f. *ist in ihrem Vermögen nicht*] Ist ihr nicht verfügbar.

483,30 *gähling*] Jäh; plötzlich.

484,15 *mehrere*] Die doppelte Komparativbildung ist sprachgeschichtlich alt, vgl. ahd. ›mêriro‹. In dieser Form im 18. Jh. nicht selten (Grimms DWb 12, Sp. 1883 f.).

484,20 *durfte*] 1772: dürfte

485,17 *würdiger*] 1772: ihm würdiger

485,24 f. *Betrachte dich 〈...〉 Diener*] Vgl. Charles Johnson, *The Tragedy of Medaea* IV: »Medaea: Henceforth. Therapion, lose the Name of Servant. Thou art my Benefactor and my Friend.« (Von nun an, Therapion, sollst du kein Diener mehr heißen. Du bist mein Wohltäter und mein Freund.) – Ähnlich Richardson, *Pamela* I 29: »He 〈Mr. B.〉 sat down upon a rich Settee: and took hold of my Hand. And said, Don't doubt me, Pamela. From this Moment I will no more consider you as my servant« (Er setzte sich auf ein prächtiges Sofa und nahm meine Hand und sagte: Mißtraue mir nicht, Pamela. Von jetzt an will ich dich nicht mehr als meine Dienerin betrachten). – Nach Albrecht, S. 2295.

485,33 *als]* Sobald.

486,32-487,3 *Wie schlägt ⟨...⟩ tun wollte]* Ähnlich bei William Congreve, *Love for Love* III 12: »Foresight: My Heart is pretty good; yet it beats; and my Pulses, ha! – I have none – Mercy on me – hum – Yes, here they are – Gallop, gallop gallop gallop, gallop, gallop, hey! Whither will they hurry me? Now they are gone again – « (Foresight: Mein Herz ist gar nicht übel; noch schlägt es; und mein Puls, uff! – ich hab ja gar keinen – Gnade mir Gott – hmm – Ja, da ist er wieder – Galopp, Galopp, Galopp, Galopp, Galopp, Galopp, hui! Wohin will er mich jagen? Nun ist er wieder weg –). – Nach Albrecht, S. 2299.

487,4 *des Geblüts]* Des Blutes.

487,4-10 *Die Wallungen ⟨...⟩ machen]* Mellefont interpretiert die menschliche Physiologie radikalaufklärerisch als Mechanismus, nachdem Sara sie als geheimnisvollen Indikator des Seelenlebens und sogar der Vorsehung ausgelegt hat.

487,9 f. *Drückungen]* Hochdruckphasen.

487,24 f. *so gut nicht]* Nicht vergönnt.

487,26-28 *Ich ward ⟨...⟩ Vatermörderin geworden]* Vgl. Charles Johnson, *Caelia* (III, Enter Meanwell): »Caelia: My Mother! – Alas, she has gone! and I, the fatal Cause, yet live, and know it. Why was I born for this? My Crimes, that murder'd her who gave me Life« (Caelia: Meine Mutter, sie ist leider tot! Und ich, die ich die fatale Ursache bin, lebe noch und weiß darum. Warum wurde ich dafür geboren? Meine Verbrechen haben die umgebracht, die mir das Leben schenkte). – Nach Albrecht, S. 2305.

487,34 f. *alt und Lebenssatt]* Bibelsprache. Hiob 42,17: »Vnd Hiob starb alt und lebens sat.«

488,6-9 *Warum ⟨...⟩ besten]* Sara argumentiert hier, wie schon zuvor ihr Vater, im Sinn der Theodizee, also der Vorstellung von der besten aller möglichen Welten, um nur wenig später ihren Hang zur Skepsis einzugestehen.

488,15 *dieses rebellische Etwas]* Vgl. William Congreve, *The successful Pyrate* (Der erfolgreiche Pirat) II 1: »this Rebel in my

Heart« (dieser Rebell in meinem Herzen). – Nach Albrecht, S. 2309.

488,17 *eine*] 1772: die

489,3-15 *Was für ein ⟨. . .⟩ machen wird*] Vgl. Brief des Lovelace an Belford (III 57) in Richardson, *Clarissa*: »Ich habe den festen Vorsatz, ehrlich zu sein; desto mehr wundere ich mich darüber, daß sich mein Herz wider meinen Willen freuet. Mein Herz ist ein Schelm ⟨. . .⟩ Kann ich an einem solchen Engel zum Schelme werden? ⟨. . .⟩ Für sie ⟨Clarissa⟩ und mich ist es viel besser, wenn wir uns einander nicht heiraten ⟨. . .⟩ Sie werden daraus sehen, was ich vor Gedanken von dem Ehestande habe!« (Übersetzung von Johann David Michaelis, 1748-51). – Die den Interpreten so wichtige Stelle »Herz, was für ein Schalk bist du!« lautet bei Richardson: »Tis a plotting villain of a heart« (Welch intriganter Schurke von einem Herzen). – Nach Albrecht, S. 2313.

489,18-28 *So schmerzhaft ⟨. . .⟩ Eingeschmiedet?*] Vgl. Congreve, *Love for Love* (Liebe um Liebe) III (Enter Ben Legend and Servant): »Ben: A man that is marri'd, d'ee see, is no more like another man, than a gally-slave is like one of us free Sailors, he is chain'd to an Oar all his life« (Ben: Ein Mann, der verheiratet ist, weißt du, verhält sich zu einem anderen Mann wie ein Galeerensklave zu einem von uns freien Seeleuten. Er ist lebenslang an das Ruder geschmiedet). – Nach Albrecht, S. 2321.

489,33 *ihren*] Verbessert aus Druckfehler »ihrem«. – 1772: ihren

490,22 f. *Wollte ⟨. . .⟩ verschonen*] Anspielung auf 1. Mose 18,20-32, wo Abraham im Gespräch mit Gott die Zahl der Gerechten von fünfzig auf zehn herunterhandelt, um deretwillen Sodom von dessen Rache verschont werden soll.

491,9 *den Fuß*] 1772: dem Fusse

491,17 f. *Nur der Pöbel ⟨. . .⟩ anlächelt*] Noch einmal beruft sich Mellefont auf seine höfisch-aristokratischen Grundsätze; hier: auf das Ideal der neustoischen Affektenkontrolle.

491,21 *verderbt*] Das 18. Jh. kennt noch die Unterscheidung zwischen dem transitiven und schwach gebeugten und dem intransitiven und stark gebeugten Gebrauch von ›verderben‹. Die Formen ›verderbt‹ bzw. ›Verderbtheit‹ beziehen sich dabei in der Regel auf einen moralischen Zustand (Grimms DWb 25, Sp. 209 ff. und 220).

491,31 *Stand*] Gemeint ist der Ehestand.

492,6-14 *Aber Marwood 〈...〉 bequemen muß*] Vgl. Corneille, *Médée* IV 2: »Pollux: Médée. Creon: C'est de quoi mon esprit n'est plus inquiète; / Par son Banissement j'ai fait ma sureté; / Elle n'a que fureur et que vengeance en l'âme: / Mais, en si peu de temps, que peut faire une femme? / Je ne préscrit qu'un jour de terme à son départ.« (Pollux: ⟨Aber⟩ Medea. Creon: Sie macht mir keine Unruhe mehr: durch ihre Bestrafung habe ich mir Sicherheit verschafft; sie trägt eine Menge Zorn und Rachegefühle in sich: aber was kann eine Frau in so kurzer Zeit bewirken? Ich habe ihr nur einen Tag für ihre Abreise zugestanden.) – Nach Albrecht, S. 2333.

492,11 *unterdessen*] Vorläufig.

492,20 *Obstand*] Widerstand. – Eine im 18. Jh. aufgekommene und wieder untergegangene Wortbildung (Grimms DWb 13, Sp. 1123).

492,29 *geborgen*] Gesichert.

493,7 *er*] 1772: es

493,9 *Er*] 1772: Es

493,10 *Unbäßlichkeit*] Unpäßlichkeit. Lessings Schreibung (auch in der Fassung 1772) ist im 18. Jh. die Ausnahme; vielleicht sächs.-fränk. Später (S. 522,7) im übrigen ›Unpäßlichkeit‹.

493,12-14 *Die Wespe 〈...〉 summen*] Sprichwörtlich: »Wer der Wespe den Stachel genommen, den sticht sie nicht.« Vgl. auch: Shadwell, *The Squire of Alsatia* V 1: »I am as disconsolate as a Bee that has lost his Sting« (Ich bin so untröstlich wie eine Biene, die ihren Stachel verloren hat). – Nach Albrecht, S. 2333.

494,12 *welche*] Verbessert aus Druckfehler »welche« (1772: welcher).

495,6-12 *Ich will 〈...〉 befördert hat*] Vgl. Shadwell, *The Squire of Alsatia* V 3: »Sir Edward Belfond: Look you Madam,

I will settle an Annuity of 100 l. a year upon you so long as you shall not disturb my Son; And for your Child, I'll breed her up and provide for her like a Gentlewoman: Bit if you are not quiet you shall never see her more.« (Hören Sie, Madame, ich will Ihnen einen jährlichen Betrag von 100 Pfund so lange aussetzen, als Sie meinen Sohn nicht behelligen; und was Ihre Tochter betrifft, so werde ich sie aufziehen und für sie sorgen wie für eine Frau von Stand.) – Nach Albrecht, S. 2335.

496,20 *Zwang der Verstellung*] Vgl. S. 482,17: »Was für Zwang muß ich mir antun!«

496,26 *wann*] Wenn.

497,7-9 *ein getretner Wurm ⟨...⟩ verwunden möchte*] Bibelsprache, vgl. 1. Mose 3,15: »Der selb sol dir den Kopf zutretten / vnd du wirst jn in die Verschen stechen.« Eingemischt ist das Sprichwort: »Auch der Wurm krümmt sich, wenn man ihn tritt.«

497,10 *Sechster Auftritt*] Die Auftritte IV 6-8 haben starke Ähnlichkeit mit Shadwell, *The Squire of Alsatia* IV; Richardson, *Pamela* IV 47; *Clarissa* VI 44-45. S. Albrecht, S. 2341-2427.

497,14 *Zufall*] Anfall.

497,21 *mit dem frühsten*] So früh wie möglich; mit der frühesten Gelegenheit.

498,29 *dessen ⟨...⟩ gedacht habe*] Den ich Ihnen gegenüber erwähnt habe.

499,25 *ungebraucht*] Ungenutzt.

500,17-20 *Wir Frauenzimmer ⟨...⟩ Sache machen*] Vgl. Shadwell, *Bury-Fair* (Der Jahrmarkt von Bury) II: »Tremble; I will make thee such an Example, as shall be a Terror for thy Sex, and revenge all the Insolencies committed upon mine.« (Erzittre; ich will an dir ein Exempel statuieren, das dein Geschlecht erschrecken wird, und damit all die Unverschämtheiten rächen, die meinem Geschlecht zugefügt wurden.) Und: »Oh, that it were in my Power to make a Lover hang himself! Then I wou'd triumph for the rest of my deluded Sex.« (Oh, daß es in meiner Macht stünde, einen

Liebhaber dazu zu treiben, sich zu erhängen! Dann könnte ich für all die anderen meines betrogenen Geschlechts triumphieren.) Nach Albrecht, S. 2355 f.

500,17 *billig*] Mit gutem Recht.
500,28 *anders*] 1772: anderm
502,19 f. *dem Beding*] Der Bedingung.
502,30-505,19 *Marwood ist ⟨...⟩ wünschte*] Die selbsterzählte Geschichte der Marwood ist eng angelehnt an die Geschichte der Mrs. Termagant aus Shadwells *The Squire of Alsatia* IV: »Know then, I am a Gentlewoman, whose Parents dying when I was sixteen, left me a moderate Fortune, yet able to maintain me like their Daughter. ⟨...⟩ There it was my Misfortune to be acquainted with a Gentleman, whose Face, Air, Mine, Shape, Wit, and Breeding, not I alone, but the whole Town admires. ⟨...⟩ He soon began to court me in such sweet, such charming Words, as wou'd betray a more experienc'd Heart than mine. ⟨...⟩ He had a Friend within too ready to give up the Fort; yet I held out as long as I could make Defence. ⟨...⟩ Yet I was safe by solemn mutual Oaths, in private contracted: He wou'd have it private, because he fear'd to offend an Uncle, from whom he had great Expectance; but now came all my Misery. ⟨...⟩ He watched the fatal Minute, and he found it, and greedily seiz'd upon me, when I trusted to his Honour and his Oaths; he still swore on, that he would marry me, and I sinn'd on. In short I had a Daughter by him, now three Years old, as true a Copy as e'er Nature drew; beauteous, and witty, to a Miracle. ⟨...⟩ From time to time he swore he would marry me; though I must think I am his Wife as much as any Priest can make me; but still he found Excuses about his Uncle. I wou'd have patiently waited till his Uncle's Death, had he been true; but he has thrown me off, abandon'd me ⟨...⟩ for an Attorney's Daughter, whom he keeps, and now is fond of; while he treats me with all Contempt and Hatred.« (Sie mögen wissen: ich bin eine Frau von Stand, die mit sechzehn Jahren ihre Eltern verlor. Ich erbte ein bescheidenes Vermögen, doch genug, um standesgemäß zu leben. ⟨...⟩ Dann hatte

ich das Unglück, einen Herrn kennenzulernen, dessen Aussehen, Art, Miene, Auftreten, Geist und Erziehung nicht nur ich, sondern die ganze Stadt bewunderte. ⟨...⟩ Er begann bald mit so angenehmen und bezaubernden Worten um mich zu werben, die auch ein erfahreneres Herz als meines betört hätten. ⟨...⟩ Er hatte einen Freund bei sich, der ebenfalls bereit war, die Festung zu übergeben; doch ich hielt aus, solange ich Widerstand leisten konnte. ⟨...⟩ Ich fühlte mich nämlich sicher durch feierliche gegenseitige Treueschwüre, die wir heimlich tauschten. Er wollte es heimlich halten, denn er fürchtete einen Onkel zu verstimmen, von dem er viel zu erben hoffte; doch damit begann mein Elend. ⟨...⟩ Er wartete auf die entscheidende Minute und fand sie und nutzte lüstern die Gelegenheit, während ich auf seine Ehre und Schwüre vertraute; er schwor weiter, mich zu heiraten, und sündigte fort. Bald hatte ich eine Tochter von ihm, die inzwischen drei Jahre alt ist, ein Abbild von ihm, wie es die Natur nicht besser schaffen kann, fast ein Wunder. ⟨...⟩ Immer wieder schwor er, mich zu heiraten, so daß ich glaubte, so gut wie kirchlich getraut zu sein mit ihm; doch immer auch fand er Ausflüchte wegen seines Onkels. Ich hätte geduldig auf seines Onkels Tod gewartet, wenn er treu gewesen wäre; aber er hat mich weggeworfen, mich drangegeben für die Tochter eines Anwalts, an der er festhält und die er begehrt, während er mich mit Verachtung und Haß behandelt.) Nach Albrecht, S. 2363-2371. – Von Shadwell abweichende Motive und Formulierungen verweisen auf Richardson.

503,5 *prangen könnte*] 1772: prangte
504,22 *Glossen*] Kommentare, eigtl. Randbemerkungen.
504,24 f. *unbeweglich*] Unbeugsam, standhaft.
504,32 *entbrechen*] Entziehen.
505,26 *es sicher*] 1772: sicher
506,8 *alle Umstände ⟨...⟩ erklärten*] Alles gegen ihn ausschlüge.
506,16 f. *Sie würden ⟨...⟩ sein*] Vgl. Corneille, *L'illusion comique* V 2: »Une autre aura son cœur, et moi le nom de

femme!« (Eine andere wird sein Herz besitzen, und ich den Namen der Gattin.)

506,24-33 *Daß man ⟨...⟩ nicht herein]* Das Vogelfänger-Motiv kannte Lessing aus Richardsons *Clarissa* (III 56). Dort sagt Lovelace über die Heldin: »Das liebe Kind hatte bereits selbst seinen widerspenstigen Hals in meine Schlingen gesteckt und wußte noch nicht, daß es gefangen wäre, weil ich die Schleife noch nicht zugezogen hatte.« (Übersetzung von Michaelis.)

506,28 *vergebene]* Vergebliche.

506,34 *tändelnde]* Leichtfertige, anzügliche. — »Tändeln« war ein Schlüsselwort der sog. anakreontischen Poesie, die damals Mode war und auch Lessing zu ihren Adepten zählte. Seine einschlägigen Gedichte veröffentlichte er unter dem Titel *Kleinigkeiten* 1751 (s. Bd. II dieser Ausgabe, S. 357 ff.).

507,7 *Verschwindung]* Etwa: Fluchtepisode, Untertauchen (auch Lessing fand offensichtlich kein passables Wort dafür).

507,13 *im Abzuge]* Im Schwinden.

507,23 *dreust]* Dreist. Alte, aber nicht ungewöhnliche Lautung im 18. Jh., z. B. bei Kant.

507,25 *Vorsprecherin]* Fürsprecherin.

507,27 *Roman]* Erfundene Geschichte.

509,7 *ein warnender Traum]* Gemeint ist der in I 7 berichtete Traum.

509,14 *Neunter Auftritt]* Korrigiert aus »Achter Auftritt« ⟨Setzfehler⟩. — Auffälligerweise unterläuft dem Drucker im folgenden Akt dasselbe Versehen noch einmal (vgl. Anm. 519,20). Der Grund dafür könnten Unklarheiten im Manuskript, vor allem Umdispositionen in der ursprünglichen Szenenfolge gewesen sein. Lohnende Erkenntnisse daraus zu gewinnen, ist dem Kommentator allerdings nicht gelungen.

510,7-9 *hier ⟨...⟩ langsameres Gift]* Vgl. Richardson, *Clarissa* (I 32): »unsinnige Komplimente, das Gift weiblicher Gemüter« (Übersetzung von Michaelis).

510,17 *Fünfter Aufzug*] Die, vor allem von Albrecht nachgewiesenen, motivlichen Anleihen des Finalaktes beziehen sich auf Shadwells *Caelia*, auf den Medea-Stoff (Euripides, Seneca, Roxas y Zorrilla, Corneille, Johnson), auf Houdar de la Mottes *Inés Castro* und Moores *The Gamester* (Der Spieler).

510,24 *nach ihn*] 1772: nach ihm

510,29 *an allen*] 1772: an allem

511,7 *verziehen*] Verweilen, abwarten.

511,19 *So stark ⟨...⟩ anlag*] So dringend ich ihr nahelegte.

514,34 *wissen*] 1772: hören

514,36 *verwerfen*] Verbessert aus Druckfehler »verwerfen«. − 1772: vorwerfen

515,3-6 *Wie sehr ⟨...⟩ verleugnet hätten*] Ähnlich beschreibt Pamela ihr Verhältnis zu Mr. B.s unehelicher Tochter (*Pamela* III 14): »And glad I am, that the poor unfaulty Baby is so justly beloved by Mr. B.« (Und ich bin glücklich, daß das arme, unschuldige Kind so aufrichtig von Mr. B. geliebt wird.) − Nach Albrecht, S. 2449.

515,16-19 *Glückliche Tage ⟨...⟩ werden*] Ebd.: »I am sure I shall act by her as tenderly, as if I were her own Mother« (Ich bin sicher, daß ich mich so zärtlich ihrer annehmen werde wie wenn ich ihre Mutter wäre). − Nach Abrecht, ebd.

515,22 *noch*] 1772: nach

515,27 f. *Welcher plötzliche Übergang ⟨...⟩ Schrecken*] Der gerade an dieser Stelle nicht zu erwartende Überschuß an Selbstbezüglichkeit der dramatischen Rede, der der emotionalen Distanz sowohl des männlichen Helden wie des Autors freien Lauf läßt und das in die Katastrophe einmündende Bühnengeschehen mit den kontroversen Schulbegriffen der zeitgenössischen Trauerspieltheorie (Bewunderung, Schrecken, Übergang) konfrontiert, hat Martin Schenkel dazu angeregt, das Stück auf seinen autoreflexiven, sprich: gattungskritischen Gehalt hin zu untersuchen. Er kommt zu dem Ergebnis, daß *Miß Sara Sampson* durchgängig von einem poetologischen Begleittext geprägt ist, der Lessings Position im späteren ›Briefwechsel über das Trauerspiel‹ weitgehend präformiert (*Lessings Poetik des Mitleids*). − Denselben Ansatz hat bereits Moses Mendelssohn mit seiner Kritik der ›indeklamablen‹ Stellen des Stücks verfolgt: »Welches aber sind die Stellen, die indeklamabel sein sollen? Es sind die, in welchen ich Sie als Weltweisen am meisten bewundere; solche, die mir für die Schaubühne allzuphilosophisch scheinen. ⟨...⟩« (an Lessing, 11. 8. 1757; vgl. den vollständigen Argumentationsgang unter: Dokumente der Rezeption, Nr. 13). Mendelssohns Brief mit den Stellenangaben ist verlorengegangen; allerdings läßt sich Lessings Antwortbrief vom 14. 9. 1757 (vgl. Dokumente der Rezeption, Nr. 15) entnehmen, daß sie u. a. auf den Seiten 123, 124, 154 und 158 des Erstdrucks zu suchen sind. Prüft man diese Seiten nach, dann sind es durchwegs psychologische, z.T. feministisch eingefärbte Räsonnements der beiden Frauen (Sara und Marwood), die hier indiziert werden. Z. B. »Sind es wirklich Ahndungen, Mellefont, oder sind es gewöhnliche Empfindungen, die von der Erwartung eines unverdienten Glücks, und von der Furcht es zu verlieren, unzertrennlich sind?« (S. 486 in diesem Bd.) oder: »Wir Frauen sollten billig jede Beleidigung, die einer einzigen von uns erwiesen wird, zu Beleidigungen des ganzen Geschlechts und zu einer allgemeinen Sache machen, an der auch die Schwester und Mutter des Schuldigen, Anteil zu nehmen, sich nicht bedenken müßten.« (S. 500) Es muß offenbleiben, ob Mendelssohn vor allem Anstoß am Philosophieren der (zwangsläufig weniger gebildeten) Frauen genommen hat (was der konventionellen Wahrscheinlichkeits-Kritik der Frühaufklärung entspräche), oder ob auch andere Textstellen zur Debatte standen, die Lessing nicht aufgenommen hat.

516,12-16 *Unglück ⟨...⟩ verschlingen*] Vgl. 4. Mose 16,30 und 16,35: »Das die Erde jren mund auffthut / vnd verschlinget sie mit allem das sie haben / das sie lebendig hinunter in die Helle faren ⟨...⟩ Da zu fuhr das fewr aus von dem Herrn / vnd frass die zwey hundert vnd funfftzig menner«.

516,18-20 *mit Arabellen ⟨...⟩ eilen lassen*] Parallele zu Euripides' *Medea*, die in einem von Drachen gezogenen Zauberwagen entflieht – von Jasons ohnmächtigen Flüchen verfolgt (v. 1293 ff.).

516,25 f. *ehe ich mich ⟨...⟩ gerächet]* Parallele zu den Rachegedanken des Jason (vor allem bei Seneca, v. 978-981 und 995-997).

516,28 f. *Die Rache ist nicht unser]* Vgl. Röm. 12,19: »Die Rache ist mein / jch will vergelten / spricht der Herr.« Entsprechend argumentieren Pamela und Clarissa: »Remember, my dear Cousin, that Vengeance is God's province, and he has undertaken to repay it; nor will you, I hope, invade that province« (Denke daran, mein lieber Cousin, die Rache ist das Feld Gottes, und er hat versprochen, es zurückzuzahlen; ich hoffe sehr, du wirst dieses Feld nicht betreten.) *Clarissa* VIII 38. – Nach Albrecht, S. 2469.

516,29 *erbrechen]* Öffnen.

517,2 *vor sich]* Für sich.

517,10 *Mein Salz]* Offensichtlich eine Salzlösung zur Beruhigung.

517,20 *Fliehe! ehe du]* Verbessert aus Druckfehler »ehe, du«. – 1772: fliehe, ehe du

517,37 *Sie sind verloren – –]* 1772: Sie sind verloren, liebste Miß! Auch ich bin verloren!

518,17 *Siebender Auftritt]* Die Szenen 7 und 8 erinnern an Johnsons *Caelia* V 3. Auch dort kommt der Diener zur schwerkranken Heldin und bereitet den Besuch ihres Vaters vor, der sie dann erst in ihrer Todesstunde wiedersieht.

518,29 f. *Diese Hand ⟨...⟩ Seite]* Vgl. Clarissas gelähmte Hand; wie bei Sara die rechte, also die Schreibhand (*Clarissa* VI 66). – Nach Albrecht, S. 2479.

519,20 *Achter Auftritt]* Im Erstdruck steht versehentlich »Erster Auftritt«.

519,33-520,2 *Mit dem Haß ⟨...⟩ Gedanke]* Vgl. *Clarissa* VII 8: »I have reason to be very thankful, that my Father has withdrawn that heavy Malediction, which affected me so much – A Parent's Curse, my dear Mrs. Norton! What Child could die in peace under a Parent's Curse?« (Ich habe Grund, sehr dankbar zu sein, daß mein Vater seine schwere Verdammung zurückgenommen hat, die mich so quälte. – Ein elterlicher Fluch, meine liebe Mrs. Norton! Welches Kind könnte mit einem elterlichen Fluch in Frieden sterben.) – Nach Albrecht, S. 2483.

520,5 *seinen*] Verbessert aus Druckfehler »seine«. – 1772: seinen

520,28 *Oder ist*] 1772: Oder ist es

520,28-30 *vom Himmel ⟨...⟩ stärken*] Anspielung auf die biblische Passionsgeschichte, Luk. 22,43: »Es erschein jhm aber ein Engel vom Himmel / vnd stercket jn.«

520,30-32 *Segne mich ⟨...⟩ Vater*] Vermutlich Anspielung auf Jakobs Kampf mit dem Engel, 1. Mose 32,26: »Jch las dich nicht / du segenest mich denn.«

521,25 f. *Sollen wir ⟨...⟩ lieben*] Vgl. Matth. 5,44-46: »Jch aber sage euch / Liebet ewre Feinde ⟨...⟩ Denn so jr liebet / die euch lieben / Was werdet jr fur Lohn haben?«

521,30 *Entschlage*] Unterdrücke.

522,7 *Unpäßlichkeit*] 1772: Unbäßlichkeit

522,7 *da*] Verbessert aus sinnlosem »die«. – 1772: da

523,11 f. *in dem Anlasse derselben*] In der zum Anlaß gewordenen Person (Sara).

523,15 *Cordialpulver*] Herzstärkendes Medikament.

523,19-22 *Rache und Wut ⟨...⟩ rühmen wagen*] Das Motiv der Selbstrühmungslust der Rächerin stammt aus den antiken Medea-Dramen. Besonders Seneca, *Medea*, v. 991 f.: »Große Wollust überkommt mich wider Willen, und siehe, sie wächst.«

523,22 *Ich bin ⟨...⟩ nach Dover*] Analog dazu Euripides, *Medeia*, v. 1384 f.: »Ich selber zieh in Erechtheus' Land / Zu Aigeus, dem Sohne des Pandion.«

523,26 *einen Geisel*] Der männliche Gebrauch des Wortes ist seit dem Mittelalter nachgewiesen. Vgl. Grimms DWb 5, Sp. 2608.

523,37-524,1 *Ich sterbe ⟨...⟩ heimsucht*] In Saras Satz laufen biblisches Vergebungsgebot und Theodizee zusammen (im Sinne von Alexander Popes berühmtem Wort: »Whatever is, is right« (Alles, was ist, ist gut).

524,4-8 *Wenn ich ⟨...⟩ erkennen wollen]* Vgl. die Kreuzesworte Christi, Joh. 19,26-27: »Da nun Jhesus seine Mutter sahe / vnd den Jünger da bey stehen / den er lieb hatte / spricht er zu seiner Mutter / Weib / sihe / das ist dein Son. Darnach spricht er zu dem Jünger / sihe / das ist deine Mutter. Vnd von der stund an / nam sie der Jünger zu sich.«

524,16 *deinen Herrn]* Korrigiert aus »deinem Herrn«. – 1772: deinen

524,29-31 *die schwache Tugend ⟨...⟩ Schranken]* Vermutlich Anspielung auf Jesu Begegnung mit der Sünderin, Luk. 7,47: »Derhalben sage ich dir / Jr sind viel Sünde vergeben / Denn sie hat viel geliebet / Welchem aber wenig vergeben wird / der liebet wenig.« Im Wortlaut an Saras Formulierung erinnernd hat Goethe das Motiv 1797 verarbeitet: »Es freut sich die Gottheit der reuigen Sünder;/ Unsterbliche heben verlorene Kinder / Mit feurigen Armen zum Himmel empor.« (*Der Gott und die Bajadere*, Weimarer Ausgabe, Bd. 1, S. 230.)

525,7 *Eine gemeine Sage]* Eine allgemein bekannte Sage. Berühmtestes Beispiel: Das Wiederaufbrechen der Wunde des toten Siegfried, als Hagen (der Mörder) an seine Bahre tritt (Nibelungenlied, 17. Aventiure).

525,16 *Nun bin ich wieder ⟨...⟩ Mellefont]* Wiederaufnahme des ›Medea nunc sum‹-Motivs (Nun bin ich wieder ich selbst, Medea). Vgl. Anm. 464,7.

525,34 *dem Busen]* Verbessert aus »den Busen«. – 1772: dem Busen

526,3 f. *aber mich ⟨...⟩ strafen]* Vermutlich Anspielung auf die Selbstbestrafung des Judas in der Passionsgeschichte, Matth. 27,5: »Vnd er warff die Silberlinge in den Tempel / Hub sich dauon / gieng hin vnd erhenget sich selbs.«

526,5 *auf]* 1772: an

526,19 *unglücklicher als]* 1772: mehr unglücklich, als

526,30 *bürgerlichen Trauerspiels]* 1772: Trauerspiels

TONSINE

TEXTGRUNDLAGE UND ENTSTEHUNG

Karl Lessing erwähnt im *Theatralischen Nachlaß. Zweyter Theil*, Berlin 1786, S. XLVIII, nur den Titel; so auch LM 3, S. 495. Erstdruck (und Textvorlage unseres Abdrucks): Hans Butzmann, *Lessings bürgerliches Trauerspiel »Tonsine«. Betrachtungen zu einem bisher verschollenen Entwurf*, in: Jahrbuch des Freien Deutschen Hochstifts 1966, S. 109-118 (mit einem Faksimile der Handschrift). Abdruck in: H. B., *Kleine Schriften*, Graz 1973, S. 177-183 (Studien zur Bibliotheksgeschichte 1).

Die Datierung des Fragments ist ungewiß, die Gattung des »bürgerlichen Trauerspiels« macht jedoch die Nähe zur *Miß Sara Sampson* wahrscheinlich (mit der der Entwurf das Motiv der Frau teilt, die ihrem Liebhaber in die Fremde gefolgt ist). Nach Butzmanns Vermutungen schließt das Stück, das in einer großen Hafenstadt wie Venedig oder Lissabon spielen mag, von ferne an den Medea-Mythos an, vor allem aber an die Sagen-Überlieferung vom »Grafen von Gleichen« (vgl. Bd. II dieser Ausgabe, S. 550,12): Während eines Kreuzzuges rettet eine hochgestellte Sarazenentochter den in Thüringen verheirateten Helden aus der Gefangenschaft; dieser erwirkt zunächst päpstlichen Dispens und, heimgekehrt, auch die Einwilligung seiner Ehefrau zu einer glücklichen Doppelehe (vgl. Goethes *Stella*). Die Bemerkungen Tonsines deuten freilich auf ihren Tod, Folge womöglich einer Intrige der abergläubischen und grausamen Fürstin Bambora, die ihre Tochter wegen ihrer hochherzigen Einwilligung verfolgt.

Peter Kapitza, *Lessings »Tonsine«-Entwurf im Kontext europäischer Japonaiserien des 18. Jahrhunderts*, in: Doitsu bungaku 63 (Tokio 1979), S. 52-61, verweist vor allem auf den berühmten Japan-Reisenden (1690-92) Engelbert Kaempfer (1651-1716) aus Lemgo, der die Japan-Vorstellungen der Aufklärungszeit – u. a. von Voltaire, Diderot, später Claudius – wesentlich geprägt hat. Aus seiner seit 1727 in Europa bekannten *Geschichte und Beschreibung von Japan* wußte man von einer konfuzianischen Vernunftreligion und tugendhaftem Selbstmord der Japaner. Lessing bespricht am 28. 12. 1754 (S. 102-104 dieses Bandes) de Marsys (von Zachariae 1756 ins Deutsche übersetzte, vgl. S. 391 f.) *Histoire moderne des Chinois, des Japonnois, des Indiens 〈. . .〉,* Paris 1754, die in ihren einschlägigen Teilen wesentlich auf Kaempfer beruht.

Kapitzas Rekonstruktionsversuch ergibt die folgende Fabel: »Eine Nichtchristin, nach Landessitte von ihren Eltern verkauft und nun in einem durchaus üblichen Konkubinatsverhältnis oder einer ›Ehe auf Zeit‹ mit einem Ausländer gezwungen, entscheidet sich für diesen, auch als damit eine Vertreibung aus ihrem Heimatland verbunden ist, lebt eine Zeitlang mit ihm in Macao, der Marquis glaubt sie dort nicht allein zurücklassen zu dürfen, und Tonsine findet sich nun im ›christlichen‹ Portugal, für das 18. Jahrhundert ein dunkler, weil inquisitorisch-abergläubischer Fleck innerhalb der Landschaft aufgeklärter Nationen, der christlich angetrauten Ehefrau ›ihres‹ Marquis und vor allem deren ›abergläubisch-grausamer‹ Mutter gegenüber.« (S. 55.) Jedenfalls »ist Lessings *Tonsine* der erste Versuch der Aufklärung, Japanisches in der dramatischen Gattung zu thematisieren, um an der aus einem ganz anderen kulturellen Milieu kommenden Heldin umso eindringlicher die Liebe als Ausdruck einer rein menschlichen Beziehung einerseits, aber auch ihr Zerbrechen an der Starrheit gesellschaftlicher Vorurteile in jenem ›abergläubischen‹ Teil Europas andererseits hervortreten zu lassen« (S. 60 f.).

STELLENKOMMENTAR

527,5 *Tonsine]* Kapitza (S. 56, Anm. 11) erwägt die aus dem Japanischen ableitbare Namensbedeutung: »die den Weg des Gewissens, des Herzens geht«.

527,6 *Basadonna]* Name einer bedeutenden venezianischen Familie, Lessing womöglich aus Jöchers *Gelehrtenlexikon* bekannt (vgl. Bd. II dieser Ausgabe, S. 111 f. und 433-457).

527,8 *Fonseca]* Auch dieser Name (eines portug. Philosophen) bei Jöcher.

528,3 *Großmut]* Hier wohl noch in der Bedeutung ›hohe Gesinnung‹, die Tonsine offensichtlich in der Vorgeschichte bewiesen hat.

528,4 *Caressen]* Schmeicheleien.

528,15 *endlichen]* Endgültigen.

528,18 f. *Lehrsätzen]* Moralisch-religiösen Grundsätzen.

SCHLUSSREDE ZU EINEM TRAUERSPIELE

TEXTGRUNDLAGE

Erstdruck: Musen Almanach für 1780, hg. v. Johann Heinrich Voß und Leopold Friedrich Gabriel von Goeckingk, Hamburg 1779, S. 150-152. – LM 1, S. 273 f.

Der Anlaß des Epilogs, einer empfindsamen Dramentheorie in nuce, ist bisher unbekannt (vgl. Anm. 529,3).

STELLENKOMMENTAR

529,3 *1754]* So die einzig erhaltene Handschrift von Karl Gotthelf Lessing (Milde, S. 238). Stemplinger hat indessen (PO Erl., S. 49) festgestellt, keine der drei Ehefrauen des Breslauer Theaterdirektors Franz Schuch (1716-1764) komme 1754 als Sprecherin in Frage; Schuchs dritte Frau sei erst 1756 in Berlin aufgetreten. Die Verse müssen jedoch nicht zwingend für eine Berliner Aufführung geschrieben worden sein.

529,6 *Melpomene]* Muse der tragischen Dichtkunst.

529,7 *Mitleid]* Zentralbegriff von Lessings Trauerspiel-Konzeption.

529,13 *haben soll]* Die Identifikationsbereitschaft des Zuschauers als ethische Forderung.

529,14 *Schämt euch der Wehmut nicht]* Empfindsamkeit hat offenbar Widerstände zu überwinden und versteht sich nicht von selbst.

529,19 *Gottheit des Geschmacks]* Vielleicht Anspielung auf Voltaires Satire *Le temple du goût* (Der Tempel des Geschmacks, 1733).

529,23 *Heuchlergaben]* Verstellung, wie S. 529,6 »künstliches Betrügen« und S. 529,17 »Schein« und »Trug«.

AUS: THEATRALISCHE BIBLIOTHEK. ZWEITES STÜCK 1754 ⟨RICHTIG: 1755⟩

VII. VON DEN LATEINISCHEN TRAUERSPIELEN WELCHE UNTER DEM NAMEN DES SENECA BEKANNT SIND

TEXTGRUNDLAGE

Zu Erstdruck und Druckvorlage vgl. S. 1059-1061 dieses Bandes. Die Abhandlung eröffnet als laufende Nr. VII das Zweite Stück der ›Theatralischen Bibliothek‹ und füllt die Seiten 3-134. Ein weiterer vom Autor betreuter Abdruck liegt nicht vor. Handschriftliches ist nicht überliefert, falls man davon ausgeht, daß die unter dem Lemma ›Seneca's Tragödien‹ zusammengestellten Notizen aus dem sog. Philologischen Nachlaß, wie meist angenommen, ausschließlich aus der Breslauer Zeit stammen (vgl. ⟨Aus den Anmerkungen über alte Schriftsteller⟩, Bd. V/1 dieser Ausgabe, S. 464-466). – Kritische Ausgaben: LM 6, S. 167-242; Barner, *Produktive Rezeption*, S. 105-166. Kommentierte Ausgaben: PO 13, S. 162-231 und Erl., S. 537-542; G 4, S. 58-141 und S. 820-824; Barner, s. o., S. 11-100.

ENTSTEHUNG

Über Anlaß und Entstehung der großen Seneca-Abhandlung ist kaum etwas bekannt. Selbst der Abschluß ist nicht eindeutig zu bestimmen: Entweder fällt er in den Sommer oder Frühherbst des Jahres 1754 oder aber – falls die verspätete Auslieferung des Zweiten Stücks der ›Theatralischen Bibliothek‹ (vgl. S. 1061 dieses Bandes) mit der Seneca-Arbeit zusammenhing – in den Winter 1754/55. Hinsichtlich der Entstehung kann man wohl davon ausgehen, daß der Verfasser zum Zeitpunkt der Niederschrift auf mancherlei Notizen und Materialien zurückgreifen konnte, hatte er doch schon in der programmatischen »Vorrede« zu den ›Beiträgen zur Historie und Aufnahme des Theaters‹ (Oktober 1749), also als Zwanzigjähriger, die Absicht geäußert, aus der antiken Theaterwelt außer Aischylos, Sophokles und Euripides, außer Aristophanes, Plautus und Terenz auch den »tragischen Seneca« seinen Lesern vorzustellen. Dazu kam es damals nicht, weil Lessing aus Unwillen über seinen Mitherausgeber (Mylius) die ›Beiträge‹ einstellte, um seine »Bemühungen für das Theater in der Stille fortzusetzen« (S. 262 dieses Bandes). In dieser Stille dürfte auch die Seneca-Kenntnis ständig gewachsen sein; jedenfalls taucht der Name des Römers immer wieder in seinen Schriften auf. Im Dezember 1751 entdeckte er den französischen Seneca-Nachahmer Robert Garnier (Bd. II dieser Ausgabe, S. 304), im Oktober 1753 besprach er in der BPZ eine Seneca-Abhandlung des Voltaire-Gegners de la Beaumelle (ebd., S. 542 f.), und im Frühjahr 1754 zeigte er sich in den *Rettungen des Horaz* bestens vertraut mit dem philosophischen Werk des Römers (S. 165 f., 193 f. in diesem Band).

Mit dem Erscheinen des Traktats zur Ostermesse 1755 war das Interesse durchaus nicht aufgebraucht. Noch 1755 überredete Lessing den in Leipzig gewonnenen Freund Ewald Christian von Kleist, ein Seneca-Drama zu schreiben, was dieser denn auch mit großer Selbstüberwindung und mäßigem Erfolg tat. Substantielle Erwähnungen des Römers finden sich später im *Laokoon* (IV 3), im ›Philologischen Nachlaß‹ und in einem Brief an den Bruder Karl von 1773 (s. u.), weniger substantielle in den ›Literaturbriefen‹, in der *Hamburgischen Dramaturgie*, in *Wie die Alten den Tod gebildet*, in den ›Collectaneen‹ und in einigen anderen Schriften.

STRUKTUR UND GEHALT

Die Tragödien des Seneca waren kein Gegenstand, der Aufklärern hätte gefallen dürfen. Nichts an ihnen entsprach dem Geist der Zeit, weder ihr gelehrtes Pathos, das bekanntlich den Stil der Barocktragödie beeinflußt hatte, noch ihr illusionsloses Welt- und Menschenbild, das auf die von Leibniz und Shaftesbury geprägte Generation wie Hohn wirken mußte, und nicht einmal ihre stoische Codierung, mit der man eigentlich hätte sympathisieren können. Denn bekanntlich eignete der europäischen Aufklärung bis zu ihrer emotionalistischen Wende in den 40er Jahren selbst ein stoischer Grundzug, schien der Vernunftfortschritt doch vor allem von der Bändigung der Affekte abzuhängen. Was die Tragödie betraf, so konnte man sich diesbezüglich getrost den französischen Klassizisten anvertrauen, die einerseits den überladenen Stil und die mimetische Drastik à la Seneca verworfen hatten, andererseits aber am barocken Heldenideal des stoischen Märtyrers festhielten. Beides ließ sich, bei modifizierter Begründung, leicht in die neue Vernunftkultur einpassen, in der man sich denn auch gern auf Sokrates und Seneca als Märtyrer der Vernunft berief. In dieser Rechnung wird indes leicht vergessen, daß Senecas Helden und Heldinnen gar keine stoischen Charaktere sind, sondern deren genaues Gegenteil, nämlich Menschen, die das stoische Ideal der Mäßigung und Beständigkeit eklatant verfehlen. Einen Gryphiusschen Papinian oder einen Corneilleschen Polyeuct wird man bei Seneca vergeblich suchen. Stoisch ist an seinen Dramen nur der kathartische Effekt, also das, was sie bewirken oder lehren sollten. So gesehen hatte die klassizistische Tragödie mit der Senecas im Grunde nur die politische Folie gemeinsam: hier die Willkür der absolutistischen Herrschaft, dort die Willkür der neronischen Despotie. In fast allen anderen Belangen, die Ständeklausel und die aristotelische Lehre von den Einheiten ausgenommen, verhielten sie sich konträr. Vor allem in ihrer moralischen Wirkabsicht. Mit Senecas gemischten Charakteren, die an ihrer Unbeherrschtheit zugrunde gehen, konnte man durchaus Mitleid empfinden, für die hohen und unbeugsamen Charaktere der klassizistischen Helden blieb am Ende vor allem Bewunderung übrig. Gottsched lavierte klug, als er seinen Zorn auf die »schwülstige Schreibart« Lohensteins lenkte und deren Wurzeln in der silbernen Latinität eines Lukan und Seneca ortete (*Critische Dichtkunst*, S. 368 f.), jedoch den Lohensteinschen Heldentypus, der ebenfalls senecaische Züge trägt, überging. Als bedingungsloser Anhänger der klassizistischen Tragödie der Franzosen war er ja auf einen stoischen Heroismus ohne den stoischen Dramatiker Seneca verpflichtet.

An dieser Stelle setzte das Interesse Lessings ein, das man sich in der Forschung lange Zeit nur aus einer Art Widerspruchsreflex gegen Gottsched und Brumoy (in dessen *Théâtre des Grecs* sich eine ähnliche Seneca-Kritik findet) erklären konnte. Das ist, bedenkt man den unerwartet ›rettenden‹ Charakter der Schrift, sicher nicht ganz abweisbar. Doch der einzige und ganze Grund kann es nicht gewesen sein. Wer freilich nach dem Mehrwert sucht, steht zunächst nur vor Fragen. Warum hat Lessing die römischen Bearbeitungen vor den griechischen Originalen, also Seneca vor Sophokles (vgl. Bd. V/1 dieser Ausgabe, S. 231-373) abgehandelt? Wollte er wirklich alle zehn Stücke analysieren? Und wenn nicht: war die Wahl des Hercules furens und des Thyestes Zufall oder Absicht? Was veranlaßte ihn, den verhaßten Stoizismus der Franzosen mit dem stoischen Konzept Senecas zu konfrontieren und deren Theater der Dezenz mit dessen Theater der Grausamkeit? Und wie verhielt sich das Interesse für den Römer zur fast gleichzeitig entstandenen Sara und seiner Vision einer mitleidsfähigen Bürgergesellschaft?

Die umfangreiche neuere Lessing-Forschung zum ›Briefwechsel‹ und zum bürgerlichen Trauerspiel hat den Seneca-Traktat so gut wie außer acht gelassen, die ältere Forschung hat ihn beargwöhnt und gern durch das abschätzige Seneca-

Urteil aus dem *Laokoon* ersetzt (vgl. Bd. V/2 dieser Ausgabe, S. 21 und 45). Erst die Abhandlungen von Barner und Riedel haben eine grundsätzliche Revision eingeleitet. Barners Buch (*Produktive Rezeption. Lessing und die Tragödien Senecas*, 1973) eröffnet einen selten konkreten Einblick in Lessings kritisch auswählende und anverwandelnde Lektüre, die schon insofern mit Seneca korrespondiert, als sie dessen autonome Anverwandlung der attischen Tragödie quasi im eigenen Verfahren fortschreibt und damit die humanistische Imitatio-Tradition an die Originalitätsepoche anpaßt. Dazu gehört auch, daß Seneca bei Lessing als unabhängiger Geist, ja als Genie seiner Epoche figuriert. Barners Verdienst liegt vor allem darin, daß er die punktuellen Bluttransfusionen vom Fremden ins Eigene, die Lessing vorgenommen hat, an einer Reihe von Beispielen nachweist. Danach ist nicht nur der *Philotas* (1759) essentiell vom Seneca-Traktat her gedacht, es gehen auch deutliche Linien zu *Miß Sara Sampson* (1755) und selbst noch zu *Emilia Galotti* (1772). Zwar gibt es, da Lessing nun einmal die senecaischen Tragödien als authentischen und unwiederholbaren Kunstausdruck der römischen Kaiserzeit auffaßt, keine Affinität im Ganzen, wohl aber im Detail. Zweifellos ist diese Auffassung vom Lesen als historische und ethnische Heuristik schon in der Plautus-Abhandlung von 1750 präsent und in der Vorrede zu den ›Beiträgen‹ (1749) auch hinreichend klar entwickelt (s. Bd. I dieser Ausgabe, S. 725-729), doch weist Barner zu Recht darauf hin, daß Seneca, anders als Plautus, kaum mehr im Bildungskanon der Zeit verankert ist und deshalb anderen Rezeptionsbedingungen unterliegt: »›Aufklärendes‹, ›rettendes‹ Erschließen, produktives Aneignen und agonales ›Modernisieren‹: diese Dreiheit bestimmt Lessings Verhältnis zu Seneca von Anfang an« (Barner, S. 93).

Vom Fehlen dichterischer Nähe bei gleichzeitiger Rettungsbereitschaft geht auch Riedel aus (*Lessing und die römische Literatur*, 1976, Kap. »Seneca«). Insgesamt argumentiert er aber sehr viel vorsichtiger und versucht, den Traktat einer noch währenden Klassizismusverbundenheit Lessings unmittelbar vor der Wendung zum bürgerlichen Trauerspiel zuzuschlagen. Auch dafür gibt es gute Gründe. Dem aufmerksamen Leser kann schwerlich entgehen, wie nachdrücklich Lessing im Traktat auf der Erfüllung der drei dramatischen Einheiten besteht und wie obstinat er sich über die Wiederkehr der illusionszerstörenden gelehrten Beschreibungsexkurse und des moralisierenden Leerlaufs der Chorpartien entrüstet. Es gibt also, wie Riedel zeigen kann, Grenzen der historischen Einfühlung für Lessing, so sehr er sich auch um diese bemüht. Weniger überzeugend scheint hingegen Riedels Versuch, eine ›Rettung‹ innerhalb der ›Rettung‹, nämlich des Euripides gegen den Seneca, in den Text hineinzulesen. Zwar wird man mit ihm vermuten dürfen, daß der stadtbürgerliche Grieche dem ästhetischen Wollen Lessings letztlich näher stand als der imperiale Römer, so sehr dieser auch dem dissidentischen Lebensgefühl der meisten Aufklärer entsprechen mochte. Doch ebenso deutlich geht aus dem Traktat hervor, daß Abwägungen dieser Art für Lessing hier nicht zur Debatte standen, selbst da, wo er die beiden Autoren formal gegeneinanderhält. In seinen ›rettenden‹ Texten agierte Lessing stets als Anwalt, d. h. ganz im Interesse des besonderen Falls, den zu prüfen und zu vertreten er sich vorgenommen hatte.

Aus Barners Rekonstruktion und Riedels Skepsis ergibt sich ein gemischtes Seneca-Bild, das in der Argumentationsstruktur des Traktats durchaus seine Entsprechung hat. Es geht um die Lessingsche Doppelfrage: Was an Senecas Dramatik bleibt als historisches Akzidens unserer Vernunft unzugänglich oder befremdlich, und was kann ihr als transhistorischer Erfahrungs- und Reizwert weiterhelfen? Das erstere bestimmt die kritische, das letztere die ›rettende‹ Annäherung, wobei im Grunde nur diese dem Autor wirklich wichtig war. Was freilich konnte an einer theatralischen Hinterlassenschaft wie der Senecas für den jungen Lessing wirklich wichtig sein? Vergegenwärtigt man sich Barners Nachweise, dann stößt man zunächst auf Aspekte der Normabweichung: den Verzicht auf explizite Moraldidaxe (damit konnte man Gottsched treffen), die visuelle Teil-Freigabe grausamer Handlungen (damit konnte man der klassizistischen Zensur begegnen), die Frage des Kinderdialogs (damit konnte man das Rührtheater beleben) oder die Betonung der Hamartia, der Unzulänglichkeit des Helden (die über den Heroismus-Begriff entschied). Aus jedem dieser Punkte hat Lessing früher oder später Konsequenzen gezogen, ohne sich jemals in Abhängigkeit zu begeben. Doch der eigentliche Punkt des Interesses lag anderswo. Vorbereitet durch Mendelssohns Philosophie der Empfindungen und einschlägige Diskussionen im Berliner Freundeskreis, hat Lessing die Tragödien zweifellos als Schule der theatralischen Leidenschaften gelesen. Senecas Kunst der Affektmodellierung und -kontrastierung hat ihn jedenfalls tief beeindruckt, nicht zuletzt durch ihre Vielfalt: »Das Zornige, das Klagende, das Stolze, das Erfreute, das Rasende, das Zärtliche, das Gesetzte, das Freundschaftliche«, wie er bewundernd resümiert (S. 560,4-6). Daß Lessing in dieser Aufzählung das Mitleid übergeht – kommentarlos, wohlgemerkt –, dürfte einiges bedeuten. Dafür zeigt er um so offener, wie sehr ihn das Phänomen der Raserei fasziniert, jener Umschlags- und Grenzaffekt, der bei Seneca in der Regel ja nicht den Antagonisten (wie im Barocktrauerspiel), sondern den Protagonisten überfällt. Die Frage, wie sich Selbstverlust und Humanität zueinander verhalten, hat Lessing von da an nicht mehr in Ruhe gelassen. Er hat sie an Philotas und Tellheim, an Marwood und Orsina durchgespielt, jedes Mal anders, aber jedes Mal als Erfahrung normalen Menschseins.

Das verschwiegene Mitleidsproblem deutet an, daß die Seneca-Rettung einen Subtext ungelöster Fragen mittransportiert, Fragen, zu denen mit Sicherheit die nach der emotionalen Belastbarkeit des Publikums gehört. Mußte, was Seneca wie selbstverständlich den Zuschauern zumutete, nicht jederzeit gelten? Oder war das Theater nicht der Ort, die nackte Wahrheit zu zeigen? Ganz sicher scheint sich der Dubos-Leser Lessing (vgl. S. 1366 f.) diesbezüglich nicht gewesen zu sein. Zwar rechtfertigt er im Traktat die mimetische Grausamkeit Senecas mit dem durch Gladiatorenspiele verderbten Geschmack seiner Zeit, doch gehörte er wenig später selbst zu den ersten, die wider den Stachel des klassizistischen Dezenz-Gebots löckten und den Tod unverhüllt auf die Bühne brachten (was Seneca im übrigen vermied). Wollte er Seneca überbieten oder korrigieren? Offensichtlich das letztere. Denn Lessing knüpfte das Sterben auf der Bühne an Bedingungen (vgl. Meyer-Kalkus, *Sterbeszenen*), die aus seinem Mitleidskonzept abgeleitet waren. Danach können Sterbeszenen, die das versöhnliche Weltbild der Theodizee nicht widerlegen, d. h. solche, in denen der Betroffene sein Schicksal bewußt annimmt oder sogar im Sühnetod selbst vollzieht, die Erregung des Mitleids im Grunde nur steigern, während der grausame Tod völlig Unschuldiger, besonders von Frauen und Kindern, bei dem das Mitleid dem Entsetzen weicht und alle Zuversicht schwindet, als Mittel der Moralisierung versagt. Ansätze dieser Kritik finden sich schon im ›Briefwechsel über das Trauerspiel‹ und im *Laokoon*. Den Anlaß, sie essentiell zu formulieren, fand Lessing wesentlich später, als eine neue Generation das Theater der Grausamkeit, das ihm bei Seneca hinnehmbar schien, ins eigene Jahrhundert übertrug. Zu seinem Einspruch gegen die Horroreffekte in Gerstenbergs *Ugolino* (1767) und Weißes *Richard III.* (1765) vgl. den Briefwechsel mit Gerstenberg, Bd. XI/1 dieser Ausgabe, S. 503-507 und S. 515-519, sowie die Weiße-Kritik im 79. Stück der *Hamburgischen Dramaturgie*, Bd. VI dieser Ausgabe, S. 575-580.

ZEUGNISSE ZUR WIRKUNG

Nr. 1
Rezension aus: ›Staats- und Gelehrte Zeitung des Hamburgischen unpartheyischen Correspondenten‹, 17. 6. 1755 (zit. nach Braun 1, S. 61 f.):

Bey eben demselben Verleger ⟨Voss⟩ ist allhier von Gotth. Ephr. Leßings theatralischer Bibliothek das zweyte Stück auf 18 Bogen in 8. herausgekommen. Zuerst wird einige Nachricht von den lateinischen Tragödien, die unter des Seneca Namen bekannt sind, gegeben, und zwar hier besonders vom rasenden Hercules und vom Thyest. Es werden ausführliche Auszüge und Uebersetzungen mitgetheilet, worauf eine Beurtheilung des Stückes, und eine Nachricht von andern, die eben den Gegenstand haben, nebst verschiedenen dergleichen Anmerkungen, beygebracht. So wird bey dem rasenden Hercules des Euripides Tragödie gleichen Inhaltes dagegen gehalten, der römische Dichter gegen des P. Brümoi Vorwürfe vertheidiget, eine Stelle dieser Tragödie, wo die Namen der Personen in Unordnung gekommen sind, wieder zur Richtigkeit gebracht, und zuletzt gewiesen, wie ein heutiger Dichter diesen Gegenstand auf die Schaubühne bringen könnte. Eben so wird mit dem Thyest verfahren, und aus der Aehnlichkeit verschiedener Gedanken einerley Mißbräuche der Stärke im Schildern, u. s. f. dargethan, daß beyde Trauerspiele einerley Verfasser zugehören. Man kann sich bei Durchlesung dieser Nachrichten nicht enthalten, eine Einsicht des Grotius zu parodieren. Ein gelehrter Dichter liest die Alten anders, als ein geschmackloser Gelehrter. ⟨. . .⟩.

Nr. 2
Rezension aus: ›Göttingische Anzeigen von Gelehrten Sachen‹, 11. 9. 1755 (zit. nach Braun 1, S. 62-64):

Von Herrn Leßings theatralischer Bibliothek erhalten wir das zweite Stück auf 284 Octav-Seiten, so noch im vorigen Jahr gedruckt ist. Zuerst findet man auf 134 Seiten eine Probe und Beurtheilung der lateinischen Trauer-Spiele, die unter dem Namen des Seneca bekannt sind: so doch dieses mahl nur auf den rasenden Herkules, und den Thyest gehet. Von jenen macht Herr L. einen Auszug, so wie ihn auch ein ungelehrter Leser, der gern vom Geschmack der Römer urtheilen wollte, verstehen und empfinden kann: urtheilt darauf selbst, vergleicht den rasenden Herkules des Seneca mit des Euripides seinem unpartheyisch, findet bey dem Römer einige Ausbesserungen der Fehler seines Uhrbildes, dabey aber mehr unnöthige Erzählungen, zu viel Schwulst, und den Affect gekünstelt, oder, wie er es nennet, den Mangel der Empfindungen durch Witz ersetzt, bey dem allen aber gar merckliche Schönheiten. Er zeigt, daß Brümoy dem Römer Unrecht gethan; und entkleidet einigen Spott des Frantzosen so, daß er barmhertzig und betrüglich aussiehet. Er thut darauf unsern Dichtern Vorschläge, wie sie durch Hülfe des Griechen und Römers einen neuen und vollkommenen Herkules schreiben könnten: schlägt Veränderungen vor, durch die er sich auch auf unsere Bühne schicken würde: und ob er gleich nicht vor nothwendig hält, daß jedes tragische Stück eine eintzige besondere Sittenlehre enthalte, so thut er doch noch einen sehr artigen Vorschlag, wie statt der übeln Moral, die billig das Theater nie beschämen muß, und doch im rasenden Herkules liegt, eine bessere hinein gebracht, und der aufgeblasene Sieger darin bestraft werden könnte. Den Beschluß macht eine mehr critische Abhandlung über V. 1295-1310 dieses Trauerspiels, die er durch Versetzung der in Unordnung gebrachten Personen verständlicher zu machen sucht. Sie ist uns wahrscheinlich, nur wollten wir gern die Worte, hoc en peremtus spiculo cecidit puer! noch dem Herkules geben: darauf hoc Juno telum manibus emisit tuis, eine sehr geschickte und dem Schmertz des Herkules widersprechende Antwort wäre. Ohngefähr auf gleiche Weise verfährt Herr L. auch mit den Thyest: nur daß er hier noch eine Untersuchung von dessen Verfasser anstellet, und aus Redens-Arten, Gedancken, Schönheiten und Fehlern erweiset, daß gewiß beide in allen diesen Stükken so ähnliche Trauer-Spiele von einer und eben derselben Hand gemacht sind. Die Vergleichung wird hier mit dem Thyest des Crebillon angestellet. Wenn man sie lieset, scheint bey allen Fehlern des Römers, der Römer doch mehr

Schönheiten zu behalten als der Frantzose, der noch über das mit der Geographie eben so frey um gehet, als er mit der Historie zu thun Erlaubniß hat. Liest man die Auszüge beider Trauer-Spiele bald nach einander, so bleibet einer, der das Grausame gar nicht liebet, bey des Crebillons seinem Atreus doch noch ungerührt, weil ihn vorhin der Atreus des Seneca zu starck gerühret hatte. Mit der S. 37. angebrachten critischen Verbesserung sind wir nicht einig: wenn man in den Worten

> Ferrumque gemina caede perfusum tenens,
> Oblitus in quem rueret, infesta manu
> Exigit ultra corpus,

bey exigit den Accusativum ferrum verstehet, so ist der Sinn gantz leicht. Ferrum exigit ultra corpus heißt, er durchstach ihn, so daß der Degen auf der andern Seite zum Leibe herausging. Herr L. will lesen, infestam manum, und meint, exigere manum sey, zum Stoß ausholen. Hierauf folget des Riccoboni Geschichte der Italiänischen Schaubühne. ⟨. . .⟩ Wenn Herr L. in der Auswahl dessen, was er in seiner theatralischen Bibliothek von eignen und fremden Arbeiten mittheilet, auf diese Weise fortfährt, (und hieran zu zweifeln haben wir nicht die geringste Ursach) so wird sie nicht blos den Liebhabern der Schaubühne, sondern überhaupt denen, so sich um den guten Geschmack, und um die Ueberbleibsel des Griechischen und Römischen Witzes bekümmern, lesenswürdig seyn.

STELLENKOMMENTAR

530,7 *Seneca]* Lucius Annaeus Seneca der Jüngere (ca. 4 v. Chr. - 65 n. Chr.), in Spanien (Cordoba) geboren, in Rom erzogen und zum Rhetoriker ausgebildet; wurde Anwalt, Quästor und Senator und erweckte durch sein öffentliches Ansehen das Mißtrauen der Kaiser Caligula und Claudius. Unter dem ersteren beinahe hingerichtet, unter dem letzteren von 41 bis 49 n. Chr. nach Korsika verbannt. Von

Agrippina zum Erzieher ihres Sohnes Nero berufen. Nach Neros Thronbesteigung (54) dessen politischer Berater. Im Jahr 64 Rücktritt von seinen politischen Ämtern, weil er die Willkürherrschaft des Kaisers nicht weiter mittragen wollte. 65 in die mißlungene Verschwörung des Piso verwickelt und zum Selbstmord gezwungen (von Tacitus in den *Annalen* 15,64 beschrieben). Er hinterließ ein umfängliches und vielgestaltiges, überwiegend philosophisches Werk. Wichtigster Vertreter des röm. Stoizismus, den er unsystematisch und in Form einer pragmatischen Moraldidaxe betrieb. Glänzender Stilist. Schrieb zehn Tragödien, neun davon nach griech. Vorlagen, sowie vermutlich eine politische Satire auf Kaiser Claudius: *Apocolocyntosis* (Die Erhebung zum Kürbis).

530,8 f. *Überreste ⟨...⟩ Römer]* In der Tat spielt die Tragödie in der röm. Literatur eine bescheidene Rolle. Von den wenigen gräzisierenden Autoren der Frühzeit, die von den Geschichtsschreibern genannt werden (Livius Andronicus, Naevius, Ennius, Pacuvius, Accius), ist nichts erhalten. Dasselbe gilt für die von Quintilian gelobten Stücke des Ovid (*Medea*) und Varius Rufus (*Thyestes*) aus der Kaiserzeit. Senecas Tragödienproduktion ist somit das einzige größere Textkorpus, das überdauerte.

530,10 *unter ⟨...⟩ gelesen]* Unter den humanistischen Philologen (Justus Lipsius, Daniel Heinsius u. a.) galt die Zuschreibung der Stücke an den Philosophen Seneca als umstritten. In der Regel ging man von mehreren Verfassern aus. Besonders lang hielt sich die These von der Unechtheit der *Octavia*, des einzigen Stücks mit einem Sujet aus der röm. Geschichte (vgl. *Der Kleine Pauly* 5, Sp. 113). Die neueste Forschung neigt dazu, alle zehn Stücke als senecaisch anzuerkennen.

530,13 f. *historischkritische]* Die Entstehung, Überlieferung, Authentizität und Rezeption eines Textes betreffend. – Über die vor allem im 16. und 17. Jh. bedeutende Einflußgeschichte der Stücke vgl. Barner, *Produktive Rezeption*, S. 11-15, sowie Paul Stachel, *Seneca und das deutsche Renaissancedrama. Studien zur Literatur- und Stilgeschichte des 16. und 17. Jahrhunderts*, Berlin 1907.

530,24 *Einrichtung]* Hier: Aufbau.

530,29 f. *folgende Überschriften]* Lessings Titel-Reihung folgt der vielleicht ursprünglicheren A-Überlieferung, während die heute maßgebliche kritische Ausgabe von Friedrich Leo, *Tragoediae*, 2 Bde., Berlin 1878/79, sich am Codex E (Etruscus) orientiert. Nach dieser richtet sich die heute einzig verfügbare lat.-dt. Ausgabe: *Sämtliche Werke*, ed. Thomann (1961), fortan zitiert als: Thomann.

531,5 *Herkules]* Griech. Herakles. Sohn des Zeus und der Alkmene (Gemahlin des Amphithryon); der berühmteste unter den griech. Heroen (Halbgöttern). Seinem Profil als ›Universalhelfer‹ verdankt er die mythische Zuordnung von zwölf kanonischen sowie zahlreichen Neben-›Arbeiten‹, die meisten davon im Dienste des Gemeinwohls. Allerdings ist er nicht nur übermenschlicher Wohltäter, sondern, von menschlichen Schwächen nicht frei (vor allem Gefräßigkeit, Zorn und Wollust), auch begabter Abenteurer und Liebhaber. Sein tragischer Tod (Nessushemd) führt zu seiner Entrückung auf den Olymp und zur Versöhnung mit Juno, seiner lebenslangen Feindin und Verfolgerin.

531,16 *Hölle]* Gemeint ist der Tartaros/Tartarus, jener Bereich der antiken Unterwelt, in dem die Bösen für ihre Taten büßen.

531,20 *Furien]* Röm. Entsprechung der griech. Erinyen: Rachegöttinnen.

531,25 *die Scene]* Hier: das Schauspiel.

532,1 f. *Schwester des Donnergotts]* Juno/Hera war nicht nur die Gattin des Zeus/Jupiter, sondern, als Tochter des Kronos und der Rhea, auch dessen Schwester.

532,3 *ätherischen Wohnungen]* *Hercules furens*, v. 5: »templa summi ⟨...⟩ aetheris« (»die Tempel des höchsten Äthers«): der Olymp.

532,7-15 *Callisto ⟨...⟩ Mädchens]* Juno ruft zunächst die Sternbilder auf, die an die erotischen Schandtaten des Zeus erinnern: Kallisto, die Tochter des Lykaon und Mutter des Arkas, von Zeus in den »Großen Bären« verwandelt; den Stier (»der schwimmende Träger«), in dessen Gestalt Zeus

Europa entführte; die sieben Pleiaden (»des Atlas schweifende Töchter«), von denen drei durch Zeus geschwängert wurden; Orion, den Riesen und Jäger, laut Pindar von Zeus, Poseidon und Hermes gemeinsam erzeugt; Perseus, Sohn des Zeus und der Danae; Kastor und Pollux (»Zwillinge«), von denen der unsterbliche Pollux (Polydeukes) als Sohn des Zeus galt. Die Beziehung Ariadnes (des »Cnoßischen Mädchens«) zu Zeus konnte nicht ermittelt werden.

532,17 *Thebens ruchlose Dirnen]* Von den thebanischen Geliebten des Zeus nennt Juno nur Alkmene namentlich. In Frage kommen noch Semele, die Mutter des Dionysos, und Antiope, die Mutter des Amphion und des Zethos (vgl. Fitch, *Seneca's Hercules Furens*).

532,19 f. *ihr Sohn 〈...〉 einbüßte]* In der betrügerischen Liebesnacht mit Alkmene, in der Herakles gezeugt wurde, hatte Zeus die Nacht auf die dreifache Zeit verlängert.

532,21 *Phöbus 〈...〉 Meere]* Griech. Phoibos (»der Leuchtende«), Beiname des Sonnengotts Apoll; »Eoisch«, nach der griech. Göttin der Morgenröte, Eos.

532,29 *Haß 〈...〉 Lob]* Paradoxerweise bedeutet der Name Herakles aller Wahrscheinlichkeit nach »Ruhm der Hera« (was hier allerdings, zumindest vordergründig, nicht gemeint ist).

532,30 *härtere 〈...〉 auflege]* Viele der Heldentaten des Herakles wurden durch Juno veranlaßt, in der Hoffnung, ihn dadurch zu vernichten.

532,35-533,1 *Pforten 〈...〉 Schau]* Herakles gehört neben Orpheus, Theseus und Aeneas zu den wenigen, die als Lebende in die Unterwelt eindrangen und ihr wieder entkamen. Er überwältigte bei seinem Besuch den Höllenhund Cerberus, führte ihn gefangen durch Griechenland und schickte ihn danach zurück.

533,6 *obern Reichs]* Des Himmels, der Götterwelt.

533,8 *auf langsamen Wegen]* Der Bezug dieser Stelle ist dunkel. Auch Fitch, *Seneca's Hercules Furens*, kann ihn nicht erhellen. Thomann übersetzt die Stelle: »Und nicht wird er zu den Gestirnen gelangen wie Bacchus auf friedlichem

Wege« (v. 66). Der Tod des Bacchus/Dionysos wird allerdings nicht weniger grausam dargestellt als der des Hercules.

533,12 *falle ihn an]* Das Außersichsein der Juno als Vordeutung auf den Wahnsinn des Herakles.

533,17 *Eumeniden]* (Griech.) »Die Wohlgesinnten«. Euphemistischer Beiname der Erinyen/Furien.

533,21 *Styx]* Einer der Unterweltsflüsse.

533,29 f. *Dienerinnen des Pluto]* Griech. Pluton, anderer Name des Unterweltgottes Hades. Seine Dienerinnen sind die Erinyen.

534,3 *gewissen Senne]* Gemeint ist: die zielgewisse (lat. certo) Sehne des Bogens. Die Form ›Senne‹ für ›Sehne‹ begegnet noch im ganzen 18. Jh., vgl. Grimms DWb 16, Sp. 600.

534,16 f. *unerbittlichen Schwestern]* Die Moiren oder Parzen als Schicksalsgöttinnen, die man sich seit Homer als Spinnerinnen vorstellt.

534,25 f. *zerstreuten Haaren]* Im lat. Text »crine soluto« (»mit aufgelöstem Haar«).

534,27 *Er macht]* Gemeint ist der Chor.

534,31 *Sie klagt]* In der von Lessing benutzten Ausgabe beginnt der Handlungsteil des Dramas (2. Akt) mit einer langen Rede der Megara (v. 205-308). In modernen Ausgaben ist der gleichlautende Text auf Amphitryon (v. 205-278) und Megara (v. 279-308) aufgeteilt.

535,1 f. *Sie fängt ⟨...⟩ an]* Die referierte Passage wird in der Ausgabe von Thomann nicht von Megara, der Gattin des Herakles, sondern von Amphitryon gesprochen.

535,4 f. *bis auf]* Bis hin auf.

535,5 *Stall des Augias]* Sechste der berühmten ›Arbeiten‹, wobei Herakles, um die verwahrlosten Ställe des Augias in einem Tag zu sanieren, den Fluß Alpheios durch diese hindurchleitete.

535,6 f. *Er muß ⟨...⟩ entbehren]* Wegen seiner Reise in die Unterwelt.

535,18 *Verbannten]* Lycus, der während Herakles' Abwesenheit den thebanischen König Kreon ermordet und die Herrschaft usurpiert hat, war aus Euboea verbannt.

535,21 *abwesend dienen*] Herakles stand zwölf Jahre im Dienst des Königs Eurystheus.

535,26 *Erscheine denn*] Damit beginnt in der modernen Edition (sinnvollerweise) die Rede der Megara.

535,30 f. *den Ossa ⟨...⟩ führtest*] Gemeint ist Tempe, das Durchbruchstal des Peneios zwischen Ossa und Olymp, dessen Entstehung in der Antike in der Regel auf ein Erdbeben zurückgeführt wurde. Seneca macht sie zu einer Tat des Herakles.

536,19 f. *durch den ⟨...⟩ Sandwogen*] Fitch, *Seneca's Hercules Furens*, S. 212, sieht in der Stelle die für Seneca typische Anspielung auf eine besonders apokryphe Überlieferung: den Schiffbruch des Herakles an der afrikanischen Küste nebst anschließender Wüstenwanderung.

536,24 *bloß stellen*] Aussetzen.

536,37 *Staatsgriff*] Politische List.

537,33 f. *Agave ⟨...⟩ Cadmus*] Die von Lessing genannten Namen spricht Megara, den des Kadmos ausgenommen, nicht aus; sie deutet bloß deren Schicksale an. Nicht verifiziert hat Lessing den Krieg zwischen den Brüdern Eteokles und Polyneikes.

538,20 *Unfall*] Unglück.

538,25 *Alcides*] Griech. Alkides, Beiname des Herakles nach seinem Großvater Alkaios.

538,33 f. *den Himmel getragen*] Auf der Suche nach den Äpfeln der Hesperiden (11. Arbeit) traf Herakles auf Atlas und bot ihm an, für ihn so lange den Himmel zu tragen, bis Atlas die Äpfel aus dem nahe gelegenen Garten geholt hätte.

539,7 *einen Knecht*] Erneute Anspielung auf Herakles' Dienstbarkeit unter Eurystheus.

539,16 *kurzen Gegenreden*] Gemeint sind die bei Seneca häufig verwandten Zeilendialoge (Stichomythien); hier v. 422-438.

539,19 *den alten Amphitryo*] Amphitryon, der Stiefvater des Herakles, war der Leidtragende beim betrügerischen Ehebruch mit dessen Frau Alkmene.

539,20 *wahren Vater*] Zeus.

539,26 f. *Das sterbliche ⟨...⟩ fähig]* Seit Hesiods *Theogonie* (um 700 v. Chr.) ist für die griech. Religion das Gegenteil bezeugt.

539,33 *Exempel des Apollo]* Apoll wurde von den Göttern gezwungen, die Herden des Admet zu weiden. Seneca nennt im übrigen keinen der beiden Namen, sondern nur die eponymischen Herkunftsbezeichnungen (Delius, Pheraeus).

539,34 *herumirrenden Insel]* Nach der Sage, daß Delos, die Heimat des Apoll, bis zu dessen Geburt eine auf dem Meer treibende Insel gewesen und erst danach von der dankbaren Mutter befestigt worden sei.

539,35 *ersten Drachen]* Apolls erste Tat war die Vernichtung der Schlange Python, die Delphi beherrschte.

539,36 *Beispiel des Bacchus]* Senecas dialogischer Vergleich der Herakles- und der Bacchus-Geburt (v. 456-462) ist in seiner Hermetik nur sensiblen Kennern des Mythos (wie Lessing) zugänglich.

540,4 f. *Abenteuers mit der Omphale]* Wegen des Mordes an Iphitos wurde Herakles auf göttlichen Befehl für ein Jahr lang als Sklave an die lydische Königin Omphale verkauft. Während er in Frauenkleidung am Spinnrocken arbeitete, trug Omphale Löwenfell und Keule.

540,9 *Thyrsus]* Stab mit einem Pinienzapfen, Bändern und Weinranken, der als Abzeichen des Dionysos gilt.

540,14 *Haus des Thespius]* Als Gast des Thespius, in dessen Auftrag er einen Löwen getötet hatte, konnte Herakles jede Nacht mit einer von dessen fünfzig Töchtern verbringen.

540,20 *Eryx ⟨...⟩ Geryon]* Vier Unholde, die Herakles im Zweikampf tötete.

540,32 *vel ⟨...⟩ feram]* »So werde ich auch von einer Vergewaltigten adlige Nachkommen gewinnen« (Übers. Thomann, v. 494).

540,34 *Zahl der Danaiden]* Die fünfzig Töchter des Danaos sollten die fünfzig Söhne ihres Onkels heiraten, um sie freilich, nach Wunsch des Vaters, in der Hochzeitsnacht zu ermorden. Der Plan gelang. Lediglich der von Hypermestra, der ältesten Tochter des Danaos, gewarnte Lynkeus entkam. Diese Lücke verspricht Senecas Megara zu schließen.

541,7 *Schutzorte*] Der Tempel als heiliger Ort (sacrum) bot Flüchtigen zunächst Schutz.

541,13 *Neptunus*] Ursprünglich italischer Wassergott, der unter griech. Einfluß (Poseidon) zum Meergott avancierte. Lycus spricht nur vom »Herrscher der Meere« (»regentem maria«, v. 515).

541,17 f. *brillet*] Brüllet. Die Form ›brillen‹ in Grimms DWb nicht nachgewiesen. Vielleicht Druckfehler oder sächs. Lautung.

541,22 *Apostrophe*] Rhetorische Figur: Anrede einer abwesenden Person oder Sache.

541,30 *unerbittlichen Richter*] Hades, von Orpheus' Saitenspiel gerührt, gestattete diesem, seine gestorbene Gattin Eurydike aus der Unterwelt herauszuführen, allerdings unter der Bedingung, daß er sich auf dem Wege nicht nach ihr umsähe. Die Sache mißlang.

542,3-6 *dritten Aufzug ‹...› gekommen*] Das antike Drama kennt keine Akteinteilungen im modernen Sinn, lediglich die Einschnitte der Chorlieder.

542,13 *visus ‹...› tege*] »Decke das Gesicht mit dem vorgehaltenen Blitz« (v. 598).

542,19 f. *der Finsternis*] Korrektur aus: »und der Finsternis«. Das »und«, das weder von der Satzkonstruktion noch vom lat. Text her vertretbar ist, muß Setzfehler sein.

543,3 *Theseus*] Theseus, der Freund, Nacheiferer und Kampfgenosse des Herakles, hatte gemeinsam mit Peirithoos den Plan gefaßt, Persephone aus der Unterwelt zu entführen. Das Vorhaben ging fehl, und Theseus mußte, unter Zurücklassung des Peirithoos, von Herakles selbst befreit werden. Sein Angebot, dem Herakles die Bestrafung des Lykos abzunehmen, ist also auch eine Dankesgeste.

543,13 *aufzuheutern*] Aufzuheitern. Seltene Lautungsvariante, die dem Kommentator nur in dieser Verbform begegnet ist. Der einzige in Grimms DWb 1, Sp. 668, genannte Beleg ist der hier lemmatisierte. ›Heiter‹ und ›erheitern‹ erscheinen auch bei Lessing sonst in der Normallautung.

543,35 *Fuhrmann*] Eigentlich: Fährmann. Der Unterweltsfährmann Charon hatte die Aufgabe, die nach dem Ritus begrabenen Toten für ein Entgelt (Obolos) über den Styx zu setzen.

544,7 f. *letheische Flut]* Lethe, der Fluß der Gleichgültigkeit und des Vergessens, ist einer der fünf Unterweltsströme. Die im Grunde widersinnige Kontamination von Styx und Lethe, auf die sich Lessing hier einläßt, ist bei Seneca vorgebildet (v. 777).

544,9 *geizigen Pluto]* Griech. Pluton, der Reichtumspender (ursprünglich bei der Ernte, d. h. aus dem Erdreich). Anderer Name des Hades.

544,9 *Stygische Hund]* Kerberos/Cerberus.

544,14 *des Donnergottes]* Des Zeus.

544,16 *die Schlangen]* Die drei Köpfe des Cerberus waren schlangenbedeckt.

544,19 *cleonäischen Raub]* In dem zur Stadt Kleonai gehörigen Nemea erbeutete Herakles sein berühmtes Löwenfell (1. Arbeit), indem er den unverwundbaren Nemeischen Löwen erdrosselte. Seneca wählt, wie gewohnt, das ausgefallenere Epitheton.

544,25 *abfolgen]* Ausfolgen, aushändigen, übergeben.

544,27 *sträuchelt]* Streichelt.

544,28 *diamantenen Ketten]* Lat. Wortlaut: »adamante textu« (v. 808). Thomann übersetzt zweifellos richtiger: »mit geflochtenem Stahl«, obwohl griech. adamas »Stahl, Eisenbande« auch die Härte des Diamanten bezeichnen kann.

544,31 *Tänarus]* Griech. Tainaron, der bekannteste Hades-Eingang, an der Südspitze der Peloponnes gelegen.

545,5 *Sub ⟨...⟩ umbra]* »Dann verbarg er unter Herkules' Schatten das Haupt« (v. 826 f., Übers. Thomann).

545,16 *Blümchen]* Von lat. flos, flores »Blume(n)«, metaphorisch: Redeschmuck. Hier: Floskeln.

545,21 *Kinder der Juno]* Vgl. v. 907 f.: »und wer immer, Bruder mir, den Himmel bewohnt, nicht jedoch Bruder von der Stiefmutter her« (Übers. Thomann).

546,6 *Phöbus]* Der Sonnengott.

546,9 *Pol]* Die Verwendung des Wortes »Pol« bei Lessing

(vgl. auch S. 550,4) ist unklar. Nord- und Südpol scheinen nicht gemeint zu sein. Eher: das höchste Firmament.

546,11 *Löwe*] Nach Fitch, *Seneca's Hercules Furens*, S. 365, ist die Identifikation des Sternbilds ›Löwe‹ mit dem Nemeischen Löwen, die Herakles hier ungeniert vornimmt, in der lat. Poesie üblich.

546,15 f. *Herbstes ⟨...⟩ überspringen*] Der Löwe gehört dem nördlichen, der Stier dem südlichen Sternhimmel an.

546,22 *Saturn*] Archaische italische Gottheit, die von den Römern allerdings bald mit dem griech. Kronos gleichgesetzt wurde (wie auch hier). Kronos, der wichtigste der vorolympischen Titanen, wurde von seinem Sohn Zeus nach zehnjährigem Kampf besiegt und mit den übrigen Titanen in den Tartarus verbannt.

546,22 *Riesen*] Die ›Giganten‹, riesige Söhne der Gaia und des Uranos, lehnten sich gegen Zeus und die neuen Götter auf, wurden von diesen aber mit Hilfe des Herakles besiegt. Die ›Gigantomachie‹ galt schon in der Antike als Kampf zwischen Kultur und Barbarei, was der paradoxen Drohung des Herakles, sich diesmal mit den Giganten zu verbinden, eine zusätzliche Bedeutung verleiht.

546,37 *römischen Bühne*] Die röm. Bühne war geteilt in Vorder- und Hinterbühne. Die dem Zuschauer zugewandte Vorderbühne (scaenae frons) hatte unterschiedliche Zu- und Abgänge, die nur dem Schauspieler einsichtig waren, so daß sich das Geschehen für den Zuschauer sichtbar und unsichtbar abspielen konnte (vgl. Brauneck, *Die Welt als Bühne* I, S. 37 ff.).

547,8 *eben dem Augenblicke*] Lessing beschreibt hier die dramatische Technik der Teichoskopie (Mauerschau).

547,36 *zur Unzeit*] Unpassend, aus der Rolle fallend.

547,37 *apostrophiert*] Anspricht.

548,20 f. *an meiner Linken*] Herakles trägt sein Löwenfell zweckmäßigerweise auf der linken Schulter.

548,21 *Beute ⟨...⟩ Löwens*] Das (nemeische) Löwenfell.

548,28 *Nacht ⟨...⟩ gestanden*] Vgl. Anm. 532,19 f.

548,32 *Boeotier, Phryger*] Bewohner griech. Landschaften.

549,10 *Eurystheus*] Der langjährige Dienstherr des Herakles.

549,17 *ungerochen*] Ungerächt. Die Überführung des ursprünglich nur stark gebeugten Wortes in die schwache Konjugation war bei Luther schon weitgehend abgeschlossen. Nur die Form ›gerochen‹ hielt sich bis ins 19. Jh. (vgl. Grimms DWb 14, Sp. 21 f.).

550,6 *Symplegaden*] Griech. Symplegades, die ›zusammenschlagenden Felsen‹ am nördlichen Ausgang des Bosporus, von denen die Sage ging, daß sie Schiffe zermalmten.

550,11 *Erebus*] Griech. Erebos, ursprünglich archaische Gottheit der Dunkelheit, später Synonym für den Hades.

551,23 *meine*] Korr. aus »meinen«, das sowohl syntaktisch wie vom lat. Text her sinnwidrig ist.

551,27 *Si vivo ⟨...⟩ tuli*] »Lebe ich weiter, so habe ich die Frevel begangen; sterbe ich, habe ich sie erduldet« (Übers. Thomann, v. 1278).

551,30 f. *Wälder des Pindus*] Griech. Pindos, der gewaltige, bewaldete Gebirgszug, der Griechenland von Norden nach Süden durchzieht.

551,36 *sieben Tore*] Die Stadt Theben war wegen ihrer sieben Tore berühmt.

552,3 *Stellungen*] Situationen, Szenen.

552,5 *Verwirrung der Personen*] Der Text der modernen Edition bestätigt Lessings Bedenken nicht. Er bildet einen sinnvollen Dialog ab und ordnet auch die von Lessing übersetzten Stellen den richtigen Sprechern zu. Möglicherweise lag Lessing ein verderbter Text vor.

552,24 *Tanais*] Griech. Name des Flusses Don.

552,34 *Mars*] Nicht um Mars handelt es sich, sondern um den wesentlich unkultivierteren griech. Kriegsgott Ares, und nicht um den Mord am eigenen Sohn, sondern um den an Poseidon. Der Indizienprozeß, in dem die Götter ihn freisprechen mußten, fand, der Sage nach, am Ort des späteren Areopag statt.

553,6-8 *Starke ⟨...⟩ wissen*] Aus diesen Grundannahmen wird sich im Herbst 1756 der Briefwechsel zwischen Lessing, Mendelssohn und Nicolai über eine neue Theorie des Trauerspiels entwickeln. Vgl. Barner: »An ihrem Beginn steht nicht, wie es üblicherweise dargestellt wird, der Briefwechsel ⟨...⟩, sondern die Abhandlung über Seneca« (*Produktive Rezeption*, S. 27).

553,15 *poetischen Farben]* Dichterischer Schmuck.

553,19 *schlechtes Genie]* Hier wahrscheinlich: schlichtes, einfaches, natürliches Genie.

553,21 *Fabel]* Mythos, archaische Überlieferung.

553,23 f. *Glaubensartikel]* Lessing unterschätzt das ›literarische‹ Verhältnis Senecas zum griech. Mythos. Was in der neueren Forschung bereits für die griech. Klassiker als umstritten gilt, der naive Gebrauch des mythischen Materials, steht bei dem höfischen Rhetoriker Seneca schwerlich mehr zur Debatte. Vgl. Riedel, *Lessing und die römische Literatur*, S. 93: »Das mythologische Geschehen rief zu Senecas Zeiten kaum mehr religiöse Ergriffenheit hervor.«

553,27 f. *Allein ⟨...⟩ beurteilen]* Historistische Ansätze in der Beurteilung von Dichtung finden sich bei Lessing spätestens seit 1749: »⟨...⟩ wer den Aristophanes, zum Exempel, lesen will, ohne eine genaue Kenntnis der damaligen Staatsverfassung in Athen zu haben, der wird ihn bald mit Verdruß aus den Händen legen« (Bd. I dieser Ausgabe, S. 735). Obwohl dieser Satz auf Voltaire (den Historiker!) gemünzt ist, richtet er sich primär gegen Gottscheds ahistorische Betrachtungsweise.

553,33 *schon zu oft]* Der Streit um die authentische oder akkulturierte Wahrnehmung älterer Texte entzündete sich bereits Ende des 17. Jhs. an den franz. Homer-Übersetzungen.

553,34 f. *die Regeln ⟨...⟩ gekannt]* Gemeint sind die drei Einheiten (der Zeit, des Orts, der Handlung) im Sinn der klassizistischen Dramenpoetik. Vgl. Barner, *Produktive Rezeption*, S. 25: »In der minutiösen, fast pedantischen Nachrechnung der drei Einheiten steht Lessing ⟨hier⟩ noch deutlich unter dem Einfluß Gottscheds und der französischen Theoretiker.«

554,5 f. *clarescit ⟨...⟩ subit]* »Hell wird der Tag, und in safranfarbigem Aufgang tritt Titan leuchtend hervor« (Übers. Thomann, v. 123 f.).

554,7 *939]* Korrektur aus fälschlich ›930‹.

554,8 *sed ⟨...⟩ tenebrae]* »Doch was bedeutet das? Den Mittag hat Finsternis umringt.« (Übers. Thomann, v. 939 f.)

554,26 Ἡρακλῆς μαινόμενος] Herakles mainomenos (»Der rasende Herakles«). Titel der Tragödie von Euripides.

554,26 *achtzehnte]* Entspricht nicht der heute üblichen Zählung.

554,29 *Sklave]* Hier: unselbständiger Nachahmer.

555,11 *Iris]* Die geflügelte Götterbotin (Tochter des Thaumas und der Elektra).

555,12 *Furie]* S. Anm. 531,20.

555,22 *gefährlichen Ruhepunkt]* ›Ruhepunkte‹ (hier: die Unterbrechung der Spannung) bewertet Lessing offensichtlich als Störungen der Handlungseinheit. Später, im ›Briefwechsel über das Trauerspiel‹, wird er die ungeliebte Bewunderung als »Ruhepunkt des Mitleids« bezeichnen. Vgl. S. 671 dieses Bandes.

555,27 f. *verrät ⟨...⟩ gleichfalls?]* Nicht verifiziert.

555,36 *Theaterspiele]* Theatereffekte, theatralische Höhepunkte.

556,8 f. *den Mangel ⟨...⟩ ersetzen]* Durch geistreiche Einfälle (Effekte) ausgleichen.

556,12 *Unbilliges]* Ungerechtes.

556,12 *Pater Brumoy]* Pierre Brumoy, *Théâtre des Grecs*, Paris 1730. Hierzu Barner, *Produktive Rezeption*, S. 19-21.

556,26 *auf der 24 Seite]* Vgl. S. 543,14-17. Dort die Lessingsche Übersetzung des folgenden Zitats.

557,13 f. *dem Klimax]* Griech. Leiter, Treppe, Steigerung. Normalerweise mit weibl. Geschlecht.

558,17-22 *Tibi ⟨...⟩ manus]* »Für dich werde ich meine Bolzen zerbrechen, für dich, Knabe, meinen Bogen zerschmettern; doch diese schwere Keule wird deinem Schatten brennen; der Köcher selbst, voll der lernäischen Pfeile, wird dich auf deinen Scheiterhaufen begleiten: büßen sollen die Waffen. Auch euch werde ich verbrennen, ihr meinen Geschossen verhängnisvollen, von der Stiefmutter mißleiteten Hände!« (Übers. Thomann, v. 1231-1236.)

558,32 *novercales]* Von lat. novercalis »stiefmütterlich, lieblos, feindselig«.

559,6 *mehresten]* Der Superlativ ›mehrst‹ (neben ›meist‹) ist in der Schriftsprache des 18. Jhs. durchaus noch geläufig. Vgl. Grimms DWb 12, Sp. 1887.

559,7 *sterbenden Herkules]* Aus dem Herakles-Mythos ist eine Reihe von Theaterstoffen hervorgegangen. In der Komödie wurden u. a. die Omphale- und Augias-Episoden verarbeitet, in der Tragödie vor allem die Wahnsinns- und Todesgeschichte, letztere meist unter dem Titel ›Herakles auf dem Oeta‹. Auch Seneca hat einen *Hercules Oetaeus* hinterlassen.

559,7 *Roland Brisset]* Sieur du Sauvage (1560-1647), franz. Dichter. Das genannte Stück erschien 1589 oder 1590 in Tours: *Le premier livre du théâtre tragique de Roland Brisset* (Das erste Buch der Tragödien von R. B.).

559,10 *Baptiste]* Vermutlich Johannes der Täufer.

559,10 f. *Octavie]* Vermutlich die Kaiserin Octavia, Ehefrau des Nero, die von ihrem Mann verbannt und ermordet wurde.

559,11 f. *Nicolas 〈...〉 Nouvellon]* Nicolas L'Heritier, Sieur de Nouvellon et de Villandon (1613-1680), franz. Dramatiker und Historiker. *Hercule furieux. Tragédie*, Paris 1639.

559,13 *Amphitrion 〈...〉 furieux]* Nachweisbar sind zwei Titel: *Hercule furieux, tragédie* (Der rasende Herkules, Tragödie), Paris 1639, und *Amphitrion, ou Hercule furieux, tragédie* (Amphitryon, oder der rasende Herkules, Tragödie), Paris 1647.

559,18 f. *Lodovico Dolce]* Vielseitiger ital. Autor (1508-1568). Übersetzte die Tragödien des Seneca: *Le tragedie di Seneca* (Die Tragödien des Seneca), Venedig 1560. Darin auch sein *Ercole furioso* (Der rasende Herkules).

559,29 *vollkommene Oper]* Im Gegensatz zum Sprechtheater hatte die Oper des 18. Jhs. keine sonderlichen Probleme mit der Inzenierung des antiken Götterhimmels. Das Maschinentheater des Barock, mit seinen Schwebe- und Versenkungsvorrichtungen, war so sehr darauf ausgerichtet, daß der Name auf die Sache überging (›Maschine‹ = Götterhimmel).

560,8 *Abstechungen]* Kontraste.

560,16 *mechanische Einrichtung]* Vgl. Zedler, Bd. 20, S. 20: »Mechanisch gehet etwas zu oder geschiehet, wenn es sich aus der Figur, Größe und Beschaffenheit erklären läßt.« Lessing meint also die äußerlichen Kriterien des Stücks: Aufbau, Szenenfolge, Handlungsführung.

560,18 f. *eines Prologen]* Einer Vorrede. Lessing gebraucht das Wort ›Prolog‹ meist in der modernen Form, greift allerdings nicht selten auf die ältere schwache Form zurück: der Prologe, des Prologen. Vgl. Grimms DWb 13, Sp. 2164. Dort weitere Lessing-Belege.

560,21 *allegorischen Stücke]* Schon in den »Reyen« der Barocktrauerspiele waren die Göttererscheinungen häufig durch allegorische Figuren ersetzt. Ästhetische Aktualität gewann das Problem durch Voltaires umstrittenen Versuch, für ein franz. Nationalepos (*La Henriade*, 1723) in der Tradition der Vergilschen *Aeneis* den antiken Götterapparat in einen vernunftorientierten Allegorienapparat zu verwandeln.

561,11 f. *vorsichtigen Anständigkeit]* Zurückhaltenden Dezenz.

561,23 f. *mündig machen]* Sprache verleihen, reden lassen.

561,24 f. *Zärtlichkeit und Unschuld]* In ebendieser Mischung wird Lessing wenig später Arabella, das Kind der Marwood, in *Miß Sara Sampson* sprechen lassen. Vgl. Barner, *Produktive Rezeption*, S. 34.

561,36 *Gesichte]* Gesichtskreis.

562,27 f. *daß ⟨...⟩ müsse]* Diese Ansicht vertrat bekanntlich Gottsched: »Die ganze Fabel hat nur eine Hauptabsicht; nämlich einen moralischen Satz« (*Critische Dichtkunst*, S. 613).

563,23 f. *eine ⟨...⟩ Dichtkunst]* Nämlich die Gottscheds.

Angespielt ist auf den Satz: »Der Poet wählt sich einen moralischen Lehrsatz, den er seinen Zuschauern auf eine sinnliche Art einprägen will. Dann ersinnt er sich eine allgemeine Fabel, daraus die Wahrheit des Satzes erhellet« (ebd., S. 611).

563,30-32 *ziemlich genau* ⟨...⟩ *waren]* Angesichts seiner umfassenden Kenntnis der antiken Dramenliteratur und Mythologie ist es erstaunlich, daß Lessing die These von der Unantastbarkeit der mythischen Fabel vertritt. Vgl. dazu Barner, *Produktive Rezeption*: »Gerade Euripides und Seneca werden heute als Meister des Abweichens und der vielsagenden Variation gewürdigt« (S. 29).

564,5 *feinere* ⟨...⟩ *Charakters]* Die Psychologisierung der Handlung durch sensiblere Charakterzeichnung hat Lessing von *Miß Sara Sampson* bis zum *Nathan* stetig weiterverfolgt. In der *Hamburgischen Dramaturgie* wird er betonen, daß »die Charaktere dem Dichter weit heiliger sein müssen, als die Facta. Einmal, weil, wenn jene genau beobachtet werden, diese, insofern sie eine Folge von jenen sind, von selbst nicht viel anders ausfallen können; da hingegen einerlei Factum sich aus ganz verschiedenen Charakteren herleiten läßt« (Bd. VI dieser Ausgabe, S. 346).

564,17 f. *seiner Menschheit]* Seiner menschlichen Abstammung.

564,21 *Erfolg]* Hier im Sinn von: Folge, Konsequenz.

564,26 f. *für unsre* ⟨...⟩ *Sieger]* Lessings Antiheroismus ist bereits zwei Jahre vor Ausbruch des Siebenjährigen Krieges weitgehend ausgebildet. 1759, im dritten Kriegsjahr, findet er für seinen unreifen Helden Philotas eine Sprache, in der Götteranruf und überhitzte Kampfeslust sich ständig überlagern. Z. B. »Nur dem untrieglichen Auge der Götter erscheinen wir, wie wir sind; nur das kann uns richten. Die Götter aber, du weißt es, König, sprechen ihr Urteil durch das Schwert des Tapfersten. Laß uns den blutigen Spruch aushören.« (Bd. IV dieser Ausgabe, S. 30 u. ö.)

564,32 *37ten Seite]* Hier: S. 552.

564,35-565,19 *1295.* ⟨...⟩ *genitor etc.]* Übersetzung nach Thomann, dialogische Einrichtung nach Lessing:

1295. Amphitryon: Gib ihm die Waffen zurück. Herkules:
      Dies Wort ist des Vaters eines Herkules würdig.
   Amphitryon: Siehe, durch diesen Pfeil dahingerafft
      fiel der Knabe.
   Dies Geschoß entsandte Juno kraft deiner Hände.
   Dies will nun ich gebrauchen. Theseus: Siehe, wie
      elend vor Furcht
   mein Herz zuckt und an die erregte Brust pocht.
1300. Amphitryon: Schußbereit ist der Pfeil. Siehe, nun erst
      wirst du eine Freveltat
   mit Willen und Wissen begehen. Eröffne, was auf
      dein Geheiß geschehen soll.
   Herkules: Ich bitte um nichts: mein Schmerz ist zur
      Ruhe gekommen.
   Amphitryon: Den Sohn kannst allein du mir erhalten,
      mir ihn entreißen auch du nicht, der größten
      Furcht bin ich entronnen:
1305. elend kannst du mich nicht, wohl aber glücklich ma-
      chen.
   Beschließe denn, doch was du auch beschließest, sei
      dir bewußt, daß deine Sache
   und dein Ruhm auf schmalem, schwankem Grunde‹
      ruhen:
   entweder lebst du oder tötest. Diesen schwachen
      Odem,
   vom Alter müde und nicht weniger müde vom Un-
      glück,
1310. halte ich auf dem Rande meiner Lippen. Schenkt
      einer so zögernd seinem Vater
   das Leben? Nicht werde ich weiteren Aufschub er-
      tragen;
   meine todgeweihte Brust will ich, das Schwert in ihr
      versenkend, durchbohren:
   hier, hier wird das frevelhafte Opfer des wieder heilen
      Herkules liegen.
   Herkules: Nun Gnade! Vater usw.
Lessings Änderungsvorschläge gehen davon aus, daß die

Waffe, mit der Amphitryon sich am Schluß der Passage zu durchbohren droht (im Urtext: letale ferro »mit tödlichem Eisen«), identisch mit dem Pfeil sein müsse (im Urtext: telum »das Geschoß«), mit dem Herkules zu Beginn sich richten will. Nach der Neueinrichtung des Dialogs ist es nur Amphitryon, der mit Selbstmord droht, nicht jedoch Herkules (der es freilich vorher ausführlich getan hat). Die Textgestalt der modernen wissenschaftlichen Ausgaben (nach Cod. E) legt diesen Eingriff durchaus nicht nahe. Allerdings zeigen die folgenden Zeilen, daß Lessing einen an dieser Stelle mißverständlichen Text benutzte (vermutlich nach Cod. A, der heute als weniger authentisch gilt).

565,12 *arcto*] Die moderne Ausgabe liest »arto« (auf engem Raum).

565,21 *Ungestimm*] Ungestüm.

565,22 *die gemeinsten Ausgaben*] Die gebräuchlichsten Ausgaben.

565,23 *redde arma*] »Gib (mir) die Waffen zurück.«

565,23 *Vox est etc.*] »Diese Äußerung ist usw.«

565,28 *Gronov*] Johann Friedrich Gronovius (1611-1671), berühmter niederl. Philologe, der sich vor allem um kritische Ausgaben lat. Autoren bemühte. Nach einer Seneca-Werkausgabe 1649 erschien 1661 die maßgebliche Ausgabe der Tragödien: *L. A. Senecae tragoediae.* Lugd. Bat. (Lucius Annaeus Senecas Tragödien, Leiden), die 1682 und 1728 Neuauflagen erlebte. Die letztere wurde von Johann Caspar Schroeder aktualisiert. Barner, *Produktive Rezeption*, S. 23, geht davon aus, daß Lessing mit dieser gearbeitet hat.

565,30 *redde in reddo*] Der Cod. E hat hier tatsächlich »reddo« (ich gebe zurück).

566,3 *Removete 〈...〉 furens*] »Entfernet, ihr Diener, die Waffen, daß er sie in seiner Raserei nicht wieder ergreife« (Übers. Thomann, v. 1053).

566,5 *Zweideutigkeit 〈...〉 arma*] »Redde arma« bedeutet: Gib die Waffen zurück. Ob ›mir‹ oder ›ihm‹, bleibt offen.

566,8 *vox 〈...〉 Herculis*] »Dieses Wort ist dem Erzeuger des Herkules würdig.« (Thomann)

566,16 f. *ecce ⟨...⟩ ferit]* »Siehe, wie elend vor Furcht mein Herz zuckt und an die erregte Brust pocht.«

566,27 *Eripere nec tu]* »Entreißen [kannst] du ihn nicht.«

567,7 *Tam ⟨...⟩ aliquis]* »Schenkt einer so zögernd dem Vater das Leben?«

567,9 *Non feram ⟨...⟩ etc.]* »Nicht werde ich weiteren Aufschub ertragen.«

567,9 f. *jam parce genitor]* »Nun Gnade! Vater.«

567,15 *hoc ⟨...⟩ utar]* »Dies will nun ich gebrauchen.«

567,25 *Atreus und Thyest]* Die beiden Brüder gehören der dritten Generation des Geschlechts an, über dem der Fluch des Tantalos waltet.

568,10 *Schatten]* Als Bewohner der Unterwelt hat Tantalus an deren Schatten-Existenz teil.

568,10 f. *Furie Megära]* In der nachklassischen Zeit ging man von drei Furien oder Erinyen (Rachegöttinnen) aus: Tisiphone, Megaira und Alekto.

568,14 *Veränderung der Qualen]* Tantalos, der Sohn des Zeus und der Titanin Pluto, soll die Götter mit dem Fleisch seines Sohnes bewirtet haben. Als Strafe dafür mußte er, in einem sumpfigen Tartaros-Gewässer stehend, ertragen, daß, wenn er trinken wollte, das Wasser unter ihm, und wenn er essen wollte, die Früchte über ihm zurückwichen.

568,27 *betriegrisch]* Betrügerisch.

568,34 *vor]* Für.

569,8 f. *Clytemnästra ⟨...⟩ Menelaus]* Klytaimnestra betrog und ermordete ihren Ehemann Agamemnon, wofür sie ihrerseits von ihrem Sohn Orestes ermordet wurde; Agamemnon gab seine Tochter Iphigenie zur Opferung frei; Menelaos wurde durch Paris um seine Ehefrau Helena betrogen.

569,9 f. *des Pelopejischen Hauses]* Der Dynastie des Pelops.

569,21 *billig]* Gerecht, angemessen.

569,25 *Umsonst]* Vergeblich.

569,25 *nochmals schwatzhaft]* Tantalus wurde u. a. beschuldigt, die Geheimnisse der Götter ausgeplaudert zu haben.

570,7 *Myrtilus]* Myrtilos, ein königlicher Wagenlenker, wurde von Pelops zunächst in verbrecherischer Absicht bestochen, dann aber von diesem nicht belohnt, sondern ermordet. Er verfluchte sterbend das Geschlecht des Pelops (Pelopiden-Fluch).

570,10 *so abgebrochen]* So fragmentarisch, unvollständig.

570,10 f. *einige Kunstrichter]* Stemplinger (PO Erl., S. 540) verweist, ohne weitere Angaben, auf Scaliger.

570,17 f. *ungerochen]* Ungeächt. Vgl. Anm. 549,17.

570,31 f. *Biegen ⟨...⟩ sich]* Im Wortlaut des Seneca: »flecti non potest – frangi potest«. Evtl. Ursprung des Sprichworts »Auf Biegen und/oder Brechen«.

571,31 *Raubung ⟨...⟩ Widders]* Außer der Gattin Aerope raubte Thyestes seinem Bruder auch den goldfelligen Widder, der als Unterpfand für die Herrschaft über Argos/Mykene galt.

571,31 *dessen]* Korr. aus »dessem« (in Grimms DWb nicht nachgewiesen).

571,35 f. *das Blut ⟨...⟩ worden]* Die Herkunft der Kinder ist nicht mehr verläßlich (wegen des Ehebruchs).

572,11 *Frömmigkeit]* Übersetzung von lat. pietas. Die röm. Kardinaltugend der ›pietas‹ erfüllte sich im tätigen Pflichtbewußtsein gegen die Götter und das Vaterland, vor allem aber gegen die Familie. Ihre Sinnbilder waren u. a. der Storch, der seine Eltern im Alter nährt (Münz-Emblem), und in der klassischen Zeit der Vergilische Aeneas, der seinen schwachen Vater auf den Schultern trägt und seinen unmündigen Sohn an der Hand führt.

572,13 *Erynnis]* Griech. Erinys, s. Anm. 568,10 f.

572,14 *Megära]* Griech. Megaira, s. Anm. 568,10 f.

572,26 *anzukörnen]* Anzulocken (mit einem Korn als Köder).

572,35 *vor ihrer Untreue]* Vgl. Anm. 571,31.

573,1 *Vetter]* Gemeint ist der Onkel. Lessing gebraucht das Wort in der ursprünglichen Bedeutung des ›Vaterbruders‹, s. Grimms DWb 26, Sp. 27. Bei Seneca, v. 310, steht »patruus« (Oheim von väterlicher Seite).

573,4 *das Reich]* Bei Seneca, v. 313, steht »regnum« (Herrschaft, Königsmacht).

573,33 *spitzig]* Spitzfindig.

573,36 *Tyrischen Purpurs]* Mit Purpur, gewonnen aus dem Sekret der Purpurschnecke, wurden die Gewänder von Fürsten und hohen Würdenträgern eingefärbt. Führend in der Herstellung war die phönikische Stadt Tyros.

574,9 *Quiriten]* Name der Ureinwohner der Stadt Rom, der später als Bezeichnung für die röm. Stadtbürgerschaft in Gebrauch blieb.

574,10 *ohne Geräusche]* Ohne Unruhe, ohne Störung.

574,17 *führet ⟨. . .⟩ Wort]* In der modernen Ausgabe von Thomann führt nicht Plisthenes, sondern sein Bruder Tantalus den Dialog mit dem Vater.

574,17 f. *Sie langen ⟨. . .⟩ an]* Sie nehmen Bezug auf.

575,33 *für mein eignes]* Vor meinem eignen.

576,3 *schlechte]* Schlichte, einfache.

576,9 f. *Es ist ⟨. . .⟩ können]* Wörtlich: »Es ist eine unermeßliche Herrschaft, ohne Herrschaft auskommen zu können« (»immane regnum est posse sine regno pati«, v. 470).

576,33 *dafür]* Davor.

577,9 *Spierhund]* Spürhund.

577,10 *ausspärt]* Nicht in Grimms DWb. Evtl. Setzfehler für ›ausspäht‹ oder ›ausspürt‹.

577,11 *beschnaubert]* Beschnuppert.

579,1 f. *So laß ⟨. . .⟩ binden]* Wörtlich: »Trage die dem ehrwürdigen Haupt auferlegten Binden« (mit Wortspiel »vinc⟨u⟩la« – »Binden/Bänder« bzw. »Fesseln«).

579,15 *wir Neuern]* Vermutlich Anspielung auf die Modeerscheinung der erhaben-dunklen Poesie, z. B. Klopstocks.

579,17 *Anwendungen]* Schlußfolgerungen, Ermahnungen.

579,26 *Clotho]* Griech. Klotho, die »Spinnerin«, eine der griech. Schicksalsgöttinnen (Moiren).

579,35 f. *Nec pueros ⟨. . .⟩ Atreus]* »Nicht darf vor allem Volk Medea ihre Kinder schlachten; nicht darf der grausige Atreus Menschenfleisch auf offener Bühne kochen« (Horaz, *Dichtkunst*, v. 185 f., nach Färber, übers. W. Schöne).

580,4 *Nuncius]* Lat. nuntius »Bote, Melder, Verkünder«.

580,8 f. *Coryphäus]* Griech. koryphaios, der Chorführer, der das Vorrecht hat, gelegentlich in Wechselrede mit den Schauspielern zu treten.

580,14 *umständlich]* Ausführlich, genau. »Umständlich« ist hier die Lehnübersetzung des rhetorischen Stilbegriffs »cum circumstantiis« (mit allen Details, allen Begleiterscheinungen).

580,23 *die frommen Brüder]* Die Verehrung der Dioskuren (Kastor und Polydeukes/Pollux) ging von Sparta aus, das als die Heimat der beiden galt.

580,24 *Ister]* Griech. Istros, die Donau, von der die Griechen allerdings nur den Unterlauf kannten.

580,25 *wilden Alanen]* Barbarisches Steppenvolk nördlich des Schwarzen und des Kaspischen Meeres.

580,26 *Hircaniens]* Griech. Hyrkania, abgeschlossenes Land im südöstl. Winkel des Kaspischen Meeres. Hier ist wohl seine Nähe zum Elbrusgebirge gemeint, denn im Normalfall galt das Land als fruchtbar und von der Natur bevorzugt.

580,26 *Scythen]* Griech. Skythai, eurasische Völkergruppe, etwa im Bereich der heutigen Ukraine, die seit dem 7. Jh. v. Chr. immer wieder nach Kleinasien hineindrängte. Mitunter Synonym für ›Barbaren‹.

581,6 f. *mitternächtlichen ⟨...⟩ Pallasts]* Lies: Nordseite des von Pelops errichteten Palasts.

581,11 *gelobten Geschenken]* Votivgaben, Weihegeschenke.

581,33 *geheilgter ⟨...⟩ Salzmehl]* Nach dem röm. Ritus war es üblich, daß der Kopf des Opfertieres mit Wein begossen und mit einem Weihegebäck aus gesalzenem Mehl bestreut wurde. Die Opferung von Menschen war eigentlich nicht vorgesehen, wenngleich es an Beispielen nicht fehlt.

582,6-12 *Der Hain ⟨...⟩ gerührt]* Literarischer Topos der »kosmischen Sympathie«.

582,9 *bemerkt]* Bezeichnet.

582,17 *Gangetischen Wäldern]* Wäldern am Ganges.

582,23 *steht bei sich an]* Zögert, überlegt.

582,25 *steht er bei sich an]* Nimmt er sich Bedenkzeit.

582,26 *künsteln]* Sich ungerührt bzw. zynisch mit Formfragen befassen.

582,31 *dem Großvater]* Tantalus war der erste des Geschlechts, der sich des Kindermords schuldig machte.

583,4 *auf den Vetter]* Auf Atreus, den Onkel des Toten.

583,18 f. *vergißt ⟨...⟩ aus* und Fußnote]* Thomann, dessen kritischer Text anstatt »rueret« (stürze, stürme, anrenne) das wohl plausiblere »fureret« (rase, wüte) hat, übersetzt die zitierte Stelle (v. 738-740, »Ferrumque ⟨...⟩ corpus«) so: »den vom zweifachen Mord triefenden Stahl zückend, vergaß er, gegen wen er rase, und stieß mit feindseliger Hand ihn durch den Leib hindurch«. – Lessings abweichende Übersetzung beruht auf einer Emendation, die von Vergils Wortgebrauch ausgeht (»exigere ensem per corpus«, also »das Schwert durch den Körper stoßen«, nach *Aeneis* X, v. 815) und daraus schließt, daß ›exigere‹ lediglich hineinstoßen, ›exigere per‹ hingegen hindurchstoßen heiße. Moderne Lexika geben für ›exigere‹ freilich auch die Bedeutung ›hindurchstoßen‹ an und nennen Belege wie »hastam cervice exigere« (»die Lanze durch den Hals stoßen«). Die Emendation: »infestam manum exigit ultra corpus«, nach der Lessing übersetzt, ist also zumindest eigenwillig.

584,10 *Staffel]* Stufe, Zwischenstation.

584,12 *Leichname ⟨...⟩ zerreißen]* Die Sitte, die Toten den Hunden oder wilden Tieren vorzuwerfen, wurde im Altertum z. B. den Parsen und Hyrkaniern zugeschrieben und galt als barbarisch.

584,35 *neuen Sturm]* Vgl. Anm. 546,22.

585,17 *Sceleris ⟨...⟩ putas?]* »Dies hältst du für des Verbrechens Ende?« (Thomann).

585,19 f. *exhorruistis ⟨...⟩ exhorruisti]* »Hat euch Entsetzen erfaßt?« bzw. »Hat dich Entsetzen erfaßt?«

585,23 f. *poetischen Blümchen]* Vgl. Anm. 545,16.

585,27 f. *das alte Chaos]* Das Chaos galt im griech. Mythos als der vorkosmische Zustand der Welt und wurde als finsterer, unermeßlicher Abgrund/Urgrund definiert.

586,17 *für]* Vor.

586,18 f. *Ich mag ⟨...⟩ werden sehn]* Vgl. Lessings Übernahme dieses Arguments in sein eigenes Trauerspiel. Marwood: »Ich will es ⟨ihr Kind⟩ nicht gestorben; ich will es sterben sehen!« (S. 464 dieses Bandes.)

586,34 f. *verbeut]* Verbietet. Die alte Flexionsform ist im 18. Jh. noch verbreitet.

587,30 *Geschlechtsbecher]* Bei Seneca, v. 982 f.: »poculum gentile«. Lessing übersetzt wörtlich, Thomann eleganter: »ererbter Becher«. Beide verfehlen jedoch den Doppelsinn Senecas, denn ›gentilis‹ bedeutet im späten Lat. außer ›zur Sippe gehörig‹ auch ›barbarisch‹.

588,35 *spitzigen]* Spitzfindigen, wortspielerischen.

589,36 f. *die Schatten]* Die Toten.

590,1 *Henioche]* Griech. heniochoi (Pl.). Barbarischer Stamm von der kaukasischen Küste des Pontus Euxinus, der von Seeräuberei lebte.

590,2 *Procrustes]* Griech. Prokrustes, Beinamen des Riesen und Straßenräubers Damastes, der Wanderern ein Nachtlager anbot und sie dann durch Strecken der Glieder oder Abhacken der Beine der Größe seines Betts anpaßte.

590,4 *keine Maß]* Die alte fem. Form hat sich nach Grimms DWb 12, Sp. 1721, nur im Oberdt. erhalten. Einziger Beleg bei Lessing. Evtl. Setzfehler.

590,25 *die Ruchlosen]* Bei Seneca, v. 1093: »impios« (eigentlich: die Unfrommen). Gemeint sind zweifellos Atreus und Thyest selbst.

590,37 *gewissen Söhne]* Nach einer Variante des Atriden-Mythos war Plisthenes der unerkannte Sohn des Atreus.

591,29 *müßig]* Unbeschäftigt, unangeregt.

591,29 *der Alte]* Gemeint ist: der Dramatiker der Antike.

592,28 f. *turba ⟨...⟩ domus]* »Du Schar der Diener, schließe die Tore des Tempels auf, es öffne sich das festliche Haus« (Übers. Thomann).

593,11 f. *En ipse ⟨...⟩ diem]* »Siehe, Titan selbst ist unschlüssig, ob er den schwindenden Tag ihm folgen heißen und mit den Zügeln zwingen soll, den Lauf zu vollenden« (v. 120 f., Übers. Thomann).

593,35 f. *O Phoebe ⟨...⟩ diem etc.]* »O Phöbus, langmütiger, bist du auch rückwärts entflohen und hast den aus der Himmelsmitte gebrochenen Tag ins Meer getaucht« (Übers. Thomann).

594,1 f. *quo ⟨...⟩ Olympo?]* »Wohin wendest du deine Bahn und lässest den Tag mitten am Himmel erlöschen?« (Übers. Thomann.)

594,6 *Zwischenraume]* Korr. aus »Zwischen-Raume«. Das unlessingische Bindestrich-Kompositum kommt hier durch Silbentrennung zustande. Kurz vorher (S. 593,21): »Zwischenraume«.

594,10 *gehoben sein]* Gelöst, erklärt, bereinigt sein.

594,14 f. *relictis ⟨...⟩ mutet etc.]* »Er, der unstete Verbannte, tausche, seinen Zufluchtsort verlassend, gegen das Königtum sein Elend ein« (Thomann).

594,16 *hospitia]* Plural von lat. hospitium »Gastfreundschaft«. In der Pluralform mit der Bedeutung: Einkehr, Unterkunft.

594,17 *exul]* Der Verbannte, Heimatlose.

594,28-30 *repete ⟨...⟩ vitam]* »Eher suche ich wieder Zuflucht in Wäldern und undurchdringlichen Schluchten, ein Leben, dem Wild gesellt und ihm ähnlich« (Thomann).

595,5 *Abstechung]* Kontrast. – Verbessert aus sinnwidrigem: »Abstechungen«.

595,19-21 *quicquid ⟨...⟩ procella]* »Was immer es sei, es verschone – ich flehe darum – Bruder und Söhne, der Sturm entlade sich ganz auf dieses mein feiles Haupt« (v. 995-997, Übers. Thomann).

595,26 f. *& patrios ⟨...⟩ cerno]* »und die angestammten Götter – wenn freilich es Götter gibt – erblicke ich« (v. 406 f., Übers. Thomann).

595,35 f. *Agathon ⟨...⟩ Kleophon]* Agathon, athen. Tragiker des 5. Jhs. v. Chr., gehörte vermutlich zu den Großen des griech. Theaters; keine Überlieferung; unter den sechs bekannten Titeln ist ein *Thyestes* bezeugt. – Nikomachos, athenischer Tragiker und Zeitgenosse des Agathon; die Liste seiner Titel gilt als nicht authentisch. – Theognis, Tragödiendichter, der gemeinsam mit Euripides dem Nikomachos im Wettbewerb unterlag. – Kleophon, griech. Tragiker; Aristoteles nennt ihn wiederholt in seiner Poetik.

596,1 *Euripides*] Der jüngste unter den drei Meistern der griech. Tragödie (um 485 - 406 v. Chr.), schrieb vermutlich 92 Stücke, von denen 18 erhalten sind. Unter den verlorenen ein *Thyestes*.

596,7-12 *Nonius ⟨...⟩ gewesen*] Lessings Aufzählung führt in ›polyhistorischer‹ Manier die lat. Kompilatoren, Philogen und Geschichtsschreiber an, bei denen sich Hinweise auf röm. Thyest-Adaptationen und deren Autoren finden.

596,18 *Quem ⟨...⟩ caprum*] Vergil, *Eklogen* III 22: »den Bock, den meine Flöte sich mit ihren Liedern verdiente«.

596,27 *L. Attius*] Lucius Attius (auch: Accius), früher röm. Tragiker (170 - ca. 86 v. Chr.), verfaßte angeblich 45 Stücke, darunter einen nicht erhaltenen *Atreus*.

596,28 *Nonius und Priscian*] Nonius Marcellus (1. Hälfte des 4. Jhs. n. Chr.) und Priscianus Caesariensis (491-518 n. Chr.), berühmte spätröm. Philologen.

596,33 *vesci*] Essen, speisen, tafeln.

596,35 f. *Ne cum ⟨...⟩ dapem*] »Daß sich niemand mit einem Tyrannen zu Tische setze, um zu essen, oder die gleiche Speise genieße wie er«. Das Zitat ist überliefert in: Nonius Marcellus, *De compendiosa doctrina* (Vom aufbewahrenden Sammeln) IV 415,25.

597,29 *diesem ⟨...⟩ beilegen*] Lessing geht, im Einverständnis mit der zeitgenössischen Philologie, davon aus, daß die Autorschaft der Seneca zugeschriebenen Dramen ungesichert ist. Vgl. den Titel seiner Abhandlung.

598,9 *Quid ⟨...⟩ scelus*] »Was bedeutet das? Er ist vor meinen Händen zurückgewichen – hier treibt sich Frevel herum« (Thomann).

598,11 *Rogat ⟨...⟩ dolus*] »Bittet? Grund zu fürchten für mich. Dahinter lauert eine List« (Thomann).

598,14 *subesse*] Im Spiel sein, verborgen sein, dahinterstecken.

598,20 *Anmerkung*] Hier: Beobachtung.

598,21 *Oekonomie]* Anordnung, zweckmäßige Einrichtung.

598,30 *Prologen]* Vgl. Anm. 560,19.

599,14 *etwanigen]* Die im 18. Jh. auch bei Klopstock, Kant, Jean Paul zu findende Form geht auf die verstärkende ›etwa‹-Variante ›etwan‹ zurück (wahrscheinlich aus mhdt. eteswenne). Vgl. Grimms DWb 3, Sp. 1182-1184.

599,24-26 *Qui morte ⟨...⟩ jube]* Hercules furens, v. 511-513: »Wer alle insgesamt mit dem Tod ihre Strafe büßen läßt, weiß nicht Tyrann zu sein; verhänge verschiedene Strafen: dem Elenden verbiete, dem Glücklichen befiehl zu sterben« (Thomann).

599,28-30 *De fine ⟨...⟩ impetratur]* Thyestes, v. 246-248: »Vom Ziel der Strafe sprichst du, ich will die Strafe als solche. Vernichten soll ein milder Tyrann: in meinem Reich ist der Tod eine Gunst« (Thomann).

600,12 f. *Begierde zu malen]* Bedürfnis zu schildern, auszumalen.

600,19 f. *S. 46. 47.]* Vgl. S. 556 f. dieses Bandes.

600,28-31 *Quis ⟨...⟩ poterit?]* v. 1323-1325: »Welcher Tanais oder welcher Nil oder welcher von persischen Wogen reißende Tigris oder welcher wilde Rhein oder Tagus, der trüb vom hiberischen Schatze fließt, wird meine Rechte reinwaschen können?« (Thomann).

600,33-37 *Quaenam ⟨...⟩ Scythae]* v. 627-631: »Welche Gegend ist dies? Argos und Sparta, die sich zu Herren die liebenden Brüder erlosten, und über des beidseitigen Meeres Enge thronend Korinth oder der Hister, Flucht gewährend den wilden Alanen, oder unter ewigem Schnee die hyrkanische oder des überall schweifenden Skythen Erde« (Thomann).

601,6 *Aufschrift]* Überschrift, Titel.

601,7 f. *Lud. Dolce]* Ludovico Dolce, vgl. Anm. 559,18 f.

601,9 *Delrio]* Martin Anton Delrio (1551-1608), niederl. Theologe (Jesuit) und Philologe, gab mehrere kommentierte Seneca-Ausgaben heraus.

601,9 f. *italice ⟨...⟩ composuit]* »Ludovico Dolce hat eine

Tragödie Thyest auf Italienisch und nicht unelegant geschrieben.«

601,14 *agnosco fratrem]* »Ich erkenne den Bruder.«

601,18 *Roland Brisset]* Vgl. Anm. 559,7.

601,21 *Montleon]* Richtig: (de) Monléon, franz. Dramatiker der 1. Hälfte des 17. Jhs. Ein *Thyeste* von ihm wurde 1633 in Paris aufgeführt.

601,23 *Pousset de Montauban]* Jacques P. de Montauban (1620-1685), franz. Dichter, unter dessen wenig erfolgreichen Tragödien sich kein ›Thyest‹ findet.

601,25 *12mo]* Lat. duodecimo. Druckformat (Duodez), bei dem der Druckbogen zwölf Seiten umfaßt.

601,26 *Racine ⟨...⟩ Chapelle]* Jean Racine (1639-1699), Nicolas Boileau-Despréaux (1636-1711), Claude-Emmanuel l'Huillier de la Chapelle (1626-1686), drei Hauptvertreter des franz. Klassizismus.

601,27 *les Plaideurs]* »Die Prozeßsüchtigen«, Komödie von Jean Racine, Paris 1668.

601,30 *in diesen Schranken]* Auf diesem Gebiet. Eigentlich: auf diesem Kampf- bzw. Turnierplatz.

601,33 *ältern ⟨...⟩ Crebillon]* Prosper Jolyot de Crébillon (1674-1762), franz. Dramatiker; sein *Atrée et Thyeste* entstand 1707 und galt als Auslöser eines neuen Theaterstils.

601,35 *Fontenelle]* Bernard le Bovier de Fontenelle (1657-1757), bekannter franz. (Früh-)Aufklärer und einflußreicher Sekretär der Académie Française. War, als Lessings Schrift erschien, bereits 98 Jahre alt (Crébillon erst 81).

602,4 f. *Idomeneus]* Franz. *Idoménée, tragédie*, Paris 1706, Crébillons erste Tragödie.

602,13 *kleinen Teilen]* Einzelaspekten.

602,14 *Stellungen]* Szenen, szenische Situationen.

602,20 f. *Barbier ⟨...⟩ Nadal]* Marie-Anne Barbier (Ende 17. Jh. - 1742), schrieb Tragödien, Opernlibretti und eine Komödie; Joseph de La Grange-Chancel (1676-1758), Verfasser von Tragödien und Opern; François Belin (1672-1732), Dramatiker; Simon-Joseph Pellegrin (1663-1745), schrieb vor allem für die komische Oper, daneben auch

Tragödien; Augustin Nadal (1664-1740), Abbé, schrieb Tragödien und eine Parodie auf Voltaires *Zaïre*.

602,37-603,1 *Verfasser ⟨...⟩ Theatres*] Antoine de Léris, *Dictionnaire portatif, historique et littéraire, des théâtres* (Historisches und literarisches Taschenwörterbuch der ⟨Pariser⟩ Theater), 1754.

603,2 f. *Ce cruel ⟨...⟩ Crebillon*] »Dieser grausige Stoff, den Seneca behandelt hat, ist von Herrn von Crébillon nicht gemildert worden«.

604,10 *Diversion*] Ablenkung.

604,24 *Mycen*] Mykene, Königsburg der griech. Landschaft Argos.

604,32 *Charte*] Landkarte.

604,35 *Euripus*] Griech. Euripos, Meerenge zwischen der Insel Euböa und Böotien.

604,36 *Chalcis*] Griech. Chalkis, größte Stadt auf Euböa.

605,2 *ängstlicher*] Hier: kleinlicher.

605,16 *lateinischen Dichters*] Senecas.

605,19 *nach Gefallen*] Nach Wunsch, nach Belieben (des Atreus).

605,24 *Sieger seines Vetters*] Überwinder seines Onkels.

608,17 f. *nehmen lassen*] Im Sinn von: hat treffen lassen.

609,11 f. *väterlichen Becher*] Vgl. Anm. 587,30.

611,3 *Monologen ⟨...⟩ vermeiden*] Der Monolog galt im klassischen franz. Drama (aber auch noch bei Gottsched) als unstatthaft.

611,6 *von sich ⟨...⟩ haben*] Selbst festgestellt haben.

611,16 *A. Meconnois ⟨...⟩ frere*] »Atreus: Erkennst du dieses Blut nicht? Thyest: Ich erkenne den Bruder wieder.«

611,21 f. *Sceleri ⟨...⟩ reponas*] »Verbrechen gebührt Maß, wenn du Verbrechen begehst, nicht, wenn du sie vergiltst« (Thomann).

611,24 *Il faut ⟨...⟩ vengeance*] »Man muß dem Verbrechen und nicht der Rache eine Grenze setzen.«

611,36 *Wohlstand*] Wohlanstand, Dezenz, gute Sitte. Lehnübersetzung von »bienséance«, einer der Zentralforderungen der klassizistischen Poetik.

612,8 *la Fontaine]* Jean de La Fontaine (1621-1695), franz. Dichter, der mit seinen *Contes et nouvelles en vers* (Erzählungen und Novellen in Versen) und *Fables* (Fabeln) einen europäischen Erfolg verbuchte.

612,9 *L'etoit ⟨. . .⟩ point?]* »War er es, – war er es nicht?«

612,20 *Rodogune]* Pierre Corneille, *Rodogune, princesse des Parthes, tragédie*, 1647, 5. Akt.

612,29 f. *aufsätzig]* Mißgünstig, nachtragend.

613,18 *zu vermögen]* Zu veranlassen.

POPE EIN METAPHYSIKER!

TEXTGRUNDLAGE

Die Schrift, die von Lessing und Moses Mendelssohn gemeinsam verfaßt wurde, erschien zur Michaelismesse (Herbst) 1755 anonym bei Johann Christian Schuster in Danzig. Sie umfaßt 2 Blatt und 60 Seiten in Oktav-Format, sowie eine Titelvignette (s. Anm. 616,1). Dieser Druck, welcher der einzige zu Lebzeiten der beiden Verfasser blieb, liegt unserem Text zugrunde. – LM 6, S. 409-445.

ENTSTEHUNG

1753 hatte die Königliche Akademie der Wissenschaften zu Berlin eine Preisaufgabe ausgeschrieben, die Alexander Popes berühmten und umstrittenen Satz »Whatever is, is right« und dessen Verhältnis zum philosophischen »Optimismus«, worunter man in der Regel die Leibnizsche Theodizee verstand, zum Gegenstand hatte. Es war nicht die erste Preisfrage unter der Präsidentschaft von Maupertuis, die sich auf Leibniz bezog. 1747 hatte man Leibnizens Monadologie, 1751 die Konsequenzen seines Vorsehungsbegriffs für den Menschen zur Debatte gestellt (vgl. Stefan Lorenz, *De mundo optimo. Zu Leibniz' Theodizee und ihrer Rezeption in Deutschland [1710-1791]*, Wiesbaden 1993). Das entsprach einerseits der Bedeutung des berühmten Akademiegründers für die Berliner Institution, andererseits aber auch der Skepsis des amtierenden Präsidenten gegenüber der spekulativen Philosophie seines Vorgängers und dessen einflußreicher Schule. Unter deren zahlreichen Adepten, zu denen auch Mendelssohn und Lessing gehörten, war Maupertuis verständlicherweise nicht beliebt. Aber erst die dritte Preisaufgabe, eben weil sie einen anderen Namen und virtualiter ein anderes ›System‹ vorzuschieben schien (vgl. den Wortlaut unter Anm. 616,24 f.), ließ den Zorn der Leibniz-Wolff-Anhänger gegen die französisch beherrschte Akademie hochkochen. Der Vorwurf lautete auf Arglist. Dabei wird man in Rechnung stellen dürfen, daß die Reputation des Präsidenten durch eine Reihe von unglücklichen Affären, etwa den schmählichen Ausgang des Streits mit dem holländischen Mathematiker Samuel König (1752/53) und, schmerzlicher noch, die Verunglimpfung durch Voltaires *Akakia*-Pamphlet (1753), gerade damals steil abgestürzt und Spott über ihn wohlfeil war.

Soviel zur Ausgangslage. Wann und warum Lessing und Mendelssohn sich einzumischen beschlossen, wissen wir nicht. Sicher ist nur, daß am 18. 2. 1755, als Lessing dem Freund brieflich die Gründe für die Nichteinreichung rekapitulierte (s. Anm. 614,14), die Schrift als abgeschlossen gelten konnte. Offensichtlich hatte man sich an den Abgabetermin (1. 1. 1755) gehalten, was bedeuten würde, daß die Entstehung in den Herbst 1754 fiel. Was den genannten Brief betrifft, so gibt er allerdings einige Rätsel auf. Denn entweder war die Rechtfertigung vor dem Freund nicht ernst gemeint, oder aber die polemischen Spitzen gegen die Akademie wurden tatsächlich erst später in die Abhandlung eingefügt. So jedenfalls, wie sie im Herbst 1755 herauskam, war sie völlig ungeeignet, der Akademie vorgelegt zu werden. Doch es gibt auch eine dritte Möglichkeit. Geht man von den heute gängigen Thesen zu den Arbeitsanteilen der beiden aus (s. u.), dann wäre auch denkbar, daß Lessings Trostworte dem wissenschaftlich seriöseren Teilhaber galten, also aus dem schlechten Gewissen des Spielverderbers kamen. Denn eine Zeitlang dürfte man sicher an eine Einreichung gedacht haben.

Wie dem auch sei – wichtiger als die Teilnahme am akademischen Ritual war den beiden (Lessing vorab) zweifellos die Teilnahme an der öffentlichen Auseinandersetzung.

Denn so wie die Ausschreibung allgemein verstanden wurde, nämlich als Aufforderung, Leibniz via Pope zu kritisieren, ging es hier um Grundsätzliches: um die Anmaßung der Amtsträger und die Freiheit der Gelehrten. Dafür fühlten sich die Berliner Freunde zuständig, und zwar um so mehr, als sie hinnehmen mußten, daß ausgerechnet Gottsched, der Inbegriff der gelehrten Anmaßung, als erster zum Angriff geblasen hatte (vgl. Anm. 617,1). Wollte man dieser unerwarteten Spießbrüderschaft entkommen, und daran dürfte den Berlinern viel gelegen haben, dann war es unumgänglich, eigene Strategien zu entwickeln, was denn auch gelang. War Gottsched gut beraten, wenn er, wie angeblich auch Maupertuis, Pope als veritablen Leibnizianer verstand? Sicher nicht. Hier glaubte Mendelssohn Besseres zu wissen. Und war es angängig, den Dichter mit dem Systemdenker zu vermischen? Dies noch viel weniger. Hier glaubte sich Lessing aufgerufen. So oder so ähnlich muß man sich jedenfalls die Arbeitsaufteilung der beiden Verfasser denken, wenn auch ohne letzte Sicherheit. Unter den Zeitgenossen galt fraglos Lessing als der Hauptautor. Mit den Kommentaren von Waldemar von Olshausen (PO Erl., S. 956-972) und Leo Strauss (Mendelssohn, JA 2, S. XV-XX und 379-387) hat sich diese Einschätzung freilich umgekehrt. Danach wäre Mendelssohn mehr oder minder allein für den philosophischen Systemvergleich verantwortlich, Lessing für den Anfang der Schrift, einschließlich des Abschnitts *Vorläufige Untersuchung, ob ein Dichter, als ein Dichter, ein System haben könne*.

STRUKTUR

Tatsächlich laufen in *Pope ein Metaphysiker!* zwei Argumentationslinien zusammen, die nicht notwendig das gleiche wollen. In der einen geht es um die Überzeugung, daß Dichtung und systematisches Denken sich grundsätzlich ausschließen; in der anderen um den Nachweis, daß die

Denkgebäude von Pope und Leibniz in wichtigen Punkten differieren. Vor allem mit dem zweiten Anliegen entsprachen die beiden Autoren weitgehend der Preisaufgabe, in der ausdrücklich verlangt war, den Popeschen Satz auf Gemeinsamkeiten und *Unterschiede* zum philosophischen ›Optimismus‹ zu prüfen. Doch an solcher Willfährigkeit war den beiden nicht gelegen. Der Punkt, in dem die beiden Linien – nennen wir sie getrost die Lessing- und die Mendelssohn-Linie – zusammengehen, ist nämlich nicht die Kritik oder Rettung Popes oder Leibnizens, so sehr das im Detail auch der Fall zu sein scheint, sondern der Erweis, daß die Preisaufgabe selbst unhaltbar sei. Und hier ist die Lessing-Linie zweifellos ausschlaggebend. Wenn nämlich Dichter und Philosoph wesensmäßig nicht vergleichbar sind, dann muß auch das »Philosophische« in der Dichtung, das durchaus nicht geleugnet wird, anders kodiert sein als in der Philosophie selbst. Während die eine, die Dichtung, auf den ›schönen‹ Ausdruck subjektiver Erfahrung und subjektiven Meinens festgelegt sei, folge die andere, die Philosophie, den objektiven Vernunftkriterien der Identität und des zureichenden Grundes. Deshalb könne der Dichter nur als sinnlicher Eklektizist und der Philosoph nur als systematischer Schlußfolgerer beurteilt werden. Waren sich die Verfasser der Preisaufgabe dessen nicht bewußt? Peinlicherweise nein, sagen die beiden fünfundzwanzigjährigen Freiberufler, womit sie sich freilich selbst auf eine gefährliche Mechanik der Beweisführung festlegen. Nicht nur, daß sie Popes Lehrgedicht ohne sonderliche Skrupel auf seine ontologischen Aussagen reduzieren (obwohl es primär einem sozialethischen Konzept folgt), es ist auch voraussehbar, daß Popes »System« des Immerseienden sich als ehrenwerter Mischmasch aus mancherlei Quellen erweisen wird, also als Nicht-System und weitab von Leibniz.

So gesehen ist es kein Zufall, daß sich die Interpretationsgeschichte des Traktats langsam aber sicher zu einer Destruktionsgeschichte entwickelt hat. Als Wendepunkt hat der glänzende Kommentar von Leo Strauss (s. o.) zu gelten.

Wichtig wurde vor allem sein Nachweis, daß Maupertuis keineswegs von der Identität des Popeschen und Leibnizschen Systems ausging (s. Anm. 638,12-16), was der Stoßrichtung der Lessing/Mendelssohnschen Polemik einiges an Brisanz nahm. Aber auch sonst konnte Strauss manchen Irrtum, Selbstwiderspruch oder strategischen Kniff der beiden Kritiker aufdecken. Beträchtlich weiter gehen die Konsequenzen, die Peter Michelsen (*Ist alles gut?*) aus diesen und weiteren eigenen Nachweisen zog. Nach Michelsen haben sich Lessing und Mendelssohn nicht nur in Einzelheiten, sondern in der Logik ihres Ansatzes schlechthin vergaloppiert. Nicht genug, daß, wer den *Essay on Man* unvoreingenommen prüfe, ihm seinen expliziten Systemanspruch nicht absprechen könne, es sei auch generell fragwürdig, Dichtung und konsistentes Weltbild auseinanderzudividieren. In der Tat fällt es nicht leicht, im Verfasser von *Pope ein Metaphysiker!* den Verfasser des *Nathan* wiederzuerkennen.

Will man im Schlepptau dieser beiden Interpreten den Traktat nicht zu einem polemischen und temporären Mißgriff erklären, dann müssen die Fragen an ihn vermutlich anders gestellt werden. Die Richtung dafür scheint das sezessionistische Pathos anzugeben, mit dem gleich zu Beginn einer Akademie das Recht abgesprochen wird, einen Dichter auf seine philosophische Zuständigkeit hin zu prüfen. Denn daß Pope für Lessing und Mendelssohn vor allem ein großer Dichter war, steht außer Zweifel. So gesehen aber geht der Impetus ihres Traktats auf nichts Geringeres als eine Neuordnung der Diskurse im Sinn der erkenntnistheoretischen Revisionsvorschläge Baumgartens. *Pope ein Metaphysiker!* also als typisches Zeugnis der anthropologischen und ästhetischen Wende um 1750? Mit einiger Sicherheit, auch wenn die Form und die riskante Hypothetik dies ein wenig kaschieren. Tatsächlich argumentierten die beiden Freunde reichlich ungeschützt. Sollte man ihnen trauen, wenn sie den wahren Dichter mit anakreontischem Tenor als einen Unzuverlässigen, Träumer und weltanschaulichen Hazardeur beschrieben, als jemanden, auf den man partout nicht bauen kann? Offensichtlich sollte man. Jedenfalls hat Lessing in den *Rettungen des Horaz,* die nur ein paar Monate früher entstanden, in eben diesem Sinne votiert (vgl. Anm. 622,16-25). Mochte die logische Rede des Philosophen für die Fragen der Weltsystematik zuständig sein, so die sinnliche des Dichters für die widersprüchliche Welterfahrung des aus ›krummem Holze‹ geschnitzten Menschen. Als Lessing den Preisaufgaben-Brief an Mendelssohn schrieb (18. 2. 1755), modellierte er in Potsdam gerade die durchwegs »gemischten« Charaktere seiner *Miß Sara Sampson.* Mit dieser Auffassung von Dichtung ließ sich in der Tat nicht mehr begründen, warum die von Baumgarten nobilitierten sinnlichen Erkenntniskräfte an die logischen ausgeliefert werden sollten, um philosophischen Theorien und Weltmodellen mit einer poetischen Einkleidung zu dienen. Nicht daß der Dichter, nach Lessings und Mendelssohns Meinung, der Philosophie nicht zugetan sein sollte. Im Gegenteil. Nur eben nicht als deren selbstvergessener und populärer Dienstleister. Mehr bedurfte es eigentlich nicht, um die Absage an das (philosophische) Lehrgedicht zu begründen, die im Traktat eine entscheidende Rolle spielt. Über ihre prognostische Kraft wird man streiten können. Richtig an ihr ist, daß zumindest die klassische Form im Sinne Popes ihrem Ende zuging. Mißlich hingegen war, daß sie als Prämisse des Mendelssohnschen Leibniz-Pope-Vergleichs, der als gelehrtes Herzstück der Abhandlung gedacht war und ziemlich genau den Vorgaben der Preisfrage folgte, eigentlich keine vorbehaltlose Prüfung zuließ. Der Schaden war allerdings nicht groß. Lessings/Mendelssohns Versuch, den Dichter als Anti-Metaphysiker und »gemischten Charakter« zu etablieren, löste keine öffentliche Diskussion aus.

WIRKUNGSZEUGNISSE

Nr. 1
Brief Mendelssohns an Lessing vom 19. 11. 1755 (zit. nach Bd. XI/1 dieser Ausgabe, S. 70):

Es will niemand *Pope ein Metaphysiker* gelesen haben. Pr.⟨ofessor⟩ Sulzer fragte mich schon mehr als einmal: *ob was Guts darin wäre?* Ich versicherte ihn, diese Schrift hätte mir gefallen, und wo ich mich nicht irre, so stieg ihm eine kleine Röte in das Gesicht. Er gab mir zu verstehen, er sei weder mit der Aufgabe noch mit der Preisschrift zufrieden gewesen.

Nr. 2
Friedrich Nicolai (zit. nach: Lessing, *Werke*, ed. Hempel, Bd. 20/2, S. 24):

⟨...⟩ es ging ihnen beinahe wie Georgen, dem Sohn des ›Vicar of Wakefield‹. Er schrieb Paradoxen. Der Vater fragte: Nun was sagt die Stadt zu Deinen Paradoxen? Antwort: Nichts!

Nr. 3
Brief Johann Georg Hamanns an Johann Gotthelf Lindner vom 18. 8. 1756 (zit. nach: J. G. Hamann, *Briefwechsel*, hg. v. Walther Ziesemer und Arthur Henkel, Bd. 1, Frankfurt a. M. 1955, S. 227):

Die Schrift habe selbst gelesen. Pope ein Metaphysiker! Das *Signum exclamandi* soll vermuthlich des Horatz sein *risum teneatis amici* ausdrücken. In dem Vorbericht wird die Gelegenheit dazu angegeben. Die Akad. der Wissenschafften hat eine Aufgabe gemacht, die Ihnen bekannt seyn wird. Es werden zwey Verfaßer davon angegeben um keine Eyfersucht unter Freunden zu erzeugen die zu ihrem Sinnspruch den Vers des Vergils

Compulerunt – greges Corydon et Thyrsis in unum hätte wählen müßen hat man diese Gedanken der Gefahr eine Preisschrift zu werden nicht aussetzen wollen. Es sind einige sehr feine und zweydeutige Züge auf die Akademie darin, die dem critischen Geist des Leßings vollkommen ähnlich sehen. Der letzte ist sehr beißend. Es wird eine Stelle des Pope angeführt wo er über den philosophischen Bart in einem Briefe an Swift scherzt, den er sich in dem Versuch über den Menschen angemast. Pope würde sich also sehr wundern, schlüst der Autor, wenn er das Schicksal erlebt hätte, daß eine berühmte Akademie diesen seinen falschen Bart für werth erkannt hätte ernsthaffte Untersuchungen darüber anzustellen. Diese ganze Schrift ist lesenswürdig. Sie fängt mit einer Vergleichung eines Systems und Gedichts, eines Poeten und Metaphysikers an; und theilt sich hierauf in 3 Abschnitte der akademischen Aufgabe gemäs. Man sucht ein *analogon* eines *Systems* aus Popens Gedicht herauszubringen, das in 13 Sätzen besteht. Die Schlußfolge davon heißt nach Pope: *what ever is, is right*. Zweydeutigkeit der franzoischen ⟨!⟩ Uebersetzung, *tout ce qui est, est bien*, welche die Akademie angenommen. Pope hat nicht sagen wollen ist gut, sondern ist recht, ist so wie es seyn soll, hat diejenige Stelle die ihm zukommt. Nun kommt eine Vergleichung des Pope mit Leibnitz in ihren Lehrsätzen. Der erste versteht den Zusammenhang des gantzen anders als der letzte. Pope in der *gradation* der Leiter der Geschöpfe, Leibnitz in der Verbindung der Dinge vermöge des zureichenden Grundes. Pope schlüst *a priori*, Gott hat Menschen schaffen müßen weil sonst eine Stelle o⟨der⟩ Stufe in der Reyhe der Wesen leer gewesen. Leibnitz a posteriori, weil Menschen sind so müßen sie zur besten Welt gehören. Beyde haben eben so verschiedene Begriffe der besten Welt. Pope ist dem Malebranche gefolgt. Der dritte Abschnitt ist eine Prüfung der Popischen Sätze, die in nichts weniger als eine Widerlegung des Leibnitz ausfallen kann. Die Gottschede sagen, sie werde denn ganz was anders seyn, als die Akademie verlangt. Doch was geht es ⟨ihn⟩ an was die Gottschede sagen; er will sie demohngeachtet unternehmen. In dieser Prüfung werden die Wiedersprüche, die Pfauenfedern o⟨der⟩ die Schwäche der Popischen Lehrsätze entdeckt. Hierauf ein Anhang, in dem gewiesen, daß Pope aus allen ⟨mögl.⟩ Systemen das sinnlich-schöne geborgt, den Malebranche, vornehml. den Shaftesbury, welchen Leibnitz besser verstanden.

Nr. 4
Brief von Martin Künzli (einem Teilnehmer am Preisausschreiben) an Johann Jacob Bodmer vom 19. 7. 1756 (zit. nach: Ludwig Hirzel, *Wieland und Martin und Regula Künzli. Ungedruckte Briefe und wiederaufgefundene Actenstücke*, Leipzig 1891, S. 116):

Es ist eine kleine Schrift, betitelt Pope ein Metaphysiker, erschienen, darin die Academie schon ziemlich mitgenommen wird, nur über die aufgeworfene Frage selber; allein es dünkt mich, der Verfasser vergehe sich auch selber, sowohl überhaupt, daß er behauptet, die Frage seye widersinnig, ob in einem Gedicht ein System enthalten, weil ein System und ein Gedicht nicht könne beysammen sein, als auch insbesondere wegen seiner dafür angebrachten Gründe. Der Herr Autor vergehet sich darinnen sehr weit bis zum chicaniren.

STELLENKOMMENTAR

614,1 *Pope ein Metaphysiker!*] Alexander Pope (1688-1744), engl. Dichter, Vertreter einer klassizistischen Regelpoesie, Homer-Übersetzer, berühmt durch seine aggressiven Satiren, aber auch durch Pastoralen und Lehrgedichte. – Mit der Bezeichnung »Metaphysiker«, die hier einen systematischen Schulphilosophen meint, nehmen Lessing und Mendelssohn ironisch Bezug auf die akademische Preisfrage (vgl. Anm. 614,24 f.). Auf den spöttischen Charakter der Schrift verweist auch die Titelvignette, die einen Faun zeigt, dem eine Maske mit einem »philosophischen Bart« vor das Gesicht gehalten wird (vgl. auch S. 647,23 und 650,6-11).

614,14 *Umstände ⟨...⟩ verhinderten]* Warum Lessing auf eine Einsendung des Manuskripts verzichtete, erklärt er in einem Brief an Mendelssohn vom 18. 2. 1755: »Ich wollte ihnen meine Ursachen nach der Länge anführen, warum ich, Ihnen die Wahrheit zu gestehen, die bewußte Preisschrift mit Fleiß zurückgehalten habe. Ihr Verweigern, sich nicht dabei zu nennen, war die vornehmste. Gesetzt nun, daß wir aus dieser gelehrten Lotterie das größte Los gezogen hätten: was meinen sie wohl, daß alsdann geschehen wäre? Sie hätten *wollen* verborgen bleiben, und ich hätte es *müssen* bleiben. Wenn sich alsdenn niemand genennt hätte, so hätten wir unsre Schrift nicht einmal dürfen drucken lassen, oder wir wären doch zuletzt verraten worden. Ist es also nicht besser, daß wir den uneigennützigen Weltweisen spielen, und unsre Entdeckungen der Welt ohne 50 Dukaten überlassen?« (Bd. XI/1 dieser Ausgabe, S. 62 f.)

614,18 *Sinnspruche]* Nach den Regeln der Akademie sollte jede für eine Preisaufgabe eingereichte Arbeit mit einem Motto als Kennwort versehen sein.

614,19 *Compulerant ⟨...⟩ unum]* »Corydon und Thyrsis hatten ihre Herden vereinigt.« (Vergil, 7. Ekloge, v. 2.)

614,24 f. *Die Akademie ⟨...⟩ ist]* Die Preisfrage lautete wörtlich: »On demande l'examen du Système de Pope, contenu dans la proposition: *Tout est bien.* Il s'agit: 1. De déterminer le vrai sens de cette proposition, conformément à l'hypothèse de son auteur. 2. De la comparer avec le Système de l'Optimisme, ou du choix du meilleur, pour en marquer exactement les rapports et les différences. 3. Enfin d'alléguer les raisons qu'on croira les plus propres à établir ou à détruire ce Système.« (Nach: Adolf von Harnack, *Geschichte der Kgl. Preußischen Akademie der* Wissenschaften, Bd. 2, S. 306.) (»Man verlangt eine Prüfung des Popeschen Systems, das in dem Satz ›Alles ist gut‹ zusammengefaßt ist. Verlangt wird: 1. den wahren Sinn dieser Aussage entsprechend der Hypothese ihres Autors zu bestimmen; 2. diesen Satz mit dem System des Optimismus, d. h. der Wahl des Besten, zu vergleichen und die Gemeinsamkeiten und Unterschiede genau festzustellen und schließlich 3. die Gründe für eine Annahme oder Ablehnung dieses Systems anzuführen.«)

614,25 *alles ist gut*] Der ›erste Brief‹ in Popes *Essay on Man* (Versuch über den Menschen, 1733/34) endet mit dem Vers: »One truth is clear, Whatever is, is right.« (»Eine Wahrheit ist sicher, Was immer ist, ist recht.«) Die Übertragung »recht« anstelle von »gut« scheint sich heute, trotz der Warnung von Michelsen (*Ist alles gut?*, S. 63), durchgesetzt zu haben. So auch Breidert in der jüngsten dt. Ausgabe des *Essays*: »die Wahrheit bleibt: Was immer ist, ist recht.« Ansonsten ist Breiderts Nachdichtung (versifiziert und gereimt) leider untauglich für einen kritischen Kommentar. Vgl. Alexander Pope, *Vom Menschen – Essay on Man*. Übers. v. Eberhard Breidert. Mit einer Einleitung hg. v. Wolfgang Breidert. Englisch und deutsch, Hamburg 1993, S. 37. Popes *Essay*, der aus vier Vers-Episteln besteht, ist ein Musterbeispiel für die im 18. Jahrhundert beliebte Gattung des Lehrgedichts, die auch in Deutschland (Haller, Brockes, Wieland) prominente Vertreter fand (vgl. Siegrist, *Das Lehrgedicht der Aufklärung*).

615,1 *System des Optimismus*] Gemeint ist Leibniz' These aus den *Essais de Théodicée* (Versuche über die Theodizee, 1710), daß Gott mit der existierenden Welt die beste aller möglichen Welten geschaffen habe (vgl. Artikel »Optimismus«, in: *Historisches Wörterbuch der Philosophie*, Bd. 6, Stuttgart, Basel 1984, Sp. 1240-1246, sowie Wolfgang Hübener, *Sinn und Grenzen des Leibnizschen Optimismus*, in: W.H., *Zum Geist der Prämoderne*, Würzburg 1985, S. 133-152). Nach Gottsched ist Leibniz' Lehre erstmals von dessen Gegner, dem Lausanner Mathematiker und Philosophen Jean Pierre de Crousaz, als »Optimismus« bezeichnet worden. Vgl. Johann Christoph Gottsched, *De optimismi macula diserte nuper Alexandro Popio Anglo, tacite autem G. G. Leibnitio, perperam licet, inusta* (Über den Makel des Optimismus, der jüngst öffentlich dem Engländer Alexander Pope, stillschweigend aber auch dem G. G. Leibniz angehängt wurde, fälschlich versteht sich und unwirksam, Leipzig 1753, IV). S. auch Anm. 636,12-16.

615,9-11 *Da Thales ⟨...⟩ gut]* Thales von Milet (um 624 - 546 v. Chr), Platon (427-347 v. Chr.), Chrysippos (280-206 v. Chr.), Gottfried Wilhelm Leibniz (1646-1716), Baruch de Spinoza (1632-1677). Zu Spinoza vgl. Anm. 641,29-33 und 642,9-12. Daß der Optimismus Gemeingut einer langen philosophischen und theologischen Tradition sei, machen auch Warburton: *A Vindication of Mr. Pope's Essay on Man* (Eine Verteidigung von Herrn Popes Versuch über den Menschen, 1738) und Gottsched (vgl. Anm. 615,1) geltend. Dabei verweist Warburton insbesondere auf Platon und Shaftesbury, Gottsched auf Thales, Chrysipp, Platon und Augustin.

615,17 *einem Kanon]* Einer Richtschnur.

615,29 f. *Concipient ⟨...⟩ Aufgabe]* Initiator, Verfasser der Preisfrage. Wahrscheinlich der Präsident der Akademie, Pierre Louis Moreau de Maupertuis.

616,9 *Prämissen]* Voraussetzungen, Vorannahmen in einem logischen Schlußverfahren.

616,9 *Conclusion]* Schluß, finale Folgerung in einem logischen Schlußverfahren.

616,18 *Saul]* Name des Apostels Paulus vor seiner Bekehrung. Hier: der Ungläubige.

616,23 *Grazien]* Griech. Göttinnen der Anmut und Schönheit.

616,24 *Musen]* Griech. Göttinnen der Künste und Wissenschaften, Töchter des Zeus und der Mnemosyne.

616,24 *Faunen]* Von lat. Faunus: altröm. Naturgott, dem griech. Pan verwandt. Später zum bocksbeinigen Unhold und zur Vielzahl degradiert.

616,24 *Thyrsus]* Der mit Efeu und Weinlaub umwundene Stab des Dionysos und seiner Anhänger.

616,35 *ein System]* Im Vorwort (*The Design*) zum *Essay* markiert Pope den Unterschied zwischen Dichtung und Theorie viel weniger scharf als Lessing und Mendelssohn. Er behauptet durchaus, ein ethisches »System« zu entwerfen: »Wenn ich mir selbst schmeicheln könnte, daß dieser Essay irgendein Verdienst hat, so ist es dieses, daß er zwischen den Extremen von scheinbar entgegengesetzten Lehren hindurchsteuert, daß er äußerst unverständliche Ausdrücke umgeht, und daß er eine gemäßigte, aber nicht inkonsistente, und kurze, aber nicht unvollkommene Ethik ⟨Urtext: ›System of Ethics‹⟩ herausbildet. Das hätte ich in Prosa tun können, doch wählte ich aus zwei Gründen Verse und sogar Reime. Der eine wird naheliegend scheinen, daß nämlich derart geschriebene Prinzipien, Maximen oder Regeln den Leser zunächst stärker beeindrucken und danach von ihm behalten werden. Der andere mag sonderbar erscheinen, ist aber wahr: Ich fand, daß ich sie auf diese Weise sogar kürzer als in Prosa ausdrücken konnte; und nichts ist sicherer, als daß viel der Kraft wie auch der Gefälligkeit bei Argumenten oder Belehrungen von ihrer Prägnanz abhängt.« (Nach Breidert, *Vom Menschen*, S. 15 f.) Daß Lessing und Mendelssohn auf diese Äußerung nicht eingehen, hat seinen besonderen Grund. Haben sie doch, jedenfalls zunächst, eine Ausgabe benutzt, die das Vorwort nicht enthält (Nachweis zuerst von Strauss in JA 2, S. 383, dann eingehender von Michelsen, *Ist alles gut?*, S. 49 f.). Es handelt sich um die erste deutschsprachige, genauer: zweisprachige Ausgabe: *Hrn. B.⟨arthold⟩ H.⟨inrich⟩ Brockes ⟨...⟩ Aus dem Englischen übersetzter Versuch vom Menschen des Herrn Alexander Pope ⟨...⟩ Nebst einer Vorrede und einem Anhange von Briefen, worinnen die Einwürfe des Hrn. C.⟨rousaz⟩ wider den Essay on Man beantwortet werden, aus der History of the Works of the Learned übersetzt von B. J. Zinck*, Hamburg 1740.

616,37-617,1 *der Poet ⟨...⟩ Philosoph*] Auf Popes Dichtertum machen auch drei der Einsender aufmerksam: der spätere Preisträger Adolph Friedrich von Reinhard, Martin Künzli und ein anonymer Autor. Keiner von ihnen trifft jedoch, wie Lessing und Mendelssohn, eine kategoriale Unterscheidung zwischen einem Dichter und einem Philosophen, wohl aber eine graduelle hinsichtlich der Gründlichkeit ihrer Argumentation. – Abdruck der Preisschriften in: *Dissertation qui a remporté le prix proposé par l'Académie Royale des sciences et belles-lettres de Prusse, sur l'Optimisme, avec les pieces qui ont concouru* (Abhandlung, die den von der Königlichen Akademie der Natur- und schönen Wissenschaften ausgeschriebenen Preis zum Optimusmus-Problem errungen hat, nebst den konkurrierenden Beiträgen), Berlin 1755.

617,8 *Vorläufige]* Vorangestellte.

617,21 *Ein ⟨...⟩ Rede]* Die berühmt gewordene Formel stammt von Alexander Gottlieb Baumgarten: »poema est oratio perfecta sensitiva«. Sie findet sich in seinen *Meditationes de nonnullis ad poema pertinentibus* (Gedanken über einige zur Dichtung gehörige Dinge), 1735, § 9. Mendelssohn hat sich in seinen frühen Schriften wiederholt zu ihr bekannt.

617,26-28 *Ein System ⟨...⟩ Augen]* Lessing und Mendelssohn setzen alles daran, Zielsetzung und Wirkungsweise von Philosophie und Dichtung klar zu unterscheiden. Obwohl für Lessing Gattungen wie die Fabel und das Lehrgedicht durchaus ›philosophisch‹ sein können, geht es in der Dichtung doch immer um »anschauende Erkenntnis«, d. h. die konkrete, sinnlich erfahrbare Darstellung des individuellen Einzelfalles. Auf der gleichen Linie liegt Mendelssohns Unterscheidung der ›schönen‹ Dichtung von nur argumentierender Rhetorik in den *Betrachtungen über die Quellen und die Verbindungen der schönen Künste und Wissenschaften* (1757): »Durch den Zusatz des Beyworts vollkommen wird die Dichtkunst von der Beredsamkeit unterschieden, in welcher der Ausdruck nicht so vollkommen sinnlich ist, als in der Dichtkunst.« (JA 1, S. 175.)

617,28 *einschließen]* Beschränken.

617,34-618,4 *Was ⟨...⟩ verwechseln]* Vgl. Christian Wolff, *Logica. Discursus praeliminaris*, § 116: »In der Philosophie dürfen keine Ausdrücke verwendet werden, die nicht durch genaue Definitionen erklärt sind«; § 143: »Dasselbe Wort muß in der Philosophie, wenigstens innerhalb derselben Teildisziplin, ständig dieselbe Bedeutung haben«; sowie § 150: »Hieraus folgt, daß der Philosoph den Schmuck der Worte zurückweisen muß, der den Rednern hilft. Denn dieser Schmuck besteht entweder in unpassenden Worten oder in mehrdeutigen Worten; beides ist der Einfachheit des philosophischen Stils zuwider.« (Christian Wolff, *Einleitende Abhandlung über Philosophie im Allgemeinen*. Historisch-kritische Ausgabe. Übersetzt, eingeleitet und hg. von Günter Gawlick und Lothar Kreimendahl, Stuttgart - Bad Cannstatt 1996).

618,3 *gleichgültigen]* Gleichbedeutenden.

618,9 *Figuren]* Bildliche Ausdrücke (Metapher, Allegorie, Symbol, Ironie etc.).

618,13 *Böhmens]* Jakob Böhme (1575-1624), mystischer Philosoph, bekannt für seine bildhaft-dunkle Sprache.

618,14-17 *Er geht ⟨...⟩ nach]* Christian Wolff, *Discursus Praeliminaris* § 132: »In jedem Teil der Philosophie ist die Reihenfolge einzuhalten, daß dasjenige vorausgeschickt wird, wodurch das Folgende verstanden und bewiesen wird oder zumindest wahrscheinlich gemacht wird.«

618,22 f. *Begeisterung]* Sulzer, der Berliner Zeitgenosse der beiden, definiert: »Alle Künstler von einigem Genie versichern, daß sie bisweilen eine außerordentliche Wirksamkeit der Seele fühlen, bey welcher die Arbeit ungemein leicht wird; da die Vorstellungen sich ohne große Bestrebung entwikeln, und die besten Gedanken mit solchem Überfluß zuströmen, als wenn sie von einer höhern Kraft eingegeben werden. Dieses ist ohne Zweifel das, was man die Begeisterung nennt.« (Johann Georg Sulzer, *Allgemeine Theorie der schönen Künste*, Bd. 1, hg. v. Giorgio Tonelli, Hildesheim u. a. 1994, S. 349 a/b.)

618,27 *Lucrez]* Titus Lucretius Carus, röm. Dichter und Philosoph, 99/94-55 v. Chr., Verfasser des Lehrgedichts *De rerum natura* (Von der Natur der Dinge), in dem ein antiidealistisches, epikuräisches Naturbild entwickelt wird. Lukrez' Lehrgedicht ist das antike Muster für die Gattung im 18. Jh.

618,28 *System des Epikurs]* Epikur (341-270 v. Chr.), griech. Philosoph, Vertreter einer materialistischen Naturphilosophie und einer eudämonistischen, am Begriff des Glücks orientierten Ethik.

618,30f. *Lukrez ⟨...⟩ Dichter]* Im gleichen Sinn äußert sich Mendelssohn über Lukrez in den ›Literaturbriefen‹ (23. 10. 1760, 128. Brief). Eine ähnliche Unterscheidung zwischen »Versmachern« und »Dichtern« nehmen – aus klassizistischer Perspektive – auch Batteux und Gottsched vor. Batteux schreibt: »Die Verse des Empedokles, des Parmenides, des Nicander, die Sentenzen des Théognide sind streng genommen keine Dichtung. Sie sind bloße Abhandlungen, die im dichterischen Rhythmus und Metrum gehalten sind, damit sie einen leichteren Stil haben und man sie sich so besser merken kann.« (*Les beaux arts reduits à un même principe*, dt. Die schönen Künste, zurückgeführt auf einen gemeinsamen Grundsatz, Paris 1747, 1. Kap, VI). Bei Gottsched heißt es: »Alle diese großen und weitläufigten Werke sind zwar in Versen geschrieben; in der That aber keine Gedichte: weil sie nichts gedichtetes, das ist, keine Fabeln sind.« (*Critische Dichtkunst*, 4. Aufl., Leipzig 1751, S. 575.)

619,31 *die Wege Gottes ⟨...⟩ rechtfertigen] Essay on Man I*, v. 16: »But vindicate the ways of God to Man.«

620,1 *Deutlichkeit]* Deutlichkeit und Klarheit sind seit Descartes die Wahrheitskriterien einer Theorie.

620,16-18 *Allein ⟨...⟩ rühren]* »Rührung« und »starke Eindrücke« sind zentrale Kriterien von Kunst nicht nur für Lessing und Mendelssohn, sondern in der emotionalistischen Ästhetik der Zeit überhaupt.

620,18-27 *Und dieses ⟨...⟩ würde]* In den *Rettungen des Horaz* (S. 186 dieses Bandes) schreibt Lessing: »Noch weit schwerer, oder vielmehr gar unmöglich ist es, aus seinen Gedichten seine Meinungen zu schließen, sie mögen nun die Religion oder die Weltweisheit betreffen; es müßte denn sein, daß er die einen oder die andern, in eigentlichen Lehrgedichten ausdrücklich hätte entdecken wollen. Die Gegenstände, mit welchen er sich beschäftigt, nötigen ihn die schönsten Gedanken zu ihrer Ausbildung von allen Seiten zu borgen, ohne viel zu untersuchen, welchem Lehrgebäude sie eigen sind. Er wird nicht viel Erhabnes von der Tugend sagen können, ohne ein Stoiker zu scheinen; und nicht viel

Rührendes von der Wollust, ohne das Ansehen eines Epikurers zu bekommen.«

620,27 *Metze*] Dirne, käufliche Frau.

621,23 *eigentümlich*] Sein Eigentum, originär.

622,5 *fall*] Im Original heißt es »full«, der Fehler »fall« findet sich in der Übersetzung von Barthold Heinrich Brokkes (vgl. Anm. 616,35), woraus sich schließen läßt, daß Lessing und Mendelssohn diese Ausgabe benutzt haben (vgl. JA 2, S. 383).

622,30 f. *Degradation*] Abstufung.

622,31 *große Kette*] Vgl. zu diesem auf Homer zurückgehenden Begriff: Arthur Lovejoy, *The Great Chain of Being* (Die große Kette der Wesen), 1936.

623,10 f. *in ⟨...⟩ Man*] »In der Leiter des Lebens und des Sinns ist dann irgendwo auch eine Stufe ›Mensch‹ erfordert.«

624,20 *His being ⟨...⟩ place*] Die kritische Ausgabe liest: »His knowledge measur'd to his state and place« (Seine Kenntnis bemißt sich nach seinem Zustand und Ort).

624,26 f. *And ⟨...⟩ wrong?*] »Und die ganze Frage (man streite, solange man will), ist nur die, ob Gott ihn ⟨den Menschen⟩ an einen falschen Ort gesetzt hat.«

625,9 f. *Think ⟨...⟩ Laws?*] »Glauben wir denn, daß die ewige Ursache – wie ein schwacher Fürst für seine Günstlinge – ihre Gesetze einfach umkehrt?« Vgl. auch Pierre Bayle, *Pensées diverses à l'occasion de la comète* (Verschiedene Gedanken anläßlich des Kometen), Rotterdam 1704, § 230: »Il n'y a rien qui nous donne une plus haute idée d'un Monarque, que de voir qu'ayant sagement établi une loi, il en maintient la vigueur envers tous et contre tous, sans souffrir que le prejudice d'un particulier, ou les recommandations interessées d'un Favori y aportent quelque restriction.« (»Nichts vermittelt uns eine höhere Vorstellung eines Monarchen, als mit anzusehen, wie er weise Gesetze erläßt und diese mit Nachdruck gegenüber jedem durchsetzt, ohne sich im geringsten von den Partikularinteressen oder den Forderungen seiner Günstlinge beeinflussen zu lassen.«)

625,13 *System des Malebranche*] Nicolas de Malebranche

(1638-1715) entwickelte in der Nachfolge Descartes' die Lehre vom »Okkasionalismus«, d. h. dem Eingreifen Gottes bei der richtigen Gelegenheit. Malebranches Lehre wurde u. a. von Leibniz kritisiert. Mit dem Verweis auf die Koinzidenz von Popes Ansichten mit denen Malebranches kehren Lessing und Mendelssohn die Strategie der Preisfrage gegen ihren Initiator: Denn Malebranche, Newton und der Präsident der Akademie Maupertuis vertraten gegen Leibniz' Rationalismus eine voluntaristische Auffassung vom Eingreifen Gottes. Vgl. hierzu den öffentlichen Briefwechsel des Newton-Schülers Samuel Clarke mit Leibniz, in dem Clarke Leibniz' Lehre von der besten Welt die Tendenz unterstellt, Gott letztlich überflüssig zu machen (»to exclude God out of the world«). S. Volkmar Schüller, *Der Leibniz-Clarke-Briefwechsel*, 1991.

625,28-31 *Sie führen ⟨...⟩ Nutzen*] Das Beispiel des Regens findet sich bei Malebranche im *Traité de la nature et de la grâce* (Traktat über die Natur und die Gnade), 1680, 1. Discours, XIV und XXIII, sowie 1. Eclaircissement, VII und XVI.

626,6 f. *Shall ⟨...⟩ fires?*] »Soll der brennende Aetna, wenn ein Weiser es fordert, aufhören zu donnern und seine Feuer zurückrufen?«

626,29 *an einem andern Orte*] 4. Brief, v. 113 (Die Natur läßt es geschehen).

627,2-5 *On ⟨...⟩ destroy'd*] »Doch würden wir uns gegen höhere Mächte auflehnen, so würden es die niedrigen genauso mit uns machen: Denn sonst bliebe eine Stelle in der Schöpfung leer, und mit einer Stufe wäre auch die ganze Leiter zerbrochen.«

627,7-10 *And ⟨...⟩ fall*] »Und wenn jedes System (im Sinne von »jedes Teilsystem«) in der Stufenfolge ein gleich wesentlicher Bestandteil des staunenswerten Ganzen ist, so muß bei der geringsten Unordnung nicht nur dieses System, sondern das Ganze fallen.«

627,17 f. *If the great ⟨...⟩ less?*] »Wenn die Natur vom großen Ziel des menschlichen Glücks abweicht, wie sollte es der Mensch nicht tun?«

627,20 f. *Or partial ⟨...⟩ fall]* »Oder das partielle Schlechte ist das allgemeine Gute — — — oder die Natur läßt es zu«.

627,23 f. *all subsists ⟨...⟩ life]* »Alles entsteht aus dem Kampf der Elemente, und die Leidenschaften sind Bestandteil des Lebens.«

628,4 f. *Oh ⟨...⟩ each etc.]* »Oh Blindheit der Zukunft! Gabe, die bewirkt, daß jedes ⟨seinen Kreis ausfüllt⟩«.

628,21 *if God ⟨...⟩ wrong?]* »Wenn Gott den Menschen an die falsche Stelle gesetzt hätte?« (1. Brief, v. 50)

628,27 *Modes ⟨...⟩ call]* »Die Leidenschaften können wir als Modi der Eigenliebe bezeichnen.«

628,29 *Self-love ⟨...⟩ restrain]* »Die Eigenliebe drängt, die Vernunft gebietet Einhalt.«

628,31 *Passions ⟨...⟩ life]* »Die Leidenschaften sind Bestandteil des Lebens.«

629,7 *Tis real ⟨...⟩ them all]* »Dieses wahre oder scheinbare Gut ⟨die Leidenschaften⟩ bewegt alle.«

629,11 f. *Sprache seiner Übersetzer]* Die Preisfrage ist auf franz. gestellt, vgl. Anm. 614,24 f.

629,28-32 *Recht ⟨...⟩ übereinstimmten]* Nach Lessing und Mendelssohn bedeutet das Popesche »right« nicht »gut«, sondern »recht«, und zwar im Sinne von »gesetzmäßig«.

629,35 *adverbialiter]* Als Adverb.

629,35 f. *substantive]* Als Adjektiv oder Substantiv.

630,18 *Aufnehmen]* Pflege, Weiterbringen, Fortschritt.

631,3 f. *auch Leibnitz ⟨...⟩ ausgedrückt]* Etwa *Théodicée* § 8, *Monadologie* § 55, *Principes de la nature et de la grâce* (Prinzipien der Natur und der Gnade) § 10.

631,6 *Warburton]* William Warburton (1698-1779) verteidigte Pope gegen die von Jean Pierre de Crousaz (vgl. Anm. 615,1) in dessen *Examen de l'Essai de Mr. Pope sur l'homme* (Prüfung des Versuchs von Herrn Pope über den Menschen, 1736) erhobene Anschuldigung, Pope habe sich den Leibnizschen Determinismus und andere »gefährliche« Lehren zu eigen gemacht. Warburtons Verteidigung wurde 1738 erstmals in der Zeitschrift ›History of the Works of the Learned‹ (Geschichte der gelehrten Werke) veröffentlicht und erschien wenig später als Buch. Eine dt. Übersetzung ist Brockes' Übersetzung von Popes *Essay on Man* (vgl. Anm. 616,35) angefügt.

631,9 f. *Concipient]* Verfasser, Urheber.

631,16-632,15 *In dem besten System ⟨...⟩ schließen läßt]* Ob die Anschauungen von Leibniz und Pope tatsächlich so differieren, wie hier von Lessing und Mendelssohn behauptet wird, ist strittig. Im Vergleich zu anderen Stellungnahmen (z. B. in Mendelssohns *Phaedon*, Drittes Gespräch, oder der *Untersuchung der Verbindung der Seele mit dem Körper*) wird der Unterschied hier pointiert (vgl. JA 2, S. 384; Michelsen, *Ist alles gut?*, S. 55 ff.). JA führt Stellen an, nach denen Leibniz wie Pope unter dem Zusammenhang der Welt sowohl die Wechselwirkung aller Elemente als auch die Stufenordnung der Formen verstehen (Zusammenhang als Wechselwirkung: *Théodicée* § 7-9; *Monadologie* § 56, 61, 63; *Principes* § 3, 13; Zusammenhang als Stufenordnung: *Théodicée* § 14, 31, 120). Die Opposition, die Lessing und Mendelssohn hier aufbauen, läßt sich allerdings aus ihrer Argumentationsstrategie verstehen. Popes »Stufenfolge« soll ja als ein bloß metaphorisches, also logisch inkonsistentes Bild von dem streng logischen Kausalzusammenhang in Leibniz' Theorie abgehoben werden (vgl. »Struktur«).

631,33 *der mindeste ⟨...⟩ Spiegel sein]* Leibniz, *Monadologie* § 56: »Nun bewirkt diese Verknüpfung oder diese Anpassung aller geschaffenen Dinge an jedes andere und eines jeden an alle anderen, daß jede einfache Substanz Beziehungen hat, durch welche alle übrigen zum Ausdruck gelangen, und daß sie infolgedessen ein fortwährender lebendiger Spiegel der Welt ist.« Vgl. auch *Théodicée* § 130, 360; *Principes de la nature* § 12-13.

632,6-10 *Mit Leibnitzen ⟨...⟩ unterbrochen wird]* Vgl. *Monadologie* § 7.

632,17-19 *On superior ⟨...⟩ Void]* S. Anm. 627,2-5.

633,14 f. *Or partial ⟨...⟩ fall]* S. Anm. 627,20 f.

633,16-34 *Dieses ⟨...⟩ 206]* Vgl. auch *Théodicée* § 9, 21, 22, 74, 84; *Monadologie* § 87-89; *Principes de la nature* § 11, 15. In diesen Paragraphen setzt sich Leibniz ausdrücklich mit Malebranche und Bayle auseinander.

635,20-33 *Nach Leibnitzens ⟨. . .⟩ dienen]* Vgl. *Théodicée* § 99, 111, 119, 130.

635,34-36 *Wird ⟨. . .⟩ nicht]* Lessings und Mendelssohns Schlußfolgerung wird gestützt durch eine Äußerung Popes, daß er Leibniz' Theodizee nie gelesen habe (vgl. Breidert, *Vom Menschen*, XIV; zum Verhältnis Pope – Leibniz vgl. Cecil A. Moore, *Did Leibniz Influence Pope's Essay?* in: The Journal of English and Germanic Philology 16 [1917], S. 84-102).

636,12-14 *Die Gottschede sagen ⟨. . .⟩ möchte]* Gottsched (1700-1766), wichtigster Literaturtheoretiker, Schriftsteller und Wissenschaftsorganisator der deutschen Frühaufklärung, Verteidiger des Leibniz-Wolffischen Rationalismus, erklärte in seiner Streitschrift gegen die Preisfrage (s. Anm. 615,1) als erster öffentlich, daß die Preisfrage eigentlich auf Leibniz ziele (S. VIII). Bei Maupertuis heißt es über das Verhältnis von Leibniz' und Popes (und Malebranches) Theorien: »Les uns, pour conserver sa sagesse (sc. la sagesse de Dieu), semblent avoir diminué sa puissance; disent qu'il a fait tout ce qu'il pouvoit faire de mieux (Leibniz): qu'entre tous les Mondes possibles, celui-ci, malgré ses défauts, étoit encore le meilleur. Les autres, pour conserver sa puissance, semblent faire tort à sa sagesse. Dieu, selon eux, pouvoit bien faire un Monde plus parfait que celui que nous hebitons; mais il auroit fallu qu'il y employât des moyens trop compliqués; et il a eu plus en vue la manière dont il opéroit, que la perfection de l'ouvrage (Malebranche) ⟨. . .⟩ Je ne parle point d'une autre espèce de Philosophie, qui soutient qu'il n'y a point de mal dans la nature: Que tout ce qui est, est bien (Pope).« (»Die einen scheinen, um seine Weisheit (sc. die Weisheit Gottes) zu erhalten, seine Macht einzuschränken. Sie sagen, daß er genau das getan hat, was das Beste ist (Leibniz), daß er aus allen möglichen Welten die beste geschaffen habe. Die anderen wiederum scheinen, um seine Macht zu erhalten, Gottes Weisheit zu beschränken. Gott, sagen sie, habe durchaus auch eine perfektere Welt schaffen können als unsere es ist. Aber seine Wege und Mittel sind sehr verwickelt und er habe mehr seine Art des Schaffens als die Perfektion des Werkes im Blick gehabt (Malebranche) ⟨...⟩ Von jener dritten Sorte Philosophie will ich hier gar nicht sprechen: sie meinen, es gebe überhaupt kein Übel in der Natur und alles, was ist, sei gut (Pope).« (Maupertuis, Œuvres I, Berlin 1753, S. 16-18.)

636,25 *in seinen Briefen]* Vier Briefe des *Essay on Man.*

637,3 f. *Wirkungen und Ursachen]* Bei Leibniz ist die Welt nach dem Satz des zureichenden Grundes (Kausalitätsprinzip) geordnet.

637,10 f. *Dasjenige ⟨...⟩ Statt]* Vgl. demgegenüber Lessings Fragment *Das Christentum der Vernunft* (Bd. II dieser Augabe, S. 405-407, um 1752 entstanden): »§ 15. Gott könnte seine Vollkommenheiten auf unendliche Arten zerteilt denken ⟨...⟩ § 16. Die vollkommenste Art, seine Vollkommenheiten zerteilt zu denken, ist diejenige, wenn man sie nach unendlichen Graden des Mehrern und Wenigern, welche so auf einander folgen, daß nirgends ein Sprung oder eine Lücke zwischen ihnen ist, zerteilt denkt. § 17. Nach solchen Graden also müssen die Wesen in dieser Welt geordnet sein ⟨...⟩ § 27. Da in der Reihe der Wesen unmöglich ein Sprung Statt finden kann, so müssen auch solche Wesen existieren, welche sich ihrer Vollkommenheit nicht deutlich genug bewußt sind ⟨...⟩«. Vgl. auch Anm. 631,16-632,15.

638,1 f. *Or partial ⟨...⟩ fall]* S. Anm. 627,20 f.

638,9 f. *All discord ⟨...⟩ good?]* »Sind alle Mißtöne in Wirklichkeit unverstandene Harmonien? Alle partiellen Übel universelle Güter?« (1. Brief, v. 283 f.)

638,18 f. *the first ⟨...⟩ Laws]* »Die erste allmächtige Ursache wirkt nicht nach besonderen, sondern nach allgemeinen Gesetzen« (1. Brief, v. 141 f.).

638,21 *Th' Exceptions few]* »Ausnahmen sind selten« (1. Brief, v. 143).

640,10 f. *Or partial ⟨...⟩ fall]* S. Anm. 627,20 f.

640,16 *ihr]* Korr. aus »ihm« (vermutlich Setzfehler).

640,21 f. *If the ⟨...⟩ less?]* S. Anm. 627,17.

640,30 *Abwechslung*] Hier: Veränderung, Wandel.

641,31-35 *Ich nehme ⟨...⟩ entlehnt*] Warburton beruft sich zur Verteidigung Popes gegen den Vorwurf des Spinozismus (d. h. Atheismus) auf Paulus: »Ein Spinozist, sagt der Herr C.⟨rousaz⟩, würde sich auf eine solche Art ausdrücken (sc. »All are but parts...«). Ich glaube es; St. Paulus aber würde es ebenfalls thun, wenn er von dieser Materie nemlich von der Allgegenwart Gottes, in seiner Vorhersehung und in seinem Wesen schreibt ⟨...⟩. Sollte aber wohl Spinoza irgend, wie Herr Pope, Gott ein mächtig und allregierendes Wesen nennen, welches freywillig und nach Absicht, dieses vollkommene Ganze hervorgebracht hat?« (Warburton nach Brockes, S. 226 f., s. Anm. 616,35.) Vgl. auch Anm. 631,6; zu Spinoza Anm. 615,10.

642,11-14 *Wird diese Lehre ⟨...⟩ Irrgläubige?*] Gegen Warburton (»Wo behauptet der Herr Pope mit Spinoza, daß nur eine allgemeine Natur und Substanz in der Welt, und daß diese Substanz materialisch seyn sollte«) wollen Lessing und Mendelssohn hier durchaus Bezüge zu Spinoza sehen. Bei Spinoza, *Ethik* II, Lehrsatz 2, heißt es: »Die Ausdehnung ist ein Attribut Gottes, oder Gott ist ein ausgedehntes Ding« (ed. Baensch, Hamburg 1963, S. 52).

642,26 f. *Thomson ⟨...⟩ Jahreszeiten*] James Thomson (1700-1748), engl. Dichter, hatte durch sein beschreibendes Lehrgedicht *The Seasons* (1727-30, vier Teile) europäischen Ruhm erlangt. 1745 durch Barthold Hinrich Brockes ins Dt. übersetzt. Lessing versuchte sich als Übersetzer an Thomsons Trauerspielen und schrieb 1756 die Vorrede zu einer Übersetzung derselben (S. 755-761 dieses Bandes).

642,27 f. *these ⟨...⟩ God*] »Sie ⟨die Jahreszeiten⟩ und ihr Wechsel sind nichts als Variationen der Gottheit.« Anfang der *Hymn*, die den Schluß von Thomsons *Jahreszeiten* bildet.

643,8 f. *Warburton ⟨...⟩ Crousaz*] Gegen Leibniz' Lehre von der prästabilierten Harmonie und die Gleichsetzung von Popes Ansicht mit dieser Lehre schreibt Warburton: »Die vorher bestimmte Harmonie ist nichts anders, als eine gewaltsame Ausdehnung der Meynung Plato. Es ist bekannt, daß dieser Philosoph wider die Einwürfe der Atheisten vom Ursprung des Bösen, um die Vorsehung Gottes wider sie zu vertheidigen, sich dieses Beweisgrundes bedient habe; nemlich, daß unter einer unendlichen Anzahl von möglichen Welten, die in der Idee Gottes, diejenige, welche er geschaffen, und zur Wirklichkeit gebracht, obgleich in selbiger ein Gemisch von Bösen, doch die beste sey ⟨...⟩ In diesem Verstande hat Lord Schaftesbury ebenfalls den Satz angenommen, und in ein deutlicher Licht gesetzt, und Herr Pope ist ihm gefolgt. Plato aber ist niemals der Lehre von der unumgänglichen Nothwendigkeit ⟨d. i. des Determinismus, Hauptvorwurf gegen Spinoza, aber hier auch Leibniz⟩ beschuldiget worden, und sie kann auch aus seinen Gründen nicht hergeleitet werden.« (Warburton nach Brockes, s. Anm. 616,35, S. 217 f.) »Wir gestehn, der Herr von Leibniz hat diesen Satz ebenfalls angenommen; aber aus der Ursache, damit er den Grund zu der gefährlichen und unvermeidlichen Nothwendigkeit legen möchte. Plato sagte: Gott hat die beste Welt erwählet. Der Herr von Leibniz aber: Gott hat nicht anders können, als die beste wählen. Plato setzt die vollenkommenste Freyheit in Gott, und daß er das Vermögen habe, unter zwey gleich ähnlichen und guten Dingen, eines dem andern vorzuziehen. Der Herr von Leibniz behauptet, es wäre thöricht, wenn man diese Meynung voraus setzen wollte; denn, in diesem Fall, würde Gott sich nicht determinieren können« (S. 219).

643,26-33 *I can ⟨...⟩ myself]* »So seltsam es auch klingen mag, kann ich nur sagen, daß Sie ihm (Crousaz) zu viel Ehre antun und mir zu viel Gutes. Denn Sie haben mein System so klar dargelegt, wie ich selbst es hätte tun sollen, aber es nicht vermochte. Es ist in der Tat das gleiche System wie meines, aber von einem Strahl Ihres Wesens erhellt, da, wie man sagt, unser natürlicher Körper der gleiche bleibt, auch wenn er verklärt wird. Ich bin sicher, daß ich es jetzt lieber mag als zuvor; und so wird es auch allen andern gehen. Ich weiß, daß ich genau das meinte, was sie erklären, aber ich vermochte es nicht so gut erklären wie Sie. Sie verstehen mich ebenso gut, wie ich mich selbst verstehe, aber Sie bringen mich besser zum Ausdruck, als ich es tue.«

645,13 *Rhapsody des Schaftesbury*] Anthony Ashley Cooper, Third Earl of Shaftesbury (1671-1713), *The Moralists. A Philosophical Rhapsody* (1709). Vertreter der sog. Moral-sense-Philosophie. Bekannt durch seine optimistische, deistische Begründung von Moral und Ästhetik. Lessing schreibt in den ›Literaturbriefen‹ (1759) über Shaftesbury: »*Shaftesbury* ist der gefährlichste Feind der Religion, weil er der feinste ist.« (Bd. IV dieser Ausgabe, S. 482.) Mendelssohns Briefe *Über die Empfindungen* (1755) sind nach dem Muster von Shaftesburys *Rhapsody* entworfen, was Mendelssohn den Beinamen eines »deutschen Shaftesbury« einbrachte.

645,25 f. *If* ⟨...⟩ *Catiline?*] »Wenn Seuchen und Erdbeben die himmlische Ordnung nicht zerstören, warum dann ein Borgia oder ein Catilina.«

646,12 *widerwärtigen*] Widerstreitenden, entgegengesetzten.

646,18 *vollkommenen*] Möglicherweise Setzfehler für »vollkommen«.

646,19 f. *a Coherence* ⟨...⟩ *Things*] »Ein Zusammenhängen und Sympathisieren der Dinge«.

646,20 f. *a Consent* ⟨...⟩ *in all*] »Ein Einverständnis und eine Wechselbeziehung in allem«.

646,25-647,1 *Überhaupt* ⟨...⟩ *verglichen*] In den ›Literaturbriefen‹ (126. Brief) zitiert Mendelssohn folgende Bemerkung von Leibniz über Shaftesbury: »J'y ai trouvé d'abord presque toute ma Théodicée (mais plus agréablement tournée) avant qu'elle eût vu le jour ⟨...⟩ Il ne manque presque que mon harmonie préétablie, mon bannissement de la mort, et ma réduction de la matiere, ou de la multitude aux unités, ou aux substances simples.« (»Ich habe dort bereits beinahe meine ganze Théodicée gefunden (aber viel eleganter formuliert), noch bevor ich sie selbst geschrieben habe ⟨...⟩ Es fehlt beinahe nichts außer meine prästabilierte Harmonie, meine Verbannung des Todes und meine Reduktion der Materie auf die Vielheit in der Einheit oder auf die einfachen Substanzen.«)

647,23 *Larven*] Anspielung auf die Titel-Vignette, die einen Faun zeigt, der sich eine Maske (»Larve«) mit dem »philosophischen Bart« vorhält, von dem am Schluß des Textes wieder die Rede ist (S. 650,6 f.).

647,29-31 *Man* ⟨...⟩ *findet*] Leibniz, *Remarques sur le livre de l'origine du mal, publié depuis peu en Angleterre* (Bemerkungen über das Buch vom Ursprung des Bösen, das kürzlich in England erschienen ist) § 1.

647,29 *de Origine mali*] William King, *Vom Ursprung des Bösen*, 1702.

648,1 *W. King*] William King (1663-1712), engl. Philosoph und Satiriker, befreundet mit Jonathan Swift.

648,7 *poetischen Blümchen*] Stilfiguren.

648,12 *p. m. Ed. Brem. 56*] »Pagina mea Editionis Bremensis 56« (In meiner Bremer Ausgabe S. 56).

648,13 f. *Credendum* ⟨...⟩ *fabricando*] »Man muß in der Tat glauben, das gegenwärtige Weltsystem sei das bestmögliche, wenn man berücksichtigt, daß es der Geist Gottes erschaffen hat.«

648,16 f. *Of systems* ⟨...⟩ *best*] Vgl. Lessings Übersetzung S. 621,29 f.

648,20 f. *Oportet* ⟨...⟩ *divinis*] »Es müssen also viele, ja vielleicht unendlich viele Grade der Vollkommenheit in Gottes Werken vorausgesetzt werden.«

648,23 f. *Where* ⟨...⟩ *degree etc.*] »Wo alles voll ⟨im Original ›full‹ statt ›fall‹⟩ sein muß, weil es sonst nicht kohärent wäre, und alles, was aufsteigt, in Stufen steigt etc.«

648,27 f. *Opus* ⟨...⟩ *avtomato*] »Im System des Alls war eine Kugel aus fester Materie nötig, wie es die Erde ist, und wir nehmen an, sie funktioniere gewissermaßen wie ein Rad in diesem riesigen Automaten.«

648,30-33 *So* ⟨...⟩ *whole*] »Der Mensch, der hier allein als Hauptsache erscheint, spielt vielleicht nur die zweite Rolle gegenüber einer unbekannten Sphäre. Er treibt ein Rad oder dient einem Zweck. Wir sehen nur einen Teil und nicht das Ganze.«

648,36-649,11 *Quaedam* ⟨...⟩ *damno*] »Manche Dinge dieser Art konnten erschaffen werden, wenn es für sie noch einen Platz in Gottes Schöpfung gab, da nur so viele verschiedene geschaffen worden waren, wie es den Erfordernissen entsprach. Aber doch könntest du wünschen, dir wären ein anderer Platz und ein anderes Los zugefallen. Vielleicht. Jedoch, wenn du den Platz eines anderen eingenommen hättest, hätte jener oder irgendein anderer als Ersatz an deine Stelle treten müssen, der, undankbar und unzufrieden mit der göttlichen Vorsehung wie du, lieber jenen Platz hätte, den du bereits eingenommen hast. Du mußt also von der Notwendigkeit wissen, entweder zu sein, was du bist, oder überhaupt nicht zu existieren. Denn da ein jeder jeweils seinen eigenen Platz und Rang besitzt, den ihm Weltordnung und Naturgesetz zuwiesen, ist der, den du einnehmen sollst, von dir entweder auszufüllen, oder du mußt notwendigerweise aus der Naturordnung verbannt sein. Denn wolltest du etwa erwarten, daß man einen anderen von seinem Platz vertreibt und du an seine Stelle gesetzt wirst? Das heißt: daß Gott durch ein Unrecht an anderen dir eine besondere und außergewöhnliche Bevorzugung erweisen müßte. Also solltest du Gottes Güte annehmen, nicht kritisieren. Durch sie bist du, was du bist. Weder anders noch besser hättest du werden können, ohne anderen oder dem Ganzen zu schaden.«

649,24 *D. Swift*] D.(ean) (Dekan) Jonathan Swift (1667-1745), irischer Dichter, Publizist, Satiriker, Verfasser des Romans *Gullivers Reisen*. Der Brief von Pope an Swift stammt vom 15. 9. 1734.

650,2 *Putzes*] Schmucks.

650,A6 *Popischen ⟨...⟩ stehet*] Mutmaßlich beziehen sich Lessing und Mendelssohn auf die Ausgabe: Alexander Pope, *The Works. With the last corrections, additions, and improvements, as they were delivered to the editor a little before his death; together with the commentaries and notes of Mr. Warburton* (Werke. Mit den letzten Korrekturen, Ergänzungen und Verbesserungen, wie sie der Herausgeber kurz vor dem Tod des Autors erhielt; nebst den Kommentaren und Anmerkungen des Herrn Warburton), 9 Bde., 1751.

AUS: THEATRALISCHE BIBLIOTHEK. DRITTES STÜCK 1755

IX. DES ABTS DU BOS AUSSCHWEIFUNG VON DEN THEATRALISCHEN VORSTELLUNGEN DER ALTEN

TEXTGRUNDLAGE

Zum Erstdruck vgl. S. 1059 dieses Bandes. Das Dritte Stück der ›Theatralischen Bibliothek‹ erschien zur Herbstmesse 1755. Vor dem Titelblatt ein Porträtkupfer des franz. Dramenautors Philipp Nericault Destouches. Der Band hat 312 (plus 4) Seiten und enthält als einzigen Beitrag (laufende Nr. XI) den o. g. Traktat als Teilübersetzung aus den *Réflexions critiques sur la poésie et sur la peinture* (Kritische Betrachtungen über die Dichtkunst und Malerei, Paris 1719) des Jean-Baptiste Dubos. Die erste deutsche Gesamtübersetzung dieses Werks erschien erst 1760/61 in Kopenhagen (übers. v. Johann Benediktus Funk). Lessing übersetzte nach der fünften Auflage von 1746, in der der Traktat nicht mehr wie ursprünglich im laufenden Text steht, sondern an den Schluß (3. Teil) gerückt ist, und zwar unter dem Titel: *Dissertation sur les Représentations Théatrales des Anciens* (Erörterung über die Theateraufführungen der Alten). Weitere Auflagen: 1755, 1770 (von der letzteren liegt ein Reprint, Genf 1982, vor). 1756 begann Friedrich Wilhelm Marpurg mit einem Zweitabdruck der Lessingschen Übersetzung in seiner in Berlin erscheinenden Zeitschrift ›Historisch-Kritische Beyträge zur Aufnahme der Musik‹, der sich in zwölf Fortsetzungen bis 1762 hinzog (Reprint dieser Zeitschrift Hildesheim 1970). – LM enthält nur den Vorbericht (Bd. 6, S. 247 f.). Vollständiger Text: *Werke* (Hempelsche Ausgabe), Bd. 11/2; PO 13, S. 232-394.

Der Druck hat ungewöhnlich viele Druckfehler, was vermuten läßt, daß weder Lessing noch ein anderer Korrektur gelesen hat. Die Übersetzung wirkt eilig und unkonzentriert. Zu den Nachlässigkeiten gehört auch, daß der *Vorbericht* (des Übersetzers) durchgängig als Zitat ausgezeichnet ist, wodurch unkenntlich wird, daß tatsächlich größere Anteile aus Dubos übernommen sind (nämlich aus seinem der Ausgabe vorangestellten *Avertissement*).

ENTSTEHUNG, STRUKTURELLES

Wie alle Vertreter der neuen Gefühlsästhetik um 1750 war Lessing mit Dubos' *Réflexions critiques sur la poésie et la peinture* wohlvertraut. Direkte und indirekte Belege dafür gibt es genug, auch wenn eine Stellungnahme grundsätzlicher Art fehlt. Doch das will nicht viel besagen, gilt es doch auch für andere seiner großen Anreger. Welche seiner ästhetischen Thesen er übernommen, welche er verworfen hat, ist hier nicht zu erörtern. Doch hatte Dubos wohl so ziemlich alles, was auch Lessing für sich in Anspruch nahm oder wenigstens anstrebte: er war hochgelehrt, historisch und komparatistisch ausgerichtet, thesenfreudig und auf eigenwillige Art zeitkritisch. Daß er über die moralische Funktion der Kunst anders dachte als Lessing, minderte die Wertschätzung für ihn nicht. Das spezielle Interesse für Dubos' Antike-Traktat ging weit zurück und betraf einen konkreten Punkt: die Pantomime. 1748 sah Lessing in Leipzig die Darbietungen des Nicolinischen Kinderballetts, einer Publikumsattraktion, die ihn natürlich mit Skepsis erfüllte und veranlaßte, sich in die anschließende Diskussion über die alte und neue Pantomimik einzumischen. Er rezensierte zwei einschlägige Abhandlungen (Bd. I dieser Ausgabe, S. 680 f. und LM 4, S. 274-76, beide allerdings mit ungesicherter Zuschreibung) und begann eine eigene, die jedoch nicht zum Abschluß gedieh (s. Bd. I dieser Ausgabe, S. 711-721 und 1325-1329). In dieser *Abhandlung von den Pantomimen der Alten*, entstanden zwischen 1748 und 1751, ist Dubos' Schrift nicht genannt, was zweierlei Deutung zuläßt. Entweder wollte Lessing mit seinem stupenden gelehrten Aufwand die einschlägigen Ausführungen bei Dubos kritisch überbieten (also einen Gegen-Dubos schreiben), oder aber er lernte während der Arbeit die Dubossche Schrift erst kennen und brach deshalb die eigene Schul-Etüde ab. Möglicherweise begann er anstatt dessen auch mit einer Übersetzung des Franzosen.

Dies vorausgesetzt, könnte die nachlässige Publikation, die ja eigentlich ein Buch für sich war, eine Verlegenheitslösung in einer Sache gewesen sein, die ihn langsam überforderte – eine der ›geleerten Mappen‹ von einst mithin. Doch das ist, selbst wenn es zuträfe, sicher zu kurz gegriffen. Bedenkt man, daß Lessing nur wenige Monate vorher mit seiner *Seneca*-Abhandlung ein antikes Kontrast-Tableau in quasi Dubosscher Manier vorgelegt hatte, dann war die nachfolgende Übersetzung nicht nur eine Hommage an einen wahlverwandten Geist, sondern auch ein höchst sinnvolles Supplement zum eigenen Projekt. Und was die eingegangene Verpflichtung betraf, dem Leser das »beste und brauchbarste« für eine »wirklich ⟨...⟩ kritische Geschichte des Theaters zu allen Zeiten und bei allen Völkern« zu liefern, so war Dubos geradezu unvermeidlich.

Warum weder der *Seneca*-Traktat noch die Dubossche *Ausschweifung* sonderlich einschlugen und beide heute zu den ungelesensten unter den wichtigen Texten Lessings gehören, kann uns der Erfolg des ebenfalls 1755 entstandenen Antike-Essays *Gedanken über die Nachahmung der griechischen Werke in der Malerei und Bildhauerkunst* von Johann Joachim Winckelmann lehren. Winckelmanns Antikebild ist intuitiv und legitimistisch. Es modelliert und stützt mittels einer Partialwahrnehmung (einer Handvoll klassischer oder pseudoklassischer Plastiken) das idealistische Selbstbild einer neuen

Bildungsschicht. Dubos' und Lessings Antikebild hingegen ist analytisch und delegitimistisch. Es memoriert historische Texte und Zeichensysteme, die nicht zur Identifikation taugen, wohl aber zum kritischen Vergleich und zur Relativierung bzw. Perspektivierung der Standpunkte. Eine Remythisierung der Antike gehört nicht zum Kalkül. Wenn Dubos und Lessing sich an die theatralische Körpersprache der Griechen und Römer attachieren, dann nicht, weil sie einen besonderen Geist, einen Widerschein des Göttlichen in ihr vermuten, sondern weil sie sich sicher sind, dort die längste Tradition und das Höchstmaß an Professionalität vor sich zu haben.

Gestik und Deklamatorik bilden zweifellos auch 1755 noch den aktuellen Zugang Lessings zu Dubos' Abhandlung. Das beweisen nicht nur die gleichzeitigen Entwürfe zu einem eigenen Werk über die »Grundsätze der ganzen körperlichen Beredsamkeit« (s. S. 320-329 dieses Bandes), sondern auch noch die ersten 25 Stücke der *Hamburgischen Dramaturgie*, in denen der Geist der Dubosschen *Ausschweifung* quasi ständig mitläuft. Welchen Anteil er hingegen an Dubos' zweitem großen Thema, der musikalischen Kodierung des antiken Dramas, nahm, ist ungewiß. Möglicherweise gar keinen. Denn da ihm das Interesse an der modernen Oper fehlte, fehlte ihm, im Gegensatz zu Dubos, auch der aktuelle Bezug, ohne den die Sache ihren Reiz weitgehend verlor. Trotzdem ist nur schwer denkbar, daß der durch und durch theaterinfizierte Lessing an Vorstellungen wie der einer »komponierten Deklamation« und einer Fixierung des Autorwillens einfach vorübergegangen wäre. Übersetzt man die historischen Spekulationen des Franzosen in eine moderne Terminologie: Dramaturgie, Regie, Inszenierung, Text- und Werktreue etc., dann ließe sich der Befund auch umkehren und das letzte (hier abgedruckte) Kapitel der *Ausschweifung* als die wichtigste, weil auf die *Hamburgische Dramaturgie* vorausweisende Botschaft an ihren Übersetzer verstehen. Das bliebe freilich weiterer Forschung vorbehalten.

INHALTSREFERAT DER ÜBERSETZUNG

Dubos' Abhandlung, gegliedert in eine kurze Einleitung und achtzehn Kapitel (»Abschnitte«), steht mit ihrer umfassenden Quellenkenntnis in der Tradition der humanistischen Antike-Erkundung, bedient sich allerdings eines frühaufklärerischen und frühhistorischen Analyse- und Beweisverfahrens. Ihr Ziel ist eine kritische Neubestimmung des Verhältnisses von Schauspiel, Körpersprache und Musik in der griechisch-römischen Antike.

Maßgeblich für den Untersuchungsgang, so Dubos, sei die Einsicht, daß der antike Musikbegriff viel umfassender war als der heutige. Er schloß die Poesie, die Tanzkunst, die Pantomime und die Deklamation ein, ja in gewisser Hinsicht auch die Rhetorik und Grammatik, so daß es nicht übertrieben sei, die melodisch-rhythmische Wahrnehmung als einen Grundpfeiler der antiken Bildung zu bezeichnen. Am befremdlichsten, aber auch am interessantesten für das moderne Empfinden sei, wie die Alten die Musik im Drama verwendet hätten. Deshalb wolle er zunächst die Grundbegriffe der antiken Musik erläutern, um dann zu demonstrieren, »daß die Alten ihre theatralischen Deklamationen in Noten gesetzt« und schließlich, in römischer Zeit, sogar Mimus und Deklamation auf verschiedene Schauspieler verteilt hätten.

Kap. 1-3 enthält den Versuch, aus der vielfältigen und variierenden Begrifflichkeit der Quellen ein einheitliches Bild der antiken Musikauffassung zu deduzieren (die Vertrautheit mit den antiken Dramentexten wird hingegen vorausgesetzt). Läßt man das Mikrologische und Repetitive dieses Versuchs außer Betracht, dann bleiben als generelle Klärungspunkte: die genetische Einheit von Musik, Poesie und Bewegungskunst, der Regelcharakter der antiken Melodik und Rhythmik, das Problem der Notation, die formale Ordnung der musikalischen Affektregulierung, sowie das Phänomen des historischen Wandels. Die schon hier einsetzende Thesenbildung läßt im übrigen kaum Zweifel daran, daß der Verfasser auf eine Kulturtheorie zusteuert. So schlägt er vor, die metrische Grundorientierung der antiken Kultur auf das fixierte Silbenmaß (Längen und Kürzen) der Alltagssprache zurückzuführen. Ähnlich bemerkenswert ist seine Bereitschaft, das Auftauchen eines selbständigen ›artifex pronuntiandi‹ (Dramenkomponisten) in der römischen Kaiserzeit als historischen Differenzierungs- und Professionalisierungsprozeß zu interpretieren.

Seine erste Hauptthese entfaltet Dubos in Kap. 4-7. Gehe man davon aus, daß die antike Melopäie (Kompositionslehre) eine tragische, dithyrambische und nomische Tonlage unterschieden habe, dann müsse der Kompositionsbegriff sich notwendig auf Gesang *und* Deklamation bezogen haben. Denn weder die Wahrscheinlichkeit noch die einschlägigen Quellenbelege ließen die Annahme zu, daß der theatralische Dialog oder gar das Ausrufen der Gesetze (*nomische* Tonlage) nach modernem Verständnis »gesungen« worden seien. Vielmehr weise alles darauf hin, daß sie deklamiert worden seien, wenn auch mit einer akzentuierenden Musikbegleitung. Dasselbe gelte im übrigen für die lyrischen ›Carmina‹, die ebenfalls mit Musikbegleitung deklamiert wurden. Auszunehmen sei lediglich der tragische Chor, der sich zumindest partiell der Form des Gesangs bedient habe. Für beides, die »melodische« Stimme des Gesangs (bzw. der Instrumentalmusik) und die »stetige« Stimme der Deklamation, habe nachweislich eine Art von Notation bestanden, nämlich im ersteren Fall ein Register von 18 »Klängen«, im letzteren ein Register von 8-10 »Akzenten«, durch welches das Steigen und Fallen der Stimme reguliert wurde. Im Gegensatz zur intervallgeprägten Musik sei die Deklamation im Drama und im Gedicht nur ein regelhaft gesteigertes, quasi ›musiknahes‹ Sprechen gewesen, das sich in der Prosa der Komödie der Normalsprache nähern konnte. Ähnliches galt für den antiken ›Tanz‹ (saltatio), zu dem außer der heute darunter verstandenen Form jegliche Art von stilisierter Gebärdensprache gehört habe. Entsprechend weitgefaßt sei der antike Sprachgebrauch von ›singen‹ (canere, carmen, canticus) und ›tanzen‹ (saltare, saltatio) gewesen, wofür es an eindeutigen Belegen nicht mangle. Dies hätten die modernen Gelehrten zu wenig beachtet, woraus zahllose Fehldeutungen resultierten. Festzuhalten sei, daß die Alten die dramatische Rezitation und Gebärdensprache ›komponiert‹ und mit einer zusätzlichen Musikbegleitung versehen hätten, die die Funktion eines ›Generalbasses‹ erfüllte.

In Kap. 8-10, einer Art Zwischenspiel, sammelt Dubos Belege zu unterschiedlichen Aspekten der Theaterpraxis. Zunächst geht es um Art und Funktion der in Tragödie und Komödie gebräuchlichen Begleitinstrumente. Dann um die Sprechweisen, die in Tragödie und Komödie so unterschiedlich gewesen wären, daß ein Schauspieler nur selten beide praktiziert hätte. Sei doch das hohe Pathos der Tragiker oft als ›Schreien‹ verspottet worden, während an der Komödie bestenfalls das Übermaß an Drastik mißfallen hätte. Schließlich geht es noch einmal um die so oft angezweifelten Notationen. Daß sie so dürftig überliefert seien, habe zweifellos an ihrem bloßen Gebrauchswert gelegen. Hätte es sie aber nicht gegeben, dann wären die vielen kritischen Kommentare (Horaz, Cicero) zum Stilwandel und zur Aufführungspraxis lange zurückliegender Stücke schwerlich möglich gewesen.

Die restlichen Kapitel (11-18) sind, von Exkursen unterbrochen, im wesentlichen mit dem Phänomen der Rollenteilung zwischen Rezitator und Pantomimen, wie es speziell für das Theater der römischen Kaiserzeit bezeugt sei, befaßt. In welchem Ausmaß wurde es praktiziert, wie funktionierte es, wie kam es zustande und was bedeutete es? Für Dubos handelt es sich um eine Konsequenz der Verfeinerung und des Marktes. Vermutlich sei zunächst der Monolog (canticus), der die höchsten Ansprüche an affektive Sprech- und Spielkunst stellte, personell verdoppelt worden, um auf beiden Gebieten höchste Qualität zu bieten. Mit dem Erfolg sei auch der Dialog dazugekommen, während im Chor die durchaus denkbare Trennung in Gesang und Ballett nicht sicher nachzuweisen sei. Was das Synchronie-Problem betraf, so bereitete es offensichtlich die geringsten Schwierigkeiten. Um dies zu erklären, fügt Dubos einen Exkurs über die Masken ein, auf deren typisierende Funktion das antike Theater vom Anfang bis zum Ende, also etwa tausend Jahre lang, nicht verzichtet habe. So lange die Schauspieler für beides, Aktion *und* Rezitation, zuständig waren, fungierten die Masken nach Dubos einerseits als Sprachverstärker (Mundtrichter), andererseits als Nuancenverhinderer, schlossen sie doch das mimische Spiel und damit z. B. die differenzierte Entwicklung der Leidenschaften aus, was freilich den reduzierten Wahrnehmungsmöglichkeiten der riesigen antiken Freilichttheater entsprach. Anstelle der intimen Mimik habe sich die typisierte Gestik der Hände, des Schreitens und der Körperhaltung ausgebildet.

Durch die Trennung der Funktionen habe sich allerdings nicht nur die Deklamation (eines nun maskenlosen Sprechers zwischen den Kulissen) verfeinert, sondern auch das körperliche Spiel. Auch dies sei nur durch einen historischen Exkurs verständlich zu machen, habe sich doch im augusteischen Rom ein Kult der Pantomime entwickelt, der dem klassischen Maß der aus Griechenland übernommenen Gebärdensprache ein schnelles Ende bereitete. Der neue Körperkult, so Dubos, sei mit seiner Exzentrik durchaus analog zum Sittenverfall und im Sinn der politischen Massenlenkung zu verstehen. Er habe das Theater zu einer Kulturindustrie mit riesigem Aufwand und märchenhaften Schauspielergagen werden lassen und dafür gesorgt, daß die stummen Körpervirtuosen auch in das traditionelle Drama eindrangen. Der Prozeß der kulturellen Differenzierung und Professionalisierung habe sich im Zeitalter der Dekadenz, in der sich auch die Kaiser als Schauspieler präsentierten, nicht aufhalten lassen.

In den Schlußkapiteln häufen sich die Bezugnahmen auf die Theaterkultur der Gegenwart, in deren Andersartigkeit sich manche Ähnlichkeit verberge. Der Mensch habe nun einmal die gleichen Grundbedürfnisse, auch wenn jede Kulturepoche und jede Kulturregion besondere Eigenarten habe, die sich aus der Lebensart und dem Zeitgeist erklärten. Das beweise der Siegeszug der Oper in der Moderne. Wirklich bedenkenswert an der römischen Entwicklung sei etwas anderes: nämlich das Festhalten am sog. Dramen- oder Deklamationskomponisten, der den auseinanderstrebenden Teilen einen stilistisch regulierten Zusammenhalt gab. Dies sei in der Frühzeit die Aufgabe des Dichters gewesen, in Rom aber ebenfalls einem professionellen Spezialisten zugefallen, dem ›artifex pronuntiandi‹, der von Dubos als eine Mischung aus Dirigent, Dramaturg und Regisseur beschrieben wird. Genau dies fehle dem modernen Sprechtheater, wo jeder Schauspieler seine Rolle nach eigenem Gutdünken und ohne Rücksicht auf das Ganze gestalte. Diese formale Konzeptlosigkeit sei eine größere Gefahr als das Virtuosentum, weil sie die natürliche Bestimmung der Gattung aus den Augen verliere. »Es sind alle Künste nichts anderes als nach gewissen Grundsätzen eingerichtete Methoden; und wenn man diese Grundsätze untersucht, so findet man, daß sie nichts als Folgerungen sind, die man aus verschiedenen Beobachtungen über die Wirkungen der Natur gezogen hat. Die Natur aber wirkt, nach den ihr immanenten Regeln, allezeit auf einerlei Art« (Kap. 18). Trotz dieses frühaufklärerischen Bekenntnisses zu einer regelhaft-natürlichen Gattungsentelechie ist in der Abhandlung nirgendwo von der damals (1719) marktgängigen Regelmechanik des klassizistischen Theaters die Rede. Regelhaftigkeit im Sinne Dubos' meint offensichtlich die Wahrung einer psychologischen Wahrscheinlichkeit, eines natürlichen Verhältnisses der ojektiven und subjektiven Ausdrucksmittel und einer ganzheitlichen Werkauffassung. Die Verantwortung für ein solches Programm müsse allerdings, angesichts der auseinanderstrebenden Interessen und Kompetenzen, von einer Art Supervisor (Regisseur, Dramaturgen) wahrgenommen werden.

STELLENKOMMENTAR

651,9 *du Bos*] Jean-Baptiste Dubos (bis heute wechselnd: Du Bos), 1670-1742, franz. Schriftsteller, Historiker und Ästhetiker, berühmt vor allem durch seine *Réflexions* (s. o.).

651,9 *Vierzigern*] Die Mitglieder der Académie française, die sog. Unsterblichen, deren Zahl auf 40 beschränkt war (und ist). Lessing übernahm die Formulierung aus dem Titel der *Betrachtungen*: »L'Abbé du Bos l'un des Quarante et Sécrétaire perpétuel de l'Académie Française« (Der Abt du Bos, einer der Vierzig und ständiger Sekretär der französischen Akademie).

651,11-16 *Voltaire ⟨...⟩ sei*] Voltaires *Le Siècle de Louis XIX.* (Das Zeitalter Ludwigs XIV.) erschien nach langer Vorarbeit 1751 in Berlin. Lessing kannte das Manuskript (s. Bd. II dieser Ausgabe, S. 927 f.). Darin werden *Die Geschichte der Liga von Cambrai* und die *Betrachtungen* als außerordentliche Werke gepriesen. Zu letzterem: »das nützlichste Buch, das je über diesen Gegenstand bei irgendeiner Nation Europas erschienen ist ⟨...⟩ der Autor denkt und regt zum Denken an« (dt. Ausgabe, München o. J., S. 527).

651,24-26 *Duodez ⟨...⟩ Alphabet*] Im Duodez-Format bestand der Druckbogen aus 24 Seiten. Ein ›Alphabet‹ umfaßte 23 Druckbogen (vgl. Bd. II dieser Ausgabe, S. 740). Das wäre ein Umfang von rund 550 Seiten (was zutrifft).

652,24 *Ausschweifung*] Abschweifung, Exkurs.

652,30-32 *meine Gedanken ⟨...⟩ versparen*] Lessing hat zu mehreren Übersetzungen oder ›Auszügen‹ der ›Theatralischen Bibliothek‹ einen eigenen Kommentar angekündigt. Keiner davon ist erschienen.

653,4 *componierten Declamation*] Dubos ging davon aus, daß die antiken Dramenaufführungen doppelt ›komponiert‹ waren: durch eine Akzent-Notation der Rollenbücher und durch eine Musikbegleitung (vgl. Inhaltsreferat).

653,9 *willkürlichen*] Beliebigen.

653,13 f. *Roscius*] Quintus Roscius Gallus, gest. 62 v. Chr., berühmtester röm. Schauspieler seiner Zeit.

653,18 *Chanmesle]* Richtig: Marie Champmeslé (1642-1698), franz. Schauspielerin, berühmt als Racine-Interpretin.

653,19 *Phädra] Phèdre et Hippolyte*, Trauerspiel von Jean Racine, 1677.

653,20 *Despreaux]* Nicolas Boileau-Déspreaux (1636-1711), franz. Schriftsteller, maßgeblicher Dichtungstheoretiker des franz. Klassizismus.

653,21 *Scene]* Bühne, Theaterpraxis.

653,23 *Charactere]* Hier: Zeichen, Noten, Symbole.

654,1 *Action]* Bühnenspiel, Gestik.

654,7 *componieren]* Hier: Gestalten, auslegen.

654,8 *vor sich]* Für sich.

654,34 *Fertigkeit]* Regelkenntnis, Erfahrung.

655,13 *Quintilians]* Marcus Fabius Quintilianus, 1. Jh. n. Chr., röm. Rhetoriker und hoher Beamter. In seiner *Institutio oratoria* (Lehrbuch der Redekunst) schrieb er auch über die theatralische Deklamation.

655,35 *Cicero]* Marcus Tullius Cicero (106-43 v. Chr.), röm. Politiker, Jurist, Rhetoriker. Auch er hat sich in mehreren Schriften zum Theater geäußert.

656,8 *(*)]* Die dazugehörige Fußnote ist bei Lessing weggefallen. Bei Dubos: »Cic. de or. lib. III.« (Cicero, Über den Redner, Buch III).

656,8-11 *Quotus ⟨...⟩ reclamant]* »Der wievielte versteht schon etwas von der Kunst des Sprachrhythmus und der Tonlagen. Wenn aber nur ein wenig dagegen verstoßen wird, sei es durch eine zu kurze, sei es durch eine zu lange Aussprache, meckert das ganze Theater.«

656,28 *Pauline im Polieuct]* Heldin in Pierre Corneilles Trauerspiel *Polyeucte Martyr* (1642/43).

656,37-657,1 *zweiten Rollen]* Nebenrollen.

657,21 *Verlierungen]* Vermutlich: Stocken der Sprache, Verstummen.

658,1 *Uhrmacherkunst]* Vorformen des modernen Metronoms (erfunden 1816 von Mälzel) wurden 1696 von Loulié und 1701 von Saveur entwickelt.

658,4 *bis hieher]* Bislang.

658,6 *Atys ⟨...⟩ Roland]* Bekannte Opern und Opernrollen von Jean-Baptiste Lully: *Atys* (1667), *Roland* (1685). Lully, der ital. Herkunft war (Lulli), entwickelte für seine Kunst eine akademische Basis.

659,3 *nach dem]* Je nachdem.

659,31 f. *Vidi ⟨...⟩ egredi]* »Ich habe oft Schauspieler, auch komische, weinend abgehen sehen, nachdem sie einen besonders traurigen Part gespielt hatten.«

659,A] Richtig: »lib. VI. cap. 2« (Buch VI, Kap. 2).

660,29 *Beaubourg]* Künstlername, eigentlich: Pierre Tronchon, berühmter franz. Schauspieler, spielte Corneille, Racine, Crébillon.

661,26-30 *Sunt ⟨...⟩ juvetur]* Stark zusammengezogenes Zitat: »Trotzdem gibt es Kritiker, die das kunstlose und ganz aus dem augenblicklichen Empfinden kommende Agieren für stärker halten, und es sind meist die gleichen, die auch in der Rede alle Sorgfalt und was nach Können riecht zu mißbilligen pflegen. Doch sie mögen uns unsere Mühe nachsehen, die wir nichts für vollkommen halten, was in seiner bloßen Natur belassen worden ist.«

661,A] Richtig: »lib.11« (11. Buch). Lessing verliest »11« in »II«.

BRIEFWECHSEL ÜBER DAS TRAUERSPIEL ZWISCHEN LESSING, MENDELSSOHN UND NICOLAI

TEXTGRUNDLAGE UND ENTSTEHUNG

Die Briefe, die heute unter dem Titel ›Briefwechsel über das Trauerspiel‹ firmieren, erschienen erstmals in der Sammlung *Gelehrter Briefwechsel zwischen Johann Jacob Reiske, Moses Mendelssohn und Gotthold Ephraim Lessing, Theil 1, herausgegeben von K.⟨arl⟩ G.⟨otthelf⟩ Lessing, Berlin: C. F. Voß und Sohn 1789*. Als Teil des Lessingschen Brief-Corpus, also unzusammenhängend, finden sie sich auch in LM 17 und 19, sowie im ersten Briefband dieser Ausgabe (Bd. XI/1). Die hier wiedergegebene Zusammenstellung ist textlich unverändert aus letzterem übernommen, wo sich, S.703-710, auch die notwendigen Informationen zur Überlieferung und Textgestalt des Briefwerks finden. Der Luxus des Doppeldrucks innerhalb ein und derselben Ausgabe, wenn auch in unterschiedlicher Gestalt, verdankt sich dem Faktum, daß Lessing zwischen 1755 und 1757 mit seinen Freunden Moses Mendelssohn und Friedrich Nicolai eine briefliche Gattungskontroverse austrug, die nach Rang und Spontaneität schwerlich ein Pendant in der deutschen Literaturgeschichte hat. Leider verbot es der Platzmangel, die einschlägigen Briefe, die neben epistolarischem Rahmen- und Rankenwerk auch andere Mitteilungen enthalten, zur Gänze abzudrucken und damit das unversehrte Schriftbiotop zu erhalten. Im großen und ganzen wurde die Textauswahl so getroffen, daß sie den Trauerspiel-Streit als eine chronologische Kommunikationseinheit abbildet. Das wenige, was darüber hinausgeht, hat ausschließlich den Zweck, das Atmosphärische der freundschaftlich-gelehrten Auseinandersetzung zu illustrieren.

Dazu gehören die langsame Annäherung an das *Thema*, der Widerhall der vorausgegangenen Dreier-Gespräche in Berlin, persönliche Anzüglichkeiten und Hommagen, die eingeübte Streitattitüde u. a. m. Eine klare Aufgabentrennung besteht hinsichtlich der doppelten Kommentierung (als Teil der Gesamtkorrespondenz und als Theorie-Zeugnis). Die Sacherklärungen des *Brief*-Bandes sind nur dort wiederholt, wo der Rückverweis auf eine Kurzinformation als unnötige Zumutung gelten konnte. Ansonsten ist der neue Kommentar konsequent auf das gattungsgeschichtliche Problem, seine Quellen, seine Entwicklungslinien und seine divergierenden Zielvorstellungen ausgerichtet. Damit schließt er an zwei kommentierte *Briefwechsel*-Ausgaben früheren Datums an:

Lessings Briefwechsel mit Mendelssohn und Nicolai über das Trauerspiel. Nebst verwandten Schriften Nicolais und Mendelssohns herausgegeben und erläutert von Prof. Dr. Robert Petsch, Leipzig 1910 (enthält als Beitexte Nicolais *Abhandlung über das Trauerspiel* und Mendelssohns *Von der Herrschaft über die Neigungen*).

Gotthold Ephraim Lessing, Moses Mendelssohn, Friedrich Nicolai, *Briefwechsel über das Trauerspiel. Herausgegeben und kommentiert von Jochen Schulte-Sasse*, München 1972 (enthält als Beitexte Nicolais *Abhandlung über das Trauerspiel* und Auszüge aus Mendelssohns Briefen *Über die Empfindungen*).

Obwohl der hier vorgelegte Kommentar wesentlich umfänglicher ist als seine beiden Vorläufer (die im übrigen dankbar benutzt wurden), lag Vollständigkeit nie in seiner Absicht. Angesichts der heute schwer vorstellbaren philologischen Lese- und Wissenspensen am Ausgang des sog. polyhistorischen Zeitalters (vgl. Barner, *Lessing zwischen Bürgerlichkeit und Gelehrtheit*) wäre eine solche Absicht töricht gewesen. Auch die umfänglichen theoriegeschichtlichen Darstellungen von Markwardt, Martino, Grimm, Dürbeck, Luserke u. a. (s. Lit.-verz.) sind ziemlich weit entfernt davon. So gesehen, kann ein extensiver Kommentar, auf die Gefahr hin, anfänglich sogar Verwirrung zu stiften, nur auf den Eindruck der referentiellen Vielfalt und auf das Präparieren von Denk- und Deutungsgewohnheiten zielen, aus denen die historische Innovation dann weniger als finale Konsequenz denn als Anstrengung und Spiel des Gedankens (s. u.) hervorgeht.

Die Entstehung des *Briefwechsels* verdankt sich der plötzlichen Abreise Lessings aus Berlin im Oktober 1755, durch die eine vielversprechende Diskussionsgemeinschaft in die Brüche ging, um freilich, zum Gewinn der Nachwelt, als Korrespondenzgemeinschaft auf Zeit wieder aufzuerstehen. Was Lessing nach Leipzig, den Ort seines Studiums, zurückzog: ob wirklich die Aussicht auf eine größere Bildungsreise oder nicht doch eher das lebendigere und anspruchsvollere Leipziger Theaterleben, ist ungewiß. Jedenfalls traf er mit einem reiselustigen jungen Kaufmann, Gottfried Winkler (geb. 1731), ein so günstiges Arrangement, daß er zunächst, bei freier Kost und Logis, fast ein dreiviertel Jahr lang unbeschwert seiner Theaterleidenschaft frönen konnte. Die wenigen Briefe, die er in diesen Monaten schrieb, sind heiter und nicht sonderlich gedankenschwer. Wesentlich schreibfreudiger war der sichtlich unter der Trennung leidende Mendelssohn. Von ihm kamen auch die ernsthaften Diskussionsangebote, z. B. über den perfectibilité-Begriff Rousseaus oder über die Frage, ob Großmut auf dem Theater Mitleidstränen auslösen könne. Lessing antwortete beflissen, ließ die Themen aber aus Schreibfaulheit auch schnell wieder versickern. Von ihm selbst kam nur ein Loblied auf den italienischen Komödiendichter Goldoni, seine Leipziger Neuentdeckung (8. 12. 1855). Am 10. 5. 1756 brachen Lessing und Winkler, beide »unentschlossen«, wie Lessing behauptet, zu ihrer auf zwei bis drei Jahre kalkulierten Reise nach Holland, England und Frankreich auf. Von ihr, oder genauer: ihrem Fragment, sind nur zwei Lessing-Briefe erhalten. Der erste aus Emden vom 20. 7. (an Nicolai) enthält kein Wort über Gesehenes und Erlebtes, dafür die Aufforderung an die Freunde, ihn mit Gessprächsstoff zu versorgen, sowie die Mitteilung, er habe auf der Reise »eine Menge unordentlicher Gedanken über das bürgerliche Trauerspiel aufgesetzt« (Bd. XI/1 dieser Ausgabe, S. 98). Der zweite aus Amsterdam vom 3. 8. (an den Vater) begnügt sich mit der nüchternen Aufzählung von achtzehn Reisestationen und der Auskunft, man habe sich »besehn«. Das städtebauliche Wunder der Stadt bleibt unerwähnt (ebd., S. 101-103). Bekanntlich endete die Reise in Amsterdam, weil Friedrich der Große im August 1756 in Sachsen einmarschiert war und Winkler seine Geschäftsinteressen in Leipzig wahren wollte. Am 1. 10. meldete Lessing nach Berlin, daß er zurück sei und nichts sehnlicher wünsche, als den brieflichen Austausch mit den Freunden zu erneuern. »Nächstens werde ich genauere Zusammenrechnung mit Ihnen halten.« Damit konnte der ›Briefwechsel über das Trauerspiel‹ beginnen. Betrachtet man dessen Chronologie, so ergibt sich eine gestaffelte Zeitdynamik. Realiter dauerte er vom 31. 8. 1756 bis zum 14. 5. 1757, den langen Vorlauf, der bis in die Berliner Gespräche seit 1754 zurückreicht, nicht mitgerechnet. Wirklich aktuell war er wohl nur von Anfang November bis Anfang Januar, also nicht länger als zwei Monate. Und schließlich läßt sich ein energetisches Zentrum zwischen Mitte November und Mitte Dezember (18. 12. 1756) ausmachen, eine Monatsspanne, in der die Standpunkte am reinsten und mehr oder minder auch schon erschöpfend aufeinandertrafen. Überraschenderweise war es Lessing, der als erster sein Engagement minderte. Über die inneren Gründe, die ihn dazu bestimmten, wird noch zu reden sein (s. u.). Zu berücksichtigen ist freilich auch, daß er, obwohl eher antipreußisch gesinnt, Anfang 1757 einen zweiten Freundschaftsbund mit dem preußischen Besatzungsoffizier und Dichter Ewald Christian von Kleist und dem Friedrich-Bewunderer Gleim schloß, der seine Neugier in andere Richtungen lenkte. Die Berliner, vor allem der sensible Mendelssohn, dürften das gespürt haben. Auf das vergleichende Abschlußprotokoll des Streits, das sie am 14. 5. 1757 nach Leipzig sandten, hat Lessing nicht mehr Bezug genommen.

STRUKTUR, FORM, STANDPUNKTE

Gäbe es das Besondere seiner Form nicht, der ›Briefwechsel‹ wäre nichts anderes als eine der vielen historischen Auseinandersetzungen um den langen Schatten des Aristoteles, genauer: um dessen tragische Katharsis-Lehre und ihre anthropologische Aktualisierbarkeit. Allerdings ist die Katharsis-Frage längst nicht das einzige Thema des Briefstreits. Ähnlich heftig wird um die tragische Bewunderung, um das Wesen dichterischer Illusion, um Affektstrukturen und um die Praxis des theatralen Erlebens gefochten. Vornehmlich durch Lessing kommen zudem immer wieder Beispiele aus der Alltagspsychologie und aus der dramatischen Überlieferung ins Spiel. Lessing ist es aber auch, der dieser unruhigen Fassade einen festen Mittelrisalit verleiht, indem er gegen den Widerstand der beiden Freunde auf der Leitfunktion des aristotelischen »Urtextes« (Luserke, *Die Bändigung der wilden Seele*, S. 170) besteht und sich damit in die Rolle des Spielmeisters setzt. Das bedeutet nicht, daß die anderen nur auf seine Stichworte warteten. An konzeptuellem Witz und an Streitbereitschaft fehlt es auch ihnen nicht. Aber sei es, daß sie sich durch das Autoritäten-Bündnis ihres sonst so antiautoritären Freundes irritiert fühlen, sei es, daß sie vor seiner überlegenen Theaterkompetenz, Streitbarkeit und Ausdruckskraft zurückweichen, immer scheint es, als wünschten sie besonders vor ihm zu bestehen.

Die zahlreichen Interpreten des ›Briefwechsels‹ haben diese Wahrnehmung in die Stereotype vom siegreichen Lessing umgemünzt. Wieviel dabei die Vorkenntnis seines in der *Hamburgischen Dramaturgie* (73.-80. Stück) nachgereichten Klartextes bewirkt hat, ist schwer zu sagen. Vermutlich viel. Denn wären wir ausschließlich auf den ›Briefwechsel‹ angewiesen, stünde die These auf schwachen Füßen. Zugegeben, nur Lessing konnte seine Standpunkte so suggestiv formulieren, daß sie sich wie Naturgesetze ausnahmen. »Der mitleidigste Mensch ist der beste Mensch«. Wer aus der ersten Generation der Empfindsamen hätte dem widersprechen wollen? Dabei war der Widerspruch schon längst anhängig. Spätestens seit Justus Lipsius (*De constantia*, 1584) stand das Argument im Raum, daß mitfühlende Überwältigung (compassio, Mitleiden) und besonnenes Handeln (misericordia, wohltätige Verantwortung) sich in der Praxis erfahrungsgemäß ausschlössen.

Lessing hat sich im ›Briefwechsel‹ die neustoizistische Kautele ebensowenig zum Problem werden lassen wie die eigene Prämisse, nach der das humane Optimum aus dem Theaterabonnement hervorzugehen habe. Das erstere ist von Belang, weil sich das Problem in seinen Dramen (*Sara, Philotas, Nathan*) ganz anders ausnimmt. *Miß Sara Sampson* ist geradezu ein Lehrstück über die Handlungsohnmacht der mitleidigen Seele. Und was das letztere, den moralischen Erziehungsauftrag des Theaters, betrifft, so stand Lessing damit im krassen Gegensatz zu seinem damaligen Ideengeber Rousseau, der vom Theater nur Sittenverderbnis erwartete. Lessing übernimmt zwar die Mitleidsdeutung des Franzosen, bezieht sie aber auf die Katharsislehre des Aristoteles, wofür sie von Rousseau partout nicht vorgesehen war. Es bedarf wohl keiner weiteren Beispiele, um zu erkennen, daß die Logik des Briefstreits nicht die in sich konsistente eines poetischen oder moralphilosophischen Diskurses ist, sondern die offene eines Versuchslabors, in dem es zwar eine gemeinsame kunstanthropologische Zielprojektion, aber unterschiedliche Suchkonzepte und eine schwindende erkenntnistheoretische Verbindlichkeit gibt. Sicherlich, das schulphilosophische Erkenntnismodell der oberen und unteren Seelenvermögen ist so gegenwärtig, daß man es, wie oft geschehen, für die einheitsstiftende Nährlösung der Auseinandersetzung halten könnte. Doch wirklich souverän und verantwortungsvoll gehandhabt wird es nur von Mendelssohn, für die beiden anderen, die zu einer offeneren Begrifflichkeit tendieren, scheint es eher eine Konvenienzleistung zu sein.

Es gibt wenige Interpreten, die sich ernsthaft für das Atmosphärische des ›Briefwechsels‹ interessiert haben. Das mag daran liegen, daß fingierte und gelegentlich auch echte Briefe damals ein Allerweltsmittel der Kritik und Theoriebildung, zunehmend auch des Erzählens waren. Die Arbeit an der *einen* Vernunft gefiel sich in der Attitüde des Austauschs, des Fragens und Antwortens und der gegenseitigen Kontrolle. Auch die drei Berliner Disputanten, 27 und 23 Jahre alt, waren in dieser Technik längst routiniert. Doch der Berlin-Leipziger Briefwechsel weicht beträchtlich von der Briefliteratur der Zeit ab, beruht er doch auf Vereinbarungen, die historisch kaum vergleichbar sind. Machen wir uns klar: soziogenetisch haben wir es mit Textzeugnissen einer höchst ungewöhnlichen und deshalb hochsensiblen empfindsamen Freundschaft zu tun. Wahrscheinlich reicht unser historischer Sinn nicht hin, die Bedingungen zu rekonstruieren, unter denen das Bündnis zwischen dem genialen Pfarrerssohn, dem jüdischen Laien-Philosophen und dem bildungshungrigen Buchhändler gelingen konnte. Sieht man von der besonderen Liberalität Berlins ab, so gehörten sicher zwei Dinge dazu: unbedingte, einfühlende Loyalität und der Religionsersatz einer gemeinsamen hohen Aufgabe. Also aufklärerische Solidarität. Doch der Ton der Briefe ist ein anderer. Nicht daß Freundschaft und Sendungsbewußtsein ihm abgingen – jeder der drei weiß, wer er ist und was ihn mit den anderen verbindet. Aber prägend ist eben nicht der Konsens der Empfindsamen, sondern ein Prinzip der (Selbst-)Herausforderung und (Selbst-)Zurechtsetzung, von dem, bei aller Vertraulichkeit, ja Lockerheit des Dialogs, ein stets spürbarer Bewährungsdruck ausgeht. Es gibt im Briefwechsel eine eigene Diskursebene, die ganz von der Verpflichtung zur intellektuellen Animation lebt. Dies beginnt harmlos mit burschikosen Apostrophen (»Wer Geier heißt Ihnen ein falsches System haben«, »bitten Sie ab«, »Warum haben Sie auf meinen Entwurf nicht geantwortet?« u. s. w.), gewinnt aber schon bald das Niveau einer strategischen Selbstbeobachtung und Selbstkritik, dessen mitunter launigen Ton man nicht allzu ernst nehmen sollte. »Sie sind mein

Freund; ich will meine Gedanken von Ihnen geprüft, nicht gelobt haben«, schreibt Lessing am 28. 11. 1856 an Mendelssohn. Und er fügt hinzu: »Jetzt habe ich mich ⟨...⟩ in Atem gesetzt; Sie wissen, was Sie zu tun haben, wenn ich darin bleiben soll.« Und Mendelssohn antwortet darauf: »Wir führen Kriege, lieber Lessing ⟨...⟩ Wir wollen sehen, ob die streitenden Mächte so viel reellen Nutzen von Ihrem kostbaren Kriege haben werden« (2. 3. 1757). Ebenso kann es aber auch heißen: »Doch ich will aufhören zu schwatzen« oder »Ich verzweifelter Schwätzer! Nicht ein Wort mehr« oder »Ich will ein Exempel geben, dessen Lächerliches Sie mir aber verzeihen müssen« oder »Ich bin es überzeugt, ⟨...⟩ daß ich mich nicht selten zu unbestimmt und zu nachlässig ausdrücke«. Oder auch, unter Berufung auf das Recht, die »Gedanken unter der Feder reif werden« zu lassen: »Ich lösche die ganze Tafel aus ⟨...⟩. Von vorne!«

Der Anteil dieses metasprachlichen Begleittextes ist beträchtlich und seine Bedeutung zweifellos komplex. Als Ermutigungs- und Herausforderungsrede weist er voraus auf Lessings berühmtes Konzept einer streitenden Erkenntnis und eines energetischen Wahrheitsbegriffs. Ein kritischer Schriftsteller, so wird er später sein Verfahren beschreiben, »suche sich nur ersten jemanden, mit dem er streiten kann; so kömmt er nach und nach in die Materie, und das übrige findet sich« (s. Bd. VI dieser Ausgabe, S. 535). Im Jahr 1756 galt der Ermutigungsgestus freilich auch einer neuen Heuristik, die durch die ästhetische und anthropologische Wende des Denkens quasi unvermeidlich geworden war. Nicht daß die rationale Analyse nach den Prinzipien vom Widerspruch und vom hinreichenden Grund plötzlich obsolet gewesen wäre, doch gebot die Aufwertung der sinnlichen (»intuitiven«) gegen die rationale (»symbolische«) Erkenntnis nicht nur eine Revision des Beobachtens (erster und zweiter Ordnung), sondern auch der Beobachtungsfelder. Mit der Hierarchie des Erkenntnisaufbaus waren um 1750 ja auch die Hierarchien der Lebenswelt in Bewegung geraten, wobei dem Theater offensichtlich die

Rolle eines anthropologischen Simulators zukam. Es gibt keinen Zweifel, daß der ›Briefwechsel‹ ein Abbild dieser geistigen Umschaltphase sein will. Dem entsprechen die Spielregeln, die unverkennbar Lessings Handschrift tragen und deshalb alles andere als anspruchslos sind: Gib, was du hast! Unterscheide dich! Fürchte dich nicht vor Irrtum und Risiko, wohl aber vor der Trägheit des Denkens! Wage es, deine Sinneseindrücke, deine Emotionen und deine Interessen offenzulegen!

Tatsächlich enthält der ›Briefwechsel‹, der zur Publikation nicht bestimmt war, neben seinen schnell wechselnden Denkoperationen und kühnen Hypothesen auch manches leichtgewichtige und mißlungene Argument und manchen mechanischen Widerspruch, von Wiederholungen und Bornierungen ganz zu schweigen. Bezeichnenderweise hat Lessing, als ihm die Fronten klar und die Bewegung nicht mehr gewährleistet schienen, den Schauplatz der streitenden Heuristik unauffällig geräumt. Bereits im Januar 1757 schrieb Mendelssohn ahnungsvoll: »Ich sage, wir hätten den Streit erst angefangen, da Sie ihn vielleicht schon geendigt zu haben glauben. Jedoch metaphysische Streitigkeiten sind nicht so bald entschieden. An logischen Fechterstreichen darf es uns niemals fehlen.« Worauf Lessing zweideutig antwortete: »Ich glaube es ebenso wenig, als Sie, daß wir bis jetzt in unserm Streite viel weiter, als über die ersten Grenzen gekommen sind. Haben Sie aber auch wirklich so viel Lust, als ich, sich tiefer hinein zu wagen, und dieses unbekannte Land zu entdecken, wenn wir uns auch hundertmal vorher verirren sollten? Doch warum zweifle ich daran? Wenn Sie es auch nicht aus Neigung täten, so würden Sie es aus Gefälligkeit für mich tun« (2. 2. 1757). Seinen letzten konstruktiven Hinweis, nämlich den auf die *Rhetorik* und *Nikomachische Ethik* des Aristoteles, hat er dann freilich nicht mehr weiter ausgeführt. Seine plötzliche Ahnung, die aristotelische Formel bislang falsch verstanden zu haben, wollte er offensichtlich nicht mehr zur Debatte stellen. So endete der Briefstreit für Lessing durchaus ambivalent. Er wußte um die Unzulänglichkeit seines Konzepts, glaubte aber den Richtungspfeil zur Lösung gefunden zu haben. Wann und wie er zu ihr gekommen ist, wissen wir nicht. Niedergeschrieben hat er sie jedenfalls erst zwischen dem 15. 1. und 5. 2. 1768, also elf Jahre später, in der *Hamburgischen Dramaturgie*. Im übrigen gibt es keine Hinweise darauf, daß sich seine Berliner Kontrahenten, als sie im Mai 1757 das Streitprotokoll aufsetzten, widerlegt fühlten. Wer ihr Resümee ernst nimmt (was die meisten Interpreten nicht tun), ist erstaunt über die vielen Differenzen und Mißverständnisse, die es enthält.

Zum Inhalt: Die inzwischen zahlreich gewordenen Ausleger haben den ›Briefwechsel‹ in der Regel als Prozeß einer Konsensfindung verstanden. Danach wäre es den Kontrahenten um eine neue und rational zwingende Tragödienformel gegangen, die der veränderten Auffassung vom Wert menschlicher Gefühle und Leidenschaften Rechnung tragen und die obsolet gewordene, weil stoisch dominierte Tragödienformel des französischen und Gottschedschen Klassizismus ersetzen sollte. Einig sind sich die drei Freunde in der Tat darin, daß a) starke Emotionen dem Menschen grundsätzlich »angenehm« sind, weil sie das Bewußtsein »eines größern Grads unsrer Realität« (S. 714) vermitteln, und b) das Trauerspiel seiner Natur nach von starken Leidenschaften handelt und ebensolche hervorbringt. Schon in der Frage, welche Leidenschaften als starke gelten können, beginnt der Dissens. Einig ist man sich in bezug auf das Mitleid, uneinig in bezug auf Schrecken (›Furcht‹ steht noch nicht zur Debatte) und Bewunderung. Vollends auseinander gehen die Auffassungen über die moralpädagogische Reichweite des tragischen Theaters. Für *Nicolai*, den jüngsten der Freunde, erfüllt sich das Wesen des Trauerspiels in der Erregung heftiger Leidenschaften. Andere Effekte können mitlaufen, sind ihm aber akzidentiell. *Mendelssohn* sieht im Trauerspiel ebenfalls primär die Affektenschule, bindet deren Erfolg aber an das philosophische Pausengespräch. *Lessing* schließlich will seine emotionsstimulierende Kraft allein auf die Restitution des Mitleids gelenkt wissen, wobei er voraussetzt, daß diesem im menschlichen Affektenhaushalt eine ursprüngliche und exklusive Humanisierungsfunktion zukommt.

Wie man sieht, arbeiten alle drei mit anthropologischen Vorannahmen, die man in Anlehnung an Lessings Suggestivformel und mit dessen Mut zur Vereinfachung wie folgt charakterisieren könnte. *Nicolai*: Der emotional erweckteste Mensch ist der beste Mensch. *Mendelssohn*: Der sinnlich reflektierteste Mensch ist der beste Mensch. *Lessing*: Der mitleidigste Mensch ist der beste Mensch. Da auch die einschlägigen Denkfiguren: Entideologisierung (Nicolai), Analytik (Mendelssohn), Gattungsentelechie (Lessing), sich unschwer unterscheiden lassen, haben wir es mit drei intellektuellen Profilen zu tun, an denen Charakter, Lebensentwurf und Bildungsweg nicht so unbeteiligt gewesen sein können, wie es das Desinteresse der Forschung suggeriert. Mehr als Andeutungen sind deshalb kaum möglich.

Nicolai: Daß Nicolais *Abhandlung über das Trauerspiel* Auslöser und Grundlage des Streits gewesen sein soll (wie gern behauptet), scheint ebenso fragwürdig wie die Annahme, Mendelssohns Traktat *Über die Empfindungen* hätte diese Funktion erfüllt. Beide Schriften gingen zweifellos aus den Berliner Zweier- und Dreierdiskussionen hervor, die unter dem Eindruck des *Sara*-Eklats geführt wurden und die wir als leider undokumentierten Vorlauf des ›Briefwechsels‹ nun einmal in Rechnung stellen müssen. Das ändert nichts an Nicolais Verdienst, eine jugendlich radikale Auffassung in die Debatte geworfen zu haben, so radikal, nämlich gewissermaßen ›Emotionalismus pur‹, daß man den späteren Zweckmoralisten darin nur schwer wiedererkennt. Wieviel Profilierungs- und Provokationswille gegenüber seinen älteren und weit gelehrteren Partnern dabei mitlief, ist schwer zu sagen. Am Ende des Briefwechsels hat er sich jedenfalls dazu bekannt, »die alten und neuern Kunstrichter nicht sonderlich zu Rate gezogen« zu haben (S. 735). Mit einiger Sicherheit war er, als er sein Konzept vom Trauerspiel als Leidenschaftslöcker formulierte, von zwei nachhaltigen

Eindrücken geleitet: Dubos' früher Theorie einer radikalen Gefühlsästhetik ohne moralischen Überbau (*Betrachtungen über Poesie und Malerei*, 1719) und Lessings *Miß Sara Sampson*, die er, wie sein Aufführungsbericht vom 3. 11. 1756 zeigt, fast ausschließlich nach ihrem Rührungspotential beurteilte. Wie weit dieses vereinfachte Dubos-Modell bereits einen »Wendepunkt innerhalb der aufklärerischen Dichtungsauffassungen« (Michelsen, *Die Erregung des Mitleids*, S. 112) in Richtung Autonomie-Ästhetik markierte, sei dahingestellt. Unleugbar ist allerdings, daß Nicolai mit jugendlichem Schwung auf die Karte ›Traditionsbruch‹ setzte. Damit ist nicht nur die Abkehr von Aristoteles und seiner Katharsislehre gemeint. Ebenso keck wies er das Vernunfturteil aus dem Theater, ohne schon, wie Dubos, über einen begrifflichen Eigenwert der sinnlichen Wahrnehmung nachzudenken. Schließlich verzichtete er darauf, einen einzigen, quasi letztgültigen Tragödientyp im Sinne Lessings anzusteuern. Sofern die Erregung heftiger Leidenschaften gewährleistet war, konnte für ihn das bürgerliche neben dem heroischen und sogar einem gemischten Trauerspiel bestehen. Zumindest darin sollte er prognostisch recht behalten.

Mendelssohn: Obwohl im letzteren, der Frage der Typen-Pluralität, mit Nicolai partiell einig, war Mendelssohn der einzige im Bunde, der sich strikt an die überkommene Geltungsskala der unteren und oberen Erkenntniskräfte hielt und damit als der eigentliche Antipode Nicolais figurierte. Ob man für diese Option mentale und lebensgeschichtliche Besonderheiten geltend machen darf, wäre zu diskutieren. Einiges spricht dafür, daß in seinem riskantem Lebensplan als gläubiger Jude und aufklärerischer Philosoph das Wolffsche Systemdenken und der Schönheits- und Schöpfungsenthusiasmus Shaftesburys eine Art intellektueller Fortifikation bildete, die preiszugeben ihm schwerfallen mußte. Nicht, daß die Wende zur Ästhetik, Anthropologie und Psychologie an ihm vorbeigegangen wäre. Im Gegenteil. In den Briefen zeigt er sich ihnen voll zugewandt, wenn auch mit der gebotenen Skepsis des Begriffs- und Grenzwert-Analytikers. Immer wenn es um Definitionen, um das Wesen der ästhetischen Illusion oder die Wirkstruktur des Mitleids geht, ist zunächst er zuständig, was, da er dabei die philosophische Orthodoxie vertritt, den häretischen Fortgang der Diskussion gleichsam garantiert. Typisch dafür ist das Wunschbild vollkommener Illusion im Theater, das Mendelssohn mißfällt, während Nicolai und Lessing ihm huldigen. Aus heutiger Sicht hat Mendelssohn zweifellos recht, wenn er die Illusionsfähigkeit des Publikums als löchrig und so die Präsenz des Vernunfturteils als nie ganz ausgeschaltet beschreibt. Über die problematische Gegenposition seiner beiden Kontrahenten läßt sich eigentlich nur sagen, daß sie ihr relatives Recht weniger der Empirie als dem Zeitgeist verdankt, was freilich genügt, Mendelssohns Einspruch zu marginalisieren. Ähnlich geht es Mendelssohn mit seinen Analysen der gemischten Empfindungen und der Wahrnehmung des Vollkommenen bzw. Unvollkommenen. Man geht mehr oder minder versiert darauf ein, bleibt aber nicht bei der Stange. Je konsequenter er die konservative Stellung hält, um so leichter wird es den anderen, in der Rolle des Bewegers oder Provokateurs zu brillieren.

Ein einziges Mal scheint sich dieses Verhältnis umzukehren: als nämlich Mendelssohn die reflexionsnahe Bewunderung gegen das reflexionsferne Mitleid und damit, wie er wenig später erkennen sollte (*Über das Erhabene und Naive in den schönen Wissenschaften*, 1758), ein ›erhabenes‹ Tragödienkonzept gegen ein egalitäres zu retten versucht. Daß er sich mit diesem Plädoyer plötzlich in der Rolle des Provokateurs fand, lag an Lessings unerwartet heftiger Reaktion, über deren Ursachen man rätseln darf. Empfand er die Erinnerung an den Geist Corneilles und Gottscheds als Verrat an der gemeinsamen Sache? Oder war er – im Sinn des vereinbarten Challenge-and-response-Spiels – eher elektrisiert von der Gelegenheit, seinen bislang noch diffusen Antiheroismus polemisch auf den Begriff bringen zu können? Wahrscheinlich beides, auch wenn beides wenig über die Tiefenstruktur der Sache verrät. An welchen tieferen Nerv hat

Mendelssohn also gerührt? Die Antwort kann nur lauten: an das anthropologische Einverständnis. Tatsächlich bricht mit der Kontroverse um Mitleid und Bewunderung, auch wenn der schulphilosophische und gattungskritische Diskurs ungebrochen fortzulaufen scheint, ein Dissens des aufklärerischen Menschenbildes auf, der sich im Lauf des Briefwechsels nicht mehr löst. Daß die Sache nicht aus heiterem Himmel kommt, sondern ein Vorspiel hat, bleibt im ›Briefwechsel‹ unkenntlich. Es handelt sich um das *Sendschreiben an den Herrn Magister Lessing in Leipzig*, das Mendelssohn 1756 gemeinsam mit seiner Übersetzung von Rousseaus *Abhandlung von dem Ursprunge der Ungleichheit unter den Menschen* veröffentlicht und bereits am 10. 1. 1756 an Lessing abgeschickt hatte. Lessing kannte also die dezidiert negative Einstellung seines Freundes zu Rousseau genauestens, während er mit seiner eigenen hintanhielt. Nur wenige Interpreten haben diesen anthropologischen Bruch via Rousseau ernst genommen (Ausnahme: Schings, *Der mitleidigste Mensch*, S. 34-45). Die Wahrheit jedoch ist, daß Mendelssohn fortan mit seiner geradezu idiosynkratischen Reaktion auf die Rousseausche Umwertung von »natürlich« und »gesittet« einem Lessing gegenüberstand, der den Geist des Franzosen durchaus zu beerben bereit war. Ob Mendelssohn der Intimität des Mitleids mißtraute, wissen wir nicht. Spätere Äußerungen legen es allerdings nahe. In der Diskussion ist er bereit, es als Funktionsform der allgemeinen Menschenliebe zu würdigen, nicht aber, es über die Bewunderung zu stellen und damit die der aufgeklärten Gesittung unersetzliche Orientierungsnorm des »hohen Menschen« in Frage zu stellen. Lessings Verdächtigung der Bewunderung als trivialen Heroenkult dürfte ihn verletzt haben, nicht zuletzt, weil er wohl Lessing selbst als Ausnahmemenschen bewundert hat. Ähnlich ging es ihm mit Nicolai, der die Bewunderung als »enthusiastische Hochachtung« in seiner Liste der heftigen Leidenschaften führte, ihr aber keine moralische Qualität zugestand. So blieb Mendelssohn mit seinem Plädoyer für ein Theater der Bewunderung, das der menschlichen

Sehnsucht nach und Ehrfurcht vor dem Vollkommenen Raum läßt, mehr oder minder isoliert (vgl. Meier, *Dramaturgie der Bewunderung*, S. 198-200). Die Rehabilitation blieb freilich nicht lange aus. Sie kam, wie schon gesagt, noch im selben Jahr 1757 in Gestalt von Edmund Burkes *Untersuchung über den Ursprung unserer Ideen vom Erhabenen und Schönen* und gab seinem Ansatz eine völlig neue Wendung.

Lessing: Sein Konzept situiert sich selbstbewußt zwischen Nicolai und Mendelssohn. Wie dieser hält er am moralischen Zweck der Tragödie fest, wie jener vertraut er auf ihre affektentbindende Kraft, allerdings mit dem Zusatz, daß sie ihrer Natur (Entelechie) nach nur bestimmte Leidenschaften anspricht. Alle drei Aspekte glaubt er bei Aristoteles vorgegeben zu finden. Den ersten im Begriff der Reinigung, den zweiten und dritten in der Festschreibung von Schrekken und Mitleid als gattungsspezifischen Wirkungen. Lessing war der einzige der drei Freunde, der die aristotelische Tragödienformel im heute üblichen Verständnis las. Während Nicolai und Mendelssohn sich an der neuen Übersetzung von Curtius orientierten (vgl. Anm. 664,27 f.), wonach nicht Schrecken und Mitleid, sondern alle auf der Bühne dargestellten Leidenschaften zur Reinigung anstanden, bezog Lessing den kathartischen Vorgang ausschließlich auf die von Aristoteles genannten Affekte, also Schrecken und Mitleid. Er nimmt sich allerdings heraus, die aristotelische Gleichordnung der beiden Nomina als Unterordnung zu deuten, wobei das Mitleid als wirkungsästhetischer Leitaffekt, der Schrecken lediglich als dessen Auslösungsmoment fungiert. Daß Lessing damit einer Überlegung Mendelssohns folgt (*Über die Empfindungen*, JA 1, S. 110), zeigt zunächst an, daß man noch am gleichen Strang zieht, vielleicht aber auch nur, daß man sich der angelsächsischen Moral-sense-Philosophie nahe weiß, in deren sympathetischer Psychologie das Mitleid einen gewichtigen Part spielt. Lessings Hutcheson-Übersetzung (vgl. S. 744-755 dieser Ausgabe) liegt noch nicht lange zurück, Mendelssohns Shaftesbury-Übersetzung (bezeichnenderweise aus dessen *Com-*

mon-sense-Schrift) wird bald folgen. Trotzdem wird man dort die Sonderstellung des Mitleids, mit der Lessing operiert, vergeblich suchen. Neuere Forschungen (Engbers, *Der ›Moral-Sense‹*) legen denn auch nahe, dass sich diese Option gerade nicht aus der optimistischen Anthropologie der Briten speist, sondern eher aus dem Vorbehalt gegen sie. Lessing ist in dieser Zeit ja nicht nur der kommentarlose Übersetzer Hutchesons, sondern auch der beredte Interpret Senecas und seines Theaters der Grausamkeit (1754/55, s. S. 530-613 dieses Bandes), was von den Auslegern des ›Briefwechsels‹ beharrlich ignoriert wird. Nimmt man dieses Zeugnis und seinen rettenden Charakter ernst, und nur die Annahme eines radikalen Gesinnungswandels stände dem entgegen, dann hätte man sich, angesichts der jämmerlich verblendungsanfälligen Helden des Römers, das Menschenbild des jungen Lessing als skeptisch-dualistisch vorzustellen, vielleicht in Richtung auf Kants »gesellige Ungeselligkeit«, vielleicht nicht unbeeinflußt vom lutherischen Erbsündedogma, jedenfalls aber als beständigen Agon zwischen Selbstsucht und Soziabilität, Verblendung und Einsicht. Unter dieser Voraussetzung ist es durchaus einleuchtend, daß ihm Rousseaus dualistisches Menschenbild näher stand als das der Briten, und sei es nur, weil Rousseau das Mitleid als einen dem Menschen angeborenen Selbsterhaltungsinstinkt verstand, als »seule vertu naturelle« (einzige natürliche Tugend) und »une répugnance innée à voir souffrir son semblable« (einen angeborenen Widerwillen, seinesgleichen leiden zu sehen, s. Rousseau, *Schriften zur Kulturkritik*, S. 170). Rousseau bleibt, nicht anders als Seneca, im ›Briefwechsel‹ unerwähnt. Doch die Anleihen Lessings bei ihm sind unübersehbar und betreffen zumindest das Ursprünglichkeitsaxiom (S. 717) und die These vom Mitleid als Quelle aller sozialen Tugenden (Rousseau, S. 173; Lessing, S. 674). Lessings Faible für das tragische Mitleid ist zweifellos älter als die Rousseau-Lektüre und reicht zumindest bis zur Übersetzung der Corneille-Abhandlungen in den *Beiträgen* von 1750 zurück. Aber erst Rousseau ermöglichte die (im übrigen von Michelsen in seiner Kritik an Schings übersehene) Distinktion, das Mitleid entstehe »in uns ursprünglich aus der Wirkung der Gegenstände auf uns; es ist kein *zweiter* mitgeteilter Affekt« (S. 717). Und da »ursprünglich« und »nicht mitgeteilt« nichts anderes als vorreflexiv bedeutet, kann Lessing behaupten, das theatralische Mitleid bessere »den Mann von Verstand sowohl als den Dummkopf« (S. 686).

An den gänzlich unstoischen Helden des römischen Stoikers Seneca hatte Lessing vermutlich erfahren, daß die Tragödie, als ästhetisches Paradigma menschlichen Scheiterns, auf Wahrheit und Wahrung der conditio humana verpflichtet ist. Danach hätte sie, im Sinn einer Pathosformel, das gesellschaftliche Konfliktbewußtsein ihrer Zeit so überzeugend wie möglich abzubilden, und zugleich, im Sinn einer Ethosformel, eine remediale oder wenigstens konfliktmindernde Empfindung zu hinterlassen. Ob dies für das Senecaische Publikum die Verwandlung seines Entsetzens in eine stoische Schicksalsdemut war, muß hier nicht interessieren. Für Lessing dürfen wir annehmen, daß er, fixiert auf Aristoteles, auch die Dramen aus dem Neronischen Rom als Mitleidstheater gelesen hat. Für sein eigenes, das Jahrhundert der Freiheitsrechte konnte er getrost ein Trauerspielmodell fordern, das die Pathologie und die Niederlagen der bürgerlichen Moral ins Bild setzte, um damit die Naturbegabung des Menschen zur Solidarität, zum Mitleid zu restituieren.

Lessing hat dieses Modell mühsam aus reichlich heterogenen Teilen zusammengefügt, aus Aristoteles, Dubos, Seneca und Rousseau, überzeugt zwar von der Richtung, aber längst nicht von seiner Schlüssigkeit. Als er im Februar 1757 erkannte, daß Aristoteles mit phobos nicht Schrecken, sondern Furcht gemeint haben müsse, als er zugleich in dessen *Nikomachischer Ethik* neue Gesichtspunkte für sein Anliegen entdeckt zu haben glaubte, zog er sich aus dem Streit zurück und vertagte die Revision. Ihre Ergebnisse veröffentlichte er erst in der *Hamburgischen Dramaturgie*.

STELLENKOMMENTAR

662,8 *Unsere Correspondenz*] S. »Entstehung«.

662,9 f. *acht ⟨...⟩ Uhr*] Lessing und Mendelssohn pflegten sich zu Beginn ihrer Freundschaft am frühen Morgen zu Diskussion und gemeinsamer Arbeit zu treffen. Die Formulierung läßt vermuten, daß der Brief acht Tage nach Lessings Abreise geschrieben ist. Die Abreise wurde in der ›Vossischen Zeitung‹ vom 18. 10. 1755 angezeigt.

662,11 *keinen Übergang*] Dem Sinn nach: das bisher mündliche Gespräch soll sich bruchlos als Briefgespräch fortsetzen.

662,13-23 *When ⟨...⟩ §.14.*] »Wenn vermittels dieser Sinne gewisse Dinge schön, anmutig, ehrenwert oder verehrenswürdig und andere gemein oder schändlich erscheinen müssen, und es geschähe, daß in irgendeinem Ding eine Mischung dieser gegensätzlichen Formen oder Eigenschaften aufschiene, dann ergäbe sich auch ein anderer Sinn des *Lächerlichen* – – – Auch Dinge, die nichts mit irgendeiner menschlichen Handlung zu tun haben, können Lachen verursachen, indem sie *gleichzeitig* als verehrungswürdig sowie niedrig und verächtlich erscheinen.« (⟨Francis⟩ Hutcheson, *Kurze Einführung in die Moralphilosophie*, 1. Buch, 1. Kap. § 14, Glasgow 1747.)

662,24 *Ihre Erklärungsart*] Das Interesse der beiden gehörte, wie der Fortgang des Briefs verrät, zu diesem Zeitpunkt noch einer Theorie des Lachens. Die Abhandlung, auf die Mendelssohn anspielt, sollte offensichtlich aus Lessings Leipziger Goldoni-Studium im Winter 1755/56 hervorgehen (überliefert sind allerdings nur Übersetzungsfragmente, vgl. S. 780-798 dieses Bandes).

663,5 *Was ich jetzt mache*] Im ersten Teil des Briefes heißt es: »Die Übersetzung vom Rousseau ist bald fertig.« Gemeint ist der *Discours sur l'origine et les fondemens de l'inégalité parmi les hommes* von 1755. Mendelssohns Übersetzung erschien, mit einem angehängten *Schreiben an den Herrn Magister*

Leßing, 1756 bei Voß in Berlin. Auf das *Schreiben* ist Lessing mit keinem Wort eingegangen. Neuausgabe: Jean Jacques Rousseau, *Von der Ungleichheit unter den Menschen*, übers. v. Moses Mendelssohn, neu hg., mit einer Einführung und Erläuterungen von Ursula Goldenbaum, Weimar 2000.

663,9 *Großmut]* Hier im Sinn des barockklassizistischen Zentralbegriffs der ›magnanimitas‹ bzw. ›magnanimité‹. Die Frage, ob die geistesaristokratische Tugend der Großherzigkeit, des Edelmuts und der Seelengröße auch die Spontanreaktion des mitleidigen Tränenflusses auslösen kann, führt bereits ins Zentrum der beginnenden Diskussion. Offensichtlich kommen die neuen Impulse aus der zeitgleichen Auseinandersetzung mit Hutcheson und Rousseau.

663,11 *soyons 〈. . .〉 Cinna]* »Laß uns Freunde sein, Cinna«. Das damals oft zitierte Schlußwort des röm. Kaisers stammt aus Corneilles Tragödie *Cinna ou la clémence d'Auguste* (Cinna oder die Milde des Augustus, 1640) V 3.

663,15 *Stelle 〈. . .〉 Gefangenen]* Vgl. Lessings Übersetzung des Plautus-Stücks (1750): »O ihr Götter, was sind das für großmütige Seelen! Sie pressen mir Tränen aus.« (II 3.) In seiner *Critik* des Stückes hat Lessing die Stelle als einen Appell an empfindliche Seelen gewürdigt. Vgl. Bd. I dieser Ausgabe, S. 788 und 877.

663,22 *Menge 〈. . .〉 Gedanken]* Von diesen Aufzeichnungen ist nichts überliefert. Sie sind vermutlich weitgehend in den Briefwechsel eingegangen. Vom Plan zu einer Abhandlung über das bürgerliche Trauerspiel sprach Lessing schon zwei Jahre vorher (vgl. S. 265 dieses Bandes).

663,24 *bewußten Abhandlung]* Nicolais *Abhandlung vom Trauerspiele* war bereits in der ersten Hälfte 1756 im Manuskript abgeschlossen, erschien aber erst 1757 in der von Nicolai und Mendelssohn neugegründeten Zeitschrift ›Bibliothek der schönen Wissenschaften und der freien Künste‹, 1. Band, 1. Stück, S. 17-68. Lessing hat sie vermutlich Anfang 1757 in die Hand bekommen (vgl. Brief vom 2. 2. 1757, S. 714 dieses Bandes). – Der folgende Brief von Nicolai ist allerdings eine Kurzfassung seiner Abhandlung, so daß die Grundpositionen auch Lessing bekannt waren. – Leicht erreichbare Neudrucke der *Abhandlung*: Petsch, *Lessings Briefwechsel*, S. 1-42; Schulte-Sasse, *Briefwechsel*, S. 11-44.

664,12 f. *Lehre ⟨...⟩ weggelassen*] Nicolai kündigt am Schluß eine separate Abhandlung über das bürgerliche Trauerspiel an.

664,19 f. *Trauerspiele zum Preise*] Im Frühjahr 1756 erschien ein Ankündigungsprospekt der ›Bibliothek‹ (vgl. Anm. 663,24), der mit einem Preisausschreiben für die beste Einsendung eines deutschen Tragödienmanuskripts verbunden war.

664,22 *ekelhaft*] Lästig, qualvoll.

664,27 f. *Aristoteles ⟨...⟩ nachgesprochen*] Die Poetik des Aristoteles und speziell ihre berühmte Katharsis-Lehre waren seit dem 16. Jh. Ausgangspunkt fast jeder Tragödientheorie. Wichtig für die aktuelle Diskussion in Deutschland wurde die moderne, d. h. vom Geist der Gefühlsästhetik geprägte, und ausführlich kommentierte Übersetzung des Hannoverschen Theologen und Altphilologen Michael Conrad Curtius (1724-1802): *Aristoteles Dichtkunst, ins Deutsche übersetzet, Mit Anmerkungen, und besonderen Abhandlungen, versehen*, Hannover 1753. Vgl. Lessings positive Rezension in der BPZ vom 23. 8. 1753 (Bd. II dieser Ausgabe, S. 532 f.).

664,28 f. *die Leidenschaften ⟨...⟩ zu bilden*] Nicolais Wiedergabe der aristotelischen Katharsis-Formel entspricht der damals verbreitetsten Lesart, wonach der Reinigungseffekt sich nicht auf eleos und phobos (Mitleid und Schrecken), sondern auf *alle* in einem Stück dargestellten Affekte bezieht und ›Reinigung‹ im Grunde nichts anderes als Affektmäßigung bedeutet. So auch noch die einflußreiche Übersetzung von Curtius (s. Anm. 664,27 f.). In ihr heißt es, daß das Trauerspiel »uns, vermittelst des Schreckens und Mitleidens, von den Fehlern der vorgestellten Leidenschaften reiniget« (S. 12), wobei zu den letzteren »Schrecken, Angst, Furcht, Hoffnung, Freude, Betrübniß, Mitleiden, Zorn, Haß und Liebe« gezählt werden (S. 389). Die Reinigungswirkung stellt sich Curtius durchaus als intellektuelle Leistung vor:

»Er ⟨der Zuschauer⟩ lernet die traurigen Wirkungen der allzuheftigen Ausbrüche der Leidenschaften erkennen, und wendet die nöthigen Mittel an, ihre Wuth im Zaume zu halten« (S. 393). – Nach der jüngsten deutschen Übersetzung von Manfred Fuhrmann (Stuttgart: Reclam 1982, S. 19) lautet die Stelle: die Tragödie sei die »Nachahmung einer guten und in sich geschlossenen Handlung ⟨. . .⟩, die Jammer und Schaudern hervorruft und hierdurch eine Reinigung von derartigen Erregungszuständen hervorruft«.

664,30 *nicht allgemein*] Nicht verbindlich, nicht zwingend.
664,32 f. *Zweck* ⟨. . .⟩ *Leidenschaften*] Nicolais monistische Zweckbestimmung der Tragödie hat, obwohl sie von ihm als neu deklariert wird, eine längere Vorgeschichte (vgl. Martino, *Geschichte der dramatischen Theorien*, Kap. I-VI). Ausgangspunkt ist wohl Descartes, der in seinem Traktat *Les passions de l'âme* (Die Leidenschaften des Seele) von 1649 eine psychophysiologische Theorie des Lustempfindens an dargestellten Affekten entwickelte. Der Mensch habe normalerweise Freude daran, von Leidenschaften aller Art, also guten wie bösen, bewegt zu werden, sofern sie ihm »in keiner Weise schaden können« (Art. 94). Einen Schritt weiter ging 1674 der Descartes-Schüler René Rapin mit der Feststellung, die tragische Lust »consiste dans l'agitation de l'âme émue par les passions« (»besteht in der Seelenbewegung durch Leidenschaften«, zit. nach Martino, S. 182).

Als eigentlicher Begründer der emotionalistischen Kunsttheorie und als maßgeblicher Gewährsmann Nicolais (vgl. seinen Brief vom 2. 4. 1757, S. 716 dieses Bandes) hat jedoch Jean Baptiste Dubos mit seinen *Réflexions critiques sur la Poésie et sur la peinture* (Kritische Betrachtungen über die Poesie und Malerei, 1719) zu gelten. Ausgehend von Pascals Maxime, daß die Langeweile dem Menschen unerträglich sei, folgerte er, daß Kunst durch fesselnde und rührende Sujets unsere Wünsche und Sehnsüchte treffen müsse und daß die Stärke der Empfindungen, die diese Sujets freisetzen können, den primären Qualitätsmaßstab von Kunst ausmache. Für die Tragödie gelte dies so offensichtlich, daß die

Reinigung der Leidenschaften und Besserung der Moral nur als Sekundäreffekte Bestand haben könnten.

Noch vor Nicolai setzten sich Johann Jakob Bodmer und Pietro Calepio in ihrem *Brief-Wechsel von der Natur des Poetischen Geschmacks* (1736, Reprint 1966) mit Dubos' Thesen auseinander, wobei vor allem der Italiener den Standpunkt vertrat, daß neben dem Vergnügen am mimetischen Kunstaufwand der tragischen Handlung noch das Vergnügen an der emotionalen Erregung existiere. Diese sinnliche Agitation sei etwas »anders und größers« als der ästhetische Genuß; sie wirke »unmittelbar auf den Menschen«, also unter Ausschaltung des Verstandes, und treffe somit den »Pöbel mit den Gelehrten« (S. 78).

665,1 f. *Das vornehmste ⟨...⟩ Handlung]* Bei Aristoteles ist die Handlung »der erste und wichtigste Teil der Tragödie« (*Poetik*, ed. Fuhrmann, S. 25).

665,4 f. *Größe ⟨...⟩ Einfalt]* Für Aristoteles die drei maßgeblichen Bewertungskriterien der Handlung (im Sinne von Relevanz, Folgerichtigkeit und Einheit).

665,6 *großen ⟨...⟩ Personen]* Die Poetik des Aristoteles definiert den tragischen Helden als einen Menschen, der hohes Ansehen und Glück genießt (Kap. 13). Eine soziale Festlegung wird nicht getroffen. Die frühneuzeitliche Aristoteles-Exegese von Scaliger (1561) bis Gottsched (1730) hat daraus die berühmte Ständeklausel abstrahiert, die nur hohen aristokratischen Personen ein tragisches Schicksal zugesteht. Die Rückbesinnung auf die ursprüngliche Offenheit begann allerdings schon bei Corneille (*Trois Discours*, 1660), dem die historiographische Relevanz einer Person als Voraussetzung genügte. Durch das »bürgerliche Trauerspiel« wurde die Ständeklausel zwar entthront, aber nicht überwunden.

665,11 *Incidenthandlungen]* Zufalls-, Nebenhandlungen.

665,17 f. *Einheiten ⟨...⟩ Orts]* Zeit: in der Regel 24 Stunden. Ort: ein strikt gleichbleibender Schauplatz. Diese Bestimmungen wurden in der 2. Hälfte des 17. Jhs. zu einem Dogma des französischen Klassizismus. Allerdings sah ein Autor wie Corneille ihre Notwendigkeit nur im Wesen der ästhetischen Illusion gegründet und nahm ihr so den absoluten Charakter.

665,23 f. *hierher ⟨...⟩ Trauerspiele]* Da bei Aristoteles nur Schrecken und Mitleid als spezifisch tragisch gelten, wäre er nach Nicolais Kategorienbildung eigentlich der Theoretiker des ›bürgerlichen Trauerspiels‹.

665,24 f. *bürgerliches ⟨...⟩ Medea]* ›Merope‹ (u. a. Voltaire) und ›Medea‹ (u. a. Corneille) sind höfische Familienstoffe. Ihr privater Anteil scheint für Nicolai das »bürgerliche Interesse« auszumachen. Allerdings hat schon Aristoteles (und mit ihm Corneille) familiäre Verwicklungen als besonders geeignet für den tragischen Glückswechsel eingestuft (*Poetik*, Kap. 14).

665,26 f. *Schreckens ⟨...⟩ Bewunderung]* Die nicht-aristotelische Trias Schrecken – Mitleid – Bewunderung kam, vor allem dank Corneille und Saint-Evremond, im französischen Klassizismus des 17. Jhs. auf und dominierte die Theorie bis weit ins 18. Jh. hinein. Für Gottsched war die Tragödie noch 1751 dazu bestimmt, »durch die Unglücksfälle der Großen, Traurigkeit, Schrecken, Mitleiden und Bewunderung bey den Zuschauern zu erwecken« (*Critische Dichtkunst*, 4. Aufl., S. 606).

665,27 *heroische ⟨...⟩ Cato]* ›Brutus‹ (u. a. Corneille) und ›Cato‹ (u. a. Addison, Gottsched) sind politische Tragödienstoffe, in denen die Helden durch Standhaftigkeit und Edelmut, wie sie nur Ausnahmemenschen gegeben sind, beeindrucken.

665,30 *vermischte ⟨...⟩ Essex]* *Le Comte d'Essex* (Der Graf von Essex, 1678) ist eine Tragödie von Thomas Corneille (1625-1709), dem jüngeren Bruder des Pierre. Sie wurde 1747 ins Deutsche übersetzt und offenbar häufig gespielt. Lessing hat Nicolais Zuordnung ein paar Jahre später bestätigt, als er die Eigenart des Stücks aus dem Widerspiel von Stolz und Zärtlichkeit begründete (*Hamburgische Dramaturgie*, 22.-25. Stück, Bd. VI dieser Ausgabe, S. 291-307).

665,32-34 *nicht practicabel ⟨...⟩ erregt]* Die These, daß Bewunderung in der Tragödie nur über Mitleid zustande komme, steht diametral zu Lessings Auffassung.

665,34 *Canut*] Johann Elias Schlegels Tragödie *Canut* (1747) galt als Stück, in dem unversehens (?) der Bösewicht Ulfo zum Helden avanciert (vgl. Anhang zum *Laokoon*, Bd. V/2 dieser Ausgabe, S. 232).

665,36 *Exposition*] Ausgangskonstellation eines dramatischen Konflikts.

666,13 *Vertrauten ⟨...⟩ kalt*] Der »Vertraute« (confident) war eine stehende Rolle des franz. Theaters. Entsprechend ihrer Verwandtschaft mit dem antiken und barocken ›iuris consultus‹ (Ratgeber), einer dezidiert politischen Rolle, kann Nicolai die Vertrauten als »kalt« bezeichnen.

666,13 f. *caeteris paribus*] »Unter sonst gleichen Umständen«.

666,17 f. *Die tragischen Charaktere*] Die Regel, daß der tragische Held fehlerhaft sein oder jedenfalls einen Fehler (hamartia) begehen müsse, entstammt der *Poetik* des Aristoteles (13. Kap.). Allerdings ist dort eine Unzulänglichkeit gemeint, die weniger auf Charakterschwäche als auf falscher Einschätzung einer Situation und unangemessenen Reaktionen beruht. Später, unter christlichen Vorzeichen, wurde der Hamartia-Begriff als moralische Verfehlung ausgelegt, d. h. als Schuld. Für das moralpädagogische Aufklärungstheater war der unvollkommene Held schon deshalb wünschenswert, weil er das Ideal der ›poetischen Gerechtigkeit‹ nur maßvoll verletzte, während die Darstellung gänzlich unschuldigen Leidens den zu bessernden Zuschauer demotiviert hätte. Für die Theoretiker der anthropologischen Wende um 1750 wurde der Hamartia-Begriff zum Anlaß, auf den organischen Zusammenhang von Charakter und tragischem Schicksal und damit auf psychologische Vertiefung zu dringen. So forderte Lessing 1754 für eine Neubearbeitung des *Rasenden Herkules* von Seneca, daß die Begründung des tragischen Fehlverhaltens von außen (Haß der Juno) nach innen (in den Charakter des Helden) verlegt werden müsse. »Ohne Zweifel würde es auf eine feinere Bearbeitung dieses Charakters selbst ankommen. Seine Raserei müßte eine *natürliche* Folge aus demselben werden« (s. S. 564 dieses

Bandes). Aus dem aristotelischen Mittelcharakter wird zunehmend ein Indiz für den erwünschten ›natürlichen‹ oder ›ganzen Menschen‹.

666,22 *ein Satz* ⟨. . .⟩ *Moses]* Nicolais Auskunft, daß Mendelssohn auch dem Bösewicht einen ›gemischten Charakter‹ zugestehen wolle, war längst durch Lessings *Miß Sara Sampson* überholt, wo alle Akteure als gemischte Charaktere angelegt sind (vgl. S. 1215 ff. dieses Bandes).

666,32 f. *Neugier]* Sophokles' *König Ödipus* (ca. 425 v. Chr.) ist so angelegt, daß der Held, unbeirrt durch dunkle Warnungen, alles daransetzt, die Ermordung seines Vorgängers Lajus aufzuklären, um schließlich zu erfahren, daß er selbst der Mörder und Lajus sein Vater ist.

667,4 f. *edel denke* ⟨. . .⟩ *ausdrücken]* Der Gedanke, daß edle Denkweise und edler Ausdruck sich bedingen müssen, entspricht der Erhabenheitslehre des (Pseudo-)Longinos (*Vom Erhabenen*, 40 v. Chr., erste dt. Übersetzung von C. H. Heinecke, Dresden 1737). Nicolai dürfte eher von der engl. Longin-Rezeption beeinflußt gewesen sein.

667,7 *Alzire]* Voltaires Trauerspiel *Alzire ou les Américains* (Alzire oder die ⟨peruanischen⟩ Amerikaner, 1737). Die dt. Übersetzung stammt von Luise Adelgunde Gottsched und erschien 1741 im dritten Teil von Johann Christoph Gottscheds *Die Deutsche Schaubühne*.

667,19 f. *vor* ⟨. . .⟩ *Tagen]* Nicolais Zeitangabe deckt sich mit dem Datum, das Ursula Schulz, *Lessing auf der Bühne*, S. 6, für die erste Berliner *Sara*-Aufführung nennt (19. 10. 1756). Nicolai spricht allerdings von zwei vorangegangenen Aufführungen in anderer Besetzung.

667,21 *Schuch]* Der aus Wien stammende Schauspieler und Theaterprinzipal Franz Schuch (1716-1764) spielte 1754 erstmals und ab 1755 regelmäßig in Berlin. Sein Mischrepertoire aus Volks-, Boulevard- und Bildungstheater erwies sich als wirtschaftlicher Erfolg und führte ihm die bekanntesten Schauspieler der Zeit zu, wie Sophie Friederike Hensel und Johann Gottfried Brückner, 1757 sogar Konrad Ekhof. Über die restlichen von Nicolai genannten Akteure vgl. Bd. XI/1 dieser Ausgabe, S. 765. Lessing kannte die Truppe offensichtlich gut.

667,32 *Milwood*] Die Verwechslung von Marwood mit Milwood dokumentiert Nicolais Vertrautheit mit dem engl. Theater. Millwood ist der Name einer vergleichbaren Person in George Lillos *Der Kaufmann von London* (1731).

668,4 f. *wider ⟨...⟩ System*] Offensichtlich sah Nicolais Modell der Affektsteigerung zunächst vor, daß mit der Rührung auch der Tränenfluß zu wachsen habe. Die Vorstellung vom Umschlag der Rührung in tränenlose Beklemmung (bzw. Entsetzen) findet sich schon bei Aristoteles, vgl. Anm. 684,21. Interessant an Nicolais Äußerung ist deshalb eher die empiristische Attitüde. – Lessings Antwort auf Nicolais Selbstbeobachtung im Brief vom 29. 11. 1756.

668,33 *mehr als eine Absicht*] Der Ton liegt zweifellos auf dem Wort ›eine‹, womit Lessing listig unterstellt, sein Briefpartner hätte noch weitere Absichten in der Hinterhand.

669,8-15 *Nehmen ⟨...⟩ Mittel*] Lessings kritischer Einwand, daß die Parteien der Vitalisten und der Moralisten von unterschiedlichen ästhetischen Systempositionen her argumentierten, nämlich die einen medial (von den gattungsspezifischen Mitteln her), die anderen final (von extern gesetzten Zwecken her), die einen somit kunst*näher*, die anderen kunst*ferner*, scheint neu innerhalb der emotionalistischen Literaturdiskussion und zieht die *gattungs*theoretische Konsequenz aus Alexander Gottlieb Baumgartens folgenreichem Axiom, daß die sensitive (niedrige) Wahrnehmung ebenso gut eine eigene Erkenntnisform sei wie die begriffliche und ebensowenig einer eigenen Logik und Gesetzlichkeit entbehre (*Aesthetica*, 1750). Freilich läßt die relativierende Argumentation (schlimmer – besser, näher – ferner) erkennen, daß Lessing nicht gewillt ist, die Gattungsfrage im Sinn des Nicolaischen Entweder-Oder zu lösen.

669,15 f. *Wenn ⟨...⟩ umgekehrt*] Lessings Auffassung von der Gattung als Naturentelechie scheint mit diesem Satz klar präformiert.

669,21 *Lehre ⟨...⟩ Philosophen*] Die Tragödientheorie des

Aristoteles verbindet in der Tat das Endzweck-Axiom (Katharis) mit einer extensiven und empirischen Prüfung der ästhetischen Mittel.

669,24-26 *Das meiste ⟨. . .⟩ lassen]* Die Frage korreliert mit einem der Schlußsätze der Poetik des Aristoteles: »Epos und Tragödie sollen ja nicht ein beliebiges Vergnügen hervorrufen, sondern das erwähnte« (*Poetik*, ed. Fuhrmann, S. 99). Mit diesem Zitat beginnt auch die erste Tragödien-Abhandlung Corneilles (1660), die Lessing 1750 übersetzt (?) und publiziert hat: »Man muß nicht verlangen, ⟨. . .⟩ daß diese Art von Gedichten uns alle Arten von Vergnügen verschaffen soll, sondern allein die, die ihr eigen sind.« (›Beyträge zur Historie und Aufnahme des Theaters‹, 1. Stück, S. 53.)

669,34 f. *Kurz ⟨. . .⟩ Mitleiden]* Die Entschlossenheit, mit der Lessing – gegen den aristotelischen Wortlaut – das Mitleid zunächst zum alleinigen Leit-Affekt des Trauerspiels ernennt, ist nur aus der Bedeutung erklärbar, die der Mitleid-Begriff in der anthropologischen Theorie der Zeit gewonnen hatte, z. B. in der englischen und schottischen »Moral sense«-Philosophie (Shaftesbury, Hutcheson etc.), aber auch bei Rousseau oder Mendelssohn. Die Präsenz dieser Autoren und Schriften in der Berliner Diskussionsrunde steht außer Frage. Mendelssohn verstand sich von Beginn an als Shaftesbury-Schüler, übersetzte 1755 den zweiten *Discours* von Rousseau und versuchte sich im selben Jahr an einer Wesensbestimmung des Mitleids. Lessing verfaßte im Frühjahr 1755 *Miß Sara Sampson* als Vorstudie für eine zukünftige Mitleidsdramaturgie, rezensierte am 10. 7. 1755 bewundernd, wenn auch nicht sonderlich tiefschürfend Rousseaus zweiten *Discours* (s. S. 401 f. dieses Bandes) und übersetzte im Herbst 1755 Hutchesons *Die Sittenlehre der Vernunft* (Auszüge davon S. 744-754 dieses Bandes).

670,2 *Abschilderung]* Gemeint ist Nicolais noch ungedruckte *Abhandlung von Trauerspiele.*

670,3 *eris ⟨. . .⟩ Apollo]* »So wirst du für mich der große Apoll sein« (Vergil, 3. Ekloge, v. 104).

670,4 f. *Phyllida solus habeto]* »So soll Phyllis dein sein« (ebd., v. 107).

670,6 *Ihre Richterstühle]* Vermutlich Anspielung auf die »sella curulis« (kurulischer Sattel), transportable Klappstühle, die im antiken Rom das Symbol der richterlichen Amtsgewalt waren.

670,10 *Überraschung des Mitleides]* Mendelssohn hatte 1755 in seinem Brieftraktat *Über die Empfindungen* geschrieben: »dasjenige, was in den Trauerspielen unter dem Namen des Schreckens bekannt ist, ist nichts als ein Mitleiden, das uns schnel ⟨sic!⟩ überrascht« (JA 1, S. 110). Vergeßlichkeit, Unverschämtheit? Oder sollte Mendelssohn einen Gedanken Lessings verarbeitet haben?

670,12 *Du ⟨...⟩ Lajus]* Moment der tragischen Wiedererkennung (Anagnorisis). In diesem Wortlaut nicht bei Sophokles und Seneca.

670,22 f. *O in der Tragödie]* Vermutlich ironisches Pathos, das auf die stoischen Helden der klassizistischen ›Tragödie‹ anspielt.

670,33 *so gut als des Caesars]* So gut wie Caesar ausgeliefert.

670,36 f. *Die Welt ⟨...⟩ wert]* Zitat aus Albrecht von Hallers Gedicht *Die Falschheit menschlicher Tugenden* (1730). Das Gedicht präludiert Lessings Antiheroismus insofern, als es zunächst Catos Seelengröße preist, um dann deren stoischen Kaltsinn und heroischen Egoismus zu entlarven.

671,2-6 *Bewunderung ⟨...⟩ erholen kann]* Das Ruhepunkt-Argument steht im Kontext einer zeitgenössischen Diskussion über die Erträglichkeitsdauer starker Affekte. Vor allem Pierre Brumoy in seinem *Le théâtre des Grecs* (Das Theater der Griechen, Paris 1730, S. 29-98) und Louis Jean Levesque de Pouilly in seiner *Théorie des sentiments agréables* (Genf 1747; dt. *Lehre der angenehmen Empfindungen*, Berlin 1751) entwickelten Strategien, wie die emotionale Ermüdung des Publikums zu vermeiden sei, letzterer auf der Grundlage einer empirischen Physiologie. Lessings These von der Bewunderung als Ruhepunkt funktioniert allerdings nur unter der Voraussetzung, daß Mitleid eine starke, Bewunderung aber eine schwache oder gar keine Leidenschaft sei. Die Vertreter der Bewunderungspartei behandelten das Mitleid allerdings gern als schwache (sanfte) Leidenschaft.

671,10f. *Fähigkeit ⟨...⟩ erweitern]* Die Funktionszuweisung an die Tragödie: sie habe eine gegebene »Fähigkeit« zu einer sozialen bzw. philanthropischen »Fertigkeit« (s. weiter unten) zu »erweitern«, läßt sich sowohl auf Rousseaus Begriff vom Mitleid als menschlichem Selbstrettungsinstinkt, wie auf Shaftesburys und Hutchesons Anschauung von einem angeborenen Altruismus (moral sense) des Menschen beziehen. Über die Begründungsunterschiede wird noch zu sprechen sein (s. Anm. 698,12).

671,16 *Herr Moses ⟨...⟩ mag]* Die besondere Kompetenz Mendelssohns, die hier angesprochen wird, meint zweifellos dessen exklusive Kenntnis Rousseaus und seiner Mitleidstheorie, die er sich gerade als Übersetzer erworben hat.

671,17-20 *Der mitleidigste ⟨...⟩ aufgelegteste]* In diesem berühmtesten Passus des Briefwechsels sind auch die Rousseauanklänge am deutlichsten. Sie betreffen die monopolartige Sonderstellung des vorrationalen Mitleids als moralische Empfindung wie als kulturgenerative Energiequelle. Es sei offensichtlich, heißt es bei Rousseau, »daß aus dieser Eigenschaft allein, alle gesellschaftlichen Tugenden entspringen ⟨...⟩. In der That, was ist die Großmuth, die Gelindigkeit und die Leutseeligkeit anders, als ein Mitleiden gegen einen Schwächeren, einen Strafbaren, oder gegen das menschliche Geschlecht überhaupt? Die Gewogenheit und Freundschaft selbst entspringen, wenn man sie von der rechten Seite betrachtet, aus einem beständigen Mitleiden, das auf einen besonderen Gegenstand geheftet ist« (Übersetzung von Mendelssohn, JA 2, S. 116). – Auch für die Formulierung »Der mitleidigste Mensch ist der beste Mensch« hat die Forschung ein mögliches Vorbild namhaft gemacht: »Les hommes prompts à s'attendrir, sont ordinairement les plus vertueux« (»Leicht rührbare Menschen sind gewöhnlich auch die tugendhaftesten«), aus: Louis Racine, *Traité de la poésie dramatique, ancienne et moderne* (Abhandlung über die antike und moderne dramatische Dichtung, 1752), in: *Œuvres complètes*, Bd. VI, Genf 1969, S. 398, zit. nach Meier, *Dramaturgie der Bewunderung*, S. 203).

671,26-29 *Wer ⟨...⟩ Mensch werden]* Die nach allem Vorherigen gänzlich unerwartete Analogie zwischen Lachen (in der Komödie) und Mitleid (im Trauerspiel) läßt im Grunde nur den Schluß zu, daß Lessing an dem Franzosen lediglich in gattungskritischer Absicht interessiert war. Im Grunde könnte er ja ebenso behaupten: »Der im Lachen geübteste Mensch ist der beste (kultivierteste) Mensch.« Im Gegensatz zu Rousseau scheinen für Lessing die naturentelechischen Gattungen der Kunst unterschiedliche Wege zum natürlichen (ganzen) Menschsein zu eröffnen.

671,32 f. *die ganze ⟨...⟩ Vergnügen]* Die von hier ausgehenden Gedanken beziehen sich auf die Lehre von den »vermischten Empfindungen«, die die Freunde offensichtlich in Berlin diskutiert hatten (vgl. Mendelssohns Brief von Ende Oktober 1755, S. 662 dieses Bandes), die inzwischen aber von Mendelssohn zu Papier gebracht worden war. Bevorzugtes Beispiel ist natürlich das Mitleid: »Allein was ist das Mitleiden? Ist es nicht selbst eine Vermischung von angenehmen und unangenehmen Empfindungen? Hier zeigt sich ein merklicher Vorzug, durch den sich diese Gemüthsbewegung von allen anderen unterscheidet. Sie ist nichts als die Liebe zu einem Gegenstande, mit dem Begriffe eines Unglücks, eines physicalischen Uebels, verbunden, das ihm unverschuldet zugestossen.« (JA 1, S. 110.)

672,1 *weitläuftige ⟨...⟩ Lachen]* Teile davon gehen in die folgenden Briefe ein. Vgl. dazu: Ricklefs, *Lessings Theorie vom Lachen und Weinen*, in: Dankesgabe für Albert Leitzmann, hg. v. Fritz Braun und Kurt Stegmann von Pritzwald, Leipzig 1927, S. 7-66.

672,12 f. *vornehmste ⟨...⟩ Regel]* Die Katharsis-Lehre des Aristoteles.

672,19 f. *Verdienst ⟨...⟩ bleiben]* Daß die beiden Komponenten der vermischten Empfindung, Lust und Unlust, in einem bestimmten Verhältnis zueinander stehen müssen, hatte schon Mendelssohn konstatiert. Jedenfalls dürfen sie »einander nicht schnurstraks entgegen gesetzt seyn, sie müssen neben einander bestehen können« (JA 1, S. 110).

672,21-24 *Das ist 〈...〉 übersehen]* Zur gemischten Empfindung fügt sich hier, im Sinn eines anthropologischen Analogons, der gemischte Charakter, der allen Akteuren zusteht, so daß es nur Bessere und Schlechtere gibt, unter denen der Held allerdings der relativ Beste sein muß.

672,24 *Fehler des Canuts]* Spitze gegen die Selbstgewißheit des stoischen Helden.

672,27 *des Dichters Gutbefinden]* Rührendes Lustspiel und bürgerliches Trauerspiel rücken hier strukturell ganz eng zusammen, unterschieden im Grunde nur durch den Ausgang (was freilich der Theorie von den gattungsspezifischen Mitteln widerspricht). Allerdings ist Lessings letztes und berühmtestes Drama nicht zufällig ein Mischspiel.

673,2 *So viel Blitze]* Im aristotelischen Normalfall gibt es nur einen Schreckensmoment, den des Erkennens und Glücksumschwungs (Agnorisis). Ein Beispiel der fortgesetzten Schrecknisse wäre der senecaische *Thyestes* (vgl. Lessings *Seneca*-Abhandlung, S. 567-613 dieses Bandes), der allerdings alles andere als »kindisches Vergnügen« bereitet. Im übrigen ist es schwer vorstellbar, daß Schreckensmomente sich »entwickeln« könnten. In jedem Fall werden sie transformativ wirken.

673,8 *nicht zu anhaltend]* Eigentlich gar nicht, da der bewunderte Held für Lessing sowieso der falsche ist.

673,10 f. *Der bewunderte 〈...〉 Trauerspiels]* Die Zuordnung ist nicht neu. Sie bildete sich schon in der Phase der barokken und klassizistischen Bewunderungsdramaturgie heraus. Als vermutlich erster bezeichnete René le Bossu in seinem *Traité du Poëme Epique* (1675) die Bewunderung als spezifisch epische und das Mitleid als spezifisch tragische Leidenschaft. Der Traktat wurde 1753 unter dem Titel *Abhandlung vom Heldengedicht* ins Deutsche übersetzt und von Lessing am 21. 8. 1753 in der Vossischen Zeitung rezensiert (s. Bd. II dieser Ausgabe, S. 531 f.). Auch der deutsche Aristoteles-Übersetzer Michael Conrad Curtius (1753) schloß sich Bossus Urteil an: »Ich will nicht weitläufig ausführen, daß das Trauerspiel mehr für das Herz, und die Leidenschaften, die

Epopee aber mehr für den Geist, und die Bewunderung gemacht sey.« (*Dichtkunst*, S. 394.)

673,13 *Homers ⟨...⟩ Klopstocks*] Vier berühmte Ependichter.

673,30 f. *was ich ⟨...⟩ verbessern*] Lessing ging davon aus, daß seine Briefe, unabhängig von der Adressierung, stets von beiden Partnern gelesen wurden.

674,4 *gewaltsame ⟨...⟩ Lachen*] Lessings damalige Analyse kennen wir nicht. Aus Mendelssohns Brief vom 11. 8. 1757 (Bd. X/1 dieser Ausgabe, S. 234 f.) geht jedoch hervor, daß er versucht hatte, von der physiologischen Ursache des »mechanischen« Lachens (beim Kitzeln) auszugehen und von daher die gemischte Empfindung des Lächerlichen und sogar des mitleidigen Weinens zu bestimmen.

674,14 *Tränen der Freude*] Mendelssohn hatte nicht nur die Mitleidstränen, sondern auch die Freudentränen als gemischte Empfindung interpretiert (*Über die Empfindungen*, JA 1, S. 110). Lessings Begründung lehnt sich fast wörtlich daran an.

674,19 *sorge sehr*] Vermute, befürchte.

674,20 *jetzt erst*] Im Zustand der Buße.

674,26-29 *Harmonie ⟨...⟩ Seele*] Zweifellos Bezug auf die Leibnizsche Idee von der ›prästabilierten Harmonie‹, der zufolge die physischen und psychischen Aktivitäten der Monade a priori aufeinander abgestimmt sind.

675,10 *ganzes System niederreißen*] Vielleicht Anspielung des Shaftesbury-Bewunderers auf einen berühmten Satz des Engländers: »The most ingenious way of becoming foolish is by a system« (»Es gibt keine anspruchsvollere Art, zum Narren zu werden, als sich ein System zuzulegen«, *Advice to an Author* III 1, 1710). Mendelssohns Formulierung changiert jedenfalls zwischen Ironie und Streitlust. Zur Strategie des Streits s. Anm. 676,14-22. – Lessings »System« beruhte bis dahin auf zwei Thesen: einmal, daß ein Trauerspiel unter allen denkbaren Affekten nur Mitleid wirklich und wesenhaft zu erregen vermöge; zum anderen, daß Mitleid das wirkungsvollste Mittel zur moralischen Besserung darstelle. Beides versucht Mendelssohn in der Folge zu widerlegen.

675,22 f. *Begierde ⟨...⟩ unzertrennlich]* Mendelssohn argumentiert hier als Schüler Christian Wolffs und seiner rationalistischen Schulphilosophie, wonach der Mensch ein oberes, begrifflich-reflexives und ein unteres, sinnlich-intuitives Erkenntnisvermögen besitzt. Bewunderung geht aus dem letzteren hervor, weil allein dieses die »anschauende Erkenntnis« einer moralischen Vollkommenheit (hier: eines Bühnenhelden) vermitteln kann. Schon Wolff hatte erklärt: »Eine anschauende Erkäntniß der Vollkommenheit machet Vergnügen« (*Vernünfftige Gedancken von Gott, der Welt und den Menschen* § 1065). Um Bewunderung auszulösen, bedarf es der Begierde zur Nacheiferung. Wolff: »Aus der undeutlichen Vorstellung des Guten entstehet die sinnliche Begierde, welche demnach nichts anderes ist als eine Neigung der Seele gegen die Sache, davon wir einen undeutlichen Begriff haben. ⟨...⟩ Diese Begierde nun nennet man mit Recht eine sinnliche Begierde. Denn sie kommt bloß von den Sinnen her, und die Vernunft hat nichts damit zu tun« (ebd. § 434).

Als Vertreter der Baumgarten-Generation und Parteigänger der »ästhetischen Wende«, die der sinnlichen Wahrnehmung einen Eigenwert zugestand, hatte Mendelssohn allerdings eine sehr viel höhere Meinung von dieser sinnlichen Begierde als Wolff, hoch genug jedenfalls, um ihr moralische Relevanz zuzuerkennen.

675,33 *Zayre]* Richtig: Zaïre. Heldin eines gleichnamigen Trauerspiels von Voltaire (1732).

675,34 *Gusmann]* Richtig: Guzmán. Figur in Voltaires Trauerspiel *Alzire* (1736).

676,4 *Mithridates]* Held eines gleichnamigen Trauerspiels von Racine (1673).

676,14-22 *Bitten Sie also ⟨...⟩ durchdringt]* Zum Streit-Verfahren: Mendelssohn hat drei Heroen- und Märtyrertragödien des französischen Klassizismus analysiert, in denen tatsächlich der Anlaß zur Bewunderung menschlicher Größe den zum Mitleid verdrängt. Der Schluß, den er daraus mit einem fordernden »also« zieht, ist allerdings überraschend. Nahegelegen hätte, im Sinne Nicolais, die Existenz essentiell unterschiedlicher Tragödientypen zu konstatieren und für deren Anerkennung zu plädieren. Nahegelegen hätte auch, Ansatzpunkte für Mitleid und Bewunderung in jeder tragischen Handlung und jedem tragischen Helden zu finden, nur eben in unterschiedlicher Gewichtung und unterschiedlicher Konsequenz. Anstatt dessen verabsolutiert er seine unzureichenden Testergebnisse, erklärt die Bewunderung zur *glanzvollen* und *höheren* »Mutter der Tugend« und das Mitleid zu ihrer *sanften*, aber niedrig *sinnlichen* Magd. Das Ergebnis ist eine bloße Umkehrung der Lessingschen Idiosynkrasien und Bewertungen, um den Preis der empirischen Stringenz und ästhetischen Logik. Die Spielelemente des Streits (von einer Gegnerschaft ist ja nicht auszugehen) scheinen sich zu diesem Zeitpunkt weitgehend verselbständigt zu haben.

Eine andere Version, die das sachliche Konfliktpotential ernster nimmt, hat Hans-Jürgen Schings vorgetragen (*Der mitleidigste Mensch*, Kap. III). Schings vermutet hinter dem forschen Thesenkrieg der beiden Freunde eine unausgesprochene Kontroverse um die Bewertung Rousseaus, wobei Lessing im Verdacht des Überläufertums, Mendelssohn in dem des skeptischen, ja entrüsteten Rückzugs in vernunft- und erziehungsoptimistische, also konservativere Positionen der Aufklärung steht. Daß der letztere dabei eigene Vorwerke schleift oder wenigstens vorübergehend aufgibt, ist unschwer zu sehen.

676,22-28 *Die Bewunderer ⟨...⟩ verdienen sollte]* Mendelssohns Argumentation gipfelt, mit Hilfe eines Zirkelschlusses, in der kühnen Verwerfung der gesamten griechischen Tragödie, zweifellos als Antwort auf Lessings Verwerfung des barockklassizistischen Heroismus. Aus der Erkundung der tragischen Empfindungen ist eine »querelle« geworden, in der Mendelsohn die Rolle des »moderne«, Lessing die des »antique« übernimmt, beide auf unkonsequente Weise.

676,28-34 *Ihre Bildhauer ⟨...⟩ unnachahmlich sind]* Mendelssohns einlenkendes Lob der griechischen Bildhauerei resultiert aus der Lektüre des ein Jahr vorher erschienenen

Aufsatzes *Gedanken über die Nachahmung der griechischen Werke in der Malerei und Bildhauerkunst* von Johann Joachim Winckelmann (1755). Weiteres dazu in seinem Brief vom Dezember 1756.

677,4 *Aristoteles ⟨...⟩ Schlange]* Das Schlangen-Beispiel findet sich nicht bei Aristoteles, sondern bei Boileau und Batteux. Aristoteles spricht an der einschlägigen Stelle (Kap. 4) nur von »äußerst unansehnlichen Tieren« (Übers. Fuhrmann), was allerdings Curtius (1753) als »grausame Tiere« wiedergibt, so daß hier die Ursache für Mendelssohns Irrtum liegen dürfte. In Boileaus *Art poétique* heißt es: »Il n'est point de serpent, ni de monstre odieux, / Qui, par l'art imité, ne puisse plaire aux yeux.« (»Sowohl die Schlange, wie das scheußliche Untier können durch künstlerische Darstellunge zur Augenweide werden«, Anfang des 3. Gesangs). Klärend dazu ein Brief Nicolais an Christian Ludwig von Hagedorn (28. 1. 1959): »Sie schreiben unter andern, daß Sie über das: n'est point de Serpent etc. eine Betrachtung anstellen wollen. Ich bin ganz besonders begierig darauf. Ich habe mit den Herrn Moses und Lessing (als der letztere noch in Leipzig war) zuvor einen ziemlich weitläuftigen Briefwechsel und Streit über diese Materie gehabt. Bey dieser Gelegenheit setzte Hr. Moses einen Entwurf auf.« (*Briefe über die Kunst*, hg. v. Torkel Baden, Leipzig 1797, S. 284 f.). Zu dem »Entwurf« vgl. Anm. 689,7 f. und 705,36.

677,10 *Gedanken]* Vgl. vorangehende Anm.

677,13 *Krieg]* Der preußische König war am 29. 8. 1756 in Sachsen eingefallen. Beginn des 3. Schlesischen Krieges (Siebenjähriger Krieg).

677,13 *Handlung]* Handel.

677,16 *Gedanken ⟨...⟩ Wahrscheinlichkeit]* 1756 gedruckt (JA 2, S. 147-164).

677,26 *das herrschende System]* Das Leibniz-Wolffsche Lehrgebäude.

678,20 *sterbenden Gusmann]* Guzmán, der Bösewicht in Voltaire Tragödie *Alzire*, verwandelt sich auf dem Totenbett in einen Humanitätsapostel.

679,6 *Zamor]* Richtig: Zamore. Der heidnisch-edle Widersacher des Guzmán.

679,13 f. *Bewunderung ⟨...⟩ Verwunderung]* Lessings klare begriffliche Trennung scheint neu zu sein. Weder Zedlers *Universallexikon* (Lemma »Bewunderung« 1733, »Verwunderung« 1746) noch Grimms DWb lassen für das 18. Jh. eine sonderliche semantische Differenz erkennen. Vgl. auch Bodmer, Anm. 680,4.

679,18 *Geizige ⟨...⟩ Ruhmredige]* Bekannte Komödientypen bei Molière: *L'Avare* (1668) und Destouches: *Le Glorieux* (1732).

680,4 *bessern Menschen]* Ähnliche Spekulationen über das Be-/Verwundern bei ›Pöbel‹ und Tugendhaften finden sich vorher schon bei Johann Jakob Bodmer: »die Verwunderung der Menge, welche alles bewundert, grosses und kleines, was ihr die Augen füllt, oder was ihr seltsam und neu vorkommt; die öfters wahrhaftig grosse Dinge verachtet, weil sie ihr täglich vor Augen schweben. Diese gemeine Verwunderung hat die Unwissenheit zur Mutter« (*Critische Briefe*, Zürich 1746, S. 95). Hingegen ist die wahre Bewunderung »eine Frucht des Erhabenen ⟨...⟩, aus welcher die größten Geister die mit dem erlauchtesten Verstande begabet sind, sich eine Ehre machen; ⟨...⟩ Ihre Verwunderung ist vernünftig, indem sie eben aus der Betrachtung der Dinge und ihrer Zusammenfügung entsteht« (S. 96).

680,6-8 *Augustus ⟨...⟩ Hippolyts ⟨...⟩ Chimene]* (Neben-)Protagonisten aus Tragödien Corneilles und Racines.

680,11 *innerhalb diesem Begriffe]* Lessing versucht hier, hohe Normaltugenden von solchen abzugrenzen, die die Normalität übersteigen – zweifellos in der Absicht, Mendelssohns Begriffsbildung (nämlich: »Eigenschaften ⟨...⟩, die unsre Meinung ⟨...⟩ von der ganzen menschlichen Natur ⟨...⟩ übertreffen«) dem eigenen Interesse gefügig zu machen.

680,13 *Cato]* Trauerspiel von Joseph Addison (1713), Gottsched (1732).

680,13 *Essex]* Vgl. Anm. 665,30.

680,20 f. *unempfindliche Helden]* Die »Unempfindlichkeit«, die nach Lessing den stoischen Helden charakterisiert, war zweifellos das Reizwort, das er benötigte, um das semantische Kontrastprogramm der Empfindung, Empfindsamkeit, Zärtlichkeit etc. einschwingen zu lassen.

680,31 f. *Tugend ⟨...⟩ Bewunderung]* Damit stellte er Mendelssohn unmittelbar an die Seite des franz. Erzklassizisten Corneille, der im Vorwort seines *Nicoméde* gesagt hatte: »In der Bewunderung, die man für seine ⟨des Helden⟩ Entschlußkraft aufbringt, finde ich ein Mittel, die Leidenschaften zu reinigen, von dem Aristoteles nicht gesprochen hat und das vielleicht viel sicherer zum Ziele führt als das, welches er der Tragödie vorschreibt, nämlich durch Mitleid und Furcht.« (Zit. nach Schulte-Sasse, *Briefwechsel*, S. 155)

681,11 *Lassen ⟨...⟩ gehen]* Das eben hatte Mendelsohn für sich ausgeschlossen.

681,14 f. *klagt weibisch]* Das ›weibische Klagen‹ (ohne etwas zu tun) war ein stehender Begriff der neustoizistischen Mitleid-Kritik. Justus Lipsius: »ich will/ das man sich des elenden zwar annemen sol/ aber mit Hülffe/ Rath und That/ vnd nicht mit Weibischen threnen und gremen. ⟨...⟩ Meinstu das dieses eine Tugent sey/ wann du Weibischer weise vnnd aus verzagtem Gemüte mit den trawrenden anckest/ seufftzest/ vnd halbe vnd zerbrochene wort weinest?« (*Von der Bestendigkeit*, Leipzig 1601, übers. v. Andreas Viritius, Reprintausgabe von Leonard Forster, Stuttgart 1965, S. 34^v-35^r).

682,1 *effort]* Anstrengung, Kraftanspannung.

682,5 *Mithridat des Racine]* Vgl. S. 676 dieses Bandes.

682,15 *Carl dem XII.]* Karl XII. (1682-1718), schwed. König, tollkühner Feldherr und tragischer Nationalheld. Lessing hat zweifellos Voltaires 1731 erschienene *Histoire de Charles XII, Roi de Suède* (Geschichte Karls XII, Königs von Schweden) gekannt.

682,16 f. *besser ⟨...⟩ schicke]* Vgl. Anm. 676,10 f.

682,22 f. *Sie ist ⟨...⟩ zu verbannen]* In der Ablehnung der stoischen Apathie als Heldenideal und der damit verbundenen Ablehnung der Bewunderung als tragischer Leidenschaft hatte Lessing Vorgänger. Nach dem Vorspiel bei Le Bossu (Anm. 673,10 f.) trat 1728 der in Frankreich lebende Italiener Luigi Riccoboni mit einem Traktat hervor, in dem er das heroische Drama Corneilles für überholt erklärte und das ›admirer‹ (bewundern) als Zweck der Tragödie verwarf. Größeren Einfluß auf die deutsche Diskussion hatte Pietro di Calepio, der italienische Briefpartner Bodmers (vgl. Anm. 664,32 f.), der vor allem den moralisierenden Effekt der Bewunderung bezweifelte. »Allein man muß hier betrachten, daß die Verwunderung ⟨!⟩ nicht so sehr die eigentliche Wirkung der Tugend ist, die wir bey andern wahrnehmen, als vielmehr der ausserordentlichen und selten vorkommenden Sachen; wie denn auch die Tugendhaften nur darum Verwunderung verursachen, weil sie selten vorkommen. Man muß darum aus einer solchen Verwunderung nicht den Schluß ziehen, die Zuseher verwundern sich über einen solchen überspannten Charakter, weil sie daher Begriffe von hohen Tugenden, ja Beschaffenheiten welche noch herrlicher sind als die Tugend selbst, bekommen. Wenn dieses wahr wäre, so würden die Leute von tiefen Einsichten bey solcher Gelegenheit in keine Verwunderung gesetzet werden, und mit einem solchen Charakter würde der Poet in Ansehen ihrer seinen Zweck verfehlen. Die Wahrheit ist, daß sich die Verwunderung bey allen einstellen wird; aber mit dem Unterschied, daß die Weisern die überspannte Tugend verwerfen, die andern aber bey diesem Exempel einen falschen Begriff von derselben bekommen werden.« (*Brief-Wechsel von der Natur des Poetischen Geschmacks*, Zürich 1736, S. 53.)

682,24 f. *Erläuterung ⟨...⟩ Trauerspiels*] Die folgende Ursprungstheorie der griech. Tragödie referiert Lessing vermutlich nach Pierre Brumoy, *Le Théâtre des Grecs*.

682,29 *Rhapsodisten*] Besser: Rhapsoden, von griech. rhapsodos »einer, der Lieder zusammenflickt«. Berufssänger, die meist Episoden aus Homer vortrugen.

683,10-15 *Die Bewunderung ⟨...⟩ Erkenntnis?*] Nachdem

Lessing zunächst nur seine eigene Auffassung: die von der Unempfindlichkeit des Helden als Ursache der Bewunderung herausgearbeitet hat, wendet er sich nun der Kritik an Mendelssohns schulphilosophischer Definition der Bewunderung zu. Danach entspringt diese zwar der sinnlich-anschauenden, d. h. unteren Erkenntnis, realisiert sich aber erst in der begrifflichen, oberen Erkenntnis, d. h. als intellektueller Akt. Mendelssohn hatte diese ›feinere‹ Machart der Bewunderung, nämlich als einer »höheren Empfindung«, selbst ins Treffen geführt (vgl. Brief vom 23. 11. 1756, S. 676 dieses Bandes). Für Lessing ist die moralisierende Wirkung der Bewunderung damit eine Marginalie.

683,17 *bessert unmittelbar]* Hier kommt Rousseaus Vorstellung vom Mitleid als einer basalen, vorrationalen und rettenden Empfindung ins Spiel.

683,34 *mein Stück]* *Miß Sara Sampson.*

684,3 *Sie sagen]* Vgl. Brief vom 3. 11. 1756.

684,12 *seiner Grille]* Seinem Belieben, seiner fixen Idee.

684,21 *Beklemmung]* Am 2. 4. 1757 schrieb Lessing an Nicolai, er halte es für unmöglich, die *Poetik* des Aristoteles ohne die Kenntnis seiner *Rhetorik* zu verstehen (S. 716 dieser Ausgabe). Danach beteiligte er sich kaum mehr an der Diskussion. Wann seine *Rhetorik*-Lektüre stattfand, wissen wir nicht. Allerdings spricht viel dafür, daß schon seine ›Beklemmungs‹-These (vgl. Anm. 668,4 f.) von dort inspiriert ist: »Daher hat auch Amasis nicht über seinen Sohn, als er zum Tode geführt wurde, geweint – so sagt man –, wohl aber über seinen Freund, der ihn bettelnd anging; denn dieses ist Mitleid erregend, jenes erstere dagegen entsetzlich. Das Entsetzliche nämlich ist etwas anderes als das Mitleid-Erregende, es hebt vielmehr das Mitleid auf und ist häufig für das Gegenteil von Nutzen.« (*Rhetorik*, ed. Sieveke, S. 111.)

684,27 *mit beiden zugleich]* Damit bezieht sich Lessing auf die Vorstellung vom Mitleid als einer »gemischten Empfindung« und Mendelssohns damit verbundene Forderung, daß die angenehmen und unangenehmen Empfindungsanteile

»neben einander bestehen«, d. h. in ein Gleichgewicht gebracht sein müßten. Nur dann erfülle es seine ästhetische Wirkung (*Über die Empfindungen*, JA 1, S. 110). Dies versucht Lessing in der Folge an praktischen Beispielen zu veranschaulichen.

685,25 *Zulage]* Gewichtserhöhung auf der Waagschale, Grimms DWb 32, Sp. 492.

686,10 *Devil to pay]* Der Teufel ist los, Singspiel von Charles Coffey (1731). Näheres dazu Bd. XI/1 dieser Ausgabe, Anm. 136,28.

686,12 *wovon ⟨...⟩ nächsten]* Die Mitteilung blieb aus.

687,1 *fehlerhafte Distinktion]* Logisch falsche Unterscheidung. – Trotz dieser Kritik scheint Mendelssohn von Lessings im Sprachgebrauch nicht üblicher Entgegensetzung von Verwunderung und Bewunderung fasziniert. Er nimmt sie nicht nur spontan auf, sondern kommt auch später wiederholt darauf zurück, wenn auch natürlich im Sinn seiner eigenen Deutung. 1758 schreibt er anläßlich einer Anzeige des zweiten Teils der *Aesthetica* von Baumgarten: »Verwundern und bewundern sind im Deutschen von eben so verschiedener Bedeutung, als im Lateinischen *mirari* und *admirari*. Man verwundert sich über eine Sache, die dem verlauf der Natur zuwider zu seyn scheinet. Man bewundert hingegen nur erhabene Dinge, an denen wir eine vorzügliche Vollkommenheit wahrnehmen.« (JA 4, S. 274.) Ähnlich noch einmal 1771 (JA 1, S. 461).

687,5 *Staleno]* Figur aus Lessings Lustspiel *Der Schatz*. S. Bd. I dieser Ausgabe, S. 545-593.

687,15-17 *plötzliche ⟨...⟩ vorgehen läßt]* Vgl. Lessings Brief vom 28. 11. 1756, S. 678 dieses Bandes.

688,3 *diese Art von Knoten]* Mendelssohns Meinung, daß ein Plot, der mit der überraschenden Auflösung scheinbarer Gegensätze zwischen Charakter und Handlungsweise endet, allen anderen überlegen sei, ist allerdings an zwei Beispielen gewonnen (Lessings Komödie *Der Schatz* und Richardsons Roman *Clarissa*), die das Motiv nur als Nebenhandlung enthalten und jeweils keine Tragödien sind.

688,7 *Clarissa]* Berühmte Heldin des Romans *Clarissa or the History of a Young Lady* (Clarissa oder die Geschichte einer jungen Dame, 1748) von Samuel Richardson.

688,22 *keinem Frauenzimmer]* Während im Frauenbild der Frühaufklärung die weibliche Vernunftbegabung eine zentrale Rolle spielt, wird spätestens seit der Mitte des Jahrhunderts, mit der Herausbildung der Empfindsamkeit, ein dem Programm weiblicher Gelehrsamkeit widerstreitender Typus des Weiblichen favorisiert: die ›Empfindsame‹. Nun wird Frauen vornehmlich eine Gefühlsbegabung attestiert, in der stoische und dezisionistische Qualitäten wenig Platz haben.

688,37-689,1 *symbolische Erkenntnis]* Logisch-begriffliche Deduktion.

689,2 *intuitive Erkenntnis]* Sinnlich-spontane Induktion.

689,4 *Bonsens]* (Franz.) »Gesunder Menschenverstand«.

689,7 f. *ganz neue ⟨...⟩ Seelenkräfte]* Gemeint ist der kleine Aufsatz *Von der Herrschaft über die Neigungen*, der das Verhältnis von moralischer Norm und moralischem Gefühl zu bestimmen versucht. Von der überlegten (rational demonstrierten) Moral geht für M. hohe Gewißheit, aber ein schwacher ›Beweggrund‹ (= Handlungsmotivation) aus, von der moralischen Empfindung hingegen geringe Gewißheit, aber eine starke Motivation. Da also Sicherheit nur in der Vernunftmoral gegeben ist, muß diese sich die Wirkungen der moralischen Empfindung (Konkretisierung, Ich-Steigerung, Habitualisierung) dienstbar machen. Anregungen zu dieser Theorie dürften von einer Schrift des Levesque de Pouilly, die M. andernorts zitiert, gekommen sein. Dort heißt es: »Und wie gebraucht man sie ⟨die Empfindungen⟩ denn ihrem Endzweck gemäß? Dadurch, daß sie allezeit den Aussprüchen der gesunden Vernunft unterworfen, sich mit den Entschließungen eines gebesserten Willens vereinigen; daß sie den guten Neigungen eine desto stärkere Kraft und Munterkeit in ihrer Ausführung geben ⟨...⟩ Fast alle Empfindungen sind materialistisch betrachtet, oder in Ansehung ihres Ursprunges gut« (*Lehre von den angenehmen Empfindungen*, s. Anm. 671,2-6, Vorrede des Übersetzers).

689,9-11 *Die theatralische ⟨...⟩ Erkenntnis]* Der Satz leitet eine überraschende Wende in Mendelssohns Argumentation ein. Hatte er bislang den Vernunftbeweis zu führen versucht, daß die tragische Bewunderung ein moralischer Affekt sei, so geht er jetzt davon aus, daß die sittlichen Empfindungen auf dem Theater generell Ergebnisse der dichterischen Suggestion und Kalkulation und deshalb nur in dem Maße der rationalen Prüfung zugänglich seien, in dem sie vom Bewußtsein ihres Illusionscharakters begleitet oder unterbrochen werden (können). Nur dieser Mischcharakter des theatralischen Erlebens gewährleiste dessen moralischen Nutzen. »Der Dichter muß vollkommen sinnlich reden; daher müssen uns alle seine Reden ästhetisch illudieren. ⟨...⟩ Soll eine Nachahmung schön seyn, so muß sie uns ästhetisch illudieren; die oberen Seelenkräfte aber müssen überzeugt seyn, daß es eine Nachahmung, und nicht die Natur selbst sey.« (*Von der Herrschaft über die Neigungen*, JA 1, S. 153.)

689,12 *vollkommen sinnliche Rede]* Mit der Zitation der berühmten Baumgartenschen Formulierung, daß das Gedicht eine »oratio sensitiva perfecta« sei (*Meditationes* § 9, 1735), erinnert Mendelssohn an das den Freunden gemeinsame Definitionswissen über Sinnlichkeit, Mannigfaltigkeit, Vollkommenheit und Schönheit. Eine »sinnliche Rede« läßt sich nach Baumgarten an der erhellenden Verknüpfung mehrerer sinnlicher Vorstellungen erkennen. Sie ist also mehr als die ungeordnete (dunkle, wirre) sinnliche Wahrnehmung, nämlich zusammenhangsorientiert. »Vollkommen wird die sinnliche Rede, wenn sie außer Einheit und Zusammenhang eine möglichst große Mannigfaltigkeit aufweist. Eine sinnlich vollkommene Rede ist also ein erkennbarer Zusammenhang möglichst zahlreicher sinnlicher Vorstellungen. Kürzer: Ein Gedicht ist eine Einheit sinnlicher Vorstellungen.« (Baeumler, *Das Irrationalitätsproblem*, S. 115 f.)

689,21-23 *Weg ⟨...⟩ Heldenmuts!]* Eine »deutliche« Bestimmung, wenn sie überhaupt möglich wäre, bliebe ja ohne Einfluß auf die Macht der ästhetischen Suggestion.

689,27 *nie]* Das an dieser Stelle sinnwidrige »nie« ist vermutlich ein Flüchtigkeitsfehler.

689,32 *Carl der XII.]* Genaue Referenzstellen nicht ermittelt. Vielleicht sind es Sätze aus der Voltaireschen Biographie des Königs wie z. B.: »Karl lebte im Glauben, seine Untertanen seien nur dazu geboren, ihm auf seine Kriegszüge zu folgen, und er hatte sie daran gewöhnt, diese Überzeugung zu teilen.« Oder: »er war nicht so sehr ein wirklich großer als ein außerordentlicher Mensch, und er mag wohl Bewunderung erregen, doch ist er nicht nachahmenswert.« (*Geschichte Karls XII.*, Frankfurt a. M. 1963, S. 262.)

689,35 f. *»What ⟨...⟩ wrong.«]* »Was Cato tut und Addison gutheißt, kann kein Unrecht sein.«

690,13 *Allerdings!]* Das Eingeständnis, daß Bewunderung und Nacheiferungswunsch sich auch an (objektiv) Untugendhaftes hängen können, veranlaßt Mendelssohn jedoch nicht, die dramatische Bewunderung zu ächten. Anstatt dessen tritt er Nicolais Meinung bei, daß die Besserung der Sitten nicht der Endzweck des Trauerspiels sei. Allerdings hatte er diese Überzeugung schon in den Briefen *Über die Empfindungen* anläßlich einer Diskussion über den Selbstmord geäußert: »Die Schaubühne hat ihre besondere Sittlichkeit. Im Leben ist nichts sittlich gut, das nicht in unserer Vollkommenheit gegründet ist; auf der Schaubühne hingegen, ist es alles, was in der heftigen Leidenschaft seinen Grund hat. Der Zweck des Trauerspiels ist Leidenschaften zu erregen. Daher ist der theatralische Selbstmord gut.« (JA 1, S. 94.)

690,23 *alten Dichter]* Antiken Dichter.

690,25 *Kunststücke]* Kunstwerke, Plastiken. In Berlin existierte seit dem späten 17. Jahrhundert ein ansehnlicher Antikensaal mit den Abgüssen fast aller kanonischen Werke, den Mendelssohn offensichtlich nicht kannte.

690,31 *die Natur in Ruhe]* Ruhe und Stille sind Zentralbegriffe in Winckelmanns epochemachendem Traktat. Mendelssohns Zitat stammt allerdings aus Winckelmanns anonymer Selbstkritik *Sendschreiben über die Gedanken von der Nachahmung* (1756): »Ich weiß nicht, ob dasjenige, was in Raffaels Figuren der Begriff einer ›edlen Einfalt und stillen

Größe< in sich fassen soll, nicht viel allgemeiner durch die sogenannte ›Natur in Ruhe‹ von zwei namhaften Skribenten bezeichnet worden. Es ist wahr, diese große Lehre gibt ein vorzügliches Kennzeichen der schönsten griechischen Werke« (*Gedanken über die Nachahmung der griechischen Werke*, Reclam-Ausgabe, S. 67). In den *Gedanken* selbst ist nur vom »Stande der Ruhe« die Rede: »Kenntlicher und bezeichnender wird die Seele in heftigen Leidenschaften; groß aber und edel ist sie in dem Stande der Einheit, in dem Stande der Ruhe.« (Ebd., S. 21.)

690,32 *gewissen Gemütsruhe]* Bezieht sich wahrscheinlich auf Winckelmanns Behauptung, daß »der Ausdruck in den Figuren der Griechen bei allen Leidenschaften eine große und gesetzte Seele« zeige (ebd., S. 20).

690,35 f. *Virgil ⟨...⟩ entworfen]* Die klassische Beschreibung vom Tod des Laokoon und seiner Söhne lieferte Vergil im zweiten Gesang der *Aeneis* (v. 198-230).

690,36 *griechischer ⟨...⟩ Marmor]* Die lange der klassischen Zeit zugeordnete Laokoon-Gruppe wurde um 25 v. Chr. auf Rhodos von den Bildhauern Hagesandros, Athanodoros und Polydoros geschaffen. Sie wurde nach Rom gebracht, ging verloren und wurde 1506 wiederentdeckt. Plinius der Ältere bezeichnete sie als das größte Kunstwerk der Welt.

690,37-691,1 *Jener ⟨...⟩ besiegen]* Mögliche Keimzelle für Lessings spätere *Laokoon*-Schrift (so auch eine Anmerkung Nicolais in *Lessings sämmtliche Schriften* XXVII, 1794, S. 220). Lessings direkte Antwort im Brief vom 18. 12. (S. 703 dieses Bandes) bezieht sich jedoch noch nicht auf den Unterschied von Dichtung und bildender Kunst, sondern auf den von Trauerspiel und Epos.

691,12 *Alten im Mahomet]* Scheich Zopire in Voltaires Trauerspiel *Mahomet* (1741), der den Propheten als Betrüger, Religionsfanatiker und Hauptschuldigen am mutmaßlichen Tod seiner Frau und Kinder beschuldigt und auf Betreiben Mohammeds ermordet wird.

691,17 *Entwurf]* Druckfehler, richtig: »Einwurf« (s. LM 19, S. 56).

691,18 *Scene des Racine]* Vgl. S. 682 dieses Bandes.

691,26 *Grandison]* Der Titelheld von Samuel Richardsons Briefroman *The History of Sir Charles Grandison* (Die Geschichte des Sir Charles Grandison, 1753/54) ist das Idealbild eines Christen und Gentleman.

691,26 *Brutus]* Gleichnamige Tragödie Voltaires über den älteren Brutus, der als Mitbegründer der römischen Republik der Sage nach seine beiden Söhne wegen Hochverrats hinrichten ließ.

691,35 *Theophanes]* Hauptfigur aus Lessings Lustspiel *Der Freigeist* (1749).

692,8 f. *Sie behaupten]* Vgl. S. 681 dieses Bandes.

693,24 *zweiten Gattung]* Vgl. S. 665 dieses Bandes.

694,9-12 *Das Trauerspiel ⟨...⟩ zukömmt]* Wortlaut bei Aristoteles: »Denn man darf mit Hilfe der Tragödie nicht jede Art von Vergnügen hervorzurufen versuchen, sondern nur die ihr gemäße.« (*Poetik*, ed. Fuhrmann, S. 43.) Daß Aristoteles seine teleologische Naturerklärung, die in allen Dingen eine ursprüngliche Zweckbestimmung wirksam sah, auch auf die Kunstgattungen übertrug, hat Lessing bekanntlich schon früh fasziniert. Zweifellos liegt in dieser Wahlverwandtschaft eine der Hauptursachen dafür, daß der autoritätsskeptische Lessing den Griechen zur autoritativen Kontrollinstanz seiner ästhetischen Theorien machte.

694,31 f. *Bewunderung allein ⟨...⟩ Mitleiden]* Lessing wiederholt hier seine Zustimmung zu Mendelssohns Theorie der gemischten Empfindungen aus dem Brief »Nov. 1756« an Nicolai (S. 672 dieses Bandes).

695,16-19 *er bringt ⟨...⟩ erweckt]* So hat Lessing seine *Miß Sara Sampson* konstruiert.

695,29 *leeren Scenen]* Mit dem Begriff operiert Lessing schon in einer handschriftlichen Anmerkung zu Thomas Otways *The Soldier's Fortune* (Das Glück des Soldaten, 1681), die vom 25. 9. 1756, also drei Monate früher, datiert (s. S. 738 dieses Bandes).

695,30 *sein dürfen]* Im Sinn von: bedürfen, brauchen, müssen. Vgl. Grimms DWb 2, Sp. 1725 f.

696,3 *auf einem Seile*] Das Seiltänzer-Beispiel findet sich, leicht abgewandelt, schon bei Dubos, *Kritische Betrachtungen*, 1. Teil, S. 14 f., sowie bei Mendelssohn, *Über die Empfindungen*, JA 1, S. 109.

696,24 *Gasconaden*] Prahlereien (die Gascogner galten als Aufschneider).

696,29 *Polyeukt*] Der Held des Trauerspiels *Polyeucte Martyr* (1642) war als Muster eines todessüchtigen christlichen Stoikers von Anfang an umstritten. Lessing hat das Drama im 2. Stück der *Hamburgischen Dramaturgie* auf seine ›Christlichkeit‹ hin geprüft (vgl. Bd. VI dieser Ausgabe, S. 192 f.).

696,35 f. *in dem ⟨...⟩ Glückseligkeit*] Im Jenseits, im Paradies.

697,25 *hätte Plato Recht*] Im 10. Buch seiner *Politeia* (Der Staat) verwirft Plato, auf der Basis seiner Ideenlehre, die Dichtkunst, weil ihre Erzeugnisse nur Trugbilder von Abbildern und so doppelt unvollkommen und scheinhaft seien. Im 2. und 3. Buch bringt er allerdings auch ethische Bedenken gegen sie vor, insbesondere daß sie an die Leidenschaftlichkeit und Unvernunft der Menschen appelliere.

697,29-31 *weil die ⟨...⟩ bessern*] Das hatte Nicolai nicht behauptet, sondern umgekehrt, daß das Lob guter Handlungen oft schlechte Poesie erzeuge (vgl. S. 664 dieses Bandes).

698,12 f. *nur überhaupt üben*] Das Begriffsfeld der Übung, Wiederholung, Fertigkeit, Gewöhnung und Habitualisierung, das Lessing mit diesem Satz aufruft und das seine Wurzeln in der Habitus-Lehre der *Nikomachischen Ethik* des Aristoteles hat, gehörte im Bewußtsein der Aufklärer zunächst nur zur *rationalen* Bemeisterung der Welt. Nicht die Empfindungen und Leidenschaften bedurften eines Trainingsprogramms, sehr wohl aber die rationalen Techniken und Verfahren der intellektuellen Kritik. Für Christian Wolff, den maître penseur der deutschen Frühaufklärung, bedeutete Vernunfterziehung, daß man den Menschen »von seiner ersten Kindheit an, dahin ⟨...⟩ bringe ⟨...⟩, wie er dem Gesetze der Natur gemäß lebe, und hauptsächlich, daß er die Herrschaft über seine Sinnen, Einbildungs-Krafft und

Affecten erhält, sich solchergestalt aus der Sclaverey heraus reisset und in die Freyheit versetzet.« (*Vernünfftige Gedancken von der Menschen Tun und Lassen*, Halle 1720, § 387.) Spätestens mit David Hume, der 1739/40 ein ganz anderes Menschenbild entwarf und die Herrschaft des Verstandes über die Empfindungen für ein Hirngespinst erklärte, drang die Vorstellung von der Trainierbarkeit und Gewöhnung auch in den Bereich der unteren Seelenkräfte, der Affekte ein. »Nichts ist von größerer Wirkung auf die Steigerung oder Herabminderung unserer Affekte, ⟨...⟩ als die Gewohnheit und Wiederholung. Die Gewohnheit übt zwei ursprüngliche Wirkungen auf den Geist, sie verleiht demselben Leichtigkeit in der Ausführung von Handlungen oder in der Auffassung eines Gegenstandes; und ⟨...⟩ weiterhin eine Tendenz oder Neigung dazu.« (*Traktat über die menschliche Natur*, hg. v. Reinhard Brandt, Hamburg 1973, S. 152.) Als Übersetzer von Hutchesons *Sittenlehre der Vernunft* (s. S. 744-754 dieses Bandes) war Lessing auf eine ganz ähnliche Argumentation gestoßen, wobei er den Begriff ›habit‹ als ›Fertigkeit‹ ins Deutsche übertrug. Und da Übersetzung und Brief-Diskussion sich zeitlich deckten, klang ihm natürlich auch noch im Ohr, wie hoch der ›Moral-sense‹-Optimist Hutcheson »die Vorteile, welche die Fertigkeit der Tugend verschafft«, einschätzte. Es sei »ein Vorzug, der vernünftigen Menschen gemein ist, daß sie auf diese Weise einige ihrer Kräfte, nach ihren Gefallen verstärken, und die Dauer und Lebhaftigkeit derselben befördern können.« (S. 82.)

Noch weiter kam ihm John Fordyce entgegen, dessen *Anfangsgründe der philosophischen Sittenlehre* ebenfalls 1756 in Berlin übersetzt wurden (von Lessings Gesprächspartner Johann Georg Müchler). Von allen altruistischen Empfindungen, so schreibt Fordyce, die durch häufiges Erregen gestärkt werden könnten, sei das Mitleid die wichtigste. Sensibilisiere es doch den Menschen für die Not der anderen und verpflichte ihn zum Beistand. Dabei sei es gleichgültig, ob es durch eine fiktive oder reale Begebenheit ausgelöst werde. »Derjenige, der durch Gegenstände des Mitleidens in der Poesie, Geschichte oder würcklichen Leben oft gerührt wird, der öfnet seine Seele zum Mitleiden und angenehmen Schmerzen und Pflichten« (S. 322, zit. nach Martino, *Geschichte der dramatischen Theorien*, S. 202). Ob Lessing damals schon Henry Homes Essay *Of our Attachment to Objects of Distress* (Über unser Gefallen an leidvollen Dingen) von 1751 kannte, ist weniger sicher, aber alles andere als unwahrscheinlich. Auch für Home sind Leidenschaften auf ›Übung‹ angewiesen, wenn sie ihre Intensität nicht verlieren sollen, und bevorzugt das Mitleid, und dieses wiederum bevorzugt auf dem Theater. »Glückliche Leute, die mit Kummer und Elend unbekannt sind, stehen sehr in Gefahr, hart zu werden. In diesem Fall ist die Tragedie ein herrliches Hülfsmittel. Sie dient ungemein, das Gemüth menschlich zu machen, indem sie erdichtete Gegenstände des Mitleidens darbietet, die beynahe mit den wirklichen Gegenständen gleiche Kraft haben, den Affekt zu üben« (zit. nach der dt. Übersetzung von Christian Günther Rautenberg: *Versuch über die ersten Gründe der Sittlichkeit und der natürlichen Religion*, Braunschweig 1768, Bd. 1, S. 20). Wie man sieht, stand Lessing mit seiner Übungs- und Fertigkeitsthese durchaus im Trend.

Weniger trendbewußt war Mendelssohn – jedenfalls in dem Konzept, das er im Dezember 1756 ausarbeitete, um darin die Emanzipation der spontanen Empfindungen von der Vernunftmoral zu widerrufen. Ohne rationale Prüfung bleibe der Gewohnheitseffekt der Gefühlsurteile eine riskante Sache, auch wenn er zur Belebung der deduzierten Moral gute Dienste leisten könne (*Von der Herrschaft über die Neigungen*, JA 2, S. 149-155). Damit näherte er sich wieder seinem Lehrer Wolff, der, wie wir sahen, in der affektiven Gewöhnung nur eine verderbliche Einschläferung des Gewissens sah.

699,9-11 *Alle ⟨...⟩ gelernt*] Daß auch körperliche Geschicklichkeiten die Bewunderung des Zuschauers erregen, hatte schon Mendelssohn in seinen Briefen *Ueber die Empfindungen* angemerkt. »Jene schmertzhaften Ergötzlichkeiten, daran das Mitleiden keinen Antheil hat, stützen sich auf nichts als auf die Geschicklichkeit der handelnden Personen oder Thiere. Man bewundert die Behendigkeit ihrer Glieder und ihre geschickten Wendungen, die sie sich zu geben wissen, um den Gegentheil ⟨d. i. den Gegner⟩ zu überwältigen, oder ihm zu entwischen.« (JA 1, S. 108.)

699,21 f. *mit Bedacht* ⟨...⟩ *Vollkommenheiten*] Die Barockautoren und mit ihnen die franz. Klassizisten hatten im Epos-Streit Vergil weit über Homer gesetzt. Homer galt vielen als halber Wilder, ohne Wissen um Anstand, Würde und Geschmack. Leibniz z. B. erklärte die Sittenlosigkeit der Götter Homers damit, daß dieser für den Pöbel geschrieben habe. Noch Zedlers *Universal-Lexikon* vermerkt unter dem Lemma ›Homer‹: »Überhaupt ist gewiß, daß Homerus in Beschreibung so wohl derer Götter, als Menschen, sich nach den Sitten seiner Zeit gerichtet, da eine gewisse, rohe und wilde Art, mit großer Stärcke und Unerschrockenheit begleitet, die vortrefflichste Tugend und Vollkommenheit ausmachen mußte. Wenn man also dieses Dichters Beschreibungen gegen unsere heutige Sitten und Lebens-Art, oder auch wohl gegen die gesunde Vernunft halten will, muß man an ihm nothwendig sehr viel auszusetzen finden.« (Bd. 13, 1735, S. 737.)

Nimmt man England aus, wo Alexander Pope mit seiner *Iliad*-Übersetzung (1715) neue Zeichen gesetzt hatte, so war Kritik an Homers Helden noch lange üblich unter Aufklärern und Mendelssohns Beteuerung im vorhergehenden Brief (S. 691 dieses Bandes), daß er nichts Bewunderungswürdiges im Homer entdecken könne, nicht sonderlich originell. (Vgl. G. Finsler, *Homer in der Neuzeit von Dante bis Goethe*, 1912.)

700,17 *Schulden*] Briefschulden.

700,34 *Ihrem* ⟨...⟩ *Mitleiden*] Lessing muß an dieser Stelle wohl der aristotelischen Erklärung, daß der Held einer Tragödie nicht allzu tugendhaft sein dürfe, wiedersprechen, da sie mit seinen Überlegungen zum Charakter des mitleiderregenden Helden kollidierten, die wiederum auf Mendelssohns Theorie der gemischten Empfindung zurückgingen.

701,8 *αμαρτια*] Griech. hamartia »Fehler, Vergehen«.

701,17 f. *besonders denken*] Lessings Plädoyer gegen das Wirken des Zufalls im Trauerspiel und für die Charakterdisposition als ›hinreichenden Grund‹ ist nicht unproblematisch. Denn damit wären der griech. Schicksalsglaube und, mehr oder minder, der christliche Vorsehungsglaube als handlungsexterne Systeme gekennzeichnet. Die Spitzfindigkeit der beiden folgenden Beispiele von der leichtfertigen Güte legen allerdings auch den Gedanken nahe, daß es Lessing zu diesem Zeitpunkt allein um die Bestätigung des Mitleids als einer gemischten Empfindung ging.

701,24 *gefangen ⟨...⟩ ermorden*] In Johann Elias Schlegels Trauerspiel *Canut* (1746) trifft dieses Schicksal nicht den gütigen König Canut, sondern seinen problematischen Widersacher Ulfo. Da unwahrscheinlich ist, daß Lessing dies nicht gegenwärtig war, muß sein Beispiel als eine Hypothese gelten.

701,37 *Barnwell*] Der (negative) Held in George Lillos bürgerlichem Trauerspiel *The London Merchant* (1731).

702,10 *Abhandlung*] *Gedanken von der Wahrscheinlichkeit*, vgl. Anm. 677,16.

702,22 f. *Cibbers ⟨...⟩ Dichter*] Theophil Cibber, *An account of the Lives of the Poets of Great Britain and Ireland* (Lebensbeschreibungen der englischen und irischen Dichter), 5 Bde., 1753.

702,35 *16ten Hauptstücks*] Gemeint ist der Schluß des 15. Kapitels.

703,1 *Regel ⟨...⟩ Leidenschaften*] Aristoteles schreibt dort: »Da die Tragödie Nachahmung von Menschen ist, die besser sind als wir, muß man ebenso verfahren wie die guten Porträtmaler. Denn auch diese geben die individuellen Züge wieder und bilden sie ähnlich und zugleich schöner ab.« (*Poetik*, ed. Fuhrmann, S. 49.)

703,13 *Fato profugus*] »Vom Schicksal zur Flucht gezwungen«, Vergils *Aeneis* I, v. 2.

703,18 f. *keinen wesentlichern Unterschied*] Lessings Vorstellung einer wirkungsästhetischen Gattungsentelechie mußte sich am 1. Kap. der aristotelischen *Poetik* stoßen, wo zur Unterscheidung der Gattungen nur formale Aspekte geltend gemacht werden. Um so wichtiger war für ihn die spätere Festlegung der Tragödie (Kap. 6 und 26) auf spezifische Wirkabsichten.

703,25 *nichts angeht]* Im Gegensatz zu Mendelssohn ist Lessing am rein ästhetischen Genuß der Tragödie (Bewunderung für die Illusionskunst des Autors und der Inszenierung) als Gattungstheoretiker nicht interessiert. Dabei konnte er sich auf Aristoteles stützen.

703,31 *Ende ⟨...⟩ Hauptstücks]* Kap. 6: »Die Inszenierung vermag zwar die Zuschauer zu ergreifen; sie ist jedoch das Kunstloseste und hat am wenigsten etwas mit der Dichtkunst zu tun. Denn die Wirkung der Tragödie kommt auch ohne Aufführung und Schauspieler zustande.« (*Poetik*, ed. Fuhrmann, S. 25). Kap. 14: »Nun kann das Schauderhafte und Jammervolle durch die Inszenierung, es kann aber auch durch die Zusammenfügung der Geschehnisse selbst bedingt sein, was das Bessere ist und den besseren Dichter zeigt. Denn die Handlung muß so zusammengefügt sein, daß jemand, der nur hört und nicht auch sieht, wie die Geschehnisse sich vollziehen, bei den Vorfällen Schaudern und Jammer empfindet.« (Ebd., S. 41.)

704,15 *Incidentpunct]* Zufälligkeit. – Die Turbulenzen in Nicolais Leben bezogen sich auf berufliche Weichenstellungen und die Schwierigkeiten bei der Gründung einer neuen Zeitschrift.

704,28 f. *ausdrücklich behauptet]* In der *Abhandlung vom Trauerspiele* schreibt Nicolai: »Ein vollkommen tugendhafter Charakter ist zum Trauerspiel nicht geschickt; sollte er glücklich werden, so würde er nichts als Vergnügen und gar keine tragische Leidenschaften erwecken, sollte er aber unglücklich seyn, so würde sich unsere natürliche Gerechtigkeit wider den Dichter empören. Weil nun ein tragischer Held nothwendig unglücklich seyn muß, und aus dem Charakter die Handlung fließen soll, so muß sich, wenn er tugendhaft ist, ein Fehler an ihm finden, aus dem ein Unglück entstehen kann.« (Zit. nach Schulte-Sasse, *Briefwechsel*, S. 32 f.)

705,23 f. *hat man ⟨...⟩ ausgemacht*] Referenztext nicht ermittelt.

705,26 f. *eine Nachahmerin der Natur*] Erinnerung an Charles Batteux' Basisaxiom, daß alle Kunstproduktion Naturnachahmung sei, und zwar dergestalt, daß die Künstler »eine Auswahl aus den schönsten Teilen der Natur treffen, um daraus ein vortreffliches Ganzes herzustellen, welches vollendeter ist als die Natur selbst und dennoch nicht aufhört Natur zu sein« (*Die schönen Künste, zurückgeführt auf einen gemeinsamen Grundsatz,* franz. 1746, dt. 1751). Von diesem Prinzip, das sich auf Aristoteles und seine Lehre vom Nachahmungstrieb beruft, leiten sich nach Batteux alle Regeln der Kunstproduktion ab.

705,36 *beikommende Gedanken*] Gemeint ist der dem Brief beigelegte Entwurf *Von der Herrschaft über die Neigungen* mit einem speziellen Kapitel *Von der Illusion.* (Vgl. Anm. 689,7 f. und 689,9-11.)

706,5 f. *trotz dem Aristoteles*] Vgl. Kap. 13 der *Poetik:* »Man darf nicht zeigen, wie makellose Männer einen Umschlag vom Glück ins Unglück erleben; dies ist nämlich weder schaudererregend noch jammervoll, sondern abscheulich.« (*Poetik,* ed. Fuhrmann, S. 39.) Damit bezieht sich Aristoteles allerdings nicht auf die dargestellten, sondern auf die erregten Leidenschaften.

706,9 f. *beikommende ⟨...⟩ lesen*] »Denn das Vergnügen, das uns die Nachahmung gewährt, besteht in der anschauenden Erkenntniß der Uebereinstimmung derselben mit dem Urbilde.« (*Von der Herrschaft über die Neigungen,* JA 2, S. 154.)

706,14 *nachgeahmtes Mitleiden*] Mendelssohns Argumentation ist mißverständlich. Sie beginnt mit der Auffassung, daß nur auf der Bühne dargestelltes Mitleid auch bei den Zuschauern affiziert wird, läßt offen, ob dies auch für die Bewunderung gilt, und geht danach unmittelbar zum Konstitutionsvergleich hohen (bewunderten) und niederen (bemitleideten) Heldentums über.

706,17 f. *die Kunst ⟨...⟩ Glanze*] Mendelssohn neuerlicher Versuch, die Bewunderungs-Tragödie zu retten, beruft sich auf die Ästhetik der Erhabenheit und eines idealischen Menschenbildes (wie schon in seinem Preis der griechischen Plastik).

706,21 f. *sein Haupt ⟨...⟩ erhebt]* Vgl. Friedrich Gottlieb Klopstock, *Messias* I, v. 1135-137: »Weiter sagt' er, und sprach: Ich hebe gen Himmel mein Haupt auf, / Meine Hand in die Wolken, und schwöre dir bey mir selber; / Der ich Gott bin, wie du: Ich will die Menschen erlösen.«

706,32 *Cinna]* Vgl. Anm. 663,11.

706,35 *August]* Ebd.

707,2 f. *Auseinandersetzung]* Etwa: ausführliche Darlegung.

707,13 *Bedienungen]* Dienstleistungen, aber auch: Ämter, abhängige Berufe. Hier wohl: Aufgaben.

707,18 *im Hippolytus]* In Racines Tragödie *Phèdre et Hippolyte* (Phädra und Hippolyt, 1677) ist nur Phädra von ›rasender Liebe‹ erfaßt. Hippolyt ist deren Objekt.

707,21 *Polyeukt]* Vgl. S. 696 dieses Bandes.

707,23 f. *tertium comparationis]* Das gemeinsame Dritte des Vergleichs.

707,36 *Orestes und Pylades]* Klassisches Freundespaar aus Euripides' *Iphigenie in Tauris*. 1747 erschienen *Orest und Pylades* von Johann Elias Schlegel und *Pylades und Orestes* von Christoph Friedrich von Derschau.

708,3 *chinesischen Trauerspiele]* Gemeint ist die Szene II 5 aus einem chinesischen Singspiel des 14. Jhs., das der Jesuit P. Prémare übersetzt und publiziert und Voltaire als Vorwurf seines Dramas *L'Orphelin de la Chine* (Das chinesische Waisenkind, entstanden 1753/54 in Berlin) genutzt hatte. Nach der Uraufführung des Voltaireschen Stücks wurde auch das chinesische Vorbild neu aufgelegt (1755). Mendelssohn bezieht sich also auf einen aktuellen Gesprächsstoff.

708,22 f. *Quantität der Motive]* Die sinnliche Erkenntnis gilt im Gegensatz zur rationalen als eine ganzheitliche und damit vielteilige. Dieser gehaltliche Reichtum ist nach Mendelssohn verantwortlich dafür, daß die sinnliche Erkenntnis meist stärker motiviert als die rationale. »Wer sich mit der symbolischen Erkenntniß begnügt, der wird sich entschließen, tugendhaft zu seyn, allein sein Entschluß erreicht seine Wirkung nicht, wenn sich ihm eine sinnliche Lust widersetzt, deren Quantität größer ist, als die Quantität der symbolischen Erkenntniß.« (*Von der Herrschaft der Neigungen*, JA 2, S. 153.)

709,6 *bemitleiden*] Nach Ludwig Goldstein, *Mendelssohn und die Schweizersprache*, in: *Festschrift für Osakar Schade*, Königsberg i. Pr. 1896, S. 56 ff., wird das Wort noch Ende des Jahrhunderts zu den »niedrigen Sprecharten« gezählt.

709,24 *auf einzelne Fälle reduciert*] In konkreten Beispielen veranschaulicht.

710,21 f. *Leidenschaften 〈...〉 verschönern*] Nämlich durch heroische Selbstbeherrschung oder idealische Überhöhung, vgl. S. 688 und 690 dieses Bandes.

710,30 f. *Oper 〈...〉 Teil hat*] Vgl. Johann Christoph Gottsched: »So ist denn die Oper ein bloßes Sinnenwerk: der Verstand und das Herz bekommen nichts davon. Nur die Augen werden geblendet; nur das Gehör wird gekützelt und betäubet: die Vernunft aber muß man zu Hause lassen, wenn man in die Oper geht, damit sie nicht etwa durch ein gar zu kützliches Urtheil, die ganze Lust unterbreche.« (*Versuch einer critischen Dichtkunst*, 4. Aufl., Leipzig 1751, S. 743.) Die ablehnende Kritik, die den Siegeszug der Oper begleitete, vor allem die von Saint-Evremond, Racine und Boileau, wird in Gottscheds Opernkapitel ausführlich referiert.

711,30 f. *größern Grads 〈...〉 Realität*] Gemäß der Grundannahme der Empfindungstheorie, daß starke Gefühle zu höherer Selbstwahrnehmung und vielfältiger Aktivität führen, also das Leben bereichern, während die analytische Vernunft immer nur Partiales hervorbringen könne und in der Regel nur das Wissen bereichere. Als wichtige Station dieser Theoriebildung nennt Schulte-Sasse (*Briefwechsel*, S. 164) Leibniz: »Und jede Sache verändert sich zum Besseren, wenn sie ihre Kraft oder Fähigkeit ausübt, d. h. wenn sie wirkt; sie weitet sich, insofern als sie wirkt 〈...〉 Auch ich bin der Meinung, daß jede Wirkung einer vorstellenden Substanz eine Lust mit sich bringt, jedes Leiden einen Schmerz, und umgekehrt.« (Gottfried Wilhelm Leibniz, *Metaphysische Abhandlung*, 1686, § 15.)

712,1-5 *daß ⟨...⟩ bewußt sind]* Lessings Unterscheidung zwischen einem Subjekt- und einem Objektbezug unserer Empfindungen, zwischen der Seelenbewegung per se (die immer lustvoll ist) und der auslösenden Ursache (die alle Affekte, im Extremfall auch Entsetzen hervorrufen kann), ist gegen Mendelssohns Illusionstheorie gerichtet, in der der ästhetische Abstand für eine andere Empfindungsqualität sorgt als in der realen Erfahrung (was Lessing leugnet). Vgl. Anm. 715,2.

712,14 f. *der Grad ⟨...⟩ sei 10]* Zu Lessings Zahlenspielen vgl. Jürgen Ricklefs, *Lessings Theorie vom Lachen und Weinen*. In: *Dankesgabe für Albert Leitzmann*, Jena 1927, S. 20 f.

713,22 *zwei Saiten]* Das Saiten-Beispiel geht laut Friedrich Braitmeier (*Geschichte der Poetischen Theorie und Kritik von den Diskursen der Maler bis auf Lessing*, Frauenfeld 1888/89) auf André Dacier (1651-1722) zurück. Gabriele Dürbeck, *Einbildungskraft und Aufklärung*, kann allerdings zeigen, daß in der medizinischen Psychologie der Zeit (Isaac Newton, Georg Ernst Stahl, David Hartley, Joseph Priestley, Johann Georg Sulzer u. a.) das Bild der unterschiedlich gespannten und angeschlagenen Saite ein verbreitetes Analogon für die Nervenbewegung ist. Vor allem Sulzers Berliner Akademie-Abhandlung *Untersuchung über den Ursprung der angenehmen und unangenehmen Empfindungen* (1751/52) dürfte den drei Disputanten gemeinsam bekannt gewesen sein. – Das Motiv vom Korrespondenzeffekt ist zweifellos älter (antik?). Henkel/Schöne, *Emblemata*, Sp. 1300 f., bringen drei Beispiele aus Jacob Cats, *Proteus*, 1627, mit der Quellenangabe: Cardanus, *De subtilitate*, lib. VIII, S. 351 (1561).

714,1 *zweite Affekten]* Evtl. in Anlehnung an Dubos' Beschreibung der ästhetischen Affekte als schwacher und halb-authentischer Affekte. »Die Abbildung des Gegenstandes muß, so zu reden, eine Abbildung der Leidenschaft hervorbringen, die der nachgeahmte Gegenstand in uns empört haben würde.« Für Dubos sind die ästhetischen Affekte »Schattenbilder von Leidenschaften«, die nur »auf der Oberfläche der Seele« bleiben (Dubos, *Kritische Betrachtungen*, 1. Teil, S. 26 f.).

714,8 *ursprünglich]* Vgl. Rousseau, *Über die Ungleichheit*, JA 2, S. 171: »Ich glaube keinen Widerspruch fürchten zu müssen, wenn ich dem Menschen die einzige natürliche Tugend zuspreche, die der übertriebenste Verleumder ⟨d. i. Mandeville⟩ der menschlichen Tugenden anzuerkennen gezwungen ist. Ich spreche vom Mitleid, einer Anlage, die so schwachen und Schmerzen ausgelieferten Wesen wie uns gemäß ist. Es ist eine Tugend, die unter den Menschen um so verbreiteter und um so nützlicher ist, als sie bei ihnen dem Gebrauch jeglicher Reflexion vorhergeht.«

715,2 *eine Realität ⟨...⟩ Vollkommenheit]* Zugeständnis an Lessing, daß die ästhetischen Empfindungen sich von den lebensweltlichen nicht grundsätzlich unterscheiden, sondern beide real erfahren werden. Vgl. Anm. 712,1-5.

715,29 *Dacier ⟨...⟩ Curtius]* Gemeint sind die beiden Übersetzer der aristotelischen Poetik André Dacier (*La Poetique d'Aristote*, 1692) und Michael Conrad Curtius, s. Anm. 664,27 f.

716,2 *zweite]* Gemeint ist offensichtlich das fünfte.

716,9 f. *terreur ⟨...⟩ crainte]* Franz. terreur »Entsetzen, Schrecken, Grauen, Grausen«. Franz. crainte »Furcht, Befürchtung, Angst, Bangen, Scheu«.

716,10 f. *Unlust ⟨...⟩ Übel]* »Es sei also die Furcht eine gewisse Empfindung von Unlust und ein beunruhigendes Gefühl, hervorgegangen aus der Vorstellung eines bevorstehenden Übels, das entweder verderblich oder doch schmerzhaft ist. ⟨...⟩ Mit einem Wort gesagt, furchterregend ist alles das, was Mitleid erregt, wenn es andern widerfährt bzw. bevorsteht.« (Aristoteles, *Rhetorik*, ed. Sieveke, S. 98 und 100.) Sowie: »Überhaupt muß man nämlich hier annehmen, daß das, was man für sich selbst fürchtet, Gegenstand des Mitleids ist, wenn es anderen widerfährt.« (Ebd., S. 111 f.)

716,17 *reflectierte Idee]* Hier wohl: eine abgeleitete Vorstellung, ein Gedanke. – Aristoteles selbst trifft eine solche Unterscheidung im übrigen nicht. Mitleid und Furcht sind bei ihm stets gleichrangig behandelt. Die folgende Aristoteles-Kritik leitet sich also aus einer ziemlich willkürlichen Interpretation Lessings ab, mit der offensichtlich das Rousseauische Axiom von der primordialen Sonderstellung des Mitleids im menschlichen Gefühlshaushalt gegen den griechischen Philosophen verteidigt werden soll.

716,30 f. *denn Furcht ⟨...⟩ heißen]* Dieser Begriffsaustausch, der offensichtlich auf die zwischenzeitliche *Rhetorik*-Lektüre Lessings zurückgeht, leitet eine Wende in der Diskussion ein, die bis in die *Hamburgische Dramaturgie* (74.-80. Stück) hinein bedeutsam bleibt.

716,33 *Zu S. 19.]* In Nicolais *Abhandlung* heißt es: »Es ist jedermann bekannt, daß unser Geist die Unthätigkeit hasset, und die Beschäftigung liebet; ein gehöriger Gebrauch unserer Kräfte ist jederzeit mit einer angenehmen Empfindung verknüpft. *Du Bos* ⟨...⟩ ist mit den Folgen, die er aus diesem Satze gezogen hat, vielleicht zu freygebig gewesen, aber er wird dennoch, wann wir nicht irren, mit gehöriger Einschränkung den wahren Grund alles des Vergnügens, das wir aus den schönen Wissenschaften schöpfen, enthalten.« (S. 19.) Die Referenzstelle bei Dubos dürfte sein: »Das Vergnügen, das man empfindet, wenn man die Nachahmungen sieht, so die Mahler und Dichter von Gegenständen zu machen wissen, welche Leidenschaften in uns erregt haben würden, deren Wirklichkeit uns zur Last gewesen wäre, ist ein reines Vergnügen. Es wird von dem unangenehmen Gefühle ernsthafter Gemüthsbewegungen begleitet, die der nachgeahmte Gegenstand selbst verursacht haben müßte.« (*Kritische Betrachtungen*, 1. Teil, S. 29.)

717,1 *Zu S. 21. 22. 23.]* Auf diesen Seiten stellt Nicolai drei Behauptungen auf: a) daß die aristotelische Katharsislehre sich auf alle dargestellten Leidenschaften beziehe, b) daß die moralpädagogische Katharsisformel sich vermutlich nur dem Widerspruch gegen Platons Dichterschelte verdanke und deshalb nicht essentiell sei, c) daß die illudierten Leidenschaften des Theaterpublikums nicht stark genug seien, um eine dauerhafte Moraltherapie zu bewirken, wobei allerdings auch er dem Mitleid eine Sonderstellung zugesteht.

717,18 *Zu S. 21]* Dort nennt Nicolai Pierre Brumoy (*Théâtre des Grecs*, 1732) als einen der wenigen, die das Reinigungsaxiom nur auf »Schrecken und Mitleiden« bezogen wissen wollten.

717,22 *Stobäus]* Johannes Stobaios, griech. Kompilator des 5./6. Jhs. n. Chr., der Auszüge aus zahlreichen griech. Autoren zusammenstellte.

717,24 *Timocles]* Timokles, griech. Komödiendichter des 4. Jhs. v. Chr. Die zitierte Stelle stammt aus einer verlorenen Dichtung.

717,25 *lateinischen Übersetzung]* Laut Petsch, *Lessings Briefwechsel*, S. 139, stammt die lat. Version von dem franz. Humanisten Henricus Stephanus (Henri Étienne, 1528-1598).

717,26-35 *Primum ⟨...⟩ etc.]* Dt. Übersetzung s. Bd. XI/1 dieser Ausgabe, S. 778.

718,1 *Zu S. 25]* Die Referenzstelle bei Nicolai lautet: »Die bloße Handlung, kann Schrecken, Mitleiden und andere Leidenschaften erregen, aber die Verbesserung der Leidenschaften kann ohne Sitten und Charaktere nicht geschehen.« (S. 25.)

718,19 *Zu S. 26]* Referenzstelle: »In dem *Oedipus* des *Sophokles* ist der Charakter des *Oedipus* der einzige; gesetzt also, der Dichter hätte denselben nicht heftig, argwöhnisch und neugierig gebildet, und wenn die Entwicklung nicht aus der letztern Eigenschaft desselben hergeleitet wäre, so würde diesem Trauerspiele ohnstreitig ein Grad der Schönheit entgehen, es würde in demselben kein Charakter seyn, und, der ohnedem schon sehr schwache Schein, daß wir durch dasselbe von Jachzorn, Neugier oder andern Leidenschaften könnten gereiniget werden, würde gänzlich wegfallen.« (S. 26)

719,3 *sub judice lis est]* Horaz, *Dichtkunst*, v. 78: »Darüber streiten die Grammatiker, und noch ist der Streitfall vor dem Richter.«

719,3 *Aufsatz]* Entwurf, Aufstellung.

719,7 *Kapitulation]* Vertragsartikel, Vergleichsvertrag.

719,16 *Aushängebogen ⟨...⟩ Bibliothek]* Druckfahnen der neuen Zeitschrift ›Bibliothek der schönen Wissenschaften und der freyen Künste‹.

719,28 f. *Gedanken ⟨...⟩ Naive]* Wahrscheinlich die Entwürfe oder Manuskripte zweier Abhandlungen: *Betrachtungen über die Quellen und die Verbindungen der schönen Künste und Wissenschaften* (erschienen 1757); *Betrachtungen über das Erhabene und das Naive in den schönen Wissenschaften* (erschienen 1758).

720,1 *Erste Beilage]* Von Mendelssohn formuliert und angeordnet; von Nicolai ergänzt.

720,17 *comparative]* Vergleichsweise.

721,4-21 *Denn ⟨...⟩ Augen]* Im Briefwechsel nicht abgehandelt.

721,23 *S. 20 ⟨...⟩ Abhandlung]* Dort vertritt Nicolai die Auffassung, daß im wirklichen Leben der Inhalt (Gegenstand, Anlaß) einer Empfindung in der Regel stärker sei als die bloße Lust an der Gefühlsbewegung, im Schauspiel hingegen umgekehrt.

721,29 *S. 23]* Bezieht sich auf Nicolais These, daß im Theater der empfundene Schmerz nur scheinbar, die empfundene Rührung aber wirklich sei, woraus ein moralischer Reinigungseffekt nicht entstehen könne.

722,7 *NB.]* Lat. nota bene »wohlgemerkt«.

722,29 *nachdem]* Je nachdem.

723,14-724,14 *Da nun ⟨...⟩ worden sind]* Dieses Modulationsschema der gemischten Empfindungen wurde weder im Briefwechsel abgehandelt, noch scheint es im unmittelbaren Kontext der Berliner Diskussion nachweisbar.

723,35 f. *nomen generis]* Oberbegriff.

724,16 f. *wird ⟨...⟩ geliebt]* Schon in den Briefen *Über die Empfindungen* (JA 1, S. 110) zeigte Mendelssohn die Neigung, das Mitleid in Anlehnung an Shaftesbury unter eine ursprüngliche Liebesveranlagung des Menschen zu subsumieren. Jetzt, nach der Rousseau-Übersetzung und dem Verdacht, daß sich Lessing der radikalen Mitleidsauffassung des Franzosen angeschlossen haben könnte, wird er deutlicher: »Das Mitleiden selbst, dieses menschliche Gefühl, das Rousseau dem Wilden noch läßt, nachdem er ihm alle übrigen geistigen Fähigkeiten geraubt hat, ist keine ursprüngliche Neigung, dafür er es angesehen hat. In uns lieget keine ausdrückliche Bestimmung, an den Schwachheiten anderer Geschöpfe Mißvergnügen zu haben. Nein! Mitleiden gründet sich auf Liebe, Liebe gründet sich auf die Lust an Harmonie und Ordnung. Wo wir Vollkommenheiten erblicken, da wünschen wir sie wachsen zu sehen; und sobald sich ein Mangel bei ihnen äußert: so entspinnet sich bei uns darüber eine Unlust, die wir Mitleiden nennen. Nehmet also einen Wilden, raubet ihm alles Menschliche und lasset ihm nur das Mitleiden, das der Verfasser der Fabel von den Bienen ⟨d. i. Bernard Mandeville⟩ den Menschen mit Widerwillen hat einräumen müssen; so wird er zur Liebe aufgelegt sein, so wird die Lust an Vollkommenheiten ihn antreiben, sich in der Schöpfung umzusehen, um die Gegenstände seiner Neigung aufzusuchen. Wo will er sie herrlicher finden als in seinen Nebenmenschen?« (*Sendschreiben an den Herrn Magister Lessing in Leipzig*, JA 2, S. 86 f.)

725,5 f. *»sed ⟨...⟩ laboro«*] »Aber ich schwitze sehr und mühe mich doch vergebens«. Angepaßtes Zitat aus Horaz, *Ars Poetica*, v. 241: »sudet multum frustraque laboret«.

726,10-13 *Pectus ⟨...⟩ magus*] »Einem Zauberer gleich weiß er ⟨der Dichter⟩ die Seele spielend zu ängstigen, zu erregen und zu besänftigen und mit erdichteten Schrecknissen zu erfüllen.« (Horaz, *Epistulae* II 1, v. 211-213.)

726,14 *»falsi terrores«*] »Falschen Schrecknisse«.

726,21 f. *deutlich ⟨...⟩ bewiesen*] In seinem letzten Brief, nach der Lektüre der *Rhetorik* des Aristoteles und der Begriffskorrektur von Schrecken zu Furcht, bewegt sich Lessing schon in eine andere Richtung. Die entscheidende Konsequenz daraus hat er allerdings erst in der *Hamburgischen Dramaturgie* gezogen.

726,36 f. *Dacier, Boileau und Curtius]* Prominente Übersetzer oder Ausleger der Aristotelischen *Poetik*.

727,12-728,18 *§. 5 ⟨. . .⟩ werden muß]* Das Ausmaß der Mißverständnisse wird in diesen Passagen so groß, daß man auch an Ironie oder Provokation denken könnte.

728,17 *links S. 29]* Auf S. 29 seiner *Abhandlung* spricht Nicolai nicht vom Mitleid, sondern von der moralischen Wirkung theatralischer Beispiele.

728,22-26 *links Gedanken ⟨. . .⟩ ist.]* Gemeint ist Mendelssohns ungedruckte Abhandlung *Von dem Vergnügen* (vermutlich 1755). Unter § 10a wird konstatiert, daß das lustvolle Begehren sich aus einer konkreten Wahrnehmung und zwei Vernunfturteilen zusammensetze. Von der Katharsis ist nicht die Rede.

728,28 f. *Vermöge ⟨. . .⟩ Grundsatzes]* Gemeint ist der Satz: »Das Vermögen, zu den Vollkommenheiten eine Zuneigung zu haben, und Unvollkommenheiten zu fliehen, ist eine Realität.« (S. 720 dieses Bandes.)

729,8 f. *moralischen Geschmack]* Nach Shaftesbury führt die Kultivierung des zur Grundveranlagung des Menschen gehörigen *moral sense* zum *moral taste*. Vgl. Engbers, *Der ›Moral-Sense‹*, S. 14.

729,27-33 *Ja ⟨. . .⟩ reinigen]* Die Entgegensetzung von »üben« und »reinigen« ist durch Shaftesbury nicht gedeckt. Zwar ist jeder Mensch zum *moral sense* veranlagt, doch ist diese Veranlagung in den meisten Fällen verschüttet oder durch falsche Erziehung verdorben, muß also freigelegt und kultiviert werden. Da allerdings der *moral taste* durch sinnliche Erfahrung bzw. Affekte erworben wird, ist hier »üben« wohl auf die Affektfähigkeit des Menschen überhaupt bezogen.

730,7 f. *Bewunderung und Mitleiden]* Die Selbstgewißheit, mit der Mendelssohn an der nicht-aristotelischen Bewunderungsfunktion festhält, gründet wohl ebenfalls in der Autorität Shaftesburys. Für den Engländer galt nicht nur, daß die Kultivierung des *moral sense* auf Gewöhnung *und* Reflexion angewiesen sei, sondern auch, daß der Weg dorthin über »Admiration and Love of Order, Harmony and Proportion, in whatever kind« (»Bewunderung und Liebe für Ordnung, Harmonie und Verhältnismäßigkeit, in jeglicher Form«) führe. S. *An Inquiry Concerning Virtue, or Merit* (Eine Untersuchung über Tugend oder Verdienst), Standard Edition, Bd. II/2, S. 140.

730,17 *erhaben denken]* Gleich nach dem ›Briefwechsel‹ wandte sich Mendelssohn den Erhabenheitstheorien Longins (vgl. Anm. 667,4 f.) und Edmund Burkes zu. Burkes *A philosophical enquiry into the origin of our ideas of the sublime and beautiful* (Eine philosophische Untersuchung über den Ursprung unserer Ideen vom Erhabenen und Schönen), erschien 1757 und verhalf Mendelssohn zu einer Neubegründung seines Bewunderungsbegriffs.

731,6-8 *Streichen ⟨...⟩ lebendig]* Vgl. S. 729,13. – Der schwer nachvollziehbare Vorschlag zielt wohl auf die Differenz zwischen erzählerischem Abstand und dialogischer Unmittelbarkeit.

731,32 f. *Absicht der Komödie]* Die systemorientierte Komödiendefinition übergeht erstaunlicherweise das ›rührende Lustspiel‹.

732,11 ⟨*Zweite Beilage*⟩] Von Nicolai formuliert. Antwort auf Lessings kritische Anmerkungen zu seiner *Abhandlung über das Trauerspiel.*

733,23 *caeteris paribus]* Bei Gleichheit in allem übrigen (lat.).

734,5-10 *Das Vermögen ⟨...⟩ entspringt]* Vgl. S. 720,8-21.

734,22-24 *In der ⟨...⟩ verdunkeln]* Vgl. S. 720,21-28.

735,13 *Stobäus]* Vgl. S. 717,22-35.

735,33 *Hecuba]* Lat. Form von griech. Hekabe, Ehefrau des Trojanerkönigs Priamos. Tragödie von Euripides.

736,34 *Fehler des Oedipus]* Seine Mutmaßung über den eigentlichen Fehler des Ödipus hat Lessing auch später nicht offengelegt. Einen Hinweis könnte allerdings ein spätes religionskritisches Fragment von 1777 oder 1778 enthalten: »So viel fängt man ziemlich an zu erkennen, daß dem Menschen mit der Wissenschaft des Zukünftigen wenig gedient sei; und die Vernunft hat glücklich genug gegen die törichte Begierde der Menschen, ihr Schicksal in diesem Leben vorauszuwissen, geeifert. ⟨...⟩ Die Verwirrung, die jene Begierde angerichtet hat, und welchen (wie ich am Oedipus zeigen kann) durch schickliche Erdichtungen des Unvermeidlichen die Alten vorbeugen mußten, ist groß« (*Womit sich die geoffenbarte Religion am meisten weiß, macht mir sie gerade am verdächtigsten*, Bd. VIII dieser Ausgabe, S. 663 f.). Danach läge der Fehler des Ödipus in seinem Umgang mit dem Orakel.

ÜBER ZWEI LUSTSPIELE
VON OTWAY UND WYCHERLEY

TEXTGRUNDLAGE UND ENTSTEHUNG

Die Notizen erschienen zunächst unvollständig in Gottschalk Eduard Guhrauers ›Blättern für literarische Unterhaltung‹ 1843, Bd. 2, S. 990; vollständig dann in der von Maltzahn besorgten 3. Auflage von Lachmanns Lessingausgabe Bd. 11/1, Leipzig 1857, S. 36-42. – LM 14, S. 197-204 (danach unser Abdruck).

Friedrich Nicolais *Geschichte der englischen Schaubühne* im 4. Teil der ›Theatralischen Bibliothek‹ (1758, S. 3-49) hat die Lustspiele des Thomas Otway (1652-1685) als »allzu wild und unzüchtig« bezeichnet (S. 39). Dasselbe hätte er über das Stück von William Wycherley (1640-1715) sagen können (vgl. Bd. I dieser Ausgabe, S. 1079). Beide Vertreter des sogenannten Restaurations-Dramas bilden einen satirischen und eher düsteren Typus der Komödie aus (vgl. Richard W. Bevis, *English Drama: Restoration and Eighteenth Century, 1660-1789*, London, New York 1988).

In seinem Brief an Mendelssohn vom 8. 12. 1755 kündigt Lessing den Druck von sechs Lustspielen an (eines davon ist *Die glückliche Erbin* nach Goldoni, S. 785), die sich »größtenteils aber noch im Kopfe« befänden. Mit Wycherleys Stück hat sich Lessing schon um 1747 befaßt (vgl. Bd. I dieser Ausgabe, S. 1078 f.).

Die folgenden Notizen (die das Datum vom 25. 9. 1756 tragen, also kurz nach der abgebrochenen Englandreise entstanden sind) dürften demnach Vorbereitungen zu Bearbeitungen der beiden Stücke darstellen. Lessing exzerpiert eine Reihe von Stellen Otways, übersetzt oder paraphrasiert sie, kommentiert sie moralisch oder dramaturgisch und vergleicht Otway mit Molière; Otway kommt dabei schlecht weg. Lessings Bearbeitung hätte also jedenfalls zu einer moralischen ›Verbesserung‹ geführt. Die anders strukturierten Notizen zu Wycherley nehmen die Figuren nacheinander zum Anlaß charakteristischer Exzerpte und Inhaltsangaben.

STELLENKOMMENTAR

737,4 *The Soldiers Fortune]* Uraufgeführt 1680. Vgl. den Untertitel von Lessings *Minna von Barnhelm*: »oder das Soldatenglück« (vgl. auch Bd. V/1 dieser Ausgabe, S. 792 f. und Bd. VI, S. 807). Die im folgenden mitgeteilten Seitenangaben beziehen sich auf *The Works of Thomas Otway, edited by. J. C. Gosh*, Bd. 2, Oxford 1932, S. 89-196.

737,5 *Surely 〈...〉 of him, for 〈...〉]* »Sicher kann man unmöglich zu gut von ihm denken, denn 〈...〉« (Lady Dunce über ihren Liebhaber Captain Beaugard, 1. Akt, S. 109 [dort: »yet good nature«]).

737,16-19 *I am 〈...〉 notice.]* »Ich fürchte, Eure Ladyschaft ist also eines jener gefährlichen Geschöpfe, die man Witzlinginnen nennt und die unaufhörlich dermaßen von sich eingenommen sind, daß nichts anderes ihnen bemerkenswert vorkommt.« (Courtine zu Sylvia, 2. Akt, S. 119.)

737,20 *Witzlingin]* Vgl. Madam Blunt und Miranda in Lessings Fragment *Die Witzlinge*: »Zwei affectierte witzig sein wollende Närrinnen« (Bd. V/1 dieser Ausgabe, S. 395).

737,26 *I'll 〈...〉 head.]* »Ich werde jeden Tag drei Huren aufsuchen, um mir die Liebe aus dem Kopf zu schlagen.« (Courtine, 2. Akt, S. 122.)

738,16 f. *His father 〈...〉 at him.]* »Sein Vater war so verborgen wie seine Mutter öffentlich; jeder kannte sie, und niemand konnte ihn erraten.« (Beaugard, 2. Akt, S. 123.) Die Stelle gibt Anlaß zum folgenden Absatz.

738,27 *leere Scenen]* Vgl. Lessings Brief an Mendelssohn vom 8. 12. 1756 (Bd. XI/1, S. 146,21-29).

738,29 *Eisenfresser]* Prahler (vgl. Grimms DWb 3, Sp. 368 »Eisenbeißer«).

738,30-36 *Ah, ⟨...⟩ Moon, Sir –]* »Ha, Bloody-Bones! Ha, als du und ich jenes Kommando bei der Belagerung von Philipsbourgh befehligten! als wir angesichts der Armee den undurchdringlichen Halbmond einnahmen. BLOOD.: Halbmond, Sir! Wenn Ihr gestattet, es war ein ganzer Mond. FOURBIN: Bruder, du hast Recht; es war Vollmond, und so ein Mond, Sir – « (4. Akt, S. 159).

739,3 *Ehekrieppel]* Ehekrüppel: zur Ehe untauglich (vgl. Grimms DWb 3, Sp. 45).

739,6 *Männerschule]* Vgl. Anm. 741,7.

739,10 *Bezeigung]* Bezeugung.

739,15 *vergeblicher]* Verzeihlicher.

739,18 *der letzte Zug]* Über Molière auf Boccaccios *Decamerone* III 3 zurückgehend.

739,17 *encherieren]* Überbieten.

740,2 *p. 30]* Druckfehler für »40« in der von Lessing benutzten Ausgabe. Die Stelle wird im folgenden zitiert.

740,3-16 BEAUGARD ⟨...⟩ *Correspondence.]* »Sehen Sie, Sir Jolly, alles wohl erwogen, könnte es sachte zu einer Heirat führen. SIR JOLLY Damit habe ich nichts zu schaffen; bei Ehesachen will ich nicht gesehen werden; ich und Heiratsvermittler? ein ekelhafter Kuppelpelz! Das weise ich von mir, Sir, ich weiß etwas Besseres: schauen Sie, mein Freund; ihr einen Brief von Euch oder so zu bringen, zur rechten Zeit – gerne, selbst in einer Kirche; oder, sobald die Sache zur Entscheidung kommt, falls ich Euch hübsch zusammenbringen kann und so weiter, werde ich Euch von ganzem Herzen behilflich sein und Euch überdies noch danken, Euch herzlich danken, lieber Schurke; ich will es, Sie Sperlingsmännchen, wahr und wahrhaftig will ich's; aber keine Ehe, Freund, mit der Ehe will ich nichts zu tun haben; das ist eine verfluchte Erfindung, schlimmer als ein Monopol, und ein Ruin menschlichen Umgangs.« (4. Akt, S. 156.)

740,25-35 DUNCE ⟨...⟩ *for ever.]* »Was, einhundert Pfund! In Euch muß der Teufel stecken, sonst wäret Ihr nicht solche Halsabschneider. BLOODY-BONES Der Teufel? wo? wo ist der Teufel? Zeig' dich; ich will dir eins sagen, Beelzebub, du hast deine Abmachung gebrochen; hast du mir nicht ewigen Reichtum versprochen, wenn ich dir meine Seele überließe für deine Verlockungen? SIR DAVY DUNCE Oh Gott! BLOOD. Rühr' mich noch nicht an; ich muß noch zehntausend Morde begehen, bevor ich dir gehöre: mit all den Sünden werde ich rechtmäßig verdammt in deine Höhlen endloser Qual kommen und mit dir auf ewig heulen.« (4. Akt, S. 161; teilweise Blankverse.)

740,36-741,1 *acted ⟨...⟩ Edition*] »Aufgeführt durch Seiner Majestät Diener auf dem Königlichen Theater, 3. Ausgabe.« Die Erstausgabe war 1681 erschienen.

741,3 f. *Quem ⟨...⟩ tuus.*] »Mein Gedichtband ist es, aus dem, Fidentinus, du vorträgst, doch weil du schlecht rezitierst, wird er dein eigener schon.« (Martial, Epigramm I 38, Übers. Schnur.) Lessing folgert aus diesem Motto seine Schlußbemerkung.

741,7 *The Country-Wife*] Die Frau vom Lande (1675), frei nach Terenz' *Eunuchus* sowie Molières *L'école des maris* (Schule der Ehemänner 1661) und *L'école des femmes* (Schule der Frauen, 1662); das Stück gilt in der engl. Literatur als besonders unmoralisch. Dt. Übersetzung durch Holger Michael Klein: *The Country Wife / Die Unschuld vom Lande*, Stuttgart: Reclam 1972. Die im folgenden mitgeteilten Seitenangaben beziehen sich auf *The Plays of William Wycherley, edited by Arthur Friedman*, Oxford 1979, S. 239-354.

741,11 *undüchtig*] Impotent.

741,15-23 *and ⟨...⟩ femals.*] »und Ihr werdet den hübschen jungen Frauen so zuwider sein wie – HORNER Wie die Pocken – gut – QUACK Und den verheirateten Frauen dieses Stadtteils wie – HORNER Wie die schwarzen Blattern; ja wie ihre eigenen Ehemänner. QUACK Und den Damen der Stadt wie Anis-Samen Robin ekelhaften und verachtungsvollen Gedenkens; und sie werden ihren Kindern mit Eurem Namen drohen, besonders den Töchtern.« (1. Akt, S. 248 f. – »Anis-seed Robin« wohl Anspielung auf eine Grabschrift von 1689 »On Annel-seed Robin, the Hermaphrodite«, S. 249, Anm. 2.)

741,29 f. *angenommenen]* Vorgeblichen.

742,1 *Mr. Harcourt]* Vgl. Lessings Entwurf *Der Leichtgläubige* (Bd. I dieser Ausgabe, Anm. 238,7 f.), wo auf Mr. Harcourt und Mr. Sparkish (S. 742,24) Bezug genommen wird.

742,7-23 *Well ⟨...⟩ Money etc.]* »Nun, zum Teufel mit der Liebe und dem Herumhuren. Frauen halten einen Mann nur von besserer Gesellschaft ab; obwohl ich an ihnen keinen Spaß mehr habe, werde ich ihn um so mehr an euch haben; gute Kameradschaft und Freundschaft sind bleibende, vernünftige und männliche Vergnügen. HAR. Zu all dem gebt mir auch ein paar von den Freuden, die Ihr unmännlich nennt, sie steigern wechselseitig den Genuß. HOR. Sie stören einander. HAR. Nein, Mätressen sind wie Bücher; brütet man zuviel darüber, schläfern sie einen ein und machen uns zur Gesellschaft ungeeignet; aber vorsichtig gebraucht machen sie uns zur Unterhaltung um so tauglicher. DOR. Eine Mätresse sollte sein wie ein kleiner Landsitz in Stadtnähe, den man nicht ständig bewohnt, sondern nur für eine Nacht auswärts; um die Stadt um so besser zu genießen, wenn der Mann zurückkehrt. HOR. Ich sage euch, es ist ebenso schwierig, zur gleichen Zeit ein guter Kamerad, ein guter Freund und ein Liebhaber der Frauen zu sein, wie ein guter Kamerad und ein guter Freund zu sein und ein Liebhaber des Geldes usw.« (1. Akt, S. 255.)

742,25 *witzigen]* Geistreichen.

742,28 *Gerichts]* Gerüchts (vgl. S. 741,10).

742,29 *schrauben]* Aufziehen.

743,3 *Unfähigkeit]* Siehe Anm. 741,11.

743,5-7 *Methinks ⟨...⟩ without it.]* »Ich glaube, Witz ist unentbehrlicher als Schönheit; und ich finde keine junge Frau häßlich, die ihn besitzt; und keine hübsche Frau angenehm ohne ihn.« (Horner, 1. Akt, S. 262.)

743,9-12 PIN. *'Tis ⟨...⟩ knowledge.]* »PINCHWIFE Es ist mein Grundsatz, daß nur Dummköpfe heiraten; noch dümmer ist aber, wer keine dumme Frau heiratet; wozu taugt Geist bei einer Frau, als einen Mann zum Hahnrei zu machen? HORNER Nun, es vor ihm geheimzuhalten.« (Die Stelle folgt unmittelbar auf die vorangehende.)

743,28-33 *Well, but ⟨...⟩ all dear Bud.]* »MRS. PINCHWIFE Nun gut, doch bitte, Bud, laß uns heute abend ins Theater gehen. MR. PINCHWIFE Das hätten wir, sie kommt davon ab; aber warum willst du unbedingt ins Theater? MRS. PINCHWIFE Wirklich, mein Lieber, ich mache mir nicht das Geringste aus ihrem Reden dort; aber ich sehe gern die Schauspieler an, und ich würde, wenn ich könnte, gerne den Kavalier sehen, der mich, wie du sagst, liebt; das ist alles, lieber Bud.« (3. Akt, S. 284 f.)

AUS: FRANZ HUTCHESONS
»SITTENLEHRE DER VERNUNFT«,
AUS DEM ENGLISCHEN ÜBERSETZT

TEXTGRUNDLAGE, ENTSTEHUNG, STELLENWERT

Erstdruck: *Franz Hutchesons der Rechte Doctors und der Weltweisheit Professors zu Glasgow Sittenlehre der Vernunft, aus dem Englischen übersetzt. Erster Band. ⟨Zweiter Band⟩. Mit Königl.⟨ich⟩ Pohln.⟨ischem⟩ und Churfl.⟨ürstlich⟩ Sächs.⟨ischem⟩ allergn.⟨ädigstem⟩ Privilegio. Leipzig, bey Johann Wendler, 1756.* – Das Buch enthält keine Übersetzer-Vorrede, so daß als eigenständige Texte nur zwei Fußnoten mitzuteilen sind (LM 7, S. 64 f.). Die vier nach thematischen Gesichtspunkten ausgewählten Übersetzungsproben stammen aus dem ›Ersten Buch‹ (S. 65-67, 71-73, 84-86, 117-123).

Das englische Werk erschien 1755 posthum unter dem Titel: *A system of moral philosophy, in three books; written by the late Francis Hutcheson, L. L. D. Professor of Philosopy in the University of Glasgow. Published from the original manuscript, by his son Francis Hutcheson, M. D. To which is prefixed some account of the life, writings, and character of the Author, by the Reverend William Leechman, D. D., Professor of divinity in the same university. Volume I. ⟨Volume II.⟩* (Ein System der Moralphilosophie in drei Büchern; geschrieben von dem verstorbenen Francis Hutcheson, L. L. D., Professor der Philosophie an der Universität Glasgow. Nach den Originalmanuskripten hg. von seinem Sohn Francis Hutcheson, M. D. Vorangestellt einige Mitteilungen zum Leben, zu den Schriften und zum Charakter des Autors von Hochwürden William Leechman, D. D., Professor der Theologie an derselben Universität, Band 1 ⟨2⟩, London 1755 (Reprint: *Collected Works of Francis Hutcheson.*

Facsimile Editions prepared by Bernhard Fabian, Vol. V/VI, Hildesheim, Zürich, New York 1990).

Die beiden Bände der Übersetzung erschienen zur Ostermesse 1756 in Leipzig. Die Autorschaft Lessings ist lediglich von seinem Bruder Karl bezeugt: »Hutchesons Sittenlehre der Vernunft, welche in England 1754 ⟨richtig: 1755⟩ erschien, und viel Aufsehn machte, gründet sich bloß auf das innere Gefühl. Lessing und besonders sein Freund Moses fanden dieses Buch im Einzelnen schön und vortrefflich, allein seinen Grundsatz eines moralischen Systems schwankend und unbestimmt. Lessing übersetzte es aber doch, um es zugleich studieren zu können. Und was hätte ein komischer Dichter wohl mehr zu studieren, als die Sittenlehre, welche sich auf die Erfahrungen der menschlichen Gefühle, Neigungen und Leidenschaften gründet?« (*Lessings Leben*, S. 114 f.) Daß Lessing und Mendelssohn sich 1755 mit Hutchesons Affektenlehre beschäftigt haben, bezeugt ein briefliches Zitat aus dessen Schrift *A Short Introduction to Moral Philosophy* (Eine kurze Einführung in die Moralphilosophie, 1747), das Mendelssohn dem Freund Ende Oktober 1755, also wenige Tage nach dessen Abreise aus Berlin, hinterhersandte (vgl. S. 662 dieses Bandes). So vorbereitet, dürfte Lessing in Leipzig sogleich dem Verleger Johann Wendler nahegetreten sein, der nicht nur den Übersetzungsauftrag vergab, sondern gleichzeitig auch eine ›Britische Bibliothek‹ unter der Herausgeberschaft von Karl Wilhelm Müller ins Leben rief. Im »Vorbericht« dieser Zeitschrift vom 31.1.1756 wurde, wie Petersen herausfand (PO Erl., S. 328), die Übersetzung bereits als im Druck befindlich angekündigt. Im übrigen sei sie, so heißt es weiter, »mit einer Sorgfalt für die Gedanken des englischen Verfassers und für die Richtigkeit des deutschen Ausdrucks ausgearbeitet worden, welche mehr mit der Vortrefflichkeit des Werkes als mit der Gewohnheit der meisten Übersetzer übereinstimmt.« Das deutet nicht nur auf das hohe fachliche Renommee des gewonnenen Übersetzers hin (also doch wohl Lessing), es läßt auch den Schluß zu, daß die Sache von Anfang an Teil des ›englischen‹ Verlagsprojekts Wendlers war, so daß die Übersetzungsarbeit mehr oder minder zwingend in die Zeit vom November 1755 bis Januar 1756 fiele. Wenn diese Berechnung stimmt, dann hätte Lessing in dieser Zeit Tag für Tag rund 12 Seiten Übersetzungstext geliefert.

Die Hutcheson-Übersetzung gehört zu jenen Ereignissen in Lessings Bildungsgeschichte, die er, obwohl sie konstitutive Bedeutung für die Entwicklung seines Denkens gehabt haben müssen, kommentarlos hinter sich gelassen hat. Das Phänomen ist durchaus nicht vereinzelt und durchaus symptomatisch, wenn auch schwer einzuordnen. Lessings Erkenntnisverfahren ist auf Streit abgestellt. Zu zeitgenössischen Denkern von Rang hat er sich in der Regel nur dann kritisch ins Verhältnis gesetzt, wenn sie die Richtungspfeile seiner ästhetischen und theologischen Aufklärungsarbeit störten (wie z. B. Voltaire mit seinem Regeltheater). Andernfalls hat er sie stillschweigend beerbt. Dies gilt allein in der Zeitspanne dieses Bandes (1754-57) für so unterschiedliche Autoren wie Richardson, Rousseau, Seneca und eben Hutcheson. Mit keinem von ihnen hat sich Lessing identifiziert, aber von jedem Spezifisches aufgenommen und sich anverwandelt. Liest man das erste Buch von Hutchesons *System of Moral Philosophy*, so könnte man glauben, auf die Grundlegung der Lessingschen, Berlinischen und schließlich deutschen Empfindsamkeit gestoßen zu sein, wie es denn die germanistische Kritik auch wiederholt unterstellt hat. Nimmt man Shaftesbury und die anderen Modelleure der britischen *Moral-sense*-Anthropologie (Hume, Home, Fordyce) hinzu, die alle in Deutschland gelesen wurden, so ist das sicher nicht ganz unrichtig. Die Wahrheit freilich ist, daß Lessing den anthropologischen Optimismus des *Moral sense* gerade nicht übernommen und sich von seiner therapeutischen Auffassung des Mitleids durch Hutchesons nicht hat abbringen lassen (vgl. Engbers, *Der ›Moral-Sense‹*, sowie die entsprechenden Passagen unserer Textproben, S. 747 und 753 f.).

STELLENKOMMENTAR

744,5 ⟨*Anmerkung*⟩] Die Anmerkung ergänzt eine im engl. Originaltext, Bd. 1, S. 246, bereits vorhandene Fußnote: »See Aristot. Ethic. Nicom. l. iii. c. ult. and Antonin. l. ii. c. 10« (Siehe Aristoteles, *Nikomachische Ethik*, 3. Buch, letztes Kapitel, und Antoninus, 2. Buch, 10. Kapitel) um den Wortlaut der letzteren Textstelle in dt. Übersetzung.

744,7 *Antonin*] Marcus Aurelius Antoninus Augustus, röm. Kaiser (121-180 n. Chr.), als Schriftsteller (*Selbstbetrachtungen*) unter dem Namen Mark Aurel bekannt.

744,9 f. *Hofmanns* ⟨...⟩ *Übersetzung*] Johann Adolf Hoffmann (1676-1731), Philologe und Übersetzer, u. a. Marc Aurel, *Erbauliche Selbstbetrachtungen*, 1723.

745,2 *äußerliche Rechte*] Die Stelle aus dem engl. Original (Bd. 2, S. 142) steht im Kontext einer Typologie internationaler Streitigkeiten und lautet: »but each insisting on their perfect or external rights ⟨...⟩ want the assistance of wise impartial men« (»aber da jeder von ihnen auf seinen vollkommenen ⟨wohl: natürlichen⟩ oder externen ⟨wohl: landesspezifischen⟩ Rechten besteht ⟨...⟩, benötigen sie die Hilfe eines neutralen Schlichters«).

745,25 *dieselbe*] Offensichtlich bezogen auf: die sympathetische Empfindung.

746,2-4 *wenn* ⟨...⟩ *entgegen sind*] Der schwer verständliche Passus bedeutet wohl: »wenn uns kein Verwickeltsein, kein Ärgernis oder sonst ein Vorurteil im Wege ist«.

746,9 *zurücktreiben*] Vermutlich im Sinn von »verhindern oder mindern wollen«.

747,3 *Idioten*] Ursprünglich Lehnwort aus griech./lat. idiota »Laie, Ungebildeter, Stümper«. Die heutige Bedeutung, die hier gemeint ist, kam im 18. Jh. in England auf.

751,4 *beseelten* ⟨...⟩ *Art*] Die von Descartes erneuerte Frage, ob Tiere eine Seele haben, war im 18. Jh. umstritten. Unter denen, die sie positiv beschieden, waren zuerst die engl. Empiristen (Locke).

753,A *Bonum* ⟨. . .⟩ *c.10]* »So verdient auch das Gut, von dem wir hier sprechen, höchste Wertschätzung; aber das beruht nicht etwa auf seiner Größe, sondern auf seiner Eigenart. ⟨. . .⟩ Etwas anderes und eine ganz besondere Eigenart ist die Abschätzung der Tugend. Ihre Kraft liegt nur in ihrem hohen Wesen, nicht etwa in ihrer Wertsteigerung. Cicero vom Höchsten, 3. Buch, 10. Kap.« (Übersetzung nach: Marcus Tullius Cicero, *De finibus bonorum et malorum. Das höchste Gut und das schlimmste Übel*. Lat. und dt. hg. v. Alexander Kabza, München 1960, S. 221-223.)

DES HERRN JACOB THOMSON SÄMTLICHE TRAUERSPIELE VORREDE

TEXTGRUNDLAGE

Der Band mit Lessings Vorrede, aber ohne Übersetzerangabe, erschien laut Leipziger Meßkatalog (so nach LM 7, S. 66, Anm. 1) zur Ostermesse 1756 mit dem Titel: *Des Herrn Jacob Thomson sämtliche Trauerspiele. I. Sophonisbe. II. Agamemnon. III. Eduard und Eleonora. IV. Tancred und Sigismunda. V. Coriolan. Aus dem Englischen übersetzt. Mit einer Vorrede von Gotthold Ephraim Lessing. Leipzig, In der Weidemannischen Handlung, 1756.*

Laut Gothaer ›Theater-Kalender, auf das Jahr 1780‹, S. 131 f., war die Übersetzung selbst von einer gelehrten Gesellschaft in Stralsund veranstaltet worden (so die Angabe bei LM 7, S. 66, Anm. 1). – Der Abdruck der Vorrede folgt LM 7, S. 66-71.

ENTSTEHUNG UND QUELLEN

Lessings Beschäftigung mit den Trauerspielen des Schotten James Thomson geht bis auf die Zeit um 1751 zurück. Damals hat er längere Partien aus *Agamemnon* und eine kürzere aus *Tancred und Sigismunda* übersetzt (Bd. II dieser Ausgabe, S. 331-353 mit ausführlichem Kommentar, S. 955-963). Im Ersten Stück der ›Theatralischen Bibliothek‹ (1754) ist gleich Nr. II ein Beitrag *Leben des Herrn Jacob Thomson* in enger Anlehnung an Cibbers mehrbändiges Handbuch über die Dichter Großbritanniens und Irlands (1753). In die Behandlung der Trauerspiele Thomsons fügt Lessing eine *Agamemnon*-Partie aus einer anonymen, 1750 in Göttingen erschienenen Thomson-Übersetzung ein (oben S. 293,29-295,7; Übersetzer: wohl Johann David Michaelis). Er äußert Anerkennendes über diese deutsche Version (»treu, fließend und stark«, S. 295,22), übt jedoch auch konkrete Übersetzungs-Kritik (S. 295,25-296,22). Auf diesem Hintergrund könnte Lessing es begrüßt haben, daß – offenbar in Stralsund – der Versuch einer Neuübersetzung unternommen wurde. Durch das Erste Stück der ›Theatralischen Bibliothek‹ (1754) war Lessings Interesse für Thomson, ja seine besondere Wertschätzung als Trauerspieldichter bekannt, wobei die Stichworte »Rührung«, »Natur«, »Herz« die Richtung andeuteten. Der Verfasser des tränenreichen Durchbruchs-Stücks *Miß Sara Sampson* (1755), längst auch anerkannte Kritiker-Autorität, kam aus naheliegenden Gründen als Verfasser einer Vorrede zu der Stralsunder Übersetzung in Frage. Wie sich im einzelnen die Kontakte mit Lessing ergaben, läßt sich vermuten. In Leipzig, wo Weidmann den Band herausbrachte, hatte Lessing seit seiner Studentenzeit vielfältige Kontakte; von Berlin aus war er mehrfach dort. Auf die Thomson-Publikation in der ›Theatralischen Bibliothek‹ (1754) weist er selbst zu Beginn der Vorrede hin. Als ›Quellen‹ können im weiteren Sinne jene Muster und Autoritäten (wie Corneille und Aristoteles) gelten, die auch im Briefwechsel mit Mendelssohn und Nicolai wiederholt herangezogen werden. Es liegt auf der Hand, daß die (hinter das Jahr 1756 zurückreichenden) Berliner Debatten und die Erfahrungen mit *Miß Sara Sampson* zum engeren Entstehungskontext der Vorrede gehören.

STRUKTUR UND GEHALT

Diese eigentümliche Vorrede zu einer ›fremden‹ Übersetzung eines neueren englischen Theaterautors verdankt sich einer recht besonderen literaturpolitischen Konstellation. Es geht um die Trauerspiele eines vor wenigen Jahren erst verstorbenen Briten, der in Deutschland vor allem durch seine *Jahreszeiten*-Poesie bekannt geworden ist (in Brockes' Übersetzung von 1745). Daß er den mehr »malerischen« Dichtertypus repräsentiert (S. 756,4), ist schon dem Lessing der 1750er Jahre nicht unproblematisch, wird jedoch dem »wahren poetischen Genie« (S. 756,9) sozusagen gutgeschrieben. Über Leben und Werk Thomsons die Leser zu informieren, erübrigt sich weitgehend, da Lessing dies zwei Jahre zuvor in der ›Theatralischen Bibliothek‹ (1754) schon geleistet hat (der naheliegende Hinweis findet sich gleich zu Anfang, S. 755,13 mit Anm.). Auch zu Übersetzungsprinzipien Programmatisches zu sagen, bietet sich nicht an, da offenbar nur bei der Rechtschreibung der Verleger besser hätte aufpassen sollen (S. 759,22-26).

Thomsons Trauerspiele, die jetzt in einer akzeptablen Übersetzung wieder vorliegen, besitzen nach Lessings Einschätzung einen spezifischen Stellenwert. Wie immer auch bei ihm selbst das »Vorurteil« (S. 756,26) über Thomson beschaffen gewesen sein mag (das »Genie« mit »feuriger Einbildungskraft« und vielfältigen »Leidenschaften«) – seine Trauerspiele stehen immer noch im Schatten der »antibrittischen Partei« (S. 758,20) der Gottschedianer, die einseitig das französische Modell eines Corneille und Racine propagieren. Seit den ›Beyträgen‹ vom Oktober 1749 (noch mit Mylius) kümmert er sich um die ›Vernachlässigten‹ des Theaters, insbesondere solche, die unter Gottscheds Verdikt standen: so Plautus schon 1749, so die Seneca-Tragödien kurz zuvor (1754). Vollends die Tränen-Reaktionen, die *Miß Sara Sampson* (1755) ausgelöst hat, lassen Lessing mit neuer Begeisterung von einem Trauerspiel reden, das aus der »Kenntnis des menschlichen Herzens« kommt (S. 756,31) und empfindsame »Leidenschaften« erregt (S. 756,32).

Lessings *Thomson*-Vorrede ist weder »kritische Zergliederung« (S. 755,21) noch Auskunft über Leben und Werk – das hat er in der ›Theatralischen Bibliothek‹ schon geleistet – , sondern etwas Drittes: Anpreisung, ja Beschwörung eines neuen Trauerspiel-Typus, der »Wirkung« gezeigt hat. Auffällig in der *Vorrede* ist die Herauskehrung der lebhaften kreativen Bewegungen, die sich in diesem »Genie« ereigneten (S. 756,9-25), und schließlich die ›sittliche‹ Würdigung des verstorbenen britischen Autors. Bis in den Wortlaut hinein greift hier Lessing den Schlußteil des Artikels aus der ›Theatralischen Bibliothek‹ von 1754 auf: den von einem befreundeten Schauspieler unter Tränen vorgetragenen Nekro-Prolog. In seinen Trauerspielen hat der Dichter die »Herzen mit süßem Weh« erfüllt (S. 760,20 f.). Aber er vermochte es nur, weil sein »moralischer Charakter« (S. 756,37) von solchen tugendhaften »Empfindungen« erfüllt war.

Das ›Bekenntnishafte‹ wird bei der Erörterung der Regeln vollends unübersehbar: »So wie ich unendlich lieber den allerungestaltesten Menschen ⟨...⟩« (S. 756,15 f.). Doch überraschenderweise wird als ›Beleg‹ überwältigender Wirkung nicht Thomson angeführt, sondern der noch spektakulärere *Kaufmann von London* (1754 gerade in Hamburg erstaufgeführt). Wohl um die Abschweifung von Thomson zu Lillo etwas abzuschwächen, nennt er den Namen Lillo nicht.

In diesen Abschnitten (S. 757,13-758,38) wird die Nähe von *Miß Sara Sampson* – auch als Stimulans – und der Debatten mit Mendelssohn und Nicolai über das Trauerspiel am unmittelbarsten greifbar, auch im Positionen-Benennen: »nur diese Tränen des Mitleids, und der sich fühlenden Menschlichkeit, sind die Absicht des Trauerspiels, oder es kann gar keine haben« (S. 757,26-28). Bemerkenswert ist auch, wie das zeitgenössische Argumentieren mit dem ›Nationalgeist‹, ›Nationalgeschmack‹, mit der größeren ›Nähe‹ der Engländer zu den Deutschen (von der Vorrede zu den ›Beyträgen‹ vom Oktober 1749 bis zum 17. ›Literaturbrief‹ 1759) tendenziell von Dogmatik befreit wird. Am evidentesten geschieht dies in der hübschen Volte, Thomson sei »*griechisch* regelmäßig« (S. 758,26 f.), d. h. daß bei ihm sich die »Regeln« der schönen Wirkung unterordnen. Lessings Interesse an dem Trauerspieldichter Thomson besitzt seinen Schwerpunkt in den Jahren 1751 bis 1756 und ist dort erkennbar funktional gebunden: ein weiterer nichtfranzösischer ›Verbündeter‹ im Eintreten für das neue Trauerspiel (Bezugnahmen auf Thomson im 7. Stück der *Hamburgischen Dramaturgie* betreffen Peripheres und im übrigen Bekanntes: den Epilog und die Schauspieler Quin und Garrick; Bd. VI dieser Ausgabe, S. 219 f.). Man unterschätzt Thomsons Anregungsfunktion nicht, wenn man feststellt, daß sie bald in den Schatten Diderots trat.

STELLENKOMMENTAR

755,4 *II. Agamemnon.]* Teile des *Agamemnon* von Thomson (1738) hatte Lessing um 1751 bereits übersetzt (Bd. II dieser Ausgabe, S. 331-353); s. »Entstehung und Quellen«.

755,4 *IV. Tancred und Sigismunda.]* Gleiches gilt für dieses Stück (1745); s. ebenfalls »Entstehung und Quellen«.

755,6 *Aus dem Englischen übersetzt.]* Durch eine gelehrte Gesellschaft in Stralsund; s. »Entstehung und Quellen«.

755,11 *eines Freundes]* Nicht näher identifizierbar (ein Leipziger Freund?), möglicherweise auch gattungstypische Fiktion.

755,13 *anderwärts]* S. oben, S. 282-299 (*Leben des Herrn Jacob Thomson*); dort nähere biographische Angaben.

755,16-20 *Es wäre ⟨...⟩ bestimmt habe.]* Realistische Benennung der Situation des ›freien Schriftstellers‹, wie mehrfach beim jungen Lessing (auch später noch, bis zum Wechsel nach Wolfenbüttel).

755,22 *Meisterstücken]* Als solche sind sie in Deutschland kaum noch bekannt.

756,3 *des sel. Brockes]* Gemeint ist hier die Übersetzung von *The Seasons* (Die Jahreszeiten, 1730) durch Barthold Hinrich Brockes (1680-1747), die 1745 in Hamburg erschien.

756,4 *malerischen Dichter]* Der Typus, den Lessing im *Laokoon* gründlich kritisieren wird.

756,11 f. *aufgehabene]* Auch im 18. Jh. selten gewordene Variante (vgl. erhaben) neben dem üblichen ›aufgehoben‹, vgl. Grimms DWb 1, Sp. 653.

756,20 *sympathetische]* Auf das Empfinden des Mitleidens (griech. sympatheia) bezogen; im 18. Jh. neu gebildet, vgl. Schulz-Basler 4, S. 646 f.

756,27 f. *Vorurteil]* Hier durchaus positiv verstanden, wohl deutlich auch durch eigene Erfahrungen anläßlich von *Miß Sara Sampson* geprägt.

756,29 *auch in dieser Sphäre]* Auch Lessing kannte den Autor bisher nur durch die *Jahreszeiten*.

756,31 f. *Kenntnis des menschlichen Herzens ⟨...⟩ jede Leidenschaft]* Kontext: u. a. Seneca-Schrift, *Sara*, Briefwechsel über das Trauerspiel.

756,31 f. *Kein Aristoteles, kein Corneille]* Vgl. oben S. 669,17 f., S. 670,22.

756,37 *Regeln]* Vgl. oben S. 1454.

757,1 f. *Die Handlung ist heroisch]* Keine Differenzierung zwischen Thomsons Stücken, jedoch Absetzung gegen das ›bürgerliche‹ Trauerspiel.

757,10 *einen Menschen]* Vgl. oben S. 299.

757,17 *Praxiteles]* Griech. Bildhauer (4. Jh. v. Chr.), Inbegriff des (spät-)›klassischen‹, formvollendeten Stils.

757,18 f. *des Kaufmanns von London]* George Lillo, engl. Theaterautor (1693-1739), *The London Merchant, or the History of George Barnwell* (Der Kaufmann von London, oder Geschichte von George Barnwell, 1731). Lessings erste überlieferte Erwähnung des Stücks, dessen Aufführung in London 1731 eine ungeheure Resonanz auslöste. Berichte drangen rasch auch auf den Kontinent.

757,19 *des sterbenden Cato]* Sterbender Cato (1732), Gottscheds berühmt-berüchtigtes Mustertrauerspiel.

757,20 *man]* Gottsched und seine Anhänger.

757,22 *Vorstellung des erstern]* Lessing stützt sich hier auf Berichte aus London.

757,24 *allen möglichen Vorstellungen]* Gottsched bemüht sich, zum Teil mit Hilfe seiner Schüler, planmäßig um Aufführungen seines Musterstücks.

757,26-28 *Und nur ⟨...⟩ keine haben.]* Zentrale, dogmatische Fixierung von Lessings Grundüberzeugung, vergleichbar den Formulierungen im Brief an Nicolai vom November 1756, etwa S. 669,6 f. und besonders S. 671,17-20.

757,36 *einen lebendigen Herkules]* Deutlicher Reflex der *Hercules-furens*-Kapitel aus der Seneca-Abhandlung (oben S. 531-567) mit der Hervorhebung auch der »zärtlichen« und »empfindsamen« Züge und den Vorschlägen für eine »Modernisierung« des Sujets.

757,37 *lebendigen Adonis]* Adonis, Figur des griech. Mythos, aus dem Orient stammend, Fruchtbarkeitsgott, in besonderen Festen gefeiert (Frühjahrsvegetation), beliebter Gegenstand der bildenden Kunst: schöner Jüngling.

758,6 *Corneille ⟨...⟩ seines Bruders]* Thomas Corneille (vgl. Anm. 668,30): *Le Comte d'Essex* (Der Graf von Essex, 1678), von Lessing in der *Hamburgischen Dramaturgie*, 22.-25. Stück, ausführlich behandelt (Bd. VI dieser Ausgabe, S. 291-307).

758,18 *so regelmäßig, als stark]* In den ästhetischen Urteilen der Schrift *Leben des Herrn Jacob Thomson* ist von »Regelmäßigkeit« weniger die Rede als von der Nachdrücklichkeit seiner »Wirkung«.

758,20 *antibrittischen Partei]* Auch hier: die Gottschedianer.

758,22 *Addison]* Vgl. Bd. VI dieser Ausgabe, Anm. 258,21. Sein *Cato* (1713) wurde zum Hauptvorbild von Gottscheds Musterstück. Addisons Resonanz in England galt eher dem Politiker und Journalisten (Herausgeber u. a. von ›Moral Weeklies‹).

758,26 f. *griechisch regelmäßig]* Zentrale Formulierung, die anzeigt, daß Lessing sich vom Muster/Regeln-Denken löst. Gegenüber den Römern (und den Franzosen) sind die Griechen ein Drittes, ›Ursprünglicheres‹.

758,28 f. *Simplicität]* Von lat. simplicitas »Einfachheit«, die von Lessing (wie auch von Nicolai in seiner *Abhandlung vom Trauerspiele*) vorzugsweise den Griechen, besonders Homer, zugeschrieben wird.

758,30 *Mairet]* Jean de Mairet (1604-1686), franz. Dramatiker; seine *Sophonisbe* 1634 fand als erste »regelmäßige« franz. Tragödie große Anerkennung.

758,31 *des großen Corneille*] Pierre Corneilles *Sophonisbe* wurde 1663 uraufgeführt.

758,33 *Trissino*] Giangiorgio Trissino (1478-1650), ital. Dichter, Humanist, an der Poetik des Aristoteles orientiert; seine *Sophonisbe* (1524) gilt als die erste ›reguläre‹ Tragödie der neuzeitlichen Literatur. Einen kurzen »Auszug« aus dem Drama, der aber nicht von Lessing stammt, enthält das Zweite Stück der ›Theatralischen Bibliothek‹.

758,34 *nach langen barbarischen Jahrhunderten*] Typische Perspektive des Renaissance-Humanismus (Petrarca u. a.).

759,1 *Eduard und Eleonora*] Vgl. Anm. 294,24.

759,2 f. *Alceste des Euripides*] Die *Alkestis* ist das früheste erhaltene Stück des Euripides (428 v. Chr.), in der Neuzeit vielfach variiert (Gattenliebe, die den Tod überwindet). Im *Leben des Herrn Jacob Thomson* ist davon noch nicht die Rede.

759,6 f. *in der neuern Geschichte*] Thomson verlegt die Handlung in die Zeit der Kreuzzüge.

759,13 *könnte*] Die berühmte, aus Aristoteles hergeleitete Regel für die Behandlung historischer Stoffe.

759,15 f. *modernisieren wollen*] Racines Versuch blieb unvollendet.

759,20 *verschiedne Urheber*] Bisher nicht identifiziert.

759,21 *die beste Art zu übersetzen*] Dazu gleich die ersten der ›Antiquarischen Briefe‹ (1759), 2.-6. Brief (Bd. IV dieser Ausgabe, S. 457-467).

759,25 *eine gedoppelte*] Offenbar: eine uneinheitliche (Lessing bringt keine Belege).

759,34 *Den einzigen Prologen*] Im 18. Jh. noch übliche Flexionsform von ›Prolog‹ (griech. prologos, lat. prologus).

759,35 *erst nach dem Tode*] Vgl. S. 295 f.

759,37 *den moralischen Charakter des Dichters*] Diesem Charakter gilt ein besonderes Interesse Lessings am Schluß des Artikels *Leben des Herrn Jacob Thomson*.

760,2 f. *Lyttleton ⟨...⟩ Herr Quin*] Vgl. S. 295,15-296,5.

761,3 f. *aus dem Leben des Dichters*] Hinweis auf die Schrift im Ersten Stück der ›Theatralischen Bibliothek‹ (1754).

AUS:
WILLIAM LAW, EINE ERNSTHAFTE
ERMUNTERUNG AN ALLE CHRISTEN ZU EINEM
FROMMEN UND HEILIGEN LEBEN
VORBERICHT

TEXTGRUNDLAGE UND ENTSTEHUNG

Erstdruck: *Eine ernsthafte Ermunterung an alle Christen zu einem frommen und heiligen Leben. Von William Law. A. M. Aus dem Englischen übersetzt. Leipzig. Weidemann.⟨ische⟩ Buchhandlung 1756.* Der Titel des engl. Originals lautet: A Serious Call to a Devout and Holy Life, London 1728. – LM 7, S. 72 (nur »Vorbericht«).

Zur Entstehung berichtet Karl Lessing: »Wer sollte aber wohl glauben, daß er auch ein Gebetbuch übersetzt habe? Im Grunde freilich nur vier bis fünf Bogen davon; doch war sein Vorsatz es ganz zu übersetzen. Die Aufforderung dazu kam von seiner Schwester, welche von Romanen, Komödien und allen weltlichen Gedichten eine abgesagte Feindin ist, aber Predigten, Erbauungsbücher, in Prosa und in Versen, desto mehr liebte. Sie wünschte von Herzen, ihr Bruder möchte doch einmal nach ihrem Sinne schreiben. Dieses verursachte oft manchen Spaß unter ihnen, und er versprach ihr immer, schon noch ein Buch zu finden, das ihren ganzen Beifall haben sollte. Und siehe! Laws ernsthafte Ermunterungen an alle Christen zu einem frommen und heiligen Leben, fiel ihm vermutlich in der vorteilhaften Beurteilung eines englischen Journals auf. Er entdeckte Herrn Weiße, daß er wohl Lust hätte, dieses Buch zu übersetzen, wenn er einen Verleger dazu fände. Der Buchhändler Reich wollte es übernehmen. Lessing fing auch an zu übersetzen, und Reich zu drucken; aber Lessings erwähnte Reise nach Dresden kam dazwischen. Er wollte nur zehn bis zwölf Tage ausbleiben; es wurden sechs Wochen daraus, und an die Übersetzung dachte er gar nicht. Wollte Herr Weiße seinen Freund bei Reiche nicht in Mißkredit bringen, so mußte er sich selbst zur Vollendung dieser Übersetzung bequemen. Und will man Lessings Frömmigkeit nicht in Zweifel ziehn, so muß man sich vorstellen, er habe es zuvor mit vieler Andacht in der Originalsprache gelesen.« (*Lessings Leben*, S. 115 f.) – Laut Lachmann wiesen die Weidmannschen Handelsbücher allerdings aus, daß Lessing das volle Honorar erhalten hatte, Weiße hingegen nichts. Redlich vermutet sogar, Karl Lessing habe die Law-Übersetzung mit der der *Geheiligten Andachts-Uebungen* der Elizabeth Rowe (Erfurt 1754) verwechselt (vgl. Muncker in LM 7, S.72). Da Louise Wolf (*Elisabeth Rowe in Deutschland*, Heidelberg 1910) wiederum sicher zu sein glaubt, daß die Rowe-Übersetzung weder von Lessing noch von Weiße stamme (weswegen sie auch nicht in diesen Band aufgenommen wurde), scheint Karl Lessings Erinnerung wenigstens partiell zuzutreffen. Danach müßte die Übersetzung im Januar 1756 und eventuell während der Dresden-Reise entstanden sein.

STELLENKOMMENTAR

762,8 *Von dem Verfasser*] William Law (1686-1761), irischer Theologe und bekannter Erbauungsschriftsteller. Seine Frömmigkeit war auf eine gelebte Alltagsethik (Armenpflege) und eine mystisch eingefärbte Innerlichkeit ausgerichtet.

762,11-13 *Er hat 〈. . .〉 geschrieben*] Gemeint sind die Titel: *A practical Treatise on Christian Perfection* (Eine praktische Abhandlung über die christliche Vervollkommnung, 1726), *Remarks on the Fable of the Bees* (Anmerkungen zur Bienenfabel, 1724) und *The absolute Unlawfulness of Stage Entertainments* (Die völlige Unzulässigkeit des Theaterbesuchs, 1726).

762,14 *Tolandschen 〈. . .〉 Streitigkeiten*] John Toland (1670-

1722), irischer Frühaufklärer und Radikaldeist. Seine Angriffe gegen den katholischen Klerus seines Landes und vor allem seine offenbarungskritische Schrift *Christianity not mysterious* (Christentum ohne Geheimnis, 1696) lösten eine Flut polemischer Gegenschriften aus (54 bis zum Jahr 1761). Erster sog. free-thinker (Freidenker).

REZENSIONEN AUS:
BIBLIOTHEK DER SCHÖNEN
WISSENSCHAFTEN UND DER FREIEN KÜNSTE
1757

TEXTGRUNDLAGE

›Bibliothek der schönen Wissenschaften und der freien Künste. Ersten Bandes zweytes Stück‹, Leipzig: Johann Gottfried Dyck 1757, hg. v. Friedrich Nicolai und Moses Mendelssohn, S. 403 und S. 421-429. – LM 7, S. 76-84.

Lessing nahm an der Planung der Zeitschrift durch die beiden Freunde tätigen Anteil. Als sich 1755 in Berlin kein Verleger dafür fand, vermittelte er – seit Herbst 1755 in Leipzig ansässig – die Unterbringung bei Dyck, handelte die Vertragsbedingungen aus und las sogar, wenigstens für die ersten Stücke, Korrektur.

⟨BWK Ersten Bandes zweites Stück, 1757⟩ Philippe Néricault Destouches, *Sämmtliche theatralische Werke*. Vier Teile, Berlin 1757, und Jean François Régnard, *Sämmtliche theatralische Werke*. Zwei Teile, Berlin 1757. – LM 7, S. 76.

Von Lachmann aufgenommen, von Redlich und PO bezweifelt. Daß Lessing sich in der Zeit der *Theatralischen Bibliothek* die beiden Gesamtausgaben hätte entgehen lassen sollen, ist schwer vorstellbar. Auch der Stich gegen das Gottschedsche Regeltheater spricht nicht gerade gegen ihn.

763,7 f. *Destouches*] Philippe Néricault Destouches (1680-1754), erfolgreicher und fruchtbarer franz. Lustspielautor, von Lessing geschätzt und bis zur *Hamburgischen Dramaturgie* in seiner Kritik gegenwärtig. Vgl. sein in die *Theatralische Bibliothek* eingerücktes *Leben des Herrn Philipp Nericault Destouches* (S. 312-318 in diesem Band).

763,8 *Régnards]* Jean-François Régnard (1655-1709), Autor frivoler Lustspiele in der Nachfolge Molières, Lessing übersetzte gemeinsam mit Christian Felix Weiße sein erfolgreichstes Stück *Der Spieler*.

763,17 *Originalstücken]* Deutsche Dramen nach Gottscheds klassizistischer Poetik.

763,24 *verheirateten Philosophen] Le philosophe marié* (1727).

763,24 f. *den jungen ⟨...⟩ aushält] Le jeune homme à l'épreuve* (1751).

763,24 *Menechmen] Les Ménechmes* (1705). Titel nach Plautus' *Menaechmi* (Die Menaechmus-Brüder).

763,25 *Spieler] Le Joueur* (1696).

⟨Ersten Bandes zweites Stück, 1757⟩ ⟨Johann Peter Uz,⟩ *Schreiben des Verfassers der Lyrischen Gedichte an einen Freund*, o.O. 1757. – LM 7, S. 76-81.

Mit Sicherheit von Lessing. »Heute habe ich den letzten Bogen von der Bibliothek corrigiert; Sie haben sich aber gewaltig verrechnet; denn ob ich gleich an die acht Seiten dazugegeben habe, so sind es doch nicht mehr, als dreizehn Bogen geworden.« (An Nicolai 1757 ohne Datum, s. Bd. XI/1 dieser Ausgabe, S. 242.) Damit kann nur die Uz-Rezension gemeint sein.

763,30 *Utz ⟨...⟩ Verteidigung]* Die Schrift von Johann Peter Uz (zur Person s. Anm. 366,13) antwortet auf Christoph Martin Wielands Züricher Pamphlet gegen die anakreontischen Dichter *Empfindungen eines Christen* (entstanden 1755/56), in denen er besonders Uz' *Lyrische und andere Gedichte* (Ansbach 1755) aufs Korn nahm. Gegen Wielands Schrift hatte sich im selben Stück der ›Bibliothek‹ auch Nicolai scharf verwahrt: »Wir schämen uns für Herrn Wielanden, daß er sich von einer blinden Leidenschaft zu so unwürdigen Ausschweifungen verleiten läßt.« Lessings Artikel schließt an Nicolais Rezension an. – Im 7. Stück der *Literaturbriefe* kam Lessing auf den Streit zwischen Wieland und Uz zurück (s. Bd. IV dieser Ausgabe, S. 469).

764,2 *Herrn G***] Johann Wilhelm Ludwig Gleim (1719-1803), als »Vater Gleim« Mittelpunkt einer aufklärerischen und anakreontischen Dichtergeneration, Studienkollege und Brieffreund von Uz.

764,2 *abermaligen Traum*] Bezieht sich auf das Traumgedicht *Sieg des Liebesgottes* von Uz.

764,10 *Pierinnen*] Beiname der Musen, die ursprünglich in Pierien, einer Landschaft am Fuße des Olymp, beheimatet waren.

764,11 *Phöbus*] Griech. Phoibos »der Leuchtende«, Beiname des Apoll.

764,13 *Calliope*] Griech. Kalliope »Schönstimme«, eine der Musen, später der epischen Dichtung zugeordnet.

764,15 *Jüngling*] Wieland.

764,20 *Sardanapals*] Eigentl. Assurbanipal, assyr. König des 7. Jhs. v. Chr., Inbegriff des Lüstlings.

764,24 *schnöde Witz*] Die Anakreontiker verstanden ihr Dichten als »scherzhaft«.

764,26 *Hagedorn*] Friedrich von Hagedorn (1708-1754), früher und hochgeachteter Vertreter der dt. Anakreontik.

764,27 *Epopeen*] Epen.

764,28 *fleuch*] Im 18. Jh. noch verbreitete Form für »flieh«.

764,29 *Noah*] *Der Noah. In Zwölf Gesängen,* Zürich 1752. Epos von Johann Jakob Bodmer in der Klopstocknachfolge (vgl. Lessings Rezension Bd. I dieser Ausgabe, S. 698).

764,31 *Erato*] Muse der (oft erotischen) lyrischen Dichtung.

764,33 *Muse*] Im Original des *Schreibens*: Musen.

764,34 *Gratien*] Griech. Charites, dt. Grazien, drei Nebengöttinnen der griech. Mythologie, die Anmut und Schönheit personifizieren. Begleiterinnen der Musen, der Aphrodite und des Eros.

765,1 *der Tejer]* Anakreon, nach seiner Heimatstadt Teos in Kleinasien.

765,5 *Zeloten]* Blinde Glaubenseiferer. Ursprünglich Name für eine den Pharisäern nahestehende Gruppe im antiken Judentum.

765,10 *Schwärmers]* Polemische Bezeichnung vornehmlich der Pietisten.

765,10 *Milzsucht]* Die Milz gilt in der antiken Säftelehre als Sitz des Mißmuts.

765,13 *lydisch]* Wahrscheinlich Anspielung auf die sog. lydische Tonart, evtl. auch auf den in Lydien gepflegten Ton der Lyriker Alkaios und Sappho.

765,15 *Chloen]* (Griech.) Grünend. Beiname der Naturgottheit Demeter, der in Eleusis ein heiteres Frühlingsfest galt.

765,24 *Arkadiens]* Landschaft im Inneren der Peloponnes, Heimat Pans. Vergil machte sie in seinen *Eklogen* zum Ort eines idealisierten Hirtenlebens.

765,30 *Daphne]* Jägerin des griech. Mythos, die den Männern abhold war. Auf der Flucht vor dem lüsternen Apoll wurde sie durch den Flußgott Peneios in einen Lorbeerbaum verwandelt.

765,33 f. *Tod ⟨...⟩ Arkadia]* Uz scheint, im Gegensatz etwa zu Goethe, zu wissen, daß sich der berühmte Ausspruch »Et ego in Arcadia« (Auch ich in Arkadien) auf den Tod bezieht.

766,1 *Geisel]* Geißel, Peitsche.

766,4 *Gellert]* Christian Fürchtegott Gellert, vgl. Anm. 409,15. – Hier als Vertreter der graziösen Schreibart.

766,13 *Hannß Sachs]* Hans Sachs (1494-1576), Nürnberger Meistersinger und Fastnachtsspielautor, galt bis zum Sturm und Drang als grobianischer und kunstloser Dichter.

766,15 *Phidias]* Griech. Bildhauer und Architekt der klassischen Zeit (um 490 - 432 v. Chr.). Seine berühmte Zeus-Statue soll er nach Versen des Homer gebildet haben.

766,18 *Wenden]* Alte Bezeichnung für Slaven. Hier als Synonym für ungebildete Leute. – Als Wendenland galt auch die Lausitz, Lessings Heimat. Wenden leben noch heute unmittelbar östlich von Lessings Geburtsstadt Kamenz.

766,19 *Mirons]* Myron (um 480 - 440 v. Chr.), griech. Bildhauer, ähnlich bekannt wie Phidias. Ein Eros-Standbild von ihm kennt die Überlieferung nicht, dafür einen Satyr und eine Kuh. Sein Stil gilt als naturnah.

766,21 *Meister Zimmermann]* Stellvertretend für irgendeinen (ungebildeten) Handwerker. – Eine Anspielung auf den Schweizer Johann Georg Zimmermann (s. Anm. 393,1), der damals zum Züricher Kreis um Bodmer und Wieland gehörte, ist eher unwahrscheinlich.

766,37-767,1 *Gottesgelehrten* ⟨...⟩ *Rachbegierde]* Wieland hatte die *Empfindungen eines Christen* mittels einer ›Zuschrift‹ dem Berliner Hofprediger August Friedrich Wilhelm Sack (1703-1786), einem angesehenen und liberalen Theologen aus dem Neologen-Kreis um Johann Joachim Spalding, gewidmet.

767,10f. *Briefen* ⟨...⟩ *Freunde]* Eine Schrift Wielands, 1753 in Zürich erschienen.

767,16 *Armida]* Heidnische Schönheit und Magierin aus Tassos Epos *La Gerusalemme liberata* (Das befreite Jerusalem), 1570-75.

767,29 *Alten]* Die antiken Autoren.

768,8 *billigen]* Wohlmeinenden, gerechten.

⟨Ersten Bandes zweites Stück, 1757⟩ ⟨Johann Wilhelm Ludwig Gleim,⟩ *Schlachtgesang* ⟨vorher ungedruckt⟩, *Siegeslied* ⟨Einblattdruck⟩. – LM 7, S. 81-84.

Lessings Verfasserschaft gesichert. Vgl. Brief an Gleim vom 12. 12. 1757 (Bd. XI/1 dieser Ausgabe, S. 262 f.).

768,12 *zwei Siegeslieder]* Die einige Seiten vorher abgedruckten *Zwei Kriegslieder an die Untertanen des Königs von einem preußischen Offizier* stammen von dem preuß. Feldprediger Christian Gottlieb Lieberkühn, einem Protegé Ewald Christian von Kleists. – Lieberkühn schrieb nach Erscheinen der Zeitschriftennummer wegen der konkurrierenden Lieder Gleims einen ärgerlichen Brief an den Herausgeber Nicolai (s. Bd. XI/1 dieser Ausgabe, S. 254).

768,15 *gemeinen Soldaten]* Gleim schrieb die Lieder einem fiktiven Grenadier zu. Die auf elf Gedichte angewachsene Sammlung gab Lessing, ohne Nennung des Autors, 1758 unter dem Titel *Preussische Kriegslieder in den Feldzügen 1756 und 1757 von einem Grenadier* mit einem ›Vorbericht‹ heraus (s. Bd. IV dieser Ausgabe, S. 87-93).

768,25 *unsre auswärtige Leser]* Die Zeitschrift erschien in Sachsen, das Friedrich II. okkupiert hatte.

768,31 *fauler Frist]* Langem Zaudern.

768,34 *Tolpatsch und Pandur]* Ungar. Fußsoldaten, die in der österr. Armee dienten.

769,9 *Th*** und B*]* ⟨Maria⟩ Theresia, die österr. Kaiserin, und ⟨Heinrich Graf von⟩ Brühl, der leitende sächs. Minister.

769,12 *Lobesitz]* In der Schlacht bei Lobositz schlug Friedrich die Österreicher (am 1. 10. 1756).

769,15 *Franzos und Russe]* Verbündete Österreichs im Siebenjährigen Krieg.

769,23 *unser Vater]* Feldmarschall Kurt Christoph Graf von Schwerin (1684-1757), der in der Schlacht bei Prag am 6. 5. 1757 fiel.

770,11 *Heinrich]* Prinz H. von Preußen, Bruder König Friedrichs II. und Heerführer im Siebenjährigen Krieg.

770,20 *Mützen von dem Bär]* Bärenmützen wurden vor allem von Husaren getragen. In der Kavallerieschlacht von Roßbach können damit nur die österr.-ungar. Husaren gemeint sein.

771,1 *Th***]* Theresia.

HRN. SAMUEL RICHARDSONS SITTENLEHRE
FÜR DIE JUGEND
VORREDE DES ÜBERSETZERS

TEXTGRUNDLAGE

Erstdruck: Leipzig: Weidmann 1757 (368 S. und Register). Weitere Auflagen 1761, 1773, 1783, 1786, 1806. Faksimile-Ausgabe mit Nachwort von Thomas Höhle, Leipzig: Insel 1977. Lessings Vorrede lehnt sich an Richardsons »Preface« an.

STELLENKOMMENTAR

772,3 *Sittenlehre*] Aesop's Fables. *With Instructive Morals and Reflections, Abstracted from all Party Considerations, Adapted to All Capacities; And design'd to promote Religion, Morality, and Universal Benevolence* ⟨. . .⟩, London 1740. Es handelt sich um Prosafabeln (denen »Lehre« und »Betrachtung« folgen), wie Lessing sie, ausgehend von sieben Proben in den *Schrifften* 1753, seit 1757 selber verfertigt und 1759 veröffentlicht hat (vgl. Bd. IV dieser Ausgabe, S. 938 f.).

772,8 *Aesopus*] Vgl. Lessings Fabelabhandlungen Bd. IV dieser Ausgabe, S. 414-423.

772,15 *für*] Vor.

772,18 *Lestrange*] Vgl. Bd. IV, S. 992, Anm. 371,26.

772,26 *Anwendungen*] Moralische Nutzanwendungen.

773,3 *Croxal*] Samuel Croxall, engl. Archidiakon (gest. 1752), *Fables of Aesop and others*, Edinburgh 1722 (⁹1770).

773,9 f. *uneingeschränkten Gewalt*] Absolutismus (»Tyranny, and all arbitrary Proceedings«).

773,15 *abhelfen*] Höhle weist S. 15 seines Nachworts auf

die explizite Übereinstimmung Richardsons mit Croxall hin; er habe ihm in seinem Vorwort lediglich übertriebene Kritik an L'Estrange vorgeworfen. Lessing verdunkle den Sachverhalt, um die Zensur irrezuführen.

773,31 *übersetzt worden]* *Esopi Fabeln mit Herrn Roger l'Estrange Lehren und Anmerkungen aus dem Englischen übersetzt*, Leipzig 1714.

773,35 f. *der Pamela, der Clarissa, des Grandisons]* Empfindsame Romane Richardsons 1740, 1747 f. und 1753 f. (zu *Grandison* vgl. oben Lessings Rezensionen S. 40, 78 und 380).

774,7 f. *Bellegarde]* Jean Baptist Morvan de Bellegarde (1648-1734), *Les fables d'Ésope*, Utrecht 1734.

774,11 f. *se in ordinem cogi]* (Lat.) »In diese Reihe genötigt, herabgesetzt zu werden.«

774,15 *Kupfer]* Kupferstiche. Für jede Fabel einer, zu jeweils sechs auf einer Seite zusammengefaßt.

DRAMATISCHE FRAGMENTE AUS DEM NACHLASS

DAS BEFREITE ROM

TEXTGRUNDLAGE

Erstdruck in *Leßings Theatralischer Nachlaß. Zweyter Theil*, Berlin 1786, S. 73-80. – Unser Text folgt LM 3, S. 357-359 (nach der Breslauer Handschrift; handschriftliche Varianten LM 22/1, S. 72).

ENTSTEHUNG UND QUELLEN

Das etwa 1756 – also im Jahr des beginnenden Siebenjährigen Krieges und zwei Jahre vor dem *Philotas* – entstandene Szenar gehört in den Kontext von Lessings Beschäftigung mit dem Virginia- und dem ihm gleichgearteten Lucretia-Stoff, die in *Emilia Galotti* ihren Höhepunkt finden wird. Klaus Bohnen hat in Bd. VII dieser Ausgabe, S. 830 f., das Nötige dazu – und zu Lessings damaligem Interesse an der heroischen Tradition römischer Trauerspiele – gesagt und auch Lessings fragmentarische Übersetzung der *Virginia* des Henry Samuel Crisp (1754) abgedruckt (ebd., S. 856 f.; Erstdruck in Bd. 2 der Ausgabe von Karl Lachmann, Berlin 1838, S. 472; vgl. LM 3, S. 359 f. und LM 22/1, S. 72 f.). Zum Lucretia-Stoff vgl. auch Elisabeth Frenzel, *Stoffe der Weltliteratur*, Stuttgart ⁵1976, S. 446-450.

Wie bereits der Titel zeigt, denkt Lessing in dieser Frühphase offensichtlich noch keineswegs daran, die tragische Geschichte von allem Politischen zu separieren, wie er es in der *Emilia Galotti* dann erklärtermaßen tun wird (vgl. Bd. VII dieser Ausgabe, S. 832). Der Entwurf stellt vielmehr die Rebellion unterdrückter Untertanen und den Tyrannenmord in den Mittelpunkt einer simplen und plakativen Handlung. Shakespeares Einfluß, vielleicht auch der von Christian Weises *Masaniello* (1683; vgl. Bd. XI/2, S. 166), wird in den vorgesehenen rüpelhaften Massenszenen ebenso greifbar, wie in der Einbeziehung komischer Züge in die tragische Handlung. Und eben diese Facetten eines heroischen Stoffes mögen Lessing zur Bearbeitung gereizt haben.

STELLENKOMMENTAR

777,5 *Verstellung]* In seiner *Römischen Geschichte* (*Ab urbe condita* I 57,6-59,6) berichtet Livius, L. Junius Brutus (lat. brutus »blödsinnig«) habe sich in der Verfolgung politischer Pläne für geisteskrank ausgegeben (vgl. auch S. 778,27 f.).

777,9 *Tarquinius]* Der tyrannische König Tarquinius Superbus (»der Hochmütige«) wird hier mit seinem Sohn Sextus Tarquinius zu einer Person.

777,11 f. *Freveltat ⟨...⟩ an der Lucretia]* Nach Livius hat Sextus Tarquinius die Lucretia vergewaltigt.

777,18 *abgeführt]* Von der Bühne geführt (so auch S. 778,17).

778,3 *zweideutige und prägnante]* Hintersinnige und bedeutungsvolle.

778,4 *gegen]* Gegenüber.

778,7 *Lictores]* Liktoren, öffentliche Bedienstete hoher Amtsträger.

778,10 *bedeutenden]* Anspielungsreichen.

778,16 *rasend]* Also immer noch in der Rolle eines Wahnsinnigen (vgl. III 2).

778,20 *Collatinus]* Bei Livius ist Collatin der Ehegatte der tugendhaften Lucretia, als den Lessing jedoch in der vorletzten Szene Publicola (lat. »Volksfreund«) einführt.

778,21 *erledigten]* Freigewordenen.

779,1 *wider die Könige]* Republikanische Wendung der Handlung.

779,5 *annehmen]* Vermutlich Hinweis auf die Abweichung von der Tradition (vgl. Anm. 777,9); wohl eher in der Bedeutung ›akzeptieren‹ als in der von ›vermuten‹ zu verstehen.

779,7 *könne]* LM vermutet wohl richtig, es sei »können« zu lesen.

779,10 *Salier]* Tanzpriester (lat. salio »tanzen«), die in altertümlicher Kriegertracht mit einem Stab an Schilde schlagen und dazu archaische Kriegsgesänge singen.

DIE CLAUSEL IM TESTAMENTE / DIE GLÜCKLICHE ERBIN

TEXTGRUNDLAGE

Erstdruck des Szenars in Bd. 1 der Ausgabe von Karl Lachmann, Berlin 1838, S. 476; Erstdruck des ausgeführten ersten Aktes in *Leßings Theatralischer Nachlaß. Erster Theil*, Berlin 1784, S. 199-236. – Unser Text folgt LM 3, S. 332-336 (nach der Breslauer Handschrift; Notizen zur Handschrift LM 22/1, S. 70) und S. 336-347 (nach dem Erstdruck, für einen kleinen Teil mit Notizen zu einer Breslauer Handschrift).

ENTSTEHUNG UND QUELLEN

Am 8. 12. 1755 schreibt Lessing an Mendelssohn, alles sei ihm jetzt »um so viel lieber ⟨...⟩, je komischer es ist. ⟨...⟩ Eine von meinen Hauptbeschäftigungen ist in Leipzig noch bis jetzt diese gewesen, daß ich Lustspiele des Goldoni ⟨1707-1793⟩ gelesen habe. Kennen Sie diesen Italiäner? Wenigstens dem Namen nach? Er lebt noch. Er ist Doktor der Rechte und prakticierte ehedem in Venedig. Jetzt aber ist er

Direktor einer Bande von Schauspielern. Die Ausgabe seiner Werke von 1753 bestehet aus sieben Oktavbänden, welche 28 Komödien enthalten. Es ist fast in allen viel Gutes, und die meisten sind auch ziemlich regelmäßig. Ich will Ihnen nichts mehr davon schreiben, weil ich ehestens einen Auszug daraus nach Berlin schicken werde, welcher in das vierte Stück meiner theatralischen Bibliothek kommen soll. Eine von diesen Komödien l'Erede fortunata habe ich mir zugeeignet; indem ich ein Stück nach meiner Art daraus verfertigt. Sie sollen es ehestens gedruckt sehen. Koch ⟨vgl. Bd. XI/1 dieser Ausgabe, Anm. 11,35⟩ aber wird es noch eher aufführen, und wenn das geschehen ist, will ich Ihnen schreiben, ob ich mir etwas darauf zu gute tue, oder nicht.« (Bd. XI/1, S. 74; Mendelssohns Nachfragen ebd. S. 87.)

Weder aus dem »Auszug« noch aus der Aufführung ist etwas geworden und von dem Druck hat sich nur einer von zwei Druckbogen erhalten. In seinen »Anmerkungen zu Mendelssohns Briefwechsel mit Lessing« berichtet Friedrich Nicolai: »Die Komödie, welche Lessing aus Goldonis *Erede fortunata* machen wollte, ward damals ⟨1755⟩ nicht gedruckt, sondern der Druck erst im Jahre 1758 angefangen.« Nicolais Besprechung des Goldoni-Stückes in der ›Bibliothek der schönen Wissenschaften‹ (1758) habe Lessing damals »seinen vor ein Paar Jahren gemachten Plan der glücklichen Erbin wieder lebhaft ins Gedächtniß gebracht. ⟨...⟩ Wegen dieses Stücks verunreinigte sich Lessing mit dem Buchhändler Reich in Leipzig« ⟨vgl. Bd. XI/1, Anm. 156,14⟩. Lessing habe ihm ein Bändchen von sechs Komödien versprochen, das Versprechen aber nicht zu halten vermocht, worauf es mit dem ungeduldig darauf pochenden Verleger, der bereits zwei Bogen der Goldoni-Adaptation hatte setzen lassen, zum Zerwürfnis gekommen sei. »Die Folge des Streits war, daß Reich die zwey gedruckten Bogen so complett ins Makulatur warf, daß ihm nicht einmal einfiel, ob ein Paar Bogen von Lessing verdienten, wenigstens als eine Seltenheit aufgehoben zu werden.« Nicolai konnte später wenigstens den ersten Bogen noch beim Buchdrucker auffinden (*Gotthold Ephraim Lessings Briefwechsel mit Karl Wilhelm Ramler, Johann Joachim Eschenburg und Friedrich Nicolai. Nebst einigen Anmerkungen über Lessings Briefwechsel mit Moses Mendelssohn*, Berlin und Stettin 1794 [*Sämmtliche Schriften*, 27. Teil], S. 498-501; vgl. Daunicht, Nr. 217).

Literatur: Theodor Wilhelm Danzel / Gottschalk Eduard Guhrauer, *G. E. Lessing, sein Leben und seine Werke*, Bd. 1, Leipzig 1849, S. 317-322 (wirkungsvolle Ordnung der verworrenen Vorlage). – Simonetta Sanna, *Von der ›ratio‹ zur Weisheit. Drei Studien zu Lessing*, Bielefeld 1999, v. a. S. 52-59 (Verlagerung des Hauptinteresses vom vorbildlichen Vater auf den Sohn und, die Thematik der *Minna von Barnhelm* vorwegnehmend, dessen Befreiung von Fremdbestimmtheit).

STELLENKOMMENTAR

780,2-11 *Araspe ⟨...⟩ Pasquin*] Die von Goldoni abweichenden Figurennamen stammen fast sämtlich aus dem Fundus der europäischen Komödie der Zeit, nicht zuletzt aus dem Pariser Théâtre italien mit seiner Tradition der Commedia dell'arte. *Araspe* kommt in Lessings *Freigeist* vor (Bd. I dieser Ausgabe, S. 362); *Lelio* in *Die alte Jungfer, Der Misogyn, Der Schatz* (ebd. S. 262, 304 und 546; der Name findet sich auch in der Vorlage); *Philibert* in *Vor diesen!* (S. 612); *Juliane* in *Der junge Gelehrte* und *Der Freigeist* (S. 140 und 348); *Lisette*, die schnippische und einfallsreiche Zofe seit Lessings erstem Stück *Damon* in fast jedem seiner Lustspiele vor der *Minna von Barnhelm*; *Pasquin* in Exzerpten Lessings, den *Comischen Einfällen und Zügen* (S. 137); bei Goldoni heißt er Arlecchino.

780,6 *Consorten*] Teilhaber (gemeint ist Pancraz).

780,8 *Panurg*] Von griech. panourgos »Schurke«.

780,16 *Actus Primus*] Der erste Akt, ausgearbeitet unter dem Titel *Die glückliche Erbin*, unten S. 785.

780,A *Le Comedie ⟨...⟩ Bettinelli*] »Die Komödien des

Doktor Carlo Goldoni, Advokat in Venedig, bei den Arkadiern: Polisseno Fegejo. 4. Ausgabe. Venedig 1753 durch Giuseppe Bettinelli.« – Exemplar in der Herzog August Bibliothek Wolfenbüttel (Sign.: Lk 386); das Stück steht in Bd. 3, S. 265-336.

Friedrich Nicolai referiert die Handlung des 1750 uraufgeführten Lustspiels in der ›Bibliothek der schönen Wissenschaften und der freyen Künste‹, Bd. 3, 1. Stück (hier nach der 2. Auflage Leipzig 1762, S. 115-117): »In diesem Lustspiele gehet es ziemlich verwirrt zu. Wir können nur das vornehmste davon anführen: *Pantalon Bisognosi* und *Petronio Balanzoni* sind zusammen in Handlungsgesellschaft gewesen; der letzte ist gestorben und hat im Testamente seine Tochter *Rosauren* zur Universalerbin eingesetzet, doch mit dem Bedinge, daß sie seinen guten Freund *Pantalon* heirathen solle. Wollte sie dieses aber nicht thun, sondern einen andern heirathen, so sollten sein Bruder der *Doctor Balanzoni* und *Florindo Aretusi*, der Sohn seiner Schwester *Ortensia*, die ganze Erbschaft zu gleichen Theilen erhalten und bloß der *Rosaura* 4000 Dukaten zum Heirathsgut geben. Der *Doctor* und *Florindo* beschließen, dieses Testament umzustoßen, damit *Rosaura* den *Florindo* heirathen solle, und ihm ihr ganzes Vermögen mitbringe. *Ottavio* hingegen, der Sohn des *Pantalon*, liebt die Rosaura heimlich und wird von ihr wieder geliebet; da er aber merkt, daß sein Vater Neigung zu der Heirath mit derselben hat, und auch einsieht, daß seiner Familie, durch das in dieselbe kommende große Vermögen, einen beträchtlichen Vortheil erhalte, so kann er es nicht über sein Herz bringen seinem Vater, welcher ihn so sehr liebet, zuwider zu seyn. *Pantalons* Absicht hingegen, warum er diese Heirath zu befördern sucht, ist, daß sein Sohn größern Vortheil davon haben möge; da er nun von der *Rosaura* durch ein Mißverständniß, ihre Liebe gegen den *Ottavio* erfähret, so beschließet er, seinem Sohn nicht zuwider zu seyn, sondern dessen Heirath mit der *Rosaura* zu befördern, und lieber seinen eigenen Vortheil hintanzusetzen. Indessen werden allerhand Intriguen gespielet; der *Doctor* will das Testament gerichtlich umstoßen lassen; *Florindo* läßt sich durch *Arlequin* heimlich in das Zimmer der *Rosaura* bringen; er und *Ottavio* duelliren sich u.d.gl. bis endlich *Brighella* (der Diener des Doktors) auf den Einfall kommt, dem *Doctor* falsche Briefe zu bringen, als wenn einige der vornehmsten auswärtigen Correspondenten des Herrn *Pantalon* und *Petronio*, *Compagnie*, falliret und noch dazu einige Schiffe untergegangen wären, wodurch dieses Contoir ohnfehlbar würde müssen bankerott machen. Da nun also der *Doctor* glaubt, daß es ihm nichts helfen würde, seines Bruders Testament umzustoßen, so eilet er einen vom *Pantalon* gethanen Vorschlag anzunehmen, um davon Nutzen zu ziehen, ehe derselbe selbst sein vorgegebenes Unglück erfahren könne. Dieser Vorschlag bestehet darinn: daß weil der *Doctor* und *Florindo* alle Hoffnung verlieren, etwas von der Erbschaft zu bekommen, wenn *Rosaura* den *Pantalon* heirathet, so wollen sie ein für allemal 1000 Venezianische Dukaten annehmen, und dagegen der *Rosaura* Freyheit lassen, zu heirathen wen sie will. Hierüber wird von einem Notarius ein Vergleich geschlossen; sie haben aber kaum das Geld empfangen, so offenbaret *Brighella* seine List. *Rosaura* heirathet den *Ottavio* und heißet *die glückliche Erbinn.*« – Anscheinend einzige dt. Übersetzung des Stückes: *L'erede fortunata. Die glückliche Erbin. Eine Comedie in dreyen Acten. Aus dem Italiänischen des Herrn Doctor Carlo Goldon. Hamburg, bey Peter Steinmann. 1763.* (UB Rostock: Ck-120[11].) In der Übersetzung der sämtlichen Lustspiele Goldonis von Justus Heinrich Saal (1768-77; vgl. S. 830 dieses Bandes) ist das Stück nicht enthalten.

782,27 *nimmt sie auf der schlimmen Seite]* Deutet sie eifersüchtig (vgl. auch Grimms DWb 16, Sp. 386).

783,16 *ihrem]* Also wohl dem Hause Philiberts und Camillas.

783,17 *bezeigt]* Bezeugt.

784,4 *richtig gemacht]* Vorbereitet.

786,15 *Steigt das, oder fällt das?]* Ist das eine Erhöhung oder Herabsetzung?

786,37 *die Poeten]* »Pasquino« nannten die Römer einen

1501 aufgestellten antiken Torso, an den sie anonyme Schmähschriften anhefteten, die daher Pasquille genannt wurden; bekanntester ihrer Verfasser war Pietro Aretino (1492-1556). Vgl. Anm. 780,2-11.

787,1 *ansehnliche Rollen]* Diejenigen der von Gottsched zusammen mit der Neuberin 1737 feierlich von der Bühne verbannten komischen Figur des Harlekin.

787,10 *die Lisetten]* Vgl. Anm. 780,2-11.

787,17 f. *das hat den Teufel gesehen]* Vermutlich: Ist doch verflucht; vielleicht fehlerhafte Übersetzung einer Stelle des ital. Textes.

787,22 f. *Ziegel]* Zügel.

787,26 *Monden]* Monat.

788,12 f. *Gerechten Götter]* Ihr gerechten Götter.

789,24 *Falsarius]* Fälscher.

789,28 *Raserei]* Hier: Geisteskrankheit (vgl. Anm. 778,16).

790,1 *Vetter]* Im 18. Jh. jeder nähere männliche Verwandte.

790,2 *ira furor brevis est]* »Der Zorn ist ein Anfall von Wahnsinn« (Horaz, *Episteln* I 2, v. 62; Übers. Schöne).

790,3 *Schöps]* Schafskopf.

790,4 *pro primo]* Erstens.

790,6 *Commercium]* Geschäft.

790,9 *an]* Über.

790,9 f. *Pro secundo]* Zweitens.

790,35 *an der Kette]* Im 18. Jh. war es noch gängige Praxis, Wahnsinnige anzuketten.

791,10 *Ehekriepel]* Vgl. Anm. 739,3.

791,11 *ehster Tage]* Demnächst.

791,21 *Verlassenschaft]* Hinterlassenschaft.

791,24 *Testator]* Verfasser des Testaments.

791,32 *alter Mann mit Gelde]* Vgl. Lessings Epigramm *Auf die Magdalis* (S. 818).

791,37 *Prognosticon]* Voraussage.

792,11 f. *ex hoc capite]* Aus diesem Paragraphen.

792,13 *Posito sed non concesso]* »Gesetzt, aber nicht eingeräumt«.

792,30 *den Galgen abkaufen]* Vgl. S. 793,24 f.

792,37 *Per risum multum –]* Mittellat. Sprichwort: »Per risum multum debes cognoscere stultum« (»Am vielen Lachen erkennt man den Narren«). Walther (wie Bd. I dieser Ausgabe, S. 1437), Nr. 21246.

793,8 *quasi ab intestato]* Gewissermaßen ohne Testamentsverfügung.

793,27 *drollen]* Sächs. für: trollen.

794,2 *Handlung]* Firma.

794,28 f. *Eidam, das Stutzerchen]* Der Schwiegersohn Philibert; vgl. auch Bd. I dieser Ausgabe, Anm. 61,19.

795,10 *vor sich]* Für sich, beiseite.

795,19 *Bestrebe dich]* Vgl. Gellert: »Lebe wie du, wenn du stirbst, wünschen wirst gelebt zu haben.« (*Vom Tode*, 2. Strophe.)

795,32 *Nebenbuhler]* Häufige Figurenkonstellation bis hin zu Schillers *Don Carlos*.

796,14 *meine Commission]* Meinen Auftrag.

797,24 *macht Lelion nach]* Eine ähnliche Parodie in der Vorlage I 4 und 5. Umständlichkeiten der komischen Figur schon in den *Comischen Einfällen und Zügen* IV und VII (Bd. I, S. 134).

NACHLESE ZU LESSINGS GEDICHTEN

Lessing hat seit Mitte der 1750er Jahre nur noch selten Gedichte geschrieben; einzelne verlieren sich geradezu in der Fülle des Geschriebenen, und so haben sich auch die wenigen datierbaren beinahe verloren, die eigentlich in den nachfolgenden Bänden an ihrem chronologischen Ort hätten stehen sollen. Die hier zusammengestellte Nachlese bietet immerhin den Vorteil, daß nunmehr fast das gesamte Gedichtwerk Lessings innerhalb der drei ersten Bände dieser Ausgabe versammelt ist. Das alphabetische Register der Gedichttitel und -anfangszeilen zum vorliegenden Band (S. 1569-1577) erfaßt zusätzlich die in den Bänden X-XII gelegentlich abgedruckten Gedichte Lessings.

Da die Mehrzahl der hier versammelten Texte nicht zuverlässig datierbar ist, folgt diese Nachlese – abweichend von den Prinzipien der Ausgabe – der Ordnung im ersten Band der Edition von Lachmann-Muncker. Unberücksichtigt geblieben sind zwei kleine Texte: Das nach Hans Peter Woessner (*Lessing und das Epigramm*. Diss. phil. Zürich 1978, S. 8) zu berücksichtigende Stammbuchblatt vom 14. 12. 1757 (LM 23, S. VIII) gehört nicht zu den Gedichten; das unter dem Titel »Von eines gewissen Poesie« geführte lateinische Epigramm aus den Collectaneen (*Omnia nam stolidi* 〈. . .〉; Bd. X dieser Ausgabe, S. 659) ist lediglich ein Exzerpt aus Lukrez, *De rerum natura* 1,641 f. – Die Kommentierung ist wiederum den Forschungen der Vorgänger dankbar verpflichtet. Zu abgekürzt zitierter Literatur vgl. Bd. I, S. 1425-1437, und Bd. II, S. 1323-1329; zusätzlich: Max Friedländer, *Das deutsche Lied im 18. Jahrhundert*, Bd. 2: *Dichtung*, Stuttgart und Berlin 1902.

Die Mehrzahl der hier versammelten Epigramme und Stammbuchverse, dazu einige Lieder, Odenentwürfe und

Verserzählungen, hat Lessing zum Druck in seinen *Vermischten Schriften* (im folgenden: VS) bestimmt. Deren erster Teil ist zur Michaelismesse 1771 erschienen; die ersten fünf Bogen des zweiten sind im Winter 1771/72 gedruckt, aber erst 1784 von Lessings Bruder Karl ergänzt und herausgegeben, beide Teile auf Bitten Lessings von seinem Freund Karl Wilhelm Ramler kritisch durchgesehen und korrigiert worden.

Folgt man dem Wortlaut des Epigramms *Auf den neuern Teil dieser Sinngedichte* (S. 799), so reichen die Sinnschriften in den Wittenberger Aufenthalt des Jahres 1752 zurück. Schwerlich jedoch alle. Die Zeit nach Lessings Breslauer Jahren zum Beispiel charakterisiert Karl Lessing als eine, in der sein Bruder »aus allem ein Sinngedicht machte« (Daunicht Nr. 316). Gerade diese Gattung dürfte für Lessing omnipräsent gewesen sein. Sie vertritt schließlich am deutlichsten, was Lessing als Verfasser von Gedichten ausgemacht hat: Witz und agonaler Geist. Die immer noch nicht ganz zum Schweigen gebrachte Frage nach der Originalität der Lessingschen Gedichte verkennt, worauf es diesem letzten bedeutenden Vertreter einer gelehrt-imitativen Dichtungstradition angekommen ist: den überlieferten Gebilden eine neue Nuance abzugewinnen, ihre Pointen womöglich noch um ein weniges zu schärfen, in der Übersetzung eine noch lakonischere Wendung aufzuspüren, gelegentlich das Original moralisch zu korrigieren – kurz, sich mit dem in aller Regel ja bekannten Vorbild zu messen und es zu übertreffen, wann immer es geht.

Eine nähere Charakterisierung erübrigt sich bei dieser Nachlese; es sei hier nur auf Lessings Vorrede zu den *Schrifften* von 1753 (Bd. II dieser Ausgabe, S. 601-605) sowie die entsprechenden Kommentarteile von Bd. I und II dieser Ausgabe hingewiesen, zu den Sinngedichten natürlich auch auf Lessings *Zerstreute Anmerkungen über das Epigramm und einige der vornehmsten Epigrammatisten* (Bd. VII, S. 179-290), namentlich die Kapitel III (Martial) und V (*Griechische Anthologie*; dazu auch Anm. 193,25 f.).

STELLENKOMMENTAR

2. Ebendieselben ⟨Sinngedichte an den Leser⟩

LM 1, S. 3. – Erstdruck: VS 1, S. 3.

799,2 *Ebendieselben]* Voran geht das Epigramm *Die Sinngedichte an den Leser* (Bd. II dieser Ausgabe, S. 635).

799,4 *vor allen]* Es ist unklar, ob ein mitteldt. Dativ gemeint ist (›vor allem‹: also etwa jemand, der nur Kritiker ist) oder Plural (›vor Allen‹: also eine Art von Kritikerpapst; in diesem Falle wohl Gottsched).

3. Auf den neuern Teil dieser Sinngedichte

LM 1, S. 3. – Erstdruck: VS 1, S. 4.

799,7 *neuern Teil]* Viele Sinngedichte waren zuerst in den *Schrifften* 1753 herausgekommen (vgl. Bd. II dieser Ausgabe, S. 635-645); gemeint sind die in den seit 1770 geplanten *Vermischten Schriften* erstmals erschienenen Epigramme.

799,8 *Ins zweimal neunte Jahr]* Vgl. Bd. II dieser Ausgabe, S. 845, Anm. 168,3. Inwieweit die Zahl als Zeitangabe zu nehmen ist, steht dahin; von 1770 aus gerechnet käme man auf 1752, also etwa das Wittenberger Jahr. Man fragt sich jedoch, was Lessing damals noch alles geschrieben haben soll.

799,11 *vergessen]* Vgl. Lessings Brief an Ramler vom 16. 12. 1770, Bd. XI/1 dieser Ausgabe, S. 123 f.

4. Der Stachelreim

LM 1, S. 3. – Erstdruck: VS 1, S. 4.

799,12 *Stachelreim*] Im 16. und bis ins 18. Jh. geläufig als Gattungsbezeichnung für das satirische Epigramm. Christian Wernicke charakterisiert den »Endzwek der Uberschrifte« ⟨Epigramme⟩ so: »Es kann ein' Uberschrifft nicht ohne *Stachel* seyn / Der ein Verlangen wirckt nach ausgestandner Pein; / Der Stachel steht allein den UberSchriften an / Der *Kitzlen* / und zugleich *zur Ader lassen kann.*« (*Uberschrifften Oder Epigrammata*, Amsterdam 1697, S. 17.)

799,13 *eigentümlich*] Originell.

5. Nikander

LM 1, S. 4. – Erstdruck: VS 1, S. 5. – Woessner, S. 172: Sigmund von Birken: *Teutsche Red-bind- und Dicht-Kunst* ⟨...⟩, Nürnberg 1679, S. 102.

799,18 *Kästnern*] Abraham Gotthelf Kästner (1719-1800), Prof. der Mathematik in Leipzig, seit 1756 in Göttingen, Verfasser zahlreicher Epigramme, Lehrgedichte und belletristischer Rezensionen, beriet Lessing schon bei seinem *Jungen Gelehrten* und lieferte Epigramme für das von Lessing betreute ›Feuilleton‹ der ›Berlinischen Privilegirten Zeitung‹ (vgl. Bd. II dieser Ausgabe sowie Anm. 16,33 dieses Bandes).

799,21 *Stachel*] Vgl. Anm. 799,12.

7. Merkur und Amor

LM 1, S. 4. – Erstdruck: VS 1, S. 6. – Albrecht, Nr. 3: Hinweis auf mehrere Texte, in denen Tod und Liebe die Waffen tauschen. Vgl. auch Woessner, S. 65, sowie den Schluß von Lessings *Bibliolatrie*: »War mir doch oft, als ob die Herren wie dort in der Fabel: *der Tod und Liebe*, ihre Waffen vertauscht hätten!« (Bd. X dieser Ausgabe, S. 172.)

800,9 *Wucher*] Hier: Gewinn.

Die taube Schwätzerin

LM 1, S. 4 (*8. Thrax und Stax*). – Erstdruck ›Hamburgische Neue Zeitung‹ 16. 11. 1767. – VS 1, S. 7. – Albrecht, Nr. 4: Nach *Epigrammes* II 209 von Alexis Piron (vgl. Bd. II dieser Ausgabe, Anm. 75,4) auf La Condamine, der 1760 Mitglied der Académie Française wurde: »La Condamine est aujourd-hui / Reçu dans la troupe immortelle: / Il est bien sourd. Tant mieux pour lui. / Mais non muet; tant pis pour elle.« (»La Condamine ist heute in die Gesellschaft der Unsterblichen aufgenommen worden. Er ist recht taub. Um so besser für ihn. Aber nicht stumm; um so schlimmer für sie.«). Vgl. auch *Das Muster der Ehen* (Bd. II, S. 628).

    800,12 *Ich]* LM: Stax!
    800,13 *Stax,]* LM: Thrax!
    800,13 *nehmen;]* LM: nehmen!
    800,14 *O Stax]* LM: O Thrax
    800,14 *dumm!]* LM: dumm.
    800,15 *Stax.]* LM: Thrax.
    800,16 *Ja wohl, ja wohl,]* LM: Ja freilich, Stax!
    800,17 *stumm!]* LM: stumm.

10. Auf Lucinden

LM 1, S. 5 – Erstdruck: VS 1, S. 8. – Albrecht, Nr. 5: Nach dem Epigramm II 54 des deutschen Neulateiners Euricius Cordus (ca. 1484-1535), der seinerseits Martials Epigramm IV 12 (»Niemandem sagst du nein. Wenn du dich nicht drüber, Thaïs / schämen willst, schäme dich dann, weil du zu nichts nein gesagt.« Übers. Schnur) nachahmte. Womöglich hat Friedrich Schlegel den Namen seiner Romanheldin (1799) von hier bezogen.

    800,19 *viel Welt]* Lebensart.

12. Pompils Landgut

LM 1, S. 6 – Erstdruck: VS 1, S. 10. – Albrecht, Nr. 7: Nach Martials Epigramm X 43 (»Schon dein siebentes Weib hast du im Acker begraben. / Keinem, glaube ich, bringt reichere Ernte sein Feld.« Übers. Schnur).

801,2 *Pompil]* Vgl. Bd. II, S. 845.

13. Widerruf des Vorigen

LM 1, S. 6 – Erstdruck: VS 1, S. 10. – Albrecht, Nr. 8 mit einer Fülle möglicher Vorbilder. – Vgl. *Doppelter Nutzen einer Frau* (unten, S. 825).

16. Auf das Jungfernstift zu**

LM 1, S. 6. – Erstdruck: VS 1, S. 12. – Albrecht, Nr. 10: Euricius Cordus, *Epigrammata* XI 44 und Wilhelm Zincgref, *Teutscher Nation Klug-außgesprochene Weißheit.* Amsterdam 1653, Bd. 2, S. 27. Weitere Bearbeitungen des Stoffes bei Schmidt, S. 611.

801,15 *Jungfer]* Doppelsinn von ›unverheiratet‹ und ›jungfräulich‹.

17. An den Docter Sp.

LM 1, S. 7 (*An den Doktor Sp* **). – Erstdruck: ›Der Wandsbecker Bothe‹, 23. 3. 1771. – VS 1, S. 12. – Albrecht, Nr. 11: Martials Epigramm I 81.

801,17 *hören,]* LM: hören:
801,18 *Docter]* LM: Doktor

801,18 *dankte]* Konjunktiv. W.B.: dankte,
801,18 *Ehren!]* LM: Ehren! –

18. Auf den Mnemon

LM 1, S. 7 – Erstdruck: VS 1, S. 13. – Albrecht, Nr. 12; Schmidt, S. 611.

801,20 *Mnemon]* Von griech. *mnemonikós* »gedächtnisstark«.

21. Auf Dorinden

LM 1, S. 8. – Erstdruck: VS 1, S. 15. – Vertont von Gottfried Eusebius Nauert: *Oden und Lieder* II, Nürnberg 1764.

22. An das Bild der Gerechtigkeit, in dem Hause eines Wucherers, nebst der Antwort

LM 1, S. 8. – Erstdruck: VS 1, S. 15. – Albrecht, Nr. 15. – Vgl. *Themis über ihr Bildnis in dem Hause eines Richters* (unten, S. 819).

23. Auf einen adelichen Dummkopf

LM 1, S. 8 (*Auf einen adeligen Dummkopf*). – Erstdruck: VS 1, S. 16. – Albrecht, Nr. 16; Schmidt, S. 612. – Vertont von Johann André: *Lieder*, Offenbach 1790, und Joseph Haydn (Kanon Nr. 26) um 1800.

802,24 *unser aller Ahn]* Adam.

24. An eine würdige Privatperson

LM 1, S. 8. – Erstdruck: VS 1, S. 16. – Schmidt, S. 611. – Das Epigramm klingt wie eine Maxime des amtsscheuen Lessing. – Vgl. Bd. VII dieser Ausgabe, S. 247.

803,1 *Privatperson]* Vgl. Bd. I, Anm. 913,3.
803,2 *Leichenstein]* Epigramme hatten häufig die Form einer fiktiven ›Grabschrift‹.
803,4 *schlecht und recht]* Abweichend vom heutigen Gebrauch: einfach und richtig.

26. Auf Frau Trix

LM 1, S. 9. – Erstdruck: VS 1, S. 17. – Albrecht, Nr. 17: Euricius Cordus VII 67.

27. Auf Lukrins Grab

LM 1, S. 9. – Erstdruck: VS 1, S. 18. – Albrecht, Nr. 18.

803,10 *Lukrins]* Nach lat. lucrum »Gewinn«.
803,12 *Filz]* Geizkragen. In seinem Wörterverzeichnis zu den Sinngedichten des Friedrich von Logau (LM 7, S. 372) definiert Lessing »Filzigkeit« als »schändliche, schmutzige Kargheit«.

28. Im Namen eines gewissen Poeten, dem der König von Preußen eine goldene Dose schenkte

LM 1, S. 9. – Erstdruck: VS 1, S. 18. – Albrecht, Nr. 19: Nach Martials Epigramm IX 94. Zum Anlaß – eine Audienz Gottscheds bei Friedrich II., über die Gottsched im ›Neue-

sten aus der anmutigen Gelehrsamkeit« vom Februar 1758
berichtet hatte – vgl. Lessings Brief vom 14. 3. 1758 an
Christian Ewald von Kleist, Bd. XI/1 dieser Ausgabe, S. 286.

803,20 *Helleborus]* Nieswurz, antikes Heilmittel gegen
Dummheit und Wahnsinn.

31. Die Flucht

LM 1, S. 10. – Erstdruck: VS 1, S. 20. – Albrecht, Nr. 22:
Vom röm. Schriftsteller Aulus Gellius (2. Jh. n. Chr.) in
seinen *Noctes Atticae* (Attische Nächte) XVII 21,31 überlieferter Ausspruch des Demosthenes (384-322 v. Chr.) nach
der Schlacht von Chaironeia (338 v. Chr.); Albrecht zitiert
weitere Bearbeitungen von Zincgref, Opitz und Logau; vgl.
auch Schmidt, S. 612.

32. Die Wohltaten

LM 1, S. 10. – Erstdruck: VS 1, S. 21. – Albrecht, Nr. 23:
Nach Lukian (*Griechische Anthologie* IX 120); tatsächlich eine
moralische Korrektur, denn Lukian schreibt: »Treuloser
Wicht ist ein löchriges Faß, denn all deine Güte / die du an
diesen erschöpfst, gießt du ins Leere hinein.« (Übers. Beckby.)

An den Thrax

LM 1, S. 10 (*33. An einen Geizigen*). – Erstdruck: ›Hamburgische Neue Zeitung‹, 29. 9. 1767. – VS 1, S. 21. – Albrecht,
Nr. 24: Nach Palladas (*Griechische Anthologie* X 60). – Vertont
von Joseph Haydn (Kanon Nr. 23).

804,12 *Thrax? – –]* LM: Thor!

Hinz und Kunz

LM 1, S. 10 (*34. Hinz und Kunz*). – Erstdruck: ›Der Wandsbecker Bothe‹, 30. 1. 1771. – VS 1, S. 22.

804,16 *Vogelnester*] Als ostindische und chinesische Leckerbissen schon seit dem späten 17. Jh. bekannt.
804,16 *eins zehn*] LM: eins, zehn
804,17 *Was Nester*] LM: Was? Nester?
804,17 *nicht*] LM: doch
804,18 *fressen?*] LM: fressen.

Auf eine lange Nase

LM 1, S. 10 (*35. Auf eine lange Nase*) – Erstdruck: ›Der Wandsbecker Bothe‹, 2. 2. 1771. – VS 1, S. 22. – Albrecht, Nr. 25: Nach Ammianos (*Griechische Anthologie* XI 268); von neulat. Dichtern (u. a. Thomas Morus) gern übertragen.

805,3 *niesen*] LM: schnauben

36. Auf Stipsen

LM 1, S. 11. – Erstdruck: VS 1, S. 23. – Albrecht, Nr. 26.

805,5 *trotz einem Edelmann*] Etwa: ein Edelmann ist nichts dagegen.
805,6 *Degen*] »Logau braucht dieses Wort in der alten Bedeutung, für einen tapfern Kriegsmann, für einen Helden« (Lessing im Wörterverzeichnis zu den Sinngedichten des Friedrich von Logau, LM 7, S. 368).

Auf den Sanctulus

LM 1, S. 11 (*37. Auf den Sanktulus*). – Erstdruck: ›Der Wandsbecker Bothe‹, 3. 4. 1771. – VS 1, S. 23 f. – Albrecht, Nr. 27.

805,13 *Sanctulus]* Lat. der kleine Heilige.
805,18 *trübe Neige]* (Wein-)Rest.
805,19 *gemeint]* gesonnen.
805,22 *treuer]* LM: trauter
805,23 *Seitentüre]* LM: Hintertüre,
805,24 *So dies und jenes]* LM: Manch hübsches Mädchen
805,27 *Beschauung]* Kontemplation.

39. An den Salomon

LM 1, S. 12. – Erstdruck: VS 1, S. 25.

806,2 *Spruch]* Pred. 7,28: »Vnd meine Seele sucht noch / vnd hats nicht funden / Vnter tausent habe ich einen Menschen funden / Aber kein Weib hab ich vnter den allen funden.« (Übers. Luther.)
806,4 *Zungensünden]* Vgl. Grimms DWb 32, Sp. 617.
806,7.9 *tausenden]* LM: Tausenden
806,8 *Mann!]* LM: Mann,

40. Auf ebendenselben

LM 1, S. 12. – Erstdruck: VS 1, S. 26.

806,12 *Daß, unter tausenden,]* LM: Daß unter tausenden

41. Das böse Weib

LM 1, S. 12. – Erstdruck: VS 1, S. 26. – Albrecht, Nr. 29: Nach einem Epigramm des Grudius (vgl. Bd. VII dieser Ausgabe, Anm. 231,22): »una modo est toto mala fœmina in orbe: / ast hanc quisque suae vir putat esse domi.« (I 25.). – Pitollet, S. 255-257. – Vertont von Joseph Haydn (Kanon Nr. 27).

42. An den Aemil

LM 1, S. 12. – Erstdruck: VS 1, S. 27. – Albrecht, Nr. 30.

806,21 *Aemil*] Lessing hat sich vielleicht des lat. Terenzkommentators Aemilius Asper erinnert.
806,25 *traut*] Zutraut.

43. Trux an den Sabin

LM 1, S. 12. – Erstdruck: VS 1, S. 27. – Albrecht, Nr. 31: Nach Martials Epigramm I 32 (»Ausstehen kann ich dich nicht. Warum? Das kann ich nicht sagen. / Eines nur weiß ich gewiß: ausstehen kann ich dich nicht.« Übers. Schnur); Schmidt, S. 612.

44. Antwort des Sabin

LM 1, S. 13. – Erstdruck: VS 1, S. 28. – Anscheinend charakteristische Neuerfindung Lessings.

45. An einen Lügner

LM 1, S. 13. – Erstdruck: VS 1, S. 28. – Albrecht, Nr. 32; Schmidt, S. 613.

807,9 *betriegen]* Zu Lessings Zeit noch geläufig für ›betrügen‹.

46. Auf Trill und Troll

LM 1, S. 13. – Erstdruck: VS 1, S. 29. – Albrecht, Nr. 33.

47. Entscheidung des Vorigen

LM 1, S. 13. – Erstdruck: VS 1, S. 29.

49. Auf Alandern

LM 1, S. 13. – Erstdruck: VS 1, S. 30. – Albrecht, Nr. 35. – Plutarch überliefert einen Spruch des Heraklit: »Hunde bellen den an, den sie nicht kennen« (vgl. Woessner, S. 133).

808,7 *billt]* bellt.

50. Auf einen Brand zu **

LM 1, S. 14. – Erstdruck: VS 1, S. 31. – Albrecht, Nr. 36: Euricius Cordus IV 15.

808,9 *Hurenhaus]* Vgl. den Eintrag *Bordell* in den *Collectaneen*, Bd. X dieser Ausgabe, S. 486.

51. An Einen

LM 1, S. 14. – Erstdruck: VS 1, S. 31. – Albrecht, Nr. 37: Übersetzung von Apollinarios (*Griechische Anthologie* XI 421).

52. Grabschrift des Nitulus

LM 1, S. 14. – Erstdruck: VS 1, S. 32. – Albrecht, Nr. 38.

808,18 *Nitulus]* Wohl vom lat. nitor »Glanz« abgeleitet; etwa: der kleine Elegante.
808,19 *jungfräuliches]* LM: jungfräulichen

53. Auf den Kodyll

LM 1, S. 14. – Erstdruck: VS 1, S. 32. – Albrecht, Nr. 39: Nach Martials Epigramm VII 98: »Omnia, Castor, emis: sic fiet, ut omnia vendas.« (»Alles kaufst du, Castor, drum wirst du auch alles verkaufen.« Übers. Schnur.)

54. An den Pompil

LM 1, S. 14. – Erstdruck: VS 1, S. 33. – Vgl. Lessings *Selbstbetrachtungen und Einfälle:* »Ich werde nicht eher spielen, als bis ich Niemanden finden kann, der mir umsonst Gesellschaft leistet. Das Spiel soll den Mangel der Unterredung ersetzen. Es kann daher nur denen erlaubt sein, die Karten beständig in Händen zu haben, die nichts als das Wetter in ihrem Munde haben.« (Bd. X dieser Ausgabe, S. 240.)

809,6 *keinen]* einen.

55. Auf den Tod eines Affen

LM 1, S. 15. – Erstdruck: VS 1, S. 33. – Albrecht, Nr. 40: Anonymes Epigramm auf Molière und Barthold Heinrich Brockes in Weichmanns *Poesie der Nieder-Sachsen* I, S. 254.

56. Grabschrift auf ebendenselben

LM 1, S. 15. – Erstdruck: VS 1, S. 34. – Albrecht, Nr. 41.

809,14 *Mimulus]* Lat. der kleine Nachahmer.

57. Auf die Phasis

LM 1, S. 15. – Erstdruck: VS 1, S. 35. – Albrecht, Nr. 42. – Vgl. *Die Schöne von hinten* (Bd. I dieser Ausgabe, S. 55).

809,23 *Phasis]* (Griech.) »Das Gerücht«.

58. Auf Nickel Fein

LM 1, S. 15. – Erstdruck: VS 1, S. 35.

810,4 *verschwur]* LM: verschwor
810,6 *traun!]* tatsächlich!

Auf eine Liebhaberin des Trauerspiels

LM 1, S. 16 (*59. Auf eine Liebhaberin des Trauerspiels*). – Erstdruck: ›Der Wandsbecker Bothe‹, 3. 4. 1771. – VS 1, S. 36. – Albrecht, Nr. 43: Nach Martials Epigramm II 41.

810,9 *Stax, dein ernstes liebes]* LM: Freund, dein ernstes, schönes
810,9 *Kind]* Freundin.
810,11 *Und kommt in]* LM: Kömmt in den
810,11 *Schauplatz]* Theater.
810,11 *Tränen,]* LM: Tränen
810,13 *Fehlt ihm es schon]* LM: Wie? fehlt es ihr bereits

Auf ein Schlachtstück von Hugtenburg

LM 1, S. 16 (*60. Auf ein Schlachtstück von Hugtenburg*). – Erstdruck: ›Der Wandsbecker Bothe‹, 20. 3. 1771. – VS 1, S. 36. – Albrecht, Nr. 44: Nach Lukillios *(Griechische Anthologie* XI 211). – Im Erstdruck von Matthias Claudius eingeleitet: »Dies Stück befindet sich in dem Cabinet des Herrn Bürgermeisters Gräve in Hamburg. Wir können bey dieser Gelegenheit nicht unangezeigt lassen, daß der bekannte Maler Tischbein in Cassel itzo an einem Stücke arbeite, bey dem's Bramarbas auch etwas schwindlicht werden möchte. Herr Tischbein las nämlich die Hermannsschlacht, ein Gedicht, wie wir Deutsche sie gewöhnlich zu machen pflegen, eins von Hunderten die wir haben, (vergib mir diese patriotische Lüge, des Jupiters und der Latone Sohn!) er las es, und es gieng ihm, wies manchem andern ehrlichen Deutschen gegangen ist. Das Gesicht fieng an ihm zu glühen, er sah sich nach Waffen und nach Römer um etc. und nahm als er keinen fand, halb aus Unwillen und halb aus Eifersucht den Pinsel, und machte den ersten Strich zu einem großen historischen Gemählde, das den Triumph Hermanns vorstellen soll.«

810,14 *Hugtenburg]* Jan van Huchtenburgh (1697-1733), niederl. Schlachtenmaler v. a. im Auftrag des Prinzen Eugen von Savoyen; vgl. Bd. X dieser Ausgabe, S. 162,5-17.
810,15 *Bramarbas]* Komödienfigur des großsprecherischen Soldaten (Plautus).

810,16 *blaß und zitterte und fiel und rief*] LM: blaß, und zitterte, und fiel, und rief:

810,16 *Quartier!*] Gnade! ⟨Vgl. Lessings *Collectaneen*, LM 15, S. 353.⟩

61. Auf den Hablador

LM 1, S. 16. — Erstdruck: VS 1, S. 37. — Albrecht, Nr. 45: Nach den *Epigrammes* (1657) des franz. Dichters Jean Ogier de Gombauld (I 87); »Erst den armen Gombauld bestehlen, und dann noch mit spanischen Kenntnissen prahlen! — pfui, Herr Hofrath!« — Pitollet, S. 257.

810,17 Hablador] (Span.) »Schwätzer«.

Auf den Mison

LM 1, S. 16 (*62. Auf den Mison*). — Erstdruck: ›Der Wandsbecker Bothe‹, 13. 2. 1771. — VS 1, S. 37. — Albrecht, Nr. 46: Nach Andreas Dactius (Dazzi; 1473-1548), *Poemata*, S. 76: »Oderunt omnes (dixi) te, Raucide, at ille: / si potes invenias quos ego (dixit) amem.«

811,1 Mison] Abgeleitet von griech. *miséo* »ich hasse«.

63. Der reiche Freier

LM 1, S. 17. — Erstdruck: VS 1, S. 38. — Albrecht, Nr. 47.

64. Auf den Rufinus

LM 1, S. 17. — Erstdruck: VS 1, S. 38. — Albrecht, Nr. 48: Nach Martials Epigramm III 79: »Rem peragit nullam Sertorius, inchoat omnes. / Hunc ego, cum futuit, non puto perficere.« (»Alles fängt Sertorius an, nichts führt er zu Ende. / Auch im Bette kommt er, glaube ich, niemals zum Ziel.« Übers. Schnur.)

Hänschen Schlau

LM 1, S. 17 (*65. Hänschen Schlau*) — Erstdruck: ›Der Wandsbecker Bothe‹, 4. 1. 1771. — VS 1, S. 39. — Albrecht, Nr. 49: Nach Martials Epigramm V 81 (»Bist du arm, so wirst, Aemilian, du immer es bleiben: / heutzutage fließt Reichtum den Reichen nur zu.« Übers. Schnur).

811,14 *wunderbar*] LM: sonderbar

67. Grabschrift eines Unglücklichen, welcher zuletzt in einem Schiffbruche umkam

LM 1, S. 17 f. — Erstdruck: VS 1, S. 40. — Albrecht, Nr. 51: *Griechische Anthologie* IX 49 (sehr entfernt verwandt); Schmidt, S. 613.

812,3 *Unglücklichen*] LM: Unglücklichem

68. An einen schlechten Maler

LM 1, S. 18. — Erstdruck: VS 1, S. 40.

812,5 *saß dir*] Saß dir Modell.
812,6 *von ungefähr*] Rein zufällig.

70. *Auf ebendieselbe ⟨Bildsäule des Amor⟩*

LM 1, S. 18 (»So lieb euch, Kinder, Ruh und Glück«). – Erstdruck: VS 1, S. 41. – Albrecht, Nr. 54.

812,8 *Glück]* Zu ergänzen ›sind‹.

71. *Auf ebendieselbe ⟨Bildsäule des Amor⟩*

LM 1, S. 18 (»Kommt diesem Amor nicht zu nah«). – Erstdruck: VS 1, S. 42. – Albrecht, Nr. 55.

812,15 *Einem]* Großschreibung als Betonungszeichen; hier: in ununterbrochenem Staunen.

72. *Auf ebendieselbe ⟨Bildsäule des Amor⟩*

LM 1, S. 18 (»Die Unschuld naht sich ihm, und bebt.«) – Erstdruck: VS 1, S. 42.

73. *Auf ebendieselbe ⟨Bildsäule des Amor⟩*

LM 1, S. 19 (»O Chloe, halte deinen Blick«). – Erstdruck: VS 1, S. 43. – Albrecht, Nr. 56.

76. *Entschuldigung wegen unterlassenen Besuchs*

LM 1, S. 19 f. – Erstdruck: VS 1, S. 44 f. – Albrecht, Nr. 59: Nach Martials Epigramm II 5.

813,17 *Zirkelschmause]* Gelage in geselliger Runde.

Der Widerruf

LM 1, S. 20 (*78. Velt und Polt*) – Erstdruck ›Hamburgische Neue Zeitung‹, 2. 11. 1767. – VS 1, S. 46. – Albrecht, Nr. 61: Nach der (häufiger nacherzählten) Fazetie II 85 »De duobus mendicantibus« (Von zween Bettlern) des Tübinger Humanisten Heinrich Bebel: *Heinrich Bebels Schwänke*, hg. v. Albert Wesselski, 2 Bde., München und Leipzig 1907, Bd. 1, S. 84 f.

813,24 *Stolt]* LM: Polt
813,26 *Stolten]* LM: Polten

80. Die blaue Hand

LM 1, S. 20 f. – Erstdruck: VS 1, S. 47. – Albrecht, Nr. 62: Nach *Menagiana* I 259: »On faisoit lever la main à un Teinturier qui les avoit toutes noires. Le Juge lui dit: Otez vôtre gand. Le Teinturier dit: Monsieur, mettez vos lunettes.« Vgl. Woessner, S. 62. – Johann Peter Hebel hat das Gedicht ohne Verfasserangabe und mit etlichen Änderungen 1815 unter der Überschrift *Irrthum* in seinem *Rheinischen Hausfreund* mitgeteilt: »Fein war es nicht, aber spaßhaft.« (Johann Peter Hebel, *Sämtliche Schriften*, kritisch hg. v. Adrian Braunbehrens u. a. Karlsruhe 1990. Bd. 3, S. 529.)

814,7 *Färber,]* LM: Färber;

82. Das Mädchen

LM 1, S. 21. – Erstdruck: VS 1, S. 48 f. – Albrecht, Nr. 64: Nach Ausonius' Epigramm LXXVII und dem Epigramm I 8 des Jean Baptiste Rousseau. – Vgl. Eva Königs Brief an Lessing vom 10. 8. 1771 (Bd. XI/2 dieser Ausgabe, S. 237,7 f.) sowie *In ein Stammbuch ⟨. . .⟩ sein Mädchen ein Engel sei* (unten, S. 827).

814,28 *seraphin'sche Tränen]* Empfindsame Tränen (etwa einer Klopstock-Leserin); vgl. Bd. II dieser Ausgabe, Anm. 279,2.

83. Auf den Fell

LM 1, S. 22. – Erstdruck: VS 1, S. 50. – Albrecht, Nr. 65: Nach Demodokos (*Griechische Anthologie* XI 237); unter den zahlreichen Nachahmern auch Voltaire. Vgl. auch Schmidt, S. 614, zum Namen »Fell« S. 613.

85. An einen geizigen Vater

LM 1, S. 22. – Erstdruck: VS 1, S. 51.

86. Auf den Kauz

LM 1, S. 22. – Erstdruck: VS 1, S. 51. – Albrecht, Nr. 66; freie Übersetzung von Martials Epigramm III 9: »Versiculos in me narratur scribere Cinna. / Non scribit, cuius carmina nemo legit.«

87. Auf den Lupan

LM 1, S. 22. – Erstdruck: VS 1, S. 52.

815,17 *Lupan]* Von lat. lupus »Wolf«.

88. An den Leser

LM 1, S. 22. – Erstdruck: VS 1, S. 52. – Albrecht, Nr. 67: Nach Gombauld, Epigramm II 11. Vgl. Woessner, S. 57 f.

816,2 *Pfeils]* LM: Pfeils,

89. An den Herrn von Dampf

LM 1, S. 23. – Erstdruck: VS 1, S. 53. – Albrecht, Nr. 68.

90. An ebendenselben

LM 1, S. 23. – Erstdruck: VS 1, S. 53. – Albrecht, Nr. 69: Nach Martials Epigramm II 21 (»Postumus, manche küßt du, und anderen gibst du die Rechte. / Was möcht' ich lieber, fragst du? Postumus, reich mir die Hand!« Übers. Schnur).

92. An den Wesp

LM 1, S. 23. – Erstdruck: VS 1, S. 55. – Albrecht, Nr. 70.

816,13 *sehr neu]* Wohl: unerfahren.

93. An den Trill

LM 1, S. 23. – Erstdruck: VS 1, S. 55. – Albrecht, Nr. 71 (mit einer Reihe von Belegen v. a. aus der franz. Literatur).

94. An ebendenselben ⟨Trill⟩

LM 1, S. 24. – Erstdruck: VS 1, S. 56. – Albrecht, Nr. 72; Schmidt, S. 614; Woessner, S. 65.

95. An die Fuska

LM 1, S. 24. – Erstdruck: VS 1, S. 56. – Albrecht, Nr. 73.

817,1 *Fuska]* (Lat.) »Die Braune«.
817,5 *braune Haut]* Braune Haut gilt hier offenbar als häßlich, jedenfalls unvornehm.

96. Auf den Tod des D. Mead

LM 1, S. 24. – Erstdruck: VS 1, S. 57. – Albrecht, Nr. 74: Nach Palladas (*Griechische Anthologie* XI 281; vgl. auch Bd. VII dieser Ausgabe, S. 278).

817,6 *D. Mead]* Doktor Richard Mead (1673-1754), Leibarzt König Georgs II. von England.
817,7 *Styx]* Unterweltfluß; Albrecht übt heftige Kritik an Lessings Verwendung der männlichen Form bei »Styx«; korrekt sei »an der Styx«.
817,7 *Pluto]* Gott der Unterwelt.

99. Auf den Sextus

LM 1, S. 25. – Erstdruck: VS 1, S. 58. – Albrecht, Nr. 76: Nach Martials Epigramm III 8: »Thaïda Quinctus amat. Quam Thaïda? Thaïda luscam. / unum oculum Thaïs non habet, ille duos.« (Schmidt, S. 614.)

100. *Kunz und Hinz*

LM 1, S. 25. – Erstdruck: VS 1, S. 59. – Albrecht, Nr. 77.

817,16 *Berthold]* Der Konstanzer Mönch Berthold Schwarz soll im 14. Jh. das Schießpulver erfunden haben.
817,19 *Maus wie Mutter]* Sprichwort »Es ist Maus wie Mutter, Sterze haben sie alle« (Grimms DWb 6, Sp. 1817). Vgl. auch Lessings Lustspiel *Damon oder Die wahre Freundschaft* (Bd. I dieser Ausgabe, S. 72,35).

104. *Auf die Hütte des Irus*

LM 1, S. 26. – Erstdruck: VS 1, S. 61. – Albrecht, Nr. 80: Übersetzung von Julianos von Ägypten (*Griechische Anthologie* IX 654).

817,20 *Irus]* Unverschämter Bettler in Homers *Odyssee* (Beginn des 18. Gesangs).

106. *Das schlimmste Tier*

LM 1, S. 26. – Erstdruck: VS 1, S. 62. – Albrecht, Nr. 81: Bias, Thales von Milet, Diogenes von Sinope.

107. *Auf die Magdalis*

LM 1, S. 26. – Erstdruck: VS 1, S. 62. – Albrecht, Nr. 82: Nach Martials Epigramm X 8: (»Paula will mich zum Manne, doch ich will Paula nicht haben: / sie ist ein altes Weib – wär' sie noch älter, dann wohl.« Übers. Schnur); Schmidt, S. 614.

109. Klimps

LM 1, S. 27. – Erstdruck: VS 1, S. 63. – Albrecht, Nr. 84.

818,11 *Klimps*] Vielleicht in Anlehnung an Holbergs Satire *Nicolai Klims unterirdische Reise* (1741); vgl. Anm. 371,5 f. dieses Bandes.
818,15 *Und stirb*] Vgl. Hiob 2,9: »Vnd sein Weib sprach zu jm / Heltestu noch fest an deiner frömkeit? Ja / Segene Gott (sage Gott ab) vnd stirb.« – Lessing zitiert die Stelle auch in seiner *Rettung des Hier. Cardanus* von 1754, oben S. 213,31 f.

Der Spielsüchtige Deutsche

LM 1, S. 27 (*110. Der spielsüchtige Deutsche*). – Erstdruck: ›Der Wandsbecker Bothe‹, 5. 1. 1771 (*Der Spielsüchtige Deutsche*). – VS 1, S. 64.

818,17 *Tacitus Bericht*] Der römische Historiker Publius Cornelius Tacitus (um 55 - 120 n. Chr.) erzählt im 24. Kapitel seiner *Germania* von der Spielleidenschaft der Germanen.
818,22 *selber auf*] LM: selber, auf
818,22 *setzen.*] LM hat danach eine Leerzeile.
818,24 *von*] LM: vom
818,25 *Doch*] LM: – Doch,

111. Das Pferd Friedrich Wilhelms auf der Brücke zu Berlin

LM 1, S. 27. – Erstdruck: VS 1, S. 65. – Albrecht, Nr. 85: Nach Philippos (*Griechische Anthologie* IX 777). Lessing meint Andreas Schlüters Reiterstandbild des Großen Kurfürsten Friedrich Wilhelm, das, 1703 auf der Berliner »Langen Brükke« aufgestellt, heute vor dem Schloß Charlottenburg steht.

112. Auf die feige Mumma

LM 1, S. 27. – Erstdruck: VS 1, S. 65. – Albrecht, Nr 86: Nach Loukillios (*Griechische Anthologie* XI 266) und zahlreichen Nachahmern (recht gesucht).

819,7 *Mumma]* Wohl kein sprechender Name.

116. Themis über ihr Bildnis in dem Hause eines Richters

LM 1, S. 28. – Erstdruck: VS 1, S. 67. – Albrecht, Nr. 88. – Vgl. oben, S. 802, *An das Bild der Gerechtigkeit* ⟨...⟩.

819,10 *Themis]* Griech. Göttin der Gerechtigkeit.
819,12 *den Schimpf]* Die Entehrung.

120. An zwei liebenswürdige Schwestern

LM 1, S. 29. – Erstdruck: VS 1, S. 70. – Albrecht, Nr. 91.

819,18 *an der Zahl]* Die griech. Mythologie kennt drei Grazien.

121. An den Silius

LM 1, S. 29. – Erstdruck: VS 1, S. 70.

819,20 *Überschrift]* Vor allem von Christian Wernicke (*Überschriffte und Epigrammata* 1697) verwendeter Ausdruck für ›Epigramm‹.

122. Auf den D. Klystill

LM 1, S. 30. – Erstdruck: VS 1, S. 71. – Albrecht, Nr. 92: Nach Martials Epigramm VIII 74; Schmidt, S. 616.

820,1 *Klystill]* Anspielung auf griech.-lat. clystēr »Klistier«?
820,3 *frühern]* Zu frühen.

123. Auf Muffeln

LM 1, S. 30. – Erstdruck: VS 1, S. 71. – Albrecht, Nr. 98.

820,6 *Muffeln]* Frömmler, Scheinheiliger (vgl. Grimms DWb 12, Sp. 2623).

An ein Paar arme Waisen

LM 1, S. 30 (*124. An ein Paar arme verwaisete Mädchen*). – Erstdruck: ›Der Wandsbecker Bothe‹, 12. 1. 1771. – VS 1, S. 72.

820,12 *O holde Kinder]* LM: Ihr holden Kinder
820,15 *Blut: euch die ihr]* LM: Blut; euch, die ihr,
820,19 *Ihr habt ja]* LM: Nun habt ihr

125. An den Vax

LM 1, S. 30. – Erstdruck: VS 1, S. 72. – Albrecht, Nr. 94: Nach Martials Epigramm VIII 69. Vgl. *Auf einen gewissen Leichenredner*, Bd. II dieser Ausgabe, S. 639, sowie Bd. XI/1, S. 333,13-15.

126. Auf den Cytharist

LM 1, S. 31. – Erstdruck: VS 1, S. 73. – Albrecht, Nr. 95: Nach Martials Epigramm VIII 20.

127. Der beste Wurf. An ein Paar Brettspieler

LM 1, S. 31. – Erstdruck: VS 1, S. 73. – Albrecht, Nr. 96: Abraham a Sancta Clara: »Der beste Wurf in Würffeln ist, wenn man sie zum Fenster hinaus wirft.«

128. Auf den Maler Klecks

LM 1, S. 31. – Erstdruck: VS 1, S. 74. – Albrecht, Nr. 97: Nach Leonidas von Alexandria (*Griechische Anthologie* XI 213). – Milde, S. 112: »Das Sinngedicht schrieb Lessing auf ein Exemplar des Kupferstichs mit seinem Bildnis, der von den Brüdern Schleuen hergestellt wurde und 1770 im 12. Bd. der ›Allgemeinen deutschen Bibliothek‹ erschien.«

130. Auf den Ursin

LM 1, S. 31. – Erstdruck: VS 1, S. 75.

821,13 *Ursin]* Von lat. ursinus »Bärchen«.
821,14 *geht mir auf die Haut]* Greift mich an.
821,15 *Phädon]* Platons Dialog *Phaidon* oder Moses Mendelssohns *Phaedon oder Über die Unsterblichkeit der Seele* (1767).
821,19 *Windspiel]* Windhund.

131. Auf den Veit

LM 1, S. 32. – Erstdruck: VS 1, S. 75. – Albrecht, Nr. 99: Nach Martials Epigramm VII 9. – Vgl. *Auf einen Sechszigjährigen* (unten, S. 825).

821,21 *Mein!*] Etwa: du meine Güte!

133. Auf den Pfriem

LM 1, S. 32. – Erstdruck: VS 1, S. 77.

Avar

LM 1, S. 32 (*134. Auf den Avar*). – Erstdruck: ›Hamburgische Neue Zeitung‹, 2. 11. 1767. – VS 1, S. 77. – Albrecht, Nr. 101: Estienne Pasquier (1529-1615), Epigramm IV 42.

822,6 *Avar*] Von lat. avarus »der Geizige«.
822,7 *Spittel all*] LM: Hospital
822,7 *Spittel*] Spital.

Seufzer in meiner Krankheit

LM 1, S. 33 (*135. Seufzer eines Kranken*). – Erstdruck: ›Hamburgische Neue Zeitung‹, 2. 11. 1767. – VS 1, S. 78.

822,11 *alte*] LM: liebe
822,12 *Bette!*] LM: Bette,

136. *Auf den Laar*

LM 1, S. 33. – Erstdruck: VS 1, S. 78. – Woessner, S. 172: Daniel Georg Morhof, *Teutsche Gedichte*, Kiel 1682, S. 370.

Der Wille

LM 1, S. 33 (*137. Ihr Wille und sein Wille*). – Erstdruck ›Hamburgische Neue Zeitung‹, 29. 9. 1767. – VS 1, S. 79. – Albrecht, Nr. 84: Logau; Schmidt, S. 615.

822,20 f. *Meinen*] LM: meinen 〈Die Großschreibung des Erstdrucks dient als Betonungszeichen.〉
823,1 *Gut! Sieh,*] LM: Schon gut!

138. *Grabschrift der Tochter eines Freundes, die vor der Taufe starb*

LM 1, S. 33. – Erstdruck: VS 1, S. 79. – Albrecht, Nr. 103.

823,6 *Beate*] Lat. beata »die Glückselige«.
823,7 *sein 〈...〉 heißen*] Vgl. Lessings *Ernst und Falk*, Bd. X dieser Ausgabe, S. 38,2.

139. *Auf den Marius*

LM 1, S. 33 f. – Erstdruck: VS 1, S. 80. – Albrecht, Nr. 104. Verknappend nach Martials Epigramm IX 82.

140. Auf den einäugigen Spieler Pfiff

LM 1, S. 34. – Erstdruck: VS 1, S. 80. – Albrecht, Nr. 105. – Vgl. Bd. I dieser Ausgabe, S. 133 [I] (Albrecht: »Diebsmagazin«).

823,15 *schlimmen Wurf]* Hier: betrügerischen Wurf mit anschließender Prügelei.
823,17 *Auge]* Des Würfels.

141. An einen Autor

LM 1, S. 34. – Erstdruck: VS 1, S. 81. – Albrecht, Nr. 106. – Vgl. *Ad Ponticum*, Bd. II dieser Ausgabe, S. 642 (1248) sowie Lessings Brief an Ebert vom April 1777 (Bd. XII, S. 71,7-13).

142. Auf den Ley

LM 1, S. 34. – Erstdruck: VS 1, S. 81. – Albrecht, Nr. 107: Nach dem Epigramm III 5 des Euricius Cordus: »iam scio, mentitur Vigesia; qui potes illud / scire absens? video, qui? quoniam loquitur.«

824,1 *Ley]* Von engl. to lie »lügen«.

143. Die Sinngedichte über sich selbst

LM 1, S. 34. – Erstdruck: VS 1, S. 82. – Albrecht, Nr. 108: Nach Martials Epigramm II 1 (vgl. Woessner, S. 70 f.); John Owen, Epigramm III 207.

144. Abschied an den Leser

LM 1, S. 34. – Erstdruck: VS 1, S. 82.

Auf Rabeners Tod

LM 1, S. 42. – Erstdruck: VS 2, S. 175. – Der Satiriker Gottlieb Wilhelm Rabener (1714-1771) hatte schon 1752 angekündigt, »den Lauf meiner Autorschaft zu vollenden«. Seine Satiren erschienen 1751-55 in vier Bänden.

824,14 *Rabeners]* LM: Rabners
824,15 *seine übrigen Schriften]* LM: die übrigen Schriften desselben
824,16 *sollten]* LM: sollen
824,17 *Satyr]* Lessing und seine Zeitgenossen schrieben ›Satire‹ durchwegs »Satyre«, da man das Wort Satire von griech. satyros »der Satyr« ableitete (vgl. auch Bd. II dieser Ausgabe, Anm. 118,5).

Unter das Bildnis des Königs von Preußen

LM 1, S. 43. – Erstdruck: VS 2, S. 177.

824,22 *Den]* Erstdruck: Dem (wohl Druckfehler)
824,23 *Philosoph]* König Friedrich II. ließ sich gerne als »roi philosophe« feiern. Vgl. die ähnliche Thematik der Epigramme auf Herzog Ferdinand (unten, S. 826 f.).

Doppelter Nutzen einer Frau

LM 1, S. 43. – Erstdruck: VS 2, S. 177. – Albrecht, Nr. 8: u. a. nach Palladas (*Griechische Anthologie* XI 381); Schmidt, S. 616.

— Vgl. Woessner, S. 55 f., sowie oben, S. 801, *Widerruf des Vorigen*.

Nutzen eines fernen Garten

LM 1, S. 44. – Erstdruck: VS 2, S. 178. – Albrecht, Nr. 124: Nach Martials Epigramm II 38.

Der Blinde

LM 1, S. 44. – Erstdruck: VS 2, S. 178. – Albrecht, Nr. 125.

825,7 *Blinde]* Vermutlich metaphorisch gemeint; das Epigramm schließt an die Tradition an, derzufolge der körperlich Blinde der eigentlich Sehende ist (der Seher Teiresias bei Sophokles, Homer, Milton). Seinem Bruder Karl zufolge (*Gotthold Ephraim Lessings Leben* ⟨...⟩, Teil I, Berlin 1993, S. 161) hat Lessing um 1754 eine Moralische Wochenschrift ›Der Blinde‹ geplant.

825,9 *ich armer,]* Erstdruck: ich, armer

Kunz und Hinz

LM 1, S. 44. – Erstdruck: VS 2, S. 181.

Auf einen Sechszigjährigen

LM 1, S. 44. – Erstdruck: VS 2, S. 181. – Vgl. *Auf den Veit* (oben, S. 821).

825,17 *sich* ⟨...⟩ *begeben]* Das Leben aufgeben (vgl. Grimms DWb 1, Sp. 1279 f.); Lessing notiert in seinen *Beiträgen zu einem Deutschen Glossarium*: »aus der Welt sich zurückziehn« (LM 16, S. 42-65); vgl. auch *Anmerkungen zu Steinbachs deutschem Wörterbuch*: »Es ist schade, daß diese schöne Ellipsis nicht mehr gebräuchlich ist« (LM 16, S. 4-28).

Der Arme

LM 1, S. 45. – Erstdruck: VS 2, S. 180. – Albrecht, Nr. 126: Nach Palladas (*Griechische Anthologie* X 63).

826,2 *einen*] Erstdruck und LM: einem

An den Dümm

LM 1, S. 45. – Erstdruck: VS 2, S. 182.

826,6 *Midas*] Phrygischer König der griech. Mythologie; er entscheidet in einem musikalischen Wettstreit zwischen Pan und Apoll zugunsten Pans; Apollo setzt ihm zur Strafe Eselsohren auf; der König sucht sie zu verbergen, vertraut aber das drückende Geheimnis einem Erdloch an, aus dem freilich Schilfrohr wächst, das den Sachverhalt verrät.

Die große Welt

LM 1, S. 45. – Erstdruck: VS 2, S. 176. – Schmidt, S. 617.

In ein Stammbuch, 1779

LM 1, S. 45. – Erstdruck: ›Musen Almanach‹ für 1780, S. 132. – VS 2, S. 186.

*Als des Herzog Ferdinands Durchl. die Rolle des Agamemnon,
des ersten Feldherrn der Griechen, spielten*

LM 1, S. 45 f. (*Als der Herzog Ferdinand die Rolle des Agamemnons, des ersten Feldherrn der Griechen, spielte.*) mit einigen Interpunktionsvarianten. — Erstdruck: ›Musen Almanach‹ für 1780, S. 207. — VS 2, S. 188. — Albrecht, Nr. 128.

826,14 *Rolle des Agamemnon*] In Racines *Iphigénie* (vgl. Lessings ›Theatralische Bibliothek‹, 1. Stück [1754]: *Auszug aus dem Schauspieler des Herrn Rémond von Saint Albine*; LM 6, S. 137,12-21), vermutlich in einer Aufführung des Braunschweigischen Hoftheaters nach 1766. Der Feldmarschall Friedrichs des Großen und Bruder des regierenden Braunschweiger Herzogs galt als »beliebter Heldendarsteller«, der »bedeutende schauspielerische Talente entfaltet haben« soll (Fritz Hartmann, *Sechs Bücher Braunschweigischer Theater-Geschichte*, Wolfenbüttel 1905, S. 176).

826,17 *Vorstellen ⟨...⟩ sein*] Vgl. *Unter das Bildnis des Königs von Preußen* (oben, S. 824) und die *Schlußrede zu einem Trauerspiele* (S. 529) sowie *An Herrn Schröder* (S. 830). Die im 18. Jh. häufig diskutierte Frage nach dem Verhältnis von Schauspielerexistenz und Rollenspiel wird von Lessing des öfteren berührt: u. a. 1750 in der Rezension von Riccobonis *L'art du Théâtre* (Bd. I dieser Ausgabe, Anm. 708,29 f.; vgl. auch ebd. S. 903-907); ferner 1754 in dem Anm. 826,14 erwähnten *Auszug*, in dem es heißt: »Die Munterkeit ist der wahre Apollo der komischen Schauspieler« (LM 6, S. 128,27 f.) oder: »Unter dieser erhabnen Seele muß man nicht die Narrheit gewisser tragischer Schauspieler verstehen, welche auch außer dem Theater noch immer Prinzen zu sein sich einbilden. Auch nicht das Vorurteil einiger von ihnen, welche große Acteurs den allergrößten Männern gleich schätzen, und lieber gar behaupten möchten, es sei leichter ein Held zu sein, als einen Helden gut vorzustellen« (S. 129,1-5); schließlich 1767 im 3. und 7. Stück der *Hamburgischen Dramaturgie* (Bd. VI dieser Ausgabe).

826,20 *spiel'*] LM: spielt
827,2 *Mit Gunst!*] Mit Verlaub!
827,3 *Ekhof*] Konrad Ekhof (1720-78), einer der berühmtesten Schauspieler der Zeit (auch als Mellefont, Odoardo, Tellheim), war körperlich alles andere als eine Heldenfigur. Lessing rühmt ihn häufiger in der *Hamburgischen Dramaturgie*.
827,3 *Agamemnon*] Erstdruck: Agamemmon ⟨auch in der Überschrift⟩

⟨*Auf ebendenselben*⟩

LM 23, S. VII (ohne Überschrift) nach Ernst Consentius, *Aus Heinrich Christian Boies Nachlaß*, in: Zeitschrift für deutsche Philologie 49 (1923), S. 207. Das Gedicht steht hinter Boies Abschrift des vorigen Gedichts (zu dem Consentius eine Reihe von Lesarten mitteilt), so daß auch Muncker der Zuschreibung an Lessing eine »gewisse Wahrscheinlichkeit« zubilligt.

827,13 *Melanchtons Töpfe*] Anspielung nicht ermittelt; möglicherweise aus Lessings Beschäftigung mit der Reformationsgeschichte, die sich zunächst in der Rettung des Simon Lemnius (Bd. II dieser Ausgabe, S. 1261) niedergeschlagen hat. Vgl. auch Grimms DWb 21, Sp. 849 (Kopf ohne Gedankeninhalt).

In ein Stammbuch eines Schauspielers

LM 1, S. 46 (*In eines Schauspielers Stammbuch*). – Erstdruck: ›Theater-Kalender auf das Jahr 1779‹, S. LXIV; dann ›Musen Almanach‹ für 1780, S. 209 (mit neuem Titel). – VS 2, S. 189. – Einige Kommentare bringen das fragliche Stammbuch mit dem Mannheimer Schauspieler Gottlieb Friedrich Lorenz in Zusammenhang; zu dessen Schwester vgl. Bd. I dieser Ausgabe, S. 1026 f. – Die Verse sind wohl so zu verstehen: Kunst

und Natur sollen auf der Bühne ununterscheidbar sein, d. h.
Kunst soll sich in Natur verwandeln. Geschieht das, so hat
die Natur (des Schauspielers) sich kunstvoll verhalten. Vgl.
auch oben, Anm. 826,17 und S. 305,26-28: »Die Natur muß
den Schauspieler entwerfen. Die Kunst muß ihn vollends
ausbilden«.

827,18 *Denn]* LM: Dann
827,18 *mit]* Erstdruck: und ⟨wohl Druckfehler⟩
827,19 *Gotthold Ephraim Lessing]* Fehlt bei LM.

In ein Stammbuch, dessen Besitzer versicherte,
daß sein Freund ohne Mängel und sein Mädchen
ein Engel sei. 1778

LM 1, S. 47. – Erstdruck: ›Musen Almanach‹ für 1782, S. 40.
(In VS 2 wohl versehentlich weggelassen.)

827,25 *ein Mädchen]* Vgl. *Das Mädchen* (oben, S. 814).

Warum ich wieder Epigramme mache. 1779

LM 1, S. 47. – Erstdruck: ›Musen Almanach‹ für 1782, S. 45
(Überschrift nur: *1779.*). – VS 2, S. 183.

828,3 *spiele,]* LM: spiele
828,4 *Ich armer]* LM: Ich, armer
828,6 *macht:]* LM: macht,

In ein Stammbuch

LM 1, S. 47. – Erstdruck: ›Musen Almanach‹ für 1782, S. 82.
– VS 2, S. 189. Vgl. das übernächste Epigramm.

Über das Bildnis eines Freundes

LM 1, S. 47. – Erstdruck: ›Musen Almanach‹ für 1782, S. 101. – VS 2, S. 183.

In ein Stammbuch, in welchem die bereits Verstorbenen mit einem † bezeichnet waren.

LM 1, S. 48. – Erstdruck: ›Musen Almanach‹ für 1782, S. 122. – VS 2, S. 184. Vgl. das Epigramm *In ein Stammbuch*.

828,18 *welchem]* VS: welchen
828,21 *doch,]* LM: doch

Sittenspruch 1779

LM 1, S. 48. – Erstdruck: ›Musen Almanach‹ für 1782, S. 158. – VS 2, S. 220.

829,3 *will mit]* LM: will, mit

Auf die Katze des Petrarcha
Nach dem Lateinischen des Antonio Querci;
in den Inscriptionibus agri Pataviani

LM 1, S. 48 (*Auf die Katze des Petrarch*). – Erstdruck: ›Musen Almanach‹ für 1783, S. 156. – VS 2, S. 220. – Der Untertitel bezieht sich auf die »Inschriften des Gebietes von Padua«, Padua 1696. Dort werden S. 155 Inschriften des Grabmahls von Petrarca (1304-1374) in Arqua zitiert, darunter eine mit der Einleitung: »Sub sceleto felis Petrarchae, quae adhuc conspicitur, haec carmina Antonii Quaerengi leguntur:« (Lat. »Unter der Mumie von Petrarcas Katze, die noch zu sehen ist, liest man folgende Verse des Antonius Querenghi:«) Die Katze rühmt sich, nach Laura die zweite Liebe Petrarcas gewesen zu sein: »Während jene den edlen Büchern Wohlklang und Geist verlieh, war ich Ursache, daß sie nicht den wütenden Mäusen zum Fraß wurden.« In der Übersetzung von Martin Opitz: »Auff des Petrarchen Katze. | DEr Tichter von Florentz hat zweyerley geliebet/ | Mich vor/ die Laura dann der er viel Ehre giebet. | Was lachst du? ihre Zier war würdig solcher Brunst/ | Und meine grosse Treu verdiente gleichfalls Gunst. | Sie machte daß er Lust und Muth gewan zu schreiben/ | Ich machte/ daß die Schrifft vor Mäusen kunte bleiben.« *Opera Geist- und Weltlicher Gedichte* Breslau ⁷1689, Bd. 1/2: *Weltliche Poemata der Ander Theil*, S. 485 (*Florilegium variorum epigrammatum* lib. II).

829,7 *Pataviani*] Richtig: Patavini.
829,8 *Hadrian*] Kaum eine Anspielung auf den im Athen und Rom des 2. Jhs. n. Chr. lebenden Rhetoriker Claudius Hadrianus; der hier leicht irritierende Name ist vielleicht aus Reimgründen gewählt.

Sittenspruch

LM 1, S. 48. — Erstdruck: ›Musen Almanach‹ für 1783, S. 182. — VS 2, S. 220.

829,13 *Bav*] Vgl. Bd. II dieser Ausgabe, Anm. 794,28.
829,13 *Schauer:*] LM: Schauer; (hier vermutlich Zuschauer, Bewunderer; vgl. Grimms DWb 14, Sp. 2319 f.)

Grabschrift eines Deutschen auf Voltair

LM 1, S. 49 (*Grabschrift auf Voltairen 1779*). — Erstdruck: ›Beyträge von gelehrten Sachen‹ zu der ›Hamburgischen Neuen Zeitung‹ 1779, 2. Stück, S. 8 (Beilage zum 33. Stück der

›Hamburgischen Neuen Zeitung‹, 26. 2. 1779); ein Exemplar war unauffindbar. – Dann: ›Musen Almanach‹ für 1780, S. 205 (*Grabschrift auf Voltairen. 1779*). – VS 2, S. 185. – Voltaire ist am 30. 5. 1778 gestorben; das besagt aber für die Datierung wenig: Die fingierte Grabschrift war ein beliebtes Schema satirischer Epigramme. – Vgl. auch Woessner, S. 145-149, der das Epigramm sogar autobiographisch verstehen will.

829,18 *verzieh]* So Handschrift und Erstdruck. LM folgt der (plausiblen aber nicht zwingenden) Korrektur Karl Gotthelf Lessings: »verzeih«.

829,19 *Henriade]* LM und MA: Henriade, ⟨Epos Voltaires (1723) zum Ruhme des franz. Königs Heinrich IV.⟩

829,20 *Trauerspiele]* LM und MA: Trauerspiele, ⟨Von ihnen hat Lessing früher positiver gedacht; vgl. etwa Bd. II dieser Ausgabe, S. 465 f.⟩

829,21 *viele!]* LM und MA: viele:

829,22 *Denn,]* LM und MA: Denn

⟨An Saal⟩

LM 1, S. 49. – Erstdruck: *Sämtliche Schriften*, hg. v. Karl Lachmann und Wendelin von Maltzahn, Bd. 1, Leipzig 1853, S. 253. – Justus Heinrich Saal (1722-1794), Kreisinspektor in Leipzig und Goldoni-Übersetzer (vgl. oben, Anm. 780,26 f.). Lessing hat ihm die Widmung während seines kurzen Aufenthaltes in Dresden in ein Exemplar des ersten Bandes seiner *Schrifften* (1753) geschrieben.

830,2 f. *Freund und Richter ⟨...⟩ Geschmack und Redlichkeit]* Wohl als Chiasmus zu lesen; dem (Kunst-)Richter wird der »Geschmack« zugeordnet, »Redlichkeit« dem Freunde.

An Herrn Schröder

LM 1, S. 50 (*In Friedrich Ludwig Schröders Stammbuch*). – Erstdruck: Johann Friedrich Schink (Hg.), *Dichter-Manuscripte*, Wien 1781. Sammlung I, S. 147 (vgl. LM 22/1, S. 8). – Albrecht, Nr. 131.

830,8 *Schröder]* Der berühmte Schauspieler (1744-1816) war von 1771 bis 1780 (und später 1785 bis 1797) Direktor und Dramaturg des Hamburger Theaters. Das Thema des Kunstverstandes erinnert natürlich an Lessings eigene *Hamburgische Dramaturgie* (vgl. etwa deren *Ankündigung*, Bd. VI dieser Ausgabe, S. 184 f.).
830,10 *Sache.]* LM: Sache!
830,11 *brennt das Licht]* Aber er sieht es nicht.
830,12 *darum nicht]* Darum noch nicht.

⟨*Auf Johann von Döring*⟩

LM 1, S. 51. – Erstdruck: Heinrich Jördens, *Lexikon deutscher Dichter und Prosaisten*, Bd. 6: *Supplemente*, Leipzig 1811, S. 500: »In *Wolfenbüttel* lebte zu *Lessings* Zeiten ein Herr *von D.*, welcher zu den Lüneburgischen Patriciern, zu den sogenannten dortigen *Salzjunkern* gehörte, aber gern ein Edelmann seyn wollte, klein von Person war, Verse machte, und *Lessingen* mit deren Vorlesung und geforderter Beurtheilung häufig behelligte.« Vgl. gegenüber dieser mißgünstigen Charakterisierung jedoch nicht nur Bd. XI/1, Anm. 663,34, dieser Ausgabe, wonach Döring mit der Verwaltung von Lessings Nachlaß beauftragt worden ist, sondern auch Daunicht, S. 552 (Brief Dörings an Goeckingk vom 8. 2. 1781) und S. 613 (Bericht Carl Georg Wilhelm Schillers über Lessings regelmäßige Spaziergänge mit Johann von Döring). Jördens Charakterisierung Dörings könnte ihrerseits von dem Epigramm abgeleitet worden sein – wobei die Beziehung auf

Döring, ja selbst Lessings Autorschaft noch nicht einmal gesichert sein muß; die Klage über poetische Nervensägen gehört jedenfalls zu den stehenden Motiven des römischen Epigramms. Falls man doch annehmen will, das Epigramm stamme von Lessing und beziehe sich auf seinen Wolfenbütteler Freund, so wäre an die scherzhafte Ruppigkeit zu denken, mit der Lessing gerade vertraute Freunde (etwa den Jugendfreund Ossenfelder; vgl. Bd. I dieser Ausgabe, Anm. 24,36) manchmal bedenken konnte. – Albrecht, Nr. 132; Schmidt, S. 617 (Holberg, Epigramm 3,64).

830,18 *das Salz*] Lat. sal »Salz« bedeutet auch feinen, aber scharfen Witz.

⟨*Grabschrift auf einen Gehenkten*⟩

LM 1, S. 51. – Erstdruck: Heinrich Jördens: *Denkwürdigkeiten Charakterzüge und Anekdoten aus dem Leben der vorzüglichsten deutschen Dichter und Prosaisten. Zweiter Band*, Leipzig 1812, S. 41: »*Lessing* gieng einst mit einigen Bekannten spazieren. Ihr Weg führte sie vor einem Galgen vorbei, an welchem ein Delinquent hieng. ›Machen Sie doch geschwind eine *Grabschrift* auf den Gehenkten‹ sagte einer von den Spaziergängern zu *Lessing*. ›Nichts ist leichter, versetzte dieser: Hier ruht er, wenn der Wind nicht weht!‹« Für Albrecht Nr. 133 (wohl mit Recht) eine »Legende«; er verweist auf Paul Scarron (1610-1660), *Épitaphes de Henri Ganelon. 1*, (*Œuvres*, Paris 1786, Bd. 7, S. 352): »An diesem Galgen ruht Henri / Wenn der Wind nachläßt oder schwach geht; / Wenn es stürmt, das ist was andres, / Es heißt, ihm gefalle das nicht« – und weiter auf Daniel Stoppe: »Würd jemand so ein Kleid an seinem Leibe haben, / Dem drohte man, ihn, wie er geht und steht, / Auf Hamanns Kirchhof (dem Galgen; vgl. Buch Esther 7,10) zu begraben, / Auf dem die Todten ruhn, so bald der Wind nicht geht.« (*Neue Fabeln oder Moralische Gedichte*, Breslau 1745, S. 113, II 17: *Die zween Tuchhändler*, v. 53-56.) Vgl.

auch Schmidt, S. 617. Von einem Gedicht Lessings kann also schwerlich die Rede sein; sein Auftritt hier muß leider! als Abschiedsvorstellung gelten.

⟨Grabschrift auf Kleist⟩

LM 1, S. 51. – Erstdruck: Zmz (ungeklärte Chiffre), in: ›Allgemeine Deutsche Bibliothek‹, Bd. 61, 2. Stück (1785), S. 422: »Recensent will hier dazu noch ein vielleicht niemals niedergeschriebenes ⟨Sinngedicht⟩ aus *L.* Munde beytragen, nämlich eine Grabschrift auf den sel. ⟨Ewald Christian von⟩ *Kleist*, als er von Frankfurt an der Oder aus von hoher Hand um Verfertigung derselben ersucht wurde (vgl. Bd. XI/1, S. 333,16 f.). Der Gedanke ist aus der griechischen Anthologie; aber wie glücklich ausgedrückt!« Das anonyme Epigramm der *Griechischen Anthologie* VII 46 lautet in deutscher Übersetzung: »Nicht dein Denkmal ist dies, Euripides, *du* bist das seine; / denn um des Males Gestein legt sich verklärend – dein Ruhm.« (Beckby.) Möglicherweise war Anlaß für das Epigramm die Errichtung eines Denkmals für den 1759 im preußisch-russischen Krieg gefallenen Dichter und Freund Lessings im Juli 1779.

⟨Unvollendeter Entwurf eines Sinngedichts⟩

LM 1, S. 52 (Erstdruck nach der Handschrift).

⟨In Johann Gottlieb Burckhardts Stammbuch⟩

LM 22/1, S. 7. Erstdruck: ›Vossische Zeitung‹ (Berlin), 9. 12. 1905 (Paul Kaiser), aus dem Stammbuch des späteren Londoner Predigers Johann Gottlieb Burckhardt (1756-1800) vom Jahr 1779. Auf der gegenüberliegenden Seite standen bereits Zeilen von Johann Bernhard Basedow (1724-1790), dem Begründer des Dessauer Philanthropins: »Der Geist der Wahrheit bessre bald / Die Kirchen jedes Ortes; / Ohn alle zwingende Gewalt! / Durch Kraft des wahren Wortes!«

⟨*Übersetzung eines lateinischen Epigramms von Samuel Werenfels*⟩

LM 22/1, S. 16. – Erstdruck: Friedrich Nicolai: *Das Leben und die Meinungen des Herrn Magister Sebaldus Nothanker. Dritter und letzter Band*, Berlin und Stettin 1776 (Reprint Hildesheim etc. 1988), S. 60: »Samuel Werenfels ⟨1657-1740⟩, einer der gelehrtesten und rechtschaffensten Gottesgelehrten in der Schweiz, schrieb in seine Bibel: ›Hic liber est, in quo sua quaerit dogmata quisque; / Invenit & pariter dogmata quisque sua.‹« Dazu die Fußnote: »Opuscula theologica philosophica & philologica. Lausannae 1739, 4to. Tom II. p. 509. Der ehrliche Sebaldus hat diese Verse, nach seiner Art, folgendermaßen übersetzt: ⟨...⟩«. Erst in der 4. Auflage (1799) heißt es an der Stelle: »Lessing hat diese Verse folgendermaßen übersetzt: ⟨...⟩«. Zu Lessings Interesse an Werenfels vgl. auch Bd. I dieser Ausgabe, S. 879-883.

⟨*In Johann Ludwig Grimms Stammbuch*⟩

LM 22/1, S. 5 (Erstdruck: *Lessings Werke*, hg. v. Georg Witkowski, Leipzig 1911, Bd. 1, S. 50). Muncker zu Lessings Eintragung: »Daß die Verse von Lessing selbst verfaßt sind, ist nicht recht wahrscheinlich, obgleich er sonst bei Citaten meistens die Quelle nannte; woher sie aber stammen, konnte ich bisher nicht feststellen.« Faks. im Katalog der Autographensammlung des Grafen Paar und in Karl Emil Franzos (Hg.), *Deutsche Dichtung*, Bd. 13, Berlin 1893, S. 272.

831,20 *Grimms Stammbuch*] Johann Ludwig Grimm (1745-94), evang. Prediger aus Regensburg, führte sein Stammbuch von 1768 bis 1771.

831,21 *Schalk*] Betrüger.

⟨*Auf Bodmers Noah und Naumanns Nimrod*⟩

LM, 22/1, S. 16. – Erstdruck: F. Frensdorff: Briefe zweier hannoverscher Ärzte an Albrecht von Haller, in: ›Zeitschrift des historischen Vereins für Niedersachsen‹ (1891), S. 153, aus einem Brief des Leibarztes Paul Gottlieb Werlhof an Haller vom 18. 8. 1765: »I doubt if I shall ⟨read⟩ the new Noah. I remember an epigram of Lessing, I think:« (»Ich zweifle, ob ich den neuen Noah lesen werde. Ich erinnere mich eines Epigramms, ich denke von Lessing:«). Es folgt das Epigramm, das nach Muncker »freilich nicht mit voller Sicherheit auf Lessing zurückgeführt werden kann«.

832,5 *Bodmers Noah*] Vgl. Bd. I dieser Ausgabe, S. 698 f.
832,5 *Naumanns Nimrod*] Vgl. Bd. II, S. 297 f. und Bd. XI/1, Anm. 84,6.

Küssen und Trinken

LM 1, S. 126. – Erstdruck: *Sämtliche Schriften*, hg. v. Karl Lachmann und Wendelin von Maltzahn, Bd. 1, Leipzig 1853, S. 252. – Albrecht, Nr. 175.

832,14 *tu doch etwas freier*] Sei doch nicht so gehemmt.

Auf sich selbst

LM 1, S. 126 f. (nach der Handschrift). – Erstdruck: VS 2, S. 198 (mit einer Reihe veränderter Satzzeichen). – Zusammen mit dem *Lied. Aus dem Spanischen* und dem *Heldenlied der Spartaner* (S. 834) eins der ganz wenigen ungereimten Gedichte Lessings; trotz der anakreontisch anmutenden Verse aber immer noch strophisch.

833,2 *geizen*] Geld zusammenzuscharren.

Der neue Welt-Bau

LM 1, S. 127. – Erstdruck: VS 2, S. 201. – Albrecht, Nr. 177; Schmidt, S. 620.

833,12 *großen Geist]* Nikolaus Kopernikus (1473-1543).
833,14 *diesen]* Mitteldt. Dativ. LM: diesem
833,15 *gleich]* Sächs. für »gerade eben« (vgl. Grimms DWb 7, Sp. 7998 f.).
833,22 *Witz]* Verstand.

An Amor

LM 1, S. 127 f. – Erstdruck: VS 2, S. 194.

834,7 *Ohne Fackel]* Gelegentliches Attribut Amors oder Cupidos.
834,8 *dich, mir]* LM: dich, um mir 〈vgl. LM 22/1, S. 20, Anm. zu S. 128〉
834,9 *Satyr]* Vgl. oben, Anm. 824,17.

Lied. Aus dem Spanischen

LM 1, S. 129 (*Lied aus dem Spanischen*). – Erstdruck: ›Musen Almanach‹ für 1780, S. 208. – VS 2, S. 190. – Albrecht, Nr. 180 (u. a. mit Rückübersetzung ins Spanische; ein span. Original war bisher unauffindbar). – Pitollet, S. 281-283. – Peter von Matt in: *Frankfurter Anthologie* (FAZ, 8. 9. 2001). – Vertont von Johann Friedrich Hobein, *Lieder mit Melodien* II, Wolfenbüttel 1779. – Vgl. weiter oben zu *Auf sich selbst*.

Heldenlied der Spartaner

LM 1, S. 129. – VS 2, S. 195 f. – Albrecht, Nr. 181: Nach Plutarch, *Lebensbeschreibung des Lykurg*, Kap. 21. Dort wird der Text spartanischer Lieder als »einfach und ungekünstelt bei sittlich erhabenem Inhalt« charakterisiert; ein Beispiel: »Bei den Festen traten nämlich drei Chöre auf, gemäß den drei Altersklassen, und der Chor der Greise eröffnete und sang: ›Wir waren einstmals wehrhaft junges Volk‹, ihm erwidernd sangen die in den Jahren der Kraft: ›Wir sind es jetzt; versuch es, wenn du willst!‹, und zu dritt sang der Chor der Knaben: ›Wir aber werden noch viel stärker sein.‹« (Übers. Ziegler.)

836,4 *tapferer*] LM: tapfrer ⟨vgl. auch LM 22/1, S. 20, Anm. zu S. 130⟩

Trinklied

LM 1, S. 132 (*Eine Gesundheit*). – Erstdruck: ›Wiener Blättchen‹, 23. 11. 1783. LM verzeichnet eine Reihe von Drucken und Lesarten, vgl. auch ebd. Bd. 22/1, S. 20, Anm. zu S. 132. – Vgl. auch *Hinz und Kunz* (oben, S. 804).

836,9 *Daß Könige nicht trinken*] Anspielung auf Spr. 31,4 f.: »O nicht den Königen / Lamuel gib den Königen nicht Wein zu trincken / noch den Fürsten starck Getrencke. Sie möchten trincken vnd der Recht vergessen / vnd verendern die Sachen jrgend der elenden Leute.«
836,12 *Was würden sie nicht tun*] Vgl. einen ähnlichen Gedanken in Lessings *Selbstbetrachtungen und Einfällen*, Bd. X dieser Ausgabe, S. 242,13-16.

⟨An Mäcen⟩

LM 1, S. 149 f. (nach der Breslauer Handschrift; Milde, *Gesamtverzeichnis*, S. 241) – Erstdruck (mit einer Reihe von Varianten): VS 2, S. 212-214. Vgl. auch LM 22/1, S. 21. – Am Rand der Breslauer Handschrift stehen die Verse »O du, durch den Horaz, seit er bescheiden strebte, / Von dir geliebt zu seyn, ein wahres Leben lebte« – nach Karl Lessing der Ansatz einer Versifizierung (Vorbericht zum Erstdruck). Unser Druck folgt LM.

Diese Prosaode – genauer: der »Plan ⟨...⟩, nach welchem ich zu arbeiten Willens bin« fügt sich ein in die Reihe ähnlicher Versuche, wie des gleich folgenden *Orpheus* und der beiden »Odengerippe« *An Herr Gleim* sowie *An Kleist* (in den Briefen an Gleim vom ⟨22.⟩ 5. 1757 und 14. 6. 1757; Bd. XI/1, S. 188 f. und 212-214; abgedruckt auch im vorliegenden Band, S. 844-846). Vgl. auch Lessings Brief vom 14. 11. 1771, Bd. XI/2 dieser Ausgabe, S. 264.

Die Annahmen zur Entstehungszeit reichen von 1751 (vgl. etwa Lessings Gedicht *An seinen Bruder*, Bd. II dieser Ausgabe, S. 624) bis 1757. Gewisse Indizien, wie z. B. Lessings Zurückhaltung in der Hofkritik bis Januar 1754 und das Fehlen eines Hinweises auf den neuerlichen Kriegsausbruch (April 1756), sprechen allerdings für eine Eingrenzung. Am 16. 10. 1754 schrieb Lessing an Michaelis: »Ich suche hier keine Beförderung; und ich lebe bloß hier, weil ich an keinem andern großen Ort leben kann.« Im Oktober 1755 ging er ohne nähere Begründung nach Leipzig, wo er, als geborener Sachse, nicht mehr der Herrschaft Friedrichs II. unterstand (vgl. S. 149,26). In dieser Zeitspanne dürfte das Gedicht entstanden sein, möglicherweise als Rechtfertigung seines plötzlichen Weggangs aus Berlin. Auch das Experimentieren mit prosaischen Odenentwürfen begann in dieser Zeit.

836,14 *Mäcen]* Gaius Cilnius Maecenas (um 70-8 v. Chr.), Förderer des Horaz.

836,15-19 *Du ⟨...⟩ sein]* Lessing variiert hier den antiken Topos von »Schwert und Feder«, nach welchem der Held bzw. Herrscher den Künstler protegiert, um durch sein Werk verewigt zu werden. Statt dessen wird von ihm die selten gewordene Liaison des mäzenatischen Schöngeists und Kunstkenners mit dem freien Dichter beschworen, wobei der Begriff des unstoischen, ›wahren‹ Lebens eine auffällige Rolle spielt.

836,22 *Scribenten]* Schriftsteller.

836,24 *eisern Tagen]* Anspielung auf die kriegerische Epoche Friedrichs II., vor allem aber auf das eiserne Zeitalter Hesiods (*Werke und Tage*, um 700 v. Chr.); in dessen Weltalter-Skala ist es das letzte und verderbteste, geprägt durch gesellschaftliche und familiäre Entzweiung, durch Betrug und Faustrecht.

836,25 *dessen]* Verbessert aus sinnwidrig: »deren« (im Manuskript).

836,27 f. *Lieblinge der Musen zu schützen]* Zur Klage über mangelndes Mäcenatentum des preußischen Königs vgl. Bd. II dieser Ausgabe, S. 94,31-34.

837,4 *Aftercopien]* Falsche Kopien (des wahren Maecen).

837,5 *Menge schöner Geister]* Anspielung auf die französischen ›belles-esprits‹ am preußischen Hof.

837,7 f. *lustigen Räten]* Als »lustige Räte« (Hofnarren) wurden die gedemütigten Gelehrten im Tabakskollegium Friedrich Wilhelms I. (vor allem Jakob Paul von Gundling) bekannt. Für die Geistesgrößen, mit denen sich sein Sohn Friedrich II. umgab, galt dies durchaus nicht.

837,10 *Ordensbänder]* Vgl. Bd. II dieser Ausgabe, S. 273,19.

837,16 *Corner]* Vielleicht verlesen für »Horner«, den »Hurenhengst« (oben, S. 741,9).

837,22 *Podagra]* Fußgicht; Lessings Wörterverzeichnis zu den *Sinngedichten* des Friedrich von Logau (LM 7, S. 374) erläutert ›Fußgicht‹ durch ›Podagra‹.

837,23 *andre Krankheit]* Die Syphilis.

Orpheus

LM 1, S. 150 (nach der Breslauer Handschrift, Milde, *Gesamtverzeichnis*, S. 241). – Erstdruck: VS 2, S. 210. Vgl. auch LM 22/1, S. 21. – Albrecht, Nr. 188. Nach Michael Bernays die Übersetzung der ersten Hälfte der Romanze *Orfeo por su mujer* (Orpheus, seiner Gattin wegen) in Francisco de Quevedos y Villegas (1580-1645) Sammlung *Parnaso Español* (Der spanische Parnaß, 1648) IV 205 (LM 22/1, S. 21). Albrecht fügt noch Quevedos Gedicht »Califica a Orpheo para idea de Maridos dichosos« hinzu und erinnert an die Übersetzung der Romanze durch Barthold Hinrich Brockes in der *Poesie der Nieder-Sachsen* I, S. 306 f. (*Quevedo Gedanken über Orpheus*). Vgl. auch Pitollet, S. 1-3 sowie 63 f., der auch auf die Debatte um die Datierung (1750 oder 1757) eingeht. Mythenparodien dieser Art waren in Deutschland noch wenig verbreitet.

837,26 *Orpheus ⟨...⟩ erzehlt]* Orpheus steigt in die Unterwelt, um seine an einem Vipernbiß gestorbene Braut Eurydike zurückzuholen; die Unternehmung mißlingt, weil Orpheus gegen das Verbot Eurydike ansieht. Vgl. Ovid, *Metamorphosen* X 1-77.

838,1 f. *Absicht ⟨...⟩ auf]* Nach der Überlieferung ist es die Macht seines Gesangs, die die Höllengeister veranlaßt, mit ihren Quälereien einzuhalten; nicht das Staunen darüber, daß jemand seine Frau zurückhaben will. Die misogyne Tendenz der Parodie ist als offenbar bewährtes Mittel der Komik in etlichen Gedichten Lessings zu beobachten. Zum Thema wird sie im Lustspiel *Der Misogyne* (Bd. I dieser Ausgabe, S. 303).

Die Brille

LM 1, S. 177-179. – Erstdruck: ›Hamburgische Neue Zeitung‹, 31. 8. 1767. – VS 2, S. 74 (mit zahlreichen Interpunktionsvarianten gegenüber dem Erstdruck). – Vgl. auch LM 22/1, S. 22. – Albrecht, Nr. 197. – Zur Entstehung dieses Gedichtes sowie der beiden folgenden in der Schlußphase der Arbeit an der *Minna von Barnhelm* vgl. Lessings Brief an Ramler vom 20. 8. 1764 (Bd. XI/1 dieser Ausgabe, S. 417 f. und Anm. 417,32), in dem er von »Reimereien« und »Nichtswürdigkeiten« spricht und sich wundert, »wie ich seit Jahr und Tag wieder in diesen Geschmack gekommen bin«. Ramler solle (wie bei den Sinngedichten) »die Feile ansetzen«. – Vgl. auch Daunicht Nr. 277.

838,8 *Chrysant]* Etwa griech. »Goldmann« (genauer: Chrysander, wie in Lessings *Jungem Gelehrten*, Bd. I dieser Ausgabe).
838,15 *Das]* LM: Dieß
838,30 *ersehn,]* LM: ersehen.
838,31 *stehn]* LM: stehen
839,13 *sich]* LM: sie
839,20 *vom]* LM verzeichnet irrtümlich die Variante »von«.
839,20 *Freien]* Heiraten.
839,24 *mit sechsen fahren]* Mit einer sechsspännigen Kutsche fahren.
839,35 *Grille]* Fixe Idee.
840,6 *Behüte!]* Gott behüte! Um Himmelswillen!
840,8 *Eure]* LM: Ihre

Nix Bodenstrohm

LM 1, S. 179. – Erstdruck: ›Hamburgische Neue Zeitung‹, 7. 9. 1767. – Im ›Göttinger Musenalmanach‹ 1772, S. 26, unter der Überschrift: *Der Schiffer. Eine Erzählung.* – VS 2, S. 78 (also noch von Lessing korrigiert). Vgl. auch LM 22/1, S. 22. LM weicht mit den *Vermischten Schriften* in der Interpunktion häufig vom Erstdruck ab. – Albrecht, Nr. 198: Nach Heinrich Bebels Fazetie I 71 »De mercatore et nobili« (Von einem Kaufmann und einem Edelmann). Wesselski (wie S. 1498), Bd. 1, S. 34. – Zur Entstehung vgl. den Kommentar zum vorangehenden Gedicht.

840,10 *Nix]* Nikolaus.
840,17 *vom]* LM: von
840,19 *Hahnrei]* Betrogener Ehemann.
840,21 *zu]* LM: in
840,24 *euerm]* LM: Eurem
840,24 *Schlusse]* Schlußfolgerung.
840,26 *wird]* LM: kann

Die Teilung

LM 1, S. 189 f. – Erstdruck: ›Deutsches Museum‹, Bd. 1, Leipzig 1782, S. 544 f. – Vgl. auch LM 22/1, S. 22. – Albrecht, Nr. 204: Schlußidee nach Barthelemy Imberts *Historiettes et Nouvelles en vers* (Geschichtchen und Verserzählungen. 1774) 1, v. 96-114. – Zur Entstehung vgl. den Kommentar zu *Die Brille*.

841,3 *Junker]* Landadliger.
841,4 *Geschlecht]* Adelsgeschlecht.
841,6 *abscheulich]* Hs.: besonders
841,8 *Fräulein]* Adlige junge Dame.
841,15 *war geschnürt]* Trug einen Schnürleib.
841,16 *geschlank]* Seit dem 16. Jh. geläufige Nebenform zu ›schlank‹.
841,26 *Latze]* Grimms DWb 12, Sp. 283: »vorne über die schnürbrust gesteckt ⟨...⟩ oben breit unten spitzig zulaufend«.

841,27 *Sie verschonen sich]* Nach franz. ménagez vous »schonen Sie sich, seien Sie vorsichtig«.

842,7 *Docke]* Puppe.

Der über uns

LM 1, S. 190-192. – Erstdruck: ›Deutsches Museum‹, Bd. 1, Leipzig 1782, S. 552 f. – Nach *Lessings Leben nebst seinem noch übrigen literarischen Nachlasse*, hg. v. Karl G. Lessing, Teil 1, Berlin 1793, S. 244, in Breslau verfaßt (vgl. Daunicht, S. 169 f.). Die Verserzählung vertritt also vermutlich das »übrige Zeug dieser Art«, das Lessing in seinem Brief an Ramler (siehe Kommentar zu *Die Brille*) erwähnt. – Albrecht, Nr. 205: u. a. Heinrich Bebels Fazetie III 2: *De quodam in adulterio deprehenso vera historia* (»Von einem, der im Ehebruch ergriffen ward, eine wahre Histori«), Wesselski (wie S. 1498), Bd. 2, S. 5.

843,20 *äffen]* Betrügen, zum Narren halten (nicht: nachäffen), vgl. Grimms DWb 1, Sp. 183.

843,24 *Bankbein]* Wortspiel mit ›Bankert‹, uneheliches Kind (Grimms DWb 1, Sp. 1110-1112). Vgl. die Notiz zu ›Bankart‹ in Lessings Wörterverzeichnis zu den *Sinngedichten* des Friedrich von Logau (LM 7, S. 361 f.).

843,26 *rann]* Sehr seltene (Grimms DWb 14, Sp. 807 f.: »nur bei reimnoth«) Nebenform zu ›rannte‹.

⟨ZWEI IN BRIEFEN AN GLEIM MITGETEILTE ODEN-ENTWÜRFE VON 1757⟩

AN HERRN GLEIM

Textabdruck: Bd. XI/1 dieser Ausgabe, S. 188 f. – Dieser Text folgt der Reinschrift im Brief an Gleim vom ⟨10.⟩ 5. 1757 (Gleimscher Nachlaß in Halberstadt). Ferner sind erhalten: ein Konzept der Ode (Breslauer Universitätsbibliothek, s. Milde, *Gesamtverzeichnis*, S. 241) und eine spätere, kaum veränderte Abschrift Lessings (Staatsbibliothek Berlin, s. Milde, S. 183). Erstdruck: *Vermischte Schriften*, 2. Teil, Berlin 1784, S. 207. – LM 1, S. 150 f.

Entstehung: Johann Wilhelm Ludwig Gleim (1719-1803), Halberstädter Domherr, bekannter anakreontischer Dichter und großer Friedrich-Verehrer, hatte Ostern 1757 in Leipzig Freundschaft mit Lessing geschlossen. Zur gleichen Zeit schrieb er an seinen *Preussischen Kriegsliedern* ⟨...⟩ *von einem Grenadier*, die Lessing 1758 herausgab (s. Bd. IV dieser Ausgabe, S. 88-93, 845-851). In diesem Zusammenhang erbat sich Gleim von Lessing eine Preis-Ode auf den preußischen König und seine Kriegstaten. Lessing schrieb darauf am ⟨10.?⟩ 5. 1757: »Sie verlangen von mir eine Ode auf ihren König? – Ich bin, auf ihr Anraten, bei Halberstadt, den alten Juden hinangeklettert ⟨vermutlich den ›Gläsernen Mönch‹, eine Felsformation vor der Stadt, die Lessing im übrigen nie gesehen hat⟩, und habe ihm den steinernen Bart gestreichelt, ob ich mir meines Schwindels gleich nur allzuwohl bewußt war. Warum sollte ich mich, auf ihr Wort, nicht noch höher versteigen? Es hat mit der Ode seine Richtigkeit. – Weil ich aber gern etwas machen möchte, das ihres völligen Beifalls wert wäre, so will ich so behutsam gehen, als möglich, und Ihnen vorher den Plan mitteilen, nach welchem ich zu arbeiten Willens bin. Hier ist er! ⟨Es folgt die Abschrift des Odenentwurfs.⟩ Nun mein lieber Gleim, was sagen Sie zu diesem Gerippe? Verlohnt es sich der Mühe, daß ich es mit Fleisch und Haut umgebe?« (Vgl. Bd. XI/1 dieser Ausgabe, S. 187-189.)

844,4 *Kalliope*] Muse der epischen Poesie.
844,7 *den Held*] Berliner Handschrift: den Helden
844,8 *verschiedenen Jahrhunderten*] Dies kann nur im Sinn einer geistigen bzw. mentalen Differenz gemeint sein.
844,9 *veruneinigten Ländern*] Sachsen und Preußen waren im Kriegszustand.
844,13 *sang ⟨...⟩ Jugend*] Gleim erschrieb sich in den 40er Jahren den Titel eines ›deutschen Anakreon‹ (*Versuch in scherzhaften Liedern*, 1744/45) und wurde, dank seiner Freundschaftsbegabung, auch zum geselligen Mittelpunkt der Modebewegung.
844,13 *bekränzt*] Breslauer Konzept: begränzet
844,13 f. *rosenwangigen Bacchus*] »Rosenwangig« war vor allem ein Epitheton für Anakreon und seine Mädchen, seltener für Bacchus/Dionysos.
844,16 f. *Doch ⟨...⟩ Rossen*] Als Sekretär des Markgrafen Wilhelm von Brandenburg-Schwedt nahm Gleim 1744 ganze vierzehn Tage lang am zweiten Schlesischen Krieg teil. Im Mai 1745 wurde er Stabssekretär des Fürsten Leopold von Anhalt-Dessau, des »alten Dessauers«, bei dem er es – ohne Kriegskontakt – immerhin fünf Monate aushielt.
844,22 *Helden den Göttern*] Breslauer und Berliner Handschrift: »Menschen den Göttern«. – Nach dem griech. Mythos waren die ›Heroen‹ der archaischen Zeit aus der Verbindung zwischen Göttern und Menschen hervorgegangen und hatten gottähnliche Züge. Was ihnen essentiell fehlte, war die Unsterblichkeit der Götter.
844,24-26 *gleich ⟨...⟩ verlieret*] Breslauer Handschrift: so wie die Sonne unter den Wolken ihren Glanz, aber nicht ihren Einfluß verliert
844,29 *verewigten*] In der Breslauer Handschrift korrigiert in: unsterblichen

844,30f. *Ich will unterdes]* Berliner Handschrift: Ich unterdeß, will

844,31 *Aesopischer Schüchternheit]* Aesop (Aisopos), legendärer griech. Fabeldichter des 6. Jhs. v. Chr., war angeblich Sklave. Als solcher wählte er die verdeckte, verstellte Stimme der Tierfabel (›Sklavensprache‹).

845,2 *Chloris]* Griech. Göttin der Vegetation, vor allem der Blumen, in hellenistischer Zeit mit Zephyros, dem Gott des milden Westwinds, zusammengebracht. Hier wohl nur Hirtinnen-Name.

845,2 *dem Echo]* Die mythische Echo war eine Nymphe. Hier ist vermutlich nur der akustische Spieleffekt gemeint.

845,4 *Wenn]* Wann.

ODE AUF DEN TOD DES MARSCHALLS VON SCHWERIN,
AN DEN H.⟨ERRN⟩ VON KLEIST

Textabdruck: Bd. XI/1 dieser Ausgabe, S. 212-214. – Dieser Text folgt der Handschrift im Gleimschen Nachlaß (Brief Lessings an Gleim vom 14. 6. 1757). Ein dazugehöriges Konzeptblatt in der Breslauer Universitätsbibliothek (s. Milde, *Gesamtverzeichnis*, S. 241) hat als Überschrift nur: *An den H. von Kleist*. Erstdruck: *Vermischte Schriften*, 2. Teil, Berlin 1784, S. 208 f. – LM 1, S. 151-153.

Entstehung: Im März 1757 schloß Lessing Freundschaft mit Ewald Christian von Kleist, der als preuß. Major in das besetzte Leipzig verlegt worden war, um ein Lazarett zu führen. Geteilt zwischen Dichterfreiheit und Offizierskomment, hypochondrisch und unglücklich über sein Garnisonsdasein, hat er damals mehrfach geäußert, er würde lieber im Felde sterben als in der Etappe verkümmern. Als er am 24. 8. 1759 in der Schlacht bei Kunersdorf wirklich fiel, schrieb Lessing: »Er hatte drei, vier Wunden schon; warum ging er nicht? ⟨. . .⟩ Er hat sterben wollen.« (An Gleim, 6. 9. 1759, s. Bd. XI/1 dieser Ausgabe, S. 332 f.)

845,8 *Tod ⟨u...⟩y Schwerin]* Kurt Christoph Graf von Schwerin, preuß. Generalfeldmarschall, war am 6. 5. 1757 in der Schlacht von Prag, mit 73 Jahren, gefallen.

845,11 f. *Mars ⟨...⟩ Bellona]* Mars: röm. Kriegsgott; Bellona: röm. Kriegsgöttin.

845,12 *Klotho]* Eine der drei griech. Schicksalsgöttinnen (Moiren); die Spinnerin des Lebensfadens.

845,17 *o Kleist]* Fehlt in der Breslauer Hs.

845,18 *Zwar]* Fehlt in der Breslauer Hs.

845,23 *Lenze]* Anspielung auf Kleists *Der Frühling* (1749), ein Naturgedicht in der Nachfolge Thomsons (*The Seasons*, 1726-30), das ihm einigen Ruhm eingebracht hatte.

845,25 *listigen Juno ⟨...⟩ Venus]* Im 14. Gesang der *Ilias* berichtet Homer, wie Hera (Juno) ihren Gatten Zeus von der Schlacht ablenkt, nachdem sie sich durch den Gürtel der Aphrodite (Venus) unwiderstehlich gemacht hat.

845,26-29 *Sieh ⟨...⟩ Purper]* Die »vertrauliche« (s. o.) Muse wird hier von Lessing zur Allegorie der Tragödie umgerüstet.

845,30 *Wo ⟨...⟩ Bezaubrung!]* Aus der Antike überkommene Enthusiasmus-Formel.

845,30 f. *Letzte ⟨...⟩ Roms]* Gemeint ist Seneca, über dessen Tod Kleist gerade ein Drama schrieb (s. Anm. 846,6).

845,31 *Dein ⟨...⟩ Dein]* In der Breslauer Hs. beide Male: »Sein«. – Gemeint ist Kaiser Nero, der seinen einstigen Lehrer und politischen Berater Seneca im Jahr 65 n. Chr. zur Selbsttötung zwang.

845,31 f. *Wie stirbt ⟨...⟩ gern]* Senecas Selbsttötung galt im 17. und 18. Jh. als Muster stoisch-weiser Unabhängigkeit.

845,34 *die fromme Versammlung]* Gemeint ist wohl das ergriffene Trauerspiel-Publikum (mit Anspielung auf den pietistischen Konventikel-Geist).

846,1 *Kinder des Mitleids]* Tränen.

846,5 f. *betäubt ⟨...⟩ Bewundrung]* Heroismus-Bewunderung galt Lessing als falsche und überholte Wirkung des Trauerspiels (vgl. den ›Briefwechsel über das Trauerspiel‹ in diesem Band).

846,6 *Seneka und Kleist!]* Dazu eine Briefäußerung Kleists (15. 6. 1757 an Gleim): »In H. Lessings Ode werden Sie eine Stelle, wo er von Seneca redet, nicht verstehen. Er will nämlich, daß ich ein Trauerspiel von diesem Sujet (nämlich Seneca) machen soll und glaubt, ich könne es machen und will mich dazu encouragiren.« Das wenig überzeugende Stück erschien 1758 in Kleists *Neuen Gedichten.*

846,9 *wenn]* Breslauer Hs.: »wann«.

846,12 *Dein Gleim]* Kleist und Gleim lernten sich bereits 1743 kennen; die Freundschaft galt als besonders innig.

846,15 *der redliche Sulzer]* Der Schweizer Mathematiker, Philosoph und Ästhetiker Johann Georg Sulzer (1720-1779) lebte seit 1747 in Berlin. Kleist kannte ihn (seit 1748?) aus dem Gleimschen Freundeskreis.

846,18 *lächelnder Rammler]* Auch Karl Wilhelm Ramler (1725-1798), Dichter und Philosophieprof. an der Kadettenschule in Berlin (seit 1748), gehörte zum innersten Kreis um Gleim. Mit diesem und Kleist verband ihn ein Friedrich-Kult.

846,19 *der harmonische Krause]* Christian Gottfried Krause (1729-1770), Magistratsbeamter in Berlin und Laienkomponist. Weniger bekanntes Mitglied des Freundeskreises. Vertonte anakreontische Gedichte, u. a. Lessings *Die drei Reiche der Natur.* Früher Freund Kleists.

846,28f. *ergriff ⟨. . .⟩ Panier]* Der greise Schwerin soll in der Schlacht von Prag die weichenden preuß. Linien zum erneuten Angriff motiviert haben, indem er mit der Regimentsfahne voranstürmte und dabei fiel.

846,34-36 *der entsäulte ⟨. . .⟩ zusammen]* Breslauer Hs.: »der entsäulte Pallast, über dich, Simson, ein schreckliches Monument von Ruinen, und zerschmetterten Feinden, zusammen«.

846,36 *Simson]* Simson (Samson) besiegte die Philister, indem er die Säulen des Palasts, in dem er gefangen war, einstieß und sich und die Feinde unter den Trümmern begrub (Richt. 16, 26-31).

LITERATURVERZEICHNIS

SIGLENVERZEICHNIS

BPZ — Berlinische Privilegi⟨e⟩rte Zeitung.

Braun — Julius W. Braun (Hg.), *Lessing im Urtheile seiner Zeitgenossen. Zeitungskritiken, Berichte und Notizen, Lessing und sein Werk betreffend, aus den Jahren 1747-1781*, 3 Bde., Berlin 1884-97 (Reprint 1969).

Daunicht — Richard Daunicht (Hg.), *Lessing im Gespräch. Berichte und Urteile von Freunden und Zeitgenossen*, München 1971.

G — Herbert G. Göpfert in Zusammenarbeit mit Karl Eibl, Helmut Göbel, Karl S. Guthke, Gerd Hillen, Albert von Schirnding und Jörg Schönert (Hg.), G. E. Lessing, *Werke*, Bd. 1-8, München 1970-78.

Grimms DWb — *Deutsches Wörterbuch von Jacob und Wilhelm Grimm*, Bd. 1-33, 1854-1954 (Quellenverzeichnis 1971).

Der Kleine Pauly — *Der Kleine Pauly. Lexikon der Antike*. Auf der Grundlage von Pauly's Realencyclopädie der classischen Altertumswissenschaft unter Mitwirkung zahlreicher Fachgelehrter bearbeitet und hg. v. Konrat Ziegler und Walther Sontheimer, 5 Bde., München 1979.

LM — G. E. Lessing, *Sämtliche Schriften*, hg. v. Karl Lachmann, 3., aufs neue durchgesehene und vermehrte Aufl., besorgt durch Franz Muncker, 23 Bde., Stuttgart und (ab Bd. 12) Leipzig 1886-1924 (Reprint 1968).

LYb	Lessing Yearbook (München 1969 ff.).
PO	Julius Petersen und Waldemar von Olshausen (Hg.), G. E. Lessing, *Werke, vollständige Ausgabe in 25 Teilen*, 20 Textbände, 3 durchpaginierte Anmerkungs- und 2 Registerbände.
PO Erl.	Anmerkungsbände von PO.
Rilla	Paul Rilla (Hg.), G. E. Lessing, *Gesammelte Werke*, Bd. 1-10, Berlin und Weimar 1954-58 (Reprint 1968).
Schriften	G. E. Lessing, *Schrifften. Erster - Sechster Theil*, Berlin 1753-55.
Zedler	*Großes vollständiges Universallexikon aller Wissenschaften und Künste*, 64 und 4 Suppl.-Bde., Leipzig 1732-54 (Reprint).

HÄUFIG BENUTZTE QUELLENTEXTE

Aristoteles, *Poetik*. Griechisch und deutsch, übers. und hg. v. Manfred Fuhrmann, Stuttgart 1982.

Aristoteles, *Dichtkunst, ins Deutsche übersetzet. Mit Anmerkungen, und besonderen Abhandlungen, versehen, von Michael Conrad Curtius*, Hannover 1753.

Jean-Baptiste Dubos, *Réflexions critiques sur la poésie et sur la peinture*, Teil 1-3, 7. Auflage, Paris 1770 (Reprint 1982, zuerst Paris 1719).

⟨Ders.⟩ *Kritische Betrachtungen über die Poesie und Mahlerey, aus dem Französischen des Herrn Abtes Dü Bos* ⟨Übers.: G. Benediktus Funk⟩, 3 Teile, Kopenhagen 1760-61.

Euripides, *Sämtliche Tragödien und Fragmente*. Griechisch und deutsch, übers. v. Ernst Buschor, hg. v. Gustav Adolf Seeck, Bd. 1-3, München 1972.

Johann Christoph Gottsched, *Versuch einer Critischen Dichtkunst ⟨. . .⟩ Vierte sehr vermehrte Auflage*, Leipzig 1751 (Reprint 1962).

Horaz, *Sämtliche Werke*. Lateinisch und deutsch, hg. v. Hans

Färber, Max Faltner, Wilhelm Schöne, Teil 1-2, München 1960. – Zitiert: Färber.

Samuel Gotthold Lange (Übers.), *Des Quintus Horatius Flaccus Oden fünf Bücher und von der Dichtkunst ein Buch*, Halle 1752 (Teil-Reprint 1971, mit einem Nachwort von Frank Jolles).

Karl Lessing (Hg.), *Gotthold Ephraim Lessings Theatralischer Nachlaß*, Teil 1-2, Berlin 1786.

Moses Mendelssohn, *Gesammelte Schriften. Jubiläumsausgabe.* Begonnen von I. Elbogen, J. Guttmann, E. Mittwoch. Fortgesetzt von A. Altmann, E. Engel. In Gemeinschaft mit F. Bamberger, H. Borodianski (Bar-Dayan), S. Rawidowicz, B. Strauss, L. Strauss, W. Weinberg, Bd. 1-24, Berlin, Breslau und Stuttgart-Bad Cannstatt 1929-97. – Zitiert: JA.

Christlob Mylius, *Vermischte Schriften ⟨...⟩ gesammelt von Gotthold Ephraim Leßing*, Berlin 1754 (Reprint 1971).

Jean-Jacques Rousseau, *Von der Ungleichheit unter den Menschen*, übers. v. Moses Mendelssohn, neu hg., mit einer Einführung und Erläuterungen v. Ursula Goldenbaum, Weimar 2000.

Seneca, *Sämtliche Tragödien*. Lateinisch und deutsch, übers. und erläutert v. Theodor Thomann, 2 Bde., Zürich und Stuttgart 1961. – Zitiert: Thomann.

Voltaire, *Œuvres Complètes*, ed. Louis Moland, Paris 1877-82.

ALPHABETISCHES LITERATURVERZEICHNIS

Johann Christoph Adelung, *Grammatisch-kritisches Wörterbuch der Hochdeutschen Mundart*, 4 Bde., 2. verm. und verb. Aufl., Leipzig 1793-1801 (Reprint 1990).

Leif Erik Albertsen, *Das Lehrgedicht. Eine Geschichte der antikisierenden Sachepik in der neueren deutschen Literatur*, Aarhus 1967.

Paul Albrecht, *Leszing's Plagiate*, Bd. 1-6, Hamburg und Leipzig 1890-91.

Peter-André Alt, *Tragödie der Aufklärung. Eine Einführung*, Tübingen und Basel 1994.

Peter-André Alt, *Aufklärung. Lehrbuch Germanistik*, Stuttgart und Weimar 1996.

Alexander Altmann, *Moses Mendelssohn. A Biographical Study*, Philadelphia 1973.

Mi-Hyun An, *Die kleinen Formen des frühen Lessing. Eine Untersuchung ihres Strukturzusammenhangs*, Tübingen 1991.

Rainer Baasner, *Lessings frühe Rezensionen. Die Berlinische Privilegierte Zeitung im Differenzierungsprozeß der Gelehrtenrepublik*, in: Wolfram Mauser und Günter Saße 1993, S. 129-138.

Alfred Baeumler, *Das Irrationalitätsproblem in der Ästhetik und Logik des 18. Jahrhunderts bis zur Kritik der Urteilskraft*, Tübingen 1967 (zuerst 1923).

Erhard Bahr, Edward P. Harris und Lawrence G. Lyon (Hg.), *Humanität und Dialog. Lessing und Mendelssohn in neuer Sicht*, Detroit und München 1982.

Jochen Barkhausen, *Die Vernunft des Sentimentalismus. Untersuchungen zur Entstehung der Empfindsamkeit und empfindsamen Komödie in England*, Tübingen 1983.

Günter Ballhausen, *Der Wandel der Gebärde auf dem deutschen Theater des 18. Jahrhunderts. Dargestellt an den Gebärdenbüchern*, Diss. Masch., Göttingen 1955.

Wilfried Barner, *Produktive Rezeption. Lessing und die Tragödien Senecas*, München 1973.

Wilfried Barner, Gunter E. Grimm, Helmuth Kiesel, Martin Kramer, *Lessing. Epoche – Werk – Wirkung*, 6. Aufl., München 1998 (zuerst 1975).

Wilfried Barner, *Lessing und sein Publikum in den frühen kritischen Schriften*, in: Edward P. Harris und Richard E. Schade 1977, S. 323-343.

Wilfried Barner, *Lessing als Dramatiker*, in: Walter Hinck (Hg.), *Handbuch des deutschen Dramas*, Düsseldorf 1980, S. 106-119.

Wilfried Barner, *Lessing zwischen Bürgerlichkeit und Gelehrtheit*, in: Rudolf Vierhaus (Hg.), *Bürger und Bürgerlichkeit im Zeitalter der Aufklärung*, Heidelberg 1980, S. 165-204.

Wilfried Barner, »*Zu viel Thränen – nur Keime von Thränen«. Über »Miß Sara Sampson« und »Emilia Galotti« beim zeitgenössischen Publikum*, in: *Das weinende Saeculum*, hg. v. d. Arbeitsstelle 18. Jahrhundert Wuppertal, Heidelberg 1983, S. 89-105.

Wilfried Barner und Albert M. Reh (Hg.), *Nation und Gelehrtenrepublik. Lessing im europäischen Zusammenhang*, Detroit und München 1984.

Wilfried Barner, *Res publica litteraria und das Nationale. Zu Lessings europäischer Orientierung*, in: Wilfried Barner und Albert M. Reh 1984, S. 69-90.

Wilfried Barner, *Autorität und Anmaßung. Über Lessings polemische Strategien, vornehmlich im antiquarischen Streit*, in: Wolfram Mauser und Günter Saße 1993, S. 15-37.

Wilfried Barner, *Lessing und die griechische Tragödie*, in: Hellmut Flashar (Hg.), *Tragödie. Idee und Transformation*, Stuttgart und Leipzig 1997, S.161-198.

Edward M. Batley, *On the Nature and Delineation of Beauty. Lessing's Responses to William Hogarth and Edmund Burke*, in: C. P. Magill u. a. (Hg.), *Tradition and Creation. Essays in honour of E. M. Wilkinson*, Leeds 1978, S. 30-45.

Wolfgang Bender, Nachwort zu: *Johann Jacob Bodmer, Briefwechsel von der Natur des Poetischen Geschmacks*, Zürich 1736, Reprint 1966, S. 3*-35*.

Wolfgang Bender, *Zu Lessings frühen kritisch-ästhetischen Schriften*, in: Zeitschrift für deutsche Philologie 90 (1971), S. 161-186.

Wolfgang Bender, *Lessing, Dubos und die rhetorische Tradition*, in: Wilfried Barner und Albert M. Reh 1984, S. 53-66.

Wolfgang F. Bender (Hg.), *Schauspielkunst im 18. Jahrhundert. Grundlagen, Praxis, Autoren*, Stuttgart 1992.

Wolfgang F. Bender, *Vom »tollen Handwerk« zur Kunstübung. Zur »Grammatik« der Schauspielkunst im 18. Jahrhundert*, in: Wolfgang F. Bender 1992, S. 11-50.

Maximilian Bergengruen, *Gehört »die theatralische Sittlichkeit vor den Richterstuhl der symbolischen Erkenntniß«? Zur Genese von Moses Mendelssohns Theorie der Illusion*, in: Mendelssohn Studien 12 (2001), S. 35-54.

Klaus L. Berghahn, *Das schwierige Geschäft der Aufklärung. Zur Bedeutung der Zeitschriften im literarischen Leben des 18. Jahrhunderts*, in: Hans-Friedrich Wessels (Hg.), *Aufklärung. Ein literaturwissenschaftliches Studienbuch*, Königstein/Ts. 1984, S. 32-65.

Erich Beyreuther, *Die Bedeutung Pierre Bayles für Lessing und dessen Fragment über die Herrnhuter*, in: Heinrich Bornkamm u. a., *Der Pietismus in Gestalten und Wirkungen*, Bielefeld 1975, S. 84-97.

Flodoard Freiherr von Biedermann, *Gotthold Ephraim Lessings Gespräche nebst sonstigen Zeugnissen aus seinem Umgang*, Berlin 1924.

Joachim Birke, *Der junge Lessing als Kritiker Gottscheds*, in: Euphorion 62 (1968) S. 392-404.

Hendrik Birus, *Lessing und die Weltliteratur*, in: *Lessing. Kleine Welt – Große Welt*, Kamenz 2000, S. 57-72.

Paul Böckmann, *Formgeschichte der deutschen Dichtung*, Bd. 1, Hamburg 1965 (zuerst 1949).

Heinrich Bornkamm, *Die innere Handlung in Lessings »Miß Sara Sampson«*, in: Euphorion 51 (1957), S. 385-396.

Friedrich Braitmaier, *Geschichte der poetischen Theorie und Kritik von den Diskursen der Maler bis auf Lessing*, Bd. 2, Frauenfeld 1899.

Francis Andrew Brown, *Seneca and »Sara«: Parallels and Problems*, in: Edward P. Harris und Richard E. Schade 1977, S. 143-155.

Francis Andrew Brown, *Documents to Lessing's Reception in German-Language Journals, 1749-1781*, in: LYb 15 (1983) S. 9-83.

Werner Brüggemann, *Spanisches Theater und deutsche Romantik*, Bd. 1, Münster 1964 (darin: »Lessing und das spanische Theater«, S. 122-137).

Arend Buchholtz, *Die Vossische Zeitung. Geschichtliche Rückblicke auf drei Jahrhunderte*, Berlin 1904.

Hans Butzmann, *Lessings bürgerliches Trauerspiel »Tonsine«. Betrachtungen zu einem bisher verschollenen Entwurf*, in: Jahrbuch des Freien Deutschen Hochstifts 1966, S. 109-118.

Konrad Burdach, *Schillers Chordrama und die Geburt des tragischen Stils aus der Musik*, in: ders., *Vorspiel. Gesammelte Schriften zur Geschichte des deutschen Geistes*, Halle 1926, S. 116-237 (zuerst 1910).

Josef Caro, *Lessing und die Engländer*, in: Euphorion 6 (1899) S. 465-499.

Ernst Cassirer, *Die Philosophie der Aufklärung*, 3. Aufl., Tübingen 1973.

Madeleine Claus, *Lessing und die Franzosen. Höflichkeit - Laster - Witz*, 2. Aufl., Rheinfelden 1985.

Ernst Consentius, *»Der Wahrsager«. Zur Charakteristik von Mylius und Lessing*, Leipzig 1900.

Ernst Consentius, *Lessing und die Vossische Zeitung*, Leipzig 1902 (dazu die Rezensionen von Franz Muncker, Albert Köster, Alfred Schöne; vgl. Bd. II dieser Ausgabe, S. 1429).

Ernst Consentius, *Briefe eines Berliner Journalisten aus dem 18. Jahrhundert*, in: Euphorion 10 (1903), S. 518-549, 776-790; 11 (1904), S. 65-81.

Ernst Consentius, Artikel: *Christlob Mylius*, in: Allgemeine deutsche Biographie, Bd. 52, Leipzig 1906, S. 545-558.

Antonio Corsano, *Lessing e il Cardano*, in: Giornale Critico della Filosofia Italiana 46 (1967), S. 118-128.

Theodor Wilhelm Danzel und Gottschalk Eduard Guhrauer, *Gotthold Ephraim Lessing. Sein Leben und seine Werke*, 2. berichtigte und verm. Aufl., hg. v. Wendelin von Maltzahn und Robert Boxberger, 2 Bde., Berlin 1880/81 (zuerst 1850-1854).

Richard Daunicht, *Die Entstehung des bürgerlichen Trauerspiels in Deutschland*, Berlin 1963.

Otto Deneke, *Lessing und die Possen 1754*, Heidelberg 1923 (Abdruck der *Possen im Taschenformate*).

Roland Dreßler, *Von der Schaubühne zur Sittenschule. Das Theaterpublikum vor der vierten Wand*, Berlin 1993.

Thomas Dreßler, *Dramaturgie der Menschheit – Lessing*, Stuttgart und Weimar 1996.

Gabriele Dürbeck, *Einbildungskraft und Aufklärung. Perspekti-*

ven der Philosophie, Anthropologie und Ästhetik um 1750, Tübingen 1998.

Manfred Durzak, *Äußere und innere Handlung in Miß »Sara Sampson«. Zur ästhetischen Geschlossenheit von Lessings Trauerspiel*, in: Deutsche Vierteljahrsschrift für Literaturwissenschaft und Geistesgeschichte 44 (1970), S. 47-63.

Edward Dvoretzky (Hg.), *Lessing. Dokumente zur Wirkungsgeschichte 1755-1968*, 2 Teile, Göppingen 1971-72.

Martin Dyck, *Lessing and mathematics*, in: LYb 9 (1977), S. 96-117.

Karl Eibl, *Gotthold Ephraim Lessing: »Miß Sara Sampson«. Ein bürgerliches Trauerspiel*, Frankfurt a. M. 1971.

Jan Engbers, *Der »Moral-Sense« bei Gellert, Lessing und Wieland. Zur Rezeption von Shaftesbury und Hutcheson in Deutschland*, Heidelberg 2001.

Eva J. Engel-Holland, *Die Bedeutung Moses Mendelssohns für die Literatur des 18. Jahrhunderts*, in: Mendelssohn Studien 4 (1979), S. 111-159.

Eva J. Engel, *Young Lessing as Literary Critic (1749-1755)*, in: LYb 11 (1979), S. 69-77.

Eva J. Engel, *Ad se ipsum? »Werde ich denn niemals den Vorwurf los werden, den Sie mir wegen M. machen?«*, in: Neues zur Lessing-Forschung. Ingrid Strohschneider-Kohrs zu Ehren am 26. August 1997, hg. v. Eva J. Engel und Carl Ritterhoff, Tübingen 1997, S. 43-57 (zu Mylius).

Hugo Fetting, *Conrad Ekhof. Ein Schauspieler des achtzehnten Jahrhunderts*, Berlin 1954.

Monika Fick, *Sinnlichkeit und Vernunft: ein ungeklärtes Verhältnis. Wichtige Publikationen zu Lessings bürgerlichem Trauerspiel*, in: Diskussion Deutsch 24 (1993), S. 222-227.

Monika Fick, *Die »Offenbarung der Natur«. Eine naturphilosophische Konzeption in Lessings »Nathan der Weise«*, in: Jahrbuch der Deutschen Schillergesellschaft 39 (1995), S. 113-129.

Monika Fick, *Lessing-Handbuch. Leben – Werk – Wirkung*, Stuttgart und Weimar 2000.

Karl J. Fink und Herbert Rowland (Hg.), *The Eighteenth Century German Book Review*, Heidelberg 1995.

L. H. Fischer, *Friedrich Wilhelm Marpurg, der Herausgeber der ältesten musikalischen Wochenschrift Berlins*, in: ders., *Aus Berlins Vergangenheit*, Berlin 1891, S. 82-91.

Erika Fischer-Lichte, *Semiotik des Theaters. Eine Einführung*, Bd. 2: *Vom »künstlichen« zum »natürlichen« Zeichen. Theater des Barock und der Aufklärung*, 2. Aufl., Tübingen 1989.

Erika Fischer-Lichte, *Entwicklung einer neuen Schauspielkunst*, in: Wolfgang F. Bender 1992, S. 51-70.

Erika Fischer-Lichte und Jörg Schönert (Hg.), *Theater im Kulturwandel des 18. Jahrhunderts. Inszenierung und Wahrnehmung von Körper – Musik – Sprache*, Göttingen 1999.

John G. Fitch, *Seneca's »Hercules Furens«. A Critical Text with Introduction and Commentary*, Ithaca and London 1987.

Gloria Flaherty, *Dying on Stage*, in: LYb 21 (1989), S. 103-122.

Martin Franzbach, *Lessings Beziehungen zur spanischen Literatur*, in: arcadia 2 (1967) S. 79-90.

Ruth Freidank, *Theater in Berlin. Von den Anfängen bis 1945*, Berlin 1988.

Peter Freimark, Franklin Kopitzsch und Helga Slessarev (Hg.), *Lessing und die Toleranz*, Detroit und München 1986.

Gerhard Fricke, *Bemerkungen zu Lessings »Freigeist« und »Miß Sara Sampson«*, in: Festschrift für Josef Quint, hg. v. Hugo Moser, Rudolf Schützeichel, Karl Stackmann, Bonn 1964, S. 83-120.

Hans Fromm, *Bibliographie der deutschen Übersetzungen aus dem Französischen. 1700-1948*, 6 Bde., Baden-Baden 1950-53.

Werner Gaede, *Die publizistische Technik in der Polemik Gotthold Ephraim Lessings*, Berlin 1955.

Ursula Geitner, *Die »Beredsamkeit des Leibes«. Zur Unterscheidung von Bewußtsein und Kommunikation im 18. Jahrhundert*, in: Das achtzehnte Jahrhundert 14/2 (1990), S. 181-195.

Ursula Geitner, *Die Sprache der Verstellung. Studien zum rhetorischen und anthropologischen Wissen im 17. und 18. Jahrhundert*, Tübingen 1992.

David E. R. George, *Deutsche Tragödientheorien vom Mittelalter bis zu Lessing. Texte und Kommentare*, München 1972.

Helmut Göbel, *Bild und Sprache bei Lessing*, München 1971.

Helmut Göbel, *Lessing und Cardano. Ein Beitrag zu Lessings Renaissance-Rezeption*, in: Richard Toellner (Hg.), *Aufklärung und Humanismus*, Heidelberg 1980, S. 167-186.

Jutta Golawski-Braungart, *Lessing und Riccoboni. Schauspielkunst und Rollenkonzeption im Trauerspiel »Miß Sara Sampson«*, in: Sprache und Literatur 75/76 (1995), S. 184-204.

Jutta Golawski-Braungart, *Furcht und Schrecken: Lessing, Corneille und Aristoteles*, in: Euphorion 93 (1999), S. 404-431.

Ursula Goldenbaum, *Die Bedeutung der öffentlichen Debatte über das »Jugement« der Berliner Akademie für die Wissenschaftsgeschichte. Eine kritische Sichtung hartnäckiger Vorurteile*, in: Hartmut Hecht (Hg.), *Pierre Louis de Maupertuis. Eine Bilanz nach 300 Jahren*, Berlin 1999, S. 383-417.

Oliver Goldsmith, *Der Weltbürger oder Briefe eines in London weilenden chinesischen Philosophen an seine Freunde im fernen Osten*, aus dem Engl. übers. v. Helmut T. Heinrich und mit einem Nachwort versehen von Friedemann Berger, München 1986.

Otto G. Graf, *Lessing and the Art of Acting*, in: Papers of the Michigan Academy of Science, Arts, and Letters 40 (1953), S. 293-301.

Ruedi Graf, *Das Theater im Literaturstaat. Literarisches Theater auf dem Weg zur Bildungsmacht*, Tübingen 1992.

Anthony Grafton, *Cardanos Kosmos. Die Welten und Werke eines Renaissance-Astrologen*, Berlin 1999.

Conrad Grau, *Maupertuis in Berlin*, in: Hartmut Hecht (Hg.), *Pierre Louis Moreau de Maupertuis. Eine Bilanz nach 300 Jahren*, Berlin 1999, S. 35-56.

Gunter E. Grimm, *Literatur und Gelehrtentum in Deutschland. Untersuchungen zum Wandel ihres Verhältnisses vom Humanismus bis zur Frühaufklärung*, Tübingen 1983.

Gunter E. Grimm (Hg.), *G. E. Lessing: Sämtliche Gedichte*, Stuttgart 1987.

Gunter E. Grimm, *»O der Polygraph!« Satire als Disputationsinstrument in Lessings literaturkritischen Schriften*, in: Wolfram Mauser und Günter Saße 1993, S. 258-268.

Karl S. Guthke, *Gotthold Ephraim Lessing*, 3., erweit. und überarb. Aufl., Stuttgart 1979 (zuerst 1967).

Karl S. Guthke, *Der junge Lessing als Kritiker Gottscheds und Bodmers*, in: ders., *Literarisches Leben im 18. Jahrhundert*, Bern und München 1975, S. 24-71.

Karl S. Guthke, *Aufgaben der Lessing-Forschung heute. Unvorgreifliche Folgerungen aus neueren Interessensrichtungen*, in: Wolfenbütteler Studien zur Aufklärung 9 (1981), S. 131-160.

Karl S. Guthke, *Das deutsche bürgerliche Trauerspiel*, 4. Aufl., Stuttgart 1984 (zuerst 1967).

Karl S. Guthke, *Lessings Rezensionen. Besuch in einem Kartenhaus*, in: Jahrbuch des Freien Deutschen Hochstifts 1993, S. 1-59. – Zitiert: *Kartenhaus*.

Karl S. Guthke, *»Nicht fremd seyn auf der Welt«. Lessing und die Naturwissenschaften*, in: LYb 25 (1993), S. 55-82.

Adolf von Harnack, *Geschichte der Königlich Preußischen Akademie der Wissenschaften*, Bd. 1,1: *Von der Gründung bis zum Tode Friedrichs des Großen*, Berlin 1900.

Edward P. Harris und Richard E. Schade (Hg.), *Lessing in heutiger Sicht*, Bremen und Wolfenbüttel 1977.

Otto Haßelbeck, *Illusion und Fiktion. Lessings Beitrag zur poetologischen Diskussion über das Verhältnis von Kunst und Wirklichkeit*, München 1979.

Arnold Heidsieck, *Der Disput von Lessing und Mendelssohn über das Trauerspiel*, in: LYb 11 (1979), S. 7-34.

Edmund Heier, *Lessing and Hogarth: The Empirical Concept of Beauty*, in: *Analecta Helvetica et Germanica. Eine Festschrift zu Ehren von Hermann Boeschenstein*, hg. v. A. Arnold u. a., Bonn 1979, S. 77-96.

Dieter Hildebrandt, *Christlob Mylius. Ein Genie des Ärgernisses*, Berlin 1981.

Marion Gräfin von Hoensbroech, *Die List der Kritik. Lessings kritische Schriften und Dramen*, München 1976.

Jochen Hörisch, *Die Tugend und der Weltlauf in Lessings bürgerlichen Trauerspielen*, in: Euphorion 74 (1980), S. 186-197.

M. C. Howatson (Hg.), *Reclams Lexikon der Antike*, Stuttgart 1996 (engl. 1989).

Rolf-Peter Janz, *»Sie ist die Schande ihres Geschlechts«. Die Figur der femme fatale bei Lessing*, in: Jahrbuch der Deutschen Schillergesellschaft 23 (1979), S. 207-221.

Claudia Jeschke, *Noverre, Lessing, Engel. Zur Theorie der Körperbewegung in der zweiten Hälfte des 18. Jahrhunderts*, in: Wolfgang F. Bender 1992, S. 85-111.

Judentum im Zeitalter der Aufklärung, hg. v. Vorstand der Lessing-Akademie, Bremen und Wolfenbüttel 1977.

Peter K. Kapitza, *Ein bürgerlicher Krieg in der gelehrten Welt. Zur Geschichte der Querelle des Anciens et des Modernes in Deutschland*, München 1981.

Hans-Wolfgang Kautz (Hg.), *Peter Abaelard, Gespräch eines Philosophen, eines Juden und eines Christen*. Lateinisch und deutsch, Frankfurt a. M. 1995.

Eckhard Keßler, *Girolamo Cardano. Philosoph, Naturforscher, Arzt*, Wiesbaden 1994.

Paul P. Kies, *The Sources and Basic Model of Lessing's »Miß Sara Sampson«*, in: Modern Philology 24 (1926/27), S. 65-90.

Paul P. Kies, *Lessing's early Study of English Drama*, in: Journal of English and Germanic Philology 28 (1929), S. 16-34.

Paul P. Kies, *Lessing and English Domestic Tragedy*, in: Research Studies of the State College of Washington 2 (1930), S. 130-147.

Helmuth Kiesel und Paul Münch, *Gesellschaft und Literatur im 18. Jahrhundert. Voraussetzungen und Entstehung des literarischen Markts in Deutschland*, München 1977.

Dieter Kimpel, *Das anthropologische Konzept in den literaturästhetischen Schriften Lessings und Mendelssohns*, in: Erhard Bahr, Edward P. Harris und Richard E. Schade 1982, S. 275-286.

Joachim Kirchner, *Die Grundlagen des deutschen Zeitschriftenwesens. Mit einer Gesamtbibliographie der deutschen Zeitschriften bis zum Jahre 1790*, 2 Bde., Leipzig 1928-32.

Panajotis Kondylis, *Die Aufklärung im Rahmen des neuzeitlichen Rationalismus*, Stuttgart 1981 (besonders Kap. »Der polemische Charakter des Denkens in der Aufklärung und in ihren Interpretationen«).

Alexander Košenina, *Anthropologie und Schauspielkunst. Studien zur »eloquentia corporis« im 18. Jahrhundert*, Tübingen 1995.

Max Kommerell, *Lessing und Aristoteles. Untersuchung über die*

Theorie der Tragödie, Vierte unveränd. Aufl., Frankfurt a. M. 1970 (zuerst 1940).

Jürgen Krätzer, *»Vermischte Schriften des Hrn. Christlob Mylius, gesammelt von Gotthold Epraim Lessing«. Nachbemerkungen zu einer Vorrede*, in: Zeitschrift für deutsche Philologie 114 (1995), S. 499-521.

Wolfgang Kröger, *Der kühne Weltweise. Lessing als Leser Rousseaus*, in: Herbert Jaumann (Hg.), *Rousseau in Deutschland. Neue Beiträge zur Erforschung seiner Rezeption*, Berlin und New York 1995, S. 23-45.

Doris Kuhles, unter Mitarbeit von Erdmann von Wilamowitz-Moellendorff (Bearb.), *Lessing-Bibliographie 1971-1985*, Berlin und Weimar 1988.

Karl-Josef Kuschel, *Vom Streit zum Wettstreit der Religionen. Lessing und die Herausforderung des Islam*, Düsseldorf 1998.

Karl Lessing, *Gotthold Ephraim Lessings Leben, nebst seinem noch übrigen litterarischen Nachlasse*, Teil 1-3, Berlin 1793-95.

George Lillo, *Der Kaufmann von Londen oder Begebenheiten Georg Barnwells. Ein bürgerliches Trauerspiel. Übersetzt von Henning Adam von Bassewitz (1752)*. Kritische Ausgabe mit Materialien und einer Einführung von Klaus-Detlef Müller, Tübingen 1981.

Wm. A. Little, *Lessing and Schönaich*, in: LYb 1 (1969), S. 187-199.

Elmar Locher, *Gestik und Physiognomik in der Schauspielkunst bei Lessing*, in: *Deutsche Aufklärung und Italien*, hg. v. Italo Michele Battafarano, Bern u. a. 1992, S. 131-164.

Matthias Luserke, *»Wir führen Krieg, lieber Lessing«. Die Form des Streitens um die richtige Katharsisdeutung zwischen Lessing, Mendelssohn und Nicolai im Briefwechsel über das Trauerspiel. – Ein diskursanalytischer Versuch*, in: Wolfram Mauser und Günter Saße 1993, S. 322-331.

Matthias Luserke, *Die Bändigung der wilden Seele. Literatur und Leidenschaft in der Aufklärung*, Stuttgart und Weimar 1995.

Edgardo Maddalena, *Lessing e Goldoni*, in: Giornale Storico della Letteratura Italiana 47 (1906), S. 193-214.

Bruno Markwardt, *Geschichte der deutschen Poetik*, Bd. 2: *Aufklärung, Rokoko, Sturm und Drang*, Berlin 1956.

Wolfgang Martens, *Die Botschaft der Tugend. Die Aufklärung im Spiegel der deutschen Moralischen Wochenschriften,* 2. Aufl., Stuttgart 1971 (zuerst 1968).

Wolfgang Martens, *Lessing als Aufklärer. Zu Lessings Kritik an den Moralischen Wochenschriften*, in: Edward P. Harris und Richard E. Schade 1977, S. 237-248.

Alberto Martino, *Geschichte der dramatischen Theorien in Deutschland im 18. Jahrhundert,* Bd. 1: *Die Dramaturgie der Aufklärung,* Tübingen 1972 (mehr nicht erschienen).

Sybille Maurer-Schmoock, *Deutsches Theater im 18. Jahrhundert,* Tübingen 1982.

Wolfram Mauser, *Lessings »Miss Sara Sampson«. Bürgerliches Trauerspiel als Ausdruck innerbürgerlichen Konflikts*, in: LYb 7 (1975), S. 7-27.

Wolfram Mauser, *Geselligkeit. Zu Chance und Scheitern einer sozialethischen Utopie um 1750*, in: Aufklärung 4/1 (1989), S. 5-36.

Wolfram Mauser und Günter Saße (Hg.), *Streitkultur. Strategien des Überzeugens im Werk Lessings,* Tübingen 1993.

Hans Mayer, *Lessing und Aristoteles*, in: Festschrift für Bernhard Blume, Göttingen 1967, S. 61-75.

Albert Meier, *Dramaturgie der Bewunderung. Untersuchungen zur politisch-klassizistischen Tragödie des 18. Jahrhunderts,* Frankfurt a. M. 1993.

Heinrich Mettler, *Lessing und Leibniz: Bemerkungen zur Exoterik anhand dreier Abschnitte aus »Leibnitz von den ewigen Strafen«*, in: *Esoterik und Exoterik der Philosophie: Beiträge zu Geschichte und Sinn philosophischer Selbstbestimmung,* hg. v. Helmut Holzhey und Walther Ch. Zimmerli, Basel und Stuttgart 1977, S. 207-217.

Bernd Meyer, *Lessing als Leibnizinterpret. Ein Beitrag zur Geschichte der Leibnizrezeption im 18. Jahrhundert,* Erlangen 1967.

Reinhart Meyer, *Das französische Theater in Deutschland*, in: *»Aufklärungen«: Frankreich und Deutschland im 18. Jahrhundert,* Bd. 1, hg. v. Gerhard Sauder und Jochen Schlobach, Heidelberg 1986, S. 145-165.

Reinhart Meyer-Kalkus, *Die Rückkehr des grausamen Todes.*

Sterbeszenen im deutschen Drama des 18. Jahrhunderts, in: Zeitschrift für Religions- und Geistesgeschichte 50 (1998), S. 97-114.

Peter Michelsen, *Die Erregung des Mitleids durch die Tragödie. Zu Lessings Ansichten über das Trauerspiel im Briefwechsel mit Mendelssohn und Nicolai*, in: ders., *Der unruhige Bürger*, 1990, S. 107-136 (zuerst 1966).

Peter Michelsen, *Ist alles gut? Pope, Mendelssohn und Lessing*, in: ders., *Der unruhige Bürger*, 1990, S. 43-69 (zuerst 1979).

Peter Michelsen, *Die Problematik der Empfindsamkeit. Zu Lessings »Miß Sara Sampson«*, in: ders., *Der unruhige Bürger*, 1990, S. 163-220 (zuerst 1981).

Peter Michelsen, *Zur Entstehung des bürgerlichen Trauerspiels. Einige geistes- und literaturwissenschaftliche Vorüberlegungen zu einer Interpretation der »Miß Sara Sampson«*, in: *Literaturwissenschaft und Geistesgeschichte. Festschrift für Richard Brinkmann*, hg. v. Jürgen Brummack u. a., Tübingen 1981, S. 83-98.

Peter Michelsen, *Entgrenzung. Die englische Literatur im Spiegel der deutschen im 18. Jahrhundert*, in: ders., *Der unruhige Bürger*, S. 283-314.

Peter Michelsen, *Der unruhige Bürger. Studien zu Lessing und zur Literatur des 18. Jahrhunderts*, Würzburg 1990.

Wolfgang Milde (unter Mitarbeit von Christine Hardenberg), *Gesamtverzeichnis der Lessing-Handschriften*, Bd. 1, Heidelberg 1982.

Cornelia Mönch, *Abschrecken oder Mitleiden? Das deutsche bürgerliche Trauerspiel im 18. Jahrhundert*, Tübingen 1993.

Evelyn K. Moore, *The Passions of Rhetoric. Lessing's Theory of Argument and the German Enlightenment*, Dordrecht, Boston und London 1993.

Evelyn K. Moore, *Lessings Rettung des Cardanus. Zur Entstehung einer epistemologischen Polemik*, in: Wolfram Mauser und Günter Saße 1993, S. 392-400.

Ariane Neuhaus-Koch, *G. E. Lessing. Die Sozialstrukturen in seinen Dramen*, Bonn 1977.

Friedrich Niewöhner, *Veritas sive Varietas. Lessings Toleranzparabel und das Buch von den drei Betrügern*, Heidelberg 1988.

Hugh Barr Nisbet, *Lessing and Pierre Bayle*, in: C. P. Magill u. a. (Hg.), *Tradition and Creation. Essays in honour of E. M. Wilkinson*, Leeds 1978, S. 13-29.

Hugh Barr Nisbet, *»De Tribus Impostoribus«: On the Genesis of Lessing's »Nathan der Weise«*, in: Euphorion 73 (1979), S. 365-387.

Hugh Barr Nisbet, *Polemik und Erkenntnistheorie bei Lessing*, in: Wolfram Mauser und Günter Saße 1993, S. 410-419.

Fred O. Nolte, *Lessing's Correspondence with Mendelssohn and Nicolai*, Harvard 1931.

Winfried Nolting, *Die Dialektik der Empfindung. Lessings Trauerspiele »Miß Sara Sampson« und »Emilia Galotti«*, Stuttgart 1986.

Eduard Norden, *Lessing als klassischer Philologe*, in: ders., *Kleine Schriften zum klassischen Altertum*, Berlin 1966, S. 621-638.

Hans Oberländer, *Die geistige Entwicklung der deutschen Schauspielkunst im 18. Jahrhundert*, Hamburg und Leipzig 1898.

Uwe Otto, *Lessings Verhältnis zur französischen Darstellungstheorie*, Frankfurt a. M. und Bern 1976.

Renate Petermann und Peter-Volker Springborn (Hg.), *Theater und Aufklärung. Dokumentation zur Ästhetik des französischen Theaters im 18. Jahrhundert*. Mit einer Einleitung von Martin Fontius, München und Wien 1979.

Robert Petsch (Hg.), *Lessings Briefwechsel mit Mendelssohn und Nicolai*, Leipzig 1910.

Lothar Pikulik, *»Bürgerliches Trauerspiel« und Empfindsamkeit*, Köln und Graz 1966.

Lothar Pikulik, *Leistungsethik contra Gefühlskult. Über das Verhältnis von Bürgerlichkeit und Empfindsamkeit in Deutschland*, Göttingen 1984.

Camille Pittolet, *Contributions à l'étude de l'hispanisme de G. E. Lessing*, Paris 1909.

Georges Pons, *Gotthold Ephraim Lessing et le Christianisme*, Paris 1964.

Lawrence M. Price, *Die Aufnahme englischer Literatur in Deutschland. 1500-1960*, Bern und München 1961.

Peter Pütz, *Die Leistung der Form. Lessings Dramen*, Frankfurt a. M. 1986.

Roland Purkl, *Gestik und Mimik in Lessings bürgerlichen Trauerspielen »Miß Sara Sampson«, »Emilia Galotti«*, Diss. Masch., Heidelberg 1979.

Paul Raabe, *Lessing und die Gelehrsamkeit. Bemerkungen zu einem Forschungsthema*, in: Edward P. Harris und Richard E. Schade 1977, S. 65-88.

Albert M. Reh, *Das Motiv der Rettung in Lessings Tragödie und ›ernster Komödie‹*, in: LYb 11 (1979), S. 35-58.

Albert M. Reh, *Große Themen in kleiner Form. Gotthold Ephraim Lessings Rettungen – eine europäische Apologetik*, in: Wilfried Barner und Albert M. Reh 1984, S. 175-184.

Veronica Richel (Hg.), *Gotthold Ephraim Lessing: »Miß Sara Sampson«. Erläuterungen und Dokumente*, Stuttgart 1985.

Volker Riedel, *Lessing und die römische Literatur*, Weimar 1976.

Volker Riedel, *Lessings Verhältnis zur Antike. Grundzüge, historischer Stellenwert und aktuelle Bedeutung*, in: ders., *Literarische Antikerezeption. Aufsätze und Vorträge*, Jena 1996, S. 83-98.

Wolfgang Riedel, *Erkennen und Empfinden. Anthropologische Achsendrehung und Wendung zur Ästhetik bei Johann Georg Sulzer*, in: Hans-Jürgen Schings (Hg.), *Der ganze Mensch. Anthropologie und Literatur im 18. Jahrhundert*, Stuttgart und Weimar 1994, S. 410-439.

Paul Rilla, *Lessing und sein Zeitalter*, 2. Aufl., Berlin und Weimar 1968.

Heinz Risse, *Rettungen und ihr tieferer Grund*, in: Edward Dvoretzky (Hg.), *Lessing heute. Beiträge zur Wirkungsgeschichte*, Stuttgart 1981, S. 241-245.

Joachim Ritter und (ab Bd. 4) Karlfried Gründer (Hg.), *Historisches Wörterbuch der Philosophie*, Basel 1971 ff.

John G. Robertson, *Lessing's Dramatic Theory, being an Introduction to and Commentary on his »Hamburgische Dramaturgie«*, Cambridge 1939.

Christian Rochow, *Das bürgerliche Trauerspiel*, Stuttgart 1999.

Bodo Rollko, *Tageslektüre in Berlin (1740-1780)*, in: Mendelssohn Studien 4 (1979), S. 47-80.

Simonetta Sanna, *Von der ›ratio‹ zur Weisheit. Drei Studien zu Lessing*, Bielefeld 1999 (vor allem: S. 52-59).

Gunter Saße, *Die aufgeklärte Familie. Untersuchungen zur Genese, Funktion und Realitätsbezogenheit des familialen Wertsystems im Drama der Aufklärung*, Tübingen 1988.

Gerhard Sauder, *Empfindsamkeit*, Bd. 1: *Voraussetzungen und Elemente*, Stuttgart 1974.

Gerhard Sauder, *Bayle-Rezeption in der deutschen Aufklärung*, in: Deutsche Vierteljahrsschrift für Literaturwissenschaft und Geistesgeschichte 49 (1975), Sonderheft: *18. Jahrhundert*, S. 83-104.

Wolfgang Schadewaldt, *Furcht und Mitleid. Zur Deutung des Aristotelischen Tragödienansatzes*, in: Hermes 83 (1955), S. 129-171.

Erich Schilbach, *G. E. Lessing als Journalist*, masch. Diss., München 1953.

Martin Schenkel, *Lessings Poetik des Mitleids im bürgerlichen Trauerspiel »Miß Sara Sampson«: poetisch-poetologische Reflexionen. Mit Interpretationen zu Pirandello, Brecht und Handke*, Bonn 1984.

Jost Schillemeit, *Lessings und Mendelssohns Differenz. Zum Briefwechsel über das Trauerspiel*, in: *Digressionen*. Festgabe für Peter Michelsen, hg. v. Gotthardt Frühsorge u. a., Heidelberg 1984, S. 79-92.

Arno Schilson, *Geschichte im Horizont der Vorsehung. G. E. Lessings Beitrag zu einer Theologie der Geschichte*, Mainz 1974.

Hans-Jürgen Schings, *Der mitleidigste Mensch ist der beste Mensch. Poetik des Mitleids von Lessing bis Büchner*, München 1980.

Erich Schmidt, *Lessing. Geschichte seines Lebens und seines Werks*, Bd. 1/2, 4. Aufl., Berlin 1923 (zuerst 1884-92).

Erich Schmidt, *Quellen und Parallelen zu Lessing*, in: Euphorion 8 (1901), S. 610-625.

Wilhelm Schmidt-Biggemann, *Theodizee und Tatsachen. Das philosophische Profil der deutschen Aufklärung*, Frankfurt a. M. 1988.

Johannes Schneider, *Lessings Stellung zur Theologie vor der Herausgabe der Wolfenbütteler Fragmente*, s'Gravenhage 1953.

Jürgen Schröder, *Gotthold Ephraim Lessing. Sprache und Drama*, München 1972.

Winfried Schröder (Hg.), *Anonymus: Traktat über die drei Betrüger. Traité des trois imposteurs 〈...〉*. Französisch und deutsch, Hamburg 1992.

Winfried Schröder, *Ursprünge des Atheismus. Untersuchungen zur Metaphysik- und Religionskritik des 17. und 18. Jahrhunderts*, Stuttgart-Bad Cannstatt 1998.

Jochen Schulte-Sasse (Hg.), *G. E. Lessing, M. Mendelssohn, F. Nicolai: Briefwechsel über das Trauerspiel*, München 1972.

Ursula Schulz, *Lessing auf der Bühne. Chronik der Theateraufführungen 1748-89*, Bremen und Wolfenbüttel 1977.

Hinrich C. Seeba, *Die Liebe zur Sache. Öffentliches und privates Interesse in Lessings Dramen*, Tübingen 1973.

Hinrich C. Seeba, »*Der wahre Standort einer jeden Person«. Lessings Beitrag zum historischen Perspektivismus*, in: Wilfried Barner und Albert M. Reh 1984, S. 193-214.

Wulf Segebrecht, *Das Gelegenheitsgedicht. Ein Beitrag zur Geschichte und Poetik der deutschen Lyrik*, Stuttgart 1977.

Klaus-Werner Segreff, *Moses Mendelssohn und die Aufklärungsästhetik im 18. Jahrhundert*, Bonn 1984.

Siegfried Seifert (Bearb.), *Lessing-Bibliographie* (Redaktionsschluß 31. 8. 1971), Berlin und Weimar 1973. – Fortsetzung: s. Doris Kuhles, 1988.

Hellmut Sichtermann, *Lessing und die Antike*, in: *Lessing und die Zeit der Aufklärung*, Göttingen 1968, S. 168-193.

Christoph Siegrist, *Das Lehrgedicht der Aufklärung*, Stuttgart 1974.

Carl Sitte, *Die Gebärden der Griechen und Römer*, Leipzig 1890.

Bernhard Spies, *Der ›empfindsame‹ Lessing – kein bürgerlicher Revolutionär. Denkanstöße zu einer Neuinterpretation von Lessings »Miß Sara Sampson«*, in: Deutsche Vierteljahrsschrift für Literaturwissenschaft und Geistesgeschichte 58 (1984), S. 369-390.

Uwe Steiner, *Poetische Theodizee. Philosophie und Poesie in der lehrhaften Dichtung im 18. Jahrhundert*, München 2000.

Horst Steinmetz (Hg.), *Lessing, ein unpoetischer Dichter. Dokumente aus drei Jahrhunderten zur Wirkungsgeschichte Lessings in Deutschland*, Frankfurt a. M. und Bonn 1969.

Horst Steinmetz, *Das deutsche Drama von Gottsched bis Lessing. Ein historischer Überblick*, Stuttgart 1987.
Eduard Stemplinger, *Das Fortleben der Horazischen Lyrik seit der Renaissance*, Leipzig 1906.
Eduard Stemplinger, *Lessings Rettungen des Horaz. Ein Beitrag zur Entwicklungsgeschichte Lessings*, in: Neue Jahrbücher für das klassische Altertum 12 (1909), S. 261-274.
Eduard Stemplinger, *Horaz im Urteil der Jahrhunderte*, Leipzig 1921.
Jürgen Stenzel, *›Si vis me flere‹ – ›musa iocosa mea‹. Zwei poetologische Argumente in der deutschen Diskussion des 17. und 18. Jahrhunderts*, in: Deutsche Vierteljahrsschrift für Literaturwissenschaft und Geistesgeschichte 48 (1974), S. 235-244.
Jürgen Stenzel, *Rhetorischer Manichäismus. Vorschläge zu einer Theorie der Polemik*, in: *Kontroversen, alte und neue*, hg. v. Albrecht Schöne. Bd. 2, hg. v. Franz Josef Worstbrock und Helmut Koopmann, Tübingen 1986, S. 3-11.
Jürgen Stenzel, *Auseinandersetzung in Lessings frühen Schriften*, in: Wolfram Mauser und Günter Saße 1993, S. 495-500.
Ulrike Stephan, *Gefühlsschauspieler – Verstandesschauspieler. Ein theatergeschichtliches Problem des 18. Jahrhunderts*, in: *Empfindung und Reflexion. Ein Problem des 18. Jahrhunderts*, hg. v. Hans Körner u. a., Hildesheim u. a. 1986, S. 99-116.
Leo Strauss, »Einleitung« und Stellenkommentar zu *Pope ein Metaphysiker!*, in: JA 2, S. XV-XX und 379-387.
Peter Szondi, *Die Theorie des bürgerlichen Trauerspiels im 18. Jahrhundert. Der Kaufmann, der Hausvater und der Hofmeister*, hg. v. Gert Mattenklott, Frankfurt a. M. 1973.
Gisbert Ter-Nedden, *Lessings Trauerspiele. Der Ursprung des modernen Dramas aus dem Geist der Kritik*, Stuttgart 1986.
Reinhard Tgarth, *Weltliteratur. Die Lust am Übersetzen im Jahrhundert Goethes. Eine Ausstellung des Deutschen Literaturarchivs im Schiller-Nationalmuseum Marbach am Neckar*, München 1982.
Erwin Thyssen, *Christlob Mylius, sein Leben und Wirken. Ein Beitrag zur Kenntnis der Entwicklung der deutschen Kultur, be-*

sonders aber der deutschen Literatur in der Mitte des 18. Jahrhunderts, Diss.-Teildruck, Marburg 1912.

Rudolf Trillmich, *Christlob Mylius. Ein Beitrag zum Verständnis seines Lebens und seiner Schriften*, Halle 1914.

Curtis C. D. Vail, *Originality in Lessing's »Theatralische Bibliothek«*, in: The Germanic Review 9 (1934), S. 96-101.

Voltaire, *Oeuvres Complètes*, ed. L. Moland, Paris 1877-82.

Bruno A. Wagner, *Lessing-Forschungen nebst Nachträgen zu Lessings Werken*, Berlin 1881.

Hans Wagner, *Ästhetik der Tragödie von Aristoteles bis Schiller*, Würzburg 1987.

Max von Waldberg, *Zu Lessings »Theatralischer Bibliothek«*, in: Zeitschrift für Deutschkunde 38 (1924), S. 163-169.

Gustav Waniek, *Gottsched und die deutsche Litteratur seiner Zeit*, Leipzig 1897 (Reprint 1972).

Peter Weber, *Das Menschenbild des bürgerlichen Trauerspiels. Entstehung und Funktion von Lessings »Miß Sara Sampson«*, Berlin 1976.

Martin Litchfield West, *Ancient Greek Music*, Oxford 1992.

Alois Wierlacher, *Das bürgerliche Drama. Seine theoretische Begründung im 18. Jahrhundert*, München 1968.

Henk de Wild, *Tradition und Neubeginn. Lessings Orientierung an der europäischen Tradition*, Amsterdam 1986.

Jürgen Wilke, *Literarische Zeitschriften des 18. Jahrhunderts (1688-1789)*, 2 Bde., Stuttgart 1978.

Kurt Wölfel, *Moralische Anstalt. Zur Dramaturgie von Gottsched bis Lessing*, in: Deutsche Dramentheorien. Beiträge zu einer historischen Poetik des Dramas in Deutschland, hg. v. Reinhold Grimm, Bd. 1, Frankfurt a. M. 1971, S. 45-122.

Winfried Woesler, *Lessings »Miß Sara Sampson« und Senecas »Medea«*, in: LYb 10 (1978), S. 75-93.

Hans M. Wolff, *Mellefont: unsittlich oder unbürgerlich?*, in: Modern Language Notes 61 (1946), S. 372-377.

Karin A. Wurst, *Familiale Liebe ist die ›wahre Gewalt‹. Die Repräsentation der Familie in G. E. Lessings dramatischem Werk*, Amsterdam 1988.

Rosmarie Zeller, *Die Rezeption des antiken Dramas im 18. Jahr-*

hundert. *Das Beispiel der Merope (Maffei, Voltaire, Lessing)*, in: *Tragödie. Idee und Tranformation*, hg. v. Hellmut Flashar, Stuttgart und Leipzig 1997, S. 147-160.

Herbert Zeman, *Die deutsche anakreontische Dichtung. Ein Versuch zur Erfassung ihrer ästhetischen und literarhistorischen Erscheinungsformen im 18. Jahrhundert*, Stuttgart 1972 (Lessing: S. 229-250).

Rolf Christian Zimmermann, *Über eine bildungsgeschichtlich bedingte Sichtbehinderung bei der Interpretation von Lessing »Miß Sara Sampson«*, in: Wolfgang Wittkowski (Hg.), *Verlorene Klassik? Ein Symposium*, Tübingen 1986, S. 255-285.

LITERATURHINWEISE NACH SACHGEBIETEN

Rezensionen: Baasner; Berghahn; Birke; Consentius 1902 und 1903; Deneke; Engel 1979; Fink/Rowland; Goldsmith; Guthke 1975, 1993; Little; Rollko; Schilbach; Waniek.

Vade mecum: Barner 1993; Gaede; Grimm 1993; Mauser/Saße; Nisbet 1993; Norden; Stemplinger 1906, 1909 und 1921; Stenzel 1986.

Rettungen: Barner 1980; Corsano; Fick 1995; Göbel 1980; Grafton; Kautz; Keßler; Moore 1993; Niewöhner; Nisbet 1979; Norden; Pons; Reh 1979 und 1984; Volker Riedel 1976 und 1996; Risse; Sauder 1975; Schilson; Schröder 1993 und 1998; Stemplinger 1906, 1909 und 1921.

Theatralische Bibliothek: Barner, 1984; Birus; Brüggemann; Fischer; Vail; von Waldberg; de Wild.

Der Schauspieler (Saint Albine und Entwürfe): Fetting; Fischer-Lichte 1989, 1992 und 1999; Geitner 1990; Golawski-Braungart 1995; Graf 1953; Jeschke; Košenina; Locher; Otto; Purkl; Stephan.

Miß Sara Sampson: Albrecht; Alt 1994; Barkhausen; Barner 1980 und 1983; Bornkamm; Brown 1977; Caro; Daunicht 1963; Dreßler; Durzak; Eibl; Engbers; Fick 1993; Flaherty; Fricke; Golawski-Braungart 1995; Guthke 1972/84; Hörisch; Janz; Kies; Lohmeier; Mauser 1975; Meyer-Kalkus; Michelsen 1981/90 und 1981; Mönch; Nolting; Pikulik 1966; Pütz; Purkl; Richel; Rochow; Saße; Schenkel; Jürgen Schröder; Seeba 1973; Spies; Steinmetz; Szondi; Ter-Nedden; Weber; Wierlacher; Wolff; Wurst; Zimmermann.

Seneca-Abhandlung: Barner 1973 und 1997; Brown 1977; Fitch; Volker Riedel 1976 und 1996; Thomann; Woesler.

Pope ein Metaphysiker!: Albertsen; Goldenbaum; Kimpel; Mettler; Bernd Meyer; Michelsen 1979/90; Schmidt-Biggemann; Siegrist; Steiner; Strauss.

Dubos-Übersetzung: Bender 1984; Burdach; Fischer; Sitte (siehe auch unter: *Der Schauspieler*).

Briefwechsel über das Trauerspiel: Bergengruen; Braitmaier; Dürbeck; Engbers; George; Golawski-Braungart 1999; Heidsieck; Kimpel; Kommerell; Kröger; Luserke 1993 und 1995; Martino; Mayer; Michelsen 1966/90; Mönch; Nolte; Petsch; Pikulik 1984; Wolfgang Riedel; Schadewaldt; Schenkel; Schillemeit; Schings; Schulte-Sasse; Segreff; Hans Wagner; Wierlacher; Wölfel.

ated fish brine, which contains 14-15 salt.

REGISTER

REGISTER DER IN BAND III
BESPROCHENEN AUTOREN UND WERKE

Das Register erschließt die Rezensionen der ›Berlinischen Privilegierten Zeitung‹ von 1754 und 1755 sowie einige Besprechungen aus der ›Bibliothek der schönen Wissenschaften und freien Künste‹ von 1757. Alle Titel sind soweit wie möglich gekürzt. Einfache Seitenangaben beziehen sich auf den Text-, kursiv gesetzte auf den Kommentarteil. Die Register erstellte Jürgen Stenzel.

Abaelard → *Die Geschichte und Briefe des Abelard*
Abel, *Stifts-, Stadt- und Landchronik des Fürstentums Halberstadt* 53, *914*
Alardus, *Gedichte und Reden* 81, *936*
Amilec ou la Graine d'Hommes → Tiphaigne de la Roche
Anatomische, Chymische und Botanische Abhandlungen, 6. Teil 98, *950*
Ankündigung einer Dunciade für die Deutschen → Wieland
Arbuthnot, *Le Procès sans fin* 41, *905*
d'Argens, *La Philosophie du bonsens* 49, *911*

Banier, *Erleuterung der Götterlehre* 52, *913*
von Bar, *Rêveries Poétiques* 83, *938*
Baumgarten, ›Nachrichten von merkwürdigen Büchern‹, Bd. 4 18, *886*
la Beaumelle, *Réponse au supplément du siècle de Louis XIV.* 65, *923*
de Beausobre, *Le Pyrrhonisme raisonable* 415, *1192*
Begebenheiten des Mylord Kingston 71, *928*
Begebenheiten des Roderich Random → Smollett
Begebenheiten eines sich selbst Unbekannten 368, *1154*
Benekendorf, *Beiträge zu den Gedanken des Herrn von Beaumelle* 42, *906*
Beiträge zu den Gedanken des Herrn von Beaumelle → Benekendorf
Bengel, *Das neue Testament* 14, *883*
Bertling, *Evangelische Andachten* 419, *1195*
Bertram, *Briefe. Zweiter Teil* 370, *1155*
Bodmer und Wieland, *Edward Grandisons Geschichte in Görlitz* 394, *1176*
Bose, *L'Electricité* 35, *902*

Briefe an Freunde → Lüdke
la Bruyere → Theophrast
de Burigny, *Historie der Staatsveränderungen zu Constantinopel*
43, *907*
de Burigny, *Leben des Grotius*
384, *1169*
de Burigny, *Vie de Grotius* 22, *889*
Bünemann, *Die Advocaten, ein
Lustspiel* 29, *895*

Cattaneo, *Lettres à Monsieur de
Voltaire* 33, *900*
Cattaneo, *Lettres Beryberiennes*
21, *889*
Cicero, *Unterredungen vom hohen
Alter* 410, *1187*
Clayton, *Tagereisen von Großcairo
nach dem Berge Sinai* 46, *909*
Clement, *Bibliothèque curieuse et
critique*, Bd. 5 74, *931*
›Commentarii Lipsienses litte-
rarii‹ → Platner
Cramer, *Sammlung einiger Predig-
ten* 396, *1178*
Cramer, *Sammlung einiger Predig-
ten. Zweiter Teil* 424, *1198*
de Crebillon, *Les heureux
Orphelins* 372, *1158*
von Creuz, *Seneca, ein Trauer-
spiel* 78, *935*
von Creuz, *Versuch über die
Seele. Erster Teil* 25, *891*
von Cronegk (Hg.), ›Der
Freund‹ 420, *1195*
Curtius, *Die Schicksale der Seelen
nach dem Tode* 13, *882*

Darnmann, *Predigt über eine
Judentaufe* 17, *886*
Das Chantillysche Mägdchen 87, *941*

Das Glück 18, *887*
Das Kartenblatt → Shebbeare
Das Pfandspiel, Geschichten 405,
1184
*Daß Luther die Lehre vom Seelen-
schlaf geglaubt habe* 414, *1190*
De La Solle, *Mémoires de deux
Amis* 100, *952*
Der Ehestand, eine Erzehlung
425, *1198*
›Der Freund‹ → Cronegk von
(Hg.)
*Der mit seiner Donna Charmante
herumirrende Ritter Don Felix*
58, *917*
Der Rußische Avanturier 28, *894*
›Der Schwärmer, oder Herum-
streifer‹ → Johnson
›Der Vernünftler‹ → Naumann
Destouches und Regnard,
Sämmtliche theatralische Werke
763, *1462*
Die Advocaten, ein Lustspiel →
Bünemann
*Die ganze Ästhetik in einer Nuß,
oder Neologisches Wörterbuch* →
von Schönaich
*Die Geschichte und Briefe des
Abelard und der Eloise nebst
einem Gedichte von Alexander Pope*
385, *1170*
›Die Hofmeisterin‹, erster
Teil 400, *1182*
Die Poesie und Germanien →
Zachariä
*Die Schwachheit des menschlichen
Herzens* → Richter
Dusch, *Vermischte Werke in
verschiedenen Arten der Dicht-
kunst* 367, *1153*

Edward Grandisons Geschichte in Görlitz → Bodmer
Ein Vade mecum für den Herrn Lange → Lessing
Ewald, *Gedanken mit einer Uebersetzung der Hymne über die vier Jahrszeiten Thomsons* 62, *910*

Fielding → Haywood
Ford, *Erbauliche Abhandlung von der Sünde der Verleumdung* 413, *1190*
Früchte einer Vernunft und Belustigung geweihten Stille 30, *898*

Gastrel, *Richtige Vorstellung der Deistischen Grundsätze* 93, *946*
Gedanken mit einer Uebersetzung der Hymne über die vier Jahrszeiten Thomsons → Ewald
Gedanken von dem vorzüglichen Wert der Epischen Gedichte des Herrn Bodmers → Sulzer
Gedichte und Reden → Alardus
le Gendre, Abbé, *Les Mœurs et Coutumes des François* 362, *1148*
Geschichte des Fräuleins Elisabeth Thoughtleß → Haywood
Gleim, *Schlachtgesang. Siegeslied* 768, *1466*
Gottsched (Hg.), *Sammlung einiger ausgesuchten Stücke der Gesellschaft der freien Künste zu Leipzig. Zweiter Teil.* 411, *1188*
Grundriß einer Beschreibung des Kayserthums Marocco 68, *927*

Hager, *Kleine Geographie vor die Anfänger* 395, *1178*
›Hamburgische Beiträge‹ → Leyding

›Hamburgische Beiträge‹ Bd. 2, 1. St. 62, *919*
Hanssen, *Die Glaubenslehren der Christen* 361, *1148*
Haywood, *Geschichte des Fräuleins Elisabeth Thoughtleß* 77, *933*
Heumann, *Erklärung des neuen Testaments. Siebender Teil* 422, *1197*
Histoire moderne des Chinois, des Japonnois etc. → de Marsy
Hogarth, Anzeige des Nachdrucks der Mylius'schen Übersetzung 66, *923*
Hogarth, Hinweis auf den Nachdruck der Mylius'schen Übersetzung 56, *916*
Hogarth, Nachricht von einem neuen Abdrucke der Zergliederung der Schönheit 59, *918*
Hogarth, Zergliederung der Schönheit 47, *910*
Hübner, *Kurze Fragen aus der neuen und alten Geographie* 390, *1173*

Jerusalem, *Beantwortung der Frage, ob die Ehe mit der Schwester Tochter zulässig sei* 421, *1196*
Johnson, ›Der Schwärmer, oder Herumstreifer‹ 50, *912*
Jortin, *Anmerkungen über die Kirchenhistorie* 402, *1183*

Kästner (Hg.), ›Physikalische Belustigungen‹, 21. St. 16, *885*
Kästner (Hg.), ›Physikalische Belustigungen‹, 23. St. 87, *941*
Kästner (Hg.), ›Physikalische Belustigungen‹, 24. St. 98, *949*

Kästner, *Vermischte Schriften* 397, *1179*
Khautz von, *Versuch einer Geschichte der Österreichischen Gelehrten* 99, *951*
Kurze Sammlung unterschiedlicher Wissenschaften und Kunststücke 80, *936*

La Oille. Melange ou Assemblage de divers mets 393, *1176*
Le Procès sans fin → Arbuthnot
Le Theatre Bavarois 398, *1180*
Leland, *Abriß der vornehmsten Deistischen Schriften* 89, *942*
Lesenswürdige Geschichte des Prinzen Celindo 406, *1185*
Lessing, *Ein Vade mecum für den Herrn Lange* 15, *884*
Lessing, ›Theatralische Bibliothek‹, 1. St. 82, *937*
Lessing, ›Theatralische Bibliothek‹, 2. St. 387, *1172*
Lessing, *Schriften, dritter und vierter Teil* 44, *907*
Lessing, *Schriften, fünfter und sechster Teil* 389, *1172*
Lettres Beryberiennes → Cattaneo
Leuschner, *De secta Elpisticorum* 382, *1167*
Leyding (Hg.), ›Hamburgische Beiträge‹ Bd. 2, 2. St. 86, *940*
Leyding (Hg.), ›Hamburgische Beiträge‹, 3. St. 20, *887*
Lieberkühn, *Lieder, Erzählungen, Sinngedichte und ernsthafte Stücke* 381, *1167*
Lieder, Erzählungen, Sinngedichte und ernsthafte Stücke → Lieberkühn
Lindner, ›Sittliche Reizungen der Tugend und des Vergnügens‹ 399, *1181*
Lobeken, *Versuch eines vernunftmäßigen Beweises von der Göttlichkeit der Religion Jesu* 363, *1149*
Lüderwaldt, *Ausführliche Untersuchung von der Berufung und Seeligkeit der Heiden* 369, *1155*
Lüdke, *Briefe an Freunde* 427, *1200*

Marigny, *Geschichte der Araber. Zweiter Teil* 57, *916*
Marigny, *Geschichte der Araber. Dritter und letzter Teil* 97, *949*
Marivaux, *Le Theatre de Monsieur de Marivaux* 45, *908*
Marsy de, *Histoire moderne des Chinois, des Japonnois etc.* 102, *954*
Marsy de, *Neuere Geschichte der Chineser, Japaner etc.* 391, *1174*
Maubert de Gouvest, *Der erlauchte Bauer oder Lebensgeschichte und Begebenheiten Daniel Moginies* 407, *1185*
Mauvillon, *Cours complet de la Langue francoise* 95, *948*
Meletaon → Rost
Mendelssohn, *Philosophische Gespräche* 374, *1161*
Mendelssohn, *Über die Empfindungen* 417, *1193*
Mocquerien → Salomon
Müller, *Versuch in Gedichten* 386, *1171*
Munthe, *Observationes Philologicae in sacros novi Testamenti libros* 423, *1197*
Muzelius, *Abhandlungen zum Behuf der schönen Wissenschaften II* 27, *893*
Mylius → Hogarth

Mylius, Meldung von Mylius' literarischen Arbeiten in London 31, *898*
Mylius, Zum Tode von Christlob Mylius in London 36, *902*

Naumann, ›Der Vernünftler‹, 1.-3. St. 20, *888*
Naumann, ›Der Vernünftler‹, Bd. 2. 69, *928*
Naumann, ›Der Vernünftler. In drei Teilen‹ 101, *953*
Neu aufgeschlossenes Cabinet Gottes 29, *896*
Neuere Geschichte der Chineser, Japaner etc. Erster Teil → de Marsy

Oelßner, *Physikalisch-moralische und medicinische Betrachtungen* 75, *932*

Pantke, *Ode auf die Schlesische Erblandeshuldigung* 12, *881*
Patzke, *Freundschaftliche Briefe* 63, *921*
Patzke, *Virginia, ein Trauerspiel* 415, *1191*
Philosophische Gespräche → Mendelssohn
›Physikalische Belustigungen‹ → Kästner
Platner (Hg.), ›Commentarii Lipsienses litterarii‹ I 26, *892*
Pope → *Die Geschichte und Briefe des Abelard*
Possen im Taschenformate (von Schönaich? Titius?) 72, *930*
Possen im Taschenformate 84, *940*
de Prémontval, *Du Hazard sous l'Empire de la Providence* 373, *1160*
de Prémontval, *Pensée sur la Liberté* 37, *903*

Ragout à la mode oder des Neologischen Wörterbuchs erste Zugabe 91, *945*
Régnard → Destouches
Rêveries Poétiques → von Bar
Richardson, *Geschichte des Herrn Carl Grandison* 40, *905*
Richardson, *Geschichte Herrn Carl Grandisons, 3. Band* 78, *934*
Richardson, *Geschichte des Herrn Carl Grandison, 5. Band* 380, *1166*
Richey, *Idioticon Hamburgense* 94, *947*
Richter, *Die Schwachheit des menschlichen Herzens* 403, *1184*
Richter, *Ichthyotheologie* 61, *919*
Richtige Vorstellung der Deistischen Grundsätze → Gastrel
de Rivery, *Fables et Contes* 376, *1163*
von Rohr, *Physikalische Bibliothek* 74, *932*
Rost, *Wohlangerichtete und neuerfundene Tugendschule* 404, *1184*
Rousseau, *Discours sur l'origine et les fondemens de l'inégalité* 401, *1182*

Salomon, *Mocquerien* 64, *922*
Sammlung einiger ausgesuchten Stücke → Gottsched (Hg.)
Scherzhafte Neujahrswünsche auf das Jahr 1755 101, *953*
Schlachtgesang. Siegeslied → Gleim
von Schönaich → *Possen im Taschenformate*

von Schönaich, *Die ganze Ästhetik in einer Nuß, oder Neologisches Wörterbuch* 67, *924*
von Schönaich, *Versuche in der tragischen Dichtkunst* 371, *1157*
Seneca, ein Trauerspiel → von Creuz
Shebbeare, *Das Kartenblatt* 407, *1186*
Simonetti, *Gründliche Bemühungen des vernünftigen Menschen* 77, *934*
Smollett, *Begebenheiten des Roderich Random* 88, *942*
Smollett, *Begebenheiten des Roderich Random. Zweiter Teil* 389, *1173*
Steele, *Der Schwätzer, eine Sittenschrift* 426, *1199*
Sulzer, *Gedanken von dem vorzüglichen Wert der Epischen Gedichte des Herrn Bodmers* 379, *1164*
Surleau, *Nouvelle et parfaite Methode pour aprendre le François et l'Allemand* 71, *929*

Theophrast, *Kennzeichen der Sitten* 55, *915*
Tiphaigne de la Roche, *Amilec ou la Graine d'Hommes* 70, *928*
Titius → *Possen im Taschenformate*
Tröltsch, *Vermischte Aufsätze* 69, *927*

Über die Empfindungen → Mendelssohn

Über die falschen Begriffe von der Gottheit 24, *890*
Uz, *Lyrische und andere Gedichte* 366, *1152*
Uz, *Schreiben des Verfassers der lyrischen Gedichte an einen Freund* 763, *1463*

Vermischte Aufsätze → Tröltsch
Versuch in Gedichten → Müller
Voltaire, *Annales de l'Empire depuis Charlemagne* 34, *900*
Voltaire, *Leben des Molière* 32, *899*

Weber v. N., *Natürlichste und leichteste Anweisung zum Briefstellen* 38, *903*
Weiß, *Lateinische Dissertation über Abraham als Logiker* 39, *904*
Wieland → Bodmer und Wieland
Wieland, *Ankündigung einer Dunciade für die Deutschen* 428, *1201*
Wohlmeinender Unterricht für alle diejenigen, die Zeitungen lesen 377, *1164*

Zachariä, *Die Poesie und Germanien* 408, *1186*
Zachariä, *Gedicht dem Gedächtnisse des Herrn von Hagedorn gewidmet* 363, *1150*
Zimmermann, *Das Leben des Herrn von Haller* 392, *1175*

REGISTER DER GEDICHTÜBERSCHRIFTEN
UND -ANFÄNGE

Das folgende Register (zu seinen Grundsätzen vgl. Bd. I, S. 1439-42 und Bd. II, S. 1342-51) erfaßt sämtliche in diesem Band abgedruckten Gedichte. In den Bänden X-XII dieser Ausgabe finden sich darüber hinaus noch folgende Gedichte (das unter dem Titel »Von eines gewissen Poesie« geführte lat. Epigramm aus den Collectaneen [*Omnia nam stolidi ⟨...⟩*; Bd. X dieser Ausgabe, S. 659,] ist ein Exzerpt aus Lukrez, *De rerum natura* 1, v. 641 f.):

Auf Albert Wittenberg und Johann Jakob Dusch (*Wie Ast und Busch*) X, 659, *1291*

An die ** (*Du fragst: Wer giebt für meinen Sohn*) XI/2, 134, –

Auf das Alter (*Dem Alter nicht, der Jugend sei's geklagt*) XI/2, 143, –

Jungfer Lieschens Knie (*Schautest Du denn nie*) XII, 452, –

Abschied an den Leser 824, *1510*

Alander, hör' ich, ist auf mich gewaltig wild 808, *1491*

Als des Herzog Ferdinands Durchl.... → Als der Herzog Ferdinand...

Als des Herzog Ferdinands Durchl. die Rolle des Agamemnon, des ersten Feldherrn der Griechen, spielten 826, *1513*

Als Fell, der Geiferer, auf dumpfes Heu sich streckte 815, *1499*

Als Mead am Styx erschien, rief Pluto voller Schrecken 817, *1501*

Am Körper klein, am Geiste noch viel kleiner 830, *1519*

Amor, soll mich dein Besuch 833, *1524*

An Amor 833, *1524*

An das Bild der Gerechtigkeit, in dem Hause eines Wucherers, nebst der Antwort 802, *1485*

An den Aemil 806, *1490*

An den Docter Sp. 801, *1484*

An den Doktor Sp** → An den Docter Sp.

An den Dümm 826, *1512*

An den Herrn von Dampf 816, *1500*

An den Leser 815, *1500*

An den Pompil 809, *1492*

An den Salomon 806, *1489*

An den Silius 819, *1504*

An den Thrax 804, *1487*

An den Trill 816, *1500*

An den Vax 820, *1505*

An den Wesp 816, *1500*

An die Fuska 817, *1501*

An Dir, mein Saal, als Freund und Richter 830, *1518*
An ebendenselben ⟨Herrn von Dampf⟩ 816, *1500*
An ebendenselben ⟨Trill⟩ 816, *1501*
An ein Paar arme verwaisete Mädchen → An ein Paar arme Waisen
An ein Paar arme Waisen 820, *1505*
An eine würdige Privatperson 803, *1486*
An Einen 808, *1492*
An einen Autor 823, *1509*
An einen Geizigen → An den Thrax
An einen geizigen Vater 815, *1499*
An einen Lügner 807, *1491*
An einen schlechten Maler 812, *1496*
An Herrn Gleim ⟨Prosaode⟩ 844, *1532*
An Herrn Schröder 830, *1519*
An Mäcen ⟨Prosaode⟩ 836, *1526*
An Saal 830, *1518*
An seiner Braut, Fräulein Christinchens, Seite 841, *1530*
An zwei liebenswürdige Schwestern 819, *1504*
Antwort ⟨*Ja, Freund, Gott ist die Huld!*⟩ 24, 890
Antwort auf die Frage: wer ist der große Duns? 365, *1151*
Antwort des Sabin 807, *1490*
Auf Alandern 808, *1491*
Auf Bodmers Noah und Naumanns Nimrod 832, *1523*
Auf das Jungfernstift zu** 801, *1484*

Auf den Avar → Avar
Auf den Cytharist 821, *1506*
Auf den D. Klystill 820, *1505*
Auf den einäugigen Spieler Pfiff 823, *1509*
Auf den Fell 815, *1499*
Auf den Hablador 810, *1495*
Auf den Kauz 815, *1499*
Auf den Kodyll 808, *1492*
Auf den Laar 822, *1508*
Auf den Ley 824, *1509*
Auf den Lupan 815, *1499*
Auf den Maler Klecks 821, *1506*
Auf den Marius 823, *1508*
Auf den Mison 811, *1495*
Auf den Mnemon 801, *1485*
Auf den neuern Teil dieser Sinngedichte 799, *1481*
Auf den Pfriem 822, *1507*
Auf den Rufinus 811, *1495*
Auf den Sanctulus 805, *1489*
Auf den Sanktulus → Auf den Sanctulus
Auf den Sextus 817, *1501*
Auf den Tod des D. Mead 817, *1501*
Auf den Tod eines Affen 809, *1493*
Auf den Ursin 821, *1506*
Auf den Veit 821, *1507*
Auf die feige Mumma 819, *1504*
Auf die Hütte des Irus 817, *1502*
Auf die Katze des Petrarcha 829, *1516*
Auf die Magdalis 818, *1502*
Auf die Phasis 809, *1493*
Auf diesem Gute läßt Pompil 801, *1484*
Auf Dorinden 802, *1485*
Auf ebendenselben ⟨Herzog Ferdinand⟩ 827, *1514*

GEDICHTÜBERSCHRIFTEN UND -ANFÄNGE 1571

Auf ebendenselben ⟨Salomon⟩ 806, *1489*
Auf ebendieselbe ⟨Bildsäule des Amor⟩ (*Kommt diesem Amor nicht zu nah*) 812, *1497*
Auf ebendieselbe ⟨Bildsäule des Amor⟩ (*Die Unschuld naht sich ihm, und bebt*) 812, *1497*
Auf ebendieselbe ⟨Bildsäule des Amor⟩ (*O Chloe, halte deinen Blick*) 812, *1497*
Auf ebendieselbe ⟨Bildsäule des Amor⟩ (*So lieb euch, Kinder, Ruh und Glück*) 812, *1497*
Auf ein Schlachtstück von Hugtenburg 810, *1494*
Auf eine Dissertation des M. Paul Christian Weiß: Abraham ein Logicus 39, *904*
Auf eine lange Nase 805, *1488*
Auf eine Liebhaberin des Trauerspiels 810, *1493*
Auf einen adelichen Dummkopf 802, *1485*
Auf einen adeligen Dummkopf → Auf einen adelichen Dummkopf
Auf einen Brand zu ** 808, *1491*
Auf einen Sechszigjährigen 825, *1511*
Auf Frau Trix 803, *1486*
Auf heut zu mir zu Gaste dich zu bieten 831, *1521*
Auf Johann von Döring 830, *1519*
Auf Lucinden 800, *1483*
Auf Lukrins Grab 803, *1486*
Auf Muffeln 820, *1505*
Auf Nickel Fein 810, *1493*
Auf Rabeners Tod 824, *1510*

Auf Rabners Tod → Auf Rabeners Tod
Auf sich selbst 832, *1523*
Auf Stipsen 805, *1488*
Auf Trill und Troll 807, *1491*
Aus einem Abschiedsgedicht an Mylius 331, *1126*
Avar 822, *1507*
Avar stirbt, und vermacht dem Hospital das Seine → *Avar stirbt, und vermacht dem Spittel all das Seine*
Avar stirbt, und vermacht dem Spittel all das Seine 822, *1507*

Bald willst du, Trill, und bald willst du dich nicht beweiben 816, *1500*
Bav selbst hat manchen guten Schauer 829, *1517*

Damit er Mut zu spielen schöpfe 827, *1514*
Das böse Weib 806, *1490*
Das Mädchen 814, *1498*
Das nenn' ich einen Edelmann! 802, *1485*
Das Pferd Friedrich Wilhelms auf der Brücke zu Berlin 819, *1503*
Das schlimmste Tier 818, *1502*
Daß Beifall dich nicht stolz, nicht Tadel furchtsam mache! 830, *1519*
Daß ich mit Epigrammen wieder spiele 830, *1515*
Daß Laar nur müßig geh, wie kann man dieses sagen? 822, *1508*
Daß, unter tausenden, ein weiser Mann 806, *1489*
Dein Diener, Herr von Dampf, ruft: Platz da! vor dir her 816, *1500*

Dein Söhnchen läßt dich nie den Namen Vater hören 801, *1484*
Dem alten Freiherrn von Chrysant 838, *1529*
Dem Alter nah, und schwach an Kräften 805, *1489*
Dem hast du nur die Hand, und dem den Kuß beschieden 816, *1500*
Dem Marius ward prophezeiet 823, *1508*
Denkt, wie gesund die Luft, wie rein 801, *1484*
Der alte fromme Klimps, bei jedem Bissen Brot 818, *1503*
Der Arme 826, *1512*
Der beste Wurf. An ein Paar Brettspieler 821, *1506*
Der Blinde 825, *1511*
Der Eintritt des Jahres 1754. In Berlin 11, *879*
Der Eintritt des Jahres 1755 in Berlin 359, *1147*
Der gute Mann, den Ley bei Seite dort gezogen! 824, *1509*
Der kindische Kodyll wird keiner Steigrung satt 808, *1492*
Der Mann in − − , welchen Gott 365, *1151*
Der mir gefällt 828, *1516*
Der neue Welt-Bau 833, *1524*
Der reiche Freier 811, *1495*
Der Schiffer → Nix Bodenstrohm
Der Spielsüchtige Deutsche 818, *1503*
Der Stachelreim 799, *1481*
Der Steuerrat tritt ab, dem Satyr Platz zu machen 824, *1510*
Der über uns 842, *1531*
Der Wein, der Wein macht nicht nur froh 833, *1524*

Der Widerruf 813, *1498*
Der Wille 822, *1508*
Des beißigen Lupans Befinden wollt ihr wissen? 815, *1499*
Des Geists der Wahrheit rühmt sich bald 831, *1521*
Die alte reiche Magdalis 818, *1502*
Die blaue Hand 814, *1498*
Die Brille 838, *1529*
Die Flucht 804, *1487*
Die goldne Dose, − denkt nur! denkt! − 803, *1486*
Die große Welt 826, *1512*
Die Logik Abrahams? Wer hätte das gedacht? 40, *904*
Die Sinngedichte über sich selbst 824, *1509*
Die taube Schwätzerin 800, *1483*
Die Teilung 841, *1530*
Die Unschuld naht sich ihm, und bebt 812, *1497*
Die Waage gleicht der großen Welt 826, *1512*
Die Wohltaten 804, *1487*
Die, der Ein Auge fehlt, die will sich Sextus wählen? 817, *1501*
Doppelter Nutzen einer Frau 825, *1510*
Du dem kein Epigramm gefällt 815, *1500*
Du lobest Tote nur? Vax, deines Lobes wegen 820, *1505*
Du magst so oft, so fein, als dir nur möglich, lügen 807, *1491*
Du nennest meinen Rat ein schales Sinngedicht? 816, *1501*
Du schmähst mich hinterrücks? das soll mich wenig kränken 808, *1492*
Du, durch den einst Horaz lebte 836, *1526*

GEDICHTÜBERSCHRIFTEN UND -ANFÄNGE 1573

Ebendieselben ⟨Sinngedichte
 an den Leser⟩ 799, *1481*
Ein anders ⟨Auf eine Dissertation ...⟩ 40, *904*
Ein Bettler gieng auf Freiersfüßen
 811, *1495*
Ein einzig böses Weib lebt höchstens in der Welt 806, *1490*
Ein Hurenhaus geriet um Mitternacht in Brand 811, *1491*
Ein Kirchhof ist 828, *1515*
Ein Richter war, der sah nicht wohl 814, *1498*
Eine Gesundheit → Trinklied
Entscheidung des Vorigen
 807, *1491*
Entschuldigung wegen unterlassenes Besuchs 813, *1497*
Erast, der gern so neu als eigentümlich spricht 799, *1481*
»Es ist doch sonderbar bestellt« →
 »Es ist doch wunderbar bestellt«
»Es ist doch wunderbar bestellt«
 811, *1496*
Euch, die Geschmack und Ernst und was nur Weise rührt 529, *1297*

Frau Trix besucht sehr oft den jungen Doktor Klette 803, *1486*
Freund Muffel schwört bei Gott und Ehre 820, *1505*
Furchtbare Täuscherei! Bramarbas stand vor ihr 810, *1494*

Gerechtigkeit! wie kömmst du hier zu stehen? 802, *1485*
Gestern liebt' ich 834, *1524*
Gevatter Hinz, rief Kunz, was trinken wir? 825, *1511*
Giebt einst der Leichenstein von dem, was du gewesen 803, *1486*

Grabschrift auf ebendenselben
 ⟨Affen⟩ 809, *1493*
Grabschrift auf einen Gehenkten 830, *1520*
Grabschrift auf Kleist 831, *1521*
Grabschrift auf Voltairen 1779
 → Grabschrift eines Deutschen auf Voltair
Grabschrift der Tochter eines Freundes, die vor der Taufe starb 823, *1508*
Grabschrift des Nitulus 808,
 1492
Grabschrift eines Deutschen auf Voltair 829, *1517*
Grabschrift eines Unglücklichen, welcher zuletzt in einem Schiffbruche umkam 811, *1496*

Habladors Mund, Utin, ist dir ein Mund zum küssen? 810, *1495*
Hans Steffen stieg bei Dämmerung 842, *1531*
Hänschen Schlau 811, *1496*
Haß' mich, so viel du willst! doch wüßt' ich gern, weswegen 807, *1490*
Hätte dich je des verwirkten Meineids Strafe getroffen 147, *997*
Heldenlied der Spartaner 834,
 1525
Hier faulet Mimulus, ein Affe
 809, *1493*
Hier lieg ich schwach und siech
 822, *1507*
Hier lieget, die Beate heißen sollte
 823, *1508*
Hier liegt — wenn man euch glauben wollte 829, *1517*
Hier liegt er nun, der kleine, liebe Pavian 809, *1493*

Hier modert Nitulus, jungfräuliches Gesichts 808, *1492*

Hier ruht er, wenn der Wind nicht weht! 830, *1520*

Hier warfen mich die Wellen an das Land 811, *1496*

Hier will ich liegen! denn hier bekomm' ich doch 828, *1516*

Hinz und Kunz 804, *1488*

Hinz, weißt du, wer das Pulver hat erfunden? 817, *1502*

Hochweiser Salomon! dein Spruch 806, *1489*

Ich denke, Trill ist noch am besten dran 807, *1491*

Ich dich beneiden? – Thrax? 804, *1487*

Ich dich beneiden? – Tor! → *Ich dich beneiden? – Thrax?*

»Ich flieh, um öfter noch zu streiten!« 804, *1487*

Ich habe nicht stets Lust zu lesen 832, *1523*

Ich halte Spielen zwar für keine Sünde 809, *1492*

Ich hasse dich, Sabin; doch weiß ich nicht weswegen 807, *1490*

Ich höre, Freund, dein ernstes, schönes Kind → *Ich höre, Stax, dein ernstes liebes Kind*

Ich höre, Stax, dein ernstes liebes Kind 810, *1493*

Ich möchte so ein Gut nicht haben 801, *1484*

Ich saß dir lang' und oft: warum denn, Meister Steffen? 812, *1496*

Ich warf dem Mison vor, daß ihn so viele hassen 811, *1495*

Ihr bleibet vor Verwunderung stehn 819, *1503*

Ihr holden Kinder, daß Ihr Waisen seid → *O holde Kinder, daß ihr Waisen seid*

Ihr Wille und sein Wille → *Der Wille*

Im Namen eines gewissen Poeten, dem der König von Preußen eine goldene Dose schenkte 803, *1486*

In ein Stammbuch 828, *1515*

In ein Stammbuch eines Schauspielers 827, *1514*

In ein Stammbuch, 1779 826, *1512*

In ein Stammbuch, dessen Besitzer versicherte, daß sein Freund ohne Mängel und sein Mädchen ein Engel sei. 1778 827, *1515*

In ein Stammbuch, in welchem die bereits verstorbenen mit einem † bezeichnet waren 828, *1516*

In eines Schauspielers Stammbuch → In ein Stammbuch eines Schauspielers

In Friedrich Ludwig Schröders Stammbuch → An Herrn Schröder

In Jahresfrist, verschwur sich Nikkel Fein 810, *1493*

In Johann Gottlieb Burckhardts Stammbuch 831, *1521*

In Johann Ludwig Grimms Stammbuch 831, *1522*

In unsinnige Weisheit vertieft, irrt ich umher ⟨...⟩ 188, –

Indem der Spieler Pfiff – erzürnte Götter! – 823, *1509*

Ins zweimal neunte Jahr, mit stummer Ungeduld 799, *1481*

*Ist Mnemon nicht ein seltner
   Mann!* 801, *1485*
Ist nicht Dorinde von Gesicht 802,
   1485

Ja, Freund, Gott ist die Huld! 24,
   890
Jahr aus, Jahr ein reimt Cytharist
   821, *1506*

Klimps 818, *1503*
*Klystill, der Arzt – (der Mörder
   sollt' ich sagen –)* 820, *1505*
Kommt diesem Amor nicht zu nah
   812, *1497*
*Kunst und Natur / Sei auf der
   Bühne Eines nur* 827, *1514*
Kunz und Hinz 817, *1502*
Kunz und Hinz 825, *1511*
Küssen und Trinken 832, *1523*

Lied. Aus dem Spanischen
   834, *1524*

Mägdgen, laß mich dich doch küssen! 832, *1523*
*Man würze, wie man will mit
   Widerspruch die Rede* 829, *1516*
*Mein Urteil, Silius, von deiner
   Überschrift* 819, *1504*
Merkur und Amor 800, *1482*
Merkur und Amor zogen 800, *1482*
*Mich malte Simon Klecks so treu,
   so meisterlich* 821, *1506*
Mit so bescheiden stolzem Wesen
   823, *1509*
Mit Unrecht klagest du, treuherziger Aemil 806, *1490*

*Nein, liebe Frau, das geht nicht
   an* 822, *1508*

*Niemanden kann ich sehn, auch
   mich sieht niemand an* 825, *1511*
Nikander 799, *1482*
Nikandern glückte jüngst ein trefflich Epigramm 799, *1482*
*Nix Bodenstrohm, ein Schiffer
   nahm* 840, *1529*
Nix Bodenstrom 840, *1529*
*Nur Neues liebest du? nur Neues
   willst du machen?* 816, *1500*
Nutzen eines fernen Garten 825, *1511*

*O aller Nasen Nas'! ich wollte
   schwören* 805, *1488*
O Chloe, halte deinen Blick 812,
   1497
*O holde Kinder, daß ihr Waisen
   seid* 820, *1505*
*O Kleist! dein Denkmal dieser
   Stein?* 831, *1521*
O Neid, dies Werk wirst du verschonen müssen! 39, *904*
*Ob Trill mehr, oder Troll mehr zu
   beneiden ist* 807, *1491*
Ode auf den Tod des Marschalls von Schwerin, an den
   H. von Kleist ⟨Prosaode⟩
   845, *1534*
Orpheus ⟨Prosaode⟩ 837, *1528*
*Orpheus, wie man erzählt
   ⟨...⟩* 837, *1528*

*Pfriem ist nicht bloß mein Freund;
   er ist mein andres Ich* 822, *1507*
Pompils Landgut 801, *1484*

*Reiz, Jugend, Unschuld, Freud'
   und Scherz* 819, *1504*
*Rufinus endet nichts, er fängt nur
   alles an* 811, *1495*

Schlußrede zu einem Trauerspiele. Gehalten von Madam Schuch. 1754 529, *1297*
Sei nicht mit deinem roten Haar 817, *1501*
Seufzer eines Kranken → Seufzer in meiner Krankheit
Seufzer in meiner Krankheit 822, *1507*
Sie hat viel Welt, die muntere Lucinde 800, *1483*
Sittenspruch 1779 829, *1516*
Sittenspruch 829, *1517*
So äußerst war, nach Tacitus Bericht 818, *1503*
So lieb euch, Kinder, Ruh und Glück 812, *1497*
So wahr ich lebe, Freund, ich wollte ganze Tage 813, *1497*
Sollt einem Armen wohl → Sollt einen Armen wohl
Sollt einen Armen wohl des Todes Furcht entfärben? 826, *1512*
Stax! eine taube Frau zu nehmen! 800, *1483*
Stips ist, trotz einem Edelmann 805, *1488*
Streitbare Männer 834, *1525*

Themis über ihr Bildnis in dem Hause eines Richters 819, *1504*
Thrax und Stax → Die taube Schwätzerin
Thrax! eine taube Frau zu nehmen! → *Stax! eine taube Frau zu nehmen!*
Trau keinem Freunde sonder Mängel 827, *1515*
Trinket Brüder, laß uns trinken 836, *1525*

Trinklied 836, *1525*
Trux an den Sabin 807, *1490*

Über das Bildnis eines Freundes 828, *1516*
Übersetzung der Ode des Horaz ad Barinen 147, *997*
Übersetzung der Ode I 34 des Horaz 188, –
Übersetzung eines lateinischen Epigramms von Samuel Werenfels 831, *1522*
Umsonst rüstet Kalliope 844, *1532*
Unter das Bildnis des Königs von Preußen 824, *1510*
Unvollendeter Entwurf eines Sinngedichts 831, *1521*
Ursin ist ärgerlich, und geht mir auf die Haut 821, *1506*

Veit ist ein witz'ger Kopf, und zählet sechzig? – Mein! 821, *1507*
Velt und Polt → Der Widerruf
Verlangt dein Kind ein Freier 815, *1499*
Virgil hats längst gesagt, dem niemand widerspricht 832, *1523*
Von Gott gemacht ist dieses Buch 831, *1522*
Von weitem schon gefiel mir Phasis sehr 809, *1493*
Vorbei verwegner Dieb! denn unter diesem Dache 817, *1502*
Vorstellen und auch sein 826, *1513*

Wär' auch ein böser Mensch gleich einer lecken Bütte 804, *1487*
Warum der Dichter Hadrian 829, *1516*
Warum ich wieder Epigramme mache. 1779 828, *1515*

GEDICHTÜBERSCHRIFTEN UND -ANFÄNGE 1577

Was doch die Großen alles essen!
  804, *1488*
Was nutzt Dir nun dein ferner
  Garten? He? 825, *1511*
Weiß uns der Leser auch für unsre
  Kürze Dank? 824, *1509*
Welch tötender Gestank hier, wo
  Lukrin begraben 803, *1486*
Wem tönt dies kühnre Lied? dies
  Lied, zu wessen Liebe 11, *879*
Wenn du von allem dem, was diese
  Blätter füllt 824, *1510*
Wer Freunde sucht, ist sie zu fin-
  den wert 826, *1512*
Wer kennt ihn nicht? 824, *1510*
Wer sagt, daß Meister Kauz
  Satiren auf mich schreibt? 815,
  1499
Wer sechszig Jahr gelebt, und noch
  825, *1511*
Wes Herz wär nicht ein Schalk?
  831, *1522*
Widerruf des Vorigen 801,
  1484
Wie? Eselsohren, Dümm, hätt' ich
  dir beigelegt? 826, *1512*
»Wie heißt das schlimmste Tier mit
  Namen?« 818, *1502*
Wie kömmts, daß Mumma vor
  Gespenstern flieht 819, *1504*
Wir möchten gern dem Kritikus
  gefallen 799, *1481*
Wohin, wohin treibt dich mit blut-
  gen Sporen 331, *1126*
Womit, o Zevs, hab' ich den
  Schimpf verschuldet 819, *1504*
Wunsch. der du in der Brust gehei-
  mer Lieblingssünden 359, *1147*

Zu früh wär es, viel zu früh 845,
  1534
Zum Henker! fluchte Polt zu
  Velten → *Zum Henker! fluchte*
  Stolt zu Velten
Zum Henker! fluchte Stolt zu
  Velten 813, *1498*
Zum Mädchen wünscht' ich mir
  814, *1498*
Zwei Vierer wünschest du, und du
  verlangst zwei Einer 821, *1506*
Zweimal taugt eine Frau – für die
  mich Gott bewahre! – 825, *1510*

INHALTSVERZEICHNIS

Rezensionen und Gedichte aus: Berlinische
Privilegierte Zeitung 1754 9
⟨1. Stück. 1. 1.⟩ ⟨Neujahrsgedicht: Der Eintritt
  des Jahres 1754 in Berlin⟩ 11
⟨4. Stück. 8. 1.⟩ Pantke, ⟨Ode auf die Schlesische
  Erblandhuldigung⟩ 12
⟨5. Stück. 10. 1.⟩ Curtius, *Die Schicksale der Seelen
  nach dem Tode* 13
⟨6. Stück. 12. 1.⟩ Bengel (Übers.), *Das neue Testament* 14
⟨8. Stück. 17. 1.⟩ Lessing, *Ein Vade mecum für den
  Herrn Sam. Gotth. Lange* 15
⟨9. Stück. 19. 1.⟩ ⟨Kästner (Hg.),⟩ ›Physikalische
  Belustigungen‹, 21. Stück 16
⟨10. Stück. 22. 1.⟩ Darnmann, ⟨Predigt zu einer
  Judentaufe⟩ 17
⟨10. Stück. 22. 1.⟩ Baumgarten, ›Nachrichten von
  merckwürdigen Büchern‹. 4. Band 18
⟨13. Stück. 29. 1.⟩ ⟨Anonymus,⟩ *Das Glück* 18
⟨14. Stück. 31. 1.⟩ ⟨Leyding u. a. (Hg.),⟩
  ›Hamburgische Beiträge zu den Werken des
  Witzes‹, 3. Stück 20
⟨15. Stück. 2. 2.⟩ ⟨Naumann,⟩ ›Der Vernünftler‹,
  1.-3. Stück 20
⟨17. Stück. 7. 2.⟩ ⟨Cattaneo,⟩ *Lettres Beryberiennes* . . 21
⟨18. Stück. 9. 2.⟩ de Burigny, *Vie de Grotius* 22
⟨19. Stück. 12. 2.⟩ ⟨Anonymus,⟩ *Über die falschen
  Begriffe von der Gottheit* 24
⟨20. Stück. 14. 2.⟩ von Creuz, *Versuch über die Seele.
  Erster Theil* 25
⟨21. Stück. 16. 2.⟩ ⟨Platner,⟩ *Commentarii Lipsienses
  litterarii. Tomus primus* 26

⟨22. Stück. 19. 2.⟩ Muzelius, *Abhandlungen zum Behuf der schönen Wissenschaften* 27
⟨24. Stück. 23. 2.⟩ ⟨Anonymus,⟩ *Der Rußische Avanturier* 28
⟨25. Stück. 26. 2.⟩ ⟨Anonymus,⟩ *Die Advocaten* ... 29
⟨26. Stück. 28. 2.⟩ ⟨Anonymus,⟩ *Neu aufgeschlossenes Cabinet Gottes* 29
⟨27. Stück. 2. 3.⟩ ⟨Anonymus,⟩ *Früchte einer Vernunft und Belustigung geweihten Stille* 30
⟨29. Stück. 7. 3.⟩ Mylius, *Beschreibung einer neuen Grönländischen Tierpflanze*; ders. (Hg.), *A letter to Mr. Richard Glover*; ders. (Übers.), Hogarth, *Analysis of Beauty* 31
⟨30. Stück. 9. 3.⟩ Voltaire, *Leben des Molière* 32
⟨32. Stück. 14. 3.⟩ ⟨Giovanni Cattaneo,⟩ *Lettres du Comte de Cataneo ⟨...⟩ à Voltaire* 33
⟨33. Stück. 16. 3.⟩ Voltaire, *Annales de l'Empire depuis Charlemagne* 34
⟨36. Stück. 23. 3.⟩ Bose, *L'Electricité* 35
⟨37. Stück. 26. 3.⟩ ⟨Nachricht vom Tode des Christlob Mylius in London⟩ 36
⟨42. Stück. 6. 4.⟩ Prémontval, *Pensée sur la Liberté* . 37
⟨52. Stück. 30. 4.⟩ Weber, *Natürlichste und leichteste Anweisung zum Briefstellen* 38
⟨53. Stück. 2. 5.⟩ Weiß, ⟨Dissertation über Abraham als Logiker⟩ 39
⟨56. Stück. 9. 5.⟩ ⟨Richardson,⟩ *Geschichte des Herrn Carl Grandison* 40
⟨57. Stück. 11. 5.⟩ ⟨Arbuthnot,⟩ *Le Procès sans fin* . 41
⟨59. Stück. 16. 5.⟩ ⟨Anonymus,⟩ *Beyträge zu den Gedanken des Herrn von Beaumelle* 42
⟨60. Stück. 18. 5.⟩ von Burigny, *Historie der Staatsveränderungen* 43
⟨61. Stück. 21. 5.⟩ *G. E. Lessings Schriften. Dritter und vierter Teil* 44
⟨62. Stück. 23. 5.⟩ *Le Theatre de Monsieur de Marivaux* 45

⟨64. Stück. 28. 5.⟩ ⟨Anonymus,⟩ *Tagereisen von
Großcairo* 46
⟨65. Stück. 30. 5.⟩ Hogarth, *Zergliederung der
Schönheit* 47
⟨68. Stück. 6. 6.⟩ D'Argens, *La Philosophie
du bon-sens* 49
⟨71. Stück. 13. 6.⟩ ⟨Johnson,⟩ *Der Schwärmer, oder
Herumstreifer* 50
⟨72. Stück. 15. 6.⟩ Banier, *Erleuterung der
Götterlehre* 52
⟨74. Stück. 20. 6.⟩ Abel, *Stifts-, Stadt- und
Landchronik* 53
⟨75. Stück. 22. 6.⟩ Theophrast, *Kennzeichen der
Sitten* 55
⟨76. Stück. 25. 6.⟩ ⟨Neuausgabe der Hogarth-
Übersetzung von Mylius⟩ 56
⟨79. Stück. 2. 7.⟩ Marigny, *Geschichte der Araber.
Zweyter Theil* 57
⟨80. Stück. 4. 7.⟩ ⟨Anonymus,⟩ *Der mit seiner Donna
Charmante herumirrende Ritter* 58
⟨80. Stück. 4. 7.⟩ ⟨Ergänzendes zum Neudruck
der Hogarth-Übersetzung⟩ 59
⟨83. Stück. 11. 7.⟩ Richter, *Ichthyotheologie* 61
⟨85. Stück. 16. 7.⟩ ⟨Leyding u. a. (Hg.),⟩
›Hamburgische Beyträge zu den Werken des
Witzes und der Sittenlehre‹, 2. Band, 1. Stück .. 62
⟨85. Stück. 16. 7.⟩ Ewald, *Gedanken ⟨...⟩ über die
vier Jahrszeiten ⟨...⟩ des Thomsons* 62
⟨90. Stück. 27. 7.⟩ Patzke, *Freundschaftliche Briefe* .. 63
⟨91. Sück. 30. 7.⟩ ⟨Anonymus,⟩ *Mocquerien* 64
⟨93. Stück. 3. 8.⟩ ⟨Beaumelle,⟩ *Réponse au
supplément du siècle de Louis XIV.* 65
⟨97. Stück. 13. 8.⟩ ⟨Ergänzende Nachricht zum
Hogarth-Neudruck⟩ 66
⟨98. Stück. 15. 8.⟩ ⟨von Schönaich,⟩ *Die ganze
Ästhetik in einer Nuß* 67
⟨100. Stück. 20. 8.⟩ ⟨Anonymus,⟩ *Beschreibung des
Kaisertums Marocco* 68

⟨101. Stück. 22. 8.⟩ ⟨Tröltsch,⟩ *Vermischte Aufsätze* 69
⟨104. Stück. 29. 8.⟩ ⟨Naumann,⟩ ›Der Vernünftler‹, 2. Band.. 69
⟨108. Stück. 7. 9.⟩ ⟨Tiphaigne de la Roche,⟩ *Amilec ou la Graine d'Hommes* 70
⟨110. Stück. 12. 9.⟩ ⟨Anonymus,⟩ *Begebenheiten des Mylord Kingston* 71
⟨111. Stück. 14. 9.⟩ Surleau, *Methode pour aprendre le François et l'Allemand*............... 71
⟨112. Stück. 17. 9.⟩ ⟨Anonymus,⟩ *Possen im Taschenformate* 72
⟨114. Stück. 21. 9.⟩ Clement, ›Bibliothèque curieuse historique et critique‹, 5. Band 74
⟨115. Stück. 24. 9.⟩ von Rohr, *Physikalische Bibliothek* 74
⟨117. Stück. 28. 9.⟩ Oelßner, *Physikalisch-moralische ⟨...⟩ Betrachtungen* 75
⟨119. Stück. 3. 10.⟩ ⟨Haywood,⟩ *Geschichte des Fräuleins Elisabeth Thoughtleß* 77
⟨120. Stück. 5. 10.⟩ Simonetti, *Gründliche Bemühungen des vernünftigen Menschen* 77
⟨121. Stück. 8. 10.⟩ ⟨Richardson,⟩ *Geschichte Herrn Carl Grandisons*, 3. Band 78
⟨122. Stück. 10.10.⟩ ⟨von Creuz,⟩ *Seneca, ein Trauerspiel* 78
⟨123. Stück. 12. 10.⟩ ⟨Anonymus,⟩ *Kurze Sammlung ⟨...⟩ dienlicher Wissenschaften* 80
⟨124. Stück. 15. 10.⟩ Alardus, *Gedichte und Reden* .. 81
⟨125. Stück. 17. 10.⟩ Lessing, ›Theatralische Bibliothek‹, 1. Stück 82
⟨126. Stück. 19. 10.⟩ ⟨von Bar,⟩ *Rêveries Poetiques* .. 83
⟨128. Stück. 24. 10.⟩ ⟨Ergänzendes zu *Possen im Taschenformate*⟩ 84
⟨129. Stück. 26. 10.⟩ ⟨Leyding u. a. (Hg.),⟩ ›Hamburgische Beyträge zu den Werken des Witzes‹, 2. Band, 2. Stück 86

⟨129. Stück. 26. 10.⟩ ⟨Kästner (Hg.),⟩
›Physikalische Belustigungen‹, 23. Stück 87
⟨131. Stück. 31. 10.⟩ ⟨Anonymus,⟩ *Das
Chantillysche Mägdchen* 87
⟨133. Stück. 5. 11.⟩ ⟨Smollett,⟩ *Begebenheiten des
Roderich Random* 88
⟨134. Stück. 7. 11.⟩ Leland, *Abriß der vornehmsten
Deistischen Schriften* 89
⟨135. Stück. 9. 11.⟩ ⟨Anonymus,⟩ *Ragout à la
mode* 91
⟨137. Stück. 14. 11.⟩ ⟨Gastrel,⟩ *Richtige Vorstellung
der Deistischen Grundsätze* 93
⟨138. Stück. 16. 11.⟩ Richey, *Idioticon Hamburgense* 94
⟨139. Stück. 19. 11.⟩ Mauvillon, *Cours complet de la
Langue françoise* 95
⟨145. Stück. 3. 12.⟩ Marigny, *Geschichte der Araber.
Dritter und letzter Theil* 97
⟨147. Stück. 7. 12.⟩ ⟨Kästner (Hg.),⟩ ›Physikalische
Belustigungen‹, 24. Stück 98
⟨148. Stück. 10. 12.⟩ ›Anatomische ⟨...⟩
Abhandlungen‹, 6. Teil 98
⟨149. Stück. 12. 12.⟩ von Khautz, *Geschichte der
Oesterreichischen Gelehrten* 99
⟨152. Stück. 19. 12.⟩ Delasolle, *Mémoires de deux
Amis* 100
⟨153. Stück. 21. 12.⟩ ⟨Naumann,⟩ ›Der Vernünftler.
In drei Teilen‹ 101
⟨154. Stück. 24. 12.⟩ *Scherzhafte Neujahrswünsche auf
das Jahr 1755* 101
⟨156. Stück. 28. 12.⟩ ⟨de Marsy,⟩ *Histoire moderne
des Chinois, des Japponois etc.* 102
Ein VADE MECVM für den Hrn Sam. Gotth. Lange 105
Übersetzung der Ode des Horaz ad Barinen 147
Aus: Schrifften. Dritter Teil 149
   Rettungen 151
      Vorrede 153
      Rettungen des Horaz 158

Rettung des Hier. Cardanus[(*)] 198
Rettung des Inepti religiosi, und seines
   ungenannten Verfassers[(*)] 224
Rettung des Cochläus aber nur in einer
   Kleinigkeit[(*)] 244
Theatralische Bibliothek. Erstes Stück 259
   Vorrede 261
   I.   Abhandlungen von dem weinerlichen oder
        rührenden Lustspiele 264
        Betrachtungen über das weinerlich
        Komische. Aus dem Französischen des
        Herrn M. D. C.⟨hassiron⟩ ⟨Auszüge⟩ 268
        Des Hrn. Prof. Gellerts Abhandlung
        für das rührende Lustspiel ⟨Auszüge⟩ 272
   II. Leben des Herrn Jacob Thomson[(*)] 282
   III. Auszug aus dem Trauerspiele »Virginia«
        des Don Augustino de Montiano
        y Luyando ⟨Teilabdruck⟩ 300
   IV. Auszug aus dem »Schauspieler« des Herrn
        Remond von Sainte Albine ⟨Teilabdruck⟩ ... 304
   V.   Leben des Herrn Philipp Nericault
        Destouches[(*)] 312
   VI. Über das Lustspiel Die Juden, im vierten
        Teile der Lessingschen Schriften 319
Entwürfe zu einer Abhandlung »Der Schauspieler« .. 320
Aus: Vermischte Schriften des Hrn. Christlob Mylius
Vorrede des Herausgebers 330
Aus: Zergliederung der Schönheit ⟨. . .⟩ von
   Wilhelm Hogarth. Aus dem Englischen übersetzt
   von C. Mylius
   Vorbericht zu diesem neuen Abdrucke 350

[(*)] Textherstellung und Kommentierung der mit einem geklammerten Sternchen gekennzeichneten Schriften besorgte Wilfried Barner, Textherstellung und Kommentierung der mit zwei geklammerten Sternchen gekennzeichneten Schriften besorgte Jürgen Stenzel.

Rezensionen und Gedichte aus: Berlinische
Privilegierte Zeitung 1755 357
⟨1. Stück. 2. 1.⟩ ⟨Gedicht: Der Eintritt des Jahres
1755 in Berlin⟩............................ 359
⟨1. Stück. 2. 1.⟩ Hanssen, *Die Glaubenslehren der
Christen, oder die einzige wahre Religion* 361
⟨2. Stück. 4. 1.⟩ Abbé le Gendre, *Les Mœurs et
coutumes des François* 362
⟨3. Stück. 7. 1.⟩ Lobeken, *Versuch eines ⟨...⟩
Beweises von der Göttlichkeit der Religion* 363
⟨4. Stück. 9. 1.⟩ ⟨Zachariä,⟩ *Gedicht dem Gedächtnisse
des Herrn von Hagedorn* 363
⟨5. Stück. 11. 1.⟩ ⟨Lessing,⟩ *Antwort auf die Frage:
»wer ist der große Duns?«* 365
⟨9. Stück. 21. 1.⟩ ⟨Uz,⟩ *Lyrische und andere
Gedichte* 366
⟨12. Stück. 28. 1.⟩ Dusch, *Vermischte Werke in
verschiedenen Arten der Dichtkunst* 367
⟨13. Stück. 30. 1.⟩ ⟨Anonymus,⟩ *Begebenheiten eines
sich selbst Unbekannten* 368
⟨16. Stück. 6. 2.⟩ Lüderwaldt, *Untersuchung von der
Berufung und Seeligkeit der Heiden* 369
⟨22. Stück. 20. 2.⟩ ⟨Bertram,⟩ *Briefe. Zweyter Theil* .. 370
⟨23. Stück. 22. 2.⟩ ⟨von Schönaich,⟩ *Versuche in der
tragischen Dichtkunst* 371
⟨24. Stück. 25. 2.⟩ de Crebillon, *Les heureux
Orphelins* 372
⟨25. Stück. 27. 2.⟩ de Prémontval, *Du Hazard sous
l'Empire de la Providence* 373
⟨26. Stück. 1. 3.⟩ ⟨Mendelssohn,⟩ *Philosophische
Gespräche*................................. 374
⟨28. Stück. 6. 3.⟩ ⟨Rivery,⟩ *Fables et Contes* 376
⟨29. Stück. 8. 3.⟩ ⟨Anonymus,⟩ *Wohlmeinender
Unterricht für alle ⟨...⟩, welche die Zeitungen lesen* .. 377
⟨36. Stück. 25. 3.⟩ ⟨Sulzer,⟩ *Gedanken von dem ⟨...⟩
Werth der Epischen Gedichte Bodmers* 379
⟨37. Stück. 27. 3.⟩ ⟨Richardson,⟩ *Geschichte des
Herrn Carl Grandison* 380

⟨38. Stück. 29. 3.⟩ ⟨Lieberkühn,⟩ *Lieder, Erzählungen ⟨...⟩ und ernsthafte Stücke* 381
⟨41. Stück. 5. 4.⟩ Leuschnerus, *De secta Elpisticorum* 382
⟨44. Stück. 12. 4.⟩ de Burigny, *Leben des Grotius* .. 384
⟨45. Stück. 15. 4.⟩ *Die Geschichte und Briefe des Abelard und der Eloise* 385
⟨49. Stück. 24. 4.⟩ ⟨Müller,⟩ *Versuch in Gedichten* .. 386
⟨50. Stück. 26. 4.⟩ Lessing, ›Theatralische Bibliothek. Zweytes Stück‹ 387
⟨53. Stück. 3. 5.⟩ Lessing, *Schriften, fünfter und sechster Theil* 389
⟨54. Stück. 6. 5.⟩ ⟨Smollett,⟩ *Begebenheiten des Roderich Random. Zweyter Theil* 389
⟨55. Stück. 8. 5.⟩ Hübner, *Kurze Fragen aus der neuen und alten Geographie* 390
⟨58. Stück. 15. 5.⟩ Rollin, *Neuere Geschichte der Chineser, Japaner etc. Erster Theil* 391
⟨59. Stück. 17. 5.⟩ Zimmermann, *Das Leben des Herrn von Haller* 392
⟨62. Stück. 24. 5.⟩ *La Oille. Melange ou Assemblage de divers mets* 393
⟨64. Stück. 29. 5.⟩ ⟨Bodmer,⟩ *Edward Grandisons Geschichte in Görlitz* 394
⟨71. Stück. 14. 6.⟩ Hager, *Kleine Geographie vor die Anfänger* 395
⟨73. Stück. 19. 6.⟩ Cramer, *Sammlung einiger Predigten* 396
⟨74. Stück. 21. 6.⟩ Kästner, *Vermischte Schriften* 397
⟨75. Stück. 24. 6.⟩ *Le Theatre Bavarois* 398
⟨76. Stück. 26. 6.⟩ ⟨Lindner,⟩ *Sittliche Reitzungen der Tugend. 1. Bandes 1. Theil* 399
⟨79. Stück. 3. 7.⟩ ⟨Anonymus,⟩ *Die Hofmeisterin, erster Theil* 400
⟨82. Stück. 10. 7.⟩ Rousseau, *Discours sur l'origine et les fondemens de l'inégalité* 401
⟨85. Stück. 17. 7.⟩ Jortin, *Anmerkungen über die Kirchenhistorie* 402

⟨86. Stück. 19. 7.⟩ ⟨Richter,⟩ *Die Schwachheit des menschlichen Herzens* 403
⟨87. Stück. 22. 7.⟩ Meleaton ⟨d. i. Rost⟩, *Wohlangerichtete ⟨...⟩ Tugendschule* 404
⟨91. Stück. 31. 7.⟩ ⟨Anonymus,⟩ *Das Pfandspiel* ... 405
⟨93. Stück. 5. 8.⟩ ⟨Anonymus,⟩ *Geschichte des ⟨...⟩ Prinzen Celindo* 406
⟨94. Stück. 7. 8.⟩ ⟨Anonymus,⟩ *Der erlauchte Bauer* 407
⟨95. Stück. 9. 8.⟩ ⟨Anonymus,⟩ *Das Kartenblatt* ... 407
⟨96. Stück. 12. 8.⟩ ⟨Zachariä,⟩ *Die Poesie und Germanien* 408
⟨97. Stück. 14. 8.⟩ Cicero, *Cato ⟨...⟩ oder Unterredung vom hohen Alter* 410
⟨98. Stück. 16. 8.⟩ ⟨Gottsched, Hg.,⟩ *Stücke der Gesellschaft der freien Künste zu Leipzig. Zweyter Theil* 411
⟨99. Stück. 19. 8.⟩ Ford, *Erbauliche Abhandlung von der Sünde der Verleumdung* 413
⟨100. Stück. 21. 8.⟩ ⟨R.,⟩ *Daß Luther die Lehre vom Seelenschlaf geglaubt habe* 414
⟨101. Stück. 23. 8.⟩ Patzke, *Virginia ein Trauerspiel* 415
⟨103. Stück. 28. 8.⟩ ⟨Beausobre,⟩ *Le Pyrrhonisme raisonable* 415
⟨106. Stück. 4. 9.⟩ ⟨Mendelssohn,⟩ *Über die Empfindungen* 417
⟨108. Stück. 9. 9.⟩ Bertling, *Evangelische Andachten* 419
⟨110. Stück. 13. 9.⟩ ⟨Cronegk, Uz u. a.,⟩ *Der Freund* 420
⟨112. Stück. 18. 9.⟩ Jerusalem, *Beantwortung der Frage, ob die Ehe mit der Schwester Tochter ⟨...⟩ zulässig sei* 421
⟨114. Stück. 23. 9.⟩ Heumann, *Erklärung des neuen Testaments. Siebender Theil* 422
⟨115. Stück. 25. 9.⟩ Munthe, *Observationes Philologicae in sacros novi Testamenti libros* 423

⟨117. Stück. 30. 9.⟩ Cramer, *Sammlung einiger Predigten. Zweyter Theil* 424
⟨120. Stück. 7. 10.⟩ ⟨Anonymus,⟩ *Der Ehestand, eine Erzehlung* 425
⟨121. Stück. 9. 10.⟩ Steele, *Der Schwätzer, eine Sittenschrift* 426
⟨122. Stück. 11. 10.⟩ ⟨Lüdke,⟩ *Briefe an Freunde* ... 427
⟨123. Stück. 14. 10.⟩ ⟨Wieland,⟩ *Ankündigung einer Dunciade für die Deutschen* 428
Miß Sara Sampson. Ein bürgerliches Trauerspiel, in fünf Aufzügen 431
Tonsine. Ein bürgerliches Trauerspiel in 5 Aufzügen ⟨Fragment⟩[**] 527
Schlußrede zu einem Trauerspiele. Gehalten von Madam Schuch. 1754[**] 529
Aus: Theatralische Bibliothek. Zweites Stück
  VII. Von den lateinischen Trauerspielen welche unter dem Namen des Seneca bekannt sind 530
Pope ein Metaphysiker! 614
Aus: Theatralische Bibliothek. Drittes Stück
  XI. Des Abt du Bos Ausschweifung von den theatralischen Vorstellungen der Alten. Vorbericht ⟨und Schlußkapitel der Übersetzung⟩ 651
⟨Briefwechsel über das Trauerspiel zwischen Lessing, Mendelssohn und Nicolai⟩ 662
⟨Über zwei Lustspiele von Otway und Wycherley⟩[**]
  The Soldiers Fortune by Otway 737
  The Country-Wife, a Comedy by Wycherley 741
Aus: Franz Hutchesons Sittenlehre der Vernunft, aus dem Englischen übersetzt
⟨Anmerkungen des Übersetzers und Auszüge aus Lessings Übersetzung⟩ 744
Des Herrn Jacob Thomson sämtliche Trauerspiele ⟨...⟩. Aus dem Englischen übersetzt. Mit einer Vorrede von Gotthold Ephraim Lessing[*]
Vorrede 755

Eine ernsthafte Ermunterung an alle Christen zu
 einem frommen und heiligen Leben von
 William Law. A. M. Aus dem Englischen
 übersetzt.
 Vorbericht 762
Aus: Bibliothek der schönen Wissenschaften und
 der freien Künste ⟨1757⟩
 ⟨Theatralische Werke von Destouches und
  Régnard⟩ 763
 ⟨Johann Peter Uz,⟩ Schreiben des Verfassers der
  lyrischen Gedichte an einen Freund 763
 ⟨Zwei Kriegslieder von Johann Wilhelm Ludwig
  Gleim⟩ 768
Hrn. Samuel Richardsons Sittenlehre für die Jugend
 Vorrede des Übersetzers[**] 772
⟨Dramatische Fragmente aus dem Nachlaß⟩
 ⟨vermutlich aus den Jahren 1754-1757⟩[**] 775
 Das befreite Rom 777
 Die Clausel im Testamente 780
 Die glückliche Erbin....................... 785
⟨Nachlese zu Lessings Gedichten[**]⟩
  2. Ebendieselben ⟨Sinngedichte an den Leser⟩ .. 799
  3. Auf den neuern Teil dieser Sinngedichte 799
  4. Der Stachelreim 799
  5. Nikander 799
  7. Merkur und Amor 800
     Die taube Schwätzerin 800
 10. Auf Lucinden 800
 12. Pompils Landgut 801
 13. Widerruf des Vorigen 801
 16. Auf das Jungfernstift zu * * 801
 17. An den Docter Sp. 801
 18. Auf den Mnemon...................... 801
 21. Auf Dorinden 802
 22. An das Bild der Gerechtigkeit, in dem Hause
     eines Wucherers, nebst der Antwort 802
 23. Auf einen adelichen Dummkopf 802

24. An eine würdige Privatperson	803
26. Auf Frau Trix	803
27. Auf Lukrins Grab	803
28. Im Namen eines gewissen Poeten, dem der König von Preußen eine goldene Dose schenkte	803
31. Die Flucht	804
32. Die Wohltaten	804
An den Thrax	804
Hinz und Kunz	804
Auf eine lange Nase	805
36. Auf Stipsen	805
Auf den Sanctulus	805
39. An den Salomon	806
40. Auf ebendenselben	806
41. Das böse Weib	806
42. An den Aemil	806
43. Trux an den Sabin	807
44. Antwort des Sabin	807
45. An einen Lügner	807
46. Auf Trill und Troll	807
47. Entscheidung des Vorigen	807
49. Auf Alandern	808
50. Auf einen Brand zu **	808
51. An Einen	808
52. Grabschrift des Nitulus	808
53. Auf den Kodyll	808
54. An den Pompil	809
55. Auf den Tod eines Affen	809
56. Grabschrift auf ebendenselben	809
57. Auf die Phasis	809
58. Auf Nickel Fein	810
Auf eine Liebhaberin des Trauerspiels	810
Auf ein Schlachtstück von Hugtenburg	810
61. Auf den Hablador	810
Auf den Mison	811
63. Der reiche Freier	811

64. Auf den Rufinus	811
Hänschen Schlau	811
67. Grabschrift eines Unglücklichen, welcher zuletzt in einem Schiffbruche umkam	811
68. An einen schlechten Maler	812
70. Auf ebendieselbe ⟨Bildsäule des Amor⟩	812
71. Auf ebendieselbe	812
72. Auf ebendieselbe	812
73. Auf ebendieselbe	812
76. Entschuldigung wegen unterlassenen Besuchs	813
Der Widerruf	813
80. Die blaue Hand	814
82. Das Mädchen	814
83. Auf den Fell	815
85. An einen geizigen Vater	815
86. Auf den Kauz	815
87. Auf den Lupan	815
88. An den Leser	815
89. An den Herrn von Dampf	816
90. An ebendenselben	816
92. An den Wesp	816
93. An den Trill	816
94. An ebendenselben	816
95. An die Fuska	817
96. Auf den Tod des D. Mead	817
99. Auf den Sextus	817
100. Kunz und Hinz	817
104. Auf die Hütte des Irus	817
106. Das schlimmste Tier	818
107. Auf die Magdalis	818
109. Klimps	818
Der Spielsüchtige Deutsche	818
111. Das Pferd Friedrich Wilhelms auf der Brücke zu Berlin	819
112. Auf die feige Mumma	819
116. Themis über ihr Bildnis in dem Hause eines Richters	819

120. An zwei liebenswürdige Schwestern	819
121. An den Silius	819
122. Auf den D. Klystill	820
123. Auf Muffeln	820
An ein Paar arme Waisen	820
125. An den Vax	820
126. Auf den Cytharist	821
127. Der beste Wurf	821
128. Auf den Maler Klecks	821
130. Auf den Ursin	821
131. Auf den Veit	821
133. Auf den Pfriem	822
Avar	822
Seufzer in meiner Krankheit	822
136. Auf den Laar	822
Der Wille	822
138. Grabschrift der Tochter eines Freundes, die vor der Taufe starb	823
139. Auf den Marius	823
140. Auf den einäugigen Spieler Pfiff	823
141. An einen Autor	823
142. Auf den Ley	824
143. Die Sinngedichte über sich selbst	824
144. Abschied an den Leser	824
Auf Rabeners Tod	824
Unter das Bildnis des Königs von Preußen	824
Doppelter Nutzen einer Frau	825
Nutzen eines fernen Garten	825
Der Blinde	825
Kunz und Hinz	825
Auf einen Sechzigjährigen	825
Der Arme	826
An den Dümm	826
Die große Welt	826
In ein Stammbuch, 1779	826
Als des Herzog Ferdinands Durchl. die Rolle des Agamemnon, des ersten Feldherrn der Griechen, spielten	826

⟨Auf ebendenselben⟩ 827
In ein Stammbuch eines Schauspielers 827
In ein Stammbuch, dessen Besitzer versicherte,
    daß sein Freund ohne Mängel, und sein
    Mädchen ein Engel sei. 1778 827
⟨Warum ich wieder Epigramme mache⟩ 1779 828
In ein Stammbuch, in welchem die bereits
    Verstorbenen mit einem † bezeichnet waren .. 828
Über das Bildnis eines Freundes 828
In ein Stammbuch 828
Sittenspruch 1779 829
Auf die Katze des Petrarcha 829
Sittenspruch 829
Grabschrift eines Deutschen auf Voltair 829
⟨An Saal⟩ 830
An Herrn Schröder 830
⟨Auf Johann von Döring⟩ 830
⟨Grabschrift auf einen Gehenkten⟩ 830
⟨Grabschrift auf Kleist⟩ 831
⟨Unvollendeter Entwurf eines Sinngedichts⟩ 831
⟨In Johann Gottlieb Burckhardts Stammbuch⟩ ... 831
⟨Übersetzung eines lateinischen Epigramms von
    Samuel Werenfels⟩ 831
⟨In Johann Ludwig Grimms Stammbuch⟩ 831
⟨Auf Bodmers Noah und Naumanns
    Nimrod⟩ 832
Küssen und Trinken 832
Auf sich selbst 832
Der neue Welt-Bau 833
An Amor 833
Lied. Aus dem Spanischen 834
Heldenlied der Spartaner 834
⟨Trinklied⟩ 836
⟨An Mäcen⟩ 836
Orpheus 837
Die Brille 838
Nix Bodenstrohm 840

Die Teilung...............................	841
Der über uns	842

Zwei Oden-Entwürfe aus Briefen 1757
An Gleim	844
Ode auf den Tod des Marschalls von Schwerin. An den H. von Kleist	845

Kommentar
Lessing 1754-1757. Berlin und Leipzig	849
Zu Anordnung und Textgestaltung	864

Rezensionen und Gedichte aus: Berlinische Privilegierte Zeitung 1754
Überblick und Zuschreibungsfragen	868
Textgrundlage	871
Die Rezensionen	871
Zeugnisse zur Wirkung	876

Stellenkommentar
zum Januar	881
zum Februar	888
zum März	898
zum April	903
zum Mai..............................	904
zum Juni	911
zum Juli	916
zum August...........................	923
zum September	928
zum Oktober..........................	933
zum November	942
zum Dezember	949

Vade Mecum
Entstehung	956
Struktur	961
Dokumente zur Wirkung	964
Stellenkommentar	976
⟨Übersetzung der Ode des Horaz ad Barinen⟩ ...	997

Rettungen
Textgrundlage	999

Entstehung und Struktur 999
  Rettungen des Horaz 1008
    Stellenkommentar 1011
  ⟨Die drei ›kleineren‹ Rettungen: Cardanus,
  Ineptus religiosus, Cochlaeus⟩
    Textgrundlage 1033
    Entstehung und Struktur 1033
    Stellenkommentar 1038
Aus: Theatralische Bibliothek. Erstes Stück. 1754
  Textgrundlage 1059
  Überblick 1060
  Entstehung, Struktur 1062
  Wirkungszeugnisse zum »Ersten Stück« 1065
  Stellenkommentar zur »Vorrede« 1070
  I.   Abhandlungen von dem weinerlichen
       oder rührenden Lustspiele
       Vorbemerkung 1072
       Inhaltsreferate der beiden übersetzten
       Traktate 1074
       Stellenkommentar 1077
  II. Leben des Herrn Jacob Thomson
       Textgrundlage 1082
       Entstehung und Quellen 1082
       Struktur und Gehalt 1084
       Stellenkommentar 1086
  III. Auszug aus dem Trauerspiele »Virginia« des
       Don Augustino de Montiano y Luyando
       Vorbemerkung 1089
       Inhaltsreferat des »Virginia«-Auszugs 1091
       Stellenkommentar 1093
  IV. Auszug aus dem »Schauspieler« des Herrn
       Remond von Sainte Albine
       Entstehung und Struktur 1094
       Inhaltsreferat des »Auszugs« 1096
       Stellenkommentar 1099
  V.   Leben des Herrn Philipp Néricault
       Destouches
       Textgrundlage 1101

      Entstehung und Quellen 1101
      Struktur und Gehalt 1102
      Stellenkommentar 1104
Entwürfe zu einer Abhandlung »Der Schauspieler«
   Textgrundlage 1107
   Entstehung und Struktur 1107
   Stellenkommentar 1110
Aus: Vermischte Schriften des Hrn. Christlob
   Mylius, gesammelt von Gotthold Ephraim
   Lessing
   Textgrundlage 1113
   Entstehung 1113
   Struktur 1116
   Rezeptionszeugnisse 1120
   Stellenkommentar 1125
Aus: Zergliederung der Schönheit,
   ⟨...⟩ geschrieben von Wilhelm Hogarth
   Textgrundlage 1138
   Entstehung 1139
   Stellenkommentar 1141
Rezensionen und Gedichte aus: Berlinische
   Privilegierte Zeitung 1755
   Textgrundlage, Entstehung................ 1147
   Stellenkommentar
      zum Januar 1147
      zum Februar 1155
      zum März 1161
      zum April 1167
      zum Mai............................. 1172
      zum Juni 1178
      zum Juli 1182
      zum August 1185
      zum September 1193
      zum Oktober 1198
Miß Sara Sampson
   Textgrundlage 1202
   Entstehung und Dokumente zur
      Entstehung 1203

    Aufführung 1207
    Quellen, Stoff, Struktur 1209
    Dokumente zur zeitgenössischen Rezeption .. 1218
    Stellenkommentar 1261
Tonsine
    Textgrundlage und Entstehung 1294
    Stellenkommentar 1296
Schlußrede zu einem Trauerspiele
    Textgrundlage 1297
    Stellenkommentar 1297
Aus: Theatralische Bibliothek. Zweites Stück 1754
(richtig: 1755)
  VII. Von den lateinischen Trauerspielen welche
      unter dem Namen des Seneca bekannt sind
    Textgrundlage 1298
    Entstehung 1298
    Struktur und Gehalt 1300
    Zeugnisse zur Wirkung 1305
    Stellenkommentar 1308
Pope ein Metaphysiker!
    Textgrundlage 1338
    Entstehung 1338
    Struktur 1340
    Wirkungszeugnisse 1344
    Stellenkommentar 1346
Aus: Theatralische Bibliothek. Drittes Stück 1755
  IX. Des Abts du Bos Ausschweifung von den
      theatralischen Vorstellungen der Alten
    Textgrundlage 1365
    Entstehung, Strukturelles 1366
    Inhaltsreferat der Übersetzung 1369
    Stellenkommentar 1374
Briefwechsel über das Trauerspiel zwischen
Lessing, Mendelssohn und Nicolai
    Textgrundlage und Entstehung 1377
    Struktur, Form, Standpunkte 1381
    Stellenkommentar 1394

Über zwei Lustspiele von Otway und Wycherley
  Textgrundlage und Entstehung 1440
  Stellenkommentar 1441
Aus: Franz Hutchesons »Sittenlehre der
Vernunft«, aus dem Englischen übersetzt
  Textgrundlage, Entstehung, Stellenwert 1446
  Stellenkommentar 1449
Des Herrn Jacob Thomson sämtliche Trauerspiele.
  Vorrede
    Textgrundlage 1451
    Entstehung und Quellen 1451
    Struktur und Gehalt 1452
    Stellenkommentar 1455
Aus: William Law, eine ernsthafte Ermunterung
an alle Christen zu einem frommen und
heiligen Leben.
  Vorbericht
    Textgrundlage und Entstehung 1459
    Stellenkommentar 1460
Rezensionen aus: Bibliothek der schönen
Wissenschaften und der freien Künste 1757
  Textgrundlage 1462
  Stellenkommentar 1462
Hrn. Samuel Richardsons Sittenlehre für die
Jugend.
  Vorrede des Übersetzers
    Textgrundlage 1468
    Stellenkommentar 1468
Dramatische Fragmente aus dem Nachlaß
  Das befreite Rom
    Textgrundlage 1470
    Entstehung und Quellen 1470
    Stellenkommentar 1471
  Die Clausel im Testamente / Die glückliche
  Erbin
    Textgrundlage 1472
    Entstehung und Quellen 1472

Stellenkommentar 1474
Nachlese zu Lessings Gedichten 1479
Stellenkommentar 1481
Zwei in Briefen an Gleim mitgeteilte
Oden-Entwürfe von 1757
An Herrn Gleim 1532
Ode auf den Tod des Marschalls von Schwerin,
an den H.⟨errn⟩ von Kleist 1534
Literaturverzeichnis
Siglenverzeichnis 1537
Häufig benutzte Quellentexte 1538
Alphabetisches Literaturverzeichnis 1539
Literaturhinweise nach Sachgebieten 1558
Register
Register der in Band III besprochenen Autoren
und Werke 1563
Register der Gedichtüberschriften und
-anfänge 1569

GOTTHOLD EPHRAIM LESSING
WERKE UND BRIEFE

Band 1
Gedichte / Frühe Lustspiele / Übersetzungen
Beiträge zur Historie und Aufnahme des Theaters
Werke 1743-1750

Band 2
Gedichte / Rezensionen
Kritische Briefe / Übersetzungen
Werke 1751-1753

Band 3
Vademecum / Rettungen
Gedichte / Rezensionen
Miß Sara Sampson
Briefwechsel über das Trauerspiel
Übersetzungen
Werke 1754-1757

Band 4
Philotas / Fabeln und Fabelabhandlungen
Literaturbriefe
Werke 1758-1759

Band 5/1
Diderot / Sophokles
Breslauer philosophisch-theologische und
dramatische Entwürfe
Werke 1760-1766

Band 5/2
Laokoon
Briefe, antiquarischen Inhalts
Werke 1766-1769

Band 6
Minna von Barnhelm
Hamburgische Dramaturgie
Wie die Alten den Tod gebildet
Werke 1767-1769

Band 7
Emilia Galotti / Über das Epigramm
Zur Geschichte und Literatur I/II
Werke 1770-1773

Band 8
Reimarusfragmente / Fragmentenstreit I
Zur Geschichte und Literatur III/IV
Werke 1774-1778

Band 9
Fragmentenstreit II
Nathan der Weise
Werke 1778-1781

Band 10
Ernst und Falk
Erziehung des Menschengeschlechts
Zur Geschichte und Literatur V/VI
Collectaneen
Werke 1778-1781

Band 11/1
Briefe von und an Lessing 1743-1770

Band 11/2
Briefe von und an Lessing 1770-1776

Band 12
Briefe von und an Lessing 1776-1781
Gesamtregister zu den Briefen

Erste Auflage 2003
Deutscher Klassiker-Verlag
Frankfurt am Main
Alle Rechte vorbehalten
Satz: In Monotype-Garamond von Libro, Kriftel
Druck: Nomos Verlagsgesellschaft, Baden-Baden
Bindung: Buchbinderei Lachenmaier, Reutlingen
Leinen: Feincanvas der Vereinigten Kaliko, Bamberg
Leder: Rein anilin-gefärbte Radja-Ziege mit Naturnarbung,
Kripper Lederfabrik
Ausstattung: Rolf Staudt, Frankfurt am Main
ISBN 3-618-61070-X (Leinen Einzelbezug)
ISBN 3-618-61075-0 (Leder Einzelbezug)
Printed in Germany

Werke und Briefe. 12 in 14
Bä

9783618610700.3